Spes mea Christus :

Jacobus Hainzichman

Publij Virgilij marōis opera.

Publij Virgilij Maronis opera cum quinqꝫ vulgatis commentariis: expolitissimisqꝫ figuris atqꝫ imaginibus nuper per Sebastianum Brant superadditis: exactissimeqꝫ reuisis: atqꝫ elimatis.

Lectori loquitur liber hic: pictasqꝫ tabellas
Commendat: quales virgilio addiderit.

perlege virgilios quotquot bone lector in orbe
Comperies toto: me quoqꝫ confer eis.
Spero equidem dices me longe alios superare:
Videris atqꝫ ante hac nec mihi vbiqꝫ parem.
Multa characteribus aliorum: multa liturę:
Et limę debes: sed mihi cuncta dabis.
Hic legere historias/cōmentaqꝫ plurima doctus:
Nec minus indoctus perlegere illa potest.
Dardanium Aeneam doctū non legimus usqꝫ:
picturam potuit perlegere ille tamen:
Magna fuit quondam picturę gloria: & inter
pręcipuas artes: prima erat illa gradu.
Vnde antigraphicen teneris lusisse sub annis
Instituit pueros gręcia docta suos.
Tantus honos arti fuit: interdicta qꝫ olim
Hęc fuerat seruis: hos docuisse nephas.
pictores fabii: dictatoresqꝫ fuere:
Ars ea principibus nobilitata viris.
Laude sed insigni cunctos superauit Apelles:
Nec passus quenqꝫ prorsus in arte parem.
Nempe voluminibus doctrinā hanc auxit habunde:
Nullo: ab eo non est linea ducta: die.
pinxit Aristides animū: sensusqꝫ: pathosqꝫ:
Atqꝫ hominū affectus: dictus & inde bonus.
Instituit species depingere & Appolidorus:
Isqꝫ penicillo gloria prima leui.
Doctior Eupompus: sine arithmo posse negauit
picturam quenqꝫ perficere ingenuam.
Multa polignotus tantę superaddidit arti:
Multaqꝫ phidiaca: quę placuere: manus.
Auro pularchi legimus tabulam esse repensam:
Vnde data est arti: & gloria magna viro.

Sebastian. Brant Ad Lectorē operis.

prelia pangus Marathonica pinxit athenis:
Atq; rhodi fuerat gloria prothogenes.
parrhasium vicit depicto Aiace Timantes:
Cum tamē hic princeps dictus in arte foret.
Ausus item pythis est/doctū contendere contra
Thimagoram: at palmam linquere iussus ei.
plus placuit zeusi pictas donare tabellas:
Quam precio indigno vendere cuiq; suas.
Nobilis imprimis opifex: qui pingere mores
Nouit: & o vtinam viueret idem hodie:
Quo pueris nostris: senib' quoq;: virginibusq;:
Matribus ac: mores pingeret ipse bonos.
Sed quorsū o lector nos hec meminisse putabis?
picture laudem q damus eximiam?
Quā nisi: vt has nostras quas pinxim' ecce tabellas
Virgilio: charas tu quoq; habere velis.
Has tibi nemo ante hac tam plane ostēderat vsquā:
Nemo tibi voluit pingere Virgilium.
Nūc mēorare potes monochromata cūcta maronis
Quam leuiter: pictis lector amice locis.
perlege: deinde vale: iubet hoc tibi nomīe brantus
Dicere & ipse suo. cum Titione Vale.

Tuumq; Sebastianū: ne Tema
rensis more macules: sed
ama: oro. dabitur ali
quādo & respō
dendi & ex-
purgandi
tempus
Amē

Vigeat floreat Crescat
apud argentinenses
siue Tribotes
pax. liber
tas at-
q; iu
stici
a

Procemium Cristoferi.

Christophori Landini Florentini in. p. Virgi. interpretatiões procemium ad petrum medicen magni Laurentii filium.

MAgnas immortaleſq; Petre medices priſcis illis viris gratias habendas cenſeo: qui bonis artibus atq; diſciplinis excogitatis atq; repertis: vitam noſtrã ita excoluerunt: vt recte cõmodeq; degere poſſemus: atq; intra nature humane terminos conſiſtentes: in ferinos cultus: moreſq; non laberemur. Maiores tamen ac potius maximas illis habendas haud dubitauerim: quia ea inuenerunt: quibus animi noſtri veluti quibuſdam alis ſuffulti: & humanã conditionem tranſcenderent: & his que terrena caducaq; ſunt pro nihilo habitis: ad diuinaꝝ rerum cognitionẽ euolarent. Ex quibus quidẽ omnibus ego poeticam primas ſibi vendicare (modo equos ſortiatur iudices) facile me coniectuꝝ exiſtimo. Verũ nos huiuſcemodi diſputationi: & cõuenietiorẽ: & qui illam non ſolũ poſtulet: verum potius efflagitet: locum addiximus. Interim autẽ cum eum nobis poetam interpretandum aſſumpſerimus: qui vel ex omibus terrarũ regionibus: quarũ habitatores hiſtoria cognoſcantur: vel ex omibus ſeculis. quoꝝ memoria ad noſtre vſq; tempora ſcriptorum beneficio peruenerint: ſi non primus oino: primo tamen par pene equaliſq; ſit: opere noſtre preciũ haud mediocre futurũ extimo. ſi paucis tamẽ: ne pluribus ꝙ neceſſitas exigat oſtẽdero ex omi (ꝗ innumera pene eſt) ſcriptoꝝ copia: illũ ꝑter ceteros: & ad grauiter ornateq; loquẽdũ: et ad bene beateq; viuendum plurimũ nobis conferre. Nã cum & intelligẽtia ꝙ omes diſciplinas ſtudio induſtria q; adhibita aſſequi poſſumus: & orõne qua ꝗ didicerimus alios doceamus: hõ a ceteris aĩalibus differat: nonne in utraq; re ita princeps eſt. P. Maro: vt cũ ab eo diſceſſeris: vix niſi longo interuallo relicto: ſecũdũ repertãt latini. Nãq; (ĩmortalis deus) ſplendorẽ ꝙ dignitatẽ orationi affert? Quid obſecro aut in maximis rebus ſublimius? aut in mediocribus temperãtius: aut ĩ humilioribꝰ preſſius excogitari hoc poeta poteſt? Quis ĩ ſingulis verbis eius elegantiã? Quis ĩ orõnis ſtructura cõpoſitionem? Quis in luminibus verborũ ac ſententiaꝝ dignitatẽ maronis adequabit? Quod vero iure omẽs ſtupeſcant: ita dicendi genus variat: vt rebus: temporibus: perſoniſq; inſeruiens: modo abundãs copioſiuſq; fluat: modo breuis conciſuſq; cuncta ꝑſtringat. Decet illum nõnunq; ſiccitas. Decet neſcio quid pingue floridũq;: ſepe autẽ ſuauiſſimo quodã contemperamẽto ita huiuſmodi in vnũ omĩa cõfundit: atq; cõmiſcet: vt mirabili voluptate audientiũ aures demulceat atq; delectet. Nam quis dicendi ornatus excellentior eſſe poteſt? ꝙ is in quo nec precipitata breuitas: nec infinita copia: nec ieiuna ſiccitas: nec poſtremo nimium luxurians leticia appareat. Hoc quidem dicẽdi genus apud quem alium inuenias non facile reperio. Ego certe apud neminem adhuc cognoſcere potui. Si igitur tanq; magnum virum & omni laude dignum eum admiramur: qui horũ vno vtatur egregie: ſi veluti eloquentie deum illum veneramur? q hos omnes: ſed in diuerſis locis adimplet: quibus laudibus obſecro: quibꝰ tantũ laudibus hunc proſequemur? qui vnum in locum: vnam in rem: hec ſimul omnia inaudita ſuauitate coniiciat. Adde ad hec ꝙ cum duo ſint dicendi genera: quorũ alrum a quieto: & nulla perturbatione concitato animo mature grauiterq; proferatur. Alterũ vero in quo quia nihil ratione: ſed omnia ſumma perturbatiõe agunt: ardens infenſum: torrenſq; nominarunt: nonne vtrũq; ita diſtribuit. P. Maro. vt ſeruato hominũ ingenio ac natura vnicuiq; ſuum attribuat? quid enim grauius maturiuſq; Aenea: latinoq; & ſi quos horum ſimiles inducit? quid contra ardentius: erectius: infenſiuſq; pyrro. Turno drãce: ſed in primis ipſa Iunone troianis ſemper infenſa fingere potuit? Sed vt ad ea membra in qua totum dictionis corpus diuidimus: quãdoq; deueniam: ita proponunt atq; inuocant poete: vt his ea omnia quibꝰ procemiũ perficitur ſummo artificio abſoluant: quapropter quo artificio: quo diuini ingenii conſilio tantus vates & a magnitudine vtilitatis ac nouitate reꝝ attentũ: & ab erumnis inuicto animo perlatis: & ab iniuſtis crudeliſſime iunonis odiis fauorẽ conciliat? ꝙ perſpicue docilem aperte abſoluteq; re propoſita reddit: Iam vero narrationibus ſuis: nec dilucidius quicq;: nec vereſimilius inuenies. In partitiõibus aũt quid quominus clare atq; abſolute ſint deeſſe perturbabimus. Nam ſimilitudines: amplificationes: exempla: digreſſiones: ſigna rerũ. argumentationes: ceteraq; huiuſmodi: que quidẽ tum ad probandũ: tum ad refutandũ plurimũ valent: tam multa: tam varia: tam vehementia ſunt: neq; copioſiora: neq; efficaciora: aliunde exempla ſumi poſſunt. Pretereo eius epilogos: pretereo diuerſis in generibus variis referta affectibus orationẽ. Neq; in eo ero occupatus: vt oſtendam ꝙ vehemens ad indignationẽ inſurgat: ꝙ mitis e cuiuſuis pectore miſericordiã eliciat. Hoc tamẽ ſilentio non pretermittam. nam in aliis imitandis ſiue greci illi fuerint: ſiue latini: tam diligentẽ rationẽ adhibuit tanto cõſilio vt illa ſuis quadrarent: curauit: vt nõ aliunde accepiſſe: ſed ipſe peperiſſe. ac a ſe parta aliis mutuaſſe videatur. Heſiodum in Georgi. greco etiã iudice longe ſuperauit. Nã in Theocrito ſi inde doricam illã locutionis proprietatẽ: quod greci ἰδιωμα nuncupant amoueas: quod & moribus: & verbis paſtoralibus vehemẽter quadrat: quod preterea inuenies in quo latinus poeta a Siculo vinci putetur. Hoc tamen in Vir. admiror: quod in Theocrito & ſi abſit deſidero Nam paſtorie illius ruditatis ita naturã exprimit: vt ne Roſcius quidẽ bucolicã ꝑſonam expreſſius agat: ꝙ ille ingẽia: moreſq; refert: quod quidem cum preſtiterit: ac per omnes numeros ita abſoluerit: vt ei quem ſibi imitandum propoſuerat: nuſq; cedat: tamen quod poetarum eſt: eodem figmento maiora quedam contegit: vt ꝙuis a perſona paſtorali non diſcedat. tamẽ alium ſenſum longe excellentiorem ſub illo vulgari abſcondit: vt opus duplici argumento ornatũ: & illi qui in promptu eſt inſeruiat: & illum qui latet perficiat. Quã rem ſi qui ſunt: qui vitio illi vertant: ii quid proprium poetaꝝ ſit ignorare conuincentur: & profecto ad maxima queq;: ac diuina natus hic poeta: ita in humilioribus a prima ætate ſe exercuit: vt iam tum maiora illa & mente concepit: & vt res ferebant aliqua ex parte ita edere inceperit: vt intra bucolicos tamen fines honorate conſtiterit. Verum maius certamen cum Home. reſtat: cui cum grecorum ſcriptorum ingens numerus in huiuſcemodi pugna adhereat: ac pertinacius inſtet: victoria difficillima redditur. Veꝝ cum laborioſum magis ꝙ periculoſum ſit collatis ſignis in aciem prodire: nõ faciet tamẽ Honorati Serui opinio. vt in ea locum deſerã: ꝙuis affirmet Maronẽ longo interuallo Homeꝝ ſecutũ eſſe. Magiſq; me mouet & Afri domitii: & Quintiliani auctoritas: qui illum ita ſecundũ ponunt: vt pene illum primo æqualẽ reddant. At dices ii latini ſunt: & qui auctoritate potius ꝙ argumentis pugnent. Nam cum quid ſentiant explicauerint: nõ multum laborãt quare ita ſenſerint rationibus confirmare. Itaq; longe pluris facio Macrobii iudicium: q tum eloquentia excellens: veꝝ facile deprehendere poteſt: tum quia a grecoꝝ factione eſt ſeuerius (ꝙ fore par eſt) iudicium in eum exercet. Sed tamẽ vide quid ſentiat. Is enim innumeris pene locis ex vtroq; poeta ĩ medium adductis decernit: Maronẽ noſtrũ variis in locis modo vinci ab Home. modo victorẽ ex eo prelio diſcedere. Itaq; quod ab homine aduerſe factionis datũ accipiendũ puto: & cum nullam in partẽ inclinat victoria: receptui apud illum canant egregie nobis cum actum putauimus. Nã q modo vincitur: modo vincit: hunc ego nõ ſecundũ ſed parẽ iudico. Veꝝ quid plura ꝑſertim cum de poetaꝝ vi nulli potius: ꝙ poete: & ei quidẽ egregio credendũ omẽs acrioris ingenii viros iudicaturos nõ ambigã. Quid ergo agnas iuue. iudicet: eius e carmine facile eſt cognoſcere. Ait enim conditor iliados cantabit: atq; Maronis Altiſoni dubia facientia carmina palmam. atq; hec de Home. Nam Nicandrũ Apolloniũ: Piſandrũ: Euphorionẽ: Euripidẽ: Pindaꝝ: ceteroſq; multos ita

Procemium Christoferi.

imitatus est: vt nusq̄ illis cedat. multis autē i locis superet. Verū vt paucis tātā rē ꝑficiā: ego Macrobii sniam vehementer (q̄niā verissima est) approbo. Nā tātus phūs: & platonis: in q̄ sūma eloquētia summę sapiē coniuncta est: optimus imitator P. Vir. eloquētiā naturę oīm rerū optime parēti simīlē esse docet. Nā hic terrā: hic frugib⁹ arboribusq̄ lętā videns: vbiq̄ pratis floribusq̄ oīa ridere. Aliā regionē fontibus irrigari. Aliā oīno arescere. Esse & loca q̄ i cāpos porrigātur. Esse & alia q̄ in mōtes rupesq̄ cōsurgāt: eosdēq̄ alibi horrendis syluis vestiri: alibi nudo saxo inhorrescere. Sic P. Vir. stilū suū ad oēs vitę mores integrū traducit: vt nunc breuis: nūc copiosus sit: nunc siccū: nūc floridū sese ostēdat. Est ꝑterea vbi leui fluat agmine. Est & cum veluti ꝑ cōfragosa: torrēs rapidusq̄ ꝑcipitet. Atq̄ hęc i dicēdo. Quod autē ad bene beateq̄ viuēdū ꝑtinet: qs nō videat oīa qbus vita hūana recte instituat̃ ꝑcepta ab hoc poeta veluti ex adorandis phiæ sacrariis promi facile ac ꝑcipi posse. Nā vt Cyri vitā Xenophon ita a primis incunabulis ꝑdu it: vt eius regis exemplo optimus prīceps informari possit. Sic Maronis poema oīe humanę vitę genus exprimit: vt nullus hoīm ordo nulla ætas: nullus sexus sit: nulla deniq̄ cōditio: q̄ ab eo sua officia nō integre addiscat. Qua obsecro ille acrimonia q̄ verborū fulmīe: moetū: igauiā: luxuriā: incōtinētiā: impietatē: ꝑfidiā: ac oīa iniustitię genera: reliquaq̄ vitia insectat̃: vexatq̄: qbus cōtra laudibus: qbus ꝑmiis: inuictā aīi magnitudinē: & ꝓ patria: ꝓ parētibus: ꝓ cognatis: amicisq̄ cōsceratā ꝑiculorū susceptionē: religionē in deū: pietatē in maiores: charitatē in oēs ꝓsequit̃. Nā cū hoc in primis sibi proposuisset. P. Vir. vt generi humano q̄plurimū ꝓdesset: eo potissimū cōsilio: i vno ænea: absolutū oīno: atq̄ ex oī ꝑte ꝑfectum virū finxit: atq̄ expssit: vt oēs illū nobis tanq̄ vnicū exēplar ad vitā degendā ꝓponerem⁹. Ac nescio an melius multo apud hunc: q̄ apud phōs huiuscemōi oīa assequris. Illi em̄ q̄ vitā beatā ꝑstent subtiliter docēt: potius q̄ ad illa trahāt. Hic ꝑstātium virorū ꝑclarissima gesta recēsēdo: nos (quia oēs exēplo facile mouemur) ad illos imitādos vehemēter inflāmat. Quapropter q̄ illic aurib⁹ ꝑcipimus hic tanq̄ nitidissimo i speculo (nescio q̄ pacto) nobis intueri: & dum gerunt̃ adesse videmur. Quāobrē tanto nos hęc q̄ illa magis mouebunt: q̄to oculorū q̄ auriū sensus acriores eē cognoscim⁹. Nā quis vnq̄ rep. melioribus legibus tēperauit: In q̄ vnq̄ duce aut audistis: aut legistis tantā inesse rei militaris disciplinā: q̄ta in vno ænea describit̃: Ac dices nō oēs in repu. prīcipes esse: aut exercitibus preponi possum⁹: longeq̄ plures priuati: q̄ cum ptāte viuimus. Quod q̄dē (vt verū est) ita ingenue fatebor. Sed nōne & priuatis hoībus q̄ pacto secum: q̄ cū suis: q̄ cum ciuibus: q̄ cum pegrinis agendū sit: frequēter admonet. Sed video dū singulis insistere cupio: longius multo q̄ procemii angustię patiunt̃ ꝓgredi: ac rerū copia ita vrgeri: vt dū nihil indictū relinquere nitor: nihil satis ꝓ dignitate explicem. Verū vt paucis infinita expediā: ita locū cōcludā: vt vniuersam hui⁹ scriptoris poesim laudē esse virtutis: atq̄ oīa ad illā referri sine dubitatiōe affirmē. Que vero ad summū bonum quod in diuinis rebus cōtēplandis cognoscēdisq̄ cōsistere scimus ꝑtinet: quā oīno diuine. .xi. ænei libris mirifico figmēto intexuerit satis pro nr̄i ingenii viribus in eo libro expssimus: in q̄ parens tuus Laurentius hæc inuestigās inducit̃. Adde ad hęc q̄ multa: quę natura ipsa penitus in obscuro cōdidit atq̄ abstrusit: ille singulis sępe versiculis: & breuissimis: quod poetarū est: verb s pstringit: q̄ docte ventorū vim ac naturā explicat: q̄ signate tum tēpestates: tū multos & syderū ortus obitusq̄ exprimit: q̄ elegāter errores lunæ: solisq̄ labores refert. Quā vere vnde pluuię: vnde serenitates: vnde coeli aut clemētia aut inclemētia sit: oñdit. De aīorū autē nostrorū vi naturaq̄: deq̄ rerū principiis: nōne ita scrutat̃: vt oēs oīm phōrū sectas ac familias nosse illum manifestū sit: Adde ad hęc cognitionē historiarū: Adde q̄ diligentissimus antiq̄tatis & nō modo nr̄arū rerū: sed & grecarū & oīm nationū inuestigator extiterit. Pretereo ius ciuile. Omitto ius pōtificiū priscorum. Pretermitto id quod augurū est: q̄ quidē oīa si ab eo ieiune: si aride: si inculte scripta essent: essent tn̄ ꝑper eorū varium multiplicē ac maximū vsum oī studio cognoscēda nunc autē tā incredibili verborū copia atq̄ elegātia insignita. tam admirabili sniarū grauitate illustrata. tot salibus respersa. tanta stili varietate grauiter ac iocunde composita: cum sint: quis nō vel noctes integras (si opus fuerit) ad diurnas huius poete lectiōes addat: cū summæ vtilitati sūma sit adiuncta voluptas: Hoc ego et si oibus diligēter faciundum censeā: nescio tn̄ an tibi optime & mihi charissime Petre precęteris ꝑstādum sit: ac apprime deceat: verū etiā necessariū existat. Neminē em̄ latet: q̄ tā de te expectationē ob primos ad huiuscemodi studia ingressus: & ingeniū tuum ad oīa facillime assequenda singulari parenti tuo. quantā agnatis atq̄ amicis. quantā deniq̄ ciuibus oībus excitaueris: Qui si tantū poetā recte tenueris: ita ꝓ cōperto te responsurū habeo: vt vel huius solius cognitio si ad reliq̄ quę ꝑclara in te sunt: integra accedat: inter pręclaros viros oīno enumerādus sis: Est iam diu Petre medices princeps in repu. vr̄a domus tua: quę nō fortunę solum munere: sed mł̄to magis virtute ipsa: ita primū sibi locum i ciuitate vendicauit: vt ex cęteris oībus nulla ciuibus fuerit nisi longo interiecto interuallo sibi secunda. Incredibilis fuit in Cosmo ꝓauo tuo: sapientia: & veluti in eo quē variis fluxibus varijsq̄ refluxibus fortuna diutius exercuerat: tam sagax in oī tēperandarū rerū genere prudētia apparuit: tā promptū & cum res ita flagitaret: q̄si extēporaneū: neq̄ tn̄ ob id minus graue cōsiliū: vt q̄cūq̄ ille diceret: ea nō ab humano ore ꝓfecta: sed a diuino oraculo decantata viderent̃. Erat em̄ in eo viro id ꝑcipue quod Vlyssi veluti in rebus humanis oīm maximū Home. tribuit. Nā mores hoīm multorū vidit & vrbes. Hoc igit̃ auctore & magnas res in repu. gestas: & grauissima a validissimis hostibus illata bella ꝓpulsata vidimus. Sola deniq̄ huius viri sapiā: insubrū validum impium: q̄ venetorum potētia iā pene vorauerat: e mediis (vt ita loquar) faucib⁹ ereptū: & Francisco Sphortiæ: qui diutius nr̄is exercitibus imperitauerat porrectū ē: quod q̄dē vnicum eo tp̄e Italię remediū fuerat: ne vniuersa i venetorū ditionē deueniret. Omitto plurima alia & maxima: qbus ille nō solum ꝑ vniuersam ethuriā ac totā Italiā celeber illustrisq̄ & hactenus fuit: & in futurū erit: sed deinde ingēs eius nomē gallias: hispanias: oēmq̄ germaniā: cunctas. ꝑ britanici oceani insulas repleuit. Successit illi Petrus filius: cuius tu nomē refers: q & anteq̄ aduersa valitudie ipediret: plurimis ac maxīs de rebus legatiōibus functus: pplo florētino decus gloriāq̄ i mortalē pepit. Ac deīde cū illi ꝑ valitudinē in senatū venire nō liceret: domi tn̄ sedēs: ac cū suis ciuibus singul' de rebus disceptās: rē nr̄am publicā ita admīstrauit: vt summā i eo prudētiā: summę innocētię cōiunctā oēs cognosceret. Multę elucebāt i eo virtutes. Sed nō est nr̄i instituti: vt familiæ tuæ hoc tp̄e laudes ꝓsequar. Nouissime aūt successit defuncto pr̄i Laurētius parens tuus nōdum plene adolescēs: sed quē natura acerrimo ingenio: studiū vero a teneris vnguiculis assiduū multis iā litteris ornauerat. Verū vix rē attigerat publicā: cū fortuna illū ex trāquillissimo portu i turbulētissimā tēpestatē pepulit: sed vtraq̄ fortuna illū illustrem reddidit. Nā neq̄ i secundis insolētior factus: oīa maxīa ac grauissima tenera illa ætate sese ferre posse indicauit. In diuersis autē quę vel fortissimorū virorū aīos sępe defatigāt: ac postremo cōtundūt: minorē aīm nunq̄ gessit. Nā horrēdis periculis inuicto robore obuiā eundo: amota oī penitus temeritatis suspitiōe: grauissimas difficultates superauit. Exorta est subita: & a nemine expectata volateranorū defectio: eratq̄ apud oēs fere ciues penitus insita mētibus opinio: illos & situ vrbis & murorū ꝓpugnaculorūq̄ robore expugnari: nisi diuturna obsidione nō posse. Accersitur igit̃ senatus: rogantur singuli sniam. Quo quidē tp̄e censebant pene oēs illorū obstinatissime ꝑuicacitati ac insolētię cedendū: illosq̄ modo i fidē redire vellēt: qbuscūq̄ cōditiōib⁹ recipiēdos: potiusq̄ armis cogēdos esse. At Laurētius q̄ hoīm ex ea re insolentiā cognosceret: quiq̄ illorū mētes oīno alienas a florētino noīe intelligeret: iam em̄ & a prīcipib⁹ nōnullis & rebus publicis auxilia ꝑ legatiōes implorarāt: & societatē polliciti fuerāt. Qui deniq̄ aīaduerteret illos impunitate: nō

Procemium Christoferi.

ea daret: ꝑ victoria cōtra nos vsuros neqꝫ vnqꝫ ad sanā mentē redituros: duxit & ad reipu. maiestatē tuendam: & ad manifestissima nouoꝝ ꝑ Italiā tumultuū semia anteqꝫ coalesceret: ꝙ primū extinguēda vehemēter ꝑtinere: vt illi & violati fœderis: & ꝓditę fidei pœnas penderēt. Itaqꝫ: vt est hō ingenio ꝑspicacissimo: & ad oīa vel etiā momētanea celeritate versatili: cūctasqꝫ vtriqꝫ sese rōnes efferrent ī vnū addu xit: ac postremo & rei difficultatē: & ꝑiculoꝝ magnitudinē cū maiestatis publicę iactura cōponens: & q̄d nisi cōtrairet dāni ignominięqꝫ: q̄d rursus si iretur discriminis subeundū esse diu pensitās: tandē in eā sn̄iam deuenit: vt vinceret in viro magnanimo: & ad suę reipu. decus nato: id quod in oībus fortibus insitū semꝑ ac fixū est: vinceret inquā amor patrię: cuius charitatē oīs sapiens cęteris rebus sꝑ ꝑposuit. Quapropter cū in sn̄iam suā ciues hactenus repugnātes: tandē traduxisset: multa circūspectiōe rem aggressus. Inuicto aīo ꝓsecutus: ac postremo cōtra quam multi putarēt assecutus: expugnata vrbe: ppl̄m q̄ olī municipali iure fuerat in deditionē venire coegit: atqꝫ vectigalē pp̄lo florētino esse iussit: Neqꝫ apparebat vnde turbulētior motus post hac exoriri posset: cū paulopost subita: & ꝑter oīm opinionē ex improuiso exorta ꝓcella: te vniuersamqꝫ simul ciuitatem e trāquillissimo portu rursus ī medios fluctus: ac cęcos scopulos retraxit: vt nō paulopost timēdū: sed pręsens ineuitabileqꝫ naufragiū appareret. Dabis suauissime Petre hoc ī loco roganti mihi veniā: si barbaricā illā: & oīm sceleratissimā: ac sine exēplo cōiurationē silētio ꝑterierim: q̄ in tēplo maxīo inter sacra solēnia: & Iulianꝰ frater sęuissime trucidatus: & ipse Laurētiꝰ int̄ strictos: atqꝫ vndiqꝫ eū petentes gladios: iā iā casurus: ita elapsus est: vt nō humano: sed diuīo auxilio: & sua aī ꝑstantia: q̄ audacissimū queqꝫ terrere poterat de manu inimicoꝝ ereptus videat̄. Quāobrē quū scelera tissimi hoīes quod nefaria mente cōceperāt: dolis ꝑficere neq̄rent. id armis statim aggressi sunt. Quo quidē tp̄e quot hostiū genera: ꝙ iidē potentes: ꝙ crudeles: ꝙ validi exercitus: ꝙ improuisi: ꝙ inexpectati vndiqꝫ nos inuasere: q̄ cum vnius innocētissimi iuuenis: & a q̄ nemo offensum se: ne dicā lęsum iure q̄ri posset sanguinē appetere ꝑ se ferrent: & illum simul & libertatē nr̄am ꝑdere ꝓperabāt. Neqꝫ solū humanis armis q̄bus mortaliū ambitio nōnunqꝫ sęuire consueuit: sed diuinis: si ea tn̄ diuīa appellanda sunt: q̄ impie ac nefarie aduersus dei ꝑcepta adhibent̄: cōtra nos pugnatū ē. Nā eodē tp̄e & fines nr̄i igni ferroqꝫ vastabant̄: pecora abigebant̄: virgines e matrū amplexu in hostilē libidinem rapiebant̄: viri miserrime cędebant̄: eodē (inquā) tp̄e hęc oīa impie nefarie ac penitus barbarice tragiceqꝫ fiebāt: & Romę proh scelus inauditū oīm grauissimaꝝ nr̄e religiōis aīaduersionū genere sęuiebat̄. Ac in eū viꝝ eūqꝫ ppl̄m q̄ vera religione nulli secūdus est: eas execratiōes effundebat: q̄ a bono pontifice nō nisi extrema necessitate īpellente in perfidos christiani noīs hostes raro effundi cōsueuere. Interdictū est sacris: ī ea vrbe in q̄ nusqꝫ alibi: neqꝫ plura: neqꝫ splendidiora: neqꝫ cultiora tēpla erecta cernunt̄: nec maiori sacroꝝ pompa: nec frequentiori pp̄lo res dīna celebrat̄. In ea (inquā) vrbe in qua q̄cunqꝫ te vertas: & magna: & freq̄ntia: & rerū oīum copia ornata ad diuīos honores peragendos ædificia a medica familia suis votis: suisqꝫ sumptibus dedicata sese offerāt. O impiū facinus: & multis ætatibus inauditū. O durissima tp̄a: & sęcula fere ferrea: ī q̄bus a xp̄iana rep. is exul factus sit: qui semꝑ se nō verbis solū ac moribus: sed oī rerum genere christianū exhibuit: Multa prudēs sciensqꝫ ꝑtereo: ne tantaꝝ calamitatum acerbissimū vulnus quod iā pene coiuit nunc refricē. Cupio ei multaꝝ reꝝ quaꝝ recordatiōe etiā nūc horret animus obliuisci. Cupio crudelissimoꝝ tragicā sęuientē: & barbaricā rabiē e memoria delere. Cupio & id in primis: intestinaꝝ fraudulentoꝝ auctoꝝ insidiarum nō recordari. Quod em̄ esse censes Petre medices: q̄ nec sceleꝝ magnitudine cōcitatus reticere: nec rursus multis causis coercitus recēsere valeā. Nō tn̄ in tam horrēdis ꝑiculis cōstitutus Laurētius: cum neqꝫ cui se satis tuto crederet: neqꝫ a q̄ caueret satis certo sciret: ex excellentię suę gradu neqꝫ vnqꝫ cessit: neqꝫ q̄cq̄ de aī inuicti magnitudine imminuit. Itaqꝫ cū sapientissime q̄ queqꝫ via agenda essent: q̄ rōne: aut hoc vitandū: aut illi obuiā eundū ꝓuidisset: qua aī magnitudine imortalis deus maxīa queqꝫ ꝑicula aggressus est: quā nunqꝫ ī glr̄ię vitę cupidū sese ōndit. Quā cōtra & publicę libertatis: maiestatisqꝫ: & suę dignitatis oī tp̄e oī loco apud om̄e hoīm genus sese acerrimū ꝓpugnatorē exhibuit. Quod em̄ vnqꝫ discrimen ī tā sibi inimica fortuna adeo tremendū accidit: q̄d eum a cōstanti ī decoro seruando ꝓposito alienaret? Quando illi aut cōfidētia: q̄ auctore in magnis ac honestis rebus plurimū firmatis: ac roboris certa cū spe animꝰ sibi cōpar illi defuit? q̄n a ꝑseuerantia q̄ est ī re bene suscepta stabilis ꝑpetuaqꝫ mās io vnqꝫ deiectus est: quādo deniqꝫ patientia: q̄ preclarissima fortitudinis comite res arduas: ac difficiles vtiliatis honestatisqꝫ cā diuturne equanimiterqꝫ ꝑferimus illū deseruit. Quapropter ita vniuersum hūc locū cōcludā: huius viri: huius inqꝫ viri sapīa atqꝫ aī excellentia: nr̄ę reip. libertatē ex sęuissimoꝝ hostiū faucibus ereptā: nobisqꝫ restitutā esse. Hoc auctore ac duce: maiestatis publicę dignitas: q̄ pene iā extincta esset: nō solū in pristinū gradum reuocata est: sed amplior multo atqꝫ illustrior reddita: Sed vt ad alia laboriosa illa q̄dē: sed minus iniq̄ tandē trāseat oro: cuius obsecro viri in ferrariēsi impio a seruitute liberādo maior ꝓmptiorqꝫ oꝑa atqꝫ industria ꝙ Laurētii apparuit? Taceo multa q̄ totius italię firmissimo testimonio cōuīcere facile possim. Sed nolo dū vnū laudo: ī nōnulloꝝ: q̄ etiā magna laude digni sunt odiū incurrere. Quo bello cōfecto fuit oīm opinio cū florentini pp̄li opes vehemēter attritas: & multoꝝ annoꝝ bellis ærariū exhaustum: viderēt ciues: ipsos grauissimis assiduisqꝫ vectigalibus diu defatigatos libēter q̄eturos. At Laurētius nihil ex vsu publico esse putās: q̄d notā aliquā inureret: fessam ciuitatē grauissimis argumētis ī eā sn̄iam attraxit: vt Sergianā vrbē de genuēsibus penso auro a nobis demptā: ac ꝑinde de ipsaꝝ induciaꝝ tp̄s ab iisdē ꝑ sūmā fraudē ereptā iustissimis armis repeteremꝰ: sumpta ē igit̄ expeditio ac robusto validoqꝫ exercitu in hostilē agꝝ ꝓperatū. Veꝝ cū a Petro sanctensibus nr̄ę copię. ne ī ea q̄ nr̄a essent venirēt: grauia impedimenta inferrent̄: in eos oīs belli moles cōuersa est. Erat autem oppidū nō solū arce mœnibusqꝫ munitissimū. Sed magna militū copia: magna armoꝝ: magna tormentorū vi refertissimū: & om̄e missilium genere īstructū. Oppugnabat̄ sūma ducū prudētia: sūmo militū robore: ac audacia. Nihil intentatū: nihil inausum relinq̄bat̄: nec tn̄ antea in deditionē receptū oppidū est: ꝙ ipse ī castra ꝓfectus sit: cuius q̄dem aduentu lętāta vndiqꝫ nr̄is: accessit auctoritas: tātus hostibus metus: vt statim se suaqꝫ oīa florētino pp̄lo dederent: ac Laurētii fidei cuncta cōmitterent: postulabat post hęc reip. ratio: vt sergianā obsideremus. Veꝝ coegit ppl̄m florētinū subita inuasio neapolitani regni: vt iustissimū bellū aduersus fidefragos hostes ī aliud tp̄s reiiceret: & victor exercitꝰ ad defensionē cōfœderati regis traduceret̄. Multa hic taceo: q̄bus solis vel īmortalis glr̄ia parentis tui ꝓpagari possit. Erat aūt maior ciuiū pars ī ea sn̄ia: vt nr̄orū potius ꝙ aliorū rō haberet̄. Grandia erant munera: et honorificētissima: quę publice priuatimqꝫ offerebant̄: si ociose rei euentū spectaremus: poterātqꝫ omībus bonis id approbātibus suscipi. Verū ille nihil antiquius reip. esse debere: nihilqꝫ magis ad eum viꝝ qui multa virtute excellens: & esse: & haberi vellet ꝑtinere arbitratus: ꝙ fidē publice datā seruare. id: ne longior sim ꝑstitit: q̄d nisi ꝑstitisset: sed nō possum oīa q̄ sentio. Verū sine iactura silentio hęc ꝑtereo: q̄niā neminē latere pn̄t. Sortitū est tandē bellū illud eum euētum: in quem vires oēs suas Lau. intenderat. nō solum fortuna: sed multo magis sapīa in ea re sibi operā nauante. Ex q̄bus oībus id inuidorū etiā virorū iudicio assecutus est: vt ī rebus maximis agendis: ac domi forisqꝫ admīstrādis vniuersa italia primas prudentię fortitudinisqꝫ partes illi sine cōtrouersia cōcedat. Quod iccirco mirabilius multo videt̄: q̄niā paulo ante ī eū locū infœlicicissimis casibus deiectus abiectusqꝫ fuerat: vt maior hoīum pars fortunę temeritatem secuta: illū penitus negligerent. Nihil dicā de recepta sergiana: q̄ expugnatio & obstinatiōe roboreqꝫ hostium: & loci natura: & numero ex oī genere tormētorū difficilima: ac diuturna videret̄: ꝓfectus est ipse in castra: eiusqꝫ ꝑsentia: & nr̄is aditus: &

hostibus ademptus animus est: cōsilio autē suo multa: quę ad obsidionē expugnationē q; facerent addita: multa etiam immutatata: atq; alio loco: aliaq; forma instituta. Ad quas oēs res addita tanti viri auctoritate breui effectū est: vt illius fide sese dedētes: in potestatē nostrā redirēt sergianenses. Sed vt ipm tandē in vrbem reducā: qd illo in sniā dicēda sapientius: quid in disputādo acutius: quid in cōsultādo velocius: qd in ciuitatis maiestate cōseruāda augēdaq; attentius: vigilātius: tolerātius demū inuenies. Multę vt ī hoīe ciuili sunt in eo lrę: bonus est musicus: bonus architectus: bonus agricola: Eloquentia vero siue extemporanea sit: siue excogitata: & a natura copiosam accepit: & artificio atq; exercitatione illam grauitate: iucunditateq; illustrem reddidit. Verum cum pręter illud ꝑpetuum ac cōtinuatū genus dicendi: alterū quoq; sit quo aut dicentē ita lacessimus: vt & penitus confundat: & quid cōtra respondeat: haud facile inueniat: vt lacessiti ita acute respondemus: vt eum lacessisse poeniteat. Ergo vtrūq; hoc: ita Laurentio concedo: vt cum ab eo discesserim: quē illi secundū adhibeam nō reperiam. Nam quāta vehementia & amaritudine: si ita necessitas cogat: aduersarium veluti telis acerrimis configit: aut quod magis ex ingenio suo est q̄; vrbane: q̄; salse: q̄; facete: q̄; lepide illum eludit. Florentina autē lingua: ita eruditus: ita excultus est: vt si eius: aut elegos: aut lyricos relegas: eum omnibus nostri sęculi poetis facile anteponas: & ad priscos illos proxime omnino accedere iudices. Sed dices: quorsum hęc in procemii angustiis intrudis: atq; inculcas: quæ vix longiori historia satis pro dignitate explicari possent? Nempe vt intelligas voluisse me non externis: sed domesticis exemplis hortari te: vt eadem via qua parens tuus pergens iisdē virtutibus ad eandē nominis gloriā peruenires: presertim cū ille tam exacta cura ac diligentia operā semper dederit nequa ex iis rebus quibus bonas omēs artes facilius acquirimus tibi adesset. Plurima sunt quæ in illo admirer: sed illud p̄ cæteris q; in [illegible] educandis: indulgentioris quidē parentis nunq; : opimi vero ac sapientissimi semper summa sedulitate officiū cōpleu[illegible]t: in te vero informādo: instituēdo: atq; erudiendo: quid vnq; omisit. Nam q̄uis ipse ꝑ te quotidie admoneret: pręciperet: ac iuberet: tamē cū sciret q̄nti esset: ne a p̄ceptoris latere vnq; discederes: ex omī hoīm doctoꝝ copia Angelū politianū elegit: virū multa: ac varia doctrina eruditū: poetā vero egregiū: egregiūq; oratorē: ac deniq; totius antiquitatis diligentē ꝑscrutatorē: cui puerilē ætatem tuā: & optimis moribus fingendā: & optimis artibus: ac disciplinis excolendā traderet. Verū cum ad parētis preceptorisq; diligentiā: acutissimū quoq; ingeniū tuū: & ardentissimum studiū accederet: pro miraculo omnino est q̄; breui: q̄; maxime moribus atq; doctrina ꝓfeceris. Verum vt alia omittam vix tertium supra decimū ætatis annū impleueras: cū ita latine loquereris: vt florētine: ac ita pene grece: vt latine. Sed ne assentator potiusq; adhortator videar: plurima ad p̄sens omittā. Id solū addā: tui te parētis verā esse imaginem: esseq; manifestissima in tua tenera ætate signa: in q̄bus nobis spes certissima sit: cū in adultos annos ꝑueneris: illū te ꝑ omēs gradus actuꝝ: atq; exp̄ssurū esse: sed nos iam. P. V. interp̄tatiōes ita ꝓsequemur: vt seorsum seruianę: a nostris in codice describanē: cum vero ad æneidos volumen deuenerimus: ea quoq; quę Donati sunt: in breuiarium redacta: atq; ꝑ epithoma descripta: suo nomine interserenda curabimus.

VIRGILIVS Maro parentibus modicis fuit: & precipue patre Marone: quem quidam opificem figulum: plures magi cuiusdam viatoris initio mercenarium: mox ob industriam generum tradiderunt: quē cū agricolationi reiq; rusticę: & gregib⁹ præfecisset socer: syluis coemēdis: & apib⁹ curandis reculam auxit: natus est. CN. Pompeio magno: & M. Licinio. Crasso primū cons. Iduum Octobrium die in pago: qui andes dicitur: qui est a Mantua non procul. Pręgnans eo mater Maia somniauit enixā se laureum ramum: quē n cōtacta terra confestim cerneret coaluisse: & excreuisse ilico in speciem maturę arboris refectę variis pomis: & floribus: ac sequenti luce cum marito rus ꝓpinquū petens ex itinere diuertit: atq; in subiecta fossa partu leuata est. Ferunt infantē vt fuit editus: nec euagisse: & adeo miti vultu fuisse: vt haud dubiā spē posterioris genitureę iā tum indicaret. Et accessit aliud præsagiū. Siquidē virga populea more regionis in puerperiis eodē statim loco depacta: ita breui coaluit: vt multo ante satas populos adęquasset: Quę arbor Virgilij. ex eo dicta atq; cōsecrata est summa grauidaꝝ: & foetarū religione: suscipiētiū ibi & soluentiū vota. Initia ætatis: id est vsq; ad septimū annū cremone egit: & xvii. anno virilē togā coepit: illis cōsulibus iteꝝ quibus nat⁹ erat. Euenitq; vt eo ipso die Lucreti⁹ poeta decederet: sed Virgili⁹ a cremona Mediolanū: & inde paulopost Neapolim trāsiit: vbi cū lrīs: & grecis: & latinis vehemētissimā operā dedisset: tandē oī cura: oīq; studio indulsit medicinę & mathematicis. Quibus rebus cū ante alios eruditior: peritiorq; esset: se in vrbē cōtulit. Statimq; mgr̄i stabuli equoꝝ Augusti amicitiā nactus: multos variosq; morbos incidētes equis curauit. At illi Augustus in mercedem i n gulis dieb⁹ panes Virgilio: vt vni ex stabulariis dari iussit. Interea a Crotoniatis pullus equi mirę pulchritudinis Cæsari dono fuit missus: qui oīm iudicio spem portendebat ꝟtutis & celeritatis īmensę. Hunc cū aspexisset Maro: mgr̄o stabuli dixit natū esse ex morbosa equa: & nō virib⁹ valiturū: nec celeritate. Idq; veꝝ fuisse inuētū est. quod cū mgr̄ stabuli Augusto recitasset: duplicari ipsi ī mercedē panis iussit. Cū itē ex Hispania Augusto canes duo mitterenē: & parētes eoꝝ: dixit Virgilius: & animū celeritatēq; futurā. Quo cognito mādat iteꝝ augmētari Virgilio panes. Dubitauit August⁹ Octaui ne filius eēt: an alterius: Id ꝓ Maronē apire posse arbitratus ē: quia canū: & equi naturā: parētesq; cognorat. Amotis igit̄ oibus arbitris: illū in penitiorē partē domus vocat: & solū rogat: an sciat: q̄snā eēt: & quā ad foelicitādos hoīes facultatē hr̄et. Noui inq̄t Maro te Cæsarē Augustū: & ferme æquā cū diis imortalibus ꝑtātē habere: vt quēuis foelicē facias. Eo aīo sum r̄ndit Cæsar: vt si veꝝ ꝓ rogatu dixeris: beatū te foelicēq; reddā. Vtinā ait Maro interrogāti tibi vera dicere queā. Tūc Augustus: Putāt alii me natū Octauio. q̄dā suspicant alio me genitū viro. Maro subridens. facile inq̄t: si impune licēterq; q̄ sentio loq; iubes id dicā. affirmat Cæsar iureiurādo nullū eius dictū ægre laturꝝ: imo nō nisi donatū ab eo discessuꝝ: ad hęc oculos oculis Augusti infigens Maro. facilius ait: in cęteris aīalib⁹ qualitates parentū: mathematicis: & philosophia cognosci possunt: in hoīe nequaq; possibile est: sed de te coniecturam habeo similē veri: vt quid exercuerit pater tuus scire possim. Attente expectabat. Augustus quid nā diceret. At ille: q̄ntum ego rē intelligere possum: pistoris filius es inquit. Obstupuerat Cæsar: & statim q̄ id pacto fieri potuerit: aīo voluebat. Interrūpens Virgi. audi inq̄t q̄ pacto id cōiicio. Cū q̄dā enūciarim p̄dixerimq; q̄ intelligi sciriq; nō nisi ab eruditissimis sūmisq; viris potuissent. tu priceps orbis. itē & itē panes in mercedē dari iussisti: qd quidē aut pistoris: aut nati pistore officium erat. At deinceps inquit Cæsar. non a pistore: sed a rege magnanimo dona feres. Placuit Cæsari facetia: illūq; plurimi fecit: & Pollioni cōmēdauit. Corpore & statura fuit grandi: aq̄lino colore: facie rusticana: valitudine varia. Nam plerūq; ab stomacho: et faucibus: ac dolore capitis laborabat: sanguinem etiam sępius eiecit: cibi vinīq; minimi: Fama est eum libidinis pronioris in pueros fuisse: sed boni ita eum pueros amasse putauerunt: vt Socrates Alcibiadem: & Plato suos pueros. Verum inter omēs maxime dilexit Cebetē: & Alexandrū: quē secūda bucolicorū æglogā Alexim appellat. Donatū sibi ab Asinio Pollione: vtrunq; nō ineruditum dimisit. Nā Alexandrū Grāmaticū Cebetem vero & poetā. vulgatū est cōsueuisse eum cū Plotia Hieria sed Asconius Pedian⁹ affirmat ipsum postea maioribus natu narrare solitū: inuitatū q̄dē se a Varo ad cōitionem mulieris: veꝝ ꝑtinacissime recusasse: cætera sane vita: & ore & animo iam probum fuisse constat: vt Neapoli Parthenias appellaretur vulgo. Ac si quando Romæ quo rarissime cõmeabat viseretur: in publico sectantes demonstrantesq; se subterfugeret in proximum tectum. Bona autem cuiusdam exulantis offerente Augusto: non sustinuit accipere. Possedit prope centies sextertiũ ex liberalitatibus amicorum: habuitq; domum Romæ in exquiliis: iuxta hortos Mecœnatis: q̃q̃ secessu campaniæ: siciliæq; plurimũ vteretur. Quęcunq; ab Augusto peteret: repulsam nusq̃ habuit. Parentibus quot annis aurum ad abundantem alitũ mittebat: quos iam grandis amisit: ex quibus patrem oculis captum: & duos fratres germanos Silonem impuberẽ: Flaccum iam adultum: cuius exitum sub nomine Daphnidis deflet: Inter cętera studia (vt supra diximus) medicinę quoq;: ac maxime mathematicæ operam dedit. Egit & causam vnam omĩno: nec amplius q̃ semel. Sermone tardissimum: ac pene indocto similem fuisse Melisius tradidit. Poeticam puer adhuc auspicatus in balistam ludi magistrum ob infamiam latrociniorum coopertũ lapidibus distichon fecit. Monte sub hoc lapidum tegitur balista sepultus: Nocte die tutum carpe viator iter: deinde Cathalecton: & Moretum: & Priapeiam: & Epigrãmata: & Diras: & Culicẽ: cum esset annorum .xxv. cuius materia talis est. Pastor fatigatus æstu: cum sub arbore obdormisset: & serpens ad illum prorepere: e palude culex prouolauit: atq; inter duo tempora aculeum fixit pastori. At ille continuo culicem contriuit: & visam serpentẽ interemit: ac sepulchrũ culici statuit: & distichon fecit. Parue culex: pecudũ custos tibi tale merenti. Funeris officiũ uitæ pro munere redit. Scripsit etiã: de qua ambigit̃ ætnam: & mox cũ res romanas inchoasset offensus materia: & nominũ asperitate: ad buccolica transit: maxime vt Asinium Pollionem: Alphenum: Varũ: & Corneliũ Gallum celebraret: quia in distributõne agrorũ qui post philippensem victoriã veteranis triũ virorũ iussu trãs padũ diuidebãt: indẽnẽ se p̃stitissent: deĩde Georgica ĩ honorẽ Mecœnatis edidit: cũ sibi vix dũ noto: opẽ tulisset aduersus Claudii Veterani milites: vel vt alii putant Arii cẽturionis violẽtiã: a quo in altercatõne litis agrariæ parum abfuit quin occideretur. Nouissime autem æneidem agressus est. Argumentum varium: & multiplex: & quasi amborum Homeri carminum instar. Præterea nominibus ac rebus græcis latinisq; cõmune: & in quo quod maxime studebat Romanæ simul vrbis: & Augusti origo contineretur. Cum Georgica scriberet: traditur quotidie mediatos mane plurimos versus dictare solitũ: ac per totũ diem retractando ad paucissimos redigere. nõ absurde: carmen se vrsæ more parere dicens: & lãbendo demũ effingere. Aeneida prosaica prius oratione formatã: digestãq; in duodecim libros particulatim cõponere instituit: vt quidã tradunt. Alii eius sententiæ sunt: vt existiment eũ si diutius vixisset quottuor & .xx. libros vsq; Augusti tempora scripturũ: atq; alia quidẽ percursurũ. Augusti vero gesta diligẽtissime executurũ: q̃ppe qui dũ scriberet: ne q̃d impetũ moraret̃: quędã imp̃fecta reliquit. Alia leuissimis versibus scripsit: quos per iocum pro tigillis: vel tibicinibus interpuni a se dicebat ad sustinendũ opus: donec solidæ columbæ aduenirẽt. Buccolica triennio asinii Pollionis suasu perfecit. Hic trans padũ prouinciã regebat: cuius fauore cũ veteranis Augu. militibus cremonensium: & mantuanorũ agri distribuerent̃. suos Virgilius nõ amisit. Facta eñi distributione: suos Claudio seu Arrio datos recuperauit. Hunc Pollionem maxime amauit Maro: & ab eo magna munera tulit. Quippe qui inuitatus ad cœnam: captus pulchritudine: & diligentia Alexandri Pollionis pueri: eum dono accepit. Huius Pollionis filiũ. C. Asinium: et Corneliũ Gallũ oratorẽ clarum: & poetã nõ mediocrem miro amore dilexit Virgilius: Is trãstulit euphorionẽ in latinum: & libris quattuor amores suos de Cytheride scripsit. Hic primo in amicitia Cæsaris Augusti fuit: postea in suspitionẽ cõiurationis cõtra illum ductus occisus est. Verũ vsq; adeo hunc Gallum Virgilius amarat: vt quartus Georgicorũ a medio vsq; ad finem eius laudẽ contineret: quẽ postea iubente Augusto in Aristæi fabulã commutauit. Georgica septennio Neapoli. Aeneida: partim in sicilia: partim in Campania .xi. annis cõfecit. Buccolica eo successu edidit: vt in scæna quoq; per cantores crebra pronunciatione recitarẽtur. at cum Cicero quosdã versus audisset: & statim acri iudicio intellexisset: non cõmuni vena editos: iussit ab initio totã æglogam recitari: quam cum acurate pernotasset in fine ait. Magnę spes altera Romæ: quasi ipse linguæ latinæ spes prima fuisset: & Maro futurus esset secunda: quæ verba postea æneidi ipse inseruit. Georgica reuersa ab actiaca victoria Augu. atq; reficiendarũ virium causa Attelle cõmoranti per continuum quadriduum legit: suscipiente Mecœnate legendi vicem: quotiens interpellaretur ipse vocis offensione. Pronunciauit autẽ maxima cũ suauitate: & lenociniis miris. Seneca tradidit Iulium montanum solitũ dicere: inuolaturum se quædam Virgilio: si & vocẽ posset: & os: & hypocrisim. Eosdem eñi versus eo pronunciante bene sonare. Sine illo inarescere quasi mutos. Aeneidos vix cœptæ tanta extitit fama: vt Sextus Pompeius nõ dubitarit sic prædicare. Cedite Romani scriptores: cedite grai. Nescio quid maius nascitur iliade. Augustus vero cum iam forte expeditione cãtabrica adesset: & supplicibus: atq; minacibus per iocum litteris efflagitaret: vt sibi de æneide: vt ipsiꝰ verba sunt: vel prima carminis hypographa: vel quodlibet colon mitteret: negauit se facturũ Virgiliꝰ. Cui tamen multo post perfecta demum materia tris omnino libros recitauit: secundũ videlicet quartũ: & sextum. Sed hunc pręcipue ob Octauiam: quæ cũ recitationi interesset ad illos de filio suo versus. Tu Marcellus eris: defecisse fertur: atq; ægre refocillata: dena sextertia pro singulo versu Virgilio dari iussit. Recitauit & pluribus: sed neq; freq̃uẽter. & ferme illa: de quibus ambigebat: quo magis iudicium hominũ experiretur. Erotem librarium & libertũ eius exactæ iam senectutis tradunt referre solitum: quondam in recitando eum duos dimidiatos versus cõplesse ex tempore. Misenum Aeolidẽ adiecisse: quo nõ præstantior alter. Item huic: Aere ciere viros: simili calore iactatum subiunxisse: martemq; accendere cantu. Statimq; sibi imperasse: vt vtrũq; volumini ascriberet.

Bucolica Georgicaq; emẽdauit. Anno vero .lii. vt vltimã manũ æneidi imponeret: statuit in greciã & asiã secedere: triennioq; cõtinuo omnẽ operã limationi dare: vt in reliqua vita tantũ philosophiæ vacaret. Sed cũ agressus iter athenis. occurrisset Augusto ab oriente romã reuertenti: vnacum Cæsare redire destinauit. At cum Megera vicinum athenis oppidum visendi gr̃a peteret: lãguorẽ nactus est: quẽ nõ intermissa nauigatio auxit. Ita vt grauior in dies tandem Brundusiũ aduentarit: vbi diebus paucis obiit .x. kal. Octo. CN. Pl ncio. Q. Lucretio consulibus: qui cũ grauari morbo sese sentiret: scrinia sæpe: & magna instantia petiuit: crematurus æneida: q̃bus negatis testamẽto cõburi iussit: vt rem inemendatã imp̃fectãq;. Verũ Tucca & Varus m onuerũt id Augustũ nõ permissurũ. Tunc eidem Varro ac simul Tuccæ scripta sub ea conditione legauit: ne quid adderẽt: quod a se editum nõ esset: & versus etiam imp̃fectos: si qui erant relinquerent. Voluit etiã eius ossa Neopolim transferri: vbi diu & suauissime vixerat: ac extrema valitudine hoc ipse sibi epitaphium fecit distichon Translata igit̃ iussu Augu. eius ossa prout statuerat Neapolim fuere: sepultaq; via puteolana intra lapidem secundũ: suoq; sepulchro id distichon: quod fecerat inscriptum est. Mantua me genuit: calabri rapuere: tenet nunc Parthenope: cecini pascua: rura: duces. Heredes fecit: ex dimidia parte Valerium proculum fratrem ex alio patre: ex quarta Augustum: ex .xii. Mecœnatem. ex reliqua. L. Varum & Plociũ Tuccam: qui eius æneidem post obitum: prout petiuerat iussu Cæsaris emendarunt. Nam nullius omnino sententia crematu æneis digna visa fuit: de qua re Sulpitii carthaginẽsis extant huiuscemodi versus. Iusserat hæc rapidis aboleri carmina flammis Virgilius. Phrygium quę cecinere ducem Tucca vetat: Varusq; simul: tu maxime Cæsar: non sinis: & latiæ cõsulis historiæ. Infœlix gemino cecidit ꝓpe pergamos igni. Et bene ẽ alio troia cremata rogo. Extant & Augusti de ipsa eadẽ rę versus plures & clarissimi: quorũ initium ita ęst. Ergo ne supremis potuit vox improba verbis Tã dirum mandare nefas:ergo ibit in ignis. Magnaq; doctiloqui morietur musa Maronis: Et paulopost. Sed legū ē seruanda fides: suprema voluntas. Quod mandat fieriq; iubet parere necesse est. Frangat potius legū veneranda potestas. Quā tot cōgestos noctesq; diesq; labores hauserit vna dies: Et quæ sequūtur. Nihil igitur auctore Augusto Varrus edidit. quod & Maro præceperat: sed summatim emendauit: vt qui versus etiā imperfectos si qui erant: reliquit. Hos multi mox supplere conati nō perinde valuerūt ob difficultatē: ꝙ omnia fere apud eum emistichia: præter illud quē tibi iā Troia peperit: sensum videnī habere perfectū. Nisius grāmaticus audisse se a senioribus dicebat Varum duoꝝ libroꝝ ordinem cōmutasse: & qui tum secūdus erat in tertium locū transtulisse: etiā primi libri correxisse principiū: his demptis versibus. Ille ego qui quondam gracili modulatus auena: Carmen: & egressus syluis vicina coegi: Vt q̄uis auido parerent arua colono. Gratum opus agricolis: at nunc horrentia martis Arma virumq; cano. Nec Virgilius qui columen linguæ latinæ fuit: caruit obtrectatoribus. In Bucolicis enim duas aeglogas: sed insulsissimæ Paro quidam deridet: & sic deridendo incipit.

Tityre si toga calda tibi est: quo tegmine fagi: Sequentis. Dic mihi Damoeta cuiū pecus: an ne latinū: Non: verū aegonis: nostri sic rure loquuntur. Alius recitante eo ex Georgicis. Nudus ara: fere nudus. subiecit: habebis frigora febrem. Est & aduersus aeneida liber Carbillii pictoris titulo aeneido mastix. M. Vipranius eum a Macœnate suppositum appellabat: nouæ cacozilæ repertorem: neq; tumidum neq; exilem: sed cōmunibus verbis opus illud confecisse. Herenius vitia eius tantum cōtraxit. Perilius Faustinus furta. Sunt & Quinti Octaui Auiti volumina: Quib⁹ annotantur quos: & vnde versus transtulerit. Asconius Pedianus libro quem contra obtrectatores Virgilii scripsit pauca admodum ei obiecta proponit: & potissimū quod nō recte historiā contexuit: & ꝙ pleraq; ab Homero sumpsit: sed hoc crimen sic defendere assuetum ait: Cur non illi quoq; eadē furta tentarent. Verum intellecturos facilius esse Herculi clauam quā Homero versum surripere: & tamē destinasse secedere: vt omnia ad satietatē maliuolorū decideret: Refert etiā Pedianus benignum cultoremq; omniū bonoꝝ: atq; eruditoꝝ fuisse: & vsq; adeo inuidia expertem fuisse: vt si quid erudite dictum inspiceret alterius: nō minus gauderet: ac si suū fuisset: neminē vituperare: laudare bonos: ea humanitate esse: vt nisi peruersus maxime quisq; illū non diligeret modo: sed amaret: Nil proprii habere videbatur. Eius bibliotheca non minus aliis doctis patebat ac sibi. Illudq; Euripedis antiqui sæpe vsurpabat τοιον φιλων κοινα Cōmunia amicorū esse omnia. Quare coæuos omēs poetas ita adiunctos habuit: vt cum inter se plurimum inuidia arderent: illum vna omnes colerent. Varus Tucca: Horatius: Callus: Propertius. Anser vero quoniā Antonii partes secutus est illum nō obseruasse dicitur. Cornificius ob peruersam naturā illum nō tulit. Glorię vero adeo cōtemptor fuit: vt cum quidā versus quosdam sibi adscriberent: eaq; re docti haberenī: non modo ęgre nō ferebat: imo voluptuosum id erat. Cum enī distichon quod laudem fœlicitatemq; Augusti cōtinebat fecisset. Valuisq; non nominato auctore infixisset: id erat huiusmodi. Nocte pluit tota: redeunt spectacula mane.

Diuisum imperium cū Ioue Cęsar habet. Diu queritans Augustus cuiusnam hi versus essent: eorū auctorem nō inueniebat: Bactillus vero poeta quidā mediocris: tacentibus aliis sibi adscripsit. Quāobrem Donatus honoratusq; a Cęsare fuit: quod ęquo animo nō ferens Virgilius iisdem valuis affixit quater hoc principium. Sic vos nō vobis: Postulabat Augustus vt hi versus cōplerentur: ꝙ cum frustra aliqui conati essent. virgilius pręposito disticho sic subiūxit. Hos ego versiculos feci: tulit alter honores. Sic vos nō vobis nidificatis aues. Sic vos nō vobis velera fertis oues. Sic vos non vobis mellificatis apes. Sic vos non vobis fertis aratra boues. Quo cognito aliquādiu Batylus Romę fabula fuit: Maro vero exaltatior Cum is aliquando Ennium in manu haberet: rogareturq; quidnam faceret: Respōdit se aurum colligere de stercore Ennii. Habet enim poeta ille egregias sententias sub verbis non multum ornatis. Inter roganti Augusto quo pacto ciuitas fœliciter gubernaretur. Si prudentiores inquit temonem tenuerint: & boni malis pręponantur. Itaq; optimi suos habeant honores: nulli tamen aliorum iniusti quicquā fiat. At Mœcenas quid inquit Virgilii satietatem homini non affert. Omnium rerum respondit: aut similitudo: aut multitudo stomachum facit pręter intelligere. Item interrogauit quo pacto quis altam fœlicemq; eius fortunam seruare potest. Cui Maro: Si quantum honore a diuitiis aliis pręstantior sit: tanto liberalitate & iusticia alios superare nitatur. Solitus erat dicere nullā virtutem commodiorem homini esse patientia: ac nullam asperam adeo esse fortunam: quam prudenter patiendo vir fortis non vincat. Quam sentētiam in quinto ęneidos inseruit: Nate dea quo fata trahant retrahātq; sequamur. Quicquid erit superanda omnis fortuna ferenda est. Cum quidam eius amicus Cornificii in eum maledicta: & inimicitias sibi narraret. Quam putas (inquit) esse huiusce rei maliuolentię causam. Nam neq; vnquā Cornificium offendi: & eum amo: an inquit Hesiodi sententię non meministi: vbi ait: Architectum architecto inuidere: poętam poetę. De malis inquit gręcus ille intellexit. Nam boni eruditiores amant. Sed magna cum mea laude: & gloria vindictam in manu habeo: maiore enim cura virtuti intendam: atq; quo elegantior fiam: eo magis inuidia rumpetur. Erat Augusto familiaris Filistus quidam orator: & poesim mediocriter doctus: cui multiplex variumq; ingenium erat: qui omnium omnia dicta reprehendere conabatur. non vt verū dignosceret: quod Socrates facere consueuit: sed vt eruditior videretur. Hic Virgiliū vbicunq; cōuenire dabatur maledictis salibusq; vexabat. Quare ille sępe aut tacibūdus dissedebat: & suffusus pudore tacebat. Verum cum Augusto audiente elinguem illum diceret: & causam etiā suam si linguam haberet: defendere nequiret. Tace inquit rabula: nam hęc mea taciturnitas defensorē causarū mearum Augustū fecit & Mœcenatem: & ea tuba cum volo loquor: quę vbiq; & diutissime audietur. Tu loquacitate: non modo aures hominum: sed muros rumpis. Augustus vero Filistum graui vultu increpauit. Tunc Maro si tempus Cęsar (inquit) tacendi hic sciret: raro loqueretur. Tacendum enim semper est: nisi cum taciturnitas tibi noceat: aut oratio aliis prosit. Nam qui contendit: & cōtentionis finis vtilis q̄ sit nō nouit: stultis illum annumerandum sapientes putant. Posteaq̄ Augustus summa reꝝ omniū potitus est: venit in mentē an cōduceret tyrannidē cōmittere: & omnē potestatē annuis consulibus: & senatui rempubli. reddere. in qua re diuersę sententię cōsultos habuit Mecœnatem: & Agrippā. Agrippa enim vtile sibi fore etiā si honestū nō esset relinquere tyrannidē longa oratione. Contendit: quod Mecœnas dehortari magnopere conabatur: quare Augusti animus & hinc ferebatur & illinc. Erant enim diuersę sententię variis rationibus firmatę. Rogauit igitur Maronem an cōferat priuato homini se in sua republi. tyrannum facere. Tum ille omnibus ferme inquit rempubli. occupantibus molesta ipsa tyrannis fuit & ciuibus: qui necesse erat propter odia subditorum: aut eorū iniusticiam magna suspitione: magnoq; timore viuere: sed si ciues iustū aliquē scirent: quē amarent: plurimum ciuitati id vtile foret. si ī eo vno oīs potestas esset. Quare si iusticiam: (quod modo facis) omnibus in futurū nulla hominum facta compositione: distribues: dominari te: & tibi conducet: & orbi. Beniuolentiam enim omnium habes: vt deum te & adorent & credant. Eius sententiam secutus Cæsar principatū tenuit. Audiuit a Silone pręcepta Epicuri: cuius doctrine sociū habuit Varum: q̄uis diuersorum philosophorū opiniones libris suis inseruisse de anima maxime videatur: ipse tamē fuit achademicus. Nam Platonis sentētias oīb⁹ aliis prętulit. Nunc q̄niā de auctore summatim diximus: de ipso iam carmine dicendum videtur: quod bifariam tractari solet. hoc est: & ante opus & in ipso opere. Ante opus titulus: causam: intẽtio. Titulꝰ in q̃ querit cuius sit: & quare hoc potissimũ sibi ad scribendũ poeta præsumpserit. Intentio: in q̃ cognoscit q̃d efficere conet poeta. In ipso opere sane tria spectant: numerus: ordo: explanatio. Quãuis igit multa ψευδογραφη: id est falsa inscriptiõe sub alieno noĩe sunt prolata: vt thyestes tragœdia huius poetæ. quã Varrus edidit pro sua: & alia huiuscemodi: tamẽ Bucolica liquido Virgilii esse minime dubitandum est: præsertim cum ipse poeta tanq̃ hoc metuens principiũ huius opis: & in principio æneĩ. & in alio carmine suum esse testatus sit: sic dicens: Ille ego qui quondam gracili modulatus auena: & reliqua. Et carmina qui lusi pastorum audaxq̃ iuuenta. Tityre te patulę cecini sub tegmine fagi. Bucolica autẽ & dici & recte appellari: vel hoc solum indicium suffecerat: ꝙ hoc eodem nomine apud Theocricum censeatur. Verum ratio quoq̃ demonstranda est: Tria sunt pastorũ genera: quæ dignitatem in bucolicis habent: quoꝝ qui minimi sunt αἰπόλοι dicuntur a græcis: iidem a nobis caprarii: Paulo honoratiores qui: ποιμένεσ .i. opiliones dicũtur. Honestissimi: & maximi βουκόλοι: quos bubulcos dicimus: Vnde igitur magis decuit pastorali carmini nomen imponi: q̃ ab eo gradu qui apud pastores excellentissimus inuenitur. Causa dupliciter inspici solet: ab origine carmĩs: & a voluntate scribentis. Originẽ autẽ bucolici carminis alii ob aliam causam ferunt. Sunt enim qui a lacedæmoniis pastoribus Dianæ primũ carmen hoc redditum dicant: cũ eidẽ deæ propter bellum: quod toti græciæ illo tempore Persę infererebant exhiberi per virgines de more sacra nõ possent. Alii ab Oreste circa siciliam vago id genus carminis Dianæ redditum loquuntur per ipsum atq̃ pastores: quo tempore de scythia cum pylade fugerat surrepto numinis simulachro: et lato in fasce lignorũ: vnde fascelidem dianam phibent nuncupatam: apud cuius aras Orestes per sacerdotem eiusdẽ numinis Iphigeniam sororem suam a patricidio fuerat expiatus. Alii Apollini Nomio pastorali .s. deo: qua tempestate Admeti boues pauerat. Alii libero nympharum .s. & satyrorũ: & id genus numinum principi: quibus placet rusticum carmen. Alii Mercurio daphnidis patri pastorũ omnium principii: & apud Theocritum: & apud hunc ipsum poetã. Alii in honorẽ Panos scribi putant peculiariter pastoralis dei. Item Sileni Siluani: atq̃ Eaunorum. Quæ cum omĩa dicantur: illud erit probatissimũ bucolicum carmen originem ducere a priscis temporibus: quibus vita pastoralis exercita erat: Et ideó velut aurei sæculi speciẽ in huiusmodi personarũ simplicitate cognosci: & merito. Virgilium processurum ad alia carmine nõ aliunde cœpisse: nisi ab ea vita: quæ prima in terris fuit. Nam postea rura culta: & ad postremũ ꝓ cultis & feracibus terris bella suscepta: ꝙ videtur Virgilius in ipso ordine operũ suoꝝ voluisse monstrare: cum pastores primo: deinde agricolas canit: & ad vltimum bellatores. Restat vt quæ causa voluntatem attulerit poetæ bucolica potissimũ scribendi cõsideremus. Aut enim dulcedine carminis Theocriti: & admiratione eius illectus est: aut ordinẽ tempoꝝ est secutus erga vitã humanã: vt supra diximus. Aut tris modos elocutionũ: quos χαρακτηρασ græci vocant ἰσχνόν: qui tenuis ἁδρόν: qui validus μέσον. qui moderatus intelligitur. Credibile erat Virgilium qui in omni genere præualuerit: Bucolica primum: Georgica secundũ: Aeneida tertiũ voluisse cõscribere. Aut ideo potius primo Bucolica scripsit: vt in eiusmodi carmine: quod & paulo liberius: & magis validũ q̃ cætera est: facultatem haberet captandæ Cæsaris indulgentiæ: repetendiq̃ agri quẽ amiserat. Ob hanc causam die tertio iduum martiarũ. C. Cæsare interfecto: cum Augustum Cæsarem pene puerum veterani milites nõ abnuente senatu sibi ducem cõstituissent. Exorto ciuili bello cremonenses cum cæteris eiusdem studii aduersarios Augusti Cæsaris adiuuerunt. Vnde factũ est: vt cum victor Augustus in eoꝝ agros veteranos deduci iussisset nõ sufficientẽ agro cremonẽsium. Mantuani quoq̃ in quibus erat Virgilius maximã partẽ suorum finium ꝑdiderunt: eo ꝙ vicini cremonẽsibus fuerant. Sed Virgilius Augusti familiaritate: suoq̃ carmine fretus centuriani Ario obsistere ausus est. Ille statim vt miles ad gladium manum admouit. Cumq̃ se in fugam proripuisset poeta: Non prius persequẽdi finis fuit: q̃ se in fluuium Virgilius coniecisset: sed postea a Mœcenate & Pollione: & ipso Augusto fauentibus agros suos recepit. Intentio libri: quam σκοπον græci vocant imitatione Theocriti poetę constituitur: qui siculus & syracusanus fuit. Est intentio etiam ĩ laudem Cæsaris: & principum cæterorum: per q̃s in sedes suas rediit. Vnde vt delectationẽ & vtilitatẽ finis cõtineret: secundũ præcepta cuncta cõfecit. Queri solet cur nõ plures q̃ decẽ æglogas cõscripserit: quod nequaq̃ mirãdum videbit ei q̃ cõsiderauerit ætatẽ scænaꝝ pastoralium: quæ vltra hunc numeꝝ nõ põt ꝓferri: præsertim cum ipse poeta circũspectior Theocrito (vt ipsa res indicat) videat metuere: ne illa ægloga: quæ Pollioni inscribit: minus rustica videat: cũ ipsam sic præstruat ipse dicẽs: Sicelides musæ paulo maiora canamus: & itẽ siliter in aliis duabus facit. Illud tenẽdũ esse prædicimus ĩ bucolicis Virgilii: neq̃ nusquã: neq̃ vbiq̃ aliq̃d figurate dici: hoc est ꝑ allegoriã. Vix eñ ꝓpter laudẽ Cæsaris & amissos agros hæc virgilio cõcedunt: cũ Theocritus: quẽ hic noster toto studio imitari conat simpliciter oĩno cõscripserit. Quod autẽ ĩ ipso carmine tractari solet: est numerus: ordo: explanatio. Numerus æglogaꝝ manifestꝰ est: Nã decẽ sunt: ex q̃bꝰ proprie bucolicæ septẽ esse credunt. Nã tres vltimæ ꝓprie bucolicæ dici nõ debent. Pollio .s. Silenus: & Gallus. Prima igit cõtinet ꝯquestionẽ publicã: & priuatã gratulationẽ de agro: & dicit Tityrus. Secunda amorẽ pueri: & dicit Alexis: Tertia certamẽ pastoꝝ: & dicit palæmon: Quarta genethliacum: & dicit Pollio. Quinta epitaphium: & dicit daphnis. Sexta methamorphosim: & dicit Varus: & Silenus. Septima pharmaceutria. Octaua amores diuersoꝝ sexuum: & dicit Damon. Nona cõtinet poetæ cõquestionẽ de amisso agro: & dicit Mœris. Decima desideriũ Galli: & dicit Gallus. Quod ad ordinẽ spectat illud scire debemus: in prima tñ: & ĩ vltima æglogа poetã voluisse ordinẽ seruare: q̃nia in altera principiũ cõstituit: vt in Georgicis ait. Tityre te patulæ cecini sub tegmine fagi. In altera ostendit finẽ quippe qui dicat: Extremum hunc arethusa mihi cõcede laborẽ. Verũ inter ipsas æglogas pastoralẽ: cõscriptũq̃ ordinẽ nullũ esse certissimũ est. Sed sunt q̃ dicũt inicium Bucolici carminis nõ Tityre. sed prima syracusio dignata est ludere versu.

Supest explanatio: ad quã anteq̃ veniamus illud dixerim tenue eẽ bucolicũ carmẽ: & vsq̃ adeo ab heroico caractere distare: vt versus quoq̃ huius carminis suas quasdã cęsuras habeãt: & suis legibus distinguant. Nã cum tribus ꝓbet metrũ: cæsura: scansione: modificatione: nõ erit bucolicus versus: nisi in q̃ & pes primus partẽ orõnis absoluerit: & tertius trocheus fuerit: etiã cæsura: & quartus pes dactylus magisq̃ spondeus partẽ orõnis terminauerit. Quintus & Sextus pes ex integris dictionibus fuerit: quod Virgilius a Theocrito sæpe seruatum victus operis difficultate neglexit in solo principio incertum industria an casu has cæsuras seruauerit. Nam Tityrre dactylus partẽ orõnis absoluit: tu pa tu: læ re cu: tertiũ trotheum: quãuis decõposita dictione cõclusit: bans sub: quartum spondeum ꝓ dactylo: cum subiunxit tegmine fagi. Terminatis partibus orationis integrũ comma perfecit. Cuius rei diligentiam licet in Theocriti ferme omnibus versibus admirari. Qui vero supradicta acri iudicio diligẽterq̃ considerarit: facile intelliget quæ in Georgicis intentio: quiq̃ finis fuerit: nec minus etiam in æneide.

Poematis stili genera tria sunt: aut enim actiuum: vł imitatiuũ quod græci δραματικον appellãt: in q̃bo personæ loquentes introducuntur sine poetæ interlocutione: vt sunt tragœdiæ & comœdię. δραν enim græce agere dicitur: q̃ genere scripta ẽ. prima Tityre: & Quo te mœri pedes: Aut enarratiuũ: quod græce διηγηματικον appellãt: in q̃ poeta ipse loquitur sine interpositione personæ: vt tres primi Georgicon libri. Itẽ Lucretii carmina: aut cõmune; vel mixtũ quod græci μικτον appellant; vbi & poeta ipse loquitur; & introductæ personæ; vt virgilii Aeneis.

SERVII Mauri Honorati grammatici in Bucolica Maronis cõmentariorũ Liber.

BVCOLICA, ut ferunt inde dicta sunt a custodia boum: id est απο των βουκολων. Præcipua enim sunt animalia apud rusticos boues. Huius autem carminis origo varia est. Nam alii dicunt eo tempore quo Xerxes persarum rex inuasit græciam: cum omẽs intra muros laterent: nec possent more solito Dianę sacra persolui: cõuenisse ad montes Laconas rusticos: & in eius honorem hymnos dixisse: vnde natũ carmen bucolicum ætas posterior elimauit. Alii dicunt Orestem cum Dianæ fascelidis simulachrum raptũ ex scythia adueheret: ad siciliam esse tempestate delatum: completo anno Dianæ festum celebrasse hymnis collectis nautis suis: & aliquibus pastoribus conuocatis: & exinde permansisse apud rusticos consuetudinem. Alii non Dianæ: sed Apollini Nomio consecratum carmen hoc volunt: quo tempore Admeti regis pauit armenta. Alii rusticis nominibus a pastoribus dicatum hoc asserũt carmen: vt Pani Faunis: ac satyris: & hic est huius carminis titulus. Qualitas autem hæc est scilicet humilis character. Tres enim sunt characteres: humilis: medius: grandiloquus. quos omnes in hoc inuenimus poeta. Nam in æneide grandiloquum habet: in Georgi. medium: in bucolicis humilem pro qualitate negociorum & personarum. Nam personæ hic rusticæ sunt simplicitate gaudentes: scilicet a quibus nil altum debet requiri. Adhibentur autem hæc ad carmen bucolicum. Debet quarto pede terminare partem orationis: qui pes si sit dactylus: meliorem efficit versum: vt Nos patriæ fines & dulcia. Primus etiam pes secundum Donatum dactylus esse debet: & terminare partem orationis: vt Tytire. quam legem Theocritus vehementer obseruat: Virgilius non adeo. Ille enim in paucis versibus ab ista ratione deuiauit: hic eam in paucis secutus est. Terentianus cum de hoc metro doceret. Plurimus hoc pollet siculæ telluris alumnus. Noster rarus eo pastor Maro. Intentio poetæ hæc est: vt imitetur Theocritum syracusanum meliorem Moscho: & cæteris qui bucolica scripserunt: vnde est. Prima syracusio dignata est ludere versu nostra neq;: & aliquibus locis per allegoriã agit gratias Augusto: vel aliis nominibus: quorum fauore amissum agrum recepit: in qua re tantum dissentit a Theocrito. Ille enim vbiq; simplex est. Hic necessitate compulsus aliquibus locis miscet figuras: quas perite plerunq; etiam ex Theocriti versibus facit: quos ab illo dictos constat simpliciter: hoc autem fit poetica vrbanitate: sic Iuuena. Actoris aurunci spolium. Nam Virgilii de hasta dictum figurate ad speculum transtulit. Et causa scribendorum bucolicorum hæc est. Cum post occisum .iii. idus martias in senatu Cæsarem Augustus eius filius contra persecutores patris: & Antoniũ ciuilia bella mouisset: victoria potitus cremonensium agros: qui contra eum senserant militibus suis dedit. qui cum non sufficerent: etiam mantuanorum iussit distribui: non propter culpam: sed propter vicinitatem: vnde est Mantua ve misere nimium vicina cremonæ. Perdito ergo agro Virgilius Romam venit: & potentium fauore meruit: vt agrum suum solus reciperet. Ad quem recipiendum profectus: ab Ario centurione: qui eum tenebat pene est interemptus: nisi se præcipitasset in Mintium: vnde est αλληγορικως. ipse aries etiam nunc vellera siccat. Postea ab Augusto missis triumuiris: & ipsi integer ager reditus est: & mantuanis pro parte: hinc est q; in sprima ægloga legimus recepisse agrum: postea eum querelantem inuenimus: vt audieras & fama fuit: sed carmina tantum nostra valent licyda tela inter martia quantũ Chaonias dicunt aquila veniente columbas: Nec numerus hic dubius est: nec ordo librorum. Quippe cum vnus sit liber. De æglogis tantum multi dubitant. Quæ licet .x. sint: incertum tamen est: quo ordine scriptæ sint: Pleriq; duas certas volunt ipsius testimonio vltimam: vt Extremum hunc: & primam: vt in Georgicis Tytire te patulæ cecini sub tegmine fagi. Alii primam illam volunt. Prima syracusio dignata est ludere versu: sed est sciendũ. vii. æglogas eẽ meras rusticas: quas Theocritus .x. habet. Hic in tribus a bucolico carmine: sed cum excusatione discessit: vt in genethliaco Salonini: & in Syleni Theologia: vel vt ex insertis altioribus rebus posset placere: vel quia tot varietates implere non poterat. Poetę vitam in æneide diximus. Operis explanatio in sequentibus comprobabitur. Sane sciendum Virgili .xxv. annorum scripsisse Bucolica. Vnde etiam in fine Georgi. Audaxq; iuuẽta. Tytire te paulæ cecini sub tegmine fagi. & dicit Donatus (q̃d etiam in poetæ memorauimus vita) inscribendis carminibus naturalem ordinem secutũ esse Virgilium. Primo enim pastoralis fuit in mõtibus vita. Post agriculturæ amor. Inde bellorum cura successit. Notandum quoq; bucolica vel georgica: cum apud græcos in fine habeant accentum. apud nos in tertia a fine habere. Nã vt in vltima sit: latinitas vetat: vt in penultima non: sit breuitatis efficit ratio. Etiam hoc sciendum: & personas huius operis ex maiori parte nomina de rebus rusticis habere conficta: vt Melibeus ο τι μελει αυτω των βοων: id est q; curam gerit boum: q; Tytir⁹ dicitur aries maior. Nam laconum lingua Tytirus dicitur aries maior: qui gregem antеire cõsueuerit: sicut etiam in comœdiis inuenimus. Nam Pamphilus est totus amans. Glicerium quasi dulcis mulier: Philomela amabilis: Personæ: (sicut supra dixi) rusticæ sunt: & simplicitate gaudentes. Vnde in his nihil vrbanũ: nihil declamatorium inuenitur: sed ex re rustica sunt omnia negocia: comparationes: et si qua sunt alia. Hinc est q; annos a fructibus computat: vt Post aliquot mea regna videns mirabor aristas: Hinc etiam illæ comparationes sunt. Nã neq; me tantũ venientibus sibilus austri; Nec percussa iuuãt fluctu tã littora; Nec quæ saxosas inter decurrũt flumina valles.

Argumēta Aeglogæ Primæ.

Publij Virgilij Maronis Mantuani opera

cū cōmētariis Seruii Mauri honorati grāmatici: Aelii Donati: Christofori Landini: Antonii Mancinelli & Domicii Calderini.

Argumentum ęglogę primę: quę Tytirus dicitur.

A patria fugiens Melibęus forte sub vmbra.
Tytrion inuenit cantantem carmina amicę.
Quapropter miratus ei sua damna recenset:
Auctoremq; sui declarat Tytirus oci.

SEBASTIANVS BRANT

Sub fagi recubans Melibęum Tytirus vmbra
Solatur profugum: collataq; munia laudat.

Tityre tu patule recubās sub tegmine fagi.
Siluestrē tenui musam meditaris auena.
Nos patriæ fines: & dulcia linqm⁹ arua.
Nos patriā fugim⁹ / tu tityre lētus ī vmbra
Formosā resonarē doces amaryllida siluas. Ti

TITYRE. SERVIVS. Inducitur pastor quidā iacēs sub arbore securus et ociosus dare operā cantilenę: Alter vero qui cū gregibus ex suis pellitur finibus: Tityrū aspiciēs sic alloquit̄. Tityrū aute pro Virgilio accipiamus non vbiq;: sed vbi rō exigit. ANTO. M. Tityrus lybice hircū significat. Meliboeus est grece cura boum: Sunt aūt noīa a Theocrito sumpta. p Tityrum se: p Meliboeū reliqs mantuanos: allegorice intelligit. ¶ Etsi orōnis qnq; sint partes. Vltimę tamen duę: memoria & pronūciatio: solius dicentis sunt. Primę aūt tres etiam ad scribentē ptinēt: hæ sunt inuētio: dispositio: & elocutio. Verū elocutio ea est: quę caracterē siue figurā oratiōis quæ triplex est conficit. Elocutio aūt habet elegantiā: cōpositōem: et dignitatē. Elegantia singula verba eligit. Compositio illa iam electa constituit: atq; componit. Itaq; qualē figuram exprimere volum⁹: talia verba: talisq; compositio est adhibenda. Figura aūt generi rerū quas scribimus accommodanda est. Ergo cū hic res pastoralis ageretur: hūilis atq; depssa oratio fuit eligenda: ac hūilis infimaq; figura. Quappter cū elegisset: Tityre recubās sub tegmie patulę fagi: quę verba nihil elatum habent nihilq; grande resonant. tn̄ ita illa construxit atq; composuit: vt illud infimū elocutiōis genus nō excederet. Itaq; si attente audias: Tityre tu patulę recubās sub tegmine fagi: intelliges omnia suppssa atq; demissa. Nam iudicium hoc totū auriū (modo illę eruditę sint) esse deprehendes. ¶. Tityre. Amice ac familiariter incepit a nomie proprio qd̄ in homine equali aut inferiori beniuolentiā conciliat. Sin autē superior sit persona: a nomine dignitatis suę appellari postulat. Tityrus pastoris nomen a theocrito sumptū. Is enī ęgloga tertia inqt. Tityre lasciuas virgultis pasce capellas. Et in vltima Tityrus ast illic miseros cantabat amores Daphnidis. Hircus aūt lybica lingua Tityrus appellatur: vt probus asserit. Et Meliboeus cura boum diligens. Scribit idemq; Maro per allegoriam facit se esse Tityrū: & Meliboeum Corneliū Gallū: qui admiratur ꝙ Virgilius solos agros retinuerit.

b Tu. CHRIS. q. d. solus ex omnibus nobis.

c Patulę. SER. Proprie qd̄ sp patet dicimus patulū vt nares: arbor. Patens quod aperitur & clauditur: vt hostiū & oculi. ANTO Patulę apertę & latę patentis. Patulū bouem plautus appellabat. cuius cornua diuersę atq; late paterēt: vt Festus edocet. d Recubans. CRI. Recubans qd̄ propriū ociosi securiq; est. Nam cui aut negociū aut piculū iminet is minime recubare audet. AN. Recubās. i. iacens qescēs. Iacens aūt semi supinus sedens intelligendū: qua qdem voce magnā Tityri securitatē & requiem innuit: cum iaceret omni spreto timore:

e Sub tegmine. CRI. id est in tegumēto a tegendo: vt agmen ab agendo. ANT. Sub tegmine sub vmbra: hinc ait postea. Tu Tityre lentus in vmbra.

f Fagi. SER. Dixit aūt sub fago allegorice. i. sub arbore glādifera: quę olim fuit victus causa. Antea enī homies glandibus vesc[illegible]bant̄. Hinc fagus. απο. του. φαγειν: id ē comedere. ergo sub fago iaces. i. tuas retētas possessiōes quibus aleris. vt olim fago alebant̄. CRI. Fagi glans triangula cute includit̄: hęc muribus gratissima est: & turdis: glires quoq; saginat: suem hilarē facit: carnem & coctibilem & vtilē & leuem stomacho. Et q̄uis ex abietis quoq; & picis & tilie cortice vasa fiant: vt ex cortice fagi: tamē in qdam vsu sacrorū: religiosus est fagi cortex: ait Plinius. g Siluestrē musam. SER. id est rusticū carmē. ANT. Siluestrē musam: rusticū carmē. musa enī cantus dicit̄. musizo cantu cōtendo. h Tenui auena. SER. i. culmo: auena: stipula. Vñ rustici cantare cōsueuerūt: sic alibi. Stridēti miser stipula dispdere carmē. Tenui humilē stilum significat quo hic vtitur. CRI. Tenui distāt a subtili. Tenue enī diminutionē rei vt plurimū notat. Vnde et tenuis vbi argilla. & tenue argentū venęq; secūdę. Hinc attenuo et extenuo. nec habet laudem nisi illa diminutio sit ex vsu. vt si dicam⁹ tenuia vellera. Subtile vero acuitatem habet: ergo laudatᷣ subtile ingeniū: tenue vituperatur. Auena pro omni culmo: ex q̄ rustici fistulā faciūt. AN. Tenui auena subtili calamo aut fistula vel stipula: p quod gracile dicendi genus ostēdit.

i Meditaris. SER. Per antistichon ab eo est qd̄ greci μελετω dicunt: L. enim & d. inuicē cedunt. vt sella pro seda. AN. Meditaris: meditando canis: exponis: exerces. k Nos patrię fines. CRI. Contentio est color rhetoricus. Et est cū cōtraria contrariis opponūtur. Item expolitio est: qa eadē de re sępius dicit: sic in hoc loco. Nos anxii exulamus: tu ociosus manes. Pręterea est repetitio: nam in principio clausulę repetit̄. Item est interptatio: q̄ sepe affert magnū argumētū rei. Nā īterpretat̄ fines patrię esse dulcia arua: quę res mouet cōmiseratione. AN. Nos patrię fi. Nos patriā fugimus Anaphora est. i. relatio de qua legito nostrū carmē de figuris.

l Dulcia arua. Ouidius libro prīo de ponto ait. Nescio qua natale solū dulcedie cūctos Ducit: & imemores nō sinit esse sui. m Nos patriam fugimus. Prę dolore idē sępius repetit. n Fugimus. SER. Fugimus plus est q̄ relinqmus: sic Horatius. teucer solamia patreq; cū fugeret. CRI. Fugim⁹. Dixerat linqmus patriā. verū qa voluntariū potuisset eē exiliū. addidit fugimus: qd̄ sūmā etiā mouet cōmiseratione. Nā qd pt eē miserius q̄ incidere ī eā calamitatē: vt patriā (q̄ nihil ē dulci⁹) veluti rē pniciosam fugere cogaris? o Lentus. S. ociosus: vt. Qui nūc lenti cōsedimus aruis. ANT. Lentus securus & ociosus auctore Nonio. CRI. Lentus in vm. nos properamus in fuga: tu ociaris in loco amęno. nos exercemur in labore: tu in iucundo & voluptuoso cantu. p Resonare doces a. s. SER. Carmen tuū de amica Amaryllide cōpositū doces siluas resonare. Intelligimus aūt melius simpliciter & nō allegorice: vt aiunt quidā: q dicūt tu carmen de Roma condis. Plus enī stupet Meliboeus si ita ille securus est: vt tantū de suis amoribus cantet. ANT. Resonare p echo scilicet. echeo enī resono dicit̄. echo son⁹. Ouid. libro. iii. meth. scribit Echo nymphā fuisse: restitisseq; ei vocē solū & ossa: ossaq; lapidis figurā traxisse: vocem manere q̄ siluis latet: omibusq; audit̄. Nam sonus ē qui viuit in illa. CRI. Resonare aūt amaryllida: poeticū ē et p figurā dictū. Nam sonare nō trāsit: sic dicimus currere cursum. Doces siluas resonare. i. doces siluas vt resonent. i. p reboatū referāt tuū carmē. Sed de reboatu & qd sit & quō fiat: dicemus paulo post.

q Amaryllida. AN. A tertia Theocriti ęgloga. sumptū

O meliboee: deus nobis hæc ocia fecit.
Nanq; erit ille mihi semꝑ deus/illius aram
Sepe tener nr̃is ab ouilibus imbuet agnus.
Ille meas errare boues (vt cernis) et ipsum
Ludere q̃ vellem calamo ꝑmisit agresti. Me.
Nõ eq̃dẽ iuideo: miror magis: vndiq; totis
Vsq; adeo turbaẽ agris: en ipse capellas
proten⁹ æger ago/ hãc etiã vix Tityre duco.
Hic inter densas corylos mõ nãq; gemellos
Spem gregis (ah) silice in nuda cõnixa reliq̃t.
Sepe malũ hoc nobis (si mẽs nõ leua fuisset)
De coelo tactas memĩ prædicere quercus:

nomen & argumentũ est: vt ibi. Canto ego blandicias
sterilesq; amaryllida silue Cãdidulã recinuit. Amarigma
autẽ splendor dicitur: amarisso luceo. CRIS. Amaryllis
sunt q dicunt esse nomẽ mulieris quã Romę adamauit.
r O meliboee. ANT. O est hoc loco admirandi aduer
biũ seu magis interiectio. Vtrũq;.n. dici potest: vt Pris. li.
decimoquinto docuit: melius tñ interiectio diceẽ. Ea enĩ
sola animi affectus exprimit vt Dona. etiam scribit. Ad
mirabaẽ autẽ Tityrus ꝙ ille dixerat. Nos patriam fugimus &c. Est ergo cũ admiratõe legẽdũ. C. O meliboee &
hic ſmo familiaris ẽ & amicus. o vero nõ vocantis: sed
pene lętãtis: ꝙ ꝑter spem
amicũ nihil tale expectãs
viderit: & distiguit. o Me
liboee: vt sit salutantis: ac
deinde addens. nobis hęc
ocia fecit. Vel si iũgis & cõ
tinua sit orõ. O Meliboee
deus &c. Erit o homis ad-
mirãtis magnitudinẽ bñfi
cii in se a deo collati.
f Deus. AN. Augustũ in
telligit: cui Sueto. teste: etiam viuenti prouinciarum
quoq; plereq; templa &
aras: ludos q̃q; quiquen-
nales pene oppidatim cõ-
stituerunt. De quo & la-
tius ęgloga quarta.
t Hęc ocia fecit. ANTO.
Pollionis enĩ Varri. & Gal
li gratia: Maroni Augu-
stus agrum reddiderat: vt
ostendimus. Ocia quietẽ
& securitatẽ. Est ociũ pro
prie vacatio a labore: cuius cõtrariũ est negocium.
CRI. Hęc ocia quasi tam
magna ocia: & fatetur ꝙ
ille dixerat. Tu Tityre len
tus in vmbra.
v Nanq; erit &c. SER.
Iteratio excludit adulatio-
nis colorẽ. A. Nãq;. certe. x Semꝑ. SER. & dũ viuit:
& post mortẽ. Alii enĩ imꝑatores post mortẽ inter deos
referunẽ. August⁹ aũt templa viuus meruit. Hora. Pñti
tibi maturos largimur honores. Iurãdasq; tuũ ꝑ numen
ponimus aras. Sic Lu. de Nerõe. Sed mihi iam numẽ es.
y Ouilibus. ANT. Ouium caulis & septis: CRI. Oui
um stabulis. Sic etiã ab equis equile. a capra caprile. et a
porco porcile. z Imbuet. SERVIVS. Imbuere est
proprie inchoare et initiare. Cur ergo eandem rem sępe
inchoat: quia sępe pascua mutant pastores. Vnde totiens aras imbuũt: q̃tiens pascua mutant. Sed etiã apd
maiores imbuere est ꝑfundere & madefacere. Ergo abso
lute possumus dicere sępe ꝑfundet. ANT. Imbuet: ꝑfun
det: inficiet: madefaciet: maculabit. a Ille meas.
ANT. Augusti in se beneficia memorat. b Errare. S.
Pasci. vt mille męę siculis errant in montibus agnę.
A. Errare: vagari: pasci. q̃ voce etiã sine pastore tutas eẽ
ostendit. c Ludere. S. scribere. vt carmia q luse. past.
A. Ludere id significat versib⁹ scribere: sed ñ fere nisi opu
sculis qualia sunt epigramata: et hec opuscula dicuntur
lusus. C Ludere ita significat: vt nõ referaẽ nisi ad poe
tas. Non enĩ dicimus aut Ciceronẽ ludere tusculanas q̃
stiones: aut liuiũ ludere hystoriã Romanã. Neq; etiam
poetas dicimus in oĩbus ludere: sed in leuioribus iucun-
dioribusq;. Sic et Hora. de se. Poscimus si quid vacui sub
vmbra lusim⁹ tecũ. Quappter neq; i Geor: neq; i Eneide
ludere dixit: sed canere. sed hic. Et in libello quẽ Culicem
appellat. Ait enĩ: Lusimus octaui gracili modulante tha
lia. Atq; vt araneoli tenuem formauimus orsum. Lusimus hęc propter culicis sint carmia dicta. Omnis vt hystorię ꝑ ludum consonet ordo. d Calamo. S. agresti
stilo: vt supra tenui musa. A. Calamo agresti. rustica fistula: Rustica enĩ hic tractat. e Non equidẽ inuideo.
S. Ne frequens interrogatio fortasse ex inuidia potius q̃
ex admiratione esse videatur. A. Non equidem inuideo:
suspitionem tollit: quo se Tityri ocio non dolere: sed potius letari ostendat. f Vsq; adeo. A. intantum.
g Turbatur. S. Turbamur sine discretiõe culpę vel meriti: et inuidiose tempora Augusti latenter carpit. Turba
tur autem est verbum im
personale quod ad oĩes
pertinet: nam Mantuano
rũ fuerat cõmunis expul-
sio. Si turbamur legas: ad
paucos videtur pertinere.
ANTO. Turbatur. tur-
batio fit. h Capellas.
CRI. Quę habent. r. in vl
tima syllaba in diminuti-
uis mutãt r in duplex ll.
Ergo a capra capella. a cul
tro cultellus. ab vmbra
vmbella.
i Protenus. S. Porro te-
nus. id est lõge a finibus.
paulo p⁹. At nos hinc al.
AN. Protenus ꝑ e scribito
id est alõge. Protenus enĩ
aduerbiũ locale est. id est
porro tenus. Protinus per
i aduerbiũ tpale est id est
statim. auctor ẽ Caper.
k Aeger. S. corpe & aio.
A. Aeger ꝑ id quoq; pa-
thos. id ẽ passio: clades: &
affectio augetur.
l Hic inter &c. A. Nanq;
hic inter densas corylos cõ
nixa ah silice in nuda reliquit gemellos.
m Corylos. AN. Cory-
lus arbor ꝑducens nuces quę auelanę vel prenestinę dicunẽ: q̃s greci porticas vocant. n Gemellos. A. dicũtur
gemini ex vno vtero & vno die editi: vt Marcellus ait.
Philosophus vero libro septimo de hysto. animaliũ scribit. In genere certe humano paucos geminos seruari: si al
ter mas sit: alter foemina. o Spem gregis. S. Marem
& foeminã in vtroq; enim sexu reparatio gregis cõstat:
C. Spem gregis. vt maius sit detrimentũ q̃ si vterq; eiusdem sexus fuisset. p Ah silice in nuda. S. Ideo dolet
quia solẽt herbas substernere. A. Ah silice i nuda. id est
sine foliis & virgultis: cum affectu pronunciandum.
q Connixa. SER. Pro enixa. Hiatus enim causa muta
uit prepositionem: vt est secludite pro excludite. A. Con
nixa partu soluta. r Sæpe malum hoc. A. Quod dicit Tityrus non fabula est. Nam post Tullii cęsaris mor
tem prodigia fuere q̃ plurima: inter quę cõtinua fulmia
in templis statuisq; deciderũt: vt etiã Appi. li. q̃rto ondit
& nos latissime in cõmentario secundę Odes Hor. (quẽ
iam parauimus & edemus) dictauimus.
s Si mẽs. AN. Si: id est vtinã: est enĩ hoc loco optãdi aduerbium. libro Eneid. vi. Si nunc se nobis ille aureus arbore ramus ostendat &c. t Leua. S. stulta contraria:
sensus est. perdituros nos quandoq; agros: res manifesta
ꝑdicebat: sed nos intelligere nequimus. ANT. Lęua. aduersa auctore Nonio. Dicit aũt aduersa mente futura ma
la dinoscere nequisse. v De coelo. S. Recte compositũ
augurium. Nam quercus in tutela Iouis est. Sed prisci
illius glande vescebantur. Tactas leuiter fulminatas. Cice

ro. Tactus etiã ille qui hanc vrbem condidit Romulus: significabat nutu imperatoris posse agros perire in quibus fulmiatæ sunt arbores. nam agri causa victus sunt: vt olim quercus. Tactas. tempale indicat fore dãnũ quale patiuntur arbres leuiter fulmiatę. A. de celo tactas: quinq; signorũ genera obseruabant augures: ex celo: ex auibus: ex tripedibus: ex q̃drupedibus: ex diris. auctor est festus. De coelo tactas. fulminatas: quotiẽs enĩ quercus fulmine tangit: vt plurimũ: malũ ,ptendit. Quod etiã animaduerti. Nam tacta cuiusdã quercu intra annũ ille sponsam amisit: illa enĩ alteri nupsit: vñ etiam duo interfecti pluresq; etiam carcere affecti sunt. C. De cęlo tactas In Eneide oĩa vaticinandi genera breuiter cõplexi sumus: inter q̃ est aurusplcina: quę fulgura in se continet. Nam q̃ fulmie tacta sunt: incõmodũ aut calamitates his ,ptendunt: ad quos ptinẽt. Quapropter cum Rome, aut capitoliũ aut alia loca publica fulmine tacta erãt: ad rẽpub. malũ spectare putabant: statiq; aurusplces vel ex ipsa etiam Etruria accersebant. † x Sępe sinistra caua. A. Hic versus non oibus textibus inest: plures antiq̃s vidi: & illum summi pontificis characteribus magnis: ,pfecto alienus est. Tñ aduertẽdũ cornicẽ videre vnicã: mali ominis eẽ: duas vero omnis boni: quod quidem & legi: & exptus sũ pluries. Ipsa adeo est in auspicatę garrulitatis: vt Plini. scribit. i. infęlicis q̃si auspiciis repugnantibus. Ci. aũt libro prio de diuinatione scribit: coruũ a dextra: a sinistra cornicem facere ratum. y Sed tñ. C. id est tandẽ post longũ hunc de fulmine sermonẽ. z Da. S. dic. Sic cõtra: Accipe nũc Danaũ. i. audi. A. Da dic. idem libro. vi. Da nõ indebita posco. Regna meis fatis, latio considere teucros. A vrbẽ S. De cęsare iterrogatus: vrbem describit. verũ id aut rusticana simplicitate est. vt ordine narrationis ignorato: p longas ambages ad interrogata descendit: aut q̃a sine cõtinente nõ põt esse contentũ: nec psona sine loco. ergo rogatus de cesare: locũ in q̃ eum viderat describit. Est autẽ longũ hyperbaton. vrbem quã dicũt. & hic illum vidi. A. vrbem &c. longo interuallo respondet Tityrus ad interrogata: nam cũ Meliboeus dixisset. Sed tñ iste deus q̃s sit da Tityre nobis? Exponit prius vrbis Romę amplitudinem: inde causam quare vrbem ipsam oderit. Postea vero illic iuuenẽ illum vidisse: cui anno quoq;: bis senos dies: se dicit sacrificare. Vrbem. vrbis appellatione. etiam si nomen nõ adderetur Romam tamẽ accipi receptũ est: vt Fabius libro. vi. edocuit. C. Vrbem. locus & edificia dicimus vrbem. habitatores autẽ ciuitatem. b Stultus. S. rusticus. c Nostrę. S. mantuane. d Quo. SER. ad quam, aduerbiũ ,p nomie. e Ouium teneros. S. id est agnos. & est periphrasis. f Depellere. S. a lacte remouere. ANT. a lacte disiungere. Agni autem ad quattuor mẽses a mãmis vbi nati sũt: nõ disiũgunt: hędi tres: porci duos. Auctor est Varro. g Foetus. A. Dicit q̃cq̃d nascit ex mulierib⁹ vel pecoribus: & a foueo verbo descendit, inde etiã foetura. i. genitura: q̃ ,p toto aĩaliũ ,puẽtu po

ni cõsueuit. h Sic canib⁹. S. vult Romã nõ solũ magnitudie: sed etiã genere differre a ceteris ciuitatib⁹: & esse velut alterũ mũdũ: aut q̃ddã coelũ in q̃ cęsarẽ deũ vidit. Nã in cõparatione catuli ad canẽ: aut hędi ad capellã: quantitatis & nõ generis ponit differentiã. Qui vero leo dicit maior est cane: & q̃ntitatis & generis facit drñtiam. AN. Cõcludit igitur Romã nõ solũ reliq̃s vrbibus maiorem esse. Sed esse aliquã aliã rem. s. esse sedẽ deorũ. Hoc ,pbat per Viburnũ & cupressum. Nam viburnum breuissimũ est: cupressus maxima. Hoc genus. argumentatiõis Arestoteles & Cicero ponũt. i Componere. SER. Comparare. k Lenta viburna. A. Virgulta sunt q̃ de radice pullulant. Viburna autẽ minuta silua: humilia virgulta: vt genistę & hmõi. C. Viburnũ species ẽ fruticis. l Causa: A. Ea ẽ quę nos impigit ad aliq̃d faciedũ. Rõ aũt qua vtimur in faciẽdo (Seruius auctor in arte. Acci⁹ Qui potis est repelli q̃sq̃: vbi null⁹ ẽ causandi loc⁹. m Libertas. S amor libertatis: aliter autẽ seruus cupit libertatem: qui vult carere seruitute. Aliter ingenuus qui vult hr̃e liberam vitã. s. ,p suo arbitrio agere. vt nũc vult Virgili⁹ sub psona Tityri: latenter aũt carpit ea tpa in quib⁹ libertas ñ erat nisi Romę. Vt intelligamus Tityrum simplr̃ vt pastorẽ locutũ. Nam Theocritus eũ vbiq; mercẽnarium inducit: sic Virgilius: Tityre dũ redeo breuis est via: pasce capellas. A. Libertas ordo ẽ libertas q̃ sera tñ cãdidior id est clarior & lucidior respexit inertẽ: respexit inq̃uã postq; barba tondenti cadebat. & tñ venit longo post tempore. Conuenit & alter ordo sic videlicet. libertas cãdidior q̃ sera tñ respexit inertem postq; tondẽti barba cadebat. respexit tñ & lõgo post tpe venit. Est aũt sensus Tityrũ serius cogitasse adire Romã: etiã post resectã barbã: & tñ lõge post cogitatũ & primę barbę resectionẽ venisse. C. Libertas: aliter seruus: aliter ciuis optat libertatẽ. Seru⁹ eñi optat a dño manumitti. Ciuis q̃rit vt ęq̃ iure in ciuitate viuat: vt libera sint iudicia: & nemini nisi q̃ sit ĩ magistratu sit seruiẽdũ. Est autẽ libertas alia naturalis: alia de iure gentiũ. Natura eñi hi liberi sunt q̃ cũ minus valeant corporis viribus: sapientia & virtute reliq̃s p̃stant: q̃bus vero prudentia nõ adest: & sola corpis vi nitunt. hi seruire prudẽtiori dicuntur: vt etiã in Politicis oñdit Arest. De iure vero gẽtium: hi dicũtur serui q̃ in bello capti: vẽdi pñt: et seruire cogũt. Dicit p̃terea libertas: excellentia & magnitudo animi: cũ nullo metu coerceri possum⁹: quin freti optima cõsciẽtia apertis verbis honestati: ęquitatiq;: & publicę vtilitati fauemus. Ergo vt illa supior libertas: aut a fortũa: aut a natura est: sic hęc a bona mẽte & volũtaria ,pficiscit: queadmodũ reliq̃ virtutes. n Respexit inertẽ. S. Arguit suã inertiã q̃ nõ prius Romã ierit: & nõ sit vsus puer libertate q̃ vsus est ,pfectiori ętate. o Inertẽ. A. Segnem. desidem. p Candidior. S. Aut mutatio psonę: aut quidã rusticus senex loq̃tur nõ Virgi. p allegoriã: nam Virg. xxviii. anno scripsit Buc. Vel nõ barba sed libertas dicat candidior: antea eni libertas illi fuerat: sed nõ talis. q Tondẽti. A. sc3

† Sępe sinistra caua p̃dixit ab ilice cornix.
Sed tñ iste deus qui sit da Tityre nobis? Ti.
Vrbem quã dicunt romã: Meliboee putaui
Stultus ego / huic nostrę similem: q̃ sępe solem⁹.
pastores ouiũ teneros depellere foetus.
Sic canibus catulos similes: sic mrib⁹ hędos
Noram: sic paruis cõponere magna solebam.
Verũ hęc tñ alias inter caput extulit vrbes:
Quãtũ lenta solẽt inter viburna cupssi. Me.
Et q̃ tanta fuit Romã tibi cã videndi? Ti.
Libertas: quę sera tñ respexit inertem
Candidior: postq; tondenti barba cadebat

Respexit tamen: & longo post tempore venit
postq̄ nos amaryllis habet: galatea reliq̄t.
Nanq̄ (fatebor enī) dū me galatea tenebat:
Nec spes libertatis erat: nec cura peculi:
Quāuis m̄lta meis exiret victima septis
pinguis: & ingratę p̄meret̄ caseꝰ vrbi. (dibat
Nō vnq̄ grauis ęre domū mihi dextra re-
Mirabar q̄d mœsta deos amarylli vocares.
Cui pendere sua patereris in arbore poma:
Tityrus hinc aberat: ipse te Tityre pinus:
Ipsi te fontes: ipsa hęc arbusta vocabant.
Quid facerē: neq̄ seruitio me exire licebat:
Nec tā pręsentes alibi cognoscere diuos.

mihi. nam passiue hic dicitur: sicut Georgic. libro tertio Incanaq̄ menta cyniphei tondent hirci: pro tondent̄: s̄m Priscianū libro. viii. dicentē: sunt quedā in o terminātia: quę cum sint actiua: pro passiuis quoq̄ solent poni: vt lauo: tondeo: pro lauor & tondeor. r Longo post t̄pe. SER. Aut archaismos est. Antiqui em̄ ante: post: & circū: vtriq̄ casui iungebant. Aut longopost: vna pars est: & vt dicat: venit longopost: sicut m̄ltomagis. multominus. postmodo. Hora. Postmodo quid mihi obsit Et longopost vt postposita videatur p̄positio: & in vnitatem coacta. s Galatea. A. grece p̄ ei diphthōgon galateia scribitur: & cum t. exili: nympha fuit quā Poliphemus adamauit: vt Theoc. scribit eglo- ga. vi. & Ouid. xiii. meth. Hic vero p̄ Mantua poni tur allegoricos. Amaryllis vero pro Roma. Sed de allegoria legito n̄rm carmē. C. Galatea. Conueniens nomen rusticę mulieri q̄si lactis dea. Sunt q̄ credunt illam poni pro lydia: quā Mantuę amauit: vt deinde Romę amaryllida. t Peculi. S. More ātiquo: Nā illi om̄e patrimoniū peculiū dicebant: a pecore in q̄ erat omis substantia. Vn̄ & pecunia dicta est a peculio. Vel ad vsum temporis p̄tinet. nam nūc t̄m serui peculiū dicimꝰ. Ergo p̄rimoniū suū (veluti seruus) peculiū iuidiose dixit peculi pro peculii: p̄ Synęrisim. A. Peculi. i. lucri & parti. Est enī peculiū seruorū a pecore dictū: sicut & pecunia nobiliū: vt Festus ait. C. Peculium diffinit labeo esse id q̄d seruus dn̄i p̄missu separatim a dn̄icis rōnibus habet: Sed & domino peculiū esse ostēdit Celsus. & Castrense peculiū esse: quod a parentibꝰ & cognatis militię degentibus dono est datū. Vel q̄d filius militię acquisiuit. Rusticos ait audisse Celsus: qui pecuniā sine peculio fragilem eē. peculiū appellātes q̄d p̄sidii causa imponit̄. Vnde Vlpia: Peculiū ait dictū q̄si pusilla pecunia sit: siue patrimoniū pusillū. Puto peculiū quicq̄d n̄ra industria acq̄ritur in q̄cunq̄ fortuna simꝰ liberi aut serui: & id sensisse senes: pecuniā sine peculio. i. sine n̄ro lucro fragilē eē. v Victima. ANT. Ea proprie d̄r quę post victoriā mactatur. Ouid. fast. lib. i. Victima q̄ cecidit dextra victrice vocatur. Hostibus a domitis hostia nomē habet. Festus tam̄: vult hostiā dictam ab hostire. i. ferire. C. Victima: id est multi foetus: ad victimā. i. sacrificiū faciendum. Victima aut hostia d̄r omne animal quod deo immolat̄. Sed quid inter vtrāq̄ intersit: audi Oui. Victima quę: vt sup̄. Hinc christiani hostiam eucharistiā nominā t: q̄m illa superatus sit noster aduersarius dyabolus. x Septis. S: Septa sunt loca in cāpo Martio inclusa tabulatis: in q̄bꝰ populus Ro. suffragia fert: & quia sunt similia ouilibus: duo hęc inuicē ponūt̄: vt hic septa p̄ ouilibꝰ. Contra Luca. Et miserę maculauit ouilia Romę. i. septa. Et Iuuenal: Antiq̄ q̄ p̄xima surgit ouili. C. Septa loca sunt in q̄bꝰ pecudes includūt̄: q̄m rhetibus septa. i. circūdata sint. Sepire enī circūdare ē: hinc sepes: q̄a illa sepiūt agri. Item loca inclusa tabulatis ī campo Martio septa dicebāt̄ Martia. In septis mamurra diu multūq̄ vagatus. Deniq̄ oīa loca inclusa septa appellarunt: y Pinguis. S. Melius ad victimam q̄ ad caseū referes. A. Pinguis hic fit colon. z Ingratę. S. ex laboribꝰ rusticorū alit̄ ciuitas. A. Ingratę vrbi: cum enī & victimas & caseū illuc afferret: minimū lucri cōseq̄bat̄: q̄d q̄dē ex magna ingratitudie erat: q̄ enī pacto huiuscemodi res vrbani h̄rent nisi agrestiū cura. Ciues aūt derident illos & p̄cia minuūt. a Grauis ęre: C. quia puū dabat p̄ciū: & est modꝰ accōmodatus rustico. b Aere. A. i. pecunia vt puta q̄drantibꝰ vł trientibus. In Cipro prima fuit ęris inuētio. Seruꝰ aūt rex primus signauit ęs: antea rudi vsos Romę Tymęus tradidit. est signatū nota pecudū: vn̄ & pecunia appellata: autor Pli. li. xxxiii. & xxxiiii. C. Aęre pecūia. Nā primi nūmi ęnei: non aūt aurei & argētei fuere. Oui. de fastis. Aęra dabāt olim: meliꝰ nūc numen in auro ē. Victaq̄ cōcessit prisca moneta nouę: hinc pecuniā debitā: ęs alienū dicimꝰ: aerariū locū vbi publica ęra asseruāt̄. Argenteus nūmꝰ prio assignatꝰ ē āno vrbis q̄ngētesio octogesimoq̄nto. inde sexagesimosc̄do āno signatꝰ nūmus aureus. c Quid vocares. S. Virgilii p̄sonę cōuenit. A. quod mesta d. a. v. Significat q̄ Roma reuocaret deos in auxiliū: quia nō h̄ret q̄ eā suo carmine illustraret: q̄a aberat Virgilius. d Amarylli Vocatiuus est a n̄tō in is et s̄p breuiat̄. Hora. Dulcē strepitū pieri temperas. Deos amaryllis inuocabat pro reditu Tytiri absentis: per hanc aūt Roma intelligenda: quam moestam absente Tityro Meliboeus ait: quo amico gratificetur. e Mœsta. S. scilicet tibi. f Cui. S. in cuiꝰ honorē. g Pendere sua poma. C. Nā rusticorū est sinere sua poma ī arboribus cū alicui seruare volunt. Hic aūt seruat Roma poma Tityro: seruat sua facta a Virgilio celebranda.

h Poma. ANT. arua ipsa & bona cūcta intelligit pendere in sua arbore. i. salua esse. i Tityrus. S. virgilius. k Pinus. CRIS. Pro magnis viris: quia pinus magnę sunt. m Fontes. C. pro eloquentibus. n Arbusta. ANT. Omnia hęc simpliciter ac rustice intelligenda sunt. Arbusta aūt loca dicuntur arboribus vitiferis consita. Seneca epistola. lxxxvii. Illud etiā vidi vitem ex arbusto suo annosam transferri. Et Colūmella libro de arbustis: sic ait: Arbustum inter quadragenos pedes dispositum esse conuenit. Sic enim & ipsę arbores & appositę vites melius cōualescunt. fructumq̄ meliorē dabunt. C. Arbusta recta cōparatiōe: arbusta p̄ hūiliori populo dixit. o Quid facerē. A. Apud Galateā intelligit: id est Mantuā. CRI. Quid facerem. Modus loquendi eorū quorum cōsultatio dubia est. Nam neq̄ patiebatur relinquere Galateam, id est Mantuam: Nam cuiq̄ sua patria suauissima est. p Neq̄ me seruitio. SER. Seruitiū est cōditionis inditium. q Nec. Cursus.
r Tam pręsentes. ANT. tam propitios.
s Alibi. AN. q̄ Romę.
t Diuos. ANT. Per hos nō solum Augustū: sed Azinīū Pollionē & Varum; aliosq̄ sibi propitios accipit.

Hic illū vidi iuuenē Meliboee: quotannis
Bissenos cui nostra dies altaria fumant.
Hic mihi respōsum primus dedit ille petētī
pascite vt an̄ boues pueri: sūmittite tauros.
Fortunate senex ergo tua rura manebūt.
Et tibi magna satis: q̄uis lapis oīa nudus
Limosoq; palus obducat pascua iunco:
Non insueta grauis tentabūt pabula foetas:
Nec mala vicini pecoris contagia lędent
Fortunate senex: hic inter flumina nota:
Et fontes sacros frigus captabis opacum.
Hinc tibi quę semp̄ vicino ab limite sepes
Hyblęis apibus florem depasta salicti:
Sępe leui somnum suadebit inire susurro.

v Hic. ANT. in vrbe Roma. x Iuuenē. SER. Augustum quē decreuerat senatus: ne quis puerū diceret: ne maiestas tanti imperii minueretur. A. illū iuuenē. In fine q̄ȝ primi voluminis Geor. de eodē Augusto inq̄t. Hūc saltem euerso iuuenē succurrere sęclo Ne p̄hibete ⁊c. Florus etiaȝ iuuenē noiat. Sic ei. scribit: prima ciuiliū motuū cā testamentū Cęsaris fuit: cui⁹ secūdus hęres Anthonius: p̄latū sibi Octauiū furēs: inexpiabile cōtra adoptionē acerrimi iuuenis ceperat bellū: cū intra. xviii. ānos tenerū et obnoxium & oportunū iniurię iuuenē videret. Ci. aūt Philippica q̄rta ait. Laudo laudo vos quirites: cū gratissimis animi p̄seq̄mini nomē clarissimi adolescētis: vel pueri potius: sunt eni facta eius immortalitatis: nō ętatis. Itē q̄nta philippica. Quis populo Ro. obtulit hunc diuinū adolescentē: deus: nō ab re igitur Maro iuuenem appellauit.
y Quotannis. AN. Singulis annis: vel āno q̄ q̄ȝ.
z Bissenos dies. S. vł principia oim mēsiū. vł idus. AN. Bissenos di. mense q̄ȝ semel. a Fumant. S. sacrificant. b Hic. A. in vrbe Romana. c Primus. S. an̄ quē nullus fit. d Sūmittite. A. Iugo scȝ ad arandū. C. Sūmittite supermittite: vt sit a subsum: antiqua p̄positione. Sic alibi. quantū vere nouo florēs se subiicit alnus: id est sursum agit. ergo supermittite tauros. i. date operā: vt tauri saliant vaccas nouas ad foeturā comparādā. Vel summittite. i. sub iugū mittite: vt domentur ad agriculturam: & tunc ponet tauros pro validioribus iumentis.
e Senex. S. non ad ętatē Virgilii: sed ad fortuuā futurā presagiū refert. A. Senex: quum senex eris: quod aliter probus inquit.
f Ergo. A. Quia respondit ille: pascite vt an̄ boues ⁊c.
g Manebūt. C. p manebūt in tuo iure: neq; mutabunt dn̄m. h Et tibi magna. A. Ordo est: & manebūt pascua satis magna tibi: q̄uis obducat. i. circūdet omia nudus lapis: & palus cū iunco limoso. Horū aūt camporū sitū: lege etiā in ægloga nona: ibi: certe equidē audierā ⁊c.
i Lapis. S. monte. a mōte eni vsq; ad lacū. & inde ad arborē q̄ndā est terra donata Virgilio. C. Lapis nud⁹: a terra excerptus sursum: q̄ adeo lapidosus sit ager: vt terra tecta illis: vix emittat herbā. k Limoso. C. quia ī limo prouenire gaudet. l Obducat. A. circūdet. Ob eni aliq̄n ponit pro circū. vt etiā Festus ait: vt cū dicim⁹ vrbem obsideri. aliq̄n pro propter: vt ob merita. ob supatos hostes. vn̄ obsides pro obfides. nā obfidē patrię p̄standam dant. m Nō insueta. A. Ordo est pabula insueta non tentabūt grauis foetas. n Grauis. S. pro graues. AN. Grauis foetas. i. grauidas oues. grauis aūt adiecit: qm̄ foeta dr̄ tam q̄ p̄gnās est: q̄ȝ q̄ pepit. o Nō tētabūt. A. nō corrumpent: vel non variabūt lanā agnis in vtero grauidarū manētibus. Ait eni Pli. li. viii. de arietib⁹ scribēs. Et mutatio aquar̄ potusq; variat. Id aūt plini⁹ accepisse videtur a Var. Is eni libro. ii. de ouib⁹ sic ait. Quā diu admissura fit eadem aq̄ vti oportet: q̄ mutatio & lanā facit variam: corrumpit & vterum. Tentare aūt pro corrumpere. Pli. etiā li. xiiii. vtitur de salicū natura iquiēs. Caput tentant vini mō. p Contagia. A. scabiē intelligit. contagiū vetat festus: vt Nero leges. Gellius eni lib. xii. ait. Periculū etiā venenū & cōtagiū. Sene. q̄ȝ ep̄la. xiii. inq̄t. Quid est q̄d trepident: q̄ cōtagiū q̄ȝ mei cōtineāt. Cōtagio etiā & cōtages inuenit. Iuue. Dedit hāc cōtagio labē. Lucre. libro. iiii. Quę contage sua palloribus oīa pingūt: Dicit aut cōtagio a cōtingo: morb⁹ qui polluit quicq̄d tangit. Columella aūt li. viii. c. v. scribit: oues freq̄ntius q̄ȝ vllū animal infestari scabie: esseq; illico occurrendū: ne tota progenies coinquinet. nam cū & alia pecora: tum p̄cipue oues contagione vexant.
q Flumia. S. padum & mintium. A. Nam vt etiā prob⁹ asserit: Mintius p̄terfluit Mantuam. Effluit autē a uctore Strabone libro. iiii. a lacu Benaco: qui ex alpibus oritur. mitius autē breui cursu progressus in padum mergitur.
r Nota. SER. cara.
s Sacros fontes. S. Nam omnibus aquis nymphę presidēt. t Frigus opacū. S. quo ęstate refrigeramur. C. Frigus opacū. Non hn̄t latini verbū quo exprimant vim hyemalē qua horrem⁹ nō sine multā molestia. nec illam voluptuosam refrigerationem q̄ nobis calore ęstuātibus p vmbrā & leuem aurā prouenire solet. Nos aūt habemus: primū illū appellam⁹ freddolo. Hoc vero s̄m Fresco. q̄d nunc voluit exprimere cum dixit: opacum frigus ⁊c.
v Hinc tibi ⁊c. ANTO. Ordo est. hinc vicino ab limite sepes quę semp̄ depasta: id est depastum habet apibus hybleis salicti florem: sępe leui susurro suadebit tibi inire somnum.
x Ab limite. SER. Limes terminus agri est. A. Limes in agro nunc terminus: nunc via transuersa: auctor est Festus. CRI. Limes latine obliquus est siue transuersus. Hinc Theren. Limis oculis: a limo vero dicitur limes terminus in agris positus: quia ex obliquo ponatur: Hinc etiam in foribus limen. y Hyblęis apibus. SER. Ab hybla quod Sicilię opidum est: nunc Męgara dicitur: & est species pro genere. ANT. Hyblęis apibus Dorienses. Męgaram condiderunt: cum prius Hybla vocaretur: vt Strabo edocet libro. vi. de Sicilia loquens: mella etiam inter Sicilię vrbes Hyblam nomināt: ibi autem mellis optimi copia. propterea hybleas apes appellauit.
z Depasta florem. SER. Depastum florem habens: vel comesta. a Salicti. SER. Virgulti gen⁹ quod salit: & surgit cito: Salictum vbi sunt multę salices. ANT. Salicti Ceras ex omniū arborū satorumq; floribus confingūt apes: excepta: rumice & chenopode herbarū hęc genera: auctor Plinius lib. xi. Est autem salictum salicum locus & copia. b Sępe. S. vocat rusticū ad dulcia. Somnū inire. SER. idest dormire. c Inire. ANT. id est incipere.
d Leui susurro. AN. paruo murmure. Est autē nomē a sono victū per onomatopeiam. ¶ Suadebat. A. Hortabitur. ¶ S. subrupe: in rupe.

Hinc alta sub rupe canet frōdator ad auras.
Nec tamē interea raucę tua cura palumbes:
Nec gemere aerea cessabit turtur ab vlmo. T
Ante leues ergo pascent in ęthere cerui.
Et freta destituēt nudos in littore pisces/
Ante pererratis amborum finibus exul:
Aut ararī parth⁹ bibet/aut germania tigrim
Quā nostro illius labatur pectore vult⁹. M
At nos hinc alii sitientes ibimus afros.
pars scythiā & rapidū cretę veniem⁹ oaxem
Et penitus toto diuisos orbe Britannos:

e Frondator: SER. Rusticus frondes legens: vel pecus frondibus vescens. Est eīm triplex fundator: & q̄ arbores amputat: & frondib⁹ māipulos facit: vt hyeme pascat pecus. Et qui mātibus vitiū frondes auellit: vt sol ingrediēs vuas cōcoquat. Aut auis q̄ in frondibus hirat. et his vescitur: vel palūbes q̄ in frōdibus nidificāt. A. Frōdator. Columella scribit li. vii. a kalendis Iuliis in kalendas nouembris tota ęstate: & deinde autūno boues satiandos fronde. Probatq; maxime inqt Vlmea: post fraxinea: & ab hac populea. Vltima sūt ilignea & quernea & laurea. f Ad auras. S. in die. AN. sublimi voce. g Raucę. S. brongidę. ¶ Palūbes q̄s vulg⁹ tetas vocat: & si dicunt latine: sed multoꝝ auctoritas latinū facit. Ci. in ea q̄ talemastis iscribit: iā mare tyrrhenū lōge penit⁹ q; palūbes religt. C. Raucę. Raucā vocē dicim⁹ eā quę non candida solidaq; exit: sz intus magna ex pte versatur. hec aliqñ offendit aures cū dissona ē: & quodammodo strepit: aliqñ cum intra fauces contiue versatur. vehemēter delectat: vt accidit in organis: nā cum voci denegatur liber exitus: quoniā intra fistulas nō sine suaui modulatione agitat: ea vehemēter demulcent aures. Hoc in gutturis longiusculo spacio cōmode faciunt cygni: cū raucos illos appellam⁹: hinc raucio rausi. h Gemere. S. canere. proprie tamē dicitur de turture. hic feminine protulit. Plautus vero obustos turtures masculine dixit. A. Gemere. Videt eni turturis & palumbiū vox gemitus esse potius q̄ cātus. i Aerea. A. non aerea turtur. sed vlmo aerea: id est alta. k Leues. A. Idē ad Battarū q̄s dixerat. Dulcia amara prius fiēt: et mollia dura. Candida nigri oculi cernent: & dextera lęua Migrabūt casus aliena in corpora rerū. Quam tua de nostris exiret cura medullis. Gaudia sp̄ eni tua me meminisse licebit. C. leues. i. sine pondere. Ouid. Qui quāto est pondere terra: pondere aqua leuior: tanto est onerosior igne. per translationē leuia dicuntur q̄ nullū momentū rebus afferūt. Item q̄ facilia sunt. Itē leues hoīes q̄ instabiles in pposito & facile mouentur. Leues igit nō q̄ sint leues: sed qui eēnt si ęthera ascēderēt. Et i his oibus pfertur prima syllaba breuis. qñ aūt pducit prima syllaba significat politū & sine pilo: vt sępe etiaz in leui q̄ sistent cornua frō. Et qa q̄ leuia sic sunt: lubrica esse solent. Dicimus leue. i. lubricū. hinc dictū leuigare. i. expolire. Vñ dicim⁹ tectorī leuigatū. l Ergo. A. Cum tot voluptatibus frui possum beneficio Cęsaris: anteq; eius obliuiscerer: oia naturę contraria fierent. m Ethere. auiū more ante cerui volabūt: & pisces sine aq̄ viuēt: ante rerū natura mutabit: q̄ nos cęsaris possum⁹ obliuisci. m Freta. S. maria: a feruore dicta. Destituēt. i. derelinqnt. Amboꝝ. s. germanorū & pthorū. n Añ perratis. S. lustratis vł errore cōfusis. A. Añ perratis ordo ē: anteq; illi⁹ vult⁹ nro pectore labat: aut parthus exul bibet ararim: aut Germania bibet tigrim perratis amboꝝ finib⁹. i. mutatis: vt. s. araris Parthiā adeat. Tigris vero germaniā. o Exul. S. sq; parthus & german⁹. A. Exul. Parth⁹ parthorū ipeniī orīetis erat: vt T rogus ait li. xl. Scytharū exules fuerūt: quod etiā ipsorū vocabulo māifestatur. nam Scythico sermōe exules parthi dicuntur. q̄re exul ad Parthū solūmō: non etiā ad germaniā refertur. p Ararim. S. flumen gallię in

Rhodanū fluens. Araris Pli. teste lib. iii. c. v. Fluuius ē in gallia Narbonensi: & auctore Strabone: libro. ii. vbi Arar Rhodano cōmiscet Lugdunū in colle cōditū ē. Labitur pterea ex alpibus. Est aūt vicina gallię germania: vt ostēdemus. C Ararim araris: & p sincopam arar pfert: ait Prisci. Hic a mōte vogeso effluit: & p fines Eduorū & sequanorū: leniter fluēs: Rhodano miscet. q Germania AN. vt scribit tacitus germania oīs a Gallis Rhetiisq; & pānoniis Rheno & Danubio fluminibus: a Sarmatis Dacisq; mutuo metu aut mōtibus sepat. Cetera ocean⁹ ambit latus sin⁹: & isulaꝝ imēsa spacia cōplectēs. C. germania. Hęc trās Rhenū icipit: hęc gēs: mores habet gallicis sīles. Vñ teste Strab. germani dicti sunt q̄si gallorū germani. i. frēs sint. r Tigri. S. armenię fluui⁹ fluēs i psicū sinū. p hęc āt flumina: diuersa significat loca: vt ponat ipossibilia: A. Oritur tigris in regiōe Armenię maioris: fōte cōspicuo in planicie. a celeritate autē Tigris dr. Ita eni appellāt Medi sagittā: auctor Pli. lib. vi. Est pterea armenię iūcta parthia. Iuuena. sat. vi. Instantē regi Armeno: parthoq; comitem. C. Tigris fluui⁹ vnus est ex illis q̄tuor q̄s xpiani ex paradiso deliciarum fluere aiūt &c. Illius. augusti cęsaris. s Labat. C. nro ipectore vult⁹. i. defluat e mente. i. e memoria nra. t Vultus. C. nō incōgrue: nō solū eni meminerat faciei Augusti: sz ei⁹ q̄ liberalis et clemētis letici ę q̄ sese oñdebat i facie. Vult⁹ eni nō est facies: sz affect⁹ ille vel doloris vel lętię vł irę vel amoris aliorumq; motuū qui apparēt in facie: nunq̄ mādabit ergo obliuioni liberalis affabilis & clemēs lętícia quā eius vultu dephēdit. v At nos &c. A. Ab exilio mouet affectus. Est aūt figura prolepsis. i. psumptio: fit eni quū sumit totū: post ptes accipiūtur vehic. Est enim ordo. At nos hinc alii ibimus aphros sitiētes: ps &c. x Sitiētes afros. S. Synecdoche ab afris eni lybiā q̄ aq̄ indiget: intelligi vult. A. Sitientes aphros: ibi eni multū torrida zona occupat: q̄re maxima mediterranee lybię pars: & regio circa oceanū deserta ē. id Strabo docuit li. xvii. y Scythiā. S. Hęc regio septētriōalis ē. A. Regio est ad septētrionē in orientē porrecta: includit ab vno latere ponto: ab altero mōtibus ripheis: a tergo Asia & Phasi flumie: multū in lōgitudinē & latitudinē patz: Iustin⁹ auctor li. ii. & teste Soly. amāt prēlia: interemptoꝝ cruorem ex vulneribus ipsis bibunt.

z Rapidū cretę oaxē. S. i. Lutulētū q̄ rapiat cretā. Creta alba terra dr. Nam oaxis Mesopotamię fluuius est q̄ ex velocitate sua corripiens cretā lutulētus fit. A. Vibius quoq; oaxem cretę fluuiū dicit esse. vbi & ciuitas Oaxia: nec absurdū est oaxem cretę fluuiū Melibœū intelligere. Est eni sensus q̄ pars ibit in Scythiā: ps in Britāniā pars vero in Cretā: hoc est aliq ad vltimas orbis ptes. quidā ad mediterraneas insulas. nā vt scribit li. x. Strabo Creta insula a septētrione ęgeo pfundit pelago sit & cretico: ab austro aūt Affricano aluit. Britānos. Finis erat orbis ora Gallici littoris: nisi Britānia insula nomē pene orbis alterius mereret: octingentis et amplius milibus passuū lōga porrigit. Illic nullus anguis: auis rara: gens inhospita & bellicosa. Hęc & plura Soli. Iacet aūt inter septētrionem & occidentē: auctore Pli. li. iiii. C. Oaxis fluuius est mesopotamię: labens p regionē quę est inter caspiū hyr canũ mare. Creta opidũ. Valerius.n. libro primo. Quotiens paucos ad littoris ictus deficiã: scyticum metuens pontũq; Cretãq;. Oaxum opidũ Crete insule cõditũ ab oaxe filio Apollinis & Antisenes: vt meminit solistenes.

a Diuisos. S. quia olim iũcta fuit orbi terrarũ Britãnia. Est aũt i oceano septẽtrionali: & a poetis alter orbis appellatur. C. Toto diuis. Hinc Seneca Cesar omibus terra mariq; captis respexit oceanũ: q̃si hic orbis Romanis nõ sufficeret: aliũ cogitauit. Classe igit cõparata Britãniã petit. Est eni eius forma teste Strabone triãgula. & vt refert Pli. Albion prius vocabat: cũ Britannie appellarent oms circũadiacentes insule.

b En vnq;. S. ecce aliqñ. alias diuisit p interpositionem: vt en erit vnq;. i. vnq̃ne. hoc est aliqñ. A. En vnq;. Est autẽ ordo vnq̃ne longo tpe post sc; q̃ discessi: p^9 inq; aliqt aristas vidẽs patrios fines: & culmen paupis tuguri congestũ cespite mirabor, mea regna: nã prius opus ẽ: vt patrios fines videat, deinde sua rgna. Post aliquot aristas: segetes: & sic estates: & ob id agros. est aũt metalepsis figura.

c Et tuguri. S. Tugurium a tegendo dictũ. A. quasi tegurium: dr pastorũ casula. CRI. Pauperis tuguri. Improprie dictũ. nam cũ duoꝝ generũ sit paup: nõ recte dr paup tugurium. sed poetarum est hec licentia. Sic alibi. de paupe regno. Et Proper. Sidera sint testes. Tuguriũ et teges a tegendo dicunt. nã illis pter id qd tecti sumus nullam aliam cõmoditatẽ assequimur. d Congestũ. A. cõpositũ. e Cespite. S. herba cũ ppria terra euulsa. A. Ouid. ii. de amorib^9 Gramine^9 madidã cespes obumbrat humũ. f Culmen. S. tectum: quia veteres edificia de culmis tegebãt. i. de paleis emessibus. A. Culmen. i. summũ. nã tecta culmis tegebant. inde tecti summitas culmẽ dr. g Mea regna. S. vbi dñs fui. C. ex affectu q est ex patrio solo: rus suũ regnum appellat.

H Mirabor. C. Nam carentia rei & diuturnũ illi^9 desidium: adducet in admiratõem. mirabor ergo. i. clarã rem putabo: id qd diũ possidebã nõ multi faciebam: quoniã ipsa copia fastidiũ affert. i Aristas. S. vt rusticus p aristas nũerat annos. k Impius. S. vel ira motus dicit impiũ militẽ pastor. Vel qz ciuile gesserit bellũ. C. Impi^9. Nã multũ est occisionẽ facere: predas abigere: hoies in captiuitatẽ ducere: impuberes in cõspectu parẽtũ occidere: aut cõstuprare: ferro & igne oia populari. Luca: Nulla fides pietasq; viris: q castra sequunt. Venalesq; manus ibi fas vbi maxima merces. l Noualia. S. Noua rura q̃ per singulos ãnos renouãtur p semia. Vel noualia dicuntur vbi silua tollit. A. Noualia: hec noualis & hec noualia dicimus. Nouale aũt est qd singulis annis seritur. vt Pli. li. xviii. & li. xvii. dixerat. talis vero est in noualib^9 cesa vetere silua. Varro aũt li. i. sic ait. Noualis vbi satũ fuit anteq̃ secũda runcatiõe renouet. m Habebit. S in spe poni. n Barbarus has sẽp interrogatõem q̃ndã & affectum id legitur. Barbarus aũt. i. seruus & immitis. Vel qa barbaris etiã: nõ solũ latinis Veteranis agri distributi sunt.

En vnq; patrios: longo post tempore fines:
paupis & tuguri congestũ cespite culmen
post aliqt mea regna vidẽs mirabor aristas:
Impius hec tã culta noualia miles habebit:
Barbar^9 has segetes: en quo discordia ciues:
perduxit miseros: en quis cõseuim^9 agros:
Insere nũc meliboee piros: pone ordĩe vites:
Ite mee foelix quondã pecus: ite capelle:
Nõ ego vos post hac viridi piectus i antro:
Dumosa de rupe procul pendere videbo:
Carmĩa nulla canã: nec me pascente capelle
Florẽtẽ cytisũ: & salices carpetis amaras. T.
Hic tñ hac mecũ poteris requiescere nocte
Fronde sup viridi: sunt nobis mitia poma.

Barbarus dicit antiqtus omĩs gens exceptis grecis et latinis. auctor ẽ Festus. Strabo li. xiiii. sic. Sed ego arbitror ab initio cõficto noiẽ eos barbaros appellatos: q difficulter aspe ac dure loqrẽt: vt blesos balbosq; dicim^9. Oẽs itaq; q crasse loquũt barbari dicunt q̃les sũt natões oẽs preter grecos. Hec ille.

o Has. C: q. d. tã pulchras. Nihil aũt ista orõne cõturbatius ẽẽ potuit. nã cũ a principio tanq̃ ex moerore confect^9: et ex cõparatõe Tityri suas infoelicitates diligẽti^9 aduerteret cũ suspirio coepit. At nos hinc alii. deinde cum bilis illũ ex merore ad irã cõuerteret: cunctatus addidit. En vnq; ꝛc. Postremo: aũt cũ iã solo furore pceps ferret: in exclamationẽ prupit. Impius hec. Hicq; demũ concitata ac pathetica orõne vtit: & adhibet interrogationẽ: & dissolutũ. que quidẽ animi sunt ex ira estuantis: et vocat milites impios & barbaros: qa barbarica vtantur crudelitate. P^9 hec vero labores suos irritos dolet: & pene se stulticie arguit: neq; caret cõmiseratione: qd ad muta sermonem cõuertat: vt Turnus equũ alloquit: Rebe diu res si q̃ diu mortalibus vlla est vixim^9. p Segetes AN. Seges est frumẽti fructus: auctoritate. M. hinc Maro primo Geor. Hic segetes illic veniũt foelicius vuq. dicit seges a satu. i. semine: vt Varroni placet.

q Quo. ad quã miseriã. r Discordia. A. bellorum ciuiliũ mot^9. Salustius autem in Iugurtino inqt Cõcordia parue res crescunt. discordia maxie dilabũt. s Insere. S. ad seipm apostrophat: vel dolendo: vel inuidendo Tityro. A. Insere nũc. Seipm arguit pterite cure & diligentie. t Pone ordine. S. qa ponunt q̃drato ordine. A. Pone or. vi. secundo q; ge. de vitibus ait. Indulge ordinibus: nec secius ois in vnguẽ. Arboribus positis secto via limite q̃drat. v Foelix. SER. qd tenebã mea pdia. Dolet ergo qa videt se nõ hre q̃ Tityrus vtit. x Pecus. A. de hoc late libro. i. Georgi. y Dumosa. S. i. dumis plena. A. i. frondosa: vt Fest. ait: z Pẽdere. S. qa dũ pascũt spinosa pendẽt. A. Pẽdere. Id sumptũ est a Theocriti prima aegloga. ait eni ibi Thyrsis de Daphnide. Nõ ego dumosas frondẽtesq; ãplius oras. Nõ ego dulce nem^9 mõtes saltusq; videbo. Pendere pendendo pasci. a Carmia. S qz nõ libet rustico canere carẽti possessiõe. b Cytisũ. S. Cytisus herba ẽ q̃ nascit inter cãpos & siluas in Cytisi ciuitate. A. Cytisis frutex est: et ouiũ pabulũ: nec ex alio pabulo: lactis maior copia aut melior. Inuẽtus hic frutex in Cytiso insula. inde translatus est in oẽs cycladas: mox in vrbes grecas. Pli: auctor li. xiii. Phũs aũt li. iii. de aialib^9: scribit etiã q; Cytisus lac auget: sed dũ floret incõmodius est. vrit eni tantisper & extiguit. C. Cytisus frutex ẽ: ab Aminomacho miris laudibus pdicatus: pabulo ouiũ. Aridus vero etiã suũ. illo g quã modico piguescũt q̃drupedia: ita vt iumẽta: hordeũ spernãt. Ex nullo alio pabulo lactis maior copia: aut melior. oibus pecoꝝ morbis medet: nutricibus in defectu lactis aridũ & aqua decoctũ: potui cũ vino dat. & firmiores celsioresq; infantes fiunt. Viridẽ etiã gallinis dant: aut

ſi aruerit madeſactū dant: plantę cubitales ꝓferunt̃: ſcro
be pedali demetit̃: verno equinoctio cū florere deſinit: ve
pueri vł anus viliſſima opa. c Amaras: S. hoīm. Nā
capris dulces ſunt. d Hic tñ. A. Affectus Tityrus ami
ci clade illiū ad requiē apud ſe allicit. C. Hic tñ. id ē ꝗuis
tot vrgeant incōmoda: tamē poteris mecum requieſcere.

Caſtaneę [h] molles & preſſi copia [i] lactis:
Et iam ſumma ꝓcul villarū culmīa [k] fumāt:
Maioreſq; [l] cadūt altis de montib⁹ vmbrę.

e Fronde. C. accōmodatū dat ſtatū paſtori. Nā cū pernoctēt apud greges: ſtratū ſibi ex frondib⁹ & ramis ita altū con
ſtruūt: vt ſi pluat aq̄ ſublabat̃: neq; cubātiū corpa tāgat f Mitia. S. matura q̄ nō remordēt: cū mordētur. A. Sūt nob
mitia poma: Silepſis figura ē q̄ dici pt̄ ꝯceptio: Fit aūt qñ ſinglaris dictio pl̄ali verbo reddit̃: aut pl̄alis dictio ſinglari vbo
adiūgitur: vt
h loco & ibi
Hic illius ar-
ma. Hic cur-
r⁹ fuit, de hac
alibi latius.

Drāmaticō vel mythicō ægloga ſecūda, poeta Corydonē amantē Alexī ſcribit.
Alta hƺ Corydō q̄ pacto paſtor Alexī. Formoſuƺ Corydō: ſecū decātat Alexī:
Ardebat puerū: vehemēti toſt⁹ amore Deſpect⁹ tandē ſeſe lōge merebat vltro.

g Poma. AN. Poma-
tos grece: lati-
ne potio vel
poculū. Vn-
de apte Var.
ait: Poma di
cta ꝙ in co-
rum inſitiōe
potu indige-
ant. i. adaq-
tione.
h Molles.
S. mature vł
male antiq-
ores.
i Preſſi la-
ctis. A. in ca
ſei maſſaƺ re
dacti, poteſt
et mulcti ex
poni. CRI.
Preſſi vel e-
mulcti: ꝛ p̄ſ-
ſis vberib⁹:
vel p̄ſſi in ca
ſeū p̄mendo
conſolidati.
k Fumāt.
S. ad prępa-
randā cęnaƺ
veſperi.
l Maioreſ-
q; ꝛc. S. Ca
dūt. i. dupli-
cantur: quia
dum dupli-
cant̃ vmbrę
& ſol decę-
dens creſcen
tes duplicat
vmbras nox
imminet.
Cadunt ꝛc.
CRI. Cum
ſol cadit ma
iores ſūt vm
brę: quemad
moduƺ cum
orit̃: quia ex
trāſuerſo noſ
feriens longi
us iacit vm-
bras. ANT.
Maioreſq; ca
dunt. occidē
tis ſolis peri
phraſis.

[a] Formosum pastor [b] Corydon [c] ardebat [d] Alexim
[e] Delicias [f] dñi: [g] nec quid speraret habebat:
[h] Tātum inter dēsas vmbrosa cacumīa fagos
[i] Assidue veniebat: ibi hęc [k] incondita solus:
[l] Montibus & siluis [m] studio [n] iactabat [o] inani:
[p] O crudelis Alexi: nihil mea [q] carmina curas/
[r] Nil nostri miserere: [s] mori me deniq; cogis:
[t] Nunc etiā pecudes vmbras & [v] frigora captāt
[x] Nunc virides etiā occultant [y] spineta lacertos:
[z] Thestilis et rapido [a] fessis messoribus ęstu:
[b] Allia [c] serpillūq; herbas contundit olentes:
[d] At mecum raucis tua dum vestigia [e] lustro.

a Formosum pastor. S. Corydonis in psona Virgili⁹ intelligī. Cesar alexis in persona inducit. A. Hęc ægloga formata est a tertia Theocriti. Ibi vero Amaryllis. Hic Alexis amaī. quidqd aūt inde sumpserit Maro: passim patebit. C. Et si p allegoriā Virgi. sub Corydonis psona queri possit. q; Aug. quē per Alex. notet pces suas cōtemnat. tamē qm ñ multū dignitas psonarū obseruaī: nescio an rectius amora allegoria simplr interptanda sit.
b Corydon. ANTO. Id nomē a Theocriti ægloga. iiii. poeta sumpsit. Cui Battus ait. Sic tibi contingat Corydon charissime quicquid Exoptas: votisq; tuis sic iupiter adsit. Hic tñ p Virgi. sumiī: adamauit enim vt aiunt Cebetem & Alexandrū quē hic Alexī appellat: donatū sibi ab asinio Polione. vtrūq; eruditū dimisit. Nā Alexā. grāmaticū. Cebetē vo & poetā. Apu. orōe pria apogię sicait: Quāto modesti⁹ tādē Maro: q itidē: vt ego puerū amici sui Pollionis bucolico iudicio laudās et abstinēs nominū: sese qdē Corydonē puerū vo Ale. vocat. Hec ille. q̄re ñ recte quidē p Ale. Augustus accipitur: vt quidam volūt. Pollio aūt orator fuit & consularis: q de dalmatis triūphauit. lxxx. suę ętatis in villa Tusculana obiit. Euse. scribit. Alexis dr ab a qd ē sine: et lexis dilectio q̄si sine dilectōe seu rñsiōe.
c Ardebat. S. impatiēter diligebat. d Alexim. S. Alexis seruus fuit Asinii Pollionis quē in prandio ministrātē cū mire vidiss; pulchritudīs amore eiusē capt⁹: et dono a dño accepit. Alii puerų Cesarų fuisse dicunt formosū in opib⁹ et gloria. quē si qs laudasset rē gratā cęsari faciebat: Virg. i pueros dr habuisse amorē: nec ei eū turpiī diligebat Corydō a virgi. nūcupaī. ficto nomie aut a Corydali aue: qa dulce canit Alexim vo puerū q̄si supbū & q̄si sine rñsione. Alii a Virgilio illū laudatū vt glorificareī Pol. q illū amabat: tenebat aūt eo tpe transpadanā galliam Pollio: & agris diuidendis perat. e Delicias. C. Delicię dicunī illa quę ppter voluptatē: iucūditatēq; q̄ inde nob puenit pponimus: nō aūt ppter vtilitatē aut dignitatē. In singlari autē delitia tigni species est. f Dñi. A asinii Pollionis.
g Nec qd sp. S. Deeo petendo. C. Nec quid sp. q̄si affirmat illud Ter: vt q̄to min⁹ spei adesset. tāto magis amaret. h Tantū. S. tantūmō. i Assidue. S. sępe. k Incondita. S. Incōposita agrestia vel Insanę mētis verba vł incōscripta. Sal. At illi qbus res incognita erat ruere cūcti ad portas incōdita tenere. A. Incōdita. inculta. l Montibus. C. q. d. cū alibi cōqueri nō liceret: conq̄rebaī apud mōtes et siluas: q enī amantes re amata potiri neq̄unt: a mœrore facile ī solitudinē abducunī. m Studio iani. A. Occupatiōe inutili & vana. Cice. n. lib. i. rhetoricorū sic ait. Studiū ē animi assidua & vehemēs ad aliquā rē applicata magna cū voluntate occupatio: vt Phię: Geometrię litterarū. vbi Victorin⁹ etiā sic. Studiū ē animi cōsensus ad aliqd. C. Studio inani. Est enī studiū vehemēs animi applicatio ad aliquā rē pagendā Ergo studio inani: quia animū ad eandē rē applicuerat sed frustra. Inde dicimus studiū amorē ac fauorē: quia in vtraq; re est vehemēs applicatio animi. n Iactabat. S. incassum fundebat.

o Inani. S. prę amore nihil sibi pcurās: sed in absentem iuuenē loquebaī. p O crudelis. S. qui nō flecteris meo amore: nec te potiundū prębes. Allegoricę: crudelis cęsar quē mea scripta ad agros reddēdos nō flectūt. A. o doloris interiecttio ē hoc loco potius q̄ vocādi aduerbiū: q̄d seq̄ntia indicāt. C. O crud. Pathetica orō & amāti accōmodata: vt in absentē vertat sermonē. & crudelē dicat q in amore ñ correspōdet. q Nihil mea car. A. Theocrit⁹ in. iii. æglo. Non amaryllī audis: nō vox hęc ferī ad aures moesta tuas. C. Nihil mea. Repetitio & dissolutum. vnde maior est vehemētia sermoni. r Nil nrī mise. A. In tertia q̄ Theocrit⁹: at tibi nulla mei virgo stat cura doloris. s Mori. S. prę cōtēptu. A. Mori me deniq; cogis. Theocritus ait in vltima. Postq; difficilis nūq; miseraī amicū ille meū: miseroq; mori: sed cogit amore. C. mori me de. co. Magnā pbat eē crudelitate si eū ad mortē deducat. t Nunc etiam pecudes. A. Arguit amoris furore vexari. nā cū cęteri oēs et aīalia bruta q̄escant. solus ipe vagaī sole sub ardenti. v Frigora. S. non aprica loca. CRI. vmbras & frigora. i. vmbrosa frigora ad quę in calore nos recipimus.
x Nūc virides. A. Theocritus in vltima inq̄t. Quo nunc chare die nitido flagrantibus auris. Tendis iter virides rapido spineta lacertos Symichida sub sole tegūt felicibus vmbris. Ac etiā obscena volucres nūc frigus opacū. Et molles altis captāt ī mōtibus vmbras. C. Nūc virides. Quāto amore affliciaī probat: qm quo tpe & lacerti qui sua naīa frigidi sūt: & messores q assueti sunt caloribus ferre ęstum non pñt. ipse cogaī in solę ardētissimo. & quē solę cicade pferāt: illius fugitiui vestigia ingrere. y Spineta. C. loca spinis dēsa: vt dicim⁹ a quercub⁹ querceta: a pinu pineta: ab ęscul ęsculeta. et sic ī mltę aliis. a salicib⁹ vo et rosis et violis potius salicta rosaria et violaria dicimus.
z Thestylis. S. Rusticana mlier q̄ ex diuersis cōtusis herbis pulmētaria messorib⁹ parat. & est q̄si fictilis q̄d ī fluctib⁹ pōat cibū rusticę. A. Thestyl. Rustica mlier: sz veneficę nomē in scda Theocriti ægloga: de q̄ quidē sic ille. Nāq; potes vt nēpe facis peiora venena. Quā Circe latio: męḋea vł iproba colchis. a Fessis. S. Labore vł ęstu fatigatis. b Allia. S. ad pellēdos calores. vt teste etiā Pli. Medicina cōtrario: vel etiā simili sumaī. Vñ calor alio calore pōt pelli. Hic cōtra amoris ardorē: nō solū ad scythię frigora: sed ad ardentē ęthiopiā dicit se iturū. A. Alliū antiqui & insanietibus dabāt crudū: vt scri. Pli. li. xx. & Galieni auctate est alliū tyriaca rusticorū. c Serpillū. SER. ερπιλλον gręce dicitur: sed nos aspirationē in. s. vertimus & dicimus serpillū sicut εξ & επτα sex et septē. A. Serpillū id putāt a serpēte dictū: qd in siluestri euenit ī petris maxime: satiuū non serpit. capitis doloribus decoctū in aceto illiniī temporib⁹: ac fronti cū rosaceo. Itē phreneticis auctor Pli. li. xx. d At mecū. S. Longū est hipbaton: vt sit. dū tua ve. lu. me. ra. ar. cic. re. Sed meli⁹ ē vt sit At cōiūctio: vt fiat at. ve. me. ra. cir. Ordo ē. At dū vestigia tua lustro sb sole ardēti arbusta mecū rsonāt cicadis raucis. i. ppter cicadas vł cū cicadis. e Lustro. C. oculis cuncta lustrando circumspicio.

Sole sub ardenti resonant arbusta cicadis.[f]

[g]Nonne fuit [h]satius [i]tristis amaryllidis iras:

Atque [k]supba pati fastidia nonne [l]Menalcam?

Quãuis ille niger: quãuis tu candidus esses?

O [m]formose puer nimiũ ne [n]crede colori

[o]Alba ligustra cadunt: [p]vacinia nigra legunt:

[q]Despectus tibi sum: nec qs sim q̃ris Alexi:

[r]Quã diues [f]pecoris niuei: quã lactis abundãs:

[s]Mille meę siculis errant in mõtibus agnę:

[t]Lac mihi nõ ęstate nouũ non frigore [v]desit:

Canto quę solitus: si qñ armenta vocabat

f Cicadis. AN. Cicade oleas maxime amãt: at minus vmbrosas. loca eni frigidiora aspnant: quare obrẽ in opacis nemorib⁹ eẽ nequnt. Aristo. id scribit li. v. de aiali. Plura etiã Pli. li. xi. & Stra. li. vi. Cicade. Theo. in vltia ait. Hic etiã graciles rapido sub sole cicadę Vocibus assiduis crepitabant ęstibus aptę. C. Cicadis. Cicadarũ duo sunt genera. Minores quę prime puenĩũt: & nouissime pereunt: suntque mutę. Quę canũt vocant achatę. Et q̃ minores: ex his dicunt terrigometrę: nullę tñ canũt nisi mares. Gentes orientales et etiam parthi: quãuis opulenti, illis vescunt vnũ hoc: ex his q̃ viuũt: sine ore est aial hz p eo qddã aculeatũ linguis simile: et hoc ĩ pectore q̃ rorẽ lambũt: pect⁹ ipm fistulosum. Hęc q̃ canũt: rore tm̃ viuũt: in ventre nil est. Nullũ hñt ad excremẽta corpis foramẽ: ĩ agro rhegio silent. Vltra flumen in locris canunt. Hęc Pli. Ait Strabo Cum fluui⁹ Alex. Rheginũ agrũ a locrensi diuidat q per vallẽ pfundã cursum habet: cicade q̃ in locrorũ ripa versant canorę sũt: q̃ in rheginorũ mutę. Nam a locrensi agro ripa ẽ aprica: quę illarũ alas aridas & corneas reddit, vñ aperte stridor emittit. In rhegino aũt mlta vmbra: efficit cicadas ita rosidas: vt alarũ pellicłas mime pandãt. Est apud locros Ennomi cytharędi statua: q̃ insidentẽ cytharę cicadam habet. Nam cũ hic cũ Aristone rhegino in pythiorũ certamie de musica certaret: & inter certãdũ chorda vna fracta defecisset: cicada supervolãs astitit: & supplementaria vocis fecit. Arist. in li. de aia. refert ĩ cęphalenia insula flumen esse: cui⁹ altera ripa cicadarũ copiam habet. altera oĩno nullam: Solinus aũt tradidit Granium huius silentii causa scripsisse: q cũ obmurmurarẽt illę Herculi qescenti: iussit deus ne streperent: itaque ceptum ex eo silentium permanet. g Nõne fuit. A. q Amaryllida pter Alexi reliq̃rit sese arguit. h Satius A. melius. i Tristis. S. vt verã irã onderet: et nõ illã irã q̃ est amantiũ, de q̃ Ther. Amantiũ irę amoris reintegratio est. Et Horati⁹. Vrit grata pterui tas. C. Tristis, p tristes ab effectu q̃ mihi tristiciã afferunt. k Supba fastidia. S. Ex fastidio puenit omis superbia. Amasse tres dicit Virgi. Alexãdrũ quẽ ei donauit Pollio. & Cebetẽ puer. & puellã Leriam q̃s a Moenenate accepit. Vñ per Amaryllida leriam: per Menalcã Cebetem poni voluit. A. Fastus inest pulchris: sequtur que supbia formã. Irrisum vultu: despicit illa suo. Ouid. in Fast. C. Supba fastidia: qa ex supbia me fastidit. C. Colori pulcritudini. Est em̃ pulcritudo recta pportio mẽbrorũ decẽti colori superinfusa. Admonet igit ne formę confidat: qm̃ res illa caduca & momẽtanea ẽ. Nã vt ait Salust. Dignitas formę aut morbo aut ętate deflorescit. l Menalcã. A. Rustici pueri nomẽ est. m O formose pu. S. Recte Donat⁹ ait suspẽdendũ. o. Et deinde dicendũ for. p. vt intelligamus aliud p irã dicere voluisse: sed ne alexim offenderet in hęc verba amore cõpulsum fuisse A. O põt hic eẽ vocãdi aduerbiũ: sed meli⁹ doloris iteriectio. n Crede. S. cõfide. o Alba ligustra. S. Et rustice. et amatorie ex floribus facit cõparationẽ. Ligustrũ aũt flos est candidissimus: sed vilissimus. A. Ligustrũ arboris genus ẽ. Ait eni Pli. li. xv. ca. xxxi. Ligustra tesseris vtilissima. C Pli. scri. sic. Nõ nisi in aquosis puenĩũt salices: alni. populi: Siler: ligustra: tesseris vtilissima. p Vacinia. S. Sunt violę quas purpurei coloris esse constat. C. Item vacinia Italię in aucupiis sata: Gallię vero etiam tingendi causa ad seruorũ vestes AN. Intelligi põt igit ligustrũ albos flores pducere nulli rei idoneos Vacinia vero nigros seu purpureos q ad tingendas vestes legunt. Idem q; lib. xiiii. inquit sic. Ligustrũ eadem arbor est. quę in oriente cydros: suos in Europa vsus habet: CRISToFE. de ligustro Columella in hortis sic ait. Et nigro permixta ligustro balsama. in quo loco videt p herba poni ligustrũ: quod etiam tenent medici: apud quos ligustrũ herba ẽ q̃ violabil maior dr: que p sepes et macerias serpit. Vel vt aliis placet. herba ẽ quę dr caprifoliũ. Alio loco idẽ Pli. ait: Ligustrũ eadẽ arbor est: cui⁹ acini cõtra pthyriasim sũt efficacissimi. Ergo et herba et arbor erit: vt de hoc et nõnullis aliis videm⁹. q Despectus ti. sum. ANT. Tertia ęgloga Theocritus cribit: Cara amarylli animo semper gratissima nostro. Cur miserũ viridi latitãs formosa sub antro. Me fugis et vocitas: tu me non amplius vnque Nimirũ tibi despect⁹ sum: meque p osa es. C. Despectus tibi sum. Iustissima q̃rela q antea despiciat. quare q sit q̃sierit. q recti est: sed animi iam pturbati. r Quam SER: Tria sunt qbus pñt amatores cõmendari: pulchritudo: diuitię: cãtilena: a quibus iste se cõmẽdat: C. Diues: Et genitio iũgit vt hic: Et ablatiuo. Hora. Diues agris: diues positis in foenere nũmis. Pecoris niuei. S. Alii niuei casei legunt sm Homerum q dixit κυιγαλα λευκον Sed melius est niuei pecoris: nã cãdidę oues maioris precii sunt. Vnde i Georg. Munere sic niueo lanę: si credere dignũ ẽ. A. Color alb⁹: vt etiã scribit Columella. li. viii. tũ optim⁹ ẽ: tũ etiã vtilissimus: q ex eo plurimi fiunt: neque hic ex alio. C. Pecoris. Quicqd hũana effigie caret dicim⁹ pecus: pecudẽ vero de insectis dicere nõ videmur: cũ dicimus bestias: crudelitatẽ videmur exprimere: Cũ vero beluas magnitudinẽ et q̃si mõstruositatẽ: feras opponimus cicuribus. s Mille agnę. SER. Theocritus. αλλουτοτ τοιου τοτεων βοτα χιλια βοσκω Errant autem cũ securitate pascunt: & q ait agn⁹ & a sexu & ab ętate cõmendat. t Lac. S. Recti⁹ quam Theocritus q nõ lac sed caseũ dixit. Ille eni ait: τυροσ δ'ου λειπει μου ουτε νθερε ουτε νοπωρ ν ουχει μαινοσ ακρω Sed caseus: qa seruari põt: non mirũ est si quis tpe qs habeat caseũ. Laudat ergo q habeat lac nouũ. i. colustrũ ĩ neutro gñe: nã fęmini eẽ nõ põt. Sane hũc versũ male distinguẽs Virgili⁹ mastix vituperat. Lac mihi nõ ęstate nouũ: nec frigore desit. i. sp deest. A. Lac &c. Indicat suas oues optimas esse: adeo q nec ęstate nec hyeme corrundant. Nam vt inquit Columella libro. viii. Id pecus frigoris impatientissimũ est: nec min⁹ ęstiui vaporis. Lac nouũ: id est recens: intelligit eni illud de quo Varro libro. ii. sic ait. A mulgendo atque ortu optimum est id quod neque longe abest a mulsa: neque a partu cõtinuo est sumptũ. Id autem dixit propter colustram q̃ mala est. De qua quidẽ Columella lib. viii. sic ait. Agnus aũt quũ est editus erigi debet: atque vberibus admoueri: cum eius diductũ os: pressis humectari papillis vt condiscat maternum trahere alimẽtum. Sed priusque hoc fiat: exiguum: emulgendum est: quod pastores Colustram vocant: ea nisi aliquaten⁹ emittatur: nocet agno. CRI. Lac nouum. i. recens & nup emunctũ: & q̃d non sit iam coagulatũ & sale conditũ. Non aũt intellexit nouũ. id est primũ illud qđ a foetu prouenit: quã Colustrã in foeminino genere dixit Plautus. Mea colustra: me⁹ melliculus case⁹. Et Columella ait de lacte scribēs. Exiguū emulgēdū est qd pastores colustrā vocant ⁊c. Ergo nō lac nouū est colustrum. Sed vt Pli. ait. Spongia densitas lactis a partu. Lac igit̄ cōueniēs cibus est infanti: q̄a simile est mēstruo sanguini: q̄ in vtero nutritus est. Lac habentiū dentes in vtraq3 maxilla: nō coagulatur: nisi forte lixet̄ & durescat: quia subtile nimiū & tenue est. In alio coagulatur pinguedo ex frigido. Subtile dulci⁹ ē. Camelę tenuissimū: deinde equę: postremo asinę. & ideo cōsumptis dat̄: vt eos humefaciat. Lac qd est statim post partū & colustrū vocat̄ nihil valet: quia est purgamentū matricis: qd autē nimis remotū est a partu: nimis est tenue: q̄a nobilius descendit ad matricē in libidinē quę desiderat cōceptus: & sanguis mēstruus descēdit ad vias cōsuetas. Vñ lac freq̄ntius coeuntiū: deterius est: q̄a pars illa nobilior: q̄ esset itura ad māmillas: per coitum defluit. Substātia lactis triplex est. caseus: serū qd aq̄sius est: & butryū: qd vnctuosius est.

v Desit. A. Ita legēdū ē: nō desit p̄ s. sed p̄ f. defit.

x Amphyō. S. Hic frēm zetū habuit & filii fuert̄ Iouis ex Antiopa: sed zetus fuit rusticus. Amphiō vero musicę deditus. AN. Amphion primus inuenit musicā. primus item cum cythara cecinit Primus illā inueīt: vt alii Orphe⁹ vt alii Linus p̄ Pli. auctor li. vii. De hoc Hora. ait in arte. Dictus & Amphyon thebanę cōditor vrbis. Saxa mouere sono testudinis: & p̄ce blanda ducere q̄ vellet. Solinus vero ait Thebas condidit Amphion: nō ꝙ lyra saxa duxerit. neq3 eni par est ita gestū videri: sed ꝙ affatus suauitate hoīes rupiū incolas: & icultis morib⁹ rudes: ad obsequii ciuilis pellexerit disciplinā. Apud Thebas aūt eodē auctore Dyrcę: fons est: inde dyrcęus. C. Amphion. Linceus thebarū rex vxorē habuit Antiopē. Ex ea Iupiter Amphionem & zetū filios sustulit. Alii calaim tertiū addūt. Verum hac re offensus cū illā pregnātē nouisset Linceus ea repudiata: Dyrcem solis filiā nouā vxorem supinduxit: q̄ a marito impetrauit. vt Anthiope in vincula coniiceret̄. Sed Iupiter calamitatē cōmiseratus: eā soluit: illa i Cytheronē montē aufugit. vbi filios q̄s dixi peperit: q expositi a pastore nutriti sunt. zetus aūt cū adoleuisset: Dyrcē tauro alligauit: a quo tracta discerptaq3 est: & tandē in fontem sui nomis imutata. Plutarchus in libro de musica refert Heraclide auctore Amphionē Thebanū: quē Anthiope Ioui peperit primū a Ioue patre heracleoticā poesim edoctum fuisse. Idq3 probat ex his quę in sycione de sacris argiuorū & poetis: musicis scripta sunt. Pli. aūt vbi de rerum inuentoribus: musicæ inuentionem: & lydios modulos Amphioni tribuit Dyrceus thebanus a dyrce fonte. quia a dyrce in eū conuersa nomē hūit. Hora. Multa Dyrcęum leuat aura cygnū. id est pyndarum vatem.

y Aracyntho. SER. Aracynthus mons est thebanus. Ergo Acteo. i. littorali. vt alibi. Aut p̄cul in sola secretę traodes acta. q̄uis ακτιο primo sunt dictę athenę. Vel dicamus ꝙ ipse veluti pastor ignarus dixerit illum atheniensem q sit theban⁹. Nā & Theocritus ad exprimēdā simplicitatē: multa aliter dicit q̄ sint. Hac rōne potuit dixisse Oaxen Crętę fluuiū cū sit Mesopotamię: A. Acteo aracyntho: M[illegible]s ē Aracynt⁹ clar⁹ i Acarnania epiri p̄te: vt docet Pli. lib. iiii. Acteo aūt littorali. Acte eni litt⁹ dr̄. Lactā. vero sr̄. iiii. theba. scri. ꝙ Actia dr̄ regio actica. vñ Virgi. Et montē atticū aracynthū: acteū dixit. Prob⁹ aūt

Amphyon dyrcęus in actęo aracyntho.
Nec sum adeo īformis: nup̄ me ī littore vidi
Quū placidū vēt: staret mare ñ ego daphnī
Iudice tę metuam: si nunq3 fallit imago.
O tantum libeat mecum tibi sordida rura
Atq3 hūiles habitare casas: & figere ceruos
Hędorūq3 gregē virido compellere hybisco.
Mecū vna in siluis imitabere pana canēdo.

sic ait a mōte amoeno thebano quē acteū dixit: nō actiū: q̄z ibi Actęon a canib⁹ sit lacerat⁹. C. Aracynth⁹ hic mōs: vt scri. Pli. in. iiii. est ī acarnania.

z Nec sū adeo īfor. S. verecūde pulchritudinē suā cōmeorat. A. Polyphem⁹ ꝙ vi. Theo. ægloga ad gala. ait Nec sum adeo īformis fama iā notus in orbe. Nup̄ in obliq̄ speculans me littore vidi.

a Me ī littore. S. Negat̄ hoc p̄ rerū naturā effici potuisse sed sequit̄ Theocritū qui ait de Cyclope. ΝΥΑΡ ΠΡΩ ΥΣΩ ΠΟΥ ΤΟΥΕΣΣ Β ΛΕΠΟΥ ΝΥΣ ΕΥΑ ΛΑΥΑ Sed ille excusatur vel ꝙ ingentē h3 oculū Cyclops. vel ꝙ sit filius Neptuni. Sūt tñ qui putent dictū in littore. i. in aq̄ ibi a fluctibus relicta. Sed hoc excludit illud: cū placidū vētis staret mare. nō aūt reddit nobis imaginē mare: quia non stat: atq3 etiā si stet: nō p̄t reddere.

b Daphnis. S. Puer fuit mercurii formosissimus & prim⁹ pastor. Te. q̄uis meā despicias pulchritudinē. A. De hoc circa principiū diximus: cui & Maro illud epitha. scripsit. Daphnis ego in siluis hic vsq3 ad sidera not⁹ formosi pecoris custos formosior ipse. Idem in Theogorā ait Ille ego sum Daphnis cui letis pascere campis. Cura boues domitos & duros ducere tauros. Fontib⁹ & liquidis plenas depellere vaccas. C. Daphnis: vt. s̄. dixi: filius fuit Mercurii ex nympha: pastorali vitę deditus. Quapropter quem excellentiorē pastorē inducūt poetę: eum daphnim appellant.

b Si nūq3 fal. imago. A. Id dixit: quia vera imago nunq3 pōt apparere ī aq̄s. Vnde vt etiam Alexander aphrodiseus in p̄bl. scribit Nūmus et poma in aqua maiora q̄ sint videntur: ꝙ adiuncta ipsis aqua: eorum recipit colorem: aspectumq3 decipit: vt puta quę maiora videantur ⁊c.

c O tantū li. S. o optandi aduerbiū.

d Sordida rura: que tu sordida putas. C. i. q̄ tibi sordēt. nā mltis amoena voluptuosaq3 sunt. Ergo repete bis tibi: vt sit libeat tibi: & sordida tibi: nō em̄ vitupat rem ad quē pueꝝ allicere cupit: sed dixit: sordida tibi q̄si admirabund⁹ ꝙ sorderēt.

e Hūiles ha. ca. S. Melius hūiles casas q̄ ī hūilib⁹ casis: q: freq̄ntatm̄ ē ab habeo qd accusatm̄ regit. C. Casas minores sunt q̄ domus: & q̄ facile male suffultę cadere possint.

f Ceruos: S. vel furcę sunt: ad casas sustētādas sic dictę ad silitudiē cornuū ceruoꝝ. vl̄ meli⁹ iaculari ceruos id ē venari: vt ad voluptatē: nō ad laborē inuitet.

g Hibisco. S. sc3 a lacte ad hibiscū: vt dicim⁹. It clamor cęlo id est ad cęlū. Hibiscus est gen⁹ herbe. A. Hibisco pastinacę simile: hibiscū ossib⁹ fractis medet̄: folia ei⁹ ex aq̄ pota aluū soluūt. Pli. li. xx. C. Hibisco in neutro ge. posuit Pli. Eius verba hęc sūt. Hibiscū a pastīaca gracilitate differt: dānatū in cibo: sed medicinę vtile.

h Imitabere pana. S. Exēplo numinis etiā poteris mecū i siluis canere. Pan aūt deus ē rustic⁹ i naturę silitudinē format⁹. Vñ dr̄ pan id est omne. Habet eni cornua ad silitudinē solis radiorū & lunę cornuū. Rubet ei⁹ facies ad ętheris imitatōem: in pectore nebridem habet stellatū: vt stellas imitet̄. Pars inferior hispida p̄pter arbores & feras: caprinos habet pedes: vt ondat terrę soliditatē. Fistulā h3 septem calamoꝝ p̄pter harmoniā ex septē sonis ρωνδον pedum h3 propter annū qui in se recurrit: fingunt poetę cū amore deū luctatum esse: & ab eo victū: quia omnia vincit amor. Syringam adamauit Pan. q̄ cum deorum cōmiseratione in cannā eēt mutata: ad solatiū amoris: ex illa fistulā composuit. A. Pan prim⁹. Exēplo conat̄ allicere puerū ad fistulę gratiā. Pan aūt vt Herodot⁹. li. ii. scri. ex penolope

Pan primus calamos cera cōiungere plures
Instituit: pan curat oues: ouiūq́ magistros.
Nec te pœniteat calamo triuisse labellum:
Hec eadē vt sciret: qd nō faciebat Amyntas?
Est mihi disparib⁹ septē compacta cicutis
Fistula: damoetas dono mihi quā dedit olī.
Et dixit moriēs: te nūc habet ista secundū.
Dixit damœtas: inuidit stultus amyntas.
Preterea: duo nec tuta mihi valle reperti
Capreoli: sparsis etiam nunc pellibus albo
Bina die siccant ouis vbera: q̄s tibi seruo.
Iampridē a me illos abducere thestylis orat.

& Mercurio genitus dicitur a grecis: volebāt aūt p ipm pana vniuersa substātie materialis dn̄atorem significari: de q̄ late Macro. li. i. Satur. Fistulam vero pan primus inuenit: teste etiā Pli. lib. vi. Meminit. Item Ouid. li. i. met. C. Pan fm fabulas natus est ex Demogorgone: atq́ ex Chao vna cū tribus parcis: quem Demogorgon: cū ceteris aptior videret: domui p̄fecit: illiq́ parcas sorores pedissequas dedit. Demogorgonē eternū intelligit deū: qui chaon. i. elementorū confusionē distinxit: & in ordinē in quo nūc sunt redegit: ac vim q̄ndā (naturā naturatā nr̄i vocant) rebus omibus indidit: qua cuncta fierent: crescerentq́. Hanc pana appellarunt: ab eo quod est πᾶν id est omne: quia dei iussu omnia inde sunt. propter quam rem nature deum illum dixerūt. Assunt sibi tres parce: quia cūcta que elemētis cōstant: oriūtur: crescunt atq́ intereūt. effigiē huius dei pulcherrime Ser: exprimit. Certauit cū amore: & ab eo victus: q̄a natura naturata: q̄ statim a prima cā p̄ducta: cū suo ope delectaret: dictus est ab amore deuict⁹. Dict⁹ est etiam amasse Syringa id ē harmoniā: quia nihil facit natura sine harmonia & proportione. Hunc deū i summo honore apd egyptios habitum Diodo. scribit. Cū ei in oībus tēplis suis statuas posuissent. Et fm Theben vrbē edificassent quā Chēmon: (Id eni ē vrbs Panos) appellarunt. Et sic cum priapo sacra faciūt: p̄pter illd membrū: vñ est ortus omnium animaliū: pana propter eandē cām: veluti nature deum colunt. Eusebius autem de preparatione euangelica ait. Pana vniuersi symbolū obtinere. Nā q̄d alibi dicit de morte panos. alia rō est: neq́ huic loco quadrat.

i Calamos. C. grecū est proprie gracilis harundo: q̄uis pro segetis culmis accipiat: quia in illis internodia caua sunt: vt in calamis: puto harundinē veluti genus eē: cui⁹ due sunt spēs: Calamus q̄ gratilior: & canna q̄ crassior. Ait eni Plini⁹. Nam in india illis est arborea amplitudo: qualē vulgo in templis videmus. Nauigiorū etiā vicem prestant singula internodia: principatū tenēt harūdines: belli: pacisq́ expimentis nc̄carię: atq́ etiā in delitiis grate. Tegulo eni earum domus suas septētrionales operiūt. In reliquo orbe: & cameras leuissime suspendūt: chartisq́ seruiunt calami egyptii: maxime cognatiōe quadā papiri. probatiores tamen gnidii: & q̄ in Asia circa angticum lacum nascunt. Ex coma illarū caupones pro pluma strata replent. Orientales populi p̄ missilibus vtuntur. His soles obumbrant: p̄pter hoc dies serenos optant: ventos odere & imbres: q̄ inter illos pacē esse cōgūt. Vtunt his spiculis Aethiopes: Aegyptii: Indi: Arabes: Scytę: Bactrę: Sarmatę: & oīes Parthorū ppl'i: precipu⁹ hic vsus in Creta. Sed tamen nullus sagittis aptior calamus q̄ is qui in Rheno Bononiensi amne gignitur: cui plurima est medulla: pondusq́ volucre: & cōtra flatus peruicax: Creticus tamē longissimus est internodiis: estq́ illi obsequiū quo libeat flecti calefacto. Est itidem ali⁹ calamus totus concauus: quem Syringam vocant: vtilissimus fistulis: quoniam nihil est ei: neq́ cartilaginis: neq́ carnis. Est Orchomenius: continuo foramine peruius: quem euleticon vocant. Hęc tybiis vtilior: fistulis illa. Quapropter finxerunt Pan Syringā amasse. quia Syringa in harūdinē cōuersa sit: q̄m ex ea harūdine primus fistulā inuēit: teste etiā Pli.

k Nec te peniteat. S. Nō tibi parū videat. Theren. At eni q̄ntū hic operis penitet. A. Peniteat. id est pigeat vel tedeat. Theren. Nostri: nosmet: peniter.

l Triuisse. SER. pro terere: vsurpatiue hoc fit nisi sint defectiua vbi pn̄s nō ē. vt quanq́ anim⁹ meminisse horret.

m Labellū. S. Inanis distinctio: vt virorū labra: mulierum labia sint.

n Quid non fa. amyn. SER. q̄si dicat omnia. Ex affectu autem alieno hunc cogere tentat: ANT. Amyntas ab vltima Theocriti nomen sumpsit Maro: est eni ibi. Tres comites gelidas ibamus alentis ad vndas. Eucrit⁹ inde simul mecū formosus Amyntas.

o Est mihi: AN. Laudat mun⁹ q̄ facilius attrahat puerū: C. Cōmendauerat se a diuitiis: a musica: a pulchritudine. inuitauerat ad amœnitatē ruris: in quo etiā sit Pan: Nunc offert donū q̄d laudat ab auctore.

p Disparib⁹. S. inequalibus: Vt voces ineq̄les faciant harmoniā.

q Cōpacta. A. coniuncta.

r Cicutis. S. Cicuta ē spacium q̄d est inter cannarū nodos.

s Damœtas: A. pastoris nomen: a sexta Theocriti sumptū. est eni illic. Compulerat pecudes Daphnis formosus ivnū: Damœtasq́: ambo dulces emittere cant⁹ Edocti.

t Dixit moriēs. S. Commendat q̄ hereditariū sit datum. & q̄ inuidiam meruit: naʒ res optime difficulter donant a viris: & accepte faciliter merentur inuidiam.

v Te nunc hʒ ista secun. Cri. Damœtas ita donauit: vt nemo an̄ illum id habuerit.

x Inuidit stultus Amyntas. C. Q̄ donum pulchrū fuerit: ostenditur ex inuidia.

y Preterea duo. A. Et hoc etiam munus cōmendat. Primo a numero: q̄ duo sint. Deinde a difficultate: q̄ capti sint i valle: in qua a feris immineāt pericula: postremo ab etate: ac demū q̄ sine sumptu alant: q̄ ouis vbera exhauriant.

z Nec tuta. S. Cōmendat q̄ ad difficultatem: sic in primo Enei. Reliquias Troia ex ardente receptas.

a Sparsis. S. Habēt maculas a prima etate p̄uenientes: que adolente desinunt ille macule.

b Etiam. S. nunc: adhuc q̄uis rogetur ab thestyli.

c Bina die siccant. S: sugunt. A. Theocritus quoq́ ait in. iii. Binos lactifero q̄ nunc alit vbere fœtus: non tibi seruabo post hac ingrata capellam Merenis hanc dudū tentauit Erithacis a me sumere pulchra: decensq́ comis & fusca colore. Donaboq́ illi postq̄ tu spernis amores Dura meos: certasq́ tuū me ludere amantem. CRI. Commendat q̄ huiusmodi sint q̄ cupiantur etiam ab ea quam ipse amarit. & tamē quāuis bina ouis vbera in illis absumat: q̄uis ab amica muliere assiduis precibus petantur. tamē illos sibi seruat: Et si dabuntur Thestyli: n̄ erit quia illam preponat: sed quia ipse sua mūera fastidiat: vt sic: & illi amittēdi timorem incutiat: et sibi odium non pariet.

d Abducere. SER. vt abducat. est enim figuratum: vt donat habere. id est vt habeat.

Et faciet: qm̄ sordent tibi munera nostra.
Huc ades o formose puer: tibi lilia plenis
Ecce ferūt nymphę calathis: tibi cādida nais
pallētes violas: & summa papauera carpēs:
Narcissum & florē iūgit bn̄ olentis anethi.
Tum casia atq; aliis intexēs suauib⁹ herbis.
Mollia luteola pingit vacinia caltha.
Ipse ego cana legam tenera lanugine mala:
Castaneasq; nuces mea q̄s Amaryllꝰ amabat.
Addā cęrea prūa: et honos erit huic q; pomo.
Et vos o lauri carpā: & te proxima myrte:
Sic positę quoniā suaues miscetis odores.
Rustic⁹ es Corydō: nec mūera curat Alexis
Nec si muneribus certes concędet iolas.

e Et faciet. S. Non dixit faciam: ne lędat quem amat. f Tibi lilia. AN. conaẽ pluribus modis illū allicere cū & nymphę sibi obseqnẽ. g Nymphę. S. Tm̄ honoris habet puero: vt dicat etiā numina illi obsecutura. h Calathis. S. grecū ē, latine quasillū dẽ. Ci. in philippicis. At vero inter quasilla pendaẽ aurū. AN. Calathis: grecum est: vt etiā Festus ait. Latini dicunt quasillum.
i Candida nais. S. pulchra vel dea. Dii ei vmbris cōtraria sunt q̄ sunt nigrę. Vñ illud. Candidus insuetū miraẽ limen olympi. A. Nais. Aquę nympha. nao. n. fluo est.
k Pallentes. S. Amātiū tinctas colore. Hora. & tinctus viola pallor amantium. Non igiẽ pter amoris affectionem eos flores nymphas dicit offerre: q̄ sunt amātibus siẽes. Pallentes violas. A. Pli. lib. xxi. ca. vi. et. c. xi. scribit. Violarū esse plura genera. sunt em̄ purpureę: luteę: albę. Purpureę crapulā: & grauedines capitis impositis coronis: olfactuq; discutiunt:
l Summa papauera zc. ANTO. Papauera fuisse in honore apud Romãos semp: inditio est Tarquinus supbus q̄ legatis filio missis decutiendi papauera in horto altissima: sanguinariū illō rñsuz hac facti ambage reddidit. Pli. li. xix. de q̄ Ouid. pri. fast:
m Narcissum anethi. S. Narcissus: anethus. pueri pulcherrimi fuerẽ in flores suoꝝ nominū versi. Vñ occulte admonet: caueat ne talia vnq; ex amore patiatur. A. Narcissi duo genera. vnū purpureo flore: alterū herbaceū: neruis inimicū: caput grauans: & a narce narcissum dictū: nō a fabuloso puero. Pli. libro xxi. scri. Narce autem torpedo dicitur: narceo obstupefacio. n Casia. SER. Herba suauissimi odoris: quod ostendit cū dicit: aliis suauib⁹ herbis. A. Casię duo genera: alia eni candida: alia nigra Candida magis se humi spargit: odorataq; est. Nigra odore caret: ambo florēt post equinoctiū autūni: & multū deniq; tpis florent. auctor est Theophrastus lib. vi. de fruticibus & herbis. Amplitudo fruticis trium cubitorū inqt Pli. lib. xii. Nam casia frutex est. o Intexens. A. Theocrit⁹ item in. iii. Cingam mea tpa sertis: Pallentis violę: ac multū redolentis anethi: Atq; rosis aliisq; intextis suauib⁹ herbis. Tū casia zc. Ordo est. Tum. i. pterea casia atq; aliis suauib⁹ herbis intexens vacinia mollia: pingit ea caltha lutheola.
p Mollia. S. Plumei tactus. A. aut iucunda. q Pigit. S. cōponit de caltha lutheola in ablatiuo: nā aliter nō staret versus: querit aūt ornatū ex coloris diuersitate.
r Vacinia. A. Flores nigros seu purpureos: de qbus sup̄.
s Caltha lutheola. A. Lutheola russa: est eni lute⁹ color russo dilucidior. Vñ ei q̄; nomē eē factū videẽ ab luce. s. auctor est gel. lib. ii. ca. xxvi. Et Pli. li. xxi. inqt. Luteis video honorē antiquissimū in nuptialibus flaminis. totū foeminis cōcessum. Calta violę genus ē: cui⁹ folia olent: nō flores: vt Pli. scri. li. xxi. ca. vi. t Cana mala. A. Cotonea intelligit q̄ greci cydonea vocant. ex Creta insula aduecta: pluraq; corū genera Crisomella incisuris distincta colore ad aurum inclinato: quę candidiora nostratia cognominata odoris pstantissimi: auctor Pli. libro. xv.
v Tenera lanugine. S. dicit: Cydonia que sunt tenera lanugine. Ex hoc tangit q̄ apud Cretenses infamię genus erat iuuenib⁹ non amatas fuisse: verecunde igiẽ rem inhonestam supprimit: quam Theocritus apte cōmemorat.
x Castaneasq; nuces. S. Bene ponit spēm. nā nuces sūt quęcunq; hn̄t corticē duriorē. Cōtra. dicunẽ poma omia molliora. A. Nuces vocam⁹ et castaneas (iquit Pli. li. xv.) quanq; accōmodatiores glandiū generi: sardibus hę puenere primum. Hęc ille. Quomodo aūt & mala & nuces differunt; legito Mac. lib. iii. Satur. CRI. Castaneasq; nuces. i. eā spēz nucis q̄ castanee dicunẽ. De his Pli. Castaneas etiam nuces vocam⁹: q̄uis glandiū generi accōmodatiores sint. Sardibus hę primo venerāt. Vñ greci Sardianos: balanos appellabāt. Macrobius ait ex auctoritate Opii: eas heracleoticas vocari. De nucū generibus dicemus alibi.
y Amabat. S. Amare dignata ē. ne viles existimes. Nam apud illā ingēti fuerunt honore. z Cęrea. SER. Cęrei coloris vẽ mollia. Horati⁹. Cęrea telaphi laudat brachia. A. Cęrea pruna. Prunorum ingens turbat: inquit Plinius lib. xv. Sunt autem & nigra: atq; laudatiora. Cęrina atq; purpurea. sed pruna omnia post Cathonē coepisse manifestum est.
a Honos erit. ANTO. Si tibi placuerit scꝫ. nam a te capiet auctoritatem. vñ Plinius libro. xiiii. de vinis generosis italię inqt. Ex alia vicinia vrbis veliterna priuernatiaq; : naz qđ signię nascitur austeritate nimia continēdę vtile aluo: inter medicamēta numeraẽ: quartum curriculū publicis epulis obtinuere a diuo Iulio. Is enim primus auctoritatem his tribuit: vt epistolis eius apparet. b Huic quoq;. SER. Si a te amabitur sicut fuerunt in honore castanę: qa amabātur ab Amaryllide.
c Lauri. S. Melius in secunda ponūtur declinatione: licet Hora. dixerit. Sub lauru mea.
d Proxima myrte. S. Vel vicina vel ad odorē proxima. A. Vel ad odorem retulit. Vel quia curru quoq; triūphantes myrtea corona vsi sunt sicut & laurea. Et Marcus Valerius duabus coronis vtebatur: laurea & myrthea. lege Plinium libro. xv. e Sic positę. S. Nam ex cōmixtiōe creantur suaues odores. f Rusticus es. SER. Arguit se stulticię: q̄ cum sic sperat placare mūeribus qui potest habere meliora. Nam sup̄ ait delicias dn̄i. AN: Seipsum ignauia arguit: cum aduertat meliora Alexim ab altero accipere posse. CRI. Rusticus es: non solū quia sis natus rure. Nam hoc omes sciunt: sed quia iudicium scꝫ tibi rusticanū & insulsum est. Nam putas posse illum capi tuis munerib⁹: cū neq; donis moueaẽ. & si moueatur: habet aliū ditiorem te; qui te facile in dandis mūeribus vincat.
g Iolas. SER. Vel ditior amator: vẽ dominus. ANT. Pollio intelligitur pueri dominus: nam vti puero; & sibi mutauit nomen; ita & Pollioni.

Eheu q̃d volui misero mihi: floribus austrũ
perditus: & liq̃dis immisi fontibus apros.
Quẽ fugis ah demẽs: habitarũt dii q̃3 siluas:
Dardaniusq; paris: pallas q̃s condidit arces
Ipse colat: nobis placeant añ omnia siluę.
Torua leęna lupũ sequit: lupus ipse capellã.
Florentẽ cytisum sequitur lasciua capella.
Te corydõ o alexi: trahit sua q̃q; voluptas.
Aspice aratra iugo referũt suspensa iuuenci:
Et sol crescentes decedẽs duplicat vmbras.
Me tñ vrit amor: q̃s eni mod⁹ adsit amori?
Ah corydon corydon q̃ te dementia cœpit?
Semiputata tibi frondosa vitis in vlmo est.
Quin tu aliq̃d saltẽ potius q̃rũ idiget vsus
Viminibus mollię; paras detexere iunco.
Inuenies alium: si te hic fastidit Alexis.

h Eheu quid vo. S. Quõ eũ discedere dicit: quẽ supra diximus cũ eo nõ fuisse. Nam ait. solus mõtibus & siluis: sed rõe nõ caret. Epicurei enĩ dicũt (quod etiã Cl. tractat) geminã esse voluptatẽ: vnã q̃ pcipitur: & alterã imaginariam: scʒ eã q̃ nascit ex cogitatõe. Vñ ita debemus accipere hunc visum p cogitatõem illa imaginaria voluptaterq̃ & cernere & alloqui videbatur absentẽ. Sed postq̃ obiurgatione sua i naturalẽ prudentiã est reuersus: caruitvtiq; illa imaginaria voluptate: vbi nunc sibi se obfuisse dicit p hanc ratiocinationẽ: rusticus es Corydon: nec munera curat Alexis: Nec si mũerib⁹ certes cõcedet Iolas. C. Quid volui. Damnat stulticiã suã; q̃ deterrimũ sumpserit consilium. i Floribus austrũ. S. a q̃ facilius arescũt. A. Austro enĩ flores soluũtur: zephiro fiũt. hũidus enĩ grauisq; auster est: vt Phũs scribit li. viii. de aialibus. C. Austrũ q̃ flãte: flores deiiciũtur: & spes pomorũ perit. k Fontibus apros. S. Qui puros fontes cęnosos efficiũt. A. Apros qb⁹ q̃dẽ i luto voluptas grata est. C. Fontib⁹ aprũ: puerbium rusticanum: q̃ exprimit stulticia eorũ: q̃ suis rebus perniciẽ immittunt. l Quẽ fu. ah de. S. Iterũ p fantasiã q̃si ad pñtẽ loq̃t: & q̃si ille dixisset: siluas: hic infert. m Paris. S. q̃ de dearũ pulchritudie iudicauit. A. parisq̃ regius fuit n Pallas ꝛc. S. Ideo dea artium minerua dr̃: quia de capite Iouis nata est: siq̃a dea est artiũ & ingenii: ideo ista fingunt. Nihil enĩ est excellẽtius ingenio: quippe q̃ regũtur vniuersa. A. Pallas q̃s cõ. ꝛc. Hoc ait: quoniã teste Dyodo. libro. vi. Palladem: vestiũ apparatũ: edificandi arcem: exprimendiq; olei modũ: & multa alia inuenisse volũt. Idẽ quoq; Dyodorus li. i. scribit: q̃ putant aerẽ noiatũ Palladem: ac Iouis filiã dici: & virginẽ fuisse: q̃m & non corrũpat: & sublimiorẽ locũ teneat. q̃propter ex vertice Iouis dicit nata. o Torua leęna. S. Theocriti sũt isti versus. Et bene se refert ad rusticas cõparationes: pene enĩ fuerat lapsus: dicendo Pallas q̃s cõ. ar. Leęna autẽ dictũ est sicut dracęna. & q̃ ait torua leęna lupũ seq̃tur. verũ est: nã necesse ẽ: vt veniẽte lupo: aduentus agnoscat leonis. A. Torua leęna lupũ. Climax q̃ latine gradatio dicitur teste Fabio: libro. ix. de qua lacius in carmie: Torua terribilis: q̃ sit torto vultu. C. De leęna & lupo & his feris dicetur in seq̃ntibus Voluptas autẽ leęnę in lupo est vt eum voret. p Te corydon. o alex. S. Don. o. a. antibacchius est. sed o breuis fit: quia vocalis vocalẽ seq̃tur. Sic Hõ. πλαγχθη ἐπει Τροιης ἱερον q Trahit sua queq; volup. S. Notat a criticis: q̃ hanc sñiam dederit rustico sup̃ Bucolici carminis legẽ: aut possibilitatẽ. A. Trahit. Therẽ. i Phor. ait. Verũ itaq; hoc est: quot homies tot sententie: suus cuiq; mos. Et Pli. epi. prima. Varia sunt hominũ iudicia: varię voluptates. r Aspice. C. Ex hoc ostendit reliquos a labore quãdoq; cessare. Suo autem amori nullã requiem dari. s Aratra iugo refe. sus. S. Hora. Videre fessos vomerem versum boues collo trahentes languido. Et hoc vult dicere. Omnia excepto amore finiũtur. t Sol cres. de. du. vm. SER. Nam ait. 3. maioresq; cadunt altis de mõtibus vmbre. v Duplicat. S. i. auget. Sal. Et Marius victus duplicauerat bellũ. x Me tñ vrit amor. S. Cum iam calor sit solis exhaustus. A. Tamen. i. q̃uis sol occiderit. y Modus. A. Finis. cum omnia finiatur. z Ah corydon. A. Finis huiusce eglogę docet: nullo pacto vacãdũ eẽ amori: cũ ppter illũ a sequẽdũ: et damna & dedecora plurima eueniãt: vnde dãnari non potest Maro cũ talia scripserit. a Quę te dementia cœpit. S. id est cũ amoribus vacas: cũ multa sint quę debes in agro perficere. b Semiputata ꝛc. S. Plus est q̃ si imputata diceret. Tolerabilius eni est non incipe aliquid q̃ incepta deserere. Hinc est illud in. i. En. Me ne incœpto desistere victam Item in Georgicis. Atq; opere in medio defixa reliquit aratra. Sane geminã arguit negligentiam: & q̃ semiputata vitis sit: & q̃ frondosa vlmus: nã vtrũq; obest. Vñ est in Geor. His vitibus ingruit vmbra. Et aut simpliciter intelligimus hunc locum vt suam arguat negligentiã: aut certe illud est. Non mirum me esse dementẽ: qui habeo vites semiputatas. Nam in sacris dicit: q̃ corripiatur furore qui sacrificauerit de vino: quod est de vitibus imputatis. C. Duplex sibi remediũ aduersus amorem adhibet. Primũ: vt vacando rebus vtilibus: ociũ fugiat. Nã & q̃ Therẽtian⁹. Menedemus surgat in filio. Et Ouid. idẽ sentit cũ ait. Quęrit ęgystus: quare sit factus adulter? In promptu causa est: desidiosus erat. Et Florentinus petrarcha. Amorem ex ocio & humana lasciuia natum refert. c Quin tu ali. S. Quinimo hortantis est. A. Ordo est. Quin cur nõ potius tu paras aliq̃d detexere viminib⁹ & molli iunco: illorum saltem quorum indiget vsus. Si quin esset hortantis hoc loco: ordo non procederet: legendum eni esset para: vel pares. quod non est in antiquis. d Quorum indiget vsus. SER. id est quę vsus rusticus requirit. Sane & eget illa re: dicim⁹: vt eget illo senatu: & eget illius rei: inde est indiget: nam & hoc vtriq; iungit casui. e Detexere. S. mltũ texere. finire: pficere. nã de. mõ nõ minuẽtis ẽ: sʒ augẽtis. f Inuenies alium. S. aliũ Alexim: aliũ puerũ formosissimũ: q̃ te minime spernat. Et volunt quidã in hoc loco esse allegoriã antiquã in Augustum: vt intelligamus: aliũ imperatorẽ: si te Augustus contemnit pro agris rogantem: sed meli⁹ simplr̃ accipim⁹ hũc locũ. Nã nihil habet q̃d possit ad cęsarẽ trahi. Illud vero paulo post pene apte dicet in Augustum cęsarẽ: q̃m fors omia versat. Inuenies alium. CRI. Alium. vt nouo amore hunc pellat. Nam clauo clauus truditur: & successore nouo vincit ois amans.

Interlocutores Menalcas et Dameta emuli concertātes, et palemon iudex.

Tertia damoetā cōuitia probra/menalce
Obiectare docet, litem sedatq3 palemon.
Carmīe cōtendūt: damoetas atq3 menalcas
Vincit at neuter dirimēte palemone litem.

Dic mihi damoeta[a] cuium pecus[b]: an Meliboei?
Nō: verū egōis[c]: nup mihi tradidit egon[d] D.

A Dic mihi Damoeta. S. Aegloga plena est cōtētionis & litigii & pastoralium conuiciorum: qui eni Bucolica scribūt: curēt ne similes sint eglo. quod Virg. fecit. Nam prima habet vnius & alterius querelas. Scda rusticum amantem exprimit. hec lites et altercatōes primo concursu habet: inde queritur iudex litis. postremo sequit snia q̄ vniuersa cōponit. Sed cum tres sint caracteres. Vnus exegematicus: in q̄ tantū poeta loquit: vt in tribus libris Georgicorum. Alius dramaticus in q̄ nusq̄ poeta loqt: vt in Comediis ac Tragediis. Tertius mixtus est: vbi & poeta aliquādo loquit: & alios item loq̄ntes inducit: vt Sicilides muse paulo maiora canamus. A. Sumpta ē hec eglo. maxie a Theocriti quarta & q̄nta: in quarta Battus & Corydō colloquūtur. Est aūt initiū tale: Batto iterrogāte. illo postea rñdēte. Dic mihi o Corydō cuiū pecus: ē ne philonde? Rñdet Corydon. Non verū egonis nup mihi tradidit egon. Inde Battus ait. Me custode boues tōdent pascua prati. Rñdet Corydō. Nōne boues furtim sero sub vespe mulges. Refert Seru. fuisse q̄ndam q̄ liuore ductus: vt Virg. derideret: duo carmia prima sic mutasse. Dic mihi Damoeta cuiū pecus: an ne latinū. Nō. verū egonis nr̄i sic rure loquunt. C. Dic mihi statim i iurgiū prūpit: & vt ōndat summū contēptū velut vilissimo impat: & tanq̄ certus q̄ pec⁹ suū n̄ sit, cuius sit iterrogat.. b Cuiū pecus. S. Amarū pricipiū. ōndit. n. eū eē mercenariū. Cuiū. antiquū est: qd dixit vt vitaret ομοιοτελευτον nā vt me⁹ mea meū sic erat cuius cuia cuiū. The. Quid virgo cuia est. A. Cuiū. Id cuius cuia cuiū variat. de q̄ lege Pris. lib. xvii. ¶ Pec⁹ ouiū gregē hic intelligit. vt Ouid. li. xiii. met. hoc pecus omne meū est. vbi de ouibus & capris intelligit. Ct Ouis: species est: pecus genus. Est aūt a greco: illi .n. οιο dicūt: nos digāma eolicum. i. u cōsonantē interponimus & dicim⁹ ouis: sic ab eo qd est ωον dicimus ouū. Oues (vt refert Aresto. in lib. de aialib⁹) pascere sedule ac stabiles solēt: ex potu pinguescūt. itaq3 dāt salē q̄nto q̄q3 die. i. singulis centenis singulos modios, sicq3 incolumes & pingues cōseruātur: sale subinde plus eque hauriūt. & hinc plus lactis puenit: opimat illas olea: oleaster & palea: q̄ omnia salsugine solent aspgere. Aqua in autūno aquilonia q̄3 austrina vtilior est. & pascua ad occasum spectantia psunt. iudicant pastores eā meliorē q̄ pruinā susceperit Hybernis tēpibus seruat. nā imbecille oues parū constantes: discutiunt suo motu: pelles velleraq3 ouiū quas lupus occiderit: & vestes ex his facte: aptiores sunt ad pediculos gignēdos. c Aegonis. S. Et hic amare: riualis pecus eē dicit: vt duras illi partes cū tam diuite riuali eē dēmōstret, cū ille posset ociose amicę vacare. d M hi tradidit. S. meę fidei commisit & credidit. e Infoelix o. A. O. dolentis admirãtisq; interiectio est. f Semper o. molle & debile. ait ei poeta Geor. iii. Glacies ne frigida lędat molle pecus. g Negrã. S. Amicã cõmunẽ ęgonis et menalcę. h Fouet. S. amplectit. i Preferat illa veret. S. quasi diceret. ideo non discedit ab ea. q̄a scit me p̄ferri si ipse discesserit. k Bis mulget in hora. S. Quod vix per totū diem etiã in foecũdis ouibus põt fieri. Nam in Geor. ad laudẽ dictũ est. Quod surgente die mulsere horisq; diurnis. Nocte premunt: quod iã tenebris & sole cadente: Sub lucẽ exportant calathis. Bis mulget in hora. A. Scribit Varro li. ii. c. ii. Interea dū nutricant agni eorum matres nõ mulgẽdas. vel melius oino perpetuo. q̄ & lanę plus ferunt: & agnos pluris. C. Mulget. Huius preteritum deberet esse mulsi: velut indulgeo indulsi. & vrgeo vrsi. Sed prisciano teste: vt differat ab eo q̄d est mulceo quod facit mulsi: scribit per x. & facit mulgeo mulxi. l Et succus. S. scilicet quia bis in hora mulget. C. Succus p̄prie humor est quo aīalis corpus alitur ac sustẽtat. Ther. Corpus solidum & succi plenū. Qui vero corruptus est humor; pus dicit. Si vero nimis mulgeat foemia macrescat oportet: q̄m vniuersus succus quo erat alendum corpus inde fluit. m Pecori & lac. A. non fit hoc loco Synalimpha: nec scribendū est lac &: vt quidem fecere textus deprauantes. n Parcius. S. Melius distinguit: vt sit noli valde hęc obiicere. & tamẽ scias in viris fortibus obiiciendas esse rapinas. nã ip̄e in vii. ait. Conuectare iuuat prędas & viuere rapto. Possum⁹ tamẽ dicere parcius ista tamen. CHRIT. Parcius ista viris. non videtur quadrare huic loco versus qui a Seruio inducitur. Primo enim conuectare iuuat prędas & viuere rapto ad venatiões rectius referri videt: vt in eo loco exponemus. Deĩde etiam si laudaret ille p̄das ex hostibus raptas: laudaret robur & audaciã. Hic aūt quod robur est: lac surripere & furari? Quapp̄ter hanc a Virgilio hic inductam credo sniam: q̄uis tu ingenii tui prauitate multa multis obiicias: tamen hęc quę obiicis de furto: q̄m in eo vicio: nulla ẽ excellẽtia animi. noli obiicere viris. i. fortib⁹ hoībus: q̄m non verisimilia sunt eo℞ ingenio: neq; ipsi ęquo animo ferrent. ergo hęc tam vilia: tanq̄ hūilia. A. Parcius ista viris. i. modestius ista dicenda sunt viris: hoc ẽ claris & dignis. Viris. qui si quando peccant elatione animi non humilitate peccant Viris. q. d. mihi qui vir sum: & iniuriã vlcisci potero. o Tamen obiiciẽda memento. A. q̄ tibi obiici p̄nt. p Et q te. S. scilicet corruperūt: quod verecūde supp̄ssit: licet Theocritus aperte turpitudinem pręfatus sit. A. Et qui te: corrupere. intelligendum est enim verbū: pudoris gratia decenter subtractū. Placet aūt Quitiliano lib. ix.

Infoelix[e] o semp̄[f] ouis pecus: ipse Negram[g]
Dum fouet[h]: ac ne me sibi pręferat[i] illa veret.
Hic alienus ouis custos bis mulget[k] in hora.
Et succus[l] pecori[m]: & lac subducit agnis. Da.
partius[n]: ista viris, tn̄ obiiciẽda[o] memẽto.
Nouim⁹[p]: & qui te[q]: transuersa tuẽtib⁹ hircis[r]:
Et q̄: sed faciles nymphę[s] risere sacello[t]. Men.
Tum credo[v], quū me arbustū[x] videre micōis
Atq; mala[y] vites incidere falce nouellas[z]. Da.
Aut hic ad veteres Fagos: cū daphnidis arcū
Fregisti & calamos[a], quę tu puerse[b] menalca
Et quum vidisti puero[c] donata dolebas.
Et si nõ aliqua nocuisses, mortuus esses. M.
Quid dn̄i faciẽt: audent quū talia fures[d]?
Non ego te vidi[e] Damonis pessime caprū[f]
Excipere[g] insidijs: multum latrante lycisca[h]?

Hic esse synecdochen: q Transuersa tuen: S. Vestrã turpitudinẽ indignãtibus. A. Transuersa id est trãsuerse. r Hircis S. Alii legunt hirquis. Hi sunt oculorū anguli: vt ait Sueto. in viciis corporalibus: vt sit sensus: transuersa tuentibus hirquis: id est oculis in hirquos retortis. quã rem solet libido perficere. Vñ Iu. Oculosq; in fine tremẽtes: & Per. patrãti fractus ocello. s Faciles nymphę risere. S. Ideo risere: quia faciles sunt. Sic in Georgi. faciles venerare Napęas. id est exorabiles. A. Faciles id est mites. t Sacello. S. ĩ quodã sacro. nã diminutiue protulit. A. Sacello id a sacro diminutiuum: est enim locus paruus deo sacratus cū ara. Trebatius autor ẽ vt Gellius refert libro. vi. ca. xii. v Tum credo. S. Et rustice et naturaliter Nam nõ ante purgat obiecta: sed alia obiicit: vt irati solent. A. Tum credo. Aliud obiicit crimen: vt suū dissoluat. x Arbustum. A. Locū arboribus cõsitum. Colū. de re agraria. Qui vineam vel arbustum constituere volet: seminaria prius facere debebit. Item alibi: Itaq; cui arbustum nouū instituere cordi est. Semiaria vlmorum fraxinorūq; parent. Ergo semiaria sunt vbi seminant arbores. Arbustū locus quo trãsferunt iam grandiusculę factę. Semia etiã dicūtur nouellę plãtę anteq̄ transferantur. Alii putant arbustum continere arbores q̄bus vites adiungūtur. y Mala. S: qua male vteris. dictum ex affectu vtentis: vt cum dicit. Inutile ferrū cingit. z Nouellas. S. Q̄d summū est nefas. nam vetulę cū vtilitate incidunt Erat autẽ capitale alienas arbores cędere. A. Nouellas q̄d maiori damno accędit. a Calamos. S. sagittas: Nam habent arma pastores: vt arma amyclęumq; canẽ: cressasq; pharetras. b Peruerse. S. Vel conuerse ad turpitudinem: aut fuit alius Menalcas nobilis: cuius comparatiõe hunc peruersū dixerit. Sic Sal. Sęuus iste Romulus. c Puero do nata. A. Theocritus quoq; ait in quinta. Hoc cum donatū vidisti tergere lacon Egregio: si nõ nocuisses mortu⁹ esses. d Fures. S. Pro seruis posuit: q̄a furta specialiter seruorū sunt, sic Plaut. Homo es triū lrãrum. i. fur. A. Fures. suos intelligit. ab his eni sępius furta cõmittūt. C. Fures, q. d. quid facient dn̄i gregum: cum fures hoc audent. Nam furti coarguit eū cū dixit: Et succus pecori & lac subducit agnis: ac deinde illi furto addit: q̄ ipse suis oculis vidit. e Vidi. S. manifesti furti arguit. f Caprum. C. pro hirco (vt puto) posuit. Nam proprie capri castrati dicunt in hoc genere. quemadmodū capi in genere gallinaceo. & vterq;: quia testibus capti & priuati sint. In sue vero dicimus maiales. In ouillo pecore veruecẽ. In equis cauteriū. De capro vero & hirco audi Marcialem. Cum iugulas hircum: factus es ipse caper. g Excipere. S. dolo cape: vt excipit incautū. h Licysca:

SER. Lycisce sunt (vt etiã Pli. dic) canes nati ex lupis et canibus: cũ inter se forte miscent. A. Lycista dr̃ q̃si lyci scylax. lycos eni lupus dr̃. scylax vero catul⁹. C. Lycisca nomen ꝓpriũ sue canis. Nã quod ait Seru⁹: nõ memini legisse. Scribit tñ Pli. Indos ex tygribus canes cõcipere. Nam coitus tempe in syluas alligãt foemĩas. Primo aũt et secundo foetu nimis feroces putant gigni. Tertio edu cant. Hoc idẽ gallos e lupis facere ait. Potest tñ ẽe lycisca a lupo: qui λυκοσ grece dicit. i Proripit. ANT. procul rapit. k Carecta: SER. loca caricibus plena. Carix eni herba est acuta & durissima: & asparago simi

triuiis vlulata per vrbes. v Miserum: SER. Triste flebile quale canunt stipulę: & quod congruit ad imitatione matris orbatę. x Stipula dispdere. CRI. Placet autem quod dicit Ser. de sacris Dianę: sed possumus di cere in triuiis: id est carmẽ triuiale. nam mendici qui indo cti sunt: vel stipe in triuiis paruo lucello ducti: ita canunt vt carmẽ disperdant. Dixit enĩ disperdere: cũ ex inexperi entia ita effluat sonus fistulę: vt non comprimatur debi tus refractus: & conuenientes distinctiones.

y Vis ergo: iter nos. S. Inter nos. nr̃i cõparatõe vl' nullo iudice p̃sente. postea enĩ Palemõ ex ĩprouiso aduenit. A. Vis ergo. Ordo est. Vis e. go vicissim experiamur: inter nos quid possit vter q;. z Vicissim. S. id est amęboeo carmine. Id autẽ est quotiens hi qui canũt: et ęquali numero versuũ vtũtur: & qui respondet: aut maius: aut contrariũ dicat. AN. Ego hanc vi tulam. Theocritus quoq; ait in quĩta. Ergo hędum si forte velis deponere me cum. Nil sacrum sanctum q; nihil: nullaq; minoris Rem facio: certabo equidẽ dum victus abibis. Et domitum donec teipsum fateare canendo. CRIST. Vitulam. Optimũ premi um: nam ĩ illa & propter ętatem: & propter sexum spes est propagandę so bolis. Vitulus autem ita dicitur ĩ genere bubulo: vt in equo & asino pullus. Sed etiam in elephante vi tulum inuenimus. posuit autem vitulam pro adul ta vacca. Res autem mul ti facienda: q; & bis mul geatur: et (quod rarissimũ est) binos alit foetos.

b Ne forte recu. S. Sub distĩgue: Vt ita intelligã⁹: ne eam vilem existimes. c Bis venit: vt eã laudare ex foetu: & ex etate videat. Male enĩ quęstionem mo

lis. Rem aũt de Virgi. nun q̃ lectam: allegorice super fluo intelligũt dicẽtes ada masse Virgiliũ Varri poe tę vxorẽ: quę doctissima fuit: & illi Tragoediã quã fecerat dono dedisse. Illã vero tanq; a se scriptã vi ro donasse: & virum pro sua edidisse. ANT. Care cta. Carex herba est q̃ na scitur in paludibus: teste Probo. est aũt acuta. hinc Maro. libro. iii. Georgi. Et carice pastus acuta.

Et cum clamarem quo nunc se proripit ille?
Tityre coge pecus: tu p⁹ carecta latebas. Da.
An mihi cantando victus nõ redderet ille
Quẽ mea carmibus meruisset fistula caprũ?
Si nescis: meus ille caper fuit: & mihi damõ
Ipse fatebat: sed reddere posse negabat. Me.
Cantãdo tu illũ: aut vnq; tibi fistula cera
Iuncta fuit? nõ tu in triuijs indocte solebas
Stridẽti miserũ stipula dispdere carmẽ? Da.
Vis ego: ĩter nos qd possit vterq; vicissim
Expiamur? ego hãc vitulã (ne forte recuses
Bis vẽit ad mulctrã: binos alit vbere foetus)
Depono: tu dic mecũ q̃ pignore certes? M.
De grege non ausim qcq; deponere tecum.
Est mihi nanq; domi pr̃: est iniusta nouerca:

l An mihi. A. Cũ negret obiectũ aptũ crimen repel lere: purgat se. nã cõfessio ne pcedit defensio. qd etiã Fabi⁹ meminit libro. ix. m Redderet. A. reddere debuisset. n Caprum: SER. Ideo dixit: q̃a Tra goedię pmiũ est caper. sed sunt refutãdę allegorię in humili carmine: nisi ex ali qua perditorũ agrorũ ne cessitate puenĩant. o Me⁹. S. debit⁹ victorię. o Ipse fatebat. C. mihi: quasi dicat. Ipse mihi: hoc est: cum soli & sine testib⁹ essemus. Fatebatur quasi coactus pudore: a quo ne gare ꝓhibebat. Fatemur enim coacti: Confitemur sponte. p Reddere posse. SER. ne suo iudicio superat⁹ esse videat. CRI. Sed reddere pos. neg. Fatebatur debitũ cum nõ adessent testes: sed dicebat nõ esse soluendo. q Cantando tu il lum. SER. Imperitus peritum. CRIST. In singulis ver bis magna vis est. cantãdo: q̃si dicat: ea re cuius tu nullã habes experientiã. Tu illum: indoctus doctissimũ. insur git autem ex indignatiõe quod irati est: et eclypsi vtitur. detraxit enĩ verbum: scilicet vicisti: adhibet etiã interro gationem: quę frequentissime in ore est iratorũ. Sic Theo ren. Ego ne illam: quę illum: quę me quę non:

r Aut vnq; tibi fist. cę. ANT. Theocritus quoq; ait in quĩta. An fuit vlla tibi calamis compacta canoris Fistu la: qua pecudes fierent per gramina lętę? Nonne tuos can tus disperdere raucus inertes. s Fistula cera iuncta. C. Potuisti quidem singulas fistulas inflare: vt omnes indocti solent: ex qua nulla videtur erudita musica nasci posse. Plures autem calamos (qd panos inuẽtum est) cę ra coniũctos: in quibus artificium apparere potest: ne ha buisti quidẽ. t In triuiis. S. Cõsuetudo ei fuit vt p tri uia & quadriuia vlularent. & flebile qddã cantarent ru stici in honorẽ Dianę: ad reddendã Cereris imitatiõem: quę raptam proserpinã in triuiis clamore requirebat. Ea dem enĩ Diana est ac proserpina. Vñ nocturnisq; hecate

uent dicentes: vitulam prauã esse: nec cõgruere vt eã iam enixã ẽe dicam⁹. S; debere nos iuuencã subaudire: vt sit. ego hãc iuuencã pono vitulã. S; minime ẽ: nã et vitula a viridiore etate dicta ẽ: vt ꝟgo: vt paulop⁹ ipse dictur⁹ ẽ. Si ad vitulã spectas: nihil est qd pocula laudes. Itẽ. & vi tula tu dign⁹ & hic. Vnde vitula nomen est ętatis: ergo poterit parere. d Mulctram. S. Hęc mulctra et hoc mulctare dr̃. Alii mulctrã tempus mulgendi. Mulctare vero vas esse in qp mulgetur. Bis. mane & vesperi.

e Depono. S. In sponsione colloco: sequestro. C. Depo no. Deponimus rem cum illam alicuius fidei seruandam tradimus: hinc dicimus boni viri esse reddere depositum. Sic premium certaminis: quoniã penes aliquem seruan dum damus: deponere dicimus.

f De grege non ausim. SER. Supra enim dixerat illum pascere aliena animalia: vt Dic mihi Dameta cuiũ pec⁹. g Iniusta nouerca. SER. Epithetũ generale nouercarũ est. CRIST. Nouerca dicitur quasi VENOΡXΝ id est noua princeps: Nam defuncta matre pueri: illa quę sup inducitur vxor priuigno: noua princeps inducitur ei. Pri uignus autem dicitur: qui prius q̃ ille noue nuptię facte fuerint: genitus sit.

h Bis ꝗ die nũerāt ab ō pecus: alter & hędos:
k Verũ id q̄d multo tu teipse fatebere maius
l (Insanire libet quoniā tibi) pocula ponam m
Fagina: cęlatũ diuini opus Alchimedontis: n
Lenta q̄bus torno facili supaddita vitis o p q r
Diffusos hedera vestit pallente corymbos: s
In medio duo signa: Conon: & q̄s fuit alter t v x
Descripsit radio totũ qui gentibus orbem: y
Tempa q̄ messor: q̄ curuus arator haberet: z
Nec dũ illꝰ labra admoui: s3 cōdita seruo: Da a
Et nobis idē Alchimedon duo pocula fecit: b
Et molli circũ est ansas amplexus Acantho. c d e

h Bis. SER. Et dum vadit in pascua: & dum redit:
i Alter. SER. Male de priuigno quidā intelligunt: nam alter de duobꝰ tm̄ dicit. ergo intelligit de nouerca: nec nos moueat ꝗ illa sit fœmia: nā in subauditōe ponūt ea q̄ nō possumꝰ dicere: & scimꝰ ꝗ quotiēs hęc duo genera iūgūt prepōderat masculinū fœminino. AN. Alter & hędos. De nouerca intelligit: est aūt figura aleotheta. i. aliter posita: seu variatio. vel alleothesis. pmutatio. cōfundit eni genꝰ: vt ibi. Dulce satis humor est depulsis arbutꝰ hędis: ad dulce em̄ q̄d est neutrũ: tam masulina ꝗ̄ fœminina reddidit De hac latius in carmie. k Verũ id. A. Ordo ē. Verum. i. sed. quoniā libet tibi insanire: ponam id q̄d tu teipse fatebere multo maius (appositio) pocula fagina. l Insanire. q̄ā tibi. S. vł sub spōsione contendere. Vel quod meliꝰ est armia cōponere. Nā insani dicunt poetę. A. q̄ sunt diuino conciti furore. C. Insanire libet. Putat enim insaniā nimis ꝑciosum pignore certare. m Pocu fagina: AN. indictio. Theocriti loco sic est. En hędum depono meũ pinguedine tardum. Agnũ etiā subnecte tuum pro pignore pinguem. Et mecũ si nũc audes contendere tēnta. Plinius autem libro. xv. c. lv. sic ait. Fagis pectines trāsuersi in pulpa: apud antiquos inde et vasis honos. Marcus curius iurauit se ex preda nihil attigisse pręter guttum faginũ quo sacrificaret. C. Fagina: ex fago: quę arbor in ꝑcio erat apud priscos.
n Opus Alchimedōtis: SER. Laus ab artifice. Cicero polycleti dicebāt esse: fagina dixit q̄si rē maximā. AN. Ab artifice tribuit illis dignitatē. CRI. Opus. Recte. Nam opus est q̄d factũ remanet: nam dīsest opus fabri. Vnde en. iiii. Pendent opera interrupta: minęq; murorũ. Operatio est ipsa actio. Opa vero labor: & industria q̄. adhibet circa agendũ. o Lenta quibꝰ. AN. Ordo est quibus facili torno supaddita lenta vitis: vestit corymbos diffusos ab hedera pallente. p Torno. C. grecũ est. Illi enim τορνος & inde τορνευω dicunt. p Facili. SER. Sic legit Donatus: legit etiam facili torno: ad excludenda duo epytheta quę in latinis sunt vitiosa.
r Vitis. A. Theocritus q̄; ait in prima. cyphum multo imbutũ tibi nectare binis auribus amplexũ ligni redolente sapore Donabo: libris pallens inflectitur amplis. Hinc hedera: hanc circũ frondes supaddita vitis. Cum croceis hederę ramo ridente corymbis s Corymbos. S. Vuę sunt hederarũ. A. Corymbon rostrũ nauis dr̄: corymbos cacumen: oro corymbus. Dicunt aūt corymbi racemi hederę: vt etiā scribit Pli. li. xvi. t Signa. C. Signũ ē quo aliq̄d in notitiā nr̄am inducit: vt Signa tibi dabo: tu condita mente teneto. Per q̄ndā deinde similitudinē dicimꝰ signa militaria. i. vexilla: vt Signa pares aq̄las: & pila minantia pilis. Item queadmodũ simulacra picta: tabulas appellamꝰ. sic ea q̄ cęlata: sculpta: ficta: fusaue signa dicimus. Ergo signa. i. simulacra: hinc sigilla pua: signa. hinc sigillaria. v Conō. S. Dux fuit: cuiꝰ nomē dicit: q qa in oim ore versat philosophi tacet q: nō potest facile ad rusticũ peruenire. Dicunt tamen phi. quę ad rusticũ ptinet. ANT. Conon fuit Atheniēsium dux: de quo Aemilius probus et Iustinus lib. v. Hic vero de astrologo intelligit: Ait eni Probus: ꝗ Conō summꝰ mathematicꝰ: de astrologia libros septem reliq̄t. CRI. Conon Duos excellentes viros eodem noīe fuisse accepimus. Alterũ Atheniensem impatorē egregiũ: quē respublica sua oibus insulis ꝑficit. Ipse aūt sua virute victis lacedęmonibus: patrię libertatē restituit. Alterũ mathematicũ insignē quē Probus grammaticus sūmũ fuisse scribit. Hic vt refert Hyginius Ptholomeo regi retulit se vidisse crinem Berenices reginę inter sidera collocatum. Vnde Catullus. Idem me ille Conon cęlesti numīe vidit: & Bereniceo vertice cęsariem: Et propter. nauta dese ipo ait. Me rotat architę soboles babylonius arops. Oron & a proauo ducta Conone domus. Itaq; placet mihi ꝗ Probo placere video. Maronē cũ de altero tāq; d̄ astrologo q̄rat: Sic Cononē nō exercitus ducem sed astrorũ peritũ itelligit. Hic de astrologia septem reliquit libros.
x Et quis fuit alter. AN. Anaximander milesꝰ primus terrę marisq; circuitū descripsit. & sphęrā insup ꝯstruxit. auctor est Laertius & Strabo lib. xiiii. de hoc igit intelligendum.
y Radio. S. virga est qua geometrę lineas indicant. Inuenta ē aūt Geometria quo tp̄e Nylus plus ęquo crescens terminos cōfundebat: ad q̄s innouādos adhibiti sunt philosophi q̄ lineis diuiserūt agros. Inde dicta est geometria: q̄uis nō solū terrę: sed maris aeris et celi spacia metiant. Significat autem aut aratum aut Ptholę. aut Eudoxum. Radio. CRIS. Virga est qua mathematici lineas indicant. Radios etiam solares dicimus. Item qui rotas curuũ interse cāt. Ouid. Aurea summę curuatura rotę radiorũ argenteus ordo. Item etiā q̄s textores ad telas adhibent. z Tpa q̄ messor. De his late in primo Georg.
a Illis lab. S. Hyppalage: vt date classibus au. id est nō admoui illa labris. q. d: ꝑpter veneratiōem: nōdum sum vsus. C. Censeo nō hypalagę vsum eē: sed voluisse vel venerationē qua pocula coleret demōstrare. Nā hmōi rebꝰ solemꝰ ob reuerētiā potiꝰ labra admouere ꝗ̄ illas labris: vel morē rusticanũ exꝑssit: qui adeo solent pocula implere: vt veriti ne intermouendũ aliquid inde excutiat os ad illa demittūt: nō illa ad os attollūt. b Et nobis idem Alchi. SER. Irrisio facta ex iteratione: & quę laudauit mire in vituperatiōnem trahit. Et nobis. q. d. cui non fecit Alchimedon? Tu nō tangis propter reuerentiā: ego quia vilia existimo. C. Alchimedon. Non puto autē vt hęc dicat: quia velit vilitatem afferre poculis: sed vt ostendat se non minus acceptum fuisse Alchimedonti. Et quanto pluris illa facit: tāto pluris vitula faciēda sit: ꝗ̄ illis ꝑfert.
c Et molli Achanto. S. quia ille dixerat lenta vitis.
d Amplexus. AN. Theocritus quoq; i prima. Pręterea viridi circum est amplexus achanto pastorale decus.
e Achanto: ANT. Est achantus vrbana herba elato lōgoq; folio: crepidines marginũ assurgentiũq; puluinorũ toros vestiens. Duo genera eius sunt: aculeatū & crispū quod breuius: alterũ leue. Plinius auctor lib. xii. Est autē flexibili virgulto. hinc igitur libro. iiii. Georg. Flexi vimē Achanti. Est enim arbor; Vnde secundo Georgicorū est

& baccas semp frondentis Achanti. CRI. Achantus frutex in ęgypto est semp frondens: sic dicta: quia spinis est plena. f Orpheaq;. ANT. De hoc nos ęgloga qrta. g Sequentes. SER. & non secutas. sed quasi quę adhuc sequentur. CRIST. Sequẽtes. Magna artificis laus cum syluas non dicat: sed sequentes. id est ita sculptas vt videantur etiam nunc sequi: & quasi moueri.

h Nec dum. ANT. Theocritus in primo. Necdum illi labra admoui: sed conditus arca. Intactusq; manet. tanto te munere dignũ efficiam: mihi si dulcem cantaueris hymnũ. i Vitulam spectes. CRI. id est si animum ad vitulę qualitatem conuertas.

k Nihil est qd po. lau. CRI. Non q nõ sunt digna laude p se: sed obruuntur illę laudes cõparatione vitulę: veluti dicamus: lucere quidẽ lunaz: sed si solis lucem consideremus: euanuerit lux lunę.

l Nunq; hodie effu. S. quasi diceret: quęris excusationẽ ne certes: quia pocula vilia existimes.

m Veniaz. S. descendã. C. Veniã qcũq; vo. q. d. q̃uis difficillimã preponas mihi de pmio conditionem: tamẽ & ad eam descendã. o Audiat. S. intelligat aliquis.

p Tantũ. S. quia suspicatur eũ victum nõ cessurum: cum ante certamen sit tam contumax.

q Vel qui. S. quasi requirentis est: cum subito venit Palemon. Alii distinguunt: vel qui venit: bñ autem dubitat: ne eũ ipe immisisse videat̃. Et sit possibile q ad eius iudicet grãm: Hoc etiam Damoeta sentiens dicit:

ꝗ Nec quenq; fugio. S. id est consentio etiam ad iudicẽ edidititiũ. Is enĩ edititi⁹ est quẽ vna ps elegit. r Efficiã post hac. A. Lacõ comoetę inqt. Huc ades: huc tandẽ ipe veni: nõ amplius vnq; post hac efficiam audes contendere cantu. s Quin age. Si quid habes. A. Citius iam fere comata. Res est nõ par. Comatas ait Morsoni. Mogna hic res agit̃: grauiter contendim⁹ ambo. t Nec quenq; fu. S. supra in. q. explanatũ est. v Vicine. SER. Conciliat beniuolentiã a vicinitate. Sic Theren. Vt virt⁹ me tua. vel vicinitas: qd ego in propinq̃ parte amicicię puto. C. Vicin⁹ dr̃ a vico. Vię enĩ vrbanę dicunt̃ vici: ergo vicinus qui eundem inhabitat vicum. x Palęmõ. A. In Theocriti qnta. Morsona eligũt lacon. & comatas cantãtas: & comaras ait. Hũc igit̃ lacon si vis vocitabim⁹ ambo. Quẽ nunc ipe vides incidere sectile lignũ. Est nanq; is Morson: ante alios iustissim⁹ vnus Hic adent iudex. y Sensibus imis. CRI. id est pfundis. Proprie enim sensus eas vires animę dicimus: quibus corporea: & ea quę finita sunt percipimus. Hę autẽ vtuntur instrumento corporeo. Vt visus oculo: auditus aure. Et quoniam nõnisi per instrumentũ corporeum sentiũt: oportet tales sensus finitos esse. Sunt ergo hi sensus exteriores quinq;. Visus: auditus: olfactus: gustus: & tactus.

Orpheaq; in medio posuit syluasq; seqntes:
Necdũ illis labra admoui: sed condita seruo:
Si ad vitulã spectes: nihil ẽ qd pocla laudes: M
Nũq; hodie effugies: veniã qcũq; vocaris:
Audiat hec tantũ: vel qui venit ecce palemon.
Efficiã post hac: nec quẽq; voce lacessas: Da.
Quin age si qd habes: in me mora ñ erit vlla:
Nec quenq; fugio: tantũ vicine palemon:
Sensib⁹ hec imis: res ẽ nõ parua: reponas. pa.
Dicite quãdo qdẽ ĩ molli cõsedimus herba:
Et nunc omĩs ager: nũc omĩs parturit arbos:
Nũc frondẽt syluę: nũc formosissim⁹ annus:
Incipe damoeta: tu deinde seqre menalca.
Alternis dicetis/amant alterna camenę: M.
Ab ioue principiũ musę/Iouis omnia plena:
Ille colit terras: illi mea carmina curę: Me.

Sunt et alii quinq; interni. Sensus cõmunis: imaginatio: phantasia: existimatio: & memoria: de quibus alio loco dicemus. Et quoniã etiam isti corporeo organo vtuntur circa particularia tantũ versant̃. Ratione vero intellectu & intelligentia vniuersalia assequimur. Verum etiaz ista duo philosophi aliquando sensum nominant: sed profundos sensus. Et de his nunc intelligit Poeta. Ergo imis sensibus: id est intimę menti.

z Consedimus. C. tanq; enim iudex sedere voluit.

a Frondẽt syluę. S. Retulit ad arbores steriles. nã pturiunt de pomiferis dicim⁹. Describit aũt tp̃us q̃ & delicię sunt in agris. & rustici minus laborant: vt sit duplex ad cãtilenã inuitatio. b Alternis. SER. quia videbatur iratus q Damoetę prior locus dabatur. Nam in Amoeboeo carmĩe difficilior est pars respondentis: quia nõ pro suo arbitrio dicit: sed maiorem: aut contrariam format responsionẽ. AN. Alternis: id est alternatim.

c Camoenę. S. Musę a cãtu dictę. A. vel q canũt antiqrũ laudes. Vl̃ q sint castęmẽtis psides: vt scribit Fest⁹. d Ab ioue pricipiũ. S. vel ab ioue est principium. Vel o musę sumamus principium ab Ioue. Ex aratro autẽ est. Ait enĩ ἐκ διοσ αρχωμεθατονουδεποτ ανδρεσ εωμεν. αρρητον. μεσται δε διοσ πασαι μεν αγυιαι πασαι δ ανθρωπων αγοραι. μεστη δε θαλασσα και λιμενεσ παντη δε διοσ κε χρημεθα παντεσ. ANT. Ab Ioue: Hoc autem loco illa quę Macrob. libro. i. de som. scribit inseram. Inquit enim deũ vero qui nõ modo imortale animal ac diuinum sit plenum inclyte ex illa purissima mente rationis. sed q et virtutes omĩs quę illam patrię omnipotentiã summitatis sequũtur: aut ipse faciat. aut ipse continuat. Ipsum deniq; iouem veteres vocauerũt. Et apud theologos Iuppiter est mundi anima. Hinc illud est ab ioue principium musæ iouis omnia plena. Quod de Arato poetę alii mutuati sunt: qui de sideribus locuturus: a cęlo in quo sideras exordium sumendũ esse decernens: ab Ioue incipiendum esse memorauit. Hęc ille. CRISTOFE. Ab ioue. Quare principium sit ab Ioue: eo melius in sexto Ene. lib. explicabimus. Approuianus tamen vult per Iouem et apolinem Augustũ intelligi: qui vtriq; templũ fecit. Et p Damoetam Cornelium Gallum. per Menalcam Virgilium.

e Iouis omĩa plena. SER. Luca. Iuppiter est quodcunq; vides: quocunq; moueris. Ipse alibi. Spiritus intus alit totaq; infusa per artus. Mens agitat molem. ipse enĩ est sp̃us sine quo nihil mouetur.

f Colit. SER. amat. Cęterum superior colitur: nõ colit inferiorẽ. sic alibi: Vnaz post habita coluisse samo: id est amasse. Nec mirũ si rusticus a Ioue sumpsit principium: quem amare terras constat: & habere cantuũ curam.

g Et me phoebus amat: SER Aut simile est: quia vnicuiq; deus quem colit summ⁹ videtur: vt summe deum sancti custos Soractis Apollo: & ita Apollinem Ioui equat: aut dicit: Iupiter amat me: et idem etiam phoebus amat me. AN. Theocritus quoq; in quinta. Et me phoebus amat: nunc molli pascitur herba. Me custode aries: veniens quū carnea mactem. C. Phoebus. de hoc dicetur loco suo. Est autem color Rhetoricus: qui dicitur Traductio. fit autē cum idē verbum mutatis casibus repetitur: vt phoebus & phoebo. h Sua. SER. sibi grata. Nam

Vnde & odio demonibus maxime habetur: & qua vsta resonat: qđ predicendi vim notat. Tyberius cesar tonante celo ea coronabatur. Laurus triumphis proprie dicat gratissima domib⁹: ianitrix cesarum pontificumq;: sola domos exornat: & ante limina excubat.

l Hyacinctus. ANT. Flos hic maxime durat. Hyacinctum comitat fabula duplex: luctum preferens eius quē Apollo dilexerat: vt exanimatus cruorē edidit: ita discurrentibus venis: vt grecarū litterarum ea figura legatur inscripta: Home. autē tres flores laudat Crocon: lothon: &

scimus Daphnē ladonis fluminis archadie filiam ab Apolline adamatā: et terre miseratiōe in laurū cōuersam: & hyacinctū ab eodē: & a borea adamatum. at cum illū phoebo magis pronum videret Boreas: dum puer disco ludit: discum iactū: in eū retorsit: quo vl̄nere extinctus: in florem sui nominis conuersus est. ANT: phoebo sua. ordo est. Munera sua id est propria: et conuenientia Phoebo: q̄ pro id ē: lauri et suaue rubens hyacinctus semper apud me sunt. Vel sic: et lauri & suaue rub: hya. (appositio) munera sūt Phoebo. semp apud me.

i Munera. C. idem munus apud nos est quod apud grecos γερασ significat enim donum & officium. Nam dicit: prestitit munus amico: id ē functus est officio erga amicum: & obire munera in repub. dicimus cū prestamus debita officia: vt pendere vectigal: prestare custodiā: & huiusmodi. Munera etiā ppro exhiberi dicunt: cū ludi ad illū oblectandū exhibent.

g Et me phoebus amat: phoebo sua h sp̄ apđ me
i Mūera sunt lauri: k & suaue rubēs l hyacinct⁹. D
m Malo me Galathea petit lasciua puella:
Et fugit ad salices/ n & se cupit ante videri. Me.
o At mihi sese offert vltro meus ignis amyntas:
Notior vt iam sit canibus nō p delia nr̄is: Da.
q parta meę veneri sunt munera: nanq; notaui
r Ipse locū: aerię quo s congessere t palumbes: Me
Quod potui/puero siluestri ex arbore lecta
v Aurea mala decē x misi: cras altera mittā. Da.
O quotiēs: & quę nobis Galathea loquuta ē.
partē aliquā venti diuū referatis ad aures. M.
Quid y pdest q̄d me ip̄e aīo nō z spnis amynta.

hyacinctum. Pli. lib. xvi. CRI. Hyacinctus. fabula pueri nota est. hyacincti autem flos duplex. Croceus: & cerulus.

m Malo me. A. Theocritus in qnta. Malo me Clearista petit formosa puella. Et tantū nostras pmulcet molliter aures. CR. Malo. hoc pomum greci μηλον dicunt & etiam oues μηλα. Hinc ambiguitas nominis induxit fabulam de malis aureis.

n Ante. SER. q̄ latet:

o At mihi sese offert vltro. S. Plus dicit ex lege amoebei carminis. A. At mihi. Theocritus in qnta Insanire facit Cratides mihi quum obuius extat: Quiq; mouet flauos g candida colla capillos.

p Delia. SER. Deliam Alii amicā priorē volunt Alii Dianā q̄ e a delo: et est canib⁹ nota p q̄s venamur: q̄si dea venationis: Nam si ad amicā referas hoc dicit. Sic ad me frequenter Amyntas venit: vt canib⁹ meis notior sit q̄ amica Delia. CRIS. Delia q̄ preest canib⁹ ad vigiliā nocturnam adhibitis: Ideo nocturna Diana sanguie catuli placabatur.

k Lauri. A. Erat laurus spectatissima in mōte Parnaso. ideoq; etiā grata Apollini: assuetis ex ea dona mittere ianī & regibus Romanis. Hec plini⁹ libro. xv. AN. Lauri. Daphnes fabulā enarrat Ouid. quā penei fluminis filiam dicit. Seruius autem Ladonis. hec mutata est in arborem sui nominis. Nam Daphne grece: latine laurum significat: hac causa Phoebo laurum sacraꝫ volunt fabule: Lauri autem duo genera a principio ponit Plinius. Deinde addit & plura alia: arbor pacifera est. nam cum etiam inter armatos hostes p̄tenditur: quietis est indiciū. Romaneq; victorie nuncia. Hinc Iuue. missa est a cesare Laur⁹. Additur militū lanceis pilisq;: fasces impatorū decorat. Ex his in gremio Iouis optimi maximi deponitur: q̄tiens victoria letitiam attulit. Non tamē quia perpetuo viret. nec quia pacifera est p̄ferenda myrto: & olee est. sed quia spectatissima in mōte parnaso. Ideoq; g̃ta Apollini asuetis eo dona mittere regibus Romanis: teste Bruto: fortasse in argumentū. quoniā ibi libertatem publicam is meruisset: Lauriferā terram illam osculatus ex responso. Sola ex arboribus fulmine nō icitur. Ob has res illi honorē habitum in triumphis potius crediderim q̄ ꝙ suffimentū sit cedis hostium: & purgatio: vt tradidit massurius. Adeo in prophanis vsib⁹ pollui laurū & oleam fas nō ē. vt ne propitiandis quidē numinib⁹ accendi ex his altaria are ve debeant: Laurus manifesto obducit ignes crepitu. Euse. ait Laurū dicari Apollini: quoniā ignea arbor est.

Parta. p̄pata i āno. q Veneri. S. Amice. A. i. amori

r Ipse locū aerie. S. aerii coloris. A. Theocritus in. v. Aeriā viridi capiā sub frōde palūbē. Qua donabo meā nō immemor ip̄e puellā. A. Aerie. sublimes. s Cōgessere. S. nidificauere. t Palūbes. Columbe oī tpe pariūt Turtur & palūbes. nec plus q̄ bis. Vita palūbiū vel ad xl. annos durare existimat phūs: lib. vi. de aīa. C. Palumbes syluatice sunt: & in arboribus nidificāt: q̄s Aristo. in libro de aīa. bis in anno parere scribit. Idem auctor dicit. Et in egypto duodecies: & plerūq; marē & foeminā pariunt. Octenis annis viuūt s̄m Pli. Colūborū duo genera ponit M. Var. vnum saxatile: quod in turribus nidificet: vel ville culmib⁹ maxime timidū. Alterū clementius q̄d cibo domestico contentū intra limina ianue solet pasci. Ex duobus his fit tertium genus miscellū dictum.

v Aurea mala. SER. Aurei coloris. Frustra aūt volunt esse allegorice de. x. aeglogis ad Augustū missis. naꝫ nō ē necessitas hic allegorie. Ad aures diuū. S. q̄ adeo dulcia sunt: vt sint digna deorū auditu. AN. Aurea mala. Chrisemela intelligit. Chrison enim aurū dicitur: melon pomum. Theocritus ait in tertia. Rosida mala decem duco. cras altera ducam. x Misi. S. plus est q̄ dicere se missurum. y Non spernis. S. Liptote: id est multum amas. Referūt multi ꝙ allegorice querat ꝙ Augustus cōtra Anthonium expeditiōem sumeret ipsum nō duxerit.

Si dum tu sectaris apros: ego retia [a]seruo. Da.
[b]phyllida mitte mihi: meus est natalis Iolla:
[c]Cum faciā vitula ꝓ frugibus ipse venito. Me.
phyllida amo añ alias: nā me discędere fleuit
Et [d]longū formose vale: [e]vale inquit Iolla. Da.
[f]Triste lup⁹ stabulis: maturis frugib⁹ imbres:
Arboribus venti: nobis Amaryllidis irę: Me.
Dulce satis humor ē: [g]depulsis [h]arbutus hędis.
Lęta salix foeto pecori: mihi sol⁹ amyntas. Dā
[i]pollio amat nostrā (q̄uis sit rustica) musam:
[k]pierides vitulā lectori pascite vestro: Menal.
pollio & ipse facit [l]noua carmīa: pascite [m]taurū
Iā cornu petat: & [n]pedib⁹ q̄ spargat harenā. Dā
Qui te pollio amat: veniat q̄ te q̄ [o]gaudet:
Mella fluāt illic: ferat & [p]rub⁹ asper [q]amomū. M
[r]Qui bauiū nō odit: amet tua carmīa moeui:

z Amynta. S: Gręca nomina in as: vocatm̄ faciūt in a siue crescat: vt Pallas pallātis: siue nō crescat vt Eneas a Retia seruo. SER. q̄d in venatiōe minus possidet voluptatis. b Phyllida: S. amicam cōmunem: nam in solis natalis diei sacris licebat voluptati operam dare. In cęteris castitas obseruabat: q̄d etiā seq̄nti indicāt: cū dicit. c Cum faciam vitula. SER. Figuratiue sic Horatius Siue poscat agna: siue malit hędo. dicit hoc sacrificiū ambaruale: ꝙ arua ambiat victima: Sic amburbium sacrificium: in quo victima ambit vrbem. Antiqui autem: natalem solum dicebant. Hora. natalis gratę numeras. Iuniores natalem diem dixerūt Iuue. Natali coruine die mihi dulcior hęc lux. ANT. Cum faciā ꝛc. id est quū facio rem diuinā nō oue non capra: sed vitula: tan q̄ dicat. quum vitulā pro frugib⁹ sacrificauero. q̄d est: quum vitula rem diuinam fecero. Vitula aūt dicta: ꝙ potens vitę tolerandę et ideo hac pro frugib⁹ fieri sacra dicūt. q̄a frugib⁹ vita hūana toleratur. Legito vitula. M. lib. sat. c. ii. Quum faciaʒ vitula. Theocritus in quinta. Quum facies agna nymphas venerat⁹ agrestes. Tum properato mihi magnam promittere partem. CRI. Cum faciam vitula. Quędaʒ sacrorum verba ita amoene interpretatus est: vt mutato verbo solo: integer intellectus maneret. Nam vitulari (vt est apd̄ pictorē) est voce lętari. Varro in. xv. rerum diuinarum ait. Pontifex quibusdam sacris vitulari solet: quod greci παιανίζειν dicūt. Hinc Hill⁹ i libro de diis vitulam ait vocari deam quę lęticię pręest. Piso ait vitulā victoriā noīari: ꝙ post victoriam certis sacrificiis fiat vitulatio. Voluntq̄ nonnulli sic dictā: ꝙ causa sit vitę tolerandę: et ob hoc huic deę pro frugibus (quę vitam sustentāt) fiunt sacra. Vn̄ hic vitulam pro vitulatione dixit: Tamen alii legunt vitula in ablatiuo. i. sacra. non alia hostia q̄ de vitula.

d Et longum. S. Long e nomen pro aduerbio: vt toruū clamat. e Vale inquit Iolla. SER. Iolla vł duo habebat nomīa: vt vocaretur Iolla & Menalcas. vn̄ vt laudaret denominauit eum Iollam ab Iolla optimo pastore: Vt virum fortem Achillem. adulterum paridē nominamus. Vale inquit. le corripit sequens vocalis: vt te Corydono Ale. AN. Vale inquit. nulla fit hic synalinpha.

f Triste. AN. pro tristis res. per alleothecam. de qua superius. C. Lupus: de hoc in sequentibus dicetur.

g Depulsis. SER. a lacte prohibitis: vt depulsos a lacte domi qui clauderet agnos. AN. a lacte remotis: quod fit vbi hędi trimestres sunt facti: vt scribit Varro.

h Arbutus. A de hac lege Pliniū lib. xv. & xxiii. CRI: Arbuti radices valent contra pęstem: pomum similitudinem habʒ cū fragis. hoc duobus noībus appellāt gręci κόμαρον et μιμαίκυλον. Iuba auctor ē: quinq̄genū cubitorū in Arabia esse arbutos: i Pollio. SER Blanditur patrono. quē Horatius historiarum: & Tragediarum scriptorem ponit. Nam in secundo carminū de historicis dic̄. Periculosę plenū opus Aleę tractas. Item paulo post. Paulum seuera musa tragędię desit theatris. Pollio alii per duplex. ll scribunt vt prima producatur. Alii autem per simplex: vt Polio. k Pierides vitulam. SER. pascite eius armēta: quia legit nostra carmina. Vel nutrite ei vitulam pro pręmio. AN. Pierides dictę sunt musę: a pierio monte: vt scribit Fęstus. Est autem Pierus mōs Thessalię: qui ad Macedoniā ꝓtendit: auctore Plī. lib. iiii. In Hesiodi autem theogonia: legitur ex Ioue & Mnemosyne musas in Pieria natas. Ergo non dictę sunt a pieri natabus: vt q̄daʒ aiunt. De musis aūt plura legito apud Diodorū libro. i. & lib. v. C. Pierides: musę a pierio monte: in quo ex Ioue: et mnemosyne natę sunt. vnde Hesiodus μοῦσαι πιερίηθεν ἀοιδῇσι κλείουσαι. Conueniēs autem est vt musę poetę vitulam nutriāt: id est pręmiū dent.

l Noua. S. id est miranda. A. Miranda cū nun q̄ talia facta fuerint. Fuit autem tragędię scriptor: vt meminit Horatius supra Ode prima secundi libri. m Noua. S. auget. Nam ille vitulam dixerat. n Pedibus qui spargat harenam. ANT. Id tauri pugnaturi faciūt Vnde Maro libro. iii. Georgicorū ait. Ventosq̄ lacessit ictib⁹: & sparsa ad pugnā proludit harena. o Gaudet. S. scilicet venisse. peruenerat autē ad consulatum post Dalmaticum triumphum: deuictis Salonis vrbe Dalmatię. Hora. Cui laurus ęternos honores Dalmatico peperit triūpho. de hoc habetur in sequenti ægloga. p Rubus. S. Hic frutex mora fert. q Amomū: SER. Flos est assyrię. Luca. Vicinę messis amomū. ANT. Amomi vua in vsu est: frutice venoso: palmi altitudie. carpiturq̄ cum radice. nascitur in Armenia: in Mędia: & in ponto. Plura Plī. in libro. xii Diasco ait: ꝙ Amonū gen⁹ est odoratissimę herbę: cuius frutex similis est botro. coloris ruffi: circum circa folia iūcta & copiosa sunt: ex thirso botrosum semen redditur. Florem habet album. C. Amomum est frutex in circuitu cuiuslibet arboris nascens: ramulos habens siccos & duros: et virgulis assimiles: coloris subruffi: circa quos folia copiosa ex thyrso botrosum semen reddens: & sibi connexum: album veluti violę foliis similis pruinę. id triplex est. armenicum quod cęteris pręstat aurei coloris vel fului: odoris boni. Alterū mędicum. Tertium ponticum.

r Qui bauium. S. pro pęna sit vt qui nō odit Bauium malum poetam: amet Meuiū peiorē illo. Hi Virgilio Horatio q̄ inimici fuerunt. Hinc Horatius in epod. Mala soluta nauis exit alite: ferens olentē Męuium. AN. Qui bauium nō odit Asteismos est: i. vrbanitas. Asteizo iocor.

putatur autem id quicquid rustica simplicitate caret: & facta satis vrbanitate exponitur: vt qui Bauiũ non odit amet carmina Męui: id est pro pęna ei contingat: vt diligat Meuiũ peiorem poetam. nam Meuius et Bauius: pessimi fuerunt poetę. Eusebius autem scribit ꝙ Marcus Bauiꝰ poeta q̃ Virgilius in bucolicis notat: in Capadocia mortuus est. s Atq; idem iũgat vul. SER. Faciat q̃ contra naturã sunt. t Vulpes. C. dicitur vulpes quasi volipes. hoc animal in creta insula non est: sicut nec lupus: nec serpens. x Fraga. S. mora quę in ipsis herbis nascuntur. Ideo dixit humi nascentia: CRIS. Fraga herba quę illa fert: fragratia dicitur. y Frigidus. C. noxius. nam vitę aduersaẗ frigus: vel quia frigidę sit naturę: vl' frigidus. z Hinc latet anguis. S. Allegoria est. nã videtur hoc ad Mantuanos dicens: qui versabantur inter armatos milites qui vt anguis mortẽ inferre possunt. CR. Latet anguis. Euridice dũ herbas perambularet: calcauit inscia latẽtem serpentem: cuius morsu periit: Sed iam loco prouerbii ẽ ne quid inter res lętas noxium nobis incautis eueniat. a Parcite. SER. Parcite: ꝓhibete ne procedant. c Non bene ripę. S. hoc allegorice: nam post receptos agros: pene ab Arrio Centurione interemptus est: nisi se precipitasset ĩ fluuiũ myntiũ c Ipse aries. AN. placet magis vt simpliciter accipiaẗ q̃ allegorice; quod indicat etiam illud. Ipse vbi tempus erit om̃es in fonte lauabo. Est enim Theocriti in quinta: vbi ait: Fęlicem sperare diem vitãq; capellę. Cras ego vos om̃es sybaritis fonte lauabo. CRI. Aries mas est non castratus qui oues salit. Qui vero castratus est: & propterea inutilis veneri: veruex dicitur: quoniam in eo versa sit natura.

d Vellera. A. a vellendo dicuntur. nam prisci ouium lanas nõ tondebant: sed vellebant. e Tityre pascentes: Noli o Mantua nunc quicq̃ agere de repetendis agris. nã ego cũ tempus aderit lauabo omnes: id est purgabo apd' cęsarem: cum ex Actiaco bello redierit.

f Reiice capellas. SER. Proceleumaticus pro dactilo: vt genua labant. g In fonte. S. Nam cum ipse per amicos cęsaris veluti per riuulos quosdam. agros suos meruerat. Nunc autem mantuanis beneficium dicit se ab ipso imperatore: veluti a fonte meriturũ. h Cogite: scilicet ad ouilia. i Pręcepit. SER. ꝓoccupauerit. Naꝫ frigori augetur lac: calore minuiẗ. ANTO. pręceperit: attraxerit. k Frustra pressabimus. C. id est q̃uis vehementer premamus: tamẽ frustra erit. Est autem presso frequẽtatiuũ a premo. l In aruo. AN. In antiquissimis textibus: eruo et aruo legi: in illo summi pontificis aruo est per a: plures autem habent eruo p e. Est autem eruum leguminis species: simile piso: quod amplius q̃ vicia runcatur. Sufficiunt singulis boum iugis modii quini sati. Martio mense satum: noxium esse bobus aiunt. Item in autũno grauedinosum: innoxium autem fieri primo vere satum. Auctor Pliniꝰ libro. xviii. meminit idem Columella li. ii.

Atq; idẽ iũgat vulpes: & mulgeat hircos: Dã.
Qui legitis flores: & humi nascentia fraga
Frigidꝰ o pueri fugite hĩc: latet ãguis ĩ her- M.
parcite oues nimiũ ꝓcedere: nõ bñ ripę (ba.
Credit: ipse aries etiã nunc vellera siccat. Dã.
Tityre pascentes a flumine reijce capellas:
Ipse vbi tẽpus erit: oẽs in fonte lauabo. Men.
Cogite oues pueri: si lac pręceperit ęstus:
Vt nup: frustra pressabimꝰ vbera palmis. Dã.
Eheu q̃ pingui macer est mihi taurꝰ in aruo:
Idẽ amor exitiũ ẽ pecori pecorisq; mgr̃o. Mẽ.
His certe neq; amor causa ẽ: vix ossibus hęrẽt:
Nescio q̃s teneros oculꝰ m̃i fascinat agnos. Dã.

Vbi ait etiam: ꝙ eruum lętatur loco macro nec humido quia luxuria plerunq; corrumpitur. Per hęc autem verba optime exponemus: pingui eruo: id est lęto. C. In eruo antiquus habet codex: & non aruo. Dicimus enim eruum et eruiliam leguminum genus: quo M. Varro pecus pinguescere scribit. m Vix ossibus hęrent. S. vix ossa eorum coherent. AN. Vix &c. Theocritus quoq; in quarta: Nanq; volunt prati teneris iam pascier herbis. Illa adeo macra est vitula: & vix ossibus hęret.

n Fascinat: SER. Dicit causam maciei: & per transitũ pulchrum se habere pecus significat: quod vtiq; meruit fascinari. AN. Fascinat: laudando decipit vel degrauat: Fascinat & fas: a fando nominatur: vt Festus ait. Plinius autem libro. vii. capitulo. iii. scribit in Aphrica esse familias quasdã effascinantiũ: quarum laudatione intereant arata: arescãt arbores: emoriantur infantes: Esse eiusdem generis in tryballis et illiriis: q visu quoq; fascinent: interimãtq; quos diutiꝰ intueantur. iratis pręcipue oculis: quod eoruꝫ malum: faciliꝰ sentire impuberes: Nota illius esse ꝙ pupillas binas in oculis singulis habeant: fœmias quidẽ omnes vbiq; visu nocere: quę duplices pupillas habeant. Cicero quoq; auctor est. Hęc & plura Pli. et Gellius. Fascinat. C. a gręco ẽ hoc verbum. Illi enim Βασκαίνειν dicunt. Est autem fascinatio morbꝰ qui ex spiritu fascinantis: p oculos fascinati ad cor ipsius ingresso peruenit. Spiritꝰ enim a cordis calore ex puriori sanguine generatur. tales autem sunt in nobis spiritus: qualis est sanguis humor. Spiritus autem similes sibi radios per oculos q̃si per vitreas fenestras emittit. Cor enĩ suo perpetuo quodam motu: proximum sibi sanguinem agitans: ex eo spiritu in totum corpus: perq; illos scintillas per membra diffundit quidem singula. per oculos autem maxime ad altissimas partes: cum sit leuissimus: maxime euolat spiritus. Eiusq; lumen per oculos (cum perspicui maxime nitidi sint) maxime emicat. Nam ꝙ aliquod lumen in oculis sit. patet ex eo q; quidam brutorum oculi in tenebris micant. Quin & Augustus Octauianꝰ adeo lucidos oculos habuisse fertur: vt cum acrius quemq; intueretur. cogeret quasi ad solis fulgorem oculos submittere. Tyberiũ quoq; etiam & in tenebris vidisse. Trãquillus auctor est: sed ad breue & cum primũ a somno patuissent. Qꝫ aũt radius ab oculo emissus vaporem spiritalem secũ trahat: & vapor sanguinẽ: ex eo iam perspicuum est: ꝙ lippi rubentesq; oculi: radii sui emissione: eos qui vident eodem morbo cogunt laborare. Hoc enim indicat: radium vsq; ad obuium illum protendi: et cum radio vna vaporem corrupti sanguinis emanare: cuius contagione oculus spectantis inficiatur. Refert Aristoteles mulieres menstruo affectas: intuitu suo speculum sanguineis guttis sępe fœdare. Est enim vapor sanguis: sanguis quidem tenuissimus: qui aspectum fugit oculorum: sed ĩ speculi sup̃ficie factus; crassior iam appet. Hoc in rariori: aut miñꝰ tersa materia non efficitur: quia in ea penetrat aut dissipatur radius. Non ergo mirū: si patefactus & in aliquē intentus oculus: radiorum suorum aculeos in aduersos oculos iaculatur: & vna cū aculeis qui spirituū vehicula sunt: sanguineū illum vaporem quem spiritum nominamus inuehit. Hic violentus aculeus diuerberat oculos. & cum a percutiente corde incitatur. percussi precordia quasi regionem propriam repetit: & cor vulnerat: neqꝫ eius duriori dorso hebescit: redit in sanguinē peregrinus hic sanguis: & cum ab eiꝰ qui saucius est alienus sit: sanguinem eius proprium inficit. Infectus autem sanguis egrotat. Hec egrotatio fascinatio est: q̄ iccirco magis nocet teneriori etatē: quia illius corda cum molliora sint: minus resistunt ferienti. & magis leduntur: dixi vt potui hac verborum breuitate: vnd̄ sit fascinum. Addam illud. fascinum pro membro posuit in priapeia Maro: vt priape quod sis fascino grauis tenero. Et paulo infra. Placet priape: qui sub arbonbus comis Soles sacrum reuinctꝰ Pampino caput Ruber sedere cum rubente fascino.

o Dic quibus. ANT. Omisso canendi studio ad enigma diuertit: quo decentius cantum absolueret: ne victus esse videretur: ne item in infinitū quodammodo canere cogeret.

p Et eris ꝛc. S. Relicto certamine ꝑponūt enigmata.

q Apollo. S. Quia in rebus incertis est opus diuinatione. AN. Apollo cui diuinandi potestas. Macrob. lib. primo satur. scribit: ꝙ diuerse virtutes nomina diis dederūt. virtutem igitur solis (que diuinatiōi curationiqꝫ preest) Apollinem vocauerūt. Que sermonis auctor est: Mercurii nomē acçepit.

r Celi spaciū. SER. alii dicunt sepulchrū intelligi Celii luxuriosi cuiusdā. Qui venditis oibꝰ rebus et cōsumptis tm̄mō sibi spaciū reseruauit q̄d sepulchro sufficeret. Et voluisse eū errorē facere ex celi & celii similitudie: vt sit. Dic mihi: vbi nā sepultꝰ ē Celius: Alii ꝟo voluīt puteū siguificari q̄ ē in Syene egypti parte: quē pbi altū effoderunt: vt ꝓbarent locū illum esse solum quē sol recto intuitu irradiaret. Nam. viii. kal endas Iulias die quando in centro suo est sol: tam imam ꝙ summā putei partem irradiat. Sed neutrū conuenit rustico. Ergo de q̄libet puteo intelligas: in cuius fundo qui est: tantū celi spacium videt: quāta est celi latitudo. A. In ethiopie fine Syene est insula. C. M. passuum ambitu: vt scribit Pli. libro quito. Strabo quoqꝫ libro. xvii. docet ꝙ in ipsa Syene puteus quidā est: qui estiuum indicat solstitiū: quoniā hec loca circulo tropico sunt subiecta. & in meridie vmbilicos faciūt sine vmbra: & sol sup̄ verticem ibi manentibꝰ habet. Vnde necesse est in puteos (quāq̄ ꝓfundissimos) vsqꝫ ad aquam radios iaci. Itēqꝫ de hoc puteo intelligere poteris: & de quocūqꝫ alio. nam in fundo cuiusqꝫ putei manentibus: celum nō videbitur nisi ꝓ aditus magnitudine.

s Vlnas. S. Vlna spaciū est inquantū vtraqꝫ extendit manꝰ dicta vlna απο των ωλενων id ē brachiis hinc λευκω λενωνηρη dicit. Licet Suetoniꝰ vnū cubitum esse velit tantūmodo. Olene olenes: vlna dicit. estqꝫ vt aiunt vtriusqꝫ manꝰ extēsio: vel magis vnus cubitꝰ tm̄.

t Dic. SER. Cum obiectū soluere non potuit: ipse aliud obiicit.

v Quibus in terris. S. Captiose hoc dixit. nam hyacinthus vbiqꝫ nascitur: qui natus est primo de hyacinthi sanguie. postea de aiacis; sicut & Ouid. docet. Est autem rubrū quasi lilium: designans primam hyacinthi litterā.

x Noia regū. S. Non q̄a ipsi reges: sed q̄a regū filii. vt magnum regine: sed eni miseratus amorem: cū de ariadne diceret pasiphaes regine filia. Alii dicunt regū ꝓ regis. Sic Theren. Non perpeti meretricū contumelias: cū de vna loqueret. Nā flos iste hyacinthi tm̄: et non Aiacis nomē retinet. Tamē hec enigmata (sicut fere omia) carēt aperta solutiōe. A. Nomina regum de hyacintho flore intelligit: de quo iam diximꝰ: habet eni in foliis hya. quod etiam Ouid. in Metha. docet apertius.

y Phyllida solus. S. quod plus est habere solam amicā cōmunē ꝙ esse apollinem: nā esse apollinem impossibile est q̄d ille ꝓmiserat: hic ꝟo possibilia pollicetur.

z Non. S. scilicet ē vestrū. sed iudicis cōponere lites. A. Non: Hic fiat colon: vt dicamus Nō. s. vestrū est: sed nostrum qui iudex sum cōponere ꝛc.

a Componere. S. finire: vt ante diē clauso cōponet vesper olympo. C. Componere finire. vt hic. Item tranquillū reddere: vt Sed motos prestat cōponere fluctus. Itē comparare Salusti. vbi Metelli dicta cum factis cōposuit. & illud: Sic paruis cōponere magna solebā. Itē ornare: vt Dulcis cōpositis spirauit crinibꝰ aura. Item cōiungere: vt componens manibusqꝫ manus atqꝫ oribus ora.

b Et vitula tu dignꝰ. A. In Theocriti quita vbi lacon & comatas acerbe certauerūt. alter victꝰ est. Ait eni sic: Morson iudex. Laconē morson iubeo reticere: q̄d ipm̄ Nuncio deuictū: mea sic sentētia poscit. Do tibi lanigerum pignus certaminis agnum: Quem nuper docta meruisti voce comata. In sexta autem egloga: vbi Dametas et Daphnis amici cantauerūt: Deuicit neuter: neuter superatur abiui.

c Et quisqs. S. Et tu & hic digni estis vitula: & quicūqꝫ similis vestri est. Nam sup̄ vnus dixerat. Triste lupus stabulis: maturis frugibus imbres: Arboribꝰ venti: nobis Amaryllidis ire. Item alter. dulce satis humor est: depulsis arbutus hedis. Lenta salix foeto pecori: mihi solus amyntas. ad cuius amatoris similitudinē pertinet. Aut metuet dulces. Nāqꝫ hic Menalcas & amabat & amabat: sed tanqꝫ prudēs timebat: ne vnqꝫ posset amor ille dissolui. Econtra Damoetas amaritudinē amoris expertus fuerat ex amice amaryllidis iracundia

d Metuet dulces. timebit pro dulcibus ne eos amittat.

e Aut expietur amaros. A. vti damoetas scilicet: nā dixerat: Triste lupus stabulis.

f Riuos claudite. S. Exierat eni vt iuberet puerꝭ vt arua irrigarent. quod illis cantantibꝰ factū est Et reuera dicit riuos claudite Vel dixit allegorice: claudite: id est desinite cantare. nā iam satiati sumus audiendo. AN. riuos: id est ora. C. Riuos: nam e ꝓpinquo flumie dedicunt riui: quibus irrigant prata. Vnde dicimꝰ deriuare flumina cū ex alueo per riuos ducunt.

g Prata. A. aures. C. Prata dicuntur quasi parata: quia sine cultura fructum reddunt. Solū expectat: dū herba crescere desiit: & estibus arescere: tunc obsecatur: vt parescat furcillis versat. Remoto foeno sitilienda sunt prata. i. falcibꝰ consectāda q̄ foeni sic p̄terierunt. & q̄si herba tuberosum reliq̄rūt campū. a q̄ sectiōe arbitrat Varro dictum esse sicilire prata.

h Biberūt. ANTO. Hauserunt. audiuerūt. Est enim allegoria quā Fabius libro. viii. inuersionē interp̄tatur: vt aliud verbis: aliud sensu ostendat.

Dic quibꝰ ī terris (& eris mihi magnꝰ apollo)
Tris pateat celi spaciū: nō ampliꝰ vlnas: Me.
Dic quibus in terris inscripti nomina regum
Nascant flores: & phyllida solus habeto. pal.
Non: nostrū inter vos tantas cōponere lites.
Et vitula tu dignꝰ: & hic: & quisquis amores
Aut metuet dulces: aut experietur amaros.
Claudite iam riuos pueri: sat prata biberunt.

poeta solus in laudem pollionis & Salonini filij. Aegloga quarta.

Pollio quarta tuas laudes & fortia facta: Altius hic canitur: celebratur pollio: Cesar
Atq3 Salonini fata immatura recenset. Alter: & hic sęcli venturi scribitur ordo.

Sicelides muse pau[b]lo maiora canamus.
Non oĩes arbusta[c] iuuant: humilesq3 myricę.[d]

Sicelides musę. S. Asini⁹ Pollio ductor germanici exercitus: captis Salonis vrbe in Dalmacia: meruit laureã: deinde consolatũ: & eodem anno suscepit filiũ: quẽ a Salonis captis Saloninũ vocauit. huic Virgili⁹ Genethliacon dicit': qui statim natus risit. qd parentibus omen fuit infęlicitatis. Ipse enim inter primordia extinctus est. Sicelides gręcum: nam latine Sicilienses facit: id est Theocriti. Nam Theocritũ (qui Syracusanus fuit) imitať. AN. Sicelides. In antiquis etiam pluribus textibus: & in illo qui in summi pontificis bibliotheca maioribus characteribus scriptus est, Sicelides per e nõ per i: legi: quod gręce dixit. illis enim Sicelia: nobis autẽ Sicilia dicitur. Celebratur hic Asinius Pollio qui orator & cõsularis: vt docet Eusebius: de quo latius in Alexi. Fuit historiarum & Tragędiarum scriptor: qui & de Dalmatis triumphauit. Vnde Hora. Ode prima secundi voluminis ad eũ scribẽs. Cui laurus ęternos honores Dalmatico peperit triũpho: Laudat hic ibidẽ eũdẽ a prudẽtia: a dignitate: honore: ab eloquentię viribus. Dicunt alii a Salona Dalmatię vrbe capta: susceptum filium Saloninum vocasse: qui & si parum vixit: hic tamẽ a Marone cum patre celebratur. sed laus ipsa talis est: q̃ sępe ad Augustum quoq3 referenda ẽ: vt suo loco docebimus. pręterea in Strabone legisse memini: Salone Salonarum. In Plinio Salona salonę. Itaq3 non recte Solonę p̃ o. in prima syllaba dicit'. Sicelides musę: q̃ sc3 Theocrito syracusano fauistis: seu o Theocriti cantus & carmina. Sicelides. CRI. Deprecať errorẽ si paulo sublimius quam pastoria res requirit canat. Dixit autem Sicelides & non Sicilides. Nam cum vsus sit patronymico nomĩe: quod potius gręcum q̃3 latinũ est: deduxit ab eo quod est Sicelia: vt dicunt gręci: & non Sicilia: vt dicunt latini.

b Paulo maiora. S. Non multo. Nam licet hęc ęgloga discędat a carmine Bucolico: tamen aliqua operi apta inserunť. c Arbusta. AN. id est minima et hũilia. C. Cũ pprie arbustũ sit locus cõsitus nouellis arborib⁹ q̃ ex seminario auulsę sunt: semiaq3 appellãť. voluit notare humiliores arbores. d Myricę. S. Virgulta hũilia sunt. A.

Si canimus syluas: syluę sint consule dignę:
Vltima Cumęi venit iam carminis ętas:
Magnus ab integro sęclorū̄ nascitur ordo.
Iam redit & virgo: redeunt saturnia regna:
Iam noua progenies cęlo demittitur alto.

Myricę genus est fruticis: quam alii tamaricen vocant Auctor est Plini⁹ libro .xiii. Idem quoq̧ .xxiii. sic ait. Myrica quā & Tamaricon vocat Laeneus: similis est ꝯscopis amerinis. arbitrantur quidam hanc esse tamaricā. vulg⁹ infœlicem eam arborem appellat: quoniā nihil ferat: nec seratur vnq̧. Hęc ille. CRIS. Myricę. Virgulta nō multū̄ a genestis distantes. e Syluas. A. altiora. C. Syluas. nam in pręcio fuit pastoria & agricultura.
f Sint. A. Sint et sunt in antiquis est: in illo summi pontificis. sint ponitur. g Consule. A. Pollione scilicet.
h Cumęi. SER. Sybillę quę cumana fuit. hęc secula ꝑ metalla diuisit: & dixit quo quis sęclo imperet: & solem vltimum posuit: id est decimum. Vnde ait: Tuus iam regnat Apollo. Dixit etiam finitis seculis omia renouari: quod et Philosophi ita colligunt: ꝙ exacto magno anno: omia sidera in ortus suos redeunt: & rursus referūtur eodē motu. Si igit̃ idem est siderum motus: omia quę fuerunt habebunt reiterationem Nam vniuersa ex astrorū̄ motu pendēt. Hinc dic̃ reuerti aurea secula: et omnia iterari. A. Cumę in campania sunt antiquitate cunctas et Sicilię & Italię vrbes antecellit vrbs ipsa. Plura legito apud Strabonem libro .v. & apud Dionisium libro .vii. Ibidem autē Sybillę sacellum erat. sed eius quę Romę quinquagesima olimpiade interfuit. cuiusquoq̧ librum ad Cornelium vsq̧ Syllam: pontifices Romani consulebant: tūc vnacum Capitolio igne cōsumptus est. Auctor est Solinus. Meminit autem Gellius libro primo: capitulo .xix. Sed latius Dionisius libro quarto. CRI. Vltima cumęi: id est vltimum sęculum ex quattuor seculis quę prędixerat Sybilla cumęa. Verum de Sybillis dicem⁹ in Enei. Quod autem ad hūc locum attinet: Sybilla cumęa fuit e cuma quę vrbs est in locrensi agro: qui est Ionię: Asię minoris: quam aliqui vicinitate loci Erithream appellarunt. Hęc vt ponit Seruius profecta in Italiam: multa de Romanorū̄ fatis vaticinata est. Sed vt ostendit Augustinus: multa etiam de Christo est vaticinata. Cuius versuum (vt ostēdit Phocianus) capita ita se habent: vt primę litterę conficiant ΙΗΣΟΥΣ ΧΡΗΣΤΟΣ ΘΕΟΥ ΥΙΟΣ ΣΩΤΗΡ Iesus christus dei fili⁹ saluator. Hęc illum de virgine oriturum ꝑdixit: verū̄ Maro istius Theologię ignarus: ad Octauiani fęlicitatē referens: virginem iusticiā: a qua sit Octauianus quē appellat: ΑΠΟΛΛΙΝΕΚ id est solem. Nam nostri quoq̧ natum esse solem iusticię Christum dicunt. Prisci vero prima sęcula aurea: id est ab omni vitio pura fuisse dicunt. & in illis virginem: id est iusticiam cum hominibus habitasse. Teste quoq̧ ipso Virgilio asserunt. i Etas. A: vltima intelligitur. Vn̄ ait inferius. Quo ferrea primum desinet: ac toto surget gens aurea mundo. nam ab integro sęculorum nascebatur ordo. Probus etiam scribit: ꝙ Cumana Sybilla post quattuor sęcula nouam generationē futuram cecinit.
k Ab integro. S. denuo. l Sęclorum nascitur ordo: AN. Ex dictis Cumęe Sybillę hęc poeta sumpsit: quę quidem omia de christo ꝑdixerat. Vnde & Gregori⁹ in moralibus ait. Christum iudeorum vocibus prophetari: qui pro vtroruq̧ salute venerat. Et bene quidem ab integro. quoniā Christi aduentu cessarunt vetera plurima: nouaq̧ alia instituta sunt: cessit et ciuilium bellorum furor. Natus est enim (vt Eusebius scribit) anno imperii Augusti quadragesimosecundo. Virgilius autem Brondusii perierat anno imperii prędicti decimosexto. Itaq̧ Christum minime vidit. Sed in Augusti Pollionisq̧ laudem illa quę de Christo Sybilla ꝑdixerat: hic inseruit: credebat enī futura eē vt reuera fuit. m Iam redit & virgo. ANT. Ideo redit dixit: quoniam virgo (teste Hesiodo) Iouis & Themidis filia: teste Arato: astrei et aurore. q̄ in aureo sęculo fuerat: eorūq̧ priceps: ꝑpter diligētiā et ęq̄tatē iusticia appellata: in celū recepta fuerat ętate ęnea. auctor Igin⁹. C. Sęculorum ordo. Hęc igit̃ sęcula iam sua ętate redisse, iam nūc testat̃ Maro: Qd̄ etiā mathematice dictū eē pōt demōstrari. Nam apud Hebreos insignis astrologus Habraham: scripsit septē eē planetas: et septem angelos esse illorū ductores appositos: scilicet Caphiel Saturno: Sarkiel: Ioui: Samael Marti: Amael veneri. Micael Mercurio. Raphael soli. Gautiel lunę. Quemlibet autē illorum ducere mundū annos trecētos quinq̄ginta q̄ttuor. & menses quattuor: fuisseq̧ ordinē: vt primus Saturnus duceret. quia hora Saturni creati sunt sol & luna. Post saturnū duxit venus: post venerem Iuppiter. Ioui successit Mercurius: & illi Mars. Marti Luna: itaq̧ ducatus oim istorum septem: absumit annos circiter septuaginta octo supra duo milia & quadringentos. Q̄ si secundo peragatur huiusmodi ducatus: perueniet vltra annū sextum: ac quinquagesimum supra quattuor milia ac noningētos annos. Sed Maro floruit anno a mūdo condito fere sexagesimo supra quiq̧ milia ac centum annos: ex quibus omnib⁹ perspicitur: ꝙ tunc tertio iam regnabat Saturnus.
n Virgo. SER. Iusticia quę erigone fuit: Permiscet autem laudes tam pueri: q̄ Pollionis q̄ Augusti. nam fęlicitas temporū ad imperatoris pertinet laudes.
o Redeunt Saturnia regna. ANT. id est aurea sęcula q̄ quondam Saturno regnante in latio fuerunt quo tempe fides: iusticia: & omnis virtus colebatur: & tellus per se dabat omnia: nō bella: non enses erant: ver erat ęternum. Suetonius autem scribit fuisse quondam: vt omne tempus a primo die natalis vsq̧ ad exitum eiusdem Augusti: sęculum Augustū appellaretur: vt ita in Fastos referretur. ¶ Redeunt saturnia reg. Id dixit Maro: quoniam vt scribit Liuius Augusti tempore post bellum Actiacū: clausum est Iani templum: pace terra. mariq̧ parta. Et vt Lucius florus etiam scribit. Augustus ipse conuersus ad pacem: Primum in omnia mala: & in luxuriā fluens. sęculum grauibus: seuerisq̧ legibus coercuit. merito ergo redeunt Saturnia regna dixit.
p Noua progenies. ANT. Id etiam Sybilla dxerat de Christo loquens. Maro autem de filio Pollionis intellexisse voluit: vt amico gratificaretur: nec intelligas de Augusto: quoniam dicit: Modo nascenti puero ꝛc. Et postea. Tuus iam regnat apollo. Per quem Augustum ipsum intelligit. Nam vt Suetonius scribit acclamatum est Cęsarem esse Apollinem. Item estimatū Apollinis filium: quoniam Augustus mense decimo natus esset. CRI. Noua ꝓgenies: Quod Sybilla de Christo prędixit: hic ad Octauianum refert. Noua ergo in Christo: quia nusq̧ alias visa est in terris progenies: quę esset deus & homo. Sed noua in Octauiano id est admiranda. propter orbem illo regnante omi ex parte pacatum. Vel noua quasi genus nouum hominum renascatur.
q Cęlo. SER. vt videantur homines non e mortalib⁹ nasci: sed ex numinibus cęlo labi. Et hinc colligit fore aurea sęcula: ꝙ Augustus imperat: q̄ talis natus est puer: ꝙ consul est Pollio.

Tu modo nascenti puero: quo ferrea primū
Desinet: & toto surget gens aurea mundo:
Caste faue lucina: tuus iam regnat Apollo.
Teq3 adeo decus hoc eui/te consule inibit
pollio: & incipiēt magni procedere menses.
Te duce: si qua manent sceleris vestigia nostri
Irrita: perpetua soluent formidine terras.
Ille deum vitam accipiet: diuisq3 videbit
permixtas heroas: & ipse videbitur illis.
pacatumq3 reget patriis virtutibus orbem.
At tibi prima puer: nullo munuscula cultu
Errantes hederas passim cum baccare tellus

r Quo ferrea. SER. scilicet nascente. nam dicit faue lucina: cuius ortus secula immutabit: aureis scilicet ferrea.
s Lucina. S. Diana. Hora. Siue lucinam probas vocari.
Therentius. Iunonem Lucinam dixit: vt Iuno lucina fer
opem: tamen ambe vnum sunt. A. Lucina. luna (vt Varro inquit) nascentium dux est. hinc ab iuuando & luce.
Iuno lucina dicta latinis. Ipsa enim mensibus actis in lu
cem producit infantes. t Tuus apollo. SER. Vltimū
seculum ostendit: quod Sybilla solis esse memorauit: &
tangit Augustum: cuius simulacrū factum est: cū Apolli
nis omnibus insignibus. AN. Tuus iam reg. apol. Dixe
rat enim Sybilla: vltima
etate regnaturum Apolli
nem: quod intelligēdum
erat. vt vult Maro de Au
gusto. Nam (vt ostendi-
mus) Apollo dictus ē. et
Apollinis filius existima
tus. CRI. Tuus: scilicet
frater. nam Lucina diana
est solis soror. Apollo pu
to per Apollinem Octa-
uianum intelligēdū esse:
qui sit veluti alter saluta
ris sol orbi infusus. Vel p
pter iusticiam que per so
lem exprimitur: appellat
Apollinē: et per hoc nu-
men rediisse Saturnia se-
cula: qb⁹ iusticia habitauit iter mortales. Est etiā
Apollo: quia suo splēdo
re orbis totus illustratus
sit. Quin & alibi inducit
Apollinē Octauiano in
bello Actiaco fauentem:
vt actius hec cernēs arcū
intendebat Apollo. Nec
placet quod ad Apollinē
referatur. ipse enim non
regnauit.
v Adeo. ANT. certe:
x Inibit. T. exordiū su-
met: scilicet aureū seculū.
y Pollio: AN. Pollioni blanditur: cum eo consule dicat
aureum seculum initium sumere. z Magni menses
SER. Hoc dicit φ Iulius et Augustus menses in honorē
Cesaris & Augusti ceperunt vocari: cum antea quintilis & sextilis dicerentur. & hoc etiam ad augmentum au
rei seculi. AN. Magni menses. de quibus legito Macrobium libro primo satu. CRI. Magni menses: perplacet Ser-
uiana sententia. Vel magni: id est admirabiles propter au
rea secula. a procedere. A. Vlterius ire:
b Te duce. S. Vel augusto: vel Pollione: vl' Salonino:
c Sceleris nostri. A. Vult enim bella ciuilia deorum ira
fuisse ob Romanorum scelera: quod etiā Horatius asse
rit. dicit enim in Epodo. Sic & acerba fata romāos agūt
scelusq3 fraterne necis ⁊c. d Vestigia. SER. vt nullum
sit presentis temporis vitium: sed preteritorum reliquie:
Sic alibi. Fertur equis auriga: neq3 audit currus habenas:
vt que tunc essent: ex reliquiis preteritorum temporum
esse videantur. vestigia vero scelerū. dicit bella ciuilia inter Augustum & Anthonium apud mutinam. Item con
tra Lucium Anthoniū fratrem hui⁹ Anthonii apud Pa-
rusium: contra brutum & Cassium in Thessalia: contra
M. Anthonium. in Epiro.
e Irrita: S. ad nihilū reducta. CRI. Vestigia irrita soluēt
terras: id est reliquie scelerum iccirco soluent: id est libera-
bunt a perpetua formidine terras: quia erunt irrita: id est
ad nihilum reducta. f Perpetua. SER. longa. AN.
Perpetua soluent formidine: quod verū fuit. Nam (vt di
ximus) post Actiacum bellū: clausum est Iani templum:
pace terra mari q3 parta. g Ille deum vitam. SER.
Artificiose cōfundit laudes Augusti & Salonini: ad vtrū
q3 enim potest referri ille. AN. Ille deum ⁊c. Cicero in lib.
de natu. deorum: scribit eam esse deorū vitam qua nihil
beatius: nihil omnib⁹ bonis affluentius cogitari pōt: nihil enī agit: nullis occupatiōib⁹ ē implicata: nulla opa mo
litur: sua sapientia & virtute gaudet. Ille deū. hic loc⁹ apte
ostēdit p Apolline Augustū intelligi. Ille ergo Apollo q et
August⁹ erat: deū vitā accipiet. nā (vt in Tityro dixim⁹)
Augusto viuenti etiā tēpla & are ꝯstitute sunt. De Pol
lionis filio nō intelligas:
qm̄ de illo inferi⁹ ait. at ti
bi prima puer nullo mu-
nuscula cultu ⁊c. h He
roas. A. Qui sunt heroes
Augusti. lib. x. oñdit his
verbis. Nomen heroum
ab Iunone dicitur tractū
φ grece Iuno hera appel-
latur. et ideo nescio quis
filius eius ꝼm grecorū fa
bulas heros fuit nūcupa
tus. hoc videlicet misticū
significāte fabula: φ aer
Iunoni deputet: vbi vo-
lūt cū demōibus heroas
habitare: q̊ noīe appellāt
alicui⁹ meriti aīas defunctorū. Idē q3 li. vii. scribit
inter lune gyrū & nym-
borū ac vētorū cacumia:
aerias eē aīas: sed eas ani
mo nō oculo videri: et vo
cari heroas: & lares: &
genios. Trimegist⁹ q3 au
ctor est: heroas habitare
inter aeris purissimā ptē
supra nos et terram: vbi
nullus nebulis locus:
i Pacatū. C. proprie pa
care cum ex bello aut tu-
multu: aut alia turbulen
tia ad pacē trāquillitatē
q rem reducim⁹. k Patriis. S. cesaris si August⁹. Vel
Pollionis: si Saloninus. A. Patriis virtutibus. i. militia: q
quidē Augustus Iuliū patrē imitat⁹ est: & ea vrbem paca
uit. De qua re legito Appianum circa finem libri qui Illyrius dicit. legito item Florū in fine. a At tibi prima:
AN. Iam vertit sermonē ad Saloninū Pollionis filiū per
Apostrophen: laudans eum a bonis eius grā futuris. Pre
dicit autē mŕta: ac si victurus eēt. innuit tandē cū hec scri
pta sunt illum obiisse. Ergo in Pollionis grām id omne
actum. m Munuscl'a. S. Bene vtitur diminutiōe in
rebus minoris etatis. n Errantes ⁊c. SER. Vnde antiqui lyrici dixerunt flexipedes hederas: φ hac & illac va-
gentur. Optime autem dat hederam: que indicat futurū
poetam: vt hedera nascentē ornate poetam.
p Hederas. AN. Per has futuros honores indicat. Hedera enim poete coronabant. Virgi. in. vii. aegloga. Pastores hedera crescentē ornate Poetā. Et Plinius scribit poetas coronari hedera habenti croceum semē. Scribit item
Alexandrū ex India redeūtem exercitū hedera coronasse
exemplo liberi patris. Probus autem libro. iii. Georgicorū
scribit: φ ideo poetis ex hedera corona datur: quia existimatur liber esse cum musis. p Baccare. SER. qua pel
litur fascinum: vt baccare frontem Cingite ne vati noceat mala lingua. Et futurum per hoc pulchrum indicat
puerum. ANTO. Baccar radicis tantum odorate est.
a quibusdā nardum rusticum appellatur. Odor ei est cy
namomo proximus. Ea auxiliatur contra serpentes: ca-

Mixtaq̃ rideti colocasia fundet acantho: M.
Ipse lacte domum referent distenta capelle
Vbera: nec magnos metuent armenta leones:
Ipsa tibi blandos fundent cunabula flores:
Occidet & serpens: & fallax herba veneni
Occidet: assyriũ vulgo nascetur amomum:
At simul heroum laudes: & facta parentis
Iam legere: & que sit poteris cognoscere virtus.
Molli paulatim flauescet campus arista:
Incultisq̃ rubens pendebit sentibus vua:
Et dure quercus sudabunt rosida mella:
pauca tamen suberunt prisce vestigia fraudis:
Que temtare thetim ratib⁹: q̃ cingere muris
Oppida: que iubeant telluri infindere sulcos:
Alter erit tum typhis: & altera q̃ vehat argo:

pitis dolores: feruoresq̃: odor somnum gignit: vestibus odoris gratia inseritur: Plini⁹ libro.xxi.caplo.vii.&.xli. CRI. Baccare. baccaris (ait Plinius) quia radicis odorate est: quidam nardum rusticum appellauere. Vnguenta ex eius radice fieri solita apud antiquos: Aristophanes comicus testis est. Odor ei est cynamomo proximus. & paulo infra. Eorum error corrigendus qui baccar nardũ rusticum appellauere. Est eni alia herba sic cognominata quam greci asaron vocant. Diascorides ait q̃ aliqui Persam vocant: in medicine vsu est: vestibus odoris gratia miscet. & post statim de Asaron subiungit: quod ali bi abeo vocat baccaris.
q Ridenti acatho. S. leto herba est q̃ nascit̃ in ægypto. r Colocasia. A. In egypto nobilissima ẽ colocasia. hãc ex nilo metũt: ferebatin italia. glaucias acria corporis colocasia leniri putauit: et stomachum iuuari. Plini⁹ libro.xxi.caplo.xxix.& libro decimo. CRI. Colocasia ait Plinius: quã aliqui ciamon: id est fabam dicunt in egypto nobilissima. hãc ex nilo metũt. caule cum coctus est: harenosa est in mandendo. Thirso autem qui iter folia emicat spectabili: foliis latissimis. Diascorides fabam egyptiã appellat: arabie culcas dicit̃.
r Acantho. C Est acantus arbor i egypto: semper frondens. sic dicta: q̃ spinis abundat. nam ακανθος spina est: vnde acanthis leuce: dicitur alba spina. s Lacte. S. Hoc nihil est infantibus aptius. Et laus i hoc ẽ q̃ ait. ipse referẽt. t Leones. S. Moderatiõe vtit̃. nõ negat futuros leões: sz nõ nocituros. v Cunabula. S. lecti in qb⁹ iacent pueri: vel loca in quibus nascuntur. κυειν enim est pregnantẽ esse uel eniti. x Fallax. S. Non cicuta que omnibus nota est. Sed sardonia que apiastro similis decipit. Vel aconita: vt: Nec miseros fallunt aconita legentes. ANT. Fallax. fallit enim ignaros.
y Amomum. SER. herba suauissimi odoris: que tantũ in Assyria nascitur. ¶ vulgo passim. CRI. Amomum herba odoratissima. cuius frutex est similis botruo: ramulos habet siccos & duros virgulis assimiles: ex thyrso botruoso semen redolens. & sibi connexũ florem album vel ut viole folia brionie similia habet. Brionia vero vitis alba est. Triplex autem inuenitur: armenicum quod ceteris prestet aurosi coloris: vel fului: odoris boni. Secundũ medicum: Tercium ponticum: Plinius autem dicit. Amomi vua in vsu est: indica vite labrusca: vt aliqui extimauere frutice venenosa: palmi altitudie: Carpiturq̃ cum radice manipulatim leuiter componitur: & protinus fragile laudat̃ q̃ maxime punici mali foliis simile: nec rugosis. colore ruffo. Secũda bonitas est pallido. herbaceũ peius. pessimũ candidum: quod vetustate euenit: precium vue in libras sicli: lxx. Nascit̃ Mocene: que pars Armenie: & in media & ponto: adulteratur foliis punicis: & gũmi liquido: vt cohereat: cõuoluatq̃ se in vue modum simile illi: & nomine & frutice Cardomomum.
z Heroum laudes & facta parentis. SER. Epexegesis est sed melius est virtutes parẽtis que erunt heroum laudes. CRI. Heros: quid sit: dicemus in Eneide.
a Parentis. ANTO. id est Pollionis: de quo sepe meminit Appianus: scripsit item historias & tragedias: vt dictum est. b Poteris cognoscere. S. accessu enim etatis quanta sit virtus: & cuius glorie cognoscit̃. c Virtus. AN. virtus est vitium fugere: inquit Horatius. Virtus est nihil aliud q̃ in se pfecta: et ad summũ producta natura. Tul. libro primo de legibus. Virtus est affectio animi cõstans cõueniens q̃ perfecta laudabiles efficiens eos in quib⁹ inest. Tullius lib. iiii. Tuscu. legito item Apuleiũ in lib. de Philosophia.
d Molli arista. ANT. Mollẽ appellat: quia nõ dura sed fragilis est.
e Flauescet. A. Splendebit. Flau⁹ fiet maturescente segete. Hinc ait paulatim. Est autem flauus color & viridi & ruffo et albo concretus. lege Gel. libro. ii. C. Flauescet campus arista. q̃si dicat. sua sponte nascet̃ arista pro spica. Ceterũ ariste sunt tenues ille virgule. q̃ surgũt in spica ab ariditate dicte. f Rubens: C. Vt oñdat q̃ nõ solũ pducet̃ vua: sed etiã maturescet.
g Rosida mella. A. venit eni mel. ex aere: et maxime siderũ ex ortu. Itaq̃ cũ prima aurora folia arborũ melle roscida inueniunt̃. Pli. li. xi. de q̃ lati⁹ legito librũ Georgi. iiii.
h Suberũt. S. erũt: sz latẽter. i Prisce. S. vt sua tempa excuset. k Que temtare. A. auaricie vide licet causa. l Que tetare thetim ratibus zc. S. A sequentibus ostendit antecedentia: q̃ vitauit q̃si laudi incõgrua. Per nauigationẽ ꝓ auariciã: p muros bella intelligim⁹. p agriculturã famis timorẽ. A. Thetim p mari posuit. Fuit em̃ thetis Achillis mr̃ Nerei filia. C. Thetim hec vxor ẽ oceani. Thetis ꝓ mr̃ Achill. aqrũ em̃ effectiua vis oceanũ dixert prisci: cuius simbolũ thetis ẽ. vis aque potabil' est Achelo⁹. Marine Neptum⁹: q̃ incptũ gignere pt Amphirites dr̃. m Cingere mu. A. hostiũ metu.
n Oppida. A. Cesar li. v. de bello gallico scribit: q̃ oppidũ Britãni vocant: quũ syluas ipeditas vallo: atq̃ fossa munierũt: q̃ incursiõis hostiũ vitãde cã cõuenire cõsueuerat. Vñ tñ dicat lege Festũ. nã ꝓ catello ponit̃. o Alter erit zc. Per hunc oẽs nautas. per argo oẽm nauẽ. p Troiã omnẽ vrbẽ: et oẽm virũ forte p Achillẽ. Videt̃ tamen locus dict⁹ p αποκαταστασιν. i. p oim rerũ volubilitatẽ: ex siderũ rõne venientẽ: vt. s. dixim⁹. A. Finito ãno mũdano: seu verrenti: q in se cõtinet qndecim solariũ annorum milia: vt phisici volũt: oĩa reiterabũt̃. de q̃ late Macro. li. secũdo: de somno. & Tullius in lib. de natu deorũ scribit: q̃ ẽm Mathematicos: magnus ann⁹ efficitur. quum solis et lune & qnq̃ errantiũ ad eandẽ inter se cõgitionẽ

confectis omnium spaciis est facta conuersio: que q̃ longa sit: magna questio est. esse vero certam & diffinitam: necesse est &c. Typhis is primus inuenit aminicula gubernandi: vt Pli. scribit. Fuitq̃ in argo naui magister. Hinc ait ille Typhis i emonia puppe magister erat. C. Typhis magister fuit eius nauis: qua Iason & reliqui delecti ex grecia heroes: in colchas advellus aureum nauigauerũt. d Argo. AN. Iason Aesonis filius: ac pelie tessalorum regis nepos cũ in colchis iret pro aureo vellere rapiendo: iuxta pelion nauim edificauit: magnitudine atq̃ apparatu longe maiori q̃ prius fierent. Erat enim antea paruarum nauicularum vsus. Iason postea optimos (eorũ qui secum ire appetebant) elegit numero quattuor & quinquaginta. Nauis argo dicta est ab eius architectonico: vt alii scribunt ab eius velocitate quam antiq argon appellabãt. Auctor est Pli. libro. v. CRITS. Appellata est autem argo a velocitate. αργον enim velox est. Vnde Homerus κυνασ αργουσ id est canes veloces dixit: Hanc autem fuisse primam nauem longam: & inuentam a Iasone Philostephanus auctor est. Quãuis Aegesias patroclo: Ctesias samie. Stephanus semyramidi. Arctimacus: Aegoni hoc inuentum ascribat.

q Hinc vbi. AN. id est quãuis Saloninus dum hec Poeta scriberet moriturus esset: attamẽ (vti dixi) tanq̃ victuro in Pollionis gratiam hec futura Virgilius dicebat:

r Cedet mari. SER. Nã si mercimonii causa nauigatur: cessabit omnino cum ois tellus feret oia. Nauigatio enim ex mercimonii ratione descendit. ANT. Cedet mari. Nulla enim erit amplius auaricia:

s Vector. AN. Qui naui vehitur.

t Mutabit merces. A quod naute lucri causa facere solent: cũ non vbiq̃ eadem sint. v Tauris. C. Robustis iumentis. Nam tauri cum semper sint indomiti: inutiles sunt aratro. x Mentiri. S. Nam tincta: ostẽdit colorẽ non suũ. AN. Mentiri colores: nam cum alba sit: accipiẽdo diuersum colorem mentitur illũ cum nõ sit natiuus. Inficere autẽ lanas sordibus lydi primi inuenerũt: vt scribit Plinius li. vii. y Lana. C. a lenitate. id est a mollitudine sua dicitur. hinc lanugo primi pili in barba: quia ceteris sint molliores: & in nõnullis pomis (vt sunt cydonia) lanuginẽ dicimus. Estq̃ in sola oue lana. Nam cetere quadrupedes pilos aut setas habent. Inuenitur etiam lanitium. Sic in Georgicis. Si tibi lanitium sit cure: vt epistola epistolium. Nam Catul epistolion dixit.

z Ipse sed in pratis &c. AN. Quum poeta in hoc loco loqueretur de filio Pollionis: Id quod ad principiũ summum spectaret adiecit. ipse sed in pratis &c. Traditur enĩ in libro Hetruscorum. Si hoc animal insolito colore fuerit inuentũ: portendi imperatori rerum omniũ cum foelicitate largitatem. Est super hoc liber Tarquini transcriptus ex ostẽratiõe tusca. Ibi reperitur: purpureo aureo ve colore: ouis aries ve si spargetur: principi ordinis & generis summa cum felicitate largitatem: auget genus: progeniem propagat in claritate: letiorem efficit. Huiusmõi igitur statum imperatori in transitu vaticinatur. Hec ex Macrobio. li. iii. Satu. a Suaue. A. p suauiter. b Murice. S. Cochea vñ tingit purpura. A. Murex piscis est firmiori testa circũdatus: e cuius sanguie lana tingit. de q̃ late Pli. ix. c Croceo luto. A. ruffo colore. luteus enim color ruffus dilucidior est a luce dictus: vt Gelius scribit. de quo etiam in Alexi. d Mutabit vellera. SER. tinget: inficiet. per naturã accipiet alios colores. e Luto. S. colore rubicundo: & est hyppalage pro croceo luteo: nã cro cũ lutei coloris ẽ. vñ est alutea pellis.

Delectos heroas: erunt etiam altera bella:
Atq̃ iterũ ad Troiã magnus mittet Achylles.
[q] Hinc vbi iam firmata virum te fecerit etas.
[r] Cedet & ipse mari [s] vector: nec nautica pinus
[t] Mutabit merces: omnis feret omnia tellus.
Nõ rastros patietur humus: nõ vinea falcem:
Robustus q̃z iam [v] tauris iuga soluet arator:
Nec varios discet [x] mentiri [y] lana colores:
[z] Ipse sed in pratis aries iam [a] suaue rubenti:
[b] Murice iam [c] croceo [d] mutabit vellera [e] luto:
Sponte sua [f] sandyx pascentes vestiet agnos:
[g] Talia secla suis dixerunt currite [h] fusis:
[i] Concordes [k] stabili fatorum numine parce:

f Sãdyx. S. Herba de q̃ sandicinus tingit color. A. Sandyx ea in olere syluestri a grecis ponitur: decocte succus prodest stomacho: fatigato venere corpori succurrit: vt Pli. tradit libro. x. Libro etiã trigesimoquinto: capitulo sexto de coloribus natiuis & factitiis dicit: q̃ si sandaraca torreat: equa parle rubrica admixta: sandicem facit: quamq̃ animaduertat Virgilium. hic herbã extimasse. CRIS. Sponte sua sand: Quia color sandicinus connaturalis erit: vt in lana adhuc nõ tonsa. Sandix ait Diascorides olus agreste qd facile comedi põt: virtus est ei stiptica. Inuenitur etiã p auripigmento vsto. Opion et Herasostritus dicũt Sandicẽ breui caule: & in aliis fenicul simile esse. Hec est q̃ Aristophanes comicus euripidi tragico ilocaliter obiicit.

g Talia secla. AN. Hic versus varii d morte erat vt scribit Macrob. libro. vi. h Fusis. AN. versando enim pollice fusos fata constituunt.

i Concordes stabuli. SER. Nam & q̃d vna dixerit due sequuntur. et fixa sunt statuta fatorum. Horatius. Quod semel dictum stabilisq̃ rerum terminus seruet. AN. Concordes parce. He tres sunt: Homero teste Clotho: lachesis atropos. Clotho fert colũ. Lachesis filat. Atropos icidit. Clotho verbum greci κλωθω dicũt et circũuoluo significat. Lachesis a lathos d rq̃d ẽ sors: nob enĩ sortit vite terminũ. Atropos aũt imutabilis: vel sine cõuersione: eo q̃ omne natum: vbi in terminum sibi statutum venisse cognouerit: demergat in mortem. Parce vero dicte sunt a partu: littera immutata quasi parte vt Varro voluit Gellio referente libro. iii. capitulo. xvi. Nascentibus enim bonum & malum hominibus conferunt: vt Hesiodus scripsit. k Stabili numine. AN. id est immutabili iussu voluntate & lege deorum. Est enim fatum: vt Plato dixit: voluntas et iussio dei. Hinc Lucanus ait libro quito. Siue canit fatum: seu quod iubet ille canẽdo. Fit fatum. Chrysippus autem autore Gellio libro. vi. capto. ii. dixit fatum esse sempiternam quandam & indeclinabilem rerum seriem. Cicero libro primo de diuinatione sic ait. Fatum autẽ id appello: quod grece hermamenen. i. ordinẽ seriemq̃ causarũ: cum causa causam ex se gignat. Ea est ex omni eternitate fluens veritas sempiterna:

[l] Aggredere ó [m] magnos (aderit iaʒ tp̃s) honores
Chara deū soboles [n] magnū iouis incrementū:
Aspice [o] cōuexo [p] nutantē pondere [q] mūdum:
Terrasq; tractusq; maris: [r] celūq; profundum:
Aspice venturo letantur vt omnia seclo:
[s] O mihi tam longe maneat pars vltima vite:
[t] Spiritus: & q̃ntū sat erit tua dicere facta:
[v] Non me carmib⁹ vincet: nec trhacius [x] orphe⁹
[y] Nec linus: huic mr̃ q̃uis: atʒ huic pater [z] adsit:
[a] Orphi caliopea: lino formosus apollo.

l Aggredere. A. Diuertit aūt hic sermonē ad Augustū.

m Magnos honores. A. Diuinos intelligit. Vñ ait Horatius epl̃a. i. secundi volumis ad Augustū. Romulus & liber pater: & cū castore Pollux. Post ingentia facta deorū in tēpla recepti. Et infra Paulū Presenti tibi maturos largimur honores iurandasq; tuū p nomē ponim⁹ aras. Nil oriturū alias nil ortū tale fatentes. Si vero de Pollionis filio intelligeres (Licet mortuo: vt dixim⁹) consulatus expone. Nam si de impio intelligeres: Augusto interitum ptenderet: melius autem de Augusto intelligemus.

o Magnū iouis incre. S. nutrimentū: & est vulgare qđ carmini Bucolico seruit. A. Magnū Iouis icremētum: Crescit eni deorꝝ numerus per Augustū: quē deorū sobolem appellat propter Aeneā: Romulū et Iulium inter deos relatos. Si tamē de Pollionis filio accipis: Iouis icremētum ait: quia sup̃i⁹ de eo dixerat. Iam noua progenies celo demittitur alto. C. Iouis incrementum. Spondaicus versus. Incrementū Iouis dixit: quoniam imperiū magnuʒ administrabat. qđ quidem ſm Mathematicos a Ioue est. Vnde Homerus διοτροφισ βασιλησ dixit. Intelligit ergo ipsius celi: orbem & machinam. o Conuexo S. curuo inclinato. A. Cōuexū ex omni parte declinatum: qualis est natura celi: quod ex omni parte ad terram versus declinatum est. Festus id scribit. p Nutantē. SER. nutat presentibus malis. Letus est bonis futuris.

q Mundū. AN. Mundus appellatur celum: terra: mare: & aer vt scribit Festus. Hic tamen pro celo tantum accipitur. Nam celum vere mūdus vocatur: vt Macro. lib. primo de somno inqt. Mundus est deorū domus: ait Euripides: Nutantē mundum: Id letitia potius futuri seculi agi crediderim q̃ presentib⁹ malis. Vnde more suo sequenti carmine illud idem aperuit dicens. Aspice venturo letentur vt omnia seclo ꝛc. q̃ autē omia simul & tristarent & letarentur vt hic. esset nullo pacto ꝯuenire videtur. Letitia autē moueri etiam inanimata. idem Maro in Sileno ostendit: ait enim. Tum vero in numerū faunosq;: ferasq; videres ludere. Tum rigidas motare cacumine quercus.

r Celumq; profun. AN. Aera hic accipimus. Vnde Pli. libro. ii. sic ait. Nanq; & hoc celum appellauere maiores quod alio nomie aera: infra lunā hec sedes multoq; inferior. merito igitur de aere: celum profundū ait.

s O mihi. S. O vtinam optat frui longissima vita: et habere tantū spicitus: quātum possit sufficere ad sue virtutis cōmemorationē. AN. Optat sibi longiorem vitam: quo Augusti laudes cantare queat. Est autem ordo. O maneat mihi vltima pars vite tam longe: & maneat spūs tam longus: quantū sat erit dicere tua facta.. Maneat: futura sit. Pars vltima: meta & terminus.

t Spiritus. A. Dicendo spiritus: Quid sit vita: declarat p epexegesin. v Non me carminibus. SER. Non p arrogantiā dicit: sed demonstrat tantam esse materiam sue laudis: vt etiam humile ingenium in ea supra omnes possit excellere. x Orpheus. A. Trax genere: filius Oeagri doctrina melodiaq;: ac poesi excellit omnes: quorum extet memoria. Etenim poema mirandū edidit: & suauitate cantus: feras etiam ad se audiendum alliciebat. autor est Diodorus lib. v. CRI. Orpheus theologus prisce theologie fuit. Quā quidē rem hymni sui indicant. hm̃oi theologie princeps fuit mercurius trimegistius. Mercurii vero sectator fuit Orpheus Orphei sacris initiatus est Aglaophen⁹: Aglaopheni Pythagoras: Pythagore auditor fuit Philolaus. Philolaum autē audiuit Plato. Sed redeo ad Orphea: hic enim Orgia ab ægyptiis accepta: ad grecos transtulit: que ab eo Orphica dicta sunt: & fretus obscuritate antiquitatis: omnia que ex baccho ex Thebe ægyptiaca ferebātur. qm̃ Cadmeis amic⁹ eēt: ad Bacchū Thebanum ex Boetia transtulit. Cuius cum tanta vis in poetica fuisset: vt aut effrenatos: aut stolidos: stupidosq; homies ad mitiorem cultū traduceret: dictus est tygres leonesq; demulcere potuisse: et syluas mouisse. Extant ergo (vt diximus) hymni eius profunda prime theologie doctrina refecti: et mira suauitate: grauitateq; insignes. Dicunt vnū fuisse ex argonautis: & atrocem tempestatem in quam inciderant suis sacris auertisse. Volūt Cytheronē boetie montem: quoniā ibi ĩ sacris crebrius caneret: a sua cythara nomen sumpsisse. Scribit Plinius: auguria que pri⁹ ex auibus tantum sumerentur: ex reliquis quoq; animātibus sumi posse Orpheum demōstrasse: Verum cū in Thratia instituisset: vt in sacris bacchi viri a mulieribus abstinerent: ratę ille id in earum contemptum esse institutum: facto agmine: hominem nil tale timentem inuasere: atq; lacerauere. Pleriq; tamē (teste Laertio Diogene) illū fulmie ictum periisse affirmarūt: quod etiam epygrāma in Dio macedonie sculptum testatur: quod est huiusmōi θρηικα χρυσολυρην τηδ' ορφεα μουσαι εθαψαν ον κταυεν υψιμεδων ζευσ ψολοεντι βελει. qđ sic latine dicemus. Orphea chrysoliram muse hic posuere poetam fulmie quem strauit Iuppiter alta regens.

y Linus. ANT. Hic primus cytharam inuenit: vt alii dicunt Orpheus. auctor Plinius. Fuit autem Linus teste Hermodoro Platonico: Mercurii ex musa Vrania filius. & Thebis genitus. Virgilius autem Apollinis filium dicit. Scripsitq; teste eodem Hermodoro mundi generationem: solis & lune cursus: animaliumq; & fructuum generationes: atq; in primo sui operis carmine: cuncta simul nata dixit. CRIST. Linus autem Thebanus poeta fuit Apollinis (secūdum eos quos nūc poeta sequitur) filius. Diogenes vero refert illum a Mercurio ex vrania Nympha genitum fuisse: & ab Apolline sagitta transfixum periisse: cum iam mundi generationem & solis luneq; cursum: & animantiū fructuumq; originem scripsisset. Hic in principio poematis dixit: omnia simul fuisse: quem secutus Anaxagoras. omnia simul nata esse dixit. Plutarchus in lib. de musica cum dixisset artem cytharedicam primum Amphionem a Ioue didicisse. addit eodem tempore Linum Thebanum lugubres versus cecinisse: Pli. vbi de inuentoribus scribit: ponit etiam alios qui cythare inuētionē Amphioni: alios qui Orpheo: alios vero qui Lino tribuant. z Adsit. A. faueat.

a Orphi. A. Datiuus est grecus. nā latinus est Orpheo: de quo etiam Phocas & Priscianus. C. ponitur pro datiuo latino. Nā Orphei in datiuo; & per synerešim orphi.

[b] Pan deus [c] Archadia mecum si iudice certet,
Pan etiam Archadia dicet se iudice victum.
[d] Incipe parue puer [e] risu cognoscere matrem.
[f] Matri longa decem [g] tulerant fastidia menses.
Incipe parue puer: [h] cui non risere parentes:
[i] Nec deus hũc mẽsa: dea nec dignata cubili ẽ.

b Pan. S. Redit ad numina rustica. Nam satis excessit dicendo Linum poetam: Orpheaq; theologum. A. Etiã de hoc in Alexi dictum est q fistulam primus inuenerit. Redit autem ad rustica numina: ne penitus videret buco lici carminis modũ excessisse. c Archadia. S. quę ei fa uet: quia ibi colitur: A. Archadia iudice. Hoc ait quoniã hunc deum Archades colũt, de quo multa Macrobi⁹ lib: primo satur. Est et ibi mons lycęus: in quo Iouis lycęi de lubrum: quẽ & pana volũt esse. De archadia aũt plene legito Strabonem libro. viii. d Incipe parue puer. A. Ad Saloninũ reuertitur: exhortans illum vt matri arride at. sic enim lęticia ducta mater: labores oms et tę dia decem mensiũ obliui sceetur. eritq; etiam omen optimũ. Scribit Pli. libr. vii c. xvii. risisse eodẽ die quo genitus esset: vnum accepimus hoiem zoro asten: eidem cerebrum ita palpitasse. vt impositaz repelleret manũ. Futurę psagio scientię.
e Risu. S. Alludit ad id quod factũ est: & rẽ na turalẽ ostendit: sicut enĩ maiores sermone cogno scũtur: ita infantes risu se indicãt agscere. Ergo hoc dic, incipe pentibus arri dere: et eis spe boni ominis detrahe sollicitudinẽ: & vt ipi tibi arrideant. A. Risu cognoscere matrem. Solent enim infantes cognita matre ridere. Ille autẽ nec cognouit nec risit vnq̃: quoniam paulo post ortum obiit.
f Matri longa. SER. Matri enim decem menses attule rant longa fastidia. Alii abstulerunt legunt: vt sit sensus. Si riseris abstulerunt matri tuę decem menses longa fa stidia. C. Matri longa de. quasi diceret: satis sit matri fa stidia decem mensiũ tolerasse. tu autem deinceps illam ri su exhilarato. Risu autem poterat prębere optimã spem de se futurarum virtutũ. nam cum pueri fuerit vita: quo niam miseriarũ plena futura sit a vagitu auspicentur. Ne q; ante diem quadragesimũ ab ortu suo rideant: opti mum auspiciũ antiqui esse putauerunt: si quis circa ortũ subito risisset. Quapropter zoroastem: quia eadẽ die qua natus est risit pręsagium suarũ virtutum esse ferunt. Idẽ aiunt de Socrate. Erit ergo sententia: incipe cognoscere matrem risu. nam cũ loqui nõ possunt infantes: risu ipo congratulari & beniuolentiã ostendere videntur. Cogno sce risu: vt hoc bono pręsagio remoueas matri fastidia de cem mensium. Optime autem dixit fastidia: nam pgnan tes redundantia corruptorũ humorum cum menstruis purgationibus non purgentur: fastidiũ rerum pene oim incurrunt. Est autem huiusmodi progressus: vt ipsa satie tas: quę ex nimia copia prouenit tędium quoddam affe rat: hoc si creuerit: fastidiũ gignit: ex quo si nimia sit nau sea: gignitur abominatio: quę postremo summũ rei odiũ inducit. Hęc omnia proprie in gustu sunt: sed inde a sen su ad animũ mentemq; transferrimus. Sunt autem qui intelligunt; incipe cognoscere matrẽ risu; scilicet suo. nam ipsę tunc maternam indulgentiã ostendunt: cum infanti bus risu blãdiũtur. Mihi tamẽ verisimilior fit prima sen tentia. g Tulerant. AN. Abstulerint si riseris. naz vitę longioris omen eẽt. Decem mẽses. Gignitur homo incer to spacio. Alius septimo: alius octauo mense: & vsq; ad initia decimi vndecimiq;: inuenta etiam q̃ mensib⁹ xiii. partum tulerit. Auctor Pli. li. vii. Gelius item plurima libro. vii. c. xvi. h Cui non risere parentes. AN: Ordo est hunc: c. n. r. p. nec deus est dignatus mensa: nec dea est dignata cubili. In omnibus textibus: cui legitur. Quinti lianus. tamen libro. ix. vbi de figuris verborũ meminit: cui per. q. non cui p. c. hoc in loco legendum innuit: Ait eni sic. Est figura & in numero. vl quum sin gulari pluralis subiungit gladio pugnatissima gẽs Romani eni gens ex mul tis: vl ex diuerso. Qui nõ risere parentes: nec deus hũc mẽsa: dea nec digna ta cubili ẽ. Ex illis enim qui non risere: hic quę nõ dignata'. Ordo igitur tal erit. O parentes hunc ex illis qui non risere. nec de us est dignat⁹ mensa: nec dea est dignata cubili. Quib⁹ verbis innuit Ma ro illum esse defunctum: cuiq; enim suus deus & sua dea vitę pręsides dantur. Hoc est suus genius. suaq; iuno. Mensa autem genio cõ uenit: iunoni lectus: sed horum neutro ille potitus est. Er go obire coactus: pueris autez nobilib⁹ editis: in atrio Iu nonis Lucinę lectus ponebat. Herculis mensura. & Sene ca epistola. ii. libro. xx. scribit maiores nostros singulis et & genium & Iunonẽ dedisse: CR. Cui nõ risere parentes. Difficile est hinc sententiã elicere propter ambiguitatẽ no minum: Nam sine aperta distinctione transit ad Vulcani fabulã. Ergo intelligem⁹: Incipe Salonine cognoscere ma trem risu cum placeas tua pulchritudine: quod non fecit Vulcanus: cui parentes offensi turpitudine pueri: nõ rise re. sed de Vulcano dicemus in iiii Georgicorũ. Est etiam similis hic locus illi. Quid loquar an Scyllã Nisi quam fa ma secuta est. Naz cum de Nisi megarensiũ regis scylla loqui incipiat: sine manifesta distinctione transit ad Scyl lam Phorci filiaz: Hęc difficultas nescio quo pacto aucto ritatem affert: & gratiam carmini.
i Nec deus hunc &c. SER. Sicut Vulcano contigit: qui cum propter deformitatẽ minime sibi Iuno arrisisset: a Io ue pręcipitatus est in Lęmnũ insulam: illic nutritus: Et cum iam fulmina fabricasset: non est admissus ad epu las deorum. Postea cum rogaret: vt vel Mineruę cõiugi um sortiretur: spretus ab ea est. Vnde diuinos honores nõ meruit: ad quos per conuiuiũ numinum: aut per consũ ctionem venitur dearũ: Hinc Iunoni agit Aeolus gratias q per eius beneficiũ diuĩos honores meruit. Vt: Tu das epulis accumbere diuum.

Interlocutores Menalcas & Mopsus amici: Cesarem sub Daphnidis nomine deflentes: Aegloga quinta. Menalcas.

Quita menalcan hz : mopsu q3, daphnidis vmbra.
Qui mortem deflent Cesaris in meritam.
Daphnidis interitu mopsus recinete menalca
Carminibus defiet: post hec se munere donant.

Cur nõ Mopse boni. S. Duo amici pastores inducũtur canere ad delectationẽ. Vnde inuicẽ se laudãt: & sibi inuicẽ cedunt. AN. Thyrsis etneus pastor in prima Theocriti aegloga Daphnidis obitũ deflet: illum Maro noster hoc etiam loco (vt assolet) imitatus est.
b Boni. SER. docti. Ordo est. Cur non consedimus inter vlmos mixtis Corylis vt canamus. A. Ambo boni. Tu bonus inflare l.c. Ego bonus, d.v: CRI. Bona dicit̃ res que cõuenit: atq3 ſm naturã est eius cui accidit. Hinc bonũ dicimus doctũ: vt hic. Item liberalẽ: vt: Assit letitie bacch9 dator & bona Iuno. Item aptũ & idoneũ vt, et bona bello cornus. c Cõuenim9. C. in eũdẽ locũ venim9. hoc ñ transit: s3 aliqñ trãsit: vt: Cõueni pamphilũ in foro. Est etiã cõuenire in ius vocare. Item quadrate

Cur non Mopse[a] boni[b] quoniã conuenimus[c] ambo
Tu calamos inflare[d] leues: ego dicere versus)
Hic corylis[e] mixtas iter[f] cõsedim9 vlmos[g]. Mo.

aptum: Vt conuenit illa mihi: conuenit illa tibi. Itẽ pacisci. e Inflare. CRI. Cum instrumenta musica: aut flatu: aut percussione resonent: illa inflamus: hec pulsamus. ergo inflamus tybias et huiusmõi: pulsamus cytharam.
e Hic corylis. C. Huius arboris nuces auellane dicuntur siue pñestine: ex ea faciebãt faces ad nuptias celebrandas.
f Inter. SER. Inter. quia postposita: mutat accentũ:
g Vlmos. CRISTOFE. Huius arboris quattuor sunt genera. Factum est prodigiũ in hac arbore in bello cymbrico. Nam nucerie in luco Iunonis. vlmus postq3 etiam cacumen amputatũ est: quoniã in aram ipsam procumbebat restituta sponte: ita vt protinus floreret: a quo dicto tempore maiestas populi Romani resurrexit: que antea vastata cladibus fuerat.

Tu maior: tibi me ęquū eſt parere Menalca:
Siue ſub īcertas zephyris motātibꝰ vmbras:
Siue antro potiꝰ ſuccędimus: aſpice vt antrū
Silueſtris raris ſparſit labruſca racēmis. Me.
Mōtibꝰ in nr̄is ſolus tibi certat amyntas. Mo
Quid ſi idē certꝫ phœbū ſuparꝛ canēdo? Me
Incipe Mopſe prior: ſi q̄s aut phyllidis ignes
Aut Alconis habes laudes: aut iurgia codri.
Incipe: paſcētes ſeruabit Tityrus hędos Mo.
Immo hęc in viridi nuper quę cortice fagi
Carmīa deſcripſi: & modulās alterna notaui
Expiar: tu deīde iubeto certet Amyntas Me.
Lenta ſalix: quantū pallenti cędit oliuę:
puniceis humilis quantum ſaliunca roſetis:

h Tu maior. CRIST. Oſtendit qualiter oporteat eſſe inferiorem erga ſuperiorem. Nam iuſta cauſa diſſentiendi eſt: cum modeſtiſſime diſſentiet: neq; diſcędet a veneratione: quā illi preſtare debet: vt hic: qui nunc Menalcę omnia cōceſſurus polliceatur: tamē occulte & vmbram arboris vituperat: & antrum laudat. i Siue ſub incertas. SER. Dicit quidē verecūde ſe illi obtemperare debere oñdit tñ quid ſibi placeat. Nā ex ip̄a laude antri: & arborū vitupatōe q̄rū incertas vmbras dicit. oñdit ſuā ſententiā eſſe meliorē. k Incertas. S. & ꝓpter mobilitatē ventoꝛ: et ꝓpter ſolis circuitū: q̄d & ip̄e dicit zephyris motātibꝰ. l Labruſca. vitis ſilueſtris. Labruſca dr̄ q: in labris. i. ī extremitatibꝰ cāporū poſita ſit m Mōtibꝰ in nr̄is. C. tanq̄ ꝙ ad magnā laudem ꝑtineat dicit hoc: ꝙ nullꝰ p̄ter Amyntā ſecū certet. S; Mopſus moleſte fert: ꝙ ille ſibi cōpat atq; oñdit: ſi ſibi certat nō peruenire ex ſcientia cantus: ſed ex quadā audacia ſtulta: qua non dubitaret etiam Apollini certare.

n Tibi certet. S. Vſurpatū nā hodie dr̄ certo tecū. o Quid ſi idem. S. Offenſus cōparatiōe inferioris: hoc dixit: licꝫ nō amare. ſed q: aſpe acceperat: ille mitigat cōparatione. A. Quid ſi idē ꝛc. ęgreferēs Mopſus ſibi cōparatū fuiſſe Amyntam hec ironicos refert.

p Phyllidis. S. Phyllis fuit regina thracū: quę demophoōtē Theſei athenienſis regis filium ex Troiano bello redeuntē dilexit: et in cōiugiū ſuū rogauit: ille aūt ante ſe ordinaturū rem ſuā: et ſic ad eiꝰ nuptias reuerſuꝛ: ꝓfectꝰ itaq; cū diutiꝰ tardaret: illa et amoris impatiēs et dolorꝫ q: ſe ſpretā putarat: vitā laq̄o finiuit: & in amigdalū ſine foliis ꝯuerſa eſt. Sed cū reuerſus Demophoon truncū arboris amplecteret: veluti cōiugis aduentū ſentiret: folia emiſit: q̄ ab ip̄ſa phyllida phylla ſunt dicta: q̄ ante petala dicebant. Sic Ouid. in metha. libris. A. Phyllidis. de hac lege Naſonis ep̄lam ad Demophoonta. q Alconis. S. Cretēſis ſagittariꝰ: & cū draco eiꝰ pueꝛ cōplexꝰ eſſet: adeo ſua arte temperauit ictū ſagittę: vt in dracone transfixo cōſiſteret: neq; ad puerū peruenirent. A. Alconis laudes. De hoc Maniliꝰ vbi de ſagitta li. v. ſic ait. Quinetiā ille pater tali de ſidere cretus Eſſe pōt: q ſerpentē ſuper ora cubantē fœlicis nati ſomnūq; aīam bibentē Suſtinuit: miſſo petere ac ꝓſternere telo: ars erat eē patrē: vicit natura periclū: & pariter iuuenē ſomnoq; & morte leuauit. C. Vidiſti quę dixerit Seruius: Sed et apud eundē Maronē in libello de culice hęc dicūtur de Alcone. Lapidū nec fulgor in vlla Cognitus vtilitate manet: nec pocula gratum Alconis referēt boeticq; toreuma: nec indi Conchea baccha maris p̄tio eſt ꝛc. r Iurgia codri. S. Codrus Athenieſiū dux cū bellū eſſet cū Laconibꝰ extaretq; oraculū: illos poſſe vincere quorum dux in bello caderet: ſumpta humili veſte iuxta hoſtilia caſtra iurgio hoſtes ita laceſſiuit vt incognitus necaretur. A. Erant inter Athenieſes & Dorienſes ſimultatū veteres offenſę: quas vindicaturi Dorienſes bello: de euentu p̄lii oracula cōſuluerūt. reſpōſum ſuperiores fore: ni regem Athenieſiū cecidiſſent: quū ventū eſſet in prelīū: militibus ante omnia cuſtodia regis Athenienſis precipitur. Athenieſibus eodem tempore rex Codrus erat: qui & reſponſo dei: & preceptis hoſtium cognitis: permutato regio habitu: pannoſus ſarmenta collo ferens caſtra hoſtiū ingreditur: ibi in turba obſiſtentiū a milite: quē falce aſtu cōuulnerauerat interficit: cognito regis corpore: Dorienſes ſine prelio diſcedūt: atq; ita Athenienſes virtute ducis pro ſalute patrię ſe offerentis: bello liberantur: Poſt Codrū nemo Athenis regnauit: adminiſtratio reipub. annuis magiſtratibus permiſſa: hec oīa ex Iuſtini libro ſecundo. De hoc etiam aliqua in fine libri primi Tuſc. q̄ſtionū. C. Codri. Erectheidarū imperio deſtructo: Atticoꝛ ad aliud genus trāſlatū eſt: nā cum Thymoetes vltimꝰ in illo genere rex in ſinglare certamē a xanto Boetio prouocatꝰ eſſet: neq; ꝓdire auderet: Melāthus piliēſis Androxōpi filius certamen ſingulare ſuſcepit: vnde rex creatus eſt. Cum regnaſſent Erectheide a Cecrope primo rege ad Thymoetem ānis. ccccxxix. huius filius Codrus in bello peloponeſiaco iuxta menſum ſeip̄m morti tradēs interimit ait Euſebiꝰ. s Seruabit Tit. CRI. Vt anxietate oī ſubleuati ꝯmodiꝰ canere poſſimꝰ: t Immo. A. i. potius iſta q̄ illa quę tu obtuliſti. Imo hęc. Lycidas in ſeptimo Theocriti ait. Incipe Simicida paruū q̄d carmen in altis Confeci pridē cantabo montibus: audi.

v Cortice. S. Vbi eñ debuit magis ſcribere ruſticꝰ: C. Cortice fagi. Cortex ꝑs eſt exterior in arbore: quo munitur contra frigora & calores. Liber vero pars interior atq; ſubtilis: ꝑ quā ſuccus terreſtris a radicibꝰ (quę pro ſtomacho arbori ſunt) decoctꝰ: in arboris alimentū focturamq; educitur: Ergo venarum munere fungitur. Eſtq; talis in quibuſdā arboribus: vt inde chartas priſci cōmode facerent Vnde ipſa volumina libros appellarūt. Redditq; iam ipſum attentum a nouitate rei. nuper enim fabricata erant carmīa: tum ab artificio: quod tamen modeſte indicat: cum dicat diligenter notaſſe. x Modulans. SER. ſecundū Rhythmum cōponens. AN. Cantando componens.

y Alterna. S. varia. propter muſicam quę varios habet modos ex pedū diſſimilitudīe. Significat autē Epicędion aut epitaphium ſe cantaturū. Epicędion eſt quod dicitur cadauere nondū ſepulto. Epitaphium aūt poſt expletā ſepulturā dicitur. A. Alternatio dicit: per vices ſucceſſio: auctore Feſto. Sapho item ad Phaonem: carmina ſua alterna vocauit. i. alternis numeris ſuccedētia. Alterna ergo hic: id eſt varia. Vir. iiii. ęn. Hęc alternāti potior ſententia viſa eſt. i. varia cogitanti. z Tu deinde ꝛc. C. nondū e mente abierat indignatio: quam ſumpſerat ex cōpatōe: ergo dixit: iubeto vt certet. q. d. videbitis ip̄m ſuccūbere. Hanc ergo mitigat Menalcas hac cōpatione.

a Lenta ſalix. S. Hęc viliſſima eſt: oliuę comparatione: AN. Offenderat nimis amicū Amyntę cōparatiōe. hinc illum placat cōparatione p̄nti. b Puniceis. A. rubicundis quaſi phœniceis. c Saliunca. S. Herbę genus quā orcitunicā vulgo vocant. A. Saliūca. ea folioſa quidē eſt:

sed breuis: & quę necti nō possit: radici numerosę cohęret: herba verius ꝙ flos. Pānonia hanc gignit & Norica: alpiūq; aprica: vestibus interponi eā gratissimū. Pli. li. xxi. C. Saliūca genus est herbę quę radiculas & folia subruffa habet & florens plurimus: nascit in lapidosis locis: & in Norica regione: illa vero est optima quę est odorifera: plurimos ramulos & radices habēs d Iudicio nostro. S. q. d. quid alii sentiūt videbis. C. Iudicio nostro. q. d. ne credas cū dixi: Solus tibi certat Amyntas: iccirco dixisse vt eū parē tibi credere. e Extinctū. S. Multi dicūt pastorem quendā simpliciter defleri: Alii allegorice Cęsarē qui

Cura boues domitos: & duros ducere tauros. Fontibus & liquidis plenas depellere vaccas. C. Non vlli. Magnū augmentū meroris: cum ꝓpter illū: curā pecoris neglexerint. n Nulla q̃drupes. S. Cōis gn̄is dicim^9. Alibi saucius at quadrupes nota intra tecta refugit. C. Mirū ꝙ homines tantū dilexerūt: verū hoc tamē multo magis mirū ꝙ bruta animātia ꝓpter illius desideriū oblita sint ꝓprię salutis. o Libauit. C. nō eīn solū non ingurgitauit se aqua: sed ne leuiter quidē attigit. p Nec g. attigit herbam. C. eadem ratio est: quia nō solū nō voluit vesci: sed ne tangere quidem. q Herbam. C. Herba sic dicitur quia terrę hęreat: nec (vt arbor) ab ea extollitur.

Iudicio nostro tantū tibi cędit Amyntas.
Sed tu desine plᷓa puer successim^9 ātro. Mop.
Extinctū nymphę crudeli funere Daphnim
Flebāt: vos coriły testes & flumīa nymphis.
Cum complexa sui corpus miserabile nati
Atq; deos atq; astra vocat crudelia mater.
Non vlli pastos illis egere diebus
Frigida Daphni boues ad flumīa: nl̃la neq; (amnē
Libauit q̃drupes: nec gramīs attigit herbā.
Daphni tuū pœnos etiā ingemuisse leones
Interitū: montesq; feri syluęq; loquūtur.
Daphnis & armenias curru subiūgere tygres
Instituit: Daphnis thyasos inducere baccho
Et folijs lentas intexere mollibus hastas.
Vitis vt arboribus decori est: vt vitibus vuę
Vt gregib^9 thauri: segetes vt pinguib^9 aruis:
Tu decus omne tuis, postq; te fata tulere:
Ipsa pales agros: atq; ipse reliquit Apollo.

sxiii. vulnerib^9 a Bruto & Cassio in senatu cęsus est intelligi voluit. Vnde dicit crudeli funere. Alii Quintilium cognatū Virgilii de q. Hora. Ergo Quintiliū ꝑpetu^9 sopor vrget. A. Extinctū. Maro (vt dixim^9) Theocritum imitatus est: nam et ille obitū Daphnidis deflet in prima egloga. Crediderim tn̄ Cesarē hic intelligi: qui tribus & viginti plagis cōfossus est. C. Cassio. Marco. et decimo Bruto principibus cōspirationis: de quo latius dicem^9 in fine. i. Geor. Illud aūt me credere Cesarē intelligi cogit. Q. Daphnim inter deos relatū dicit: q̃d etiā Cesari euenit. de quo legito Tranquillū. Appianus etiā li. ii. de Cesare sic ait. Tēpla illi plurima veluti deo publicis decretis statuta sunt. f Nymphę. C. Harū genera alio loco explicauimus. g Crudeli funere. Theocritus quoq; ait in prima Dиro moritur nam funere Daphnis. Obierat aūt amore: Vnde ait ipē: Efferar ad manes crudeli raptus amore. Dixerat: & sęuo cōsumpt^9 amore quieuit. h Testes S. Recte in reb^9 incredibilib^9 vtit testimonio. nam fletū facile persona dearū non recipit. Et bonis vsus est gradibus. Fleuerunt nymphę, quibus naturaliter inest pietas mortis. hoīes ad q̃s. puenit dolor. Pecudes. quę licet ratione carēt: nō carent sensu. Ferę (qm̄ sunt crudeles)

r Pœnos. C. Aphricanos ibi eīn nascunt: maxime in Getulia S Ingemuisse leones. A. Thyrsis quoq; ait in prima Theocriti: Hūc Linces fertur morientē & turba luporū. Fleuisse: hūc etiā lybici mihi crede leones Daphnidis interitū multę gemuere iuuencę. t Montesq; feri. S. Hyperbolice dixit. Et notandū ꝙ cum dicere ceperit eius apotheosim: econtra leticiam rebus oībus dat quas nūc in merore fuisse memorauit. v Armenias. S. Aperte de Cęsare dicitur qui primus Romę sacra liberi patris instituit. A. Armenias tygres hę sunt hycanię: sęuū ferarū genus: vt Mela scribit. Sūt autē Solino teste distinctę maculis: immanes & pernicitate mirabili: Lynces aūt & tygres bacchi currū trahunt: vt & Statius scribit: sed videtur Baccho assignari: Teste Probo: vt per earū colorem: in vino varias esse hoim mentes intelligimus Vel vt per eas sęuitia demōstretur: ꝙ quidam poti^9 infinita excedunt crudelitate. Curru pro currui. Thyasos S. saltationes: choreas liberi id est liberalia. x Thyasos. A. saltatio apud nos ꝑ chorea dici potest: quę quidem Baccho exhibebatur. Deducitur autem a Thyo: quod est sacrifico: excito: festino: In illius eīn sacrificio exerceri consueuerat.

fuit eorum testimonio res cōprobanda. Coryli & flumina testes: vsurpate dicimus: nō eīn flumina testes recte dicuntur: sed nec hoc teste & hec testia in eo quod est hic & hęc testis dicimus. Vnde per diffinitionē coryli & flumīa quę res erunt, mihi testes. sic Hora. Testis metaurū flumē Propertius. Testes sunt sidera nobis i Cōplexa. S. nā Lugētes corpori solēt inherere. k Atq; deos. C. Deos incusat ꝙ illū sub infoelici astrorū configuratione ꝓduxerūt. Item astra quibus sibi infoelicitas influxerit: vel dixit deos & astra: ipsos deos qui astra sunt: vt Saturnus. Iupiter. Sol. l Astra crudelia. S. quia accellerarūt Daphnidis mortem. A. Astra crudelia. hoc ait qm̄ vt Manilius etiam inquit li. iiii. Fata quoq; et vitas hoim suspēdit ab astris. Hic foelix aut triste venit per singula fatū. m Nō vlli pastos. A. hoc ait: qm̄ Daphnis ipē i prima Theocriti inquit. Ille ego sum Daphnis cui letis pascere capis.

y Lentas hastas. A. Thyrsos dicit. Erant eīn hastę quędam pampinis inuolutę: quas bacchantes in choreis deportabant. z Intexere mollib^9 hastas. C. Hastę enim frondibus vestitę: Thyrsi appellantur. Sunt etiam thyrsi rami cum suis frondibus. A. Vitis vt S. locus Theocriti est. b Greges ꝓuis proprie de minoribus dicuntur: quandoq; tamen de maioribus. Armēta raro nisi de maioribus. c Tuis. S. si romanis Cęsar Si pastorib^9 Daphnis. c Ipsa Pales. S. Dea pabulorū. quasi dicat nec pabula nascuntur nec pecora. A. Pales, vt Naso et Festus ait dicebatur pastorū dea: cuius festa palilia vel palilia dicebantur: ꝙ pro partu pecoris eidem sacra fiebant. De hac lati^9 in Geor. d Apollo. S. scilicet nomius id est pastoralis. A. Appollo. Apud Amphrysum Thessalię fluuiū pauit Admeti regis armenta: iussus seruiendi contumelia decem annis luere temeritatem: qua

Cyclopas perdiderat qui fulmē fecerant: quia indignabat eo pcussum Esculapiū filiū. Auctor est Probus. quare autem id fictū fuerit libro iii. Geor. aperiemus. d Infoelix loliū. S. inutile & infoecundū. A. Et infoelicitatē apportās Estq3 vnū e viciis & morbis frugum. nocet etiam oculis Inde ait Naso Fast. i. Et careant loliis oculos viciantib9

ratorē. Nam & Homerus reges populoꝝ appellat pastores: & vrbes syluis cōparatur. Nam vt siluę ferarū habitacula sunt: ita in vrbibus pleriq3 sunt efferatis moribus deprauati. n Formosi pecoris. S. Si ad Cęsarē referas est boni populi optimus imperator. o Quale sopor. S. i. qualis res est sopor. Vt dulce satis humor. p Sopor

agri. Theophrastus autē li. vii. scribit q nl'lū ex semib9 corruptum mutari in aliud aptū est: pręterq3 triticū atq3 ordeū quę mutari in loliū asserunt. C. Loliū grece zizania dicit: si siccū tritico molatur panisq3 inde fiat inducit somnū. e Steriles auę. S. Secundū situ Italię. Nam in Thratia fructuosę sūt. Hęc aūt dicit vt ōndat terrā quoq3 dolere Daphnidis mortē. A. Steriles auenę. i. inanes & vanę. Virgi. li. i. Geor. Expectata seges vanis elusit auenis. Inueniūtur eñ auenę quędā inanes: inueniūtur & fertiles quę quidē pro iumētis ferūtur. Steriles item dixit. i. sterilitatē causantes: Ait nāq3 in primo Geor. Vrit eñ linī campū seges vrit auenę: vt q Pli. inquit li. xviii. Primū oim frumenti vitiū auena est: & ordeū in ea degenerat. f Dominatur. C. Quia penitus suffocauerūt fruges g Narcisso. A. de violis & narcisso superius dictū est. h Cardu9. A. Hic folio & caule spinoso lanugines habet: & semine & radice nasci potest Pli. li. xxi. Palyur9. S. herba est asperrima et spinosa. A. Theophrastus libro. i. scribit palyurū fruticē esse: & libro sexto īdicat palyurū in aruis tantū habere aculeos: meminit item latius li. iii. a quo quidē Pli. accepit quod de Palyuro scribit li. xiii. C. Palyurus secundum Diascoridē ab aliis palearis acus. ab aliis cicer domesticum vocatur. a nōnullis lanaria. Pli. aūt ait. Palyurus spinę genus est: semen eius afrizuram vocāt cōtra scorpiones efficacissimū. Itē calculosis & tussi. Radix discutit panos: vomicas pota rumpit: trahit. Radix decocta & illita extrahit infixa corpi. vtilissima luxatis & tumoribus. Alibi ait fructicosa est.

Grādia sepe quib9 mādauim9 ordea sulcis:
Infoelix loliū: & steriles dominantur auenę.
Pro molli viola: pro purpureo narcisso
Carduus: & spinis surgit palyurus acutis.
Spargite humū foliis: īducite fōtib9 vmbras
pastores: mandat fieri sibi talia Daphnis.
Et tumulū facite: & tumulo supaddite carmē:
Daphnis ego ī syluis: hic vsq3 ad sidera not9
Formosi pecoris custos: formosior ipse. Mē.
Tale tuum carmen nobis diuine poeta:
Quale sopor fessis in gramīe: quale p ęstum
Dulcis aquę saliente sitim restringere riuo.
Nec calamis solū ęquipas sed voce magistrū.
Fortunate puer: tu nunc eris alter ab illo.
Nos tñ hęc (q̄cūq3 mō) tibi nostra vicissim
Dicemus: Daphnimq3 tuū tollem9 ad astra.
Daphnī ad astra ferem9: amauit nōs q3 Da-
An q̄cq3 nob tli sit mūere mai9? (phnis. Mo
Et puer ipse fuit cantari dignus: & ista
Iā p̄dē stimachō laudauit carmīa nobis. Mē
Cādidus insuetū mirat̄ limen olympi: (nis.
Sub pedibusq3 videt nubes & sidera Daph
Ergo alacris syluas: et cętera rura voluptas:

fessis. C. Nam ex lassitudine gignit somnus: nam & lassitudo est ex ipso motu. Motus aūt vapores ad caput: qui a cerebro frigefacti crassiores descendūt: meatusq3 spirituū obturāt: vnde fit somnus. q Saliēte. C. Salire est emicare: vt e fonte emicant riui. Dicim9 etiā bruta aīalia salire foeminas cum coeunt: quādo saliūt supra dorsum. Hinc dicim9 salores libidinosos & veneris cupidos. Et cibi qui ad venerē excitant dicūtur salices: Et membrū obscenū salacem appellamus r Nec calamis solū. S. Videtur allegoria ad Theocritū & Virgiliū respicere: hinc est: Tu nūc eris alter ab illo A. De Theocrito intelligere nō absurdū est: nā reuera Maronis magister fuit hoc in opere: vt etiā passim ostēdimus. In grāmatica vero Parthenio pceptore in grecis vsus est, auctore Macrobio li. vi. s Alter C. Secundus. t Quocunq3 modo. S. prout possumus. v Tollemus ad astra. S. pollicetur se dicturum apotheosim. x Tali munere. si amicū laudaueris.

y Et puer. S. Intellige mō Daphni: nā Cęsar nō puer sed maioris ętat occisus ē. A. Thyrsis item ait ī prima theocriti O miser infoelix q puer: & in sexta Theocriti inquit. Daphnis erat mecum prima lanugine tect9. C. Cesarē intelligit. Nec refert q ī ętate matura extitit eius est. Nam allegoric9 sermo huiuscemōi mutatōes nō aspernat̄. z Iam pridem. S. quasi. d. frustra extenuas dicēdo q̄cūq3 mō: scio eñ ea esse optia. a Candidus. SER. i. deus: Vt contra mortuos nigros dicim9 Hora. Hic niger est hunc tu Romane caueto. A. Candidus. i. bonus. ait eñ inferi9 Amat bon9 ocia: Vtq3 etiā

Fructus rubeus: iucūdus: & suauis: cui9 cibus vina suauiora reddit. k Spargite. S. vt spargit et tell9 lachrymis. l Inducite font. vmb. S. Facite nemora circa fōtes. quia heroū aīę habitant vel in fōntib9 vel in nemorib9. vt Lucis habitam9 opacis: riparūq3 toros. et pr. re. r. l Carmen. S. De duobus dixit. nam & alibi de vno. vt Et rem carmine signo. Aeneas hęc de Danais victoribus arma. m In syluis &c. C. Optime pastoris noīe exprimit impe

Seneca Epl'a. lii. inquit. Omnes cādidos viros bonos dicimus. b Sub pedibus: S. meritū eius ostēdit: qui summos circulos & cęli secreta conscendit. c Ergo alacris. S. Omnia tenet voluptas: quę hactenus occupauerat meror. A. Ergo. quia scilicet inter deos relatus est Daphnis. d Syluas. C. dicimus loca cōsita densis arboribus: nobis non domesticis: nec afferentibus nobis fruct9 cuius vescamur: Nam illa pomaria & vindaria dicūtur

Panaq; paſtores tenet: Dryadeſq; puellas.
Nec lupus inſidias pecori: nec retia ceruis
Vlla dolū meditāt: amat bonꝰ otia Daphnis.
Ipſi lęticia voces ad ſidera iactant
Intonſi montes: ipſę iam carmina rupes:
Ipſa ſonant arbuſta: deus deus ille Menalca.
Sis bonus o foelixq; tuis: en quattuor aras
Ecce duas tibi daphni: duoq; altaria phoebo.
Pocula bina nouo ſpumātia lacte q̄tannis
Craterasq; duos ſtatuā tibi pinguis oliui.
Et multo in primis hylarans cōuiuia baccho.
Ante focū ſi frigus erit: ſi meſſis in vmbra:
Vina nouū fundam calathis aruiſia nectar:
Cantabūt mihi Damoetas: et lyctius ęgon.
Saltantes ſatyros imitabitur alpheſiboeus.
Hęc tibi ſemper erunt: & cum ſolennia vota
Reddemꝰ nymphis: et cū luſtrabimꝰ agros.
Dū iuga mōtis aper: fluuios dū piſcis amabit

q̄uis Poetę etiam illas ſyluas quādoq; nomināt. Syluarū aūt alię glandiferę: alię cędue ſunt. Glandiferę nō cędūtur ſed ſeruātur. vt glandibus alamus pecus. Cędue ſeruantur ad certū quoddā tempus: vt cū arbores puenerint ad eam magnitudinē quā cupimus cędantur: vel in materiā ędificiorū nauigiorūq;: aliarūq; multarū rerū vel in vſum pabuli ignisq;. Dicūtur etiā nemora ꝙ in illis paſcant̄ greges & armēta νεμειν enim paſcere eſt. Philoſophi etiā nr̄i ſyluā poſuerūt pro materia quia gręci υλην. quę ſylua eſt pro materia etiam poſuerunt.

e Tenet. S. moratur amplectitur. f Dryadeſq; C. Nympharū plura ſunt genera. Maris em̄ nymphę nerinę ſiue nereides dicunt̄: fontium naiades: Oreades montiū. ορoι em̄ mōtes ſūt Dryades ſiluarū. δρυσ em̄ quercus dicitur. Hamadriades quę cum arboribus naſcuntur: & intereūt. Napęę herbarū ac florum: ναπη: enim receſſus eſt intra montes vbi flores optimi naſcūtur. g Nec retia. S. Adeo placet ſimplicitas Daphnidi vt etiā ille dolus q voluptati ātea fuerat cōgeſcat. ſ. bonus. et eſt hyperbole.

h Ipſi lęticia. C. Repetitio eſt color rhetoricus.

i Intonſi. S. Syluoſi incędui. k Deus deus ipſe. hoc ſona deus deus eſt daphnis C. Congeminatio facit vehementem affirmationem: Et ipſe. habet emphaſim. l Bonus. C. Beneficus: m O. C. Poteſt eſſe vocantis ſed rectius optantis. n Foelix. S. Propitius. vt ſis foelix: noſtrūq; leues quęcūq; laborē Itē Iuno ecōtra. q̄ potui infęlix. i. irata. deos em̄ vł̄ fęlices vł̄ infęlices ex rebꝰ q̄s p̄ſtāt vocamꝰ. o Tuis. S. Nā pcuſſoribꝰ cęſarꝫ nocētiſſimꝰ fuit: auguſtꝰ em̄ filiꝰ eiꝰ oēs pſecutꝰ eſt. p En q̄ttuor aras. S. ſ. duas tibi Daphni: et hoebo duas q̄ ſint altaria nā arę inferorū & ſuperorum ſunt. Altaria tantū ſuperorū: quę ab altitudine dicuntur: Ergo Daphnidi aras dat: nam q̄uis deus ſit: tamē eſt ex mortali: Verū quare duas aras Phoebo: cū numero deus (ſi ſupernꝰ ſit) impare gaudet. Sed cōſtat Phoebo triplicē eſſe poteſtatē ſecundū Porphirii librum: apud ſuperos ſol dicit̄: In terris liber pater: apud inferos Apollo. Vnde tria illius ſimulacro ſunt inſignia. Lyra q̄ cęleſtē harmoniā exprimit: Grypheneū q̄ terrenū indicat numē: Sagittas quibꝰ cū noceat infernus notatur deus: Vnde Apollo. απο του απολειν. Hinc illū Homerꝰ tā peſtilētię q̄ ſalutis dicit auctorē & Hora. Cōdito mitis placidoq; telo. Suplices audi pueros Apollo. Ergo hic virgiliꝰ. p altaria ſupnū numē: p arā numē infernū indicat. C. Ara ſecūdū aliq̄s. απο τησ εραιασ dicit̄. i. a terra: Nam vt altare in altū porrigit̄: ſic cōtra ara in terrā deprimitur: Var. aūt dicit. Vbi frumēta facta ponūtur: vt areſcant area dicit̄. Propter hanc ſimilitudinē loca pura in vrbe arę dicūtur. a quo poteſt etiā eſſe ara deū. quia pura ſit: niſi potius ab ardore ad quē vt ſic ſit ara. Alii volūt eſſe ab eo quod eſt αρα id eſt precatio ꝙ in ea deos precamur. hara etiā prima ſillaba correpta ſtabulū ſignificat Ouid. in Epl̄is. Tertiū & inmūdę cura fidelis harę.

q Duas tibi Daphni. A. Quāq; em̄ q̄s coelū aſcēderit: eiꝰ tamē ſimulacrū apud inferos eſſe dicitur: Propterea ergo duas Daphnidi aras poſuit: duas etiā Phoebo: propter ſuperū & inferū hemiſperiū. Vn̄. Macro. li. i. Sat. ſic ait: In ſacris em̄ hęc religioſi arcani obſeruatio tenetur: vt cum ſol in ſupero. i. diurno hemiſpio eſt: Apollo vocitet̄. Quū in infero. i. nocturno dyoniſius: q eſt liber pater habeat̄. r Hylarans. S. ab hylaro. i. lętū facere. Eſt aūt gręca dictio: nam ιλαροσ facit Vnde eſt hoc verbū. s Nouū. S. Ordo ē. Vina fundam calathis. i. calicibꝰ: quę vina ſint nouū nectar. i. noua dulcia. v Aruiſia. S. ab aruiſo (de chyi pmōtorio. A. Aruiſia pmontoriū eſt chię inſulę: exquo vinū quod aruiſium vocant Vt inquit Pli. li. xiiii. ca. x. Chios aūt inſula vna cycladū teſte Solino. Homeri ſepulchro aliis antecędens. De Chyo etiā multa Strab. li. xiiii. vbi dicit: ꝙ Aruiſia eſt locꝰ aſper & importuoſus ſtadiorū. ccc. q̄d vinum fert gręcanicū optimū. x Nectar. A. gręce ſignificat deorū potionē vt Feſtus inquit: Sunt qui dicunt nectar ſignificare immortalitatē. a ne quod priuationem fcat: & κτεινω id eſt occido. C. De hoc in Eneide dicet̄. y Lyctiꝰ S. cretenſis. A. Lyctus eſt cretę vrbs digna quidē: diſtans eſt a gnoſo ſtadia centum viginti: a mari aphrico ſtadia octingenta. Stra. meminit libro decimo. Inde aūt lyctiꝰ. a. um. poſſeſſiuū. C. Lyctiꝰ cretēſis a lycto oppido. Ait em̄ vir eiuſdē inſulę Stra. Cū gnoſſū (q̄d Homerus cęterꝫ q̄ ī creta ſūt oppidis p̄fert) gl̄ia plapſa eēt: dignitatē ad Cortynā et lyctū fuiſſe tranſlatā. Et noſter Vates in tertio. Lyctius idomeus.

z Saltātes Satyros. A. Satyros aīal eſt q̄d teſte Solino de hoībus nihil aliud p̄fert q̄ figurā. Bacchus aūt Satyros ad pſallendū. i. cātandū ad animi remiſſionē aptos ſecum in caſtris habebat. de quo lege Diodo. li. i. Stra. item li. x. ait. Silenos & ſatyros liberi miniſtros eſſe. De Satyris ī Enei. cōmodiꝰ dicet̄. a Alpheſiboeus. S. nomē paſtoris: Ideo aūt ī religionibꝰ ſaltabāt maiores. quia nullā partē corporis eſſe voluerūt quę nō ſentiret religionē. Nā cātus ad animū: ſaltus ad mobilitatē ptinet corporis. A. Alpheſiboeus interpretat̄ inquirēs ſeu inueniēs boues: Alpheo enim inquiro ſignificato: alpheno vero inuenio.

b Solēnia vota. A: Solēnia dicūtur quę oībus annis pręſtari ſolent. Feſtus ſcribit Solēnia iō dicta eo ꝙ ſoleāt fieri in anno. c Luſtrabimꝰ agros. S. Vt ſupra dū faciā vi

tu. d Ut baccho cererique. SER. hec em duo numina rustici maxie coluit: & coia sunt mortalibus cunctis. Sic in geor. Vestro si munere tellus Chaoniam pingui glandem mutauit arista. A. Lustrare hic circuire significat de quo supra egloga. iii. et Mac. li. ii. Sat. De hostiarum generibus edocet. d Dum rore cicade. A: Cicadas rore vesci Pli. asserit li. x. C. Cicada dicitur quia cito cadit. i. moriatur: he voce carent: nam sanguinem no habent: no habent pulmones. & que carent pulmonibus no respirant: sine spiritu aut no fit vox: ergo no canunt sed stridorem illu ex alaru & reliqui corporis cocussione excitant: dicuntque fingere ex onomatopia. Eademque ratione fit bombus in apibus.
e Damnabis. votis. S: Id est cum tu deus prestare aliqua hominibus ceperis: obnoxios, tibi eos facies ad vota soluenda: que antequam soluatur obligatos et quasi damnatos homines retinent. Damnabis votis. i. propter vota oblata & non soluta habitis optatis damnabis homines. i. damno & poena afficies per quod eius potentiam numinis ostendit.
f Tu quoque. A. vt alii dii. g Reddam. S. Ille supra solummodo laudauerat: hic & laudat & de munere cogitat. h Sibilus austri S. Sibulus dicitur res ipsa: Nam sibila ora: est prosibilantia i Donabimus ante. S. Anticipat & offert munus quod ille se facturum pmiserat. k Cicuta. C. Hec herba caulem fistulosum habet: ergo hic pro fistula ponitur. C. hanc herbam Diascorides como vocat Arabice dicitur succara: eius frigiditas vim iterimendi habet: sed vino meraco atque calefacto huic malo subuenit. Falluntur aut qui succaram Iusquiamum esse dicunt. l Hec nos formosum. C. Necesse est vt p Virgilio positus sit Menalcas qn eglogas a se factas memorat. m Pedum. Se Virga est incurua: vnde retinetur pecudum pes: A. Pedum pastoralem baculum incuruum: dictum quod illo oues pedibus comprehenduntur. Festus auctor. n Non tulit Antigenes S. Aut pastor pulcherrimus est: aut Coraulam dicit quem legimus a Virgi: amatum: C. Laus doni cum illud puero amato: & quo tempore dignus amari erat dare no sit passus. o Et erat tu dig. A. Lactantius. Firmianus in puerorum corruptores ita scribit. Quid enim potest esse sanctum his qui etatem imbecillam & presidio indigentem. libidini sue depopulandam. fedandamque substrauerit. No potest hec res p magnitudine sceleris enarrari. nihil amplius istos appellare possim quam impios: & paricidas: quibus no suffi ciat sexus a deo datus: nisi & suum sexum pphane ac petulanter illudant. Hec ille. p Paribus nodis: S. Pari & equali tumore nodosum: Et honesta est locutio formosus nodis: ac si dicas pulcher frenis. &c.

Dumque thymo pascentur apes: dum rore cicade
Semper honos nomenque tuum laudesque manebunt
Ut baccho cererique tibi sic vota quotannis
Agricole facient: damnabis tu quoque votis. Mo.
Que tibi que tali reddam pro carmine dona?
Nam neque me tantum venientis sibilus austri
Nec percussa iuuant fluctu tam littora: nec que
Saxosas inter decurrunt flumina valles. Me.
Hac te nos fragili donabimus ante cicuta:
Hec nos formosum corydon ardebat Alexim
Hec eadem docuit cuium pecus: an Meliboei? Mo
At tu sume pedum: quod me cum sepe rogaret
Non tulit Antigenes: & erat tum dignus amari
Formosum paribus nodis: atque ere Menalca.

Poeta Sileni cantilenam recitat ad Varrum, de vita Epicurea: & mundi ortu. Egloga sexta.

Sexta Epicuream vitam cantante Syleno:
Atque ortum mundi principiumque docet.
Hic recitat vates rerum primordia Varro.
Que solitus pueris olim cantare Silenus.

a Prima syracusio. S. nostra id est Romana musa no erubuit habitare syluas id est se syluis ante comittere. i. imitari Theocritum syracusanum, et bucolica scribere. Syracusio aute grece ait. Nam latine Syracusanus dicimus. A. Prima Syracusio. Argumentum carminibus patet. Prima. nullus enim ex grecis quoque ante Maronem in scribendis bucolicis Theocritum imitatus erat. b Nostra. S. i. Romana. vt tu quoque littoribus nostris. Et dignata est dixit. quasi ex loco superiori. AN. Nostra thalia. i. latina musa. Nostra aut inquit quia Varri Poetam quoque alloquitur. Syracusio versu ludere. i. bucolica scribere: vti prius Theocritus syracusius scripserat Syracusae aut gloriosa ciuitas: maximum olim tyrannorum domicilium sub Pachini pmontorii radicibus quam in oriente solem aspicit. Ut Dyoni. edocet. Strabo item li. vi. pmulta de ea scribit. Hanc Cicero li. vi. Verri. & Florus li. ii. descripsit. Dignata actiue nunc protulit: alibi passiue. Coniugio anchise veneris dignate superbo. Dignare est em. putare: ptinet quod ad facilitatem humanitatemque. Quamobrem qui dignatur no modo se de pprio gradu dimittit: sed & persepe alii plusque meretur tribuit. Ergo sensus est. Quamuis musa romana aliqd supra carmen bucolicum efficere mereatur: tamen sua facilitate descenditi illud Unde sequitur. c Neque erubuit. q. d. no putauit esse cotra suum decorem: nam cum facimus aut dicimus qd no deceat: afficimur pudore. Est enim pudor aut obstaculum quoddam vt faciamus id qd putamus esse cotra decorum: aut veluti penitentia quedam qua animus cofunditur se ita id fecisse. Primus ergo pudor in virtute est. Secundus pueris dat veniam: quibus (cum adhuc vite degende ignari sunt) condonatur delictum: qd penitentia sequatur: Nam videntur no facturi fuisse: si naturam rei rectius nouissent. his aut qui slogo vsu atque multarum rerum experientia cuncta callere oportuit: & quam bona que mala sint cognoscere: veniam no dat. no enim restat spes post eum hec emendatum iri. cum longa etate iam obdurauerit d Thalia, SER. grece θαλεια nam latine Thalea dicitur

Prima syracusio dignata est ludere versu
Nostra: neque erubuit syluas habitare thalia.

Cum [e]canerem reges [f]& prelia: [g]cynthius [h]aurē
[i]Vellit: et admonuit pastorē tityre pingues:
pascere oport; oues: [k]deductū dicere carmē:
[l]Nūc ego (nāq; [m]sup tibi erūt: q dicere laudes
[n]Vare tuas cupiant: & tristia condere bella)

retur. A. Thalia vna est nouem musarū de quibꝰ ample diximus in nostro carmine de floribꝰ: De quo itē latius Diodorus li. v. Thalia aūt capacitas seu celebritas interpretat̃. eo q in longum tempus poetarū laus nitescat. e Cū canerem. S. Canere vellem: f Canerē reges & prelia. S. Eneida & res gestas albanorū intelligit que coepta omisit noim asperitate deterritus. A. Canerē reges et prelia: Id simile est illi. Arma virūq; ca. Coeperat ēt eneida priꝰ: īde deterritus rei amplitudinē ad bucolica diuertit. C. Reges & prelia. i. regia prelia. g Cynthius. A. dicit̃ Appollo Est em̄ cynthꝰ mōs sublimis et asp. Delo mōti imminēs que insula in mari egeo sita: vrbē habet in plano positā: & Apollinis templū atq; latone. que ibi Dianā simul & apollinē peperit. Id Strabo li. x. scripsit. Per Cynthiū vero hic intelligit Augustū. dicit em̄ octaua egloga. A te principium tibi desinet: accipe iussis: Carmina coepta tuis. In egloga vero quarta Apollinē appellauit vt ibi ostendimus. C. Cynthius Apollo qui preest vatibus. h Aurem: S. que memorie consecrata est: vt frons genio: digiti Minerue. Genua misericordie. i Vellit. S. monuit vt postesq; a cardine vellit. A. Aurē vellit: mos ē excitantiū iubentiūq; aliquē ad res agendas reminiscendasq;. k Deductū. S. tenue. trāslatio a lana q̄ deducitur in tenuitatē. A. Deductum tenure significat & subtile. sed Macrob. li. vi: Sat. Hinc ait Affranius voce deducta. Pomponiꝰ item vocē deducas oportet vt mulieris videant̃ verba: C. Deductū extenuatū. quale pro humilitate materie bucolice esse cōuenit: que humilis est. & nō grande quale requirūt prelia regū. l Nunc ego. S. Ordo est. Nunc ego meditabor agrestem musam tenui arundine. i. carmen rusticū scribā. m Superūt. S. supabūdabūt qui ambiāt tua facta describere. Hic varus germanos vicerat: vñ & gloriā & pecuniā fuerat grandē consecutus: per quē Virgiꝰ meruerat plurima. n Vare. A. In Hora. Nūc varꝰ nūc Varius legitur: Hic autē varus semp. fuerūt aūt Varus et Tuca vt scribit Euseb. Virgilii & Horacii contubernales

Agrestē tenui meditabor arūdine musam.
Non iniussa cano: si quis tñ hęc q̄z: si quis
Captus amore leget: te nostrę varre miricę:
Te nem⁹ oē canet: nec phoebo gratior vlla ē
Quā sibi q̄ Varri prescripsit pagina nomē.
Pergite pierides chromis et mnasyl⁹ in ātro
Silenū pueri somno videre iacentem:
Inflatū hesterno venas (vt semper) Iaccho
Serta procul tantū capiti delapsa iacebant:
Et grauis attrita pendebat cantharus ansa.
Aggressi: nā sępe senex spe carminis ambos
Luserat: iniiciūt ipsis ex vincula sertis.
Addit se sociā: timidisq; superuenit ęgle:
Aegle Naiadū pulcherrima: iamq; videnti

& poetę illustres qui ęneidos libros postea emendarunt sub lege ea vt nihil adderent. Hunc Hora. item alibi & ode. vi. laudat. Vbi dicit Agrippę: Scriberis Vario fortis & hoitiū victor meonii carminis alite. Acro dicit et Porphirio: Varrū Tragediam scripsisse de Tuyeste. Item Fab li. x. De Vario Satir. vi. Hora. ad Moecenat. sic ait. Nulla etenim mihi se sors obtulit: optim⁹ olim Virgili⁹: post nunc var⁹ dixere quid essem. o Agrestem musam. A. rusticū carmen. hoc est bucolicum. p Tenui arundine. A. gracili fistula. q Meditabor. A. meditando canā.
r Non iniussa: S. vel A pollione: vel Augusto: vel Moecenate. A. Non iniussa. vt iam ostendimus: Augusto inqt egloga .viii. Accipe iussis carmina coepta tuis. C. Nō iniussa. canā. obtemperando pollioni sine tua iactura: cum tibi supsint qui canent tuas laudes.
s Hęc quoq;. S. q. d. vilia. A. Hęc quoq;. vt. s. aliorū scripta leguntur. C. Hęc. nostra quę pastoralia sunt leget. deprehendet te illa canere. t Captus amore. A. beniuolentia ductus. C. ductus aliqua voluptate.
v Miricę. S. p Miricas & nemora bucolicā intelligit. Scripsit aūt hanc ęglogam in laudem Vari: q̄ magno fauore recitauit: & cū deinde cytharis cantasset in theatro: quam in fine lycoriden vocat: stupefactus Cicero cui⁹ esset interrogauit: & cū eum aliquādo vidisset: ad suā & illius laudem dixit. magnę spes altera Romę: q̄d iste postea ad ascaniū transtulit: vt cōmentatores loquūtur. A. Myricę de his late in q̄rta egloga. C Species genistę mirica est cuius rami stipites & folia rugosa & angulosa sūt: fert grana rotūda et rubea: cui⁹ radix dicitur reubarbaro: et in virtute quidā tamaricem putant propter nominis similitudinē. x Nemus. A a greco dicitur nemos. cos. Verbū aūt nemeo vel nemo significat distribuo: tribuo. Pascua nemora significant syluas amoenas vt Fęstus ait. y Canet. A. reboabit.
z Nec gratior vlla est. C. Vt ostendat phibitū esse ab Apolline ne canat pręlia: quia pastor est: id est cui⁹ stilus humilior existat: nō quia nolit Apollo Vari laudes cani. a Pręscripsit. AN. titulo designat. b Pagina. A. id est charta. Paginę autē dicūtur q̄ in libris suā queq; obtineant regionē. Vt pagi. vel a pāgēdo q̄ in illis versus panguntur. i. fingūtur. Fęstus ait. C. Paginę proprie a pangēdo dicūtur cū plures in pugilaribus aut in libro compactę atq; inter se iunctę sint chartę. c Pergite. S. s. ad ea referenda quę Sylenus cantauerat pueris: vult aūt referre epicureā sectam quā Virgi. Varusq; a Syrone didicerant: quē sub persona Syleni inducit. A. Pergite. incipite perseuerateq; canere. vel agite vt inquit Fęstus.
d Pierides vide in Palemone. e Chromis & mnasylus. S. p Chromin aūt et Mnasylō: Varū: seq; intelligit quibus ideo cōiungit puellam vt ostendat plenam sectam epicuream: quę nihil sine voluptate vult esse perfectum. Chromis autem & Mnasylus Satyri sunt.
f Silenū. A. Is fuit Dyonisii pędagogus ac nutritor optimorūq; institutor studiorū: qui plurimū sibi ad virtutem & gloriam resq; bellicas profuit. legito Dio. li. v. C Silenū ait Diodorus Siculus: bacchū ex Nisęis nobilissimos duxisse quos Silenos esse noiabant. dictos a Syleno qui primus Nysę imperauit: cuius origo propter antiquitatem ignota fuit. Quiq; caudā habuit in latere quod signū posteris semper māsit. Alibi vero idem scriptor refert Sylenū bacchi alumnū fuisse & bonarū artiū preceptorem extitisse: & multa quę ad virtutem: & ad gloriā collatura essent illū docuisse: atq; in bello armis: & pardorum pellibus instruxisse. In pace vero solennitatibus floridis et deliciosis vestibus exornasse. Refert Eusebius q̄ prisci voluerunt Atym. adonem. & Silenū ad fruges & ad flores pertinere. Vt atys eos flores significat: qui anteq̄ ad fructum veniāt decidant: Hinc ei pudenda abscisa dicunt: quoniā flores delapsi semina non produxerunt: Adonis vero perfectos fructus significet. Silenus autē illius sit spiritalis motus symbolum: cuius caput cādore fulgens celestis motus: Cęsaries vero inferioribus imagini b⁹ apposita crassitudinē terrestris aeris notat. g Inflatum venas. S. Figurate. i. ipletū venas cui⁹ venę eēnt plenę. h Iaccho. S. Baccho. A. Iacch⁹ dicit̃ Bacch⁹ a clamore et sonitu: nā sibi sacrificātes clamare solebāt. Iaccheo clamo p̄cat. iacho resono. iache clamor. i Procul. S. mō ppe. nā itulit tm̄ capiti delapsa. vt ostēderat nō longi⁹ puolutā esse coronā. k Et grauis attrita. S. Frequēti. s. potu. l Cāthar⁹. A. grecū nomē poculi gen⁹. Et pprie liberi pris poculū: quē Maro syleno assignat. Menāder p nauiculi etiā genere posuit Macro satur li. v. C. Cantarus teste Macrobio bacchi poculum est. Quapropter recte Sileno bacchi alumno assignat: queādmodū Herculis est scyphus. Vtrūq; tamē dictum est a similitudine nauigii: Nam calix vni⁹ litterę mutatione ab eo quod grece κυλις dicitur q̄uis sint qui velint calicem latinū esse a calido quia calidā potionē illo sumerēt antiqui. Est & cymbiū etiā poculi gen⁹ a nauigio quo p̄ noiatū: vel a cysimbio p sincopā dicit̃. cysimbiū aūt poculū vt ait Home. Cyclope ab vlixe datum est ex cysso. i. hedera. vt Nicāder cleophin⁹ et calimach⁹ tradidere. Est et carchesiū dictū a re nauali: Nā sūma velorum carchesiū dixerūt. hoc datū ē a Ioue Alchimenę. s. aureū. Est pcerū et circa mediā partē cōpressū ansis a sūmo ad infimū pcingentib⁹. Plautus aūt nouitatē verbi fugiēs pateram dixit q̄ a parēdo dicit̃. m Ansa. A. circulo quo vas tenetur. attrita. leui. n Ipsis ex. S. i. ex ipsis. Vt transtra p̄ et remos. o Timidisq;. S. timentib⁹. Timidus semp timet: timens ad tempus et ex causa. vel timidis quia pueris naturaliter inest timiditas. p Aegle. A. Nympha fuit solis filia ex Negra: vt Home. scribit. li. xii. odissię. Aegle autem apud nos splendor dicitur CRI. Aegle nomē conueniens pulchritudini puellę Nam αιγλη grece lucem & splēdorem significat. Iteratio autem illa nominis: efficaciam dictis affert: Vt illud Ad cęlum tendēs ardētia lumina frustra. Lumina. nā teneras arcebāt vincula palmas. q Videnti. C. Ergo iam a somno excitato.

Sanguineis frontē moris & tempora pingit:
Ille dolū ridēs: quo vincula nectitis inquit:
Soluite me pueri: satis est potuisse videri:
Carmina quę vultis cognoscite: carmīa vobꝭ:
Huic aliud mercedis erit: simul incipit ipse
Tū vero in numerū faunosqꝫ ferasqꝫ videres
Ludere: tum rigidas motare cacumīa quercꝰ
Nec tantū phoebo gaudet parnasia rupes:
Nec tm̄ rhodope mirať et Ismarus orphea:
Quantū oīs mūdus gaudet cantāte Sileno.
Nāqꝫ canebat vti: magnū ꝑ inane coacta
Semina terrarūqꝫ / animę / marisqꝫ fuissent:
Et liquidi simul ignis: vt his exordia primis
Oīa: et ipse tener mūdi concreuerit orbis.
Tū durare solū: et discludere Nerea ponto

r Soluite. S. pōt intelligi soluite me: nā sufficit ꝙ talis vobis visus sū vt ligari possim. s Quo. A. ꝓpter qd. t Satis est potuisse. S. qꝛ semidei cū volūt tm̄ videnť vt Fauni. nymphę. A. Satis est. ⁊c. Sufficit vidisse me. erat em̄ semideꝰ. v Carmīa vobis. C. Huic aliud mer ⁊c. Cū ad voluptatē oīa referāť. videbat pueris carmīa voluptuosa futura. sed puellę nullā voluptatē afferri posse ꝑter venereā x Huic aliud mer. S. minať nymphę stuprū qd verecūde dixit Virgiliꝰ. A. Huic clā venerē inuit. C. Huic emphasim hꝫ. q. d. adeo ꝓcaci, qd signū erat lasciuoꝝ moꝝ. y Innumerū ludere. S. Saltare admodū rithmi: & cantilenę. A. Innumerū. ordinē & rationē. C Innumerū. Numerus est cōpositi quātitatis discrete: hic nō fit sine ordine: vnde ꝑ ordine capitur vt digerit innūerū: Et quia musica suū numerū suūqꝫ ordinē habet: iccirco nūerꝰ pro cōsonātia & modulatione capiť. vt Nūeros memini si verba tenerē.

z Faunos. A. Fauni dicti sunt a fando. i. vaticinādo. Vnde & fatuos dicimꝰ incōsiderate loquētes: traditum vero est in siluestribꝰ locis fari solitos: vt scribit Varro erātqꝫ Latinorū dii. C. Faunos in quibꝰ ratio est. a Ferasqꝫ. C. Quę & si rōne carēt appetitu mouentur. b Ludere. C. moueri. c Motare cacumia. S. hoc genus saltationis vult esse in arboribꝰ cacuminū motu. d Quercꝰ. C. Quę oī motu carēt. Ergo et rōnalia & irrōnalia et sensu carētia demulcebat: ꝑ quod intelligimus ꝙ musica & sapiētes efferatos atqꝫ imanes: ac deniqꝫ stupidos: ac pene a sensu destitutos delectat.

e Parnasia. A. Parnasus mons est Phocidis. vt ait Stra. li. vi. q vniuersus consecratꝰ existit: antra et alia loca honore et sctītate digna cōtinēs: estqꝫ in Parnaso rupes quę ꝑrupta frōdosam relinquens vallē: ꝑ quā plurimus amnis dispgiť: ꝗ rupes Cyrrhis vocať. Hinc itaqꝫ biceps Parnasus diciť. Ibi aūt Phoebus musis preesse ferť lyra sonans. C. Parnasus phocidis mons biceps quoꝝ vertex alter baccho: alter Phoebo sacer est: Nō tū est helicon aut Citheron: nā hi in Boetia sunt. Et musis natale solū prębuit helicon. delphi sub Parnaso sunt. Cyrrha vero & Nysa sunt noīa vrbiū. & Nysa in Helicone est. Habet tū duos vertices Parnasus. Ouid. Mons ibi verticibus petit arduꝰ astra duobꝰ noīe Parnasus. Et Hero in. viii. li. quē vraniā appellat scribit: E Parnaso vero gemini vertices abscissi in illos irruētes multos mortales ꝑtiuere. Ac paulo infra Vnū ex verticibꝰ Gyampeū noīat: & in eo Castaliū fontem ponit. Hęc iccirco libētius scripsi: qm̄ ego quoqꝫ in eo errore diu detentꝰ fui ꝙ Helicon & Cytheron essent Parnasi vertices. f Rhodope & ismarus. S. montes sunt in quibꝰ canebat Orpheus: Nā ita gaudebat mūdus. vt inde dicat & inuito ꝓcessit vesper olympo. A. Rhodope: Thracie mōs Ibi aūt Orpheꝰ lyra sonare cātareqꝫ solitus erat: Et ibi sacra liberi patris Orpheo primū iniciāte celebranť. vt scribit Mela Est aūt mōs sublimis post hemū. vt Stra. ait. li. vii. de Thratia loquens. Ptholemeꝰ li. iii. scribit Rhodopē montē esse supra Nessum fluuiū atqꝫ Ebrū C. Rhodope mōs Thracię est quē Mygdones incolūt: sacris Bacchi celeber. g Ismarus C. Thracie mons Mundus triplex est inuisibilis: item visibilis quo quęcūqꝫ creata sunt cōtinenť: et microcosinꝰ. i. paruus mūdus. i. hō: Ergo mūdus. i. oīa ꝗ in mūdo visibilia sunt: & est intellectio. h Namqꝫ canebat vti. hoc carmen et sequētia sex Ennii sunt in Ctosiphonte vt docet Macro li. vi. Nāqꝫ canebat. S. Varie sunt opiniones de principiis rerū. Anaxagoras enim omnia igne procreari dixit. Thales ex humore: vt Oceanumqꝫ patrem rerū. Empedocles ex ꝗttuor elemētis. vn̄ Lucre. Ex imbri terra atqꝫ aīa nascūtur et igne Epicurei ꝓ (ꝗs nunc seqť) ponūt duo principia. corpus & inane. Oē em̄ qd est: aut continet aut cōtineť. Corpus volūt esse atamos. i. quasdā minutissimas ꝑtes ꝗ τομην id est sectionē non recipiūt Vn̄ atomi dicte sunt. quas Lucretius minutiores dixit illis corpusculis quę infusis per fenestrā solaribus radiis videmus. Dicit em̄ illis nec visum posse accidere: Inane vero dicūt spaciū in quo sunt atomi. Ex his pricipiis: ꝗttuor. s. ignē aerē: aquā: terrā. volūt creari et ex illis cętera: vt illa duo elemēta sint. hęc vero ꝗtuor synthera. i. cōposita ex aliis duobꝰ. Cōprobat aūt oīa ex corporibꝰ et inani ꝯstare ꝙ nihil sit in reꝝ natura qd nō corpꝰ habeat sꝫ qꝛ nō recipit sectionē: idicat esse inanitatē. Canebat ergo principiū mūdi: queadmodū coacta et collecta alicubi ꝑ magnū iane fuisset origo ignis aeris aquę et marꝫ. A. Magnū ⁊c. Semia. Lucre. li. i. ōndit rerū naturā duabꝰ in rebꝰ ꝯsistere. in corpe. s. et in aīa. i. atomis et aere. qd his versibꝰ ptꝫ. Ois vt est igiť ꝑ se natura duabꝰ cōsistit rebus Nā corpa sūt et iane. Hęc in ꝗ sita sūt varia et diuersa mouenť. Id aūt sūpsisse videť Lucre. a Democrito q qdē opinatꝰ est illa pricipia oīm esse atamos atqꝫ inane. Atamos vero esse īfinitos. et ꝯcretiuos oēs gignere ignē: aerē: aquā et terrā. qppe et hęc ex atomis ꝯstare. Solē item ac lunā ex atomis esse compositos. Legito laer. C. Nāqꝫ canebat ⁊c. Opinionē epicuri satꝫ dilucide ponit. Ser. Reliqꝝ āt phōꝝ de pricipiis opiniones apud mltos leges. Verū distīcte dilucideqꝫ rē vniuersā apud Euseb. de ꝑparatōe euāgelica scriptā repies. Prestim qd prisci illi phisici qꝝ volumia nō extant senserint: Quibꝰ oībꝰ cōfutatis: Cōstat verā eē xpianorū fidē Mundū ex nihilo: a deo creatū. i Semia. A. Atamos ītelligit vt patuit. k Aīe. S. aeris. vn̄ et venti fiūt. l Liqdi. S. puri. i. ętherei. m Vt his exordia primis. A. Canebat item Silenꝰ: vt his primis. s. seminibꝰ: oīa exordia cōcreuerint: et vt ꝯcreuerit ipē tener orbis mūdi. i. cęli. Phus ait in libro de cęlo et mūdo cęlū nec graue nec leue esse. n Oia et ipē. t. m. c. orbis. S. Ante orbis. et sic oīa ꝗ in orbe sūt: nā mutato noie ait pmo oīa et sic orbis. o Cōcreuerit. S. Collectꝰ et informatꝰ sit. p Tū durare solū. A. Canebat vti solū. i. terra coepit durare se et discludere. q Nerea pōto. A. i. aquā ponto. i. in mari: & vt

Coeperit: & rerū palatim sumere formas:
r Iamqꝫ nouū terrę stupeant lucescere solem:
s Altius atqꝫ cadāt sūmotis nubibus imbres.
t Incipiant sylue cū primū surgere: cunqꝫ
Rara per ignotos errant aīalia montes.
v Hinc lapides pyrrhę iactos saturnia regna. x
y Caucaseasqꝫ refert volucres furtūqꝫ ꝓmethei. z

coepit solū ipm paulatim sumere rerꝫ formas. Nere⁹ oceani & Therios filius teste Hesiodo: quē oīm antiquissimū dixit Orpheus in argonautica: sed ꝑ aqua ponit hoc loco neros eñ aqua dicit. Nerea pōto. Fuerat olim chaos .i. elementorū cōfusio: postea quicqd ex oī materia de qua facta sūt oia: purissimū ac lucidissimū fuit: id tenuit sumitatē: & ęther vocat⁹ est: Pars cui minor puritas inerat: et aliquid leui⁹ pōdere: aer extitit: et in secūda loca delapsus est Post hęc quicqd liqdū & corpulētū erat: ī aquę fluxū coagulatū est: quod deinde īpenetrabile & densatū ex defalcatis abrasum resedit elemētis: hęsit ī imo. & terrę nomē accepit. Hūc sparsus aer vndiqꝫ fulcit & cōtinet: nec in recessū aut accessū moueri eā patit. Legito Macro li.i. de Som. Naso etiam li.i. met. optime scripsit. r Iāqꝫ nouū. A. Et canebat vti terrę stupeāt iā nouū solē lucescere. s Atqꝫ cadāt sūmotis. S. Nubes cū soli sint vicinę: ei⁹ calore soluūt in pluuias: Vñ in signis serenitatis ait. At nebulę magis ima petūt. bonus aūt ordo vt post solem et pluuias ortę sint sylue et aīalia. A. Imbres .i. aquę et pluuię ipę: a terra aūt caligo hūida et ꝑ ptervapores fumida exalat hinc nubes: q in sublime egressę in liquorē soluūtur. vt Pli. li. ii. docet. t Incipiāt sylue. A. Et canebat cū primū sylue incipiebāt surgere & cū primū rara aīalia errāt ꝑ ignotos mōtes. v Hinc lapides Pyrrhę. S. Questio est hoc loco: Nā relictꝭ reb⁹ prudētissimis de mūdi origine: subito trāsit ad fabulas. Sed dicam⁹ aut voluisse exprimere sectam Epicuri q reb⁹ seriis admiscet voluptatē: aut fabulis puerorū pectora: q plenę essent admirationib⁹ voluisse mulcere: nā fabulę delectatōis causa inuētę sūt. Vñ in Geor. Cętera q vacuas tenuissēt carmia mētes. A. Hinc lapides Ordo est hinc refert lapides pyrrhę iactos. Hinc refert Saturnia regna. &c. Lapides Pyrrhę. Tpe Deucalionis & Pyrrhę (vt narrat Ouid. li. i. met.) aūt diluuiū ꝑ vniuersā terrā fuisse: qñ ipi duo tantūmō (quia optimi) restitissēt: Themidis oraculo ducti lapides post tergū iecerunt. Inqꝫ breui spacio superorꝫ numie: saxa missa viri manib⁹ faciē traxere virorū. Et de foemineo repata est foemia iactu. veritas tñ alia est: Nā vt Iustinus li. ii. scribit. Amphiteonis Athenarū regis tpib⁹ aquarū illuuies maiorē grecię partē absūpsit: supfuere q refugia montiū coeperūt: aut ad Regē Thessalię Deucalionē ratib⁹ euecti sūt: a q ꝓpterea gen⁹ humanū cōditū dicit. C. Lapides pyrrhę. a reb⁹ phisicis ad fabulas dilabit Maro. ne poetā se esse obliuisci videat. Idem principiū reb⁹ seriis ponit in Georgicis. Idē & Iuue. Ex q Deucalion nimbis tollēti⁹ ęquor: nauigio ascēdit mōtē: sortesqꝫ poposcit. Paulatimqꝫ aīas caluert mollia saxa Et marib⁹ nudas ondit Pyrrha puellas. Deucalionis aūt & pyrrhę diluuiū narrat Ouid. quo tpe cū qui ex inūdatione supfuerunt: montana incolerēt: ferinā duraqꝫ vitā agtes: nēcqꝫ ī plana (diluuiū formidātes) descēdere vellēt: verbis Deucalionis mares. Pyrrhę vero hortatu: mlieres ꝑsuasę sunt vt in loca culta descēderēt: & ad mitiorē vitā accederēt: dat⁹ est fabulę loc⁹: vt ex lapidib⁹ ab illis iactis repatū sit humanū gen⁹: quia ex ferinis durisqꝫ moribus ad hūanū cultū rediere. Fuit āt hoc diluuiū regnāte Athenis (vt ait Varro) Crimao Cecropis successore. vt vo Euseb. & Hieronim⁹ scribūt: nōdū defūcto Cecrope. Dictū aūt est Deucalionis diluuiū. qm maxime ei⁹ regionē oppressit: ad Egyptū aūt & ei⁹ vicina nō ꝑuenit. Fuit huiuscemodi diluuiū anno mūdi septimo supra tria milia sexcētos septuaginta ānos: ad diluuiū vero vniuersale quod fuit tpib⁹ Noe; ab Adam .i. a mūdi pricipio intercesserūt anni ducēti et quadragīta duo supra duo milia. Ait Seuerus. atqꝫ idē affirmat Affrican⁹ q scripsit de tpib⁹ & hystoriis Hebręorū et Grecorū & Persarū et Macedonū & Alexādrinorū: Itē Romanorū quinqꝫ libris oia cōplexus est. Fuit & aliud diluuiū regnāte Ogyge q in Atica elusinā cōdidit: cui⁹ etiā tpib⁹ apud lacū Tritonidē virgo apparuit: quā greci Athenē: nostri aūt Mineruā dicūt. Verū ab hoc diluuio ad mūdi primordia: intercesserūt quadraginta & septē anni supra tria milia & qdringētos. x Saturnia reg. S. Peruertit ordinē tpm et fabularū: nā q tpe Saturn⁹ regnauit: nō fuit diluuiū: Sed sub Ogyge rege Thebano. Secūdū aūt sub Deucacione & Pyrrha. Sciendū aūt est ꝑ diluuiū & per ecpyreosim fcari temporū mutationē. A. Saturnia regna. Saturn⁹ ętate aurea in latio regnuit. Vñ ait Maro. li. viii. Aureaqꝫ vt ꝑhibent illo sub rege fuere secula: sic placida populos in pace regebat: Lati⁹ tñ supra i. iiii. egloga. y Caucaseas volucres. S. Ordinē fabulę peruertit. Nā Prometheus p⁹ factos a se hoies auxilio Minerue ascēdit coelū: & ignē ferula de rota Iouis subripuit quē hoibus indicauit. Qua ꝓpt irati dii: duo mala imiserūt terris: Fębres et morbos (teste Sapho et Hesio) Hinc Hora. Post ignē ętherea domo subductū. macies et noua febriū incubuit cohors. A. Caucasus scythię mōs est dict⁹ qsi caucasus hoc est niue cādid⁹ vt Pli. ait li. vi. poete dicūt aqlā Promethei iecur indeficiēter assidue deuorasse. & eā herculē occidisse Diod. aūt li. i. rei veritatē exponit: Videto ergo ibidē ne ego sim lōgior. z Furtūqꝫ promethei. S. Prometheū aūt ꝑ Mercuriū in caucaso mōte religarūt ad saxū adhibita aqla q ei⁹ cor ederet: Quod fcat ꝙ Promotheus vir prudētissim⁹ fuit. Vñ & Promotheus dict⁹ αποτηο προμηθειασ .i. a ꝓuidētia. Hic prim⁹ Assyriis astrologiā īdicauit: quā rsidēs ī Caucaso nimia cura inuestigauerat. q mōs vicin⁹ coelo maiora astra demōstrat. clariusqꝫ ortus eorꝫ et occasus indicat. de aqla dicit qm αχοσ .i. sollicitudo illius cognitōis cor rodebat: Per Mercuriū in eū duct⁹ dicit. quia prudētie et rōnis deus est Mercuri⁹. Deꝑhēdit rōem fulminū et hoib⁹ indicauit: Vñ ignē celestē furat⁹ dr. Nā qdā arte ab eo ꝑmonstrata: suprem⁹ ignis eliciebat: q mortalib⁹ (donec illo bñ vteret) ꝓfuit: nā postea malo vsu in ꝑniciē ꝯuersus est. vt ostēdit Liui⁹. de Tullio hostilio. q cū suis oib⁹ extinct⁹ ē. Numa vero ipune vsus est tm in sacris deorꝫ: Hinc est ꝙ igne rapto ab iratis numib⁹ morbi dicūt imissi. A. Furtūqꝫ ꝓmethei. Dicunt Prometheū ferula furatū esse ignē e solari curru; et ī terras duxisse: et hoī quē ex luto formauerat eo spm imisisse: Sed reuera ipe docuit ignē ferula asseruari vt scribit Pli. li. vii. Promethei. ei ꝑ vnica syllaba ponit: vt ibi Iā validā ilionei na. ꝑ ilioni. Est itaqꝫ Sinerisis de qua in carmine figurarū legito: Potes igit Promethi & Ilion legere. Prometheus dici pōt ꝓuidēs vl prudēs. Id eñ Promethis dr: & ꝓmetheo ꝓuideo. C. Promethei: ex Titano celi & terrę filio nat⁹ est Iapet⁹: ex iapeto Prometheus q matrē habuit Asiā nymphā. fingūt hūc auxilio Palladis in coelū sublatū ferulis ignē solarē accepisse. et in statuā quā de limo finxerat imisisse: Deos vero ꝓpter hoc iratos ꝑ Mercuriū in Caucaso religasse: aqlāqꝫ q ei⁹ iecur corroderet apposuisse. hęc figmēta expmūt. ꝙ ille relicto fratri regno: ī chaldeos ꝓfect⁹ mathematicā oēm didicit. Deinde ī Caucasi vertice morat⁹ siderū ort⁹ occasusqꝫ et fulminū naturā obsuasse. Inde ad assirios reuersus: illos astrologiā docuisse: & ciuilib⁹ morib⁹ īformasse: sicqꝫ ex feris māsuetos reddidisse. Eusebi⁹ refert nōnullos sentire Prometheū &

His adiungit [a]hylan: nautę quo fonte relictū
Clamassent: vt litt⁹ [b]hyla [c]hyla omne sonaret.
Et fortunatā si nunq̄ armenta fuissent
[d]pasiphaen niuei [e]solatur amore iuuenci.
Ah virgo [f]infoelix quę te dementia cœpit:
[g]prœtides implerūt falsis mugitib⁹ agros:
At nō tā turpes pecudū tn̄ vlla secuta est
Cōcubitus: q̄uis collo timuisset aratrū:
Et sępe in [h]leui quęsisset cornua fronte.
Ah virgo infoelix: tu nūc in mōtib⁹ erras.
Ille latus niueū molli fultus [i]hyacintho
Ilice sub nigra [k]pallētes [l]ruminat herbas. (phę
Aut [m]aliquā ī magno seq̄t [n]grege [o]claudite nym
Dictęę [p]nymphę nemorū iā claudite saltus:
Si qua forte ferant oculis sese obuia nostris
Errabunda bouis vestigia: forsitan illum
Aut herba captū viridi: aut armenta secutū
perducāt aliquę stabula ad [q]cortynia vaccę.

Epimetheū & Atlantē frēm: & Argū cūcta cernētē: et Io: filiā ipmethei fuisse tpib⁹ Cecropis. alios añ Cecropē: ānos sexaginta vł nonagīta. Lactāti⁹ ait illū p̄mū simulachrū hoīs fecisse Plini⁹ scribit p̄mū e silice ignē excudisse et ferula seruari docuisse. a Hilā. S. Puer fuit comes herculis quē amisit in Ionia iuxta Mysiā: Et cū reptū fuerat ꝙ extinct⁹ fuisset ī fōte: īstituta sūt sacra in qb⁹ suū nomē clamabaꝛ ī fōtib⁹. A. Hylas vt Stra. docꝫ li. xii. vn⁹ ex sociis herculis fuit q̄ etiā argonauta erat: et cū aq̄tū egrederet: a nymphis captū finxerūt. Fuit āt in Bythinia iuxta Prusiadē vrbē: vbi adhuc fęsta quędā celebrāꝛ in qb⁹ p mōtes vagi ac saltātes hylan vocāt: q̄si in syluas ad illū ingrēdū egrediātur hylao aūt et hylacteo resono ac latro p̄cāt. b Vt littus. A. adiūgit etiā vt. i. queādmodū. c Hyla hyla. S. postremū la breue ē ꝙ vocalis vocalē sequiꝛ: nā vtūs grec⁹ a masculino veniēs ī a termiat⁹ lōg⁹ est vt Aenea hyla palla. C. Hyla oē sonaret. Hylas teste solino lac⁹ Bithinię ē: in quē hylā Herculis delicias cecidisse credūt: cui⁹ in memoriā solēni tripudiatōe pp̄lus lacū circuit: hylā voce clamans: d Solat. S. q̄ amat taurꝫ q̄d fortunę poti⁹ q̄ꝫ morū videꝛ esse. e Pasiphaē. A. Tetrasyllabū est: nō em̄ diphtōgō hꝫ in penultia: Vñ Propti⁹ ait. vobiscū Europe ē nec pba Pasiphae. Fuit āt Minois Cretę regis vxor. solisq̄ꝫ filia. Tradūtq̄ꝫ Minoē q̄tānis speciosissimū oim taurꝫ Neptuno solitū ē̄ more sacrificare. sꝫ cū ei taurus eēt cęterꝫ p̄stātior: aliū sacrificauit d̄teriorē: q̄ ex re irat⁹ Minoi Neptun⁹: ei⁹ tauri amorē Pasiphae īiecit Cui arte Dedali supposita: decātatū fabulis genuit minotaurū natura duplici. vt q vsq̄ꝫ ad hūeros taur⁹: cętera hō esset. Dio li. v. id scribit.

f Virgo. S. a viridiori ętate: Nā iā mꝛ fuerat Phedrę Ariadnes & Androgei. g Proetides. S. Proeti filię et Stēobeę siue Antiope s̄m Homerū: q̄ cū se Iunoni p̄posuisset illa irata hūc illis errorē imisit vt se vaccas putarēt: has Melāpas purgauit. A. Proet⁹ Abātis fili⁹ argiuorꝫ rex inimicā foelicitatis suę habuit foecūditatē Tres em̄ substulit filias: et ad tp̄s vsq̄ꝫ nuptiarū pduxit. Sed incōtinēs virginū lingua: infoelicitatis edidit cās. hę em̄ ferunꝛ solę in tēplū Iunonis intrasse: & se p̄tulisse deę: his reb⁹ offensa Iuno inmisit eis furorē vt se vaccas putarēt: et cupiditatē īiecit syluas petēdi: credētes se formā induisse vaccarꝫ: q̄d eousq̄ꝫ passę sūt: donec a Melāpade insania liberatę sūt: q̄ quidē herbarię artis pitissim⁹ fuit: de hoc lege Lactā. li. iii. Victru li. viii. sic ait. Apud fontē Clitoriū Melāpus purgauit q̄ꝫ Proeti filias: restituitq̄ꝫ earū mētes in pristinā sanitatē. C Proet⁹ Abātis argiuorū regis fili⁹ & lyni. nepos pnepos q̄ꝫ ęgypti. ex Antia quattuor suscepit filias: Merā. Eurialē. Lysippen: et Iphianassam: q̄ cū se Iunoni ī forma p̄ponerēt ab ea in eū furorē quē ponit Serui⁹ cōuersę sunt: Verū cū Proet⁹ regni partē & vnā ex his se daturū illi polliceretꝛ qui eas liberasset: Melāpus illas helleboro liberauit. Iphianassāq̄ꝫ vxorē accepit. ex qua suscepit Mantū et antiphatē Vñ est oiclus. Vitruui⁹ tn̄ in libro de Architectura ait illas esse a Melāpo ductas apd̄ Clitoriū Archadię oppidū vt ab ebrietate liberarenꝛ: cum illic ex spelūca limpida aqua fluat: q̄ pota vini odiū inducit: de quo Ouid. Clitorio quicūq̄ꝫ sitim de fōte leuauit: Vina fugit: gaudetq̄ꝫ meris abstemius vndis. Diod. tn̄ dicit Melampū vatē fuisse et argiuas mulieres q̄ ob irā Bacchi furore vexatę erant lustrasse. Ob quod duas regni ptes ab Anaxagora megapēthei argiuorꝫ rege accepisse: et ex vxore Iphianassa megapenthei filia: Antiphaten et Manto genuisse.

h In leui. C. in polita. q. d. nullis bubulis setis obsita. i Hyacintho. C. secundū Diascoridē herba est q̄ florē purpureū habet: et radicē similē bulbo: hastā duorū palmorū: & tenuē comā viridē et gibbosam. Diciꝛ etiā margaberet. Est etiā lapilli species Iacynth⁹. k Pallētes. S. aridas: vel quia ventris calore viriditatē amiserāt. l Ruminat. S. reuomit et iterū ꝯsumit dicta est rumiatio a ruma eminente gutturis pte: p quā admissus cib⁹ a certis reuocaꝛ aīalibus. C. Rumē ps colli qua esca deuoratur. vñ rumare quod nūc rumiare ait Fest⁹. m Aliquā sequiꝛ. vnde tibi sit aliqua spes: quia nouit amare. n Gregē: S. de bobus diciꝛ qui armenta vocātur. Sed greges dicūtur de quorūliber aīaliū cōgregatione. Cicero in Philippicis: Fudit apothecas cecidit greges armentorꝫ. o Claudite. S. melius a psona Pasiphaes dictū accipim⁹. Errabūda vestigia duob⁹ verbis iexpressit q̄d Homer⁹ vno v̄bo εἱλίποδας dixit. i. flexis pedibus incedentes. A. Claudite. s. vt eum facilius inueniā.

p Dictęę nymphę. A. i. dictei mōtis Cretę nymphę nemorū id est dryades. C. Dictęę sic appellantur a dicte qui (secundū Strabonē eiusdē insulę virū) mons in Creta est in quo a nymphis enutritus est Iupiter: alentibus illum apibus. Quāuis Diod. siculus dicat Iouē cum ad viridem ętatem peruenisset: vrbem nomen dicten edificasse: cuius etiam sua tempestate vestigia extitisse scribit.

q Ad Cortynia. S. Nam gnoson vbi erat maritus: nolebat taurum venire. Sed cortynon vbi fuerant aliq̄n ādo solis armenta. A. Cortyna erat illustris Cretę vrbs sita in campo: nec multum a Gnoso Minois regia distās. plura Strabo libri. x. C. Cortynia a Cortyna vrbe quę post Gnoson principatum in Creta obtinuit. ea sita est in plano et olim muro (teste Homero) circūdata: deinde il los ūditus diruto sine mœnibus fuit vsq̄ꝫ ad Ptolomei philopatris tempora: ille enim ad magnam partem restituit: deinde incolę opus absoluerunt.

Tum canit hesperidū miratā mala puellā:
Tū phaetontiadas musco circūdat amarę
Corticis: atq; solo proceras erigit alnos:
Tū canit errantē ꝑmyssi ad flumina gallū
Aonas in montes vt dixerit vna sororū:
Vtq; viro phoebi chorus assurrexerit oīs.
Vt Linus hęc illi diuino carmine pastor
Floribus atq; apio crines ornatus amaro (sę
Dixerit: hos tibi dāt calamos (en accipe) mu
Ascręo quos ante seni: quibus ille solebat
Cantādo rigidas deducere mōtibꝰ ornos.
His tibi grynei nemoris dicatur origo:
Ne quis sit lucus quo se plus iactet Apollo.

r Mala. S. quibꝰ acceptis a venere Hyppomenes vicit Atalantā puellā syriā cursu potentē: quo multos spōsos superatos occiderat. De qua plenꝰ in. iii. Eneidos. A. Hesperidū mala ī ęthiopia speciosissimū pomariū Atlātꝭ fuit in quo nascebātur aurea mala q̄ Hespides custodiebāt: Aegle: heretusa: hespetusa. & draco puigil. Lact. li. ii. Inde āt malis tribꝰ ꝓ venerē habitis Hippomanes Atalantā Cenei filiā cursu supauit: de q̊ late. x. li. met. Dyonisiꝰ aūt scribit hesperidū insulas nō frustra fabulatū esse aurea poma ꝓduxisse: cū plurimo auro ditissimę sint: atq; oī pene metallorū genera pariāt: eas vicini q̄; Iberi tenuerūt. Solinꝰ etiā de Libya scribēs: et de hortis hesperidū et puigili Dracone: ait ꝙ flexuoso meatu ęstuariū e mari fert adeo sinuosis lateribꝰ tortuosum: vt visentibꝰ ꝓcul lapsus angueos fracta vertigine mentiat: itaq; q̊d hortos appellauere circūdat. Vn̄ pomoꝝ custodē interpretātes struxerūt iter ad mendaciū fabulādi. s Phaetontiadas. S. Clymenes et solis filię dū frēm extictū lugerēt: vł ī alnos (vt hic dicit) vł ī populos arbores (vt in. x ponit) cōuersę sūt: Sed ibi latiꝰ diximꝰ fabulā. A. Phaetontiadas Phaeton solis epiteton trisyllabū ac diuisas habet cū apud gręcos ae habeat et a Phaeno deriuat q̊d ē ondo et Phaenos splendidꝰ dicit. Quītilianꝰ. Itē in. i. Phaetō trisyllabū docet esse. Fuere aūt Phaetō sorores in arbores versę flēdo fratris obitū ꝓpe Padū: phaetusa lampetia seu lapetia & lāpetusa: de quibꝰ late Oui. li. ii. met. C. Phaetontiadas patronymicū ē a fratre: nā solis filię et Phaetōtis sorores fuere. t Musco. A. Muscꝰ ꝓprie dr̄ lanugo viridior: q̄ locis hūidis nascit. Oui. li. i. met Ad delubra deę q̊ꝝ fastigia turpi pallebāt musco. C. Musco corticis. i. muscoso cortice. Muscū dicimꝰ lanuginē q̄ndā viridē q̄ in mucidis locis oriēs aut saxis aut imis arboribꝰ hęret. nascit et in aquis hęretq; saxis. v Amarę. S. Alibi in masculino posuit: vt raptꝰ de subere cortex. q̊d magis seq debemꝰ. x Proceras. A. altas. y Erigit. S. mira canētis laus: vt nō rem factā narrare sed eā facere videat. z Alnos. A. in quas versę sūt phaetōtiades. C. arbor est alnus. & dr̄ (vt placet ysidoro) quia amne alat: Nascit em̄ iuxta fluuios. Patmyssi. S. Helicon Boetię mons est quę aonia nūcupat. vn̄ plura cadūt flumīa: īter q̄ ē ꝑmyssus hic gallū dicūt a musa captū ad reliquas ductū & factū poetā. A. Parmyssus fluuiꝰ & Olimeus ex Helicone Boetię monte fluētes: in vnūq; ꝑmixti: in Copaidē lacū incurrūt. Stra. li. xi. edocet. b Gallū: C. Corneliꝰ. Gallꝰ. Foroiuliēsis poeta: de quo Virg. hoc loco scribit. Aegyptū Romanā ꝓuinciā primus rexit: et anno ętatis sue. xliiii. ꝓpria se manu interfecit. Fuit & Cęsinius Gal. orator. Asinii & Pollionis filiꝰ: q diris a Tiberio suppliciis necatꝰ est: Eusebius auctor est. c Aonas. A. in mōtes. i. boetios. Nā aones barbarę gentes oēm Boetiā incoluerunt: vt scribit Stra. li. ix. Sūt aūt plurimi Boecię mōtes q̊ꝝ Cytherō & Helicon celeberrimi musisq; sacri. Sūt aūt denoīati a Cytherone & Helicone fratribꝰ q illic singulari pugnauerunt certamie vt scribit Lysima. C. In Boetia mōtes in qua etiā Aones po. fuerūt. Chorus ph. cętus musarū de qbꝰ in primo Eneid. d Assurrexerit. S. Honoris cā surrexit. vt assurgit qbꝰ et rex ip̄e Phaneꝰ, i, cedit. e Linꝰ. A, de hoc

legito in Pollione. f Diuino carmīe. S. i. vaticinās g Apio A. Pli. li. xix. & li. xx. de Apio multa Vbi etiā ait ꝙ honos erat apio ī Achaia coronare victores sacri certamis nemeę: & in ꝯdimētꝭ peculiarē gratiā habꝫ: suauiores aq̄s potui īcoctū p̄stat. C. Apio. de hoc Macer Est apiū dictū ꝙ apex hoc ferre solebat: Victoris veterū fieret dū more triūphus. grece dicit Selinō. Duo eiꝰ gn̄a Domesticū et agreste. Agrestis quiq; sūt spēs: hydroselinō i. aq̄ticū apiū hypposelinū q̊d macedonicū appellat Tertia oroselinū. i. apiū montanū. Quarta petroselinō petrosū. Quinta similis selynō. Preter hęc est apiū rauinū q̊d batrachō appellant. Coronabāt apio victores ī ludis nemęis. Itē in ꝯuiuiis qr ebrietatē ꝓhibere dr̄. h Ascręo. S. Hesiodo q ascręꝰ fuit: quē dicūt musę raptū de mōte ꝑnaso fecisse Poetā munere calamoꝝ: A. Ascręo seni. Ascra vicꝰ est Boetię vt Probꝰ ait: in q̊ existimat natꝰ Hesio. Ouidiꝰ. iiii. de pōto. Intumuit vati nec tn̄ ascra suo. Stra. itē li. ix. scribit Ascrā esse ī Thespiis iuxta Heliconis ꝑtē: & Hesiodi patriā q̊d Pli. li. xviii. docet. Is ꝑnceps oīū de agricultura ꝑcepit: et carmīe executꝰ est quē postea Maro in Geor. imitatꝰ ē. Tradūt ꝙ hesiodꝰ dū p̄ris oues iuxta Heliconē custodiret: a musis ad fontē hyppocrenē deductꝰ ē et poeta effectꝰ. vn̄ & Oui. li. vi. Fast. inqt. Ecce deas vidi nō q̄s p̄ceptor arādi viderat ascręas cū sequeret oues. i Ornos. C. Hęc arbor gaudet mōtibꝰ. k Grynei nemoris. S. Grineū nemꝰ ī finibꝰ Ionıis est phoebo sacrū ī q̊ de pcia diuinādi Calchas Mopsusq; certa rūt: et cū de nūero pomoꝝ cuiusdā arboris ꝯtēderīt: stetit gl̄ia Mopso cꝰ dolore calchas īteriit. Hęc ait Eupohriō cuiꝰ carmīa Gallꝰ traduxit. Vn̄ in fine loquēs Gallus dicit. Ibo et calcydico q̄ sūt mihi cōdita versu: nā Euphoriō ex Calcyde Euboię insulę fuit. A. Gryneū opidū est myrinneoꝝ ī eolia: et apollinis fanū & ꝑuetustū oraculū. l Scyllā. S. Duę fuerē Scyllę Vna phorci filia: quā cū amaret Glaucꝰ deꝰ marinꝰ: Circe quidē q̄ Glaucū amarat: fontē in q̊ Scylla se lauabat venenis infecit. in quē cū descēdisset puella: media sui ꝑte in ferā mutata est: hāc postea Glaucꝰ fecit deā marinā. Altera scylla fuit nysi Megarēsiū regis: ꝯtra q̊s victis Atheniēsibus pugnabat Minos propter Androgei filii interitū: quē Atheniēses ac megarēses dolo interimerāt: Hic amatꝰ a Scylla Nisi filia. q̄ vt illi placeret: purpureā comā ꝑentis totōdit: nā illā ita habuerat Nisus vt tādiu regno potiret q̄; diu haberet intactā. illa aūt Minoi tradidit: Sed cū deinde ab eo contēneret: dolore in auē est conuersa: Et Nysus etiā extinctꝰ in auē sui nois deoꝝ cōmisatōe est cōuersus q̄ aues flagrāt in se magna discordia: Hic igit Virgiliꝰ Poetarū more miscet fabulas: vt sit Scylla Nysi: ꝓ phorci vt alibi Domitꝰ pollucis habenis. i. Castoris: q equorū domitor fuerat. Item & manibꝰ Progne: cum Philomelę abscisa sit līgua. Aut sit hysterō ꝓterō. vt vtrāq; fabulā tangat. A. Scyllā. Nisi. Pandioni Athenaꝝ regi quattuor fuere filii: Argeus: Lycus: Pallas & Nysus. Cūq; actica regio in partes quattuor eēt diuisa. Nyso megara sorte obueniunt. qui Nisęam condidit Stra. li. ix. Contra hunc demū Minos bella gessit: scelere autem Scyllę filię obtruncatus est: vt Minoe ipsa quem adamabat potiretur. Postea in aues ambo conuersi sunt de quibus Ouidius:

li.viii.met. Stra. vero li.viii. scribit Scyllã Nisi filiã: Minois cupidine captã. quũ ei Niseã pditione tradidisset: ab eo in pfundũ deiectã esse. m Quã fama se. A. ordo est Aut quid loquar scyllã quã zc. Hic loquit de scylla Phorci filia quã Glaucus marinus deus amauit: ppter quod a Circe venefica in monstrũ marinũ conuersa est. de quo lege Oui. li. xiiii. met. Maro etiã li. iii. Enei. hanc describens ait. Prima homis facies & pulchro pectore virgo zc. Reuera tñ scylla scopulus est in freto Siculo vt scri. Pli. li. iii. Salustius item dixit: esse saxũ ingens: humanã habens effigiẽ parte supiori: inferiori vero plures habere scopulos sub radicibus cauernosos: vbi canũ latrat⁹ & vlulatus lupo: vnda refracta repñtat Scylla aũt dicit a scyllo qd est vexo. n Inguina. A. Sũme coxe ptes dicũtur. o Dulichias. S. i. Ithacenses, a mõte. Dulichiũ insula est, vbi mons est Ithac⁹. In qua fert habitasse vlisses: eo q & ipo Dulichius: et Dulichias ratas habuisse dicit. Vexasse aũt rates. p Tapinosim dictũ est. nã nõ vexauit sed euertit. Quod pbus vult hoc rõne defẽdere: dicẽs vexasse venire ab eo qd est veho. vecto. vexo. vt vexasse sit portasse & sine dubio parbitrio suo euertisse. A. dulichiũ isula ẽ vna Echinadũ iacẽs ad Acheloi hostiũ Stra. scribit li. x. Ibi aũt vlisses regnauit. Eũ vero sociis spoliauit Scylla. Vñ Oui. li. xiiii. met. ait. Scylla loco mãsit quũq est data copia primũ In Cyrces odium sociis spoliauit vlissem zc. p Vexasse. C. Cornut⁹ anneus hũc locũ reprehẽdit. q vexare in hoc mõstro leui et pui incõmodi putet: nec tante atrocitati ɔgruũ. Sed Aul gel. rñdet graue esse. tractũq a veho in quo iam inest vis quędam alieni arbitrii. Nõ ẽm sui potẽs est q vehit. Vexare q ab eo inclinat: vi atq motu augetur. Sic taxare pressius crebiusq est q̃ tangere: Et iactare multo fusius q̃ iacere: Et quassare violẽti⁹ q̃ quatere. Eodẽ aũt modo Cato in orõne p Acheis dixit. Cũ Hanibal terrã Italiã laceraret atq vexaret: & Cic. in Verrẽ. Quę ab isto sic spoliata atq direpta est: nõ vt ab hoste aliquo: qui tamẽ in bello religionẽ: & cõsuetudinis iura retineret: sed vt barbaris prędonibus vexata esse videat. q Ah. C. hac interiectione & indignationẽ ɔtra mõstrũ: & cõmiseratione in vlissẽ ondit Erat aũt apud priscos interiectio hęc aha: vt secũda sylla ba aspiraret. Sed remota vltima aspiratio hęsit primę. vt sit Ah, preter latinorũ cõsuetudinẽ: qui aspiratione distinctionẽ nullã terminãt. r Teri. S. Pro terei p Synæresim Vt furtũq Promethi, pro Promethei. Tereus Thracũ rex Pandionis Athenarũ regis filiã Prognẽ vxorẽ duxit: et cũ post aliqd tempus ab ea rogaret vt Philomelã sororẽ ad se vt illã viseret adduceret: eã viciauit in itinere: & linguã abscidit ne facinus indicaret: Illa tamen rem in veste suo cruore descriptã ad sororẽ misit. Progne ppter hoc Itym filium interemit & patri epulandũ dedit. Postea omẽs in aues mutati sũt. Tereus in vpupã. Itys in phasianũ. Progne in hyrundinẽ. Philomela in Lusciniã. A. Teri. lege de h. vi. met. s Philomela dapes. S. At qui progne fecit: sed abutitur nomine: aut illi imputat propter q̃ facta est. C. Philomela gręce dicit q melos amet. latine luscinia: qm̃ de luce canit. Est enim luscinis dieb⁹ ac noctibus cõtinuis quindecim querulus cãtus: densante se se frondium germine: mira profecta res est q tãta vox in tantulo corpusculo sit: tã pertinax spiritus & musicę perfectę modulatus sonus: Certãt inter se: et victa morte quiescit: prius vita q̃ cantu deficiens. Color hui⁹ auiculę notissimus est. Agrippinę tamen claudii: candida Luscinia dono data est: nõ est eadem ficedula: sed tamen forma similis. hęc. Pli. q etiã addit Iuuenes Cęsares Luscinias habuisse grę ci latiniq smonis dociles: docentur secreto vbi nulla alia vox admisceat. audit discipulũ attente et corrigit ppter hęc pia illis ac seruus precia erant. in ore Stesicori Poetę adhuc infãtis cecinit.

Qd loqr aut scyllã Nisi: aut quã fama secuta ẽ
Candida succinctã latrãtib⁹ inguina mõstris
Dulichias vexasse rates: & gurgite in alto
Ah timidos nautas canib⁹ lacerasse marinis:
Aut vt mutatos Teri narrauerit artus:
Quas illi philomela dapes: q̃ dona pararit:
Quo cursu deserta petiuerit: & quibus ante
Infoelix sua tecta superuolitauerit alis:
Oĩa quę quondã phœbo meditante: beatus
Audiit eurotas: iussitq ediscere lauros.
Ille canit: pulsę referunt ad sidera valles:
Cogere donec oues stabulis nũerũq referre
Iussit: & inuito processit vesper olympo.

t Tecta superuo. A. s. vbi Philomela relicta a Tereo fuerat. ppterea dicit tecta ante sua. x Eurotas. S. Fluuius laconũ qui ab apolline instruct⁹ suas docet lauros quib⁹ eius plenę sunt ripę. A. Eurotas Solino teste lauris q abundans vt hic Poeta ostendit. Is teste. Liuio. li. iiii. de bello Mace vrbẽ Lacedemona pterfluit q etiam Stra. asserit li. viii. y Referunt valles. C. Quia vox aer est verberatus: qui item alium verberat: et ille rursus aliũ: donec aliquem locum pulset a quo sit refluxus. Indeq gignitur echo. propter quod dixit. valles referunt: quia verberatę retro reddunt illam vocem. z Cogere. C. colligere. z Numerũq referre. A. Dixit etiã in Palemone Bisq die nu. ambo pe. al. & hędos. z Et inuito. S. ex eo q dies inuitus decessit: & ex eo q nimis auid⁹ audiẽdi vesp est exort⁹: cãtilenę voluptas ostẽdit. A. Inuito olympo: nã cęlũ q̃s Sileni cãtu oblectabat q nocte aduẽiẽte deficiebat z Processit. A. aduenit apparuit. z Vesper. A. Stella est quę diem finit. Vir. li. i. Ante diem clauso componet vesper olympo. Latius Plinius li. ii. ca. viii.

Interlocutores Meliboeus Corydon. Thyrsis: egloga septima. Meli.
Septima certantẽ Melibęo iudice thyrsim Hic Corydõ Thyrsisq; canũt: daphnis Melibę[9]
Cũ Corydone: canit victũ cessisse palestrę. Intersunt musę: Corydon certamine pollet.

FOrte sub arguta. S E. Perie Theocriti egloga est: nã & ipam trãstulit: & multa ex aliis ad eã congessit. A. Virg. imitatus est h loco (vt alibi) Theocritũ ipm in egloga sexta: vbi Daphnis & Damętas amici Polyphemi amorẽ in Galatheã vicissim canũt. Sed tñ deuicit neuter: neuter superatus abiuit. Hic vero Thyrsis vincit̃. Incipit aũt Theocriti sic. Compulerant pecudes Daphnis formosus in vnũ. Damoetasq; :ambo dulces emittere cantus Edocti: alternasq; parati reddere voces. Ambo florentes ętate. C. Forte. nõ propter hoc sed cũ propter aliud consedisset: forte euenit q cum illic sederet: illi compellerent greges.
b Arguta. S. Canora. stridula. sonora. Alibi breuis vt argutum caput. c Daphnis. S. Diuinũ inducit. quia

[a]FOrte sub [b]arguta cõ
sederat ilice [c]Daphnis.
[d]Cõpulerãtq; greges Corydõ et thyrsis ĩ vnũ:
Thyrsis oues: Corydõ [e]distẽtas lacte capellas
[f]Ambo florentes ętatibus: [g]archades ambo:

Mercurii filius est. Nam q dicit: Caper tibi salu[9] & hędi: quasi diuinat. d Cõpulerat. S. Cõpellere, pprie ẽ in vnũ locũ: vl diuersa: vel diuersoꝝ aĩalia cogere. e Distẽtas lacte. C. i. habẽtes vbera distẽta. i. plenas lacte: distẽdere eñ Poetę p ĩplere ponũt. Vt distentãt nectare cellas. Inde tractũ q aliqua sunt quę dum implemur distendant. vt sacculi: vbera: venter & huiusmodi.
f Ambo florẽtes. C. Quod multũ facit ad musicã: nã in grandiori ętate: nec firmior nec candida: nec sonora est vox. g Archades. S. quasi periti vt Archades putares: nam Mantuani erant. C: quasi Archades quia in Archadia optime canebant. Sunt enim in singulis regionibus quędam propria. Vnde dicimus singulas regiones habere suos cantus.

[h] Et cantare pares:& re[i]spondere parati.
Hic mihi dū teneras [k]defēdo a [l]frigore [m]myrtos
[n]Vir gregis ipē caper deerrauerat:atq; ego Da
Aspitio:ille vbi me [o]cōtravidet:oci⁹ iqt(phnī
Huc [p]ades o Meliboe:[q]caper tibi salu⁹ et hędi:
Et si quid [r]cessare potes [s]requiesce sub vmbra:
Huc [t]ipsi potū venient per prata iuuenci:
Hic [v]viridis tenera prętexit arundine ripas
[x]Myntius:[y]ecq; sacra resonāt [z]examina quercu.
Qd facerē: neq; ego [b]Alcipē nᶜ phyllida habe
Depulsos a lacte domi q̄ clauderet agnos (bā
Et [c]certamē erat Corydō cū thyrside magnū.
post habui tam illorū [d]mea seria [e]ludo.
[f]Alternis igitur contendere versibus ambo
Cœpere:[g]alternos musę [h]meminisse volebā.
Hos Corydō;illos [k]rferebat i ordie Thirsis C
[l]Nīphę nr̄ amor [m]libethrides aut mihi carmē
Quale meo codro cōcędite;pxima phœbi:

h Et cātare pares. S. Possūt etiā ꝯtinuū cārmē dicere hoc em̄ est cātare vt Extinctū Daphnin. & Amœboeū referre vt Et me ph.a. i Parati. C. Q; & Archades essent habebant a natura vim musicę: ab exercitatione aūt vt & pares cantarēt et rn̄derēt:magna ergo laus vt dona naturę: artificio auxissēt. k Defēdo. S. Alii simplr̄ accipiūt dū myrtos tego ne frigus exurat: Alii quia tūc ęstas erat dicūt defēdo a fri. et tego cō tra frigus futurū: alii dū defēdo: dū defēsaculū paro in myrtos a fri. i. q̄ sit sine frigiditate: vēdicāt em̄ pastores sibi aliq̄ loca ꝓpter frig⁹ futurū. l A frigore. A. i. a frigido vēto. solēt em̄ marcio mēse potissimū & aprilis initio germia virere. q̊d qdē fere h̄ anno q̊; meis citreis arborib⁹ etiā accidit. Id aūt hoc pacto exponendū qm̄ tūc tenerę sūt myrti ꝓpter q̊d fere id factū esse acceperim⁹: nō ęstu q̊ durę myrtus: Vn̄ ait infer⁹. Solsticiū pecori de. iā ve. es. Tor. iā le. tut. i pal. gem. t. m Myrtos. C. Succoꝝ. nā p̄cipuā admiratione in myrto habet: qm̄ ex vna oīm olei vinicq; bina genera fiūt. generosum etiā obsoniū: Inde faciebāt myrtetū: p̄ma in Italia in Elpenoris tumulo visa est. fuit et vbi nūc Roma est cū Vrbs cōderet. nā tradit myrtea verbena Romanos Sabinosq; depositis armis pacificatos in loco qui nūc signa veneris cluacinę habet: Cluere em̄ antiq̄ pugnare dicebāt. Ideo tūc electa quia ꝯiunctioni & huic arbori prēest Venus. Ante ędē Quirini duę myrti sacrę fuere: altera patricia flacescēte plebeia florēs virēscq;: donec floruit senatus auctoritas: deinde bello marsico cū Senatus auctoritas languesceret: validior facta est plębeia. flacescente patricia: Cato tria genera Myrti ponit. candidū: nigrū: ꝯiugalē fortasse a cōiugiis ex illo cluacinę genere. nunc alia distinctio satiuę & siluestris: & in vtraq; lutifolię. In siluestri ꝓpria oxii myrsine Satiuaꝝ genera topiarii faciūt. Tarentinā folio minuto Nostratē paulo latiore. exticā dēsissimo senis filiorū versibus. Cōiugalē puto nunc nostratē dici. Myrt⁹ ornatissima i ęgypto est. Virgę myrti gestatę viatori pediti in lōgo itinere ꝓsunt. hęc & plura alia refert Pli. n Vir gregis. S. Abusiue: nā tm̄ i hoie dicim⁹ vir. Sic Hora. et olētis vxores mariti. acyrologia est. o Cō tra. A. expositio. p Ades. C. veni nā si pn̄s sis ꝑcaret nō huc sed hic dixisset. q Caper. t. s. & hę. S. Vel quia in capro spes est: vl̄ intelligim⁹ istū etiā hędos ꝑdidisse sed nescire: & illū vt diuinū sciuisse: potuit tn̄ scire: sȝ leui⁹ dānū maioris cōꝑatōe ꝯtēpsisse. r Cessare. p. S. Si potes aliquod tibi ociū ꝑsuadere. Alloquit̄ em̄ amantē laboris A. Cessare vacare ab labore. s Requiesce sub vm. A. Solet em̄ qn̄q; Marcii tp̄e & aprili sol esse cādidior: nam ver est. t Ipsi. S. i. spōte sua. intelligim⁹ aūt istū prę ter gregē capellarū; iuuēcos habuisse peculiares. aut certe ipsi referam⁹ ad hędos et caprā vt ꝑ prata iuuēci: myntiū fluuiū intelligam⁹ qui venecię est. v Viridis. A. Cęrule⁹ ꝙ etiā arūdines efficiūt folioꝝ copia. x Mynti⁹. A. Fluuius est q̄ ꝑterfluit Mantuā de quo superius etiā. C Myntius fluuius est q̄ ex benaco lacu exiens: Mantuā vsq; labitur. Ibi aūt in circuitu ciuitatis altero laco facto: breui cursu in padū influit. y Sacra. A. Iouis. s. z Examia. A. Hęc em̄ Marcio mēse incipiūt alueos exire: & arborib⁹ inhęrere. A. Quercū. C. Nā siluestres apes in cauis arboꝝ sępe ꝯdiūt: hęc arbor sacrata Ioui est. Arbores q̄ ferūt eas quas ꝓprie glādes dicim⁹ sunt quercus: robur: ęsculus: cerrus. ilex. suber. Ciuica corona ex ilice p̄mo mox ex ęsculo: inde ex quercu. b Alcipē nec phyllida. S. Amicas itelligam⁹ cātantiū. i. nō habebā Alcipē vt ille. nec phyllida: vt alter. c Certamē. S. figurate vt ille ē certamē cū illo. vt magna ꝯtētio ē cū Cic. ꝑgilio. d Mea seria. S. ncēitatē capri inquirēdi. A. Seriū triste & q̄si sine risu dicit̄ auctore Mar. Seria ergo. s. trista ac ꝗuia ꝓpter amissū caprū. C. Ea seria dicim⁹ q̄ nō ad voluptatē sed ad veritatē vtilitatēq; spectāt. Vn̄ ioco opponitur. Hinc Comic⁹: Serion dicis an ioco? e Ludo. S. Cantilenę. Vt luderē q̄ vellē calamo permisit agresti. A. Ludo ioco & cātilenę. f Alternis. S. Queādmodū. supra & respōdere ꝑati. A. Alternis ꝑ alternatim. g Alternos A. Vicissim & alternatim vtriusq;. h Meminisse. A. recordari. i Volebāt S. Si volebāt. sensus est musę vtriusq; meminerant. vt amāt alterna camoenę. Alii legūt volebā. & est sensus. Optabā o musę alternos. i. oīa q̄ dixerūt tenere: nā in fine dicit hęc memini. k Referebat. SER. Amęboei carminis lege. l Nymphę. A. Musas ipsas nymphas appellat: Et Strabo. x. scribit. Thracas fuisse Boetię accolas: q̄ libethridū nymphaꝝ antrū cōsecrarūt. scribit item libethrū quēdā fuisse Thracię locū: vbi musę cultę sūt. m Libethrides: S. Libethros fons vbi colūt musę: dixit autē nymphas. quia ſm Varronē ęędē sūt nymphę. q̄ et musę nec imerito nā aquę mot⁹ musicā efficiet. Varro tres tm̄ musas noīat. Vnā quę ex aquę nascit̄ motu. Alterā q̄ ex aeris ictu conficit sonos. Tertiā quę mera tantū voce cōsistit. Multi hic per Daphnin Cesarem. per Corydon. Virgilium allegorice intelligunt: per Thyrsim qui vincit̄ obtrectatorē Virgilii. siue bauiū: siue meuiū. siue Anserē poetas A. Libethr⁹ fons est in Magnesia regione quidē Tessalię adiūcta vt scribit Pli. iiii. Thessalię item Boetia iūcta est. Soli. inquit. Sed ne transeam⁹ pręsidiū poetarū. Fons libethrus & ipse Magnesię est. C. Strabo sic ponit. Helicon igitur non ꝓcul a Parnaso distans illi ęmulus: & altitudine & circuitu. Vterq; em̄ niuibus pulsatur & rupes amboꝝ saxea est: hoc aūt in loco est cōsecrata musis ędes

Versibꝰ ille facit: aut si nō possumus oēs:
Hic arguta sacra pendebit fistula pinu. T.
pastores hedera nascentē ornate poetam
Archades, inuidia rumpantur vt ilia codro.
Aut si vltra placitū laudarit: baccare frontē
Cingite: ne vati noceat mala līgua futuro. C.
Setosi caput hoc apri tibi delia: paruus
Et ramosa micon viuacis cornua cerui:
Si ꝓprium hoc fuerit: leui de marmore tota
puniceo stabis suras euincta cothurno. T.
Sinū lactis & hęc tibi liba priape quotānis
Expectare sat est: custos es pauperis horti.
Nunc te marmoreū pro tpe fecimus: at tu

fonsq; Caballinꝰ & libethrū speluca nympharū: qua ex re suspicari licet eos qui et Helicona & pieriā et libethrū et pimpliam eisdem musis cōsecrarūt: Thraces extitisse. Pieres aūt vocabātur quibus extinctis: loca hęc Macedones nūc possident. n Si nō possumus o. S. Secūdū illud Nō oia possumus oēs: namdebuit dicere Si ego nō possum. A. non poss. o. supple carmia facere proxima versibus phoebi: vti Codrus. o Sacra. S. sup. matri deorū. p Pinu. C. In Europa sex genera cognatarum arborum sunt. Pinus, pinaster (ea est pinus siluestris & mira altitudine & a medio ramosa) inde pix. abies, larix. & teda. q Hedera. S. Hedera aūt coronātur Poetę quasi libero ꝯsecrati: qui etiā vt Bacchus insaniunt. Hora. Vt male sanos ascripsit satyris faunisq; poetas. Vel vt hedera sempvirēt: sic carmia ęternitatē merētur. A. de hac latius in Pollione vbi etiam de baccare.

r Crescētē. S. Nō iā poetā sed nascentē: vt modeste de se loquat: exprimit aūt carmē amœbœū: nā cū corydō petisset vt esset Codro sīlis: hic se adeo Codrū superare dixit: vt in se eius inuidiam posset mouere. s Vltra placitū. S. nimiū irrisorie vltra q̄ placeo & mereor. A. vltra equū. C. Vltra placitū Plusq; sibi placeat q̄si inuitus vnde possit oriri fascinū hinc dixit mala lingua. Sed de fascino dictū est in Palemone. t Baccare. C. Bachara Asarū ē vt qdā volūt. Pli. ait Baccar eo q radicis tm̄ odoratę est: et a quibusdā nardū rusticū appellatū. Vnguēta ex ea radice fecisse antiqs testat Aristophanes Comicꝰ: odor illi est cinamomo ꝓximꝰ: gracili solo nec humido puenit. Et paulo inferꝰ. Sed eorū error corrigēdus qui Baccar nardū rusticū appellant: est eīn alia herba sic cognoiata quā gręci Asaron vocāt: cuiꝰ figurā diximꝰ in nardi generibꝰ. quinimo assaron inueniovocitari: alio aūt in loco baccar aliqui ex nostris ꝑsam vocāt in medicinę vsu. & vestibus odoris gratia admiscet. Diascorides autē herbā illā ait esse odoratā: coronis aptā: et q̄ folia habeat aspera & lata: cuius virga angulosa sit & cubitalis: ramulis plena asperis. Florē aūt habeat purpureū & pinguē & subalbidū odoratū: radicē similē Helleboro albo: odorē cinamomo similē: nascit asperis & humidis locis.

v Mala lingua. S. Fascinatoria. nocēdi scilicet studio.

x Caput apri. C. optime nā in venatiōe cęteris donis caput pręfert. Hinc Ouid. in venatione apri calidonii a Meleagro caput apri Atalāte datū magna virorū inuidia scribit. hoc aial in India cubitales dentiū: flexus genua ex rostro toridē a frōte ceu vituli cornua habet. In Arabia nulli sunt: sed neq; sues etiā. In Macedonia mutos esse dicunt Apera gręco est remota prima līa Illi enī κάπρον dicunt

y Tibi. A. s. vouit vel tradit ac tuo tēplo affiget.

z Ramosa cornua. A. Cornua ramos habēt indiciaq; ętatis in illis gerūt singulis annis adiicietibꝰ ramos vsq; ad sexēnos: ab eo tpe silia reuiuiscūt nec pt ętas distigui. Pli. li. viii. Ramosa. C. Quod ꝓpriū ceruorū est. Vnde ceruus. παρὰ τῶν κεράτων a cornibꝰ dicit. Sed de ceruis alibi.

a Micon. S. Vel eius filiꝰ vel patronꝰ. b Viuacis. S. Nā vt ait Pli. cū se cerui ętate grauatos cernūt serpētes requirūt: vt eos flatu ad se tractos cū comederint reuertant rursus in ętatē priorē. A. viuacis cerui. Vita ceruis in cōfesso longa vt inquit Pli. li. viii. c Si ꝓpriū hoc. S. ꝓpriū vt talia faciat carmia q̄lia Codrus. A. ꝓpriū. i. priuatū mihi nec ad alios ptinēs. hoc. s. vt carmē q̄le Codrꝰ cōponā: ad id aūt Dianā inuocat: q̄m bucolicū carmē Dianę ꝯsecratū scribūt: Nā vt Diodorꝰ ait: tradūt Daphnim Dianā fistula & cātu bucolico aprime oblectasse d Tota. S. Nā solēt plerīq; caput tm̄ vł thoraca facere. e Puniceo. A. rubicūdo vel q̄si phœniceo f Suras. A. Dicit posterior pars tibię. g Cothurno. S. In singulari vsus est quia hoc genus calciamenti aptū est vtriq; pedi. Sic etiam in ęneide. vincire cothurno dixit. A. Cothurni sunt calciamentorū genera venatorū: quibꝰ crura etiā muniūtur: cuiꝰ calciamenti effigies est in simulachris liberi & Dianę Probus auctor. h Sinū. Sinū. S. Sinꝰ genꝰ vasis cuiꝰ prima ꝓducit. Cū vero geminū significat corripit. Est aūt habēda rō ꝑsonarū. nā ille supra cū veneratione locutꝰ est apud numē seuerū. hic vero iocat: quia alloquit numē quod iocis gaudet. A. Sinū lactis. Sinū vas est sinuosū vt scribit. Marc. Sinū est vas vinariū grande, teste Varrone. C. Sinum vas in quo exprimit lac. & per diminutionē volūt dictā Sitellā. i Liba. S. Placeta pro tēporis necessitate. A. Sunt placentę de farre et & melle & oleo sacris aptę. Dicta vero Liba teste Varrone: q libarentur priusq; erant cocta. Cato autē capite. lxxv. docet latius quo pacto libum fieret. C. Liba libum in sacris (vt placet Seruio) fit ex farre & melle et oleo Marcus tamen Catho ita ait. Libum sic facito. Casei pondo. ii. in mortario bn̄ disterat: vbi bene distriuerit farine siliginis librā: aut si voles tenerius esse: selibrā similaginis solū eodē indito ꝑmiscetoq; cū caseo bn̄: ouū vnū addito: et vna bn̄ ꝑmisceto: inde panē facito: folia subdito In foco calido sub testa coquito leuiter. k Priape. S. Priapus aūt deus lāpsacenꝰ helesponti q hortos tuet. A. Priape hic deus nō solū in vrbiū tēplis: sed in agrestibus quoq; locis tanq̄ vinearū atq; hortorū custos colebatur Fructuū fures castigās: ei sacra cū risu & ludo fiebāt. Fabulāt antiq. Dionysii. ac venerꝭ filiū fuisse: asserūtq; nōnulli priscos illos qui vellēt hoim pudēda occultius noiare priapū dixisse. Dio. auctor li. v. C. Diodorus de diis egyptiis sic ait. hircū deificauerūt vt gręci priapū ꝓpter eam corporis partē a qua sit oim ortus. Pudēdis em̄ nō solū egiptii: sed et alii sacra faciūt tāq̄ causę aiantiū gn̄ationis Alio aūt loco refert: Dyonisii & veneris filiū fuisse priapū phisica ratione, nā qui vino calēt in venerē proni sunt: Alii dicūt virile mēbrū priscos fabulose priapū appellasse: & q generandorū hoim causa sit immortalitate donatū. Aegipti asserūt titanas Osirim ex insidiis lacerasse: & singulos singula mēbra clam exportasse: virile solū mēbrū q nullus exportare voluerit: in flumen abiecisse. Itaq; isis cū reliqua repērisset mēbra & cōsecrasset: id ꝑm virile inuenire nō posset: seorsum vt deū colendū instituisset: appellāt yriphallū: & nō solū in templis habebāt: sed & in agris custodē vitibꝰ & hortꝭ adhibebāt. Qui et fascinatios prohibere putatur. hęc Diod. datur autē deus hortis: q̄m nullū genus agrorum fertilius & q magis gignit his est

Si foetura gregē suppleuerit aureus esto. C.
Nerine Galathea thymo mihi dulcior hyblę:
Candidior cygnis: hedera formosior alba.
Cum primũ pasti repetent prę sepia tauri:
Si qua tui Corydonis hab3 te cura venito. T
Immo ego sardoniis videar tibi amarior herbis:
Horridior rusco: proiecta vilior alga.
Si mihi nō hęc lux toto iam lōgior anno est.
Ite domũ pasti si quis pudor ite iuuenci. C.
Muscosi fontes: & somno mollior herba:
Et quę vos rara viridis tegit arbutus vmbra
Solsticium pecori defendite: iam venit ęstas.
Torrida iã lęto turgent in palmite gēmę. T.
Hic focus & tędę pigues: hic plimus ignis
Semper: & assidua postes fuligine nigri.
Hic tantum boreę curamus frigora: quantũ

Eusebius aũt demōstrat priscos Priapũ habuisse simbolũ quo scaret vis illa semi alis q̃ in terrã descēderet: cui⁹ q̃d ad siccos ptinet fructus bona dea: quod ad plantaria Dyonisius dicitur. l Si foetura. S. Si tot agnos habuero quot oues hoc enim est gregem suppleri per feturam. Foetura id est puētus: i. ipse foetus. A. Foetura. i. genitura & ouiũ puentus. m Nerine. S. Grecũ patronymicũ foeminiñũ quod desinit aut in as vt pelias. Aut in eis vt atreis: aut i ne: vt Nerine: adrastine. A. Nerine Nerei filia de qua superi⁹. n Galathea. S. o amica q̃ mihi tal' es q̃lis Galathea polyphemo. o Thymo hyblę. S. Vel odore hyblei thymi. vt melle hybleo vt a materia rē dicat. Thymus eñ apib⁹ nō hoib⁹ dulcis ē. Thymo herba notissima est cui⁹ ↄtutes īfinitę pene sunt: calefacit eñ et desiccat puocat vrinã et mēstrua pellit foetũ. aperit opilationes viscerũ: cōfert excreatui pectoris et pulmonis: ↄfert pectori & stomacho epota cũ sale & aceto abstergit pituitã: Si cũ melle decoquat cōfert asmaticis: expellit lũbricos trita in mortario: & sparsa sup cibos confert obscuritati visus. Et q̃m apes pastę thymo optima pducunt mella: thymo p melle posuit. p Hyblę. C. mons est Sicilię: in quo propter copiã thymi: optima fiũt mella. q Hedera alba. S. quia est et iã nigra hedera sed vtraq3 ex frōde nō ex ligno dinoscitur. A. Alba nō pp̄ter lignũ alba hedera dicitur & nigra: sed p pter folia & semen: Est eñ alia fructu tm̃ candida alia & folio: arbores aũt necat candida: oēm q3 succũ auferēdo tanta crassitudine augetur: vt ipa arbor fiat. brachia sibi maxime ramosa ac robusta. Pli. li. x. vi. r Tui Corydonis. S. Plenus affect⁹. vt illud: si quis Amatę tangit honos. s Sardois. S. In Sardinia Sardoa herba nascit apiastri similis: hęc ora et hominũ rictus dolore contrahit: vt veluti ridentes moriantur. A. Sardoa herba quę in fluuiis prouenit rusco largior: Si edulio fuerit: vescētibus neruos contrahit: rictu ora deducit: vt qui mortem appetunt velut ridentiũ facie intereant. Solinus auctor. t Rusco: A. Ruscũ herba est sponte nascens qua in cibis vtuntur plereq3 gētes. Pli. li. xxi. C. Rusco. sunt qui credunt idem esse ꝙ sentes. v Alga. A. marina herba tenuissima. x Ite domũ p. S. Iuuenci auidissime pascũtur. Et ideo increpat ꝙ tarde redeāt. C. Ite. d. p. Sensus est. pastę estis et tamē pp̄ter auidissimã voraginē nō desinitis: sed si esset vllus in vobis pudor discederetis. Demōstrat aũt Poeta q̃tum ex nimio amore cupiat vt discędāt: vt posset frui re amata q̃q3 q̃ irrationalia essent tñ alloquitur: nã cęcus ex nimio amore non videt quibus dicat. y Muscosi. S. Lanugine viridi conspersi. A. Muscosi lanuginosi. z Et somno mollior. A. Iucundior somno. C. Mollior herba id est qua recũbentibus in te molliorē somnũ facis a Arbutus. S. Arbor est frondibus raris. b Solsticiũ. A. Solsticia duo sunt; brumalę & ęstuũ nona cal. Ianuarii brumale solsticiũ est. Aestuũ vero. viii. et. vii. et. vi. cal. Iulias. in quo fauonius & calor. Auctor est Colũ. li. xii. c. ii. Placz. etiã Pli. li. xviii. c. xli. C. Solsticiũ pecori: Solsticia duo facit sol: Alterum quando ingreditur capricornũ quod hyemalę dicitur. Alterum quando peruenit ad Cancrũ quod appellatur ęstiuũ: Illud maxima frigora habet et dies oĩm breuissimos: hoc maximos calores & dies longissimos: constant enim ex quindecim horis et tertia paulominus parte vnius horę. Noctes sunt ex octo horis: & ex duabus paulominus de tribus horę partibus. c Defendite. A. i. auertite atq3 depellite: Nã vt Gelius scribit li. viii. c. i. offēdere proprie et latine significat incurrere in aliq̃d & icidere. Defēdere vero auertere atq3 depellere. Hinc Quin. Claudi⁹ a pinnis hostes defendebat facillime. C. Defendite. i. arcete vim caloris quę est in solsticio a pecore. dixit codē modo Stati⁹. Hic vero ambobus rabiem fortuna cruētã. Attulit: haud passi sociis defendere noctē culminib⁹. Hora. Et toga quę defēdere frigus q̃uis crassa queat. Sic Hom. αμυνω. quod defendo scat eodē mō dixit: χρεῖω ἐποίσ γευνται ἀσι κε ἀλοι γουα μυναι. d Iam venit. S. Non est sed aduētat. nam adhuc turgent gēmę in palmitib⁹ vitis. A. Iam venit ęstas. Ea incipit. vii. Idus sextilis. hyems. iiii. id⁹ nouēbris. Ver. vii. Idus februarii. Var. li. i. de re rustica auctor. e Iam lęto palmite. A: Palmes dict⁹ (vt Fęstus ait) ꝙ in modũ palmarũ virgulas quasi digitos edit: Est autē (vt aiũt) Vitę materia mollis quę per nouella brachia emissus fructus affert. propterea lęto palmite Poeta dixit. f Gemmę. A. hę oculi vitis dicuntur per methaphorã. i. translationem quę teste Fabio li. viii. copiam auget sermonis permittendo mutari quę non habet. Vnde necessitate rustici dicunt gemmas in vitibus quid enim dicerent aliud. C. Gēmas dicimus lapillos preciosos; sed dixit gemmas in palmite vitis oculi: qui iam turgendo extant: vt gemmę extant in annulo. g Focus. AN. Varro scribit focos dictos ꝙ foueant ignes. quicquid autē ignem fouet focus vocatur: seu ara sit: siue quid aliud in quo ignis fouetur. Sunt qui dicũt a greco φωσ quod est lux seu lumen. Focus. C. Locus est vbi fit ignis: dixit autem cōtraria superiori. Ille enim quęrebat remedia contra calores. hic dicit iam venisse contra frigus. h Tędę pingues. S. desudantes picem. A. Tęda resinã fert: Vnde succo est abundantior: flammis: ac lumini sacrorũ etiam grata. Pli. li. vi: C. Tęda arbor est: in Europa enim sex genera cognatorum arborum sunt quę resinam faciũt: pinus: pinaster: pix, abies. larix. & tęda. Sed tęda abundantior est succo q̃ reliqua: Flammis ac lumini sacrorum etiam grata. Hęc Pli. Notum autem est ꝙ in locis in quibus abũdat tęda illius ligno pro candelis vtũtur. Hinc faces tędas persępe appellat Poeta. i Postes, A, a post dicti vident: ꝙ post fores stant Pris,

Aut numer[illegible] lupus: aut torrētia flumīa ripas.
Stant & Iuniperi: & castaneę hirsutę
Strata iacēt passim sua q̄q; sub arbore poma.
Omnia nunc rident: at si formosus Alexis
Montibus his abeat: videas & flumīa sicca.
Aret ager: vitio moriens: sitit aeris herba:
Liber pampineas inuidit collibus vmbras:
phyllidis aduentu nostrę nemus oē virebit.
Iuppiter & lęto descēdet plurimus imbri. C.
populus alcidę gratissima: vitis Iaccho.
Formosę myrtus veneri: sua laurea phoebo:
phyllis amat corylos: illas dū phyllis amabit
Nec myrt⁹ vicet corylos nec laurea phoebi: T
Fraxin⁹ ī syluis: pulcherrīa pinus in hortis:
populus in fluuijs: abies in montibus altis.
Sepius at si me lycida formose reuisas:
Fraxin⁹ in syluis cędet tibi: pinus ī hortꝭ. M.
Hęc memī & victū frustra cōtēdere Thyrsim:
Ex illo Corydon Corydon est tēpore nobis.

k Aut numerū. S. Quia solam considerat lupus predā. l Torrentia. A. Impetuosa ęstuantia. C. Torrētes dicim⁹ fluuiolos paruos a montibus decurrētes. dictos sic: quia in caloribus & siccitatibus torrēt. i. arescūt. Sed q̄n q̄n augentur subitis imbribus cū maximo impetu per precipicia deferuntur: ꝓpterea dicimus res torrētes: quę cōcitatę vehementesq; sunt. vt genus dicendi torrēs. Vnde Iu. Sermo promptus & Iseo torrētior: Ergo torrētia flumina cōcitata et rapida. m Stant. S. Plenę sunt alias horrent. vt stant lumina flāma. A. Stant Inquit Noni⁹ hoc loco ꝑcat vt Sysenna: cęlū caligine stat. n Iuniperi. A: Iuniper⁹ ān cętera oia excalefacit extenuat: cędro similis: accensa serpentes fugat: semen stomacho: pectori lateris doloribus vtile: tusses cōcoquit: illitū tumores sistit. Pli. li. xxiiii. o Castaneę. C. Castaneas nuces vocamus q̄q̄ accomodatiores glandiū generi. Sardib⁹ hę pmū uenere. Vnde greci Sardinias balanos appellant: octo illorꝫ genera sūt: laudatissimę quas Tarentū ꝓducit ait Pli. Macro. vero nuces heracleoticas vocat ex auctoritate Oppi. in li. de arboribus siluestribus. vbi ait. Heracleotica nux q̄ castaneā q̄dā vocāt. p Hirsutę. SER. Adhuc intra suos echinos locatę. C. Hirsutus dixit propter thecas spinosas qui echini dicuntur a similitudine echinorū: qui & spinosi sunt. Sed & erynatius spinosum animal echindus dicitur. q Rident. S. Lęta sunt vt Mixtaq; ridenti colocasia fundet achāto. Hora. Ille terrarum mihi pręter oēs angulus ridet. r Flumina sicca. SER. υπερβολικοσ tuo fluētes siccari ꝯspicias etiam iuges aquas et perpetuo. s Ager vitio. S. pestilentia corrupti aerꝭ affligit. t Pāpineas. S. Virgilius: nūq̄ pāpinos in se. g. ꝓfert sed Varro frequenter. v Inuidet. S. Inuideo tibi illā rē dicim⁹: vt te ne ingt miserāde puer cū lęta veniret īuidit fortuna mihi. x Iuppiter et lęto. S. Sic alibi Coniugis in gremiū lętę descendit. Aer em̄ in pluuias soluit. A. Iuppiter. i. aer. Is enim Iupiter est vt dixit Eninus quē greci vocāt aerem qui vētus est & nubes imber postea. Sic em̄ Varro docet. descendet autem in terrā lęto imbri. i. fecūda pluuia. y Populus. A: De hac lege Pli. li. xvi. & li. xxiiii. Est aūt populus in tutela Herculis: qui vt aiūt ad inferos iens populea frōde se coronauit. z Alcidę. A. Herculi: fuerat em̄ Alcęus Amphitrionis pater: vt Euripides ostēdit: a quo Hercules ipse Alcides dicit. a Iaccho. A. de hoc super⁹ patuit. b Laurea. A: Laurus ipsa. c Phoebo A. Phoebus dicitur lucidus vel purus quasi phobios a φοσ & Βιοσ id est lux vitę epitheton est Apollinis vnde legitur. Mihi phoebus Apollo prędixit. d Fraxin⁹ in syl. S. non sic erūt pulchrę hę arbores in suis locꝭ natę. vt si tu ad me sepius venire curaueris. C. Fraxinus arbor celebratissima est ab Homero in hastaꝫ Achillis: quę in Ida troadis nascitur. adeo similis est cędro: vt dēpto cortice empto res fallat: Frondes eius iumentis mortiferas: ruminantibus innoxias greci tradidere: In Italia nec iumentis nocent. Succus ad potū expressus contra serpentes valet: Arborem ipsam ita refugiunt: vt ne vmbram quidam vnq̄ attingant: expertum hoc se ait Plinius: Si necessitas sit in ignē potius q̄ in fraxinum effugere serpentem. Memini. memini illā rem dicim⁹ & memini illius rei. vt nec memini lętor vt malorum. Item numeros memini. e Ex illo. Corydon. S. Victor nobilis supra omnes: quā rem quasi rusticus implere non potuit. f Est nobis Corydon. A. ac si diceret dulcis cātus vel dulcis cantor. Corydon enim auis dulce canit vti aiunt: Dicitur etiam Corydalos.

Argumentū eglogę octauę quę dicitur Damon: vel pharmaceutria.

Octaua damon contendens alphesibęo: Hic Damon queritur Nysę deceptus amore:
pharmaca cū magico carmine culpat amās. Daphnidis at cantu cōfectus Alphesiboeus.

Pastorū musā. S. Apud Theocritum est vna egloga q̄ appellatur φαρμακεύτρια in qua mulier q̄busdā sacrīs mētē amatoris: a q̄ cōtemnebat̄ peruertit. Illam Virgilius ad vltimam huius eglogæ partem trāstulit. Nam prima pars cōquestionem amatoris decepti continet. ANTO. Theocritus egloga secunda scribit. Simetham cū Thestili Delphidi amatori magicum carmen exercere. Id autem Maro vltimā pte huiusce eglogæ imitat⁹ est. At hic Daphnidi: ibi delphidi carmina fiunt. Ibi itē sepi⁹ repetitur. Ducite sacra domum mea carmīa ducite Daphnim. Hic sepius ducite ab vrbe domum mea carmīa ducite Daphnim: Pharmaceutria preterea dicitur venefica pharmatia venenatio: medicina. pharmaceuome incanto Pharmaceuo veneno incanto. Pharmacum venenū: medicina: pigmentū. Pharmaceus veneficus. Nō ab re igit̄ presens egloga Pharmaceutria dicit̄: cū in ea carmina & veneficia fiant. b Musam. S. Cantilenā amorū quos inter se cecinerūt. c Alphesiboei. A. hoc late egloga. v. d Mirata iuuenca. SER. Nam catilenę suauitate coegerūt etiā ea animalia obliuisci pascuorū: q̄ sunt pascendi auidissima. Nā sup̄ ait. Ite domū pasti si quis pudor. ite iuuēci. e Stupefactę. S. pcedit ad augmēta. iuuēcę oblitę sunt pascuis: stupefactę sunt ferę. Flumina etiam sensu carentia: cursus proprios retardarunt. f Linces. A. In ethiopia nascunt̄ scribit Pli. Sūt timidę & varię & miraculosę. iungūturq̄ etiam curru bacchi. de quib⁹ egloga quinta diximus. C. Lincū humor ita redditur: vbi glaciat̄ arescit: vt in gēmas carbunculis similes: & igneo calore fulgentes lyncuriū vocatas: nouere hoc lynces & inuidentes vrinā terra operiūt. s; iō celerius solidatur. Hęc Plinius. Errant autē qui lyncas ceruariosq̄; lupos eandem volunt esse ferā. Nam seorsum de Ceruario scribit Pli. & spēm lupi eē vult. Atq̄ si cuius in summa fame mandit quicq̄: et forte respexerit. ita obliuisci illius cibi: vt digrediēs aliud q̄rat. Ceruarios Thoas greci appellāt. lyncis fabulā narrat Ouidi⁹. g Requierūt. S. quietos eē fecerūt. Ergo ē quiesco: id est quietē capio: & quiesco seruum: id est quiescere facio.

Pastorū musam Damonis & Alphesiboei:
Immemor herbarū quos est mirata iuuenca
Certantes: quorū stupefactę carmine linces:
Et mutata suos requierūt flumina cursus:
Damonis musam dicemus & Alphesiboei:
Tu mihi seu magni superas iam saxa timaui:

i Damonis musa. C. quotiens clausulā: ac deinde interponimus multa antea quā adiungamus verbum: repetimus dictiones positas a principio. k Tu mihi. S. Sn tentia est: Vbicunq̄; es Auguste. A. Tu mihi. s. faueas Auguste: eum siquidem p Apostrophen alloquitur: id est per auersionē ad secūdā psonā: Apostropho enī auerto significat. l Timaui. S. fluuius est venetię. A. Timauus fluuius est qui per aquileię agrū labitur. de quo Pli. lib. iii. et Strabo libro. v. meminerūt: vtq̄; Mel. scribit Timauus nouem capitibus exurgens: vno hostio emittitur. Strabo autem inquit septem esse Timaui fontes: mare mox irrumpētes: lato & profundo sane fluuio: locumq̄; ipsum maris fontē & matrem ab indigenis vocari. Nam Timauus (vt ait Posidonius) e mōtibus delatus decidit in profundū: quod Strabo refert: & Maro lib. primo ęnei. inquit. Et fontē superare Timaui. vnde per ora nouem vasto cum murmure mōtis. It mare preruptum & pelago premit arua sonanti. CRI. De hoc dicetur in ęneid. ¶ Saxa: id est montes.

m Siue oram illyrici. AN. Hoc dicit quoniã Augustus adolescens adhuc: per se Dalmati cũ bellum gessit: in quo vulnera etiã accepit. Idem vt quibusdã Pannonicis atq germanicis: aut interueniret: aut nõ longe eẽt: Rhauennã & Mediolanũ et Aquileiam vsq ab vrbe progressus ẽ: auctor est Suetoni⁹. Scribit etiam Apianus latius ĩ libro qui Illyrius dicit. Propter hęc igitur ait Maro: Superas iam saxa Timaui. Is enim p aquileię agrum labit: que regio ab Venetia diuidit flumine Natisone: Strabone teste.

ma dicende camena: t Iussis. SER. Nam supra dixerat. Non iniussa canã. Atq hanc si. tpa: cir. in. v. hiti. s. l. Allegoricos dicit debere meum carmen florere inter tuos triumphos. Nam triumphantes lauro: poetę hedera coronant. i Atq hanc sine tempa circũ ꝛc. AN. Sensus est. Concede hęc mea carmina esse inter triumphos & laudes: dignitatesq tuas: & hãc hederam ad illud retulit. x Inter victrices. AN. Laus qua quidã victores & triũphantes coronabãtur. CRI. Q autẽ dixit inter victrices hederam tibi serpere lauros. Voluit illũ ostendere Augustũ laudibus imperatoriis poeticã miscuisse.

Siue oram illyrici legis ęquoris: en erit vnq
Ille dies: mihi cum liceat tua dicere facta:
En erit: vt liceat totum mihi ferre per orbem:
Sola sophocleo tua carmĩa digna cothurno:
A te principiũ tibi desinet: accipe iussis:
Carmina cępta tuis: atq hanc sine tpa circũ:
Inter victrices hederam tibi serpere lauros:
Frigida vix cęlo noctis decesserat vmbra:
Cũ ros in tenera pecori gratissim⁹ herba est:
Incumbẽs tereti Damon sic cępit oliuę. Da.
Nascere pręq diem veniẽs age lucifer almum
Coniugis indigno Nisę deceptus amore:
Dũ queror: & diuos (q̃nq nil testibus illis:
profeci) extrema moriens tamẽ alloquor hora:
Incipe menalios mecũ mea tibia versus:

n Illyrici ęquoris. AN. Illyris hadriatici maris latus occupat: testibus Mela & Dionisio. Pli. item li. iii. inqt. Quę ps ad mare hadriaticũ spectat: appellat Dalmacia et illyricũ. o En erit. S. Primũ en optat: scdm affirmat. q. d. putas vnq erit tps quo mihi liceat tua facta scribere: putas erit: Ecce iã aderit. C. En erit. pręterea nimia cupiditate: q si desperet talẽ diem futurã: qd maxie oñdit repetitio istius dictiõis. en. quę dolentis ẽ simul et optantis. desperat autem venturam diem illam: quia desperat posse acquirere stilum conuenientẽ rebus quę propter sententiarũ magnitudinẽ mereantur grandiloquentiam tragicam: qual fuit in Sophocle. p Sola sophocleo ꝛc. SER. Ac si diceret: quamq impar sit ingenium: quia tu dignus es stilo Sophocleo. Sophocles enim tragicus altisonus. ANT. Hoc est Tragediarũ scriptor fuit: teste Eusebio. fuit autem Atheniensis quẽ Cicero diuinũ poetã libro prio de diuinatiõe vocauit. Vbi mira quędã de hercul surrepta aurea patera: & illius visione ĩ somnis meminit. Sophocleo ergo cothurno. i. sublimiori stilo. & Sophoclis boatu. de hoc latius ęgloga septima dicimus: ponitur interdum pro alto dicẽdi genere apud poetas: vt hic. Vtuntur q cothurno tragedi: sicut comedi socco. C Sophocles tragicus fuit: cui⁹ grauitas & cothurn⁹ & sonus sublimior videtur: q Euripedes. Nam hos duos scribit Quintilian⁹ op⁹ tragicũ longe clarius ceteris illustrasse. Addit etiã q dubitatur vter in dispari via poeta sit melior. Sed Euripidem magis imitandum oratoribus dicit.

q Tua carmnia. A. id est tua gesta continentia. non enĩ de carminibus ipsius Augusti intelligit. A. te principium tibi desinet: quod verũ extitit. Nam & bucolicis et Georgicis & ęneide eũ celebrauit. r Cothurno. CRI. vt socci calciamenta erant Comicorum: ita cothurni tragicorum: vnde & soccus pro comico: & cothurnus pro tragico ponitur. Hora. Hũc socci cępere pedẽ grandesq cothurni. Sunt tamen qui credant voluisse Maronem laudare carmĩa Augusti: qui (vt oñdit Tranquillus) tragediis delectatus est. Nam & Aiacem maximo impetu aggressus est: deinde cum displiceret: propterea q aboleuiset: & interrogaretur quid ageret Aiax suus: Respondit: Illum in spongia incubuisse: vt ait Macrobius. s A te principiũ. S. Sic horati⁹: Prima dicte mihi summa dicende camena:

y Serpere. S. Verecunde dixit. i. humilr pcedere. z Frigida vix. SER. Totam vigilasse noctẽ ostẽditur amator. siquidẽ ortum luciferũ primũ aspexit: & eum vt veneris stellam allocutus est. ANT. Peracta inuocatione ad narratiõnẽ descẽdit. exponit eni Damonis querellas decepti amore Nysę. b Tereti. SER. Teres est rotundũ & oblongũ vt columna. c Nascere. CRI. Amans apud stellam veneris conqueri cupit: & impatiẽtia amoris dixit nascere. q. d. accelera ad ortum. d Pręq diem veniens: S. pueniens. e Diem almũ. A. Sicuti luna nocturno tẽperamento. Ita sol diurno calore omia moderat et nutrit. f Lucifer. A. Infima est quinq erratium: terręq proxima stella veneris. quę bosphoros grece lucifer latine dr. quum obsequit aũt hesper⁹. vt Tullius. in lib. de natura deorum edocuit. g Almum. C. omia per quę sum⁹ aut p q̃ alimur: alma dicimus. hinc almam venerem, et almã Cererem. h Coniugis. SER. Non quę esset: sed q̃ sperarei. Sic in quarto ęnei. Quos ego sum totiens iam dedignata maritos. A. Coniugis indigno. inferiorib⁹ clausulis id iungit non pcedentibus. Coniugis quam coniugem optabam. i Indigno amore. A. Cũ enĩ illa me sperneret: idigna erat amari mihi. C. Indigno. Maximo: vel nõ dignis iniuriis: quas a Nysa accepit. Vel sit hyppalage: id est Nysę indignę nostro amore. k Nil testibus illis. S. Nihil pfeci q illos sum sępe testat⁹. Epicurice ergo dixit: qui ait. Nec bene p meritis capitur: nec tangitur ira. C. Testibus illis: Vel sit sensus: q nihil mihi profuerit testari ipsos: vel q ipsi sũt testes: q nihil q̃rendo pfecerim. l Extrema hora: S. paulo post moriturus. Sic in q̃rto. Incubuitq toro dixitq nouissima verba. m Moriens. C. optime in psenti participio & non moriẽs in futuro dixit: quasi iam nunc nõ se omnino viuũ dicat. ergo moriens. i. dum morior quod iam cepi. Nam amantes: non modo mori: sed iam se morituros queruntur. n Menalios. S. Archadicos a Menalo Archadię mõte. Et hic versus: dictus ẽ intercalaris: quia sępius interponitur: vt dies & menses intercalares dicũtur: quoniã interponunt in anno: Fecit aũt hunc versum ad imitationem Theocriti in pharmaceutria: vbi est interposit⁹ sępe versus. O turbo maritũ meũ domum adducito: vt in sequentibus est: Ducite ab vrbe domū mea carmina ducite Daphnim. A. Menalios. Archadicos. Menalus enim archadię mons est: teste Plinio et Strabōe. cuius tanta est altitudo: vt eius cacumē videat astris insertū. Hinc Statius libro. ix. theba. ait. Et ī mediis frōdentē menalon astris. Et incipe me. figura est Epymone: quę dici potest pseuerantia vł assiduitas: sępe enim eadem sentētia repetitur: appellant hi versus intercalares: id est interpositi. C. Menalios. i. quales solent Archades soli cantare periti. nō enim se iactat vt archadice canat sed vt canat tybiam rogat. Menalus aūt mons est iuxta Stymphalum. o Argutum. SER. garrulum stridulū. A. Argutum sonorum. p Pinosq;. S: qđ iccirco ausus est dicere: qa dictu rus est. pastorꝫ audit mores. Sic in prima egloga Formosam resonare doces Amaryllida syluas. q Mopso Nysa datur. SER. Honesta turpi. pulchra deformi. C. Mopso. quasi viro nauci & indigno tam ꝑulchra puella. Nysa tam pulchra tā venusta: Sunt aūt hęc ꝓferenda cum maximo pondere: vt indignatio ꝓpter acceptam iniuriā: & admiratio propter disparilitatem: conuictoꝝ: et conquestio: quia dolet tanq̄ amore perditus amata re priuari.

Menalus argutumq; nemus pinosq; loq̄ntes
Semꝑ habet: semꝑ pastorū ille audit amores:
panaq;: q primus calamos nō passus inertes:
Incipe manalios mecum mea tibia versus:
Mopso nysa datur: quid nō speremꝰ amātes:
Iungent iam gryphes equis: ęuoq; sequenti:
Cū canibꝰ timidi venient ad pocula dāmę:
Mopse nouas incide faces tibi ducitur vxor:
Sparge marite nuces tibi deserit hesperꝰ oetā.
Incipe menalios mecum mea tibia versus:

r Quid non speremus. C. id est timemꝰ. Iam enim incredibilis videbatur illa coniunctio: vt nihil iam tam impossibile sit quod videatur timendū. propter qđ ponit duo hęc impossibilia: de equis cum gryphibus: et de dāmis cum canibus. s Gryphes. SER. In hyperboreis nascuntur montibus omni ex parte leones: alis & facie aquilę similes. equis infesti. Apollini consecrati. AN. Gryposis curuatio dicitur Grypos: habēs nasum aduncum: inde grypes dicuntur. Latinorū aliqui addito h gryphes dixerunt. Sunt autem in Scythia alites ferocissimę teste Solino: & vltra oēm rabiem seuientes. meminit etiā de his Mela libro. ii. CRI. De Gryphibus sic ait Iulius Solinꝰ. In asiatica Scythia: terrę sunt locupletes: inhabitabiles tamē. Nam cū auro & gemmis effluant: Gryphes tenent vniuersa. alites velocissimi. vel potius ferę volitantes. & vltra oēm rabiem seuientes. Sunt enim quadrupedes & corpore quidē leonibus: alis aquilę simillimę: quorum imanitate obsistente aduenis difficilis: & rarus accessus est: quippe visos discerpunt veluti geniti ad plectendum auaritię temeritatem. Arismaspi: cum his dimicant: qui vno oculo in fronte media ferūtur insignes: vt intercipiāt smaragdos lapides mira cupiditas est. et feris custodietibꝰ: et Arismaspis rapientibus. Hęc Solinꝰ. Alii dicunt has feras esse in tutela Apollinis: et equos vehementer odisse: quod nunc Maro testatur. Ego hos eos esse crediderim: quos Plautinus Strobilus picos nūcupat. Ait enim picos diuitiis: qui aureos montes colunt. ego solus supero. t Cum canibus timidi ⁊c. Non solum pulchrę deformibus nubēt. sed etiam contratię naturę animalia iungent. Et Mopsus canibus: Nysa dammis: ad personas alludēs cōparat. Dama masculini generis: facit hic alibi. Timidi Damę ceruiq; fugaces. Hora. in fœmino posuit. Et superiecto pauidę natarūt ęquore damę. v Damę. AN. Dama genus est caprę syluestris. cui fel deesse notatum est. sicuti ceruo: equo: mulo: asino et vitulo marino: vt scribit Philosophus libro. ii. de animalibꝰ. Et Plinius libro. viii. inquit. Q; Damę mansuescūt raro: cum ferę dici iure nō possint. x Nouas faces. S. Quę solent pręire nubentes puellas. Varro in etiis iō dicit Faces pręire nuptas: q; antea nōnisi noctu ducebant a sponsis. Quas ideo dicit limen nō tāgere: ne sacrilegio inchoarent: si depositurę virginitatē: calcent rem vestę numini castissimo consecratum. ANT. nouas faces. patrum et matrum pueri tres adhibebant in nuptiis. Vnus qui facem pręferret ex spina alba: q; noctu nubebant: duo qui nubentē tenerēt. auctor est Festus. Plutarchꝰ in probleumatibꝰ scribit: q; quinq; faces in nuptiis accendebāt: quas cereos appellabant. CRI. Faces. Spina nuptiarū facibus auspicatissima est: quoniam inde fecerūt pastores qui sabinas rapuerūt: vt auctor est Massurꝰ. Nūc facibus carpinus & corylus familiarissimę. ait Plinius. y Tibi. S. sub tuo nomīe aliis ducitur: vt ostēdat eam corruptoribꝰ serituurā. & nō sibi. z Sparge nuces. S. Varro spargēdarū nucū cām dicit: vt Iouis oē mrimonium celebret: vt nupta matrona sit sic Iuno. Nā nuces in tutela sunt Iouis: et iuglādes: q̄si Iouis glandes vocāt. Nā illđ vulgare est. iō spargi nuces: vt a rapientibus pueris fiat strepitus: ne puellę virginitatem amittentis vox audiatur. Modo tamē ideo ait Sparge marite nuces: vt eū culparet infamię. na; pueri catamiti meritorii: quibus licenter vtebatur antiquitas: recedentes a turpi seruitio nuces spargebāt: id est ludum puericię: vt significarent omnia puerilia iā spernere. Vnde illud dixit: tibi ducitur vxor. i. sub tuo nomine aliis ducitur: vt eam non ipsi: sed aliis seruituram esse significet: scilicet eius corruptoribus:. ANTO. MAN. Honor nucibus naturę peculiaris gemino protectis operimēto: puluinati primū calicis: mox lignei putamini: quę causa eas nuptiis fecit religiosas. tot modis fœtu munito quod ē verisimilꝰ: q; quia cadendo tripudiū sonum ve faciant. Pli. libro. xvi. scribit. CRI. Nuces: q; uis per nuces iuglandes intelligamꝰ tamē nucem omnē fructum appellamus: cuius cortex durior sit: vt est amigdala. castanea. iuglans. auellana. iuglā; dem secundū. C. Bassum quoniā antiqui eam nucē dulcioris saporis existimauerūt: et ioui sacrarunt: iuglandem appellarunt. Cloatius verius ait: Iuglans quasi diu glās: greci hanc basilicam. i. regiam nominant. nōnulli tamen voluerunt esse dictū iuglandem a iuuando. Quę autem ex Corylo est dicitur auellana siue ꝑnestina. greci ponticā nominant. Castanea heracleotica dicitur. Amigdola vero greca et thasia. Est etiam nux pinea. a Oetam. SER. Thessalię mons ab occidente. ī quo stellę videnē occidere. AN. Oeta mons est in Thessalia: qui ab oriente thermopilis. in occidentē vsq; in sinū ambraciū extenditur. asperitatis & celsitudinis non mediocris. Hęc & plura Strabo libro. ix. Hoc aūt. tibi deserit Hesperus Oetam: id est in tuam gratiā occidit hesperus. olim nanq; & nūc quoq; maritus primo sponsę: non in luce: sed in tenebris iungitur. de hoc Plutarchi probleuma extat. hęc omnia tū ironicos dicta accipiant. Posses item hoc pacto accipere. Tibi deserit hesperus oetam: id est teꝑpter e cęlo fugit hesperus tanq̄ id ęgreferens: melior tamē sensus prior. nam

O digno coniuncta viro dum despicis oēs
Dūqꝫ tibi est odio mea phystula: dūqꝫ capellę
Hirsutumqꝫ supciliū: prolixaqꝫ barba:
Nec curare deum credis mortalia quem q̄.
Incipe menalios mecum mea tibia versus:
Sepibus in nostris paruam te roscida mala:
(Dux ego vester eram) vidi cū matre legentē:
Alter ab vndecimo tum me iam ceperat annꝰ:
Iam fragiles poteram a terra cōtingere ramos:
Vt vidi: vt perii: vt me malus abstulit error:
Incipe menalios mecum mea tibia versus.
Nunc scio quid sit amor: duris in cotibꝰ illū:
Ismarus aut Rhodope: aut extremi garamātes
Nec nostri generis puerū: nec sanguinis ędunt:
Incipe menalios mecum mea tibia versus:

noctu nubebant: vt diximus. b Digno cōiuncta viro. SER. puellę insultat. ANTO. O digno con. ironicos loquitur: vt iam diximus. CRI. O digno con. At qui contraria dixerat Mopso nysa datur. Sed hęc est amantis inconstantia. In quo amor: odiū: indignatio: cōmiseratioqꝫ alternatim ęstuant: Ibi enim ex quadā cōmiseratione dolebat hic indignabūdus: cum queraꝑ multa de puellę superbia: affirmat suos fastus esse dignos hac pena: vt illi turpi nubat. c Dū despicis oēs. C. dū tibi per fastidiū nemo placet: turpissimū sortita es. Deinde narrat q̄ sint i eo q̄ illa oderit: q̄ potius amanda videbantur: vt est musica: quā significat ꝑ phystulam: vt sunt greges: vt est quidā virilꝰ habitꝰ. Odit phystulā tanq̄ austera. et q̄ nulla musicę voluptate demulceaꝑ. Odit capellas tā q̄ nimis deliciosa: & cui sorderent greges: inter q̄s nata est. Odit supcilium & barbā tanq̄ quā nihil virile delectet: qd̄ in hoīe laudi datur. Vn̄ Phędra apud Ouid. Sint procul a nobis iuuenes vt fœmina compti. Fine coli modico forma virilꝰ amat. d Hirsutumqꝫ supercilium. SER. Per incultū corpus: ostendit fortitudinē suam. C. Supercilīū. Cilium dicimꝰ superius oculi operimentum: quod cilatur: id est crebro moueaꝑ dum frequenter tegit retegitqꝫ oculum. Inde supciliū infima pars frōtis. q̄ pręeminet oculo: qd̄ q̄m illo animū mltis modis indicamꝰ: ponitꝑ ꝓ grauitate: vt hic poeta i priapeia. Cōueniēs latio pone supciliū. Et Iuuenalꝰ. Grāde supciliū numerasqꝫ ī dote triūphos. Capitur etiā pro eminentiori montis collisue parte editiore. Vnde in Georgicis. Ecce supercilio cliuosi tramitis vndam elicit. Dicunt supercilia ī tutela Iunonis esse. Nam illis oculos tegimus: ꝑ quos luce fruimur: quam Iunoni tribuunt: Vnde dicta est lucina: Pompeius ait. Ergo hic hirsutum supercilium. pro prauitate videtur posuisse. e Prolixa. S. decisa. f Nec curare deum. S: Superbia tua damnata es turpi marito. AN. Nec curare deū. Epicuri sententia id erat. Is enim (vt Cice. scri. ī libro de. n. d.) Ex animis hominū extraxit radicitus religionē: quū diis immortalibꝰ & opem & grām sustulit. Ita fit: vt nō mō homines a deis: sed ipsi dei inter se ab aliis alii negligantur: Stoici vero optime dicebant. Deorum prouidentia mundū administrari & regi. C. nec curare deū. Insultanter protulit: q d. ex hac pęna tibi illata: vides deos humana curare: qd̄ non credebas. g Roscida. S. rore ꝑfusa. A. infusa. h Dux. S. quia pręibam: aut capellas alloquitur. i Alter ab vnde. S. id est secundus: quia alter de duobus diciꝑ. Ergo tertiusdecimus. Nam pubertati se vicinū ōndit: qd̄ de duodecimo intelligi non potest. k Iam fragi. S Cum annis recte iungit habitum corporum. Nam pubertas de iure ex vtroqꝫ colligitur. l Vt vidi vt perii. S: Sententia est: mox vidi quēadmodū perii. vnum ergo temporis aliud qualitatis. AN. Vt vidi vt perii. quando vidi: q̄n perii. Potest enim vt ꝓ temporali aduerbio etiam accipi: vt hoc loco: de quo & Priscianus meminit libro. xv. Perii vt nulla sit Sinalinphat CRI. Vt vidi vt perii. Primū vt tempꝰ significat: nō tamē idem est: vt & postq̄. Nam postq̄ oīne tēpus sequens significat: siue statim sequatur: siue ex interuallo. Vt aūt significat statim: q̄ & q̄ primū. ergo vt vidi: id ē statim q̄ vidi. Secundum autem vt significat quantitatē: veluti cum dicimus: vt magnus. ergo vt perii: id pro penitus perii sic & gręci. ὡς in vtraqꝫ natione ponunt. Vnde Theocritus ὡς ἴδον ὡς ἐμάνην. m Malus error. SER. Diffinitio amoris. AN. Vt me malus abstu. er. Symeta ait de delphide: secūda Theocriti. Me morbus flāmifer vssit. me penitus totā & sensum: malus abstulit ignis. n Nunc. S. Vel quia iam iuuenis: vlꝰ quasi spretus. grauior enim fit ex desperatione. Hinc Theren. Quato minus spei est: tanto magis amo. A. Nunc scio qd̄ sit amor ꝯ Theocri. ait in. iii. Noui quid sit amor: tandem deus improbꝰ: acer: difficilis. dirus. quem lactauere leęnę Montibus hircanis: nutriuit & improba mater. Obsidet insidii qui me mollesqꝫ medullas vrit: & igniferis figit mea pectora telis. o Ismarꝰ aut rhodope: S. montes Thracię asperrimi. Recte autem vituperat amorem ab origine: Item a gestis rebus: vt Sęuus amor docuit. p Extremi garamātes. S. populi affricę extremi: quasi sęui quasi a ꝯsortio humanitatis remoti. A. Extremi garamātes. Hi enim sunt vltra getulos: teste Dionisio. CRIST. Garamanticę regionis caput est Garama oppidum Debri fonte nobile. Nam illius aquę nocte feruent: inter diu frigescūt. Sub principe Vespasiano iter tutū est factū ad garamātas: cum prius latrones illud redderent inuium. Cornelꝰ Balbus de Garamantibus triumphauit homo gadibꝰ natus: primus ex externis ad gloriam triumphalem prouectus. Armenta huius gentis obliquis ceruicibus pabulantur. Nam si recta ad pastum ora dirigant: efficiūt prona ad humū cornua. Garamantes ęthiopes matrimonia non nouerunt: sed fœminas cōmunes habent: vnde filii patres nesciūt. Hęc Solinus. Strabo autem refert. vlteriorem syrtis: ac repositam regionē. Et cyrenaicā libyes sterilem sane: primi Nasamones. Postea psylli & getulorū pars & Garamantes addit. Preterea garamātum terra q̄ Sylphium fert angusta est. & longa & arida. q Nec nostri generis ꝛc. SER. id est, nihil habentem humanitatis: nam non negat mortalem. CRIST. Nec nostri ꝛc. quasi diceret: non humani sed efferati animi. r Edunt. ANT. i. generant. s Sęuus amor. AN: Ostendit amorum crimina & sęuiciam. Medea enim Iasonis amore capta: illum a Colchis in Thessaliam secuta est. Cunqꝫ decenniū Corinthi secum fuisset: filiosqꝫ etiā peperisset. spreta ob nouam nūptam, Creusam: scilicꝫ: vꝫ

Glaucam Creontis filiam furore ducta: domum incendit radice quadã a Circe inuenta: ea virtute: vt incensus ignis nequiret extingui: Iason tamẽ euasit: Glauca & pater igne absumpti sunt. Quidam tamen scriptores volunt Medeę filios dona quędam sponte attulisse venenis illita: quibꝰ tactis sponsa & pater consumpti sunt. Irata autem Medea ꝙ Iason euaserat: eamq; spreueret in eius calamitatẽ oẽs iugulauit natos: excepto vno qui fugit. Thessalus scilicet: de quibus omnibus plura. Diod. libro. v.

t Natorum sanguine matrem. SER. quasi nouam artem insinuauit et infudit: & quoniã fabula omnibus nota est: per transitum tangit. Medea a Iasone cõtempta: filios suos interemit. Moderatione autem optima vtitur: vt nec totũ amori imputet: ne defendat paricidam: nec totum matri: ne amorẽ culpa eximat: sed et illã quę paruit: & illũ qui coegit accusat.

v Improbus ille puer. S. Nõ est superflua iteratio. nam fit silogysmꝰ: ex ppositiõe: assumptiõe: et conclusione. x Nunc & oues. A. Contraria fore extat: cũ pulcherrima turpissimo iũcta fuerit.

y Helectra. A. Ferũt heliades sorores phaetontis fratris interitũ tã diu deplorasse: vt mortuę oẽs in alnos tandem arbores lachrymantes adhuc cõuerterẽtur: earũq; lachrymas a celtis ipsis q ea circumhabitãt loca sępemi ror emungi: cum in aurum vertantur electrum: & tanq̃ in lapidem durescant. Id Dionisiꝰ scribit. Dicit preterea pprię helectrũ: teste Pli. li. xxxiii. Vbicũq; quĩta argenti portio inest auro mixta. De helectro etiã libro. iii. Geor. latius dicet. Electrũ sine. h. scribit cũ psylon ante e grece habeat. Contrariũ dicit Tortelliꝰ C. Electra succina sunt. ferunt fabule sorores Phaetontis: cum ille apud padum fulmine ictus cecidisset: illi flentes astitisse: & in arbores cõuersas gumi quod helectrum facit ex se emittere: dicitur q; helectrum quod ηλιοσ id est sol earum pater fuit. Longũ aũt esset referre diuersoꝝ scriptorum opiniões de helectro. nam neq; de regiõibus in quibus nascatur, neq; ex qua re gignatur inter illos conuenit. Sed certum est (teste Pli.) gigni in insulis septemtrionalis oceani: & a germanis appellari glessum. Itaq; nostri vnam illarum insulaꝝ glessariã nominant. nascuntur autem de profluente medulla pinei generis arboribus: vt gumi in cęrasis: resina i pineis erũpit: humoris abundantia. Quapropter latini succinũ appellant. densatur deinde frigore: aut tempore: vel mari: cum ęstus intumescens ex insulis rapuerit: expellit littora. qd aũt ex pinea arbore succus sit: indicat pineus in illo ex attritu odor. & qd accẽsuꝫ tedę more ac nidore flagret. Liquidũ primo distillare: argumẽto sunt quędã intus translucentia: vt formicę & culices: qui musco adhęserunt. De qua quidẽ re & apud Marcialem epigrãma est. nasci etiam in India certũ est. Nam Archilaus qui regnauit in capodocia illinc rude aduehi adhuc inhęrente cortice: politũq; lacte incoctũ dixit. Helectri vis est (teste Calystrato) vt contra lymphationes prosit. Propterea vrinę difficultati potum alligatumq;. accepta ex attritu vi caloris: paleas & frondes arentes ita rapit: vt magnes ferrum. Sed et hęc & multa alia distinctius inuenies in vltimo Plinii libro. Etruria succinum ambram vocat.

y Myricę. ANTO. de his late ęgloga quinta.

a Cygnis. ANT. Cygnus est auis vndiq; plumis albis conferta: & dulce canens. latine olor dicitur. Scribit autem Cicero libro primo Tusculanarũ: ꝙ cygni non sine causa Apollini dicati sũt Sed ꝙ ab eo diuinationẽ habere videantur. quia puidentes: quid in morte boni sit: cum cantu et voluptate moriũtur. meminit & Pliniꝰ libro. x.

b Vlulę. S. Aues. απο του ολολυζειν. i. a fletu denominatę. A. Vlulę aues sunt nocturnę ab vlulatu dictę. Comatas ait in Theocri. quĩta. Luscinię dulci raucos contendere turdos. Nec fas ẽ epopas cygnis obstare canoris.

c Tityrus. SER. vilissimus rusticus: orpheꝰ putetur in syluis. Arion vero inter delphinas. As vero breuis: quia grecũ. sic archadas accensos monstu. Greca enim habentia nominatiuũ in es vt Archades. habẽt as correptã in accusatiuo.

e Arion. SER. Lesbiꝰ cytharœdꝰ optimus: qui cum a tarento Corinthũ cum multis opibus peteret. & videret sibi in mari a nautis tendi insidias: petiit vt cythara paululum caneret: ad cuius sonum cũ delphini puenissent: excussit se sup vnũ: et ita imunẽs vitauit periculũ. De quo late Ouidius libro secũdo fast. ait autem: Quod mare nõ nouit: quę nescit Ariona tellus. Carmine currentes ille tenebat aquas. Protinus in medias ornatus desilit vndas. Spargit impulsa cęrula puppis aqua. Inde fide maius. tergo delphina recuruo. Se memorat oneri supposuisse nouo. Ille sedens cytharamq; tenens preciumq; vehendi Cantat: & ęquoreas carmie mulcet aq̃s. Hęc et plura Ouid. sed latissime Hero. circa pricipiũ primi li. qd repetiit etiã Gelliꝰ li: xv. c. vlt. C. Arion. Historiã ponit Seruiꝰ. Addit Herodo. hũc virũ metymnęũ fuisse: ac oẽs cythareędos supasse: et a Periandro corinthioꝝ tyrãno abeunte ĩ Italiã venisse: ac mltas adeptũ opes ex suo artificio nauẽ q̃rundã Corinthioꝝ q̃ ad Periandrũ rediret cõscendisse. & animaduersis insidijs: impetrauit a nautis vt aliquantulũ canere cythara sinerent: atq; νομον ορθιον cecinisse: mox se in mare pcipitasse: ac delphino susceptũ: in insulã Tenaron incolumẽ delatum esse. atq; inde ad periandrũ rediisse: et nautas q illũ in Italiã esse mentiti fuerãt ita arguisse: vt scelus fateri cogerent. Addit etiã idẽ Hero. ęneã statuã arionis a delphino vecti positã eẽ in Tenaro ĩsula. Omĩa vl' mediũ: summã oñdit desperationẽ.

f Viuite. S. valete: vt sit ñ optãtis sꝫ renũciãtis. C. viuite nõ optãtis sꝫ discedẽtis ẽ: et ad mortẽ pficiscẽtꝭ. g Specula. C. locꝰ editior dr̃ specła. vñ ad mltũ spaciũ facil' speculatio: pspectusq; fit. Easdẽ rõne specula fenestra appellatur. Vẽit etiã specicła p diminutionẽ a specło. h Extra

Sęuus amor docuit natorum sanguine matrẽ
Cõmaculare manus: crudelis tu quoq; mater:
Crudelis mater magis: an puer improbꝰ ille:
Improbus ille puer: crudelis tu quoq; mater.
Incipe menalios mecum mea tibia versus.
Nũc & oues vltro fugiat lupus: aurea durę
Mala ferant quercus: narcisso floreat alnus.
Pinguia corticibus sudent helectra myricę.
Certẽt & cygnis vlulę, sit Tityrus orpheus:
Orpheus in syluis: inter delphinas arion.
Incipe menalios mecum mea tibia versus.
Omnia vel mediũ fiant mare: viuite sylue.
Pręceps aerij specula de montis in vndas
Deferar: extremũ hoc munꝰ moriẽtis habeto.

mum hoc. S. moriar in inuidiã tuam. Amare enim dixit mun⁹. Sic Mezentius. Hec tibi porto dona prius. A. Extremũ hoc. Ordo est. Hoc habeto extremũ munus morientis. i Dicite Pierides. S. Bene animos erigit auditorum dicendo. Superiora vtcunq̧ dicta sunt: sequentia nõnisi a numinibus poterunt explanari. Sane id debem⁹ accipere. pastores referre: quę aliquãdo audierunt in Archadia. Vñ supius dixit: Incipe menalios .i. Archadicos. A. Dicite pierides. Hic versus totus est furii ex decimo libro. Lucre. item li. v. ait. Maior erat natu: non oĩa possumus oms. Macro. auctor li. vi. C. Pierides: Sine quarũ auxilio rem ipsam propter suam magnitudinẽ nos dicere non possemus. Et sic attentionem restaurat auditorib⁹ qui iam audiẽdi fessi esse possent. k Non omnia possumus omnes: S. Sic Cicero. Vnum sustinere vix pauci põt: vtrunq̧ nemo: C. Immo fortasse nullus est qui possit omnia. l Verbenasq̧. AN. Verbena Iouis ara vrebatur: domus purgabatur lustrabaturq̧. ferebatur autem domestica: flore albo in hortis: sacerdotes eam purificationibus adhibere cõsueuerũt. sicq̧ medicus visitãdo infirmũ ipsam portauerit egroto nesciente: & dicet egroto ipsi: qualiter es: si dixerit eger bene: sanabit. Si male morief. Hec alii. Plinius autẽ scribit libro xxii. c. iii. Verbenam dici gramen ex ara: cũ sua terra euulsum ꝛc. Propterea igitur pingues verbenas dici putarim. Nam & arę pingues dicuntur esse:

num poetam & insanum vatem. p Auertere. SER. a sanitate mutare. Vel auertere pro conuertere: vt sit mutata prępositio. Vel addit: Et etiam arguit a maiori. Nã si hoc faciunt carmina. facilius minora facient. facile enĩ est vt ex vrbe rus redeat rustic⁹. q Sacris (repete) magicis. A. Maxime questionis: & sp̃ incerte est inq̃t Plin⁹ xxiii. c. ii. valeant ne aliquid verba & incantamẽta carminum. Vestales nostras hodie credimus: nõdum egressa vrbe mãcipia fugitiua retinere vi sola precationis. Non pauci etiã serpentes ipsos recantari credunt. Catho credidit luxatis membris carmine iuuari. Marcus varro podagrę. Cęsare dictatore p⁹ vnũ ancipitẽ vehiculi casum. ferunt semp vt primũ consedisset (id qđ plerosq̧ nũc facere scimus) carmĩe ter repetito securitatẽ itineris aucupari solitũ. Hic et fascinatiõibus adoratq̧ peculiari occurrimus: & impares nũeros ad oĩa vehemẽtiores credim⁹. Idq̧ in febribus dierũ obseruatione intelligit. Scribit itemq̧ Theocrit⁹ apđ grecos. Cato apud nos: & Virgilius: amatoria incantamẽta imitati sunt. Magica p̃terea incantatio dicit. Mageno. magicã exerceo. r Ducite ab vrbe domũ. C. Sic etiã Theocriti in Pharmaceutria adhibet intercalarẽ versũ haud dissimilẽ.

Desine menalios / iam desine tibia versus.
Hec damon: vos q̃ responderit Alphesiboeus
Dicite [i] pierides. nõ omnia possumus [k] omes.
Effer aquam: & molli cinge hec altaria vitta:
Verbenasq̧ [l] adole [m] pingues & [n] mascula thura.
Coniungis vt magicis [o] sanos auertere [p] sacris [q]
Expiar sensus: nihil hic nisi carmĩa desunt.
Ducite [r] ab vrbe domũ mea carmĩa ducite Da (phnin.
Carmina v[s]el celo põt deducere lunã:
Carminib⁹ Circe [t] socios mutauit Vlissis.
Frigidus [v] in pratis cantãdo [x] rumpitur anguis.
Ducite ab vrbe domũ mea carmĩa ducite Da
Terna [y] tibi hec p̃mũ triplici diuersa colore (phĩ

s Celo põt ꝛc. C. Magorũ est polliceri suis carminib⁹ lunã e celo euocari. Vñ in Thessalia cũ lunam laborare timerent: carminib⁹ tinnitu vasoꝝ eneoꝝ: ne illa carmĩa audiret obstrepebant. Hinc Iuue. Iam nemo tubas: nemo era fatiget. Vna laboranti poterit succurrere lunę. t Circe. A. solem ferũt duos peperisse pueros Aetam & persem. Aeta in colcho regnauit. in Thaurica perses. crudeles ambo efferiq̧. Preest Hecatę orta est q̃ postea Aete nupsit. genuitq̧ liberos tres. Circẽ. Medeã & Agialeum. Circe ad omnis generis venenorũ curã versa: multarum herbarũ radicumq̧ varias vires mirabilesq̧ reperit. Venit demũ ad Italiã inq̧ eo p̃motorio. qđ nunc q̧ ab ea Circeũ vocaf resedit. Hec ex Dio. libro. v. Quõ aũt vlissis socios carminibus verterit in feras: legito Ouid. li. xiiii. Cicero autem in libro de na. d. scribit: Circem solis fuisse filiam ex pside Oceani filia. v Frigidus. S. nocens. vt frigida saturni q̧ sese stella receptet. x Cantãdo. S. Dũ incantat. Gerũdiuus enĩ mod⁹ ab oĩ verbo simił creaf. Ergo hic passiue p̃tulit. Cũ aũt dixit. Cantãdo tu illũ: actiue. Salu. Cum ipse ad impandũ vocaref. i. vt ei imperaret. y Terna C. Pręter animos negãt Pythagorias & Platonici quicq̧ muneris esse pfectius. quippe causa figurarũ numeroꝝq̧ serie ac p̃positione a summo deo constituta sint oĩa. atq̧ ita digesta: vt nũeris & figuris videanf. Ait enĩ Pythagoras ex monade oriri numeros: ex numeris puncta. ex punctis lineas: ex iis figuras planas: ex planis solidas figuras ex his solida corpora: & ex his elementa esse: ex q̃bus sit mũdus. Trinitatẽ aũt Pitagorici rerũ oĩm mẽsurã dicũt. Nam deus ternario nũero res gubernat. Primo enĩ singla creat. Scđo ad se creata rapit. Res rapta pficit. Res itidẽ m

CRIST. Verbenas quasi herbena: p̃prie species herbę est quę alio vocabulo (vt est in sinonimis) verminatio dicif: grece dicitur ispoBOTαVN quasi sacra herba: q̃niã illam sacrificiis adhibebant antiqui. Capitur autem verbena pro omnibus frondibus qui adhibentur in sacris.

m Adole. S. incende: κ αγα ευφημιο μου Nam adole est auge. A. Adole: id est vre: teste Nonio. Alibi adolere significat augere: honorare: propitiare. vt libro. v. Eneid: Et flammis adolere penates. n Mascula thura. AN. Aliqui putant a specie testiũ dicta. Sunt enim rotũdiora. et religioni tributa: ne sexus alter vsurparef. auctor Plini⁹ libro. xii. C. Mascula thura. Thus masculũ appellant medici q̧ subalbidũ & rotundum & pingue & naturaliter leue & frangibile est: & quod ad ignem cito accendatur odorẽ suauem copiose emittit. Hoc enim optimũ est: vt ait Diascorides. o Sanos: S. non amantes: vt insanos amantes dicimus: A. Qui enim amãt nõ sani sunt: Hinc illud Maronis libro. iiii. Quũ sic vnanimẽ alloquif: male sana sororem. C. Sanos. nullo amore implicitos. Insanos enĩ dicimus furiosos ac furoris plenos. Plato ait. Quattuor species furoris eẽ. Vaticinii q ẽ ab Apolline: poeticę facultatis qui est a musis: amorũ qui est a venere. mysteriorum q est a baccho. Ergo qui amant: furore perciti sunt. Ergo furiosi. id est insani. Vnde sequitur q̧ qui sani sunt non ament. Vult itaq̧ auertere: id est remouere sensus viri sui sanos. i. ab amore liberos: quod faciet si implicabit amore. Vnde erunt insani. quemadmodũ dicimus insa

Litia cir[z]cundo: terq; hec altaria circum

Effigiem[a] duco: numero[b] deus impare gaudet.

Ducite ab vrbe domū mea carmīa ducite Da

Necte tribꝰ nodis ternos amarylli[c] colores[d] (phnī

Necte amarylli mō: & veneri[e] dic vincla necto.

Ducite ab vrbe domū mea carmīa ducite Da

Limꝰ[f] vt hic durescit: hęc vt cęra[g] liq̄scit (phnim

Vno eodēq; igni: sic nostro Daphnis amore.

Sparge molā[h] & fragiles īcēde bitumīe[i] lauros:

Daphnis[k] me malꝰ vrit: ego hāc ī daphnide[l] lau

Ducite ab vrbe do. mea car. du. daph. (rum.

Talis amor daphnim: qualis cū fessa iuuencū

per nemora atq; altos q̄rendo buccula[m] lucos

propter[n] aquę riuū viridi ꝓcumbit in herba.

perdita[o]: nec serę meminit decedere nocti.

Talis amor teneat: nec sit mihi cura mederi[p].

Ducite ab vrbe domū mea carmīa ducite Da

Has olī exuuias[q] mihi pfidꝰ[r] ille reliq̄t (phnī

pignora[s] cara sui: q̄ nunc ego limine in ipso

Terra tibi mādo: debēt hęc pignora daphnim.

Ducite ab vrbe do. mea car. ducite daphnin.

primo a perenni fonte effluūt dū nascunt̄. Scdo in eūdē refluunt. dū suā illam originē repetunt. Tertio pficiuntur in suū principiū iam reuersa. Orpheꝰ igit̄ deū: principiū: mediū: et finē dixit. Pricipiū aūt vt ꝓducit. Mediū vt producta adīse rapit. Finis vt redeūtia pficit. z Litia. S. Nam vt licia stamen implicant: ita adolescētis mentē implicare cōtēdit. A. Litia: ꝙ ea vim in carminibꝰ haberent. Innuit etiā Pli. li. xxviii. Quum ait inguinibꝰ medent̄ aliqui liciū tęle detractū alligantes nouenis septenisue nodis: ad singulos noīantes viduā aliquā: atq; ita inguina adalligātes licio. a Effigiē. S. s. amatoris. vt Dido. effigiēq; toro locat haud ignara futuri. b Numero deus impare. S. ꝓ impari. s. q̄cunq; superoꝝ. vel hecate cuius est triplex ptās: vnde tria virginis ora Dianę. A. Impares numeros ad oia vehemētiores credimꝰ inquit Pli. li. xviii. c. iii. et Macro. li. i. Sat. scribit: ꝙ impar nūerꝰ mas. et par foemina vocat̄. Itē arithmetici imparē p̄ris: et parem m̄ris appellatiōe venerant̄. Plinius itē li. xii. inq̄t: ꝙ masculinū genꝰ religioni tributū est. c Amarylli. S. vtūs grecus est. Hęc amaryllis est ea quam greci συμνιστιν dicunt. d Ternos colores. C. manet in eadem trinitate. e Veneris dic vincula necto. S. Anapesticꝰ est trimeter hypercatalecticus. hoc aūt metrū est cupidini consecratum. C. Veneris dic vincla necto. Simile q̄ddā & Theocritus. πανα μα καιλεγε ταυτα δελφισοσος ισμασο: f Limus. vt hic CRI. queādmodū vnus idēq; ignis liq̄facit cęrā. ac ecōtra limū cōsolidat: sic amor q̄ ignis est: liq̄faciendo te mihi: reddet durū aduersus alias. Vel cū liq̄fecerit: & mollē reddiderit in n̄rm amorē ꝯsolidabit: vt ꝑmaneas i eo: nō dissiꝑe ē illud Theocriti. g Cęra liq̄scit. Simeta ī theocriti scd̄a ait. Vtq; meis pallens digitis bn̄ cęra liq̄scit. Mindius extēplo sic n̄ro delphis amore. h Molā. S. Far & salem. A. erat mola ex sale & fare molito: vt scri. Varro. i Bitumīe lauros: S. i. lauros diuīo igne cōsume: nā bitumē ex fulmīe dr̄ ꝓcreati. Vn̄ iuxta babyloniā: q̄a freq̄ntia cadunt fulmina. hac re lacus abundat: adeo vt ex bitumīe fabricasse muros semiramis dicat̄. A. Bitumē est terrę gleba: q̄ a calore liq̄facta afflat̄ atq; diffundit̄. rursūq; in glaciē fortissimā ab aqua frigida īmutat̄: q̄lis ē lacuū aq̄. Vn̄ et sectōe et incisione opus ē. Id postea in summo fluitat. Stra. aūt lib. xvi. Pli. xxxv. c. xiiii. scri. ꝙ bitumen: alibi limꝰ: alibi terra. Limꝰ Iudeę lacu mergēs. Terra in Syria. Est vero liquidū bitumē sicut & acyntiū: gignit̄: & pingue liq̄risq; oleacei in sicilia. vtūturq; eo ad lucernarū lumia. Itē ad scabiē iumentoꝝ. Vis bitumis q̄ sulphuris: sistit: attrahit. discutit: glutinat: ad lępras prurituśq; corporū efficax. Hęc ex Pli. Lauro aūt in suffimētis & purgatōibꝰ vtebāt̄. nō tn̄ fas erat in ꝓfanis vsibus pollui laurū. Vt Pli. li. xv. meminit. Ci. Bitumē Iudeę lacus ē: quē asphaltē noiant. īmenso ambitu. vn̄ mare mortuū a nōnullis noiat̄: sed sapore corruptior est q̄ mare. grauitate odoris accolis ē pęstifer. Et vt placet Soli. aial nullū habet: nihilq; in eo mergi p̄t. Vn̄ etiā (teste Cornelio tacito) nandi īperitos attollit. Certo. eīn tempe bitumen egerit: quod a lacu etiā asphaltum noiant. Liquor est acer natura sua: & sparso aceto cōcrescit. Primū māu trahit̄: inde nullo iuuāte influit: non ęre: nō ferro: sed sanguie mēstruo scindit̄. Iordanē oēm ꝑ hūc labi dicūt: nec tn̄ īfici. Hoc Semiramyn ꝓ calce ad structurā babilonicorū mœnium vsam dicūt. Plinꝰ scri. bitumis naturā ꝓxima esse sulphuri. Idq; ēē velut limū a Iudeę lacu emergat. Preterea multa q̄ de bitumie ab eodē dicūt̄. Diascori. ait: bitumē aliud aridū: aliđ liquidū esse. Aridū gigni in Iudea phœnice & Sidonia. Liquidū ī babilonia. Apollonia & Sicilia. Vocatur a nōnullis stercus demonis. Galienꝰ dicit illđ vim hr̄e calefaciendi & desiccandi. Serapion scribit ꝙ ꝓhibet apostemationem vulnerū. Suo suffitu confert doloribus matricis. Potū cum castoreo et vino. ciet menses: et confert tussi veteri: & asmaticis. & morsibus venenosoꝝ: Potū cū aceto soluit sanguinē coagulatū. Impositū dentibꝰ sedat dolores. admixtū farinę ordei. & nitro & cęrę ꝓdest podagrę. k Daphnis me malus vrit. A. Simeta in scd̄a Theocriti ait. Cōburit me delphis. ego hāc in delphide laurum. l In Daphnide. S. Arcaismos pro in Daphnidem. Vel intelligamꝰ: sup̄ Daphnidis effigiem: eā laurum incendere ꝓpter nomis sīitudinē. m Buccula. SER. Bouis est diminutiuū. Bos anormalū est. nā bos et bobus producit primā syllabam. in reliquis casibꝰ corripit̄ prima. n Propter. S. iuxta. A. prope. o Perdita. S. amore cōsumpta. C. Versus est ex Vario de morte dicit enim. Non amnes illi medii: nō ardua dant̄ flumia: nec serę meminit decedere nocti. A. vt docet Macro. li. vi. satur. p Nec sit mihi cu. mede. S. Aut nolim magicis artibꝰ subuenire: aut nolim cū ipso cōcūbere. C. Nec sit ⁊c: Optat eni et illū amore implicari: & se cōtra ita liberari: vt eū negligat. Sic eni ad plenū iniurias vlciscetur.

q Exuuias. C. Quoniā pro hoste ille se gesserit: exuuias appellat: q̄s ille ꝓ amoris pignore reliq̄t. r Perfidus. S. Nūc. s. pfidꝰ. C. pfidus. Iurgiū est amātis. nam dolet fidē frangi. s Cara. S. Nam res amati vehementer diligit amans. Hęc duo etiā in Didone exp̄ssit: ꝙ tūc haberet ꝓ exuuiis: & olim ꝑ pignore amoris cara. Iuuenal. Grato ꝗ indulget Basia plectro. t Et limen. S. Ipso loco veste sacro. v Has herbas. C. Ex quibus facile fiant venena .i. philtra amatoria: q iure venena dicunt: qm ꝑ venas ad pcordia discurrant: vñ veneficia appellant: & venefice que illa faciat. x Ponto. A. mēsura ponti a Bosphoro ad meotidis lacū ꝑtendit. vt scri. Pli. li. vi. Soli. aūt scribit in ponticis oris aconem portū esse: qui ꝓuentu malorum graminū vsqꝫ adeo celebris est: vt noxias herbas aconita illinc nominemus.

tuum ver. Qui preceptorem sancti voluere parentis esse loco. Et propertius. Terra tuum spinis obducat lena sepulchrum. Et tua (quod nō vis) sentiat vmbra sitim. d Alio traducere messes. S. scilicet: magicis quibusdā sacris hoc fiebat. Vñ est in duodecim tabul: Neue alienā segetem pellexeris. AN. Quin etiā inqt Pli. li. xxviii. c. ii. Et legū ipsarū in .xii. tabul verba sunt: q fruges excātasset. & alibi. Qui malū carmē incātasset. C. Alio trad. zc. Hoc in xii. tabul fieri ꝓhibetur. e Ne respexeris. SER. Nolunt em̄ se videri numia: nisi ex nimia necessitate. vñ ꝓ miraculo dr. Alma parens cōfessa deā: qd nō faceret nisi in pˀiculo filii. f His ego daph. C. His tam validis. g Aggrediar. C. veluti hostem. h Nihil ille deos zc. S. Satis est ꝙ putat antē magicā nihil valere. sꝫ de his in .iiii. Eneid. plura. A. Ondit per hoc Maro carminibus nō esse pōdus. CR. Stupefacta. hec dicit Admirat em̄ ꝙ cū ad id sacrorū iam puenerit: tñ adhuc illū moueri nō sentiat. i Aspice. A. verba sunt Amaryllidis. C. Cum ita admirabunda staret: secutū est hoc mōstrum. Vñ Amaryllis q latura erat cineres: admonet eos flammas concepisse. k Corripuit tremulis: SER. Hoc vxori Ciceronis dicitur contigisse: cum post peractum sacrificiū libare vellet: in cinere visa est flāma: quod significauit eius maritū eo āno futurum consulē. vt ipse in suo testatur poemate. l Bonū sit. SER. Ideo dubitat & optat: vt hoc signū bonū sit. qa ignis

Has ^v herbas atqꝫ haec ^x ponto mihi lecta venena
Ipse ^y dedit moeris: nascunt ^z plurima ponto.
His ego ^a sepe lupum fieri: & se ^b condere syluis
Moerin: sepe animas imis ^c excire sepulchris
Atqꝫ satas alio ^d vidi traducere messes. (phnim.
Ducite ab vrbe domū mea carmīa: ducite Da
Fer cineres Amaryllli foras: riuoqꝫ fluenti
Trāsqꝫ caput iace: ne ^e respexerꝭ: his ^f ego daphnī
^g Aggrediar: nihil ille ^h deos: nil carmina curat.
Ducite ab vrbe domū mea carmīa: ducite Da
^i Aspice, ^k corripuit tremulis altaria flāmis (phim
Sponte sua dū ferre moror cinis ipse: ^l bonū sit.
^m Nescio ^n quid certe ^o est: & hylax in ^p limine latrat.
^q Credimus: an q amāt ^r ipsi sibi somnia ^s fingūt.
parcite ab vrbe venit: iā ꝑcite carmīa daphnis.

y Ipse dedit moeris. C. Probat āt efficaciā veneficii ab auctore: Ait ergo ipse Moeris. nam emphasim facit ꝓnomē. & Moeris ea grauitate ꝓnūciat: tanqꝫ si sonet: maxime in ea re artifex. z Nascuntur plurima ponto. CR. probat a patria. Nam in ponto fuit medea oīm veneficarum maxima. Sed quō lecta sunt ab eo venena: si Moeris dedit: Sꝫ legimus: Ipse moeris dedit venena lecta mihi. i. lecta vt ego haberem: q si dicat meo nomīe legit. nam cū legunt herbas nominant cui legāt. CRI. Refert Augustinus in lib. de ci. dei. M. Varronē scribere de archadibus: ꝙ illi sorte ducti transnatāt qddā stagnū: vt ibi in lupos cōuertant. & cū similibus feris viuūt. Si vero carne hūana non vescant: rursus post nouē annos remeato eo dē stagno: reformāt in homies. Deniqꝫ qndā demenetū parrhasium gustasse de sacrificio. qd archades imolato puero faciūt deo suo lyceo: & in lupū couersum: & .x. āno in hūanā effigiē reuersum: in olympia pugilem victoriam meruisse: nec propter aliam causam: & lyceum Iouem: & lyceū pana in Archadia vocari existimat Varro: nisi ꝙ ea non alia ꝙ̄ diuina fieri posse existimat. Pli. etiā scribit. Euanthem inter auctores grecie non spretum: tradere: ꝙ Archades scribunt ex gente Anthei cuiusdā sorte familia electum: ad stagnū quoddam eius regiōis duci: vestituqꝫ in quercu suspenso tranare atqꝫ abire in deserta: transfigurariqꝫ in lupū: & inter lupos versari per annos nouē: quo in tempe si ab homie abstinuerit: redire ad stagnū illudqꝫ tranare: et effigiē hūanam pristinā recipe: addito .x. annorū senio. Additqꝫ fabius eandem recipe vestē inter auguria ad dextra cōmeantiū precisio itinere: si pleno id ore fecerit: nullū omen pstantius. Addit idem Augustinus mulieres fuisse in Italia: q dantes aliqd in caseo: hoies in iumenta mutabāt: que necessaria queqꝫ portabāt. deinde pfuncti opa ad se redibāt: nec tñ sensus rōnales in illis mutabant. b Et se condere syluis. C. Nam (vt dixit Varro) cū similibus feris habitabat. AN. Sed vt ait Pli. lib. viii. hoies in lupos verti. rursusqꝫ restitui sibi: falsum eē confidēter existimare debemus. Aut credere omia q fabulosa tot seculis cōperimus. c Imis sepulchris. C. Credidit āntiquitas vmbras defunctorū in sepulchris requiescere. ac ꝓpterea magne illis curgerant sepulchra. Iuue. Dii maiorū vmbris tenuē: & sine pondere terram. Spirantesqꝫ crocos: & in vrna perpe

medius est. & qui possit etiam nocere. ANT. Dubitat an bonum an malū cinis accensus protendat. deinde certior ait. quid certe est. m Nescio. C. quasi dicat nescio audiam an nō audiam. n Quid certe ē. A. aliqd est. C. Certe est. Cum iterū atqꝫ clarius audisset dixit: certe ē qd: id est aliquid. Et secutus ē poeta naturā. Nam qn aliqd ex lōginq apparet: adeo dubia res est: vt incerti simus: sit ne: an nō sit: deinde cū magis appropinqt videmus etiā: sꝫ tñ quid sit nondū cōstat: paulo vero post cognoscimus quid sit. Verbi gratia ꝙ sit equus: ac demū cognoscimus nō mō equū esse: sed etiā meū vel tuū. Eadem ratio est i auditu. o Hylax. A. Melius ꝑ x. ꝙ̄ ꝑ s. scribit in fine. Hylaco autem vel hylacteo: latro vel resono significant. Hinc et hylactor nomē canis apud Ouid. p In limine. S. In loco vbi amat. vestes obruerat. q Credimus. A. s. aliquē eē. CRI. Dubitarat primū an audisset quippiā: deinde cum constaret audisse dubitauit qd audisset. Postremo putauit audisse virū. Verū cū nimis virū cuperet: dubitauit rursus an nimia cupiditate deceptus sensus: id putaret eē qd nō eēt. r Ipsi sibi somnia fingūt. S. Omia q sup dixerat de arte magica destruit dicens. Hec tm̄ desiderātibus vera videri. quod per puerbiū est locutus. s Fingunt somnia. C. prouerbiū est: nam qui nimia cupiditate decipitur: & credit id esse quod non est: dicitur sibi fingere somnia.

Mœrim nona tenet ḡrulantē plima amico. Tempora flet Mœris, flet pdita rura Menalce:
Et lycidā rursum solantem: & multa rogantē. Virgiliū laudat lycida vocitando Menalcam.

QUo te Moeri pedes
an quo via ducit: in vrbem? Me.
O lycida viui peruenimus: aduena nři.
(Quod nūcq; veriti sum9): vt possessor agelli
Diceret hęc mea sūt: veteres migrate coloni.
Nunc victi tristes: qm̄ sors omnia versat.

QVo te moeri. S. hęc egloga ɔtiuū nō habet carmē: sed ex diuersis locis Theocriti aliq̄ ad eam cōtulit Sane hoc cōtinet. Virgilius postq̄ pene ab Arrio cēturione occisus est. romā reuertens mandauit procuratoribus suis vt tuerent agros: sed ad pñs obsequerentur Arrio. ergo Moeris pcurator eius mō hędos Mātuā ad Arriū portat secundū pręceptū patroni. Et interrogatus ab alio pastore quo pergat? Deflet suas miserias: Et hinc varie pręstatur occasio cantilenę. A. Quo te Moeri? Argumētum patet in carminib9. C. Quo te? Rustican9 modus loquendi: & pastori vehementer quadrans: q̄s uis vtat expolitione. b Ducit. S. quo te pedes subaudi ducunt. zeugma a posterioribus est. c O lycida. C. o nō vocātis sed dolentis est. d Viui. S. diu viuendo. et ostendit diuturniorē vitā sępe nocere. cū sit interdū causa miseriarū. A. Viui peruenimus. Solet em̄ vita longior plurima incōmoda afferre. Vnde Iuue. de Priamo inquit. sat. x. Longa dies igitur quid contulit? oīa vidit euersa: & flammis Asiam ferroq; cadentem. C. Viui. q. d. hanc calamitatem pręstitit diuturna vita. e Quod nūcq; veriti sumus. S. Quia inopinata grauiora sunt mala. hinc Dido. Hūc ego si potui tantū sperare dolorē Et perferre soror potero. C. Quod nūcq; veriti sumus: Viciū em̄ hoīm est: vt oēs sibi foelicitatē pponāt: nūcq; ad tristia respiciant: q̄obrē impręmeditati sępe opprimūtur a calamitatib9: quę quidē quātomagis improuisę sunt: tanto magis offēdunt. Quapropter Cicero i. Tusc. ostēdit perturbationes grauiores etiā fieri: cū calamitates impręmeditātes nos subito iuadūt. Quapropter grauius vrgebat Moeris q̄ hęc mala nō preuidisset. f Migrate. C. q. d. nō reuersuri discędite: aliud em̄ est si dico Discędo hinc: aliter si dico migro: nā qui discedit redibit fortasse paulopost. qui aūt migrat: eo cōsilio discędit: vt alibi sit domiciliū positur9. g Victi. S. Impotes voti. Vt victores dicim9 voti cōpotes qui quicquid libet faciūt: ergo victi quib9 parendū est: nā victi nō sūt Mantuani qui ne bella quidē gesserūt. A. Victi. superat violētia militū Est aūt ordo. Nunc victi nos qm̄ sors omnia versat: tristes id est inuiti mittim9 illi. i. aduenę possessori hos hędos. quod nec bene vertat. id est in bonū conuertat.

h Sors oīa versat. S. Nisi ad rusticanā psonā referas: aspere dicitur cōtra Augustū. cui9 foelicitatē sors posset mutare. A. Sors oia ver. Sed profecto fortuna in omni re dn̄at inquit Salust. in Catil. & Laberius teste Macrob. li. i. Fortuna īmoderata in bono ęque atq; in malo.

i Illi. S. Ario: Nec bene vertat in ꝑniciē eius vertatᷣ: vt malo omine hoc munus accipiat. Tractū aūt hoc est ab Hectore & Aiace: Nam Hector dedit Aiaci gladiū quo se Aiax postea intermit. Hector vero baltheū accepit ab aiace quo postea circa muros patrię tractus est. Inde natū est illud Comicū. Dii bene vertāt quod agas. Plerūq; eñ bona in peius & mala mutanᷣ in melius. k Qua se subducere. S. ex alto in campos dissolui. A. Qua se ꝛc. Describuntur hic Maronis agri. Subducere descendere. C. Describit Maronis predii terminos. l Iugum demittere. A. id est relinquere summitatē

nec vllarum virium sunt: licet ꝑ riora sint. C. Q; aūt Colūbas dicunt fuisse nigras: est vt notetur mulieres egyptias fuisse: Et profecto eundem ritum qui in templo Thebani Iouis est: in Dodoneo oraculo obseruari affirmat.

t Quacunq;. S. ratione. Recte autem auguriorum peritiam dat ei de quo dixerat: sępe lupum fieri. AN. Quacunq; id est quomodocunq;.

v Nouas lites. SER. Magna militaria iurgia. A. Probus scribit ꝙ vbi Maro amicorum beneficio promeruerat vt agros suos reciperet: cōcitauit in se veteranos: adeo vt a Milone Torone primipilari pene sit interfectus nisi fugisset. Hinc ait, Quod nisi me quacunq; ꝛc.

Hos illi (q̊d nec bn̄ vertat) mittim⁹ hędos. L.
Certe eqdē audierā: qua se subducere colles
Incipiunt: molliq; iugum demittere cliuo
Vsq; ad aquā: et veteris iā fracta cacumia fagi
Oīa carmib⁹ vestrū seruasse Menalcā. Moe.
Audieras: & fama fuit. sed carmina tantū
Nostra valent lycida tela inter martia: q̄tū
Chaonias dicūt aquila veniēte columbas.
Quod nisi me quacūq; nouas incidere lites
Ante sinistra caua monuisset ab ilice cornix:
Nec tu⁹ hic mœrꝭ: nec viuēt ip̄e menalcas. L.
Heu cadit in quēq; tm̄ scelus: heu tua nobis
pene sil' tecū solatia rapta Menalca. (herbis
Quis caneret nymphas? q̄s humū florentib⁹
Spargeret? aut viridi fōtes induceret vmbra?

m Molli cliuo. A. Facili descensu: habebant eñ Maronis agri iuictos colles inde erat ei ascensus ad illoꝝ summitatē. n Vsq; ad aquā. S. scilicet Mincii fluminis. Superiorē circūscriptionē intelligam⁹ aut Virgilii: aut oīm Mantuanorū agrorū ec. A. Vsq; ad aquā In Tityro dixerat Quāuis lapis oia nud⁹ limosoq; palus obducat pascua iunco. o Fagi. A. Propterea non ab re sub tegmine fagi recubans: dixit Mœliboeus. p Carminib⁹ seruasse. A. hoc loco nō pastor Menalcas Sed Virgilius est intelligēdus per allegoriā. vt scribit Fab. li. viii. q Fama fuit. S. Beniuolētia Augusti fama vulgauerat. Sed belli Actiaci necessitas īpediuit. C. Fama fuit. Est perinde ac si dicat, verꝰ est: nam hoc differt a rumore fama: quia rumor est earū rerū quarū nullus est cert⁹ auctor: ergo falsa res esse pōt. Fama aūt certos habet auctores. ergo res vera vt plurimū. r Chaonios colūbas. S. Epiroticas In epiro eñ nemus dicitᷣ fuisse in quo responsa dabant colūbe. q̊d iccirco fingūt. q̄m Thessala lingua: Pelliades & colūbę & vaticinatrices mulieres dicuntur. A. In Epiro erant primi Chaones. a quib⁹ Chaonia dicta vt scribit Pli. li. iiii. Maro li. iii. Refert. Herodo li. ii. C. Chaonias col. speciē pro genere ponit. Cęterꝰ Chaonia pars Epiri est in qua est sylua Dodona. Hęc oraculū habet Dodonei Iouis: quod responsa dat per columbas. Ait aūt Hero. in Clio hoc oraculū oīm quę in grecia sunt antiquissimū esse. & circa sui principia vnicū. Addit prętera et hocq; in Dodona. & illud quod in lybia est constituisse duas sacerdotes Thebani Iouis: quę a phoenicib⁹ abactę: huc altera: illuc altera peruenerat. Et hę quidē sacerdotes Iouis dicere: antrū in loco Dodonei oraculū notatum esse: Duas nigras colūbas ex egyptiaca thebe euolasse. alteram in lybia templū Ammonis ędificari iussisse. Alteram in Dodona silua supra faguin cōsedisse. voceq; humana locutā: illic Iouis oraculum constituendū dixisse Sacerdotum vero earum quę in Dodona fuerunt vetustissimam promęniam vocatam esse: Secundā tymereā: nouissimā Nicandrē. Verū idem Hero. priori opinioni assentit: neq; credit columbas sed mulieres e Thebano templo venisse. Nec mirū quod peliades id est colūbas fuisse dicant greci. Nam antiqua pelasgorum lingua mulieres peliades dicebantur.

s Colūbas. S. Quia minora augaria maiorib⁹ cędūt

x Sinistra. S. hoc ad auguralē ꝑtinet disciplinam: Augures eñ designāt lituo spacia et eis dant nomia: vt ꝑma pars antica: posterior postica: item dextera: et sinistra. modo ergo cornicē de nulla parte venisse dicit: sed ab antica ad sinistrā volasse. Ilex vero quę glandifera arbor et: et caua .i. viciosa est: vitium possessionis ostēdit fore. per milites clamore gaudentes et litib⁹ sicut cornix: quę clamore lętatur & alias aues frequenter inuadit. Augurium vero prohibuit vt abstineret a militibus qui retēturi erāt agros. C. Sinistra Est in libris augurū: cornicē a sinistra parte ratum facere: et Cic. de diuinatione ait: aliis auib⁹ a dextra: aliis a sinistra datum est vt ratum augurīū faciant. Et alibi. Cur a dextra coru⁹ a sinistra cornix facit ratum. Et plautus in Azinaria Picus & cornix est a leua: coruus a dextra.

y Ilice. C. Glandiferę arbores maximeq; sunt hę: robur: quercus. aestulus: illex: cerrus: suber: fagus:

z Tuus moeris. tu⁹ amic⁹. Heu cadit. postq; audiit occidi potuisse virgiliū quasi obstupuit hoc generaliter dicit. pōt in quēq; tantū scelus venire vt virgiliū necare cōtendat? z Heu cadit. C. Magna exaggeratio sceleris: cū tantū putatur: vt in nullum cadere existimetur. Auget deinde duplici repetitione. heu. et quis: item interrogatione.

a Tecum solacia. S. Nam cū suis solaciis perit poeta qui nondum editis carminib⁹ moritur, nōdum eñ aliquod opus scripserat Virgili⁹. Solatia latenter tempora Augusti carpit. in quibus carmina non oblectamento fuere: sed solatio quod infoelicium esse consueuit. C. Solatia rapta: Non puto Poetam voluisse taxare tēpora Augusti. Itaq; sententiam credo esse hāc. Maximus moeror prouenisset ex morte Menalcę. Sed tamen si carmina aliqua reliquisset: attulissent illa quidam solacium in dolore: nunc autē quia extinctus fuisset nullo relicto carmine: non solū Menalcas fuisset ereptus nobis: ex qua re multus sequebatᷣ moeror: sed etiam carmina quę solacio esse possent.

b Quis humū. S. Sic est dictū. vt tū Phaetōtiadas musco circūdat amarę corticis atq; solo ꝓceras erigit alnos.

c Fontes induceret. S. tegeret: cooperiret. A. delectaret. Inducere eñ q̄nq; delectare significat. vt etiā Noni⁹ edocet.

d Vmbra viridi. A. Plantando. s. arbores iuxta fontes. Et ꝑ hyppalagen legiᷣ. vt dicat, quis induceret viridē vm brā fontibꝰ? vel. s. quis caneret carmīa ⁊c. e Vel q̄ sub. S. Rustica affectione se reminisci illoꝶ carminū̄ fingit que aliquādo a virgilio licet inuito Romā eunti abstulerat: nā sublegi est furatus sum. Vn̄ et sacrilegus dicitur qui sacra legit. i. furat. f Delitias nostras. S. cōem amicā. g Tityre dū redeo. S. Theocriti sunt versus verbum ad ꝟbū trāslati. Sed tn̄ virgilii negociū continētes. nā allegoricos impat suis vt rem tueant: nec tn̄ audeāt ꝯtra Ant̄ ꝑceptū venire: A. Hec carmina Menalcas amicā petiturus cecinerat: que postea lycidas ei sublegit. C. Mirū poetę ingeniū: vt aliena carmīa ita in suū opus transferat: vt seruata egloge lege tn̄ quod ad negocium suū pertinet allegorice includat. h Interagendū. S. dū agis: & honesta locutio est, si dicamꝰ intercenandū sum hoc locutus. i Occursare. A. Theocritꝰ ait in iii. Tityre lasciuas virgulis pasce capellas Post age muscosos fontes has tityre pascas Interea occursare capro qui venerat oris Puniceo lybicis: cornu ferit ille caueto. k Immo. A. potius quia cecinisset hec carmina. l Varro. C. in honorē vari. m Nec dum pfecta. S. Nimię familiaritatis est signū: ꝙ ei recitabat carmē nondū ad limā reductū. Dicit aūt carmē q̄d q̄si cœperat in honorē Varri cōponere. & per trāsitū ponit diuersa schedia. C. Nondū pfecta. Nam si perfecta fuissent nō fuissent arrepta solatio. Et vt honoret Varum ostendit ꝙ nō adhibuerat eū auditorē vt voluptatem caperet: sed iudicē: vt errata corrigeret. n Supet mō mantua nobis. S. supersit. reddat. Et hoc dicit Si mantua fuerit nobis reddita: faciā vt te celebrēt oēs poetę. A. Supsit ad nostra comoda nō aliena. Superet. supsit nō deficiat quod esset nisi restituerētur agri. o Ve miserę ⁊c. S. Bene ingemit mantuanorū infœlicitatē: quibus sola obfuit vicinitas Cremonensiū Nam Cassii Bruti & Antonii copias Cremonēses susceperūt: quos etiā ipos mire accusat dicens: miserę Cremonę. A. Ve miserę. i. valde miserę ob amissos videlicet agros. Ve aūt particula in aliis vocabulum auget. in aliis minuit: hinc vehemēs & o ve grande dicimus. & vesanas & vecordes. Gel. auctor est li. v. c. xii. p Miserę Cremonę. S. que etiā si vellet: minime tantis copiis posset resistere. q Nimiū vicina. S. vsq3 ad periculū. Ordo triū versuū. Vare tuū nomē sublime ferant ad sydera cantantes cygni, i. poetę ⁊c. Sic Hora. de Pindaro. Multa dyrceū leuat aura cygnū. r Cyrneas. S. Venenata arbor est q̄ abundat in Corsica. Hec aūt insula grece Cyrne dicitur. Vnde fecit hanc deriuationē. cyrneas taxos quibus pastę apes mel amarissimū faciūt. A. Cyrnea in lygustico mari est, Corsica quā greci Cyrnō appellauere: Sed tusco ꝓpior a septentrione in meridiē proiecta. Pli. scribit li. iii. Plura tamen meminit Diod. li. v. C. Cyrneas. Cyrnon greci appellant insulā: latini Corsicā. de qua Diodorus & Stra. cōtraria scribunt: sed de hoc alibi: dicit aūt Diodorus illam abundare terebintho: cera & melle: et incolas pasci lacte & melle & carnibus: Plurimas autem ibi oriri taxos: ex quibus mella amara fiunt. de Taxo lege Pli. li. xxvi. s Cytiso. A. Vide superius. t Et me fecere poetā Pierides. CRI. Tria dicit que fecerunt illum poetam. Pierides. vt sit fides ab auctoribus: nam solum musę faciunt Poetam. v Sunt et mihi. CRI. vt ostendat ab effectu se esse poetam.

x Dicūt. S. Verecūde suū meritū extenuat. nō em̄ ait probant: sed dicunt. nec docti: sed pastores: quibus tn̄ non credo. y Vario varius poeta fuit de quo Hora. Scriberis Vario fortis & hostium victor. nam varꝰ dux fuit cui supra blanditur. C. Dicunt vatem pastores. Arguit a iudicio eoꝶ qui sunt Poetę. nam pastores hic itelligit qui nouerūt cantare carmina. vt de Corydone & de Thyrside dictum. Nec placet quod dicit Seruius: pastores. i. indocti: nam in opere bucolico: pastores esse doctos dicimꝰ vt Cur non Mopse boni. i. docti. ergo Poetas.

z Sed nō ego cre. C. Quā obrem q̄uis musas magistras habuerim: q̄uis carmina condiderim: q̄uis pastorum iudicio prober poeta. tamen nolo labi nimia credulitate: cū videā me nō posse equare Vario & Cynnę poetis. Nec temere dixit credulus: nam credulitas videtur esse eorum qui vltra q̄3 oportet credunt.

ꝫ Cynna. S. Cynna poeta fuit optimꝰ q scripsit Smyrnā, quā. x. ānis elimauit. A. Cynna. Suetonius etiā meminit in libello de grāmaticis de Cynna poeta referens quoq3 hoc illius carmen. Secula permaneat nostri doctrina Cathonis. Seruius addit illum composuisse Smyrnā: & Tranquillus in dicto li. scribit Crassitiū commentario Smyrnę edito: adeo inclaruisse: vt hec de eo scriberentur: Vni crassitio se credere Smirna probauit.

[e] Vel que sublegi tacitꝰ tibi carmina nuper
Cum te ad delitias ferres amaryllida nostras.
[g] Tityre dū redeo (breuis ē via) pasce capellas:
Et potū pastas age tityre: & [h] inter agendū
[i] Occursare capro: cornu ferit ille caueto. Me.
Immo hec que Varro nec dū pfecta canebat.
Varre tuū nomē ([n] supet mō mantua nobis:
Mantua [o] ve miserę [p] nimiū [q] vicina cremonę)
Cantātes sublime ferēt ad sidera cygni. Ly.
Sic tua [r] Cyrneas fugiant examina taxos:
Sic [s] cytiso pastę distentent vbera vaccę:
Incipe si quid habes: & [t] me fecere poetā
pierides: sunt [v] & mihi carmīa: me q3 [x] dicunt
Vatē pastores: sed nō [z] ego credulꝰ illis. (na
Nā neq3 adhuc [y] Vario videor nec dicē Cyn[ꝫ]
Digna: s3 [a] argutos īter strepē [b] āser olores. Me
[c] Id q̄dā ago: et tacitꝰ lycida mecū ipē voluto
Si valeā meminisse: neq3 est ignobile carmē.
[d] Huc ades o Galathea: q̄s est nā ludꝰ ī vndis?

a Argutos. S. canoros. b Anser. S. ad Anserē quendam alludit Antonii Poetam qui eius laudes scribebat. de quo Cicero in phil. Ex agro phalerno anseres appellātur. Ipsum enim agro donarat Anthonius.

c Id quidem ago. AN. vt incipiam scilicet. dixerat em̄ lycidas. incipe si quid habes d Huc ades. SER. Versus Theocriti in quibus inducit cyclopem vsum cū amicā suā in scopulo sedens Galatheam de fluctibus inuitauit ad terras. Cyclops amauit Galatheā. q̄ acyn spreto Cyclope amabat: at Cyclops eū interemit: qui galathee miseratōe in fontem mutatus est: qui hodie q3 acylius dicit latine

Hic ver [f]purpureū: varios hic flumina circū
Fundit humus flores, hic [g]cādida pp̄ls antro
Imminet: & lentę [h]texunt vmbracula vites.
Huc ades: [i]insani feriāt sine littora fluct⁹. Ly.
[k]Quid: que te pura solū sub nocte canentem
Audierā: [l]numeros memini [m]si verba tenerē.
Daphni quid ātiquos [n]signorū suspicis ort⁹:
Ecce [o]dionei processit cęsaris [p]astrum.
Astrū quo segetes [q]gauderēt frugib⁹: et quo
Duceret apricis in collibus vua colorem.
Insere Daphni piros [r]carpēt tua poma nepo
[s]Oīa fert ętas: [t]aīm q̄z: sępe ego [v]lōgos (tes.
Cantādo puerū memini me [x]cōdere soles.
Hinc oblita mihi tot carmīa: vox q̄z moerim
Iam fugit ipsa: lupi moerim videre priores.
Sed tū ista sat; referet tibi sępe Menalcas. Ly
[y]Causando nostros in longū ducis amores:
Et nunc omne [z]tibi stratū silet ęquor: & oēs
Aspice ventosi ceciderūt murmuris aurę.
Hic adeo media est nobis via: nāq; sepulchrū
Incipit apparere [a]bianoris. hic vbi densas
Agricolę stringūt [b]frōdes: hic moeri canam⁹.
Hic hędos depone: [c]tamē veniem⁹ in vrbē.

A. Huc ades o galathea. fuit hęc maris nympha: Nerei & Doridis filia: a Cyclope poliphemo adamata. de quo late apud Ouid. li. xiii. Vnde eū vocans: apud illū ait. Iam modo ceruleo nitidū caput exere ponto. Iam Galathea veni: nec munera despice nostra. Theocritus aūt egloga. vi. id omne prius descripserat. Apianus aūt in libro qui Illyric⁹ inscribit ait: e Poliphemo Cyclope & Galathea tres filios extitisse. Celtum. Illyrū. & gallū. eosq; ex Sicilia progressos: Celtis et Illyriis et Galathis ab ipis cognomē assumētibus imperitasse. e Quis est nam l. in vn: S. Ad maiorē terrarū laudē dicit in mari nullā esse voluptatē. nam plena laus cōtrariaʀ rerū cōtinet vituperationē. f Hic ver purpureū. C. colore florū. purpureū ergo pulchrū: nā vt aurū dicim⁹ pulchrū. et q̄m cętera excędat metalla: sit purpureū: q̄m purpura reliquos colores superat. g Cādida. C. queādmodū illud. Et glauca canētia fronde salicta. sic nūc dicit pp̄lus cādida: q̄m frondes habet ex altera p̄te albas. h Texūt. C. Se in texendo faciūt vmbracula. sunt em̄ vmbracula tegumēta q̄ faciūt vmbras. Vmbella vero est quā manu gestātes opponim⁹ soli. vt facies nō ledaᷓ radiis solarib⁹. hac teneriores muliercule vtunᷓ cū in sole sunt. Iuue. En cui viridē vmbellā cui succina misimus. i Insani. A. Furētes k Quid: A. i. cur nō memoras: l Nūeros. S. Metra. rhythmos. a Cęsaris. Cū Augustus Iulio p̄ri ludos celebraret: die medio stella appuit. Ille ꝯfirmauit esse parētis. Vn̄ hęc scribūᷓ. A. Nūeros rhythmos teste Fab. li. ix. Est aūt Rhythm⁹ (auctore Diomede) versus imago modulata: s̄uās numerū syllabarū: positionē sępe sublationēq; ꝯtinēs C. Nūeros ꝯcentū & modulationē. vt gręci dicunt. ρυθμος. m Si. A. i. vtinā. n Signorū. A. i. siderū. nā vt scribit Varro li. iiii. Signa dicūᷓ eadē & sidera: signa vero q̄ aliqd ꝑcent. vt libra eqnoctiū. sydera q̄ insidūt. o Dionei. S. lōge repetitū epitheton a m̄re veneris Dione. A. Dionei cęs. id est venerei: ex venere em̄ ort⁹ est Aeneas. Inde Ascani⁹ a quo Iulus. cui regno loco apud albū sacra est potestas attributa atq; honor: cui⁹ familia fuit maxīa atq; clarissima oīm: auctor est Dionis. li. i. Ex eadē familia Iuli⁹ Cęsar est. Vn̄ & Maro ait. Iuli⁹ a magno demissū nomē Iulo. quod nō de Ascanio intelligendū est sed de Iulo Ascanii filio: q magn⁹ fuit q̄ntū ad sacrā potestatē & honorē. vt ibi ostendim⁹. vt Cicero in li. de natura deoʀ scribit.

Venus tertia filia Iouis et Diones. C. Dionei q̄ originē ducit ab Aenea filio veneris: cui⁹ m̄r fuit Dione. Alibi tres referem⁹ veneres. sed hic tm̄ dicā: tertiā Venerē: tercii Iouis et Diones filiā fuisse. p Astrū. S. grece dixit: nā stellā debuit dicere. A. De astro sydere. & stella legito. Macro li. i. de som. C. Astrū. Comętē intelligit: q Augusto Faustus appuit in ludis funeralib⁹ Iulii Cęsaris. quos celebrabat Veneri genitrici: de quo ip̄e in quadā ep̄la. Appuit ipsis meorū dieʀ ludis sid⁹ crinitū: p septē dies: in regione cęli q̄ sub septentrionib⁹ est. id oriebaᷓ circa vndecimā horā: clarū et oīb⁹ terris cōspicuū fuit: eo sidere credidere aīaʒ Cęsaris inter deos relatā. ꝑpterea id insigne capiti statuę in foro positę adiectū est. q Gauderent: S: Ad mēsem alludit Iuliū qui dict⁹ est in honore Cęsaris quo vuę et fruges maturescūt. A. Allusio est ad Iuliū mensem in Iulii Cęsaris honorē sic appelletū. cū eēt quintilis. r Carpēt tua po. ne. S. ac si diceret. nihil est quod possis timere. nā respicit q̄d supra inuidiose dixit. Insere nunc Moelibe piros. s Fert. S. aufert nā ītelligam⁹ eū obmutuisse subito nec quod coeperat implere potuisse. t Animū. S. memoriā. A. Aīm: mentē q̄z ipam quod in seniorib⁹ appet. Hinc Iuue. sat. x. Sed oī mēbroʀ dāno maior demētia: q̄ nec noīa seruorū nec vultū agnoscit amici. Orbilio idē bn̄uentano (vt scribit trāquillus) euenit: nā vixit ꝑpe ad centesimū ętatis annū ammissa iā pridē memoria: quod versus bibaculi docet. Orbili⁹ vbi nā est lr̄aʀ obliuio: C. Aīm memoriā: nā memorię organū ad siccitatē tendere oportet: verū in sene q̄ uis humor naturalis defecerit. & calor defectu pabuli (q̄d est sibi in humore) extinct⁹ sit: habūdat humor noxi⁹ q memoriā humefaciens corrūpit. v Longos soles. S. ęstiuos dies. vt tris adeo incertos cęca caligine soles. A. tardius occidētes. x Cōdere. S. Finire & ad occasū ducere. A. abscōdere. y Lupi moerim. S. Aiūt phisici voce deseri eū quē prior lup⁹ viderit. Vnde est ꝓuerbiū. Lup⁹ est in fabula: quotiēs venit de quo loquimur: & nobis aufert loquēdi facultatē. C. Lup⁹ aūt si antea videat hoiem q̄ ab illo videaᷓ: reddit illū raucū. vn̄ cū aliqs loquēti⁹ supuenit cui⁹ p̄ntia illi tacere coganᷓ. ꝓuerbiū est. lupus est in fabula. Pli. de lupis ita scribit. Sed In Italia q̄z crediᷓ lupoʀ visus esse noxi⁹: vocēq; hoīs quē priores ꝯtēplenᷓ adimere ad p̄ns. y Causando. S. cāsnectēdo differs nr̄a desideria. z Tibi in tuā gratiā.

Aut si nox pluuiā ne colligat ante veremur:
Cantantes licet vsq; (min⁹ via lędet) eamus.
Cātātes vt eam⁹: ego hoc te fasce leuabo. Me.
Desine plura puer: et q̊d nūc instat agam⁹.
Carmia tum melius cū venerit ipse canem⁹.

a Bianoris. S. Hic ocnus dictus est: de quo ait in vndecimo. fatidicę Manthus et tusci filius amnis. conditor fuit Mātuę: dictus ē biāor quasi bis hoc ē aīo et corpe fortissimus. αποτνσ βιασ καινυορενσ. A. Bianoris. Is alitꝰ Ocnꝰ dictꝰ. filius aūt fuit Mantꝰ fatidicę. qui a mr̄is noīe Mātuā appellauit. Auctor est Virg. li. x. dicens Ille etiā prīs agmē ciet Ocnꝰ ab oris: fatidicę Māthꝰ et tusci filiꝰ amnis Qui muros mr̄isq; dedit tibi Mātua nomē. Dicitur autē Bianor a βια qd est vis seu violeutia: & ανηρ vir. b Stringūt. S. amputant decurtant: vt in Geor. Sed tamē et quernas frōdes tū stringere tēpus. A. Stringunt excidūt, auctore Nonio. c Tamē. S. etiā si paulū gescētes canamꝰ. d Pluuiā. C. Honestior locutio est veremur pluuiā ne nos colligat. q̄ si dicas veremur ne nos pluuia colligat. e Vsq;. S. Iugiter. f Minus via lędet. A. Comes facundus in via p vehiculo est. dicebat Publius vt Gel. & Macro. scribunt: C. minꝰ via lędet. Nā & cantꝰ et facetꝰ sermo efficit iter ita iucundū vt laborē eundi nō sentiamus. g Hoc fasce. S. nā ipse hędos portabo. Fascē em̄ onus appellat. sic in Geor. Iniusto sub fasce viā dū carpserit. h Desine plura puer. S. Ac si diceret nimii desiderii os: i Quod instat: vt placemꝰ cēturionē. A. Desine ꝛc. lycidā arguit tāq; leuiū verborū voluptatisq; cupidū. C. Desine ꝛc. Et leuitatē in cupiditate pueri: et maturū in sene consilium ostendit. lycidas em̄ nec suo nec cōgruo tpe cantus (qui ociosorū sunt) q̄rebat. Menalcas in tanta rerū perturbatione: iis quę instabant difficultatibꝰ cōsulendū: & cantū & otiū reseruandū censebat. Atq; ita seruato decoro: & puer quod ardentioris ętatis est voluptatē quęrebat. Et vir in quo iam maturū esse consiliū oportet: seria iocis pręferenda cēsebat. i Puer. A. Est Diastole figura in er. k Instat. A. Vrget iminet. vt. s. nostroꝝ agroꝝ possessori hędos istos mittamus venię gratia. l Ipse. SER. Virgilius. cuius redditu sperat libertatem agrorum. Vel ipse Augustus qui redeat a bello Actiaco.

Vltima nō sanū galli testatur amorē.
Ocia quem dederāt: desidieq; viro.
Gallus in hac canit cui fertur amata lycoris.
Quantaq; pertulerit narrant amore puellę.

Extremū hunc are-
thusa mihi concęde laborem:
pauca meo Gallo: sed quę legat ipsa lycoris
Carmīa sūt dicēda: neget qs carmīa Gallo?
Sic tibi: cū fluctus subter labere sicanos:
Doris amara suā nō intermisceat vndam.
Incipe sollicitos Galli dicamus amores.
Dū tenera attondent simę virgulta capellę.
Non canim⁹ surdis: respōdent omnia syluę.
Quę nemora: aut q vos salt⁹ habuere puellę
Naiades: indigno cū Gallus amore periret?
Nā neq; parnassi vobis iuga: nā neq; pindi
Vlla moram fecere: neq; aonię aganippę.

Extremū hunc ar. S. Gallus ante omnes primus ęgypti prefectus. Poeta fuit eximi⁹: Nam Euphorionē in latinū transtulit. Et amorū suorū de cytheride scripsit libros. Primū inter amicos Augusti numerat⁹: postea cū venisset in suspicionē: ꝙ cōtra eū coniuraret: occisus est. fuit autē amic⁹ virgilii. adeo vt quart⁹ Geor. a medio ad finē eius laudes teneret. quas postea iubente Augusto in fabulā Aristei mutauit. Hic gallus amauit Cytheridē meretricem libertam volumnii quę eo spreto anthoniū euntē in gallias est secuta. ꝓpter quod dolorem galli nunc videtur consolari virgilius. Nec nos debȝ mouere ꝙ cū mutauerit partem quarti georgicorum: hanc ęglogā sic reliquit. Nā licet consolet gallū tamē alti⁹ intuēti vituperatio est. Nā et in gallo impatiētia amoris ostenditur. Et aperte Anthoni⁹ carpit inimic⁹ Augusti. quē ꝯtra Romanū morē Cytheris est in castra comitata. AN. De Gallo Poeta satis ęgloga sexta iam diximus ſm Euseb. Stra. etiā li. xvii. scribit Cornelio Gallo ęgypti ꝓuintiā a Cęsare Aug. primum cōmissam fuisse. Suetonius quoq; meminit Corneliū Gallū ad prefecturam ęgypti ex infima fortuna fuisse ab ipso Augusto ꝓuectū. quē postea res nouas molientē damnatū Senatui tradidit. itaq; et accusatorū denūciationib⁹ et Senatuscōsultis ad necē compulit. scribit Eusebius (vt ante etiā narrauim⁹) ꝙ Gallus anno ętatis suę. xliii. ꝓpria sua se manu interfecit. C. Recte. Serui⁹. b Arethusa. A. Fōs est syracusi⁹. testib⁹ Pli. Solino, & Stra. li. vi. qui in pelagus fluuiū statim emittit. Hunc ipm Alphęū esse traditū est in fabulis: qui cū in peloponeso sumat originē: per mare sub terra vsq; ad Arethusam fluenta perducit. deinde hoc ex loco emergēs: rursus excurrit in pelagus. Hęc & plura Stra. Naso etiā li. v. meth. multa. & Diod. li. xxi. Arethusa propter Theocritū hāc nymphā inuocat: qui Syracusius fuit vti ęglo. iiii. & vi. narrauimus: Arethusam nymphā pro musa posuit. Est tñ vna ex illis nymphis quas in Geo. numerat Et tandem positis velox arethusa sagittis.

c Laborē. S. nō mihi: nā ludus est poetarū scribere. sed tibi Arethusa: vt nympha virginitate gaudens: pręstet cātilenam de amore: Vnde rogat dicens cōcęde. Et verecūde pauca rogās eā adiurat: vt. Sic tibi cū fluct⁹ s. l. s. Per Arethusam aūt musā siculā: bucolicū Theocriti inuocat carmen. A. Laborē. i. extremū carmē ꝓper quod innuit toto opere Arethusam fauisse sibi: quod quidē ita est: nā vbiq; Theocritū (vt patuit) imitat⁹ est. C. Laborē ad Arethusam refert. Verū ꝙ Seruius dicit poetas ludere. habet profecto huiusmodi exercitatio (modo recte res ꝓcedat) summā animi voluptatē. sed summo labori adiunctā. Nam teste Hora. Qui studet optatā cursu contingere mętam. Multa tulit fecitq; puer: sudauit & alsit: abstinuit venere & baccho ꝛc. Et Iuue. etiā de poeta dixit Vt dign⁹ venias hederis & imagine macra. Et persius. Pallidamq; pirenem dixit. Est igitur laboriosissima res: in poetam egregium euadere. d Pauca. S. Non ad cęterarū ęglogarū cōparationē: sed quantū ad Galli scripta ꝑtinet: quę (vt supra diximus) de suo amore cōposuit. C. Pauca Sed tamen quę huiusmodi sint Vt ipsa Lycoris legat. q. d. illa moueat. e Neget. q. c. g. C. cū ille optimus poeta sit: et possit aliis carmīa scribere: Vel dicit. Quis tam durus erit qui nolit cōsolari Gallū amore perditū. f Fluctus. S. Varia em̄ opinio est. nam alii dicūt ad Arethusam nympham sicilię Alpheū de Elide venire per maria. secundū ꝙ alibi dixit. Alpheus fama est huc elidis amnē. Alii dicunt Arethusam in fontē mutatā: alpheū fugere: & de elide in Siciliam venire: quod nunc sequit̄. g Doris. S. Mater nympharū quā pro mari posuit. A. Doris nympha fuit Oceani filia et Thetios, vt scribit Hesiodus: q̄ Nereo fratri iuncta et vxor. a quibusdā ī terpretat̄ amaritudo: quę Nereum hoc est mare (a neros q̄d est aqua dictū) semper consequitur. hinc sępe a poetis doris pro mari ponitur. vt etiam hic. h Sollicitos. S. sollicitudinis & curarū plenos post Cytheridis abscessum q̄ȝ lycorin vocat. fuerunt autē eodē tp̄e nobiles meretrices tres Cytherę: origo: arbuscula Hora. Explosa arbuscula dixit. Et alibi, vt quōdā marse⁹ amator originis ille q patriū mimę donat fundūq; laremq;. i Simę. S. grecū ē. i. pressis narib⁹. vñ et Simias dicim⁹. q̄d epithetori Theocrit⁹ dat precipue apib⁹. k Rñdēt. S. p echo: voc' imitatōe nos solamur: l Quę nemora. S. Est quędā ęgloga Theocriti in qua Daphnis suū deflere amorem inducit. A. Quę nemora, Interrogatio est. Quę nemora. dolet non affuisse nymphas ī moerore Galli: nam solitudo omnes dolores auget: & ꝙ per nymphas musas intelligat apparet. quia ponit Parnasum quē musę incolūt. Et latenter infert: non superatū fuisse ab amore si musę affuissent. i. si studiis operam dedisset: & nō marcuisset otio. Nam ait Naso Otia si tollas periere cupidinis arcus: m Saltus. A. campi. n Naiades. S. nymphas simpliciter accipe: nam si proprie loqueretur Oreades diceret. Naiades em̄ fontiū. Oreades mōtiū nymphę sunt: Sed quia easdem diximus nymphas & musas: videtur hoc dicere. si musę affuissent id est si dedisset operam scribēdis carminibus nō incidisset in tantas amoris angustias. A: Naiades. Per has musas intelligit. vt sequentia indicant. o Indigno. S. vel meretricio. vel magno: nam Ennius ait. indignas turres: magnas. A. indigno. turpi. p Parnasi. S. Parnasus & pindus montes sunt Thessalię: Apollini & musis sacri. A. de Parnaso superius. Pindus Thessalię mons est: vt scribit Solin⁹. ex cuius vertice (teste Stra. li. vi.) Fluit Inachus amnis.

q Aonię aganippę. S. nominatiui sunt singulares. Aganippe fons est Boetię quę et Aonia dicitur.. Aonię autem breuis fit ni quia sequitur vocalis vocalem. A. Aonię id est Boetię. est enim genitiuus casus non autem nominatiuus. de Aonia latius ęgloga sexta. Aganippe fons est Boetię (vti Solinus edocet) sicut etiā hyppocrene quos fontes Cadmus litterarū primus repertor. dū rimatur quę nam adiisset loca; qm̄ equestri exploratione de-

Illum etiam lauri: etiam fleuere myricę.
pinifer illū etiam sola sub rupe iacentem
Męnalus: & gelidi fleuerunt saxa lycęi.
Stant & oues circum: nostri nec pęnitet illas:
Nec te pęniteat pecoris diuine poeta.
Et formosus ouis ad flumina pauit adonis.
Venit & vpilio: tardi venere subulci:
Vuidus hyberna venit de glande menalcas.
Oēs vn̄ amor iste rogant tibi venit: Apollo
Galle quid insanis inquit: tua cura lycoris
perꝗ niues aliū: perꝗ horrida castra secuta ē.
Venit & agresti capitis syluanus honore:
Florentes ferulas & grandia lilia quassans.

prehendisse: incēsa est licentia poetarū: vt pariter vtrunꝗ vulgarent. s. ꝙ eoꝝ alter alitis equi vnguicula sollicitatus foret: alter potatus, facūdia aīas irrigaret. Aganippe demū dicit̄ ab αγαν quod est ualde. & ιππου & equus. hippocrene vero ab ιπποσ & κρηνη .i. fons. C. Aones ppři antiqui Boetię fuerūt: e sunio profugi. a qbus aones mōtes dicūt: in qbus fons ē Aganippe. ait Stra. Lact. ꝓo ait Aon neptuni filiꝰ a q̊ Aonia pars Boetię dicta ē. Theodo. ait hunc factiōe ex Apulia pulsum: ī Boetiā venisse & ibi imperasse: et Neptūi filiū habitū: cum Ochesti apulli ditissimi esset filius. & ab hoc Aoniā dictam.

r Sola. S. deserta.

s Lycęi. AN. Archadię mōtis. de q̊. s̄. t Stāt & oues circū ⁊c. S. id est circa Gallū: eius amorē stupētes. Sensus ē: vt nō pęnitet oues stare circa te: ita te nō pęniteat illarū: Nā & Adonis: ouiū fuit pastor: & ꝙ ait nr̄i: mis̄cuit suā ꝑsonā vt freq̄nt̄ cōsueuit. v Nec pęniteat peco. S. Allegorice. i. nec erubescas Bucolica scribere. A. Pecoris. i. bucolici carminis.

x Adonis. A. Theocritꝰ q̄ ait in prima. Vade age carpe vias puer en formosus Adonis. Et timidos figit lepores: nec pcere ſnouit Ille feris trucibꝰ: pascit dū montibus agnas. fuit aūt Cinyrę cyprorum regis filius ex myrrha filia: quē ardētissime venꝰ adamauit: tādē ab apro vl̄nerat' interiit. de q̊ latiꝰ ouiꝰ li. x. metha. Fuerat autē rex: honorūꝗ nobilium possessor. Vn̄ Pli. li. xix. inq̄t. Et qm̄ antiq̄tas nihil priꝰ mirata ē: q̄ & hesperidū hortos: & regū Adonis et Alcinoi. De Adoni et venere multa Macro. li. i. sat. A. Adonis ex papho Cypri rege natus est: Cynara q̄ myrrhā filiā hn̄s: quę ex pre inscio: tn̄ cum filia recubente Adonē genuit: q a venere amatꝰ fuit: & demū ab apro ī syluis cęsus: a venere post mltas lachrymas in florē purpureū imutatꝰ ē. Qui vero ad historiam fabulā referūt. Venerē syriā fuisse tradunt ex mr̄e Cypria: quę Adoni nupsit: et (vt Lactantio placet) meretritiā artem instituit. Macrobius autē ad Phisicen refert: aitꝗ. Adonē ꝓ sole. venerē vero ꝓ supiori terrę Hemisperio quod nos incolimus poni: vt ꝓserpina ponit̄ ꝓ iferiori. ergo venus. i. terra: gaudet Adone. i. sole. Cum sol ꝑ supiorē zodiaci partē decurrens ver ęstatē facit: Tuncꝗ ridet floribꝰ frondibusꝗ ornata. Cū vero ꝑ signa meridiana fert̄: qm̄ ad illud respicit hemisperiū: & a nr̄o recedit: eripit̄ sibi a ꝓserpina Adonis: atꝗ ab apro interficit̄. i. ab hieme. q̄ quidē frigore glacieꝗ hispida est: vt aper. lugetꝗ terra. i. venus: q̄ꝛ nubibꝰ pluuiisꝗ tristat̄ hyemis tpe. mox tn̄ redeunte vere: iterū ridet; herbis & floribus & frondibꝰ. Ideoꝗ Aprilis veneri dicatus ē. Eadē ratione Isis. i. terra. Osirim. i. solē apud ęgiptios luget. Hęc ait Macro. Eusebiꝰ aūt Pamphilus ait. apd̄ pristos Adonini atymꝗ arboꝝ frugūꝗ flores itelligi: sed volūt accyneos flores significare: qui an̄ maturitatē decidūt: neꝗ fructū gignūt. Proptereaꝗ illū emasculatū poetę fingunt Adonē ꝓo volūt eos flores significare q̄ fructus ꝓducūt: quapropter illo gaudes terra. y Vpilio. S. ꝓpter metꝝ: ait Vpilio: nam opilio dicimꝰ: et gręco vsus est schemate. sicut illi dicūt. ουρεα pro eo qd̄ est ορη. & ονυομα ꝓ eo quod est ονομα AN. Vpilio nō opilio per o. in principio sed vpilio ꝑ v legendū ē: auctoritate Prisciāi. q̄ dicit o breuē in hoc noīe eē cōuersam in v longā: ex lr̄arū affinitate. Est aūt ouiū custos. C. Vpilio cū gręci volūt omicron. i. breue: longū efficere: adiūgūt illi v: vt ουπιλιο. Ergo cum sit opilio q̄si ouilio custos ouiū: mutauit o in v: vt est ꝑ ou diphthongo gręca. qua diphthōgo nos latini caremꝰ.

z Tardi. S. stulti. sic Therentiꝰ εαυτον τιμωρουμενω tardus ē. i. stultꝰ. Nā porcicito ambulāt. a Subulci. C. a suibus dictū ē. b Vuidus. S. pinguis. Est aūt vuidū: id qd̄ intrinsecū hab3 hūorē. Vn̄ vua: humidu3 qd̄ extrinsecus. sed cōfundūtur plerūꝗ a poetis. c Glande. C. diximus in superioribus glandes esse a quercu robore Ilice ⁊c. Et diximus primū mortaliū cibū glandes fuisse. Asserit tn̄ etiā Pli. sua tēpestate per hyspanias inferi glandes secundis mēsis: easꝗ tn̄ cinere coctas eē dulciores. Erat aūt cautū duodecim tabul̄: glandē ī alienū fundū ꝓcidentē licere colligere. Omniū aūt arborū fructus: aut poma appellāt̄: vt mala et pira. Aut nuces: vt iuglandę: glādes: auellanę: amigdalę: castaneę. Aut baccę: vt sunt oleę: lauri: & corni. Aut sūt acini: vt vuę: mali punici: samsuci ⁊ ebuli: d Iste. S. tam turpis tā impatiēs. e Tua cura S. Irrisorie. q. d. ea ꝓ qua ita sollicitus es te reliq̄t: & alium est secuta. Recte autem cum alii interrogant: ipe Apollo qui vaticinii est deus diuinat.

f Alium. AN. Anthoniū significat. vti iam diximus.

g Agresti honore. A. cū agresti corona: q̊d ipse declarat dicens. Florentes ferulas ⁊c. h Syluanꝰ. C. i. deū syluarum hūc putabant: & foetis mulieribusꝗ nocere. Itaꝗ ne noctu ingrediens illas vexaret: tres illis deos custodes adhibebant. Sed eorū deorum significandorū causa: tres mortales noctu circūire limina domus iubebant̄: vt primꝰ limen securi feriret. Scd̄s pilo tonderet. Tertiꝰ scopis diuerteret: vt his datis culturę signis Syluanus ꝓhiberet̄ intrare. Nam nec arbores cędunt̄: putant̄ ve sine ferro: nec far cōficit̄ sine pilo, : nec fruges coaceruant̄ sine scopis: ab his aūt tribus tres noīant deos ait Varro. De Apolline aūt quē hic itelligit nomiū: i: pastoralē: dicemꝰ alio loco.

i Ferulas. AN. de ferula legito Pliniū lib. xiii. & lib. xx. CRI. Ferula (ut ait Diascorides) enterion appellatur. Hęc in calidis (vt Pli. ait) nascitur locis: atꝗ trans maria geniculatis nodosa scopis: duo eius genera. quę ī altum assurgit: narthex dicitur. Marchetia vero semꝑ humilis. Natura eadem quę aneto & fructu similis. Nulli fruticum leuitas maior. ob id facilem baculum senectuti p̄bet. Quę ab vno capite diuiditur in cacumine: foemina putatur. reliquis animalibus pestiferum pabulum prębet: asinis vero gratissima est. quare id animal baccho assignatur: cui & ferula. Semen eius in Italia cibus est: conditur in vrceis: & durat ad annum. Ignem ferula optime seruari certum est. Et a sole ignem prometheum furatū; ferula seruasse fabulantur:

k Pan. AN. deus. Latius sup̃ diximus. Videto etiã Macrobiũ libro. i. satur. vbi leges. Pana Solem esse. l Quem vidimus ipsi. S. solent numina plerunq; rusticis se offerre. Vñ est. satis est potuisse videri. Notandũ sane q; ea numina quę plerunq; amauerunt: dicit ad amatorem venire. Nam Apollo amauit Daphnen. pan syringa. Syluan⁹ cyparissum. m Sanguineis. SRE. Facie em̃ rubea pingitur Pan: propter ętheris similitudinem. Aether aũt est Iuppiter. Vnde etiam triumphãtes (qui omia habent Iouis insignia: Sceptrum. & palmatam togam qua vtebantur illi qui palmam merebant. Vnde ait Iuue. In tunica Iouis) faciẽ q; de rubrica illinũt: instar colorꝫ etherei. n Ebuli. A. Ebulũ herba alta caule in sũmitate semẽ hñs vti samsucus: ebuli fumo fugant serpentes: vt Pli. li. xx. C. Ebulis chameactis. i. humilis samsucus. nã actis grece samsucus dr. Ergo humilis: quis non surgit in altitudinẽ arborũ: vt samsucus: sed parũ extollitur a terra. verũ frondes & flores & acinos similes habet samsuco. Si ex ebulo fiat emplastrũ cũ sepe hirceo: confert podagre. Si sedeat in eius decoctione expellit secũdinã: & confert hydropisi. Succus immissus i. aures sedat sibilũ. Si ebibatur cõfert morsibus venenatorum. o Baccis. C. pro acinis posuit. de quib⁹ diximus in supioribus. p Minio. C. Inuenit in argẽtariis metallis miniũ quondã apud Romanos maximę anctoritatis: & summę religionis. Vnde Iouis simulacri facies diebus festis minio illini solebat. triumphãtũq; corpora minio illiniebãtur. Et sic camillũ triumphasse. Plinius li. ix. c. xxxiii. ait Quin & a censoribus in primis Iuppiter Minianus locabat. Moliton vocant greci. Alii cinabary: q; uis vidi cinnabary appellare semen draconis elisi pondere elephãtis in mortẽ cadentis: pmixto vtriusq; aialis sanguie. Multa alia reperies de minio apd Pli. q Amor nõ talia curat. SER. q̃si expertus loquit. r Tristis at ille. S. Alii tñ supiorib⁹ iungũt. sed melius est vt sic legam⁹. C. Tristis. Ondit q; pdit⁹ sit ex amore: q nulla rõne: ne a deo quidẽ inde remoueri possit. poti⁹ q; in illo mori q; libera ñ velit: solatiumq; post mortẽ, iam quęrat ex Archadũ cantibus. dolet deinde se nõ fuisse vnũ ex illis cũ quocunq; alio amore. post hęc inuitat lycorim ad voluptates rusticanę vitę. In quib⁹ si cũ illa fuisset: sperabat se posse cõsumere ęuũ. i. puenire ad vltimã ętatẽ: qua priuatus pñtẽ videat mortẽ. s Tñ cãtabitis. S. vt sit sensus, licz ego duro amore cõsumar: tñ erit solatium: quia meus amor erit vestra cãtilena q̃nq;. t O mihi. A. Ordo est: o si olim vr̃a phystula dicat meos amores q̃ molliter mihi tum ossa quiescẽt. v Ossa qescẽt. S. Nam se dicit esse moriturum. x Olim. S. futuri tp̃is est modo. o Aut custos gregis. SER. ac si di. Quid mihi cũ vrbib⁹ vbi sunt meretrices tã pulchrę q̃ pfidę. z Vinitor. A. vinee custos dicitur.

Pan deus Archadię venit quem vidimus ipsi
Sanguineis ebuli baccis minioq; rubentem.
Et quis erit mod⁹ inqt: amor non talia curat:
Nec lachrymis crudel⁹ amor: nec gramĩa riuis:
Nec cytiso saturantur apes: nec fronde capellę.
Tristis at ille tamẽ: cantabitis Archades inqt
Montibus hęc vestris: soli cantare periti
Archades: o mihi cum q̃ molliter ossa qescẽt:
Vestra meos olim si phyistula dicat amores.
Atq; vtinã ex vobis vnus: vestriq; fuissem
Aut custos gregis: aut maturę vinitor vuę.
Certe siue mihi phyllis: siue esset Amintas:
Seu q̃cũq; furor (quid tũ si fuscus Amyntas?
Et nigrę violę sunt: & vacinia nigra)
Mecum inter salices lenta sub vite iacerent:
Serta mihi phyllis legeret: cantaret amyntas.
Hic gelidi fontes: hic mollia prata lycori:
Hic nemus: hic ipso tecum consumerer ęuo.
Nunc insanus amor duri me martis in armis
Tela ĩter media: atq; aduersos detinet hostes.
Tu pcul a patria (nec sit mihi credere tantum)
Alpinas ah dura niues & frigora rheni
Me sine sola vides: ah te ne frigora ledant:
Ah tibi ne teneras glacies secet aspera plantas.
Ibo & chalcidico quę sunt mihi cõdita versu

a Quicũq; furor. SER. omis amor plenus furoris est. A. Furor. i. amor. b Hic gelidi fon. S. ac si d. quid te iuuat iter frigora gallicana demorari. c Nũc insanus amor. S. Hinc vsq; ad finẽ amatoris oñdit incõstantia: cui electa displicent statim. d Tela inter media ꝛc. S. ex affectu amantis. Ibi se esse putat vbi amica ẽ: vt mecũ sit meus anim⁹. e Tu pcul a pa. ANT. Ordo ẽ. Tu pcul a patria sola sine me ah dura vides niues alpinas: & frigora rheni. C. Tu procul a p. n. s. m. cre. tantũ. s. facinus. Noluit eni exprimere ne illam offenderet: nã ex affectu amoris ita alloq̃baẽ vt pñtẽ esse putaret. f Nec sit mihi credere tm̃. Ordo ẽ: tu es tm̃ pcul a ciuitate q̃ solebas vrbib⁹ frui. Et g parenthesin dictum est: nec sit mihi credere: q̃d vtinã non credã. Hi aũt versus galli sũt: de ipsi⁹ translati carminib⁹. A. Rheni. Rhenus fluui⁹ est q germaniã a gallis & pannoniis separat: vt scri. tacitus. Strabo autẽ li. iiii. scri. q; Rhenus magnas in paludes lacũq; magnũ effundit: quẽ alpinorũ pleriq; ptingũt: & transalpinorũ nõ nulli. g Dura. S. Quę amatorẽ spernis: et Gallicana potes frigora ferre: h Sola. S. vacua: vt illud. Sola domo moerens. Ah. C. Repetitio est: vt ex vehemẽtia maiorẽ dolorẽ exprimat. k Teneras. CR. Huic opponit aspera: q̃ oppositio contrariorũ vehementer affectũ auget. l Ibo & chalcidico. S. Euboia est isula: i qua Calchis est ciuitas: de q̃ fuit Euphorion quem trãstulit gallus. Et hoc dic. Ibo & theo

Carmina pastoris siculi modulabor auena.
Certũ est me in syluis inter spelæa ferarum
Malle pati: tenerisq; meos incidere amores
Arboribus: crescent illę: crescetis amores.
Interea mixtis lustrabo mænala nymphis:
Aut acres venabor apros, nõ me vlla vetabunt
Frigora parthenios canibus circũdare saltus.
Iam mihi per rupes videor: lucosq; sonantes
Ire, libet partho torquere cydonia cornu
Spicula: tanq; hæc sit nostri medicina furoris.
Aut deus ille malis hominum mitescere discat.
Iã neq; hamadryades rursus nec carmĩa nobis
Ipsa placent: ipsæ rursus cõcedite syluæ:
Non illum nostri possunt mutare labores:
Nec si frigoribus medijs hebrũq; bibamus:
Sythoniasq; niues hyemis subeamus aquosę:
Nec si quum moriens alta liber aret in vlmo
Aethiopum versemus oues sub sydere cancri.
Omnia vincit amor: & nos cedamus amori:
Hæc sat erit diuę vestrum cecinisse poetam
Dum sedet & gracili fiscellam texit hybisco.

tritio stilo canam carmĩa Euphorionis. Chalcis autẽ (vt scribit Strabo libro decimo). Euboię metropolis erat: in qua etiam Aristoteles versatus est quo ad vita functus: m Pastoris siculi. A. Theocriti. n Modulabor. A. canam. o Certum ẽ. C. penitus decreui. Ostendit autem Poeta in amãtibus iniuria affectis: alternatim insurgere modo indignationẽ ex ipsa accepta iniuria: qua rem amatã derelinquere decernũt. paulo autem post: affectũ amorum quo indignatio illa non solum mitigatur: sed penitus tollitur. Vñ etiã illud Propertianũ. Si dolor affuerit crede ridebit amor. Hinc orit̃ summa leuitas in amãte: summaq; inconstantia: vt quę seuere paulo ante decreuerat: mox penit⁹ damnet. Quam rem Therentian⁹ parmeno mirifice exprimit. p Spelęa. S. grece ait pro speluncis.

q Malle pati. C. malle obdurare cõtra amorem neq; illã amplius curare. r Tenerisq;. C. quod sit solatium aliquod mei desiderii. Deinde dãnat hoc consiliũ veluti nociturũ: quia ex ea re magis accẽderetur. Post hęc q̃rit duplicem medicinam. nam amor aut alio amore tollitur: Vnde Ouidius. Successore nouo tollitur omnis amans. Vt enim clau⁹ clauo truditur: sic amor amore pellitur. Hinc est quod ait. Interea mixtis: lustrabo męnala nymphis. Aut (quod multo validius ẽ) decernit se vitam periculosam et laboriosam exercere. Nam q̃d apud Therentiũ ait Menedem⁹: verissimum est. Amorem & gigni & facile nutriri ex otio: & delicata vita. s Crescent illę. S. quasi iterum displicet: ne cũ arboribus: eius crescant amores.

t Frigora. C. nã si amor inflãmat: facile frigore extinguent̃ flãmę. v Parthenios saltus. S. Parthenius mons ẽ in archadia a virginibus dictus υπο τωυ παρθενω vquę illic venari consuerũt. A. Plinius libro. iiii. Parthenos autem virgo dicitur. Parthenia virginitas. C. Parthenus flumen est Archadię dicatũ virginibus. Nam παρθενοσ virgo est. Alii in Paphlagonia esse voluint: x Partho cornu. A. arcu parthico. y Cydonia spicla. Cydon ciuitas vna est e tribus Cretę eximiis: vt Strabo li. x. scribit. In ea aũt calami spiculis aptissimi. C. Cydonia vrbs est in creta vbi sunt optimi calami ad sagittas conficiendas. Et quoniam apud Parthos populos erant optimi sagittarii: admiscuit Cydonia & parthica: z Amadriades nymphę. SER. Quę cum arboribus nascuntur et pereunt: qualis fuit illa quam Erisicthon occidit: qui cũ arbores incideret: vox inde & sanguis erupit: vt Ouid. docet. A. Amadriades nymphę esse dicũtur: quę cũ arborib⁹ nascunt̃. Hama enĩ aduerbiũ: vna vel simul significat: drys vero quercus est. Dryades vero sunt quę inter arbores hĩtant. hoc aũt ad supiora ptinet: quia dixit. mixtis lustrabo męnala nymphis. AN. Nec carmina. S. quia dixerat: carmĩa pastoris siculi. b Concedite syluę. S. Propter illđ. Iam mihi p rupes videor lucosq; sonantes. c Non illũ nr̃i. S. mãifeste hoc dicit amore se carere non posse. Nec si hebrũ fluuiũ thracię mediis frigoribus bibat: nec si ęstibus nimiis fuerit in ardenti puintia. Dicit autem hoc scd̃m Phisicos: qui morbos aut a cõtrariis aut a similibus assert̃ posse depelli. Et phisice loquitur: ꝙ contraria contrariis curantur aut similibus.

d Hebrũq;. A. Hebrus est fluuius sub Rodope Thracię mõte niuoso. Pli libro. iiii. C. Hebr⁹ Thratię flumen est: quod vbi mari admiscet̃ Tentoris portũ habet: & Polidori tumulum. e Scithonias. SER. Scithon mõs est Thracię. AN. Scithon dicta est olim Thracia: vt docet Gel. libro. xiii. c. vi: f Liber. S. Corticis pars est interior. C. Liber q interior est: nedum cortex qui est exterior. g Aethiopum oues. A: Strabo li. xvii. scribit: ꝙ ęthiopes magna ex parte pastoralem ac inopem vitam degunt. tum ppter solis tenuitatem: & aeris intemperiẽ: Tum proptera ꝙ longi a nobis sepositi sunt. h Versemus. SER. Pascamus. A. pascendo circumagamus. i Subsidere cancri. A. xiiii. kalendas Iulias sol exit e geminis: & ingreditur cancrũ: vt scri. Ouid. libro. vi. fastorum. k Et nos cedam⁹ amori CRI. q̃si di. Si amor oĩa vincit: temerarius videar: si velim illi obstare. ¶ Hec sat erit. S. iaz ad musas loquit̃. l Gracili fiscellam texit hybisco. Ac si diceret: hac re occupatus minime canerem. Allegoricos autem significat se composuisse hunc libellũ tenuissimo stilo. m Fiscellam. C. Vas est vimineũ: Est autẽ diminutiuũ: sed eius primitm̃ potius in masculino profertur fiscus: In quo cum olim pecunia quę erat ęnea in ęrario conderetur. pro ipso ęrario ponitur. ANT. De hoc & hespero vbi supra. CRI. Hybisco species malue est. latine maluauiscum vocãt. Arabice cathyn: Eadem herba althea est: de qua Macer. Altheam malue speciem nullus negat eẽ. Altheamq; illam dicunt quia crescit in altum.

Pierides, vos hæc facietis maxima gallo:
Gallo cuius amor tantũ mihi crescit in horas.
Quantum vere nouo viridis se subijcit alnus.
Surgamus: solet esse grauis cantãtibus vmbra:
Iunipi grauis vmbra: nocẽt & frugib⁹ vmbrę.
Ite domũ saturę venit hesperus: ite capellę.

o In horas. C. Per singulas horas. p Quantum vere nouo. S. Amo inquit gallum: sed latẽter sicut arbores crescunt. nã hęc comparatio ista significat: scilicet propter Cęsarem. q Subiicit. CRI. sursum iacit se: id est erigitur: puto esse ex antiqua prępositione subsum qđ est sursum. Catho de re agraria. Si male arabit radices subsuꝫ adibũt: crassiores fient: & in radices vires oleę abibunt.
r Alnus. CRI. Arbor fluuialis est: quę propter assiduum humorem celerrime crescit. s Frugibus. S. Quanto magis hominibus. Vnde est in Georgicis. Et ruris opaci falce premes vmbram.
t Capellę. S. Verecunde se capellarũ: id est vilium animaliũ dicit pastorem. Nam bucolica scribens boum se pastorem debuit dicere. Sed vitans arrogantiam; vltimum se esse voluit: non principẽ in scribendis bucolicis.
ANT. Se capolum potius q̃ opilionem aut bubulcum vitandę arrogantię causa ostendit; vt per id se in scribendis bucolicis minimum fateatur.

Finis Bucolicorum.

Carmina Ouidii Nasonis

Quid faciat letas segetes: quo sidere seruat
Agricola: vt facilem terram proscindat aratris:
Semina quo iacienda modo: cultusq; locorum.
Edocuit: messes magno cum foenore reddi.

Carmina Antoni Mancinelle.

Argumentum libri primi.

Scribit arandus ager quo sidere, quidue serendum
Alternis annis: Quid lęta: & pinguia reddat
Arua: simul segetes. Quo tempore rite serendum.
Diuidit & cęli zonas: & tempora lunę.
Sydera sęua docet: diuumq; indicit honorem.
Hinc tempestatum pronostica plura notantur.
Cęsaris hinc diram portenta notantia cędem.

Argumentũ Sebastiani brant.

primus aratra docet telluri infindere: semen
proijcere: & messem matura falce legendam
Obseruanda etiam quę sidera/tempora/signa.
Ne ver: ne sit hyems: ęstas ve ignaua colono.

P. Virgilij Maronis Georgicorum liber primus ad Mœcenatem.

Virgilius in Eneide secutꝰ est Homerũ: licet longo interuallo. In bucolicis Theocritum: a quo non longe abest. In Georgicis Hesiodũ: quẽ longe reliquit. Hesiodus ex Ascrea ciuitate natus scripsit ad Persen fratrem librũ quẽ appellauit ἔργα καὶ ἡμέρα id est opera & dies. Hic liber continet quõ & quo tpere agri sint colẽdi. Nõ tñ trãstulit titulũ vt bucolicoꝝ trãstulit. Sicut cuiꝰ titulũ transferre noluit: eneiden appellauit ad imitationē Odyssee. et tñ illū p Periphrasim exprimit primo versu dicēs: qua opera & quib⁹ tpib⁹ ager colēdus sit indicabo. Ingenti ergo arte sui ingenii vim indicauit la taxcoartando: & angustiora dilatando. Nam Homeri & Theocriti prolixitatē coartauit. Breuitatē autem vnius libri Hesiodi in quattuor distinxit libros: nec id temere. Nā teste Varrone: aut aruus est ager: id est sationalis: aut arboribus conserendus: aut pascuis pecoribus aut florib⁹ in q̃ sunt horti apibus cōgruentes. Nam & si Georgicū sit ερυονγισ id est terrę opus quę res primis duob⁹ versib⁹ ↄtinet. tñ ad vtilitatē agricolę ptinēt pec⁹ et apes. libri sunt didascoli. Etqa pceptū & doctoris & discipuli indiget: scribit ad Moecenatem: vt Hesiodus ad Persam: & Lucretius ad Mennium.

ego hūc cādentē in littore taurū. Nā q̃ libēter rem facit: cū lęticia facit. Sic contra. Tristem p inuito: vt Therenti⁹. Inuitat tristis. c Segetes terras: vt horrescit strictis segetensibus. ANTO. Lętas segetes: pingues feraces fertiles terras: lęta sata. Est enī seges frumēti fructus: vt Marcellus etiā docet. Dicit item teste Varrone: Seges q̧ aratū necdū satu est. q̃nq̧ absolute p omni terra ponit. Maro li bro. iiii. Georg. Nec pecori oportuna seges. Dicitur aūt seges a satu: vt Varroni placet. Ad hęc rōnē addit. C. Qm̄ satio fieri nō pōt nisi assit terra: quę veluti mater semē recipiat: atq̧ fruges concipiat. Iccirco & terrā ipsam & fruges qui foetus illius sunt: segetem appellāt. d Quo si dere. S. tempore. Ex sideribus enim colligunt tempa. A. Ad hoc allegat Macrobiū libro. ii. vbi ait: Nil aliud tpa nisi cursum solis efficere. Et agricol̃ siderū cura necessaria vt ondim⁹: quo sidere. i. quo astro: q̃ tēpe. De sidere aūt astro et stella quō differūt. vide Macrobium libro. i. de somno. e Vertere. A. effodere arare. CRI. Vertere: optime. Nā terra siue aratro: siue leguminib⁹: siue bipalio: siue quocūq̧ saltamēto excolat: illa vertimus: ex eo qd dicit vertere ↄstēdit absolutā. Nā vt ait Donatus: Vertere est vnā pte penit⁹ transferre. f Vlmisq̧ adiūgere. S. Hęc res ptinet ad secundū librū: Quattuor enī primis versibus: quattuor libros ondit sequentes. AN. Vlmis. quonīam vlmorum leuis est vmbra: etiam nutriens: quęcunq̧ opacat. vt scribit Plinius libro. xvi. g Quę cura boum. SER. Aut in sequenti Epexegesis est: vt hoc sit quis cultus habendo sit pecori: quod est. quę cura boum: aut per excellētiā ait boues: et postea intulit cętera pecora. vt maius animal separet a maiorib⁹. Sicut de hominib⁹ reliquias Danaū: atq̧ immitis Achilli. A. Cura boum: Catho. c. liiii. de re rustica ingt. Nihil est quod magis expediat: q̧ boues bñ curare. Vtq̧ Varro li. ii. scribit. A Boue antiqui manus ita abstinere voluerūt: vt capite sanxerint si quis occidisset. Cura sollicitudo dicta: vt ait Varro q̧ cor vrat. h Qui cultus. A. quę diligentia: q̃ cura vel custodia: i Habendo. S. vt habeat. A. allegat ad hoc Iustinum li. scdo. Spaciū consumando operi q̃rebat: id est vt consumeret. k Pecori. A. ouiū multitudini: vt ibi: Cuium pecus an Meliboei.

Vid faciat. Ordo est. & incipit in quito versu. Hinc canere incipiam: quid faciat lętas segetes: &c. CRIST. Quid: q̃ res: Nam cu̇uis terra sua spōte producat fruges: tamē multo vberiores fiūt artificio humano. quod nūc demōstrandū proponit. Quapropter cū propter inquisitionē hui⁹ doctrinę que m̄ltiplex variaq̧ est difficilior oino res occurrat q̧ fuerit bucolicū carmē: in quo pastorū ruditas sola fuit exprimenda: diuersa ratione vtrunq̧ opus aggressus est. Nā in bucolicis neq̧ proponendū fuit: neq̧ inuocandū propter facilitatem. Nam vt ait Horatius. Nec deus intersit nisi dignus vindice nodus inciderit. Siqua aūt ęgloga fuit q̃ pastoralē formā excederet: tunc seorsum diuinū implorauerat auxiliū: vt Sicelides musę paulo maiora canam⁹. Et in alio loco. Pergite pierides: chromis & mnasil⁹ i antro. Item in amore Galli qui pene tragicus erat. Extremū hūc arethusa mihi cōcede laborē. Hic vere & distincte absoluteq̧ proponit: & ea quibus indigebat numina: sapienter inuocat: quę duo cum procemii vice fungant. statim auditores. & dociles (cum demonstret de quibus reb⁹ sit dicturus) reddet. & simul attentos: cū pponit se q̃ apprime vtilia sine dicturum: nec minus attenti etiā reddimur ex inuocatiōe: q: ex illa significat rerū magnitudo: q̃ et ipsa in primis eos q audiūt attentos facit. Ex ppositōe igit qm̄ ostendit se laboraturum p vtilitate cōi: & ex inuocatione: qm̄ magna q̃dā videt polliceri: beniuolentiā a sua sibi psona cōciliat. b Lętas. S. i. pingues vt est fim⁹: intermissio arandi: incensio stipularū: & stercoratio. ergo lętas: quia fim⁹ q p agros spargit: lętamen vulgo dr. C. Lętas. Differt lęticia a gaudio. Nā gaudiū est cū anim⁹ exhilarat aliq̃ re grata atq̧ iucūda: neq̧ tñ ita ad exteriora diffundat vltra modū: vt facile appareat. Lęticia vero est: cum ita mouet animus aliq̃ re iucunda: vt etiā ad exteriora egrediat ille motus. & maxime in vultu appareat in ipso homie. Hinc dicūt stoici gaudiū in sapientē cadere posse: lęticiā non posse. Deinde p q̃ndā translationem: qm̄ pinguis habitudo in brutis aialibus lęticiā q̃ndā preferre videt: dicim⁹ lętū pingue: vt glande sues lęti redeūt. Eadē ratione & terra q̃ fertilis est: qm̄ ex ipsa exuberantia frugum videtur lęticiam ostēdere. Vnde ipse in supiorib⁹ dixit. Omia nūc rident: dicim⁹ lętas segetes. Et lęta vbera. i. fertilia: q: lacte plēa. Et qn̄ lęti natiōes exprimere cępim⁹: dicimus lętū. i. celere: qm̄ in his in qbus anim⁹ lętat: celeritate vtimur. Ponim⁹ etiā lętū p bñ volente: vt. Vobis lęt⁹

Vid faciat lętas
segetes: quo sidere terram
Vertere moecenas: vlmisq̧
adiungere vites
Cōueniat: quę cura boum: qui cult⁹ habendo
Sit pecori: at apibus quāta experientia pcis:
Hinc canere incipiam: vos o clarissima mūdi

l Experientia. S. Expientiā vsu: natura: doctrina. A. Experientia. cognitio seu ars & doctrina nullo docente per vsum reperta. Manilius li. primo. Per varios vsus artem experientia fecit. Exemplo monstrante viam. Experientia est cognitio singulariū. Ars ꝓo vniuersaliū: vt doc; phūs libro. i. meth. qui etiam libro. vii. phisicoꝝ ingt. Ab experientia particulariū accepimus vniuersaliū scientiā. CRI. Experientia. Perior simplex verbum fuit: quod ab vsu cecidit. Inde q̧ experior: ꝛ queadmodū ab experior fit experientia. sic a perior fit periculū: quod idē est qd experiētia: Vt dicit Therenti⁹. Fac periculū in musicis. Tamen etiam inuenit periculū pro discrimine positum. Sed hoc non venit a perior sed a pereo. Verū m cū experiētia nō possit ee in brutis: quia nō est sine ratione: dixit experientiā illā naturę impulsum: qm̄ ad suū edificiū impellitur opes.

m Parcis. S. seruatricibus frugi quę nulla mella custodiunt: A. Parcis: tenacibus C. Laus apium. Rara enī animalia q̃ parcant parcis. n Vos o clarissima. AN. Hęc nostri poetę inuocatio tota fere sumpta ē e Marci Varronis plogo primi volumis de re rustica: vbi duodeci deos

Lumina: labentem cęlo quę ducitis annum.
Liber et alma ceres: vestro si numie tellus
Chaoniam pingui glandē mutauit arista:
poculaq; inuentis acheloia miscuit vuis:

agricolarum duces inuocat. Primũ tñ Iouem & tellurē q parentes magni dicunt: Iuppiter em̃ pr̃: Tellus uero mr̃. Scđo solē & lunā: quorũ tpa obseruant cum q̃dā serāt & condant in tpe. Tertio Cererem & liberũ q horũ fructus maxie necessarii ad victũ, ab his enim cibus et potio venit e fundo. Quarto robigum ꝛc. o Mũdi lumia. A. Solē et lunā inuocat: pariter enī fertilitatib⁹ glębę: & maturandis frugibus: vel nocturno tempamēto. vel diurno calore moderantur. Quod etiā Macro. li. v. sat. scribit: qui etiā li. primo dixerat. Q poeta sciens Romanos veteres ad lūę cursũ: et seq̃ces ad solis: āni tpa digessisse: vtriusq; seculi opiniōi reuerentiā seruās: tā lunā q̃ solē duces anni hac inuocatiōe designat. C. Lumia labētē. c. q. d. a. Maximũ igeniũ: maximaq; doctrina appet poetę. Nouerat eī oms deos ad solē: omesq; deas ad lunā referri. Nā vt ait Plato in cratylo. Prisci viri cũ solē lunaq; ac stellas θεειν .i. currere per cęlū viderit numia esse putarunt. & θεους id est deos appellarũt q per cęlũ currāt. Sed qm̃ iam sol (vt ait Heraclit⁹) fōs cęlestis lumis ē. & vt Cicero ait. Dux & princeps & moderator reliquorũ luminũ & mens mũdi: et cor celi a phisicis appellat: qm̃ calor frigus: & temperies: & cũcta alia q̃ per cęlũ fiunt a sole sunt: ipm̃ solũ deũ putarunt: vt lunā solā deā: sed diuersis noibus cōpellant: vt eorũ diuersę sint ptātes. Ergo quia oēs dii q sunt sub cęlo ad solē referũt: cũ vt dixi moderator reliquorũ luminũ sit. & solus stellis lumē pręstet. Stellarũ autē cursus ordinē rerum humanarũ disponũt. sequit q sol q tēperat nr̃a tēperantes: oim rerũ erit autor. Iure igit inuocat: solem tanq̃ naturę deũ. Verũ qm̃ ipm ad disciplinā agrariā inuocat: appellat eum eo noie q̃ ei⁹ vis circa agriculturā exprimit. Dionisius enī qui bacchus liberq; est (vt refert Eusebius) igneam vim solis q̃ fruct⁹ maturat exprimit. Aristoteles autē & Euripedes eundē solē & bacchũ esse dicũt. Additq; Macro. q in archanis sacrorũ obsuat: q sol i supero .i. diurno hemispherio ꝯstitutus apollo. in inferiori .i. nocturno Dionisius appellet. Vñ a rhomāis bacchus qm̃ sol esse dicitur. liber vagus ē: vt ait Ennius. Apertissime aũt vniuersā hāc rē demstrat Orpheus. Nā de sole ait λιοσ ον διονυσον επικλην σιν καλεουσιν. Virgili⁹ igit liberũ patrē solē inuocauit. & cererē lunā q nocturno tēperamēto & diurno calore cũcta mōrant. p Labentē cęlo q. d. a. AN. Hic fiat colon. Non em̃ seqntib⁹ iūgi debet. Labentē aũt: cęlũ ann⁹ ait: qniā (vt etiā Macro. saturna. li. i. scribit). Est anna solis e mensibus: quē lustrādo zodiacũ efficit diebus trecentis & sexaginta qnq; & quadrāte sex horis. Annus vero lunaris mensis ē. vt idē etiā li. scđo de som. inter quē cęli ambitũ lustrat. Nā & a luna mēsis dr̃: quia gręco noie luna mene vocat. Varro etiā cap. cvii. libri primi ait: Tempa duorum tēporũ esse. Vnũ annale quod sol circũitu suo facit. Alterũ menstruũ quod luna circũiens comprehendit.

q Quę ducitis annum. SER. Stoici dicunt vnum esse deum & vnā esse deam: & eandē esse ptātem: q̃ p ratiōe nr̃orũ officiorũ variis noib⁹ appellatur. ergo eundē solem liberũ: & Apollinē vocant. Eandē lunā Dianā: cererē: Iunonē & pserpinā dicũt. Vñ p sole & luna: liberũ & cererē inuocat. Iterũ: q̃ ducitis annũ: q̃rũ cursu tpa cōputāt. Luna em̃ mēses: sol annũ facit. r Liber et alma ceres. A. Scđm Varronis inuocationē nō sol et lũa sed ipse bacch⁹ & ipsa ceres intelligi debent. Dixerat em̃ ille vt patuit. Secundo inuocabo solē & lunā. quorũ tēpora obseruant cũ quedā serant & cōdant in tēpore. Tertio cererē & liberũ q horũ fructus maxime necessarii ad victum, ab his em̃ cibus & potio venit e fundo. Ecce Maro q̃ Varronis inuocationē hic imitat⁹ ē. qua de re (vt dixi) exponi debet: non aliter. Probus enim (quem Macro. & Seruius: deinde velut agmie facto cęteri fere oēs secuti sunt) scribit poetam hoc loco uoluisse intelligere lunā Cererem a creando dictā: qa maturet fructus. Solē liberũ: qa libere puaget p aera. Sed pl'a scribit Macro. li. v. satu. Nec refert q Apollinē & liberũ prēm: vnũ eundemq; deum esse affirmet. Varro enī (vt patuit) aptissime indicat hic debere nos intelligere. Liberũ ipm Bacchum: & cererē ipam deā. Qđ etiā p seq̃ntia iamiam cōfirmauero. Liber Plutarchus in pbleu. scribit Dionysiũ liberũ patrē appellatũ. Vl' q bibētib⁹ libertatis causa sit. Vel (sicut Alexander dicit) q pro Boetię libertate pugnauit. Liberat propterea a curis et in agendis securiores facit. Macro. vero li. primo sat. scribit. Neuiũ dixisse liberũ solē a rhomanis appellari: et liber et vagus ē. Hic tñ vt dixi de Bacco intelligēdũ nō de sole. s Alma. S. ab alēdo. A. q nos alit. t Ceres. S. a creādo. A. Varro scribit q terra ceres dr̃: q gerit fruges. Tullius item libro. ii. de. n. d. ait q a gerendis frugibus ceres tāq̃ geres dicta ē. Hęc aũt vt Pli. lib. vii. docuit frumenta: cũ antea glandē vescerent iuuenit: & molere & conficere: in Attica, Italia & Sicilia. ob id dea iudicata. Sed de cerere plima legito infer⁹: ibi. Prima ceres ferro mortales vertere terrā instituit. Iustin⁹ li. secũdo scribit sub Erichthęo Athenarũ rege: frumenti sationem apud Eleusinā a Triptolemo repertā. At Dio. li. vi. ait: q Ceres prima adinuenit vsum frumēti. qđ forte inter alias herbas nascebat ignotũ cęteris: docuitq; hoies nascēdi, ferendiq;: et vertēdi modũ. C. Ceres ait idem Eusebi⁹: q terre vis vesca dr̃. Rheam vero quā opē dicimus lapidosę mōtaneq; terrę vim vocant. Cererē vero feracis: et planę. Sed de hac i seq̃ntib⁹. v Si. S. Siqdē est em̃ ꝯfirmātis. x Numie. A. munere & numie in antiqs legit. C. Vestro mũere. Nā bacchus fructuũ hũidorũ .i. vini et pomorũ. Ceres aũt siccorũ: vt fruges sunt: simbolũ habetur.

y Chaoniā. S. Epiroticā a loco vbi abũdant: & posuit spēm p genere. A: Chaonia pars erat Epiri dicta Troiano a Chaone Heleni fratre ꝭm Maronē Pli. vero lib. iiii. scri: q in Epiro erant primi Chaones: a quibus Chaonia. Plura legito in Strabone lib. vii. Chaoniā ergo glandē .i. Epiroticā. ibi enī glandiũ copia fuit: ppter Dodonā syluā Ioui sacratā. Posuit aũt speciem pro genere. nō enī in Epiro tm̃ glandes fuerāt. De glandib⁹ aũt lati⁹ legito Pliniũ li. xvi. c. v. z Glandē. S. Glādibus em̃ prisci vescebant. a Mutauit arista: S. Pro frumēto posuit. vñ affectate pinguē dixit: cum arista ab ariditate dicat. A. Diodorus li. prio scribit homies a principio siluestri: & incōdita vita vixisse: qb⁹ herbę et arborũ fructus vltro victũ ferebant. deniq; necessitatē ipsam rerũ magistrā singlorũ peritiā ingeniis mortaliũ subministrasse. Et pingui arista per hoc spicā intelligit: vnde triticũ. b Pocula. A. Poculũ vas est: potio qđ haurit. Sępe tñ vt hic poculũ p potione ipsa ponit a poetis. a Acheloia. S. aut eodē mō speciē p genere posuit. Aut quia vt docet Orpheus generalr aquā veteres acheloũ uocarunt. C. Acheloia. Achelo⁹ fluui⁹ ē q ex pindo Thessalię monte pfluens ętholiā ab acarnania diuidit: & in eliacũ sinũ effluit: nō tñ hic spēm pro genere posuit. sed legerat antiqs ita aq̃rũ vim distinxisse: vt vis effectiua aq̃rũ oceanus vocaret. Simbolũ vero eius tethis esset. Vis aq̃ potabilis achelous: Marinę Neptunus quę incertum gignere pt: amphitrite dr̃: aq̃rum dulcium particulares vires nymphę: marinarũ nereides. Ergo cum vim aq̃ potabilis acheloũ appellarent antiqui: non sine rōne dixit Acheloia pocula. nā & antiquissimi gręcorum poetę sic dixerũt: apparet apud Aristophanē. Sũt q dicũt acheloum primũ terra erupisse atq; ex aq̃ Acheloũ nomi

Et vos agrestum pręsen tia numina fauni:
Ferte simul fauniq̄ pedem dryadesq̄ puellę
Munera vestra cano. Tuq̄ o cui prima fremētē
Fudit equum magno tellus percussa tridēti
Neptune: & cultor nemorum cui pinguia ceę
Tercentum niuei tondent dumeta iuuenci.
Ipse nemus linquens patrium: saltusq̄ licęi:
pan ouium custos: tua si tibi menala curę:

mari. AN Pocula acheloia. Macro. sat. li. v. scri. Quū vellet hoc loco poeta aquā intelligi Achelou̅ amnem nominauit potissimū: antiquissimoꝝ grecoꝝ more elocutus: apud q̄s ꝓprie in aquę significatiōe ponebat̄ Achelous: qui mos loq̄ndi peruagat⁹ fuit: vt Acheloū ꝑ quauis aqua dicerent. Hęc ille. Vt aūt Pli. li. iiii. edocet Achelous amnis est e Pindo fluens: qui Acarnaniā ab ęthiopia dirimit. Solinus etiā ex Pindo ortū asserit: addēs cū primis grecię amnib⁹ proditū veteri claritate. d Miscuit. A. Plini⁹ li. vii. scri. ꝙ vinū aqua misceri Staphilus Sitheni filius prim⁹ edocuit. e Inuentis vuis. Bacchus apd̄ grecos primus edocuit vini vsum: vt testis est Capella libro de nuptiis. Eusebius scribit vitē inuētā a Dyonisio: sed nō Semeles filio. anno regni Cecropis q̄nq̄gesimo: q̄ fuit vltimus. Lactan. ꝓo lib. ii. c. xiiii. scri. Q̄ Noe quū egressus eēt ex arca: (vt sacrę lr̄e docent) terrā studiose coluit: atq̄ vineam sua mau seuit. Vnde arguūt (ait) qui auctorē vini liberū putāt. Ille eī̄ nō modo liberū: sed etiā saturnū multis antecessit ętatibus. f Et vos agrestū. SER. Quoniā Poeta de variis reb⁹ dictur⁹ ē: varia inuocat numina. C. Nā horū fauore eget ī agricultura. g Pñtia. S. Propitia: vt nec tā pñtes alibi cognoscere diuos. h Fauni. ANT. de his diximus in sileno. i Ferte simul. S. aut simul venite: aut date carmini meo facultatē. i. prestate pedem. i. metricū fauorem. C. Optime bifariā exponit Seru⁹. Vel ferte pedē q̄si pstate foelicem nauigationē. Nā pedē dixerūt latini: quā vulgo podiā nunc dicūt. Vt atq̄ vna fecere pedē. A. Epinalepsis figura est. i. cū maiore significato facta repetitio. que quidē & ornat: et exauget orōnē. ex palambano repeto significat. Macro. sat. li. vi. norās: Ferte simul fauniq̄ pedē Dryadesq̄ puellę. dicit Virgiliū id dicendi genus a grecis sumpsisse: sicuti alia multa. Testimonio itaq̄ Macrobii male legūt q̄ dicūt ferte simul fauniq̄ pedem. ferte pedē. adeste. venite. k Dryadesq̄ puellę. A. Dryades nymphę sunt a quercubus denomīate: quia syluas hītare dicebant. Nā quod grece drys: latine quercus dr̄. l Munera. A. id est officia ac dona. m Cui prima. S. Cū Neptun⁹ atq̄ minerua de athenarū noīe ꝯtenderēt: placuit diis vt eius noīe appellaret̄ vrbs q̄ munus meli⁹ mortalibus attulisset. Neptun⁹ ꝑcusso littore: equū animal bello aptū ꝑduxit. Minerua iacta hasta oleam creauit: q̄ melior iudicata ē: q̄ ē insigne pacis. Inuocat ergo Neptunū: q̄ de equis in tertio est dictur⁹. A. Tractaturus poeta de eq̄s: Neptunū inuocat: Scribit eī Diod. li. vi. Neptunum primū eq̄s domasse. arteq̄ equitādi ab illo traditam: ex quo hippic⁹ sit appellat⁹. Lact. aūt li. iiii. theb. scribit: ꝙ cū adhuc ignot⁹ eēt vsus equoꝝ mortalib⁹: et hoꝝ aīaliū natura egeret terra. Neptunus in thessalia terrā tridente ꝑcussit: subitoq̄ ꝓsilierūt duo equi. Scyphos & Arion: quod itē Lucan⁹ li. vi. videt̄ asserere. Inq̄t eni. Primus ab equorea ꝑcussis cuspide saxis. Thessalicus sonipes bellis feralibus omen Exiliit. Ouid. tn̄ libro. vi. meth. scribit litem fuisse de terrę noīe inter mineruā & Neptunū: itaq̄ pñtib⁹ diis decimo sc̄do Ioue medio. Neptun⁹ lōgo tridenti saxa ꝑcussit. vn̄ oliua cū baccis etiam ꝑdiit. q̄ vt alii dicūt: q̄m vtilior visa sit equo. Minerua deorū iudicio ciuitatē suo nomīe nūcupauit Athenas. nā Minerua a grecis Atheni dr̄. Iustin⁹ vero li. ii. scribit: quō post grecū regē Athenarū Amphiteon regnauit. q̄ prim⁹ Minerue vrbē sacrauit: & nomē ciuitati Athenas dedit. C. Cui. Neptunū intelligit: cui attribuūt origīnē equoꝝ: q̄ in equis vt in mari summa velocitas est. Aiūt aūt equū a Neptuno ꝑcussa terra editū. scyphium esse appellatū. hac de cā grecis hippicos: a latinis equestris dicebat̄. Ludi cycenses qui equestres erāt in honorē Neptuni exercebāt. n Frementē. A. Fremitū & hinnitū excitantē: vel cum furore vociferantē. Est eī̄ fremere magnū sonare. vt & Nonī ait. Frendere vero ē dentē dentib⁹ hinc inde quatere. Statius li. viii. sic ait. Infrendēs: C. Fremētē hinnientē. Hinnire enī equoꝝ est: q̄si ferocē. Nam ipso hinnitu viuacitatē quandā: & vehemētiā indicat. De hoc deo dan te in gnei: dicetur. o Fudit equū. S. equum a Neptūo ꝑductū alii Scyphū: alii Syronē: alii Ariona noīant. Iō ꝓ fingūt a Neptuno ꝑductū. quia hoc aīal velox & mobile est: vt mare. Hic etiā pollux et castor: q̄a cōstellę velocissime fuit: equos in tutela hr̄e dicuntur. p Tellus. C. i. littus. Vt primaq̄ vetant cōsistere terra. Nā prima terra q̄ se se e mari aduentātib⁹ offert littus ē. q Tridenti. A. Est tridens neptuni sceptrū seu fustina Virgilius. Non illi imperiū pelagi ꝛc. r Neptune. A. Neptun⁹ fuit Saturni filius ex Rhea: q̄ prim⁹ naualē adi arte inuēta classem instituit: eisq̄ pfectus ē a Saturno factus. quapropter traditum est posteris Neptunū īperasse mari: sacraq̄ ei a nauigantib⁹ facta. autor ē Diodo. li. vi. Equos etiam primus domuit vti ostendimus. s Et cultor: SER. Aristeū intelligit Apollinis & Cyrenes filiū: quem Hesiod⁹ dicit Apollinē pastoralē. Hic vt ait Salusti⁹. Post laniatū a canib⁹ acteonē filiū: matris instinctu Thebis relictis ceā insulā hoibus vacuam tenuit primo. postea ex ea cū Dedalo in Sardinia fuit. A. Et cultor nemorū. aristeum inuocat. Qui q̄dē (vt ī li. xiii. Iustini legit̄) fili⁹ apollinis fuit: & Cyrenes filię Hypsei regis Thessalię. Sed Virgil⁹ li. iiii. geor: Penei dicit. Is aūt ī Archadia late regnauit: primusq̄ & apiū & mellis vsum: & lactis ad coagulā tradidit. Pli. etiā li. vii. docuit: ꝙ Aristeus Atheniensis oleū trapetis exprimere inuēit. idēq̄ mella Diodorus quoq̄ in libro. v: cū Iustino cōuenit. addens ꝙ nimphis a mr̄e traditꝰ ē nutriēdus. a quib⁹ cū lac coagulare: mel atq̄ oleum cōficere didicisset, prim⁹ in ea vsum hoim̄ traduxit. Vn̄ a pastoribus vt de⁹ cultus ē: post Acteonis filii mortē hitauit in Chio insula: inde in lybiā ad matrē rediit. Postea in insulā Sardonii pfectus: eā arborib⁹ conseuit: moratus est etiā in Sicilia. vbi ꝑ deo summo honore cultus. Hęc ꝛ plura Diodorus. Cultor nemorū. Hoc id eo ē: q̄a pastor fuit. Vn̄ li. iiii. Ser. ait. Pastor Aristeus. t Cęę. A. Cęa teste plinio li. iiii. insula est in mari ęgeo: q̄ tn̄ coeas a grecis dr̄. Strabo etiā li. x. pīa scribit. C. Cęe insula in mari ęgeo: in qua pecorū et armētoꝝ grauis pestilentia fuisse dr̄: ꝑpter interitū Acteonis. Aristeus aūt Apollinis & Cyrenes filius mōstrante patre in hāc insulā pfectus: facto sacrificio aram Ioui erexit: q̄ placato pestis sedata ē. Et q̄m agresti studio et cura pecoris nō mediocriter mortalibus ꝓfuit: ab insulanis ꝑ deo hītus ē: et noīe atq̄ Egaros appellat⁹. Hęc ait Varro scribi ab Atacinio in argonautis. Hic primus vt ait Pli. mel vino admiscere. i. mulsum facere instituit. v Tondēt. C. Pascunt̄. Nā in corrodendo dumeta tondēt. x Dumeta. A. inculta. Sunt eī̄ dumeta loca vbi dumi nascūt̄. y Ipse nem⁹. A. Ordo est adsis. i. veni fauēs ipse. i. tu o Pan tegee custos linq̄ns patriū nemus: saltusq̄ licei. Si ꝓ q̄uis tua menala tibi cure. s. sunt. z Saltusq̄ licęi. A. Est aūt licę⁹ Archadię mōs: in quo

Adsis o tegeae fauens: oleęq; minerua
Inuentrix: vnciq; puer monstrator aratri:
Et teneram ab radice ferens syluane cupressum:
Diiq; deeq; omes studium quibus arua tueri:
Quiq; nouas alitis nonnullo semine fruges:
Quiq; satis largum cęlo demittitis imbrem.

lcei Iouis delubrum auctore Plinio li. iiii. et Strabone libro viii. quē Iouē lycęū aliq Pana volūt eē. de q̄ in bucolicis dictū ē a Pan. C. de hoc dictū ē i buc. b Menala S. Mons archadię. i. ab ouib⁹ dictus. A. de quo late i bucolicis. c Tegeęe. S. tegeęe vocatiu⁹ est: deriuatiōe a Tegeo oppido. et Tegeęū tribrach⁹ est: Tegeęe pęon tertius. AN. Tegea vrbs est Archadię: de q̄ Stra. lib. viii. ait. At Tegea mediocri adhuc statu pmanet. Tegeęe vero est Paeon tertius: qui cōstat (vt Diomedes scribit) ex Pyrrichio & trocheo: hoc est ex duab⁹ breuibus: & longa et breui. Id aūt Propertius quoq; ondit quū ait. Ergo musarū et Silęni patris imago fictilis et calami Pan tegeęe tui. Sicuti q; nemęa nemęeus facit sic etiam tegea tegeęus. d Oleęq; minerua inuētrix. A. Quonam pacto oleam minerua inuenerit diximus: Diodorus pterea libro. vi. scribit q Palladi olearū oleiq; educendi inuentionē tribuūt. nam ante huius deę ortū: erat hęc arbor cū aliis syluestrib⁹ immixta: olei vsus aberat: cū esset ignota. de Pallade plura etiā in bucolicis. e Monstrator aratri. S. Alii Triptolemū: alii Osyrim quod verius est. Nā Triptolemus frumēta diuisit: tacuit aūt de noīe: quia non vnus in orbe aratri mōstrator fuit: sed diuersi in diuersis locis. A. Pli. li. vii. scribit: q bouem & aratrū inuenit Bryges atheniēsis: vt alii dicūt Triptolemus. Tibullus pmo elegia. vii. dixit. Prim⁹ aratra manu solerti fecit osyris. Et teneram ferro sollicitauit humum: Ceres aūt libro. iiii. fast. de Triptolemo ait. Iste quidem mortal erit: sed prim⁹ arabit. Et seret: & culta pmia tollet humo. De quo paulo ante etiā dixim⁹ alia. f Tenerā ab radice. Plantā intelligit pter cyparissum puerum a se amatū: & i hāc arborē versum. C. Tenera. alludit ad ętatem pueri quę tenera esset. q & teneram. i. nouellum ferret cupressum: & pter similitudinē pueri a se amati. g Syluane. S. Hic syluarū deus est q Cyparissum amauit. & cum ceruam pueri mansuetā Syluanus inscius interemisset: puer dolore extinct⁹ ē. Syluan⁹ aūt in arborem sui nomis cōuertit: & p solatio secū fert. A. Fuerat Cyparissus puer pulcherrim⁹ Cęę gentis: dilectus quidē a phoebo. huic aūt ceruus māsuetissim⁹ gratus erat: quē imprudēs iaculo fixerat: vtq; morientē vidit: Statuit ipse etiā velle mori: tandē egesto sanguie p imensos fletus in arborē sui nois cōuersus est. autor Ouid. li. x. meth. Poeta aūt hoc loco a Syluano dilectū puerū indicat. Erat aūt Syluan⁹ nō solū syluarū sed aruorū etiam et pecorū deus. qd latius hoc anno i epodis ostendim⁹. C. Sunt qui ita de hoc deo fabulant. Nam dicūt fuisse in Calabria pastorē noīe Cratim: qui ex Caprarū grege sibi capellā ad libidinē delegerat. Hūc cū obdormiss; in ripa flumis: capellę marit⁹: vt iniurias vlcisceret: adacto cornu in fluuium deiecit: ab eo flumen Cratis appellatus. Ex capra vero illa nat⁹ ē puer cui⁹ inferiores partes caprinę essent: Hunc vt deum coluerunt: Syluanūq; appellarūt: qui et Cyparissum puerum (vt refert Seruius) adamauit. h Diiq; deeq;. SER. Transit ad generalitatem: ne quē prętereat. In libris autē pontificalibus inueniūtur hęc nomina. vbi & nomia deorum & rationes ipsorum numinum continētur. Constat enī nomina ex officiis: vt Occator deus dicitur ab occatione: & sator a satione. CRI. Legerat Poeta apud M. Varronem duodecim illū in suo de re agraria libro inuocasse deos: quos duces agricolarū appellat. Quapropter cum nōnullos ex illis inuocasset: nequem nunc prętериret addidit. Diiq; deeq; omnes. Sunt autem sex mares: totidemq; foemię: quorum primi sunt Iuppiter & tellus: qui omnes fructus agriculturę cęlo & terra continent. Quapropter magni parentes dicunt. Iuppiter pater: & Tellus mater: Secundo in loco posuit solē & lunam: quorum tempora obseruantur: cum quędam serantur et condantur in tempore. Tertio in loco inuocat liberum & Cererem: q horum fructus maxime necessarii sunt ad victum. ab his enim cibus & potio venit e fundo. Verum hos quattuor ipe duobus nominibus: Solis & lunę inuocat. Quarto Robygum & Floram: quibus propitiis: neq; rubigo frumenta: aut arbores corrumpit: neq; non tempestiue florent: Itaq; robigo ferię robigalia. & florę ludi floralia instituti. Quinto in loco Venerē & Mineruā: cum altera oliueta: altera hortos procuret. Postremo lymphā et bonū euētum. Qm vt Varro vbi decimosecundo eos agricolarum inuocās inquit: sine aqua omis est arida et misera agricultura: sine successu & bono euentu frustratio ē et nō agricultura. Preterierat igit ex his aliqs. Et pter hos hñt etiā Priapū in hortis. hñt in agrīs plurima oīno numina. habēt in pascuis palem nomiam. Ergo inuocat deos quib⁹ est studiū tueri arua. i. cōseruare et disponere vt bñ concipere possint: et emittere fruges: & eos q iam natas alunt: vt crescant aliquo semine: vt postea dicetur. Tuētur ergo arua: qi ita illi presunt vt omia salubria impendant: omnia noxia propulsent.

l Nonnullo. SER. aliquo. Sententia est: q a nobis iacta semina vestris seminibus alitis. Semina aūt deorum dicit cęli temperiem pluuias et rorem. CRI. Nam quāuis ager ita cultus: ita etiam fimo aspersus: ita semie replet⁹ sit: vt bene cuncta nascātur. Tamē si aut robigo: aut vredo: aut superfluus humor: siccitasq; nimia: nimiusq; calor instaret: omia nata ante maturitatē intereant necesse est. AN. Nonnullo semine. i. aliquo. in terra siquidem fecunda semina rerum sunt: & in imbri & igni. Hinc ait Ouidius libro primo meth: Cętera diuersis tellus animalia formis. Sponte sua peperit: postq; vetus humor ab igne. Percaluit solis: coenumq; deq; paludes. Intumuere ęstu foecundaq; semina rerū. Viuaci nutrita solo ceu matris in aluo creuerūt. faciemq; aliquam cępere morando. Quippe vbi temperiem sumpsere: humorq; calorq; Concipiunt: & ab his oriunt cuncta duobus. Lucretius item libro primo dixit. Huc accedit vti sine certis imbribus anni. Lętificos nequeat foetus submittere tellus. Tulliusq; in libro de. n. d. scribit: q terra grauidata seminibus omnia parit & fundit ex sese stirpes: amplexa alit & auget. n Satis. SER. id est segetibus: vt. Sata lęta boumq; labores. o Cęlo. A. id est ab aere. Lucretius in hoc cęlo qui dicitur aer.

p Imbrem. A. i. pluuiam.

q Tuq; adeo. quem mox quę sint habitura deorū concilia incertum est. S. Iam adulat Augusto quē inter deos inuocat. Sed nō totum dandū est adulationi sed veritati Nam non post mortem vt reliqui imperatores: sed viuēs inter deos relatus est. Hinc Horatius. Pręsenti tibi maturos largimur honores. Iurandasq; tuum pronomen ponimus aras. ANT. Augustū cęsarem inuocat. Nam vt latius in bucolicis ostendim⁹. Viuenti etiam diuinos honores impenderūt. q Tuq; adeo. quē mox longum. Hiperbaton est. tendit enī illuc vsq; Da facilem cursum: atq; audacibus annue ceptis. Quidam tamen id publice

[q]Tuq; (adeo quẽ mox q̃ sint habitura deorũ)
[s]Concilia [r]incertũ est: [v]vrbis ne [x]inuisere [y]cesar.
Terrarumq; velis curam: & te [z]maximus orbis
[a]Auctorem frugum [b]tempestatumq; potentem
Accipiat, cingens [c]materna tempora myrto
[d]An deus immensi venias maris ac tua nautę
[e]Numina [f]sola [g]colant, tibi seruiat vltima [h]thulę al. tyle.

interpretando cum nesciret huic loco ordinem tradere: di xit legendũ esse. Teq; adeo. textus omes veteres & poetę vetustatem deprauauis. Erit igitur ordo talis. Et tu cęsar quem est adeo: id est valde incertũ quę deorum concilia mox sint habitura. Siue & tu cęsar quẽ adeo. i. pfecto incertũ est quę &c. r Mox. SER. Iniuria vituperant Virgilium: q̧ auiditate adulandi citum interitum Augusto optauerit: cum respexerit ad id quod nunc fiebat. Possumus etiam dicere mox pro postea. vt Horatius. Mox daturus progeniẽ viciosiorem. Vel referat̃ mox ad vitę humanę breuitatẽ: vt ipse ĩ decimo: Rhebę diu res siqua diu mortalibus vlla est. Maxima autem laus q̧ manifestum sit eum futurũ deum: sed etiam in sua potestate quis deus esse velit. AN. Mox: id est deinde vbi mortales reliq̃ris. C. Mox. Paulo post etiam viuens.

s Concilia. AN cõuentus societates: a cõciendo id est vocando: vt scribit festus. t Incertũ ẽ. A. Dicit autem incertũ esse quis de⁹ fieri velit: an terrarum et vrbium: an maris: an celi: cũ possit qd̃cunq; eligere. C. Incertũ: Non tibi in cui⁹ potestate est eligere quẽ deũ esse velis. sed nob qui nescimus quem potissimũ eẽ velis deum. Iccirco aũt illũ inuocat: quia poterit eẽ de⁹ agricolarum si volet.

v Vrbis. A. accusatiu⁹ ẽ nõ genitiu⁹. Nam Gelli⁹ libro. xii. c. xix. scribit: Probum Valeriũ hoc loco vrbis p i. scriptum legisse in libro manu Virgi. collecto. Verte autem & muta vt vrbes dicas. insipidius nescio quid facies et pinguius. econtra libro tertio ęneid. vrbes dixit p e. litteram. Centum vrbes habitãt magnas. Hic enĩ mutat vt vrbis dicas: nimis exilis vox erit & exanguis: tanto quippe iuncturę domina est in cõsonantia vocũ proximarũ. Probus idem ait auctore prędicto diuersis in locis Virgi. vrbis et vrbes dixisse. arbitrio consilioq; vsus auris. Sic turrẽ & turrim. tres & tris &c. v Inuisere. A. visitare. y Cęsar. A. Scribit Suetonius Octauiũ Caii cęsaris: et deinde Augusti cognomina assumpsisse. alterũ testamento maioris auunculi. alterũ Minucii Plauti sententia.

z Maximus orbis. immẽsus terrę globus. nam dixerat terrarumq; velis curam. Pli. libro. ii. inquit. Orbem certe dicimus terrę: globumq; verticibus includi fatemur. & paulo inferius immẽsum terrę globum appellat. Id quod placet: sed videtur etiã de cęlo intelligendũ ꝓpter seq̃ntia.

a Auctorem frugũ. ANT. id est ducem & causam: id quod ꝓpter Erigonẽ ait: & libram quę cereri dedicatę sunt. Manilius lib. ii. Spicifere est virgo cereris fabricataq; libra. C Auctorem. Optime. Nam auctoritas. Est sententia imitatione digna. Et estimatio quę reprehensioni obnoxia non sit. b Tempestatum. S. Et bonarũ et malarũ. Vt vnde hęc tam clara repente tẽpestas: vl' tempestatum temporũ: vt vbiq; Salustius. ANTO. Tempestatum: id est temporũ. tempestas enim auctore Varrone a tempore dicitur. vel ipsarum tempestatũ propter scorpionem. quod sidus marti dedicatũ est tempestatũ deo. sed hoc modo carminũ transpositio esse videretur illorũ An ne nouum: & an deus immensi. Et ergo priora potius. c Materna. SER. Quia dedicata ẽ veneri: a qua originem ducit Augustus. ANTO. Materna myrto: id est venerea. Augustus enĩ a venere duxit origiem. Nam filius fuit Actię natę ex Iulia sorore Iulii cęsaris Suetonio referente. Deinde Iulii cęsaris per adoptionẽ: q̊ autẽ pacto Iulius cęsar a venere originem traxerit: late aptum est in Bucolicis Aegloga. ix. Materna myrto quę est veneris: inquit Plinius libro decimoquinto. Et Gellius libro quinto capitulo sexto. ait. q̧ oualis corona myrtea erat: eaq; vtebant̃ imperatores qui ouãtes introibant vrbẽ. Ouandi autem ac non triumphandi causa erat. quum aut bella non iure indicta: neq; cum iusto hoste gesta erant. aut hostium nomen humile: & non idoneum fuerat: seruorum pyratarũq;. aut de ditione repente facta incruenta victoria obuenerat. Cui facilitati aptam esse veneris frondem crediderunt: q̧ non Martius sed venerius quidam triumphus foret: Hęc ex Gellio. Plinius autẽ libro decimoquinto edocet auctore Massurio: curru quoq; triumphantes myrtea corona vsos. Maro vtiq; propter triumphos Augusti ait: cingens materna tempora myrto. et propter libram veneris domicilium. CRIS. Cum agrestem deum corona vti deceat: non iniuria vteris illa ex materna arbore.

d An deus im. CRIS. Demonstrauit necessitatem inuocandi cũ possit esse deus agricolarũ: nũc ostendit quantus vir sit: cũ sit a diis immortalib⁹ putat⁹ dign⁹ libera optione. e Numina so. co. magna: quasi Neptũo et ceteris diis marinis sit maior futurus. AN. MAN. Tua numina: tuas potestates. Numen enim auctore Festo dicitur: quasi nutus dei atq; potestas. Varro inquit. Numen dicunt esse imperium dictum a nutu.

f Sola. CRI. i tantum enĩ numẽ habeberis: vt reliqs maris deos missos faciant.

g Colant. AN. id est venerentur.

h Thule. SER. Insula oceani inter septemptrionalem & occidentalem plagam vltra Britanniam et Orcadas. ANT. Vltima thule. Apud Straboñe et Dionysium atq; Eustachium: qui grece diligentissime orbis situm conscripserunt. ΘΟΥΛΗ Thule legitur insula in vltima septemptrionis parte: Thule (inquã) per th. & u. sequente: Strabo autem sic ait de Thule. Item obscura est historia propter eius in vltima loca remotionem. Hanc siquidẽ ad septemptiõem expositã locant. Solinus quoq; de Britannia loquens ait. Multę & alię circa Britanniam insulę: e quibus Thule vltima. Vltra thulen accepimus pigrũ et concretũ mare. C. Vltima thule. quia ĩ oceano posita ẽ. videt̃ forsitan thulę esse dicendũ: quia in Strabõe et Dionysio est. ΘΟΥΛΗ in vltimo septẽptrione. Ego tñ ab vsu nõ discederẽ. De hac Pli. ita ait. Vltima oim q̃ memorãt thule in q̃ solsticio nl'as eẽ noctes iudicam⁹: cancri signũ sole trãseunte: nullosq; cõtra p brumã dies. Hęc quidem senis mensibus continuis fieri arbitrantur: nostro tamẽ tempe cũ Florentia homĩes viderit: q circa initia Tanais habitent: oia de illa regione vera nouit. Ego aũt interfui: cũ illos Paulus phisic⁹ diligenter quęq; interrogaret. Hęc enĩ insula tpe Marõis vltima fuit: de q̃ haberet̃ cognitio neq; in ea sunt in solstitio dies cõtinui cum sit in sexagesimotertio paralello: in quo lõgiores dies nõ excędunt horam decimãnonã & mediã vni⁹ horę. In. lxiiii. paralello dies est viginti horarũ. in sexagesimoquinto solsticium habet diem viginti vnius horarũ vbi est Gotia et Suetia In. lxvi. habet diem xii horaꝝ. vbi est ventilant. In. lxviii. est dies maior horis. xx. In sexagesimo octauo dies vnius mẽsis. In sexagesimo nono dies est duoꝝ mensium. In septuagesimo habent diem trium mensium: In septuagesimo primo est maior tribus mensibus.

Teqꝫ sibi generum Thetys emat oībꝰ vndis.
An ne nouū tardis sidus te mēsibus addas:
Qua locus erigonen inter chelasqꝫ sequentes

l Generum: C. Dicitur gener quia generandi causa com- paratur. k Thetys emat. S. Ad antiquū morem retu- lit: quo se maritꝰ & vxor inuicem emebant: vt habetur in iure. AN. Thetys Thetyos (vt Iginius scribit & alii) fuit Oceani coniunx nympharumqꝫ mater. Thetys Nereo vxor est. Nam quando est mater Achillis dicitur Thetis. l. Emat. A. Romano more locutus est: vbi dote adhibita generi comparantur. Iustinus autem li. iii. refert Licurgū inter Lacedemonū leges statuisse: virgines sine dote nu- bere: iussisseqꝫ vt vxores eligerentur non pecunia: ꝙ seue- nus matrimonia sua viri coercerent. cū nullis frenis dotis tenerentur: Hinc optime Iuuenalis Intolerabilius nihil ꝙ̄ femina diues. m Omnibus vndis: C. Ergo relin quat oceanū: erga tua numina sola erunt. n Tardis. S. estiuis. o Mensibꝰ C. Mensibus dicitur ab eo quod est μενε .i. men sis. Nā vt solis cursus an- ni: sic lunę mensem facit. p Tardis sidus mensibꝰ AN. tardis sideribus: vt Leoni & erigone: menses eñ a sideribus denomia- bant naturales scilicet: de quibus latius videb ibi. Hoc metuens celi men- ses rc. Aduertendum tamen hic signa accipi pro duo denis celi partibus ęqualibus respectu primi mobilis. si- dera vero ipsas imagines in octaua sphęra. Iulius pręterea & Augustus: tardi menses dici possunt. Iulius quidem a sidere Leonis: Augustus vero a sidere erigones. sol enim diutius sub leone morat atqꝫ erigone ꝙ̄ sub quouis alio celi sidere. sub leone siquidem. xxxix. diebꝰ vel circiter: sub erigone autem. xlvi. fere. nam dum sol octauū signi leo- nis gradū nostro euo ingreditur: quod est circa. xxii. diem Iulii mensis: tunc egreditur leonis sidus: continueqꝫ sub eodem incędit sidere donec. xvii. signi virginis gradū pertingat: quod est circa Augusti finem: intra quod spa- cium intercipiuntur gradus. xxxix. dies quidem totidem constituentes: aut circiter. quoniam sol die quoqꝫ per gra dum vnum fere incędit. Erigones vero sidus sol ingredit per diem fere: anteꝙ̄ leonis sidus exierit: hoc est dum. xv. signi virginis gradū attigerit. incędit. qꝫ sub eadem erigo ne donec secundū signi scorpionis gradū attingat: quod quidem est circa. xvi. mensis octobris diē: intra quod spa- cium gradus. xlvi. fere intercipiuntur. tot enim diebus sol erigonē percurrit. Cum itaqꝫ menses a sideribus olim de- nominauerint: vt & Chaldęi asserūt: iure tot dies habere deberēt: ꝗt sub eisdē sol incędit. Libra deinde vulcania cō tractis brachiis scorpionis addita magnis mensibus Iu- lio et Augusto: hoc est sideribus leoni et erigone: inter au- ctricem frugum erigonem: et tempestatū potentē scorpio nem collocata est. gradus fere. xvi. in celo occupans. eos videlicet quia septimo signi scorpionis in. xxii. intercipiū tur & inde iusta plus parte celi Scorpius contrahēdo bra chia relinqueret cęsari: dum a secundo gradu signi scorpio nis in. xxv. eiusdē locus cęsari mortali assignaretur. Hi gra dus qui libram & erigonē ac scorpionē & libram inter- cipiunt: cum sua libra cesari adiūgētur: quę libra dum Romani imperii maiestatē respicit: (teste quoqꝫ Manilio li. v.) hesperiā sua libra tenet: qua cōdita Roma: orbis & imperiū retinet rc. Voluit Virgi. Si cęsar celū appeteret: in tra ipsa sidera vbi sedes est Romani imperii: nouū sidus adderet tardis mēsibus pręcedētibꝰ. i. tardis sideribꝰ leoni & origone vt dictū est. Hęc de sideribꝰ a pręstantissimo viro & nostri sęculi summo astrologo Leone Tholopho Norico accępi. locus eñ erat obscurissimꝰ. C. Tardis mē- sibꝰ. Atquisi ꝓpter lōgiores dixit tardos: libra in ꝙ̄ vult illū cōuerti: dies incipit breuiores reddere ꝙ̄ noctes: Sed nō est legendū: addas te mensibꝰ in datiuo: sed addas si- dus aliis sideribus cū tardis mēsibus id est cū hoc hono- re: vt estiui mēsis dominet: alter a patre: alter a te vt sit du plex honor: & quod in sidus celeste conuertat. et ꝙ nō det mensi. Nō dixit aūt mensibꝰ in plurali: vt poneret nume- rū pro numero: sed vt nō nihil etiā glorię ex paterno noīe (a ꝗ Quintilis Iulius est appellatus) ad se redundare vide retur: Quintilis aūt a cęsare Iulio dictus est: qm̄ ipse quar to idus illius mensis natus sit. At Augustus sextili mēse nō est natꝰ: sed qm̄ primū cōsulatū in eo mense inierit: et triūphos tres in vrbē retulerit: & Egyptū in eo mense in potestatē populi Romani redegerit: et bellis ciuilibus finē posuerit: ex. S. C. Sextilis Augustus est appellatus: vt re fert Macrobius. Fuit aliquādo september Germanicꝰ a germanic. o & october a Domiciano nominatus.

q Qua locus. S. Aegypcii duodecim ponūt signa. Cal dei. xi. Nam Scorpiū & li- bram pro vno accipiunt. r Erigonen. AN. id est virginē de quo late apud Igyniū. C. Erigonen inter Anastrophe in qua prepo sitio postponitur vt tran- stra per & remos. Virgi- nis autem signū intelligit in quo fabulatur cōuersa fuisse. Hęc ex Icaro nata est & iusta vocata: & a Baccho in formam vuę conuerso complexa est. Et demū cū in marathonia sylua patrē a pastoribus interemptum inuenisset: laqueo se suspendit: vt alias ꝓlixius dicet: deoꝝ aūt miseratione in hoc signū mutata est: vt ait Hesiodus. Aratus scribit hanc aureo seculo terrā habitasse. & a vi- ris abstinentē cum virginibus ludere solitā: hominibus ęquitatem pręstasse. Verum cum inde homines a veritate abirent: se magis e conspectu eorum remouit: donec om- nibus in vitia conuersis celum petiit. Alii dicunt eam esse Cererem quę spicam tenet. Virgo signum est terreum: fe- rendū nocturnū. Domus est mercurii prima. Et est exal- tatio mercurii in quindecimo gradu. Prima facies eius est solis. Secūda veneris. Tertia Mercurii. In membris huma nis habet: ventrē & intestina. producit homīes pulchros: decoram faciem: & pulchros oculos. temperat appetitū: & significat iusticiam. Dicitur virgo quia vt virgo sterilis est. sic sol hoc signum intrans suo calore humores consu- mit: & terram a fructibus sterilem reddit. Hęc mathema tici de virgine. Macrobius autem ait. Virgo autem aristā manu tenens: quid aliud est ꝙ̄ vis solaris quę fructus cu rat: & ideo iusticia creditur quę sola facit nascentes fructꝰ ad vsus hominū peruenire.

s Chelasqꝫ. SER. Chelę enim scorpii faciunt libram. Idem chaldei volunt ęquales esse partes in omnibus si- gnis: & aliud vicesimū: & aliud tricesimū habere. Ergo secundum Chaldeos dicit posse eum habere locum inter Scorpium & virginem quę erigone est. In iis signis sunt deorum domicilia. Nam solis leo est. lunę cancer. Cęteri planete singuli omnia habent suo ordine: vnum a sequen tibus: alterum a superioribus: nam Mercurius qui post lu nam primus est a terra: habet virginem & geminos. Ve- nus taurum & libram. Mars arietem & scorpium. Iupi- ter pisces & Sagittarium. Saturnus Capricornū & aqua- rium. Ergo Augustum & fortem propter scorpiū domi- cilium Martis: & iustū ꝓpter librā: & prudentē ꝓpter vi- cinam virginem: quę Mercurii est. A. Chelasqꝫ. S. Scorpio magnitudine sui corporis duoꝝ locū occupat signorum. Oui. li. ii. meth. de Scorpione. Porrigit in spacium signo- rū mēbra duorū. e quibus (Igynio teste) prior pars Che- lę: reliqua autē Scorpio vocatur. Est aūt libra dimidia ps Scorpionis vt idē ait. Chelę aūt a chelos quod est vngula dicit: Qua locꝰ erigonē inter: chelasqꝫ rc. Sub libra Au gustū cęsarē collocari cupit: qꝛ libra domiciliū est veneris martis: & Italia illi subest signo vt diximꝰ. Et Manilꝰ li. iiii. de natis sub librę Horoscopo ait. Illū vrbes & reg̃ trement:nutuq regentur. per libram igitur summū impera/torem designare cupit. t Tibi. S. in tuū honorem & gratiam. v Ardens. S. Qua martis est domiciliū: Ceterum eius tempus frigidum est: nam nouēbris mensis. x Scorpius dicit a scorpizo quod est spargo: spargit em̄ brachia.i.chelas. & est ardēs.i.pugnax. acer. trux. terribi/lis. scorpi⁹ em̄ martis domiciliū Mani.li.ii. Vult pu. ma: scor. her. et iterū Pect. & in che. & quę dat scor. acer. & li. iiii. Scor. ar. iu. ci. ca. In bel. ar. aios & mar. caste. Efficit: et multo gaudentē sanguine ciuē. Scorpionū cauda semper in ictu est nulloq̄ momento moueri cessat ne quādo desit occasioni. quibusdam gemī sūt aculei. maresq̄ seuissimi. Pli. li. xi. y Iusta plus parte. SER. Secūdū Chaldeos

sum foramen: quo ditem patrem ad raptum Proserpine exiuisse fama est. Vti Soli. scribit. Hanc mater Ceres toti per orbem quesierat. vt li. v. met. plene habetur: Audiuit tandem esse apud Plut. Sed quia ieiunia soluerat septem granis punicei pomi: statutum est. vt sex mensibus cū ma/tre: sex vero cum marito maneret.
e Da facilem cursum. S. meo poemati. C. Trāslatio scri/ptoris a cursore: Nam vt cursor a carcere ad calcem festi/nat. ita scriptor ad finem voluminis properat.
f Audacibus. S. Verecunde extenuat vires suas. A. Arro/gantiam vitat. g Annue. A. assentire faue. h Vi/rationis & consuetudinis. i Mecum. S vel mecū igna/ros. vel tu mecum miseratus: aut eis mecum faue.

qui dicūt illorū duorū si/gnorū spacium cōtinere. AN. Scorpius em̄ magni/tudine sui corporis duo/rum locū occupat signo/rū vti ostendimus. adeo autem sua detrahit bra/chia vt relinquat plusq̄ Chelarum locus seu libre signū occupat: quod et di/ctū ē lati⁹ supra. C. Cęli iu/sta plus parte. id spaciū qđ ipse occupauerat: plus iusta parte. Nam cū singu/la signa occupent tricenas ptes cęli: quę sunt trecente sexagita scorpi⁹ pter. xxx. partes quas occupat suo corpe. xxx. alias ptes occu/pat chelis. Ergo ne Augu/stus nouū signū futur⁹ ef/ficiat cōtra rōe͂ cęli tertiū decimū signū extingnēt li/bra scorpione suas chelas ɔtrahēte. & August⁹ libre signū subibit. z Quicqd eris. S. Ordo est quicqd eris da fa/cilē cursū. reliqua dicta sunt p parēthesim. A. Quicqd. vel terrarū: vel maris: vel cęli numē. a Nec sperent. S. Al/legorice dicit illū non posse mori. A. Nec sperent inuit eū cęlum ascensurum. b Dira cupido. Ostendit nō debe/re illum velle: A. Dira tristis & infesta: & quasi deorū ira missa: c Elysios campos. A. Maro libro sexto scribit. Elysios campos beatorum locum apud inferos esse. At Stra. li. iiii. docet Homerū eo in loco piorum regionem & elysium campū posuisse: quo protheus Menelaum trans/missum esse dicit Elysium in campū terrarumq̄ vltima tandem Dii te transmittent: stat flauus vbi Rhadamātus Existitq̄ viris vbi vita facillima durans: Nō hyemis vis multa niuis: non ingruit imber Stridula sed semper zephi/rorum flamina mittit ingens oceanus. Aeris enim salu/britas: & suauis zephyri spiritus: eius regionis peculiaris est: quę in occasum vergens nunq̄ tepore caret. Tum vero terre terminus: vbi Poeta infernum esse fabulat⁹ est. Macr. vero li. i. de som. ait q̄ in sphera quę Aplanes dicit: Elysios campos esse puris animis deputatos antiqui/tas nobissum appellant.
d proserpina matrem. SER. Ceres cum raptam a Plu/tone filiam diu quesisset: cognouit tandem eam esse apud inferos: Itaq̄ implorauit auxilium Iouis: qui ait posse illā ab inferis reuerti si nihil ibi gustasset. At illa gustauerat iā in Elyseo mali punici. vii. grana: quā rē Ascalaphus Sty/gis filius prodidit: non potuit ergo redire. Sed virgilius nūc necessitatem tribuit voluntati: Mœruit tamen a Ioue Ceres vt proserpina esset sex menses cum matre et toti/tidem cum marito. Hęc luna est quę toto anno sex mensi/bus crescit & totidem deficit: vt crescens apud superos: deficiens apud inferos esse videat. A. Proserpina. Fuit hęc Iouis et Cereris filia: quā Pluto infernus rex rapuit in cam/po ętnensi qui floridus semper est: nam prope est demer/

panditur: ipse tibi iā brachia contrahit ardēs
Scorpius: & cęli iusta plus parte reliquit.
Quicquid eris: (nā te nec sperent tartara regē:
Nec tibi regnandi veniat dira cupido
Quāuis elysios miretur gręcia campos:
Nec repetita sequi curet proserpina matrem)
Da facilē cursum: atq̄ audacib⁹ annue cœptis:
Ignarosq̄ vię mecū miseratus agrestes
Ingredere: & votis iam nūc assuesce vocari.

k Ingredere. A. adsis: ad ueni. l Iam nūc. SER. id est adhuc viuus: Nam viuos meruit diuinos ho/nores. m Vere nouo. S. Quia anni inicium est Marcius. Decem autē so/lum menses fuerunt sm̄ antiquos: Martiū volue/runt anni principium: p/pter Martem sue gentis auctorem. Aprilis dictus quasi terras aperiens. Ma/ius a maia. Iunius a Iuno/ne. quāq̄ alii a maiorib⁹ maiū: et a iunioribus Iu/niū dictum velint. Nam antea populus Roman⁹ in centurias Iuniorum & Seniorū diuisus erat. Re/liqui a numero denomi/nabantur. Quintilis. Se/xtilis. Septēber. October. Nouember. & December. Erant igitur decem menses: sed duo propter rationem signorū anni intercalabantur: qui postea a Iano & Februo denominati sunt: Februus enim ditis est pater: cui eo mense sacrificabatur. Quintilis & Se/xtilis postea mutati sunt in honorē Iulii Cęsaris & Au/gusti. Vnde Iulius & Augustus. Igitur vere nouo: i. initio & in prima parte veris. Anni em̄ quattuor sunt tpa diui/sa in ternos menses. Et fit eorū tpm talis discretio: vt pri/mo mense veris: nouū dicitur ver. Poeta multa huc tran/stulit de vltima pte libri quę est oeconomicos Xenophō/tis: in qua tractat de agricultura. Sic de Georgicis Man/gonis Aphri: Catonis: Varronis. Cice. quoq̄ li. iii. oecono/nomicon qui agriculturā cōtinet. Nam primus dat prece/pta matrifamilias quę domi agere debeat. Secūdus patri/familias quę foris. Nō habet aūt hoc opus difficultatem in questionibus: vt ęneis nisi: in paucis locis: Sed in hoc ve/res positas intelligamus vt hęc prima precepta significat: Hoc em̄: dicit agrū fertilē. i. pinguē et herbosum bis arā/dū esse: verno tempore: vt herbę adhuc sine semine euellā/tur: & humor ęstatis calore exsiccetur: vel glebarū pu/trescat durities & semel in autūno cum seminibus. Agrū vero tenuem & sterilem semel tantū arandū in autūno: ne si vere aretur: exigu⁹ eius humor siccetur in ęstate. Ca/nis. Albis niue. A. Vere em̄ Colu. li. xii. c. ii. sic ait sup hec loco. Noui aūt veris qñ sit principiū obseruare rustic⁹ de/bet vti Astrologus: vt expectet certū diē illū qui veris ini/tiū fatere dicit. sed aliqd etiā sumat de pte hyemis: qm̄ cō/sumpta brumatiā nitescit ann⁹: pmittetq̄ clemētior dies opera moliri. Possit igitur ab Idibus Ianuariis vt principē Romani anni obseruet auspicari culturarum officia. Sa/tis autem erit per dimidios menses exequi quocunq̄ ne/gociū: quia neq̄ prędestinatū opus nimiū immature vi/deri possit ante quindecim dies factū. nec rursus post toti/dē nimiū tarde. hec ille. Ca. em̄ Ge. h. i. nix. C. Ver dicit q̄ tūc pgulta viuere incipiūt ac ꝑit se tp̄s ani. nisi sit a greco

[m]Vere [n]nouo gelid⁹ canis cũ mõtib⁹ humor
[o]Liquitur: & [p]zephyro [q]putris se [r]gleba [s]resoluit
[t]Depresso incipiat iam tũ [v]mihi [x]taur⁹ aratro
[y]Ingemere: & [z]sulco attrit⁹ [a]splendescere vomer.

Nam Iones sp dicunt. Alii a veniendo dictum putãt: quia eo tempore oĩa e terra veniant.i. nascãtur. Habet eñi ann⁹ qualitates nostroꝝ corporũ humorib⁹ simi limos. Nã ver qđ principiũ ãni est: calidũ est & hũidũ in quo annus puer dici põt et excitat sanguis qui et ipe calidus est. tp̃s aptũ generationi: vnde in eo oĩa facile gignuntur & nascũtur. Dicitur aũt ver eo ꝙ oĩa in eo veniãt.i. nascant et crescãt oĩa id eñi significat venio: Vt hic seg. il. ve. foe. vuę. Incipit aũt ver sole. primã partẽ arietꝭ ingrediẽte. quo ingressu ęquat sol lucẽ tenebris: ꝓptereaq̃ est ęqnoctiũ: post qđ dies incipiũt supare noctẽ. Secũdũ tp̃s est ęstas ab ęstu.i. calore nomiata. Excitatq̃ hoc tp̃e bilis q hũor ca. & si. vt est ipa ęstas. est aũt iuuentus anni. Atq̃ incipit cũ sol ad primã partẽ cancri venit: q̃ pars q̃m est altissima in nostro polo: facit diẽ oĩm longissimũ: & solsticiũ efficit ęstiuũ. Tertiũ tempus autumnus noiatur: q̃m in eo augeatur varia copia fructuũ. Hęc aũt iure dici põt virilis ętas anni in quo oĩa maturescãt. Oriturq̃ cũ sol ad primũ librę gradũ peruenit. rursusq̃ ęqnoctiũ efficit: postea noctes incipiũt superare dies. Vltimũ tempus est hyems cana & vera senectus anni. Efficit aũt illam sol quã primũ capricornũ tangit. facitq̃ aliud solsticiũ q̃ brumã quasi βραχν ἡμέρας id est breues dies latini nominarũt. Incipit aũt annus ſm astrologos cũ sol intrat arietẽ. Arietẽ aũt iccirco principiũ zodiaci faciũt: quia q̃uis i sphera nihil aut primũ aut postremũ sit: tñ incipiẽte die illo qui primũ fulsit et natalis mũdi vocat: arietẽ in medio cœlo fuisse dicunt: et mediũ vertex mũdi est: & quasi caput. Tũc lunã cancer gestabat sol cũ leone oriebat. Mercuri⁹ virginẽ. Mars scorpiũ. Iupiter sagittariũ. Venus librã. Saturn⁹ capricornũ tenebat.

n Nouo. C. Quasi prima sui pte: Nam singula hęc quattuor anni tp̃a in tres ptes diuidunt vt dicam⁹ nouũ: adultũ & p̃ceps ver: & sic in aliis. o Liquit. S. Liquor nomẽ li breuẽ habet: verbũ vero longã. Sic hum⁹ breuiatur: human⁹ qđ inde ẽ longat. Itẽ itur ꝓducitur: itur⁹ breuiat.

A. Liquitur. liquefit dissoluit. C. Liquit in hac prima producit. Contra aũt in liquesco: vt i bucolicis. Lin⁹ vt hic durescit & hęc vt cera liquescit. p Et zephiro. S. Laxant fauonio flante quę gelu cõstricta erãt. Ipse alibi. Rura gelu tũ claudit hyems. A. zephyrus latine fauoni⁹ dicit vt Plini⁹ li. ii. ostendit. ventus est qui ab occasu equinoctiali flat: & tepidus est & siccus. Columella tamẽ ait ꝙ vii Idus Februarii fauonii spirare incipiũt. Pli. item li: xviii. scribit ꝙ Fauoni⁹ ver inchoat: aperitq̃ terras: tenui frigore saluber. C. zephyrus ventus est occidentalis qui suo tempato calore: quę frigore hyemali cõstricta fuerãt relaxat atq̃ apit. Nam cũ sol parũ moret in occidente. nõ multũ inflãmat huiusmodi ventũ: neq̃ humiditatẽ eius penitus desiccat: vñ tpatus oĩa tpata reddit. Qua ꝓpter q̃uis Astrologi ver ab ingressu solis in arietẽ initiũ sumere velint: medici tñ q̃ primũ incipiunt flare zephyri ver inchoant: siue añ huiusmodi ingressũ: siue post id veniat. q Putris. S. resolubilis. A. humecta: mollificata & solubilis. venti enim occidẽtales mollificant et humectant: vt etiã Ptholome⁹ in li. quattuor patriũ scribit. C. Putris.i. resoluendo se putrescit. r Gleba. A. terre globus: nam terra ligata gleba est: Soluta vero puluis. s Resoluit. A. Arua enim hyemali frigore pręclusa: zephyri tepore laxant.

t Depresso. S. Nam ingemet si aratrũ altius inprimetur: quę aratio pingui conuenit terrę. Nam de infoecunda terra dicit: Tenui sat erit suspendere sulco. AN. Depresso id est valde presso quod pingui conuenit terrę. Nam de sterili dicet. Tenui sat e. s. s. C. Depresso vt altius infigatur.

v Mihi. S. Aut vacat: vt Cicero. Qui mihi accubãtes in conuiuio. vel mihi rustico amanti terram.

x Taurus. S. Robustus bos. Nã tauri difficile iungunt.

y Ingemere. C. de vi huius verbi dicetur in primo Eneidos. z Sulco. C. Sulcus quia sustulit terram vomer: ex qua quidam ꝓiecta tera porcã facit: ergo porca dicitur ꝙ ex proiecta terra fiat. a Splendescere. S. Territur ara tione ſed ſplendeſcit. a Vomer. S. Dicimus vomer & vomis: ſed ab vtroq̃ huiꝰ vomis facit. A. vomer arratri ferrũ: qꝛ vomit terram vt ait Varro. C. vomer aũt dicitur a vomendo: euomit eñ e ſulco terram ad porcam faciendam. b Seges. S. terra. c Demũ. S. nouiſſime. C. Poſt longam & diligentẽ culturã. d Votis. S. Magnam rem dixit: Nam ſępe maiora optamus q̃ ſperamꝰ poſſe contingere. AN. Votis deſideriis. C. Votis cupiditatibus: vt cõſequens pro antecedente: quia enim aliquid cupimus: vota vt id aſſequemur concipimus. Magna quoq̃ res eſt vt reſpondeat cupiditatibus cum perſępe cupiamus maiora q̃ ſperemus: Sed maior vt reſpondeat cupiditatibꝰ auari: in quo inexplebiles oĩno ſunt cupiditates. e Reſpondet. A. conſentit. f Auari. A. cupidi. g Bis quę ſolem. S. Solem dierũ calorem. Frigora ſc; nocturnũ frigus: in quo duplicẽ oſtendit arationem: vernalẽ et autũnalẽ. nec ad tẽpora ęſtatis et hyemis referre poſſumus: quia nõ ſunt in Italia duę in anno ęſtates et duę hyemes: ſic geometrę dicũt eſſe in Taprobane inſula hodie. A. Pli. li. xviii. c. xxxiii. ſic ait q̃rto ſeri ſulco virgiliꝰ exiſtimatur voluiſſe: quũ dixit: optimã eſſe ſegetẽ quę bis ſolẽ bis frigora ſenſiſſet. Spiſſiꝰ ſolũ (ſicut plerũq̃ i Italia) quĩto ſulco ſeri melius eſt. in Tuſcis ꝟo nono. predicta Pli. ꝟba vt quarto ſulco feratur. ſecundum Virgiliũ: oſtendũt Probi in hoc loco explanationẽ nõ conuenire: quem multi alii ſecuti ſunt. non aduertentes Pli. verba. nec etiam Varronis. Scribit enim Varro li. i. c. xxix. Qꝛ terram cum primũ arant: proſcindere appellant. quũ iterũ effringere dicunt. vocant tertio. quum arant iacto ſemine bouis: lirare dicuntur. Capite vero ſequenti ait idẽ Varro. q̃ inter vernũ equinoctium et vergiliarum exortũ & ſolſticium boues terram proſcindere debẽt. Et c. xxxii. ſcribit: inter ſolſticium & caniculam cum proſcinderis offringi oportere id eſt iterare: vt frangant glebę. Et c. xxxii. ait inter caniculam & ęquinoctium antumni oportere aratro offringi. Et ca. xxxiiii. inquit. ab equinoctio autũnali incipere oportere ſerere vſq̃ ad diem. xci. poſt brumã: niſi neceſſaria cauſa coegerit non ſerere. Theophraſtus item lib. iii. de cauſis plantarum ait. Cura noualium tempore vtroq̃ ſuſcipitur: ęſtate & hyeme: vt terra ſolem: ac frigora ſentiat. His omnibus verbis patet iam quo pacto ſeges bis ſolem bis frigora ſentiat. C. Bis ſolem bis frigora. Nã et ſecundo et tertio aratur perſępe terra. Nam dicunt proſcindere cum primo arant: deinde iterare cum iterum aratur. Tertio tertiari. Pli. autem ait quarto ſeri ſulco: hoc in loco exiſtimatur voluiſſe cum de ſole ęſtiuo & frigoribus hibernis loquat. Loquit ergo etiã auctoritate Probi gratiatici de noualibus quę in fine hyemis circa veris initiũ proſcindũtur: vt ęſtate proxima ſiccentur: deinde in introitu hyemis ſemente facta ſequẽti ęſtate reddit fructũ. ergo bis ſentit frigus: ſemel ante ęſtatem: iterum poſt ſementẽ. Bis ſolem: ſemel ęſtate qua ceſſat: iterum qua fructum refert. Vnde Columella dixit: Iugerum talis agri quattuor operis expeditur. nam cõmode proſcinditur duabus vna iteratur. tertiatur dodrante: in liram ſtatim redigitur quadrante opere. Liras autem ruſtici vocant eaſdem & porcas: cum ita aratur. vt inter duas latius diſtantes ſulcos: medius cumulus ſiccam ſedem frumentis prębet. Ab eo

Illa ſeges demum votis reſpondet auari
Agricolę: bis quę ſolem: bis frigora ſentit.
Illius immenſę ruperunt horrea meſſes.
Ac prius ignotũ ferro quã ſcindimus ęquor:
Ventos & varium cœli prędiſcere morem
Cura ſit: ac patrios cultuſq̃ habituſq̃ locoꝝ:
Et qd quęq̃ ferat regio: & qd quęq̃ recuſet.
Hic ſegetes: illic veniunt fęlicius vuę:

autẽ q̃ aratri. vomer ſubſtulit: ſulcus dicitur. Sulcos aũt illos qui ex tranſuerſo ducunt ampliores: vt per eos aqua ex agris ducatur Elices vocãt. quia aquas ex agro eliciat. h Ruperunt. S. plus eſt q̃ impleuerunt. i Horrea. C. Granaria ſunt id eſt loca in quibus fruges conduntur. Sunt qui putant dicta ab horrore ariſtarum: Nam priſci fruges in ſpicis ſeruabant. k At prius. S. ia eſt anteq̃ faciamꝰ veruactum. l Ferro. A. vomere. m Equor. S. Modo terram ab ęqualitate dictam. AN. Equor id eſt campũ ab ęqualitate. n Ventos. SER. Debes ſcire cui vento ſubiacet ager. AN. Ventos ꝛc. quę ſũt agricolis neceſſaria diximus iam circa principium huius cõmentarii. Et quia huic etiam loco conueniũt: ibidem relegẽda admoneo. Iterũ vẽtos. hoc dicit ne imbribus ventiſq̃ iminentibꝰ opera inchoet agricolę laboremq̃ fruſtretur: vt Colũ. docet Et Pli. li. xviii. c. xlix. inquit: In boreã ponto arbores viteſq̃. ſed hoc flante ne arato. frugem ne ſerito. ſemen ne iacito. C. Ventos: Nam multũ intereſt cui vẽto expoſita ſit regio. o Variũ cęli morẽ. S. cęli aeris. Lucre. In hoc cęlo qui dicit aer. Noſces ergo aeris q̃litatẽ: vtrũ gaudet pluuia: an ſiccitate: an frigore: an calore. A. Colũ. in ꝓlogo li. i. ĩcipit. inquit eñ Coeli et ãni pñtis mores intueat: agricola ſcilicet. Neq̃ eñ ſemper eundẽ velut ex p̃ſcripto habitu gerũt: nec oibus annis eodẽ vultu venit ęſtas aut hyems: nec pluuiũ ſemp eſt ver: aut humidus autũnus. C. Morem. quid ferre conſueuerit. p Patros cultos. S. Quemadmodũ cultus ſit a maioribus. A. Varro li. i. ca. v. Agriculturę (inquit) quattuor ſunt partes ſũme e quibꝰ prima cognitio fundi ꝑteſq̃ eiꝰ quales ſint. Secũda quę in eo fundo opus ſunt: ac debeat eſſe cultiuę cauſa. Tertia quę in eodẽ prędio colendi cauſa ſint faciẽda: Quarta quo quicq̃ tp̃e in eo fundo fieri cõueniat. q Habituſq̃ locorũ. S. i. quid melius ferre cõſueuerit: ergo habitus locorũ: poſſibilitates accipe. A. Varro li. i. c. vi. ſcribit in terra eẽ diſſĩli vi ac poteſtate ꝑtes ꝑmultas. In quibꝰ lapis: marmor: arena: puluis: creta: ignis: carbũculus. i. q̃ ſol ꝑferuet ita vt radices ſatorũ cõburet. Partim ſunt humidiores: ꝑtim aridiores: ꝑtim mediocres ſũt macre: ſũt pingues. Habitꝰ. i. q̃litates. dicitq̃ habitꝰ ab habẽdo aliquid. r Et quid quęq̃ f. r. Var. li. i. c. vi. ait. nõ eadeam oĩa in eodẽ agro recte ꝓñt. Nã vt aliꝰ eſt ad vitẽ appoſitꝰ: aliꝰ ad frumẽtũ. ſic de ceteris. aliꝰ ad aliã rem. Et c. xxiii. inquit: Alia loca appoſita ſũt ad fœnũ. alia ad frumentũ: alia ad vinũ: alia ad oleũ. S. Hic ſegetes: A. Sata. Hic ſegetes illic ꝛc. Pli. li. vii. c. iiii. inq̃t. Quippe nõ eadem terra arboribꝰ cõuenit. & frugibꝰ: plerũq̃ nec pula: qualẽ habet Campania: vbiq̃ optima vitibꝰ. Aut q̃ tumes exhalat nebulis. Virgiliꝰ. Et q̃ filicẽ ferat nõ improbat vitibus. Glareoſũ pleis ſolũ aptiſſimũ in venafrano piguiſſimũ in Detica. tãta eſt argumẽtoꝝ et ſoli varietas ac differẽtia. Capite vero quinto ait idẽ: Fruges alit tophacea alba. proxima eſt ruffa. Et li. xviii. Agri ipſius bonitas inquit: quibus argumentis iudicanda ſit ſubſignabimus: Catonis maxime verbis. Ebutũ vel prunus ſilueſtris: vt rubus: bulbus minutus: trifoliũ. herba pratenſis: quercus ſilueſtris. pirus: maluſq̃: frumentarii ſoli notę. t Veniunt. S. creſcunt vt pulchro veniens in corpore virtus. C. Segetes repetit omnem agriculturam.

Arborei fœtus alibi: atqꝫ iniussa virescunt
Gramīa nōne vides croceos vt tmolꝰ odores
India mittit ebur: molles sua thura sabei.
At calybes nudi ferrum: virosaqꝫ pontus
Castorea: eliadū palmas epiros equarum.

v Foetus. S. poma. A. de foetu diximꝰ in Buc. x Iniussa. S. Nam frumēta iussa nascūtur. Vnde est illud Atqꝫ
imperat aruis. y Gramia. C. herbas. vt sit locus aptꝰ
pascuis. z Nōne vides. S. Si vna ꝓuincia nō pōt ferre
oīa. quāto minus poterit vnus ager. A. Exēplo quod dixerat aperit: et loca narrat vbi plus ac melius aliquid ꝓue
nit. a Croceos odores. A. Pli. li. xxi. scribit ꝙ prima no
bilitas cilitio croco inest. et ibi in Coryco monte et in lycio
monte olympo. Mox contū ripino sicilie. aliqui phlegreo
secundū locū dedere. optimū vbicūqꝫ quod pinguissimū
& breuibus capillis. b Tmolus. S. Mons Cilicie vbi
nascit crocū precipue Nam cōmemorat vbi res meliores
nascūtur. Nam crocū & in Aphrica nascit: sed nō tale ac
tantū quale in Cilitia. A. Tmolus satis coactus est et am
bitum mediocrē habens: & in ipsis lydie partibus termi-
natur: imminetqꝫ sardibus
vrbi. mons ipse felix a quo
pactolus fluit. Is vero Tmo
lus appellatur vt Pliniꝰ. li.
quinto scribit. quod quidē
Ouidius quoqꝫ li. vi. met.
ostendit Deseruire sui nym
phe vineta Tmoli. At sunt
quidē qui contendūt hic legendū esse: nymphe vineta
Tmoli: quod ꝑfecto absur-
dum est Pli. auctoritate Est
aūt vino: croco: melle ꝑferti
lis. Vnde Solinus ait de lydia. Et Tmolus croco florē-
tissimus. C. Tmolus mons
de quo Strabo. Tmolus quidē satis coactus est et ambitū
mediocrē habens in ipsis lydie partibus terminat. Lydie
quoqꝫ montē esse Plinius & Solinus asserit. Et Ouidius
de Aragene Riget arduus alto Tmolus in ascensu cliuoqꝫ
extensus vtroqꝫ: Sardibus hinc: illinc paruis habitat hi-
pepis. Sardes aūt lydie vrbem ponit Herodotus. Tmolū
igitur croco florentissimo Probus Solinus & Columella
esse dicūt. Nec puto odores ad vnū esse ref erēdos vt multi ingeniosi volunt. c India. S. Nam etsi in Aphrica
quoqꝫ sunt elephantes: maiores tamē in India. Hinc Terē.
Elephātis indicis prefecerat. i. maximis. A. India. ea maxima est ad orientē exposita. de qua multa Strabo li. xv.
Fauonii vero spiritu saluberrima est. bis in anno estatem
habet. bis legit fruges. auctor est Solinus. d Ebur. A.
Pli. li. viii. scribit: Elephantes fert Aphrica: ferunt ethiopes
sed maximos India. arma habent que iuba cornua appellat Herodotus. melius dentes. Hos deciduos casu aliquo
defodiūt. hoc solū ebur est: quāqꝫ nuper assa etiā in Lam
nas secari cœpere penuria: etenim rara amplitudo iā dentium preterqꝫ ex India reperit. e Molles sua thura sabei. S. Sabei. populi iuxta Syriā & Arabiā dicti ab eo q̄d
est σεβε Nam apud eos tus nascitur quo deos placamus. Molles quia sub aere clemētiore sint. Lucanꝰ Quicquid ad eoos tractus mūdiqꝫ teporē labitur. emollit gen
tes clementia celi. Aut quia Alexander obsceniores suos
milites illic condidit. A. Molles. zc. Stra. li. xvi. docet. Q
Sabei felicē Arabiā incolūt: que maxima natio est: apud
hos & thus & myrrha: & cynamomū nascit. in ora etiā
balsamū habent: preterea palmas odoratas. Homines ꝓ-
pter maximā copiā fructuū ociosi segnesqꝫ viuūt. sub rege
sunt: et tū ipse tū etiā sui ī deliciis muliebribꝰ viuūt. Sup-
pellectilē ex argento et auro multū habent. vasa: lectos: tri
podas: crateras cū operculis: domosqꝫ sumptuosas: nam
& porte & parietes & tecta ex ebore auro & argento: la-
pidibusqꝫ incrustatis sunt distincta: ꝓpter hos igitur mores & tantā rerū copiam. Poeta molles sabeos ait. i. ocio-
sos: segnes: deliciosos. At Probus inquit. Molles vicio ser
monis appellat: quia parū viriliter loquātur. f Tus.
S. Sine aspiratione dicimus. Nam antiqui dicebant thus
ꝙ displicuit. Tura ēm a tudendo dici volunt
id est a glebis tussis: cū quibus dicitur fluens ex arboribꝰ
coalescere. A. Pli. docet li. xii. ꝙ Tura preter Arabiā nullis:

ac ne Arabie quidē vniuerse: g Sabei. A. Regio eorū
turifera. Saba appellatur spectans ortus solis estiui.
h Chalybes Populi apud quos nascit ferrū. Vnde calybs dicit ipsa materies: vt vulnificusqꝫ calybs. A. Chalybes. Iustinus li. vlt. de Hispania loquens scribit ꝙ apud
amphilocos Galatie porcionē precipue ferri materia: sed
aqua ipsa ferro violētior quippe temperamēto eius acriꝰ
redditur ferrū: nec vllū apud eos telū probatur. quod nō
Birbili fluuio: aut Chalybe tingat. vnde et Chalybes flu
uii huius finitimi appellati: ferroqꝫ ceteris prestare dicūtur
C. Chalybes ppli sūt in ponto apud quos vel nobile fer
rum est vt primū ibi repertū. i Nudi. S. Apud quos
arbores nō sunt: vel nudi ꝓpter cudendi ferri studium. A.
Nudi laboris ac egnis estu. C. Nudi vel inculti: vel quia
in ferrifodinis nudi ferrū querūt. k Ferrū. C. a ferien
do dictū nō nulli credunt.
Sua ēm seuitia feriendo do
mat reliqua metalla atte-
nuat & extēdit. Aristoteles
ait illud gigni ex argento
viuo & sulphure grosso nō
puro: in cuius cōmixtione
plus est de sulphure ꝙ de ar
gento: Quapropter quia do
minat illi: frigidū ē et siccū.
terreū ferrū frigidū est et siccum & valde durū et com
pactum. & ideo difficile in
igne mollit: quia minus in
se habet aerei: & aquei ma
gis ꝙ reliqua metalla. Ru
bigine rodit. q̄d illi accidit pro sue substantie impuritate
Nulliꝰ tñ rei rubigine acriꝰ ꝙ sanguinis exeditur: vt videat
sanguis humanus illo pacto se vlcisci. Caret tamē rubigine si cerusa aut medulla ceruina vngatur. l Virosa ca
storea. S. Fibris canes sunt pontici quorū testes apti sunt
medicamētis: ꝓpter quod vbi se queri senserint: eos secāt.
De quibus Cicero: Redimūt se ea parte corporis propter
quā maxime expetātur. Iuuenalis. Qui se eunuchū ipe facit cupiens euadere dāno testiculi. Castores aūt a castrando dicti sunt. Virosa venenata. Nam ꝙuis multis morbis sint remedio tñ pregnātes illorū odore abiiciūt partū
virosa dicta ab ea ꝙ est virus. Alii fortia a viribus. A. virosa id est potentia & multe virtutis vt ostendemus. Vi
rus ēm quandoqꝫ pro naturali virtute legitur: vt Nonius
scribit: & Plinio teste: Virus dicitur ꝙ grece pharmacon
id est medicina. Hinc etiā Iuuenalis ait in sat. Natali coruine die: Adeo medicatū intelligit inguē. Virus preterea dici
tur quod distillat ab inguine eque quo tpe agitat amoris furore: vel quod distillat a coeūtibus aialibus. Vir. li.
iii. Georgicorū. Hinc demū hippomanes vero quod noīe
dicūt pastores Lentū distillat ab inguine virus. & Pli. li.
xviii. c. xxi. ait ꝙ virus verrinū et scrofe ex coitu exceptum
priusqꝫ terrā attingat: contra dolores valet: Potes ergo vi
rosa intelligere etiā propter id: nam cū Castorea sint testes
recte virosa dici possunt. C. Virosa. Ambiguū. an virosa
castorea. an virosa pontus. Nam pontus virosa quasi ve
nenosa dici potest: qm̄ teste hoc eodē Poeta venenis abūdant vt in Bucolicis: Has herbas atqꝫ hec ponto mihi leta venena. Ipse dedit meris nascuntur plurima ponto.
m Pontus. A N. mensura ponti a Bosphoro ad meotidis lacum ꝓtenditur: Vt docet Pli. li. viii. Item li. xxxii. do
cet ꝙ in terris & in aqua fictus est fibris: quos castores
vocant: & castorea: testes eorū quos sibiipsi amputant pe
riculo vrgente: ob hoc se detignari efficacissimi aūt e pon
to galatie mox Aphrice. sternutamenta olfactu mouent.
somnū conciliant cū rosaceo perūcto capite: medentur
et vertigini neruorū viciis. sic et contra comitiales sumpti.
poti vero cōtra inflāmationes tormēta venena aduersus
scorpiones ex vino bibūt. aduersus vaconitū ex aqua &
lacte. claritatē visus faciūt cū melle attico inuncti: cohibēt
singultus ex aceto. Solinus vero sic ait. Per vniuersum pō
tum Fiber plurimus: quē alio vocabulo dicūt castorem:

Continuo has leges ęternaq; foedera certis
Imposuit natura locis: quo tempore primũ
Deucalion vacuũ lapides iactauit in orbē.
Vnde hoīes nati durũ genus: ergo age terrę
pingue solũ: primis extemplo a mēsib⁹ ann.

testiculi eius appetuntur in vsum medelarum: n Castorea. C. Castor quē alii canē ponticũ alii fibrũ apellant. Est quadrupes fluuiatilis parũ differt a lutra. Nam Arestoteles in libro de animalibus ponit Fibrũ: Saterũ: Satyriũ: Lutrem et latacem: pene in eodē genere: Latacemq; dicit Lutra latiorē: & dentes habere adeo robustos vt virgulta illis vt ferro ꝑcidat. Hinc ait Albertus posteriores pedes habere anserinos quibus facilius natet. anteriores aũt raninos quoniã humi quoq; gradiatur. Vulgo traditur ꝙ seipsos castrent id admonente natura cũ propter testes plurimis medicamentis aptos venatores illũ insectētur. Aiunt preterea fel suũ euomere: cum id cognoscat ad multa medicamenta vtile. Item coagulũ ad comiciales morbos. Albertus negat posse castrari sine pernicie: quia testes spine alligati sunt. Si queq; morsu deprehendit nō antea dimittit q̃ crepitantis ossis strepitũ senserit: dentibus virgulta cędit: domumq; in fluminũ ripis duabus aut tribus contignationibus extollit: vt pro incremento decremētoq; aquarũ ascendat descēdat ve. Peregrinos castores in seruitutē redigit: illisq; ꝓ iumentis ad cōuectandam materiã et cibaria vtitur. vescitur pisce pomisq; & arborũ cortice. Eius pellis nota est: & in precio habetur. Nostri Galeros inde conficiunt. Barbari aũt illi apud quos hoc animal nascitur: beuer appellant. similes lutris sũt. sed paulo maiores Sunt ventricosi et breuib⁹ cruribus: proptereaq; currere haud facile possunt. Caudã plusq; pedalem habēt siue pilis: piscium pelle tecta: apprime pinguis & esui suauis: sale etiam conditas condunt. Cętere eius carnes abhominabiles: neq; est qui illis vescatur. Medicamentum quod inde est: castoreum vocant: declinant ad colorem nigri sanguinis. Nam si variũ ē declinans ad nigredinē: venenũ est. & vel interficit eodem die vel ad malam ducit ęgritudinem. Quando bonũ est calidum & siccum subtilissime exiccationis confert neruis & paraliticis. Valet ad foetum & ad secundam eiiciendam.

o Eliadum palmas e. S. Hyppalage. Nam dicit Epirus creat equas optimas quę apud elidem palmam merent in Iouis olympici curruli certamine. profertur aũt gręce epyros cum accētu in prima: Nam si esset epyrus, latinũ haberet accentum in penultima. A. Elis vt Plinius scribit lib. iiii. Vrbs fuit Achaię. Per agrũ vero Eleũ: vt scribit Stra. li. viii. Alphęus amnis perlabitur: apud quem olympicorum certamen agebatur gymnicũ atq; equestre: teste Herodoto li. viii. vbi premiũ erat oleagina corona qua donarentur: non enim pecuniarum certamen agitabant: sed virtutis. Id autem Hercu. instituerat. Sed hęc omnia. lati⁹ per nos habentur ode prima Horacii. Palmas eliadum equarum: id est equas aliarum victrices apud Elidem. Probus autem ait: ꝙ Poeta copiosissimam esse palmis Epirum significat: quod aliter ostendit ipse Maro lib. iii: dicens. Quãuis sępe fuga versis ille egerit hostis: Et patriam Epirum referat fortisq; mycenas. C. Eliadum Elis vrbs est sub olympo vbi ludi agebantur post finem quarti cuiusq; anni a monte ipso olympici dicti.

p Palmas. A. Palma arbor est: de qua multa Pli. Sed propterea inquit Plutarchus in certaminibus palmam signum esse placuit victorię: quoniã ingenitũ huic ligno est: vt vrgentibus prementibusq; non cedat. Plura scribit Gel. lib. iii. c. vi.

q Epiros. A. Ea vt Pli. li. iiii. docet est in tertio Europę situ: atq; ab acrocerauniis incipiēs mōtib⁹: ad magnesiã macedoniamq; tendit. C. Epiros Laudat Epirum vehementer Arestoteles in libro de animalibus; dicitq; omnes quadrupedes illam magnas ferre excepto asino. Epiroticas autem vaccas singulas prę sua pręcipua magnitudine amphoras singulas implere atq; erectum qui mulget stare: quoniam sedendo non queat vbera attingere: neq; id mirandum. Nam cum opus largiore pastu grandioribus sic scribit hanc terram illud abunde ferre. & esse ibi excellentes oues quę pyrrhie a Pyrrho rege cognominarētur: De Epyro dicemus in tertio libro En. Epiros nostro tempore Albania dicitur.

r Equarum. SER. Dixit equas quia velociores sunt q̃ equę: quia vt ait Pli. inter currendum emittũt vrinam. C. Equarum. Nam vt reliquas quadrupedes sic equos prestantes fert.

s Continuo SER. Iugiter ad perpetuum. CRI. Continuo: stat in primordio suo.

t Has leges ęternaq;. AN. Lex est ratio summa insita in natura quę iubet ea quę facienda sunt: prohibetq; cōtraria. Tul. lib. i. de legibus.

v Foedera certis. AN. Foedus appellatum quia inter foedera interponebatur fides vt ait Festus.

x Natura locis: quo tempore primũ. A. Natura autem dicta est ab eo ꝙ aliquid nasci faciat: gignendi enim et faciendi potens est: Est igitur natura creatura omnium etiam inuisibiliũ rerum. Vnde Lucret. lib. i. ait. Deserere incipiam & rerum primordia pandã. Vñ omnis natura creet res: auctet: alatq;. Sed de natura latius in Sileno diximus.

y Deucalion vacuum lapides iactauit &c. S. Iã transit ad fabulã: et poetice ponet principiũ mũdi: dicēs ista tum primũ statuta q̃ ab initio mũdi cōstat fuisse. y Lapides vacuũ iactauit in orbē. A. q̃ hic de lapidib⁹ referunt poeticę et fabulose In hoc loco narrant. Sed de Deucaliōe latius et plene diximus in Sileno. CRI. Deucalion, vt philosophus dixit statim a mundi principio has leges impositas esse a natura. Sed vt poeta fabulosum ponit principium mundi. Deucalionis autem diluuiũ non fuit vniuersale: vt Noe. Fuit autem vt ait Varro regnãte Crinao Cecropis successore. vt Eusebius & Hieronimus: nondum defuncto Cecrope. dictum autem Deucalionis quoniam maxime eius regionem oppressit. Ad egiptum autem & eius vicinia non peruenit. Factum est anno mundi septimo supra tria milia & sexcentos ac septuaginta: cum vniuersale diluuium quod fuit tempore Noe: fuerit ãno quadragesimosecundo supra duo milia ac ducentos. Dictus est autem Deucalion lapides in homines conuertisse: quia qui ex diluuio superfuerãt: timentes iterum diluuium. se in montibus continebant: aspero et ferino modo viuētes: At ille verbis paulatim emolliuit: & in planum deducēs ad mitiorem et humanum cultum traduxit. Deucalionis autem filium fuisse dicũt Hellenem: a quo gręci Hellenes sunt dicti. Thessalię autem imperasse Deucalionē referũt.

Deucalionis vxor fuit Pyrrha filia Epimethei patrui huius Deucalionis: horum tempore (vt Aristotiles refert) ingēs hymbriũ illuuies maiorē partē populorũ Thessalię: quibus imperauit absumpsit: paucis qui ad montiũ culmina sese receperãt ꝯseruatis: inter quos Deucalion Parnassum petierat: ratibusq; ad se confugientes per summa Pernassi iuga benigno fouebat. Propter quod dictus est genus hũanũ reparasse. Ex quo Poetę finxerũt hunc & vxorē: vt. s. annotatũ est. z Durũ genus. SER. Expressit propter ipsos lapides a quibus nati sumus: Nam & gręci τουιτιον populi λαοί dicantur a lapidibus. a Ergo age terrę. A. Ad causam reuertitur docendo quid faciat lętas segetes vt predixerat.

Fortes inuertant tauri: glebasq; iacentes
puluerulenta coquat maturis solibus ęstas.
At si non fuerit tellus fœcunda: sub ipsum
Arcturum: tenui sat erit suspendere sulco.
Illic officiant lętis ne frigibus herbę.
Hic sterilem exigu⁹ ne deserat humor arenā.
Alternis idem tonsas cessare nouales:
Et segnem paciere situ durescere campum:
Aut ibi flaua seres / mutato sidere / farra
Vnde prius lętum siliqua quassante legumē

b Pingue solū. S. Redit ad causam primis a mensib⁹ anni ꝙ dixit vere nouo: A. Pingue solum: Palladius li. ii. de mense Ianuario ait: Pingues & sicci agri proscindi & apparí iam possunt. Et li. iii. de Februario inquit: locis tepidis aut si clemens tempus & siccū fuerit: colles pingues vel hoc mense proscinde. Et li. vi. de mense Maii scribit. Nunc quoq; pingues agri & herbosi proscindantur. Et li. vii de mense Iunii inquit. Nunc frigidissimis locis quę Maio sunt pręcermissa faciemus agros: ęq; Columella scribit li. xii. ca. ii. Q; idibus Ianuariis quod habetur tempus: inter Brumā et aduentū fauonii. pingues & siccos agros tempestiuū est proscindere. Paulo inferi⁹ inquit. ꝙ ab ęquinoctio verno optime vliginosa & pinguia loca proscindantur. AN. quę mēse Ianuario ꝓ vernacta facimus: nunc vltima⁊ parte Marcii sunt iteranda. Postea docet ꝙ sextū idus Iulias optime iteratur proscissum vernactum. c Pingues a mensibus anni. A. Ianuariū & februariū intelligit: qui primi menses Numę pompilii fuerēt. de quo aperte loquit̃. Col. vt ostendimus ibi. Vere nono gelidus. Pli. etiā li. xviii. c. xxxii. inquit. Tepidioribus locis a Bruma ꝓscindi arua oportet: at frigidioribus ab ęquinoctio verno: & maturius sicca regiōe q̃ humida. maturi⁹ densa terra q̃ soluta. pingui q̃ macra. Altum et graue solū etiā hyeme moueri placet. d Glebasq; A. Causam aperit quare id fieri debeat: vt calor in puluerē glebas dissoluat: solis em̄ ardore siccat̃ liquor: & cuncta torrent̃ sorbenturq;: quod Pli. li. ii. docet: quū vero proscindunt̃ arua: hoc vtilitatis habent: ꝙ inuerso cespite herbarū radices necant̃: quod idem li. xviii. edocuit. e Iacentes. C. inertes. Nam qui iacent hoīes inertiā quandā in se esse ostendūt. f Puluerulēta. S. Quę glebas soluit in puluerem. g Maturis solibus. S. Vehementer calidis. A. id est ardentib⁹. est em̄ a pomis methaphora: nā soles maturi dici possunt quū feruescere cœperūt. h At si nō fuerit tellus fœcūda. A. Pli. li. xviii. c. inquit. Q; tenue valde & aridū solū paulo ante sationis tempus moueri debet. Columella vero li. ii. c. iiii. docet ꝙ graciles cliui nō sunt ęstate arandi. sed circa septēbris calendas cum si ante hoc tempus proscindit̃: effœta et sine succo hum⁹ ęstiuo sole puritur. i Sub. S. Sub qū tempus significat accusatiuo gaudet vt hic sub arcturū. i. circa arcturū. Et sub lucem exportāt calathis. k Arcturū Autūnali tpe in q̃ orit̃ arcturus. A. Arcturus vt Pli. scribit li. ii. c. xlix exorit̃ xi. diebus ante equinoctiū autūni. Est aūt equinoctiū vernū. viii. cal. Aprilis: vt docet Columella li. xii. c. ii. Autūnale equinoctiū. viii. cal. Octobris. i. die septēbris. xxxiiii. oriet̃ ergo Arcturus die septēbris. xiii. arcturus autē stella est: quę vrsę cauda interp̄tat̃. est em̄ in cauda maioris vrsę locata: quā Bootes in zona habere dicit̃: clarius cęteris lucentē: auctore Ignio. C. Arcturus Qui et Bootes dicitur custos plaustri eo quod plaustrū sequit̃. i. septentriones & quasi succinctus sit septentriōibus. Arcas fuit Calistos & Iouis filius a quo Archadia noīata. Hic a Licaone Pelasgi filio epulandus Ioui positus est: cū an deus esset tentare vellet. at Iupiter Licaonis domū (vbi Trapetos deinde vrbs) fulmīe incendit. et huius mēbra restituit: et caprario cuidā nutriendū dedit. Verū cū factus adolescens inscius matri vim inferre pararet Incolęq; licet vtrūq; interficere pararent. Iupiter ambos eodē gestu quo erant astris intulit. illa vrsę natura⁊: ille impetū faciens: quem Homerus Bootem appellat. signū hoc constat ex. xiiii. stellis. nā habet in dextra quattuor quę nō occidunt: in capite clarā vnā. In singulis humeris singulas: in singulis manib⁹ claras singulas. In mamilla dextra obscurā vnā. In dextro cubito clarā vnā. inter genua vtraq;: clarā et magnā vnam quę est arcturus. In singulis pedibus singulas. l Illic S. i. pingui. A. Pingui. A. inpingui solo. m Hic. S. in sterili. AN. in solo nō pingui. n Sterilē arenā. A. infœcundam et aridā arenā. o Alternis. A. vicissim. p Tonsas. S. Agros messos. q Nouales. S. Dicim⁹ aūt has nouales et hęc noualia. proprie nouales sunt nunc primū arua ꝓcissa. A. De noualibus videto in Tityro.

r Segnem. A. infœcundū. C. Segnē nihil ꝓducentem quia nō seres. Trāslatio ab homine nihil operante. Segnis dicit̃ sine igne qūi quorū sanguis frigidior est: illi et corpore & animo hebescunt. s Situ d. S. vt redeat in vires priores. Cicero aūt in dialogis & cęteri philosophi tractant nō quid debeat fieri: sed quid potissimū. sic Virgili⁹ cum ponat multa remedia agrorū: pręomnibus ponit intermissionē: Vnde hoc frequēter repetit. A. Situ durescere: vt vires accipiat. Situs aūt ꝓprie dicitur Lanugo quędā humore ꝓueniens. fit aūt in locis sole carētibus. Situ ergo id est sordib⁹ et sualore quodam: qual' intra opaca domus quę diu non repurgātur esse solet. Vnde M. Fabius inquit Excitanda mens et attollenda semꝑ est: quę in huiusmodi secretis aut languescit: & quendā velut in opaco situm ducit: aut ⁊c. Ponit̃ etiam ꝓ loci qualitate vt de situ vrbis ⁊c. C. Situ videbis in sexto.

t Aut ibi flaua. S. Si angustia agrorū nō patitur intermissionem: ibi frumenta sere. vn̄de legumina substulisti: aut si tibi est opus frumento: stercora agrū & sparge cinerem & incende stipulas. A. Aut ibi flaua ⁊c. Pli. li. xviii. c. xxx. inquit. Si fuerit illa terra quā appellauimus tenerā poterit sublato hordeo seri eo condito raphanus: is sublatis ordeū vel triticū. Alius ordo vt vbi adoreū fuerit: cesset quatuor mensibus hibernis: et vernā fabā recipiat: frumētum quidam seri vetant nisi in ea terra q̃ ꝓximo anno quieuerit. Flauus color ex viridi ruffo: et albo concretus: Gel. li. ii. c. xxvi. v Sidere. S. anno.

x Farra. A. Far adoreū veteres appellauere. estq; ex omni genere durissimum: & cōtra hyemes firmissimū. opatitur frigidissimos locos: et minus subactos primus antiquis lationibus. Pli. li. xviii. c. viii.

y Lętum. SER. fertile.

z Siliqua. A. Leguminū folliculus dicitur. proprie tamen cuiusdam arboris fructus longus latusq; etiam. de qua arbore Plinius libro. xiiii. meminit. C. Siliqua proprie est quę Arabice Carnub dicitur. vnde quidam latinorum carnubiam dixerūt: Gręce xilocerata id est lingnea cornua. huius semen dicitur Rirath.

a Quassante. AN. concuciente legumen ipsum maturum & siccum.

b Legumen. SER. Ita dicitur ꝙ manu legatur: nec sectionem requirat. Frumenta vero sunt omnia quę ex se emittunt aristas: nam farra pro frumento dixit, speciem ponens pro genere.

Aut tenuis foetus viciæ: tristisq; lupini.
Sustuleris fragiles calamos syluamq; sonantē.
Vrit enim lini campum seges: vrit auenæ.
Vrunt letheo perfusa papauera somno.
Sed tamen alterius facilis labor: arida tantū
Ne saturare fimo pingui pudeat, sata ne ve
Effoetos cinerē immundum iactare p agros.
Sic quoq; mutatis requiescūt foetibus arua.

c Tenuis. S. Nam vicia vix ad triplicē peruenit fructū. cum alia legumina prouentū fertilem habeant.
d Vitię. A. Vicia per c scribitur: dicitur em̄ a vinciendo: ꝙ itē capriolos habet vt vitis: quib⁹ sursū versū serpit: & scapum lupini aliū ve calamū ad quē hereat solet vincire. Varro auctor li. i. cxxxi. Plinius li. xxiii ca. xxii. inquit. Et vicia pinguescūt arua nec ipsa agricolis operosa. vno sulco sata non sarritur: non stercoratur: nec aliud quā occat. Vitibus pręripit succū languescūt si in arbustis serantur. Sationis eius tria tempora de quibus latius ibidem. Columella li. ii. ca. nono de vicia inquit: Idq; genus precipuū non amat rores cū seritur. Itaq; post secundā diei horam vel tertiam spargendū est quū iam omnis humor sole vēto ve detersus est: neq; amplius proiici debet q̄ quod eodē die possit operiri: nam si nox incessit quantulocunq; humore priusq; obruatur corrūpitur: ꝓpter id igitur tenuis foetus vicię poeta dixisse videtur. C. Vicię Hac fruge pinguescūt arua nec ipsa operosa est agricolis: vno sulco sata nō sarritur. non stercoratur. Siccitatem ex omnibus quę serūtur maxime amat. nō ꝗa spernatur vmbrosa. vitibus tn̄ pręripit succū. languescūt si in arbustis seruntur.
e Tristisq;. S. Amari. Nā incoctus amarus est. A. Tristis id est amari tristiciā ferentis. Ait em̄ Pli. ab omnibus animalibus amaritudine sua tutum vnum hoc seritur nō aratro. vbi fuerit maxime sabulosa & sicca atq; etiā arenosa tellurē ab eo amat: vt q̄uis frutunto solo coniectū: inter folia vepresq;: ad terram tamen radice perueniat. pinguescere hac sata arua vineasq; diximus itaq; adeo non eget fimo vt optime vicem representet. Primuq; oīm tollitur: vtrunq; septembri fere mense. si depastum sit in fronde: inarari protinus solum est opus. Pli. li. xviii. vbi lupinus & lupinū legit. C. Lupini. Hoc legumen & minimū vt ait Columella operarū assumit: & vilissime emitur: & maxime ex iis quę seruntur iuuat agrum. Repositum in granario patitur ęuū. Boues in hyeme coctū maceratūq; probe alit. Famem si sterilitas incessit ab hominibus propellit. In tabulatum quo fumus prouenit optime refertur nam si humor inuaserit vermes gignit: qui vbi ocilla lupinorum ediderunt: reliqua pars nasci non potest. Iugerum decem modios occupat. f Fragilis. A. Teneros & fractu faciles. g Syluamq; sonantē. A. Maturi siquidē lupini & sicci: adhuc in siliquis in recenti: ventorū motu insonant. C. Sylua Nam altius extolluntur & densi propter ramos surgunt. h Lini: S. Bene excepit linum: auenas & papauer: Nam q̄uis legumina recte appellari possunt: nam leguntur non secantur, vt frumenta. Pli. li. xviii. ca. xxviii. inquit. Exceptis leguminibus quę velluntur e terra nō subsecantur. Vnde et legumina appellata quia ita legūtur. Monet autem poeta post hęc non esse frumenta serenda. nam solum tenue reddunt. Vrit lini campum seges. Cato. xxxvii. lib. de re rustica ait: Ordeū & fęnū grecum. gruū hęc omnia segerem exigunt: et omnia quę velluntur ex eis mala sunt. lupini. faba. vicia et cętera stercus vnde facias habent. Pli. aūt li. xix. ca. i. inquit de lino: Vrit agrū deterioremq; facit: sequenti quoq; capite dixit Vere satū: ęstate vellitur: et hanc quoq; terrę iniuriam facit ꝙ vellitur scilicet. Et Columella li. ii. ca. xiiii inquit. Tremelius obesse maxime ait solo virus ciceris & lini: alterum quia sit salsę alterū q3 sit feruidę naturę: C. Lini. de quo Collumella. lini semē nisi magnus est in ea regione quā colis prouentus & precium priorat serēdum non est: Agris em̄ pręcipue noxium est.
i Vrit auenę. A. Auena vt Theophrastus li. viii. scribit terram vehemēter extenuat & multiplici tum radice: tū calamo conditur. Est itaq; extenuationis causa: radicū multiplicitas & calamorū quibus quidē solū pingue attrahit. k Lethęo somno. S. Quia plena sunt obliuionis Nam Ceres leue ad momentum dicitur papaueris cibo orbitatis oblita & reuera papauer gignit soporem. A. Lethe apud hos obliuio dicitur. Inde lethę⁹ obliuiosus. Somnus autem rerū omniū affert obliuionem sopitis. Et Plinius scribit ꝙ papaueris satiui albi calix ipse teritur & bibitur somni causa: et e nigro papauere sopor gignitur scapo inciso Legito Pliniū li. xix. & xx. l Alternis. V. Redit ad pręceptū intermissionis q̄d dicit esse pręcipuū. A. Altern⁹ labor facilis est quū vicissim seruntur dūmodo stercorentur. m Pingui. S. Vel humido vel fertili. A. Qui per se pinguis est et pingues efficit agros Cato ca. lxi. inquit. Quid est agrū colere: bene arare: quid secundū: arare. tertio stercorare. Fimi autem plures differentię: de quibus plene legito Pliniū libro decimo septimo ca. vi. Item li. xviii ca. xxxvi.
n Effoetos. S. Continua fertilitate lassatos: vt mulier dicitur effoeta frequenti partu lassata. A. Effoetos agros. exhaustos euacuatos assiduo foetu. C. Effoeta dicit quasi extra foetum id est partū: quod q̄uis ad mulierem quę amplius non emittat foetum: tamen belle et ad terram et ad arbores quę sterilescunt referre possumus.
o Cinerem immundum. SER. Ad differentiam illius quo vtūtur puellę. AN. Non purgatum quali mulieres vtuntur. Plinius libro. xvi. ca. vi. inquit. Transpadanis cineris vsus adeo placet: vt anteponat fimo munitorum.
p Requiescunt. SER. Non etiam roborantur vt intermissione arationis. AN. Non tamen pinguescunt sicut intermissione.

Nec nulla interea est inaratę gratia terrę.
Sępe etiam steriles incendere profuit agros:
Atq; leuē stipulam crepitātibus vrere flāmis:
Siue inde occultas vires & pabula terrę
pinguia concipiunt: siue illis omne p̄ ignem
Excoquitur vitiū: atq; exudat inutilis humor:
Seu plures calor ille vias/ & cęca relaxat
Spiramēta: nouas veniat qua succ⁹ in herbas:
Seu durat magis: & venas astringit hiantes:
Nec tenues pluuię rapidi ve potentia solis

q Necnulla. A. Maxia & precipua. Seruius habet. nec minus lętore est. i. multo magis. r Interea. A. Etiā mutatis foetibus aliquādo intermittere arationē q̄ maxime prodest aruis. Hinc Pli. li. xviii. c. xxxiiii. inquit Virgilius alternis cessare arua suadet: et hoc si patiātur ruris spacia: vtilissimū p̄cul dubio est: quod si neget conditio: far serendū. Vñ Lupinū: aut vitia: aut faba sublata sunt: & quę terrā faciant lętiorem.

s Inaratę gratia terrę. S. Repetit quod dixit. C. Inaratę terrę. Nam si nō parit illo anno: pariet sequēti multo plura. t Incēdere agros. S. res in agris scilicet. i. stipulas vel quisquilias. i. purgamēta terrarū: Nam vbi stipulę desunt: alemontia incēdit aliunde; importanē. A. Plinius li. xviii. c. xxxxiiii. inquit. Sūt qui accendunt in aruo & stipulas. magno Virgilii preconio. summa aūt ratio vt herbarū semē exurant. C. Incēdere. Nā incensa materia decoquiē etiā tellus. v Atq; leuē s. c. v. f. S. ecbasis: Poetica. x Stipulam. A. Stipula proprie est culmi vagina. y Crepitantib⁹. C. crepitū emittentibus. z Inde. S. ex igne. C. ex ipso igne qui admixtus humori facile multa gignit. a Occultas. S. Arcana ratione cęlatas. Ex opiniōe Heraclyti qui ponit oia ex igne creari. b Pabula terrę. A. Pabulū a pasco venit: estq; pecudum cibus herbaceus: fœnicius: paleaceus: & si militur. c Exudat. S. Noue locutus: nā nō ipse sed terra exudat. ergo exudat pro exudaē. A. Exudat exit emittitur.

d Inutilis. C. Nā succus naturalis: terrę vtilis est: vt in corpore aīalis alius humor naturalis est quo alitur corpus, & gignit. diciturq; succus. alius noxius est: & appellaē pus.

e Seu plures calor. AN. Ignis (vt Aristoteles ingt auctore Gellio li. xviii. c. iiii.) cōcretū resoluit et gelu constrictū: vt niuē sol.

f Cęca spiramenta. S. Breues cauernas quę sui tenuitate nō possunt videri: A. Cęca spiramenta. clausa spiracula. C. Cęca nō visa. Nam aperiūtur pori in terra: qui prę tenuitate non videntur: sed facile cognoscunē adesse qui emittūt spiritum: & fiunt illi peruii. vnde & spiramenta & spiracula dicuntur rimulę tenuiores. g Hiantes. A. Hiare est aliquid sua spōte vel externa aliqua vi aperire vel diffindere: vt tellus ęstu: & ligna ariditate: vel nimio calore hiant. Hiscere est tantum oris & quidē humani: accipiturq; pro eo quod est loqui: aut os aperire ad loquendum.

h Tenues. SER. Epithetū aquę. vel lentę vel penetrabiles. AN. subtiles & penetrabiles. facile enim aqua sua tenuitate penetrat.

i Rapidi solis. A. qui rapit ac attrahit ad se cuncta: torrens & sorbens calore suo quo liquor siccatur.

Acrior:aut boreę penetrabile frigus adurat.
Multū adeo rastris glebas qui frangit inertes:
Vimineasq; trahit crates iuuat arua:neq; illū
Flaua ceres alto nequicq; spectat olympo:
Et qui proscisso quę suscitat ęquore terga
Rursus in obliquū verso proumpit aratro:
Exercetq; frequēs tellurē:atq; impat aruis.
Humida solsticia:atq; hyemes optate serenas
Agricolę:hyberno lętissima puluere farra.
Lętus ager:nullo tantum se Mœsia cultu

k Acrior. AN. Vehementior:fortior. l Boreę. AN: Flat boreas inter septemptrionem:& exortum solsticialē vt scribit Plinius libro. ii. De eius aūt legito Ouidium lib: vi. ibi:scilicet Apta mihi vis est ꝛc. m Penetrabile. A. quod facile penetrat. dicitur etiam quod penetrat. Penetrare autem est penitus intrare. vt scribit fęstus.

n Adurat. S. Et ad solem et ad frigus pertinet Nam hęc duo eundē habent effectum. Nam & frigus est caloris initiū:& summus calor frigoris est principium. A. Adurat. Ad calorem & frigus optime refertur. Ad pluuias autem referri nō potest. Sed consueuerunt poetę quędam diuersa ita adiungere vni verbo:vt tamen necesse sit alterū subītelligere. vt illud. Disce puer virtutem ex me:& tolerare labores:fortunam ex aliis. vbi subintelligendum est opta. Sic in hoc loco : tenues pluuię penetrando noxiū humorem relinquat.

o Adeo. A. pfecto:certe.

p Rastris. S. Et hos rastros et hęc rastra legim⁹: Dicta autem ꝙ terraȝ radant. AN. Sunt rastri (vt Varro ait) quibus dentalibus penitus eradunt terrā atq; eruūt. Rastelli vero quibus in pratis foeni sarta abradūt:quo abrasu rastelli dicuntur.

q Glebas inertes. CRI. Sine arte: id est rudes nō excultas. Nam si maiores restant glebę:terra pene inculta : inarataq; relinquitur. Has glebas ita integras īter duos sulcos relicta scena appellauerunt. r Inertes. AN: id est inutiles desides. s Crates. AN. Dicuntur crates a crateo:quod est teneo:quia seinuicē teneant. De cratib⁹ autem Plinius libro. cxviii. c. xxxi. sic ait. Latitudo vomeris cespites versat:semen ptinus initiunt. cratesq; dentatas super trahunt:nec serenda sunt hoc modo sata.

t Flaua. SER. propter aristarum maturitatem. AN: Flaua ceres. flaua dicitur a colore quem habent matura frumēta. v Ceres. S. Nomen quod in polisyllabis in nominatiuo singulari producit es:cū in obliquis corripiat. C. Ceres quasi geres latine dicitur a gerendo:quia omnia gerat & producat terra. A grecis aūt dicitur quasi id est terra mater. Eusebius autem de pręparatione euāgelica ait:Priscos telluris vim vestam esse: Et terrę lapidosę ac montanę vim esse rheam. Feracis autem ac planę cererem:hu⁹ imago spicis coronatur:& papauera (quę sterilitatis simbolū sunt) circo eam ponunt. Eius filiam Proserpinā:quam a Plutone raptam: vis est seminis in terrā proiecti:quā sol cum hyemali tempore ima tenet:& propterea Pluto vocā sub terris fouet. Vñ illam sub terra latentem queritat Ceres. donec fruges enascentes supra terram extent. Hinc est locus fabulę. Q: illa vis:id est Proserpina sex menses apud inferos. sic et totidem apud superos : quia hyeme sub terra est. ęstate supra terram. Verum has fabulas:etiam aliis modis interpretantur. de quibus fortasse alibi. Dicitur autem filia cęli & vestę:quia fertilitas frugum a sole & a terra est.

x Nequicq;. SER. Non sine causa. Duę enim negationes affirmant. Male ergo quidam legunt in Therentio. Pater adest: caue ne te tristem sentiat. Si enim hoc est dicit. Vide ne te tristem esse sentiat:quod nō potest pcedere. Sed intellige: caue te tristem esse sentiat. nam & ne & caue prohibentis est. y Olympo. A. cœlo.

z Quę suscitat. S. id est terram quam arauerat.

a Equora terga. AN. Sulcorum culmina. b Rursus in obliquū. S. Rursus:scilicet:tempore autūnali quo iam cum seminibus aratur. nam nemo bis vno tempore arat. AN. Plinius libro. xviii. capl'o. xxxii. inquit. Omne aruum rectis sulcis mox & in obliquis subigi debet. C. Arant agricolę quater campum. proscindūt eni. iterant: tertiantq;:& quarto lirant. Lirare enim dicunt cū iacto iam semine terras in liras:id est in sulcos dirigunt. Nam sulcis muniūt porcos:et postremo sulcos aquarios quos nominant elices ex transuerso ducunt: per quos aquę ex agro in fossas extra agrum quas appellāt colloquias deriuentur. c Atq; imperat. S. vt tantum ferat: quantū ipse velit. iccirco supra dicit. Illa seges demum u. r. a. a. A. Tunc Aruis imperatur cum bene coluntur.

d Humida solsticia. S: Solsticia duo sunt. Alterum ęstiuum:qđ est. viii: kalendas Iulii:cum sol remeare ad inferiores circulos incipit. Alterum hyemale octauo kaleñ Ianuarii. Vnde contrarium videtur:cū dicit: hyemes serenas:quoniam solsticiū etiam hyemale est. Sed sciendum annū olim in duas partes diuisum. modo vero in quattuor partes. A. Humida solsticia atq; hyemes optate serenas. Sensus est ꝙ agricolę optent contraria :id est hyemem serenam & ęstatem humidā. Posuit eni solstitia ęstiua pro ipsa ęstate. Debent itaq; agricolę optare:orareq;. O d i date nobis serenam hyemē: ęstatem vero humidā. ac si dicerent : Pluuia quę in hyeme ventura esset:reseruetur in ęstatem. Plinius autem libro. xvii. cap: secūdo ait hyemem aquiloniam esse omnibus satis vtilissimam:sed arboribus inutilissimū est. Ergo qui dixit hyemes serenas optandas : non pro arboribus vota fecit:quoniā cibus earū imber. nec per solsticia imbres vitibus cōducūt. Solsticia pręterea duo sunt:brumale et ęstiuum. de quibus legito in Aegloga septima. CRI. Humida solsticia. Multum laborat ī hoc loco Seruius:vt ostendat per solsticia intelligi ętatem. Sed breuiter dicendum videtur. ꝙ q̄uis sit duplex solsticium:aliud hyemale:aliud ęstiuum:tamē cum simpliciter proferimus : solsticiū intelligimus ęstiuum. Nam hyemale : brumam a breuitate dierum nuncupare consueuerunt.

e Hyberno puluere. AN. Hyberna serenitate: qua quidem puluis habetur. Macrobius libro. v. satu. ait. Et vt liqueat Virgiliū nostrum vndiq; veterum sibi ornamēta traxisse. Vnde hoc dixerit:Hyberno lętissima puluere farra. In libro enim vetustissimorū carminū:qui ante omnia quę a latinis scripta sunt compositus ferebat: inuenitur hoc rusticum vetus canticum:hyberno puluere:verno luto:grandia farra. Camille meres.

f Lętissima:scilicet:sunt:id est fertilissima.

g Lętus ager. SER. hyberno sereno. AN. Lętus ager id ē ferax est hyberno puluere. h Nullo se tantū Mysia. S. Mysia prouintia est. Mœsia vero ciuitas Phrygię: hand procul a Troia:de qua hic dicitur propter gargara montes Phrygię. Sententia est ꝙ Mœsia:q̄uis diligentissima sit circa cultū:tamē plus ei prodest cultus q̄ hyberna serenitas. Sensus est horū versuum talis. vt etiā Macrobius libro.v.Satu.scribit. Cum ea sit anni temperies: vt hyems serena sit: Solstitium vero imbricum: fructus optime prouenīūt. Hec aūt adeo agris necessaria sunt: vt sine iis: nec illi natura foecundissimi Mysię agri responsuri sint opiniōi fertilitatꝭ: quę de eis habeť. Additq; Mysię nominatim gargara: ꝗ ea vrbs posita in imis radicibus Idę montis: defluentib⁹ inde humoribus irrigetur: possit ꝗ videri solsticiales imbres non magnope desiderare. hęc Macrobius. Ego tamē aliter accipio: vt sit sensus & Mysię agri nullo cultu se iactent quātū hyberno puluere: nec de solsticio imbrici intelligať. Nam (vt supra ostendimus ibi humida solsticia: atq; hyemes optate serenas) est sensus talis: optate: vt pluuia que in hyeme ventura esset: reseruet in ęstate: nō ꝗ optent reuera illud: vt ęstate pluat. est autem loquendi modus: vt cum dicit alicui: Obsequere i hoc mihi: in aliis ꝓ esto me aduers⁹. Poeta etiā repetiit illud tantum de serena hyeme. hyberna lętissima ꝑulue re farra: nec amplius de imbrico solstitio dixit. C. Hęc (vt refert Macrobi⁹) sunt in Mœsia Helisponti puincia. sed significatio nominis et loci duplex ē. Nam & cacumē montis Idę: & oppidum sub ipso monte Gargara appellatur, atq; vtrūq; hoc apparet apud Home. Ergo Virgi. nō de summo mōte. Nam constat omnem illam mœsyam feracē eē ab humore solis Erat enī gargara tanta in fertilitate: vt pro immensa multitudine gargara ponatur: vt apparet apud Alcęū: & Aristopha. composuit nomen ex area & multitudine. Ergo gargara oppidum positum in imis Idę montib⁹. Vnde defluentibus humoribus irrigetur: exquo solsticiales imbres non magnopere desiderat. Aschilus autem non solum Gargara: sed omnē Mœsiam fertilem esse scribit. Hęc Macrobius. Vt autem apud Strabonem apparet ꝗ Phrygia duplex est: ita etiam & Mysia. Ex quibus omnibus apparet Mysia et non Mœsia esse legendum. Et sententia Poetę ꝗ hęc regio non tantum cultura quantum suo honore fertilis est.

i Mirant̄ gargara. SER. Dat sensum rei insensatę. AN. Gargara. Macrobius dicto libro ait. ꝗ gargara hęc sunt in Mysia: quę ē Helesponti prouintia. sed significatio nominis & loci duplex est. Nam & cacumē montis Idę: et oppidum sub eodem monte: hoc nomine vocantur. & ciues gargares. Cum igitur constat: inquit idem: Gargara nunc pro montis cacumie: nūc ꝑ oppido sub eodē monte posito: accipienda. Virgilius non de summo sed de oppido loquitur. Et Homerus humidū designat subiacentem monti agrum. Vnde hęc Gargara tanti frugum copia erant: vt qui magnū cuiusq; rei numerū vellet exprimere. pro multitudine immēsa gargara narraret. hęc ille. Sed vbi ait ꝗ Homerus humidum designat subiacētem monti agrum ostēdit: ꝗ hyemis serena ibi necessa: nec ad solsticium imbricum referēda agri illius fertilitas. sed vt dixit ad hybernū puluerem ad serenam hyemem:

k Cominus: S. Statim. A. E vicino illico. Nā cominus proprie significat quasi cum manibus. Eminus vero longe quasi e manibus. l Cumulosq;. AN. glebas. m Ruit. S. id est eruit: & est agentis. Aliter autem dicimus. Ruit alto a culmine Troia. A. Ruit dissipat. n Male pinguis. S. nō pinguis. i. sterilis. o Deinde satis fluuiū. S. Post generales agriculturas transit ad species & ad culturas venientes ex tempore. Nam & irrigare & siccare nō prouenit nisi ex magna siccitate aut nimio humore. A. Segetes irrigādę sunt: vbi nimia siccitas euenit. Nam rigua (vt Pli. scribit li. xvii. ca. xxv.) ęstiuis vaporibus vtilia hyemi inimica. autumno varia circa canis ortum: rigua maxime ꝓsunt. C. Fluuiū in his scilicet regionibus que non ita abundant humore: vt Mysia. p Riuosq; sequentes. S. Iuges. Aut epitheton est riuorū. A. q; pro id est. per Epexegesim. sequētes. i. defluentes vel decurrentes.

Iactat: & ipsa suas mirantur gargara messes.
Quid dicam iacto qui semine: cominus arua
Insequit̄: cumulosq; ruit male pīguis harenę?
Deinde satis fluuiū inducit: riuosq; seq̄ntes.
Et quū exustus ager morientib⁹ ęstuat herbis:
Ecce supercilio cliuosi tramitis vndam
Elicit. illa cadens raucū per leuia murmur
Saxa ciet: scatebrisq; arentia temperat arua.
Quid: q ne grauidis procūbat culm⁹ aristis.
Luxuriē segetum tenera depascit in herba
Cum primū sulcos ęquāt sata: quiq; paludis
Collectū humorem bibula deducit harena.

q Exustus. A. calore nimio. r Morientibus. S. Secūdū pythagoricos qui volūt: quicqd crescit habere animā. Vnde est. interfice messes. A. Morientibus herbis. licet arbores & herbę tam rōne ꝗ sensu careāt. tñ (vt etiam Macro. li. primo de som. ait:) quia crescendi tantū modo vsus in his viget. hac sola parte viuere dicunť. Moriūtur itaq; vbi crescendi vis deest. s Aestuat. A. i. feruet. t Ecce. S. i. exꝑrouiso. v Supcilio. S. altitudīe summitate terrarū. AN. fastigio summitate. x Cliuosi tramitis. A. inclinatę: cliuęq; vię. Trames dicitur trāsuersa via: vel āgusta a trāsmeādo. y Elicit. A. educit: euocat. z Raucū ꝑ leuia murmur. S. vt nō solum vtilitatem: verum etiam voluptatem afferat. a Leuia. S. lubrica. detrita: nitida. A. attrita. b Ciet. A. emittit: commouet. c Scatebrisq;. S. Ebulitionib⁹ quas fecit aqua; incidēs in rimas. Vnde & vasa ęstuantia calore scaturire dicuntur. A. Scatebris ebulitionibus. quę fiunt cum aqua in aliquas rimas defluit. d Temperat. C. vt ariditatē summoueat: neq; tñ nimiū humorem inducat. e Quid. A. videlicet de illo dicendū. f Aristis. S. Periphrasicos Pro spicis posuit. Dicim⁹ autem hic spicus & hoc spicū. Cic in aratro. Spicum illustre ferenę insigni corpere virgo sed in m. genere habet vtrunq; numerū: in. n. singularem tantum. g Luxuriem. S. Recte dicit vt ostendit rem superfluam et nocituram nisi amputeť. A. Luxuriem segetum: id est vbertatem superfluitatem ue: & intempestiuam abundantiā: vt ait Nonius. Plinius autem libro xviii. de viciis frugum ait. Inter vicia, segetum & luxuria est: quum onerata fertilitate ꝓcumbuit. Et Paulo inferi⁹ sequenti capi°o ait. Luxuria segetū castigatur deme pecoris in herba dumtaxat: & depastę quidem vl' sępius nullam iniuriā in spica sentiunt. h Cum primū. SER. Cum herbę adhuc tenerę anteq; cogantur in culmos. Et est. Vir. hoc Hemestichium vnum de in vitis. i Sulcos ęquant. C. Nam maiusculis factis frugibus discernunť sulci a porcis. k Bibula deducit. S. i. detrahit: hoc est siccat: vt riuos deducere. n. r. v. i. id est siccare.

ANT. Bibula deducit.id est diminuit.remouet.siccat.paludis humorē collectū.Deducit autem humor:harena bibula supra iniecta.aut gracili bibulaq; super humidā : ac prępinguē. Sed dementię operari est.quid enī potest comparare qui talem colit.Bibula quę.humorē bibit:incertis mensibus:id est veris tempore ac autumni . Hyemis em̄ certum est frigus:ęstatis certus est calor. Veris vero et autumni tēpibus:nunc frigus nūc calor est. Hinc Naso lib. ii.de arte dixit de autumno. Quum modo frigorib9 premimur: mō soluimur ęstu. Aere nō certo corpora lāguor habet.Fiunt etiam pluuię maximę ac flumīa . Vñ Plini9 libro.ii.c.lii.ait.Vere autem et autumno crebriora fulmina.& Virgilius libro quarto Georgicorum.Vere madent terrę. l Incertis.SER. Inoportunis.sunt aūt hi veris & autumni . Nam & in hyeme frigus :& in ęstate calor certi sunt. m Obducto.S.suplito: superfluo. AN.ꝑducto. contrario:circumfuso. n Tepido.S.noxio: inutili.A.Pl.li.xviii.c.xvii. de viciis frugum ait.Nascuntur et vermiculi in radice:cum sementē imbribus secutis incluserit repētin9 calor hūorrū:gignūtur & in grano:cum spicę in pluuiis calor inferuescit. o Lacunę.S.sunt fossę in quibus aqua collecta manet. A.Lacuna: (vt Fęst9 ait)est aquę collectio:& a lacu deriuat̄. p Nec tamen.SER.Est ordo:nec tamen nihil officiunt . Sententia est ꝙ etiā post tot labores nocumenta inueniūtur nisi ꝓuideris. A.Nec tamē. Ostendit autor vltra prędicta:curandū etiam ne aues et alia obsint aruis. q Improbus.S.Insatiabilis.nulli ꝓbandus . A. Improbus. nocēs:sęuus.

pręsertim incertis si mensibus amnis abūdās
Exit:& obducto late tenet omnia limo.
Vnde cauę tepido sudant humore lacunę.
Nec tñ (hęc cū sint hoīm q; boum q; labores
Versando terrā experti:)nihil improb9 anser:
Strymonię q; grues:& amaris intyba fibris
Officiunt:aut vmbra nocet: pr̄ ipse colendi
Haud facilē esse viam voluit:primus q; ꝑ artē
Mouit agros:curis acuens mortalia corda:
Nec torpere graui passus sua regna veterno.
Ante Iouem nulli subigebant arua coloni:
Nec signare quidē aut partiri limite campū
Fas erat:in mediū quęrebant : ipsa q; tellus

r Strymonię q; grues. ANT. Strymon amnis (vt Solinus docet) inter Macedoniam et Thraciam terminū facit.qui ab hemi iugis irrigat. Id quoq; asserit Plinius.li. iiii.Ibi autem grues maxime per ęstū morant̄ Virgilius & probus inquit. CRI. Strymonię.Thracenses a strymone amne , hic ab Emo mōte fluens Macedoniā a Thracia diuidit in.vii.autem lacus diffundit̄ anteq; ripis coarcatur.vt fluuius fiat. s Grues. C. (vt refert Aristoteles de animalibus)ex campis Scythicis ad paludes ęgypto superiore deuolant vnde nilus ꝓfluit:quo in loco pugnare cū pygmęis dicūtur: nec id fabula.sed certe genus eum hominū : tum quorum pusillum est:degūtq; in cauernis:vnde nomen troglodytę a subeundis cauernis habent.Idem alibi scribit grues sui cōmodi causa lōginqua petunt,volant alte.vt procul prospiciant.insurgente tempestate:aut nubibus terram petunt :Ducem habent:& ii qui clament positi in extremo agmie:vt vox ꝑcipi possit. Cum dormiūt cęterę:sub ala caput condūt alternis pedibus insistētes:dux detecto capite prospicit:& quod viderit voce significat. t Amaris fibris. SER. Fibris aūt abusiue dixit:ꝙ radices intyborum hac atq; illac decurrunt.vt fibrę per iecur.id est venę quędam & nerui. AN. Amaris fibris. Sunt eni intybi radices amarę gustu:aq; habent plurimas et profusas.Fibris:id est radicibus,antiqui:vt enim Varro ait:fibrum dicebunt extremum. v Intyba. S. Male quidam accipiūt auem esse intybam amari iecoris. Sunt enim cicorea: quorum radices multę segetes ambiūt & necant. AN. Intyba huius nominis variationem :late in spica docuimus. Intybum autem & cicoreum.pro eodem Plinius videtur accipere libro.xx. C. Intyba gręcum est:latine dicit̄ endiuia.Arabice hundebe. Plinius autē ait:Intybam erraticam: apud nos quidam ambulabā appellant:in ęgypto cicoreum.

Viam.S. Viā rationē & artem colendi. x Aut vmbra no. A.Plinius lib.xvii.c.x.de vmbris arborum nociuis & iucundis ait: iuglandiū grauis : & maxime etiam capiti humano:omibus iuxta satis: necat gramina.at pinus : ficorum leuis q̄uis sparsa.ideoq; inter vineas seri nō vetātur. Vlmorum leuis :etiam nutriens quęcunq; opacat.iucūda et platani.Iuglandium siquidem pinorūq; & picearum & abietis venenum est. y Pater ipse. C.Recte ad summū ipm deum referri potest: q nō inuidia (quę abest a diuina mēte(sed amore vt humanum genus excultius redderet. & a segnicie ad actionē traduceret:nō nobis victum facilē vt reliquis animātib9 ꝓbuit. z Primus q; ꝑ artē.S: Excusat q̄ videtur posse damnari in Iouem ꝙ voluerit illis necessitatibus excitare ingenia hominū quę abundantia & otio torpescunt. ANT. Mouit agros.de aureo sęculo qd sub saturno fuit . Ouidi9 li.primo Meth.ait. Mox etiā fruges tell9 iarata ferebat :Nec renouat9 ager grauidis canebat aristis: De argenteo vero sęculo quod sub Ioue fuit inqt: Iuppiter antiqui cōtraxit tempora veris.Semina tum primū longis cerealia sulcis obruta sunt: pressiq; iugo gemuere iuuenci.

a Acuens.A.arcessens.excitans. b Torpere:A.Pigra esse & segnia. Ouid.enim ait de primo sęculo.Mollia secure peragebant otia gentes. c Veterno.S.Pigricia. Nam veternū est morbus intercus:id est hydropisis: quę homines reddit pigros.A.Veterno.i.somno.Nam (vt Fęstus inquit) Veternosus dicitur qui graui premit̄ somno. Probus eni inquit:ꝙ veternū grauem somnū volunt intelligi spectātē ad interitum:quē medici lethargū vocāt. Plini9 item ait li.viii.de vrsis.Tam graui somno premūtur:vt vulneribus quidem excitari nequeant. Tunc mirū veterno pinguescunt. C.Veternū grauē significat somnū: vt refert probus:quem medici lethargum nomināt.Ponitur autē pro desidia & squalido situ. Hinc Therenti9.Veternosum eunuchū.i.desidem. Alii veternū volūt esse hydroposim. d Coloni. A.agrorum cultores. e Nec signare quidē.A.Iure cōmuni priuati ac separati agri nihil erat.Iure vero gentium agris termini positi: qd q̄dē notat̄ in lege ex hoc iure gentiū.digestis de iusticia & iure.& in paragrapho Ius aūt gentium.Instituta de iure naturali: gentium & ciuili. Scribitur enim ibi.ex hoc iure gentiū introducta sunt bella:discretęq; gentes : regna condita:dominia distincta:agris termini positi &c.

[h] Omnia liberius nullo poscente ferebat.
Ille [i] malum virus serpentibus addidit [k] atris:
[l] Predariq; lupos iussit: [m] pontumq; moueri:
[n] Mella que decussit folijs: [o] ignemq; remouit:
Et passim riuis [p] currentia vina repressit.
Vt varias [q] vsus [r] meditando [s] extonderet artes
[t] paulatim: & [v] sulcis frumenti quereret [x] herbam.
Vt silicis venis abstrusum [y] excuderet ignem.
Tunc [z] alnos fluuij [a] primum senserre cauatas:
Nauita tum stellis [b] numeros & nomia fecit.
[c] pleiadas [d] hyadas claramq; lycaonis [e] arcton.

f In medium. S: id est in commune: g Querebant victum. ANT. de quo supra ibi Chaoniam pingui.
h Omnia liberius. S. supra enim dixit: atq; imperat ar. A. Ouidi⁹ li. primo meth. ait. Ipsa quoq; immunis rastroq; intacta: nec vllis Saucia vomeribus per se dabat omnia tellus ꝛc. i Malum virus. S. Naꝫ & bonū virus quemadmodū bonum venenum. Dicitur autē a vi: neq; nunc reperit̄ nisi in nominatiuo: accusatiuo: & vocatiuo. Apud priscos etiam in genitiuo. Lucretius. Tetri primordia viri. C. Virus. Non solū venenū significat: sed vehementē: grauemq; odorem & abominabilē. Quapropter Plinius in quibusdam herbis huiusmodi odorem virus dixit. Horatius etiam: sic horridus ille defluxit numerus Saturnius. et graue virus munditie pepulere. k Atris. AN. nigris. l Predari. C. Nam & vi inuadit. & insidiis excipit.
m Pontumq; moueri. A. Ouidius ait de prima etate. Nondū cesa suis peregrinum vt viseret orbē Montibus in liquidas pinus descenderat vndas. Pontus autem dicitur a pontizo: id est mergo.
n Melliaq;: A. Naso libro primo meth. de etate aurea inquit. Flauaq; de viridi stillabant ilice mella. C. De his dicemus q̄rto. o Ignemq; remouit. S. occuluit & non penitus sustulit. A. Ignēq; remouit. Itaq; iuppiter cū a Prometheo decept⁹ esset in portione hostiarū mortalibus eripuit ignē: ne carnis vsus vtil' hominibus videretur: cum coqui nō posset. de quo latissime Igynius. Pyriodes autem cilicis filius ignem e silice inuenit: ac eundē obseruare in ferula Prometheus autor. Plinius libro. vii.
p Currentia vina.: AN. Ouidi⁹ etiam ait. Flumina iam lactis: iā flumina nectaris ibant. C. Fabulosum est: tamē aqua tradit̄ esse lyncestis: que vocatur acyidula: que vini modo temulentos facit. Itē in Paphlagonia: et in agro caleno & in Andro insula in templo liberi patris fons est: qui (vt ait Mutianus ter consul) singulis annis kaleñ Ianuarii vinū profluit: ait Pli. q Vsus. A. opus: vtilitas. C. Vt varias vsus. Nō odio aut liuore: qui (vt ait Plato) a diuino choro abest.: sed vt oīs in difficultatibus ita exerceret: vt meliores acrioresq; redderet:
r Meditando. A. i. excogitando. s Extonderet. A: Extorqueret: vel inueniret: autore Nonio.
t Paulatim. C. Nā nulla ars et inuēta simul & pfecta ē: sed per varia additamenta: a tenui principio ad summū vsq; producta est. v Sulcis quereret. A. arando.
x Herbā. A. Segetē. C. Herbā. Nā primo nascit̄ herba a qua mox culmus erigitur: qui fert spicas. y Excuderet ignē. S. studiose reperiret. AN. Excuderet cudendo eliceret. Est enī cudere a cedendo dictū: vt Festus ait. CRI. Ignem. Non nulli ex egypti sacerdotib⁹: aiunt Vulcanū primo in egypto regnasse: qui cum ignis inuentor fuisset propter huiusmodi beneficiū principatū assumpsit. Nam cum in montibus habitaret: vidit arborem fulmine tactam cremari: & syluam inde accendi, accessit & vtilitatem ignis (nam hyemale tempus erat) sensit: & igni deficienti ligna addens: ignem nutrire didicit. Hec Diod.

z Alnos cauatas. ANT. Periphrasis est nauium: Alnus enim pinus & picee: ad aquarū ductus in stobos cauantur: obrute terra plurimis durāt annis. Plini⁹ li. xvi.
a Primum. CRI. Cum antea nō nauigasset. Nauem primam in greciam inuexit Danaus ex egypto. Ante ratibus nauigabatur inuentis in mari rubro a rege Erythra. Sunt qui dicunt Mysios & Troianos priores excogitasse in Hellesponto cum transirēt aduersus Thracas. Longa naui Iasonem primū enauigasse Philostephan⁹ refert: At hegesias Parthalū. Ctesias Samiram. Saphanus Semiramin. Archimachus egonem. Biremem Erithreos fecisse refert. Damastenes triremem. Amoclem corinthi⁹ inuenit teste Thucidide:
b Stellis nūeros. SER: Currendi modos: id est ortus et occasus: quod si est quasi rem philosophorum pretermisit. Naꝫ tantum de nominibus dicit. ANT. Plinius libro. ii. c: xlii. scribit. Signa que sūt rerum aut animantium effigies: ī quas diuisere celum periti: in iis quidem mille sexcētas annotauere stellas insignes: videlicet effectu visu ve. Igyni⁹ autem scribit: ꝙ Mercurius prim⁹ mēses instituit & preuidit siderū cursus. Euhemerus vero primā ait Venerem astra constituisse: & mercurio demōstrasse. Sed Manilius lib. primo ait. Tu princeps auctor sacri cylenie tanti: per te iam celum in terris iam sidera nota. Iosephus scribit: ꝙ Adā duas columnas reliqt: Vnā eneam: alterā lateritiam. in quibus siderū motus descripserat. Lactantius libro secūdo. cap. xiiii. docet egiptios omniū primos cursus siderum & defectus notasse. Diod. libro. iiii. Atlantem de sphera primum inter homines disputasse. Plinius etiam libro. vii. Atlantē lybie filiū astrologiam inuenisse scribit: vt alii dicūt Assirii: spheram in ea milesius Anaximander inuenit: siderum obseruationem in nauigando phoenices.
c Pleiades Hyades. S. Tantum de nominibus dicit: Nam Hypparchus scribēs de signis: cōmemorauit quot in quoq; signo clare: quot secunde lucis: quot obscure stelle sient. Pleiades signū ē ante genua tauri: ꝙ ortu suo primum nauigatiōis tempus ostendat. dicte ab eo quod est πλεειν id est nauigare. latine vergilie dicuntur a verni temporis significatione. A. Plinius libro. ii. caplo. xlii. scribit esse in cauda tauri stellas septē quas appellauere vergilias inquit. In frōte suculas. Idem vero Gellius quoq; libro duodecimo: capitulo nono. asserit dicens. Sicuti cetere partes & reliqua imago tauri conformata: & quasi depicta est locis regionibusq; earum stellarū: quas greci Pleiadas. nos Vergilias vocamus. Iginius etiam docet inter tauri frontem: & arctos caudaꝫ stellas esse: quas Vergilias nostri: greci antē Pleiadas appellauerunt. Dictas autē ꝙ ex Pleione filia oceani & Atlante sint nate: he numero septem dicūtur. sed nemo amplius q̄ sex videre potest: estimantq; choream ducere stellis: eas stellas Vergilias nostri dixere: ꝙ post ver exoriuntur. Ex predictis ergo patet Pleiades non esse signū ante genua tauri: vt ille dixit. de iis autem latius habet libro quarto Fastorum.
d Hyadasq;. SER. Hyadas sunt in fronte tauri: q̄ or-

Tum laqueis captare feras:& fallere visco
Inuentũ: & magnos canibus circũdare saltus.
Atq; alius latũ funda trãsuerberat amnem
Alta petẽs:pelagoq; alius trahit humida lina.
Tum ferri rigor:atq; argentę lamina serrę.
Nam primi cuneis scindebant fissile lignum.
Tum varię venere artes:labor omnia vincit
Improbus.& duris vrgens in rebus egestas.
prima Ceres ferro mortales vertere terram

tu suo concitãt pluuias. latine suculę:ab eorum humore. AN. Scribit Igynius taurum habere in cornib⁹ singulas stellas vtrisq; oculis singlas: in fronte media vnam. ex q̃bus locis cornua nascuntur quę septẽ stellę nuncupãtur. Gellius autẽ libro. xii. ca. ix. docet ꝙ Hyades a nobis primo Syades. deinde suculę appellatę. Hyadesq; ab hyo, id est pluo. Nam & cum oriuntur & cum occidunt largos imbres cient. Sed de eisdem lacius Gel. e Claram lycaonis arcton. SER. Elicem dicit vrsam maiorẽ cynosurã. Lycaon rex Archadię habuit filiam Calysto quã cum viciasset Iupiter: Iuno in vrsam conuertit. postea Iupiter miseratus in signum celeste cõuertit. AN. de arcto maiori loquitur. hanc autem Iginio teste Hesiodus ait Calysto nomine Lycaonis esse filiam: quę a Iunone in vrsę speciem conuersa fuit: cum autem Archada puerũ ex Ioue genuisset: ipsam cum filio Iuppiter iter sidera collocauit: eãq; Arcton: filiũ Arectophilaca nominauit. minorẽ vero Arcton Igynius idem Cynosurã esse vnam de Iouis nutricibus scribit. Sic etiã Elicem: hinc pro beneficio in mundo collocatas: & vtrasq; arctos dictas: q̃s nostri septemtriones dixerunt. Omnes autem qui Peloponesum incolunt: maiori vtuntur arcto: Phoenices vero minori q̃ studiosius perspiciẽdo diligẽtius nauigare extimarentur. Hinc apud Ouid. fastorũ libr. iii. legit. Esse duas arctos: quarum cynosura notatur sydoniis Elicẽ graia carina notat. Claram arcton. Claram ait: quoniã maior arctos stellas habet vigintivnũ. minor vero stellas habet tantumodo septem. f Fallere visco. SER. Non ad feras: sed ad aucupiũ referas. ANTO: Fallere: videlicet aues. Nam ferę visco non capiuntur. g Et magnis canibus. SER. Iterũ ad venationem. Male autem de aucupio respuentes totũ referunt ad venationẽ: cum dicunt fallere visco: pro visceratione: constat enim luparios carnibus tinctis veneno necare lupos, quod non procedit. Nã aliud est. hoc viscum visci: & aliud hoc viscus. ris. Ergo si de carne loqueretur viscere erat dicẽdum. h Funda. SER. Genus retis q̃d Boxos dicitur. AN. Funda iaculo rete. CRI. Funda gen⁹ retis: a fundendo dicta: quia a supiori loco a piscatoribus funditur: ita vt in circũitu se extendens. quicquid piscium intra se deprehendit captat. Dicitur & funda instrumentum quo fundũtur. id est extorquẽtur lapides: quę in balearibus insulis reperta est:

i Humida lina. S. Verriculum intelligit. A. retia ipsa. C. Describit aliud genus retis: quod per aquas trahitur. Lina autem pro retibus posuit: scꝫ materiã: pro eo quod ex materia fit. Hoc verriculum dicitur ab eo quod est verro id est traho: vt quippe ferant: secum rapidi. verrantq; per auras. k Rigor. SER. duricies. inde rigidus. A. Tum ferri rigor: scilicet inuentus est. Plinius libro. vii. ait. ꝙ ferrum Hesiodus in creta eos inuenisse scribit: qui vocati dactili Idęi. fabricã ferreã inuenere Cyclope. S. Rigor durities. Festus inquit rigidum pręter modũ significare frigidum et durũ. CRI. Rigor duricies. Nam cęteris metallis rigidius est ferrum. De quo alibi. Sed ferrũ Hesiodus in Creta eos qui vocati sunt dactili idęi inuenisse refert. fabricam ferream inuenere cyclopes: vt placet Pli. Duo igitur dicit inuentũ: fuisse ferrum: et deinde ex eo ferro inuentam fuisse serram. Serram autem asciam perpendiculum terebrum: & glutinum: & Bithocolliam Dędalum inuenisse auctor est Plinius. Diod. vero scribit huiusmodi inuentum Talo eius ex sorore nepoti attribuit. Nam cum serpentis maxillam inuenisset: illaq; paruum lignum secuisset: eius dentium imitatione: Serram machinatus est secundũ Glaucus: Chius primus ferro glutinum excogitauit. l Argute. AN. Sonore. m Lamina. AN. ea dicitur lata portio ferrei ęris: plumbi: stanni: aurei: argentei. Bracthea vero poti⁹ auri argẽti ve ac orichalci. Est enĩ tenuis & sua sponte plicabilis. Lamina aũt crassior.

n Ferri. SER. Perdix sororis. Dędali filius Circinum et serram inuenisse dicitur. AN. Plini⁹ libro septimo scribit Dędalum fabricam materiam inuenisse: & in ea serram asciam: perpendiculum: glutinum. Normam aũt & libellum & tornũ & caluum: Theodorꝫ Samium. Ouidius tamen lib. viii. Meth. ostendit perdicem Dędali ex sorore nepotem Cyrcinũ & serrã inuenisse. Traxerat enĩ in exemplum spinas in medio pisce notatas, de quo etiam ibi: vt cui causa necis serra repta fuit. Diod. vero libro quinto scribit ꝙ talus adolescens filius sororis Dędali: qui ab eo erudiebatur ingenii acumine inuenit rotam: qua singuli vtuntur. Deinde reperta serpentis maxilla paruulum cũ sensisset lignum: imitãs postea dentium serpentis spissitudinem: serram ferream fabricauit. reperit etiam & tornum. Inuidia motus Dędalus hunc puerum dolo interfecit. o Labor omnia vincit. AN. Hinc etiam Manilius lib. primo ait. Omnia conando docilis solercia vicit. Quantũ autem labor in agricultura valeat. legito exemplum Caii furet. Cerini apud Plinium libro. xviii. ca. vi. C. Labor industria: & exercitatio & experientia diligentissima: quę non fit sine summo labore. vnde dixit improbus: id est inexplebilis: vt sup̃ improb⁹ Ser. An. vt sit sententia. nunq̃ tantum laboris adhiberi ab hominib⁹ circa rerum inuẽtiones: quin aliquid restet.

p Improbus. SER. Vel magnus: vel nulli probabilis: ANT. Improbus. seuus: ingens: vltra modum:

q Duris vrgens in rebus egestas. SER. Persius. Magister artis ingeniiq; largitor venter negatas artifex sequi voces. A. Ouidius item libro secundo de arte ait. Ingeniũ mala sępe mouent ꝛc. Manilius item libro primo inquit: Et labor ingenium miseris dedit: & sua quęq; aduigilare sibi iussit fortuna p̃mendo. Diodorus quoq; libro primo ait. Necessitatem ipsam rerum magistrã singulorum periciam ingeniis subministrasse.

r Egestas. AN. indigentia. s Prima ceres ferro. S. Omne genus agriculture hominibus indicauit. Nam q̃uis vł Osyrum vel Triptolemũ aratrum inuenisse dicãt: illa tamen omnẽ agriculturam docuit. Nam ferro dicendo. omnia agriculturę ferramenta expressit. AN. Ouidius quoq; libro quinto Meth. ait. Prima ceres vnco glębã dimouit aratro. Prima dedit fruges alimonia mitia terris. Prima dedit leges: cereris sunt omnia munus. Diodo: autem libro. vi. in principio scribit ꝙ siculi tradũt Siciliã cereri & proserpinę sacram esse. has simul deas primũ in Sicilia visas, inq; ea primũ frumentũ terrę bonitate ortũ. In agro autẽ leontino; multisq; pręterea Sicilię locis; etiã tempore ipsi⁹ Diodori (vt inquit) oriebať agreste triticū. Quum autem raptam filiam Proserpinam quęreret: homines qui eam grate susceperant: frumēti vsum edocuit. Hęc eadem leges dedit: quibus iuste pieq; homīes viuere asuescerent: ex quo & legiferam dixerunt. plura Diodo. & nos latius ibi. Liber & alma ceres. CRI. Prima Ceres. De hac dea in superioribus dictum est. Sunt qui dicant Cererē antiquissimam fuisse Sicilię reginam: & quoniā frumētū in ea insula primo propter soli fertilitatē natū est: potuit rationem frumenti serendi aliis ostendere. Nam & Diodorus siculus suo tempe frumentū agreste & in agro leontino & in m̄tis aliis locis nasci scripsit. Ideoq; plura alia de Cerere scripsit. Illud vero in primis ꝙ etiam plurimas optimasq; leges ad humanā vitam optime instituendam tulit. Vnde Temosphora nomiata est: qbus rebus nihil maius esse potest: cum & viuere & bene viuere sit in illis.

f Subit. A. Succędit. A g Aspera sylua. SER. Notandū etiā de herbis syluā dictā. Lappęq; . A. Plinius xviii. libro de vitiis frugum ait. Loliū & tribulum & carduū lappamq; non minus ꝙ rubum inter frugum morbos. qui inter ipsius terrę pestes numeranť. De tribulis autem latius Plinius libro. xxi. & xxii. C Et maior inuenitur et minor lappa. Maior vocatur bardana. Plinius mirabile inquit in lappa ꝙ adherescit: ꝙ in ipsa flos nascitur: nō euidens sed intus occultus: & intra se seminat velut animalia quę in se pariunt. h Nitentia. A. culta splendentia & arata arua. i Infelix loliū. SER. īfecūdū. cōtra. feliceq; trahit limū. Loliū. A. De hoc late diximus. egloga quinta.

Instituit: cum iam glandes atq; arbuta sacrę
Deficerent sylug: & victū dodona negaret.
Mox & frumentis labor additus: vt mala culmos
Esset rubigo: segnisq; horreret ī aruis
Carduus: intereūt segetes: subit aspera sylua.
Lappęq; tribuliq;: interq; nitentia culta
Infelix loliū: & steriles dominantur auenę.
Quod nisi & assiduis terrā insectabere rastris:
Et sonitu terrebis aues: & ruris opaci
Falce p̄mes vmbras: votisq; vocaueris imbrē
Heu magnū alterius frustra spectabis aceruū:
Concussaq; famē in syluis solabere quercu.

t Sacrę. SER. Etiam sacrę. emphasis est. AN. Sacrę. Si sacrę: q̄nto mag; et alię. Est ergo emphasis id est demonstratio: de q̄ Fabius libro. viii.

v Victum. A. cibum a viuendo dicitur.

x Dodona. S. Est vrbs Epyri iuxta quam nem⁹ est Ioui sacrum: abūdās glandibus. Vnde per excellentiam illi⁹ meminit. A. Dodona: ab excellētia nemoris Dodonam posuit. Dodona ī Epyro Ioui sacra erat. Nā illic templum & oraculū ei fuerat constitutum quod latius aperuim⁹ ęgloga. ix Vtq; Plinius lib. ii. c. vi. docet. in Dodona: Iouis fons erat gelidus: qui immersas faces extinguebat. si tñ extinctę ad morę fuissent accendebantur. y Mox. AN. Deinde.

z Frumentis labor. A. Labor erat homībus arandi. serendi: & similiū. Deinde additus est etiam frumētis labor videlicet in syluis. carduoꝝ. ₇c. g. Labor. calamitas.

a Additus. SER. Vel datus: si nihil male ante habuerit. Vel additus. quia ante erat. sed non huiusmodi.

b Esset. SER: consumeret: vt. Est mollis flāma medullas. AN. Esset. carperet: absumeret. c Rubigo. SER. Genus est vicii quo culmi pereūt. sed improprie diciť. Nā proprie rubigo ē (vt ait Varro) vicium obscenę libidinis: quod vlcus vocatur. A. Rubigo id vicium est: rodens ferrum vel segetes: quasi rodigo: vnde olim robigo dicebať. Plinius autem libro. xviii. de vitiis frugū ait: Sceleste frugum. vinearumq; malum: nullo minus noxium est rubigo. Frequentissima hęc in roscido tractu cōuallibusq;: ac perflatum non habentibus. ediuerso carent ea ventosa et excelsa. Fęstus autem ait: ꝙ rubigalia dies festus: vii. kaľ. maias. quoniā putabant rubiginem auertere colebāt: & Plini⁹ lib. xviii. inquit q̄d rubigalia festa numa instituit: q̄ agebantur septimo kaleñ Maias: quoniā tunc segetes rubigo occupat. d Segnis. S. Infoecundus. A. Segnis sterilis & segniciē prębens segeti. e Carduus. A. vide in Bucolicis. CRI. Carduus herba spinosa: quę dipsacos gręce dicitur. id est sitiens: ꝙ semper aquam habeat in foliis: Arabice vocatur conca. Carduus syluester (vt refert Plinius) dicitur scolimon: & foliis et caule spinosa: lanuginē fert. Florem purpureū mittit inter medios aculeos.

Steriles auenę. S. Ad distictionē earū q̄ seruītur.

k Auenę. AN. De auenis etiā lati⁹ ęgloga quinta. CRI. Auenę. Hęc herba gręce diciť egilops. serpit inter segetes cū foliis tritico similibus: simplicibus quidem: sed hirsutis. cū tenui calamo habenti in summitate semen tribus tegumentis operrūm. ex quib⁹ aristę similes capillis extant. Arabice dicitur deuser. Et addit steriles. Nam est etiam frugifera auena. cui⁹ granis iumenta pascuntur.

l Quod nisi. AN. Prędictorū epilogum faciť. Dixerat enī: Multū adeo rastris ₇c. Est autem sensus: ꝙ q̄uis ab agricola oīa fierent. nisi sequentia q̄; agerentur: frustra p̄dicta omnia forent.

m Terrebis aues. AN. propter illud nihil improbus anser. ₇c.

n Premes. coartabis & inminues A. Exhibes: excindes Premes vmbras: propter illud: aut vmbra nocet.

o Votisq;. Nā: quę nō sunt in nostra potestate: illa deos rogare debemus. At in hoc loco monet esse religiosos.

p Duris. C. quorum corpora laboribus durata sunt.

q Arma. SER. Instrumenta: vt alibi Cerealiaq; arma AN. de quibus late Cato in lib. de re rustica. c. x. & Varro libro. i. c. xxii.

r Vomis. AN. Vomerū plura sunt genera. Culter vocatur prędensam terram secans prius ꝙ proscindatur: futurisq; sulcis vestigia pręscribens incissuris: quas resupinus in arando mordeat vomer. Alterum genus est vulgare rostratum vti vectis. Tertiū in solo facili: nec toto porrectum dentali. sed exigua cuspide in rostro. latius Plini⁹ libro. xviii. ₇c. scribit. CRI. Vomis: quod terram vomat.

s Graue robur. propter sulcos altius imprimēdos. AN. id est graue lignū. Est itaq; robor per or: non p ur legēdū: quotiens pro ligno ponitur. Robor enim quāuis arboris species sit: tamē pro omni ligno poni solet. vti & gramen pro omni herba: q̄uis propria species sit.

t Tarda. A. pro tarde. Eleusinę. S. Eleusin ciuitas est Actice prouintię: non longe ab Athenis: in qua cum regnaret Celeus: & Cererem filiam quęrentem liberalissime hospitio suscepisset. illa pro munere ostendit ei omne genus agriculturę. Filium autem eius Triptholemū recens natum: per noctem igne fouit: per diem diuino lacte nutriuit. & eum alatis serpentibus superpositum per totū orbem misit ad vsum frumētorum hominibus indicandū. Ergo hoc dicit: Plaustra volubilia matris Eulusinę: id est qualia ostendit Ceres apud Eulusin. aut certe q̃libus ma ter deum colitur. Nam ipsa etiã est Ceres. ANT. Eulusi ne matris. Erat Eleusin oppidum Attice regionis (vt Plinius scribit libro quarto) Ibi autẽ Eulusine Cereris templũ extabat: vt Strabo docet libro. ix. C. Eleusine ma. Cereris que apd̃ Eleusinã vrbem attice regionis colitur. Vide Seruium. Sed & Diodorus ait Cererem queritantem filiã: ab Atheniẽsib⁹ benigno hospitio fuisse susceptã: ppterea q; illã serere frumẽtũ illos docuisse: eleusinã q; ascendere illos: vbi primũ hoc mun⁹ tradiderit. x Plaustra.. AN. Sunt vehicula: quib⁹ opera deuehuntur: vt fruměta: legumina: lapides: asseres: tignum. Cereris autem Elusina plaustra: Poeta dixit: quoniam (auctore Iustino libro secũdo) sub Erichtheo Athenarum rege frumẽti satio apud Euleusina Triptolemo reperta est: vbi & Cereris templum erat vt dixi.

¶ Dicendũ & q̃ sint duris[p] agrestibus arma:[q]
Quis sine nec potuere seri: nec surgere messes.
Vomis[r] & inflexi primũ graue robur[s] aratri:
Tardaq;[t] eleusine matris[v] voluentia plaustra[x].
Tribulaq;[a] traheeq;[b]: et iniquo pondere[c] rastri

a Tribula. S. Genus vehiculi: quo teruntur in area fruges mature. A. Tribula. Varro libro primo: capitulo quinquagesimo secũdo inquit. Tritura fit apud alios iumẽtis iunctis: & tribulo id fit e tabula lapidib⁹: aut ferro exasperata: quo imposito auriga: aut pondere grandi trahit iumẽtis iunctis. Aut discutit e spica grana. Aut ex assib⁹ dentatis cum orbiculis. in eo quis sedet: vt agiter que trahant iumẽta. Plinius quoq; lib. xviii. capitulo xliii. scribit. Messis ipa alibi tribul' in area: alibi eq̃rum gressibus exteritur: alibi particis flagellatur.

b Traheeq;. S. Epentesin fecit causa metri: sicut nausta. Trahe autem genus vehiculi: dictum a traahẽdo. nam nõ habet rotas. AN. Addet. pro eo autem quod est pluraliter trahe: trahee dixit. e littera m addens.

c Iniquo põdere rastri. S. pro iniqui ponderis: id est magni scilic;: vt sine labore rustici glebas possint infringere.

[d]Virgea præterea [e]celei vilisque [f]supellex:
[g]Arbuteæ crates: & [h]mystica vannus [i]Iachi.
Omia q̄ multo ante memor prouisa repones
Si te digna [k]manet [l]diuini [m]gloria ruris.
Continuo in syluis magna vi flexa domatur
In [n]burim et curui formā accipit [o]vlmus aratri.
Huic a [p]stirpe [q]pedes [r]temo protētus in octo:
[s]Binæ aures: [t]duplici aptant̄ [v]dentalia dorso.
Cæditur & [x]tilia ante [y]iugo [z]leuis: altaque fagus.
[a]Stiuaque: quæ currus a tergo torqueat imos.
Et suspensa [b]focis exploret robora fumus.
[c]Possum multa tibi veterū pręcepta referre:
Ni refugis: tenuisque piget cognoscere curas.

d Virgea p̄terera celei. S. id est vasa de vimine facta: qualia ceres aliquando mōstrauit: vt quales: corbos &c. Sane hęc corbis dicendū est fœminino genere secundū Tulliū qui ait: Messoria se corbe contexit. A. Virgea cęlei. Varro de his quę inuenta dicunt̄ ait. Traha ab eo quod trahitur per terram. Serpia quę virgis serpatur: id est colligēdo implicat̄: in qua stercus aliud ve quid vehitur. Itaque poeta virgea proserpia dixisse videtur.

e Celei. AN. Celeus autem (vt scribit Eusebi⁹ Eleusinę regnauit: quo tempore Triptholemus longa naui illuc accessit: distribuitque frumenta. Ouidius libro quarto Fasto. Triptolemi patrem fuisse dicit. f Supellex. S. Sane supellex vsurpatū. Nā artis est supellectilis. genitiuus enī aut par debet esse nominatiuo: aut maior: vt musa musę: doctor doctoris. Si duabus maiorē inuenerimus: contra artem id esse manifestum est: vt anceps. pręceps & pauca alia. AN. Supellex. Varro libr primo. cap̄. xxii. ait. Instrumentum et supellectilem rusticām oēm oportet habere scriptam in vrbe & rure dominū Villicū contra ea ruri omia certo suo quęque loco ad villam esse posita.

g Arbuteę crates. AN. Pro vehēdis messib⁹ aut stercore. Plinius lib. xviii capitulo. xxxix. sic ait. Reliqua opa nocturna maxime vigilia constāt. quales crates festinas texere. faces incidere: rudicas pręparare. libro vero. xvi. c. xii. inquit. Cortex e fago. tilia. abiete. picea. in magno vsu agrestium. Vasa corbesque ac patentiora q̄dam messibus cōuehendis vindemijsque faciunt atque pretexta tuguriorum:

h Et mystica vannus iachi. S. id est cribrum areale. Legimus autem & vallus secundū Varronem: quod id nihilominus significat. Mystica aūt iachi ideo ait: quod liberi patris sacra ad purgationē animę pertinebant. & sic homines eis mysteriis purgabant̄: sicut vannis frumēta purgantur. Hinc est quod dicit̄ Osyridis membra a Typhone dilaniata: Isis cribro superposuisse. Nam idem est liber pater: in cuius mysteriis vānus est: quia (vt dixim⁹) animas purgat: Vnde & liber ab eo qd̄ liberet dictus ēst: & quem Orpheus a gygantibus dicit esse discerptū. C. Vannus enim purgat fruges. Et quoniā sacris Bacchi putabāt animas purgari. iccirco in illis vannum adhibebāt vt huiusmodi purgationē significarent. Est enim mysterium: cū in sacris aliquid fit: non propter illud: sed vt illo aliquid significetur. A. Vannus cribrū est: quo frumenta & legumina ventilant̄. vt scribit Marcellus. Hinc dictū est vannat euannat vannatur: euannat̄: id est ventilat & ventilatur. Mystica vannus. id est occulta: & sine aperta significatione ipsorum sacrorū: scilicet quę proprie diuinis viris sacerdotibus tantūmodo cognita sunt: in quib⁹ vanno vtebant̄ mystica & occulta ratione. Nam Bacchi sacra ad purgationē animę pertinere aiunt: sicque eius mysteriis purgari homines: sicuti vāno frumenta. Mysticos autem gręce: latine archanum significat.

i Iachi. AN. bacchi. Sed cur iachus vide in sileno.

k Manet. A. expectat: seu tibi futura ē. l Diuini. A. s. fertilis. m Gloria. A. Ille siquidē ruris gloriā habet: qui omia suo tempe in aruo colendo exercuerit. multoque ante necessaria sibi parauerit. n In burim. SER. curuaturam. Nam buris est curuamētū aratri: dictū quasi βοοσ ουρα q̄ sit in similitudinem caudę bouis. A. Bura: vt Nonius scribit dicit̄ pars posterior aratri decuruata. Hanc Virgilius burim vocauit. Dicitur autē bura quasi bouis vra. s. cauda: in cui⁹ similitudine formata est.

o Vlmus. A. Plinius li. xvi. scribit q̄ rigorem fortissime seruat vlmus: ob id cardinibus crasamētisque portarū vtilissima: qm̄ minime torquet̄. Vlmus & fraxinus lente: sed facile panduntur. Flexibiles tamen lentesque a circumcisiua siccate fideliores.

p A stirpe. A. a radice.

q Pedes. A: Pedis mēsura est digitorū. xvi.

r Temo. A. Varro scribit q̄ dictus est a tenendo. Is enim ꝯtinet iugū & plaustrum. s Binę aures. S. duę qbus latior sulcus efficiat̄. A. sic enim sulci latiores fiunt.

t Duplici dorso. S: Aut lato: vt atque duplex agitat̄ p lūbos spina. Aut re vera duplici cuius vtrunque eminet lat⁹. Et fere hmōi sunt oēs vomeres ī italia. A. Duplici dorso. Dētale em̄ q̄draū fit. ideo duplici dorso ait. v Dentalia. S. Dentale ē lignū ad qd̄ inducitur vomer. A. Dētale est aratri pars prima: in qua vomer inducit̄ quasi deus. x Tilia. A. In tilia mas & fœmina differūt. Nanque materies maris dura ruffiorque ac nodosa & odoratior. nec semen fert. aut florē vt fœmina: materiā teredinē nō sentit. Pli. li. xvi: C. Tilia arbor est: cui⁹ fructū aīal nullū attingit: cū foliorū & corticis dulcis sit succus. y Iugo. S. ad iugū. A. Varro scribit Iugū et iumentū a iūctu dicta. z Leuis. S. ideo leuis ne boues laborent. a Stiua. S. Manica aratri q̄ vertit̄ Cicero in scauriana: ab ipsa stiua mecū homies loq̄bant̄. A. docet Varro: q̄ stiua a stampo dicit̄ Est aūt aratri manicula. dicta quidā manicula q̄ manu bubulci tenetur.

a Currus. S. Currus dixit ppter morē puintię suę in q̄ aratra hn̄t rotas qbus iuuant̄. A. Curr⁹ &c. ait. qm̄ (vt Plinius libro. xviii. c. xxxi. scribit) Gallici aratro duas addiderunt rotulas: quod genus vocant planaratrum.

b Suspensa focis exploret. S. Probatę enī soliditatis sunt ligna. si fumo rimas minime effecerint. Totus autem hic locus de aratro Hesiodi est. AN. Exploret. probet vel siccet: vt Nonius q̄z ait. C. Nos per fumū exploramus dum siccant̄ ad futurū an hiscant vł pandant. Hiscere enī est aperire. c Possum multa tibi. AN. Oratorie agit: reficit lectoris auditorisque animū; ac reparat noua pollicitando: & reddit attentum.

[d] Area tum [e] primū [f] ingenti est ęquādo [g] cylindro:
Et [h] vertenda manu: & [i] cręta solidāda [k] tenaci:
[l] Ne subeant herbę: neu [m] puluere victa [n] fatiscat.
Tum [o] varię illudūt pestes: sępe [p] exiguus mus
Sub terris posuitqꝫ domos: atqꝫ horrea fecit:
[q] Aut oculos capti fodere cubilia [r] talpę.
Inuentusqꝫ cauis [s] buffo: & q̄ plurima terrę
[t] Monstra ferūt: [v] populatqꝫ īgentē farris acerū
[x] Curculio: atqꝫ [y] inopi metuēs [z] formica senectę.
[a] Contēplator itē quū [b] se nux plurima syluis

d Area. ANT. Area vbi frumenta secta terantur: & arescant area dicit̄: vt Varro scribit. Catho autem caplo xci. sic ait. Aream sic facito. locum vbi facias confodito. postea amurca conspergito bene. sinitoqꝫ cōbibat: postea cōminuto bene glębas: deinde coęquato & pāniculis verberato. Postea denuo amurca conspergito. Sinitoqꝫ arescat. si ita feceris: neqꝫ formica nocebit: neqꝫ herbę nascentur. Plura etiam dicit in caplo. cxxviii. vbi iubet aream cylindro: aut panniculo coęquādam. Varro autem libro primo: caplo quinq̄gesimo primo. Aream esse oportet in agro sublimiori loco: quā perflare possit vētus. potissimū rotundā: & medio paulū extumidam: vt si pluerit nō consistat aqua. amurca solent pfundere. ea enī herbarum est inimica: & formicarū & talparū venenum. prope aream facienda vmbracula quo secędant homines tempore meridiano. C. Area ab ariditate dicitur locus coęquatus stratusqꝫ & vehementer cōsolidatus: in q̄ rustici triturā faciunt. de qua nūc intelligit poeta. In vrbibus aūt dicimus areas quas gręci plateas nominant. Preterea loca illa coęquata quę edificio occupare volumus areas appellauerunt. in hortis etiam spacia q̄dam sulcis: aut limitib⁹ distincta in quibus olera serimus: areolas nuncupant:
e Tum. AN. Insuper. postea. Tum: id ē postq̄. vel vbi area hyscere cepit. f Tum primū ingēti ęq̄nda cylindro. Et vertenda manu: & cręta solidanda tenaci. S. Hęc per hysteron protheron. Nā primū est: vt terra vertat̄. deinde solidet̄ glarea. postmodū ęquet̄ cylindro. i. lapide tereti: in modū columnę: qui a volubilitate nomē accepit. g Cylindro. A. Cylindrus dicit̄ a cylizo: quod est voluo. Est enim lapis teres in modū columnę. C. Cylindro. Lapis terrestris est: quem per aream deuoluunt. vt locus coequet̄ ac consolidet̄. ab eo quod est κυλίνδω id est. deuoluo. Celindrus autem ornatus est mulieris. iuuena. Donāt arhana Celindros. h Et. vertēda manu. i. tractanda: et subiicienda. Dixit enī Catho aream sicq̄ facito. locū vbi facies confodito. postea cōminuito bn̄ glębas. Alio etiā loco dixit: confodiatur minute terra &c.
i Cręta tenaci. Plinius libro xviii. caplo. xlii. scripsit aream ad messem creta pręparādā Cathonis sentētia: amurca temperata. Maiore ex parte ęquant tantū: & fimo bubulo dilutiore illinunt. id satis ad pulueris remedium videtur. CRI. Creta quod nostri fimo bubulo assequunt̄.
k Solidanda. AN. roboranda, integranda.
l Ne subeant. A. succedāt. m Puluere. A: quę fit calore & ęstu. n Fathiscat. A. fathiscere est aperire: vt scribit Nonius. Fatim vero abundāter dicimus. Vnde & affatim.. Neu puluere victa fathiscat. S. Hypallagę ē pro ne victa fathiscat in puluerem.
o Varię illudunt pęstes. S. Per ludum nocent. A. Illudunt: decipiunt per lusum quendam.
p Exiguus mus. S. Mustela: cui⁹ Cicero meminit in sextiana: & quia hic virgi⁹ mētionē vilitū animalium fecit. Ideo p̄misit. Ni refugis: tenuesqꝫ piget cognoscere curas: A. Mus gręce mys dicitur. De muribus autem plurima legito in Plinio libro. viii. Item libro. xviii. & libro. x. Et in Aristotele de animalibus libro. vi.
q Aut oculos capti. S. Hoc est oculis debiles. A. oculos capti. id est orbati oculos. r Talpę. S. mutauit genus. Nam hęc talpa dicit̄: sicut & de damis fecit. Vt cum canibus timidi venient ad pocula damę. ANT. Aristoteles libro primo de animalib⁹. talpam oculos omnino habere negat. hi autem semper terram effodiunt: & humū egerunt: & radices subter frugibus comedunt. Plini⁹ quoqꝫ libro. xxx. c. iii. scribit: talpas cęcitatis ꝑpetuę tenebris dānatas. C. Talpa sub terra degit. Nō dissimilis est a mure: nisi rostrum anserinū haberet. Refert Areistotiles in orcumenio boetię agro nl̄tas eē talpas. at ī lebadico vicino illi nl̄as: et si aliūde illuc īportant̄ nolle fodere. Plini⁹ aūt (cū multa inuectus sit ī magoꝝ vanitatē. tamē ex eorū verbis refert.) Nullum religionis capatius eē animal: vt si quis cor talpę recens palpitāsqꝫ deuorauerit: diuinationis et rerum efficiendarum euentus promittat. Dente talpę vino exēpto sanari dentium dolores alligato affirmāt. nec quicqꝫ probabilius inuenit q̄ꝫ muris aranei morsibus aduersari: quoniam terram orbitis depressā auersantur.
s Buffo. S. Rana terrestris nimię magnitudis. A. Maxima. C. rubeta.
t Monstra. S. id est alia purgamenta terrarum. v Populat. AN. destruit. prędatur. x Curculio. SER. Varro ait hoc nomen per antistichon dictum quasi gurgulio: eo q̄ꝫ nihil in eo pene aliud q̄ꝫ guttur videtur. ANTO. Curculio frumenti vermis vel fabę. Plinius libro. xviii. scribit curculionē nō descendere infra quattuor digitos nec amplius periclitari. C. Curculio: hoc insertum ne frumento noceat: sic ait M. Catho. Caueri posse: lutum de amurca facito palearū parum addito. sinito marcescent bene: & subigito: eo granarium totū oblinito: crasso luto. postea aspergito amurca bene omne quod lutaueris: vbi aruerit eo frumentū refrigeratū condito: Curculio nō nocebit: mures nō tangent.
y Inopi metuens formica senectę. S. Quę semp alienū quęrit auxiliū. Nam inopi nō tantū ad formicā pertinet. sed generale epitheton est senectutis.
z Formica. A. Plini⁹ libro: xviii. c: xlii. scribit formicam interlunio: id est lunę coitu quiescere. plenilunio etiam noctibus operari. meminit etiam libro. xix. caplo. xlvii. Sed libro vndecimo: caplo. xxix. dixerat formicis esse publicā rationem: memoriā: curam. & q̄d semina arrosa condūt ne rursus in fruges exeant: & terra maiora ad introitum diuidūt. madefacta imbre proferunt ac siccant. operatur et noctu plena luna. silices itinere earum attritos videm⁹. & in opere semitā factam. CRI. De formica dicemus alio loco. a Contemplator. S. Pronosticatio est anni fertilis vel infoecundi. Contemplator autem modi imperatiui est futurum ꝓ p̄senti contemplare & cōtemplator aquas dulces. Therenti⁹ loquitor paucula ꝓ loquere. A. Contemplator: aspice. conspice. Nam templū & contemplare (vt Varro scribit) a tuor dicitur: id est conspicio. Et apud Eninū in Mędea. Contempla et templū Cereris ad leuam aspice. dicebant autem veteres etiam contemplo:

Induet in florem:& ramos curuabit olentes:

Magnaq́; cum magno veniet tritura calore.

Si superant fœtus:pariter frumēta sequentur.

At si luxuria foliorum exuberat vmbra:

Nequicq́; pinguis paleę teret area culmos.

b Nux plurima syluis:Induet in florem·Nux plurima: SER.longa: significat autem amigdalum : sed hoc grecum est· το αμυγδαλον και τα αμυγδαλα AN.Plurima:id est longa. Est autē et nux gręca quę amygdala dicitur. Videto Macrobium libro satur. iiii: de nucibus. Hęc aūt teste Plinio libro.xvi.capitulo xxxv. est ex arborib⁹ quę primę germinant: et inter nouissimas nudantur. capitulo vero. xxxiii. eiusdē libro scribit:q̄ ex his quę hyeme concipiunt: floret prima eni amigdala mēse Ianuario. CRIS· Plurima: id est longa quę est amigdala.

c Induet in florem . SER. se effundet in florem : & bn̄ eligit arborem quę foliis prima vestitur.

Si superant foetus. SER. Superant:abundant.

d Magnaq́; cū magno veniet tritura calore. SER. Aut ęstus nimios futuros significat cum abundantia frugū: aut certe per calorē festinationē operis significat. alibi feruet opus. redolentq́; thymo fragrātia mella. A.Cū magno veniet tritura calore: id est tanta frugū copia erit:q̄ tritura ipsa ad totius ęstatis calorem:& tēpus.pducetur. Columella libro.xli.cap̄.primo ait. Tertio kalendas Augusti aquila occidit.his diebus locis temperatis & maritimis messis conficitur. Et libro primo capitulo vicesimoprimo inqt. Sed quum matura fuerit seges anteq́; torreatur vaporibus ęstiui sideris (qui sunt vastissimi perortum caniculi celeriter) demetaī. nā dispendiosa est cunctatio. Apparet autem canicula. vii. kaleñ. Augusti. hinc caligo ęstuosa. auctor est idem: libro, xii, capitulo secundo . De qua latius alibi.

e Tritura. A. ea est (Varrone teste) quũ frumentũ terit. f Superant. SER. abũdant. g Foetus. A. fruct⁹ ipsi. h Luxuria. A. abundantia. i Nec quicq̃ pigues. SER. non pingues. id est sine frugibus: vt alibi ne quicq̃ se ros ex. no. ca. i. non. k Paleę. S. Notandũ paleã dictam singulari numero contra artem, Nam quę ex pluribus constãt numeri sunt tantũ pluralis s̃m artem: vt cancelli: bigę: scopę: licet abutantur Poetę. AN. Paleę. Hoc vocabulo non culmi proprie. sed folliculi ipsi granulorũ comprehendunt. Vnde Plinius libro. xviii. ca. xliiii. inq̃t. Si palea desit & culmus teritur. Dicta autẽ a pala secundum Varronem libro primo: capitulo quinq̃gesimo. Pala enĩ ventilat: vt frumenta purgentur.

l Semina vidi equidem multos medicare. S. Incipit dicere de medicandis seminib⁹ leguminũ: quẽadmodũ & maiora fiãt: et modico igni soluãtur. Bene autem ait equidẽ: vt a prejudicio ĩchoaret: Nam hoc dicit: equidem hoc vidi fieri: sed hic quoq̃ legumina degenerant: nisi singulis quibusq̃ annis hoc fiat. Inde enim ẽ. sic omĩa fatis ĩ peius ruere. Medicare autem antique dixit. Nam maiores medico & medicor dicebant: vt populo & populor: quę verba modo ab vtraq̃ significatione passiue sunt declinãda. Sed vt medicare pro medicari diceret: metri necessitas fecit. Sane medicor accusatiuũ regit. vt medicor illam rem: medeor vero illi rei dicimus. medeor illa; rem figuratum est. AN. Semina vidi equi. Docet hic poeta: quo pacto fruges validiores fiant. Plinius etiam libro. xviii. cap. xxvii. scribit. Vino semĩa perfusa minus egrotare existimãt. Virgilius nitro & amurca p̃fundere iubet fabã. sic etiã grandescere promittit. Quidam vero si triduo ante satum vrina & aqua maceretur: precipue adolescere putant. Reliq̃ semina cupressi foliis tusis: si misceant̃: non esse vermiculi obnoxia: nec si interlunio serãtur: quin & armo talpę cõtacta semina vberiora esse ꝛc.

m Et nitro. ANT. Nitri natura est (vt Plini⁹ libro. xxxi. capitulo. viii. docet) nõ multum a sale distat: in medicina calefacit: extenuat: mordet: spissat: exulcerat. C. Nitrum: Ait Diascorides. Nitrum est eligendum leue. rubeũ. spongiosum. Album vero acre est: dicitur Baurach. Plinius ait Nitrum exiguum fit apud medos canescentibus siccitate conuallibus quod vocant almiragora. Minus autem in Thracia apud Philippos terra et appellant agrum. Optimum autem copiosumq̃ Macedonia: quod vocant calestricum. lacus est: nitrosus exiliente e medio dulci fonticulo ibi fit nitrũ circa canis ortũ nouenis dieb⁹: totidemq̃ cessat: ac rursus innatat: & deinde cessat. Mirum autem est scatebra fonticuli semper emicante: lacum nec augeri nec effluere. Sed hęc pauca de multis satis fuerint.

n Nigra p̃fundere amurca. SER. olei sordibus. Sed his quę p̃cedunt. Nam sordes q̃ oleum sequũtur: feces vocantur. Et amurca per c scribit̃: & p g pronunciat̃. vt C. Gaius: Cn. Gneus. AN. Amurca ea dicitur & quę p̃cedit oleum et q̃ subsequit̃. Plini⁹ lib. xv. c. vi. de oleo quãdo fit inquit. et e cortinis in labra fundendũ: vt feces & amurca liquant̃. Palladius in Nouembri c. xvii. Deinde cũ amurca subsederit oleum purum. xxx. diebus exactis in vitrea vasa transferri. o Siliquis fallacibus. S. quę plerunq̃ fallere solent. Interdũ enim leguminũ folliculi maiores videntur: cũ inanes sint. p Properata maderent. S. Festinanter coquerent̃ et cito. A. Et q̃uis exiguo properata maderent. Ordo est. Et q̃uis properata maderẽt exiguo igni. i. ꝓpere et cito madescerẽt. tũc enĩ madere vident̃ cũ coq̃ndo mollificata fuerint. q Spectata. S. probata: vt rebus spectata iuuentus. r Degenerare. A. de suo genere exire. Hinc degeneres dicuntur ignobiles: & suo generi dissimiles. Degenerare dicunt̃ qui suorum maiorũ virtutib⁹ non respondẽt: aut vicio. Macro. li. iiii. Degeneres. i. nati patri: vincũtq̃ parentis. s Ni vis hũana quot ãnis. S. Aut possibilitas. Salust. Sꝫ nostra omnis vis in animo et corpe sita est. Aut certe m̃titudo. tñ ver⁹ vt vis q̃si violẽtia sit in rebus q̃ cõtra naturã vertũt̃ ĩ melius. Sic enĩ & Do. sensit dicens: nisi violentia fiat naturę: oĩa ĩ deteri⁹ cadũt. A. vis hũana. violẽtia seu mag̃ prudẽtia. t Manu legeret. S. Hinc q̃dam volunt dictũ legumẽ.

Semĩa vidi equidẽ m̃tos medicare serẽtes:
Et nitro prius: & nigra perfundere amurca.
Grandior vt foetus siliquis fallacibus esset.
Et q̃uis igni exiguo properata maderent
Vidi lecta diu: & multo spectata labore
Degenerare tamen; ni uis humana quotannis
Maxima quęq̃ manu legeret: sic omnia fatis
In peius ruere: ac retro sublapsa referri.
Non aliter q̃ qui aduerso vix flumine lembũ
Remigiis subigit: si brachia forte remisit:
Atq̃ illũ in preceps prono rapit alueus amni.
Preterea tam sunt arcturi sidera nobis:

v Sic oĩa fatis ĩ pei⁹ ru. ac sublapsa referri. Ser. χοινὸν Nam bis idẽ dixit. A. Fatis in pe⁹ ruere: Colũ. li. iiii. c. x. inq̃t. Cõpertũ habeo naturali q̃dã malignitate desciscere interdũ: q̃uis diligẽter p̃bata semina. Idq̃ nob̃ Poeta ostendit dicendo: Vidi lecta diu: q̃d nõ tm̃ semib⁹ leguminũ. sed in totã agricolatiõis rationẽ dictũ eẽ intelligẽdũ ẽ: sic q̃uis maxima q̃q̃ lecta fuerint. vidi tñ oĩa fatis in peius ruere ꝛc. Fatis. i. naturali quadã malignitate ꝛc. vt sup̃ Columella dicit. Seu naturali ordine: vel morali lege. Ait enĩ Man. li. i. Omia mortali mutãt lege creata. De fato aũt latius in Pollione dictum est. C. Sic oĩa f. in p. r. Nam q̃ constãt ex q̃tuor elemẽtis semp̃ in deterius ruũt. x Vix. AN. cum labore. y Lembũ. S. Nauicula admodũ breuẽ. A. Lemb⁹ nauicula breuis piscatoria: vt scribit Noni⁹. z Remigiis A. remorũ ordine. a Subigit. S. sursum agit: vt & corpora saltu subiiciũt ĩ eq̃s: aut certe subigit est vrget et impellit. vt. Et conto subigit. b Remisit. A. Retraxit. ad ꝓpriũ locũ reduxit. c At illum. Gell. li. ix. c. vlt: in hoc loco exponit atq̃ ꝓ statim: vbi etiam docet: atq̃ coniunctionẽ esse conexiuã. sed plerũq̃ ꝓ aduerbio valere. tñ dicimus aliter ego feci atq̃ tu. significat enĩ aliter q̃ tu. ꝛc. C. Atq̃. q̃uis copulatiua sit: tñ bene statim in hoc loco significat: vt sit sensus eodem tpe & brachia remisit & in preceps fertur. d In p̃ceps. A. in profundum & locũ periculosum. e Prono. A. defluenti. f Alueus. AN. fluminis fossa dicitur. g Preterea tam sunt arcturi. SER. Iam dicit astrologiam ita rusticum vt nauigantem scire debere. Arcturus autem stella est in signo Boetę post septemtrio nem cuius ortus & occasus tẽpestates grauissimas facit: Vnde sidera: id est tempestates: vt alibi dicitur. Scit triste Mineruę sidus. ANT. Preterea &c. Post multa pcepta addit etiam sidera seruanda agricolis sicut & nautis. Nam: vt scribit Plinius libro ii. de ęstatis tẽpestatibus) siderum propria est quibusq; vis: & ad suam cuiq; naturam fertilis. Alia sunt in liquorẽ soluti humoris foecũda. alia concreti in pruinas: aut coacti in niues: aut glaciati in grandines: alia roris. Igitur in suo quoq; motu naturã suam exercet. Et Columella libro. xii. c. ii. ait. Q; debem⁹ temporibus accõmodare opera ruris: vt pmiserit status cęli. Arcturi. sidera signa. de quib⁹ Pli. libro. ii. c. xxxix. ait. Arcturi vero sidus: non ferme sine pcellosa grandine emergit. Et Plaut⁹ in rudente introducit arcturũ sic loqn tem: Increpui hybernum moui marinos. Nam arcturus signum sum omnium acerrimũ: vehemẽs sum exoriens: quum occido vehementer. Columella autem libro. xii. c. ii ait: kalẽdas. viii Marcii. arcturus prima nocte oritur. Frigidus dies aquilo ne: vel choro: interdũ pluuia. Iterum inquit ibidẽ iiii. kalendas nouembris arcturus in vespe occidit ventosus dies. Iterũ. xv. kalendas Octobris arcturus exoritur. Fauonius et Aphricus: interdum eurus: quẽ quidã vulturnium appellant. Item. xi. et. xii. kalẽ Iunias arcturus mane occidit: tempestatẽ significat. De arcturo etiam latius, vide ibi superius: Sub ipsum arcturum &c. C. Arcturus. Hic & bootes dicitur: de quo dictum est.

h Hedorumq; dies. S. Aurigę signũ est: haud longe a parte septentrionali. cuius pedẽ cũ cornu tauri vna stella cõiungit. Hic in manu sinistra fert hędos: in humeris capram quę aluisse dicitur Iouem. Hoc quoq; signum tam ortu q̃ occasu suo efficit tempestates. Bene autẽ ait dies: quia & magnitudine sui multis diebus oritur: & tempestas aut pręcedit signũ: aut sequitur: aut cũ eo est. Sane sciendũ: omnes astrologos pro ratione climatum dissentire in ortu siderũ: sed ipsa dissensio vltra septem dies nõ procedit. Septem enĩ sunt ipsa q̃ climata: hinc ẽ q̃ solem ad vnũquodq; signũ alii. xv. kal. die dicũt venire. Alii. xiiii. & infra vsq; ad: viii. nec quisq; procedit vlterius. ANT. Hędorumq; dies. Heniochus quẽ nos latine aurigam dicimus. habet in manu duas stellas quę hędi appellantur: de quibus plurima legito apud Iginiũ. Colũ. autem lib. xii. c. ii. ait. v. kalẽ octobris: hędi exoriuntur Fauoni⁹ nõ nũq; auster cũ pluuia. Item pridie nonas Octobris hędi oriuntur vespere. Plinius quoq; libro. ii. scribit hędorum exortus tẽpestates inducere. Mani. etiam li. primo ingt. Tum subeunt hędi: claudẽtes sidere pontũ. C. Hędorumq;. Erichthoni⁹ Vulcani et Mineruę filius: quoniã prim⁹ currui equos iungere. primus panathanea sacra istituit. primus arcem templumq; edificauit. a Ioue inter astra relat⁹ ẽ. hic caprã in humero portat: quę Iouem nutriuit. Item eius hędos in brachio. Hanc capram solis filiam dixit Museus: cuius aspectus ita atrox fuit: vt gygantes terreret. Itaq; rogarunt terrã matrẽ vt eam abderet: terra ve ro in antro clausam Amalthęę tradidit custodiendam. Hęc Iouem cura Amalthęę nutriuit. Mox cum aduersus tytanas inermis pugnaturus exiret: eius pellem accepit q̃ illos terruit. Vnde illa pellecapram tectam vitę restituit: & imortalitate donatam cęlo imposuit. Habet ergo in capite Erichthonius stellam vnã: in singulis humeris singulas. clariorẽ tamen in sinistro quę capra appellatur: in singulis genibus singulas: in dextra manu vnam: in sinistra duas. et hi hędi vocant: sunt omnes octo. Sunt qui dicũt hunc non Erichthoniũ: sed Myrtholũ esse a mercurio patre astris illatum: huius caput: non multũ distat ab elice: genua geminis opponuntur. pedes vero cornibus tauri.

i Lucidus anguis: S. Tres sunt angues in cęlo. Vnus q̃ in septentrione est: alter ophiuci: tertius australis in quo sunt crater & coruus: de quo nunc proprie ait anguis: nã dicitur grece. Et scimus angues aquarum esse: serpentes terrarum. Hęc autẽ signa generaliter posuit. Nõ enim hęc tria tantum: sed omnia pręcipit obseruanda. A: Lucidus anguis. Igi⁹ Inter sidera tris angues nominat Vnus vasto corpore ostenditur inter duas arctos collocatus: qui dicitur aurea mala Hesperidũ custodisse: & draco appellatur. Alterum anguem manibus tenet: medium corpus eius implicante Ophiucus: id est anguitenens: seu serpentarius dictus. Cui angui est omnino stellarum numerus tricesimustertius. Ophis autem serpens dicitur. & echo teneo: Tertius hydra dicitur: in qua coruus in sidere: & crater positus existimatur. occupans longitudinem trium signorum: Cancri: Leonis & Virginis. inter equinoctialem circulum et hyemalem collocatur. Habetq; in capite tres stellas. in prima capitis curuatura sex. sed earum maximam claram. in secunda curuatura tres: in tertia quatuor: in quarta duas: in quinta vsq; ad caudã octo. oẽs obscuras. ita sunt numero. xxvi. Occidit autem aquario & piscibus exortis: oriturq; cũ Cancro. Leone & virgĩe.

Hędorumq; dies seruandi; & lucidus anguis:
Quã quibus in patriã ventosa p ęquora vectis

Lucid⁹ anguis. Seru⁹ de hydra hoc loco intelligit. Ego vero de dracone. De quo etiam Man. lib. primo ait. diuidit (videlicet vrsas) et cingit stellis ardentib⁹ anguis: Draco enim (teste Iginio) habet in vtroq; tempore stellas singulas. in oculis singulas. in mento vnam: & toto corpe reliquo passim claras decem. ita vt omnino sit stellarũ quĩdecim. Ex illis autem decẽ: sex crassiores: vt aiunt alii in virgine & libra sunt: suntq; ex natura Saturni & martis inducentes tempestatẽ. Oriuntur autem circa medium Septembris: durantq; diebus pluribus. Anguifer autem qui a grecis ophiucos dicitur: auctore etiam Columella. xi. kal. Iulias mane occidit: tempestatẽ significat. CRIS. Anguis. tres sunt in cœlo serpentes. Primus inter vrsas fuit. hũc ait Pherecides a Iunone custodem positũ. Nam cum in suis nuptiis omnes dii mũera obtulissent: ipsa aurea mala q̃ terra obtulerat in hortis suis qui apud Atlantem sunt: inferi iussit. & Hesperides Atlantides filias custodes apposuit. Sed cũ illę mala subriperent: peruigilem draconem arbori applicuit. Hunc Hercules interemit. Iuno inter astra retulit. Habet stellas tres in capite splendidas: in reliquo corpore duodecim. Secũdus serpẽs est quem vtraq; manu Ophuicus: qui super scorpionem stat tenet. Hic fuit Esculapi⁹: quẽ interfectũ Iouis fulmĩe tamen ipse Iuppiter precibus Apollinis patris in astra retulit: cuius imago constat ex. xvii. stellis. Ipse autem serpens quem vtraq; manu tenet: habet stellas. xxv. Tertius serpens est hydra. sup cuius caudam coruus sedet: & in medio vrnã asserunt esse. Signum est in parte australi: caput ad cancrũ deflexum habet. corpus medietas cõnexa est cum leone. caudam extendit ad centaurum.

k Vectis. SER. His qui vehũtur. cuius significationis participium latinitas habet.

l Pontus. AN. de ponto supra patuit.

m Ostriferi. SER. Sane secundũ artem ostrea ostreę dicimus. nullum enim habet latinitas nomen animalis: quod nẽtri generis sit: sicut grece τοκητος και τακητη licet Horati⁹ dixerit Ostrea cyrceis: miseno oriũtur echinni. Iuuenal. Grandia quę mediis iã noctibus ostrea mordet: quos tamen possumus grece locutos accipere. ita enĩ dicũt. το ο στρεου και τα οστρεα i Ostriferi. ANTO. MANT. Ostrea pisces sunt: quę silicea testa includũtur. De quibus late Pli. lib. ix.. Dicũtur autẽ ab ostrecon. qđ est testa. C. Ostriferi: Ostrearũ viuaria prim⁹ inuenit Sergi⁹ orat in baiano etate Crassi oratoris. primus optimũ saporem lucrinis ostreis adiudicauit. postea Brundusiũ in ostreis prestatũ est: nuper excogitatũ: vt illinc captas in lucrino pascerent. ait Pli. Teguñt aũt ostreę silicũ duritie.

Pontus & ostriferi fauces tentantur abydi.
Libra die somniq; pares vbi fecerit horas:
Et mediũ luci atq; vmbris iam diuidit orbẽ:
Exercete viri tauros: serite hordea campis:
Vsq; sub extremũ brumę ĩtractabilis imbrẽ.
Necnon & lini segetem: & cereale papauer
Tẽp⁹ humo tegere: & iã dudũ ĩcũbere aratris.
Dum sicca tellure licet: dum nubila pendent.

n Fauces. AN. dicunturaditus angustorum locorum: CRI. Fauces. quia pontus angustus.

o Abidi. SER. Sestos & Abydos ciuitates sunt Hellesponti: quę angusto et periculoso mari segregantur. Vnde elegit locum periculosiorẽ quem ꝓ omni poneret pelago. A. Abydi. Plinius libro. v. capitulo. xxxii. scribit. Abydum oppidum esse in Hellesponto. vbi angustię septem stadiorum. Solinus etiam capitulo. xiiii. inquit. Omnis Hellespontus stringitur in stadia septem quibus ab Europa asiaticũ plagã vindicat. Hic quoq; vrbes duę: Abydos Asię: & Sestos Europę. CRIST. Abydus ac Sestus ex aduerso ędificatę sunt ponto interiacente: distant inter se a portu in portũ ad stadia. xxx. Hic autem nominauit potius Abydam. quia vt ait Strabo. Sestus est interius propontidem versus: a dextra añ. qa ab ea fertur. Quapropter facili⁹ fluxus. enauigat̃ e sesto. Si quis paululum deflectat atq; inde soluat: cũ fluctus ibi ad transitum adminiculetur ex abydo vero transeuntibus in cõtraria: preternauigãdum est circiter. viii. stadia ad turrim sesto oppositam. Postea in obliquũ eundũ est: & nequaq; aduersus fluxũ enauigandũ Thraces abydũ post res troianas: deinde Mylesii habitauere.

p Libra die. S. Non est Apocope pro diei: sed regularis genitiuus. Nam (vt sępe diximus) obliqui casus singulari numero nõ debent esse maiores nomiatiuo plurali: quod verum esse: Salustius probat. qui in prosa ait. Dubitauit acie pars: hinc est & illud: curruq; & abscisa duorum suspendit capita. AN. Libra die. Hoc loco serendi tempus ostendit. Gellius libro. viii. capitulo. xiiii. legit hunc versum Libra die somniq; pares: vbi fecerit horas. pro diei: dicebant enim veteres: hęc facies: huius facies & facii. & Dies: huius dies: dii. M. Tullius pro P. Sestio dies scripsit ꝓ diei. verba enim sunt hęc. Equites vero daturos illius dies poenas. Dii autem pro diei scripsit Virgili⁹ in illo versu: Munera leticiãq; dii: quod imperitiores dei legunt. Sed Caius cęsar in libro de Analogia secundo. huius die: & huius specie dicendum putat. Hęc Gellius. Prisci⁹ autem. vii. legit hunc versum Libra die: pro diei. CRI. Libra. Sol cum est in libra: cuius quidem primam partem ingredit̃ nr̃o tempore Idibus septembribus. Die id est lucis. Sed de hoc genitiuo dicemus in Aeneide.

q Somniq; &c. SER. id est noctis. Nam ab officio tempus demonstrat. Dicit autem ęquinoctium autumnale: quod fit sole in libra posito. Vernale ęquinoctiũ sol ĩ ariete efficit. Dicit autem frumenta serenda esse autumnali tempe. Legumina vero vsq; ad veris initiũ. AN. Somniq; pares hos. Scribit Festus: ꝙ maximus circulus in sphera ęquinoctialis est. quo sol cum peruenerit: vno anno cõficit ęquinoctium. hoc est in ariete & chelis: id est libra. Est autem ęquinoctium vernũ octaua kaleñ Aprilis: vt Plini⁹ libro. xviii. capitulo. xxxix. Et Columella libro. xii. scribit. Autumnale vero. viii. kaleñ Octobris: Vtq; Plini⁹ libro decimooctauo. caplo. xxxviii. inquit. ęquinoctium dies raro non aliquos tempestatũ significatus habent. C. Somni tenebrarum. Pares horas: nõ modo numero: Nam per vniuersum annũ singuli dies: singulęq; noctes duodecim habent horas: sed etiam spacio ipso temporis. nam preterq; in ęquinoctiis horę inęquales sunt: vt hyeme longiores sint in nocte: in ęstate vero in die.

r Et medium luci &c. A. Mediũ orbem. i. totam mundi machinã. ęquinoctiũ naq; tpe. xii. horis: sol sup terrã totidẽ sub terra meat. De libra qz Manili⁹ libro. iii. inqt. Libra diẽ noctẽq; pari cũ foedere ducit: Et libro q̃rto librantes noctẽ chele cũ tpe lucis.

s Vmbris. A. i. noctibus. Pli. eñi li. ii. c. x. ait. Neq; aliud esse noctẽ q̃ terrę vmbrã.

t Hordea. S. Vsurpatiue. Et sciendũ ĩ his tm̃ tres casus vsurpari: hęc hordea: hęc hordea. o hordea. Sicut vina: vina: vina. & mella: mella: mella. A. Hordea. Pli. li. xviii. ait Primũ ex oĩbus frumẽtis seritur hordeũ: quod frugum omniũ mollissimũ est seri: nõ valet nisi in sicca & soluta terra: ac nisi lęta.

v Vsq; sub extremũ brumę. S. nõ vsq; ad brumę finẽ: sz circa. Nã bruma finit̃. viii. kal̃. Ianuarii die. & iste nõ vsq; ad ipsum diem dicit esse serendũ. A. Brumę. Plin. li. xv. ca. xxviii. Brumã finiri. viii. kal̃. Ianuarii fere. Dicta aũt (Var. teste) qz breuissimus dies est. Idẽ aũt Pli. dicto li. xxxvii. sic ait inter omnes aũt cõuenit circa brumã serẽdũ: nõ magno argumẽto: qm̃ vberta semĩa: quũ añ brumã sata sint: septẽ dies eum pãt. sed p⁹ brumã vix. xl.

x Lini segetẽ. A. Colũ. li. ii. c. x. inqt. Lin⁹ ei pinguissimũ locũ & modice hũidũ poscit. Serit̃ a kal̃. viii. Octo. in ortũ aqlę q̃ est. vii. Id⁹. x. Nonnullis placet macro solo & q̃ spississimũ semen eius cõmitti: q̃ tenue linũ ꝓueniat. Idem iterũ si lęto solo serat̃ mẽse febru. x. modios in iugerũ iaci oportere debẽt: Pli. etiã li. xix. c. ii. de lino ait. Vere satũ ęstate vellit̃. Et li. xviii. c. xxxvii. dixerat vere linũ auena & papauera serenda. C. Omia q̃ serim⁹ segetẽ appellare possum⁹.

y Cereale papauer. S. Vel ꝙ est e sui sicut frumẽtũ. Vel q̃ ceres vsa est ad obliuionẽ doloris: A. Papaueris satiui tria genera. sed candidi semẽ tostũ in scd̃a mẽsa cũ melle apd̃ antiquos edebat̃. Hoc et panis rustici crustę inspergebat̃ affuso ouo inherẽs: vbi inferiorẽ crustam apio: gitq; cereali sapore condiebãt: Serit̃ aũt papauer cũ brassica: portulaca & eruca: & cũ lactuca. Pli. autor li. xix. c. xlii. Dixim⁹ & plura supius. ibi vrunt lethęo perfusa papauera somno Brassica aũt toto anno seritur: qm̃ & toto secat̃: vtilissime tñ ab eqnoctio autũni. Pli. li. xix. Prob⁹ aũt ait cereale papauer dici segete nascit̃. Ego tamen cereale dici existimo cãdidũ papauer ꝓpter supdictas causas. Nã cereri. i. pani rustico spargebat̃.

z Iamdudũ. S. q̃ primum. Et dicit esse serendũ eo tpe nõ q̃ iam sunt pluuię. sed quo imminẽt pluuię.

a Dũ sicca tellure licet. A. Dum nõ pluit: tũc eñi pendẽt nubila: quũ vero pluit: ꝯdescendere dicunt̃: nam in imbres vertunt̃.

b Vere fabis satio. S. Satio semẽtis. et declinat̃ sicut natio. A. Pli. li. xviii. de leguminũ natura scri. de faba. Serit̃ añ vergiliarũ occasũ leguminũ. Prima vt añcedat hyemẽ. Virgi. ꝑ ver eã seri iubet circũpadanę. Italię ritu. sed maior pars malũt fabalia maturę satiõis q̃ trimestrẽ fructũ ei⁹. aq̃s in flore maxie concupiscit: cũ vero defloruit exiguas desiderat. solũ in q̃ sata est lętificat stercoris vice. C. Fabe faba inter legumĩa p̃cipua ẽ. farina ex illa lomẽtũ appellat̃. Vsus ei⁹ multiplex oĩb⁹ q̃drupedib⁹ p̃cipue homi. Hebetare tñ sensus existimat̃: insõniaq; facere. et ob hoc a pythagora dãnata. Vł vt alii tradidere: qa mortuorũ aĩę sunt ĩ ea. Vñ parentãdo assumit̃. Var. Ob hoc flamĩe ea ñ vesci tradidit: qm̃ ĩ flore ei⁹ lr̃ę lugubres repiant̃. Sola frũgũ etiã exosa repletur crescente luna. Solũ in q̃ satũ ẽ: piguefacit. Ideo cũ florere cepit inuertũt arua. Nascitur sua sponte in plerisq; locis: vt in septẽtrionalibus insulis: q̃s ob id fabarias appellãt.

nascitur in mauritania syluestris & predura: & q̃ pre coqui nō possit. Nascit̃ in egypto spinoso caule: vt a crocodylis longitudo scapo quattuor cubitorum in ea non supra triginta fabe: legumina in vasis oleariis oblita cinere perdiu incolumia seruantur: ait Varro.

c Cum te quoqꝫ medica putres accipiunt sulci. SER: Apostrophā facit. Hec autem herba a Medis trāslata est in greciam: quo tempore eam inuaserunt: huius plena venetia est. Et (vt dicit Dionysius) trium foliorum est sempqꝫ virens. quod autem ait putres sulci: naturā ipsius herbe respicit, Nam vno anno frequēter seritur: & postea aliquot annis sponte procreatur: quod etiam sequens indicat versus. Nam dicendo Et milio venit annua cura: ostēdit medice curam non esse annuam. Hec autem herba vulgo dicitur sylla. d Medica. A. Colūmella libro. ii. ca. xi. ait: ꝙ medica astrum stercorat: & locus in quo medicam saturus ē: pro scindi debet circa kaleñ. octobris: & eum tota hyeme putrescere sinito. Varro lib. primo, aliter medicam vocat. Plinius libro. xvii. c. xxv. scribit. Medicam a Medis aduectam fuisse: Vnoqꝫ satu amplius q̄ꝫ trecennis annis durat: similis est trifolio caulis: foliisqꝫ geniculata. Solum in quo seratur elapidatum purgatumqꝫ subigitur autumno. mox aratum & occatum integitur crate. iterū & tertio quin. is diebus interpositis & fimo addito ita preparatum: seratur mense Maio alias pruinis obnoxia. Paulo inferi⁹ inquit. verno seri debet. CRI. Medica hanc herbam Auicenna vocat tot: & aliscitor: & ait esse eam cibum omniū animalium. Serapion vocat codab. Diascorides ait illam esse similem trifolio: quod inter fenum nascitur. folia habet angusta & virgā similem trifolio: semē vt lenticulam: quod multi pani admiscent pro odore & sale. Isido. Illam inter legumina scribit Palladius in li. de re agraria ait. Medica que serit̃: decem annis perdurat. Ita vt quater aut sexies possit in anno recidi: agrum stercorat. Animalia macra pinguefacit: curat egrota. Plinius in naturali historia ait Medica peregrina est: & in greciam per bella Persarum que a Dario gesta sunt aduecta a Medis est tanta dos eius: vt vno satu amplius trecēnis annis duret: similis est trifolio caule foliisqꝫ geniculata. Vnum de ea & cytiso volumē Amphidotus fecit. opus est cum seritur densitate seminis omnia occupare. Id p̄stant iugera modia vicena. Secatur incipiens florere: & quotiens refloruit: id sexies euenit per annos: aut cum minimū quater. Ad trimatū liberat̃ herbis: si matris a solo radatur. Nam ipsa ita alte radices agit: vt sine suo damno herbe intereant:

e Putres sulci. ANTO. Putres ait: Quomodo (vt diximus) tota hyeme fimo addito putrescere debet locus medice serende. f Et milio venit ānua cura. AN. Annua respectu medice ait: que semel sata: diutius durat: vt diximus ex Plinio. Milio Colū. libro. xii. cap. ii. ait. Milii & panici satio peragi debet circa Idus Aprilis. Plinius libro xviii. c. vii. scribit: ꝙ milium & panicum & omnia estiua quadraginta diebus maturant̃. Capito. autem. xxxix. ait. Extrema autem panici miliiqꝫ satio est. Iustū est hoc seri maturato hordeo: atqꝫ etiam in eodem aruo. CRI. Ex milio fit panis: Sed suo tempore (ait Plinius) ex India in Italiam inuectum miliū nigrum colore: amplum granum harundineum admo. adolescit ad pedes altitudine: septem pre gradibus culmis libas vocāt omniū frugum fertilissimum ex vno grano terni sextarii gignuntur.

g Candidus auratis ape. S. Quo tempore annū aperit candidus taurus: qui est cum auratis cornibus: nā aperit cornibus non p̄cedit. Non enī a capite sed a dorso orit̃ id est a medio suo vnde incipit apparere. Nam ea parte

Vere[b] fabis satio: tum[c] te q̄ꝫ[d] medica:[e] putres
Accipiunt sulci: &[f] milio venit annua cura.
Candidus[g] auratis apetit cum cornibus annū

qua latus est oritur: non a fronte. Aperit autem ideo ait: aut quia aprili mense sol in tauro est quo cūcta aperiunt̃: & aliud est aperire annum: & aliud inchoare. Nam nullus dubitat Martio mense (vt supra dixi) annum inchoari. & hoc est melius. Aut certe. Aperit annum dixit: quia & vnumquodqꝫ signum potest inchoare annum & finire: vt aperit annum: dixerit scilicet suum. nam a tauro vsqꝫ ad taurum: & a geminis vsqꝫ ad geminos: annus est: ANT. Candid⁹ au. a. c. c. a. Tau & aduer. ce. canis occi. astro. Candidū taurum appellat. quoniam candidum fuisse aiunt. Colū. libro. xii. c. ii. inquit: ꝙ quidecima kal. Maias sol in taurum transitū facit: & pridie kal. Maias canis se vespere celat. Ouidius autē libro. iiii. fastorum scribit: ꝙ. xi. kaleñ. maias sol exit arietē et ingredit̃ taurū. Macro. scribit lib. primo. de somno. ꝙ ver hoc loco ñ vult intelligi tauro oriente cū sole mox in occasum ferri canem qui p̄ximus tauro est. Sed occidere eū dixit: tauro gestante solem: quia tunc incipit non videri sole vicino. Iohannes vero Tholophus noricus nostro euo summus astrologus: a me cōsultus: super hoc etiam loco asserit voluisse Virgiliū hr̃e agricolas respectū ad aurea: cornua tauri: q̃ suo tp̃e in signo tauri decime sphere erāt: & ad canem syrium: in cuius ore stella prime magnitudinis sita est: vt serant legumina quando occidant heliace: hoc est quando sole occidente: ipsa sidera proximo soli se & visui nostro abscondunt. Seu certe tempe occasus cosmici: id est quādo cum ipso sole: quia tauri imaginē antequā sol occupare incipiat canis ipse vesperi sole occidente vix apparet: & occidere heliace incipit: quod nr̃o euo fit a nono gradu tauri: in quo dum sol est: taurus cum pleiadibus cosmice occidere incipit: & canis heliace: quod est circa vicesimū diem Aprilis. Licet Virgilii tēpe plus q̄ꝫ xx. diebus ante id accidisset: totumqꝫ occasui se taurus cōcessit: hodieqꝫ sole. xix. gradum signi. x. sphere geminorum occupante. hoc est circa primum mensis Iunii diem Pleiades occasum cosmicū quattuor dierum interuallo perficiunt. hyades vero in fronte tauri occidunt cosmice a vicesimoquinto gradu vsqꝫ in finem tauri: quinqꝫ vero dierum interuallo. Vnde cum taurus incipit occidere cosmice: corona eiusdem tendūt ad occasum heliacum: & canis ipse cedens: hoc est decedens. cum astro aduerso: id est tauro occidit Heliace paulatim & cosmice. Siue cedēs id est locum dans astro aduerso: id est argo naui: que similiter aduerse per mundum voluitur. occidente enim cane argo sibi propiqua: eidem cani succedit. Canis. scribit Iginus maiorem canem. habere in lingua stellam vnam que canis appellatur. In capite autem alteram quam nōnulli Syrion appellant: Plinius autem libro. xviii. c. xlii. dicit: ꝙ canis quarto kaleñ. maias occidit. sidus: & per se vehemens: & cui preoccidere caniculā necesse sit: Astrologi taurū cū cornibus auratis fingūt: habereqꝫ in cornib⁹ ipsis singulas stellas: sed in sinistro clariorem: vtrisqꝫ oculis singulas in fronte media vnam: ex quibus cornua nascuntur singulas que vri stelle Hiades nuncupantur. De quibus latius supra dicitur aperire annum. Non taurus aperit. verum sol existens ibi. Cornib⁹. Nam Ouidius fastorum libro. iiii. ait. Vacca sit an taurus: nō est cognoscere promptum. Pars prior apparet: posteriora latent. Et libro scd̃o Meth. inquit. Per tamen aduersi gradieris cornua tauri. Aperit tamen annum: intelligendum est: vt scribit Ouidius libro. iiii. fastoꝝ. quū ait: Nam quia ver aperit: tūc omnia densaqꝫ cedit frigoris asperitas foetaqꝫ terra patet. Aprilem memorent ab aperto tempore dictum. CRISS. Aperit. Nam relaxatur terra & tota germinat.

[h]Taurus: & [i]aduerso cędens canis occidit astro.
At si [k]triticeam in messem: [l]robustaqꝫ farra
Exercebis humum: solisqꝫ instabis aristis:
Ante tibi [m]Eoę atlantides abscondantur.
[n]Gnosiaqꝫ ardentis decędat stella [o]coronę:

h Taurus. C. Hunc dicũt in astris positũ propter eā formā q̃ Iuppiter Europā rapuit. Nigidius ait Iouem a Neptuno taurum per gratiā abduxisse: qui sensum humanum haberet: eũ sydonē vt Europā ad se duceret misisse. Eratosthenes vero bouē pasiphaes hunc esse scribit. Hęc fabulose. Physice vero taurum ęgyptii ad solem referunt. Vel quia apud Heliopolim taurum quem neuton dicũt: soli hñt sacrũ. Et in Memphi bos apis: sol' instar accipit: & in templo Hermunti: soli sacrum tauꝝ colũt bacin nominātes. insignē miraculis naturę: solis ꝯueniētibus: nā singul' horis imutat colores. et hirsutis setis in aduersũ nitentibꝰ cõtra naturā alioꝝ aīaliũ: vñ habet̃ veluti imago sol' in aduersā mũdi ꝑtē nitētis. Taurꝰ ē signũ terreũ. frigidũ. fixũ. nocturnũ. prima domꝰ venerę. dñat̃ collo & gutturi. Dat faciē amplā et curtā: nasum grauē et longũ: amplas nares: ocl'os graues iocundũ efficit hoīem honeste icędētē. et tñ vanũ.

i Aduerso cędens ca. occi. astro. SER. Duplex lectio est. Nam alii aduerso legunt. Cum cane enim nascitur Syrius qui est terris aduersus: de q̃ legimꝰ. Ille sitim morbosqꝫ ferens mortalibꝰ ęgris nascitur: aut aduerso sit pęstifero & cõtrario mortalibꝰ. Si aũt aduerso legerimꝰ: cũ: subaudiamus necesse est: vt Atqꝫ Ixionii vento rota constitit orbis: id est cum vento: vt sit sensus. Quo tempore etiam canis cędens occidit cum aduerso astro: id est cum argo: quę et ipsa media est sicut taurꝰ. & a puppi orit̃: cui canē cõstat esse cõiunctũ. Et cędens canis nõ recędēs: sꝫ incędēs accipimus & se mouens. Tempore enim quo taurus cum sole est: etiam canis ad ortum festinat: Qꝫ autē ait occidit: ad aspectum nostrum retulit. Nam ortus et occasus duo sunt: Vnus ηλιακοσ id est solis: Alter κοσμικοσ id est mũdanus. Vnde fit vt ea signa quę cum sole oriuntur: a nobis non possint videri. Et ea quę videmus quantum ad solis rationem pertinet videant̃ occidere. secundum ꝙ nunc ait: occidit canis: nam canis paranatęlon est cancri: id est cũ eo oritur. Cancer aũt quo tempore sol in cancro est. post horam quartam diei oritur: nam taurus & gemini binas horas tenent. Sic ergo fit vt canis nobis occidat: et quãtũ ad solis ꝑtinet cursum in ortu eē videatur. Secundum hanc rationē etiam paulo post dicturus est. ante tibi Aeoę ꝛc. Nam eoas in ortu Heliaco positas constat Vnde & tibi abscondantur intulit.

k At si triticeam. ANT. Postqꝫ serendorum leguminũ tempus poeta ostendit: ad frumenta iam redit. Colũmella autē libro secundo & octauo ait. Placet nostro poetę adoreum: atqꝫ etiā triticum. non ante seminare qꝫ occiderint Vergilię. Plinius vero libro. xviii. capl'o. xxxvii. scribit ꝙ Hesiodus qui princeps omniũ de agricultura pręcepit vnum tempus serendi tradidit ad vergiliarum occasum. Virgꝰ. triticũ & far ad vergiliarũ occasum seri iubet. Hordeum inter ęquinoctiũ autumni & brumā. Viciam vero faselos & lentem boote occidente: inter omnes autē cõuenit circa brumam serendum non esse: magno argumento: quoniā hyberna semina: cum ante brumam sata sint. septimo die erumpant: si post. brumam. xix. Sunt qui properent atqꝫ ita pronũcient: festinatā sementem sępe decipere: serotinā semp ecõtrario alibi: vel fere potius serendũ qꝫ male ī autũno. Colũ. li. xii. c. ait. Vetus est agricolarũ q̃rela maturā sationē sępe decipe solere, seram nũqꝫ q̄n mala sit. Itaqꝫ in totũ p̄cipimꝰ vt quisqꝫ natura locus frigidꝰ erit: is primũ conserat̃: vt quisqꝫ calidꝰ nouissime. Ibidē q̄ꝫ ait optimũ eē intra kal'. decēbris sementē cõfecisse. Varro etiā li. i. c. xxxiiii. inq̄t: vbi quisqꝫ locus frigidissimꝰ aquosissimusqꝫ erit: ibi primũ serito. in calidissimis' locis sementē postremam fieri oportet. Quo aũt agro vel legumina quęqꝫ vel frumēta: serenda sint: legito Pli. li. xviii. c. xxviii. CRI. Triticeam i messem. Fruges dicunt̃ oīa ex quibus grana legimꝰ. Sed frugũ duo sunt genera. frumētũ: & legumen. Frumentũ est: vt triticũ: ordeũ: & siliā q̄ falce metimus: Legumē aũt vt est faba: cicer: et silia: q̄ nõ metimꝰ sed manu legimus.

l Robustaqꝫ farra. S. Frumenta q̄ plus hñt virium qꝫ legumia: quo tp̄e atlantides nobis occidũt sunt serēda. A. Robustaqꝫ farra. Robusta dixit. qm̄ vt Pli. li. xviii. c. viii. scribit. ex omni genere durissimũ far. et cõtra hyemes firmissimũ. patit̃ locos frigidos & minꝰ subactos vel ęstuosos sitientesqꝫ. primis antiquis latio cibus. C. farra. frumēti genera in italia vulgatissima ait esse Plinꝰ Far. qđ ordeũ veteres dixere. siligo et triticũ. populũ autē Romanũ farre tm̄ ex frumēto trecētis ānis vsum Vertius tradidit. Vnde a farre farina nomiata est. Refert aũt Plinꝰ populũ Romanũ longo tempore pulte & nõ pane vixisse. Quapropter Iuuenal' illā vetustā cõsuetudinē ostēdere volens ait. Grandes fumabāt pultibus ollę.

m Eoę atlãtides. SER: Atlantides aũt licet septē fuisse dicant̃: sex tñ̄ videntur in cęlo: quę Nouembri mense nobis incipiunt non videri. Hę autē (vt alii volunt) Iouis: vt alii liberi nutrices fuerunt. alii ipsas fuisse hesperides asserunt. ANT. Atlantides. i. pleiades seu Vergilię ex pleione & atlante genitę. de quibꝰ late supius. Pleiadasqꝫ hyadas. Abscõduntur aũt (vt dic̃ Colũ. sup hoc loco li. ii. c. viii.) altero et. xx. die post autũnale ęquinoctiũ: qđ fere ꝯficit̃. ix. kal'. octo. propter qđ intelligi debet tritici satio dierũ sex: & xl. ab occasu Vergiliarũ q̄ fiet ante diem nonũ kalẽ. Nouemb. ad brumę tp̄a. Sic em̄ seruant prudētes agricolę: vt. xv. diebus anteqꝫ conficiant̃ bruma: totidēqꝫ post eā confectam: neqꝫ arent: neqꝫ vitem aut arborē putēt. Idē q̄ꝫ Colũ. li. xii. c. ii. ait. viii. & xii. kalẽ Nouēbris. solis ex ortu Vergilię incipiunt occidere: tempestatem significāt. xi. kal'. nouembris. tauri cauda occidit: auster: interdũ pluuia. Item q̄nto kal'. nouēbris Vergilię occidunt: hyemat cum frigore & gelicidiis. Item septimo Idus nouembris Vergilię mane occidũt: significat tēpestatē. Eoę atlantides id est splendētes orientales vel matutinę. In aurora eni vident̃: sed ex oriente postea scorpione cũ sole occidũt occasu cosmico seu mũdano respectu oppositiōis. Fit em̄ q̄n sol oritur cum aliq̄ signo: cuius signũ oppositum occidit cosmice. Taurꝰ ergo in quo sunt pleiades oppositus scorpioni: in quo sol existit: in fine autũni occidit scorpione ex oriente cum sole. Hinc ait Colũ. ꝙ. xiii. & xii. kalẽ. nouembris solis exortu Verglię occidere incipiunt. Plinius libro. xviii. c. xxviii. ait: ꝙ exortus occasusqꝫ binis modis intelligunt̃. aut enim aduentu solis occultant̃ stellę: & cõspici desinunt. aut eiusdem abscessu ꝓferũt se in emersum id est exortum: illo mõ quo incipiunt apparere: vel desinunt oriente sole: aut occidēte. matutini: vespertini: ve cognomiari. Eoę Atlantides: nõ synaloepha. i. vocalis cõpressio vel coniũctio.

n Gnosiaqꝫ ardentis. Quādo liber pater Ariadnem Minois regis Crete filiam vxorem duceret: Vulcanus ei coronā obtulit: quam ille ad vxoris insigne inter sidera collocauit: & hic stellam poetica licentia dicit: Cęterum sex sunt: quibus in cęlo corona declaratur. AN. Gnosia stella coronę. Corona hęc (vt Igynius scribit) existimat̃ Ariadne fuisse a libero patre inter sidera collocata. Dicit̃ eni: cum Ariadna libero nuberet hanc primũ muneri accepisse ab Venere: cum oēs dii in

Debita quā sulcis cōmittas [p] semina: quamq;
Inuitę [q] properes anni spem credere terrę.
Multi ante occasum [r] maię cœpere: sed illos
Expectata seges vanis elusit auenis [s].
Si vero vitiamq; [t] seres: vilemq; [v] faselum:
Nec pelusiacę [x] curam [y] aspernabere lentis:
Haud obscura cadēs [z] mittat tibi signa bootes.
Incipe: & ad medias [a] semētem extēde pruinas [b].

eius nuptias dona couferrent. hunc humero sinistro prope contingere Arctophilax videtur. Habet autē stellas nouem in rotundo dispositas: sed ex his tres ceteris clarius lucēt. Gnosię id est Ariadnes cretēsis. CHRISTOFERVS. Gnosię coronę. In fabulis aiunt liberum ad minoa venisse vt Ariadnam vxorem duceret: & coronam puellę dono dedisse a Vulcano ex auro gemmisq; confectam: eo quidem fulgore vt Thesea ex labyrintho liberarit. quę postea astris infixa est: tamē vtriq; in Naxum insulam venissent. Habet stellas octo: quarum tres splendidę ad caput arcturi sunt o Stella coronę A. de stella fulgenti intelligitur. ait enim Manilius li. primo. A. parte ex alia claro micat orbe corona. Luce micans varia. nā stella vincitur vna. Colum. li. xii. c. ii. ait. viii. Idus octob. coronę clara stella exoritur. Postea inquit. iii. & pridie Idus octobris Corona tota mane exoritur. auster hibernus & nōnūq; pluuia. p hos dies i frigidis regionibus frumenta matura seruntur: & pręcipue far adoreum. locis etiam opacis triticū nunc recte seritur. stella preterea clarior in corona ex radiis solis ortu heliaco decędit: quando pleiades occasum cronicū petunt. Decedit autem stella coronę e radiis solis nostro ęuo: sole ab nono gradu scorpii signi decimę sphęrę pcedente, quod est a. xxiii. die octobris donec dicti signi scorpii limites excesserit. P Cōmittas: SER. quasi custodibus fidis q Inuitę. C. Dat sensum rei sensu carēti vt supra. Et ipsa suas miratur gargara messes. Inuitę ergo quia nollet alieno tempore recipere.

r Ante occasum. SER. Anteq; atlantides occidāt. nā maia vna est earum. AN. Ante occasum maię id est vergiliaruꝫ. Maia enim e vergiliis vna est. de quibus late Ouidius li. iiii. fast. Pli. li. xlviii. ait. Q. vergilię priuatim attinent ad fructū: vt quarū exortu ęstas incipiat: occasu hyems. Capite vero. xlvi. ait. ꝙ. iii. Idus nouembris vergilię occidunt. Colū. aūt li. xii. kal. nouembris solis exortu vergilię incipiunt occidere: tempestatem significat. Item postea inquit quinto kal. nouembris. vergilię occidunt: hyemat cū frigore & gelicidiis. & paulo inferius scri. ꝙ sexto Idus nouembris vergilię mane occidunt quinto idus nouembris hyemis initium. s Vanis auenis. An. Vide superius ibi & steriles dominantur auenę. C. Auenis Non produxerūt grana: & pro tritico surrexerunt auenę. t Vitiam. A. Var. li. primo ca. xxxi. scribit sationis vitię tria tpa esse. prima circa occasum arcturi vt decembri mense pascat. Secūda satio mense Ianuarii est. nouissima martio. siccitateꝫ ex omnibus quę seruntur maxime amat. Lacius vide superius ibi. aut tenuis foetus vitię. v Vilemq;. SER. abundantem. Nam omne quod abundat vile est. vt vilibus aut onerat pomis. A. Vilemq; faselum ait. Colum. libro secūdo ca. decimo scribit ꝙ a kal. octobris recte faselus terrę mandabitur. Vilem autem faselum ait poeta. quoniam (vt scri. Serapio) faseli generāt multā ventositatē & inflant. generant humores flegmaticos crassos. sunt mali stomacho. habent multum humiditatis. sunt grauis digestiōis. & (teste Auerroe) inducūt somnia mala: & faciunt vertiginem. vilescit igitur his viciis x Pelusiacę curam aspernabere lentis. SER. Pelusium vnum est de septē hostiis Nili: vbi optima lens nascitur. Vnde catexochen locutus est. AN. Pelusiacę lētis id est egyptiacę seu niliacę. a pelusio nili hostio. Hinc & ouidius libro quinto fast. ait: Et pereunt lentes aduena nile tuę. De septem nili hostiis legito Strab. libro. xvii. & Pliniuꝫ libro quinto. capi. xi.

y Curam lentis. A. Plinius libro. xviii. ca. xix. scribit: Ex leguminibus autē nouembri seruntur lens: & in grecia pisa. Lens amat solum tenue magis ꝗ pigue: cęlum vtiq; siccum. Duo genera eius in ęgypto. alterum rotūdius nigriusq;: alterum sua figura: pisum in apricis seri debet. frigoris ipacientissimū est. Ideo in Italia & austeriore cęlo non nisi verno tempore: terra facili ac soluta. Colum. quoq; libro secundo. c. decimo plura scribit: inter quę: Q. ad eius sationes seruam⁹ alteram maturā per mediam semētem. seriorem alteram mense februarii:

z Cadens bootes. SERVIVS. occidens verno scilicet tempore: tunc enī bootes occidit: quod autem subdidit. Incipe & ad medias sementem extende pruinas. Omnia complexus est tempora. & vernum. s. quo legumen seritur: & autūnale quo frumētū. Et mltivolūt ita hāc partē astrologię librasse Virgiliū: vt in oib⁹ vtrumq; significaret vernale & autūnale: vnde & supra bina signa memorauit: taurū cū cane. Atlantides cum corona. Tamen quantū ad necessitatē loci hmōi ptinet: hęc dixisse sufficiat. Nā maioris prudētię est ad subtilē harū rerū sciētiā peruenire: adeo vt seqntē rationē zonarū Metrodorus philosophus vix quinq; expresserit libris: insertis tam astronomię & Geometrię partibus: sine cuius lineis haud facile zonarum deprehēditur ratio: Idem etiā Metrodorus asserit frustra culpari a plerisq; virgi. quasi ignarum astrologię: cum eum constet operis lege compulsum: vt quędā excerperet quę obscura videntur. Ideo quia a naturali ordine remota sunt. vt autem omnia non diceret: rusticarum personarum habuit considerationem. & ipsius est operis breuitate compulsus. AN. Cadens bootes Occidit bootes tertia nonas martias vt scribit Ouidius libro tertio fast. loquitur ergo hic poeta de verno tempore. booteo autem aro significat. bootes bubulcus dicitur. Idem vero Arctophilax appellatur. Manilius libro primo ait. A tergo venit arctophilax idemq; bootes. sequitur plaustrum id est maiorē arcton. in de arctiphilax dictus. id est vrsę custos.

a Ad medias pruinas: id est sereno & sicco tempore: quo quideꝫ pruina cadit ex rore gelido: rores autem neq; gelu neq; ardoribus neq; ventis nec nisi ferream siccitatem ex omnibus quę seruntur maxime amat: Et lens tenue solū cęlūq; vtiq; siccum. Sed tamen intelligendum est id etiam de tempore autūnali: vt sereno tempore seratur quodcūq; semen. hinc ait inferius. Nudus ara: sere nudus. Et hyemē aquiloniā esse omnib⁹ satis, vtilissimum inquit Plinius libro decimoseptimo.

b Pruinas AN. Pruina (vt scribit plinius libro secundo) ex rore gelido gignitur. Est enim matutino tempore roris gelidi aqua cōgelata. dicta vero (vt festus ait) ꝙ fruges ac virgulta perurat.

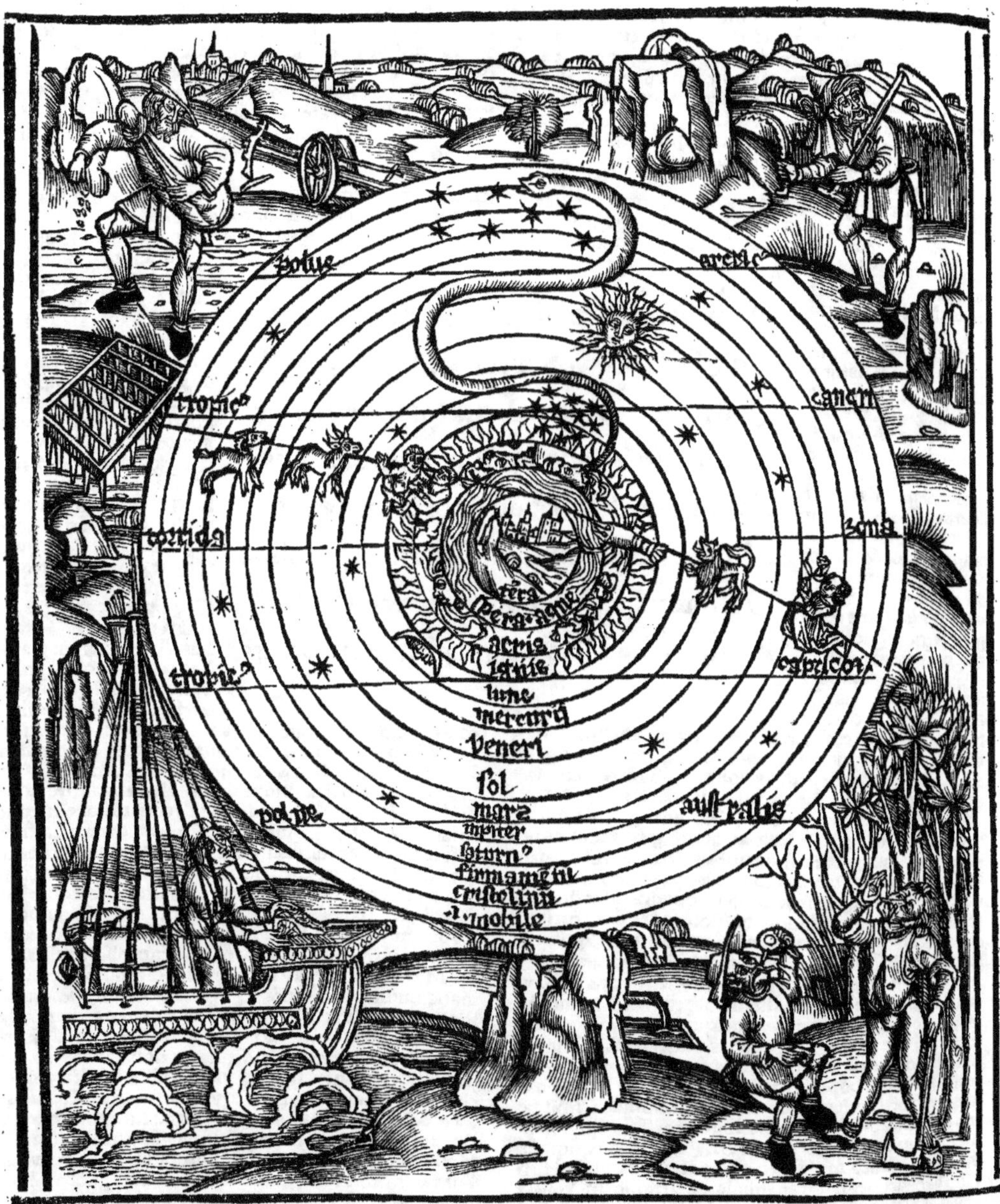

¶Iccirco certis dimenſum partibus orbem
Per duodena regit mũdi ſol aureus aſtra.

c Iccirco: A. Vt tempa diſcernam⁹: ſol enĩ dator eſt tẽporũ & horarũ. Nã ſiderũ curſus: recurſuſq;. (vt etiã Macro. libro. i. de ſom. ſcribit). moderatur certa diffinitõie. Nã ſpa- cij certa diffinitio eſt. d Certis partib⁹. A. De qnq; zo- nis intelligit. e Dimenſum partib⁹ orbẽ. S. Annũ diui- ſum in q̃tuor tpa: &. xii. ſigna et. xii. menſes accipim⁹. f Duodena mũdi aſtra. A. Aſtra mũdi dixit: q: zodia- cus circulus: & vn⁹: et inſummo cęlo eſt: q vere mũd⁹ vo catur: quẽ ſignis diuiſum vel diſtinctũ videm⁹: q̃ infixa cę- lo ferũť. Diuidiť aũt mũ- dus p. xii. ptes ęquales q̃ dicũť ſigna vł duodena aſtra. De his ibi ſuperius patuit. ibi. Qua loc⁹ Eri- gonẽ iter. g Regit or- bẽ. A. Per duodẽa aſtra: Sol ẽm (vt Pli. lib. ii. c. vi. docet) planetarũ medi⁹ ferť: am pliſſima magnitudine ac ptãte: nec tẽporũ mõ terrarũq;: ſed ſiderũ etiã: ipſorumq; rector: hic lucẽ reb⁹ miniſtrat: aufertq; tenebras: hic & reliqua ſidera occultat: hic vices tempoꝝ annũq; ſemp euaneſcentẽ ex via naturę tẽperat: hic cęli triſticiã diſcutit: atq; etiã nubila hũani animi ſere

h Quinq; tenent coelū zonę: quarū vna corusco i
Semp sole rubens: & torrida semp ab igni est:
k Quā circum extremę dextra lęuaq; trahuntur
Ceruleaglatie concretę: atq; imbribus atris.
Has inter mediam q;: duę mortalibus egris
l Munere concessę diuum: & via secta p ambas:
m Obliquus qua se signorū verteret ordo. n
o p q r Mundus vt ad scythiā ryphęasq; arduus arces

na Mac. etiā li.i. de som. inquit non. solum terrā sed ipsum quoq; coelum (quod vere mundus vocatur) tempari sole certissimū est: adeo vt extremitates eius quę longissime a via solis recesserūt: omni careant beneficio caloris: & vna frigoris ppetuitate torpescunt. Sol preterea (vti Iginius scri bit) dies. xxx. vno quoq; signo vehitur. h Quinq; zo ne. A. Tul. de republica vi. terram quasi quibusdā redimi tam & circundatam cingulis dicit. Virgi. quoq; eisdem quas greco nomine zonas vocat asserit coelū teneri. Stra bo item li. iii. scribit q coelum quinq; constare zonis pre supponendū est: quinq; etiā zonis terrā componi. Infe stoq; aūt frigore vt dicit etiā Pli. li. ii. & eterno premitur gelu quicqd est subiectū duabus extremis vtrinq; circa vertices: hunc qui trionū septē vocatur q cūq;: aduersus illi austrinus apellatur: harū vtraq; habitationis impaciens est quia torpor ille glacialis nec animali nec frugi vitā ministrat. Media zona & ideo maxima & terno afflatu cōtinui caloris vsta: nam super ea solis orbita est in habitabilis quoq;. Inter extremas vero & mediā duę maiores vicinis media minores ex vtriusq; vicinitatis in tēperie temperāt. Hęq; ipsę iter se nō pueę ppter incendiū siderū. Ita terre tris partes abstulit coelū. De zonis aūt plura Macro. li. ii. & strabo. li. iii. C. Quinq; tenent coelū. Ex vera mathematicorū doctrina coelū in quinq; regiones distinguūt: quas greci (quia coelū circūcingūt) zonas nomināt. Eadēq; ratione orbē terrarū qui coelo subiacet diuidūt. In q re est animaduertendū q coelū in trecētos ac sexaginta gradus diuidatur, singuli coeli gradus sena ac qnquagena milia passuum, terrę: ac insuper ex tribus ptibus duas de mille passibus. Itaq; cū nostra zona habitabilis quę iacet inter terridam & zonam frigidā septētrionalē: quadraginta duob⁹ gradib⁹ & qnq̄ginta minutis tegat: occupat i terra circiter duo milia q̄draginta ac octo milia passuū. verū q̄uis ex priscorū mathematicorū doctrina: mediā ppter ardentissimos calores: ac extremas ppter nimiā vim frigoris inhabitabilē dicat tn̄ non ita absolute intelligendū est. Nam q̄uis egre ac difficulter torrida zona quia sol ab ea nūq̄ discedat: atq; duę extremę qm̄ ad illas nūq̄ accedat sol inhabitabiles videantur: tn̄ in partibus nobis ppinqoribus a multis magnisq; populis habitatur. Nam vt a torrida zona quę eqnoctialis linea dicit̄ exordiū sumamus: scribit petrus de abano: p si sub tropicis habitabit̄ sub equinoctiali q̄ est in medio tropicorū. s. cancri & capricorni q̄nquidē vt affirmat Aristo. mediū extremoꝝ naturā sapit. Sed sub cācro habitari demonstrat Ptho. la. & Virgi. in buccolicis scribit A ethiopū versemus oues sub sidere cancri. Igitur & sub equinoctiali habitat̄. Preterea ratio quare sub tropicis sit difficilis habitatio duplex est. Prima pter longā solis morā sup caput ethiopū. Secūda ppt̄ solis directionē sup caput ipsoꝝ. In eqnoctiali aūt licet sol direct⁹ supra capita habitātiū sit: tn̄ nō diuti⁹ morat̄. cū ibi eqnoctiū pene semper sit: raroq; duodeci horas excedat dies. vt q̄d lux calefacit: tenebrę refrigerēt. Qua ppter aerem in ea parte tempatissimū q̄ in alus zonis credidit idē Petrus: & fruges reliquosq; terrę fructus bis in anno maturescere. qm̄ q̄tuor anni tpa bis singulis annis apud illos sunt. Cōciliator in eqnoctiali ararim vrbem ponit. Et Ptho. Taprobanē insulā habitabilēq; ponit: q̄ ex dimidia sua pte sit sub eqnoctiali. quod ēt zona frigida habitet̄: & Phtolome⁹ & q p⁹ ptholomeū cosmographiā scripserūt. sic pbant. primo eni zonā nostrā in septē distinguūt climata. verū cum vltimū clima diē qui illi maximus est ex sedecim horis & dimidia pte vnius horę conficiat: q̄cūq; regiōes longiorē diē q̄ ille sit hn̄t: nā extra nostrā zonā posite i zona frigida cōsistēt Sed scythę & sarmatę & britania isula: & nō nullę alię ibi finitimę eū diē hn̄t q plus q̄ decē & septē horaꝝ sit. cōstat iam nō in zona nostra esse sed in frigida: vt magis minus septētrioni ppinquę sunt: vt in buccolicis distinctius demōstrauimus. i zonę A. zona grece: latine cingulus dicit̄ zonion vero cingulū. zonisco vel zonio cingo. k Extremę. S. Bene extremę addit: ne eas intelligeremus quę circa igneā sunt quas cōstat esse tpatas vicinitate solis & frigoris: quarū vnā nos habitamus: alterā antipodes ad quos hinc torrente zona: hinc frigidis ire phibemur. Antipodes aūt dicunt̄ q contra nos positi sunt cōtrariis vestigiis: terrā eni dicūt vndiq; coelo & aere cingi. i obliquū fertur signifer circulus q solis cōtinet cursum vnde etiā fit: vt due zonę frigidissimę sint ad quas nūq̄ accedit. Vna feruēs a qua pene nunq; recedit Duę tēperatę ad quas vicissim venit. l Perambas A. Mac. lib. ii: p ambas p inter ambas poetā voluisse intelligere scribit zodiac⁹ eni inter ambas tpatas voluit: nō p ambas. m Obliquus signorū ordo A. de zodiaco dicit qui circulus intersecat eqnoctialem & intersecat̄ ab eodē in duas ptes equales. vna aūt ei⁹ medietas declinat in septētrionē versus: altera in austrū. Vnde ab Aristo. in libro de generatione & corruptione circulus obliquus appellat̄. Constāter autē solem per zodiacū circulū currentē neq; sursum vltra cancrū: neq; vltra capricornum deorsum meare. sed quū ad tropicorū confinia venerit mox reuerti: vnde & solsticia vocantur. Macrobio etiā teste lib. ii. n Signorū A. horū noīa ordo & numerus his patent versibus. Sunt aries tauri gemini cancer leo virgo Libraq; scorpius arcitēnens caper amphora pisces.

o Mund⁹ vt ad scythiā. S. ponit hic diffinitionē nostri climatis. i. nostre habitatiōis: q̄ a septētrione incipiens in australi plaga desinit. A. Manilius lib. i. de terra inquit. Hac circū varię gētes hoīm atq; ferarū Aeriq; colūt volucres ps ei⁹ ad arctos Eminet: austrinis ps est hītabilis oris. Sub pedibusq; iacet nr̄is supraq; videt̄. Ipsa sibi fallēte solo declīuia lōga. Et pariter surgēte via pariterq; cadēte. hic vbi ad occasus nr̄os sol aspicit ortus. Et cū luce refert opeꝝ vadimonia terris. Nos in nocte sumus somnosq; in mēbra locamus. Pontus vtrosq; suis distinguit & alligat vndis. Altera ps orbis sub aq̄s iacet. Inuia nobis Ignoteq; hoīm gentes nec trāsita regna. Cōmune ex vno lumē ducētia sole. Nec minor est illis mūd⁹ nec lumie peior. Nec nūerosa minus nascunt̄ sidera in orbe. p Mūdus vt ad scy. ꝛc. A. Ordo est. vt mūdus cōsurgit arduus ad scythiā & arces rypheas: ita deuex⁹ pmit̄ in austros lybię. Quo pacto aūt mūdus nūc altus: nūc depssus sit. Licet Manili⁹ ad supiora carmia satis apperuerit. tn̄ aliqua ex Macro. addantur. Is eni lib. i. de som. inqt: q vti erigit̄ mūdus in septētrionalē plagā ita vergit in australē ps eni hęc terre q̄ incolit̄ ab vniuersis hoībus ad septētrionalē verticē surgit: & specialis cōnexitas australē nobis verticem in ima demergit. Cū vero semp circa terrā ab ortu in occasum coeli sphera voluat̄: vertex hic qui septētriones babet quoquouersum mūdana volubilitate vertat̄ qm̄ sup nos est: sed a nobis videt̄:ac semꝑ ostēdit arctos oceani metuētes ęquore tingi. Australis contra quia diuersus ꝓ habitatiōis nr̄ę positione. nec ipse nobis vnq̄ꝫ videt̄ nec sidera sua ostendit: hinc poeta dixit hic vertex nobis semꝑ sublimis At illū sub pedibus ⁊c. q Scythiā A: Scythia regio est ad septētrionē: quę q̄dē Iustino teste li.ii. adeo editior omnib⁹ terris est vt cūcta flumīa ibi nata in meoticū: deinde in ponticū & ęgyptiū mare decurrāt. Scythia aūt in orientē porrecta includit ab vno latere ponto: ab altero montib⁹ riphęis: a tergo Asia et phasi flumīe. r Riphęas arces S. Scythiā dicit cuius montes riphęi A. A. Riphęū iugū regionē habet assiduis obsessam niuibus: quippe casus continuarū diuinarum: q̄dē ipsi exprimit poenarū sil̄r dānata pars mūdi & ab rerū natura in nubē ęternę caliginis mersa. C. Riphęi montes Scythię in extrema ꝑte germanię a ꝑpetuo vētorū iactu noīati [illegible] enim iacere est. In his tanais fluui⁹ orit̄. vltra hos iacet ora assiduis demersa nebulis. s Lybię A: Aphricę regio ęgypto cōtermīa vt scribit Pli. li. v. Strabo vero lib. xvii. ostēdit totā aphricā libyaꝫ appellatā. Plura etiā Solin⁹ cap. xxiiii. t Deuexus A. decliuis. v In austros A. Manili⁹ li. iiii. ait Asper ab axe ruit boreas fugit eurus ab ortu. Auster amat solē: zephyrusq̄ꝫ ꝓfundū. De austro aūt multa Pli. li. ii. c. xix. v Vertex nobis semꝑ sublimis. S. hęc pars mūdi a nobis semꝑ videtur. A. vertex. i. polus arcticus. Fab. li. viii. scribit ꝙ vertex est contra in se aqua. vel quicq̄d aliud similiter vertit̄. Inde ꝓpter flexū capilloꝝ ꝑs sūma capitis: ex hoc etiā in mōtibus eminētissimū. Idē quoq̄ꝫ fabius lib. i. dixerat Q. vorsus & vortices dixerūt antiqui: q̄ primo Scipio affricanus in e litterā secundā vertisse dicit̄. Caper aūt ait vertex capitis est vortex fluminis: vt aūt Pli. li. ii. ca. xv. scribit Poli etiam vertices appellant̄. C. Vertex a vertendo: quia circa illū vertit̄ coelū Gręcę polus eadē ratione dicit̄ nā πολεω vertō est. x Semꝑ C. quia nūq̄ꝫ suo cursu discedit ita: q̄n nobis sit supra caput. y At ilū sub pedibus styx atra videt. S. axē notion. i. australē qui a nobis nunq̄ꝫ videtur. sicut boreas. i. septētrionalis a nobis semꝑ videtur Et sicut varię sunt philosophoꝝ opiniones. Ita & hic varię loquntur: nā alii dicūt a nobis abscedentē solē ire ad antipodas: Alii negāt. & volūt illic esse tenebras ꝑpetuas. Mire aūt ait styx atra videt manesq̄ꝫ ꝓfūdi. vt ostēderet illud quod dicūt philosophi: recedētes hic aīas illic alia corpa sortiri. Vnde & lucanus ait. Regit idē spirit⁹ artus orbe alio q̄d verisimile ē: quia dicit̄ aīa aut igni aut vēto: aut aq̄ purgari: q̄d vt fiat necesse est: dū aut ꝑ frigidas plagas aut igneā transeūt: Et lꝫ hoc alii a virgilio dictū ꝑ poeticā licētiā velint: tn̄ sciendū est eū poeticę licētię inseruisse philosophiam.

y Sub pedibus A. De habitātibus antarticū ab hyemali circulo loquit̄: qui nobis antipodes dicūt̄ vt Iginius scri. Cicero etiā in libro de somno: e q̄nq̄ꝫ terre circulis duos habitabiles: quoꝝ australis ille in quo q insistūt aduersa nobis vrgent vestigia: nihil ad nostrū genus. hic aūt alter subiect⁹ aqloni: tenui nos ꝑte cōtingit. Vult aūt Cicero intelligere (vt scri. Macro. li. ii.) terrā q̄ttuor habitari locis quū dixit hosq̄ꝫ q incolūt terrā nō mō interruptos ita esse vt nihil iter ipsos ab aliis ad alios manare possit: sed ꝑti obliq̄s m trāsuersos ꝑti oēs aduersus nobis stare. Interruptio aūt ꝑti generū a se diuersoꝝ ita q̄dē a Macro. distinguit̄ Hy

iq̄s sepat a nobis ꝑusta Similit̄ ab illis q̄ inferiorē zonę sup incolūt ꝑtem interiecta australi gelida sepant̄: Rursus illos a viuētibus ꝑ nr̄i cinguli inferiora interiectio ardētis sequestrat. & illi a nobis extremitatis rigore remouent̄. Quēadmodū aūt cęteri oēs vestigia sua figere ad nostra credant̄: ipse Cicero distinxit. & australes quidē apte ꝓnūciauit aduersus stare nobis dicēdo. quorū australis ille videlicet circulus ī quo q insunt aduersa nobis vrgēt vestigia. & ideo aduersa nobis sunt quia in ꝑte sphere q̄ cōtra nos est morant̄. Trāsuersos vero stare nobis voluit intelligi inferiorē zonę nostrę partē tenētes. Obliq̄ aūt eos q australis circui deuexa sortiti sūt Pli. q̄ꝫ li. ii. c. lxvi. p̄la de antipodib⁹. z Styx. A. Stra. libro. x: de Arcadia inq̄t: apud phęneū sane stygis aquę stant: sic enī vocant loetalis aquę stillicidium: quā sacrā facit hoīm opinio. Pli. etiā libro. xxi. ca. ii ait. In Arcadia ad phaeneum aqua ꝓfluit e saxis stix appellata q̄ illico necat. Hęc ille. Poetę tn̄ fabulose describūt infectorum paludem esse: deducitq̄ꝫ a stygnos quod est tristicia C. Stix atra. loquit̄ de antipodibus tanq̄ꝫ de inferis. De stygevero in sexto Eneidos libro. a Manesq̄ꝫ A. profundi inferi: deos inferos tradunt. Apulei⁹ dedicit nā q̄dā manes de demonio socratis docet ꝙ manes dicūt̄ aīę meliotis meriti q̄ in corꝑe nr̄o geniti dicunt̄. b Maximus anguis S. Quia ipe cęteris est maior A. Maximus hic videlicet iuxta polū arcticū. c Anguis A. de dracone, dicit. de quo late Iginius & nos ibi supius. Et lucid⁹ anguis d Circū perq̄ꝫ duas S. Et circū[illegible] est & ꝑ: nā per vtrāq̄ꝫ labit̄: maiorē cauda tangēs: aluo cōplectens minorē. A. ꝑq̄ꝫ duas arctos. Macro. li. ii. docet hoc loco per, ꝓ inter: positum esse: neq̄ꝫ enī anguis siderius arctos secat. sed circū eas & intereas & voluit̄ nō per eas. e In morē flumīs arctos. S. Hesiodus. ποταμῷ ῥέοντι ἐοικώς

f Oceani metuētes ęquore tingi S. hoc referī ad fabulam Nā hę duę pellices Iunonis fuisse dicunt̄. quas postq̄ꝫ Iupiter in siderū numerū retulit Iuno rogauit thetim suā nutricem: ne vnq̄ꝫ eas pateret̄ occidere. vnde nūc metuētes dixit scꝫ nutricē iunonis A. scribit Iginius ꝙ hoc signū vt plures dixerūt nō occidit: & qui volūt aliqua de causa esse institutū: negant Thetyn Oceani vxorem id recipere: cū reliqua sydera. eo perueniāt in occasum ꝙ Thetis iunonis sit nutrix: cui Calisto succubuerit vt pellex: quod etiā latius docet Oui. li. iii. met. Reuera tn̄ non occidit quia cū supra nos sit polus arcticus semꝑ a nobis videt̄. g Equore tingui. A. poetice loquit̄. dicūt enī occidentia sidera subire ęquor: & hoc quia ita apparet cum sit aliter. h Illic A: Sub polo Antartico qui subest nobis. i Vt ꝑhibent S. Poetice: nā in rebus dubiis suā denegat fidem. k Intēpesta S. inactuosa, alta densa crassa. qualis est intempesta Posse aūt hoc fieri in aliqua ꝑte mūdi: vt pene totū sibi vēdicet nox: ꝓbat Britania quę lucis diues: vix quoddā spaciū noctibus cedit. A. Intēpesta nox dicta est a tēpestate: Tempestas a tēpore. Intēpesta nox quo tēpore nihil agit̄: quod alii cōcubitū appellarūt: ꝙ vere oēs tunc cubarent: Alii ab eo ꝙ sileret̄ silenciū noctis Plau. coticiniū vocat vt scribit Var. C. Intēpesta. i. talis qualis apud nos est q̄ intēpesta hora noctis dicit̄. hęc est circiter mediā noctē q̄ nō habet idoneū tempus aliquid agendi. l Redit A. ad illos nobis inferiores sole occidente nobis. m Aurora A. est

Consurgit: premitur libyę deuexus in austros
Hic vertex nobis semper sublimis: at illum
Sub pedibus styx atra videt: manesq̄ꝫ ꝓfundi.
Maximus hic flexu sinuoso elabitur anguis:
Circū perq̄ꝫ duas in morē fluminis arctos.
Arctos oceani metuētes ęquore tingi.
Illuc (vt ꝑhibent) aut intempesta silet nox
Semper: & obtenta densantur nocte tenebrę.
Aut redit a nobis aurora: diemq̄ꝫ reducit.

matutinus splendor ante solis ortũ ab eo ꝙ ab igne solis vt auro aer aurescit. qq varro docuit. n Equis A. Solis eq phlegon piro⁹ Eous & ęthõ Solis eq lucis dicũť q̃tuor horę:hęc rubet:hęc splẽdet:tñ hęc calet:illa tepebit. de his oibus latius videto nr̃m carmẽ de floribꝰ. o Illic A. sub pedibꝰ nr̃is manẽ tibus. p Rubẽs. Pli. li.ii.c.xviii. inqt. Q₂ satur no color est candidus. Io ui clarus: Marti ignę⁹: lu cifero candẽs: vespi refulgẽs. mercurio radians ꝛc. Idẽ quoq₃ libro. vi.c.viii. de venere ait. Preueniens quippe & ante matutinũ exoriẽs luciferi nomẽ acci pit vt sol: aliter cõtra occasum refulgẽs nuncupatur vesper, progãs lucẽ vicẽq₃ lunę reddens. q Hinc S. id est ex ratiõe astrologię: & est cõclusio: nã hoc dicit: non sine causa intue mur siderũ ortus & occasus. hinc eni vniuersa noscunť. A. hinc. a boreali polo vbi sidera sunt plurima. r Dubio coelo S. i. etiã dubio coelo A. Dubio coelo. i. icerto aeri: mo mento eni turbaẽ. s Messisq₃ A. Var. li. i. c. l. Messis ꝓ prio noĩe dicit in his q̃ metunť: maxime in frumẽto: cũ vero est matura seges metẽda ẽ. fieri aũt debet decrescẽte po tius ꝙ̃ crescente luna vt idẽ edocet capite xxvii. dicti li. Et Colũ. li. ii. c. xxi. ait. Sꝫ cũ matura fuerit seges añq₃ torreať vaporibus estiui sideris q̃ sunt vastissimi ꝑ ortũ caniculę celeriť demetaẽ ꝛc. Plura etiã scri. Palladiꝰ de mẽse iunii c. ii

Nosq₃ ibi primus equis [n] oriẽs afflauit anhelis
Illic [o] sera rubens [p] ostẽdit lumina vesper.
Hinc [q] tẽpestates dubio [r] predicere coelo
Possumus, hinc messisq₃ [s] diẽ: tẽpusq₃ serẽdi.
Et quãdo infidũ remis impellere marmor [t]
Conueniat: quãdo armatas [v] deducere classes.
Aut tempestiuã [x] syluis euertere pinum.

t Marmor A. ęquor ipsum: mare eñi marmor appellanť ꝓpter albas spumas. sic & marmoreas manꝰ ꝓpter albedinẽ vnde Oui. li. ii. met. de mar. ait. Nudaq₃ marmoreis ꝑcussit pectora palmis. Et Gel. li. ii. capite. xxvi. super illo Ennii versu Veneret ex templo placide mare marmore flauo: ait ꝙ nõ videbaẽ ei ceruleũ mare cũ marmore flauo cõuenire. Sed cũ ita sit vt flauus color viridi de illo mixtus sit: pulcherrime prorsus spumas virẽtis maris flauo marmore appellauit. hęc ex illo Quare certũ est mare marmor dici ꝓpter albas spumas. & dr̃ hic infidũ. Hic Seneca ep̃la. iiii. inqt: Noli huic trãqllitati confidere: momẽto mare euertitur: eodẽ die vbi luserũt nauigia sorbenť. v Armatas classes. A. Scri. Plinius lib. vii. Q₂ classe primus depugnauit minos: pugnare aũt eq tessali qui centauri appellati sunt inuenere. x Tempestiuã pinum. S. oportunã. Nã tpe nõ oportuno cęsę arbores cito termites faciũt: ita eni ligni vermes vocanť. A. Tẽpestiuã pinũ Cato. c. xvii. inquit rebus materies vbi solsticiũ fuerit ad brumã semp tempestiua est quę materies semen habet. quum maturũ semen habet tũ tempestiua est. quę materies semẽ nõ habet quũ globet tũ tẽpestiua est: eo ꝙ semẽ viride & maturũ habet. Mac. etiã li. vi. sat. meminit. C. Tempestiuũ omne quod sub tpe fit tẽpestiue fit. Mar. Caro. sic scri. Ma.

Nec frustra signorꝝ obit⁹ speculamur & ortus:
Temporibusq̃ parẽ diuersis quattuor annũ.
Frigidus agricolã si quãdo continet imber:
Multa forent quę mox coelo ꝓperanda sereno
Maturare datur: durũ procudit arator
Vomeris obtusi dentem: cauat arbore lintres.
Aut pecori signũ: aut nũeros ĩpressit aceruis.
Exacuũt alii vallos: furcasq̃ bicornes:
Atq̃ amarina parant lentę retinacula viti.
Nunc facilis rubea texatur fascina virga:
Nunc torrete igni fruges: nũc frãgite saxo.

series ĩdẽ ridica vbi solsticiũ fuerit ad brumã sꝑ tẽpestiua ẽ. Quę materies semẽ habet: cũ maturũ semẽ hꝫ tẽpestiua ẽ: q̃ vero nõ habet cũ glubit. i. corticẽ detrahit & germinat. y Tpibusq̃ parẽ S. de reb⁹ ꝯtrariis fecit declamationẽ, dicendo parẽ ex diuersis. Reuera enĩ nihil est tam contrariũ inter se q̃ꝫ ęstas & hyems. & tñ de his annus efficitur A. Annus equaliter in quatuor diuiditur partes seu tempora Sunt autẽ ver. ęstas. autũn⁹. hyems. Vtq̃ Mac. inquit li. vii. Ver (deus omniũ fabricator) calidũ fecit & humectũ: Sicca est ęstas & calida. Autũnus siccus & frigidus: hyems humida pariter et frigida ẽ. Varro aũt lib. i. c. viii. scribit. Q. ver habet. lxxxxi. Estas nonagintaqn̄q. Autũnus nonagintavnũ. Hyems nonaginta nouẽ dies. Quõ aũt hęc oĩa itiũ hñt videbis: vere nouo gelidus ⁊c. C. Parẽ. Quãuis ꝯ cõtrariis fiant anni. s. ex frigore & calore. sicco & humido: tñ eam seruãt parilitatẽ vt hyemes omnes frigidę: ęstates omnes calidę. z Quatuor. C. Incipit enĩ annus a vere quod fa cit introit⁹ solis in ariete. nõ solũ quia illa pars anni infanciẽ puericięq̃ similis sit. Verũ etiã q̃a ostẽdũt mathematici, incipiente die illo qui primus oim illuxit (ꝓpterea q̃ iure nataľ mũdi vocatꝰ) aries in medio coeli fuit. Et q̃ mediũ coelũ q̃si mũdi vertex est: aries ꝓpterea p̃mũ signũ inter oĩa hitũ est. q̃ vt mũdi caput ĩ exordio lucis apparuit: Tũc aũt cãcer lunã gestabat: Sol cũ leõe oriebat: mercuri⁹ cũ virgine: Venus in libra: Mars in scorpione: Iupiter in sagittario: Saturnus in capicorno erat. a Frigidus. AN. Docebit iam agenda agricolis imbre cadente. Cato etiam c. xxxix. ait. vbi tẽpestates malę erũt qñ opus fieri nõ poterit. stercus de sterq̃linio egerito. bubile: ouile: cortẽ & villam bene purgato ⁊c. C. frigidus vel noxius humanis corporib⁹ noxiũ (enĩ est perseuerare sub pluuiis) vel epithetũ est aquarꝫ. sunt enĩ frigidę: vel frigidus discretiuũ sit epithetũ. Opant enĩ nõnulla aliqñ in pluuia q̃ nõ afferat secũ frigus. q̃ frigid⁹ iber: nõ dicat q̃si oĩs imber: sed ille q̃ ẽ frigid⁹: b Multa forẽt ⁊c. Ordo est. multa datur maturare q̃ forent ꝓperanda sereno coelo. i. in serenitate: Nã male quidã forent p̄ñtis tpis esse volũt: vt sit sensus: multa sunt q̃ maturare datur mox coelo sereno ꝓperanda. i. in vsum sereni celi. qd nõ est idoneũ: licet reuera fore tñ semp futuri temporis sit: nã foret & p̃teritũ & p̃ñs & futurũ cõplectit. Salustius. Ni virtus fidesq̃ vestra spectata mihi foret. i. esset Ordo est. multa maturare datur & celeriter facere: quę siue his coelo sereno ꝓperãter facere: nõ diligenter poteris facere dũ festinas. c Mox S. i. statim vel deind. enã & post. legitur ĩ antiquis. d Properãda C. aduertẽda est vis notioq̃ꝫ verborũ: est enĩ festinare. ꝓperare et maturare. festinatio igiť & ꝓperatio habet in se vtraq̃ tumultuariã celeritatẽ. q̃uis q̃ festinat multa quidã inchoat: sed nihil perficit Qui aũt ꝓperat: inchoata quidẽ ad exitũ ꝑducit sed tñ vrgente celeritate multa necesse est nõ oĩno absolute fieri. e Maturare. A. Id significat cũ modo: studiũ adhibere festinũ: auctore Nonio & Gel. li. ix. c. xi. ait Q. Publius Nigidius maturare (inquit) est quod neq̃ citi⁹ est neq̃ serius sed mediũ quiddã & tẽpatũ est. at iã quod nõ segnius sed quod festinãtius fit: id fieri mature: hęc & plura. Gellius

& Macrobius libro. vi. CEISTOFE: Maturare medium tenet inter cito & sero. vnde poma matura sunt quę neq̃ acerba et immitia: neq̃ rursus caduca & nimium cocta. sed tẽpore suo tẽperate adulta. Hanc interp̄tationẽ nigidianã sic Augu. explicauit. per quod monebat vt ad rem agendã adhiberet & industrię celebritas & diligẽtię tarditas. ex q̃bus ꝯtrariis fit maturitas. Poeta ergo in hoc loco ꝓperare & maturare tãq̃ cõtraria ponit: nã in pluuiis sic ẽ eaq̃ ꝑ ociũ sub tecto fieri p̃ñt: ne mox sicco coelo cogamur eodẽ tpe facere. et q̃ sub tecto fieri poterant ea nunc sub diuo facere vrgemur. Ergo tpibus vbi diuersis vtraq̃ maturari perbelle poterãt. nũc eodẽ tpe. ꝓperare vrgemur: vsi ait Pli. Malũ patrẽfamilias esse: q̃squis interdiu faceret qd noctu posset: nisi intẽpestate coeli. Peiorẽ qui profestis diebus ageret qd feriatis deberet. Pessimũ q̃ sereno die poti⁹ sub tecto oparet q̃ in agro. Vides ergo qd sit maturare. Itaq̃ cũ significam⁹ quid sit festinãtius factũ: rectius p̃mature q̃ mature factũ dicim⁹ Afranius in togata. Appetis dñatũ petes ꝑcoce atq̃ imature. f Procudit S. cudẽdo extenuat C. ꝑcudendo acuit q̃ iã a ratione hebes factus erat. g Vomeris obtusi dẽtẽ SER. Antiqui. n. addebant: quod nos ꝓpter euphoniã in aliquibus detraxim⁹: vt obtusis: in aliquibus enĩ remansit vt tonsus. h Obtusi. A. hebetati seu hebetis. h Cauat. C. Si ex vna solida arbore faciũ lintrem: dicemus cauat lintrẽ in arbore. i. cauando arborem facit lintrẽ. i Lintres. S. fluuiales nauiculas. A. Linter gen⁹ est dolii rusticani: vt ostẽdit Catho priscus, sed hic ꝓ nauia accipi p̃t. de q̃ Festus ait. Nauia lignũ cauatũ vt nauis: quo in vindemiis vti solet. Marcel. ꝯo ait lintres naues fluuiales. Virg. li. i. Geor. Cauat arbore lintres. De nauia magis placet: vel de dolio rustico. vt patuit. k Aut pecori signũ: aut nũeros imp̄ssit aceruis. S. idest facit: aut caracteres quib⁹ pecora signant: aut thesseras q̃bus frumẽtorũ nũerus designat. nã nũeros p̄ l'ris posuit: quibus numeri cõtinent. A Columella lib. xii. c. ii. loquẽs de Ianuario circa finẽ ipsius ait. His etiam diebus maturi agni: & reliqui foetus pecudũ: nec min⁹ maiora q̃drupedia caractere signari debent. Idemq̃ loq̃ns de fine Aprilis ait: eodẽ tẽpore foetus foecundi peccoris signari oportet. l Numeros imp̄ssit ac. A. Numerus est m̄titudo ex vnitatibus constituta. Solent aũt agricolę modiorꝝ numeros aceruis ipsis frumentorũ imprimere. i. designare: vel manu vel baculo aliquo illos imprimẽdo. m Vallos. C. In masculino genere significat singulos palos. Vallũ vero in neutro significat seriẽ ex m̄tis palis. n Amarina retinacula. S. Virgas: de quib⁹ vites religant: q̃ virgę abũdãt circa Amarinũ oppidũ Italię: cuius crebrã in Rosciana facit Cicero mentionẽ. A. Ameria (vt Stra. ait li. v.) vrbs est in vmbria. Retinacula autẽ intellige salices. Colũ. eñ lib. v. de saliceto sic ait: Ameriam salix gracilẽ virgã & rutilã gerit. Meminit itẽ Pli. li. xvi. c. lii. C. Ab ameria q̃ vrbs sabinorũ est. vt rubi in Cãpania oppida fuert. o Rubea virga. S. q̃ abundat circa rubos Italię oppidũ. Horatius: Inde rubos fessi puenim⁹. i: ea virga q̃ apud rubos plurima nascit. A. Rubea virga. Acro in Hora. lib. i. sermonũ

Inde rubos fossi puenimus: docet Rubos esse Italię urbem: asserens quoqȝ hunc Virgilii locum. Ego tamē de virgulto sanguineo intelligo. potest etiam de rubo ipo intelligi.
p Fascina. AN. a ferendo dicta nam comportantur fructus: ac res necesse. Varro testis.
q Nunc torrete igni fruges. SER. Preparate panē quo vtamini in serenitate. ne ea res impedimento sit postea.
r Nunc frangite. ANT. Prouerbiū dum pluit molendum esse. s Quippe etiam. S. Non mirū est rusticum aliquas res facere debere per pluuias: quum sint quędam quę facere possit etiam festis diebus.
t Etiā festis. ANT. Columella libro secundo: capitulo vltimo ait: qȝ pontifices negant segetē feriis sepiri debere. Vetant quoqȝ lanarum causa lauari oues: nisi ppter medicinam. Virgilius: qȝ licet feriis flumie abluere gregē precepit: & iccirco adiecit: fluuio mersare salubri id est salutari. sunt enim vitia: quorum causa pecꝰ vtile sit lauare. feriis autē ritus maiorū: etiā illa permittit: far pinsere: faces incidere: candelas seruare: vineam cōductam colere: piscinas: lacus: fossas veteres tergere & purgare: stercora ęquare: caseum facere ꝛc. CRIST. Festis. Dierum diuisio est. Vt alii festi. alii intercisi dicantur. Festi diis dicati sunt: in qbus fiunt sacrificia: epulę: ludi: ferię. Profesti hi sunt: in quibus rempublicā & priuatā gerere licet. hi continēt fastos. comitiales: cōpendinos & pliares. Intercisi vero deorum hominumqȝ cōmunes sunt. In his cum hostia cęditur: fari nefas ē. Intercisa & porrecta fari licet. rursus eum adoletur non licet. De festis & pfestis ita ait Plaut. Festo die si quid pdegeris: profesto egerere liceat: nisi pepercens. Longe plura notāda sunt in diuisiōe dierum. Sed iis erit accommodatior locus. Consultus autem Scęuola: quid feriis agi liceret inquit. Qd ꝑtermissum noceret. ita neqȝ qui bouem adhibitis operis ex specu quo delapsus esset: eduxisset. neqȝ qui fractā tecti trabem fulcisset: ferias polluebat. M. aūt Varro ait: quid negatur feriis & quid vetatur, (vt supra) addens ad hęc Prata sicilire: id est stercora ęquare: foenum in tabulata cōponere. fructus olíueti conductos cogere. caseum facere: arbores serendi causa collo vel mulo clitellario afferre. Sed iuncto aduehere non permittit: neqȝ apportata serere: neqȝ terrā aperire: neqȝ arborem collocare: neqȝ sementē admistrare: nisi catulo feceris. Vuas et oliuas conditi legere licet. M. Catho. Mulis: equis asinis nullas ferias esse dixit. Idemqȝ iungere boues permitti; lignorum et frumentorū aduehendorum causa.
v Fas & iura sinunt. SER. Diuina humanaqȝ iura permittūt. nam fas ad religionem: iura pertinēt ad homies. AN. Fas & iura. Fas a fando dicitur. auctore Festo: Fas igitur & iura sinunt. i. diuina: humanaqȝ iura pmittunt. Nam fas lex diuina est: ius humana.
x Riuos dedu. nulla religio vetuit. SER. deducere. i. siccare. Nam irrigare inducere est: vt deinde satis fluuiū inducit. Sane sciendum. ſm Varronē contra religionē esse, vel si irrigentur agri: vel lauentur animalia festis diebus. Nymphę enim sine piaculo nō possunt moueri. sed scimus necessitati religionē cedere. Vñ perite Virgi. ait. Balantumqȝ gregem fluuio mersare salubri: id est salutifero. Nam dicturus est in tertio. Scabię tentari animalia nisi lauentur. de irrigatione vero nihil ad hunc pertinet locum. quia deducere (vt diximus) significat siccare. ANT. Riuos deducere: est attenuare vel detergere: teste Macro. libr. Satur. iii. Nam festis diebus riuos veteres sordidatos detergere licet: nouos fodere non licet. Et Plinius libro. xviii. inquit: Humiliorē agrum fossione concidi atqȝ siccari vtilissimū est. fossas autem retusis locis apertas relinqui.
y Religio. ANT. Est deorū cultura. vt Nonius inquit. Religio item metꝰ vel sollicitudo. Legito aūt plura in Gellio libro. iiii. cap. ix. qȝ in Macro. libro. iii.
z Sepem. A. de sepris et sepibꝰ. Varro multa libro primo. c. xiiii. & xv. CRI. sepes qua agrū circūdamus. hinc sepire. de hoc sup egloga prima.
a Insidias. AN. Insidere est dolose aliquem expectare. Vñ et insidię nominatę sunt: Virgi. lib. x. Et syluis insedit iniquis.
b Vepres. A. spinas.
c Fluuio mersare salubri. A. Id iam patuit per Columellā. Sed Macro. etiam libro. iii. id quoqȝ declarat dicens: Cauetur enī iure pōtificio: vt quonīā oues duabus ex causis lauari solent: aut vt curetur scabies: aut purgeē lana. Festis diebus purgandę lanę gratia oues lauari non liceat. liceat aūt si curatione scabies abluenda sit. Ideo hic inter concessa numerauit: balantumqȝ gregem ꝛc. d Costas. SER. Aut reuera costas: aut clitellas: vt Hora. Hi muli capuę clitellas tempore ponūt. ANT. Costas dorsum.
e Agitator. SER. verberator: ab agendo dictus. AN. Agitator: ductor. Agaso alter. CRIS. Agitator. assiduus ac frequens impulsor. Nam cum asinus & sensu & corpore tardus sit: quia in eo atra bilis est: nisi assiduo verberetur: non mouef. Nam vt ait Albertus magnus: in quibus atra bilis predominatur: preduriores corporis sunt: vnde minus sentiunt. Quin etiam si ex corio asini quo onus portat: calcii fiunt, nullo (qȝuis longo & assiduo) itinere frangi possunt: sed adeo durescunt: vt pedes illud ferre nequeāt. Verū adeo lubrici sunt huiusmōi calcii: vt gestātes sępe ad casum impellant. Adeo frigidus est asinus: vt in frigidis locis nō nascaē. Sunt asini syluestres: quos onagros gręci appellant: ex his igiē mansuefactis et equa: veloces in cursu: mulę gignūtur. duricia eximia pedū: sed rugoso corpore. indomito animo: sed generoso. Onagro & asina genitus oēs antecellit. Horum in Phrygia & Lycaonia greges mlti sunt: qui ad seminationes idonei sunt. Ex fero fit mansuetus facile: ex mansueto fetus nunqȝ. Mansueti in Italia sunt oēs: Sed Reatini reliquos antecellūt. Prestantissimi etiā in Archadia: Hinc Persius findor vt Archadię pecuaria rudere credas. Pullos asinorū epulari Mœcenas instituit: post eum interiit auctoritas saporis.

Quippe etiam festis qdam exercere diebus
Fas & iura sinunt: riuos deducere nulla
Religio vetuit: segeti pretendere sepem:
Insidias auibus moliri: incendere vepres:
Balantumqȝ gregem fluuio mersare salubri.
Sępe oleo tardi costas agitator aselli
Vilibus aut onerat pomis: lapideqȝ reuertens

f Vilibus pomis. SER. abūdātibus: vt vilē qȝ fasellū.
g Lapideqȝ icusum. S. Manualē: molā cudēdo aspatā.
h Incusum. A. a cudēdo dictū: vt ait Festꝰ. Inde fit incudo icudi vt incusi icusū ꝑ simplex. f. qd latiꝰ i spica oñdi.
i Massam picis vrbe reportat. SER. Aut qui oleum vel poma portauerat ad vrbem: aut certe ideo reportat: quia pix in agris nascitur: & in vrbē distracta: in agrū a plerisqȝ reportatur. AN. Columella libro. xiii. scribit picem rusticos operari: & in vasis & in vinis condendis: sed plura

Plini⁹ li.xiiii.c.xxiiii.C.Massam picis:Nam antiq agricolę & ad vina cōdenda:& ad varia quadrupedū:hoimq; remedia:& ad multos alios vsus picem adhibebāt.Ergo emebant picem in vrbe quam in agro referant.
k Reportat.C.Quia e locis vbi enata est: in vrbem venalis importat: atq; ex vrbe a varijs empta rursus i agrū reportatur.
l Ipsa dies alios.SER.Plenissime de lunę diebus omnibus expressit Hesio.Quam rem breuiter iste plibat.

tis fugarent:habuerentq; pedes anguinos. Sed de gigantū historia Macrobiū libro primo Satu.legito.Et Strabo libro.v.de campo phlegręo meminit. t Nefando.S.sacrilego. v Coeumq;.SER.Per Coeum aūt et Iapetū & Tiphoeum:oēs gigantes intelligunt.A.Coeū:is Titani terręq; fili⁹:latonę pater extitit:vt asserit Ouid.lib.vi. x Iapetum.A.In antiquis textibus Iapetū & Iapitū legit. y Typhoea.A.Typhon vl typhoeus triū syllabarū cū eu dyphtongon in fine:et non cū oe diuisa vel coniuncta:gygas fuit.de quo Seneca in Octauia.

m Luna.AN.Plinius libro decimooctauo:cap.xlvii.ait.q Virgilius etiā innumeros lunę quędam digerenda putauit Democriti secutus ostētationem.Multa etiam Varro de lunarib⁹ diebus libro primo.c.xxxvii.
n Fœlices operū.SER.aptos fœlicibus opibus.
o Quintam fuge.SER.Dicitur eni hic numerus mineruę esse consecratus quā sterilem esse constat.Vnde etiā omnia sterilia quinta luna nasci dicunt:vt orcus:furię:gigantes.ANT.Veteri supstitione creditū est.quicqd quinta luna nasceret sterile atq; damnosum fore.infantemq; tunc natum:iuuenem moriturum.

Incusum:aut atrę massam picis vrbe reportat.
Ipsa dies alios alio dedit ordine luna
Fœlices operū:quintam fuge:pallidus orcus
Eumenidesq; satę:cum partu terra nefando
Coeumq; iapetumq; creat:sęuumq; typhoea.
Et coniuratos cœlum rescindere fratres.
Ter sunt conati imponere pelio ossam:
Scilicet atq; ossę frondosū inuoluere olympū:
Ter pater extructos disiecit fulmine montes.
Septima post decimā fęlix:& ponere vites:
Et prensos domitare boues:& litia telę
Addere:nona fuge melior:contraria furtis.

Non rā verū Typhona neglecto Ioue irata tell⁹ edidit quondā parēs.Hūc dicit Lactan.Iouē puocasse de regno:hinc ab irato Ioue fulmiatū.Et teste Ouid.lib.v.metha.Sycilię suppositus est.Typhos autē supbia dr.typho incedo:Typhoo.me inaniter iacto.supbio. y Frēs:Othum & Ephialtē dic.A.Othū & ephialtē intelligit qui fuere Neptuni filii ex Iphimedia vxore Aloei:filii Titani et terrę:Hinc Aloidę dicti.Virgi.li.vi.ęneid.Hic & Aloidas geminos immania vidi Corpora:q mānibus magnū rescindere cœlū Aggressi.supisq; Iouē detrudere regnis.Hi (vtaiunt) ix.digitis mēse q̄s excrescebant.Dicit aūt Homer⁹ his iō tam magnū incrementū fuisse:eo q a terra nutrirent:eosq; non ampli⁹ nouē ānis vixisse & eorū designās magnitudinē.dicit nouem brachiorū amplitudinē habuisse.lōgitudinē uo.ix.passuū. z Pelio ossā:S.O longa est:sed fit breuis seqnti vocali.vt sublio alta.A.Pelion.ossa:olymp⁹:Thessalię montes sūt:vt Solin⁹ etiā edocet.In hoc versu bis non fit Synaloepha.

p Pallidus.SER.quia pallidos facit.
q Orcus.AN.i.pluto:Ait enim Cicero in Verrinis:vt alter orcus venisse ęthnam.& non proserpinam:sed ipsam Cererem rapuisse videat.Sunt qui velint,orcū dictū ex eo q dii iurabant per stygem.Est eni orcos Iusiurādū:Et orcoo ad Iusiurandū voco.Est orcus etiā apud Homerū li.ii.Iliados Thessalię fluuius:qui peneum olei instar supnatat:Sed breui spacio portatū abdicat.pęnales aquas dirisq; genitas:argenteis suis misceri recusat.autor est Plinius libro.iiii.cap.ix.
r Eumenides.S.vt sępe diximus κατα ευφημισμον eumenides vocantur.ANT.Eumenides furię dicuntur:Alecto Tesiphone:Megera:ab eu & mane.quod vtrunq; bonum significat:cum ipsę omni bono careant.Sunt qui mites interpretentur:earum nomia in carmie de floribus sum interptatus.Fuere autē noctis filię sm Maronē.
s Tum partu.A.Titanus cœli filius vxorē habuit terram:ex q plures suscepit filios:cū quib⁹ aduersus Iouē & deos reliquos bellū habuit:eisq; cœlū conātes eripe:montes mōtibus supimposuerunt:demū a diis cęsi:& fulmie interempti sunt:Ex eorū postea sanguie et terra nati sunt gigantes.qui etiam bellū mouere Ioui vt patres fecerant:atq; deos adeo terruere:vt in ęgyptū vsq; formis muta

a Septima post decimā.S:Aut septimādecimā dicit:aut hoc dicit:Foelix qdā est septima:sz fœlitior decima.vt primū locū decimæ relinquat:alii quartamdecimā accipiunt.vt sit fœlix est septima duplicata.i.cui⁹ nūerus post decimā inuenit:q die reuera meli⁹ vites ponim⁹. b Lycia telę:C.Etiā q suimus vestes lyciū dicim⁹.Florentini a suendo,rese.appellant ρυπτεο grece suo significat:cui⁹ preteritū perfectū est. ερραφα hinc dicimus rese.
c Nona fugę mel.S.Non vt qbusdā imperitis videt Vergilius:aut fugā seruis suadet:sed eis indicat dies:quib⁹ se a rapinis abstineant.Nam & fugam de profectione & cursu legimus.vt simul arua fuga:simul ęquora verrit:Etiā velocē equū fugacem dicimus.Et fuga pōt etiā honesta esse.vt si quis hostē:si quis iminentē tirannū.Si quis sęuū iudicem fugiat. d Contraria furtis.S.Illud spectat:vt domino sit spes inueniēdi:quod amisit,Et seruus rapere:aliquid aufugiens formidet.

Multa adeo melius gelida se nocte dedere.

Aut quũ sole nouo terras irrorat eous:

Noctè leues melius stipulę noctè arida prata

e Multa: ANT. Docebit iam quę nocturno tẽpore. queq; diurno melius fiant.

f Adeo. SER. id est valde: Therentius. Adolescentẽ adeo nobilem: A: Adeo, certe. vel adeo melius: id est longe melius:

g Melius se nocte dedere. S. Melius nostro obsequuntur labori. Nocte nomen est: adeo vt ei Horatius iunxerit ꝓpositionem. vt [iugulent] homines surgunt de nocte latrones. Nam aduerbium noctu facit: sicut diu. Salustius. Diu noctuq; laborare: festinare:

h Sole nouo. ANTO: Secundum illos loquitur qui, dicebant: solem die quoq; nouum fieri.

i Irrorat. ANT. Hoc ideo dicit: quia circa auroram solet plus roris descẽdere. solis videlicet vicinitate: quo quidẽ gelu soluitur. Hinc Ptolomeus libro quattuor partium ait. Stellę vero matutinales: exquo apparent sub radiis solis vsq; ad stationem primã: plus desiccant, a qua vsq; ad suam

occultationẽ magis infrigidãt. k Eous: AN. Eoos: lucifer matutinus orientalis eous dicitur. Eos vero aurora oriens. l Tondentur. AN. secant. m Noctis lentus nõ defi. ANT. Causa est luna: cuius maior vis est humectare: vt Ptolomeus inquit in libro quattuor partium.
n Non deficit. SER. non deserit. Vnde & qui deserunt exercitũ ad hostes transeuntes: defectores vocantur. o Faces inspicat. SER. incidit ad spicę & aristarum imaginem.

pam. Nam passum est vinũ dulce quod fit ex vuis passis. Pariuntur enim vuę cum adhuc in vite pendentes tortis de industria pelliculis botrionis: cum iam eas succus: qui a vite prouenit deficiunt: languescunt: atq; in rugas contrahuntur. Faciebãt prętereа passum ex vua quã grєci sticam vocant: nos apicinam. Vuę enim diutius in vite sole aduruntur: aut sole feruente. Alii siccant in sole vuas expãsas: donec paulo amplius dimidiũ pondus supersit. Postea aridum acinum in dolium coniiciunt: inde mustum inferũt. vt grana submersa sint: quod vbi cõbiberint: seq; impleuerint prelo premuntur.

Tondent[l]: noctis[m] lentus non deficit[n] humor.
Et quidam seros hiberni ad luminis ignes
peruigilat: ferroq; faces[o] inspicat acuto:
Interea longum cantu solata laborem
Arguto coniunx percurrit pectine telas.
Aut dulcis[p] musti vulcano[q] decoquit[r] humorem[s]:
Et folijs vndam tepidi despumat aheni[t].
At rubicunda Ceres medio succiditur estu:
Et medio costas estu terit area fruges.
Nudus[v] ara: sere nud⁹: hyems[x] ignaua[y] colono

p Dulcis musti vulcano decoquit humorem. SER. Hypermetrus versus est. Vnde et sequens a vocali inchoat. CRIS. Dulc; musti. Optime dulce dixit mustum: Nam (vt ostendit Macrobius) in musto sola dulcedo ẽ: suauitas nulla. Nam vinum ipsum in sua infantia dulce est. cũ p̃o pubescit: magis suaue q̃ dulce est. Harum duarum rerum distantię Homerus testis est. Vocat eni mel dulce: vinum suaue. Mustum autem latini nõ solum vinũ: sed quidquid nouellum est nominauere. Hinc Neuius: vxorem ducere si musta est.
q Vulcano. A. i. igni. Vulcanus eni (vt Diodo. libro primo scribit) fuit ignis inuentor apd̃ egyptios: vbi primus regnauit: r Decoquit humorem. SER. id est rem superfluam. sicut supra posuit. Luxuriem segetum tenera depascit i. herba. CRIST. Decoquit coquẽdo minuit: Id enim est decoquere. Vnde decoquere dicuntur mercatores: quando rationes suas vehementer minuũt: vt fidem fallant. s Humorem. C. qui in vino aqueus est. Nam q in musto sit aqua: sic probatur (vt ait Macrobi⁹) quia vetustate fit mensura min⁹: sed vi ac robore acrius: ex decoctione fit defrutum: ac si magis decoquat: transit in sa

t Aheni. AN. ęrei vasis: interponitur autem h. inter primas vocales. De q lege Gellium libro secundo: capitulo tertio.
v Nudus ara rc. SER. Adeo sereno coelo vt amictum possis contẽnere. Sane quidã post hoc Hemistichium dicitur subsecutus. Habebis frigore febres. A. Nudus ara. id est sereno aere: vt pallium deferas. x Hyems ignaua. S. quę ignauũ reddit colonũ. A. Hyems. id est pluuia: tempestas. vel ipsa bruma. y Ignaua. AN. id est inutilis: nõ apta industrię: nam industrios gnauos dicimus. CRI. Ignaua ab effectu: id est quę colonos ignauos. i. pigros facit. Est em̃ ignauus ab eo qd̃ est nauus: et in priuatiua dictiõe: et mutaẽ n. in g. euphonię causa. Nauum em̃ p̃prie dicim⁹ celerem & vehementẽ in rebus agendis. dictum a nauiũ velocitate. Hinc dicimus nauare id est strennue perficere. Cicero in Verrem. Nauus & prudens & probus filius esset. Item in epistola ad Torquatum. Sed quia nemo ẽ adeo afflictus qui si nihil aliud studeat nisi id quod agit; posset nauare aliquid & efficere. Item pro M. Celio: Si me audiant nauẽt aliam operam: aliam ineant gratiam: in aliis se rebus ostentent:

z Plerunq̃. SER. Quia dicturus est aliqua quę rusticus etiam hyeme possit efficere.
a Mutua. ANT. reciproca. nunc hic nunc ibi inter se.
b Genialis hyems. SER. voluptuosa conuiualis. nam quotiens voluptati operã damus: indulgere dicimur Genio. Vnde econtrario habemus in Therentio. Suum defraudans genium. CRIS. Genialis: Recte a Seruio exponitur voluptuosus: a genio cui indulgere dicimꝰ quotiens voluptatẽ quęrimus. Ouidius. Enodis abies curuataq; glandibus ilex. Et Platanus genialis acerq; coloribꝰ impar. Alii a gignẽdo dictũ volunt. & apparatũ omnem nuptiarum genialẽ appellant: quia nuptię gignẽdi causa institutę sũt. Ouidius de arte amandi. Ducuntur raptę genialis turba puellę. Et potuit multas ipse decere timor.

auribus dicit. alias ab audiẽdi facultate: vt scribit. Festus
l Lepores. C. Horũ plr̃a sunt genera: naã & q̃s cuniculos appellant: inter hos scriptores reponũt. In alpibꝰ cãdidi gignunt: quibꝰ hibernis mẽsibꝰ ꝑ cibatu niuẽ esse crediderũt. Certe liquescẽte ea rutilescunt annis oĩbus. Archelaus leporibus vtranq; vim singulis inesse scribit: ac sine mare ęque gignere. Lepus solus omniũ (teste Aristotele) preter hominnem & Dasipodẽ superfoetat. aliũ educãs: alium in vtero pilis vestitum. alium implumẽ. alium inchoatũ gerens.

[z] Frigoribꝰ parto agricolę plerunq; fruuntur
[a] Mutuaq; inter se lęti conuiuia curant.
[b] Inuitat genialis hyems: curasq; resoluit.
[c] Ceu pressę cum iam portum tetigere carinę:
[d] puppibus & lęti nautę imposuere coronas.
[e] Sed tñ & quernas glandes tũ [f] stringere tẽpus
[g] Et lauri baccas: oleamq; [h] cruentaq; myrta:
[i] Tunc gruibus pedicas: & retia ponere ceruis:
[k] Auritos q; sequi [l] lepores: tum figere [m] dãmas.
Stuppea torquentem [n] balearis verbera fundę
Cum nix alta iacet, glaciẽ cum flumĩa trudũt.

c Pressę carinę. S. id est onustę.
d Imposuere coronas. S. Aut reuera coronas: aut spiras funium accipimus.
e Sed tñ et quernas glãdes: S. Sũt alii q̃ deriuationes ex vsu magis q̃ ex ratiõe venientes: Vt quernus. et ficulnus. ilignus. colurnus. a corylo. ilice: ficu: & quercu. CRI. Glandes in quercu: ilice: esculo: cerro: & robore. Nuces eorum sunt: quorum cortex durior & magis ligneus est: vt in iuglande: & amigdalo: & corylo. Baccę sunt oleę: lauri: corni: & huiusmõi. Acini vero vuę: ebuli: samsuci: malipunici: & similiũ dicuntur. poma postremo mala: pira: & talia.
f Stringere. ANTO. id est decerpere secundũ Nonium.
g Lauri baccas. ANT. Harum vim docet Plinius libro vigesimotertio: capitulo. xxviiii.
h Cruẽtaq; myrta. SER. Matura enim cruoris imitant colorem. ANT. Cruenta ait. quia Plinius libro. xxiii. capitulo. xxix. ait: q; myrtus satura candida: minꝰ vtilis est medicinę q̃ nigra. semen eius medetur sanguinem excreantibus. Item contra fungos in vino potum: odorẽ oris commendat &c.
i Pedicas: SER. Laqueos quibus pedes illaqueantur. ANTO. Manilius libro. v. ait. Curetisq; feras pedicarum compede nectunt.
k Auritos lepores. S. maiores aures habentes. Horatiꝰ alter ait. Doctũ & auritas fidibus canoris ducere quercus sensum audiendi habentes. ANT. Auritus a magnis

m Dãmas: ANT. De his videto Aegloga. viii. CRI. Dãmę mansuescũt raro cũ ferę iure dici non possunt: Complura sunt nec placida: nec fera: sed medię inter vtrunq; naturę: vt hirundines: apes: & delphini.
n Balearis fundę. SER. Hispanicę: a balearibus insulis hispanię: vbi inuenta est funda. AN. Baleares insulę in hispania: a grecis dictę a fundarũ iactu: quibus homies maxime vtebantur. auctor est Dionisius. Ballo aũt iacio denotat. Hinc balearis remoto. l. vnico. Florus autem libro. iii. de balearibus inq̃t: Certiusquisq; fundis p̃liat: certos esse q̃ mirent ictus: cũ hęc sola genti arma sint. id vnũ ab infantia studiũ: cibũ puer a mr̃e non accipit: nisi quẽ ipsa monstrãte pueri funda ꝑcussit. C. Baleares duę hispanici maris insulę sunt quas inter Tarraconis & Sutronis maritimam esse sitas contingit. De his Philętas scribit Hirta inq̃t vestis & sordida rarus limbus inuoluitur: & iunceum ornamentum. fundas vero habent aut iunceas: aut setis contextas: aut neruis. In his habenę sunt aut longiores: aut mediocres. aut breuiores: vt volunt ictus aut longiores esse aut ꝓpinquiores. pueri ita exercent: vt alioquin ne panis quidẽ illis exhiberet: nisi funda prius quicq̃ attigissent.

Quid tempestates autumni & sydera dicam:
Atq; vbi iam breuiorq; dies & mollior estas:
Que vigilanda viris: vel cũ ruit imbriferũ ver.
Spicea iam cãpis quũ messis inhorruit: & quũ
Frumenta in viridi stipula lactentia turgent.
Sepe ego quũ flauis messorem induceret aruis
Agricola: & fragili iã stringeret hordea culmo
Omnia ventorum concurrere prelia vidi:
Que grauidam late segetẽ ab radicib' imis
Sublime expulsam eruerent: ita turbine nigro
Ferret hyems culmũq; leuẽ stipulasq; volãtes.
Sepe etiã ĩmẽsum coelo venit agmen aquarũ:
Et foedam glomerãt tempestatẽ ĩmbrib' atris.

o Quid tempestates autũni. S. Verno & autũnali tpe fiunt tẽpestates: qñ nec plena estas est: nec plena hyems. Vñ mediũ & cõfine vtriusq; tpis ex cõiũctione ɔtrariarũ rerũ tẽpestates efficit. Sane sciendũ vltimas partes tã autumni q̃ veris significare: quib' fiũt procelle: qd de autũno hic indicat versus. A. Quid tempesta. Ostendit qlibet anni parte fieri tẽpestates: ppterea cognoscendas ne nimis obesse possint.

p Sydera. A. que scʒ tẽpestatem pducunt vt delphin: sol in virgie: capra: argo: centaurus: hedi: corona: vergilie: calliope: tauri caput ꝛc. De qb' late apud Columellã: libro duodecimo: cap. secundo.

q Atq; vbi iam bre. S. de vere hic. A. De bruma intelligit. Est autẽ ordo. Et quid dicam vbi .i. quando dies breuior est et mollior estas .i. ipsius brume calor remissior: quã scilicet fuerat in autũno. r Vigilanda. S. vigilãter puidẽda. A. Vigilandũ est brume tpe ob paruos dies: lõgasq; noctes. Vñ Columella etiã li. xvii. c. xx. ait. Optimũ est intra kal. Decembris sementẽ confecisse. sed etiã longis noctib' ad diurnũ temp' aliqd adiiciendũ est. Nã multa sunt q̃ in lucubratione recte agunt. Inertisq; agricole est expectare diei breuitatẽ. s Vel cũ ruit. A. vel quid dicã. t Imbriferum ver. A. De vere modo latius superi' dictũ est. v Spicea messis. S. Spicos de maturibus frugib' abusiue dicimus. nã pprie est spicus cũ p culmi folliculũ .i. extremũ tumorẽ: ariste adhuc tenues in modũ spiculi eminẽt. x Quũ messis. A. Vel qd dicã quũ messis ꝛc. y Inhoruit. S. i. intremiscit. z Frumẽta lactentia. S. adhuc tenula & lactis plẽa. Sane sciendũ Varronẽ in libro diuinarũ rerũ dicere. Lactantẽ deũ esse q se infundit segetib': & eas facit lactescere: Et sciẽdũ inter lactantẽ et lactentẽ hoc interesse: qd lactans est qui lac pbet. Lactẽs cui lac pbet. A. Lactentia. lacte plena: dum adhuc mollescunt. lacte plena esse vident ipa grana. a Flauis aruis. A. ppter flaua frumẽta dixit. b Stringeret. S. secaret: vt hic vbi densas agricole stringunt frondes. c Oĩa ventorũ concurrere: S. Inter se: Vt mutati transuersa fremũt. A. Ventorũ. ventus est fluctus aeris: teste Pli. libro .ii. d Que grauidã. A. Ordo ẽ que ventorum plia: eruerẽt ab imis radicib' segetẽ late grauidã. C. Grauidã. cui' spice plene sunt. e Sublime expulsam eruerent. S. id est per sublime portarent erutã segetẽ in altũ expellunt. f Turbine nigro. S. Tempestate noxia. vñ Horati'. Hic niger est: hũc tu romane caueto. g Hyems. A. ventorũ tempestas & violentia. nã de pluuia iam dicet. h Culmũq; leuem. SER. Culmus est ipse calamus. Stipule vero folia que ambiũt culmum. i Agmen aquarũ. SER. impetus. vt Leni fluit agmie tybris. Est autem hic ecbasis poetica ad describendã tempestatem. CRIST. Agmen. magna vis cum impetu. k Foedam. CRI. non solum aspectu turpem: sed que omnia prosternendo deturpat. Vel foedam crudelem: vt sensum det rei sensu carenti. l Collecte ex alto nubes. S. ab aquilone: qui vtiq; de alto stat. i. a septẽtrione. & tẽpestates grauissimas facit. nã auster hũilis ẽ: vt; mũdus vt ad Scythiã rypheasq; ardu

i m n
Collecte ex alto nubes: ruit arduus ether.
Et pluuia ingenti sata leta: boumq̄ labores
o
Diluit: implent fosse: & caua flumīa crescnut
p
Cum sonitu: feruetq̄ fretis spirātibꝰ equor:
q
Ipse pater: media nimborū in nocte corusca
r
Fulmia molitur dextra: quo maxima motu
Terra tremit: fugere fere: & mortalia corda
s
Per gētes hūilis strauit pauor: ille flagranti
t u
Aut Athō: aut Rhodopē: aut alta ceraunia te
x y
Deijcit: igeināt austri: & dēsissimꝰ imber. (lo
z
Nūc nemora ingēti vento: nūc littora plāgūt.
z a c b
Hec metuens celi menses & sydera serua.
d
Frigida Saturni quo se se stella receptet.

arces. A. Exhalat a terra. hūida caligo. alias vero propter vapores fumida. nubesq̄ liquore egresso in sublime: aut ex aere coacto in liquorē gignunt: vt scri. Pli. li. ii. c. xliii. m Exalto. A. id dicit quia ascendunt (vt patuit) in aera nubes: & inde ex alto aquas emittūt. nec itelligas ab aq̄one. Nā vt dicit Pli. li. ii c. xlix. Venti a septētrione reliq̄s compescūt: & nubes abigūt. n Ruit arduus ether. S. Tonitrubus ꝑcrepat. vt celiq̄ ruina. A. Rruit: ruere videt̄ propter imbres: ignes & tonitrua. CRIS. Ruit arduus ether. Hec descriptio: & cōmirationem commouet & locum ipsis crebris preceptis horridiorē factum: poetico nitore exhilarat. Et quod in re maximū est: audito sē ad id quod ꝑcipit: magnitudine vtilitatis ꝓposita: vehemēter accendit. Non eni tantū noscende astrologie laborē: nisi vitetur summū incōmodum: subire par esset. De turbine et fulmie dicemꝰ in eneid. i. o Caua flumina. S. Profunda & alta. Luc. Rutabāq̄ cauū. p Spirantibꝰ. S. i. motu positis alibi. Qua vada n̄ spirant: nec fracta remurmurat vnda. A. Spirantibus estibus insonātibus: q Nymbos. A. Tempestatū. Sed cur Ioui fulmina assignet. Videto Pli. li. ij. c. xx. r Corusca fulmia. S. i. coruscātia. vt sibila lambebāt linguis vibrantibus ora. s Humilis pauor. S. qui hūiles reddit vt pallidus timor. t Aut athon: aut Rhodopen. S. Per transitū secūdū epicureos loquit̄. q̄ dicūt fulmia nō iudicio deorū: sed ex nubibꝰ fieri: nā montes q̄d necē fuerit fulmiari. Athon āt mōs ē grecie: Rhodope mōs Thracie: A. Athos macedonie mōs. vt scri. Pli. li. iiii. Solinꝰ aūt ait: ꝙ athos est sublimis adeo: vt altior estimetur ꝙ̄ vnde imbres cadūt. De Rhodope diximꝰ i Buc. v Ceraunia. S. montes sunt Epiri a crebris fulmibꝰ dicti. Ceraunios em̄ fulmē dr̄. Ceraunō fulmino. x Austri. A. Hūidus est auster & ꝑcipue italie. Saluberrimꝰ oim aq̄lo: noxius auster: noctu auster: inter diu aq̄lo vehementior. Pli. lib. ii. c. xlix. y Dēsissimꝰ. A. quia ex cōdensato aere fit pluuia. z Plāgit. S. i. resonare facit. Alij legūt plāgūt: vt sit nemora & littora plangūt. i. resonāt. C. Plangere ꝓprie ē cū ex moerore mulieres corpus tundūt. Illa aūt ventorū ꝑcusso i tēpestate: illū moerorē videt̄ imitari. z Hec metuēs celi. S. i. xii. signa: quibꝰ cognoscimꝰ sydera: aut vl̄ tēpestates vel planetarū motꝰ. Sciendū aūt (vt diximus) de planetis quinq̄: duos semp eē noxios: martē & Saturnū. Duos bonos. Iouē & venerē. Mercuriꝰ vero tal̄ est: qualis ille: cui iūgit̄: Vn̄ etiā fingit̄ minister eē deorū: ꝙ eorū obtēperat ꝑtāti. Hinc ē q̄d dicit: In q̄s celi orbes erret Cylleniꝰ ignis. i. vtrū in septētrionalē: aut in australē partē inclinet̄: aut cui planetarū cohereat: ut qualitatē Mercurii ex illo possis agnoscere. a Celi mēses. A. i. primi mobil̄ signa. Vn̄ menses ſm Indorū Babyloniorūq̄ dogmata ex solis ambitu instituti sunt. A. Celi menses: q̄ ex cursu celesti fiunt. b Serua. A. obserua. Quedā eni signorum huiōi ignea sunt: vt impssiões calide: comete. fulmia. & depopulationes quedā terrea: vt terre motus: sterilitates. et fertilitates: annone inopia. aut copia: quedam aerea vt ventorū rabiē: ac tranquillitatē. quedā aquea: vt inundationes aquarū: et pluuias generātia. c Et sydera. i. octaue sphere imagines: ac earū stellas: a quibꝰ imaginibꝰ inequalibꝰ: ſm Chaldeorū sniam mēses tardi: breuesq̄ (vt s. meminimꝰ) determiati sunt: q̄ sydera sinā opera ꝑducūt cū fulgoribꝰ tonitruis torrētibꝰ: terremotibꝰ: depopulationibꝰ: ventorū ac pluuiarū tēpestatibꝰ. seu trāquillitatibꝰ & aeris serenitate. d Frigida saturni quo sese stella receptet. i. nocens. Vt frigidꝰ o pueri fugite hinc latet anguis in herba. ideo aūt hoc dicit: q̄ Saturuꝰ deꝰ pluuiarū est. Vn̄ etiā primꝰ senex fingit̄: Nā senes nouimꝰ sp eē gelidos. hic aūt i capricorno facit grauissimas pluuias: et ꝑcipue i Italia. Vn̄ & Horatiꝰ ait. Seu tyrannꝰ hesperie capriconꝰ. Sic et in scorpiõe grandines. Itē in alio fulmina: in alio ventos. Vn̄ ꝑcipit nos scire debere: in quod se signū recipiat sydus saturni. Frigida saturni. A. Frigida ait: q̄m natura ipse frigidus ē: & accidentalr̄ siccus: ac propter retrogradationē quā patit̄ vti & cetere planete & situs circa stellas hūidas q̄nq̄ hūidꝰ efficitur: grauissimas tēpestates ꝑducens. Saturni. CRI. Saturnū celi et veste (que terra est) filiū dixerūt: Io aūt celi filium: q̄ solemꝰ eos q̄rū virtutē miramur. aut q̄ repente venīūt: e celo cecidisse dicere. Terre aūt: q̄d ignotis parētibꝰ natos: filios terre dicimꝰ: sed veriꝰ alij putāt eē: q̄ Saturnꝰ cū potentissimꝰ rex eēt ad meoriā parētū retinēdā. noia eorū celo terreq̄ indidisset: vt etiam videmꝰ et mōtes & maria et flumina: a viris nomē sūpsisse. In historia ꝑterea sacra scribit̄: ꝙ saturnꝰ opē in vxorē duxit. Titan aūt cū regere vellet (erat em̄ maior natu fr̄) tn̄ animaduertēs matrē sororesq̄ suas saturno fauere: ꝙ forma ꝑstantior eēt: cōcessit. Sed ea lege ne saturnꝰ plē masculinā tolleret: vt regnū ad sobolē suā eēt rediturū. Ille tn̄ quatuor liberos clanculū sustulit. Iouē: Neptunū: Plutonē & Iunonē. Titan vbi hec cognouit: cū filiis (qui Titani dicūt̄) aduersus saturnū bellū parat. illūq̄ et opē sororē bello captū muro icludit: quod etiā affirmat Sybilla. Vn̄ Iuppiter Cretensiū manu collecta: parētes in libertatē restituit. Sed saturnꝰ ex oraculo noscēs fore: vt a filiis regno pelleretur. ob hocq̄ Ioui insidias tēderet. ab Ioue regno pulsus: in Italiā ꝓfugit: Et vbi postea Roma fuit latuit. Ex qua latiū illā regionem: (q̄m ibi latuerit) appellauit. Receptꝰ ē aūt a Iano illius regionis rege. & cū agriculturā ab eo esset edoctus: regni illum sociū assumpsit. Et cū primū aera signasset: in altera (vt ait Macrobiꝰ) Saturni effigiē: in altera nauē q̄ vectus erat expssit. Verū cū inter hec Saturnꝰ subito n̄ cōparuisset: Ianus i eiꝰ honoris amplificationē: oēm terram sue ditōis: parentē saturniā appellauit: et aram et saturnalia illi instituit. Et simulacrū eius tāq̄ agriculture inuentorē falce insigniuit. Et q̄m hoc regnāte nemo seruiuit: nullūq̄ factū est bellū in saturnalibꝰ ois licētia seruis permittit̄. et i eiꝰ ede erariū istitutū ē. veluti in illa tutius esse posset: Atq̄ hec i historia. Referūt ꝑterea ad physicā rōnē: et dicūt illū tp̄s eē. Vn̄ grece χρονοσ appellat̄ remota aspiratōe ab eo quod est thronos: quod grece tp̄s significat. Vn̄ volūt illū vorasse filios oēs ꝑter Iouē: Iunonē: Neptunū et Plutonem, quia tēpus oia cōsumit. q̄ corruptibilia sunt ꝑter

Quos ignis celi cyllenius erret in orbes.
In primis venerare deos: atq; annua magne
Sacra refer Cereri: letis operatus in herbis.
Extreme sub casu hyemis: iam vere sereno
Tunc agni pingues: et tunc mollissima vina:
Tum somni dulces: denseq; in motib' vmbre:
Cuncta tibi Cererem pubes agrestis adoret.
Cui tu lacte fauos: & miti dilue baccho:

quattuor elemeta. Iuppiter eni ignis est. Iuno aer. Neptunus aqua. & Pluto terra. Latine aut dicitur saturnus a saturitate: qm omnibus rebus corruptibilibus saturat tempus. Alii dicut a satu: cuius causa de celo est: Crediderut enim Saturnu celum esse: & opem terram: cuius ope alimenta humane vite querunt. Vel ab opere quo fructus frugesq; nascuntur. huic dee & Saturno: Cecropem in actica primu aras instituisse: Philochorus refert: & illos loueq; p terra coluisse: instituisseq; vt patresfamilias frugibus ac fructibus iam perceptis passim cu seruis vescerentur: cum quib' in ture colendo laborem tolerauerut. Alii saturnu solem esse dicunt: quoniam ipse est auctor temporum. In saturni templi fastigio Romani tritones cum tubis sculpere: caudis terre insertis: significantes q a sua gtate p omia deinceps tpa: historia que prius obscura erat clara sit. patri suo Celio virilia amputasse referunt: & in mare proiecisse: quorum agitatione spuma effecta Venere genuisse. quia vis celestis in terras defluens: causa est generationis. Sin ad stellam ipsam Saturnu referamus: ipse est summus oim planetaru. Et quonia habet spheram amplioris circuferentie: omnium tardissimus in cursu est. In singulis enim signis trigita moratur menses. Est planeta omino maliuolus. Na (vt demonstrat Ptolomeus in libro de harmonia) Vitam nostram precipue sol & luna moderat. Deinde dicit Iouem & Venere nobis propitios: Saturnu & Martem ea ratione aduersos: quia certi sunt numeri p qs omnia que sibi couenieter iungutur & aptant sit iugalis competentia. Nec quicq; potest alteri: nisi per hos nueros couenire. Post hec longo ordine explicat huiusmodi numeros. ac ostendit Iouem & venere interuentu numeroru illoru cum luminib' bene iungi & consociari. alia nullius nueri nexu applicari. Et Iouis stellam: soli per omes numeros: lune per plures. Venerem vero lune per omis. Soli autem per plures iungi: indeq; fieri. vt quauis vtraq; propitia sit stella. propitior tame sit Iuppiter. Saturnu: autem & aliqua extrema linea ad solem: marte ad lunam referri. Ideo q minus comodos esse planetas demostrat. Est ergo maliuolus Saturn'. Est siccus & frigid': que due qualitates mortifere sunt. Est nocturnus: ponderosus. plus nocet retrogradus q rectus. Vnde fabule illi falcem tribuut: que tunc maxime secat cum reducit. Colore plumbeo est. Secundu Ptolomeu: producit homine fuscu: turpem: pigru grauem ac triste. corpore aspero: & qui amet turpia & fetida. Domus Saturni Capricornus et aquarius: dominiu habet in libra. significat edificium doctrina & locu frigidu. Pingebat aut apud priscos. homo senex: can'. plixa barba: curuus: tristis. pallidus tecto capite: : & q dextra falce & in eade serpentis imagine cauda sua ore mordetis. Sinistra infante filium ori deuoraturus admouebat. Iuxta huc quattuor aderant filii. & vxor in forma matrone: q manu dextra se oibus ope laturu significaret. Sinistra pane paupibus porrigebat. e Quo se receptet. S. Sane perite ait. vt ex freqntatiõe verbo nob ondere saturnu bis ad vnuquodq; signum reuerti: quod alii planete minime faciut. solus eni est qui & longi' a sole discedat: & bis ad vnuqdq; signu recurrat. A. An in signa ignea: terrea ue. &c. an efficiat septetrionalis. meridionalis ue: an ascendes descendensue in ecentrico: vel in epicyclo: an directus retrogradusue: an circa imagine octaue sphere illam vel ista: an illa vl hanc de sua natura stellam: an in applicatiõe corpali siue aspectuali ad illu vl ista planetam existat: an oriat aut occidat cosmice: cronice: seu heliace. an in hoc vel illud teplu: siue domu celi se receptet. C. Receptet. Vsus est frequetatiuo: quia velox est planeta. f Quos ignis celi. AN. Obserua ite sicuti de Saturno & ceteris erraticis: in quo celi orbes erret. g Ignis cyllenius. S. propter stellam mercuriale dr. quia in cylleno mote Archadie dicit natus esse mercurius. Ordo est in qs orbes celi erret cyllenius ignis. A. Ignis cylleni'. i. stella Mercurius: qui iter ceteros ta in motu diuersus: q etia in impssione varius est. qm couertibilis est nature: cui nanq; associatur corpe vel aspectu: illi' natura assumit. Quare precepit Virgilius (totius astrologie perita complectens) pcipue mercuriu obseruadu esse: qui quide nimbosas procellas: ventorum rabiem & pcipitates demittit impressiones. demu per menses celi signa duodeci primi mobilis: introitusq; planetaru in principia earunde & situm. Et p sidera octaue sphere imagines: ac Saturni Mercuriiq; sydus oim planetaru influentias obseruare hortatur: qm ex eis perfectu reddit viaticinu psatas tempestates timentibus: hec eade a Tholopho suo periori accepimus. Plini' autem libro secundo: cap viii. sic ait. Quod vocant Saturni sydus: summum est. ideoq; minimu videt & maxime ambit circulum: anno quoq; .xxx. ad pricipia sue sedis regredit: nature est gelide & rigentis. Hec ille. Et Phtolome' li. quatuor partiu de Cyllenio inqt: q stelle Mercurii op' e in maiori parte desiccare: & equalr humectare. In quibusda etenim oris desiccat huores: eo q nusq; a calore solis nimis elongat. In qbusda vero huectat: eo q eius loc' supest lunari sphere q terre propior existit. & in horu quide vtroq; e' alteratio est festina. Ventoru & hic auctor existit: ob hoc q eius mot' circa sole citus habet. C. Cyllenius. de mercurio in quarto Eneid. libro dicemus. h Erret. S. Bene erret. Nam planete vocantur απο τησ πλανησ id est ab errore. nam interdu ad austru. interdu ad septetrione. plerunq; contra mundu: nonunq; cu mudo ferunt. i In primis vene. deos. S. Post hec cognita: da pcipue opera sacrificiis: qbus tepestates & pluuie possint repelli. Et mire hoc stati subiuxit: q: occurrebat. qd pdest tepestates futuras videre. Et bene ait imprimis. i. pcipue & ante oia. na alia neglecta pnt hre emedatione. Tempestas aduenies: nisi aute puideris: vniuersa subuertit. C. In primis venerare deos. Sapieter admonet no sufficere diligetia atq; industria huana: nisi diuinu accedat auxiliu. Et optim' poeta hortat ad religione. k Annua sacra refer. S. Anniuersaria magna: sic in Eneid. Annua q differre nefas. l Opat'. A. sacrificas. C. Operare: sacrificari significat. Properti'. Cynthia ia noctes e opata dece. Nulla em opa excelletior est q sacrificiu. Hora. Vnico gaudes mulier marito pdeat iustis opara sacris. m In herbis letis. SER. Aut das opera couiuiis: aut postq; opa cucta copleueris. AN. In herbis letis. i. in satis. n Mollissima vina. S. carentia aspitate et defecata. A. mollissima. dulcissima. iucudissima. o Tibi. S. i. honore tuu: et in tua gratia. A. Tibi ad tuu comodu. p Cui tu lacte fauos. SER. Cui tu liba de lacte: melle & vino. Nam superfluum est: quod quidam dicunt: contra religionem dixisse Virgilium: licere Cereri de vino sacrificari; pontificales nanq;

hoc non vetant libri: Qd autē ait Plautus in Aulularia: (cuius ipsi vtuntur exemplo) Cereri nuptias facturi estis: quia temeti allatū nihil video: nō est huic loco contrariū. Nam aliud est sacrificiū: aliud nuptias cereri celebrare, in quibus reuera vinum adhiberi nefas erat: quę orci nuptię dicebant: quas pṡentia sui pontifices ingēti solēnitate celebrabāt. Alii hūc locū aliter accipiūt: vt & miti baccho nō sit septimus casus: sed datiuꝰ. & duo numina intelligimꝰ liberi & Cereris. Nā sup̄ quoq̄ ait: in primis venerare deos: vt sit sensus: cui Cereri & miti baccho fauos lacte dilue, i. eis sacrifica melle & vino pmixtis. C. Optime hic Seruius: adde etiā ꝙ poeta (vt ait Macro.) ita in rebꝰ doctrinę sectator: vt in verbis eloquētię exquisitor: legerat ꝙ ad. xii. kaleñ Ianuarias Herculi & Cereri sacrificabāt sue pregnante: et panibus: et mulso. Iccirco dixit. et miti baccho: id est mulso, nā melle domitū vinū: mulsum fit. Vñ ipse alibi. Et durū bacchi domitura sapore. Diluere aūt est cum rem duriorē spissioremq̄ admixto hūore liq̄faciamus. vt: Diluis helleberū Ergo mella quę crassiora sunt vino diluimus.

q Miti baccho. AN. Vt ꝙ Pli. scribit li. xiiii. Aristęus primus omniū mel miscuit vino suauitate pcipua. r Terq̄. CRI. Ambarualem hostiā intelligit, de qua diximꝰ in bucolicis. s Foelix hostia. S. id est foecunda. & dicit ambaruale sacrificium, quod sępe de porca foecunda vel grauida fieri consueuerat. ANT. Felix hostia: id est eximia. Horatius enim docet eximias dictas hostias quę ad sacrificium destinatę eximantur e grege. Vel ꝙ eximia specie quasi offerēdę numinibus eligant. Ambarualis hostia est (vt ait Pompeius Festꝰ) quę rei diuinę causa circū arua ducitur ab his qui pro frugibus faciunt. Hęc et plura Macrobius libro. iii. de hostiarum generibus.

t Chorus. SER. Proprie est coetus: cantꝰ atq̄ saltatio. A. Chorus multitudo in sacris collecta. v Cererem clamore vocent. SER. Inuocent copiam frumētoꝝ. ANT. Cererem. ipsa frumenta. x Quam cereri torta. AN. Cathonis preceptum est: & ponit. c. xxxviii. vbi docet prius ꝙ messem facias: Cereri sacrificandū esse porcā. y Torta redimitus tpa. S. habens in memoria victum priorē a quo Cereris reuocatus est benignitate; nā olim homines glandibus vescebantur.

z Quercu. C. Quoniā Cereris bñficio hoīes fruges adepti: a quernis glandibꝰ q̄bus antea vescebant abstinerēt a Det motꝰ incompo. S. i. saltationē aptā religioni: nec ex vlla arte venientē. Salust. Saltare elegantius ꝙ necesse est probę. b Carmia. S. hymnos. c Atq; hoc: vt certis. A. Macr. li. v. ait: ꝙ poeta hęc serenitatꝪ: tempestatisq̄ signa de arati sumpsit phenemone. d Menstrua lūa. S Vnde et mene dicit. A. Menstrua luna q̄ mense quoq̄ suū pficit cursum. Vñ et mensis a mene: i. luna dicit. e Caderent austri. S. desinerent venti. Ex hoc etiā loco pronostica sunt translata de arato: & pauca de multis. Ventis surgentibus. S. Flare incipientibꝰ. Vñ est ecōtrario cum venti posuere. i. flare desierunt. A. Pli. lib. xviii. c. vlt. inqnit: Mare si in tranquillo portu a cursu stabit & murmurauerit intrasse: ventū pdicit. Si identidē: hyemē & imbrē. Idem de mari ait. Sępe et silentio intumescit: flatuq̄ altius solito: Iam intra se eē ventos fatetur.

g Aut freta pōti. S. Littora pelagi q̄ ferunt a fluctibꝰ. Duo āt dic̄ naturalia. Futura ei tēpestate et añ aduentū: fluctꝰ mouetur: & fragor audit e syluis: archana quadā ratione naturę.

h Incipiunt agitata: C. Hic locus propter ambiguitatē pōt aliqd obscurū intellectibus nr̄is afferre. Itaq̄ nō sępe sunt hęc a scriptore adhibēda. Inuenies qd Quintilianꝰ sentiat. Pronosticorū vero hmōi rōnē diligēter explicat Pli. in libr. xvi. ait enī. est aquarum significatio. Mare si ī trāquillo portu a cursu stabit & murmurauerit intra se: ventū pdicit. Si itidem & hyemem & imbrē. Littoris ripęq̄ si resonabūt trāquilla asperā tēpestatē. et paulo post: sępe & silentio intumescit. Flatuq̄ altius solito iā intra se esse ventꝰ fatetur. Verū et in hoc loco cetera omnia. psequi. pnostica q̄ a Marone ponūt: Pli. ibi etiā hęc sūt verba. Equidē & mōtiū sonitꝰ nemorūq̄ mugitꝰ pdicūt tēpestatē. i Aridꝰ fragor. S. Sonitꝰ qual̄ solet fieri ex aridis dū frāgunt arboribꝰ. Ergo aridꝰ: nimius. omne enī qd aridū est cum frangit: nimium efficit sonum.

Terq̄ nouas circū foelix eat hostia fruges.
Omnis quā chorus: et socii comitent ouātes:
Et Cererem clamore vocent in tecta: neq̄ ante
Falcem maturis quisq̄ supponat aristis:
Quam Cereri torta redimitus tēpora quercu
Det motus incōpositos: & carmina dicat.
Atq̄ hęc vt certis possimus noscere signis:
Aestusq̄ pluuiasq̄ & agentes frigora vētos:
Ipse pater statuit qd mēstrua luna moneret:
Quo signo caderent austri: quod sępe vidētes
Agricolę: propius stabulis armenta tenerent.
Continuo ventis surgētibus: aut freta ponti
Incipiunt agitata tumescere: & aridus altis
Montibus audiri fragor: aut resonantia longe
Littora misceri: et nēorū īcrebescere murmur.
Iam sibi tū curuis male tēperat vnda carinis:
Quū medio celeres reuolāt ex ęquore mergi.

k Fragor. S. etiā a fractarū reꝝ crepitu nomiatus est. l Aut resonātia longe ꝛc. S. ΤΟ ΑΥΤΟ id est bis idē dixit. Misceri āt pturbari. Vt miscet agēs telis. A. Idē Pli. ꝙ littoris ripęq̄: si resonabūt trāquilla, aspera tēpestatē pdicūt. C. Expolitio ē: eandē enī sniam repetit. m Et ventoꝝ increbescere. A. Pli. ingt. Equidē & mōtiū sonitꝰ nemorūq̄ mugitꝰ pdicūt s. vētos. C. Increbescere: ab eo qd est creber: fit increbesco. n Iā sibi tū. S. Scias inqt ī pelago eē grauissimā tēpestatē, cū mergi ad littora ꝯfugiūt. Poetice aūt ait. Sibi tū. curiꝰ. m. t. vnda carinis. i. sibi nō parcit: sꝫ crescit in pniciē suā. nā in carinā scindendā cōsurgit. o Male sibi tē ꝛc. A. i. nō se continet: sed carinis illidit. p Tēperat. C. abstinet: nā q abstinet ab aliq̄ re: sibiipsi imponit tēperantiā. q Mergi. A. Pli. Mergi anatesq̄ pennas rostro purgantes ventū: cęterēq̄ aquaticę aues concursantes. grues in mediterranea festinātes. mergi maria aut stagna fugientes tempestatis sunt signa.

Clamoremq; rc. S. scilit cũ clamore reuertunt. Nam plura dicit signa e quibus vnũ nõ sufficit: sed omia sunt animaduertẽda. Vt cũ cornix plena pluuiã vocat. improba voce. Et sola in s. s. spa. a. s Marinę f. S. ad discretionem fluuialiũ. t Fulicę. A. Pli. ꝙ fulicę matutino clãgore: ranę q̃ vltra solitũ vocales tẽpestatis signa sunt: Veterem q̃relã: quomõ latona cũ Apolline & Diana Iunonis iram fugiens: vertit agrestes in ranas in lycię finibus: videto Ouidiũ li. vi. Meth. Item videto Aesopi fabellam de ranis & hydris. v Ardea. S. dicta ẽ q̃si ardua: quę cum altius volauerit tẽpestatẽ significat. Luc: Qđ signũ ausa vo. ard. A. Ardea hęc in mediis arenis tristis tempestatis signum ostendit. auctor est idem Plinius.

x Stellas pcipites: S. Sequitur vulgi opinionem: Non enim omnia prudenter a poeta dicenda sunt: ꝙ autem videm⁹ stellas quasi cęlo labi sunt ignis ętherei: q̃ fiunt ex igne ęthereo: cũ vehementior vẽtus altiora cõscẽdit. et inde quasi quasdam particulas trahere cępit: q̃ simulant casum stellarũ. Nã stellę cadere nõ possunt: quarum natura est vt stent sp. Vñ & stellę vocant. Et sciendũ est ab illa parte ventũ flaturum: in quem aeris ignis ceciderit. A. Pli. de stellis ait: discurrere hę vident. vẽtiq; ptin⁹ sequunt. Idẽ. Si volitare plures stellę videbũtur quo feruntur albescentes: ventos ex iis partibus nunciant. Idem libro secũdo: cap. xxxvi. inquit. Fieri videtur: et discursus stellarũ nunq̃ temere: vt non ex ea parte truces venti cooriantur: et. ex his tunc procellę in mari terrisq;. Tu vero cur ita fiat: probleuma legito apud Alexãdrũ Aphrodiseũ. C. Labi pcipites. labẽtes pcipites. i. ad iferiora tẽdere.

y Longos tractus. C. Longos quasi sulcos. quos a tergo sibi relinquunt. z Et frondes volitare cadu. A. Plinius ait. ꝙ tempestatẽ pdicunt sine aura q̃ sentiat folia ludẽtia: lanugo populi: aut spinte a volitãs aqs quia pluma innatans. a Colludere. S. moueri. Theren. Congruũ istum maximũ finito ludere: id est moueri. Virgilius. Ludere pendentes pueros. b Borę trucis. S. cum fulminat. Hoc vult dicere: Vbiq; grauissimas & ingentes eiicit pluuias: tempestas ab his mota ventis: AN. Borę trucis. terribilis. de cuius vi legito Ouidiũ circa finẽ li. vi. meth. Flat aũt boreas inter septẽtrionẽ: et exortũ solsticialẽ. vt scribit Pli. ii. Ab oriente vero brumali Vulturnus. quẽ gręci eurũ appellant. Ab occasu ęquinoctiali Fauonius: qui zephyrus a gręcis. C. At borę de parte. Cum eodẽ tempore a diuersis locis flant venti: magnę solent pluuię concitari. Nam boreas septemptionalis ventus est: Eurus orientalis: zephirus occidentalis.

c Rura natant fossis. C. Aliter dicimus rura natãt: cum diluuio exũdant. Aliter homo natat. nam hic sup aquas fertur: illa intra aquas dimersa latent. d Legit. SER: id est colligit. e Nunq; imprudentibus. SER. Alii inuocare volunt: alii augent his habere significationẽ. vt sit nunq̃ imber valde prudentibus obfuit: quę res satis non sunt idoneę. Vnde melius est intelligere: nunq; imber obfuit: nõ ante prouisus. tam clara sui signa dat. vt imprudentibus ignauis accipiamus. Nam hoc dicit. nunq; nescienti nocet imber. quia se designat ante venturum: & scimus leuiora esse mala quę ex optione cõtingunt. f Imber. C. qui concitatior maior est q̃ pluuia.

Clamoremq; ferunt ad littora: cunq; marinę
In sicco ludunt fulicę: notasq; paludes
Deserit: atq; altam supra volat ardea nubem.
Sæpe etiam stellas vento impellente videbis
Pręcipites cęlo labi: noctisq; per vmbras
Flãmarum longas a tergo albescere tractus:
Sæpe leuem paleã: & frondes volitare caducas
Aut summa nantes ĩ aqua colludere plumas.
At borę de parte trucis cũ fulmĩat: et cum
Euriq; et zephyriq; tonat domus: omĩa plenis
Rura natant fossis: atq; omnis nauita ponto
Humida vela legit: nunq; imprudẽtib⁹ imber
Obfuit: aut illum surgentem vallibus imis
Aereę fugere grues: aut bucula cęlum
Suspiciens: patulis captauit naribus auras.
Aut arguta lacus circũuolitauit hyrundo:

g Surgentẽ. A. venturũ: h Aerei grues. Aut aerii coloris: aut in altũ volantes. Dicit autem grues de vallibus fugere: nõ pluuiam de vallibus surgere. ANT: Imprudentibus. id est incautis & inscíis: Nam quisq; signa futurę tempestatis puidet. Vel imprudentib⁹. i. valde prudentib⁹. Vt apud. Cice. libro. v. tusc. Qui nihil metuant: nil agãt: nil concupiscãt: nulla impotentia efferanẽ: id est valida seu magna potentia. Bucula. AN. Ait idẽ ꝙ boues cęlum olfactantes: seq; lambentes cõtra pilum presagiũ aeris sentiunt. i Suspiciens patulis rc. S. Hic locus omnis de Varrone est. Ille ei sic. Tum liceat pelagi volucres: tardeq; paludes: Cernere: ĩexpleto studio certare ludendi. Et velut insolitũ pẽnis infundere rorem. Aut arguta lacus circũ volitauit hyrundo: Et bos suspiciens cęlum mirabile visu Narib⁹ aeriũ patulis decerpsit odorem. Nec tenuis formica cauis non euehit oua. Et veterem in limo ranę fabula duplex est. Nam & Ouidi⁹ dicit Ceres cum proserpinã quęreret ad releuandã sitim accessit ad quendã fontẽ: tũc eã licii rustici a potu prohibere ceperunt: & conturbantes pedib⁹ fontẽ cũ contra eã mitterẽt turpem naribus sonũ: illa irata eos conuertit in ranas: quę nunc quoq; ad illius soni comitationem coaxant. Sed hoc non est valde aptum. nam illud magis insultatio fuerat q̃ querela: & poenam sacrilegii iuste pertulerant. Vnde magis Aesopus sequendus est q dicit: Cum Iuppiter reges omnib⁹ animabus daret: Et ranis dedisset colendum breuissimum lignum: tũc illud aspernatę sunt. Tũc Iuppiter iratus hydrum eis dedit: q vescitur ranis. k Hyrundo. A. Ait idem Pli. ꝙ hyrundo tam iuxta aquam volitans: vt penna sępe percutiat: hyemem nũciat. CRIS. Hyrundo auis est. Irudo ꝓ sanguisuga. Est ergo hyrũdo ex his animalibus: quę neq; fera omino nec mãsueta sunt. nidũ luto construunt: stramẽto corroborant. Si quando inopia est luti. pennis. multa aquę madefactis puluerẽ spargũt. In ęgypto heracleotico estio mollẽ cõtinuatiõe nidorũ vaganti. Nido inexpugnabilem opponũt stadii vnius spacio: quod humano opere perfici non posset: vt latius narrat Plinius.

Et veterem in limo rane cecinere querelam.
Sepius & tectis penetralibus extulit oua
Angustū formica terens iter:& bibit ingens.
Arcus:& e pastu decedens agmine magno
Coruorū increpuit densis exercitus alis.
Iam varias pelagi volucres:& quę asia circū
Dulcius in stagnis rimantur prata caystri:
Certatim largos humeris infundere rores:
Nūc caput obiectare fretis:nūc currere ī vndas
Et studio incassum videas gestire lauandi.
Tum cornix plena pluuiā vocat improba voce
Et sola in sicca secum spaciatur harena.
Et caput obiectat querulū veniētibus vndis.
Nec nocturna quidē carpentes pensa puellę
Nesciuere hyemē:testa cum ardente viderēt
Scintillare oleum:& putris cōcrescere fungos.
Nec minus ex imbri soles & aperta serena
Prospicere:& certis poteris cognoscere signis.
Nam neqȝ tum stellis acies obtusa videtur.

l Rane Ait Plinius ꝙ ranę ꝙꝫ vltra solitum vocales: tempestatis signa sunt. m Formica A.ai Pli.ꝙ segniter & cōtra idustriā suā formicę abscondite concursantes:aut ꝓferētes oua: tempestatē prenūciant. n Et bibit ingens arcus. S. Sequitur rursus vulgi opinionē. A. Pli. Arcus cum sunt duplices pluuias nūciant. a pluuiis serenitatē:nō pinde certā:bibit autem humorē ideꝫ emittit. Sed de arcu plura idem Pli.lib. ii.ca.lxi. o Coruorū A.Plin. Coruiqꝫ singultu quodam latrantes: seqꝫ concucientes:si continuabant ventos. Si vero carptim vocem resorbebūt: vētosum imbrem Et graculi sero a pabulis recedētes hyemem. p Exercitus S.multitudo. q Iam varias pela. & q asia cir. Dulcib⁹ i stagnis rimantur pra. cay. S. Hec est vera lectio & sensus talis est. Iam varias volucres pelagi:& eas q̄ circū asia prata rimāt in dulci⁹ stagnis caystri:videas certati largas humeris ifūdere rores. Nā si iā varie legeris:sensus nulla rōne sꝑcedit A. ait Pli. Q̄ꝫ hyemē significat quū terrestres volucres contra aquā clāgores dabūt ꝓfundentes sese. maxime cornix: Poeta autē id attribuit a quaticis etiam auibus. r Asia prata S. Asia palus. vnde fecit asia prata. Et de palude.asia.a: longa est:de prouīcia breuis vt europa atqꝫ asia pulsus. Et est homericus versus. s Rimantur S. pascūtur in pratis:cibū per terrę rimas requirentes: Nam rimari tractum est a porcis qui glandes rimātur de rimis terrarum. t Caystri S. Fluuius est ANT. Vibius sequester scribit Q̄ꝫ Cayster decurrit ꝓximus paludi asię. Et primus inquit asia ꝓducta prima littera dicitur in qua quoddam pratum asium iuxta caystrū flumē appellatur. Maro lib. vii. Enei. de asia palude:& cygnis. & caystro etiā meminit. vbi ait. Ceu quondā niuei. Itē sonat anis & asia lōge pulsa pal⁹. Cayst⁹ autem fluuius est in Moeoma teste Dionisio. & teste Plinio libro. v. Caystro abluitur ephesus amazonū opus. g Studio gestire lauandi S. leticiā suā habitu corporis significarei nā vt homines leticiā suam verbis:ita aues corporis gesticulatione exprimūt. A. Lauādi:passiue dictum. Nam tondeo & lauo etiā passiue dicūtur de qbus lacius ibi in buc. Tondēti barba cadebat. x Incassum S. Ideo incassum:quia pluuiarū compositio aquam minime ad mittit ad corpus. y Tūc cornix plena. S. Rauca cōtra naturam suam. & vocat poetice: non enim vocat. sed denunciat pluuiam. Et notandum cornicem rauca voce et solam pluuiam:predicere. Coruos vero & plures & voce tenui & purissima contra naturam suam: vt tum liquidas corui presso ter gutture voces. C. Cornix hęc auis cū noctua graues inimicicias exercet ipsa enim interdui oua noctuę vorat. noctua contra illius noctu absorbet ait. Aristoteles. Nuces ab alto in saxa remittunt vt testam frangant. In templis & lucis Mineruę raro visuntur. Athenis nunqꝫ solęvolantes:pullos aliquādiu pascunt. Possidoni⁹ ait. in hyspania cornices nigras esse.

z Carpentes. CRI. proprie dixit. nam carpere dicimus cum paulatim ab sumēdo minuimus. hinc dicimus carpere iter: carpere herbas: dicimus et carpere famam cum famam alicuius minuimus a Pensa CRISTO. A pēdendo dicuntur: nam certo quodam pondere lanę nendę dabantur Vnde & familia illa quę certo pondere aliis diuidebat lanas libraria a libra dicebatur vt demonstrat iuue. Nā librarii non a libra dicuntur sed a libris quia libros ab aliis scriptos transscribūt. Dicit etiā pēsum circūspectio quedā & cautio. ne ab vtili honesto ue temere aliquid agendo discedamus. quia rem illam pendimus id est diligentius existimamus. b Testa cum ardente S. propter vilitatem noluit dicere lucerna:sed nec lychuuꝫ. queadmodum in hieroico carmine. Dependēt lychni dixit: medius enim i his stilus est libris: sicut diximus supra. c Putres concrescere fungos. SE. vt dicit Pliuius Cum aer humidus esse coepit. fauillam quę cum fumo solet egredi prohibita aeris crassitate in lucernis residet & quasdam velut fungorū imitatur imagines. ANT. fungos. (ait Plini⁹) pluuias significari: si in lucernis fungi fuerint. Si flexuose volitat flāma: ventum. & lumina quum prese flammam elidunt aut vix accenduntur: item cum in eo pēdētes coaceruāt scintillę:vel cū tollētib⁹ ollā carbo adheserit:aut cum conteptus ignis e se fauillam discutit:scintillam ve emittit:vel cum cinis in foco concrescit:& cum carbo vehementer plucet. & est aquarū significatio. d Ex imbri soles SER. serenitates. & versa vice dat prognostica quibus agnoscam⁹ etiam tempestuoso coelo futuram serenitatem. AN. futurę hyemis hactenus signa docuit:nunc vero futurę serenitatis post imbrem. e Apta serena. S. Aer enī dēsat nubilo & rarescit sereno. vt dēsar erāt q̄ rara mō:& q̄ dēsa relaxat. f Acies obtusa A. Pli. Q̄ꝫ cū repēte stellaꝝ fulgor obūbrat graues: denūciāt. tēpestates. C. Non mutat in se aut materia aut forma stellaꝝ vere ex aeris q̄litate:q inter nos & illas iteriacet imitari videntꝰ:nā cū dēsior est aer, hebetiores videntꝰ cū. rarior

Nec fratris radi[g]js obnoxia surgere luna:[h]
[i]Tenuia nec lanę per cœlum vellera ferri.
Non tepidũ ad solē pennas in littore pãdunt
[k]Dilectę thetydi [l]halcyones:non ore [m]solutos
[o]Immũdi meminere sues iactare maniplos.
At [p]nebulę magis ima petũt:cãpoq; recũbunt.
Solis & occasum seruãs de culmine sũmo
[q]Neqꝗ̃ [r]seros exercet noctua cantus.
Apparet liquido sublimis in [s]aere Nisus:
Et pro purpureo pœnas dat [t]scylla capillo.
Quacũq; illa leuē fugiēs secat ęthera pennis.
Tum [v]liquidas corui presso ter gutture voces
[x]Aut quater ingeminãt:& sępe cubilibus altis
(Nescio qua prę ter solitũ dulcedine lęti)
Inter se in folijs strepitãt:iuuat imbribns actis
progeniē paruã:dulcisq; reuisere nidos.

acutiores: g Nec fratris radiis obnoxia surgere luna. S: subaudi a supioribꝰ obtusa luna:nã hoc dicit.nec luna vi deť obtusa q̃ ē radiis solis obnoxia:nã vt dicũt phisici ab eo accipit lumē A. Nec fr̃is ⁊c. Ordo sē:nec luna obnoxia radiis fr̃is videtur snrgere obtusa Obnoxius aũt ꝓprie pęnę obligatꝰ diciť ob delictũ vt scri.fest.luna vero obnoxia & obligata ē soli:qm̃ ab eo illũinať cũ sit corpꝰ opacũ. C: Lũa ex se lumē nõ hēt sʒ a sole accipit vñ qcq̃d lũinis hēt soli debet. h luna A. Pli.ait de lũa q̃rtã eiꝰ maxie obsuat ęgyptꝰ: si splēdēs exorta puro nitore fulserit;serenitatē: Si rubicunda:ventos. Si nigra pluuias portēdere creditur. In q̃nta cornua eiꝰ obtusa pluuiã: Erecta & infecta semꝑ ventos significant.quarta tamen maxime.demũ pleriq; obseruabant lunę pręsagia in octo eius articulis.hoc est iii.vii.xi.xv.xix.xxiii. xxvii. & interlunia. auctor idem plinius. i Tenula S. Proceleusmaticꝰ est pro dactylo:quã rē quotiēscũq; facit Virgilius: seruat locuʒ Syneresi:vt tenula. l tē vt genua labant. k Dilecte thetidi A. hoc ait ꝓpter eis cõcessum mare tempore fortunę: quod etiã probꝰ asserit. C. Diligit eas quia tranquillitatē in illaꝝ nidificatiõe parat mari. l Dilectę thetidi halcyones S. Ceyx filius luciferi habuit coniugem halcionē:a qua cum ꝓhibitus fuisset ad consulendum Apollinē super statu regni sui :naufragio periit:cuius corpus cum ad vxorem halcyonē delatũ fuisset:illa se pręcipitauit in pelagus. Postea Thetidis & luciferi miseratione cõuersi sũt ambo in aues marinas q̃ halcyones vocantur. Et sciendum quia cum de muliere diciť.hęc halcyone facit: Cũ de auibus:hic & hęc halcyone. hi & hę halcyones. Istę autem aues nidos faciunt in mari media hyeme. quibus diebus est tanta tranquillitas vt penitus nihil in mari possit moueri. Inde etiam dies halcyonii vocanť. ANTO. hę auespaulo maiores passere sunt.purpureis & candidis admixtis pēnis.fœtificant bruma qui dies halcyonides vocãtur.placido mari per eos & nauigabili: siculo maxime: faciunt autem.vii.ante brumã diebus nidos: & totidem sequētibus pariunt. Plura etiam Pli.li.x.ca.xxxvii. C. De his auibus ait Aristoteles in li. de animalibus: Halcyones in hyeme tm̃ coeũt. Sunt autem isti dies qui halcyonei appellantur septem ante brumã:totidem post brumã. Hinc simonides poeta: Per mensem hibernum iupiter bis septē molitur dies q̃ tempore nutricem faciam. Tranquillum vero tãtisper tempus efficit:si ita euenerit vt bruma austrina vergiliis aquiloneis fiat. Septem primis diebus nidificant reliquis septem parere ac educare dicuntur. Halcyonios fieri circa brumã non semper in nostris locis contingere constat.in siculo vero mari pene semper:omnium autē rarissimũ est videre halcyonē:fere circa vergiliarũ occasum brumãq; apparet. Et vbi non plusq; semel nauem circũuolauerit statim abit.vt nusq̃ postea videať: Vt ait Stesichorus.s hęc Aris. Pli.aũt addit ipas aues paulo ampliores esse passeribꝰ:colore cianeo:ex ꝑte maiori tm̃ purpureis & candidis admixtis pēnis:collo gracili & ꝓcero. Alteꝝ genus earũ magnitudie distigui & cantu. Minores in harũdinetis canere:nidi halcyonũ in piliformaʒ:ferro intercidi:neq̃unt valido ictu frãguntur. Albertꝰ vero mangnꝰ scribit cãm esse ꝙ tropico hyemali nidificēt:raritatē corpis quod vehemēter terreũ est.itaq; in ęstate vehemēter exiccať:adeo vt semē habere nõ possit. In maxio frigore:clausis vndiq; poris includiť humidũ scribit ꝑterea nõ eē credibile vt possit viuere in regione q̃ excedat latitudinē q̃nti climatis ꝓpter nimiũ frigus m Nõ ore solutos S. scilicet manipulos quod seq̃tur.alii soluto ore accipiũt id ē nimiũ patēti. o Immũdi sues S. Luto gaudentes. hora. Et amica luto sus A. Pli. Turpesq; porci alienos sibi manipulos fœni lacerãtes .s.ostendũt aeris mala ꝑsagia C. Verũ epitherũ suibꝰ quo nullũ aial imundius est. p Nebulę ma.pe. S. deꝑmũtur ad valles A. Pli. ait: Nebulę e mõtibꝰ descēdētes aut cœlo cadētes vel in vallibꝰ sedētes serenitatē ꝓmittũt C. nebulę magis ima. Quia cũ redeunt ad terrã vapores : purgatior relinq̃tur aer. q Neq̃ꝗ̃ S. id est nõ. Persius neq̃ꝗ̃ fundo suspiret nũmus in imo. Itē virgiliꝰ. Et summo clipei neq̃ꝗ̃ vmbone pepēdit. r Seros exercet noctua. S. noctua auis est lucifuga:quę significat pluuiã si cecinerit post solis occasum. De hac talis est fabula. Nyctiene postq̃ cũ patre concubuit & agnouit facinus: in syluis sed abdidit & lucem refugit. vbi deoꝝ volũtate cõuersa est in auē:q̃ tãto scelere oĩbꝰ auibꝰ est admirationi. A. Noctuas nouem voces habere tradit Nigidius.scribit Pli. li.x. Libro aũt.xviii. Q̃ noctua in hymbre garrula serenitatē ostendit: at sereno tempestatē C. Hoc genere auiũ vehemēter habundabãt athenę:vnde extat prouerbiũ:noctuas athenas portas:cũ rē aliq̃ eo portamus vbi maxie habũdat.noctua cõtra maiorũ auiũ multitudinem illã circũdantē collecta in arcũ rostro & vnguibus tota tegitur : auxiliatur accipiter. Sexaginta illam noctibus cubare & nouē voces habere ait Nigidiꝰ. s Liquido aere nisus. S. Nisus rex megarensium in auē mutatus.de quo plenius dictũ est in bucolicis C. Nisus accipiter minor quem sperueriũ esse affirmat Albertus. t Scylla A. Nisi filia in auē Cirim versa est & nisus in halietum:vt patet libro.viii.met.apud Ouidiũ. Halietus aũt est aq̃lę generis de quo late Pliniꝰ li.x. v Liqdas voces A. dictũ est superius ꝙ si corui carptim vocem resorbebunt ventosum imbrē significãt. Hic vero ostēdit Maro ꝑ liq̃das clarasq; voces serenitatē portēdi. C. Liquidas cãdidas nõ raucas. x Aut quater ingeminat S. Pli. in naturali historia dicit coruos obliuiosos esse. pleriũq; minie ad nidos suos reuer si sed quadā ratione congerūt ad suos nidos quę vermes possint creare: ex quibus relicti eorum pulli aluntur interdum. Horum obliuionē probat etiam ex rebus quas cū absconderint derelinquūt. quod etiam mustellę dicuntur efficere y Haud equidē credo. S. Proponit sibi quęstionem acerrimā & de intima philosophia. quā tamē tota facilitate dissoluit. Nā qrit cur homies (quos cōstat esse prudētiores) per se nō sentiant qualitatē futurā aeris: sȝ eā magis ex aliis aialibus colligāt. Et hoc dicit. homines prudentiā habere naturalē: et suo iudicio letos eē & tristes. q res in hęc aīalia cadere n possit: q nihil suū hn̄tes: naturā aeris sequuntur: & p eius qualitatē: aut lęta videnť: aut tristia: nec prędicere aeris naturā videť: sed eā vel prosperā vel aduersam sequuntur. Nos vero & lęti esse inter nubila possum⁹: & in serenitate soliciti. A. Haud eqdē credo. Predicta scȝ aīalia futura quibusdam signis ostendere: aperit autē causas vnde id pcedere possit. CRIST. Homo solus ex omnibus animalibus habet principiū sui motus in se. i. suarum actionū propter diuinitatē animorū. Vn̄ plurima aduersante corpe sensib⁹ facūtiqȝ sūt dn̄i suarū actionū. Et sępe euenit vt in corpe ęgrotanti anim⁹ lętus sit. atqȝ econtra: bruta autem qm̄ instinctu naturę mouenť: lęticiam aut tristiciā reaccipiūt ex affectu corpis. Corpus aūt ex imutatiōe aeris summope immutať. Vn̄ redeunte serenitate: lęta illa esse: q leuanť corpora. Aere aūt ex assurgentibus vaporibus crassanti grauanť corpora. vnde illa tristia efficiunť. non igitur pręuident ista. sed homies sua prudentia: ex illorū variis motibus pudere pn̄t: qđ multi ex propriis corpib⁹ adnotāt.

Haud equidē credo quia sit diuinitus illis
Ingeniū: aut rerū fato prudētia maior.
Verū vbi tempestas & coeli mobilis humor
Mutauere vias: & iupiter humidus austris
Denset: erāt quę rara modo: & q densa relaxat:
Vertuntur spēs animorū: & pectora motus
Nunc alios: alios dū nubila ventus agebat
Concipiūt. hinc ille auiū concētus in agris.
Et lętę pecudes: & ouantes gutture corui:

z Sit diuinitus illis. S. Non est illis diuinit⁹ concessum ingenium.
a Ingenium. AN. proprie dicitur naturalis sapientia; teste Nonio.
b Fato. AN. deorū voluntate. c Prudentia maior. SER. s. est rerū fato Alibi: Mte⁹ omnis & inexorabile fatum Subiecit pedib⁹ strepitūqȝ acherontis auari. d. Iupiter SER. id est aer. vt Hora. Manet sub ioue frigido venator id est aere.
e Vertunť. A. mutatur:
f Species. A. qlitates.
g Nunc. A. sereno tpe.
h Auiū cōcentus. S. cōmixtus cant⁹. i. symphonia. i Lętę pecudes. S. Aeris serenitate gaudētes. k Corui. CRIS. Isti pessimā significationē edunt: cū glutiunt vocē veluti strangulati. Nam auis est q expressius sermonē humanū imitetur. Huius rei exempla plurima inuenies apud Pli. Coruos parere & coire ore: vulg' credidit. Itaqȝ grauidas si ederint coruinū ouū p os partū reddere: atqȝ i totū difficulter: si tecto inferanť parere. Sed Aristo. hęc oīa negat.

Si vero solem ad rapidū lunasqȝ sequentes

l Solem a. l rapidum. S. id est velocem. Et notandū: hęc signa magis fida & subtiliora esse: q ex sole et luna colligim⁹. A. Rapidum. ppetuū solis epitheton. Nam (vt sup ostendimus) suo calore omnia fere rapit: & desiccat.
m Lunasqȝ se. or. respi. S. Non ordinē respicies: sed ordine. i. ratiōabiliter ordinē sequentes. Luna eni: solis circulū sequiť. licet ipsa sit inferior. Donatus dicit lunas noctes accipiendas: sed

male: nō enī signa q̄ dicturus est ex nocte. sed ex luna colligim⁹: AN. Lunas se. ordine. i. dies lunares. Luna p̄ sincopen dicta est a lucina. hui⁹ naturā prim⁹ Endimion adinuenit: vt ait Pli. Vñ illi⁹ amore captū eū dicunt. Hec. xxix. diebus: & tertia insup p̄te diei cursum suū pagēs: ad eandem signi partē: a q̄ a sole discesserat: reuertit̃. Morat̃ em̄ in quoq; signo duob⁹ diebus: ac trib⁹ horis & besse. Nam in reliquis vsq; ad. xxx. consequit̃ solem: qui de loco vbi eū reliquit iā discesserat. Inuenit enī solem aliud iā signū pene confecisse. Origo ei⁹ nūerus septenarius est. nā si ab vno vsq; ad septem quātum singulari nūero exprimūt. tantū antecedētibus addendo p̄cedas: inuenies: xxviii. nata d septem. Luna etiam septē p̄mutatiōibus toto mēse distinguitur. Nam cū nascitur: est arcualis: siue cornicularis. diciturq; monoides. deinde circa octauam diem est dicotomos: q̄si p̄ mediū secta: Circa vero duodecimam diem fit amphicircos. & dubia de sua plenitudīe. Postremo lumine priuatur. facit autem eclipsim. Circa autē quindecimā est panselines: id est tota luna: cum est in oppositiōe solis. Cū vero reuersus appropinquare incipit: soli fit amphicircos. deinde dicotomos. Postremo lumīe priuatur solis. facit autē eclipsim solis: quando illi est cōiuncta: non tamen semper: sed cū ipsa coniūctio fit ī linea ecliptica. Vnde Albumasar ait. Si lūa inter nos & solē se se iniicit defectū radiorū solis necesse facit in capite vel in cauda draconis. nō autē sol cum deficit quicq̃ de proprio lumine amittit. Sed luna que se se media interponit: radios quos ad nos descendere oportebat intercipit. Contra vero luna (cuius corpus obscurū est) cū patitur eclipsim lumen amittit. Patitur autem cū penitus soli opposita est: & fit in linea ecliptica propter interpositionem tunsionis terre: intra se et solem. In celesti harmonia lune circulus habet sonū grauissimū: sicut in sphera celesti est acutus. A. Lune: ea p̄fecttio vis est in gignēdis: augendisq; corporibus. quā greci phisicen dicunt. Nam vt diuinis vltima est: sic in nostris corp̄ibus prima. Luna etiā aerem purum facit. nam suo motu cōtinuo. rarificat atq; attenuat. Nam nisi esset motus sphere lunaris: aer ex nocturna vaporū eleuatione ita crassus efficeretur: vt nō modicā gigneret corruptionem. Hyppocrates aūt & Galien⁹ mādāt medicis. vt diligēter spectēt lunā. nam coniunctio illius cū stellis fortunatis foelicem exitum egrotis: cū infortunatis vero infoelicē demōstrat. Nam (vt ait Ptolomeus) luna cū maliuolis maliuol⁹ est planeta: Semp̄ luna dimidiā sui partē habet illustratā a sole: sed quanto magis est subiecta soli: tanto magis illustratur pars superior que a nobis non videtur. Quanto vero magis discedit: tanto magis illustrat̃ pars inferior que a nobis videt̃. Vnde in oppositione tota nobis apparet. vt aūt lune a terris interuallū intelligas: est profecto (si Alfragano credimus) trigesies: ac ter tantū quantū est dimidiū diametri terre: ac insuper vigesima eius pars: Dimidium autem terre diametrū amplectitur: quadringenta ac duodecim miliaria sup̄ centū ac septē miliariorum.

n Sequentes: futuras. n Nunq̃ te crastina fallet. S: Hyperbole est. nec hora quidem te decipiet.

o Capiere. RER. decipieris. Et est Apheresis. nam plerūq; scimus nos decipi serenitate.

p Luna reuertētes: cū primū colligit ignes. A. id est post nouiluniū. hinc Varro dicebat (vt scribit Pli. li. xviii.) nascens lūe si cornua superior orbato surget. pluuias decrescens dabit: si inferiore ante pleniluniū. Si medio nigri illa fuerit. imbre in plenilunio. Si in ortū cornua crassiora fuerint: horridam tempestatē. Si nigrum obscu. dictum est superius: q̄ si nigra apparuerit luna imbres p̄tendere credit̃. Si rubicunda ventos.

q Maximus a. &c. SER: id est si non habuerit pura cornua: & intra eū nigrū aerē videris: erit vbiq; pluuia. sicut supra. omnia plenis rura natāt fossis: atq; ois nauita ponto.

r Si virgineū suffuderit o. ru. S. i. si ruborem forinsecus habuerit: nam de interiori parte infuderit diceret. CRI. virgineum: qui familiari virginibus est. Non immutatur color lune: sed qñ pluuie future sūt aer crassior effectus nigrescit. Vñ luna q̄ p̄ aeris medium a nobis videt̃ minus apparet. Qñ vero aer siccioribus vaporibus quibus venti gignūtur rubescit: & ipsa luna rubea apparet. Hoc faciūt etiam alia intermedia. nam si trans vitrum aliquam rem aspicimus: talis in ea color apparet qualis est color vitri: per quod aspicim⁹: Vapores autem a terra eleuati: ex quibus pluuie fiunt future: qm̄ ex multo hūore cōdensant̃ nigrescūt. Hi aūt ex quib⁹ fiūt venti: qm̄ sicciores sunt rubescūt.

s Aurea phoebe. SER. i. pulchra. vt. At nō venus aurea contra. Phoebe aūt venit ab eo qd̄ est phoebus. Et sciendū quedā p̄pria noia foemininū ex se facere tm̄: non etiā neutrū: vt Phoebus phoebe: Iulius Iulia. Tullius tullia. non vt appellatiuū doct⁹ docta doctū:

t Sin ortu quarto. S. Aratus tertiam dixit animaduertendā esse lunam: hic quartam non illud improbans. Sed hoc magis p̄bans: nam ad hoc pertinet. A: Dictū est q̄ q̄rtā lunā maxime obseruat egyptius: que si splendens exorta puro nitore fulserit: serenitatē portendit.

v Exactū ad mensem. S. vsq; ad mensis vltimā p̄tē. Vñ et exacti mēses dicunt̃: q circa partū sunt. Ipse in seq̄ntib⁹ exactis grauide cū mēsibus errant.

x Votaq; seruati. C. Sensus moralis est. Oñdit em̄ oportere pios homines grās diis immortalibus pro acceptis beneficiis agere.

y Glauco & panopee &c. S. Glauc⁹ piscator fuit de Anthedone ciuitate: q cū captos pisces sup̄ herbā posuisset in littore: & illi recepto spiritu rursus mare petissent: sensit quandā herbarū potentiā: quib⁹ esis cōuersus ē in numē marinū. Panopea est nympha marina. Inoo aūt est patronymicū a m̄re Ino. Sane Ino & Melicerta filius postq; sunt in numina cōmutati: grece Palemon & leucothe sunt appellati: latine Portunus & mater Matuta. A. Hi

Ordine respicies: nunq̃ te crastina fallet
Hora: neq; insidiis noctis capiere serene.
Luna reuertentes cum primum colligit ignis.
Si nigrum obscuro comprenderit aera cornu.
Maximus agricolis pelagoq; parabit̃ imber.
At si virgineum suffuderit ore ruborem:
Ventus erit: vento semp̄ rubet aurea phoebe.
Sin ortu quarto: (nanq; is certissimus auctor)
pura neq; obtusis per coelum cornibus ibit:
Totus et ille dies: & qui nascentur ab illo
Exactum ad mensem pluuia ventisq; carebūt:
Votaq; seruati soluent in littore naut
Glauco: et panopee: et Inoo melicerte
Sol q̃q; et exoriens: & quū se con det ī vndas

versus sic diuiditur: Glauco & panopeę et Inoo melicertę. Gellius libro. xii. c. xxv. scribit. Parthenii poetę grecię versum esse. Glauco nereięq; Atq; maris genio melicertę. Eũ q; versum Virgilii emulatũ esse. Et fecisse duobus vocabulis venustę immutatis parem. Glaucus aũt piscator q herba q̃dã gustata mare subiit. Itaq; inter deos marinos receptus: de q̃ late hr̃ in fine libri. xiii. metha. Panopeę: de hac Macro. li. v. Leuca tenet Thetis: & melite panopeaq; virgo. Inoo melicertę: Learch⁹ & melicerta filii fuere athamãtis ex Ino Cadmi filia (vt testat̃ Ouid. li. iiii. met) Learch⁹ saxo illisus a patre obiit. Ino aũt cum Melicerta fugiens: se se in vndas dedit ipsa itaq; conuersa est in deam: quę leucothea dicitur: a nob. vero Matuta. Melicerta aute palemon dictus est: latine portun⁹ Hinc Ouid. li. vi. fastorũ ait. Leucothoe grais ma tuta vocabere nostris. in Portunato ius erit omne tuum: quẽ nos portunũ: sua ligua palemona dicet ꝛc. z Certissima. C. quia certiora q̃ lũę: & q̃ reliq; pgnostica. a Ille vbi nascẽtẽ. A. Pli. de sol presagiis li. xviii. inqt: q quũ oriente radii non illustres emanebũt: quãuis circũdati nube non sint: pluuiam protendent. Si ante exortum nubes globabitur hyemem asperã denũciabũt. Si nubes solẽ circũcludet: q̃to min⁹ lumis relinqt: tanto turbidior tẽpestas erit. C. Ille vbi nascentem. expolitio est, nã eadẽ snĩa ẽ quã dixit: Et q̃ mane refert: et quę surgentibus astris.

b Conditus in nubem. S. id est si orbis eius quasi concauus fuerit. q̃d ipse exprimit dicẽs. medioq; refulserit orbe. c Vrget. AN. scilicet imbres. d Abalto. A. id est ab aere. e Notus. A. qui latine auster dicitur. f Sinister. S. noxius: A: nocens aduersus. g Aut vbi sub lucẽ. A: Pli. ait: Si in exortu longe radios p nubes porriget & medius erit inanis pluuiã significabit. h Pallida. A. Pli. ait: q sol pallid⁹ oriẽs yberuã grãdinẽ nũciat: C. Pallida. et nõ rosea vt solet. i Titoni. A. sui viri. k Male defendet. SER. id est nõ defendet. nam decussis pampinis etiam vua vim grandinis patitur. l Grando. C. Secundum Aristotelem est stilla pluuię frigiditatis: & venti rigore in aere congelata. fit enim ex vapore frigido & humido ad interiora nubila fercato p dominium caloris circũstantis: qui calor in nube recipitur: et a frigiditate aeris cõdensat. nã frigus fugiẽs calorem aeris in interiora nubis se recipit: & ex sua aggregatione virtus eius conualescit: Vnde vaporẽ quem in nube inuenit sua virtute ↄstringit. Hinc est q minus in hyeme fiunt grandines: quia virtus quę in estate vnitur: & in vna parte aeris congregat: in hyeme per aerem totum dispergit. Vnde debilior ad vaporem congelandũ redditur. Fit aũt minor in nubib⁹ a terra lõginqs & magis orbiculata. qa longuisculo spacio. p aerem rotata atteritur: atq; orbiculatur. nõ si contingat in loco terre propinquo gigni: & maior discedit: & minus orbiculat.

Signa dabit: solem certissima signa sequentur:
Et quę mane refert: et quę surgẽtibus astris.
Ille vbi nascentẽ maculis variauerit ortum:
Conditus in nubẽ: medioq; refulserit orbe:
Suspecti tibi sint imbres: nãq; vrget ab alto
Arboribusq; satis notus pecoriq; sinister.
Aut vbi sub lucem densa inter nubila sese
Diuersi rumpent radij: aut vbi pallida surgit:
Titoni croceum linquens aurora cubile:
Heu male tum mitis defendet pampin⁹ vuas.
Tum m̃ta in tectis crepitãs salit horrida gran(do.
Hoc etiã e menso: quũ iã decedit olympo.
profuerit meminisse magis: nam sepe videm⁹
Ipsius in vultu varios errare colores:
Ceruleus pluuiam denunciat igneus euros:
Sin maculę incipient rutilo immiscerier igni
Omnia tum pariter vento nymbisq; videbis
Feruere: non illa quisq; me nocte per altum
Ire: neq; a terra moneat conuellere funem.
At si quũ referetq; diem. condetq; relatum
Lucidus orbis erit: frustra terrebere nymbis:
Et claro syluas cernes aquilone moueri:
Deniq; quid vesper serus vehat: vnde serenas

m Profuerit meminisse magis. S. Ideo magis addidit: quia a sole veniẽtia vespertina signa meliora sunt.

n Ceruleus pluuiam denunciat. S. Breuiter collecta cõclusio. A. Plinius. Si in occasu eius radii in se nubem trahent: asperã in proximũ diem significabũt tempestatẽ. C. Propter eam rationẽ quã in pronosticis lune dixim⁹ Ceruleus pluuiã denunciat:

o Igneus euros. A. Pli. Si circa occidentẽ candẽs erit sol: ventũ significat.

p Me nocte. S. Gratiorem sensum fecit interposita suę personę commemoratione. nam hoc dicit nulli se suadere illa nocte nauigare.

q Funem. A. i. anchorã funibus religatam.

r At si quũ referetq;. S. Hoc ad futurę serenitatis ptinet signũ. nã si de ipso die dicas. de quo pmisit stultissimum est.

s Lucidus orbis. A. Plinius ait: q sol purus oriens: atq; non feruens: serenum diem nunciat. Si & occidit pridie serenus et orit̃: tanto certior fides serenitatis. C. Lucidus orbis: Per quam lucidditatẽ aer purus ostenditur: & sine vaporibus: & neq; pluuię: neq; venti erũt q sunt a vaporibus.

t Et claro aquilone. S. serenifico. quia est & nubilus: sicut fere omnes venti. Horatius. Albus vt obscuro deterret nubila coelo. Sepe notus: neq; parturit imbres perpetuos. A. Claro aquilone. Is eni teste Plinio serenus est Italię cum Affricę nubilus sit: estq; saluberrimus omnium aquilo. v Deniq; quid vesper serus vehat. S. Conclusio est: quę hoc continet. A. Vesper. De hoc late superius & lucifero.

Ventus agat nubes: quid cogitet hūidꝰ auster
Sol tibi signa dabit: solem quis dicerę falsum
Audeat: ille etiā cęcos instare tumultus
Sępe monet fraudēq; : et opta tumescere bella.
Ille etiam extincto miseratus cęsare Romam:
Cum caput obscura nitidū ferrugine texit.
Impiaq; ęternam timuerunt sęcula noctem.
Tempore quanq; illo tellus q; et ęquora pōti
Obscęni q; canes; importunęq; volucres
Signa dabāt; quotiēs cyclopū efferuere ī agros

x Quid cogitet hūidus auster. S.i.in quā partem se flectat: vtrū ad serenitatē: an ad pluuias: vt diximꝰ. s̄. y Sol tibi signa. S. Signa q̄ possumꝰ ex stellis vl' ex vētis colligere: meliꝰ: ex sole colligimus. z Quis dicere fal. S.i. fallacem. Salustiꝰ in Catelinario. Ambitio mltos mortales falsos fieri coegit. C. Falsum. mendacē. a Cęcos. C. Qui nondū videbanť. nam hoiem nō videntē: & rem quę nō videtur: & locus in quo nō videmꝰ: cęcū dicimꝰ. b Tumultus. S. Coniurationes & latentes insidias. c Tumescere. A. crescere. d Ille etiā extincto ₹c. S. Bonum epilogi repetit locum: vt in Augusti grām defleat cęsaris mortē. Constat autē occiso cęsare in senatu pridie Idus Marcias sol' fuisse defectū. ab hora. vi. vsq; ad noctē: qđ quia multis protractū horis. dicit in sequētibus: Aeternam timuerūt sęcula noctem. C. Ille etiā extincto. Occasionē nactus deplorat mortē cęsaris. nā magnę eclipses solares maximorū virorū interitū p̄rendere videnť. In morte aūt cęsaris: solis lumen caligine obsessum scribunt. toto eni illo anno pallens globus & sine splendore exoriens imbecillē ex se calorem emittebat. Quapropter grauis: et. ob defectū caloris deficientis obscurius aer semicoctos edebat fructus immaturos et impfecto flore collabētes. tm̄ aeri frigus inerat. e Cęsare. A. Conspiratum est in cęsarē a. lx. amplius: senatoriꝰ. Cas. Martioq; & decimo bruto pricipibꝰ conspirationis. Itaq; illum idibus Marciis in Pompei curia tribus & viginti plagis confoderūt. quod Suetonius edocet: Vtq; Plutarchus ait: Periit cęsar: sexto: & quinq̄gesimo ętatis sue anno post Pompeiū haud multo ampliꝰ quattuor superstes annis. Scribit etiā Suetonius: ꝙ cęsari futura cędes euidentibus pdigiis enūciata est paucos añ mēses. Capuę enim tabula ęnea in monumēto in quo dicebať Capis conditor Capuę sepultus: inuēta est ꝯscripta lr̄is verbisq; gręcis: hac sentētia. Qñcūq; ossa capis detecta essent. fore vt Iulo proguatus. manu cōsanguineorū necareť: magnisq; mox Italię cladibus vindicareť: Et imolantē aruspex Spurina monuit: caueret periculum: quod nō vltra Martias Idus pferreť: Pridie aūt easdē Idus auē regaliolū cum laureo ramulo Pompeianę curię se inferentem. volucres varii generis ex pximo nemore prosecutę ibidē discerpserūt. Ea vero nocte cui illuxit dies cędis: & ipse sibi visus est p quietē: interdū sup nubes volitare: alias cū Ioue dexterā iungere. Et Calphurnia vxor imaginata est collabi fastigiū domꝰ: maritumq; in gremio suo confodi: ac subito cubili fores sponte patuerunt. Ob hęc simul & infirmā valitudinē diu cōctatꝰ an se domi cōtineret: & quę apud senatū agere pposuerat: differret. Tandē decimo Bruto adhortante: quinta fere hora pgressus est. Deinde pluribꝰ hostiis cęsis cum litare nō posset: introiit curiā. spreta religio ē: vbi (vt diximus) vulneribus. xxiii. confossus obiit. f Cum caput obscura. A. Plutarchꝰ. vbi de prodigiis post extinctū cęsarē meminit inqt. Solis preterea lumē caligine obsessum: toto nāq; illiꝰ anni spacio pallens globus & sine splendore oriens: imbecillē ac tenuē ex se calorem emittebat. quare grauis atq; dispartientis imbecillitate caloris obscuros ac semicoctos edebat fructus imaturos: & in pfecto flore collabentes: tantum aeri frigus inerat. Eusebius vero scribit post Cęsaris cędem Rome tres simul soles exortos: q paulatim in eundem orbem coierūt. Pli. item li. ii. c. xxx. ait. Fiunt pdigiosi: et longiores solis defectꝰ: q̄lis occiso dictatore cęsare: & Anthoniano bello. totius pene anni pallore continuo. Ouid. item ait. Solis quoq; tristis imago Lurida sollicitis prębebat lumina terris. Id tamen Ouid. ante Cęsaris obitum fuisse dicit: Virgiliꝰ vero & alii auctores (vt Plinꝰ) post eiusdem obitū. Appianꝰ quoq; lib. iiii. scribit: multa pdigia signaq; perhorrenda Romę visa esse post Cęsaris cędem. Meminit & Horatius Ode secunda. g Ferrugine texit. SER. Ferrugo est purpura nigrior hispana. alibi. et ferrugine clarus ibera. AN. Ferrugine. colore nigro. C. Ferrugine. Color ē purpureus ad nigrū tendēs. credo non esse dissimilem illi: quē Florentini pagonatiū appellant: & lugubrem esse idē testať sexto: Et ferrugīe subuectat corpora cymba. h Impia sęcula. SER. Quibus fuerat Cęsar occisus. i Aeternam noctem. Nā et duratio eclipsis multarū horaq; fuit: et totus insecutus annus nullū diem clarū habuit: k Tempore quāq; illo: A. Ostēdit nō solis tāū: sed etiā alia plurima fuisse pdigia; De qbꝰ ample Appianus: vt diximus. l Equora ponti. SER. Non sine causa addidit ponti: quia sunt & campi ęquora: vt: Ac prius ignotū ferroq; scindimus ęquor m Obscęniq; canes. A. i. abominabilia canentes. Appianus inquit: Canes luporū vice vlulatus edidere. C. Obscęni. multi dicunt in auspiciis aues obscęnas dici. quę ore futura p̄dicant. Prępetes vero quę volatu. Alii obscęnas pprie q̄ infoelicia portēdūt. Afferūtq; illud: obscęnas pelagi foedare volucres. Sed et hoc loco possumus intelligere obscęnas: quę ore p̄dixerint & non volatu. Qꝫ autem de canibus dicit: mirum. refert Augustinus in. iii. li. de ciuitate dei: ante bellū sociale euenisse. n Importunęq; volucres. S. in alienū tempus ruentes: vt stryges: aut bubones: nocte gaudentes p diem possent videri. A. Importunęq; volucres. Miscuit poeta: sicut etiā Ouidius. Illaq; pdigia: q̄ ante etiā cęsaris obitū fuerant: de quibꝰ iam diximus. Plinius item scribit ante Cęsaris mortē solitarias in foro aues dilapsas. Et Suetonius: vt patuit de regaliolo aui. Ouidꝰ itē ait: Tristia mille locis stygius dedit omina bubo. o Cyclopū in agros: A. Cyclopes appellarunt viros quosdā gigantes; qui in Sicilia iuxta ethnā morātes: vnicū lumē in frontis medio habebant phoebę lampadis instar. Cyclops itaq; dici pt circulatꝰ oculꝰ. p Efferuere in agros. C. Intellige: Vidimus ethnam vndantē. i. vndatim emittentē flāmas efferuere. i. cū feruore. et ęstu emittere. Refert āt Augustinꝰ. Ex ethneo vertice ad littꝰ ignibꝰ maximis defluētibꝰ adeo mare deferbuisse: vt rupes exurereńt: et pices nauiū soluereńt: eodēq; ęstu tanta vi fauillę cōpletam esse Siciliam: vt Catinensis vrbis tecta obruta ruerent: qua calamitate moti Romani tributū eius anni remiserunt. q In agros. C. Recte & nō in agris. Non eni efferuebat in agris tanq; in loco in quo esset: sed in agros tanq; ad locum ad quem flammas iaceret: r Vidimus vndantē ꝛc. SER. Malū eni omen quotiēs ethna mons Sicilię nō fumū: sed flāmarum erigit globos. Et vt dicit Liuius: tanta flāma ante mortem Cęsaris ex ethna monte defluxit: vt nō tantum vicinę vrbes: sed etiā Rhegina ciuitas afflaretur.

s Vndantē ethnam. S. vndę mō flāmas euomentē. A. Ethnā. Strabo libro. vi. vbi de Sicilia meminit: scribit ethnam montem a Catana abesse: lxxx. stadia. per noctē vero lucere e cacumine: interdiu autem fumo & caligine obsideri. sepeq̄ igniū riui in agrum Catanēsium proxime deferuntur. De hac Virgilius ait. Cui nomen facies dedit ipsa rotūda. Solinus scribit in ethna monte hiatus duos esse: Crateres nominatos: per quos eructatus erumpit vapor: necante se flāmarum globi attollunt: quā interni strepitus antecedant. t Ruptis fornacibus. C. id est a fornacibus quę ex locis sub terraneis erumpebant.

v Flāmarumq̄ glob. C. Interp̄tatio est. nam quid aliud est ꝙ ethna efferuerat in agros propinquos: q̄ p feruore euoluere globos flammarū: id est flāmas conglobatas: & saxa liq̄facta. x Liquefacta. S. igne soluta. A. Liq̄facta saxa pumices ītelligit. CRI. Liquefacta saxa: ex igne vt videm⁹ calcem. Hanc rem latius describit in tertio eneidos: quo in loco r̄ndendū erit Macrobio ad ea quę Maroni obiicit.

y Sonitum toto ger. coe. a. SER. Bene Germania quam vicerat Cęsar: vt eo occiso in rebellionem videretur exurgere. A. Armorū sonit⁹. Hęc Ouidius fuisse an̄ cęsaris mortē scribit. ait eni. Arma ferūt inter nigras crepitātia nubes. Terribilesq̄ tubas: auditaq̄ cornua coelo: Pręmonuisse nefas. Appian⁹ vero hęc post illi⁹ mortē fuisse scribit. Ait eni. ꝙ hoim immanes voces armorum strepitus: equorū cursus inspectante nemine audiebātur. Pli. aūt li. secundo. c. lix. sic ait. Armoꝝ crepitus: & tubę sonitus: auditus e coelo cymbricis bellis accepim⁹: crebroq̄ prius & postea. Germania de hac videto in Tityro: C. Toto germauia coelo. Nam legimus in morte cęsaris nocturnos strepitus per multosq̄ deferri lucos visos esse: & fulgores coeli. Item solitarias in forum aues delapsas. Nam Strabo phūs cōplures ignitos apparuisse homīes testat̄. z Insolitis. t. m. S. Aut nouis. i. nunq̄ antea in alpibus factis: aut magnis & maioribus solito.

a Alpes. A. Mōtes altissimi sunt qui italiā a germania submouent. Pli. libro. iii. b Vox quoq̄ p lucos. AN. Ouidi⁹ quoq̄ ait. Cantusq̄ ferunt Auditi. sanctis et verba minantia lucis. Plutarchus itē inquit. Fulgoresq̄ coeli et nocturnos strepit⁹ p multa loca delatos: ante scȝ q̄ cęsar obiret. ꝯuenit eni cū Ouidio: Appianus post obitum cęsaris scribit hoim immanes voces auditas.

c Silentes. C. Eo tempe quo in illis silentium esset. Ergo certius meliusq̄ potuit audiri vox in tanto silentio.

d Simulacra. A. Ouidius ait. Vmbrasq̄ silentū Erra uisse ferunt. motāq̄ tremoribus vrbē. Et Plinius ait: ꝙ

Vidimus vndantē ruptis fornacibus ętnam:
Flammarumq̄ globos liq̄factaq̄ voluere saxa.
Armorum sonitum toto germania coelo
Audijt: insolitis tremuerunt motibus alpes.
Vox quoq̄ p lucos vulgo exaudita silentes:
Ingens: et simulacra modis pallentia miris
Visa sub obscurum noctis: pecudesq̄ locutę
Infandum: sistunt amnes: terręq̄ dehiscunt:
Et moestū illachrymās tēplis ebur: eraq̄ sudāt.
Proluit insano contorquens vortice syluas
Fluuiorum rex eridanus: camposq̄ p omnes
Cum stabulis armenta tulit: nec tp̄e eodem

Strabo phūs scribit: complures ignitos apparuisse homīes: et hoc ante cędē fuisse. Docent tum Ouidi⁹: tū Plutarch⁹: C. Simulacra: fantasmata dicit & nocturna visa.

e Sub obscurū noctis. S. circa noctis obscurū. f Pecudesq̄ locutę infandū. S. Aut infanda verba ptulerunt. aut hoc ip̄m infandū fuit: quod sunt contra naturā locutę. A. Appianus post cęsaris obitū ait: ꝙ bos vocem emisit humanā: ꝙ infans recens genitus elocutus est. Eusebi⁹ quoq̄ post illius cędem ait ꝙ inter cętera portēta quę toto orbe facta sunt: bos in suburbano romę ad arātem locutus est. frustra se vrgeri. Non eni frumēta sed homīes breui defuturos. C. Locutę infandū. id est res infandas. i. quę pessima portendent. Poeta aūt vt in honorē Cęsaris ostendat omen. Nam morte tanti viri cōmota fuisse plurima prodigia: quę diuersis tempib⁹ acciderunt in vnum cogit. Nam L. Quintio flāmeo & Cn. Domitio Enobarbo cōsulibus (vt ait Liuius) Romę bouem locutū esse constat. Caue tibi Roma. Et ītitio vltimi cōsolatus: quē gessit Marcellus: nunciatū est bouē humanā vocem emisisse:

g Sistunt amnes. A. De Tybri. Horatius Ode. ii. scribit. C. Sistunt amnes terręq̄ dehiscunt. Quę terręmotib⁹ euenire solent.

h Ebur eraq̄ sudāt. S. Ebur. s. simulacrorum. Signa sunt laboris futuri. AN. Ebur. i. eburnea simulacra. Ouidi⁹ itē ait: Mille locis lachrymauit ebur: quod ante mortem fuisse scribit: Aeraq̄ sudāt. Appian⁹ post obitū ait: ꝙ ex simulacris etiā nōnulla sudorem emisere.: alia sanguinē:

i Proluit. C. Nimia incremēta fluminū calamitatē ptēdunt. Horati⁹. Vidimus fluuiū Tyberis retortis littore hetrusco violenter vndis ire. deiectū monumēta regis. Tēplaq̄ vestę. k Insano. S. magno. vt: Quid tantū insano iuuat indulgere labori. Et sciendū: Flumina cū sup̄ modū crescunt: nō tm̄ ad p̄ns inferre dānū: sed etiam alia futura significare. l Fluuiorū rex eridan⁹. S. Padū dicit. Fluuiorū aūt rex. p Italiā: aut certe p totū orbem secundū q̄d dicit Lucanus: qui ait: cū de isto flumine loq̄retur. Non minor hic nilo: si nō p plana iacentis Aegypti lybicas: Nilus stagnaret arenas. Nō minor hic Istro: nisi ꝙ dum pmeat orbem. Ister casuros in qualibet equora fontes Accipit. & scythicas exit nō solus in vndas: A. Fluuiorū. Anapestus est p dactylo. talis aūt versus: Acephal⁹ dicit: nā incipit a syllaba breui: cū longa eē debet. Ecōtra Procephalus dr̄: cū a breui debet incipe & longa ponit. C. Fluuioꝝ. Sunt mulieres apud Germanos q̄ fluuiorū cursum verticesq̄ a strepitu coniectātes futura p̄dicant.

m Eridanus. AN. Padus nulli amnium claritate inferior: a grecis dicit̄ Eridanus: augetur ad canis ortus liquatis niuib⁹. Hęc & plura Pli. li. iii. c. xvii. Mela vero scribit ꝙ Padus se per septem hostia effundit: quorū vnum magnū Padū appellant. scribit & plura. m Rex. Hoc iō ait: qm̄ inter sydera relatus: quia nulli amniū claritate inferior: vt diximus. Habet aūt in coelo (teste Iginio) stellas

Tristibus aut extis fibrę apparere minaces:
Aut puteis manare cruor cessauit:et altę
per noctē resonare lupis vlulantibus vrbes.
Non alias coelo ceciderunt plura sereno
Fulgura:nec diri totiens arsere cometę
Ergo inter se se paribus concurrere telis
Romanas acies iterum videre philippi.
Nec fuit indignū superis:bis sanguine nostro
Emathiam:et latos hęmi pinguescere campos.
Scilicet et tempus veniet quū finibus illis
Agricola in curuo terram molitus aratro
Exesa inueniet scabra rubigine pila.
Aut grauibus rastris galeas pulsabit inanes:
Grandiaq; effossis mirabitur ossa sepulchris.

tredecim. CRI. Eridanus hunc regem appellat. vel quia trus imago relata sit inter astra: vel quia nullus maior sit en Italia. Vel quia nomen sumpsit ab Eridano rege in eū ia Ioue flumie deiectū. est enī Eridanus et Phaeton idem. Quare aūt ab inferis ad superos transire dicatur: demonstrabimus in. vi. eneidos li. n Extis. A. Exta dicta q ea diis psecentur que maxime extant. eminentq;: Auctor Festus. o Fibrę minaces. AN: Plutarchus ait. Ipsi quoq; Cęsari immolāti cor nusq; compa ruisse victimę: quod dirū sane erat pdigiū. Ouidius quoq; inqt. Victima nulla litat: magnosq; instare tumultos fibra monet cęsumq; caput reperit in extis. Fibrę. antiqui (vt Varro ait.) fibrū dicebāt extremū. Vn in sagis fimbrię & in iecore extremū fibra. pōitur aūt nūc pro neruis quibusdam: nunc pro extremitatibus vel iecoris vel pulmonis & similiū. C. Fibrę minaces: sub corde atq; pulmone: (vt ait Cornelius) transuersum ex valida mēbrana septū est. Hoc itaq; a pte superiori habet cor atq; pulmonē: quę pprie exta ab extando dicunt. A pte inferiori iecur & lien. Sed & hęc exta etiā dicūtur: quia sup inferiora intestina locant. Vnde antiqua religio caput extorū iecur dixerūt. Aurusspices igit duas fibras: q sunt duo capita in iecore ita diuidebant. vt alterā sacrificāti: alterā aduersario assignarent. hinc viscera, psecabant: q psecta dicebant. Lucan. Lauit calido psecta cerebro. Si qd ergo in extis appebat: futurorū indicium putabatur. Hinc principatū portendi Syllę respōsum est: q sacrificanti sibi apud Laurentū in capite vitulini iecoris similitudo coronę apparuit.
p Puteis manare cruor. C. Hoc mōstrū in gallico bello euenisse memorię pditū est. Nam fluuius q p agrū picenū fluit: sanguinē fluere visus est. q Lupis vlu. A. Appianus scribit q lupi etiam per forum dicurrerent. C. q pro monstro prisci habuere. Vnde & Liuius refert Consule L. Quito Flammieo formias duos lupos igressos: aliquot obuios laniasse. r Nō alias coelo ce. plu. se. f. S. Omen est in eo et q a sereno coelo missa sunt fulgura. Et q plura missa sunt. s Diri cometę. SER. Crinitę stellę et pessimę: quia sunt bonę: vt diximus in eneid. factę ex Ioue & venere: quā rem planissime Auienus exequit. A. Cometę diri. horrendi. Pli. li. ii. inqt. Cometas greci vocāt: nostri Crinitas: horrentes crine sanguineo: & comaꝝ modo in vertice hispidas. Fit candidus Cometes argenteo crine ita refulgens. vt vix cōtueri liceat. De comete aūt Lucanus ait. Et terris mutantē regna cometē. Pli. itē ait. Terrificū magna ex parte sydus esse: atq; nō leuiter piatū: vt ciuili motu Octauio ꝯsulę. C. Cometę. Stella crinita: quē greci χομητην appellant: in morte cęsaris ad septē vsq; noctes eximio fulgore apparuit. Postea nūq; visa. Vn est epla Augusti. His ipsis ludorū meoꝝ diebus sidus crinitū septē diebus i coeli regi ōe sub septētrioibus ē ꝯspectū. id oriebat circa vndecimā horā diei: clarūq; & oibus terris conspicuū fuit; hoc signo putauit vulgus animā cęsaris inter deos relatam. Cometes (vt ait Pli.) in vno totius orbis loco colit in tēplo Romę. Sūt qui hęc sydera ppetua esse credant: suoq; ambitu ire: sed nonisi relicta a sole cerni: alii putant nasci humore fortuito & ignea vi: ideoq; solui. breuissimū quo cernit spaciū septē dierū annotatū est. Longissimū vero octoginta: Mouent aūt alii errantiū modo. alii imobiles sunt. & oēs ferme sub ipso septentrione vident. Ex quibuscunq; aūt stellis cometę nascant: siue ex planetis: siue ex stellis fixis: semp inflāmatio appet versus septētrionē. Quapropter stella quę apparuit i ortu christi: nō fuit cometa: q mouebat ab oriente ad meridiē versus occasum quod non facit cometa: vt refert Crisostomus.
t Paribus cōcurrere tel. S. Lucanus. Atq; pares aquilas et pila minantia pilis. C. Paribus. Nā vtrisq; pila erant. v Iterū videre phil. S. Ciuitas est Thessalię: in q primo cesar et Pompeius: Postea Augustus: et Brutus cū Cassio dimicauerunt. A. Philippi. Ciuitas est in Macedonia q Datos olim dicebat. Crenida ante dati nomen appellata: fontes qppe plurimi circa collē vberius scaturiunt aquis. Eum locū Philippus vallo sepsit: & a se Philippos nuncupauit: condita enim ciuitas in prupto quodam colle. apud Philippos: demū & Cassius & Brutus pugnantes contra Augustum & Antonium victi: sibiipsis mortē consciuere. De quibe oibus videto Appianū libro. iiii. Prius aūt circa eadē fere loca pugnauerūt Cęsar dictator & pompeius. Vn Luc. Florus sic ait. Sic pcipitantibus fatis: plio sumpta Thessalia est: & Philippicis campis vrbis imperii generis hūani fata cōmissa sunt: nunq; vllo loco tātū viriū populi Romani: tātū dignitatis fortunā vidit. x Nec fuit indig. superis. S. quasi exclamatio est ad deos. y Emathia: S. Thessaliā dictā ab Emathio rege. A. Emathia (vt Pli. scribit libro. iiii: cap. xi.) antea dicta. Postea Macedonia: Auctor quoq; Solinus q addit ab Emathio primo rege dictam. z Hemi. S. Hęmus mōs est Thessalię. A. Hęmus mons est in Thratia vasto iugo procūbens in pontū. Auctor Plinius li. iiii. Thratia aūt (vt ondit Pholomeus li. iiii.) iuncta est. Macedonię. Vn & Lucanus li. vi. ait: Qua iuga deuexus Pharsalica porrigit. Hęmus. C. Hęmus mōs thracię ab Hemo filio Borę & Orythię. a Scabra. S. aspera. Vn & scabies dicit a corporis asperitate.
b Pila. A. Modestus scribit Pilum fuisse telū maius ferro triangulo: vnciarū nouē: hastile pedum quinq; et semis: quod suo tpe spiculū dicebat. ad cuius iactū exercebant precipue milites: quod arte & virtute directū: & scutatos pedites. et loricatos equites sępe transuerberabat.
c Galeas inanes. S. Concauas: vt: Galeam ante pedes proiecit inanem. d Grandia ossa. SER. Aut multa: aut ingentia: quasi antiquoꝝ Heroum. AN. Grandia ossa. Olim fuisse homines grandiores. & Homerus indicat & Virgilius; hinc Iuuenalis ait Satu. xv. Terra malos

hominés nunc educat atqꝫ pusillos: e Dii patrii indi/ge.& Ro.ve.ma. S.Patrii dii sunt qui p̃sunt singulis ciuitatibus:vt Minerua Athenis.Iuno Cathargini. AN.Dii patrii.expositis ob Cesareã cedem ꝓdigiis actis:nũc ip̃m Augustum Romanũ imperium fouere optat. C.Dii pa/trii.De Iano:Fauno:Euandro.Aenea:Carmente.& ceteris qui ex hominibꝰ dii habiti sunt. f Indigetes.S. proprie sunt dii ex hominibꝰ facti:quasi in diis agentes. Abusiue autem om̃es dii possunt dici indigetes:tanq̃ nullius rei egentes. A. Indigetes. Festꝰ ait ĩdigetes dii: quorũ nomĩa ita vulgari nõ licet: Et indiges Aeneas appellatꝰ est ab Ascanio post hũanũ abscessum. Liuiꝰ aũt scribit appellatũ Iouẽ indigetem. Sunt & qui dicant Indigetes dici:q̃ ii ex hominibꝰ ad consecrationem veniunt ut eneas ꝛc. g Romule. A. Romulꝰ xviii.natus annos potitꝰ est Romano regno.auus autẽ.xxxvii.dominatus: quintũ aũt & quinq̃gesimum vite agẽs:a ciuibꝰ suis interfectus est. (licet varia de morte referãtur) cum iam imperiũ non regie sed tirãnice exerceret. Post hec Iulius Proculꝰ in forum ꝓcedẽs. Romulum(inquit)ego ex agro adueniens vidi abeuntẽ ex vrbe armatũ: qui vbi ꝓximꝰ mihi fuit ita eũ dicere audiui. Nuncia Romanis Iuli.ꝙ me sortitus ab initio vite genius in coelum ducit:mortali expleto seculo:Sum autem Quirinus. succedens inde in regnũ Numapompilius:ipsum Romulũ (vt naturã superantẽ mortalẽ templi) adoratiõe:& ãniuersariis sacrificiis Quirinũ vocatũ statuit honorari. Hec ex lib.ii.Dionysii. h Vestaqꝫ mr̃. Que thus:ꝛc. SER. poetice.Nam verũ nomẽ numinis ꝙ vrbi Rome preesset sciri sacrorum lege ꝓhibebat:ꝙ ausus q̃dã Tribunꝰ plebis enunciare:in crucẽ leuatus est. A:Vestaqꝫ mr̃. Erat vesta vrbis Rome custos: quã virgines seruabãt ꝑpetuo igni. Cuius extinctionẽ sup̃ grauia omnia Romani timebant: Interitũ vrbis signũ id assumẽtes:q̃cunqꝫ acciderit causa. De quibꝰ oĩbus plura Dionysiꝰ li.ii. & Ouid.in fastis. C.De vesta & palacio:alio loco dicet. i Thuscũ tyberim.A.Strabo li.ii.scribit:ꝙ ex Apoeninis montibꝰ tybenis effluit: pluribꝰ auctis amnibꝰ:partim per ipsam excurrit Hetruriam:deinceps vero ipsam discriminans. primũ quidẽ ab ea diuidit vmbriã: postea vero sabinos & latinos Rome ad littus vsqꝫ finitimos. Legito item plura in pli.li.iii.c.vi. k Romona palatia. A.Corneliꝰ tacitꝰ scribit:Vrbem Romam in palatino monte primũ edificatam:in eoqꝫ reges:deinde consules:postea ĩpatores maiori ex parte sedem habuerũt.& in bello Macedonico Liuius ondit in palatio fuisse edem magne matris deum.a Iunio Bruto dedicatã. Fuit & ibidẽ edis victorie eodem teste li.viii.de secũdo bello punico. In eadem palatio (vt scribit Sueto.) Cesar Augustus templũ apollini dedicauit. C.Palatia.pro tota vrbe.Nã palatiũ fuit antiquissima sedes Rome:vt apparet vbi de Euandro narratur.
l Hunc iuuenẽ.A.Cur Augustũ intelligens iuuenẽ appellat.late iam diximꝰ in Tityro:hic illũ vidi iuuenẽ Meliboei. l Hũc saltẽ. C.quasi dicat: Si rapuistis cesarem maturũ virum:& q optimꝰ eẽt imperii defensor:saltẽ placeat seruare hunc iuuenẽ:q euerso morte cesaris imperio succurrere possit: m Ne prohibete.C.Tacite ostendit suis viribꝰ posse:(mõ dii nõ ĩpediãt) succurrere. Maxima ergo laus ꝙ solus et iuuenis valeat(non dico conseruare bene institutũ seculũ:)sed restaurare iam euersum.
m Iã pridẽ mr̃ĩ.A.mr̃i eteni Romanoꝝ ab hanibale: Mario:& Sylla:a cesare:& Pompeio:& aliis antea fuerant interempti. n Laumedontee.S.Excusat Augusti tempꝰa.& cũ dicit suis viribꝰ nõ cõpensare dãna reipublice:qua ea maiorũ viciis descendisse cõfirmat. Horatius. Negligis immeritis nocituram postremo te natis fraudẽ cõmittere. A.Laumedontea. Secũdũ fabulas Apollo & Neptunꝰ Troiana menia struxere. Fictũ est(vt aiũt) q̃m cũ troianorũ pecũia ĩ sacro eorũ deoꝝ seruaret:ab eis Laumedon petiit: redditurũ se iurãs. Vñ moenia instaurauit:postea tñ nõ reddidit.hinc datus ẽ fabule locus:ꝙ deos deceperit.q̃s vult Maro hic: ꝓpterea etiã in romanos seuisse. C. Laomedõtee. Laumedontis perfidia in Apollinẽ ac Neptunum vulgatissima est: Sed & aliam in Herculẽ meminit Diodorus siculus:ait enim Herculẽ cum Argonautis in Colchos enauigantẽ:in Phrigium mare peruenisse:& Hesionem filiã laumedontis in littore religatam:et monstris marinis iussu oraculi deuorandã expositam vidisse:eamqꝫ liberasse:& monstra interfecisse. Proptereaqꝫ p̃miũ sibi laumedontem obtulisse equos inuictos: aut Herculẽ eosdem equos apud ipsum laumedontẽ:donec ex Colchis rediret deposuisse. Reuerso deinde Herculi denegasse depositũ laumedontem. Qua ex re ira percitum herculem:& laumedõtem & reliquos filios qui secum senserat interfecisse. Soli autẽ Priamo qui fidem seruandam:& equos restituendos consuluisset Troianum regnũ reliquisse. Remouet aũt culpam belli ciuilis a Cesare Iulio:& reiicit in peccata troianorum vnde Roma originem ducit. Que aut scelera nunc orbem premũt:dicit esse.quia dii hominibus Cesarẽ inuiderũt.
o Iam pridem nobis. ANT. In Augusti gratiam Iuliũ cesarem iam diu a diis desideratum asserit.
p Atqꝫ hominũ. S. quasi cum celestes possis mereri.
q Vbi phas versum ꝛc. RER. apud homines. sed qui spernunt licita:appetentes illicita.
r Facies. C.forme. s Aratro dignos honos. ANT. De agriculture honore videto in principio. s Abductis colonis. S. ad bella scilicet. vt. Et latos vastant cultoribus agros. t Et curue rigidum. C. Quid enim scelestius esse potest q̃ ferramenta ad vsum agriculture instituta.vnde vita humana:& alitur.& assiduo labore pia castaqꝫ conseruat. ad bella (que & homines perdunt et oĩm scelerũ semĩa p̃bent) transferre. Magna ergo indignatio ꝙ non solum ab vsu rei sanctissime auertantur. sed etiam turpissime attribuuntur.
v Conflantur. ANT. fabricantur.conuertuntur.
x Euphrates. S. orientis est fluuiꝰ. Euphrates. A. Hũc maior fundit Armena (vt scribit Solinus) longisqꝫ excursibus Babiloniam diuidit. Tandẽ in sinum Persicum defertur. Nouere autem Euphraten bellum ait ꝓpter Parthos. Hi enim clade Crassiane animos altius exerceãt:ciuilesqꝫ discordias populi Romani leti acceperant. Itaqꝫ vt

Dij patrij indigetes:et romule:vesta qꝫ mater
Que thuscũ tyberim et romana palacia seruas
Hunc saltem euerso iuuenem succurrere seclo
Ne prohibete:satis iam pridẽ sanguĩe nr̃o
Laumedontee luimus periuria troie.
Iam pridem nobis coeli te regia cesar
Inuidet:atqꝫ hominũ querĩt curare triũphos.
Quippe vbi phas versũ atqꝫ nephas tot bella ꝑ
Tã multe scelerũ facies:nõ vllꝰ aratro (orbẽ:
Dignos honos:squallẽt abductis arua colõis.
Et curue rigidũ falces conflantur in ensem.

primum efulsit occasio non dubitauerunt erumpere: vltro quidem iuuare Labienum: q missus a Bruto Cassioque fue rat: vt hostes in auxilium sollicitaret. Ventidius tamen Anthonii legatus: & labieni copias & oem Parthicum equitatum inter Orontem & Euphratem occidit. de quibus plurima Lucius Florus. C. Euphrates. Parthos itelligit: qrum imperium euphrate pertinebat. Est aut euphrates sm xpianos vnus ex quattuor fluminibus q ex deliciarum paradiso effluunt. Prisci vero illum ex armenia maiori nasci volunt. Et armenia a Cappadocia distinguere.

cessu equorum cursus augetur. Vt ea optimus rector refrenare no possit: sicut & auriga a feruenti cursu equos no potest plerumque reuocare. A. Carceres vocatur vnde mittuntur equi. dicti q cohercent equi: ne inde exeat ateque magistratus signu misit. auctor Varro. Quadrige quattuor simul equi iuncti. Quadrige quasi quadriage vocatur: vt scribit Gel. li. xviii. c. viii. Auriga. aurige proprie sunt curru regentes. Dicit aut auriga: q splendorem sibi agat auris: id est fauoribus populi. hoc est clamoribus. Prisci. de xii. car. CRIS. Non vitio principis: sunt bella. sed impetus bellorum ante ipsum motus: nodum reuocari pt.

Hinc mouet euphrates: illinc germania bellu:
Vicine ruptis inter se legibus vrbes
Arma ferunt: seuit toto mars impius orbe.
Vt cum carceribus se se effudere quadrige:
Addut se in spacia: et frustra retinacula tendes
Fert equis auriga: nec audit currus habenas.

y Illinc germa. S. i. vndique mouet bellu. Germania at occidetis puicia. A. Germania. hoc dicit ideo. quia post cesaris cedem Germani ab Romanis desierant. Augustus tame (vt Suetonius tradit) eos vltra Albin flumen submouit. z Ruptis. AN. propter cesaris obitum. a Legibus. A. foederibus. b Arma ferunt zc. S. Hoc est & externa & ciuilia bella deseuiunt. c Vt cu carceribus. S. hoc vult dicere. Res quidem publica habet impatore: sed tanta vitia teporum ptericorum q in dies singulos aucta sunt: queadmodu in p

Vt ipsi aurige. iam precipiti cursu: arctos equos sistere no possunt. d Addut se in spacia. S. Currendo plus eorum cursus augetur. C. addunt se in spacia. i. per spacia currendi augent cursum. e Fertur equis. C. i. equorum arbitrio agitatur. f Currus. SER. scz equi. Sane sciendum translatione hanc esse: non comparatione: que si ponatur in fine: vitiosum est. ANT. Currus ipsi quadrige. Per id autem innuit Martem nullo obstante seuire. obierat enim cesar populorum terror: & rector.

Finit primus liber Georgicorum

Ouidij poetae Tetrastichon in librum Secundum Georgicor.

Hactenus aruorum cultus & sydera coeli:
Pampineas canit ille comas: collesque virentes:
Descriptasque loci vites & dona ligi:
Atque olee rames pomorum ex ordine letos.

Antho. Man. Argumentu secundi voluminis.

proponit: Bacchumque vocat Maro rite secundo.
Arboribus diuersa datur natura creandis.
panditur & sitio vitis diuersa: notantur
Italie laudes: species telluris habentur.

Alud Argumentum.

Quo vitis poneda modo: quo tempore: quid ver
Afferat: hinc viti qualis sit cultus habendus:
Comodo syluarum monstrat: laudantur agrestes.

Argumen. Se. Brant.

Alter habet vites: melioraque vina reconset.
Arboribus monstrat quis labor atque modus.
Precipue italie laudes recinnuntur. agrestum
Quam foelix fuerit vitaque sancta: docet.

publii Virgilij Maronis
Geor. Liber Secundus.

HActenus aruorum
cultus: et sydera coeli:
Nunc te bacchę canam: nec
non syluestria tecum

HActe nus aruorum'τc': S. Mire iterauit illum versu̅. Quid faciat lętas segetes: quo sydere terram: In hoc au̅t libro exequitur culturam agri consiti: q oi̅m arborum co̅tinet genera. Et scie̅du̅ e Virgiliu̅. vites quoq; arbores dicere: vt nec secꝰ omis in vngue̅ arboribꝰ positis secto via limite quadret. A. Huius quoq; secundi voluminis argumentum carminibus patet. Sed cur poeta ab agrorum cultura incoeperit. postea vitium. de exordio scribens apparuit: vbi & vitium arborumq; culturas Emolphum Atheniensem primu̅ inuenisse: Plinio referente edocuit. CRI. Quonia̅ poetaru̅ est curare: vt seq̅ntes libri antecedentibus a̅nectant. Facit hoc Maro plurimu̅ p coiu̅ctionem: vt: Te quoq; magna pales. Et alibi. Postq; res asię. Item. At regina graui iandudum saucia cura; & sic fatur lachrymans: Hic vero vt idem p̄stet vtit colore Rhetorico: qua̅ transitionem appellant: quo facile his quę dicta sunt: ea quę dicenda restant adnectuntur. In p̄cedenti igitur libro. & aruoru̅ cultu: & ea q̄ ad rationem sydęrum ptineret describi pserat. Nunc quod secundo loco sibi proposuerat explicat: scilicet vlmisq; adiungere vites τc.

a Hactenꝰ. S. vt multi volu̅t est vna pars orõnis et est aduerbiu̅ significa̅s hucusq;: alii duas ptes ee̅ volu̅t. et aduerbiu̅: vt sit: tenus hac. sicut Cruru̅ tenꝰ a me̅to palearia pende̅t: sed meliꝰ est vna̅ accipe pteoratõnis. hactenus. A. Hactenꝰ. cecini. s. est enim Mesozeugma.

b Sydera coeli. S. Pleonasmos. nec enim sunt alibi q̄ in coelo sydera. A. Pleonasmus. est in dictio̅e coeli: id est superabu̅dantia. de qua late Fabius libro. ix. c Te bacche. SER. Inue̅tore̅ p vitibꝰ posuit. de quibus catexochen

I v

in hoc libro loquitur. nam vites precipue sunt: licet et aliarum arborũ faciat cõmemorationem. A. Te bacche. i. tua mũera: vt vites: De quo latiꝰ: ibi. Poculaq; inuẽtis Acheloia miscuit vuis. Dicitꝰ aũt Bacchus a furore quẽ incutit cultoribꝰ suis: vt Probus asserit: G. Te bacche. Non solũ Bacchũ dicit ꝓpter vites: qrũ inuẽtor phibet. s; ꝓpter oẽs arbores. Dionysiũ eñ posuerũt pigneã vi sol: q poma ac fructus omnes arborũ decoquit ac maturat. Nam vis seminalis: que a sole in terram descendit: Priapi nomie honoratur. cuius quidẽ ad siccos ptinet fructus bona dea: quod vero ad plantaria Dionysius dicitur. Ergo quia ignea vis solis est Dionysius: iccirco egyptii Osirim (quẽ solem interpretantur) Dionisiũ teste diodoro siculo appellarunt. Vñ Eumolpus poeta Ignoculũ radiis Dionisium dixit. Et Orpheꝰ eũ splẽdoris auctorẽ scribit. Atq; hec ad Phisicen. Historia vero duplex ẽ. aliter enim greci: aliter egyptii sentiũt. Aegyptii eñi dionysiũ Osirim nominant. quem volunt diuinis virtutibus virum preditum fuisse: Aegyptiiq; regno: & Isidis (quã lunam & Cererem nominant) coniugio potitũ: vniuersum orbẽ peragrasse. Et vt Isis tritici ordeiq; repertrix fuit. (antea enim inter alias herbas incognita oriebant) Sic Osiris Nisa (qui locus Arabie foelicis egypto cõterminꝰ est) enutritus propterea a Ioue & a loco illo Dionysiꝰ appellatꝰ. vitis repertor fuit: homiesq; docuit & vitis cultũ et vini vsum atq; conseruationẽ. Volunt preterea egyptii: oleam quoq; (nõ aũt Mineruã vt greci dicũt) inuenisse. Hic p Arabiã et rubeũ mare ad Indos. Et orbis terre termios ꝓgressus ẽ. In Indis vero & alias vrbes & Nisam cõdidit. monumẽtũ eius: i qua nutritus fuerat. in q hederã etiã seuit. Profectꝰ est: & in Asiã: & Helespontũ: in Europã: & in Thratia sibi aduersantẽ lycurgũ interemit. Maroneq; prefectũ suũ & vitis colende peritũ in regione q ab eo Maronea dicta est reliqt. Et Macedonẽ filiũ in regno: qd ab eo Macedonia appellata ẽ: atq; hec de Dionysio apud egyptios. Greci vero varia referũt. Alii eñ vnũ. alii tres ponũt. Sũt etiã qui huiꝰ dei formã hũanã fuisse pnegẽt: sed vini datorem Dionysiũ dicãt. Terraq; sua sponte vites ptulisse. Dimitora aũt a priscis noiatũ: q sit ex duplici mr̃e. Primaq; genesim nũerant: qñ in terra posita planta incrementũ accipit. Secundã qñ fructus maturescãt. Vñ altera ex terra: altera ex vite huiꝰ dei origo est. Q; vero dicunt ex Ioue et Cerere natũ & a gentibꝰ discerptũ acelixatũ. ac rursus a Cerere cõpositis mẽbris in iuuenẽ reductũ: phisicũ est. Nam ex terra & imbre incrementũ sumit. vitis ad vuas creandas: q ab agricolis calcando laniant: multiq; vinũ decoquũt: vt melꝰ fiat vinũ. Ceres aũt rursus membra cõponit: qa terra singulis ãnis succũ vitibꝰ ad nouas vuas subministrat. Est etiã phisicũ quod dicunt vi fulminis ex vtero Semeles abductũ: & donec tẽpus maturo foetu datũ cõpleret. Iouis foemori assutũ: nã ignea vi in vuis maturescit. verũ cũ iam ex vuis expssum est vinũ: quia non dũ satis concoctũ est. iterũ in lacubus ebulliat necesse est. Diodorus aũt ait terrã ãtiquos Thionẽ a sacris q sibi fiebant cum sacra θυσιασ dicant. et Semelem qsi castã ab eo quod est σεμνν Bis aũt eius genesim a Ioue esse: quia cũ in Deucalionis diluuio periisset: rursus post pluuias i terrã apparuit. Sed hec phisice. Fabulose tñ dicũt tres fuisse Dionysios. Primũ Indũ: ex vitibus sua sponte nascentibus calcandarũ vuarum inuentor: & vini pomorumq; conditor fuit. Quoniã aũt barbatus est: & barbã Indi vsq; ad mortẽ nutriũt. Hic orbem peragrans calcationem vuarum in torcularibus adinuenit: a quibus Leneus appellatus est. Secũdus ex Ioue & Proserpina. Vel (vt alii dicunt) ex Cerere fuit: qui primꝰ boues aratro iunxit: antea eñi manibus terrã fodiebant mortales: propter quod immortales honores meruit: eiusq; simulacrũ cornibus insignitur: vt inuentor aratri demõstretur. Tertius Iouis et Semeles filius fuit: qui post secundum ortum ex foemore Iouis: in Nisam indie a Ioue delatus: & a nimphis eductus est. pulcherrimus: & mulieribus deliciis deditus. exercitum ex mulieribus confecit: thirsiq; illas armauit. i. hastis hedera implicitis cũ ferrea cuspide: quo dolo: reges nihil tale de mulieribꝰ credẽtes interemit. Inter qs Penteus apud grecos. Miranꝰ apud Indos Licurgus apud Thraces fuit. Qm vero ex India elephante inuectus: orbẽ peragrauit. Greci illi Trieterida. id est triennalia sacra instituerũt. orbẽ peragrans docuit: sacra & mysteria certamina musica proposuit: cunctaq; in pace componebat. dicunt primum fuisse: qui multis congestis spoliis in patriam triumphans redierit. Probus ait Bacchari: id est furere. Vnde Bacche dicuntur sacerdotes qui propter furorem sacra liberi celebrabãt. Et ipse Bacchꝰ dicitur a furore quem suis incutit cultoribus.

Virgulta: et prolem tarde crescentis oliue.
Huc pater o lenge tuis hic omnia plena
Muneribus: tibi pampineo grauidus autũno

d Necnon syluestria tecum virgulta: SER. i. infoecundas arbores: quibus precipue in Italia vites coherent.

e Et prolem. CRIST. Nam a radice pullulat: & veluti filios producit. Vnde ille plante alio transferuntur.

f Tarde crescentis oliue. ANT O. Plinius libro. xvii. capitulo. xii. scribit. Natura tarde crescere omnia longo euo durantia: at que cito occidunt velocia esse: vt ficus: malus pirus. Idem quoq; libro. xvi. capl̃o. lxi. scribit ad sua tempora durasse in linterno Aphricani prioris mãu satas oliuas: et myrtus eodem loco conspicue magnitudinis.

g Huc pater o lenge. SER. Pater licet generale sit omnium deorum: tamẽ proprie libero semper coheret. Nam liber pater vocatur. CRIT. Consueuerunt & Poete & oratores cum clausulam formãt: vt plurima interponãt: anteq; eam claudant repetere principium. sic in Buccolicis. Nam cum incepisset: Pastorum musam Damonis & Alphesiboei. & anteq; adderit verbũ: scil cet dicemus multa interposuisset repetiit: Pastorũ musam Damonis & Alphesiboei. Sic & in hoc loco: cum dixisset huc pater o Lenge. Post longam hyperbaton repetiit: Huc pater o lenge Principio breuiter proposuerat se arboribꝰ dicturum: deinde inuocauerat Huc pater o lenge: quod Proemium est. Nam ex propositione comparat docilitatem: summam rei breuiter exponens. Item beniuolentiam a re: quia illam vtilem ostendit. Et a persona sua cũ aliorum vtilitate se laboraturum proponit. Ex inuocatione autem (quia non adhibetur nisi magna proponantur) attentionem sibi conciliat.

h Lenge. SER. Leneus autem a lacu. Nam quod Donatus dicit: ab eo quod mentem leniat nõ procedit. neq; potest enim grecum nomen latinam ethimologiam recipere. ANT. Leneus Bacchi nomẽ. Lenos eñi torcular dicitur. Leneus torcularũ: vt Probus ait.

i Tibi Floret ager. SER. In honorem tuum exultatꝰ: & letus est. Nam autumnali tempore re vera florere nõ potest ager.

k Pampineo. SER. Pampinoso: vt nemus frondeñ pro frondosum.

l Grauidus. ANT. non grauidis in ablatiuo. sed grauidus in nominatiuo legendum est. Sic enim antiqui textꝰ habent. Est autem diascole figura.

Floret ager: spumat plenis vindemia labris:
Huc pater o lenee veni: nudataq; musto
Tinge nouo mecũ direptis crura cothurnis.
principio arboribꝰ varia est natura creandis.
Nanq; alię nullis hominũ cogentibus: ipsę
Sponte sua veniũt: camposq; et flumĩa late
Curua tenẽt: vt molle siler: lentęq; genistę.
populus: et glauca canentia fronde salicta.
pars autem posito surgunt de semine: vt altę
Castaneę: nemorũq; Ioui q̃ maxima frondet
Aesculus: atq; habitę grais oracula quercus.
pullulat ab radice aliis densissima sylua:
Vt cerasis: vlmisq;: etiam parnasia laurus
parua sub ingenti matris se subiicit vmbra.

m Vindemia. S. cum vindemiã nũero singulari dicimꝰ vniꝰ anni significamꝰ: tũ plurali multoꝝ. Vt messem: messes: hyemẽ hyemes. Hęc enĩ semel tm̃ annis singulis contingũt: multi tñ volũt vindemiã esse totius orbis generaliter: vindemias singularũ partiũ: vt plus significet singularis q̃ pluralis nũerꝰ. Sicut plus ẽ cũ dicimꝰ: Per terram pluit q̃ p terras. Tunc enĩ oẽ elemẽtũ: nũc terras aliq̃s significamꝰ. n Laboris. A. ahenis. o musco nouo. S. Mustũ numero singulari tñ dicimꝰ: sicut & vinũ. licet Ouidius abusiue dixerit musta. sed hoc ille plꝰ fec̃ q̃ & mustus dixit: cum (vt diximꝰ) de his noibꝰ tres casus tm̃ vsurpari cõsueuerĩt. A. Musco nouo. et hic pleonasmꝰ est. Epexegesis. Nã vt scribit Nonius. Mustũ non solũ vinum: verũ nouellũ quidquid est dicit̃ recte. Neuiꝰ Vtrũ melꝰ sit virginẽ an viduã ducere: virginẽ si musta est. p Cothurnis. A. videto ęglo. vii.

q Pricipio arboribꝰ. S: Creandarũ arborũ naturaliter sunt tria genera. Aut enĩ sua sponte nascũtur: aut ex seminibus fortuite iacentibꝰ surgũt: aut ex radicibus pullulãt. Nã cętera vsus inuenit: fauẽte natura. A. Principio. Canam videlicet. Arboribus varia est natura creãdis. A. Maro i hac re Theophrastũ secutꝰ est. ille enim libro. ii. inqt: Arborũ et summatim plantarum generationes. aut sponte: aut semine: aut radice: aut auulsione. aut ramo: aut surculo: aut ipso trunco frutitant. Videto item paulo inferius: vbi videlicet Hos natura modos &c. C. Plinius ait: Arbores q̃s naturę debeamꝰ tribus modis nascunt̃: sponte: semĩe: & radice. Columella vero scribit. Placet nobis sicut Virgilio duo genera surculorum quoꝝ alterũ sua sponte gignit̃: alterũ hũana cura puenit: Primũ materię magis aptum. Secundum vero fructibus Arboribus & frutices simul & vites intelligit. Verum ita plantas distinguũt: arbores appellant: q̃ magnitudine excellant: vt Oleę: mali: piri: quercus & similes. Frutices vero qui ad eã magnitudinẽ nõ pueniũt: & tñ herbas excedunt: vt sunt: rubi: sentes: virgę. Ouid. Et densi frutices & iuncto cortice virgę. Tertiũ genus est vitis: quę nec arbor nec frutex appellat̃: vt Pliniꝰ Columellaq; ostendũt. r Sponte sua. S. sponte mõ nomẽ est: quia iunctũ est ei genus quo caret semp aduerbiũ. s Veniũt. S. crescũt: Alibi. Illic veniũt foelicius vuę. v Camposq; et flumina late curua tenẽt. S. Per trãsitũ oñdit quibus locis arbores sponte nascunt̃. s. in humidis: Nam terra est mr̃ rerũ oim et seminũ cunctoꝝ creatrix. C. Quia in solo pinguiori: vt campi sunt: & humidiori q̃le est iuxta flumen: facilius plantę pueniũt. x Vt molle Siler. S. arboris genus est: Et notãdũ. genus neutrum de arbore: quod est admodũ rarum. A. Pli. li. xxiiii. c. xxviii. inquit. Silex folia illita fronti: capitis dolores sedant: serpentes & hunc fruticem refugiunt. baculũq; rustici ob id ex eo gerunt. C. Siler fusis faciendis accommodata est arbor.

y Genistę. A. Pli. li. xix. c. ii. inqt. Asia ex genista facit lina ad retia pcipua in piscando durantia frutice madefacto. x. diebus: & lib. xxiiii. c. xxxiii. ait. Genistaq; vinculi vsum pstat flores. apibus gratissimi: Genista itẽ tusa cũ axungia: genua dolentia sanat.. z Populus. A. legito Pliniũ li. xvi. c. xxvi.. a Glauca canen. fron. salicta. S. Locũ salicum p ipsis arboribus posuit. Bñ aũt ait et glauca canẽtia. nã salix ab vna pte alba est: ab altera viridis. Sane cacephaton est. glauca canentia. ANT. Glaucus color viridis ceruleus dicit̃. vt in Gellio legit̃ lib. ii. c. xxvi. b Salicta. A. Pli. xvi. ca. ii. scribit de salice. q̃ in Asia tria genera obseruant: nigrã vtiliorẽ viribus. candidam agricolarum vsibus. Tertiam q̃ breuissima est quam Elicem vocant.

c Pars autem posito de semine surgũt. S. Quacũq; rõne piecto: vł ab auibus: vel ab hoibus: ne incipiant esse industrię. d Surgunt de semie. S. pullulant e radicibus. e Castaneęq;. A: de his oibus Colũ. li. v. Et Pli. li. xv. f Aesculus. AN. Arbor est glandifera: ab edo. nã eius fructu olim hoies vescebãt̃. Et Pli. li. xvi. c. vi. inqt. Glãs optima in quercu atq; grandissima: mox ęsculus: g Atq; habitę graiis &c. SER. Nam in dodoneo nemore arbores dãtes responsa fuisse dicũt̃. Habitę aũt graiis vł q̃si nõ credens dixit: vł quasi italꝰ: Qui loca illa nesciret. vel reuera quondã habitę: q̃ illo tpe iam silebant. h Oracula q̃rcus. AN. Existimãt in Dodonei Iouis oraculo quercũ vocalẽ fuisse: ex qua Minerua Argonautis futura pdixit. Probus auctor. Strabo vero libro. vii. inquit. Dodoneũ aũt oraculũ queadmodum relictum est. videto latius ęglo. ix.

i Pullulat ab radice. S. Mira i singulꝭ est pprietas. Nam et sponte sua veniũt: surgũt de semine: pullulãt ab radicibus. k Vt cerasis vlmisq;: S. Hęc cerasus: his cerasis facit. Sane Cerasus ciuitas est ponti: q̃ cum delesset lucullus. genus hoc pomi inde aduexit: & a ciuitate Cerasum appellauit. Nã arbor cerasus: pomũ cerasiũ dr̃. Hoc autẽ etiã ante lucullũ erat in Italia: sed durũ: & cornũ appellabat̃. quod postea mixto noie Cornocerasium dictum est. AN. Cerasi añ victoriã Mythridaticam. L. luculli nõ fuere in Italia. At vrbis anno sexcẽtesimo octogesimo: is primũ vexit e ponto: septẽtrione frigoreq; gaudet. Pli. li. xv. c. xxv. l Parnasia laurus. SER. A Parnaso monte apollini consecrato. ANT. Plinius libro. xv. c. vlt. scribit: q̃ duo eiꝰ genera tradit Cato: Delphicam & Cypriã. Delphicam esse ęquali colore viridiorẽ maximis baccis atq; e viridi rubentibus hac victores Delphis coronati. & triumphantes Romę: Cypriam esse filo breui nigro: p margines imbricato: crispam.

m Parua sub ingenti. CRI. Mirifice delectat oratio: quę a contrario declamat. vt hic paruum est & ingens.

n Subiicit. AN. Attollit.

o Hos natura mo͂s primū de. S. Bñ primū. Nã (vt. s̃: dixim⁹) fauor nature fuit etiã ad alios inueniẽdos vsus: Cõtra naturã eñi nihil hoim inuẽtũ valeret. A. Pli. li. xvi. c. xlv. inq̃t. Arbores q̃s nature debeam⁹: tribus modis nascunt̃. Sponte. aut semine: aut a radice. Cura nũerosior exi stit. Sed latius vide ibi: Principio arboribus ꝛc. p Syluarũ. A. Sylua ab hyle quod est materia dicit̃. Vl̃ a xylon quod est lõgũ lignũ. Est aũt sylua generali⁹ nomẽ q Fruticũq; . A. frutex est qui ad iustã magnitudinẽ arboris nõ assurgit: & statura similis est multis herbis. sed nõ demoritur: neq; arescit vt herba. r Nemorũ. A. de nemore videto eglo: vi. s Via. S. ratione. vt Inueni germana viam. t Hic plantas tenero. S. Inter plantas & plãtaria hoc interest: q̃ plante rapte sunt de arborib⁹. Plãtaria vero q̃ ex seminib⁹ nata: cũ radicib⁹ & terra propria transferunt̃: vt. et viua sua plantaria terra. A. Pli. li. xvii. c. vii. inquit Auulsisq; arboribus stolones vixere. quo in genere: et cum parui sunt auelluntur: parteq; aliquã & matris quoq; corpe auferunt secũ. Hoc mõ plantantur: punici. Coryli. mali. sorbi. fici. inprimisq; vites.

Nam vegetatiua que nutrit & auget a radicibus est: que oris stomachiq; officio funguntur. Humorem enim de propinqua terra assumunt atq; decoquunt. vnde decoct⁹ per arborem spargit̃. Ergo vita vegetatiua in his est: In his aũt que radicib⁹ carent: nõ oĩno est. d Sua terra: A. nam vehementer pficiunt arbores: quarũ radicib⁹ sua terra heret. Nam radices que excusse sua terra transferuntur. non ita foeliciter coalescunt.

Hos natura modos primũ dedit: his gen⁹ oẽ
Syluarũ fruticũq; viret: nemorũq; sacrorũ.
Sunt alij: quos ipse via sibi reperit vsus.
Hic plantas tenero abscindẽs de corpe matrũ
Deposuit sulcis: hic stirpes obruit aruo.
Quadrifidasq; sudes: et acuto robore vallos.
Syluarumq; alie pressos propaginis artus
Expectant: et viua sua plantaria terra.
Nil radicis egent alie: summũq; putator
Haud dubitat terre referens mãdare cacumẽ:
Quin et caudicibus sectis (mirabile dictu)
Truditur e sicco radix oleagina ligno.
Et sepe alterius ramos impune videmus
Vertere in alterius: mutatamq; insita mala
Ferre pirũ: et prunis lapidosa rubescere corna.
Quare agite o pprios generatim discite cul
Agricole: fructusq; feros mollite colẽdo. (tus.

e Radicis egent alie. C. Arbor radices habet pro ore: stõachoq; atq; epate: his enĩ de pxima terra humor attrahit̃: attractusq; in succũ quo arbor alitur decoquitur. surgit ab radice truncus. cui⁹ pars interior medulla p osse est. Medulla ligno ambitur: qd̃ carnis vicem sustinet. Lignum ipm̃ subtilis cartilago circũdat. q̃ arbori pro vena est. Nam per eã humor a radice decoctus & in nutrimentum conuersus: trahitur per oẽs partes. veluti membra arborum. Hinc rami frondes. flores fructusq; reparantur. Hec circumcisa ergo: arescat oportet arbor: a libro. libros dicimus: quoniam in nonnullarũ arborũ libris: ante vsum chartarũ ãtiqui scribebãt. Cortex postremo que durior exteriorq; est: librum ita vestit: vt pelles pilisq; animalia tegũt: vt sit tanq̃ vestis contra frigora et calores. Trũcũ deniq; vñ rami exeunt codicem: & caudicem dixerunt.

v Tenero corpe. C. quia virgulta teneriora excerpunt̃: vt videmus in fico. & in salice. x Sulcis. S. fossis: vt. Ausim vel tenui vitẽ cõmittere sulco: y Hic stirpes obruit aruo. S. Altius deponit validiores cũ radicibus plãtas. AN. Stirpes. crassos truncos cum radicibus: z Quadrifidasq; sudes SER: Ita robustas: vt possit in quattuor partes diuidi. A. Quadrifidasq; sudes. Perticas vl̃ surculos in quattuor partes fissas. Ait eñi Theophrast⁹ li. primo. Oleas quoq; : et ficos multifidas dimittere assolent. Pli. etiam lib. xvii c. vii: ait. ex eodẽ inuentũ est surculus abscisos serere. Hoc primo sepis causa factũ sambsucis cotoneo et rubis depactis: mox & culture: vt populis alnis: salici. q̃ vel inuerso surculo seritur. a Acuto robore val. S. pro acutioribus accipim⁹. Et bis idem dixit: nã valli & sudes idem sunt. A. Acuto robore vallos: i. palos acutos & surculos. Serunt̃ eñi surculi quadrifidi acuti.

b Syluarumq; alie pressos propaginis. SER. Propago precipue vitibus cõgruit. Vnde apparet syluas eũ etiam de vitibus dicere. ANT. Propaginis artus. Pinus bacca et propagine seritur. Citrea etiã grano & ppagine. Auctor Plinius libro decimoseptimo: cap̃. vii.

c Et viua sua plãtaria terra. SER. Et alie syluarum expectant plantaria: cum sua terra viua: id est naturali. Vt viuoq; sedilia saxo: Inde est mutata ignorent subito nemia matrẽ. C. Et viua. Que cum radicib⁹ transferunt.

f Terre mandare cacumen: AN: vti de salice dictum est.

g Quin & caudicibus sectis. SER. Caudicibus posuit pro codicibus. sicut caulem pro colem. sauricem p soricẽ dicimus. Fit autẽ quod nũc dicit de oliua & myrto: quarum sicci stipites secantur vsq; medullam: et terra infossi ex se arbores gignunt: quod sine dubio mirum est. AN: Caudicibus. Caudex dicitur in arbore: quod supra terrã simplex assurgit. in herbis vero caulis appellat̃. vt Theophrasti interpretes ostendũt. h Trudit̃. S. Vrgente natura pcreat̃. i E sicco ligno. S. arido. k Radix oleagina. S. deriuatũ ab olea. A. Radix ẽ qd̃ subter telluri cohæret. Olea aũt (Theophrasto teste li. ii.) plurimis modis venire videt̃: nã ex trũco: ramo cõciso: radice: ligno: virga. l Impune videm⁹. S. sine damno. Et loquit̃ de insitiõe: m Vertere. A. supple se in alteri⁹. s. ramos. C. De insitiõe tractat: de q̃ paulo post. n Insita. S. Sane insitas arbores dicim⁹. Insertas p̃o causas aut fabulas. o Lapidosa corna. S: dura. alibi. lapidosaq; corna dant rami. p Generatim. SER. p singula genera: generaliter autem simul omnia. γενικῶς καὶ κατὰ γένος.

Neu segnes iaceant terre: iuuat ismara baccho
Conserere: atq olea magnũ vestire taburnũ.

q Segnes terre. S. pigre: infecũde. Et docet posse industria etiã loca asperrima: ad fertilitatẽ pducĩ. CRIS. Segnes, que desidiose nõ ferant fructus.
r Ismara. S. mons Thracie. A. Mons insignis oleo, & vino. teste Vibio. C. hic mõs: (cuius ps aspera in cultuq est: Altera vero vinetis: oliuetisq spectabilis) est in regione Maronea: in q̃ Diodorus ait. Bacchũ interfecto lycurgo reliquisse Maronẽ prefectũ pmonstratoremq vinearũ: et ab eo Maroneã dictam: Hac regione expugnata ait Homerus: Vlyssem vinũ exportasse. Plini⁹ aũt antiquissimã claritatẽ vino maroneo dat. additq Arysteũ primũ oim in hac gẽte mel miscuisse vino suauitate: pcipua vtriusq nature sponte puenientis. Maroneũ vicies tantũ addito atq miscẽdũ: Homerus pdidit. Et Mutianus ter cõsul sextarios singulos octogenis aq misceri cõperit: pñs in eo tractu. s Vestire. C. Trãslatio ab hũaniscorpib⁹. t Taburnũ. S. Taburn⁹ mõs Cãpanie. A. Taburnus mõs est Apulie regionis: q fertilis est olee: vt Probus inquit. Poeta libro eneid. xii. meminit etiã dicens: Ac veluti ingenti syla summo ve taburno. quũ duo conuersis inimica in prelia tauri frontibus incurrunt ꝛc. CRI. Taburnus mons in Samnio oliuetis cõspicuus.

Tuq ades inceptũq vna decurre laborem
O decus o fame merito pars maxima nostre
Moecenas: pelagoq volans da vela patenti.

v Tuq ades moecenas: S. adesto: & inceptũ fauorẽ omnibus libris impendito. nã vbiq eũ inuocat. A. Primo volumine Augustũ cesarẽ inuocauit. Hic vero Moecenatem: cui & totũ opus dedicat. CRIS. Ades. faue. Nam tanq deũ inuocat: Dii autem sua psentia iuuant. x Decurre laborem. C. Artificiosissime dixit. decurre Nã ostendit summam facilitatẽ adiuuãdi in Moecenate. Per laborem aũt difficultatẽ in se. ppter ingenii inopiã significat. Petitio ergo hec continet honestatẽ. Honestũ eni est amico subuenire: in re: psertim inchoata: ne turpiter ab incepto resilias. cõtinet facilitatẽ: cum ipse suo stilo ac doctrina facile prestare possit. Continet vtilitatẽ: cũ magna ps decoris fame q Virgiliane: in ipsum redundatura sit.
y O decus. o fame ꝛc. Horatius. O & psidiũ & dulce decus meum.
z Pelagoq volans ꝛc. SER: Simplici generi carminis psta fauorẽ: vt vela fauorem accipiam⁹: pates pelagus: carminis facilitatem. Hoc autem carmen facile esse significat dicens: In manibus terre: hoc est in facili & in promptu res posita est.
a Volans. A. citius & festinus: In antiquis textibus; & volans: & volens legitur: vtrunq conuenit.
b Vela. AN. studium & auxilium.

Non ego cuncta meis amplecti versibꝰ opto.
Non mihi si linguę centū sint: oraq; centum:
Ferrea vox: ades: et primi lege littoris oram.
In manibus terrę: non hic te carmine ficto
Atq; per ambages: et longa exorsa tenebo.
Sponte sua quę se tollūt in luminis auras
Infoecunda quidem: sed lęta et fortia surgunt.
Quippe solo natura subest: tñ hęc q̄z si quis
Inserat: aut scrobibus mādet mutata subactis.
Exuerint syluestrē animum: cultuq; frequenti
In quascunq; voces artes haud tarda seq̄ntur.
Necnon et sterilis quę stirpibus exit ab imis

c Non ego cuncta zc. S. non sum vniuersa dicturus: nec posuit quare: & suā extenuat possibilitatē. et moecenatis auribus ex sui carmīs breuitate blandit̄. Alii aliter accipiunt. Constat Moecenatē fuisse lrarū peritum: et plura cōposuisse carmina. Nam etiā Augusti cęsaris gesta descripsit: q̄d testat̄ Hora. dicens, Tuq; pedestribus dices historiis p̄lia cęsaris Moecenas melius: ductaq; p vias regum colla minantiū. Vt hoc nunc dicat: inceptumq; vna decurre laborem. i. adesto: & simul scribamꝰ. licet enim que tu scribis eē cōstet ingentia: meum autem carmen et breue sit: & totū id explicare nō possim.. debes tñ fauere minoribꝰ: vt pelagoq; volans da vela patenti. scilicet ingentia scribe. C. Non ego cūcta meis āplecti versibus opto. Ex hoc rem facilem facit quia nō in oīa sed in pauciora auxiliū imploret.

d Non mihi si. A. Non optarem amplecti cūcta inquit. Si centū zc.

e Ferrea vox. A. firma: indeficiens. f Et primi lege lit. orā. S. i. faue minora scribenti. Non ego cuncta meis. Lucrecii versus. Sed ille ęnea vox ait: hic ferrea. primi lege littoris orā. Lege nauticꝰ sermo est: qui nunc et ad nauigandū & lectionē pōt referri. Nā hoc dicit. Faue principio vel hūilitati carmis mei. A: Et prim lege littoris oram: nauiga extremitatem primi littoris: a principio huius voluminis: tuo mihi igenio: ac studio faue. C. Primi littoris. Quia nō audeo p̄fundū petere. i. grandiorē materiā aggredi. g In māibꝰ terrę. S. i. facili & in p̄mptu est terrarū descriptio: q̄d πρόχειρον greci dicūt. C. In māibus ter. Terrę sunt i manibus meis: ac si dicat: in p̄nti ope. Vel sunt omniū: hoc ē in promptu: nā materia nō est recondita: sed oibꝰ euidēs.

h Non hic te carmīe ficto. S. i. simpl'r vniuersa describā: neq; vt In eneid e aliquibus figmētis aut vllis vtar ambagibus. C. Non hic te car. ficto. Nō sunt hic poetarū fabulę quę plus voluptatis q̄ vtilitatis continēt. i Per ambages. A. verborū circūitus. C. Per ambages. quod poetarū est. qui & altius repetunt. vt Enius qui a materia argonauis: exordit̄ discessum Medeę. altiꝰ eni repetūt ipi poetę & lōgius p̄sequūt̄. k Lōga exorsa. S. dicit poemata lōge repetita: q̄ constat eē vitiosa. A. Longa exorsa. Longa exordia. Vñ statim ad narrationē cōuertit̄. C. Lōga exorsa. Exprimit q̄d intelligit. l Sponte sua. S. ad aliud q̄d omiserat redit: & exequit̄ q̄litatē triū generū (q̄ sup̄ memorauit) arborum. s. sponte natarū. p̄creatarū ex semīe: & earum q̄ de radicibus pullulant. C. Sponte sua. Suapte natura. & nō hūano artificio. Est aūt sententia: q̄ q̄uis terra oīm rerū semina in se cōtineat. tñ in diuersis locis semina diuersis arboribꝰ accōmodatiora habet. Quapropter q̄ in ipsa natura p̄ueniūt: fortius validiusq; surgūt: tanq; a solo p̄priū ipsius semē continēte generata. s. p̄pria illius arboris. m Infoecūda. i. foetu carētia. & p transitū rem physicā tangit. Nā semē esum salicis dr̄ infoecūditatē mulieribꝰ gignere. A. Infoecunda. i. sterilia. C. Infoecūda. Non enim p̄ducit fructum. sed pro fructu abundātissima materia est. Differt autem foecundū & facundū. foecundus id est fertilis a foetu: quasi plurimū effundēs foetū. Facundus vero a fando. eloquēs: & copiosus in orōne est.

n Leta & fortia: S. Quasi in hoc ipis arboribus ingens sit foecunditas. A. Loca ampla. n Solo natura subest. S. Quia (vt sup̄ diximꝰ) naturaliter rerū omniū materies terra: vniuersa intra se cōtinens semina. Hinc est. quippe solo natura subest. Natura enim dicta ab eo q̄d nasci aliquid faciat. Mire autem ait subest: id est latenter. nā nō apparet. Vñ Epicurei dicūt nihil eē quod nō habeat originem sui. nam hoc est gigni de nihilo nihil. in nihilum nil posse reuerti. A. Solo natura subest.. De natura & terrę seminibꝰ: videto Aegloga. vi. Et libro primo Georg. ibi imposuit natura locis: et ibi latiꝰ. Quiq; nouas alitis nonnullo semine fruges.

o Scrobibꝰ mādet mutata subactis: SER. Nos scrobes genere dicimꝰ masculino. licet Lucanus dixerit contra artē. Exigua posuit scrobe. A. Mutata Plinius libro. xvii. capitulo. viii: inquit. Ante oīa igitur in simile transferri terram: aut meliorē oportet: p̄fodere scrobas an si fieri posset tanto donec pingui cespitē obducant. Mago ante annū fieri iubet: vt solem pluuiasq; combibant. arborem nec minorez bima: nec maiorem trima trāsferri quidā precipiunt. Alii cū annū impleat. Plerīq; id demū cauent: vt plaga deputati tacuminis meridiem spectet. Subactis: id est versatis. excultis: & effossis. CRIST. Scrobibus: id est fossis. Duplici enim via mitescunt syluaticę arbores. inserendo. & in mitius solum transferendo. Scribit Columella. Ante annū q̄ poma disponere voles: scrobes fodito: Ita sole pluuiaq; macerabunt: quo & posueris cito comprehendet. Sed si eodem anno semen ponere voles: ante duos menses fodito: & stramentis eas completo: & incendito: q̄ latiores scrobes feceris. hoc erunt lętiores: sapidioresq; fructus. Dicimꝰ aūt scrobem & scobem: Scrobē enī appellamus fossam. Scobem vero minutia illa: quę aut liminando: aut terebrando. aut aliquo modo terendo cadunt. sed etiam dum locum deuenerimus. quicquid im mūd iciarum educitur. scobem dicimꝰ. Iuuenalis. Et tamē vnus: semodio scobis: hęc emundat seruulus vnus.

p Animum syluestrem. SER. naturalem asperitatem & infoecunditatem. CRI. Animū syluestrem. Atqui animus rationalis est: & q̄ sapimus. Aīa vero qua viuimꝰ: ille proprius hoibus. hęc nobis & cū brutis et cū plantis cōmunis est. Quomō ergo deponūt animum cū illo careant. Sed vsus est translatiōe ab homine. Nam vt homo si ex agresti incultaq; vita: in ciuilem & bonis ciuibus excultā traducatur. ferina vita deposita mitescit. sic arbor ab inculta regione: in cultum agrum translata sumit mitiorem succum.

q Cultuq; frequenti. A. Plinius libro. xvii. c. xli. Atq; in totum omni cura fertilitatem adiiciunt. Fertitas senectam. r Voces artes. SER. Foecunditates ex arte venientes. CRI. Artes: id est succos: quos per artificium induxerit.

Hoc faciet:vacuos si sit digesta per agros.
Nunc alte frondes: & rami matris opacant:
Crescentiq; adimunt foetus: vruntq; ferentē.
Nam [v]que seminibus iactis se sustulit arbos
Tarda venit: seris factura nepotibus vmbrā.
[x]pomaq; degenerant ccos oblita priores.
Et turpes auibus pdam fert [y]vua racemos.
Scilicet oībus est labor impendēdus: & oēs
[a]Cogendę in sulcū: ac multa [b]mercede domādę.
Sed [c]truncis olęę melius [d]propagine vites
[e]Respondent: [f]solido [g]paphię de robore [h]myrtus
[i]plantis e durę coryli nascuntur: & ingens
Fraxinus: [k]herculeęq; arbos vmbrosa coronę.
[l]Chaonij q; patris glandes: etiam [m]ardua palma
Nascitur: et [n]casus abies visura marinos.
Inseritur uero ex [o]foetu nucis [p]arbutus horrida

a Hoc faciet. S. id est erit foecunda: si fuerit inde trāslata.
t Ferentē. S. quę ferre pñt: si ei vmbra non noceat. AN.
ferentem. i. foetus. v Nam q̄ seminib⁹. C. Dicit qdem
arborem ex suis semibus progignere arbores. Sed in ea
re duplex est incōmodū: & ꝙ tardius crescāt: & ꝙ degeⸯ
nerant. Nam & mali & pigri non referūt maternos sucⸯ
cos: & vitis vuas rariores minutioresq; producunt.
x Pomaq; dege. S. in peius vertunť: alias in melius. Po
ma autem arborum ex semine procreatarū dicit: quas cō
stat (nisi insitę aut transⸯ
latę fuerint) non rñdere q̄
litati seminis sui. C. Recte
dixit poma. Nam nuces:
siue iuglandes sint: siue
amigdalę: siue castaneę: si
ue auellanę: non ita degeⸯ
nerant.
y Fert vua racemos. S.
Vuam p vite posuit. i. fru
ctum pro arbore. Sane ra
cemus botrionis est pars.
Et botrio grecū est: et sic
vuam pro vite posuit. siⸯ
cut Horatius pro vino.
Nā ait Cecubum & prę
lo domitam caleno tu bi
bes vuam. AN. Vua. id
est vitis ipsa: nisi e semiⸯ
nario fuerit transposita:
turpes racemos pducet:
Sationis omniū vitium
duo genera (vt scribit Co
lumella li. iiii. c. xiiii.) maⸯ
leoli. vel viui radicis. qđ
vtrūq; ab agricolis vsurⸯ
pat. & in prouinciis maⸯ
gis malcoli. Nō enim seⸯ
minariis student. nec vsū
habent faciendę viui radi
cis: z Labor. C. labo
riosus cultus.
a Cogendę in sulcum:
SER. In ordinem compo
nendę: aut certe arandę.
b Mercede. SER. Mulⸯ
to labore: a sequentibus
quod precedit intellige.
c Sed truncis olęę. SER:
quia supra ait: Truditur
e sicco radix oleagina. reⸯ
dit ad eos modos quos inuenit industria: Dicendo auⸯ
tem melius: ostendit etiam alias arbores posse ex truncis
procreari. Sane olea est arbor ipsa: vnde deriuatū est oleⸯ
um. Oliua vero fructus ipse. vnde est oliuum. Legimus
tamen & oliuam arborē. vt incumbens tereti damon sic
coepit oliuę. ANT. Truncis olęę. De hoc lege Cathonem
titulo. xlv. d Propagine. ANT. De hoc videto Coluⸯ
mellā libro. tertio: capitulo. viii. e Respondent. CRI:
Satisfaciant votis tuis. f Solido. S. pro sicut & olea:
g Paphię. SER. aut Venereę. a papho insula in qua ve
nus colitur. Veneri autem myrtus est consecrata: Vel ꝙ
hęc arbor gaudet littoribus. Et venus de mari dicit̃ proⸯ
creata. Vel ꝙ (vt medicorum indicant libri) hęc arbor
apta est mulierum necessitatibus plurimis. AN. Paphię
myrtus. Paphos Cypri vrbs: portum habebat: et templa
optime structa. Strabo libro. xv. auctor ē. Plini⁹ ꝓo libro
secundo ait: ꝙ celebre phanum habet veneris paphos: in
cuius quadā area non pluit. Paphię ergo venereę. CRIS.
Paphię. Veneri dedicatę. Nam venus paphi colitur: quę
vrbs Cypri insulę est. Cicero. Omnes tibi Cyprioes conⸯ
mendo: Paphios pręsertim. Horatius. Venus regna gniⸯ
di paphiq;: h Myrtus. ANT. & ligno & ramo proⸯ
uenit. Pli. li. xvii. c. xvi. scribit. ꝙ ramo seruntur: & puniⸯ
ca palis laxato prius meatu. Item capit. viii. dicti libri ait:
ꝙ myrti genera omnia in campania baccis. serunť Romę
propagine Tarentina. i Plantis. e durę Coryli. SER.
Duras dixit: non ad lignum: sed ad fructum ipsarum reⸯ
ferens. Alii edure legunt: quasi non durę: vt paulo post.
Enodes trunci: id est sine nodis: vt e modo minuentis nō
augentis habeat significationem. Sane Coryli proprie diⸯ
cuntur. Nam auellanę ab
auellano Campanię opⸯ
pido: vbi abūdant nomi
natę sunt. ANT. Edurę.
non durę. fragiles. De coⸯ
rylis plura in Tityro.
k Herculeęq; arbos. S.
Ipse alibi. herculea bicoⸯ
lor cū populus vmbra.
ANT. Herculeęq; arbos
id est populus Herculis
tutelę subiecta: qui (vt ai
unt) ad inferos accedens:
populea fronde se coronaⸯ
uit. l Chaoniiq; paⸯ
tris. S. Iouis epirotici. A.
Iouis Dodonei. vide lat
libro primo Georgicorū
ibi: Chaoniā pigui glanⸯ
dē mutauit arista.
m Ardua palma. S.
Aut alta: aut ad quā difⸯ
ficile peruenitur. AN. De
palma videto primo Ge
orgicorum. Palmas episⸯ
ros aquarum: C. Ardua:
quę sua natura. ardua: id
est alta adeo annixe petit
vt nullo pondere supimⸯ
posita inflectatur. sed creⸯ
scens omnem molem cō
stanter efferat. semper adⸯ
uersus difficultatē nitens:
quod quoniam propriū
fortitudinis est: causa est:
vt palma victori premiū
detur.
n Casus abies. S. Abies
eni est species apta nauiⸯ
bus: quam supinū vulgo vocant. AN. Plinius libro. xvi.
capitulo. xi: scribit: abietem expetitam nauigiis: situmq;
habere in excelso montium: ceu maria fugerit. Idem libro
xvi. cap̄. ix. ait: ꝙ abies admirationis pręcipuę visa in na
ui. quę ex ęgypto Caii principis iussu Obeliscum in vati
cano circa statutum quattuor trūcos lapidis eiusdem ad
sustinendum eum abduxit. Qua naue nihil admirabilius
visum in mari certum est. Longitudo spacium obtinuit
magna ex parte Ostiensis portu latere lęuo: quę arboris
crassitudo quattuor hominum vlnas complectentiū imⸯ
plebat. o Ex foetu arbutus horrida. SER. versus daⸯ
ctilicus. Nam male quidam horrens legunt: Horrida auⸯ
tem hispida. Et iam transit ad insitionem: quę duplex est:
Nam aut insitio dicitur cum infisso trunco surculus foeⸯ
cundę arboris sterili inseritur: aut oculoꝝ impositio: cum
inciso cortice libro: alienę arboris germina inserimus. C.
Foetu. pro surculo posuit.
p Arbutus horrida. AN. Arbutus est arbor fructuosa:
Pomum habet simile terrestribus fragis. Dicitur alio noⸯ
mine Vnedo: argumento vnum tantum edendi. Plura pliⸯ
nius libro. xv. capitulo. xxiiii.

Et[q] steriles platani[r] malos gessere valentes:
Castaneę[s] fagos[t]: ornusq;[v] incanuit albo
Flore piri: glandemq; sues fregere sub[x] vlmis.
Nec modus[y] inserere atq; oculos imponere simplex.
Nam qua se medio trudũt[z] de cortice gemmę
Et tenues rumpunt tunicas[a]: angustus in ipso
Fit nodo sinus. huc[b] aliena ex arbore germen
Includunt: vdoq; docent inolescere[c] libro.
Aut rursum[d] enodes trunci resecantur: & alte[e]
Finditur in solidũ cuneis via: deinde feraces
Plantę immittunt: nec longũ tẽpus: & ingens
Exijt ad coelum ramis foelicibus[f] arbos.
Miraturq;[g] nouas frondes: & non sua poma.

q Et steriles platani. S. dicit: quid in quam arborem debeam⁹ inserere. In arbuto nucẽ. in platano malũ. in orno pirum. Sed castaneę: fagos: eget expositiõe. Non enim in castanea fertili: foecunda fagus inseritur. Vnde aut Hypallage est: vt sit castaneę fagos pro fagi castaneas gessere: aut est mutãda distinctio: vt sit. Et steriles platani malos gessere valentes Castaneę. Hoc est infoecundę arbores platani fortes ramos castaneę portauerunt. r Platani. A. Hęc arbor lata folia habet vti vitis & ficus. Pli. li. xv. cap. lxxvii. legito. C. Platani. Hęc arbor a frondiũ latitudine nomẽ accepit. Hęc ex alieno orbe vmbrę cã experta est. Et primo per mare Ioniũ in Diomedis insulam deuecta. eiusdem tumuli grã. Inde in Siciliã: ac postremo in Italiã delata. Et deinde in Galliã: Dionyssius tirãnus prim⁹ in regiã suã intra vrbem transtulit. Consueuere vino irrigare: qa cõpertũ est id ꝓdesse radicibus. Celebratę primũ sũe in deambulatiõe achademię. Celebrata & in Lycia iuxta fontem domicilii modo quę imaginẽ speluncę facit. intraq; Mutianus ter consul cũ decem & octo comitibus epularũ copiose scribit: dẽsitate frondiũ omnẽ imbrẽ excludẽs cũ voluptate excepit⁹. Est in Creta platanus nunq; folia dimittẽs. Vñ fabulantr̃ gręci Iouẽ cũ europa sub ea concubuisse. Veluti in Cypro alia eiusdem generis nõ esset. Hui⁹ arboris vsus non est alius ꝙ solẽ ęstate arcere: hyeme admittere. Q. Hortẽsius in quadã cã a Tullio ꝓcario postulauit: vt secũ locum dicendi ꝑmutaret: cum sibi necesse esset in Tusculanum abire: vt platanum ꝙ posuerat: vino suffunderet. Sunt & chamoplatani coactę breuitatis. Nam de industria cogũt illas esse breues: & veluti inter proceras arbores pomiliones. fit autem & serendo & trudendo.

s Castaneę. AN. Castaneę fagos. s. gessere. Solebat enĩ castanea syluestris ex fago inseri quo glandes produceret. CR. Castanea. nux heracleotica vocatur. Oppius in libro de arboribus syluestribus: heracleotica nux ꝙ quidem castaneã vocant. Et vt a quercu dicimus querceta. Sic a castanea dicimus castaneta: subtracta ei syllaba. Sũt qui credunt dictum castaneam a castrando. Nam cum fluctuosa sit nisi castretur: crepat in igne: non sine astantium periculo. Castel. vocant arabes nos imitãtes. nã ipsi ea carẽt.

t Fagos. S. Incipit esse ñtũs casus grecus singularis Nam pluralis noster est accusatiuus. Alii neutrũ ꝓbant: & ita incipiunt. Castaneę flore fagos incanuit. piri flore ornus incanuit. vt similiter fagos nomĩatiuus sit grecus.

v Ornusq;. AN. arbor est sterilis: albo cortice.

x Sub vlmis. CRI. quia insita fuerit in vlmo quercus.

y Nec modus inserere. SER. Aut non simplex et fortuita ratio: sed ea quę ingenti labore colligitur. Aut hoc dicit non est idem inserere quod & oculos imponere: quarum rerum discretionẽ hoc loco memorat: sicut nos dixim⁹ supra. ANT. Plinius libro. xvi. c. xiii. docet ꝙ semina quoq; inserere natura docuit. quod quidẽ aues in mollibus arborum lecticis egesserãt: aut ventus forte immiserat in aliquas corticum rimas. Vnde vidim⁹ (inquit) Cerasum in salice. Platanum in lauro: Laurũ in ceraso. Ratio postea duplex. & prima inter corticem: lignumq; inserendi: mox truncum inforare medium pristi. ipsiq; medullę calamũ vnum imprimere: neq; enĩ plures cupiebat medulla subtilior. Postea truncum leniter findere ceperunt: cuneoq; tenui fissura custodiente in ruinam decisum calamum inferebant. Sed obseruãdum ne fissura in nodo fiat. Certum q; est ab humeris arborum orientẽ ęstiuum spectantib⁹ surculos petendos; & e feracibus & e germine nouello: nisi vetustę arbori inserantur. Hi enim robustiores esse debent. Preterea vt ꝓgnantes: id est germinatione turgentes: & quos parere illo sperauerint anno. inserĩtur autẽ & inuersi: quum id agitur vt minor altitudo in latitudinẽ se fũdat calami. exacutio medullã ne nudet. calamus ad corticẽ vsq; suum deprimatur: nec cortex explicetur in rugas: lõ lachrymãtes calami inseri non oportet: nec aridos quidem. Item etiam religionis seruãt: vt luna crescente calamus: vtraq; deprimatur manu: validius q; demissi tardius feruntur: fortius durant: nõ hiscat nimiũ rima: nec compissũ necet. Si crassior truncus inseratur: inter corticem & lignũ inseri melius cuneo optime osseo: ne cortice rumpatur laxato. Cerasi libro dempto finduntur. Hę solę & post brumam inserere aptissimũ: ꝙ proximum terrę patiatur nodorũ truncíq; ratio. eminere calami sex digitorum longitudine: nõ amplius debent. Catho inseri pręcepit pira ac mala ꝑ ver tantũ: luna sitiente: hoc est sicca. Preterea post meridiem ac sine vento austro. Et abunde arbitrantur paleato luto rimatu custodire duobus digitis insito optante. Inseritur autem oleaster calamo et inoculatione: vt idem ait cap. xvii. De insitu vero & inoculatione: optime etiam Theophrastus meminit libro primo de causis plantarum. Meminit item optime Columella libro tertio. c. xxvi. CRIS. Nec modus inserere. Pro inserẽdi. ponit hic duos modos: At Columella refert tres. Postremo addit quartũ tanq; a se inuentũ: oculos imponere. Hunc modũ emplastrationem & inoculationẽ. (Columella teste) antiqui dixerunt.

z Trudunt de corti. SER. id est propellũt: eiiciunt. AN. Hę arbores recipiũt talem incisionem testę: quę humidũ succosumq; & validum librum habent sicuti ficus: adde etiam castaneam & oliuam ꝛc. a Tunicas. S. libros arboris interiores. b Huc ex aliena. SER. quia ait ex aliena arbore: & est mutatio. Ideo non ait: hic includunt. sed huc. Sic Cicero includunt in carcerem condẽnati vtiq;: quia illuc fuerant aliunde deducti.

c Inolescere. SER. concrescere. συμφυειν

d Addunt rursum enodes trunci resecant. S. Rursus hic non habet significationẽ iterandi. sed abundat.

e Alte findit. A. Fissuram trium digitorũ. Colũ. docet.

f Foelcibus. C. Aut mitibus: aut suauib⁹. g Miraturq; nouas frondes. S. Ingens phantasia. Sane miratq; legendũ est vt stet versus. C. Miratur: mira suauitate &

poetica phantasia dat sensum rei sensu carenti.

h Preterea genus haud vnū. S. Docet nūc etiā in singulis arborū speciebus esse aliquā varietatē. i Fortibus. C. Validis. Huius duo genera sunt. gallicū et vernaculū. Gallicū atinam. Vernaculū nostratē dicūt. Ex atina frondes pecori gratiores sunt. Semen vlmi amara: siue samaria dicitur. k Vlmis. AN. Vlmi duo genera greci nouere. Montosum quę sit amplior: campestrem quę fruticosa. Sunt et alia genera (vt Pli. docet li. xvi. c. xxx.)
l Nec salici. AN. Videto paulo ante. Et glauca canētia fronde salicta.

m Lothoq;. SER. Lothos nimpha quędā fuit quam cum amatā Priapus psequeretur. illa deorum miseratione in arborem conuersa est: quę vulgo faba Syriaca dicitur. A. Lothoq;. Huic magnitudo est quę piro: incissure in folio crebriores: alioquin ilicis viderētur differentię plures: hęq; maxime in fructib⁹ fiūt. Nascitur fructus densus in ramis myrti modo: ligno color niger. ad tybiarum cantus expetitur. Plinius libro. xiii. c. xix. CRI. Lothos arbor in Aphrica sed Italię familiaris. Verum cū terra mutata magnitudo illi quę pyro: quamq; Cornelius nepos breuem tradat. Frondes habet ilicis nisi incissurę crebriores sint. Differentię plures maxime in fructibus: magnitudo fabę. color croci: sed ante maturitatem alius atq; alius: sicut in vuis. Nascitur densus in ramis myrti modo: tam dulcis vt nomē genti dederit. non dicunt sentire ventris morbū: qui eam mandunt. Vinum hinc exprimunt simile mulso: sed vltra denos dies nō durat. Baccas cū siliqua doliis ad cibū condiūt. e radice cultelli capulos faciūt. Est & palustris herba in ęgypto eodē nomine: recedente nilo pueniit similis fabę fructus: in capite papaueris similes: intus grana ceu miliū: ex his panē faciūt. Sole occidente cōprimunt papauera: oriente aperiuntur.
n Idęis cyparissis. A. Cyparissi duo genera: foemina metam habet in fastigiū conuolutā. Mas spargit extra se ramos, in Idęis montib⁹ cyparyssus plurima est. Pli. libro decimosexto: ca. xlvii. CRIST. Idęis ab Ida monte Cretę. Nam patriā Cretę fuisse: Plini⁹ testatur. Cato theręntinā appellat. Sed credit Plinius. quia illinc prius aduenerit: aitq; esse aduenā: & ex difficillime nascentium. Idē Cato ait: hiatu esse morosam: fructu supuacuam. Bacchi toruam: foliis amarā: odore violentam: ac ne vmbra quidem gratiosam. Diti sacra est: et ideo funeri signo apposita. Asclepiades scribit: Boream regem celtarum in tumulo filię suę Cyparissę: cupressum seuisse. & ob id habitam esse luctuosam arborem.
o Vnam in faciem. S. id est in eandē similitudinē. CRI. Faciem: id est formā a faciendo. Nam nō materia sed forma rem facit: nō enim est Iouis statua: quod ex marmore ęre ve fit. sed quod eius formam habet: Iouis statua ē.
Vnam in faciem. Olearum genera sunt decem. Pausia siue posia. Sergia. regia. picęna. sidichia. Maiorina. Transmarina. Radius a longitudine dictus Orchis: qm̄ testiculorum formā habet. Orchis enim grece testiculus est. hęc ydonea est cibo. pausia aptim fundit oleum.
p Oliuę. AN. Oliuarum genera tria dixit Virgilius. inquit Plinius libro. vv. capitulo tertio.
q Orchades. S. Gen⁹ oliuę a gręca ethymologia: sed obscęna: id est testiculis quę ορχεισ dicuntur. A. Orchades & radios et posias. Posia plurimū carnis habet. orchades

[h] Pretereagenus haud vnum nec fortib⁹ [i] vlmis: [k]
Nec salici [l]: lothoq; [m]: nec Idęis [n] cyparissis.
Nec pingues vnā in faciem [o] nascuntur oliuę [p].
Orchades [q] et radij [r] & amara pausia bacca [s]:
pomaq; et alcinoi [t] syluę: nec surculus idem
Crustumijs [v] syrijsq; [x] piris: grauib⁹q; [y] volemis [z].

olei. Probus aūt sic ait. Orchites a magnitudie appellatę q; similes sint testiculis. Orchis enim testiculus dicitur.
r Radiis. S. Oliuę sunt ita a longinquitate nominati.
s Amara pausia bacca. S. Oliua a pauiendo dicta: id ē a tondendo. aliter enim ex se oleum nō faciet. Amara autem bacca: viridi: vt alibi. Floribus atq; apio crines ornatus amaro. i. viridi. Nam de pausia viride oleum fit. Vnde contra dicitur dulce quod nō est viride. AN: Pausia olę genus est acerbę: quam posiam vocant. In Varrone item Posia & Pausia legitur. Columella libro. vi. caplo. vi. scribit decē olearum genera in noticiam suam puenisse. Sunt aūt: pausia: algiana: licinia. Sergia. Neuia. culminea. orches. regionea. circites. murtea. Ex quibus bacca iucundissima est. pausia speciosissima est regia etiam virga: quę potius ęscę q; oleo ē ydonea pausię tamen oleum saporis egregii dū viride est. Orches quoq; & radius melius ad ęscam: cum in liquorem stringitur. Oleū optimum licinia dat. plurimū sergia. omisq; olea & maior fere ad ęscam: minor oleo est aptior: t Alcinoi syluę. SER. id est pomiferę arbores. Nam alcinous rex phæacum fuit: diligēs cultor hortorū. Vnde per eius syluas arbores pomiferas intelligim⁹. De q̄ Homer⁹ ait: q; haberet. μιλονεπι νιλω ANT. Alcinoi syluę. Probus ait. alcinoi syluas dicit: quia refert Homerus eum habuisse pomarium incredibili supbia. Fuit aūt rex phęacū qui sunt ī insula Corcyra. Plini⁹ item scribit libro decimonono: ca. vii. q; antiquitas nihil prius mirata est: q̄ & hesperidū hortos. ac regum Adonis ac alcinoi. C. Alcinoi. Ex Neptuno (vt est apud Homerū) natus est Nausithous rex pheacū. ex Nausithoo Rexenor gēit⁹ ē: q relicta ariete filia ab apolline pcussus periit. Hęc mūer ex Alcinoo peperit Nausithoū: Nausithoi fili⁹ fuit Alcinous: q vlyssem honorifice suscepit. Nā Nausithoa eius filia cum ad fluuiū cum pedissequis vestes lotura accessisset. Vlissemq; nudum: & naufragum: et frondibus se tegentem: & cibum orantem ad patrem perduxit. Hic rex corcyrę habitauit: & pulcherrima habuit pomaria. pira autem nobiliora sunt.
v Crustumiis. SER. Crustumia pira sunt ex parte rubentia: ab oppido Crustumio nominata. A. Plinius libro xv. caplo. xv. de piris inquit. Cunctis autem Crustumia: gratissima: proxima his phalerna a potu: quoniam tanta vis succi abundat. Lactea hęc vocātur: in his quę alii colore nigro donant syrię. Propterea dixit volema Virgili⁹ a Catone sumpta: qui et sementina et muscea nomiauit. Plinius libro. iii. de Italia loquens ait: Volaterani cognomine Hetrusi volsinenses in eadem parte oppidorum veterum nomia retinent agri. Crustumius. Calatranus. Idē libro tertio: capitulo. vi. scribit: Crustumium fuisse in latio oppidum. CRIS. Crustumia: regia: Signia. Tarentina: quę Syria dicuntur: Fauonia. Laterana. Dolobellina: Volema. Crustumia: Syria sunt purpurea.
x Syriis volemis. S. id est nigris.
y Grauibusq; vole. S. id est magnis. Nam & volema ab eo q; volam impleant dicta sunt: Vola autem est medietas palmę vel pedis: vnde & inuolare dicimus.
z Volemis. CRI. Volema. Virgilius a Catone sumpsit quę dicuntur semētina & muscea: quia sero maturescūt. Volema: quia volam manus implent; vnde dixit grauibus.

¶ [a]Non [b]eadē arboribus [c]pēdet vindemia nr̄is.
Quā [d]methymnęo carpit de palmite lesbos:
Sunt [e]thasię vites: sunt et [f]mareotides albę.
[g]pinguibus hę terris abiles: leuioribus illę.
Et [h]passo psythia vtilior: [i]tenuisq́ lageos:

a Non eadem arborib⁹ pendet vindemia nostris: S. i. vites q̄ʒ diuersę sunt: b Arboribus nr̄is. A. Italicis vitibus. Plini⁹ em̄ libro. xiiii. ca. i. Vites iure apud priscos magnitudīe q̄ʒ inter arbores numerabant. Ioui simulacrū in vrbe Populonia. ex vna ꝯspicim⁹ vite: tot ęuis ins corruptum. Item Massilię pateram. Metaponti templū Iunonis vitigineis columnis stetit: nec est ligno vlli ęternior natura.

c Pendet. S. bene pendet dixit: Nulla em̄ vitis in Italia est q̄ nō pendeat. d Methymneo. c. d, pal. lesbos. S. Lesbos insula est in ęgeo mari: cuius ciuitas methymna: habens p̄ciosissimū vinū. A. Lesbos. Probus sic ait. Lesbos est insula Asię in sinu ęgeo conspicua Troadi & Thracię: in q̄ oppidum q̄d appellat̄ Methymna: ex q̄ fuit Arion cytharędus. C. Methymna vrbs lesbi: patria Arionis musici: hinc vinū lesbium. e Thasię vites. S. a thaso insula noīatę. Mareotides: albę. ęgyptię. Mareotis enim pars est ęgypti. Et dicēdo albę: ōndit etiā esse purpureas vl' alterius coloris. A. Pli. li. xiiii. c. iiii. inq̄t. Dixit Virgili⁹ Tasias & mareotidas & lageas: cōpluresq́ externas: quę nō repiuntur in Italia. Thasos aūt insula erat libera: olim Eria vel Etria dicta: vt idem scribit li. iiii. ca. xiii. Herodotus scribit: ꝙ Thasos dicta ē a thaso filio Phoenicis: estq́ insula in mari Aegeo. f Mareotides. docet Probus ꝙ ęgyptias intellexerit. a Mareotide palude q̄ est ī ęgypto. Ideʒ q̄ʒ asserit Acron et Porphirio; Ode trigesimaseptima primi voluminis iuxta quā paludē vinū optimū esse aiunt. Mareoticū appellatū. g Pinguibus hę terris abiles: leuiorib⁹ illę. S. Pinguib⁹: Thasię. leuioribus: Mareotides. nā ordinem positū sequimur: cū apte aliq̄d nō cōmemorat̄. A. Piguib⁹ terris. Columella li. iiii. c. primo scribit. Celsum censere optimū esse solū vitibus: nec densum nimis nec resolutum. soluto tn̄ ppius: nec exile: nec lętissimū. proximū tn̄ vberi: nec siccum nec vliginosum: modice tn̄ roscidū: nec amarū: nec salsum: ne saporē vini corrūpat. h Passo psythia vtilior. S. Bn̄ vtilior: vt ostendat etiā de alia vua posse passum fieri. Sʒ meli⁹ de psythia. Passum āt dr̄ a patiendo. Nā mustū decoquit̄. et inde fit passum: hinc defrutū dictū: ꝙ defraudet̄ & q̄si fraudē paciat̄. A. Passo. a patientia nomē acinis datur passis: vt scribit Pli. li. xiiii. ca. secundo: caplo vero. xii. ait. Psythium passi genus: sussisaporem non vini referēs. Quo aūt pacto passum fiat. late docuit Colū. li. xiii. c. xxix. Passum inq̄t dr̄ liquoris gen⁹ quod ex vua passa cogit̄. alibi dixerat. passum ē ppriē rugosum vel siccū. Vn̄ & vua dicta passa ē: ꝙ sit rugis implicita. Hinc Plaut⁹ ait p vita pensili passa. Et Lucilius rugosi passiq́ senes. C. Passum sic fieri iubet Varro. Vuā pręcocem bene maturā legito. Acina maculata aut acida reiicito: palis suspendito: & sinas insolare. Et caueto ne moret̄. Sic insolatā & passam p̄mito: & in doliū ponito. i Tenuesq́ lageos. S. Lageos est q̄ latine leporaria dr̄

Tentatura pedes olim: vinctura&ꝗ linguam.
Purpureę precięꝗ: & quo te carmine dicam
Rhetica: nec cellis ideo contende phalernis.
Sunt & aminęę vites firmissima vina:
Timolus assurgit quib⁹ & rex ipse phanęus.
Argutisꝗ minor: cui non certauerit vlla
Aut tantū fluere: aut totidem durare ꝑ annos.
Non ego te dijs & mensis accepta secundis
Trāsierim rhodia: & tūidis bumaste racemis.
Sed neꝗ ꝗꝫ multę species: nec nomia ꝗ sint

tenuis autē penetrabilis: quę cito descendit in venam. A. Lageos hanc externā scribit esse Plini⁹: ꝗ nō repit̄ in Italia. Lagos aūt lepus dr̄. Inde lageos leporaria dici potest. s Tentatura pedes. S. Therenti⁹. Neꝗ pes neꝗ mens suum satis officiū facit. t Olim. S. aduerbium est cuiuslibet tpis. A. Olim ꝗñcunꝗ. cū sit tenuis et penetrabilis. v Purpureę. S. purpurei coloris. x Precięꝗ. S. Hę cito maturescūt. Vnde & ṗcię dictę sunt: q̄si ṗcoquę. ꝙ añ alias coquātur. A. Pli. li. xiiii. ca. xiii. inquit. Precię duo genera magnitudine discernūt. Dicūt aūt ṗcię quasi precoces ꝙ añ alias maturescūt. y Quo te carmine dicā Rhetica. S. Hanc vnā Cato ṗcipue laudat in libris q̄s scripsit ad filium. Econtra Catullus eā vituperat: & dicit nullę rei esse aptā: miraꝛ ꝙ cur eā laudauerit Cato. Sciēs ergo vtrūꝗ Virgili mediū tenuit: dicēs quo te carmīe dicā Rhetica. A. Quo te carmīe. i. quibus laudib⁹. Rhetica: ante Tyberiū cęsarē (inquit Pli. li. xiiii. c. ii.) rheticis prior mensa erat. Hęc aūt locis tēperatis foecundę bonitatis copiam prębstat, estꝗ breuis cute omniū tenuissima. conferta acino: degener vino. Rheticę autem vites dicuntur a Rhetia regione. CRI. De hac Plini⁹: in veronensi. itē Rhetica: phalernis tamen post habita a Virgilio nostro.

z Nec cellis ideo cōtende phalernis. S. licet sis a Catone laudata. tñ vino te Campano ṗferre nō debes. Cellis aūt apothecis dicit. Nā cellas vinarias dicim⁹. Et phalernus mons est Cāpanię: in q̄ optima vina nascunt̄. AN. Cellis phalernis. Secunda vini nobilitas Phalerno agro erat: qui ager a ponte cāpano lęua petentibus vrbanā coloniam Syllanā: nup Capuę contributā incipit. auctor Plinius libro. xiiii. c. ix. C Phalernis. Ager phalernus in Campania est iuxta setinos & cecubos: ibi sunt massici: gaurani & surrentini. Quę omnia loca olim vino nobilitata sunt: nec frugibus ignobilitata. Vnde teste Plinio: dixerunt veteres summū fuisse liberi patris cum Cerere certamen. Augustus setinum ṗtulit. Secunda nobilitas data ē phalerno. Ad tertiam palmā varie venere. Vinum ita distinguit̄ ab eodē Plinio: in austerū: dulce & tenue: q etiā addit: Quidā ita distinguūt: summis collibus gauranum gigni: mediis Faustianum: imis phalernum.

a Sunt & aminęę vites. S. Aminęū vinum dictum est quasi sine minio. i. rubore. Nam albū est. Sane aminęę dic versus ṗbat: q stare nō pōt si amineū dixerim⁹. A. Macrobius li. iiii. Satur. de oleis & vuis sic scribit. Sicut vuarum ista sunt genera: aminęa. s. ab regione. Nā aminei fuerunt: vbi nunc phalernum est. Et Plinius lib. xiiii. cap. iii. inquit: principatus datur amineis propter firmitatem: senio quoꝗ ṗficientē., vtiꝗ quinꝗ eius genera. Prima ex amineis maturescit ocissime atꝗ putrescit. Idem ca. v. ait: Est & nigra aminęa: cui syriacę nomen. De amineis autem etiam plura Columella li. iii. c. ix. C. Aminęarum vitium genera sunt quinꝗ: quoꝝ principatū habet minor aminęa q̄ austro lędit̄: cęteris ventis alitur. Prima ex amineis cito maturescit: & cito putrescit.

b Timolus assurgit. S. Duplex est hoc in loco expositio Nam alii volunt sine dubio in ꝓsubauditiōe eē posita. quę aperte dicere nō possum⁹: vt sit: Quibus vin.s assurgit: id est cędit: & Timolus & phanęus: quod si aperte dicatur est vtrunꝗ vitiosum: tñ vinis de gręco traxit. nam οινοσ dicunt. Pleraꝗ autē subaudiri q̄ aperte dicere nō possumus. & ipse alibi docet: dicens de Alecto: nec dextrę erranti deus abfuit: Quod penit⁹ dicere nō possum⁹: cū alecto foemininū sit. Et Salustius qui ait. Quia sertorio triplices insidię ꝑ idoneos saltus positę erāt. Prima (et subaudiendū reliquit) insidię. q̄d penitus dicere nō possum⁹. Alii aūt ad supiora referunt: Vt qb⁹ñ ad vina referaꝛ: sed ad vites: vt sit qb⁹ vitib⁹ cędit Timolus et phanęus montes vitib⁹ consiti. Et est figura q̄lis illa in Eneide. Me puer Ascani⁹: capitisꝗ iniuria cari: Quē regno hesperię fraudo: scilicet Ascanium nō quem caput. Timolus autem mons est Cilicię. Et phanęus mons in promontorio Chii. dictus a phano rege. Assurgit vero cędit significat: q̄d tractū est a sedentibus. Qui ī honore alicuius surgere consueuerūt. A. Tmolus. de hoc laci⁹ li. i. Geor: Croceos vt Timol⁹ odores. C. Tmolus mōs Licię amineis vitibus consitus est. Sūt & aminęę optimę in Chio. Sꝫ de Tmolo mōte sic ait Stra. Tmol⁹ q̄dē satis coactus est. & ambitum mediocrē habens in ipsis partibus terminatū: Lydię quoꝗ montē esse Plini⁹ & Solin⁹ asserūt. Et etiā Ouidius de Aragne. Rigat ardu⁹ alto Timolus ī ascensu cliuoꝗ extensus vtroꝗ. Sardibus hinc. illinc paruis habitaꝛ hypępis. Sardes aūt lydię vrbem ponit Herodotus.

c Assurgit. A. iactat se: vel eleuaꝛ: et crescit. Altior enim mōs ipse videt̄ vitib⁹ adultis. d Quib⁹. A. sup. vitib⁹. e Et rex ipse Phanęus. S. de lucillo tractū est qui sic ait. χιοσ τε ἄνα ξ id est ιονοσ. ANT. Probus ait: ꝙ phanęū portū vult esse insulę Chię: & significari inde Chiū aminęū. Rex aūt ait: quoniā (vt aiunt) a phango rege portus ille appellatus est. C. Phanęus in Chio insula portus est. Vñ intelligit̄ vinū Chium aminęū esse: quod & arnisium appellaꝛ. f Argitisꝗ minor: S. qntū ad speciem solam pertinet. A. Prob⁹ ait: Argitis dicta est a candore: Argetos autē candid⁹ dr̄. C. Argitisꝗ minor duplici eam laude effert. & q̄d multū fluat: id est magnā vini copiā ex se mittat. & etiam ꝙ illud vinum ad multos duret annos. g Diis. A. Eius enim vino libenter libabant.

h Et mēsis accepta secun. S. pomorū sc.: ¶ Bumastę vua in mammę bouis similitudinē. A. Mensis secundis. Primę mensę carnis erāt. Secūdę vero pomoꝝ q̄ bellaria dicebantur. Vñ Macro. li. ii. satur. sic ait: Significat autem bellaria omne mensę secūdę genus: Vina quoꝗ dulciora est inuenire in Comediis āntiquiorib⁹ hoc vocabulo: dictaꝗ ea liberi bellaria. C. Mensis secūdis: in q̄bus ponebanꝛ poma: dicebāturꝗ bellaria. Consueuerāt etiā prisci vina preciosiora in secūdas mensas differre. Vñ vina ṗciosiora bellaria bachi nūcupabāt. i Bumastę. A. Pli. li. xiiii. c. secundo ait: Tument vero māmarū mō bumastę. Componitur autē ex bu q̄d magnū quid enunciat: & mastos quod est. māma. k Quā multę species. S Scit enim Virgili⁹ apud diuersos lecta esse innumera vitiū genera: quib⁹ offensus ait: Colligere tanta vitium genera: nec vtile est: nec possibile. Qui enī conaꝛ vniuersa cognoscere. debet etiā impossibilia scire: vt harenarū vł fluctuū nūerū.

l Est numer⁹: neq̨ enī nūero cōprendere refert.
m Quē q̄ scire velit: lybici velit equoris idem
n Discere: quā mltę zephyro turbent̄ harenę.
Aut vbi nauigijs violentior incidit eurus
o Nosse quot Ionij veniant ad littora fluctus.
p Nec vero terrę ferre omnes omīa possunt.
q r Fluminibus salices: crassisq̨ paludibus alni
s Nascuntur: steriles saxosis montibus orni.
t v Littora myrtetis lętissima: deniq̨ apertos
x Bacchus amat colles: aquilonē & frigora taxi.
y Aspice: & extremis domitū cultorib⁹ orbem:
z a Eoasq̨ domos arabum: pictosq̨ gelonos:
b Diuisę arboribus patrię: sola india nigrum

l Est numerus. Plinius. A. li. xiiii. ca. iii. inquit. Genera vuarum cōprehendi numero posse vnus extimauit Democritus. Cuncta sibi in grecia cognita professus. Ceteri innumera atq̨ infinita esse prodiderunt.

m Lybici æquoris. AN. Pompon⁹ mela inquit mare quo Aphrica cingitur a septemtrione lybicum: ab meridie Aethiopicum: ab occidente atlanticum dicimus.

n zephyro. A. videto libro primo. Et putris zephyro.

o Ionii fluctus. AN. Solin⁹ scribit: q̨ greci tuscū mare Ioniū. vel Tyrrhenum: Itali inferū vocāt. & Strabo libro tertio scribit: Ionium sinum partē esse ei⁹ maris: q̄d adriaticum dicitur.

p Nec vero terrę. S. aut generale est: sic ait in primo libro. Et quid queq̨ ferat regio: aut ad superiora ptinet: vt talis sit sensus: non pdest nosse cūcta vitiū genera. nōn em̄ omnia procreātur in omnibus terris.

q Crassisq̨ paludibus. S. lutosis naturaliter.

r Alni. C. Alnus dicitē quasi amne alatur: quia gaudet locis aquosis. hęc arbor ad aquarū ductus in tubos cauatur: obruta terra plurimos durat annos. si non integat̄ cito senescit.

s Orni in saxosis montibus. CRI. Hęc arbor montes amat.

t Littora myrtetis lętissima. S. locum posuit pro ipsis arboribus: sicut salictum pro salicibus. Nam myrtetum est locus: ipsa arbor autem myrtis vocatur.

v Apertos Bacchus amat colles. S. hinc ē q̨ vites amāt montium laxiora. AN. Columella libro quarto: cap. xxi. scribit: esse proprietatē in vitium surculis: vt alii meridiano axe conualescant: quia sunt calidiores: alii septētrionem desiderent: quia contristent̄ ęstu: quidam temperamento lętent̄ oriētis et occidētis. Et Celsus (vt refert idē Columella libro. iiii. ca. primo) censebat solū vitium esse: nec campestre: nec pceps: simile tamen edito campo: Cœlum porro neq̨ niuale vinea: nec ęstuosum desiderat. calido tamē potiusq̨ frigido: lętatur imbribus magisq̨ serenitatib⁹: offēditur & sicco: qua nimis pluuiosa est amitior. pflatu modico leniq̨ gaudet. C. Apertos. Ad meridiem expositos. ex ea enim parte propter assiduū solem omnia apriciora & vmbris carentia sunt. Aquilonē & frigora: id est loca ad aquilonē vergentia quę frigida sunt.

x Taxi. AN. De taxo videto Pliniū libro. xvi. capit. xxi: C. Taxus arbor gracilis & tristis & minime virens: dura & nullum succum habens: Mas autem sola fert baccas: noxio ac lętali fructu. In hispania pcipue venenū inest. Vasa etiam maiora ex ea vinis in Gallia facta mortifera fuisse compertū est. Sextius hanc a grecis similiacē dici refert: & esse in Archadia tam psentis veneni: vt si quis dormiat sub ea: cibumue capiat: moriatur. Sunt qui toxica venena quib⁹ sagittę tingunt̄: hinc dicta putent: repertum est innoxiam fieri: si in ipsa arbore clauus aeneus abdicatur. Hæc Plinius. Cęterum nostris temporibus naxum appellant: ex eaq̨ scorpiones balistasq̨ fabricant.

y Aspice & extremis. S. Intuerre & extremum orbem cum suis cultoribus domitū: nam subaudiamus. cū. Et per transitum maiestatē Romani laudat imperii. ANT. Aspice & extremis. Sicuti primo volumine ostendit: nō quamlibet regionē omīa pducere. eodem modo hic diuersas esse arboribus patrias. & hoc quia dixerat. Nec vero terræ ferre oēs &c. Et apertos amat bacchus colles &c. Extremis domitū cultoribus orbem: id est cū extremis cultoribus. In Augusti autem laudē id dicitur. ab Augusto enim (vt scribit Eusebius) Indi legatos amicicia postularunt. Et Horatius libro iiii. Ode. ix. Augusto scribēs: Te cantabet nō ante amabil. Medusq̨ et indę te profugus Scythes miratur. C. Aspice & extremis domitū cultorib⁹ orbē. A specie transit ad genus. Primo enim demōstrat: q̨ in singulis regionib⁹ diuersitas est. Vnde alię campestria ament: alię fluuios: alię palustria alię colles: alię editiores montes. Deinde ostēdit non omes regiones omia ferre.

z Eoasq̨ domos arabū. S. Arabia: Panchaia: & Sabęorum gens eadē est: apud quā thus nascit̄: vt. solis ē thurea virga sabeis. Itē: Totaq̨ thuriferis panchaia pinguis harenis. Plaut⁹. Arabico thure. A. Eoas orientales. Arabum. Arabię pars (vt Dionysi⁹ scribit) quę ad orientē & austrum spectat: rubro alluitur mari: Vtq̨ Solin⁹ ait: Arabia sacra interpretatur. Partem eius Eudęmonem greci: nostri beatā noīauerūt: nō frustra: nā pter odores quos creat plurimos: sola thus mittit: in eisdē saltibus myrrha puenit.

a Pictosq̨ gelonos. S. i. stigmata habentes. & sunt populi Scythię: vt pictiq̨ agathyrsi: AN. Geloni (vt Solinus scribit) populi sunt in Scythia: q de hostiū cutibus sibi indumēta faciūt: & equis suis tegmina. His propinqui sunt Agathyrsi: qui (vt illi) colorib⁹ se pingere cōsueuerūt. Agathyrsi autem (vt scribit Mela) ora artusq̨ pingūt: vt quiq̨ maiorib⁹ pstant: ita magis vel min⁹: ceterū iisdem notis omes. & sic vt ablui nequeant. CRI. Gelonos in budinorū qui Scythię sunt regione ampla: lataq̨: vnica vrbs est quā Gelonum appellāt: cui omnia ędificia publica ac priuata: & ipsa mœnia lignea sunt. Fuerunt aūt Geloni a principio gręci: qui interi budinos: qui pastoriam vitam exercentes: nullas certas sedes habent. hanc vrbē condidere: nec linguam moresq̨ Scyticos: sed grecos seruant. in eorum regione palustri castores oriunt̄. vt plene psequit̄ Herodotus. Sunt aūt q dicunt Gelonos dictos esse a Gelono filio Herculis: & esse ruffos: & cęsiis oculis: & dites: et pictos appellatos pter vestes versicolores. Solinus aūt refert Gelonos de hostiū cutibus sibi vestes & equis tegmia facere: cęruleo pingūt siccatis inter cęruleum crinibus: & quāto quisq̨ nobilior tanto magis tingitur: vt sit indiciū humilitatis min⁹ pingi.

b Sola India nigrū fert hebenum. S. Atqui & in ęgypto nascitur. Sed Indiam omnem plagam ethiopicę accipimus. Sane hęc hebenus & hoc hebenum dicitur. hic neutro vsus est. Lucanus aūt ait: Heben⁹ mareotica vastos non operit postes. Hebenus aūt arbor est quę cęsa durescit in lapidem. AN. India: vide libro primo Georg. India mittitur ebur. Hebenū Plinius libro. xii. c. ii. scribit:

Fert hebenum: solis est thurea virga sabeis.
Quid tibi odorato referam sudantia ligno:
Balsamaq;: & baccas semp frondētis achanti.
Quid nemora ethiopū mollis canentia lana:
Velleraq; vt folijs depectant tenuia Seres:

inter Indie arborū magnitudinē vnam q̄ Virgili⁹ peculiarius celebrauit Hebenum nusq̄ alibi nasci pfessus. Herodotus eam ethiopie intelligere maluit: accendi eā Fabianus negat. vrit tñ odore iucūdo: materia nigri splendoris vel sine arte ptin⁹ iucundi. C. Hebenū. Pli. de hebeno addit. Eam ethiopes pro tributo Persarum regibus olim tradidisse. Atq; infra duo genera eius rarum: id q̄d meli⁹ arborum trunco enodi materie nigri splendoris: ac sine arte protinus iucundi. Alterū fruticosum cytisi modo: & tota India dispersum. Alii tertium gen⁹ ponūt simile therebynto fructu amigdalis: in bactris abundat. ibiq; therebynt⁹ putatur: Rome eā magnus Pompeius in triumpho mithridatico ostendit. Arabes abnum vocanr. c Sabeis.. A. Latius supra ibi: Molles sua thura Sabei. d Balsamaq;. S. Vacat. q; vt alibi. dixitq; et plia voce diremit. Sane balsamū est ipa arbor. Opobalsamū succus collectus ex arbore. nam οπος dicitur succus ξυλον lignum. Vnde xilobalsamum lignū ipsi⁹ arboris. Probatio aūt opobalsami est (vt dicit Pli.) Si contra solem ferat & corruptū non sit: manū ferentis exurit. A. Pli. li. xii. c. xxvi. Sed omnibus odoribus pfertur balsamū: vni terrarū Iudee concessum. Est aūt arbuscula viti similior q̄ myrto ppetua coma. Semē eius est vino proximū gustu: colore ruffum nec sine pingui: Ramus inciditur vitro: lapide: ossisue cultellis: ferro ledit. vitalia odit: Succus e plaga manat quem opobalsamū vocant eximie suauitatis. lignū xilobalsamū vocat: & coquit in vngētis p succo ipm substituere officine. pcipua aūt gra lachrime. Scda semini. Tertia cortici: minima ligno &c. C. Balsamū in sola iudea oritur in duob⁹ ortis vtroq; regio. Ostēdere arbusculā hāc vrbi impatores Vespasiani: viti similior est q̄ myrto: malleolis seritur. & vt vitis vineas implet. intra trienniū fructifera ē: icidit vitro &c. vt s. i Antho. Cauet ne vltra corticē incidat. Lachryme pbatio: vt sic tenuis pinguis: modice ruffa & in fucando odorata: adulterat pluribus modis: quos Pli. refert. Sed summa pbatio est vt lac coaguletur: et maculas in veste nō faciat. Sudantia. incidit em̄ cortex: et liqr ille tenuiter exsudat: sed cauet ne plaga vltra corticē pcedat. Ligno. quod xilobalsamū appellant: nā opobalsamū balsami succus est. qui adeo tenui gutta manat: vt (referente Plinio) Alexandro magno ibi res gerente: tota die estiuo vnā cōcham impleri visum esset. Dyascorides vero beleson Arabice dicit vocari: & tantū succi dicit legi per annū: vt vix sex aut septē vrcei colligant. Plutarchus in vita Marci anthonii scripsit: Ipm Anthoniū eā partē Iudee in q̄ balsamū nascitur. Cleopatre emancipasse.
e Achanti. S. Achantus arbor est in egypto semp frondens: vt oliua laur⁹: & achantus dicta quasi spinis plena nā est spinosa arbor: abūdat hec etiā arbor in cyrenaica: insula. A. Achātos est hic arboris spēs: alibi herba. videto lati⁹ Aeglo. iii. C. Plini⁹ ait spine albe similis est. Spina illa quā greci achantē dicūt. minorib⁹ multo foliis & aculeatis p extremitates: & arenosa lanugine obductis: ex q̄ collecta vestes bombicinis similes faciūt in oriente. Idem Pli. Pyrachanti bacce contra serpentū ictum bibuntur: Pyrachant⁹ appellat ppter aculeū spine et flamā. Vñ Arista pira appellatur: inde etiam Pyramides. f Aethiopum. AN. ethiopia egypto contermina: insignes arbores nō fere habet nisi liniferas. ppior tamē huic natura lane: maiorq; folliculus granati mō mali. Pli. li. xiii. c. xvi. g Vellera. S. apud indos & seres sunt qdā in arborib⁹ vermes q̄ bombices appellant: qui aranearū more fila tenuissima deducunt: Vñ est sericū: Nam lanā arboreā non possumus accipe q̄ vbiq; pcreatur. C. Vellera: De his Pli. li. vi. Post scythie orientalis plagam inter deserta sunt.
h Depectant. S. decerpunt. Sed alii depectāt legūt: quod si est seres posuit pro ser. sicut trabes p trabs. Sic Lucan⁹ Sub iuga iam seres iam barbarus isset araxes.
i Seres. A. Vt Pli. scribit li. vi. c. xvii. regionē inhabitāt q̄ spectat estiuū orientē: et primi sunt hoim qui noscant lanifitio syluarū nobiles: pfusam aqua depectentes frōdium caniciē. solinus addit q̄ lanuginis tenerā subtilitatē humore domāt ad obsequiū. & q̄ hoc illud est sericū i vsum publicū dāno seueritatis admissum: & q̄ ostentare poti⁹ corpa q̄ vestire: prio foeminis: nunc etiā viris persuasit luxurie libido. C. Seres lanitio syluarū nobiles: pfusā aq̄ depectūt frondiū caniciē. Vnde gemin⁹ feminis nr̄is labor redordiendi fila: rursusq; retexendi. tam multiplici opere: tam longinquo orbe petitur: vt in publico matrona transluceat. Ex his vbis multi putant huiusmodi vellera non a vermibus (vt apud nos fit) confici: sed sua sponte in frondibus illarū arborū nasci. Cui etiā opinioni suffragant verba Solini: ait enim Seres aquarum aspergine inundatis frondibus vellera arborum adminiculo depectūt. Liquoris & lanuginis teneram subtilitatem humore domant. Hoc illud est sericum in vsum publicū damno seueritatis admissum. Ex quo ostendere potius corpora q̄ vestire. primo foeminis: nunc etiam viris luxurie persuasit libido. sed fortasse huiusmodi lanugo e visceribus vermiū est qui illas frondes ita vestiūt: vt egre. nec nisi sine aqua possunt illa exui frōdes. Ego autem difficile crediderim inuecta illinc eē in nostrum orbem oua: que illos nobis vermes pareret. ex quibus fit hoc nostrum sericum: vel fortasse sericum propter quandam lanuginis similitudinē appellam⁹ vellera bombicina. Nam Plinius libro. xi. cap. xxii. ostendit in Assyria ex bombicina fieri necydalū: & ex illo in sex mensib⁹ bombices: Telas araneorū modo texunt ad vestem luxūq; foeminarū. que bombicina appellatur. Prima eas retorqueri: rursusq; texere inuenit in insula Coo mulier nomīe Pamphila Platis filia: vt Aristoteles refert in libro de animalibus. Addit idem Plinius de bombice choa: referetq; nasci in ea insula cupressos: therebyntos fraxinos quercus: inde florem imbribus decussum: terre alitu animari: fieri autem primo papiliones paruos nudosq;: mox frigoris patientia villis inhorrescere: et aduersus hyemes tunicas sibi instaurare: densas pedū asperitate radente filorum lanuginem in vellera. Hanc ab his quoq; cogi subigiq; vnguiū carminatione. mox trahi inter ramos tenuari ceu pectine. postea apprehensam inuolui nido volubili: tunc ab hominib⁹ tolli fictilibusq; vasis tepore & furfurū esca nutriri: atq; ita subnasci sui generis plumas: quibus vestitos ad alia pensa demitti. Que vero capta sunt lanificia humore lentescere: mox in fila tenuari iunceo fuso: Nec puduit has vestes etiam viros leuitate vsurpare: propter onera estiua. Assyriam autem bombicem adhuc foeminis cedimus. Est igitur aut id quod nos sericum dicimus: aut res nō dissimilis. Nam quod Florentini Hexamiton vocant: ab ea textura est: quā sex filis ordiuntur: ἑξ enim grece sex est latine: & μιτος filum. Seres autem (vt ait Strabo) tam lōge vite sunt: vt ad ducentesimū annum pueniant: habentq; senatū ex quinq; millibus hoim: q singuli singlos elephantes reipub. nutriūt.
k Aut quos oceano &c. S. Hec enī habet arbores magnas que est iuxta oceanum: hinc est extremi sinus orbis.

[k] Aut quos oceano propior gerit [l] india lucos:
Extremi sinus orbis: vbi aera vincere summũ
[m] Arboris: haud vllę iactu potuere sagittę.
Et gẽs illa quidẽ sumptis nõ tarda [n] pharetris.
[o] Mędia fert [p] tristes succos/ [q] tardumq; saporem
[r] Foelicis mali: quo nõn [s] pręstantius vllum
(Pocula si quando [t] sęuę infecere nouercę
Miscueruntq; herbas & nõ innoxia verba)
Auxilium venit: ac [v] membris agit atra venena.
Ipsa ingens arbos: [x] faciemq; simillima lauro.
[y] Et si non alium late iactaret odorem

CRIST. Hoc dicit Virgilius propter insulas oceani laniferas. Ait enim Dicearch⁹ teste Plinio: Insulã esse in ęthiopico mari: vbi sacer mons est in sylua cũ arboribus distillantibus odorẽ mirę suauitatis. Et Plinius in Tilo insula maris Persici sunt arbores quas egosampinas vocant lanigerę. Folia habent infoecunda: ferũt cucurbitas amplitudine mali cotonei: quę maturitate aperte ostendunt laniginis pilas: ex quibus pciosa lintea conficiant.

l India. AN: Plini⁹ libro. xii. c. x. inqt: Arabię aũt arbores ex quibus vestes faciant cynas vocari. Iuba tradit folio palmę simili. sic indos suę arbores vestiunt. Vtq; Dionysi⁹ ait ad orientem sita est India regio sane oim extrema: iucũdissima tñ & in ipsis oceani labris sita.

m Haud vllę iactu. A. Solinus etiã. c. xlv. ait: In dorum nemera in tã pcerã sublimanẽ excelsitatẽ: vt supari ne sagittis qdẽ possint. n Nõ tarda. S. i. strenuissima: nam lyprote ẽ. o Mędia. S. di. sine sibilo pferenda est. grecum enĩ est nomẽ. Et Mędia puintia est. AN. Strabo ait libro. xi. Mędia est in duas ptes diuisa: in maiorẽ & minorẽ. Maioris Metropolis sũt Ecbatana magna ciuitas: & medici imperii caput: qua pro regia vtebanẽ. nam reges ibi ęstatem agebãt. Frigida enĩ est mędia: hyemem vero Seleucię: quę secus tigrim est: prope Babilonem. Altera pars est Mędia Atropacia: ab atropato duce nominata. Dicitur enim Mędus mędeę filius regioni nomine imposuisse. C. Plinius ait malũ Syriam q; alii vocant mędicam venenis medeẽ. Foliũ ei⁹ est Vnedonis intercurrentib⁹ spinis. pomũ Ipsum alias non mandiẽ odore pcellit. foliorũ quoq; qui transit in vestes vna conditus: arcetq; animaliũ noxia: arbor ipa omnib⁹ horis pomifera: aliis cadentib⁹. aliis maturescentib⁹. aliis subnascẽtib⁹: temptauere homies transferre. sed nisi apd medos et in Perside nasci voluit. Item alibi de Parthis sic loquiẽ: Parthorum popul⁹ grauę animę viros propter indiscretos cibos. Nanq; & vino fetent ore nimio: sed sibi proceres medenẽ grano Assyrii mali: cui⁹ suauitas est pręcipua in ęsculentis addito. Eadem pene refert Solin⁹. Ait autem malũ initium veneno. sapore asperum: & amaritudinis mirę: odoris fragrantia: plus q; iucundũ: & longe sensibile. Alii addunt vtile esse cumquis potionem hauserit ad nares admoueri: vt nauseam comprimat.

p Tristes. S. Amaros. vt: Tristesq; lupini. AN. Tristes succos. Solinus capitulo. xli. scribit: pomum ipm de quo iam diximus esse sapore aspero & amaritudinis mirę.

q Tardumq; saporẽ foelicis mali. SER. Apud Mędos nascitur quędã arbor ferens mala quę mędica vocãtur: quam per periphrasim ostendit: eius opprimens nomen hanc pleriq; citrum volunt. quod negat Appuleius in libris quos de arboribus scripsit: & docet longe esse aliud genus arboris. Tardũ aũt saporem dicit: vix intelligibilẽ q illi ad carnem mędiã citri referunt. nam prima & inferior facile suum ostendit saporem. AN. Tardũq; saporẽ: id est diutius immorantẽ gustanti propter miram amaritudinẽ. Vnde non pcedit vti ille ait: vix intelligibilẽ: amaritudo enim illico sentitur.

r Foelicis mali. SER. Secundũ eos qui dicunt citrũ foecundũ. Nam hęc arbor citrum omi pene tempe plena est pomis: quę in ea partim matura: partim acerba: partim adhuc in flore sunt posita. aut certe foelices salubris. nulla enim efficatior res est ad venena pellenda. AN. Plini⁹ libro. xii. c. secundo ait: Malus Assyria: quã alii vocant mędicã venenis medetur. Folium eius est vnedonis intercurrentibus spinis: vt sup. Nec alia arbor laudatur in Mędis. eius autẽ grana Parthorũ proceres incoquebãt ęsculentis: cõmendandi halitus gratia. Macrobri⁹ vero libro. iii. Saturnalium caplo de nuce pinea sic ait. Qd aũt ait idem Cloatius Citreũ & ipm Persicum malum est secundũ Virgiliũ. Foelicis mali q non pstantius vllum: & reliqua. Et vt nemo dubitet hęc de Citreo dixisse Virgiliũ: accipe quę Oppius in libro de syluestribus arboribus dicat. Citrea idem malus & Persica altera generatur in Italia: & in mędia altera. Et paulo post de Citreo loquẽs ait. Est autem odoratissimũ: ex quo interiectum vesti tineas necat: Fertur autem venenis cõtrarium: quod tritũ cum vino purgatione virium suarum bibentes seruat: Generanẽ autem in Perside omni tempore mala citrea: alia enĩ pręcoquũtur. alia interim maturescunt. Vides hic & Citreum nominari: & omia signa poni quę de eo Virgilius dixit: Licet nomen Citrei ipse non dixerit: Hęc Mactobius.

s Pręsentibus. CRIS. Magis indubitatum. Nam de his quę psentia sunt: non est dubitatio. Sic alibi. Pręsentemq; viris intentant omnia mortem.

t Sęuę nouercę. SER: Aut illę quę sęuę sunt: aut epitheton est omniũ nouercarum. CRIS. Nouerca proprie est quę defuncta priore vxore noua accipitur vxor quę filio ex priore nato psit: quasi νεα αρχι id est noua princeps. Victricus autem est: quem mulier defuncto marito nouum accipit maritum: qui pręsit filio ex defuncto supstiti dictus: quia victum illi prębeat.

v Membris agit atra venena. SER. Radices: nuces: lupini citrũ prosunt contra futurum: non contra iam acceptum venenũ. Vnde etiã ante alias epulas hęc solent mensis apponere. Apparet ergo eum de Citro loqui in pręsenti: cum dicit membris agit atra venena: iam dicta. A. Agit venena: id est expellit venena ipm malũ: quod iam late superius patuit. CRI. Membris. quia venenum per omniũ membrorum venas discurrit.

x Facieq; simillima lauro. SER. Figura Ciceronis: qui ait in Cęsarianis: sed simillimum deo iudico. Sane etiam hoc probat citrum non esse. nam citri arbor in altum nõ potest crescere: & multo habet folia maiora q; laurus.

y Et si non alium late. S. et infinitũ emittit suũ odorẽ et longe alium q; laurus. C. Et si non alium: quasi dicat q solo odore differt a lauro.

z Flos apprima tenax. S. Apprima. id est maxime: & est nomen p aduerbio. Sicut & pede terreat⁹ crebra ferit pro crebro. AN. Apprima: id est valde.

a Animas. SER. δυσσωπνοια .i. pulmonis viciosum anhelitum; quod exprimit subdens senibus medicantur anhelis. A. Animas: i. halitus. b Olentia ora. S. puteti ia. ... oris. Notãdũ sane huic vni tm̃ arbori in cubuisse Virgilium: & expressisse: vbi: qualis sit: cuiꝰ pote statis: sicut in quarto de herba amello. Quod qui de ar boribus aut herbis scripserunt: in omnibus exequuntur. c Sed neq; medorum. SER. iam incipit laus Italię: quã exequitur secundum pcepta rhetorica. nam dicit eam & habere bona omnia: & carere malis vniuersis. d Ditissima terra. ANT. De medorum diuitiis. videto Straboně libro xi.

h Bactra. S. regio iuxta Assyrios. Vñ & ppli bactriani. A. Stra. li. xi. scribit: q in Scythia sunt bactra vrbs q̃ za riaspa appellata est. Pliniꝰ tñ li. vi. c. xvi. ait: pcedẽdo ad Bactra oppidũ. qd appellant zariaspa. Postea inqt Ba ctri: quorũ oppidũ zariastes: quod postea bactrũ a flu mine appellatũ est. C. Bactra q̃ et zariaspa (teste Strabo ne) dicit: regio est sup Perside. Bactra vrbs est bactrianę regionis caput: a bactro amnę dicta. i Indi. A. scribit Dionysius q in plerisq; Indię locis aurũ eruitur. quodq;

e Pulcher Ganges:. S. Indię fluuius per quem p uincia significatur. AN. Strabo libro xv. ait. q a montibus ganges descen dit. quũq; in perniciẽ per uenit: ad orientẽ conuer sus. in mare progreditur: Vnum hostium habens quanq; omniũ Indicorũ fluminũ maximũ sit. Pul cher igit poeta ait ob eius magnitudinẽ. Pliniꝰ autẽ libro. vi. c. xviii. plura de gange scribit.

Laurus erat: folia haud illis labentia ventis.
Flos apprima tenax: animas & olentia medi
Ora fouent illo: & senibus medicant anhelis.
Sed neq; medorum syluę ditissima terra:
Nec pulcher ganges: atq; auro turbidꝰ hermꝰ:
Laudibus italię certent: nõ bactra: neq; Indi:
Totaq; turiferis panchaia pinguis harenis.
Hęc loca non tauri spirãtes naribus ignem

multi ex eis inde questũ aucupant. alii telas lineas contexunt: alii sectos ele phantũ dentes abradũt: alii p fluminũ decursus incedentes: pquirũt beril los: adamãtes: iaspides ametisthos. Sunt & orti ibi et arua ppulchra et lę ta q̃ vniuersum semp per annũ virent. C. Indi: Pri mus e Romanis: Traia nus bellum Indis itulit. k Panchaia. SER. Ara bia: vt supra diximus. ANT. Panchaia: Persi dis regio a rege Pancheo vt Probus inquit. CRI. Panchaia (ait Pli.) thus nõnisi in ista pte Arabię nasci: & in sylua cuiꝰ lon gitudo. xx. chenos nõ ex cedat: cum chenus. xl. sta dia amplectat. i. qnq; mi

f Hermus. SER. Lydię fluuiꝰ harenas aureas tra hens. ANT. Hermus flu uius est in Mœonia qui Smyrneos campos secat: & Phrigiam scindit a Caria. Hunc quoq; Hermũ flucti bus aureis ęstuasse antiquitas credidit: auctor est Solinus capitulo. xxxvii: g Laudibus Italię certent. S. Fi gurate. nam certo tecum dicimꝰ. AN. Plinius libro tertio capitulo vi. de Italia inqt. Italia enim terrarũ alumna: ea dem & parens numine deũ electa: que coelum ipm cla rius faceret: sparsa congregaret: imperia ritusq; molliret: & totꝰ populorũ discordes ferasq; linguas: sermonis cõ mertio contraheret ad colloquia: & humanitatem homi num claret. breuiterq; vna cũctarum gentiũ in toto orbe patria fieret. tanta nobilitas omnium locorum: tanta re rum singularum populorumq; claritas. Vrbs Roma vel sola in ea & digna etiam festa ceruice facies. Est & Cam panię ora: fœlixq; illa ac beata amœnitas. Iam vero tota ea vitalis ac perennis salubritas: coelitemperies: taq; fertiles campi. tam aprici colles: tam innoxii saltus: tã opaca ne mora: tam munifica syluarum genera: tanta frugum & vitium olearumq; fertilitas: tam nobilia pecori vellera: tam optima tauris colla: tot lacus: tot amniũ fontiumq; vbertas totam eam pfundens. tot maria: portus: remigi umq; terrarum cõmertio patens vndiq;: neq; moenia: ri tusq; ac viros & lingua: manuq; superatas cõmemoro gentes. Hęc et plura ille. Multa etiam Strabo libro. vi. cõ memorat. CRI. Miro artificio prosequitur laudes Italię. Res autem posita est in genere demonstratiuo. Et quoniã vnaqueq; res laudes sumit a bonis animi: corporis: et for tunę. Appellabimus hinc bona animi Italię: egregios vi ros: eorumq; immortales virtutes. Bona corpis conti nẽtur naturã situq; regionis. bona fortunę cõmode ap pellabimus vrbes ędificiaq; reliqua & alia egregia opera: humano artificio confecta. Sumit autem laudes nõ solũ a bonis quę assunt: sed etiam a pessimis quę absunt. Nã ea res tum demũ perfecta absolutaq; est: quę et omni vi tio exuta: & omni virtute ornata existit. Demonstrat igi tur honestatem ab excellentia frequentiaq; virorum. De monstrat virtutẽ facultatemq; ad res omnes cõsequẽdas ab eadem re: & a copia multarum maximarũq; rerum. Demõstrat deniq; ab effectu: q tñ impiũ sibi pepererit:

lia passuum: & latitudo sit dimidio breuior. Colũ. autẽ dicit sua tempestate plantã thuris Romę coaluisse. l Hęc loca nõ t. s. S. quales fuerũt in colchi ciuitate Scy thię. Nam hoc habet fabula: Iason Colchos pfectus ad tollendũ vellus aureũ qd dicarat Marti Phrixus: fretus Medeę auxilio: & puigilẽ dracone occidit: & eius dẽtes se uit: iunctis tauris ignem flantibꝰ. Vñ nati armati sunt: q primũ fecerũt impetũ in Iasonẽ frustra. Postea mutuis vulneribus se conciderũt. Has aũt ei conditões Oetes rex pposuerat. cui Apollo responderat: tamdiu eũ esse regna turũ: q diu illud vellus fuisset in tẽplo. A: Hęc loca. lau dat italiam q expers est malorũ: bonorũq; ferax. C. Fa bula Iasonis atq; Medeę nota est apud Nasonẽ. Sed q̃ de medea scribat Diodorus siculus: breuibꝰ pstringam. Soli duos fuisse filios refert: Oetem & Perseũ. & illũ Colcho rũ: hunc Tauricę regionis regẽ: sed vtrunq; crudelitate in signẽ. Perseũ aũt Hecatem filiã habuisse: quę patre crude lior extitit. Nã cũ venatiõe delectaret: hoies p feris arcu interimebat: & venenis pestiferis operã dans: id qd aco nitũ dicũt adinuenit. Venena aũt expiebat: illa hospitũ cibis admiscẽs. Patrẽ ãt cũ veneno extinxisset: regnũ sibi vendicauit. Post hęc cõdidit templũ Dianę: cui hostię hu manę sacrificarent. ex Oetę patruo Circen. & Medeam fi lias pepit & ęgialeũ filiũ. At Circe in veneficiis cũctos su perauit: oim herbarũ viribus cognitis: & alterũ pharma corũ genꝰ: qd ad beniuolẽtiã valet inuenit. Inde sarmata rum regi (qd aliqui Scythen) vocarunt data: illum vene no interemit: et cũ iã occupato regno multã crudelia fe cisset: pulsa inde: Insulã desertã apud oceanũ occupauit: vel potius in italiam fugiens: pmontoriũ ab ea deinceps Circeum dictũ tenuit. Medea easdẽ artes: & a matre & a sorore edocta: longe diuersa vita fuit: nam hospites q̃ ad potuit semp seruauit. illos mõ pcibus a prẽ liberãs: mõ p se e vinculis emittens: at pater et sua credulitate et vxo ris suasu suspectã hñs: in liberã custodiã tradidit. Medea autẽ effugiẽs in solis lucũ q iuxta mare est eo tpe q̃ argo nautę ex taurica deuecti appulerũt pueit. Noctu ergo ad lucum accedens; legem. de hospitibus mactandis ab ea

Inuertere: satis immanis dentibus hydri:
Nec galeis densisq̄ virum [n]seges horruit hastis:
Sed [o]grauidę fruges: & bacchi [p]massicus humor
Impleuere: tenent oleę sarmentaq̄ lęta.
Hinc [q]bellator equus campo [r]se se ardu⁹ infert.
Hinc [s]albi clytumne greges: & [t]maxima taur⁹
[v]Victima: sępe tuo perfusi flumine sacro:

audiuerunt: sed freti virginis mansuetudine: suum illi consiliũ aperuerunt: at illa et q̄ essent pericula adeunda exposuit: & se auxiliatricē futurā ꝑmisit. Et Iason iureiurādo se illā vxorē ducturũ spopondit. Erat pellis arietis quam ex quodā oraculo phrixus nouercā fugiens: arietē sacrificās in templo Martis suspendit. Post hęc regnanti Oetę datũ est oraculũ: tunc illũ moriturũ: cũ aduenę auferent. Hac ergo de cā: et ꝓpter simul innatā crudelitatē: morē mactādorũ hospitũ induxit: q̄ illos ne in suũ regnũ venirent absterreret. Lucũ aũt ipm̄ circũducto muro muniuit: custodesq̄ ex taurica regiõe multos reduxit: hinc fabulę a gręcis fictę a tauris ignē spirantib⁹ custodiri lucum: Nā tauri dicti sunt. s. propter nomis similitudinē. et ꝓpter crudelitatē hũanarũ hostiarũ: ignis adhibitus est. per serpentē aũt monstruosam crudelitatem intellexerũt. Dixerũt autē ariete vectũ esse. q̄m eius nauis prora: arietem pictũ habuit. Alii dicunt Scytharũ qui Oetę gener erat eo tempore in Colchos deuenisse: quo contigit phryxum cum pedagogo captum: eumq̄ cum adamaret. a socero dono accepisse. quem cũ pro filio habuisset: regnum sibi reliquit. Pedagogum aũt qui crios. i. aries noiabat diis mactauit: pellēq̄ decoriati in tẽplo ex quadā lege suspēdit: et cũ oraculũ extitisset: periturũ regē cũ ipa pellis ab aduenis diripetur. eā deaurauit: et diligēter custodiendā tradidit. Medea aũt argonautas ad lucũ clam duxit: & veniens ad portas vrbis. quā Sybarym dicũt: in q̄ erat Colchorũ regia: quę nocturno tp̄e clausę erant. vigiles Tauricę appellauit. At milites illi (vtpote regis filię) statim apuerunt: illi impetu facto: ac custodib⁹ partim cęsis ptim fugatis: pellē arripuere. ac e vestigio ad naues rediere. Oetes argo autas insectatus. primo congressu Iphitũ: Euristhei filiũ occidit. mox vrgente Meleagro: & ipse rex interẽptus est: et multi Colchi reliqui in fugā versi. Iasonē aũt et Cleartem Atalantamq̄ & Thespiadas vulneratos: paucis diebus Medea radicibus herbarũ sanauit: Hęc Diod. Poeta aũt non historiā sed fabulā q̄ notissima ē: ꝓsequit. m Non tauri. AN. Apud Colchos in ponto id euenisse Iasoni Ouid. scribit li. vii. metha. Quod itē Medea Iasoni scribēs apud eundē poetā in heroidib⁹ sic ait. Martis erāt tauri plusq̄ ꝑ cornua sęui: quorũ terribilis spũs ignis erat. Aeripedes soliti ꝑtentaq̄ naribus ora. Nigra ꝑ afflat⁹: hec quoq̄ facta suos. Semia ꝑterea ꝑp̄los genitura iuberis. Spargere deuota lata ꝑ arua manu. Qui peteret natis secũ tua corpora telis. Illa est agricolę messis iniq̄ suo. Diodorus autē libro: v. hęc oia latius: dixim⁹ & nos aliqua Aegloga. iiii. n Seges horruit. S. non placuit. Seges autē q̄ꝫ de semie. o Grauidę fru. S. large abundātes. C. vt ondat nõ mõ esse fruges sed optimas & copiosas. p Massicus hũor. S. i. vinũ Campanũ: a massico monte campanię. A. Pli. de campāia loq̄ns li. iii. c. xi: ait: his iungũtur phalerni. Caleni. deinde consurgũt massici. Gaurani. Surretiniq̄ montes. Et li. xiii. c. ix. de vinis generosis Italię inquit. Certant massica ęque ex monte gaurano puteolos bruciosq̄ prospectantia. C. Massicus mõs est Campanię: olim Mineruę sacer. cuius in radicibus surrentũ est: vbi sunt optima vina. Nam Strabo cũ de Cāpania scribat. addit hinc Romam optima vina aduehi phalerna. setina & calena: qb⁹ surrentina contendũt. Facto enim nup eorũ periculo q̄m longam accipiũt vetustatem. q Bellator. C. Quãuis hoc epithetõ homini ꝓprie accõmodandũ sit: tñ equus quadā innata prudẽtia: equitē (veluti rõne vtens) mirifice in ꝑlio iuuat: r Se se ardu⁹ C. i. q̄si dicat de industria et nõ naturali motu magnanimitatē in ingressu oñdat: s Hinc albi clitũne. S. Clitumn⁹ aũt fluuius est in Meuania quę ps vmbrię partis Tuscię: de quo fluuio dicit: Plinius in historia na. q̄ animalia q̄ eũ potauerũt. albos foetus creant. A. In phalysco Clitũni amnis aqua pota candidos facit boues. Facit in Boetia amnis Melas oues nigras. Plini⁹ li. ii. c. vi. Hinc albi clitũne. Ordo est. O Clitumne hinc. ex italia albi greges & taur⁹ maxima victima sępe tuo sacro flumine ꝑfusi duxere Romanos ad tẽpla deũ. Triumphātes eni albis eqs currusinaurato. capite coronato lauro ꝑ vrbem vecti. Capitolium ascendebant ad tẽplũ Iouis optimi maximi. Vbi mactato albo tauro: domum postea repetebant. CRI. Clitũnus vmbrię fluuius est apud Meuaniā defluens: exq̄ si vacca ouis ue post conceptũ biberit albos parit. Idem scriptores probati de Cephyso Boetię flumine asserũt: cũ Melas eiusdem regionis fluuius nigros greges reddat. Vñ Mele dr̄: quia μελον grece nigrũ significet. xanthus grece flauũ significat. Hinc xanthũ Troię fluuiũ dictũ volũt: quia lanas in gregib⁹ flauas ꝑducat: Neq̄ credat quisq̄ hęc incredibilia. Nā Aristo. in libro de aialib⁹ ait. aquas etiā ad colorē facere. Videm⁹ etiā ab oim̄ rerũ optima pente terra: varios: & qui sapore et colore et virtute differāt hũores emergere. In Sicilia himera fluuius in duas ptes diuidit: et in altera dulcē saporem retinet: in altera salsum assumit. Sũt et fontes q q̄m ꝑ venas pingues fluxerĩt oĩno vncti sunt. Hinc qui in Lipari Sicilię flumie natant: veluti oleo vnguntur. Apud Hierapolim Phrigię vrbem: fontes ebuliũt: ex q̄bus aq̄ ꝑfossa deriuatę post annũ lapidescunt. In paphlagonia fons est e natura vini: exq̄ qui potãt temulẽti efficiũt. In Archadia Clitoris vrbs spelũcā habet: vnde fluēs aq̄ abstemios potantes reddit: ad eũ fontē Melampũ scribũt rabiē filiarũ proeti sacrificiis purgasse: restituisseq̄ virginũ mentes in pristinā sanitatē. Hęc aũt cur nõ fieri posse credam⁹: cum ex vno animalis corpusculo: quod eodē cibo potuq̄ enutritũ sit: sanguis: pituita: bilis. atra bilis. ac postremo vrina: & sudor a colore sapore ac naturali vi multũ differētes hũores appareant. t Maxima victima. S. q̄a triũphātes de albis tauris sacrificabāt. C. Maxima victima: Nam triũphātes tauros auratis cornib⁹ insignes sacrificabāt qua nulla maior est victima. Italia adeo genus bubulũ adamauit: vt ab italis. i. vitulis nomē accepit. Capitale erat bouem interimere. reseruabāt hęc victima Ioui: hinc Paulus emilius in triũpho macedonico. cxxx. boues cum auratis cornibus sacrificauit. v Sępe tuo ꝑfusi flumīe sacro. S. flumīe flueto. Persusi aũt tauri: q an triũphantes vsq̄ ad templa ducebantur: vt certe ꝑfusi greges intelligamus: quod ad equos triumphales potest referri. x Ad templa deum. ANTO. Erat in Capitolinia arce celeberrimum Iouis optimi maximi templum: de quo Tacitus li. xix. meminit. Erat et Iunonis monetę: & Mineruę delubrum. In capitolio deniq̄ deorũ omniũ simulachra colebantur. vt Seruius libro secundo inquit. Ibi videlicet: Ecce aũt Panthus ⁊c.

y Duxere triumphos. SER. Si equi: duxerunt: Si boues: deduxerunt. z Hic ver assiduũ ⁊c. S. verna temperies: Nam ver assiduũ proprie esse nõ potest. seu lõgũ AN. hic ver ass. ⁊c. hoc ait: quoniam (vt etiam Strabo li

hro.vi.scribit)Italia subiacet vniuersi aeris temperiei. Soli
nus item inqt. inesse italię locorū salubritatē & coeli tem
periem. quod et Plinius scribit. CRI. Hic in ista Italia ver
assiduū. Sed quo pacto poterit esse assidua veris tempe/
ries: si etiam sint rabidi calores ęstatis. Sed dicit assiduū:
quia non intercedit frigus. sed quod hyems est occupat
ver. Aestas autem occupat autumnum.
a Alienis mensibus ęstas: CRI. hoc dixit atq; intelligit
de ea parte Italię q̄ ad Tirrhenū mare & ad meridiē ver/
git.

solidus infans spectat⁹ sit. Ego aūt eo anno q̄ septuagesi
mus sup̄ mille ac q̄dringētos a salute nr̄a eriīerat in agro
casentinati: et i ea Apennini parte vbi Arno fluuio origo
est nō pcul ab eo castello quod castaneanū vocāt. serpētē
interfectū vidi: cui⁹ magnitudo odorinseci canis magnitu
dine nō vinceretur. Ille aūt qui occidit vel tetro serpentis
odore: vł alia occultiore cā: nullo vłnere ab eo ictus. nullis
verberibus percussus: post paucos dies e vita excessit. Ve/
rum hęc rarissima sunt.

Romanos ad templa deum duxere triūphos.
Hic ver assiduum: atq; alienis mensib⁹ ęstas:
Bis grauidę pecudes: bis pomis vtilis arbos.
At rabidę tygres absunt: & sęua leonum
Semina: nec miseros fallunt aconita legentes:
Nec rapit immēsos orbes p humū: neq; tanto
Squameus in spiram tractu se colligit anguis.
Adde tot egregias vrbes: operūq; laborem.
Tot congesta manu preruptis oppida saxis.
Fluminaq; antiq̄s subter labentia muros.
An mare q̄d sup̄ memorē, quodq; alluit īfra:
An ne lacus tantos: te lari maxime: teq;

b Bis grauidę pe
cudes. S. Verum est. Inde
eni in bucolicis. Lac mihi
nō ęstate nouū nō frigo/
re defit. c Bis pomis
&c. S. Biferę sunt arbores.
d Rabidę tygres absūt.
SER. Malum Armenię.
ANT. De tygribus vide
to Aegloga quinta.
e Et sęua leonum. S.
malū libyę. AN: De leo
nibus legito Pliniū libro
viii. capitulo. xv.

f Semina. SER. genera:
et est Lucretii sermo. Nā
q̄ ait sęua: aut cruenta ac
cipimus: aut reuera sęua
semia. Vt eni ait Plinius
Animalia quę sunt cum
acutis vnguibus freque/
ter parere nō possunt: vi/
ciatur eni intrinsecus: se
mouentibus pullis:
g Aconita. S. mira arte
vsus est: vt excusaret rem
quā negare nō poterat.
Nam aconita nascuntur
in Italia: sed ea non ob/
esse dicit: quia sunt omni
bus nota. Aconita autē
nata dicuntur de spumis cerberi quo tempe Hercules eū
ab inferis traxit. Quod quia in saxis et cotibus nascit aco
nitum dicit απο τη σ μοη ν η σ. i. a cote & dicimus τοχ
κοντον και τα ακον ιτα A. Aconita. Videto ęglog. viii.
Pria autē. Hecate aconitū inuēit: De q̄ lati⁹ Diodo. lib: v.
Plinius aūt libro. xxviii. ca. ii. plura de aconito scribit.
C: Aconitū planta est q̄ ab Auicenna dicitur strangula/
tor. Duę sunt species. Altera dicitur Lycothonos. id est
strangulator lupi. Altera dicit pardaliphontes. i. strangu
tor leopardi. prima specie abūdat Italia diuerso colore ab
altera. Sed folia similia platano: nisi eēnt mīora & nigrio
ra & magis incisam hastam habet: didomo similē: & le/
uem ad cubitū altam. semen in folliculis ob longis. par/
daliphōtes (teste Plinio) folia habet ciclamis non plura
quattuor: aut cucumeris leuiter hirsuta: sed mīora: & ha
sta duarū palmarum. radix similis est gamaro marino. alii
dicunt caudę scorpionis: sed limpida: vt alabastris. Sunt
qui myothonon appellarūt: quoniā procul ex longinquo
odore mures necat: nascitur ī locis nudis: scilicet petrosis
quos aconas vocant: vt ait Plinius. Alii dictū volūt ab
acone portu q est in ponto. hanc herbam natā fabulātur
ex spuma cerberi ad supperos ab Hercule extractī.
h Nec rapit imen. or. p hu. neq; tan. squa. C. Sūt quidē
serpentes: sed non tanti quanti apud Asacheos ęthiopię
populos: qui sunt viginti cubitorū: aut quanti in India:
qui secūdū Megasthenem ceruos & tauros solidos hau/
rire possunt. Regulus autē in punico bello: ad flumē Ba
gradam tormentis & balistis serpentem confecit centū
viginti pedū. Nihilomin⁹ et in Italia Boię ita magnę effi
ciunt: vt sub Claudio impatore q̄dā occisa sit: cui⁹ in aluo

i Neq; tanto squameus:
Sunt quidem serpētes in
Italia: sed nō tales quales
in egypto et in Aphrica:
i In spiram. SER. Dicit
in collectionē volubilita/
tis quod est a funib⁹ tra
ctum. A. In spirā. reuolu
tionem. C. Quid spira sit:
dicemus in secūdo eneid.
k Anguis. ANTO.
De his Plinius libro. viii.
capitulo: xiii.
l Adde tot egregias. S.
Laudat Italiam a ciuita
tib⁹ q̄s et plures habet: et
maxias it opportūissime
collocatas. m Flumi
naq; &c. S. q̄d laudat etiā
Cicero in republica.

n Antiq̄s subter mu. A.
Hoc est sub āitq̄ oppida:
multa siquidē Italię op/
pida ppe moenia: vel ītra
labentia flumina habēt.

o Mare quod supra. S.
Adriaticū mare. A. Italia
(vt scribit Pli. li. iii. c. vi.)
sita est inter duo maria.
Inferum & superum: In/
ferum a grecis Tuscum
& Tirrhenum vocatur: Superum vero Adriaticum
appellant. ab Adria inclyta vrbe: vt Srabo ait. Probus
etiam inquit: Cingit Italiam a septentrione Adriaticus si
nus: ab meridie Tuscum mare. Adriaticum superum ap/
pellatur Tuscum inferum. CRIS. Mare quod supra: ma
re superum quod vergit ad superiorem partē mundi: id
est ad partem septētrionalē quę nobis sublimis est: vt hic
vertex nobis semper sublimis. Dicitur autem Adriaticū
ab Adria colonia hetruscorū. Incipit autem a pyrheneis
mōtibus Epiri. & per Italiam supiorem extenditur vsq;
ad Gallos. p Quodq; alluit infra. S. Tirrhenum. C.
Mare tirrhenum est quod aluit Italiam a meridie q̄ mū/
di plaga infima est ac depressa. Vnde dixit in supioribus
de polo meridionali. At illum sub pedibus styx atra vi/
det. Incipit autem ab hostio Vari (quod flumen Italiam
a Gallia diuidit) & discurrit ad fretum vsq; siculū. Qua/
re autē dicatur Tirrhenum: id est Hetruscum: alio loco
apparebit.
q Lacus tantos te lari. SFRVIVS. Larius est lacus vi/
cinus alpibus: qui (iuxta Catonem in orignibus) per se/
xaginta tenditur milia. Et Larius lari vocatiuus facit:
Sicut Iulius Iuli: Mercurius mercuri: ANTO. Larius (vt
Strabo libro quinto meminit) in Gallia cisalpina prope
Comū vrbem lacus est: quem Adua fluuius auget. Inde
amnem padum ingrediens. Est autem (vt idem scribit li
bro quarto) Larius longitudinis fore studiorū trecento/
rum: Latitudinis triginta: qui amnē eiicit Tycinum sane
grandem: CRIST. Larius lacus est piscium copia excel
lens in Gallia cisalpina propinquus Como vrbi: a qua
etiam Cumanus appellatur ex hoc Abdua fluit.

Fluctibus & fremitu assurgēs[r] benace marino.
An memorē[s] port⁹: lucrinoqꝫ addita claustra:
Atqꝫ[t] indignatū magnis stridoribus ęquor.
Iulia[v] qua ponto longe sonat vnda refuso.
Tyrrhenusqꝫ fretis immittitur ęstus[x] auernis.
Hec eadem argenti riuos ęrisqꝫ[y] metalla
Ostendit venis: atqꝫ[z] auro plurima fluxit.
Nec gen⁹ acre[a] virū marsos[b]: pubemqꝫ sabellā[c]:

r Assurgens benace. SER. Benacus lacus est Italię: qui magnitudine sui tempestates imitat̄ marinas. Assurgēs autem est vocatiui casus: vt sit: Memorem & te o Benace assurgēs. i. tumescēs fremitu marino: aut certe antiptosis: id est casus ꝓ casu: assurgēs ꝓ assurgētē: A. Strabo in fine libri q̃rti ait: Lacus stadiorū quingenū longitudinē habet. latitudinē vero triginta: de quo Myntius amnis effluit. Est etiam lacus verbanus lōgitudinis quidē stadiorum. cccc. latitudo vero angustior est ꝙ benaci: emittit fluuiū Aduam. Omnes aūt tres dicti lacus in padū influūt: oriūturqꝫ ex alpibus. Lucrinoqꝫ addita claustra: Lucrinus suus vsqꝫ Baias latitudinem pandit: q̧ ab exteriori pelago per aggerē longitudinis stadiorum octo: latitudinis aūt vni⁹ orbitę arcetur: Illum aūt ab Hercule traducēdarū Gerione boum causa aggeratū fuisse ꝓhibeut: quē cum pedib⁹ ꝑambulari. ꝓpter ductus ingruentes per hyemes superne vix posset: Agrippa exornatū melius construxit: leuioribus eni lembis p̄stat ingressum: Intra aūt lucrinum sinum auernus est: qui comprehensam Misenum vsqꝫ tellurem manualem efficit insulā: a maris spacio inter ipsum atqꝫ Cumas. Est autem auernus & fundo & hostio sinus cōmodus: & magnitudine & natura portā cōtinens: vsum tamē portus nequaqꝫ prębens: quoniam ante illū Lucrin⁹ portus iacet. Supercilia aūt ardua auernū vndiqꝫ circūdudunt: pręter hostiū suo quidem tepore amoenis culta modis inquit Strabo: Olim aūt agrestibus referta nemorib⁹: & proceris arboribus inuia. nā postea auerni lucū succidit Agrippa locis ꝓ pulchra adornatis ędificia. Hęc Strabo. CRI. Benacus autem eiusdem Gallię lacus in montiū faucibus locatus. Vnde vi ventorum insurgente veluti mare variis tempestatibus ęstuet. Benacus Myntium flumen emittit. Idem lacus aureas harenas habere dicitur. Sed profecto piscem gignit nusqꝫ alio loco repertum quem incolę Caprionē vocant: sapore suauissimo. s An memorē. p. S. In Baiano sinu Campanię contra puteolanam ciuitatē duo lacus sunt. Auernus & Lucrin⁹ qui olim propter piscium multitudinem vectigalia magna p̄stabant. Sed cum maris impetus plerunqꝫ irrumpēs, exinde pisces excluderet. & redemptores grauia damna paterentur. supplicauerunt senatui: & ꝓfectus Caius Iulius cęsar dictus brachiis excludit partem maris quę ante infesta esse cōsueuerat: reliquit breue spacium per Auernum: qua & piscium copia posset intrare & fluctus nō essent molesti: quod opus Iulii dictum est. Sed hoc ambitiose vndam Iuliam appellauit.

Frementē contra moles a Iulio oppositas. t Indignatum. S. a solita exclusum licentia: & indignationem suam stridoribus prodens. v Iulia vnda. A. Iulium portū intelligit: de quo Suetonius in augusto sic ait. Donec nauibus exinde ęgre fabricatis: ac. xx. seruoꜝ milib⁹ manumissis: & ad remū datis portum Iulium apud baias immissio in Lucriuum & Auernum mari lacum efficit: in quo cum hyeme tota exercuisset Pompeium inter Milas & Naulochum superauit.

x Aestus. A. id est maris accessus. i. inquietudo. Vñ & ęstuaria per q̃ mare vicissim tam accedit ꝙ recedit. Fretū autem appellatū ꝙ ibi semp mare ferueat. nam fretum ē angustū; et quasi feruens mare ab vndarum feruore nominatum. y Metalla. AN. Metallum a metallo dicit: quod est scrutor: vel inquiro. Nam in omni fere maceria vna inuenta vena nō procul inuenitur alia: quod et Plinius notauit libro. xxxiii. c: viii. C. Nomine metalli venit quicquid ex terra effoditur: in terręqꝫ visceribus venisqꝫ diligentius inquiritur. Vnde et lapidicinę metalla appellantur e greco verbo: nam μεταλλω inquiro significat: Argentum etiam a gręca appellatione est: illi enī αργυριον dicunt. Fit autem ex argento viuo et sulphure albo: plus tamen est de aereo aqueo ꝙ argenti viui ꝙ sulphure. Vnde minus ponderis in eo ꝙ in auro. Duplex autē est argentū: simplex et compositum. Simplex liquidū est. et argentū viuum appellatur: cu⁹ substantia aquea est: subtili terreno iuxta robusta mixtione et indissolubili: et hoc inest sibi ex magna siccitate terrea quā non liq̃scit nisi siccitate plana: albedinē trahat ex subtili terrę albedine: & ex admixtione aeris. Argentū aūt viuum cum sulphure sunt materia omnium metallorū. Aes vero q̃d cuprum esse dicunt: ex sulfure & argento viuo: vt certa metalla componitur: sed plus est in eo sulfuris ꝙ argenti. Sed sulfur est terreum nō pure rubeum calorem habens adurentem: Argentum vero est mediocre: nec nimis subtile: vt ostendit Aristoteles. Aurum autem creatur ex sulfure subtili & rubeo & ex viuo argento subtili et albo. Plus tamen confert ad illud formādum de soliditate sulfuris: ꝙ de aereo aquoso viui argenti. Quapropter solidius ponderosiusqꝫ est argentum.

z Auro plurima fluxit. S. i. Copiosus fuit in rem preciosiorem. ANT. Aurum asturia plurimum gignit: neqꝫ in alia parte terrarum tot sęculis hęc: fertilitas Italięqꝫ partitum est vetere interdicto parcitū: alioquin nulla foecundior metallorum erat tellus 2c. Plinius libro. xxiii. c. v.

a Acre virum. CRIS. de numerosis populis Italię sic loquitur Plini⁹. Hęc est illa Italia quę Aemilio paulo: & C. attilio consulibus: nunciato Gallico tumultu: sola sine externis auxiliis: & sine transpadanis: equitum. xxx. milia peditum. lxx. milia armauit. et Diodorus libro. iiii. scribit. Romanos quasi Hanibalis aduentum pręuidentes censum fecerunt & ciuium suorum & sociorū decies centena milia hominū qui essent bello apti descripserunt.

b Marsos. ANT. Marsi italię populi velocitate pedum plurimū ad cursum p̄stant: vt Dionysius scribit. Solin⁹ autem ait. Marsorum gentem serpētib⁹ illesam esse. Sed nihil mirum a circes filio hi gen⁹ ducunt: & auita potentia deberi sibi sciunt seruitium venenorum. Ideoqꝫ venena contemnūt. Strabo vero libro quinto ait: ꝙ alba Marsis finitima est in excelso locata saxo: prope fucin⁹ est lac⁹ longitudine par pelago. Is autem Marsis & vicinis maximo omnibus vsui fit. CRIS. Vltra picenum vescinini sūt. & Marsi. & Peligni: & marrhucini: et ferentani: samnitę populi. Natio exigua est: sed fortitudine conspicua. Nam & aduersus Romanos fortiter pugnauerūt. Idem pro illis socii fecerunt. Postremo libertatem & ciuitatis communionem consequi volentes repulsam passi bellū Marsicum excitarunt: Ait Strabo de origine marsorum alibi dicetur.

c Sabellam, ANTO: Samnitas intelligit: qui (vt ait

Assuetumq̄ malo ligurē: volscosq̄ verutos
Extulit: hęc decios: marios: magnosq̄ camil-
Scypiadas duros bello: & te maxīe cęsar: (los:
Qui nūn cextremis Asię iam victor in oris
Imbellē auertis romanis arcibus Indum.
Salue magna parens frugum: saturnia tellus
Magna virū: tibi res antiquę laudis & artis

Festus) dicti sunt a colle samnio: vbi ex sabinis aduētantes consederūt. Pli. vero li. iii. ca. xiii. ait: ꝙ Samnitici erāt Italię ppli q̄s sabellos & samnitas gręci dixere. Ea gens (vt Florus li. i. ait) opulenta erat: fallax: rapida: ac furiosa atq̄ i exitiū vrbis agitata. ptinax: sexies enī rupto foedere. cladibusq̄ ipsis animosior erat. Hos tn̄ quinq̄ginta annis p Fabios & papirios pr̄es: eorūq̄ liberos: vrbs roma subegit atq̄ domuit. Sunt aūt samnites inter Cāpaniā & Apuliā (vt ostēdit Stra. li. v.) regionē montanam possidentes. et mari nō ad modum pximi. Hęc aūt natio exigua est quidē cęterorū fortitudine cōspicua: ostētatā romanis eorū sępissime virtute. tandē cum libertatem assequi vellent desciuerūt. Vn̄ Marsicū exarsit bellū. Marsicū āt ideo noiatū: qm̄ a marsis rebellandi suscitatum fuerat initiū. C. Sabellā. samniticam. hęc a sabinis est. d Assuetūq̄ malo. S. id est labori. e Ligurē. A. Liguria in ipis apoeninis mōtib⁹ iter Galliā atq̄ Hetruriā ē: nihil descriptōe dignū hn̄s: nisi ꝙ vicatim vitā agūt: terram arantes asprimā: fatigātesq̄ ligonib⁹: imo vero saxa: incidentes: vt Possidonius inquit: Ita Strabo li. v. Diod. etiā li. vi. ligures patriā habitantes asperā: ac oīno sterilē plurimo labore cōtinuoq̄ vitā agere: venatoīb⁹ cōtinuo vacare. captisq̄ feris fructuū inopiā sustentare: in terra cubare: vt plurimi: hocq̄ pacto prisco more absq̄ apparatu aliq̄ viuere: deniq̄ mulieres viroꝝ: viros ferarū robur et vires hr̄e. Feroces ēē et acuti ingenii: nō in bello solū: sed in cōmuni vita ꝛc. Propter sup̄dicta igit̄ mala & labores: ait Maro: Asuetūq̄ malo. i. latrocinijs: vt q̄dā volunt: ppter illud ęneid. Vane ligur ꝛc. Nam poeta hic eos laudat. & Diod. vitā purā agere eos scribit. C. Genua ligurū Metropolis est. f Volscosq̄ verutos. S. Italię ppli sunt. A. Dionysius Alicarnaseus li. vi. inq̄t: Vrbs volscorū insignis Velitre: magna ipsa & populosa. hęc ille propter quod legēdū est apud Sylliū libro. viii. Setia & in celebri miserūt valle velitrę. i. freq̄nti valle. nā adhuc vestigia Appię i ei⁹ valle existūt distantis a mōtib⁹ stadia duodeci vel circa. Celebrat̄ etiā hodie cōtinue vrbs ipsa a peregrinis illac transeuntibus: quū ab vrbe Roma neapolim petuut: & ecōuerso: Fuit inde Augustus Octaui⁹ oriūd⁹: de q̄ late apud Tranquillū: qui inter alia sic ait. Velitris antiquitus tacta de cęlo parte muri: responsum est eius oppidi ciuē q̄nq̄ rerū potiturū: Sero tn̄ documētis apparuit: ostentū illud Augusti potentiā portendisse. Distat aūt ab vrbe Roma viginti milib⁹ passuū: ab lauinio vero milib⁹ passuū tribus. Verutū aūt est telum breue & angustū. vt scribit Noni⁹. Probus vero inq̄t: Volisci veruti iō dicunt̄: ꝙ dolonibus in p̄lio soliti sunt vti. C. Verutos: q̄ telis q̄ verub⁹ simillima eēnt vtebāt̄ i bello. g Extulit hęc decios. S. extulit: creauit. Decii aūt duo fuerūt: quoꝝ vn⁹ fuit septies consul. A. Decios. de his & reliq̄s late Plinius: de viris illustrib⁹: Camillos. S. abusiue pluralē nūerū p singl'ari. Nam Camillus vn⁹ fuit qui a Gallis sublata signa reuocauit. i Scipiadas duros bello. SER. Scipiadas p scipionib⁹ dixit: sicut Amazonidū pro amazonū. alibi posuit. Sciones autem duo fuerūt auus & nepos: quorū vnus leges victę Carthagini iposuit: alter eandē diruit. hęc aūt oia in. vi. dicem⁹. A. Scipiadas. vt. P. Scipionē et Cneum fratres: q̄ in Hispania p Romano impio occubuerūt. Et Corneliū scipionē Publii filium: qui deuicta Carthagine Aphricanus dictus est. Cuius frater. L. Scipio ob Asiam deuictam Asiaticus est appellatus. Et Cnei Scipionis. P. Corneliū Nasicā filiū: qui in tota vrbe vir optim⁹ iudicatus est. Adde & his Scipionē ęmilianū Carthaginis exitium. De Scipionib⁹ aūt hęc & plura Plutarchus. k Te maxime cęsar. A. Augustū intelligit. Nā vt scribit Luci⁹ Florus: Scythę misere legatos Augusto & Sarmatę amiciciam petentes. Seres etiā habitantes sub oriente sole. Indi quoq̄ cū gemmis & margaritis elephantesq̄ iter munera trahentes: nihil magis q̄ longinquitatē vię imputabant quā quadriennio impleuerāt. Parthi q̄ʒ q̄si victoria permaneret: rapta clade crassiana signa retulere. hęc ille. Meminit etiā Suetonius. C. Te maxime cęsar. Magno artificio iā puenit ad laudes Cęsaris quod maxime cupiebat. & item rem deduxit vt neq̄ a laudib⁹ Italicis q̄s sibi pposuerat aberraret: Neq̄ (qua quidē re oīs laus euanescit) quicq̄ per adulationē inserere videatur. l Imbellē auertis Romanis arcib⁹. S. i. auertendo reddis imbellē. Romanis aūt arcibus: a Romanis vrbib⁹: a Romano imperio.

m Indū. CRI. ad indos nunq̄ peruenit cęsar: sed blanditur sibi: quia pacato orbe terraꝝ Indoꝝ legatio ad eū Romā venit. Intelligit aūt de Arabia quā domuit. per C. Aquilium. & ęthiopiā quā supauit per Petronium.

n Salue: CRI. Magna & breuissima conclusio. nā hac dictiōe Salue: colligit ex supioribus eā esse dignā venerationē. o Frugū. C. per fruges infert copiā oīm q̄ ex terra gignūt̄: q̄ dixim⁹ esse p bonis corpis. p Saturnia tel. A. Saturn⁹ ei i Italia regnauit: q̄ tpe aureū sęculū fuisse aiūt: Construxitq̄ vrbem in mōte Capitolino quā Saturniā appellauit. Hinc Maro li. viii. ait. Hanc Ianus pater: hanc Saturnus condidit artē. Ianiculūq̄ illi: fuit huic Saturnia nomen. Et Varro scribit Tarpeium montē Saturniū a Saturno appellatū: & ab eo saturniam terrā. C. Saturnia: q̄si diceret: digna quę saturnia appellet̄. digna q̄ Saturnum auctorē pceptoremq̄. tum morū. tum agriculturę habuerit: Tum etiā pceptore dign⁹ est discipulus: cū illi se se parē addiscendo reddidit. Saturnum veteres putabant largitorem omniū foelicitatū Hinc fertilia loca Saturno dedicabant: Ergo saturnia id est fertilis. Dionysius autem Alicarnaseus ait in primo libro. Nullā terram fertilitate Italię comparabo. in quo loco demonstrat quicquid est quo carere vita nō debeat: nusq̄ esse pręstantius q̄ in Italia.

q Magna virum. SER. Virorum fortium. Et iam concludit. laudās eam a viris. a fertilitate. a Saturni imperio. AN: Magna virum. Ordo est. Magna parens virum: repetitur enim parens. CRIS. Per viros intelligit virtutes illorum: et egregia facinora quę posuimus p bonis animi. Pręterea opera humano artificio edita: vt vrbes: oppida: & quę his similia sunt: quę regioni erunt loco bonorum fortunę.

r Tibi res ātiquę laudis. S. Tibi in tuam vtilitatē scribo carmē Georgicū. Antiq̄ aūt laudis. i. magnę: vel ꝙ apud antiq̄s ingenti honore fuit agricultura. ANT. Antiquę laudis. Quanta agriculis laus esset olim: circa principiū aperuimus. Pręterea antiquorum multis in Italia vinearum cultura laudi fuit. De quo videto Pliniū libro. xiiii. capitulo. vi. Laudabatur item Italia ob generosa vina. De quibus item Plinius libro. xvii. cap̄. ix. CRIS. Tibi. id est in honorem tuum: artem ipsam describo agriculturę. ex qua tibi prouenerūt laudes quę antiquę fuerunt: vtpote a Saturno profectę.

Ingredior: ſanctos auſus recludere fontes.
Aſcręumq; cano Romana per oppida carmē:

s Sanctos fontes. AN. muſarum ſcilicet.
t Auſus. C. Tanq; rem arduā: & pene ſupra meas vires: v Aſcręūq; cano. SER. Heſiodicum: nam Heſiodus Aſcręus de ciuitate Aſcra fuit. ANTO. Aſcręum carmen Heſiodi Aſcręi intelligit: qui princeps omniū de agricultura pręcepit: & carmīe executus eſt. quem poſtea Maro hic in Georgicis imitatus eſt. De aſcra aūt latius Aeglo. vi. CRI. Aſcręum. Sententia eſt. Primus apud latinos de re agraria: verſibus ſcribam imitatus Heſiodum. nam oratiōe ſoluta ſcripſerāt ante eum latine. M. Cato: Saſerne duo pater & filius Tremelius ſcrofa. M. Therentius Varro. Imitatus ergo Heſiodum qui verſibus gręce de re agraria ſcripſit: quis idem Menecrates Epheſius fecerit. Aſcręum qui ex Aſcra fuit: Hęc (vt ipſe ſcribit) penes Heliconem eſt. Vituperatur autem ab eo ſuis verſibus: appellat enim rus infœlix. & ꝙ hyeme dirum ſit: ęſtu triſte: et nullo tempore optabile.

¶ Nunc locus aruorū: ingeniis: q̄ robora cuiq;:
Quis color: & q̄ ſit rebus natura ferendis.
Difficiles primum terrę: colleſq; maligni
Tenuis vbi argilla: et dumoſis calculus aruis
palladia gaudent ſylua viuacis oliuę.
Indicio eſt tractu ſurgens oleaſter eodem
plurimus: & ſtrati baccis ſylueſtribus agri.

x Nūc locus aruorum: SER. nunc inquit temp⁹ eſt naturam agrorum deſcribere. C. Nūc locus. ꝓpe ne propoſitionem reſtaurat.
y Ingeniis. S. naturis. Multi culpant in hoc loco Virgilium. ꝙ in vnū coegit quatuor librorum propoſitiones: nam et de aruo: & de conſito: & de paſcuo: & florido: iſto loco commemorat: quod ideo non eſt rep̄hendendum: quia nō ea late exequit̄ ſed carptim: & breuiter trāſit: quę latius explanat in ſingulis. AN. Ingeniis. naturis & qualitatibus. Ingeniū nanq; dicit̄ ſua ſponte natura: quod hic etiam Nonius intellexit. C. Ingeniis tranſlatio eſt ab homine. habet enī anim⁹ humanus duplicē vim: alteram qua ꝑcipiunt: alteram qua iam ꝑcepta retineant. & illam quidē docilitatem: hanc memoriā appellant. Vtrunq; autem cōplectunt̄ cum ingeniū dixerunt. Ergo in hoc loco ingeniū dixit innatā cōnaturalemq; vim: Quę quidem varia in variis terrarū generibus reperitur: z Quę robora cuiq;. S. quę ſit vniuſcuiuſq; poſſibilitas. CRI. Quę robora cuiq;: id eſt ad quid quęq; valeat: & interp̄tatus eſt quod dixerat ingenia:
a Quis color. S. quę ſpecies: ſicut dicim⁹ Quo colore ille recitauit. i. ſpecie: licet breuiter etiam ſit dicturus de colore terrarū.
b Difficiles: S. pene ſteriles: & parum creantes. A. Difficiles ⁊c. Senſus ē: ꝙ terrę difficiles: colles maligni: id ē ſteriles. terra vbi eſt tenuis argilla: & arua calculis plena: oliuis gaudent.
c Primū. A. canam. ſcꝫ.
d Tenuis argilla. SER. ſine hūore. quia eſt et pinguis. AN. Tenuis argilla. nō pinguis creta. Plinius libro xviii. capitulo quinto ſcribit. Argilloſam terram eſſe quę operi difficillima quęq; raſtros ac vomeres ingentib⁹ glebis oneret: e Dumoſis. S. ſpinoſis et vepribus plenis. f Calculis. S. Calculus lapis breuis terrę admixt⁹: dictus calculus ꝙ ſine moleſtia ſui breuitate calcetur.
g Viuacis oliuę. SER. id eſt diu viuentis: hinc ſupra tarde creſcentis oliuę. Res enim diu duratura: tarde creſcat neceſſe eſt.
h Tractu. S. Plaga: regione:

l At q̄ pinguis humus. A. Sensus est q̄ humus pinguis & fertilis: dulci vligine & camp⁹ herbosus & fertilis vbere & abundantia: qualis campus in montis conualle esse solet. & ager qui expositus est austro: & qui filicem hab₃ vitibus conueniūt. & optima vina producunt.
k Dulciq₃ vligine. SER. terrę. vligo proprię est natu ralis eius humor ex ea nunq₃ recedens: Bene autem dulci addidit: ad discretionem amarę. Vliginosus ergo ager semp humidus est. Nam humidus dicit̃ qui aliquando siccatur.
l Montis conualle. A: Cato optimū agrum iu dicat ad radicem mōtiū: planicie in meridiē excur rente: quę est totius italię situs. Plinius libro. xvii. capi͂o quinto.
m Foelicem limum. S. id est fertilē. Nam flumi num limus est noxius.
n Filicem. S. Filicis ra dices sibi inuicē nexę: etiā cum auulsę fuerint rena scuntur. filicem inuisam aratris: id ait: q̄a ex vna radice exeunt q̄ plures fi lices: & radices ipsę longę sunt in obliquū. quibus quidem sues pinguescūt: folia cimices necant: ser pentem non recipiunt. Plinius libro. xiiii. c. xliiii: CRI. Filicis (teste Plinio) duo sunt genera: Alterū nec florem habet: nec se men: φτερι Yιων vo cant greci: quā masculū putant vltra bina cubita crescunt: nec graui odore sunt. ex vna radice plures exeūt. Alterū genus phil pteron dicūt: vel pterin: ē n. fruticosa: breuior: mol liorq₃ ac densior ad radicē cauliculata: Radices vtriq₃ longę in obliquum nigrę: pręcipue cum inaruerit: difficile illa agri purgantur cum re nascantur. o Preualidas. AN. id est amplas.
p Olim. SER. in est quouis tempore.
q Sufficiet. A. subministrabit. r Baccho. A. vino:
s Laticis. A. id est vini t Pateris & auro. S. Pate ris aureis: endiaden facit. vt: Molemq₃ & montis.
v Libamus. AN. scilicet ad aras.
x Pinguis tirrhenus. SER. victimarū: scilicet carnib⁹: ANT. Pinguis tirrhenus: Tuscus tybicen significatur: vel q̄ non sit subtilis musicę: vel q̄ tumeant buccę inflantes tibias quę significant ebore dicto. Probus scribit: Potius tamen pinguis victimarum carne.
y. Ebur. SER. Tybiarum dicit quibus in auram sacer dotibus cani solebat. AN. Ebur tybiam intelligit: q̄uis tubam non tybiam Tirrheni inuenerunt. Vnde Virgilius Thirrhenus q̄ tubę mugire per ęthera clangor. & Pli nius libro septimo scribit. Aeneam tubam inuenisse. pise um Tirrhenum: obliquā tybiam. Midam: in Phrigia. ge minas tybias. Marsiam in eadē gente: Lydios modulos Amphion: cū tybiis: canere voce Trozenius Dardan⁹ in stituit: adhibebatur autē tuba nō solum in pręliis: sed in oibus festis diebus: ꝓpter laudis vel gaudii claritatē. Vn de & in Psalterio dicitur: Canite initio mēsis tuba in die insigni solennitatis vestrę. Praeceptum enim fuerat iudeis vt initio nouae lunae tuba clangeret. Tybias autē diu fu neribus ferunt adhibitas: mox & sacris gentilium.
z Tyrrhen⁹. A. Tyrrhenus. Romāi Hetruscos appellāt atq₃ Tuscos. Greci vero eos hoc nomine nominauerunt a Tyrrheno Atis filio: quia ex lydia colonos hāc in regio nem dimisit. Caeterum Tuscię longitudinem maximā a luna vsq₃ Ostiam per littus stadiorum milibus duobus et quingētis. scribit Strabo libro quinto. Et Plinius libro tertio ait: q̄ Tyrrheni a sacrifico ritu lingua grecorū. Tusci sunt nominati.
a Lancibus & pandis. S. Aut patulis: aut ex torum pondere curuatis. A. Pandis: curuis.
b Fumantia reddimus exta. SER. Sacerdotum vsus est verbo. Reddi em̄ dicebantur exta: cum pro bara et elixa: arę superpo nebantur. c Magis studium. AN. s. est tibi.

At quę pinguis humus dulciq₃ vligine lęta:
Quiq₃ frequens herbis & fertil. vbere cāpus.
(Qualem sępe caua mōtis cōualle solemus:
Despicere) huc summis liquūt rupib⁹ amnes:
Foelicemq₃ trahunt limū: quiq₃ editus austro
Et filicem curuis inuisam pascit aratris.
Hic tibi ꝑualidas olim: multoq₃ fluentes
Sufficiet baccho vites: hic fertilis vuę
Hic laticis: qualem pateris libamus & auro
Inflauit cū pinguis ebur tyrrhenus ad aras.
Lancibus & pandis fumantia reddimus exta.
Sin armenta magis studium: vitulosq₃ tueri:
Aut foetus ouium: aut vrentes culta capellas:
Saltus: & saturi petito longinqua Tarenti:

d Aut foetus ouiū. A. s. cum sua vocali prece denti tollitur in scansiōe. Quidam vero textus an tiqui foetum habent. qui dam: aut foetus ouiū: ha bēt: & meli⁹ iudicio nr̄o:
e Vrentes culta capellas. SER. Omne enim quod momorderint vrunt & exiccant: Vnde est. Et admorso signata in stirpe cicatrix. ANTO. Vrentes culta capellas. Hęc ideo. quia vt Plinius scribit libro. viii. capitulo. xlvii. Capris anima est q̄ ouibus ardentior. earumq₃ morsus arbori exicialis: Oliuam lambendo quoq₃ sterilem faciūt: eaq₃ ex causa Mineruę immolant. CRIS. Capellas vren tes culta. Caprarum morsus arboribus exitialis est. Oli uam etiam lambendo sterilem reddit hoc animal. Sunt qui credant hoc prouenire ex illarum febricitanti aduren tiq₃: & iccirco pestilenti anhelitu. Aiunt enim capras nun q̄ febre carere. Ob idq₃ in venditiōibus a priscis nō esse solitū prestari de sanitate: satisq₃ fuisse si venditor dice ret. Aio has capras bene esse beneq₃ bibere. Refert autem Archila⁹ nō naribb⁹ s₃ aurib⁹ spirare. Ferūt q̄nq₃ mēsib⁹ vt oues. Pariuntq₃ etiā quaternos: raro senos. In pascen do semper ad altiora progrediūtur: pinguescunt pingue dine. sterilescunt quibus cornua sunt: annorum nume rum per incrementa nodorum ostendunt: quę illis carent inutile dicuntur: tondentur in Sicilia caprę: vt alibi oues. In Syria auribus mensura palmari dodrantali. ac nōnul lę demissis adeo: vt spectent ad terram: ait Aristoteles. vi ta ad octauum annum.
f Saturi. SER. Aut foecundi. aut q̄ est iuxta oppidū Sa turum. tarentū enim & Saturū vicinę sunt sibi Calabrię

ciuitates. Horatius. Me satureiano vectari rura caballo: AN. Saturi tarenti. a satura palude ei vicina. Vel ob agri bonitatē. vt Probus ait. g Longinqua tarenti. A.

Italica gente fuit. Est autem Ecbasis in ista descriptione CRI. Antiquas domos. Vtitur ecbasi: vt asperitatem preceptorum huiusmodi festiuitate exhilaret.

Et qualem infoelix amisit mantua campum:
pascentem niueos herboso in flumie cygnos.
Nō liquidi gregib⁹ fontes: nō gramīa desunt.
Et quantū longis carpent armenta diebus:
Exiguo tantū gelidus ros nocte reponet.
Nigra fere & presso pinguis subvomere terra:
Et cui putre solū (nāq; hoc imitamur arando)
Optima frumētis: nō vllo ex eq̄re cernes
plura domū tardis decedere plaustra iuuēcis.
Aut vnde iratus syluam deuexit arator:
Et nemora euertit multos ignaua p annos:
Antiquasq; domos auiū cū stirpibus imis
Eruit: ille altum nidis petiere relictis.
At rudis enituit impulso vomere campus:
Nam ieiuna quidem cliuosi glarea ruris.
Vix hūiles apibus casias, roremq; ministrat.
Et tophus scaber: & nigris exesa chelydris
Creta: negant alios eque serpentibus agros
Dulcem ferre cibū: & curuas pbere latebras.
Que tenuē exhalat nebulā fumosq; volucres
Et bibit hūorē: & quū vult ex se ipsa remittit.
Queq; suo viridi semper se gramine vestit.
Nec scabie & salsa ledit rubigine ferrum:
Illa tibi letis intexet vitibus vlmos.
Illa ferax olee est: illam experiere colendo.

Est enim Tarentū Calabrie proxima. vrbs extrema Italie. De q̄ late Strabo libro quinto. Florus scribit Tarentū Calabrie quondam & Apulie totiusq; lucanie caput positū in ipsis adriatici maris faucibus.
h Mantua capū. A. de amissis Mantue aruis: late diximꝰ in argumēto Tityri. i In flumine. A. Myntio videlicet q Mantuā pterfluit. k Liquidi fontes. S: Puri. sine pestilentia: l Et quantū longis ꝛc. vt in eneid. diximus: hoc dicit Varronē fuisse in rosulano agro. postq; velinus siccatꝰ ē lacus: vt ibi longam perticam magnitudo superaret herbarum.
m Exigua tm̄. A. Cesar vopiscus cū cām apd censores ageret: Campos Rosulę dixit Italię summe esse. In quibꝰ perticas pridie relictas gramē opiret: sed nō nisi ad pabulū pbant. Pli. li. xviii. ca. iii.
n Nigra. A. Pulla terra est optima: & operi satiua q̄ tēperate vbertatis ē mollis facilisq; culture: nec madida nec sitiens. et post vomerē nigrescens: et q̄ recentē exquirūt improbe alites vomerē comitantes: coruiq; aratoris vestigia ipa rodentes. Pli. lib. xvii. c. v. o Putre so. C. Nā hoc facile se radicibꝰ frumenti peruiū pbet. a radicibꝰ aūt oēm alimentū accipit planta.
p Nāq; hoc imitamur. A. Sensus est: q arādo fit solum putre: neq; eni (vt inquit Colū. lib. ii.) aliud est colere q̄ soluere. & fermentare terram. Ideoq; maximos questus ager prebet. q Tardis. C. quoniā pōderosiora grana insunt. r Plaustra. A. De his legito Geor. i. s Aut vnde iratus. S. f. infoecunditate diuturna. Syluam deuexit. AN. noualē intelligit: cesa vetere sylua. Videto in Tityro de nouali. C. Syluam. Hoc nostra tempestate vsu cōpertū est: cū inculta et syluosa nostri Appennini iā colī coepta sint. In quibus & singulis sextariis: supra vigesimoquinto red didisse manifestum sit.
v Antiquasq; domos. SER. Aut reuera antiquas: aut caras. Salustius tantū antiquitatis curęq; maioribus p

x Aut rudis. AN. id est sterilis & macer.
y Enituit. A. incanuit: non ingruit vel pingui agro euenit.
z Ieiuna glarea. SER. sicca & sterilis terra. AN. Sicca macraq; terra minutissimis lapillis mixta. Glareosum oleis solum aptissimū in Venefrano. Plinius libro. xvii. c. iii.
a Humiles casias. SER. Casia & rosmarinus apibus apte sunt herbe. A. De casia late Aegloga secunda. Plinius preterea libro. xxi. capitulo de cura et pabulo apium ait. Harum ergo causa oportet fore thymū: rosam violas. lilium. fabam. casiā. et plura. Humiles autem id est candide: nam casię magis se humi spargūt: suntq; odorate.
b Roremq;. ANT. Rorem marinum intelligit. CRI. Rorem. Rosmarinꝰ appellatur: grece vero dicitur Labanothis.
c Tophus scaber SER. Lapis asperrimus. vnde & scabies dicta ab asperitate. ANT. Pliniꝰ libro xviii. c. iiii. q tophus scaber natura friabilis est: expetitq; quoq; ab auctoribus pro vitibus scilicet. Sequēti vero capitulo inquit. Fruges alit tophocea alba: q si sit inter fontes reperta: est ad infinitum fertilis.
d Nigris chelydris. S. nocentibꝰ. AN. Calabria Chelydris frequētissima est: vt Solinus scribit titulo de Italia.
e Negant. S. scilicet Nicander et Solinus: qui de his rebus scripserunt.
f Dulcem ferre cibum: SER. Ordo est eque dulcem: hoc est tam dulcem.

g Que tenuem exhalat nebulam. S. Nunc dicit agrum omniū rerum feracem. Quattuor quippe imitatur genera agrorum: qui solus potest q illi quattuor sicut sequentia indicant. h Fumosq; volucres. S. q si fumos solicet ex humore. i Queq; suo semp. S. naturali. sc; non coacto. k Nec scabie salsa. rubigine ferrum. S. ppie. Nam rubigo quasi scabies ferri est.

Talem diues arat capua. SER. Ideo diues: quia talem larat. AN. Strabo lib. v. scribit. Capuam campanię caput esse. Campaniaq; campos oẽs foelicitate supare. Et Plinius libro. xviii. inqt: q quatũ vniuersas terras; campus ille campan⁹ antecedit: tm ipm pars eius quę laborię vocantur: quę phlegreti grei appellant. Fruiturq; laborię via: ab vtroq; latere consulari: quę a puteolis: et q a cumis capuam ducit. m. Vicina veseno. S. Veseuus mons est ligurię sub alpib⁹ posit⁹. Nam campanię mõs quidem vesuius dicit. p quo multi veseuũ positũ voluit. A. Veseuo iugo. Veseu⁹: vesulus: et vesuuius dicit. Est aũt mons in Campania teste Solino: qui (vt scribit Strabo li. v.) amoenissimis habitabat agris: excepto cacumine: Dicunt alii Neapoli ad quartũ lapidem pximũ esse: De hoc Plinius iunior: quomodo suo tempe arserit: late scribit libro. vi. epl'a vero. xvi. &. xx. C. Veseu⁹ & vesuui⁹ & vesulus dicit iste mons. Vesuuius igit Campanię est: cui ab oriente pompei sunt: nec pcul est Neapolis: & nola & Nuceria. de hoc scribit Strabo. Hisce locis incubit mons vesuuius amoenissim⁹ habitatus agris: excepto cacumine fructũ nullũ ferente. Sed cineresin pspectu hñte; & cauernosa antra saxis ignibus arrosis. Ergo plagã istã prioribus ardere solitã coniecturis assequimur: restinctã aũt esse cessante materia: q̃ forte fertilitatis illi⁹ loci causa extitit. Excoctas enim glebas pingue aliquid hr̃e. q̃d vbetiores fructus afferat. Est aũt locus iste nobilitatus morte Plinii Nouocomensis: Nã dũ igniũ ex hoc mõte scatentiũ miraculũ vt fere cupiẽs incauti⁹ naui accedit: cinere ac fauilla oppssus: neq; aduersantibus vẽtis remeare valẽs: periit. Idẽ basso poetę euenisse dicunt. Montẽ autẽ vesuuium vterq; Plini⁹ & Sueto. de viris illustribus. & Pompeius: Strabo et Eusebi⁹ de tẽpibus appellãt. Est pterea veseu⁹ alpiũ mõs: cuius radicibus effluit padus. Sed de huius fertilitate nemo extat auctor.

n Et vacuis Clanius: AN. Clanius campanię flumen est. Clanius iuxta acerras a nomine gigantis ita dictus: o Acerris. SER. Acerrę ciuitas est Campanię: haud longe a Neapoli: quam Clanius preterfluit fluuius: cui⁹ frequens inundatio eam exhaurit. Vnde ait vacuis. i. infreqũtibus. A. Non autem equus acerris: ideo existimat q eas sepe inundet: quę vacue iccirco dicuntur: q pene desertę sunt. Auctor est Probus.

Et facilem pecori et patientem vomeris vnci.
Talem diues arat capua: et vicina vesęuo
Ora iugo: et vacuis clanius non ęquus acerris.

p Supra more. SER. abũdãter. plus ęquo. Isti aũt versus incompabiles sunt: tantã habẽt sine perissologia aliqua repetitionem. q Densa magis Cereri. S. Bene addit magis. Nã hoc vult oñdere: quid vbi meli⁹ nascit. Potest enim frumentum in rara: et vinũ in densa: sed non foeliciter nasci.

r Lygo. A. Lygus bacchi nomeq; a lyo quod est soluo. eo q mentẽ & membra vinum dissoluat. Vnde sequitur paralysis.

Nũc quoquãq; mõ possis cognoscere dicã,
Rara sit: an supra morẽ si densa requiras.
Altera frumentis quoniã fauet: altera baccho,
Densa magis Cereri: rarissima queq; lygo,

s Ante locū capies. S. eliges, vt aut capere: aut captas iam despectare videntur. t Insolido. S. ne ager sit cō cauus. v Aptius vber erit. S. Aptior vbertas & fertilitas. x Glebas cunctantes. S. validas. graues. & magnas. Vt auidusq; refringit cunctantē. y Expecta. S. proba: z Proscinde iuuencis. A. Ad frumenta serenda: scilicet. a Salsa tellus: A. Plini⁹ li. xvii. c. iiii. ait: Salseq; terre: multo melius cedunt: tutiores a viciis innascentiū aīaliū. b Amara. A. Pli. li. xvii. c. v. ait. terram amaram siue macrā. si quis ꝓbare velit: demonstrant eam atre degeneresq; herbe.

l Lentescit. S. coheret. m Habendo. S. dū habet. n Humida. ANT. Plinius libro. xvii. capitulo. iiii. inquit. Nec semp aquosa est terra: cui proceritas herbarum: que grauis est. idem libro. xviii. ca. iiii. ait: nec grauis aut leuis iusto dephenditur pondere. quod enim terre pondus iustum intelligi potest. o Ah nimiū ne sit mihi fer. illa: S. id est ne herbe plus q̄ oportet crescentes spem adimant frumentorum: Vnde ait ī primo. Luxuriem segetū tenera depascit in herba. CRI. Ah nimiū ne sit: oratio pathetica: que vt plurimū imperfectū profertur: aut ex indignatione: vt q̄s ego. Aut ex dolore: vt ah ne te frigora ledant. Ah tibi n. t. g. s. a. p. Ergo ex dolore est pathica oratio: itaq; subintelligendum est vereor.

Ante locum capies oculis: alteq; iubebis
Insolido puteum demitti: omnemq; repones
Rursus humū: et pedib⁹ summas eqbis harenas:
Si deerit rarum: pecoriq; et viribus almis
Aptius vber erit: sin in sua posse negabunt
Ire loca: et scrobibus superabit terra repletis
Spissus ager: glebas cnuctātes: crassaq; terga
Expecta: et validis terram proscinde iuuēcis:
Salsa autem tellus et que perhibetur amara:
Frugibus infoelix: ea nec mansuescit arando.
Nec baccho gen⁹: aut pomis sua noīa seruat.
Tale dabit specimen: tu spisso vimine qualos
Colaq; prelorum fumosis diripe tectis.
Hoc ager ille malus: dulcesq; a fontibus vnde
Ad plenū calcentur: aqua eluctabitur omnis:
Scilicet et grandes ibunt per vimina gutte.
At sapor indicium faciet manifestus: et ora
Tristia tentantum sensu torquebit amaror.
Pinguis item que sit tellus, hoc deniq; pacto
Discimus: haud vnq̄ manib⁹ iactata fatiscit
Sed picis in morē ad digitos lentescit habēdo.
Humida maiores herbas alit: ipsaq; iusto
Letior: ah nimium ne sit mihi fertilis illa:
Neu se p̄ualidam primis ostendat aristis.
Que grauis est: ipso tacitā se pondere prodit:
Queq; leuis promptū est ocl'is p̄discere nigrā
Et quisquis color, at sceleratū exquirere frigus
Difficile est, picee tantum taxiq; nocentes:

c Nec mansuescit arando. S. dū aratur: vt alibi de arborib⁹. Ita exuerint syluestrē animum. b Nec baccho. C. eū saporē q illi naturalis est. nō fuat ergo gen⁹: qa degenerat. c Sua noīa. S. propriā generositatem vt. Et nos aliq̄d nomēq; decusq; gessimus. d Tale specimen. S. talē ꝓbationē. A. specimen. documentū. indicium: signū. experimentū. CRI. Specimen cognitionem ab eo quod est specio. verbum ab vsu remotū: sed sunt in vsu composita: vt aspicio: despicio: respitio: et alia. e Qualos. A. calathos. f Colaq; prelorum. S. Prelorū: id ē qualos p quos vinum defluit: qui & ipsi a colēdo dicti sunt. Prela autē trabes dicti sunt: quib⁹ vua iam calcata p̄mit. A. Cola prelorum. i. torculariū vasa viminea seu crates illas virgeas que viuaceis supponunt prelis. i. quibus calcata vua p̄mitur. g Fumosis tectis. AN. Solent enim hmōi res in tecta seruari ne pluuia putrescant.

h Eluctabitur. SER: cum mora egredietur. A. exibit. i Amaror. S: amaritudo. & est sermo Lucretii. et vera lectio: nā multi amaro legūt: vt sit sensu amaro. AN. Amaror. Gellius li. primo. cap̄ xxi. scribit hoc loco legendum esse amaror: & nō amaro. Aitq; Poetam id a Lucretio sumpsisse: qui quidem li. iiii. dixit. quū tuimur miseri absinthia tangit amaror. k Fathiscit. A. dissoluit. aperitur.

p Primis aristis. S. i. herbis surgentib⁹: quarum luxuries futuris frugibus nocet: quas culmi tenues ferre non possunt. q Et quisqs color. S. vera lectio est. quisquis color. Nam male quidā & quicuiq; legūt. excludentes: at. vt sit. Et quiscuiq; color sceleratū exrgere frigus difficile est. Alii colos legūt: vt excluso s fiat synalimpha. & scandam⁹. Et quisquis colat sceleratū. vt sit quemadmodū; inter se coiisse viros: & decernere ferro. q̄d n̄ ꝓcedit tunc eni. r. in. s. mutat cū lōga opus est syllaba: vt labor labos. honor et honos. hic autem non solū longā facit syllabam: sed etiam excludit s. cū superiori vocali. Vn̄ legendū est. Et quisquis color. q̄d nec obscuritatē affert: nec fidem derogat lectioni.

r Sceleratum. S. nocens: omia exurens. s Picee. A. Picea montes amat atq; frigora. hec plurimū resinam fundit Idem li. xvi. c. xv. CRIS: Picee. Arbor vnde ē pix: Hec in frigidis montibus oritur. Feralis arbor & funeri indicio ad fores posita: gemmā candidam gerit et thuri ita similem: vt admixta dinosci neq̄at. Asia picem Indicam probat. Grecia piericā. Virgilius Naritiam. t Taxiq; nocentes. A. Est eni venenosa arbor: de qua late idē libro. xvi. Etiā de ea in supioribus dictum est.

v Hederę nigrę S. Hederę indicāt frigus: Nam vestigia indicia dicit. Nigrę aūt dicit ad albarum discretionem. vt hedera formosior alba. AN. Plinius li. xvi. c: xxxv. scribit. hederam inimicā satis oībꝰ: serpentū frigori gratissimā. Est aūt candida et nigra: de qua etiā latiꝰ eglo. vii. C. Hedera iam dicit in Asia nasci: negauerat Theophrastus: nec in India nisi in mōte Mero. Harpalus vt In Medis sereret frustra multis modis laborauit. Alexāder autem ex India ob raritatē coronato exercitu rediit exemplo Bacchi. inimica arbor satis omnibus frigori serpentū gratissīa: vt mirū sit illā in vllo hōore haberi. Mas inuenit et foemina: mas maior corpe & folio duriore & pinguiore. Flore ad purpurā accedente. Vtriusq; aūt flos similis est rosę siluestri: nisi ꝙ caret odore herbarū. teste Plinio: spēs tres sūt cādida: nigra: & helix: Hę species in alias diuidunt. Nā alia tm̄ fructu candida: alia ⁊ folio. Fructū ꝓ cādidū ferentiū: aliis densus acinus et grandior racemꝰ. Similimō in nigra. Alii semen nigrū: alii croceū. Ex his minꝰ nigra folia habentē quidā nysiā: alii bacchicā dicūt: maximis existētibꝰ inter nigras corymbis. Apud grecos quidam huius duę gēera faciūt. a colore acinorū erythranū: id est rubris acinis. & Chrysocarpum. id est aureis. Elicis tria genera: herbacea: altera cādido folio. Tertia versicolor: quę thracia dicitur. Adolescit in longitudīe herbacea. Arbores autē necat candida: omnēq; succum aufert: tanta eñi crassitudine augef: vt ipsa arbor fiat. Est & rigēs hedera q̄ sie adminiculo stat. Ob idq; vocata cissos: e diuerso: quę nunq; nisi humi serpit chamecisus dicitur: Arabice vocaf assan siue Thalibech similis hederę. Similax densis geniculata caulibꝰ. spinosa fruticosa ramis: folio hederaceo paruo: nō angulosa emittit pampinos: flore cādido olente liliū. Fert racemos labruscę modo: e colore rubro infausta omnibus sacris & coronis: qm̄ sit lugubris virgie eiusdē nomīs: ꝓpter amorē pueri croci: mutata in hunc fruticem. E similace fiunt condicili. Huiꝰ materia auribus admota leuē sonum reddit. Si vas ex hedera fiat: & vinū infunditur trāsmittit vinū: aqua si q̄ fuerit admixta remanente.

x His animaduersis. SER. i. agri q̄litate dep̄hensa. AN. His animaduersis id est terrarū natura ꝑcepta vel cognita. y Multo ante ⁊c. S. Hoc dicit nō esse eo anno ponēdas vites quo fodiūtur scrobes: sed post annū: vt calore & frigore et labore rustici possit terra calefieri. AN. Multo ante scilicet q̄ꝫ laetū in fodias vitis genus. z Excoquere. A. calore videlicet & frigore. a Scrobibus. A. Hoc dicit qm̄ vitiū etiā surculi (teste Plin. li. xvii. c. xxi.) serunt: & in scrobe et in sulco lōgiori: sup̄ q̄s tenerrima ingerit terra: sed esse vitē in medio scrobe oportet. Et columella li. iii. c. iiii. ait. Item si scrobibus aut sulcis vineam posituri erimus. optimū erit ante annum scrobes vel sulcos facere. b Magnos mōtes. A. Hic iubet: q̄a cliuosa altiores poscunt scrobes: quod idem Pli. lib. xvii. c. xxi. docet. Et Maro supius ait. Apertos Bacchus amat colles. Columella etiā li. iii. c. iiii. ait: Curandū autem est vt locis arduis & cliuosis altius vitis deponatur: q̄ꝫ si humidis et planis. C. Montes. i. saxa contra saxū ꝑ monte.

c Aquiloni. A N. vt eius scilicet frigore coquantur.
d Laetum. C. Vel fertile: vt. Quid faciat laetas segetes: Vel ꝙ letum reddāt hominē: vt dicit mors pallida: & frigus iners. e Infodias. s: obruas. f Optima ⁊c. A. Ordo est: arua putri solo optima sunt. putri: id est mollificato et solubili. g Id venti. A. vt arua sint putri solo. h Pruinę. A. de his iam dictum est.

Interdū aut hederę pandūt vestigia ingrę.
His aīaduersis: terrā multo ante memento
Excoq̄re: & magnos scrobibꝰ cōcidere mōtes.
Ante supinatas aquiloni ostendere glebas.
Quam lętum infodias vitis genꝰ: optīa putri
Arua solo: id venti curant gelidęq; pruinę:
Et labefacta mouens robustus iugera fossor.
At si quos haud vlla viros vigilantia fugit:
Ante locū similē exquirunt: vbi prima parēt
Arboribus seges: & quo mox digesta seratur:
Mutata ignorent subito ne semina matrem.

i Et labefcā mo. S. Hyp palage mouēs et labefaciens. A. Labefacta. i. conuulsa: effossa: subacta.
k Iugera. A. Iugeri mensura ducentos et quadraginta longitudinis pedes continet: dimidiūq; in latitudine. De q̄ Fabius li. primo. Pliniꝰ vero li. xviii. c. iii. ait. Iugerū vocabat ꝙ vno iugo boū exarari in die potuisset. actus in q̄ boues agerent: cū aratur vno īpetu iusto: hic erat centū viginti pedū duplicatusq; in longitudinem iugerū faciebat. Hęc ex Plinio. Et Varro iugerū ait dictū ꝙ iūctū est duobus actibus quadratis. C. Iugera ab eo q̄d est iuger. Sed et hoc iugerum etiam dicitur.
l At si quos: A. Hoc est si qui sunt vigilantes.
m Ante locum. similē exquirunt. SER. Dicitur in translatione arborum similem terram esse requirendam. ANTO. Locum similem. Theophrastus libro. iii. de causis plantarum ait. Ex simili loco aut nō deteriori semen accipiendū. Columella libro tertio: ca. primo: ait optimū esse eodē agro q̄ vitem dispositurus es: vel certe vicino facere seminarium At si campestres et vliginosos agros possidebis: proderit quoq; semiariū simili loco facere: et vitem largo consuescere humore. Idem Columella libro. iiii. caplo. ix: sic ait. Sꝫ et qualitas soli plurimū iuuat: vt ex macro aut mediocri transducaf in melius: Nā assuetū q̄d est pingui nullo modo maciem terrę patitur: nisi sępius stercores: de hoc latius idem libro quarto: capitulo quinto.
n Arboribus seges. SER. Quia de seminario loquitur arborum bene segetem appellauit. AN. Prima seges. i. seminariū vel arborum vel vitium. CRIST. Arboribus seges seminaria appellāt: antiqui loca in quibus bene subactis densę serantur arbores: quę deinde ad ulteriores facte sed adhuc nouellę per agrum: deinde in ordinē & debitis interuallis digerant. Hanc igitur segetem appellat: & semina ipsas arbores nuncupat. Duo autem pręcipit. Primum: aut vellens e seminario plantam eam transferas in terram similem & non dissimilem: ne ignorent matrem id est terram vnde nutrimentū accepturę sunt: quā ignorent. si dissimilis illi in qua satę natęq; eēnt. Secundū vt partes arboris restēt respiciētes ad eas partes coeli ad quas vergebant in seminario.
o Digesta. SER. ordinata: vt digerit in numerum.
p Matrem. S. terram: vt antiquā exquirite matrem.
q Axi. SER. septemptrioni. AN. septemptrionali coelo. De quo Fęstus. Adeo mł'tū est. tantū prodest. Ouidiꝰ quoq; ait in arte. fac sel' assuescat nihil assuetudie maius. Et Theophrastus libro. v. ait: ꝙ mos solitus plurimū valet. fit enim tanq; natura.
r In teneris ⁊c Consuescere multū est. CRI. Sententia est color rhetoricus quę extenditur ad omnia ex quibus est aliqua anima: aut rōnalis: aut sensitiua: aut vegetatiua.

In his enim ipsa a teneris annis consuetudo: alterā pene naturā facit.
a Collibus an plano. S. At qui supra ait. Deniq; apertos bacch⁹ amat colles: sed etiā in vallib⁹ poni posse vites: supius indicauit. vt hic tibi preualidas olim multoq; fluentes. Sufficiet baccho vites. vn̄ mō vtrūq; cōplectit: & dicit: quēadmodū in colle vites ponere debeam⁹. A. Collib⁹ an pla. De solo & coelo vitib⁹ oportuno Videto latius ibi: Deniq; apertos bacchus amat colles.
t Metabere. S. eliges: & longe alia significatio est metor metaris. vn̄ Lucanus: Hesperios audax veniā metator in agros. & alia metior meturis. Illud aūt metat⁹ sum: hoc mensus sum facit. A. Metabere. parabis. Sic eni Noni⁹ hunc locum aperit.
v Densa sere. S. p denso. vt: Et pede terrā crebra ferit. pro crebro. AN. Columella li. iii. c. iiii. inquit Vineaq; angustissime cōserit quoquo vectis gniq; pedū spacio interposito ponitur: intra septē vel octo pedes q; rarissime. Vt etiā facile arari possit inter denos pedes constituitur. Plinius autem libro. xvii. c. xxi. ait. q inter binas vites interesse oportet pedes quinos: nimiū autem laeto solo pedes quaternos: tenui plurimū octenos. x Indulge ordinib⁹. S. id est da operā:

Quin etiam coeli regionem in cortice signant.
Vt quo queq; malo steterit: qua parte calores
Austrinos tulerit: que terga obuerterit axi
Restituāt: adeo in teneris cōsuescere multū est.
Collibus an plano melius sit ponere vites
Quere prius: si pinguis agros metabere cāpi
Densa sere: in denso nō segnior vbere bachus.
Sin tumulis accliue solum collisq; supinos
Indulge ordinibus: nec secius omnis in vnguē
Arboribus positis secto via limite quadret.
Vt sepe ingenti bello cū longa cohortes
Explicuit legio: & campo stetit agmen aperto:
Directeq; acies: & late fluctuat omnis
Aere renitenti tellus: nec dum horrida miscēt
Prelia: sed dubius medijs mars errat in armis.
Omnia sint paribus numeris dimēsa viarum:
Nōn animū modo vti pascat pspectus inanē:
Sed quia non aliter vires dabit omnib⁹ equas
Terra: neq; in vacuū poterint se extēdere rami.

et ordines effice largiores. Nam de plano ait. Dēsa sere. C. Indulge ordinib⁹. Vt certo spacio intersedistent: vt tell⁹ q̄ min⁹ succi habet non habeat densiora q; alere possit.
y Nec secius. A. Ordo ē. Nec setius arboribus positis in vnguem quadret omnis via secto limite: i: ducto tramite vel sulco: Nec setius. i. nec aliter q; vitibus. solēt eni arbores inter vites seri. Vel nec setius. i. non aliter arborib⁹ id est vitib⁹ via quadret. q; acies inter se ante inceptum prelium.
z In vnguē. i. ad pfectionem: & est translatio a marmorariis: qui iuncturas vnguibus probant. Horati⁹. Ad vnguē fact⁹ homo. a Arborib⁹ positis. S. vitib⁹ ordinatis.
b Secto. S. ducto. vn̄ et secte philosophorū dicūt: id est ductus. c Quadret. S. cōsentiat: cōgruat: Translatio a q̄dratis lapidib⁹ qui sibi sepe cōueniunt. d Legio. ANT: In legione erant centurie lx. Manipuli. xxx. Cohortes decem. Vt Cithius libro. vi. notauit. Auctore Gellio libro. xv. c. iiii. Legio aūt dicta q leguntur milites in delectu: vt Varro docet. de legionibus autem & cohortibus videto Modestum. e Fluctuat S. splendet. f Numeris S. ordinatoribus. g Vti pascat. S. delectet nationibus. vt atq; animū pictura pascit inani.

h Forsitan & scrobibus. S. vt etiã supra diximus. Scrobes masculini sunt generis. Nam & Cicero in oeconomicis sic dicit. Et Plautus ait. Sexagenos scrobes. Minor autem est Lucani gracchiq; auctoritas. Nã Lucanus ait. Exigua ꝓfuit scrobe Gracchus. Abunde fossa scrobis est quod exemplum in Therentiano est.

i Que sint fastigia queras. S. Fastigiũ & summe: et infime ptis possumus dicere. sicut altum: & mare: et coelũ dicim⁹. Hinc est. Coelumq; ꝓfundum. cum et puteus sit ꝓfund⁹. CRI. Fastigia nomen mensure est fastigiũ: mediũ. et ad inferiora: vt in hoc loco: et ad supera. vt summi ad fastigia tecti. Sed ad id quod erigit supra edificiorum culmẽ ornatus gratia: et a tota latitudine surgere incipiens paulatim tollitur in acumen: qđ vulgus frontispitium vocat. hinc illã formã in quacunq; re fastigium dixere. Hinc Plinius: folia fastigiata dixit.

k Tenui sulco. S. fossa. AN. Tenui sulco. Videto paulo supius: ibi: Et magnos scrobibus concide remontes.

l Penitus. A. maxime.

m Aesculus in primis. SER. Arbor est glandifera: que licet ab esu habeat deriuationem: tamẽ ae scribitur. sicut et caelatũ: quod est principium. licq a celo celas: sic dictũ. C. Aesculus. In describenda hac arbore insistit: vt huiuscemodi varietate iucũdius reddat poema.

n Flabra. SER. Hoc nomẽ tantum pluralem recipit numerũ. ab eo vero quod est flãmina flamẽ possum⁹ accipere: licet sit vitandũ propter aliam significatiõem. Nam dicitur flamẽ dialis: flamen martialis.

o Multosq; ꝑ annos. AN. Quidã antiqui textus habẽt etiam multosq; nepotes: quod magis placet: Erit autem ordo. Et durando volues multa virum secula vincit multos nepotes. Siue et voluens multa virum secula durãdo vincit multos nepotes. id est multam et longam posteritatem.

p Secula. AN. Seculum spacium annorũ centum vocarunt: dictum a senes quod longissimũ spacium senescendorum hominum id putant. Macro est auctor.

q Media ipsa. CRIST. Stipitem intelligit quod in medio ramorum positus est.

r Vergant. A. inclinant.

s Solem cadentem. CRI. occidentem. AN. Ad solem cadentem. Plinius libro. xvii. cap. secundo ait: ꝙ Virgilius vites ad occasus seri dãnauit: aliqui sic maluere ꝙ̃ in exortu a pluribus meridiẽ probari animaduerto: nec arbitror perpetuum in hoc precipi posse: ad soli naturam: ad loci ingenium: ad coeli cuiusq; mores dirigenda solertia est. In Aphrica meridiem vineas spectare: et si viti inutile: colono salubre est: quoniam ipsa meridiane subiacet plage: quapropter ibi qui occasum aut septẽtriones conseret: optime miscebit solum coelo: cum Virgilius occasus improbet. nec de septẽtrione relinqui dubitatio videtur: atqui in Cisalpina Italia magna ex parte vineis ita posit. s compertũ est: nullas foeliciores. Multum rationis obtinẽt venti. Hec ex Plinio.

t Ne ve inter vites Corylum. S. Radices enim eius nocent vitibus. AN. De corylo vide in Tityro. Est autem fruticosa arbor: de qua multa Theophrastus li. iii.

Forsitan & scrobibus q̃ sũt fastigia queras:[h][i]
Ausim vel tenui vitem cõmittere sulco.[k]
Altius ac penitus terre defigitur arbos.[l]
Aescul⁹ imprimis: que q̃ntũ vertice ad auras[m]
Aethereas: tantum radice in tartara tendit.
Ergo non hyemes illam: nõ flabra neq; imbres[n]
Conuellunt: immota manet: mltosq; ꝑ annos[o]
Multa virũ voluens durando secula vincit.[p]
Tum fortes late ramos & brachia tendens
Huc illuc: media ipsa ingentẽ sustinet vmbrã.[q]
Ne ve tibi ad solẽ vergant vineta cadentem.[r][s]
Ne ve inter vites corylũ sere: ne ve flagella[t][v]
Sũma pete: aut sũma defrĩge ex arbore plãtas.
Tantus amor terre: neu ferro lede retuso[x][y]
Semina: ne ve olee syluestris insere truncos.[z][a]
Nam sepe incautis pastoribus excidit ignis:[b]
Qui furtim pingui primũ sub cortice tectus.

v Flagella summa: S. Flagella dicũtur summe arborum partes: ab eo ꝙ ventorũ crebros sustinet flatus. AN. Theophrast⁹ libro quĩto: de causis platarum scribit. Plantas petendas ab radice potissimũ: quod si minus consequi possint: a parte inferiore arboris: potius ꝙ̃ a superiore accipiunt. Hec enim viuatiora intelligũtur: excepta vite et fico. et quicquid hũido sit: quippe humida parte superiore melius germinant. Columella libro. iii. c. iii. ait: ꝙ vitis semia optima habent a lumbis. Secunda ab humeris. Tertia summa in vite lecta que celerrime cõphenduntur: & sunt viuaciora: Lacius autem eadem habẽtur libro quarto: capitulo decimo. Flagella. Summe arborũ partes dicunt a ventorum flatu.

x Tantus amor terre. S. id est sic diligenter a rusticis ager est colendus.

y Ferro retuso. S. obtuso: quo vites quassant potius ꝙ̃ potantur. AN. Retuso. hebeti Theophrast⁹ li. v. de causis plantarũ ait: ꝙ̃ ferro ꝙ leuissime purgande sunt arbores & vites etiã: periculum nanq; interitus ꝓpter vlcera imminet. quemadmodũ enim radicibus Vulneratis cũ foditur: arbores deteriorescũt. sic etiam vulnere partis superioris: noxam eandẽ his posse afferri credendũ ẽ: quũ nequeunt tollerare.

z Semina. A. arborũ: vel vitiũ plãtulas. C. tenellas plantas.

a Ne ve olee syluestris. S: non ꝙ non prosit: sed (vt etiam ipse dicit) propter casum incendii.

b Incautis pastoribus. S. negligentibus & circa alia occupatis.

c Ruit atram nubem. SER. egerit: & emittit: & ruere facit. Nam mō ruere actiuam habet significationem. d Tempestas. A. ventorū furor. e Ab vertice. S. ab aquilone. vt hic. Vertex nobis semper sublimis. f Ferens. S. flans. vt: Fieret vento mora ne qua ferenti ꝛc. g Hoc vbi. S. Subaudi contigerit. A euenerit. h Infoelix. S. Infoecundus & sterilis. i Supat. S. supest. vt: Quid puer Ascaniꝰ superat ne. k Nec tibi tam pru. S. Dicit quo tpe vites sunt ponende: & ꝓbat tolerabilius autūno: meliꝰ verno: nā dicturꝰ ē: Ver adeo frondi nemorū ver vtile syluis. l Borea spirante. A. cū solum flatibus aquilōis concrescat: atqꝫ siccescat: austrinis cōtra labescat: atqꝫ humescat: plantaqꝫ pari ratiōe humidior: siccior ue seipsa reddat: hac decausa meliꝰ ꝑ austrum seritur: radicat enī: germinatqꝫ celerius: cū planta turgēs credit solo turgēti: coelūqꝫ adest emollitū atqꝫ benignū: Aquilone autem aduersa oia veniūt: frigent eteni plantę: atqꝫ laborāt: & solo gelato: neqꝫ radicē ęque dimittere: neqꝫ germen edere pn̄t. Hec Theophrastꝰ li. v. de causis plantarum. m Semia iacto. C. Imposito malleolo: nā semē non solū de granis segetū siue pomoꝝ dicimꝰ. sed etiā de virgultis: vn̄ arbores serūt: et ipsas nouellas arbores: q̄ e seminario transferunt semina appellant. o Concretam radicem. S. Ante enī quasi gutta quedā ex terra & hūore ꝑcreatur: quę postea tondit in radicē. p Optima vinetis satio. A. Colū. li. iii. c. iii. ait Plantaria facito exoriente a decima luna: & a vicesima. hec vel melior est vitibus satio. sed cū feres frigidos ventos vitato: Docet etiam ibidem Columella: quo pacto plantaria fieri debeāt. & libro iiii. c. xiiii. q̄ vitis Vere: autumnoqꝫ tempestiue ponūt. Vere melius: si aut pluuꝰ: aut frigidus status coeli est. et ager pinguis: aut campestris: & vliginosa planicies. Rursus autumno si sicca si calida est aeris qualitas. si exilis aut aridus campus. si macer: preruptusue collis. Vernę qꝫ positiōis dies fere quadraginta sunt: ab Idibus februarii vsqꝫ in ęquinoctiū. rursus autumnalis ab idibꝰ Octobris in kalen. Decembris. Sationis autē duo genera: malleoli: vel Viuiradicis. quod vtrūqꝫ ab agricolis vsurpat. q Vere rubenti. SER. Floribus splendido. r Candida auis. S. Iuuenalis: Serpente ciconia pullos pascit. AN. Ciconiam intelligit: quā e longinquo venire non dubiū est: vti & grues. Illas hyemis: has ęstatis aduenas: nec venire sed venisse cernimus: honos his serpentium exitio tātus. vt in Thessalia capitale fuerit occidisse. eadem legimꝰ poena que in homicidas. Hęc & plura Plinius libro. x. c. xxii. s Prima. vel autumni. ANT. Theophrastus libro. iii. de causis planetarum ait. Turgescit solum cū humectum atqꝫ tepidum est: statumqꝫ temperatū aeris obtinet. tunc enim agile atqꝫ letum consistit: quod duobus fieri temporibꝰ maxime arborum generum solet. Vere ac autumno: et quidem his tēporibus arbores magis serimus: sed melius vere. tunc eni solum humidū est: & sol tepefaciens elicet germē: et coelum placidum atqꝫ rosidū constat: ita vt ex his omnibus & germinatio prospere sequi possit: tam satio cōmunior omnium vl' plurimorū tam fructuum q̄ plantarum: tempori verno attribuit: hęc ille. t Quū rapidus sol. A. Rapit eni ac attrahit ad se cuncta: torrens: et sorbēs calore suo quo liquor siccatur. De q etiam ante patuit.

Robora cōprendit: frondesqꝫ elapsus in altas:
Ingentem coelo sonitum dedit inde: secutus
per ramos victor: perqꝫ alta cacumina regnat.
Et totū inuoluit flāmis nemꝰ: & ruit atram
Ad coelum picea crassus caligine nubem.
presertim si tempestas ab vertice syluis
Incubuit: glomeratqꝫ ferens incendia ventus.
Hoc vbi: non a stirpe valent: cęsęqꝫ reuerti
possunt: atqꝫ ima similes reuirescere terra.
Infoelix superat foliis oleaster amaris.
Nec tibi tā prudēs quisqꝫ persuadeat auctor
Tellurē borea rigidam spirante mouere.
Rura gelu tū claudit hyems: nec semine iacto
Concretam patitur radicem affigere terrę.
Optima vinetis satio: quum vere rubenti
Candida venit auis longis inuisa colubris.
prima vel autumni sub frigora: quū rapidꝰ sol
Nondū hyemē cōtingit equis: iā ꝑterit ęstas.
Ver adeo frondi nemorum: ver vtile syluis:
Vere tument terrę: & genitalia semīa poscunt.
Tum pater oīpotens foecūdis imbribꝰ ęther:

v Aestas: A. autumni calorem ęstatem appellauit. x Vere tumēt terrę. S. Asper simpliciter accipit: vt terrę nt̄us plural' numeri sit. quę dicuntur verno tumere & semina poscere. Donatꝰ vero terrę genitiuū vult eē singularem: vt sit sensus mutata distinctione. Vere tument syluę: scilicet a superioribus terrę: et genitalia semina referūt terrarum. Sed melius asperū sequimur: vt genitalia semina quę nos iacimꝰ intelligamus: nō quę syluę ex terra suscipiunt. A. Tument turgescūt. C. Vere tumēt quasi diceret: facile concupiscunt ex natura sua calida & humida. y Genitalia. S. dicimus semina: quibus aliquid pcreatur & gignitur. A. Genitalia semina poscunt. Semper enī solo turgenti semia mādare oportet. sic enim optime germinatio agitur: vt scribit Theophrastus li. iii. de causis plantarum. z Tum pater omipotens. SER. Interdum pro aere Iuno: ꝑ ęthere Iuppiter accipitur. Aliquotiens & ꝑ aere: & ꝑ ęthere Iuppiter. Iuno vero ꝑ terra & aqua ponit: sicut hoc loco intelligimꝰ. nā ęther nō habet pluuias. vn̄ Iouē ꝑ ęthere accipimꝰ: cui attribuitur aer & ęther: q duo mixta terrę & hūori vniuersa pcreant. Dicit

Coniugis [b]in gremiũ laetę [c]descendit:& omẽs
Magnus alit magno [d]cõmixt⁹ corpore fœtus.
[e]Auia [f]tunc resonant auibus virgulta canoris:
Et [g]venerem [h]certis repetunt armenta diebus.
Parturit [i]almus ager:[k]zephyriq́ tepẽtib⁹ auris:
[l]Laxant arua sin⁹:[m]superat [n]tener oĩbus humor.
[o]Inq́ nouos soles audent se gramina tuto
Credere:nec [p]metuit surgẽtes pampin⁹ austros.
Aut actũ coelo magnis aquilonibus [q]imbrem.
Sed [r]trudit gẽmas & frondes explicat omnes.
[s]Non alios prima crescentis [t]origine mundi
Illuxisse dies:aliumue habuisse [v]tenorem
Crediderim:ver illud erat:ver [x]magn⁹ agebat
Orbis:& hibernis parcebant flatibus euri.

autem verno tempore esse pluuias quibus cũcta nascũt. Vnde & foecundis imbribus dixit:quib⁹ terra foecundat. CRI. Tum pr̃ ⁊c. Iouem multis modis intelligi suo loco monstrauimus. Modo eni Iouem stellam illam salutarẽ q̃ in ordine secunda est:mõ ꝑ anima mũdi. Sępissime autem pro ipso summo deo:a quo omnia sunt intelligim⁹: Nonnunq́ vim ipsam duorum superiorũ elementorum: quę actiua est:per Iouem exprimim⁹: quę dũ agit in hęc duo inferiora elementa:aquã terramq́ intellexerũt phisici:q̃ passiua nũcupãt. Vñ quoniã pariter ad gignẽdũ ꝯcurrunt:fratrẽ ac sororẽ dixerunt:qm̃ vero illa agũt: illa patiuntur. Iouem maritũ qm̃ masculinã agentemq́:Iunonẽ vxorẽ:qm̃ fœmineã patientẽq́ vim obtinet:appellarũt. Verno igitur tpe ꝑpter maximã elementorũ contẽperãtiã:cũ iam calor in humidũ agere ĩcipiat:recta temperie dicim⁹ Iouẽ actiuã vim foecũdis imbrib⁹ id est gẽitiuo humore descendere in gremiũ Iunonis.i.terrę:q̃ agentẽ vim tãq́ fœmina virile semẽ accipit.

a Aether. AN. Iuppiter quẽ summũ deũ mundiq́ aiam voluere: Euripides ętherem coelum ipm̃ ac Iouẽ voluit. vt scribit Tullius li.i. de natura deorum. b Coniugis in gremium. AN. Iuppiter (vt dixit Ennius) is est: quẽ greci vocant aerẽ:qui vent⁹ est & nubes. Imber postea dictus:quia mortalis atq́ arbores:herbasq́ omnis iuuat. Iuppiter item coelũ dicitur. Varro scribit alia. Iuppiter igit. i.aer q̃ ventus est & nubes :imber postea. descendit in gremiũ lętę cõiugis.i.Iunonis q̃ et terra est. Et phũs li. ethicorum viii. scribit Euripidẽ hęc dicere:qm̃ est sicca tellus:ipsa certe cũ imbrẽ amat:cũ turget ęther imbri: cũ coelũ tumet: affectat vt telluris in sinus cadat. c Laetę. A. foecundę veris temperie. C. Laetę. passim: d Cõmixtus corpore. S. pro corpi:vt hęret pede pes. Item alibi. Et magno se corpore miscet. Licet possimus accipere : mixtus terrę magno suo corpe.i.ęthere. A. Magno corpe.s.terrę: subest enim natura terrę. Vnde superi⁹ ait. Quippe solo natura subest : natura aũt res oẽs creat:auget:alitq́: vt Lucreti⁹ inquit. e Auia ⁊c. C. Ex illa eni contemperie caloris in humidũ excitat natura:ita ducente desideriũ ad creandũ:quo desiderio & aues suauiter q̃runt: & aĩalia cuncta salire & inire cupiunt:& in terra ipsa plantę in quib⁹ nõ est sensitiua:sed vegetatiua vis parturiũt. f Resonant. AN. Ouidi⁹ itẽ li.i. fastorꝫ ait : Et tepidũ volucres concentibus aera mulcet:ludit & in pratis. luxuriatq́ pecus. g Venerẽ. C. sic dictã: vel q̃d in oĩa veniat:vt inferius. Oĩe adeo genus in terris hominũq́ ferarum. Et gen⁹ ęquoreũ. in furias. ignẽq́ ruunt amor oĩbus idem. h Certis dieb⁹. S. Statutis legitimis a natura archana quadã ratione dispositis:vt tractat Lucretius : qui dicit rationẽ hanc ęthereo calore descendere. C. Certis diebus. vernali tempore quod singulis ãnis statuto tempe redit:

Vel quia certo quodam tempore : & non omni foemina marẽ expetit. exceptis (vt ait Aristoteles.) muliere & equa q̃ omni tempore etiam foetę concubitum expetũt. Item his quę superfoetant:id est q̃ adhuc p̃gnaures aliũ foetum cõcipiunt:vt lepores. i Almus ager. S. ab eo q̃ nos alat. A. Alm⁹. quia suis fructibus nos alat. k zephyri. S. Fauonii. Alibi zephyro putris se glęba resoluit. Horatius. Soluitur acris hyems grata vice veris & fauoni. AN. de his late li.i. Georg. Et zephyro. p.s.g.r. C. zephiri venti sunt occidentales: q vere flantes sua cõtẽperatia caloris & hũoris : terrã ad varios cõcept⁹ aptã reddunt. Dicit aũt ab eo q̃d est ζεω id est ferueo:quia illis terrę cõcalescentes grauidę reddunt. l Laxant. C. quod caloris ẽ:vt frigoris ꝯdẽsare. m Supat. A. Ver eni calidũ fecit et hũectũ deus oĩm fabricator. Sicca est ęstas et calida. Autũn⁹ siccus & frigid⁹. hyems humida pariter & frigida: auctor est Macro. li. vii. C. Superat abũde est: q̃d nõ ita in reliq̃s annis tpibus accidit. n Tener. C. Quasi nouell⁹ propter anni principiũ : & quasi facile ad quiduis gignendum verti possit.

o Nouos soles. S. vernales dies. A. Nouos soles:tũc eĩ est noua tẽporũ ętas. vt etiã Ouid. li.i. fastorꝫ inquit. C. Nouos. renouatos ꝑpter principiũ anni. p Nec metuit surgentes pampinus austros. S. Varie dicit. Nã supra ait: Audẽt se gramina tuto Credere. AN. Austros qui hũidi sunt: & nubila nutriunt. de quibus latius supra.

q Imbrẽ. A. i. grandinẽ. ait eni aquilo li. vi. methamorphoseon. Induroq́ niues & terras grandine pulso.

r Trudit gẽmas. S. ꝑpellit:effũdit in folia. A. Gemmas: vitium oculos:intelligim⁹ ꝑ metha phorã:vt lati⁹ patuit ęgloga. vii. C. Sed trudit gẽmas & frondes explicat oẽs. Alterum ab altero est. Primo eni turgent oculi in ramis: & hi gemmę dicunt:prodeunt frondes. s Non alios prima. S. Hoc ẽm licentiã poeticã dixit. Nã falsum ẽ. Cõstat eni post factũ mũdũ ex qualitate cursus sol' tpa esse diuisa. C. Nõ alios: verisile videt principiũ mundi a vere fuisse. Et ẽm Macro. incipiente die illo q primũ oĩm illuxit: q̃ iõ iure natalis mũdi vocat. fuit aries in medio coeli. Et quia mediũ coelũ q̃si mũdi vertex est: iccirco aries vt mũdi caput in exordio lucis appruit. Sed de hoc dictũ est in alio loco. t Origie mũdi. A. Pli. scribit mũdũ : q̃d alio noie coelũ appellari libuit:neq́ genitũ:neq́ interiturũ vnq́. Nostri theologi scribũt: decimoq̃rto kal. Aprilis mundũ creatũ fuisse die solis. Poeta eni id idẽ videt asserere. Ait eni. Ver illd erat ⁊c. v Tenorẽ. S. ductũ. x Ver illud erat. S. Absoluta locutio. quicq̃d illud fuit:ver fuit. y Magn⁹ orbis. A. orbis dictus est mũd⁹:qm̃ ei⁹ forma in spẽm orbis absoluti globata ẽ:vt Pli. docet. Magn⁹ ãt ait:qm̃ (vt testat etiã Plii⁹) immẽsus est & infinitus: ac finito similis. Furorq́ est : mensurã eius animo quosdam

Cum primū lucem pecudes hausere: viriq;
Ferrea progenies: durum caput extulit aruis.
Immissęq; ferę syluis: & sydera coelo.
Nec res hunc tenerę: possent perferre laborē:
Si non tanta quies iret frigusq; caloremq;
Inter: & exciperet coeli: indulgentia terras.

agitasse: atq; prodere ausos. y Hybernis. S. asperis: sęuis. z Pecudes. A. Quito et sexto die: volatilia & animalia cūcta genita sunt: deinde hō: q illis dñaret. In q quidē Poeta ipē: nrę fidei sequit opinionem. a Ferrea pgenies. S pro creata ex lapidibus ad laborē. Alibi. Vnde homines nati durū genus. A. Ferrea pgenies. fabulas sequit: narrantes e lapidibus homines natos: de quo latius Ouidius. b Immissę ferę syluis. S. Hunc ordinem propter archadas tenuit: qui se profelenos esse asserunt: id est añ lunam natos. quos et Cicero in fundaniana commemorat. & Statius quī ait: Archades astris luna q; priores. c Et sydera coelo. ANT. Quarto die (vt aiūt) facta sunt luminaria duo in firmamento coeli: vt lucerent super terram. d Laborem. S. vel frigoris: vel caloris. e Si non tanta quies iret. SER. tranquillitas: & est veris diffinitio. f Indulgentia coeli. A. id est aeris tranquillitas & temperies.

Quod supest: q̄cūq; pmes virgulta p agros
Sparge fimo pigui: & mēta mēor occule terra
Aut lapidē bibulū: aut squalentes infode con-
Inter enim labent aq: tenuisq; subibit (chas

g Quod superest. SER. nō quod deest: sed quod sequit. A. Quod supest: quod restat docendum ē. supple vel aduertendum. h Premes. S. id ē demerges: fodies. i Quęcunq; virgul. S. sicut de plantariis: siue de arboribus: k Fimo. A. Theophrastus libro tertio de causis plantarum inqt: q stercus agrū & solidū: et tepidum reddit: q alii prinus terrę permixtū plantę aggregant. alii in terram supiorē medium disponūt. l Occule terra. A. Terra inferior alit vitem & arborem: superior custodit. Columella li. iii. c. iii. auctor. m Aut lapidē. S. qui arenarius vocat. A. Lapides subiiciūt: vt plantę et p hyemem hūore pfrui: & p ęstatē possit refrigerari. Enimuero contra vtrunq; tempus ita preparasse oportet: vt lapides humorem contineant: & ęstate radicibus calorē propulsent. Alii sarmenta substernūt. Alii vas fictile plenum aquę apponunt. Theophrastus edocet libro. iii. Columella etiā lib. tertio. cap. iiii. ait. In imo scrobe lapides circa pondo quinq; ponito ne vitē pmat: sed iuxta radices sint. Theophrastus aūt predicto libro ait. oportere esse calculos amnę. aut faucibus torrentis petitos. nā si lapis latus atq; perpetuus sit: arbori est noxę. Si rotundus minutusq; subiicat: refrigerat: & aquam transmittit: & locum radicibus peruium pręstat. Lapides preterea hyeme tepefacere: ęstate refrigerare posse affirmant. n Aut squalentes infode conchas. SER. Concę propter admittenda spiramina infodiuntur. Lapis vero arenarius: aut propter spiramina: aut propter hauriendum humorem: si forte nimius fuerit. Squalentes: sordidas. ANT. Squalentes: squalentes a squamis dicitur splendens: a squalore vero sordidum.

Halitus: atqꝫ animos tollent sata: iamqꝫ repti
Qui saxo super atqꝫ ingentis pondere teste
Vrgerent: hoc effusos munimen ad imbres.
Hoc vbi hiulca siti findit canis ęstifer arua.
Seminibus positis superest deducere terram
Sępius ad capita: & duros iactare bidentes:
Aut presso exercere solum cū vomere: & ipsa
Flectere luctantes inter vineta iuuencos.
Tum leues calamos: & rasę hastilia virgę:
Fraxineasqꝫ aptare sudes: furcasqꝫ bicornes.
Viribus eniti quarum & contemnere ventos
Assuescāt: summasqꝫ sequi tabulata per vlmos.
Ac dum prima nouis adolescit frondibꝰ ętas
Parcendum teneris: & dum se lętus ad auras
Palmes agit: laxis per purū inmissus habenis
Ipsa acie nondū falcis tentanda: sed vncis
Carpendę manibus: frondis interqꝫ legendę:
Inde vbi iam validis amplexę stirpibꝰ vlmos
Exierint: tum stringe comas: tū brachia tonde.
Ante reformidant ferrum: tum deniqꝫ dura
Exerce imperia: & ramos compesce fluentes.
Texendę sepes etiam: & pecus omne tenendū:
Pręcipue dū frons tenera imprudēsqꝫ laborū.
Cui super indignas hyemes: solemqꝫ potentē
Syluestres vri assiduę capręęqꝫ sequaces
Illudunt: pascuntur oues: auidęqꝫ iuuencę:

o Animos tollent. S. Sument his rebꝰ magnanimitatē. p Iamqꝫ reperti. S. s. sunt diligentiores. q Qui saxo super. A. Magonis pceptum fuit: vt in scrobibus lapides disponerent: q singuli nō excederēt qnqꝫ librarū pondꝰ. Hi eni vident et aqs hyemis: & vapores ęstatis ppulsare radicibus. auctor est Columella: li. iiii. cap. xv.
r Effusos ad imbres. S. .i. cōtra nimias pluuias.
s Munimen: A. scʒ est.
t Hoc. A. scʒ munimē:
v Hiulca siti. S. prę nimiis caloribꝰ scissa. AN. Hiulca siti. i. siccitate aperiente ea arua scʒ: Ab hio hiulcus deducit. Catullꝰ etiā ait: Quū grauis exustos ęstus hiulcat agros.
x [Canis ęstifer. A. Septimo kalen̄ Augusti: canicula apparet: estqꝫ caligo ęstuosa: vt scribit Colū. libro. xii. Et Pli. lib. ii. ait: Caniculę exortu accendi sol. vapores quis ignorat?
y Ad capita. S. s. vitiū positarū. A. Capita vitiū putata circūfodito: arare incipito: vltro: citroqꝫ: sulcos ppetuos ducito. Ita pcipit Cato (teste Pli. libro xvii. ca. xxi.) Colū. aūt li. v. c. v. ait: qꝫ sat plerisqꝫ visum est ex kal. Marcii vsqꝫ in octobrē. trigesimo quoqꝫ die nouella vineta cōfodere: omnesqꝫ herbas & pcipue gramina exstirpare ꝛc. z Et duros iactare biden. S. hoc ad cōminuēdas pertinet glebas.]
a Flectere luctantes inter vineta iuuēcos. S. Cū quadā moderatione ducere ne tenera adhuc virgulta concutiant.
b Leues calamos. S. i. nitidos. c Et rasę hastilia virgę. S. pręcipit & cānas i virgas radi oportere: ne videlicet ex cortice rubigo aduersa procreari possit. d Aptare. A. superest. e Tabulata. S. sunt rami effusiores & in plana tendētes: nō ad altiora crescentes. A. Tabulata cacumina ipsa & arborū casulas. f Parcē dū teneris. A. Pli. li. xvii. c. xxii. docet non esse festinandū ad putatiōem nouellę vitis: sed primo i circulos materiā colligendā: nec nisi validę putationē admouēdā. g Palmes. AN. Vitis materia mollis. Qui per nouella brachia emissus: fructū affert. propterea laetus palmes ait poeta. Dicitur aūt palmes (vt Fęstus ait) quod in modū palmarum virgulas quasi dygitos edit. Et Colū. ait li. iiii. c. vi. quod Malleolus nouellus est palmes innatus prioris anni flagello ꝛ. h Per purū. S. p aerem. i Ipsa acies ꝛc. S. Si acies legerimꝰ: hic erit sensus. Teneris adhuc vitibus: nondū & facilis acies necessaria. Si acie. subaudimꝰ virgulta. vt si ipsa virgulta nondū facilis acie tentanda sunt.
k Interqꝫ legēdę. C. vt rariora oīa sint in arbore q sol facilꝰ p oīa penetret: qd interlucare et insolare dicūt: qui de re rustica scribunt.
l Stirpibus. S. solidioribus palmitibꝰ. i. truncis.
m Texendę sępes: SER: Etiā alii hic distinguūt: hic sepant. Texēdę sępes etiā et pecus oē tenendū.
n Dū frondis tenera. S: Vera lectio est frōdis. Lucretius. Frondiferasqꝫ domos auium. Hodie vero & a fronte et a frōde vnꝰ est ntūs frons: vt frons frontis: & frons frondis. Sicut & lens a lente: & a lende capitis breuiore periculo. o Indignas hyemes. S. sęuas:
p Solem potentē. S. i. intolerabilē. grauem.
q Syluestres vri. S. Boues agrestres qui in pyrheneo nascūt mōte. posito inter Gallias & Hispanias. Sūt aūt exceptis elephantis maiores cęteris animalibꝰ dicti vri ἀπὸ τῶν ὀρῶν id est a montibus. A. Vri. in sylua hercinia Germanię sunt magnitudine paulo intra elephantes specie & colore: et figura tauri. magna vis eorum & velocitas: neqꝫ homini neqꝫ ferę quā cōspexerunt parcunt. Hos studiose foueis captos interficiunt. Cornua studiose conquisita ab labris argēto circūcludūt: atqꝫ in amplissimis epulis p poculo vtuntur. Hęc ex lib. sexto cōment. Cęsaris de bello gallico. Macro. lib. vi. ait. qꝫ vri Gallica vox est. qua feri boues significantur. C. Vri. Solinꝰ ait: vbi post Scythias germania incipit esse vesontes: qui boues feris similes esse ibidē: vros quos imperitū vulgus vocat bubulos: cum bubuli pene ad ceruinā faciē in Aphrica generent. Sed vris taurina cornua esse: q in tantum modū ptendunt: vt inter regias mensas pocula gerula fiant.
r Capręęqꝫ sequaces. S. psecutrices: vt: Mallęqꝫ sequacibus vndis. A. Caprę in plurimas similitudies trāsfigurantur. sunt caprę: sunt rupicaprę. sunt ibices pernicitatis mirandę. Sunt & dammę: multaqꝫ alia haud dissimilia. Hęc Plinius libro. viii.

Frigora nec tantum cano concreta pruina:
Aut grauis incumbēs scopulis arentib⁹ estas:
Quantum illi nocuere greges: duriꝗ venenū
Dentis: & admorso signata in stirpe cicatrix.
Non aliā ob culpā baccho caper omibus aris
Ceditur: et veteres ineunt proscenia ludi.
Premiaꝗ ingentis pagos: et compita circum
Thesidę posuere: atꝗ inter pocula leti
Mollibus in pratis vnctos saliere per vtres.
Necnon ausonij: troia gens missa: coloni
Versibus incomptis ludunt: risuꝗ soluto:
Oraꝗ corticibus sumūt horrenda cauatis.

s Incumbens scopulis. S. i. etiā saxa calore penetrans. t Admorso. S. participiū est. Ac si diceret abroso: A. Caprarū morsus arbori exitialis ē: oliuam lambēdo ꝗ; sterilem faciūt: eaꝗ ex causa Mineruę īmolant. Auctor Pli. li. viii. c. xlvii. v Non aliā ob culpā. S. victimę numinibus: aut ꝑ similitudinē: aut ꝑ contrarietatē immolāt: Per similitudinē: vt nigrū pecus Plutoni. Per cōtrarietatē vt porca. (quę obest frugibus) Cereri: Et caper (q obest vitibus) Libero. Itē capra: Aesculapio: qui est deus salutis: cum capra nunꝗ sine febre sit.

v Caper. A. Prima hostia fuisse putatur. Sus secunda. Illa quia rictu semina eruerat: hic quia vitem leserat. Hinc Ouid. libro. xv. metha. loquentem Pythagoram scribit. Et prima putatur hostia sus meruisse necē: qa semina pādo: eruerit rostro. speciem interceperit anni. Vite caper morsa bacchi mactatus ad aras dicitur: vltoris nocuit sua culpa duobus. Asserit idem varro libro. ii. c. iiii.

x Omnib⁹ aris. S. Omibus non sine causa dixit: Nam cū numinibus cęteris varie ꝓ qlitate regionū sacrificetur: vt veneri Paphię tantum de thure. Vñ est: Haud equidē tali me dignor honore. Genitrici vero veneri. i. Romanę: etiam de victimis. libero vbiꝗ caper īmolat. A. Omnibus aris: Nam cum aliis diis pro varia regionū consuetudine vario mō sacrificetur: baccho semꝑ et vbiꝗ in liberalib⁹ mactat caper. y Et veteres ineunt ꝓscenia ludi. S. Primi ludi theatrales ex liberalibus nati sunt: ideo veteres ait. A. Spectaculorū origo (teste Cassiodoro) ab grecis tracta est. nā cum agricultores feriatis diebus sacra diuersis numinib⁹ ꝑ lucos vicosꝗ celebrarent. Athenienses primū agreste principiū in vrbanū spectaculū collegerūt. Theatrū greco vocabulo appellantes. Vtꝗ Diomedes ait: Hircus premium cantus ꝓponebat. Vñ et Horati⁹ in arte inqt: carmīe qui tragico vilem certauit ob hircum. Inde itaꝗ Tragoedia dicta est carminis genus. a trago: id ē hirco. Thespis autem gēere Atheniensis primus inuenit tragoediā. Ait enī Horatius in arte. Ignotum tragicę genus inuenisse camoenę Dicitur & plaustris vexisse poemata thespis. C. Et veteres ꝛc. Initiū tragoedię significat: ꝙ a rebus diuinis est inchoatum: quibus pro fructib⁹ vota soluentib⁹ oꝑabātur antiqui. Nanꝗ incensis iam altaribus & admoto hirco: id carmen qđ sacer Chorus Libero patri reddebat: tragedia dicebat. Hoc est ab hirco vinearū hoste: et a cantu: vt refert Donatus. vel ꝙ vter ex eius pelle vini plenus solenne premiū cantoribus fuerat: vt in hoc loco ostendit. Virgilius Vel ꝙ hirco donabat eius carminis poeta. Veteres ludos dixit. quia vetustissimis tꝑibus ab Atheniensibus reperti fuerūt. z Ineunt. A. petunt: adeunt.

a Proscenia. S. Sunt pulpita ante scenā: in quib⁹ ludicra exercebant. C. Proscenia dicim⁹ vt propylea. Est autē prosceniū pulpetū ante scenā. Scenarum aūt tria genera sunt. Tragicę: formant columnis & fastigiis & signis regalibus. Comicę ędificiorum priuatorū habent speciem. Satyricę arboribus speluncis & mōtib⁹ ornant.

v Ob aliam culpam: ꝗ ꝙ vitibus noceat. c Pagos. SER. villas quę pagi ἀπὸ τῶν πηγῶν: id est a fontibus circa quos villę consueuerāt condi. Vnde & pagani dicti: quasi ex vno fonte potantes. ANTO. Pagos. i. vicos & cōuenticula rusticorꝫ ſm Diomedē: dicti autem pagi a fontib⁹ πηγή enī aqua dicitur Doricę: auctor est Festus. C. Pagos & compita. i. circa cōpita pagorum Nam vetusto tꝑe Athenienses nōdū intra vrbem coacti: sꝫ ꝑ pagos dispersi: constructis aris hos ludos exercebant. d Compita. S. quadruuia. compita appellant: eo ꝙ multę vię in vnum confluāt. Compita. vnde ludi compitalicii. A: Cōpita sunt triuiarū platee. vel spacia. e Thesidę S. Athenięses: qui primi ludos constituere liberales. A. Thesidę. Theseus eñ (vt Eusebius scribit) Athenięses prius ꝑ regionem dispersos: in vnaꝫ ciuitatē congregauit. f Posuere. A. scꝫ caprū: vt his esset premium. g Mollibus in pratis. S. vnctos. vel oleo vel lixiuio. In pratis aūt ideo ne lederentur cadentes. h Saliere. S. secundū artem dixit: Nam antiqui Salio saliui dicebant: nūc et salui. vñ dicit Cicero in Miloniana: cū hic de rheda reiecta penula desiluisset. Sic etiam ab eo quod est: cano nō cecini: sed canui dicebant. Vñ Salustius. Cornua occanuerunt. i Vtres. S. fiebant ad insultationē etiam mortuorū corporū: ne quid ex eis esset: qđ nō sentiret iniuriā. A. Vtres Icaro patri Erigones: liber pater vinū & vitem et vuam tradidit: qui cum seuisset vitem ipam. & hircus in vineā se coniecisset: & q ibi tenerrima folia videret decerpsisset: ex pelle eius vtrem fecit: & vento plenū perligauit: & in medium mare proiecit: suosꝗ sodales circa eum saltare coegit. auctor est Hyginius.

k Necnō ausonii Troia gens. S. id est etiā Romani hos ludos celebrant & canūt. A. Necnō ausonii ꝛc. Predictos atticorū ritus (vt Cassiodorus & Probus scribūt) Romani sicut & cętera externa ad suā rem traxerunt. Ausonii aūt Italię populi pometio agro vicini Cāpaniā tenebāt: & cum mare siculū: ne semel quidē incoluerint. Siculū tñ pelagus Ausoniū appellat: auctor est Strabo. li. v. Fest⁹ vero sic. Ausoniū appellauit. Ausonij Vlissis & Calipsus filius: eam primā Italię partē: in q sunt vrbes: beneuentū & Cales: deinde paulatim tota qꝫ italia quę apoennino finit dicta est Ausonia ab eodē duce: a quo vrbem etiā Aruncā conditā ferunt. l Versibus incōptis ludunt: S. i. carmibus saturnino metro cōpositis: qđ ad rhythmū solū vulgares cōponere consueuerūt. Horati⁹. Libertasꝗ recurrentes accepta ꝑ ānos lusit amabiliter. m Risuꝗ soluto. S. cachinno. n Oraꝗ ꝛc. S. quia necesse erat ꝓ ratione sacrorū aliqua ludicra et turpia fieri: quib⁹ posset populo risus moueri: qui ea exercebant ꝓpter verecundię remediū adhibuerunt: vt ꝑsonas factas de arborū corticibus sumerēt: ne agnoscerent. A. Oraꝗ. pro personis posuit: vt Macro. etiam li. vi. ait. o Cauatis. C. Cōcauis & in formā ꝑsonarū recuruatis. p Et te bacche vocant. S. hymnos in tuam laudem canunt.

Et te bacche vocant p̄ carmina leta: tibiq̄

Oscilla ex alta suspendunt mollia pinu.

Hinc omnis largo pubescit vinea foetu:

Complentur vallesq̄ caue: saltusq̄ p̄fundi.

Et quocunq̄ deus circum caput egit honestū.

Ergo rite suum baccho dicemus honorem

Carminib⁹ patrijs: lancesq̄ & liba feremus:

Et ductus cornu stabit sacer hircus ad aram.

q Per carmina leta. AN. per hymnos. r Tibiq̄ oscilla. SER. Mollia pensilia: vt pilentis matres in mollibus. Oscillorum aūt varie sunt opiniones. Nam alii hanc asserunt fabulā. Icarus Atheniensis pater Erigones: cum acceptum a libero patre vinū mortalibus indicaret: occisus ē a rusticis: qui cum plus equo potassent: & inebriati venenum se accepisse crediderant. Huius canis reuersus est ad Erigonē filiam: que cū eius comitata vestigia puenisset ad patris cadauer: laqueo vitā finiuit. Hec deorū voluntate inter astra relata ē: quā virginē vocant. Canis ille est inter sydera collocatus: Sed post aliq̄ntū tēpus: Atheniensib⁹ morbus immissus est tal': vt eorum virgines quodā furore ad laqueū pellerent': Rñditq̄ oraculū: sedari posse illam pestilentiā: si Erigones: & Icari cadauera requirent': q̄ cū diu quesita nusq̄ inuenirent': ad ostendendū deuotionem suā Athenienses: vt etiā in alieno ea q̄rere viderent' elemento: suspēderūt de arboribus funem: ad quē se tenentes homines: hac atq̄ illac agitabantur. Vt etiā quasi in aere illorum cadauera q̄rere viderentur: sed cum inde plerīq̄ caderent: inuentum est vt formas vel personas ad sui similitudinē facerent: vt eas pro se suspenderent: & mouerēt: vnde & oscilla dicta sunt: ab eo q̄ in his cillantur: id est mouerentur ora. Nam cillere est mouere. Vnde & furcille dicte sunt: quibus frumenta cillentur. Alii dicunt oscilla esse membra virilia de floribus facta: que suspendebātur per intercolumnia: ita vt in ea hoīes acceptis clausis personis impingerent': & ea ore cillerent: id est mouerent: ad risum populo cōmouendū. Et hoc in Orpheo lectū est. Prudentioribus tñ aliud placet: qui dicunt sacra liberi patris ad purgationē anime ptinere: omnis aūt purgatio: aut p̄ aq̄s: aut p̄ ignē fit: aut p̄ aerem. sicut in sexto ait. alie pandunt' inanes suspensi ad ventos. aliis sub gurgite vasto infectū eluitur scelus. aut exurit' igni. vt nunc p̄ oscilla genus purgatiōis qd̄ maximū ē intelligam⁹. Nā primū aq̄: secundū ignis: tertiū aeris. AN. Oscilla. Higynius sic ait: Cū in finib⁹ Atheniensiū multe virgines sine cā suspendio sibi mortē cōsciscerent: qd̄ Erigone moriens erat precata: vt eodē laeto filie Atheniēsiū afficerent': quo ipsa foret obitura: nisi Icari mortē p̄secuti: & eū forent vlti. Itaq̄ cū id euenisset: petentib⁹ eis Apollo dedit respōsum: si vellent euentu liberari. Erigoni satisfacerent: qui q̄ ea se suspenderat: instituerūt: vti tabula interposita pendēte: funib⁹ se iactarent: vtq̄ pendētes vēto mouerent'. qd̄ sacrificiū solenne instituerūt: itaq̄ & priuatim & publice faciebant. Probus aūt scribit oscillorū ritū in Italia ab Atticis q̄s sumptū esse: q̄ ritus celebrat' feriis sementinis. Dicte vero ferie sementine (auctore Varrone) a semente. Refert aūt probus eadē pene q̄ & Higinius de oscillis. Sic breuiter cōplecte fabulā: Mortu⁹ fuerat Icar⁹ bacchi munere: Inde Erigone filia se suspēderat: Inde etiā Atheniensiū virgines ob Erigones imp̄catione. sed habito respōso: Postea (vt dictū ē) oscillorū sacra instituta sūt. Poeta dicit Baccho illa fieri solita vt placaret': scilic3 ac si eiusdē irato numīe suspēdia virgīes exercuissent: hac rōne baccho oscillorū sacra potissimū tributa existimo: cum p̄pter Icarū et Erigonē fuerint īstituta ad tollēda virginū suspendia. CRI. Oscilla hec a Seruio exponuntur, Cetum Herodotus scribit egyptios similia grecis sacro baccho facere: in quib⁹ mlieres cubitales statuas q̄s phallos vocant circūferunt. he penem maiorē reliquo corp̄e hñt: illumq̄ solū mouēt. Alie aūt mulieres phallos sequūtur Dionysiū canētes. Et Varro (teste Augustino) liberū esse dictū vult a liberamēto: qd̄ mares in coeūdo p̄ ei⁹ bñficium emissis seminib⁹ liberent'. Hoc idē in foeminis agere liberā quā venerē putant. Et ob hoc libero mēbri virilis: libere mliebris formā in templis ponebāt. ob eandē rem mulieres aiūt tributas libero: & vinū p̄pter libidinem concitandā. Sicq̄ bacchanalia cōcitant'. Colebant ergo (auctore eodē Augustino) in eius sacris virilia: Et per dies festos hoc membrū postellis positū primū rure in compitis. et vsq̄ in vrbē postea vectabāt. In oppido vero Lauinio: vini libero tot⁹ mēsis tribuebat': cui⁹ diebus flagitiosis verb̄ vtebant': donec illud mēbrū per forū trāsuectū suo in loco quiesceret: cui honestissima materfamilias iponebat. hec habui q̄ de huiuscemōi sacris referrē. Oscilla etiā ab ore diminutiuū esse videtur. Nā Columella, Oscilla lupinorum dixit.

s Mollia: ANTO. id est pensilia: vt apud Marcialem: Nec triuie templo molles laudentur honores: id est pensiles. Nā summa miracula inq̄t Plini⁹. li. xxxvi. c. xii. erāt ibi epistilia tante molis attolli potuisse: nec de regalia intelligendum est. Fit eñi comparatio ad Amphitheatrū: ab edificio: non a statuis vel aliis.

t Hinc. S. id est post hec sacra celebrata. A. Hinc post bacchi sacra. C. Hinc. ab istis sacris: & hortatur ad religionē: quando tantū ex sacris proueniat commodum.

v Largo. S. abundanti & fertili. x Pubescit. A. A. germinat: crescit: floret. y Foetu: C. Quicquid concipitur: foetus appellat': siue ab animatis: siue ab inaīatis proueniat. Vñ & foeminas & arbores q̄ p̄ceperint: foetas dicimus. Hinc foetura est. Hinc etiam foenus quod pecunie foetus sit. z Et quocunq̄ deus circū caput. C. Ostendit quid nobis p̄ueniat ex p̄sentia numinis: cum quicq̄d circumspexerit: foetus vberes producat. Et tacite admonet: non minorē circa sacra q̄ circa culturā agrorū habendam esse diligentiam.

a Honestum. AN. pulchrum. b Ergo rite suū baccho dicemus honorem. SER. Iuste igitur liberi sacra celebrabimus. c Carminibus patriis. SER. id est Romana lingua. Pleraq̄ enim sacra pro gentiū qualitate: plera q̄ secundū suū ritum colunt': Nam hymni Libero: apud grecos greca. apud latinos latina voce dicuntur. Hymni vero matris deū: vbiq̄ p̄pria3. i. grecam linguā requirūt. A. Carmib⁹ patriis. i. latina lingua. Nā apud grecos etiā greca lingua hymni Libero dicebant'. d Lancesq̄. A. sacrificandi vascula. e Liba. AN. de his egloga. vii. legito. f Ductus cornu stabit. SER. Stabit: id est placebit. Tunc enim est aptum sacrificium cum animal dedicatum victime patiens inuenit'. Vñ alibi sic ait. Et statuā ante aras aurata fronte iuuencū. i. placere faciam. Cōtra: Lucanus. Discussa taurus ab aura. Nam improbant aruspices hostiā que admota altaribus reluctat'. AN. Stabit: id est nō fugiet. per quod aptū sacrificiū notant.

g Sacer. S. execrabilis, vt auri sacra fames.

h Pinguiaqꝫ. C. Nã pingues decet esse hostias q̃ sacrificant. i Verubus colurnis. S.i. de Corylo factis: & hoc propterea: quia sicut caper est inimicus vitibus: qui libero immolat.ita etiam eis nocent Coryli Vnde & supra ait. Ne ve inter vites Corylum sere.

[h] pinguiaqꝫ in [i] verub' torrebim' exta colurnis.

ANTO. Verubus colurnis. in passillis. Verubus autem ait: quoniam quedã exta in olla. quedam in veru coquebantur. Vnde ait Varro. Hec sunt quorum in sacrificiis exta in olla non in veru coquuntur.

k Est etiã ille labor. S. Iam se paulatim tedit ad vitiũ vitupationẽ: dicẽs: Et infinitũ esse earũ laborem: vt cui nunqꝫ exhausti satis est. & incertũ fructũ. vt. Etiam maturis metuend' Iuppiter vuis: Et ipm etiã fructũ pniciosũ. vt: Bacch' et ad culpã causas dedit. l Exhausti. S. exhaustiõis: finitionis: qd q̃a sperũ visũ ẽ se ad figurã transtulit: dicens exhausti: vt: Seruãtissim' equi. p equitatis. A. Satis exhausti. Sufficiens finis vel pfectio: vt q̃ bella exhausta canebat. i. finita et perfecta. m Omne solũ. S. s. vites.

[k] Est etiam ille labor curãdis vitibus alter
Cui [l] nunqꝫ exhausti satis est: nãqꝫ [m] om̃e q̃tãnis
[n] Terqꝫ quaterqꝫ solũ scindendũ: glebaqꝫ [o] versis
[p] Aeternũ frangenda bidentibus: [q] om̃e [r] leuandũ
Frõde nemus: [s] redit agricolis labor act' in orbẽ:
Atqꝫ in se [t] sua per vestigia voluitur [v] annus.
Ac iam [x] olim [y] seras posuit, quũ vinea frondes:

A. Aeternũ. semp frãgenda gleba: id occare appellant ab occidẽdo: q granides terre cedit globos. vt Festus ait. q Omne nem'. S. dicit et arborum et vitiũ. vñ paulo post dicturus est: bis vitibus ingruit vmbra. A. Om̃e nemus. vitiũ scilicet. C. Nemus. i. opacitatem pampinorũ: q̃ spẽm nemoris prebet. Est igitur interlucãda vitis: vt sol ad vuas maturãdas facilius penetret.

r Leuandũ. S. releuandũ: spoliãdũ. s Redit agricolis la. act. in orbẽ. S. s. in anni circuitu labor seinuicẽ sequit rusticorũ. A. Labor actus. i. in ipa hitus et effect'. C. Redit ag. zc. Sentẽtia ẽ. Toto anno laborat circa vites: Quo quidẽ finito: redit labor redeuntis anni. t Sua p vestigia. C. Nam ita p duodecim zodiaci signa circũuagatur sol a quo ãnus est: vt nusqꝫ ex suo trito cursu discedat. v Annus A. Solis annũ: non solũ a Kalendis Ianuariis vsqꝫ ad easdem vocamus. sed etiã a sequenti post kalendas die. vsqꝫ ad eundẽ diẽ: & a quocũqꝫ cuiuslibet mensis die vsqꝫ in diem eundẽ: reditus annus vocat. Macrobius auctor libro ii. de somno. Et li. primo sat. inquit Q. Athenis. Capito ãnũ a circuitu tempis putat dictũ: quia veteres am p circũ ponere solebãt. x Olim. S. qñ qꝫ. significat aũt finale tẽpus autũni. y Seras fron. S. sero cadentes: tarde enim spoliant vites frondibus.

n Terqꝫ q̃terqꝫ. A. Pli. li. xvii. c. xxii. scribit. Satis est vineam ter anno confodi: ab equinoctio verno: ad vergiliarũ exortũ: & canis ortũ: & increscẽte acino. Quidã ita determinãt: veterẽ semel a vindemia añ brumã: cũ alii ablaqueare et stercorare satis putẽt. Iterũ ab idibus April' anteqꝫ concipiat. hoc in sexto Id' maii. Deinde priusqꝫ florere incipiat. & quũ defloruerit: & variante se vua. Peritiores affirmãt: si iusto sepi' fodiat: in tãtũ tenerescere acinos: vt rũpant que fodiunt: ante feruentes horas diei fodiendas cõuenit. o Versis. C. Nã capitib' bidentium & marrarũ assiduo fiant glebas. i. in minutissima tritula terendo frangũt: ex quo humescit soli supficies & refrigescit: frigefactaqꝫ: vitẽ opaco frigore contra caloris vim munitam reddit. p Aeternũ. S. Absolute locutus est.

Frigidus[z] & syluis aquilo decussit honorem[a]:
Iam tum acer[b] curas[c] venientē extēdit in annū
Rusticus: & curuo Saturni dente[d] relictam
prosequit[e] vitem attondēs: fingitq[f] putando[g].
primus humū[h] fodito: ꝑrim⁹ deuecta cremato
Sarmenta[i]: & vallos[k] primus subtecta referto:
postremus metito[l], bis vitib⁹[m] ingruit vmbra:
Bis segetem[n] densis[o] obducent sentibus herbę.
Durus[p] vterq labor: laudato[q] ingentia rura:
Exiguum colito: necnon etiam aspera rusci[r]
Vimina: per syluā: & ripis fluuialis arundo

Frigidus & syluis &c. S. Varronis hic versus est.
z Frigidus & syluis &c. S. Varronis hic versus est.
a Honorē. A. nam (vt aiunt) turpis sine frōdib⁹ arbor: & sine crine caput. b Acer rustic⁹. S. nō qlibet: sꝫ acer & diligens. c Curas venien. exten. S. qsi in tpe alieno pmeditaꝛ futurū laborē. d Curuo saturni dēte. S. i. falce q est in eius tutela. Nam saturn⁹ dr patri coelio falce virilia amputasse: q in mari cadētia: Venerē creauerūt: qd ïō fingitur: quia nisi humor de coelo in terras descenderet: nihil crearet. Alii saturnū deū esse tēporū dicūt: q sicut falx in se recurrūt. Alii ꝓ̄o dicunt saturnū in ꝓgressu nihil nocere: cū retrogradus ē eē piculosum. Ideo q eū hr̄e falcem ī tutela: qd et ipsa ꝓtenta nihil valet. retro vero acta quicquid ei occurrit secat. A: Curuo dēte. falcē saturno putāt attributā: ꝙ tēp⁹ omnia metat. exercet. & incidat. Nā idē Chronos est. i. tēp⁹. auctor Macro. lib. i. satur. Falcis aūt vinatorię figura a Columella li. v. c. xx. ample. CRI. Curuo dente. falcē putatoriā intelligit: quā inuenisse Saturnū ferunt. Vn̄ eī⁹ simulacrū illa insignit. e Prosequit vitē relictā. S. a se pauloante desertā. q. d. Continuat laborem anni insequtis ī vite: cui⁹ pteriti culturā reliqrat. f Fingit. S. cōponit. Vt fingitq pmēdo. C. Componit: & ī debitā formā reducit: supuacanea āputando. g Putādo. A. Theophrast⁹ li. iii. de causis plantaꝝ ait: ꝙ qn̄ bn̄ vitis putaꝛ: & germē & fructū meli⁹ affert: & viuere diutius pōt. Tēpus aūt amputandi alii locis tantūmō diuidūt. alii genera etiā tangūt. Iubēt īmature illas recidere: q solo sicco et calido cū primū sua demittere folia cessauere: q in frigido: atq pluuio positę sunt. has pauloante germinationē: quippe q in solo sunt sitiente: humorē suū seruantes: ipsę meliorescūt: et fructū vini suauioris ꝓgenerāt. Quę vero in frigido emisso humore: nec ipso deteriores quicq reddunt: & fruct⁹ fit incorruptior. Mediū aūt ac temperatū obtinētib⁹ agrū: mediū tempus statuit. Pli. vero li. xvii. c. xxi. docet: quo maturius putanꝛ aptis dieb⁹: eo plus materię fundunt: quo serius: eo fructū uberiorē: quare macras prius conuenit putare: validas nouissime. plagā oēm obliquā fieri: vt facile decidant imbres. Recidi aūt semp inter duas gēmas: ne sit vulnus oculis in recisa pte. Si macra vitis: ydoneos palmites nō habeat: ad terrā recidi eam: nouosq elici vtilissimum. h Primus humū fodito. S. id est ad laborē primū te esse cōuenit. Vltimū ad fructus legendū: Vinū enim factū de vuis immaturis: cito acescit. Et in hoc loco est vitium vituperatio: quarū fructus aut immaturi collecti depereunt: aut si earū fuit expectata maturitas: nihilominus pereunt. Nam dicturus est: etiam maturis metuendus Iuppiter vuis. i Sarmēta. A. sarpa vinea putata. i. purefacta. Vn̄ & virgulę abscisę sarmenta dicunꝛ. Sarpere enī antiqui ꝓ purgare ponebāt. Festus auctor. C. Sarmēta. omia q supflua ex arborib⁹ amputam⁹ sarmēta dicunꝛ. k Vallos. S. i. vitiū sustentacula q in nō nullis locis subtecta portanꝛ: ne imbrib⁹ cito depereant. A. Vallos. i. palos. C. Vallos in masculino genere palos dicim⁹. His enī sustētanꝛ vites: & alio vocabulo dicūtur pedamenta: l Metito. S. Vindemiato AN. fructus summito. m Bis vitib⁹. S. Ingruit vmbra. s. ipsi⁹ vitis et arboris q amputāda est: vt demptis foliis sol admittatur. q pn̄t vuę maturescere. A. Bis vitib⁹ ingruit. i. supuenit. Bis aūt ait: qm̄ post primā pampinationē iterum crescunt pampini: & qntitate: et nūero. Vn̄ Pli. li. xvii. c. xxi. ait. Pampina verna in ꝯfesso ē ab Idib⁹ maiis inter dies decem vtiq anteq florere incipiat: de sequte varianꝛ sententię. Cum defloruerit aliq pampinādū ꝑtutāt. alii sub ipsa maturitate. His igiꝛ patet nō ꝯuenire illd: Bis vitibus ingruit vmbra s. ipsius vitis & arboris. n Bis segetē &c. S. Semel autūnali: & semel vernali tpe. A. Bis segetē. Post primā inqt purgatiōem iterū opus est purgare: ac q euellere herbas: nec ꝓcedere pt bis. id est autūno & verę: quia hyemis initio vt plurimū seritur aut autūni fine.

o Densis sentib⁹. AN. id est propter carduos & tribulos ac lappas. Vnde Virgilius in libro primo inquit: Vt mala culmos esset rubigo: segnisq horreret in aruis Carduus. intereunt segetes: subit aspera sylua: lappęq tribuliq &c. p Dur⁹ vterq labor. S. & euellēdarū herbarū. et secandarū frōdiū. A. Vterq labor. Vitium & segetū purgatio.

q Laudato ingentia rura exiguum colito. SER. Hoc etiam Cato in libris dicit ad filium de agricultura: quod ideo dictū est. Vel quia maiores: agros incultos rura dicebāt. i. syluas & pascua. Agrū vero dicebāt eū qui colitur: vt intelligam⁹: Laudato ingētes syluas colito agrū minorē: Vel qd meli⁹. qa ait ī prio. Alternis idē tōsas cessare nouales. Et segnē patiere situ durescere cāpū: qd fiere non pōt nisi fuerint spacia maiora terrarū. Nam & Cato (vt dixim⁹) & Cicero in oeconomicos: ob hoc laudāt prędia latifunda. Vel qa vt Donat⁹ dicit: etiā nō culta pstant aliquid dominis. AN. Exiguū colito. Modū agri inprimis seruandū antiq putauere. quippe ita censebāt. Satius esse min⁹ serere: meli⁹ arare. q in sētentia & Virgiliū fuisse videto. ait Pli. li. xviii. Colū. etiā refert li. v. c. iii. Proridiū quēdam duas filias & vineis cōsitū habuisse fundū: cui⁹ tertiā partē nubenti maiori filię dedisse in dotē: ac nihilominus eq magnos fruct⁹ ex duabus ptibus eiusdem fundi pcipe solitū. Minorē filiā: deinde nuptui collocasse in dimidia parte reliqui agri: nec sic ex pristino redditu detraxisse. & cetera. In vltimo Valerii habetur de Rustico laudato a Phebo: qui nunq exiuerat agellum suum: sed frequentibus exercitiis colebat.

r Rusci. SER. Ruscū virgultū est. vnde vites ligātur. et cōmēorat labores: q licet circa alia: tn̄ ꝓ vitib⁹ exercenꝛ. A. Ruscū herba est sponte nascens: q in cibis vtunꝛ plereq gentes Plini⁹ li. xxi. c. xxviii. Maro tn̄ fruticis genus esse ostendere videtur: eo demū vites ligabanꝛ. C. Rusci: qui sentes alio nomīe appellantur. nascunꝛ vbiq in agris & sepibus. Est aūt ad vituperationē vitiū: ꝙ non solū ipse maxio studio colendę sunt. Sed & multi frutices propter vites colunꝛ.

s Incultiq; exercet cura salicti. SER. Quasi cũ indignatione: aut causa vitiũ. cura etiam nos sponte nascentium rerum fatigat. AN. Inculti salicti. Hoc ideo: quia (vt Pli. libro. xvi. ca. lii. ait de salice) nullius quippe tutior reddi tus minorisue impendii: aut tempestatum securior.
s Exercet. A. agricolam scilicet.
t Iam falcem arbusta reponent. S. i. iam putatę sunt: nec falcem requirũt. v Arbusta. A. Arbores vitibus ma ritatę: de quibus ęgloga. ii. latius. Et Plinius libro xxvii: cap. xxii. ait. Nobilia vina nõnisi in arbustis gigni: & in his q; laudatoria summis: sicut vberiora imis: adeo excel situte proficitur: x Iam canit effoetos. S. Meliusest effoetus legere q̃ effectos: vt quidã volunt. A. Quidã an tiqui textus habent effectos. quidã vero effoetus. Canit. laudat canendo. Effoetus; lassus: fatigatus: languidus.
y Vinitor. AN. vineę cu stos & fossor.

z Antes. S. Antes alii extremos vinearũ ordies accipiunt. Alii macerias quibus vineta claudunt: quę macerię fiũt de assis id est de siccis lapidibus. vñ & assę tybię dicũtur: quibus canitur sine chori voce. Dicunt aũt antes a lapidibus eminẽtioribus q interponunt ad maceri em sustentãdam: nã pro prie antes sunt eminẽtes lapides: vel columnę vlti mę: quibus fabrica susti net: & antes appellarũt: ΑΠΟ ΤΟΥ ΑΝΤΙΟΝ ΚΕΙΝ ad q; ethimologiã etiã extre mos ordines vinearum possumus trahere: q ante stant: Hoc autẽ dicit: iam canit rusticus labore fini to: tamen deesse nõ põt: quin circa culturã vitium exercere adhuc debeat.

AN. Antes dicunt extre mi ordines vinearum: vt fest⁹ ait: Antię {pro} mulie bres capilli demissi i fron tem. a Puluisq; mo uẽd⁹. S. Genus ipsum culturę pulueratio vocatur: quo im minute glebę vitibus applicatur. A. Puluis. Plinius lib: xvii. c. xxi. scribit fossione puluerem excitatum: contra so lem nebulasq; viuis prodesse. Theophrastus li. tertio cau sarum docet: q̃ pulueris exercitationem primis tempori bus cum nigrescere vuę incipiunt facere debemus. dam nari autem quousq; ad maturitatem perueniant. CRI. Puluisq; mouendus. Quod dixerat paulo supra. glębaq; versis Aeternũ frangenda bidentibus.
b Maturis metuendus Iuppiter vuis. SER. Aer mo re suo: cuius varietas laborem plerunq; decipit rusticorũ: et tacide videtur admonere: quod in primo aperte dixit. In primis venerare deos: sacrificiis tempestates eẽ pellen das. c Iuppiter. A. Aer. pluuia. qua nimia marcescũt vuę. d Vuis. C. Vua dicitur quasi vuida. Differt aũt vuidum ab humido. Vuidum enim internum habet hu morem: vt poma. Humidum vero externum: vt dicim⁹ tabulam humidam. e Non vlla. S. i. nulla. Alii nonnulla legunt: id est aliqua: non vt in vitibus nimias neq; procuruã expectant falcem vt putentur: quod tamẽ ad curam anniuersariã refert. naȝ necesse est: licet tarde pu tari ANT. Non vlla. id est nulla: Nec aliquo pacto legen dum est: nonnulla: id est aliqua. Nam ipsemet poeta di cit oleas: vbi excreuerant non expectare. falcem: nec ligo nes. Nam satis humores recipiũt. Vel quum vinea effodi ditur. Vel cum aratur ager ad segetes. Nõ ergo Virgilius id quod nunc ait de primis annis intelligit: sed vbi exer cuerint: vt dixi. Nam in primis ãnis adhibenda est cura. Vnde Cato capitulo. xliii. sic ait. Si voles vinea cito cre scat: & olea quam seueris: semel in mense: sarrito sulcos: et circũcapita oleagina: quot mensibus donec trimę erũt: fodito quoq; eodem modo cęteras arbores procurato. et capitulo. xliiii. ait. Oliuetum diebusquindecim ante ęqui noctium vernum incipito putare: ex eo die dies quadra gintaquinq; recte putabis ⁊c. Columella libro quarto: ca pitulo. xvii. inquit. Si in olea vnus ramus. aliquãdo cęte ris largitior est: nisi eũ resciderís arbor tota fiet retorrida: Et Plinius libro. xvii. capitulo. xvii. scribit: q̃ si quis quę rat quod tempus oleę serendę sit: Agro sicco per sementẽ: agro laeto p ver. Oliuetũ dieb⁹ q̃ndecim ⁊c. vt pau lo ante. Stirpes leues fac to certum oleas: aut au tumno ablaqueato: & stercus adiicito: radices si rursum abibunt crassio res fient: & in eo radices vires oleę abibunt. Ve tus oliuetum ab ęquino ctio verno intra vergilia rum exortũ interradi. al ternis annis melius inuẽs tum. circũfodi autẽ om nib⁹ annis a solstitio duũ cubitorum scrobe pedali altitudine: stercorari tertio anno. His igit patet etiã vbi excreuerint oliuas re quirere aliquam culturã: Poeta tamẽ nec falce nec rastris: vbi exercuerint in digere ait: quod absurdũ non est. Vidi enim oliue ta omnino penẽ neglecta nihilominus baccis refe cta.

Ceditur: incultiq; exercet cura salicti.
Iam vinctę vites: iam falcẽ arbusta reponent:
Iam canit effoetos extremus vinitor antes:
Sollicitanda tamẽ tellus: puluisq; mouẽdus:
Et iam maturis metuendus iuppiter vuis.
Contra non ulla est oleis cultura: neq; illę
procuruã expectant falcem: rastrosq; tenaces:
Quum semel hęserunt aruis: aurasq; tulerũt:
Ipsa satis tellus cum dente recluditur vnco
Sufficit humorẽ: & grauidas quũ vomere fru ges.
Hoc pĩguẽ & placidã paci nutritor oliuã.
poma quoq; vt primũ truncos censere valẽtes:

f Expectant: AN. anno quoq; videlicet sicut vitis: g Rastros. SER. ad fodiendum scilicet. Negligentiam autem ferũt oleę cum iam ceperint esse valentiores. nam adhuc paruę nimiam curam referunt.
h Tenaces: ANT. superius ait. Et duros iactare biden tes. i Aurasq; tulerũt. SER. ferre auras proprie est as suescere aeris varietati: quę obest rebus teneris. CRI. Au rasq; tulerunt. id est passę sunt. aerem scilicet & frigus: & calorem: ita vt iam assueuerunt.
k Ipsa satis tellus. SER. hoc dicit aratum oliuetum & oleis prodest. & exinde frumenta gignuntur.
l Dente vnco. A. ligone vel rastris. m Sufficit hu morem. S. scilicet cũ ministrat arboribus.
n Grauidas cum vomere fruges. S. Cum abundat. Nã hoc dicit subministrat fruges vomere: id est per vomerẽ. Ennius. Effundit voces proprio cũ pectore sancto. id est proprio pectore: nã cũ vacat. Vrbanus tamen sic accipit. Grauidas cum vomere: id est statim post arationem. AN. Cum vomere. Ordo est: & cum tellus recluditur vo mere sufficit: id est subministrat fruges grauidas.
o Hoc. S. hac re. p Nutritor. S. pro nutri: posuit im peratiui passiui futurum pro pręsenti actiui. A. Nutritor nutritor & nutricator pro nutri & nutricat olim dixere. vt probat Nonius. q Pomaq;. A. Ostendit poma ria fieri debere: cum nulla fere cura indigeant.

r Et vires habuere suas: SER. Quia tenera virgulta solent religari validioribus fustib⁹, sicut supra ait de vitibus. Vitib⁹ enim quarũ & contemnere ventos. A. Vires suas. dũ enĩ nouelle sunt arbores sudib⁹ ligari solent.
s Nec min⁹ interea. A. Dum nr̃a ope nõ indiget: nec minus quasi nr̃a ope indigeret eacꝫ frueretur.
t Foetu nem⁹ oẽ graue'scit. S. Foetu vtilitate. Nã omnis foetus vtilitas est. Illuc autẽ tendit laus ista syluarũ. vt et ꝓbet nõ mirum esse: si & poma et oliuę sine cultura ꝓbeant. et crescat vituperatio vitiũ: in quas tantus impẽdit labor. A. Omne nemus foetu grauescit: omnia amoena sylua ꝓducit: Vt castaneas: corylos: nuces: mala: cerasia & huiusmõi.
v Sanguineisqꝫ baccis. S. accipimus poma syluestria. A. Sanguineis baccis: vt arbutis. cornis & similibus. C. Sanguineis bac. nam frutices quędam sunt quas virgas sanguineas nuncupant. x Inculta auiaria.: S. secreta nemora q̃ aues freq̃ntant. A. Inculte siluę. auiũ statiões.

Et vires habuere suas: ad sydera raptim
Vi propria nituntur: opisqꝫ haud indiga nr̃ę:
Nec minus interea foetu nem⁹ om̃e grauescit:
Sanguineisqꝫ inculta rubent auiaria baccis.
Tondentur cythisi: thędas sylua alta ministrat:
pascunturqꝫ ignes nocturni: et lumĩa fundũt:
Et dubitant homĩes serere: atqꝫ ĩpendere curã.

y Tondent cythisi. S. Virgulta a Cythio insula vbi abundãt nominata. A. Tondentur. i. metunt ꝓ animalib⁹. De cythiso aũt et frutice lati⁹ videto in Tityro. Plini⁹ preterea li. xiii. ait: qꝺ nec aliud minoris impendii est. CRI. Tondent cythisi. Nã (vt dixim⁹) sexies: aut ad minus quater in anno metunt cythisum.
z Thędas A. faces. nam thęda arbor est resinã, ferens: flammis ac lumine sacrorũ etiam grata. Pli. libro. xvi. z Pascũturqꝫ. SER. scꝫ a thędis ꝓpter resinã: C. Pascuntqꝫ ignes. Aegyptii ignem animal putauere: & tã diu viuere: q̃ diu illi alimentũ suppetit: a Et dubitãt. A. cum nulla fere cura sit opus. C. Et dubitant. Optima interrogatio: & quę magnã habet efficaciã: cũ re iam ita exagregata infertur: ut aliter q̃ volum⁹ aduersari⁹ respondere nõ possit.
b Serere. A. videlicꝫ q̃ in nemore & auiariis sine aliq̃ cura foetus ꝓducũt. Itẽ serere cythisum & thędas, cũ: sine labore: sine cura: sine impẽdio multũ cõmodi afferãt.

c Quid maiora se. SER. maioris cõmodi q̃ deqb⁹ iam dixi. et sic ait: etiã minora quoqꝫ hominibus in multis ꝓdesse. C. Quid maiora se. Sententia. Si tanta vtilitas est in minoribus rebus: vt sunt salices & genistę: q̃nta erit in maioribus.
d Aut illę. SER. scilicet salices & genistę: multi tamen & tilię legunt: vt tria dixerit. scilicet salices: tilias et genistas.
e Pabula melli. ANT. Genista eni (vt Pli. inq̃t libro. xxxiiii. c. xxiiii.) flores habet apibus gratissimos. Et in Tityro poeta dixit; Hibleis apibus florem depasta salicti;

¶ Quid maiora sequar: salices humilesqꝫ geistę:
Aut illę pecori frondẽ: aut pastorib⁹ vmbras
Sufficiunt: sepemqꝫ satis et pabula melli

e Et iuuat vndantē. S. montē Macedonię: in quo abundat buxus, quę mota vento ęstus, imitatᷓ vndarū. A. Et iuuat ꝛc. Ostendit poeta oblectationē pbere syluestria loca. quanto magis igitᷓ culta. narrat inde syluestriū arborum cōmoda quibus quidē fruunᷓ homies. C. Vndātē. Nam mota vento sylua: cuius virgulta flexibilia sunt: ęquor vndas faciens imitatur. f Buxo. AN. Buxi materies honorata est. est eni lenis & solida quadam duricia ac pallore cōmendabilis. C. Buxos. Buxus arbor est in ope topiario summopere cōmendata. Dicitur autem opus topiarium: id est locale. quotiens arbor suis radicibus adherens: ac viua i suis sedibus manēs: humano artificio in varias formas flectitᷓ. vt aut homīs aut dracōis. Tria eiꝰ genera Gallica amplitudīe procerior. Oleastrū in omni vsu damnatum. nam graue pręfert odorē. Tertium genus nostrate est. Buxus ipireneis ac cytoriis mōtibꝰ plurima ē. in berecynthio tractu crassissima: grece πυξος dicitur. vnde & pixides appellant vasa q̄ ex buxo fiunt. Iuueaᷓ. Cōdita pixide lydę. Nos qui aūt boxon hetrusce appellamꝰ: illa boxola dicimus.

g Cytorū. C. Refert Strabo in aphlagonia esse cytorū: qđ olim sinopensiū emporiū fuerit. Et vt ait Ephorus dictus est: a cytero Phryxi filio. Ait idē Stra. i Amastriana regione plurimā atq̄ optimā buxū nasci pſertim circa Cytorū.

Et iuuat vndantē buxo spectare cytorum.
Naritię q̄ picis lucos: iuuat arua videre:
Non rastris hominū: non vlli obnoxia curę.
Ipsę caucaseo steriles in vertice syluę:
Quas animosi euri assidue frangūt q̄ ferūt q̄
Dant alios alię fœtus: dant vtile lignum
Nauigiis pinꝰ: domibꝰ cędrum q̄ cupssos q̄.
Hinc radios triuere rotis: hīc tīpana plaustris
Agricolę: & pandas ratibus posuere carinas.
Viminibus salices fœcundę: frondibus vlmi.
Et myrtus validis hastilibus: & bona bello
Cornus: & itureos taxi torquentur in arcus.

libro. xvi. c. lii. ait: q̄ Cędrus ī Creta: Aphrica: Syria laudatissima est. & cędri oleo peruncta materies: nec tineā: nec cariem sentit. Iuniperi eadē virtꝰ quę cędro. Ephesię q̄ Dianę templi tectū conuenit e cędrinis trabibus, ualuas esse e cupresso. Et vtic ę templū Apollinis Cędrinas trabes habet. C. de Cędro dicemꝰ in. vii. ęneidos. De cupsso dictū est. q Hinc. S. de syluis scilicet. Nam de cupresso aut cędro nullus vnq̄ efficit rotas aut radios.

r Radios. AN. Corni lignum non alio pene q̄ ad radios rotarum vtile: aut si quid cuneandum sit in ligno: clauis ve figendum ceu ferreis. Ilex itē et oleaster ac olea: q̄ cariem vetustatem q̄ nō sentiunt: Plinius libro. xvii. c. lxi.

s Triuere. S. tornauere: composuere de torno.

t Tympana. S. tecta vehiculorū. ANT. Tympana dicunᷓ a tympaniso: qđ est extendo & verbero: sunt aūt vasa semisphęrica q̄ semp bina ferunᷓ: in q̄bus ab vno latere pellis extendiᷓ: et virgula pcutiunᷓ. His in sacris Cibeles vtebantur. Hic aūt p operimētis vehiculorū methaphoricos ponunᷓ. v Plaustris. A. Vehiculis. de quibꝰ libro. i. Georg. Hic autem pro pilentis ponunᷓ. erat eni pilentū cōtextū rotis quatuor: quibus matronę olim vtebantur. Virgilꝰ. Pilētis matres in mollibus.

x Et pādas. S. curuas: ANT. Et pandas ratibꝰ posuere carinas. Larix in humore pręcipua: & alnus nigra: non improbaᷓ in aqua fagus. Plinius libro xvi. capitulo. lxi. y Ratibus. AN. Rates (vt inquit Fęstus) vocantur ligna colligata quę per aquam agunᷓ. quo vocabulo etiam interdū naues significantur. z Carinas. A. Nautę carinam vocāt infimā trabem: vbi nauis fundaᷓ. Quod quidē Ouidius quoq̄ videtur asserere: ait eñ libro. iiii. de ponto. Dū mea puppis erat valida fundata carina: Qui mecū velles currere primꝰ eras. a Viminibꝰ salices fœcun. S. legitur & fœcundę frōdibus vlmi. C. Viminibus. Salicis octo genera ponit Plinius. Nam q̄dam in eam proceritatē exeunt vt perticas et pedamenta prębeāt vitibus. item vimina corbibus et aliis vasis texendis: vnde tertiū ruris salici in extimatione dedit Cato. b Et myrtus validis hostilibus. S. Alias. Et pastoralem pfixa cuspide myrtū.

c Et bona bello cornus. SER. Apta est enim cornꝰ hastilibus. d Itureos taxi torq̄nᷓ in arcus. S. hoc est in similitudinē arcuū itureorū. Itureos aūt dicūt parthicos. AN. Itureos. Id nomē sine. h. scribendū est. Probus autem ait. Itureos nationē esse Scytarū. Strabo vero lib. xvii. scribit Montanā regionē iturei et Arabes hñt: malefici omnes. Pliniꝰ libro. v. c. xxiiii. In parte Syrię quę cœle dicitur: scribit esse itureorū gentē. Ab illis igitur ppřis itureos arcus poetam dixisse intelligendū censeā. C. Iturei populi sunt: de quibus ita ait Strabo. Eius initium est Laodicea: quę apud libanū est: mōtanā regionē iturei et Arabes habet. Idem auctor in confinibus picentinorū: qui Italię populi sunt: Iturum ponit oppidū: Ispello vicinum.

h Naritię q̄ picis. S. a loco in quō abūdat pice. A. Naritię. Naritia Ithacę tellus optatissima: & ipsa olim vlissis patria: vt scribit Dionyssius. Ithaca aūt insula est ī mari Ionio: vt Mela scribit. C. Naritię oppidū est in locride. i Picis. A. Picea mōtes amat atq̄ frigora. feralis arbor et funebri inditio ad fores posita. Hęc plurima resinā fundit: interueniēte cādida gēma: tam simili thuri: vt mixta visciui discerni nō queat: & inde fraus sępissime Asię. Plinius libro. xvi. c. xv. k Nō ulli obnoxia curę. S. nō debitricia: nihil labori nostro debentia. l Ipsę caucaseo. S. Caucasus mōs est Scythię. positus hic p quibuslibet asperrimis mōtibus. A. de caucaso vide ęgloga. vi. Eius aūt vertices hyeme sunt inaccessibiles: vt Strabo ait li. xi. m Steriles. S. Dicit cōparatione pomiferarū arborū. n Syluę. C. Loca arboribꝰ consita dicunᷓ. Sed q̄ cōstāt ex arboribus pomiferis: & pomaria et viridaria dicūtur. Syluarū vero alię sunt glandiferę: quoniā suibꝰ ac reliq̄s quadrupedibus glandes subministrāt. Alię ceduę q̄ certo quodam tēpore cęsę: aut ędificiis: vinearum q̄ pedamentis materiā prębent: aut ignem alunt.

o Animosi. C. vehementes. Est autem epitetum de nomine greco. ανεμος eni ventus. p Cędrū q̄ cupssos q̄. AN. Mauris plurima arbor cędri & mensarū insania. Sunt autem cupresso fœminę etiam num syluestri similes folio: odore caudice: vt Pli. li. xiii. scribit. c. xvii. Theophrastus vero libro. iii. edocet: q̄ Cędrus est iunipero non absimilis: sed folio maxime distat: eius materies putredinem nullam sentit. frutex odoratus. Idem Pliniꝰ

[e]Nec tilię leues: aut corno rasile[f] buxum:
Non formam accipiūt: ferroq́ꝫ cauant̃ acuto.
Necnon & torrentē vndā leuis adnatat alnus
[g]Missa pado: necnon & apes examina condūt:
[h]Corticibusq́ꝫ cauis vitiosę[i]q́ꝫ ilicis aluo.
[k]Quid memorādū ęqūe baccheia dona tulerīt:[l]
[m]Bacchus & ad culpā[n] causas dedit: ille[o] furētis
Centauros lęto domuit rhętumq́ꝫ pholumq́ꝫ:
Et magnū hyęlum lapytis crathere minantē.
[q]O fortunatos nimiū bona si sua norint
Agricolas: quib⁹ ipsa procul[r] discordib⁹ armis
Fundit[s] humo facilem uictū iustissima[t] tellus.
[v]Si non ingentem foribus domus alta sūpbis
[x]Mane salutantū totis vomit ędibus vndam:

e Nec tilię. S. Ordo est: nec non, hoc est etiam. A. de tilia videto li. i. Georg. f Rasile. A. Rasiles calathi dicunt̃ quasi rasi. nihil extantis aut redūdantis plenitudinis. Virgilius tñ hoc loco ait rasile buxū: q̄si rasibile. g Missa pado. SER. Species est pro genere. h Corticibus. A. fubens ꝛc. i Viciosęq́ꝫ ilicis aluo. S. Cariosę. Vult aūt ꝓbare etiā putres arbores hr̄e aliquā vtilitatē. Sane hic pro alueo per Synerisim: aluo dicitur.
k Quid memorandum ęque. S. quid similiter laudandū. A. Quid memorandū. Quid vltra dicēdū de syluis et arboribus. Aeque. eodē mō: sicut ex amina & alia commoda iam enūerata. Vel qd memorandū ęque: qd similiter laudandū. C. Quid memorandū ęque. Artificio se ꝯcludit vituperationē: cū maiori cultura indegeat. & ꝓpter illā virgulta colant: ac deniq́ꝫ homies furiosos reddat.
l Tulerūt dona. SER. Sicut syluę multa sponte ꝓcreantes. Alii. & quę legūt: vt sit sensus. quid dicendū quę tulerūt. i. attulerūt: ipsa etiā dona Bacheia: vt hoc dicat: parū est q vites tm̄ laborem requirunt cū munera earū causas ꝓ̄stant furoris.
A. Tulerunt arbores ipsę in syluis. nanq́ꝫ syluestres vites vt vuę in eis sunt q̄ sunt bacheia dona.
m Bachus. A. & ad superius vites: quibus nunq́ꝫ satis opere est: dānasse quodāmodo visus est. Nunc vero earū fructus: quibus quidem furor hoibus ingruit. vl̄ potı⁹ nos hortat̃ facta ecbasi. i. excursū enūerādo syluarū cōmoda: vt vites nō relinq̄m⁹: q̄ꝫq́ꝫ mlto labore indigeāt: cū ꝓearū fructu patiēdo centauri etiā mori nō dubitarūt. n Ad culpā. A. Ad scel⁹. ei⁹ eni odore ducti doliū pholo rape voluerīt. o Ille furentis cētauros. S. Atqui in ęneid. ait. Mars perdere gentē imanē lapytum valuit. Sed hoc soluit Horati⁹ dicēs. Nec Semeli⁹ cū marte cōfundet ꝓ̄lia Thyoneus: Nā reuera licet irarum causas mars habuerit. Lapytę tñ & centauri in furorē sūt ebrietate cōpulsi. deinde hoc loco cētauros ait in furorē actos a libero. non lapytas. A. Centauros: historia est. vt Diod. libro. v. edocuit. Pholus centaurus quū domi Herculem suscepisset. defossum aute vini dolium extulit. Verū eius odor ingens ad propinquos Cētauros delatus ebrios reddidit. Vna igitur Pholi domū magno impressi tumultu ad rapinam versi sunt. Pholus itaq́ꝫ timens quū se abscōdisset. solus Hercules illis obstitit: qui superior multos eorum peremptis: reliquos in fugam vertit. Verum Pholus vt cognatos sepeliret: sagitta a quodā euulsa seip̄m vulnerauit: quo vulnere cum curari nequiret: obiit. & ab Hercule magnifice sepultus: monti nomen dedit. Centauros. Centao stimulo nobis est. Inde centauri vt puto: nā vt scribit Strabo libro nono de Thessalia. Centaurorum natio dura sane agrestisq́ꝫ erat: quos Homerus a perithoo fuisse expulsos a Pelio monte scribit: qui filius Ixionis lapytharum regis erat. p Lapythis. C. Lapytha secundū ysidorum Apollinis filia fuit: a q̄ lapythę ꝓꝓl̄i denominati sūt. hi in Thessalia sunt centauri (teste Plinio) ex quo pugnare inuenerūt. vehi autē equo inuenit Bellerophontes. q O fortunatos nimiū sua si bona norint agricolas. SER. Non est abruptus transitus ad laudem vitę rusticanę. Sed ad superiora pertinet. Post vituperationem quippe vini: ista quasi consolatio est: per quam ostendit quantas voluptates rusticis natura prestiterit. Q̄ꝫ ait fortunatos nimium: non ad fortunam: sed fortunę pertinet quantitatem. Nam hoc dicit: Quantum in se est maximas eis natura prestitit voluptates: quas si nossent: essent nō fortunati sicut nunc sunt: Sed nimium fortunati. AN. Tullius in Catone maiore: Catonem ipsum illa dicere ītroducit. Venio nūc ad voluptates agricolarum: quibus ego incredibiliter delector: quę non nulla impediuntur senectute: & mihi ad sapientis vitam videntur accedere. habent enim rationem cum terra: quę nunq́ꝫ recusat imperium: nec vnq́ꝫ sine vsura reddit q̊d accepit. Sed alias minore plerunq́ꝫ maiore cum foenore. Et Seneca ep̄la p̄ria libro tredecimo de Scipione maiore inquit. Abluebat corpus laboribus rusticis fessum: exercebat enim opere se: terramq́ꝫ: (vt mos fuit priscis) ipse subigebat. Horatius quoq́ꝫ secunda Ode carminis Epodon rusticę vitę laudes & cōmoda enūerat: vti & maro amplissime.
O. nunc interiectio est admirantis: de q̄ latius in Tityro. CRI. Fortunatos: cū iam multos in agricultura labores esse ostenderit: ita librū concludit: vt nihilominus sunt ꝓferendi labores: quando inde summū bonum consequimur propter animorū quietem quam ibi inuenimus: cū ab ea ambitio atq́ꝫ auaricia quibus maxime premitur vita ciuilis: & vnde & ciuilia & externa excludunt̃ bella omnino remota sint. r Procul disco. ar. S. Longe a ciuitatib⁹ plenis iurgio et rapinis. C. Procul discordibus armis: a qui⁹ extreme ꝓueniūt calamitates: s Facilē victū. A. Facilē cibū. Habent eni in agro parata oīa ad victū necessaria. t Iustissima. S. ꝓprie. Nā si iust⁹ est q qd accipit reddit, terra vtiq́ꝫ iustissima ē: q̄ maiore fęnore accepta restituit. C. Iustissima. Vrbani q̄stus ꝑiculis laboribusq́ꝫ pleni sunt. Nā impiger extremos currit mercator ad Indos: Per mare pauperiē fugiēs ꝑ saxa ꝑ ignes. Et sępe: aut naufragiis: aut iacturis merces pereunt: aut vilescūt q̄ care emptę fuerāt. Tellus aūt sine vllo ꝑiculo semē acceptū cū maximo foenore reddit. v Si nō ingētem. Non solū vitā laudat rusticā. sed etiā cōtrariā. i. vrbanā vituperat. nā ista quę de vrbib⁹ dicit opinabilia sunt bona: nō etiā vera: vt rustica sunt. Multum eni interest inter verum & opinatū malū seu bonū. Vnde Iuuenal̃. Pauci dinoscere p̄nt vera bona. x Mane salutantū. A. Prima secundaq́ꝫ hora potentes amicos salutabāt: qd Martialis libro. iiii. optime docet: ibi videlicet prima salutantes: atq́ꝫ altera cōtinet hora: Exercet raucos tertia causidicos. Et Iuuenalis. Quid das vt cossum aliq̄n salutes.

Nec varios inhiant pulchra testudine postes:
Illusasq; auro vestes: ephyreiaq; ęra:
Alba nec assyrio fucatur lana veneno:
Nec casia liquidi corrumpitur vsus oliui:
At secura quies:& nescia fallere vita:
Diues opum variarum:et latis otia fundis:
Speluncę:viuiq; lacus:et frigida tempe:
Mugitusq; boū:mollesq; sub arbore somni.
Non absunt illic saltus:ac lustra ferarum:
Et patiens operum paruoq; assueta iuuentus.
Sacra deum sanctiq; patres:extrema per illos

y Varios. A. ornatus vti solebat in supbis domibus apparere. z Inhiant. S. habere desiderāt:& dicim⁹ inhio illam rem. A. Inhiant. i. concupiscūt. C. Inhiant. Hiare est os aperire. Sed quia qui aliqd admirant̄: aut vehemēter cupiūt.. hiantes. i. apto ore id spectant. inhiare cōcupiscere dicim⁹. a Pulchra testudie. S. i. indica. Vñ postes ornantur: vel lectuli. Lucan⁹ foribus testudinis Indę. Terga sedent fuluo maculas distincta smaragdo. A. Testudie. i. testudineis laminis: quib⁹ etiā lectos et repositoria vestiebāt. Inde scribit Plinius lib. ix. c. x. ꝙ testudines tātę magnitudinis indicū mare emittit. ut singlarū superficie habitabiles casas ītegāt: atq; inter insulas rubri p̄cipue maris his nauigēt cymbis. Testudinūq; putamina secare in lamias: lectosq; & repositoria his vestire Corbylius pollio instituit. C. Concordat cum Anthonio. Addens ad hoc ꝙ cum libertate spirandi insummo enatent: ita desiccant̄ dorsa: vt mergi nequeāt: vñ facilius capiunt̄. Troglodite cornigeras habēt: vt in lira adnexis cornibus latis: sed mobilibus: quorū in natādo se remigio adiuuant. Chelolphagi populi sunt q̄ illis vescūtur. Troglodite autē ad quos adnatant: vt sacras adorant. Testudinum putamina in laminas secare: lectosq; & repositoria illis vestire Corbilius pollio instituit. deinde lignarii fabri ex varietate colorum qui in lignis sunt testudineū illud post imitari ceperunt. b Postes. ANT. postes dici videntur: ꝙ post fores stant. Priscianus auctor. c Illusasq; auro vestes. S. id est in quibus artifex ludens auro aliqua depingit. male aūt quidam illusas legunt. AN. Inclusas. i. depictas. d Ephyreia ęra. S. Corinthia: q̄ laudat etiam Cicero. nam ephyrea est Corinthus. ANT. Ephyre ante: postea Corinth⁹ appellata est. Colonia colli applicata in isthmo scilicet. Videto Pliniū lib. iiii. c. v. vbi de peloponneso loquitur. De Corintho etiam Strabo libro. viii. plurima scribit. int̄ q̄ ꝙ ciuitas ipsa Corinthiorū amplissima vsq; fuit et opulentissima: seu viros innūerabiles ad ciuile regimē peritissimos: siue eximias opificū artes aīo vertis. erantq; in ea plurima opera aere elaborata: Sunt q̄ dicūt. i. causa metri i Ephyreia ītepositū: sed cum ephireios a grecis dicatur: soluit ei diphtongum. vt etiam ibi Priameia virgo. CR. Ephyreia. Corinthia. corinthus a corintho Sisypho filio prius Ephiron nominata fuit. aiunt nōnulli. Eusebius aūt ponit hęc verba. Ephira quę nunc Corinthus vocatur a Sisypho condita est Anno mūdi. M. M. M. ccccccc. xii. regnāte Pelope. a quo est Peloponnesus vocatus. et regnante Athenis Erichtheo Pandionis filio. Ephyreia soluitur dyphtongus vt stet versus, nam est εφυρειοσ grece. Dicebant̄ aūt vasa Corinthia: quoniam incensa Corintho: fecit casus: vt simul, liquefactis auro et argento & aere: ex admixtione illorum colorum pulchrius appareret metallum. e Assyrio. S. Assyrii sunt populi adiacentes Syrię, apud quos primum inuētus est vsus purpurę. A. Assyrio. Persię iuncta est Assyrio i qua babilon est. vt Strabo libro: xvi. scribit. CRI. Assyria. Tirio. nam Tiros phoenicis est: quę est in Assyria.

f Veneno: S. colore. A. intelligit autem purpureū liquorem in Tito vrbe phoenice optimū. Phoenicia eni pars est Syrię: vt scribit Ptholome⁹ libro. v. Et Pli. li. v. c. xiii. C. Veneno colore. eo ꝙ vestem ita percurrat: vt venenū corpus. Nam latini id venenū vocāt: quod greci pharmacon. carent ergo luxuriosis deliciis.

g Nec casia liquidi corrumpit̄ vsus oliui. SER. Casia herba est ex qua fit vngētum. Mire autem ait vsus oliui corrumpitur, uam oleum generalem vsum habet: quod cū in vnguētum fuerit corruptū vni rei tantū esse aptū īcipit. ANT. De casia videto in Alexi.

i Secura quies. C. quib⁹ rebus nihil est in vita iucundius:

k Nescia fallere vita. S. aut quia innocētes sunt: aut quia īmobilis est status vitę eorum. Vrbanorū eni fortuna: aut insidias: aut p̄scriptiōe variat̄:

l Latis ocia fun. SER. Fundus dicit̄ ab eo ꝙ rerum omniū sit fundamētum. A. Ocia voluptates fundus. ager. quod videbatur pecudū ac pecunię esse fundamentū: fundus est dictus. aut ꝙ fundat quotannis multa. Varro auctor.

k Speluncę viuiq; lac⁹: SER. id est bona naturalia nō sicut in vrbibus laboreq̄sita. Vnde Iuuenal. Et spelūcas dissimiles veris. C. Viui lacus. ad differentiā stagnorū: in q̄bus aquę mortuę dicūt̄. l Frigida. C. id est voluptuosa ꝓpter estiuam refrigerationem: etiam aquas & vndas. m Tempe. S. Sunt ꝓprie loca amoena thessalię. abusiue cuiusuis loci amoenitas. A. Tēpe. loca amoena a coeli tēperamēto dicta. vt illa ingt Lactan. Sunt autē ꝓprie loca in Thessalia quiq; milliū passuū longitudine: et ferme sex latitudie vltra visum homīs attollentib⁹ se dextera leuaq; leniter cōnexis iugis intus sua luce viridante. allabit̄ peneus qui inter. ossam & Olimpū nemorosa cōualle defluit. Pli. libro. iiii. c. viii. C. Tēpe sunt loca in thessalia circa ripas penei fluminis; vt demōstrat Herobotus: a quibus reliq̄ loca ruris amoena tempe denominant̄. Tempe aūt neutri generis nūeri pluralis. & ē grēca declinatio [illegible] sic dice⁹ fere n Mollesq;. S. μαλακοι [illegible] AN. Molles iucundi. o Illic saltus ac lustra ferarū. S. i. venatiōes q̄ penit⁹ i vrbibus nō sunt. Bñ aūt lustra ferarū: qa sunt i vrbib⁹ lustra meretricū. A. Saltus. Syluę q̄ dicūt lustra ferarū: p q̄ venatiōes intelligit. p Patiens operū. C. duo summope optanda: & ꝙ corpus facile labores toleret: et ꝙ anim⁹ naturę obediēs paucis ꝯtent⁹ sit: q Paruoq; assueta.. SER. i. non vt vrbana quę est segnis & ꝓdiga. r Sacra deū sanctiq; p̄res. SER. duo dicit: Sacra deorum sancta apud illos sunt. sancti etiam parentes. ANTO. Sancta deum ⁊c. figura est Sylepsis per genera. dicēdo eni sacra & patres sancti etiā sacra sancta intelligim⁹. sacrū aūt vocatur quicq̄d destinatū est diis: Macrobius li. primo. Satur. C. Sacra deum. & religionē colunt: & senectutē venerant̄: quę duo maxima putanda sunt. s Extrema per illos iusticia ⁊c. Hoc & Aratus dicit: iusticiam primo in vrbibus. postea tantum in agris fuisse. Vbi eam inducit loquentē: cur abscedat e terris.

Iusticia excedens terris vestigia fecit.
Me vero primum dulces ante omnia muse
(Quarū sacra fero ingenti perculsus amore)
Accipiant: cœliq; vias & sydera monstrent:
Defectus solis varios: luneq; labores:
Vnde tremor terris: q̄ vi maria alta tumescāt
Obicibus ruptis: rursusq; in seipsa residant.
Quid tātū oceano properent se tingere soles

AN. Iusticia. videto egloga. iiii. t Me vero primū ꝛc.
S. Diu q̄situ est. vtrū philosophie: an rusticitatis vita eēt
felicior. Vñ nunc dicit primā esse phiam: post ipā ȝ rusticā
vitā. Suā aūt personā pro q̄cunq; pōit: sicut paulo post.
Rura mihi placeāt: mihi pro cuilibet posuit. Sic ī primo.
Nō illa quisq; me nocte p altum ire. In. iii. Ne mihi tunc
molles sub diuo carpe somnos. Et hoc ē q̄d dic̄ Horati⁹
in arte poetica. Hoc amet: hoc spernat; pmissi carmis au
ctor. A. Me vero priū. prepōit rustice vite philosophicā.
Hinc illam optimā: ad quā si accedere nō possit: rusticam
degere vitā exoptat. Est aūt ordo. Vero. sed. primū ante
omia: me dulces muse ac
cipiant ꝛc. C. Me vo pri
mū. Proponit vitā contē
platiuā: q̄ vnica ē. deinde
e vita actiua que multi
plex variaq; est: & circa
plurima versat̄: eligit vi
tam rusticanā tanq; oīm
reliquarum quietissimā.
v Quarū sacr. fe. C. nā
poete musarū sūt sacerdo
tes. x Coeli vias. S. aut
artes: aut alibi inueni ger
mana viā: aut certe circu
los: quib⁹ sydera ꝯtinent̄.
A. Coeli vias. Motus. ra
tiones: cursus. Vltimi coe
li motus ē: vt dicūt astro
logi sup duas axis extre
mitates: Polū scȝ arcticū
& antarcticū: ab oriente
per occidētē. in orientē ite
rum rediēs: quē motum
equinoxialis circulus p medium diuidit: & etiam alter in
feriorū spherarū motus p obliquū huic oppositus sup
axes suos distātes a primis. xxiii. gradibus: & . xxxiii. mi
nutis: sed prim⁹ oēs alias spheras secū impetu suo rapit:
intra diē & noctē: circa terrā semel: illis tñ contranitētib⁹
hunc aūt fm motū diuidit per mediū sub q̄ quilibet sep
tem planetarū sphrēā habet ppriā: in qua pprio motu
fertur contra coeli vltimi motū. C. Coeli vias: reuolutio
nes coelorū q̄ oīs spacio vigintiq̄ttuor horarū ab oriente
toti vertūt. y Sydera. C. Preter planetas reliq̄ stelle sūt
in octaua sphera: que q̄uis & ipe contra suū celū ferant̄:
tñ pter summā motus tarditatē imobiles dicunt̄. Pla
nete aūt cū septē sint: singuli singulis spheris: & ipsis con
tra coelū ferunt̄: dispari tñ motu. Saturn⁹ em̄ trigita ānis
spaciū. xii. signorū peragit. Iuppiter. xii. Mars duob⁹. Ve
nus in singulis signis vigenos ac nouenos dies morat̄.
Mercuri⁹ in q̄libet signo cōsumit dies vigintiocto: ac ho
ras. xvi. sol triginta. Luna duob⁹ dieb⁹: & trib⁹ horis: &
besse morat̄ in q̄libet signo. Hinc cursum zodiaci perficit
viginti ac octo dieb⁹. Stelle vero q̄ in octaua sphera sūt
pter illius imēsām amplitudinē singl'os gradus coeli cen
tenis annis transeūt. Quapropter cū coelū in trecentos se
xagintasex grad⁹ diuidat̄: nō ante triginta et sex milia an
norū totū ipm ambiūt. Hec aūt de qbus nūc q̄rit expli
cabunt̄ in primo li. eneidos. z Defectus sol' varios. S.
Atqui vno mō tm̄ sol nobis deficere videt̄. s. cū prima lu
na e regione eius obstiterit radiis: & eos nobis fecerit nō
videri. Vñ varios accipim⁹ defectus: nō quia variatiōe cō
tingūt. nā rō vna est. vt dixim⁹: sed q̄ vl' variis tpib⁹ fiūt.
Vel varie. Nā interdū duob⁹: interdū q̄tuor: interdū pluri
bus deficit. A. Defectus solis varios. Quū in plenilunio
luna fuerit in capite vel cauda draconis: sub puncto dire
cte opposito sol in firmamēto: tūc terra interponit̄ soli et
lune. Vnde cū luna lumē nō habeat nisi a sole deficit a lu
mine. Estq; generalis eclipsis in omni terra: si fuerit in ca
pite vel in cauda draconis directe. Particularis vero ecli
psis si fuerit prope: vel infra metas determinatas eclipsis
semp q; in plenilunio: vel circa cōtingit eclipsis. Quū aūt
fuerit luna in capite vel cauda draconis: vel prope metas
supdictas: & in cōiunctione cū sole: tūc lune corp⁹ inter
ponit̄ inter aspectū nostrū & corp⁹ solare. Vñ obumbra
bit nobis claritatē solis: & ita sol patiet̄ eclipsim. nō quia
deficiat lumine: sed deficit nobis pter interpositionē lu
ne inter aspectū nostrū et solem. Eclipo autē defici signifi
cat. inde eclipsis. i. defectio. Vario etiā mō sol eclipsat̄: q̄d
cōtingit pter diuersitatē respectus in diuersis climatib⁹.
a Luneq; labores. S. vel errores: quia non recta incedit.
Vel defectus contingūt lune quotiēs terre altitudo inter
ueniēs radiis solis eā illuminari nō patit̄: a qbus dr̄ lumē
accipere. A. Luneq; labo
res. i. defectus: Iuuenalis
Sati. vi. de mlierib⁹. Vna
laboranti poterit succur
rere lune.
b Vñ tremor ꝛc. S. Va
rie sunt opiniones. Nam
alii dicūt ventū eē in ꝯca
uis terre: q motus etiā ter
ram mouet. Salusti⁹. Vēti
per caua terre citati. Lu
canus. Querentē erūpere
ventū credidit. Alii aquā
dicunt genitalē sub terris
moueri: & eas simul con
cutere: vt vasa aq̄: vt dicit
Lucretius. Alii σφογγο
ειδη terrā volunt: cuius
plerūq; latentes ruine su
perapposita vniuersa cō
cutiunt. A. Babiloniorū
placita motus terre hya
tusq;: & cetera omnia in
syderū existimant fieri ventos in cā esse nō dubiū reor: in
quit Pli. li. ii. ca. lxxxi. Neq; eni vnq̄ intermiscēt terre nisi
sopito mari: coeloq; adeo trāquillo: vt volatus auiū non
pendeāt subtracto omī spiritu q vehit: nec vnq̄ nisi post
ventos ꝯditos. s. in venas & auernas ei⁹ occulto a flatu:
neq; aliud est in terra tremor q̄ in nube tonitruum: nec
hiatus aliud q̄ cū fulmē erūpit incluso spū luctante: &
ad libertatē exire nitēte. c Qua vi maria. S. alii sic acci
piunt: q ruptis obicib⁹. i. calpe & athlāte mōtib⁹ hispa
nie & Mauritanie ocean⁹ erupit: & ista fecerit maria: q̄d
nō pcedit. Si enī hoc esset: nō diceret tumescāt: sed tumue
runt: cū eruperūt oceani maria. Vñ estuaria oceani acci
pim⁹: q p hispanias & gallias infinitū erūpit. contēpta le
ge riparum: ad q̄s cursus recurrit. Cui⁹ rei opiniōis Luca
nus in primo cōmeōrat dicens: Ventus ab extremo pela
gus sic axe volutet. Destituatq; ferēs: an sydere mota se
cundo. Tethyos vnda vage lunarib⁹ estuat horis: Flāmi
ger an titan: vt alentes hauriat vndas. Erigat oceanū flu
ctusq; ad sydera tollit. A. Qua vi maria. Ocean⁹ (Solino
teste) quē greci sic noiant a celeritate: ab occasu solis irrū
pēs: leuo latere Europā radit: aphricā dextro: scissisq; Cal
pe & abila montib⁹: q̄s dicunt calumnas Herculis inter
mauros fundit̄ et hispaniā. Et pli. li. ii. inq̄t. Sed estus ma
ris accedere & reciprocare: maxie mirū est plurib⁹: qbus
modis accedit: verū cā in sole lunaq;. Id aūt Macro. etiā
li. i. de somno sentit: ait eni. Ocean⁹ q̄ȝ incremēto suo hūc
nūerū tenet. Nam prio nascētis lune die fit copiosior: so
lito minuit̄ paulisper secundo minorē q̄ videt eū tertius
q̄ secundus. et ita decrescendo ad diē septimū peruenit. rur
sus octau⁹ dies manet septimo par: & non⁹ fit simil' sex
todecim⁹ quinto: & vndecim⁹ fit q̄rto par q̄ȝ. xii. et. xiii.
fit similis. ii. xiiii. primo. Solin⁹ ita ait: Dubitat̄ etiā nūc q
bus ex causis intumescat ocean⁹: nec in obscuro est: plura
p ingeniis differentiū potius q̄ pro veritatis fide expssa:
d Quid. S. i. ob quā cām. e Oceano pperent se tin
gere soles hiberni. S. Circulorū hoc efficit ratio. Vt etiā in
eneid. diximus. A. Oceano ꝛc. Dierū & noctiū inequali
tis causa est obliquitas signiferi (teste Pli. li. ii.) cū ps equa

Hiberni: vel que [f] tardis mora noctibus obstet.
Sin has ne possim [g] nature accedere partes
[h] Frigidus obstiterit circum [i] p̄cordia sanguis:
Rura mihi: & rigui placeāt in vallib⁹ amnes.
Flnmina amē: sylvasq; [k] inglorius: o vbi [l] campi
[m] Sperchiusq;: & virginibus bacchata [n] lacenis
[o] Taygeta: o qui me gelidis in vallibus [p] hemi
[q] Sistat: & ingenti ramorum protegat vmbra.
Fœlix qni potuit [r] rerum cognoscere causas:
Atq; [s] metus omnis: & [t] inexorabile fatum
[v] Subiecit pedib⁹: [x] strepitūq; acherontis [y] auari.

mūdi super subterq; terras: omnibus fiat momentis: sed que recta in exortu suo consurgūt signa. longiore tractu tenent lucē: q̄ vero obliq̄ otiori transeūt spacio. Alii sic in omibus circulis q̄ sunt ab equinoctiali vsq; ad tropicon cancri: & in ipso tropico cancri: maior est arcus diei q̄ noctis. i. arcus sup orizontē q̄ sub orizonte. Vn̄ toto tp̄e q̄ sol mouet a principio arietis ꝑ cancrū: vsq; ad finē virginis: crescūt dies sup̄ noctes: et tanto plus q̄to magis accedit sol ad cancrū: & tanto minus q̄nto magis recedit. Econuerso aūt diebus & noctib⁹: dū sol est in signis australibus in oībus aliis circulis q̄s sol describit inter equinoctialem & tropicū capricorni: maior est circul⁹ sub orizonte. et minor supra. Vn̄ arcus diei est minor q̄ arcus noctis. et ſm proportionē arcuū decrescunt dies sup̄ noctes: et q̄to circuli sunt ꝓpinquiores tropico hyemali eo magis decrescūt dies. f Tardis noctib⁹. S: i. estiuis noctibus tarde venientibus. A. Tardis noct. i. tarde venientib⁹. intelligit eñ ꝑ id dies estiuos q̄ lōgi sunt. g Sin has ne possim natu. acce. ptes. S. i. partes: philosophie: ex q̄ sunt illa q̄ dixit. A. nature partes. i. naturalē phiam. Sunt eñ phie tres partes. Moral. naturalis. & rōnalis. Moralis est q̄ docet morū elimatū ꝑfectionē. Natural: q̄ de diuis corporib⁹ disputat. Rōnal vero quū de incorporeis sermo ē: que mens sola complectitur. Macrobius ait libro secundo de somno. Cum itaq; Maro coeli vias: & sydera: solis & lune defectus: terrarū tremorē: & oceani estuaria: dierū & noctiū longitudinē & breuitatē cōplectit: phisice secreta cōmeorat. Est aūt philosophia (vt scribit Alcinous) affectio sapiētie q̄ soluit ac reducit ad itelligibilia: cōuertitq; nos ad ea q̄ sūt ſm varietatē. Sapientia aūt est scientia hūanarū diuinarūq; rerū cognitio: h Frigidus obstiterit. S. secundū phisicos dicit: qui dicūt stultos hoīes frigidioris esse sanguis. prudētes ꝟo calidi. Vn̄ et senes i. q̄bus friget: et pueri q̄b⁹ necdū calet minus sapiūt. A. Frigidus sanguis, empedoclis sn̄ia loquit. Is eñ (vt scribit Cicero lib. i. Tuscu.) animū esse sentiebat cordi diffusum sanguinē. Calid⁹ āt sanguis maiorē virtutē habet q̄ frigidus. Vn̄ et oēs dextre partes validiores sunt: & debiliores sinistre. quia has regit calor iecoris: q̄ est cōcretus sanguis: hinc caloris domiciliū est. Ille vero cōtagiōe frigidi lienis hebetat. Lege Macro. li. vii. et plini⁹ li. xi. c. xlvi. scribit: ꝙ cordi inest p̄cipuus calor: ꝙq; ibi mēs habitat. Tulli⁹ etiā in li. de. n. d. ait: ꝙ om̄e q̄d est calidū et igneū cietur & alitur motu suo. quod aūt alitur et crescit: motu quodā ꝟtit certo et equabili; qui q̄diu remanet in nobis: tā diu sensus & vita remanēt. refrigerato aūt & extincto calore: occidimus ipi & extinguimur: C. Ex frigido sanguine crassiores hebetioresq; sp̄us efficiuntur. Ex huiuscemōi aūt spiritib⁹ ingeniū hebes tardūq; reddit. ergo frigidus sanguis tardū ingeniū denotat. i Precordia. A. exta hoim ab inferiori viscerum parte seperant membranis q̄ p̄cordia appellant: cordi p̄tēdūt. Plinius li. xi. k Inglorius. S. comparatiōe scilicet phie sic in eneid. Et mutas agitare inglorius artes: nō ꝙ nulla gloria medicina esset. sed ꝙ minor q̄ diuinitatis et augurandi: q̄ ei obtulerat apollo munera. Vt auguriū cytharamq; dabat: celeresq; sagittas. l O vbi campi. A. optandi aduerbium. m Sperchi⁹. S. fluuius thessalie. A. Thessalie fluuius: vt scribit Strabo. li. ix. Solinus autem. c. x. scribit. In sperchio promontorio Orpheū siue sacrorū siue cantuū secreta agitasse. C. Sperchius Thessalie fluuius est: cui⁹ in faucibus thermopylarū sunt angustie. hinc si redisset suas comas deuouerat Achilles. preterfluit anticyrham vrbem. n Lacenis. A. i. laconitis. Nam teste etiam Probo Laconita lacenas facit. Est aūt lacon. g. m. Lacena vero. g. f. o Taygeta. S. mōs laconū libero et bacchis cōsecratus. A. Taygetus (vt Strabo scribit li. viii.) mons ē laconice que in Achaia ē: Est aūt mōs super mare nō grādis admodū: ceterum excelsus & erectus: cui subiicitur Spartha & amycle: in regione Mediterranea vbi Apollinis tēplū: liberi q̄q; p̄ris delubrū. Non ab re igit Lacenis virginib⁹ bacchata: Maro ait. CRI. Taygeta mōs est inter Lacedemonem & mare positus. Libero olim p̄ri: & Apollini sacer. Hinc Poeta bacchata dixit. p Hemi. S. mōtis thessalie: in quo etiā sūt tēpe: A. Hemi Thracie mons est: cui⁹ excelsitas sex milia passuū cōtinet. Vasto iugo ꝓcūbens in pontū. Vt Pli. li. iiii. c. xi. scribit. De eodem libro. i. fastorum ait Ouid. Et qui q; tuas accolit heme niues: Est fertilis Thracia (ait Pli. li. xvii. c. iiii.) frugū: frigore: estibus Aphrica & egyptus. C. Hemi mons hic Thessaliam a thracia diuidit: cui⁹ in radicib⁹ eā volūt esse amoenitatē: q̄ greci tempe noīant. Ex eius cacumine (q̄m excellentissimū est) Adriaticū simul & Euxinū mare cerni crediderūt. Qua fama impulsus Philippus Demetrii fili⁹: & Macedonie rex; triduo nō sine sūma difficultate ascendit: sed nebulis oīa occupata erant. Vn̄ re infecta discessit: aris tñ duobus Ioui et Apollini cōsacratis. In hui⁹ radicibus ex parte Thracie Triballi sunt: apud q̄s poeta Ouidi⁹ exulauit. q Sistat. AN. rep̄sentet. Cicero ad atticū. Vt te añ kal. Ianuarias vbicūq; erimus sistas. r Rerum cognoscere causas. S. repetitio est superioris coloris. Nā hoc dicit: et rustici foelices sunt: et q̄ tribuūt operam philosophie. A. Rerū cognoscere cās. Cōmentator libro. i. phisicorū ait: Scientiarū q̄dam est perfecta: & illa est que fit per cām. Quedā impꝑfecta: & est illa q̄ est sine cā. C. Foelix q̄ ꝛc. Nimirū cum animus prima ac maxia pars sit homīs. animi aūt perfectio sit ipa sciētia. foelix erit summā sic phīam assecutus: ex qua cū nouerit excellētiam animi sui et īmortalitatē: et metu mortis: & oibus q̄ in sapientē nō cadūt: ꝑturbatiōibus liberat. Et quū causas rerū nouerit: nihil timebit. Post vitā aūt cōtēplatiuā: accedet ꝓxima vita rusticana: q̄ in oibus partib⁹ actiue vite plus ocii et q̄etis assequit: et min⁹ a ꝑturbatiōib⁹ vexat. s Atq; moet⁹ ois. A. Cice. li. iii. offi. scribit. Magnitudinis animi et fortitudīs ꝓpriū esse: nil extimescere. oia humana despicere: nihil q̄d homī acciderit intolerandū putare. Et paulo inferi⁹ inq̄t fortitudiē eē dolorū laborūq; cōtemptionē. t Inexorabile fatū. S. Alibi fortuna oipotens & ineluctabile fatū. A. Inexorabile fatū. i. ex fato veniētia. De fato aūt lati⁹ eglo. iiii. videto. Item Maro li. vi. Desine fata deū flecti sperare p̄cando. v Subiecit

dibus. SER.i.calcauit. x Acherontis auari. S: omnẽ mũdũ in mortem trahẽtis. AN. Acherontis auari strepitũ.hoc ẽ ipsã mortẽ qua mediante animę immortalitas acqrit: vt Cice.ait. Strepitũ autẽ dixit ppter animarũ oĩm illuc tẽdentiũ tumultũ. Vñ poeta li vi.de hac eadẽ re ait: Aeneas miratus eñ motusq; tumultu. Dic ait o virgo: qd vult cõcursus ad amnẽ: Quid ve petũt animę: Vł strepitũ dixit: qm̃ ibidẽ de Acheronte inferno fluuio ait. Nec ripas dat̃ horrendas: nec rauca fluenta. Transportare prius q̃ sedibus ossa quierint. Acherõtis.i.acheron fluuius in Calabria in peninsula quadã iuxta Cosentiã: a quo oppidani Acherõtini: vt Pli.li.iii.scribit. Poetę vero dicũt esse fluuiũ infernũ: coeno turbidũ & ęstuantẽ. Strabo ãt li.viii. docet: q̧ Acheron ãnis fluẽs per pylũ vrbẽ Achaię Alpheũ intrat: Acherontiq; ppter inferni pprietatẽ inditum est vocabulũ: qm̃ ea in ora: Cereris & proserpinę ac Plutonis tẽpla magno in honore sunt. y Auari. AN. Serius aut citius sedẽ properamꝰ ad vnã. Omis eñ acheron cymba recipit in alteram ripã: nec satiat̃ vnq̃. Nam omes auet: z Deos q no.ag. S: qui abstinet a cũctis malis: & aut rura habitat: aut cũ suis numinibꝰ rura de

Fortunatus & ille: deos qui nouit agrestes:
panaq;: syluanũq; senẽ: nymphasq; sorores.
Illum non populi fasces: non purpura regum

scripsit. A. De his li.i. Georgicorum. late iã dictũ ẽ: quorũ hic etiã aliqs poeta noĩat. Ille nouit deos agrestes q optimꝰ ẽ.hinc fortunati haberi pñt. a Nymphasq; sorores: S: Nã panis sorores: aut syluani: sed inter se sorores: Vt gemeos fratres. iter se scilicȝ b Populi fasces. S.i.honores q a populo pstant̃. pprie aũt locutꝰ ẽ: vt fasces populi: regũ purpurã diceret. A. Fasces ppłi. Duodecim erãt lictores.i.ministri: q cũ fascibꝰ virgarũ securim cuiq; consulũ pferebant. vtq; consulũ insignia erant duodecim fasces: ita pretorũ ac psidũ sex tm̃. Lictor aũt a ligando dictus. Q, quum mgr̃atꝰ ppłi Romani virgis quẽpiam verberari iussissent: crura eius & manus ligari vnicuiq; a viatore solita sunt. Is q; qui ex collegio viatorũ officium ligandi hr̃et: lictor sit appellatus. Ita Valgiꝰ dixit de lictore: vt refert Gellius li.xi.c.iii. Tyro aũt Ciceronis libertus: Lictorem vel a lino: vel a licio dictũ scripsit. Licio enim trãsuerso qui mgr̃atibꝰ pministrabãt: cincti erant. Vt inquit: auctor itẽ Gell. Populi fasces. populi ait: qm̃ in quẽ populi suffragia consularibꝰ habitis comitiis auspiciisq; rite peractis concurrebãt. Is erat consul designatus. CRI. Illũ non populi fasces. Redit cãm: quare foeliciores rustia tani ꝙ; vrbani: quonia͞ neqꝫ ambitõe laborant: neqꝫ ciui- libus dissensionib⁹ vexant͞: nõ effœminant͞ deliciis. non miserrimi fiu͞t auaricia. Fasces cõsulatu͞ denotat. Cõsu les eni͞ duodecim ministri ꝑibant: & singuli singl'os fasci culos virgaru͞ gerebã t: in quib⁹ incluse eẽnt secures. Et cu͞ de reo capitale sume͞du͞ supplicu͞ erat: minister illu͞ ad pa lum ligabat: qua re lictor nu͞cupabat͞. deinde virgis: q̃ in fasce erãt: verberabat. Postremo securi capite percusso in terficiebant. fasciculos ergo illos fasces nominabant.

S. Aut inuidit habe͞ti. Cic. in Tusc. li. v. hoc tractat dice͞s in que͞ cadit vna me͞tis ꝑturbatio: posse i eu͞ oẽs cadere: si cut ꝑt omi͞ virtute pollere: cui virtus vna cõtigerit. Vnde nunc Virgilius noluit dare rustico misericordia͞: ne ei da ret etia͞ ceteras animi passiões q̃s nouim⁹ a bõis et a mal' venire reb⁹: a bõis opinatis duas: Vna͞ p̄ñtis tp̄is: vt gau diu͞. vna͞ futuri vt spem. A malis simil'r duas: Vna͞ p̄ñtis vt dolore͞. & vna͞ futuri: vt metu͞: quas passiões eẽ animi nõ dubiu͞ est. Vñ & ip̄e ait in sexto. Hinc metuu͞t cupiu͞t qꝫ dolent gaudentqꝫ. Salusti⁹ etia͞ in Catiline bel lo ait: omẽs hoies q de rebus dubiis consulta͞t: ab odio: amicitia: ira atqꝫ misericordia vacuos esse de cet. na͞ anim⁹ haud facile veru͞ ꝓuidet vbi illa offi ciunt. Ergo aut ꝭm tra ctatu͞ Ciceronis hoc dicit: aut ꝙ absolutius est intel ligam⁹. i. rusticu͞ paupertatẽ non dolere: ꝙ ea͞ ma lum eẽ nõ credit. sed mu nus deoru͞: Lucanus de pauꝑtate Et mu͞era non du͞ intellecta deu͞. Et ẽ ali ud quod possum⁹ accipe re. iõ rusticu͞ nec bõis nec malis alienis moueri: q a eius nõ interest. quippe q ab vrbibus est remotus.

Flexit: et infidos agitans discordia fratres:
Aut coniurato descendens dacus ab istro.
Non res romane perituraqꝫ regna, nec ille:
Aut doluit miserãs inope͞: aut inuidit habe͞ti:
Quos rami fructus: quos ipsa valentia rura:
Sponte tulere sua carpsit: nec ferrea iura
Insanumqꝫ foru͞: aut populi tabularia vidit.
Sollicitant alii remis freta ceca: ruuntqꝫ
In ferrum: penetra͞t aulas & limina regum.
Hic petit excidiis vrbem: miserosqꝫ penates:
Vt gemma bibat & sarrano dormiat ostro.
Condit opes alius: defossoqꝫ incubat auro:

c Non purpura reg. A. Trabea͞ intelligit. erat eni͞ toga ex purpura et albo. Virgili⁹ lib. vii. de Pico rege. Paruaqꝫ sedebat succinct⁹ trabea. C. Sẽꝑ rome vsus fuit purpure: vt ait Pli. Sed Romulo in Trabea. Tullio hostilio in toga p̄texta: & latiore clauo. Tempore Cornelii ne potis violacea purpura viguit: dedie rubra tarentina. Inde cõsule Cicerone Dibapha tyria.

d Flexit. A. mouit: sollicitauit. e Infidos agitans discordia. S. posuit ꝓ auaricia. ab eo qd̄ ꝓcedit id qd̄ sequit͞. Infidos au͞t fr̄es. ideo ait: ꝙ auaricie cã dissentiu͞t. A. Infidos. Alter eni͞ alteri sublegit.

f Coniurato descende͞s dacus ab istro. S. non eu͞ sollicitat coniuratio barbaroru͞. Iste au͞t fluui⁹ est Scythie. AN. Cõiurato. actiue dixit non passiue. vt ille docet. Cõiurato au͞t q̃ni ei⁹ ꝓp̄i omes quoda͞mõ in romanos cõiurauera͞t. vt Dacii. Sarmate. germani. Cõiurare au͞t & conspirare fere in malu͞ accipiunt͞. quotie͞s in patria͞ aut principe͞ cõiuratio fit atqꝫ cõspiratio. Coniuratio sꝑ i alteri⁹ ꝑnicie͞ grassari solet. g Dacus. A. Diuidunt͞ Daci a germãis danubio: vt scribit Tacitus. Lucius Florus inq̃t: ꝙ daci mõtib⁹ inhere͞t: quotie͞sqꝫ concretus gelu. Danubi⁹ iunxerat ripas: discurrere solebant. & vicinia populari. Visum est Cesari Augusto gente͞ aditu difficillimam submouere. misso igit͞ lentulo vltra: vlteriorem repulit ripa͞: citra p̄sidia constituit. sic tunc Dacia nõ victa sed submota atqꝫ dilata est. Sarmatas q̃ꝫ per eu͞de͞ lentulu͞ danubio ꝓhibuit: quib⁹ tanta barbaries ẽ: vt pacem nõ intelliga͞t. Germania quoqꝫ magis turpiter amissa q̃ꝫ gl'iose acquisita. Hec ex Floro. Tra͞quillus ꝓo scribit Augustu͞ germãos vltra Albim summouisse: ex quibus Sueuos & Sycambros dedentes se traduxit in galliam: C. Dacus populi isti in Thracia sunt bellicosi: q olim boios & Tauriscos superaru͞t: vt ait Strabo. Su͞t q credant hanc regione͞ ea͞ esse q̃ hodie Valachia dicit͞ vltra citraqꝫ istrum. Et dicit͞ Italia: q̃m italica vtat͞ lingua. h Istro. A. Ister (vt Strabo ait li. ix.) oritur ab extremis germanie partib⁹. superiores au͞t flumis partes in fontes versus: vsqꝫ ad p̄cipites ei⁹ decursus quos cataractas noĩant. Danubiu͞ vocant: q̃ maxime ꝑ Dacoru͞ agru͞ delabu͞t͞. Alias vero inferiores vsqꝫ in pontu͞ per Getas. Istru͞ vocitant: Ceteru͞ ide͞ Dacoru͞ & Getaru͞ sermo ẽ. i Non res romane perituraqꝫ regna. S. s. barbaroru͞. Na͞ duo dicit rusticu͞ & Romanu͞ iꝑiu͞. i. ad ambitu͞ cogit: nec barbaroꝝ regna paritura: nõ eñ romano maledixit imperio: licet hoc alii dictu͞ velint ex generali s̄nia venire: ꝙ ois imperii magnitudo periculis subiacet. Vñ etia͞ Iuue. ait. Ad generu͞ Cereris sine cede & sanguine pauci descendunt reges: & sicca morte Tiranni. k Nec ille aut doluit miserãs inope͞.

l Nec ferrea iura. S. Dura: inexorabilia: immutabilia. A. dura: firma: imobilia. m Insanu͞. S. litigiosum. A. clamorosu͞. n Foru͞. A. loc⁹ dr̄ in q iudicia fieri solent: vt scribit Festus: o Populi tabularia. S. vbi actus publici cõtinent͞. Significat au͞t templu͞ Saturni: i quo erariu͞ fuerat: & vbi reponebant͞ acta: q̃ susceptis liberis faciebã t patres. Iuuenal'. Tollis eni͞ et titulis actoru͞ spargere gaudes Argumenta viri. A. Tabularia loca vbi tabule. i. scripta publica: et littere ponunt͞: greci grãmatophylacia appellabant. p Ceca freta. S. i. subito in tempestate͞ surgentia. A. Ceca freta. i. latentia: mome͞to eñ vertunt͞: cu͞ tranquilla esse videant͞. q Penetrant aulas. S. i. ꝑsitent satellicium. A. penetra͞t aulas. Varia vrbanoru͞ vota indicat. aliqui eñ auaricia ducti nauiga͞t: aliq fastu colunt regia tecta: aliqui milicia͞ ꝛc. Aulas. Aule grece: latine atriu͞: aulos vero tybia. r Limina. S. dicit interiore͞ familiaritatem: sic: Turn⁹. stirpe͞ admisceri phrygia͞: se limine pelli. A. Limia interiora scꝫ. s Hic petit excidiis vrbem: S. incerta͞ alienam an sua͞. t Penates. A. domos. v Gemma bibat. S. gemmeo poculo nõ ge͞mato. AN. Marcialis etia͞ ait: Gemmatu͞ cythicis vt luciat ignib⁹ aurum. At quotiens digitos exuit iste calix. Iuuenal' Sati. v: Transfert ad pocula gemmas. Plini⁹. Nec hoc fuit satis turba ge͞maru͞ potam⁹: et smaragdis teximus calices: Gemme au͞t p̄ciosi lapides dicunt͞: vt aiunt ꝙ instar gu͞mi luceant. x Sarrano ostro. S. i. tyria purpura: q̃ eni͞ nunc tyros dicit͞: olim sarra vocabat͞: a pisce q̃da͞ q illic abundat: que͞ lingua sua sar appella͞t. Iuue. Aut picte sarrana ferente͞ ex humeris aulea toge. AN. Sarrano ostro. i. tyria purpura. Tyros eni͞ sarra q̃nq̃ dicta est: vt Homer⁹ docet: que͞ etia͞ Ennius sequit͞ auctore͞. qu͞u͞ dicit: Poenos sarra oriundos: vt scribit Probus Tyri au͞t nobilitas omis conchilio atqꝫ purpureo constat. vt Pli. li. v. c. xx. inquit. Strabo au͞t li. xvi. ait: ꝙ post Sydone͞ maxima atqꝫ antiquissima phoenicu͞ est Tyrus: q̃ tota isula est: cõtine͞ti tñ aggere coniu͞git͞: que͞ Alexa͞der i obsidiõe cõgessit: apud Tyrum purpuraru͞ piscatus; hinc tyria purpura optima

omniū ꝓhibetur. Distat Tyrus a sydone: nō plꝰ q; ducen-
ris stadiis: post Tyrū est antiq̄ Tyrus triginta distans sta
diis. ostro purpura: ex ostreis enim piscibus etiā tingitur.
de quibꝰ li. i. Georg. y Stupet. C. Nam ex admiratōe
ita pene suas vires amittunt sensus: vt corpē ꝑiter ac ani
mo torpescat. z Rostris. A. Erant rostra in foro loca
ad palatinas radices. Vn̄ ad ppl'm loqui plimū cōsuerāt:
& a rostris nauiū sic q; cognoīata. Ait enī Liuiꝰ. Naues
antiatum partim in naualia subductę: partim succensę:
rostrisq; earū suggestum
in foro extructū exornari
placuit. a Plausus hy
autē &c. S. Ordo ē. Cor-
ripuit em̄ hunc geminatꝰ
per cuneos plausus et plę
bis et patrū. A. Hiantem.
anhelantē certaminis: la-
bore & palma. Est autē
ordo. Hiantē corripuit. i.
mouit: sollicitauit: & plębis et patrū plausus, enī
certe: sed vacat poriꝰ. per
cuneos geminatus. i. sępe
redditus. nō em̄ semel tā
tūmodo plaudebat: sed
iteratis vicibꝰ. Potes etiā
exponere hiantē. i. hono-
ris cupidū. & referre ad
graues viros qui in thea
tris cū plausu excipiebāt:
ignaui cum sibilis. CRI.
Plausus. nā plausus ma
gnis viris dabat: et a po
pulo & a senatu. Hinc
Horatius. ad Moecenatē
vile potabis modicis sabi
nū Cantharis: gręca qd
ego ipse testa. Conditum
leui datus in theatro: cū
tibi plausus: care Moece-
nas eques. b Cune-
is. A. cōfessus. C. Cunei. i
theatro: i quibꝰ spectato
res resident: ita diuidunt
vianguli trigonoꝝ: q cur
runt circum curuaturam
circinatiōes dirigant ascē
sus. Ait Vitruuiꝰ: & pau
lo infra ibidem. Hi autē
qui sunt ī imo & dirigūt
scalaria erunt numero septem. reliqui quinq; scęnę desi-
gnabunt composionē. Et vnus medius contra se valua s
regias habere debet. Et qui erant dextra & sinistra hospi-
taliorū designabūt cōpositionē. Extremi duo spectabāt
itinera versurarū: c Gaudēt. AN. Alii scilicet.
d Exilioq;. S. volūtario scilic; ꝑpter auariciā. A. Exilio
patria enim exulare coguntur. e Patriā. C. Nā cupiditate q̄stus loca a solo natali remotissimā sibi patriā facit.
f Alio sub sole. S. sub alio climate. A. sub alia regione.
C. Alio sub sole. Vnꝰ idēq; est sol: sed dicimꝰ solē cadentē
cū occidentalē: & nascentē cū orientalē plagam obtinet.
g Iacentē. C. quia terrę imas ꝑtes tenēt in elemētis. ergo
iacentes cōꝑatiōe aliorū elemētoꝝ. Cū aūt dixit: cāpusq;
iacentes: dixit cōparatōe montiū q attollunt e campis.
h Hinc anni labor. S. i. ex agricultura habet totius anni
substantiā. A. ex agricultura est labor totius anni. toto si
quidē anno ꝓ segete laborandū est. Vn̄ & Ouid. li. i. me
tha. ait. Sternūt segetes: et deplorata colonis Vota iacent:
longiq; perit labor irritus anni. i Hinc patriā. S. Dona
tus villā intelligit. nō reuera patriā. k Armenta boū.
A. Varro. li. ii. c. v. In bubulo genere ętatis gradus dicunt
quatuor. Prima vituloꝝ. secūda iumētoꝝ. tertia boū no-
uelloꝝ. quarta vetulorū. l Meritosq; iuuencos. S. la

Hic stupet attonitꝰ rostris: hūc plausus hyan-
per cuneos gemiatꝰ enī plebisq; patrūq; (tē:
Corripuit: gaudent ꝑfusi sanguine fratrū:
Exilioque domos: & dulcia limina mutant:
Atq; alio patriā quęrūt sub sole iacentem.
Agricola in curuo terram dimouit aratro:
Hinc āni labor, hinc patriā: paruosq; nepotes
Sustinet: hinc armēta boū: meritosq; iuuēcos.
Nec requies: quī aut pomis exuberet annus:
Aut fœtu pecorū: aut cerealis mergite culmi.
prouentuq; oneret sulcos: atq; horrea vincat.
Venit hyems: teritur sicyonia bacca trapetis.
Glande sues lęti redeūt: dant arbuta sylue:
Et varios ponit fœtus autumnus: & alte
Mitis in apricis coquitur vindemia saxis.
Interea dulces pendent circū oscula nati.

boris sui consortes. A. Meritos erga agricolā ipsum. iuuencus em̄ dr̄ (vt Varro docet) ab iuuādo: qa iā ad agrū
colendū iuuare possit. Sustinet aūt armēta boū & iuuēcos ex agricultura serendo eruū: viciam: medicā. & silia:
m Nec requies. S. i. nunq; pōt rusticus omi ex parte de
stitui. A. Nec requies scilicet est agricolę: quin. i. vt annus
aut pomis exuberet: aut fœtu pecorū &c. Hic sensus meli
or q; si diceres. Nec reqes sc; est vnq;. qn. i. vt nō annꝰ aut
pomis exuberet: aut &c. Cui sensus aliqualr̄ etiā cōueniret
propter verba Theophra
sti iāiam seqntia. Qꝫ au-
tem qn put: aliqn̄ expo-
nat. Gellius etiā li. xvi. c.
xiii. edocet. Sed put non:
apud Maronē lib. iii. ibi:
Hic tibi ne qua more fue
rint dispēdia tanti: qn va
tem insanam aspicias.
n Cerealis mergite cul.
S. Manipulos spicarum
mergites dicimus. A. Ce
realis mergite culmi. ma-
nipulo triticei calami.
o Prouētu onerat sul.
A. Theophrastus li. viii.
inqt. Ad incrementū aūt
alimētūq; plimū q̄dem
cœli tēperies. atq; in totū
anni cōditio iuuat imbri-
bus enī serenitatibꝰ opor
tunę secutis omia feratia
per multisq; fœcūda red
dūtur: q; obrē nō ꝑperā
ꝓuerbio dr̄. Annꝰ fructi-
ficat nō tellus. p Vin-
cat. A. rumpat. Idem li. i.
Georg. Ruperūt horrrea
messes. q Sicyonia bac
ca. S. Oliua a ciuitate laconię Sicyone: vbi abū-
dant oleę. AN. Sicyonia
bacca. diuina dicit: vt
etiā Probus ait: Sicyon
aūt teste Plinio libro. iiii.
Achaię oppidū fuit. vtq;
Stra. li. v. inqt: maximā
agri Corinthi partē Sicy-
onii possessam occupaue
re: preterq; agrum Sicyo
niū Asopus profluit.
r Trapetis. S. molis oliuaribus. Et declinat trapetum:
sicut templū. Therentianus. Quo super insidens trapeto
signa giris temperat: quod metrū aptum est oliuam te-
rentibus. AN. Trapetis. molis oleariis. Trapeta autem a
terendo dicta: nisi grecū est: id Varro docet. Cato autem
capitulo. cxlv. Trapetos ait. Varro vero li. i. c. lv. Trape-
tas. s Arbuta. S. poma syluestria. t Autūnus. A.
dictus q; tunc maxime augeant hominū opes coactis
agrorum fructibus. auctor est Fęstus. v Apricis. A.
Soli expositis q̄si Aphricis. i. sine frigore. Phricę em̄ frigo
ris horror dr̄. x Pendēt circū oscula nati. S. i. nō solū
aliis rebus: sed etiā filiorum aspectu & freqntia gaudēt.
Contra illud: Exilioq; domos: & dulcia limina mutant.
y Casta pudiciā. S. nō vt in vrbibus īpudica. A. Iuue.
tamē sat. vi. ait. Iamq; eadē summis pariter minimisq;
libido. Nec melior pedibꝰ silicē q̄ conterit atrū. Qꝫ q̄ lon-
gorū vehitur ceruice syrorū. C. Pudicicia est ab iiuria tur
pium libidinū libera. Castitas vero & ab his cōtinens et
remota. ꝑterea & religiosa mūdicia & puritas. Hāc olim
cōmendat auctoritate Sabinoꝝ. q ppl'i sanctissimi fue
runt & antiquissimi. Nam vt ait zonodorus troezeniꝰ.
Vmbrię gētis indigenę habitarūt circa agrum reatinum.
deinde pulsi a pelasgis: in eā terrā vbi nunc sunt venerūt:

& pro vmbris Sabini vocati sunt. Cato aũt ait vocatos esse Sabinos a Sabino Sangi diui genitalis filio. qd videt et Virgili⁹ sequi: q alibi ait. Italusq; paterq; Sabin⁹. Varro aũt scribit virginẽ Rheatinã: dũ in Enialli dei templo sal tat: furore diuio correptã: in aditũ dei irruisse: ex eoq; con cepisse Modiũ Fabidiũ: virũ bello egregiũ: q Cures sabinos vrbẽ cõdidit. Fuerũt aũt Sabini: vt demõstrat Liuius austerioris disciplinę amatores. z Ipse dies agi. fest. S. Hic est suspẽdendũ. et sic inferẽdũ festos. nã hoc dicit: oẽs dies sic habet vt festos putes. Alii dicunt festos dies cũ religione concelebrant. A. Ipse agricola scilicet. a Agitat. A. sępe agit & celebrat. b Te libans. A. Legitur etiã in antiqs delibans. c Et lenęę. A. Vide to li. ii. Georg. in principio. d Mgris. A. pastoribus. Magistrare est moderari: vt docet Festus .i. regere & gubernare. e Agresti palestra. S. Rustica luctatione: Palestra aũt dicta: vel απο τησ παλησ vel απο του παλλειν hoc est a motu. Nam ducti sorte luctãtur. A. Palestra: ludus & locus dr. Pale: lucta. paleo luctor. Palestrion locus vbi palestra exercet. Palestres luctator. Palema lucta: certamẽ. Palestrę aũt repertor Mercurius fuit: vt scribit Diod. li. i. Qd Hora. li. i. odẽ decia etiã asserit. f Hanc vitã. A. Rusticã & agrestẽ. de q latius vbi de laudibus agriculturę. g Sabini veteres. A. Sabini: vt qdã existimauere ab religione: & deorũ cultu Sauini appellati. Velinos accolunt lacus roscidis collibus. nã amnis exhaurit illos sulphureis aquis. infra Sabinos. Lacium est ab latere: Picenũ a tergo: vmbria. Apoenninis nigris Sabinos vtrimq; vallantib⁹. Plini⁹ auctor li. iii c. xiii. Sabinorũ ager egregie oliuetis et vineis pdit⁹ ẽ: grandesq; passim pducit: maxime gregib⁹ & armẽtis student. Est aũt gens antiqssima. de q Stra. li. v. Hęc et pfa: h Hanc remus & fr. C. Nam cõditores vrbis romanę agriculturã in maxio haberi pcio voluerũt. Vñ et cõsules & dictatores: ex agro ad mgratos accipiendos accersebãtur. i Sic fortis hetruria creuit. S. iuxta historiã. nã cõstat tuscos vsq; ad fretũ siculũ oia possedisse. A. Hetruria Pli. li. iii. c. vi. docet. ꝙ primũ Hetrurię oppidũ. lũa portu nobile. Colonia luna a mari recedens: ppiorq; pisa. Hetrurię aũt finis ad Tybridis ripã (vt ait Strabo) extensi sunt: C. Sic fortis Hetruria creuit. Nam robur corporis ac laborum difficultatũq; tolerantia vehemẽter ex opere rustico: aut acquiritur: aut a natura acceptũ augetur; Hetruriam autem nomiat: quia Hetrusti toti Italię imperarũt: cuius rei indiciũ manifestũ est: ꝙ inferum mare ab illis Tyrrhenum. Superum a Colonia illorũ Adria Adriaticũ nomiarunt. Magna ergo laus agriculturę: ꝙ auctores habeant & sanctissimos Sabinos: & fortissimos hetruscos: & maximos omniũ Romanos. Sed maior quod a Saturno tanto deo adinuenta sit. k Septem arces. A. Roma e m septẽ complexa est montes. Capitoliũ. Auentinũ. Cœliũ. Exquilinum. Viminalem. Quirinalẽ. Palatinum. Hoiũ autem ethimologiã Varro scribit: docet etiam ꝙ dies septimontiũ nominat⁹ est ab his septem montibus in quibus sita est.

Casta pudicitiã seruat domus: vbera vaccę
Lactea demittunt: pinguesq; in gramine lęto
Inter se aduersis luctantur cornibus hędi.
Ipse dies agitat fęstos: fususq; per herbam:
Ignis vbi in medio: & socii cratera coronant.
Teq; libans lenęę vocat: pecorisq; magistris:
Velocis iaculi certamina ponit in vlmo:
Corporaq; agresti nudant prędura palestrę.
Hanc olim veteres vitam coluere sabini.
Hãc Remus & frater: sic fortis hetruria creuit:
Scilicet & rerũ facta est pulcherrima roma:
Septemque vna sibi muro circumdedit arces.
Ante etiam sceptrum dictei regis: & ante
Impia quam cęsis gens est epulata iuuencis:
Aureus hanc vitam in terris saturnus agebat.
Necdum etiã audierant inflari classica: nec dũ
Impositus duris crepitare incudibus enses.
Sed nos immẽsum spaciis confecimus ęquor:
Et iam tempus equum fumantia soluere colla.

l Ante sceptrum. S. id ẽ anteq; regnaret Iuppiter: qui est in Dicteo Cretę monte nutritus. m Dictei regis. A. id est Iouis: cuius tẽplũ erat in dicteo mõte Cretę: qui mons ab Ida ad orientẽ solem mille abest stadiis: vt Strabo l. x. scribit. In eo mõte Iuppiter educatus creditur: vt ait Prob⁹. Id aũt Maro quoq; lib. quarto Geor. asseruit dicens: Dicteo cœli regem pauere sub antro. Successit demũ Saturno Iuppiter argenteo sęculo. n Ante. AN. Epanalepsis figura. i. replicatio vel repetitio. o Impia gẽs 7c. S. Arati est: qui hoc dicit: maiores boues comedere nephas putasse. Iuuenalis. Nesciẽrat primi gladios extendere fabri. Et iã tẽp⁹ equũ fumantia soluere colla. Allegoricę hoc dicit: debem⁹ fatigato ingenio parcere: & finem facere carmini. Sane non est cõparatio. sed translatio sic et in fine primi libri legimus. Et multi volũt ideo dixisse cum hoc loco finẽ carmini georgico se esse facturũ. ꝙ duo seqntes libri pastorales sunt: non Georgici. vt etiam in prima huiusmodi carminũ parte cõmemorauimus. ANT. Impia gens. Varro libro. ii. c. v. ait de boue loquens. Hic socius hoim in rustico ope: & cęteris minister: ab eo antiqui man⁹ ita abstinere voluerũt: vt capite sanxerint: si qs occidisset. Pli. aũt li. vii. doc; ꝙ aĩal occidit prim⁹ Hyperbi⁹ martis fili⁹: Promethe⁹ bouẽ. p Aure⁹ saturn⁹. A. qr aurea ętate regnauit in Latio: vt sup etiã patuit lati⁹: agriculturãq; ibi dẽ edocuit. de q Maro li. viii. sic primus ab ęthereo venit Saturn⁹ olympi: Arma Iouis fugiẽs 7c. tu reliqua illic vide to. Aliqua etiã diximus ęglo. iiii. & ęglo. vi. q hic quoq; cõueniunt. q Classica tubarũ sonitus. A. inde nominat: quia classes equitũ ordines vocant: qui maxime vtunt tubis. Prisc. aucto. Tubę etiam classica appellãt: vt hic: inflari classica. Ouidi⁹ q3 li. i. meth. de aureo sęculo: Nõ tuba directi: nõ ęris cornua flexi: Nõ galeę: nõ ensis erat: sine militis vsu mollia securę peragebant ocia gentes. r Confecimus ęquor. A. id est absoluim⁹ immensam naturã. Est enĩ Metaphora. i. translatio a currẽtib⁹ equis ad suũ scribendi tenorẽ. Fabius li. viii. ondit esse cũ translatione. allegoriam. i. in versionẽ: vt aliud verbis: aliud sensu ostendat. Erit aũt sensus: quę tractanda fuerãt explicauimus: iam congruũ est carmen finire.

Finis Secundi Georgicon. Incipit Tertius.

Ouidii in tertium Georgicon: Tetrastichon.

Teq; pales: & pastorũ memorande per orbem:
Et pecorum cultus: & gramine pascua leta:
Quis habitent armẽta locis: stabulent & agni:
Omnia diuino monstrauit carmine vates.

Curat ouis: caprasq; simul: lactis quoq; lanę et
Mentio: Cura canũ: serpentũ cura notatur.
Morborum quoq; te causas & signa docebit:
Communẽq; luem cunctis animalib⁹ olim.

ANT. M. Argumentum voluminis tertij.

pandit apta boũ: vel equũ tibi forma notãda.
post vitulũ curã monstrat: cyramq; partẽtum.
Tradit equis aliã: vim postea pandit amoris.

Distichon Sebastiani Brant.

Tertius & pecudes docet educare: bouesq;:
Et quę cura/labor sit vel habendus equis.

M iiii

p. Virgilij Maronis Georgicon Liber Tertius.

TE quoq; magna pales &c. S. Inuocat deā pabuli dicturus de animalib⁹: sicut de frumentis: & de vitibus dicturus Cererem inuocauit: & liberū: Sane non est mirandum vsum esse eum procemio. sicut est vsus in primo. Nam nunc aliud quoddā inchoaturus est carmē pastorale: sc; post completum Georgicū. deinde etiam si vnū sit: scim⁹ concessum esse scribentibus: vt iteratione proemii legenti resiciant interdū laborē. Naz & Liuius freq̄nter innouat principia: vt incensa a gallis vrbe: & completis consulib⁹. et Cicero in in verrinis: Qui i frumētaria cōciliauit auditorū animos: iteratione principii vtitur in omnes: qui alterū iudicant. & reliqua. A. Cato maior in Cicerone de agricultura loquēs sic ait. Nec vero segetibus solum & pratis et vineis et arbustis res rusticę lętę sunt: sed pomeriis etiā & hortis: tum pecudum pastu & apum examinib⁹: florum oīm varietate. ita q; nō iniuria Poeta fecisse videt. si post segetes: atq; vineta & arbusta: de pecudū pastu & apibus scripsit. Te q̄z. sicut Cererem & Bacchū cecinnim⁹. C. Te quoq;: vt in frugib⁹ inuocauit Cererē: & in arborib⁹ Bacchum: Sic in pabulis Palem. Hęc dea pabuli est: puto eā esse q̄ Rheā noiant: q̄ montanę lapidoseq; terrę vim cōtinet. pabul' addicat: Huic sacra. xi. kl'. Maias faciebant: q̄ die positis in igne foeni manipulis: ludibūdi rustici saliebant: hoc enim se sacro lustrari putabant. De q̄bus Cicero ait in Philippicis: que nunc parilia mutatis litteris dicimus. Hoc die cōdita est Romana vrbs a Romulo: duū de viginti nato annos: hora post secundā ante tertiā: vt scripsit L. Taruntius mathematicus insignis. Ioue in piscibus: Saturno: Marte: Venere. Mercurio in scorpiōe. Sole in tauro. Luna in libra constitutis. Ait Solinus: & obseruatū deinceps: ne qua hostia cęderet parilibus: vt dies ille sanguine purus esset. Refert aūt Suetoni⁹: q; ex Se. C. decretum est. vt dies quo Caligula impiū sumpsit parilia appellarent. Velut argumētū rursus condite. M. aūt Varro ait parilia tam priuata sunt q̄ publica. Est enim gen⁹ hilaritatis: et lusus apud rusticos: vt congestis cū foeno stipulis: ignē transeant. q; pales expiari sic credat. b Pales. S. diximus: dea est pabuli: q̄ alii Vestam. Alii matrē deum volunt Hanc aūt Virgili⁹ genere foeminino appellat. Alii (inter quos Varro) masculino. vt hic Pales. Huic sacra soluuntur. xii. kal'. Maias die qua palilia vocantur. A. Pales (vt Naso & fęstus aiunt) dicebatur pastorū dea cuius fęsta parilia dicebāt: q; p partu pecoris eidem sacra fiebant: qui dies (vt Prob⁹ ait) dies natalis est vrbis Romę: q̄ a pastoribus est cōdita: quo die et ignē trāsiliebāt. accensis stramētis more aggresti: & lactes libabant: q̄ fructus ex pecore tollit: de his aūt Late Ouid. iiii. Fast. Pli. aūt li. xviii. ca. xxxix. scribit Romę natalē fuisse. xi. kalen. Maii. Sic etiā Solinus ait. Ouid. tamen li. iiii. fastoꝝ. xii. kalen. Maii fuisse scribit. sunt autem qui scribant: demū quo die condita fuerit incertum putare debem⁹: cum etiā et quo tēpore & a quo minime constet: quod quidē late ostēdit Dionisius libro primo antiquitatū: vbi maximā refert varietatem: c Pastor. A. Apollinem intelligit: quomō autem Admeti regis apud Amphrisium Thessalię fluuiū pauerit armenta: videto egloga. v. Macrobius vero libro. i. Satur. de diuisiōe dierum ait: Nomion Apollona cognominauerūt: nō ex officio pastorali: vt fabulae per quā fingit Admeti regis pecora pauisse: sed quia sol pascit omia q̄ terra ꝑgenerat. Vn̄ nō vni⁹ generis: sed oim pecorū pastor canitur. C. Pastor: Apollinē Nomion intelligit: de quo Serui⁹. Ceterū Cicero in libro de natura deorum quatuor scribit fuisse Apollines. primū antiquissimū vulcani filium: custodem Athenarū. Alterum Corimbantis filium natū in Creta: cui⁹ de illa insula cum Ioue fuisse certamen traditur. Tertium Ioue tertio natū & ex Latona: qui ex Hipboreis Delphos venite: q̄uis Eusebius illum antiquiorē describit. Quartū in Archadia: quē Archades q̄ illis leges i posuit Nomionem appellarūt. Deinde ꝓpter nimiā seueritatem: regno pulsus ad Admetū Thessalię regem cōfugit: & iuxta Amphrysiū fluuiū q̄busdā populis īperauit: credūtq; multi pastoriam exercuisse: ob id q; pro pastorū deo fuisse cultum.

TE quoq; magna
pales: & te mēorāde canem⁹
pastor ab amphryso: vos syl
uę: amnesq; lycęi.
Cętera quę vacuas tenuissent carmina mentes:
Oīa iam vulgata: quis aut Eurysthea durū:
Aut illaudati nescit busyridis aras?

d Ab amphryso. SER. Amphrysus fluuius est Thessalię: circa quē spoliatus Apollo diuinitate ob occisos Ciclopas. Admeto regi pauisse armenta dicit. Vn̄ eum nunc inuocat: qui Nomi⁹ vocatur: vel απο της νομης id est a pascuis: vel απο του νομου id est a lege chordarum. e Syluę amnesq; lycęi. S. κατα ... monte Archadię posuit. Vel quia pecorosa est. Vel quia pan illic est auspicū numen. AN. Lycęi. Archadię montis: In quo delubrū Iouis Lycęi quem pana voluit intelligi: vt etiam aliostendimus. Strabo aūt libro. viii. scribit: in Archadia fertilia fuisse pecori pascua: ꝓsertim equis: atq; asinis equarum suppositoribus. CRI. Lycęi Mons Archadię a lupis: quibus abundat dictus &c. f Cętera q̄ vacuas te. car. mētes. SER. Omnia iam vulgata. fabulę q̄ delectationi esse poterant: & occupare mētes curis solutas: iam descriptę a multis in omnium ore versantur. g Vacuas. C. ociosas a curis cessantes. Horatius. Poscimus si quid vacui sub vmbra lusim⁹ tecū. Captat aūt attentionē. cum demonstret non esse se de rebus tritis et vulgatis dicturū: sed de insolitis atq; inusitatis: Ex qua etiam re beniuolentiā cōciliat: cū nō fabulosa: sed fructuosa se dicturū polliceatur. Ipsa etiam veluti occupatione: qua fabulas nominat: duo efficit. Nam & ipsis fabellis principiū libri exornat: et illarū cōpatiōe rem suā extollit. h Quis aut Eurys. durū. S. Eurystheus rex fuit grecię: Persei genus: q̄ Iunonis instinctu impabat Herculi: vt varia monstra superaret: quib⁹ posset perire. Vn̄ eū durum appellauit: q̄ potuit ad cōplendū odium nouercale sufficere. A. Eurysthe⁹ (vt Euseb. scribit) fuit Mycenarū Lacedęmoniorūq; rex: q̄ teste Diodo. li. v. Herculi duodecim labores: seu certamia mādauit. Propterea durū poeta dixit. i Aut illaudati nes. bus. aras. S. Busyris rex fuit egypti: qui cū susceptos hospites imolaret: ab Hercule interempt⁹ē. cū etiā eū voluisset occidere. Huius laudē scripsit Isocrates. Vn̄ illaudati participiū est pro nomine: vt sit illaudabilis. non qui laudat⁹ nō sit: sed q̄ laudari non meruit: vt est illud in. vii. Diues in accessos: vbi solis filia lucos: p inaccessibiles: nō q̄s null⁹ accessit: sed ad quos accedere nullus debeat. ANTO. Illaudati Busyridis aras: Legitur etiam arces in antiquis. Macrobius lib. sat. vi. exponit illaudati p illaudabil. i. nunq̄ nominādi: nā laudare significat prisca lingua noiare appellareq;. Stra. poli xvii. Q; nullus Busyris nec rex fuit: nec tyrān⁹ in egypto

Cui non dictus hylas puer: & latonia delos:
Hippodameq; hūeroq; pelops īsignis eburno
Acer equis: tentāda via est q̄ me quoq; possim
Tollere humo: victorq; virum volitare p̄ ora,
primus ego in patriam mecū (mō vita supsit)
Aonio rediens deducam vertice musas.
primus Idumęas referam tibi mātua palmas:

Vnde fabula est: ꝙ de ipso dicit̄. Idem quoq; Diodorus cō firmat: ait em̄ libro. ii. In Osiridis veluti frugū ac fructuū reptoris memoriā apud posteros īmortalē: boues ruffos: (qm̄ videt̄ colore similes Typhōi q Osiridē necauit) imo lari pmissū: homīesq; colore Typhōis antiq regis reges ad sepulchrū Osiridis mactabāt. q̄ ex cā pauci ruffi ęgyptii repeniebāt̄: pl'es externi. Hęc res materiā fabulādi grę cis dedit: Busiridem hospites necasse. sed Osiridis sepulchrū ea crudelitate notatū est. Libro tn̄: v. scribit: ꝙ Hercules Busiridē ęgyptiorū regē: in aegypto mactātē aduenas Ioui sacrificātē merito ea fecit supplicio. Eusebius ait ꝙ busiris Neptuni & lybię epaphi filię fili⁹ apd vicina Nilo loca tyrannidē exercuit: trāseūtes hospites crudeli scelere interficiens. k Cui nō dict⁹ hylas p. S. Cui aūt. i. a q̄. Horatius. Scriberis vario fortis & hostium. pro a vario. Hylas autē socius Herculis fuit: q aquatū pfectus: raptus est a nymphis in Mysia. A. Hylas videto ęgloga sexta. l Latonia. S. Insula in qua latona enixa ē Apollinē & Dianā: quā insulam añ vagā: Apollo (vt in tertio legim⁹) Mycone celsa gyaroq; reuinxit (vbi fabulā eius plene diximus) stabilē fecit. A. Latonia: quia ibi pepit Dianā & Apollinē: & templū habet. Sed ppterea in īsula dicūt̄ nati (vt scribit Macro. li. i. sat.) ꝙ ex mari nobis oriri vident̄. m Delos. A. Hęc īsula. iō delos vocat̄: q: ortus & quasi partus luminū omīa fecit dela. i. apta, claresceret p̄terea delos māifest⁹ dr̄. deloo manifesto. declaro. Est aūt delos insula ī mari ęgeo sita: vrbē hñs in plano positā: & Apollinis templū atq; latonę: q̄ ibi Dianā sil' & Apollinē pepit. Auctor Strabo libro. x. n Hyppodameq;. S. Greca q̄ in. H. exeūt: plęrūq; ī pm Hiin ia soluūt: vt Hyppodame: hyppodomia, Penolope penelopia. Fabula tal' ē. Hyppodame filia fuit Oenomai regis ciuitatū Elidis & Pisę: Hic equos habuit velocissimos: puta ventoꝝ flatu creatos: Qui procos filię multos necauit: sub hac ꝯditione puocatos ad currule certamen: vt aut victus traderet filiā: aut victos necaret: cū postea pelopem amasset hyppodamia: corrupit myrtholū laurigam pr̄is: primi coitus pactione: qui factis cęreis axibus cum victore penolope: a puella pmissum. posceret p̄miū: ab eius marito est p̄cipitatus ī mari: cui nomē imposuit: Nam ab eius noīe Myrtoum dr̄ pelagus. A. Hyppodameq;. In pysa peloponēsi ciuitate. Diodorus lib. v. edocet: Mars ex ęgina Asopi filia genuit Oenomaū. Is vnicā filiam Hyppodamiā appellauit: finē vite ab oraculo sciscitante. Responsum est: tunc in fata illum cessurū: quum filia nupsisset: decreuit igitur filiam ppetua virginitate frui. Multis tandē vxorē sibi illā postulantib⁹: certamen pposuit: quo q victus esset interficeret̄: victor virginē despōderet. Equoꝝ itaq; instituit cursum: a pisa ad Aram Neptuni: q̄ erat apud Isthmum corinthi. Cursus erat eiusmodi: Oenomaus arietem Ioui sacrificabat: q virginē postulabat: quattuor equorū ferebat̄ curru: Oenoma⁹ sacris pactis cursu seq̄bat̄ p̄cedentē: auriga Myrthilo: assecutū hasta q̄ȝ manu gestabat interficiebat: Hoc pacto cū plures equoꝝ velocitate peremisset. Pelops Tantali fili⁹ visa Hyppodamia: corruptoq; Myrthilo: illius opa victoria vsus est. Prius enim ad aram Neptuni peruenit: qua ex re. dolore actus Oenomaus: existimans aduenisse respōsi tempus: sibi mortē consciuit. Pelops aūt sumpta vxore Hyppodamia: Pisę regnū tēuit. Hęc ex Diodoro. Hyppodame potest dici bellicosa. Hyppodamos em̄ bellicosus

dicit̄: vel equorū domitor. o Humeroq; pelops. SER. Tantalus pr̄ Pelopis volēs deoꝝ tentare diuinitatē: eis inuitatis filiū suū epulandū apposuit: a q̄ om̄s dii abstinuerunt: excepta Cerere: q̄ brachiū eius cōsumpsit. postea dii petente Tantalo: cū voluisset eius filiū reuocare ab inferis: Ceres ei eburneum brachium restituit. Quod ideo fingitur: quia Ceres ipsa ē terra: quę corpa vniuersa cōsumit ossa tm̄ reseruans. A. Humeroq; pelops. Ordo est. Et pelops acer equis insignis eburno humero: quo pacto autē id euenerit sibi. videto libro. vi. meth. Seru⁹ āt fabulā interp̄tat̄. p Tentāda via. S. rō. C. Tētāda via: aliq̄ noua et n̄ vsitata. tritaq; pagēda. q Me q̄ȝ. S. sic se alii sustulerūt carminis merito. r Tollere humo. C. Nā humi serpere dicunt̄: q̄rū & fama obscura ē: & scripta sūt ignobilia: sic contra erigi ad astra dicūt̄: quorū fama: scriptaq; celeberrima sunt. Vñ ī supiorib⁹ Daphnin ad astra feremus. Et horati⁹. Multa Dyrcęum leuat aura cygnum. s Victor. S. effector propositi & voti. sicut paulo post: Illi victor ego. A. victor voti compos. t Virū voli. p o. A. Plini⁹ iunior libro vi. ep'a ad tacitū: equidē beatos puto: quib⁹ deoꝝ mūere datū est: aut facere scribēda: aut scribere legenda: beatissimos puto quib⁹ vtrūq;. v Primus ego in patriā. S. Ideo prim⁹ Quia añ eū null⁹ Mātuanoꝝ poeta fuit: aut q: null⁹ inde tal' emersit: x Mō. S. tātūmodo. y Aonio vertice. S. Boetio. Aonia ipa ē boetia: in q̄ est mōs helicon, musis dicat⁹. A. In Aonia Boetię pte mōs ē helicon phocidi affinis ex aqlōis ptib⁹: nō pcul a Parnaso distās q̄ in phocide ē: Parnasso ęmulus ē: & altitudine & circuitu: vterq; em̄ niuib⁹ pulsat̄: & rupes āborū saxea ē. Hoc āt in loco est musis cōsecrata ędes. fonsq; Caballin⁹: et libetridū spelūca nympharū: auctor est Stra. li. ix. vtq; Prob⁹ ait. Fons ille exp̄ss⁹ dr̄ vngula pegasi: quē alii Aganippē. Alii hyppocrenē vocāt: Inde ergo se ducturū secum musas ait: ꝙ prim⁹ mātuanoꝝ carmīa scripsit. z Idumęas pal. S. abundātes q̄les sunt: & q̄ntę apud Idumē ciuitatē phoenicis. Lucan⁹. Et Arbusto palmarū diues Idumę. A. Idumęas pal. i. laudē & gl'iam. Palma enim p victorię p̄mio pōit̄: ex q̄ laus redūdat. de q̄ pl'a videto li. i. geor. Idumęa aūt ps est Syrię (teste Pli. li. v. c. xiii) sup̄ q̄ȝ Idumęa longe lateq; funditur. Dixit āt Idumęas palmas: q̄m ibi copia maxia ē: nō ꝙ alibi etiā nō fuerit. Ptholome⁹ li. vi. scribit Idumęā regionē totā esse ab occasu Iordanis fluuii in palęstina Syrię puintia. Stra. li. xvi. scribit in Hiericho cāpo palmetū eē spacio stadioꝝ centū: & totū irriguū et habitationib⁹ plenū vbi & regia ē: & balsani viridariū. Pli. q̄ȝ li. v. c. xv. scribit. Hiercuntē palmetis consitā. Fontib⁹ irriguā. Propterea igit̄ Idumęas palmas Maro ait. Hieric⁹ em̄ oppidum in Iudęa ē: Palestinęq; regione sic Idumęa est. itē Iudea ab occasu Iordāis fluuii: sicut et Idumęa: vt oñdit Ptholome⁹ li: v.. Et Pli. ait li. etiā. v.: ꝙ sup̄ Idumęā Iudea longe lateq; fundit̄. ergo ob Hiericuntis cāpū Idumęas palmas ait: est eni ppinqtas eis. C. Idumęas: extrema occidentalia Casio pxima idomęi tenent. vt lati⁹ idumei: nabathei sunt: q orta seditione inde egressi: ac iudeis inhęrētes eisdē legib⁹ cōmunicarūt: ait Strabo. Pli. āt mox Idumęa incipit. & Palestina ab emersu Surbonis lacus. Herod. Casio mōti applicat. Iudęa palmis inclyta est. Et in Europa: Vulgoq; in Italia: sed steriles ferunt in maritimis Hispanię fructū ferū. inmitē: Dulcem in Aphrica. sed cito euanescētē: in oriēte vina ex his: et ī aliqb⁹ panis:

a De marmore. C. laus a materia. b Myncius. C. ex benaco lacu fluit Myncius: Mantuā vsq; labit: ibi in circuitu vrbis altero lacu facto: breui cursu in padū euehit: de se quidē tenuis: sed imbribꝰ adeo augēt: vt nullus tam exiguo cursu tantū accipiat incrementū.
c In medio mihi cęsar ꝛc. S. Templū ipsi dabo. Et verbo vsus est pontificali. Nam q̄ tēplū dicabat: postem tenens: dare se dicebat numini: ꝙ ab illo necesse fuerat iam teneri: & ab hūano iure discedere: Q; aūt dicit in medio: eius tēplū fore significat. Nam ei sp̄ sacratꝰ numini locꝰ est: cuiꝰ simulacrū i medio cōstruit. alia eni ad ornatū tantummodo ꝑtinent.

Et viridi in campo templū de marmore ponā
propter aquā: tardis ingens vbi flexibꝰ errat
Myntius: & tenera pretexit arundine ripas.
In medio mihi cęsar erit: tēplumq; tenebit:
Illi victor ego: & tyrio conspectus in ostro:
Centū quadriiugos agitabo ad flumia currꝰ.
Cūcta mihi alpheū linquēs: lucosq; molorchi
Cursibus: & crudo decertet grecia cęstu
Ipse caput tonsę folijs ornatus oliuę
Dona ferā: iam nūc solennes ducere pompas

d Tyrio ostro. S. in habitu pōtificis: cuiꝰ se officiū dicit in templi consecratione sumpturum. A. de ostro latius in fine. ii. Georgicorum diximus.
e Centū quadriiugos. S. i. vnius diei exhibebo circenses ludos. Quia (vt Varro dicit in libris de rebus ppli Romani) olim xxv. missi exhibebantur: sed vigesimusquintus dicebat̄ erarius: eo ꝙ de collatiōe ppli exhibebat̄. qui desiit esse postq; cōferendę pecūię ꝯsuetudo ē sublata. Vn̄ hodie permāsit: vt vltimo missus appellaretur erarius. Ergo centū currus secundū antiquitatē dixit: sicut etiā ad flumina. olim eni in littore flumīs circēses agitabāt: in altero latere positis gladiis: vt ab vtraq; ꝑte eēt ignauię ꝑnspericulū. Vn̄ & Circēses dicti sūt: q̄ ludi exhibebāt in circuitu ensibus positis. Licet alii a circūeundo dicant Circenses vocari:
f Quadriiugos. A. hn̄tes q̄tuor equos in iugo. Pollicet aūt curules ludos Augusto. a Agitabo. ANt. Sępe agā. C. Circenses ait Pliniꝰ in plebeis circensibus excusso auriga: eq̄s: ita vt si staret in Capitoliū cucurrisse sedemq; ter lustrasse. Sed de hmōi ludis p̄ra dicemꝰ in eneid. in raptu Sabinarū. h Cuncta mihi. S. s. ad honorē meū. et hoc dixit. ex aliis agonibꝰ ad me certatura grecorū multitudo conueniet. i Alpheū. S. per Alpheū. Iouis olympici agonē significat. Nam alpheus fluuꝰ est Elidis: q̄ ciuitas iuxta Pysam est: in q̄ colit̄ olympius Iuppiter. A. de Alpheo & olimpicis ludis: videto li. i. Geor. ibi Eliadum palmas epyros equorꝫ. k Lucosq; Molorchi. S. i. syluā nemeā in qua celebrat̄ agon i honorē archemori cuiusdā pastoris. Molorchus aūt pastor fuit: q̄ herculem venientē ad occidēdū nemeū leonē suscepit hospitio. Eos autem ludos accipimꝰ ꝑ Alpheū qui olympici dicuntur: ꝑ lucos Molorchi eos qui nemeęa vocāt̄. A. Lucosq; ꝛc. Eos ludos intelligit (auctore Probo.) qui in Archadia celebrabāt̄: dicebāt̄q; Nemeęa. Molorchus eni fuit Herculis hospes cum ꝓficisceret̄ ad leonē nemeū necandū: quo quidē necato: Nemea instituta sunt: Postea Archemori māibꝰ sunt renouata a septē viris q̄ thebas petebāt. Molorchi aūt mentio est apud Callimachū. C. Molorchus hic pastor fuit i sylua Nemeęa, et Herculē ad Nemeęū leonem occidendū missum hospicio suscepit. Erant autem quattuor precipua aput grecos ludorum genera: quāuis essent et alia. Prima olimpia i honorē Pelopis: quorꝫ corona ex oleastro eēt: agebant̄ in Archadia inter Pisam Elidēq; vrbes: Finito quarto quoq; anno & incipiente quinto: hos ludos consecrauit Hercules Ioui: in honorē (vt ait Lactantius) Pelopis eius consanguinei: nam Alcmena que Herculem peperit fuit filia Laodices quę ex Pelope & Hipodamia orta est. Tanta aūt in auctoritate fuerūt apud grecos: vt etiā in summis bellorū periculis huiuscemōi celebratio nō desereret. nam & cū vexaret xerxes greciam: (vt refert Herodotus) nō sunt intermissi. Deniq; tp̄a per Olympiadas enumerabāt. Fuit aūt prima Olympias (teste Affricāo: qđ Eusebiꝰ quoq; affirmat) regnāte in Hierusalem Iohatan. Anno mūdi. xxiiii. supra quatuor milia ac quadringentos. Solinus tn̄ ait: Olympicū certamē qđ Hercules in honorē Pelopis ataui materni ediderat intermissum: Iphitus filiꝰ eius instaurauit. post excidiū Troię. cccc. viii. anno. Ergo ab Iphito nūerat̄ Olympias prima. Secundū genꝰ Ludorum: Pythia erant in honorem Apollinis: in quibus laurea corona victores donabantur. Erat hic honos apollini propter interfectū Phitonem: de quo plurima refert Macrobius. Post hec Isthmia in honorem Palemōis apud Corithū celebrant̄ in Ihstmo: quorū corona e pinu est. Palemon autem portuum deus est: ac latine Portunus nominat̄. Quartum genus Nemeęa dixerūt in honorē Ophelte lycurgi filii: qui in bello Thebāo (vt est in sexto Statii) serpentis ictu: dū ab Isiphylo in herba relictus est periit. Proptereaq; puer Archemorus est dictus: quasi fati mortisq; principium: quia primus ex grecis periit ab Adastri partibus. Hec ergo quatuor ludorum genera apud grecos celebratissima erant: q̄uis essent & alia. Nam in Athica celebrabāt̄ Panathanea. Herculea. Eleusynea: quorum premiū erat aeneꝰ clipeus. Apud argos agebantur Iunonia: quę dicebant̄ Hecatombea. In archadia celebrabant̄ Lycea Ioui lyceo: vbi victores vasis eneis honorabāt̄ur. Apud Thebanos erant Herculea & Iolensia: & victori tripos erat ex ere. In Boetia plures erant ludi: Nam apud Thespiēses erāt Cupidini dedicati ludi: Apud Phlatęneses libertati: Oropi: Amphiarao. In aegina: aeaco. Palēes vero (quę in Achaia est) agebātur Theoxenia: & mercurialia: quibus premium erat vestis quam χλαινα dicunt. l Crudo cęstu. S. duro: vt. seu crudo fidens pugnam committere cęstu. AN. Crudo cęstu. Videto poetam libro. v. eneid. Cęstus autem a cędēdo dicitur. m Ipse. AN. ego Maro.
n Tonsę foliis ornatus oliuę. S. minutis foliis composite. Vt tonsisq; ferūt mantilia villis. Habiturum autem se coronam tonsilem dicit. A. Ornatus: scilicet propter victoriam, scilicet foliis oliuę. Scribit Herodotus libro. viiii. Olympici certaminis fuisse premium propositum oleaginā coronam qua donarentur: non enim pecuniarum certamen agitabant: sed virtutis. Plinius item libro. xv. c. iiii. ait Oleę honorem Romana maiestas magnum prębuit: turmas equorū Idibus Iuliis ex ea coronando. Item a minoribus triumphis ouantes. Athenę quoq; victores olea coronant. Greci vero Oleastro Olympię.
o Pompas. ANT. Dicitur pompa multitudo ipsa ad sacra collecta: & quę triumphū sequitur: quę item ad funus pergit: uox greca est.

Ad [p]delubra iuuat: cęsosq; videre iuuencos:
Vel [q]scęna vt versis discędat frontibus: vtq;
[r]purpurea intexti tollant [s]aulęa [t]britanni.
In foribus pugnam ex auro [v]solidoq; elephãto
[v]Gangaridũ faciam: [x]victorisq; arma Quirini.
Atq; hic [y]vndantẽ bello [z]magnumq; fluentem
Nilum: [a]ac nauali surgentes ęre columnas.
Addã [b]vrbes Asię domitas: pulsũq; [c]nyphatẽ:

p Delubra. AN. templa: de quibus Seruius. ii. eneid.
q Vel scęna: S. apud maiores theatri gradus tm̃ fuerũt.
Nam scęna de lignis ad tp̄us fiebat. Vñ hodieq; consuetu
do pmãsit: vt cõponant pegmata a ludorũ theatralium
editoribus. Scęna aũt q̃ fiebat: aut versilis erat: aut ductil.
Versilis tũc erat: cũ subito tota machinis quibusdã ver
tebat: & aliã picturę faciẽ oñdebat. Ductilis ãt cũ tractis
tabulatis: hac atq; illac spẽs picturę nudabat interior. vñ
pente vtrũq; tetigit dicens: Versis discedat frontibus. Sin
gulas singulis cõplectens sermonib⁹. Qd Varro & Sueto
nius cõmemorãt. A. Scęna id dicit tentorium: tabernacu
lum. scęnoo enim habito: contubernor: pono tentorium.
Scęnoma: habitaculum.
Scia: vmbra. Scęna autẽ
(Cassiodoro teste) ab ru
sticis primũ inumbratio
nis cã comperta fuit: vbi
prius carmina cõdita de
cãtabãt. Hinc q̃z a nõnul
lis tabernaculũ traductũ
fuit. Verũtamen postq;
in vrbẽ deducta fuit Scę
na: relatũ est nomẽ ad eã
theatri partẽ: quę ab vno
eius cornu ad alterũ cum
coopertura ducebatur. fie
bat enĩ Theatrũ in hemi
cycli formã. Vitruui⁹ aũt
libro quĩto ponit tria scę
narum genera.
r Purpurea intexti tol
lant. S. hoc secundũ histo
riã est locutus. Nam Au
gust⁹: postq; vicit Britã
niam: psimos de captiuis
q̃s duxerat: donauit ad of
ficia Thetralia. s Aulęa. S. Auręa dicit. i. vela inimica
in q̃b⁹ depinxerat victorias suas. Et queadmodũ Britan
ni ab eo donati eadem portarent vela: q̃ reuera portare
incõsueuerãt. Quã rem et mira expressit ambiguitate di
cens: intexti tollant: Nam in velis ipsi erant picti: qui ea
portabãt. Aulęa aũt dicta sunt ab aula Attali regis: in q̃
primũ inuẽta sunt vela ingẽtia: postq; is pplm Romanũ
scripsit heredẽ. A. Aulęa. i. picta velamẽta auleis victarũ
gentiũ: plerũq; habitũ & figurã intexebãt: quo sępius re
integraret memoria virtutis: quã pplo ostendebãt. Britã
nos aũt p q̃libet gente dixit: hęc ait Probus. Q, aũt ait
Serui⁹ Augustũ vicisse Britãniã: adduxisseq; psimos ca
ptiuos secus est. Nã Iuli⁹ cęsar id egit: vt iã ostendã. Stra
eni li. viii. scribit de Diuo cęsare narrans sic. Duabus aũt
victoriis cõtra Britãnos re bene gesta: cũ duos tm̃ militũ
ordies traiecisset: acceptis obsidib⁹ magnũ seruorũ nũerũ
ingentẽq; predam reportauit. hoc tñ tp̄e quidã ei⁹ loci pri
cipes legatiõib⁹ & obseruãtiis Augusti cęsaris inimicitiã
cõparantes: in Capitolio dona diis obtulerunt: & vniuer
sam fere insulam Roma. propriã familiaremq; instruxe
runt: hęc illę Plutarchus etiã scribit: Iuli⁹ Cęsar ex cõtinẽ
ti Gallię in Britanniã bis ad nauigasse: maioraq; hostib⁹
damna: q̃ suis emolimẽta cõtulisse ob regionis inopiam:
At qualẽ aĩo concepat bello finẽ imposuisse: acceptis aũt
a rege obsidib⁹ & tributis imperatis: ex insula remeasse:
hęc fere omia cũ Strabone cõueniũt. itaq; vt dixi q, Serui
us Augusto tribuit diui Cęsaris fuit. t Britanni. A. vi
deto in Tityro de britannia. v Solidoq; elephanto. S.
Ex ebore integro nõ sectili. A. Solidoq; ele. Virgili⁹ li. iii.
georg. de equis. Et solido grauiter sonat vngula cornu.
Et li. vi. eneid. Solidoq; adamãte colũne. i. duro. Itaq; So
lido elephanto. i. ex ebore integro nõ conuenit: sed duro
exponẽdũ. v Gangaridũ. S. Gangaridę ppli sunt: in
ter Indos & Assirios: habitãtes circa Gangẽ fluuiũ. Vñ
etiã Gangaridę dicti sunt. Hos vicit Augustus. Vñ etiã
imbellẽ auertis Romanis arcibus Indũ. Gangaridũ autẽ
pro Gangaridarũ dixit: quia hic gangarida facit. A. Gan
garidũ. Gangaridę Indi dicũt a flumine gange. Cingitur
enim Cacauso Ind a: & flumine gange & oceano. Prob⁹
autor. De gange aũt videto libro. ii. Georg. Solin⁹ scribit
Gangaridas extimũ indię pplm: cui⁹ rex inqt: equites mil
le: elephãtes septingẽtos: peditũ. lx. milia in apparatu bel
li habet. August⁹ aũt reuera nũq; cũ Indis pugnauit. vt
lati⁹ li. ii. Georg. ostendim⁹. Sed tñ illi eius amicitiam pe
tentes: legatos cũ munerib⁹ misere: poeta demũ cũ Indis
pugnasse innuit. dixit enim li. ii. Georg. Et te maxime Cę
sar. Qui nunc extremis Asię iam victor in oris imbellem
auertis rõanis arcib⁹ Indũ. Sed intelligas id fuisse quãdo
in Parthos & armenios bellũ gessit: vbi Tyberius tribu
nus militũ recępit signa:
quę M. crasso ademerãt
Parthi.. tunc enĩ potuerũt
cum Mędis Armeniis &
Parthis contra Augusti
exercitũ pugnare ganda
ridę.
x Victoris arma Quiri
ni. SER. Q, hoc ait non
est contrariũ. Nã (vt etiã
i prin. eneid. dixim⁹) Sue
toni⁹ Tranquill⁹ hoc de
Augusto cõmemorat. q̃
dam tp̄e tres ptes populi
cõsentiẽte senatu obtulis
se ei tria noia Quirini: Au
gusti: cęsaris: ille ne vnũ
eligendo alias offenderet
partes. Primo Quirin⁹ est
dict⁹. inde Cęsar: post in
nomine Augusti pmansit. Vnde eum Virgilius
omibus his nominibus
appellat. Nã hic Quirinũ
Romulũ nõ possumus accipere: quia Gandaridas penit⁹
ignorauit. A. Quirini. i. Augusti. Nã Lucius flor⁹ scribit
ob ingẽtia facta tractatũ fuisse i senatu: an quia cõdidis
set iperiũ Romulus vocaret. Sed sanctius & reuerẽti⁹ vi
sum est nomẽ Augusti. Meminit itẽ Sueto. y Vndã
tẽ bello nilũ. S. q̃si nõ vndas sed bella portãtẽ: ppter An
tõii & Cleopatrę grauissimũ pręliũ circa Nilũ. A. Nil⁹ flu
uius: incertis orit fontibus: p̃ quosdã imẽso lõgitudi
nis spacio ambulãs: demũ pl̃ib⁹ in locis & latẽs & exẽs:
Aphricã ab ęthiopia diuidẽs medios ęthiopes secat. Lon
go post iteruallo in ęgyptiũ mare se euomit: certis tñ die
bus auctu magno p totam spaciat⁹ ęgyptũ fœcũd⁹ inna
tat terrę. Hęc & p̃ra Pli. li. v. c. x. A. Vndã: ẽ bello: ppter
bellũ Cleopatrę & Antõii in Augustũ ait: q quidẽ (vt scri
bit Plutarch⁹ in Antonii vita) duxere armatas naues q̃n
gentas in Augustũ: tandẽ pugnãdo apud Actiũ in Epiro
victi sunt. fugientesq;: Alexandriã petierũt: vbi postea ab
Augusto opp̃ssi: sibiipsis mortẽ cõsciuere. z Magnũ
q; fluentẽ. S. p magne. nomen p aduerbio. vt: Toruũq; re
pẽte clamat: A. Magnũq; fluen. p valle fluentẽ. habet enĩ
hostia septẽ: & exundat: vt dictũ ẽ. a Ac nauali surg.
&c. S. Augustus victor toti⁹ ęgypti: quã cęsar p parte su
perauit: m̃lta de nauali certamie sustulit rostra ęrea: q̃bus
cõflatis q̃tuor effecit colũnas: q̃ postea a Domiciano in
Capitolio sũt positę: q̃s hodieq; cõspicim⁹. Vñ ait: Naua
li surgentes ęre colũnas. Nam rostratas Iulius cęsar po
suit victis poenis nauali certamie: e q̃bus vnã in rostris:
alterã añ arcũ videm⁹ a parte ianuarũ. A. Sũt aũt nostro
ęuo in Diui Ioannis laterañẽsis basilica. b Vrbes asię
domitas. A. intelligit: mędos: parthos & armęnos. c
Nyphatẽ. S. Nyphates et fluui⁹ ẽ et mõs. vt: & Cimini cũ
mõte lacũ: Per eũ ãt pplos iuxta hitãtes accipim⁹. nã nec
fluui⁹ vnq;: nec mõs p̃t pelli. A. Nyphates mõs ẽ in arme
nia Masio mõti orientẽ vers⁹ iminẽs: vt Stra. li. xi docuit.
& est fluui⁹. Inde Lucan⁹ ait: Armeniusq; tenẽs voluentẽ
Saxa nyphatẽ. Et Iuue. sat. vi. Quosdã facit isse Nypha
tem i pplos &c. Pulsumq; nyphatẽ: locũ p accolis posuit.

Fidentemq; fuga parthum versisq; sagittis:
Et duo rapta manu diuerso ex hoste trophea:
Bisq; triumphatas vtroq; ab littore gentes.
Stabunt & parii lapides spirantia signa:
Assaraci proles: demissęq; ab ioue gentis
Nomia: trosq; parens: & troię cynthi⁹ auctor.
Inuidia infoelix: furias amnemq; seuerum
Cocyti metuet: tortosq; ixionis angues.
Immanemq; rotam: & non exuperabile saxum.

d Fidentemq; fuga parthũ. S. Bñ Fidentē: tunc eñi meli⁹ aculanť sagittas. A. Fidentē fu. Scribit Trogus li. xii. φ Parthi comiñus in acie prelianť: obsessas aũt expugnare vrbes nesciũt. pugnãt itaq;: vt pcurrentib⁹ equis aut ter ga dantib⁹: sępe etiã fugã simulãt: vt inc autiores aduersũ vulnera insecqntes hẽant. plerunq; in ipo ardore certamis prelia deserũt: ac paulo post: pugnã ex fuga repetũt. e Rapta mãu. S. Raptim ⁊ sine labore qsita. f Diuerso ex hoste. S. orientis et occidentis accipimus. Vñ et ab vtroq; littore: orientis ppter Gangaridarum: occidentis propter Britannorũ triũphũ. A. Diuerso ex hoste. orientali et occidentali: vt ait Prob⁹. Melius tñ meridiano & septētriõali accipimus. Nã vt Luci⁹ florus oñdit: sub meridiano Musulanos atq; Getulos accolas syrthiũ. Cosso duce cõpescuit. Marmaridas & Gadamãtas Curio subigendas dedit. Ad septētrionē cõuersus cõpescuit Noricos. Illiricos. Pannonios. Dalmatas. Thraces. Dacos. Sarmatas. Germanos: g Trophea. A. Tropheon greci dicũt: Latini vero tropheũ a tropi qđ est cõuersio. Tropeo verto Tropheo i fugam verto. Qui enim dux hostē converterat: tropheum merebať. Qui autem plenam victoriam consequeretur triumphum. Sępe autem labor iñ qua hostium spolia affigebanť: tropheũ dicebantur. Vñ Maro li. xi. ęneid. de Aenea: qui Mezentiũ occiderat: ait. Ingentē quercũ decisis vndiq; ramis constituit tumulo: fulgentiaq; induit arma Mezēti ducis exuuias: tibi magne tropheũ Bellipotens: aptat rorantes sanguie cristas: Telaq; trunca viri ⁊c. Et paulo inferius ait. Indutosq; iubet truncos hostilib⁹ armis: Ipos ferre duces. inimicaq; nomina figi ⁊c. h Vtroq; ab littore. A. orientali & occidentali. ergo vti supius appositũ est; quadrat. Vult enim Maro oñdere toti⁹ orbis ptes Augustũ subegisse. Idē Florus scribit: φ august⁹ ad orientē versus exercitũ misit in Armenos: Medos: Parthos: qui postea oẽs cũ Indis etiã: Augusti & Romanoꝝ ditioni paruerunt. Sub occasu autem Cãtabros & austeres ⁊c. supauit. Vtrq; scribit Sueton⁹. alias natiões male quietas ad obsequiũ redegit. i Stabunt et parii lapi. spi. signa. S. Stabũt. s. in templo cęsaris. Statuas maiorũ eius dicit se esse positurũ: qs cõmendat & a pcioso marmore: & arte: dicẽs: Spirantia signa. Sic alibi. Viuos ducent e marmore vult⁹. Itē: parius ue lapis circũdať auro. A. Parii lapides. Paros insula est vna Cycladũ: ab Delo. xxxviii. milia distans: vt docet Plinius li. iiii. c. xiii: Et Stra. li. x. inqt: Paros lapidē pducit: quē Parium appellant: ad marmoreas sculpturas aptissimũ. Spirãtia signa. Appositio est. Dicit ãt statuas Troianę gentis: a q August⁹ originē habuit: velle affigere. k Assaraci ples. S: Ponã iter eoꝝ statuas: q a Ioue vsq; ad Assaracũ: & ab Assaraco vsq; ad Augustũ originem ducunt. Assaracus aũt au⁹ Anchisę. pater Capis fuit. A. Assaraci proles. Dardan⁹ Iouis filius: Eriththoñiũ gẽuit. hinc natus est Tros: a quo Troia dicta: troi Assaracus: ei Capis: exquo Anchises: exq; eo & venere Aeneas romanorũ clarissim⁹ auctor. Diod. li. v. Ex Aenea ãt Iulus: ex q Iulia gens: qđ latius in Bucco. patuit. C. Assaraci. Optime assaraci. Nã hinc facta ē diuisio familiarũ. Tres enigenuit: Ilionē & assaracũ. Ab ilione dom⁹ priameia pueit. Siquidē Ilionis filius fuit Laomedon: & Laomedontis: Priamus. Assaracus aũt genuit Capim. Capis Anchisen: Anchises Aeneã: a q est Iulus: Iulioꝝ familię auctor.

k Demissę ab Ioue. nã assarac⁹ ex Troe natus ē: Tros ex Ericthonio: & ille ex Dardano filio Iouis ex Electra. l Trosq; parẽs. S. Troianoꝝ rex: pr̃ Ganymedis: a q & Troia noiata ē. m Troię Cynthi⁹ auctor. S. Vel apollinem dicit ppter muros Troię ab eo cõditos. Vł Cynthiũ regē Troię quē i Troicis suis Nero cõmẽorat. A. Cynthi⁹. i. Apollo. De q late eglo. vi. Troię auctor: sm fabulas loqť. Nos aũt aperuim⁹ in fi. pmi Georg. n Inuidia. infoelix. S. Quę inuidẽtes efficit infoelices. Dič aũt se talia scripturũ vel facturũ: quę magnitudie sui mereantur inuidiam: ipam tñ inuidiam nihil esse nocitura timore poenarũ. A. Horũ carminum sensus. teste probo. Quisqs iuiderit huic opi: debebit timere p⁹ vitę excessũ supplicia: q pati existimanť defuncti: et furias. Inuidia aũt tristicia ē de alienis bonis sm Damascenũ. Dicebatq; Socrates: Vtinã inuidi in oibus ciuitatib⁹ oculos & aures hrent. Vñ de oibus foelicitatib⁹ torqrẽť: quot enim sunt hoim foeliciũ gaudia: tot sunt inuidoꝝ gemit⁹. Et Hora. epła. ii. primi voluminis ait. Inuidus alterius marcessit rebus opimis. Inuidia Siculi nõ inuenere tiranni maius tormentũ. Merito ergo inuidia ifoelix. Ouidi⁹ aũt libro secundo meth: latissime de inuidia scribit. C. Inuidia infoe. i. q miseros reddit inuidẽtes. Nã vt est apud Hora. Inuid⁹ iuidia cõburiť intus et extra. Inuidia siculi nõ in ve. tir. vtĝ. Dicit ergo φ carebit inuidia, ppter magnitudinē rerũ q inuidiã supabũt. Est eñi inuidia iter pares aut paulo supiores. Quapropter illi q egregiis suis virtutib⁹ lõgo iteruallo reliqs a tergo reliqrũt: oim careť iuidia: & poti⁹ sunt in admiratiõe: qr iã despam⁹ nos illos cõseq: hinc greci q pclarissia et maxia sũt αφθονα ανεπιφθονα. i. sine iuidia appellant. Quapropter recte Flacc⁹ i carmie. Nõ vsitata nec tenui ferar penna biformi. p liqdũ & cera vates: neq; in terris morabor lõgi⁹. Inuidiaq; maior vrbes relinquam. o Amnẽq; seue: S. tristē. Cõtra Therẽti⁹. Tristi seueritas inest i vultu: atq; i verb fides. A. Seuerũ. tristē. qđ pptũ est morti: itelligitq; stygē paludē. C. Seuerũ am. ⁊c. Quę de iferis dicũt: videbi⁹ i. vi. ęneid. p Cocyti. A. Cocyt⁹ fluui⁹ ē ifern⁹: iterptať luct⁹ et vlulat⁹. Cocyo et Cozizo ploro lamẽtor. lugeo. Et Mac. li. i. de sõno ait: φ Cocytũ aliud eẽ ñ asserueẽt q; quicqd hoię i luctũ lachrymasq; cõpellit. q Tortosq; ixionis ang. S. qb⁹ videlicet Ixion est religat⁹ ad rotã postq; illicitos Iunõis petiuit ãplexus. A. Ixiõ phlegię fili⁹: Iunonē attẽtauerat: ea sibi nubē i sua forma obiecit: cũ q pcũbẽs Cẽtauros gẽuit: ex q se iactãs ab Ioue fulmĩat⁹: apđ iferos torqť sup rota serpẽtib⁹ circũfusa ligat⁹ ppetua volutõe. vñ Tibull⁹ ait. Illic Iunonē tentari Ixionis ausi. versanť celera noxia mẽbra rota. Et Ouid. li. ii. meth. Voluiť Ixiõ et se seqturq; fugatq;. Macaũt li. i. de som. scribit: φ oia q apud inferos esse credidit fabulosa psuasio: in nobismetipsis: & in ipis hũanis corporib⁹ assignare conati sũt. Vñ illos q radiis rotarũ districtis pendẽt: nihil aliud intelligi voluẽt: q; q nihil consilio pręuidẽtes: nihil rõne moderãtes: nihil virtutib⁹ explicantes. seq; & act⁹ suos oẽs fortunę pmittẽtes: casibusq; fortuitis sp rotanť. r Non exupabile saxũ. S. Quod cõtra montē Sisyphus voluit. Et inexupabile dixit: nõ φ exuperari nõ põt. Sed qđ exupare nõ valet summũ montis cacumen. A. Saxũ ingẽs voluere inefficacib⁹: laboriosisq; conatibus vitã terere. Et Ouid. li. iiii. meth. ait. Aut petis aut vrges ruiturũ sisyphe saxum.

Interea dryadum syluas saltusque sequamur
Intactus: tua mœcenas haud mollia iussa.
Te sine nil altū mens inchoat: en age segnes
Rūpe moras: vocat ingenti clamore cytherō:
Taygetique canes: domitrixque epidaurus eqrū.
Et vox assensu nemorū ingeminata remugit.
Mox tamē ardentis accingar dicere pugnas
Cęsaris: & nomen fama tot ferre per annos:
Tithoni prima quot abest ab origine cęsar.

s Interea dryadū syl. S: id est donec laudandi Cęsaris tpus aduenerit. Interim Georgica scribimus. A. Interea. i. antequā tēplū de marmore ponā. Dryadū: videto li. i. Geor. Dryadesque puellę. t Saltꝰ. A. cāpos intactos ab latinis. s. poetis. Dicit autē scribamꝰ carmē agreste a Mœcenate imperatū.

v Haud mollia. A. Sed ardua p lyptoten. x Te sine nil altū mēs inchoat. S: ac si diceret: non meo ingenio: sed tuo fretus ipenio: ad hoc carmen accessi. y Segnes. A. inutiles: steriles: pigras. z Vocat ingēti clamore cytheron. S. i. hortanē ad scribendū nos illi mōtes: qui aīalibus sunt referti. Cytheron aūt ps est Parnassi. A. Cytherō saltus ē ppe thebas in Boetia: vt Solinꝰ. Et Pliniꝰ ait li. iiii. Mela inqt in phocidis delphi. Et mōs parnassus in Boetia Thebę: et cytheron fabulis carminibusque celeberrimꝰ. Probus sic ait: Cytheron mōs ē Boetię: vbi archana liberi pr̄is sacra celebrabanē: tertio quoque āno: q̄ trieterica dicunē. Existimaē āt liber esse cū musis. et iō ex hederę fronde eius corona poetis datur. Ouidiꝰ itē li. iii. meth. ait Vadit vbi electus facienda ad sacra cytheron cautius: & clara bacchantū voce sonabat. Strabo li. xix. scribit: q Cytherō prope Thebas finiē penes q̄ Asopus currit: inferiora eius alluēs: Videto item eglo. vi. Cytheron hūc nomīat: qa de bobus scripturus est. tū Boetia dicta ē: in qua Cytheron habetur.

a Taygetique canes. S. i. lacones. nā Taygeta ciuitas Laconię. Et hoc ideo. quia dicturus est: Nec tibi cura canū fuerit postrema. A. Taygetique. Videto in fine libri secundi Georgicorū. b Domitrix Epidaurꝰ equorū. S. Epiri ciuitas est: equis nobilissima. ANT. Epidaurus vrbs est Peloponensiū. vt inquit Probꝰ. Vn̄ optimi & generosissimi equi exeunt. Ptholomꝰ etiā lib. iii. in peloponeso ponit Epidaurum. Strabo li. viii. videē scribere Epidaurum esse inter Achaiā et Peloponesum: anteaque Epidaurū vocatam. Mela aūt scribit epidaurum oppidum esse littori appositum. Circa finem vero dicti. viii. Strabo sic ait. Equorum sane genus excellit Archadicū quemadmodū & Argolicum & Epidauricum: Etholorum preterea & Acharnanum sollitudo pascendis equis est accommodata: nō minus q̄ Thessalia. Pliniꝰ aūt lib. viii. scribit Epidaurū oppidū Aesculapii delubrū esse in Achaia. Solinꝰ etiam. c. vii. scribit Epidaurū esse in Achaia: eique decus eē Aesculapii sacellum: cui incubantes egritudinū remedia capessunt monitis somniorū. c Et vox. A: p̄dictorum: scilicet locorum. d Ingeminata. S. i. duplicata per eccho. Alibi nō canimꝰ: surdis respondent omia sylue. e Mox tamen ardentis ⁊c. SER. mox id est postque Georgica scripsero Ardētis dicere pugnas: Cęsaris. ardentis pugnas legendū. nam male quidē ardentis Cęsaris accipiunt: vt is. cōmunis syllaba sit. A. Mox tamen arden. Pollicetur Cęsaris octaui: qui postea Augustus cognomiatus est: scripturū victoriam: quod reuera fecit: In octauo eni libro eneid. descripsit in clipeo eius pugnā: et Actiacū bellū qd est gestū cū Anthonio Probꝰ. f Tithoni pria quot abest ab origie cęsar. S. i. facta cęsa

ris tot annis celebrabunt: quot anni sunt ab eo vsqꝫ ad mundi principiũ: et mõ tithonũ pro sole posuit ꝓ titane: Nam Tithonꝰ Laomedontis frater fuit: quẽ pliantẽ aurora dilexit et rapuit: a q̃ vsqꝫ ad Cęsarẽ nõ valde multũ tempꝰ est. A. Tithonꝰ (vt Diodorꝰ ait li. v.) filius fuit Laomedontis & priami frater: qui existimat ab aurora adamatꝰ: eam vxorẽ habuisse: Priami aũt filia: Creusa: Aenee vxor mater Ascanii: a quo secuta gẽs q̃ ad Cęsarẽ ꝑuenit probus a prima origine Tithoni. i. ab ipso Dardano Iouis filio: a quo ad Augustum: fuere ãni mille secuti: vel circa: vti ex Eusebio colligi põt. Poeta tñ finitũ ꝓ infinito nũerꝫ posuit. g Seu qs olympiacę. S. Dicturus est de armentis & gregibꝰ. Armenta aũt sunt equorꝫ et boum: ꝙ hęc aĩlia apta sunt armis. vt scutis boũ coria. equi pręlio. Greges capellarũ & ouiũ sunt. Ipe paulo post. Hoc satis armentis. superat pars altera curę Lanigeros agitare greges: hirtasqꝫ capellas. Hęc aũt armenta: scꝫ et greges: sciendũ ꝙ plęrũ ꝯfudit auctoritas. Olympiacę miratus ꝑmia palmę: id est studiosus curulis certaminis: qđ geritur ad pisam in honorem Iouis olympiaci. A. Olympiacę palmę. Olympiaca certamia in Achaia ꝓpe Alpheũ intelligit. De quibꝰ li. i. Georg. Eliadũ palmos epiros equarũ.

Seu quis olympiacę miratus pręmia palmæ
pascit equos: seu quis fortis ad aratra iuuẽcos
Corpora pręcipue matrũ legat: optima toruę
Forma bouis: cui turpe caput: cui plurima cer-
Et crurũ tenꝰ a mẽto palearia pendent. (uix:
Tum longo nullus lateri modꝰ: omĩa magna:
pes etiam: & cameris hirtę sub cornibꝰ aures.
Nec mihi displiceat maculis insignis & albo:
Aut iuga detractãs: interdumqꝫ aspera cornu:
Et faciem tauro propior: quęqꝫ ardua tota.
Et gradiens: ima verrit vestigia cauda.
Aetas: lucinam iustosqꝫ pati hymenęos:

h Corpa ꝑcipue matrũ legat. SER. id est magis matrum. Per quod ostenditur etiam patrũ corpora esse requirẽda. C. Corpa matrum. Nam semen patrum pro artifice est. formãqꝫ ꝑbet: & vitam inducit: Materiã aũt mater subministrat. Vñ oportet eã esse bñ materiosã: & hr̃e optimã corporaturam. i Optima toruę forma bouis. S. Paulopost. Et faciem tauro propior. i. tauro similis. toruę autem terribilis. k Turpe caput S. i. magnũ. vt: Turpes pascit sub gurgite phocas. l Plurima ceruix. S. longa: vt ibi: Cum se nux plima syluis induet in florẽ. m Crurũ tenꝰ. S. vsqꝫ ad crura: & mõ tenus est aduerbiũ. nã si esset ꝑpositio ablatio cohereret. n Palearia. S. Palearia ãt sunt pelles depẽdẽtes ex gutture. A. Pelles depẽdẽtes sub collo. C. Palearia. Hęc Syricis bobꝰ nõ sũt: sed in dorso gibbũ (vt refert Pli.) habent. o Camuris cornibus. S. i. curuis. Vñ et camerę appellatę sunt. Pręcipit ãt & aures magnas eẽ debere. A. Camuris. i. curuis. Inde camerę tecta recurua. p Nec mihi despli. S. Liptotes figura est. i. valde placeat. Vt munera nec sperno. q Detractans. AN. male tractans. r Et faciẽ tauro ꝓpior: S. Faciẽ. i. imaginem & similitudĩe totã. A. Et faciẽ tau. ꝓpior. i. hñs faciẽ propiorẽ. i. similiorẽ tauro. Pli. aũt li. viii. inqt: Tauris in aspectu generositas torua fronte: auribꝰ setosis: quibꝰ minora qꝫ bubus cornua tenuioraqꝫ. Varro vero li. ii. c. v. de bubus scribit. Qꝫ qui gregẽ armentorũ emere vult obseruare debet: vt sint vaccę bñ cõpositę: vt integris mẽbris: pilosis: oblongę: amplę: nigrãtibꝰ cornibus: latis frõtibus: ocl'is magnis: et vnguibꝰ: pilosis auribꝰ: ꝑssis mał: aptis naribꝰ: labris subnigris. ceruicibꝰ crassis ac lõgis: a collo corpe amplo demisso: bñ costato: latis hũeris: bonis clunibus: caudã ꝓfusam vsqꝫ ad calces vt hẽant in inferiorẽ partẽ freq̃ntibꝰ pilis subcrispis: curibꝰ potius miioribꝰ: rectis genubus. et cuiꝰ vngues sint leues & pares: corium attractũ nõ asperũ ac durũ. colore potissimũ nigro. deinde rubeo. tertio giluo. q̃rto albo: mollissimꝰ em̃ hic vt durissimꝰ primus: neqꝫ nõ ꝑterea vt mares seminis boni sint: quorꝫ & forma ẽ spectanda ⁊c. Colũ. etiã li. vii. c. i. scribit quõ Mago carthaginẽsis ꝓdidit ꝙ parandi sũt boues nouelli: quadrati. grandes mẽbris: cornubꝰ ꝓceris ac nigrantibus et robustis: fronte lata & crispa: hirtis auribꝰ: ocul' & labris nigris: naribꝰ resupinis patulisqꝫ. ceruice lõga & torosa. palearibꝰ amplis: et pene ad gẽua ꝓmissis: pectore magno: armis vastis: capaci & tanq̃ implente vtero: lateribꝰ porrectis: lumbis latis: dorso recto planoqꝫ: clunibꝰ rotũdis: cruribꝰ cõpactis ac rectis: sed breuioribus potiꝰ q̃ lõgis. nec genubus iprobis: vngul' magnis: caudis lõgissimis et setosis pilosisqꝫ: corpe dẽso breuiqꝫ: colore rubeo vel fusco. tactu corporis mollissimo. Caplo vero xviij. de tauris idẽ ait. Se censere ꝓbandos tauros maxie mẽbris amplissimis: moribus placidis: media ętate. Cętera fere omĩa eadẽ seruabimꝰ: q̃ in bubul' eligẽdis. Nec alio distat bonus taurꝰ a castrato: nisi ꝙ huic torua facies est. vegetior aspectꝰ: breuiora cornua: torosior ceruix. & ita vasta: vt sit maxĩa portio corpis: ventre paulo sb̃ strictiore. Idẽ. c. xix. de forma vaccę ait: Qꝫ forma vaccę ꝓbãt altissimę formę. longęqꝫ maximis vteris. frontibꝰ latissimis. ocul' nigris et patẽtibꝰ. cornibꝰ venustis et lenibꝰ & nigrantibꝰ pilosis auribus. cõpręssis mał. palearibꝰ et caudis ãplissimis. vngul' modicis et cruribus. Cetera q̃ꝫ fere eadẽ q̃ in maribꝰ desiderant. C. ꝓpior faciẽ. ꝑ Synecdochẽ. i. hñs faciẽ ꝓpiorẽ tauro. Vacca vniꝰ anni nõ admiscet se mari. si admiscet. ꝓdigiũ ẽ. s Ima cauda. A. huic aĩali tm̃ oim: quibꝰ ꝓcerior nõ statim cauda est cõsumatę: vt ceteris mẽsurę: crescit donec ad vestigia ima ꝑueniat. t Lucinã iust. pa. S. Histeron ꝓteron: Ante em̃ est hymenęos pati: pꝰ lucina cõsequit. Itẽ histeron proteron ẽ. desinit añ decẽ. post q̃tuor icipit ãnos. añ em̃ incipit sic desinit. A. Ex lucina partꝰ, ex hymenęo cõcubitus accępimꝰ. Itaqꝫ hoc ait post annũ q̃rtũ & infra decimũ ad concipiendũ vtiles esse boues. Probꝰ lucina (vt Varro inqt) nascentiũ dux est. hinc ab iuuãdo & luce Iuno lucina dicta ab latinis. Ipsa em̃ mẽsibꝰ actis in lucẽ ꝓducit infantes. C. Lucinã simpl'r ꝓ partu posuit. nã bruta lucinę opẽ nõ inuocãt. Vaccarũ ętas (Alberto magno teste) est quidecim annorꝫ. eadẽ est taurorũ. Castrati vero ad vigesimũ ꝑueniũt. Term inꝰ tauri ẽ qnqꝫ annorꝫ. inde incipit exiccari. Bñ ergo Homerus dixit. Taurus q̃nqꝫ annorũ in robore suo ẽ. Magni sunt boues in Epiro: vt scribit Aristo. Piniꝰ aũt indicos sua ꝓceritate camelos ęquare: & cornua quattuor pedes in longitudinẽ habere. Boues soli animalium retro ambulantes pascuntur. v Hymenęus. A. (teste Marone capella) Veneris et bacchi filius. dictusqꝫ nuptiarum deus: cuius officium esse dixit: Psallere in nuptijs: cantare ad thalamos: & coronare limina sertis. pro coitu hic ponitur. Hymen vero secundum grecos et latinos: est quędam virginalis pellis quę primo coitu abrũpit: põit & ꝓ hymenęo hypsiphilę

Desinit āte decē, post quattuor incipit ānos:
[x]Cetera nec feturę habilis: nec fortis aratris.
Interea [y]superat gregibus dum [z]lęta iuuentus:
[a]Solue mares: mitte in venerē [b]pecuaria prim⁹.
Atq̧ aliam ex alia generando [c]suffice prolem.
[d]Optima quęq̧ dies miseris mortalibus ęui
prima fugit: [e]subeunt morbi: tristisq̧ senect⁹:
Et labor: & durę rapit [f]inclementia mortis.
Semꝑ erunt: quarū mutari corpora maluis:
[g]Semꝑ enim refice: ac ne post amissa requiras
Ante veni: & [h]sobolem armēto sortire q̄tānis.
Necnon & [i]pecori est idem delectus equino.
Tu mō q̄s in [k]spem statuis submittere gentis:

Ouidiana ad Iasonem. Non ego sum furtim tibi cognita pronuba Iuno. Affuit: & sertis tempora vinctus hymen: Dicunt alii hymenęū quendā fuisse apud Athenas: q in ter bella sęuissima virgines liberauit: quā ob cām nuben tes eius numē inuocabāt: q̄si liberatoris virginitatis. Lu cinā pati. & hi: hysteron: proteron: hoc est vltimū prius. nam snia ordine cōmutatᷓ. Varro li. ii. ca. v. ait: ꝙ nō mino res oportet inire bimas vt trimę pariant: eo me lius: si quadrimę: plerę q̧ pariunt in decimo anno: quędā etiā plures: Maxi me idoneū tēpus ad con cipiendū a Delphini exor tu vsq̧ ad dies quadra gitā aut paulo plus: quę enim ita conceperīt: tem poratissimo anni tpe ꝑpa riunt. Vaccę enī mēsibus decē sunt ꝑgnantes: mas an foemina sit concepta. significat taurus cū initᷓ. Siquidē si mas in dexte riorē partē abit: si foemīa in sinisteriorē ꝑtem. Plini us eo li. viii. c. xlii. scribit: ꝙ suo tpe annicule ad foe cunditatē poscebanᷓ: tole rantius tn̄ bime: tauri ge nerationē quadrum im pleuit: & singulas denas eodem anno tradīt. Cō ceptio vnico inito pagiᷓ: ꝙ si forte perrauerit: vice simo post die marem foe mina repetit. pariūt men se decimo: quicqd an̄ ge nitum: inutile est. Tauri nō sepius q̄ bis die ine unt: robur est tauris in quimatu. Vita foeminis quindecim annis longis sima: maribus viginti. ¶ Foeturę. id est geniturę & pro uentui. x Cętera. SER. ętas scilicet quę est vł an̄ quartum vel post decimū annum. Bene ostendit ꝑ hęc quoq̧ tpa posse q̄dam armētis sed inutiliter ꝓuenire foe tura. A. Cętera ętas. Colū. li. vii. c. xix. ait: Quū vaccę ex cesserīt annos. x. foetibus inutiles sunt: rursus minore nimis inire nō oportet: si an̄ tn̄ conceperint: partū earum remoueri placet: ac ꝑ triduū ne laborent vbera exprimi: postea mulctra ꝓhiberi. y Suꝑat. S. Dum suppetit. et dicit iuuenili eas ętate debere concubere: q₂ cito meliora tpa depereunt. A. Suꝑat. interest iminet. C. Interea supe rat. Optimū ꝑceptū. nam nō solū viuentiū corpa sanan da sunt. Sed q₂ singula pereūt: danda est opa successiōi. z Dum lęta iuuētus. A. vel iuuenta. i. dū iuuenes sunt vaccę concipiant. repit enī senecta cū morbis plurimis: a Solue mares. A. quo tpe vaccę ineūdę sint: iā dixim⁹. Columella etiā li. vii. c. xxii. scribit ꝙ mēse Iulio foeminę marib⁹: plerūq̧ ꝑmittēdę: vt eo tpe cōceptas ꝓximo vo adultis iā pabulis ędant. nā decē mēsib⁹ ventrē ꝓferunt Vnūq̧ marē. xv. vaccis sufficere abūde ē. b Pecuaria. S. ab eo q̄d ē pecuare venit. nā pecua (vt ait in Pompeia na Cicero.) ab eo q̄d ē pecu venit: vt genu genua A. Pe cuaria pecuare pecuaria facit: pecu pecua: pecus pecudes: pecus hęc pecora. c Suffice ꝓlē. S. subministra. vn̄ & suffectos dici⁹. A. Colū. li. vii. c. xx. de vaccis ait. S₃ & curandū ē oibus ānis ęque atq̧ in reliq̄s gregib⁹ pecorū vt delectus habeatᷓ. Nā et nixę et vetultate q̄ gignere de: sierunt summouende sunt. & vtiq̧ tauro q̄ lacū foecun darū occupāt ablegandę: vel aratro domādę: q̄m laborꝫ & opis nō min⁹ q̄ iuuēci ꝓpter vteri sterilitatē patientes sunt. d Optima q̄q̧ dies. S. hęc snia nō solū ad aia lia ꝑtinet: sed generalr̄ ad oīa. A. Ouid. quoq̧ de arte. Cō to pede labitᷓ ętas. nec bona tā sequitᷓ q̄ bōa prima fuit. e Subeūt ꝛc. S. naturalē ordinē tenuit dicēs aduēire mor bos. senectutē. mortē. f Inclemētia mor. S. inexorabi litas & duricies. AN. crudelitas. g Semꝑ enī refice. S. vacat enī. Sane dicitᷓ anteueniendū esse: aut anteq̄ pere ant: reparenᷓ armēta. h Sobolē armēto sor. S. Substi tue. subministra. & ē ver bū iudiciorū. nā substitui dicunᷓ iudices q occupa torum funguntᷓ officio. A. Sortire. elige id ē de lect⁹. fac. vt scilicet corpa pręcipue matrū legat. Itē vt quotannis soboles ar mēto eligatᷓ. i Pecori ē idem. S. i. vt habeant ma tres optimas. k Tu mō q̄s in spem. S. q̄s vis summissarios fieri. No tāda sane exquisita varie tas. nā vt in bobus ma tres an̄ describit: in equis admissarios an̄ cōmemo rat. A. in spem gentis. i. in foeturā: vt sint admis sarii. CR. Mira varietas: Nā in bubulo pecore a matrib⁹: in equino a prī bus icipit. Sūt āt hęc tria pecorū genera oib⁹ pręci pua. Bos enī nobis terrā colit: sine cui⁹ corpa agri cultura oīno difficilᷓ esset: Equus et cōmode nos ve hit: & in bello auxiliatur egregie: & in multis reb⁹ comes est homī. Atq̧ in vecturis & veterinos ha bemus equos et iumen ta. Docilitas maxima est in equo. Amissos luget dominos. desideriis lachrymas mittit. interfecto Nicome de rege eius equus in ędia vitā finiuit: Refert Philarchus Centaetriū e galatis occiso in pugna Antiocho: potitū equo eius illū ascendisse: at equū indignatione accensum pręcipitem in abrupta isse: ac se equiteq̧ perdidisse. Buce phalus Alexandri equus neminē ornatu regio insignitū pręter ipm Alexandrū excipe voluit. In expugnatiōe the barum vulneratus: Alexandrū in aliū equū transire nō ē passus. Equus cęsaris nullū nisi ipm cęsarem dorso acci pere voluit. Hic anteriores pedes hūanos habebat. Semy rāmis equum vsq̧ in coitū amauit. vt ait Iuba. Aristo teles autem in libro de animab⁹: Equum equamq̧ post hominem reliquis animalibus salatiorē esse dicit. Addit enim ipm quadragīta dentes habere: primores quattu or trigesimo mēse mutare: anno deinde post: binos vtrin q̧ superne & inferne. Item alio anno quattuor: comple tis annis quattuor & mensibus sex: non emittit. & tunc idoneum temp⁹ ad perficiendū habet. Refert ꝑterea om nibus temporibus: & donec viuit coire. Idem facere foe minam. Dicit pręterea ętatem ad decimūoctauū annum protendi in equo. Sed ad longū ad trigesimū vsq̧ ꝓduci: in nōnullis etiā ad q̄nq̄gesimū: sed minus viuere qui do mi alunᷓ q̄ gregarios. Albertus āūt cognomento ma gnus ait equū biennio inire incipe: sed meliorē esse foetū post trienniū: vsq̧ ad. xx. qui est arcus ꝭm quē minori cō iunctione iungunᷓ Iuppiter: & Saturnus. inire aūt vsq̧ ad trigesimū annū: & equā concipe: quāuis debilitet vs q̧ ad quadragesimū: quod fere spaciū est suę vitę: q̄uis olim inuentus sit equus. lxx. annorū. Ipse autem Albert⁹ refert vidisse se equū ex maiorib⁹ apud militē qui adhuc robustus: excesserit annum sexagesimum.

Precipuū iam idem a teneris impende laborē.
Continuo pecoris generosi pullus:[l] in aruis
Altius ingreditur:[m] et mollia crura reponit:[n]
[o] primus & ire viam: et fluuios tentare minaces
Audet: & ignoto sese committere ponto.
Nec vanos horret strepitus: illi ardua ceruix:
Argutūq;[p] caput: breuis aluus:[q] obesaq;[r] terga.
Luxuriatq;[s] toris animosum pectus: honesti
Spadices:[t] glauciq;[v] color deterrimus[x] albis:
Et giluo: tū si qua sonum pcul arma dedere:
Stare loco nescit: micat[y] aurib⁹. & tremit[z] artus:
Collectumq;[a] fremens[b] voluit sub[c] narib⁹ ignē.

l Pullus. C. vt pueros dicimus in humano genere: ita in equo: mulo: asino atq; camelo dicim⁹ pullos. Itē in omni ouiū genere. In boue vero & elephāte vitulū: Qui etiam ex arborū radicibus gignunt: pulli appellant. hinc pullulare. m Altius ingredit. S. cū exultatōe q̄dam incedit. n Mollia crura repo. S. Enni⁹ de gruibus. Perq; fabam repunt: & mollia crura reponūt: A. Et mollia crura repo: glomerat: apte reducit alterno crurū explicatu. Mollia crura: faciles tibias: Non eni inepte dure ve ambulat: vti plerisq; euenit. o Prim⁹ et ire viā. S. matris pire vestigia. A. Varro lib. ii. ca. vii. ait: Equi boni futuri signa sunt: si cū gregalib⁹ in pabulo cōtēdit: in currēdo: alia ve re vt potior sit: si quū flumen traiiciendū est gregi. in primis pgreditur: ac nō respectat alios. p Argutūq;. S. breue. A. Exiguū. Varro lib. secūdo. c. vii. inquit. Eqs debere esse clunib⁹ et ventribus latis. Equos ad admissurā quos velit habere legere oportet amplo corpore formosos: nulla parte corpis inter se non cōgruenti: caput habeant non magnum: nec membra cōfusa: sint oculis nigris: narib⁹ nō angustis: auribus applicatis: non angusta iuba: crebra: fusca: subcrispa: tenuibus setis implicata in dexteriorem partem ceruicis: pectus sit latum & plenum: humeri lati: vēter modic⁹: lumbi deorsum versum pressi: scapulę latę: spina maxime duplex: si minus nō extans: cauda ampla sub crispa: crura recta: equalia. introuersa genua rotūda nec magna: vngulę durę: toto corpe: vt habeant venas q̄ animaduerti possent. Hec ex Varrone. Colū. li. vii. c. xxvii. sit ait: Quū vero natus est pullus: cōfestim licet indolē existimare: si hilaris: si intrepidus: si neq; respectu nouęq; rei auditu terret. si añ gregē pręcurrit: Si lasciuia & alacritate: interdū & cursu certamis eq̄les exupat: si fossam sine cūctatiōe transilit: pontem flumenq; trāscendit. hec erunt honesti animi documēta: corpis vero forma cōstabit exiguo capite: nigris oculis: narib⁹ aptis: breuib⁹ auriculis: & arrectis: ceruice molli. itaq; nec longa: densa iuba. & p dexterā partē psusa: Lato & musculorū toris numeroso pectore: grandib⁹ armis & rectis: lateribus inflexis: vētre substricto: testib⁹ paribus et exiguis: cauda longa & secta crispaq;: mollib⁹ atq; altis rectisq; cruribus: tereti genu paruoq;: neq; introrsus spectandi: rotundis clunibus. fœmoribus torosis ac nūerosis duris vngulis. & altis. et concauis rotūdisq;: quib corone mediocres supposite sunt: sic vniuersū corpus cōpositū: vt sit grande sublime. erectū: ab aspectu q̄s agile. & ex longo (quantū figura permittit) rotundum. q Breuis aluus. A. Modica. subtracta. r Obesaq; terga. A. grandes. lati & pingues humeri. Obesus eni (vt Fest⁹ ait) pinguis dicit: quasi ob edendū factus. Horati⁹. Obeso nil melius turdo. s Luxuriatq; toris animosum pectus. S. nodosum & eminēs pulpis. A. Luxuriat toris. abundat pulpis. debet eni esse latū ac plenum: ac torosum. C. Abundat toris: id est modū excedit toris. quasi dicat vltra modū torosus est. Nam mēbra torosa: id est maiores toros: id est musculos et lacertos habentia validiora sunt. Vn̄ in Hercule: torosa brachia pingūt. Est enim torus siue musculus siue lacertus. t Spadices. S. phœniceatos vocant. i. professos myrtheos. A. Spadices. phœniceus color: seu puniceus. & spadix idem est: (teste Gellio li. ii. c. xxvi.) significat aūt exuberantiā splendoremq; ruboris. C. Spadices. Palladius. emilianus colores in equo refert badiū: aureū: albineū: roseum mureū: ceruinum: giluum: scutulatū: album: guttatū: candidissimum: nigrū. pressum. Sequentis meriti enumerat variū cum pulchritudine nigro vel albineo vl' badio mixtum. Canum cū quouis colore. Spumeū miraculosum mucrinum obscuriorē: gilu⁹ color est cineritius: ętatem quoq; ita signat. Nā bimo sex mēsiū dentes medii: supiores cadūt. Quadrimo canini mutantur. Infra sextum annū molares supiores cadūt. sexto anno quos primo mutauit exęquat. Septimo anno omes dentes explent: Latent ab hinc ętatis notę. Sed puectiorib⁹ tpa cauari icipiūt: supcilia canescere. dētes plerūq; pminere. Formam vero equi ita describit. Colū. vt sit capite exiguo: nigris oculis: aptis & breuib⁹ auriculis: et arrectis semp: ceruice molli: lataq; nec longa: dēsa iuba: & in dexteram partem profusa: lato et musculorū toris. numeroso pectore: grandib⁹ armis: & rectis lateribus inflexis: spia duplici: vētre substricto: testiculis paribus & exiguis: latis lūbis: et subridentib⁹. i. pulchris & piguibus: cauda longa & secta crispaq;: mollib⁹ atq; altis: rectisq; crurib⁹ terete genu q̄s neq; torosum spectāt: rotūdis clunib⁹. fœmorib⁹ ac nūerosis: duris vngul': & altis et concauis: rotundisq;: quib⁹ corone mediocres supposite sunt: corpus ipm sit grande sublime erectum: aspectu quoq; agile: longitudo quantū natura permittit. cum vero natus est, confestim licet indolem existimare: si hilaris: si intrepidus: si aspectu nouę rei: auditu ve terret. si forsan sine cunctatōe transit flumen: pontē transcēdit. v Glauci. S. sunt felloneis oculis. i. quodā splēdore pfusis. A. Glauciq;. cęrulei. Glaucus enim color viridis dr. quod Probus ōndit: & Gellius dicto loco. x Deterrim⁹ albis & giluo. S. At qui alibi ait: Qui candore niues anteirent. Sed aliud ē candidū esse: id est quadā nitenti luce pfusum. aliud albū: qd pallori constat esse vicinū. Giluus aūt est melinus color. Multi ita legunt albis et giluo. vt nō albū vl' giluum: sed albogiluū vituperet: q si singuli colores vitupandi sint: quanto magis mixt⁹ vtroq;. i. albogilu⁹. A. Albis: nō candidis: sed albis. i. pallidulis. Giluus color est buxeus: ut q̄dam volunt vulgo gialus appellat. aliqui vero p giluū intelligunt flauū: qui ex viridi & ruffo & albo concretus est. Seruius melinū intelligit. Est aūt melinus color candidus: optimus in melo insula: in Samo quoq; nascit: auctor est Plinius li. xxxv. ca. vi. y Micat aurib⁹. A: arrigit ac deprimit aures. z Tremit artus. S. figurate pro auribus tremit. A. Tremit. i. concutit. a Collectum ignē. A. attractum. flatus vim atq; potentiam. b Fremens: A. Et fremens & premēs in antiquis legitur. Erit autem ordo. Et fremēs ignem collectum voluit sub naribus: Premēs autē. i. nō emittens: sed remittens interius: hinc sub naribus voluit &c.

c Voluit sub naribus ignẽ. S. flatu indicat magnanimitatem suã: A. Voluit sub narib⁹. Per quod eius vis appa ret. est enĩ magniflatus. d Et duplex agit̃ p lũbos spina. S. Aut reuera duplex: aut lata: vt alibi Duplicem gemmis auroq; coronã: Et duplici aptant̃ dentalia dorso. e Solido. A. i. duro. f Tal' amyclęi domitus. S. At q castor domitor eq̃rũ fuit: sed frẽm p fratre posuit poetica licentia: vt. Quas ille philomena dapes. Pro progne item reuocato a sanguine teucri: p Dardani. Aut certe ideo pollucẽ p castore posuit: qa ambo licenter & castores & polluces vocant̃. Nam et ludi et templũ eius: & stellę castorũ vocant̃. A. Pollux & castor lacedemonię nati sũt q existimant̃ equos accepisse ab Iunone muneris nomie: xanthum & Cyllarum: quos Neptun⁹ donauerat. Prob⁹. Amyclę oppidum est Laconię regionis Achaię: teste Pli. libro. iiii. Fuit aũt patria castoris et pollucis. Stra. libro. viii. ait: ꝙ Taygeto mõti subiicitur sparta & Amyclę. Pli. libro. iii. scribit amyclas etiam fuisse prope Tarracinam a serpentibus delatos.

Densa iuba: & dextro iactata recubit in armo.
Atq; duplex agit̃ per lumbos spina: cauatq;
Tellurẽ: & solido grauiter sonat vngula cornu.
Talis amyclęi domitus pollucis habenis
Cyllarus: & quorum grati meminere poetę
Martis equi biiuges: & magni currus achillis.
Talis & ipse iubam ceruice effudit equina
Coniugis aduentu pernix saturnus: & altum
pelion hinnitu fugiẽs ĩpleuit acuto. (ãnis:
Hunc q; vbi aut morbo grauis: aut iã segnior
Deficit: abde domo: nec turpi ignosce senectę:
Frigidus in venerem senior: frustraq; laborem
Ingratũ trahit: et si qñ ad prelia ventum est:
Vt quõdã in stipulis magnus sine virib⁹ ignis
Incassum furit: ergo animos euũq; notabis
Precipue: hinc alias artes: prolemq; parentũ.

g Martis equi. Δειμος & φοβος A. Martis equi biiuges: Martę equi tradũtur Dimus et Phobos Homero auctore: vt scribit Prob⁹. Achillis vero xanthus & Ethon. quidã quattuor putant. et eis adiiciunt Podargũ & lampũ. auctor idẽ Probus. h Et magni curr⁹. S. Balliarch⁹: et xãth⁹. i Coniugis aduentum pernix Saturnus. S. Dũ cum amica Phyllira Saturnus coiret: Ops eius vxor aduenit: cuius pręsentiam veritus: se in equum conuertit: qualem potuit numen imitari. Exinde natus est Chiron dimidia pte homo: dimidia pte equ⁹. Sane Ops cum de vxore Saturni dicimus: o corripit̃. vt Ops opis. cum vero nympha dicim⁹ opis longa est. vt Opis ad ethereum pennis aufert̃ olympũ. Pernix aũt ad equũ refert̃. nam Saturni stella tardissima est. A. Saturn⁹. is cũ Iouẽ quęreret: & in Thracia cũ Phylira Oceani filia in equum versus dicit̃ cõcubuisse: et ex ea Chyronem Centaurũ natũ artis medicinę inuentorẽ. quis a Phyllira phyllirides dr̃ a poetis: scribunt aratum de aduentu vxoris nil scribere. Virgilius tñ hic oñdit vxoris Opis aduentu in equũ versum esse: dum cũ illa coiret. Pernix velox: quia equus. i Altum pelion. S. Montẽ Thessalię: in q̊ Chiron habitauit. A. Altũ peliõ. Thessalię montẽ altissimũ. teste Pli. li. secundo: in q̊ (vt scribit Solin⁹) nuptiale cõuiuiũ Thetidis et pelei celebratum fuit. k Hunc quoq;. S. Licet bonũ et tot signis pbatũ. l Vbi aut morbo. S. Duo sunt quibus minuũtur corpis vires: senectus et morbus. Vñ mire vtrũq; cõplexus est. m Abde domo. S. in domo. nam si aduerbialiter vellet loqui: domi diceret. Tale est illud in quarto. Non libię: nõ ante tiro. n Nec turpi ignosce senectę. S. Cicero in Catone maiore. et laudat et vituperat senectutẽ. Vñ dupl' r hũc locũ intelligimus: aut ignosce nec turpi senectę: q̃ turpis nõ est: quia per naturã venit. A. Nec turpi. Ordo est. Nec ignosce turpi senectę. q̃uis em̃ seniores equi sint: tñ oẽm laborẽ tolerare valent. Est aũt sensus: ꝙ vbi optimus equ⁹ vł morbo vel senecta deficit. remouẽdus ab admissura: & in domo retinend⁹: nec parcendũ. oñdit enĩ oĩno fatigandũ: cũ modo tamẽ. Turpi senectę Iuuenalis etiã sat: x. ait. Sed q̃ continuis & quãtis longa senectus plena malis: deformẽ et tetrũ añ oĩa vultũ. Dissimilẽ q; sui: deformem p cute pellem: pẽdẽtesq; genas: et tales aspice rugas zc. Quãuis autẽ senecta sit a natura: omnino quin turpis sit: negari nõ potest: Ergo nec ignosce turpi senectę dicendum.

o Frigidus in venerem senior. A. Hic locus asserit: quod dixi verũ esse: vt scilicet ab admissura senior in domo teneatur: ibiq; fatiget̃: cũ modo: nec penitus fatiget̃: generat aũt mas ad ãnos. xxxiii. & ad. xl. durasse tradũt adiutum modo in attollenda priori pte corporis: sed ad generandũ paucis animaliũ mĩor fertilitas: qua de causa p interualla admissurę dantur. Nec tamen quindecim initus eiusdẽ ãni valet tolerare. Equę gignũt ãnis oĩbus ad q̃dragesimum vixisse equũ lxx. ãnis pdit̃. Pli. auct. li. viii. c. xlii: Colũ. vero libro. vii. c. xxvi. scribit: ꝙ marem putant minorem trimo nõ esse ydoneũ admissurę. posse vero vsq; in. xx. annũ pgenerare. foeminã bimam recte cõcipere: vt post tertium annum enixa foetũ educet: eandumq; post decimum nõ esse vtilem. Superiori aũt capite dixerat: ꝙ nec minus q̃ quindecim: nec rursus plures q̃ viginti annos debet ĩplere. p Frustraq; laborẽ. A. Ordo. Et frustra trahit. i. pducit: ingratũ laborẽ. i. ingratũ coitũ. Nam calidissimus quisquis citius venerẽ perficit: & ei gratior illa fit: senes vero tardiores sunt: quia frigent.

q Et si qñ ad p̃lia ventũ. S. Alibi nocturnaq; bella.
r Quondã. A. quandoq;: s Animos euumq; notabis. S. pręcipue ante omia ętatem & magnanimitatẽ requires. post cętera parentes & studiũ. A. Animos. vt sit hilaris equus & intrepidus zc. vt supra ostendit. Colũ. libro. vii. c. xxii. scribit: ꝙ annorũ notę cũ corpe mutantur: Nam dũ bimus & sex mensiũ est: medii dentes & supiores & inferiores cadunt: cum quartum agit: his qui canini appellant̃ deiectis: alios affert: intra sextum deinde annum molares superiores cadũt. Sexto anno quos primo mutauit exequat: septimo oẽs explent̃ equalr̃: & ex eo cauatos gerit: nec postea quot ãnoꝝ sit maifesto compheñdi põt. decimo tñ anno tempa cauari incipiunt: & supcilia nõnunq̃ canescere: et dentes prominere: Hęc ille.
t Alias artes. A. Equoꝝ enim alii sunt ad rem militarẽ idonei: alii ad vecturã: alii ad admissurã: alii ad cursurã: alii ad predam. Itaq; nõ item sunt spectandi atq; habendi: hinc peritus belli alios eligit: atq; alit ac docet: Alios

quadrigarius. Plura Var ro libro.iii.capitulo.vii. v Prolemqꝫ parētū. A. Varro ꝑdicto loco sic ait De stirpe magis interest qua sint: ꝙ genera sunt multa: itaqꝫ ad hoc nobiles ab regionibus dicunt in grecia. Thessalici equi a terra. Apuli: ab rosea roseani. x Et quis cuiqꝫ dolor victo: que gl'ia palme. S. Vult ꝓbare: moueri equos: vel amissiōe vł acquisitiōe victorie. nam eo tendit seq̄ns iste decursus: Vnde & paulo post. Tantus amor laudū: tante victoria cure. Lucan⁹. Quantū clamore iuuat Eleus sonipes. C. Dolor. Nam lachrymas victos emittere: & victores leticiam ostendere dixerunt. y Et q̄ gl'ia pal. A. Vt cursu certant eq̄les superare couentur ꝛc.

Et quis cuiqꝫ dolor victo: que gloria palme.
Nonne vides quū precipiti certamine campū
Corripuere: ruuntqꝫ effusi carcere currus:
Quū spes arrecte iuuenū: exultātiaqꝫ haurit:
Corda pauor pulsans: illi instāt verbere torto:
Et proni dant lora: volat vi feruidus axis:
Iamqꝫ humiles: iamqꝫ elati sublime videntur
Aera per vacuū ferri: atqꝫ assurgere in auras.
Nec mora nec requies: at fulue nymb⁹ arene
Tollitur: humescunt spumis: flatuqꝫ seq̄ntū:
Tantus amor laudum: tante est victoria cure.

e Haurit. S. i. ferit: vt latus haurit apertum. A. Haurit: id est eleuat. ferit: f Instāt. A. iminēt eqs: CRI. id est nunq̄ cessant ab opere. g Verbere torto. S. freq̄nti: sc̄ iteratione: A. Verbere. scutica: C. Torto. Nam ex crebro motu contorquentur & inflectuntur lora.

h Et proni dant lora. S. lora habenas. C. Et proni. pinxit illorū celeritatē

i Volat vi feruid⁹ ax. S. Alibi. Frenaqꝫ: feruentesqꝫ rotas. Nam tam rote q̄ꝫ axis cursu calescūt. A. Vi. id est violentia. k Iamqꝫ humiles. C. Tota hec cursus descriptio picture q̄ꝫ scripture similior est. Ipse etiā concise breuesqꝫ clausule faciunt vt celeritas narrantis: expressius demonstrat celeritatem currentiū. Iamqꝫ humiles: iamqꝫ elati. quia saltu rem peragunt: vt propter eorū leuitatē per aerem potius q̄ꝫ ꝑ terram ferri videant. l Nymbus: A. nubes. m Tantus amor. C. Iccirco accelerant: quia victorie cupidissimi sunt.

z Ruuntqꝫ carcere. S. Vsurpatiōe ꝓ carceribus: qui ab arcendo dicti sunt: Nā carcer est custodia noxior. A. Carcere. repagulis. a Curr⁹. A. q̄drige. b Cum spes arrecte. C. Ecbasis ornandi loci causa. c Iuuenum. AN. aurigarum: vel spectantium. d Exultantia. SER: salientia: trementiaqꝫ.

Primus erichthoni⁹ currus & quatuor ausus

n Prim⁹ Erichthoi⁹. S. Vulcan⁹ impetrato a Ioue Minerue coniugio: illa reluctante: effectū libidinis ꝓiecit in terrā. inde natus est puer draconteis pedibus qui appellatus est Erichthoni⁹: quasi de terra: & lite procreatus. Nā εριϛ est lis & χθων terra. Hic ad tegendā pedum foeditatem: iunctis equis vsus est curru: quo tegeret sui corporis turpitudinē. A. Erichthoni⁹. Fuit is Vulcani et Terre fili⁹ qui primis ducit quadrigis vsus: quo decentius celaret pedes suos anguinos. Prob⁹ auctor. Et Pli. li. vii. inq̄t: q̄ Bigas primū iunxit Phrygū natio q̄drigas Erichthoni⁹: Eusebius itē sic ait: Erichthonius primus q̄drigas iunxit in grecia. Erat quippe apud alias nationes .id aũt fuit Danao regnãte argis. C. Erichthonius. Augustin⁹ in li. de ciui. dei ait: hunc puerũ Athenis in vulcani Mineruęq̃ tẽplo ad inuẽtũ: serpente implicatũ. Et q̃ sibi regnũ portendebat: diligẽter enutritũ hominũq̃ deorũ filiũ cũ parentes ignorarent iudicatũ. idem Augustin⁹ refert: hic vt placaret iratũ Apollinẽ: q̃ ei⁹ templum a Danao rege incẽsũ fuerat: nec greci id prohibuerãt: & ppterea sterilitate regionem oppresserat: ludos musicos eidẽ Apollini instituit. Itidẽq̃ mineruę: vbi victores oleo donabãt. Pli. aũt scribit Erichthoniũ quadrigas inuenisse. Itẽ argẽtũ Athenis.

x Fortisq̃ my. A. ad Agemẽnona respexit: qui grecorũ ductor exercitus: Troiã deleuit. Vnde alibi ait: Agamẽnoniasq̃ mycenas. Preterea docet Strabo li. viii. q̃ argos a primordio magis extitit potentia primariũ: subinde Mycenę ampliora susceperũt incremẽta: ppter cõmigrãtes in illas pelopidas. Nã cũ oms ad Atrei filios cõsisteret: Agamenon natu grandior regnũ adeptus: duce virtute ac pariter fortuna comite: regionis paternã possessionẽ ampliauit: & Myceno laconicũ adiecit impiũ. Verũ menelaus laconię regimẽ tenuit: ac agamenon Mycenarũ vsq̃ Corinthũ, ac Sicyonẽ & Ionium & agialeonum. sic enĩ ea vocabant ętate cũ posteri⁹ Achęi dicti sint regnũ suscepit. Hec et plã Strabo. y Neptuniq̃ ipsa deducat ori. ge. S. id est si sit pcreatus ab equo Neptuni qui editus est tridenti pcussione. A. Neptunus Cereri quum vim afferre vellet: ea se in equã vertit. Neptun⁹ vero eã ita compssit. Vñ generosi equi pditi eẽ dicuntur. auctor Probus. Nos autẽ latius de Neptunni equis lib. i. Georg. ibi scz Tuq̃ o cui prima frementem. z His animaduersis. S. Morib⁹ et ętate dephensis. A. His videlicz ętate & annis equi.

Iungere eq̃s: rapidusq̃ rotis insistere victor.
Frena pelethronij lapithę: girosq̃ dedere:
Impositi dorso: atq̃ equitẽ docuere sub armis
Insultare solo: & gressus glomerare supbos.
Aequus vterq̃ labos: ęque iuuenẽq̃ magistri
Exquirunt: calidumq̃ animis & cursib⁹ acrẽ.
Quãuis sępe fuga versos ille egerit hostes:
Et patriam epirum referat: fortisq̃ mycenas:
Neptuniq̃ ipsa deducat origine gentem:
His animaduersis: instant sub tẽpus: & omĩs
Impendunt curas: denso distendere pingui
Quem legere ducẽ: & pecori dixere maritum:
Florentisq̃ secant herbas: fluuiosq̃ ministrãt:
Farraq̃: ne blando nequeat superesse labori.
Inualidiq̃ patrum referant ieiunia nati.
Ipsa autem nocte tenuant armenta volentes:
Atq̃ ibi concubitus primos iã nota voluptas

o Rapid⁹. S. id ẽ velox. p Victor. S. ppositi sui effector. q Frena pelethronii. A. Pelethronium oppidũ est Thessalię: vbi primũ domãdorũ equorũ vsus inuẽt⁹ ẽ. Nã quũ qdã Thessal⁹ rex bob⁹ Oestro exagitatis: satellites suos ad eos reuocandos ire iussisset: illiq̃ cursu nõ sufficerent. ascẽderũt eq̃s & eorũ velocitate boues secuti: eos stimulis ad tecta reuocarũt. Sed hi visi: aut cũ irent velociter. aut cũ eoꝝ equi circa flumen: Penon potarent capitibus inclinatis: locũ fabulę dederũt: vt centauri esse crederent: q̃ dicti sunt cẽtauri ἀπὸ τοῦ κεντεῖν τοὺς ταύρους Alii dicunt centaurorum fabulam esse cõfictã ad exprimendã hũanę vitę velocitatẽ: quia equũ constat esse velocissimũ. Bene autem ait Pelethronii: quia sunt & alii Lapithę. A. Frena pelethronii. impositi dorso: & insultati solo &c. Carmina sunt Ennii in Alexãdro. vt docet Macrob. li. v: Frenos aũt & strata equorũ pelethroniũ inuenisse scribunt. Pugnare ex eq̃ Thessalos q̃ centauri appellati sunt. habitantes sm Peliũ montẽ: vt scribit plini⁹ li. vii. Et probus ait: pelethroniũ esse subiectũ Pelio monti: Pelethronii lapithę. i. ex pelethronio oriundi. frena inuenere. Habebant eni Lapithę plã oppida in ipsa Thessalia. q Equitẽ docuere. S. i. equũ. Nã p equo rectorẽ posuit. A. Equitẽ. i. equũ portantem hoiem. Oẽs eni antiq̃ scriptores vt hoiem equo insidentẽ: ita & equũ cũ portaret hoiem equitẽ vocauerunt. Et equitare nõ hoiem tm̃. sed equũ q̃z dixerũt. auctor est Macrobi⁹ li. vi. in fi. r Gressus glom. supbos. S. Vt cũ disciplina incęderet. s vterq̃ labor. A. s. docere equũ saltus & ingressus. Põt & p Epexegesim legi: vt dicatq̃ id est et. ęque magistri exquirũt iuuenẽ equũ: & calidum animis & cursibus acrem. s Quãuis sępe fuga. S. Ordo est: q̃uis sępe victor fuit. q̃uis nobili genere pcreatus: cũ a mgr̃is ętas est magnanimitasq̃ regrenda: q̃ si nõ fuerit: illa nihil psunt. A. Quãuis: sensus est: eligẽdũ eẽ equũ iuuenẽ calidũq̃ animis et cursib⁹ acrẽ: q̃uis sępe cursu victor alioꝝ fuerit: q̃uis optimã patriã referã & optimam stirpẽ. t Egerit. A. fugauerit. v Epirum. A. de Epiro latius li. i. Georg. Palmas epiros equarum.

a Instãt sub tps. S. coeundi: q̃ ei⁹ cura maior adhibetur. A. Instãt. incumbũt: attendũt. Sub tẽpus prope tẽpus coeundi: scz cui datur intantũ. (teste Varrone li. ii. ca. vii.) ab equinoxio verno ad solstitiũ. Admittere autem oportet: cũ tps anni venerit bis die: mane & vespere. Colu. etiã li. vi. c. xv. sic ait. Vulgarib⁹ equis passim marib⁹ ac foeminis pasci pmittit. nec admissura certa tpa seruentẽ. Generosis circa vernũ ęquinoctiũ mares iũgentẽ: vt eodẽ tpe quo cõceperint: iã lętis & herbidis cãpis post anni mensem paruo cũ labore foetũ educẽt: Nã mẽse. xii. partũ edũt. b Denso distendere pingui. S. Nam saxo quod q̃busdã potionib⁹ agazones p fraudẽ facere cõsueuerũt. Vñ ait. Denso pingui. i. viribus pleno. Sane pingue est generis neutri. & ita in omnib⁹ idoneis inuenit. nã nec pinguedo nec pinguetudo latinũ est. A. Denso. At ibidẽ Columella. Eoq̃ tpe q̃ vocat a foemis equ⁹. s. roborãd⁹ est largo cibo: appropinq̃nte vere ordeo eruoq̃ saginãd⁹: vt veneri supsit: q̃toq̃ fortior inierit: firmiora semina pbeat futurę stirpi. Et Varro li. ii. c. v. de bob⁹ sic ait. ppter foeturã hoc obseruare soleo añ admissurã: mensem vnũ nec cibo nec potione se impleãt: q̃ existimat facili⁹ macrã concipe. Contra tauros duob⁹ mẽsib⁹ añ admissurã: herba & palea ac foeno facio pleniores: et a foeminis secerno. c Florentisq̃ secant herbas. S. Adultas maturiores: quibus robur acq̃rit. d Blando eni. s. labori. Periphrasis est coitus. A. blando labori. i. veneri. e Ieiunia nati. S. infirmitatẽ ex inedia venientẽ. f Nota volup. S. Dicendo nota: p transitũ rẽ ab aliis diligenter expliãm tetigit.

Solicitat: frondesq; negant & fontibus arcent.
Sępe etiā cursu quatiunt: & sole fatigant.
Quū grauiter tonsis gemit aera frugibꝰ: & quū
Surgentē ad zephyrū paleę iactātur inanes.
Hoc faciunt: nimio ne luxu obtusior vsus
Sit genitali aruo: & sulcos oblimet inertes:
Sed rapiat sitiens venerē: interiusq; recondat.
Rursus cura patrū cadere & succedere matrū
Incipit: exactis grauidę quū mēsibus errant.
Nō illas grauibꝰ quisq; iuga ducere plaustris.
Non saltu superare viam sit passus: & acri
Carpere prata fuga: fluuiosq; innare rapaces.
Saltibus in uacuis pascant: & plena secundū
Flumina muscꝰ vbi: & viridissima gramīe ripa.
Speluncęq; tegant: & saxea procubet vmbra.
Est lucos silari circa ilicibusq; virentem
plurimus alburnū volitans: cui nomen asilo
Romanum est: oestrū graij vertere vocantes
Asper: acerba sonās: quo tota exterrita syluis
Diffugiunt armenta: furit mugitibus ęther
Concussus: syluęq;: & sicci ripa tanagri.
Hoc quondā monstro horribiles exercuit iras:
Inachię iuno pęstem meditata iuuencę:

Nam equę puellę cū primū coeunt: si macrę sunt: & debilitant: et debiles gignūt. Post primū aūt partū tenues eē debent. A. Iā nota voluptas. De equabꝰ intelligit: alias enixis. g Frondesq; negāt. S. Contra illud: Florentesq; secant herbas: fluuiosq; ministrāt. h Quū grauiter tonsis: hoc est die medio. Hoc autem ad exprimendum diei tēpꝰ est positū: nōq; equę tempe ęstatis coeant. i Paleę. A. Quid ꝓprie palea sit: li. i. Ge. videto. k Hoc faciunt nimio ne luxu obtu.. S. nimio. pingui. et bñ rē turpē apte a Lucretio tractatam vitauit translatiōibꝰ: q̃s oēs ab agricultura traxit: vt luxu ꝓpter luxuriē segetū. A. luxu. i. copia. abundantia. l Obtusior. A. Hebes. est ei gradꝰ ꝓ gradu. m Vsus. A. vtilitas. n Genitali aruo. S. pro muliebri folliculo quem vuluā vocāt. Vt etiā Plinius docet. nā añ folliculꝰ dicebat. A. Gēitali aruo: id est vuluę et matrici. Ibi enī concipit: ibi educat: & crescit quicquid concipitur. CRI. Gēitali aruo. Translatio ab agricultura. Fit autē obscęnitatis vitandę cā. o Sulcos oblimet iertes. S. claudat meatus. Et hoc sir ꝑ trāslationē dixit. Nā legimꝰ sup. Et obducto late tenet oīa limo. AN. Oblimet: obducat: cooperiat: claudat. limo repleat ꝓprie. Sulcos iertes: vuluę meatꝰ cōceptionis ineptos si repleti fuerint nimio luxu. p Sitiens. A. vulua ipsa macrior. q Venerē. A. equi semē. r Patrū. A. admissariorū: vbi enī equas ipleuerint: eorū cura hr̄ minima. s Exactis mensibꝰ. S. vicinis partui. Tūc enī diligentius tractandę sunt ne abigant. A. Exactis mensibꝰ. i. ꝑfectis & partui vicinis. Vñ li. i. georgi. Exactū ad mēsem pluuia: ventisq; carebūt. Varro li. ii. c. vii. ait. Quū cōceperint equę: videndū ne aut laborent plusculū aut ne frigidis sint locis: q algor maxime pręgnantibus obest. Itaq; & in stabulis & ab hūore oportet ꝓhibere humū: clausa hr̄e hostia: ac fenestras: & inter singulas aꝑsepibus palos interiicere lōgiores: q eas discernāt: ne inter se pugnare possint. Pręgnantē neq; implere cibo: neq; esurire oportet. Alternis ānis q admittūt diuturniores & meliores pullos fieri dicūt. t Grauibꝰ plau. A. Innuit anteq; partus vicinus fuerit: ꝓgnātes equas etiā fatigari posse leui mō. De plaustris videto li. i. Geor. v Nō saltu supare. S. Qd solet fieri cū pascunt pedibꝰ impeditis. x Saltibus inuacuis. S: magnis. A. campis magnis & carentibꝰ saxis & arboribꝰ deiectis. y Et plēa secūdū. S. ne inclinent ad potū. A. Secundū. ꝓpe ad potū ꝓcubāt.

z Muscus. A. vbi lanugo viridior q locis hūidis: & sole carentibus sit muscus dicit. Hic ꝓ herba illa tenella: seu lanugine: q in aquarū supficie nascit: accipit. a Est lucus silari. ₰c. S. Ordo tal' est. Circa lucos silari flumīs Lucanię et alburnū eius mōtē plurimū volitās: ac si diceret, est multa musca. A. Silarus fluuiꝰ est: q veterē Cāpaniā diuidit a picentibꝰ: cui q̄dā fluuio ꝓpriū illud iesse tradit: vt i eiꝰ aq̄ dimissa virgulta saxificent. Forma tñ coloreq; seruato. auctor est Stra. li. v. Probus scribit: Silarū lucanię fluuiū eē. Sic etiā Ptholomeꝰ li. iii. b Alburnū. A. Alburnꝰ lucanię portus: & eiusdē nois mons Teste Probo. c Volitans. S. mō nomē est: nō participiū. d Cui nomē asilo Romanū ē. S. vt cui Remulo cognōē erat. A. Asilo. Pli. li. xi. c. xvii. scribit q nascūt aliqñ i extremis fauis apes grandiores q ceteras fugāt. e Oestrū graii ver. vo. S Vertere ex soni similitudie onomatopeiā fecere: nō ei possumus accipe ex latina lingua mutauere. cum constat linguam grecam primam fuisse. Oestrū autē grecum est: latine Asilus. vulgo Tabanꝰ vocat. A. Oestrus vocat hoc malū: Theodorꝰ aūt interpres Aristotel' li. v. de historia aialiū ait: q Asilus latius culus q̄busdā bestiolis: q in fluuiis supnatant enascitur: q̃ ob rem magna asilorū copia circa aquas vbi id genus bestiarū est Tabani vero ex ligno nascunt. Fęstus vero scribit oestrū gręco vocabulo furorē dici. Pręterea oestreo insanio dicit: Oestrelateome stimulor insanio. Sūt qui putēt Asilū a voce dictū a latinis. Oestrumq; a voce gręcis. Est tamen Oestrū dictū ab illis: puto a furore: & ita vertisse vocantes Oestrū. Latini em̄ ab voce Asilū: illi Oestrum a furore vocarunt: Vertit aūt nomen q̄tiens ab ꝓprio in aliud trāsmutatur. Sic byrsa cum sit proprie corium: ab re ipsa quoq; dicta est Carthaginis arx. Sic & oestrꝰ cū sit furor: ab eodem effectu Oestrus dictū est illud aīal. f Sicci tanagri. S. nō multū fluentis. Tanager aūt fluuiꝰ est Lucanię. Et hoc dicit armentorū mugitu cuncta resonare. A. Tanagrꝰ torrens est Lucanię: qui cū pluuię sunt: effusior est. & sęuit. quū serenū siccus est. Idem Probꝰ. g Hoc q̄dā monstro horribiles. S. Argumentat ab exemplo dicēs Iunonē Oestro se contra pellicē defendisse. h Inachię Iuno. S. Nota aūt est fabula. Io Inachi filiam ab ꝑ̄log̃dam Ioue Iunonis aduentu cōuersam esse in vaccam: cui Iuno immisit oestrū: quo toto orbe fatigata: tandē aliq̄ñ venit ad ęgyptū: & illic in Isim conuersa est. Transit aūt

k Hūc quoq3 (l nā mediis feruorib⁹ acrior instat)
m Arcebis grauido pecori: armentaq3 pasces
n Sole recens orto: aut noctem ducentib⁹ astris.
o Post partū cura in vitulos traducitur om̄is.
Continuoq3 notas et nomina gentis inurunt:
p Et q̄s aut pecori malint submittere habendo.
Aut aris seruare sacris: aut scindere terram:
q Et campū horrentem fractis inuertere glębis.
r Cętera pascuntur virides armenta p herbas.

per mare angustū: quod Bosphoron ab ea appellatū est: nunc Helespontus nominat̄. A. Inachus apud Argos prim⁹ regnauit annis qnquagīta. Auctor Eusebius. Eius filia ab Ioue in vaccā Iunonis aduentu cōuersa est: quā postea Iuno dono accepit: tradiditq3 seruādam argo pastori suo: quo obtrūcato ab Mercurio: irata Iuno in Io Oestrū immisit: quo exterrita illa vsq3 in egyptū fugit: Ibiq3 Ioue agente: in hūanā rediit figurā. mutatoq3 nomine Isis dicta est: & ab ęgyptiis p dea culta. Id aūt lati⁹ Ouid. narrat li. primo meth. C. Inachię. Ab eo qd̄ est Inachus: fuit enī rex vigesimus prim⁹ Sycioniorū: qui regnauit annos. xlii: cui successit Phęst⁹: et ipse Polybo successerat. Syconiorū prim⁹ rex ęgyaleus fuit: a quo ęgyalea dicta est: quę deinde Peloponesus est vocata. Incępit aūt regnū regnāte Nino apud assyrios āno mundi qnto ac octogesimo sup̄ mille ac centū: ac pductū ē vsq3 ad mūdi annū septuagesimū sup̄ quattuor milia: fuitq3 vltimus rex zeusippus. i Pęstē meditata iuuencę: S. Vel quā pęstem añ excogitauerat: vel meditata inferēs & exercens accipiamus. Horatius. Horridaq3 cultis diluuiū meditat̄ agris. i. infert: exercet. Nam ī ipsa meditatōe exercitiū est. k Hunc q3 arcebis. S. i. etiā hoc malū remoue. A. Hūc q3: vltra p̄dicta arcenda vitandaq3: l Nā mediis feruoribus acrior instat. S. tūc ē acrior. Et dicendo tp̄s: oñdit queādmodū possit euitari. m Grauido pecori. S. a grauido pecore. nam arceo a te dicim⁹. A. Pecori armenta. hic nulla ē Synaloepha. n Sole recens orto. S. Statim. Salustius. Coria recens detracta: veluti glutino adolescebant. o Post partū cura in vitulos. S. Modo & de equis & bobus accipim⁹ general̄r. A. Varro libro. ii c. v. ait de vitulis. Lactentes cum matribus cubent. atteruntur enim quū creuerunt vituli: Leuādę mat res pabulo viridi obiiciendo in p̄sepiis. Item his fere in omnib⁹ stabulis lapides sternendi: aut quid itē ne vngulę putrescāt. Ab ęquinoctio eni antūnali vna pascunt̄ cū m̄ribus. Syluestrib⁹ vitulis obiiciūt furfures triticeos: & farinā ordeaceā: & tenerā herbam: & vt bibant mane & vesp̄e curāt. Hęc ex Varrone. Palladi⁹ itē de Aprili ait: Hoc mense vituli nasci solēt: quo2 m̄res abūdantia pabuli iuuentur: vt sufficere possint tributo laboris & lactis. C. In vitulos: vt pullos dicim⁹ iuniores in equo: asino: mulo ve: ac in oīm volatiliū genere. Sic in boue & elephante vitulos dicim⁹. Sed in hūana specie pullos dixere pueros obscęnę amatos. Vnde Fabi⁹ (qui ab cādore ebur

¶ Sed non vlla magis vires industria firmat.
Quã venerẽ & cęci stimulos auertere amoris.
Siue boum: siue est cui gratior vsus equorũ.
Atq ideo tauros procul atq in sola relegant
pascua: pᵒ mõtẽ oppositũ: & trãs flumĩa lata.
Aut intus clausos satura ad presepia seruant.
Carpit enĩ vires paulatim: vritq videndo
Foemĩa: nec nemorũ patit mem ĩsse nec herbę.
Dulcibus illa quidẽ illecebris: & sępe sugbos
Cornibus inter se subigit decernere amantes.
pascitur in magna sylua formosa iuuenca:
Illi alternantes multa vi prelia miscent:

scilicet: Frenos audire tonantis. o Lenta. AN. Flexibilia: mollia. Scutice enim & virgę lentes et molles sunt. p Duris parere lupatis. S. i. frenis asperrimis. Dicta autem lupata a lupinis dentibᵒ: qui inequales sunt. Vnde & eorũ morsus vehemẽter obest. A. Duris lupatis. Lupus & lupatũ frenũ dicitur. Ouidiᵒ in Tri. Et placido duros accipit ore lupos. Et Marci. Mordent aurea & lupata cerui. q Cęci amoris. S. latentis cupidinis. A. Cęci amoris. Vis magna mentis: blandus atq animi calor. Amor est (inqt Seneca in Octauia.) Est igitur amor mentis q̃dã passio ab exterioribus illata: & p sensus corpeos introducta. Cęcum vero amorẽ fingunt. vt aduertamus amantes ignorare quo tendant: nulla eorum esse iudicia: nullas rerum distinctiões: sed sola passiõe duci. Charinus autem in Mercatore Plauti. Amorẽ hęc cuncta vicia sectari solent: inqt. Cura: ęgritudo: nimia elegantia: in sumnia: erumna: error & fuga: ineptia: stulticia: temeritas; immodestia: petulantia: cupiditas; maliuolentia; desidia; iniuria; inopia: contumelia: dispendium: multiloquiũ: pauciloquium. hoc iõ fit: q̃ q̃ nihil attingunt ad rẽ agit nec sumptᵒ videre. Amoris itẽ pathos latius ęgloga. viii. ostendimus.
r Stimulos. A. Colu. li. vii. c. xxv. scribit. Maxime curandũ eẽ verno tpe anni: vt tam foeminis q̃ admissariis desiderantibᵒ coeundi fiat ptãs: qm̃ id pręcipue armentũ si prohibeas libidinis extimulaẽ furiis. Vñ etiã veneno inditum est nomen Hyppomanes: q equinę cupidini similem mortalibus amorem accẽdat. Equos preciosos reliquo tpe ãni remouere oportz a foeminis: ne aut cum volent ineant: aut si id facere phibentur cupidine solicitati noxam trahant. Itaq vel in longinqua spacia marem placet ablegari: vel ad presepia contineri. t Relegant. S. i. remouent.
v Trans flumina lata. S. scilicet ne natatus sit facilis.
x Videndo. S. dum videtur. gerundii modᵒ a passiuo.
y Illecebris. A. suasionibus voluptatibᵒ: blandiciis: sed in malam & bonã partẽ sunt. Tullius de republica: li. vi Suis te oportet illecebris: ipsa virtus trahat ad verum de

nis. Idem pro. M. Cœlio. Erant apud illum illecebrę libidinũ multę. Et pro Milone. Quis ignorat maximam illecebram esse peccandi impunitatis spem.
z Subigit. A. impellit. cogit. a In magna syluaS. Alii Sila legunt: vt sit mõs Lucanię: quod modo nulla necessitas cogit: vt in eneide. Ac velut ingenti sila summo ve taburno: vbi vtrunq́ʒ speciale est. AN: Sylua in ãtiquis semper legi. b Lauit. A: a luao lauis pręsens est: lauit autem inficit. deturpat. CRIS. Lauit p̃sentis temporis ẽ. Erat ei apud priscos lauo lauas & lauo lauis. Plaut⁹ in Pseu: Gestans tabellas eas lachrymis lauis.

taret. Sup̃ omnia autem intolerabilis videtur superbia victoris. k Aspectans. S. Cicero in Catil. Retorquet oculos profecto sępe ad hanc vrbem: quã ex suis manibus ereptam luget. ANT. Expectans. ex patho. & affectiõe id est. CRI. Aspectans. ex qua re exprimitur desiderium.

c Ater. CRIS. Quia cũ primũ uenas egreditur: contabescẽs nigrescit. Vel quia ĩ tauro sanguis melancolicus est. Descriptio autem huius certaminis: ac deinde fugę: & postremo reuersionis ad vltionem: verbis a malicia humana translatis vehemẽter illustratur.

Vulneribus crebris lauit ater corpa sanguis.
Versaq́ʒ in obnixos vrgentur cornua: vasto
Cũ gemitu: reboant syluęq́ʒ: & magn⁹ olipus.
Nec mõs bellantes vna stabulare: sed alter
Victus abit: longeq́ʒ ignotis exulat oris:
Multa gemẽs ignominiam: plagasq́ʒ superbi
Victoris: tum quos amisit in vltus amores.
Et stabula aspectans regnis abcessit auitis.
Ergo omni cura vires exercet: & inter
Dura iacet pernix instrato saxa cubili.
Frondibus hirsutis: & carice pastus acuta.
Et tentat se se: atq́ʒ irasci in cornua discit
Arboris obnixus trunco: ventosq́ʒ lacessit
Ictibus: & sparsa ad pugnã proludit harenam.
post vbi collectum robur: viresq́ʒ receptę:
Signa mouet: precepsq́ʒ oblitũ fert in hostem.
Fluct⁹ vti medio coepit quũ albescere ponto
Longius: exaltoq́ʒ sinum trahit: vtq́ʒ volutus
Ad terras immane sonat per saxa: neq́ʒ ipso
Monte minor, p̄cumbit: at ima exęstuat vnda
vorticibus: nigramq́ʒ alte subiectat harenã.

l Regnis auitis. C. Durũ est exulare: durius ex antiqua patria: durissimum inde pelli: vbi maiores sui nõ vinci: sed regnare consueuerunt: omnia autem quę hic de certamine & fuga victi: & de corpore reficiẽdi: ac de reditu: ac de vltione dixit vera esse perhibẽt: qui de re pastoria scribunt. Magno autem ingenio poeta naturam amantiũ exprimit: vt in secundis rebus obturbescant. In aduersis autem magis: magisq́ʒ excitenẽ: vt sępissime victores a victis vincantur. Cum alteri sicordię: ignauięq́ʒ sedebãt: & fortũę successu elati a nullo: sibi noceri posse putẽt. Alteri vergentibus rebus asperis: nihil inausum: nihil intentatũ relinquat.

m Vires exercet. SER: Ab incultu robur acquirit.

d Obnixos. AN. cõtra positos: cõtra nitentes.
e Reboant syluę. SER: resultant, remugiũt. Roboo autem gręcum verbum est. nam apud latinos nullum verbum est quod ante o finalẽ o habeat: excepto inchoo. Qđ tamen maiores aliter scribebant. tunc aspirationẽ interponẽtes duab⁹ vocalib⁹: et dicebant incoho. Tria enim tantum habebant nomina: in quibus c litterã sequeretur aspiratio: sepulchrum: orchus: pulcher: Ex quibus tantum pulcher hodie recipit aspirationẽ. A. Reboant: resultant. p̄ echo scʒ.

n Pernix. SER: Modo perseuerans. vñ Horati⁹: Pernicis vxor Apuli: Et est tractũ pernix a pernitendo: o Carice acuta. SER. herba durissima. AN. Herba palustris: teste Probo.
p Obnixus. AN. incũbens: oblectans.

f Magnus olympus. AN. Mons est Thessalię: qui excellenti vertice tantus attollitur: vt tegmina eius celũ accolę vocent: ara est in cacumine Ioui dicata: cuius altaribus siqua de extis inferuntur: nec difflantur ventosis spiritib⁹: nec pluuiis diluuntur: sed voluente altero anno: cuiusmodi relicta fuerint: eiusmodi reperiunẽ. Litterę in cinere scriptę ad alteram anni cerimoniã p̄manent. Hęc Solin⁹ cap. vi. g Exulat. SER. extra solũ suum habitat.
h Multa. AN. pro multum. i Ignominiam. A. Est enim hęc nominis nota atq́ʒ macula. C. Ingnominiã p. Magnum oportebat esse dolorẽ in eo: qui pręter ignominiam q̄ victus esset: etiam graue damnũ vulnerũ repor

q Lacessit. AN. prouocat: affligat: lacerat.
r Proludit. A. imaginẽ quandam veri ludi & certaminis agit. s Viresq́ʒ recepte. A. Legitur & refertę.
t Signa. A. pugnandi scilicet. Vnde ia mari sumpsit metaphoram. nam cũ mare in medio albescit: spumas agẽs: ac paulatim vndas eleuat: Inde exęstuat maxime. Sic taurus paulatim signa bellandi mouens: in hostem postea irruit. v Oblitum. SER. Iam securum ex antacta victoria. x Fluctus vti medio. SER. Sic paulatim taurus mouetur ad prelia:
y Immane. S. p̄ imaniter. Et nomẽ p̄ aduerbio posuit:
z Procumbit. ANT. id est decidit.

Omne adeo genus in terris hoīmq; ferarūq;
Et genus ęquoreū: pecudes: pictęq; volucres
In furias ignemq; ruunt: amor omnibus idē.
Tempore non alio catulorum ōblita leęna
Sęuior errauit campis: nec funera vulgo
Iam multa informes vrsi: stragemq; dedere.

a Omē adeo. C. Ostendit q̄ vehemens sit amoris pturbatio: Quę quidē oīm amantiū generi cōmunis sit.
b Adeo. A. id est certe:
c Amor oibus idem. S. id est in vnoquoq; generę vnus est amor. i. similis: vt puta in lupis vnus est amor: id est similis: aliisq; omnibus pro qualitate generis sui: sicut alibi ait. Sopor suus occupat artus: id est ipsis aptus. Nam in omibus animalibus non est amor vnus atq; idem. sed in singulis generibus pro qualitate naturę: AN. Amor omnibus idem: id est eodem modo sęuus & vehemens.
d Oblita leęna. S. causa. scilicet nimii amoris. Leęna aūt grecum est sicut Dracena. Nā nos hic & hęc Leo dicimus. Lea naq; vsurpatū ē: quia in o exeuntia foemina ex se nō faciunt: vt fullo: latro: leo. ANT. Leęna. magna leęnis libido coitus: & ob hoc maribus ira. coitū sentit in adultera leo. totaq; vi surgit in poenam. cū p catulis foeta dimicat: oculorū aciē tradit defigere in terrā: ne venabula expauescat. Plinius li. viii. c. xvi.
e Vulgo. A. passim:
f Informes vrsi. S. Vel magni. vel quia tempore quo nascuntur carent forma. Dicitur etiam quedā caro nasci quę mater lambendo in membra cōponit. ANTO. Informes vrsi: corū coitus hyemis initio ambob⁹ cubantibus amplexisq;. pariunt tricesimo die. ac plurimū quinos. Hi sunt candida informisq; caro paulo murib⁹ maior: sine oculis: sine pilo: Vngues tantū prominent: hanc lambendo paulatim figurant. Idem libro. viii.

g Tygris. A. de tygribus videto eglo. v. h Heu male tunc lybię solis errať in aruis. S. Solis. i. desertis. A. Hoc aũt ppter varias feras dixit poeta (vt scribit Stra. li. xvii) multa lybię loca quę habitari possint: nõ habitanť ppter feras: maximaqз mediterraneę pars: et regio circa oceanũ deserta est: multũ quoqз torrida zona occupat.

i Lybię in aruis. S. serpentibus plenis. k Vt tota tremor pertẽptet equorũ corpa. S. Signatis sermõibus vtiť ad vim amoris exaggerandã: dicens et tota corpa: & ptẽptet

se e turri. A. Quid iuuenis agit supple. C. Leandrũ Abydenũ intelligit. Hoc exẽplo docet tantã eẽ vim amoris: vt etiã in q rõ est illi repugnare nõ possit. Fabulã hãc describit Museus grec⁹ poeta. v Nocte natat. A. Alluseo est ad Leãdrũ. is aũt apđ Ouidiũ ad Hero suã scribẽs sic ait. Nox erat incipiẽs nãqз & meminisse voluptas. Quũ foribus patriis egrediebar amãs. Nec mora deposito pariter cum veste timore. Iactabã liquido brachia lenta maris.

x Freta. ANTO. Hellespontum intelligit. D: quo So

Per syluas: tũ seuus aper: tũ pessima tygris.
Heu male tunc lybię solis erratur in aruis.
Nonne vides vt tota tremor pertẽptet equorũ
Corpora: si tantũ notas odor attulit auras.
Ac neqз eos iam frena virũ: neqз verbera seua:
Nõ scopuli rupesqз cauę: atqз obiecta retardãt
Flumĩa: correptosqз vnda torquẽtia montes.
Ipse ruit dentesqз sabellicus exacuit sus.
Et pede prosubigit terrã: fricat arbore costas:
Atqз hinc atqз illinc hũeros ad vulnera durat.
Quid iuuenis magnũ cui versat in ossib⁹ ignẽ
Durus amor: nempe abruptis turbata pcellis
Nocte natat ceca serus freta: quem sup ingens
Porta tonat coeli: et scopulis illisa reclamant
Aequora: nec miseri pñt reuocare parentes.
Nec moritura super crudeli funere virgo
Quid lynces bacchi varię: et gen⁹ acre luporũ
Atqз canũ: quid quę imbelles dãt plia cerui.

id est penitus temptet: cũ dicat leuẽ odorẽ equarũ. C. vt tota tre. ptẽ. equorũ corpora. Ex vi. s. amoris. Aristoteles enim libro de aialibus affirmat: equum salatiorẽ esse reliqs aialibus. hoie excepto: ipmqз intre omni tempe et dum viuit. Quin & equę sicut mulieres etiã foetę coitũ patiuntur. cetera marem fugiunt. nisi quę superfoetant: vt lepores. Equę sotietate iunctę: si equa sotia moriatur: pullũ suũ nutriunt. Sunt adeo prolis cupidę: vt sępe steriles auferant pullos a mr̃ib⁹ quos tueant. sed lacte carentes deprauant qs diligunt. Ait Aristo. Equę potissimũ ex feminis libidine accedunt: equiũtqз. Vnde & mulieres libidinosiores equire dicimus.

l Sitm notas odor attulit auras. S. Hyppalage est: pro si aurę notũ odorem apportauerunt.

m Frena virum. SER. virorũ fortium.

n Rupesqз caue. SER: ad illud respicit: quod supra posuit ibi. Post mõtẽ oppositũ & flumia lata.

o Torqntia montes. A. voluentia ingentes lapides. propter quod ondit equorũ furorẽ: cũ flumia etiã rapidissima tranent.

p Sabellicus sus. SER. Sabinus. & est species p genere. Dicit autem suem domesticũ quẽ cicurem vocant. Nam de apris sup ait. Tunc seuus aper. Hoc eñi vult pbare: nõ tñ feras: sed etiã mansueta animalia amore in furorem moueri. A. Sabellicus sus. De sabellis videto latius li. ii. Geor. Pubemqз sabellam. Suilli tñ pecoris admissura: a fauonio ad equinoctiũ vernũ: impleñ vno coitu. Plinius libro. viii. Et Varro li. ii. c. iiii. plurima.

q Et prosubigit. Ser. fodit: & pedibus impellit alternis: quod pugnaturi sues facere consuerunt ad acquirendum robur. Vñ etiã latera & costas terentes durãt ea in futura certamia. A. Prosubigit: effodit. r Hinc atqз illinc. S. Et ad pedũ motum: & ad tritionem costarum.

s Humeros durat. A. In luto volutaris suibus gratissima: vt scribit Pli. Et Columella li. viii. t Quid iuuenis. S. Ne forte occurrat illa aialia rõne carere: Dicit eñi grauius hoies in amorẽ cõmoueri. Fabula tal' ẽ. Leander Abyden⁹ & Hero sestias fuerẽt inuicẽ se amãtes. Sз Leander ad Hero noctu ire cõsueuerat p fretũ Hellespõticum. Qđ Seston & Abydon ciuitates interfluit. Cũ igiť iuuenis oppssi; cadauer ad puellã delatũ fuisset; illa pcipitauit

linus. c. x. inqt. ille ãt magnus hellespont⁹ stringiẽ in stadia septẽ: qb⁹ ab europa. asiaticã plagã vindicat. hic qзз vrbes duę. Abydos Asię: & Sestos Europę. Leãder ãt Abyda discedens Seston per Hellespontũ ad Hero nauigabat: Hinc ait ipsa. Quid referã qtiens do vestib⁹ oscula: qs tu Hellespontiacas ponis iturus aquas: y Porta tonat coeli. S. aer nubib⁹ plen⁹: per quẽ iter est ad coelũ. A. Porta tonat coeli. Ianũ quidã solẽ demõstrari voluit: vt scribit Macro. li. sat. i. & ideo geminum quasi vtriusqз ianuę celestis potentẽ: q exoriẽs aperiat diẽ: occidẽs claudat. Et apud Ouid. li. i. fasto. Ipse Ian⁹ ait. Presideo foribus cęli cũ mitibus horis: Et redit officio Iuppiter ipse meo. Porta itaqз coeli duplex ẽ. Oriẽs: et occidens. de qbus li. i. geor sic ait Maro. At Borę de pte trucis quũ fulmĩat: et cũ euriqз zephyriqз tonat domus: oĩa plenis Rura natãt fossis. z Illisa. A. impulsa. a Miseri parẽtes. S. amor parẽtũ. b Moritura virgo. A. Hero Leãdro scribẽs ait: Si tibi non parcis: dilectę parce puellę: Quę nunqз nisi te sospite sospes erit. c Quid lynces bacchi. A. videto eglo. v. in illo versu: Daphnis & armenias. Coeunt aũt lynces auersi: vt cameli leões: elephãti: tygres. auctor est Solinus. CRI. Non idem sunt lynces et ceruarii lupi: vt mľti crediderũt. Nã Pli. cũ de lupis tractet ait. Sũt in eo genere q ceruarii dicũť: quidam e Gallia in Pompei magni harena spectatũ dixim⁹. Huic qзuis in fame mandenti: si respexerit obliuionem cibi surripere aiũt: digressiqз qrere aliũ. Lyncũ aũt hũor ita redditur: vbi gignunť glaciať: arescit ve in gẽmas carbunculis similes. & igneo colore fulgentes durescit. Norunt hoc Lynces: et inuidẽtes: vrinã terra tegũt: sed eo celerius solidať: Lynces vulgo freqntes in ęthiopia gigni ait Pli. et mľta alia monstrosa aialia. d Gen⁹ acre lu: A. Coeũt lupi toto anno nõ ãpli⁹ dies. xii. vt Solin⁹ & Plini⁹ scribũt. e Atqз canũ. A. Canũ iusta ad pariẽdũ annua ętas. gerũt in vtero sexagenis dieb⁹: gignũt cęcos: nec vlli pter hoiem mẽoria maior. Plinius li. viii. f Quidquę imbelles. S. licet sint imbelles: tamẽ mouentur ad prelium. AN. Quid. Ordo est. Quid cerui imbelles quę prelia dant. vľ qз pro et.

g Cerui. A. a conceptu separãt se cerue: at mares relictę

[h] Scilicet ante omēs furor est insignis equarum
[i] Et mentem venus ipsa dedit: quo tp̄e glauci
[k] potniades malis mēbra absumpsere [l] ꝗdrigę.
Illas ducit amor [m] trans gargara: transqꝫ sonantē
Ascaniū: [n] superant montes: & flumīa tranant.
Cōtinuoqꝫ auidis: tibi subdita flāma medull
Vere magis: quia vere calor redit ossibus: illę
Ore omēs [o] versę in zephyrū stant rupib⁹ altis:
[p] Exceptantqꝫ leues auras: & sępe sine vllis
Coniugijs [q] vento grauidę (mirabile dictu)
Saxa per & scopulos & depssas conualles
Diffugiunt: non Eure tuos neqꝫ solis ad ort⁹.
In boreā [r] caurumqꝫ: aut vnde nigerrim⁹ auster
Nascitur: & pluuio contristat frigore cœlum.
[s] Hinc demū (hyppomanes vero q̄d noīe dicūt
pastores) [v] lentum distillat ab inguine virus:
Hyppomanes: quod sępe malę [x] legere nouercę:
[y] Miscueruntqꝫ herbas: et nō innoxia verba.
Sed fugit interea: fugit [y] irreparabile tempus:
[z] Singula dum [a] capti circūuectamur amore.

rabie libidinis sequūt: animal est simplex: et omniū rerum
miraculo stupens: Pli. li. viii. h Furor est isignis eq̄rū:
S. Notabil' est: p̄cipu⁹. A. Furor eq̄rꝫ. videto paulo sup⁹:
ibi. stimulos auertere amoris q̄d ex Columella dixerim.
i Mentē. A. voluptatē & appetitū libidinis. k Potniades. S. Potnia ciuitas
est: de q̄ fuit Glaucus: qui
cū sacra veneris sperneret:
illa irata: equab⁹ eius imi
sit furorē: quibus vtebat
ad currū: & eū morsibus
dilacerauerūt. Ordo autē
tal' est. Quo tēpe Glauci
mēbra malis assumpsert
potniades ꝗdrigę. Hoc āt
ideo fingit: ꝙ eis furorem
venus immiserit: quia di
laniatus est Glauc⁹: effre-
natis nimia cupidie equa
bus: cum eas cohiberet a
coitu: vt eēnt velociores:
A. Potniades. Non lōge
a Thebis in Boetia .s. est
fons Dyrce. Et potnia in
quib⁹ obuenere: q̄ de pot
niade Glauco fabulę vul
gant: vt illū potniades di
scerpserint equę. Stra. scri
bit libro. ix. Probus vero
inqt: ꝙ Potnia vrbs est
Boetię: vbi Glauc⁹ Sisy-
phi filius Meropes (vti
Asclepiades li. i. ait) habu
it equas: quas assueuerat
hūana carne alere: quo cu
pidius in hostē irruerent:
ipm aūt cum alimēta de-
fecissent deuorauerunt: in
ludis funebribus pelię.
l Quadrigę. A. De his
videto i fine li. i. Geor. ibi
m Trans gargara trās
qꝫ sonantē Ascanium. S.
Gargara pro quibuslibet
montibus: sicut Ascaniū
pro q̄buslibet fluminib⁹
posuit: q̄d & seq̄ntia indi
cant. A. Gargara. De his
item videto lib. i. Georg.
Mirant gargara messes:
Ascaniū Strabo lib. xiiii.
scribit Ascaniū fluuium
ex Ascanio Mysię lacu defluere. n Supant montes et
flu. tra. Ore omnis versę in zephyrū. S. Hoc etiā Varro
dicit in Hispania vlteriore verno tp̄e eq̄s nimio ardore cō
motas: cōtra frigidiores ventos ora patefacere: ad sedādū
calorē: & eas exinde concipe: & edere pullos: licꝫ veloces:
diu tn̄ minime duraturos. Nā breuis ad modū vitę sunt.
o Versę in zephyrū. A. In fœtura res incredibil' ē in hispa
nia: sed & vera: ꝙ in Lusitania ad Oceanū q̄dā e vento
certo tp̄e concipiūt equę: vt hic gallinę solent: quarū oua
hispenenia appellāt: sed ex his qui nati pulli nō plus triē-
nium viuunt. Hęc Varro libro secundo: ca. i. Columellaqꝫ
libro. vii. c. xxii. ait. Notissimū etiam eē sacro mōte Hispa
nię: qui procurrit in occidentē iuxta Oceanū freq̄nter eq̄s
sine coitu parentū parturisse: foetumqꝫ educasse: qui tamē
inutil' est: ꝙ triennio priusqꝫ q̄ꝫ adolescat: morte absumit.
p Exceptant. S. freq̄nter accipiūt. q Vento grauidę.
C. Constat in Lusitania circa Vlissiponē vrbem et Tagū
amnē. equas Fauonio flante obuersas: animalē concipe
spiritū: idqꝫ partū fieri: & gigni pernicissimū ita. Sed triē-
nium vitę non excedere: ait Plinius. r Caurumqꝫ.

SER. pro corum. Sicut saurex p̄ sorex: caulis pro colis. A.
Caurum Fauoni⁹: qui ab gręcis zephyrus dr̄. ab occasu
ęqnoctiali flat: Corus vero qui argestes: alitur ab occasu
solsticiali Plini⁹ li. ii. c. xlix. grandines septemtrio importet
& corus. siccus est corus p̄terq̄ꝫ desinens: antea caurus di
ctus est: vt aiunt.
s Hūc. A. ex furore libi
dinis. t Hyppoma
nes. S. Scit lectū eē apud
Hesiodū herbā eē quādā
quę hyppomanes voca-
tur: quasi ιπποιμανιου
si enim eam cōmederint
equi: furorē patiunt. Vn̄
nunc adiecit: vero q̄d no
mine dicūt: nā vult illam
herbam abusiue Hyppo
manes dictā: ab equorū
furore & insania: cū pos-
sint equi furere. ex alia q̄-
cunqꝫ ratione. Reuera au
tē Hyppomanes dicit eē
vir⁹ natū απο τησ μανι
ασ του ιππου. A. Scribit
Pli. lib. viii. equis amoris
innasci vēeficiū. Hyppo-
manes in fronte: in carice
magnitudie: colore nigro
quod statim edito deuo-
rat fœta: aut partum ad
vbera nō admittit: si qs
pręreptū habeat: dicit au
tē ab hyppon: id est equo
rum: & mania furia insa-
nia. Est item Hyppoma
nes virus stillans ab in-
guine equę libidinis furo
re exstimulatę: vt hic etiā
apparet. CRIST. Hyppo
manes: ait Aristoteles.
Equas cum equiunt relic
tis sociis ex aduerso aq
lonis: aut austri currere:
nec quenq̄ꝫ appropiqua-
re sibi pati: donec vel de-
fatigatę consistant: vel
ad marem p̄ueniant: tūc
qꝫ aliquid demittere: ꝙ
hyppomanes appellatur
eodem quo illd̄ quod na
scitur nomine. tale autem hoc est: quale illud suis quod
apriam vocant. Sed hoc pręcipue ad minoris beneficia
petitur. Equarū libido eodem Aristotile teste tonsa iuba
extinguitur. Plinius autem scribit: Et sane equis amoris
innasci: & cętera vt supra.
v Lentum virus. SER. viscidum glutile.
x Legere nouercę. AN. Iuuenalis item Satira. vi. Hyp
pomanes carmenqꝫ loquar coctumqꝫ venenum Priui
gnoqꝫ datum.
y Miscueruntqꝫ herbas. SER. Exprimit augmentum
malitię nouercarum: quę virus herbis & cantibus herba
rum augmentant: aut venena.
y Fugit irreparabile tēpus. A. Ouidius quoqꝫ libro ter
tio de arte inquit. Ludite: eunt anni more fluentis aquę,
Nec quę pręteriit iterum reuocabitur vnda. Nec quę pręt
eriit hora redire potest. Et Seneca ad Lucillum epistola
prima ait. Omnia mi Lucili aliena sunt. Tempus tantum
nostrum est. z Singula dum capti amore. S. Dum
speciatim singula describimus.
a Capti amore. AN. ducti voluptate & oblectatione.

¶ Hoc satis armentis: superat pars altera curę
Lanigeros agitare greges: [b] hirtasq; capellās.
[c] Hinc labor: hinc laudē fortes sperare coloni.
Nec sum animi dubi⁹: [d] verbis ea vīcere magnū
Quā sit: [e] & angustis hunc addere reb⁹ honorē
[f] Sed me parnassi deserta per ardua: dulcis
Raptat amor: [g] iuuat ire iugis: [h] qua nulla priorū
[i] Castaliam [k] molli diuertitur [l] orbita cliuo.
[m] Nūc venerāda pales [n] magno nūc ore sonādū:
Incipiēs: [o] stabulis edico in mobilibus herbam

b Hirtasq;.capel. S. Setosas: vt hirsutūq; supercilium. c Hinc labor. S. ad tuēda imbeciliora aīalia. A. Hinc labor: e gregibus subiit: ac sequit.
d Verbis vincere. AN: Laudib⁹ extollere. est eīm difficile, minima laudib⁹ ostēdere maxima: quod qui exequūtur probandi sunt. e Et angustis hunc addere rebus honorem. S. i. humilē materiā alto sermone decorare. Sic illud in quarto est. In tenui labor at tenuis nō gloria.
f Parnassi deserta per ardua. S. Parnassi ardua: Heliconē & Cytheronē montes musis dicatos significat. & hoc dic: scribendi amor rapit me ad opus arduum: & ante a nullo scriptum: quod per Peryphrasim & allegoriam poeticam indicat. AN. Parnassus mons est Phocidis: qui musis consecratus existit: Estq; in eo rupes quedā prerupta: frondosam relinquens vallem: que rupes Cyrphis vocatur: saxea est: et nubibus pulsatur. Strabo libro nono. ¶ Sed me parnassi. sensus est: q̄uis difficile sit angusta laudibus extollere: attamen iuuat me ductum amore glorię talia exequi: & Parnassum ascendere per aliam viam quam alii vates ascenderint: hoc est scribēdo: quę ab aliis nō ita tractata fuerāt.
g Iugis. SER. per iuga. A. i. cacumina Parnassi.
h Qua nulla priorum castaliam diuertitur. SER. id est disponere Castaliam per eam viam: per quam nullus añ egit orbitā suam. Ordo autem est. Qua nulla prior orbita Castiliam diuertitur.
i Castaliam. ANT. Castalia fons est in Parnasso. ad fines cuius fontis Delphi vrbs locata erat. Strabonis tempore: vt ipse docet libro. ix. Prob⁹ ait q̄ Castalius fons ē Delphis in Apollinis oraculo: qui abluit ipsam arā dei. k Molli cliuo. S: Facili itinere & descensione. Hic autem locus tot⁹ de Lucretio translat⁹ est.
l Orbita. A. Iter vel cursus. Est enim orbita proprie vestigiū rotę: ab orbe dicta.
m Nunc veneranda pales: SER. id est dea pabuli inuocanda nunc maxime. n Magno ore. AN. Res enim amplę extollendę sunt.
o Stabulis ī mollibus: SER. clementioribus & aeris temperati. Vel propter plagam australem: Vel propter suppositas herbas animalibus. ANT. Stabulis in mollibus: id est mitibus temperatis & non frigidis. Hinc Varro libro secundo: capitulo secūdo ait de ouibus. Primum prouidendū: vt totum annū recte pascantur intus & foris: stabula idoneo loco vt sint: nec ventosa: quę spectent magis ad orientē q̄ ad meridinaū temp⁹: vbi stent solum oportet eē eruderatū et procliuū: vt euerti facile possit: ac fieri purum: Non enim solum ea vligo lanam corrumpit ouium: sed etiam vngulas ac scabras fieri cogit: quum aliquot dies steterunt: subiicere oportet virgulta alia: quo mollius requiescant, purioresq; sint. Libentius enim ita pascuntur: faciendumq; septa secreta ab aliis: quo enitentes secludere possis. Item quoquo corpe ęgro: hęc magis ad villaticos greges animaduertenda. Contra illa quę in saltibus pascuntur: & a tectis absunt longe portant secum crates: aut rhetia quib⁹ curtes in solitudine faciant.

p Frondosa reducit̃ estas. S:i.donec vernũ tp̃s adueni-at. Nã (vt etiã in primo dixim⁹) ver et estas: sic hyems: et autũnus vnũ fuerit: ƀm rõnẽ hemisperii. A. frõdosa estas. Nõ ver intelligit. sʒ estatẽ ip̃am. Que qdẽ incipit. vii. Id⁹ Maii. Ver aũt. vii. Idus Februarii: quo tp̃e etiã niues et frigora vigere solent. Vñ varro dicto lib. ait: q̃ sibi greges in Apulia hybernabãt: q in Rheatinis mõtib⁹ estuabant.
q Molle. A. debile. r Turpesq̃ podagras: S. Respexit ad curã: q̃ sine pãnis: & medicaminib⁹ sordidis nõ fit. ritũ capellarum: vt dictis in lucẽ promat rem p̃ se minus patentẽ. A. Hec quoq̃. Caprina videlicet pecora. C. Hec.i. stabula caprarũ: nõ sunt minori cura tuenda q̃ ouiũ: licet nõ ferant lanas vt oues: sed tñ in Cilicia (vt refert Aristo) tõdent̃ vt oues. c Vsus. A. vtilitas. d Milesia magno vellera mutent̃. S. Lane p̃ciosissime. Nã miletus ciuitas est Asie: vbi tingunt̃ lane optime. Ipse in q̃rto Milesia vellera nymphe carpebant: Cicero in verrem. Quid a Milesiis lane sustulerit. Magno aũt mutent̃ .i. ingẽti p̃cio cõ-

Carpe ouis: dũ mox frondosa reducit̃ estas:
Et multa duram stipula filicumq̃ maniplis
Sternere subter humũ: glacies ne frigida ledat
Molle pecus: scabieq̃ ferat: turpisq̃ podagras.
Post hinc digressus iubeo frondentia capris
Arbuta sufficere: & fluuios prebere recentes:
Et stabula a uentis hyberno opponere soli:
Ad mediũ conuersa diem: quũ frigidus olim
Iam cadit: extremoq̃ irrorat aquarius anno.
Hec quoq̃ non cura nobis leuiore tuenda:
Nec minor vsus erit: q̃uis milesia magno
Vellera mutentur: tyrios incocta rubores:
Densior hinc soboles: hinc largi copia lactis:
Quã magis ex hausto spumauerit vbere mulctra:

A Turpesq̃ podagras. turpes efficientes. Podagra aũt cõponit̃ a podos id est pedis. et agra captura: aut preda. agria vero dolor dr̃. Ponit̃ itẽ podogra: q̃nq̃ p laqueo seu pedica. vel quia podas .i. pedes agremi. id est capit.
s Post hinc. S. Cũ hoc feceris: & hinc vnum vacat. sicut prim⁹. ibi ante omnes. t Frondẽtia capris. A. Arbuta. Capre potius syluestribus delectant̃ saltibus q̃ pratis: Studiose eni de agrestib⁹ fruticibus pascũt: atq̃ in locis cultis virgulta carpunt: itaq̃ a carpendo capre nominate. Sic Varro scribit li. ii. c. iii. Meminit & similia fere Columella li. vii. de capris. v Fluuios p̃bere recẽ. S. i. aquã statim haustã. nam si pigram potauerint: morbũ statim contrahunt.
x Stabula a ven. S. figurate scilicet: vento nõ perferentia. A. Stabula a ventis: scʒ remota. stabulatur caprinũ pecus melius ad hybernos exortos. Caprile autem lapide: aut testa substerni oportʒ: quo minus sit vliginosũ aut lutulentũ: foris cum est pernoctandũ substernimus virgultis: ne oblinãtur. Varro li. ii. y Hyberno soli. SER. id est contra plagam meridionalẽ per quam sol currit per hyemẽ: qd̃ explanat dicens. Ad mediũ cõuersa diem.
z Quũ frigidus olim. A. Ordo est: quũ olim frigid⁹ iã cadit: quũ eni occidit: nõ ita frigidus esse videtur. Est ãt aquarius frigidus & hyemalis. vt etiã asserit Ptholome⁹ libro primo q̃tuor p̃tiũ: hinc Saturno assignatis.
a Extremo anno. S. id est mense Ianuario: q est penultimus. Nam (vt etiã in primo dixim⁹) vt primus ex tẽplo a mensib⁹ anni: Martio mense inchoabat annus apud maiores. Ergo extremo anno dicit extrema p̃te anni. A. Extremo anno. Secundũ illorũ opinionẽ locutus est. qui annũ a Martio incipiebant. Hoc eni pacto aquarius & pisces in extremo anni eẽ vident̃. olim vero aq̃rius et pisces vnũ sydus erant: vt scorpius & libra. Vł aquariũ vltimũ ait: qa ver piscib⁹ incipit in primo mobili: De q̃ etiã Manilius. xii. kalẽn Februarii sol in aq̃riũ transit. Et ex. xv. kał. Februarii aquari⁹ incipit oriri. Ventus aphricus tẽpestatẽ significat. Nonis februarii: medie p̃tes aq̃rii oriũtur. ventosa tẽpestas. Quintodecimo kał. Martii sol in pisces transitũ facit: hinc occidit aq̃rius. Auctor Colu. li. xii. c. ii. C. Extremo aq̃ri⁹ anno. Nam si principiũ anni est aries: aquari⁹ qui vndecim⁹ est in zodiaco. est pene in fine anni.
b Hec q̃ʒ ñ cura nobis leuiore tuẽda. S. Sane perite: q̃m scit planã eẽ omniũ vtilitatem: eam p̃terit. et exaggerat meparent̃. Nã apd̃ maiores omne mercimoniũ p mutatiõe ↄstabat. qd̃ et Car Homerico confirmat exẽplo. A. Miletos Ionie caput: Cadmi olim dom⁹: sed eius qui primus inuenit prose orõnis disciplinã. Solin⁹ autor. c. xxvii. Strabo vero li. xiiii. scribit Miletũ: a meleo conditũ qui genere Pyli⁹ fuit: erat aũt optima vrbs atq̃ clarissima: ex q̃ oriundi fuere viri memoratu digni. Thales vn⁹ e septẽ sapiẽtib⁹: q prim⁹ philosophie: ac mathematice auctor fuit: inter grecos. Anaximander eius discipul⁹: & Anaximãdri Anaximenes. Item Heccateus q historiã scripsit Aeschines orator: qui assumpta nimia erga Pompeiũ magnũ licentia missus est in exiliũ. Milesia vellera. tertium lane locum Milesie oues obtinent: vt Pli. scribit li. viii. c. ix. C. Milesia vellera. Miletũ Ionia condit Heleus: qui genere pylius fuit. Ephorus autem scribit Cretenses prius eã sup̃ mare condidisse: vbi nunc antiqua miletus ẽ: atq̃ habitatores ex Mileto Cretensi: a Sarpedone deductos: et vrbi nomẽ ipositũ a Mileto: qui in Creta est: cum prius leges locũ tenerent. Postea Neleũ hãc nouã condidisse. e Tyrios icocta rubores. S. Figurate. i. que coq̃ndo tyriũ traxit ruborẽ. i. migrauit in purpurã. A. Tyrios rubo. Purpureũ liquorẽ intelligit. De q̃ videto li. ii. Geor. Et Sarano dormiat ostro.
f Densior hinc sob. S. Binos eni pariũt capelle plerũq̃. A. Capre pariũt & q̃ternos: sed raro admodũ. ferũt q̃nq̃ mẽsib⁹: vt oues: capre pinguedie sterilescũt: trime minus vtil'r generãt: & in senecta nõ vltra q̃driennũ: incipiũt septimo mẽse adhuc lactantes: concipiũt nouẽbri mẽse: vt Martio pariãt: vita lõgissima p plurimũ annis. viii. tradiũt et noctu min⁹ cernere q̃ inter diu. Pli. li. viii. Colu. vero. li. viii. c. vi. de capris sic ait. Parit ãt si est generosa, p ples frequẽter duos: nõnunq̃ trigeminos. g Copia lactis. C. Mulieri añ septimũ mẽsem p fusũ lac inutile: ab eo mẽse q̃ vitalis est part⁹ salubre. plerisq̃ totis mãmis: et in sin⁹ aliarum fluit. Cameli lac mulget̃: ne iterũ grauescat: suauissimũ hoc putat̃ ad vnã mẽsurã trib⁹ aque additis. Bos añ partũ nõ habet. Ex p̃rio sp a partu colustra fiũt. ne admisceat̃ aq̃. in pumicis modũ coeũt: gen⁹ mali vocat̃ colustratio. Case⁹ nõ fit ex vtrinq̃ dentatis: q̃m eorũ lac non coit. Tenuissimũ camel': Mox eq̃b⁹. crassissimũ asinis: vt coaguli vice vtãt̃. q̃ p'les q̃ternas mãmas h̃nt: caseo inutilia: meliora q̃ binas: coagulũ inutile leporis. Hedi laudatum melius: dusipodis vnius; vtrũq̃ dentatorũ.

Lęta magis pressis manabūt vbera mammis.
Nec minus interea barbas incanaq; menta
Cyniphei tondent hirci: setasq; comantis
Vsum in castrorū: & miseris velamina nautis.
Pascuntur vero syluas & summa lycęi:
Horrētisq; rubos: & amātis ardua dumos.
Atq; ipsę memores redeunt in tecta: suosq;
Ducunt: & grauido superant vix vbere limē:
Ergo omni studio glaciem ventosq; niuales.
(Quo minor est illis curę mortalis egestas)
Auertes, victumq; feres: et virgea lętus
Pabula: nec tota claudes fœnilia bruma.
At vero zephyris quū lęta vocātibus ęstas
In saltus vtrūq; gregem: atq; in pascua mittes.

h Lęta vbera mammis. A. Hic locus oñdit vbera recte deduci ab humeo ſm aliq̄s: vt tubera a tumeo, m. lr̄a in b conuersa. Loca enī arida et infœcunda sunt: apparetq; vbera dici interiora mām̄arū. Mammas vero vberi eminētias. i Nec minꝰ interea. A. Dū inq̄t caprę & sobolem et copiā lactis ꝑbent. hirci etiam cōmoda hominibꝰ tribuūt: & in terra & in mari. k Barbas. S. sic de quadrupedibꝰ: nā hoīm barbam vocamus. AH. Barbas id pilos dicūt. mentū vero pilorum locum. l Incana. S: nimiū cana. m Cyniphei hirci. S. Lybies a fluuio Cyniphe. AN. Cyniphei hirci. Cynyps fluuius est in lybia per vberrima arua decidens: vt scribit Mela. poeta ꝓo oñdit illic eē hircos tonsili pilo. Et Pli. libro. viii. ait: ꝙ in Cilicia circaq; Syriam caprę tonsili vestiūtur villo. n Tondēt. A. Pro tondent. hoc loco Priscianꝰ exponit li. viii. Videto latius in Tityro: ibi. Tondenti barba cadebat. Potest etiā dici: tondent: scilicet: pastores. & sic Cyniphei hirci cōmunis est singularis. o Vsum in castrorū. A. Varro li. ii. c. vltimo sic ait: Suscipit Cassinius: vt fructū ouis e lana ad vestimētū: sic capra pilos administrat ad vsum nauticū: & ad bellica tormenta. & fabrilia vasa. Neq; non quasdā nationes harū pellibus sunt vestitę. vt ī Getulia & Sardinia. Post inquit: ꝙ magnis villis sunt in magna parte phrygię: vñ cilicia & cętera eius generis fieri solent. p Miseris nautis. S. quia frequētes patiuntur pericula. Et ideo dixit: in vsum castrorū: quia de Cilicijs: & poliunt loricę: et tegūtur tabulata turrium: ne iactis facibus ignis possit adhęrere. Et bene laudat capellas: dicens ciliciorū vsum & in mari & in terra ꝓdesse mortalibꝰ. Hoc est in duobꝰ elemētis cōcessis homibꝰ. q Pascūt syluas. S. Et pasco & pascor illā rē dicimus: A. Pascūt. Videto paulo supiꝰ ibi. Frondētia arbuta. r Summa lycęi. S. montis Archadię. & est species ꝓ genere. A. Pro quocunq; monte posuit Lycęū Archadię montē: Nam ibi ouiū & caprarū copia. C. Summa lycęi allusit ad naturā caprarum: quę est: vt pascendo ascendant & nō descendāt. Vñ in zodiaco signū in q̄ sol ab inferioribꝰ ꝑtibus meridianis incipit ad septemtrionales: atq; superiores partes ascendere: hac potissimū ratiōe capricornū dixerunt. Est autem magna laus: & ꝙ lacte proleq; vincant oues. Et ꝙ loca inculta satis illi sint ad pascua: & custode non multū indigeant: q̄ndo sua sponte ępastę domū redeant. Ergo cum nō egeant auxilio huano: nisi in hyeme: non sun ipsę deserendę.
s Dumos. AN. spinas. t Suosq; ducunt. S. educūt fœtus ꝓprios & nutriūt. vnde & educatos dicimus. A. Suosq; ducunt. vel secum ducūt pascendo. vel ducūt pro educunt. i. nutriūt ac lactant: ꝙ q̄uis sit oīno vbera plena domū referunt Columella li. viii. c. vi. scribit: ꝙ capella ꝑcipue ꝓbatur simillima hirco. si etiā est vberis maximi et lactis abundātissimi. v Glaciem. A. Colūmella lib. viii. de capris inq̄t: Huic pecudi nocet ęstus. sed magis frigus et ꝑcipue fœtę: id est grauidę: quę ī gelicidio hyemis conceptū fecit. De caprili vero supius videto ibi: Stabula a ventis. x Quo minor est illꝭ cu. mor. egest. SER. Ordo est. Omni studio auertas ab eis vētos & glaciem: quo egestas mortalis. i. necessitas mortalitatis minor est illis curę. Hoc est minus ꝑtinet ad ipsam curam: Nam hoc dicit: Quanto sibi adesse nō pñt: tanto eis a te maior: ē impēdenda diligentia. y Mortalꝭ egestas. A. Ordo ē in hoc carmine. Quo egestas mortalis est minor curę illo. i. minori curę: hoc est: q̄nto minimꝰ curāt hūanā intelligentiā: necessitatē: auxiliū: tanto magis eas curare debemꝰ. z Virgea pabula. A. Arbustulꝭ enī frutetisq; maxime gaudent caprę: ea sunt arbutꝰ cythisusq; agrestis: nec minus iligni querneiq; frutices qui in altitudine nō ꝓsiliūt. Colu. li. viii. a fœnilia brūa. Idē eodē li. ca. vero. iii. ait de ouibꝰ ꝙ penurię hyemis succurritur: obiectis intra tectū per ꝑsepia cibis. Aluntur aūt cōmodissime repositis vlmeis: vel ex fraxino frondibꝰ. vꝭ autūnali fœno: quod cordū vocatur: nam id mollius. et ob id iucundius est q̄ maturū. Cytiso quoq; & satiua vicia pulcherrimę pascuntur. hęc ille. De ouibꝰ hyeme cibandis: q̄d q̄dē etiā de capris intelligēdū est. ait enim Varro libro. iii. capitulo tertio. Nec multo aliter tuendū eē hoc pecus in pastu: ac ouiū. a At vero. A. ordo ē. Quū ęstas lęta sc; est: vel aduenit zephyris vocantibꝰ mites ī saltꝰ ⁊c. b Lęta ęstas. S. Subaudi aduenerit. Dicit aūt ver q̄ flare zephyrus incipit. vt. Et zephyro. putris se glęba resoluit. A. Lęta ęstas. Nō de vere: sed de ipsa ęstate loquiť Columella em̄ li. xii c. ii. sic ait: Nonis Maiis Vergilię exoriūtur: mane fauoniꝰ: vii. Idus Maii ęstatis initiu. Fauoniꝰ aut corus interdū: & pluuię. Ecce hic apparet quō ęstatē zephyri vocant. Pręterea Varro etiā li. ii. c. ii. id aptissime ostendit de ęstate nō de vere intelligendū: Ait em̄ de ouibus: ꝙ ęstate cū prima luce exeūt pastū. ꝓpterea ꝙ tunc herba roscida: meridiāa (q̄ ē aridior) iocūditate ꝑstat: sole exortu puro ꝓpellūt: vt redintegrātes rursus ad pastū alacriores faciant. circiter meridianos ęstus: dū deferuescat sub ūbriferas rupes: & arbores patulas subiiciūt: q̄ad refrigerato aere vespertino rursus pascāt ad solꝭ occasum. Ita pascere pecus oportet: vt aduerso sole agat. caput eī ouis molle maxīe est: Ab occasu paruo interuallo interposito ad bibendū appellūt: et rursꝰ pascūt q̄ad cōtenebrauit. iterū enim tum iucunditas in herba redintegrauit. hęc ab vergiliarum exortu ad ęquinoctium autumnale maxime obseruant. Reliquę pastiones hyberno ac verno tempore hoc mutāt: ꝙ pruina iam exualata propellunt in pabulum: & pascunt diem totū. ac meridiano tempore semel agere potum satis habent. His igitur patet de ęstate intelligi non de vere: quę omnia Varronis pręcepta Maro apposuit hoc loco. Columella item libro octauo capitulo tertio de ęstate intelligit.
c Vtrunq; gregem. AN. ouium & caprarum.

d Luciferi. A. de hoc iã supra. e Carpamus: S. carpe cogamus aialia. Et mane pasci pręcipit oues ſm morē suę ꝓuincię. Nã in aliquibus locis morbũ contrahũt: nisi iã siccato rore pascantur. f Dũ gramia ca. S. Nocturnis & matutinis lucentes roribus herbę. A: Canēt ꝓpter pruinã scȝ. g Et ros. A. de rore item superius. h Sitim coeli. A. Aeris ęstũ. i Et cantu q̄rulę rumpent arbusta cicadę. S. querulę canorę. Hora. Sub cantu q̄rulę despice tibię. Aut certe q̄rulę. ꝓpter illã fabulã dicit. ꝙ Titon⁹ maritus aurorę post optatã lōgissimã vitam: in cicadã dicit̄ cōuersus. A. Cicadę: video in Alexi. k Rũpent. S. nimio scȝ clamore. Iuuenal. Et assiduo ruptę lectore colũnę. Persius findor: vt archadię pecuaria rudere dicas. l Illignis canalibus. S. ex illice factis: Sane & canalib⁹ meli⁹ foeminini generis: ꝙ masculini ꝓferim⁹. A. Colũ. li. viii. c. iii. ait. Nulla esse tã blãda pabula: aut etiã pascua: quorũ gr̄ia nō euilescat vsu continuo: nisi pecudũ fastidio occurreris prębito sale: qđ veluti condimentũ p̄ ęstatē canalib⁹ ligneis impositũ quũ e pastu redeunt oues lambũt: atq͡ꝫ eo sapore cupidiī dinē bibendi: pascendiq͡ꝫ cōcipiũt. m Sic vbi magna Iouis antiq ro. quer. S. quę est Ioui cōsecrata. n Nigrũ: S. qđ dicit Iouis quercus & ilicibus crebris sacra vmbra.

Luciferi primo cum sydere frigida rura
Carpamus: dũ mane nouũ: dũ gramĩa canent:
Et ros in tenera pecorī gratissimus herba est.
Inde vbi quarta sitim coeli collegerit hora:
Et cantu querulę rumpent arbusta cicadę
Ad puteos: aut alta greges ad stagna iubeto
Currentē illignis potare canalibus vndam.
Aestib⁹ at mediis vmbrosam exquirere vallē:
Sicubi magna iouis antiquo robore quercus
Ingentis tendat ramos: aut sic vbi nigrum
Illicibus crebris sacra nemus accubet vmbra.
Tum tenues dare rursus aq̄s: et pascere rursus
Solis ad occasum: quũ frigidus aera vesper
Temperat: et saltus reficit iam rosida luna:
Littoraq͡ꝫ alcyonē resonãt: et achantida dumi.

Non reuera cōsecratos lucos dicit nos petere debere: sed ita densos: vt sunt illi quos religio defendit: Vñ apparet quercum Iouis & sacrã vmbrã: generalia eē nō specilia epitheta: Nam vt diximus: & omnis quercus Ioui est consecrata: & omnis lucus Dianę. o Tenues aq̄s. S. epitheton aquarũ: Alibi. Aut in aq̄s tenuis dilapsus abibit. p Temperat. S. Refrigerat ęstatis calorem. q Reficit. S. i. recreat r Rosida lũa. S. nox. A: Humida itelligit q̄ de vespertina luna: q̄ omia (vt iam ostendi) Varro quoq͡ꝫ edocuit. C. Rosida luna. humectãs luna, nã ab Astrologis dr̄: mater roris: & humoris ministra. hũidus em̄ planeta est: s Littoraq͡ꝫ alcyonem: S. i. quo tp̄e resonat ꝑ littora Alcyon auis: cui⁹ fabulã in primo memorauimus. ibi. Dilectę Tethidi alcyones. t Achanthida dumi. S. ꝑ dumos Acanthis: quã alii luscimiam esse volunt. alii ſpo carduelũ: q̄ spinis & carduis pascit̄: vt inde etiã apud grecos acanthis dicta sit: ab acanthis. i. spinis quibus pascitur. A. Achantida: Sic legendũ est non aliter. Nam Theocrit⁹ in quodã carmine eglogę: quę inscribitur Thalysia acanthides ait: Est aūtē acanthis auis vario colore & stridula: quę inter spinas viuit. Legatur igitur carmē sic. Littora quę alcyonem resonãt: et acanthida dumi.

v Quid tibi pastores lybię: quid pascua versū
x
prosequar: & raris habitata mapalia tectis.
Sępe diem noctēq; et totū ex ordine mēsem
y
pascitur: itaq; pecus longa in deserta: sine vllis
Hospitiis: tantum campi iacet: omnia secum
z a
Armentarius afer agit: tectumq; laremq;:
b c
Armaq;: amyclęūq; canē: cressamq; pharetrā.
d e
Nō secus ac patrijs acer romanus in armis:
f g
Iniusto sub fasce viam cum carpit: & hosti
h i
Ante expectatum positis stat in agmīe castris.
k l
At nō qua scythię gentes: meoticaq; vnda
m
Turbidus & torquēs flauentes ister harenas.

v Quid tibi pastores lybię. S. dicit pro qualitate puin
tiarum: diuersa esse genera pastionum. A. Quid tibi zc.
Ostendit secundum varias regiones vario modo: & tem
pore pasci. Pastores lybię: Numidas seu Nomadas intelli
git: Scribit enim Solin⁹: ꝙ Numidę incolę q̃diu errabant
pabulationib⁹ vagabūdis Nomades dicti sunt. Et Plini⁹
li.v.c.iiii. sic ait. Numidę ꝟo Nomades a permutādis pa
pilionibus: mapalia sua: hoc est domos palustres circum
ferentes. Nomas aūt numidia dr̄. & pastor. Nomeus pa
stor. Nomeo pasco. No
mę pabulū pastura. No
mao aūt cū secunda litte
ra omega diuido. mo
ueo. CRI. Pastores lybię
hos Nomadas appellāt,
Nam in Numida q̄ pars
lybię est: pastoriā exercēt.
x Raris habitata mapa
lia tectis. A. Mapalia ca
sę Punicę appellant. vt ĩ
quit Festus. De his vero
Salustius in iug. sic: Cę
terum adhuc ędificia Nu
midarū agrestiū q̄ mapa
lia illi vocāt ob longa in
curuis lateribus tecta: q̄si
nauiū carinę sunt. Raris
tectis. scribit Strabo libro
xvii. Q, maxima medi
terraneę lybię pars & re
gio circa Oceanū deserta
est: paruis p̄terea habita
tionibus & sparsis: et ex
magna pte pastoralibus
distincta est. Ora autē q̄
ex aduersa nobis est: tota
bene habitatur.
y Sine vllis hospitiis. S.
sine vllis stabul. z Ar
mentari⁹. S. Apher agit:
abusiue armentariū po
suit: nā nunc de gregibus loquit. A. Armētarius. Sūt enī
ibi & armenta & greges. ꝓpterea armentarius ait.
a Tectūq; laremq;. S. Tentoria militum more: ac si ca
sam diceret. A. Tectum Mapalia id est domos palustres
intelligit: vt ex Plinii verbis superioribus habet. Laremq;
hic intelligo ignē: q̄m tectum dixit. Et Colu. li. xii. de vil
lico inquit. Consuescatq; rusticus circa larem domini fo
cum familiarē semꝑ epulari. Lar etiam qnq; ꝑ domo po
nitur. Ouid. i. Trist. Quę nostro frustra iuncta fuere lari.
ponit & ꝑ deo ipso familiari. qui domi in ipso foco cole
batur. nā focus deorum penatiū ara est. vt etiā Porphirio
tradit. Hęc tñ latius habent Ode. ii. b Amyclęū. S. la
conicū: & est species ꝑ genere. Amyclę aūt est ciuitas La
conię. Vñ est. talis Amyclęi domit⁹ pollucis habenis Cyl
larus. A. Superius de amyclis patuit. C Amyclę vrbs est
laconię puintię. nā Laconia optimos canes habuit. Mar
cus enim Varro duo genera canū ponit. Alios venaticos:
alios ad custodem pecoris: Inter hos maxime laudat La
conicos & epiroticos: & longo ordine describit quali fi
gura eos esse: & quo colore deceat. Et quō emij consueue
rūt. dicit remediū esse. vt relicto venditore emptorē sequa
tur: ranam coctā sibi obiici. Tertium genus addit. Colu.
eorum qui ad villę custodiam comparant: in quibus nō
multum referre ait: ꝙ veloces non sint: sed oportere esse
ampli corporis: & vasti latratus & canori: vt auditu &
conspectu: terrorē furi inferat. sit colore niger: nam in lu
ce terribilior apparet: in tenebris non aspicitur. Pastor ve
ro album probat: quoniā est ferę dissimilis: neq; pro fera
in nocte pulsabitur. Pecuarius autem villatico celerior. ve
natico tardior sit. Nam sat est vt lupum ouem deportan
tem assequatur. Duo ad custodiam vni⁹ gregis sat sunt.

Sit autem foemina & mas quo maiori concordia inter se
degant. c Cressamq; pharetram. AN: In creta enim
optimi calami pro sagittis fiunt apud Cydoniā vrbem:
de qua in fine Bucco. d Patriis in armis. S. Generalr
sibi concessis: ac si diceret Martiis.
e Acer romanus. C. Nā refert Cicero in Tuscu. q̄stioni
bus. Nostri exercitus primū vnde habeant nomen vides
Deinde qui labor et quanti vides ferre plusq̄ dimidiati
mensis cibaria: ferre si quid ad vsum velint: ferre vallum.
Nam scutū: gladiū: gale
am: pro onere nostri mili
tes non plus numerant:
q̄ humeros: lacertos: ma
nus. f Iniusto sub fa
sce. S. sub magno onere:
Vt ego hoc te fasce leua
bo. Magnum autē onus
dicit propter arma: ali
menta: vestitum. ANT.
Iniusto sub fasce: id ē sub
ingenti onere. Vegetius
enim libro primo scribit:
Q, pondus quoq; baiu
lare vsq; ad sexaginta li
bras & iter facere gradu
militari frequētissime co
gendi sunt iuniores. qui
bus in arduis expeditiōi
bus necessitas imminet
annonam pariter & ar
ma portandi: quam rem
antiquos milites factitas
se (Virgilio ipso teste) co
gnosci potest: ex hoc lo
co: vt idem ait.

g Et hosti. AN. legit &
hostem in antiquis.
h Ante expectatum. S.
Dicto citius anteq̄ eius expectetur aduentus. & est vna
pars orationis: hoc est Aduerbium.
i Positis stat in agmīe castris. SER. Stat: id est obstat:
nam Apheresis est. CRISTO. Positis castris. Nam castra
munire: cum vallum tulerint paruo temporis momento
possunt. k At non qua Scythię gentes. SER. subau
di talis est passio. ANT. At non.: scilicet pecus id longa in
deserta Scythię gentes. Hic Nomades alios pastores qui
in Scythia sunt intelligit. De quibus Strabo libro secun
do sic ait. Nomades etenim tentoriis vtuntur teutonum
instar pilo contextis: in palustris vitam degentes: circum
q; tentoria pecora comitantur: a quibus victum cap
tant et aluntur lacte: caseo: carne. Pascua vero sectantur:
loca semper herbosa permutantes: hybernis quidem tem
poribus Męoticis versant in paludibus. ęstiuis vero per
campestria vagantur: & cętera. CIRST: At non qua Scy
thię. Sub Scythia olim magna pars Germanię fuit &
Boemię. Germania attingit amnem oderam: ab oriente
Dacos: ab occidente Gallos: a meridie Italiam. Sarma
thia incipit ab Odera flumine: vsq; ad Boristhenem. pro
prie Sarmathę nunc sunt Lituani: Poloni. Sarmathia se
ptem linguas habet. Scythia incipit ab Boristhene.
l Męoticaq; vnda. SER. Meotis palus est Scythię. fri
gore congelescens. ANT. Męotis Scythię lacus: qui Ta
naim recipit: vt Strabo docet libro duodecimo. Plinius
quoq; libro sexto: lacum dicit. Item vero Strabo libro se
ptimo. Męotidis paludis ostium inquit. CRIST. Męoti
ca. Hęc palus maxima est: parte eius supiori infundit ta
nais. m Ister. SER. Fluuius est Scythię qui & Da
nubius nominatur. AN. Ister De hoc videto libro secun
do Georgicorum; ibi. Descendens Dacus ab istro.

Quaqꝫ redit medium rhodope porrecta sub axem:
Illic clausa tenēt stabul' armēta: necꝫ vllę
Aut herbę campo apparēt: aut arbore frōdes.
Sed iacet aggeribus niueis informis: & alto
Terra gelu late: septemꝫ assurgit in vlnas
Semper hyems: semꝑ spirantes frigora cauri.
Tum sol' pallētes haud vnꝙ̄ discutit vmbras:
Nec quū inuect⁹ eqs altū petit ęthera: nec quū
Pręcipitē oceani rubro lauit ęquore currum.
Concrescunt subitę currenti in flumīe crustę:
Vndaqꝫ iam tergo ferratos sustinet vrbes:
Puppib⁹ illa pri⁹ patul': nūc hospita plaustris.
Aeraqꝫ dissiliunt vulgo: vestesqꝫ rigescunt
Indutę: cęduntqꝫ securibus humida vina.
Et totę solidam in glaciem vertere lacunę.
Stiriaqꝫ impexis induruit horrida barbis.
Interea toto non setius aere ningit:
Intereunt pecudes: stant cirumfusa pruinis

n Rhodope. SER. Mons thracię protentus in orientalem plagam: in septemtriōalem reflectitur. nam ideo ait redit sub axem. Nam axis est septemptrio: quę grece αμαξα dicitur. AN. Rhodope Thracię mons tendens in septemtrionem vbi axis est. de quo supra. Strabo libro septimo Mysos: Thraces: & Getas: etiam nomadas vocatos innuit. i. pastores. o Informes. SER. niuis superfusione carens varietate formarū: nullisqꝫ agnoscēda limitibus. ANT. Informis terra: sine forma propria: niue enī tecta est. p Gelu. A. Strabo dicto li. de Męotica regione ait: Aereę scindunt hydrię: quę vero inter illas sunt congelantur: & pisces in glacie destituti: ligonibus effodiuntur: alueos plaustris deambulāt. Meminit itē plura de glatie Męotidis libro secundo.

q Septemqꝫ assurgit in vlnas. SER. assurgit: crescit. Vlna autem secundū alios vtriusqꝫ manus extensio est: secundum alios cubitus: quod magis verum est: quia grece ολενοσ dicitur cubitus: Vnde ἐλευκολενοσ Ηρη. ANTO. Septem vlnas in septem brachia. De vlna latius ęgloga tertia.

r Semper hyems: AN. De scythia regione multa: quę hic etiam conueniunt dicta sunt libro primo Georgicoꝝ. ibi. Mundus vt ad Scythiam.

s Cauri: AN. In hoc libro iam de eis diximus.

t Pallentes haud vnꝙ̄. SER. nunꝙ̄ nubes dissoluit: nam pallentes vmbras non ex nocte: sed ex nubib⁹ factas appellat.

v Altum ęthera. AN. id est nec cum tendit sol ad Cancrū: nec cum tendit ad Capricornum: nā tunc descendit.

x Rubro ęquore. AN. quod rubrum mare siue ęthiopicū appellant: ad austrum versus effunditur. ex ea maximo parte qua vasta quędam solitudo: & inhabitabilis terrę plaga conspicitur: ardentibus semper caloribus exusta. Auctor Dionysius. Videto item Plinium libro sexto: c. xxvii. & Solinum caplo. xlvii. y Concrescunt subitę currenti in flumine crustę. S. Aquę currentes repente coagulantur. Et notandū: quia cum crustam dicimus fœminino genere: lapidis aut ligni gelu ue partē significat. Cū vero crustū dicimus: ędulium aliquid significam⁹ partē panis vel placēte. Ipse in septimo inqt: Orbem fatalis crusti. Horatius. Dant crustula blandi doctores ꝛc. Iuuenalis. Nos colaphū incutimus lambenti crustula seruo.

z Ferratos orbes. A. Strabo li. secundo scribit ꝙ in ore paludis Męoticę. tāta glaciei vis ē: vt quo in loco missus a Mithridate imperator equestri pugna barbaros in glacie hyeme superauerat. Illos eosdem nauali prelio soluto per ęstatem vicerit. a Hospita. SER. Facilis. Vnde & hospitalis homo dicitur: hospiti seruiens apte. A. Hospita: id est habilis. b Aeraqꝫ dissiliunt. S. crepant. A. Diximus Iamiam ꝙ ęreę scinduntur hydrię: quę intra illas sunt congelantur. CRI. Aera: id est vasa ęrea dissiliunt: franguntur. quia earum partes in diuersas saliunt. c Vulgo. S. Passim. nam tam nimio frigore ꝙ̄ calore gra rumpuntur. Persius findit infantes statuas: d Vestesqꝫ rigescunt. SER. Durantur vt frangi potius ꝙ̄ scindi posse videantur. A. Rigescunt: id est indurescūt ex gelu. e Cędūtqꝫ securib⁹ hūida vina. S. Et vina n'aturalr calida illic congelant. Intelligim⁹ autem peregrina vina. Nā illic non nascuntur vina: ꝓpter nimiū frigus & continuum: sicut ipse paulo post docet: dicens fermento: atqꝫ acidis imitatur vitea sorbis. Sane volūt Physici vinum non gelari. Vnde hoc loco aut hiperbole est: Aut quia dixit hūida. aquę mixta intelligimus: ita enim gelare dicuntur. ANT. Vina Macrobi⁹ libro septimo scribit: ꝙ vina aut nunꝙ̄: aut raro cōgelescunt: quia vinum semina quędam in se caloris habet: An alia quępiam causa est: quā quia ignoro scire cupio inquit.

f Et totę solidam in glaciem vertere lacūę. SER. Fossę ad siccandos agros paratę: cum alibi tantum incrustētur: illic vsqꝫ imū gelent. ANT. Lacunę. Lacuna (vt Fęstus ait) est aquę collectio: & ab lacu deriuatur. CRIST. In solidam. Non enī crustę superficiem tegūt: sed tota aqua ad fundū vsqꝫ congelascit.

g Styriaqꝫ impexis induruit. SER. Styria: id ē gutta. Vnde fit diminutiuum: vt dicamus stilla: Vnde fit distillat & stillicidium. Sensus autem duplex est: Nam aut hoc dicit: De impexis barbis pecudū pendens gutta duratur. Aut certe de tectis & arboribus gutta horrida induruit in modum barbarum. ANT. Styria. gutta. stilla. Interrogatus autem Palemon grammaticus: quid inter stillam & guttam interesset. Gutta (inquit) stat: & stilla cadit. Eusebi⁹ scribit: impexis barbis: de brutis melius intelligendum.

h Interea. ANTO. dum congelascunt aquę.

i Non setius. SER. non segnius ꝙ̄ incohauerat.

k Ningit. AN. Est in Scythia ryphęum iugum regio assiduis obsessa niuibus. Solinus.

l Pruinis. SES. abusiue pro niuibus: nā pruina est matutini tempis frigus. A. Pruinis. quippe casus cōtinuatū pruinarū: quoddā ibi exprimit: simile pennarū: Solin⁹.

m Confertoqꝫ agmine cerui. SER. coniuncto. Cerui enim congregatione gratulantur.

Corpora magna boū: confertoq; agmine cerui:
Torpēt mole noua: & sūmis vix cornib⁹ extāt.
Hos nō immissis canibus: nō cassibus vllis:
Puniceę ve agitant pauidos formidine pennę:
Sed frustra oppositū trudentes pectore mōtē
Cominus obtruncāt ferro: grauiterq; rudētes
Cędunt: & magno lęti clamore reportant:
Ipsi in defossis specubus: secura sub alta
Ocia agunt terra: congestaq; robora totas
Aduoluere focis vlmos: igniq; dedere.
Hic noctem ludo ducunt: & pocula lęti
Fermento atq; acidis imitantur vitea sorbis.
Talis hyperboreo septem subiecta trioni
Gens effrena virū ripheo tunditur euro.
Et pecudum fuluis velantur corpora setis.

n Mole noua. SER. nimia magnitudine. o Cassibus. S. rhetibus: Hinc est q incassum dicitur sine causa: qi sine cassibus: sine quibus inutilis venatio est. A: Cassibus: pedicis: laqueis: rhetib⁹. p Puniceę. A. rubrę. Est autē venantiū mos pennas tensis funibus affigere: quo cerui pauentes in casses decidant. q Montem. A. niuis cumulū. r Grauiterq; rudentes cędunt. SER. Ru: more suo corripuit: Vt in septimo: ibi. Et seras sub nocte rudentū: Persius ꝓducit Findor vt archadię pecuaria rudere dicas. s Ipsi in defossis specubus secura sub alta: S. Artis fuerat specieb⁹ dicere: vt fluctib⁹: qr qrta declinatio in datiuo et abltō pluralib⁹ u. in i. vertit: vt manū manib⁹. Sed quia pinguius sonat: & meli⁹ specubus dicim⁹. Vnū tn̄ nomē ēqd aliter nō dicim⁹ tribubus. t Hic noctem ludo ducūt. S. quasi ꝑpetuitate noctis sub terris locati ludos cōcelebrant. AN. Hic noctē legit̄: & hunc noctē. v Fermēto atq; acidis. S. potionis genus est quod ceruisia nuncupatur: & ɔseqns ē: vt vinū natura calidū in prouintia frigida nō possit creari. A. Fermentū a feruore dici volunt: q plus vna hora nō pōt contineri: crescendo enī excedit Plini⁹ libro. xviii. ait: q milii pcipuus ad fermenta vsus & musco subacti in annuū tēpus: Hinc fermētū fit ex pila farina q subigitur priusq; addat̄ sal ad pultis modū decocta: & relicta donec arescat. Dicunt alii q propter acorē cum sorbis etiam acidis mixtum fermētum vini quendā saporem reddit. Item Plinius libro. xiiii. scribit: q sit vinum fictitium e piris: malorumq; omnibus generib⁹ e cornis: mespilis: sorbis: moris: siccis nucleis: pineis et cętera. Et libro. xv. ait: q sorbis inest vini sapor. qbusdā vero acriodore & suauitate iocunda. x Hyperboreo. ANT. de Hyperboreis videto superius. y Septem subiecta trioni. SER. Themesis pro septemtrioni. AN. Caue temesis dicas cum e. post. t. Sed latius videto in nr̄o carmine figurarū. y Gens effrena. SER. Sęua & rectorem recusans.

z Ryphęo euro. S. Scythico vento. Ryphęi autem montes sunt. vt iam diximus: a perpetuo ventorū flatu nominati. nam ρηπη grece impetus: & dicit απο του ρηπειν ANT. Ryphęo euro. i. vento: non vtiq3 eo qui ab ortu flat: sed eo quē aquilonē vocam⁹. Probus. De Ryphęo iugo iā diximus.

Idem Varro ibidē ait: ꝙ arietes sint fronte lata: vestiti bene: intortis cornib⁹ pronis ad rostrū: grauis oculis: lana apertis: auribus amplis: pectore et scapulis: et clunibus lagra: aut varia sit: ꝙ fere qui eā hñt: nigros aut varios procreant agnos.

a Et pecudū fuluis velant corpa setis. S. rhenonibus: nā vt dicit Salust. in historiis: Vestes de pellibus rhenones vocant. A. Fuluis setis. fuluus color rufo videtur: atq3 viridi mixtus: inqt Gelli⁹ li. secūdo. capitulo. xxvi. in aliis plus viridis: in aliis plus rufi habere. sic poeta fuluā aquilā dixit: & fuluum aurū: & arenam fuluam: & fuluū leonē. Scythę autem (vt Iustinus li. ii. docet) pellib⁹ tātum ferinis ac murinis vtunt. b Si tibi lanitiū curę. S. Et hęc lana dicimus: & hoc lanicium: sicut fuga & effugium. Q3 aūt dicit: Oues lanea nō debere pinguescere: physicū est. Oē enim pingue aial caret pilis: qd hirsutū efficit macies. A. Lanicium. lana ipsa: vt vt effugiū pfuga. c Aspera sylua. A. Columella li. vii. c. iii. seqris aūt noualia: nō solū herbida: sed q plerunq3 vidua sunt spinis: nā quotidie minuit lana: que qnto plixior in pecore cōcrescit: tāto magis obnoxiū est rubis: quib⁹ velut hamis inuncata a pascentium tergoribus auellitur. molle vero pec⁹ etiā velamen q ptegit amittit: atq3 id nō paruo sumptu reparat. Facit igit (vt ait Varro) scabras oues. d Lappęq3 tribuliq3: S. a qbus rebus lana decerpit. A. de tribulis videto libro. i. Georg. e Pabula lęta. A. Pecora eni cū pinguia sūt: plurimū assumūt nutrimēti. Hinc pleraq3 pilos hñt: et crassiores: quū gracilia tenues ab exiguo nutrimento: siquidē pilus supfluitas est. auctor Alexāder Aphrodiseus. f Greges albos. A. Color eni albus (vt scribit Columel. li. viii.) tum optimus est: tū etiā vtilissim⁹: ꝙ ex eo plurimi fiunt: Varro ait li. ii. c. ii: ꝙ ouē esse oportz corpore amplo: quo lana multa sit: & molli villis altis: & densis toto corpe: maxie circū ceruicē collū: ventrē q3 vt habeant pilosum. itaq3 q id nō hñt: maiores nři apica appellāt. esse oportet cruib⁹ hūilib⁹: caudis obsuare: vt sint in Italia prolixis: In Syria breuib⁹: vt agnos pcreent formosos. g Villis lege mollib⁹. S. Lana eni alba pciosior est: quippe susceptura aliū quēlibet colorē. Q3 aūt colorē hic per transitū tangit: in aliis plen⁹ legit. maritū pecoris: et cornu & vngulis: & palato albū esse debere. Aliogn licet aries sit candid⁹ lanis: constat ex eo pullos. i. nigros creari. h Aries sit cādid⁹ ipse. S. Bñ addidit ipse: quasi aut dñs gregis est: aut quia antea p damno capitali dari consueuerat. Nā apd maiores homicidii pena noxius: arietis damno luebat: qd in regū legibus legit. i Nigra subest. A.

Si tibi lanitium curę: primū aspera sylua
Lappęq3 tribuliq3 absint: fuge pabula lęta.
Cōtinuoq3 greges villis lege mollibus albos.
Illum autem q̄uis aries sit candidus ipse
Nigra subest vdo tantum cui lingua palato
Reiice: ne maculis infuscet vellera pullis.
Nascentū plenoq3 alium circumspice campo.
Munere sic niueo lanę (si credere dignum est)
pan deus archadię captam te luna fefellit.
In nemora alta vocans: nec tu aspnata vocantē.
At cui lactis amor: cytisum: lotosq3 freqntes
Ille manu: salsasq3 ferat presepibus herbas.
Hinc & amant fluuios magis: ac magis vbera tēdūt.
Et salis occultū referūt in lacte saporē.
Multi iam excretos phibent a matrib⁹ hędos:
primaq3 ferratis prefigunt ora capistris.
Quod surgente die mulsere horisq3 diurnis

k Vdo palato. S. sēp humido: Alibi. Vdę vocis iter. l Reiice. S. Rei aut quasi monosyllabū pduxit licenter: aut vt supra dixim⁹: quia cū facit reiecit: i p duplici habet: & reii efficit lōgā: ideo & in aliis mōis psumit sibi pductionē. m Munere sic niueo. S. Mutat fabulā. nam nō Pan: sed Endimion lunā amasse dicit: qui spret⁹ pauit pecora candidissima. & sic eā i suos illexit āplexus: Cui⁹ rei mystice volūt qndam secretā esse rōnem. C. Mūere sic niueo lanę: dicunt lunā adamatā a pane petiuisse mun⁹: & pana obtulisse gregē ouium. illam vero delectatā cādore: arietē albū cepisse sed cum non aduertisset maculas linguę: fuisse deceptā. n Lanę. A. Pan Mercurii filius: cū lunam concępisset: & hēret optimū pecus: poscēte ea ptē pecorū p concubitu dicit pollicitus: et duas partes fecisse gregis: quarū alteram candidiore: Sed lanę crassioris: lunam accepta cādidiore: deterius pecus abuxisse poeta significat: Probus auctor. Cū itaq3 luna albū pecus elegerit: ondit poeta mīro pstantius albū lanitiū esse omnibus aliis. Potest etiam illud accipi: ꝙ luna cādore lanę ducta: arietē albū elegerit: deceptaq3 fuerit: cū illi nigra lingua inesset: q totū postea gregē maculauit. De pane aūt latius in buc. & li. i. georg. o Si credere dignū est. S. tm̄ de luna sacrilegiū. p Cytisum. A. De q lati⁹ in buc. Varro āt li. ii. c. ii. ait: ꝙ maxie Cytisus & medica pingues facit facillime: et generāt lac. q Lotosq3 freqntes. A. de loto herba itelligit: q faba greca appellatur a nřis: vt Pli. docet libro. xxiii. c. ii. r Salsasq3 ferat psepib⁹ herbas. S. vt multū potantes: reddant plurimū lactis: et ipm lac nō sit fatuū. sed hēat salis occultū saporē. i. vix intelligibilē: & nō statim apparentē. CRI. Salsas herbas. Oues (vt ait Aristo.) ex potu pinguescunt: itaq3 dant salē qnto q3 die. s singulis centenis: singlos modios. sale subinde plus aquę hauriunt: & hinc etiā plus lactis puenit. s Fluuios. C. aquā: quā idē Aristo. in autumno aqlonia q3 austrinā vtiliorē eē dicit. t Excretos. S. validiores. A. Excretos hędos: fere ad quatuor menses a mamma nō disiungunt agni: hędi tres: porci duos: Varro lib. secundo. C. Excretos: q iam p etatē crescere desinūt. v Prohibēt. A. ne lac exhauriat ab eis. Vñ Colu. li. viii. c. iii. ait: ꝙ teneri agni dū adhuc herbę sint expertes lanio tradēdi: qm̄ & puo sumptu vehunt: & his summotis fructus lactis a mřib⁹ nō minor pcipit. x Ferratis a pistris. S. duris. y Qđ surgente die. A. Mulgent in vere ad caseū faciēdū mane. : aliis temporibus meridianis horis : tam et si ppter loca : & pabulū disparile non vsqꝫquaqꝫ idē fit: Varro libro. ii.

z Nocte premunt. S. cogunt in caseos. A. Quo pacto caseus pmēdꝰ est: & saliendus: Legito latiꝰ Colu. libro. viii. c. viii:
a Sub lucē. A. añ lucē.
b Calathis. S. vasis æreis: in quibꝰ lac vel recens caseus in vrbē distrahitur. A. Calathis. In fiscellas : aut calathos: aut formas: transfert caseus: qꝫ maxie refert : primo qꝫ tpe serū percolari: & a ꝯcreta materia separari. Idē Colu. auctor est. c Aut pco sale cōtingūt. S. aut modico sale: aut reuera pco. id est seruatorio: qꝫ in qđ mittitur seruat. Nā & hō frugi parcus vocatur: aut certe parco dixit p parce: vt sit nomē p aduerbio:

Nocte pmunt: qđ iam tenebris & sole cadēte
Sub lucē exportāt calathis: adit oppida pastor:
Aut parco sale contingunt: hyemiqꝫ reponūt.
Nec tibi cura canum fuerit postrema : sed vna
Veloces sparthę catulos: acremqꝫ molossum
pasce sero pingui : nunquam custodibus illis
Nocturnū stabulis furem: incursusqꝫ luporū:
Aut impacatos a tergo horrebis Iberos.
Sępe etiam cursu timidos agitabis onagros.
Et canibus leporē: canibus venabere dammas.
Sępe volutabris pulsos syluestribus apros:
Latratu turbabis agens : montesqꝫ per altos
Ingentē clamore premes ad rhetia ceruum.

amantior dñi? quis fidelior comes? quis custos incorruptior? qs excubitor pōt inueniri vigilantior? qs deniqꝫ vltor aut vindex cōstātior? Hęc ex Columella libro. viii.
e Veloces sparthę catulos acremqꝫ molossū: S. Et in illis velocitas: in his āt fortitudo laudat. Sparta aūt Laconię est ciuitas: Molossia pars Epiri. A. Varro qꝫ laudat lacones & Epiroticos. De sparta vide supius: & de molossis. ibi: Epiri populis.
f Pasce sero pigui. S. aq̄ lactis: quę pingues efficit canes. A. Colu. li. viii. scribit. Canes hordeacea farina: cū sero comode pasci sine farreo vł triticeo pane: admixto tñ liqre coctę fabę sed tepido. nā feruens rabiem creat. C. Ex hordeacea farina sero diluta panē in canū cibū faciundos iubēt: q de re pecuaria scribūt: Iubent & cōtra rabiē fimū gallina-

AN. Parco sale. i. mediocri nec nimio. Scribit. eni Colu. qꝫ nimio sale caseꝰ salsus fit: & vicio ascribit. Pōt dici etiam Parco sale. i. saluatorio: Nā vt scribit Macro. lib. satur. vii. Sal natura siccus est: calidꝰ est: et fluxū corporis calore contrahit: humorem vero siccitate vł coheret: vel exorbet. Et Varro pterea scribit li. ii. Q. qui aspergi solēt sales: melior est fossilis qꝫ marinꝰ. d Nec tibi cura canū fuerit postrema. S. Lyptotes figura: p magna tibi cura sit canū. Postrema vilis. A. Canes vel in primis mercari: tueriqꝫ debet agricola: qꝫ et villā & fructus familiamqꝫ et pecora custodit. Nā quis hoīm clarius: aut tanta vociferatiōe bestiam vel furem pdicat: qꝫ canis latratu. Quis famulus

ceum admisceri. g Nocturnū furē. S. noctis oportunitatem captantē. Fur āt a furuo dictꝰ est. i. nigro. nā noctis vtit tempe. Horatiꝰ. Quā pene vidimꝰ furuę regna pserpinę: aut certe a greco venit: nam fur φωρ vocatur.
h Iberos. S. abactores. fere enim hispani oēs acertimi abactores sūt. A. Impacatos iberos. abigeos intelligit: & pecoris furis. posuit em Iberos ob siles mores. Vñ Cantabros & vicinas illis gētes: latrocinia exercentes: Cęsar Augustus oppssit. & qui Rhomanoꝝ sociorū pdones erāt. postea p Romanis rei militari seruierūt. Coniaci videlicet: & qui liberi amnis fontes incolunt. Labit aūt Iberus a Cantabris: e meridie ortū hñs: p magnū campoꝝ spa-

dum. Strabo auctor libro .iii. de Hispania: vbi etiã scribit q eandẽ & Iberiam & Hispaniã nominat. C. Iberos ab actores. nam Iberi hoc vicio vehementer laborabant. posuit ergo speciẽ p genere. i Onagros. S. agrestes asinos. Et ẽ laus canũ. A. Onagros asinos syluestres. Onos eñ asinus et asina dr. Agrios aũt agrestis immitis: ferox: Onagri in Phrygia et Laconia pcipui: pullis eorũ ceu pręstantibus sapore Aphrica gloriat: qs fasiones appellat. Pli. libro. viii. C. de onagris dictum est.

cum reliquę serpentes oua pariant: sola Echidna & alia serpens q in Arabia pennata est: catulos edunt. Herodotus aũt est qui ea quę diximus de partu vipere in Melpomene refert. Aristoteles aũt scribit viperam oua quidem intra se concipe: sed tamẽ non oua sed catulos parere. quę membranis obuoluti sint: sed illos tertia die dirumpi. Nõ nunc tñ abruptis in vtero mẽbranis prodire. singul quidem diebus singulos: ad ęque illos sup viginti. Albertus ãt ait: Vipere venenũ nõ esse frigidũ: quis vulnerati extreme frigescat: Id eñi icc irco euenire affirmat: q naturalis calor a venenoso calore vict concedat.

Disce & m odoratã stabulis accendere n cędrũ:
o Galbaneoq agitare graues nidore p chelydros.
Sepe sub immotis pręsepibus: aut mala q tactu
Vipera delituit: r coelumq exterrita fugit.
Aut tecto assuet s coluber succędere: & vmbrę:
Pestis acerba boum: pecoriq aspergere virus
Fouit t humũ: cape v saxa manu: cape robora pa/
Tollenteq minas: et sibilla colla tumẽtẽ (stor:
Deijce: x iamq fuga y tumidũ caput abdidit alte.
Quũ medij z nexus: extremeq agmina caudę
Soluũtur: tardosq trahit sinus vltim orbes.
Est etiam ille malus a calabris ĩ saltibus b anguis
Squamea c conuoluens sublato pectore terga:
Atq notis longam maculosus grãdib aluũ.
Qui dũ amnes vlli rumpũtur fontibus: & dũ
d Vere madent vdo terrę: ac pluuialibus austris:
Stagna colit: ripisq habitans: hic piscib e atram
f Improbus in g gluuiẽ: h ranisq loquacib explet.

k Sepe volutabris syluestrib. S. volutabra loca sunt: in quibus se apri volutant. Syluestribus aũt dici iõ: quia circa casas esse: & in ciuitatibus possunt. A. Volutabris: lacunis cenosis vbi se volutant. l Agens. AN. persequens.

m Disce & odoratam. S. p odoriferã. & loquit de serpẽtũ remediis: qui ingressi tecta animalibus nocẽt. n Cędrũ. A. de cędro videto lib. ii. geor. Pręterea Pli. li. xxiiii. scribit: q Cędri scobe serpentes fugari certum est. Itẽ baccis tritis cum oleo si pungat. o Galbaneoq. S. Galbanũ ẽ multis apta medicaminibus: A. Galbaneo nidore. Dat galbanũ syria ĩ Amano monte sincerũ: si vrat: fugat nidore serpentes: fugiunt & puncto galbão: serpentes oleo & spondilio mixto tactu necat. Plinius li. xii. & li. xxiiii. Columella aũt li. viii. ca. iiii. ait: q muliebriũ capillorũ aut ceruinorũ cornuũ sępius vstorũ odor nõ patitur stabulis serpentes cõsistere. C. Galbaneo. In Syria frutex est ferulę simil: ex q resina distillat. hoc galbanũ appellant. Vtile quod colore thuris hab: & grana vt faba: lympidũ & sine ligno: Arabice renech dicit. vim habet contra venena: hinc dr bazard: quo noie oia contra venena dicunt. p Chelydros. S. Chelydri dicti sunt qsi Chelydri: quia in aquis & in terris morant: nam χερσον dicimus terram υδωρ aut aquã. A. Chelydros serpẽtes: Chelydris aũt Chalabria freqntissima ẽ: vt scribit Solinus. q Mala tactu vipa. S. Quę etiã tactu nocet: & est pniciosa dũ tangit. Vipera aũt species est serpentis q vi parit. nã corosis eius lateribus exeunt pulli cũ mris interitu: Lucan. Viperei coeũt abrupto corpe nodi. A. Vipera. Serpentiũ vipera sola terra dicitur condi: cęterę arborũ aut saxorum cauis: In coitu vipere: mas caput inserit in os: q illa abrodit voluptatis dulcedine. Auctor Pli. li. viii. Aristo. vero in li. de aïalib ait: q serpentes vini incontinẽtes sunt: perinde viperas aliqui vino cũ fictilib ad sepes disposito venant. ebrię eñ capiunt. C. Vipa gen serpentis: q: vi pariat. Ait eñi Herodotus: q in coitu mas caput in os foeminę immittit. At ipa in amissiõe seminis illud pcidit: foeta vero vipera nõ parturit: sed catuli lacerata matrice per ilia erũpunt. Echidna a grecis vocat. Et

r Coelumq exterrita fugit. S. id est tectis gaudẽ: vt sint ἀγαθοὶ δαίμονες quos latine genios vocant. s Coluber. C. quia vmbram colat. Vnde dixit: tecto & vmbrę. t Fouit humum. SER: Amplexa terram est: in q posset latere. v Cape saxa. C. Magna exhortatio: & quę aliqua ex pte increpationẽ sapiat. Exornatur aũt locus plurib coloribus: in quib insit efficatia: scilicet repetitione. dissoluto: apostrophe: x Iamq fuga. AN. Ordo est. Et iam. i. tũc: quũ medii nexus. i. motus impetus: & reuolutiões extremę caudę soluũtur. extenduntur: & vltimus sinus: id est curuatura trahit tardos: id est pigros orbes. i. spheras & reuolutiones: fuga. i. fuge loco alte abdidit timidum caput. Demũ sensus est: q percussus serpens: qñ dissoluit nodos: & elongatur: trahitq ęgre vltimas curuaturas. loco fugę caput abscondit: Propter quod innuit Maro vt caput ipsum opprimere debeamus.

y Timidũ caput: S. Cui timet. Nam (vt dicit Plinius) serpentis caput: etiam si cũ duobus euaserit digitis: nihilo minus viuit. z Extremeq agmina caudę. S. mot: et hoc dicit: Cęde serpentẽ: donec caudę volubilitas conquiescat. a Calabris. AN. Calabria Italię pars est in qua Brundusium: hydrus mons: tum salentini caput: vt Mela scribit: Gręci (teste Plinio li. iii.) Mesapiam a duce appellauere: & ante Peucetiam a Peutio Oenotrii fratre.
b Anguis. A. de Chelydro intelligit: vt diximus.
c Conuoluens sublato pectore terga. S. erectus: qd ad expressionẽ serpentis generis posuit. Alii enim repũt toto corpe. Alii erigunt corpis parte. Lucan. Et contentus iter cauda sulcare parias. d Vere madet vdo terrę. S. Alibi. cum ruit imbriferũ ver. A. Vere vdo. Hoc declarauit est li. i. Geor. Ibi. Pręsertim incertis mẽsib si amnis abundãs Exit ⁊c. e Atram. A. obscurã seu nigrã. vt Noni ait. f Improbus. S. insatiabilis. g Ingluuiem. S. ventris capacitatẽ. A. Ingluuiẽ. gulam. h Ranisq loquacibus: SER. clamosis & loquacibus: ideo. quia ex homib facte

sunt: vt dicit Ouidius. C. Ranis garrulum est aial: nam coaxat. Id eni nomē est earum voci: q̄uis in Macedonia teste Plinio. Ranę & apri mutę sint: & in Seripho: sed aliūde alatę canūt. Ranarū plures spēs. S3 que venenosa est dicitur rana rubeta. Elixatura ranaꝝ in aqua & aceto: si dentes abluāt sedant dolorem. i Asperq̄ꝫ siti. SE. q̄ gēnus siti magis q̄ alia re accendit. C. Asperq̄ꝫ sit. Nam vis veneni calore et siccitate augetur. Ostendunt physici mares q̄ foeminas: senes q̄ iuniores: arida q̄ humida: habitātes: ieiunos q̄ saturos: iratos q̄ placatos: in calido & sicco tēpe q̄ in aduerso magis nocere. k Ne mihi. S. p cuicū q̄. Vt. Nō illa quisquam me nocte p altū ire. A. Ne mihi. Legitur & nec mihi in antiquis. l Sub diuo. A. Asconius sup li. iii. verrinarum ait. sub diuo. i. sub coelo. Coelū greci Iova dicūt. His igiī patet errare illos q sub diuo dicūt. C. Sub diuo. Diuū eni Iouē intelligit: qui est aer. Hinc Horat. Manet sub Ioue frigido tenerę cōiugis immemor venator. m Dorso. A. Neu libeat inqt resu

postq̄ꝫ exhausta palus: terręq̄ꝫ ardore dehiscūt
Exilit in siccum: & flammantia lumīa torqns
Sęuit agris: asperq̄ꝫ siti: atq̄ꝫ exterritus ęstu.
Ne mihi tum[k] mollis sub[l] diuo carpe somnos:
Neu[m] dorso nemoris libeat iacuisse p herbas:
Quū positis nouus exuuiis nitidusq̄ꝫ[n] iuuēta
Voluitur:[o] aut catulos tectis: aut oua relinquēs
Arduus ad solem: & liguis[p] micat ore trisulcis.[q]

pinū iacuisse p herbas nemoris: caue dorso nemoris legas. CRI. Dorso p cliuo posuit & loco editiore. n Nitidusq̄ꝫ iuuenta. SER. pelle eni deposita redit ad priorē ętatem. o Catulos. S. Abusiue dixit: nam catuli ꝓprie canū sunt. CRI. Catulos e oua: quia alię serpētes catulos pariunt: alię oua. Vel dixit catulos: quia ex ouis ꝓueniūt catuli: nam catulus dicim᷒: & ī serpētibus et q̄drupedib᷒: quę nō vngulas sed vngues hn̄t: vt canes: vrsi: leones: p Micat. ANTO. Micare est hoc loco p vices sine ordine mouere: vt docet Nonius. Alibi vero fulgere: vt micat ignib᷒ ether. Qn̄q̄ etiā est sortiri digitis. Marc᷒ tull. libro iii. officioꝝ. Dignū esse ducūt: qui cū in tenebris mices ꝛc. q Trisulcis linguis. A. Linguę nō omnibus eodemmō: tenuissima serpētibus: & trisulca. Pli. libro. xi. C. Trisulcis in nostris libris de anima expressimus ratiōem: q̄re virga summa velocitate mota: non simplex: sed triplex videat. Idem igitur euenit in lingua serpētis: quę q̄uis vnica sit tamen sua crebra mobilitate triplex apparet.

r Morborū quoq̄ꝫ te causas ꝛc. S. Tria dicit. Signa morborū: causas: remedia. sed nō seruat ordinem legitimū: nam post remedia morborū signa cc memorat. A. Animaduertēdū quoq̄ꝫ q̄ cuiusq̄ꝫ morbi sit causa: queq̄ꝫ signa causaꝝ earū sint. & q̄ queq̄ꝫ morbū curatio sequi debeat. Inqt Varro li. ii. c. i. Morbus ē habitus cuiusq̄ꝫ corporis contra naturam: qui vsum eius facit deteriorē. Gellius li. iiii. c. ii. Cicero libro. iiii. Tuscu. ait: q̄ morbum appellant totius corpis corruptionē. egrotationem membroꝝ cū imbecillitate. Vitium cū partes cor

¶ Morborū[r] quoq̄ꝫ te causas & signa docebo.
Turpis[s] ouis tentat scabies: vbi frigid᷒ imber

poris inter se dissident: ex quo prauitas membroꝝ distortio. deformitas. s Turpis scabies: S. quę asperū et turpe efficit corpus. A. Oues frequentius q̄ nullum aliud animal infestātur scabie: q̄ fere nascit ex his causis q̄s poeta refert. Pręcipue tn̄ exiguitas cibi maciē: Macies aūt scabiem facit. Hęc vbi coeperit irrepere: sic intelligit. Viciosum locū pecudes: aut morsu scalpunt: aut cornu: aut vngula tundūt: aut arbori affricant: parietibus ue detergent. Hinc primo q̄ tpe occurrendū: ne tota ꝓgenies inficiatur: cum pcipue oues cōtagione vexent. Colu

mella li.viii.c.v. ¶ Scabies est durior cutis rubicunda : ex qua pustulę oriuntur: quędā humidiores: q̄dam sicciores. Exit ex q̄busdā sanies q̄ asperior est: quoq̧ prurit magis: eo difficili⁹ tollit. Auctor est Cels⁹ li.v. ¶. A Dulcib⁹ fluuiis. Colu. Aestiuū sudorē mari vel flumine abluendum censet. C. Scabies sic dr̄. quia scabra: id est aspera est.
t Altius ad viuū p̄sedit. S. medullas & ossa penetrat: C. Quia penetrauit pellē: quę nō multū sensus habet. v Illotus adhęsit sudor. S. Lotus & latus dicimus. Inde est lautum eo. Nā illud ab Horatio satis licēter dictū est. Ast vbi me fessum sol acrior re lauatū Admonuit.
x Dulcib⁹ fluuiis. S. Sal a eni a qua magis pruriginē generat. y Vdisq̧ aries in gurgite villis mersat. S. Dicit ducē gregis: quem etiā Varro ita cōmemorat. Huic aūt aliquā ꝑtem lanę pastores solent relinq̄re. Vnde ait vdis villis: nā oues sempꝛ tonsę lauant. A. Villis: lanas itelligit: q̄ in summa parte arietis tonsi reliqui solēt. z Secūdo amni. S. cum aqua scilicet. AN: Secūdo amni: auersus ei flumini non aduersus defluit. a Tristi amurca SER. amaris olei sordibus: hoc autē remedium est contra scabiē: et lęsum vepribus corpus. A. Tristi amara. Amurca scabiem tollit: si ad fecem et amurcā: succumq̧ decocti lupini: misceas portione ęqua detritū albū elleborū: eidē remedio est amurca duab⁹ ptibus decocta. Itē vet⁹ hoīs vrina testis candentibus inusta. Prodest etiā sulphuris triti et picis liquide mod⁹ ęquat igne lento coct⁹. Auctor est Columella libro.viii. C. Amurca est humor in oliuis admixtus aquę: qui dum teruntur ante oleum effluit: q̄ coqui solet ad mellis spissitudinē: & sic vetustatē accipit. Nā fex est illa q̄ postrema residet: amurca decocta in vase ęneo: & mixta aceto: aut vino: aut ouo & melle: confert doloribus dentiū: & apostematib⁹: & miscet in medicinis ocu lo. Clistere ex illo cōfert ano apostemato: et callo matricis. Mixta cū cameleonta: & cū aq̄: in q̄ dulcorati sūt lupini: sanat scabiē quadrupedū. Noua vero & sine decoctione sedat dolorem podagrę. illinitur corio: & extenditur supꝛ ventrem ad minuendū tumorem hydropici.
b Et spumas. A. Argenti spuma distat a scoria: q̄ potest spuma a fece distare. alterum purgantis se materię: alterum purgate vitium est. Spumę vis est siccare: mollire: refrigerare: temperare: purgare: explere: vlcerum tumores lenire. Plinius libro.xxxiii. capitulo.iiii.
c Sulphura viua. SER. dactilicus versus. A. Sulphuris genera sunt quattuor. Viuo solo ex omnibus generibus medici vtuntur: Viuum effoditur: translucetq̧ et viret. Plinius libro.xxxv. Dyascorides vero ait: q̄ viuum sulphur tale est quale a terra producit. Sulphur aūt extinctū seu mortuū ē: quod artificiose parat: & in calamis ferreis funditur. Quando viuū sulphur miscet cum terebinthina: cu rat scabiem & ęgritudinem: cū qua eleuatur cutis.

Altius[t] ad viuum pręsedit: & horrida canō
Bruma gelu: vel quū tonsis illotus[v] adhęsit
Sudor: & hirsuti secuerunt corpora vepres.
Dulcibus[x] iccirco fluuijs pecus omne mgri
perfundunt: vdisq̧[y] aries in gurgite villis
Mersatur: missusq̧ secundo[z] defluit amni.
Aut tonsum tristi[a] contingunt corpus amurca:
Et spumas[b] miscent argēti: ac sulphura[c] viua:
Idęasq̧[d] pices: & pinguis vnguine[e] ceras[f].
Syllāq̧[g]: elleborosq̧[h] graues[i]: nigrūq̧[k] bitumē.
Non tm̄ vlla magis p̄sens[l] fortuna laborū est.
Quam si quis ferro[m] potuit rescindere summū
Vlceris os: alitur vitium viuitq̧[n] tegendo:
Dū medicas adhibere man⁹ ad vulnera pastor
Abnegat: et meliora[o] deos sedet[p] oīa poscens[q].

d Idęasq̧ pices. S. liquidas quę in Ida Phrigię monte nascuntur. A. Idęasq̧ pices. Circa Idam in Troade plurimę sunt: vt scribit Plinius, Picis aūt duo genera sunt. spissum: liquidumq̧. Spissarum vtilissima medicinę est brutia: quoniā pinguissima & resinosissima vtraq̧ p̄bet vtilitatem: sed magis rutila q̄ cętere. Picis natura excalefacit: explet: ad scabiem pecorum pręcipuū remediū. Idem lib.xxiiii. e Vnguine: AN. Viscositate quadā.
f Ceras. A. Cera i medio est: ęqualiter calefacientium: & infrigidantiū & humectātiū: & siccantium. Auctore Galieno.
g Syllāq̧ elleborosq̧ graues. S: genera herbarū sunt. A. Syllarū in medicina alba ē: q̄ masculus: foeminę nigrę. Sylla quę candidissima fuerit: vtilissima erit: discutit furfures capitis: & vlcera manātia: illita ex oleo cocto: Pythagoras scyllam in limine q̄q̧ ianuę suspēsam malorū medicamentorū introitum pellere tradit. Pli. libro.xx.c.xxix.
h Ellebērosq̧ graues: AN. Ellebori duo prima genera. Cādidū et nigrū. Nigro equi: boues: sues necant. itaq̧ cauēt id cū candido vescant. Album nō facile colligitur. caput enim aggrauat maxime: nisi pręsumat allium: & subinde vinū sorbeatur. celeleriterq̧ fodiatur. Nigrum purgat p inferna. Candidū vomitione: causasq̧ morborum extrahit. quondam terribile: postea tamen promiscuum: vt plerique studiosū gratia: ad prouidenda acrius: quę cōmētabant: sępi⁹ sumpitauerint. Italia veratrū vocat: Nigrū: scabiem quadrupedū cum thure & cęra vel pice sanat. Pli. li. xxv.c.xii.
i Graues. A. aggrauat eni maxime caput. Potest etiam exponi noxios propter eorum naturam & vires.
k Nigrūq̧ bitumē. A. de hoc latissime videto ęglo.viii.
l P̄ns fortuna: S. efficax: vtilis: ꝓfutura. Et dicit incidendū eē vulnus. si medicaminib⁹ emolliri minime potuerit. A. Magis p̄ns. i. p̄stantior. m Ferro rescindere sūmū vlceris os. S. Ergo tūc secandū est cū os habuerit. A. Resecandū ē vlcus & medicamētis curandū. Hulc⁹ traxit aspirationē ab gręco: illi enī helcos dicūt. Est aūt vlcus tecta & clausa malignitas. Vuln⁹ ꝓ hiatus patens. Marcellus auctor. n Viuitq̧ tegendo. S. dū tegit. o Meliora deos omnia poscens. SER. Maiores em̄ expugnātes religionē: totū in experientia collocabant. Salusti⁹. Nō votis neq̧ suppliciis muliērib⁹ deorū auxilia cōpant: vigilando & laborando ꝓspere om̄ia cedunt. vbi secordię tete atq̧ ignauię tradideris: nequicq̧ deos implores: irati infestiq̧ sunt. AN. Dei facientes adiuuāt. Inq̄t Varro lib.i. de rustica. C. Et meliora deos. Moralis locus: q̄ ondit diuinū auxilium: nō pigris desidibusq̧: sed ꝓuidis & industriis ꝓuenire: nō enī negat: nō eē auxiliū a diis poscēdū: sed nō esse in secordia sperādū. p Sedet. C. q̄si penitus cessēt.

q Omnia posces. C. Nam quę nobis ipsi pręstare nostra opera possum⁹: ea a diis nō sunt petēda: sed ea q̄ nostras vires excedunt. r Atq; artus depascitur. S. Et pasco et pascor illam rem dicimus. s Arida fębris. S. Quę arida efficit corpa. Tamen sciendū: fębrem licet a feruore dicta sit: esse etiā frigidam. Vnde mō ad dyascolē ait arida. A. Fębris dicitur a feruitate morbi vel mali: vt scribit Noni⁹ Est autem fębris genus morbi in toto corpore. De cuius generibus late Celsus libro tertio.

t Incensos ęstus. SER. fębrē. A. fębris feruores.

v Ima ferire pedis. A. Fębricitantib⁹ ouibus de talo, vł inter duas vngulas sanguinē mitti oportet: nos etiā sub oculis: et de auribus sanguinē detrahimus. Verba sunt Columellę libro. viii.

x Salientē sanguine venam. S. i. mobilem. Dicit autem illam venā feriendam esse: quę sup vngula animalis est tam lata q̄ mobilis.

y Bysaltę: SER. Populi Scytharum: qui fugientes equorum sanguine aluntur lacte pmixto: AN. Bysaltę libera gens. Bysaltę in Macedonia: ut scribit Plinius lib. iiii: capitulo. xi. CR. Bysaltę populi in Tracia sunt.

z Gelonus. ANT. de Gelonis videto libro secundo Georgicorum: ibi Pictosq; Gelonos. CRI. Geloni tartari dicuntur: quos corrupto vocabulo tartaros dicimus: Hi soluunt venas equorum: & sanguinem admiscent lacti & inde bibunt. a Quum fugit. SER. Vel reuera fugit: vel pergit celeriter.
b Rhodopen. AN. De hoc monte iam sup⁹ diximus:
c Atq;. ANT. Atq; legitur: & aut.
d Deserta Getarum. ANT. Getas gręci. Thraces optimati sunt. qui quidā vtrunq; Istri latus incolebant. Getę ad pontū in orientem vergunt. Interq; mare ponticum ab Istro ad Tyrā flumen Getarum: solitudo periacet. plana tota: & aquarum indiga: Strabo libro septimo.
e Carpentem ignauius. SER. negligentius & sine auiditate. f Culpam ferro compesce. SER. Atq; habere morbum. culpa non est: sed hoc dicit: occidendo eam tuam culpam compesce: id est vita crimen in quod potes incidere si dum vni parcis: fuerit totus grex eius contagio corruptus. ANTO. Ferro: quo scilicet imam pedis venam ferias.
g Incautum vulgens. SER. quod se morbosi pecoris contagione abstinere non nouit.
h Hyemem ANT. Grandinē intelligit.
i Turbo. AN. Turbo dicitur ventus: qui repentinis flabris prosilit: atq; vniuersa perturbat. Vertex ille est: quum torquetur humus arida, & ab infimo erigitur ad summū. Auctor Apuleius in libro de mundo. Meminit & Plinius: libro secundo: capitulo quinquagesimo.

Quin etiam ima dolor balantū lapsus ad ossa
Cum furit: atq; artus depascitur arida fębris.
Profuit incensos ęstus auertere: & inter
Ima ferire pedis salientem sanguine venam.
Bysaltę quo more solent: acerq; gelonus
Quū fugit in rhodopen: atq; ī deserta getarū.
Et lac concretū cum sanguine potat equino.
Quam ꝓcul aut molli succędere sępi⁹ vmbra
Videris: aut summas carpentē ignaui⁹ herbas
Extremamq; sequi: aut medio ꝓcumbere campō
Pascentem: & serę solam decędere nocti:
Continuo culpam ferro compesce: priusq;
Dira per incautum serpant contagia vulgus.
Nō tā creber agens hyemē ruit ęquore turbo:
Quā multę pecudū pęstes: nec singula morbi
Corpora corripiunt: sed tota ęstiua repente
Spemq; gregemq; simul cūctamq; ab origīe gētē:
Tum sciat aerias alpes. & norica si quis
Castella in tumulis: et iapidis arua timaui:

k Tota ęstiua. S. Loca posuit pro animalibus. Aestiua autem sunt loca vmbrosa: in quibus per ęstatem pecora vitant solis calorem. Statius. Vmbrosi patuere ęstiua lici. A. Aestiua loca dicuntur vmbrosa: vbi & pecora: & milites solis ardorem vitant. Suetonius in Augusto. Reliquas in hyberna: et ęstiua circa finitima oppida dimittere assuerat: reliquas autē cohortes supplere. C. Aestiua appellant loca montana & frigidiora: in quibus pecora a caloribus defenduntur: vt hyeme in locis maritimis & Apricis defendunt a frigoribus: & hęc hyberna dicuntur: Quę vocabula etiam militibus tribuimus.

l Spemq; gregemq;. S. id est agnos: pariter cum matribus. A. Agnos & agnas et foeturam ipsam. m Tum sciat aerias alpes. SER. Sensus hic est. Si quis ē qui sciat ista loca qualia tunc fuerint: cū pecoribus erant referta: & nunc quoq; ea vacantia videat: licet plurimum a pęstilentia fluxerit tempus.. A. Tum: preterea: Tum sciat. Huius pęstilentię color totus & lineamēta fere omnia tracta sunt: de descriptione pęstilentię ex libro. vi. Lucretii. Describit etiam Manilius libro primo. Sed Ouidius libro sexto Meta. latissime.
n Aerias alpes. S. id est Galliam. Et dicendo aerias verbum expressit de verbo: Nam Gallorum lingua altos montes vocant alpes. A. Alpes: montes sunt altissimi: qui Italiam ab Germania summouent: teste Plinio libro tertio:
o Norica. S. Noricum pars Illyrici. A. Norica castella: Norici incolę sunt alpium: quodā Taurisci appellati: his cōtermini Rheti: & vindelici omnes in multas ciuitates diuisi. Idem libro tertio. CRI. Norica. Tractus ille vniuersus: qui a Rheno vsq; ad ea loca quę Veronę et Como imminet: rhetos continet. Huius nationis Lepuntii: Camuli: Vindelici ac Norici sunt.
o Iapidis arua timaui, SER. iapidis: id est Venetiam:

Nam Iapida pars est Venetię: ab Iapido oppido dicta. Salustius: Prima mō iapidam ingressus. Hu⁹ est fluui⁹ Timauus. Vñ male q̄dā Iapygis legūt: cū Iapygia sit Apulia. AN. Iapidę populi: & Timau⁹ amnis ī venetia regione Italię sunt: vt scribit idē li. iii. De Timaui āt lati⁹ ī ęglo. viii. Strabo p̄terea li. vii. scribit: q̄ Iapydes in Albio monte siti sunt: qui alpibus posterior est: excelso admodum: Hinc quidē ad Pannonios: Istrumq̄ pertinentes. hinc aūt ad Adriaticum mare: pugnaces quidem: cęterū ab Augusto Cęsare tandem expugnati ad vnū: secundū Iapides in liburnos est nauigatio.

p Post tanto. A. tempe scilicet. Est aūt sensus: q̄ tanta pestilētia fuit. vt si quis videret illa loca: nūc quoq̄ deserta aspiceret: q̄uis fādiu id fuerit ꝛc.

q Regna pastorū. CRI. Ambitiose dixit optima pascua. r Hic quōdā morbo. S. Describit pestilentiā Venetię: Gallię: Illirici. Nā quōdā t̄pe cū Nilus plus ęquo excreuisset & diu p̄malisset in camṗis: ex aqua flumis: et ca calore p̄uintię: diuersa & plurima ī limo aīalia sūt creata: q̄ recedente in alueos suos Nilo: & integra: & q̄ semiplena fuerāt putrefacta sunt: ex inde corrupto aere: nata pestilētia est: quā auster flās primo ex ęgypto ad Atticā prouintia pepulit: mox inde in tractū venetię & Illyrici vsq̄q̄q̄ versum: vniuersa vastauit. Hanc aūt pestilentiā ordine q̄ diximus: plenissime Lucreti⁹ executus est. s Morbo coeli. A. Aeris corruptōe: quę postea aut in aquas cadit: aut fruges persedit in ipsās: aut alios homis pastus pecudumq̄ cibatus: aut etiā suspensa manet vis aere in ipso. Et quum spirantes mixtas hinc ducim⁹ auras, Illa q̄q̄ in corp⁹ p̄iter sorbere necesse est. Lucreti⁹ li. vi.

t Miseranda tempestas. SER. Pessima. inferens rem dignam miseratione. ANTO. Tempestas: pestilentia. v Totoq̄ autūni incāduit ęstu. SER. Exarsit prima parte autumni: q̄ semp̄ graue efficit pestilētiam: Vt aūt autūnus abundet morbis facit cōfine frigoris & caloris: quod licet etiā vernū tempus habeat: caret t̄n morbo: quia tūc corpa p̄cedenti durata sunt frigore q̄ autūn⁹ corrūpit laxiora inueniēs post ęstatis calorē. A. incāduit: ferbuit. autumni ęstu. tunc em̄ magis corpa languore afficiunt aere nō certo. Vt etiā Ouidi⁹ in arte oñdit., C. Aestu autūni. quia hūores contracti in ęstate: tūc rebulliunt: & corrupti: pestiferos lętalesq̄ morbos excitant. Pestis enim nōnūq̄ ęstate desinit: sepi⁹ t̄n in hyeme: in vere raro. in autūno pene nūq̄. x Pecudū. C. Nūc posuit p̄ cicurib⁹

quia sequit̄ ferarū. Cęterum etiā in feris pecudes dicimus.

y Corrupitq̄ lacus infecit pabula tabo. S. Ordinē secutus ē: quē et Lucreci⁹ tenuit: & Salusti⁹. Primo aeri inde aquā: p⁹ pabula esse corrupta. z Tabo. A. corruptōe.

a Nec via mor. erat sim. S. nec moriebāt̄ ex vsu. i. s̄m naturalē ordinē: nō t̄m fuga aīę: s̄z etiā corpis resolutiōe. Est aūt Salusti⁹ q̄ ait: Nec simplici quidē morte moriebant̄.

b Oībus acta sitis. S. Feruidus calor. ab eo q̄d p̄cedit: id quod sequit̄. c Abduxerat. C. contraxerat. Sentētia est q̄ desiccato succo naturali in sūmā maciē: iā arefacta cōtrahebant̄. Mox putrescēte toto corpe vniuersa mēbra q̄ arida exiccataq̄ restabāt sit̄: atq̄ etiā ossa liquescebāt: & tabita fluebant: d Fluid⁹ liquor. S. humor sordidus. e Ossa. S. per Hyperbolē totū hoiem significat.

Nūc quoq̄ post tanto videat: desertaq̄ regna
pastorum: & longe saltus lateq̄ vacantes.
Hic quondā morbo coeli miseranda coorta ē
Tempestas: totoq̄ autumni incanduit ęstu.
Et genus ōme neci pecudū dedit: ōme ferarū:
Corrupitq̄ lacus: infecit pabula tabo:
Nec via mortis erat simplex: s̄z vbi ignea venis
Omnibus acta sitis miseros adduxerat artus:
Rursus abūdabat fluid⁹ liquor: omniaq̄ in se
Ossa minutatim morbo collapsa trahebat.

¶ Sępe ī honore deū medio stās hostia ad arā
Lanea: dum niuea circundatur infula vitta
Inter cunctātes cecidit moribunda ministros.
Aut si quam ferro mactauerat an̄ sacerdos:
Inde neq̄ impositis ardent altaria fibris:
Nec responsa potest consultus reddere vates.
Ac vix suppositi tinguntur sanguine cultri:
Summaq̄ ieiuna sanie infuscatur harena.
Hinc lętis vituli vulgo moriuntur in herbis:
Et dulcis animas plena ad pręsepia reddunt.
Hinc canib⁹ blādis rabies venit: & quatit ęgros

¶ f In honore deum. S. in sacrificiis: vt: Haud equidem tali me dignor honore. C. In honore deum. Locus plen⁹ cōmiseratione: cū ne religio quidem morbū arceret.

g Lanea infula. S. Victima. nam nō constat versus: si lanea victima dixeris. A. Lanea īfula fascia in modū diadematis: a q̄ vittę ab vtraq̄ p̄te pendent. De hac libro. iii. de ponto legit̄. Ambiat vt fuluas infula longo comas. C. Infula: de qua dicem⁹ in eneide. h Aut si quā. A. legit̄ item. Aut si quam. i Mactauerat ante sacerdos. S. e⁹ morē preueniens: k Neq̄ impositis ardent. S. quia vt dicit Plini⁹. Morbosa caro non coquit̄. A. Neq̄ ardēt p̄pter corruptiōem id erat. l Fibris. A. Vide to libro .i. Georg. m Nec responsa p̄t consultus reddere vates. S. Colligi eni nisi ex sana victima futura nō p̄nt. C. Nec responsa p̄t: quia corrupta erant exta ac fibrę. n Suppositi. S. sic & in sexto supponūt alii cultros. Dicendo aūt suppositi. feriendi genus oñdit nam interdū ab inferiori p̄te: interdū desup̄ feriebant̄. o Sūmaq̄ ieiuna. s. infu. h. S. signatis vsus est verbis. nimiūq̄ libratis. A. Ieiuna sanie. i. sanguie corrupto & desiccato. p Hinc. A. ex ignea siti & fluido liquore: ac pestilentia: q Vulgo. S. vbiq̄ passim & cateruatim. r Lętis in herbis. S. ideo ne eos fame perisse putaremus. A: Lętis in herbis. innuit nō penuria ciboꝝ id fuisse. s Canibus blandis. SERE. etiam blandis canibus ex pestilentia rabies nascitur.

t Rabies venit. CSIST. Ex pestilentia oritur rabies: quā ne canes vexet mandat Columella. vt pane quo vescuntur gallinaceus fimus admisceatur. v Quatit

ęgros tuſſis.SER. proprie. Nam tuſſis cōmouet corpa:
x Tuſſis anhela ſues. C. Nā hic morbus illis domeſtic⁹ ē:
Sues. antiquorū pu erbiū fuit: Ignauū et ſumptuoſuz eū
eſſe:q ſuccidiā incarnario ſuſpēderit. Poti⁹ e lanario: q̄ꝫ ex
domeſtico fundo ſues: vt ait Varro. Auertanť a facie et p-
genie et regiōe cœli. Si formoſi ſunt verres et ſcrofa: ſi mul
tos pariūt: ſi in eo loco ampli ſunt / an exiles: Parari enī ſic
ſolent: illaſce ſues ſanas eſſe: habereqꝫ recte licere. : noxiſqꝫ
p̄ſtare: neqꝫ de pecore morboſo eē. Spondeſne? Quatuor
mēſes fœtū fert: Volutabrū illis redes: vt lauatio hoim.
Sus grece dr̄ υσ. olim θυτΗσ: ab eo q̄d eſt θυειν. imolare. A ſuillo enim pecore imolādi initium ſumptū videť:
veſtigia ſunt: qꝫ initiis Cęreris porci imolanť. Initiis pacis: fœdus cū feriť: porcus occidiť. Nuptiarū initio antiqui
reges: & ſublimes viri in Etruria: in ꝯiunctiōe nuptiarū
noua nupta: & maritus porcū imolabāt. Idē Priſci Latini & gręci in Italia factitarūt. Noſtrę mulieres & maxime nutrices naturam qua fœminę ſunt in virginibus appellant porcum et gręci χοιρον ſignificantes eſſe dignum
inſigne nuptiarū. Suillum pecus donatū a natura edictūe
ad epulādū: et in his animā datam vt ſale ꝯſeruentur. Ex
his ſuccidias magnas: ac optimas Galli facere ꝯſueuerūt:
Signū eſt q̄d etiā nunc quotānis e Gallia apportanť. Ro
mam Pernę: tomacinę: tomacę: et petaſones. In Archadia
Teſte Varrone ſus fuit adeo pinguis: vt conſurgere non
poſſet; vt mus in eius corpore exeſa cute nidum feciſſet.

& mures peperisse. Vnaquęq; scroffa sua hara suos alat porculos: Nã inter se dentib⁹ sauciant. In haris hostium poni tur. & limẽ inferius altũ palmipedale: ne porci ex hara: cũ matrẽ sequuntur: transilire possint. Porci a lacte depulsi: a quibusdam delicę vocantur: neq; iam lactẽtes dicuntur: quia partu decimo die habent puri: & ab eo appellant: ab antiquis sacres: q tñ ad sacrificiũ primũ idonei dicunt. Plaut⁹ in menechmis: Cũ insanũ putet: q vt pietur in oppido Epidano: interrogat: q̃nti hic porci sunt sacres: Si fundus ministrat: dandi sunt vinacei ac scapi ex vuis: Amisso noĩe lactantis dicunt nefrendes: q nõdũ fabã frendere id est frangere possint.

cta ceruice spiritus non attrahetur: orthopnea vocatur. i Obesas. SER. clausas. k Aspa lingua. S. scilicet ex nimia siccitate. l Profuit. S. non semper profuit sed aliquando. nam hoc solum est: quod aut morbo liberat aut commouet in furorem. AN. profuit: alias scilicet: tunc vero excitio erat. m Inserto. SER. ori immisso. CRIST. Inserto cornu: id est immisso cornu. Nam intra os immittebant cornu: vt per illud tanq̃ per fistulam infunderent vinum in gulã, quod sua sponte absorbere nollent. n Latices lenęos. ANTO. Vinum. De leneo videto libro secundo Georgicorum.

Tussis anhela sues: ac faucibus angit obesis:
Labitur infoelix studiorũ atq; ĩmemor herbę
Victor equus: fortisq; auertit: & pede terram
Crebra ferit: demissę aures: incertus ibidem
Sudor: & ille quidẽ morituris frigidus aret,
Pellis & ad tactum tractanti dura resistit.
Hæc ante exitiũ primis dant signa diebus.
Sin in processu cœpit crudescere morbus:
Tũ vero ardentes oculi: atq; attractus ab alto
Spiritus: interdũ gemitu grauis: imaq; longo
Ilia singultu tendunt: it naribus ater
Sanguis: & obsessas fauces p̃mit aspera ligua.
Profuit inserto latices infundere cornu
Lenęos, ea visa salus morientibus vna:
Mox erat hoc ipm exitio: furijsq; refecti
Ardebant: ipsisq; suos iam morte sub egra
(Dij meliora pijs: erroremq; hostibus illum)
Discissos nudis laniabant dentibus artus.
Ecce autem duro fumans sub vomere taurus
Concidit: & mixtũ spumis vomit ore cruorẽ,
Extremosq; ciet gemitus: it tristis arator
Merentẽ abiungẽs fraterna morte iuuencum,
Atq; opere in medio defixa reliquit aratra.

Porcus grecũ nomẽ ẽ antiquũ: sed obscuratũ: quẽ nunc χοιρον dicunt. Tot parere oportet: quot mãmas habet. si paucio res non est fructuaria. Si plures: portentũ est. In q̃ illud ẽ. q sus ęnee lauini: xxx. peperit. Nã portẽdit factũ trigesimũ annũ vt lauinienses condiderint Albã. Verres anniculi castrant. nec minores q̃ semestres. Castrati nõ verres: sed maiales dicunt. y Faucibus obesis. S. tumescẽtibus. z Angit. S. bñ ait angit. Naz angina dicit: porcorũ morb⁹: qui occupat fauces. Plau. Vellẽ me i ãginã uerti: vt huic anniculę fauces p̃occuparẽ. A. Angit: strangulat. Vñ & faucium dolor angina vocat: vt scribit Festus. Eo autẽ morbo sues maxime cruciant: vt aiunt. C. Angit. hiuc angina dr. qui morbus est gulę. a Studiorum. C. cupiditatũ erga victoriã. Studiũ est, pprie i hoĩe vehemẽs applicatio animi ad aliq̃d pagẽdũ. Equos autẽ vehementer victoriã: et in bello & in cursu appetere videmus. Vñ victos lachrymis merorẽ oñdere grauissimis. auctores tradidere. b Auertit. A rugit. c Crebra. S p crebro. nomen pro aduerbio. d Incertus sudor. S. irrationabilis sine labore: cuius causa nõ apparet. e Moritur frig. aret. S. Frigid⁹ sudor: mortis futurę signũ est. Et morituris frigid⁹: pleonasmos ẽ. f Pellis du. resistit. S. rigida est: nec cohęret digitis. g Cœpit crudescere morbus. SER. validior fieri: vt: Deiecta crudescit pugna camilla. AN. Crudescere. magis crudus ac durus fieri: h Attractus ab alto. CRI. Difficultas spũs triplicem ponit speciem Cornelius celsus. naz cum modica difficultas est: neq; ex toto strangulat: disponea dicitur: cum vehementior est: vt spirare eget sine sono & anhelatione non possit: Asma: cum postremo accessit id quoq; vt nisi re-

o Mox erat hocipsum. SER. quod saluti esse putabatur. & hoc est q̃d paulo post dicturus est. Quęsiteq; nocent artes. p Furijsq; refecti. S: Quia languentia corpa in vires q̃dammodo excitat furor. & facit ea in excitium conualescere. C. Furijsq; refecti ardebant: id est recreatis viribus ex vino in maiores furias concitabãtur. Ecce autẽ: rem subito ex improuisoq; fieri ex hac dictione ostendunt. Ergo subitaneam mortem describit: vt maior morbi vis appareat: maiorq; commiseratio comitetur: quam absoluit ab omnibus partibus. Primo a sęuitia morbi: deĩde ab eo quod est pręter spem: cũ artes quęsitę noceant: & q in eum furorem ruerent: vt suis se dentibus laniarẽt. Q ex morte iuuenci opus imperfectum relinqueretur. Q omni oblectatione nemorum ac aquarum vi morbi priuarentur: moriebant ergo subito: moriebantur maximo cruciatu: moriebantur sine vllo solatio: nulla eorum culpa: & de agricultura bene meriti. q Dii meliora piis: S: Per Parenthesim in execrationem hostiũ: hanc torquet insaniam. r Fumans sub vomere taurus. SER. Per hoc ostendit etiam fortes tauros repente morbo concidere. Nemo enĩ pestilentem ad aratra ducit iuuencum. s Extremosq; ciet gemitus. S. Vltimũ hoc gemit. Sane & ciet modo dat significat. sicut in tertio de Andromache: lachrimasq; ciebat. Cum ciere, pprie sit alteri aliq̃d cõmouere. t It tristis arator. S. Morte iuueci tristẽ dicit agricolã. v Abiungens. A. separans. x Fraterna morte. S. consortis interitu: & ex affectu dictũ ẽ rustici. y Religt. S. Legitur

Non vmbre altorum nemorũ:nõ mollia pñt
[z] prata mouere animũ:non qui p saxa volutus
[a] purior helectro campum petit amnis:at im
Soluũt latera:atq oculos stupor vrget inertes [b],
[c] Ad terramq fluit deuexo pondere ceruix.
[d] Quid labor:aut bñfacta iuuãt: qd vomere ter
Inuertisse graues:[e] atqui nõ massica bacchi (ras
Munera:non illis epule nocuere reposte [f].
Frondibus ex victu pascũtur simplicis herbe [g]:
pocula sunt fontes liquidi:atq exercita cursu
Flumina:nec [h] somnos abrũpit [i] cura salubres.
[k] Tempore non alio dicunt regionibus illis
[l] Quesitas ad sacra boues Iunonis:& [m] vris
Imparibus:ductos alta ad [n] donaria currus.
Ergo [o] egre rastris [p] terram rimantur:& ipsis

& relinquit. z Mouere aĩm. S. in sui desideriũ illicere: a Purior electro. S. campũ petit amnis. Nã sicut electrũ defecatius est metallis omnibus:ita & currens aqua purior. A. purior electro. Omi auro inest argentũ vario pondere:alibi dena:alibi nona. alibi octaua parte: vbicunq quinta portio argenti est: electrũ vocat. Electri natura ẽ lucernarũ lumina clarius argento splendere: quod est natiuũ:et venena dephẽdit. nanq discurrunt in calicibus arquus:celestib⁹ similes cũ igneo stridore. Pli. xxxiiii. capl. videto plura in Buc. b Inertes. A. immobiles. c Ad terrãq fluit deuexo pon. ceruix. S. Lucanus. Lassum q caput se ferre recusat. d Quid labor aut benefacta iuuãt. S. Si neutrũ morte repellit: nec corpis exercitiũ:nec mentis religio. Nã si generalis ẽ sententia secundũ Epicureos contra religionẽ est. Si autem ad bouẽ tm̃ refertur hoc dicit: Quid ei pdest labore suo aluisse mortales. AN. Quid labor &c. Ouidi⁹ amorũ li. iii. inqt: Scilicet omne sacrũ mors importuna prophanat. Omnib⁹ obscuras inicit illa man⁹. Viue pius morĩere pius:cole sacra colentẽ. Mors grauis a tẽplis in caua busta trahet. e Atqui ñ massica bacchi munera. S: vina pciosa:a Massico monte Cãpanie. Et per transitum tangit illa q dicũt Physici. morbos venire ex cibi & potus nimietate: vel mutatiõe:ex nimiis vigiliis:& multa sollicitudie. Dicit etiam sine his nasci egritudinẽ. Nã in animalibus cum nihil horum sit:tamen egritudines pati cernimus. A. At qui &c. Certe inquit nõ potentia vina illis. nec epule:id est sepius reposite:ac p id copiose:& varie nocuere: vti quidẽ hoĩbus accidere solet. nam clari fontes:& flumina viua potũ pbebant:frondes & herbe simplices pabulum ministrabãt. Est itaq metaphora ab edacibus et ebriis sumpta. In pestilentia enĩ maxĩe obest edendi lux⁹: hinc iubẽt medici:eo tpe in eadẽ mensa diuersa cibaria eẽ nõ debere:nec edẽda eẽ:nã nõ equalr digeruñt:hinc generanť hũores mali:egrerudines facientes & puocãtes. vt etiã Auicẽna tradit. Seneca etiã i epl's inqt: q vbi sunt diuersa cibaria:inquinãt:nõ alũt. Pestisq tpe (vt medici aiunt) Vina potentia longe obsunt:dulcia itẽ et artificialia. f Epule reposte: S. aut abũdantes:aut varie. g Simplicis herbe. S. ppter varietatẽ epularũ dixit simplicis herbe: h Nec somnos abrũ. cu. salubres. S. Ex cura enim nimie vigilie pcreanť. A. Somnos salubres. Tẽperatus ei somn⁹. & q nõ ex crapula, & ebrietate venit: instaurat spiritus in vigiliis resolutos: mẽbra labore fessã reparat: calorem stomacho subministrat: mentẽ purgat: deniq totũ corpus ad agenda oĩa renouat. Immoderatus vo somn⁹ corp⁹ desiccat & infrigidat: ac supfluitatib⁹ replet flegmaticis. Supflueq vigilie calores incendũt: corpus desiccãt. i Nec abrũpit. A: vti etiam hoĩbus accidit. adhuc enim persistat in Metaphora. k Tempore nõ alio. C. & hic crescit cõmiseratio: cũ oñduñt q maxima incõmoda secuta sint. l Quesitas ad sacra boues. A. Herodotus quinto folio primi voluminis sic ait: Cũ dies fest⁹ Iunonis apud Arguios essz: oporteretq oĩno matrẽ horũ (Cleobis. scz & Bitonis) ad templũ ferri bobus iũctis. Hiq boues ex agro eius ad horã psto nõ essent: tũc iuuenes exclusi tpe: iugũ subeũtes: plaustrũ ptraxerũt: q̃ mr̃ vehebať: & quinq ac quadraginta per stadia ferentes: ad templũ puenerũt. Quib⁹ cũ hec fecissent: & ab omni cetu cõspecti fuissent: optim⁹ obtigit vite exit⁹: per quẽ deus indicauit: satiũs esse homini mori q viuere. nã cũ circũstãtes argiui laudibus tollerẽt: viri quidẽ cõsiliũ filiorũ: Foemine vo eorũ matrẽ q talibus filiis pdita eẽt: Mater gaudio perfusa: tũ liberorũ facto: tũ fama: ante simulacrum stans: precata est deã: vt Cleobi & Bitoni filiis suis daret id quod optimũ esset homini cõtingere. Post hãc precationẽ vbi sacrificauerunt: epulatiq sunt: quiescentes in ipso delubro: nõ sunt amplius excitati: sed hoc vite exitu perfuncti: quoq effigies (tãquã virorum qui optimi extitisset) Argiui factas apd delphos collocarunt: hec ille. Cicero vero libro primo Tuscu. sic ait: Primũ Argie sacerdotis Cleobis & Biton filii predicãtur &c.

Nota fabula est: Cum enim illã ad solẽne & statutum sacrificium curru vehi ius esset: satis longe ab oppido: ad fanũ: morarenturq iumẽta: tunc iuuenes duos quos iam nominaui: veste posita: corpus deo perunxerũt: ad iugũ accesserũt: ita aduecta in fanũ: cum currus esset ductus a filiis: precata a dea dicit. vt illis pmiũ daret de pietate: quod maximum homini dari posset a deo: post epulatos cũ matrẽ adolescentes: somno se dedisse: mane inuentos mortuos esse. Hec Cicero. m Et vris impa. S. bobus agrestibus. & ipsis inequalib⁹. Nam vri: agrestes boues sunt: vt diximus sup. & hoc poetice dixit. Ceterũ veritas hoc est: Cũ mos esset sacerdotẽ Argiuã iunctis bobus ire ad templa Iunonis: & solenni die boues nõ inuenirẽt. Pestilentia em̃ q̃ p Atticam (vti dixim⁹) transierat: vniuersa consumpserat: duo sacerdotis filii: Cleobis: et Biton: matrẽ (subeuntes iugo) ad templa duxere: tunc Iuno probans eorũ religionẽ: obtulit matri id q̃d vellet posceret filiis. Illa pia responsione ait: vt quod sciret vtile dea mortalibus ipsa prestaret. Altero itaq die: sacerdotis filii iuuenes repti sũt mortui. Ex quo pbatũ est: nihil esse morte pstantius: q̃d Herodotus apud grecos plenissime commemorat in prima historia. n Donaria. S. proprie sunt loca ĩ quibus dona reponuñt deorum. Abusiue aũt templa. Nam ita & puluinaria p templis ponimus: cũ sint proprie lectuli: qui sterni in quibusdã templis consueuerant. AN: Donaria templa ĩtelligit: Multa em̃ illic diis donabanť. o Aegre. S. difficulter. A. duriter. p Terrã rimanť. S. in rimas agũt, A, & sulcos faciunt homines ipsi.

q Vnguibus: SER. hyperbolice pro manibus:
r Non lupus. CRIS Magna vis morbi: cum ille cogatur naturam suam dediscere. s Explorat. A. exquirit: premeditatur. t Nec gregibus nocturnus. SER. Q₂ ait nocturnus: figurate rem temporis ad personam transtulit.

Phillyres filius. ANTO: Herbariam & medicamentariam a chirone Saturni: & phyllire filio inuentas scribit Plinius libro septimo. Et medicinam ab egyptiis. Alii per Arabum Babylonis: & Appollinis filium. CRIST. Phillyrides: ex Phillyra filius Saturni fuit Chiron.

Vnguibus infodiūt fruges: mōtesq; per altos
Contenta ceruice trahunt stridentia plaustra.
Non lupus insidias explorat ouilia circum:
Nec gregib⁹ nocturn⁹ obambulat: acrior illū
Cura domat: timidi damme: ceruiq; fugaces:
Hunc interq; canes: & circum tecta vagātur.
Iam maris immēsi prolē: & gen⁹ oīne natantū
Littore in extremo: ceu naufraga corpa fluctus
proluit: insolite fugiunt in flumina phoce.
Interit & curuis: frustra defensa latebris
Vipera: & attoniti squamis astantibus hydri.
Ipsis est aer auibus non equus: at ille
precipites: alta vitam sub nube relinquūt.
Preterea iam nec mutari pabula refert.
Quesiteq; nocent artes: cessere magistri
phillyrides chiron: amithaoniusq; melamp⁹.
Seuit: & in lucem stigijs emissa tenebris
pallida tysiphone morbos agit ante metūq;:
Inq; dies auidum surgens caput altius effert.
Balatu pecorum & crebris mugitib⁹ amnes

v Obambulat. SER. insidiatur. A. circūuolat.
x Cura. SER. scilicet pestilentie.
y Timidi dāme. SER. mutauit genus: vt vitaret ομοιοτελευτον Nam Horati⁹ in foeminino genere posuit dicēdo. Et superiecto pauide natarūt equore damme. dicendo: Dammas & ceruos errare cum canibus: duo ostēdit: & hos timoris: & illos ferocitatis oblitos.
z Iam maris immensi: CRI. Nullum animaliū genus immune euasisse vult ab hac peste. Sed descriptio potius poetica ē q̄; Physica.
a Fugiunt in flumina: S. Quasi timētes marinā pestilentiam. AN. Fugiunt in flumina: tanquā hec salubriora essent.

b Phoce. A. Vituli marini: quos vocāt phocas: spirant ac dormiūt in terra: moreq; pecudū in eadem pariūt: nunq̄; geminis plures educāt mammis: foetum nō ante duodecimum diem deducūt in mare: Ipsis i sono mugitus. Vnde nomen vituli acceperunt: nullum q̄; animal premit grauiore somno: pennis quibus in mari vtūtur: humi quoq; vice pedum serpunt. Hec Plinius libro. ix.

c Hydri. AN. serpentes aquatici: hydas enim: hydosq;: & hydor: aqua dicitur. d Ipsis est aer auibus non equ⁹. S. Suis quodammodo que alarum velocitate supergredi aerem poterant pestilentē.
e Mutari pabula. AN. Columella libro vii. capitulo. v sic ait: q̄ si egrotat vniuersum pecus: est remediū presens. & summum: pabula mutare: & aquationes totius regionis: alium querere statum coeli. Curemusq; si ex calore et estu concepta pestis inuasit: vt opaca rura: si inuasit frigore vt eligantur aprica.
f Quesiteq; nocent artes. C. magis est q̄; si non iuuāt:
g Cessere magistri. ANT. Non est in medico semper releuetur vt eger. Interdum docta plus valet arte malum. Ouidius libro primo de ponto.
h Phillyrides chiron. S. Medicine inuētor. Saturni &

i Amithaoniusq; melampus SER. Amythaonis filius καθαρτης id est purgator. Nam proetides ipse purgauit lustrationibus quas inuenit: Et hoc dicit: Conualescente morbo: nec medicina prodesse: nec religionē posse. AN. Melampus. is (teste Homero libro decimoquinto. Odissee) fuit Amythaonis filius: patria argo: q (vt ait) mantis fuit: id est vates. Vtq; Lactantius scribit libro tertio. Proeti Abantis filius Argiuorum regis insanas filias Melampus curauit: artis peritissimus: Latius autem egloga sexta. CRIS. Melampus, qui argiui Proeti filias a furore purgauit. Amythaonis filius fuit: & fratrem habuit Byantem.

k Tysiphone. A. Tysis poena. vltio punitio dicitur. Phone autem & Phonos cedes vel mors fertur. Alecto incessans dici potest. Megera vero a megero quod est odi ac inuideo. He tres furie dicuntur.
l Metumq;. AN. id est mortem.
m Inq; dies. AN. quottidie magis: ARI. Aliud est in dies: & aliud indiem. Indies eni quotidie cum incremento significat. Quapropter aut cum comparatione ponitur: aut cum verbo quod incrementum significet: vt magis magisq; indies homines admirabantur. Indiem vero cum dicitur: ita presentia temporis denotatur: vt nulla futuri ratio habeat. Vnde est illud more ferarum indiem viuentes.

[n]Arentesq; sonant ripę:collesq; supini.
Iamq; [o]cateruatim dat [p]stragẽ:atq; aggerat ipsis
In stabulis turpi delapsa cadauera [q]tabo.
Donec hũo tegere:ac foueis abscõdere discũt.
[r]Nam neq; erat corijs vsus: nec [s]viscera quisq;
Aut vndis [t]abolere põt:aut vincere flamma.
Nec tondere quidem morbo [v]illuuięq; peresa
[x]Vellera:nec telas possunt [y]attingere [z]putres.
Verũ etiã [a]inuisos siquis temptarat amictus:
[b]Ardentes papulę atq; [c]ĩmundus olentia sudor
Membra sequebat̃: nec longo deinde moratĩ
Tempore:[d]contractos artus [e]sacer ignis edebat.

Finis Tertij Georgicon.

n Arentesq; sonant ripę.S. Vult pestilentiam etiam ele menta sentire:sicut in tertio Arebant herbę: & victum se ges ęgra negabat:nam segetem pro terra posuit.
o Cateruatim. ANT. multipliciter : congregatim.
p Stragem. AN. corporum prostrationem et ruinam:
q Tabo. A. corrupto humore & sanguine. r Nam neq; erat coriis vsus. S. Quippe morbo putrefactis. CRI. Peste corrupta corpora ouina: & pelles & lanas corruptas habet. Quin etiam refert Aristoteles in eo libro quem de anima libus scripsit: pelles et vel lera ouiũ quas lupus oc ciderit:& vestes ex his fa ctas:aptiores esse ad pe diculos gignendos.

s Nec viscera quisquaꝫ: SER. nec lauari nec co qui poterant. Caro enim corrupta morbo : quẽdã habet mucorem qui non potest ablui: quoniã om ne corpus possidet. Item igni supposita:aut putre scit:aut durescit. nam nõ coquitur.
t Abolere. AN. purga re.ita corrupta erant.

v Illuuięq;. AN : squa lore:immundicia : sorde.
x Vellera. AN. Varro li bro secundo:capitulo vlti mo scribitq; lanã dem ptam ouibus: scilicet: & cõglobatam: alii vellera: alii velumia appellant:ex quorum vocabulo animaduerti licet:prius lanam vul suram quam tonsuram inuentam. Qui etiam vellunt an te triduum ieiunas habent:q; languidę minꝰ ęgre radices lanę retinerent. Omnino tonsores in Italiam primum ve nisse ex Sicilia dicunt. Olim tonsores non fuisse assignifi cant antiquorum statuę:q; plęręq; habent capillum: & barbam magnam. Hęc ex Varrone.
y Attingere telas. AN. Peruenire ad telas:
z putres: ANT. solubiles: vt illud. Et zephyro putris se glęba resoluit. Vnde & penelope (vt Homerus scribit) quod interdiu texebat:noctu dissoluere solita est.
a Inuisos. ANT. Odiosos malis sequentibus.
b Ardentes pabulę. SER. carbunculi. AN. Papularũ duo sunt genera. Altera est in qua p minimas pustulas cutis exasperatur: & rubet leniterq; roditur:medium ha bet pauxillo leuius: tarde serpit. Idq; vicium maxime i ro tundum incipit:eademq; ratione in orbẽ procedit. Alte ra autem est quã Agriam. id est feram gręci appellant: qua similiter quidem; sed magis cutis exasperatur: ex ulceraturq;:ac vehementius: & roditur:& rubet. Interdũ etiam pilos remittit. Hęc Celsus libro quinto: vbi & cu rationes edocet. c Immundus. SER. supple morbus pedicularis φθειρίασις d Contractos. A. ereptos coinquinatos. e Sacer ignis. SER. quem gręci ἱερὸν νόσον vocant. ANTO. Sacer ignis: id est execrandus. Igni autem sacro (vt Plinius docet libro trigesimo) me dentur vermes terreni ex aceto illiti. Grillus contri tus in manibus: adeps anseris: viperę caput as seruatum & combustũ: deinde ex aceto impositũ ₴c. Plura tamen Celsus medicamẽta ibidem edo cuit. Columella vero lib. octauo: capitulo q̃nto sic ait: Est etiam insanabilis sacer ignis: quam pustu lam vocant pastores: ea nisi compescatur intra pri mam pecudem : quę tali morbo correpta est: vni uersum gregem cõtagio ne prosternit ₴c. C. Sacer quoq; ignis. (vt ait Cor nelius Celsus libro quin to) malꝭ vlceribꝰ annũera ri debet. eiusq; duas spẽs ponit. vt alter rubicũdus sit:& mixtus rubore: & pallore: exasperatusq; p pustulas continuas et exi guas: & in his semper fe re pus: & sępe rubor cum calore. Serpitq; nõnunq; sanescente quod incoepit viciari: nonnunq; etiam exulcerato vsu abruptis pustulis vlcus continua tur:humorq; exit:qui esse inter saniem:& pus videri po test: fit maxime in pectore: aut lateribus : pręcipue in plan tis. Alterum est in sũmę cutis exulceratione: sed sine alti tudine latum sublliuidum. Medium sanescit extremis pro cedentibus: ac sępe quod sanum videbatur: iterum exul cerabitur. Cutis que circa proxima vitiũ receptura est: tu midior duriorq; est: coloremq; habet ex rubro subnigrũ. Hoc fere seniora corpora tentantur: & que mali sunt ha bitus: sed in cruribus maxime. Non autem idem morbus est ignis sacer & carbunculus: vt idem Celsus ostendit. Nam multo grauior morbus est carbunculus.

Georgicorum

Tetrastichon Ouidij Nasonis in quartum Georgicorum.

Protinus aerij mellis redolentia regna:
Hybleas & apes: aluorum & cerea tecta:
Quidcꝫ albi flores: examina quecꝫ legenda
Indicat: humentiscꝫ fauos celestia dona.

ANT. M. Argumentum voluminis quarti.

Que sedes apibus: statio ve paranda reponit.
Languentum q̃ꝫ signa docet: medicãcꝫ salutem.
Nascendicꝫ modũ: Nympharũ nomina multa
Pandit: Aristei luctum: matriscꝫ fauorem.
Tum vatis prothei patriam: mores: speciescꝫ.
Orpheus Euridicen stigia reuocarat ab unda.
Examencꝫ apium tandem reparare docemur.

Distichon Sebastiani Brant.

Quartus apum foetus educit: mella ministrat:
Quocꝫ modo reparet monstrat arator apes.

Aliud.

Quartus florileges foetus & hymetia mella.
Quocꝫ modo redaret: monstrat: arator apes.

P. Virgilij Mar. Georgicorꝫ Liber Quartus.

Rotin⁹ aerij mel lis cęlestia dona
Exequar: hanc etiam męce
nas aspice partem

Rotinus aerii mellis cęlestia dona Exe quar. SER. Rhetorice dicturus de reb⁹ mi nimis magna ꝓmittit: vt & leuē materiā subleuet: & attentū faciat auditorē. Sane perite: qm̄ scit breue eē opus: hoc de apib⁹. & intra paucos versus posse cōsumi. vsus est translationibus ad dilatandā materiā: dicens apes habere reges: pretoria: vrbes & populos. Sane sciendū (vt s. diximus) vltimā ptē hui⁹ libri esse mutatā: nam Galli laudes habuit locus ille: qui nunc orphei cōtinet fabulam: quę inserta est: postq̄ irato Augusto occisus est Gallus. a Protin⁹. S. deinceps. exinde etiā floridū agrū exequar: sicut sum cęteros executos. ANT. Aristęus: (de quo lati⁹. i. libro Georg. hī) prim⁹ & apium & mellis vsum: et lactꝭ ad coagula hominibus tradidit: vt Iustin⁹ libro. xiii. scribit. Diodor⁹ quoq; in fine libri quinti cū Iustino cōuenit. Dicit enim q̄ Nymphis a m̄re traditus est nutriendus: a quibus cū lac coagolare: mel atq; oleū conficere didicisset, primus ea in vsum hoīm traduxit: vn̄ a posteris (vt deus cultus est) Qn̄ vero & in q̄ regione primū natę sunt apes Videto Columellā li. x. c. ii. Est aūt apiū res ꝑcipui questus quū fauis: vt testatur Plini⁹ li. xxi. ¶ Protinus. De protenus & ꝓtin⁹ videto latius in Tityro. C. Protin⁹ ꝛc. Cum de apibus: atq; de eo q̄ ab his est melle narrandū sit: ex eorū qui hmōi interptatione quęrunt: te futurū arbitror: vt semel: sed breuiter cuncta ꝑcurramus. de q̄b⁹ et diligentissime ab Iginio: ornatissime a Virgilio: & elegantissime a Celso dictū affirmat. Colu. Principio enī qui fabulose magis q̄ vere rem ꝓsequunt̄. Alii mulierē pulcherrimam fuisse Mellissam referunt: eam in hmōi insectam: (relicto tn̄ sibi suo vetusto nomie) Iuppiter cōuertit. Apes em̄ gręce μέλισσαι dicūt̄. Homer⁹ aūt apes ex crabrōib⁹ et sole natas scribit: q̄s nymphę Phryxonides educauere. quę mox dicteo antro Iouis nutrices astitere: & dei munere pabula sortitę sunt: quibus ipsę paruulū aluerūt almnū. Quęrunt ꝑterea de regione: in qua primū natę sint. Vtrū in Thessalia ab Aristęo: an in insula Cea: (vt scribit Homerus) An Ericthonii tēporib⁹ in mōte hymeto (vt refert Euthroni⁹) an Crete Saturni tēpib⁹: qđ placet Nicandro. Refert ꝑterea Aristo. q̄ alii putarent apes: neq; coire: neq; parere: sed aliunde foeturas deportare existimāt. Alii ex flore callinthri. Alii ex flore harundinis Alii olee. Alii dicūt fucorū foeturā ita deportari Ortū aūt apū ꝓstari a rege qui solus mas sit. Esse aūt hui⁹ rei augmentū: q̄ nulla sine illo sit foetura. alii putāt apes foeminas: fucos mares: atq; inde esse foeturā. Quęrūt q̄z vtrū euomāt liquorē mellis: an alia pte reddant. Genera apū plā idē Arist. tradidit: Earūq; alias vastas: sz glomerosas easdēq; nigras & hirsutas: Alias miores quidē: sed equę rotūdas: et fusci coloris: horridiq; pili: alias magis exiguas: nec tā rotūdas sed obęsas tamē et latas et coloris mediusculi: nonnullas minimas gracilesq; & acuti alui: & aureolo varias atq; leues. Eiusq; auctoritatē seq̄ns Maro. maxīe ꝓbat puulas oblongas. leues. nitidas. ardentis auro parib⁹ lito corpa guttis: morib⁹ etiā placidis. nā q̄to grandior apis atq; rotundior: tanto peior. Si vo seuerior maxīe: pessima. Sz tn̄ iracūdia notę melioris: facile delinit̄ assiduo interuentu eorū: qui curāt aluearia. Apes annū decimū n̄ excedūt: gaudent thymo: organo: thymbra: satureia: rore marino: cythiso. Tylia arbor ac taxus repudiat̄: crocus colerat: atq; odorat mella. Thymus sup omnia ꝑcipui saporis mella reddit: deinde serpillū: thymbrā & origanū: apes oderūt hauduletū et immūdū cultorē. Aluearia optima sunt ex suberibus corticū: quia nec hyeme rigent: nec calēt ęstate. Ex ferulis etiā quibus cōmode vasā texunt̄. ex fictilib⁹ deterrima sunt: quia accendunt̄ caloribus: & rigescūt frigore. Emant̄ apes ex vicinia: quia solēt coeli nouitate lacessiri. Si longe vehant̄: curandū ne salebris sollicitentur: optime noctu collo portant̄. Diu requies danda est. reges sine spiculo sunt: nā plenior q̄si capillus: quę in ventre gerunt: spiculū nō ē. Qui errones sunt: illis alę sunt amputādę: ne exire possint: cū in examine nota sit pollicies: & apiū sequtur infrequētia: interimat̄ rex nouus. vt nata proles facile remaneat cū matrib⁹. In ipso fere fine cerarū velut papilla vberis apparet eminentior: & altioris fistulę. In hac semen regiorū pullorū est. Celsus affirmat in extremis fauis trāsuersas fistulas esse: q̄ cōtineāt regios pullos. Igini⁹ vero scribit in circuitu fauorū maiora esse: & recta foramina repleta quasi sorde rubri coloris: ex qua protinus allatus rex fugeret. Apes e mortuę: si ꝑ hyemem in sicco loco seruent̄: et circa equinoctiū: verū cū clementia coeli ꝑsuasit post horam tertiā in solē proferantur: ficulneoq; cinere obruant̄: infra duas horas reuiuiscent: atq; in alueare intrabūt. Ex florib⁹ ceras fieri: & ex matutino rore mella: quę tanto meliorē qualitatē capiūt: quāto iocūdiore sit materia cera cōfecta: ait Celsus. Fuci nihil pabulorū conferūt: sed q̄ ab apib⁹ congesta sunt: cōsumūt. Verūtn̄ ad ꝓcreationē sobilis conferunt aliqd insidentes seminib⁹ q̄bus apes figurant̄. Itaq; ad fouendā et educandā nouā prolem familiarib⁹ et apibus admittūt̄. Incubāt enī (veluti aues) semib⁹ apes: et fuci. & ex his vermes excudūt cādida mēbrana inclusos sine alis: hasq; nymphas nōināt. deīde disrupta mēbrana: absolutę allatęq; euolāt apes. Refert etiā Arist. Excessis ergo pulsī extra tecta ꝑturbāt. Ergo vindēia mellis tūc matura itelligit̄: cū fuci ab apibus pellūtur. Dicunt̄ aūt castrati aluearia: cū fauī decidunt̄. Scribit preterea idem Aristo. esse in ponto apes candidas: quę bis in mēse mellificēt. Et circa amysum vrbem apes in arborib⁹ sine fauo mellificare: melq; ipm candidū esse: et miriūimmodū crassum. Plin. aūt scribit non solū mel & ceras in aluearib⁹ repiri: sed et ab illis congeri quę operi conducāt. Prima em̄ operis fundamēta metyn vocāt. Hęc prima crustra. est saporis amari. Secūda pysoceros dicit̄: q̄ sup metyn venit picantiū modo ceu dulcor cerę initiū populorūq; mitiore gumi. Tertia ē ꝓpolis crassiorib⁹ iam materię additis florib⁹. nōdū tamē cera: sed fauorū stabilimentū: quo oēs coeli iniuriarū aditus instruunt̄: odore etiā nūc graui: q̄ plerīq; ꝓ Galbano vtūt̄: preter hęc ꝯuehit̄ Rithace: quā alii sandaracū: alii cerantū vocant. Hic erit apum dū opant̄ cibus q̄ sępe inuenit̄ in fauorū inantibus sepositus: & ipse amari saporis: sed plenus hūoris cibus: gignit̄ aūt rore verno: & arborū succo gumi mō: affrico flante minor: austro nigrior: aquilo rubus: melior & rubens plurimū in grecis nucib⁹. Mel igit ex aere est: siue sit coeli sudor: siue quędā siderū saluia: siue purgantis se aeris succus: siue aquę est & pur⁹ & liquidus: & suę naturę qualis deffluit primo. nūc vero e tanta cadit altitudīe: multūq; dū venit sordescens: & obuio terrę anhelitu infectus. Preterea a fronde ac pabulis potus: & in vterculos congestus apū ore enim vomūt. Ad hęc succo florū corruptus & alueis maceratus: totiensq; mutatus. magnā tn̄ cęlestis naturę voluptatem affert. Optimū est mel in hymeto actico: & in hybla Sycilię. Est aūt initio mel vt aqua dilutū: & primis dieb⁹ feruet: seq; purgat: vigesimo die crassescit. Sorbet̄ optimū e querc⁹ tilię: & arundinū foliis. Ait ꝑterea Isidorus: reperiri etiam nūc in India et Arabia mel ramis adherens in formam salis: quod oñdit ipm ex rore esse. Ceras vero ex omniū herbarum ac arborum floribus faciunt: excepta rumice et che

[d] Admiranda tibi [e] leuiũ spectacula rerum:
[f] Magnanimosq; [h] duces: totiusq; ex [h] ordĩe gẽtis
[i] Mores: & [k] studia: & [l] populos: & [m] pręlia dicam.
[n] In tenui labor: at tenuis non gloria: siquem
[o] Numina lęua sinunt: auditq; vocatus apollo.
[p] principio sedes apibus statioq; petenda:
Quo neq; sit ventis aditus: nam pabula venti
Ferre domũ ꝓhibẽt: neq; oues [q] hędiq; petulci

nopede. Refert tñ Aristo. ꝙ apes plura florum genera nõ petunt: sed singulis tpibus singula. Verbi gr̃a a viola ad violã aduolant: nec ad aliũ florẽ transeũt: donec in aluеũ suũ redeant. Operanť intra .lx. passuũ: inde ꝯsumptis floribus: speculatores ad pabula vlteriora mittunt noctu in expeditione dep̄hensę cubant supinę. vt alas a rore protegant: fures & inertiũ mẽses refugiũt. Ilyschus Thasiꝰ deserta harũ amore incoluit. Ob idq;: Agrius cognoiatꝰ est. Aristomachus Solensis duo de .lx. annis in solis apibus contẽplandis versatus ẽ: ambo de his scripserunt.

b Aerii mellis. S. quia mel ex rore colligiť: qui vtiq; ex aere defluit: vñ est. A. venit mel ex aere: & maxĩe syderũ exortu. Itaq; cum prima aurora: folia arborum melle rosida inueniuntur: at si q matutino sub dio: fuere vnctas liq̃re vestes: capillũq; cõcretũ sentiũt: siue ille est coeli sudor: siue q̃dã syderũ saliua: siue purgãtis se aeris succꝰ: siue aquę est & purus: ac liquidꝰ: ac suę naturę: q̃si defluit. Pli. li. xi. C. Aerii. Quia ab aere coeloq; (vt diximꝰ) est: ex eadem etiã materia refert Albertꝰ cognomento magnus. Manna est quę: nõ apparet nisi in calidis regionibus: quia ros in illis melius decoquiť. c Cęlestia dona. S. i. munꝰ deorũ. Antea eni mel inueniebať ĩ foliis. vt: Mella q̃ decussit foliis. c Hãc etiã. S. sic supiores. A. Hanc etiã. Attentũ hic Mœcenatẽ reddit rogando: vt hęc q̃ȝ aspiciat. C. Hãc etiam ⁊c. Veluti numẽ Mœcenatẽ inuocat. Nã numina solo aspectu ꝓdesse p̃nt. Hinc illud ad Iouem aspice nos.

d Admirãda tibi. S. audies ex rebus leuibus digna stupore esse in apibus ꝓceres: & tanta certamina: A. Admiranda tibi. Attentũ iterũ reddit ꝓmittens se de rebus mirandis verba facturũ: exponẽsq; etiã nũero res, de quibꝰ dicturus est. C. Admirãda tibi: q. d. talia esse: vt etiã maximi ingenii viris: qualem te esse volumus: admiratiõem incutere possint. e Leuiũ. C. quid ergo maius esse p̃t: q̃ȝ ex rebus leuibꝰ ea ꝑuenire q̃ admiratõem afferant. Magnũ ergo ꝙ exoriatur admiratio. Maius ꝙ ex rebus leuibꝰ: Maximũ ꝙ ꝓueniat sapientibꝰ viris. Ergo q̃d magis quadrare potuit ad attentionẽ captandã. Maximũ ergo poetę ingeniũ: maximũq; consiliũ. Nã in re dep̄ssa & humili sibi attentionẽ cõparat: & polliceť se, & dona cęlestia: et spectacula rerũ (q̃ȝuis leuiũ) tñ admirãdarũ relaturum. Rhetorũ enim p̄ceptũ nobis cõparemꝰ, deinde cum propriis, ac suis verbis res suapte natura humilis expelli nõ posset. ipse crebris translationibus attollamus.

f Magnanimosq;. C. Duorũ insectorũ genera videmꝰ: q̃ suo coetu ꝓxime ad ciuilẽ: humanãq; vitã accedere videantur. formica atq; apis: verũ formicę populariũ statũ. Apes aũt regiã ptãtem imitãť: Quapropter cũ apũ sit naturam descripturus: a rebus: tum circa disciplinã militare: tũ circa reipublicę administrationẽ translatiõibus crebris vtitur. Ostendit aũt reipsa: in tenui laborẽ esse: at non tenuẽ gloriã: quãdoquidẽ rem tã dep̄ssam trãslationibꝰ similitudinibusq;: ac militis aliis variisq; tum figuris: tũ verborũ. ac sententiarũ coloribꝰ ita rem exornat atq; erigit. vt nõ apũ naturã: aluearia ue: sed p̄stantissimorũ ducũ inuictorũ exercitũ castra ac p̄lia descripsisse putes: nec vero solũ attentionẽ (vt demonstrauimꝰ) captat. Verum et ab eodẽ loco beniuolentiam sibi conciliat: vtilitatẽ rei statim a principio ꝓponẽs: & vt exordii vim penitus adimpleat breuiter: verũ dilucide atq; absolute. quibꝰ de rebus dicturus sit ꝓponit. Magnanimos, translatio est ab

imperatoribus. g Duces. A. apium reges. h Ex ordine. C. Ostendit se gradatim a primis illarũ incunabulis ad extremã senectutẽ omnia ꝓsecuturũ. i Mores. S. mores. quia castę sunt: vt illũ adeo placuisse apibꝰ mirabere morẽ. A. Mores. instituta & cõmunes omniũ cõsensus. C. Mores et stu. Solus ex oĩbus animalibꝰ hõ est: qui qm̃ rõne insignit: suarũ actionũ principiũ in se habeat. itaq; & mores et studia & cętera oĩa q̃ a rõne sunt vere in homĩe dicimꝰ esse. Reliq̃ aũt aĩalia nõ rõne: sed naturę impulsu mouenť. Et tñ etiã (teste Aristotele ipso) in brutis q̃ȝ dep̄hendiť aliquo mõ prudẽtia. Vñ et de apibꝰ nõ incõgrue mores et studia dixit. Ex moribꝰ aũt id est ex cõsuetudĩe: in q̃ sunt assidui actus: & ex studiis q̃ hñt vehementẽ animi applicationem, ad aliq̃d ꝓagendũ ꝓueniũt virtutes: moralesq; hitus sunt ab assiduis actiõibꝰ ꝑfecti. Nec mirũ hmõi ingeniũ esse in apibus. Nã docet Albertus magnus Astuta esse genera serpentũ: ꝓpter subtiliorem humorẽ qui in illis est. Frigida eni cum sint: carẽt eo calore q illorũ actiões cõmiscere: cõfundereq; possit. Inest aũt calor ille: quẽ complexionalẽ nũcupãt: quo cũcta et decoquanť & recte digerãť. Hinc spiritus aĩales ĩ illis lucidiores fiunt: & lucidior extimationis internus sensus q̃ȝ in quadrupedibꝰ: in q̃bus multũ de terra supest. Hinc illud ẽ ingenii acumen in serpẽtibꝰ: & eadẽ rõne insectis oĩbus: ꝑterq; in muscis. k Et studia. S. tantus amor florũ & generandi gloria mellis. A. Studia. occupatiões. labores.

l Et populos. S. vt binę regũ facies: ita corpa plebis. A. Populos ꝓgeniem. m Pręlia dicã S. vt Erũpũt portis concurrũt ęthere in alto. n In tenui labor at tenuis nõ gl̃ia. S. Cõparatio est laboris quod magnã dat gl̃iã: si fuerit materia exilis ornata. A. In tenui ⁊c. Est eni difficile mĩma exornare atq; extollere: econtra maxima kue est. Sũt eni refecta bonis pluribꝰ. o Numina leua. S. Prospera. vt alibi intonuit lęuũ: auditq; vocatꝰ Apollo: aut q̃si poeta Apollinẽ inuocat: aut q̃si pastoralẽ deũ. nã Apollo Nomius dť. AN. Numina lęua sinunt. i. aduersa. Nã deos q̃osdã vt ꝓdessent celebrabant. q̃sdã vt ne obessẽt placabãt. Propterea Virgiliũ q̃q; aũt numĩa leua in Georgicis dep̄cari: significantẽ q̃ndã vim esse hmõi deorũ in lędendo magis q̃ȝ iuuando potentẽ. Gellius li. v. c. xii. C. Numina leua. Seruꝰ: aut leua. i. ꝓspera. Hoc dici in auguriis placet. de q̃ re alio loco dictũ ẽ. Sed in cęteris rebꝰ nunq̃; legi leuũ ꝓ prospero. Placet ergo q̃d refert Gellius eũ dicere Numina leua: nõ deos q̃s vt prodessent celebrabãt: sed eos q̃s cũ nocendi ptãtem hñt ne obessent placabant. p Principio sedes. S dicit vbi aluearia ponenda sint: in q̃ re satis perite: & ea q̃ abesse debeant. i. ne noceant apibus: et q̃ debeant adesse, Virgilius optime cõmemorat. Sane sciendũ: qm̃ supra ait: Magnanimosq; duces. Ideo intulit mõ sedes statioq;. quam translatiõe diligenter reseruat. A. Sedes apibus collocanda est contra brumalẽ meridiẽ procul a tumulto et coetu hoim ac pecudũ. nec calido loco nec frigido: nã vtraq; infestũ: hęc aũt ima parte sit vallis. sic eni facilius apes ascendũt cũ ꝓdeunt pabulatũ: cũ onere aũt ꝑ ꝓcliuia: nõ ęgre deuolãt. Columella li. x. c. v. C. principio. Iure a principio eligit locum: & p̄parat materiã: oñdit q̃bꝰ in locis cõstituẽda sint apiaria. q Hędiq; petulci. S. lasciui & exultantes: & petulci dicti a petendo. Vnde & meretrices petulcas vocamꝰ. A. Hędiq; petulci. Hoc epitheto primus Lucretiꝰ vsus est

Floribus insultent:aut errans buccula campo
Decutiat rorem : & surgentes atterat herbas.
Absint:& picti squalentia terga lacerti. †
Et manibus progne pectus signata cruentis.
† Piguibus a stabulis meropesq3: alięq3 volu-
Omia nã late vastant:ipsasq3 volantes (cres.
Ore ferunt:dulcem nidis immitibus escam.
At liquidi fontes: & stagna virentia musco
Adsint :& tenuis fugiens per gramina riuus.
palmaq3:vestibulũ aut ĩgẽs oleaster obũbret.
Vt cum prima noui ducent examina reges.
Vere suo:ludetq3 fauis emissa iuuentus:
Vicina inuitet decędere ripa calori.
Obuiaq3 hospicijs teneat frondentib9 arbos.
In mediũ (seu stabit iners : seu pfluet humor)
Transuersas salices; & grandia coniice saxa.
pontibus vt crebris possint consistere: & alas
pandere ad ęstiuũ solem:si forte morantes
Sparserit:aut pceps neptuno ĩmerserit eurus.
Hęc circum casię virides:& olentia late
Serpilla & grauiter spirantis copia thymbrę

Dixit eñ libro secundo. Preterea teneri tremulis in voci-bus hedi Corniferas norũt matres:agniq3 petulci. Macrobius li.vi. C. Petulci.lasciui. Nam petulcus a petendo ẽ. petit eni:aut vnde nõ oportet:aut plus q̃3 oportet.
r Insultent. A. Insiliant. s Buccula. A. diminutiuũ est a boue. t Decutiat rorẽ. C. Decutiat. Quatere.com mouere est:inde quasso . Decutere aũt est quatiendo rem id quod in ea est dijcere: Excutere idem pene est. Hinc dicim9 equũ equitẽ excussisse:qñ dũ se quatit:illũ deiicit. Concutere est vndiq3 quatere. Hinc dicim9 Cõcutere ciuitatẽ: cũ aut pauore aut grauiore quadã pturbatiõe vehemẽter cõmouet. Discutere postremo est:cũ rem ita vndiq3 quatim9:vt si quid in ea latebat veniat in lucẽ. Vñ dicim9 litẽ esse dicussã. ¶ Rorẽ. Vñ est mel futurũ. v Surgẽtes. A. crescentes:
y Picti terga. S. terga picta hñtes. z Squalẽtia. A. splẽdida. C. Squalentia. nitentia variis maculis. De squalore aũt dr̃ in Eneide.
a Lacerti. CRI. Stelliones inimicissimi cocleis sunt: negãtur semestrem vitã excedere. In Arabia cubitales repiunt: in Niso vero indię mõte. xxiiii. pedũ:in longitudine conspiciunt colore fului : aut punicei: aut cęrulei.
b Et mãibus progne. S. Progne nomẽ posuit p nomie. nã philomenã in hyrundinẽ versa est: p q̃ prognẽ. Vel q̃si sororẽ posuit. Vel q̃i eã q̃ fuerat illi9 sceleris causa. nã ipa miserat Tereũ ad ducendam sororẽ. A. Progne. In harundinẽ philomẽa fertur ab aliis nõ progne versa. Id autẽ Varro etiã asserit: dicit eñ: Lusciola cõluctuose cãere existimatur:atq3 eẽ ex Actica progne in lucru facta auis. Latius tñ de progne videto libro. vi. meta.
C. Et manib9 progne. Pandionis Athenarũ regis filia fuit Progna. Hęc Tereo thracensi regis nupsit : Verũ cũ ille ei9 sorori Philomenę vim intulisset:ac mox linguã procidisset:ne illa scęlus quęri posset. Progne Itim cõmunẽ filium patri Tereo epulandũ posuit: parabat in ml̃ieres vl vltionẽ re intellecta Tereus. At dii misericordia moti ipm in vpupã. Itim filiũ in fasianũ: Prognẽ in hyrundinẽ. Philomenã in Luscinã cõmutauere . Dicuntq3 Prognem hr̃e purpureũ e sanguine in terẽpti filii. c Pectus signata. A. occiderat eñ Itim filiũ: Hinc ait etiã Ouidi9. Neq3 adhuc de pectore cędis. Excessere notę:signataq3 sãguie pluma est. d Piguib9 a stabul. S. Plenis. sic et inanes res tenues nominam9 ecõtrario. A. Pinguib9. Pinguia ppter mel ait. e Meropesq3. S. Ostendit meropes esse aues: Sũt aũt virides ;& vocant apastrę: q3 apes comedũt. A.

Meropesq3. Hę aues cunabula ĩ terra faciũt: corpis grauitate phibitę sublime petere. genitores suos reconditos pascentes pallido int9 colore pennarũ supne cyaneo : priori subrutilo nidificãt ĩ specu sex pedũ defossa altitudie. Pli. li.x.c.xxxix. aliter gauli dicunt: vt aiũt vulgo etiã ieuoli.
f Dulcẽ nidis immitib9 ęscã. S. i. crudelitatẽ pullis : qui apũ more nutriunt. C . Dulcem ĩmitib9. Iucundiorẽ reddunt orationẽ contraria verba:vt sunt dulce et immite. Preterea cõcitat cõmiseratio: q tã nobile insectũ ęsca sit inutilib9 penne auibus. g At liqui di fontes. A. Varro etiam libro. iii. c. xvi. docet. Prope apiariũ debere esse loca vbi pabulũ sit freq̃ns: et aqua pura. Si pabulũ naturale deest: serẽda sũt rosa :serpillũ: apiastrum: papauer: faba: lens: pysũ: ocymũ: medica: maxime cythisum : qđ valentib9 vtilissimũ est. etenim ab ęquinoctio verno florere incipit:& pmanet ad alterũ ęqnoctiũ autũni : sz vt hoc aptissimũ ad sanitatẽ apium: sic ad mellificũ Tymũ. h Musco. A. viridi lanugine.
i Et tenuis fugiens. S. Suspẽdendũ ẽ tenuis : ne incipiãt eẽ duo epitheta. quod apud latinos cõstat esse viciosum. k Vere suo. S. sibi grato & aptissimo. A. Vere suo. conuenienti. l Fauis. A. Fauis est quę fingũt mł̃ti cauatũ e cęra cum singula caua sena latera habeãt: singl̃is pedes dedit natura. Varro libro tertio.
m Iuuẽtus. A. apiũ pgenies. n Vicina inuitet decędere ripa ca. S. vt ęst9 possint aquarũ vicinitate vitare. o Hospitiis: A. sedib9. p In mediũ. S. Ordo est. In mediũ transuersas salices: & grandia coniice saxa. A. In medium. apibus aquã liquidã vnde bibant: eẽ oportet. eamq3 ppinquã quę prę terfluat: ita ne altitudine ascẽdat duos aut tres digitos: in qua aq̃ iaceant testę: aut lapilli: ita vt extent paulũ : vbi assidere et bibere possint: inq̃ diligenter habenda cura: vt aqua sit pura: qđ ad mellificiũ bonum vehemẽter pdest. Varro li. iii. In medium Ordo ẽ. In medium coniice ₇c.
q Iners. C. tanq̃3 lacuna pfluat vt riuus. r Pontib9 vt crebris . S. velut pontibus. nam nõ sunt pontes.
s Si forte morãtes. S. tarde remeãtes ex pascuis Neptuno immerserit. Deum p aquis posuit. A. Morantes dum pabulant scilicet. t Sparserit. C. torquẽdo aquã in eas merserit. quia illas in aquã deiecerit. v Neptuno. A. aq̃s ipsis. x Casię. A. De his videto in Alexi. . Sic etiã de serpillo. y Serpilla. C. Latine piper erraticũ herba dicit: cui9 duę sunt spẽs: Vna hortularis siue vsualis: quę in cãpis sabulosis siue arenosis crescit: alia agrestis: q̃ etiã

cor dr̃:que nõ serpit sed surgit cũ ramis duorũ palmorũ altitudine. z Grauiter. S. modo bñ & mltũ significat: alias male: vt aut vbi odor coeni grauis. Item graue olentis auerni. a Thymbre. S. Genus est herbe abundantis in Phrigia. A. Thymbre. Hec alio vocabulo satureia dicitur. seritur mense februario. Pli. lib. xix. Colu. vero lib. x. c. iiii. sic ait: Aut etiã thymbre vel nostratis. Cunileq; quam satureiam rustici vocant. In Plinio aũt li. secũdo. Cunila sp legitur. C. Thymbre. hec latine satureia dicitur a Saturis: qa vteres in venerẽ pronos reddit. vt Satyri sunt: abundat in agro troiano: vbi templũ est Apollinis: q inde Tymbreus dicitur. b Violaria. S. loca vbi nascunt viole. c Ipsa aũt aluearia. A. Aluearia sunt optima cortice: secũda ferula: tercia vimine. Pli. li. xxi. Varro aũt li. iii. ait: q alii faciũt aluos ex viminib⁹: alii e ligno ac corticibus: alii ex arbore caua: alii fictiles: alii etiã ex ferulis qdratas lõgas. pedes circiter tres: lata pedem. Hec omia vocant a mellis alimonio aluos. Aluearia. Hoc alueare: & hoc alueariũ: hec aluus: et hec alue⁹. Sic thymus & thymũ. cytisus et cytisũ legimus in Var. Colu. & Plinio. Sic etiã satureiã in singulari: & satureia iplurali reperim⁹. d Angustos hẽant aditus. A. Colu. docet li. x. aditum fore capacẽ vni⁹ tñmodo: sed plures esse debere q̃ facil⁹ apes intrant/exeantq;. e Vtraq; vis apib⁹ pariter metuẽda. S. tam caloris q̃ frigoris: q licz vtrũq; equali mõ metuẽdum sit. tñ dissimilr nocet: nã calore liq̃facta defluunt mella: q̃ si fuerint frigore condurata constrictas apes interimunt.

omnis frigoris aut iniurie aditus obstruuntur. odore &c. nõ graui: vt qua pleriq; p Galbano vtuntur. Meminit et Varro li. iii. o Et visco et phrigie &c. A. Ordo est suauẽ glutẽ quod est lentius. & visco & phrigie idẽ pice. p Seruant. S. Seruant mire ait. Nam apes pilas q̃sdã aluearib⁹ faciũt: de qb⁹ postea cerea tecta cõponũt. q Pice idẽ. A. de hac superius. r Si vera est fama. S. Si credẽdum est apes posse terrã effodere. s Sub terra fodere larẽ. A. Circa Thermodoontẽ fluuiũ duo apiũ genera: Alie in arboribus mellificant: alie sub terra triplici cerarũ ordine vberrimi prouentus. Pli. li. xi. c. xvii. t Penit⁹ q̃ cauis. A. Valde cauis. v Pumicib⁹: A. lapidib⁹. x Antro. A. cauerna. y Et leui rimosa cubilia limo. S. Alii vt leui legunt. vn⁹ tñ sensus est: nã hoc dicit: q ille nimio labore pficiũt: Tũ leui iũge rimosa cubilia circũfouens limo: etiã raras frõdes supinice: qd ideo fit: ne vel lim⁹ crepet: vel cauerne: aut sole penetrẽt: aut frigore. A. Limo fimo: bubulo: inqt Pli. z Taxũ. S. Veneñatã arborem ipse in Bucolicis: Sic tua cymeas fugiãt examina taxos: mel enim exinde pessimũ gignitur. a Rubentes cancros. S. Odore eni ipo pereũt. Rubentes aũt cũ vrunt: non qui p p naturã sint hui⁹ coloris: A. Cãcros grauis & tetri odoris: nõ solum vrentia: sed & q̃libet res phibeant: sicuti cancri nidor quũ est in ignib⁹ adustus: aut odor paluftris coeni. nec min⁹ vitentur caue rupes: aut valles argute: quas greci Echus vocant. Colu. li. x. c. v. Cancrorũ odore si quis iuxta coquat apes exanimãtur.

Floreat: irriguumq; bibant violaria fontem
Ipsa autem: seu corticibus tibi suta cauatis.
Seu lento fuerint aluearia vimine texta.
Angustos habeant aditus: nam frigore mella
Cogit hyems: eademq; calor liquefacta remittit
Vtraq; vis apibus pariter metuenda: neq; ille
Ne quicq; in tectis certatim tenuia cera
Spiramenta linunt: fucoq; & floribus oras
Explent: collectũq; hec ipsa ad mũera gluten.
Et visco & phrigie seruant pice lentius idẽ.
Sepe etiã effossis (si vera est fama) latebris
Sub terra fodere larem: penitusq; reperte
pumicibus q; cauis: exesq; arboris antro.
Tu tamen & leui rimosa cubilia limo
Vnge foues circum: et aras supiniice frondes:
Neu propius tectis taxũ sine: neue rubentes
Vre foco cancros: alte neu crede paludi. (su:
Aut vbi odor coeni grauis: aut vbi cõcaua pul
Saxa sonant: vocisq; offensa resultat imago.
Quod supest: vbi pulsam hyemẽ sol aure⁹ egit

f Certatim. A. cum certamie. g Tenuia spiramenta: S. exitus. Alibi Seu spiracula ditis. A. Tenuia spiramẽta: rimulas. C. Spiramẽta linũt. vt paulo supra demõstratũ est. Spiramẽta tenues rimas: p quas saltẽ spũs igredi possit. h Linũt: A. inũgunt. Circũlini aluearia fimo bubulo vtilissimũ inqt Plini⁹ li. xxi. i Fucoq;. S. Fucus gen⁹ ẽ herbe: vñ tingunt vestes: Fucũ ãt flores p cera posuit: quã ex his colligũt rebus. A. Fucus est herba rubea qua vestes tingunt: Fucus eni color dr̃. C. Fuc⁹ spẽs herbe est: de q̃ lana inficit Fucus eni dr̃ quo mulieres colorant: & p trãslationẽ omẽ figmentũ fucũ dicitr. k Et floribus. A. Flores q̃ laniores a ditib⁹ circũstruũt apes: vt Pli. scribit. l Oras. S. fissuras. m Hec ipsa ad mũera. S. ad officia coangustãdarũ cauernarũ. n Gluten. A. confectionẽ quandã ea aũt (vt Pli. li. xi. c. vii. ostendit) Propolis dr̃. Ait eni sic. Propolis crassioris iam materie additis floribus: nõ tñ cera: sed fauorũ stabilimentũ: qua

Plinius libro vndecimo. CSIS. Cancri hyeme apricalittora secantur estate in opaca gurgitũ recedunt: autumno & vere pinguescunt plenilunio magis: quia noctu syd⁹ tepido fulgora mitificat: vita his longa: pedes octeni formine prim⁹ pes duplex: mari simplex: sole canceri signo trãseunte: cancri cadauer in sicco positũ: in scorpionẽ transfigurari ferunt: ait Pli. b Alte paludis. ne facile mergant. A. Alte palu. Aqua em̃ nõ debet ascẽdere duos aut tres digitos: ut iam oñdimus c Vocisq; offensa. S. Resonat echo repcussa. quã apes vehementer horrere mãifestũ est. A. Vocis imago. Echo intelligit. Imago vero quasi imitago dicit. d Resultãt. A. Inimica apib⁹ echo est resultãti sono: qui pauidas alterno pulset ictu: Inimica & nebula. Pli. li. xi. e Quod supest. A. quod restat docebimus. f Pulsam hyemem. S. secundũ Physicos: qui dicunt tpe quo hic hyems est: estatem esse sub terris: & versa uice: cũ hic estas illic hyemẽ: qd etiã Lucretius exequit: & trahit in argumentũ putealem aquã: que estate frigidissima est:

hyeme vero calidissima. A. vbi pulsam hyemē. Alexāder Aphridiseꝰ pbleumatiū sectiōe sexta sic ait: Cur putealis aq̄ i hyeme calida est: in ęstate aūt frigida. Rn̄dēdū ꝙ contrariū: semp fugit: vtpote sibi infestū cōtrariū: Cū ergo calidū & frigidū inuicē inter se contraria: atq; coruptoria sint: nō dubiū quin p ęstatē calor aerē ambiat. calidum: inq; terrę sinus atq; penetralia fuget frigꝰ: et ob hoc aquā frigefaciat. Per hyemē vero frigore dominā te: in aere calor porro in terrę penitissima diffugiēs calefacit. Nam ita natura sanxit. Vt contraria in eodē loco: ac per idem tēpus simul manerent. Hęc illę. Tamē eadē fere Lucretius q̄ dixit: quū ait frigidior: cur i puteis ęstate sit humor: arescit: quia terra calore. ꝛc.

g Illę cōtinuo. A. Hyeme apes cōdunt: ante fabas florentes non exeunt ad opa et labores: nullusq; cum p coelū licuit otio perit dies. Primū itaq; fauos cōstruūt: cęryntis fingunt. hoc est domos: collasq; faciūt: deinde sobolem: postea mella. Pli. li. xi. h Metuntq; flores. S. secant. Vñ & messores dicti sunt. Sane meto metis: p̄teritū facit messui.

i Et flumia libant. A. sine aqua (inqt Colo. li. x.) neq; faui neq; mella: neq; pulli deniq; figurari queūt. Est igit opus vt aqua sit apibus vicina.

k Hinc. S. ex floribꝰ scilicet ex quibꝰ primo mel mox pullos efficiunt. A. Hinc. ex floribus & aquis.

l Nescio q̄ dulcedine. S. Quadā archana rōne naturę. A. dulcedine. dulcis eni est sobolis oibus fere.

m Cęras. A. Celsus ait vt inqt Colu. lib. v. ex floribus ceras fieri: ex matutino rore mella: quę tanto meliorē qualitatē capiūt: quanto iucūdiore sit materia cęra confecta.

n Et mella tenacia fin: S. quia cū inuersi sint faui. mel tamē inde nō funditur: Vnde ait tenacia quę in resupinatis fauis cohęrent.

o Caueis. SER. aluearibus. AN. alueis. p Aestatem liquidā S per ver serenū. A. ęstatem liquidā. Ver serenū: ait eñ inferius: Ergo vbi ver nacte sudum.

q Agmen. A. examē. Quippe talis ē apū natura. vt pariterq; plebs genęret cū regibus: qui vbi euolandi vires adepti sunt consortia dedignāt vetustiorū: multoq; magis imperia. Itaq; duces pcedunt cū sua iuuentute q̄ vno aut altero die in ipō domicilii vestibulo glomerata consistens egressu suo, ppriē desideriū sedis ostendit. & cętera. Colu. li. x. r Narc. C. volare. quia mutua est translatio a nauibꝰ ad aues. vnde mare veliuolū dixit: e remigio alarū. s Contēplator. S. pro intuere. Nam tempus futurū pro p̄senti posuit ab impatiuo mō. A. Contemplator: inspice: aduerte. t Aquas dulcis. S. propter hoc ait supra. Et tenuis fugiens per gramina riuus.

Sub terras: coelumq; ęstiua luce reclusit:
Illę[g] continuo saltus syluasq; peragrant:
purpureosq; metunt[h] flores: & flumina[i] libant
Summa leues: hinc[k] nescio[l] qua dulcedine lętę
progeniē nidosq; fouent: hinc arte recentes
Excudunt cęras[m]: & mella[n] tenacia fingunt
Hinc vbi iam emissum caueis[o] ad sydera coeli
Nare p ęstatem[p] liquidam suspexeris agmen[q]:
Obscuramq; trahi[r] vento mirabere nubem.
Contēplator[s]: aquas dulces: & frondea semp
Tecta petunt: huc tu iussos asperge sapores
Trita melisphylla[v]: et cerynthę[x] ignobile gramē
Tinnitusq;[y] cie: et mr̄is[z] quate cymbala circū:
Ipsę[a] considunt medicatis[b] sedibus: ipsę
Intima (more[c] suo) se se in cunabula condent.
¶ Sin aūt ad pugnā exierint (nā sępe duobus
Regibus incessit[d] magno discordia motu)
Cōtinuoq; animos[e] vulgi: et trepidantia[f] bello
Corda[g] licet longe pręciscere; nanq; morantes[h]

v Trita melisphylla. S. Varro hanc herbā apiastrū dicit in tertio libro operis rustici. A. Pli. lib. xx. sic ait Apiastrū Iginiꝰ quidē: melisphyllon appellat. Hęc ille. Interp̄tat āt ut aiūt alii mellises. i. apis. Phillon foliū: herba eni est: cuiꝰ folia mel sapiūt. Idem vero Pli. li. xxi. scribit. Melisphylo siue meliterna: si pungant aluearia, nō fugiēt: apes nullo eni magis gaudēt flore Copia istiꝰ examina facillime cōtinent. Item p̄sentissimū est cōtra ictus earū vesperarumq; & araneorum: item, scorpionū ꝛc. C. Melisphylla apiastrū est. Varro ait de apiastro: ꝙ alii melisphyllon: alii mellimen appellant: Sunt etiā qui credāt melliloton eandē esse herbam: alii volūt differre.

x Cerynthę ignobile. S. vile vbiq; nascēs. A. Cerynthę herba ē folio candido incuruo: cubitali: capite cōcauo mellis succū habente florum eius auidissimę sunt apes. atq; etiā sinapis. Pli. lib. xxi. c. xxiiii. C. Cerithę magna est copia in Euboea: in q̄ eiusdē nois etiā opidum fuisse dicunt.

y Tinnitꝰq; cie. A. Varro li. iii scribit: Qū noua examina volant iaciūdo inter apes puluerē & circūtinniendo ęre pterritas quo voluerint, perducet Mellarius. & Pli. li. xi. de apibꝰ inqt. Gaudēt plausu atq; tinnitu ęris: eoq; conuocant. z Matris. cymbala. S. q̄ in eius tutela sunt: ideo ꝙ similia sunt hemiciclis coeli: quibus cingit terra, q̄ est mater deoꝝ. A. Matris cymbala: Instrumenta erant: quibus vtebant in sacris. Cybeles deoꝝ matris.

a Ipsę. C. sua sponte: sine tua opa.

b Medicatis sedibus. AN. Solent enim mellarii locum aliquem oblinire apiastro cęterisq; rebꝰ quibus delectāt apes: vt ibi considant: vbi cōsederunt, afferunt aluum prope easdem illiciis intus & prope apposita fumo leui circumdato cogunt eas intrare. Varro inquit libro tertio. CRI. Medicatis: aspersis odoribus: de qbus dictū est. s̄.

c More suo. SER. Naturali ratione: cuius causa nō redditur. Quis enim nouit: cur ęris sono redeant in aluearia: licet ipse paulopost dicat. Crepitātiaq; ęra secutę. Dictęo coeli regem pauere sub antro. Sed & hoc poeticū est.

d Incessit. SER. ingruit: inuasit. Alibi incessi muros ignes ad tecta volare: & incessit regibus figuratum est. Nā incessit reges dicimus.

e Animos. CRI. audaciā et tumorem illum ex ira. vt pone animos: & pulsus abi.

f Tripidantia bello. SER. Alacritate pugnandi: non timore: alibi, exultantiaq; haurit. CRI. Trepidantia non timentia: sed festinantia ad pugnā. g Corda. S. pauor pulsans. h Morantes. S. tarde intercędentis.

Martius ille ęris rauci canor increpat: & vox
Auditur fractos sonitus imitata tubarum.
Tum trepidę inter se coeũt: pẽnisq; coruscãt.
Spiculaq; exacuũt rostris: aptãtq; lacertos.
Et circa regem: atq; ipsa ad pretoria densę
Miscentur: magnisq; vocant clamorib⁹ hostẽ.
Ergo vbi ver nactę sudũ: campósq; patentes:
Erumpũt portis concurritur ęthere in alto.
Fit sonitus: magnũ mixtę glomerãtur in orbẽ:
prę cipitesq; cadunt: non densior aere grando:
Nec de concussa tantum pluit illice glandis.
Ipsi per medias acies insignibus alis
Ingentes animos angusto in pectore versant.
Vsq; adeo obnoxi: ñ cędere/dũ grauis aut hos
Aut hos versa fuga victor dare terga subegit.
Hi motus animorũ: atq; hęc certamina tanta
puluer is exigui iactu compressa quiescent.

i Fractos. S. collisos. C. Audit fractos ꝛc. Dum vult exp̃mere ꝙ voce sua clãgorẽ tubarũ imitãt: ipe eundẽ sonitũ suorũ ꝟborũ cõpositione exprimit: qđ mirũ est. Fractos: q̃a ñllo musico instrumẽto magꝭ fractus sonit⁹ gignit: nec min⁹ cõtinuat⁹. k Trepidę inter se coeũt. S. festinãt inter se in aluearib⁹. C. Trepidę. festinę: vt ne tripidate meas teucri defendere naues. l Pennisq; coruscant. S. queadmodũ scuta milites commouẽt. C. Coruscant & crebrũ motũ sil & splendorẽ: q ex pennarũ motu exoritur exp̃ssit. Sed q̃m splendor crebrã habꝫ mobilitatẽ: iccirco coruscare crebro moueri sępe dicit. m Spicula. C. Hoc ex fantasia sua. Cęterũ aculei: q̃bus pũgũt ex posterioribus sunt. n Aptantq; lacertos. A. p̃stat in metaphoris.
o Et circa regẽ. A. Mira apum circa regẽ obedientia: quũ procedit totũ examen circa eũ cõglobatur: cingit. p̃tegit. videri nõ patitur. Pli. li. xi. CRI. Circa regem. Prębet em̃ munus deuotorũ satellitum: vt parati sint: regis vitã sua morte defẽdere.

torĩã appellam⁹. q Vocant hostẽ. S. p̃uocant.
r Ergo. C. hic p̃toriũ. q̃ regẽ. ducẽ. exercitũ. ponit: s Ver nactę sudũ. S. Serenũ post pluuias: vt per sudũ rutilare vident. A. nactę: inuenerũt. Ver sudum. i. siccũ sine hudo: vt ait Fęstus. t Camposq; patentes. S. Aereũ: purũ et liquidũ: nõ nubibus clausum: & ita aer campus est apũ: vt mare nauiũ: hoim solum. Ipse in q̃nto dicit. Subtrahitur q̃ solũ. v Erumpunt. C. vt feroces milites.
x Concurrit. C. fit sonitus: et cetera hmõi. Mirũ poetę ingeniũ demõstrat vt in re leuissima: fortissimorũ virorũ pugnam exprimat. z Non densior aere grãdo. S. In aliis enim bellis victi tm̃ pereunt: In certamĩe vero apũ etiã victrices: Nã dictur⁹ est: Animasq; in vulnere ponũt. a Tantũ glandis. S. erit nomiatiu⁹ h ęc glans. b Ipsi. C. q̃si dicat: pręter cęteros nam emphasim habꝫ p̃nomẽ. c Ingentes aïos ãgusto in pectore versant. SER. Statius. Maior i exiguo regnabat corpore virtus. Homerus. μικρὸς μὲν

p Pretoria. ANTO. Dicta q̃ ibi resideat prętor ad diffiniendum. CRI. Prętorium in vrbe dicimus: vbi prętor ius dicit. Verum militię prętorium appellamus: vbi pręfectus exercitus p̃sidet: siue p̃tor: siue consul: siue quicunq; alius sit: Nam & in classe p̃torĩã nauem dicimus: quę exercit⁹ ĩpatorẽ gerit: in castris tabernaculũ eiusdẽ p̃

ἔην δέμας ἀλλὰ μαχητής d Pulueris exigui. S. Quia cum puluerem viderint: sperant tempestatem futuram: quę eis plurimũ nocet. A. Varro li. iii. sic ait: Quę crebrius inter se pugnabũt: aspergi eas oportꝫ aqua mulsa: quo facto: nõ mõ nõ desinũt pugna: sed etiã conferciũt se lingentes ꝛc. e Deterior qui visus. S. peior a malo di:

Verum vbi ductores acie reuocaueris ambos:
Deterior qui visus: eũ ne prodigus obsit
Dede neci: melior vacua sine regnet in aula.
Alter erit maculis auro squalentibus ardens.
Nã duo sũt genera: hic melior: insignis & ore
Et rutilus clarus squãmis: ille horridus alter
Desidia: latamq̃ trahens inglorius aluum.
Vt binę regum facies ita corpora plębis:
Namq̃ alię turpes horrẽt: ceu puluere ab alto
Cum venit: & terram sicco spuit ore viator
Aridus: elucent alię et fulgore choruscant
Ardentes auro: & paribus lita corpora guttis.
Nec potior soboles: hinc cœli tempore certo
Dulcia mella premes: nec tm̃ dulcia: quantum
Et liquida: & durũ bacchi domitura saporem.
At quũ incerta volant: cœloq̃ examĩa ludũt:
Contẽnũtq̃ fauos: & frigida tecta relinquũt:
Instabiles animos ludo prohibebis inani.
Nec magnus ꝓhibere labor: tu regibus alas
Eripe: non illis quisq̃ cunctantibus: altum
Ire iter: aut castris audebit vellere signa.
Inuitent croceis halentes floribus horti.

deterior a meliore. f Prodigus. S. nõ mella cõficiens: sed mella cõsumẽs: iõ regẽ soluũ p̄cipit occidendũ: quia eo amisso: suus dissipat̃ exercitus. Nã vt binę regũ facies ita corpora plębis. A. Prodigus ꝯsumptor: Prodigere em̃ est cõsumere: vt docet Fęst⁹. g Vacua. A. Altero. s. rege. h In aula. A. Aula: ea atriũ dr̃: aulizo aũt ĩ aula habito. C. In aula. quia vocauerat regẽ. i Alter erit macul'. A. Aristoteles lib. v. sic ait: Ducũ apum duo sunt genera. Alterũ fuluũ: quod p̄stanti⁹ est. alterũ nigrũ: magisq̃ variũ. Magnitudo his dupla q̃ cęteris: nec vn⁹ in quoq̃ examĩe dux/sed plures. Pli. vero li. xi. Sic apũ rex non vermiculus nascit̃ vti alię: sꝫ stati penniger. Reges plures inchoant̃ nec desunt. P⁹ea ex his soboles: quũ adulta esse cœpit: concordi suffragio teterrimos necat: ne distrahant agmĩa. Duo aũt genera eorꝫ: melior niger: variusq̃ omib⁹ forma semper egregia: & duplo q̃ cęteris maior pennę breuiores: crura recta: ingr̃ssus celsior: ĩ frõte macula: quodã dyademate candicãs: multũ etiã nitore a vulgo differunt. illud quod constat impatorẽ aculeo nõ vti: si quis ei alam detrũcet nõ fugiet examen: quũ processere se quęq̃ ꝓximã cupit esse: & in officio conspici gaudet: fessum humeris subleuãt. Validius fatigatum ex toto portãt. Vbicunq̃ ille cõsedit: ibi cũctarum castra sunt: tunc ostenta faciũt: priuata ac publica vna dependẽtes in domib⁹: templisue: sedere in ore infantis Platonis: tunc etiã suauitatẽ illã pręduleis eloquii portendẽtes: semꝑ duce prehenso totũ tenet̃ agmen: amisso dilabitur: migrãtq̃ ad alios: esse vti sine rege nõ p̄nt. Iuuitę autem interimunt eos quũ plres fuere: potiusq̃ nascentiũ domos dirimũt. hęc Pli. k Squalentib⁹. S. splendentib⁹ qd a squamis venit: vt Squamis auroq̃ trilicẽ. nam a squalore sordidum significat: vt squalentẽ barbam. CR. de quo verbo dicitur in ęneide: vbi melius cadit. l Ardens. AN. lucens. m Melior insignis et ore. Diascole est. n Ore. A. Aspectu et forma. o Facies. A. Est facies totius corꝑis forma. dicta facies a factura corꝑis: vt ait Noni⁹. p Alię turpes horrẽt. A. apes sunt et rusticę: syluestresq̃ horridę: aspectu multũ iocũdiores: sed opę ac labore p̄stantes. vrbanarũ duo genera: optimę breues: varięq̃: & in rotũditatẽ cõpactibiles. Deteriores lõgę. et q̇bus silitudo vesparum. Etiã deterrimę ex his pilosę. In ponto sũt q̇dam albę: q̃ bis in mẽse mella faciunt. Pli. lib. xi. q Terrã sicco spuit ore.

SER: Aut in terram: aut reuera terrã propter puluerem. r Parib⁹ lita corꝑa guttis. S. similib⁹. i. aureis: habentes distincta corꝑa: nã lita ẽ illita. distincta. s Potior soboles. S. ad mella. s. ꝓcreanda. t Cœli tꝑe certo. S. Et cũ oriũt̃ Pleiades: & cũ occidũt. i. verno tẽꝑe & autũno. u Dulcia mella. S. Nõ est supfluũ epitheton. nam iõ dic dulcia: quia etiã sũt amara: vt corsicana sicut in Bucco. diximus. x Mella p̄mes. A. Mellis cõficiendi tꝑa duo sunt: ver atq̃ autumn⁹ Sed vernũ suaui⁹. cãdidius eni p̄stanti⁹ autũnali est. auctor Aristo. li. ix. de aialib⁹. sicuti aũt duo conficiẽdi tꝑa ita eximẽdi. Colu. aũt li. x. scribit Q. peracto solstitio vsq̃ ad ortũ caniculę: qui fere dies triginta sunt: pariter frumẽta et faui demetũt a canicula fere post diẽ. L. arcturus orit̃. post arcturi exortũ circa ęquinoctium librę: fauorũ secũda ẽ exẽptio. Varro ꝙ libro. iii. scribit: tria tempora fauorũ eximendorꝫ. de quib⁹ inferius dicã: ibi. s. Duo tempora messis. y Et liquida. S. defecata sine sordibus: nã q̃ fluunt mala sunt C. Liq̇da: pura: defecata. z Durũ bacchi do. saporẽ. S: Bene aũt ait saporẽ: quia maiores vina asꝑrima: mellis dulcedine tꝑabãt. A. Aristeus prim⁹ oĩm mel miscuit vino suauitate p̄cipua: fit aũt mulsũ a musto cũ quiq̃ cõgiis austerimusti cõgio mellis: et salis cyatho subferuefactis. Pli. li. xiiii. C. Bacchi do. sapo. Nã vina durioris saporis melle cõcinant/fitq̃ mulsũ: quod Aristei inuentũ esse dicũt. a Frigida tecta. S. melle vacua inoperosa: contra. feruet opus. Theren. Mirum ni hoĩes frigent. b Instabiles aios. S. suadẽs inanem vagandi licentiam. c Ludo iani. A. i. ab ludo ꝓhibebis inani. tunc em̃ nõ mellificãdi grã exeunt. d Quisq̃. S. et subaudi militũ: aut q̇sq̃ de exercitu. ANT. Quisq̃: id est aliqua apum: Nam (vt scribit Plinius) si quis alam regis detruncet: nõ fugiat examen. Quisq̃ p̄terea et masculino & fœĩo generi iungit̃. Ter. in Eu. Quãdoquidẽ illarũ neq̃ te quisq̃ nouit. Vbi nondũ Quisq̃ ꝓ muliere dictum. e Altũ iter. S. Aut ludẽdo in altũ volare: aut in bella ꝓcedere. f Inuitẽt croceis halen. flo. horti. S. Tã odoris optimi q̃ caloris: non em̃ dicit illic solũ crocũ esse debere. C. Croci: vt referũt: q̇ de herbis scribũt duplex gen⁹ est. Ali⁹ cõis q̇ oriental' dr̃: ali⁹ hortulan⁹ infectiu⁹ vocatur: quia inde sericũ inficiũt. Carramiq̃ flos est. Dicunt enim carramũ herbam q̃ habet folia longa/diuisa et spinosa: thyrsum aũt lõgũ & spinosum; in q̃ sunt capita ro

Et custos furum: atq; auium cum falce [g] saligna
Hellespontiaci [h] seruet tutela priapi.
Ipse thymum [i] pinosq; [k] ferens de montibꝰ altis.
Tecta serat late circum: cui talia curę
Ipse [l] labore manum duro terat: ipse feraces
Figat humo plantas: & amicos eriget [m] imbres [n].

tunda cum flore croceo semen albū, oblōgū & angulosum: q̄ psitacus auis pascitur: hūc grece cinicū & gincum appellant, ait Diascorides. puto priorē illã spēm apd priscos: nō ita seri cōsueuisse: vt seq̄ntibus deinde tp̄ibus satã eē videmꝰ. Nã pauci qui de re agraria scripserūt: raro huiꝰ meminerūt. Corycium crocum Diascorides ceteris p̄ponit. g Falce saligna. A. Pli. li. xix. c: vii. sic ait: Hortosq; & foros tm̄ contra inuidentiū fascinatiões dicari videmꝰ i remedio saturnica signa: hęc ille: Cur aūt falx Saturno detur: libro. ii. Geor. ostendimꝰ. Et Colu. li. xiii. de cultu hortoꝝ sic ait: Sed truncū sorte delatum arboris antiq̄ numē venerare Typhali terribilis mēbri medio: qui sp̄ in ortu lugunibus puero: predoni falce minetur. Diodorus aūt scribit li. v. q̄ hunc deū Typhaliū alii typhonē noīant: dicit̃ aūt p̄esse hortis: vt ait Seruius propter eoꝝ fœcunditatē. horti eñ nūq̄ sine fructu sūt. h Hellespontiaci seruet tutela priapi. SER. Non dicit Priapū illic ēē debere: sed pręcipit tales esse hortos: vt mereantur deum habere custodem. Hic autem priapus fuit de Lampsaco ciuitate Hellesponti: de qua pulsus propter virilis membri magnitudinē: post in numerū deorū receptus: meruit numem esse hortoꝝ. De hoc Horatius. Nam fures extra cohercet: obscœnoq; rubet porrectus ab inguine palus. Ast iportunas volucres in vertice arando: Terret fixa. Dicitur aūt p̄esse hortis: ꝓpter eorum fœcūditatē: nã cū alia terrena semel creat aliquid sine fructu sūt. A Hellespontiaci pria. Fabulant̃ antiqui filium Dionysii ac veneris priapū fuisse. ducti vero satis simili coniectura: q̄ qui vino idulgeãt: natura ad venerē ꝓmptiores nō solū aūt in vrbiū templis: sed in agrestibꝰ q̄ȝ locis tanq̄ vinearū atq; hortoꝝ custos colit̃: irutū: fures castigãs huic deo sacra cū ludo & risu fiebant. Diodo. li. v. Priapꝰ item portus: & vrbs ad mare Hellesponti sita: nomē habens a Priapo: qui apud eos celebratur: hinc ab iunioribus in deū habitus est. Nam Hesiodus priapū nō nouit. Strabo li. xiii. C. Priapi. De hoc ita ait Strab. cū de Phrygia scribit. Priapꝰ portꝰ est et vrbs ad mare sita: siue a Milesiis: siue a ciziceneis condita: & nomen habent a Priapo: q apud eos colit̃: siue ex horneis: qui apud Corinthum sunt, nomen acceperit: siue liberi patris & nymphę filiꝰ dicatur: homies ꝑfecti ad eū colēdum, moti sunt: nam hęc regio et finitima pariana & lampsacena, vineis abundãt hinc a iunioribus deus habitus est. Nã Hesiodus Priapū nō nouit. Diodo. aūt siculus scribit. Hircū ęgyptii deificarūt: vt greci priapū: ꝓpterea corporum partē: a qua sit oīm ortus: nã pudēdis: nō solū ęgyptii: s; alii p̄les sacra faciūt: tãq̄ causę aīaꝝ generatōis. Alio aūt in loco idē ait: priapū Dionysii & veneris filiū fuisse volūt phylosophica quadã rōne: nã qui vino calēt in venerē proni efficiūt̃. Alii dicūt virile mēbrū priscos fabulose Priapū appellasse. nōnulli volūt hoc mēbrū. eo q̄ generandoꝝ hoīm cã sit esse: imortalitate donatū. Hęc Diodo. Eusebiꝰ aūt Pãphilus ait vim seminalē: q̄ in terrã descendit priapū esse. Cuiꝰ q̄d ad sacros ꝑtinet fluctus bona dea: quod aūt ad arbores Diouysius appellant̃. Ego vero puto iccirco hortorū deū putari: quia nulla agrorū spēs hortis est feratior. i Thymū. A. hortis maxime: aluearia & apes cōueniūt res p̄cipui quęstꝰ quū fauit. harū ergo cã optet serere thymū apiastiū, rosam, violas, lilium, cytisum, fabã, papauer: Casiã melilotū, melisophilū, cerynthem, sinapim, arbores item q̄ ꝓxime seri ꝯueit: quę et euolãtiū examia inuitēt: nec lōgiꝰ abire patiant̃: & genistas circūseri aluearibus gratissimū. Pli. li. xxi, ca. xxiiii. Thymi duo genera. Candidū: radice lignosa in collibꝰ nascens: q̄d et ꝑfert̃: Alterū nigriꝰ, florisq; nigri p̄cordiis medetur ex aceto cū melle: q̄ potio dat̃: & in alienatōe mentis ac melãcolicis Pli. li. xxi. Varro ãt li. iii. scribit. Thymū aptissimū eē ad mellificiū ꝓpter hoc siculū mel ingit fert palmã: quod in Thymū bonū & freq̄ns ē. Et Colu. li. x. ait: q̄ saporis p̄cipui mella reddit thymꝰ. Thymo deinde ꝓxima Tymbra: serpilliūq; et origanū. k Pinosq; ferēs. A. Ceras eñ ex oīm arborū satorūq; floribꝰ cōfingūt apes: excepta rumice et clenopde. Herbarū hęc genera. Pli. lib. xi. l Ipse. S. s. diligens rusticus & cultor agrorū. m Irriget. S. id est infundat. n Imbres. SER. aquas. Iuuenal. In tenuis plantas facili diffundit̃ haustu.

¶ Atq; [o] equidē extremo ni iam sub fine laborū
Vela [p] traham: & terris [q] festinē aduertere prorā:
Forsitan & [r] pinguis hortos quę cura colendi
Ornaret canerem: biferiq; rosaria [s] pesti.
Quoq; modo potis gauderent intiba [t] riuis
Et virides [v] apio ripę: tortusq; [x] per herbam
Cresceret in ventrē cucumis: nec [y] sero comantē
Narcissum aut flexi tacuissem vimen [z] acanthi:
pallentesq; [a] hederas: & amātes littora myrtus.
Nanq; sub [b] oebalię memini me turribꝰ altis
Qua [c] niger humectat flauētia culta [d] galesus

o Atq; equidē. AN. Excusat se cū de hortis nō scribat. p Vela trahā. S. ꝓ traherē. A. Vela trahā: a nautis ducta metaphora: qui portui vicini aut littori vela contrahunt. q Et terris festinē aduer. prorā. S. Illā allegoriā respicit: ꝗ ē vsus in primo. Ades & primi legis littoris orā. Itē pelagoq; volans da vela patenti. Festinem pro festinare. aduertere: appropinqre. r Pinguis hortos. S. i. foecūdos. s Biferiq; rosaria pesti. S. Pestū oppidū est Calabrię: in quo vno ãno bis nascūt rosę. A. In Lucania pestū oppidū ab grecis Possidonia appellatū a Dorensibus conditū: vt Pli. li. iiii. & Solinꝰ aiūt. Strabo itē lib. v. sic ait: Hoc vero tpe sinus ipse Pestanꝰ nūcupat, verum vrbs ipa possidonia pestū vocat medio i sinu locata. Vtq; alii dicunt: tanta ibi coeli indulgentia viget: ꝙ bis in anno fructus quo solam & rosas ipsas ꝓducit. qd qdem hic Maro ondit. C. Pestū. de hoc Stra. ita scribit: vt ponat pꝰ Campaniā & terrā Samnitū in picentinis ait enim ad mare Tyrrhenū picentinorū natio colit: eorū ps modica picentinorū: qui adriam habitant: qs Romam posidoniatem in sinum colonos traduxere. Hoc vero tpe sinꝰ ipse pestanꝰ appellant. Vrbs vero ipa posidonia pestū vocat. Q aut florida sit regio: plurimi poetę testant: qui pestanas rosas, pestanosq; flores dicunt. Sic Propertius. Vidi ego odorati victura rosaria pesti: sub mattitino cocta iacere noto. t Intiba. A. De his videto li. i. Geor. C. Intiba. grecū nomen qdam putāt: ꝗ Endiuia latine dicat. Arabice hundebe. Plinius aūt ait: Intibam erraticā apud nos quidem ambulā appellāt: in egypto cycoriū vocant: qd syluestre sit Satiuū aut ferin. Et infra quidē ꝓpter singularē salubritatem chreston appellant. Alii pancracion: qd syluestre genꝰ: alii hedrimoda. Stephanꝰ aūt cycorion endebani intubā appellāt. v Virides apio ripę. A. de apio egloga sexta. C. Virides apio ripę. Quia in locis hūidioribꝰ viuatius surgit apiū: vt ait Macer. Est apiū dictū: qd apes hāc ferre solebāt. victorius veterū fieret: dum more triūphus: Arabice dicit Rophi: grece Selinon. Huꝰ duo sūt genera: domesticū & agreste. agrestis quiq; sunt species. aquaticum: hydroselinon: quod & Macedonicū dicitur: & latine olixatrum: Et est montanū Oresolinon: & est quarta spēs dictū a patica petroselino. Quinta Smirnion. Et est apium a ranis dictū Batrachion. Coronabāt apio in cōuiuiis: quia herba hmōi ebrietatē arceri putabant: Huius herbę virtus prima calefacit: secunda attenuat & incidit: tertia prouocat vrinā: & menses muliebres. Valet ad tussim & venena. x Tortusq; ꝑ herbā cresceret in ven. cucumis. S. incuruatiuā. Id est aūt sic: quia ꝑ herbā: nā rectus crescit si pendeat. Sane hic cucumis: huiꝰ cucumis declinatur, sicut agilis. secundū idoneos. nam Neoterici hꝰ cucumeris dixerūt sicuti puluis pulueris. A. Tortus cucumis. Crescūt cucumes qua cogunt forma in Italia virides: & ꝙ minimi. in ꝓuintiis maximi et citrini aut nigri. Si vas cū aqua subiiciat a quatuor digitorꝝ interuallo descēdūt in posterū diē: at si oleū eodē mō fit: in hamos curuant: quū magnitudinē excessere pepones vocant. Proueniunt & mali cotonei effigie: qs malepeponas vocant: nō pendent: hi humi retūdant. pli, li, xix, vtq; etiā ex li, xx, colligi potest: Cucumeres torti dicunt pepones rotundi: malepepones: mellones. C. Cucumis. Si cucumeres serant semie per biduū añ in lacte mulso macerato: dulcioris sūt saporis in italia virides: & ꝙ minimi: in ꝓuintiis maximi & citrini: et nigri: oleū oderūt. Nā curuāt potiꝰ ꝙ ad illud crescant: aquā diligūt. Itaq; modice distinctos etiā secti ad eas adrepūt. Colu. docet quō toto anno nasci pñt. si semē cucumeris herba ꝗ culix dr: trita macerat: cucumeres ide nati carēt semie: Quos āt Florentini mellones appellāt: eos antiq a forma longa: atq; tenui sinuata cucumeres anguinos dixerūt. y Nec sero comātē narcissū. S. sero florē habētē. A. Narcissus. videto latius in Alexi. Sera ꝓ sero ac diu. CR. Narcissus. Verū vt aliqd de fabula admisceamꝰ: Aiūt Cephisi fluuii q ꝑ Boetiā labit: & liriopes nymphę Narcissum filiū fuisse: eadolescētulū om̄ pulcherrimū: hic cū forte i fonte sui corporis imaginē conspicit: illa captus est: neq; vnq̄ a fonte illā intuēs discedere potuit: donec in florem sui nois cōuersus ē. Fabulę aūt isti huiuscemōi sensum ꝓfundiorē adhibet Orpheus. Sed de hoc dicemus in. iiii. li. ęneid. cū de amore aliqua describēda erunt. Pli. de liliis hęc ait. Liliū impositū etiā rosas decet: medio illarum prouentu incipiens: nec vllis florum excelsitas maior: languido semp collo: & nō sufficiente capitis oneri candore foliis foris situatis: ab angustiis in latitudinē paulatim se laxātibꝰ effigie calathi resupinis ꝑ ambitū labris: tenuiq; filo & semine stantibus in medio crocis. Et flos nō dissimilis illi herba quā conduolū vocant: nascēs per frutecta nullo odore: nec croceis intus candorē tm̄ referens: & veluti rudimentū naturę lilia facerē condiscentis: nil foecundius. Vna radice qngenos sępe emittēte bullos. Et ē rubēs liliū: qd greci Crinon vocāt. alii florē eiꝰ cynorodon. sunt & purpurea lilia aliqn̄ gemino caule carnosiore tm̄ radice: maiorisq; bulbi: sed vniꝰ Narcissum vocat. Huiꝰ alterū genus flore candido. caulice purpureo. Differētia liliis est & hęc. ꝙ narcissis folia i radice sunt. Floret aūt narcissus post arcturi ortū in ipso autūno. Vñ dicit, sera comātem narcissum. Dixi igit de lilio et narcisso. z Achanti. A. videto in Palęmone. a Hederas. A. diximꝰ egl: vii. b Oebalię turribꝰ altis. S. Oebalia ipa est laconia: Vñ de Castore & polluce ait Statius: Oebalidę frēs. Oebalię aūt turres ait: qs condiderāt hi qui de Oebalia venerāt. Nā (vt etiā in. iii. ęneid diximꝰ) lacones diu bello attriti ab Atheniēsibꝰ et inopiā timētes virorꝝ. ꝑceperūt vt virgines cū qbuscūq; cōcūberēt. q facto cū pꝰ victoriā iuuenes de icertis gētibꝰ nati: erubescerēt originē suā: nā et partheniatę. i. de virgibꝰ nati appellabant duce: palāto octauo ab Hercule nauigiis ꝓfecti venerūt ad oppidum Calabrię: qd Taras Neptuni filiꝰ condiderat: et id auctū habitauerāt. A. Oebalię turribꝰ: Tarenti intelligit: qd oppidū Lacedemonii ędificarūt: duce phalāto Apollinis oraculo vt Stra. lib. vi. edocuit. Oebalꝰ aūt arguli filiꝰ laconicę rex de suo noie ꝓuintiā dixit: vt scribit dictis Cretēsis i Troiana historia. c Niger. A. cęruleꝰ. d Galesus S. fluuius Calabrię: q iuxta ciuitatē labit Tarētinā: in ꝗ se hortos optios vidisse cōmeorat. A. Galesꝰ. Is vt Liuius libro. v. de secūdo bello punico dixit: Calabrię flumē est: Tarēto ꝓximū ꝑ quinq; passuū milia.

Corycium[e] vidisse senem: cui pauca relicti[f]
Iugera ruris erant: nec fertilis illa iuuencis:
Nec pecori oportuna seges[g]: nec cōmoda bac[h]
Hic rarū[i] tn̄ in dumis holus: albacq; circū (cho.
Lilia: verbenasq;[k] p̄mens: vescumq;[l] papauer:
Regum[m] equabat opes animis: seraq; reuertēs
Nocte domū: dapibꝰ mēsas onerabat inēptis.
primus vere rosam: atq; autūno carpe[n] poma:
Et cū tristis hyems etiam[o] nunc frigore[p] saxa
Rumperet. & glacie[q] cursus frenaret aquarum:
Ille comā mollis iam tum tondebat achanti
Aestatē[r] increpitās serā: zephyrosque[s] morātes.
Ergo[t] apibus foetis[v] idem atq; examine multo
primus abundare[x]: & spumantia cogere[y] p̄ssis
Mella fauis: illi[z] tiliç: atq; vberrima pinus:
Quotq; in flore nouo pomis se fertilis arbos
Induerat: totidem autumno matura tenebat.
Ille etiam seras[a] in versum[b] distulit[c] vlmos:
E duramq;[d] pirum: & spinos[e] iā pruna ferētes

e Corytium vidisse senem. S. cilica. Corytos eīn ciuitas est Cilicię: in qua antrū illud famosum pene ab oībus celebratū. Et hic p transitū tangit historiā memoratam a Suetonio. Pompeius eni victis pyratis Cylicibꝰ: partim ibidem: partim ī gręcia: ptim in Calabria agros dedit. Vñ Lucanꝰ. An melius fient pyratę magne coloni. Male aūt quidē Coryciū ꝓpriū esse asserūt: cū sit appellatiuū eius: qui more Corycio ortos excoluit. qđ etiā (Pli. teste) comprobaī. Et hic ordo est. Memini vidisse Coryciū senē Et ꝓprie memini vidisse. Dicimus autē & memini me videre. Terentius. Memini videre quo equi or sū Pamphilo: si seillam in somnis ꝛc. A. Coryciū senē. Cilicē intelligi vult: vt Probus inqt. hoc est remigem pyratarum. Pompeius enim cū oppugnauit pyratas Remigibꝰ eoꝝ ꝓmisit agros si vicisset eorū auxilio: q̄rum ꝓditione victor Tarētinoꝝ agros diuisit. Est aūt corycos (Mela teste) oppidū in Cilicia: sup̄ qđ specus est nomīe corycꝰ: sup̄ quā dici possit eximius. C. Coryciū: cylicē. In Cylicia eni est corycū ꝓmontoriū: vltra quod ad stadia viginti est antrum coryciū: in quo crocꝰ optimus nascit. Id aūt est ingens q̄dam cōcauitas in orbē ducta: cui labrū petrosum: ac satis altū circū adiacet. & cū descenderis solū est inequale: & magna ex pte petrosum: materia semp vireuti plenū. Adiacens vero solum croco satū est: ait Strabo.

f Relicti. S. desertiatq; cōtempti. Quis eni agrū nō sperneret: nulli rei aptum: nō vitibus: aut frumentis vł pascuis: C. Relicti. destituti ab aliis ꝓpter sterilitatē. facit ergo hortum quę est quarta spēs agriculturę: cū neq; aratorius ess; ager ad fruges quod genꝰ in .i. libro tractauit: Nec pascuis idoneus. neq; arboribus cōserendꝰ: q̄ duo in scđo & tertio libro tractata sunt. g Seges. A. i. terra: h Baccho. A. vitibus. i Rarū holus. S. Plantatile. A. Rarū holus. quia raro trāsponiī. Est aūt holꝰ vnaq̄q; herba q̄ vescimur. Vtq; ait Varro: ab holla holera dicta: ibi enim decoq̄banī. k Verbenas. A. Videto in pharmaceutria ęgloga. l Vescūq; papauer. S. quo vescimur: nam ē aliud quo nō vtimur: nā vescas salicū frondes aliter dictū est. A. Vescūq; pa. De papauere latius in Alexi ęgloga. latissime tñ lib. i. Geor. ib: Et cereale papauer. Vescum id minutū significat: teste Nonio. Potest tñ hic etiā quo vescimur exponi. vescebanī eni papauere: vt superꝰ ostendimꝰ. m Regū ęquabat opes animis. S. nō potestate: quia regū more cibis nō cōparatis vtebaī. A. Opes animis. Ait Seneca: In aīo nō in patrimonio putemꝰ esse diuitias. Animꝰ ē q diuites facit. C. Animis. Nā opes tantę nō erant quātę regibus sunt: sed ita illis paruis cōtentus degebat: vt reges suis magnis. Et per transitū oñdit naturā paucis: minimisq; cōtentā esse: & in illis vitā beatam inueniri: modo cupiditates nimias coerceamus. Et laudat vitā Pythagoream: qui ab omni animante abstinebat. Quod & Iuuenał prosequiī. Viue bidentis amās: et custos pauperis horti. Vñ epulū possis centū dare pythagoreis. n Carpe. A. carpebat. o Etiam nunc. AN. Hoc est adhuc. diciē item etiam nunc.

p Frigore saxa. S. Vnus enī est (vt diximꝰ) effectꝰ caloris & frigoris.

q Glacie cursus frenaret aquarū. S. Mira varietas. Nam sup̄ ait. Concrescunt subitę currenti ī flumine crustę.

r Aestatē increpitās seram. S. tarde venientē: cū ille eius iam caperet fructꝰ: AN. Seram. tardius venientem. cum ipse ī hyeme rosas carperet: & huiusmodi.

s zephyrosq; morantes. AN. libro tertio Georgicorum: diximus zephiros in ęstatis pricipio flare: ibi videlicet. At vero zephiris: cum lęta vocantibꝰ ęstas. t Ergo apibus. S. Ne sine cā honos descripsisse videretur.

v Foetis. A. ac si diceret enixis. x Abundare. A. i. abūdabat.

y Cogere. A. cogebat:

z Illi tilię: atq; vberrima pinus. SER. illi scilicet vberrimę. Nam per naturam & tilię & pinꝰ steriles esse dicunī. A. Illi tilię scilicet erant vberrimę. foemina enim semen fert ac florem: teste Plinio. Sed de tilia latius libro primo Georgicorum ibi: Ceditur: & tilia ante iugo leuis. Colomella autem libro decimo: capło quarto scribit: Tilias esse apibus nocētes. Virgilius vero aliter sensisse videtur: cū hic apposuerit: cum ipsa pinus, cuius quidē floribus: vt ceterarum pomiferarū arborum vescanī apes. Et paulo inferius ait: Et pinguē tiliam: scilicet pascuntur. Et Plinꝰ li. xi. ca. xiii. scribit: quod sorbetur mel optimum: et minime fronde infectum: e quercus tilię arūdinū foliis.

a Seras vlmos. S. maiores, qđ minime difficultatis est: A. Seras: diutinas, grandes, ingentes. b Inuersum. S. in ordinē: vt triplici pubes quā dardana versu impellūt. c Distulit. SER. transtulit. Nam ꝑmutauit prępositionem. d Eduramq; pirum. S. Eduram nimiū duram: validum. AN. Eduram hoc loco robustam: & per id grandem. e Et spinos iam pruna ferentes. Prunorum arbor: spinꝰ vocatur genere masculino. Nam sentes has spinas dicimus. ANT. Iam pruna ferentes: per id agelli optimū ingenium ostendit: cum in eo transpositi ingentes trunci: non solum plantulę optime prouenirent ac crescerent.

Iamq; ministrātē platanū potātibꝰ vmbras.
Verū hęc ipse equidē spacijs exclusus iniquis
pretereo: atq; alijs post cōmeorāda relinquo.
Nunc age naturas apibus: q̃s iuppiter ipse:
Addidit expediā: pro qua mercede canoros
Curetum sonitus crepitantiaq; ęra secutę
Dictęo coeli regem pauere sub antro.
Solę communis natos: consortia: tecta:
vrbis hñt: magnisq; agitant sub legibus ęuū.
Et patriam solę: & certos nouere penates:
Venturęq; hyemis memores: ęstate laborem
Experiuntur: et in mediū quęsita reponunt.
Nanq; alię victu inuigilant: et foedere pacto
Exercentur agris: pars intra septa domorum
Narcissi lachrymā: et lentum de cortice gluten
prima fauis ponūt fundamina: deinde tenaces

f Platanū. C. hac arbore nr̃o tp̃e Italia caret. g Spaciis exclusus iniq̃s. S. Angustis: vt spacioq; subit Sergestꝰ iniq. Et dic̃ se carmis breuitate fuisse ꝯstrictū: hortos pleniꝰ nō posse describere. A. Iniquis augustis breuibꝰ: hoc ē carmini breuitate compulsus ꝛc. h Atq; aliis post cō memorāda relinq̃. S. Gargiliū: Martialē significat. A. Id aūt Columella executꝰ est postea. vnde ait ipse li. xi. Hortorū quoq; te cultꝰ Siluine docebo: Atq; ea: quę quondā spaciis exclusus iniquis. Quū caneret lętas segetes & munera bacchi. Et te magna pales: necnon cęlestia mella. Virgilius: nobis post se memorāda reliqt. Floruit aūt Colu. Senecę tp̃e. ipse nanq; li. iii. c. iii. De vineis sic ait: ihis certe tp̃ibus: & nomentana regio celeberrima fama est illustris: & p̃cipue quā possidet Seneca vir excellētis ingenii atq; doctrinę: cuius in p̃diis vinearū iugera ꝛc. C. Aliis q̃3. deinde dixit. Colu. & Pli. & Palladiꝰ. i Naturas apibꝰ quas Iuppiter ipse addidit. S. Naturas ꝑ moribꝰ posuit: aut dedit significat: aut reuera addidit. Necesse est enim eas etiā añ habuisse aliquos mores proprios. k Iuppiter ipe. C. q̃3uis ad fabulam hoc iure referri p̃t: tñ etiā veritatē sub fabula occultat. Si ei prolē vt diximꝰ ꝓducunt. nemini dubiū est: ꝙ hoc illis a natura quā Iuppiter oim rerum conditor imposuit: insitū est. l Addidit. C. inseruit hoc fabulę magis q̃3 veritati. q. d. cū sua priori natura aliter rē ꝑficerent Iuppiter pro accepto bñficio: hoc extra ordinem illis concessit: quod tamē naturę loco subiuit.
m Pro qua mercede. S. id est gratia vel labore. Ordo est. Expediā naturas apū: quę canoros curetū sonitus: crepitantiaq; ęra secutę. A. ꝑ qua mercede: qr Iuppiter eis tales naturas addiderat.
n Curetū. A. Curetes. vt Strabo docet lib. x. dicti sunt q̃si curatores: Hi em̃ infantē Iouē curarūt: pulsantes cymbala: & similia. ne pariens mr̃ Rhea: eiusq; vagitꝰ a Saturno audiret: qui quidē natos filios illico deuorabat. hęc ex illo. Curetū aūt sonitꝰ apes secutę mella itra Iouis ora inferebāt: q̃ illi grām referrent: naturę eis ab ipso traditę. Macro vero li. i. Saturnaliū: de Saturno inqt: hūc aiūt filios suos solitū deuorare: eosq; rursus euomere: ꝑ qd̃ similiter significat eū tp̃s esse: a quo vicibꝰ cuncta gignantur: absumātur q; & ea denuo renascant. Eundē a filio pulsū quid aliud est. quā tp̃a senescentia ab eis q̃ post sunt nata depelli. o Dictęo antro. A. dictę vt Strabo scribit libro x. in Creta mons est: vbi Iouis dictęi tēplū. p Solę. A. ex cūctis oibus aīalibus sc3. q Cōmunis natos. S. Nā (vt dicit Donatus) tragicū est: & vltra carmē Georgicū: si accipiamꝰ ꝑ q̃nta mercede exclamationē eē: vt sit quāta hac mercede fecerūt: vt. s. Iouē alerent: quē ops Saturni vxor e curetibus coribātibꝰ: & ideis dactilis custodiendū dedit in mōte Cretę dictęo. ne eū Saturnꝰ consumeret: vt filios oēs solebat. Qd̃ iō fingit: qui Saturnꝰ (vt diximus) tempoꝝ deus est: q̃ in se reuoluunt in eternum Tunc itaq; apes ęris sonū secutę: Iouē melle aluisse dicūt: pro q̃ re eis postea p̃stitit Iuppiter: vt hr̃ent liberos sine vllo concubitu. Solę cōmunis natos. Plato in libris quos περιπολιτειασ id est de republica scripsit. dicit amori rei publicę nihil esse p̃ponendū. Omēs p̃terea & vxores & liberos: ita nos tanq; cōmunes hr̄e: vt caritas sit: nō libido confusa. Qd̃ p̃ceptū nullū dr̃ p̃ter apes seruare potuisse. A. Cōis natos. Nihil enim nouere: nisi cōmune: vt etiā Plinius scribit. CRI. Cōmunis natos. In qua re nō solū optime reipu. formam: qualr̃ apud homies aliq̃n reperta ē. ab Arist. describit. Sed qualr̃ etiā a Platone fingit describit: in q̃ filios cōmunes esse vult. r Consortia tecta. A. Eiusdē sortis: Sūt eni cōmunia omnibꝰ: tñ vt ait Pli. Regias impatoribus futuris in vna pte aluei extruunt amplas: magnificas: separatas tuburculo eminentes.
r Magnisq; agitant sub legibus. S. i. ęternis. nūq; mutabilibꝰ. Iisdem enim legibus sp̃ vtunt: nec eas vt hoies sępe cōuertant: C. Magnis: vl̃ epithetum ęternū est legū. Sūt enim magnę: quia ex illarū obseruatione vita btā ꝑuenit. Vel magnis: qr in magna auctoritate & obseruatōe illas hñt: necq; vnq̃ immutant. s Nouere penates. S. carissimos habent: vt: hic inter flumia nota. i. cara. A. Certos penates: Id qdē (ꝙ ait Pli. xxi.) poeta hic asserit: naz hostilia vicꝰ alluit pado: huiꝰ inquilino pabulo circa deficiēte: iponūt nauibus aluearia: noctibusq; ad quinq; millia passuum contrario amne subeunt egressę luce apes pastęq; ad naues q̃tidie remeāt: mutātesq; locum donec pondere ipso p̄ssis nauibꝰ plena aluearia intelligant: euectisq; eximuntur mella. Et in Hispania mulis ꝑuehūt simili de cā. s Et i mediū q̃sita repo. S. Quęsita et parta in cōmune cōseruāt. Ipse alibi in mediū quęrebāt. t Vt victu iuigilāt. S. ꝑ victui. A. Nāq; alię victu: quū agmen ad opa ꝓcessit: alię flores aggerūt pedibus: alię aquā ore: guttasq; lanugine totiꝰ corpis: alię intus opant̄ Pli. li. xxi. v Foedere pacto. S. scilicet vt vicissim in alHearibꝰ: vel in agris laborent. x Narcissi lachrymā. S. hūorē. Q; ait Narcissi lachrymā: allusit ad fabulā: quia vt diximꝰ de puero: qui cōuersus ē in florē. A. Narcissi lachr. Colligūt etiā lachrymas arboꝝ: q̃ glutinū pariunt: vt Pli. docet. y Gluten. A. ꝓpolim intelligit: de q̃ supiꝰ ibi. collectūq; hęc ad mūera gluten. z Prima fauis ponūt fundamina. SE. Gręce προβολην locant duriore cęra. q̃ vix ferro pōt frangi: quam colligunt de gūmi arborū: & de rasis lapidibꝰ. Vñ paulo post dicet Sępe etiā duris errando in cotibus alas Attriuere.
a Tenaces cęras. S. mella retinētes. A. Cęras ex oim arborū satorūq; floribꝰ ꝯfingūt cęras: vt scribit Pli. Aristo. vero li. v. de aīalibꝰ: dicit eos cōstruere fauos e floribꝰ: Cęrā e lachryma arboꝝ fingere. Mella ex rore aeris: syderū ex (ortu potissimū

b Adultos educunt foetus. S. quos educendo adultos faciunt. A. Educũt. nutriũt hic eñ foetus. Sensus ẽ poetę: nam apes gallinarũ mõ incubãt: vt latius infra dicemus. C Educunt. nã cũ paterna aluearia: nouã sobolẽ cape nõ possint: educũt tanq̃ in Coloniã. c Stipant. A: componũt: densant. d Liquido. A. mũdo puro. e Distendunt. A. implẽt. f Nectare. A. Melle hoc loco. Sed qd proprie dicit̃. videto ęglo. quinta. g Cecidit custodia sorti. S. ex sorte: nã aduerbium est qd traxit a malicia. Legim⁹ enĩ: Partibus ęquabat iustis: aut sorte trahebat. A. Sorti. aduerbiũ ẽ hoc loco. Nomina ei ꝑ diuersos casus loco aduerbiorꝫ ponũt̃. ꝑ nominatiuũ: vt fors pro forte: recens ꝑ recenter: ꝑ genitũ militię ꝑ militia. ꝑ datiuũ: vt vesperi: ruri sorti. Prisci. li. xv. sorti per sortem. Custodia: More eñ castrorũ inter diu stationẽ ad portas seruant. C. Cecidit. casu euenit. i. sorte quasi hoim consilia imitent̃. h Aquas. A: id ait: qm̃ prędiuinãt ventos imbresq̃: & tũc se cõtinent tectis: vt ait Plini⁹. i Accipiũt: A. Quę enĩ flores cõportant ab aliis exonerãt. k Fucos. A. Sunt fuci sine aculeo maiores apib⁹: nouissimeq̃ a fessis: & iam e meritis inchoati. primos ĩ opera expetunt: tardantes sine clemẽtia puniũt: neq̃ in ope tm̃: sed in foetu coadiuuãt eas: multũ ad calorem cõferente turba: quũ mella coeperint maturescere abigũt eos: mlt'ę singulos aggressę trucidant: nec id genus nisi vere cõspicit̃. fuc⁹ ademptis alis in alueũ reiectus ipse cęteris adimit. Nigri sunt fuci: & lata aluo: fures maximi iter apes: ita appellati: q: furtim deuorẽt mella. Pli. auctor libro. xi. l Ignauũ pecus. A. aial immune sine doctrina: ĩutile: non aptũ industrię: nam industrios gnauos dicim⁹. m Pręsepib⁹. A. aluearibus. ꝑsepia enĩ non tm̃ qbus iumenta: cęteraq̃ aĩalia pabulantur: sed omnia loca clausa & tuta dicta pręsepia. Auctor est Marcellus. n Feruet. A. frequentatur. o At veluti lẽtis. S. Comparatio ad festinatiõem ꝑtinẽs solã. C. Ac veluti lentis cyclopes. Mirũ ingeniũ ꝙ humiles apum naturas et translatõibus & cõparationib⁹ tã mirifice extollat. p Cyclopes. A. Brontes. Steropes et pyragmon. Cyclopes insignes fuere. hos artificiosos fuisse cõstat: quos valcano ignis deo attributos: sub eo Iouis conficere fulmina volũt: de quib⁹ latius Maro ipe lib. viii. meminit. Brontesq̃ steropesq̃. & nudus mẽbra Pyragmon. Brontes aũt tontrus dici ꝑt. nam Bronti tonitruũ significat. Steropes vero fulgur interꝑtari valet. Astrape eñ chorusćatio dicit̃. Pyragmon dicit̃ quasi ignita incus.

Pyr. nanq̃ ignis est. Acmon incus: Videto etiã de Cyclopibus libro prio Georgicorũ: circa finẽ. CSI. de cyclopibus aũt dicet̃ in tertio Aeneidos libro. q Follibus. AN. Instrumenta sunt folles ex corio: quib⁹ excitãdo igni vtuntur fabri ferrarii. r Reddũtq̃. A. quũ enim folles eleuant̃ aerẽ cõcipiũt: quũ vero ꝑmuntur emittunt eũdẽ. s Aethna. A. de hoc monte videto li. i. Georgicorꝫ. circa finem. Diodorus scribit libro sexto. quod asserũt nonnulli meatus esse subterraneos ab Aethna ad Aeolias insulas. Sub Aeeoliis autẽ Cyclopes esse vulcani ministros poetę fabulantur. t In numerũ. A. in ordinem & rationem. v Forceps. AN. dicitur ꝙ formũ: id est cadens capiat ferrum. Formũ enim calidum significat. Inde forceps form⁹ & fornax. Marcellus scribit.

Suspendunt ceras: alię spem gentis adultos
Educunt foetus: alię purissima mella
Stipant: et liquido distendũt nectare cellas.
Sunt quibus ad portas cecidit custodia sorti:
Inq̃ vicem speculantur aquas: et nubila coeli:
Aut onera accipiũt veniẽtũ: aut agmĩe facto
Ignauũ fucos pecus a pręsepibus arcent.
Feruet opus: redolẽtq̃ thymo fragrãtia mella:
Ac veluti lentis cyclopes fulmina massis
Quũ properant: alij taurinis follibus auras
Accipiunt: reddũtq̃: alij stridentia tingunt
Aera lacu: gemit impositis incudibus ęthna
Illi inter sese magna vt brachia tollunt
In numerũ: versantq̃ tenaci forcipe ferrum:
Non aliter (si parua licet componere magnis)
Cecropias innatus apes amor vrget habendi,
Munere quamq̃ suo grandęuis oppida curę
Et munire fauos: et dędala fingere tecta.
At fessę multa referunt se nocte: minores

x Cecropias apes: SER: Athenienses a rege Cecrope Atticę regiõis: vbi optima mella nascuntur. A. Cecrops ędificandę vrbis Athenarũ iniciũ dedit. vt Strabo docet lib. ix. licet nõ oẽs id asserunt. Euthronius autẽ scripsit apes Ericthonii tẽpibus in monte hymeto primũ natas: vt inqt Colu. li. x. c. ii. & Pli. libro. xi. scribit in Hymeto Atticę monte: mel optimũ esse: vti in Hybla sicilię. C. Athenienses ꝑpter nobilitatẽ mellis hymetii. Nã in Hymeto monte Attico optima ꝑducũt̃ mella ꝑpter thymi copiã. Nobilitat̃ etiã iste mons specie quadam herbę: in qua vis amatoria inesse putatur. Ergo illam brachiis alligatam gerunt mulieres: quo a viris ardentius appetant̃. y Vrget. SER: premit. z Grandęuis oppida curę. SEVR. Sicut senes mures tuentur: nec in bella prorumpũt. CRIS. Grandęuis. imitant̃ mores ciuitatum. in quibus senes muros custodiunt: minores in pręliũ aduersus hostes prodeunt: a Dędala tecta. SER. ingeniosa: vt dędala Circe. AN. Dędala ingeniosa. Dędalos enim ingeniosus dicitur. Dędalo. orno. vario. b Fingere. ANTO. id est componere. c Minores. ANT. id est iuniores. Nam adolescentiores ad opera exeunt: seniores intus operantur: Alię enim struunt: alię segetant: alię cibum comparant: ex eo ꝙ allatũ est: Neq̃ enim separatim vescuntur: ne inequalitas operis: aut cibi fiat & temporis. Plinius libro. xxi.

d Crura thymo plenę. AN. Quę flores cōportant prioribus pedibus fœmina onerant. ꝓpter id natura scabra pedes priores rostro toteq̨ honustę remeant sarcina pandatę. Plinius. e Glaucus salices. A. Glaucus color viridis cęruleus dr̄. vt Gellius ostēdit libro secundo. c. xxvi. f Crocumq̨ rubentē. S. Salustius in historiis ait: in qua crocū gignit: genere neutro ſm artē vsus est. hic poetice masculino referens se ad puerū qui in hunc florē dr̄ eē cōuersus. g Tiliam. A. de hac lati⁹ paulo supius: & etiā libro. ii. Georg. h Ferrugineos hyacinthos. S. Ferruginei. i. nigricoloris. A. Ferrugineū colorē ferri similē esse volūt. Verū tñ ferrugineus color: cęruleus est. Marcell⁹ auctor etiā hūc locū afferens. C. Ferrugineos hyacin. Nā in illis ita rubet color: vt ad ferruginaū tendat.

neat in translatione. s Vrbis. AN. apiarii. t Lapillos tollunt. A. Gerulę secūdos flatus captant: si cooriatur procella: apphensis pedusculo lapillis se librant: quidam in humeros imponi tradūt: iuxta vero terram volāt. Pli. v Cymbę. A. nauiculę. x Instabiles. S. fluctantes. z Saburram. A. arenam grauem terram & onus: quo naues stabiles fiunt. Vñ Pli. lib. xvi. c. lvi. scribit. c. xx. modios lentis pro saburra fuisse naui: qua obeliscus in Vaticano circo statutus ex ęgypto: Caii principis iussu adductus. de abiete āt hmōi ē nauis: diximus: lib. ii. Georgicoꝝ. circa pricipium: vbi est scriptū cap. lv. p capitulo. lvi.

Crura thymo plenę: pascunt & arbuta passim:
Et glaucas salices: casiamq̨: crocumq̨ rubentē.
Et pinguē tiliam: & ferrugineos hyacinthos.
Omībus vna quies: operū labor oībus vnus.
Mane ruūt portis: nusq̨ mora: rursus easdē
Vesper vbi e pastu tandem decedere campis
Admonuit: tum tecta petunt: tū corpa curāt.
Fit sonitus: mussantq̨ oras: & limina circum.
post vbi iam thalamis se composuere: siletur
In noctem: fessosq̨ sopor suus occupat artus.
Nec vero a stabulis pluuia impēdēte recędūt
Longius: aut credunt cœlo aduentātib⁹ euris
Sed circum tutę sub mœnibus vrbis aquant.
Excursusq̨ breues tentant: et sępe lapillos
Vt cymbę instabiles fluctu iactante saburrā
Tollunt: his sese per inania nubila librant.
Illum adeo placuisse apibus mirabere morem:
Q̄d nec cōcubitu indulgēt: nec corpa segnes
In venerem soluūt: haud fœtus nixib⁹ edūt:
Verum ipsę foliis natos: & suauibus herbis
Ore legunt: ipse regem paruosq̨ quirites
Sufficiunt: aulasq̨ & cęrea regna refigunt.
Sępe etiam errando duris in cotibus alas
Attriuere: vltroq̨ animam sub fasce dedere.
Tantus amor florum: et generādi glia mellis.
Ergo ipsas quamuis angusti terminus eui
Excipiat (neq̨ enim plus septima ducit ęstas)

i Mane ruūt. A. Noctu quies in matutinum: donec vna excitet omnes gemino aut triplici bombo: vt buccino aliq̄: tunc vniuersę puolant: si dies mitis futurus est. Pli.
k Vesp. A. videto lib. i. Geor. C. Vesper. Magna illarū vis: vt vniuersum diē in opē cōtexant: quietem nonnisi noctu accipiant. l Tum corpora curant. SER. id est se reficiūt. vt. Fessiq̨ equos & corpora curant. Sane curare corpus si de hominibus dicimus: & cibo et lauacro intelligimus: aut alterutro. Si de apib⁹: tantum cibo accipimus.
m Fit sonitus. A. Quū inuesperascit: in alueos strepunt minus ac min⁹ donec vna circumuolet: eodemq̨ excitauit bombo: ceu quietē capere imperans: et hoc castrorum more: tunc repente oēs conticescunt. Hęc Pli.

n Siletur in noctem. C. (Idem repetit. aliis tamē verbis) nā vno suo bombo veluti tuba alueare circuit quo veluti signo dato: omnes statim silent: & quietem capiunt.
o Sopor su⁹. S. ipsis apt⁹:
p Nec vero a stabulis. CR. Ostenderat illarum tolerantiam in laborib⁹: nunc vero describit cautelam in periculis vitandis: in quibus non tamē omnino ab opere cessant.
q Haud credūt cœlo: S. scilicet suos volatus.
r Sub mœnibus vrbis aquant. S. aquā hauriūt ex vicino. C. Aquant. militare elegit verbū: vt ma

a Concubitu indulgēt. S. pro concubitu. datiu⁹ est. Nam indulgeo illi dicimus. C. Concubitu. In datiuo casu est: vt Curruq̨ volans dat lora secundo. Sequitur opinionē eorum qui negant illas ex concubitu concipe.

b Nec corpa segnes in venerē soluunt. S. i. in libidinē nō resoluūt. Persi⁹. Ille in venerē putris est.
c Nixibus. S. partubus: Vnde & enixa dicimus. A. Nixibus partubus: conatib⁹. d Ipse natos. A. Apes gallinarū modo incubāt: id q̄d exclusum est primū vermiculus videtur candidus iacēs trāsuersus: adhęrensq̨ ita vt pascere videatur. Rex statim mellei coloris: vt electo flore ex oīni copia factus: neq̨ vermicul⁹: sed statim penniger.
e Quirites. A. ac si dicere: ciues & nobiles apud regem. est enim ab vrbibus sumpta metaphora.

f Sufficiunt. AN. id est suggerunt: subministrāt.
g Regna refigunt. S. id est figunt. A. Non pfigut: Ait eni Plinius li. xi. c. x. Ruentes ceras fulciūt pilarum instar: interi⁹ a solo fornicatis: vt sit aditus ad sartiendum.
g Attriuere. A. colligendo inde rorem.
h Sub fasce. S. sub onere. vt. Iniusto sub fasce viam. i Tantus amor florum. S. Supra de eq̄s. Tantus amor laudū: tantę est victoria curę.
k Septima ęstas. AN. Aristoteles libro. v. de historia animalium scribit. Vitam apium ānos sex: nonnullas etiam septem posse complere.

At genus immortale manet: multosq; per annos
Stat fortuna domus: & aui nūerantur auorū.

l At gen⁹ imortale manet. S. scz p successionem. C. At ge. im. manet. Hoc cōmune est cū ceteris animantib⁹. Nam quis singula ipsa: & particularia (quę in vnaquaq; specie induidua vocant) immortalia non sint, tñ successione natorū: et reliqrū descēdentiū, species imortal' relinquit. nā quis null⁹ ex his q in superioribus seculis fuerūt nūc viuat, tñ qa altis alij assiduo succedunt humana species imortalis est.

m Domus. SER. Familia. Vt: Da propriam thymbreę domum.

Pręterea regem: non sic egyptus & ingens
Lydia: nec ppli parthorū: aut medus hydaspes
Obseruāt: rege incolumi mēs omīb⁹ vna est:
Amisso rupere fidem: constructaq; mella
Diripuere: ipse & crates soluere fauorum.
Ille operum custos: illum admirant: & omnes
Circūstant fremitu denso: stipantq; freqntes:
Et sepe attollunt humeris: & corpora bello

n Pręterea regē. C. Duo genera insectorū sunt: quę vitam ciuilē: haud multū dissimilē vitę hūanę degunt: formicę atq; apes. Sed formicę statū popularē adamāt. & tāq; sub magistratib⁹ viuentes in cōmūe degūt: et reipublicę formā obseruāt. Apes aūt veluti monarchiā secutę regē hñt. illumq; humano pene ingenio obseruant. o Regē nō sic egyptus. A. Aegyptii et ciuilē et mirē vitā degūt. Nā rege cōstituto: multitudinem trifariam diuiserūt. & alios quidē milites: alios sacerdotes vocauerūt: & alios sacrorū curatores. alios eorum quę ad hominem perirent. alios quę ad bellum. alios quę ad pacem & terram: & artes spectant: ex quib⁹ regi pventus. afferebantur. Sacerdotes philosophiam & astronomiā exercebāt. et cū regibus diuersabant. Strabo. li. xvii. p Aegytus et ingens. C. Meminit eorū pplorum apud qs ea tēpestatē reges pene pro diis colebant. Nec disputabo nūc id qđ oīs pene philosophi validissimis argumētatiōib⁹ pbāt. ex oibus ciuitatū statibus monarchiā cęteris pstare: quod si approbauerimus optime regi apes concedimus. q Lydia. A. Ea cū Phrigia. Caria. et Misia iungit. Quapropter earū regionū loca difficulter distingui pñt: cū inter se se coeant. Lydia aūt & Meonia eadē est. Sardis vrbs quidē magna Lydorū caput fuit. Strabo lib. xiii. r Nec populi Parthorū aut medus hydaspes. S. Fluui⁹ Medeę. De his aūt gentib⁹ Salusti⁹ dic. Adeo illis ingenita est sanctitas regii nois: qs gētes tamē: apes dicit amore circa regem superare virgilius: A. Parthorum. De parthis videto in Tityro: Medus: Medea (teste Plinio li. vi.) ab ortu Parthię iungitur. Tu vero latius videto lib. ii. georgicorum. Hydaspes is fluuius est amplissim⁹ & ad nauigandi vsum aptissim⁹ in India: vt scribunt Dionysius & Strabo libro decimosexto. Et Ptholomeus libro septimo. Poeta tamen Medū appellat. & id pter eius amplitudinem.

s Obseruant. SER. Venerantur: alias obseruare est callide aduertere. Therentius. Obserues filiū quid agat: quid cum illo consilii captat. ANT. Obseruant. i. custodiunt. Hinc ait rege incolumi mens omnibus vna est. Et superius ait. Et circa regē densę miscent ꝛc. Et Pli. item li. xi. inqt. Mira apū circa regū obedientia: quū pcedit totum agmē circa eū conglobat. cingit. ptegit. cerni non patit. t Amisso rupe fidē. C. Omis eni turba dissoluit: et in discordias cadit pereūte pricipe. v Cōstructaq; mella diripuere ipse. S. quę etiā ipe aias colligēdo melli ipēdere cōsueuert. vt. Vtroq; aiam sub fasce dederūt. x Crates. A. Vñ dicant crates: videto li. i. Geor. nam hic conuenit y Stipātq; freqn. S. quas qđā satellitio ambiūt. z Attollūt hūerū. S. crate. s. fessum. A. Attollūt hu. fessum. Regē hūeris subleuāt: validi⁹ fatigatū ex toto portāt se q̄q pximā illi cupit eē: & in officio conspici gaudet. Plini⁹.

[a]Obiectant: pulchrāq; petunt p̄ vulnera mortē.
[b]His quidā signis: atq; hęc exempla secuti:
Esse [c]apibus partem diuinę mentis: & [d]haustus
Ethereos dixere: [e]deum nanq; ire per omnes
Terrasq; tractusq; [f]maris: cœlūq; [f]profundū.
[g]Hinc pecudes: armenta: viros: gen⁹ omne ferarū
Quemq; [h]sibi tenues nascentē arcessere vitas
Scilicet huc reddi: deinde ac resoluta referri
[k]Omnia: nec morti esse locum: sed viua volare
[l]Syderis in numerū: atq; alto succedere cœlo.
[m]Si quando sedem augustā: seruataq; mella.
[n]Thesauris [o]relines: [p]prius haust⁹ [q]sparsus aqrū
[r]Ore [s]foue: fumosq; manu prętende [t]sequaces.

a Pulchrāq; petunt p̄ vul. mor. S. Gl'iosam mortē quippe: quę p rege suscipit̃. Traxit aūt hoc de Celtiberorum more: qui vt in Salustio legim⁹: se regib⁹ deuouēt: et post eos vitā refutāt. A. Pulchrā mortē. vt illd Pulchrūq; mori succurrit in armis. Plini⁹ aūt scribit. ꝙ aculeū apibus natura dedit: ventri insertū: ad vnū ictū: hoc infixo: quidē eas statim emori putant. Aliq nō nisi in tm̄ adacto: vt intestinū sępe assequat̃. Sed fucos postea esse: nec mella facere: velut castratis viribus. b His qdā signis ꝛc. S. Sane locū hunc plenius est execut⁹ in sexto quē hoc loco breuiter colligit: vt pbet etiā apes ptē hr̃e diuinitatis. nanq; oīa aīalia e quatuor elementis et diuino spiritu constare mãifestū ē: trahūt em̄ a terra carnē. ab aqua hūorē. ab aere anhelitum. ab igne feruorē. a diuino spū ingeniū. Quod q; est in apibus, sicut etiā in hoībus Nanq; metuūt cupiūtq;: dolentq;, gaudentq;. Quę probant ex his q̄ faciūt. dimicant enim: colligūt flores: prouidēt pluuias. Fateamur necesse est etiā apes partē hr̄e diuinitatis. vt aūt hoc exemplis id est rebus similib⁹ comprobaret. Lucretiū secutus ē: q dicit: Ea q̄ p se pbare nō possum⁹: a similibus cōprobanda. Ventūq; docet esse corpalem nō ꝙ eū tenere vł cernere possim⁹. sꝫ qd eius sīlis a quę effect⁹ est: ꝙ corpalē mãifestū ē. c Esse apib⁹ partē diuię mētis. C. Ex philosophia locus grauissimus est. de quo explicatius scribem⁹ in. vi. ęneidos libro. d Haustus ęthereos. S. diuinos spiritus: Deū nanq; ire p om̄es terrasq;. tractatusq; maris. Ipse in sexto. Cœlū ac terras: camposq; liquētes. Spūs intus alit. Lucanus. Iuppiter est quodcūq; vides: quocūq; mouerꝭ. e Deū nanq; ire p om. A. Deus (vt etiā Fabius inqt li. vii.) spiritus est oībus partibus immixtus. At Tull. li. primo tuscu. ait. Certe & deū ipm: & diuinum animū corpore liberatū cogitatiōe complecti non possum⁹. Lact. vero li. primo sic Deus est mens quędā soluta libera: et segregata ab oi concretiōe mortali: omīa sentiēs: et oīa mouens. Videto etiā pr̄a ęglo. iii. ibi: Ab Ioue principiū musę Iouis oīa plena. f Cœlumq; profundū. A. i. aera: quod latius declaratū est ęglo. iiii. vbi est hoc idē carmē. g Hinc. S. id est ex deo & diuino spū sumunt omia: cū nasci cœperint vitā. Cęterū corpus ex quatuor elementis est: vt supra dixim⁹. A. Hinc pecudes. Deus qui prima cā est: & vocat̃ (vt Macro ait primo li. de som.) vnus oīm quęq; sunt: q̄q; vident̃: princeps & origo est. Hinc pecudes. Ordo est. Dixere hinc. i. a deo pecudes: armēta: viros: et cętera arcessere sibi tenues vitas. h Tenues vitas. A. id est spūs & animas. Hypocrates enī (Macrobio teste libro. i. de som.) Dixit animā spiritū esse tenuem p corpus om̄e dispersum. Epicurus vero speciē ex igne & aere et spiritu mixtam. i Scilicet huc reddi deinde. S. Sine dubio etiā cuncta dissolui incipiunt: et redire rursus in originē suam necesse est: nec esse locū morti. i. perditioni. Nihil enim est quod perire funditus possit: cum sit τοπαν id est omne: in qd redeunt vniuersa resoluta. Res aūt hęc: quę mors vocat: nō est mors: quippe q̄ nihil perire facit: sed resolutio. Vñ mors a plerisq; interitus dicta est: quasi interueniens: et mixtarū rerum connexionē resoluens. Lucretius. Nā cōtinuo hoc mors ē illi⁹ qd fuit ante cōnexio. A. Scilicet huc reddi. ꝛc. Animę de coelo in terras meare: & de terris in coelū remeare credunt̃. vt etiā Macro. inqt & Manilius lib. iiii: An dubium est habitare deū sub pectore nr̄o. In coelumq; redire animas: coeloq; venire. k Nec morti esse locū. A. Sūt q discessum animi a corpore putent esse mortē: vnumq; erat insitū pristibus illis: quos castos appellant: Ennius esse in morte sensum: neq; excessu vitę sic deleri hoiem: vt fundit⁹ interiret. Ipsam em̄ mortem quādā quasi migrationē: cōmutationemq; vitę credebat: q̄ in claris viris & fœminis dux in coelum soleret esse: in cęteris humi retineret̃: & permaneret tñ. Ex hac opinione: Romulus in coelo cū diis agit ęuū et Hercules. & hmōi. Cicero auctor libro primo Tuscu.

l Syderis i numerū. A. in ordinē & rationē. Vel inter sydera. Dicitur aūt sydus. Auctore Macrobio id quod in aliquod signū stellarum plurimū compositiōe format̃: vt aries taurus piscis. vel corona. m Si qndo sedem augustā. S. id est aluearia. Et ppriē augustū est tectū augurio ꝯsecratū. Abusiue augustū nobile: quasi maiestatis plenū. A. Augustam. Seruius legit augustā per u. In antiquis ꝟo angustā legi p n. scilicet. Vtrūq; tñ conuenit. Tūc em̄ angusta est: quum melle repleta fuerit. Vnde Columella scribit libro decimo. Semi pleni faui differendi sunt: sed etiam liquore completi: & suppositis cęris tanq; operculis obliti dementantur: quod etiā li. xii. c. ii. latius repetit. De augusto aūt loco videto Fęstum. C. Si qñ sedē augustā. Nobilē. Nā & in superiorib⁹ & aulā & regiam aluearia nominauit. n Thesauris. S. i. repositiōib⁹. ac si diceret apothecis. A. Thesauris. repositoriis. Thesauriso enī significat colloco: repono. o Relines. A. eximes. rades. nam duob⁹ ferramētis in eximēdo melle opus est. altero enī faui succidūt: altero eradūt. De quorum figura legito Colu. li. x. c. xv. C. Relines. Est lino linis. leui & liui et lini: qd significat obturare: quemadmodū cum picatur aliquid liniri dicitur. Hinc relinire: aperire, quod ita picatū fuerat. p Prius haustus. A. Ordo est: Prius ore foue. i. continue haustus aqrum. q Sparsus. S. pro spargens pticipiū est pro participio. AN. pro spargēs in alueos scilicet. atq; apes: sic em̄ fugient: pluuiā putātes: fugiēt & fumis seqntibus. r Ore foue. S. ipsos haustus scilicet. & dicit spargendo aquā imitabere pluuiā. Alii legunt ore faue. vt sit tace. vt etiā ipse in qnto Ore fauete oms. Hora. Fauete linguis. s Fumosq; ptende sequaces. SER. Fumum etiam profer: scilicet: vt cum his rebus territę: illę discesserint: impune possis mella colligere. C. Prętende. profer. t Sequaces fumos. SER. Quippe apum psecutores: vt Mallęq; sequacibus vndis. C. Sequaces. vł insecutores. vt: Mallęq; sequacib⁹ vndis: Vel sequaces qui vehementer: & cōtinuata serie: sine interruptiōe sequuntur.

Bis grauidos cogũt fœtus:duo tempa messis.
Taygete simul os terris ostendit honestum:
Pleias & occeani spretos pede repulit amnes.
Aut eadem sydus fugiens ubi piscis aquosi
Tristior hybernas cœlo descendit in vndas:
Illis ira modum supra est: lęsęq; venenum
Morsibus inspirant: & spicula cęca relinquũt
Affixa inuenis: animasq; in vulnere ponunt.
Sin durã metues hyemem: parcesq; futuro:
Contusosq; animos & res miserabere fractas:
Aut suffire thymo: cerasq; recidere inanes:
Quis dubitet: nã sępe fauos ignotus adedit
Stellio: lucifugis congesta cubilia blactis:

v Bis grauidos cogunt fœtus. S. i. gemia est fœcũditas mellis. A. Bis grauidos cogũt ꝛc. Bis inqt cogũt: stipant, conficiũt mella apes: bis etiã eximunt. De hoc autẽ lati⁹ sup̃ videto: ibi: Mella premes. C. Bis gra. f. Bis ĩ ãno ꝓlẽ ꝓducũt. Et bis mella colligunt. x Duo tpa messis. S. fructus. Iuuenalis. Verã dep̃hendere messem si libet. AN: Messis. i. vindemię & mellatiõis. C. Dixit aũt messis: vt esset translatio a ꝑceptione frugũ: nã in messe colliguntur fruges. y Taygete simul os. SER. Taygetę vna est de pleiadibus septẽ. vt autem etiã sup̃ dixim⁹: Bis mel ꝑcipit colligendum: orientib⁹ pleiadib⁹. i. verno tpe: & cũ occidũt autumnali. s. tpe. A. Taygetę pleias. ex Pleione & Atlante genita. Est enim vna septem Pleiadũ: de quibus late li. i. georg. ibi: Pleiadasq; hyadas. Exoriunt aũt Vergilię nonis Maiis mane: vt scribit Columella li. xii. c. ii. Et Pli. li. xi. c. xiiii. scribit. primã vindemiã mellis fere maio mense includi. Colu. etiã libro. xii. vbi dicit: Tertia kalẽ Iunias ventosa tẽpestas ait: his diebus oportere castrare aluos: si sint pleni atq; operculati faui: aliter differat mellatio.
z Honestũ. A. pulchrũ.
a Oceani spretos pede repulit amnes. S. Homeri est. παρω κεανοι ρουσον. Amnes autem bene ait: quia in morẽ flumis fluenta reddutura prumpunt. A. Pede repulit: cũ eni oriũt pleiades: videntur e mari exire: cum aliter sit. b Aut eadẽ sydus ꝛc. S. Australẽ piscẽ significat qui aquarii vndã ore suscipit. Vñ & aquosi addidit. tũc eñi piscis hic orit: quo tpe pleiades occidũt. nã iõ ait fugiens. A. Aut eadẽ ꝛc. Ordo est. Aut vbi eadẽ Taygetę fugiens sydus aquosi piscis ꝛc. Virgilię aũt incipiũt occidere solis exortu. xiii. & xii. kalẽ. Nouembris. vt scribit Colu. libro. xii. Sydus aquosi piscis. De pisce qui Notius dicit intelligit. Is eni inter hyemalẽ & antarcticũ circulũ media regiõe collocatus: spectare ad exortũ videt. inter capricornũ & aquariũ: ore excipiẽs aquã: q̃ ꝓfundit ab aquario. exorit aũt cũ piscib⁹: auctor est Igini⁹. Varro vero li. iii. sic ait: Eximendorũ fauoꝝ primũ putãt esse tp̃s Vergiliarũ exortũ. Secundũ ęstate exacta: anteq; tot⁹ exorit arctur⁹. Tertiũ post virgiliarũ occasum ꝛc. c Tristior. S. vel propter occasum: uel ꝓpter ꝓpinquã iam hyemis asꝑitatẽ.
d Illis ira modũ sup̃ ẽ. S. excedũt ĩ irascẽdo modũ: nã cũ suo irascũt ĩteritu. e Spicula cęca. S. breuia q̃ latere ꝑñt. A. Spicula relinquũt. hoc latius dictũ ẽ iamiam ibi: Pulchrãq; petunt ꝑ vulnera mortẽ. f Animasq; ĩ vulnere ponũt. S. nõ ĩ suo: sed a se illato. Et amphibologicos dictũ est vt alibi: Cum turni iniuria matrẽ admouit: quã inferebat. s. nõ quã patiebat. Itẽ Salusti⁹. Iniuria validiorum: scilicet quam inferebant validiores.
g Si durã metues hye. A. Est in eximẽdis fauis necessaria dispensatio: qm̃ inopia cibi desperant: moriũturq; aut effugiunt: contra copia ignauiã affert: qui sunt diligentiores ex verna vindemia duodecimã partẽ apib⁹ relinquũt: ęstiua aũt mellatione decimã ꝑtẽ Thasio Dionysio relinqui placet: si pleni fuerit aluei: si min⁹ ꝓ rata portione: aut

inanes omnino nõ attingi. In mellatiõe vero q̃ fine vindemię & vergiliarũ occasu idibus nouẽbris fere includit: reliqui ex ea duas ꝑtes apibus ratio ꝑsuadet. Et semp eas partes fauorũ q̃ hẽant Erythracen: quã alii Sandaricam alii Cerinthiũ vocãt. Hic erit apũ dũ operãtur cibus: qui sępe inuenit in fauorũ inanitatib⁹ sepositus: & ipse amari saporis: sed plen⁹ hũorũ cibus. gignit aũt rore verno e arborũ succu gummi modo. Hęc oia Pli. li. xi. In Varrone autẽ lib. iii. Rithacẽ legit. h Res miserabere fractas. S. i. afflictas. i Aut suffire thymo. S. Suffimigare: vt exinde inimica illis animalia fugant. A. Columella li. x. admonet vtq; in autũni ęquinoctiũ decimoq; die aluos aperiendas esse et fumigãdas: qd cũ sit molestũ examinibus: saluberrimũ tñ ęꝯuẽit. suffitas deinde ęstuantis apes refrigerare oportet. consparsis vacuis partibus aluoꝝ: & recentissimi rigoris aq̃ infusa. Preterea vt tineę si apparuerint euertant: papiliones q; enecent: q plęrũq; inter aluos morantes apibus exitio sunt. nã & ceras erodũt: et stercore suo vermes ꝓgenerant: quos aluoꝝ tineas appellam⁹. Ergo vergiliarum occasu primo. statim conueniet aperire aluos: & depurgare quicqd immũdi est: diligentiusq; curare: qm̃ ꝑ tempa hyemis non expedit mouere: aut tepefacere vasa. Hęc ex Colu. Varro etiã libr. iii. sic ait: Verno tempore & ęstiuo fere ter in mense mellari⁹ inspicere debet fumigans leniter: & a spurcitiis purgare aluum: & vermiculos enecere. k Cęrasq; recidere inanes. SER. Sine melle. Et sane hoc dicit: Si nihil habuerint in aluearibus: vel te tollente: vel excedẽtib⁹ prauis animalib⁹ apibus minutatim incisam cęrã ministra. Stelliones ꝓo ex cętera thymi fumo ab eis repelle. A. Cęrasq; recidere inanes. Igini⁹ scripsit Aristomachũ existimasse succurrendũ laborantibus hoc mõ primũ vt oms viciosi fauis tollantur. & cibus ex integro recens ponat: deinde vt fumigent. Colu. li. x. vbi etiam dicit vacuas cęrarũ partes computrescere: & vitiis paulatim serpentib⁹ corrupto melle ipsa q̃z interire. l Ignotus stellio. S. ignobilis vel ex improuiso veniẽs. A. Ignotus. Vñ eni venerit nõ apparet. Vel poti⁹ ignotus: quia in aluis latet: & sic mellario ignotus est: Ergo ignotus. i. latens. C. Ignotus cũ indignatiõe dictũ. q. d. qd animal auertissimã deuores apes quib⁹ nihil sit solertius. m Adedit. S. consumpsit. n Stellio. A. lacertę gen⁹ a colore dictus. Est eni corpe picto lucentibus guttis ĩ modũ stellarũ: teste etiã Ouidio: Ait eni libro. v. meta. latebrasq; petit: aptũq; colori nomẽ habẽs variis stellatis guttis. Stellio apes ꝑrimoꝝ animaliũ iniuriis obnoxię impugnãt eas naturę eiusdẽ degeneres vespę atq; crabrones populant harundines: et q̃dã alię aues. insidiant aquãtibus ranę. Papilio etiã cęras depascit & relinquit excrementa: quib⁹ teredines gignũtur. Nascunt et in ipso ligno teredines: q̃ cęras ꝑcipue appetũt. Fili⁹ etiam araneus q̃cunq; incesserit alaꝝ: maxime lanugines obtexit. Plinius li. xi. o Lucifugis blactis. S. Per noctem vagãtib⁹. A. Lucifugis. blactas in aluearíis gigni aptũ est quę & ipsa pēnatę sunt: inq̄t Arist. li. v. de aīalib⁹. Dicunt aūt a blapto/ quod est noceo: nec solū i aluearijs gignūt: sed etiā extra. Vñ Hora. sat. iii. li. ii. ait: cui Stragula vestis blaptarū ac tinearum epulę putrescit in archa. Et Pli. li. xx. c. iiii. de Cunilagine herba sic ait: Manipulo q̄s eius adiecto oēs etiā a tota domo blaptas cōuenire ad eā tradūt. Idem q̧ li. xi. c. xxvii. ait: ꝙ alumnę blaptę: vitā lucē q̧ fugiūt in balneis: maxīe humido vapore prognatę. C. Blaptis: et hoc insecti gen⁹ est. Fucus. de quo diximus: nā cū ipse non mellificet aliena cōsumit. i. mel ab apibus partū. p Immunis. S. a labore. s. ventri tm̄ idulgēs. A. Immunis expers sine labore & officio. q Crabro. C. nam cū grandior ape sit. validiorem hab₃ aculeū quo apes conficiat. Solēt aūt crabrones apū tergis insidere: atq̧ dū misellę hostem fugere nitunt: illum ferre cogūt: illi iterim succū oēm ab eis h auriunt: & se pascentes illas conficiunt. r Imparibus armis. S. inequali ɔsilio: nā apes laborant: iste consumit. Alibi. Et q̄rere cōscius arma. i. consilium. A. Imparib⁹ armis. Crabrones maiori aculeo vtunt: vt Pli. li. xi. ictus eorum haud temere sine fębri ē. Actores ter nouenis punctis interfici hoiem. C. Armis uirib⁹. s Tineę. A paulo supius dictū ē. t Inuisa mineruę aranea. S. Mineruę. ideo dicit ꝙ ab ea in hoc animal puella lyda cōmutata ē: cū deā lanificio puocasset inferior. Sane Virgi. quidē cōfundit. Tm̄ sciendū maiores aīal ip̄m in masculino genere appellasse hic araneus: Rhetia vero q̄ faciunt fœmino genere. A. Aranea inuisa mineruę. Aragnę enim optima lanificii studio mineruę non cedens: cū ea certauit posita tela. Irata inde illius telam dilacerauerit: eiusq̧ frontē terq̧ quaterq̧ radio pcussit. suspēdit se dolore mota puella. Pallas vero eam tunc miserata leuauit. & i verme araneū vertit: hinc stamen remittit: & exercet antiquas telas. Hęc aūt latius libro. vi. meta. Ouidi⁹ habet: Araneę vero telas obesse apibus iam dictū est. C. Aranea. Arane⁹ insecti gen⁹ est: qui ex interiorib⁹ suis qb⁹ pro filo vtiẽ: rhetia texit. in quib⁹ hęrentes apes inuadit: irretitasq̧ necat: ac depascit. Araneorū genera plura sunt. v In forib⁹. C. vt ingredietes irretirent. x Casses. C. rhetia telas. z Exhaustę. A. ad illud potissimū retulit. Cerasq̧ recidere inanes. Nā si cęrę fuerint recisę: acrius incūbent vt resarciant. Retulit itē ad apū pernicie dicens: q̄ magis fuerint exhaustę et cōsumptę a pdictis: magis conabunt sarcire generis ruinas.

Immunisq̧ sedens aliena ad pabula fucus:
Aut asper crabro imparibus se miscuit armis:
Aut durum tineę genus: aut inuisa mineruę
Laxos in foribus suspendit aranea casses.
Quo magis exhaustę fuerint: hoc acrius omes
Incumbunt: generis lapsi sarcire ruinas.
Complebuntq̧ foras: & florib⁹ horrea texēt.
Si vero (quoniā casus apibus quoq̧ nostros
Vita tulit) tristi languebunt corpora morbo:
Qđ iam nō dubijs poteris cognoscere signis:
Continuo est ęgris alius color: horrida vultū
Deformat macies: tum corpa luce carentum
Exportant tectis: & tristia funera ducunt.
Aut illę pedibus connexę ad limina pendent:
Aut intus clausis cunctantur in ędib⁹ omnes:
Ignauęq̧ fame: & contracto frigore pigrę.
Tum son⁹ audit grauior: tractimq̧ susurrāt.
Frigidus vt quōdā syluis immurmurat auster.
Vt mare sollicitū stridet refluentibus vndis:
Aestuat vt clausis rapidus fornacibus ignis.
Hic iā galbaneos suadebo incendere odores:
Mellaq̧ arundineis inferre canalibus vltro.

a Foros. A. cellas: C. Loca pprie in nauib⁹ vacua relicta: per quę ferant hi: qui naui ministrāt. Sed hic p similitudinē foros dixit. b Horrea. A. fauos. c Casus apib⁹ nr̄os vita tulit. S. Vitę longitudo morborum creatrix. Sic in Bucolicis. Olycida viui puenim⁹. d Continuo est ęgris alius color. S. i. pallidus: quia dixit sup̄: ardentes auro et paribus lita corpa guttis. A. Est ęgris ali⁹ color. Min⁹ valentiū signa: si sunt pilosę & horridę vt puluerulentę: nisi opificii eas vrgeat tempus: tunc etiam ppter laborē aspernant: & macrescūt: Varro lib. iii. e Tristia funera ducunt. S. Cum ex ęquali. s. pompa. Et ducere pprie funerū est. Persius Nerio iam tertia ducitur vxor. f Aut illę pe. con. ad li. pendēt. S. Hinc multi dictas apes esse volūt: ꝙ sine pedib⁹ primo eē dicūt: Vt Trunca pedū primo: g Tractim. S. sine intermissione. iugiter. A. Tractim. continue. h Frigid⁹ vt quondam syluis ꝛc. Tres cōpatiōes singul' implete versiculis: de Homero trāslatę sūt: quas ille trinis versib⁹ posuit. A. quondā. q̄ñq̧. i Hic iam Galbaneos suade. īcēdere odores. S. i. cū iā hic pcesserit morbus: galbanus incēdēda est: nō vt supra thymus: mel etiā in aluearia medicatū. tm̄ est inferendū: nō vt sup̄ cęrę inanes. ANT. Hic iam galbaneos odores. Galbanus odor comitialib⁹ subuenit: & in stomachi defectu. Pli. lib. xxiiii. Lati⁹ tm̄ circa finē. iii. geor. videto. Colu. li. ix. sic q̧ ait. Necnō etiā ille morb⁹ maxime ē conspicu⁹ q horridas cōtractasq̧ carpit: quū frequenter alię mortuorū corpa domicilibus suis efferūt. alię intra tecta: vt publico luctu mœsto silentio torpent: id cū accidit arundineis infusi canalibus offerūt cibi: maxie decocti mellis. & cū galla vl' arida rosa detritū Galbanū etiam: vt eius odore medicentur incendi cōuenit: passoq̧ & defruto vetere fessas substinere: optime tamen facit Amelli radix: cuius est frutex luteus: purpureus flos: ea cum vetere amineo vino decocta exprimitur: & ita liquatus eius succus dat. Hęc ille. CRI. Galbanum teste Diascoride lachryma est herbę: similis ferulę q̄ in Nicomedia & in Syria nascit. multi metoponon vocāt vtile. colorē thuris habet grana: vt faba Arabice kenoch dicitur. Verum propter pprietatē quam habet aduersus venena bezard dicitur: qđ nomen cōmune est omnibus medicinis contra venenū. Plinius vero ait: Dat & galbanum Syria in eodem Amano monte: quod maxime lau

Hortantē: & fessas ad pabula nota vocantem:
[k] proderit et tonsum gallę admiscere saporem:
Arentesqꝫ rosas: aut igni pinguia multo
[m] Defruta: vel psythię passos de vite racemos.
[n] Cęcropiūqꝫ thymū: & graue olentia [o] cētaurea.
[p] Est etiam flos in pratis: cui nomen amello
Fecere agricolę: facilis quęrentibus herba.
Nanqꝫ imo ingentē tollit de cespite syluam:
[q] Aureus ipse: sed in foliis quę plurima circum
[r] Fundūtur: violę sublucet purpura nigrę.
Sępe deum nexis ornatę torquibus arę:
Asper in ore sapor: [s] tonsis in vallibus illum
pastores: & curua legunt ꝓpe [t] flumina mellę.
Huius odorato radices incoque baccho:
pabulaqꝫ in foribus plenis appone canistris.

dant Cartilaginosum ꝓ purum ad similitudinem hammoniaci: minimeqꝫ lignosum. Sicqꝫ adulteratur: faba aut Sagapeno sincerū si vrat: fugat nidore serpentes. k Tonsū gallę. SE. multi pilas cypar ssi accipiunt.

l Gallę saporem. AN. id est tonsę gallę: gallarū aūt sapor stipticus ē valde (Galieno teste) vniuersaliter quidē administrādę sunt ad stipticandū retinendū & desiccandū: & satis infrigidāt fortificant mēbra fluxa: omnesqꝫ ęgritudines ꝓhibent: q̄ fiunt ex humorꝫ dissolutiōe: earūqꝫ etiā flux⁹ ꝓhibet. m Defruta. A. defrutū dr̄: si mustū ex duab⁹ ptib⁹ ad tertiā ptē redigatur deferuere faciēdo. ad mediā vero ptē decoctū sapa vocat̄ vti Marcellus scribit. Pli. lib. xiiii. oppositū scribit. Sapā nāqꝫ appellat musto vsqꝫ ad tertiā partē mēsurę decocto. defrutum vero ad dimidiā partem. li. etiam xxiiii. inqt: Vino cognatares sapa est musto decocta: donec tertia pars supersit ex albo hoc melius. CRIST. Defruta: Quid sit defrutū: quid ue passum diximus in. ii. libro.

n Cęcropiumqꝫ thymū. A. atticum: Est enī optimū in hymeto mōte: est autem species pro genere: o Centaurea. AN. Herba hęc maior & minor est: ambę tamen calidę & siccę complexionis in secundo gradu. Maior totum ventrem purgat: minoris elixatura bibita coleram & humores pingues deponit: Auctor Diascorides. Plinius etiā multa li. xxv. p Et etiā flos in pratis: cui no: Amello. S. Plene hanc herbam: vt etiam sup̄ arbores felicis mali exequit̄: nā dic̄ vbi creetur: qualis sit: qd possit. A. Amello. paulo ante de eius flore & frutice diximus. q Aure⁹. S. flos scilicet. r Violę sublucet purpura nigrę. S. Mire ait sublucet: vt ostēdat purpurei coloris folia: quodam nitore esse perfusa. A. Violę sublucet purpura nigrę. Purpurę florem illum tingēdis expetitū vestib⁹ in mediis habēt faucibus: liquoris hic nimii est in cādida vena: vnde ꝑciosus ille bibitur nigrantis rosę colore sublucens. Pli. libro. x. c. xxxv. s Tonsis. S. nō syluosis. Vñ est cōtra: Intonsi montes. A. tonsi scilicet falce messis.

t Et ꝓpe flumia mellę. S. Mella fluui⁹ Gallię est: iuxta quē herba hęc plurima nascit̄. Vñ & Amello dicitur: sicut ppl̄i habitantes iuxta Lemannū lacum alemanni dicunt̄. Vnde Lucan⁹. Deseruere cauo tentoria fixa lemanno. A. flumina mellę. Pomponius mellā scribit fluuium esse in Thracia et in ęgeum ingredi. Alibi etiā ait in Pamphilia est mela nauigabilis fluuius: est item alter in Sycilia: et est pluribus in locis. Ouidius dixit in Metha. Mygdoniusqꝫ melas: Mellam vero Gallię fluuium dicunt.

[v] Sed siquem proles subito defecerit omīs:
Nec genus vnde nouę stirpis reuocet̄ hēbit
Tempus [x] & arcadij memoranda inuenta mḡri
pandere: quoq; [y] modo cęsis iam sępe iuuēcis:
Insincerus apes tulerit cruor: [a] altius omnem
Expediam: prima repetens ab origine famam.
Nam qua [b] pellei gens [c] fortunata canopi
Accolit: effuso [d] stagnantem flumine nilum:
Et circum [e] pictis vehitur sua rura phaselis.
Quaq; [f] pharetratę vicinia persidis vrget:
Et [g] viridem egyptū [h] nigra foecundat harena.
Et diuersa ruens septem discurrit in ora
Vsq; [i] coloratis amnis [k] deuexus ab Indis:
Omnis [l] in hac certam regio iacit arte salutem.
Exiguus primū: atq; ipsos [m] contractus in vsus
Eligitur locus: [m] hūc angustiq; imbrice tecti
Parietibusq; premūt arctis: & quatuor addūt
Quattuor a ventis [n] obliqua luce fenestras.
Tum vitulus bima curuās iam cornua fronte

v Sed si quē. S. miro vsus est ordine. Nā primo ait: quē admodū aialia apibus inimica pellenda sint: deinde qb9 medicamibus morbo possint carere. Nunc dicit penitus amissę q̄ possint rōne reparari. A. Sed si quē 7c. Docebit reparandarū apum modū. Peracto autem solsticii vsq; ad ortū caniculę: tpe progenerari apes posse iuuenco perempto Democritus & mago: nec minus virgilius pdidere sunt. Mago quidem ventribus etiā bubulis idem fieri affirmat Colu. li. x. x Archadii ma. S. Aristei. A. Is enim in Archadia late regnauit: primus qꝫ et apū & mellis vsum homib9 tradidit: vt lati9 in princi. quarti. CRI. Archadii. Optimū principium in q̄ summā captat attentionē. dicit eni se dicturū nō fabulas nec pcepta vulgaria sed memoranda. Nec indocti hoīs: sed magistri: & archadii. vt sit laus a natiōe: Nam Archades pualuerunt in omī pecore colendo. Archadii. s. Aristei: q (vt meminit Iustinus) in Archadia regnauit; primusq; lactis coagulandi auctor fuit; melq; reperit. Et vt ait Plini9. Primus mel vino miscuit: mulsumq; inuenit. Diod. aūt ait Aristeum primū baccho contra Saturnū profecturo tanq; deo sacrificasse.
y Cęsis iuuēcis. S. occisis verberibus. Bono aūt sermōe vsus ē: nā cędi interdū occidi: interdū verberari significat. z Insincerus cruor. S. viciat9: corruptus. nā iō verberant̄ vt ex putrefacto cruore vermes creent̄: vnde apes sint. a Alti9 omnē expediā: p. r. a. o. f. S. Cōtra in eneide. Sꝫ summa seq̄r fastigia rerum. Sane sciendū Pli. dicere de bobus apes: de equis crabrones: de mulis fucos: de asinis vespas procreari. CSI. Altius omnem. Demonstrauerat se pręcepta narraturum: nunc sic narraturum pollicetur vt alti9 exponat. q. d. ita a principio repetā vt res facile intelligi possit. b Nam q̄ pellei canopi. S. Canopus ciuitas est iuxta Alexandriā: quā Alexander a se dictā condidit instar clamidis suę qui fuit de ciuitate Macedonię q̄ pella vocat̄: Canopus aūt dicta est q̄si canobus a Canobo Menelai gubernatore illic sepulto. A. Canopus centū ac viginti stadiis distat ab Alexandria pedestri itinere vadentibus. dicta de nomine Canobi qui menelai classem gubernabat: et ibi mortu9 ē. In ea ꝟo erat Serapidis tēplū & cultu & religione excellens: e septē pterea Nili ostiis pcipue canopico ostio vtebant̄ ęgyptii tanq; emporio occlusis Alexandrię portub9. Strabo idē scribit li. xvii. Est aūt Canop9 in quadā Nili insula (teste Solino) quā vrbē aiunt ab Alexandro pelleo ędificatā. i. macedonico. Pella cm̄ vrbs Macedonię est (teste Mela) quā maxime illustrē: alumni effecerunt: Philippus gręcię domitor: Alexander etiam Asię. C. Pellei canopi. Non a pelleo rege conditi. Sed canopi ęgyptiaci: in q̄ra ęgypto rex Pelleus. i. Alexander sibi regnū cōstituit ędificata Alexandria rex cognominat̄a pella vrbe Macedonię suę patrię. Vn̄ & Iuuenal. Vn9 Pelleo iuueni vix sufficit orbis. Canopum aūt vrbs ęgypti q̄si Canobū a canabo auriga Menelai illic sepulto. c Fortunata. A. Id dixit pter agri fertilitatē: vt ait Probus: Mela etiā scribit ęgyptū mirę fertilitatis esse: et hoīm aliorumq; aialiū p foecundam generationē. Dicit itē fortunatā Canopi: pter ipm Nilū: in quo sita est vrbs et Canopicū ostium quo ęgyptii tanq; emporio vtebāt. d Stāgnātē nilū. A. videto li. iii. georgicoꝝ. e Pictis phaselis. S. Breuib9 nauicul. quib9 vtunt̄ cū stagnauerit Nilus. A. Phaselis. nauiculis. Noni9 aūt ait: ꝙ phaselus pprie ē nauigium campanū. Strabo li. xvii. scribit: ꝙ a septē Nili ostiis partes q̄dam obruptę: & in totā insulam diuisę: multos riuulos insulasq; fecert̄. vt tota insula sit nauigabilis fossis in fossas diuisis: q̄ tanta facilitate nauigantur: vt nonnulli testaceas scaphas habeant. Illa aūt insula Delta nominatur: quā mare duoq; Nili fluēta efficiunt. Delta vero dicit̄ pter figuratę lr̄ę similitudiē hꝫ. Δ. qm̄ triāgulū. f Pharetratę psidis. A. Post Carmaniā Persia ē: Carmania autē ab indi ostio vltima. Venāt̄ Persę: pila & sagittas ab eqs mittentes: et funda vtentes. Strabo li. xv. g Viridē ęgyptū. A. propter sata & vineta et gramina ob Nili foecunditatē: hinc ait nigra arena. C. Viridē: pter abūdantiam & copiā frugum. h Nigra fęcundat harena. S. nouū semp limum trah qui efficit foecunditatem. Vnde & nilus dictus est quasi νεανιλην. trahens: id est nouum limum. Nam antea Nilus latine Melo dicebatur. A. Nigra harena. i. nigro limo. & li. ii. Geor. dixim9 optimā esse nigrā terrā. i Coloratis indis. A. id est nigris. Nilus aūt originē: vt Iuba rex potuit exqrere in monte inferiori Mauritanię non procul Occeano. habꝫ auctor Pli. li. v. c. x. k Deuexus. A. declinatus: pron9 demissus. l In hac certā 7c. S. Ponit apum reparandarum salutem Cicero lacta sūt fūdamēta defēsionis meę. m Ipsos contractus ad vsus eligit̄ ad sustinendū tm̄ & coartandū bouis cadauer. m Angustiq; imbricę tecti. S. Licet & hic imbrex lectū sit. melius tn̄ ꝟm Plautum hęc imbrex dicimus: Nāq; ait: Fregisti imbrices meas: dum te dignam sectaris Simiam. A. Imbrices tegulę dicuntur ꝙ imbres capiant. n Obliqua lu. fenestras. S. quę ex obliquo lumē infundūt: vt in horreis cernim9. o Multa reluctanti. S. pro multū. nomen p aduerbio. p Ramea fragmenta. S. de ramis fracta. i. ramorum fragmina. Dicimus aūt & hic ramus et hoc ramale Persius

Queritur: huic geminę nares & spiritus oris
Multa reluctanti obstruitur: plagisq; perempto
Tonsa p integram soluūtur viscera pellem.
Sic positū in clauso linquūt: & ramea costis
Subijciūt fragmēta: thymū casiasq; recentes.
Hoc geritr zephyris primū impellētibus vndas:
Ante nouis rubeantq; prata colorib⁹: ante
Garrula qua tignis nidū suspendat hyrundo.
Interea teneris tepefactus in ossibus humor
Aestuat: & visenda modis animalia miris
Trunca pedū primo: mox destridētia pennis
Miscentur tenuēq; magis magis aera carpunt:
Donec (vt ęstiuis effusus nubibus imber)
Erupere: velut neruo pulsante sagittę:
prima leues ineūt: si quādo prelia parthi.
Quis deus hāc musę: nobis quis excudit artē:
Vnde noua ingressus hoīm expientia coepit:
pastor aristęus fugiens peneia tempe
Amissis (vt fama) apibus morbo q; fameq;:
Tristis ad extremi sacrū caput astitit amnis:
Multa quęrens: atq; hac affatus voce parentē.
Mater cyrene: mater quę gurgitis huius
Ima tenes: quid me pręclara stirpe deorum
(Si mō quē perhibes pater est tymbrę⁹ apollo)
Inuisum fatis genuisti: aut quo tibi nostri
pulsus amor: quid me coelū sperare iubebas:
En etiam hunc ipm vitę mortalis honorem:
Quē mihi vix frugū: & pecudū custodia solers
Omia temptanti extuderat: te mr̄e relinquo:
Quin age & ipsa manu foelices erue syluas:

Vt ramale vetus: q Casiasq; recentes. S. statim carptas. r zephyris. A. hiflare incipiūt. vii. Idus Februarii. primo. s. die veris, vti latius. i. Georgico. s Hyrundo. A. De hac ouidi⁹ i fine. ii. li. Fast. ait Fallimur an veris venit pnūcia hyrūdo. Et phūs li. i. ethicoꝶ ait: q ver nec vna fac hyrūdo: nec vn⁹ dies ꝛc. Colu. vero li. xii. c. ii. sic ait. decio kal. Marcii leo desinit occidere: venti septemtrionales: q vocant orinthę p dies. xxx. esse solēt: tum et hyrūdo aduenit. t Teneris tepefactus in oss. humor. S. Vtpote bimi vituli: in q plurimū feruentis est sanguinis. v Modis miris. S. Et q ex cadauere nascunt aimalia. & q apes ex vermib⁹ pcreāt. x Trūca pedū prio. S. i. sine pedibus. Et bn̄ addidit primo. nā postea tam pēnas q pedes accipiūt. y Pennis miscent. S. inter se pennaꝶ leuitate cōueniūt. z Quis deus. C. Captat attētionē ostēdens magnitudinē rei cū sine musaꝶ fauore expmi nō possit. a Extudit. S. studiose repertt. A. inuenit. b Noua. S. nullo docente ars p vsum reperta. c Ingressus. S. exordia: nā est accusatiu⁹ pluralis. A. Ingressus. initia. d Pastor aristęus S. Aristęus fili⁹ fuit Apollinis: & Cyrenes filię. Penei flumis Thessalię qui cum eurydicen nymphā vxorē orphei viciare voluisset: et illa fugiens: a serpēte fuit occisa. nympharū iracundia cūctis aialibus pditis fundit⁹: et cunctis apib⁹ mr̄is iplorauit auxiliū. A. Aristę⁹. latissime de hoc circa pricipiū primi lib. Georg. e Peneia tēpe. S. Tēpe sunt in Thessalia loca amoenissima. AN. videto libro secundo Georgicorum.

f Extremi. S. summi vnde nascit. & sic dicimus proh. summe pater.

g Amnis. A. Penei q fluuius est in thessalia i Pindo mōte ortum habens.

genies coeli: quib⁹ annuis arcē. Itē: Quis te nate dea p tāta picula casus insequitur. l Tymbrę⁹ Apollo. A. Tymbra campus erat antiq Ilio pxim⁹: & Tymbręus fluui⁹ q p eū fluit in Scamandrū emittēs: ab Apollinis tymbręi templo q nqgita stadiis distabat: vt scribit Strab. li. x. CRI. Tymbra (vt ait Diascorides) herba est q nascit locis saxosis et asperis: folia hz silia thymo: sed molliora: & maiora: et stiptica & viridia. habet spicā plenā florib⁹: quorū color tēdit ad citrinitatem. eadē herba dr̄ Satureia a Satyris: q luxuriosi salacesq; sunt: qm̄ eos q illa vtunt: in venerē pronos reddat. Hinc dicitur Apollo tymbrę⁹. Est aūt oratio Pathetica: & ab aīo perturbato pficiscēs: Vn̄ habet principiū vix ab iurgio abstinēs: & qrelis refertum: m Quid me cę. spe. iubebas. C. nā iniuria summa est: vt cui coelū pmittat is idē hūanū honorē tueri nō possit & eū quidē honorē quē ipse summa cū industria & labore arando: pascendoq; sibi acqsierit. Est ei loc⁹ pter spem vn̄ sūmū citatur pathos: qd q iubente mr̄e coelū sperat. is ab hūano errore deciderit: q eo etiā infoelici⁹ accidit: q decept⁹ eē videt a mr̄e: in q sibi spem oēs posuerat: iure rephendi nō poterat: & ita decept⁹: vt dū maiora pmittat: ea q suo sudore pepererat: eripiantur. n Vitę mortal' honorē. S. Bn̄ honorē ait: q arare bene: aīalia pascere: apes etiā hr̄e honor erat: nā ingenti fuit honore rusticitas. Alibi: Nōnull⁹ aratro dignos honos. o Custodia solers. S. diligēs et perita idustria. A. Solers. in oī re prudens: vt scribit Fest⁹. p Oia tētanti. A. de his late diximus li. i. Geor. ibi: Et cultor nemorū ꝛc. C. Oia tē. In q et corpis extremus labor: & vt aiunt summa industria appet. q Extuderat. A. parauerat.

h Mater cy. mr̄. S. Inuidiosum est noie pentes vocare. Vn̄ et paulo p⁹. Et te crudelē nomie dicit. Sic in. xii. in desperatiōe ait. Ruitq; implorās noie turnū. i Gurgitis hui⁹. S. i. penei fluminis. k Quid me iuisum fa. ge. S. Natus ex diis inuisus est fatis. Sic in. i. eneide. Nos tua p

r Te matre relin. S. ac si diceret: sub ea perdo vsum laboris: sub qua augere debuerā. C. Te ma. Ex duobus verbis duplex resultat argumētatio. Te sc; dea. ex quo oñdit qd possit mater. Et hinc dolet q officiū maternū deserat: s Quin age. C. Concessio est color rhetoricus: q fit cum id concedimus : qđ fieri nullo pacto vellemus: quo tp̃e ſp aliqd addimus: quo a faciendo deterreamus : vt: Iſe eq̃re taliā ventis: pete regna p vndas. nā deterret ip̃m ab agēdo quod cōcedit̃ ꝓpoſito metu tēpeſtatis. Sic hic ꝓpoſita cala mitate in filium quā nō ē veriſimile: vt mater vllo pacto euenire cupiat.

pharū ꝓpter mirā diſtictionē ac varietatē: q̄ nō ſine cā eſt mō enī diſtinguit epithetis: mō cōiunctōib⁹ enarrat: alias a forma. alias ab ętate. alias a vita et morib⁹. alias ab habitu: & laudat: vt tot noīa q̄ ſine faſtidio ꝓferri poſſe non videbant̃: ſumma cū audientis voluptate recenſeat.

Fer ſtabul' inimicū ignē: atqꝫ interfice meſſes.
Vre ſata: & validam in uites molire bipēnem
Tanta meę ſi te cœperunt tędia laudis.
At mater ſonitum thalamo ſub flumīs alti
Senſit: eam circū mileſia vellera nymphę
Carpebant: hyali ſaturo fucata colore.
Drymoqꝫ: xanthoqꝫ: lygęaqꝫ philodoceqꝫ.
Cęſariem effuſę nitidam per candida colla.
Niſęeqꝫ & ſpioqꝫ thaliaqꝫ: cymodoceqꝫ.
Cydippeqꝫ: & flaua lycorias: altera virgo:
Altera tum primū lucinę experta labores.
Clioqꝫ: & beroe ſoror: oceanitides ambę.
Ambę auro: pictis incinctę pellibus ambę.
Atqꝫ ephyre: atqꝫ opis: & aſia deopeia.
Et tandem poſitis velox arethuſa ſagittis.
Inter quas curam clymene narrabat inanem.
Vulcani martiſqꝫ dolos & dulcia furta.
Aqꝫ chao denſos diuū narrabat amores.
Carmine quo captę dum fuſis mollia penſa
Deuoluunt: iterum maternas impulit aures
Luctus ariſtęi: vitreiſqꝫ ſedilibus omnes
Obſtupuere: ſed ante alias arethuſa: ſorores:

t Fœlices. S. ſ. fertiles:
v Erue ſyluas. CRI. vt anim⁹ in p̄ceps ex ꝑturbatione ferebat̃. ita & ea q̄ animū exprimit oratio p̄cipitet̃: neceſſe ē hic abrupta & occiſa & magna ex parte ſine copulis fluctuat. x Fer. S: infer.
y Interfice meſſes. S. Secundū pythagorā: q̄ animā habere dicit cuncta creſcentia: Vnde & alibi. Aret ager vitio moriens.
z Tanta meę ſi te cœ. tędia laudis. S. Tędium eſt angor mētis et animi: nō corpis valitudo. a At mater ſonitū. S. cur non etiā vocē audiuit. ſ. q̄a in ima flumīs pte erat lanificiis occupata. b Mileſia. S. p̄cioſa. Cicero. Nā quid a mileſiis lanę publice abſtulit. AN. Mileſia vellera. De his videto li. iii. Geor. C. Mileſia. Miletū vrbem Heleus condidit (Strabone teſte) nobilitata olim ē pulchritudīe lanę Ionię: caput eſt ꝓpe qua Meander fluuius in mare decurrit. Colu. ait: Oues generis eximii calabras apulaſqꝫ et mileſias noſtri exiſtimabant.
c Carpebant. A. diuellebāt: nebant. Vñ ait īferi⁹. Dū fuſis mollia penſa deuoluūt. d Hyali ſa. f. colore. S. pro hyalino colore vitreo viridi nymphis apto. ANT. Hyali. id eſt vitri: Cuius color cum aqua conuenit, hyalos/vitrū dicit̃. Hyalinos vitreus: hyalurgos vitriarius: hyalurgion officina vitriaria. C. Hyali. Optimū nomen nymphę fluuialis, ὑαλοσ enim vitrū eſt.

i Niſęeqꝫ ſpioqꝫ thalia: cymodoceqꝫ. A. Hoc omnino legendū eſt carmē. Euſtachi⁹ ei expōit: Spio a ſpęon. i. ſpecubus dictā ꝓpter maris cauernas: & q̄ gręca ſcriptura ē. Speio cum ei diphtongo: q̄ in i. lōgā vertit̃: eſt idē carmē in fi. libri q̄nti ęnei. Legit̃ etiā Neſeę. k Cymodoceqꝫ. A: Ea dicta eſt q̄ vndas maris cū vētorū ſpū q̄eſcere faciat. l Lucinę labo. A. i. part⁹. De lucina lacius li. iii. Georg.
m Oceanitides ābę. A: i. oceani filię: nec legēdū ē oceanides: q̄ oceanus āñ penultimā & penultimā corripit: variabit̃ āt ſingulariter oceanitis : oceanitidis. n Ambę auro pict. in. pel. ambę. S. id eſt nebridas hñtes : ſed hic venatricū ē habit⁹: quē iō nymphis dat: quia multas ex eis legim⁹ ex venatricib⁹ factas: vt: Et tādē velox poſitis arethuſa ſagittis. Notanda aūt ē figura honeſtiſſima: facta ex repetione ſermonis: vt oceanitides ambę. Ambę auro pictis incinctę pellib⁹ ambe. A. Ambę. Epanalepſis eſt. i. repetitio: q̄ quidē multū venuſtatis habet. & grauitatis.
o Pellib⁹. A. nebridib⁹: ſcꝫ. i. dāmarū & hinnulorū. Nebros eñ hinnulus dr̃. p Poſitis ſagittis. A Fuerat eñ ꝟgo venatrix Dianę comes: de qua late Ouidius li. v. metha.
q Velox. A. Retulit id ad fugā ipſius : fugit eñ Alpheū. r Curā inanem. S: diffinitio amoris. A. Curā Vulcani inanē. Fruſtra eñ curioſus erat

e Saturo. SER. Largo: abundanti: aut certe Tarentino ab oppido ſatureo. iuxta Tarentum enim ſunt baphia: in quib⁹ tingit̃ lana. f Fucata. A. depicta: tincta: colorata. Phycos eñ color dicit̃. g Drymoqꝫ xanto. S. Hę ſunt vt multi volūt: de quib⁹ ait Iuno. Sūt mihi bis ſeptē p̄ſtanti corpe nymphę: ſed magis poetice confictā nomia accipiam⁹. Sane mira varietate hic vſus eſt. nā ne cōtinuatio nom. nū poſſet creare faſtidiū. in aliis cōmemorat virginitatē: in aliis pulchritudinē. A. Drymoqꝫ. Figura ē hoc verſu polyſindeton. i. multipl'r ꝯiunctū: huic contraria eſt dyaliton: vel aſyndeton. i. ſine coniūctionib⁹. C. Drimo. a rubore. xanto a flauo colore. h Lygeaqꝫ. C a ſono. Philodoce ab amico hoſpitio: Cydippe decus equeſtre: lycorias dulcedo mōtis: poſſetqꝫ & in reliquis interpretatio dari: ſed nō ē neceſſe. Mira āt narratio harū nym

in venerē: illa nanqꝫ cū Marte ſępiſſime concurrebat. Pōt etiā intelligi inanē curā. amorē ipſum. s Vulcani martiſqꝫ. S. ſm Donatū hic eſt diſtinguēdū: & ſic inferēdū vt dolos ad vulcanū. furta dulcia. i. adulteriū referamus ad martē. Scim⁹ eñ q̄ ſole indicāte: Mars cū venere ꝑ artem vulcani eſt religatus cathenis. t Martis dolos. A. i. quos Mars a Vulcano recepit. ęreis eñ cathenis rhetib⁹ et laqueis ab illo cū venere eodē lecto circundat⁹ fuit diis cunctis inde aſpicientib⁹: vt li. iiii. metha. Ouidi⁹ edocet.
v Aqꝫ Chao narrabat crebros amores deorū. A. Aqꝫ a chao. i. a mūdi initio de elemētorū ſegregatiōe. Nam vt Feſt. ait: Chaos appellauit Heſiod⁹ ꝯfuſā q̄dā ab initio vnitatē hiantē: patentemqꝫ in ꝓfundū. x Vitreis. A. vitreo colore: q̄ aq̄ ſilis ē. y Sūma flauū c. ex. v. S. Mire ꝑ tranſitū veritatē tetigit: namqꝫ arathuſę fons dulcia

[y]
prospiciẽs: summa flauũ caput extulit vnda.
Et procul: o gemitu non frustra exterrita tãto
[z] Cyrene soror: ipse tibi [a] tua maxima cura
Tristis aristeus: penei [b] genitoris ad vndam
Stat lachrymans: & te crudelẽ [c] nomine dicit.
Hinc percussa noua mentẽ formidine mater:
Duc age: duc ad nos: [d] fas illi limina diuum
Tangere ait: [e] simul alta iubet discedere late
Flumina: qua iuuenis gressus inferret: at illũ
Curuata in montis faciem circũstetit vnda:
Accepitq; sinu vasto: misitq; sub amnem.
Iamq; domũ mirãs genitricis: & hũida regna
[f] Speluncisq; lacus clausos: lucosq; sonantes:
Ibat & ingenti motu stupefactus aquarum
Omnia sub magna labentia flumina terra
Spectabat diuersa locis: [g] phasynq; [h] lycumq;:
Et caput vnde altus primũ se erũpit [i] enipeus.
Vnde pater [k] thyberinꝰ: & vnde [l] aniena fluẽta:
[m] Saxosumq; sonans [n] hyspanis: [o] mysusq; caycus.
Et gemina [p] auratus taurino cornua [q] vultu
[r] Eridanus: quo non alius per pinguia culta
In mare [s] purpureum violentior influit amnis.

aque fluenta inter medios seruat fluctus. z Cyrene soror. S. ppter similitudinẽ ptãtis: ait soror: nam Cyrene Thessalię. Arethusa vero dea de elide. a Tua maxia cura. S. Quẽ plurimũ diligis. b Penei genitoris. S. Aut tui genitoris: aut honoris ẽ: vt Tybri pater. c Noua formi. S. magna: vt: Polio & ipse facit noua carmina. d Fas illi limina diuũ t. S. Vtroq; parẽte deo natꝰ erat. e Simul alta. C. Ex fantasia poetica ea fingit: q̃ rẽ faciunt verisimilẽ. f Speluncisq; l.c.l.q; sonan. S. mirãs p oia subaudiemꝰ Lacus aũt dicit: fontium & fluuiorũ receptacula: Hec aũt nõ sũt p poetica licẽtiã dicta: sȝ ex egyptiis tracta sunt sacris: nã certis diebꝰ Nilides pueri de sacris gentibus nati a sacerdotibꝰ nymphis dabãt: qui cũ adoleuissẽt redditi: narrabãt lucos ẽẽ sub terris: & immẽsam aquã omia continentẽ: ex qua cũcta pcreant. Vñ et illũ secundum Thaleta oceanumq; patrem rerum. g Phasynq;. S. Fluuiꝰ Colchidis. AN. Phasis: Asię fluuius. c. ac. xx. pontibꝰ ptransitur: qui ppter flexiões asper ac violentꝰ in Colchidẽ defert: auctꝰ demũ exit in pontũ: secꝰ eum vrbs iacet eiusdem nois: & lacus nõ procul: ipsa vrbs Colchorũ emporiũ: quod ex alia parte amni pcingit: ex alia lacu: ex alia mari. Strabo li. xi. Dionysiꝰ scribit Phasym oriri ex monte armeno labiq; ex altissimis collibꝰ Caucasi: cui mõti Colchi adherent. inde in Euxinũ deflectit. CR. Phasym. Ingens fluuiꝰ Colchicã regionẽ illabens orit ex armenia claucam & hyppã recipit: illi adiacet vrbs eiusdem nois: cũ p Sarrapanorũ ãgustias fluit stat: flexuosus est: vt. cxx. pontibus transeatur: habet et prope se Leucothoe templum a Phryxo conditũ: in quo aureum vellus dedicauit: nascit in eo virga quam Leusiphilon dicunt: Cuius hęc est vis vt thalamis illata mr̃imonia pudica cõseruet. h Lycũq;. S. fluuiꝰ asię. A. Lycus fluuiꝰ: pꝰea ryndacꝰ dictꝰ ẽ. oritur in stago snartinia: iuxta Mileropolim: recipit magestiõ plerosq; alios. Asiã bithyniãq; discriminans. Pli. li. v. c. xxxiii. Mela scribit i antiochia Syrię pte lycũ amnẽ esse. C. Lycus fluuiꝰ est ppe Cizicũ: alio noie Ryndacꝰ nominatꝰ. Est et aliꝰ: lycꝰ q a summo mõte Celene vrbis defluit: sed donec intra mœnia labit: nõ lycꝰ, sed Marsia dr̃. i Enipeus. A. Est is Thessalię fluuiꝰ q i apidanum labitur. Apidanꝰ ꝯo in peneũ. Stra. li. ix. edocuit. Altus autẽ Enipheus poeta ait: quia ex orthi mõte defluit vti aiunt. k Pater tyberinꝰ. S. Tyberis et Anio Italię sunt fluuii. A. Tyberis antea tybris appellatus. et priꝰ Albula e media fere lõgitudine Apennini pfluit: tenuis primo: inde. xl. & xxx fluuiis auctus, pręcipuis aũt Nare & Aniene: qui & ipse nauigabilis in Tyrrhenum dilabit ęquor. Pli. li. iii. l Aniena fluenta. A. Anio ex Alba currens pter latinã Marsorũ vrbẽ: & ppinquũ illi campũ Tyberim postea intrat. Stra. li. v. Descẽdit aũt pTybur. m Saxosum. S. Saxosum legẽdũ est: non saxosus, ne sint duo epitheta: qđ apud latinos vitiosum est. n Hypanis S: ponti fluuius. ANT Hypanis & megaros aurum ferũt ditissima oim flumina: ea eñ a monte Hemon primũ exorta in oceanũ tandẽ dilabunt. Solinꝰ ds de India scribit Hipanim nobilissimũ flumen: qui Alexandri magni iter terminauit: sicuti arę in ripa eius positę pbant. C. Hypanis fluuius est: q ex locus Scytarũ palude orit fluit dulcis dõec admisceatur fõti: q exampeus dicitur: cuius aq adeo amarę sunt: vt deinceps totus fluuius amarus reddat de hoc scribit Aristo. i li. de aialibus. Et ipm apd Cymeriũ bosphorũ arcę deferre veluti folliculos acinis maiores e quibus qdrupedes volucres erũpunt viuũt q; post meridianũ tps & volant: sole descendẽte marcescunt & languent: occidente vero moriũt. hinc ephemeri dicunt. o Mysusq; ca. S. qui p mysiã labit. A. Mysusq; caicus, sup pantem Troadis in mediterraneo est q̃ vocat Teutrania: quã mysi antiquitꝰ tenere, ibi Caycus amnis orit: Pli. lib. v. p Auratus cornua. A. Geminas ripas intelligit: q̃ cũ tortę sit fluuiorũ cornua appellant. Auratus autẽ dicit Poeta: qui vt Pli. refert: Padus amnis est Italię ditissimus: et cãpos vbertate fœcundat. Vel potiꝰ auratus ait: qm̃ iter sydera relatus fertur. habetq; stellas. xiii. vt scribit Iginius. q Taurino vultu. Id ait. qm̃ Eridani sonus: vt tauri mugitꝰ sit: & ripę flexuosę vt cornua: Hęc Probus. r Eridanus S. fluuius Italię qui & padus vocat. A. Eridanꝰ. padus nulli amniũ claritate iferior. a gręcis dr̃ Eridanꝰ: vt scribit Pliniꝰ li. iii. Et teste Mela ab imis radicibꝰ Vesuli montis exortus: paruis se primũ fontibꝰ colligit: mox ita augetur aliis amnibꝰ. ut se per septẽ ostia effũdat. Vnũ de his magnũ padũ appellant: inde tam citus prosilit: vt discussis fluctibus. diu q̃lẽ emisit vndã agat: suumq; etiã in mari alueũ seruet: donec eũ ex aduerso littore Istrię eodẽ impetu pfluens Ister amnis accipiat. s Purpureũ. S. nigrũ ex altitudine accipimꝰ: nam Padus non in rubrum mare: sȝ iuxta Rauennã in Adriaticum cadit: et purpureum gręcũ est epitheton. mare rubrũ etiã dixit Homerus:

Q̄ poſtq̄ȝ eſt thalami pendentia pumice tecta
peruentū: & nati fletus cognouit inanes.
Cyrene: manib⁹ liquidos dant ordine fontes
Germanę: tonſiſq̄ȝ ferunt mantalia villis.
pars epulis onerant mēſas: & plena reponūt
pocula: panchęis adoleſcunt ignibus arę.
Et mater: cape mœonii carcheſia bacchi:
Oceano libemus ait: ſimul ipſa precatur
Oceanumq̄ȝ patrem rerū: nymphaſq̄ȝ ſorores:
Centum quę ſyluas: centū q̄ flumina ſeruant.

πορφυρεα ὑντε θαλασσο: Vn̄de apparet Victorinum hocloco erraſſe: qui purpureū mare: rubrū eē dixit. quod ē iuxta Indiā. A. Purpureū ma. Padus (vt Plini⁹ ſcribit) in mare adriaticū influit: in quod triginta flumina defert. Purpureū aūt cęruleū intelligimus: Vn̄ paulo ſupi⁹ poeta dixit. violę ſub lucet purpura nigrę: q̄d ibi latiūs aptū eſt: Ariſtoteles aūt particula. xvi. ꝑbleumatū ſcribit. Perflante aquilōe mare ꝑſpecti⁹ atq̄ȝ tranſlucidius fieri q̄ȝ auſtro: quo ſpirāte cęruleum mare fieri: purpureus color niger eſt rubore quodā admixto. De purpureis aūt colorib⁹ quō varii ſunt ſecundū ſolis temperiē in diuerſis locis videto latiſſime Vitruuiū in penultimo et vltimo cap̄lo libri ſeptimi. ¶ t Pumice. A. Saxo vndis corroſo. v Nati fletus cogno. inanes. S. Bene inanes: his enim mouebant̄ reb⁹: quarū erat facilis reparatio. x Dant ordīe fontes. S. ſm̄ ordinē epularū. y Mantilia. S. quibus manus tergūt. z Plena reponūt pocula. S. iterāt ſępe offerunt. a Panchęis ignibus. thure. arabicis odoribus. A. Pancheis ignibus. i. thureis: thus ei in Panchea naſcit̄. Virgili⁹ li. ii. Geor. Totaq̄ȝ thuriferis panchatia pinguis arenis: Et ſupi⁹ eodē libro dixerat. Solis ē thurea virga ſabęis: ꝑ quod itelligit̄ Panchaiā in ſabęa regione eſſe. Prob⁹ vero perſidis regionē ſcribit eſſe ab rege Pancheo dictam: b Adoleſcunt arę. S. ꝑ incendunt̄. κατ᾽ εὐφημισμὸν ponitur. & adoleſcunt: hic vim habet frequentationis: & pācheis adoleſcūt. i. pancheis odoribus incendunt̄ arę. A. Adoleſcunt: augent̄: honorant̄: incēdunt̄. c Męonii bacchi. S. Lidii vini. d Carcheſia. S. poculorū ſunt genera. A. Carcheſiū poculū: gręcis tantūmodo notū. procerū. & circa mediā partē compſſum: anſatum mediocriter: anſis a ſūmo ad infimū ꝑtingentib⁹. Macro. li. v. e Oceano libem⁹ ait. S. q̄i nympha oceano ſacrificat. f Oceanūq̄ȝ prēm rerū. S. q̄ ex eo oīa gignantur & originē ducunt ſecundū Thaleta: vtū. dixim⁹. Diod. li. i. ait: q̄ hūiditatē oceanū priſci vocitarūt. & gręcorū nōnulli oceanum generatorē deorum & matrē Thetim prius etiā dixerat: q̄ in hūidis calore adhibito fit generatio. . C. Oceanumq̄ȝ patrē rerū. ſecundū Taletū mileſiū: qui aquā principiū rerum poſuit. hic fuit prim⁹ q̄ apud gręcos hęc inquireret. Heſiodus vero poeta terrā. Anaxim ādri diſcipulus aeris ſubſtantiam infinitā ponūt. Diogenes apollimita infinitū aerem ponit. Anaxagoras q̄ttuor elemēta cōfuſa qualitates quā materiā primā appellant. Archela⁹ hui⁹ diſcipul⁹ duas pōit generatiōis cauſas: calidū q̄d agat: & frigidū. q̄ tāq̄ȝ materia patiat̄. Parmenides xenophanis & Anaxamādri diſcipulus ac pytagoreorū ſtudioſus duo ponit elementa: ignē vt artificē: & terrā vt materiā. Leucippus. democritus. & Epicurus materiā volunt eſſe atamos infinitas: q̄ ꝑ īfinitū volitēt: Empedocles Protagorę auditor quattuor ponit elemēta: ex quib⁹ amicitia & diſcordia mouēti confici omīa: & in hęc reſoluta referri. Heraclitus Epheſius ignē eē vult: cui⁹ tamē cōpreſſione: tum eliquatione oīa conſtent: & fluminis iſtar cūcta diffluere. Triſmegiſtus Pithagoras Plato & Ariſtoteles mundi materiam ponūt: non quatuor elementa: ſed aliud inuiſibile & inſenſibile: q̄d omnib⁹ q̄ vident̄ ſubiectū ſit. et omniū formarū receptaculū ſui natura informet: ſed omnes ab alio recipiens.
g Centūq̄ ſyluas. S. aut ducentas nymphas aſſerit: aut finitus eſt numerus pro infinito.

h Ter liquido ardente psud.&c SER.i.in ignem vinu purissimum fudit.per quod quia magis flamma couualuit: bonum omen ostendit. i Ardente vestam.AN.igne ipsm.Vnde ait Ouidius libro.vi.fastorum. Nec tu aliud vestam q vivam intellige flamma. Cicero aut i libro de.n: deoru.scribit vestam nome a grecis esse. Ea enim ab illis Hestia dicitur. Vis autem eius ad aras & focos pertinet: Itaq in ea dea q est reru custos intimarum: omnis & precatio & sacrificatio extrema e. Dixerat autem paulo supi in omnibus rebus vim habere maxima: prima & extrema: & quod principe in sacrificando Ianum esse voluerunt: q ab eudo nomen est ductum de vesta etiam plura diximus in fine libri primi Georg.

Ter liquido ardente perfudit nectare vestam:
Ter flamma ad summu tecti subiecta reluxit.
Omine quo firmans animum: sic incipit ipsa.
Est in carpathio neptuni gurgite: vates
Ceruleus protheus: magnu qui piscib equor
Et iuncto bipedum curru metitur equorum.
Hic nunc Emathie portus: patriamq reuisit
pallenen: huc & nymphe veneramur: et ipse
Grandeuus nereus: nouit nanq omnia vates
Que sunt: que fuerint: q mox ventura trahutur.
Quippe ita neptuno visum est: inmania cui
Armeta: & turpes pascit sub gurgite phocas.

i Nectare. A.optimo vino. De nectare vero lat supius est. k Est i carpathio nep.gur.vates. S. Carpathos: insula est cotra egyptu: a qua vicinu pelagus Carpathiu appellatum e: Hic aliqn regnauit Protheus relicta pallene ciuitate Thessalie: ad qua tn postea reuersus e. quod ostedit hoc loco dices: Patriamq reuisit pallene. A. Carpath insula excelsa.cc.stadia hns.fuit q vrbibus qtuor polles: & nomen celebre consecuta est.a qua pelago qd q nomine inditum est. Strabo scribit libro vndecimo de sporadibus. Et Plini libro quinto: capitulo.xxxii.scribit vnam esse de insulis Rhodiorum. Idem Strabo libro tertio ait: Carpathium mare esse vsq Rhodum. Cretaq ac Cyprum. C. Carpathium mare.a carpatho insula: hec excelsa est: & circuitum ducentoru stadioru habet &c. distat ab Alexandria stadia mille. l Protheus.AN.Diodorus libro secudo sic ait: Defuncto rege post quintu genus: cu Aegyptus rege careret: ex dignioribus quida in regem assumptus est: quem egyptii Cerea: greci Protheum appellant: qui illiaco tempore extitit: hunc artium peritum fuisse tradunt: & in varias se se formas vertere solitum: vt nuc animal: quadoq arbor: aut ignis: aut quid aliud videret: que eadem & sacerdotes de illo scribunt. harum rerum cognitionem cotinuo ex astrologorum ac sacerdotum vsu rex est assecutus: Consuetudo autem regibus tradita grecis causam huiusmodi transmutationis fingendi prebuit: Nam egyptiis mos erat regibus aut leonis: aut tauri: aut draconis priorem partem in capite ferre insignia principatus: quandoq vero arborem: aliquando ignem: quandoq redolentia supra caput vngenta. Hec tamen ad decorem spectabant atq ornatum: tum stuporem ac superstitionem quanda aspicietibus inicieban t: Hec ille. Teste vero Hesiodo in Theogonia: oceani & Thetyos filius fuit. fuitq vates maximus. De quo quidem & Theocritus ait: ωσ προθευσ φωκασ κυιεσοσ ων ευως. hoc est vti Protheus phocas etiam deus existens pauit. C. Protheus.deus marin Oceani & Thetydis fil fuit & vates qui ab Agamennone vi coactus (secundu Homeru) futura predixit. Sunt qui dicut ex pallene fuisse. & apud egyptios regnasse: & ad eum post excidium Troianum tempestate compulsum deuenisse Agamenona. Sed Herodotus scribit: Parim rapta Helena tempestate in egyptum apud canopicum Nili ostium delatu. Et a Thone ostii custode ad Protheum deductum ee. At Protheus cognita rapina. Helenam resq suas menaleo restituendam retinuit: ac tri duo parim abire iussit Menelaus deinde expugnata Troia helenaq in ea vrbe non inuenta: in egyptum venit: atq illa a Protheo recepit.

m Magnum qui piscibus equor metitur. S: Equi eni marini: prima parte equi sut: postrema resoluuntur in pisces. n Bipedum equoru: AN. Marini equi prima parte equorum effigiem habent: postrema pisciu: qua figura etiam in antiquis marmorib cernuntur: vt aiut: Bipedum autem ait.quoniam vt scribit Plinius: Penne que pedum vice date sunt piscibus: nullis supra quattuor: quibusdam terne: quibusdam bine: aliquibus nulle &c.

o Emathie portus. AN. De hac videro in fine libri primi Georgicorum. p Pallenem.AN. Pallene Archadie oppidum. Teste Plinio. Hic vero intelligit Maro de Pallene vrbe Thracie: quam habitauit (vt apud Lycophrone apparet) Protheus anteq in egyptum transiret. Dicta aute Pallene a Pallene filia Sytonis: vt apud Eustachium habetur.

q Nereus.AN. Oceani & Thetios filius (teste Hesiodo) quem omniu antiquissimu dixit Orpheus in Argonautica. νερος autem aqua dicitur. r Que sint/que fuerint. S. Home. οσ ηδη τα τ εοντα τα τ εσσομενα προ τ εοντα. s Ita neptuno visu est. SE. vbi deest ratio: sic loquitur: Nam & in tertio dixit: Sic visum superis. cum pmisisset immeritam: t Immania armenta. AN. humoris causa (vt scribit Plinius libro. nono) sunt in mari animalia maiora: etiam terrestribus. Plurima autem & maxima in Indico mari: ex quibus Balene quaternu iugerum. pristes ducenum cubitorum.

v Turpes phocas. SER. Magnas: vt. cui turpe caput: Phoce autem sunt marini boues. AN. Phocas. vitulos marinos intelligit: qui in terra pariunt pecudu more nun q geminis plures: educant mammis foetum: ipsis in sono mugitus. Vnde. nomen vituli acceperut. Nullum animal pmit grauiore somno: pennis quib in mari vtunt: humi quoq. vice pedum serpunt. vestiutur autem pilis vel pristi & balena. CRI. Phocę vituli marini dicuntur: spirant vt balenę & delphini: ac in terra dormiunt: et profundum accipiũt somnũ: prę sertim cum multa esca crapulantur: non squama: sed corio bubulo teguntur: pariter in littore & lac p̃bet: teste Aristotele. Quapropter ambiguum hoc animal esse: id est aquaticum & terrestre, idem phũs asserit.

Nam nihil vetustius veritate: ducitur autem a matre: id est ratione. Hominis enĩ verum inquirẽs mater ratio est. Ratio enim & non appetitus optima dux est ad veri inquisitionem. Dormit autem senex in antro: quia ipsa Veritas in obscuro latet. Sed cum ingenium nostrum ad acquirendum illud accedit: tunc concutit omnis res: & ex ipsa inquisitione varię formę insurgunt animo nostro: quę speciem veritatis pre se ferant: vt multa putemus vera esse ac bona. nam omne verum bonum: quę falsa mala sunt: & tunc conuertit in feras Protheus: quia deluditur ingenium nostrum imaginibus. putamus enim veram esse voluptatem corpoream: quã in sue fingit esse sũmmũ bonum: aut satura re irã: vnde nascitur crudelitas quã exprimit in tigryde: Aut fallimur pulchritudine rerum terrenarum: & credimus illas esse sumũ bonum: quas per draconem terrestre animal intelligit: Nonnunquam reponimus fœlicitatem in ambitione ac superbia: quod exprimit leo. Nam flamma ira est: verum quãto magis ille mutabitur in varias formas: id ẽ quãto plures falsę opiniones sese offerent: tanto acrius vrget: vt verum deprehendat.

x Vindis capiendus. C. Nam ipsa veritas iter tot verisimilia nisi vi ipsius ingenii colliget, teneri nõ potest.

y Expediat morbi causam euentusq; secundet. SER. Duo ista requirunt in oraculis, causa mali. & remedium.

z Nam sine vi non vlla dabit p̃cepta. SER. ne eũ speraret posse precibus flecti.

Hic tibi nate prius [x]vindis capiẽd⁹: vt omnẽ
[y]Expediat morbi causam: euentusq; secundet.
[z]Nam sine vi non vlla dabit pręcepta: neq; illũ
Orando flectes: vim duram & vincula capto
Tende: [a]doli circũ hęc demũ frangent inanes.
Ipsa ego te medios cum sol [b]accenderit ęstus:
Quũ sitiũt herbę: & pecori iã gratior vmbra ẽ
[c]In secreta senis ducam: quo fessus ab vndis
Se recipit facile: vt somno aggrediare iacentẽ
Verũ vbi correptũ mãibus vindisq; tenebis.
Tum varię eludunt species: atq; ora ferarum.
Fiet enim subito sus horridus: [d]atraq; tigris:
Squamosusq; draco: & fulua ceruice leęna.
Aut acrem flãmę sonitũ dabit: atq; ita vindis
Excidet: aut in aquas tenuis delapsus abibit.
Sed q̃nto ille magis formas se vertit in omẽs:
[e]Tanto nate magis contende tenacia vincla:
Donec talis erit mutato corpore: qualem
Videris: incępto tegeret quũ lumina somno.
Hęc ait: et [f]liquidũ ambrosię diffudit odorem:
Quo totum corpus nati [g]perduxit: at illi

a Doli circum hęc demũ frangetur inanes. S. Circa vincula nouissime eius desinẽt doli: id ẽ formarum varietates: cuius figmentũ physicam volunt esse rationem. Nam cũ homo habet in se libidinem: stultitiã: ferocitatem: dolum. quę dum inuicem i vno vrgent: pars illa quę vicina est diuinitati: id est prudentię non apparet: quę tunc potest suas vires tenere. cũ fuerint illa religata: id ẽ cum quis caruerit oĩb⁹ viciis. Vnde sacerdotẽ hũc dicit: tunc posse vaticinari & suscipere diuinitatẽ: cum religata in eo fuerit ignea cupiditas: syluestris asperitas: lapsusq; animi: aq̃rum mobilitati similis: C. Doli inanes. id est q̃s inaniter adhibebit. & reuera omnis fraus & deceptio res vana est. Nã omne quod est bonum est. fraus aũt nihil est: q̃ aũt se illum in secreta senis p̃ducturam: eo tempe pollicetur quo sol meridiem facit: non est ab re. Nam verum in rebus nisi multa luce sapientię ac doctrinę discerni non potest. b Cum sol accenderit ęstus. SER. Fere enim numina tunc videntur. Lucanus & media cũ phœbe in axe est. Aut cœlũ nox atra tenet. tunc ipse sacerdos accessum dominũq; timet deprendere luci. c In secreta senis ducam. SER. Fere omnes dii marini senes sunt: albent eorum capita spumis aquarum. CRI. In secreta senis. Veritas enim a natura occultatur senis.

d Atraq; tigris. SERVIVS. Sęua.
e Tanto nate magis &c. SER. Alii legunt tantũ nate magis.

f Liquidum ambrosię diffudit odorem. SER. Ideo vnxit eũ quo possit videndi numis capax esse. ANTHO NI. Ambrosia species est arthemesię simplici caule foliis minimis flores copiosi erumpunt: cum vna maturescit odore non iniucundo. Plinius libro vigesimoquinto. Ex hac autem dii pasti sunt crediti. Vnde ait Ouidius libro primo de ponto: Nectar & ambrosiam latices: epulasq; deorum. Det mihi formosa grata iuuenta manu. Idem autem est ambrosios quod diuinus & immortalis.
g Perduxit. ANTO. id est perunxit: affecit.

Dulcis compositis spirauit crinibus aura.
Atq; habilis mẽbris venit vigor: est specꝰ igẽs
Exesi latere in montis: quo plurima vento
Cogit̃: inq; sinus scindit se se vnda reductos.
Deprensis olim statio tutissima nautis:
Intus se vasti protheus tegit obice saxi.
Hic iuuenẽ ĩ latebris auersũ a lumĩe nympha
Collocat: ipsa ꝓcul nebulis obscura resistit.
Iam rapidus torrens sitientis syrios Indos
Ardebat cęlo: & medium sol igneus orbem
Hauserat: arebant herbę: & caua flumina siccis
Faucibus ad limũ radiȷ̃ tepefacta coquebant.
Cũ protheus cõsueta petens e fluctibꝰ antra
Ibat: eum vasti circum gens humida ponti:
Exultans rorem late dispergit amarum.
Sternunt se somno diuersę in littore phocę.
Ipse (velut stabuli custos in montibus olim
Vesper vbi e pastu vitulos ad tecta reducit
Auditiq; lupos acuunt balatibus agni:)
Cõsedit scopulo medius: nũerũq; recenset.
Cuius aristęo quoniam est oblata facultas
Vix defessa senem passus componere mẽbra:
Cum clamore ruit magno: manicisq; iacentẽ
Occupat: ille suę contra non immemor artis
Omnia transformat se se in miracula rerum.
Ignemq;: horribilem feram: fluuiũq; liquentẽ
Verum vbi nulla fugã reperit fallacia: victus
In se se redit: atq; homĩs tandem ore locutus.
Nam quis te iuuenũ confidentissime nr̃as
Iussit adire domos: qd ve hinc petis inqt: at il-
Scis protheu: scis ip̃e: neq; ẽ te fallere cuiq;. (le:
Sed tu desine velle: deum pręcepta secuti
Venimus: hinc lapsis quęsitũ oracula rebus.

h Dulcis aura.. A. id est ventus: Sic enim Nonius quoq; hũc locũ expõit. Habilis S. vegetabil̃.

k Vigor. AN. fortitudo: firmitas. l Specus ingens. S. In singulari nũero hoc specus.; in p̃ali hi specus dicimus.

m Deprensis nautis. A a tempestate expressis.

n Olim. A. quandoq;.

o Tegit. S. Tegere consueuit Nam tunc illic nõ erat. p Obice. S. obiectione. Et meliꝰ hic obex q̃ hęc obex dicimꝰ. AN. Obice, oppositione: obiectione, obices pessuli serę inquit Festus.

q Auersum. S. paulum obliguũ a lumine. Et sciendũ: Protheum temporalẽ accipere diuinitatẽ. alioquin potuit etiã Aristęũ cognoscere latitantẽ

r Iam rapidus Syrius: S. Hic distinguẽdũ ꝓpter duo epitheta. Syrius aũt est stella in ore canis; per quã nimios ęstus accipimus. A. Rapidus syrius. Canis maior habet i lingua stellã vnã quę canis appellat̃. In capite autem alteram quã Isis suo nomine statuisse existimat̃: Et Syrion appellasse: propter flãmę candorem: q eiusmodi sit: vt pręter cęteras lucere videat̃. scribit ita Iginius: Syria o autẽ & luceo & sicco significat. Inde Syrius stella: qa aũt de natura Martis est. homines nimio solis ardore fatigat: Pli. scribit li. xviii. c xlii. Auem param oriente Syrio ipõ die non apparere: & donec occidat. Et dicit rapidus: suo enim ardore cũcta rapiendo desiccat. Hac etiã rõne supius diximꝰ rapidũ solẽ appellari: quod hic locus aptissime indicat: ita esse. s Sitientis. S. in populos subsolanos.

t Caua flumina. S. alta Luca. Deseruere caua tentoria fixa lemanno.

v Rorem amarũ. A. Marinũ scilicet: qui amarus est. Plinius li. ix. c. xl. sic ait. Libanotis locis putridis & macris ac roscidis seritur: radicem hab; holusatri: Nihil a thure differentẽ. Vsus eius post annũ stomacho saluberrimus: quidã eam nomie alio rosmarinũ appellãt. Hęc ille. x Ipse velut. A. Ordo est. Ipẽ consedit scopulo medius numerũ q; recenset. Cętera per parenthesim claudantur.

y Olim. A: quandoq;

z Auditi. A. legitur & auditis.

a Acuunt. A. instigẽt

b Recenset. A. retractat recognoscit. c Facultas. AN. copia: oportunitas. d Vix defessa senem &c. S. auiditatẽ exprimit tenere cupientis. Vñ enim contra matris pręceptum cito in Protheũ impetum fecisse dicit. per quod incõtinentes hominum animos docet poeta. e Manicis. A. vinculis. f Nulla fugam reperit fal. C. Postq̃ ita repertum est verum: vt nulla fallacia occultari queat: Protheus redit in formam humanã: in q̃ sola inest ratio qua verũ discernitur: et dimittit formas ferinas: in quibus solus sensus est: in quo non est cognitio veri.

g Hominis ore. SER: humana scilicet voce:

h Nã quis. S. id est quisnam. Hodie eni nã particula postponitur: antea p̃ponebatur Therentius in Phormione. Na; quę est anꝰ a fratre egressã meo: CRIST. Nam quis. pro quisnam. Et est anastrophe: i qua prępositio postponitur. vt: Transtra per et remos. i Confidentissime. CRI. Magna cũ est cõfidentia accedere ad Protheum: id est ad difficultatem veri inueniẽdi.

k Scis protheu. SER: Vocatiuus grecus: vt orpheu. CRI. Sola enim veritas seip̃am nouit: nec a quoq; decipitur.

l Neq; est te fallere cuiq;. SER. Alii quicq; legunt. Hoc autem dicit: cum omnia noueris: desine aduentus mei causam velle cognoscere. A. Est cuiq;. ꝓ datur. cuiq; velle: scilicet fallere.

m Deum pręcepta: SER. propter matrem.

¶Tantum effatus: ad hec vates vi' deniq; mista
Ardentes oculos intorsit lumine glauco.
Et grauiter frendẽs: sic fatis ora resoluit.
Non te nullius exercent numinis irę:
Magna lues cõmissa: tibi has miserabil' orph(eus
Haud quaq; ob meritũ pęnas (ni fata resistãt)
Suscitat: & rapta grauiter pro coniuge sęuit
Illa quidẽ dum te fugeret per flumĩa prçceps:
Immanem ante pedes hydrũ moritura puella
Seruantem ripas: alta non vidit in herba.
At chorus ęqualis dryadũ clamore supremos
Implerunt montes: flerunt rhodopeię arces:
Altaq; pangea: & rhesi mauortia tellus.
Atq; gethę: atq; hebrus: & actias orithyia:

n Ardentes oculos ꝛc. C. Splẽdẽtes. ingenii em̃ acumẽ indicat splẽdor in oculis: Idem notat color glaucus in pupillis. Hinc est ꝙ pallas q̃ dea sapiẽ habetur. γλαυκωπις cog gnominetur. Est autem glaucus color quẽ latini veteres cęsiũ dixerũt. Vñ cęsiam glaucopiã appellarũt. Dicit aut cęsia teste Nigi. de colore coeli, q̃si coelia. A. Glauco: ceruleo viridi: vt lati' li. iii. Geor. ꝓbauim'. o Grauiter frẽdes. S. cũ ingẽti tumultu. A. Frendẽs. dentib' insonãs. p Fatis. A. oraculis. Sũt em̃ fata quę dii fant. de qb' latius supra. q Nõ te nulli'. S. i. non humilis ſ; magni. r Magna lues. S. i. magnorũ scelerũ ẽ ista ꝑsolutio. Et alii ita distinguunt: vt sit a te cõmissa alii tibi etc̃. A. Luis ꝑ i. nõ ꝑ e. i ãtiq̃s legit. luis ergo. i. purgas. vt ibi: Post mihi nõ simili poena cõmissa luetis: Luo ei a luce dicit: vt scribit Varro. r Tibi has mise. orpheus. S. R. Non humile aũt numen dicit Tysiphonę: id est mortis vltricẽ Nã iõ Tysiphone ẽ dicta q̃si cui cura sit τHσισ φoNv. id ẽ. mortis vltio. s Orpheus. C. Fabula nota ẽ Orphęa vxorẽ habuisse Eurydicẽ quędũ Aristęũ fugeret per loca: herbis floribusq; ornata: latentẽ serpentẽ calcauit: cui' venenato morsu extincta ad inferos descendit. Est aũt Eurydice hũana aia q̃ dicit Eurii. i. altũ indiciũ hñs: ꝓpterea ꝙ rõnalis ẽ: hęc nubit Orpheo, cũ corpori cõiũgit et amat ab Aristęo. i. ab optimo: illa ãt corpeis voluptatib' irretita. id eñi sũt flores atq; herbę q̃ terrę sũt pulchritudo: qd optimũ est ꝑ illa fugit: atq; a serpẽte. i. a pctõ qd iter voluptates latet interimit: & ad inferos demergit. Sed cõcedit Orpheo: vt illã sono cythare. i. actionũ opti a cõpositiõe: q̃ maxima harmonia est. vnde virtus exorit ab inferis re-

uocet. i. a viciis liberet: sed ea lege ne respiciat. i. ne in vitia relabat. Nã relapsa habitũ facit. t Haud q̃q; ob meritũ. S. nõ tales quales mereris. nam eius vxoris cã mortis fuisti. Inferret ãt digna supplicia nisi fata ꝓhiberent: q̇bus fauẽtib' ita minimũ maiora infert: licq; maiora nõ possit. A. Haud q̃q; ob meritũ ñ ꝓm meritũ maiores em̃ merit' eẽs. v Sęuit. A. ordo ẽ: et ꝓ rapta cõiuge sęuit: ꝑ sęuiret ni fata resistũt. x Moritura. pu. S. Merito nõ vidit quippe moritura. y Seruãtẽ. S. tenentem. z At chorus eq̃lis dryadũ. S. et euridice dryas: bono cõpẽdio ei' ꝑtermisit interitũ. a Supmos mõtes. S. summos: vt Proh supme Iuppiter. b Flerũt Rhodopeię arces. S. Rhodope mõs est Thracię sic pachęa. c Pangęa. A. Thracię mõs ẽ (teste Pli. lib. iii.) cõponit ãt a pan: qd ẽ totũ: & gea terra. c Rhesi m. t. S. quã postea rhęsus tenuit. et est Prolepsis ex persona poetę. quo ei tpe Orpheus fuit: Rhęsus nec dũ regnauit ĩ thracia. A. Rhesi tell'. Thracię ꝑtẽ possedit Rhęsus: vbi mars oim deus: vt Mela scribit. d Atq; gete. A. de his supi'. e Hebr'. fluui' thracię gelidissim': A. vide to ęglo. x. f Actias orithya. S. atheniẽsis nympha quã Boreas ĩ suũ mrĩmoniũ rapuit. A. Actias orythyia. i. Athenensis. Nã vt Eusebi' scribit. Erichthonii vulcãi filii filiã Orithyei Boreas aristęi fili' Thrax rapuit. quẽ fabula vẽtũ fingit. lau' etiã Ouidi' li. vi. met. scribit in fine. s. Hebr'. et us: atq; et breues ꝓ longis more suo ꝑ diascolõ: Actis regio: in q̃ erãt Athene. secũdũ t. h; aspiratũ. Inde Athias patronomicũ. i. Atheniẽsis. C. Actias. C. Actias Orythyias: Erichthonii Atheniensium regis filia a Borea rapta est: & in Thraciam translata ex qua zetum & Calami: allatos filios sustulit. g Ipse. S. Orphęus:

h Caua ȝc. S. Periphrasis cytharę: cui⁹ vsus reptus ē hoc mō. Cū regrediens Nilus in suos meatus: varia in terris reliquisset aialia: relicta etiā testudo est. q̄ cū putrefacta esset: & nerui eius remansissent extenti intra coriū pcussa a Mercurio sonitū dedit: ex cui⁹ imitatōe cythara est composita.
i Aegrū. S. moestū. deceptū. k Testudine. A. Cheli. l Te dul. cōiūx. A. Epanalepsis est. i. replicatio: seu anaphora. i. relatio vl repetitio. C. Te dulcis cō. Repetitio est color rhetoricus: q multū valet ad cōmiseratōem captandā. Vñ ipse in ęneid. Te nem⁹ angitię vitrea te fucinus vnda. Te liqdi fleuere lacus. m Solo. S. in littore deserto: in quo sine vxore morabatur.
n Taenarias etiā fau. S. Tęnar⁹ Laconię pmontoriū est circa finē Malęę vbi inferorū dicit esse descensus. A. Tenarus in laconia pmōtoriū aduersū Aphricę ripa erecta est: sacram Neptuni ędē continens. in luco ꝓpinqua spelūca est: per quā Cerberū ab inferis superi⁹ reductū ab Herc. fabulę canūt. Solin⁹ scri. & Stra. li. viii. CRI. Tęnarias. In laconia regione promontoriū est circa finem Mallei mōtis: in quo qa hiatus ē: & ex eo agente spū murmura audiūt: inferorū dixere fauces.
o Fauces. A Angustos aditus. p Manesq; adiit regeq; ȝc. S. hęc oia ad laudē ptinēt cytharę: qua fretus ista supauit.
p Nesciaq; h. p. m. c. S. Ad exitū futurę rei respexit: nā ad principiū promeruit Eurydicen.
q Herebi de se. imis. S. de interiorib⁹ tenebris inferorū. A. dicunt herebū esse terrę pfundissimū & absconditū locū: seu inferorū pfunditatē atq; recessum. Erebenos āt grece: latine obscurū significat. y Cocyti. A. vide to li. iii. Geor. s Styx: lati⁹. S. t Amplexę. S. Inuolutę. i. plicatę. ενπεπλεγμενοι v Eumēides: A. de his li. i. ge. x Tenuit. A. clausit vt illud: Intentiq; ora tenebāt: p claudebāt: nec est aliter exponēdū: qd & hic locus indicat. y Inhiādū A. Intētus cōcupiscēs. z Cerber⁹. A. is dr̄ q̄i creoboros. i. carnē edens. nā creos caro est. Borosedens. de hoc Seneca in Hercule furente. Post hec auari ditis apparet dom⁹: hic sęuus vmbras territat: stygius canis: q terno vasto

Ipse caua solans ęgrum testudine amorem.
Te dulcis coniunx: te solo in littore secum
Te veniente die: te decędente canebat.
Taenarias etiam fauces: alta ostia ditis.
Et caligantem nigra formidine lucum
Ingressus: manesq; adijt: regemq; tremendū:
Nesciaq; hūanis precibus mansuescere corda.
At cantu commotę herebi de sedibus imis
Vmbrę ibāt tenues: simulacraq; luce carentū.
Quā multa in folijs auiū se milia condunt:
Vesper vbi aut hybern⁹ agit de mōtib⁹ imber.
Matres atq; viri defunctaq; corpora vita
Magnanimū heroum: pueri innuptęq; puellę:
Impositiq; rogis iuuenes ante ora parentum.
Quos circū limus niger: & deformis harūdo
Cocyti: tardaq; palus inamabilis vnda.
Alligat: & nouies styx interfusa cohercet.
Quin etiā stupuere dom⁹: atq; intima lęti
Tartara: cęruleosq; amplexę crinibus angues
Eumenides: tenuitq; inhians tria cerber⁹ ora:
Atq; ixionei vento rota constitit orbis.
Iamq; pedem referens casus euaserat omnes:
Redditaq; eurydice superas veniebat ad auras.
pone seqns: nāq; hanc dederat ꝓserpina legē:
Cum subita incautū dementia coepit amātē:
Ignoscēda quidem: scirent se ignoscere manes.
Restitit: eurydicenq; suam iam luce sub ipsa
Immemor heu vict⁹q; animi respexit: ibi oīs

capita concutiens sono regnū tuetur: sordidū tabo caput lambūt colubre: viperis horrent iubę. lōgiusq; tortā sibilat cauda dracōis par ira formę ȝc. a Ixionei v. r. S. deest cū. 2 dic cū vēto suo rota cōstitit. i. cū cā volubilitatis deuit. A. Ixionei orbis. Videto li. iii. Geor. b Vēto. A. quo gdē moueri solebat: cū vēto sub ipsa luce ꝓpe supas auras.
c Cōstitit. C. restitit. nō mota ē. d Iāq; pedē. C. maxima cōmiseratio q̄ veluti nauis: q̄ mltas euaserit tēpestates i portu perierit: & est pathos: ab eo quod est ꝑter spem.
e Reddita. C. q̄i reddita: f Proserpina. A. hāc plutoni tribuerūt: q̄m terrena vis oīs atq; natura diti patri dedicata ē. dictus est apud grecos Pluton: quia & recidāt oia in terras: & oriant e terris. Proserpina aūt ea ē grece Persephone noiat: quam frugū semen eē volūt: abscōditaq; q̄ri a mr̄e fingūt: vt ait Cicero in li. de. n. d. Varro tū ingt: q̄ Epicharmus Enniī lunā ꝓserpinā q̄ꝫ appellat: q̄ solet eē sub terris. nam hęc vt serpens: mō in dexterā: mō in sinistrā pte late mouetur. Serpere & proserpere idē dicebāt. de hac etiā pfa. i. Geor. g Incautū amā. S. epitethō amātis ē. C. Incautū: nihil tā ꝓpriū amāti. vnde pueris ęquiparant. Et pptera Propertius ait: Quicūq; ille fuit puer: qui pinxit amorē. Nonne putas miras hūc habuisse manus. Is primū vidit sine sensu viuere amātes. Et leuib⁹ curis magna perire bōa. h Demētia. A. Nā vis amoris demētia est.
i Ignoscēda q. s. s. i. m. S. Participiū sine verbi origine. nō eī facit ignoscor: sicut nec triumphor. regnor. C. Ignoscēda. nam si cognoscem⁹ q̄ misere cupiant amātes visere rem amatam: & q̄ vehemēs sit hęc pturbatio. i hac re iudicaremus illis huiusmodi erratum cōdonandum. Sed manes ppter illorum crudelitatē nullā meruerūt hūanitatē. k Eurydicenq; suā iam. S. Alii legūt iam luce sub ipsa.
l Vict⁹q; a. S. Sic hoc loco dixit: vt: O pstās āni iuuenis: m Respexit. S. i cōmisit in legē sibi datā. n Immitis C. Vnde nulla esset cōmiseratio speranda. o Terq; fragor stagnis au. auernis. S. quasi exultarent vmbrę reditu

Effusus [n]labor: atq immitis rupta tyranni
Federa: [o]terq fragor stagnis auditur auernis.
Illa [p]qs & me inqt miserā & te pdidit orpheu
Quis tantus furor? en iterum [q]crudelia retro
Fata vocant: conditq [r]natātia lumīa somnus.
Iamq vale: feror ingenti circumdata nocte:
[s]Inualidasq tibi [t]tendēs (heu non tua) palmas
Dixit: & ex oculis subito: ceu fumus in auras
Commixtus tenues [v]fugit diuersa: neq illū
Prēsantē nequicq vmbras: & multa volentē
Dicere [x]preterea vidit: nec [y]potitor orci
Amplius obiectā passus transire paludem.
[z]Quid faceret? quo se erepta bis cōiuge ferret?
Quo fletu manes? q numina voce moueret?
Illa quidē stygia nabat iam frigida cymba:
[a]Septem illum totos phibēt ex ordine menses
Rupe sub aeria [c]deserti ad [d]strimonis vndam
Fleuisse: & gelidis hec [e]euoluisse sub antris:
[f]Mulcentē tigres: & [g]agentē carmine quercus.
[h]Qualis populea moerēs [i]philomela sub vmbra
Amissos queritur foetus: quos [k]durus arator
Obseruās: nido [l]implumes detraxit: at illa
[m]Flet noctē: ramoq sedens: [n]miserabile carmen
Integrat: & moestis late loca questibus implet.
Nulla venus: nulliq [o]animū flexere hymenei.

eurydicis. Lucanus dicit in orpheo strepitū factū redeunte eurydice ob hoc: quia gaudebāt luce relictā eurydicen. Iterū sperātes orphea manes. A. Auernis stagnis. i. auerno maiores nostri Homerica defunctorū vicinia fuisse fabulis edidere. Hanc enim locorū ptē Plutoni dicatā opinabant: placatisq prius p sacrificia diis mānibus illuc intrabāt. aderant em qui talibus exponendis ductores eēnt locorū fructus percipiētes. Fons vero ibi fluuialibus scatens aquis: excurrit in mare: ab eius vsu abstinebāt oēs. Stygias opinātes eē aquas: eo in loco cōstructū erat oraculum: ex aquarūq feruore viciuarū Phlegetontē esse cōiecturā facti tabant: & ex acherusia. Hec et pla Stra. li. v. vide to etiam latius. ii. Georg. p Illa qs & me inqt &c. C. Oratio vehemēter Pathetica. nam & suū vehemens exprimit dolorē. demonstrat em eo deuenisse amantes: vt culpa illius qui nihil minus q hoc voluisse infoelicissimus ac ēterno dissidio seperarentur. q Iterū. c. r. f. v. S. Ouid. Bis rapit vixitq semel. r Natantia lu. S. in mortem reducta. s Inualidas p. S. in vmbre tenuitatem redactas. t Heu non tua palmas. S. quia supra dixerat Eurydicen q suam. C. Heu nō tua: qsi diceret quod vtrunq miserrimum accidit. v Fugit diuersa. S. p diuersa. x Preterea. S. postea: vt: Quisq numē Iunonis adorat preterea. y Nec potitor orci. S. Mysticū est: Dicit enim bis eandē vmbram euocari non licere. A. Potitor orci.. id est Charon. Virgilius libro sexto Eneidos Portitor. has horrendus aqs: & flumina seruat terribili squalore Charon &c. Postea inquit: Ipse ratē conto subigit: velisq ministrat. Et ferruginea subuectat corpa cymba. Orci: vide to lib. i. Georgi. z Quid faceret. C. dubitatio est: quā greci aporesin dicunt: que vehemēter mouet: cū dolētis vl irascentis sit dubitare. sic Diod. En qd agā rursus ne pcos oblita priores ex. a Septem illum.. CRI. A tempe etiā vehemēter citatur pathos. Sic de palynuro Tris notus hybernas īmēsa p equora noctes. Vexit me violentus aq: vix lumie qrto aspexi Italiā: Et achimenides tertia iā lūe se cornua lumie cōplēt. Et septīa pus Troie excidiū iā vertit estas. Auget āt hic locus q dixit totos. i. itegros: et ex ordine. i. sine interruptiōe potuisse res geri. Verbi grā. ab Idibus Martiis ad nonas Augusti: vt essent sex menses: sed non integri inminuto Martio et Augusto: & potuissent poni mēses intermedii sine moerore. Vn illa egritudo habuisset aliquod

interuallum: & pausam qua facilius fieri posset. b Ex ordine. S. Sine intermissiōe. c Deserti. S. id est asperi inculti. d Strymōis. S. Strymō est fluuius thratie circa quē ad extinguendū amoris calorē morabat. A. lib. i. Georg. diximus. e Hec euoluisse. S. talia qlia ipse cōmemorat. f Mulcentem tygres. A. Per id sua eloqntia feros homies et rapaces reuocasse in mansuetudinē: et humanitatē orphea intelligimus. g Et agentē car. quercus. A. p id obstinate opinionis hoies intelligimus: q nisi p eloqntie vires nequeūt a sua ptinatia remoueri. h Qualis p. m. p. f. v. C. Parabola est. Vn sepissime mouet Pathos: q aut in misericordia ē: aut i indignatiōe. In misericordia: vt hic. Itē. Qualis cōmotis excita sacris thyas. Et qlē virgieo demessū pollice florē. In indignatiōe vt illud: Ac veluti pleno lupus in o. Cū fremit ad caulas. Et qualis mugitus fugit cū sau. aram taurus. i Philomela. S. p quis aue nā spēm p genere posuit AN. Philomela. Lusciola h loca. alibi hyrundo: vt latius. s. ondimus. Philon aūt amans dicit. Mela vero mala: poma seu oues. k Durus. C. inexorabilis: & q materno affectu nō mouet. l Implūes. C. Cōmiseratio: ab etate: et ab imbecillitate. y Oeagrius. refert Diod. siccul. Bacchū insidias lycurgi Tharcensiū regis admonitu theropis viri Thracis vitasse: ac paulo pus victor lycurgū regno spoliasse. Illiq bn ficii mēor theropi tradidisse: q moriēs oeagrū filiū: a q et fluuius denoiatus est: heredē reliqt. Ex oeagro aūt natus ē Orpheus. dic eciā oeagrū fuisse pnepotē Athlātis ex Alciade vna ex filiabus athlātis. De orpheo pla alio loco diximus. Addā hic: fuisse & eiusdē nois poetā in archadia: et alius crotonias: q cū pysistrato Athenēsiū tyrāno vixit. Sūt q etiā sex orpheos nominēt: hūc aūt quē pcio habemus scribūt lybiā & egyptū pagrasse. et trismegisti Mercurii doctrinā imbibisse. Quāq teste Cicero. Aristo. docet orpheū poetā nūq fuisse: et hoc orphicū carmē Pythagorei ferūt cuiusdā fuisse cerconis. m Flet noctē. S. luget nocte cōtinuo fletu. n Miserabile carmē itegrat. Pli. li. x. scri. q lusciniis diebus ac noctibus qndecim garrulus sine intermissu cantus: densante se frōdiū germine: in q vna aue: pfecta musice scia modulatus editur sonus: & nūc cōtinuo spiritu trahit in longū: nūc variat in flexo.: nūc distinguit conciso: copulat in torto: pmit/reuocat. Pla tn ibidem leges miranda quidem: o Nulli hymenei. A. nulla cōiugia. vide in. iii. li. Geor.

Solus hyperboreas glacies: tanaimq̃ niualẽ:
Aruaq̃ ryphęis nunq̃ viduata pruinis
Lustrabat: raptam eurydicen: atq̃ irrita ditis
Dona querens: sprete ciconũ q̃ munere mr̃es
Inter sacra deum: nocturniq̃ orgia bacchi
Discerptũ latos iuuenẽ sparsere per agros.
Tunc quoq̃ marmorea caput a ceruice reuulsum
Gurgite cũ medio portans oeagrius hebrus
Volueret: eurydicen vox ipsa: & frigida lĩgua
Ah miserã eurydicen anima fugiente vocabat.
Eurydicen toto referebant flumine ripę.
Hęc protheus: & se iactu dedit ęquor in altũ.
Quaq̃ dedit spumãtẽ vndã sub vertice torsit.
At non cyrene: nanq̃ vltro affata timentem:
Nate licet tristis animo deponere curas:
Hęc oĩs morbi causa: hinc miserabile nymphę
Cum quib⁹ illa choros lucis agitabat in altis
Exitium misere apibus: tu munera supplex
Tende petens pacẽ: & faciles venerare napęas.
Nanq̃ dabunt veniã votis: irasq̃ remittent.
Sed modus orandi qui sit: prius ordine dicã.
Quattuor eximios prestanti corpore tauros:
Qui tibi nũc viridis depascunt summa lycęi
Delige: & intacta totidem ceruice iuuencas.
Quattuor his aras alta ad delubra dearum
Constitue: & sacrũ iugulis demitte cruorem.
Corporaq̃ ipsa boum frondoso desere luco.
post vbi nona suos aurora ostenderit ortus:
Inferias orphei lethęa papauera mittes.
Et nigram mactabis ouem: lucumq̃ reuises:
placatam eurydicen vitula venerabere cęsa.

p Hyꝑboreas. A. lib. iii. Georgi. q Tanaimq̃ niualẽ. S. fluuiũ Scythię: A. Tanais fluui⁹ europã ab asia disiũgit: atq̃ amborũ fines vtrinq̃ perlabens: in boreã versus per Sauromatas in Scythiã vsq̃: atq̃ in meotidis paludẽ ꝑtendit. Orit aũt ex Indię mõtib⁹. Diony. scribit: & Strabo li. vii. & li. xi. r Ryphęis. A. vide li. i. Geor. s Nunq̃ vidu. pruinis. S. Semꝑ niuib⁹ plena. t Sprete ciconũ q̃ mu. mr̃es. S. nuptiali. i. Cicones ãt sunt thraces mulieres: q̃ ab orpheo sprete discerpsere eũ ꝑ liberi sacra simulata. AN. Ciconũ mr̃es. Circa hebrũ Thracię fluuiũ Cicones habitãt (teste Mela) horũ mulieres. teste q̃s Ouidio li. xi. metha. Orpheum: eo q̃ fœmineum amorẽ in puerorũ venerẽ transtulisset: & ꝓpterea eas sperneret: furialiter laniarũt. Post ħo lyrã et caput eius in hebrũ iecerũt. v Orgia bacchi. A. In Rhodope Thracię mõte orphe⁹ sonare cantareq̃ solitus erat: & ibi sacra liberi p̃ris orpheo ꝑmũ initiante celebrabãt: vt scribit Mela. Stra. li. x. sic ait Plurimi igit grecoꝝ totũ cerimoniale negotiũ q̃d orgia vocãt bacchanaleq̃ & choricũ et sacroꝝ mysteria: libero p̃ri attribuerunt. Et apollini & hecate: & musis / & Cereri ꝓpter hęc Strabonis verba optime Ser. dixisse videt lib. iiii. ęneid. vbi ait: Orgia apd̃ grecos sacra oĩa dicunt: sicut apd̃ latinos cerimonię. Sed iã abusiue sacra liberi p̃ris Orgia vocant: p̃terea orge ira dicit. Orgao. concito. cõcupio. Orgiazo. orgia. celebro. Orgisone: irascor. x Marmorea. c. a. c. S. Pulchra sane alludit ad id q̃d dicit Ouid. Quia cũ caput ei⁹ delatũ ad ripas serpẽs mordere voluisset est conuersus in lapidẽ. y Oeagrius hebr⁹. S. Oeagri⁹ fluui⁹ ẽ et p̃r Orphei: de q̃ hebr⁹ nascitur: vnde eũ appellauit oagriũ. AN. Oeagrius hebrus. Oeagrius vir siue fluuius Orphei pater: vt ipse in Argonãtica ait. Diod. itẽ li. v. asserit Orpheũ oeagri filiũ & doctrina & melodia ac poesi excellisse oẽs: q̃rũ extet mẽoria. De hebro supi⁹ patuit. Ser. ãt ait: ex oeagro fluuio natũ hebrũ. z Hęc ꝓtheus. S. subaudi dixit. a Se iactu de. ę. In altum. C. Nam veritas cũ aliq̃ ex pte sese oñdit: refugit in ꝓfundũ. i. in obscurũ: et nũq̃ se totã oñdit. b Sub ꝟtice. A. Est vertex contorta i se aq̃: vel q̃cq̃d aliud simili̇r vertit. Inde ꝓpter flexũ capillorũ ps summa capitis: ex hoc inq̃ in mõtib⁹ eminẽtissimis recte dixeris hęc oĩa vertices: ꝓprie tñ vñ initiũ. Et Fab. lib. viii. q etiã li. i. scribit vorsus et vortices dixert antiq: q̃ primo Scypio aphrican⁹ i e. lr̃as secũdã vertisse dr̃. Et Caper inqt. Vertex capitis ẽ & vortex fluminis. c At nõ cyrene. S. deest: territa est: q̃d ex sẽqñtib⁹ dat itelligi. A. At nõ cyrene. s. timuit. Refert cm̃ ad illud. C. At nõ cy. Quia ratio nũq̃ a nobis fugit:

d Petens pacẽ. S. Pacẽ bñficiũ. & beniuolentiã. e Faciles napęas. S. exorabiles nymphas: & ad ignoscendũ paratas. Sane sciendũ easdẽ ẽẽ napeas: q̃ et dryades sunt. Nã sup̃ ait. At chorus ęq̃lis dryadũ. A. Faciles mites exorabiles napęas. nymphę sunt proprie quę virgultis & florib⁹ delectãt vt Oreades quę mõtib⁹: Lactan. li: theba. iiii.

e Intacta ceruice. S. i. indomita: & dicit ita aialium sacrificiũ esse faciẽdũ vt nõ tm̃ occident hostię s; cędãt. f Delubra. A. Varro li. viii. rerũ diuinarũ. Delubrũ ait alios esti mare: in quo p̃ter ędẽ sit area assumpta deũ cã: vt est i circo flaminio Iouis statoris: Alios: i quo loco dei simulachrũ dedicatũ sit. & adiecit: sicut locũ in q̃ figerẽt candelam: Candelabrũ appellatũ: ita in quo deũ ponerent nominatũ delubrũ. his a Varrone p̃scriptis possumus intelligere id potissimum ab eo ꝓbatũ: q̃d ex sua cõsuetudie id vltimo posuit: vt a dei dedicato simulacro delubrum corperit nũcupari. Hęc Macrobius libro. iii. Satu. g Orphi. S. Datiu⁹ grę cus est. A. Orphi: melius legimus q̃ orphei: vt in Buco. Orphi caliopea. de quo ibi lati⁹. l Lethęa pa. S. i. agrestia. A. iam supius oñdim⁹. i Placatã eurydicẽ vit. venerabere cęsa. S. Hyppalage veneratã placabis. C. Placatam vel hyppalage est: vt ait Ser. Vel est ordo. venerabere eurydicen placatam ante a te cęsa vitula.

Haud mora continuo matris [k] p̄cepta facescit.
Ad delubra venit: monstratas excitat aras.
Quatuor eximios prestanti corpore tauros
Ducit: & intacta totidem ceruice iuuencas.
Post vbi nona sues aurora induxerat ortus:
Inferias orphei mittit: lucumq; reuisit.
[l] Hic vero subitum ac dictu mirabile monstrū
Aspiciunt: liquefacta boum per viscera toto
[m] Stridere apes vtero: & ruptis efferuere costis:
Immēsasq; trahi nubes: iamq; arbore summa
Confluere: & [n] lentis vuam demittere ramis.
[o] Hec sup aruorum cultu: pecorumq; canebam:
Et super arboribus: cesar dum magn⁹ ad [p] altū
[q] Fulminat euphratem bello: [r] victorq; volentes
Per populos dat iura: [s] viāq; affectat [t] olympo.
[v] Illo virgilium me tempore [x] dulcis [y] alebat
Parthenope; [z] studijs florentem ignobilis oci.

k Precepta facescit. S. facit: & est freq̄ntatiuū, ꝓ princi pali: aut certe iā facescit: q̄a p̄es hostias imolauit. C. Matris p̄cepta. fa. Nam sp̄ est rōni obtēperandū si verū inuenire cupim⁹. l Hic vero subitū ac dictu mi. mōstrū. S. Res eñ hec ex improuiso venit: vt apes ex bobus erūperēt: nā p̄cepta cyrenes tm̄ ad placanda numia ꝑtinebāt. Notandū quia ex hoc inuētu illa ars inuēta est: quā sup̄ memorauit; et melior facta per industriā. m Stridere ap. vter. ru. ef. c. S. feruere. Hec verba & secūde sūt cōiugationis et tertie: nunc tm̄ tertie. n Lentis vuā demit. ra. S. in modū vue. i. botrionis defluere: qd̄ greci βοθρυλον dicūt. A. Vuā. Iuuenal' etiam ait: Examenq; apum longa cōsederit vua. CRI. Vuā quia consistunt: ita inter se haberēt: vt formā pendentis racemi faciant: refert aūt Pli. q̄ in totum amissas apes reparātur ventrib⁹ bubulis recentibus cū fimo obrutis. Virgilius. Vt vides iuuenci corpe exanimato: sicut equrū vespas atq; crabrōes. azinorū scarabeos nasci putāt: sunt q̄ mortuas si intra tectū hyeme seruēt: deinde sole verno torreāt: ac ficulneo cinere toto die foueāt putēt reuiuiscere. o Hec sup aruorū cultu. S. p aruorū cultū primū librū significat. p pecora aūt tertiū & quartum quia & apes pecora sūt: per arbores: secundum. et hoc dicit. Hec ego: id est Georgica scripsi: dū Cesar in oriēte pugnaret. A. Hec sup aruorū. ꝑoratio est: quā cumuliū quidem conclusionem alii vocāt: quidā enumeratiōem: breuiter eñ repetit totā simul cām: atq; materiā decurrendo per capita. De hac etiā Fabius li. vi. lati⁹ scribit. p Ad altū Euphratē. A. Armœniam maiorem itelligit: in qua Euphrates oritur: vt Strabo scribit libro sexto. atq; xvi. Cesar autem Augustus (vt Florus scribit) ad oriētem versus exercitū misit in Armenios. Medos. Parthos: q̄ postea oēs cū Indis Augusti & romanorū ditioni paruerūt. q Fulmiat. S. fortiter facit. r Victorq; volen. p. p. S. Vnū virtutis est: alterū iusticie. Nā vincere virtutis: volentibus nō inuitis īꝑare iusticie ē. s Viāq; affec. oly. S. Prepat sibi diuios honores. A. Viāq; affectat olym. Ouidius quoq; libro. Fastorum. ait: Sic petitur cœlum. per labores. s. et virtutē: vitiorūq; fugā. Affectare (inq̄t Festus) est pronū animū ad faciēdū aliq̄d hr̄e. affectat ergo iam. i. preparat. t Olympo. A. ad diuios honores. v Illo virgiliū. A. Virgilius Maro in pago q̄ dicebatur Andes: haud ꝓcul a Mantua nat⁹ ē: Pompeio et crasso cōsulibus. Cremone studiis erudit⁹: sumpta toga Mediolanū transgressus ē: P⁹ breue tp̄s romā ꝑrexit: vt scribit Eusebius. Alii vero scribunt Virgiliū ab Mediolano Neapolim iuisse: qd̄ & ip̄e met hoc loco indicat. Vbi añ alios et grece et latine eruditior fact⁹: se in vrbē contulit. Oñdit āt hic Georgica Neapoli scripsisse. In vita ipsius etiā legitur eū Georgica septēnio Neapoli. Aeneid' a vero parti in Sicilia: partim in Campania. xi. annis confecisse: Bucolica āt triēnio ꝑfecisse aiūt. annos nat⁹ (vt Probus asserit) xxviii. Inde inq̄t inferius: Audaxq; iuuenta &c. x Dulcis parthenope. S. i. neapol': q̄ primo ex corpe vni⁹ Syrenis illic sepulte Parthenope est appellata. AN. Parthenope dulcis. Neapol' olim parthenope ab tumulo syrenis appellata ē: vt scribit Pli. lib. iii. Hanc August⁹ postea Neapolī esse maluit: vt Solin⁹ ait: Neapolis vero idē est qd̄ noua ciuitas: vt etiā Strabo docet in lib. v. Varro tamē scribit: q̄ ab ea greca voce Neapol' noua polis ab antiquis nr̄is vocitata ē. Stra. lib. v. ait: q̄ Neapol' dicta ē. i. noua ciuitas: q̄ p⁹ ea Calcidēses incoluerūt: & ex Pithecusis: Athenisq; venientes vbi Parthenopes vni⁹ e Syrenib⁹ sepulchrū ostendit. Neapoli aūt quiquēnali sacer ille musicus: et gymnicus complures dies celebrat' Agon: habet et Neapolis calidarū aq̄rū scatebras: & apparatissima balnea nulla ex parte Baionis inferiora: Plurimi ꝓ e Roma Neapolim secessum facientes victū grecanico ritu ꝓducebant: aut quietis et ocii gratia: p̄sertim qui eruditioni dabant opam: aut remissiores vite desiderio maxime quos senectus affligebat: vel aduersa similitudo. Hec & p̄la Stra. y Alelat. CRI. Quia inde assequebar doctrinā: quo animi humani ita aluntur: vt corpora quatuor elementis. Animus enim immortalis doctrine veritate. que immortalis est. pascit' corpus ex elemētis: ex quibus est compositum. Omnia eñ ex his alūtur ex quibus constāt. z Studiis florentem ignobilis oci. S. id est artis poetice: quam ocium ignobile appellauit: ne quid de se. videretur arroganter dicere. ANTHO. Ignobilis oci. Litterarii laboris & studii. i. poetices. Hinc etiam Ouidius libro tertio de ponto ait de Dionysio. Ille Saracusie modo formidatus in vrbe. Vix humili duram depulit arte famem. Idem quoq; libro quarto de tristibus inquit: Sepe pater dixit studium quid inutile tentas Meonides: nullas ipse reliquit opes. CRIST. Ignobilis oci. Ocium aliquando cessatio est omniū rerum: & hoc damnatur. Aliquando dicitur ocium: cum animus ab agendo ad contemplandum reuocatur: ita vt ocia studia significent: in illo primo ita cessamus a negociis: vt in pigricia contabescamus. In altero ita a reliquis actiōibus vocamur: vt mentem nostram ad eam ad quam nata est rerum humanarū & diuinarū contemplatiōem addicamus. Dixit aūt ignobile ex maioris hominū patris opinione; q̄ auaritie aut ambitioni dediti diuinũ huiucemodi ocium vitupe/ rant: et sua stulticia ignobile putent: cũ nihil sit nobilius. Vel poti⁹ dixit Ignobile .i. valde nobile. Volens ambiguo verbo: & verum ostendere: & stultorum falsam opinio/ nem ludere: vt illi aliud putarent dici: cũ ille aliud diceret. in Tityro ibi: ludere quę vellem. c Audaxq; iuuenta: SER. ętate iuuenili: nam vt diximus supra: vigintiocto annorum erat/ cum Bucolicam scripsit: & bene breuiter a se scriptaram rerum executus est titulum. AN. Audaxq; iuuenta. Homerus in Odyssea inqt: Tu tamẽ intrato

Carmina qui lusi pastorum: audaxq; iuuenta
Tityre te patulę cecini sub tegmine fagi.

a Carmina q lusi pa/ storum. S. qui etiam Bucolica scripsi. A. Carmĩa qui lu. p. Bucolica intelligit: quod p Epexegesim sequenti carmine suo more apertius innuit. C. Carmina q lu. past. Cum eẽnt ea tempestate/ qui aliena subriperent: & pro suis pponerent: voluit ostendere vtrunq; opus Virgilii fuisse. Quod etiam initio/ quod i ęneide scripsit: manifestũ fecit. b Lusi. A. scripsi. De quo latius

metuens: nihilominus audens: In reb⁹ melior. Turnus item libro .x. ęneid. ad suos. Audaces fortuna iuuat. Audaxq; iuuenta. Id ex calore procedit: calidus enim sanguis maiorem virtutem habet q̃ frigidus: vt in senibus apparet De quo latius libro tertio Georgicorum. d Cecinit. AN. Cecini & cecinit in antiquis legimus: Vtrunq; conuenit. Laus deo.

publij Vigilij Maronis Bucolicorum/ ac Georgicoꝝ libri cum Cõmẽtarijsq;: Seruij Mauri honorati grãmatici/ Anthonij: Mancinelli/ Cristoferi landini; foeliciter expliciunt.

Quę contineãt duodecim Aeneidos libri

Primus hab; lybicã veniãt vt Troes in vrbẽ.
Edocet excidium troię: cladem q; secundus.
Tertius a troia vectos canit ęquore teucros.
Quart⁹ itẽ miserę duo vulnera narrat Elissę.
Manib⁹ ad tumulũ q̃nto celebrãt honores.
Aeneam memorat visentem tartara sextus.
In phrygas Italiã bello iam septimus armat.
Dat simul ęneę socios octauus: & arma.
Daunius expugnat nono noua mœnia troię.
Exponit decimus tuscorũ in littore pugnas.
Vndecimo rutuli superantur morte camillę.
Vltimus imponit bello Turni nece finem.

Quę primo ęneidos libro contineantur.

Aeneas primo lybies appellitur oris:
vir magnus bello: nulli pietate secundus.

Vel sic.

Aeneas odijs Iunonis pressus iniquę
Italiam querens: Siculis errauit in vndis
Iactatus tandem lybię peruenit ad oras.
Ignarusq; loci: fido comitatus achate:
Indicio matris regnum cognouit Elyssę:
Quin etiã nebula septus peruenit ad vrbem
Arreptosq; vndis socios cum classe recepit.
Hospicioq; vsus Didonis: cuncta benigne
(Excidium Troię iussus narrare) parabat.

P. Virgilij maronis: ęneidos liber prim⁹.

Ille ego qui quondã gracili modulatus auena
Carmen: & egressus syluis: vicina cogi:
Vt quamuis auido parerent arua colono:
Gratũ opus agricolis: at nũc horrẽtia martis.

De operibus Uirgilij Sebastianus brant

Vita magis nulli est sua cognita; docta Maronis
Quam mihi musa; canens pergama; rura; capras;

Tetrasticon eiusdem

post nemora atq; greges culturam ruris: & uuas;
disce & equos lector: mellificas q; feras.
Grandior oblectat si te hinc tuba parthenopea:
Diuigenum poteris perlegere arma ducum.

Arma virūq; cano: troię qui prim⁹ ab oris Italiam fato profugus: lauinaq; venit

ARma SERVIUS. Omnes fatentur aliud fuisse principium hui⁹ operis: vt in vita ei⁹ demonstratū est. Arma id est bellū p meto nymiā: qm̄ illis ī bello vtimur: vt toga pro pace. Cicero: Cedant arma togę: id ē cedāt bella paci. Arma virumq;. Non respondet vt proponit. Nam primo virum. i. errores Aeneę. Deīde arma. i. bella narrat. Hac figura etiā in prosa vtimur. Cice. in verrinis: Nā sine vllo sūptu nostro: coriis: tūicis: frumentoq; suppeditato: maximos exercitus nr̄os vestiuit: aluit: armauit. D. ꝓponit & diuidit: & sese cōmendat: ꝙ neq; ludicra. nec turpia: sed spectata elegerit. Arma scutū et reliqua: quę Aeneę fabricauit vulcanus. C. Arma virū. Etsi heroici poetę tā greci, ꝙ̄ latini ꝓ nāt: inuocent: & narrent: tamē greci eodē tempore ꝓponunt & inuocant: Homer⁹ enim in Iliade ait. μηνιν αειδε θεα πηληιαδεω αχιληος ουλομενην. & in odissea. ανδρα μοι εννεπε μουσα πολυτροπον ος μαλα πολλα πλαγχθη. Sic Hesiodus. μουσαι πιεριηθεν αοιδησι κλειουσαι. Latini vera ꝓponūt: deinde inuocāt: Hoc apud Nasonē lucanū ac statiū iuenies. ꝓonit primo ꝟgil⁹. verū ī ipsa ꝓpositiōe nō seruat ordinē. Nam cū primo arma: deinde virū se dicturū polliceatur. prius virū. i. errores a eneę deinde arma. i. bella ꝓsequif. Peruertit aūt ordinem eius ꝓōnis: quę vniuersalis est: & totū opus: nō aūt operis partē diuidit. Poetis quidē cōcedif. nā et eruditionibus & otiosis: & eadē sępe legentibus scribūt: quos puersio ordinis neq; fallere: neq; ꝑturbare potest. Oratori vero non conceditur. orat em̄ ꝑsępe apud indoctos & occupatos: & qui rem semel audituri sint Qua ꝓpter monet Cic. vt in ea diuisione. quę tertia inter partes orationis totā causam cōtinet: quo ordine ꝓponim⁹ eodem narrem⁹. in cęteris vero ꝓpositionib⁹ non totā causam: sed ꝑticulā aliquā cōtinentib⁹: nihil interest puertatur. obseruet ordo. Propositio aūt: & inuocatio in poetis proemii officio funguntur Huiuscemodi aūt exordiū ē. accomodatū causę turpi: habet eī causam turpē non natura rei. sed opinione. Laudandum em̄ sibi proponit aeneā: de quo erat inueterata opinio illū patrię desertorē fuisse. Qua propter a validissimo aduersariorum argumento incipit: & ꝙ a patria discesserit: in fatū transfert. Captat aūt beniuolentiā a persona sua quoniā se nō in nugis: sed ī maximis reb⁹ occupatū ostēdit. Captat a ꝑsona Iunonis. cū illā in odiū ꝓpter iniquā in virum piū crudelitatē: & inuidiam: propter abusiōem suę potētię trahit. Captat ꝑcipue ab Aenea. cū tot erūnas illū aliena iniuria incidisse: & tamē inuicto animo illas ꝑtulisse ostendat. Attētū aūt auditorē reddit: tum quia nō in nugis: sed in maximis reb⁹ se occupatū ostendit: tamē quia aliter: ꝙ̄ mltarū opinio ferat: se dicturū pollicef. Ipsa ꝑterea inuocatio qm̄ nō nisi in maximis rebus adhibetur: summā sibi audientiū attētiōem conciliat. Reddit postremo eū qui lectur⁹ sit docilem: quia & sūmā rei breuiter atq; distincte ꝓponit: & dilucide explicat. Arma. Sūt qui putēt arma dicta a greco verbo. αρμοζειν id est conuenire & quadrare. Inutilia em̄ sūt arma: nisi ita quadrēt corpi: vt neq; angustiora arctiora ue: neq; rursus ampliora: laxiora ue sint: vt neq; corp⁹ lędef: neq; cōtra se in illis traducat & fluctuet. vt de vlisse in armis Achillis scribit Iuu. Vnde cū interogasset quendā Xenophon cur sua arma plurꝭ ꝙ̄ cęteri venderet? quia (īquit) mea omnib⁹ corporib⁹ meis quadrāt. Sunt qui velint arma ab armis. i. humeris dici. quia & inferiora inde pendēt: & superiora eisdem sustentatur b Virum. S. non dicit quem. sed circūstanciis ostēdit eū esse Aeneam: DO. Virū nō sex⁹: sed excellētię. Ergo virum qui talia arma & tam pulchra & habere & gerere potuerit: qui Romani imꝑii auctor esse meruerit. qui Iunonis inimicitias. & reliquorū deorum factiones supauerit. qui tot aduersa mari ꝑpessus tolerādo transmiserit. nec errauit. si primo rem deinde ꝑsonā posuit: nam Salu. nulla metri necessitate coact⁹ primo rem: deinde Po. Ro. ꝑsonā posuit. Virg. in ꝓpositione liberā ordādi habuit licentiā. Exequādi vero aliū ordinē tenuit. C. Virum id est hominē plurimis maximisq; virtutib⁹ preditū Huiuscemodi em̄ homo ꝓprie vir dicif: ab ipsa scilicet vi id est ab excellentia animi: & a viro dicif virt⁹ Vnde i. iiii. dixit. multa viri virt⁹ animo: multusq; recursat Gētis honos: nonnūq; tamē ꝑ virū marē simpliciter exprimimus nonnunq; maritum. Theren. Omi vir. o mea vxor c Cano. S. Sermo Polysem⁹: nā alias laudo: alias diuido: alias cano: vt hic. Nam canūtur carmina. D. Cano arma et virū. Sed armorum descriptionem primo ꝓpositā: sequēti disputacioni reseruabit. C: Cano. Nā canūt versus Poetarū. Sic Homerus μηνιν αειδε θεα. Vnde a canendo dictū carmē volunt: Sed quia (Cice. teste) clarorū virorum laudes ad tybiā canebantur: canere laudare significat: vt ibant ęqui numero regēq; canebāt Quia etiam priscę Sibillę oracula versibus edebāt: dicimus canere vaticinari. vt sola mihi tales casus cassādra canebat d Troię. S. Hęc regio in Asia est: & ītea Ilium ciuitas. Poetę tamē plerumq; & regionē & ꝑuītiam pro vrbe ponūt. Iuue. Flāmis Asiā ferro q; cadētē. D. Troię. altera cū ꝓpositione diuisio. vt ondat quid Aeneas fatali ratiōe cōpulsus: & quid extra fatū ꝑpessus sit. fatū em̄ fuit: vt relicta Troia Italiam peteret. Ergo crimine desertę patrię absoluitur. non potuit em̄ defēdi: quę fato interitura erat: sed neq; poena fuit: ꝙ sit Asia pulsus sed gloria: nā minori detrimento affect⁹: maius est emolimentū cōsecut⁹. f. vt Ro. iperium conderet: nō ergo malo fatorū patriam ꝑdidit: Sed ne ab ea detinef Aeneas qui imꝑio. Ro. cōstituendo dign⁹ auctor parabatur. C. Troię. Greca nomia nonnunq; ita mutāt latini vt diphthongū vbi sit. littera dissoluant: & i. in cōsonantem versū: sequenti sillabę adiungant vt. αιας aiax μαια maia sic τροια troia e Prim⁹. S. At qui paulo post Antenorē prius venisse ostēdet: ꝗ cū illi venerūt venetia: vbi Anteōr vrbē cōdidit: Italię pars nō erat: sed Gallię: cū Italia rubicōne fluuiū non dū trāsiret. Qua ꝓpter Luca. Gallica cert⁹ limes ab Ausoniis disterminat arua colōis. Vel exclusit. Antenorē cū addiderit lauina littera: Sed prima expositio melior f Italiam. S. ars exigit vt ciuitatū nominib⁹ ꝑpositiōem nō ꝑponam⁹. Reliquis aūt ponam⁹: Sed plerumq; vsurpant scriptores contrarium Nam & Cicero eo die verres ad mensā nā veturus erat. dixit: Et hic Maro Italiā et nō ad Italiā: Italia Europę pars ab Italo sicilię rege: qui iuxta Tyberim sedes posuit dicta est. Virgi: Siculi gentesq; sicanę Et alibi Et gentes venere sicanę. C. Italiam. Sunt qui dicant a bobus denominatā: quod gręcorū prisca lingua boues Italę dicebanf. Quod aūt bobus abundaret: ex eo patet ꝙ mulcta quę supma dicebaf instituta erat duarū ouiū: boū vero triginta ꝓ copia boū et ouiū penuria aut Gelli⁹. S. aūt ab Italo rege Sicilię dictū putat qui in eā regionē veniēs in qua postea regnauit Turn⁹: Italiā de suo nomine illā appellauit. Fest⁹ aūt scripsit Italiā dici: ꝙ magnos Italos. i. boues habeat: qui vituli ab Italis sūt dicti itali g Fato. S. ad id quod fugit. & ad id ꝙ in Italiam venit: ne aut criminis causa patriā deseruisse: aut iperandi cupiditate ī italiā venisse videaf. C. Fato. de fato qm̄ plurima dicenda sunt in aliū locū differem⁹ h Profugus. S. ꝓfugos eos esse certū est: qui ꝓcul a sedib⁹ suis vagantes quasi porro fugatos: falsū vero quod multi dicūt: profu gos esse qui necessitate exclusi de suis sedibꝰ vagātur: Exules vero qui iā sibi sedes inuenerūt Nā & Lucanꝰ profugos appellat quiiam sibi sedes inuenerunt. vt profugi ꝗ a gēte vetusta gallorū celte miscētes nomē Iberis: & Salustiꝰ adhuc vagātes exules nominat i Lauina. S. Tria habꝫ noīa hec vrbs: Prius em̄ lauinū dictū ē. a lauino latini fratre. Deinde Laurētum a lauro a latino inuenta dum mortuo fratre vrbē augeret: Postrēo lauiniū a lauinia latini filia: ergo lauina littora & nō lauinia. DO. lauina littora. cū alii ante Aeneā in Italiā venerūt: ille tn̄ primꝰ venit ad eā partē vbi deinde fuerūt littora lauina: et primꝰ fato venit: cū alii casu venisset: ergo fato perdidit patriā. fato exclusus peruenit in littora lauina. C. lauina. Placent que dicunt a Seruio: Tamē si Dyonisiū audiamꝰ: cū Aeneas in Italiā venisset: auspicato: oppidū in eo loco condere coepit; in quo sus pregnās: & iā are ab aenea destinata diffugiens requieuerat. Verum latinus qui cum aduersus Rutilos bellū gerebat. peregrinos regnū suū intrasse: et vrbem edificare coepisse audiēs: illuc cum exercitu cōuolauit: ferro aduenas expulsurus: Verū cū deorum monitu vterꝗ ad amicitiā verteret: adiuuāte latino: vrbem absoluit Aeneas noiauit ꝗ lauiniū: vt Romani volunt a lauina Latini regis filia; Vt autē quidē greci: fabulose historie scriptores ponūt a lauina Geloni regis filia. Deliorū filia aenee rogāti data a patre cū fatidica esset & sapiēs. Euenit aūt vt dū lauiniū conderetur igne per se ex saltu accēso supꝰ arida ligna ore ferēs super ligno ignē iecerit: ad uolāsꝗ aquila motu alarū flammas excitarit: Vulpes aūt cōtra caudā e fluuio madefactam ferens ignē extīguere conaretur Sed tandē victa discessit vulpes. Quod mōstrum hoc impiū tandē supaturū: quāuis cū difficultate ostēdit k Littora. S. Atqui lauinū octo milibus distat a mari: Sed littus terra est quecūꝗ mari vicina: Ipse em̄ in. iiii: Cui litꝰ arandum. C. littora. terra quā mare tangit litꝰ ē dictū secundū Sceuolā q̄d ad id aqua alludat: vel ꝗ aq̄ alluatur: Vel ꝗ ibi aqua elidat: Sed & vicine mari terre littora dicūtur vt hic l Ille. S. vacat: sed positū: vt stet versus: nā qui primꝰ: ad omia refert: Sic alibi Nūc dextera ingemiāticꝰ; nūc ille sinistra. D. multū ille et. t. i. et. a. Alia cū ꝓpositiōe diuisio. est Scribit em̄ que mari: que terra sit passus. C. Ille non modo nō vacat verū emphasin facit Vt Ille quasi tantꝰ vir. et tam crudeliter vexatꝰ m Terris. S. Vt in Thratia mōstruoso saguine e tumulo Polidori. in creta pestilētia apud Strophadas harpiis o Alto: S. modo pro mari ꝓpter varias tēpestates Ceterū supiorē & inferiorē altitudinē significat: nā mēsure nomē est altitudo n Iactatꝰ. S. Iactari in mari dicit. Defatigari vero in terris. o Vi superū. S. i. violētia: nam & Homerꝰ deos in Troianos a Iunone cōcitatos scribit: Defēdit ergo Troianos ꝗ nō suo merito: Sed Iunonis impulsu ꝑsecuti eos sint dii. D. Vi superū. Vis est cū fit aliquid cōtra leges id est cōtra fatū. vt aūt ostēdat nihil tale de supis meruisse eneā addit. C. Vi vis vim in sigulari habet. Est aūt a greco βια em̄ apud illos dicit et significat robur vt fit via ui Item virtutem. vt multa vi muniet albā. Item violentiā: vnde dicimꝰ illatā vim virgini: significat copiam Vis magna auri homini illi fuit: Vi ergo superum. i. nō iusticia & equitate: sed violētia a qua nō abest crudelitas: Conciliat ergo beniuolētiā enee: a ꝑsona aduersariorū qui tam inique Aeneā insectarētur: Et a ꝑsona Anee cōseruationem excitat: ꝗ nō sua culpa sed aliorū crudelitate in tātas tam ꝗ graues erūnas īciderit. et tn̄ oīa animi magnitudine et sapiētiā tollerauerit & supauerit: Et cū nō verisile videret: ꝗ supi dii ita inique fuerint hoīem piū īsectari ostēdit illos studio Iunōis esse secutos; quā Home. etiā scribit

k l m n
Littora: multum ille et terris iactatus et alto
o p q
Vi superum: seue memorē iunonis ob iram.
r s t
Multa quoꝗ et bello passus: dū cōderet vrbē
v
Inferret ꝗ deos latio: genus vnde latinum:

deos in Troianos cōcitasse. p Seue. S. putant multi epithetū esse tēporale: cū a iuuando dicta sit: quia seua esset in Troianos: Sed seuus ꝓ magna ponit Enniꝰ Induta fuit seua stola. i. magna. Et ipse de Aenea quē piū semp inducit maternis seuꝰ in armis. i. magnis. D. Seue. m. I. o. i: Ergo nō ꝓpter culpā Aenee fecerūt supi: sꝫ vt obseq̄rētur Iunoni tanꝗ omnium regnie. Purgat igitur Aeneas: & deformat iuno aduersaria. Seue. i. crudelis que pro quat innocētē: & qui deorū oīum: atꝗ ipsius cultor sit. Onerat etiā eam ꝗ inimicicias nulla Aenee culpa susceptas diutissime tenaciterꝗ retineret: cū ne id quidē etiam si iuste sint inimiciciā facere ꝓbis cōueniat: hoc latiꝰ in. v. Iunōis grauis ira: nec exalturabile pectꝰ: quā nec lōga dies: nec pietas mitigat vlla. C. Seue crudelis: quia iusta ira contra Troianos moueret. Ostēdit ex hac re quāta fuerit Troiāorū miseria: cū dea que a Iuuādo nomē sortit: tam inique crudelitatem exercuerit Ergo & dea cū minus ꝓpriū dei sit iusticia vti: et de ea dea que a Iuuādo dicit ꝑ sūmā iniquitatē in uictos crudelis fuit q Memorē Iunonis. S. Inuenies sepe ꝑ actiuis passiua posita. vt pictis bellātur Amazōes armis: aut cōtra. vt populatꝗ ingētē ferris aceruū. Hec varietas vel pociꝰ cōtrarietas reperit in aliis partibus orationis vt sit nomē ꝓ aduerbio. vt. hic tunc ignipotēs coelo. d. ab a. ꝓ huc sic i ꝑcipio vt. Et q̄ vectꝰ abas. i. q̄ vehebat. et ī noie vt hic mēorē nō que meminerit: sed que memoria erat: hec nos imitāur sed noua ad illorū exempla nō formamꝰ. C. Memorē. multa noīa actiue passiueqꝫ ponunt: actiue dicimꝰ: sis foelix: nostrum qꝫ leues quecunqꝫ laborē id est sis ꝓpitia ac da foelicitatē: passiue aūt: viuite foelices: nō ꝗ inferāt aliis sed ipsi accipiāt. Sic formidulosus & qui infert & cui infert formido. Aliter ergo Terē. Nimis formidulosa es: Aliter Salust. Semp illis alietta virtꝰ formidulosa est: Sic memor actiue ponit: vt dū memor ipse mei: dum spiritus hos regit artus: Passiue cū ait. Hora. siue puer furens impressit memorem dētibꝰ notā. i. de qua illa mēinerit: sic nūc memorē irā. i. de qua meminisset Iuno r Quoꝗ &. S. Duas cōiunctiones seperatas naturaliter non cōiugimꝰ: nisi metri necessitate: ergo vna vacat: sic Alibi Dixit qꝫ & proelia voce diremit s Bello. S. quod cōtra Turnū gessit t Dum cōderet vrbē. S. Aut Troiā intelligit quā in litore cōdidit: de qua liuiꝰ & Cato in origi mēmit: aut laurū lauinū & tūc est dū. i. donec: q. d. donec Turnꝰ occūberet: et tempꝰ cōdede ciuitatis veniret. Vl Romā intelligit: & est dū. i. dūmō DO. dū: c. v. Exaggerat ꝗ Aeneā appetisset cū cōderet vrbē: & deos imperio publico ꝑfuturos inferret: quod si obtinuisset: nec latinū genꝰ nec Albani principe: nec Ro. iperiū fuisset futurū. nec Cesar impii. Ro. culmē habitaturꝰ indoluit em̄ cū meliori iā tecta iā sidere terre: & bellū per furiā excitauit: ꝓpositiōe aūt ista nō solū que dicturus sit ostēdit: sed multiformi ratiōne diuisionis vtitur. Cōmendat carmē Aeneā: a culpa liberat: Iunonē multa variaqꝫ inuidia obruit. Caput carminis ab inuocatiōe muse aggredit cui nisi lectoris instruēdi causa thema p̄misisset: laboris gratiā ꝑdidisset: cū quid lecturꝰ esset nesciret. Quod si cūcta non ipleuit: morti īmature attribuēdū est: nā albaniqꝫ p̄res atqꝫ alte moenia Rome nō scripsit v Latio: S. Latiū duplex ē vnū a Tyberi vsqꝫ ad fūdos: alterū vsqꝫ ad vulturnū fluuiū dictū: ꝗ in eo Saturnꝰ Iouē fugiēs latuerit: latio. i. ī latiū. datiuꝰ ē ꝓ actio cū ꝑpositiōe. sic Alibi It clamor coelo h̄ freq̄nter ipse facit. Genꝰ vn̄ lati. Atqui prius latiū & latini: fuerāt. ergo a loco et nō a ꝑsona erit: Vnde. i. a quo latium vel dicas secundum. Cato in originibus: venisse ante Aeneā populos aborigenes: & deinde aduētu Aenee Phryges aborigenesqꝫ vni nomie latinos

Albani q̃ꝫ patres: atq̃ꝫ alte moenia rome.
Musa mihi causas memora quo numine leso

esse dictos: vel rectiꝰ. Victis latinis debebat nomẽ īponi
eoꝵ qui vicerũt: & appellari phryges: Sed dono Aeneę re
mãsit nomẽ priscũ tam latinis q̃ꝫ phrigibꝰ. Ergo dat Ae
neę quod in ipo fuit vt ꝑiret. Hinc ī ꝓcatiõe Iũonis dix t.
Nec cũ se sub leges pacis inique. nam iniqua ꝓterea fuit:
ꝙ victoribꝰ nomẽ est ademptũ: et victis reseruatũ. Et ī li
bro. xii. rogat Iuno: ne pereat nomẽ latinũ. C. latio. Pli. la
tiũ antiquũ a tyberis circeos vsq̃ꝫ ꝑducit: deinde ad lirim
vsq̃ꝫ fluuiũ miturnẽsiũ processisse scribit: Idẽ sẽtit Solinꝰ:
Vnde a quo Aenea: nã ipse auctor generis latini est. Ait
eñi Euse. de tẽporibꝰ latinis. q pꝰea Romãi nũcupati sunt:
post tertiũ annũ captiuitatꝫ Troię: seu vt qdẽ volũt post
octauũ regnauit Aeneas
annis tribꝰ: ante Aeneam
Ianꝰ: Saturnꝰ: Picꝰ: Faunꝰ
Latinꝰ in Italia regnaue
rũt: circiter annis centum
quinquagita. Hęc Euseb:
verum hii populi qui sub
iãno: saturno: pico: ac: fãno
fuerũt: nõ latini: sed ab origenes noĩati sũt: Ipẽ eñi. Dyoni
sius Alycarnaseus antiquitatis diligẽtissimus scrutator: la
tinoꝵ ãte aduẽtũ Aeneę nusq̃ꝫ memit. Et liuiꝰ ait. Aeneas
aduersꝰ tãti belli terrorẽ: vt aĩos aborigẽũ sibi ꝯciliaret: ne
sub eodẽ iure solũ: sed etiã nomĩe oẽs essẽt: latios vtrãq̃ꝫ gẽ
tẽ appellauit: Et strabo idẽ pene sẽtit: Iusti. aũt in libro. xx:
Quid latinos populos qui ab Aenea cõditi videnf: Aene
as igiẽ vt exemplũ suę clemẽtię ꝓ͞pis nup victis preberet:
vt q̃ꝫ ex duobꝰ populis vnũ efficeret: vtrũq̃ꝫ nõ ab aucto
re se: sed aut a latino: aut a latio deuicto: latios dixit. remit
tẽs multũ a iure suo: cui licebat: vel a patria Troianos: vt
a se Aeneadas illos denoĩare: instituit aũt hoc imperiũ Ae
neas anno post mũdũ cõditũ vigesimo sup̃ q̃ttuor millia
x Albani. S. Alba ab Ascanio cõdita: siue Creusę ille fue
rit: siue lauinęę filiꝰ. Nam de hoc etiã Liuiꝰ dubitat: Hac a
Tullio hostilio euersa omẽs nobiles familię Romã migra
rũt: semp aũt seruat Vergiliꝰ: vt primo latinoꝵ: deinde Al
banoꝵ: postremo Romanoꝵ meminerit. Sic in. v. Priscos
docuit celebrare latinos Albani docuere suos: nunc maxi
ma porro accepit Roma. Itẽ in vii. Mos erat hesperio ī la
tio. quẽ ꝓtinꝰ vrbes albanę coluere sacrũ: nũc maxima re
rũ Roma colit. C. Albani patres Nam Ascanius relicto
lauinio: suę nouercę albã lõgã condidit: in q̃ ipi sui q̃ꝫ po
steri sedem regiam habuerũt, vsq̃ꝫ ad Romulũ Romę con
ditorẽ: iure igiẽ patres Romanoꝵ Albani dicẽtur. Regna
uerũt aũt isti reges annos circiter centũ ac quinquaginta:
Quo aũt tp̃e Roma cõdita sit: Et q̃re Roma vocata mi
ra inter scriptores varietas apparet. freq̃ẽs tamẽ opinio ẽ
illã cõditã a Romo et Remulo anno primo: vii olimpia
dis aũt anno post captũ Iliũ secũdo atq̃ꝫ trigesimo supra
trecẽtesimũ regnãte Athenis Charopo. Cephalõ aũt gergi
thius. i. vetutissimꝰ scriptor illã cõditã ponit: secũda ętate
post Troianũ bellũ: ab hiis qui ex ilio cum Aenea seruati
sũt a Romo Aeneę filio: Idẽ pene. Demagoras & Agathil
lus ponũt: alii asserũt Aeneam qui ex mollosis venit: post
vlixẽ Romã cõdidisse: et eã ab vna Iliẽsiũ mulieꝵ quę Ro
ma dicebaf Romã denoĩasse. Hęc eñi alias. Troianas mu
lieres: vt naues in cẽderent hortata est: errores grauiter se
rens Aristo. philosophꝰ scribit. Achiuos quosdã a Troia
reuectos tẽpestate in Italiã cõpulsos esse: & q̃uis exacta
hyeme inde enauigare decreuissẽt: tñ cõbustis nauibꝰ ab
hiis quas captiuas abduxerũt mlierib̃ꝰ: cõsiliũ necessitate
impellẽte imutasse: et Romam condidisse. Callias refert:
Romã Troianã mulierẽ quę cũ aliis Troianis venerat: nu
psisse Latino aboriginũ regi: eiꝰq̃ꝫ deinde filios vrbẽ cõdi
disse: & a matre denominasse. Xenagoras hystoricus re
fert. vlissi ex Circe tres filios fuisse: Romum. Antium
& ardeã: qui tres vrbes cõdidere: & conditas a se denoĩa
uere: Dyonisiꝰ chalcidẽsis Romũ qdẽ cõditorẽ ait fuisse:
siue Ascanii siue Emathiõis filiꝰ fuerit. Alii volunt Romã
cõditã fuisse a Romo Itali filio: hęc igiẽ greci scribũt. ex
Rõanis aũt nullꝰ scriptor vetustꝰ est: sed ex vetustꝫ sermo

nibꝰ seruatꝫ in sacris tabulis nonnulli sumũt Aeneę filios
fuisse Romũ & Rẽulũ Romę cõditores: Alii ex Aeneę fi
lia illos natos dicũt: et Latino obsidesq̃ datos: atq̃ꝫ ab eo
sine filiis decedẽte heredes regni relictos. Alii dicũt Asca
niũ successisse: & cũ fratribꝰ regnũ diuisisse: Ipm q̃ꝫ Albã
& alia oppida. Romũ vero Capuã a ꝑauo Capi. Anchi
sem ab Anchisę & Aeneã: quę pꝰea Ianiculũ est vocata a
patre, a se vero Romã denoĩasse. hęc quodã tẽpore fuit de
serta. sed sequẽtibꝰ deide tẽporibꝰ aduẽtãtibꝰ colõis: quos
Albani sub Romo & Rẽulo duce miserũt antiqua cõsti
tutiõe resũpsit. Vt duplex fuerit ꝯstitutio: alia paulo post
res Troianas: alia quidecim ętatibꝰ iterior. Anthiochꝰ Sy
racusanꝰ tertiã ponit: mul
lo antigorẽ: regnãte in Ita
lia Morgete: Solinꝰ aũt re
fert: Euãdrũ cũ in Italiam
venisset oppidũ ibi in mõ
te īuenisse. quã valẽtiã la
tini appellauerãt: Ergo ipe
hãc ne nomẽ immutaret
Romã greco vocabuli dixit: Verꝰ tñ putãt a Rẽulo cõdi
tã Romã eã: quę quadrata dicta est: eo ꝙ equi libra foret
posita: Incipit a Sylua quę ẽ in ara Apollinis: & ad Supci
liũ scalaꝵ Caci finitur: vbi tuguriũ fuit fastuli ī quo man
sit Romulꝰ. Romulꝰ auspicato fũdamẽta iecit: dum de vi
ginti natꝰ ãnos. xi. kal. maias hora post secũdã añ tertiã.
vt ait. L. Tarũtiꝰ mathematicꝰ nobilissimus: Ioue in pisci
bus. Saturno: venere: marte: et mercurio ī Scorpiõe. Sole ī
tauro. Luna ī libra ꝯstitutꝫ. Dies illa parilia habꝫ. Obser
uatũq̃ꝫ ẽ deinceps: ne q̃ hostia cęderet parilibꝰ: vt dies ille
a sãguine purꝰ esset y Altę. S. vel ꝓpter. gloriã: vel ꝓpter:
ędificia: vel q ī mõtibꝰ ẽ collocata z Musa. S. ꝓponũt:
inuocãt: ac tertio loco narrãt poetę Luca tñ puertit: nam
ꝓponit deĩde narrat postrẽo īuocat: nõ ẽ tñ īuocandũ nisi
quippiã sup̃ hũanas vires reqrimꝰ. Hinc Hora. ī arte poe
tica Nec deꝰ iter sit nisi dignꝰ vĩdice nodꝰ inciderit. vt hic:
nã poterat per se irã Iunonis nosse. Itẽ in. vii. q̃mõ eua
sisset Turnꝰ nisi iuno vires animũq̃ꝫ ministrat. D. Musa
ab īuocatõe musę: q̃d erat scripturꝰ icoepit. quã cũ dea sit
nihil latere opꝫ: Interrogat q̃: vt cũ nulla ī Aenea culpa ī
ueniaf: ꝯfirmat Iunõis seuitiã. C. Musa ab eo q̃d ẽ. μυειν
: i. docere dicif. vel μαρτυρω. i. iquiro: nã oim bonaꝵ ar
tiũ illas īuẽtrices esse volũt. Hesiod. ī sua theogõia: musas
a Ioue esse creatas ait. ex Menẽosinę. i. mẽoria: Nouẽ ei no
ctes cũ illa ī pierio mõte cõcubuisse ferf: hic nouem genitę
sũt musę: quę a mõte ipo Pierides appellãf. vñ idẽ Hesiodꝰ
μουσαι πιεριηθεν dixit. nomina aũt hiis versibus refert:
κλειω τευτερπη τεθαλεια τε μελπομενη τε. τερψιχορη
τ ερατω τε πολυμνια τ ουρανιη τε καλλιοπη θ ηδε προ
φερεστα την απασεων. Anaximãder lampascenꝰ: & Xe
nophães heraclipolites dicũt: poetas esse ī tutela Apolli
nis: q lyra canit: et nouẽ musaꝵ ĩq̃ꝵ medio ipẽ residet: et p̃
Apollinẽ hũanã vocẽ ītelligũt: quę nouẽ ĩstrumẽtis pfici
tur: Hęc aũt (Fulgẽtio teste) ītelligũt: q̃tuor ãteriores dẽte
quoꝵ si qs desit sibilꝰ: & nõ vox ex ore ꝑuenit. Itẽ duo la
bia: septimũ ẽ lingua: Octauũ palatũ: q̃d greci vranion di
cũt: qm̃ sit ad formã coeli q vranos appellaf: q̃ ex re octa
ua musa dicif vrania Nonũ ẽ gutturꝫ ꝓfũditas ꝑ quã spi
ritꝰ egredif. Ego aũt Platoni libẽter ad hęreo. ponit eñi tã
tus philosophꝰ diuini furoris genera q̃ttuor: de quibꝰ alio
fortasse ī loco dicemꝰ: Inter eos ponit poeticũ eũq̃ꝫ a mu
sis ꝑuenire demõstrat: musas ãt appellat celestiũ sphęraꝵ
cantꝰ: Nã in li. de. r. p. singulis sphęris sigulas syrenas ap
positas dicit motũ ipꝫ sphęraꝵ: ac sonũ q īde fit: sigificãs
q̃ ꝓpter ꝑ octo sphęras octo musas: ac ꝑ illaꝵ ꝯcẽtũ nonã
põit: quã qm̃ harmõia vna ẽ ex oibꝰ suauissime ꝯposita:
excellẽtissimã reliquaꝵ dixit Hesiodꝰ. Ergo poesis a diuio
furore: furor a musis: musę a Ioue (eodẽ Platõe teste) ꝓci
unt. Sed de hiis alio in loco latiꝰ: Alcmeõ ac nonnulli alii:
eas coeli & terrę filias dicũt: Sed & de nũero nõ omẽs idẽ
sẽciũt: cũ sit q tres tãtũ ponãt musas: sed nobiliores nouẽ
dicũt. Ait eñ Hoẽrꝰ; μουσαι δ εννεα πασαι μοι βουλ

οηη καλη. Addit etiam Diodorus quod clio nō dicit̄. quia κλεος. gloria est. & poetę ex laudibus quas alys tribuūt: &: sibi & illis maximā gloriam vēdicāt: Euterpe quomō ex bonis quę ex illa doctrina ꝓueniūt: nō mediocrē voluptatē capiāt. Talia q̄d ad multū tēpꝰ floreāt Poetę. θαλλειν em̄ florere et germiare ē. Melpōenę a cātꝰ suauitate ꝑ quā auditores delectant. μελπω enim canto est. Terpsicore ꝙ auditores voluptate capiāt ex hys bonis quę ex ea doctrina proueniant τερπομαι enim lętor significat. Errato ab amore nomē accepit: qꝛ amabiles suo carmie reddāt poetę Polymnia: qꝛ i diuturna mēoria sint vrania quia fama ac animi magnitudine coelū ascēdūt. ουρανος em̄ coelū est. Calliope, ꝙ pulchrā reddat vocē: quę ceterę cātibꝰ ātecellat

Quid ve dolens regina deū: tot voluere casꝰ.
Insignem pietate virum: tot adire labores
Impulerit: tantę ne animis cęlestibus irę.
Vrbs antiqua fuit: tyrij (i. quā) tenuere coloni

a Causas. C. s. efficiētes tam graue irā: tanq̄ȝ seuū odiū. Cęterū: causas Aristotiles quattuor ponit: efficiētē materialē. formalē ac finalē. Quod vt expressꝰ itelligat̄: ponamꝰ Iouis Olympiaci simulachrū et in eo regremꝰ causas: iueniemusq̄ȝ efficiētē causam Phydiā esse Atheniensē q illud insculpsit. Materialē vero ębur ex quo factū ē Formalē aūt iaginē Iouis quę i ebore sit expssa: ac postrēo finalē: qꝛ nihil sit quod finis alicuꝰ gratia nō fiat. Ergo huiꝰ simulachri erit finis: vt appareat quod Ioui sint cōsecrati ludi olympyaci. Plato vero ꝓter has quattuor exēplarē pōit: & īstrumētalem. Dicit aūt causā id quod ex eo quod sit seq̄tur: vt aliud fiat. Verū causa finalis dicit̄ causa causaꝝ. Nā ꝓpter finē reliquę tres sūt. Neq̄ȝ ē nūc quod ꝓsequar q̄d iter se causa. elemētū. & pricipiū aut cōueniāt: aut differāt. nō em̄ ad hūc locū attinet talis īquisitio. b Quo numie lęso. S. inq̄.i. i quare: vel quo numie. i. potestate: nā multa habēt numia Iuno. Est em̄ curetis quę vtit̄ curru et hasta vt: hic illiꝰ arma hic currus fuit. pręest parientibꝰ. hinc Terē. Iuno lucina fer opē. est regina deoꝝ. ergo dubitat quod numē i ea lęserit. alii separāt vt nō dubitet de odio Iunōis. Sed qꝛ aliud numē. i. deū lęserit. C. Quo numie lęso quid ve dolēs. Quasi stupeat cū ignoret: aut quo numie lęsa sit: aut ꝓpter quā rē doleat: & cur dea cū sit: substituerit i tot calāitates iniicere viꝝ: nō mō piū: sed pietate pręstātē: cū nulla virtus acceptior dys imortalibꝰ esse debeat. Est em̄ pietas qua quo oportet amore i patriā. i parētes: ac i reliquos sāguine cōiūctos affecti sumꝰ. Lęso lędere & offēdere differunt Lędit em̄ q dānū. detrimētū. doloreue affert. Offēdit vero q ex dicto facto ue stomachū idignationē q̄ȝ cōmouet: et si dānū nullū iferat c Tot voluere casꝰ. S. Hyppallage ē: i. ꝑmutatio. i. volui a tot casibꝰ: itelligunt̄ em̄ verba ꝑ cōtrariū. vt alibi dare classibꝰ austros. i. dare austros classibꝰ C. fortasse nō est Hyppalage: Nā q̄ȝuis a Iuno ipulsus sit ad multos casꝰ: tn̄ sua sapiētia & animi magnitudine potiꝰ voluit casꝰ: q̄ȝ ab illis volueret̄. pręstātissimi em̄ viri potiꝰ fortunā regūt q̄ȝ ab illa regant̄ d Insignē. p. S. nam patrē patriosq̄ȝ deos ab icēdio liberauit. Ostēdit igit̄ merito ivocasse musā: nā si piꝰ: cur odio deoꝝ laborat. D. Insignē. p. v. i. deoꝝ cultorē: & spectatę vitę. Quid ergo delinquēti fecisset: cū ita isectat̄ inoxiū. Ergo collige: nā cū irasci causa nō sit: et nō satiari i nūeꝝ tormētis et grauissimis casibꝰ probat illā esse sęuā: his dictis īstruit homies ad bonū viuēdi rationē: Bonū em̄ virū iustꝰ dolor moueat: & tn̄ nō sit i vltiōe i noderatꝰ: nec iustas iras diutiꝰ retineat: Vnde Salust. Et iiuria accepta ignoscere q̄ȝ ꝓseq malebāt. e Tātę ne. S. nō de qualitate Sed de quātitate q̄rit̄ Nimia em̄ ira ē: quę nō habet pietatis rationē. Stoice aūt loq̄t̄: nā Epicurei dicūt: deos hūana nō curare Et ē ex clamatio admirātę. D. Tātę ne. Admirat̄ hoc poeta cū dii leues esse soleāt: et misericordes ꝙ rep̄hēdat̄ i eis quod i hoībus displicet post. iuocationem aūt nō i adiumētū carmis: sed i fauorē suscepti sui operis positā causas enūerat. q̄bus lector in initio aduertat & Iunonꝭ sęuā: & deos malo studio Iunonis motos: & Aeneā nō sua culpa hęc esse passum f Animis celestiꝰ. S. q oībꝰ ꝑturbatiōibꝰ carere cōsueuerūt: Nā apud inferos est ira: cū assint furię. g Vrbs. S. Ab orbe qꝛ antiq̄tus in orbem fiebāt vrbes: Vel ad vruo parte aratri: nā sulco aratri designabātur. D. Vrbs an. prima Iunōis odioꝝ causā dicit. q̄ Aeneā i sectat̄: qm̄ ab eo gens oritura erat: quę impium quod ipa Carthagini. seruare cupiebat ēreptura esset. volebat ergo si posset illū extingui: Igitur hęc sola causa satis erat ad odia excitāda: verū alię quoq̄ȝ enūerant̄: vt cū sint ꝓcul a culpa Aeneę: & ipe purget̄: et Iunōis factio iniq̄ssima cōgnoscat̄. Laudatur multipliciter Chartago: Vt ostēdat̄ illa Ro. impiū opprimere potuisse maxime annitēte Iunone. C. Vrbs an. laudat Carthaginē vt ostēdat̄ nō omino. stultā rei ꝑficiēdę sp̄ē fuisse Iunonis Et sumūt loci de ꝓbabili quod ponit̄ i cōstitutiōe cōiecturali: in hac ē signū & signi ptes sūt: locꝰ tēpꝰ. spaciū. occasio. spes ꝑficiēdi: & spes celādi. Locꝰ ergo idoneus dabit spē ꝙ esset ꝓpinqua Italię: & opposita Romę. Erat i spes perficiendi: qm̄ & antiquā: & diues: & populosa: & bellicosa: Ergo q̄ȝuis etiam accēsa esset odio: nō tn̄ preceps consiliū coepisset: nisi fuisset spes ꝑficiendi. h Antiqua. S. Nā ante septuaginta annos vrbis Romę cōdita erat: quā Scipio deleuit. nā quę nūc est: a Romāis cōdita fuit. Ergo antiqua cōꝑatiōe eiꝰ quę nūc ē & Roma antiq̄or. D. Antiqua nō magna. vt multi dicūt: sed ꝓlapsi tp̄is vt: annositate corroborata: i petiū Ro. nascēs lōgeuis viribꝰ ꝓmeret C. Antiqua ergo corroborata viribꝰ opponebat̄ nascenti Sic inferiꝰ dolet: ꝙ vrbs antiqua ruat multos domiata ꝑ ānos. Vrbs hāc designabant sulco eā ducebat̄: qua moenia futura esset: et cū illuc ꝑueniebat̄ vbi esset futura porta id spaciū nō signabat̄ sulco: sed portabat̄ aratrū ne terrā tāgeret. Vnde a portādo. portā dici voluīt. Ipe alibi. iterea Aeneas vrbē designat aratro: Nā Caro ait cōditores vrbiū: tauꝝ i dexterā vaccā interiꝰ iūgebāt: ipe incincti ritu sabino. i. togę parte caput: velati tenebāt: stiuā icuruā vt glebę omes itro ruerēt. Vn̄ territoriū quasi terribouiū dictū est. a tritu boū & aratri: erāt boues albi: vt illo cādore ostēderet̄ ciues sine labe eā optere: glebę internę reiiciebant̄: qm̄ omis vertilitas in vrbē portāda sit: erāt ita boues iuncti: vt vacca interior taurꝰ exterior esset: qꝛ mulieris ē quę itra domū sūt curare: Viri vero quę extra. de hac re Ouid. in li. fastoꝝ Inde p̄mēs sciuā designat moenia sulco: alba iugū niueo cū boue vacca tulit. Sulcꝰ aūt ille q sit tūc iprimebatur (Teste Pompeio Festo) primigeniꝰ dicebat̄: Vomis aūt ęneus adhibebat̄. vt refert Macro i Tyrii. S. deest quā. Sic alibi Est locꝰ Italiā grai cōgnomine dicūt. i. quā dicūt k Coloni. S. cultores aduenę sūt. D. Coloni. vt ꝓpter incolas etiā aucta sit colonis. C. Coloni Noui & aliunde ꝓfecti habitatores vrbiū: Sed & agrū alienū q ea cōditiōe erāt vt ptē fructuū capiāt colones appellāt. q de re rustica scribunt. l Carthago. C. cōdita ē vt q dē voluīt a Carthedone Tyrio: vt vero alii a Didone: eiꝰ filia ānis. cxliii. post Troianū bellū: Alii vero dicūt cōditā a Didone āno mūdi. xc. ac cētesimo supra quattuor milia: postremo vero sunt q velint regnate Auētino in latio post q̄tuor milia & trecētos ac quinquaginta mūdi annos eā cōditam: Sed Poeta suo iure hęc fingit. ait Euse. m Italiā cōtra tyberniaq̄ȝ. SER Quoniā tria habet latera scilicet maris supi. inferi. et alpiū. vt discerneret addidit tybernia littora. D. Italiā cōtra laus est a situ n Longe. S. valde. Salu. lōge alia mihi mēs est o Diues opum. S. absolute antiqui dicebāt diuites: nūc iugūt causa rei vt diues eq̄tū. diues pictai vestis & auri Do. Diues a fortuna p Studiis belli. S. Quod miraculū est cū otiosa sit sēꝑ opulētia.

Carthago: Italiam contra: tiberinaq; longe
Hostia: diues opum: studijsq; asperrima belli.
Quam Iuno fertur terris magis omnibus vnã
post habita coluisse samo: hic illius arma
Hic currus fuit: hoc regnum dea gentibus esse
(Si qua fata sinant) iam tum tenditq; fouetq;
progeniem: sed enim troiano a sanguine duci
Audierat: tyrias olim quę verteret arces.
Hinc populum late regem: belloq; superbum
Venturum: excidio lybię: sic voluere parcas.
Id metuens: veterisq; memor saturnia belli

Studiis & nõ studio. Ter em̃ rebellauit cõtra Romanos: vult Iuno illius regna sortiri. D. Studiisq; a. natura & a moribꝰ ergo om̃is erat occasio Iunonis fauor. locorũ ꝓximitas. subã. rei familiaris. bellorũ interꝰ fiducia naturalis: et insinatũ studiũ dimicãdi. q Ferẽ. S. dicit & artificiose in rebꝰ fabulosis denegat suã fidẽ poeta r Post habita coluisse samo. S. nõ neglecta: sed habita in secũdis partibꝰ amoris. Amabat em̃ samũ genitale solũ sed magis Carthaginẽ. D. Post habita c. s. Tãta obstiatiõe cõtra Ro. iperiũ nitebaẽ ꝑ Carthaginis opibꝰ: vt omnib terris & ipsi solo genitali illã ꝓposuerit: et insignia sui numis: & quicquid potuit in ea collocauerit. C. Samo. Quã insulam vehementer amabat: q̃m ĩ ea adoleuit: & Ioui nupsit et vt scribit Varro parthenia priꝰ est appellata: itaq; antiq̃ssimum habet ibi tẽplũ ĩ simulachrũ nubẽtis figuratũ: & sacra eiꝰ anniuersaria nuptiarũ ritu celebrantẽ: ait Herodotus: templa samũ habere pulcherria oĩm quę in grecia sũt. s Hic illiꝰ ar. S. hic ꝓ illic crebro in vsu. Arma: nã armatã alibi ĩducit: vt ferro accincta vocat. C. Hic illiꝰ. a. h. c. f. Repetitio est color Rhetoricꝰ

s Currꝰ. S. aut vere currus q̃ ipa in coelo vtiẽ vel thensa q̃ dicitur. θειοσ. i. a re diuina. Et est qua deorũ simulachra portantur t Fuit. S. Quociẽs sũt diuersorũ nũerorũ nomia verbũ respondet viciniori. ergo si esset hic illius currꝰ hic arma dixisset fuerũt & nõ fuit: Si sint noia diuersorũ generũ adiectiuũ respõdet viciniori: vt vir mulier q; magna & nõ magnꝰ: nisi trãseat ad pluralẽ: nã tũc erit masculinũ. Vt vir mulier q; magni v Dea tẽdit. C. q. d. Iccirco audet niti cõtra fata: quia dea est. x Qua. S. vacat metri causa: vt gẽtiũ locorũ & tãdẽ y Iam tũ. S. i. ab ipso ędificatiõis pricipio z Tendit q; fouet q;. S. i. tẽdit et fouet vt regnũ esse possit. a Duci. S. ductũ iri: vt sit p̃sens tẽpus pro futuro. b Audierat. S. a Ioue vel a fatis: nã nõ omnes dii futura sciũt. Qua ꝓpter & Appollo q̃q; quã vates ẽ a Ioue accipit: vt Quę Phoebo pater oĩpotẽs mihi phoebꝰ Appollo prędixit: & ꝑte audierat: nã apud Enniũ Iupiter Romanis ꝓmittit excidiũ Carthaginis c Tyrias. S: Carthaginẽses a tyriis cõditas d Olim. S. in futurũ: sed & presẽs: & p̃teritũ significat e Verteẽ. D. Quã habet significationẽ vt nihil. post excidiũ supsit: vñ alibi: quę te genitor sententia vertit. i. penitꝰ ita imutauerit: vt nihil ĩ illo pietatis relictũ sit. Itẽ et om̃es imo vertit neptunnia troia.. f Superbum. S. nobilẽ. g Excidio. S. ad excidiũ nota figura: h Lybię. S. regionẽ ꝑ vrbe: dicta aũt est lybia. quia inde flat lybs ventus: Vel vt ait Varro q̃si λειπειν id est egens pluuiis. Hinc Salust. Coelo terra penuria aq̃rũ. C. Lybię. pars tertia terrarũ ẽ: quã latini Affricã noiant greci dicũt lybiam denomiatã a lybia Epaphi filia: quę Busiridis mr̃ fuit. i Voluere. S. a filio dixit. Vna em̃ loquiẽ: altera scribit: tertia filia deducit. dicunẽ parce per Anphrasim. i. contrariũ sermonẽ: quia nemini parcant. Sic lucus cum nõ luceat bellũ: q; nulla res bella in eo sit. k Parcas. C. Q̃m vita humana initiũ habet ꝓgressum & finem. Hęc tria ꝑ tres parcas antiqui noiauerũt: Nominaq; sunt apud grecos Cloto lachesis & Atropos. Cloto quę initiũ vitę typũ habet colum cũ penso gestat: vt sit ortus nr̃: qui materiã viuẽdi p̃bet: Lachesis vero filũ ex penso deducit. Id eni est tp̃us viuendi q; sortiti sumus: Vnde et ipsa a. λαγχανω quod est sortior diciẽ. Tertia vero filũ a Lachesi iam deductũ abrũpit.: et denotat mortẽ. Vnde diciẽ Atropes quasi ανεπιτροπον id est sine cõuersione: quia implacabilis est mors et nulli parcit. Gellius autem refert tribus fatis: tria noia eẽ latina: et primã dici parcam a pariendo. Secundã nonã: tertiam decimã: quia nono & decimo mense partus maturi sint. Cesellius vero vindex parcarum ponit tria noia latina. Nonã: decimã: mortam producitq; Liuii versum. Qñ dies adueniet quã p̃fata ẽ morta: Has alii Demogorgonis ex Chao filias dicũt: alii noctis: alii quibus assentitur. Marcus Tul. in li. dẽ na. de. Herebi & noctis has ait: Hesiodꝰ bona & mala homibus sortiri. l Id metuens. S. de futuro timor est. Odium de p̃nti. Metuebat ergo Carthagini. odiũ aũt habebat ꝓpter causas sequẽtes: et est de vtroq; exemplũ: Conueniũt quibꝰ aut odiũ crudeli tyrãni: aut metꝰ acer erat. D. Id metuẽs vt firmet patriã fuisse pricipalẽ cãz icipit dicere alias: Timet ergo ne Troiani ab excidio liberati: vel vires aduersus grecos reparent: vel in Italia consistentes Carthagini efficiant. Artificiose deinde aliam causam addit iudiciũ paridis: et vnã iniuriam facit duplicem scilicet quod offensa sit in eo iudicio: q; minori sit postposita: et q; sit spreta forma sua: quia ĩ pomo scriptũ erat pulchriori detur: hoc maxime vexat mulieres. Hanc igitur ꝑtẽ faciat. Virgiliũ cũ dicit manet: alta mente repositũ iudiciũ paridis spretęq; iniuria formę: vt non tantũ irascitur: q; victa ẽ: q̃trũ q; forma sua sit spreta. C. Id metuens. Nam hęc est prima causa: reliquę sunt accessorię: m Veteris belli. S. Quãtũ ad Virgilium ꝑtinet antiqui: Si ad Iunonẽ referas: diu gesti: Tũc aũt ad ꝑsonã referendum est cũ ipsa loquitur. Q̃ si nulla persona sit: ad poetã refertur. Nunc ergo veteris ex persona poetę intelligendũ est: sicut ipse alibi. Miranẽ dona Aenę.: miranẽ iulũ flagrãtisq; vultũ. dei ꝑtẽ ad se retulit: partẽ ad tyros: qui deum esse nesciebant. C. Veteris: ac si diceret: imꝑfecti opis: Hoc alibi ipse dolens ait: nõ capti potuere capi: & paulo post. Me ne incoeptis desistere victam. n Memor belli. S. id est iniuriarũ ob quas bellũ susceperat. o Saturnia. S. Antonomasia est: non epitheton: q̃ fit q̃tiens pro proprio nomine poniẽ: q̃d põt esse cũ proprio no:e et epitheton dici. C. Saturnia: quasi dicat crudelẽ: vt a Saturno esse oñdat: diciẽ aũt iuno a iuuando: sed quoniã in hoc loco Troianos nõ iuuare: sed ledere conaẽ: optimus vates illam a Saturno stella noxia denomiare maluit: Ceterum poetę cũ eã physica quadã rõne distribuit: terrã intelligũt: Hęc pulchre ostendit Dionysius ac Eusebius: Et Varro: Quapropter hac rõne ipsaz deã regnorũ nominant: quia hęc terrena sunt atq; homis contentio inter mortales: & terrarũ possessione est. Capiẽ autẽ a Marone allegorice ꝑ ambitiõe: q̃ est cupiditas regnãdi et imperãdi. Huius dęę simulachrũ ligneũ apud samos: vbi apprime colebaẽ fuisse: refert Calimachus. Iunonem prisci voluerunt esse nuptialem viri ac foeminę cõiunctionẽ. Quapropter illi sacrificantes bilem ab ostia se mouebant: ac iuxta aram infor

prima quod ad troiã pro caris gesserat argis·
Nec dum etiã causę irarũ: sęuiq̃ dolores
Exciderãt animo: manet alta mẽte repostũ
Iudicium paridis: spretęq̃ iniuria formę:
Et genus inuisũ: et rapti ganymedis honores.
His accensa: super iactatos ęquore toto
Troas: relliquias danaũ: atq̃ immitis achilli
Arcebat longe latio: multosq̃ per annos
Errabant acti fatis maria omnia circum.
Tantę molis erat romanã condere gentem.

dicebant. vt ostẽdat sine ira & odio & amaritudine matrimoniũ esse oportere. Iunonis aũt & latonę ptãtem sic iũgunt: q̃ iuno terra sit: latona nox. nã obliuio ex nocte per somniũ fit Nox aũt est terrę vmbra: mrim o nii vero finis pcreatio est. i. a tenebris. ad solis lumia pgressio. D cũt aũt ioui Iunõe irata. & ab eo discedẽte moestũ Iouẽ ab Alabeo mene indigna doctũ: vt alterã ducere simularet. Quapropter ille ex quercu muliebre simulacrũ cõposuit: nuptiasq̃ pparauit. ad quas tritonides nymphę: & vniuersa Boetia cõfluebat. Quare cõmota Iuno a Citherone descendit: & platesiũ mulierũ turba sequente ad Iouẽ peruenit: simulatioeq̃ patefacta illi sũma cũ lętitia recõciliata est· Simulacri aũt quod dedalen appellarũt Iunonis grã festa dedala instituta sunt. Iunoni pterea oim mẽsiũ kalende dicatę sunt: vñ illi duodecim aras instituunt. p Prima. S. Atqui hercules prior contra troianos pugnauit. vñ mõ prima priceps accipiendũ est: nã plerũq̃ poeta significationẽ nominum dat participiis: vel ecõtra vt voluentibus annis: significat ei volubilibꝰ. hac licentia & in noie vsus est: vt prima pro principe poneret. Ad Troiam. et ad & apud accusatiue sunt p̃positiones: sed apud semp in loco significat: ad & in loco & ad locũ: vt ad quẽ tũ Iuno supplex his vocibus vsa ẽ. Cice in ver. Decẽ fiscos ad senatorẽ quẽdã relictos. Itẽ ad Marcũ. leccã te habitare velle dixisti. q Caris argis. S. illic ẽm ea coli oibꝰ notũ ẽ: Argos aũt in numero singulari neutri generis ẽ: vt Hora. Aptũ dicet eqs Argos. in plurali vero masculini: vt hi argi. Cętrũ deriuatio nominis argiuos facit: nõ argos. r Causę irarũ. S: nũc de pteritis loquit̃. C. Causę irarũ. iniurię: iniuria ẽm irã gignit: q̃ est accesio sanguinis ad vlciscẽdũ. s Dolores. C qui & ipsi ab iniuriis nascunt̃: ait Diod. mulieres diopolitanas siue thebanas quę in ęygpto sunt: nã diopolis thebe est pharmacũ aduersus irã: & moerorẽ inuenisse.
t Aio. C. mente. i. memoria: vt manet alta mente repostũ. v Manet alta mẽte repostũ, iudiciũ paridis. S. In q̃ p venere. Alexãder cõtra Iuõẽ Mineruãq̃ iudicauit. Alta mẽte. Secreta recõdita. Repostũ aũt sincopa ẽ. Vnã enim e medio litterã vel sillabã tulit: sed cũ oẽs sermones: aut integri sint. aut pathos habeãt: hi qui pathos habẽt. ita vt lecti sunt: debẽt poni q̃d etiã Maro facit. Nã repostus: & porgite de ennio transtulit. Integris aũt & ipsis vtimur: & coꝝ exẽplo aliis. D. Manet ergo ad oia ptinet. Repostũ autẽ ad iudiciũ paridis. Iudiciũ. s. corruptũ libidinis premio. Paridis. vt cõuitiũ sit: nõ hominis nomẽ. s. q̃si abiecti venalis vulgaris: & inhonesti. Fallũt̃ aũt qui referũt iniuria formę ad Antigonẽ. Vñ addit. & genus inuisũ: vt ad principalẽ causã gẽtis ęstus reduceret. C. Iudiciũ Paridis. De pa‹r›inde Ganymede atq̃ aliis troianis dicemꝰ suo loco. Hic addit ea quę dicit. D. addã. ingeniosissime Poetã neam: cum causas quę Iunonẽ excitabant: poneret ita narrare voluisse: vt ipsa si adesset narraret. Nã vt ait ꝛc̃. A natura & vsu non est recedẽdũ: nõ ergo rõnem habuit tẽpoꝝ: sed si irrata Iuno loqueret̃: semp ea prima pferret. quibꝰ magis p̃meret̃. Et quia nihil grauiꝰ accidit reginę q̃ postponi minoribꝰ: nihilq̃ molestius foeminę q̃ i iudicio formę succũbere. Iudiciũ in q̃ vtrũq̃ incõmodũ est prius dixit. Deinde molestius in secũdo loco erat. Electram viro suo potitã quã ganymedẽ filię in munere succedere. v Spretęq̃ iniuria formę S. Epexegesis est. Hoc ẽm fuit iudiciũ Paridis: vtq̃ pticula vacet: sicut alio loco. dixitq̃. et prelia voce diremit: licet nõnulli separent dicẽtes aliud esse: nusq̃ ẽm cõiũctio ponit̃: nisi inter duas res. Et spretę formę referunt ad Antigonẽ laomedõtis filiã quã a Iunõe ppter formę arrogãtiã i ciconiã cõstat eẽ cõuersã. Seqñtꝫ ẽ ✝ Iniuria ẽ q̃ arceret italia. Modꝰ aũt q̃ arceret crudelissime illos p oĩa maria iactãdo: & vt magis illius odiũ insatiabile ostẽdat: dixit troianos nõ integros. & florentes in patria: in q̃s posset citari aliqua inuidia: sed miseros: atq̃ infoelices: & qui ex grecoꝝ psertim Achillis crudelitate superfuerũt: qui non solũ venia: sed etiã cõmiseratione digni essent: eoq̃ magis q̃ iã diu i eos sęuierat: vt iã oĩs ira saciata esse potuisset. Forma a gręco est per trãspositionẽ lrãꝝ. Illi enim μορφην nos formã dicimꝰ. Est aũt forma ppter quã aliquid q̃d nõ erat esse icipit: nã ebur Phidię Iouis simulacrum nõ erat: sed postq̃ addita est ad materiã forma: coepit esse simulacrum. Ergo quia dat essẽtiã, & pulchritudinẽ: forma pro ipsa pulchritudine capit̃. x Et genꝰ inuisũ. S. ppter Dardanũ Electrę pellicis filiũ. Electra pellex fuit Iouis: ex qua Dardanꝰ natꝰ est: a q̃ troiani ducũt originẽ. y Et rapti. S. stuprati. vt ẽ. rapta garamãtide nympha. Itẽ & raptas sine more sabinas. ȝ Ganymedis honores. S. Trois regis Troianorũ filii. Honores aũt dixit: ppter ministerium poculorũ ad q̃d receptus est remota Hebe Iunonis filia: quę Ioui bibere ministrabat: Vel ob hoc q̃ inter sidera collocatus: aquarii nomẽ accepit. D. Ganymedis. Qui turpiter amatus est a Ioue. Est aũt foedũ hoc loco aliquid itelligere de zodiaco: in quo Ganymedes dicit̃ collocatus: ne infames inter sacra sidera sint collocati. Et sentiamus id quod poeta nõ dixit. Ostẽdit oẽs has causas esse alienas ab Aenea. Atq̃ vt posterius dicta ostẽdere incidenter ait.
a His accensa sup iac ę. t. S. Super his: aut de his: aut super metũ carthaginis: his quoq̃ accẽsa. D. His ac. sup. i. sup illã quę fuit ob excidiũ carthaginis. C. In hoc loco super aduerbiũ est secũdũ Prisciianũ. b Iactatos ęq̃re toto. D. Hęc oia ad exprimẽdã Iunõis iniquitatẽ ptinẽt. vt ostẽdat excidiũ carthaginis solã causã fuisse: ne ipsa misereret̃: nec desereret intentionẽ suã quę cognoscẽs nõ posse expugnare fata: cupiebat saltẽ illos arcere: q̃s ad plenũ supare non poterat. Nõ miserebat̃ igit̃ vt iactatos toto ęq̃re: & eos q̃ ex infinito numero ad paucos redacti essent: q̃s e manibꝰ sęuissimoꝝ hostiũ fortuna seruauerat: insidiis assiduis obterreret. C. Iactatos ęquore arcebat. Oĩbus ex locis Iunonẽ inuidia oneratis: pathosq̃ comouet. In hoc aũt loco citat a modo vt ipse alibi. Altaria ad ipsa trẽentem traxit: & in multo lapsãtẽ sanguĩe nati. Sic Demosthenes se pulsatũ Cothurno querit̃: in quo erat cõtumelia: nã nõ solũ iniuria ex se spectat̃: sꝫ etiã modꝰ inferẽdę iniurię. Iniuria vt s̃ ibi ✝
c Et Relliquias danaũ. S. vt stet versus geminauit L. nã in psa reliquias dicimus: D. Reliquias Danaũ. magna crudelitas quę nullis cladibus satiari poterat: laus autẽ ænee magna: q̃d de solis reliquiis troianorũ impiũ Ro. cõdere potuerit. Ergo ni fato abstitissent patriã integris opibꝰ defẽdisset: cũ i aliena terra iperiũ cõdiderit. C. Danaũ grecoꝝ a Danao antiquissimo rege fratre Aegpti qui relicto ægi‹pto›

pti regno fratri: i grecia͂ nauigauit argosq; venit: & nomen genti dedit. Ait autē Plinius hūc primū nauī nauigasse: cū antea homines ratib⁹ ab Erithra in mari rubro īstitutis vterent. Eusebius ita scribit: egyptus que prius acrie dicebat ab egypto regnāte nomē accepit: cui datū est regnū eiecto Danao: qui in grecia argos occupauit: ac aquis abūdare fecit. d Atq; immitis achilli. S. Bn̄ secūdū Homerū segregauit ducē a populo. Sic Aeneas in secundo post omnē casū: priami separauit interitū. vt forsitan & priami fuerint que fata requiras. immitē aūt dixit: etiā circa extinctū Hectorē crudelē. Achilli ꝓpter ομοιοτελευτον detraxit. s. litterā que plerūq; ꝓ sibylo habet: non solū necessitatis: sed etiā euphonie causa: vt Salu: A principio vrbis ad bellū psi Macedonicū: detrahit aūt s tertie declinationis genitiuo: C. Achilles dictus est quasi ανευχιλου i. sine cocto. quō illū Chiron ita educasset herbis: baccisq; poma siluestribus: vt nullū cibū coctū gustaret. Vñ Euphorion ειθ..θιηνχιλου κα(ι) ηιε πω μπαναγε..ρος το..νεκα μ.ν... ονεσ μινα χιλλεα φημιξατ.ο e Errabant. Circa recto cursu vagabuntur. aliqn̄ peccare. Itē pasci. vt mille mee siculis

c
Vix e conspectu Sicule telluris in altum
d e
Vela dabāt leti: et spumas salis ære ruebāt.
Cum Iuno eternū seruās sub pectore vuln⁹,
g h i
Hec secum: me ne incœpto desistere victā.

erant in mōtib⁹ agne? f Acti fatis. S. Si odio Iunonis: quō acti fatis: sed hoc ipsum Iunonis odiū fatale est: laborat em̄ Virgi. Nil troianoꝝ meritis: sed oīa fatis ascribere. Est & alter sensus: nā fatū volūtatē legimus. Vt fatis Iunonis iniquę: hic intelligimus agebant fatis Iunonis. i. voluntate. D. acti fatis: id est ipsi qui fatis agebantur: in italia errabant Iunonis inimicitiis. g Maria oia circū. S. In fine accentū ponim⁹ cōtra morem latinū: sed corruptio hoc facit. nāq; ꝑpositio postposita corrupta est sine dubio. a Tantę molis. S. difficultatis. D. Tantę mol. nō fiunt sine magno labore magna. Laudat aūt Aeneas qui nullo labore nulla diuturnitate erroris desistebat ab incoepto. C. Tantę molis Epiphonema ē quę ē. rei enarratę vel pbatę sūma acclamatio. Sic Cicero facere enim probus adolescens periculose ꝙ perpeti turpiter maluit.

p⁹ quā in oratōe debachata deuomerat irā: et se nō nihil collegerat. Ast Ego quę diuū incedo regina Iouisq;: & soror: & cōiunx. i Incoepto desistere victā. S. Tolerabili⁹ est em̄ nō inchoare ꝙ incoepta deserere. D. Incoeptoq; desistere victā. i. Incepta sunt aīoꝝ destinationes. Salu. Nā talia incoepta nō cōsultoꝝ vertisset reꝝ pestem factura. Dolet igitur intentionē suā sine defectu defecisse: nec superesse nocēdi consiliū: vel tempus. Et quia bonoꝝ est incoepta deserere: si aut prece flectanť. aut sponte ignoscat: ostendit: vtranq; occasionē pdidisse: et incedisse in ludibriū. s. superata discederet. k Nec posse italia teucroꝝ auertere regē. S. Sic & in septimo vicor ab Aenea. Et detraxit more suo ꝓpositię ꝑpōes: ñ em̄ dixit de italia. sʒ italia. l Regē. D. i. Si pdere nō potui debui separare teucrorū regē. Italia. i. ab italia. Sic alibi bellū igens gerat itali a ğ si ñ poterat pdere saltē disiūgeret ab italia: et si oēs ñ piret: saltē id obtieret iuxta vnū ęneā: cui⁹ stirpi deberi scribet īpiū Romanū. m Quippe vetor fatis. S. Reuera ingt fata me ꝓhibēt: ergo Iuno ignorat vim fatorum. Sed hoc non possumus dicere: quia supius lectū est. Si qua fata sināt: & ꝓgeniē troiāo a sanguine duci. Audierat. hoc ergo est: oēs res hoīm: aut ex nr̄a volūtate descēdunt: vtputa sedere surgere. Aut ex fati necessitate: vtputa nasci: mori: Aut ex deorū volūtate: vtputa nauigare. vł honorib⁹ frui. Nūc de nauigatione agiť: & bene inuidiose: q̄si etiā hui⁹ rei ptātē ei possint fata detrahere. Est & alter latens sensus: vt speret regnā ꝯtra exulē fata posse aliquid: si minerua numen inferi⁹ valuit cōtra fata victoꝝ. n Pallas ne. S. Minerua ἀπὸ τοῦ πάλλειν τὸ δόρυ. i. ab haste ꝯcussiōe. vł ꝙ pallātē gigātē occiderit. D. Pallas ne. quę nō essent tanti meriti: aut ptātę. o Classē. S. Ad inuidiā posuit: vt pro vna naui classē dicat. Sic vnus nauibus infandū missis cū orontis sola periisset. Aut reuera vnā nauē significat: vt Hora. Me: vł extremos numidarū in agros classe releget. Classis em̄ dicta est ἀπὸ τῶν κάλων. i. a lignis. Vñ & calores dicūť q militib⁹ ligna portāt. & potuit καλοπόδια ad illud referť q̄d supdixit. Nec posse. D. Exurere. Cōpatio poenarū. Minerua potuit naues grecoꝝ & ipsos exurrere. ergo vnū ab italia arcere nō potuit exurere. Vrere est aliqd ledere incendio. Exurere ē penit⁹ ab olere īcēdio. Cōfirmat aūt poeta soli ęneę deberi ipiū cū de ipso solo laboret Iuno. C. Pallas ne exurere cla. Hec. latine Minerua diciť: quā ñ solū lanificii: ac multaꝝ muliebriū artiū deā esse volunt: sed ipsi⁹ q̄ʒ sapientię. Aiūtq; nō ex muliere cōcoeptā esse. Sed ex capite Iouis ortā. Est ergo fabula Iouē cū Iunonē sterilē videret: vt liberos haberet: sepi⁹ cōcusso capite. Mineruā edidisse p quod oñdūt nlł a amixtiōe reꝝ humanaꝝ: aut corporaꝝ ab ipso deo nobis sapiētiā prouenire. Et reuera hñti oia ingenio ille erit q sapiētiā: quę intellgētiā scietiā amplectiť ex corpoꝝ cōmixtione nobis ꝓuenire opineť. Ipsa em̄ ex ītellectu siue poti⁹ intelligētia: q̄ pura simplex: incorporeaq; est: ꝓuenit. Cic. ī li. de. n. d. qñq; mieruas ponit: Prm ī q̄ appollinis mater fuerit. Secūdā ortā Nilo: quā ęgiptii colūt. Tertiā quę fit ex Iouis capite. Quarta Iouis et Coryphes. Oceani filię filiā: quā arcades coriā vocāt: et q̄drigaꝝ iu[en]tricē feruť. Quītā ex pallāte natā: quę prēm suū pallātē dr̄ interemisse: q̄ virginitatē suā si violare vellet. huic penarū tallaria assignāt. Greci mieruā: athenā ducūt: a q̄ dictę sint athenę vrbs de q̄ re in georgicis dictū est: minerua lanificiū et texturam appetit: & nūeros atq; illoꝝ figuras: hāc vulcanus adamauit vxoręq; petiit. Veꝝ cū illa ꝯcubitū refugeret: semē i terrā fluxit: nat⁹q; ide ē Erichtoni⁹: sic dict⁹ a terra ī q̄ nat⁹ q̄ χθων grece dr̄ & a ꝯtētiōe q̄ iter vulcanū & ipsā fuit q̄ grece ερις dr̄. pallas ꝑterea appellať. Vł a pallāte ei⁹ pēte iterfecto. l' a ꝯcussiōe hastę: nā πάλλειν ꝯcutere ē. Appellāť etiā tritonia a tritone affricę palude apud quā: vt scribit Augustin⁹: regnante. Ogygio apparuit. Fuit aūt cecrops q̄ regnāte ab ethena. i. minerua Athenę denoiatę sūt anno mūdi. 3650. quo tp̄e Moyses ex egypto ppłm eduxit Herodo. aūt ait ī affrica machlyes eē ppłos iuxta q̄s tritō sit fluu⁹: ex q̄ sit tritōis pal⁹; ex q̄ dicūt neptunnū mieruā suscepisse

k Nec posse italia teucroꝝ auertere regem l

m Quippe vetor fatis: pallas n ne exurere classē o

b Romanam cōdere gentē. S. latenter ostendit hinc odiū Iunonis Aeria pertulisse. i. ꝙ Romanę gētis auctor extabat. c Vix e cōspectu. S. Vix. hoc loco mox significat. E cōspectu: vt adhuc de Sicilia possēt videri. D. Vix lęti. Vtrunq; tēperet: Nam lęti erant: ꝙ essent ꝓpinqui italię: sed morte anchisę cōtristati vix erāt lęti. C. Vix e c. S. t. in a. v d lęti. Erat adeo intenta his rebus Iuno: vt vix nauigare incoeperint: cum aīaduertit. d Lęti. S. vł alacres veloces et Vt ē lęt⁹ eos eur⁹ eqs. lętē & virgea lętus pabula festinus. Et cū omni intentiōe: Vel reuera lęti: quāq; incongruū sit post anchisę mortē. Sed & intentus senum minus dolet. & magis lętos in telligēdū est. vt sit Iunoni causa maioris iracūdię. Sic em̄ & in septimo irasciť vbi lętū Aeneā prospexit absq; pachynno. C. Lęti capiebant letitiā pꝑter ꝓpinquitatē italię: quę res magis Iunonē incēdebat nā ex inimicoꝝ letitia dolent inimici Caris. Sic et apd̄ Homer. loqtur. ἦ τοι ἐμοὶ τρεῖς μὲν πολὺ φίλταταί εἰσι πόληες ... e Salis. S. maris secūdū Homeꝝ. Salē aūt q̄ vtimur singulari numero tm̄ dicimus: cū iocos significamus pluralē tm̄ ponimus numeꝝ secūdū Lucanū qui ait. Nō soliti lusere sales. Aliqñ autē & vrbanitatē p singularē numeꝝ significamus: vt Therentius qui habet sal quod in te est. i. quę res ī te est. Masculini em̄ generis est non neutri. & neutra triptota sunt. nec ab hoc accusatiuo nominatiuus esse potest: hoc sale. f Cum Iuno ęternum seruans sub pectore vulnus. SER. de preterito delorē dixit: de futuro metum: ad vtrūq; vulnus retulit. D. Cū Iuno ae. 2c. Aduertens Iuno Troianos de proximitate italię laborare. recrudescebat vulnus. Et excusat ab inuentione nocendi: & a loco & tēpore sic suos dolores intimis sensibus enumerat. C. Cū Iuno ęternū. De hac dea deq; Ioue alio loco diceť. Quare autē troianis inimica īplacabilis fingať: nos in nostris disputationibus chalmadulensib⁹: in quibus sex primos libros secūdū allegoriā interpretati sumus diligenter expressimus: nā cū Iuno dea regnoꝝ sit. iureq; possit pro cupiditate imperandi: & pro omni ambitione capi. Quid est ꝙ egregiū virū ab italia. i. a cōtemplatiōe diuinaꝝ rerū: in qua est summū bonū magis amouere possit. Sed hęc & reliqua oīa in eo loco intelliges. g Hęc secū. S. subaudi: locuta est deest em̄ & hoc factū est: vt superius diximus. Vñ em̄ hoc sciret poeta. Bene aūt impaciētia doloris ostendit: detrahendo ei solatia: vt in quarto solam inducit Didonē. En quid ago: rursus ne procos irrisa priores. h Me ne. S. Ne nō vacat: significat em̄ ergo. Et est cōiūctio rationalis. DO. Me ne componit sūma arte quales habere debuerit cogitationes: carens inuentione ad nocendū. & iducto qualitatis statu per exēpla aliena inuenta cōsimilia enumerat & tēperat personā suā cū psonę Mineruę: & troianoꝝ: & grecorū: & inimicitiaꝝ causas. Me ne. Emphasim habet ꝓnomē & magnū dicēdi pondus: q̄d infra apparuit: cū dicit. Ast ego quę diuū incedo regina Iouisq; & soror & cōiunx. C. Me ne hoc iratorū est. vt principia orationis habeant abrupta: & ꝑcipitata clausulas breues: & verba subtrahant. & ab interrogatione incipiant: cui vix aliter ꝙ q̄d volunt: responderi possit: hęc oia in illa Therentiana deprehenduntť. Ego ne illā: quę illū: q̄ me: q̄ ñ. Pręterea nō possūt explicare a pricipio id post ꝙ in irā euomerūt facili⁹ exprimūť. Itaq; a pricipio dixit me: nec potuit explicare: quid oneris habeat me. Explicauit autē

Argiuū:atq; ipsos potuit submergere pōto:
Vnius ob noxam:et furias aiacis oilei:
Ipsa Iouis rapidū iaculata e nubibus ignē:
Disiecitq; rates:euertitq; equora ventis,
Illum expirantē trāsfixo pectore flāmas
Turbine corripuit:scopuloq; infixit acuto,

cū pater illi qn̄doq; succensuisset:se Ioui adoptādū dedit: hinc virgines singulis annis sacra facientes in duas acies di uidunt:ac lapidib' fustibusq; inter se decertāt:& si qua in pugna occubuerit:ea pseudo parthenos.i.non vera virgo appellat. Ante aūt q̄ pugnā ieant:pulcherrimā oīm ex his Corinthia galea.& tota armatura greca ornatā curru im ponūt:illāq; paludē lustrantē sequunt. Cretenses tn̄ in cre ta Tritonē pluuiā esse dicunt:& apud illius fontē natā ab Ammōe cōiuge Rheę aduers' illā custodē positā filio:quē ex Amalthea susceperat:ipsāq; ppetuā virginitatē seruasse: & ppter animi solertiā multasq; artes inuenisse: & in bel lo plurimū valuisse. Atq; alcidā beluā q̄ ignē vomens oīa inflāmaret:ingenio ac viribus interemisse. Dicūt hanc bel uā primo i phrygia apparuisse:que ex hoc cōbusta vocat: deinde in taurū mōtē cōuersā cūcta nemora ppetuo tenore ad indos vsq; incendio cō sumpsisse,deinde p phoe nitiā cōuersam:ac lybani sylvis exustis p egyptū in lybiā transisse:vsq; ad he sperū. Ibiq; i ceurauni s syl uis oīa cremātē oēs:mor tales aut pdidisse:aut i fu gā vertisse: donec pallas eā pdiderit. Aegypti vero Mineruā aethere esse inter pretāt:& Iouis filiā volūt ac virginē. Quia ether na turā semp incorruptā ha beat. Sed vt ad rē redeā: ex cōparatōe maxima cre scit idignatō ac dolor. Est aūt duplex cōparatio.& ad personā.& ad rē. Dolet enim primū: q̄ pallas minor dea nō phibita sit:quin se de ho ste vlcisceret. Ipsa vero maior dea phibeat. Ad rē aūt per tinet q̄ multo minus flagitiū fuit q̄d cōmisit Aiax in pala de:q̄ q̄d troiani in se. p Vni' ob noxā. S. in istis sermo nibus vnius.illi'.ipsi'.naturaliter media producit sillaba: Sed cū opus est corripit hac excusatiōe.q̄ q̄tiens vocalem longā vocalis sequit:ei vires detrahit:vt est insulę Ionio in magno:Et sub Ilio alto:& ob hoc mutat accētū. In latino em̄ sermone:cū pe nultima corripit:ante penultima habet accentū:ut hoc loco vni' ob noxā.& cōtra.nauib' infan dū amissis vni' ob irā pdimur. Noxā p noxiā. Et hoc iter est iter noxā & noxiā:q̄ noxia culpa est.s.peccatū. Noxa aūt pena. C. Vni' obnoxā. Nescio an Seruii sētētia vera sit Illud scio minime obseruari:nā noxa frequēter p poena po nit. Sed in iure ciuili de verborū significatione scriptū est no xę appellatione oē delictū cōtineri. Oui. Inuidiā noxe con tinet ille meę:& alibi:Nocte nocēt potę sine noxa luce bi bunt. Noxia adiectiuū poti' est:nā noxios & innoxios di cimus. q Furias. C. Inualidat causā:quę n̄ fuerit grati onē:sed p impulsionē.s.p vim amoris. Verū de furiis amo rū lati' in quarto disputabit. r Oilei. S. nō vacat.nā & duo fuerūt aiaces:& ambo furuerūt. S d ira Telamonis: hic amore. Et est greca figura si dicamus Aeneas Anchise: & subaudiam' filius. hac aūt figura vtimur circa patres: & circa maritos tm̄. Vt Virgil. Deiphobe glauci .i.filia. Itē Hectoris Andromache.i.vxor. C. Oilei p eileo p synęresim. Et posuit datiuū grecū p genitiuo latino. Alibi i datiuo di xit:vt orphi calliopea lino formosus Apollo:vbi est orphi p orpheo. Oilus rex locrorū fuit. s Ipsa. S. Bene: dul cis est em̄ ppria manu quęsita vidicta:Vn̄ plus dolet Iuno alienis viribus se vti:vt aeoli:vt inferiorū:sicut ipsa Flectere si nequeo supos acherōta mouebo. t Iouis ignē. C. Po tuit vt se vlcisceret alienis vti armis. Ceterū fulmen s̄m phisi cos est vapor ignit' cōpactus & solid' impetuose cadens. gignitur ex vapore grosso ex cōtrariis & diuersis cōposito vehemēti calore inflamato:& ventorū nubiūq; concussiōe impulso:& quasi lapis igneus fit de cōcauitate nubis deor sū p violentiā pulsus, raro cadit i frigidissima hyeme:quia ppter frig' vapor in aere n̄ gignit. Raro et i vehemēti estate quia ppter siccitatē & subtilitatē aeris vapores inubib' nō aggregant:sed calore cōsumuntur. Eadē rōne in ptib' orbis:aut calidissimis:aut frigidissimis rariora cadūt:& in ea pte italię q̄ a septētrione ad meridiē discedit:crebriora aparēt. Ergo in vere & autūno vapores multi eleuant:& cōdēsantur:& ignescūt: Prisci fulmē:quibusdā sacris eliciebāt:nō sine piculo. Nā hostilius rex cū eliceret:cū oī regia crematus est. Etruscorū libri (teste Plinio) nouē dies deos fulmia emittere dicūt,eaq; ee vndecim ge nerū. Sed Iouē tria emittere. Romani duo tm̄ statuerūt:diurna q̄ Ioui:& nocturna quę Sumano tribuunt. De Sumano memi nit Plautus Refert Aristotiles tria esse genera fulminū. Vnū q̄ adurit. Alterū q̄d quia humidū est nō vrit:sed q̄ tāgit nigra red dit. Tertiū est clarū & mirę naturę:nā vinū effundit intactis va sis. Aliqn̄ fracto vase ita obstupescit vinū:vt p tres dies nō flu at. Aurū in saccis:& vasa argentea in capsulis:ita liquefacit:vt sacci capsulęq; integrę maneat. cōburūt corpora i tactis vestib' Martia Romāa mulier quidā icta fulmīe ptu exanimato illę sa pmansit, ppter hanc triplicē naturā trisulcū fingit a poetis fulmē:vt refert Acron:cęteros deorū māubias albas nigrasq; eē. Iouis vero rubras. Hui' rei haud ignar' Hor. de Ioue dixit Et rubenti dextra sacras iacu lat' arces. v Rapidū. S. velo cē vt est cū rapidus sol mūdū hyemē:cōtingit equis iam pre terit estas. Itē rapidi ve poten tia solis. x Iaculata. S. in li bris Etruscorū lectū est.iactus fulminū manubias dici:& cer ta eē numina possidētia fulmi nū iactus:vt Iouē:Vulcanū.i Mineruā. Vn̄ cauendū est:ne alia hec numinib' demus. y Enubib'. S. s̄m phisicos q dicūt col lisione nubiū fulmē creari. z Disiecitq; rates. S. Rates abusi ue naues:Nā pprie rates sunt cōnexę inuicē trabes. D. Disiecit. Ne si alicui contigisset euadere haberet nauigandi subsidiū. C. Disiecitq; rates.euertitq; equora ventis. Exaggerat rē:q̄ illa p pter vni' scelus multos vita est. Exornat aūt locū colore retho rico:qui est similiter desinēs.s.euertere,exurere,submergere. a Euertitq; equora ventis. D. Alieno est vsa impio. Nā Iouis fulmē arripuit:& Neptūni ipiū:habuit em̄ potestatē in vētos qui alieno subiecti sunt imperio. b Illū. S. auctorē.s.criminis. DO. Illū emphasim pnomen habet quasi temerarium.inconsideratū.sacrilogum.pphanū qui in templo deę vrginis ante aras in conspectu numinis regi am sa cerdotē intactā violauit. c Expirantem flammas. SERVIVS non animam dicit flammas:sed cum anima fulminis flammam euomētem:vt superius. Pleno nemini adiecit opum:idest diues opum. Sic hic verbo cum plenū sit expirat:addit flāmas:vt alio loco confi xi expirant aias. D. Illū expirātē. Illa ppter vnū plurimos pdi dit. Ego a plurimis offēsa vnū ab italia arcere nō possum. Et q̄d auget dolorē ostēdit Mineruā minorē dā Iouis fulmine vti potuisse. Et in poena delicti desēdat auctorē. Si ergo ille iniuste grauiss.mū ptulit suppliciū:multo magis eius socii. defēdit au tem culpā in amorē reiiciens:& vtitur veniali statu:Factū em̄ quod manifestū est non purgatur:nisi dicatur nō erat sui mē tis:nec sui consilii Aiax. sed furore amoris trahebatur. Nā quic quid fit per pathos nō ascribit homini. d Pectore. D. quo vuln' oīno letale esset. e Turbine. S volubilitate vētorū. D. Turbine corripuit:nā aliter infigi nō poterat:& ostēdit vim ro in tanto impulsu. C. Turbine corripuit. Vi vento p̄m circuitum se motante:queq; prosternente. Plinius autem ponit repētinos flatus qui exhalante terra cooriūtur:& nubium cute obducta. multiplices ex stunt:inter hos enumerat Typhonem:ac turbi nem cum dicit:qui maiore depressę nubis specu erumpit:sed minus lato q̄ procella:nec sine fragore proxima queq; proster nit. Si idem ardentior fuerit prester vocatur:amburens cuncta pariter:ac proterens:ab hac circulari reuolutione: turbinem di cunt latini ludum puerorum:quem gręci trochon nuncupant: Ipse alibi. Ceu quondam torto volitans sub verbere turbo. f Scopulo. SERVI. eminenti. Scopulus autem a speculando dictus est: aut a tegmento nauium: απο το σκεπαζειν Cōdigerūt aūt ista circa caphareū mōtē euboeę. D. Voluit infigi scopulo. ne ad littus deueniēs saltē sepulturā acquireret. C. Scopulo. scȝ saxo euboico. g Ast ego. S. nunc cōparat singula: nec leue esse q̄d dixerat: ergo addidit deorū regina. Sic Salust. Nos aūt. h̄ ē ppl's Ro. D. Ast ego ꝛc. Declarat quid illud sit: Ast ego. s. q̄ oim̄ genere rerū Mineruā supero: Sum eni regina: sum soror: et cōiunx iouis. Vnde deberē ab eo qui frater est et maritus oia imperrare.

h Incedo. S. Incedere ꝓprie ē nobiliū ꝑsonarū. i Iouisq̄ꝫ et soror & cͭ. S. Physici iouē etherē: id est ignē volūt intelligi. Iunonem vero aerē. Et q̄m tenuitate hęc elemēta paria sūt: dixerūt eē germana: Sed q̄m Iuno hoc est aer subiectus est igni. i. Ioui iure supposito elemento mariti traditū nomē est. Iouē aūt a iuuando dixerūt. nulla em̄ res sic fouet oia queadmodū calor.

k Tot annos. S. licenter in istis locutionib⁹: et accusatiuo vtimur: et ablatiuo. dicimus em̄ et tote nocte legi: et totam noctem legi: Honestior autem locutio per accusatiuū. DO. Vnacum gente tot annos. cū Minerua vno ictu potuerit. l Et quisq̄ꝫ. S. non Troianorū: sed oim̄ generalr. C. Quisq̄ꝫ adoret. Interrogatio q̄ simplex q̄nq̄ꝫ est: vt: Sed vos qui tandē? Aliq̄n figurata: vt Nō sciscitādi: sed instādi gr̄a fit Cicero. Quid em̄ tuus ille tubero districtus gladi⁹ in acię pharsalica agebat? Itē q̄usq̄ꝫ Catilina abuteris patiētia nr̄a. i. nā magis ardet: q̄ꝫ si dicamus diuti⁹ abuteris. Interrogam⁹ etiā q̄d negari nō possit. Cice. dixit: ne tandē. C. Figulanus iacula? Itē vbi difficilis est responsio: vt vulgo dicimus: quō p̄t hoc fieri? Itē inuidię gr̄a: vt Medea. Quas peti terras vrbes? Aut miserationis: vt Virgi. Hem q̄ me inquit tellus? q̄ me ęq̄ra pn̄t accipe? Cōuenit itidē indignationi: vt hic: Quisq̄ꝫ nomen Iunonis adoret. Itē admirationi: vt: Quid non mortalia pectora cogis improbe amor. m Pręterea. S. Postea vt pręterea vidit: nec potitor orci amplius abiectam passus transire paludem. DONA. Pręterea in medio posuit et bis est repetenda. n Talia flammato. SER. quod superius intermiserat: nūc reddit: nā dixerat superi⁹. Hęc secum: et mō ait. D. Flāmato. supius dicit accensa: sed plus est flāmato p. Vt oñdat q̄ꝫtum accreuerit ira ex cōpatiōe Mineruę: nocendi aūt consiliū de mineruę exēplo cœpit: p̄sertim cū troianos videret nauigātes. o Volutās. S. i. cogitans. p Nymbor. S. Nymbi nunc ventos significāt. plęrunq̄ꝫ nubes et pluuias. Ergo ꝓut locus fuerit intelligēdū est: ꝓprie tn̄ dicunt nymbi repentinę et p̄cipites pluuię. Nam pluuias vocamus lentas et iuges. D: Nymborū in patriam: Habet rōem ꝑsonę non reginę. Sed iratę: q̄ occasionē nolit omittere loci et tpis: nā si rōem reginę haberet: mitteret aliquē qui Aeolo iuberet. Sed quia maudata nisi ipsa adesset poterant aut negligentius agi: aut differri: et sic p̄teriret nocēdi occasio: omisit personam reginę: Et sic mouet poeta per nos ipsos agēdū: q̄s recti curare volumus: & inferiori personę exhibendū honorē: si illa indigem⁹. nam gratat sibi a potiore esse delatū. Cętera significāt vētos cauis terrę oriri. q Loca foeta. S. nunc plena: vt alio loco. foeta armis. Sciendū ē aūt dici foetam et grauidā: et partu liberatā: vt fecerat. & viridi fœtā mauortis in antro. Enixā aūt eam fuisse lac: quod pueris pręstabat oñdit. Item fœtā in illo loco grauidā oñdit: Nō insueta grauis tentabūt pabula foeta. Ergo quia fœta medius sermo est: bene hoc loco epitheto discernit: dicēs grauis foeta: vt bonū facinus: & malū facinus: dicimus & bonum venenū: & malū venenū. r Austris. S. Figura est celebrata apud Virgiliū; vt est spēs ꝓ genere. Legerat apud Enniū furentibus ventis: sed quasi asperū fugit: et posuit austris ꝓ ventis. s Aeoliā. S. nouē insulę quę sunt post fretū Sycilię appellant. Aeolię ab Aeolo rege Hyppote filii: licet & hēant ꝓpria noīa. Vn̄ Virgi. ait: Aeoliā liparum: Poetę quidā fingunt hunc esse regē ventorū. Sed vt Varro dixit: Rex fuit insularū: ex quarū nebulis: & fumo Vulcanię insulę: p̄dicēs futura flabra ventorū ab imperitis visus est vētos sua ptāte retinere. C. Aeoliam. Aeolię inter Syciliā & Italiā insulę sunt. Hę in commētariis Seruii nouē eē dicūt: in q̄ numero librariorū errorē esse putāt. Nam Plini⁹ atq̄ꝫ Strabo optimi geographi septem ponunt. Has gręci a Vulcano: qui ab illis εφεστιαδας vocat ephestiades dicūt. Latini ab eodē deo vulcanias noīant: noīa singl'a etiā extant: Nā prima dicta est Lypora a lyparo Ausonii filio: q Italia a fratrib⁹ pulsus illuc vēit: eius filiā ęolus vxorē duxit: et regno successit. Lypara olim longina noiata est: Hiera secunda est olim therasia dicta. Collem habet nocturnas euomentem flammas. Tertia Strongile apprime ignita: si futurus est auster caliginem euomit: si zephirus fumū mixtū igni. Quarta Dydime: Quīta Ericussa. Sexta Phenicussa: Septima Euonymos. Ptholome⁹ Circa syciliā ponit has īsulas dydimę: īcesię: Ericodes: phœnicodes vulcani īsula lypara Euonymos. Strongile: Vstia: osteodes: Phorbantia: ęgusa: et hierapaconia: ęoli insula. t Hic. S: vt supius. Hic currus fuit. v Vasto antro. SER. Physica ratione: Hoc fingit poeta. Naturale eni est: vt loca concaua plena sint ventis. x Rex Aeolus. C. aeolo. Deucallionis Hellenis frater. Mimas filius fuit. Ex hoc & Menalippa natus est hyppotes. Hic aliū Aeolum genuit: qui arnem suscepit: ex qua Neptunnus Boetum genuit. Verum pater illam ex Neptunno grauidam non credens: hospiti Metapontio abducēda tradidit. At illa Aeolum & Boetiū peperit: quos Metapontius ex oraculo adoptauit. Ipsi autē viri sancti Metaponti tyrannidē occuparūt Metapontii q̄ꝫ vxorem antolidem: quia Arnę matri eorum aduersabatur: interemerūt. Quod cū ęgreferet Metapōtius sumpta Arna matre abierunt. Et ęolus quidā ad eas insulas Tyrrheni maris: quas a se ęolias nominauit: emigrauit: Hęc Diodorus. Aliī scribunt hunc Aeolum regem ventorum fuisse filium Iouis ex Sergesta Hyppote troiani filia: Et habuit secundum Homerū. vi. filios: totidemq̄ꝫ filias: quos matrimonio illos copulauit. Hoc interpretantur: quia duodecim venti sunt: quorū sex terram disponūt: vt vires suas emittat: Et sex illam ad suscipiendā pręparant.
y Luctantes. SER. elaborantes egredi.
z Ventos. CRI. Est autem (vt placet Aristoteli in Metheororū) vapor siccus a terra resolutus cū aliqua virtute cęlesti compositus: Auerrois ait: ventum vaporē esse frigidum & siccū ex terris & aquis per calorem resolutū: qui aerem vehementer impellit. Dictus est autem vent⁹ a veniendo: quia non statt sed venit: Vel a vehementia: q̄ in illo est qua terram ac coelum conturbat: maria concitat. Sunt aūt quattuor venti a quattuor mūdi partibus. Sed singuli in ternas diuidūt. Ergo ab oriēte ęquinoctiali subsolanus est. Sed ad septemtrionē habet Vulturnum a voluendis nubibus dictū: Ad meridiē eurum sic dictū: quia late flat: hi sunt calidi et sicci: q: sub sole diu morāt: et vt placet Auerroi in ortu diei sunt salubres: q̄a veniunt ab aere tēperato: hinc flumina ad orientem labentia salubriora sunt: quia orientalium ventorum occursu: & solis orientalis reuerberatu purgantur: et tenuiores fiunt. Ab occasu ęquinoctiali. Fauonius est dictus q̄ꝫ foueat quę

g Ast ego que diuū h incedo regina; i Iouisq̄ꝫ
Et soror & coniunx: vna cum gente k tot annos
Bella gero: & l quisq̄ꝫ numen Iunonis adoret
m Pręterea: aut supplex aris imponit honorem:
n Talia flammato secum dea corde o volutās
p Nymborū ī patriā: q loca foeta furētibus r austris
s Aeoliam venit: t hic v vasto x rex Aeolus antro

Luctantes ventos tempestatesq; sonoras:
Imperio premit:ac vinclis:& carcere frenat.
Illi indignantes:magno cum murmure mõtis
Circum claustra fremunt:celsa sedet aeol⁹ arce
Sceptra tenens:mollitq; animos:et tẽpat iras.
Ni faciat:maria ac terras coelũ q; profundum
Quippe ferant rapidi:secũ verrant q; ꝑ auras.
Sed pater omnipotẽs speluncis abdidit atris
Hoc metuens:molem q; & mõtes insup altos
Imposuit:regemq; dedit:qui foedere certo:
Et premere:& laxas sciret dare iussus habenas.
Ad quem tum iuno supplex his vocib⁹ vsa est.
Aeole (nanq; tibi diuũ pater atq; homĩm rex

nascuntur:Huic circi⁹ est ad septẽtrionẽ. zephir⁹ ad austrũ Sũt isti tempati frigidi & hũidi:quia sol paruã facit morã in occidẽte:ppterea q; nec multũ calefacit illos:nec multũ desiccat:In fine diei salubres sũt:quia a sole tũc subtiliores reddãtur:A meridie auster est dict⁹ q haurlat aquas. Hinc ad orientẽ not⁹ est:q grece sic dicit ab hũore:affric⁹ ad occidẽtẽ:calidi hũidiq; nubes pluuiasq; inducũt: aerẽ dẽsum fulmineũ q; reddũt Citãt tẽpestates marinas: impediũt virtutes aĩales:& grauitatẽ corpi afferũt. Ait em̃. Hyppocrates q garuãt auditũ.& caput humores dissoluunt & ad exteriora trahunt sensus grauitatem faciunt bilem corrumpunt & in recidiuã morbos trahũt. aperiũt tamẽ poros terrę: et germina pducũt. A septẽtriõe boreas est. Hinc ad orientẽ aqlo surgit:ad occasũ chor⁹:Hii vẽti frigidi sunt & sicci: Vnde corpa ĩdurãt:poros cõstringũt: hũores purificãt:Spiritus subtiliores reddunt: vim decoqñdi et. retinẽdi corroborant:Mastulos (teste Arestotile) pducũt quẽ ad modum austri foeminas: Hęc me fugit priscos quattuor dũtaxat vẽtos. a qttuor mũdi partib⁹ flantes nomiasse. vnde plures nõ meminit. Hom. deĩde additos fuisse singulis singulos vt essent octo postremo alios quattuor, vt sit duodecim. Preterea idẽ vẽti diuersis nomib⁹ vocant: Nã eurũ vulturnũ appellãt. et subsolanum emphelioten Affricum: Lybin nominant Poetice tñ ipi vẽti astrei et aurorę filię dicunt:quia a Iunone ppter natũ Epaphum. vt ait Lactantius Cõcitati a Ioue repressi sunt Theodõtius ait illos a furiis cõmotos: sed a Ioue hortatu litigii coelo pulsos: Et cũ omia in diuersa traherẽt Ioue aeolo subiectos fuisse a Sonoras. S. graui sonãs. Et est tẽpestatis epitheton Ordo aũt talis ẽ Aeolus luctãtes vẽtos et tempestates sonoras vasto antro premit b Ac vindis & carcere frenat. S. Translatio est per poeticã licẽtiã facta c Carcere. S. Carcer est vnde cũq; phibemur exire. dict⁹ q̃si arcer ab arcẽdo: Locũ aũt i quo seruãtur noxii carcerẽ dicim⁹: nũero tantũ singulari. vñ vero erũpunt quadrigę: carceres dicim⁹ nũero tantũ plurali licet plerũq; vsurpet poeta. vt est. Ruunt q; effusi carcere currus. d Illi indignãtes: S. Hic aperte õstẽdit quid sit luctãtes e Magno cũ murmure mõtis. S. Nõ circum mõtis claustra: sed cũ magno mõtis murmure fremebãt sic fremebãt: vt etiã antra possẽt formare f Celsa arce. Secũdũ q superi⁹ dixim⁹: venti em̃ melius dephendũtur ex alto g Sedet. S. nõ otiatur: sed curat: Apud ãtiquos em̃ sedẽt cõsiderat significabat: vt alio loco ait. Turn⁹ secreta valle sedebat. h Mollit q; animos. S. id est ventos. απο των ανεμων vt albi Quãtum ignis aięq; valẽt: Et Horati⁹. Impellũt aię lintea Thracię. Mollit aũt ideo dixit vt p trãsitũ oñderet vitia naturę nulla ratiõe mutari: s; mitigari aliqten⁹ posse. i Tẽpat. G. Nã pẽit⁹ tollit que naturalia sũt Cice. ad Qu. fratrẽ. neq; ego hac cõtẽdo q̃d fortasse tũ in oĩ natura: tũ ĩ nr̃a ętate difficile ẽ mutare aim: & si quid est penitus insitum subito euellere.

k Maria ac terras coelum q; pfundũ. SER. At q quattuor elemẽta sũt. terra. mare. aer. et ęther: Sed hoc loco rite ptermisit ętherẽ: quia vẽti nõ turbãt supiora. vt ait Lucanus Pacẽ sũma tenent: sed. aut terras: aut maria. aut aerem Nã coelũ hoc loco p aere posuit. vt lucreti⁹ ĩ hoc coelo qui dicit aer l Ferant. S. i. auferãt: & ẽ aphęresis m Rapidi. S. veloces vt sup. n Verrãt q;. S. verrere ẽ trahere a rete quod verriculũ dicit: Est aũt pr cipalitas verbi verto verris pteritũ versi. vnde fit pticipiũ versus. Hinc alibi: Et versa puluis ĩscribit hasta. i. tracta o Atris. C. obscuris p Hoc metuẽs. S. timẽs: ergo Iupiter timet nõ sibi: sed elem tis: ne turbẽtur eruptione ventoꝝ: Vt si dicas bellorum tempore virũ fortem timere non sibi: sed liberis suis q Molem q; & mõtis S. i. molẽ mõtis et est figura. vt vna res in duas diuidat metri causa: interposita cõiũctiõe. vt alibi. Pateris libam⁹ & auro. i. pateris aureis r Foedere. S. modo lege: alias pace ĩter dimicãtes: foed⁹ aũt dictũ. vł a fecialib⁹. i. sacerdotib⁹: p quos fiũt foedera: vł a porca foede lacerata. i. lapidib⁹ cęsa: vt ipi alibi Et cęsa iungebat foedera porca s Et premere et laxas sciret dare iussus habenas. S. pmãsit ĩ trãslatione. Iussus aũt ob hoc posuit: quia suo nihil facit ĩperio: nã tolle hoc etiã maior est omnibus diis: si ad ei⁹ volũtatẽ possint elemẽta cõfundi vt Ipse aeol⁹ mihi iussa capessere fas ẽ: simul & ventorũ ostẽdit vis: quib⁹ parum fuerat mõtẽ superi poni: nisi & regem acciperẽt q ipse diis alieno parerẽt ĩperio: C. laxas remissas p. x. scribitur lassus aũt deffessus: Sed laps⁹ a laboris ẽ t Habenas C. lora sũt frẽo alligata q̃ mãibus hẽm⁹: vt equũ regam⁹ ergo ab habẽdo. v Ad quẽ. S. apud quẽ vt ẽ. x Supplex. D. nõ q supplicãtis vba sit locuta: s; q venit y Aeole. S. rhetoritũ ẽ ĩ oĩ petitiõe hoc obseruare: vt possit pstare q̃d petitur. i. vt sit possibilitas: et sit res iusta: vt habeat modũ petitio. vt seqtur remũeratio. Et sciẽdũ secũdũ hũc ordinem oẽs petitiões formare Virg. vt ĩ hoc loco possibilitas est Et mulcere dedit fluct⁹. & tollere vẽto. iusta petitio ẽ. Gẽs inimica mihi oẽ em̃ q̃d ꝯtra inimicos petim⁹ iustũ est: Modus petitionis. Et disice corpora ponto. Remũeratio: Sunt mihi bis septẽ. Ordo est. Aeole incute vim ventis Et est figura pẽthesis. Inter pẽthesim & eclypsim hoc interest. Quia penthesis: ẽ q̃tiẽs remota de medio sentẽtia integer sermo pdurat. plenũ nãq; ẽ Aeole ĩcute vi vẽtis. Itẽ Aeneas rapidũ ad naues pmittit. Achatẽ. Echasis aũt ẽ q̃tiẽs remotis ĩterpositis deest aliqd: vt Quos ego deest affligã: Diuũ pater atq; ho m rex Peryphrasis ẽ. i. circũ locutio. D. Aeole Omia ĩ hac oratiõe satiata sũt sũmo artifitio Incipit a noie q̃d nec Iunõẽ hũilẽ facit: et ęolo gratũ ẽ: Ostẽdit em̃ se illi beniuolã: cũ norit nomẽ Et ĩpe lerat se potiori notũ: pĩde q; acceptũ: atq; carũ: ergo captat bẽiuolẽtiã Iuno facit itẽ attẽtũ cũ ide cõiiciat aeolis offitiũ suũ Iunoni esse necessariũ: cũ subtilit ĩtellexit habere. ĩ vẽtos plenissimã potestatẽ z Diuũ pater. D. Ne arrogãtẽ faceret Iũonẽ: si dixisset marit⁹ et frater vt sp cũ locuta ẽ secũ: ergo hic sati⁹ fuit: id ĩtelligi posse q; dici. Ne aũt plixior esset futura oratio: ipa occulte sibi pponit: quę excusatiõis causa potuisset ęol⁹ opponere: & illis respõdet vlteri⁹ accedi possit: et ne negaret aeol⁹ vẽtes esse ĩ potestate sua puenit ostendit plenam illum a Ioue in eos habere potestatem.

[a] Etmulcere dedit fluctus.& tollere vento.
[b] Gens [c] inimica [d] mihi [e] tyrrhenū̃ nauigat [f] exquor:
[g] Ilium in Italiam portans [h] victosq; poenates:
[i] Incute vim vētis: [k] submersasq; obrue puppes
Aut age diuersas:& disiice [l] corpora ponto.
[m] Sunt mihi bis septē [n] prestāti corpore nymphe:

a Et mulce.de:S.Alterų ex altero pēdet:nā q̄ mulcere va
let:valet & erigere b Gens.S.potes ad nationē Troia
norų & familiā Aeneę referre:Nā vtrunq; singnificat. D.
Gens ini. Hic nō noiauit Aeneā ne respōderet ęolus non
audeo ī nepotē Iouis:a q̄ īperiū̄ suspsi. Speciale igitur sub
traxit:generale posuit.C.Gēs.ita ad nationē refert vt etiā ī
brutę dicam⁹ gētē:vñ Alibi de apib⁹. Cū̄ gētę adultos edu
cūt foet⁹ .Imitat⁹ Homerų:q de musisgētes dixit:vt illud
μυρίων ἐθνέων πολλά c Inimica:D.Nō dicit se gēti ini
micā s; gētē sibi:q̄si iferiores potiores puocēt:que res etiā
ęolo īdignatiōē moueat:vt Iunōi auxiliaret. d Mihi.D
q.d.reginę:& Iouis sorori & ꝯiugi:q̄d ne arrogās vdiceret
subtraxit e Tyrrhēū.S.vł q; tyrrhēiā.i.tusciā abluit.vł
a nautis tyrrhēis q ī h̄ mare
se p̄cipites dederūt.hii ei Ba
chū ī littore dormiētē ī na
uē sustulerūt:Mox illi exp
gefcto et q̄ nauigarēt ītero
gāti respōderūt.q̄vellet At
ille naxū tēdite:igt. verū
cū alio vela tēderēt iratus
tygrides sibi sacras eorų vi
sib⁹ obiecit:qb⁹ pterrefa
cti sese ī mari p̄cipitarūt:
D.Tyrrhenū.q̄d facili⁹ cō
citat:& Italię vicinius est:
C.Tyrrhenum nauigat ęa
quor.Figurata locutio vt
ostēdit Quintilianus Dici
mus enim nauigo ī ęq̄re:Est aū̄t hęc oratio æolis & sup̄lior
Iunonis ī genere deliberatiuo:cui⁹ finis ē vtilitas:quę ha
bet honestū & tutū.i.vtile.& ī eo querit q̄d facile fieri po
test.Captat igit bñiuolētiā Iuno a noīe p̄prio.q; illo ōdidit
notā familiaritatē.Itē ex eo q̄ ex tollit illi⁹ īperiū:atq; ex
eadē re captat attētionē:q; nō nisi ppt aliq̄d magnū id me
morare videt Preterid facile fieri posse q̄d petit esse vtile
pter primū:quod ponit est honestū:q; vlcisceret inimici
tias tātę deę.Obseruat aū̄t h̄ Maro.vt antequā petitionē
ponat:id facile & honestū ostēdat.Erat igit ordo Aeole
incute vim vētis:sed iterposuit facilitatē dicēs Nāq; ti:di.
p.r.Itē honestatē cū addit.Gēs.i.m.t.n.ę. f Aequor.S
i.p ęquor.greca locutio:sic alibi Terrā mare sydera iuro.i.
p sidera: Cū āt Tyrrhenū dixit:ōndit iā illos Italię vicios
esse g Iliū.S.Inuidiose q̄si ipaų vrbē aspexerit cū troia
nos aspicit.D.Iliū.q.d.omes opes suas si amisisset nō es
set facultas recupādi.Ne aū̄t excusaret æol⁹:deorų causam
addidit.C.Iliū.q.d.sacra & p̄fana ita ī Italiā trāsfert:vt ī
tegrā ciuitatē restauratur⁹ s.t: h Victos.S.Ergo q̄s ꝯtē
nas.D.Victos q; penates:Nam q̄uis dii sint:tñ q; victi
cōtēnendi.C.Penates De his diis varia apud antiq̄s opi
nio fuit:nā Nigidius reqrit an sint troianorų.s.Apollo &
Neptun⁹:q moenia illis edificarūt:& nō ī Italiā eos Ae
neas vexerit.Idē affirmat Corneli⁹ labeo.Hāc opionē tan
git poeta ibi.Taurų Neptūo:thaurų tibi pulcher appollo.
varro aū̄t refert pēates dardanū ex Samotharcia sacris ī
Phrygiā: ex phrygia vero ī Italiam ęneā portasse.Sed cū
eos q sit nō dicat sunt qui affirmēt pēates esse p q̄s penit⁹
spiram⁹:p q̄s hēm⁹ corpus:p q̄s rationē animi:Erit ergo.
medi⁹ ęther.i.Iupiter:& sup̄m⁹.i.Minerua:& im⁹:aer cū
terra.i.Iuno.Hui⁹ indiciū ē q̄ Tarquin⁹ prisc⁹ Samothra
cū sacris imbut⁹:hęc tria noia sub eodē tecto tēplo q; po
suit.Crass Enima dicit:hos esse q̄s appellāt magnos.Vn
de poeta alibi:cū focys nato q;.penatib⁹ & magnis diis
Higinib⁹ addit :eos esse deos patrios:hinc poeta patrii q;
penates i Iucute vim vētis. S.Incute.iniice:& vētę erit
datiui cas⁹.vł icute.i.fac.vētis.i.cū vētis.D.Incute.v.v.ex
p̄ssit pathos:ppter q̄d nō explicat rē ordie.dixit ergo quę
cupiebat:s; ppter pturbationē sine ordine:q erat.icute vim
vētis & submersa obrue pupes:& disiice corpa pōto:q̄d
necesse erat fieri nauib⁹ submersis:deide pouit:Aut age di
uersas:vt si nō possit puenire primū:pueniat secū̄dū: qm
sparsi nec quicquā audere:nec ad Italiā puenire poterant:

C.Incute vim.Et recte icute.Nā vis vētorų ē ipa icussio et
cōmotio k Submersasq;.S.ordo est cōfus⁹:āte em̄ vt
obruant:deide mergant l Corpa.S.non virorų solum
sed nauiū Alibi de nauib⁹:Et toto descēdit corpe pestis:
Est aū̄t ex arte.vt minora cupiēs:maiora postat:Ergo cū
sciat nō posse obstare fatis:vult arcere ab Italia m Sūt
mihi bis septē.S.Iure habet Nymphas in potestate Iuno.
Aer em̄ ē de quo nubes creātur.vñ atq; ī nubes cogit aer
& ex nubib⁹ aquę:quę nymphę sūt.Pollicetur aū̄t nym
phas aeolo:q; vētorų rex ē: p motū aeris creat.Bene ergo
illi iūgit origo vētorų.Notāt aū̄t Cretici virgil.q marito iū
git vxorē:sed excusat regū licētia :nā ait Salustius denas
alys:aly plures habēt:sed reges eo amplius.D.Sunt mihi
Addit munus vt expli
cet ardor cupiditatis ei⁹:
Et ex obliq̄ pulsat vene
ris mun⁹ ī paridē:quę de
dit mulierē quę nō erat
ī potestate sua:vñ cōtra
Iuno dicit:sūt mihi.Nec
poterat Helēa esse p̄pria
vxor.nec ide creari legiti
ma soboles : ergo acute
dixit sūt mihi.Et cōnu
bio.iū.Ita p.q.d.O.v.t.
m.p.a. Ex e.p.f. c.p. p.
quarų rerum nulla fuit in
Helena.Nō enim erat ve
neris ergo nō potuit: da
re stabilē nec legitie collocare.C.Bis sep.De hiis meminit
ī Geor.vt multiputāt:Sed nos ī nr̄is disputatiōib⁹ ī qb⁹
allegoricū sēsū hui⁹ poetę exp̄ssim⁹:hūc locū physice iter
pretati sum⁹:nā phoebi aurorę q; filias.xiiii.fuisse dicunt
easq; Iunoni nymphas attributas Iuno aer est Aeri aū̄t
septem attribuuntur:septem itidē gignunt:quę omnia so
lis opera q̄ū in nostro hemisperio ē pueiūt.Est igit aeris
vt leuis sit.vt mobil.vt calid⁹:vt hūid⁹ Seren⁹ q; tacitu
rus spirabilis.Ista ergo septē aeri attribūt :In aere aū̄t gi
gnunt in primis iris:cui tres adsunt:ministrę.pluuia.grā
do:nix.In hac contingitur nubes soli opponuntur : sed
vmbriū corpus ita ē.vt alia sui parte densū alia dēsi⁹ alia
dēsissimū sit.a prima subrubens:a secunda ceruleus :a ter
tia niger est color.Contra vero partes quę in eo pure sunt
croceum.quę priores.viridem.quę purissimę. album pro
ducunt Hec ergo prima ex aliis septē nympha est :post
eam pythiō:cometa:fulmen:exhalatio:tonitruum:ac ter
remotus .Verum hęc vt dixi in nostris Chamaldulensi
bus disputatiōibus latius inuenies n Prestanti cor
pore nymphę.SER.laudat ceteras:vt maior appareat in
Deiopeia pulchritudo:cum super laudatas: Sic alibi lau
dat Turnum victum ad gloriam victoris aenee : harum
autem nomina in geor.inueniuntur. o Connubio
iungam.SERVI.i. ius legitimi matrimonii ergo connu
bio:vt ab aliis seperetur: quę a regib⁹ sine lege habentur
Ipsi enim inter plures vni dant precipue nomē vxoris.In
connubio nu sillaba corripuit per sistolem. cum innubo
vnde est producatur. Alibi vero legem secutos dixit:pyr
rhi ꝯnubia suas .Itē Cuiq; loci leges dedim⁹ ꝯnubia nr̄a
reppulit.Sciēdū tñ q̄ ī cōpositiōe vł deriuatiōe pricipali
tatis iterdū nata corripiūt.Ergo p ꝯnubiū legitimā ōndit
p Stabili. S.cū ait stabili diuturnā cōcordiā: & quę di
uortio careat pmittit. q Propriā.S.remouę adulterii su
spitiōē r Dicabo.S.Obseq̄tē futurā demōstrat:nā di
cat⁹ deo sacerdos illi obsequēs ē s Meritis. S.prestitis:
sic alibi.Nec te regnia negabo pmeritā:Alterū em̄ ē ex al
tero:Meritū em̄ ex prestātis bñficio manat. t Pulchra.
S.posit⁹ ē p figurā septim⁹ cas⁹ p gtio.i.pulchre plis :nec
dixit ppter. Cāacē et Macareū turpissios iter se frēs.nā illi
alteri⁹ aeoli filii fuerūt v Faciat te ple.D.nā ex legiptio
et stabili ꝯnubio hęc ples erat sperāda.Extollit etiā mun⁹
primū a nūero :bis septē.Deide aq̄litate prestāti corpore
Omes pulchrę sūt quod difficile ē.Ipsa aū̄t oīm pulcherri

Quarum quę forma pulcherrima deiopeiam
Connubio iungam stabili: propriā q̄ʒ dicabo:
Omnes vt tecum meritis pro talibus annos
Exigat: & pulchra faciat te prole parentem.
Aeolus hęc contra: tuus o regina: quid optes
Explorare labor: michi iussa capessere fas est.
Tu mihi q̄dcūq̄ʒ hoc regni: tu sceptra iouemq̄ʒ
Concilias: tu das epulis accumbere diuum:
Nimborū q̄ʒ facis: tempestatum q̄ʒ potentē.
Hęc vbi dicta: cauum cōuersa cuspide mōtem
Impulit in latus: ac venti velut agmine facto.
Qua data porta ruunt: & terras turbine pflāt.
Incubuere mari: totumq̄ʒ a sedibus imis.
Vna eurusq̄ʒ notusq̄ʒ ruunt: creberq̄ʒ pcellis
Aphricus: et vastos voluunt ad littora fluctus.
Insequitur clamorq̄ʒ virum: stridorq̄ʒ rudentū.
Eripiunt subito (nubes cęlum q̄ʒ diem q̄ʒ
Teucrorū ex oculis: ponto nox icubat atra:

ma. In paride aūt non erant talia: quia ex adultero non potest dici pater: nec legitima est proles: ergo non pulchra: Nā pulchritudinē hāc nō in corpore ponit: Sed in honestate natalium: sic alibi: Nascetur pulchra troianus origine Cesar. Ostēdit autem poeta: debere nos dare ea quę magna sūt apud nos vt voto potiamur x Aeolus. S. Hęc. s. dixit. x Regina iferior maiorē nō pprio: sʒ dignitatis noie appellat. Ecōtra vero supior: nisi irę aut indignitationis causa vt in. xii. Rutulqʒ implorās nomie turnum. Et de aristeo. Et te crudelem noie dicit. D. Aeol⁹ hęc cōtra non cōtra volūtatē Iunonis: sed contra verba: non enim ad p̄mia respondet: ne videat moueri libidine vt paris. Reddit beniuolā cum dicit discernēdo officia: Tuū est iubere. meum cōplere iussa y Explorare. S. tuū est deliberare quę velis: mihi est fas obsequi. C. Explorare. Vide in georgicis Explorat rubora fumo z Capessere. C. pprie ē suscipere: vt tuteris aut proficias. Salusti⁹. Expgiscimini & capescite rem publicam a Fas est. SER. liptotes est: nā min⁹ dicit q̄ʒ intelligit: ergo fas est capessere. i. nefas esset nō capessere. sic alibi. Munera nec sperno id est libenter accipio. D. Fas est. licebit facere etiā si illicita iusserį. Respōdet ɔtra: veluti si dicat: etiā si victi nō sint penates: licebit facere: nam cū qui potestatē habet: iubet illicita sūt licita iferiori. Vł dixit cōtra. quia Iuno dixit illū habere iperiū a Ioue. hic respondet habere ab ipsa Iunone: et vt videatur memor beneficiorum addit. Tu sceptra Iouemqʒ b Tu mihi quodcūqʒ. S. physice exprimit motū aeris. i. Iunonis vētos creare. Quodcūqʒ vel vt vitet arrogantiā: sua extēuat. vel latēnter iocatur poeta. Quis em̄ posset ventos rem inanē tenere. D. Tu mihi: Vult esse iunonis quod iuno illum a ioue accepisse memorat c Sceptra. C. Sceptrum gręcum est: baculus quo vtebantur reges Home. σκηπτρον βασιλικη. Inde σκηπτρουχοι. reges dicūtur d Iouemq̄ʒ Concilias: SERVIVS. Histeron proteron in sensu: Nā non Iupiter sibi: sed ipse ioui: quia superior est cōciliat. Cōciliamur aūt nouis. Reconciliamur antiquis e Tu das epulis: S. tu me deum facis: nā & dearū cōnubio: & deorū conuiuio dii efficiunt: vnde in Buco. Nec de⁹ hunc mensa: dea nec dignata cubili est. D. Das epulis. superi⁹ beneficiū hūanitatis accumulatur: si cōuiuiū cū potiore misceatur. Tertio si cū pociorib⁹ plurimis. Quarto si inferior persona nō sedeat vt fieri solet: sed accumbat. posuit in fine. hoc quod desideras tuū est. personarū igitur in vtraq̄ʒ oratiōe rationem habuit: scilicet iunonis. Aeoli. Troianorū. penatum victorū. Veneris: Helenę. Paridis. & Deiopeę. Itē loci. ppter mobilitatem tyrrheni maris: & pximitatē Italię. Item

temporis: nā & iuno breuiter orauit: & Aeolus breuiter respōdit: ne longitudine tempus nocendi subtraheret. C. Epulis: pro dapib⁹. si vera est differētia: q̄ epulę priuatorum sint: dapes regū & deorum. Illud aūt verissimum est epulum i. singulari neutri generis esse: significare cōuiuiū: quod publice populo da f Hęc vbi. D. post vtriusq̄ʒ orationē: coepit Aeolus iussa complere. Emisit p̄rimos ac graues vētos: vt cōsurgentib⁹ inter se fluctib⁹ regendis nauibus consilium nō suppeteret: et deficiente īdustria facili⁹ mergerent: & mersis nauib⁹ corpora dissicerent: Et vt cōplerent iussa Iunonis: accessit ad violētiā maris: aliorū q̄que elemētorū perturbationē. nā nox eripuit coelū ac lucē: vt esset eadē facies maris et terrę: ne cōtra mala cōsiliū suscipi posset: neue scirent gubernatores in quā partem niterentur. Mittebant̄ tonitrua & fulgura vt multiplici metu Troiani desperātes: nihil aliud q̄ʒ mortem expectarent: g In latus. S. q. d. in rē quę facile cedat ictui. Sic alibi In lat⁹ in q̄ʒ feri curuam compagibus aluū h Agmine. S. impetu: vt, illi agmine facto laoconta petūt: vel multitudine. vt. vocat agmina seua sororų. q̄m̄ et exercitū incedente agmen vocam⁹: i Porta. S. om̄is exit⁹ ē dicta qua iportari. vel exportari aliquid potest k Eur⁹. S. quatuor cardinales vētos ponit. nūc tres: paulo post quartum qui aquilo ē l Procell. S. Hęc vis ventorų est cū pluuia q̄ omīa pcellat. C. pcellis. plinii. verba sūt. cū se vētos repētinos exhalāte terra editos: q̄ vagi ruētes torrētiū more tonitrua et fulgura edant: maioriq̄ʒ illatos pōdere cursu q̄ʒ si siccā rapiūt nubē, pcellam gignūt. Hanc aūt tempestatē et querelam veneris ad iouē: et quę Iupiter respondet: ex Neuio de primo bello punico cœpit m Vastos. C. pprie vastum est q̄d adeo excreuit: vt forma q̄ ē vł ut pierit aliud esse videat Hinc dicim⁹ vastū hominē: cui⁹ gest⁹: nō appareāt hois et vastā vocē: quę formā hūanę vocis amisit: hic vastare agros dicim⁹: Ergo vastos fluct⁹ adeo magnos vt mōtes aut aliquid huiusmodi potius q̄ʒ fluctus viderentur. n Insequit. S. s. pcedēte vētorų sonū: quē etiā clamorē possum⁹ appellare o Stridor. S. q̄ pprie ī funib⁹ dicitur. p: Diē. S. ad videtiū oclos retulit nō ad naturā q Teucrorų ex. o. S. q̄z nūq̄ʒ totū coelū nubib⁹ opplet: sed q̄ vētiflāt r Ex ocul. C. oculi ab oculēdo dicti: nā i ɔcauis latēt vt eminētia vndiq̄ʒ eos defēdāt: pptterea meli⁹ cernūt ex obscuriori loco: s Nox. S. dicit q̄ oclis noceat t Incubat. S. quia alienū tempus inuasit: Incubare em̄ est p vim aliena obtinere v Poli. S. extremę ptes coeli C. poli extremitates pherę sūt duę q̄ terra axem virtuntur sic dicti. Quia πολεω verto seruat. Vn̄ alibi ipe a vertice

v x
Intonuere poli:& crebris micat ignib⁹ ęther:
z a b
presentemq́ꝫ viris intentant omnia mortem.
c d e
Extemplo Aeneę soluuntur frigore membra.
f g
Ingemit & duplices tendens ad sidera palmas:
h
Talia voce refert:o terq́ꝫ quater q́ꝫ beati.
i k
Quis ante ora patrũ.troię sub moenib⁹ altis
m n
Contigit oppetere:o Danaũ fortissime gentis
o p
Tytide:me ne iliacis occumbere campis
q r s t
Nõ potuisse:tua q́ꝫ aĩam hãc effũdere dextra.
v x y
Sęuus vbi Aecidę telo iacet hector:vbi ingẽs
z a b c
Sarpedon:vbi tot simois correpta sub vndis

vertices polos appellat:vt hic vertex nobis semper subli-mis at illũ subpedib⁹ styx atra videt. Staci⁹: atqꝫ omnia mũdi Claustra tonant multosq́ꝫ polos inclinat orion x Et crebris mi. CRI. Recte quia eodem tempore sunt fulgetrę & tonitrua y Aether. S. pro aere posuit in q̃ nubes & fulmina creant᷑. poeta autem sępe ista duo con fundit z Pręsentemq́ꝫ. C. ineuitabilem. nam quę pręsẽ tia sunt iam venere:ergo vitari non possũt: Aliquando fa uens:vt idem in Buco. Nec tam pręsentes alibi congno-scere diuos: nam sola pręsentia sua fauẽt dii: Aliquando potens. Hora. O diua q̃ gratum regis antium pręsens. vel imo tollere de gradu mortale corpus a Viris. C. Ita horrenda erãt vt etiam fortes homines mortẽ timere co-gerentur b Intẽtãt. S. Minant᷑ c Extemplo. SER-VI. Statim: nam templũ ẽ loc⁹ quem augures in ae re signãt, q̃ facto illico ca piũt auguria d Aeneę SERVI. seruat τοπρεπον vt vltimũ ęneã territũ po nat D. Extẽplo Aeneę. Ex primit quale & animi & corpis senserit pathos

e Frigore. S. id est timore & est mutua translatio. Contra Teren. Vxorẽ tuã pauitare aiunt id est frige scere Vtrũq́ꝫ eñ ĩ vnũ exi tũ cadit. vt de calore et fri gore vrere dicim⁹. vt. aut borę penetrabile frigus adurat. D. Frigore nõ pro timore posuit:nã deroga-retur eius virtuti. ergo fri gus dixit ꝓprie quod orie-batur non ex casu euiden tissimę mortis: sed ex tot aduersis:quę corporis ca-lorẽ extinxerunt:quia cru ciabatur anim⁹ viri fortis qui maluisset gloriosi⁹ in campo occũbere: q̃ꝫ igno biliter in fluctibus interi-re. C. Frigore cum aliquid horrẽdũ venit in mẽtẽ. timet ĩ te ritum natura. et cum diffidat totũ corpus veluti ipsã vr-bẽ tueri posse: saltem conatur cor. i: toti⁹ vitę arcem tutari: atq́ꝫ omnẽ sanguinem & spirit⁹ vbi calor est vt mũimen sit illuc cogit: Hinc membra externa a calore deserta frige-scunt: & absentia sanguis in quo calor ẽ pallescunt: et ner ui amisso calore debilitati dissoluunt᷑ & tremiscũt f Ingemit. S. Non ꝓpter mortem sed ꝓpter mortis gen⁹ Nã secundũ Home. graue ẽ perire naufragio: nã anima ignea extingui videt᷑ vt Igneus est ollis vigor. C. Ingemit. recte: Nã legerat apud Cice. ĩ secũda Tust. Ingemiscere nõ nũq́ꝫ viro ꝯcessum est: idq́ꝫ raro. eiulat⁹ aũt ne mulieri quidem g Duplices. S. duas. antiqui eñ duplices & binos duos dicebant h Terq́ꝫ quaterq́ꝫ SERVI id est sępi⁹. finitus eñ nũerus est pro infinito. D. O terq́ꝫ q̃terq́ꝫ. i. multifariã C. O ter. ait Macrobi⁹ aĩam ꝯstare ex symphoniis musicꝫ & primũ hemiolũ ternarium: & primũ epitritum quater nariũ esse dicit: & ex his duob⁹ cõstare dyatesserõ & dya pẽte: ex quib⁹ dyapason symphonia generatur. Vnde vir nulli⁹ doctrinę expers. plene & ꝑ omnia beatos exprime-re volẽs: ait. O terq́ꝫ quaterq́ꝫ beati i Quis. S. & quib⁹ in datiuo est. nã ab eo quod est qui. quibus mittit: & ab eo quod est a quo in is: sed a tertia declinatione in usu sunt datiui & ablatiui pluralis: licet antiqui oĩb⁹ vsi sũt casib⁹ Cato in Originibus Ques: sũt Po. R. Dixit eñ ques qui um: & pupes pupiũ. D. Quis ante. o. p. de polyte ex his quę in secundo dicũtur intelligem⁹: qui cęde pyrrhi in cõ spectu patris occubuit k Ante ora. p. C. nã pulchrũ fuit & suaue pugnantes pro patria spectantib⁹ patribus

satis facere l Altis SERVI. ꝓpter pergama quę altissi-ma fuerunt. Ex quib⁹ (teste Aesthilo) omnia alta ędificia ꝑgama vocant. D. Altis. q. d. integra ad huc ciuitate: ipse eñ aeneas non troiam altam: sed campos vbi Troia fuit reliquit: & in fluctib⁹ ꝑiclitaturus est m Oppetere. S. ore terram petere id est mori. ergo dicim⁹ oppetit & mor tem oppetit Vt expirat: & animã expirat. C. Oppetere ore terrã petere: nam qui viriliter occumbebant. ne quã vocẽ indignam viro forti emitterẽt: mordicus terram petebãt Quod sic expressit Home. πρηνεες εν κονιησιν οδαξ λαζοιατο γαιαν n O danaũ. D. fortissime gẽtis Ex illo ad aliud rapt⁹ est: existimãs se ĩfoelicẽ qui & hunc exitũ vitę sortiat᷑ & ignobili morte ꝑitur⁹ o Gẽtꝫ. S. Atqui supla tiuũ exigit ꝑłalẽ: sꝫ gẽs collectiuũ nomẽ ꝑ łalitatẽ cõtinet Sic. Salust. Romãi generis disertissimus: sed quare fortissimum dixit (cũ ter-tius sit post Achillem: & Aiacem) ergo fortissimũ quia venerem vulnerauit & Martem: vel ad ge-nus referas. Nam Achil-les Thessal⁹ fuit. Aiax grę c⁹. Dyomedes Danaus. A lii ad excusationẽ aeneę di ctũ volũt: nã ipse ab alio vulneratus est o Tyti de. S. Vocatiu⁹ gręcus: nã cũ patronymica in. a. pri mę declinatiõis sint: apud latinos esset O tytida p Me ne iliacis. D. ex his se foelicem existimãs: qui hunc exitũ vitę nõ habue rit: sed vir fortis in pelago esset moritur⁹: non potuit aũt explere orationẽ inter ueniente fluctu. Esset aũt vitiũ poetę: si finitꝫ querę-lis fluct⁹ interuenisset: sem per ergo ĩꝑfectas reliquit queręlas. vt Hęc dũ Dar-danio Aeneę miranda vi dentur. Et alibi Talia fundabat lachrymãs q Non po tuisse: C. cũ nunq́ꝫ pugnare destiteri. et sęp me ꝑiculis ob iecerim r Tua q́ꝫ animã. C. q. d. adeo forti s Hanc SER. cũ dolore profert. q. d. quę ad laborẽ nata est. C. hãc q̃ ĩ foelicẽ: ꝑnoĩa ei efficatiã sũmã habẽt. ꝙ mirũ q́ꝫ a tam forti: tã miser nõ ꝑierit: nisi ad maiorẽ miseriã reſuabatur t Effũdere. SERVIVS. secũdũ eos q aĩaꝫ sãguinẽ dicunt esse. vt alibi ipse. purpureã vomit ille animã. Alibi sequi-tur eos qui animam spiritum ponũt: vt. atq́ꝫ in uentos vi ta recessit v Sęuus. S. magnus. optime autem deligit cum quibus periret: ipse enim fortis & deorum proles x Hector. C. Si periit Hector fortissimus Troianorum: Ego quoq́ꝫ periissem: nisi fortuna ad maiorem miseriam me reseruasset y Vbi. C. vt ostẽdat se in eadem acie vbi ille pugnabat pugnasse z Sarpedon. S. si Sarpedontꝫ facit: habebit circumflexũ in vltima. Si sarpedonis: habe-bit accentum in penultima: Sed sarpedontis. vsurpauit: naturalis enim declinatio Sarpedonis. vt mẽnonis, sindo-nis Genitiu⁹ autem in dontis a nominatiuo circũflexo est vt demophon demophontis. Sarpedon fili⁹ fuit Iouis: & Laodomię: cęsus a patroclo a Vbi. C. repetionem facit: ex qua oratio vehemẽtior ẽ b Simois. S. ĩtegrũ ad nos trãsit: vñ suo accẽtu ẽ ꝓferendũ: nã si latinũ esset ĩ antepe nultima haberet accẽtũ q: secũda a fine breuis ẽ. C. Simo is fluit ex Ida sub Ilio currẽs: et ꝓpe mare xantho mixt⁹: fa cta palude apud sigeũ ꝓmõtoriũ ĩ mare cadit. vnus ẽ ex fluib⁹ q̃ (teste Hero) defecerũt potãte xersis exercitu. Apud hũc ex Anchisa ven⁹ aeneã cõcepit t Sub vndis. S. s. voluit, legit᷑ et sub vndas: & tũc erit correpta sub vndas d Scuta. CRI. equitū dicunt: quia minora. Clipeos vero peditū: et maiores. a gręco vocabulo: quia totū corpus furetur clipeus. id est. abscondat: κλεπτω enī furari est e Fortia corpora. S. i. virorū fortiū. Nam i cadauere nulla est fortitudo. f Iactanti. S inaniter loquenti. Sic alibi Voces dū iactat inanes. DONATVS. Iactanti. Adhuc loquenti interuenit vis fluctus: Nec permisit explicare foelices qui in Troia perierūt: Se infoelicem qui in fluctibus sit periturus. C. Iactanti. inaniter loquēti. Iacto a iaceo: est freq̄ntatiuū. & qui iacit amittit: ergo inaniter loquitur qui verba amittit. Itē iactat: gloriat̄: quia multa frustra loquitur. Iuuenal. Ipse lacernatę cū se iactaret amicę. Hinc iactura ē detrimentū pprie: quod accipimus cū tempestate e naui res in mare pijcimus: vt exonerata nauis facilius fluctibus resistat. Sed per translationē p oi damno capitur. g Aquilone. S. ab aquilone. C. Ab aqlone: qui ab alto. i. a septētrione veniat. h Aduersa. S: cōtraria. Est enī in Italiam nauiganti contrari⁹ aqlo. i Fluctusq; ad sy. C. Hyperbole: quā latini supplationem nomināt. Hęc nō fit vt id credat̄ quod dicimus: sz vt ex eo quod ē incredibile credat̄ aliqd pene incredibile. Non postulat ergo vt credat̄ fluctū sydera tetigisse: sed ad incredibilē pene altitudinē se erexisse. In hac virtus ē augendi et minuendi. Fit aūt cum & plus facto dicimus: vt hic. & Cicero: Veniens frustis esculentis gremiū suum & totū tribunal impleuit. Aut per similitudinē: vt credas innare reuulsas Cycladas: Aut per comparationē: vt: Et fulminis ocior alis: Aut signis quibusdam: vt illa vel intactę segetis per summa volaret gramina. nec teneras pedibus lęsisset aristas. k Remi. S. vel gubernacula: vel reuera remi: quia antiqui remis velisq; nauigabant. l Prora. C. prior pars nauis: qz proruat aq̄s: Hui⁹ extrema acuta: & ferro munita pars rostrū dicit̄. m Auertit. S. pro auertit̄: vt: Et nox humida coelo p̄cipitat. Hęc aūt verba inuicem ponunt̄: quę actiua & passiua esse p̄nt: vt auerto & auertor: et pręcipito et p̄cipitor. n Dat latus. S inclinatur. o Cumulo. S. altitudine. p pręruptus. SER. in altum eleuatus. q Hi summo ī fluctu. DO. Fluctibus vario motu venientibus alii erigebant̄ tumore fluctuū: alii deprimebāt̄. r Pendēt. C. suspensi sunt. Pendere enim ponderare est. Et quia antiquitus pecunia quę Enea erat ponderabat̄ et nō numerabat̄. pendere et expendere peccunias dicūt Item pendere penas qz omnes penę pecuniarię erant. Dicim⁹ pēdere corpora quę supne alligata nullo iferiori fundamēto hęrent. Item animo pendere dicim⁹ cum ita ambigui sumus vt nulli certe rei hęream⁹: Vnde infra suspensi euripilū citatum oracula phoebi mittimus s Dehiscens. S. valde hiscens. de enim auget Vt deamo te Syre: t Aperit. s. ostēdit Salust. Caput apire sollitus. i. denudare & ostēdere. C. aperit Ostēdit quę res prius clausę si aperiuntur ostendūt̄. Item apire vulnerare qz vuln⁹ quod latebat ostēdit Iuue Fuste aperire caput candelā apponere valuis. Item detegere. Stati⁹ Sic fat⁹ apto ense vocat sotios v Harenis: S. i. ab harenis. i. ab imo: Vel cū harenis vt i tempestate solet x Tris. S. Quotiens genitiu⁹ in iū facit: accusatiu⁹ in is exit vt pupiū pupis Si vero in vm: i es: vt patrū patres y Saxa latētia. S. pter tempestatem Hec saxa inter affricā & Sardiniam sunt Et Itali aras appellant. q ibi affri & Romani foedus inierunt quę arę Sisenna pritię dicuntur. Est aūt ordo quę saxa in mediis fluctib⁹ Itali aras vocāt z Dorsum immane. S. Dorsum eminēs altū secūdum Homerū A Sūmo. S. vel in sūmo b Ab alto. D. peritus locorū eorum dixit ducere Syrtes ab atlo. i. a pelago. Aliter enī non potest cū fluctus habeat ab orientis partib⁹ ī quib⁹ sūt Syrtes eo nauigia cogere vnde potuit reuocare Sex igit̄ naues alienatę sunt a cęteris. vna turba premitur vbi erat Aeneas. nūc casus octauę describitur c In breuia & Syrtes SER. breuia Syrtiū Vt molē q; & mōtes i sup altos. Breuia: vadosa: per quę possumus nauigare. Sittium aūt Sinus duo sunt. pares natura: impares magnitudie vt ait Salustius C Sirthes duo sūt sinus Affricani maris dispari magnitudine: sed pari periculo dictę sūt πα ρα το συρειν. i. ab alto vēto enī trahunt̄ harenę. vnde idem loc⁹ modo vadosus fit. accedente tumulo harenarū: modo profūdior ill⁹ alio depulsis. Est autē et minor syrtis et maior: Minor lothū cibum suauē pducit Inde lothophagitis appellatur de his Salust: Nam pe duo sunt sin⁹ in extrema affrica: ipares magnitudine pari natura quorū loca proxima terra peralta sunt Cetera iteriora vbi sors tulit alta alia in tempestate vadosa. nam in tempestate fluctus quasi limū & harenam & saxa trahunt. & hinc facies locorū mutatur d Lytios S. hi sub pandaro troianis auxilio fuerāt: sed eo mortuo Aeneam secuti sunt Vnde in secūdo ait comitum affluxisse nouorū e Fidū. S. idem & fidelem f Ipsius ante oculos. SER. ad maiorem dolorem vnde Alibi Queq; ipse miserrima vidi. C. Scitat pathos grauiora enim quę videtur q̄ quę audiūt̄. Cicero ad. Brutū: Nā etsi quocunq; in loco quisq; sit: idē est ei sensus. & eadem acerbitas interitu rerū suarum & publicarū: oculi tamē augent dolorē: Mouet ergo pathos attestatio rei visę vt Ipse caput niuei vultū pallātis et ora. Vt vidit. leuiter q; patens in pectore vulnus g Ingens penitus. S. magna pars ponti. Et est Synecdoche h Auertice. S a pupi quę vertex nauis est: Vel ab aquilone qui flat a mūdi vertice septemtrione vnde in Georg. Hic vertex nobis semper sublimis. i In pupim Ferit. S. Magister leucaspis vocatur sic infra Leucaspim & Lytię ductorem classis orontem. D. In pupim ferit. hos specialiter cū eorum nominib⁹ ponit quia in his potiores nauigabant & vno casu ferebantur k Ferit. C. Hoc verbū preterito caret teste pristiāo: Sed a

[d] Scuta virū: galeasq;: & fortia [e] corpora voluit.
[f] Talia iactanti stridens [g] aquilone procella
Velum [h] aduersa ferit: fluctusq; [i] ad sydera tollit.
Franguntur [k] remi: tū [l] prora auertit [m]: & vndis
Dat [n] latus: insequit̄ cumulo [o] p̄ruptus [p] aq̄ mōs.
Hi [q] summo in fluctu [r] pendēt: his vnda dehiscēs [s]
Terrā inter fluctus aperit [t]: furit ęstus harenis [v].
Tris [x] notus abreptas in saxa latentia [y] torquet:
Saxa vocant itali medijsque in fluctibus aras:
Dorsum [z] ímane mari summo [a]: tris eut⁹ ab [b] alto
In breuia [c] & syrtes vrget (miserabile visu)
Illiditq; vadis: atq; aggere cingit harenę.
Vnam [d] p̄ lytios fidumq; [e] vehebat orontem.
Ipsius [f] ante oculos ingens [g] a vertice [h] pontus

In puppim ferit: excutitur pronusqꝫ magister
Voluitur in caput: ast illam ter fluctibꝰ ibidē
Torquet agēs circū: & rapidus vorat ęq̄re vor- (tex.
Apparēt rari nantes in gurgite vasto
Arma virum tabulęqꝫ: & troia gaza ꝑ vndas.
Iam validam Ilionei nauē: iam fortis Achatę:
Et qua vectus abas: & qua grandęuus alethes
Vicit hyems: laxis laterum cōpagibus: amnes
Accipiūt inimicū imbrē: rimisqꝫ fathiscunt.
Interea magno misceri murmure pontum
Emissamqꝫ hyemē sensit Neptunnus: & imis
Stagna refusa vadis grauiter cōmotꝰ: & alto.
prospiciēs: sūma placidū caput extulit vnda.
Disiectā Aeneę toto videt ęquore classem:
Fluctibus oppressos Troas: coeliqꝫ ruina:
Nec latuere doli fratrem Iunonis & irę:

portio mutilatꝰ: & facit ꝑcussi. Sic in metris. nā sisto stat uꝰ habuit. a statuo ꝓ tuli. nā antiqui dicebant tulo. Cerno creui a cresco. l Excutitꝰ. C. Eiicitur dicimus enī excu tere dum cū aliquid quatitur id qd̄ inest vl̄ supest deiicitꝰ. Vnde equitem ab equo excuti dicimus. l Voluitur in caput. C. nā caput qd̄ stante illo superiꝰ erat ca dendo: quia voluit hō: sit inferius. m Ter. S. sepius. crebrius. Salustiꝰ. Crebritate fluctuum: vt aquilo solet. n Torqt. C. in girū vertit: hinc tor ques ornamēta militaria: quia circuli sunt. Item tor quere. i. iaculari. quia vt mixtus sit torquemꝰ rem pniusqꝫ emittamus. Inde tormenta machinę: qui bus missilia iacimꝰ. Item cruciari: vn̄ tormenta cru ciatus quoqꝫ dicimus. o Vortex. C. Fit cū aq̄ in gyrū acta absorbetur.

p Apparent. S. videntꝰ. Appet liquido sublimis in aere nisus. Parere aūt obedire: vt paret amor dictis. DO. Apparent. vt compleatꝰ id: submer salqꝫ obrue. p. periit ergo amicus & fidus: et in eiꝰ conspectu excusat Oron tem qui nō imprudētia: sed vi tempestatꝫ perierit. q Rari. S. vel ꝓpter ma ris magnitudinem. Vel qa vna perierat nauis. r Nantes. S. ab eo quod est no nas: vt nare pesta tem liquidā. habetqꝫ pri mā longā. Inde nato as. atc. & corripit primam: s Gurgite. SER. om nem congeriem aquarum significat. ergo tapinosis est: id est humilitas in sermone.: sed auget epitheto: cum dicat vasto. t Vasto. CRIST. immenso. Proprie eni vastū dicimus id quod ita modum excedit: vt destruat formā suam. Hinc vastam vocem dicimus quę nimia sit et non seruet decorum. Inde vastare agros: id est populari: quia formā suam amittant. v Arma. S. instrumenta sunt cuiuscunqꝫ artis. x Troia. S. possessiuū est. Troius a. um. id est troiana: et habet primam longam. Troia primi tiuū duarum syllabarum est. y Gaza. SER. Persi cus sermo est: & significat diuitias: id est omne quod pos sidemus. Frustra ergo queritur quomodo aurum natare potuerit. z Ilioni. S. pro ilionei: Antiptosis est. Vt hę ret pede pes: pro pedi. Et posuit datiuum grecum pro ge nitiuo tino. Sic orphi Caliopea
a Vectus. SER. qua vehebatur: nam nos a psenti passi uo: participio caremus. b Hyems. S. hybernum tem pus significat. sed etiam ponitur ꝓ vi ventoꝝ: vt hic.
c Omes accipiunt inimicū. DO. id est vna omniū cau sa: ac similis fortuna. Sed Neptuni datur occasio: ne peni tus Iunonis iussa implerentur. d Inimicum. C. tem poraneum epitheton & nō perpetuum. Non enim abso lute ita dicitur inimicus imber. & palidi morbi: et turpis egestas: quia potest esse amicus. e Imbrem. S. omnē humorem dicimus. Lucretius. Ex igne terra atqꝫ aqua nascuntur & imbri. f Rimis. C. Rimę hiatus sunt angustiores: & fissurę in re quę rumpi incipit. Inde rimari inquirere. Tractum a suis qui pascentes intra rimas terrę sibi cibum querunt. Est autem ab eo quod est ρυγνυω id est scindo. g Fatiscunt. S. Fatim: abūdanter. Vnde affatim: & hiscunt aperiūtur. C. Fatiscunt. hio est: & nō deberet dici hiasco: sed fit hysco. id est fatisco valde hysco. nā statim & affa tim valde est.

h Pontum. C. grecū est pontus. Dionysius: πουτοο κ αυου τεροιι τοσ ρτασα γαιησ.
i Hyemem. CRIST: & prolixe & cōstanti or dine ita exprimimus alle gorias: siue morales sen sus huius poetę. vt quod semel in vna significatiōe positum sit: in eadem de inceps semꝑ ponatꝰ. Ten dit igiꝰ Aeneas in italiā: id est laude dignꝰ vir: ten dit ad summū bonum: quod est positum in con templatione rerū diuina rum: teste Platone: quem ipse sequitur: huic impla cabilis inimica est Iuno. Nam dea regnorū fingiꝰ ab antiquis: ergo erit cu piditas regendi & mini strādiqꝫ in vita ciuili rem publi. Hec enim virū ex cellentē ab italia Cartha ginem. i. a vita contēpla tiua ad actiuā traducere conatur. sed cū ille a ꝓpo sito non flectatur: ipse ꝑ Aeolum tēpestatē citat: id est per rōem inferiorē: quę cum circa particula ria versetur facile fallitur: quia perturbatiōibus cō mouetꝰ. Sed neptunus: id est ratio superior & intel lectus non corrumpitur a Iunone. Sed sedat tempestatem. quę omia (quęso te lector) vt diligenter in illis libris nr̄is Chamaldulensibus legas: puto enim fore vt te minime peniteat. k Imis. S. Propterea qꝫ non cognouit nisi post factam tempestatem. l Stagna. S. aquę stantes sunt: sed hic pro ipso fundo: quod nisi magna tempestate non mouetꝰ. Ergo stagna & imis vadis refusa aliud pen det ex alio: quia immobilis aqua in imo maris tantum modo est. m Commotus. C. contra ventos.
n Alto ꝓspiciens. S. e mari caput tollens ꝓspicit. Vel al to. id est ipsi mari ꝓspicit. i. consulit. o Placidū. SER: scilicet troianis: qꝫuis ventis sit iratus. Vno aūt epitheto suo more habitū futurę orōnis significat. C. Placidū erga troianos. p Ruina. S. tonitribus: quorū sonus simi lis est ruinę. q Nec latuere. D. Frēm sororis studia nō latebant. Ergo vocatis ventis. i. orōnē habuit Patheticā vtpote cōmoti animi abscisam. i. nec cōtinuā: nec cōposi tā. Fuit breuis: quia subueniētis in hoc casu nō erat mul ta loqui. r Iunonis. S. aut doli Iunonis: aut fratrē Iu nonis. C. Fratrē iunonis. Saturni filios fabulantꝰ antiqui Iouē minorē. vel grece subtracta aspiratiōe cronos dicitꝰ a Chrono qd̄ est tempus. Tempus enī omnia creat: atqꝫ creata: adultaqꝫ consumit: pter quattuor elementa: ea enī sunt Iuppiter. i. ignis: Iuno: aer. Neptūnus aqua & pluto terra. Ergo frater Iunonis est Neptunnus: hic cū aqua sit a nando Neptūnus dr̄: grece aūt appellatꝰ: ποσιδαωυ

quia potum prebet nobis: eni potus est. & διδωμι δω ipse quandoq; amphitrites dicit. aquarum dulciũ particularis vis Naiades sunt. Marinarũ vero nereides: Sed vt aliis videt: amphitritę vxori suę nomẽ est. fundamenta illi sacra sunt: quia ei⁹ opera terra mouet. ob idq; enosigęus id est terram quaciens dicitur. Physici aquarum effectiuã vim oceanũ ponunt. Simbolũ aũt thetyn. Vis aq̃ potabilis Achelous est marię Neptunnus: quę inquantum gignere potest: Amphitrites dr. Mouet terrã: quia aq̃ terremotus causa videt. Cõsolidat terrã illam a se excludendo hinc illũ ἀσφαλίονα .i. terram stabilientem appellãt. s Eurum ad se.. S. p has reliq̃s intelligit. t Tanta ne. D. Hoc genus vectionis nõ habet principiũ: & crimen exaggerat: oñdens illas nõ tm̃ suã: sed hereditariã sectari temeritatem qd vinũ: q̃ naturale est: nõ põt emendari. Sũt em̃ venti a gigantibus: q bellum diis inferre ausi sunt: sed poenas reddere. Ostẽdit igit eorũ eẽ crimẽ q̃d amiserant: esse etiam originale sanguis. C. Tanta ne. Optimũ orõis Pathęticę genus: quia abruptũ & concisum est. & ab interrogatiõe icipit: & quũ propriũ gigãtũ fuerit aduersus deos bellũ gerere. Vnde venti in regnũ Neptunni irrũpe nisi a temeritate paterna ausi eẽnt. v Generis. SER. Quia ex titanibus qui aduersus deos arma sumpserunt: et aurora nati sunt venti. D. Generis. nõ maculãt filios paterna scelera: pollunt tñ si illa sectantur. x Fiducia. S. pro confidẽtia: nã fiducia i bonis: cõfidentia in malis dicitur. y Iam coelũ. S. Cur de coelo & terris querit: et nõ de sola aq̃: qm̃ hęc tria numia licet hẽant impia diuisa: tñ totius regni vident hr̃e ptãtẽ: nã et ipsa tria elementa physica quadã rõne iungunt: vt & ipsorũ numinũ scępta significãt. Iouis em̃ fulmẽ tricuspe est. Neptunnus tridente vtit: Et Pluto tricipiti cerbero. D. Iam coelũ. Obscura breuisq; oratio: & quia iratus erat: et ad succurrẽdũ pperabat: deniq; transit ad aliorũ elementorũ iniuriã: a quib⁹ erat alienũ et venit ad ppriã: C. Iã coelũ. Conq̃rit prius de alienis elemẽtis: ne si de suo tantũ min⁹ credibile: et nimis sibi indulgere videat: Auxesis est. Naz maius quidã est moles q̃ fluctus: et mira variatio: vt mõ fluctus ad sydera tollũt: mõ preruptus aq̃ mõs: mõ tantas moles dicat. z Meo. D. q. d. me contempto. a Venti. S. Abiecte pnunciandũ: vt conuicium sit: nõ nomen. b Tantas moles. D. mira pbatio criminis: vt nõ solũ asserat verbis: sed ipsis aspectib⁹ subdat. c Quos ego. S. Mens turbata verbũ reliqt. s. puniam. Sic supra Me ne inceptã desistere victã. Et Terẽti⁹. Quẽ quidẽ ego si sensero. DO. Quos ego. Duo pnoĩa cũ pondere maximo. q̃s scz sceleratos et ex pessimis ortos: et quę simil̃r itelligi pñt. Ego. s. impator loci: et de potiorib⁹ diis: nõ vlciscit: sed nõ dimittit eos sine metu futurę poenę: ne se inualidũ demonstraret. C. Quos ego. mouet Pathos Aposiopesis: quã Cicero reticentiã. Celsus obticentiam: nõnulli: vt Quintiliano placet: interruptõem nominãt. Sic alibi: Quãq; o. sed superẽt quibus hoc Neptunne dedisti. Et. Nouim et qui te transuersa tuentibus hircis. d Sed motos. S. Prudentis em̃ est potius innocẽtib⁹ succurre q̃ nocẽtes punire. D. Sed motos. p. Addit cãm dilatę poenę. C. Sz motos. Obseruat ppon. Naz sapientẽ deq̃ rõne duci: poti⁹ q̃ ira rapi oportebat. Ergo prius periclitãtibus subueniat q̃ noxios puniat. e Prestat. S. meli⁹ ẽ: Est ãt plenũ: et tum accusatio: Jrũ septimo iũgit: vt pstat illũ et pstat illi. C. Prestat: deest ante stat: ergo meli⁹ ẽ: Nã cũ plura se offerũt: illud ante stat: q̃d prius est eligẽdum: id est q̃d est meli⁹. Sic alibi: Prestat trinacrii metas lustrare pachynni: Eadẽ rõe dicim⁹ pstare: q̃si promptos paratosq; eẽ: vt q̃ tenemur faciam⁹ Cicero pueris albini oĩa recepi: et pstabo. Vñ et psto nomẽ q̃si pmpt⁹ & paratus: Hinc dicim⁹ seruos pstolari dominos. i. promptos paratosq; se pbere: ne in mora sint: cũ illi eorũ opa vti volũt Teren. Quẽ prestolare. Est enim prestare añ stare. i. excellere. Cice. in Rheto. contra Hermagorã: At mihi vident hoies: cũ mltis reb⁹ hũiliores et inferiores sint hac re maxime bestiis pstare q̃ loq possint.

f Cõponere: C. simil̃ ponere: ne alr̃ aliũ excedat: ergo placare et adequare: sic dicim⁹ cõponere lites. Nã q̃d Marcellus ait: recreare & reficere: vt: Vix defessa senis passus componere mẽbra ab eadem rõne ẽ. Sic q̃ significet cõparare & disponere et ornare & colligere: & reliq̃ huiuscemodi hinc originẽ hñt. g Post mihi: D Siquidẽ deinceps ausi fueritis re non verbis puniam. C. Post. deinceps cũ vacauero a componendis fluctibus. h Non simili poena. S. Non ea q̃ Troianos affecistis: vl̃ mihi nõ simili. i. vehemẽter irato. C. Nõ simili poena. nam erit tũc re q̃ nũc est minis: vl̃ nõ simili mihi: q̃ tunc ero ociosus: vt possim vlcisci: nõ aũt impedit⁹ negociis: vt nũc cõmissa petã. Sic alibi. Quid meus Aeneas in te cõmittere tm̃. i Luetis. S. Soluetis: nam apud priscos oẽs poenę pecuniarię erãt. k Maturatę. S. cũ maturitate discedite. pniosum em̃ esset Troianis si accelerarent. Dicim⁹ em̃ matura iracundiam tuam: DO. Maturate: celeri⁹ remeate. C. Maturare: fm Nigidiũ est: cũ neq; citius neq; seri⁹: sed cõueniẽti tpe fit: Vñ: Poma matura dicim⁹: q̃ neq; acerba & immitia sunt: neq; nimis caduca & decocta: sed tẽperate adulta. Hãc tẽperationẽ Augustus sic grece exprimebat σπεῦδε βραδέως. Sic igit monebat: vt ad rẽ agendã & industrię celeritas: et diligentię tarditas adhiberet: ex quib⁹ contrariis fit maturitas. Vñ nr̃ poeta alibi maturare & pperare: vt cõtraria ponit frigidus agricola: si qñ continet imber. Multa forẽt quę mox coelo pperanda sereno Maturare dat. l Regi: D. Mittit et regi cõuicia: deformãs regni ipsius ptãtem et personã: asserens nõ hr̃e regnũ: sz saxa: nõ aulã: sed esse custodẽ carceris. m Vestro. C. Ignominiose dixit: q̃si dicat vilissimę rei regẽ. n Non illi impiũ pelagi. C. q̃ res magna ac lata est. o Seuũq;. S. Magnũ: vel seuum in ventos. p Sorte: S. ac si diceret: potuisset etiã coelum tenere. Aeolum aũt bñficio carceris regnum tenere.

q Immania: S. aspera. Magnũ em̃ bonũ antiq dicebant hinc mane. Quid em̃ meli⁹ & p Antiphrasim manes inferi: quia nõ sunt boni: r Eure. S. Irascentis ẽ pprio vti nomĩe. Sic Teren. Ego in pistrinã te Daue dedã. Vel cõtra Eurũ solũ irascit: q̃ prim⁹ egress⁹ ẽ: q̃ aũt dixit vestrã domũ deplauti pseudo est: nisi carcerẽ effregeritis vr̃am domũ. s Aula. S. p irrisionẽ. Nam nihil tam cõtrariũ

Eurum ad se zephirumq; vocat: dehinc talia fat.
Tantane vos generis tenuit fiducia vestri:
Iam coelum terramq; meo sine numine: venti
Miscere: & tantas audentis tollere moles.
Quos ego: sed motos pstat cõponere fluctus.
Post mihi nõ simili poena commissa lueris:
Maturate fugam: regiq; hęc dicite vestro.
Non illi imperium pelagi seuumq; tridentẽ
Sed mihi sorte datum tenet ille immania saxa
Vestras eure domos illa se iactat in aula
Aeolus: & clauso ventorum carcere regnet.

Sic ait:& dicto citius: tumida equora placat:
Collectas quia fugat nubes: solemq; reducit.
Cymothoe: simul & triton adnixus. acuto
Detrudũt naues scopulo: leuat ipse tridenti
Et vastas aperit syrtes: & temperat equor.
Atq; rotis summas leuibus perlabitur vndas.
Ac veluti magno in populo cũ sepe cohorta ẽ
Seditio: seuitq; animis ignobile vulgus.
Iamq; faces & saxa volãt: furor arma mĩstrat.
Tum pietate graue: ac meritis si forte uirũ quẽ
Conspexere: silent: arrectisq; auribus astant.
Ille regit dictis animos & pectora mulcet.
Sic cunctus pelagi cecidit fragor: equora postq;
Prospiciens genitor: coeloq; inuectus aperto
Flectit equos: curru volans dat lora secundo.

...auleq; carcer. t Clauso. S. qz nõ ipsi⁹ sz iubẽtis ẽ emit tere vẽtos. v Carcere reg. S. ex affectu possidentis: carcerẽ regnũ dixit: Sic alibi de rure post aliquot mea regna videns mirabor aristas. x Dicto citi⁹. S. Citi⁹ q̃ dici possz. D. Dicto citius. effect' statim appet obiurationis et dilatione. Et dicto citi⁹ placidũ fiat mare: et oĩm elemento tepoene. remouet iniuriã. y Placat. S. Physice Nã Neptũn⁹ mare est: hoc dixit cõmotũ: nũc inducit placatũ. z Collectas. S. aut colligit: deinde fugat: aut añ a ventis collectas fugat & dissoluit. a Cymothoe. S. cõueniẽs nomen nymphe. κῦμα enim fluctus est: & θεῖν currere quasi fluctus currens: Elementa eni antiqui deos esse volutere. b Triton. S. deus marinus Neptũni et salace a salsa aq̃ dicte Nymphe filius. C. D: tritone dr̃ in sexto. c Adnixus: S. ãtiquũ est Iuniores annisus et innisus dicunt: sed & alia vsus cõtra antiquitatẽ induxit: Illi eni parsi nos peperci. Illi succepi nos suscepi: vt succepitq; ignẽ. c Leuat. S. Leues et nauigabiles facit: accõmodat aũt tẽpori ordinem: nã hic quia piclitantib⁹ subueniendũ erat: breui logẽ in quinto aũt vbi nullũ est piculũ: latius placat mare neptunnus. d Perlabit. S. id ẽ labitur per vndas: Antiqui em prepositiõem nomini subtractã vbo addebãt: vt p curro' ferrũ. e Ac veluti. S. Hic populũ cõmotũ comparat tempestati. Cicero autem populo tempestatẽ: vt pro milone: Et quidẽ ceteras tempestates & pcellas ĩ illis dumtaxat fluctib⁹ contionũ. D. Ac veluti. Hac cõpatõe daf occasio: vt ostendat cui⁹ meriti & grauitatis debet esse: q in ciuitate sua princeps est. Nã cũ ventũ est ad furorẽ. si virũ pstantẽ meritis audiunt: eius dictis acquiescunt. C. Ac veluti. Cõparat tempestatẽ pplo: Contra. Statius populũ tẽpestati: vt Sic vbi diuersis maria euertere pcellis. Hinc boreas eurusq;: illinc niger imbribus auster pulsa: dies regnãtq; hyemes vẽit equoris alti. Rex sublimis equis geminusq; ad spumea triton: frena natãs. late pelago dat signa cadẽti. f Magno. S. quia vbi frequẽs est ppl's ibi crebra seditio. g Seditio. D. Vt ppl's furens motus grauitate viri quiescit: sic mare auctoritate rectoris quieuit. C. Seditio ciuilis discordia a seorsum eundo. h Animis. C. Animus est q̃ sapim⁹: anima q̃ viuim⁹. Ergo bruta aĩam hñt. Iuuenal'. Pricipio indulsit cõmunis cõditor illis: Tantum animas: animũ qz. verũ animos in plurali etiã accipimus pro vehementia & pturbatione ipsius animi: sic illud: Pone aios & pulsus abi. Et Iuuenal'. Nos animorum impulsu: & ceca magnaq; cupidine ducti. Ergo animis furoribus & pturbationibus. Item animos dicim⁹ vehementi aio pditos. i Ignobile. S. stultum: Vt nobilẽ animũ prudentẽ dicim⁹. Vñ paulo post arrectis aurib⁹ sumpsit translationẽ a brutis. Sic Teren. Arrige aures pamphile. k Vulgus. S. neutri generis est. Inuenit etiã masculini: vt spargere voces in vulgũ ambiguas: Regula est vt sit masculini. Nã nomẽ in us secunde declinatiõis masculini generis ẽ: sed vsurpatũ est ad formã nois greci Pelagus. qd in secũda declinatiõe neutrũ est. C. Vulgus. Nã imperita mltitudo pturbatõe poti⁹ rapitur q̃ rõne ducit.

l Iamq; faces &. C. ponit rem ante oculos vt pingere eam videat. m Furor arma miuistrat. S. Sic alibi rimanti telũ ira facit. C. Furor. Explicat quid sit seuit animis.

n Tum pietate. C Pietas iusticie pars est: qua diligens officium tribuimus patrie: et his qui nobis ppinquitate piuncti sũt: hmõi partes sũt amicitia et liberalitas. pietate ergo hui⁹ viri cogũtur reliqui: vt eos pudeat furoris: a grauitate vero vt pudeat leuitatis.

o Graue. S. Venerabilẽ vt contra leuem contemnendũ: dat autem sibi iusticiam et peritiã dicẽdi.

p Virum. C. hominẽ his virtutibus excellentẽ.

q Conspexere. C. Cũ orator sit vir bon⁹ dicendi perit⁹: ex ipa bonitate fidẽ sibi conciliat: et ex ea silentium. Ergo silent & attentionẽ prebent. Vnde arrectis aurib⁹ astãt. r Dictis. SERV. sua eloquentia.

s Regit animos: qui sine rectore in omne facinus cadũt. Et profecto (vt ait Cicero) Oratoris est posse dicendo genus humanũ tenere: mentes allicere: volũtates impellere: quo velit. Vnde autẽ velit deducere. C. Regit. Ne tunc ruãt. t Mulcet. CRIST. vt discedat a proposito.

v Genitor. SER. venerationis est: vt tybri pater. Est autem vectus per maria coelo iam existente aperto: id est sereno. CRIS. Prospiciens genitor. Grauis est in hoc loco et digna: que a bonis viris audiantur allegoria: sed hanc vide in disputatiõibus nostris Chamaldulensibus.

x Coelo. DO. quia dixit eripiunt subito nubes coelũ. Liberauit igitur a tempestate Troianos Neptunnus: euentus aliquid attulit. Nam illos in lybiam terram inimice Iunonis detulit: ergo in casum deteriorẽ defecti sunt.

y Curru. SER. non est pro currui per Apocopen. Sed ars antiqua volebat: q nomiatiuus pluralis regat genitiuum singularem. vt he musæ: huius musæ. hi docti. huius docti. Et datiuus singularis regitur a genitiuo singulari: vt huius docti: huic docto. Et hi currus: huius curr⁹ facit & hui⁹ huic curru. z Secundo. S. Troianis obsequenti. Tractus sermo a sequentibus seruis: id est pedissequis. Hinc secunda fortuna: quia secundum nos: id est prope nos sit.

¶ Defessi aeneadę quę proxima littora cursu
Contendūt petere: & lybię vertuntur ad oras.
Est in secessu longo locus: insula portum

a Defessi. D. Licet fessi: nitebant ꝓximā terram attingere: ne interea aliquis casus emergeret. b Aeneadę. S. Aeneadę: nunc troiani: aliqñ romani: vt Aeneadę in ferrū p libertate ruebant. CR. quasi dicat. tales qui a tanto heroe cognominādi sint: Nam ꝗuis defessi nō ꝓpterea dimiserunt: quin strenue aliquē portū tenerent. c Cursu. S: Datiui est pro cursui: vt sit ꝓxima cursui: vel contēdunt cum cursu. d Contendunt. D. ostendit cursus difficultatē: quem fessi complere nitebātur: maxime quia in aqua difficilior gressus est ꝓperantibꝰ cursu. Cōtendunt: omnibꝰ viribus incūbūt. e Vertunt. S. ab Italia. Est eni topothesia. i. ficta loci descriptio. Hic enim locus in Affrica nusq̄ est sed apud aliam Carthaginem: quę est in hispania: Ergo similitudo nominis fac[it] descriptio[nem] fem congruam. Topographia aūt est vera loci descriptio. hęc descri[ptio] f Secessu. S. sinu secreto. D. Est in secessu loci. hęc descri ptio negocii necessaria est: Placiditas enim fuerat pela gi procuranda propter corruptas naues. Hanc pręhebat

Efficit obiectu laterum: quibus omīs ab alto
Frāgitur: inꝗ sin⁹ scindit sese vnda reductos.
Hinc atꝗ hinc vastę rupes: geminiꝗ minātur
In cœlum scopuli: quorum sub vertice late
Aequora tuta silent: tum syluis scęna coruscis
Desup horrentiꝗ atrū nemus īminet vmbra:
Fronte sub aduersa scopul⁹ pendentib⁹ antrū:
Intus aquę dulces: viuoꝗ sedilia saxo.
Nympharū domus: hic fessas nō vincla naues
Vlla tenent: vnco non alligat anchora morsu.
Huc septem Aeneas collectis nauibus: omni
Ex numero subit: ac magno telluris amore
Egressi: optata troes potiuntur harena.
Et sale tabentes artus in littore ponunt.
Ac primum silicis scintillam excudit achates:

obiectus laterum. Secretū vero pficiebat: quia cauendū erat ppter regiones incognitas: hoc dabat lōgitudo secessus. nympharū dom⁹ aqrū copiam pstar. Sunt et defensacula aduersus solē antrū & nemus, tantaꝗ erat oportunitas loci: vt naues anchoris nō essent retinendę. C. Est in secessu. Descriptio istius portus a poeta conficta est: in q̄ nōnulla sumit a portu hispanicę Carthaginis. Imitat aūt Homerū: qui Itacensum portū describens: eū aliter q̄ sit ponat. Syllius quoꝗ sic scribit Carthago impeso naturę ad uta fauore excelsos tollit pelago circumflua muros: arctatas pōit fauces modica insula claudit: q̄ Titan ortu terras aspexit eodem. g Locus S. subaudi quem. Cum autem pnomē est in medio duoꝝ nominū cū vnum pprium sit id pnomē sequit genus pprii nomis. Sic Salust. Est locus i carcere: qd Tullianū appellatur. Si aūt vtrūꝗ nomen appellatm̄ sit: licenter cui volumus respondemus. h Ab alto. D. a mari. mira igitur breuitas q̄ contineat omia necessaria. Cū aūt locus cōtineat qtuor partib⁹: ponit duo latera et ingressū. Quartā deinde partem posuit Fro. sub x. i Inꝗ sinus. S. diuidit se vnda i sinus. k Reductos. S. replicabiles. l Rupes. C. abrupta mōtiū sunt. Ripę p̄o margines fluuiorū: vt littora sunt maris. m Gemini. S. pares similes: aliꝗ q̄ duo. n Minātur. S. eminēt. o Sub vertice. S. circa radices: q̄ ad rectā lineā suscipiūt verticem. p Syluis coruscis. S. i. syluaꝝ coruscarum: casus eni septimus est p genitiuo.

q Scena. S. vmbratio dicta ἀπὸ τῆς σκιᾶς antiquitus em̄ theatralis scena parietes nō habebāt: sed de frondib⁹ vmbracula q̄rebant. Postea tabulata cōposuerūt i modū parietis. r Coruscis. S. i. crispantib⁹. Iuuenal. Lōga coruscat sarraco veniēte abies. C. Coruscare ppr e splendor est. Et qm̄ splendor crispat: & tremulo motu mouet. Iccirco pro crispare capit. queadmodū micare. s Horrenti. S. qleꝝꝗ ad odiū ptinet: pleꝝꝗ ad vēeratōē: vt hic. Sic Lucanus. Arboribus suus horror inest. t Et atrū. S. Tropus est p atrū nigrū: p nigrū vmbrosum: p vmbrosum frondibus densum. v Nemus. C. dicit ab eo q̄d νέμειν id est pascere: hoc etrusci appellant bostū ab eadē rōe: nam βόσκω pasco est Theocritus. βόσκει τὰς αἶγας in illo em̄ armēta pascūt. x Fronte sub aduersa. D. Semper aūt loca sic poeta describit vt ingrediēs. Sic fac Salust. quę oīa mutabunt: si vt recedens scribat. Addit autem descriptioni duos altos scopulos: vt sit: vnde latius prospectus in pelagus appareat ad inquirēdas naues ab Aenea separatas. Opacitas autē vt minus ab externis conspiciatur facit. y Viuo: S. naturali: vt viuo pręteruehor hostia saxo. z Nymphaꝝ domus. S. Aut verū dicit: vt sit historia: aut pertinet ad laudem loci: vt talis sit vt nympharū domus credi possit. C. Nympharum. aquaꝝ dulcium particulares vires Nymphę symbolum sunt: marinarū Nereides: verū etiam montiū: Nymphę dicuntur Oreades: quia ὄρος mons est. syluarū Dryades. Δρυμὸς enim grece sylua est. Hamadriades dicunt: q̄ cū arboribus & nascunt: & intereūt. Napeę florum & valliū sunt: νάπη em̄ cōuallis est. Naiades postremo fontium dicuntur: vt multi tradiderunt. a Vnco morsu. C. vnco dente: quo terrā mordet. b Anchora. SER. a grȩco est: & cū ibi non aspiret: nos aspiramus: cum in ceteris potius aspitationē remoueamus vbi adest: quam addamus vbi non est. C. Anchora grece ἄγκυρα dicitur. c Morsu. SERVIVS Sic alibi: Tum dente tenaci ancora fūdabat naues. d Septem. D. O. vna in q̄ ipse erat: tres de saxis tres de sirtib⁹ erepte.

e Telluris. C. deos terrę: habuerūt antiqui tellurē dictā a vi fœminina qua semina recipit. Itē tellumonem a vi masculina qua semina terra emittit. Appellāt etiā altorem: q̄ omnia ex terra alūtur. Item rursorem q̄ rursus eodem cuncta reuoluūt. Ergo ista sūt nomina deorum terrę. terra aūt est ipsum elementum.

f Amore. S. Nam omnes in tempestate amāt terram: vnde paulo post Optata potiuntur Troes harena: posuit autē tellurem q̄ dea terrę est p ipsa terra: quę est elmentum: vt vulcanus pro igne.

g Optata. D. quia contrarium in conturbatiōe pelagi viderant: cum nauigia ad imū vsꝗ deprimerentur. h Harena. SER. Si ab ariditate nō aspiratur. Si ab hęrendo aspiratur ait Varro: melior tamen prima sentētia. i Sale. S. Aspgine. k Sale tabētes. D. a contrario: Sal enim conseruat: sed inuētus est casus: vt tabescat sale quod seruari cōuenit: Aqua enim maris q̄uis salsa admitt t corruptionē. CR. Sale tabentes. Pathos mouet hęc declamatio a contrario: nam miserū est membra ea re tabescere q̄ carnes seruari solent. l In littore ponunt. C. tanq̄ effœti omnibus viribus.
m Silicis. C. Pli. de silice sic scribit. Nigri silices optimi: quibusdā in locis & rubētes: nō nusq̄ & albi sicut i tarquiniensi & antianis lapidicinis: circa locū volsiniensem: & in stroniensi sunt quib⁹ nec ignis nocet Idem & in monumenta sculpti contra vetustatē incorrupti permaent: ex his formę fiunt. in quibus ęra funduntur.
n Scintillam. C. recte nam scintilla ardens est: Fauilla vero extincta. Vn̄ in vi. reliq̄as vino et nigrā lauere fauillā.
o Excudit. S. Feriendo elicit: nam cudere est ferire: Inde incus: quia illic aliquid cudamus. C. Excudit: s̄m Diomed. Carisiū. et focā: pręsentis tempis est. dicūt em̄ cusi. Alii tamen volunt esse pteriti: quod melius videtur quia sequitur succepit. p Achates. S. Allusit ad nomen lapidis eni species est Achates: facit illum Aenee comitē: quia vt refert Pli. Hic lapis si anulo geratur gratiosior ille videat. D. Achates: ignē fieri curabat: vt madidas fruges torreret: vt sic siccatę frāgi possēt. Nō ergo ē postera ordinatio: Neꝗ dixit coquere: sed to[illegible]. Nam meminerat dixisse: Omnes accipiunt inimicū imbrem. Reliqui igitur

ſ ipſos curabant. Aeneas autem anxius de ſalute ſociorū labori non pepercit: ſed altitudinē ſcopuli aſcendit. Non ergo tantū ptinet ad pſpectū deſcripta altitudo ſcopuli: quantū ad laudē Aeneę: Qui aūt non pſpexit vim pelagi: aut de refectione corpis nō curauit: & vt ſalutē ſociorum procuraret nullo victus labore tantā altitudinē aſcendit. C. Achates. Species lapidis ē olim (teſte Plinio) in magna fuit auctoritate: nunc nulla reperta. primū in Sicilia iuxta Achatem fluuiū poſtea in pluribus locis excedens amplitudine: & varietatibꝰ diuerſis mutātibus cognomina eius ſpēs quędā eſt in ipſis: quę cōtra araneorum & ſcorpionū ictus valeat: hęc in Creta reperitur: ſed idē ſiculas eē crediderim: qm̄ primo afflatu illius pꝛuincię ſcorpionū peſtis extīguit. In India inuētę: q̄ idē faciūt: et aliis miraclis pollēt. Reddunt em̄ ſpēs nemorum fluuiū & iumentorū: & hederę & equorum ornamenta. Spectaſſe enim pdeſt oculis. Sitim ſedāt in os additę: ſunt et in ipſis: quarū ſuffitu tēpeſtates auertūt & fulmia ſiſtant. Argumētū eſt: ſi in feruēs ahenum coniectę refrigerent. Eſt & q̄dam viniꝰ coloris: q̄ inuictos athletas illam geſtātes facit. Argumentū q̄ in olla olei plena cocta cū diuerſis pigmentis: & intra duas horas ſubuerbefacta vnum calorem ex omnibꝰ facit minii. Hęc pauca e multis quę apud Pliniū ſcripta ſunt excerpſi. Nuſq̄ tn̄ illic eſt q̄ geſtata fauorē conciliet. Sed vł geſtabat vt eſſet invincibilis. Vel potius referamus achatem ad id quod eſt αχοσ id eſt cura & ſollicitudo q̄ ſemp comitatꝛ principes.

ait: At pius Aeneas arcem quibus altus Apollo pſidet: niſi pia ſit cauſa: vt ad humandū ſocium. Nam tunc pius Aeneas opera inter talia primus hortatur ſocios.

a Late petit. SER. inquantum poteſt.

b Pelago. SER. in pelagus. c Antea: Ordo eſt aſcendit ſcopulū requiſiturus antea Capyn caycum ſiquē videat. Sic Terencius. Quod plęriq̄ omnēs faciunt adoleſcentuli. Ordo eſt: quod omnes faciunt adoleſcentuli: vt animū ad aliquod ſtudium adiungant: plęriq̄ equos alere: &c. Vel quē vacat: vt alibi. Rhebe. diu res ſi q̄ diu mortalibus vlla eſt: Nemo enim dicit: ſi qua vlla. d Byremes. S. naues quę duplicem habent ordinem remorū.

Succepitq̄ ignem folijs: atq̄ arida circum
Nutrimenta dedit: rapuitq̄ in fomite flāmā,
Tum cererem correptā vndis, cerealiaq̄ arma
Expediunt feſſi rerum: fruges q̄ receptas
Et torrere parant flammis: & frangere ſaxo:
Aeneas ſcopulū interea conſcendit: & omnē
proſpectum late pelago petit: antea ſi quem
Iactatum vento videat: phrygiaſq̄ biremes:
Aut capyn: aut celſis in pupibꝰ arma Cayci,
Nauem in conſpectu nullā: tris littore ceruos

e Puppibus arma. SER. Milites enim nauigantes pupibus arma religabāt. Sic alibi pacem orare manu & figere pupibus arma:

f Ceruos. CRIST. Animal timidum: ſed longiſſimę vitę: Scribit Ariſtoteles: q̄ prudentia reliqua bruta anteit: Et iuxta vias parit metu hominū. vt feras ab inuadēdis natis arceat: In volucrum partus excedit: inde herbam ſeſellium petit: mox redit ad prolem: mulum ducens ad luſtrum aſuefacit quo fugere diſcat: vno aditu eſt luſtrum quem a feris tuetur mas: fructuum tempore pinguior factus ſecedit ſentiēs ſe facilius poſſe cupi. Cornua in loco vbi difficilius inueniri poſſunt: deponit. Vnde eſt prouerbium: qua cerui cornua. Non vult enim inermis reperiri: Siniſtrum cornu a nemine adhuc repertum eſt. Id enim medicamento prędītū eſt Bimis cornua oriunꝛ ſimplicia & recta ad ſubularū ſimilitudinē. Vnde & ipi ſubulones dicunꝛ. Singulis annis menſe Aprili cornua amittūt: & donec renaſcātur: noctu paſcuntur. Auenenata fera morſi cancros edunt: quod et homini prodeſſe creditur. Sibilo & cantu demulcentur a venatoribus quo allecti facile capiuntur: Ita vnus venator cantat, alter ſibilat: tertius a tergo ferit: ſed ſi aures arrectas habeat: ita ſentit vt inſidię illum non lateant. Hęc Ariſtoteles. Plinius autem ait. Ceruus herba cinarę venenātis pabulis reſiſtit. vi canum vrgente vltro ad hominē confugit: Cerug fetus curſu fugā meditari docet: ad p̄cipitia ducit: & ſaltū oſtendit ſemper in fuga acquieſcunt: ſtanteſq̄ reſpiciūt: cum prope ventū eſt rurſus fugam repetunt: hoc inteſtini dolore adeo infirmi: vt ictu leui intus rūpātur. Simplex animal & omnium rerum miraculo ſtupet adeo: vt equo vel boue accedente procul hominē iuxta venantē nō videat: aut ſi videat arcum ipſum ſagittaſq̄ miretur. Cornua mares habent: ſoliq̄ animalium ſingulis annis deponunt: ſed ita inuident: vt dextrum cornu negent inueniri ceu medicamento aliq̄ prędītū. Hoc q̄ mirabilius eſt: cū in viuariis mutent omnibus annis ſingulis annis adiiciunt ramo,

q Succepit. S. pro ſuſcepit. r Rapuit in fomite. S. poene Solecophanes eſt: nam verbo cōmutationē ſignificanti dat ablatiuū: Sed fuit antiqua circa cōmunes p̄poſitiones licentia: vt eſt conditus in nubē. Contra vero nota condunꝛ in aluo. Item ſeua ſedens ſuper arma. Cicero: Quod ille in capite ab hoſtiū duce accepat: Aut rapuit raptim fecit in fomite. s Cerealia. S. vt vilia fugiat: ad generalia tranſit. Rem ergo vilem auget honeſtate ſermonis: Sic alibi ne lucernā diceret ſcripſit. Teſta cum ardēte videret: ſci. nt. ole. Iudice aūt euphonia dicimus cerealia: et cerialia cęſareus & cęſarius: et typhoea & typhoa.

t Feſſi rerum. S. penuria fatigati. Dicitꝛ feſſus animo: vt ter feſſus ualle reſedit. Item corpore quod magis eſt proprium. Item rebus fortunę. v Fruges. S. Errant qui frumenta a frugibus diſcernūt. Cicero. olei & frugum minutarum. de leguminibus intelligens: ergo frumenta & fruges vocantur: Fruges autē frumine: quę pars eſt eminens gutturis ſub mento. x Receptas. SER. liberatas: vt medioq̄ ex hoſte recepi:

y Et torrere. SER. Non eſt hiſteron proteron. Nam hodie videmus ante ſiccari fruges: deinde frangi ſaxo. Nam apud priſcos molarum vſus non erat: fruges ante torrebant: & eas in pilas miſſas pinſebant: & hoc erat genus molendi. vnde pinſores dicti ſunt: qui nunc piſtores vocantur. Pinſere enim (teſte Perſio) dicitur: vt: O Iane a tergo quem nulla ciconia pinſit:

z Aeneas. SER. Aeneam autem & in hoc loco & vbiq̄: & maxime in ſexto a vilioribus officiis ſegregat: vbi

vsq ad sextu annu: deinceps similia renascutur. Singulare remedium ad venena est odor adusto cornu ceruino: nam his est cum serpentibus pugna: nam illos e cauernis etiam renitentes narium spiritu extrahunt. Vita longa: nam post centum annos capti sunt cum torquib' aureis quos Alexander ita reliquerat. febrium morbum non sentit hoc animal: quado & medetur huic timori. Nos scimus quasdam foeminas principes omnibus diebus matutinis carnem eam degustare solitas: et longo eo caruisse febribus. Tragelaphus in nulla re distat a ceruo: nisi q barbatus est: & armorum villis armatus. Placet autem q ait Seruius: q no sint in prouincia aphrica. Na ait Herodot' ceruis & apris omnis lybia caret: cum habeat leones: elephates: vrsos serpetes: & asinos cornua habentes. Item capite canino. Item sine capite oculos in pectore habentes.

g Prospicit. DO. Bis accipe vt nauem nulla prospicit: sed tamen prospicit ceruos. g Errates ceruos. SER. Errantes pascetes. Sic in bucol. Mille meç siculis errant in montibus agnç. Ceruos hi dicti. sunt παρα των κερατων id est a cornibus. Nam et latina nomina aliquando a grecis sunt: sed q uis in prouinc a consular: in qua venit ceruo no sunt: tame aut fixit mor poetico: vl quia heroicis temporibus vbiq oia nascebant: vt ipse. Omnis feret omnia tellus.

i Tota armenta. SER. differt ab omni. Totum est vnius temporis plenitudo: vt totum auditoriu: idest integrum auditoriu. Omne de vniuersis dicimus. Vt omne auditoriu. i. vniuersa auditoria. Ergo hic tota: dest omnia. Alibi contra: vt omnemq reuerti per troiam. k Agmen. SER. Proprie est ordinata multitudo: vt est ambulantis exercitus: non ergo stans dicitur. nisi vsurpatiue: vnde longum: vt incedens illud ostenderet. CRI. Agmen ab agendo dicitur: & quia grece impellere est: nonnuq significat impetum: vt ibi agmie facto laocoota petunt. Item ducere. hinc exercitum ordine ductum agme dixerunt. Et quia ad impetum faciendum omnes in vnu conueniunt agme pro multitudie capimus. l Gerebat. SER. aut tunc: aut que gerere cosueuerat. Dona. Gerebat. Vl tuc presens vel portabat eneas tela: que achates intetus igni excudendo reliquerat. no vidit naues: sed euentus ostendit ceruos que res non ad venandi voluptatem: sed ad victus necessitatem recepta est. Septem ergo maiores strauit. In quibus alimonie maior est copia. Multos deinde paruulos interem t. Reprehendunt autem temerarii quod poeta dixit a tergo sequuntur. Error est interpretantiu. nam tres ceruos errantes in littore sequebantur. Alij per valles a tergo pascebantur. Ita ergo legitur. prospicit tres ceruos & hos sequuntur tota armenta: a tergo vero totum agme pascitur. Ergo illi errabant: hi pascebantur. Neq enim omnes errabant: aut omnes pascebantur. Sed alii erant subiecti oculis eius: alii fuerant post ipsum. Simil s autem versus est. The stil s & rapido fessis messoribus æstu. hoc e & thestilis. Ite pupib' et le ina i cornu. et pupib'. Ipsi quoq numeri gregu diuersitatem significant. De errantibus enim pluraliter dixit. De pascentibus vero ait a tergo: & longu per valles pascitur agmen. Ergo in littore positos plu aliter dixit in val

libus vero pascitur agmen. Huc accedit q qui pascitur non errat: & qui errat non pascitur

m Cornibus. SER. aut sit p cornuu: aut intelligere cu ait Atq ixionii vento rota costitit: idest cum vento. & hoc melius. n Vulgus. SER. Nam ductores interempti erant

o Miscet. SER. perturbat: circuuehit: insequitur.

p Frondea. SER. pro frondosa. frondeu eni totum est de frondib': vt torus frondeus. frondosum frondib' ornatu.

q Septem. SER. finiuit numeru: na necessitatis erat hec venatio non voluptatis.

r Victor. SER. propositi compos. vt atq rotis insistere victor.

s Humi. SER. p humu aduerbialiter: vt psfusi humi nitens. t Cu nauibus. SER. Cacephato in sermone: na post m sequit n.

v Hinc. SER. pro inde

x Hinc portum petit. D. pacta ceruoru strage: que tro anis satis sit: remeat ad naues. y Partitur. S. & partit inuenitur in eade significatione. Salust. Prouincias inter se partiuerant: vt punio punior: fabrico fabricor. Sunt ergo verba in actiua & passiua voce actionem significatia. Sunt itide que in actiua voce passionem significent: vt vapulo. Rursus q i passiua actione. vt loquor.

z Bonus. DO. ciuis: & largitor bonus.

a Cadis. D. pretermisso cadorum numero ostenditur vini copia. b Onerarat. DO. ostedit. non quantu voluerit largitor datu: sed quantum troiani ferre potuerunt. CRI. cadis onerarat: potius q quibus onerarat cados: na cu vinum sit ex illis nominibus: que in plurali caret tribus casibus: si dixisset quibus subintelligendum erat vinum contra vsum

c Acestes. CRISTOFERVS. hic crynisii fluminis filius fuit: ex egesta Hyppote troiani filia.

d Trinacrio. SER. siculo. Trinacria enim dicitur sicilia propter tria. ακρη. i. promontoria. Iy libeu pachinu. & pelloru. latine aute triquetra dicitur. e Abeuntibus. DO. quasi dicat: preter id quod manentibus dederat.

f Heros. SER. vir fortis semideus plus ab homie habes. CRI. Heros dicitur ab eo quod est αρετη virtus q maxima in illis fuit. Hinc Aresti. excellentissima virtutem heroicam vocat. Vel ab eo quod est αηρ quod post morte nubibus inuoluti a Ioue hominibus prepositi dicatur. Vel ab ερα idest terra quia eoru bella de imperiis fuerunt. Augusti autem hoc nomen a Iunone dicit o actu: que grece hera dicitur: qui etiam refert filiu illi fuisse. Heroa nuncupatum hoc misticum significante fabula: q aer iunoni deputetur. Vbi volut cum demonibus heroas habitare: quo nomine appellant alicuius meriti animas defunctoru. Item ait alibi gyrum & nymboru & ventorum cacumina aerias esse animas: que animo non oculis cernantur: & vocari heroas: & genios et lares. Trimegi. auctor est Heroas habitare iter aeris purissimam parta supra nos: & terra vbi nulle sunt nebule. g Dictis. D. non poterant in maximo merore cibum capere: ergo adhibenda consolatio erat. Verum a persona aliena a merore: sed hec in solitudine non reperiebat. Hanc igitur subit æneas qui animi prestantia merore vincere poterat: hic ita se gerit: vt neq se satis tristem ostenderet: ne a consolatione illos deiiceret: neq omnino a dolore

prospicit ^{g} errantes: hos ^{h} tota armenta sequutur
A tergo: & longu per valles pascitur agme.
Costitit hic: arcuq manu: celeresq sagittas
Corripuit: fidus que tela gerebat achates.
Ductoresq ipsos primu capita alta feretes
Cornibus ^{m} arboreis sternit: tu ^{n} vulgus. & omne
Miscet ^{o} agens telis nemora inter frodea ^{p} turba.
Nec prius absistit: q septe ^{q} ingentia victor ^{r}
Corpa fudat hu ^{s}: & numeru cu nauib' ^{t} equet.
Hic ^{v} portu ^{x} petit: & socios ^{y} partitur in omnes
Vina: bonus ^{z} que deinde cadis ^{a} onerarat ^{b} acestes ^{c}
Littore trinacrio ^{d}: dederatq abeuntibus ^{e} heros ^{f}:

bus immanē:ne in sua causa oīno alienus videretur. h Mulcet. D. Nā grauissime inflictus moeror penitus remoueri nō poterat. Sumpto autē cibo & vino more humani ingenii speratur animoꝝ futura relaxatio. Si autem hęc consolatio ab alieno fit posset responderi Therentianū illud. Tu si hic sis aliter sentias: cū autem sotio maloꝝ pōt attēte audiri. i O sotii. SER. reuocate animos dixit autem sotios: vt se illis ęquaret. D. O socii. s. laborū. Mira arte loquitur: norat em̄ odiosum illud esse laborātib⁹. vt poste cuius causa vniuersi trahebātur per tot & tā diuturnas calamitates. ponit ergo premiū. O socii laborū: quasi dicat qui nil sine me passi estis: ergo debetis audire quę dicā. C. socii Orō est in genere deliberatiuo. Suadet em̄ esse deponendū timorem & more suo anteq̄ ponat quod petit. interponit ea quibus illud vtile honestū & facile esse ostenditur. Est em̄ ordo. O socii mittite moestū timorē. Ostendit aūt facile fieri posse: & debere: quoniā asuetis accidat: & quę grauiora passi sint: & pollicetur deum: vt aliis preteritis malis: sic huic presenti finē daturū. Ponit autē honestū & vtile hoc: ne succūbāt malis: sed magno aīo patiant̄: q̊niā sic assecuturi sint non mō sedes: sꝫ trāqllas sedes nec trāqllas solū verū etiā in qb⁹ cōstituāt iperiū. Denicꝫ addit id q̊d i deliberādo plurimū valet. s. necessitatem: quando fata quib⁹ obsisti non pōt: ita velint. O socii exęqt se ill͛. Et sic captat beniuolentiā: nam socius par dignitate: & reliquis rebus est. Comes vim sequitur: vt si seruus non sit: tamen priori par non extat. Ergo Cice. pro Marcello dixit: illū sotiū et comitē. Sotiū quidē quia in repu. par sibi erat. Comitē aūt: quia cū non esset sibi collega in consolatu in eo non erat sotius: sed suffragator. k Signari. SER. immemores. Acyrologia est: ignar⁹ em̄ est qui ignorat. Immemor q oblitus est. D. Ignari. Mira cōsolatio: nā cū odiosa sit infortuniorū dura cōmemoratio exulcerans eoꝝ corda: qui passi sunt: adiungit Poeta commemorationi cōparationē: vt dicta ipsa potius medicinę sint q̄ exulcerationi. Nā enumeratio preteritorū malorū ac grauiorū ostendit ferēda esse presentia. Addit & sustinēdi consuetudinē nutrisse pacientiam. CRI. Ignari proprie potest poni: nam qui conscii sunt maloꝝ ex consuetudine iam sunt in ea specie fortitudinis de qua dicit Aristotiles. Veteranos esse fortiores tyronibus. l Ante malorū. SERVI. υφεν est vt coeli subter labentia signa: ante enim hic ad solā pertinet coniūctionē: & plenitudinē versus. m O passi grauiora. SER. Artificiose demonstrat preterita grauiora: vt presentia facilius tolerent. D. Grauiora vt incomodorū nouitas grauī⁹ peruertit: sic ferendi cōsuetudo quicquid acciderit facilius tolerat. CRI. O passi grauiora. captat beniuolentiā. Vel a conmiseratione. Vel quia laudatur eorum animorum robur. Et simul arguit a maiori: nam qui sunt passi grauiora: multomagis pacietur minora: & tacite innuit turpe futurū: si passi grauiora nunc deficiant. Verum quia potuissent obiicere: grauia ad certum tempus fieri possunt: semp

autē non possunt. Addit dabit deus his quocꝫ finē &c. n Dabit deus finē. D. Vltro respondit: si quęrerēt quando hęc mala inuenięt finē. & post cōperationē grauat preterita: & leuat presentia: & a generali ad specialē. rationem venit. C. Dabit deus his quocꝫ finē. Hoc probat cōiectura reliquarū calamitatū: quę tū finē habuerūt. o Scyllea. SER. Exempla pro negocii qualitate ponenda sunt: ergo in marinis periculis ponit tempestatis exempla. D. Scylleam: in mari siculo est locus horrendis saxis obsessus: non autem mulier vscꝫ ad pubem humani corporis: inferius vero canibus armata. p Penit⁹. S. valde. q Accestis. S. pro accessistis. aut valde sonantes: aut valde accessistis: quia non passi sunt hęc: sed his fuerunt vicini. D. accestis. Ostēdit fortunę suffragio ex intima saxorū parte liberatos. r Cyclopea. S. Aut quę Cyclops in vlissē iecit. aut sycilīā: in qua cyclopes fuere: vel ęthnā' intelligit: nam ipse in tertio ait: noctem illā tecti siluis immania monstra perferimus. s Animos. C. Vehemētiā animorū: quasi fortitudinē: quę ī calamitate occubuerat. t Moestū. S. q moestos facit: vt mors pallida. v Mittite. S. omittite: Et est apheresis: vt tēnite pro contemnite. x Forsan. S. fortasse fortassis & fors idem significāt. D. Forsan. Et hoc delectabit nos cū ad prospera venerimus. y Et hęc D. inter mala enumerare. ȝ Olim. S. in futurū. D. olim tria tempora significat: p̄teritū presens: & futurū: a Meminisse. S. & accusatiuū & genitiuū regit: nā obliuiscor quod illi⁹ cōtrariū est idē facit. b Iuuabit SER. Anormalū verbū est: nā cū prima cōiugatio: aut in aui vt amaui: aut in ui vt sonui: hoc facit in ui vt iuui.

Diuidit: & dictis moerentia pectora mulcet.
O sotii (necꝫ enim ignari sumus ante malorū)
O passi grauiora: dabit deus his quocꝫ finē.
Vos et scyllęā rabiem, penituscꝫ sonantis
Accestis scopulos: vos et cyclopea saxa
Experti: reuocate animos moestūcꝫ timorē
Mittite: forsan et hęc olim meminisse iuuabit,
per uarios casus: per tot discrimina rerum
Tendimus in latiū: sedes vbi fata quietas
Ostendunt: illic fas regna resurgere troię.
Durate: et vosmet rebus seruate secundis.
Talia voce refert: curiscꝫ ingentibus ęger
Spē vultu simulat: premit altū corde dolorē.

c Per varios casus. S. Argumentū a cōpositione. C. p varios casus duo facit. Primo ostēdit non esse refugięda mala: per quę venitur ad tantū bonū: deinde non esse dubitādum de eo bono quod promittunt fata. Fatis ergo parendū est: nā illis resisti nō potest. d Quietas. S. nā habuerūt sedes in tracia & in Creta: sed non quietas. e Illic fas. S. Ergo alibi nefas. Occurrit aūt cogitationibus sotioꝝ: ne fatigati malis quascūcꝫ reqrerēt sedes: hoc idē facit in qnto incēsis nauib⁹. D. Illic fas. Et euadēdi & p̄ueniēdi spē pollicet̄: & asserit italiā solā esse quę digna sit in qua troię imperiū resurgat. f Durate. S. duri estote: D. Durate. qn̄ per mala ad bona trāseundū est: spe bonorū toleranda sunt aduersa: presertim vbi spondet per breuissimū tēpus otiū sempiternū. g Vosmet. S. παρελκον Hę em̄ particulę met: piā: pte: vt egomet quispiā suapte: ornatus causa ponuntur. aduerbia autē sunt: nā quicquid ab illis septem partibus recesserit fit aduerbiū. h Rebus secūdis. C. quasi indubitate ostendit euasionē. i Voce refert. S. Pleonasmos est: fit aūt q̊ties addūtur superflua: vt alibi. Vocēcꝫ his aurib⁹ hausi Terē. hisce ocul' egomet vidi. k Curis. S. Cura dicta q cor vrat: D. Curiscꝫ p̄suasoris erat: vt metū dissimularet: cū spem p̄suadere tēptaret: & regis erat afferre cōsolationē: vtrūcꝫ ergo p̄stitit neqꝫ oportebat illũ in sua causa sine cura esse.

l Aeger. S. Et tristis & male valens significat. Aegrotus: aut ęgrotans maleualens tantũ. C: Aeger Magna sapientia qua poterat vim afferre perturbationibus. Et ita coercere ne apparerent. m Spē. S. lętitiã. Significat aũt ab eo quod precedit id quod sequit: hac figura crebro vtitur Poeta. letitia ei spē seqtur: & in vultu videtur. spes vero nõ videt. Cõtra aliqñ significatur id quod

Illi se prędę accingunt: dapibusqꝫ futuris:
Tergora diripiunt costis: et viscera nudant.
pars in frusta secāt. verubusqꝫ tremētia figũt.
Littora ahena locant alii: flāmasqꝫ ministrāt.
Tum victu reuocāt vires: fusiqꝫ per herbā,
Implentur veteris bacchi: pinguisqꝫ ferinę.

aliquot mea regna videns mirabor a ristas.

r Tergora. S. Tergus tergoris coriũ. Tergũ est dorsum. D. Tergora. Diuidit per officia procurario epularũ: neqꝫ delitiose dapes: aut irritamēta gulę erant: his parāda qui naufragio: inędia laborauerunt. Tergora eodem tempore alii detrahebāt coria. Alii anteqꝫ tota corpora apparerent resecabant partes: & vt plenā ꝑparationē ostēdat: addit verubus ꝛc.

precedit ab eo quod sequitur: vt meriteqꝫ expectent ꝑmia palmę: palmā em̃ pro virtute posuit quę primũ meretur: & palmā post accipit. C. Spem quomodo pro lęticia ponitur: quę est de presenti bono quod nullũ hic est. Ergo in ꝓpria significatione dixit spem: quę ita vultu demõstrari poterat: vt lętitia: nam vtraqꝫ res hilaritatē habet. verũ de spe ac reliquis animorũ motibus alio in loco distinctius dicetur. n Illi. D. ostenditur quid potuerit consolatio: nam nisi moeror sublatus fuisset: refectionē aliquā nõ quęsissent. o Prędę. S. ad prędam. p Accingunt. SER. Studiose se parāt. Sic Alibi Accingunt operi. Accictos em̃ industrios dicimus. Hora. Altius ac nos pręcincti. Cõtra Negligentes discinctos vocamus: vt discinctos mulciber afros. q Dapibus. SER. Ambiciose de ceruis dixit dapibus. CRI. dapibusqꝫ fut. ex affectu illorum loquitur qui in tāta egestate vilia ꝑciosissima putabāt. vt illud post

s Viscera. S. nõ intestina tantum: sed omnis caro sub tergore est. Vnde in albano latinis visceratio dabatur: idest caro. nominatiuꝰ est hoc viscus. Lucrecius. Viscus gigni sanguenqꝫ creati. Sanguen autem dixit: vnde fit sanguinis in genitiuo: nam a nominatiuo sanguis fit huius sanguis

t Verubus. SER. Ex his est quę in singulari indeclinabilia sunt: vt cornu & genu: DONA. Verubus hoc est in quibus adhuc aliquid spiritus teneretur.

v Trementia. SER. palpitantia adhuc.

x Ahena. SERVIVS. Quibus lauabant carnes: non elixabant: nam heroicis temporibus non vescebantur elixis. Antiqui ahenam sic aspirabant. DONATVS. Ahena aquam imponebant igni: vt elixam facerēt carnem. hęc coquēdis visceribꝰ celeritatē pręstāt. Deniqꝫ epulis paratis vires labore et fame ꝑditas reuocāt. C. Ahena ab eo quod

Postq̄ exempta fames epulis: mēseq̄ remote
Amissos longo sotios sermone requirunt.
Spemq̄ metuq̄ inter dubii: seu viuere credāt
Siue extrema pati: nec iā exaudire vocatos.
Precipue pius Aeneas: nūc acris oronti:
Nūc amyci casum gemit: & crudelia secū
Fata lyci: fortēq̄ gyan: fortēq̄ cloanthum.
Etiam finis erat: cū iupiter ethere summo
Despiciens mare veliuolū terrasq̄ iacentes
Littoraq̄: & latos populos: sic vertice coeli
Constitit, & libye defixit lumina regnis.

ps sit erus: atq̄ eneus: & substantiuum per dissolutionem dyphthongi: & interpositionem. h. ahenum vas ex ere quo aqua calefacit. Si autem capacius sit: vt id quo vtuntur infectores ad vestes tingendas: & huiusmodi artifices cortina dicitur: vt inuenies apud Pli. y Flāmasq̄. C. Quia flando excitant. z Victu. SER. cibo inde cōuictor. Hor. Non quia sum tibi Moecenas cōuictor. a Fusi. SER. discumbētes: alias autem fugati & occisi. D. Fusiq̄ adeo aduersariorū obliti erant: vt fusi per herbam plus sibi ingererent q̄ refectio postulabat: hoc autem prestitit psuasio consulti regis. b Veteris bacchi: huic verbo genitiuum damus vt. Squaloris plenus ac pulueris. Et Therē. Plenus sū rimarū. & ablatiuo Iuue. Lectica matōis plena ipō. CRI. Bacchi. i. vini. Et est denoiatio color rhetoric⁹ q̄ trahit orationē a rebus ppinquis: vt intelligat res que suo non sit appellata nomine. Vt ab inuentore: vt si Tharpeia capitoliū vocam⁹. vt ab inuento: vt si pro libero vinū ponat. Aut ab instrumento: vt si Saryssas pro macedonib⁹ ponas. Aut quod sit p eo quod facit: vt cū dicimus Mars hoc fecit. i. bellum: aut quod facit pro eo qd fit: vt pigrū frigus: quia pigros facit. Item cū pōitur cōtinens pro cōtento: aut cōtra. c Ferinę. SER. Ferę dicuntur: vel q̄ omni corpore ferantur: vel q̄ naturali vtuntur libertate. et pro desiderio suo feruntur. D. Ferinę p se suauis caro est hec: sed addit pinguēdo: vt suauior animos appetentiū irritet. Vino autem accesserat gratia a tēpore qualitate & quantitate: nam & vetus & optimū & abundans fuerat: hinc dixit implentur veteris bacchi. d Postq̄ exempta. SER. i. fugata: vt sufficientia: nō aūt affluentia quesita sit. D postq̄ exēpta &c. Fame & lassitudine oppressos nullius cura tangebat. refectis vero venit in mentē recordatio sociorū: quorū cū de morte incerti essent: erant inter spem vite & metū mortis. e Mensęq̄ remote. SER. mēse due apponebant vna carnis: altera pomorū. f Amissos. SER. nō reuera: sed quos putabāt amissos. g Spemq̄ metū. CRI. Anastrophe ē: quia ꝑpositio postponitur: vt transtra per & remos. i. per transtra. Posuit aūt hic duas perturbationes: ambas de futuro: nam metus est opinio impendētis mali: spes est impendētis boni. Sed posuit spem pro libidine: nam spes fidatus est motus in bono quod expectat: & cadit in sapientē. quattuor em̄ sunt perturbatiões: he aūt in sapientē nō cadūt: quia expellūt tranquillitatē ex aio, in qua semp est sapiens: excitant em̄ non a natura: sed falsa nostra opinione: & habet motū aduersantē ratiōi: nā cū de bono presente supra modū letatur dicitur letitia gestiens: si aūt ex futuro bono nimis pendet: dicitur libido. que est opinio recens mali presentis in quo demitti cōtrahi quod aio rectū esse videt. Si aūt est impēdēs: ac futurū malū: dicitur metus qui est opinio impendētis. mali: quod intolerabile esse videbatur. Verum vt perturbatio omnis motus est: aduersans rationi: sic inuenitur apetitus qui rationi obtemperet: & cōstanter sedateq̄ insurgat. Ergo in bono futuro est voluntas. ea aūt est: q̄ qdē cū ratione desiderat: in presenti aūt est gaudiū: quod placide constāterq̄ mouet. Si naūt sit: de futuro malo appellat cautio. Presentis aūt mali nulla bona affectio est: ergo posuit spem

pro libidine: & nimia cupiditate. h Vocatos. SER. vel subaudi deos vt sit conquestio illos precibus: non flecti: vel intellige non solū perisse: nec sepulturā habere ad quā vocētur: vnde est: manesq̄ vocabat hectoreū ad tumulum. Et est figura ab eo quod procedit id quod sequit: quia post facta sepulchra manes vocantur. i Precipue. SER. quia pius. C. precipue. semper in officiis iustitie pietatis: ac fortitudinis hunc precipuū facit. k Aeneas. D. Aenee autē amator ponitur virtus: qui nec cibū sumpsit: nec dissimulare a perditis potuit: nec eorū curā posuit: q nec supesse poterant. l Oronti SER. p orōtis: vt memitis achilli m Secum. S. Quia aliter apud sotios simulabat. D. Secum nam apud alios spem vultu assimulat. n Gemit. C. optime dixit: vt supra ingemit: variat aūt hunc locū: ne latitudo fastidiū afferat Non em̄ dixit gemit casū orontis. lyci. gyę: & cloāti. Sed distinxit: & insup exornauit repetitione.

o Finis. SER. vel fabularū vel diei. Sequitur em̄ p noctē plurima voluēs: nō em̄ semper ortū vel occasū ponit: sed vel intellectui relinquit: vt hic. Vel negocii tēporis significat. Est autē poetice pulchritudinis non omnia exponere. Homerus aūt ista cōtēnens tpa omnia describit. Cum Iupiter Oeconomia: sm Mathesim ordinauit. nam Ioue in altitudine sua cum venere posita significatur felicitas per mulierē ventura. & Aeneas a Didone in ptē regni receptus est: per venerē vero tristē: exitiū vxoris infelicē futurū notat. Mercurius vero a Ioue ad occasū. i. ad ima terrarū defluens: significat amicitiā futurā: sed nō diuturnā: addūt etiā mathematici venere in virgine posita misericordē nasci foeminam. huic maro i habitu virginis venatricis venerē illi occurrentē facit quod & misericordē reginā inuenit: & illi in venatione admixtus est. D. Finis epularū. vel fabularū vel lucis. p Aethere sūmo. SER. nā oībus elementis superius est. q Despiciens. S. deorsum aspiciēs. Despiciens aūt diligēter inquirens. Sic deduco deorsum duco: diduco vero diuido. D. Despiciens Iupiter ex alto actus hominū considerabat. Venus autē arrepta occasione eū alloquit. r Veliuolū. S. Quod velis volat. alias quod velis volet. Ennius naues veliuolas. Est aūt reciproca translatio nauiū: & auiū. Vnde & velorū pandimus alas. & deapibus. Nare per estatē liquidam: nam nare nauiū: volatus auiū. Translatio ergo aut reciproca est aut ptis vnius. s Iacentes. S. vel in longū expositas vel stabilis: hoc em̄ terre est cū reliqua elementa mobilia sint: vñ & bruta dicit: vel inferi⁹ posita: nā elementorū īfimū est terra. t Sic. S. i. vt ista conspiceret. v Vertice coeli. C. eū locū significat quē mathematici appellāt decimā domū. Et est in medio coeli. Que domus ē decima ī ordie duodecim domorū celi q̄ significāt reges: sublimitatē: exultationē: dignitates & laudē. x Et lybie. S. p oeconomia. i. dispositio carminis: vitupabile em̄ fuerat: si ex abrupto transitū faceret: vt ī nono. Atq̄ ea diuersa penitus dū pte gerūt. Sed excusatur vno sermōe. Atq̄ ea. i. eodē tēpore: nūc vero bñ trāsit: quia inducit Iouē. & de rebus humanis cogitantē. & africā intuentem. Vñ honestus color est: vt venus timens ne Iupiter romana fata Carthagini cōcedat: eū adeat: nā fœlix euentus est locis: q̄ iupiter conspicit. Vnde in secundo

Atq3 illum tales iactantem pectore curas:
Tristior: & lachrymis oculos suffusa nitentes
Alloquit ven⁹: O qui res hominũq3 deorũq3
Aeternis regis imperijs: & fulmine terres.
Quid meus eneas in te cõmittere tantum?
Quid troes potuere? quibus tot funera passis
Cũctus ob italiam terrarum clauditur orbis.
Certe hinc romanos olim voluentibus annis
Hinc fore ductores: reuocato a sanguĩe teucri:
Qui mare quĩ terras omni ditione tenerent
pollicitus: quę te genitor sententia vertit?

Aspice nos hoc tm̄. Contra q̃ alibi: Atq3 oculos rutuĺorũ reij ce aruis. y Tales. S. de rebus hũanis. D. Tales: res ple na subtili arte: vbi nõ ꝑsona ₔ soliũ: sed rerũ habet ratio: lo quit ven⁹ ad Iouẽ. si ꝑuata filia ad patrẽ: si publica iferior dea apd̃ summũ deoꝝ: Vicit ãt q̃d publicũ fuit: concitat subtilẽ inuidiam: quod Iuppiter cuius sit iuste curare: qd dii: quid hom es agant omiserit. Verum in Aeneã iudi cium: & innoxũ tot tormentis dissimilans vexari sinat: ꝓ ponit ergo publica perso na: & subnectit priuata: apud eni patrẽ non po tuit cõqueri de diis: Sed apud deorũ regẽ. Diis ãt applicauit ęternis regis imperiis. Et hoibus: ful mine terres. z Tristi or. S. Comparatiũ ꝓ po sitiuo. Qñ enim tristis ẽ venus: vt nunc tristior di cat. D. Tristior q̃3 antea: C. Tristior subtristis. Si gnificat em̄ compatiuũ aliq̃n minus q̃3 positiuũ vt crudior fuit hodie ro stius. a Lachrymis. D. Ille est maxim⁹ dolor quia ante vocis exortum lachrymis ꝑcedentib⁹ nũ ciatur. CRI. Lachrymis. Sunt q a lacerãdo lachry mas dici putant: sua em̄ salsedine genas lacerant: vt eni e naribus pituita & aurib⁹ bilis: sic ex ocu lis atra bilis emittit: hic autem humor: quia ter ram refert salsus est: pro pterea q3 corrodit. Alii di cũt lachrymas dici a grę co verbo: Nam illi Δάκρυα dicunt lachrymas ab eo quod est Δακρύω mordeo: quia oculos mordent: An tiqui aũt lachryma sepulchrum: & pulcher aspirauert. b Oculos suff.. S. Oculos suffusos hñs. dicendo autem nitẽtes: expssit nimiã i lachrymis pulcritudinẽ sic̃ in Eu rialo lachrymęq3 decorę. c O qui. C. O vocãtis est. Itẽ admirãtis: vt o q̃lis facies: & q̃lis digna tabella. idignan tis: vt o tẽpora: o mores: optãtis: vt q̃nq3 õ: sed superẽt q̃ bus hoc Neptũne dedisti: Est aũt orõ in genere delibera tiuo. Suadet em̄ Ioui vt liberet Troianos a ꝑiculis: dedu cat in Italiã: ponit rẽ facilẽ: cũ ille oĩa possit: põit honestã cũ pollicitus fuerit: Ponit vtilẽ: quia det filio & posteris Captat beniuolẽtiã: cũ appellat regẽ hoim et deoꝝ. Est ser mo patheticus: Nã statim a principio latenter cõq̃ritur q̃d cũ oĩa possit: ꝓmissa nõ obseruz: ꝓrũpit ĩ interrogatõꝫ quę tũc grauissima est. cũ aliter q̃3 velit interrogator rñde ri nõ possit: vt hic: Nã cũ dicat: q̃d meus Aeneas cõmisit: nõ ꝑt rñderi nisi nihil. Agit aũt tanq̃3 apud deorum regẽ de iure: tãq̃3 aũt apud p̃rem de cõmiseratõe: quib⁹ duob⁹ coniũctis oportet cãm cõuinci. O q res ho. Hoc pricipio et beniuolẽtiã s. r captari: & facultatẽ inesse ĩ Ioue oñdit: vt det q̃d petit: cũ multo maiora possit. d Aeternis. D. ergo nõ sunt cõtẽnẽda: veluti ea q̃ ad tẽpus sunt: q. d. nõ veniũt dii cõtra fata. C. Aeternis. Ergo nec defuit ad huc nec de futura ẽ sibi facultas. e Regis. C. in q̃ re in cludit iusticia: quã in eo laudat cũ iusta in eo ĩpetrare con tendat. f Imperiis & fulmĩe. S. Errãt qui primũ ad deos: secundũ ad hoies referũt: sed maioris ꝑtãtis ẽ idem posse circa deos q̃d circa hoies. g Terret. S. Nã fulmi na alia terrent: alia afflant: vt fulminis afflauit vẽtis: alia puniũt: Vt vel p̃r omipotens adigat me fulmine ad vm bras: alia ꝑsagiũt: Vt de coelo tactas memĩ ꝑdicere quer cus. CRIS. Terres ergo & aduersarios nr̃os: ne iniuste in nos agant terrore cõtinebis. h Quid meus. S. subau di filius: vt Aiacis oeli. D. Quid. freta innocẽtia Troianoꝝ querit nomẽ delicti: q̃ nõ inuẽto cõstet eos imeritos pati. C. Quid? Aeneas. & q̃d troes: vt cũ res & ppl's extra nõ xam sint, nusq3 crimẽ relinq̃tur.: magna aũt misericordię motio est: vt post tot calamitates: etiã regno excludãtur: vt nusq3 consistere liceat: & latẽter Iunonẽ ingẽti inuidia onerat. i Aeneas. DO. Speciale ponit nomẽ: atq3 inde trãsit ad gen⁹. k In te. S. contra te: alias pro: vt benignum accepit in teu cros animũ. D. In te regẽ deorũ & hoim: qui om nia habes in ꝑtãte: Auũ suũ: ꝓmissorẽ noui iperii ꝑ3 omnes dii suspiciunt: et hoies fulmĩe territi ve nerãt. l Tantũ. D. Bis repete: Quid tm̄ Aeneas: quid tm̄ Troes: Tãtum. tam magnũ: tã immane. m Quid. S. argumẽtũ ab impossibili: & pl⁹ va let non ꝑosse q̃3 nolle. n Troes. S. cuius ntĩs tros: vt Tros trois: et troẽ os. pan panis & panos. o Cũctus ob italiã. S. nẽ ad Italiã ꝑueniũt nusq3 consistere ꝑmittũt: nã etiam in affrica hospitiõ ꝓhibent harenę. D. Cun ctus: ad id redigit: vt nec alibi stare nec in Italiam venire possit. Ergo restat vt in fluctibus semp exa gitet. p Certe funer. S. Et si hoc nusq3 legim⁹: tamen per silentiũ intelligimus: vel a Ioue superius audi uit. C. Certe hinc assentio primi aduerbii: & repetitio al terius maximũ affert pond⁹ orationi: maximũ aũt exag geratio pollicitatiõis cũ alia repetitõe cũ dicit qui mare: q terras. q Voluentib⁹. S. i. volubilib⁹. voluẽs em̄ vol uit: volubilis voluit: anni aũt voluũt.: vt atq3 in se sua ꝑ vestigia voluit ann⁹. Dicendo aũt reuocato: oñdit Italiã: vñ Dardanus fuit. r Teucri. S pro Dardano posuit. Ille em̄ venit de Italia. Teucer de Creta. Mutant eñi poe tę nomia ꝓpinq̃: vt domitus pollucis habẽis. i. Castoris. Itẽ: Et mãib⁹ Progne p. s. c. ꝑ philomela. s Qui mare q t̃ras o. d. t. q̃ t. g. C. Quis adeo potẽs apd̃ te: vt deducat te: et penit⁹ seducat. Id enim est vertit de via recta: ꝑser tim cõtra filiã et nepotẽ: id em̄ est genitor. t Ditiõe. S. ꝑtãte idest pace legib⁹ bello. v Pollicit⁹. S. pollicemur spõte ꝓmittim⁹ rogati. D. Pollicit⁹. cõuẽit ex veteris ꝓmis si ymo pollicitatiõis fide. Turpe em̄ est decedere de fide. Turpissimũ ei⁹ mutare s̃niam. Quid ergo tãto deo: ꝑserti vbi filię nepotisq3 vertat incõmodũ. x Genitor. D. po nit p⁹ publicã ꝑsonã p̃rem: vt appeat neutrã illaꝝ decere ꝑfidia traduci. Gẽitor. m̃ltũ valet hęc ꝑsõa i ꝓmissis: quę nõ liberis solũ veꝝ et posteris sit ꝓfutura. y Quę s̃nia. S. verecũde agit. nec ei cõueĩebat: vt apte cõtra vxorẽ age ret apd̃ maritũ. Sic etiã rñdet Iuppiter: nec me s̃nia vertit: q. d. quis te potior est: q te possit vertere. z Vertit. D. Cũ vas vtit. oĩe q̃d habet effundit. Ergo oñdit q̃ Iup piter inimica persuasiõe: ita sit versus: vt nihil pietatis sit in eo relictum q̃3 integram filię prestare debuit.

a Hoc. S. hac re. b Hoc equidẽ. D. dissimilandũ est damnũ: si q̃d admissum est. alterius cõmodi rõne pensat. Vñ cõpensatio dr̃ veluti si in altera lance damno posito: in altera cõmodũ: par aut mai⁹ ponat. C. Hoc equidẽ. A duplici loco mouet pathos: et q̃ in calamitatib⁹ maximis diutius fuerit: nã diuturnitas hoc facit: vt illud: Septẽ illũ

Hoc equidem occasum troię: tristisqꝫ ruinas
Solabar: fatis contraria fata rependens.
Nunc eadem fortuna viros tot casibus actos
Insequitur: quē das finem rex magne laborū?
Antenor potuit medijs elapsus achiuis
Illyricos penetrare sinus: atqꝫ intima tutus
Regno lyburnorū: & fontem supare timaui.
Vnde per ora nouē vasto cū murmure mōtis

phibent totos ex ordine mēses. Et q̄ pter spem cōsolatoꝝ amiserit: vt illud. O lycida viui puenius aduena nr̄i. Q̄d nunq̄ veriti sum⁹. b Occasum troię. D. oñdit rē maximā periisse. Casus eni parue rei est: vel psonę inferioris: oc casus diuię rei: vl' psonę supioris: nā solē lunāqꝫ occidere: & viros pclaros occidisse dicim⁹. c Rependēs. S. recō pensans. Translatio a pecunia: q̄ antea pēdebat. D. Repē dens: cōparās: & exequans mala fata bonis.

d Nunc eadē. SER. qualis antea: vt longitudo temporum nihil troianis pdesse videat. D. Nūc eadē. nō solū nō veniūt bona. sꝫ manēt mala. e Finē. S. nō regnū sed laboꝝ finē. D. Quē das fi. Quia iuppiter postulata complere: et potuit efficere ne aliquādo accideret. pt & sic intelligi: Quē das finē. i. q̄ndo troiani veniēt in Italiam: aut q̄n carebunt his mal'. f Antenor. S. Cur hunc solū nominat cū a Troia Capys Capaniā: Helen⁹ Macedoniā: alii sardiniā: sm̄ Salustiū occupauerīt: q̄ si pditiōis argueret ponerent simil' psona. Antenor eni et eneas (teste Liuio) patriā pdidisse dicū: quod Virg. tangit: ibi: Se quoqꝫ principib⁹ pmixtū a. a. Horati⁹ tn̄ excusans ait: ar dēte sīe fraude troiā. i. sie pditiōe: nemo aūt excusat: nisi rē plenā suspitiōe: Sisenna tn̄ dicit solū Antenorē pdidisse: Quod arguit: quia legatos Helena n repetentes hospitio accepit: et vlisse sub mendici habitu cognitū nō pdidit: et si sic est: augem⁹ exemplū. Si pditor regnat: cur non pius. D. Antenor pot. par cōparatio a minore ad maius exaggerat moerorē: Antenor ergo alien⁹ a necessitudie tua: homo hūilis: & depssus: manus hostiū potuit effugere. CR. Antenor. Admiror dicere Seruiū (teste Liuio) Antenorem & Aeneā pditores patrię dictos fuisse. Quę eni scribit Liuius: Hęc ad verbū sunt: Satis constat Troia capta in ceteros sęuitū esse troianos: duob⁹ Aenea Antenoreqꝫ et vetusti iure hospitii: & quia pacis reddendeqꝫ Helenę semp auctores fuerant: ome ius belli achiuos abstinuisse. Duo ergo dicit Liuius: et antiq̄s grecoꝝ hospites hos duos fuisse: & pacis reddendeqꝫ Helenę semp auctores extitisse. in horum vtro proditionis accusant: An quia hospites fuerint añ bellū: nā in bello nō potuerūt: atqui hoc nō ē patriam pdere: sed potius illius maiestatē ppagare: an quia pacis ac reddendę Helenę p summā iniuriā erepte auctores fuerint: cū id fuerit patriā ab his q̄ secutę sunt calamitatibus liberare: illāqꝫ iusticia illustrare: cum ius fasqꝫ postulent: vt raptus ac raptores repetētibus tradant: neqꝫ verisimile est voluisse poetā eū virū: quē omni laudū genere ad diuitatē vsqꝫ extollere cōtendat. vl' minimia infamię suspitione deturpare: Neqꝫ cū dixit: se q̄ principib⁹ pmixtū agnouit Achiuis: Ostēdit illū aduersus patriā pugnasse: quod neqꝫ Home. neqꝫ alius scriptor vnq̄ pō it: sed amore in patriā adeo flagrasse: vt dū illā tutaret: vl' iter confertissimos hostes ferri nō dubitauerit. Dixit ergo: Antenor potuit: vt a maiori argumentū faceret: noiauit aūt potius Antenorē q̄ ceteros troianos: quia illi in Italiā nō puenerant: excepto Capii: qui vn⁹: vt poto e comitib⁹ Aeneę fuerat. Quā ob rē ego is sum q̄ libēter his assentio: q̄ eu͂ optimū eū fuisse dicūt: et de recōciliatiōe inter priamū & grecos egisse: suasoreqꝫ sp reddendę Helenę se pbuisse. Glaucum filiū: quia seq̄bat Paridē abdicauisse: eundē ab Agamenone cęsum nō fleuisse. Hic capto Ilio cum nūciaretur in eū conspirari: mare cū suis cōscendit. Henetis q̄ sub Pilomene fuerant eū secutis. Itaqꝫ superato ęgeo: ac Ionio: Adriaticum peruenit. ac hinc Dalmatos: Illyricos: liburnosqꝫ linquens: Hinc apulos & picentos in Euganiā veterpulsis p inde euganeis patauiū condidit: Prouintia ipa ab Heneto q̄ sub eo erat Henetia primū post Venetia ē appellata: nec videnē huic sentētię contraria esse: q̄ ab Eusebio ponunt: q̄uis scribat Hectoris filios adiuuāte Heleno Iliū recuperasse: pulsis inde Antenoris posteris: nā potuerūt illi & fortunę auxilio: & hospitalitate Antenoris intercedēte: ita sine vlla fraude patriā recuperare: vt Helen⁹ inter inimicos grecos regnare potuit. Quapropter nō hęc scripsit Poeta: vt duos huiuscemōi viros pditionis argueret: qua re nihil magis a suo cōsilio (quo auctorē romani generis illustrādū sibi pposuerat) alienū esse potuit: sed vt oñderet: si antenor tanta foelicitate in Italia sedes regnumqꝫ occupauit: nullo sanguine Ioui cōiunctus: non debere ab eadē Italia Aeneā nepotē suū arceri. g Illyricos pe. S. Antenor nō Illyriciū nec lyburniam venit: sed veneciam Sed in venit q̄dā Henet⁹ a q̄ denomiata ē henetia q̄ deide venetia. D. Illyricos pe. Volut demōstrare difficultatē pueniendi & ad hostiles partes penetrādi: q̄ oīa facit dictis posteri⁹ annexis. Penetrare eni ē penitus intrare. Et sinus sunt recessus terrarū penitus remotarū: q̄bus causis nō potuisset euadere: si pericula extitissent: & miro verbo vsus ē transire q̄d: est sine molestia: vel impedimēto q̄ vis puenire. Et quia fontē supare difficultatē nō demōstrat: addit. Vn̄ p ora nouē ꝛc. Et cōmeo rat tanēq illū fontē virtutis eē: vt p nouē illius ora tutus transiret. C. Henetos aūt (de q̄bus meminit Seruius) in Paphlagonia Asiatica regione fuisse: a quib⁹ Italici oriundi sunt. Liuius et Pli. scribunt. Strabo tn̄ venetos Italicos a venetis Colonię populis coloniā eē censet. Alii dicūt henetos venisse in Italiam cū Antenore. Illyricos. Illyrici tenent q̄ istro sunt alpibusqꝫ continua: interqꝫ Italiā & Germania iacentia: inchoant aūt a lacu vindelicorū: & rhetorū: & roeniorū: ipsius ore ptē occuparūt Daci: q̄ Boios & thauriscos deleuerūt. Est aūt dicta Illyria ab Illyro Poliphemi filio. h Intima. C. suplatm̄ ab eo q̄d est intus. i Tutus. S. Cū lyburni sint rheti vindelici sęuissimi ppli ab Amazonib⁹ originē (teste Hora.) ducētes. Hos supauit Drusus: est ergo ad argumētū: q̄ tutus etiam inter sęuos fuerit. k Lyburnorū. Sinus Ionicus Adriatici pars est: huius a dextra latus facit Illyriā: Sinistrū vero Italiā vsqꝫ Aquileię recessus. Ad terrā illyricā insulę sunt Absyrtides: cerictica: lyburnicę. item insula tragurium: mellina corcii aquileię recessus. l Fontem timaui. SER. Circuitione vtuntur sępe poetę: vt dicāt arcē butroti p butroto: sic hic fontem tymaui p tymauo: & paulo post: vrbē patauii p patauio. C. Tymauus fluui⁹ est Venetoꝝ: concordię atqꝫ Trigeste oppidis vicin⁹: ex mōte grādi p nouē ora effusus: amplissimū añ alia fontē facit: ex q̄ tandē vno alueo fluēs in Adriaticū exit mare in sinū trigestinū ait. Floreti⁹ boccaci⁹. Strabo vero nō pcul Aquileia: q̄ Venetias regionē terminat. Dyomedis tēplū est port⁹. Tymau⁹ et luc⁹ miro decore: Septē assunt fluuiatilis aq̄ fōtes mare irrupentes: lato & pfundo sane fluuio: Reliq̄s vno accepto: salsas hr̄e aq̄s: Polybius scribit: Locūqꝫ ipm maris fontē et matrē ab incolis vocari. Tymauus. vt ait Posidonius: et mōtibus delatus decidit in pfundū: dein intra terrā absorptus stadiis circiter. cxxx. decidit in mare. m Nouē. S. multi septem dicūt: Q̄d si incerta fides ē: erit nūer⁹ termiat⁹ p indetermināto. n Vasto cū mur. mon. S. nā tāta vi exit in mare: vt vicin⁹ mōs resonet. D. Vasto cū murmure m. it ma. p.

It mare proruptũ: & pelago pmit arua sonãti.
Hic tamen ille vrbem pataui: sedesꝙ locauit
Teucrorũ: & genti nomen dedit: armaꝙ fixit
Troia: nũc placida compostus pace quiescit:
Nos tua, pgenies: cœli quibus annuis arcem.
Nauibus (infandum) amissis vnius ob iram
prodimur: atꝙ Italis longe disiungimur oris.
Hic pietatis honos: sic nos in sceptra reponis?
Olli subridens hominum sator: atꝙ deorũ:
Vultu quo cœlum tempestatesꝙ serenat
Oscula libauit natę: dehinc talia fatur.

Vt fons solo vocabulo reuera sui abundãtia in terris pelagi faciẽ ostẽderet. Repete ergo: potuit hostes euadere: potuit penetrare sin⁹ illiri: potuit superare. fi. ty. o Mare. S. Historiam tangit. Nam fluuius hic ab incolis mare vocat: vt ait Varro. p Proruptũ. S. i. effusum fluẽs: et melius est ꝙ preruptũ. Bene aũt diffiniuit: ꝙ largus fons sit solutum mare. q Pelago. S. aquarum abundantia. r Premit. S. populat. s Hic. S. in difficili loco. D. Hic scꝫ in regionibus hostilibus: & per oĩs difficultates Ergo vnũ aduerbium et pnomen graue pond⁹ doloris adiecit: ille minoris dignitatis: cur tantũ fœlicitatis adeptus est: vt tutus transierit: tutus peruenerit: tut⁹ vrbẽ suis condiderit: tut⁹ nomĩe troiano vocitari indigenas fecerit: tutus arma troiana id est victa in eorũ ptib⁹ fixerit: q̃s nõ cõstat victores fuisse. t Pataui. S. Patauiũ vl' a padi vicinitate: quasi padauiũ vel a greco πετεσθαι id est volare: quia, capto augurio sit conditũ: vel ꝙ vrbem ibi condiderit: vbi auem telo petiuerit. v Sedesꝙ locauit. S. Ex votis suis mouet inuidiã: ꝙ id sit cõcessum Antenori quod ipse desiderat. x Et genti nomẽ. S. qd victori Aeneę nõ cõcedit phibente Iunone: contra quã oblique loquit respectu mariti. Hi autem primis tẽporibus a duce Antenoride dicti sunt. y Armaꝙ fixit. S. Nã finita milicia siue gladiatura templis arma suspendebãt Horatius. Veranius armis hercul' ad postẽ fixis. z Compostus. S. cõpositus p sincopẽ. a Nos. S. tanꝙ vna de troianis loquit. D. Nos. transit ad compatationẽ. b Tua, pgenies S. Epexegesis est: vt ast ego quę diuũ in. re. D. Tua pgenies. interpretatio est. Tua: quia deus: homĩes in ptãte habes: Apud quẽ priuilegium primi gradus habere debem⁹: dũ spe pmissoꝝ ducimur: naues amisim⁹: et pmissam Italiã tenere nõ possumus. C. Nos tua pge. Per contẽtionẽ qui color rhetoric⁹ summã vim orationi affert: Est eñi huiuscemodi: Antenor vir nulla cognitiõe aut affinitate tibi cõiũctus: in Italiam incolumis venit: & sine difficultate vrbẽ condidit: in qua cũ suis in summa trãquillitate degit: Nos autem qui tua pgenies sum⁹: post diuturnos grauissimosꝙ errores & multa pericula: in ea terra quã fata concesserũt consistere nõ possumus. Nos: admiscet psonã suam: nã cum filius ex mřis visceribus sit: nihil euenit nato: quin idẽ & matri nõ eueniat: quinetiã dolentius i filio ꝙ in se damna sentiunt mřes. Maximopere igitur mouet Iouẽ cũ ostendat se Iouis filiã iisdem calamitatib⁹: quib⁹ Aeneas pmi. c Cœli. C. Quid grauius accidere põt: ꝙ illis qui iubẽte Ioue tanto deo cœlũ sperabãt: nũc terras denegari? Est autem maximũ pathos cũ aliquid pter spem euenit: vt alibi demonstrauim⁹. d Annuis. S. quia nutu pmittit. e Infandum. S. pro infande: vt miserũ septena quot annis: & torum repente clamat. figura hęc in qua nomen pro aduerbio ponitur Poetica est. Oratores tñ nõ vtunt. Infandum tamẽ hic potest esse interiectio. dolentis. f Vnius ob iram. DONA. Optime ad finem oratiõis reseruauit: ne si inter initia dixisset: offensus Iuppiter sororis & coniugis iniuria alienaretur: nec etiã nomẽ Iunonis posuit: vt sine offensa ad iniuriaꝝ numerum perueniret.

CRIS. Vnius quasi diceret: Etiam si plures frati nobis essent: nedum vna: tamen contra tua iussa nullum efficacem conatum habere deberent. g Prodimur. S. Porro damur: Alias multa significat. Ergo vt quid prodimur hic significet explanaret: addit: Disiungimur Italis oris. h Disiungimur. CRI. miserum non tenere Italiam: sed miserius adeo longe remoueri: vt omnis spes potiundi eripiatur i Hic. SER. id est talis vt. Hunc ste euryale aspicio. C. Hic pietatis. h. Cum validis iam argumentis occupauerit mentem Iouis. ad postrema grauissima interrogatione vehementer vrget: vt nõ solum personam deę ad deũ agat: sed licentius filię ad patrẽ: & ea interrogat: ad quę aliter ꝙ ipsa velit Iuppiter respondere non possit. k Honos. S. Secũdum artem est honor: arbor: lepor: & est or breuis. Poetę autẽ mutant in os longam: Hoc quidẽ hꝫ ratio: sed in hoc loco absꝙ metri necessitate honos dixit Salustius. etiam pene vbiꝙ labos posuit: melius est seruire regulę. l Sic. SER. Hoc est per naufragia. m In sceptra repo. S. ad imperia reseruas: aut antiqua licentia est communiũ prepositionum. n Olli. S. modo tunc: Pronomẽ eñi nõ ponitur cum nomine: sed pro ipso nomĩe: alias olli, p illi: vt Olli dura quies o & f. u. somn⁹. o Subridẽs. SER. Letus erat & qualis solet esse cum facit serenum: dant enim Poetę elementorum habitum numinibus: vt supra de Neptunno dictũ est. DO. Olli subridens: vt ven⁹ lachrymis anteꝙ loqueretur: significauit dolorem internum: & quid dictura esset. Sic Iuppiter statim debuit hilaritate vultus & osculo & prima parte orationis demere angorem filię: nec oportuit eam circuitione deferri. Subrisit risu vtitur vt eam exhilaret: sed subrisit: vt maiestatem seruaret ex modestia. Nam satori hominum: & deorum turpis erat plenus risus. Subrisit vt partem daret Troianorũ casibus: partem reseruaret illis: quę erat promissurus. CRIS. Subridens. optimum temperamentum: non solum quia tantę maiestatis non erat profusius ridere: verum quia vt hac modesta exhilaratiõe spem auxilii prestabat: sic solutiori risu conteptum ostendisset: p Vultu quo cœlum. D. talem qualem habet cum elementa tranquillat q Serenat. S. caret pria psona: vt fulmĩo: pluo et siřia: nisi loquat tal' qui pt: vt si Iuppiter dicat: ego sereno. r Oscula. D. Signũ optimũ cum beniuolentiã suã osculo publicat: Dehinc ondit signa ista: nõ frustra fuisse premissa: q̃ veneris metũ leuarent. s Libauit. S. Leuiter tetigit. Est aũt osculũ dare: religiõis: suauiũ voluptatis. Teren. Othais meum suauiũ. t Parce metu. SER. Cum arguimur in causis primo nos purgari oportet: & sic ad actionem descendere: Ergo ante obiecta purgat Iuppiter deinde pmittit. Parce metu. dimitte metum: vt parce verbis. DO. Parce si solum hoc dixisset: abũde suffecerat ad demulcendum animum: reddit enim securam & nihil immutatum esse demonstrat. Dat autem huic Poeta personam regis: non patris: de futuris enim non nisi deus loquitur: Ergo cytherea dixit: & non filia & tuorum & non nostrorum.

Parce metu cytherea: manent immota tuorū
Fata tibi: cernes vrbem: & promissa lauini
Mœnia: sublimemq́ feres ad sydera cœli
Magnanimū Aeneā: neq́ me sententia vertit.
Hic (tibi fabor enim: qn̄ hęc te cura remordet
Longius & voluens fatorū arcana monebo)
Bellum ingens geret italia: populosq́ feroces
Contondet: moresq́ viris: & mœnia ponet:
Tertia dum latio regnantem viderit ęstas.
Ternaq́ transierint rutylis hyberna subactis.
At puer Ascanius (cui nunc cognomen Iulo

v Cytherea. S. quę grece ei dipthongon hn̄t latine in e. pductum cōuertuntur. Ergo κυθερεια Cytherea ut Μηδεια Medea. Quę aūt dicit Iuppiter ad absolutiōe; antedicto rum ptinet. Ergo qm̄ dixerat tristior: nūc dic parce metu. C. Cytherea. Venus a cytheris insula dicta est. Est autē Cythera isula e regione Lacędemonis: locus cōtra spartē bellū gerētibus apprime aptus: de q̄ insula dixit Chilon Spartanus vir sapiens pstare lacedemōibus illā demergi q̄ extare. Venus prima cœli & diei filia fuit ex Ioue seu libero amorē geminū: et grās genuit. Filia coeli: qa suo coelo affixa est: & diei quia lucidꝰ est planeta. Geminū amorem. s. castū & lasciuum. Grās q̄ sine amore non sunt. Venꝰ secūda ex virilibꝰ coeli nata ē. Saturnꝰ em̄ (vt ait Hesio.) accepta falce a mr̄e: q̄ illū vlcisci cupiebat ex isidiis virilia amputauit coelio: ex eor sanguineis guttis terra gigantes erynes & nymphas melias genuit. Virilia aūt in mare piecta: & fluctibus agitata spumā fecerūt: ex q̄. venus creata est. Vn̄ et a virilibus quę μηλε dicuntur philomedea: a spuma vero quę αφρος appellatur aphrodite dicit: & quia e mari primo cytharis insulę adhesit ac mox in Cyprum pfecta est: cytherea ac cyprogenia dr̄. Tertia autē venꝰ Iouis et Dianę filia ex q̄ est Aeneas. antiquissimū aūt illi templū asca long vrbis Syrię fuit. nā quod in Cypro est: hinc venisse Cyprii volūt: q̄d autem in Cytheris Phoenices: qui ex hac sunt ędificarūt. Hoc Scythę qui Syriam inuaserunt cum rapuissent. Venus i eos fœmineū morbū immisit: vocat̄ ab assyriis militia. arabes alitam. Persę mitram noiant: ait Herodotus. Venus latine dicit̄: vel q̄ ad omia animalia veniat: vel q̄ per eam omia veniant: id est oriant̄. Venerē gigīnēdi vim dicunt. Si autem ad historiam referas: dicunt Cretensis Iouis illā filiā fuisse: et qua ętate: & quibus sacris nuptię sint celebrandę inuenisse: ac primū in Sycilia iuxta Ericē nauigasse: deinde in Paphum cypri: et in isulā Cythereā: & in Asiā et syriā: ait Diodorꝰ. Est pterea stella venus in tertio coelo amoris reconciliatrix: et apprime salutaris: pter optimū in ea ɔtēperamentū hūoris et caloris. Solus planetarū excedit zodiacū duobꝰ gradibus. Nunq̄ a sole discedit vltra. xlvi. gradus: qm̄ illū subsequit̄ motu naturali: antecedit aūt motu pprio planetarū q̄ est ab occidente in orientē contra motū firmamēti: appet in occidente post occasum solis. Et dr̄ hesperus: siue vesper: qn̄ aūt cōtra apparet i oriente an̄ ortū solis: et dr̄ Lucifer: et iubar. Plinius aūt apud grecos Pythagora auctore Parmenides dephendit eūdē esse Luciferū et hesperū inducit amores musicę: et versuū domicilia sua sunt libra et taurꝰ manet in vnoq̄ signo. xxxix. dies: et pficit cursum trecētis et quadraginta octo diebꝰ. x Manent tibi fata. D. hoc sat erat: sed vt satiaret quod asserebat: addidit immota. Deinde enumerat specialr̄ q̄d generalr̄ clauserat. Rn̄det em̄ querimoniis veneris. Nam cū illa dixiss;: Cunctus ob Italiā terrar̄ claudit̄ orbis: hic dicit: cernes vrbem. Et ad id coeli: q. a. a. y Immota. S: quia dixerat q̄ te sententia vertit. Et stoyce p transitū ponit nō mutari fata: nā fati imobil̄ ratio est. z Tuorū. S. Troianor̄. a Tibi. S. non ppter te: sed vacat: vel tibi quasi q̄ tua sunt. b Vrbem. S. aut mœnia Lauini: aut Romam: quia cū

proprietatē detrahimus qd̄ magnum est intelligimus: vt si dicā lego oratorē: intelligo Ciceronem. Et ne sit lōga expectatio adiicit: et. por. l. m. aut subtrabat: & atq̄ p exegesim erit vrbē. i. pmissa. l. m. c Sublimē. S: ad sydera coeli. ppter illud Coeli. q. a. a. Aeneas em̄ s̄m q̄sdam in Numicū flumē cecidit. Ouid. aūt in coelū raptū asserit. Estq́ Iuppiter indiges dictus. d Magnanimū Aeneā feres ad sydera coeli. D. Vt aūt aptiorē faceret: generalitatē addit fatorū dispositionē. Tangit aūt gesta ab Aenea ad Cesarē et tēpora cesaris: q̄ scribenda cū pposuisset morte pueuentus: nō impleuit. Breui igit̄ orōne securā facit venerē: longo deinde ordine futura explicat. nō eni ociose audisset venus q̄ ptineret ad gaudiū: nisi priꝰ amotus esset metus. Sic Teren. vbi inueniā Pamphilum vt metū in q̄ nūc ē adimā atq̄ expleā animū gaudio. e Hic. S: Ordo est. Hic gerit ingēs. b. in. i. f Fabor. S. Excusat q̄stionē futurā. Et quasi dolenti veneri verā dicit. Sed aliter loquer ceteris diis pn̄tibus in decimo. Abnuerā bello Italiā concurrere teucris. D. Fabor em̄ Archana fatorū: quę nulli fas est nosse cōmēdat sensibꝰ filię: et se illicite facere demōstrat: vt cognoscat illa beniuolū studiū patris: Et dicit Tibi: quia filia es: quia sollicita es: quia nolo te vexari angoribus: Tu docta tuorū fata letaberis. g Remordet. S. Sollicitat. Teren. Patpari relicto quod illam remordeat. h Arcana. SER. secreta: Vnde arca et arx: quasi secreta. i Bellum. DO. Proponit curam belli: sed bona ventura pmittit. Mortē aūt Aeneę q̄d erat triste subticet. k Italia. S. in Italia. Sic nō ante Tyro despectus iarbas. i. in thyro. nam si aduerbialiter dixisset: posuisset tyri. l Contēdet. S. incōgrue consolabat̄ bella prędicens nisi in victoriā poneret. m Mores et mœnia. S. Hysteron: protheron. Primo em̄ ciuitas: deīde mores ponūt̄ ❡ Mores: leges. n Tertia dū. S. Rhetorice ne breuę esset si trienniū diceret tpa diui sit in spēm. o At puer. S. Prudēter exitū Aeneę ostendit: et tacuit: dicēdo filiū pꝰ ea regnaturū. ❡ Cui nūc co. ait Cato Aeneā cum patre ad Italiam venisse. et propter inuasos agros contra Latinū et Turnū pugnasse: et in eo bello peperisse latinum. Turnum aūt auxilio Mezencii bellū renouasse: in q̄ Aeneas Turnusq́ pariter rapti sunt: migrasseq́ in Ascanium & Mezentium. eosq́ singulari certamine concurrisse: victoq́ Mezentio Ascanium esse coeptū: Iulum uocari a prima barbę lanugine: quę victorię tempore illi nascebatur. Nam Ascanius ab ascanio Phrygię flumine dictus est: deinde Ilus ab Ilo rege. Ergo nunc dum gerit bellum ab hac historia ita discedit Poeta: vt sępe ostendat poetice: & non per ignorātiam discedere. Sic & cum dicit: de Anchise quo magis Italia mecū letare reperta: Nam amphiboloice ostendit Anchisen ad Italiam venisse. Eodem pacto etiam fingit Aeneā condidisse Carthaginem: cum sexaginta annos ante vrbem Romam condita sit. Et inter excidium Troię et ortum Romę. ccc. lx. anni interfuerūt. D. At puer. Ostēdit quod optabile est Aeneę: non externū: sed filios successuros eo feliciorem: vt non triennio: vt ipse: sed triginta annos sit regnaturus. p Cognomen. S. magis pprię dixisset agnomen: Sj ad

Additur: Ilus erat dum res stetit Ilia regno,
Triginta magnos[q] voluendis[r] mẽsibus orbes
Imperio explebit: regnum[s]q̃ a sede lauini
Transferet: & longam multa vi[t] muniet albam.
Hic[v] iam tercentum[x] totos regnabitur[y] annos[z]
Gente sub hectorea donec regina[a] sacerdos[b]

familiã que inde Iulia dicta ẽ respexit. D'cim² autem: nomẽ ẽ mihi. Cicero. Ter. Ecyra nomẽ ẽ huic fabulę. et Cice. Salust. cui nomẽ obliuionis cõdiderãt et Ciceroni: vt cui Remulo cognomẽ erat: et Cicerõe ut Aei. eadãsq̃ meo nomen de nomie fingo. Rectius tñ vtimur datiuo.

q Magnos o. S. Tres sunt anni: lunaris trigita dierum. Solaris duodecim mensiũ. Et magnus q̃ sm Ciceronem in Hortensio. xii. milia annoꝝ: & quingẽtos quĩquaginta quatuor cõtinet. Sed hoc loco dicet magnũ cõpatiõe lunaris: vt alibi. Interea magnũ sol circũuoluit annũ. Annus dicit quasi anus. i. annulus: q̃a in se redeat: vt: Atq̃ in se sua p vestigia vertit anus. Vel ab uuavoeouseoi. id est ab innocatiõe. r Voluendis. S. volubilibus.

s A sede lauini. S. Vitãs em̃ nouercalẽ inuidiã deserto lauino albã lõgã condidit: ab alba porca & situ longo dictam.

t Vi. S. Nũc virtute alias multa significat.

v Hic iã trecẽtũ. S. vsq̃ ad ortũ vrbis romę: Nã ipsa quadringẽtos regnauit. Hinc dixit: donec regina sacerdos: ipa aũt ad regnũ hostili puẽit a q̃ ẽ diruta. D Hic iã trecen. Post triẽniũ Aenee. xxx. Ascanio: & ccc: hectoreę genti dantur.

x Totos. S. sine intermissione: y Regnabit. C. Refert Liui⁹ albã longã nomẽ sumpsisse: & ab alba porca: cui⁹ nomie condita est: & a situ vrbis: qm̃ in montis iugo in lõgitudinẽ porrecta sit: & conditã esse ab Ascanio Aeneę filio: Sꝫ vtrũ ab eo quẽ ex Creusa ĩ phrygia an ab alio quẽ ex lauina in Italia generat ambigit. Tñ ita sequit. Is Ascanius q̃cunq̃ sit matre natus abundãte lauini mltitudiẽ albã condidit: atq̃ inter Lauinũ et albã triginta interfuere anni. Syluiꝰ deinde narrat Ascanii filius casu q̃dã in syluis natus. Is Aeneã syluiũ creat: inde latinũ Syluiũ: a q̃ aliquot Colonię deductę: prisci latini sunt appellati. Mansit deinceps Syluius oĩbus cognomẽ alba ex latino ortus: et ex alba atis & Atę. Capis ex Capii: Capet⁹ ex capeto. Tyberinus q̃ in traiectu fabulę submersus nomẽ suũ flumini reliq̃t. Et tyberino oritur Agryppa. & ex Agryppa Romulus: q̃ fulmie ictus periit: ex q̃ est Auentin⁹: a q̃ mons auentinus: quia in illo sepult⁹ est nom̃ sumpsit. Auẽtini filius Procas est: qui numitorẽ creat & amuliũ. Amulius Numitorẽ: cui regnũ legatũ erat: qm̃ grãdior esset natu pellit: filiũq̃ interemit: & filiã vestalem virginẽ facit: quę grauida facta marte: siue q̃ ita crederet: siue vt quia deus auctor culpę honestior eẽt: patrẽ nũcupat. Eius partu natus est Romulus & remus. Hęc L. i. Dionysius aũt Halicarnaseus refert Ascaneũ Creusę filiũ: q̃ antea Eurilõ vocabat Albã condisse. Erat Aeneę & alter filius: sed ex lauinia: Hic Syluiꝰ vocabat: qm̃ mr̃ Ilia metuẽs p̃uignum: illũ clanculũ in syluis alendũ curauerat: tradens illũ Tyrrheno pastori: quẽ latino sciebat fuisse acceptũ. Mortuo ãt Ascanio certabãt de regno: Hic Syluius: & Iulus ascanii filius: sed pp̃lus litẽ diremit: Syluiũq̃ regnare iussit. Iulo aũt regni loco sacrã q̃ndã ptãtem attribuit: honorẽ piculꝰ imperii vacantẽ: Quẽ idem Diony. scribit in domo Iulio rum: ad suã vsq̃ etatẽ durasse: in q̃ Cęsar mirifice floruit. Regnauit aũt Syluiꝰ: vnũ de triginta ãnis: syluius Aeneas filius, xxxi. Latinus. li. Alba. xl. Capis. xxviii. Post hũc ponit Dionysius regnasse Calperũ annos tredecim Tyberiũ octo. Agryppã triginta tres. Post hunc loco Romuli ponit Alladiũ tyrãnica violentia virũ: qui deos cõtemnens fulminũ & tonitruũ imitatiõibꝰ se deũ credi cupiebat. Verum Imbribus & fluminibꝰ in eius domũ cadentibꝰ: & lacu: iuxta quẽ hĩtabat in eius domũ exũdãte: cũ tota domo absorptus est. Auẽtinꝰ regnauit ãnos. xxxvii. Procas vigintitres. Amulius q̃ fratri regnũ eripuit duos: & q̃dra-

ginta regnauit annos. Eusebius ait Ascaniũ Albam condidisse: anno mũdi vigesimoseptimo sup̃ quatuor milia: & regnasse annos. xxxviii. Capim. xxviii. Calpetũ. xiii. Tyberiũ. viii. Agryppã. xl. Aremulũ quẽ alibi Remulum vel Romulũ. xxxix. Auentum. xxxvii. Procã. xxiii. Amuliũ xliiii. z Annos. S. ãni certus modꝰ apd̃ solos egyptios semp̃ fuit: alię gentes dispari nũero pari errore nutabãt. Archades em̃ triũ mensiũ habebãt ãnũ. Arcanes sex. Reliq̃ greci. cccliiii. dierũ Romulꝰ romanꝰ ex decẽ mensibꝰ instituit ãnũ a: Martio initiũ sumentẽ. confectũ ex. ccciiii. diebus: Numa deinde Pompilius addidit q̃nq̃ginta mox etiã vnũ diem ad honorẽ imparis numeri addidit: Verũ cum sol. ccc. & sexaginta q̃nq̃ diebꝰ: ac quadrante zodiacũ cõficiens annũ faciat: sicq̃ deessent xi. dies anno: ac q̃drans: grecoꝝ q̃dã ĩstituerũt: vt octauo q̃q̃ ãno nonaginta dies ĩtercalcarent: diesq̃ illos υπερβαινοντας et mẽses εμβολισμους appellarẽt. Romãi ãt alternis ãnis binos & vigẽos alternis ternos et vigẽos intercalabãt. Vñ octauo ãno q̃tuor actis intercalatiõibꝰ, pp̃ter illũ quẽ addiderat. Numa octo dies superãt. Itaq̃ errore cognito ĩstituerũt: vt tertio q̃q̃ octennio nõ nonaginta: sed sexagita sex intercalarentur remotis vigintiq̃tuor diebꝰ: q̃ totidẽ annis affluebant. Intercalatio aũt fiebat post vigintitres dies februarii interminalibꝰ sacris pactis: deinde reliqui: q̃ erãt quiq̃ religiõis causa post intercalares ponebant: ne Martius a Februario disiungeret. Fuit etiã tp̃us in q̃ intercalario religionis cã sublata sit. Quin & sacerdotes ĩ fauorem publicanorũ nũerũ dierũ modo augebãt: mõ diminuebãt. Cęsar aũt ad verũ cursum solis annũ redegit: consumptis his diebus quibꝰ cõfusionẽ facerent. Itaq̃ fuit ille annus: ccc. xliiii. dierũ. Voluitq̃ eẽ ex. ccc. lxv. diebus: & q̃rto q̃q̃ ãno pp̃ter q̃drantẽ supabũdantẽ diẽ intercalari iussit. Annum romãi a bruma: Hebręi ab equinoctio verno. Gręci a solstitio. Aegyptii ab autũno incipiũt: ait Isidorus: atq̃ hęc de solari ãno. Est et ãnus lunaris triginta fere dieꝝ: Est & annꝰ magnꝰ: qui iplet q̃tienscũq̃ oẽs planetę ac oẽs octaue sphere stellę eodẽ redierint: vñ a principio mũdi motũ incoeperũt. De hoc spacio varię apud priscos fuerẽ opiniones. Tñ Andalo & Paulus florentiꝰ eũ ex. xxxvi. milibus annoꝝ p̃stare dixerũt: qm̃ gradꝰ in coelo. ccc. ac. lx. sunt & stellę fixę: nõnisi centẽnis ãnis singlos gradꝰ cõficiũt: quapp̃ter totũ coeli spaciũ minori tp̃e pagrare minime p̃nt.

a Regĩa. S. regis filia. Sic de pasiphę Magnũ reginę. s. n. m. a. DO. Regina. Quę q̃uis geminos pariat: ad vnũ Romulũ ĩperiũ p̃uenturũ ostendit: & parricidũ occultat: & Romãos a romo appellatũ iri: qui tanta sint foelicitate regnaturi: vt nullis alteroꝝ regum temporũ terminis claudantur. b Sacerdos. SER. Amulius & Numitor fratres fuerunt: sed Amulius fratrem regno repulit. Filium interfecit: filiam vero iliã veste sacerdotem fecit. Ex hac mars geminos Romũ et Remum suscepit. Amulius eos cũ matre in Tyberim deiici iussit: et illa fluminis vxor facta ẽ. Hinc Oratius. Vxorius amnis dixit. pueros Faustulus pastor sustulit. & Accę laurentię nutriendos dedit. Sed cum hęc meretrix esset: fingitur a lupa nutriri. Quia ille lupę vocantur: & loca illarum lupanaria. Vel quia lupa Marti consecrata est. Vnde martius a stabulis rapuit lupus. Hi cęso Amulio regnum auo restituerunt: ac Romam: condiderunt a Romo: qui deinde blandimenti causa Romulus dictus est, nominatam. Viderat prior Remus sex vultures: Romus autem posterior: sed duodecim: quę res bellum creauit: & Romus extinctus est.

Marte grauis: geminā partu dabit ilia prolē.
Inde lupę fuluo nutricis tegmine lętus
Romulus excipiet gentē: & mauortia condet
Mœnia: romanosq; suo de nomīe dicet.
His ego nec metas rerum: nec tempora pono:
Imperiū sine fine dedi. quin aspera Iuno
Quę mare nūc: terrasq; metu: cœlūq; fatigat
Consilia in melius referet: mecumq; fouebit
Romanos rerum dominos: gentemq; togatā.
Sic placitū: veniet lustris labentibus ętas.
Cū domus assaraci: phthian: clarasq; mycenas
Seruitio premet: ac victis dominabitur argis.
Nascetur pulchra troianus origine cęsar:
Imperium oceano: famā qui terminat astris.
Iulius a magno demissum nomen Iulo
Hunc tu olim cœlo spolijs orientis honustū

c Grauis. S: grauida: vt non insueta graues tem. pa. fe. d Fuluo tegmine. S. vtebaȓ pelle lupę: more pastorū. cur aūt nutricis pelle vtebaȓ: vel ad imitationē Iouis: q amalthee capræ nutricis suę pelle vtebaȓ. vł excusaȓ falsitate fabulę. e Excipiet gentē. S. cœso remo cuius cęde cum pestilentia exorta esset: fuit oraculum placandos esse suos manes. Ergo agenti aliquid Romulo: semper sella currulis vacua cū reliqs insignibus regiis iuxta ponebanȓ: vt pariter imperare viderenȓ. f Romanosq;. S. non Romam. vrbis em̄ illius verum nomen: nemo vel in sacris enunciat. Vñ Tribu. ple. vt ait Varro: id ausus nominare in crucē sublat⁹ ē. Hoc nec Higini⁹ de situ vrbis loqns exprimit. g Metas. S. ad terras metas. Ad tpa aūt ānos retulit: nam sine lauino et albę fato: romanis ęternitatē tribuit. C. Metas sic dicta est meta: vel quia sit posita in dimenso spacio. Vel quia illā metianȓ quadrigę. Est autē terminus ad quē curritur: et cū illuc pueñtū sit: necesse est vt circa ipam flectantur. Hinc Iuuenaȓ. Per quem magnus equos arucę flexit alumnus. Et Statius. Flectere si posset circum compendia metę. Et Virgilius in. v. Hic viridem Aeneas frondente ex ilice metā. Constituit signum nautis pater vñ reuerti. Scirent & longos vbi circumflectere cursus. ponit tamen pro omni termio. h Quin. S. min⁹ est etiā. Planum autem qn etiā. i Aspera Iuno: S. Tolerabilius maritus vxorem criminatur q̄ alius. DO. Aspera iuno. Apte ponit quod venus vnius ob irā dixit. ergo tantā fœlicitatem polliceȓ: vt acerrima inimica posito odio futura sit. k Terras. SER. Sic alibi. Absumptę in teucros vires cœli. q. m: l Metu; SER. Nam supra: Id metuens. m Consilia. S. Quia bello punico secundo romanis placata fauere cœpit. n Gentemq; togatā. S. Bene: quia omnis sexus et conditio toga vtebaȓ. Nam illā fœmīas habuisse cicladū & ricini vsus ondit. Ricinus ex eo dicitur: eo q̄ post terga reiiciȓ. vulgo mauorte appellaȓ. C Sic placitū vł fatis vł mihi. C. Togatam. sic Laberi⁹ poeta licentiā & libidinem vt tollam petis: togatę stirpis. o Lustris. S. qnqnnariis. Nūerat aūt ab olympiadib⁹: quia nōdū erat Roma et cōsules. Lustrum aūt dictū est: q̄ post qnquēniū vnaquęq; vrbs lustrabaȓ. p Domus assarici. S. familia troiana. Assaracus eni Capym. Capis Anchisen: & ille Aeneā genuit. Vñ romani: ex qbus Mumius Achaiā vicit. D. Cū dom⁹ assa. Extremus cumulus lętitię: vt q ad tpus victores erant: his qs vicerant: seruituri essent. quod est plus q̄ Antenorē inter victores populos consedisse: & p medios Achiuos prolapsus esse. Verum quia hęc in honorē Cęsaris scribebat: aperuit quod in posteriorib⁹ fuisset scripturus. nisi mors pueñisset. Nam post mortem Turni sequebaȓ. xxx. ac. ccc. annorū gesta: ac deinceps vsq; ad Cęsaris tempora facta. Et cęsarem ita amplificaturū Romanum imperiū: vt nihil relinqret qd nō se subactū fatereȓ. q Phthian. S. Achillis est patria. C. Pars Thessalię australis est: in qua Thetidis fanū prope Pharsalum veterē & nouū est iuxta magnesium pelagus. Strabo. r Clarasq;: S. ppter agamennonē: cui⁹ fuit patria. s Mycenas. C. Peloponeso est vrbs condita a Perseo Iouis & Danę filio. t Nascetur. S. cōtra illud. Certe hinc Ro. Et omnis intētio poetę ad Augusti laudem tendit: vt in sexti Cathalogo & in clipeo appet. Iuppiter autem et obiecta purgat et aliquid pollicetur. v Pulchra. S. allusit ad venerem. D. pulchra optima & honesta: vt nō corporis sit: sed originis. x Cęsar. S. C. Iulius Cęsar. Et cęsar diciȓ q̄ cœso matris ventre natus est. Vel q: anus ei⁹ manu sua in Aphrica elephantem: qui punica lingua Cęsar appellaȓ cecidit. C. Cęsar: Non hic primus Cęsar cognominatus est. Nam et in Iuliorum familia plęriq; ante hunc: Cęsares fuerūt. Et Plinius libro vii. ait. Auspicatius enecta parente gignuntur: sicut Scipio Affricanus prior natus est: primusq; cęsar a Cęso matris vtero dictus. Helius autem Spartianus scribit: primū qui Cęsar appellatus sit: nomē, accepisse ab elephante: qui maurica lingua cęsar dicitur in pręlio a se cęso. Vel quia mortua mr̄e cęso ventre sit natus. Vel quia magnis crinib⁹ vtero materno sit effusus. Vel q̄ oculos cęsios habuerit: Habuit aūt originem Iuliorum domus a regibus albanis: qui a Iulo Ascanio sunt. Nam Aremulus siue Remulus filium habuit Iulium: vt placet Eusebio: qui fuit proauus Iuli proculi: qui cum Romulo Romam commigrans Iuliam gentem fundauit. y Imperium. S. ad laudem q̄ dixit. Vel historia est. Nam & Britanos qui in oceano sunt vicit. Et cum post mortē ludi funebres ab Augusto adoptiuo filio celebrarentur: stella medio die visa est. Vnde ecce dionei processit cęsaris astrum. z Iulius a magno. S. Sicut Alexāder. Et pompeius. DO. Iulius cęsar trahens nomen demissum: in tantum autem domiturū omnes gētes vt existentibus triūphis ei⁹: pax dehinc & fides ppetua pmaneret. a Nomen. C. In cęsare nomē fuit. in Ascanio vero cognomē fuit: nam a lanugine qua primū eius genę vestiri cœperant: dictus est Iulus. Est autem Iulus dissyllabum nomen. Sed metri ratione fit dieresis in prima syllaba: & efficitur trisyllabum. b Cœlo. S. id est in cœlum. c Spoliis orientis. S. victo pharnacę mytridatis filio. Hic in oriente est: Nam ægyptus in qua vicit Ptholomeū meridiana est regio. d Honustū. S. Oneratus est quocūq; pondere pręssus ab onere. Honustus autem is cui on⁹ honori ab honore dictus.

e Accipies. S. Nam post mortē Cęsar meruit aram fastigium: flaminē. f Secura. C. Pollicet: nō solū fugā periculorū: verū etiā vacatiōem curarū. g Hic q̄q. S. vel sic Romulus vel melius sicut Aeneas. Quoq; em ad similitudinem nominē. Vt tu quoq; littoribus nr̄is æn. h Votis. S. ad vota vel in votis. i Tum. S. cęsare consecrato regnante Augusto. k Cana fides. S. vel q̄ i canis hominib⁹ inuenit. Vel q̄ manu albo pāno inuoluta illi sacrificat: vt oñdat fidem debere esse secretā. Hora. Et albo rara fides colitur velata pāno. C. Cana fides. Cana: quia q̄ fidē seruat: non mutat: sed constāter in amicitia perseuerās: in eaq; sine aliqua nouitate cōsenescit. Fides hęc duplex est. Alia ei dr̄ a fidendo: quia per eā cōfidim⁹ aliquid futurū. Hęc autē vna est ex trib⁹ illis theologicis virtutib⁹. Alia autem quam Cicero fundamentū iustitię nuncupat: diciturq; fides: q̄ fiat q̄d dictū est. Iustitię em̄ partes sunt: Religio: innocentia: pax: cōcordia: pietas: integritas: & vindicatio. Integritas aūt est iusticia que rerū constātiā dictorumq; veritatē inuiolabiliter conseruat. Fides est integritas q̄ dictorū conuentorū cōmuniter vł specialiter cōstitutorū intemerata veritas custodit. Verū de iusticia latius paulopost. l Et vesta. S. Vesta religio est: quia nullū sacrificiū fit sine igne. Vnde et ipsa & Ianus omnib⁹ sacrificiis inuocant. Vesta aūt dr̄ vł ἀπὸ τῆς ἑστίας addito digamma: vt Enetus, venetus: vel q̄ variis sit vestita florib⁹. Est em̄ terra quā ignē hr̄e nō dubiū est. m Remo cū fratre. S. multi intelligunt id q̄d dixim⁹: Romulū post cęsum frēm omnibus geminis visum esse. Vnde est: Vident vt gemię stent vertice cristę. Sed esset aut iteratio sup̄ dictorū: aut ordo p̄poster⁹. Nā sup⁹ Cęsarē Romulū repetit. Constat p̄terea Iani templū pariter fuisse sub Romulo. Alii voluēt p̄ hos Romanos intelligi: sed si Quirin⁹ Augustus: pro Remo erit Agryppa. qui sororē Augusti duxit vxorē: & cū eo pariter bella tractauit: Vnde est: Parte alia vētis & diis Agrippa secundis: Nam per adulationē tria nōia Octauiano obtulit populus Ro. Quirinū, cęsarem Augustū. Ille aūt ne vno accepto partē quę aliud afferret: lederet: omnib⁹ diuerso tēpore vsus est: vt ait Sueton⁹: & Virg. in Georgicis. cum de Gangaridis populis iuxta gangē ab Augusto victis itelligeret dixit. Victorisq; arma Quirini. Nam Remū p̄ Agrippa ponens poetico vsus est more: vt nomē ex vicino sumeret. Dicit ergo cū coeperit Iul⁹ Cęsar coelū tenere patratis oībus bellis iura dabūt August⁹ et Agrippa. Rōul⁹ āt Quirin⁹ dict⁹ est q̄ hasta vtebat: q̄ lingua sabina curis dr̄: & est telū longum. Vñ est securis: q̄si semicuris: Vel quia grece κοίρανος rex dicitur: Constat aūt grecos fuisse Romanos: vel p̄pter generis nobilitatē. Mars em̄ cū sęuit gradiuus: cum tranquillus Quirin⁹ dicit: vnde duo habet templa: alterū i vrbe: q̄d Quirini est: aliud extra vrbē in apia via p̄pe portam q̄si bellatoris & gradiui. n Iura dabūt. D. i. leges Romuli perdurabūt: Et deniq; cessura oīa mala foelicitate Cęsaris dixit: furorē. s. & bellandi necessitatem. o Dirę. S. cum aperte sint. p Cōpagibus. S. Compages & ambages antiq⁹ē in ūsio: Vñ gt̄us ambagis & cōpagis. nā cōpago & ambago vsurpat. vnde nō dr̄ ambiginis & cōpaginis. C. Cōpagem & cōpaginē dixerē Ouidius. Atq; ita depositis calamis compagine terrę. Et Seneca in ep̄lis compaginē dixit. q Claudent belli portę. S. Templū āt hoc ter est clausum: primū regnāte Numa: secūdū post bellū punicū secūdū. Tertiū p⁹ bella Actiaca ab Augusto gesta: q̄ tn̄ tēpore flagrauerant bella ciuilia: Vñ ait furor impi⁹ intus: Aperiendi aūt vel claudēdi ratio fuit hec: Romulo cōtra Sabinos pugnāte: cū iā vincerētur Romani calidā aquā ex eo loco scaturisse dicūt: q̄ Sabini fugati sunt. Hinc ergo mos deductus: vt pugnaturi tēplū aperirent in eo loco cōstitutū ad spem pristini auxilii. Alii dicūt Romulū & Tacium hoc tunc icto iā fodere edificasse: Propterea q̄ Ianū duas habere facies: Quasi oñdat duorum regū coitionem. Vel q̄ ad bellū ituri debent de pace cogitare: vel q̄ meli⁹ est: q̄ ad p̄lium ituri optent reuersionē. C. Belli portę. Scribit Piso in annalib⁹: edificatū tēplū a Numa pompilio inter Romanū boariūq; forū Iano: fuisse etab eo istitutū: vt ei⁹ porta clausa pace: apta bellū significaret. Clausa est ter primo suo tp̄ore. Secūdo in primo bello punico a luctatio finito. Tertio sb̄ Augusto finitis bellis ciuilibus: Ian⁹ vt refert Macrobius: siue sol: siue mūdus putet ab eundo dicit̄ quia mūd⁹ sp̄ est in motu: appellat̄ q̄ Ianus. Itē p̄rgemin⁹. Itē Iunoni⁹: q̄ a kalendarū est princeps q̄ Iunoni dicatę sūt. Vnde illi vt ait Varro duodecim arę pro. xii. mensibus dicatę erant. Dicit̄ consiuus a conserendo: scilicet propaginē generis hūani. Item Quirin⁹: quia belli sit portus. dr̄ patulcius & clausini⁹: quia bello falue eius pateant: & pace claudātur. Volebāt Romani in bello Sabino q̄d raptis virginib⁹ gestū est portā q̄ erat i radicib⁹ collis viminalis: deinde ab euētu Ianualē vocatā claudere: sed cū ter clausissent: et totidem sua sponte pateret: armati ingressum custodiebāt: Mox cum audirēt ab alia parte suos a Tatio fugatos: fuga arrepta custodiā deseruerūt: Erant irrupturi Sabini: cū ex templo p̄ hanc portā magna vis torrentiū scatētibus vndis erupit: & multas cateruas hostiū: aut feruētib⁹ aquis vstas aut vasta voragine deuoratas ferūt. Hinc mos mā sit Iani ianuā in bello ad auxiliū patere. r Furor impius. S. p̄pter bella ciuilia contra brutum & Cassiū in philippicis: & contra sex. Pompeiū in Sicilia. s Super arma. S. fm̄ antiquā licentiā: hodie tamen in & sub cōmunes sunt: subter vero & super accusatiue sunt: Sic clam & post prius cōmunes naturā mutarunt. t Nodis. S. non centū nodis: sed cathenis: quia circūlocutōe significauit. nam cathenę p̄ s nodi fiunt.

Accipies ^f^secura; vocabitur ^g^hic quoq; ^h^votis.
Aspera ^i^tum positis mitescent secula bellis.
^k^Cana fides: & ^l^vesta: ^m^remo cū fratre quirinus
Iura ^n^dabunt: ^o^dirę ferro: & ^p^compagibus arctis
^q^Claudentur belli portę: ^r^furor impius intus
Sęua sedēs ^s^sup̄ arma: & centū vinctus ahenis
Post ^t^tergū nodis: fremet horrid⁹ ore cruento.

V Et maię. S. Mercuriū p̄ circūlocutionē. Cice. i li. de natura deorū p̄les ponit Mercurios: Sed in deorū ratiōe fabulę seq̄ndę sunt: nā veritas ignorat: Simil̄ etiā allusit poeta: quia p̄ caduceatores. i. internuncios pax fieri solet. D. Hęc ait & Maię. Exposita futurorū p̄missiōe: puideri securitas debuit: ne naufragi i terris alienis: & in q̄bus inimica regnabat. Iuno aliquā violentiā paterent̄. Procuratur aūt Troianis securitas: p̄ duos: quorum alter auus. alter affinis est. Nam Maia Mercurii mr̄ Troianorū generi nectebatur. Debuit ergo ad effectus implendos talis mitti persona. q̄ p̄ceptorū auctoritate duplici rōne ducta: celeri⁹ maturaret alarū iuuante subsidio. C. Maia fuit filia Athlantis: Sed de ipso eiusq; natis i Georgi. dixim⁹. Ex Maia & Ioue natus est Mercurius: cū ex eodē Ioue: atq; electra natus etiam Dardanus: ergo vtraq; ab origine coniunctus erat Troianis Mercurius. Et quia ex Ioue nat⁹ esset et Aeneas Iouē auū habebat: Et quia ex Maia q̄ Electrę soror esset: ex q̄ erat Dardan⁹. Itaq; nō solum: quia nūcius est deorū mittendus erat Mercuri⁹. verū etiā quia cognatus Troianis pro illorum salute laboraturus esset. De Mercurio autem dicemus in quarto huius voluminis.

x Vt terrę. S. propter illud: Hospitio ꝓhibemur harenę. y Vtq; nouę. D. quia nouitas regni cũcta habet suspecta: vt ipse res dura & regni nouitas m. t. c. m. Vel lege vt terrę carthaginis & nouitas ędificiorum pateat teucris: solus autem Iuppiter ministro Mercurio potuit pręstare: vt inimicos suos Carthago susciperet: sed omia cũ celeritate erant agenda: q̄ꝫ breui sermone est amplexus. Terras aũt dixit: ne in regionib⁹ Carthaginis: aut in littoribus a gentibus vexarentur. Nouas arces. Etiam sic accipimus: ne Carthagi.em incogniti venientes aduersa paterenť. z Pateãt: S. ꝓpter illud. Cunct⁹ ob italiã terrarũ clauditur orbis. C. Pateant: vt q̄si verbe penorũ ꝓ sua vtantur teucri. a Carthaginis: C. cũ stupore ꝓnũciatur: q̄i dicat vrbis oĩno inimice: & ꝓpter naturalẽ crudelitatẽ: & ꝓpter aduersariã Iunonẽ. b Hospitio. S. ad hospitium. c Fati nescia. S. non sui.. Si enim exitũ suũ sciret magis vetaret. Sed fati. i. volũtatis Iouis: Vt fati Iunõis iniquę. Vľ fati Troianorũ: q nõ sponte sed necessitate affricam tenuerť. ergo vt discat Dido troianos ad Italiã tendere, Sed q̄re se Aenee iunxit. Verũ illud fuit

Hęc ait: & maię genitum demittit ab alto:
Vt terrę: vtq; nouę pateant carthaginis arces
Hospitio teucris: ne fati nescia dido
Finibus arceret: volat ille per aera magnum

Remigio alarum: ac lybię citus astitit oris:
Etiam iussa facit: ponuntq; ferocia poeni
Corda volente deo: in primis regina quietum
Accipit in teucros animū: mentemq; benignā.
At pius Aeneas per noctem plurima voluens
Vt primum lux alma data est: exire: locosq;
Explorare nouos: quas vento accesserit oras:
Qui teneāt (nā inculta videt) hoīes ne ferę ne.
Quęrere constituit: sociisq; exacta referre.
Classem in conuexo nemorū sub rupe cauata
Arboribus clausā circū: atq; horrētibus vmbris
Occulit: ipse vno graditur comitatus achate:
Bina manu lato crispans hastilia ferro.
Cui mater media sese tulit obuia sylua:
Virginis os habitūq; gerens: & virginis arma
Spartanę: vel qualis equos Treissa fatigat

furoris: non consilii: nam nec sacerdotibus hęc dicentibus credidit: Vñ est: Quid vota furentē? Quid delubra iuuāt?
d Remigio alarū. D. Aliter eni volare non potuisset.
e Citus. S. nam velox est in cursu Mercurius. f Etiā iussa. D. fructū executiōis īplere posuit. g Ponūtq; ferocia corda. D. Natura ferox in lenitatē mutat. h Poeni. S. q̄ p hoc iā p antisthichon. i Volente deo. S. Mercurio vel Ioue. D. Volēte deo: nā nisi dei. i. Iouis vł Mercurii iussus interesset: natura ferox immutari nō potuit: et q̄a regine partes in secundo loco posuit: correxit dicēdo in primis. nam ipsa fuit leniendaq; vel incitare illos posset: vel violentiā comprimere. Et quō fieri nō poterat: vt eodē tpis puncto ferocitatē ponerent et amarēt librauit verba: et nō dixit amāt: sed ponūt corda ferocia. k At pius Aeneas. D. Interposita narratiōi fuerāt verba Veneris & Iouis in luctu Troianorū: nūc ad narrationē redit eo vnde digressus fuerat: s. Etiam finis erat. C. At prius Aeneas: Describit ꝑncipē oim virtutū genere accumulatissimū. Est eñ & sūma diligentia: & sūma in suos caritate preditus: q ne noctu quidā salutis inuēstigādę curā omittat. Est et sūma prudētia: q et socios optīe occultat: & cautissime ad exploratiōem rerum accedat: nec defuit magnus animꝰ: & in rebus periculosis tentādis: exclusa temeritate fortitudo. Denīq; magna in illo apparet castitas: qui aspectu pulcherrimę virginis minime motus sit.
l Per noctem: S. Decet enim ꝓ cunctis regē sollicitū esse. C. per noctē: vt quietē mortalibꝰ a natura datam sibi subtrahens publicę curę inuigilet: quod Iouis apud Homerū preceptū est. ου χρη παννυχιον ευδειν βουληφορον ανδρα. Nō enim decet totā noctē dormire populi consultorē virū. m Plurima. C. Nā nunq̄ recte consulit: nisi priꝰ oēs q̄ in cām cadere pñt rōnes in vnū ꝯferamꝰ: ac q̄buscūq;: vł falsis: vł ineptioribꝰ eiectis solidas: ferasq; teneamꝰ: n Vt primū. C. optimꝰ ꝓgressus: nā & prius consulto: & vbi cōsulueris mature facto opꝰ ē. Cōsuluit ergo prudēter ꝑ noctē: deinde prīa luce decreuit: fortiter aggredit. o Alma. S. q̄ alat. sic et alma ceres. Nā dicūt physic. oīa per diē crescere. Nā q̄d alibi dicit: tm̄ gelidꝰ ros nocte reponit: ꝓ miraclo dixit: vt etiā Plinius sentit. p Locosq;. S. Locos in plurali. m. et. n. generis est: in singulari masculini tm̄. Sic etiam iocus iocos & ioca facit. p Accesserit. S. Prepositio detracta nomini dat verbo: et est historologia: vt hic accesserit oras. Cū aūt mutat: figura est: vt: Cimarū ad labit oris ꝑoras. q Qui teneāt. S. iure dubitat: nā cernit inculta. r Exacta. S. acq̄sita. D. Exacta. ꝓposuerat pl'a in masculino & foeminino: Hęc aūt vt cōplecteret posuit neutrū. s In conuexo. S. Pro oeconomia: vt non terreatur veluti classis Ilionei. Conuexo: concauo. Vnde conuexū dicimꝰ coelum: & intellige loco: vt castrorū & campi medio; scilicet

hospitio. DO. Classem in conuexo. Exiturus cum solo Achate: nec omnino inermis fuit: vt temerarius: nec oīno armatus: vt timidus. vt solis igitur inquit hastilibus: & vno socio in solitudinē enim iturus debebat esse expeditꝰ ꝓpter requisitionē celerem: & maturū reditū. Ad oīa circumspectus socios omni cautela occultat: cui rei inseruit descriptio portus. ¶ Classem in ꝯuexo nemorū. Quinta ergo diligentia fuit: qui nō antea profectus ē q̄ sociorū saluti cōsuluisset: Et cū vno ad incertū ꝑget. Addit aliud ad laudem: a loco: tempore: & ꝑsona: Nam cū se se foemina ad fallendū composita sola in sylua obtulisset: motꝰ libidine non est: q̄uis virginitas pulchritudo & vestitꝰ accenderet: accedebat ad castitatem cōgeries calamitatum: q̄ etiā libidinosos coercet. Vñ Teren. Nulla adeo ex re istud fit nisi ex nimio otio.
t Rupe cauata. S. spelūca per Periphrasim.
v Arboribꝰ vm. S. i. vmbris arborū. x Achates. S. Multi dicunt: q̄re comes sit Achates? melꝰ tñ est vt sit a gręca Ethymologia αχος eni cura est q̄ sp comes ē regū:
y Bina: S. si ad vtrūq; referes: bñ dictū est bina: si ad Aeneā bina. i. duo. sicuti duplices palmas.
z Lato ferro. S. i. lati ferri. a Mater. C. Quare venus in excidio Troiano se vt deam filio ostendit: & quare hic: vt venatricē in nostris Chalmadulensibus expressimus: qui locus nō te fugiat: obsecro lector: Videbis q̄ altos: quanq; ꝓfundos sensus diuinꝰ poeta sub huiusmodi fabularū figmētis abscondat.
b Sylua. S. i. υλην gręci dicunt elementorū cōgeriem. vnde omnia creant: Multi volunt Aeneam in Heroscopo virginem habuisse. Bene igitur in media sylua virginis habitu venerē facit occurrere: quia venere in virgine constituta misericordes ꝓreant foeminę: & viri per illas foelicitatem consequunt. c Os habitūq;. S. faciem & amictum. d Spartanę. S. Nam sparta habet venatrices virgines. C. Spartanę. Ex legibus lycurgi cogebātur spartanę mulieres virilibꝰ officiis exerceri: vnde & mons in lachonia Parthenos est a virginibꝰ dictus: q in eo virgines venarent: Et propertius sic huius rei meminit. Multa tuę spartę miramur iura palestre: Sed mage virginei tot bona gymnasii. Et infra. Et modo taygeti crines aspersa pruina: Sectatur patrios per iuga longa canes. Et Plato in republica sua ostendit: Quod si in cęteris animantibꝰ foemineus sexꝰ par viribꝰ est masculino: ita & mulieres virilia munera obire possunt. e Threissa. S. Thracia: & est solutio: nam treissa facit sicut cressa: vt: Cressa genꝰ pholoe. Sunt autem ab eo quod est thres & cres: Sed threyssa: q̄a per ei dyphthongon scribit: habet dissolutiōem. Chressa vero: quia scribitur per h: non habet dissolutionem.
f Harpalice. S. Hęc collecta multitudine patrem suum a getis captū celerius liberauit: q̄ de foemina posset credi.

Vnde fluuiu dr̄ celeritate transisse. C. Harpalice. Fabulā n arrat Seruiᵘˢ. Sȝ etiā legit̄ Boreę filiā fuisse Harpalicen: in qua par est rapidissimi pr̄is fuisse velocitatē. Hęc Phineo regi nupsit priuignisq̧ infensa fuit. g Preuertit. SER. transit et preuertit dicit̄. h Arcum. S. vt credat̄ venatrix ¶ Habilem. aptum sexui: Vnusquisq̧ eni̅ habet arcū pro viribus suis. i Diffundere. S. vt diffunderet̄. & est gręca figura: sic & magnū dat ferre talentū: inde da bibere vsus obtinuit: q̄d facere nō debemus: vt duo verba iungant̄ nisi in poemate. D. Debuit venus offerre loquendi fiduciā: ne improbum videt̄ q̄d cū virgine cū sola tunc esse putaret̄: misceret̄ colloquiū: sed et ad fallendū quoq̧ ptinebat: vt nō solū specie: sed etiā sermōe imprudentes traduceret: vt ad interrogandi necessitatē venire potuissent. k Sinus collecta. S. oculos diffusa. l Heus. S. vocātis est aduerbiū. alias interiectio dolētis: vt heus etiā cōsumimus: inqt Iulus. m Monstrate. D. Interrogatio est breuissima: q̄ tn̄ necessaria ad fallendū continet dixit: et signa: vestitus: & habitū exp̄ssit. Breuius aūt r̄ndet Aeneas: nec tn̄ a ꝓpositis aberrat. n Errantē. SER. inuestigantē. o Succinctam pharetrā. S. Succinctam instructā: Vel secundū alios in cingulo hn̄tē pharetrā & pellē. C. Succinctā pha. & m. t. lyn. Copulat diuersos casus contra consuetudinē: sed melius in aliquibᵘˢ codicibus legitur pharetra i ablatiuo. Eandē q̄stionē hȝ quod scelus: aut lapithis aut calidona merentem: sed & lapithas inuenitur & calidone. Item iusticia ne prior mirer belli ne laborū: sed et iusticię legit̄. ait Pristianᵘˢ. p Lyncis. SER. Fuit rex thracię lynx. Hic Triptolemum vt hoībus frumēta monstraret a Cerere missum suscepit hospitio: ac mox aut gloria in se migraret occidere tentauit. At Ceres irata illū in lyncē ferā varię pellis ꝯuertit: vt ipse varię mētis fuerat.

q Apri. C. a greco est remota littera. καπρος enim dicitur. Apri semel in anno gignūt. Plurima feritas eo tp̄e in maribᵘˢ. Nā inter se dimicant durantes costas attritu arborum: In india cubitales dentiū flexus genuīt ex rostro: totidem a fronte: ceu vituli cornua. In Arabia nullum est suilli genus. hedera apri sibi in morbis medent̄: & cancros vescendo maxime mari electos: ait Plinius.

r Cursum clamore p̄mentē. S. plerunq̧ duo diuersa in vnum exitum cadunt: vt hic vidisti: Etiam ad vocem refertur: quod ex Aenee responsione patet.

s Orsus. S. Nunc incœpit: alias finiuit. vt sit Iuppiter orsus: & ꝓprię posuit: hic vero vsurpatū est: preteritum eni̅ participiū est. t O q̄ȝ te. SER. Non dubitauit esse deā: sed quę dea sit. D. O quā te. Completo responso explicat

seriem extimatiōis quam de ea habuit. v Nāq̧ haud tibi vultus. CRI. Sic ait. Diua potens nemorū: nā te vultusq̧: pudorq̧. mortali de stirpe negant.

x O dea. S. Conclusio silogismi: qui constat ex ꝓpositiōe assumptiōe: & conclusione: nam si nec vox nec vultᵘˢ mortalis est: restat vt dea sit. D. O dea: cum hoc p̄nūciatū sit: sequatur certe: an Phœbi soror. y An phœbi soror. SER. a loco & ab habitu putat esse Dianam quę syluis venatur. C. Phœbi. s. Diana quę venatrix est. Vn̄: Qualis in eurotę ripis: aut p̄ iuga cynthi. Exercȝ diana choros. z Nympharū. C. s̄m Aristo. moriūt̄ tādē nymphę: sed ad plurima secula durāt. De his vero & faunis & panibᵘˢ idem inuenies apud Eusebiū Pamphilū.

a Sanguinis. S. i. generis. b Foelix. S. propitia. nā et qui dat: & q recipit fœlicitatē: fœlix dicit̄. Sic ī Bucolicis. Sis bonᵘˢ o fœlixq̧ tuis. Et ī septimo q̄ potui infœlix. i. aduersa Troianis.

c Leues. S. leuē facies.

d Quęcunq̧. S. seu diana seu nympha. D. Quęcūq̧. siue diana siue nympha. Hęc aūt Aenee dat scientia religionū: nō eni̅ posset aliq̄d diuinum intelligere in homīs forma nisi quia pollebat omni scientia sacrorum.

e Quo sub cœlo. SER. qua sub parte cœli. Vl̄ secūdū Epicurum qui plures posuit mundos.

f Tandē. S. vacat. Ad ornatum enim ponitur tandem: quidē: puta: enidum. gentiū. locorū. terrarum.

g Homiūq̧ locorū. S. Hypermetrus versᵘˢ: vna enim syllaba abundat: q̄ quotiens fit debet seq̄ns a vocali incipe: vt hic: Sic etiam Oia Mercurio similis vocemq̧ coloremq̧ & crines: nisi in fine fiat synerisis: vt nec cura peculi pro peculii: h Hostia. S. sacrificium quod fit cū itur in hostes: Victima aūt quod fit post victoriam: tamē licenter hęc cōfundit auctoritas. D. Multa hostia. Cogebat non ad interrogata r̄ndere: quia & ip̄a ignorantes cupiebat instruere: sed primo nō primis: sed nouissimis occurrit. Nam si oblationem sacrificii in extremo positam tacendo accepta sset: cōfirmasset se deā: q̄d cōfutare festinat. C Hostia quid a victima differat: sic ponit Ouidius: Victima quę dextra cecidit victrice vocatur. Hostibᵘˢ a domitis hostia nomen habet. i Honore. S. id est sacrificio: & aut vult probare se nō esse numen: sed hominē: aut quia Paphię Veneri: quę in Cypro colit̄: thure tantum & floribᵘˢ sacrificatur. D. Tali. Nam si honorificentiā mereor tal' erit quę hominū prestanda non deo exhibenda sit..

k Dignor. S. dignam iudico: vt coniugio Anchisa veneris dignate superbo: id est dignę habitę.

l Virginibus tyriis. D. Quia venᵘˢ suspicari poterat: quia

Harpalice: volucremq̧ fuga p̄uertitur hebrū.
Nanq̧ hūeris de more habilē suspēderat arcū
Venatrix: dederatq̧ comas diffundere vētis:
Nuda genu: nodoq̧ sinus collecta fluentis.
Ac prior: heus inqt: iuuenes mōstrate mearū
Vidistis si quam hic errantem forte sororum:
Succinctā pharetra: & maculosę tegmīe lyncis:
Aut spumātis apri cursum clamore p̄mentē:
Sic venus. & veneris contra sic filius orsus.
Nulla tuarum audita mihi: neq̧ visa sororum.
O q̄ȝ te memorē virgo: nāq̧ haud tibi vultus
Mortalis: nec vox hominē sonat: o dea certę.
An phœbi soror: an nympharū sanguinis vna:
Sis fœlix: nostrumq̧ leues (quęcunq̧) laborē:
Et quo sub cœlo tandem: quibus orbis ī oris
Iactemur doceas: ignari hominūq̧ locorumq̧
Erramus: vento huc vastis & fluctibus acti.
Multa tibi an̄ aras nostra cadet hostia dextra.

Tū venus: haud equidē tali me dignor hono
Virginib⁹ tyrijs mos ē gestare pharetrā: (re.
purpureoq3 alte suras vincire cothurno.
punica regna vides: tyrios & agenoris vrbē.
Sed fines lybici: genus intractabile bello:
Imperium dido tyria regit vrbe profecta:
Germanū fugiens: longa est iniuria: longe
Ambages: sed summa sequar fastigia rerum.
Huic coniunx Sycheus erat ditissimus agris
phoenicum: & magno miserę dilectus amore.
Cui pater intactam dederat: primisq3 iugarat
Ominibus: sed regna tyri germanus habebat
pygmaleon: scelere ante alios immanior omīs

bus signis illi dea se putabāt. Iccirco illa conat̄ auertere: habitus eē inquit quo me deā suspicamini: nō me⁹ est inqt: sed oīm tyriarū virginū: q̄ in his regionib⁹ sunt: Ergo patrius mos pharetrā et cothurnos pbet: Hoc aūt facile poterat illa persuadere: quia Aeneas se regiones: ac homines ignorare dixerat. m Purpureo. S. Pulchro: aut rosei coloris. n Cothurno. S. Calcei species est venatorii: q̄ etiam sura vincit̄: & aptus vtriq3 pedi. vnde singulari vsus est: o Punica regna vides: S. attentū facit. D. Punica reg. vi. breuis et concinna narratio: nō enim debuit Aeneas sub incerto diutius teneri: & ipsa idem volebat. Respondet aūt eo ordine q̄ interrogatur: Ille eñ. quo sub coelo: & q. o. in. o. Hęc punica regna vides: & designato loco dicit psonas tyrios inquit: & addit supioris conditoris nomen.

p Agenoris. S. quam fecerunt agenoridę. Agenor rex Phoenicum: sic illud Euboicis cu. al. oris idest cumas: q̄s ędificarunt hi q de Calcide euboę venerunt. C: Agenoris vrbem. Poetę auctorē generis pro ipa gente ponunt: vt sup: Reuocato a sanguie teucri: Gen⁹ istorum sic se habet: Ex Ioue primo natus est Epaph⁹: ex hoc Belus Priscus: ex belo Aegenor: hic Phoenicē genuit: ex Phoenice secund⁹ Belus natus est: qui methres appellat⁹ ē: Huius filii sunt pygmalion. & Dido. & Anna: Eiusdem autem Phoenicis filius fuit Plisthenes: ex quo natus sicharbas: qui patri in sacerdotio successit: et Elyssam q̄ Dido a Marone appellat̄: vxorē coepit. Est ab eodem Belo Prisco alia successio: fuerūt eñ sibi filii Dana⁹ & Aegyptus: Aegyptus Lynceū genuit: qui pulso siue cęso patruo suo Danao argis regnauit: reliquitq3 Abantem filiū: q̄uis sunt qui hūc a prisco belo genitū scribant. Abbas genuit Iasium. Et hic Amphionē qui orcomeni & pili regnauit. Item Taleonem ex q̄ natus est Adrastus: ex eodem Belo Agenor est: hui⁹ filius fuit Cilix: & ex Cilice pigmaliō orit̄: q Cilicona māu Ciprū occupauit. Et paphū genuit: qui oppidū de suo noie: & in eo tēplū veneris condidit: Cinaraq3 filiū reliqt. Hic ex Myrrha filia ab ea tñ deceptus Adonem genuit. Hęc oīa iccirco adiūxi: q̄ multi incidēt loci: in q̄bus hęc nosse ex vsu erit.

q Lybici. S. Dubia dicta apit: Nā et Tyrii alibi eē potuerūt. D. Fines lybici. Illic eñ occurrente pelago Affricę termini clauduntur. r Intractabile. S. insuparabile: asperū: seuum. D. Intractabile. Insupabile. meminerit ex persona sua dixisse: Studiisq3 asperrima belli. Hęc est hic repetitio eiusdem rei: qm & dici necesse fuit: & ex alterius psona dictum est. r Imperiū dido. D. mira breuitas: sed q̄ multa cōplectat̄. Preteritū eñ & pñs ponit. & q̄ vocaret̄: & quid ageret q̄ illic impabat. Cōpendii vero cā fuit: ne interrogando: respōdendoq3 longū fieret: q̄d mature debuit fieri. s Germanū fugiens. S. Hoc stupuit Aeneas: Vñ sua auiditate pscribit Venus dicēs: Longa ē iniuria: longę ambages D. Germanū fugiens. Potuit eñi queri q̄ cā impulsa fuerit: vt relicta patria mulier q̄d difficile est lōginq̄ sectaretur. CRIST. Germanū fugiens. Nam nisi magna iniuria coacta: patria pudicam mulierē relinq̄re nō decet: Iudicant̄ eñi turpioris vitę: q̄ patriā mutāt. Hinc Parmeno Terentian⁹ se facere posse dicit: cū Thais narrat Samiā sibi matrē fuisse & habitasse Rhodi: quasi ex patrię mutatione impudicitię illa argueret̄. Hoc idem & Symo in Andria cū exclamat. Adeo est demēs ex peregrina. Et Cicero ad trebatium: ex Medea versus profert idem ostendentes. ait enim q̄bus illa psuasit: ne sibi vitio verterent. q̄ abesset a patria.

t Longa est iniuria. S. a causa ab eo quod sequit̄ id quod pcedit. D. Lōga est in. Hoc addit: quia incredibile fuerat tantā interuenisse cām q̄ cogeret germanā dura sectare: relinquentē eum quē amare debebat.

v Ambages. S. circuit⁹.

x Sed summa se. DO. Artificiosa narratio: Nā multa ptermissurā se simulat: vt spe breuitatis attentius audiretur.

y Fastigia. S. primordia. Scit eñ historiā Carthaginis longā. Sic Salustius. de. Carthagine silere melius puto q̄ parum dicere. z Cui coniunx. S. Cum nomina a versibus abhorrētia inuenit poeta: aut ea mutat: aut aliqd inde mutilat: Nā hic sicharbas dictus est Belus Didonis pater dictus est Methres. Carthago a cartha lectū ē in historia poenorū. D. Huic coniūx: Amoris inter cōiuges hōestas inserit causas: amabat inqt hoiem secuta iudicium patris: et diuitem & probum: a Sycheus. S. primā natura corripit: Sed hic ecbasim facit: licentia q̄ in ppriis nomib⁹ ē: in quib⁹ licet in quauis parte syllabę mutare naturā: idē euenit in appellatiuis si a ppriis sunt: vt Sicanio ptentaa sinu quę a Sicano rege est. b Miserę. S. datiui est. c Intactā. D. Multū enim differt inter affectū virginis: & eius q̄ secundo nupsit. d Primis. D. nullis aliis: sed aliis. C. Primis. i. optimis: nā quę bono omine fiūt: maiorem hñt efficaciā. Vñ in Didonis cōiugio: qm diuortium futurū erat: mala ponit auguria. primis optimis. Stati⁹ aduenisse ducis genero: primisq3 hymeneis. Egregiā argiam: nec formę laude secundam Deiphilem.

e Ominib⁹. S. Auguriis: secundū Romanos qui nihil sine auguriis agebant. Lucan⁹. Duce bruto & auspice bruto. f Tyri. S. aduerbiū. D Sed regina tyri. ex q̄ intelligit̄ habuisse spem faciendi: & factū defendendi: quia rex. g Alios q̄s intermedius ve. fu. S. q̄si dicat: atreo & Thyeste. vel Etheode: & polynice. h Immanior scelere. DO. Non eñ est intelligendū: q̄ furor medius inter Sychęum et pigmaleonē venit: Nam sic defendi posset Pigmaleonis factū: si nō voluntate sed furore peccauit: et furens fuisset Sychęus: ergo pares: quapropter pnūciandū: vt Sychęus fuerit innoxi⁹. Pigmaleō vero oībus aliis sceleratior: quos in facin⁹ impulit furor. Ergo aliis q̄ i crimina inciderūt furor causa fuit aut insania: aut animi dolor: & pñt hēre veniam facti. Pigmaleō vero aliorū cōpatiōe sceleratior ostēditur: quia voluntate: non casu: aut necessitate scelus admiserit.

Quos inter medius venit furor: ille ^i^ sycheum
Impius: ante aras: atq; auri cęcus amore
Clam ferro incautum superat: securus amorū
Germanę: factum q; diu cęlauit: & ęgram
Multa malus simulans: vana spe lusit amātē.
Ipsa sed in somnis inhumati venit imago
Coniugis: ora modis attollens pallida miris:
Crudelis aras: traiectaq; pectora ferro
Nudauit: cęcūq; domus scęlus omne retexit.
Tum celerare fugā: patriaq; excedere suadet:
Auxiliumq; vię: veteres tellure recludit
Thesauros: ignotum argenti pondus: & auri.
His commota: fugam dido sociosq; parabat.
Conueniunt: quibus aut odiū crudele tyrāni
Aut metus acer erat: naues quę forte paratę
Corripiunt: onerantq; auro: portantur auari
pigmaleonis opes pelago: dux fœmina facti.
Deuenere locos: vbi nunc ingentia cernes
Mœnia: surgentēq; nouę carthaginis arcem.

i Ille Sychęū. S. si hoc loco ꝭm naturā ē. D. Ille. de ꝗ nihil tale sperabat: ille quē nulla vrgebat inopia: qui germanā viro priuare nō debebat: ꝗ affinē seruare debuit: qui cōtra naturę religionē faceret: ꝯtra iudiciū patris rupto. hūanitatis & affinitatis vinculo. k Ante aras. S. ꝓbat cur impius: quia añ aras. D. Ante aras. occidit ꝓpter solā auariciam: cum rex nulla inopia vrgeret: occidit innoxiū incautū sororis virū. Ergo virtute oratoria vnū admissum: quantis criminū generibꝰ aggrauat poeta: & ptes cōmunis loci ingressus: q; late discussit non omissa breuitate ꝗ Aeneę necessaria erat: ꝓpter tot calamitates festinanti. Ante aras: vt sceleri sacrilegiū adderet. Añ aras. id est diis spectantibꝰ ꝗs hūana cede funestare nō debuit. C. Ante aras. Pathos a loco. sic de orpheo inter sacra deum nocturnaq; orgya bacchi. l Auri cęcus amore. D. vnam cām ponit a vitio naturę ꝑfectam: sed cui alia crimina adnectūtur: Nam Salust. ait: Auaricia fidem: ꝓbitatē: cęterasq; bonas artes subuertit. Pro his supbiā crudelitatem: deos negligeret: oīa venalia hr̄e docuit. Auaritię ergo crudelitas comes ꝑfidiaq; coniūcta: Non eñ pōt voto potiri nisi ad id ꝑ scelꝰ venerit: Habemꝰ exempla apud poetā: hic pigmaleōis. in tertio polymnestoris. In sexto: Qui auro patriam prodiderat: nihil autē in prima narrationis parte frustra positū est. Auri cęcus: A cupiditate eni impeditus nō considerauit: vbi: quid: cur: in quē faceret. m Clam. D. grauat factum. nullus enim clam facit nisi illicitū esse sciat. Vel clam. Ne si palā innocēs defendi possꝫ. Ergo clam vt lateret auctor: Quis ei crederet sororis virū innoxiū amabilē: nullis īteruenientibꝰ inimicitiis ab eo cesū. n Securus amorū. S. cōtēnens: vt securi pelagi: atq; mei id est ꝯtemptoris: vt securus erat de amore germanę erga maritū: ob quē post mortē Sychęi interempturā se putabat. Nā nisi & ipsa periret: auro ille potiri ñ poterat. Amores in ꝑ̄rali nūero ad voluptatē: in singulari ad religionem ꝑtinēt. C. Securus: ꝯtemptor. Persiꝰ. Hic ego securꝰ pelagi: et ꝗd ꝑ̄paret auster. Nā qui securꝰ ē nō timet: ꝗ nō timet ꝯtēnit. o Factum cela. D. duplici de cā. Prima ne manifesta cęde ad auctorē aliꝗ via iret. Secunda ne re patefacta potiendi viri occasione priuaret. C. Celauit. Nā facile fratri soror credere poterat. p Aegrā. S. molestam. p Multa malꝰ simu. S. Sed quō hoc ē cū alibi sit: ꝗs fallere possit amantē: Sed ōndit nimia illius malicia: qui etiā amantē fefellerit. q Vana spe. S. dicebat enim illū reuersurū. r Amantem. C. Et ꝓpterea reditū viri cupientē: facile aūt credūt ꝗd cupiunt miseri. s Ipsa sed in. D. quoniā neq; suspitio in pigmaleonē duci ꝓpter affinitatem poterat: nec testis excitabat: posita ē imago. C. Ipsa sꝫ in. Tragediā excitat. Mire autē & tpis et ꝑsonis accōmodat narratio: ꝗa cū nihil breuiꝰ sit: tñ oia verisilia et apta ponūt. t Sed in somnis. S. Si ab insomnio est: erit synerisis: vt peculi. Si a sōno erit isomnis. i. dū sōnos caperet. v Inhumati. D. Vñ augeē crudelitas: q; cęsum sepultura priuauerit. x Pallida. D. pallentia: vt iā illū cęsum intelligat auditor. y Crudeles. S. Epitheton de causa est: nam are ꝑfēcsūt. D. Crudeles aras. hoc per verba. z Traiecta. D. hoc ꝑ visum nudat. a Cęcūq; domꝰ. D. Strictim ponit: ꝗ sup diffusiꝰ dicta fuerāt: suadet aūt fugā: qm̄ neq; vlcisci valꝫ: nec eē apd scelera tūtuta nō pt. b Retexit. S. ōndit ꝗd sit nudauit. c Suadet. S. ꝭm naturā duę sunt syllabę: mlti vero trissyllabū putant: ꝗd si inueniaē: dissolutio est: vt dicimus Aena et Ahena. Hoc āt solū hmōi verbū in latino inuenit. d Auxiliūq; vię ve. D. Proposita fuga addit facilitatē in tāta thesauroꝝ copia. e Recludit. C. Nā si in ꝓmptu fuissent: iam rapuissꝫ illos pigmaleon: nec etiā tuti fuissēt: si ita latuissent vt tñ noti didōi fuissēt. Facile enī nihil de frē suspicās illos sibi idicasset. f Igōtū. S. Aut ꝗd ignorabat Dido. Vel tātū ꝗntū vllus vnq; nouit. C. Ignotū. ergo Didoni. g Quibꝰ aut odiū. S. oderant lęsi: metuebāt lędendi: nō ergo voluntatē: sed odio & metu abibāt. ꝓpter hoc in ꝗrto dixit: Quos ego Sydonia vix vrbe refelli. D. Odiū. eorū ꝗ nōnullis viribus potuissent resistere. h Crudele. S. i. crudelꝭ tyrāni ꝑ Hyppalagen. nā in tyrānū iustū est odiū. i Aut metus. D. eorū qui aliquid crudelitatis expectarent. Ergo alii fauebāt Didoni: ne ille occupato auro fieret fortior: Alii ꝓpter metū: ꝗbus ferebat occasio vt carerent sęuissimi hoīs dñatione. k Paratę. DO. Si eni aliquid innouassent in nauigiis: dabatur aperta suspitio. l Onerantq; auro. DO. Aurū oīe & argentū iusserat tolli Sychęus: sed isti quia maior nauiū copia cū ad oīe tollendū onus fuisset: id tulerunt quod naues capere possent. Ergo relicto argento: ne totum quidem aurum naues ferre possent. m Portanē auari. CRIST. exprobratio in auariciā quę sępe impellit nos ꝓpter questū ad scelus: ex ꝗ ab euētu decepti nullū cōmodū consequimur. n Auari pigmaleōis. D. Omne illuc tendit: vt ꝓbeē ꝗd dictū est. Sed quō pigmaleonis: Quia ille suas futuras cōceperat: ꝓpter ꝗd sibi ereptas iniꝗ ferret. o Pigmaleonis. S. i. ꝗs suas esse putabat. Hinc in ꝗrto. Vlta virū &c. Nā ꝗ maior potuit eē pœna: q; aurū ꝓpē ꝗd peccauerat ꝑdere: aliter falsū est vlta virū ¶ Paratę. S. Nā phœnices a rege pecuniā accipiebāt: vt de peregrinis frumēta coemerēt:

[r]Mercatiq; [s]solum: facti de [v]nomine: byrsam
[x]Taurino quātum possent [y]circumdare terga.
[z]S3 vos qui [a]tandem: quib⁹ aut venistis ab oris:
Quo ve tenetis iter: quęrenti talibus: ille
Suspirans: imoq; [b]trahens a pectore vocem:
O [c]dea: si prima repetens ab [d]origine [e]pergam:
Et [f]uacet [g]annales nostrorum audire laborum:
Ante diem [h]clauso [i]componet vesper olympo.
Nos Troia [k]antiqua: (si vestras forte per aures
Troię nomen iit) diuersa ꝑ ęquora vectos
[l]Forte sua lybicis [m]tempestas appulit [n]oris.
[o]Sū pius Aeneas: raptos qui ex [p]hoste penates
Classe veho mecum: fama sup ęthera notus.

naues igiť ad hoc paratas accipit Dido: quā cum a fratre missi insequeref: illa aurū in mare deiicit: q̊d illi videntes reuersi sunt. p Dux foemia. D. ad insultatiõnē pigmaleonis dictum: vt ea duce perdiderit: qua assecuturū putabat. q Surgentē. S. erigentem se. r Noue. S. Carthago ligua poenorū noua est ciuitas: vt docet Liui⁹. r Mercatiq; solū. S ab Iarba. s. pellebať lybia Dido: itaq; callide emit tm̄ soli: q̄ntū posset bubilo corio teneri. Verū corium in tenuissimas corrigias sectum tetendit: occupauit q; stadia. xxii. Hoc breuiter tāgit cū dicit nō tegere: sed circūdare. DO. Repete Deuenere loco: & sic ordina: Deuenere locos mercatiq; solū ꝛc. nā ędificiū institui nō potuit nisi prius empto solo. s Solū. C. Non solum terra est solū: verū quicq̄d aliq̄d sustinet aial. Vñ et de mari solum dixit: vt: Subtrahiturq; solum. t Facti de n. S. de causę q̄litate. v Nomie: C. aliqñ famā significat vt infra. Et nos aliquod nomenq; decusq;. x Taurino q. D. Alii dicunt pecuniam: tūc ex corio bubulo fuisse: et pecuniam dictā q; ex pecore originē duceret: tantūq; fuisse in ꝓcio loci: q̄ntū bouis coriū conficere potuisset: alii fraudē emptoris ponunt: qui tantū mercatus sit quantū corio bouis possit circūdari: at venditor nihil tale suspicans: arbitratus est eū dedisse: q̄ntū integrum corium posset occupare. Emptores vero in tenuē corrigiā illd̄ secantes: pl⁹ q; deberent occupantes: sed fabulosa sunt omia: Nam si attendať magnitudo vrbis: & quanta a Virgilio describit: nō poterat nisi latiorib⁹ locis condi: licet poeta hoc credibile faciat: dicendo: facti de noie byrsa: q̊d & ligua gręca. vñ fuit Dido: & punica. i. ipsi⁹ regiõis: in q̄ res est gesta: coriū significat. C. Taurino. Taur⁹ est bos nō castratus: & armenti maritus. Iuuēcus aūt q in iuniore sit ętate. Vitul⁹ q adhuc nō sit ꝑfectus tanq; puer in hoie: sed i elephāte vitulū dicim⁹. y Circūdare. C. dupliciter dixim⁹: vt circūdo solū corio: vt hic. et circūdo coriū solo: Marcialis: q recitatur⁹ circūdat vellera collo. Hic se posse loqui: posse tacere negat. z Sed vos. D. mira breuitas interrogantis: nec fraude caret: nam conať oñdere: se non esse deā: sed ñ fallit Aeneā. Nā cū magna animi laceratõe rñdet. a Tandē. S. vacat. Est eñ naturał interrogatio quid: vnde: & quo. sicut in octauo. Quo tenditis: et, qui genus: vnde domo. C. Tandē nō vacat: sed significat affectū loquētis: q q̄uis breuissime ꝑorauerit: tñ plus q; vellet tēporis ꝯsumpsisse dolet: Dixit ergo tādē: quia sibi nimiū tp̄s: q̄uis breue fuerit ꝯsumpsisse videť.: nā aio ꝓperanti nihil satis festinať.. b Trahēs a p. v. S. Subaudi dixit. nam q̊tiens longe rñdet: parenthesis est. q̊tiens nusq; eclypsis: c O dea. S. Ita ꝑseuerat in sua opinione: vt illi quoq; cõcedat: Si vestras forte p. au. t. ij. n. Vel illud est quod supius dixit: an nympharū. s. u. Quę non oia sciunt & moriunť: ꝯm Aristo. vt fauni & panes. D. O dea: duo dicit impedire: Vnū quia nō vacat: alterū q̄a breuitas tp̄is narrationē expleri nō patitur: ꝓperat redire ad suos a q̄b⁹ in locis desertis noctu separari nō debuit: Beniuolā aūt facit & honorificā: cū deā appellat. Et attentā: cū multitudinem calamitatū suarum ꝓponit: et tñ omes se dicturum. rum Rñdet ad oia: sed nō ordine: Prio eñ rñdet secūdę: Quib⁹ aūt venistis ab oris: Et q̄uis narratõe totius diei nō posse expleri calamitates dixerit: tñ breuitate mirāda labores oīm cõclusit annorū. Nam dicendo nos Troia antiq: prim ī tp̄is parte posuit: dū aūt diuersa per ęquora vectos: tangit mediā. Et forte sua lybicis: ponit postremam & simł oñdit: q; violentia fluctuū illic appulerit: et q̄a cū dea putabat se loqui: cõmēdat ꝑsonā suam dicendo. Raptos q. e. h. p. c. u m. Fama medię posuit. nec dixit qua fama: nam & multi mala fama noti sunt: sed q̄ fama intelligat: ponit: cū illū religione in deos fama super ęthera notos dicit: Cū eñ laborib⁹ meis essem not⁹ toti orbi: fama nois mei sine fine decurrens ad coelum venit. d Ab origie. S. a raptu helenę. e Pergā. S. ꝑseuerē. i. vniuersa dicam. C. Pergere est suo ordine ꝓcedere. Ergo est: ac si dicat: ita narrem vt nihil omittā: hinc dicim⁹ ꝑgere: ꝑseuerare. f Vacet. C. otium sit. Vacare eñ ē vacuū esse: Vñ dicimus vacare imperiū: q̊d imperatore caret: & qm̄ q curis vacui sūt: ociosi sūt: dicim⁹ vacare ociosū esse. et qm̄ q̊d otiosum est: nihil q; agit superabūdat: dicimus vacare supfluū esse. Pręterea q̄a quib⁹ nullū negotiū est: hi attentius aliq̄d aduertūt: dicimus vacare attente incūbere: quia q diligēti⁹ intendūt: vacuos se ab omi alia cura prębent. Erit igiť sñia: Si ego ordine cūcta narrem: et tu attente audias. erit prius diei q; narratõis finis. g Annales. S. historia est eorū tēporū q̄ vidimus: aut videre potuim⁹ dicta ab ἱστορεῖν id est videre. Annales sunt eorū annorū et tēporū: q̄ nr̄a ętas nō vidit. Sed cõfunduntť: vt hic vbi annales ꝓ historia ponunť. C. Annales. Pontificē facit Aeneā ꝯm Maronē: Nā pontificib⁹ ꝑmissa est ptās: memoriā rerū gestarū in tabulis conferēdi: et hoc annales maximos vocāt: q̄a põtificib⁹ maximis factos. Differūt aūt annales ab historia: Historia eñ nō solū res gestas longo ordine explicat: sed etiā consilia quib⁹ gestę sunt ponit: & contiones facit: & acies instruit: & situs locorū describit. Annales aūt singulorū ānorū gesta indeq; ac breuissime notāt. Vñ ānales Pisonis & pictoris dicimus. Liuii aūt & Salustii historias has cronicas greci nuncupāt. ☞ Pi⁹ est enī pietas et gratū: et diligēs officiū: q̊d tribuim⁹: his q ꝓpinquitate nobis cõiūcti sunt: et patrię etiā deuotos. h Clauso. S. Secundū poetas qui dicūt nocte claudi: die aperiri coelū. i Componet: S. finiet. k Olympo. C. coelo q̄si olym pos. i. totū splendens: k Antiq. i. nobili: vt terra antiq. i. nobiłs: nec eñ poterat esse noua. l Forte sua. S. casu. s. quo solet. est autē nomen a noiatiuo fors. Teren. Fors fiat. C. Forte nomiatiuū habet fors. Sponte aūt solū habet ablatiuum. m Tempestas. C. q̄litas est tp̄is: & q̄uis ꝓ tp̄is seuitia sępius ponať: tñ verbū mediū ē: vt ꝓ bono capiať. Vt: vñ hęc tā clara repente tēpestas: capiť etiā ꝓ ip̄o tp̄e absolute: vt sępe apud Salust. inuenies. n Oris. S. datiuus est ꝓ

Italiã quęro patriã:& genus ab ioue ſũmo:
Bis denis phrygiũ conſcendi nauibus ęquor:
Matre dea mõſtrante viam:data fata ſecutus:
Vix ſeptẽ conuulſę vndis:euroq; ſuperſunt:
Ipſe ignotus egens:libyę deſerta peragro:
Europa:atq; aſia pulſus:nec plura querentẽ
paſſa venus:medio ſic interfata dolore eſt:
Quiſqs es haud credo inuiſus cęleſtibus auras
Vitales carpis:tyriam q̃ adveneris vrbem,
perge mõ:atq; hinc te reginę ad limina perfer,
Nanq; tibi reduces ſotios:claſſemq; relatã
Nuntio:& in tutũ verſis aquilonibus actã:
Ni fruſtra augurũ vani docuere parentes:
Aſpice bis ſenos lętantes agmine cygnos
Aetherea quos lapſa plaga Iouis ales aperto
Turbabat coelo:nunc terras ordine longo

accuſatiuo:vt ſupra. o Pius.S.nõ arrogãtis:ſed indicium eſt.nõ em̃ ſcientibus:ſed neſcientibus de re loquit:vel vt Heroes loquit.quibus q̃ mẽtiri turpe erat:tam vera reticere. Deniq; vlyſſes quoq; in Home.ait ſuã famã vſq; ad coelũ veniſſe. p Hoſte.S.optima elocutio:pluſq; ſignificat:de plurali ad ſingularem tranſire:Hora. Et hinc multa cane apros ĩ obſtãtis plagas trudit. q Italiã quęro.D. ad illud.quo vt tenetis iter:Et ornaturus genus addit:q̃d non quęſitũ fuerat. r Patriã.S.diſtinguit ab italia:nã prouintia non patria eſt. ſed ciuitas:licet Saluſ.ſcribat hyſpaniã antiquam ſibi patriã eẽ:ſed illic ad laudẽ pertinet:non ad veritatem. Tria ergo quęrit:prouitiã.ſ.italiã:patriã: corinthũ. Vñ Dardan⁹ fuit. Ge⁹:quia ex Ioue:& Electra Dardan⁹ nat⁹:troianę gẽtis auctor. t Bis denis. D Oſtẽdit magnũ numerũ. Sunt aũt ſi dolẽtis animi excuterẽ volumus:ſeperatim ſingula cogitanda. v Phrygiũ S. Helleſpontum. x Conſcendi.S. bene dictũ.quia terra: vt aiunt phyſici: inferius eſt elementũ aqua.nã continẽs ſupra cõtentum eſt.

y Matre dea.S.Tãgit hiſtoriã quã poetice ſcribẽs: non poteſt aperte ponere. ꝓpterea Luca.nõ meruit eſſe in numero poetarum: quia hyiſtoriã:& non poema videt componere. Nã Varro ĩ ſecũdo rerũ diuinarum ait. Ex quo a troia eſt profectus Aeneas veneris per diẽ ſtellã ſemper vidiſſe:donec in laurentum agrũ veniret. Vbi non eſt amplius viſa:quare cognouit terras eſſe fatales. Ergo & alibi. Nuſq; abero. Et iamq; iugis ſũmę ſurgebat lucifer Idę.D. Matre dea.libenter auditur q̃ gratias agat matri:quaſi abſenti. z Data fata.S.a Ioue.D. Data fata.ergo nõ volũtarie a patria diſceſſerat. Sic preterita ſtrictim tãgit:& in preſenti immorat: vt maiorẽ moueat miſericordiã. a Vix.D.oſtendit quanta difficultate euaſit. C. Vix ſeptẽ. Vnus eſt ex locis ad captandã miſericordiã cũ ex ampla fortuna incolumitatẽ incediſſe oſtendimus. Sic infra. Hic finis priami.
b Cõuulſę:S.aut ſuperſũt:vndis euroq; ꝯuulſę aut conuulſę vndis et euro quia ſupra eſt:laxis laterũ cõpagibus:
c Ignot⁹.S.deeſt:quaſi.Nã cõtrariũ dicit.fama ſuꝑ ęthera notus. Subtrahit em̃ al's hanc dictionẽ:vt medias interexulat amaſon:Nã volſca fuit.C.Ignotus egens.ſumma in humanis miſeria:in alienis terris nullius habere notitiã. Auget aũt ſi ſit egens:nã ſi nõ augeret:non eſſet ei cuiuſq; notitia neceſſaria ad hęc duo mala ignotus:& egẽs: addit tertiũ ſolitudo:cũ nihil ad victũ ſupeteret:nec inueniret qui daret. d Lybię deſerta.C. Pathos a loco:vt Cũ vitã ĩ ſiluis iter deſerta ferarũ. Itẽ At nos hic alii ſitiẽtes ibimus afros. e Europa atq; aſia.S. Aut orbẽ in tres partes diuiſit.& abſolutũ eſt. Aut ſi Europã tm̃:& aſiam intelligimus inuidioſe loquit.vt venus.Cũctus ob.i.t c o quaſi dicat per troiã aſia carco per italiã europa. D, Europa atq; Aſſia.tacuit de Affrica:quia in ipſa erat. Venus autẽ ſermonẽ interrupit:vl' q2 nouit cũcta:vel quia nõ libẽter audiebat:vel quia maturandũ q̃m ante noctẽ:via monſtrãda erat. C. R. ſ: Europa. Agenoris filia quã Iupiter ſub forma tauri rapuit:& per mare trãſuexit. Hor. Vxor inuicti Iouis eſſe neſcis. Mitte ſingultus bene ferre magnã diſce fortunã tua ſectus orbis noĩa ducet. f Paſſa v.SER. vel propter ſuũ:vel propter filii dolorẽ. g Quiſquis es: S.audierat. Sum.p.Ae Sed quiſquis es.q.d.etiam ſi hęc in te non ſit.ſic infra. Quiſqs es.amiſſos.i.n.o.g. Hoc eſt quacunq; rõne contra nos pugnaueris. D. Quiſquis es.adhuc veluti cum ignoto loquit.
h Haud inuiſus.S.Lyptote eſt.i.carus, D.Haud eqdẽ.oportet te diis carũ eſſe: q̃m carthaginem veneris: hęc em̃ verba ſpondebãt effectũ:de quibus cõqueſtus erat. Nam & notitiã ſui.& celebritatẽ:& hũanitatem pollicet.
i Cęleſtibus.S. Secũdũ Pythagorã:& Plato.qui affirmant viuos ſuperis: mortuos vero inferis caros eſſe. Vñ de pallante: Nil iam mortalibus vllis debentẽ. Cõtra vero Vos o mihi maneseſte boni,q: ſ. auerſa voluntas.
k Vitales.S.quib⁹ viuimus.nã reciprocus ſpirit⁹ vita eſt:hinc Iupiter:q̃ cõſtant omnia dicit uno τησ ζωησ idest a vita:
l Tyriã.S.a colonis.
m Adueneris vrbẽ.S. Hyſtorologia. C. Qui aduẽneris:p ſępe relatiuũ: & vim ſuã retinet:& quia ſignificat:ſed tunc ſubiunctio iũgitur:vt hic qui adueneris.i.quia adueneris: Sic Plautus: Aut qui confidentior iuuẽtutis mores qui ſciat.qui hoc noctis ſolus ambulem.
n Perge modo.S:quaſi dicat. Hęc tibi ſola ſit cura.nã naues liberatę ſunt.D. Perge.Hortat:ne redeat ad ſuos vt ꝓpoſuerat.ſed eat carthaginẽ. o Nanq; tibi.D.demit ſolicitudinẽ de ſotiis:ſalutẽ ęthereo augurio nuntians;
p Reduces.S.hi ſunt qui pericula euadunt.
q Verſis.S.Nã qui italiã tendentibus aduerſi erant:nauigantibus in Affricã fiunt proſperi.
r Ni fruſtra.S:vt confirmaret Aenęę errorẽ:ne diuinãdo dea crederet.D:Ni fruſtra au.v.d.p.ordia ſic.ni vani fuere parentes.i.maiores noſtri:& fruſtra nos docuerunt.
s Auguriũ vani parentes.S.Eſt aũt Hyppalagen.i.vanũ auguriũ. Vel vani parentes:qui res falſas:& vanas docent:& ſic oſtendit multos decipere auguria. Alii dicũt ad nimiũ affectũ parentũ pertinere:quo etiã vana docent filios.C.Vani:non qui ſint vani:ſed qui eſſent:ſi fruſtra docuiſſent. Sic Hor. At tu nauta vage no parce malignus harenę.O &.m.p.d,ideſt:qui eſſes malignus ſi parceres.
t Bis ſenos.D.numero nauiũ coequantur.: q̃s Aeneas putabat oppreſſas. C. Bis ſenos.poetice:nã oratores non ponũt hęc noĩa ꝓ numerabilibus:niſi cũ nominib⁹ carentibus ſingulari:vt ſenas lr̃as:binas nuptias.
t Cygnos.S. Hos nauib⁹,aq̃lam tẽpeſtati cõparat. In au

gurijs aũt nõ solũ aues cõsiderantur: sed volatus in pperijs: & cantus in oscinibus: quia non omes: nec omnibus dant auguria: Columbe nõ nisi regib⁹: quia nũq̃ singule volant: vt reges nunq̃ soli sunt. Vnde in sexto posuit regis auguriũ. Cygni dant solũ nautis. vt apparet in ornithogonia. Cygnus in augurijs nautis grauissim⁹ ales. Hãc optãt semper: quia nunq̃ mergitur vndis. Et sunt letantes post pericula. Agmine impetu. s. volandi. C. Cygnos. grecum est nomẽ. Latine dicit̃ olor: de hoc in bucc. x Aetherea. DONAT. vt cygni post perturbationem illatam ab aquila liberati suo ordine lęti volantes terrã rapti petunt: sic tui atẽpestate erepti tuti sunt. y Iouis ales. S. aquila: q̃ dr̃ dimicanti illi cõtra gigãtes fulmia ministrasse. hoc figit: quia natura nimiũ est caloris: vt oua quib⁹ incũbat possit coquere: nisi admoueat gagatẽ lapidem frigidissimũ. Hinc Luca. foeta tepefacta sub alite saxa. C. Iouis ales. Ideo Aquila Iouis armiger dicit̃ (teste Acrone): quia cũ tytanibus pugnaturus bonũ augurium ab ea accepit Iuppit̃. Alii dicũt eã aqlã in vexillo habuisse: q̃ sue eudo apud Cretẽses mansit: & inde ad troianos h̃ signũ transtulisse teucrũ. Inde in italiã iduxisse Aeneã: Propterea q̃ Romanos aquilam in vexillis habuisse. Refert p̃terea Plini. aquilã solã ex auibus fulmine quod a Ioue mitti fingunt poetę non tangi sicut ex piscibus solus vitulus marinus: & ex arboribus sola Laurus fulmine non tanguntur. Quapropter & tyberium imperatorem: qm̃ fulmina vehemẽter timebat: semper turbatiore coelo laureã coronã in capite gestabat. Alii dicũt aquilã ideo i tutela Iouis esse: qui ęther est: quoniam nulla auis altitudine volatus propinquior ætheri accedit. Ales secundum Lact. in foeminino genere pro malo augurio ponit̃. Hora Mala soluta naue exit alite. in masculino vero p bono. Virgi. Namq̃ volãs fidus Iouis ales ab ethere. De augurijs autem & cęteris diuinandi generibus dicemus in secũdo: Loquitur aũt more Romano apud quos in maximo p̃tio erãt auspitia. Cic. de Oratore: Quid leges veteres moresq̃ maiorũ quid auspitia: quibus ego & tu cũ magna salute rei publicę p̃fuim⁹.

ʒ Capere. S. eligere.

a Vt reduces illi ludunt stridentibus alis. S. Signum augurii est. b Coetu. S. aues colli longioris (teste Plinio) aut recto ordine volant. vt sequẽs põdus capitis cauda pcedentis sustẽtet. Vñ sępe prima laborans relicto loco efficitur postrema: aut in coetu se omnes inuicẽ sustinent. hoc volatu litteras quasdã imitatur. Luca. Et turbata perit dispersis littera pennis. c Cantus. S. allusit ad nautas.

d Pupesq̃. S. naues per sinecdochen. C. Pupesq̃. Color rhetoricus traductio: vt est illud: in hac calamitosa fama: quã in aliqua pernitiosa flamma. Item intellectio. Nam posuit puppes partem nauis p totis nauib⁹. Cęterũ pubes pili sunt: q in humano corpore nascunt̃. hoc fit circiter quatuordecimũ annũ. q̃ ętas pubertas dicat̃: hinc ipuberes: qui nondum pilis vestiunt̃: & puberes q iã vestiti. Et qm̃ pubes maxime circa pudebũda orit̃: illã p pudibũdis capim⁹. Ouid. Ipsa ven⁹ pubes quotiẽs velamina ponit. Protegit̃ leua semi reducta manu. e Hostia. S. p portu posuit

sed pprie exit⁹ fluuiorũ sunt. f Et quate ducit. DO. ne ille diceret ñ noui iter. g Auertẽs se. S. cũ auerteret: vt. Tũ prora auertit. h Rosea. S. pulchra. i Ceruice. C. Ceruix posterior ps colli est: dicta: q̃ p eã pte cerebrũ ad medullam spinę dirig̃ t: q̃si cerebri via. superbiã significat. Cic. in Verrinis ptore tuas frangere ceruices. Hortensius prim⁹ hoc nomie in singulari vsus est aũt quinti. k Ambrosię. S. aut diuinę: aut ambrosia oblitę. D. Ambrosięq̃ to. Sic ei⁹ comę se effuderant: vt putarent̃ ambrosia: q̃ mulieres in vngẽtis ad miscent psusę. C. Ambrosia. apud medicos herba est. de q̃ Diascori. Ambrosia quã multi brotrim: aut artemisiã vocãt: frutex est multas virgas hñs lõgas palmis trib⁹: et folia initio simillima rutę: virgę sunt plenę semię: vt sint q̃si a cinis odore vini habentes. Nascit̃ in Capadocia. q̃ circa se habuerit amplectit̃. Figũt tñ Poetę ambrosiã eẽ cibũ deoꝝ suauissimũ: vt nectar ẽ potũ iꝑoꝝ. Plato ãt põit Ambrosiã p cognitiõe reꝝ celestiũ. Nectar p op gaudio: qd iñ pcipi⁹. l Spirauere. S. exalauere. m Defluxit. S. q̃a dixerat. Sinus collecta fluẽtis. n Et ve. in. S. vera optie de q̃ dubitabat̃. D. Et ve. Cõplexq̃ voluit. dimisit lętũ: et ĩstructũ: et prisingnę se maifestauit: et splẽdore: et odore et d̃fluxu vestĩ. C. icessu. Deoꝝ & nobiliũ est sic sup. Ast ego q diuũ icedo regina. o Fug iẽtẽ. S. celeriter discedẽtẽ. p Voce. D. Qñ gradiẽdo vel currẽdo nõ potuit.

Aut capere:[z] aut captas iam despectare videntur.
Vt reduces illi ludunt stridentibus[a] alis:
Et coetu[b] cinxere polum: cantusq̃ dedere:
Haud aliter pupesq̃[d] tuę: pubesq̃ tuorum
Aut portũ tenet: aut pleno subit[e] hostia velo.
Perge mõ: et qua te[f] ducit tua dirige gressum.
Dixit: et[g] auertens[h] rosea[i] ceruice refulsit:
Ambrosięq̃[k] comę diuinum vertice odorem
Spirauere:[l] pedes vestis[m] defluxit ad imos.
Et vera[n] incessu patuit dea: ille vbi matrem
Agnouit: tali[o] fugientem[p] est voce secutus.
Quid[q] natum totiens[r] crudelis quoq̃:[s] falsis
Ludis imaginibus: cur dextrę[t] iungere dextrã
Non datur: ac veras[v] audire: & reddere voces?
Talibus incusat:[v] gressumq̃ ad moenia tendit.

q Quid. D. incusatio cõtumeliosa: sed ex affectu & religione pcedẽs. Ergo mr̃ nomẽ tuũ cõfiteri noluisti: & q̃si aliena locuta mecũ: maternis verbis miserias meas nõ leuasti. nec semel hoc fecisti: sed sępe. Constabat enĩ inter ipsos multa & varia fuisse colloquia: in qb⁹ ille vultu: hitu: & colloquio mris falsus est. Debuit aũt incusatio ad abeũtẽ nõ eẽ lõgior: q̃ vt celeriter ad fugiẽtę aures puenire posset. r Totiens. S. aut κατὰ τὸ σιωπώμενον. intelligim⁹ sępe enĩ esse delusũ: vel secũdũ ipm poetã q ait in secũdo. Cũ mihi se nõ añ oculis tã clara videndã. Multi enĩ dicũt sępe in hoc loco vt in hitu: in interrogatiõe: in r̃nsione: & in augurijs.

s Tu q̃s. S. Sic Iuno: & cęteri dii nobis inimici. C. Tu q̃s. q. d. Sat est q̃ ludar ab hostib⁹. t Cur dextrã. S. Maioꝝ fuit hęc salutatio. cui⁹ cãm dicit Varro Callimachũ secut⁹: asserẽs oẽm eoꝝ honorẽ dexterarũ cõstitisse virtute: ob quã rem hac se venerabant̃ corpis pte. C. Dextrã. Hoc mẽbrũ antiqui fortitudini: & fidei cõsecrarũt: queadmodũ frontẽ genio: digitos Mineruę: Genua misericordię: aures memorię. Ergo in congressione iungunt dextrę: q̃si sit pign⁹ fidei: & beniuolẽtię. v veras audire: & reddere voces. S. Sũt multę reciprocę locutiões: vt hic Multę vns⁹ ptis vtriq̃ sufficiẽtes: vt tenemur ridiculum supfluũ q̃ est dicere maturis: nã amicitiis vtrũq̃ significat: vt Frõto testatur. Alię sunt quarũ vna ps plena est: at cõuersę habent aliquid supfluũ: Salust. In tugurio mulieris ancillę: nã si dicis ancillę mulieris: supfluũ est mulieris: q̃a ancilla sexũ & cõditionẽ ponit. v Incusat. SER. Red erguit. Incusare pprie est superiorem arguere vt in Terentio pater ad filium. Quid me incusas Clitipho. Accusare est: vel parẽ: vel inferiorẽ: vt in eodẽ loco vxor: quã ob cãm accuses nescio. pprietate aũt Terẽ. oĩbus preponitur comicis. licet in cęteris sit inferior.

HECTOR
PALLAS

ACHATES
ENEAS

¶ At venus obscuro gradientis aere sepsit:
Et multo nebule circum dea fudit amictu.
Cernere nequis eos: neu quis cõtingere possit:
Moliriue morã: aut veniendi exquirere causas:
Ipsa paphum sublimis abit: sedesq́ reuisit
Leta suas: vbi templum illi: centumq́ sabeo
Ture calent are: sertisq́ recentibus halant.
Corripuere viam interea: qua semita mõstrat.
Iamq́ ascendebant collem: qui plurimus vrbi
Imminet: aduersasq́ aspectat desuper arces:
Miratur molem æneas: magnalia quondam:
Miratur portas: strepitumq́: & strata viarum.
Instant ardentes tyrii: pars ducere muros:
Molíriq́ arcem: & manibus subvoluere saxa:
pars optare locum tecto: & concludere sulco

¶ x At ven⁹. C. Tot⁹ locus vsq́ ad moliri ve morã. ex Homero est. y Obscuro aere. S. nebula: cuius diffinitio est. DONATVS. Obscuro aere. Non satis fuit verbis instruxisse filium: licet sciret omnia iam composuisse Mercurium: sed quattuor de causis texit. ne viderentur: ne tangerentur: nec interrogationibus variis detinerentur: vel veniendi causas querẽtes: eos qui ante noctẽ venire debebãt detinerent. z Circum dea fudit amictu. S. Themesis est: cum secto verbo aliquid interponim⁹: vt septem subiecta trioni: sed in cõposito recte In simplicibus nimis est asperum: antiquitas tamẽ fecit. vt saxo cere cõminuit brum.

a Aut veniendi exquirere causas. S. Ne sepe narrando crebro patiatur dolorẽ.

b Paphũ. S. Cypri est ciuitas. C. Paphũ vrbs in cypro. Cicero ad textiliũ Omnes tibi cõmendo Cyprios: sed magis paphios. Paphus cylicis a quo Cylicia denominata est fili⁹ & successor fuit. & in Cypro vrbem condidit paphon a se denominatam: & in eã templum veneri consecratum.

c Sublimis. SER. diuino incessu.

d Sedes suas. CRI. in Cypro enim colitur. Illucq́ primũ ex mari appulisse non nulli affirmant: vnde κυπρὶ βορειν dicit Theocritus. & Cyprogenia etiam appellatur: Libido autem: et lasciui mores eius gentis illã sibi asciuerunt: nam virgines Cyprie non ante nubebant: q̃ apud portum aduenas excipientes: cõcubitibus dotes lucrarentur: scriptũ autem est in ea hystoria: quã prisci laciam appellant venerem artẽ meretriceam inuenisse: auctoremq́ mulieribus in Cypro fuisse: vt vulgato corpore questum facerẽt: ne sola impudica: & virorũ appetens videretur.

e Leta. S. Veneris proprium epitheton. f Templum. C. Antiquissimũ omniũ que veneri edificata sunt tẽpla fuit Ascalone: que vrbs est Syrie. Hinc autem aũt Cypri profectos eos esse: qui in cypro hoc templũ condiderũt. Quod vero in Cytheris insula est: condiderunt Phoenices: qui & ipsi ex eadem Syria sunt: Hec Hero. Corne. autem. Tacitus scribit templum veneris: quod paphi est, cõditorem veneri anum vetus memoria tradit: fama recentior tradidit a Cynara sacratũ templũ: deãq́ ipsam cõceptam mari hic apulsam. Sed scientia aruspicũ huc accitam: & paulo infra Cynarides sacerdos consulitur. Certissima fides hedorũ fibris habetur: sanguinem are effundere vetitum precibus: & igne puro altaria adolentur. Nec vllis imbribus: q̃q̃ in aperto madescunt symulacrum dee non effigies humana: sed continu⁹ orbis latiore initio: tenue in ambitu mete modo exurgens: & rato in obscuro:

g Sabeo. SER. Arabico: Tres sunt Arabie. Inferior petrodes: & Eudemon in qua sunt sabei apud quos nascitur th⁹ dicti. ὑπὸ τοῦ σέβεσθαι. id est venerari: q̃ dii eorum thure venerentur.

h Thure calent are: sertisq́ recentibus halant. SER. ꝑpter quod dixit: haud equidẽ t. m. d. h. CRISTOF. Ture calent are: sertisq́ recentibus halant. Thura non nisi in parte vna arabie nascuntur in monte excelso: hec regio turifera sabea appellatur: quod misterium significat: nec arboribus ipsi que sit facies constat: cum alii folia piri minora: & herbid⁹ coloris habere dicant: alii lentisco similem arborem dicunt rutilo folio: Quidam therebinthum esse: & sic putauit Antigonus allata frutice. Prima vindemia circa ortum canis est: que maxime pregnans videtur: inciditur cortex: & exit spumam tegere palma excipiente quod i arbore heret: ferro deciditur. Vnde corticosum est: legitur ex autũno: ex estiuo partu: hoc candidum est. Altera vindemia est: i vere ex cortice in hyeme inciso. Rursum hoc non priori comparandum. Illud carphiatum: hoc dariacũ vocant: q̃ ex eo rotunditate gutte masculum vocatur religioni tributum. Ergo sabeum thus a saba dicitur.

i Sertisq́ recentibus halant. SER. Sertum in neutro simpliciter ponitur. Si autem sertam dicimus intelligimus coronam: si sertos flores: vt pistinalis loc⁹ et pistinale. ¶ Recẽtib⁹. Laus loci qui semper flore vestitur.

k Corripuere viam interea: qua semita monstrat. SER. id est officium eundi nõ enim via corripitur.

l Qui plurimus vrbi. S. id est longus: vt cũ se nux plurima syluis.

m Aspectat desuper arces. SER. dat sensum rei insensate.

n Miratur. DONA. ponit generaliter q̃ omnes vie & porte feruebant: & strepitus agentium personabant.

o Molem. SER. ad ipsum refertur.

p Magalia quondam. SER. ad poetam. nam hoc non notat Aeneas. Est autem antistichon pro magaria. Magar enim lingua punica villam significat.

q Et strata viarum. C. vias lapidibus strata.

r Instant. DONATVS. itur iam per species. laudantur aũt q̃ non inuiti agebant.

s Ardentes. S. multũ festinantes: vel ingeniosi: vnde ꝑ cõtrarium dicimus segnem: quasi sine igni. Vnde cautus ingeniosus est. t Pars ducere muros. DONA. ducere edificare. DONA. pars ducere. primo curabant: que aduersus hostes fuerant necessaria.

v Moliriq́ arcem. S. molibus factis extollere.

x Et manibus subuoluere saxa. CRI. Nam in sua magnitudine fieri non poterat.

y Optare. S. eligere: vt tuus o regina quid optes.

z Locum tecto: & concludere sulco. DONA. priuata edificia curabantur.

a Sulco. SER. Fossa. ciuitas enim non domus circundatur sulco. vt alibi. Ausim vel tenui vitem committere sulco.

b Iura magistratusq́ legunt. S. fodiunt. D. Iura. disponit leges & honores curiales. C. Iura mgr̃atusq́ optime: nam primũ iura cõdẽda sunt: deinde magistratus creandi q iur

Iura magiſtratuſq; legunt: ſanctūq; ſenatū:
Hic portus[d] alii effodiunt: hic alta theatri[e]
Fundamenta locāt, alii immaneſq; colūnas[f]
Rupibus excidūt: ſcenis[g] decora alta futuris
Quales apes[g] eſtate noua[h] per florea[i] rura[k]
Exercet[l] ſub ſole[m] labor: cum gentis[n] adultos
Educunt foetus: aut cum liquentia[o] mella
Stipant[p]: & dulci diſtēdunt[q] nectare[r] cellas[s]:
Aut onera accipiūt veniētū: aut agmine facto
Ignauum[t] fucos[v] pecus[x] a preſepibus[y] arcent
Feruet[z] opus: redolentq; thymo fragrātia[a] mella.
O fortunati[b] quorum iam moenia ſurgunt.

preſſit. Ius autem triplex eſt. ſ. ius naturale: ius gentiū: ius ciuile. Naturale duce natura prouenit. Nam q vim vi repellere liceat: q filii alant impulſu naturæ fit. Ius gētiū dr̄ qd tacito quodā hominū omniū cōſēſu approbat: quo parētes: maioreſq; natu venerantur: & legatos incolumes eſſe volumus. Ciuile vero eſt: quod ſibi vna quecq; ciuitas ſanciuit: vt ius ciuile Athenīēſiū: Spartanorū. romanorū. Sed vt iuris ciuilis Romanorū originē proſequar Romulus cū in triginta curias populum diuiſiſſet: leges tulit: quas curiatas appellauit: tulerūt & ſequentes reges: quas omnes (quoniā a Sexto papirio ſuo ordine in vnū volumē redactę ſunt) ius papirianū appellarunt. Verū vt de multis pauca dicam Lex fuit a Romolo lata q̄ omnem poteſtatem p oē tempus vitę patri filiū cōceſſit ſiue coercere: ſiue verberare: ſiue vinctū ruſtico ope detinere: ſiue mallet ēt occidere. Lex autem Numę ita fuit. Si pater filio p miſit vxorem ducere: ſacrorumq;: & pecuniarum legib⁹ futurā a mpli⁹ nō poteſtatem eſſe vendendi filium patri: quod nō ſcripſiſſet: niſi prioribus legibus filios vēdere patri licuiſſet: Inuenies & alias regū Romanorū leges: apud Dioniſiū alicarnaſeū. Exactis vero regibus lege a tribunis lata omnes leges exoluere: ac deinde ad multos annos cōſuetudine poti⁹ q̄ lege vixit Po. Ro. Inde creati ſunt decem viri anno vrbis altero & trecenteſimo: qui conquirerent leges a grecis ciuitatibus: quas in decē tabulas eburneas perſcriptas in roſtris poſuerunt: fuitq; illis ius ſine prouocatione eo anno: vt leges corrigerent: & ſi quid videretur adderent. Vnde ſequenti anno alias duas addiderunt tabulas. propterea fuit duodecim tabularū liber. Harum ferendarū auctorem dicunt fuiſſe Hermodorum quendam epheſiū in italia exulantem. Hinc autem exorta eſt prudentium interpretatio: & diſputatio fori: hęc interpretatio ſine ſcriptis proprium nomen non habens: ius ciuile dicit. Inde ex his legibus eodem fere tempore actiones compoſitę ſunt: quibus inter ſe homines diſcreparēt: quas ne pro ſuo arbitrio homines inſtituerent: certas: & ſolennes eſſe voluerūt: hęc autem pars iuris: legis actiones appellantur. Scientia tam interpretandi: & actiones apud collegiū pontificum erat: ex quibus conſtituebatur quis quocq; anno preeſſet. hęc conſuetudo annis fere centum durauit. poſtea cū Appius Claudius propoſuiſſet: & ad formas redigiſſet has actiones. C. Flaui⁹ ſcriba ei⁹ & libertini filii ſubreptum librum populo tradidit. vnde meruit Tri. ple. ędilis ac ſenator fieri: hoc quocq; ius flauianum dixerūt. Inde ſext⁹. Helius alias actiōes compoſuit. & hoc ius Helianum dictum eſt: Intercedente deinde diſcordia ſeceſſit populus: & ſibi iura conſtituit: quę plebiſcita dicuntur. Inde cum tātum populū coire difficile eſſet: cura ad ſenatum relecta: ſenatus conſulta facta ſunt. c Senatum: C. ſecūdę declinationis antiquitus fuit P. au. in caſſina ſede eccū ſenati colūnę prędidium populi. Senatus ab eo quod eſt ſenex: & natu. vt placet Ciceroni: nam maiores natu in eum ordinem eligebātur. d Portus effodiunt. S. i. cothona faciūt. D. port⁹ & hoc ad ſalutis ſubſidiū. e Alta theatri. S. hinc futura magnitudo oſtendit. D. Alta theatri poſt ea quę ad ſalutē: & honorem pertinent proſpicit voluptatibus, ppter ſcęnas: quod non fit niſi in otio ciuitatū: quod Aeneę erat neceſſariū. C. Theatri. de hoc dictum eſt in geor.

f Colūnas. D. vt non ſolū theatri geſta: verū aſpect⁹ opis iuuaret. g Scenis. C. q̄uis grecū nomen ſit: & apud illos p H ſcribatur: tamen latini per oe diphtongon ſcribūt. g Apes. S. Tertię declinatōis genitiu⁹ pl'is ī iū: & um exit. Sed tū pro noſtro arbitrio cū nominatiuus ſingularis ſit in n & s: vt amans amantiū dicimus. Si aūt fuerit in er: & ur: vt pater: et murmur tā tum in um. Cętera nomia auctoritate firmamus: vt apis apiū: vl' apū. D. apes Ponit apum comparationē: quę & induſtria: & labore: & ęquitate operis: et cōcordia excellentes ſunt: & quę fucos animal non ſolū iners: verū etiā vorax a ſedibus pellant. C. Qualis apes. Duę ſunt comparationes apud Homerū: altera apiū: altera muſcarum. Elegantiſſimus aūt poeta muſcarū cōparationē tam q̄ ſordidiorem nuſq; poſuit. Apiū vero veluti elegantiorem elegit: eamq; exactius proſecutus eſt. Homerus eīm vagas apes poſuit. Maro vero vt rem penitus exprimat induſtrioſas laborioſaſq; effigit. neq; potuit ex brutis eligere animal quod magis rem exprimeret. Duo enī ſunt genera inſectorū: quę ad humanā induſtriam: atq; ad rempub. proxime accedūt: formicę: atq; apes: ſz formicę ſtatum popularē imitant. Apes autē regiū: et monarchicū: nam regē habent: cuius iuſſu omnia agūt. Quapropter optime poeni ſub didone regina ſe ſūma cū induſtria exercentes: apibus comparantur: de his abunde diximus in georg. h Noua. S: quia etiā adulta: & p̄ceps inuenit. i Florea. S. pro florida. k Rura S. a greco per apherisin. Illi em̄ αρουρα. l Exercet. S. fatigat.

m Sub ſole. S. in ſole: vt infra. ſub ingenti templo.

n Gentis foetus. S. Ad laudem apiū pertinet: vt latius patet in georg. o Liquentia. S. defecata: & pura. nā duriora meliora ſunt. p Stipant. S. denſant. Tranſlatio eſt a nauibus. in quibus ſtupa interponitur vaſis quā ſtipā dicunt. q Diſtendunt. S. implent vt dēſo. d. p.

r Nectare. S. melle propter ſuauitatis ſimilitudinem abuſio facta eſt. s Cellas. S. pro fauorum cauernis. Traxit a reponendi ſimilitudine: vel a cęlando. Vnde cellā appellarunt. t Ignauū. S. Sine induſtria. Nā gnauū induſtriū appellamus. v Fucos. S. Secūdū Pliniū apū ſunt multa genera. Apes tn̄ oriunt de bob⁹: fuci de equis: crabones de mulis. veſpæ de aſinis: fucus ſecūdū Marcū Aemilium maior eſt ape. C. fuci maiores ſunt apib⁹ ſed ab illis nouiſſime tācq; a fectis: ipfectę veluti apes ſine aculeo pducūt ſerotinus foetus: & quaſi ſeruitia verarū apū: adiuuant tn̄ circa foetū multū ad calorē adiuuāte turba: verū cū mella maturefcere cœpunt: abigūt eos apes: mſtęq; ſingulos aggreſſę interimūt. x Pec⁹. S. oīe aial eſt qd hūana lingua: & effigie caret. Hor. Oīe cū pthe⁹ pec⁹ agit altos. vi. mō. y Preſepib⁹. S. aluearíis. z Feruet. S. cū celebrat. Cōtra friget cū ceſſat dicim⁹. a Fragrātia. S. cū icēdiū ſignificat p̄ l ſcribit: q2 ē a flatu l' a flāma: cū odorē: q2 fracta re maior eſt p r. poenorū labor: opi apū: cuſtodia littorū expulſiōi fucorū ɔpāt. b O fortūati. S. q iā faciūt qd ipē deſiderat.

Aeneas ait:& fastigia suspicit vrbis:
Infert se septus nebula (mirabile dictu)
Per medios:miscetq; viris:neq; cernitur vlli.
Lucus in vrbe fuit media lætissimus vmbra:
Quo primū iactati vndis:& turbine poeni
Effodere loco signum:quod regia Iuno
Monstrarat:caput acris equi:sic nā fore bello
Egregiā:& facilem victu per secula gentem.
Hic templum Iunoni ingens sydonia dido
Condebat:donis opulētum:& numine diuę
Aerea cui gradibus surgebant limina:nexęq;
Aere trabes:foribus cardo stridebat ahenis.
Hoc primum in luco noua res oblata:timorē
Leniit:hic primum æneas sperare salutem
Ausus.& afflictis melius confidere rebus.

D. O fortūati.nō inuidet alienę fœlicitati:sz,psequit̃ laude quasi diceret. Qm̄ ego ad hāc fœlicitatē puenīā: an vrbe: an vmbra nihil refert. c Suspicit. S. mirat̃:vt despicit contēnit:vel alta aspicit. d Per medios. S. figura est: nam planū fuerat:mediis se infert. e Lucus. S. vbicū q;,lucū ponit Virgi. seq̃t cōsecratio. sic In. vi. Nulli certa domus lu.h.o dicitur lucus ꝙ nō luceat:& nō ꝙ ibi sint lumina causa religionis. f Vmbra. S. Vl̕ sextus casus est: vel fm̄ Probum genitiu⁹: sicut Salust. frugū pabuli lętus ager. g Quo primū. S. quo simt̃. nam secūdo ad affricā nō venerī. D. Quo primū:vt sup̄ p cygnos demōstrata fuerat fœlicitas:sic nūc per poenos qui tēpestate vexati. huc incolumes venerunt: & fūdamēta fodiētes caput eq̄ui iuenerāt: signū habuerūt:vt i bellicis copiis eēnt futuri copiosi. g Effodere. S. Historiā per trāsitū tangit. Dido p insulā quandam Iunonis transiens: accepit oraculum.& sacerdotē secū abduxit: parū illi cr:dēs Carthaginem pmittēti: quo cū venisset: sacerdos effosso.laco caput bouis inuenit hoc displicuit:qa sp subiugat⁹ ē:alio loco effosso:caput eq̄ inuēit q̄d placuit:nā q̄uis subiuget tn̄ bellicosū aīal est.ita vt quia concordes iugū subeūt:sit spes pacis:illic igit̃ tēplū Iunonis factū: ergo fertilis ppter bouis omen: & bellicosa ppter equum futura erat. h Monstrarat. S. Monstro dederat. i Facilē victu. S. Per bouem. k Hic. D. Oportuit enī deam in eo loco habere honestissimā sedem:in q̄ virtutem suę maiestatis ostenderat. Et cum nōdū pfectū esset: tanta reuerentia colebatur:vt & donis copiosum esset:et dea ipsa pñs eē crederetur. l Templū. C. quasi tectū amplū. Varro autē dixit a tuendo. Hinc contēplor:& addit triplex esse tēplū: a natura vt in coelo:vt: Contremuit templū magnum Iouis altitonātis Ab auspiciis in terra. A similitudine subterra:ut Se. in Andromacha. acherusia tēpla alta ora saluete: infra templū illud quod in aere ab auguribꝰ designatur: quattuor habet partes: Sinistrā ab oriente: dextrā ab occasu: anticam a meridie: posticā a septētrione: Et quia q; primū aues templū ingrediebant̃: auguriū captabāt: dictum est extemplo.i.statim. hoc igit̃ secundū est templū. Tertio quod homines deo construūt. m Sydonia. S. Tyria. n Numine diuę. SER. aut numen pro simulacro: q̄d aureum velit fuisse: Vel ostēdit plenum fuisse pręsentia numinis templum. o Aerea. SER. Vel quod ęs magis in vsu haberent veteres: vel ꝙ religioni magis esset aptum. Nam flamen duobus ęreis cultris tondebatur. Vel significat secula aerea: qui hoc tempe: vt ait Hesiod. fuerunt. CRI. Aerea. ęs primū metallorū in vsum venisse: multis cōiecturis facile crediderim: naturā habet stipticā: Vnde squamas eius medici adhibent remedio contra putredinem: Qui vero in metallo ęris morantur. semper sanitate oculorum pollent:vt ait Macrobius. Aura enim quę ex ęre procedit in os incidens haurit:& exsiccat quod male influit. Aristoteles autem ait: Vulnera ex ęre minus esse noxia: q; quę ex ferro: Poeta vero aerea hic dixit: q; ad rem diuinā pleraq; aerea adhibent̃: pręcipue in sacris lunę: quibus aut deuouere: aut pellere aliquos morbos volebant. Vnde Plautus mecū habet pagus morbum ęs: et Sophocles. Medeam inducit q̄ herbas nocuas: auersa secat: et succum i cados æneos fundit. Et Virgili. Curetum sonitū crepitantiaq; ęrea. Et carmini⁹ ait: Tuscos aereis aratris ad condendas vrbes: vt in sacris tageticis apparet esse vsos: Sabinosq; ęneos cultros ad tōdendos sacerdotes facere. Aes dicitur etiam cuprum. Et secundum Aristotilē cōponitur ex sulphure et argento viuo vt alia metalla: Sed tunc fit ęs: cū plus est ibi de sulphure: q; de argento viuo. Et sulphur est terreum: non pure rubeum habens colorem sadvrentem: Argentum autem viuū est mediocre: nec minus subtile: Est autem hic traductio color Rhethoricus aerea aere ahenis.

p Nexęq; aere. CRI. Architecti enim antiqui in magnis ędificiis non ferreis: sed æreis clauis vtebantur.

q Foribus. SER. Fores sunt quę foris aperiūtur: vt erat olim: Valuę (vt ait Varro) quę reuoluuntur & velant. Ianua est primus domus ingressus: q̄ niā Iano om̄e principiū cōsecratum est. Cętera intra ianuam hostia vocātur. generaliter: siue valuę sint: siue fores: vsus tamen corrumpit. r Cardo. S quasi cor ianuę quo mouet̃. s Stridebat ahenis. S. ad sua retulit tempora: Nam post proditum a Tarpeia capitolium: ęrei cardines instituti sunt: vt stridore aperta hostia indicarentur. t Primum. SER. Nam & alia secuta sunt quę detraxerunt formidinē. DO. Hoc primum: Propositionis genus est: dicturus est em̄ quid viderit: vn̄ aliqd speraui: Vnde sit lenitus metus: nam totus eradi non potuit. v Noua. D vel contra spem: cum paulo ante vidisset omnia deserta. Vl̕ noua: quia videbat Troiana certamina depicta. CRI. Noua.i. insolita fortunę Troianorū. Et auget lęticiam spes improuisa. Ex eiusdem enim locis diuersa argumēta reducūtur: Vt enim ille magis est redolitur ex eo quod ponit̃. Et nunc ille quidē spe multum captus inani: Ita magis gauisus: ꝙ ait via primū salutis: q̄d minime reris graia pandet̃ ab vrbe. x Timorem. S. Cur post visam matrē timuit? Quia non penitus putarat matrem: cuius nulla verba secuta sunt: Sed sic verius: ꝙ Venus nil de Afrorum moribus vnde nūc formidat dixerat. tn̄ in Virgi. aliqñ validiora sunt obiecta purgatis: vt hic. y Ausus. S. qa inter incerta satis audacter salus sperat̃: z Afflictis. S. id ē de afflictis. nō em̄ pt eē septimꝰ casꝰ:

Nanq̧ sub ingenti lustrat dum singula tēplo
Reginam opperiēs:dum quę fortuna sit vrbi:
Artificumq̧ manus inter se:operūq̧ labores
Miratur: videt iliacas ex ordine pugnas,
Bellaq̧ iam fama totum vulgata per orbem,
Atridas priamūq̧ & sęuum ambobus achillē:
Cōstitit & lachrymās:quis iā loc⁹ inqt achate:
Quę regio in terris nostri, non plena laboris:
En priamus:sunt hic etiā sua pręmia laudi,
Sunt lachrymę rerū:& mentē mortalia tangūt,
Solue metus:feret hęc aliquā tibi fama salutē:
Sic ait: atq̧ animum pictura pascit inani,
Multa gemēs:largoq̧ humectat flumīe vultū,
Nanq̧ videbat vti bellantes pergama circum
Hac fugerent Graij:pmeret troiana iuuentus,
Hac phryges:instaret curru cristatus achilles,
Nec procul hinc rhęsi niueis tentoria velis:
Agnoscit lachrymans:primo q̄ prodita somno
Tytides multa vastabat cęde cruentus,

a Nanq̧.D.reddit rōnē q̄d sit:q̧ lenie bat metū et spem inopinā pmittebat. b Sub templo.S.id est ī templo: vt exercet sub sole labor.CRI.Sub ingenti:id est in Sta:pri meq̧ occidueq̧ domus effusa sub omni terra die. Sic gręci υπο,p ευHesi.in theogonia χρυσας ποι μαινον θελκονος υποσχεσιο Sub qñ ad locū significat:accusatio iūgit :& ponit p ante:aut p. vt posterq̧ sub ipsos.Item si nō fuerit tellus foecunda sub ipm arcturū.Item sub lucē ex portāt calathis.i.ante lucē. Itē & sub noctē cura recursat.i.per noctem: Qñ vero in loco significat:ablatiuo iungit:vt arma sub aduersa posuit radiantia quercu. In compositione mō localis est: vt subduco:Aliqñdo minuit:vt subtristis:ait Prisci:Est color rhetoric⁹ repetitio dū singula tēplo & dū quę fortuna sit vrbi. c Reginā o.D.nō lenibus picturis tenebat: sed q̄d necessariū erat reginā operiebat. Ergo ad sui excusationē hęc dixit. Circumspectabat etiam veluti & ipse nouā vrbē cōditur⁹: vt adverteret qnto id labore constaret: d Oppiēs.S.expectās. vel ex pperatiōe artificū: venturā concipiebat. Vel inde reginę occasiōem requirens. e Fortuna. S.foelicitas. f Artificūq̧ manus.D. Ita omnes pariter vna grā: & vna subtilitate certabant: vt intuens nullā aliis pferre potuisset. Descripta autē magnitudie & fortitudie trāsit ad ornatū picturę. g Inter se.S. habebat artificum comparationē. h Ex ordine: SERVI. Omīs ergo pugna picta erat:sj ea tm̄ dicit q̄ achilles vel Diomedes gesserat: vt excuset Aeneas:si est a fortib⁹ victus: C.Ex ordie:Ergo & oēs pugnę et suo queq̧ loco erant. Quę eni res ostendit accuratam inquisitionem aphrorum eius belli. Pugna autem a bello differt:Bellum enim cōtinet vniuersum illud spacium discordiarū:& qcqd in eo gestū dictū ve est. Pugna aūt est cū man⁹ hostiliter cōseruntur:ergo vnū bellū plurimas habet pugnas. i Totū or.S.quia Europa intulit:Asia passa est:Affrica pinxit. k Atridas.S. Vsurpatū est:nam Philestenis filii fuerūt Agamenon et Menela⁹ l Sęuū.D.Cōparatiōis spēs:vt sit: Sęuior fuit Achilles Agamenone & Menelao. m Ambob⁹.S.scꝫ Atridis quos p vna parte capit;et priamo. n Constitit:D.mente dolebat de aduersis suis imperiiq̧ Troiani calamitatibus:& suoꝝ interitu factas eē fabulas q̄s loqrent:& oblectatiōis cā pingerent:Sic tm̄ ita dolenda ptulit:vt ptes etiā consolatiōis inferret. o Plena laboris.S.meli⁹ gtio iūgitur. Teren. Plenus rimarū sum. p En priamis.S. laus picturę:per quā nō imago;sed ipse ostenditur, D.En,non tantū demōstrantis est:verū etiā dolentis.q̄si diceret : ecce ad quā foelicitatē pductus est. Priamus. Exponit iam suos dolores:q̄s ex persona potentissimi regis senis & soceri sumebat. q Sua pręmia. S. Omnis Aeneę sollicitudo de moribus Afrorum fuerat . quā nunc deponit propter picturā:namq̧ pingūt virtutē diligunt & miserentur. DO. Sua pręmia lau. sunt la. rerū. Et hęc pposítio:dictus est em quę laudāda: & q̄ dolenda.

r Laudi. SER. virtuti: vt primā merui: q laude coronam. s Mortalia.S.aduersa quib⁹ mortales subiacēt.D. Mortalia.quecūq̧ aduersa mortalibus acciderint.

t Feret. S.afferret. D: Feret hęc aliquā ꝛc. nam calamitas citat conmiserationem. v Inani.S. Epitheton picturę. Vel q; caret corpore :q̄d imitatur. Vl quia nulli⁹e vtilitatis. x Multa gemens a.p.p.l. DO. propositio monstrat: quę res in pictura animū reficiat:& quę dolorē afferat. vtrūq̧ tm̄ animū cōsiderantis ducebat ad lachrymas. y Humectat. S. tanosis est . Nam largo flumine est fluore.i. fluxu ipso. z Nanq̧ videbat.D.Ostendit vnde lęticiam caperet .s. hac fugerent Grai. & vnde dolorem.s.hac phryges.

a Pergama.S.abusiue: non enim circa pergama sed circa Troiam pugnabant. b Troiana iuuentus.S.diffinitio Hectoris: vt: Catillus acerq̧ corax argiua iuuētus. Nam Homerus pene vbiq̧ exercitū Achilli & Hectori cędentem scribit.

c Et phryges : S. Dat Troianis nomen p qualitate rei : Cum eni timidos inducit : Phryges appellat: vt hic.et alibi. O uere phrygię:neq̧ enim phryges: Cum generosos Dardanidas dicunt:vt: Dardanidę magni genus a.a.s.d. Laomedontiadas perfidos:vt Laomedonteę sentis periuria gentis. Troas:Hectoreosq̧ fortes. d Cristatus. SER. Nā Homerus in eius cristis quiddam terribile scribit fuisse.
e Rhęsi.S.Rhęsus rex Thracię in auxilium venit Troianis:& clausis iam portis in littore tetendit:pdenteq̧ Dolone,Troiano speculatore misso:ab Vlisse & Diomede interfectus est : Nam et ipsi speculatū venerant : abductiq̧ sunt eius equi:quibus pendebant fata Troiana.
f Tentoria.DO.Vt ostendat plures fuisse mactatos;nō enim solus in tentoriis fuisset.
g Primo somno.SER. prima parte noctis :vt libra die somni q.pu.f. h Tytides.S.Diomedes.celat aūt Vlissem ppter Aeneā:vt iam dixim⁹: aut quia s̄m Homerū occidente Diomede;cadauera Vlisses trahebat.

i Ardentes. S. Candidos & veloces: vt: pernicibus ignea plantis: id est velox. C. Ardentes. q. d. vehementes: Nã q'bus calidior ẽ sanguis: ii vehemẽtiores sũt. Sic etiã Hom ονᾳριο Βιεзν φαίρον ιπτιικιεθωνεσ μεγο λοιπο τωμο υπο σε Λ ηεντοσ Ardere etiã cupere significat: Vt ardet abi re fuga. d. q. r. t. Item vehementer amare: Vt Ardet amãs: Dido. Item splendere: vt Tyrioq; ardebat murice lena. Itẽ irasci: Iuuenalis. Quid referã quanta siccũ iecur ardeat ira. k Prius q̃ pabula gust. t. x. q. bi. D. voluit oñdere celerẽ exitum & finẽ eius.

quia plerunq; ẽm quod in presenti fuit: non est in participio preteriti: de qua re iudicat Euphonia: at tondo tonsus est & tusus: q̃uis autẽ reliqua mutent: Nactus tñ & passus nunq; n. accipiunt. C Passis. A tribus verbis est: hoc participiũ: a pando: patior: & pateo.
b Peplum. S. palla picta fœminea Mineruę consecrata Plaut'. Nunq; ad ciuitatẽ vẽio: nisi cũ ĩfer ̃peplũ: hodie tñ abutunt̃ hoc nomine D. Peplum. genus vestis pertinentis ad ritum secretorum Mineruę: Alii scutũ modicũ dicunt; C. Peplum: secundũ Lactantium in Stacium peplum est vestis candida aureis clauis picta sine manicis. quod simulacris fiebat: sed hoc peplũ primum ab Atheniensibus institutum est: quod matronę suis manibus faciebant: & intra triennium numinibus offerebant: Recte ergo peplũ: quoniã Athenienses maxime Mineruę: quam p̃pue colebant offerre consueuere: Homerus refert Hecubã ex consilio Heleni vatis ex vestibus suis p̃ciosissimum peplum comitãte cœtu matronarũ ad templum Palladis tulisse Vxorem autem Antenoris: cui esset nomen theano obtulisse: Verum huiusmodi dono minime placatã fuisse Mineruã.

Ardentesq; auertit equos in castra: priusquã
pabula gustassẽt troię: xanthumq; bibissent.
Parti alia fugiens amissis troylus armis
Infœlix puer: atq; impar congressus achilli.
Fertur equis: curruq; hęret resupinus inani:
Lora tenẽs tñ: huic ceruixq; comęq; trahũtur
per terram: & versa puluis inscribitur hasta.
Interea ad templum nõ ęquę pallidis ibant
Crinibus iliades passis: peplumq; ferebant
Suppliciter tristes: & tonsę pectora palmis.
Diua solo fixos oculos auersa tenebat.
Ter circum iliacos raptauerat hectora muros:
Exanimumq; auro corpus vendebat achilles.

l Fugiens. S. fugere volens. m Troylus. S. Achilles Troyli amore captus palũbes qb' ille delectabatur ei obiecit: q̃s cum vellet tenere captus ab Achille in eius amplexibus periit. Sed veluti indignum mutauit poeta. CRISTO. Troilus. Alii dicũt Troilũ cum captus esset ab Achille iugulare iussum fuisse: eius pueri casum miserandũ Troia fleuit: Et quia immatura ętate perierat: & qa pulcherrim' erat: alii dicunt q̃ refert Seruius.
n Infœlix pu. D. Quia puer & impar ei cõgressus est quẽ iuuenis superare non potuisset. Est aũt descriptio eius q supinus ferebat̃. CRI. Puer: Pathos ab ętate: vt paruumq; patri tendebat Iulum: Vt non minus mirabile sit periculũ in pr̃e q̃ in filio: & iuperet coniunx ne Creusa Ascani' ve puer.
o Atq; impar. S. q. d. etiam si puer non esset.
p Achilli. S. congredior tibi & pugno tibi: antiqui dixerũt: hodie tecum dicimus:
q Curruq;. S. currib' falcatis vsos antiquos. & Liui' et Salusti' docent. C. Curru. Antiqui enĩ in curru pugnabãt Duo enim erãt: alter qui equos auriga regeret. Vnde illud Martis equi biiuges: & magni currus achillis: Alter q soli pugnę intentus esset propterea q; hmõi currum διφρον q duos ferret nomiabant. r Lora tenens tñ. C. Amphibologia. i. dubius sermo est. Nã dubitat̃: vtrũ q teneat tñ lora: an q̃uis teneat: tñ trahat̃: amphibologię aut in singulis verbis sunt: vt gall'. in q̊ querit̃ sit ne gentile nomen an propriũ: aut in coniunctis: vt cũ id q̊d mediũ est: vtrinq; possit trahi: vt hio: aut cũ id q̊d vltimũ est: dubiũ sit: vtri referatur: vt heres vxori dato q̊dcũq; volet. Nam querit̃ q̊d volet vxor an heres. Quintilian'. s Tamen. S. quanq; mortuus. t Comęq;. C. Coma grecũ verbum est: Sunt enĩ proprie ornati & nõ cęsi capilli. Vñ est comere. i. ornare. Quapropter ꝓprie mulierũ dici possunt. Ouid. Sint procul a nobis iuuenes: vt fœmĩa compti: Cęsaries aũt: quia a cędendo dr̃: videt̃ esse virorũ. Crines vero dicunt̃ a cernendo. i. diuidẽdo: quia ducta p mediũ caput diuisiõe: vtrinq; pro sua portione pendent. Capilli ãt dicunt̃ quasi capitis pili. v Versa. S. Tracta ab eo q̊d est verro. x Inscribit̃. S. dilaceratur. Plautus. Corp' tuũ virgis inscribam. y Hasta. S. hostili quam transfixus trahebat. z Non ęquę: S. iniquę: Liptote est: vt: Et vacuis clausus: non ęquus acerris.
a Passis. S. ab eo quod ẽ pandor: nonr aũt facit pansus:

c Suppliciter. S. Bene ad ditũ: quia & p iracundiam & grauitatẽ etiam tristes sumus.
d Oculos auersa. DO: Quod faciunt irati: ne videãt quod oderũt. Achill autem actio: non solum dolorem considerantis: sed etiam crudelitatẽ agentis exprimit et auariciam. Non enĩ odium vltra mortẽ procedere debet. e Auersa. SER. irata: nec enim poterat conuertere se se simulacrũ. sic talia dicentem Iam dudum auersa tuetur: quomodo auersa nisi iratã intelligas. ¶ Ter ad sensum referas. Nam in pictura tertiũ tractũ inspicere nõ possum'. Sic illud: Mulcere alterno & c. f. l. f Ter ꝛc. D. auget̃ crudelitas q nõ semel: et q circa eos muros q̊s defenderat. Gemuit ergo primo fortunã tanti viri. deiñ q de eo triũph' actus ẽ: & q̊d peius ẽ: erat sub ipsis mœnib': vt ciuitas defensorẽ suũ in ea calamitate cerneret. Trahebat̃ ergo extinct' ante eos muros: quos tanta fortitudine defenderat: & totiens circũducebat̃: ne quis ab ea cognitione traheret̃: tanta immanitas: vt patri orbitatem suũ venderet: Est aũt p dolore in pronunciando extollendũ Hectoris nomen: & achillis deprimendũ: g Raptauerat. S. Frequentationẽ oñdit: q̊d numero dixerat. h Hectora. CRIS. ab eo quod est ἔχω id est habeo & defendo: qm̃ ipse defẽsor vrbis fuit sed vtrũ ab Achille cęsus fuerit: an Achilles ab ipso in seq̃ntib' disputabitur: i Exanimũq;. S. Exanimis & exanimus dr̃: et significat mortuũ: exanimatus vero timidũ: k Vendebat. S: Sũmo artificio vtit̃: Nam q̊d pingi potuit: vendebat: dixit: q̊d nõ potuit: in p̃terito dixit raptauerat: & nõ raptabat: D. Quis enim mortuum vendidit: nisi impius: Quis in regno positus: ideoq; diues: aurum desiderat: nisi auarus: Ergo impius: & auarus Achilles.

l Tum vero. S. Lachrymauerat superius. Nunc viso Hectore grauiter gemuit. DO. Tum vero. Ex hoc osten dit aliq; animi doloribus ꝓgressis hūc maiorē eē: nā dixerat Constitit et lachrymans. Item multa gemens: Item agnoscit lachrymās: Hic aūt addit ingētē. g. d. p. multiplici acerbitate percussus. Vidit em̄ spolia erepta viro forti: & ciui optimo. CRI. Tum vero. Coniungunt istę duę particulę cum rem reliquis maiorem ostendere volum⁹: ergo ostendit hic: q̄ ꝙuis in aliis doluisset: Sic infra: Tum ꝓo ingentem pugnam: ceu cęter a nusq; bella forent.

Tū vero ingentē gemitū dat pectore ab imo:
Vt spolia: vt currus: vtq; ipsum corpus amyci.
Tendentesq; manus priamū cōspexit inermes
Se q; principibus permixtū agnouit achiuis.
Aeoasq; aties: & nigri memnonis arma.
Ducit amazonidum lunatis agmina peltis
penthesilea furens: mediisq; ī milibus ardet.
Aurea subnectens exertę cingula mammę.
Bellatrix audetq; viris concurrere virgo.

m Vt spolia. C. Auxesis est. Doluit spoliis Hectoris: Magis aūt curru: maxime tandē corpore: Turpissimū enim erat cadauere hostē patiri. Cum enim in dignitatemq; tanti regis cerneret: accumulati sunt omnes dolores.

n Vt currus. S. Currū quo tractus est.

o Amici. S. plus est q̄ Hectoris. D. amici. etiā corpus: En Priamus in eius nomine latissimum dedit itelligendi tractū: scilicet qui fuerit grauioris ętatis: potestatis regię: & diu foelix: Dolebat in eo Socerum suum. et tot perditorum partē: atq; auū eo redactū: vt in summa vrbitate hostem rogare cogeretur sine regis insignibus. Nam qui rogatum venerat omnibus inferiorē se monstrare debebat.

p Inermes. S. aut sine sceptro: aut duplices: vt dextras tendamus inermes: nam cum victi se dedunt inermes supplicāt: aut tunc inermis: quia contra Pyrrhum processit armatus. Constat autem Priamum tentorium Achillis ingressum: quoniā dormientē inuenerat excitasse: vt pro filii corpore ꝓcaretur: cum eum posset occidere. Homerus hoc propter Achillis turpitudinem supprimit.

q Se quoq;. S. aut latenter proditionem tangit: aut fortitudinem qua inter hostium tela versabatur. Sic Salustius. Catilina lōge a suis inter hostilium cadauera repertus est. D. Se quoq;: honorificum fuerat confertos hostes nō timuisse. r Aeoasq;. S. prima naturaliter longa ē: potest tamen corripi: quia sequitur vocalis: vt primo surgebat ęoo. s Memnonis. S. Tithonus Priami frater rapt⁹ ab aurora: Memnonem quē ex illa genuit: Troianis misit auxilium. CRIST. Memnonis. fabula est Titonum Laomedontis filium ab Europa ob pulchritudinem in Aethiopiam raptum: & inde natum esse Memnonē: quę cum maxio exercitu in auxilium Priami venit: & tandē ab Achille cęsus: cum corpus eius cremaretur precib⁹ Auroręin auem mutatus est. Ex eademq; pyra multę alię aues euolarunt: quas Memnonias vocant. In Solini autē Geographia scriptum ita est: iuxta Ilium Memnonis stat sepulcrum: ad quod sempiterno ex ęthiopia aues volant: quas Mēnonias dicunt. Crenuncius auctor est: has easdē anno quinto in Aethiopia cateruatim coire: inde ad Regiam Mēnonis conuenire. Diodorus autem ex testimonio Ctesię historici refert Teutamum Syriorum regem: cum sibi societas esset cum Troianis Memnonem Tytani filiū cum decem millibus ęthiopum: totidemq; sosiarū et cum ducentis curribus in auxiliū Priami misisse: Qui cū egregia facinora ędidisset: tādem insidiis Thessalorū circūuentus periit. Cadauer autem a suis crematum est: & ad Titonum ossa delata: nic susis Regia ędificauit: quę vsq; ad tempa Persarū durauit: & dicunt Memnones nigri: quia ęthiopes. t Amazonidum: S. pro amazonum: vt Scypiades duros bello: id est Scypiones: Homerus hęc omnia tacuit: quę sunt facta post mortem Hectoris Amazones dict: sunt. vel quia simul viuant sine viris puasi αμαζωσιν Vel quia vnam mammam exust am: hn̄t q̄si αμαζωσιν. Has autem iam non esse constat. Sed extinctas partim ab Hercule: partim ab Achille: CRIST. Amazones. Hoc genus mulierum apud Thermodontē fluuiū fuisse testatur Diodorus: q̄ simul cū viris bellicas artes tractaban: Itaq; quędā ex hiis regia potestate potita: robore autē insignis exercitū mulierū instruxit: & multas gentes debellauit: quia fortuna elata se e Marte genitam dixit: legemq; tulit: vt viri muliebria: mlieres virilia exercerent: ipsosq; viros vt imbelles redderet cruribusq; brachiisq; inutiles reddidit. Mulierib⁹ autem dextram mām̄illam: vt impugna expeditiores essēt inuri iussit. A q̄ re Amazones appellatę sunt. Vrbem quoq; Themiscyram iuxta Thermodontis hostia condiderunt. Fuitq; florentissimū illarum imperium: donec tandem Hercules ab Heristeo missus: & vt baltheum illarum reginę referret iussus illas collatis signis superauit. Hyppolitemq; reginam abduxit captiuam: Quo conflictu ita extenuatę sunt earum vires: vt a vicinis: deinde populis vexatę pene ad nihilum redierint: Paucis tamen annis post victoriā Herculis Penthesilea earū quę reliquię erant regina consanguinea cęde poluta exulans pro Troianis pugnans ab Achille interfecta est. Hęc Diodorus. Herodotus autem scribit victas Amazonas nauibus a grecis impositas: verum illas cum altum tenuissent viros a quibus ducebantur interfecisse: & iusticia nauigandi ad fontes vsq; Meotidis delatas: primum ad Scythas liberos: deinde ad Mangones peruenisse: cum quib⁹ post prelia coire: & cum maritis Tanaym transire: atq; inde natos fuisse Sauromatas: quorum mulieres ex īstituto parentum bellica exercent. Amazones autem a Scythis dictę sunt torpatę: id est viridicę Nā eorū lingua æor viri et pata interficere significat. Lōgū āt eēt scribere: quę a Strabone dicuntur: Qui aūt gesta Alexandri scribunt: illum cum Talestria Amazonum regina concubuisse volunt.

v Peltis. SER. scutis breuissimis in modum lunę iam medię.

x Furens. SERVIVS. Per transitum tangit: q̄ sororē in venatione confixit simulās se ceruam videre: Cū furor bellicus intelligatur.

y Aurea. SER. amphibologia: vel ipsa vel cingula:

z Exertę. S. nudatę: quia adulta erat.

a Cingula. CRISTOFERVS. Baltheū intelligit: quo pēdebant arma: quę ventrem & propinquas illi partes tegerent.

b Virgo. SER. ętatem & sexum ostendit.

¶ [c] Hec dū [d] Dardanio Aeneę miranda videtur:
Dum stupet: [e] obtutuq; heret defixus in [f] vno:
[g] Regina ad templū forma pulcherrima Dido
Incessit: magna iuuenū [h] stipante caterua.
Qualis in [i] eurotę ripis: aut per iuga [k] cynthi
[l] Exercet diana choros: quam [m] mille secutę:
Hinc atq; hinc glomerant [n] oreades: illa pharetrā

¶ c Hec dum. DONA. Non solum hec fuerat picta: Sed aduētus Reginę interrupit: ne reliqua considerare posset. Est āt vna res q̄drupartito posita breuissime dicta: Nam vt est summū Oratoris res breues late differere: ita et latitudinē coercere. d Dardanio. C. quasi magnanimo: & qui vera posteritas Dardani esset. e Obtutu. S. aspectu. C. cōspectu obtutu a tueor tueris. Est eñi tueor & tuor. Lucreti᷒. Nec calidos ęstus tuimur: nec frigora q; quimus vsurpare oculis: f In vno. S. In vnoquoq;: id est singula admirabatur. g Regina ad templū. D. Et quia regina id est procuratrix negocii publici: & quia ad tēplū accedebat meret̄ excusationē: quod publice mulier iuuenis se viris admisceret. Religio ergo & necessitas impulit: vt tēpli opera inspiceret: et ad maturandum artifices cogeret. h Stipante cateruа. S. Ad hoc eñi sequēs pertinet comparatio. Nā compatiōes parabolę: et exempla: non semp vsq; quaq; congruūt: sed mō p̄ oīa mō q̄ aliquā partē. i Eurotę. SER. in laconia fluuius est. k Cynthi. SES. Mons in Delo: in q̄ nata est diana. CRIST. Cynthus: Deli mons adeo excelsus vt vmbra sua omnem egei maris ambitum tegat. l Exercet diana choros. SER. Euagatio est poetica. Nam ad comparationem non pertinet. m Mille. S. finitus nūerus pro infinito.. Nam de nympharū nūero nō ꝯstat. n Oreades. S. Nymphę mōtiū sunt: vt Dryades syluarū. Quę vero cū syluis nascuntur amadryades: fontiū Napeę vel Naiades: maris Nereides.

Fert humero: gradiensq; deas supereminet oēs.
Latonę tacitū pertentant gaudia pectus.
Talis erat dido: talem se lęta ferebat
per medios: instans operi: regnisq; futuris.
Tum foribus diuę media testudine templi
Septa armis: solioq; alte subnixa resedit:
Iura dabat: legesq; viris: operumq; laborem
partibus ęquabat iustis: aut sorte trahebat.
Cū subito Aeneas concursu accedere magno
Antea: sergestumq; videt: fortemq; cloanthū:
Teucrorumq; alios: ater quos ęquore turbo
Dispulerat: penitusq; alias aduexerat oras.
Obstupuit simul ipse: simul percussus achates.
Lęticiaq; metuq; auidi coniungere dextras
Ardebant: sed res animos incognita turbat.
Dissimulant: & nube caua speculant amicti.
Quę fortuna viris: classem quo littore linqnt:
Quid veniant: cuncti nā lecti nauibus ibant.
Orantes veniam: & templū clamore petebāt

o Latonę tacitū. S. Maior taciturnitas ē affectus. Teren: Vt mecū tacita gaudeā. D. Latonę tacitū: occasione cōparationis expssit poeta q̄ lęti sint parentes successib⁹ filiorū. C. Latonę ta. Tam grata mulieri est puchritudo: vt illā reliquis bōis pferat. Voluit ergo exprimere poeta q̄ laten ter mulieres pulchritudine filiarū gaudeāt. Hinc Iuuenal: Formā optat modico pueris: maiore puellis Murmure cū venerit fanū videt anxia mr̄: vsq; ad delicias votorum.
p Per tentant. S. vehemēter tētant. alibi leniter: vt blanda vicissim gaudia ptentāt mentē. Multa enī p locis intelligūt Satius minus.
q Lęta. D. ex successu re ru. C. Lęta. Oñdit q bñ volēs: et cū sūma diligentia cūcta pcurabat. Lęt⁹ enim bñ volēs est: vt Volens lętus ego hūc candentē in littore taurū. Contra tristis inuitus est Terē. in vitat tristis. r Instans op i. S. zeugma ē adsequētia ptinēs. D. Instans. Vna cura testabat rel g one psi cienditēpli. Altera īperātis iusticiā ostendebat.
s Regnisq; futuris. S: regnaturę Carthagini.
t Tum forib⁹. S. Tum: quasi diceret p̄cipue. Magno enim studio & labore fores templi fiebāt: q̄s quibusdā historiis īsigni bant. vt infra in foribus letū androgeo. Et in Georgicis: in foribus pugnā ex auro. Aliqui legūt foribus diuę media testitudiné templi: vt vnū intelligas tectū templi: & fores: et sic sub medio tecto sunt fores: sed primū melius. DO. Tum forib⁹ diuę septa armis med. test. templi: solioq; alte subnixa resedit. Sic ergo ordinamus: quoniā nisi ordinato sensu quęrat intellect⁹ non poterit comphendi: erit satis incertū: qd poeta descripserit: nec sciret quippe vbi sederit Dido: & vbi armis septa sit. Quomodo est iudiciorū omniū consuetudo. ducūtur iudices vsq; ad forū secretarii: ibidemq; officium remanet. Illi vero ingressi soliū ascēdūt ac sedent. Oēs igit q pgredientē comitabant reginā: erant vt armati an fores remāserūt: illa īgressa: vbi ad mediā testudinē. i. ad mediā aram peruenit: ascendit soliū: & alte sedit:
v Testudine. S: camara īcurua. Hoc secūdū eos: qui de rōne templorū scribūt: fit Vt coeli imago reddat: quod cōnexū est. x Armis. S. satellitū. y Solio. S. Soliū est armariū vno ligno factū: in q reges tutelę cā sedebant: dictū q̄si solidū abusiue sella regia dr̄. z Alte. S: q̄si diceret: in tribunali. a Iura. S. generale est. D. iura dabat: meritū reginę: non em̄ tot viri foemminę paruissent: nisi quia egregię in ea virtutes essent: sed specialiter ponit Iura dabat legesq; viris Qđ nō est exponēdū imperat: sed constituebat iura. Pręcipua ergo laus cū scriberet leges et iura: quia acquiescebant viri iussis foeminę. Cū aūt a publicis consultis ad operā veniebat: ostendebat ęquitatem suam: & in consulendo prudentiā: C. Iura dabat legesq; Interptatio. Nam cū ius genus sit: addidit leges q̄ ps sunt iuris: Ius em̄ triplex est: Naturale: Gentiū: et Ciuile. Et rursus ciuile: aliud scriptū est: aliud non scriptū. Scriptū vero leges continet. b Legesq; S. Speciale est ad Didonis aūt pertinet laudē. c Partib⁹ ęq̄bat iustis: aut sorte trahebat. D. quę estimatiōe iusticię ęquari poterāt distribuebat. Quę aūt natura sua ad plenū ęquari ñ poterant: sortis iuditio dabat vt qui grauī⁹ onus subiret: Fortunā suā nō reginam acusaret.
d Trahebat. S. educebat.
e Concursu. S. s. Afrorū: Quod formidat Aeneas: incertus qua mente veniāt. f Antea sergestum. D. Est ad impletū q̄ mater de saluis sociis dixerat. g Penitus. S. longe a regina remotos: quę res etiā insolentes custodes littorum facit.
h Lęticia. S. propter socios liberatos.
i Metu. S: propter concursum. k Ardebāt. S. cupiebant & regit accusatiuum et ablatiuum.
l Res. S. in q̄ affectione eēnt poeni. m Dissimulāt. S. Dissimulamus nota: simulam⁹ ignota. Salustius. Cuiuslibet rei simulator et dissimulator. D. Dissimulāt: consilium prudētię: vt euentū rei expectarent:
n Quę fortuna. DO: quam tulerat: & quam essent accepturi.
o Cuncti. D. non absolute: nam cum venissent lecti: non oēs venerant: sed cuncti qui venerant:
p Lecti. SER. ne penitus omnes intelligeremus. Si autem lectis nauibus legatur Hyppalage erit.
q Orantes veniam. SER. Pacem propter incendiū nauium: & pprie est verbū pontificale: Vnde est. Tu modo posce deos veniā. Et paulo post: Pacemq; p aras exquirunt. Dicta autē venia ad eliciendā misericordiam: nam si licet innocens veniam petat: meretur beniuolētiam numinum. D. Orantes veniam & templum clamore petebant: non conueniūt. Nam orare est precibus petere. Clamare est inuerecundo strepitu vocem maiorem emittere. Conicie bant igitur clamoribus magna illos vrgeri necessitate. Hos effundebāt: antea q̄ Didonem orare possent: Ergo iusta causa: & nō seditione clamabant. Nam cum nullus nunciaret Didoni quę intus erat non poterat: nisi clamore rem percipe Dido. Sed postq̄ intus fuere: sed seruatum est decorū in verbis; cum facta sit copia Didonis.

postq̄ introgressi: & coram data copia fandi:
Maximus ilioneus placido sic pectore cœpit.
O regina nouā cui condere Iuppiter vrbem:
Iusticiaq̄ dedit gentes frenare superbas:
Troes te miseri ventis maria omnia vecti
Oramus: prohibe infandos a nauibus ignes:
parce pio generi: & propius res aspice nrās.

r Maximus. S. Rebus omnib⁹: nā nihil addit: dat aūt ei eloq̄ntiā: Quia Homerus Mercuriū fauentem in pugna Phorbanti patri inducit. s Ilioneus. C. Phorbas Priami fili⁹ fuit ex Epithesia: que mygdonii Scasapi filia fuit. Hic ī bello Troiano: aduersante Samo in preliū descēdit. Et cū multa egregia facinora edidisset: tandē a Menelao gladio saucius periit. Erat aūt belli tpe ita grandis natu. vt Priamo frater potius q̄ fili⁹ videref: Dixit pterea Homerus illū in plio semp a Mercurio adiutū: in q̄ eloq̄ntia eius iudicaf: hinc igif Macrobius eius filiū Ilioneū tanq̄ eloq̄ntie paterne heredem: & regio genere illustrē principē legationis facit: & maximū appellat: Nā quid maius est in homie q̄ eloquētia: cui sapientia coniūcta sit. t Placido pectore. S. more suo vno sermōe hitū future orōnis exprimit. v O regia. S. Oratorie id ei dat quod ipetrare desiderat: Nā eā p laudē beniuolā reddit. D. O regina. Magna oīno arte scribit primo principia summa breuitate subiungit: q̄ tñ plurima necessaria continēt. Primo personā Didonis laudat: Subtilē ob iurgatōē nō omittit: & in ipsa obiurgatiōe beniuolā reddit. inhūanitatē & superbiā reiiit in alios. Ipsam iustam dicit: ne eā ledat: a qua auxiliū postulat. Veniebat īcognitus ad incognitā. Vnde ignarus oīm coniectura rimatur: quomō alia laude illā sibi beniuolā fatiat. Suspitione aūt debuit duci cū homies impii essent: ipsam quoq̄ que imperaret eiusdē morib⁹ esse: sed de illis aperte dixit. Partē vero hui⁹ meliore rōne argumentādi correxit: tñ illā oblique tangit ex aliena. i. suorū rephensione confusam. Collectis igif contrariis omib⁹: cōponif duob⁹ versibus plena laudatio. O regina a difficultate laus. Difficile est eni fœminā regnare. C. O regia. Oratio in genere deliberatiuo: in q̄ petit vt recipiāf hospitio harenē: dū naues rficiāt ac abeāt: Captat beniuolentiā: cum appellet nomie dignitatis. Magna aūt laus vt vrbem condere potuerit: maior vt condiderat nouam. i. magnā: nā nisi magnā significet: supuacanee diceret nouam: cū omnia que condunf noua sint: ergo nouā magnā: vt: Polio & ipse facit noua carmia. Magnū ergo vt cōderet vrbē: mai⁹ vt conderet magnā: Maximū vt vrbe condita possit iusticia gentes supbas frenare. x Nouam cui cōdere. D. Alia magna laus q̄d fœmia faciat: q̄d difficulter viris euenire solet: duo ergo miracula: primum regnat mulier: Secundū condit vrbem. Addit tertiū vt regat homies quib⁹ natura parendi studiū denegauit. Et sic ostendit plenā Afrorum ferocitatem. Mali aūt homines non paribus: sed contrariis superanf: hūanitate. s. regentis & voluntate: q̄s in Didone fuisse colligit Ilioneus: q̄ vituperando incolas imanitatis: laudat eā: quā ostēdit hūanitate compellere id ad q̄d alii impositis fratres impellūf. y Iusticia. SER. Considerauit sexum: Nec enim virtutem dicere poterāt. C. Iusticia Maxima laus in fœmina vt iusticia quod in seipsa est: & nō vi armorū: q̄ nō pōt sine mltis exerceri cohibebat efferatas gētes: que nō sua sponte obtēperent: sed vi sint cogende. Est aūt iusticia ppetua quedā cōstansq̄ voluntas ius suū vnicuiq̄ tribuens: Sed illā triplici rōe colim⁹. Est em̄ quā erga deos quā erga alios hoies quā postremo erga nosipos gerim⁹. Erga deū est religio: qua diligentissimū cultū deū exhibem⁹. Erga nos & q̄ rōni appetituiq̄ q̄d vtriq̄ ppriū ē cōcedim⁹. s. vt rō presit: appetitus obtēperet. Est eni iustus ordo nature vt aia subdaf deo: aie caro: ac p hoc aīma & caro deo. Eius iusticie q̄ in alios vtimur ptes sunt innocētia: pax: concordia: pietas: integritas: & vindicatio: Innocētia iusticia est nullā alicui lesionē violentiā vel cōtumeliā inferēs sine rōnabili cā. Hui⁹ ptes sunt hūilitas q̄ est īnocētia a suo iure submittēs: & a ppria gl̄ia excellentiaq̄ rōnabili volūtate refrenās: & māsuetudo q̄ ita dulcedie q̄dā gratificat aīm & benignitatē cōformat: vt sp acceptabilis videaf. Pacis spēs ē trāquillitas: q̄ sincera placabilitate aīm pfūdēs: funditus remouet pturbationē. Cōcordia volūtates rōnabilr copulat: vel ad aliq̄d honestū fortiter iūgit. Pietas est grā: que diligens officium tribuit ppinq̄tate nob cōiūctis et patrie deuotis Sub pietate amicitia ē: & liberalitas: Integritas h̄ fidē que intemerata custos est cōuentorū: pmissorūq̄ oīm publice priuatimq̄ factorū: habet veriloq̄ quod sine animi fallacia: vt se se res habet: ita illā pnunciat: Habet simplicitatē q̄ nihil aliter q̄ in corde concepit: simulat intentione fallēdi. Sed vt rē lati⁹ amplectar: queādmodū lex & regula ordinis in diuino intellectu: ita iusticia est regula ordinis in diuia volūtate: & quia intellectus precedit volūtatē: prior erit lex q̄ iusticia. Ergo deus est regula totius ordinis: necesse est legē & iusticiā ee in deo. Hinc Orpheus iusticiā oculū amoreq̄ Iouis dicit Pytagoras arythmeticā: musicā: et geometriā: dei dixit iustitiā deū penetrātē et disponētē cūcta. Deniq̄ cōcludēus iusticiā q̄druplicē esse. diuinā: naturalē: domesticā & ciuilē: Diuina respicit cœlos: spūs et elementa. Naturał continet pportionē in rebus naturalib⁹: sine q̄ illa nō durarēt. Nullū em̄ corpus duraret nisi calori & frigori humori et sicco quantū illa singła merenf distribueref. Domestica seipam et familiā tutatur. Ciuilis vniuersā rōnē pollitică respicit. z Frenare. S. Sic contra: & numide infrenes cingunt. a Troes te miseri. S. Miseri ne ad populationē venisse celeri more latrocinandi: qui tunc vrgebat. D. Troes miseri. Collecta ratione principiorū quibus mores incolarum vituperat: & reginam laudat: purgat Troianos: ne violētiā iuste passi esse videāf. Ergo q̄ cito et q̄ euidenter expssit personā & fortunā. Miseri Per hoc oñdit miseros nihil audere posse vel potuisse cōtra Didonē. C. Troes Captat beniuolentiā p cōmiserationem: q̄ locus efficacissim⁹ ē. quis em̄ dignior misericordia est q̄ is qui tam diuturna iactatus tēpestate a littore phibeaf. verū qm̄ eo maxime iungebanf: quia putabanf ex cōsuetudine pyratarū venisse ad abigendas pdas. In primis hoc erat confutandum. Quo nō cōfricato nihil oīno quod sperare possent relinq̄baf. Ergo p⁹ hoc exordiū adhibet hanc ptē confutatōis: sine q̄ vniuersa cā ruat: necesse est queādmodū & Cicero pro milone: post exordiū confutat: q̄ nisi confutasset equis auribus a iudice audiri non poterat. b Ventis vecti. SER. vt ostendat non sponte venisse. DO. Ventis vecti. ergo nō sponte venerant: c Maria. S. per maria. d Prohibe. D. Simili breuitate summam petitionis ponit iustam: & sine prestantis detrimento: quibus vel durissimus flectatur. Posita autem sunt tria ne incenderentur naues. voluntatem & necessitatem abeundi: & casu venisse. e Pio generi. SER Rhetoricum est vt quotiens presentes persone sint, ad alias confugiatur. DO. Pio generi. Reus erit: qui pio nocebit: & maior nostra est pietas: quod illam natura sanguinis ducti non instructi lege seruamus. f Propius. SER. vicinius: vt tanquā victi consideremur: nō vt veluti paris qui iuit raptum Helenam: sic enim veritas historia est. propterea q̄ a marito recipi meruit. Vñ Virgili⁹ alibi: Me duce Da

danius sparthã expugnauit adulter. D. Propi⁹ aspice res
nr̃as. Tertia petitio generalis: vt quicquid ad cõmodum
nostrũ spectat prestes. Quã rẽ honesti⁹ nũc ponẽdo p spe
cies amplexus est. g Populare. S. populo & populor
antiqui dixerũt: vt populatq; ingẽtem farris aceruũ. Nũc
deponenti vtimur. h Non ea vis. S. i. possibilitas. Argu
mentum ab impossibili. C. Nõ ea vis animo. probat ne
cessitate. i Est loc⁹ h. S. cõparatõe orbis toti⁹: italia loc⁹
est. D. Est locus & locorũ: & hominũ carthaginis plena de
formatio: sed nõ apta. di
cit ergo. Tendebamus in
italiã fertilẽ terrã: potẽtem
fortibus viris: & bonis: ita
q; nõ venissemus ad soli
tudines has: & ad feros
homines: nisi tẽpestate co
acti: ergo nõ est studiũ in
nobis violẽtię inferẽdę. De
scptio aũt naufragii mo
uet misericordiã: & cũ õis
violentię q̃ obiici posset
purgati: retorquẽt inuidiã
in calumniantes: vsus an
ticategoria. Dicit enĩ nõ
nos fecimus: sed tui in in
noxius violẽti fuerũt.
k Hesperiam. S. Hesperię
duę sũt: vna hyspania. al
tera italia. Cum aũt sim
pliciter dicitur hesperia Ita
lia est. si addit vltima: est
hispania. quę in occidẽtis
fine est. Hora. Qui nũc he
speria sospes ab vltima.
Et est dicta hęc ab hespo
stella occidentali. Italia ve
ro dicit hesperia ab hespo
fratre Atlantis qui pulsus
a germano Italiã tenuit: ei
q; nõen pristinę regionis imposuit. Ait Hyginius.
l Antiqua. S. nobilis. m Vbere. S. vbertate. laudat
fertilitatẽ: & potentiã Italię ne affricã petiisse videantur.
¶ Oenotrii coluere. S. deest quã. Oenotria autẽ vl' a vino
optimo quod in italia nascitur dicta est: vel vt placet var
roni ab Oenotro rege sabinorũ. C. Oenotrii coluere viri. ex
Arcadia decẽ & septẽ ętatibus ante Troiã obsessam naui
gauit Oenotrus licaonis filius: qui quitus erat ab ęgeo &
phoroneo qui primi in peloponeso regnarũt: & venit cum
suis in italiã non satisfaciente sibi in gręcia portione sua:
nam cũ essent licaonii. xxii. filii in tot partes diuisa erat ar
cadia. Venit & cũ eo peucetius vnus ex fratribus. Sed peu
cetius sedes supra montes iapigios constituit: ab eaq; peu
cetii sunt noiati. Oenotrus maiori exercitu in sinũ qui ex
accolis ausoniis Auso dicebatur enauigans: oram multam
occupauit: eãq; oenotriã vocauit. & populos oenotrios vt
apparet in sophoclis tragedia triptolemo. Si aũt ab origi
nibus populis gręca origo fuit sicuti Catoni & Sempro
nio placet: oenotrorũ pgeniẽ fuisse arbitror. Hec ait Diod.
alicarnaseus. Qui oenotri pgeniẽ sic ponit. Aegeus & pho
ronius primi in peloponeso regnarunt. Phoroneo filia fuit
Niobe: hęc ex Ioue pelasgum pepit. Aegeo aũt fili⁹ fuit ly
caõ: & lycaonis filia deianira: ex ea vero & pelasgo alter
lycaõ qui Oenotrũ genuit. Solũ aũt oenotri: vt ait Strabo
italia appellata est o Italia. S. Ital⁹ rex Sicilię ad eã ptẽ
vẽit vbi regnauit. Turn⁹. q̃ a suo noĩe appellauit Italiã Vñ
ẽ fines sup vsq; sicanos. p Orion. S. Oenoxi⁹ filiis carẽs
a Ioue Neptũno & Mercurio quos hospicio acceperat pe
tiit vt filios ibi concederent. Illi vrina infra coriũ bouis sibi
immolati iusserunt vt obrutũ terra cõplẽtis maternis mẽ
sibus solueret. Inuentusq; puer qui ab vrina o ριον
appellatus. et dorica lingua factum est: vt o ι diphtongus
in o verteret. Et q̃uis o naturaliter sit lõga: inuenit aliquã

Nõ vos: aut ferro libycos populare[g] penates
Venimus: aut raptas ad littora vertere prędas:
Nõ ea vis[h] animo: nec tãta superbia victis:
Est locus[i]: hesperiã[k] graii cognomine dicũt:
Terra antiq̃[l]: potens armis: atq; vbere[m] glebæ:
Oenotrii[n] coluere viri: nunc fama minores
Italiam[o] dixisse: ducis de nomine gentem.
Huc cursus fuit:
Cum subito assurgẽs fluctu nimbosus orion[p].
In vada[q] cęca tulit: penitusq; p̃cacibus[r] austris
perq; vndas superante[s] salo[t]: perq; invia[v] saxa
Dispulit: huc pauci[x] vestris adnauimus oris.

do breuis vt hic: q detrahit et o breuis remanet. Orion igit
venator factus dũ vellet cũ Diana concũbere eius sagittis
secũdũ Horat. secũdũ vero Lucanum immisso scorpione
periit. Verisimilius est a Scorpiõe interemptum quo orien
te occidit. Et quia sua magnitudĩe pluribus diebus oritur:
propterea q; etiã apud peritos incerta ei⁹ tempestas ẽ vnde
dictũ est cum subito assurgẽs vt excuset nõ p̃uisa tempe
stas: frustra autem queritur cur cõmemoret Orion: cum a
Iunone sit mota tempestas. Nam Ilioneus illa non nouit:
quę poeta per musã cog
nouit. Et constat numina
nisi mutata occasione no
cere non posse. quod Ver
gil⁹ vbiq; obseruat. C. O
rion. De hoc audiuisti Ser
uiũ. Alii tamẽ dicũt cum
Diane se comitẽ in venati
õe dedissz: et cũ omnẽ ferã
supare dicere auderet: ter
ra ineũ scorpiõe misso iter
emit Diana i sidus celeste
transtulit: & canem suum
syrũ. Seruı⁹ alibi ait hunc
Oenopionis filium habi
tum virum immensę sta
turę: & venatorẽ. Verũ cũ
Oenopionis filiã violare
vellet ab eo luminibus pri
uatũ. qui inde ab oraculo
accepit. si lumina recupe
rare vellet per mare ita ad
orientem tẽderent: vt sin⁹
oculorum soli semper op
poneret. Sic ergo duce se
ne ad Ciclopas accessit: &
ab vno eorũ humeris im
positus iussa oraculi per
egit et lumia reccuperauit.
Teodontius ait eum Oe
nopionis Sicilię regis fuisse filium. & avenere per quitem
ad monitum. vt ei quę sibi prius obuiã fieret mulieris cõ
cubitum peteret: surrexisse ex antro ac sororem Cãdiopeiã
quę et ipsa venatrix esset obuiam factam compressisse: ex
ipsaq; hypologum genuisse. Hic idem mox ob hoc exul fa
ctus: iubente oraculo: vt in orientem tenderet: cum candio
pe: & filio in Tratiam enauigauit: ibiq; subactis incolis
Neptunni filius habitus est. Hygi: aũt de cõfiguratione sy
derũ ait. illũ ab inundatione aquarum gręce Orionem di
cit: q; eius tempore hyems habeat ortum: & mare ac ter
ras tempestatibus turbet. Latini eum iugulam dicunt q;
sit vt gladius armatorum fulgore stellarum terribilis: qui
si fulget serenitatem. si obscuratur tempestatẽ protendit.
Hesio. illum Neptunni filium ait. a quo accoepit: vt mare:
ita vt terrã perambulare posset. Hũc Oenopius ob uit atã
filiam Meropem excęcauit: ille in lemnum profectus: & a
vulcano caballo accepto ad ortus solis porrexit: ac ab eo
lumen recoepit: voluit vlcisci Oenopionem: sed cum ille a
ciuibus suis occultaretur: in Cretam profectus est: verum
cũ nullã se ferã relicturũ minaretur: tellus indignata Scorpi
onem extulit qui eum interemit. Sed a Ioue ob virtutẽ suã
in astra relatus est: habet autem has stellas in capite tres:
sed media est splẽdidior. in singulis humeris singulas cla
ras: in dextro cubito obscurã vnã: in eadẽ manu vnam. in
zona tres. in gladio quẽ manu tenet tres: in singulis geni
bus singulas. q Cęca S. incognita latentia.
Procacibus. S. perseuerantibus: Procax petax est. Pro
care enim petere. Vnde proci. s Superante. S. s. eleuato
& in vndas diuiso. t Salo. S. est enim salum sali.
v Inuia. S. aspera & imania. Vnde & Dido. Que uis im
manibus a o: Nam non suos: sed naturã littoris culpat.
x pauci. D. & misericordiã captat. & suspitionem vio
lentię remouet. y Quod genus. S. Rhetorice mores vio

V

cuperaturus non ad Didonem loquitur:sed ad tertiam se confert personam. D. Quod genus. sub querelis & accusa tiõe tyriorum suam tenent laudem:nã qui alienos mores grauiter reprehendit ab his se alienum demonstrat :adeo autem displacent mores :vt nomen non inueniat:omnes enim feros immanitate vicerunt tirii . C. Quod genus:hoc ho. corroborata causa sua. tũ deniq; audet prorumpere in grauissimã querelã. Habet autem tantam vim hęc interrogatio:vt aliter q̃ ille postulet responderi non possit.

ʒ Quę ve h. D. Cuius regionis est tam sęua barbaries:q̃ est tuę:nomen ergo quo eos appellaret non inuenit: exemplum nõ reperit:quod erat grau⁹:potuissent eñ defendi similitudine alterius gentis

a Hospitio harenę. SE. Vt alibi. Litt⁹ q; rogam⁹. Occupantis est eñ possessio littoris Vnde ostendũt crudeles:qui etiam a communib⁹ prohibent. DO. Hospitio harenę. Quid ergo facerẽt si humano more tectorum peteremus hospitiũ. CRISTO. Hospitio harenę.cũ stupore:cũq; dolore est pronunciandum:quare manifeste demõstrat barbaros mores: cum paucos ęgenos inermes ac naufragos q̊s alii itra tecta misericordia moti susciperent :ipsi a terra sterili & inutili arceãt.

b Bella cient. DONA. non paciũtur:sed inferũt: nec leniter prohibent: sed bellantium more vtuntur armis.

c Primaq;. S. idest in littore. Tuq; o cui prima serẽtẽ f e t. D. pria terra vel quę prima naufragos coeperat post naufragiũ. Et capta misericordia. Vel prima:idest littus quę terra prima est e mari egressis. vt illud hospitio prohibentur harenę. Cum autem de Thiriis conqueritur:etiam de Didone quę illos regit:deinde relicta hac subtilitate aperte Didonem taxat:cum dicit. Temnitis ac spernate: & non temnunt: & spernãt. d Mortalia SERVIUS. mortalem possibilitatem. e Arma. SERVIUS. etiam consilia significant. f Sperate. SER. abusiue timete.

g Memores. SER. nam si non statim puniũt:sunt tamen memores. Hora. Raro antecedentem scelestium deseruit pede poena claudo. h Rex erat Aeneas n. quo iustior ꝛc. S. Pietas pars iustitię sed naturalis. Nũc ergo dicit qua parte sit iust⁹. idest pietate. Bene autem laudat & pietatem quam a Didone impetrare intendit:& virtutẽ qua vult timeri. D. Rex. in hoc virtutes animi laudat :scilicet iustitiam:& pietatẽ:et corporis:scilicet fortitudinẽ:quę est in exercitatione belli. Vult eñ pro benefactis consimilẽ vocem promittere: quę est a iustitia:& pietate:& pro iniuria vltionem quę est a fortitudine. C. Rex erat. Cum pondere verborum legenda sunt:& suspirio:vt quantus fuerit:& quãto damno inde affecti sint appareat:laudat autem a iusticia & fortitudie. Nã & si omnes maximas virtutes in reges esse oporteat:tamen quia regium est. & populũ suum in tranquillitate per summã concordiã regere:& ab omni externa vritutum prestare. Neq; illud primũ sine iustitia:neq; hoc secũdum sine fortitudine vnq; potest fieri:iccirco has preter ceteras optimus rex habere curabit. i Bello & armis. S. Non est iteratio. Nam bellũ & consilium habet. Arma tantum in actu sunt.

k Quem si fata virum, D. Quã pulchre variãdo Idem id est si viuit tripliciter profert. Magna autem arte parua petit. & magnam remunerationem promittit: & audientem terret: nam cum demonstramus posse multũ prodesse:intelligitur asserere posse. & mltum nocere:si res exigat: hoc modo:si Aeneas viuit:nihil nobis est metuendum, sin contra:habemus Acestem regem magnum & opulentum viris armis diuitiis :his ergo proposuit spem & ingerit metum. C. quem virum. Et hoc cum eleuatione proferẽdum

l Seruãt. si vescitur:nec occubat. CRI. Expolitio est color rhetoricus:quę tunc fit cum eodem in loco manemus . & aliud atq; aliud dicere videmur. Ea fit dupliciter:si autẽ eandem rem plane dicemus:aut de eadem re. Eandem dicemus non eodem modo: sed cõmutabimus tripliciter verbis:pronunciando: & tractãdo. De eadem re cum dicem⁹:pluribus vtemur cõmutatiõibus. Nã rei rationem afferre poterimus: cum illam simpliciter pronunciauerimus: deide dupliciter efferrem⁹, vel cũ ratione:vel sine. Deinde cõtrarium afferrem⁹: huic simile. et exemplum: & post hęc conclusionẽ.

Q̃d gen⁹ hoc hoĩm:q̃ue hũc tã barbara morẽ
permittit patria:hospitio ꝓhibemur harenę.
Bella cient:primaq; vetant cõsistere terra.
Si genus humanũ et mortalia tẽnitis arma.
At sperate deos memores fandi atq; nefandi.
Rex erat æneas nobis:quo iustior alter
Nec pietate fuit:nec bello maior et armis:
Quem si fata virum seruant:si vescit᷑ aura
Aetherea:nec adhuc crudelib⁹ occubat vmbris
Non metus:officio nec te certasse priorẽ
pœniteat,sunt & siculis regionibus vrbes

m Vescitur. CRISTO: Cur de aere dixit vesci.cũ vesci & comedere idẽ sint: referatur q; ad alimentum quia secũdum Albertum: in libro de animalib⁹. Aer quẽ pulmones veluti folles attribuunt:non solum cor refrigerat :verũ etiã vt nutriat:& restauret:spiritum vitalẽ in corde gignit ex substantia aerea decocta:atq; digesta. Nam talis substantia exuberat in substantia spiritus vitalis licet sit mixtus ex plurib⁹ elementorum substantiis: non enim solus aer conuersus fit spiritus:nec solus nutrit ipsum:sicut nec sola aqua nutrit membrum:sed aerea est maior pars substantię.

n Crudelibus. C. inexorabilibus:& quę nullis precibus placãtur:vnde ipsa alibi ignoscenda quidẽ scirent se ignoscere manes. o Non metus. SER. Vult eam non timere:ne hęc inaniter prestet.

p Officio. CRISTO. Est autem officium actus ꝯgruus vnicuiq;. Vnde id ad q̊d natura impellit:officium dicitur. Itaq; est officium hominis prestare beneficium aliis cum potest:quia homo non sibi soli (vt inquit Plato) natus est: sed omnibus. q Peniteat. SER. Non purum videatur:prima beneficia prestitisse:cum possis maiora recipere.

r Troiano a sanguine. SER . Cũ laomedon promissam murorum mercedem Neptunno:& Appollini denegasset. Neptunnus iratus cętos Troiam immisit quo eam vastaret. Appollo autem consultus:& ipse iratus perperam respondit:obiiciendas bestię nobiles puellas:Quod cũ fieret timens Hippotes quidẽ nobilis filię segestę cum laomedontis regis Hesiona iam orta seditione esset monstro exposita imposuit eã naui:ac amisit quo sors ferret. Hęc ad Siciliam delata a Crinosio fluuio quem Crinisum Virgilius licentia poetica vocat conuerso in vrsum:vel in canem compressa edidit acestem:qui ex matris nomie Segestam vrbem condidit. s Quassatam ventis. DONATVS: Ingerit summam petitionis non onerosam danti:s. vt liceat in siluis resarcire cõuulsas naues:vt possit si viuit Aeneas in italiã tendere. Si autem non viuit in Siciliam.

t subducere. S. i. ĩ terrã trahere. Deducere aũt ĩ mare mittere, vt deducũt naues sotii. v Aptare. S. apta legere.

Armaqꝫ: troianoqꝫ a sanguine clarus acestes:
Quassatam ventis, liceat subducere classem:
Et siluis aptare trabes et stringere remos.
Si datur italiam sociis et rege recepto
Tendere: vt italiam læti: latiumqꝫ petam⁹:
Sin assumpta salus: et te pater optime teucrꝫ:
pontus habet libyæ: nec spes iam restat Iuli
At freta sicaniæ saltem: sedesqꝫ paratas
Vnde huc aduecti regemqꝫ petamus acestē.
Talibus ilioneus, cuncti simul ore fremebāt
Dardanidę et sceleris testes pia numīa poscūt.
Tū breuiter dido vultum demissa profatur:
Soluite corde metū teucri: secludite curas:
Res dura: et regni nouitas me talia cogunt
Moliri: et late fines custode tueri.
Quis gen⁹ Aeneadū: quis troię nesciat vrbē
Virtutesqꝫ: viresqꝫ: aut tanti incendia belli:
Non obtusa a deo gestamus pectora poeni:

x Stringere. S. aut defrōdare: vt agricolę stringūt frōdes: aut fractos stringere remos. i. ligare. y Rhemos. C. dr̄ fortasse rem⁹ a greco ꝟbo ρεω ꝙ facile per aquā fluat: ide remigare. s. remis nauigiū agere. ide remiges q remos agūt. Inde remigiū nō solū remigum act⁹. verūetiā ipsa remigū turba, vt seruitiū dicitur & officium ipūm: & turba seruorum. Inde remulcū: quod est cum aliud dū nostrorum remis impellimus alligatū trahimus. Cesar in cōmē. Post ꝗ relictam in littore nauē conspexit. hanc remulco abstraxit: quod Etrusci dicunt rimorchiare.

z focijs & rege recepto. S. Sylepsis per numeros: vt hic illius arma hic cur. fu. a lgti. C. propter receptum regem vel veloces propter auiditatem veniendi.

b Salus S. Aeneas qui nostra salus est.

c Et te pater. D. Ex apostrophe captat cōmiserationem Didonis. C. pater optime. cū eadem cura sit in ciuitate administranda regis: quę est patris in sua domo a similitudine rex. pater appellatur: & ē maxima laus regis: ꝙ pater habeatur: idest omnes ciues, veluti filios amore paterno curet. d Spes. S. Recte propter ętatē.

e Sedesqꝫ paratas. S. ꝑpter Acestis cognationē. C. Sedesqꝫ paratas. facit discessum verisimilem vt maluit illuc ire: vbi sedes sint paratę ꝗ in lybia vbi essent parandę imorari.

f Regem: S. qui nobis est futur⁹ rex: aut qui rex est.

g Ore. S. nā & armis sit fremit⁹: ore ģ ꝯgnoscebat

h Breuiter. S. At qui nō breuiter loquitur: sed longum & breue. Magnum & paruū: ꝑfectū nihil habēt: sed per comparationē intelliguntur. Ergo breuiter minusqꝫ Ilioneus. Notandū autem regum esse breui loquium fœminarū vericūdiam. Quapropter vtrunqꝫ dat Didoni. DONA. Breuiter: pōt intelligi propter ꝑsonā locuturę mulieris. & sermonē factu rę ad viros incognitos.

i Vultum. D. non solū ꝓpter verecundiā muliebrē. verum etiā propter obiecta: & eo magis erubescant: ꝙ nec barbara fuit. Artificiose autē non negat quę manifesta sunt: sed purgat. CRISTOFERVS. Vultū demissa: propter pudorē quę laus in muliere maxima est. Ham vt ait Cicero. Custos vero virtutum omniū decus fugiens: laudisqꝫ maxime consequēs verecūdia est: hęc igitur efficit: vt apud alienos neqꝫ diuti⁹ loqueretur: neqꝫ lasciuius intuereť. Quo vtroqꝫ vitio maxime onerat eas quas vituperat mulieres Iuue. Audax enī inquit & cętus quę possit ferre virorū. Cunqꝫ paludatis ducibus presēte marito ipa loqui recta facie strictisqꝫ mamillis. vtitur aūt ipa statu assumptiuo in cōcessione criminis per purgationē. Nam affert necssitatē.

k Soluite. S. Sicut supra iouis oratio obiecta purgat: & petica permittit: Cum petuntur; aut promittuntur: a validissimis est inchoandum: vt hic & arguit a neccessario. D. Soluite. paucis securės reddit: vt cętera libentius audiant: C. Soluite. Beniuolentiam: & attentionē mirifice captat: Statim enim eos a timore liberet: neqꝫ solum id iubet verbis. Verum etiam affert rationem: & quare coacta sit talia facere: & quare debeat in illos esse mitis.

l Secludite. S. Iteratio ad augmentum beniuolētię. Secludite pro excludite: quod fit: aut propter hiatū: aut propter suauitatē: vt ab silice in vnda connixa reliquit ꝑ enixa.

m Res dura. S. Vicinos barbaros: & fratrē formidat:

n Regni no. S. semper habet timorem. D. Regni nouitas: errant qui rem durā & nouitatem regni vnum putant. Nam rem durā interitum mariti: & metum fratris intelligit. ne regnū adhuc infirmū inuaderet: sed nec expressit: ne narrādoqꝫ teucros latebat: vulnus antiquū refricaret: & scel⁹ domus detegeret: Cōsulit etiam Poeta negotio suo: ne quod per venerem narrauerat: iterum ponat.

o Cogunt D. Exprimit quę fecisset esse a sua natura aliena: vt custodia littorum non ad inferendā iniuriā. quod conquerit Ilioneus: sed ad propulsandū posita videatur.

p Moliri. S. bene moliri: & nō facere vt terroris sit: & non crudelitatis.

q Quis genus. D. Ostendit beniuolentiam: vt credatur vera dixisse: vt turbatos congruę honorificētię ratione componeret: nouimus inquit virtutes vestras: & aduersam troię fortunam: quę cum dicit humanitatis spem prebet: facile enim his succurritur: quorum aduersa nota sunt.

r Aeneadū. S. Satis propere: sed in opere inemendato non mirandum.

s Troię. n. SER. aut Ilium quod in Troia ꝓuintia est: aut Troię vrbē: vt vrbem patauī.

t Incendia b. S. idest vim Semper enim diluuio: & incendio comparat bellū: vt In segetem veluti cum flāma furētib⁹ austris Incidit. aut rapid⁹ mōtano flumie torrēs: v Nō obtusa adeo. S. i. multū. Ter. Adolescentem adeo nobilem. vel intantum vt dicis. Obtusa nō stulta: sed crudelia. DONA. Non obtusa adeo. Non sunt corda nr̄a ab humāitate aliena: nec sic viui⁹: vt solis equitas a nobis auertat cursus suos propter facinus quod videat. CRI. Non obtusa. idest crudelia: & causam pro effectu posuit. Obtusum enim dicimus ingenium cum tardum est. Et est translatio a ferro: quod amittendo aciem efficiť obtusum. Ex tarditate autem ingenii: atqꝫ inscitia amittimus humanitatem.

x Nec tā auersus equos ⁊c̄. S. Fabula est Atreū: & Tyestem germanos cum omni dissentione sibi nocere nō possent in simulatam gratiam rediisse: hac occasione Tyestes cum fartris vxore concubuit. Atreus vero sibi filios epulā dos apposuit:que sol ne pollueretur effugit. s3 veritas est A treũ apud Micenẽses primũ eclypsim solis inuenisse: cui inuidens frater ex vrbe discessit tempore q̃ eius probata sũt dicta. C. Nec tã a. Sta. Quid nota recõdis. Scim⁹ ait nec sic ad e sũ sol fama micẽis vertit iter. Sol aduersus. Placet fabula atrei. Sed physici ostẽdũt regiõ s frigidiores efferat ores hoĩes producere consueuisse. y Seu vos hesperiã. S: μεγαλη em̃ ελλας appellata est: q̃ a tarento vsq̃ cumas omnes vrbes condiderũt greci. D. Seu vos. h. prosequit̃ sũmã beneficiorũ suorũ: & ꝓpositis respondet: vt quocũq̃ ire voluerint auxilio ꝓsequat̃. z Magnã. C. Hoc epitheto discreuit italiã ab hispania.

los apud se futuros? f Vrbem. S. pro vrbs per antiptosim: vt multi volunt: melius tamen vultis: bis repetendũ vt vultis considere mecũ: & vultis vrbẽ quam statuo: vt eruet ille agros a. q. my. Ipsũq̃ aeaci: subaudis ille. nam alter Mycenas expugnauit: alter vicit Pyrrũ. C. Vrbẽ quam statuo. et que dicta sunt placet. Et fortasse morẽ imitat̃ est grecorũ: qui antecedens in casu in quo sit relatiuũ sepius q̃ in eo quẽ requirit verbũ reponere malunt. Sic Therentius fabulas quas fecisset placerent populo.

g Vestra est. D. Auget studiũ beniuolẽtie: offerens plenã facultatẽ possidende vrbis: lege autẽ ne sit error. Quã statuo vrbẽ vestra est.

a Saturniaq̃ arua. CRI: Nõ solũ ponit italiã. Sed eam partem italie quam petunt. s. latiũ. quo a filiis fugatus Saturn⁹ cõfugit: idq̃ latiũ vocari voluerit: qm̃ tutus in eo latuisset.

b Erycis. S. Erix veneris & Bute filius fuit: qui occisus ab Hercule monti ex sepultura nomen dedit: in quo matri fecerat templũ quod Aeneã ascribit Poeta: in hoc mõte dicitur etiam Anchises sepult⁹: licet Catho i italiã venisse scribit. C. Erycis. Hic mons drepano vicinus ẽ: denominatus ab Erice cui⁹ genus ita dicitur. Neptunn⁹ amycũ genuit ex muliere nympha. Hic a poluce arte pugili supatus: cesusq̃ est relicto filio q̃ Butes vocat⁹ ẽ: fuit aũt rex bebricie que post Bityniã est. Butes aũt post mortẽ patris ab argonautis domo pulsus: drepanũ in Siciliam venit: vbi a lycaste nobili meretrice: quia formosus corpore esset adamat⁹: ex ea Erycẽ genuit. verum cũ lycaste propter pulchritudinẽ venus appellaret̃: veneris filium Erycẽ dixerũt Hic & diuiciis mr̃is & viribus patris insolentior factus: ab Hercule ex hyspania reuertente occisus: et in monte propinquo qui ab eo Eryx dicit̃ sepultus est. Diod. aũt siculus ait Butem regem Sicilie fuisse: & ex venere erycem sustulisse: qui ob genus maternũ i maxima gloria habitus est: vrbẽq̃ in alto loco a se denominatã condidit: atq̃ in arce templũ matri posuit: Cuius famã nõ vt alia pleraq̃ vetustas minuit: sed indies auxit: Vnde & Aeneas in italiã veniens vehementer honerauit. Idẽ fecerunt Carthaginenses: magna parte insule potiti Multo aũt magis Romani. Nã. xvii. ex fidelissimis vrbibus huic templo aurũ pẽdere tulerunt: & milites: qui illud custodirent posuerunt.

c Auxilio tutos d. o. q̃. iu. C. Duo magna pollicet̃. Et q̃ tãtũ militũ dabit: vt q̃uis pauci relicti sint: tamẽ tuti suo exercitu ad suos peruenire possint. Et q̃ insuper his muneribus ab ea donabantur: vt vbicũq̃ cõsederint: ibi cõmode: & sine inopia esse possint.

d Vultis. D. Ecce plena beniuolentia: vt in societatẽ regni eos vocet qui omnia desperarint.

e Pariter. C. vno aduerbio adimpleuit quod tamen in sequentibus apertius interpretatur. Nam pollicet̃ illis: & possessionẽ vrbis cõmunẽ cũ suis: & eodẽ iure quo sui funtil-

Nec tã auersus equos tyria sol iungit ab vrbe:
Seu vos hesperiã magnam: saturniaq̃ arua:
Siue erycis fines, regẽq̃ optatis acestem:
Auxilio tutos dimittã: opibusq̃ iuuabo.
Vultis et his mecũ pariter cõsidere regnis:
Vrbem quã statuo vestra est: subducite naues.
Tros tyriusq̃ mihi nullo discrimine agetur.
Atq̃ vtinã rex ipse notho compulsus eodem
Afforet æneas: equidẽ per littora certos
Dimittã: & lybiæ lustrare extrema iubebo.
Si quibus eiectus syluis aut vrbibus errat.
His animũ arrecti dictis: & fortis achates:
Et pater Aeneas iamdudũ erumpere nubẽ:
Ardebant: prior Aeneam compellat achates:
Nate dea: que nunc animæ sententia surgit:
Omnia tuta vides: classem sociosq̃ receptos.

h Tros ty. D. Mire temperauit dicẽs troianos cũ icolis vno futuros affectu vt honorifica iuxta hospites non illos postponeret: ne vt rursus deiiciẽs suos: qui ex tyro illã secuti erãt inter populos inimicitias excitarent. i Agẽt. S. regetur. k Atq̃ vtinã D. Quia viderat troianos anxios de rege: optat aduẽtũ: & refert inquisitionis auxiliũ: & vt faciaret obliti beneficii gratiã addit: Et libie 7c. l Noto. S. aut simpliciter ꝓ vẽto: aut vere noto: qui de syrtibus carthaginẽ impellit.

m Afforet. S. Aduentus tẽporis future.

n Equidẽ. n. S. Semper apud virgi. ego quidem. Alibi etiam quidem, tãtũ Persius nõ equidẽ hoc dubites ambo foeder. c. c. d:

o Certos. S. Vel veloces vel fideles: Vtrũq̃ em̃ hoc loco significat. Itẽ firmos. Salust. Apud latera certos locauerat. Itẽ & deliberati iudicii vt cert⁹ iter. C. Certos Id certũ ẽ: de q̃ ita exploratũ sit. vt nulla penit⁹ restet dubitatio. Vnde & fortem & fidum dicimus certum: quoniã nulla: aut de fide: aut de fortitudine e⁹ dubitatio sit.

p Et lybie 7c. DO. Etiam hoc loco ostendit Virgi. non solũ Carthaginẽ: sed multas ciuitates alias esse sub Didone.

q Eiectus. S. naufragus. vt eiectũ: & littore egentẽ.

r His animũ. D. Cum iam omnia tuta esse explorassent statuunt se offerre: ne illa inquerendi negociũ assumat:

s Iamdudũ. S. olim: aliquando cito. vt iam dudũ sumite poenas.

t Prior. C. quia animi cupiditatẽ nõ potuit ita comprimere: vt Aeneas comprimebat. Et pariter sapientiorem consulere placebat.

v Nate dea. D. Quia inferior non proprio nomine appellat: sed honorifico. Et q̃uis prior loquatur nihil iubet: aut consulit. Sic em̃ Aenee prudentia inferior fuisset: & ille arrogans: sed interrogat tanq̃ prudentiorem.

x Surgit. S. oritur. Et est translatio corporũ ad animũ. vt alibi. Stat. conferre manum.

y Omnia tuta vides. D. Ne prolixitate morã afferret: quã breuiter omnia transit. z Vidimus. S. qd añ doloris fuerat: nũc est cõsolatiõis: quia ceteros incolumes cernit.

a Respondent. S. cõsentiunt. Nam illa dixerat. Nãq̃ tibi reduces sotios.

Vnus abest medio in fluctu quē vidim⁹ ipsi
Submersum: dictis respondēt cętera matris.

Vix ea fatus erat: cum circumfusa repente
Scindit se nubes: & in ęthera purgat apertū.
Restitit ęneas: claraq; in luce refulsit
Os humerosq; deo similis: nāq; ipsa decorā

b Vix ea fatus erat. C. ex sapientia erat Aeneę cū se diuio maternoq; fauore ocultatum cerneret: omnia deę matri integra relinquere: nec quicquam illi⁹ iussu decernere. Ergo nō erupit de nube: sed illa iubente dea scindit se.

c Nubes. S. Nubes tātū dici⁹ nō etiā nubes: q̄uis trabs dicaf: & trabes stirpes: & stirps p̄ce et prex: plebs & plebes. Sunt enim ponendę quę legimus. nam non sunt artis. Sed vsurpationis: qua Poetę metri causa vtūtur augēdo: vł minuēdo noīatiuū. Inde est supellex: & supellectilis. DO. Scindit se nubes. Non ipsi ex nube progressi sunt: sed nubes discesset: vt ostendatur natura rerū cōmodis Aeneę inseruire. Ergo tam diu fuit tect⁹ q̄ diu opus fuit. deinde discessit nubes.

d Restitit. D. vt dictum est: sed pulchrior q̄ fuit: hoc curauit mater propter Iunonia auspitia. Comparat auro: & argento: quę cum per se splendeant: arte tamen meliora fiũt. Cōparat deo: quia nepos Iouis est: & veneris filius Et Cęsaris perinde affinis quem omni occasione poeta laudat: Virorū autem forma: & splendor corporis iungitur fortitudini: Pulchritudo em̄ sola plurimorum obfuit famę.

e Claraq; in luce refulsit. S. laus pulchritudinis cui ne lucis quidē claritas derogauit. DO. Clara: dicit Aeneam splendore suo lucem diei fecisse meliorem. f Os humerosq; ₹c. C. habebat simile os deo: quia in ore: idest in facie apparebat diuinus aspect⁹: Os em̄ latini nō solum appellabāt: hiatum ipsum: in quo dētes linguaq; latet. sed totum illud a principio frōtis mētum: facies autem cuiuscūq; rei forma est: vt: quibus aspera dudum visa maris facies: sed q: in hoīe ea pars alium ab alio distinguit: iccirco faciem dicim⁹: quia sit forma hominis: & dicitur a faciendo quia nō materia: sed forma ₹e facit. g ; Nāq; ipsa decor. ad pulchritudinē ptinet Hos

Cęsariem nato genitrix: lumenq́ iuuentę.
Purpureum: et lętos oculis afflarat honores.
Quale man⁹ addũt ebori decus: aut vbi flauo
Argentũ: paryus ve lapis circundatˀ auro.
Tunc sic reginã alloquitur: cunctisq́ repẽte
Improuisus ait: corã quem quęritis adsum
Troius æneas libycis ereptus ab vndis.
O sola infandos troię miserata labores:
Quę nos relliquias danaũ: terręq́: marisq́:
Omnibus exhaustos iam casibus: oĩm egenos
Vrbe domo socias: grates persoluere dignas
Nõ opis est nostrę dido: nec qcquid vbiq́ est
Gentis dardanię: magnũ quę sparsa per orbẽ:
Dii tibi si qua pios respectant numina: si qd
Vsquã iustitię est: et mens sibi conscia recti:

mer⁹ ad fortitudinẽ: tunc sic debuit loqui prior: vt & exse iudicaret et ageret gratias: & vt ostẽderet se affuisse. Hec. D.
g Ipsa. S. aut genitrix: aut pulchritudinis dea.
h Decorã. S. vt ostẽdat etiam naturalẽ pulchritudinem fuisse in ea. Ergo pars Aeneę relinquit: pars fauori matris tribuitur: hoc sequens iudicat comparatio. vt Hor. fortes cre antur fortibus. Nam artificiose: nec eruditiõi nec natalib⁹ derogat. i Lumẽq́. C. Donum em̃ ẽ iuuentutis vt in formoso corpore appareat inter ex candido simul: & sub rubenti colore suauissimo quodam temperamẽto pmixtus.
k Iuuentę. S. Iuuẽtus multitudo iuuenũ. Iuuẽt⁹ dei: vt libertas. Iuuenta ętas: sed hęc confunduntˀ a poetis.
l Purpureũ. S. pulchrũ: & floridũ. Hora. Purpureus ales oloribus.
m Lętos. S. non terribiles: vt solent esse in virib⁹ fortib⁹. C. Honores lętos. Gramatici pulchritudinẽ interpretantˀ: vt apud. Stati. Quãtus honos. quãtusq́ pudor: ne credite patri. Et super hesternã licuit cognoscere bella. Ego credo honores esse aspectum flauum in facie: quo honorare digni putamur: hoc in muliere dicitur venustas: in viro dignitas: hanc igiˀ dignitatem ita fuisse ostendit in Aenea: vt grauitati quę propria viri est admixta: tamen esset iocũditas: ergo erãt honores propter dignitatem aspectus: sed erant lęti: propter admixtam iocunditatem: nã sũmopere laudatur in viro summa grauitas: summę iocunditati coniuncta.
n Ebori. S. Ebur a barrho: id ẽ elephãto. Hora. Quid tibi vis mulier nigris dignissima barrhis. Nõ seruat autẽ naturam nominis: nec obliq casus: nec deriuatio eboris eĩ & ebrun⁹ facit: nõ eboris sicut murmuris. C. Ebur a barrho dicitur: et elephantis dens est: vt multis in locis iuuẽies. Barrhus autem idest elephas ẽ. per onomatopiam: quia vox ei⁹ sonum huius nominis imitatur. At tamen Theoph. Ebur fossile nigro: & candido colore inueniri: & ossa e terra nasci: inueniriq́ osseos lapides.
o Paryus. S. i. candidiss. est lapis lygidius noĩe: & nascitˀ paro insula. Sic sua gratia: & matris auxilio prepotẽs. C. Pary⁹. paros vna est e cycladibus insulis a paro Iasonis ne pote sic dicto: cum antea minoia diceretur: gignit marmor candidissimum: quo quidem primi sculptores Dipelus & Scillus in sculpẽdo vsi sũt: & dei de Melas & Micciades et filii: & butalis: Et quoniã huiuscemodi lapis in cuniculis ad lucernam cedebatur lichnix appellatus est.
p Coram quem quęritis. SER. distinguendum: nam si vnum esset diceret adest. DONA. Coram. vno versu omnibus respondet: vt properaret ad gratias agendas.
q O sola. SER. propter polymnestorem: qui fidem violauit. DOM. O sola. infã. Summa arte loquitur: et habet rationem loci: temporis: & personę: loquebatur Carthagine vrbe inimica propter Iunonẽ: & in templo ipsius apud eam quę summã teneret imperii: & eo tempore quo post naufragiũ terras cupiebat. Ergo nihil de Iunonis factiõe questˀ est: gratias agit nullum culpãs. Sola laudat factũ q̃ sit sine exemplo: & occulte miratur iuuenta sibi requiem Vnde periculum fuisset timendum Causas aduẽtus: quia Ilioneus dixerat preterit.
r Miserata. SER. Idem est miseror: & misereor: sed alterũ genitiuũ regit: alterum accusatiuũ.
s Relliquias danaum. SER. Vel Troianos dicit simpliciter: vel se. q̃ auxilio Neptũni euasit Achilles. D. Quę nos. s. relliquias danaũ: relliquias terrę: relliquas maris: demũ: quia infiniti perierant: & vrbs ceciderat.
t Terrę. S. propter cretensem pestem: qua multa perierant.
v Maris. SER. propter Orontis casum: qui naufragio perierat.
x Casibus. DONA. ostendit inopiam nõ esse origialem: quasi abiectę p song: sed fortunę violentia prouenisse. docet quę sint curãda in laudibus: nam imparẽ se in reciprocis bñficiis: vt debuit demõstrare. Inuenit tamẽ in hoc occasione: ẽ a laudis officio nõ alienam qua multitudinẽ quoq́ Troianorũ laudaret: qui per orbẽ sparsi exigui in numero Carthagine erant.
y Egenos. SER. Honestius genitiuo q̃ ablatiuo iũgitur egeo.
z Vrbe domo. S. idest publico: & priuato hospitio recipis operis possibilitatis. DONA. Vrbe domo: Currit per amplificationẽ extollens prestitum in maius: vt non solum in hospitium suscepti sint: sed etiam in societatis federa vocati.
a Vbiq́ est. SER. Multi em̃ post excidium Troię vrbis diuersa tenuerunt. Helenus epyrum. Antenor Venetiam. Alii Sardiniam. secundũ Salusti. Alii syrtibus vicina loca: secũdũ Luca. vt portusq́ quietos: ostendit libyę phrygio placuisse magistro.
b Dii tibi. DONA. quoniam beneficiis tuis singularibus: & in eternum preferendus humana vox respõdere nõ potest. Dii pro nobis quę mereris exoluant. DO. Dii ti. Ne omẽ recipcã vicẽ referẽdę gratię ammittat deos rogat. vt q̃ ille non põt: illi prestẽt: quod aũt ipse potest nõ tacebit.
c Si qua. SER. siquidem Hora. Si tamen impie non tangenda rates transiliunt vada. Nec enim cõgruit optare dubitantem: aut ad se retulit: qui pius tamen laborat: CRI. Si qua pios: Nã in tantis calamitatibus constitutus non dubitat numina pios despicere: sed hęc veluti si dubitaret cõqueritur. d Si quid v iu. S. Si valet apud homines iustitia. e Mens sibi conscia recti S. Stoice hi enim dicunt virtutem esse pro premio: & si nulla sint premia.
f Tam lęta. S. alibi nati melioribus annis: Foelicitas em̃ temporum ex nascentiũ meritis comprobatur. DO: Tam lęta secula. Si quis dicat. cur tu sola talis: et nõ aliis similes his seculis nati sunt: vt supra. O sola infãdos. et occulte im

nisse seculorũ esse: vt aut boni: aut mali nascãtur, querit igi tur secula quibus Dido talis potuit nasci. quia per totum orbem iactati troiani solã beniuolã: & liberalẽ illã inuene runt. C. Leta secula idest foelicia sydera: quorũ cursu secula constant. Nam & si animi humani suapte natura pares sint: neqꝫ astris subiecti: tamen cũ inclusi sint corporibus: sortiũtur inde multas inclinationes: & procliuitates: vt a stellis habeãt: & acumen ingenii: & hebetudinem: & pro ui sint ad virtutem: & ad vitia. Hinc Sta. Dic age quãdo tuis alacres assistimus vndis. Que dom⁹ aut tellus animã quibus hauseris astris.

mirarẽtur: quomodo liberari: & ad ipsam nulli visus per uenire. p Aspectu. SER. pulchritudine.
q Casu. SERVIVS. miseratione. r Ore. SER. pe pleonasmus est. s Quis te nate. SER. Quis qualis. & est admirantis: & non interrogantis: vt quis globus o ciues. non enim interrogat qui nuntiat. Norat autem hec Dido ex teucro: vt postea dicet. DO. Quis te nate dea. Ex his verbis ostendit aliquam sui generis notitiam habere: & quãuis hoc apud Aeneam possit esse mirabile: ait indi gne illum pati: vt dea genitus tempestate ad regiones se uas delatus sit. t Per tanta pericula. DO. Miraẽ peri cula in eo quẽ potentia nũ mis tueri debuit.

Premia digna ferant: quę te tam lęta tulerũt
Secula: qui tanti talem genuere parentes?
In freta dũ fluuii current: dũ montibus vmbrę
Lustrabant: cõuexa polus: dũ sidera pascet.
Semꝑ honos: nomẽqꝫ tuũ: laudesqꝫ manebũt.
Quem me cũqꝫ vocant terrę: sic fatus amicũ
Ilionea petit dextra: leuaqꝫ serestum:
post alios: fortemqꝫ gian: fortemqꝫ cloanthũ:
Obstupuit primo aspectu sidonia dido.
Casu deinde viri tanto: & sic ore locuta est.
Quis te nate dea per tanta pericula casus
Insequitur? que vis ĩmanibus applicat oris?
Tu ne ille ęneas quem dardanio anchisę
Alma ven⁹ phrygii genuit simoẽtis ad vndã?
Atqꝫ equidem teucrum memini sidona venire

g Qui tãti. D. quia nascẽdi rõ per parẽtes puenit hoc est foelicitas: si pcipu os suscipiãt libero. Querũtur secula. querũtur parẽtes. Dido sola in toto or be iustissima memoratur: vt quod summũ est: etiã totum suum sit: nec habe at parẽ. C. Qui tanti Stat. Dic quis & ille pater: nec eni tibi numia lõge. Trãsi at fortuna licet: laudatio eñ in tria tempora diuidi tur: scilicet ꝙ ante eos fuit vt patria parentes: & ma iores. Qui ipse vixerit: & quid boni: aut mali corũ. causa post mortem sit se cutũ. h Parentes. S. Re thorice parẽtes quos igno rat laudat ex liberis. Serua ta autem sunt omnia lau dis precepta. Nam ab ipsa laudauit: & a parẽtibus.
l In freta. S. in maria: nã proprie fretũ mare est: na turaliter mobile ab vnda rum feruore. D. In freta: Ostendit enim rerꝫ finem futurũ: cum illius honos nõ stabit. Simile illud. Dũ domus Aeneę capitolii im mobile saxũ. Accolet im periumqꝫ pater Roman⁹ habebit. k Conuexa. S. alii intelligunt inclinata mõtis latera: ergo vmbrę lustrabunt: idest flexibus circuibunt cõuexa latera: vt lustrat auẽtini montẽ: aut lustrabunt: inumbra bũt. Vnde lustra ferarũ & lupanaria per contrarium dicimus: quia parũ lustrã tur. Alii cõuexa sidera: id est pendẽtia planetasqꝫ in telligunt: qui non sunt fixi pasci autẽ aquis marinis cęlestes ignes physici dicũt Luca: Atqꝫ vnde plusquã quod digerat aer.
l Sidera pascet. C. quod semper est secũdũ Platonicos: qui dicunt sidera animata esse. & humore qui a sole attra hitur pasci. m Me cunqꝫ. DO. Subtiliter se nec cessatu rum dixit: nec est pollicitus habiturũ: ne Didonem lęderet vrbis societatem offerentem.
n Amicum. DONA. quod probauit amici absentis causam defendendo.
o Obstupuit. SER: quod signum est futuri amoris. D. Obstupuit. visa est forma. & cum casum eius vehemẽter

v Que. SERVIVS. qualis.
x Immanibus. SER. Sic Salusti. Mare sęuũ: & importuosum.
y Applicat. SER. Nunc per d prima sillaba scribit Antiquitus autem prepositio vltimam litteram in vicinam mutabat: Secundũ vero euphoniam per a tãtum. Prepositio enim in compositiõe: aut suã vim retinet: vt induco: aut mu tat vltimam: vt sufficio: aut perdit: vt coeo.
z Tũc ille Aeneas. CRISTO. habet emphasim ille. quasi dicat tantus vir.
a Dardanio. CRI. quasi generoso: & cum quo venerẽ concubuisse non pu deret. Nã a Dardano Io uis filio originem ducit.
b Anchisę. SER. Bñ ad didit Anchisę. Nam cum multis concubuit. Ven⁹: fit autem pastor Anchises & cum eo amato concu buit Venus. Vnde Aeneas circa Simoim fluuiũ na tus est. Deę enim: vł nym phę enitũtur iuxta flumi na vel nemora: quod cum iactaret Anchises afflatus fulmine: oculisqꝫ priuatus est.
c Ad vndã. CRISTO. Consueuere Poetę. vt diis genitos: iuxta flumina ge nitos dicerent. Sic Sta. Nã qꝫ vt passa deum Nemei ad fluminis vndam. Bis q nos plena cum fronte resu meret orbe cinthya.
d Atqꝫ equidem. DONATVS. Exponit quomõ hęc scierit: quare. supple cum videatis vos non esse incognitos: & morem esse fami lię meę: vt venientes excipiat: vt Teucer a patre susceptus est. e Sidona. SER. Hercules in colchos proficiscẽs perdito. Hyla post peragratam Mysiam nauibus Troiam ve nit: a cuius portu cum ipsum Laomedon prohiberet occi sus est. & eius filia Hesiona Thelamoni qui primus ascẽde rat murũ tradita est: Inde natus teucer: nam Aiax ex alia fuit. Hercules autem Priamum redemptum a vicinis hosti bus in regno collocauit. Vnde Priamus dictus. ἀπὸ τοῦ πρίασθαι quod emo significat. Quę autem deliberata Hesio

na dicunt: fabulosa sunt. Teucer autem sine fratre: qui p fu rorem propter perdita Achilis arma se interemerat Salami na reuersus: a patre pulsus. Sidona venit. ex quo hec cun cta D do cognouit. Aiax autem achillis patruelis fuit: quia Telamon & Peleus fratres fuerunt Aeaci filii. CRI. Vrbs Phoenitie est Sidon. f Auxilio bel. CRI. patris mei de quo diximus. de Teucro Hora. Teucer salamina patremq cu fugeret: & reliqua. g Vastabat cyprum. CRI. quam subactam teucro concessit:

sca: paupertas ex collatiõe sacrificabat de bonis dãnatorũ: Vnde supplicia dicuntur supplicationes. quia sunt de bo nis supplitia passorũ. Salust. In suppliciis deorũ magnifi ci hinc sacrum: & venerabile: & execrãdum dicimus: quia sacre res de bonis execrãdorũ fiebant. C. Indicit honores. i. sacrificia: & ostendit ferias fuisse imperatiuas: Feriarũ em: alie erant statiue: que omnes cõmunes: & certis mensibus & diebus in fastis annotate erant: vt Agonalia: Carmẽta lia: cõpitalia. Alie conceptiue: que quotannis a sacerdoti b⁹: vel magistratibus con cipiuntur in dies certos: vel incertos. vt erãt latine: semẽtine: paganalia. Alie imparatiue: quas consu les: vel pretores p arbitrio indicebant. Alie nundine dicuntur paganorũ: & ru sticorũ: quibus conueniũt negociis propriis: & merci bus emendis vẽdendisue: poluunt ferie: si in his op⁹ fit. Regi autem sacrorum: & flãmi in ipsis feriis op⁹ fieri: videre non licet. Etiã per preconẽ nunciabant: ne quid tale fieret: & i ob temperantẽ mulctabant: Sed de feriis latius in geor gicis: vbi est. Festis quedã exercere diebus: fas: & iu ra sinunt. Ergo in hoc lo co notat ferias indictas: t Ad littora. DONA. s. ad illos qs reliquerat Ae neas: & ad illos quos Ilio neus. v Pingues. DONA. Et ergo pingues erant: & du centa ostendit capita:

Finibus expulsum patriis noua regna petentẽ:
Auxilio Beli: genitor tum Belus opimam
Vastabat cyprum: et victor ditiõe tenebat.
Tempore iam ex illo casus mihi cognit⁹ vrbis
Troiane: nomenq tuum: regesq pelasgi.
Ipse hostis teucros insigni laude ferebat.
Seq ortũ antiqua teucrorum a stirpe volebat.
Quare agite o tectis iuuenes succedite nostris:
Me quoq per multos similis fortuna labores
Iactatam: hac demũ voluit consistere terra.
Non ignara mali miseris succurrere disco.
Sic memorat: simul æneam in regia ducit
Tecta: simul diuum templis indicit honorẽ.
Nec minus interea sociis ad littora mittit
Viginti tauros magnorũ horrentia centum
Terga suũ: pingues cẽtum cũ matribus agnos:
Munera letitiamq dei.

h Casus. S. ruine: & nõ fortune.
i Pelasgi. C. populi sunt qui pri⁹ Samothraciã co luerunt. Deinde cũ Athe nienses totum suum agrũ colere non possent: hos su os vicinos receperunt: & partem illis agri habitan dam dederunt. vt sibi mu rũ: qui est circa arcẽ edifi carent. Hic greci vocari pe lasgi coepti sunt: ait Hero do. Sunt autẽ pelasgi secũ dum Dyonisiũ Alycarna seum dicti a pelago eorũ rege: quem ex Ioue: & Ni obe. Phoronei filia: cui pri me mortalium cõmixtus est natum dicunt:
k Ipse hostis. S. Magna laus que ab hoste venit: C. Ipse hostis. Ipse quasi tã tus vir: Hostis. quis esset hostis.
l Teucrorũ. a. s. S. ppter genus maternũ m Vole bat. S. pl⁹ ẽ q si materno gaudens paternum refuta ret genus. C. Volebat. quasi hoc importat: vt se Tro ianũ: q grecũ esse mallet:
n Tectis: S. ad conuiuiũ vocat.
o Me quoq. D. Quam nunc videtis foelicem: ali quãdo fortuna depressit: vt nõ pudeat calamitatũ: que sunt equo animo ferẽ de. Et quoniam non pre sentibus solum consulen dũ erat mittit ad absentes munera: laudat a magni tudine: q tauri. laudat a numero: q viginti. Si em boues dixisset imminuis set gratiam.
p Similis for. C. ne cre dant se cõtemni ab ea: q deiecti sint.
q Hac demum. C. Dat spem: & illos inuenturos sedes. r Non ignara: S. Quare non disco: quia non sum ignara: bis enim intelligimus non. C. Non ignara possumus legere simpli citer. Ergo cum animaduerto calamitatem vestram: disco succurrere: quia non ignara mali. i. quia experta sum in me hec mala. s Indicit honorẽ. S. Iussit fieri supplicatiões & bene Indicit: quia troiani in opinato venerant. Ferie enim aut legiptime sunt: aut Indicte. Indici vero dicunt: q pri

x Dei. SES. idest vinũ: Vel legas die. i. diei: vt sup dicta sufficiãt multorũ dierũ vsui: Intelligamus & aliq missa etiam ad vsum diei DONA. Munera letitiã q dei. vinũ quod sufficeret omib⁹. C letitiãq dei. Apronianus dei legit: ea ratione: q non tantũ iter diu: sed noctu bibatur. Er go munera: & letitiã bac chi. Sed Gellius dii legen dum ait. quia antiqua de clinatio erat dies huius dii pnicies pnicii: Lucili⁹ Ru gosum. atq fami plenum Et Sisena libro septio Rõa nos inferende pernicii cau sa venisse: & Cato pueri & mulieres extrudebãtur famii causa. Cn. Magi⁹ in Iliade Altera pars acii vitasset: & fluminis vndas. Itẽ an maneant specii simulacra in morte silentum. Tullius pro Roscio pernicii scriptum reliquit. Dixerunt aliqui hic dies huius dies. Nã Aulus Gellius. Ideo graphũ virgilii in ge orgicis dicit habuisse libera dies somniq pares vbi fecerit horas. Dixerũt: & hui⁹ die & huius acie: vt ostendit Cesar;

At domus interior regali ſplendida luxu
Inſtruitur: mediiſq; parant cõuiuia tectis.
Arte laboratę veſtes: oſtroq; ſuperbo.
Ingens argentum menſis: cęlataq; in auro

y At domus. D. Oñdit q cũ hoſpites recipimus: dom⁹ p eoꝝ meritis eſt cõponẽda. Ergo cũ accipiendus eſſet Aeneas tant⁹ vir domũ regali luxu p ſe ſplẽdidã: tñ additis multis repẽtinis ornauit. Ergo legẽdũ dom⁹ ſplẽdida regali luxu: et īteriecta mora dicamus inſtruit. ʒ Interior. D. Quia interim in exteriorẽ partẽ troianos īduxerat: interior melius ſolito ornabat. a luxu. S. abũdãtia hic. Alibi luxuria. Dat aũt ſemper poeta abũdãtiã exteris gẽtib⁹. Rõnis vero frugalitatẽ: qui duob⁹ btm̃ cibis vtebant: & in atriis ędebant ſe dentes. Iuue. Quis fercula ſeptẽ ſecreto cenauit auus. Et virgi. Perpetuis ſoliti dapib⁹ cõſidere mẽſis. C. Regali luxu. i. tãto quãto reginã decebat. Luxus aũt nõ vituperat i ditiſſimis: qm̃ id opes fuerũt ſuę. Vituperat i. tenui cẽſu. Qua pp̄ter recte Iuue. Attic⁹ eximie ſi cœnat laut⁹ habet. Si rutilus demẽs: qd ei maiore cachinno. Excipit vulgi q̃ miſer b Mediiſq; parãt tectis. D. Nã cũ mſ̃ta turba eſſet accipiẽda: alibi tot triclinio ſterni nõ poterant. Omnia cõuiuia vehementer ſpendebant: ſed fuit in apparatu diuerſitas: pp̄ter diſtãtiã pſonarũ. Nã hoſpites cũ regina recepti ſunt in oſtro ſupbo. Tyrii vero tanq̃ minoris dignitatis in veſtibus pictis: vt in textu videbis. c Laboratę. S. labore perfectę: vt laboratasq; p̄

munt ad pectora ceras. Et est sermo in compendium coa
ctus: vt Rapuitq; in fomite flammã: idest raptim fecit.
d Ingens argentum mensis. S. Vel subaudi exponunt.
vel mensas argenteas intellige. D. Argentũ mẽsis. Adiecit
mensis: vt ostenderet escariũ argentũ: ne putaret in ea spe
cie esse quę longe esset abvsu mensarũ. Est multiplex argẽ
ti laudatio. Nam fuit magnum insignitum auro: & miro
artificio: vt ars cũ ipsius precio certaret: Sculptura autẽ ge
sta maiorum cõtinebat: quorum contẽplatione meruit lõ
gissimum tempus conser
uari. C. Ingens argẽtum.
Hoc metallum post aurũ
preciosissimũ est: videtur
autẽ a greca esse dictione
Illi enĩ αργυριον dicunt.
Habet hoc q cũ albũ sit:
lineas ducit nigras. Gigni
tur ex argẽto: viuo: & sul
fure albo: vnde album &
lucidum sonorum purũ.
& excepto auro: magis q
cetera metalla: ductile bal
samũ potissime cõseruat.
Itẽ iaspidis lapidis vim ve
hemẽter conseruat: vt pol
lentior in argẽto q in au
ro sit: valet argentũ: & ad
plurima remedia. Nã eius
spuma vulnera sanat: ne
q sinit superfluas carnes
excrescere: sordescordis mũ
dificat. Adustionẽ in cor
pore factã: ne putrescat tu
tatur. Fluxibilia membra
corroborat.

e Celata. S. sculpta. Coe
lum enim ferrum est: quo
operantur argentarii: & p
ducitur. In deriuatione au
tem mutat dyphthõg⁹.

apud grecos: p Erepta ruinis. S. cõmendat a difficulta
te: vt nec tuta in valle reperti. Item ex persona. Ornat⁹ ar
giuę helenę: sic hoc Priami gestamen erat. Cõmendat & a
longitudine. vt Theren. Ex Ethyopia est vsq; hęc erepta.
Conatur defendere nõ esse ab Aenea proditam patriam:
quam cum Antenore prodidisse manifestũ est. Si ornatus
Helenę ex incendio abstulit: non p̃mium proditionis acce
pit. q Signis auroq;. S. signis aureis. C. Signis. quic
quid sculptura: picturaue: aut arte fusile statuarum est: si
gnũ dicimus: vt pictura
dicitur tabula. Item signa
militaria vexilla appella
mus Luc. Signa pares aq
las: & pila minantia pilis.
r Rigẽtẽ. S. inflexibilẽ: p
pter aurũ significat tunicę
paliũ: qd fm Varro. palla
dicta ẽ: ab irrigatõe et mo
bilitate q ẽ circa finẽ hmõi
vestiũ. απο του παλλειν
s Velamen. S. Cycladẽ:
t Acantho. S. Virgultũ
flexuosum herba canthũ
vulgo dictum. Cui⁹ imi
tatione vestis ornatur.
v Ornatus argiuę hele
nę. S. vicinitate: sic enĩ my
cenis: Nam spartana fuit:
Est autem omẽ future in
fœlicitatis: Cũ Dido adul
terę suscipit munera. D.
Argiuę Helenę. Hãc adeo
formosam fuisse dicũt: vt
eius forma redacto maxi
mo peritissimorum picto
rũ in vnũ numero: propo
sitis etiã formosissimarũ
mulierum nudis corpori
bus pingi nequierit: ergo
quęcũq; erat formosa ab

Fortia facta patrũ: [f] series longissima rerum
per tot [g] ducta viros: antiquę ab origine gẽtis.
Aeneas: (neq; enĩ [h] patrius consistere mentem.
passus amor:) rapidũ [i] ad naues p̃mittit achatẽ: [k]
Ascanio ferat hęc: ipsumq; ad mœnia ducat:
Omnis in [m] astanio cari stat [n] cura parentis
[o] Munera preterea iliacis [p] erepta ruinis.
Ferre iubet: pallã signis [q] auroq; rigentem [r]
Et circum textũ croceo [s] velamen acantho [t]
[v] Ornatus argiuę helenę: quos illa mycenis
pergama cũ peteret: in concessosq; [x] hymenęos [y]
[z] Extulerat: matris ledę [a] mirabile donum.

f Series. S. ordo cõnexus. C. Series dicit a serendo: quasi
ordo in quo res connexę sint: cũ elatione pronũciandum:
quasi dicat: per tot fortes principes. g Per tot ducta vi
ros. SER. a. Belo primo Assyriorum rege: vt ab antiquo
durãtia cynnama Belo: vsq; ad Belũ patrẽ Didonis: nec
caret ratione hoc nomen. Nam omnes in illis partibus so
lem colunt: qui ipsorum lingua hel dicitur. Vnde est Helios
ergo addita digamma: & in fine facta detractione belum
dicunt. h Amor patrius. C. q oĩm efficacissim⁹ est. Nã
in se ipm diffundit cũ in filiũ diffundit: qui viscera pris est.
i Rapidum premittit. SER. non premittit: nam ipse se
quitur: sed prerapidum mittit: quod ex affectu patris po
tius q ex Achate velocitate intellige. Dixit prerapidũ: vt
Theren. Per pol. nam pol iurantis est: cui prepositio seppa
ta nunq; coheret. D. premittit. Non quia esset securus. Nec
intelligitur prerapidũ mittit: sed premittit: idest ante pran
dium mittit: vt maturius videret filium: & vt afferentur
munera: quę Didoni dare volunt: inter epulandũ cõmodis
sime dabãtur. Maior enim erat futura conuiuii voluptas:
& presentia Astaniil & oblatione munerum.
k Achatem. C. Alligorice. Nam si curam significat: cura
est: quę pertingit filium. l Ferat. S. afferat: nunciet.
m Omis in ascanio: DO. Nã reliquę curę iã semotę erãt.
C. Omnis in ascanio. Sublato nomine proprio erit senten
tia. n Stat. S. Est. Alibi horret. vt Stãt lumina flãma.
& stabit acuta silex plenũ esse. Iam puluere coelum stare vi
dent. Item positũ esse: Stant manibus arę. Item placet: stat
conferre manus. o Munera. D. Hęc conuiuiũ gratius
factura erant: & poterant ostẽdere quanta vrbis fuerit fœ
licitas.. C. Munera & dona significat: vt hic: & officia. vn
de immunes dicuntur: qui a munere. i. officio publico prę
stando liberati sunt: hęc eadem significat. Δωρον

ea appellabat Helena. Sed Virgi. Argiuę dixit: vt de illa so
la itelligeret. C. Ornatus argiuę Helenę. Non laudat ab au
ctore: vt est sceptrũ Ilione quod gesserat olim. Sed ostẽdit
magnitudinem ornatus. cũ tam pulchrę mulieri ornamẽ
to esse potest: presertim cũ adultero placere studeret: quo
tempore se solito vehementius comãt. Hinc Iuue. Mœchis
is foliata parant. x Incõcessosq; hymenęos. S. fato &
legibus. y Hymenęos. S. Est hymenęus deus nuptiarũ:
Vel quidem iuuenis fuit: qui die nuptiarum oppressus
est ruina. Vnde expiationis causa nominatur in nuptiis: sed
falsum est. Nam vitari debuit nomẽ extincti. Ergo hyme
nęus vir fuit Athenensis: qui inter bella sęuissima virgines
liberauit: proptereaq; nomen eius in nuptiis inuocatur. q
si liberatoris virginitatis sic Talas apud Romanos. Nam
cũ plebeius in raptu Sabinarũ virginem pulchram duce
ret: ne ei auferretur ab aliis Talassionis eã ducis esse simu
lauit: cuius nomine fuit puellę tuta virginitas.
z Extulerat. D. nã cũ esset regis vxor: & locupletissima
& iret ad Troiã: has vt p̃cipuas secum abstulit non redi
turam se sperans: propter admissum adulterium: propte
rea addidit in concessos Hymenęos.
a Ledę. S. Vel q ipsa filię. Vel q ei Iupiter dedit. D. Ledę:
mirabile: vt tam pulchra: nisi a matre donari non potuis
sent: & cum donarentur miratos esse: qui viderẽt. Addu
xit autem vt his vteretur quotiens adulterio formosior vi
deri volebat. Ergo superabant formam: quę pingi non po
tuit: pulchrioremq; reddebant.
b Sceptrum Ilione. SER. Munera offert apta personę: si
cut & latino in septimo. c Maxima. SER. Antiquit⁹ etiã
fœminę regnabãt: p̃sertim primogenitę. Vnde ait: maxi
Hęc vxor Palymnestoris fuit. D. Maxima. Solent enĩ rel
giosi parẽtes: quę habent optima filiis deferre maioribus

pręterea sceptrum Ilione: quod gesserat olim
Maxima natarū priami: colloqꝫ monile
Baccatum et duplicē gēmis: auroqꝫ coronā.
Hęc celerans iter ad naues tendebat achates.
At cytherea nouas artes: noua pectore versat
Consilia: vt faciem mutatos et ora: cupido
pro dulci Ascanio veniat: donisqꝫ furentē
Incēdat reginam: atqꝫ ossibus implicet ignem.
Quippe domū timet ābiguā: tyriosqꝫ bilīgues
Vrit atrox Iuno: et sub noctem cura recursat.
Ergo his aligerū dictis affatur amorem.

d Monile. S. quod & segmētum dicit. Iuuenalis. Segmē
ta: & longus habitus: licet segmētatas vestes dicamus: vt
ipse. Et segmētatis dormisset paruula cunis. e Bacca
tum. S. ornatum margaritis. Dicitur aūt hoc margaritū:
& hęc margarita: & hęc margaris: vt hęc nais: Sūt qui se
parant gēmas: & margaritas. Cice. Nullā gēmā: aut mar
garitā. Et gēmas dicunt diuersi coloris: Margaritas vero
albas: vel gēmas integras. Margaritas ꝑtusas. DO. Bacca
tum. Neqꝫ hęc dissimilia esse debebāt: quę optimus pater
& ditissim⁹: maxime filię
dederat. C. Bachatū. bac
catum cū aspiratione Bac
chi sacerdos est. Et ē grę
cum nomen. Latine autē
bacca sine aspiratione fru
ctus est lauri: Myrthi oleę
hędere: & similiarū. Verū
a similitudine rotundi cor
poris baccas appellant:
& vniones: q̄s gręci Mar
garitas nominant: nascūt
mari Indico fertilissima ē
Taproabānę insula: & Pe
nimula ꝓmōtoriū Indię.
Pręcipue laudantur circa
Arabiā i Persico sinu ma
ris rubri. Sunt em̄ conchę:
q̄ vbi genitalis anni stimu
lauit hora: prudentes sese
quadam oscitatione iple
ui roscido conceptu tradū
tur: grauidasqꝫ postea eni
ti. Partumqꝫ esse marga
ritas pro qualitate roris
accepti: si purus influxerit
candorem conspici. Si tur
bidus contra pallet: si coe
lo minante cōspicitur: nā
coeli maior ē sibi societas:
qꝫ maris. Inde ergo trahunt colorem: aut nubilum: aut se
renū: vt fuerit aer. Qua propter orientales margaritę ꝓpter
assiduā aeris serenitatē lucidę sunt: sed minores ꝓpter pau
citatem roris. Sed septentrionales contra: q̄m magis habū
dat ros: sed coelum turbulentum est maiores sunt: sed co
lore turbido. f Duplicem S. Vel latam: vel duplicē gē
mis & auro. g Hęc celerans. S. celeriter facere cupiens.
D. Hęc celerans. laudat hominis diligentiā.
h At cytherea: S. cytherea ab insula: quę tātum in plura
li declinatur: vt sint alta cythera: D. Cytherea. i. dum hęc
gererentur. Necessaria metuentis veneris deliberatio: cuius
ęstus augebat cōsideratio loci: temporis: & personę. Erāt
ab Achate perficienda iussa. Et periculosum credere nepo
tem eidem periculo: in quo erat Aeneas: ne tota simul pro
genies interiret. Nam q̄quis Troiani essēt humane suscepti
metuebatur fallax natura tyrioꝝ: & stimulus Iunonis. ne
ipsa oportunitatē loci: & occasionē temporis: nacta terra
opprimeret: quos mari extinguere non poterat.
i Artes. S: mediū vocabulū est. Nam & bonas artes: &
malas dicimus. D. Artes. ergo nouę. i. cōsilia elaborata ex
quiruntur. Vt Ascanius nō pergeret: & tamē Achates ius
sa faceret: fallit ergo omnes: & profert Aenee amorem sibi
concilians Didonem: nam neqꝫ Aeneas iratę resistere potu
isset exigua substantia: neqꝫ conuulsis nauibus: & in hye
me effugere. C. Artes. Ars & prudentia in vita actiua ver
santur: quemadmodum intelligentia: scientia: & sapiētia
in contemplatiua est. Igitur Ars recta ratio rerum facien
darum & artis remanet opus: vt phydię artis remanet sta
tua Iouis. Prudentia vero est actio: quemadmodum vi
demus in administratore rei: aut publicę: aut priuatę. Ta
men ars aliquando capitur pro scientia: quę est rerum vni
uersaliū. Item pro astutia quadam: & trāsit ad prudētiam
siue in virtute sit vt in hoc loco: siue in vitio: vt instructus
ex arte pelasga. Ergo nouas artes inauditam: & mirā astu
tiā in consultando. Ars autem quę est pro disciplina secū
dū Varronē duplex est: Extrinsecus: & Intrinsecus. Ars ex
trinsecus scientiā solam demonstrat: vt cū scio quid sit elo
quentia: & quid sit finis: & officium eius: & quid oratio:
& in quot partes diuidatur: quibus cognitis: non tamen
scio loqui ex arte: Intrinsecus est cum artē ipsam cōsequor:
ita vt ex hac arte loqui sciā: vt cū doceor: quomodo exor
dium faciam: quomodo narrationē: diuisionem: ac confir
mationē: et reliqua. Intrin
secus igitur ita dat scienti
am: vt quibus rationibus
id quod scientiā dat asseq
possim. Augu. autem in
q̄rto de ciuitate dei inquit
Ars bene recteqꝫ viuendi.
virtus: a veteribus diffini
ta ē. vnde ab eo quod grę
ce dicitur. ϫρεϭн no
men artis latinos tradidis
se putauerunt.
k. Noua consilia. C. Ex
ponit qd sit nouas artes.
Cōsiliū autem est (vt pla
cet Aristoteli) eorum: q̄ ad
finem sunt inquisitio: cui⁹
tria sunt officia: primū si
quę sunt: quę ad finem du
cant vię perquirere. Secun
dum si sint quot sint. Ter
tium si vna plures ve sint:
quoniā modo illis vti va
leamus.
l Faciē et ora. S. Perissolo
gia est. C. Faciem & ora.
expressit quam faciem di
ceret. Nā facies dicitur de
cuiusqꝫ rei forma. vt qui
bus aspera quondam vi
sa maris facies. Os aūt hominis ē: vt os humerosqꝫ deo
similes. m Dulci. C. sibi quia nepos. n Furentem
incēdat. S. furere faciat. o Ossibus. C. in ipis medullis
quę intra ossa sunt.
p Ignem. C. amorem.
q Domū. C. Didonē & oēs domesticos: q̄rū cōsilio ipsa
mutari poterat. r Ambiguā. S. i. quam habitat muta
bilis foemina: vt suspectas habuisse domo Carthaginis al
tę. s Bilingues. S. fallaces: Ad mentem: & non ad ling
uam retulit. t Sub noctem. S. Sub id est Circa. Et cum
tempus significat accusatiuo seruit: vt. Aut vbi sub lu
cem qꝫ densa inter nubila sese diuersi rumpunt radii.
v Amorem. SERVIVS. latini deum cupiditatē ap
pellant: eo quod facit amorem. Sed hic imutatur grecos q
eodem nomine vtrunqꝫ vocāt: distinxit epitheto: pingitur
puer quia turpitudinis est stulta cupiditas: vt iter quas cu
rā Climene narrabat inanē. i. amorē Itē q̄ imperfectus ē in
amantibus sermo: vt incipit affari mediaqꝫ in voce resistit:
Item alatus: quia nihil amātius leuius: vel mutabilius: vt
ipsa ostendit Dido. Sagittę dantur: vel quia ipse incerte ve
locesqꝫ sint. Et hoc ratio in reliquis numinibus pro potes
tatum qualitate format. CRI. Amorem. idest. cupidinē.
Cice. in li. de natura deoꝝ tres ponit cupidines hoꝝ primū
Mercurio Dianaqꝫ prima natū tulit. Alterum Mercurio:
& Venere secunda. Tertiū qui Anteros nominatur ex Ve
nere: Et profecto triplex est amor. diuinarum rerum: & na
turalium. ac postremo lasciuię. Primū concipit Diana: q̄
dea casta: puraqꝫ est ex Mercurio. Nam cum mens nostra
omni labe pura ad deum conuertitur ex Mercurio: idest sa
pientia: atqꝫ doctrina amorem diuinarum rerum cōcipit.
Secūd⁹ aūt ex eodē Mercurio: sed ex venere orit: q: ea do
ctrina nō incorporeis: vt in diuinis: sed corporeis ad miscet
Terti⁹ aūt ex secūda venere: q: lasciuia tota corporea ē & nihil

egregiũ suspicit: vnde recte petrarcha noster: illũ ex otio lasciuiaq; natum asserit. Hic optime a Propertio describitur in ea elegia cuius est initiũ. Quicũq; ille fuit puerũ qui pinxit amorẽ. Nonne putas miras hunc habuisse manus. Hesiodus aũt ĩ theogõia ait. Chaos ante oĩa fuit. Terra post chaon pauimentũ deorũ. Itẽ tartara: itẽ amor. Alii dicũt primũ cupidinẽ secundi Mercurii: & primę Dianę filiũ fuisse secũdũ: vt placet Simonidi ex sola venere. Tertium ex Venere: & Marte. Alii dicũt Venerẽ fuisse vnã ex cupidinibus reliquis antiquiorẽ. Refert aũt Ausonius. Cupidinẽ quandoq; in Myrteta herebi deuolasse: atq; ibi ab heroidibus: quę propter illũ multos labores: ac demũ mortẽ passę fuerunt captũ fuisse: & ĩ alta myrto cruci affixum: ipsetñ mox interuentu Veneris: quę illi cathenas a vulcano fabricatas minitabatur nõ, solũ liberauerunt: verũ etiã a Venere: vt illi veniã daret impetrauerunt.

x Natę. D. Breuiter omnia consilia sua exprimit: & quomõ fieri posset ostẽdit: & honestũ facile: & necessariũ demõstrat. CRI. Natę. Oratio in genere de liberatiuo versatur. Quanto autem artificio conscripta sit: Donatus demonstrat. Captat eñ beniuolẽtiã: attentionẽ: & docilitatem: & ostendit quod petit: facile: vtile: honestũ: & necessariũ.

y Meę vires. D: vendicat sibi necessitudo parentũ: quicquid liberi possunt: Et docet inter filios: & parentes tale debere esse volendi: & nolendi studiũ: vt in multis: licet corporibus voluntas vna: & necessitudinis vinculum indistinctum integrumq; perduret.

z Mea magna. S. Quia venerea voluptas exerceri sine amore non potest. Vel secũdũ Simonidẽ: qui dicit. Cupidinem ex sola venere natũ. Alii tamen ex ipsa & marte. Alii ex Vulcano. Alii Chay: & primę rerũ naturę filiũ dicũt.

a Patris summi. S. i. Iouis. O. Summi ad omnipotentiã refert. Sic Cicero: p domo sua. Quo circa capitolinę Iupiter quẽ populus Roman⁹ propter beneficia optimũ: propter vim maximũ nominauit.

b Typhoea. S. Multi Typhoya legũt: vt Cerealia: & Cerialia. Nõ autẽ dicit qb⁹ Thyphoeus vs⁹ ẽ. Sed quibus Iupiter in Typhoeũ: a spoliis: & virtute. vt Scipio aphrican⁹. Hoc autem agit facile eũ posse contemnere Iunonẽ: qui cõtemnit Iouem. D. Tela ty. Facile ostendit esse quod petit: q enim potuit Iouis fulmen contemnere: facilius poterit foeminę mentem possidere. Ergo ita dixit: ne ille excusaret propter Iunonẽ: fecit ergo beniuolũ filiũ: dicendo nate. Item q potior esset Ioue: & q esset poena sua. CRI. Typhoea. E p ei dyphthongon posuit: sed alibi longam posuit. Stirpis achillęę fastus: iuueneq; supbũ: hic breuem. Ait priscianus Typhoea. i. q̃si dicat maxima: quia maioribus in corpus giganteũ visum fuisse Iouem credimus. Vel Typhoea: id est ętnensia: q ibi sit Typhoeus: & in illius antris fulmina fabricat Vulcanus. fuit autem Typhoeus Titanis: & terrę filius. Et in bello Titanũ a Ioue fulmine pcussus: sub ęthna vt placet Ouid. vt vero Maroni sub inarime relegatus est. Fuit & alius Typhon vir omniũ crudelissimus: & qui fratrem Osyrim de humano genere optimeq; meritũ iteremit: eiusq; corp⁹ in viginti & sex partes discerpsit: singulisq; cõiuratis singulas dedit: Mox ab Iside: vt Osyrim maritũ vlcisceret interempt⁹ est. c Ad te confugio. D. quasi diceret: non est alter qui tantum: aut debeat: aut possit.

d Supplex. D. Admonuit pietatis: aut filiũ rogauit: vt deum: quid igitur accessit oneris: cũ ab ea quę auctoritate parentis iubere poterat. e Numina. S. possibilitatem: vn⁹ autem deus plura habet numina.

f Frater. SER. conciliatio a qualitate personę. D. Frater vt æ. Fecit beniuolũ & attẽtũ. Nunc facit docilem subiuncta narratione totius negotii: dixit frater tuus vt appareat operã non in extraneo ponendam: sed in fratre ẽẽ necessariã. Ergo honestũ pium. vt frater pro fratre laboret psertim in causa salutis. Adiungit labores vt moueat cõmiserationem: & oñdit iniuste pati: et deformat personam aduersarię: quę psequitur innoxium. C. Frater dicit, quasi fere alter.

g Iacteturq;. S. vacat q;.
h Odiis. S. Iusta causa petitiõis ostendit. Odium primã corripit: Odi vero verbum producit: Sic liquor: & liquitur:

i Nota tibi. D. Hoc ad laudem cupidinis ptinet: Maximũ omniũ crimẽ esset eius: si fratris periculũ nesciret.

k Nostro doluisti sępe dolore. S. Aut eo q et ego: aut doluisti: quia me dolere vidisti. D. Doluisti. Sip terea doluit: debet cauere ne rurs⁹ doleda succedãt.

l Dido tenet. D. ostẽdit facilitatem petitionis: nã si iam Aeneę affecta est: non est opus initio amoris: in quo magna est difficultas: sed augmento: desideratur aũt augmentum: quia timetur. Iuno a qua amor talis posset abrũpi: ergo opus erat tali amore qui non posset abrumpi a Iunone. m Quo. S. i. in quam partem.

n Iunonia. SER. Carthaginensia: vbi colitur Iuno: aut verius: q Aeneę Carthago in hospitiũ patuit. Vt est Timeo Danaos: & dona ferentes.

o Hospitia. C. Hospitalitas amicitia est: quę cõtrahitur inter eos: qui non sunt eiusdem patrię: sed alter cum alteri⁹ patriã venit: illius domo: vt sua vtitur. diciturq; illud hospitiũ: & illi hospites. Que autẽ non beniuolentia: sed pecunia nos recipiunt: non hospitia dicuntur: sed diuersoria: aut Cauponę. p Tanto: SER. aut ne intãtum quidẽ idest breui occasione cessabit: aut non poterit in tãta rerũ opportunitate cessare: vt sit notũ prouerbium: res in cardine est: idest in articulo. q Cardine. DONA. Hic fidẽ facit cũ fores clauduntur: & tribuit firmitatem. Ergo dixit. Tãto cessabit. c. r. Erat eñ in potestate absoluere amorẽ: quem voluntate susceperat: sed diuinitus impactus non posset humano arbitrio summoueri: asserit ergo necessariũ remedium: quo omnis illa factio succumbat.

r Quo. SER. Vel vacat: vel pronomen est. Supprimit autem recte nomen Iunonis: ne illius frequenti cõmemoratione cupidinẽ terreat. Vel sit aduerbium quo. i. in aliquã partem. s Capere ante. DONA. Ostendit melius esse ventura propulsare: q his quę venerunt remedia q̃rere.

t Flamma. CRISTO. amore. quod vinculum oĩm tenacissimum indissolubile est.

v Mecũ. SER. idest officio venereo: nec põt intelligi quẽadmodũ ego. Nam aliter a matre: aliter a Didone amatur

Nate meę vires: mea magna potentia: solus
Nate patris summi: qui tela typhoea temnis:
Ad te confugio: et supplex tua numina posco
Frater vt æneas pelago tuus omnia circum
Littora: iactetur q; odiis Iunonis iniquę:
Nota tibi: et nostro doluisti sępe dolore.
Hunc phoenissa tenet dido: blandisq; moratur
Vocibus: et verior quo se iunonia vertant
Hospitia haud tanto cessabit cardine rerum.
Quo circa: capere ante dolis et cingere flãma
Reginam meditor: ne quo se numĩe mutet:
Sed magno Aeneę mecum teneatur amore.

Aeneas. DONA. Mecum tanto amore amet: quanto ma ter amet filium: cuius amor nullius violentia numinis va leat abrumpi. x Qua facere. SER. i. quo modo. y Accipe. SER. audi vt econtra. da: idest dic: vt da tytire nobis: da non indebita posco.

z Mentem. SERVI. dispositionem cõsilium. CRISTO. Mentem: animum & voluntatem. Anima enim teste Au gu. Est spiritus intellectu alis: rationalis: semper vi uens: isemque in motu: bo ne maleque voluntatis ca pax: secundum benignita tem creatoris: ac secun dũ sui operis officium: va riis nominibus: dicitur: sci licet anima: dum vegetat. Spiritus: dum contempla tur. Sensus: dũ sentit. Ani mus: dũ q̃ sapit. Mens: dũ intelligit. Ratio dũ discer nit. Memoria dum recor datur. Voluntas dũ vult: Differunt ista: non substã tia: sed nominib⁹. Vna ani ma est: proprietates diuer sę: in spiritu tamen: & ani ma potest esse differentia: nam omnis anima spirit⁹: non omnis spiritus aia:

a Accitu. SER. euocati one: & est quartę declina tionis.

b Vrbẽ. S. Sydoniam: quam tenet Sydoni. CRI STO. Sydonia. Carthagi nem quam condiderunt q de Sydonis partibus ve nerant. Est em̃ in Phoeni tia post Orthosiã: et Elue therũ Tripolis q̃ nomẽ a re ipsa accepit. Tres em̃ vr bes habet. Tyrum. Sydo nẽ: & Aradum:

Qua facere id possis: nostrã nũc accipe mentẽ:
Regius accitu cari genitoris ad vrbem
Sidoniam puer ire parat: mea maxima cura:
Dona ferens pelago: & flãmis restãtia Troię.
Hunc ego sopitũ somno super alta cythera:
Aut super idaliũ sacrata sede recondam.
Ne qua scire dolos, medi⁹ve occurrere possit.
In faciem illius noctem non amplius vnam
Falle dolo: & notos pueri puer indue vultus.
Vt cum te gremio accipiet letissima Dido
Regales inter mensas laticemque lieum:
Et dabit amplexus: atque oscula dultia figet:
Occultũ inspires ignem: fallasque veneno.
Paret amor dictis carę genitricis: et alas
Exuit: et gressu gaudens incedit Iuli.
At venus Ascanio placidã per membra quietẽ
Irrigat et fotũ gremio dea tollit in altos

d Mea maxima c: SERVI. Aeneas cura est. Sed Ascanius maxima: cui re gnũ Italię. Romanaque tel lus debent: & vbique Asca nius maxima cura Venerę introducitur: vt veneris iu stissima cura. Item nunc te gere: & dirę valeã subdu cere pugnę. DONA. Ma xima. cum nolebat mitte re Ascanium: ne duorum sollicitudinem frãgeret: vel si mitteretur: qui exoriente tumultu sibi p pietatẽ ca uere non posset.

e Hunc ego. DONA: ne diceret cupido. Quid fiet de A scanio si ibo.

f Sopitum sõno. SER. Vnum quidem est sopor: & som nus: sed modo sopitum irrigatum intelligimus. DONA. Sopitum. Nam illa ętas multum profundeque dormit: er go erit sat temporis ad capiendos mulieris animos. Desi gnat etiam tempus & locum amoribus aptum.

g Idalium. SES. Cypri nemus est: in quo oppidum bre ue: vt paulo post Idalię lucos. Item Idalium g nemus. C. Idalius mons veneri sacer in Cypro est insula: in sinu Issi co: & pamphilio posita: quę pelago continua est ęgyptio.

h Sacrata sede. SES. Vel templi: vel oppidi:

i Ne qua. TES. qua vacat.

k Medius. SES. im portunus incongruus:

l Faciem. SES. faciem p vultũ posuit: nullus enim potest accipere faciem alte rius: sed vultũ: qui p men tis qualitate formatur.

m Noctem. DO. Erat spatium breue: sed erat p perandum: ne longi tem poris opa esset necessaria: quia Ascanius . lõgiori sõ no teneri non potuit.

n Non amplius. SES. Artis est non omnia dice re: nec em̃ dicturus est di scessum cupidinis: neque ac cessum Ascanii. o Pueri puer . S. Arguit a facili a D. Pueri puer. Ostẽdit i cõ mutatiõe formę ętatis cõ mutatiõe nõ fore difficilẽ

p Regales. SER. Nã in illa intemperantia facilis amoris est adit⁹. Hic The ren. Sine Cerere & baccho friget venus.

q Laticem. SER. Latex aqua est proprie quę itra venas lateat: sed hic p vi no quod latet itra vuam:

r Lyeũ. SER. pro ligiũ dixit. CRITSO. Lyeum vnũ est ex nominib⁹ bac chi ab eo quod est λυειν idest soluere: quia homies a curis liberet. De his no minibus scribit Ouidius Thuraque dãt: bacchumque vocant: bromũque lyeum: Ignigenamque: satũque iterũ solũque bimatrẽ. Additur que his: niseusque: indomitus que thione⁹. Et cũ leneo gẽ alis consitor vuę. Nictele que eleus parius & iach⁹: & euan. Sed de baccho alib

s Occultũ. S. Diffinitio amoris. est ignis occultus. C. Occultũ inspires ignẽ: idest occulte: & dissimulã ter immitas:

t Veneno. C. Venenũ: q pestifera res ẽ amor: et cito transcurrẽs occupat vẽas.

v Paret amor. S. vt sup p cupidine amorẽ posuit. D. Paret. non respõdet qd enim personę matris: vel maxime in tali causa respõderet. & tempus facta non fabulas exigebat: ergo se officiosum matri prestabat x Alas exuit. S. laus magna Ascanii p transitum. Sic cupido alis tãtum depositis Ascanius fuit.

y Gaudẽs. D. Vel vt filium exprimeret ad patrẽ euntẽ. vel quia plena voluntate iussa matris implebat.

z At venus. D. natura puerorum tangit: q securi⁹ & diu.

dormiunt: si etiam accedebant alia oblectamenta. vt secessus flores: & odores: & mollicies: opacitasq; vmbrarum:
a Placidā. S. Epitheton eius est. Vel ad discretionē eius quietis. quę in somniis perturbatur.
b Fotum. SES. sublatum a fouēdo. CRI. Fotum ab eo quod est foueo. Dicūtur enim aues: pullos suos fouere cū alarum amplexu incubant.
c Amaracus. S: Hic puer regius vnguētarius fuit: qui casu lapsus dū ferret vnguenta maiorem cōfusione odorē creauit: vnde optima vnguenta amaracina dicuntur. Hic postea in herbam sampsucū conuersus est: quā nunc amara. cū dixit. C. Amaracus: Recte exponitur a Seruio: hāc herbam Tusci persam appellant. Sāpsuc⁹ vt ait Diascorides a siculis amaracus dicit̄: ramosa herba multas virgas sup terrā spargit foliis paruis: & rotundis: non dissimilibus nepitę: tota herba odorata est. Simon illā maioronā: & persam vocat amara est. Cynare regis Cipri filium in hanc herbā mutatum fabulantur.

Idalię lucos: vbi mollis Amaracus illum
Floribus & dulci aspirans cōplectit̄ vmbra.
Iamq; ibat dicto parens: & dona cupido
Regia portabat tyriis duce lętus Achate.
Cū venit: auleis iam se regina superbis
Aurea: cōposuit sponda: mediamq; locauit.
Iam pater Aeneas: & iam troiana iuuentus
Cōueniunt: stratoq; superdiscumbit̄ ostro.
Dāt manib⁹ famuli lymphas: cererēq; canistris.

d Iāq; ibat. S. Cum vix venus ista dixisset. Sane nec festinantib⁹ personis: neq; minoribus est respōdēdi facultas. vt hoc loco cupidini: vt Mercurio supra: idem in quarto: vt in septimo furię.
e Duce achate. DO. ergo hunc fallebat: & lęt⁹ portabat dona. Quia nō frangebatur onere numerum: nec tedio viarū.
f Cum venit: S. aut ꝑ cū veniret: aut cum sit aduerbium temporis pro dum. Nec em̄ potest coniunctiui modi particula iungi indicatiuo. Sane sciendum: cum & dū malo errore a Romanis esse confusa. D. Cum venit. Executus est iussa mature: quia pręuenit conuiuiū: & venit cū iam discumberent in aptissimo tempore.
g Auleis S. Velis pictis: Quę ideo aulea dicta sūt: ꝙ primum in aula Attali regis Asię. Qui populū Romanū scripsit heredem inuenta sunt. Ideo etiam in domibus tendebantur aulea: vt imitatio tentoriorum fieret: sub quib⁹ bellantes semper habitare maiores: vnde & in thalamis hoc fieri hodie conspicimus. Varro tamen dicit. vela solere suspendi ad excipiendum puluerē: quia vsus camere ignorabatur. Hora interea suspēsa grauis aulea ruias. In patinā faccre trahēcia pulueres atri. Quātū nō aglo cāpanis excitat agris. Cū vero a noīe gręco desinēte in η fiat: deriuatio cōuertit̄ in æ: vt αὐλη aulea: ἰδη idęa: ϲκηνη ϛtnęa:
h Superbis. SERVI. nobilibus:
i Aurea: S. Si Dido pulchrā significat & noīatiu⁹. Si spōda est septimus casus. fit synerisis: & est spondeus.
k Spōda. S. Sponda. Stipadia antiqui nō habebant: sed stratis tribus lectis epulabantur. vnde triclinium sterni dicitur. Cice: Sterni triclinia: & in foro sterni iubebat. Errant ergo qui tricliniū dicunt ipsam Basilicā: vel coenationē. C. Sponda exterior pars lecti est: vt Pluteus interior.
l Mediam. SERVI. Qui maioris loc⁹ est: Salustius. igitur discubuere: Sertorius inferior in medio super eum Titus fabi⁹ Hispanensis senator. Ex proscriptis in sūmo Anthonius. Et īfra scriba sertorii versus: & alter scriba Moecenas in imo. Medius inter Tarquinum. & Deatium perpenam. DONATVS. Mediam. nā bis locus potior apud veteres fuit. Nam Salustius ita Sertorii conuiuiū describit vt ipsum: quia potior fuit: collocasset in medio

m Iam pater. S. Religiosus: Quia pater omnium deorū epitheton est: vt ostēdit Virgili⁹ vbiq;. DO. Iam pater Aeneas. Discernitur ipse: & Troiani sedib⁹ purpureis.
n Ostro. SER. Vnde tingitur purpura: & ꝑ purpura posuit. o Dāt famuli. SER. Humilis caracter: qui ἰσχνος dicitur. DONA. Dant describit familię ordinem.
p Lymphas. CRISTO. aquas quę gręce dicūtur a nymphis. Vulgo autē (teste Pōpeio) memorię ꝓditū est: quicūq; speciem quandam e fonte id est imaginem nymphę viderint furere coeperūt q̄s gręci Lympholeptos: latini lymphatos appellant. q Cererem. C. i. panē: & denoiatio: quoniam capitur auctor pro re: cuius est auctor Teren. Sine cerere & bacho friget venus. Cererem deam frugum fabulantur Coeli: et vestę filiam. Alii Iouis dicunt. Ferunt pręterea cū frater Saturnus cui fauebat pulsus esset metu Titani in antro latuisse. Pręsertim autem pudore ductam: quia cresceret sibi vterus: Nam cōcoeperat iam acherontem qui & ipse: cum natus esset: eodem pudore affectus delituit: & ad inferos defluxit conCoepit acherōtē ex captiuitate fratris: i. moerore: ex qua solitudine gaudebat ad idem impellit moerot. Quarem ad hystoriam referūt aiūt illā Sicani antiquissimi sic lię regis filiam fuisse: & ab ea siculos vsum frumenti colendi coepisse.

Diodorus vero Siculus: qui ex hac insula oriundus te diligentius prosequitur Siciliā cereri: et filię eius sacratam incolas a maioribus suis per successiones semper accepisse affirmat. Addūt etiā Poetę ī nuptiis platōis & Proserpnię hāc īsulā spōsę a Ioue donodatā: ipsasq; deas primo hic apparuisse grauissimi scriptores tradidere. Primoq; hic frumentum esse natum propter loci fertilitatem. Vnde etiam nunc in agro leontino: & aliis in locis: quod agreste frumentum nuncupant nascitur. Ergo hanc deam volūt non mō serendi fruges pręcepta dedisse: sed & leges ad iuste viuendum tulisse. Vnde Themosphora dicit̄. Quapropter: & viuēdi: & bene viuendi auctor fuit. Sunt quoq; qui dicant: Cererem Saturni: & Rheę filiam fuisse: & frugum culturam inuenisse. & quidem ante Proserpinam natam: & a Plutone raptam. Nam in rapina ipsa omnes segetes incēdit: tum propter inimicitias: quas cōtra Iouem suscepit: tum propter filię moerorem. inuenta autem filia & Ioui reconsiliata est: & Triptolemmū misit: qui fruges serere doceret. Multi deniq; populi de hac dea cōtendunt. Aegyptii em̄ dicūt Cererē: ac Isim eādem deam esse: & in ęgiptum semen intulisse. Quo tempore Nilo stagnante Regio optime semen exciperet. Athenienses in Attica eleusina ostendunt. Vbi primū hoc minus dea dederit. Hęc omnia Diodor⁹. Eusebi⁹ aūt pāphil⁹ ita rē partit̄: vt telluris vim vestam apellet: cuius virginale simulacrum in foco ignis statuit: quę virtus quoniam ferax est muliebri spēcie fingitur. Rhea quedam opem dicunt lapidosę montanęq; terrę vis est. Ceres feracis: & plenę. Hęc bona quę Proserpina est. Ioui peperit. At ideo hanc spicis coronamus. & Papauera iuxta ponimus: quoniam fertilitatis simbolum sunt proserpina: vis est proiecti seminis in terram: quā Pluto: idest sol: qui in hyeme remotiorem partem lustrat ad inferas rapit. r Canistris. D. Mos apud veteres fertur fuisse: vt panis non argēteis: sed vimineis vasculis inferrentur

GRISTO. Canistris a capiendo dicunt: aliqui a greco esse credunt illi enim. κάνητα dicunt.
s Tonsisq. S. minutis vel villosis. Miores em mappas habuere villosas. t Mantilia. S. a manibus ante lotis dicta. Vt torale a tero. Nam Horati. per apocopen dixit. Ne turpe toral. C. Mantilia a manu: et tergeo volunt ꝙ illis manus lete abstergantur. Vnde mantilia plerique dicunt.
v Villis. C. Generis masculini: & secunde declinationis: Vellus autem generis neutri: & tertie declinationis.
x Famule. C. Ancille ab oscis origo est huius nominis: apud quos seru⁹ famel dicitur.
y Ordine. S. dispositione. nam Cicero. in oeconomicis. Quid vbi ponendum sit. nec ei debetvniuersa cofundi. D. Longo ordine. Vbi fuerant quinquaginta ad quarum curam pertinebat procuratio cellarii: & deorum penatum cult⁹: illas sine dubio vicissitudo longo ordine. ageb at.
z Penum. S. differt a cellario. Cellarium paucorum dierum est. Vnde & in cellam imparatum frumentum dicitur. Penu vero longi temporis. Penus in masculino: & foeminino inuenitur quarte declinationis in neutro tertie. Veluti pec⁹ pecoris. Hora. Portet frumenta: penusque. Et Plautus in masculino dixit. Nisi mihi annu⁹ penus dat. Et lucilius in feminino vt Et vxori legata penus. Persius autem ostendit quarte esse declinationis: vt in locuplete penu defessis pinguib⁹ imbris. C. Cura poenum. Et longum: & longam legitur. vt sit lōgo ordine: vel longum penum. Penus est omne quo vescuntur homines. vt ait Cicero in libro secūdo. de natura deorum. Et Fest⁹ scribit poenaria res esse necessarias ad victū quotidianum: Et Sceuola ait. Penus est quod esculentum poculentum ve est. Gellius vero refert: que lōge visionis gratia contrahuntur: & reconduntur: quia non in promptu sint: seruitus: & penitus habeantur. poenus dicta sunt. Est preterea apud iurisconsultos titulus. de poeni legata: in quo penus appellatione venire demonstrant: que esui potuique sunt. Neque solū quod: vt panis: caro: caseus: vinum. Sed & quo vt sunt cōdimenta: sal: piper: garū: crocū. Et in quo. vt vasa in quibus esculenta poculentaque tenentur. Penarium autem: vt etiā cellarium non penū esse dicemus. Sed cellam ipsam: & repositorium: in quo penus seruatur. vt granarium vbi grana cōduntur. Cellari⁹ est qui preest penori: qui vt notari potest apud Plautum a promendo: & condendo nomen etiam accipit. Sum pronus condus procurator peni.
a Struere. SER. componere. vnde structores epularum dicuntur. CRI. Struere. ordine: & in recta figura res diuersas componere: hinc dicimus struere orationem: hinc struē lignorum: hinc destruo: cum composita dissiciuntur: hinc instruere aciē: et mentem per translationē instruere dicim⁹.

b Adolere. S. colere: Sed adolere ꝓprie est augere. In sacris autem adolere per bonum omen dicitur. Nam in aris non adolet quicquam: sed crematur. C. Adolere. qa vredo odor elicit: hic Hōe. καὶ λαίσιν θάλλουσιν αὐτὸ λαικῆς ἐσευτι. i. arcēti hoc ē dolēti. c Centū a. D. Elegāter: atque breuiter diuitias expressit laudauitque. Voluit em demōstrare ducētos: et sexū & etatem discernere. Numerus autē non est res magna in rege. Sed parilitas etatis: que ostendit quanta sibi seruorū esset multitudo. Ex qua ducenti pari etate eligi potuerunt digni qui curarent supradicta. nec nō supra hostium troiani qui magis essent honorandi sederunt. Tirii vero in vestibus pictis.
d Pares. S. non in numero: sed in etatis parilitate est admiratio.
e Dapib⁹. S. he regū sunt Epule priuatorū.
f Ponant. S. secūdū antiquū loquēt morē.
g Mirantū D. p hoc ostēdit regina ꝙ quā ditissima viri vxor fuisset: talia nūquam habuisse: cum hec ipsa: & sui tirii mirentur. Ali⁹ intellectus est mirantur dona aenee. i. mirantur talia Aeneam: Vel habere vel: donare potuisse. Mirant ergo substantiā animi.
h Iulū. S. ad cōuiuias refert. i Dei. S. ad poetā.
k Simulata. S. Composita in ascanii similitudinē
l Infoelix. S. ꝓpter casum futurū. D. Infoelix: qz benignū aim exhibebat: quē deberet inimicū exhiberet: cū ex eo pareret sibi mors.
m Tuendo. S. dū intuet. Omnis aūt gerundii modus: siue ab actiuo: siue a passiuo sit: similiter ꝓfert. vt cantando tu illū. i. dum cantas. Et frigidus in bratis cantando rūpitur anguis: idest dum cātatur. D. Ardescitque tuendo. Cōtrariū posuit: nam considerationi intēta fastidiū incurrere debuit.
n Vbi. S. postque: Interdū quādo: interdū in q loco.
o Magnū. S. arduū. difficile est em imitari filii affectum. p Falsi. D. magna res: vt etiā pater deceptus sit: q Heret. C. affixa manet. Est aūt hic repetitio hec o, he p. t. r Fouet. S. Substinet. s Insidiat. S. legit etiā insideat. t Matris. S. ei⁹ ꝓceptoris. v Acidalie. S. Ven⁹ inicit. curas. ἄχος ei cura: Vel ab acidalio fonte: qui est in orcomeno Boetie vrbe. In quo se glacie lauant. que veneri sacra sunt: ipsius em: & liberi filie sunt: & iure: nā gratie fere per horū numinū munera conciliantur: Sunt autem nude: quia gratie sine fuco esse debent: ideo connexe: quia insolubiles esse oportet. Hora. Segnesque nodū resoluere gre. Quod vo vna auersa pingitur due aūt nos respicietes: est qz ꝓfecta a nobis gra duplex solet reuerti. Vnde illud. Nec te certasse priorem peniteat.
x Abolere. SERVI. Ordo est naturalis: vt primo vellamus harentia: deinde inferamus noua. Sic Teren. Vt meū in quo nunc est ad mā: atque expleam animū gaudio. DO. Obolere. Prius enim debebat remouere amorem pristini viri: & paulatim: quia cum vehementer hereret: non pos

Expediunt: tonsisque ferunt mantilia villis.
Quinquaginta itus famule. qbus ordine lōgo
Cura penū struere: et flāmis adolere penates.
Centum alie: totidemque pares etate ministri
Qui dapibus onerent mēsas: et pocula ponāt.
Necnon et tyrii per limina leta frequentes
Conuenere: toris iussi discumbere pictis.
Mirantur dona Aenee: mirantur iulum
Flagrantisque dei vultus: simulataque verba:
pallamque: et pictū croceo velamen achanto.
Precipue infoelix pesti deuota future
Expleri mentē nequit: ardescitque tuendo
phoenissa: et puero pariter donisque mouet.
Ille vbi complexu aenee colloque pependit.
Et magnū falsi impleuit genitoris amorem.
Reginā petit: hec oculis: hec pectore toto
Heret: et interdū gremio fouet: inscia dido
Insidiat quantus misere deus: at memor ille

terat vno impulsu dimouere. Icirco aũt Didonẽ castã: diuitẽ: pulchrã: deceptã inducit per cupiditatẽ: vt non solum Didonis verum etiã Aeneę estimationẽ ostenderet. Ne illã ignobilis fœmina proiecti pudoris sponte amasse: aut prouocata muneribus videat. Aut ille malis submersus in numeris de amorib⁹ illicitis cogitasse. C. Abolere: q: vredo odor elicit. Hic Hom. καλλισευεσκαι καιсо ευο λsικнωσευιι idest ardenti: hoc est dolenti: Abolere remouere. Sunt autẽ exoleo: & aboleo ꝯposita nõ cũ soleo: sed cũ oleo: vt placet Prisciano. y Viuo. S. aut viui hominis: aut vehemẽti. z Preuertere. S. preoccupare propter Iunonẽ. a Resides. S. pigros ad amandũ: iurauerat eñi nulli esse nupturã. Cõtra vero qui instãt industrios dicimus. b Postq̃ prima quies. S. propter regalem affluentiã. Contra supra. postq̃ exẽpta f. D. Postq̃ prima quies. Cõuiuii ꝓlixi mos describitur. Nam confectis epulis studiũ bibendi prosequunt. c Mensę. S. Sub externa persona more ponit Romanorũ: apud quos duę mensę erãt: altera epularũ: altera pomorũ. d Crateras S. Est hic crater grecum nomen: latine hęc cratera dicitur. Persius si tibi crateras. e Vina coronãt. S. Vina: ꝑ poculis per sinecdochẽ. Coronãt: aut implẽt vsq̃ ad marginẽ: aut quia antiqui pocula coronabãt: vñ est: & magnũ cratera corona induit. C. Vina cor. sic Hõe. πινουτεσ κρατηρασ επιστε φεασονοιο f Fit strepitus. C. nõ eñi sine strepitu potuit esse lętũ & numerosũ cõuiuiũ.

Matris acidalię: paulatim abolere sychęum
Incipit: & viuo tentat pręuertere amore:
Iam pridẽ resides animos desueta q̃ corda.
Postq̃ prima quies epulis mensęq̃ remotę.
Crateras magnos statuũt: & vina coronant:
Fit strepitus tectis: vocẽq̃ per ampla volutãt
Atria: dependent lichni laquearibus aureis
Incensi: & noctẽ flãmis funalia vincunt.
Hic regina grauẽ gemmis auroq̃ poposcit
Impleuitq̃ mero paterã: quã belus & omnes
A belo soliti: tum facta silentia tectis.
Iupiter hospitib⁹ nã te dare iura loquutur:
Hũc lętum tyriis q̃ diẽ: troiaq̃ profectis
Esse velis: nostrosq̃ huius meminisse minores:

g Tectis. S. Ad tecta legit etiã fit strepitus tecti.
h Volutãt. C. vndatim eñi effluit vox ꝑ camerata loca:
i Atria. S. Romani duabus tantũ epulis in atrio vescebantur. Vnde per contrariũ Iuue. Quis fercula septem secreto coenauit auus: & ibi pecunias habebant: vnde q̃ honoratiores serui erant: liminum custodes adhibebantur. Hinc. Qui Dardanio Anchisę armiger ante fuit fidusq̃ ad limina custos. Ibi etiã et culina. Vnde atrium quia esset ater ex fumo. CRISTO. Atrium genus edificii est: quod mediã aream continet. In quã collecta ex omni tecto pluuia descẽdit. dictum atrium: vel quia id genus ędificii primũ atrię: q̃ est vrbs etrurię inuentum ẽ. vel q̃ a terra oriat: quasi atterritum. ait Pompeius festus.
k Lichni. SER. Greco verbo vtitur: ne vile aliquid afferret. a lychno autem lucerna dicta est: vnde lu: corripitur. Hor. Non quo fraudatis immũdus nacta lucernis. Si eñi a luce non staret versus. CRISTOFERVS. Lichni λυχνο idest omne quod lucet. Lucernam autem non hinc esse puto. sed a luceo. Nam quamuis primã corripiat quam luceo producit: non caret exemplo: nam a dico dicacem: & a duco ducem. et a vito vitium: quę oĩa nomina a verbis primã producentibus deriuata corripiunt.
l Laquearib⁹. SER. Lacus principale est. Lucilius. Resultant: ędesq̃ lacusq̃: per diminutionem lucanar facit. Hora. Nec mea reniter in ęde lucanar. Inde per aliam diminutionem lacunariũ: & per antistichon laqueariũ. C. laquearibus Lucreti⁹. Nec cytharã reboãt laqueata aurataq̃ tecta.
m funalia. S. a funibus quę intra cerã sunt. Hos antevsũ papyri cęra circundatos habebãt. Vnde funera dicta: quia funes incensi illa precedebãt. DO. Funalia. faces ex funib⁹ procreatę.
n Grauem D. Laudat a pondere: & a materia: Deinde q̃ maiores Didonis vsi sint: & durante merito transierit ad Didonem.
o Pateram: CRI. patera autem poculum: teste Macro. latinum est planum: & patens a petendo dictũ Carchesiũ autem pcrum: & circa mediam partem cõpressum ansatum mediocriter Ansis ad summum ac infimũ pertingentibus Verum Plaut⁹ cum apud phereciadẽ legisset. Alchemene a Ioue Carchesium dono datũ: insuetũ nomẽ: & grecis dũtaxat notũ relinquẽs: paterã cuius figura longe diuersa est dixit.
o Belus. S. primus Assyriorum rex: quem constat saturnũ: quem & solẽ dicunt: Iunonemq̃ coluisse: quę nomina postea apud Afros culta sunt: Vnde lingua punica hal dicitur deꝰ apud Assyrios hel: quadã sacrorum ratiõe: & Saturnus & sol.
p Facta silẽtia. DO. Rẽ enim diuinam actura silẽtium induxit. CRISTO. Tum facta. scilicet nam factura silentiũ induxit more Romanorum. Apud quos ne omen malum sequeretẽ Aiebat sacerdos: fauete linguis: idest tacete. Iuue. tẽ igit pueri linguis: animisq̃ fauentes.
q Iupiter. DONATVS Rogat Iouem: & eius virtutem narrat: vt ostendat pleno voto Troianos excepisse: cum initam societatem testimonio hospitalis Iouis cõfirmet. Cum autem ipsa esset Sidonia: quasi mortis suę pręsagio Tyriorum solũ: & Troianorum meminit: & merito diei meminit: quo cõfirmabat societatem per sacra: & conuiuiũ. Triste autem fuit tenebras nominare vel noctem. Vel maxime: quia continuationem diei nocti coniunxerat: & nondum itum erat ad requiem. CRISTOFERVS. Iupiter. Iouem autem hospitibus iura dare dixerũt: nõ solũ propter fabulam lycaonis: sed magis quia ab eo planeta maxima est iustitia: & religio: atq̃ humãitas oĩs. Hinc apud Homerũ Menelaus violati a Paride hospiti poenas Iouem poscit. Et Sta. eadem de re ait: Non gentibus equum fas: Aut cura Iouis: melius legatus addissem Sauromatos auidos.
r Hospitibus. SERVIVS. Exemplo Iouis: qui a lycaone susceptus. ipsum: quia hospitem mactarat in lupum cõuertit.
s Profectis. S. noluit profugis dicere.
t Velis. SERVIVS: ex etrusta disciplina: qui dicunt voles propitiusq̃ sis.
v Nostrosq̃ huius meminisse minores. DONATVS. & sic factum. vt etiam nunc duret de actibus Didonis fabula.

Adsit letitie bacchus dator:& bona Iuno:

Et vos o coetū tyrii celebrate fauentes:

Dixit:& in mensa laticū libauit honorem:

primaq; libato summo tenus attigit ore.

Tū bitie dedit increpitans:ille impiger hausit.

Spumantē paterā:& pleno se proluit auro.

post alii proceres,cythara crinitus Iopas.

x Adsit letitie bacch⁹ dator.S.Alii adsis legūt.Secūdū q̄s Bacchus.aut per antiptosim est:aut antiqu⁹ est vocatiu⁹ vt focer arma latinus habeto.Bene autem addidit:dator leti ciē:quia est & dator furoris.D.Bacchus.vinum sine quo leticia in conuiuiis esse non potest.Nā alibi est.bacchus & leticia in conuiuiis esse non potest... ad culpam causas dedit.id non vini viciū est:sed hominis vino vti nescientis.C.Letitie bacchus dator.Nā vinū leti-ciā inferre:testis est Salomō.Hora.autē.O fortes peiora q; passi sepe viri mecū nunc vino pellite curas.Et Homeru s. ωρνε λ ιοο κχιοινον ευφρονα καρπαιν αρουρασ

y Bona Iuno S.Vel propitia & nō irata troianis.Vel bona.i.celestis.Est em̄ & inferna:aut Iunoī inferne dicitus sacer.D.Bona Iuno. Nam norat illā inimicam Troianis:Ergo vt sit bōa & beniuola.C Bona benigna.Est em̄ religio in deos:pietas in patriā:parentes:et in sanguine iunctos:bonitas in vulgus.

3 Tyrii.D.Ne esset aliq̄ incolarū.aduersus peregrinos simulatio. a In mēsa.S.tāgit morē.Romanoꝝ: q̄ paniceas sacratasq; mēsas habebant:in quibus libabant.vt Heus etiā mēsas cōsumimus inquit Iulus.D.In mensa.in conuiuiis em̄ cū hmōi honorificentia numinib⁹ exhibet: p ara mensa succedit.C.In mēsa.nūq; a more Romāoꝝ desc̄dit poeta Ergo q̄uis nō nisi in ara libet:tū legerat in papyriano iure:vicē are p̄stare mēsam dicatā:vt in tēplo iunonis populonie augusta mēsa est.Ergo in mensa libat.Euāder:quoniam sacrata erat Hic aūt quoniam conuiuium erat regiū non sacrum:apud humanam mensam in Triclinio non in templo :quia nō erat religiosa:sed vsurpata libatio:sola libat regina.in qua non obseruationis necessitas est:sed vsurpationis licentia ait.Macrobius.

b Prima.DO.Vel quia ipsa libabat:vel quia potior omnibus fuit:vtpote Regina.

c Summotenus:SERVI.Et verecundiam regine:& mores Romanoꝝ tangit:nā apud antiq̄s nr̄os:foemine nō vtebantur vino:nisi sacrorum causa certis diebus.Deniq; foemina que sub Romulo vinū bibit occisa est a marito.Mecetius autem maritus absolutus est:sic Granius lucianus c.xiiii sue.DONA.Summotenus.Summis labris:vt religionis:& non vini cupidam demonstraret.

d Bitie.SERVI.per transitum poenorum ducum nomina introduxit:nam Bitias classis punice fuit prefectus ait liuius.CRISTO.Bitie dedit:recte de Bitia Serui.Verum legitur etiam Didonem fratrem fugientem primum in Cyprum nauigasse.Ibiq; bitiam veneris sacerdotem in magna puellarum manu que ad sacra venerant:Didoni sese dedicasse ipsamq; inde in Aphricā nauigasse.Ergo dedit Bitie veneris sacerdoti:qui vt verisimile est cōuiuio intererat

e Increpitans.SERVI.inclamans:vt estatem increpitās: aut familiariter arguens segnitiem tarde capiētis pateram: cū esset auidus in bibendo.DO.Increpitans.clara voce.exhortans:hunc aūt elegit:quia sciebat vini esse amatorem: vnde sequitur ille impiger hausit.

f Hausit.SERVI.Modo accepit:vt intelligas bibit.Cū sequat. g Et pleno se ꝓluit auro.S.Alias vidit:vt hausit coelū:mētemq; recepit.Alibi audiuit:vt vocemq; his auribus hausi.Alibi vulnerat.vt latus hausit apertū. & multa alia pro loco significat.DONA.Et pleno se proluit auro.Et pateram inquit vacuam fecit:& cum auide biberet.& tantum infunderet.q̄tum fauces transmittere non posset:perfudit etiam se.

h Post.D.itellige ritū executi sunt post acta cōuiuia:post consecrationem foederū.ludoꝝ aūt fit descriptio:quibus reges per voluptatem ad producendam petitionē vtuntur: Ludi aūt Didonis nihil turpe factu:nihil obscenum dictu habuerunt.Nā cythare artē inter honestas numerari constat:per hanc Orpheus plurimū potuit:hanc graues & prudentes amant:hanc diligunt muse:quibus tradentibus in vsum hominū venit:hec in agonibus.i.in sacris certaminib⁹ coronat̄.Ars ergo honesta conuiuiū quoq; nō dissimile. i Proceres.S.Ergo & Bitias vnus erat de proceribus:hoc aūt nomē noītiuū ꝓceres in vsu non habet.Sic vt nec ditōe q̄uis in compositiōe dicatur cōditio.proceres aūt teste varrone pricipes ciuitatis dicūtur:quia eminent in ea:sicut in edificiis mutuli quidā:hoc est capita trabiū:que ꝓceres nominantur.

k Cythara.C Inuentū Apollinis dicit̄:alii volunt reptā esse a Mercurio:qui cū p egyptū iter ageret:offendit cadauer testudinis: cui⁹ in testa cū neruos extensos pulsaret:ab eo sonitu admonitus cytharam reperit:eamq; dono Apollini dedit.Hebrei Tubal ex stirpe Cayn ante diluuiū eam reperisse volunt:fecit q̄ a principio tricordē imitatus tria anni tempora. Nam ab estate acutā:ab hyeme grauē:a vere mediā sumpsit.fuit autem eius forma initio similis pectori humano: quod vt vox ex pectore:sic ex ea sonitus exit.vn̄ nomem sumpsit.Nā lingna Dorica cythara pectus significat.Paulatim deinde plures fuerūt ei⁹ forme:vt psalteria:lyre:barbite.phenices:pectides:indice:que ferūtur a duobus simul

l Crinitus.SER.Vel quia imitabat̄ Apollinis formā.Cuius etiā artis erat imitator. m Iopas.S.Rex aphrorum vn⁹ de ꝓcis Didonis:vt est punica hystoria. n Persoṅat aurata docuit q̄.S.Nō q̄ docuit:nec em̄ potuit docere hūc:qui tempore Didonis fuit.Sed que docuit Herculem Vn̄ dicit̄ coelū ab atlāte suscoeptū sustinuisse ꝓpter coeli scientiā traditā.Cōstat em̄ Herculē fuisse philosophū.Et est rō cur oīa illa monstra vicisse dicat̄. o Docuit q̄.C.musica de hac qūītilian⁹.Quis ignoret musicē:ūt iā ill' t̄pib⁹ nō studii solū:veꝝ etiā t̄m venerat̄ōis habuisse vt iidē musici & vates & sapiētes iudicarent̄:& paulo infra.Timagenes auctor est omniū in lr̄is studioꝝ antiquissimā musicē extitisse:& testimonio sunt clarissimi poete:apud q̄s inter regalia cōuiuia laudes heroū ad cytharā canebant̄:multa nos colligim⁹ de musica in ꝓemio interpretationū nr̄arū in Horatiū:Est aūt musica adeo naturalis:vt omnes sex⁹: atq; oīs etas illa demulcetur.Est adeo potēs:vt penit⁹ hominē imutet.Pythagoras em̄ furorē tauromunitani ebrii iuuenis:edes in quibus amica cū riuali erat incendere volētis demulsit:Eodem pacto alios qui accensi cantu tybiarum:pudice mulieris fores effringere parabant Aristoteles in libro ꝓpleumatū ait:& qui dolent:& qui letantur fistulis vti hi vt magis letentur:illi vt minus doleant.Verū vt grauis musica optime instituit:ita lasciua deprauat. Quapropter Plato non omni musica instituendos pueros.sed simplici & mascula:quali.lacedemōii & Romani vsi sunt. Atanasius ad vitandum lasciuiam a nostris sacris amouit.Ambrosius ad inuitādam pietatem induxit.Augustinus in vtranq; partē disputat.& tandē grauem adiungendum putat.lasciuiam abiiciendam.

o Atlas.S.Sane Atlas grecum est:sicut & Nilus quem Nilum Ennius Melonem vocat.Atlantē vero Talamonē Recte autem in conuiuio regine adhuc caste inducitur cara men philosophicũ. Inter nymphas vero vulcani: Martisq; dolos & dulcia furta. C. Atlas. Paulo post annũ sexcentũ supra tria milia a mundi principio. Eriaso argis Satro Assyriis: & ortopole sicyõis regnantibus viuẽte Moyse floruit. Atlas astrolog⁹ Promethei physici frater hũc maternus auus maioris Mercurii. vt Euse. atq; augusti. Diod. aũt siculus scribit fuisse fratres duos gloria excellentes Hesperũ & atlantem: & hos gregẽ pecudum possedisse pulchritudine insignẽ: colore vero fuluo: & auro simili: qua de causa Poetę pecudes μηλα vocãtes aurea mala illos habuisse dixerunt Hesperũ aũt filiã suã Hesperidẽ vocatã: fratri in vxorem dedisse: & ex ea regionẽ hesperitũ nominatã. Ex hac vero Atlãtẽ septẽ filias sustulisse: quę a patre Atlantides: a matre vero Hesperides appellatę sunt. Harũ pulchritudine captus busiris rex ægypti: misit latrones qui illas ex orto quodã surripuere. Verũ cũ interim hercles a busiride quẽ iussu Euristei interfecerat. rediret: latrones quos in quodã littore deprehẽderat interemit: puellasq; liberatas ad parentes reduxit. Ob quod meritum astrologiam Herculem docuit Atlas: ex eo coelũ sustinuisse humeris credit⁹ est Atlas: quod rationem sphęrę primus docuerit. eodẽq; & Hercules Sphericã rationem in gręciam importans: maximã gloriã consecutus est: tanq; qui Atlanticũ mundũ suscepisset. Hec diod: vt dixi. p Errantẽ. S. q: ελικοειδης obliquo incedit cursu nõ recto vt sol: ne incidat in centrũ terrę: & freq̃nter patiat̃ eclypsim. C. Errãtẽ lunã. luna em̃ inter oẽs planetas ẽ magis icerto & vago motu ĩ cursu p̃cessiuo. Nã ꝑpter breuitatẽ sui cursus: nũc sub sole: nũc an: nũc retro sp̃ vagat̃. Et cũ sol circuit p̃ circulos australes inferiores: & luna peragit circulos boreales superiores tũ luna est supina velut nauicula sursum habens cornua cum ipsa sit versus terrã inclinata: quando vero decrescit est erecta: pręterea est aliq̃n recto diametro: inter nos & solẽ interposita quo tempore facit eclipsim. p Solisq; labores. S. Planetę septẽ sunt: ex quib⁹ quinq; ferunt̃ cõtra mũdũ: Sed & cũ mũdo. q̃n sunt retrogradi: sol vero & luna semp̃ contra mundum. Ideo dixit labores solis intentis contra volubilitatem sphęrę. Nã q; homerus cum appellat ηλιον ακαμαντα non dixit non loborantẽ: sed labores nõ sentientem. r Hominũ genus. S. Si fabulose a Prometheo vel Deucalione & pyrra. Si phisice: varia est opinio: Alii em̃ de humore. Alii de igne: alii de attomis: alii de q̃ttuor elementis homines natos dicunt. C. Vnde hominum genus. de quo latius in. vi.

s Imber. S. De nubibus quę secũdũ Lucretiũ nascuntur de terrę anhelitu. A quo sunt nebulę quę altius eleuatę: & aut sol' calore resolutę: aut vi vẽtoꝝ cõpressę mittunt pluuias: C. Imber. Pluuię. Est aut pluuia secũdũ Aristotilẽ impressio aeris quę fit ex plurimo vapore qui frigidus humectusq; in aere sit aggregatus: siue enim ex terra: & aqua resoluti hi vapores caloris celestis vi ad infimã partem medii interstitio attracti regionis illius frigore condensati tandẽq; calore ita dissoluti: vt nõ tñ penit⁹ absumpti sint guttatim in imbres resoluuntur. Id preterea non est silentio pretereũdũ. Nã quãto nubes vñ pluuia manat a terra lõgius ab est: tãto terrã suaui⁹ tẽuiusq; petit. Si aũt de ꝑpiq̃ cadat crassior ĩpetuosiorq; ruit. cũ ãt m̃ltũ ĩ ẽ de pluuiali mãsa ĩ nube: & nubes ipsa dẽsa vehemẽti solariũ radioꝝ vi verberet̃: fit vt ex illoꝝ cõfractiõe vehemẽs augeat̃ calor: atq; illi⁹ vi in vehementẽ pluuiã soluat̃ nubes. Quapp̃ter post intẽsos estꝰ vehementes imbres sępe videam⁹. Nõnũq; ex hmõi additamẽto caloris vrit̃ nubes. & rubeũ cõcipit colorẽ humorq; sic adust⁹ a nube stillãs speciẽ ignaris hoib⁹ sanguinolẽtę pluuię p̃bet: hic etiã ignes: fulmina & fulgura de quib⁹ alibi dictũ est. Appellãt aũt fulmẽ si pompeio credim⁹ a fulgore flãmę Alii itelligũt imber & ignes paq̃ ętherisq; elemẽtis. t Arcturꝰ. S. Stella ẽ p⁹ caudã maioris vrse posita ĩ signo poetę: & d̃r arctur⁹. i. αρκτουουρα. i. vrsę cauda. CRI. Arcturꝰ. Est minor vrsa: a nõnullis cynosura appellat̃: ab qua sidones ĩ nauigãt. Ideo ĩ coelo a Ioue trãslata ẽ. vt duplex helice honor esset. Agathostenes vero ait Cynosurã vnã fuisse ex ydeis nymphis: q̃ Iouem nutrita q̃ in creta regio quedã Cynosura ẽ appellata. Cretenses & Diod. sicul⁹: & hãc & helice fuisse Iouis nutrices fuisse dicũt: Alii volũt archadẽ fuisse. a qua arcadia sit dicta Calistos: & Iouis filius de q̃ fabula est apud Ouidi. hic secundũ Iginiũ a Licaone pelasgi filio Ioui epuland⁹ apposit⁹ est. At Iupiter domo lycaõis fulmie incẽsa: vbi trapetos deinde vrbs fuit hui⁹ mẽbra r̃stituit: et cuidã caprario nutriẽdũ dedit. Mox cum adolescẽs factus vim m̃ri insci⁹ ĩferre vellet. incoleq; lycei vtrũq; iterficere pararet: Iupit̃ ãbos astrĩ intulit hũc Homer⁹ boetẽ appellat.

v Hyadas. S. Stellę sũt ĩ frõte tauri: q̃ꝝ ort⁹ pluuias ĩducit siue hyades. vñ hyadas υειν απο του quod pluere ẽ dici credũt̃. latiẽ succulę a succo Alii dicũt dictas ab ylra: l' ab απο του υος. i. a suę in c⁹ formatę sũt faciẽ: fuerũt vl' atlãtis filię: vl' liberi nutrices. x Geminosq; triões. S. septẽ triones sunt boues aratorii. Recte ꝗ dixit. q: a nõnullis appellãt̃ plaustra. C. Triões. Hęc helice. i. vrsa maior ad quã gręci: latiniq; nauigant: vt foenices ad Cynosurã filia fuit Lycaonis Arcadię regis: quę a Diana siue vt aliis placet a Iunone: quia ex Ioue pregnãs esset in vrsã cõuersa est. & bestia facta arctũ quẽ arcadẽ appellãt pepit. Amphis Comic⁹ poeta addit illã ad lycaonẽ cũ filio p̃ductã. & mox cũ ĩ tẽplo lycei q̃ sibi intrare nõ liceret sequẽte filio fugere vellet a pastorib⁹ cũ nato occisa. & a Ioue ĩ signũ cęleste translata est. Geminos triões. & septẽ triões dicũt. Septẽ q̃dẽ a nũero: nã q̃tuor stellas habet plaustꝝ: tres vero sũt añ plaustrũ: & has septẽtriões appellãt ea ratiõe q̃ dicit. S. Gemios itidẽ triões: q: duplici linea ↄficiũt plaustrũ ipse q̃ttuor stellę: Nõ tñ solæ hę septẽ stellę faciũt vrsã maiorẽ: v eꝝ: septẽ caput faciũt in singulis humeris singulę obscurę sũt: in armo duę: in sũma cauda vna clara: in ventre itidẽ vna clara: in spina vna: in crure posteriore duę: i extremo pede duę. sup̃ caudã tres. y Quid ꝛc. S. Rõ hoc facit hemisp̃ii: q: hyeme breuiore sol vtit̃ circulo. C. Dieꝝ aũt breuitate & lõgitudiẽ facilis ẽ q̃stio. Nã cũ sol p̃ signa australia fert̃: quoꝝ potissimũ est capricorn⁹: q̃m breuissimũ illi ẽ iter p̃ nr̃m hemisperiũ cursũ facit breuiorẽ. Cõtra vero euenit. Cũ p̃ signa septẽtrionalia in q̃ p̃te maxime est cãcer fert̃. Sed de his latius in bucolis. z Tingere. S. demergere. a Soles S. i. dies. vt Tris adeo erram⁹ cęca caligie soles. b Tardis. S. ęstiuis tarde veniẽtib⁹. Vl' em̃ disiũctiua ẽ. Nec patit̃ bis eandẽ rẽ dici. Ergo dicit quę causa est lõgoꝝ dieꝝ sed & hic rõ hemisperii est. c Ingeminant. S. Nõ ei peregrini auderẽt: nisi incepissent ciues. D. Ingeminãt. Troiani em̃ nescientes reginę cõsuetudinẽ nihil debuerũt priores efficere: Ne in aliq̃ displicerent: Sed seq eos q̃ ex more faciebãt. nõ fuit temerariũ vniuersi: interea occupati fuerãt. cãtãdo: plaudẽdo: bibẽdo. Regia aũt quę Aeneę ↄspectu satiari nõ poterat maiorẽ t̃pis morę desiderabat. Et aliis potãtib⁹ vinũ ipsa bibebat amorẽ. Et superflue q̃rebat q̃ vel a thesaurario audierat vel picta viderat: sed morẽ vt dixi q̃rebat.

[n] Personat aurata: docuit [o] quę maximus atlas.
Hic canit [p] errantẽ lunã: [q] solisq; labores:
Vñ hoĩm [r] gen⁹: et pecudes vñ [s] imber: et ignes:
[t] Arcturũ: pluuiasq; [v] hyadas: geminosq; [x] triones:
[y] Quid tantũ oceano properẽt se [z] tingere [a] soles
Hiberni: vel q̃ [b] tardis mora noctibus obstet.
[c] Ingeminant plausum tyrii: troesq; sequũtur:

Nec non & vario noctem sermone trahebat.[d]
Infoelix dido: longumq; bibebat amorem[e]
Multa sup priamo rogitās: sup hectore multa:[f]
Nunc quibus auroræ venisset filius armis:[g]
Nūc q̄les diomedis eq: nūc quātus achilles:[h]
Imo age: et a prima dic hospes origine nobis:[i][k]
Insidias (inquit) danaū: casusq; tuorum,[l][m]
Erroresq; tuos: nā te iam septima portat,[n]
Omnibus errantem terris et fluctibus æstas.[o]

d Trahebat. C. iccirco trahebat: quia inuitus pe ne aliis nox in somniis per agebatur. e Bibebat SER. allusit ad ꝯuiuiū. f Multa super. S. pro de C. Auidissima mulier fru endi Aeneæ colloquio cū cta circunspiciebat: quib⁹ illum diutius detineret. g Quibus. S. Quia vul cani visus fuerat armis. h Quales Diomedis equi S. q̄s Rheso sustulit. Qua les an si feroces: vt hi a q bus habuerunt originem Diomedes em̄ rex tracū habuit equos qui huma nis carnibus vescebantur: hos hercules occiso crude li tyrāno abduxisse se phi bet a quib⁹ hi originē du cunt. i Imo age. S. Cū speciales cito finiri possent: contulit se ad generalitatem DONATVS. Imo age. Breuis ppositio: sed quæ non breuem narrationem esset habitura. Respondetur ergo pri mis duabus propositioni bus in secundo libro. Quæ sūt erroresq; tuos: casusq; tuorum. In tertio erroib⁹ suis: quanq; : & quędā de suis etiam ibi. k A prima. S s. a raptu Helenę: sed hoc Aeneas ex cusat. Dicit Ruinam Tro ię breuiter esse dicturū. l Insidias. S. ne Troiani virtute superati videant.: m Casusq;. S. vt euētu: non fati necessitate: Troia ruisse videatur. n Erroresq; tuos. S. eodē ordine rńdet Aeneas. Nā primo dicit Ruinā Troię postea suos errores: o Septima æstas. S. septē annos itellige. Septem au tem annos. Dido cognouit ex teucro.

Finis primi:

Argumētū primi libri eneidos cōditū a Virgilio

Aeolos inmittit ventos iunone precante:
Troianosq; vagos lybicas expellit in oras
Solatur Venerem dictis pater ipse dolentē,
Aeneam recipit pulchra carthagine dido,
Cui venus astanii sub imagine mittit amorē,

finis primi libri

Argumentū virgilii super secundo eneidos

Funera dardaniæ narrat fletusq; secundo,

Vel sic

Conuiuio series narratur troica belli.

Vel sic

Cogitur æneas bellorum exponere causas:
Graiorūq; dolos: et equitū fraudēq; Sinonis
Excisamq; vrbem: priam iq; miserrima fata,
Vtq; patrem impositū forti ceruice p ignes
Extulerat: clarāq; amiserit ipse creusam,

Eneidos

Que secūdo eneidos libro cōtineāt. ouidiꝰ.
❡Cōticuere omnes: tūc sic fortissimus heros
Fata recensebat troię, casusq; suorum:
Fallaces graios: simulataq; dona mineruę
Lacontis pœnā, et laxantem claustra sinonē.
Somnū quo monitꝰ acceperat hectoris atrū:
Iam flāmas cœli: troum patrięq; ruinas.
Et regis priami fatum miserabile semper:
Impositūq; patrē collo: dextraq; prehensū
Ascanium: frustra tergum comitante creusa.
Ereptā hanc fato, sociosq; in monte reptos.

COnticuere.SER.pro conticuerunt: Necq est dualis numeri: quia apud latinos non inuenit. DO. Conticuere: quia dixerat: Fit strepitus tectis & cyth.c.I. personat aurata: & ingeminant plaustrũ tyrii. Conticuere: partim ꝓpter eius honorificẽtiam: partim. quia mens hoim cupida est audiendi nouas res: & regina indixerat silentium. b Intenticq ora tenebãt. S. Aut intuebãt ora loquentis: aut immobiles vultus habebant: vt tenuitcq inhians tria cerberus ora: id est immobilia habuit: Aut tenebant: id est hebant. p figurã. i. ora intẽta hebant. Teren. Nã illi Andrię nomẽ erat: tenco. Et hoc icirco addidit: quia põt qs tacere et nõ aduertere. D. Intenti. desiderio ducebãtur audiendi. c Inde. S. deinde: & est Apheresis. d Toro ab alto. SER. Summ⁹ ei semp est pontificalis loc⁹. Et eneas vbiq quasi sacratus inducit. Torus aũt a tortis herbis est dict⁹. C. Toro ab alto: Nam et ibi discuberat: & idẽ veluti ex loco supiori ab oibus audiri poterat. e Infandũ. S. Dolor enim & pudor est viro forti victum se dicere. D. Infandũ. Qm grauissima erant in cõuiuio letissimo narranda: & nõ aliẽa mala: sed sua narrabat. CR. Infandũ: optimũ exordium: & huic loco accõmodatissimum: & ex visceribus causę eductũ: nõ ẽm poterant abire Troiani sęuiẽte hyeme: et nauib⁹ fractis: Necq omnino fidendum videbatur mulieri. Nam varium & mutabile semper foemina. Et Ouidius. Fallite fallentes: Nam magna ex parte prophanum est genus: in laqueos quos posuere cadant. Omnis ergo oratio ad misericordiam conuertenda erat. Captat ergo beniuolẽtiam per misericordiã: tum a re ipsa: tũ a persona sua: Maxime autem a virtute Troianoꝝ: nam maxime mouet: cũ videmus virtutẽ a fortuna superari. Vnde dixit infandũ dolorem: & quoniã tempus alienũ huiusmodi narrationi videbat: reddit auditores attentos a magnitudine rei. f Iubes. S. Vis. Aliter eni hoc verbum Aeneę personã nõ recipit. C. Iubes. Captat beniuolentiã: ex eo ꝙ se inferiorẽ ostendit: Dixit enim iubes: quasi inferat: ꝙ omĩs supioris postulatio pro iussis apud inferiorẽ haberi debet: et simul excusat apud alios suã in tempore incongruo narrationẽ. g Renouare. C. Nam quemadmodũ refricando exacerbatur vulnus: et si pene coierit. Sic et iam inueteratus dolor: cum narrando redit ad memoriã exasperatur. h Troianas vt o. S. Sic Horatius. Aut pinguis phrygię: aut mygdonias opes. D. Troianas opes. q. d. magnas. i Lamentabile regnũ. S. q̃i dignũ multa lamentatione: vt hi mĩcũ fleti ad superbos. k Danai. S. argiui a Danao rege: Nam greci ꝓprie sunt Thessali a Thessalo greco rege. D. Danai. Abiectę legendũ quasi imbelles. l Vidi. C. Pathos a sensu videndi: vt: Vidi egomet duo de nũero: cũ corpa nostro: Nam vt oñdit Cice. in episto. Eadem calamitas grauior fit si videat: q̃ si eadẽ audiat.

m Pars magna. SER. ꝓpter amissam coniugẽ: & hoc se cõmendat. vt infra: Aut quid in euersa vid. c. v. D. Pars magna: quia ꝑdidit regnum. vidit miserandam Priami et polytę mortẽ. Amisit vxorẽ: et deniq prẽm. Certe Dido nõ deberet audire ꝙ mala sua fleret. C. Pars magna fui: Et hoc auget vehementer. q. d. vidi in me & in meis. n Quis talia fando. S. dum dico: Alibi dũ dr: vt: Fando aliqd: si forte. t. p. ad. au. D. Quis talia: queris me narrare quę etiã hostis si audiret: non abstineret a lachrymis: Ibi enim fuit vnus ex grecis Achimẽides: quẽ fleturũ dicit. C. Quis talia fãdo: Maxim⁹ profecto dolor: quẽ ne sęuissimi qdẽ hostes sine lacrimis audiãt: meminit aũt Achillis & Vlissis: Qm vterq ꝑter cęteros alter vi: alter dolis Troianis nocuerant. o Myrmidonũ. S: Isti Achillis sunt socii. Dolopes pyrrhi: qui eũ de scyro secuti sunt. Myrmidones aũt dicti sũt a formicis q̃ appellãt μυρμηκες. Nam Aeacus cũ ob pestẽ ppl'm amisisset: Orauit Ioue prẽm: vt tot sibi socii adessent: quot in arbore fici formicas vidisset: Et statim formicę sũt in hoies versę. Hoc fabulę. Erathostenes aũt ait: Myrmidonas a Myrmidone rege dictos. C. Myrmidonum fabulã de formicis ponit Ser. Strabo aũt ait dictos Myrmidonas ęginenses: quia vt petrosam regionẽ incollere possent: formicarũ more terram fodientes ad petras transportabant: vt materiam agricolẽdi haberent fossas quoq habitarent: ne latericium opus illis ad ędifitia esset exercendum. Eratosthenes cos ait appellatos a rege myrmidone: qui ante Aeacũ fuit: militauerũt isti sub Achille: Nam Homer⁹ inducit Pyrrhũ: cũ post mortẽ patris in Troiã peruenisset: illos morte Achillis moestos consolantem. p Dolopũ. C. Dolopes teste Strabõe ad extrema Phthię pertingunt. Pindus enim mons ad septentrionem Macedonem partẽ habet: ad occasum parebos homines nugatores: ad meridiem Dolopas. Alii dicunt dolopas antiqs fuisse ętholorum populos: & inde venisse in Magnesiam Thessalię & lapithus auxilio fuisse contra Centauros: isti sub Pyrrho militarunt. q Duri. S. crudelis. Virgili⁹ enim pro negocioꝝ qualitate epitheta ponit. Cũ Home. eadem esse in contrariis obseruet. Quod aũt Asinius pollio de achimenide socio Vlissis dictum refert: caret ratõe. Myrmidones vero & Dolopas ꝑsentes esse acceptos ab Heleno: sed vt tanq de ipsis Aeneam intelligamus dixisse: ne eos quidem posse calamitates Troię sine lachrymis referre: Sed si sic intelligamus: frangit dicti dignitas. r Precipitat. S. pro ꝑcipitat. DO. Nox hũida coelo precipitat. Non ꝑcipitat ꝓ precipitat: Sed lege nox hũida coelo ꝑcipitat somnos suadẽtcq cadẽtia sydera. Nox hũida cęlo precipitat. Hoc voluit dicere: Iam media nox assumpta est: siquidem aura humida iam coepit: et sydera in occasum labuntur. Hęc enim non sunt nisi maxima parte noctis transacta. s Cadentia: S. Epitheton syderum est; quę semp cadunt et oriunt: aut maiorẽ noctis partem

P. Virgilii Maronis Aeneidos liber secundus.

Conticuere oẽs.
intenticq ora tenebant.
Inde toro pater æneas sic
orsus ab alto.
Infandum regina iubes re
nouare dolorem:
Troianas vt opes: & lamentabile regnum
Eruerint danai: quęcq ipse miserrima vidi:
Et quorum pars magna fui: quis talia fando
Mirmidonũ: dolopũ ve aut duri miles vlyssi
Temperet a lachrymis: & iã nox humida coelo
Precipitat: suadẽtcq cadentia sydera somnos.

vult eſſe tranſactã. C. Cadentia. Vel ſit Epitheton ſyderũ: vel oſtendit multũ noctis proceſſiſſe: cum ea ſydera: quę in principio noctis ſurgebant a noſtro orizonte nũc a medio coelo iam cadant. t Caſus cognoſc. S. caſuum cognoſcendorum: Et eſt gręca figura.
v Et breuiter. SER. pręſcribit: quia Dido dixerat: Prima dic hoſp. or. n. Quanq̃ melius pręſenti tempori iungitur: vt quamq̃ ſcio. x Meminiſſe horret. SER. propter defectum verborum non potuit dicere, meminere. Hęc autem odi: noui: coepi: & memini ad omnia tempora quę inueniũtur & ſuo: & aliorũ funguntur officio. Terẽtius. Memini videre quo ęquior ſum Pamphile: vbi pręteritũ pręſens ſignificat. Item memini me turrib⁹ altis Corytium vidiſſe ſenem: hoc quandoq̄ fit ĩ integris verbis: vt iuuat euaſiſſe tot vrbes: ergo magis incorruptis.
y Refugit. SER. propter metrum: Pręteritũ pro pręſenti.
z Luctuq̄ refugit. C: Sic Cicero in Tuſculanis Aegritudo quaſi morſũ aliquem doloris affert. Alia littera habet metu: Metus receſſum quendã animi & fugam: lęticia perfuſam hilaritatem: Libido effrenatam appetentiam.
a Incipiam frac. bel. S. Duplex in hoc libro intentio eſt: ne vel Troię ꝙ victa eſt: Vel Aeneę turpe videatur ꝙ confugit.

prospectu prouidentia nuncupatur eadem: deinde ratio ac ordo ſiue ſeries in rebus mobilibus ac temporibus explicata fatum dicunt: Sed de hoc latius in ſexto: vbi eſt: Si te fata vocant. ſecundum Aurelium auguſtinum.
d Ductores. S. Sonanti⁹ eſt ꝗ duces: ſic alibi. Regnatorẽ Aſię pro rege. e Tot iam labentibus annis. S. labentibus: id eſt celeribus: Nam curſu velocior eſt lapſus. DO. a tẽpore tot iã labentibus annis: Nã tam diu reſiſtimus ꝗ diu fata imperiũ ſtare conſenſerunt.

Sed ſi tantus amor caſus cognoſcere noſtros,
Et breuiter Troię ſupremum audire laborem:
Quanq̃ anim⁹ meminiſſe horret: luctuq̄ refugit.
Incipiam: fracti bello fatiſq̄ repulſi
Ductores danaũ: tot iam labẽtib⁹ annis:
Inſtar montis equum diuina palladis arte
Aedificant: ſectaq̄ intexunt abiete coſtas.
Votum p̄ reditu ſimulãt: ea fama vagatur.
Huc delecta virum ſortiti corpora: furtim

f Inſtar: SER: indeclinabile: licet Probus inſtaris dixerit & caret ꝓpoſitione: vt peregre: quãuis Serui⁹ lyricus ad inſtar dixerit: Inſtar ad ſimilitunem. Vnde nõ reſtaurata: ſed inſtaurata dicũtur ędificia: ad antiquam ſimilitudinẽ facta: vt ergo inſtauramus Polydoro funus. DO. Inſtar mons equũ. Fracti bello ſe ad inſidias conuerterunt. C: Inſtar. potius ad ęquipationem ꝗ ad ſimilitudinẽ ſignificare videt̃ Cicero de finibus. Idq̄ ſi accidat mortis ĩſtar putem⁹. Lucretius in. vi. Tum facit vim plagę mactabilis inſtar: ergo inſtar mõtis ad altitudinẽ montis: nõ aũt ad figurã: non eñ de forma: ſed de quanto fit comparatio:
g Equum. S: ſecundum Higinium machinamentũ fuit bellicum: Vñ eſt: Aut hęc ĩ nr̃os fabricata ẽ machĩa muros: Alii portam quã illis aperuit Antenor equum pictum habuiſſe: vel antenoris domũ quo poſſet agnoſci: Vt equeſtri pręlio victa ẽ troia: aut abſcondiderunt ſe poſt montem Hyppium. Vel fuit quod Virgilius ſequitur Palladis arte.

DONATVS. Incipiam. In hoc principio narrationis loci: tpis: & perſonarũ memor eſt Aeneas: ergo ꝓpoſita retinet: ſed oſtendit eſſe prolixa & multa: nec tempori: nec loco: nec perſonis congrua: Sed quia cupiebat id regina: cui⁹ voluntas pro ratione eſſet: recurrit ad breuitatem: vt neq̄ ipſa multa dura narrando in dolores incurreret: nec Didonem multum vigilare cogeret: Hoc loco docet: ꝙ quãuis omnis narratio breuis eſſe debeat: tamen illa breuiſſima cum propria mala narrantur: niſi neceſſitas cogat. Ergo contra erit cum narrantur bona. Nam proſpera & referre iuuat: & exigunt audientẽ. Subtilis narratio hoĩs victi: & eius qui patrię adeſſe nequierit: Cuius auxilium Didoni omnia metuenti videri debeat neceſſariũ. Q: in ſpem certam venire nõ potuit: niſi Aeneas prius perſonã ſuam iuſta defenſione purgaret. Qđ ab occaſiõe temporis et ꝑſonę ſumit. Non nos ſtrenui: ſed imbelles vicerunt. Argumentum. ergo a perſona.
b Fracti bello. DO. Nullus bello frangitur niſi imbellis: & niſi fortis ſit qui reſiſtit.
c Fatis: S. quę tria fuerũt ſecundũ Plautum. Vita Troili: Palladii cõſeruatio: Laomedontis ſepulchrũ integrũ: quod in ſcęa porta fuit: vt in bacchidibus lectum eſt. Secundũ alios plura: Vtq̄ de Aeaci gente aliquis intereſſet. Vnde Pyrrhus adhuc puer vocatus ad bellum eſt. Vnde Neoptolem⁹ dictus: vt Rheſi equi tollerent̃: vt Hercul' intereſſent ſagittę: quas miſit Philoctetes: cum ipſe morte pręuentus non potuiſſet afferre. CRIS. Fatum in rerum ordine: id eſt ſecundum Platonicos: id eſt quod in mente dei prouidentia. Nam vt Apuleius ac Boetius volunt: ratio & ordo rerum ſingularium in diuinę mentis adunata

h Palladis arte. S. aut ingenioſe: aut doloſe. q. đ. conſilio iratę deę. DO. Palladis. quo poſſent ab inſidiarum ſuſpitione abduci equũ: maxime inſidię. Nam ꝗd abſcondere non potuerũt ſpe religionis contexerunt.
i Aedificant. SER. Tranſlatio a nauib⁹: Cicero. Nauem tibi ędificatam eſſe Meſſanę. k Intexũt. SER. vt. Bis denas italo texamus robore naues. l Abiete: SER: Ponit abietẽ: Nam fulmĩata abies interitũ dominę ſignificat: et Troia per foeminã periit. Acer vero in tutela ſtuporis ẽ. et viſo equo ſtupuere Troiãi: vt pars ſtupet innuptę donũ exitiale. Pin⁹ in tutela ẽ Martis deũ: ſed & fraudis: quia eius poma cadentia per fraudẽ interierũt: & hic equ⁹ plen⁹ inſidiarum ẽ: Abiete ſolutio ſpondei: nunc in proceleuſmaticũ alias in dactylũ: vt: Arma virum tabulęq̄ & Troia gaza ꝑ vndas: Alias in Anapeſtum: vt fluuiorum rex Eridanus Virgilius tamẽ in hac ſolutione ſemꝑ ſeruat ſibi excuſationẽ Synaliphę: quod alii contemnunt: C. Abiete. In europa ſex genera cognatarũ arborũ ſunt (vt placet Plinio) Pinus: pinaſter: pix: abies: larix & teda: Abies maxima arbor efficit̃: ſed nulla viſa maior ꝗ quę in naui fuit: quę Caii principis iuſſu ex ęgypto obeliſcum in vaticano ſtatutum vexit. c xx. modios lentis pro ſaburra habuit. m Votum: C. Participiũ: id eſt ſimulãt equum eſſe votum. n Fama. SER. Excuſat: Ne reus ſit conſcientię. C. Fama. a fando dicit̃: vel a greco. φημη Differt aũt a rumore: nam fama eſt eius rei: cuius certa

testant auctores. Rumores illius: cuiꝰ nullus certus extat auctor: sed de fama in q̃rto libro explicatius.
o Delecta. D. Non ergo plebea: & est ad excusationem Troianorũ: Elegerunt ex ducibus plurimos: & qm̃ periculosa nõ possunt spõte appeti: sors dedit ex pluribus sortibus quos equus caperet. Ostendit autem poeta pau corum pꝯiculo puidendũ omnibꝰ: neq; debere homies re fugere mortẽ p salute patrię. p Sortiti. S. Contraria sunt sortiri & eligere: Sed elegerũt plures: ac deinde de illis sortiti sunt quos includerent. CRIST. Sortiti. Sortimur rem: cum illam: quia sorte euenit accipimus. Hinc dicimꝰ: Scypio consul sortitus est aphrycam.

gat. DO: Malefida. ergo credendũ illos enauigasse.
b Nos abiisse. D. cum & littus reliquissent: & malefida esset statio: nõ mirũ si crediderũt abiisse: c Omis teucria. SER. subaudi gens: & est absoluta locutio. D. Ergo omnnis. mortalitas plena monstrat: vbi eñi creditum est bellum amotũ solutus est ei longi tempis luctus.
d Dorica castra. S. Mala est cõpositio ab ea syllaba incipere: qua superior finitus est sermo: nã plerũq; et cacephaton facit: vt hic dori a doro sunt Neptunni filio.
e Hic. CRIST. Repetitio est. item dissolutum: quia quartuor clausulę sunt sine copula.

Includunt cęco lateri: penitusq; cauernas
Ingentes: vterumq; armato milite cõplent.
Est in conspectu tenedos notissima fama
Insula: diues opũ: priami dũ regna manebãt:
Nunc tantũ sinus: & statio malefida carinis:
Huc se profecti deserto in littore condunt:
Nos abiisse rati: & vento petiisse mycenas.
Ergo omnis longo soluit se teucria luctu.
panduntur portę: iuuat ire: & dorica castra
Desertosq; videre locos: littusq; relictum.
Hic dolopũ manꝰ: hic sęuus tendebat achilles.
Classibus hic locus: hic acies certare solebant.
pars stupet innuptę donũ exiciale mineruę:

q Cęco. S. obscuro et in quo nõ videt. Cęcũ autẽ hominẽ dicimus non videntem. r Cauernas. D. Loca quę pręter vterũ caua essent: vt circa armos & collum & ilia:
s Ingentes. S. Epitheto leuauit tapinosim.
t Vterũ. S. vterꝰ est mulierum: quẽ mõ dixit: ga dicturꝰ erat foeta armis. Aluus est quo defluunt sordes. Salustiꝰ. Simulãs aluũ purgare. Venter vero qui videt: Iuue. Monstani quoq; venter adest ab domine tardus.
v Armato milite. C. Intellectio est. x Est in cõspectu. D. Locus est qui hostiles insidias facile celarũt conspectu erat: sed insula q̃ nõ facilis eẽt transitus & mare interiectũ occultabit insidias.
y Tenedos. S. Tenes quidem infamatus: q cum nouerca cõcubuisset hãc insulã vacuam cultoribꝰ tenuit. Inde tenedos dicta: Hinc dixit notissima fama Cicero in Verrinis. Tenem ipm: cuius ex nomie tenedos nominat. C. Tenedos. a Strabõe. opõit distare a cõtinẽti ad stadia. xl. & hr̃e ambitũ stadiorũ. lxxx. & vrbem æolicam & portus duos: & Apollinis Sminthei delubrũ: vt etiam Home. testat Leucrophris olim hęc insula dicta est: sed tenus cygni filius: cũ nouis colonis illam occupans a se denomiauit. Tenedii vero dicunt Tenũ calumnia nouercę inclusum: a patre in arca: & in mare piectũ huc appulisse: et p deo habitũ: quẽ aliq Apollinẽ credidere. Tẽplũ Tybicines nõ intrãt: quia nouercę fauerũt Aristo. putat: cũ tenedis teneatea: qui in grecia sunt affinitatẽ hr̃e: & certe apd̃ vtrosq; Apollo colit Tenedi portus paucas naues capit: teste Quitilião. z Statio. S. in q̃ ad tp̃s stãt naues: Portus ãt vbi hyemãt. C. Statio. nõ portꝰ ẽ. vbi naues ĩ tuto stare pñt: sed q̃ ad tp̃us se se recipiunt quã plagiam appellant. Dicimꝰ eñ stationẽ loca in moenibus illorum custodibus destinata. Liuius in septimo de bello punico. Qd̃ vbi animaduertit scypio duabꝰ simul ptibus vrbẽ est aggressus: q̃ res tm̃ terroris adiecit: vt opidani moenia relinquerent: & primũ presidiũ relictis statiõibus in vnũ se se colligerẽt. Item quę in castris: aut pro castris eiusdẽ custodię causa sunt: & in coelo planetarũ statiõe dicimus.
a Malefida. S: aut minꝰ fida ppter periculũ nauiũ: quã plagiã dicunt: aut fida grecis male: id est in nostrã perniciẽ. Lucanus de syrtibꝰ. Sic male deseruit. Sed hęc significatio raro inuenit Malefidus: minusfidꝰ, male eñi minuit nõ ne

f Sęuꝰ. S. propter hectorem tractũ. g Tendebat. S. Tentoria habebat vt et latis tendebat in aruis. h Classibꝰ. SER. Ad equites magis debemus referre: vt ordie classes: vñ et classica dicunt: i Acies. S. legit acie.
k Stupet. C. ita admiratur vt stupeat. l Innuptę. S. quę nunq̃ nubit. m Exiciale. S. quantũ ad Troianos.
n Mineruę. CRISTO: Mineruam quam Iouis filiam esse dicunt sine cõmixtiõe muliebri ex suo capite orta ostẽdit: nulla admixtione rerũ humanarũ: & corporearũ ab ipso deo nobis intellectũ prouenire. Cice. quinq; Mineruas ponit. Primam quam Apollinis matrẽ dicit. Secundam ortã ex Nilo: Tertiam ex Ioue: Quartã Ioue natam ex Coryphę nympha Oceani filia: quam Arcades Corian vocant: & quadrigarũ inuentricem dicunt. Quintã pallantis filiam: quę prẽm virginitatẽ suam violare conantẽ interimit. Cum igitur Iuppiter Iunonẽ sterilem videret: vt liberos haberet: sępe concusso capite Mineruã edidit. Hęc lanificum et texturã reperit: & numeros atq; illorum figuras. Hanc vulcanꝰ adamauit. Sed illa concubitũ refugiente: semen in terrã fluxit: natusq; deinde Ericthonius: sic ab illa contentiõe & terra nominatus: dicit Pallas a pallante interfecto. Vel potiꝰ a concussione hastę: q̃ in bello vtitur. Est enim bellorum pacisq; dea: Nam sapientia q̃ ab intellectu pueniт potius q̃ corpori viribus bella ita administrantur: vt ad pacem deueniatur. Appellatur Tritonia ab Aphrycę palude Tritonide: apud quam (vt Augusti. scribit) regnante Ogygio apparuit. Herodotus autem refert in Aphryca Maclyes esse populos: Iuxta quos Triton sit fluuius: ex eo q; efficiatur Tritonis palus: ex qua dicunt Neptunum Mineruã genuisse: Verum cũ illi quoq; pater succensuisset. Illa se Ioui tradidit: et ab eo per adoptionẽ sibi filiã factã: huic singulis annis virgines sacra faciunt. Nã in duas acies diuisę lapidibus: fustibusq; decertant: & si qua in pugna occubuerit: ea pseudo parthenos. i. non vera virgo creditur. Ante autem q; pugnã ineãt omniũ pulcherrimã virginem corynthia galea: & tota armatura greca ornatã in curru ponunt. Illaq; paludẽ circũeuntem omnes sequũtur. Hęc Herod. Diod. autem siculus addit Mineruã paulo ante in Tritonio flumine natã ab Hamõe cõiuge Rheg

Et molem mirantur equi: primusque thymoetes
Duci intra muros hortatur: & arce locari.
Siue dolo seu iam troię sic fata ferebant.
At capys et quorũ melior sententia menti:
Aut pelago danaum insidias: suspectaque dona
Pręcipitare iubent: subiectisque vrere flãmis.
Aut terebrare cauas vteri & tentare latebras.
Scinditur in certũ studia in cõtraria vulgus
Primus ibi ante oĩs magna comitãte caterua
Laocoon ardens summa decurrit ab arce
Et procul o miseri quę tanta insania ciues.
Creditis auectos hostes: aut vlla putatis
Dona carere dolis danaum: sic notus vlysses.
Aut hoc inclusi ligno occultantur achiui:

custodem positam esse cõtra ipsam Rheam pro tutela filii: quẽ ex Almathea susceperat: ipsamque ꝑpetuam virginitatẽ seruasse: & ꝓpter animi solertiã multas artes inuenisse. & in bello plurimũ valuisse: & alcidam belluam q̃ ignẽ ore vomẽs omĩa inflãmaret: ingenio & viribus interemisse Cretenses in sua insula Tritonẽ flumen dicunt: et apud illius fontẽ ex Ioue natam Mineruã affirmant: ibique eius templũ ostẽdunt. Dicãtque alcidam belluã hãc primum apparuisse ĩ phrygia: q̃ ꝓpter hoc cõbusta vocat. Deinde in taurum conuersa cuncta nemora perpetuo tenore in n dos vsque incẽdio consũpsisse: inde ꝑ phoeniciã cõuersaꝫ Lybani syluis exustis ꝑ ęgyptũ in lybiã transisse vsque ad Hesperu m: ibique omĩa exurentẽ ĩpos mortales: aut ꝑdidisse: aut in fugam vertisse donec illã pallas perdidit. Augusti: autem cũ de Mercurio ac hercl'e dixisset: addidit: Mineruã longe. His antiquiorem fuisse eam temporibus Ogygis ad lacũ Tritonis virginali facie apparuisse. Vnde Tritonia sit nuncupata. m'torum operũ inuentrix. Et tanto magis dea credita: quãto min' eius origo innotuit: Dicitur αθηνη ab eo quod est αθρω id est video: quoniam dea sapientię est: q̃ omĩa cernit: Vel ab α priuatiua: & θω quod significat lac sugo: nam cum ex capite Iouis maiuscula nata sit: lacte non eguit. Ab ea ergo dictę sũt athenę Nã cũ certaret cũ Neptũno ab vtro eoꝝ denõinata eẽt vrbs. Neptunn' terram tridente ꝑcussit: atque inde nat' est equus. Ipsa vero cũ hasta terram ꝑcussisset: nata est oliua. Cumque per equũ bellũ: ꝑ oliuã pacem: q̃ bello anteponẽda sit intelligam': Iudiciũ fuit: vt Athenę. i. Minerua nomen vrbi daret. Varro ꝓo refert cum Cecrops Vel conderet: vl' restauraret vrbem: apparuisse: repente oliuam arborem: Et alibi eripuisse aquas: ac per delphicum oraculum accepisse regem. per oleam Mineruã: per aquam Neptunnum intelligi: & posse ciues ab vtro illorum deorum vellent vrbem nomiare. Coegit ergo ciues vtriusque sexus: nam etiã mulieres tunc suffragiis publicis intereant. Mares ergo ꝓ neptunno: Foeminę pro Minerua sentẽtias tulere. Et q̃niã vna plus foeminę fuere Athenę nomẽ vrbi fuit: iratus Neptunnus proiectis fluctibus Atheniensium agros populatus est. Ergo ad eum placãdum triplici supplicio mulieres affectę sunt: ne deinceps suffragia ferrent: Ne quis nascens nomen matris ferret: ne quis eas Athenas nuncuparet. o Thymoetes. SER. ait Euphorion Priam' ex Arisba filium fatem suscepit: Qui cum dixisset quadã die nasci puerum: per quem Troia euerteret: pepierũt simi' Thymoete vxor & Hecuba: ac Priam' filiũ vxoremque Thymoete iussit occidi. Ergo sine dolo: quia iustam causam proditionis habuisse videtur. Alii dolo volunt quo omnes decepti sunt. p Fata ferebant. SER. Vt etiam ciues contra patriam sentirent. q At capys. SER. nõ pater Anchisę. Bene autem nec se nec patrem huic consilio admiscet: q̃ patria euersa est: quanque Aeneas tanque obtrectator Priami non assit: vt ait Homerus: Anchises vero propter cęcitatem: vt ait Theocritus. DONA. At capys. Sententia Thymoetę suspiciose tracta est: Capiis autem sententia non nunc melior: sed postque factũ cognita est. C. Subiectisque. S. que pro vel: vt saxum ingens voluunt: alii radiisque rotarum que. pro vel posuit: tanque sonãtius. s Scinditur incertũ. SER. instabile. DO. Scinditur Nam cũ totũ suspitiõib' ageret: nil potuit recte firmari. CR. Statius a contrario imitat: ne variis fremor, aut studia ĩcõtraria rapti dissensus: vt plebe solet furor omĩb' idẽ.

v Vulgus: SER: meli' masculini generis est: q̃ neutri: quia in us excũtia neutra ĩ ris gtim mittũt vt Funus funeris. Excepto pelagus: quod ĩ hoc creauit errorem.

x Primus. D. Ibi nõ erat Laocoon inter ambigentes sz descẽdit ab arce exit' contrarietate sententiarũ & cupiebat ꝑuenire: ne quid in perniciẽ reipubli: decerneretur. y Ante omnis. S: Aut Perissologia ẽ primus: et ante omnis. Aut añ omnis: videntibus omibus: z Magna comitãte caterua. CR. nam & hi sibi aderãt sententię fautores: a Laocoon. S. oĩa in on excũtia tertię sunt declinatiõis. C. Laocoõ frater Priami fuit: & phoebi sacerdos: dicitur etiam Laocoon ꝑ synerisim. b Ardens. D. vel ingenio vigilans: aut vehementer pro statu publico cõmotus. c Et ꝓcul. D. nisi arderet: verba donec aduẽtaret distulisset. d O miseri: D. Inuectio ardentis animi nõ cõtumeliosa in ciues: sed ꝓ statu publico necessaria: Miseri q ea q̃runt: qbus efficiunt miseri. e Insania. S. Insanorũ est contra se sentire. C. Insania semꝑ mala est & stulta. Furor aũt etiã diuin' est: Sed insanũ tñ aliqñ dicimus: qui diuino sit parcitus furore: vt insanũ vatem aspicies. De diuino furore suo loco dicetur. f Ciues. CR. Inuectiua plena tamen amore: Et huiusmodi interrogatio multaꝫ affert vehementiã: & maximũ exprimit ardorem dicentis. Pronunciãdum ergo est vno spiritu velocissime & ardẽtissime. Deinde cũ ait: Aut hoc inclusi ⁊c. Profertur cũ mora & asseueratiõe: g Auectos. DO. qui per tot annos bellum gesserunt. h Aut vlla. D. q̃si diceret: creditis id tutũ que reliq̃rint hostes: aut aliud quippiã: q̃d beniuolentię simulatiõem afferant. i Danaum. D. quasi collidorũ & versutorum. k Sic not' vly. S. Quia vt ait Home. volũtate verberat': & sub habitu mendici Troi m ingressus explorauit vniuersa. D. Vlysses: q̃si si nõ essẽt dolosi ab hoc mgr̃o addiscere potuerũt. Hoc oportebat ostẽdere si in contraria iam raptas auertere a proposito volebat: Ergo notissima fiat de vnius vniuersam gentẽ vituperat. l In ligno. S. q̃d dissuasor: & nõ simulacro. In suadendo. n. & dissuadẽdo non sensus solum: sed verba attenduntur.

Aut hec in nr̄os fabricata est machina muros:
Inspectura domos venturaq; desuper vrbi.
Aut aliquis latet error[m]: equo ne credite teucri[n].
Quicq̄d id est: timeo danaos: & dona ferentes.
Sic fatus[o] validis[p] ingentem viribus hastam

m Error. SER. dolus: vel inextricabilis error. Et figura est.
n Equo ne credite teucri. D. q̄a originē ducit a fraudulentis hostib⁹: qui tūc maxime timēdi sunt: cum beniuolētiam simulant. CRIST. Equo ne cre. teucri. Elatiori voce: et cum eadē asseueratione. Est enim Asseueratio quotiens nō solum verbis: sed etiam ipsa actione et gestu rem affirmamus: et inter argumentandum admiscemus vim motūq; animorū. Quintilianus. Altera ex asseueratiōe probatio est: vt ego hoc feci. Tu mihi hoc dixisti: O facim⁹ indignū. Et Cicero in bruto. Magni interest coram videre quēadmodū aduersari⁹ de q̄libet re asseueret. maxime autem vt quecq; res non verbis solum: sed re audiatur. o Sic fatus. DO. voluit affirmare sententiam. p Validis v. C. vt non esset minor vehementia in actiōe q̄ in oratione.

q Feri. S. quadrupedis: eo q toto corpe se ferat. r Aluū. S. Plaut' in masculino posuit: quo nō vtimur. Percussus aūt est inter ventrē & latus. s Recusso. S. p concusso. t Caue. S. figura greca: vt viuere vitam. v Gemitū. C. Omnē sonū: q prę angustia emit gemitū dicimus. In hoc aūt loco dixit gemitū: vt q̄si eēt omen futurę calamitatꝫ. x Fatas. S. participiū ē. i. q̄ dii loquunt. Statius. Et vocē fata sequunt. D. Fata. deorū voluntatē accipe debemus: qi dicat: nisi dii auertissēt intentionē nrām: statim insidias has cognouissemus. C. Et si fata. Cū suspirio pnunciāda. & sic Troiaq nūc stares Priamiq a &c. y Leua. S. ɔtraria. Nā de hūanis rebus id significat. De diuinis vero psperū: vt intonuit leuū: quia sinistra numinū intuētib' dextra sunt: z Foedare. S. lacerare. Nā foedū tā apud hūc q̄ apud Salustiū: nō turpe sed crudele significat. vt: Sanguie foedantē: q̄s ipe sacrauerat ignes. Salust. foedi ocīi. a Nūc. D. sicuti stetisti añ has isidias. b Stares. SER. Apostropha ē: Nā si stares legeris maneres seqt̄ ppter ομοιοτελευτον c Ecce. D. Semper ponit ecce Virgi. Vbi significat aliqd malum repentinū. Dū igit illa disputant aliud interuenit q ab equi tentatu auerteret. Primus aūt aduētus effecit: vt res in presentia omitteret. Simulata deinde oratio penit' religione nos astrinxit: ne Minerue donafoedarem': accedēte maxime eo viola toris morte. Ecce rem improuisam exoriri oñdit: quę magis mouet p̄sertim cū assint signa nocentis. d Pastores. C. Nam cū deuia colant: illū facile in deuiis inuenere. e Magno cla. C. Et concitus ineum: & congratulatione turbę concurrentis: f Trahebāt. S. cū festinatiōe adducebāt. Et ptinet ad desiderium ducentiū: & Synonis simulationē. g Quis. S. Qui in noiatiuo. Vel quis p quib'. D. Qui se. Consilium Synonis fuit puenire: ne equi fraudes auerterent. C. Ignotum: ignoratū: Nā nō vidisset: nisi se vltro obtulisset. Vel ignotū. Nam si eum nouisset. non potuisset decipe. Vel ignobilē: & deest quasi. Nam se nobilē ostendere: sine maxima suspicione nō poterat. h Hoc ipm. D. Parat' etiā mortē subire. Nā non sit facinus magnū sine magno periculo. C. Hoc ipm. nō audisset tantū piculū: nisi fuisset fidenti animo: & nisi pponeret ingens premiū periculo. scꝫ aperire Troiam suis: & nisi esset paratus etiam obire mortē. Hęc igitur omnia rē incredibilem verisimilē faciunt: & ostenditur qualem esse oporteat ciuem p salute patrię. i Strueret. S. confirmaret hęc piuria & dolorū semia: & respexit ad superiora.

k Fidens animi. S. Sic O prestās animi iuuenis: & est nomē: & desinit esse participiū: quia gtō casui coheret: & potest recipe compationē. Participiū autem accusatiuo coheret: & nō recipit cōpationē. l In. S. ad. m Versare. S. id est euertere: & subaudi troiāos: aut dolos versare. i. exercere. o Vndiq. D. expssit hominū morem: qeni non cupiat hostē suū captū videre: & viso illudere. p Visendi. S. Viso frequentatiū verbi est: vt verso & facesso: licꝫ raro sit. nam in to exit frequētatiuum. q Circūfusa. S. i. ruit: circūfusa est p Hyppalagē. r Capto. S. nā illud tibi Dicim': vt hic: et tes vt: Verbis virtute illude superbis. s Accipe. C. cū indignatiōe in grecos ptulit. Nanq minifice describit hoiem simulantē metū: vt maior. deinde sibi fides adhibeat. t Crimie. S. i. causa: vt: Crimen amor vestrū: & est seqns p antecedenti. Si eni intelligas simpliciter de negotio ad psonā vitiosam transitū facit. Alii legunt Danaū insidias & crimen.

v Turbatus. S. q̄si turbatus: vt exultat Amazon: quasi amazon. C. Turbatus. qui turbationē simulās. x Atq oculis Phrygia &c. C. Quod fit ab his qui vehementer timent.

y Heu. S. Vna syllaba est: aliquando fiunt duę metri causa: vt: Heu q̄ pingui macer est mihi taurus i aruo: sicut prendit et phendit. Et secūdū Pli. multa sunt alia. CR. Heu q̄ nūc tel. &c. Qua qdem re quid potest esse miserius. Diximus de interrogatione: alio in loco plura. Hic autem cōmiserationem auget.

In latus inq feri: curuā compagibus aluum
Contorsit: stetit illa tremēs: vteroq recusso
Insonuere cauę: gemitumq dedere cauernę.
Et si fata deum: si mens non leua fuisset.
Impulerat ferro argolicas foedare latebras.
Troiaq nūc stares priamiq arx alta maneres.
Ecce man' iuuenem interea post terga reu inctū.
pastores magno ad regē clamore trahebant
Dardanidę: quis se ignotū venientibus vltro
Hoc ipm vt strueret: troiamq aperiret achiuis
Obtulerat: fidens animi: atq in vtrūq parat':
Seu versare dolos: seu certe occumbere morti.
Vndiq visendi studio troiana iuuentus
Circumfusa ruit: certantq illudere capto.
Accipe nunc danaū insidias: & crimīe ab vno
Disce omnes.
Nanq vt cōspectu in medio turbat' ī ermis
Cōstitit: atq ocul' phrygia agmīa circūspexit.
Heu quę nūc tellus inqt: q̄ me ęquora pnt.
Accipe: aut quid iā misero mihi deniq restat:

z Tellus equora. S. Bene cōciliat miseratione: de cōmunibus duobus exclusis elementis. Tellus. nomina in us q̄ producūt penultimā genitiui: habent us longam: vt senectus: iuuētus: salus: virtus: seruitus: incus: thus: tus: mus: pus. Si in genitiuo tis vl' ris est. Nam palus quę est in dis: breuis nonnunq inuenitur. Horatius. Sterilisq diu palus aptaq remis. a Aequora. S. ab equalitate: et modo campos: modo maria: quia ęqualia sunt: significant. b Accipere. DO. Destruxit grecorum personam omni occasione: & defendit suam. Nam totam rem in deorum aduersum studium reuo at: vt ostendat grecos: tum insidiis: tum deorum in iusto fauore victoriam obtinuisse. c Deniq. SER. vel vacat: vel nouissima significat. d Ipsi. SER. quibus sum prestiturus salutem. e Infensi. S. Infensus est plus q̄ inimicus: f Poenas cum sanguine. SER. tormenta & mortem. g Quo gemitu. DO. Bonitatem Troianorum ostendit qui pro supplicio vltimo quod sperabat solo gemitu eius pro poena contenti sunt. C. Quo gemitu. quantũ verbis & actiõe simulata potuerit: facile appet: cũ infensos ad misericordiã solo gemitu pduxerit. h Hortamur fari. D. Vim ppositiõis habet: & tria pponit: ad q̃ Synonẽ r̃nde re cõueniret. i Sanguine. S. Parentib⁹. nã grecũ esse cõstabat. k Memoret q. s. f. c. S. Aut dicat q̃ tãta sit in captiuo fiducia. Aut audeat dicere insup ipsi: aut memoret: id est meminerit in captiuo verloquium fiduciã esse vitę. Vñ r̃ndet: fatebor vera. Alii memorẽ legũt. i. hortabamur ad loquendũ memorẽ. i. q̃ suę fictiõis meminerat. l Deposita for. C. & hoc etiã finxit. m Cuncta. D. pmittit oĩa vera dicturũ qui nulla in parte fuerat veritatem detracturus. n Tibi rex. D. Assumit fiduciã cõfitendi apd eũ: qui et cognoscendi et agnoscendi facultatẽ hr̃et. Cõmẽdat aũt se q̃ vera pollicet. Et q̃ regẽ appellat: captat beniuolentiam. o Quodcũq. S. Quicũq̃ casus sequatur me. p Fatebor. D. Aliud ẽ q̃ referã. Referim⁹ cũ dicimus aliqd simplex: et p̃ter pterri sine tormẽtorũ metu. Fatemur aũt cũ pdimus id q̃d sit ɔtrariũ cõfitenti: & possint tormẽtis exprimi se pectore negãtis: & repente bis fatebor cũcta: et fatebor q̃d cũq̃ erit. C. Fatebor. coact⁹ pferã. Nã fingit se nisi coactũ nolle dicere q̃ simulat timere ne noceant. q Argolica de gẽte. D. ad id q̃ sanguie Cretus: Grecus sum: ac si dicat: hostis sum. r Primũ. S. maximũ apud me verum dicere.

factum & fieri potuit. Fictum ergo totũ est sine vero: sed verisimile falsum loqui mendacis est: Fictum callidi: vanum stulti. Falsum loqui culpę est: fictum virtus: vanum vecordia. Falsis decipimur: fictis delectamur: vana cõtemnimus. ¶ Mendacẽ. Mentiri differt ab eo q̃d ẽ mẽdaciũ dicere: vt ait P. Nigidius: quem Cice. Ingenii & doctrinarũ nomie summe reueritus est. Nã qui mentit̃: non fallit̃. sed alterũ fallere tentat. Qui mẽdaciũ dicit: ipse nõ fallit q̃ntũ in se est: Itaq̃ vir bon⁹ nõ mentit̃. Prudens autem non dicit mendaciũ: ait Aulus Gelli.

Cui neq̃ apud Danaos vsq̃ locus: insup ipsi
Dardanidę infensi poenas cũ sanguie poscũt.
Quo gemitu cõuersi animi: cõpressus & oĩs
Impetus: hortamur fari quo sanguine cretus:
Quidve ferat: memoret quę sit fiducia capto.
Ille hęc deposita tandem formidine fatur.
Cũcta equidẽ tibi rex (fuerit q̃dcũq̃) fatebor
Vera, inquit: neq̃ me argolica de gẽte negabo.
Hoc primum: nec si miserũ fortuna sinonem
Finxit: vanum etiã mendacẽq̃ iproba finget.
Fando aliq̃d: si forte tuas peruenit ad aures
Belidę nomen palamedis: & inclyta fama
Gloria: quem falsa sub proditione pelasgi
Insontẽ infando inditio: quia bella vetabat
Demisere neci: nunc cassum lumine lugent.
Illi me comitem & cõsanguinitate ppinquũ.

y Fando ali. S. Artificiose pmittit vera vt subiungat falsa. Verũ eni de Palamede dicit: De se autem falsũ. Ex hac historia partem dici: ptem supprimi: partem intelligentibus relinq. Palamedes enim: vt ait Apollo septimus a Belo: cũ delectũ militũ p greciã ageret simulãtẽ insaniã vlyssem duxit inuitũ. Serebat ille salẽ iũctis diuersę naturę animalibus. At Palamedes obiecit sibi filiũ: Sustulit aratrũ Vlysses: ne eũ lederet. Hoc argumento illũ nõ insanũ oñdit. Et ad bellũ duct⁹ habuit iustã cãm dolorũ. Missus deinde i Thraciã Vlysses nihil aduexit frumẽti. Increpitantiq̃ Palamedi respondit: nõ sua negligentia id euenisse: neq̃ illum si illuc pficiscatur: quicq̃ aduecturũ. pfectus Palamedes plurimũ frumẽti aduexit. Vlysses inuidia motus adulterinã Priami noie epistolã scripsit: in qua agebat Palamedi proditionis grãm: & cõmemorabat secretũ auri pondus esse transmissum: deditq̃ captiuo ferendã: coq̃ cęso epistola ad regem est portata: corruptisq̃ seruis aurũ in tentoriũ inuexit. Citatus est Palamedes epl̃a in ɔspectu principũ lecta simulabat reo adesse. Vlysses suadebãtq̃ vt aurũ in tentorio si esset inquirerer. Repto aũt auro Palamedes lapidib⁹ obrupt⁹ ẽ: hic prudẽs fuit. Nã et tabulã lusoriã ad cõprimẽdas ociosi exercitus seditiões (teste Varrone) inuenit secundũ q̃sdã litteras. Certũ aũt constat eũ inuenisse φ θ χ aspiratas. z Aures. C. qa vocem audiant: vt vocẽ his auribus hausi. Vel a greco illi eni copux dicũt. a Palamedis. DO. Eadẽ dicit de. q̃ Seruius Palamede. b Inclyta. CRI: nobilis. Nam κλεοσ apud grecos gloria dicit̃. c Gloria. S. propter delectũ et frumenta. C. Glĩa: q̃ diffinit̃ a Cice. vt gloria sit consentiens laus bonorũ incorrupta vox bene iudicantiũ de excellẽte virtute: vt ait in Tusc. d Falsa. S. pro falso crimine pditionis et rẽ notã p transitũ dicit. Sciendũ sane factũ hoc & Troianos scisse. Sed Synon callidę q̃si ignorãtib⁹ q̃ vera sunt dicit: vt fidẽ seq̃ntibus faciat. e In fando. S. ppter aurũ iam suppositũ. f Quia bella. C. Ne pathos a causa. Inde eni malũ puenit vñ bonum puenire debuit. Nã cã rẽ miserabilẽ facit: vt de Aleso

s Nec si miserũ for. syno. finxit: va. e. m: q. i. p. DONA. Potuit eripere mihi fortuna priorem foelicitatẽ. At nõ poterit me mendacẽ fingere: hoc argumẽto psuasit: vt Troiani crederent reliq: & ne videat̃ incredibile: q̃ ipse solus ex omib⁹ grecis remãserit: ad hanc ptẽ ducit ex alto pricipiũ: & narrat rem oĩbus notã: & magna ex pte verã qua exposita subiũgit falsa. C. Nec si mise. Optima sentẽtia. Nisi sit in ore fraudulenti fortunę vis nulla est ɔtra virtutẽ põt auferre q̃ intemerate sua posita sũt: sed nõ q̃ i nr̃o aĩo sũt. t Synõ. S. Auctolyc⁹ q̃dẽ fur fuit: q se varias formabat in spẽs. Habuit aũt filios Sysiphũ. vñ nat⁹ ẽ. Synõ & auctoliã. Inde vlysses: cõsobrini ergo sunt: nec immerito illi dat & fallatiã: & pditionis officiũ: ne multũ decedat a fabula. Nam secundũ Euphorionẽ vlysses hoc fecit. v Finxit. S composuit. Est aũt oĩs eius oratio dyasyrtica. Nam & negociũ exprimit. & Troianorũ insultat stulticię: vt hic finxit. x Vanũ etiã mendacẽq̃. S. Fanũ fallacem: & vanũ etiã qui sine vtilitate mentitur. Mendax q̃ tm̃ ad decipiendũ. Vanus apud idoneos stultus inuenit̃. Iuuenalis. Sic libitum vano: qui nos distinxit othoni. C. Vanum: differt a falso et ficto. Falsum est q̃ tegit̃ id q̃d factum est. Vanũ quod fieri nõ potest: Fictum q̃d non est

dum sese mediū paci offert. Itē qui sanguine nobis hanc patriā peperere suo. Item indignatio a causa: vt: At tu dictis albane maneres. g Vetabat. S Hoc falsū: Sed ad cōmēdationē Synonis. h Cassum. S. Priuatū: vacuū. i Lumine. C Nā vitā lumē vocamus: sicut mortē tenebras & noctē: vt in ęternā claudūt lumina noctem. k Comitē. C. Is est q principalē sequit. l Pauper. S. Hec fuerat cā militandi. Teren. Cū hic egens pfugiet aliq militatū. m Regnū. SER. Nam vnus de regibus fuit. n Et nos. S. p ego ad euitandā iactantiā dixit: D. Et nos aliqd: De pterita eius florenti fortūa: & de pūti miseria sibi cōparat beniuolentiā. Cōmendat etiā Palamedis mēoriā dicēdo: quia bella vitabat: vt amico viuenti pstarent: qd defuncto non poterant. o Nomen. S. gloriam. p Decus. C. a greco est per antisthichon illi enim ... dicūt. q Inuidia. S. Propter aduectū frumentū. r Pellacis. S. p blāditias decipiētis. Pellicere enim blandiendo elicere ē. s Supis cō. ab or. D. non dixit mortuus est: ne eius mēoria digna p⁹ hoim finē viuere moraret. t Vitā in D: vt illi q cupiunt mori: & non viuere. v Trahebam: C. qsi inuitus viuebam. x Mecum in di. S. Intelligo a pricipio tacuisse. postea in patientia doloris erupuisse. y Amici: CR. Mouet vehementer amicitiā: sed etiā si nō eēt amicus: tn̄ q: insons moueret. z Fors si q. S. ga est bona & mala.

aut vacat: aut pendet sensus ex posteriorib⁹. l Donec Calchante ministro. S. Arte vtitur semiplena dicendo: Vt cogat interrogare audit⁹ audire Troianos: & intelligitur destinat aere p Aposiopesim. m Ingrata. S. nec nobis placitura: nec mihi gratiā conciliatura. n Oms. S q. dr etiā eos q nobis pdesse disponūt. o Vno ordie. S. vno reatu ex antiq tractū scientia: quia in ordine dicebant causę ppter multitudinē vel tumultū: cū erat annus litium. Iuuenalis: Expectandus erit: qui lites inchoet annus. CR. Vno ordine. qsi pari gradu. Nā ordies dicūt in theatro illa ascēsio graduum: & qui in eodē ordie sunt pares sunt: nec alter altero superior: aut inferior: o Habetis. C. iudicatis: estimetis. p Idqs audire sat est. D. vbi ad cardinē venit: in quo mendaciorū cōsistit affect⁹: negauit se dicturū: ne vltro oia referendo daret suspitionē falsitatis: Ait igit cum sciat se periturū melius esse ne secreta grecorū prodat. Neq enī ppter vnū hoiem debeo oms meos prodere. Quid ne moror cum differo poenas post relatōis beneficiū continuo m ortuus. Vlysses enim omē malū videbitur intulisse: qui me qlibet peccato qrebat occidere. q Iamdudū. S qs primum. C. Iādudū. iādiu significat: Et quia vehementer properantib⁹ etiā velocissima vident longissima: dicimus. Iandudum: cū volumus exprimere qs primū: vt ondamus qius otius fiat: nobis sero videri. r Poenas. C. poni scribitur: quia est a greco ποινη per oi. s Ithaco. S. pro Ithacēsis principale pro deriuatiuo. C. Ithac⁹ Ithaca & cyphalenia & zacynthus ante Sinum corynthiacum insulę est Ithaca: in q regnat vlysses: aspera mōtuosa: q ē

paug in arma pater primis: huc misit ab annis
Dū stabat a regno icolumis: regnūqs vigebat
Consilijs: & nos aliquod nomenqs decusqs
Gessimus: inuidia postq pellacis vlyssi.
(Haud ignota loqr) superis concessit ab oris
Afflictus vitā in tenebris luctuqs trahebam:
Et casum insontis mecum indignabar amici.
Nec tacui demens: & me fors si qua tulisset:
Si patrios vnq remeassem victor ad argos.
promisi vltorē: & verbis odia aspera moui.
Hinc mihi prima mali labes: hinc sp vlysses
Crimibus terrere nouis: hinc spargere voces
In vulgum ambiguas: & qrere conscius arma.
Nec requieuit enī: donec calchante ministro.
Sz qd ego hec aūt: nequicq ingrata reuoluo:
Quidue moror: si oēs vno ordie habetis achi
Idqs audire sat ē: iā dudū sumite poenas. (uos.
Hoc ithacus velit: & magno mercent attridę.
Tum vero ardemus scitari: & querere causas

a Promisi. S. p cōtrariū id est minatus sum. Minamur mala: pmittim⁹ bona. Contra Hora. At qui vultus erat multa & pręclara minātis. C. Promisi. Quamuis promittamus bona: & minemur mala: tamen quia promittere est veluti se debitorem astringere: iccirco dixit promisi: vt nō ex ira minitaret: sed etiā fidem astringeret se facturū. Minari aūt pfert sui qndā fiduciā se facturū. Vn Horati⁹. Multa ac pclara minaris. Qm ergo minari videtur: Polliceri de se qndā inuitā supeminentiā dicimus minas murorū: & dicimus ędificia minari ruinā. b Hinc. C. Repetitio est q sępe cōmiserationē mouet. c Prima. SER. Nam secuta sunt oracula: & Calchantis ascita factio. d Labes. S. ruina a lapsu. e Criminib⁹. S. causis: vt supra. f Spargere voces. S. Cicero. Spargere venena didicerunt. g Ambiguas. S. ne si apte ageret accusatio videret. h Cōscius. S. aut peracti sceleris: aut dolorum: vt in tertio: oblitus ne fui est Ithacus: i Arma. S. Fraudes. Sunt enim arma instrumenta cuiuslibet rei. Ergo insidiantis arma fraudes sunt. k Enim. S.

de q Cicero. At si nos id quod maxie debet nostra patria delectat: Cuius rei tanta est vis & tanta natura: vt Ithacā illam in asperrimis saxulis tanqs nidulum affixam sapientissimus vir imortalitati anteponeret. t Mercent. C. nō solū cupiūt: sed ita cupiūt: vt sint p eo daturi pciū: ne qs sou pciū: sed magnū pcium. v Tum vero. D. Hoc consiliū nrām cupiditate audiendi accendit. C. Tū vero istę duę dictiones auctoritate hoc significant: vt si alias tn̄ nunc maxime. x Ardemus. S. festinemus. y Causas. S. propter qs eius interitus a grecis expectat. CRI. Causa est p quā res fit. Sunt aūt qtuor causę. s. Efficiens: materialis: finalis: & formalis: vt in hoc equo causa efficiens fuit is faber qui ędificauit. Materialis: lignū ex quo fabricatus est. Formalis: ea forma & imago equina quam faber in materiā induxit. Finalis: vt scilicet p eam fallerentur Troiani.

a Ignari. D. Nam nostra simplici natura pendentes grecos illis vera dicere putabamus: Sed illi omes sunt dolosi. Vnde satianit illud & crimine ab vno disce omnes. Quia artis mediũ est. b Pauitans. S.

a Pelasge. S. quia artis mediũ est. b Pauitans. S. qsi pauitas. D. aut pauorẽ simulans: aut putãs ne lĩgua titubante in cursu insidiarũ detectio nasceret: quã iam videbat in tuto esse. C. Pauitans: pauere tundere est. Vñ pauimentũ quod pedibus tundatur. Hinc dicimus pauere hominẽ: cum ex magno timore tundunt pectora crebro magnoq; motu pulmonum: & tremitur: q est a frigore totũ concutit corpus: Ex timore refugit sanguis ad cor: & partes externe ab eo relictę frigent. Vñ pauitare est frigescere et timescere. Ergo qd tremit timor: qd pauit pauor dr. Metus aũt a quodã motu animi dr cũ illud qd casurũ putat: refugit mens. Cũ aũt ita vehementer se moueat: vt abeat foras formido dicit. Pauitãs igit qsi pauore simulans nõ ei pauebat ex tiore si simulabat.

c Ficto pec. S. Fictis verbis: Nã nunq̃ fingit pectus. C. Ficto pect. fingebat aliud hre in mente q̃ habebat. d Sepe fugã. S. Hoc scdm Homerũ est. D. Sepe fu. cum hoc falsũ esset: parat causam q̃ sit credibile. f. bello fessi. e Moliri. CR. tanq̃ re ardua. f Fessi. S. fauorẽ conciliat: cũ dicit illos fessos virtute troianorũ. g Fecissent vtinã. DO. Recte optare simulat: nam troianos placebat: & sibi cõmiserationem capiebat. h Sepe illos asp. D. nõ consilio facto: sed euetus voluntas defuit.

de quibus danĩ oracula: s Adytis. S. Adytum est locus templi secretior: ad quẽ nulli est adytus nisi sacerdoti. CRI. Adytũ neutri gñis est: & grecũ nomen. Et dr ab α: priuatiua. & Δυω. i. subeo: quia illum locũ nemini nisi sacerdoti subire licet. Adytus aũt ab adeo adis: verbale est: & significat ingressum: vt sola viri moles adytus & tempora noras. t Sanguine placastis ventos & virgesas: Cum primũ. S. Hic distinguendũ: quia & semel ad Troiam ventũ est: & anteq̃ ad eam veniret: de Iphigenia est sacrificatũ. Cũ enĩ greci ad Aulidẽ venissent: Agamẽnon Dianę ceruũ ignarus occidit. Dea vero irata flatũ ventorũ remouit. Cum igit hec nauigare possent: & pestilentiã sustineret oracula ↄsulta deã Agamẽnonio sãguine placandã dixere. ergo cũ ab vlysse p̃ nuptiarũ simulatoẽ adducta Iphigenia in eo esset: vt imolaret: numis miseratione subrepta ẽ. & cerua ipsa in tauricã regionẽ ad regem Thoante trãslata: sacerdosq; Dianę Dictynę facta: cũ deã scdm morẽ sanguĩe hũano placaret: agnouit Orestẽ frẽm: qui carẽdi furoris cã cũ amico pylade Colchos petierat: & cũ his occiso Thoante simulacrũ substulit: absconditũ fasce lignorũ. Vñ et fascellis dr: non tm a facie: cũ q̃ pingit ppter qd et lucifera dr: et aritiã detulit. Sed cum postea Rõanis sacrorũ crudelitas displiceret: quãq; serui imolaret ad Laconas est Diana translata: vbi sacrificiorum cõsuetudo adolescẽtulorũ verberibus seruatur: q appellant Bonomice: q: aris suppositi ↄtẽdebãt: q pla possent

Ignari scelerum tantorum: artisq; pelasge.
Prosequitur pauitans: & ficto pectore fatur.
Sepe fugam danai troia cupiere relicta
Moliri: & longo fessi discedere bello
(Fecissentq; vtinã) saepe illos aspera ponti
Interdusit hyems: & terruit auster euntes.
Precipue cũ iã hic trabibus cõtextus acernis
Staret equus: toto sonuerunt ęthere nymbi:
Suspensi euripylum scitatum oracula phoebi
Mittimus: isq; adytis hęc tristia dicta reportat.
Sanguine placastis ventos: et virgine cęsa
Cum primum illiacas danai venistis ad oras:
Sanguine querendi reditus: animaq; litandũ
Argolica: vulgi quę vox vt venit ad aures
Obstupuere animi: gelidusq; p̃ ima cucurrit

i Ponti. SER. recte: Nam hyems etiam temporis est. k Euntes. S. ire cupientes: vt: Cũ canere reges. Habent em̃ statuisse aliqd p inchoatõe. l Precipue. S. contra illud ne dicerent numina esse placata. m Acernis. C. ex acere. est em̃ acer ope elegantia: ac subtilitate cedro secunda plura eius genera. Albũ qd pcipui candoris gallicũ vocatur. Alterũ genus crispũ macularũ discursu: q cũ excellentior fuit a similitudine caudę pauonis nomẽ accepit in histria Venetiaq; pcipuũ. Euiliori genere crassiuenũ vocat. Tertiũ genus zygiã rubet: et fixili lign oest: sed hoc alii ppri generis volũt: & caprinũ latinũ appellant. n Ęthere. S. p aere. C. Aethere. i. aere. Nã pturbatiões istę: vt sunt venti: pluuię grãdines: nubes: & silia: quorũ motus Aristo. in Metheororũ exequit: nõ solũ nõ transcẽdũt ad ętherẽ: sed ne i aere quidẽ supra octo stadia. i. duo milia inueniunt: Nam cacumina: nõnullorũ mõtiũ: quia hanc altitudinẽ supant: vt ẽ olympus immunia harũ pturbationũ eẽ multi tribuũt. o Suspensi. S. solliciti. vt nostroq; in limine pendens: quia nec tẽpestas post dona mutabat: aut ad nymbos refertur distinctiõe mutata. p Euripylũ. C. hic Euemonis filius Orthomeni: q vrbs Boetię est regnauit: De q nũc intell git. Alter fuit Euripylus filius. Tertius fuit filius Telephi ex Atho le. q Scitantem. S. pro sciscitaturũ: alii scitatum legunt. r Oracula. S. templa:

verbera sustinere Orestis ossa: ab Aritia Romã trãslata sunt: et cõdita añ tẽplũ Saturni qd est añ cliuũ Capitolinũ iuxta concordię tẽplũ. D. Sanguine. Verũ dicit de Iphigenia. Falsum addit de pcepto Apollinis: miscet ergo vera: vt credant falsa. v Virgine cęsa. S. nõ vere: sed vt videbat. Et sciendũ in sacris simulata p veris accipi. Vñ cũ de aĩalibus q difficile iueniunt: ẽ sacrificãdũ: de pane: vl de cera fiunt. & p veris accipiuntur. Hinc est etiam illud Sparserat: & latices simulatos fontis Auerni: Nã & in tẽplo Isidis aqua sparsa de Nilo esse dicebatur.

x Argolica. S. quia occurrebat occidi potuisse captiuũ. DO. Argolica. ne credat potuisse litari alienigena: nec quęrẽda erat virgo cũ exercitus foemis careret. y Vulgi vox. D. Cũ ei generalitatẽ pposuit: qa res icerta erat vnusq̃sq; timebat sibi. Excusat at Calchãtẽ q falsa dixerit: nã ondit vi eẽ passũ. Remouet a se odiũ: qa nõ greci assẽsere d: eos: qm odissent: sed vt ipsi interitu: q incertus erat liberarentur. z Gelidus. C. qui a gelu est. Nerui em̃ & ligamenta vñ motus & firmamẽtum calore roborant: Frigore aũt debilitantur: atq; inde facillant: et inde fit tremor.

a Cui fata parent. SER. cui preparent mortem.

b Magno tumultu: RER. ad factionem tegendam.

c Calchanta. C. Hic fates fuit Testoris filius sic dictus: vt greci grammatici volunt. ἀπὸ τῆς κάλχης Id autem eſt: πορφυρχ: πορφυρειν autem eſt μεριμνειν id eſt accurare: excogitare Quoniam hic accuratę futura excogitaret. Hic apud Troiam ex numero paſſerũ a ſerpente voratorum: quot annorum obſidio Troię futura eſſet prędixit. Poſt vero Troianum bellum aiunt illum cum Amphiloco Amphiarai filio terreſtri itinere Colophonē quę vrbs Carię eſt peruēiſſe. Et cũ apud fanũ clarii Apollinis: quod antea eam vrbem eſt in Mopſum augurem pręſtantiſſimum incidiſſe p̄ moerore mortuum. Heſiodus ſcribit Calchantē Mopſo propoſuiſſe: vt diceret: Quot fic⁹ ea quę aderat caprificus ferret: ac Mopſum dixiſſe, decies mille vnaq; amplius: ac cum vera de numero dixiſſet cõtinuo Chalcantē e vita migraſſe. Pherecicles autem ſcribit preguante ſuę oblata Chalcanem interrogaſſe: Mopſum quot ille porculos: quot illa in vtero gereret: & Mopſũ reſpõdiſſe: Tres Atq; ex illis vna foemina: Eccũ p̄a dixiſſet. illũ prędolore mortuum. Sũt q dicũt Calchãtē ſuē propoſuiſſe: et Mopſum caprificum ac Mopſum vera dixiſſe: Calchãtem vero minime: & prę moerore mortuũ. Et Sophocles in quodã loco ſcribit cum Helena repoſceretur: tunc Calchanti fata mortem decreuerũt: cum pręſtantiorem augurē offendiſſet. Sed hic Calchãtis mortē tranſfert in Ciliciam. Refert pręterea Straboq; in agro Saunio: q nõ procul ſiponte eſt circa tumulum: quem Dryon vocant Baſilicę duę monſtrantur. Vna quidem Calchantis in ſummo vertice: cui petentes oracula nigrãtem ſignificãt arietem: & ſtrata in pelle dormiũt. Altera Podalirii in infima montis radice poſita.

vt quid me alta ſilentia cogis. Rumpere enim vocem eſt tacere. n Arg. CR. de qua vide in Bucolicis.
o Aſſenſere. S. Ergo non quia mihi eſſent inuiſi.
p Timebat ſibi. C. Timeo te: vel a te cum formido ne damnũ vis: ne a te inferat. Timeo aũt tibi ne tibi noceat.
q Tulere. CR. ęquo animo paſſi ſunt: nõ eñ lętati ſunt: in quo oſtenderet ip̄m eſſe ſuis odiũ: Sed tulere tanq; rem moleſtã moti miſericordia tulere: tñ q̄nia ipſi ſe extra periculũ videbant.
r Infanda. C. Nam nõ ex religione: ſed ex crudelitate parabantur ſacra.

[a] Oſſa tremor: cui fata parēt: quē poſcat apollo.
[b] Hic ithacus vatē magno [c] Calchanta tumultu
protrahit in medios: quę ſint ea [d] numĩa diuũ:
Flagitat: & mihi iam [e] multi crudele canebant
Artificis ſcelus: & taciti ventura videbant.
Bis [f] quinos ſilet ille dies: [g] tectuſq; recuſat
[h] prodere voce ſua quẽq;: aut opponere [i] morti.
[k] Vix tandē magnis Ithaci clamoribus actus
[l] Cõpoſito [m] rumpit vocem: & me deſtinat [n] arę.
[o] Aſſenſere omnes: & quę ſibi quiſq; [p] timebat:
Vnius in miſeri exitium conuerſa [q] tulere.
Iamq; dies [r] infanda aderat mihi ſacra [s] parari:
Et [t] ſalſę fruges: & circum tempora [v] vittę:
[x] Eripui fateor [y] leto me: & [z] vincula rupi:
[a] Limoſoq; lacu [b] p̄ noctem obſcurus in vlua

s Parari. S. Infinitus modus p̄ indicatiuo: & eſt figura p̄pria hiſtoricorum: vt Saluſtius. equitari: iaculari: vt poetarũ ē. Vuda genu: & toruũ clamat. Nam quod ait Cicero. Bellicum canit non eſt figura: nam eſt ſoni nomen.

t Salſę fru. SER. Saluſtius. Eſt far quod dicit mola ſalſa. qua & frons victimę & foci aſpergebant & cultri. Fit aũt ex horna fruge & horno ſale. Horatius. Et horna fruge. CR. Salſę fruges. Sine ſale vita humana elegantior eſſe nequit. Et in animo ſales appellant. Varro. Pulmentarii vice vſos ſale antiquos refert. Maxima tamē in ſacris patet auctoritas: quoniã nulla conficiunt ſine mole ſalſa: ait Plinius. Salſę ergo fruges: id eſt moles ſalſa Faciebãt enim molem: id eſt pultem ex ſale & farina horna: id eſt huius anni. v Vittę. SES. quibus victimę coronant.

d Numina diuum. S. Pro oraculis poſuit: et quęrit mõ non quod dicat: nam planũ eſt: ſed quid debeat imolari. e M̄lti crudel canebant. S. Multi bis intelligendũ: id eſt multi videbãt taciti: Multi etiã dicebant: ne ſit cõtrariũ canebant taciti. t
f Bis quinos dies. S. Bis quinis diebus ſilet dicimus. CR. Bis quinos poetice. Nam orator non ponit hoc nomen pro numerali: niſi ſit bis: vt ſingulis dieb⁹ terni veniebãt: & niſi ſit nomē quod careat ſingulari: nam tũc ſemper ponit pro nũerali: vt binas litteras & trinas nuptias.
g Tectuſq;. S. aut multitudini ſe ſubtrahēs aut tegēs conſilium ſuum. h Prodere. CR. Simpliciter manifeſtare ſignificat: & eſt ex pro et dare. Pro enim in compoſitione demonſtrat rem in promptu & aperto poni: vt p̄ mo: promulgo: Sed quoniã qui ſibi commiſſa manifeſtãt fidem frangũt: dicimus prodere: fidē frangere.
i Morti. C. Mors eſt omnis ſeparatio animi a corpore. Cędē aũt & necē dicim⁹ cũ vi aĩa pellit. k Vix tãdē. SER. Aut iunge: & vacat tandē: aut ſepara: & eſt aggeratio a ſynonimis: vt abiit exceſſit.
l Compoſito. S. ex pacto. m Rũpit vocē. S. Erũpit in vocē dictũ per cõtrariũ. Nã rumpe ſilentium eſt loqui:

x Eripui. Donatus: Non culpam criminis: ſed innocens crudeliſſimam mortem: ne ea gauderet inimic⁹: & ne quis quęrat quomodo potuerit fugere: addit vincla rupi. y Laeto. SER. Non ſacrificio: inuidioſe locut⁹ ē.
z Vincula rupi. SER. Atqui ſolutę ſunt hoſtię cum piaculum ſit aliquid in ſacrificio eſſe ligatum. Vnde vnũ exuta pedem: vincliſq; in veſte recinctis. Ergo vincla religionis ĩtellige: vt: Et vinclis innaret cloelia ruptis. ſ. foederis. Sed dices. Vnde iſte ligatus fuerit: Non enim Troiani ligauerunt. cum vltro ſe obtulerit. Vnde intelligēdum eſt a grecis magis ligatum. Quia & conſuetudo illa: quam ſupra diximus erat in ipſo tempore ſacrificiorum. Antea enim ligabantur Iuuenalis. Sed procul extenſum petulans quatit hoſtia funem.
a Limoſoq; lacu. SER. Vtitur circumſtãtiis quibus fuga veriſimilis fiat. Sępe autem ſub aliorum perſonis poeta cauſas exequitur nobilium. Vt hic Marii: infra autem Pompeii: Vt iacet ingens in littore truncus. DO. Limoſoq; lacu. Liuius enim & lacus ſuffragabantur ne poſſent inſequentes intrare: Poſuit & noctem. Nam & tenebrę adiuuabant. b Per noctem. S. Rem tp̄is ad p̄ſonã transfert: vt matutinus venit: & eſt honeſta locutio.
c In vlua. DONA. Timiditatem maximam ſimulat:

vt cum in loco esset:ad quē nulli esset aditus:tñ in eo quę fereret latebras. Vluam dicūt rem:quā vulgus budā vocat: sed nihil interest quę species sit herbę:mō illum; occultare posset. d Vela darēt:D.vt ostendat suos plus ꝙ Troia nos timuisse. e Si forte dedissent. S. Nec negat:nec affirmat eos nauigasse:ne aut eis det securitatē:aut ne falsū sit:quod dixerat nō posse nauigare Grecos:nisi homie immolato:vt illorū sit:quicquid elegerint. Et artis est:in Augustiis argumentorꝝ vti in ceteris sermonibus.

qua significatiōe poneret. t Quisqꝫ es. S. Licet hostis sis et sunt (vt habem⁹ in Liuio) verba imperatoris trāsfugā recipientis in fidem. Quisqꝫ es : noster eris. Item vigilias ne deū gens:verba sunt:quibus pontifex maxim⁹ vtitur in puluinarib⁹:quia variam sententiā suo inserit carmini. v Hinc iam. S. aut ex hoc tpe:aut ex hac orōne:aut ex eo ꝙ te dicis vlissis factione laborasse. x Noster eris. D. Aperta beniuolentia:cum recipiat eum pro ciue. y Mihi. D. scꝫ Regi:qui possem tormētis inquirere veritatem: & simpliciter quero:Mihi. qui te seruaui: & in eorum numerū recepi. z Ediscere vera: SER. Hic distinguendū: vera enim audire desiderat. a Quo? S. qua causa? quę in cōiecturalibus sepe queritur: Cui respondet ne reciprocis. DON. Quo molem. Breuissima ppositio : sed pfecta. Quesitū ē : cur equ⁹ esset fact⁹? Cur tantę magnitudinis? CR. Quo molē. ex cursu et celeritate interrogatiōis exprimitur cupiditas rem intelligendi in priamo. Nā & breues clausulę sunt : & sine copula:et paucis verbꝪ multa complectitur.

Delitui:dū vela darent: si forte dedissent.
Nec mihi iam patriā āntiquā spes vlla videndi:
Nec dulces natos:exoptatumqꝫ parentem:
Quos illi fors ad poenas ad nostra reposcent
Effugia:& culpā hanc miserorꝝ morte piabūt.
Quod te per superos:& conscia numina veri:
Per si qua ē quę restat adhuc mortalibus vsqꝫ
Intemerata fides:oro:miserere laborum
Tantorum:miserere animi nō digna ferentis.
¶His lachrymis vitā dam⁹: & miserescim⁹ vltro:
Ipse viro prim⁹ manicas atqꝫ arcta leuari
Vincla iubet priam⁹: dictisqꝫ ita fatur amicis:
Quisqꝫ es:amissos hinc iā obliuiscere graios:
Noster eris: mihiqꝫ hęc edissere:vera roganti.
Quo molē hāc imanis eq statuere? qs auctor?
Quid ne petūt? q̄ relligio? aut q̄ machina belli?
Dixerat: ille dolis instructus & arte pelasga:
Sustulit exutas vinclis ad sydera palmas:
Vos ęterni ignes : & non violabile vestrum

f Nec mihi iam. D. Ponit consultationē quā in lacu habuit. Hinc eīm nisi nauigarent:erat pculū si nauigassent ꝑ priuabat. g Antiquā. S. caram. Cōmemorat aūt liberos et parentes:vt ostēdat nō se deseruisse:vt vile: sed mortis fugisse terrore. DO. Antiquā. i. magnam patriam. Vel antiquā: id est cui⁹ affectum diuturnitas tēporis accumulauerat: & filiis & parente: & singula singulis dedit patriam dixit antiquam natos dulces expectatū patrē: in quibus rebus occurrūt peiora : q̄d greci illos esset occisuri ꝑpter suam fugā piandā: quod erat necessariū: hęc aūt oia dicta sūt vt faceret verisilia q̄ fingebat. h Quos illi fors ad poe. S. Forte et poena Alii iūgūt fore:et vt sit forsan: Elicit misericordiā oñdēs nō hr̄e cām redeūdi post mortē suorū. i Effugia. S. Nā fugā et efugiū dicim⁹: sic lana & lāitū: vt sit tibi lanitiū curę. k Piabūt. SER. Expiabūt. Et τουτον est. Nā plerūqꝫ ipiare significat. l Per superos. D. quos non latet veritas.

m Per si qua. S. Dyasyrtice irridet. D. Per si q̄ est q̄ rest. Sciebat apd̄ se nō esse fidem:vnde arbitrabat apd̄ nullos esse : et cū ꝑsona sua eēt odiosa: quia hostis mouet misericordiā a suis calamitatibus. Priamus aūt vt oia vera diceret: deposita regia auctoritate : vt amicus cum hoste locutus est. n Non digna. SER. indigno luctu affecta. o His. CR. quasi diceret. adeo caliде vt quęuis decipere potuissent. Et cōmendat Troianos a clemētia. Nā artis est nos semꝑ ab ea virtute auditores cōmendare: q̄ cupim⁹ illos in nos vti. p Miserescim⁹: SER. Aut per se plenū est:aut coheret seqntibus:quia nō pōt primis: dicim⁹ eīm illā rem te illi⁹ rei misereor:nō autē illa. q Vltro. S. nō sponte. Nā iā rogauerat:sed insuper ab vltra:quia plusqꝫ rogauerat ꝑstiterūt. r Manicas a. a. l. S. Aut epexegesis est:arctas manicas:aut vtrūqꝫ ꝟh abuit. CRI. Manicas. Vincula manuū:alias ornamētū vestiū circa manus. vt: Et tunicę manicas:et hn̄t ridimicula mitrę. s Arcta vincla. C. Interp̄tatus est manicas:in

b Molem hanc imanis. CR. exprimit magnitudinem immensam. c Hanc. CRI. quasi tantam & tam mirabilem. d Statuere. C. Vero firmitatē ostendit.

e Quis auctor. S : respondet Calchas attollere iussit. D. Quo auctore? Vtrū religionis? an belli causa. C. Quis auctor? Cum stupore profer: q̄si diceret. nō potuit nō esse magno ingenio. Auctor autem cōmunis generis est. f Quid ve petunt. SER. vt placet Minerua.

g Ille dolis. DO. quasi diceret. natura sua & arte pelasga mandatis suorū: & ostēdit nullum grecum carere dolis. CR. Dolus est mentis calliditas ab eo ꝙ deludat. Teste autem Festo in malis solū nunc vtimur: apud antiquos vero etiam in bonis: Vnde adhuc dicimus sine dolo malo. h Ignes. SER. aut ararum quas fugit: vt sit execratio propter posteriora: DONA. Vos eterni ignes. Iurauit: sed subtiliter. nam Troianos fallit: & nō prodit archana suorum adhibuit iusiurandum: quia non videbatur verisimile illum suorum secreta: non sine tormentis prodere. Testatus est igitur: non propter narratiōis veritatem: Sed propter licentiam quasi proditionis. CRIST. Vos ęterni ignes. Apostrophę vt vides vtit: cur in hoc loco. Apostrophe autem maiorē habet vehementiam ꝙ si dixisset: Testor ignes & aras.

Testor numen ait: vos are ensesq; nephandi:
Quos fugi: vitteq; deum quas hostia gessi:
Fas mihi graiorum sacrata resoluere iura:

i Testor S. modo iuro: Alibi testificor: vt Testor in occasu vro. C. Testor. in testimoniu voco. vt testor. vtrunq; caput. alias testificor: alias testametu condo. k Nume vestru. SER. Sydera eni sm Philosophos dicunt elemeta: et habere pprias ptates.
l Vos are S. aut sole et luna significat. Execratio aute est aduersorum depcatio: Iusiurandum vero prospera.
m Ensesq;. S. Insidiose ad plurale transtulit. Terentius: Non perpeti meretricum contumelias.
n Quos fugi. CR. Cum horrore periculi pronunciat.

o Vitte. S. Vel que habent i honore deoru: aut que hnt ipsa simulacra: vt virgineas ausi dire co tigeret vittas.
p Gessi. S. Pene gessi.
q Fas. S. Petit veniam a diis: ne videat pditor: Tacuit aut hec anteq; audiret noster eris. Si eni voluntate proditor esset occurrebat illud Ciceronis. Nemo vnq; sapiens pditori credendu putauit. D. Fas mihi graiorum: Quasi iam ipse grecus no eet. vel illi eius socii no fuissent: Et liceat eos odisse: qui ciues mei esse voluerunt.
r Sacrata re. iu. SER. Ne incidat in sacramenti poenam:

Fas odisse viros: atq; omnia ferre sub auras
Si qua tegunt teneor patrię: nec legibus vllis.
Tu modo promissis maneas: seruataq; serues
Troia fidem: si vera feram: si magna rependā.
Omnis spes Danaum & coepti fiducia belli
palladis auxilijs semp̄ stetit: impius ex quo
Tytides sed enim: scelerumq; inuētor vlysses
Fatale aggressi sacrato auellere templo
palladium: cęsis summę custodibus arcis
Corripuere sacram effigiē: mãibusq; cruentis
Virgineas ausi diuę contingere vittas.
Ex illo fluere ac retro sub lapsa referri
Spes Danaum: fractę vires: auersa deę mēs.
Nec dubijs ea signa dedit tritonia monstris

Sunt enim tria militię genera: plerunq; eñi euocati dicuntur: et nō sunt milites: sed p milite: Salust. Neu quis miles siue p milite. Itē ipse ab his oēs euocatos et Centuriōes: plerunq; tumultuarij: hoc est qui ad vnū militant bellū: plerunq; sacramento rogati: quia post electiōem in rem publicam iurāt. Et hi sunt q hñt plenā militiā. Nam qn q; & viginti annis tenent. Hęc tria genera tangit Virgili⁹ in hoc loco: Tumultuarii: vt simul ōme tumultu coniurat trepidolatium sacramenti euocatiōis: Mittit & magni venulus Diomedis ad vrbem.

s Fas. C. repetitio & dissolutio. Et hęc tota testificatio attētos facit ex magnitudine inuocationis: & beniuolos ex demonstratiōe sui periculi quia citatur cōmiseratio. Habet et summam vim apostrophę: pśertim si ad res mutas couertat̄ ṗmo: vt dulces exuuias dū fata deusq; sinebāt. Et Turnus: Tuq; optima ferrū Terra tene. Fas odisse. Fas diuina lex est: vt ius humana. Auxesis ergo est: q nō solum lege hūana: sed qd plus est diuina: liceat nō solū deserere sed odio hr̄e. t Odisse viros. S. & hoc dyasyrtice: Nam et ad grecos: et ad Troianos potest referri.

v Si qua. S. ppter ea q latent in equo. x Teneor patrię. D. pl⁹ est voluntate q legibus teneri: alterū est ex studio purę mentis: alterū ex necessitate. y Legibus vllis. SER. Si grecorum: propter illud noster eris: Si Troianorū quia grecus. z Tu modo. DO. pro tu Troia cōseruatori tuo fidem serua. a Troia. S. Nā quod rex pmittit: videt̄ respectu pmittere. CRI. Troia: Troiane popule: vt iam nūc intelligat̄: qd sibi pmissum ē a rege: q psonā ppl'i sustinet pmissum esse a populo. b Rependā. D. q. d: tantū recipiet: q̄tū dederat: id est vt salutem mereret̄ salutis auctor. c Omnis spes. SER. A veris incipit more suo: Nam fauit grecis Minerua: & ereptum erat palladium. D. Omnis spes. Respondet vltimę parti: vt fallendi promptior pateret occasio. Nā & primo y..⁹ criminis inuidiā plr̄ibus criminibus maculat: in vlysse: & ostendit Mineruam grauiter iratam sacrilegis: CR. Omnis spes. Ergo hoc sublato nulla alia species relinquebatur. d Stetit. C. q̄si diceret. veluti fundamētum penitus hęsit. e Tytides sed eni. S. Hysteron: Proteron. Sed enī exq̄ impi⁹ Tytides. Nam histerologia vni⁹ est sermōis: vt Transtra p et remos. Et tytides impi⁹: propter vulnerata numina. f Inuētor scel. S. ppter palamedem occisum sua factione: D. Inuētor sce. qui nūq; inuenit qd pbari potuisset. g Fatale ag. s. &c. D. In singl'is singula sūt genera sacrilegii. Fatale: in q staret fatū grecorū. Dixerat eñi palladis auxiliis. h Auellere. S. inuitū ostēdit esse sublatū Helen⁹ apud Arisbam capt⁹ a grecis: indicauit p vim fata Troiana: in qbus erat Palladiū. Vñ dr̄ a pyrrho regna meruisse. Quanq; pstiterit pyrrho: vt rediret per terrā pdicens grecorū naufragiū. Tunc Dyomedes & Vlysses seu cuniculis: seu cloacis ascenderūt arcem: & occisis custodib⁹ sustulerūt simulacrū. dat̄ aūt his hoc negociū quia fuerūt cultores Mineruę: hoc deinde habēs diomedes: vt Virgi. tangit: Et Varro describit: credens sibi nō eē aptū ppter sua pricula transeunti Aeneę offerre conat⁹ ē: sed cū se ille velato capite sacrificās cōuertisset: nautes qdā simulacrū accepit. Vñ nō Iuliorum sed nauticorū familia sacra Mineruę habuit. Vnde in quinto vnum Tritonia Pallas quem docuit. Alii dicunt hoc simulacrum a Troianis eē absconditū intra extructum parietem: postq; Troiam parituram agnouerunt & deinde in bello Mitridatico a Fimbria quidā Romanus inuentū indicasse: quod cōstat Romā aduectū esse: & cū responsum eēt ibi impiū futurū vbi & paladiū adhibito mamurio fabro multa similia facta sunt. Sed verū agnoscit̄ hastę oculorūq; mobilitate. Vñ & arsere coruscę luminib⁹ flāmę: sed ab vno tm̄ sacerdote agnoscit̄. Luca. Troianā soli cui fas vidisse Mineruā. Dicūt alii vnū simulacrū coelo lapsum apud Athenas. Alii duo volunt hoc de q dixim⁹: et illud Atheniense. D. Auellere: vt cū sacrilegio esset crimē violentię. i Palladiū. D. Cū pōdere pnūciādū: In ipo eñi noīe magnitudo numinis exprimit̄. Qd vero de Mamurio dicit Seruius nusq; in Palladio legit̄: sed in ancili coelit⁹ delapso: de quo suo loco dicemus. k Cęsis. D. Ad sacrilegiū accedit homicidiū: cū illi hūanitatis cā: et numīs veneratiōe: ne leui qdē iniuria ptingi debebāt: augetur hōicidiū ex merito psonarū: q custodes: neq; eēnt electi custodes: nisi pbatę vitę: Vide āt ex aggeratiōem crimīs: aggressi sunt tēplū sacratū: qd ingredi qñq; sine veneratiōe nefas eēt: Custodes cęsi: et vsq; ad ipm simulacrū gdatim ventū visū nefariorū oculis et polutis hūano sāguie manib⁹ tactū: neq; solū corp⁹: sed vultus: et virginales vittas q̄s in capite gestabat incestare sunt ausi. l Sacrā effig. S. quasi coelo lapsam. m Ex illo. S. facto vl' tpe. D. Ex illo fluere. Nā s. dixerat Palladis auxiliis sp stetit: cū ergo irata eēt coepit fluere. n Fluere. S. τουτεστιν ē. Ideo ait retro. Alibi cōtra Salust. Reb⁹ sup̄ votū fluētib⁹. o Retro sublap. C. Retro et sub & re interitū significāt. Cū eñi res aut retrocedit: aut deiicit̄ ad interitū tēdit. p Fractę vi. C. nā vt ipse erigit̄ anim⁹. & q̄dāmō augent̄ vires: sic contra despatione deprimūt̄ & minuūt̄ vires. q Auersa. S. ppter illud. Mãibusq; cru. D. Auersa. D. ...orū sceleratorū cōmissio oīb⁹ irata ē. C. Auersa d. m. Causa q̄re amissa sit spes. r Nec dubiis. C. nō fuit difficile cognoscere iratā deā: q signa dedit māifesta: Quo tpe Ilus Trois fili⁹ Iliū cōdidit: qd fuit āno fere septīo sup̄ tria milia: et octigētos p⁹ mūdi initiū. aiūt breue scutū de coelo lapsū ī tēplū qd ī arce cōdebat: idq; palladiū eē vocatū & elegisse sibi locū in media ęde: cui adhuc supdictę regię ñ erāt: id signū ligneū fuisse mltī tradiderūt. Hoc igit̄ allecto p illecebras Theano custode Antenorē accepisse volūt: et grecis tradidisse. Callistrat⁹ āt e samothratia scribēs et Satyr⁹: vt refert Diōisi⁹ dicūt Crisāte pallātis filiā cū nuberet dardano attulisse palladis mūera; hęc āt fuisse palladiū et magnū deorū simlacra.

Vix positum castris simulacrũ: arsere coruscę
Luminibus flãmę arrectis: salsusq̃ per artus
Sudor iit: terq̃ ipsa solo (mirabile dictu)
Emicuit: parmamq̃ ferens: hastãq̃ trementẽ.
Ex templo tentãda fuga canit ęquora calchas
Nec posse argolicis excindi pergama telis:
Omina ni repetant argis: numenq̃ reducant
Quod pelago & curuis secũ aduexere carinis.
Et nunc q̃ patrias vento petiere mycęnas
Arma deosq̃ parãt comites: pelagoq̃ remẽso
Improuisi aderunt: ita degerit oĩa calchas.
Hanc pro palladia moniti pro numine lęso
Effigiem statuere: nefas quę triste piaret.
Hanc tamẽ in mẽsam calchas attollere molem
Roborib⁹ textis: cœloq̃ educere iussit:
Heu recipi portis: aut duci in mœnia possit:
Heu populum antiqua sub religione tueri.
Nam si vestra manus violasset dona mineruę
Tum magnũ exitiũ (q̃d dij prius omen ĩ ip̃m
Couertãt) priami imp̃io phrygibusq̃ futurũ.
Sin manibus vestris vestram ascendisset ĩ vrbẽ
Vltro asiam magno pelopeia ad mœnia bello
Venturam: & nostros ea fata manere nepotes.
Talibus insidijs: p̃iuriq̃ arte synonis
Credita res: captiq̃ dolis: lachrymisq̃ coacti
Quos neq̃ tytides: nec laryssęus achilles
Non anni domuere decem: nõ mille carinę.

Deinde Dardanum diluuiũ fugientẽ: Arcadia p̃fectum tulisse in Samothraciã: ibiq̃ illis templũ struxisse. Mox cũ maiorẽ parte pp̃li transuexisset in Asiam: sacrificia: ac cerimonias samothracib⁹ reliquisse. Palladia vero & deorũ imagines secũ aduexisse: & ex oraculo accepisse: vrbẽ illã duraturam: in qua hęc p̃ manerẽt: ac p̃pterea vrbẽ cõdidisse: & a se denominasse: & in ea collocasse. Condito deinde ab eius posteris ilio eo eẽ trãslata: Postea vero capta vrbe inferiore: Sicam dominũ arcis factũ sustulisse ex aditis sacra: & q̃d supat Palladiũ: Nam alterum vlysses & Diomedes furtim vrbem ingressi abstulerant. Arentinus (eodem Dionisio teste) scribit palladium a Ioue Dardano datum: & locatũ in loco inaccessibili Sed fabricatum: aliud ad eius similitudinem: & positum palam: & hoc eripuisse grecos: illud accepisse Aeneam. Alii scribunt: Palladiũ absconsum ab Ilionẽsibus in cauernis: ne hostes eriperent: Et p⁹ multas ętates a Fymbria q̃store: cum Iliũ expugnasset: ablatum: ac Romam prouectum. Seruabatur autẽ in templo Vestę: q̃d erat iter Capitoliũ et pallatiũ: quo incenso L. Celius Metellus illud liberauit: ipse ignis ardore cęcus euasit. Syluı⁹ aũt scribit: cum Diomedes in vrbe q̃ in Appulia condebat: Palladium collocare vellet: monitũ esse a dea nocturna quiete: vt in latinum: vbi vera erat numinis sedes: illud deportaret.
s Dedit. CRIS. detulit Diomedes & Palladiũ tradidit.
t Tritonia. SEP. quasi terribilis. ἀπὸ τοῦ τρεῖν id est timere. Vel secundum Lucanum. Et se dilecta tritonida dixit ab vnda. Est aũt Antonomasia: quia propriũ est Minerua. C. Tritonia: de hac dea in superiorib⁹ dictum est.
v Vix. S. mox. DO. Vix positum, signa sunt quibus ostendit irã. primum flãmę in oculis inanimatę. x Salsus. S. Ne forte aliter nisi i simulacro intelligeretur.
y Sudor. S. significat laborẽ futurũ. D. Sudor. Secundũ signũ non põt ex simulacro fluere: nisi portendit malũ. Idem dicas de motu simulacri. C. Sudor quod calamitates portendere etiam in Georg. õñdit. Et mœstũ illachrymat templis ebur: eraq̃ sudant. c Emicuit. S. q̃si q̃ inuita consistebat. a Parmãq̃ fe. hastãq̃ tre. DO. manifestũ signũ se hostẽ p̃fiteri deã. b Tentãda. C. q. d. q̃uis alias nõ successisset: vt sup̃. Sępe fugam Danai Troia cupiere relicta: Et sępe illos aspera ponti interclusit hyems.
c Repetant. S. ex more Romano: qui si male expugnassent: redibant vt rursus captarent auguria. d Argis. S. aduerbiũ in loco. e Numẽ. C. Pręscientiã & fauorẽ.
f Reducant. S. reconcilient. g Arma. S. Artificiose inijcit de futuro metum: vt p̃ñtem firmet securitatẽ. D. Arma. q. d. Hoc contra Traianos: vt reliq̃ faceret verisimilia.
h Improuisi adeñt. S. sicut factum est.
i Digerit om. S. interp̃taẽ numinis cõmotõem.
k Antiqua religiõe. S. fauore pristino.
l Nam si vrã ma. S. occurrebat eñ exurendum equũ si itro ĩferi nõ possẽ.
m Asiam. S. Asiaticos
n Pelopeia. S. argiua a pelope.
o Nostros. S. quasi troianis loquit̃ & dyasyrtice tamen. p Periurig. S. In verbo r. remouetur Petero eñ dicimus.
q Credita r. S. aut fide habita: aut ei commissa res. p. r Captiq̃ dolis. SER. Fuit ergo tutius grecis vicisse dolis: q̃ troianis vinci. D. Captiq̃ do. Non poterat obijci Troianis: cur ita creduli fuissent: quia iurauit: dõga lachrymas veras credidimus esse. Ergo non virtute: non numero hominum: non diuturnitate belli: sed insidiis victi sumus.
s Lachrymisq̃ coactis. S. Sic Terenti⁹. Vna me Hercle falsa lachrymula: quam oculos terendo misere vix vi expresserit.
t Laryssęus achilles. SER. a vicinitate: nã plithius fuit: Vtraq̃ tamen in Thessalia est ciuitas.

v Hic. S. tunc. x Maius miseris multoq;. S. Nā apud antiqs ab eisdem incipe viciosum nō erat: vt & sale salsa sonabāt: et casus cassandri canebat. D. Hic aliud ma. Nā vehemēter dolos poterat confirmare hoc mōstrū. C. Hic aliud ma. Ostenderat hactenꝰ virtutē nō potuisse superari Troianos: deinceps neq; prudētia qdē victos fuisse demōstrat. Nō eñ a sinone decipi potuissent: Nā nō temere illi credidissent: aut decepti fuissent: nisi deorū studium contra illos niteretur.

vbi res horrenda & repentina significat. Festinatio aūt & oculi ardentes: & linguę mobilitas demōstrabant aliqui illos laturos interitū. f Gemini. S. duo vel similes. g Angues. S. Aquarū sunt. Serpentes terrarū: dracones templorū: vt in hoc loco apparet: sed nō obseruat semp. h Iubę. S. cristę aut barbę. i Sanguineę. S. sanguinei coloris. k Pone. CRIST. a tergo: vt pone subit coniunx. describit aūt aduentus draconū: vt horrorē incutere possit. l Legit. S. transit: vt littora Epyri legimus. m Sinuatq;. S. in sinum curuat. n Suffecti. S. p infecti: vt cōnixa p enixa. o Sanguie et igni. C. micanti & ardenti rubore: p Sibila. S. Sibilantia & pticipiū est. Nā nomē sibilus dicit. q Vibrātibus. S. mobilibꝰ. nullū eñ aīmal tanta celeritate linguā mouet: vt triplicē hr̄e videat. C. Vibrātibꝰ crebro mobilibus. r Diffugimꝰ. C. magnꝰ effectꝰ horroris. i. in diuersas partes fugimus. Nā in summa trepidatione fusq; sibi consulit: & eo ugit q̄ commodiꝰ putat: possit fugere non habita reliqrū rōe. s Exāgues. C. & hoc a metu est: non quia sint sine sanguie: vt importat vocabulū: sed quoq; sanguis relictus exterioribus ptibus ad cor confugerit. t Illi. C. Hinc maxima fides velle deos vulneratū equū vlcisci: cū ex oī turba solum vulneratorē peterēt.

Hic aliud maius miseris multoq; tremendum
Obijcit: magis atq; īprouida pectora turbat.
Laocoon ductus neptunno sorte sacerdos
Solennes taurū ingentē mactabat ad aras:
Ecce aūt gemini a tenedo tranquilla per alta
(Horresco referens) immensis orbibꝰ angues
Incumbūt pelago: pariterq; ad littora tendūt:
pectora quorū inter fluctus arrecta: iubęq;
Sanguineę supant vndas: pars cętera pontum
pone legit: sinuatq; immensa volumīe terga.
Fit sonitus spumante salo: iāq; arua tenebant:
Ardentesq; oculos suffecti sanguine & igni:
Sibila lambebant: linguis vibrantibus ora.
Diffugimus visu exangues: illi agmīe certō
Laocoonta petunt: et primum parua duorum
Corpora natorum serpens amplexus vterq;
Implicat: & miseros morsu depascitur artus.
post ipsum auxilio subeuntē: ac tela ferentem
Corripiunt: spirisq; ligant ingentibus: & iam
Bis mediū amplexi: bis collo squamea circum
Terga dati: superant capite: & ceruicibꝰ altis.
Ille simul manibus tendit diuellere nodos:
perfusus sanie vittas atroq; veneno:
Clamores simul horrendos ad sydera tollit.

obiicit percussoris laocoontis interitus. y Improuida. C. Improuida dixit: Quia omia repētia maiorē pturbationem afferunt. Cice. in Tusc. Sed diligēter: cum nec opinatorum naturā consideres nihil aliud repies: nisi oīa subdita videri. maiora: et qdē ob duas causas primū: q; q̄nta sint quę accidunt cōsiderandi spaciū non dat. Deinde cū videantur pcaueri potuisse: si puisum esset q̄si culpa cōtractū malū ęgritudinē acriorē facit. Quod ita esse dies declarat: quę pcedens ita mitigat: vt iisdē malis manētibus nō mō leniat ęgritudo: sed i plerisq; tollat. z Laocoon. S. vt ait Ephorion pꝰ aduentū grecorum: sacerdos Neptunni lapidibus occisus est: quia sacrificiis nō pdixit eorū aduentū: Postea discedentibꝰ grecis: cū vellent sacrificare Neptūno. Laocoon tymbrei Apollinis sacerdos sorte ductus est: vt solet fieri cum certus deest. Hic placulū cōmisit añ simulacrum numinis cū vxore coeundo: & ob hoc immissis draconibꝰ cū filiis interemptus est. Sed poeta hanc rem interp̄tat ad Troianorū excusationē.

a Sorte. D. in q̄ fuerat arbitriū diuinū: Ergo debuit nisi fuisset futurum excitiū publicū seruare sacerdotem: diuina voluntate dictū: & nō arbitrio humano mactantem. b Solēnes aras. S. anniuersario sacrificio religiosas. Dicimus sacrificium solenne: & aras solennes vt apricū: & hoiem: et locum. Persꝰ: Apricos meminisse senes. Hora. Cur apricum oderit campū. c Taurū ingentē. S. vt alio in loco iā cornu petat: in sacrificiis eñ certis numinibꝰ certę gratis aīalia mactant. D. Taurū ingentē. i. excellentē hostiam. d Mactabat. C. mactare est magis augere. Vnde quia sacra rem augēt hostię: nō cędi sed mactari dicuntur. Inde in abusu est mactare: p interficere. e Ecce āt. D. p hos significabat hostes venturos a Tenedo, Ecce sp ponit

v Agmine. D. Agmen dr̄ actꝰ serpētiū. Cursꝰ eñ et iter pedū est qbꝰ carent serpētes. x Laocoonta. D. Exprimit deorū ipietas. Sacerdos ei in ipso sacrificio petit: sed primo in eiꝰ cōspectu filii crudelissime interficiūt puuli: & insontes. Cetera serpentū descriptio crudelitatē designat. y Spiris. S. nodis. vn̄ et bases colūnarū spirulas dicūt. Spira proprie volubilitas funium: C. Spira. basis colūnę est vniꝰ tori aut duorū. Itē genus opis pistorii. Item funis nauticꝰ i orbē cōuolutus: Enniꝰ vero hoim similitudinē spirā vocauit: ait Festꝰ: Spirulā appellant catellā: siue aliquid hmōi: qd circa collū ponūt mulieres: vt ē apd Diuū Hieronymū: deniq; spira ē cū lōgior res: ita in Girū cōplicat: vt in p̄les fiāt circuli: Sꝫ differt a circul: qa circuli i seipos redeūt: spira cū ipe orb ad pricipiū suū redit: n̄ desinit i eo: sed fiūt pricipiū alteriꝰ orb. z Squamea. S. p squamosa. a Circūter. d. C. i. circūdati. b Nodos. C. nexꝰ. c Atro. S. vt pallida mors; tristisq; senectꝰ. d Tollit. D. bis accipe; tollit Laocoon; tollit taurus.

Qualis mugitus fugit cum saucius aram
Taurus:& incertam excussit ceruice securim.

e Qualis mugitus. S.i. tollit: Facta aũt cõpatio est ppter sacerdotis psona. D. Qual' mu. Allusit ad taurũ: q' sacrificabat taurus. C. Qualis. simile est. Simile autem habet exemplũ: parabolam: et imaginẽ. Ab omnib' his indignatio elicitur: & misericordia. In exemplo misericordia. sic: Antenor potuit mediis. elapsus achiuis illyricos penetrare sinus. Item si potuit manes arcessere coniũgis orpheus. Indignatio. sic: Pallas ne exurere classem argiuũ. In parabola est misericordia. vt: Qual' populea moerens philomena sub vmbra. Amissos querit foetus. Et hic: Qual' mugitus. Indignatio autem Vt: Ac veluti pleno lup' insidiatur ouili: cum fremit ad caulas. Imago autẽ misericordiã: cum autem forma corporis absentis describitur. vt est: Sic oculus: sic ille manus: sic ora gerebat: aut illa quę nulla est: fingitur. vt Quam fama secuta est. Candida subcinctam latrantibus inguina monstris: Dulichias vexasse rates. Et abscisa vadit discordia palla: Et consanguineo gaudens bellona flagello. f Incertam. SER. Dubie illisam quę non haberet mortis effectum.

¶ At gemini lapsu delubra ad sūma dracones
Effugiunt: sęuę q; petunt tritonidis arcem:
Sub pedibꝰ q; deę: clipei q; sub orbe tegūtur.
Tum vero tremefacta nouus p pectora cūctis
Insinuat pauor: & scelus expendisse merentē:
Laocoonta ferunt: sacrum qui cuspide robur
Lęserit: & tergo sceleratam intorserit hastam:
Ducendū ad sedes simulacrū: oranda q; diuę
Numina conclamant.
Diuidimus muros: & mœnia pādimꝰ vrbis:
Accingūt omnes operi: pedibus q; rotarum
Subiiciunt lapsus: & stupea vincula collo
Intendunt: scandit fatalis machina muros
Fœta armis: pueri circū: innuptę q; puellę
Sacra canūt: funē q; manu cōtingere gaudent:
Illa subit: medię q; minans illabitur vrbi.
O patria: o diuū domꝰ ilium: & inclyta bello
Mœnia dardanidū: q̄ter ipo in limine portę

g At gemini. D. Non inertia sua decepti sunt a Sinone: sed iniquo deorum studio pręsertim Mineruę petitus est laocoon qui equum vulnerauerat: & dracones ad simulacrum deę refugerant. Lapsu. SERVIVS labi proprie serpentum est. h Delubra. S. Delubrum dicitur quod vno tectu plura amplectitur numina: quia vno tectu diluitur: Vt Capitolium in quo est Iupiter: Iuno & Minerua. Alii dicūt Delubrum esse locum ante templum. vbi aqua currit a diluendo. Est aūt sinecdoche. i. a parte totum. C. Delubrum Varro in octauo diuinarum rerum alios ait extimare: locum in quo pręter ędē sit area assumpta deorū causa: vt ē in circo Flammineo Iouis pistoris. Alios: locum i quo dei simulacrum dedicatū sit: sicuti in quo candela ponitur cādelabrum dicimus. et hoc ille affirmare videtur: & hoc hic tāgit Poeta: nam dicit sub pedibus q; deę: illud superꝰ tangit inquarto. vt Principio delubra adeunt: pacem q; per aras exquirunt: & vt aram ibi deorū causa assumptā esse ostēdat: vt paulo infra. Aut ante ora deum pingues spatiat ad aras: Hec ex Macrobio: Festus aūt ait. Delubrum fustē esse delibratum. i. decorticatū quasi sine libro. i. cortice: quem venerabātur p deo. Plinius. ait mirum videri q cum statuarum origo ita vetusta sit. simulacra tamen deorum Ligna potiꝰ aut fictilia in templis vsq; ad deuictam Asiam dicata fuisse. Eusebius autē pāphilus scribit idē addito: ex ligno Apollini primam in delo statuam fuisse. ex ligno palladi. q̄d deinde apud Atheniēses fuit. Itē Iunoni apud Samios vt refert Callimachus. petas qui prius Iunonis argolicę templum cōdidit: ex piri trunco ipsius deę simulacrū finxit: Plato in legibꝰ vetat simulacra deorum ex terra fieri: quoniam deorum sit pauimentum. Vetat ebur: q; animā deposuit. Vnde ad deorum simulacrum ineptum est. Aes & ferrū belli sunt instrumenta Aurū & argentum etiam inutilia: quia infœcūdę terrę colores putabāt. Vel q; inuidiosa possessio est. k Sub pedibus q;. S. Maioris simulachri quod ab omnibꝰ videtur: nam quod colitur et breue est: et latet: sicut palladium fuerat. l Clipei q; sub orbe. S. Vt maxima pars in spiram collecta sit ante pedes: Colla vero cum capitibꝰ: erectis post clipeum. i. inter scutū & simulacrum habebant. ut est in templo vrbis Romę. m Tum vero. D. tum magis: nā supra dixerat horresco referens n Nouus. S. magnus Vt. pollio &. i. f. n. c. o Insinuat. S. pro isinuatur. p Scelus. S. supplicium: antecedens pro consequenti. D. Scelus: nam ex hac coniectura argumentum ducebant q Expendisse. S. tractū a pecunia: Nam apud antiquos omnes pœnę pecuniarię erant r Ducendum ad sedes. D. eadē omni ex corde laocoontis fuit sententia & concordi voce cō clamabāt s Sedes. S. per hoc ostendit domum Mineruę. t Oranda. S. placāda v Conclamant. C. non enim vt supra diuisę sunt sententię: sed omniū vna est. x Diuidimus muros. D. Plena describitur Troianorum dementia: nam quo tempore bellum nec positum fuerat: nec sopitum muros diuidebant. C. Diuidimꝰ plena amētia Troianorum: sed quę deorum ira proueniret: vt nec fatorum sepulchri non frangendi meminerint. nec aduerterint non esse propter hostilem metum mœnia diuidenda. Vnde exprimit quod dixit Et si fata deum et si mens non leua fuisset. y Muros. S. suppositos portę scęę. z Mœnia. p. S. patefacta porta: vel diruta: interiora vrbis sunt nudata a Accingunt operi. S. preparant se ad opus b Omnes. DO. ne quis a nefario opere abesset c Pedibꝰ q; rot. D. Querebat celeritas vt q̄ primum immitteretur interitus d Intendunt. S ligāt vt Intēdunt q; locū sertis e Sacra canunt. S. hymnos dicunt f Medię q;. mi. ill. vr. C. Atqui nondum ingressa erat sed illabitur: & nō dū īgressa: medię vrbi minari videbat g Minans: S. eminens vel minitans.

h O patria. S. exclamatio. q tanta fuerit vis cōsecrationis vt etiam post prophanationem hostes ab ingressu vetaret: Nam sepulchro laomedontis supra portam scęam collocato tuta erant fata Troiana. C. O patria Cum quatuor sint genera dicēdi: copiosum: breue: siccum: & floridum: noster Maro diuinitate ingenii sui singula tria p loci: tēporis: rei: ac personarum ratione adhibet: ergo hic breui vtitur vt ibi venit summa dies. & alibi. Et campos vbi troia fuit O Patria. O aliquando vocātis est: vt O socii neq; enim ignari sumus ante malorū. Et semper iīgitur vocatiuo: nisi per antiptosim ponatur p illo nominatiuꝰ. vt Persius Vos o pompilius sāguis. Quando autem nō vocat: sed affectum: vł admirationis vł exclamationis exprimit: et accusatiuo et vocatio iungitur Accusatiuo Cic. O variam volucrem q; fortunam. Itē O me miserū o te infœlicē. Vocatiuo vt O None ille decembris quę me consule fuistis: sic & in hoc loco admiratur: & indignatur & exclamat tam nobilem patriam ita infœliciter periisse. O litteram aliqui populi Italię & maxime vmbri & tusci Teste plinio. nō habebant: sed eiꝰ loco. v. ponebant: ait priscianus i Inclita bello. S. Quia Mysiam totam superauerat. C. Inclyta a greco est κλεοσ en. in famam & gloriā significat Ergo eum inclitum dicimus: cuius fama perspicua illustris q; est. k Quater. S. sępius. C. Quater ait. Lactantius in statium numerum imparem prospera significare & diis prosperis ascribi: Vñ illud Numero deus impare gaudet: Parem vero mortuis dari. Et statium est

y

aduersum augurii significaret: dixisse: Quare axe sereno intonuit: Sic & in hoc loco virg. Quater posuisse: Addit preterea idē Lactanti⁹. Imparem numerū a Pythagora repe titum esse masculinę virtutis: & deorum superum propter trinā r g lam diuinę rationis. l Atq; vtero sonitum q̄ arma de: C. ex hac cōposi ione verborū citat sonitū quē de scribit. Nam si recta pronunc etur sonitū quater arma dedere. Ipse verborū textus pronunciandus . imitatur sonitū armorū. m Quater. C. repetitio est quę semp orationis pondus affert.

vltimū coeli spaciū venerit: elanguescere: ac tabefacta extra re suos ignes. y Ruit oceano. SER. nascitur de oceano Ideo ruit: quia altius est mare q̄ terra. CRI Ruit oceano nox. vt supra ostendimus poetā cōtextu verborū exciat se pronunciando sonitū armorum quem describebat: sic nunc monasillaba dictione versum ruere facit: & versu rē imitatur. Sic alibi procumbit humi bos facit autē veri similem. Nam lassitudo: nox curarū solutio: & vinū pro fundū somnum inducere poterant. z Inuoluens. DO. Nam que inuoluta sunt: nō vident. a Vmbra. SERVI. s. terrę. Et est diffinitio noctis. b Myrmidonū: S. a generalibus ad specialia venire viciosum est: nisi redeat ad causam: vt hic: per moenia: per do mos. vt & moenia pandi mus vrbis.

n Immemores. S. iprouidi: aut non memores oraculorum. CRISTOFERVS Immemores ignari. Memoria em̄ pro intelligētia ponitur. Ter. in And. Missis nūc opus est tua mihi ad hanc rē exprompta memoria: atq; astutia.

o Cęciq; furore. C. excusat. quare imemores fuerint. nā furor mētē euertit

p Tūc etiā. S. sic ān hac sępius Nam Helena venien te predixerat.

q Cassandra. C. de qua in sequentibus.

r Dei. S. Apollinis qui sub spe coitus diuinitate dedit: deinde deceptus fidē vera dicenti sustulit.

s Nos delubra deū. D. tanta amentia fuit. vt q̄ exitiū iminebat: lętis frondibus templa nō coronaremus solū: sed tegeremus deorū: qui vna nobiscum perituri erant.

t Festa. S. quę festos inducat dies: vt laur⁹: oliua: hedera. C. Festa. Diem festū dicim⁹: hoiem vero festiuū: Dicitur aūt festus a feria: in his em̄ feriantur. i. otiātur homines. Dies igitur: aut festi: aut profesti: aut intercisi sunt: Festi ergo dicati sunt: in quibus

Substitit: atq; vtero sonitū q̄ter arma dedere.
Instamus tamen immemores: cęciq; furore:
Et monstrū infoelix sacrata sistimus arce.
Tunc etiā fatis aperit Cassandra futuris
Ora dei iussu: non unq; credita teucris.
Nos delubra deum miseri: quibus vltim⁹ esset
Ille dies: festa velamus fronde per vrbem.
Vertitur interea coelū: et ruit oceano nox:
Inuoluēs vmbra magna terrāq; polumq;:
Myrmidonūq; dolos: fusi per moenia teucri
Coticuere: sopor fessos complectitur artus.
Et iā argiua phalanx instructis nauibus: ibat
A Tenedo: tacite per amica silentia lunę:
Littora nota petēs: flāmas cū regia puppis

c Fusi per moenia teucri conticuere. D. Labore trahendi equi. & tempore nocturno inciderūt in somnum.

d Phalanx. SER. Lingua macedonū legio est: & est aperte totum: ideli synecdochen. CRI. Phalanx acies est Macedonica quę vt ait Liuius: nisi prelongis hastis: velut vallū ante clypeos abiiciat: ad quam rem libero campo op⁹ est a̅s iutilis est. Curcius autem ait. Macedones phalangē: vocāt peditum stabile agmē. Et Cęsar in cōmētariis ait. Heluetios fecisse phalangem: hoc est clypeorum conexionem: quę etiam testudo nuncupatur. Qua propter & Iuuenalis per translationem: dixit. Iunctoq; vmbone phalanges. Ait preterea Pli. phalanges significare fustes: quibus aphri proelium cōtra ęgyptios

insunt sacrificia: epulę: ludi: ferię. In profestis rempu. & priuatā gerere licet: & fastos comiciales: comperēdinos: & pręliares in se continent: vtrūq; sic exprimit Plautus festo die si quod prodigeris: profesto agere licet: nisi pepereceris. Intercisi hominum deorūq; cōmunes sunt: in his cum hostia ceditur fari nefas est. Intercisa vero cum fuerit: porrecta fari licet. Rursus cum adoletur non licet. Ergo festi sunt: cum est sacra celebritas: in q̄ aut sacrificia fiunt: aut diuinę epulationes: vel ludi in honorē deorū: Vel ferię: Et de feriis dictum est. Sunt preterea in profestis dies fasti: in quibus pretori licet fari tria verba: do: dico: addico: Nefasti his cōtrarii sunt. Atri dies sunt infoelices: qui erant postrid e omēs idus. v Velamus. SER. vt victori velatum auro victisq; iuuencum.

x Vertitur. SER. in aliam speciem cōmutatur: alias semper vertitur coelum. D. Vertitur: versa re aliqua funditur: quod in ea erat. Ergo versato coelo quod prebebat lucem tenebrę ex eo ceciderunt. C. vertitur interea: Locus ex Homero. Ennius tamen: vertitur interea coelum cum ingentibus signis: legendum puto simpliciter. Vertitur coelum id est ex conuersione coeli fit nox: cū signum illud in quo erat sol ex vertigine coeli occideret: secūq; solem traheret. Nam ridiculum: quod dicunt longo itinere lassatum solem cū ad

primi fecerunt. Nonius vero phalangas esse fustes teretes: qui nauibus subiiciuntur. Posuit autem speciem pro genere. e Ibat. SER. veniebat. DONA. Ibat improprie dixit de nauigatione: sed adiunixt nauibus.

f Tacite per amica silentia lunę. SER. Septima luna capta est Troia: cuius simulacrū apud argos est constitutū. Hinc ē q̄ dicit oblati per lunā: & alibi per cęcam noctē: Tacitę lunę: Aut noctis: aut physice: q̄ cū septē sint circuli: & suprem⁹: scilicet saturni vehemēter sonet: reliqui secūdū ordinem: luna quę vltima est minus sonat. Hoc idem videmus in chordis cytharę. DONA. Tacitę per amica silentia lunę. Nullū est scriptoris vitiū: q̄ nūc dicat silentia lunę: & supra meminerit tenebrarū. Nam elegerūt eam noctē: quę partim tenebrosa occultaret insidias: partim adueniēte luna illustris esset: vt sine errore veniret. Ergo & notitia littoris: & luna suffragabatur. CRISTO. Silētia lunę. Cato de re rustica. Ficos: oleas: mala: pira: vites iseri oportz luna silenti: post meridiem sine vento austro. Item prata primo vere stercorabis luna silenti.

g Flammas. DONASVS. quo signo aduentum grecorum cognosceres si non rem pageret.

h Fatisq; deum defensus iniquis. SER. voluntate nominum nobis iniqua.

[i] Reddit. S. Quasi debitor: vt redditus his terris. Et Hora. Nauis que tibi creditũ Virgiliũ debes finibus atticis reddas . in columẽ precar. DONATVS. Reddit. vsꝰ ẽ bono verbo. Nã quos occultãdos tenebris acceperat redderat aeri. [k] Tersandrꝰ. S. Polynicis: & Argie filiꝰ.

Extulerat: fatisq́ꝫ deum defensus iniquis[h]
Inclusos vtero danaos: et pinea furtim
Laxat claustra Sinon: illos patefactos ad auras
Reddit[i] equus: letiq́ꝫ cauo se robore promunt.
Thersandrꝰ[k] sthenelusq́ꝫ[l] duces: et dyrus vlisses:[m]
Demissum lapsi per funẽ: athamasq́ꝫ thoasq́ꝫ:[n]

[l] Sthẽelus. S. Capanei: et Euadnes filius.
[m] Vlysses. S. Laertis: & Anthicie. DONA. Vlysses & ipse dux intelligit.
[n] Toas. C. filiꝰ Adremonis ex ætholia.

o Neoptolem⁹. SER. sic vocatus: quia ad bellum ductus est puer. Dictus prius Pyrrhus a qualitate capillorum Achillis: et Deidãię fili⁹ Pelei. et Theidis nepos ex patre. Ex matre vero Lycomedis regis scyrię insulę.
p Primusqꝫ machaon: S. Aut princeps: aut nũeri sui. Nam per numeros distinxit. CRISTO: Machaon & podalirius aesculapii filii: propter peritiã medicinę ad bellum Troianum sunt vocati.
q Vrbem. SESVIVS ciues.
r Ceduntur vigiles. S. non actus: sed officii nomen est. Vigiles enim capitolii significat. Nã paulopost vix prima prelia tentãt portarum vigiles: DONA. Ordo est ceduntur vigiles: portisqꝫ patentibus omẽs accipiũt s. a. a. c. iũg. Et deinde inuadũt vrbẽ. s. v. q. s. Ne sit vitium: vt primũ inuadunt vrbẽ: & postea recipiãt socios p portã. Prio ẽm patefact⁹ est equ⁹: deinde vigiles occisi: & postremo p vrbem sparsi sũt & potuerũt ciues latere q duplici malo essent affecti vnio & pfundo somno:
s Cõscia. S. secreta.

Pelidesqꝫ neoptolemus: primusqꝫ machaon:
Et menelaus: et ipse doli fabricator epęus.
Inuadunt vrbem somno vinoqꝫ sepultam.
Ceduntur vigiles; portisqꝫ patentibus omnes
Accipiunt socios; atqꝫ agmina conscia iungũt.

¶ Tempus erat quo prima qes mortalib⁹ ęgris

t Tempus erat. ESR describit noctis initium: Alibi totã noctem: vt in quarto. Nox erat & placidam carpebant cuncta quietẽ. Corpora per terras. Descriptiones autem pro rerum qualitate: vel tenduntur vel corripiuntur. Illo ẽm loco protentio ad inuidiam Didonis ptinet: vt vigiliarum; Sunt autẽ noctis partes, secundũ Varronem. Vespera: conticiniũ: intẽpestũ: gallicinũ: Lucifer. Diei, mane: ortus meridies: occasus de crepusculo vero: quod est dubia lux. Nam creperum dubiũ significat: quęritur: & licet vtriqꝫ tempori possit iungi: vsus tamen obtinuit vt matutino iungatur. Licet Luca: dixerit; longa repercusso ĩtuere crepuscula phoebo. Mane verg

Incipit: et dono diuũ gratissima[y] serpit[z].
In somnis[a] ecce[b] añ oculos moestissimus[c] hector
Visus[d] adesse mihi: largosq; effundere fletus.
Raptatus[e] bigis[f], vt quondã: aterq; cruento
puluere: perq; pedes traiectus[g] lora tumentes.
Heu mihi[h] qualis erat: quantũ mutatus ab illo[i]
Hectore: qui redit exuuias indutus achilli.
Vel danaũ phrygios[k] iaculatus pupibus ignes.
Squallentẽ barbã[l]: et cõcretos[m] sanguine crines:
Vulneraq; illa gerens: q̃ circũ plurima[n] muros

a mano est. Nam manum veteres bonum dixerunt. CRI. Tempus erat. Peryphrasis est: nã teste Quintiliano. Quicquid singularibus breuius potest: & cum ornatu lati⁹ ostẽditur. Peryphrasis ẽ: latine circũlocutio dicit̃. verũ vt decorum habet peryphrasis: ita cum in vitium incidit perisologia dicitur Quintilianus ait. Est preterea Chronographia: idest tẽporis descriptio: sed vt semel rẽ totã exponã reuolutio totius coeli viginti quattuor horis absoluit. Duodecim enĩ signa sunt in zodiaco: ac singula si ortum semel: & occasum consideremus: binas horas occupant hoc spaciũ dies nuncupatur: qui diuiditur in lucẽ: & i tenebras. Sed tenebris nox nomen est. Lux autem ꝓprie dies dicitur. Marcus igitur Varro in secundo rerũ humanarũ libro diem ait: q ex media nocte: ad proximã mediam noctem nati sunt vno die nati dicũtur. Item dicitur ab occasu ad occasum solis Athenienses diem finiri. Babylonios ab ortu ad ortum. Vmbrosos meridie ad meridiẽ. Ergo Tribun⁹ Ple. cui diem integrũ ab vrbe nõ licebat abesse: si post mediam noctem egressus: ante aliam mediã noctem reuertetur: diem integrũ nõ abfuerat. A media autem nocte incipere ostẽdit noster poeta in quinto. Torquet medios nox humida cursus. Et seuus equis oriens afflauit habenis. Idem in septimo initiũ noctis ostẽdit. Hac vice sermonũ roseis. a. q. Iam mediũ ęthereo cursu traiecerat axem: mox addit: nox ruit Aeneas. Diei igit̃ prima pars est medię noctis inclinatio. Inde galliciniũ: inde conticiniũ cum galli tacent: & homines etiã tunc quiescũt. Diluculum cũ dies agnosci coepit. Mane dictũ ꝙ ab inferis locis. i. a manibus veniat: aut venius a nomine boni hominis. Nã lanubini manũ bonum dicũt. cuius contrariũ est immanis. Hinc meridies a quo cęterũ tempus occiduũ dicitur. Nox suprema tempestas. Vnde & In duodecim tabulis suprema tempestas solis occasus est. Deinde vespa a stella hespero. Inde prima fax: deinde cõcubię: deinde intempestas: quę nõ habet ydoneũ tempus aliquid agendi. Noctu nomẽ posuerunt prisca Ennius in annalibus. Hac noctu filio pendebit eutruria tota. Et Claudi⁹ quadrigari⁹ senatus de noctu conuenire. Noctu multa domũ demitti. Et nox pro noctu posuerũt in duodecim tabulis: vt si nox furtũ factũ sit: Si im occisit iure cęsus esto: vbi est im per eũ die quinti: & die quintę dicebant antiqui: & quia vna pars est: secũda sillaba naturaliter ꝓducta corripitur. Nã indifferẽter e & i ponebant in fine: vt here & heri. Die quartę de futuro die: die q̃rto de preterito dicebãt. v Prima quies. D. Excusat̃ Aeneas: si somnũ ea hora capiebat: q̃ omnia animãtia reficit somnus: cuius initia tm̃ põderis habẽt: & tanta vi mentes opprimũt: vt omni cura submota altius soporent̃: & cũ munus deorũ sit ad refectionẽ] nobis datũ crimen non est: si cõcesso tẽpore dormiatur. x Mortalibus. C. Substantiue positũ. i. hominibus. y Gratissima. C. Suauis enĩ somnus est: et membra laboribus fessa m re testaurat. z Serpit. S. latẽter membris infunditur.
a In somnis. S. p sõnos: aut pro insomniis persinerisim.
b Ecce. S. ponitur hęc dictio cũ aliquid repentinũ significatur. Ecce manus iuuinem interea post terga reuiuictũ.
c Moestissimus hector. C. Somniãdi species quinq; sũt. somniũ: visio: oraculum: insomniũ: aut phãtasma: quod Cice. visum appellat: sed ista duo vltima interpretatiõe nõ egent: quia nihil diuinationis apportant. Est enĩ quotiens oppressi animi: corporisue: aut fortunę incõmodis: qualis vigilantẽ fatigauerat: talẽ se ingerit dormienti animus: lęt⁹ enĩ animus lęta videt: moestus moesta: aut deceptus in sõno contraria: sic corporis qualitatibus. Nã cũ cibo temetoue grauati sum⁹: aut suffocari: aut exonerari videmur: si inanes cibo potuue simus: aut desiderare: aut inuenisse videmur. Fortunę etiã potentia: aut minui: aut augeri putam⁹ Dicit̃ aũt insomniũ non quia accidat per somnũ: sed quia in ipso somno tantũ est. Cũ aũt corporis humorũ quies est: vt neq; bilis in nobis: neq; atrabilis non pituita: non sanguis exuperet: aut degrauet: Neq; rursus: aut crapula: aut vino opprimat̃. neq; rursus cibo potuue egeat natura: aut postremo nulla perturbatione prematur animus: nulla re angat̃: nulla lętitia exultet. nihil timeat: nihil cõcupiscat. Tunc mẽtis ipsa nostra: quę diuina est ab omni contagione corporis soluta: & ꝑ somniũ libera in suã naturã reuersa potest ex diuinitate sua futura preuidere: et aut a parte preuidet: aut cũ pte aliqd aliqs loquens vera nobis p̃dicit: & hoc oraculũ appellat̃. Aut i sõnis aliqd videm⁹: & eodem modo quo apparuerat euenit: & hęc visio appellat̃: aut non nunq; videmus quidem futura in somno: sed quibusdã figuris inuoluta: atq; contecta: quẽadmodum fil a Polycratis Samii quę per quietẽ viderat patrẽ Polycratẽ a Ioue lauari: & a phoebo vngi. Quod ita euenit. Nã cruci a p̃fecto xerxis affixus: & in patibulo relictus est. ac mox eius cadauer pluuia lautũ: deinde a sole pigui resoluto. p. vnctũ est. Predixit ergo vera somniũ: sed ea obscura: atq; abdita fuerunt. Ergo quinq; sunt visionũ species: quarũ duę in somniũ: & fantasma falsę sunt. Oracula aũt visio: & somniũ verę in hoc autem loco & visio simul: & oraculũ fuit.
d Visus. S. Nã somnia videntur: & nõ sunt. Quod paulopost dicit: Effert penetralibus ignẽ. Confirmãtis est. Nã illũ fuisse verũ cõtẽdit. D. Vis⁹ adee. Ostẽdit poeta nõ vera: sed verisimiles imagines videri cũ dormiẽtibus afferunt̃: Ex moerore autẽ: & squalore imaginis: etiã si nihil verbis nunciasset: cõiectura colligeret̃: funesta portendere.
e Raptatus. S. frequentatiuo vtitur: vt supra. Ter circũ iliacos r. h. m. f Bigis. S. Secũdũ artẽ locutus. Nã q̃ de pluribus cõstant pluraliter ꝓferuntur: vt bigę mappę. Hora. tñ dixit. Ne sordida mappa. Itẽ statius Roisfera gladiũ tenuerat aera biga. C. Bigę. duo sũt eq simul iũcti: itaq; neq; hoc neq; ille hoc nõie appellãtur: sed ambo simul. Sic & q̃drigę quattuor sunt equi simul iuncti. g Traiectus lora. S. Traiecta lora hñs. h Heu mihi. S. Versus Ennii. i Ab illo hectore. C. Vn⁹ est hector nec mutat̃ essentia. sed dicimus aliũ hectorẽ: cũ ita immutata sunt, accidẽtia: & qualitates: vt alius appareat. k Phrygios ignes. S. quibus prothesilai nauis incensa est. C. Ignes. Nã primum appellantibus grecis obuiã armatus factus Hector nauẽ Prothesilai quę prima littus tetigerat exussit et victoria lętus ad suos rediit. l Barbam. S. In singulari numero barba hominũ est: i plurali brutorũ. Vnde dubitat̃: de quib⁹ dixerit Styriaq; impexis induruit horrida barbis. C. Squalentem barb. ex auli Gel. Sententia Squalere dictũ est: a

squamarū crebritate asperitateq̃: que in serpētū & piscīū coriis visuntur. Quicquid igit nimis inculcatū: atq̃ obsitū aliqua re est: & incutere facie noua horrorem visentib⁹ po sest id squalere dicebatur: ita in relucida: vt sord da: in lucida posuit poeta in sequentibus per tunicam squalentē auro latus haurit apertum: sic & Acci⁹ in pelopid s. Eius serpētis squamę. squalido auro: & purpura cōtextę inserēda. Hic ergo squalentē bar. i. sordibus nimis inculcatā ei obsitā: sed eodem teste Gelio multo assiduoq̃ vsu ita cōtaminatum est: hoc verbū: vt iam squalor de inquinamētis dūtaxat dici coepit: m Cōcretos. C. Cōcernit dr̄ res q̃ añ fluxilis: vł sua sponte cōdēsat: et coheret: vt sāguis postq̃ de venis egress⁹ ē: vł alia accidente materia. Nam crines natura fluxiles īplicitī sanguie cōdēsant: & coherēt. n Plurima. S. ait Home. Inextinctū hectorē oēs tela iacere morte maior: Vnde est & bis sex thoraca petitū perfessumq̃ locis propter duodecim populos tuscię. Duodecim em̄ lucumones: qui ligua etrusca reges sunt tuscim habebāt. Vñ ē gens illi triplex populi sb̄ gēte q̃terni. o Vltro S. nā rō postulabat: vt loq̃ref q̃ vēc rat. p Videbat. D. hic ostēdit iagies nō eē vas. q O lux. S. iō Dardanię spes. DONA. errorem describit dormientis: vel q̃d optime norat: quasi nescius interrogaret: C. O lux: Ex ennio ē: ille em̄. O lux Troię germanę Hector: Quid ita cum tuo lacerato corpore miser. Lux ergo ad preteritū: & p̄sens. Spes vero ad futurum refert: vt enim lux luce restauratur: sic egregiis hui⁹ viri facinorib⁹ troianū impiū illustre reddebatur & ex his meritis oīs de futuro spes ī eo repōebat.

debebat hortari ad auxiliū fugā suaderet viro forti. Et q̃ sic iterierat tota res: vt nihil supesset. q̃d auxilio fulciri posset. d His eripe. S. vtile. e Hostis habet m. D. Secunda desperatio. f Muros. D. quibus se tutari potuissent. g Ruit alto a culmine troia. D. Tertia desperatio. i. concidit iam cui potestas subuenerat. h Sat patrię. S. honestū: Nam nemo potest cōtra fata. D. Sat patrię priamoq̃ datū. vt primū venisse interitum denotaret. i Si pgama dex. DO. quasi dicat contra tantā vim nihil valere humanā virtutē: & probat q̃ si posset defēdi dfēsa fuisset hac. s. mea. k Etiam. CR. ad huc: vt placido, ne etiā pugnabis amori: l Hac. S. s. tua. vt & participē glorię faciat Aeneā: & ipe vitat superbiā. C. Hac. s. mea. q. d. adhuc viuerem: si fata troiam defendi voluissent. Vel dicamus & hac. q. d. hac quoq̃ tua dextra: quāuis ego spes fiducissima occubuissem. m Sacra suosq̃ tibi cōmendat troia penates. S. Necessariū: sacrilegium em̄ est nō liberare cōmendatos deos. DO. Sacra. q. d. non est ergo flagitiū ꝙ fugiat: cū patria suos deos fuga liberādos velit. Nimium etiā religiosum probare voluit: cum ipsis religionibus cōseruādis sit aptissimus: aut etiā dis potiorem: nullus em̄ cōmendat inferiori: de his dis meminit in themate: Inferretq̃ deos latio: Omni culpa vacat fugiturus. si fugā suadet imago viri fortis: & patria concedit fugam & deorū sacrorūq̃ societas.

n Suos. CRI. recte suos: Nam illos ex Simothratia in phrigiā transportauit Dardanus. o Penates C. vt addā aliq̃d ad ea: que in superioribus dixi de penatib⁹. Refert Dyonisius penates: qui ī grecā linguam transferunt: alios patrios: alios genethilos: alios ethesios: alios michios: quasi arcanos: alios ertios: fortasse q̃ in occulto conclusi essent appellasse. De figura autē & forma eorum refert Thymeus hystoricus lituos ferreos & eneos: & troianū vas quoddā fictile esse: ea que in occultis: et recōditis lauinii iacent sacra. Dyoni. autem scribit se Romę vidisse templū apprime tenebrosum: neq̃ tamē magnū in quo sita sunt deorū troianorū simulacra: que inscriptionē habent d. penates. Sunt autē duo adolescentes qui sedeant pila tenentes militari habitu. Refert idem Dyonisius cōstructa cum alba trāslatos fuisse Lauinio albam deos ipsos: q̃s Aeneas ex Troia ad uectos illic collocarat. Verum sequenti nocte: q̃uis clauso templo ad suas lauinias sedes redisse: atq̃ secūdo albā reportatos: secūdo q̃q̃ lauinium redisse. Quapropter eos illic reliqui placuit: missis alba sexcentis cū duce Egesto q̃ lauini habitantes sacra curarent. p Fatorum comites. S. possibile quia occurrebat Hostis habet muros: et ideo dat comites deos. D. Fatorum comites. Adiuuabant tua fata: cum tui comites fi

Acccepit patrios: vltro flens ipse videbar
compellare virū: et moestas exprimere voces.
O lux dardanię: spes o fidissima teucrum:
Que tante tenuere more: q̃bus hector ab oris
Expectate venis: vt te post multa tuorum
Funera: post varios hominūq̃ vrbisq̃ labores
Defessi aspicimus: que causa indigna serenos
Foedauit vultus: aut cur hec vulnera cerno:
Ille nihil: nec me querentem vana moratur:
Sed grauiter gemitus imo de pectore ducēs:
Heu fuge nate dea: teq̃ his ait eripe flāmis.
Hostis habet muros: ruit alto a culmie troia.
Sat patrię priamoq̃ datū: si pgama dextra
Defendi possent: etiam hac defensa fuissent.
Sacra suosq̃ tibi cōmendat troia penates.
Hos cape fatorū comites: his moenia quere.
Magna per errato statues que deniq̃ ponto.

r Spes o fidissima. S. Spes semper infida. Sed in hectore fidissima. s Que tante tenuere more. C. Ostendit naturam somnior. Nā somnians non meminerat Aeneas Hectorē occubuisse: nec ab Achille cōfessum. Nā q̃ supra ait. Vulneraq̃ illa gerens & cetera huiusmodi ex vigilātis memoria ad presens narrat. t Expectate. S. p expectatus antiptosis ē. v vt. C. admirātis ē: vt ī bucco expliim⁹. x Indignā. C. Nam digne non poterāt foedari optimi viri vult⁹. Estq̃ vniuersa hec interrogatio pnūciāda cū summo dolore: ac stupore. y Foedauit. S. cruētauit: vt sanguine foedantem: & mansit in translatione: nā supra dixerat. O lux. ideo & serenos: & Salu. de nubibus foedantem lumen: z Ille nihil. S. scilicet ad interrogata. a Vana. S. falsa. b Gemitus. S. nec em̄ paruus dolor ē viro forti fortē virū fugā suadere. Sūt aūt omnes hic partes suasorię. c Fuge. S. ppositō ē. D. Heu fuge. Viro forti fugā suadet q̃ nō suaderet si super esset aliquid cui posset sub veniri. Mox subnectit cāz q̃ oēz vi despatōz ptinet. Heu fuge. Incipit recte a dolorz signo dolebat em̄: q̃ q̃

Sic ait:& manibus vittas: vestã[s]q; potentem:
Aeternũq; adytis effert penetralibus ignem.[t][v]
Diuerso interea miscentur mœnia luctu:[x][y]
Et magis atq; magis (quamquã secreta parẽtis[z]
Anchisę domus arboribusq; obtecta recessit)[a][b][c]
Clarescunt sonitus: armorũq; ingruit horror.[d][e][f]
Excutior somno:& summi fastigia tecti[g][h]
Ascensu supero: atq; arrectis auribus asto.[i]
In segetem veluti cum flãma furentibus austris[k]

erint. Quid em̃ potuit Aeneas: si dii ipsi nõ potuerant:
q Magna. D. Quia magni sunt dii:& proponit spem fu
turi temporis: vt sit toleratio pręsentis calamitatis:
r Pererrato: S. hoc verbo ostendit erroris lõginquitatem.
D. per errato ponto. vt ostẽderet se vera insinuare predixit
prospera:& his laboriosa addidit s Vestam. S. deam
ignis quę terra est. C. vestam. Per currã semel rem totam:
ne iterum de ea narrandum sit. Eã igitur Saturni:& Opis
filiam fabulantur. Oui. Semie saturni tertia vesta fuit. hoc
nom̃ troianũ fuit: et vestã
vnã e penatibus putãt: vt
saltem illorum comitem:
Hinc consules (Macrobio
teste) & dictatores cũ ma
gistratu inibant: vestę:&
penatibus sacrificabant:
ppterea q; hic poeta cũ de
penatibus meminisset ad
didit vestã. Cice. in libro
de natura deo℞ ag t vestã
dici ab hestia greco ṽbo:
vim q; eius ad aras focos
q; pertinere:& q̃m custos
sit rerum intimarũ: omnẽ
illius precationẽ: et sacrifi
cationẽ extremã esse. Oui
di⁹ illã mõ ignem ponit q;
vt nil aliud vestam q̃ me
ram itellige flammã. Mo
do terrã: vt sic Incesta pe
rit: quia quã volauit in il
la condi ut est tellus vesta
q; nome. Idem Diod. Si
culus scribit vestã domo℞ constructricẽ fuisse: ppterea q;
institutum: vt in omnibus domibus colat. Plato aute in
phedro per enigma ita loquitur Magnus rex citans alatũ
currũ incedit: exornans cũcta ac disponẽs: ac postremo de
mõstrat: q ceteri dii currũ sequuntur: sola aũt vesta domi
manet: per quod intellige vestam terrã esse: quę immobilis
est:& ignem inclusum terrę: Quapropter vestę simulacrũ
nullum erat: sed in media templi testudine pendebat terra.
Putant multi dici vestã a greco verbo hestia: mutata aspi
ratione in digãma eolicũ: vel a vestiendo q terra herbis: ac
arborib⁹ vestiatur. ferunt aũt illã adamatã a Priapo fuisse:
qui vim seminalem significat: quia nihil pductura sit ter
ra sine vi seminali: Volũt preterea vestã nutricem Iouis fu
isse: am q; illũ suo gremio sustentasse. Exprimebant autẽ
illã huiusmodi picturã: templũ pingebant larũ ac spatiosũ
cũ ara in medio:& ea vtrinq; ignem habebat: qui perpetu
us seruabat. cũ eũ extingui nullo pacto fas esset. Cui mini
sterio vestales virgines prę erant: sic q; ibi depictę ignẽ foue
re videbantur. Supra vero pinnaculũ templi depicta erat
ipsa vesta in formã virginis: infantem ipsum Iouẽ in suo
sinu fouẽs. Sacra vestę ex troia in italiã vexit Aeneas. Tẽ
plum illi Albę erexit Ascani⁹: Romę vero: an romulus: an
Numa erexerit dubitat: Positũ aũt erat inter capitoliũ:&
palatium: vt est apud Dyonisiũ. Illud etiam scribit apud
eundẽ Dyonisiũ: preter hec cõmunia sacra singulas etiam
curias: quę. xxxvi. erãt vestam priuatã habuisse: esse q; ple
rosq;: qui quęrentibus custoditus ignis quid sit:& quare
virginibus seruandus mãdetur? Respondeant q ignis res
est imaculata:& virgines incorruptę: ppterea q; castissimo
diuinorũ purissimũ mortaliũ amicũ esse. Vestę autẽ pro
poni ignem: quia tellus cũ sit: mediũ q; mundi teneat locũ
inflãmationes excelsi facit ex se ipsa. verũ etiam preter ignẽ
Arcana quedã esse in templo deę sacra multi crediderunt.
quorũ neq; virgines: neq; ipsi pontifices cognitionem ha
beant. Quod nisi esset: nũq; tãto se periculo exposuisset fla
grãte templo. L. Cecilius Metellus. Refert preterea Aulus
Gellius primę: q huiuscemodi sit adhibita ministerio ama
tę nomẽ fuisse: ac propterea reliquas deinceps omnes ama

tas appellatas fuisse: dici q; non electas: neq; creatas vesta
les: sed captas eo q capiebatur a pontifice de manu patris
vestalis virgo:& tanq; bello capta de p̃ris potestate egre
diebat: non licebat autẽ capi: aut sex annis minorẽ: aut de
cem maiorẽ: Neq; capi poterat: quę lingua debilis esset:
sensuue auriũ diminuta: aut aliqua corporis labe isignita.
Neq; rursus cui⁹ parentes alter: ambo ue seruituti seruissẽt:
aut fuissent in negociis sordidis versati: addũt nonnulli nõ
esse fas eam capi: quę in italia non haberet domiciliũ. Vir
go vestalis simul capta:
& in atriũ vestę deducta:
& pontificibus tradita pa
tria potestate exibat: et te
stamenti cõdendi ius ha
bebat: erãt pontificis ver
ba in capiendo. vt sacerdo
tẽ vestalẽ: quę sacra faciat
& qua iussi:& sacerdotẽ
vestalẽ facere p populo: q
ritibus ue: quę optima lege
fiunt: ita te amata capio
Fuerãt aũt a principio ve
stales q̃tuor a Numa cõ
stitutę: postea vero ppter
sacrorum ministeriorum
multitudinẽ sex factę. vbi
sunt: ingredi iterdiu nulli
ex maribus interdicebat.
noctu autem nemini im
morari fas erat. Triginta
vero ãnos necesse erat eas
manere innuptas:& ca
stas: q tẽpore primis decẽ
annis sacra addicebãt: aliis decẽ pficiebãt. vltimis vero de
cẽ alias docebant. Expleto trigesimo anno licebat illis im
pune nubere: depositis vittis: ac reliq̃s sacerdotii insignib⁹
Pleraq; tñ ad mortẽ manebant deterritę maxime earũ: q
nupsissent in foelicibus exitib⁹ in quos plerũq; incidebãt.
Multi autem:& pulchri vestalibus a ciuitate honores red
debantur. Contra vero minoribus criminibus dãnatę ver
berabãtur. Corruptas aũt huiuscemodi morte mulc abãt.
Viue em̃ freto: vt mortui soluẽt efferebant cum luctu eas
amicis:& cognatis prosequentibus. ferebãtur q; vsq; ad
portã collinã. erat em̃ vt etiã plutarch⁹ ostẽdit ibi intra mu
ros tumul⁹:& dom⁹ sub terranea a Numa instituta: in q̃
lectus erat stratus:& lucerna ardens erat: panis: aq̃:& lac.
ne virgo sacrata fame ad mortem compelli videret. Ponti
fex igit arcana: q̃dã p̃car⁹ i scal' in domũ descẽdẽtib⁹ illã
ponebat: stati q; sese auertebat: ac presto aderant q humũ
inicerent. Hinc Iuue. Cũ quo nup intacta iacebat Sangui
ne adhuc viuo terrã subitura sacerdos. t Aeternũ. C. In
tẽplo em̃ vestę ignis ppetu⁹ seruabat. Sed q̃ttannis kalẽdis
marciis renouabat. v Penetralib⁹. C. adiectiuũ est in
hoc loco: q̃si penit⁹ remotis: Al's substãtiuũ:& significat
secretiores domi partes a penit⁹ & intrãdo dictũ. Penitus
aũt etsi aduerbiũ sit: vt penitus q; repostas: tñ & nomẽ iue
nitur. Plau. Ex crea vsq; penitus faucib⁹. x Diuerso. S.
Proæconomia q̃ demõstret Aeneã p ditorẽ nõ fuisse: sed lõ
ginquitate domus:& tardi⁹ bella cõmouisse:& facili⁹ eui
tasse discrimẽ: y Miscẽt. C. cõturbant cõfundunt.& cõ
mixtiõe clamãtiũ:& vlulantiũ. z Magis atq; magis.
S. Augmẽtũ q̃si maxime: sic minus atq; min⁹. i. minime:
Et vt pro vtcũq;. a Anchisę. S. Nã vbicũq; dũ viuit
Anchises sibi vniuersa cõcedit Religiose ergo. b Arbori
bus. q. o: S. laus dom⁹. C. Arboribus. Viridariis arborib⁹
refertis. c Recessit. S. a freq̃ntia se remouit. Est aũt pulchra
trãslatio q̃tiẽs rei mobilis ad imobile: vel cõtra transferẽt of
ficiũ. C. Recessit. in recessu vrbis posita. d Clarescũt. C.
Nam iã vrbi potiti apte cũcta inuadebãt. e Ingruit. S.
inuadit: vt ingruit Aeneas italis. C. Ingruit iminet. f Hor
ror. C. Hostilia em̃ arma horrorẽ incutiũt: et quia obstrepe

Incidit: aut rapidus montano flumine torrens
Sternit agros: sternit sata lęta: boumq́ labores:
Precipitesq́ trahit syluas: stupet inscius alto
Accipiens sonitum saxi de vertice pastor.
Tum vero manifesta fides: danaumq́ patescunt
Insidię: iam deiphobi dedit ampla ruinam
Vulcano superante domus: iam proximus ardet
Vcalegon: sygea igni freta lata relucent.

bant: & quia flāmis mi cabant. g Excutior sōno. S. vt appeat terroris esse & nō societatis. DO. Excutior. nō dixit expergiscor: quod esset aut ex sacietate somni: aut ex animi trāqllitate: quies ergo dormientis abrupta est. h Et summi fa. te. as. super. D. vt posset: vel vidēdo p flāmas: vel audiēdo cuncta percipere. i Arrectis aurib⁹. S. trāslatio a brutis. Sic Terē. Arrige aures Pamphile. k In segetē velu. C. pulcherrimę cōparatiōes quib⁹ & diripientiū cuncta grecorū impetus: & vrbis ruina añ oculos ponit. & ipsius Aeneas animi corporisq́ stupor exprimit. l Flumie. S. fluxu. vt Humectat flumine vultū. m Torrēs. S. Fluui⁹. q estate siccat a torrēdo dict⁹ cōtra greci a tempore q crescit χοιμαρρου appellant sicut eq noctium. ισημερία. n Inscius. SER. nō ignarus. nā videt: Sed q nō valde sit cāpitus id ē simplex. o Saxi. S. mōtis. Cōtra i sexto Prensātemq́ vncis manib⁹ capita aspera mōtis. i. saxi. p Manifesta fides. S. nō sōnii sed fraudis grecorū. Vñ danaūq́ pa. in. q Deiphobi. S. q post mortē Paridis Helenā duxit vxorē. D. Iam deiphobi. Narratis quę audiebat ponit q videbat. r Vulcano. C. Igni etiā est itellectio. s Vcalegō S. Re dom⁹ ad hōinē trāstulit. et ē τοιχωτιον mātuaue mi serę nimiū vicina cremōę t Sygea. SER. duo sūt Troię pmōtoria: Rheteū & Sygeū: quod dictū est: quia Hercules hospitio prohibitus simulauit discessum: & hinc contra Troiam venit cum silentio. quod σιγη dicitur. v Lata. SER. Iō dixit. Quia illic ponti Cioris angustię: se dilatant. x Relucent. SERVIVS. Magnitudinē incēdii denotat.

Exoritur clamorq́ virū: clangorq́ tubarū.
Arma amens capio: nec sat rationis in armis:

y Exorit cla. q. v. D. Eo ptinet: quia dixit. Tū vero manifesta fidēs d. q. p: Insi. Quātus aūt affectus fuit Aeneę: q nec sōno Hectoris admonit⁹: neq manifesta captiuitate vrbis deterrit⁹ arma cœpit. z Clangor. S. grecū est: illi eñ. κλαγγη dicunt. Tangit āt morē expugnātiū: q vrbes plerūq́ a sono tubarū diruūt Sic albā Hostili⁹. Tul. iussit euerti. C. Clāgor est sonitus refract⁹ & crepitās qualē in tubis asseribusq́ dephēdim⁹: & ē onomatopeia. Tubę ait (teste lactā.) repertor fuit Malet⁹ etruscorū rex; hic pyrathicam exercuit

& pinotorium Leonice puincie insedit: & Malea de suo nomine appellauit. a Amens. S: quia nec somno: nec rebus aspectis credidi. D: Omib⁹ aduersis mente turbata nō insurgens sed in arma cōuertit: & quęrit manū sotiorum: quib⁹ arce amissis iā moenib⁹ defendat. b Furor ira q. mē. p. S. et spāliter accipi. quia furore: atq ira pceps ferebat. Vel generaliter: Nā furor: & ira mētes humanas pcipitāt. vñ nō mirū: si arma coepit. D: Furor iraq. Optime posuit. Quicquid em pcipitanter vrgetur: nō q anim⁹ voluerit: sed in eā partē cadit in q ruinę pondus abduxit.

gruit. D: Quā pre. ar. Arx est secūda defēsio: vt e uictis muris ipa succedat. Recte ergo qsitū quā pnd im⁹ arcē. itelligebat em ex fuga Penthei arcē captā: neq aliā pterea esse. q Vix ea fa. D. pdicāda artificiosa subtilitas poetę i rndēdo. Hisdē em verbis: et eadē breuitate: & istruxit insciū: & q sūma esset rerū pdocuit. Ille em. Quo re s. p. Hic venit sūma dies ineluctabile qd luctādo supari nō potest. r Dardanię. SER. aut a Dardano Iouis: et electrę filio Aut secūdū Salu. a Mida dardanorum rege q phrygiā tenuit. D. Dardanię fu. perīit qcqd apud nos erat.

c Pulchrūq. D. nō erat spes victorię, sed armat⁹ quā iermis pulchrā morte ignominiose vitę pponebat. d Ecce aut̄ &c. D. Aduentu penthei spē cōceptā arcis defendendę amittit: at ille nō metu hostili deterritus erat: vt non ferret secū quicquid deorum in arce colebat. Portabat em sacra: & deos victos: vt oñderet humanū auxiliū aduersus eā vim nō fuisse necessariū. Cui ipsi q dii resistere pse nō potuerant. e Elapsus. C. Tū noctis: tū deorum: q̄s ab incendio liberabat auxilio. f arcis ph. q. s. S: Aut q subrogat' esset: aut ex more romano. In capitolio em oim deorum simulacra colebant. g Sacra victos q deos. S. Hoc est, ppter qd supra ait. Sacra suosq t. c. t. p. h victosq: S. qui egebant sacerdotis auxilio: & simul excusat discessus Aeneę. i Ipse trahit. S. Septia sylepsis. Nā quis: ad nepotē solū spectet: tñ ad oia supiora refertur. C. Ipse trahit. Nō nunq eidē verbo q nō cōueniūt cōiungūt: vt in georgi. oñdim⁹. Trahebat em puer qui paternos passus: aeqre nō poterat. Deos aūt portabat pott⁹ q trahebat. Vel dixit de omnibus trahebat: vt oñdat longe plura abstulisse q ferre posset. k Cursu. S. cursu & cursum legit. l Amens. D. a tutis excussus ad ituta fugiēs ostēdebat plenā amentiā.

Sed glomerare manū bello: & cōcurrere in arcē
Cum sotiis ardēt animi: furor: iraq mentē.
precipitant: pulchrūq mori succurrit inarmis.
Ecce autē telis panthus elapsus achiuum:
panthus othriades arcis phoebiq sacerdos:
Sacra manu: victosq deos: paruūq nepotē
Ipse trahit: cursuq amens ad limina tendit.
Quo res sūma loco panthu. quā predim⁹ arcē:
Vix ea fatus eram. gemitu cū talia reddit.
Venit sūma dies: & ineluctabile tempus
Dardanię: fuimus troes: fuit Iliū et ingēs
Gloria teucrorū: ferus omnia iupiter argos
Transtulit: incensa danai dominantur in vrbe.
Arduus armatos mediis in moenibus astans
Fundit equus: victorq Sinō incendia miscet
Insultans: portis alii bipatentibus adsunt:
Milia quot magnis nāq venere mycenis.
Obsedere alii telis angusta viarum
Oppositis: stat ferri acies mucrone corusco.
Stricta parata neci: vix primi prelia tentant

s Fuit Iliū. C. modus loquendi, q. d. ad interitū venit, nec ampli⁹ est Sic Cice. Cū suppliciū iā de coniuratis sumptū esset: cōuersus ad ppl'm dixit: vixerunt. t Ingens gloria teu. D. Periit qcqd apud nos floruit. v Fer⁹. S. sūmę necessitatis est cum etiā sacerdos conuitia i. deos iacit. Fer⁹ ergo q equ⁹ oibus esse solet: vt rex Iupiter oib⁹ idē. D. Fer⁹. nā in aduersis etiā deos male tractamus ferus: quia oib⁹ ad grecos traductis nihil nobis reliqt fecit. C. Fer⁹ Iupiter: q. d. nō potuisset dirui tanta vrbs: nisi Iouis potētia. Nec religiosa ciuitas fuisset pdita: nisi feritate deorum. x Argos. D. nō ad agros. i. grecos: sed in eā vrbē. z Dominat. D. nō pugnāt: sed ardente vrbe securi de victoria dñantur. a Astans. S. pstās pthesis est. C. Astās. ita stās: vt multo supior sit. b Fudit. D. Nā quis iā fudisset: tñ ex pturbatiōe animi adhuc equū fundere armatos putabat. c Incendia mi. C. s. pliis armatorū.

d Insultās. D. refert grās: Nā interuētu ei⁹ troiani certabant illudere capto. e Bipatētibus. S. duę eēt sunt. D. Portis bipatētib⁹ oñdit vnā ptē: q ingrediētibus: atq regredietib⁹ in muris pparata fuerat: alterā q dirutis muris fuerat patefctā: vt eq moles inmensa posset induci.

CRISTO. amens. ppter subitū maximūq timorē: et manifestū interitū. m ad limina. S. Aeneę & religio & virtus laudat. C. ad limina. s. Aeneę: & magna laus est ipsi⁹: vt ad eū pott⁹ q ad alios cōfugeret: veluti in fortiori viro spē aliquā reponeret. n Quo res sū: S. admirātis est nō iterrogātis. n Res sū. S. res publica: † D. Quo res sū. Interrogatio breuis p rōne tpis sūpta: Quęsita etiā p psona fugientis: & pei⁹ q licet aduersa maxime tñ scire cupiebat. Sūma rerum bonorum: et malorum Cōmuna diffinitio: q celerius exprimi possit aduersa vl' pspa. C. Quo res. Auxiliū solitūq animū oñdit: q non expectaret donec ille loqueret. o Panthu. S. vocatiu⁹ est. p Quā pren. ar: S: Cū tu hāc relinqs: nō em pses erāt arces: vñ admirantis. Et notāda simul orōnis breuitas q in piculis cō

Per has portas dixerat poeta immissos hoste: vt oēs accipiūt soc. a. a. c. iii. Verum pthe⁹ eadē rōne adhuc imitti dicit. C. Bipatētib⁹: qsi in totū patētib⁹: nā duę sūt ptes: qb⁹ portę claudūt. f Milia. S. Subaudi tot. Est em ανακολουθον dixit em qt cū nō pmiserit tot. C. Milia. Pses putabāt eē q oēs q a pricipio e gretia venerāt. Nā timor: & nocturnū tps oia picula maiora pponit. g Obsedere. D. causa ponit cur Aeneas & Pāth⁹ fugere nō possent. h Angusta viarū. S. vicos h Acies. C. In quacūq re esse potest. C eco. SERVIVS, vel nocturno: vel epithetō est martis cui⁹ exit⁹ incertus est. i Stricta. S. nuda C. Stricta nudata: nō q stringere nudare significet, sed quia non nudantur gladii: neq euagina eripiuntur: nisi manubria manibus stringamus.

k Numine diuū. S. Numine. s. tali. q. d. iniicięte mala desideria. D. Numine diuū. Nā sic sum accesus verbis Pāthi. quasi deorū numine sim afflatus. l Erynnis. S. impatientia animi hic: alibi significat furia. m Clamor. D. Ergo ibi maior erat sedes: vnde mors facilior. n addūt se sotios. D. Ne narratio multorꝫ nominū ex similitudine fiat odiosa mirifice distinguit interpositiōe verborū. Sed ordina. Addunt se so: et lat: agglo. nr̄o oblati per lunā rhiph. Iphi. Hypa. dy. & choreb⁹ ꝑ lunā. Nā principium huius noctis. luna caruit. Sequentia habuerūt. o Oblati per lu. D. Nā luna iam exorta erat: sed quomō: paulo infra dicet. o Agglomerant. ꝗ E. agglomerātur. r Iuuenes. DONA. Ordo est iuuenes fortissia pectora q. s. r. f. v. Ex. omēs ady. ar. q. r dii. q. i. hoc ste fru. suc. v. in. Si uobis audēdi e. c. mori. et i m. ar. r. p Mygdōides. S. Patronimicū est. Nā si gentis esset Mygdoni⁹ diceret: hūc Euphorion stultū īducit Vnde Virgi. Sibi dat dolus an virtus: quis in hoste requirer: cū sit turpissima dolo: q̄sita victoria. q Gener. S. Non qui esset: sꝫ q eē cupiebat. Sic et alibi. Quos ego sū totiēs iā dedignata maritos. r Furētis. S. Vaticinātis. s Incipio sup his. S. i. his incipio s super. S. Insup quia iā audebāt. Est autē ordo. O iuuenes fortissima pectora frustra succurritis vrbi incēsę: quia excesserunt dii. vnde si vobis certa cupido est me sequi audentē extrema, moriamur: & in media arma ruam⁹. Obscuritatē āt facit Synthesis. i. hyp bati: cōfusio et falsa lectō. Nā multi audēdi multi audēti legūt sꝫ audentē legendū est: v Audentē. C. Audētē. legit. Sꝫu⁹. D. ꝓo audēdi. x Excessere omnes. S. Quia ante expugnationē euocabitur ab hostib⁹ ꝓpter euitādi sacrilegia. C. Excessere omnes. Cōsueuere prisci antea q̄ vrbē expugnarent omnes illos deos i q̄ꝝ tutela ea vrbs esset euocare: aliter enim vrbē capi posse desperabāt Carmem autem: quo dii euocantur est in libro Sāmonici Sereni in v rerum reconditarum: q̄d ipse ait. in cuiusdam furii vetustissimo libro reperisse huiusmodi. Si deus si dea est cui populus ciuitasq́ꝫ Carthaginensis est in tutela. Teq́ꝫ maxime ille qui vrbis huius populiq́ꝫ tutelam recepisti precor: veneror: veniāq́ꝫ a vobis peto. vt vos populū ciuitatemq́ꝫ Carthaginēsē deseratis Loca: templa: sacra: vrbemq́ꝫ eorꝫ relinquatis: atq́ꝫ ab his abeatis eiq́ꝫ populo ciuitatiq́ꝫ metū: formidinem: obliuionēq́ꝫ iniciatis: proditiq́ꝫ Romam ad meq́ꝫ meosq́ꝫ veniatis. Nr̄aq́ꝫ vobis loca tēpla sacra vrbs acceptior probatiorq́ꝫ sit. Mihiq́ꝫ populo Romano militibusq́ꝫ meis preprositi sitis: vt sciamus: itelligamusq́ꝫ. Si ita feceritis vouero vobis templum ludosq́ꝫ facturū.

portarū vigiles: et cęco marte resistunt.
Talibus othriadę dictis: et numine diuum
In flāmas: & inarma feror: quo tristis erynnis:
Quo fremit⁹ vocat: et sublat⁹ ad ęthera clamor.
Addūt se sotios rhypheus: & maximus armis.
Iphitus oblati per lunā: hypanisq́ꝫ: dymasq́ꝫ:
Et lateri agglomerāt nostro: iuuenisq́ꝫ choreb⁹
Mygdonides: illis qui ad troiā forte diebus
Venerat: insano cassandrę incensus amore:
Et gener auxiliū priamo: phrigibusq́ꝫ ferebat.
Infoelix: qui nō sponsę pręcepta furentis
Audierat.
Quos vbi consertos audere inprœlia vidi:
Incipio super his: iuuenes fortissima frustra
pectora (si vobis audentē extrema cupido est
Certa sequi: quę sit rebus fortuna videtis:
Excessere omnes adytis, arisq́ꝫ relictis
Dij quib⁹ imperiū hoc steterat) succurritis vrbi
Incensę: moriamur: & in media arma ruamus.
Vna salus victis nullam sperare salutem.
Sic animus iuuenū furor addit⁹: inde (lupi ceu
Raptores: atra in nebula quos improbra vētris
Exegit cęcos rabies) catuliq́ꝫ relicti
Faucibus expectant siccis: per tela per hostes
Vadim⁹: haud dubiā i mortē: mediꝗ́ꝫ tenem⁹
Vrbis iter: nox atra caua circuuolat vmbra.

y Vna salus v. n. s. S. Pleruꝗ́ꝫ ei desperatiōe augetur. Sta. Est vbi dat vires nimius timor. Et captiuitatis remedium est mors: ergo a ut desperatione vincant. aut vitetur mortem captiuitas. Salus Nūc reme diū. D. Vna salus ⁊c. Ergo iuuenes fortes estis, & ꝓmpti: sed auxiliū vestrū incensę vrbi quid prodesit: sed vna est sal⁹ victis si salutē quā tueri nō possent desperando cōtēnant. ꝫ Sic animus. C. loc⁹ ex Homero.
a Lupi. SER. ad ferocitatē pertinet. Nebula ad noctem. Catuli ad liberos referantur D Inde lupi c. Mira cōpatio. Lupus enim improbus: & seuus est: et in prędam intentus. Presertim cū catulos habet: cui quidem aptissime tenebrę sint ad complendas insidias. Sic & nos auxiliovnico noctis i hostes ferebātur. CRISTO. Lupi ceu ra. Similitudo est q̄modo ꝓcedit: vt hic mō subsegt: vt in georgicl. vt cum carceribus sese efundere quadrigę. Addunt se in spetie fr. r. tendens f. e. a. n. audit currus habenas Quintilianus ait. De lupis dixim⁹ in bud. Hoc addam ex Plinio lupi rostrum inueteratum veneficiis resistere aiunt: ob idq́ꝫ portis prefigunt. Vestigia ei⁹ calcata equum torpescere faciunt lardum is q argentum vi num biberint remedio est In excrementis eius inueniuntur ossa. Hęc omnia alligata dētium sedant dolores. Lupi nocturni raptores sunt feroces esuriētes ruunt in omnia: deniꝗ́ꝫ terram edūt. Neꝗ́ꝫ Cretaj insula: neꝗ́ꝫ olympus mons lupos habet.

b Exegit SERV. exdusit de latebris. Teren: Spectandę an exigēdę nobis sint.
c Caua vmbra. S. Nam

ome cōcauū obscurū est: D. Nox atra caua circū uolat vmbra. Intellige debere conuenire in luporū cōparatione: etiam noctis similitudinē: sed hic accipiamus perseuerare lunā: sed fumo ex incēdio prouenientē obscuretū ei⁹ lumē eē:
d ¶ Quis. S. etiam grecorū: vt: quis talia fādo. C. Quis: interrogatio & repetitio grauitatē affert: & efficaciā.
e Lachrymis equare labores. S. i. lachrymas laborib⁹ p hyppalagen. f Antiqua. S. Vel nobilis: vl' quia duob⁹ milibus: & octingentis annis regnasse dr̄. DONA. Vrbs antiq. Dolet q periit patria.. Antiquam. nobilem & ma-

b ¶ Quis cladem illius noctis: qs funera fando
e Explicet: aut possit lachrymis equare labores:
f Vrbs antiqua ruit multos domīata per annos. g

ximi meriti veteres posuerūt. Cōpat ergo tps q foelicitas tot annorū vni⁹ noctis spatio assumpta est. Ergo cū pdita gemeret vehemēter mouebat tā longū spaciū absumptū. Adiecit miserāda alia significabāt indignitatem rerū: alia crudelitatem hostium. Alia sacrilegia in deos indignitatemq cesi opplerent vias q propria domos: q per templa: quod pertinet ad sacrilegium. Ergo eo pcesserūt Troianorū mala: vt qui hostiarum sanguine deos placare cōsuerāt: ii suo cruore eorum templa foedarēt: CRISTO. Vrbs antiqua. Nobilis, nam nobilia diutius conseruātur.

g Multos do. p̃ a. C. Nã nõ solum diuturnitate temporis sed etiã maiestate imperii nobilis erat.
g Inertia. SERVI. aut non repugnantia: aut inertia pecora. Vel inertia dum occiduntur: vt imbellem auertis Romanis arcibus indũ: idest auertendo reddis imbellem.

m Victores. SERVIVS: generaliter dictum.
n Plurima. SER. ima vel diffinitio mortis est. vel varietas mortis ostenditur.
o Androgeos. SERVI. Et greca: & attica declinatio. Vnde est. In foribꝰ letũ androgeo Facit enim. O ανδρογεω του ανδρογεω.

h Perq; domos. CRIS. Pathos a loco. Nã ĩdignũ est aliquem occidi in viis publicis: ĩdigniꝰ domi sue indignissiũ in templis deorum. Sic alibi: Mœnibꝰ in patriis: atq; intra tuta domorũ. Et alibi inter sacra deũ nocturnaq; orgya bacchi. i Religiosa. SER gradatim ascẽdit. religio autẽ metri causa geminat l. k Nec soli poe. DONA. Excusantur Troiani: hoc tamen ad victoriam non poterat esse: sed erat ad solatium.
l Redit in precordia virtus. SERVIVS. non obstat: quod Horatius contra dicat: Nec vera virtus cum semel excidit: curat reponi deterioribus. Nã sententie mutãtur pro negotiorum: & temporum q̃litate. C. Precordia. Alibi conicit inq; suũ p̃cordia ad intima subdit. Sũt enim cordi vicina: quibꝰ sensus percipitur. Plinius autem ait Extra hominũ ab iferiori viscerũ pte separantur menbrana: quã precordia appellat: quia cordi pretenditur que greci. φρενασ dicunt. Posita autem est propter vicinitatẽ alii ne cibis supprieret animus. Hinc certe refert accepta subtilitas mentis. Ideo nulla est ei caro: sed neruosa exilitas. in eadem precipua hilaritatis sedes quod titilatu alarũ intelligitur. Ob hoc in gladiatorum spectaculis mortem cum risu traiecta precordia attulerunt. Homerus autem: quia inest mentis subtilitas dixit. αλλο δε τοι ερεω συ δ ενι φρεσι βαλλεο σησιν. Plato preterea vult eam animi partem q̃ irascibilis est in precordiis sedẽ habere: que sibili insidũtur maxima exoritur ira. Hinc Home. cum agamennonẽ Achilli iratum ostẽderet ait. αχνυμενος μενεος δε μεγα φρενες αμφιμελαιναι. Ergo s̃m Perypatheticos locutꝰ est poeta: qui dicũt irã tanq̃ cotem esse ad acuendam fortitudinem.

Plurima perq; vias sternuntur inertia passim
Corpora: perq; domos: et religiosa deorũ
Limĩa: nec soli poenas dant sanguine teucri.
Quondã etiã victis redit in precordia virtus:
Victoresq; cadunt danai: crudelis vbiq;
Luctus: vbiq; pauor: et plurima mortis imago.
Primus se danaũ magna comitante caterua.
Androgeos offert nobis: sotia agmina credẽs
Inscius: atq; vltro verbis cõpellat amicis.
Festinate viri: nam que tam sera moratur
Segnities: alij rapiunt incensa: feruntq;
Pergama: vos celsis nũc primũ a nauibus itis.
Dixit: et exemplo: (neq; enĩ respõsa dabant
Fida satis) sensit medios delapsus in hostes:
Obstupuit: retroq; pedẽ cũ voce repressit.
Improuisum aspris: veluti qui sentibus anguẽ
Pressit humi nitens: trepidusq; repẽte refugit:
Attolentem iras: et cerula colla tumentem:
Haud secus androgeos visu tremefactꝰ abibat.
Irruimus: densis et circunfundimur armis:
Ignarosq; loci passim: et formidine captos:
Sternimus: aspirat primo fortuna labori.

p Viri. SERVIVS. increpantis est.
q Sera. SESVIVS. que seros facit.
r Alii rapiunt incensa. DONA. obseruat militarem disciplinam: que est vt primum victoria gloriaq; obtineat. Deinde in predam eatur. Ait igit̃ Androgeos non bellum confecimus: nos qui predã egimus de hostibus victis.
s Pergama. SERVIVS. εμφατικος, vt: Ilium in Italiam portãs.
t Itis. SERVI. Venitis: Contra Theren. Nisi ego ad mercatum venio: idest eo.
v Fida. SERVIVS. vt ostendat simbolum: q̃ vtebantur in bello.
x Medios. SERVI. manifestos vt medioq; ex hoste recoepi.
y Asptis. SERVI. pro aspiris per synerisim.
ʒ Abibat. SERVIVS: recte imperfecto vsus: & non abiit.
a Irruimus. CRISTO: ponit multa. que verisimile faciãt a paucis multos esse victos. Nam non poterat nocturno tempore aduerti paucitas: error viarũ: & fortuna: ac armorũ immutatio.
b Ignaros. SERVI. his circunstantiis. facit credibile plures a paucis cesos.

c Aspirat. SER. fauet: vt aspirant aure in noctẽ: vñ aura fauor est: vt gaudens popularibus auris successus foelicitate.

Atq; hic successu exultans animisq; chorebus
O socii qua prima inquit fortuna salutis
Mōstrat iter: quaq; ostēdit se dextra sequāur.
Mutemus clypeos: danaūq; insignia nobis
Aptemus: dolus an virtus q̄s in hoste requirat?
Arma dabunt ipsi: sic fatus deinde comantem
Androgei galeam: clypeiq; insigne decorū
Induitur: lateriq; argiuum accōmodat ensem.
Hoc rhipheus: hoc ipse dymas, omnisq; iuuētus
Leta facit: spoliisq; se quisq; recentibus armat.
Vadimus immixti danais haud numīe nostro:
Multaq; per cecam congressi prelia noctem
Conserimus: multos danaū dimittimus orco.
Diffugiunt alii ad naues: et littora cursu
Fida petunt: pars ingentem formidine turpi
Scandūt rursus equū: et nota cōdūtur in aluo:
¶ Heu nihil inuitis fas quenquā fidere diuis.
Ecce trahebatur passis priameia virgo
Crinibus a tēplo cassandra: adytisq; mineruę:

d Exultans. C. quod stulti est. Nam sapiens: sicut aduersis non frangitur: sic minime rebus secūdis effertur: quoniam autē a principio stultū hūc īduxerat obseruat illud Horatianū. Si quis inexpertum scenę comittis: & audes personā formare nouā seruetur ad imū. Qualis ab incœpto processerit: & sibi constat. e Insignia. S. arma omnia.
f Arma. S. subdistingue: vt sit interrogantis.
g Comātem. S. aut cristatum: quia de caudis animaliū habebāt cristas: vt: Cristaq; hirsutus equina: aut comas habentem Sta. Non ego in terga comātes abātiadas.
h Insigne. SERVI. ornamentum: & decorū adiectiuū est: ne sint duo epitheta: quod apud latinos vitiosum est. fecit tamen Virgilius paucis versibus qui tamen emēdati sunt: Vt Lęta quib' torno facili superaddita vitis. Nā prius erat facilis.
i Induitur. SER. multa sunt in scuto lora: quibus manum inserebāt: vt Clypeoq; sinistram insertabā aptans.
k Hoc ipse. S. multi distinguūt: vt sit hoc ipe Aeneas.
l Recentibus. DO. quia nup erāt detracta mactatis.
m Immixti. S. inuocat.
n Numine. S. numine eī vł diis cōtrariis vł: q a in scutis grecorū Neptunnus: in troianorū Minerua erat depicta.
o Diffugiunt. D. alii ad naues: qui non penit' turbati erant: fugiebāt ad littora: qui aūt erant amentes timore scandebant rursus equum.
p Fida. S. s. sibi.
q Formidie. C. Est metus formido: & pauor. Metus dicit a motu animi: cū id quod casurū est refugit mens. Cum autē vehementior est in mouēdo: vt a se abeat foras. formido dicitur. Sin autē ex horrore venturę rei vehemēter tundatur pectus: Pauor dicitur a pauendo: pauere enim tondere est. Inde pauimentum quod pedibus paueatur: idest tundatur: & quia hac perturbatione frigescimus a frigendo dicitur timor. Tremor autem dictum a similitudine vocis: quę tunc maxime fit ait Varro. Nam cum vehementer contraria sit fortitudini: quā virtute nihil pulchrius est in homine iure turpis habetur: quin etiam ipsum corpus dedecorat formido. Cū illi & colorem: & omnem gratiam adimat.
r Turpi. SERVIVS. Epitheton est timoris. Salu. Carbo turpi formidine italiam: atq; exercitum deseruit.
s In aluo. SER. non dum eunt: sed cum venerint: iccirco in aluo: et non in aluum dixit: vt, est conditus innubem.
t ¶ Heu nihil inuitis fas quenquam fidere diuis. SER. Sequitur eī Cassandrę captiuitas sacerdotio fidētis: et iarmorum patefactio. DO. Heu nihil inuitis fas quenquam fidere diuis. Fauebat noster dolus: sed inefficax reddit q̄cq; quid humana industria aduersus dei volūtatem molitur: quod ostēditur in Cassandra. Sed singula notātur verba. CRISTOFERVS. Heu nihil inuitis fas quenquam fidere diuuis. Grauissima sententia: nullum enim humanum remedium quicquam valet versus dei voluntatem Stati'. Quid numina contra tendere has hominū.
v Ecce. D. dum bene ac ꝓspere nostra certamina ꝓcederent repente apparuit: q̄d multiplici indignate et scelere nostros actos turbaret. CRISTO. Ecce trahebatur. Loc' plenus est cōmiseratione: primo a modo: non enim ducebatur: sed trahebatur crinib': nō collectis: sed sparsis: et manibus ab ipsorum deorū veneratione arcebātur. Simile illud de Orpheo: Et latos iuuenem sparsere ꝑ agros: deinde a genere priameia. Postremo a loco adytisq; Minerue.
x Trahebatur. DONATVS. Per publicū: quę paterno merito at suo: ne cū honestis quidem officiis multorum decuit offerri.
y Passis. CRISTOFERVS: sparsis. non a patior: sed a pando.
z Priameia. SER. Patronimicū: sed species possessiui Priamis vero tantum patronimicū est: sicut Priamides.
a Crinibus. DONATVS. scilicet q fuit virginalis verecundię factum inimicum: trahebatur virgo virorum plurimorum manibus: trahebatur sacerdos manibus impiorum: trahebatur a templo: & ab ipsius deę penetralib' rapta: & manib' post terga cōstrictis: et q̄suis hęc ꝑferret tēdebat ad coelū oculos cū non posset manus quod faciebat frustra: quęrebat enim in cœlo vltores deos: quibus aduersantibus imperiū ceciderat: et eos quorū cum domos esset Iliū tēplis suis ꝓdesse voluerūt: aut nō potuerunt. Collige ergo i Cassandra crimia q regalis: q virgo: q passis: q̄s habuit ad ornatū: q per publicū: q vi acta: q a plrimis. In

deosvero q a templo: q sacerdos: q a cõspectibus deę. Horũ alterũ affinitatis causa: alterum religionis: quia antistes esset deorũ: mouere debebat Aeneã.

b Lumina. C. Cõgeminatio est: vt addidit se sotiam: timidisq; superuenit Aegla Aeglę naidũ pulcherrima. c Frustra. S. secũdũ epicurũ. d vincula. C. Nã hec duo verba citãt cõmiserationẽ: nã si tenerę magis lędebant. e Palmas. C. a greco illi em παλαμη dicunt. At palmis septũ magis in brutis dicimus: vt sunt

Ad coelum tendẽs ardentia lumina frustra.

Lumina: nam teneras arcebãt vincula palmas.

Non tulit hanc speciẽ furiata mẽte chorebus:

Et sese mediũ iniecit moriturus in agmen.

anseres. f Nõ tulit. D. etiã Chorebus: & reliqui illi morituro succurrũt: hic error armorũ: qui ãn iuuabat nocere cepit. Nã a suis putati grecis telis. i. lapidibus: & similib9 cedebãt. g Hãc speciẽ. C. hanc tã fęuã. Speciẽ: formã rei: & spectaculũ. h Furiata: S. Furiosus a q furor nunq recedit: furiatus qui furit ex causa. C. Furiata. m. Et erat furor ex amore puellę & ex crudelitate hostium.
i Moriturus. S. meli9 vt ad effectũ eius referatur sicut de Tarconte. Et medius fertur, moritur9 in hostis quisvicari.

C. Mortutus. Nulla spe salutis: sed cupidine vlciscendi ad quod impellebat furiata mens. k Consequimur. C. si mul sequimur. quasi diceret nihilo tardiores. l Culmine. S. tecto: quod ante culmis tegebatur. m Nostrorũ obruimur. C. Hoc em̃ solum videbatur ad miseriam restare: vt inde veniret cedes: vnde sperabatur auxiliũ. n Miserrima. SER. quia inter ciues.

Magna indignatio: sed nihil sacrilegũ ęneę dat. D. Visum: vbi ponit: hoc non iustũ iudiciũ: sed praue voluntatis studiũ: & libido significatur. l Confixi. D. s. auget cõ misceratio. Interfici em̃ durũ est: sed durius a suis interfici. Et exaggeratur: quod dixerat. Heu nihil inuitis. f q v d. m Nec te tua plurima panthu. D. Seruauit in fine deos tantum fuisse a Troianis alienos: vt etiã Panthus occumberet vir pius: grauis: religiosus: cũ ipsis insignibus sacerdotis.

Cõsequimur cũcti. & densis incurrim⁹ armis:
Hic primũ ex alto delubri culmine: telis
Nostro⁊ obriuimur: oritq; miserrima cędes
Armorũ facie: & graiarum errore iubarum.
Tum danai: gemitu atq; ereptę virginis ira
Vndiq; collecti inuadũt: acerrimus Aiax:
Et gemini attridę: dolopũq; exercitus omnis.
Aduersi rupto ceu quondam turbine venti
Confligunt: zephirusq;: notusq;: et letus eois
Eurus equis: strident syluę. sęuitq; tridenti
Spumeus atq; imo nereus ciet ęquora fundo:
Illi etiam si quos obscura nocte per vmbram.
Fudimus insidiis: tota q; agitauimus vrbe:
Apparent primi: clypeos mentitaq; tela
Agnoscunt: atq; ora sono discordia signant.
Ilicet obruimur numero, primusq; chorębus
penelei dextra diuę armipotentis ad aram
procubit: cadit & ripheus iustissimus vnus
Qui fuit in teucris: & seruantissimus ęqui.
Diis aliter visum: pereũt hypanisq; dymasq;
Confixi a sociis: nec te tua plurima panthu
Labentẽ pietas: nec appollinis infula texit.
Illiaci cineres: & flamma extrema meorum
Testor: in occasu vestro: nec tela nec vllas
Vitauisse vices danaum: et si fata fuiessent
Vt caderem: meruisse manu: diuellimur inde
Iphitus et pelias mecũ: quorũ Iphitus ęuo
Iam grauior: pelyas et vulnere tardus vlyssi.

o Tum Danai. DO. Cõpendium adhibet: vt non tãtum ereptã virginẽ diceret: verum etiam multos hostes ob eã rem occisos: & cõnexuit precipuorum nomina: & aliorum numerum generaliter posuit. p Gemini. SER. duo. Et excusatur quia fratres. Nã proprie gemini sunt eodẽ partu nati. q Exercitus omnis. S. excusatio victi. r Aduersi. S. econtrario flantes. s Eois. S. Corripuit eã: quę longa est: quia sequit vocalis: hoc raro fit: quia nec propriũ: vt Diana. nec compositũ: vt sudibus vepręustis. t Stridũt syluę. S. Excursus poetę: qui vltra tres versus procedere ñ debet: ne sit vitiosus. v Spumeus. S. spumosus. x Nereus. C. pro Neptunno quonĩã est tridens: y Illi etiã. DO. Alia calamitas: vt ab hostibus cognoscerentur: qui acrius etiam q̃ hostes mouebãtur: quia se deceptos viderãt. z Obscura nocte p vmbrã. S. i. per vmbram obscurę noctis. a Fudim⁹. S. fugauim⁹ alibi interemimus. b Mẽtita. S. quę nos grecos esse mentiebantur: & sensum rei inanimatę dedit. c Discordia. CRI. Vel diuersitate linguę: vel quia non reddebant symbolũ Troiani. d Signant. S. designant: aut per vocẽ: aut per symbolũ: q̃ vtebat exercit⁹. e Ilicet. D. vbicũq; ponitur ilicet extrema omia occidere: vel occidisse significatur. f Chorẹb⁹. D. Deniq; primus insidiarũ auctor prius interficit: & ante ipsius Mineruę aram occubuit: propter cuius sacerdotẽ defendendã erant⁹ collecti. g Iustissimus vnus. D. Perierunt innoxii: & sceleratis ius vincẽdi datũ est. h Vnus. S. precipuus. i Aequi. S. ęquitatis. k Diis aliter visum. S.

n Infula. C. fascia est in modũ diadematis: a qua vittę vtrinq; dependent: quę plerunq; tortilis est: et de albo: et de croceo facta: vt ait Luctantius. o Illiaci. D. quia videbat vel crimini: vel esse posse dedecori: q tot tãtisq; cadentibus euaserit: iurandi religionem vltro ante obiectu quod metuebat opposuit: habet em̃ maiorẽ fidẽ: q̃ ãnq; exigat offert. habet: & bonę constantię firmũ testimoñiũ: nõ extorta: sed oblata purgatio. p Testor. S. testificor: & deest vos. q Vices. S. pugnas: quia per vicissitudines pugnabatur: vt docet Salu. Item poenas. Hora. Vicesq; superbę te maneant ipsum. r Et si fata fuissent vt caderem. D. quasi diceret: si fata permisissent interitũ meum. s Meruisse manu. S. i. fortiter dimicasse: his em̃ meret occidi. Bene autem vatis imputat: q euaserit: cũ tam senex: q̃ debilis occisis iuuenibus. secũ euaserant. D. Meruisse m. idest ita sine aliquo respectu meę salutis pugnasse: vt meruerim ab hostibus interimi.

t Diuellimur. DO. Inuiti necessitate adacti impellimur abire: ostendit autem meruisse manu mori: cum prius cũ paucis: nũc vero solus pugnaret. v Iphitus & pelias. CRI. Est genus quodam repetendi: quã regressionẽ vocãt: quod semel posita iterat: & diuidit ait Quintilianus.

x Protinus. C. deinde.
y Clamore. D. Nõ speci aliter ab aliq̃: sed clamore pugnantium: quo iudicabat esse opus auxilio ad defendendã regiã. Apud quã acrius pugnabat propter gloriã: & predã.
z Ingẽtẽ pugnã. S. Quia in domo regia maior spes prede erat.
a Acta. S. applicata.
b Testudine. C. testudo anial est a tegendo dictũ.

¶ protinus[x] ad sedes priami clamore[y] vocati:
Hic vero ingentem[z] pugnã: ceu cetera nusq̃
Bella forent: nulli tota morerentur in vrbe:
Sic martẽ indomitũ: danaosq̃ ad tecta tuẽtes
Cernimus: obsessumq̃ acta[a] testudine[b] limẽ.
Herent parietibus[c] scale postesq̃[d] sub ipsos

Tegitur enĩ osseo tegmie: cui natura datũ est: teste Plinio: vt pastu cunicule quam bubulam vocãt se cõtra: serpentes infoueat. In idico mari ita magne sunt: vt singularum superficies habitabiles casas tugant. Inter insulas vero rubri maris his nauigãt cymbis. Capiũtur meridiano tẽpore: cũ in trãquillo dorso extantes enatant ociose que voluptas libere spirã

Nituntur gradibus: clypeosq; ad tela sinistris.
protecti obiiciunt: prensant fastigia dextris.
Dardanidę contra turres ac tecta domorum
Culmīa conuellūt: his se qn̄ vltima cernunt
Extrema iam in morte parant defendere telis.
Auratasq; trabes: veterum decora alta parentū
Deuoluunt: alii strictis mucronibus imas
Obsedere fores: has seruant agmine denso.
Instaurati animi: regis succurrere tectis:
Auxilioq; leuare viros: vimq; addere victis.
Limen erat: cęcęq; fores: & peruius vsus
Tectorum inter se priami: postesq; relicti
A tergo: infoelix qua se dum regna manebant
Sępius andromache ferre incomitata solebat
Ad soceros: & auo puerū astyanacta trahebat.
Euado ad sūmi fastigia culminis: vnde
Tela manu miseri iactabant irrita teucri.
Turrim in p̄cipiti stantem: sūmisq; sub astra
Eductam tectis. vnde omnis troia videri.
Et danaum solitę naues: & achaica castra:

distantem fallit vt vapore sol: exiccato cortice neqant mer gi. Inuenit aūt Mercuri⁹ i ęgypto cadauer testudīs: in q̄ cō sumpta carne: nerui exiccati atq; ptensi: forte pulsi sonitū reddidere. Q̄uare admonit⁹ in h⁹ formā i cytharā cōposuit. Vñ & poetę illā testudinē appellāt Hora. O decus phoe bi & dapibus supremi grata testudo Iouis. Milites etiam moenia hostilia diruturi ita accedunt: vt ex ligno tegmen tum sibi p̄parent: q̄ saxa & reliq̄ supne a defensori bus deuoluta euitēt: idq; testudinē appellant. Hāc primū Artemonē Clazo meniū adinuenisse tradit Plini⁹. c Parietib⁹ scal̄e. D. nō solū: quia in p̄li declinat: sed q̄ tria plures erāt. C. Parietibus scalę. Procelleumaticus est pes ex q̄ttuor syllabis breuib⁹ bus. Si parieti p dactylo ponit: vt pectus tenuia se ras. d Postesq; sub ipos. S. Si circa portā in postib⁹: si circa fenestras sub postes. C. Postesq; sub ip. sub. i. ante secūdū Priscianū. e Ad tela. S. cōtra tela. d Tecta tul. S. Participiū ē. aut eā de rebus dixit e His. S. propter quę pugnabāt. Luca. In pugna fregere iratos. DO. His se. ad ex cusatōem quare pulchra destruerēt. C. His. Cum maxima cōmiseratiōe di cit: vt illa eruere cogerēt: p cui⁹ incolumitate pu gnabāt. Sic Lucan⁹ Atq; impugnam frangere na ues f Auratas. C. Alia commiseratio a materia. Iuuenal⁹. Fundi te quę mea sunt dicebat cuncta catullus p̄cipitare voles etiam pulcherrima Vestem purpurā teneris q̄q; moecenatibus aptā. g Decora. SER. ab eo quod est decus. h Obsedere. S. mō p p̄sī dio tenebāt i Leuare. S. iuuare. k Vim. S. virtute. l Victis. S. q̄ inuebāt: vt qua vectus abas. m Limen. SER. pem porti cum ingressus est: nam fores anteriores obsessę erant: Est autem posticum neu. generis. Hora. Atria seruantem po stico falle clientē. Nā attica et postica i foemino genere au guralę ē. n Cęcę. S. nō oibus notę. o Vsus. S. verbū iurisconsultiū via: act⁹: vsus. p Relicti. C. q. d. Cōmu nes: ergo relicti: q̄ nemo sibi pprios assumpserat. Ego q̄ de iudico fuisse plures domos: quę singulę a singulis Pria mi filiis hrent iure priuato: esse q; eas cōtiguas: atq; a ter go fuisse angiportū: quę in nulli⁹ ꝓprietatē veniret: sed p̄be ret communē trāsitum omnib⁹ ipsarū domorū habitatori bus: pñt q; illo oēs vti dū eunt: redeuntq; & in regiā pria mi: quę omnib⁹ eius filiis: nuribus: atq; nepotib⁹ pateret: Verū vt breuiter rem ex iuris disciplina intelligam⁹: p̄dia ipa: siue rusticana sint: siue vrbana seruitutē hre pñt: scilicq; vt non possit: dom⁹ pręd̄ii vetare vicinū transitum: & ru sticorū p̄dioꝝ iura sunt hęc: Iter act⁹ via: aqueduct⁹. Iter ē ius eūdi: ābulādi hois nō iumētū agēdi vl' vehiculū. Act⁹

est ius eundi ambulādis homīs agēdi iumētū vl' vehiculū Itaq; q habet iter: actū nō habet: sed qui habet actū iter habet. eo q; vti potest etiā sine iumento. Via est ius eundi & agendi & ambulādi hominis: nā iter & actū via in se cōtinet. Aquęductus est ius aquę ducēdę p fundū alienū. Prediorū vrbanoꝝ sunt seruitutes: quę edificiis inhęrent Nā oia ędificia etiā si in villa edificata sint vrbana predia dicūt: Hę sūt vt vicin⁹ onera vicini sustineat. vt i parietē eius liceat vicino tignū immittere: aut stilicidiū vel flumen recipiat quis in ędes suas: vel in areā: in cloacā: & ne altius q̄s tollat ędes suas: ne lumi nib⁹ vicini officiant. hęc ergo i iure. Nūc videam⁹ quid sibi velit Virgi. ait em̄ limē erat cęciq; fores. id est erant fores posticę Vñ addit. postesq; relicti a tergo. Et istorū posticū qui erāt singuloꝝ tectoꝝ erat vsus quius. i. erat via p quā eēt vsus ambulan di. i. qua poterant habita tores illoꝝ tectorū vti do nec irēt in ędes Priami: et quēadmodū i re rustica dicitur. vsus in predio vr bano: in q̄ licet oleribus pomis floribus: fęno: stra mētis lignis adusum q̄ti tidianum vti: et in eo fun do hactenus licet morari vt neq; dño fundi mole stus sit: neq; his p quos opa fiunt impedimēto: nec vlli alii ius q̄d habet locare aut vēdere: aut gra tis donare potest. sic hąc via poterāt ad trāsitū vti sine alioꝝ molestia: nō tñ alii huiuscemōi transitū prebere. q Dum. S. donec. r Androma che. C. Filia Ethionis The barum quę in lycia sunt regis. Hanc vrbem gręci eruerunt: Hinc Achilles apud Homerū ait: [illegible] s Astyanacta. CRISTO. interpretāt vr bis regem Nam [illegible] vrbs est et [illegible] rex hic capta. Troia ex turri precipitatus est: vel vt alii volunt ad saxum illisus: ne quis ex priamo genere superesset: ait aūt Home rus. q; a patre hectore vocabatur Scamander t Trahe bat. S. quia puer. vt puū q; nepotem ipse trahit v Eua do. S. id est vado: & e vacat. vt emortuus. C. Euado cum difficultate puenio: Euadere enim est: cum per difficultatē: aut labores: aut pericula quo volum⁹ peruenim⁹. hinc di cim⁹ euadere mortem: euadere ad cōsulatū. E. n. iq̄ prepo sitio extra significat. qua ostēdit nō posse in huiuscemodi rebus puenire q̄ volumus nisi p egressum periculorū et la borū: ergo nō vacat E prępositio. x Iactabāt. S. quasi spargebāt nihil pfutura. y Pręcipiti. S. alto: vñ quis pręceps dari pōt. z Tectis. C. tabulatis vt s̄. diximus. a Vnde omnis troia videri. C. Nā Homer⁹ Priamū cum senioribus: et cū Helena e turri hāc pugnā spectare solitos dicit. b Castra. S. vbi exercitus sit ibi castra dicūtur: vñ

a

& nos castra monemus? c Circum. C. q. d. in circuitu & est aduerbiũ et nõ ꝓpositio. d Sũma. S. extrema. vt supmũ summũ dicimus. C. Sũma tabulata. vltimę et superiores contiguatiões. e Labantes. S. Faciles ad resolutionẽ. Et est ordo turrim cõuellim⁹ impulimusq;.
e Iuncturas dabant: CRI. Sententia est ꝙ euerterũt turrim ab illo loco vbi paries erat inualidior: propter crebra foramia q̃ admittebant capita tignorꝝ: et trabium vltimi tabulati. Ibi enĩ erat iũctura trabiũ & parietis. Iuncturas ergo labãtes. i. q̃ parietẽ labantem reddebant.
f Cõuellimus. C. Nam pars superior turris ab inferiori facilius cõuulsa est in illis iũcturis: & postq; est cõuulsa impulerũt.
g Altis. C. q; in vltimo tabulato. h lapsa repente ruinã. CRI. Sonitus cõpositionis istorꝝ verborũ: ponit añ oculos illam ruinam. i Repente. C. magna enĩ res; mĩtos simul obruere potuit.
k Ast alii subeunt. C. obstinatio ostenditur: & oppugnãtiũ et repugnantium l Telorum g. S. Telum enĩ dicitur grece: τελοθεν quicquid longe iaci potest: ꝙꝙ legim⁹ de gladio: at non hoc telũ in ea q̃d vi dextera versat. Et sequitur: Cõsurgit in ensem. dicitur autẽ a longitudine. vnde & mustelam dicim⁹. h Vestibulum. S. Dicitur prima ianuę pars: dictum autẽ vel ꝙ ianuam vestiat: vt videmus cameram duabus sustentatã columnis: vel quoniam Vestę consecratũ est: vñ nubentes puellę limen nõ tangũt: ne numini dicatum locũ calcantes sacrilegiũ cõmittãt. Luca. Translata ꝙ vetat contingere limia plantã. Singula enĩ domus sacrata sunt diis: vt culmina diis penatibus. Maceries quę ambit domũ herceo Ioui: C. Vestibulum. secundũ Gallũ de significatiõib⁹ verborũ quę pertinent ad ius ciuile: nõ est in ędibus: neq; ędium pars: se locus ante ianuam vacuus: p quem a via ad ędos aditus est. Ipsa enim ianua procul a via fiebat: & area intersecta quę vacaret. Est aũt vestibulum dictũ a ve & stabulum. Ve aũt dictio est aliqñ intensiua. Nam vetus ab ętatis magnitudine dicit: sed elisum est. Vehemẽs aũt ab animi impetu aliqñ priuat: vt vecors: & vesanus. Ergo qui salutatũ ędium veniebãt: ibi expectabat donec admitterent. Quapropter ab ea quasi constabulatione vestibulum nõnulli dici volunt. Alii referunt ad eos: qui in domo manent; & quoniam isti illic nunq; consistunt: sed solius transitus causa: ad hunc locũ perueniũt: exeundo siue redeundo volunt vestibulũ dictum esse a ve particula priuata. i Primoq; in limine pyrrhus. DO. Ferocem naturam huius ostendit: & qui plenę victorię fiduciam cerneret. k Pyrrhus. SERVIVS. Pyrrh⁹ dictus a colore comę: qui latine Byrrus dicitur a colore quo tingebatur. l Exultat. CRI. Pręconcepta victoria.
m Luce ahena. C. quę ex Aeneis armis ꝓueniebat ex repercussione luminũ: dixit autem ęs & non ferrum: quia prius inuentũ est ęs q̃ ferrum: & ex eo arma fiebant: Vnde & Homerus χαλκεατευχη dixit.
n Qualis vbi. DO. Descripturus hostem: natura ferũ: ętate insolentẽ: successu superbum: & ipse Aeneas hostilẽ animum in aduersariũ gerens: huic animali illum comparãdũ putauit: sęuiebat vt serpens: qui vomit venena: q nescit aliquãdo misereri: qui captat tempora: quibus procedat aut lateat. Hac igit cõpatiõe Pyrrhũ deformat: nã vt serpens nõ virtute: sed veneno confidit: ita huic non arma sed insidię ad victoriam proferunt: nec vnq; in prẽliis visus est: nisi cum alienis dolis ꝓcurata est victoria.

Aggressi ferro circum: qua summa labantes
Iuncturas tabulata dabãt: conuellimus altis
Sedibus: ĩpulimusq;: ea lapsa repẽte ruinam
Cũ sonitu trahit: & danaũ super agmina late
Incidit: ast alij subeunt: nec saxa nec vllum
Telorum interea cessat genus.
Vestibulum añ ĩpm primoq; ĩ limĩe pyrrhus
Exultat telis: & luce chóruscus ahena:
Qualis vbi ĩ lucẽ coluber mala gramĩa pastus
Frigida sub terra tumidũ quẽ bruma tegebat:
Nunc positus nou⁹ exuuijs vitulusq; iuuẽta
Lubrica conuoluit sublato pectore terga:
Arduus ad solem: & linguis micat ore trisulcis
Vna ingẽs periphas: & equorꝝ agitator achill'
Armiger automedo: vna oĩs Scyria pubes:
Succedunt tecto & flammas ad culmina iactãt

o Gramina pastus. SER. Legimus et syluas pastus arundinea. Nam aliud est pascuntur: vero syluas. Sed sciendum est Q; licet hoc in vsu sitrarum tamen est apud antiquos: Pastus autem est pro qui pascebatur: quia vtg. diximus in hoc latinitas defecit.
p Bruma. SERVI. id est hyems dicta: quasi βραχισιανηuερoid est breuis dies. Est autẽ vt hic indicat locus generis fœminini: numeri singlaris: CRISTO. Bruma quasi βραχηuερoid ẽ breuis dies. Et est initium hyemis quę fit: sole primam partem capricorni ingrediente: quo tempore dies habet octo horas: et quadraginta vnum minuta. Nox vero habet quindecim horas & minuta decem & nouem. Neq; toto anno breuior est dies. Hoc tamen ad situm nostri clymatis referas. Nã et lõgitudinẽ et breuitatẽ dierꝝ scim⁹ ꝓ varietate clymatũ variari. vt oñdim⁹ i Geo.
q Lubrica terg. SER. Lubricum dicitur. : & quod labitur dũ tenẽ: vt piscis: serpens: & locus: in quo labimur vt se se opposuit salio per lubrica surgens.
r Trisulcis. CRI. Vnicam linguam hab&t serpens: sed tã velociter mouet: vt tres appareant: veluti virga velociter mota non simplex: sed triplex apparet. Cuius rei ratiõem in libris nostris de anima ex opinione antiqrũ reddimus:
s Periphas. S. Nec vltima accentũ hꝫ: ne fœmininũ sit: nec prima: quia vltima longa est. Ergo media habebit accentum. t Agitator. CRIS. Auriga achillis armiger pyrrhi. t Armiger automedo. S. Pirrh. Nã Achillis auriga fuit v Scyria pubes. SER. Scyros vna est ex cycladibus: in qua Lycomedes pater Deidamię regnauit. CRI. Scyria. Insula est: de qua Strabo contra magnesios frequentes incumbunt insulę: nobiliores sunt scyathus pepar: thus: Icus: alonesus: & scyrus cum eisdẽ nomis vrbibus. Clarissima vero scyrus: propter lycomedis cum Achille affinitatem: & Achillis filiũ Neoptolemũ: Ergo scyria pubes quę pyrrhum in bellũ troianũ secuta erat.
x Dura limina. D. quę facile superari nõ possent: põt tamen videri dixisse dura bipenne, i. ydonea; quę frangere

poterit firmitatē gratorū postium. Allusit aūt de hostio ad fenestram: sed debuit dicere cauernā factam in ostio: per quam non ingrederetur: sed videret interiora. Ergo vi debantur intus armati. Intercepta autem spe: clausa an te domus patuit. Plangebāt foeminę: & summis vlulati bus prodebāt hostib⁹ suā formidinē: q augebat illis spes. Ergo instat vi patria p. Quis enī nō puocaret audiendo talia. Descriptio aūt regię auget mobilitatē & amplitudi nem: felicitatēq́ꝫ Priami cit. Nā sequit paulo post labat. ariete crebro: sed mouet: vt Cynthius aurem vellit et admouit. y Vellit. SER. non deie

z Cauauit. C. id est in cauernā pforauit: quod declarat dicens: fenestrā dedit. a Ingentem la to dedit ore fenestram. S. Epithero auget tapino sim: vt solet. b Lato ore. C. Hiatu: Idemq́ꝫ est os & fenestra in hoc loco. c Apparēt. CRIS. aspi cientibus per fenestram. Est autem repetitio: qua auget Pathos: quod mi rifice hac narratione citat poeta penetralia priami: & veterum regum: quę aspicere hostes summa erat in miseria Troianis.

d Veterū regum. DO. vt ostenderet regnū Priamo a maioribus suis puenisse. Quantus autem dolor: vt vna nocte con ciderit: quod per īfinitos reges: multis etiā sęculis seruatum fuerat. e Armatosq́ꝫ vident stātes. S. vt sup. Strictis mucronibus imas obsidere fores. CRISTO. Ar matos. distributio est. nā & viris prelium: & mu lieribus vlulatū tribuit. Ergo et illi ex sua fortitu dine: & illę ex lachrymis sibi misericordiā cōcitāt. f Stantes. CRIST. pu gnantes. Nam non dese runt locum in acie qui vi riliter pugnant. g At domus iterior. S. De albano excidio locu tus est. h Gemitu. C. Referas ad animos viri les. i Misero. S. Bene additum: quia est etiam terribilis. k Tumul tu. S quasi timor mult⁹ dicitur. C. Tumultu. ad effœminatos. Plāgoribus vo: & vlulat⁹ ad mulierculas. Est aūt Plāgere cū ex dolore pe ctora pcucit. Vlulare ē clamorē mœstū extollere. vt faciūt mreres. quis pprie luporū sit. l Miscetur. SER. perturba tur. m Cauę. ędes. S. tecta camerata: i singulari teplū tā tū significat. In plurali teplū et domū. C. Aedes cauę. i. cō cauę. n Vlulāt. C. i. p reboatū q facile fit in locis cōca

Ipse inter primos correpta dura bipenni
Limina perrumpit: postesq́ꝫ a cardine vellit
Aeratos: iamq́ꝫ excisa trabe firma cauauit
Robora: & ingentē lato dedit ore fenestram.
Apparet dom⁹ intus: & atria longa patescunt.
Apparent priami: & veterū penetralia regum:
Armatosq́ꝫ vident stantes in limine primo.
At domus interior gemitu: miseroq́ꝫ tumultu
Miscetur: penitusq́ꝫ cauę plangoribus ędes
Fœmineis vlulant: ferit aurea sydera clamor.
Tum pauidę tectis: matres ingentib⁹ errant.
Amplexęq́ꝫ tenēt postes: atq́ꝫ oscula figunt.
Instat vi patria pyrrhus: nec claustra: nec ipsi
Custodes sufferre valent: labat ariete crebro.
Ianua: & emoti procūbunt cardine postes.
Fit via vi: rūpunt aditus: primosq́ꝫ trucidāt
Immissi Danai: & late loca milite complent.
Non sic aggeribus ruptis cum spume⁹ amnis
Exijt: oppositasq́ꝫ euicit gurgite moles.
Fertur in arua furēs cumulo: camposq́ꝫ p oēs
Cū stabulis armenta trahit: vidi ipse furentē
Cęde neoptolemū geminosq́ꝫ in limine attri
(das.

uis. & cęratis. vlulatū mulierū ingenant. o Ferit. S. secūdū phō. qui dicūt vocē corp⁹ esse. C. Ferit sydera. Hyperbole est: quā latini superlationem vocant. Ferio autem pterito carens: percussi a percutio mutuatur vt sisto: statui a statuo. fero tuli. Nam antiqui tulo dixe runt: ait Priscianus. p Aurea syde. S. multi ad laquaria referunt: quod stultum est. CRI. Aurea. pulchra: vt infra aurea. Circe. Vel aureo fulgore nitentia. q Tum pauidę. S. Propauētes. Pauidus enim qui sem per timet. Pauens qui ex causa. C. Tum pauidę. Ponit quid vsu euenire solet in tanta calamitate. r Errant. C quasi oēs partes nouissime salutatutę: cū paulo post in ca ptiuitate abductū iri: se videat. s Amplexę q te. p. S. Ex Apollonio qui inducit Medeam pa trem salutasse dū domū relinquit. t Oscula fi gunt. C. vehementer im primūt. v Vi patria. SER. Est testimonium generis sui: vt de Hercule Salue vera Iouis proles. CRI. Vi patria. Nulla in parte minor patre. Nam nisi esset et claustra & cu stodes & sustinuissent. x Nec ipsi custodes. D. vigiles. de qbus dixerat: imas obsidere fores. Pos sum⁹ etiā custodes ipsas postes intelligere: qm cu stodes a custodiendo ap pellanī: Cū igit oīa defi cerent: fit via vi tc. y Ariete cre. ia. C. Cre bra repcussiōe arietꝫ: arie tis aūt nomē spēs dedit. nā impetu murū impin git pugnantiū arietū for ma: validę enī ac nodosę arboris caput vestit fer ro: eaq́ꝫ suspensa funib⁹ multorū manu in murū pellit. Deinde retrorsum ducta maiori impetu de stinat. Contra hoc reme diū est saccus pileis ple nus: & in eū locū demis sus q aries impellit. La xo enī sacrorū sinu ictus arietis mollit: Dura enim mollioribus facile cedūt huius inuentionē: vt re fert Plini⁹ epio ad Troianum tribuerūt antiqui. z Fit via vi. D. Vis in quit ianuā patefacit: vis aditū ad interiora tenenda reclusit. n Nō sic. S. grauit⁹ vastata ē Troia q agri fluuiorum eruptione vastent. C. Nō sic aggerib⁹. Quadrās cōparatio. Nā & trāslatio eiā diluuio ad bellū fit: vt infra: diluuio ex illo tot fastus p ęqra vecti. Et pabo la mouꝫ misericordiā: vt ac veluti plen⁹ sup⁹ insidiat⁹ ouili. Cū fremit ad caulas. b Cumulo. S. augmento. c Vidi. S. vt quęq́ꝫ ipse miserrima vidi. d Geminos:

Vidi hecubã centũq; nurus: priamũq; p aras.
Sanguine fedantẽ: quos ipse sacrauerat ignes.
Quinq̃ginta illi thalami: spes tanta nepotũ.
Barbarico postes auro spoliisq; superbi
procubuere: tenent danai qua deficit ignis.

SER. duos. Nam eodem partu nati ppriè gemini sunt.

e Vidi hecubam centũ q;. SER. Aut numerus pro numero est: aut quia barbari nõ singulas: sed plures hẽbant vxores. DO. Vidi hecubã: & reliqua. Rñdet ad id. Queq; ipse miserrima vidi. Fuit ergo cędis eorum hominũ spectator: quos venerat defensurus. CRI. Vidi hecu. Attestatio rei visę mouet Pathos: vt dictũ est:

f Nurꝰ. S. idest foemĩas. Luca. Cultꝰ gestare decoros. Vix nuribus rapuere mares. C. Nurꝰ anubẽdo sũptũ ẽ verbũ

g Quos ipse sacrauerat ignes. SER. Latenter ostendit nil prodesse religionem. CR. Quos ipse sacrauerat ignes: Mouetur summa cõmiseratio. Quid enim indignꝰ est q̃ eũ qui ignes ad sacrificium parauerit ira interfeci: vt illos suo sanguine extinguat.

h Quinquaginta illi thalami. SER. illi celebrati ab Home. Et bene de thalamis verũ expressit numerũ. Potest enĩ vnus thalamus plures habere coniuges. CRI. Thalami grecum verbum est. Homer. κειται λενθαλαμω

i Spes tanta nepotũ: CR. Et locus qui est ab his que preter spem sunt: & vehemẽter mouet Pathos: vt: O Lycida viui puenimus aduena nostri: quod nunq̃ veriti sumus: possessor. a. d. h. m. s. v. m. c.

k Barbarico. S aut multo: aut vere barbarico. Barbarorum enĩ est copia. C. Barbarico: multo. vt est apud barbaros. l Spoliisq; superbi. S. Hic enim erat antiquorum mos. Vnde ait in septimo: Captiui pendent currus: curueq; secures. m Superbi. DO. ornatu artis et materia.

n Forsitan et Pria. S. Bono vsus est ordine: vt primo rei publ. Deinde regis: postremo priuati. i. sua narraret fata. De morte aũt Priami varia tradunt. Alii enim dicũt: q a Pyrrho in domo capt⁹: sed inde in sigeũ tractus: ad tumulũ Achillis ceesus ẽ. Nam in rheteo sepult⁹ est Ayax. Tunc eius caput conto affixũ Pyrrhus circumtulit: alii iuxta arã hercei Iouis extinctũ tradũt. Hinc Lucan⁹: Herceas monstrator ait: nõ respicis aras: Hanc opinionẽ psequit poeta. sed et illã prelibat: vt suo loco dicet. D. Forsitan et priami: Bono cõpendio vtit: vt vltro suggerat: qd interrogari poterat. Debebat ei eo tpe qd omnib⁹ quietẽ destinauerat: vti breuitate. Exponit igit quomõ sãguine aras foedauerat.

imaginata: q ab vno ad alterũ polum per mediũ coelũ dirigitur: ad similitudinẽ axis: qui est in curru: qui per ipm mediũ a rota ad rotã ptingit. Diuidit aũt coelũ in coum: axem: cradines conuexa: polos: clymata & hemispęria. z Veterrima. S. Vsurpatũ est. Ergo hoc tantũ vti licet: si necesse sit. a Penates arę. C. in q erant penates. b Hecuba. C: Priami vxor fuit: & filia Aetionis Thebani regis: vt supra ostendimus. c Ne quicq̃. S. aut fm epicureos: aut ppter vim bellicam. d Altaria. S. Superum sunt: arę iferorum: Ara αποτησαρας grece dicit: id est a precibus. Vnde contra impcatio καταρα dicit.

o Vrbis vbi captę. D. Cũ iã nihil eẽt reliquii de vrbe regiaq sua: nullaq animo spes restaret: statuit sapiens: & forti animo ex q̃cunq morte captiuitatem fugere.

p Mediũ hostẽ. S. Hyppalage. i. in mediis ędib⁹. Nam si mediis legeris: nõ stat versus nisi elilio. s. vt inter se coisse viros: et decernere ferro. Recte aũt non armat priamũ: nisi in extremis periculis.

q Arma c. D. nõ vt peteret victoriam: sed vti armis positus viriliter accũberet. Põnit autẽ & hominẽ & arma inutilia: q niam ipse senex iam diu arma nõ sumpserat. Vñ illa rubigine cõtabuerãt & inutilia erant.

r Aeuo. S. non timore.

s Circũdat. S. nõ enim apte cohęrẽt: sz oneri sũt.

t Humeris. C: Optime meminit hui⁹ mẽbri. Nã superiora vt galea illis sustinent: iferiora: vt lorica & sifia ab illis pendẽt.

v Inutile. S. ipse inutil. Naro ferrũ de his est q a cõiũctis sumit epithera: vt venenũ. x Moriturus. C. eo cõsilio: vt morte seruitutem fugeret.

y Sub axe. S. sub diuo quod impluuiũ dicitur. Axis aũt est plaustrũ septemtionale: aut pars septemtrionis: aut spũs q mũdus mouet: vt docet Lucã⁹. C. Sub n. a. id est sub diuo. Tunc em̃ sub diuo sumus. i. sub Ioue: hoc est sub aere: qñ nulla re tegimur: in domib⁹ autem sunt impluuia: id est loca quędã detecta: p quę & pluuię: & reliqua huiuscemodi descendũt: Ibi igitur erat laur⁹. Axis proprie in coelo est linea

Forsitan & priami fuerint quę fata requiras,
Vrbis vbi captę casum: conuulsaq vidit
Limĩa tectorũ: & mediũ in penetralib⁹ hostẽ:
Arma diu senior desueta trementibus ęuo
Circundat: nequicq̃ humeris: & inutile ferrũ
Cingit: ac densos fertur moriturus in hostes.
Aedibus in mediis: nudoq sub ętheris axe
Ingens ara fuit: iuxtaq veterrima laurus
Incũbens arę: atq vmbra complexa penates:
Hic hecuba: & natę: ne quicq̃ altaria circũ:
(pręcipites atra ceu tempestate columbę)
Cõdensę et diuũ cõplexę simulacra tenebãt.
Ipsum aũt sumptis priamũ iuuenilib⁹ armis
Vt vidit: quę mẽs tã dira miserrime coniunx
Impulit his cingi telis: aut quo ruis inquit:
Non tali auxilio: nec defensoribus istis
Tẽp⁹ eget: nõ si ipse meus nũc afforet hector.
Huc tandẽ concęde: hęc ara tuebitur omnes:
Aut moriere simul: sic ore effata: recepit
Ad sese: & sacra longęuũ in sede locauit:
Ecce autem elapsus pyrrhi de cęde polytes:
Vnus natorum priami: per tela per hostes
porticibus longis fugit: & vacua atria lustrat.
Saucius: illũ ardens infesto vulnere pyrrhus
Insequit: iamiamq mãu tenet & premit hasta.
Vt tandem ante oculos euasit: & ora pentum
Concidit: ac vitam multo cum sanguĩe fudit.

e Columbę. C. optime comparat huic animali: quod timidissimũ ẽ: et velociter cõgregatimq voluat foeminas in vnũ ex timore velociter congregatas: quę cũ diu p ędes errassent: huc tandem cõuenere. f Iuuenilib⁹. S. Atqui sua erant & vetusta: sed iuuenilibus. i. q iuuenib⁹: et non senibus cõueniunt. Vnde paulo p⁹ ait. His telis: q̃si diceret: q nõ tibi: sed iuuenib⁹ quadrant.

g Dira. S. modo pprie dira enim est deoꝝ ira: ergo q mens dira. i. infusa ex deorũ ira. h His c. telis. D. armis. Auctorẽ mortis q̃rit: nõ amentia: sz sapientia: vt morte captiuitatẽ fugiat. Ergo sapientissim⁹ poeta decorũ in hoc rege suauit: dedit & conuenientẽ naturam inferiet reginę & vxori.

i Ruis. S. aut festinas: aut incedis seniliter. C. Ruis: sine ratiõe ppcras.

k Meus. C. Nõ sine ingenti dolore hui⁹ meminit.

l Hęc ara. C. Complexio est. nã quicquid euenerit meli⁹ ẽ q sic ruere. Arã hanc dicũt fuisse Iouis Hercei: q erat in pluuio domus: p vndiq septum esset parietib⁹ a gręca significatione. Nam ἕρκος septum significat: vnde ara Hercea dicta sit: siue Iouis fuerit: siue qm̃ sub lauro erat potius Apollinis.

m Ore. S. abundat.

n Recepit. D. Quã imbecillis esset ex eo appet: q mulier anus eũ ab icoepto se vocauit. o Ecce ãt elap. D. Voluit mori Priam⁹. Vetuit vxor: at casus attulit sibi qd cupiebat. p Vulnere. S. bonũ Schema vuln' pro telo. q Cũ sanguine. S. ex opinione eoꝝ: q san

guinē sedem vitę voluīt: Alibi eos q̄ ip̄m sanguinē vitā vo lunt: vt purpureā vomit ille aiam. r Hic. S. tūc. D. Hic priam⁹ voluit fortūa: vt mors polytę eēt in ↄspectu suo: vt inde sua mors orietur. s Media. S. manifesta.
t Nō tn̄ ab. C. Ostendit q̄ntū possit amor natorꝝ: cū tm̄ possit moeror mortis illius: vt suę salutis oino obliuiscat̄.
v Nec voci ireq̄. C. declarat modū futurę orationis.
x At tibi ꝓ scē. C. Oratio pathetica initium semp habet abrupta. Et vt plurimū multa animo voluit ꝑturbatus: & tandē ad cōclusionem intra se ꝑuenire: tum demū in exclamationē ꝓrūpit. Sic Terentianus Pnedria: cū multa tacitus de amica aio voluisset a cōclusione ꝓrūpit. Quid nā igit̄ faciam? Sic Iuno. Me ne incoepto desistere victam. ergo & Priam⁹ abrupte. y Si q̄ est. S. Epicureę: Vl despat: quia apud arā respicit cędem. DO. Dii siqua. Pñtes ad quorū se suffragiū cōtulerat: & si est in coelo aliq pietas: q̄ nefaria cōmissa vindicet. z Curet. S. vlciscatur.
a Grates. S. mediū est vt p̄miū. b Qui nati. D. Non culpat pyrrhum q̄ occiderit: sed q̄ cędem in cōspectu paternū reseruauerit. Nam stulte reꝑhenderet: q̄ iure belli licebat. c Cernere. S. de spectaculo: non de morte conq̄rit̄. d Funere. S. cadauere. Funus enī iā est ardēs cadauer: q̄d dū portat̄ exeq̄as dicim⁹. Crematū reliquias & bustū. Conditū iam sepultum e In hoste. SER. aut Archaismos ē pro in hostem aut in hoste: cū hostem gereret: cū ipse hostis esset.
e At non ille satū. D. Conat̄ priuare eum omi gloria et nobili genere: q̄ non sit filius Achillis: q̄d probat: q̄ in se non seruauerat iura quę seruauerat Achilles. C. At non ille. Exemplū a contrario:
f Iura fidemq̄. S. quia quod Homer⁹ mutat et celat ꝓpter turpitudinem Achillis: dicitur Priamus duce Mercurio ingressus Achillis tentorium eum excitatū rogasse: quem dormientē possꝫ occidere: Iura vero quod a rege rogabatur. g Reddidit. corpus. DO. Quod iniuste retinuisset. Sola enim anima debet̄ hosti: Corpus autem: quoniā in nullius est potestate dimittit̄ sepulturę. Reddidit ergo: quoniam contra humanitatis iura id tenebat. h Hectoreum. CRI. quasi diceret: q̄uis hostis illi fuisset potentissimus: et mihi excellentior filius q̄ polytes. i Remisit. SER. quia comitatus vsq̄ ad Troiā est. k Sic fatus. DO. Est desiderium manifestū mortis: q̄ post contumeliā esset armis iuuenē senex ꝓuocet.

l Telūq̄ imbelle D. Confirmat quod dixit inutile ferrū: scilicet nō ictu. probat hūeris tremētib⁹ ęuo. m Nequicq̄: SERVI. non. n Vmbone. CRISTOFE. Hęc pars medio in scuto est: quę turgescit: atq̄ eminet: sic dicta: q̄ vmbilicus: id est medium sit scuti. Stat acceleres vasto metuenda vmbone ferarum. Excutiēs stabula.
o Pependit. DO. Stulte dicunt non posse pendere quod repellitur. p Cui Pyrrhus. CR. Duo sunt genera dicendi a moribus potius q̄ ab arte prouenientia. Maturum vnum & graue: in quo omnia cum consilio & sedatę: & nil ex concitatione animi: aut perturbatione efferim⁹: quale: Cicero, Crasso tribuit. Alterum ardēs et erectū: & infensum cui ardor & impetus animi potius q̄ consiliū imperat q̄si Anthonium vsum dicunt. At Virgilius. cui⁹ ingeniū diuinū: & ad omnia ita flectitur: vt pro qualitate personarum rerum: & temporum stilum variet, modo hoc: mō illo: vt naturā hoim exprimat: vt ē Aenee ergo & latino ex ceter. s: quos sapientes in ducit graue attribuit: vt ibi. O pręstans animi iuuenis: quantum ipse feroci virtute exuperas: tāto me impensius equū est cōsulere: ipse tibi. Titano ꝓo & Pyrrho: et si q alii sunt qui furore potius q̄ ratione dicātur insensum attribuit: vt hic. Sic alibi haud talia dudum dicta dabas morere: & fratrē ne desere frater. Item En agros: & quā bello troiang petisti hesperiā metire iacens:

Hic priam⁹ (quanq̄ in media iā morte tenet̄)
Non tamen abstinuit: nec voci irę q̄ pepercit.
At tibi pro scelere exclamat: pro talibus ausis
Dii (si qua est coelo pietas: quę talia curet)
persoluant grates dignas: & pręmia reddant
Debita: qui nati coram me cernere lętum
Fecisti: & patrios fędasti funere vultus.
At non ille satum: quo te mentiris Achilles
Talis in hoste fuit priamo: sed iura fidemq̄
Supplicis erubuit: corpusq̄ exangue sepulcro
Reddidit hectoreū: meq̄ in mea regna remisit.
Sic fatus senior: telumq̄ imbelle sine ictu
Coniecit: rauco quod protinus ęre repulsum:
Et summo clipei nequicquā vmbone pepēdit.
Cui pyrrhus referens ergo hęc: & nūcius ibis
pelide genitori: illi mea tristia facta:
Degenerēq̄ neoptolemum narrare memēto.
Nunc morere: hoc dicēs altaria ad ip̄a tremētē
Traxit: & in multo lapsantē sanguine nati:
Implicuitq̄ comam lęua: dextraq̄ coruscum
Extulit: ac latri capulo tenus abdidit ensem.

q Referēs. SERVIVS: Sacraismos ē: Iocus cū amaritudie: vt: En agros zc. Astismos autem est vrbanitas sine iracudia vt Atq; idem iūgat vulpes & mulgeat hyrcos.

r Altaria. SER. Vnde spectabat auxilium.
s Traxit. CRI. Pathos a modo non em̄ duxit. Et miram facit auxesim. Crudele enim fuit regem per comam trahere: crudelius in nati sanguine prouoluere: crudelissimum necare.
t Coruscum. SER. Si ornatum gemmis caput regis accipis. Sensus est. Sublato capite gladium in vagina recondit: quę lateri semp cohęret. Si vero coruscū gladiū lateri Priami infixū: accipe & per silentiū caput postea esse sublatum. v Finis. S. Omnia nomina inania simplicia a verbo nō venientia in nis. syllaba terminata masculina sunt. In anima propter canis. Simplicia propter bipennis: a verbo nō venientia ꝓpter finis dictum est. Ergo

recte Iuuenal⁹: ad terram tremulo descendūt clune puellę. Horati⁹: nō recte. Quod pulchręclunes.
x Sorte. S. fatali necessitate. y Troiam incensam. S. propter Ilium.
u Videntē. C locus tractus e Tusculanis Tullii. Et ex Tragedia vetusti poetę. Hęc oīa vidi inflāmari. Priamo vt vitā euitari: Iouis aram sanguine turpari. a Pergama. S. quę Troianę arces sunt Sed κατ᾽ ἐξοχὴν oēs arces pgama dicunt: vt cum poetam dicim⁹: intelligimus Virgiliū. b Asię. S. quia imperauerat Phrygię et Mydonię. c Iacet in. lit. truc⁹ G

Hęc finis priami fatorum: hic exitus illum
Sorte tulit: troiam incensam & plapsa videntē
Pergama: tot quondā populis terrisq3 supbū
Regnatorem asię: iacet ingens littore truncus:
Auulsumq3 humeris caput: & nomine corp⁹.

Ita narrat mortem Priami: vt modo tangat opinionē illorꝝ qui volunt illum casuꝫ ad hercęā arā: mō illorꝝ: qui aiunt ipm a Pyrrho tractū ad sygeum: vbi erat sepulchrum Achillis: Et ibi in littore amputato capite. interfectum. d littore trun. SER. Pompei⁹ tangit historiam: Q̄ dixit littore: tangit id qđ in Pacuuii tragedia continetur: nec recte sensit Donatus littus eē locum ante aram a littando dictum. Nam litto primam breuem habet. littus vero longam.
e Sine nomine. SER. sine agnitiōe.

At me tũ primũ [f] seuus circumstetit horror:
Obstupui: subijt chari genitoris imago:
Vt regem' equeuum crudeli vulnere vidi
[g] Vitam exalantẽ: subiit deserta Creusa:
Et [h] direpta domus: & parui casus Iuli
Respitio: & que sit me circum copia [i] lustro:
Deseruere omnes defessi: & corpora saltu
Ad [k] terram misere: aut ignibus egra dedere.
Iamq; adeo supe vnus eram: cum limina veste
Seruantẽ: & tacitam secreta in sede latentem
Tyndarida aspicio: dant clara incendia lucem
Erranti: passimq; oculos percuncta ferenti.
Illa sibi infestos euersa ob pergama teucros:
Et Danaum poenas: & deserti coniugis iras
permetuẽs: troie: & patrie cõmunis erynnis:
Abdiderat se se: atq; aris inuisa sedebat.
Exarsere ignes animo: subit ira cadentem
Vlcisci patriam: & sceleratas sumere poenas:
Scilicet hec sparthã incolũis: patriasq; mycenas
Aspiciet: partoq; ibit regna triunpho:
Coniugiũq;: domũq;, patres: natosq; videbit.
Iliadum turba: & phrygiis comitata ministris:
Occiderit ferro priamus: troia arserit igni:
Dardanium totiens sudarit sanguine littus:
Nõ ita: nanq;: & si nullũ memorabile nomẽ
Foeminea in poena est: nec h; victoria laudẽ:
Extinxisse nephas: tñ & sumpsisse merentis
Laudabor poenas: animũq; explesse iuuabit.
Vltricis fame: & cineres sacrasse meorum.
Talia iactabam: & furiata mente ferebar:
[l] Cum mihi se: nõ añ oculis tam clara: videdã
Obtulit: & pura per noctẽ in luce refulsit
[m] Ama parens: confessa deam, qualisq; videri
Celicolis: & quanta solet [n] dextraq; prehensum

f Seuus. SER. quia est bon⁹: vt letusq; parctus horror sit. CRI. Seuus. Inuictu Aenee animum ostendit: sed et pium: qui suo periculo nunq; mot⁹ omnia extrema pro patrie defensione adiit.

g Exalantem. S. secundum eos qui animã ventum volunt: vt: Atq; in ventos vita recessit. CRI: Exalantem. Secundum Anaximenem: qui dicebat vitam spiritu contineri.

h Direpta. S. pro diripienda. pticipiũ p pticipio.

i Copia. S. Notadũ de exercitu numero dixisse singulari: quum copias de exercitu numero plurali dicamus. Vt: Salustius Memorare possẽ qui h⁹ in locis maximas hostiũ copias po. Ro. parua manu fuderit. Copia vero aliarum rerum est.

k Ad terram misere. C. CR. Nam qui validiores erãt saltu se dimisere: qu. vero vulneribus confecti igni se aduoluebãt. Omnia autem sunt ad laudẽ Aenee: qui non prius pugnare destitit: q; se ab oĩbus relictũ animaduertit.

l Cum mihi se non SERVIVS. Ordo est: Cum michi se vidẽdam oculis otulit: nõ ante tã clara. CRISTOFERVS Cum mihi se non ante tẽ In nostris allegoriis ostẽdimus: Quere in hoc loco de habitu diuino: et q̄lis est apparet Aenee. Alibi vero sub habitu mortali. Estq; hui⁹ rei sensus pfundus: que ibi repies

m In luce refulsit. SERVIVS. In nymbo: qui cum numinibus semper est.

m Alma. CRI. Epitheton conuenientissimum Veneri cuncta animãtia: gignendo omnia genera alit. Sic Lucretius. Aeneadum genitrix hominũ diuumq; voluptas alma venus.

n Dextera: q; prehensum SERVIVS Ea corporis parte qua helene ictum minabar: que in templo ueste stabat ornata: Vt enim in primo diximus aliquos hinc versus constat esse sublatos: nec imerito: Nam & turpe est viro forti contra foeminam irasci. & contrarium est Helenam in domo Priami fuisse hilarẽ que in sexto dicit: quia in domo in venta est Deiphobi: postq; e summa arce vocauerat argiuos: Hinc autem versus esse sudlatos. Veneris verba declarant dicentis. Non tibi tyndaridis facies inuisa.

o Roseo SERVIVS. pulchro: perpetuum epitheton veneris.

o Insu℞.SER. Super quod continuerat. p Indomitas.S.Magnas. q Quid furis.S.Furor enim est: virum fortem ruere in mulierem. r Nostri.SER. Genitiuus pluralis est. Facit autẽ se vnũ de familia Aeneę: s Puer.S.filius.Horatius.Dicam et lauden puerosq; ledę. t Hauserit.S.percusserit:vt.lat⁹ haurit apertum aut vorauerit. v Non tibi tindaridis.S.declarant hęc verba versus illos esse sublatos. Tyndarides: Ita de Helẽa dicit:vt de hercule Amphitryonides.Nã de Leda et Ioue nati sũt Helẽa et pollux: De Tyndaro & Clytemnestra Castor q solus mortalis fuit Sed Pollux secũ partitus est immortalitatẽ de Helene aũt immediate apparet:Nam frẽs cum argonautis profecti sunt:quorum filii cum Thebanis dimicauerunt.deinde nepotes cum troianis.ergo nõ durasset Helena p tot secula nisi immortal' fuisset. Non est error prius a Theseo rapta in egypto protheo cõmendata est. x Lacena:S.a laconia ꝓuintia.Et est minor deriuatio pricipalitate: qđ ratum est. y Aspice: S.de Homero tractũ qui inducit Mineruã ꝓstantẽ ista Diomedi. C. Aspice. Simile est in quarto Homeri:vbi pallas ait Diomedi.αχλυν δ αυτοι απο οφθαλμων ελον η πριν επην οφρ ευ γινωσκης ημεν θεον ηδε και ανδρα z Obducta.S. supi ducta. a Oẽs nu eri.S: Ordo ẽ Oẽs ti,nubẽ eripiã quę humida circum caligat:& hebetat mortales vis⁹ tuẽtidr̃ ãt nebula orta de terris obesse nr̃is obtutib⁹ Vnde aquila:qa supra nebulas est:plus videt.Vel quia ignorantes visum venereũ dicuntur videre nũina. vñ nũc merito p⁹ veneris abscessum numĩa vidisse dr̃ Aeneas C. Oẽs nubẽ eripiã. Est sententia Platonici Porphirii:qui iquit latet omne venenum: Tamen anima: cum ab officiis corporis paululum libera ẽ.Interdũ aspicit.nõnunq; intendit aciem.nec tamen ꝑuenit: & cũ aspicit:tamen non libero:sed directo lumine videt:sed interiecto velamie:quod nexus naturę caligantis obducit. Hoc in natura esse:Virgili⁹ (teste Macrobio) his versib⁹ asserit hoc velamen cũ in quiete ad veram vicq; aciem animę:vt introspiciat admittet de cornu credit. Cuius natura est:vt tenuatũ visui sit peruium. Cum aũt a vero hębetat ac repellit obtutum:tunc ebur putatur:cuius corpus ob densitatem ne tenuatum quidẽ visum admittit. Hoc Maro per geminas somni portas exprimit.

b Ne.S.ꝓhibentis est & imperatiuuo iungitur: c Neptunnum.SER. Aiunt Neptunnũ cum Apolline Troię fabricatũ esse muros:vero constat Laomedontẽ his diis certam voluisse pecuniã ad sacra facienda: q̃ deinde traustulit ad fabricam murorũ. Vnde dii fecisse muros:& offensi esse dicunt. Facit autem eos opera sua euertere. Nam Iuno portarũ dea ẽ. Portã eni lumis nascẽtibus prębet: Minerua arces ↄdidi, tvt:Pallas q̃s condidit arces ipsa colat: Neptunno autem fundamenta sunt consecrata: cui⁹ arbitrio mouentur: Vnde ενοσιχθων. dicitur:id est terram mouens aquę concussione: vt terręmotus ↄtinet opiniones.

DONATVS. Neptunnus.cum deos inimicos Troianis enũerasset:posuit Iouem.

Continuit:roseoq; hęc insuper addidit ore.
Nate quis indomitas tãtus furor excitat iras?
Quid furis?aut q̃ nã nostri tibi cura recessit?
Non prius aspicies:vbi fessum ętate parentẽ
Liqueris anchisen?superet cõiunx ne Creusa?
Ascaniusq;:puer? quos oẽs vndiq; graię?
Circum errant acies:& ni mea cura resistat:
Iam flammę tulerint:inimic⁹ et hauserit ensis.
Non tibi tyndaridis facies inuisa lacenę.
Culpatus ve paris:verum in clementia diuum
Has euertit opes:sternitq; a culmine troiam.
Aspice:nanq; omnẽ quę nunc obducta tuenti
Mortales hebetat visus tibi & humida circũ
Caligat nubem eripiam:tu ne qua parentis
Iussa time:neu pręceptis parere recusa.
Hic vbi disiectas moles,auulsaq; saxis.
Saxa vides:mixtoq; vndantẽ puluere fumum
Neptũnus muros:magnoq; emota tridenti

CRISTOFE. Neptunnus a nando dicitur latine: quia vis aquea est:Et quoniam ab aqua nobis potus prouenit apud grecos: ποσιδαων quia potũ det appellatur. Venus est e filiis Saturni. Fingitur enim Saturnus oẽs filios vorasse:exceptis his quattuor Ioue Neptunno:Iunone & Plutone:Hi quattuor sunt elementa:Iuppiter.ęther.Iuno.aer.Neptunnus aqua. Pluto terra. Ergo Saturnus:id est tempus:qui cętera oĩa apud nos generata: consumit ipsa elementa: ex q̃bus reliqua componuntur.non ↄsumit. Sed ipa assidua mutuaq; trãsmutatione:vt nihil eñ inde pereat alia in aliud inmutantur.

Hec physice sm. vero historiam Saturni regis filius fuit: et quoniã in diuisione regni sibi insule obuenerunt: deus maris puta tur. Diodorus ait: Neptunnũ primum ea que ad nauigandũ pertinet inuenisse: a Saturno huiusmõi rebus prefectum. Et primũ equum domuisse: & precepta equestris artis prebuisse: ex eoq; hyppum esse nomiatum. Appellatur ꝑterea Ennosigeus et Ennosichthon: quoniã terram quatiat mare. ενοσις enim concussio est: terra aũt χθων & γαια dicit. Credit enim terremotus: aquis gigni: qua propter Thessali: vt ait Herodot⁹: dicũt olim flumina: que in Thessaliã cadunt exitũ non habuisse: proptereaq; regionem omnem illam stagnũ fuisse: sed deinde Neptunnum illis viam aperuisse. Hoc icciro fingũt q̃ niam terremotu montes qui hactenus sibiinuicẽ coniuncti exitum fluminis denegabãt: diuulsi viam aquis ꝓbuerũt. Fundamenta autẽ quatere inducitur a poeta. Quia illi sacra sunt: nec id temere: Nam architecti cum solidũ in iacendis fundamentis non reperiant: ad quam vsq; illa dimittũt.

rex Iuppiter omibus idẽ. Ergo honesta causa fugiendi est Aenee. DO. Ipse pater. quasi qui nos contra alios: cũ maioris sit potestatis: defendere debuit: ergo hoc dest iturũ auxilio tum simus: cedendum est nobis. CRIST. Ipse. Emphasis: quasi qui omnibus equus esse debet: & tunc est pater. scilicet hominũ et deorum. Vel quia pater: scq meus quod ostendit preter omnia esse dolendum.

k Secundas. SER: Nam et in Troianis fuerunt: sed nõ prospere. l Eripe. SER. Raptum fac. DO. Eripe nate fugã. quia sciebat nõ facile posse suaderi fugã Aeneç: icciro dixerat: tu neq; parentis iussa time: neu preceptis parere tecusa. Quapropter cedẽdum erat cum quo potest omnia: & fauere debebat cõtrarius esset. CRI. Eripe fugam. Non enim fugã viro forti persuasisset: nisi prius omnem defendendi spem exclusisset. Quis enim audeat cõtra tales deos? Verum ex his versibus grauissima elicitur per allegoriam sententia.

Fundamenta quatit: totãq; a sedibus vrbem
Eruit: hic Iuno sceas seuissima portas
prima tenet: sociumq; furens a nauibus agmẽ
Ferro accincta vocat.
Iam summas arces tritonia respice pallas
Insedit nymbo effulgens: & gorgone seua.
Ipse pater Danais animos viresq; secundas
Sufficit: ipse deos in dardana suscitat arma.
Eripe nate fugam: finemq; impone labori.
Nusq; abero: & tutũ patrio te limine sistam.
Dixerat & spissis noctis se condidit vmbris.
Apparent dire facies: inimicaq; troie
Numina magna deum.
Tum vero omẽ mihi visum consulere in ignes
Ilium: & ex imo verti neptunia troia
Ac veluti summis antiquã in montibus ornũ
Cum ferro occisam crebrisq; bipennib⁹ instãt
Eruere agricole certatim: illa vsq; minatur:
Et tremefacta comam concusso vertice nutat:
Vulneribus donec paulatim euicta supremũ
Congemuit: traxitq; iugis auulsa ruinam.

d Tridenti. S. omnia in ns. exeuntia: aut pricipia sunt: aut noia: Sed pricipia si sint: ablt̃m: & in e: & in i mittũt pro nostro arbitrio. Iuuenal. Nec ardenti decoxit aheno. Cõtra: Semp q; ardẽre camino. Si vero noia fuerint in e. tantũmõ exeunt. Si aũt eadẽ sint: & noia & pricipia: vt amãs: quum noia fuerint omĩmõ i emittũt: quũ pricipia licenter vtimur: q̃ qt tridẽsẽ nomẽ: tridẽte d; dicere. S; nouitatẽ affectauit: nulla cogente necessitate. Sane in noibus q̃ et ppria esse pñt. Et appellatiua: vt liberalis. foelix. Iuuenalis: gentilis: a pprio in e exit ab appellatiuo in i.

e Iuno. C. est hec dea portis icciro ꝓposita: q: ipsa Lucina est: que infantib⁹ exitum in lucem prebet. Quia autem portis per quas est ingressus ꝑerat: kalende q; mensium illi erãt sacre: quia ingressus sunt mensium.

f Furens. S. irascens.

g Tritonia pallas. S: Duo anthonomasia sine noie ꝓprio. C. Pallas: q: nata ẽ e vertice Iouis: arcib⁹ ꝑest. q̃ vrbis sunt vertices: vel quia bellicosa dea est. Vl' potius quia sapiẽtia potiusq; corporis vires tutelam prebet vrbi.

h Nymbo. S. nube diuina. Alii limbo legũt: Et est pars vestis extrema: que instita dicitur. Horatius. Quarum subsita talos tegit instita veste.

i Ipse pater. SER: qui omnibus vnus esse consueuit: v-

m Nusq; abero. SER: Necessariũ erat illi numinis auxilium: si teneret danai qua desigit ignis. DO Nusq; abero. Nam sine suo auxilio cum esset flãmis telisq; hostilibus circũdatus: quomodo fugere potuisset.

n Limine. SER. in limine. o Sistam. C. plus est q̃ si dicat ponã. Nam sistere est ita collocare: vt non facile inde detrudari queat.

p Apparent dire facies SER. Secundum Mathesim post abscensum Veneris dira dicuntur apparuisse numina: cuius presentes radii interueniẽntes ante reticos tempe rans. q Tum vero. SER. Nam antea & ab hectore audierat: & pse viderat euerti troiam sed non omnẽ. CR. Tum vero. Nã & si ante in summo periculo rem esse putarem: tamen cũ tunc cõtra nos alia numia stare viderem iudicaui ita esse in igne Troia: vt nulla vi eripi posset: ex comparatione autem circumcise arboris nititur ostendere: nisi vndiq; & a diis & ab hominibus oppugnata fuisset illam expugnari non potuisset.

r Ferro & bipen. SER. Tantologia est. r Eruere SER. pro deiicere. Et est acyrologia.

s Minatur. SER. Aut eminet: aut mouetur.

t Ruinam. SER. aliarum arborum.

y Do. SER. secundũ eos qui dicũt vtriusq; sexus participationis habere numina. Caluus: Pollentemq; deũ Venerẽ. Itẽ Virgi. Nec dextrę erranti deus absuit: cum aut Iuno: aut a lecto fuerit. Est etiam in Cypro Barbatę Veneris simulacrum. GRIST. Ducente deo: Recte Seruius. Adde etiã ex Macrobio q simulacrum illud barbatum vestem tamẽ muliebrẽ habebat. Et sceptrum virile qua eandem marem ac foeminam putarent. Aristophanes quoq; Poeta Aphroditon illam in masculino genere appellat: Et Leuinus ait: Venerẽ igit almũ adorans siue foemina: si

Descendo: ac ducẽte deo flãmã int & hostes
Expedior: dant tela locum: flãmęq; recedunt.
Ast vbi iam patrię puentũ ad limĩa sedis
Antiq́sq; domos: genitor quẽ tollere in altos

ue mas est: ita vti alma nocticula. Philochorus eandẽ putat esse lunam: Illiq; sacrificare viros veste muliebri. Et mulieres veste virili: q & mas estimetur & foemina. Varro autem affirmat sub regibus apud Romanos nullum venerę neq; grecum: neq; latinum nomen fuisse.

x Flammam inter & hostes expedior. DONATVS. Debuit hoc prestare Venus: & quia mater: & quia dixerat: Nusq; abero.

y Antiquas domos. SER. Caras. aliud pendet ex alio:

Nihil enim interest carum dicas: an caritatis causam. Domos autem ambitiose dixit.
z Primum. SER. id est precipuum.
a Exiliumq̧. CRIS. quod apud mortales ita durum videtur: vt mors illi videatur p̄ferenda: presertim seni: qui omia meliora desperat. b Vos o. SER. Obliqua oratio est: Nam aperte quidem hoc agit: vt relinquatur: latenter vero aliud per quod nimia Aeneę ostēditur pietas: q̧ nec iustis causis mouetur: vt patrem relinq̄nt.

ne minus significent: vt satis perfectus. Nam queritur: vtrū perfectius possit facere: ne incipiat pfectus minus significare. DO. Satis vna. Scelus est patriā vidisse: & dolor immensus: q̧ adhuc post eius interitū viuim⁹: et adhuc de viuendo cogitam⁹. h Vna excidia. S. Sub laomedonte vnū excidiū viderat: s̄ emphaticos dixit excidia. C. Vna excidia. Ex licentia poetica vtitur plurali ī ea significatiōe quā singularem esse vult: cum & vnū dicat: & in singulari inueniat̄ excidium: sed redditur nescio: quomō maior ipsa oratio.

c Integer cui sanguis SER. plenam ętatem significat ex sanguine: qui non est integer: nisi in iuuenibus. Nā dicūt Physici minui sanguine p ętatem. Vnde in senibus tremor est. CR. Integer sanguis alit. Quoniā inanimatū corporibus calor semp agit ī humore: ipm q̧ veluti suū pabulū absumit: pereat aīal necesse est nisi assiduo alimēto restaurent̄ corpora. Hoc igitur q̄d sumimus alimentum: quarto intra nos decoquitur. Primo ī stomacho. Secūdo ī epate. Tertia autē decoctio fit cordis: epatisq̧ opera: ac postremo perficitur. quarto invenis. Appellant q̧ in huiusmōi totū decoctū tum chilum: tū chimū: quod per venas discurrēs in id membrū conuertit: cui adheret & restaurat: quod inde ex calore perierat. Et quāuis vniuersa hęc res ex quattuor constat humoribus sanguie: pituita: bili: & atrabili: tamē quia sanguis in illa maior nobiliorq̧ pars exstitit: sanguis appellatur. Hic quia pollentior calidiorq̧ in iuuenili ętate est reddit iuuenum corpora robustiora. Nam vires sunt ex neruis: q nisi calore iuuent̄ debiliores redduntur. Est igit̄ in ea ętate integer: nec dū p ętatē imminut⁹: In senib⁹ vero contra.
d Solidę: CRISTO. nulla ex pte diminuto.

Optabam primū montes: primumq̧ petebā:
Abnegat excisa vitam producere troia.
Exiliumq̧ pati: vos o quibus integer ęui
Sanguis ait: solideq̧ suo stant robore vires:
Vos agitate fugam.
Me si cęlicolę voluissent ducere vitam:
Has mihi seruassent sedes: satis vna superq̧
Vidimus excidia: & captę superauimus vrbi.
Sic o sic positum affati discedite corpus.
Ipse manu mortē inveniam: miserebit̄ hostis.
Exuuiasq̧ petet: facilis iactura sepulcri est
Iam pridem inuisus diuis et inutilis annos
Demoror: ex quo me diuū pr̄: atq̧ hoīm rex
Fulminis afflauit uentis: & contigit igni.
Talia perstabat memorans: fixusq̧ manebat.
Nos contra effusi lachrymis: cōiunxq̧ creusa

i Sic o sic positū affati dis. corp⁹ 7c. S. Sēsus talis est. pstate vos mihi funebre soatiū: id est affamini me vt dici mortuis solet: Vale: vale: vale: Vnde. Et magna supmū voce ciemus. mortē aūt ego manu hostis inuenīā. Nam hic ordo ē. Ego inueniā māu hostis mortē: ille miserebit̄ & petet exuuias.
k Corpus. D. Non dixit viuū hominē: sed corpus scilicet eius, qui non viuendi: sed moriendi cupidus esset.
l Ipse manu mortē. D. Rn̄det omnib⁹ quę pūt obiici. m Miserebit̄ S. dixit affectu eius: qui cupiebat interimi: vt eū hostis q̄i miserat⁹ occideret: Sic in octauo mr̄ Euryali: Aut tu sūme pr̄ diuū miserere tuo q̄ inuisū hoc detrude caput sb̄ tartara tello. n Exuuiasq̧ pe. S. quasi obiectio: s̄ expoliatū linq̄t cadauer: & responsio. o Facil iact. sepul. S. Aut fm epicureos: qui dicūt nīl supesse p⁹ mortē: aut facil' sepulturę natura ē: quā pt ruina pstare. p Annos demoror. S. q̄si festinātes diu viuendo detineo.
q Fulmīs affl. vē. et c. S. Tria sunt fulminū genera. Est q̄d afflat: q̄d incēdit: q̄d scidit. De hoc āt fluit: fulmīat⁹ ē anchises q̄ se cū venere cōcubuisse iactabat. C. Venēis fulmis. Nā si ict⁹ fuisset fulmine perisset ptin⁹. Verū

e Suo robore. S. i. proprie sine alterius auxilio: quo eget Anchises. f Cęlicolę. S. ad q̄s nr̄a ptinet vita: vt haud credo inuisus cęlestib⁹ auras: Vital' carpis: et nos iuuenē exanimū: et nīl iā cęlestib⁹ vllis Debētē. Et igne⁹ ē ollis vigor & cęlestib⁹ origo. Anima eñ coe ī pars est vmbra inferorum. Ideo ergo nō posuit generale deorū nomen: & addidit coelestibus: ne crederent̄ inferni dii. qui datores vitę nō sunt. D. Me si cęlicolę. Aperta coniectura me inuisum superis. C. Me si cęlicolę: quasi nō videant̄ velle eos viuere: quib⁹ adunāt ea qbus cōmode viuere possint. Est ā toro quę nō caret indignatione: & ex obliq̄ imputat mortē suā diis: q̄d nō ex rōne: sed ex pturbatōe facit. g Satis superq̧. S. ad augmentū supq̧ addit. Est autem Temesis. Sane sciendū est esse aliqua quę augmentū non recipiunt:

vēto fuit pcussus. De q̄ re et de oī genere fulmie alio loco scripsim⁹. r Fix⁹. D. Immobil' sentētia. s Nos cōtra. S. Ppositiōes l' aduerbia ī a exeūtia mō pducūt vltimā lr̄am: excepto puta et ita. Quia apud Enniū et Pacuuim breuia'l'it. Hi ē q̧ etiā nūero snoīa idecliabilia a pducūt vt trigita magnos voluēdis mēsib⁹ orbes. Alia vero q̄ declinant̄: breuia sunt secūdū rōnem noīm in a exeūtiū. D. Nos ɔtra. q̧ fuga eēt sola petēda: & sine ipa fuga nō erat. orabam⁹: ne vniuersā domū dū negat se fugiturū pderet. Ergo ɔ a ex illi⁹ volūtate pēdebāt. C. Nos cōtra: Nihil ex his p̄termissum: a qb⁹ ad fugā capiendā psuaderi potuit. Nī nō debuit eneas ī eā despatōeʒ deduci: vt reiecto fuge pposito idubitatā mortē rueret: nisi pri⁹oīa tentasset: qb⁹ prēm quē relinq̄re nephas putabat ī sniam suā traducere (posset.

Ascaniusq;: omnisq; domꝰ: nevertere secum.
Cũcta pater: fatoq; vrgenti incumbere vellet.
Abnegat: inceptoq; & sedibus heret ĩ iisdem.
Rursus ĩ arma feror: mortẽq; miserrimꝰ opto.
Nam quod consiliũ: aut q̃ iam fortuna dabat:
Me ne effere pedem genitor te posse relicto
Sperasti: tantumq; nephas patrio excidit ore:
Si nihil ex tanta superis placet vrbe relinqui:
Et sedet hoc animo: perituręq; addere troię
Teq; tuos q; iuuat: patet isti ianua leto.
Iãq; aderit multo priami de sanguĩe pyrrhus:
Natũ añ ora patris: patrẽ q obtrũcat ad aras.
Hoc erat alma parens: q̃d me ꝑ tela ꝑ ignes
Eripis: vt mediis hostem ĩ penetralibus: vtq;
Ascaniumq; patremq; meũ: iuxtaq; creusam:
Alterũ in alterius mactatos sanguine cernam.
Arma viri ferte arma: vocat lux vltima victos
Reddite me danais: sinite instaurata reuisam
Pręlia: nunq; omnes hodie moriemur inulti:
Hinc ferro accingor rursus: clypeoq; sinistram
Insertabam aptans: meq; extra tecta ferebam.

t Omnisq; domus. S. modo familia: vel domicilium interdum reuera domus. v Mortem opto. SER. Contra fatorum vim: & matris auxilium. x Me ne. SER. probare pietatis filium. Nam pronomĩa habẽt vĩ suã nonnũq; & emphasim: vt cantando tu illum. D. Me ne Inuidiosa dictio: sed q̃ plẽa esset pietatis: & ex affatu religioso perfecta. Habet autem grauissimum pondus in ꝓn ominibus me & te: me scꝫ filium tuum: cuius pietatem officia: & religionemq; optime comprobasti. Te. qui sis pater meus: et probe nostri quid patres liberis ac patribꝰ liberi debeant. Te qui senecture & morbo grauis sit: & quẽ ita relinquere sit scelus hoc tpe: & hoc loco: vbi hostes sint & flamma. potuisti ergo loqui q; me faceret paricidam. CRIS. Me ne efferre. Obiurgatio in parentẽ asperrima est. sed tamen ita circumspecta: vt non sit impia. Efferre pedem. Plus est q̃ si dicat discedere. Nã possumus e domo pedẽ proferre: & tamen non alio migrare. Habet aũt vim maximam me et te. Me scilicet filiũ parenti deditissimũ: Et te scꝫ talem tantũq; patrem: & cui omnia debeo: ergo nephas ẽ quod dixisti. Vos agitare fugã. Conuincit igitur parentem: sed non tamen omni excusatione priuare illum debuit. Itaq; non dixit tantum nephas extulisti: quod potuit fuisse pręmeditati hominis: sed dixit: excidit: quod nõ a ratione: sed a casu est. Nam dicimꝰ: excidere verbo: cum impręmeditata ex ore ꝓfluunt Vt sit sententia non hoc dixisses: si rem diligentiꝰ considerasses.
y Posse. SER. Plus est q̃ velle. z Excidit. S. Bene excusat patrem dicendo excidit: & non potest: quia non pręcedit nomen:
a Si nihil. DONA. Articiosa oratio: Nam causa interitus oim & exemplo ostendit affuturũ: qui filium nepotemq; in suo conspectu interimat: cum iam ea crudelitate visus in polytę sit: qui nunq; patrem interẽpturus sit nisi prius cęso filio. Hoc erat alma parens: ostẽdit materna beneficia cõuertit in perniciem. CRIS. Si nihil ex tanta. cum non possit: illum proprio suo periculo conatur mouebat periculo totius familię: Nã senum est magis suorum posteritati q̃ sibiipsis consulere.
b Natum ante ora pa. SER. his rebus terret eum qui nõ potest mortem timere.
c Obtruncat. SER. obtruncare consueuit.
d Cernam. DO. Ad omnia pertinet: et propterea non semel accipiendũ est. e Arma viri: ferte ar. S. Notant hoc critici quia sępius armari aliq̃s dicit: cũ exarmatos nusq̃ ostendat: qui nesciũt non omia a poeta. vt supra diximus dici debere: Nã & diem describit nocte non pręmissa. Superflue enim dicũtur ea quę necesse ẽ fieri. Quis ei domum ingressus non arma depõat. D. Arma &c. Cõabaẽ flectere patrẽ in suã sẽtẽtiã: cũ filii ꝑiculũ cerneret e Vocat luxu &c Do. vt intelligat nõ sũmi arma ad salutem: sed ad mortem. Nec inde aliud sperari q̃ aliq̃ vltionem.
f Reddite me Danais: SER. Quibus me substuit mater.
g Instaurata. CRS. pro restaurata: vel quę gręci iam deficiẽtibꝰ nobis restaurũt: vel instaurata: i. instaurabilia: q̃ ego meo aduẽtu restaurabo.
h Moriemur. C. Ostendit se proficisci ad certã mortem: vt incuteret terrorem patri: sed tñ ostendit fortitudinẽ animi cũ nõ morietur inultis.
i Hinc ferro &c. D. Quoniã ne his qui dictis motꝰ erat. C. Hinc ferro. n õem deposuerat arma q̃bus corpus tegebat: vt est lorica. et similia: sed q̃ facile esset & deponere et resumere.
k Insertabam. CR. Vehementer inserebam: nã plura lora sunt in scuto: in q̃bus manꝰ brachiũq; inseritur. l Ferebam. CRRISTO. ferre volebã. Sed ipsa coniunx se mihi in limine opponens: pedes amplectens detinebat: & hęrebat mihi: id est non discedebat me: Et quoniam non potuisset vincere: viribus voluit flectere misericordia: ostẽdẽdo filiũ: cuiꝰ salutem prodere videbaẽ. Captat aũt misericordiã ab ętate: Nam ducit Pathos ab infantia: vt infantumq; animę flentes in limine primo. A pueritia: vt Infoelix puer: atq; impar cõgressus achilli. A iuuẽtute: vt Impositiq; rogo iuuenes añ ora parentum. A senecta: vt: Danai miserere senecte. Et hic: Cui pater. Item a sexu foeminco.

m Patri. D. non dixit mihi: sed patri: vt si maritū non flecteret saltem patrium affectum moueret. n Tendebat. S. offerebat. o Si periturus. S. Argumentū dilemma: id est complexio q̄ aduersariū ab vtraq̄ pte cōcludit: p Cui paruus. S. Et interrogat et epitheto cōmēdat ętatē. q Quondā tua dicta. S. quōdā aut aliq̄n: & quasi nunc nō sit q̄ relinquit: vel q̄ndā. i. semp. Sic in Georg. Vt quondā in stipulis magnis sine virib⁹ ignis: Et ē sensus: quā semp cōiugē nō nominasti. habet em̄ quęuis noīari nō nisi nobilis. C. Quōdā dicta q̄si dicat priuabor hoc honore: ne dicar ampli⁹ tua cōiunx r Vociferās. D. Non solū verbis: verum etiā gēitu ōndēs. C. Vociferare ē elata voce nō mō indignitiōem: sed etiā dolorē: vt hic ōndere: aliq̄n etiā vehemēter clamare.

s Cum subitum. D. Talis est locus iste qualis ē. Talia iactanti stridēs aq̄lone procella. Item. Hęc dū Dardanio Aeneę miranda vidēt &c. Item Talia fundebat lachrymās lōgoq̄ sciebat incassum fletus. Nam incerta & insperata innectit: non expectans verbosum finē:

t Mirabile. D. Nam fiebant multa contra naturam: vt flamma quę tangebat ea non vreret. t Monstrum. SERVI: ... est a mōstrādo dictū: & refertur ad pręsens eius significatio: Prodigium autem est: quod in longum tempus prodigit significationem.

v Inter. S: mutauit accētū cum sit postposita. Significat aūt aliq̄n per: Fuit inter manus parentum: id est inter complexus. nō enim portatum dicemus eo tempore: qui post septem annos: & venatus est: & pugnauit. x Fundere lumen apex &c. SER. Proprie dicitur in summo fluminis pileo virga lanata: id est cuius extrēitati modica lana ē: q̄ primū cōstat apud Albā Ascaniū cōstituisse: modo ꝓ sūmitate pilei intelligim⁹. Tangit autē latenter historiam: hocq̄ de igne ad Seruiū Tullum pertinet. Nam cū otriculanam vrbem cœpisset: Tarquinius prisc⁹ ex serua domi natus est Serui⁹ tullus: cui dormienti flamma caput corripuit: quam cum vellet restringere Tanaquil regis: vxor auguriorum perita phibuit. flāma ꝓo puerū cū somno deseruit: vñ intellexit eū clarum fore. Lucem: Perite dixit & non vt in septimo: Tum fumida lumine fuluo: nam & illic splendor cum fumo est: qui ꝓ causa lachymarū est. In Ascanio autē solus ostendit splendor.

y Flamma. CRI. Ex historia Seruii Tullii sexti regis Romanorum eduxit: de qua Plinius in historia naturali sic ait: Tarquino prisco regnante tradūt repente in foco apparuisse genitale ex cinere masculini sexus: eamq̄ quę ibi insederat: Tanaquillis reginę ancillam Ocrestam captiuam consurrexisse grauidam: vnde Seruius Tullus natus est: cui deinde in regia accubanti caput ardere visum est: creditusq̄ laris familiaris filius. ob id Compitalia ludos laribus primus instituit.

Ecce autem complexa pedes in limine coniūx
Hęrebat: paruumq̄ patri tendebat iulum.
Si periturus abis: & nōs rape in omnia tecū.
Sin aliquā expert⁹ sumptis spem ponis in armis:
Hāc primū tutare domū: cui pu⁹ iulus:
Cui pater & cōiunx quōdā tua dicta relinq̄r:
Talia vociferās gemitu tectū omne replebat.
Tum subitū dictuq̄ oritur mirabile mōstrū.
Nānq̄ man⁹ inter mœstorū q̄ ora parentū
Ecce leuis summo de vertice visus iuli
Fundere lumen apex: tactuq̄ innoxia molli.
Lambere flamma comas: & circū tempa pasci.
Nos pauidi trepidare metu crinēq̄ flagrantē
Excutere: & sanctos restringere fontib⁹ ignes.
At pater anchises oculos ad sydera lętus
Extulit: & coelo palmas cum voce tetendit
Iuppiter omnipotens p̄cibus si flecteris vllis:
Aspice nos: hoc tamtū & si pietate meremur.

z Pasci. SER: crescere. Vt sacrū tibi: pascere crinem. Ponit autem historice infinita pro indicatiuis. CRIS. Pasci. Voluit naturā ignis exprimere: Solet enim flamma vbi nutrimentū deficit in aliam partem more pascentium pecudum desilire. Vel dixit ex opinione egyptiorum & Persarū: qui ignem aīal existimant: quod quęcunq̄ re pascatur: atq̄ saturū vna cum depasta re interire. Quapropter cum Cambises Persarū rex cadauer amasię regis e mōumētis eductum vri iussisset: & per fas offendit: qui ignem deum cum putent inquinare cadaueribus lege vetentur: & egyptios qui cadauera ita nephas ab animali attingi putēt: vt ea cōdiant ne a vermib⁹ corrodantur.

a Sanctos. SER: non quos tunc sciebant scōs sed postea pbarunt: CR: Sanctus secundum Trebatium: aliq̄ndo sacrū & religiosum est aliq̄ndo castum & purum: ergo hic sanctos quia cęlestis sunt. sacros dicemus sic ibi. Tu quoq̄ o sanctissima vates pręsia venturi: Nā & vates & deo plena et sacerdos. In secūda significatiōe ē ibi: Sancta ad vos anima atq̄ istius inscia culpę. Item tu q̄ o sanctissima coniunx felix morte tua: id est incorrupta & casta.

b Pater anchises. DO. apud quem celestiū rerum scientia erat. CR. Anchises vates habitus est. Hinc Ennius doctusq̄ Anchisesq̄ ven⁹ quē pulchra dearum fari donauit diuinū pectus habere. Et Neuius in libro tertio belli punici. Sic postq̄ auem aspexit in templo Anchisa sacra in mēsa pēatiū ordīe ponūtur imolabat aureā victimā pulchram. c Oculos ad. S. Cōtra opinionē Theocriti: qui cęcatum eum fuisse commemorat

d Si flecteris. S. Aut secundum Stoicos qui fati asserūt necessitatem: aut secundū Epicureos: qui dicunt deos nō curare humana. CRIST. Si flecteris. addubitat an flectatur: quoniam parentū ciuium p recibus non sit hactenus flexus. Vel expone vt Seruius.

e Aspice. SERVIVS. Nam intuentes dii iuuant. Vnde est atq̄ oculos rutilorum reiicit aruis. & contra, Diua solo fixos oculos auersa tenebat.

f Omĩa firma. S nã nõ sufficit Romano more vnum vidisse augurium nisi firmet ex simili. Nã ex dissimilib⁹ posterioribus dissoluuntur priora: vnde est: Quantũ chaonias aquila veniente colũbas: nam ea illis plus p̃t. C. Firma: petebant enim augures: cũ nõ esset satis vnũ vidisse: vt alio augurio confirmarent: aspiciebant enĩ orientẽ: & q̃ videbant a septẽtriõe: quę pars mundi supior est, p̄spera e: fausta putabãt. At illa p̄seua est ait Dionysius g Vix ea fatus erat. DONATVS Ostendit ex hoc magnũ Anchisę meritum.

Da deinde auxiliũ pater: atq; hęc omĩa firma.

Vix ea fatus erat senior: subitoq; fragore

Intonuit leuũ: & de cœlo lapsa per vmbras:

Stella facem ducens multa cum luce cucurrit.

Illam summa super labente culmina tecti

Cernimus idęa clarã se condere sylua.

Signantemq; vias: tum longo limite sulcus

Dat lucem: & late circũ loca sulphure fumãt.

h Intonuit leuũ. SER. Leuũ prosperum est: quia cęleste. Sinistrũ aũt q̃ntũ ad auguria a sinendo est: q̃d vos agere aliq̃d sinat. C. Leuũ ergo p̄sperum quia septẽtriõale Si flecteris addubitat an flectat. q̃m peri tũ ciuiũ p̄cib⁹ nõ sit hacten⁹ flexus. vl' expone. vt Seruius Intonuit leuum. Etrusci coelum insedecim partes diuiserũt. ex quib⁹ octo ab exortu: sinistras totidẽ econtrario dexteras nuncupauere. Hinc oĩa flumina lęua apud latinos habentur p̄spera: quoniã leua mũdi pars est ortus: vt Plinius oñdit. Et Cice. in libro de diuinatiõe secundo. Optimum auspitium habebat apud Romãos sinistrũ: Grecis autẽ & barbaris dextra videbant auspicatiora: vt Ayax apud Hõerũ ait. Prospera Iuppiter nis dextris fulgoribus dedit. i Stella: C. non stella sed vapor ignitus. k Facem. S. lumen: quod vtiq; ex facib⁹ nascitur. l Multa cum luce. S. secundũ theologicam rõem q̃ asserit flammarũ tract⁹ nymbũ esse descẽdentis nũinis. Alibi secũdũ Physicã: vt vento impendẽte videb̃ flãmarũ lõgas a tergo albescere tractus.

m Cum luce. SER Ostendit claros scyntillę relictę: significant in varìis locis remansuros.

n, Idęa. S. Per quod significat Troianos apud Aeneam congregatos petitur⁹ idam. CRISTFRVS. Ida mons in Phrygia est sic appellata a teucro qui de Creta venit: quoniam in ea insula mons Ida est.

o Longo limite. SES Errorem per sulcum longũ maris ęquor arandum pręsignificat. C. Longo limite. Limes vię sunt: quę ex transuerso per agros ferunt: nã limis transuersus est. Hinc Terentius. Limis oculis dixit: q̈ ex obliq̃ aspiceret: Hinc limites agrorũ termini dicunt: hinc, est limen: q̈ ex transuerso in rama ponatur.

p Sulphure fu. SER. diuini ignis odor est: ex fumo mors Anchisę ostendit. CRI. Sulphuris ignem diuinum putabant: Hinc gręci sulphur θειον vocant.

q Victus. S a suo ꝓposito discedens. r Se tollit. S. Augurii verbũ: qui viso augurio surgebant ex templo. s Sequor et q̃ ducitis ad sum. D. primũ ẽ ducere: secũdũ sequi: sed ordinato sensu corrigit: vt sit: Qua me ducitis sequor. t Seruate nepotẽ. CRI. Nam veluti vates ad hunc puenturũ imperiũ prenouerat. v Vestrum hoc augurium. D. Quia vestrũ est auguriũ: vestrum est tueri. quod agimus.

vt caput: quacunq; velit facile se vertat: Vñ qui inflexibili animo sunt: dure ceruicis dicunt. dicta est ceruix: q̃ p eã cerebrũ ad medullã spine dirigit quasi cerebri via. Ceruicẽ vt ait: Quĩtilian⁹: prim⁹ Hortẽsi⁹ ĩ singulari dixit: ĩ vtroq; tñ nũero & p mẽbro & p superbia ponit. Cicero in vatiniũ. Inflato collo tumidis ceruicibus intulisti. Et Cato: Si caput aut ceruices dolent: locio caldo lauatio. Et Cornelius: Septem vertebre in cerebro sunt.

x Vestroq; i numĩe. S. in vobis habeo Troiam. y Cedo quidẽ. S. q. d. & si mortuus sim. D. Cedo. s. potioribus. z Comes. S. tm̃ ad solatiũ itineris. Nã moriturus erat. C Comes differt a socio. Socius em̃ dicit a socco: qui calceus est vtriq; pedi aptus: Socii autẽ in aliqua re dicunt q̃ ita pares sunt: vt in eo in q̃ sũt socii: alter altero maior minorue nõ sit. Comes aũt in eo in q̃ est comes minor est: etiam si dignitate: aut fortuna in ceteris maior sit. quapropter Cicero in orõne ad Cesarem p restituto Marcello: Marcellũ ipm socium sibi: et comitẽ appellat sociũ: quia mlta pariter in repub. egerãt. Comitẽ: q2 consul cũ dignitate pireet: multa ab illo adiumẽta assecutus est: itaq; cum Anchises ducatũ hui⁹ exercitus relinquat Aenee. Proptereaq; ille ĩ hoc maior sit: non dat se socium sed comitem. a Et iam. SER. s. dũ negat: dum ostenduntur auspicia. b Propiusq;. C. a prope ꝓpior & ꝓpi⁹ est: ita vt in secũda syllaba non sit r qñ ãt ẽ. nõ comparatiũ sed positiuũ proprius a. um. habet u. et in secunda. c Aestus. C. proprie est exundatio aq̃: cũ feruet in Aheno: propterea capitur pro calore: hinc estas:

Hic vero victus genitor se tollit in auras,
Affaturq; deos: & sanctum sydus adorat.
Iamiã nulla mora ẽ: sequor: & q̃ ducitis adsum.
Dij patrij seruate domum: seruate nepotem.
Vestrũ hoc auguriũ: vestroq; in numĩe troia ẽ.
Cedo equidẽ: nec nate tibi comes ire recuso.
Dixerat ille: & iam per moenia clarior ignis
Auditur propiusq; estus incendia voluũt.
Ergo age care pater ceruici imponere nostre.
Ipse subibo humeris: nec me labor iste grauabit:
Quo res cunq; cadẽt: vnũ & cõe periclũ.
Vna salus ambobus erit: mihi paruus Iulus
Sit comes: & longe seruet vestigia coniunx.
Vos famuli que dicam animis aduertite vris.
Est vrbe egressis tumulus: templũq; vetustũ
Deserte cereris: iuxtaq; antiqua cupressus:
Religione patrum mltos seruata per annos
Hanc ex diuerso sedem veniemus in vnam.
Tu genitor cape sacra mãu: patriosq; penates.

f Et lõge seruet vesti. S. valde. vt tybernia que lõge hostia. Nã lõge nõ põe q2 seqt. Pone subit cõiux Et bene ire singulos facit. scit em̃ mltitudinẽ facile posse comprehendi. f Seruet. SER Autẽ custodiat: vt. Et tantas seruabat filia sedes: vel seruantem ripas. gati. g Vrbe. S. Ablatiuũ dat. Sic Horatius: Egressum magna me excepit aritia Roma. Salust: Accusatiuum dat. Ruro egressa suos fines. h Tumulus. SER. Nũc terra tumens: alias sepulcrum. Recte autem turbatis dat pl'a precepta. Scit enim esse timoris comitẽ obliuionem. i Deserte cereris. S. Optime posuit hui⁹ dee tẽplũ ante vrbem: Nam ẽ dea rusticorum: Librate aũt cereris templum & vetustũ dixit. Nã illuc vt putabãt hostes nõ erat virũ aditus. et Aeneas sciebat esse prophanatũ: nec prẽ de spe duci hostes poterant. Deserte. an a sacerdote: qui ĩ sexto ĩducitur: extinctus vt cererisq; sacrũ polibetẽ. An ꝓpt decẽnalẽ obsidionẽ: An a filia deserte: vt. Nec repetita se qui curet ꝓserpina matrẽ k Religione. S. timore. Sic Teren. Nam mihi nihil esse religio est dicere. i. timor: & est reciprocum. Vnde Virgili. cõtra:

quia calida sit. Sic etiam cum vento impulsa in mari exuitat aqua: dicitur ille fluctus estus: q̃uis feruor absit. Et q̃niam ita in aere fluctuãt: voluũturq; flamme vt in mari aque: ꝓpterea dixit estus: id est ille flãmarũ fluctuatiões voluũt p aerẽ incendia: id est ignes ab ipsis incensis edificijs: d Ergo age. S. Age aduerbium hortantis ẽ: adeo vt sepe plurali iũgat: vt Age facite hoc. D. Ergo age. Nã cũ impetrassem paternũ assensum q̃ difficillimũ fuit: arripui subitam occasionem: & omibus difficultatibus q̃s obiicere potuisset Anchises: occurrit.: Nam se illũ senẽ: & impeditũ laturũ pollicet: et omia cõia ipsi⁹ futura oñdit: q̃ nusq; illũ deseret: Et ne q̃rat: q̃d de filio: et de vxore faciat. Iuuabo (inquit) filiũ auxilio dextre: & vxor vestigia mea sectabitur. Q̃d ꝓo ait: Solus Iulus sit comes: & lõge seruet ve. con. Fuit cõsiliũ: vt tutior fieret fuga. Nã si pl'es fuissent cõgregati: nõ facile latuisset. e Ceruici. S. Ceruix in singulari nũero collũ: in pl'ali superbiã significat. CRI: Ceruix. Posterior pars colli: vt anterior gula incipit ab occipitio: estq; ex septẽ ossibus orbiculatim vertebratis;

Multosq; metu seruata per annos. connexa enim sunt timor et religio. Statius. Primus in orbe deos fecit timor. l Tu genitor cape. SER. Non dat: sed hortat. Nam ipse ait: sibi nephas esse tangere: cũ sit cede pollutus. Scit eigr gcos ex pollutione Palladii piaculum cõmisisse. C. Tu genitor. Cũ essẽt sacrificaturi. sup his vno flũine abluebat. Persi⁹. Hec sancte vt poscas tyberino gurgite mergas. Mane c. bis. terq;: & noc. f. l. p. Obseruat vbiq; Virgi. vt hic. Itẽ post caiete sepulturã ad eam partem appellit: per quã fluuius Tyberinus ameno verticibus rapidis: & m. f. harena in mare prorumpit Euandrumq; per Tybrim petit: vt Herculis sacris ablutus interesse possit. Et Iuno nõ tm̃ in Italiã venisse dolet: q̃ q̃ optato potiũ ẽ tybridis aluo: q̃ flumine purificatus posset etiam illam placare: quod nimis ne volebat. Cum autem sacrificabant inferis aspergi sacrat. Ergo Dido. Dic corpus properet f. sp. l. Item Sparserat & latices. s. f. a. Item idem. Ter soc. p. c. vn. spargens rore leui. Item occupat Aeneas aditum corpusq; recenti spargit aqua.

Me bello ex tanto digressum et cęde recēti
Attrectare nephas: donec me flumine viuo
Abluero.
Hęc fatus latos humeros: subiectaq; colla:
Veste super fuluiq; insternor pelle leonis.
Succedoq; oneri, dextrę se paruus iulus
Implicuit: sequiturq; patrē nō passibus equis.
pone subit cōiunx: ferimur per opaca locorū:
Et me quem dudū nō vlla iniecta mouebant
Tela: neq; aduerso glomerati ex agmine grai.
Nunc omnes terrent aurę: sonus excitat omis.
Suspensū et pariter comitiq; oneriq; timentē.
Iamq; propinquabā portis: omnēq; videbar
Euasisse viam: subito cum creber ad aures
Visus adesse pedū sonitus: genitorq; p umbrā.
prospiciēs: nate exclamat: fuge nate propiq̄nt.
Ardentes clypeos: atq; ęra micantia cerno.
Hic mihi nescio q̄d trepido male numē amicū
Confusam eripuit mentē: nanq; ęauia cursu
Dum sequor: & nota excedo regione viarum:
Heu misero coniunx fato ne erepta creusa
Substitit, errauit ne uia: seu lassa resedit
Incertum: nec post oculis est reddita nostris
Nec prius amissam respexi: animūq; reflexi:
Quā tumulū antiquę cereris: sedēq; sacratā
Venimus: hic demū collectis omnibus vna
Defuit: et comites natumq; virumq; fefellit.

m Viuo. S. Semper fluē ti, i. naturali: vt, viuoq; se- dilia saxo. Est autē augu- rale verbū. n Latos. S: Aut more heroum se lau dat. Aut sternendo latos facit. o Pelle. C. in bru- tis pellis dicitur: in homie cutis, vnde Iuue. Et durā p cute pellē. Et Hora. Incu re curāda pl' e: o. i. patrios q; penates, ex illorum opi niōe: qui penates deos pu tabant patrios. Hinc pau lo supra diiq; patrii seruate domū p Succedo one ri. S. figura est. q Im- plicuit. S. Puerilem expres- sit timorem. C. Nam pue ri timētes non solū mani bus apprehendunt, sed to ti adhęrent. D. Implicuit: Exprimit causā & factū: nā puer patris fugientis ęquare passus nō poterat. Exprimit etiam laborem suum: q; in tāta celeritate patrem ferret filiū trahe- ret. r Ferimur. C. ex hoc loco celerior igressus ostenditur. s Opaca: S. nā dixerat Arborib' q; obtecta recessit. Est aūt: hęc elocutio vt Strata via rū.. CR. Opaca. vl' ppter vmbras arborū: q̄ esset i viridariis: vl' ppter vmbrā nocturnā: facit autem rē verisimilem: nam quomo do hostes: qb' plena vrbs erat fefellisset: nisi iter face ret per loca nuda ędificiis ex quo cessabant ignes: & omnia erant opaca. Nec hostes versebātur: vbi nō essent ędificia. quia ibi nul la esset spes predę: dū sui ipsius solū curā haberet.
t Et me, S. naturalia pl' time. vir fortis: & nō bel lica arma. vñ sequit̄. Co- mitiq; oneriq; timentem.
v Excitat, S. cōsternat su bito.
x Suspensum. C. anxiū de salute aliorū.
y Comitiq; oneriq; timē tē. C. pathos a causa.
ʒ Iamq; pro. C. ad excu sationē suā hęc pertinēt. nam non oportuit eū ita esse anxiū de vxore: cū ad tutiora loca peruenisset: di ligentissime autem apud mulierem: mortem vxoris excusat: ne i illi' odiū ex hoc in curreret a Crebre ad aures. SER. hysterologia est.
b Genitor. CRI. quia & minus occupatus: & in edicio ri loco erat. c Nate. SER. Singula pronuncianda sunt: quia perturbatis non datur iugis oratio.
d Propinquant. SER. non dicit qui propter sequentem decoribantibus oeconomina.
e Ardētes clypeos. C. ex hoc fallebat Anchises: vt hostes cre deret isteq. & n̄ eē coryban tes figmētū poetę ē mrem deorū Cybellā miseratā exiliū Creusę misisse cory bantes ministros suos: q mulierem ad se traherent e suā ministrā futurā. Sunt autem non nulli inter q̄s Lactantius est: qui dicant Corybātes eosdē eē: & cu retes. Et latine. lares fa- miliares esse: dicūt etiā aza nes apd archades a mōte azania. Seruī' scribit. Co- rybantes demones eē ma tris deū mistros: Curetas aūt affirmat primos cul tores cretę fuisse. Eusebi' de pparatiōe euangelicę ponit hęc noia: corybātū Baubō: dyasaub: triptho lemū Eumolpū: & eubol cū. Dio autē Sicul' refert Amazanas dixisse in Sa- motracia: corybantes a cy belle habitatores cōstitu- tos esse: et eos esse ei' filios: ex quo autē patre sint in arcanis tradi alii dicunt cu retas terra genitos Cretā post ydeos dactilos habi tasse: dictosq; a cure. i. ton sura eosq; Iouē nutrisse: & a saltatione corybātes no minatos. Alii ab heroe: vl' a monte curo curetas ap- pellatos dicūt: aut a lōga veste: & oli ętholię habibi tatores fuisse: nec desūt q scribant corybātes myner uę: & solis filios fuisse: alii Saturni. Alii Iouis: & alo pes: Alii ex Cabera Pro- thei filia ortos dicūt: & ca beros dictos. Alii postre- mo eosdē putāt fuisse da- ctilos idęos: & centum a principio extitisse: vt Diod: & Strabo scribit. f Cer no: S. qui altius intuentur ęneę dāt. g Male ami cū. S. nā nō cū mea vtilita te fauerunt vxori illam in ministrā deorū matris ad ducētes. D. Male amicū. Amicū nō p̄t dici: quia nō fuauit vniuersos. Nec rur sus inimicū: q' p̄stitit ini- micū. h Mentē. S. me moriā: vt paulopost: nec prius amissa respexit. C: Mētem. c. e. i. consuetudo eripuit. i Auia. C. sine via. Auiaria aūt loca refer ta aurib'. k Fato ne erepta: S. ordo est fato erepta creu sa substitit ne: errauit ne viā: nō ei dubitat fato ne esset sub lata: cū audierit nō hęc sine noie diuuū eueniunt.
k Reddita. S. Nā postea vmbrā vidit nō ipsā. l Nec prius respexit amissam. C. i. respiciēdo aīaduerto esse amis sam: eratq; dignus venia: si nō pri' hęc cogitauit: q̄ ad lo cū tutū veniret: quia in tanta properatiōe: & in tātis peri culis; etiā sui ipsius obliuisci posse videbat. m Vna de

fuit. C. hoc arguit de industria a dea iussam rapi fuisse. Comites. quos cum tot essent difficile erat fallere. n Natū. S. qui maxime illam per ętatem debebat desiderare. CRI. natum: Nam filioli semper in matrem respicere solent: o Virum. CRISTO. qui vnice diligebat: ergo vis quędā

Quem nō incusaui amēs: hominūq́ deorūq́:
Aut quid in euersa vidi crudelius vrbe:

supior contraq́ irę homines non possunt: eripuit. p Amens. CRISTO. ex desiderio amisse coniugis excusat deorum incusationem: quoniam amens. q Deorumq́. SERVI. hypermeter versus. r Vidi crudelius. S. Bene se his versibus commendat futurus maritus.

s Valle recondo. SER. Ostenditur iā nimia multitudo. t Ipse vrbem. DONA: ostēdit affectū primi matrimonii. v Stat. SER. placet.

Ascaniū anchisemq́ patrē teucrosq́ penates
Commendo sociis: et curua valle recondo.
Ipse vrbē repeto: et cingor fulgentibus armis.
Stat casus renouare omnes: omnēq́ reuerti
per troiam: & rursus caput obiectare periclis:
principio muros obscuraq́ limina portę:
Qua gressum extulerā: repeto. et vestigia retro

x Obscura. SER. aut g obscurā noctem: aut posticū intellige. y Retro obseruata. S. scilicet relego mea vestigia.

Lumine lustro. S. i. oculos circunfero. a Ipsa. S. que terrere nō debent: precipue inter hostes: sed vt dixi naturali bus rm̄ cedit. b Si forte. S. iteratio auget dubitationē. c Irruerant. S. quos venus cohibuerat. d Ilicet. S. cō festim: & ilico: sed metri necessitate variatur. C. Ilicet. Tra ctum autem inde est: nā sacerdos cū iā peractis sacris po pulum dimitteret: ad illū cōuersus dicebat. Ilicet. i. abire li cet: statim popul⁹ abibat. e Fastigia. S. mō de summi tate: alibi de imo: vt. Forsitan et scrobib⁹: qua sint fastigia queras. f Vēto. S. qui auget flāmas. g Pria mi. S. patris ei⁹. h Arcē. S. ne vel illuc confugisset. i Vacuis. S. Magnis. Nā illic erant oīa. k Asylo. S. templo: vn̄ nullus pos set extrahi, dictū asylū q̄si asyrū: hoc nō erat i omni bus templis: in quibus cō secrationis lege id esse con cessum ē Primo aūt apud Athenienses statutū ē ab Her. filiis: quos insequan tur hi qui erant a patre op pressi: sicut docet i vii. Sta. Fama ē defesos acie post busta paterni numis her culeos sedē fundasse ne potes. Hoc Romulus, imi tat⁹ est. Vn̄ ē Quē Romu lus acer, asylus retulit: & nō statuit. C. Asylo. Pla cēt que dixit Serui⁹. Diod. siculus tn̄ scribit. Theseū seditione athenis pulsum apud hospitē mortuū esse athenienses: inde penitētia ducti: eius ossa retulerunt & semideorū honores ei decreuerunt: tēplūq; Asy lū cōstituerunt: atq; illud Theseū denominauerūt. Strabo Ephesi quoq; tē plum Asylum fuisse scri bit: cui⁹ libertatis termini sepe sunt mutati. Alexan der ad stadiū extendit Mi thridati dimissa ab angu lo cerami sagitta visū est paululū ipsum stadiū trā scēdere. Antonius huic p̄ xime accessit: & cū eo ter mino vrbis partem cōpre hendit. Postea Cesar. Au gu. cū id dānosum existi maret: et multis malefaciē di causam esse putaret: id irritum fecit: nunc tn̄ intel ligit de Asylo: quod Ilus troianus rex edificauerat. Dicit aūt asylū quasi asy rū συρω em grece signifi cat traho. & a priuatiua ē: quia qui ad hunc locū cō fugerat: eū inde abstrahi nefas erat. l Phoenix. S. Achillis magistes. CRIS. huic cōsilia potius: q̄ vi res semp tribuit Homer secut⁹: qui tāto plus cōsilio q̄ corporis robori tribuit. vt eū: & nō achillē, πτολι πορθον id est euersorē vrbis noīet. m Huc. S. p illuc. n Gaza. S. census lingua psica. & caret p. n⁹ o Captiua ve. S. i. captiuorū. p Longo ordine. S. i. lōga mul titudie. sic i. vii. vn̄ oēs longo or. possi. quū ordinē linquit q Voces iactare. S. nā in tenebris visus nō valebat: sed cō trarie erāt latere cupienti. r Tectis. S. p tecta: antipto sis ē. s Infoelix. S. mihi & nō sibi. t Simulacrū: S. psimula crū apotheosin oñdit. simulacra em̄ deorū sūt. Vmbre ifero rū: sic vlysses apud Homerū vmbrā herculis cernit. C. Si mulacrū. Constat homo ex animo: & corpore: & vmbra. Anim⁹ supernus coelū repetit: in terrā cadit corpus: vmbra aūt: q̄ vt ait Lucreci⁹: est supra spo liatus luminis aer corpus insequitur. Quid ergo in feros petet: sed deprehēde runt philosophi esse simu lacrū: quod ad nostri cor poris effigiē factū inferos petat: id aūt species est cor porea: que tāgi nō potest: sicut vetus hanc rē: & Ho merus requirit viso Hercu lis simulacro apud iferos. v Maior. S. quia vmbra maior est corpore. C. ma ior: quia diuina potius q̄ humana esset. x Stete runt. C. correptiōe penul time sillabe. per systolem: q̄ longa esse debuit celeri tatem horroris expressit. y Hesit: C. retēta est. Sed de hoc verbo alibi.

Quid tm̄. S. Cōsolatiō est: sequit & diuinatio: q̄ animis a corpore libera tis datur. a Insano. S. magno: vt. Insani feriant sine littora fluctus. b Nō hec sine numine di uū. S. fati necessitate: Nā vt ait Sta. Fata sunt: q̄ di fantur: vel que indubitan ter eueniunt. C. Nō hec si ne numine diuū. Nihil va lidius ad consolationē ob ficere potuit q̄ necessita tem: que cū omnē adimet spem, nos q̄ primū obdu rare suadet. Est enim ipsa spes ingens tormētū mor talibus. Itaq; iure querit a doctis mali ne an boni plus afferat hominibus spes: c Nec te hic comi tem asportare creusā. S. ca ret scāsiōe. vnde multi de munt hinc: multi as. Si au tem vis fide seruata scāde re fit conuersio: vt eueniūt: nec te hic comitem: & scā ditur per synalyphā aliter eclypsim: nec synalyphā. nec hyatum recipit. d Lōga tibi exilia. CRI. Iure illi diuinationem tri buit. que omnem mor talitatem exuta. immorta lis sit effecta.

Obseruata sequor per noctē et lumine[3] lustro
Horror vbiq; animos simul ipsa[a] silētia terrēt:
Inde domū si forte[b] pedem si forte tulisset:
Me resero[c]. irruerāt danai: & tectū oē tenebant:
Ilicet[d] ignis edax summa ad fastigia[e] vento[f]
Voluitur: exuperant flāme: furit estus ad auras.
Procedo ad priami[g] sedes: arcem[h]q; reuiso.
Et iam porticibus vacuis[i] iunonis asylo[k]
Custodes lecti phoenix[l] & dyrus vlisses
Predam adseruabāt. huc[m] vndiq; troia gaza[n]:
Incensis erepta adytis: mensēq; deorum:
Crateresq; auro solidi. captiua[o] q; vestis
Congeritur. pueri & pauide lōgo ordie[p] matres
Stant circū: & tacitis implēt mugitibus aures.
Ausus quinetiam voces[q] iactare per vmbrā
Impleui clamore vias: moestusq; creusam
Nequicquā ingeminās iterūq; iterūq; vocaui.
Querenti & tectis[r] vrbis sine fine furenti.
Infoelix[s] simulacrū[t]: atq; ipsius vmbra creuse
Visa mihi ante oculos: & nota maior[v] imago
Obstupui: steterūt[x]q; come & vox faucib⁹ hesit[y].
Quid[3] tantum insano[a] iuuat indulgere labori
O dulcis coniunx: non hec sine numine[b] diuū
Eueniunt: nec te hinc comitē[c] asportare creusam
Fas: haud ille sinit superi regnator olympi.
Longa[d] tibi exilia: & vastū maris equor arādū[e].

Ad terrã hesperiã venies: vbi lydius arua
Inter opima uirũ leni fluit agmine tybris.
Illic res lete: regnumq;: et regia coniunx
parta tibi: lachrymas dilecte pelle creuse.
Nõ ego myrmidonũ sedes: dolopũue superbas
Aspitiam: aut graiis seruitũ matribus ibo
Dardanis: & diue veneris nurus:
Sed me magna deũ genitrix his detinet oris.
Iamq; vale et nati serua cõmunis amorem.
Hec vbi dicta dedit: lachrymantẽ et multa volẽtẽ

e Arandum. S. Hoc dixit: quia legimus: subtrahiturq; solum. f Hesperiam. S. quia hic hyspania hesperia dicit Epitheto sequẽti italiã ondit. g Lydi9. S. Tusc9. Nã Lydius et Tyrrhenus duo fratres fuerunt: q cũ ambos prouintia non ferret sortibus cõmiserunt. vt alter cum parte populi ad nouas sedes querendas exiret: euenit ergo Tyrrheno: q de suo nomine Thuscos tyrrhenos vocauit: lydia autem dicta est in qua frater remansit: vnde nunc lydius dixit. Tusci autẽ dicti sunt propter frequentiã sacrificiorum ab eo quod est. θυσιν Ibi em̃ a tage est aurispicina reperta: Hinc Lucanus. Sed conditor artis finxerit ista tages. C. Lydi9 Tyrrhenos intelligit: quia a lydiis sũt horum ita meminit. Herodo Cũ q̃siq; Lydi fame opprimerẽt curauit eorum rex Manus. vt altera die cibũ caperent: altera ludis q̃bus sunt obiectarentur intenti sine cibo degerent: sed cũ iã ad decimũ octauũ annũ i hac calamitate versarentur: constaretq; tãtã turbã a regione ali nõ posse bifariã diuisit populos rex. & illã partẽ: cui sorte: vt exiret euenit cũ Thyrrheno eius filio ad nouas sedes occupandas emisit. Venerũt ergo i italiam: & pulsis vmbris: vbi nũc sũt regnauere. Et se a nomine ducis Tyrrhenos appellauere. Lydia autẽ ipsas glebas habet. vnde aurũ ducitur. fuerũt priami. Lydi qui numismata aurea & argentea cuderũt: primiq; ludos talorũ: & pila in ea quam duxi difficultate inuenerunt virgines lydorũ vulgo prestantes dotes lucrantur. Hec Herodo: Dyonisius vero halycarnaseus plures de Tyrrhenis refert opiniones. & ab aliis eos indigẽas putatos scribit: ab aliis aduenas: & qui indigenas putant aiũt Tyrrhenos dictos fuisse a Tyrrhis. Id em̃ eorum lingua edes constructas: atq; densas: sic em̃ habitant significare volunt: q aduenas uolunt a Tyrrheno duce denominatos asserunt: hic ex ea lydia fuit: que moenia vocitata. Quitus a Ioue. nam hic deus rex ex tellure genuit. Mesuẽ primũ lydie regem: q ex Calliore Oceani filia Cotym suscoepit: ex Coty Asia: & Atis sũt. Atis autẽ Lydũ genuit. & Tyrrhenũ. Tyrrheno vero duce a lydis in italiam ventum: & imperiũ partum: & illi a ducis noie Tyrrheni dicti sunt. Alii dixerunt Herculis filiũ fuisse hunc Tyrrhenũ ex Omphale lyda: qui pulsis pelasgis ex parte septentrionali italie circa tybrim sedes posuerũt: Alii Telaphi filiũ fuisse Tyrrhenũ scribũt: pfectũq; in italiã post Troiam captã.. Xanth9 autem lydius veteris hystorie scriptor: neq; huius in Italiã profectionis: neq; tyrrhenie: tanq; lydorum Colonie meminit: cũ humiliora multa cõmemorat. Sed dicit Ati filios fuisse lydũ: & Corebiũ: et ab altero lydos: & ab altero corebos populos esse nominatos. Hec omnia apud Dyonisiũ sunt: qui thyrrhenos minime putat fuisse lydorũ colonos: cũ neq; eodẽ sermone: neq; iisdem diis: aut sacris vterenẽ: Nec rursus iisdem studiis: aut legibus: sed cedit vocatos a grecis Tyrrhenos: siue ex habitatõe in thyrsibus: siue ab eorũ duce. Strabo autem assentitur his qui dicunt. Atii Herculis: & Omphales filio ifilios fuisse lydũ: et Tyrrhenũ: & ipsũ Tyrrhenum propter eã causam quã scribit Herodotus cũ parte populi in italiã venisse h Leni agmine. C. sic Ennius qui per amoenã vrbem leni fluit agmine tybris.
i Partha. C. nã cum a fatis destinata sint parta iam dici possunt. k Lachrymas. S: quia captiua nõ sum: nõ autem quia habeas vxorem paratã: l Dilecte. C. q. d. q̃uis me diligas: tñ pellende sunt lachryme. m Seruitũ. S. vt seruiã: modus gerũdiuus est. n Dardanis. S. laus a maioribus. D. Dardanis laus cõmunis a genere.
o Nurus. S. laus a cognatiõe. D. Veneris nurus. Laus ppria ipsius: Sum ergo liberata ab hominũ infirmorũ seruitute: & ei dee collocata: ex qua se ortos omes dii gloriant: & habitatio in locis originalibus. Magna ergo cõsolatio: qui vxorem neq; captiuã: neq; occisam inuenit: sed detentam voluntatẽ eius dee qua nulla est potior. p Magna: CRISTO. Nam μεγαλη a grecis dicitur. appellatur autẽ ops Rhea berecinthia Cybele bonadea. Matrẽ Saturni eã fabulantur greci: hanc ginesiam vocant Phrygesillam myde regis parentem asserunt: Romani Dryadem puellam fauni vxorem: nõnulli grecorum illã ex matribus liberi esse volũt: quã nec fari licet: vnde mulieres eius sacra colẽtes tabernacula virgineis intexunt ramis: Sacris nefas est viris adesse. Itaq; cũ istãt sacra ipe vir: siue ptor: siue cõsul sit: cunctiq; mores vna commigrant vxor magnifice domũ instruit: magna sacrorũ pars ibi noctu conficit ait Plutarchus in vita Cesaris. Augu. aũt in libro secundo de ciuitate dei ait: Oblectabãur coelesti virgini berecinthi. ante cuius lecticam die solenni lauatione eius talia p publicũ cantabãtur a nequissimis scenicis: qualia nec matrem ipsorũ scenicorum diceret audire: spectante & audiente vtriusq; sexus multitudine. De hac etiã ita refert. Diod. apud athlantios coelum quem ουρανον greci appellant olim regnasse hominesq; hactenus soliuagos errantes in vnum coegisse: & moribus: ac legibus informasse. frugumq;: & aliarũ vtiliũ rerum inuentorem fuisse: & qm̃ syderum diligẽtissimus scrutator eet multa futura hominibus predixisse: & annũ ad solis & mẽsem lune reuolutionẽ instituisse: Quapropter cum e vita migrasset: illum et diuinis honoribus prosecuti sunt: et perpetuũ regem putarunt: coelũq; de suo nomine appellarũt. Hic ex titea vxore quindecim filios creauit: quos a matre titanos appellant: habuit & filias quarum excellentes fuerunt Basylea. i. regina: & Rhea. Sed Basilea maior natu: quoniã fratres affectu materno educauit magna mater est nominata: & Cybele & Dindimene vocatur. Traditur tamen huius dee: & alia in phrygiam origo: dicũtur em̃ vetustũ et lydie: & phrygie. Meonẽ ex Dindime vxore filiã suscoepisse: quam nutrire nolens exponendam in syluis curauit: que diuinitus a pardis: & huiuscemodi feris nutrita: a muliere pastoris inuẽta: domũq; adducta Cybele appellata est: mox iam adulta forma: modestia: ac prudentia excelluit. Nam ex pluribus calamis fistulam prima inuenit: & cymbala: & tympana ad ludos: & choreas: & contra pecudum: ac puerorum morbos salutaria remedia. Hec fratris saturni vxor Iouẽ Iunonem Neptunum & Platonem genuit: dicta est deorũ mater: et datus currus et leões ad illum vincti: & corona turrita in capite. q His. S. in quibus colitur. r Iãq; vale. S. recedentis significatio est. Vnde de mortuis dicitur: vt salue maxime palla. Aeternũq; vale. s Nati cõmunis. D. Nã & illo potitur leuare vxoris amissionẽ: & etiã admonet propter nouerce suspitionẽ: vt magis indulgeat filio: ac propterea hoc nouissimũ collocauit: vt magis pectori infixũ reliqueret

Dicere: deseruit: tenuesque recessit in auras.
[x] Ter conatus ibi collo dare brachia circum.
Ter frustra cōprensa manus: [y] effugit imago
par leuibus ventis: volucrique simillima [z] somno.
[a] Sic demum socios con[b]sumpta nocte reuiso.
Atque hic [c] ingentem [d] comitū affluxisse nouorū
Inuenio admirans numerū, matresque: virosque
Collectam [e] exilio pubē: miserabile vulgus:
[f] Vndique conuenere animis opibusque [g] parati
In quascunque velim pelago deducere terras.
Iamque iugis summe surgebat lucifer [i] ide.
[k] Ducebatque diem: [l] danaique obsessa tenebant
Limina portarū: nec spes opis vlla dabatur.
[m] Cessi: et sublato [n] mōtem genitore petiui.

nō tamē apertius hoc dixit: ne si aliter sentire videretur: re-
cessuri animū lederet. t Serua. S. ppter futurā nouercā:
v Hecvbi dicta. D. Ingratū facim⁹ fuisset: nisi demōstras-
set: & plura se fuisse dicturū: & ad illius dicta responsuru:
ac diutius eam retenturū nisi ipsa decessisset.
x Ter conatus. D. demonstrat proprie volentē amplex-
ati: quod corporale non fuerat. Conatus ibi enim ponitur
conatus: vbi effectus non sequitur. C. Ter conatus: locus
ex Homero est. In Ide montibus vrbem Scepsim fuisse dicunt. in qua Aeneas regiam habuit: huc ex Troia fugiens
venit cū familia: & ad eū
breui conuenit ingens turba: at greci misso caducia-
tore iusserūt: vt cum om-
nibus prouincia cederet.
y Effugit imago. S. tene-
ri enī nō pōt imago. Nam
qd in sexto dixit. Da dexterā misero. auxiliū significat. z Somno. S. Sic &
Cice. Simillimū deo iudi-
co: nam somni debuit di-
cere. a Demū. S. nouis-
sime. C. Sic demū .s. Sic
scilicet in multo moerore:
in multa anxietate: vel &
patri exiliū suaderet: & p-
suasum vna cum filio: &
vxore: & reliqs comitib⁹
incolumē p tot picula educere: vt animaduersa coniu-
gis amissiōe tamdiu: tam
diligenter: cū tanto periculo eā vbique inquireret: Demū. Ostēdit cū multa fe-
cisset p eā noctē potuisse
eā videri longā. Vel demū
q. d. post multos labores:
tandē omīs res in cassum
rediit. b Cōsumpta. C.
iccirco cōsumpta. quia nihil in ea perfecisset.
c Ingentē numerū. D. pter eos: quos dimiserat inuenit aduenisse multos alios: hoc aūt dictū ē: ne solus patriā deseruisse videatur. d Comitē afflu. C. nā ad eū tanque ad fortissimū sapiētissimūque ducē: et patrię amatorē cōfugerāt:
veluti sperātes: si aliquod remediū patrię afferri posset: ab
eo facile fallatū ire. Si nō posset illi⁹ sapiētia: & fortitudine
exilii miserias facile posse mitigari. e Exilio. S. ad exiliū:
Nā. Dōat⁹ cōtra metrū sēsit dicēs exilio. Nā ilion hz primā
lōgā. e Miserabile vulg⁹. S. magnū ē qd addidit vulgus.
f Vndique. C. ex omni ordine ciuitatis: & ex omni loco propter quod ōnditur magnā fuisse Aeneę auctoritatē: cū oēs
in eo omnē spem reposuissent. g Parati. C. Nō ergo venerāt cōsulaturi: sed illius cōsiliū, veluti potioris accepturi:
nec se solū. sed opes suas comitebant: quod nō fecissent: nisi probū forte: ac sapientē ciuē cognouissent. Ideo dicit: collectā exilio: ostēdēs omnē
spē defendende vrbis de-
posuisse. i Ide. S. Nam
sic Troianis videt: sic alibi. Tibi deserit hesper⁹ oetā. Inde enī vel oriri: vl' occidere sydera dicimus: vnde vel videri: aut incipiūt:
aut desinūt. D. Lucifer ide
Noua descriptiōe vsus est
diei nascētis: nā an ipsum
exoritur lucifer: hūc sequitur lux quę diē plenū confirmat. ergo nō tanque nuntius venientis diei est: sed
fidus certusque pductor. C.
Lucifer. Stella veneris lu-
cidissima ē oīm planetarum:
vt dixim⁹ cū de venere verba fecimus.
k Ducebatque diē. S. qa
lucis est preuius.
l Danaique obsessa &c. D.
Hoc signū erat illos poti-
tos esse victoria: & lux cōtraria saluti fuge: & suorū
erat: ergo spoliatus omni
spe. m Cessi. deest
igitur DONATVS. Cessi
veluti necessitate coactus
per laocoōtis exitium: per
diligentiam michi: quę
deos potius que grecos inimicos ostendit per incendium
ex filii mei vertice per hortationē patris: & religiosas voces
vxoris. Cessi. potioribus neque debui niti: qui totiens repugnantibus diis frustra certaui. n Montem. S. Idā.
vt apparet in nono.

Finis secundi libri

Argumentum Virgilij in tertium Eneidos librum.

¶ post casum troię fabricata clade superstes
Vela dat Aeneas: vrbemque in littore thraces.
Mox aliam pulsus cretęis condidit oris.
Cedit et hinc. Helenūque videt: pceptaque sumit
Aetneū cyclopa fuit: sepelitque parentem.
Vel sic
Tertius et complet narrantis ordine gesta.

Quę tertio eneidos libro cōtineantur.

¶ post euersa phrygū regna fuga coepta moueri
Vtque sit in thracē primo deuectus: ibique

Mœnia condiderit: polydori cęde piata:
Regis et hospitiũ: vt phœbi respõsa canebant:
Cœptũ iter increten: rursus noua fata reperta.
Naufrag⁹ vt fuerit strophadas cõpulsus ad vn/
Inde fugam atq₃ iterũ enarrat pręcepta celeno.
Liquerit vtq₃ helenũ ꝑceptis ordine fatis (das
Supplicẽ achimẽidẽ polyphemo vrgẽti recepit:
Amissũq₃ patrẽ drepani: atq₃ hic deĩde q̃euit.

Postquam res asiae SER. secundum interrogationē Didonis post insidias grecorum: & casus suorum. proprios errores narrat: quos pertulit antecꝫ ad Affricam pueniret fuga sua hęc est: linquens Iliū idam tēdit: inde Antandrū: vrbē iuxta quā conditis nauigiis Thraciā tenuit: vbi Aenū condidit: hinc in Delū prodigiis territus venit: a Delo: autem errore patris circa auguria venit in Cretam: atcꝫ inde peste fatigat⁹ ex respōso penatū venit ad strophadas. Inde p̄teruectus maritima grecię in epirū profect⁹ Heleni hospitio suscipi⁹ ab Epiro venit in Calabriam: illincꝫ aduentu Diomedis territus nauigauit ad Scylā et carabdym quę Aetnę vicine sūt atcꝫ circuita magna Sicilię parte: Drepanū venit: vbi secūdū poetā perdidit patrē. Inde venit ad Didonem. Postcꝫ: Hac dictiōe sequētia dictis conectuntur: vt postcꝫ altos tetigit fluct⁹. Sic enī dictis sequentia copulantur. D. Narraturus errores suos optime incepit recedendi de Troia necessitatem: non tū omittit excusationē suā: qua vult esse firmatū: nō tam grecis: sed diis aduersantibus ob nullā culpam periisse imperiū troię. Postcꝫ res asię. Ponit quattuor diuersa preterita: quibus affligebatur: & totidem futura: vt spes acerba futurorum augeret mala preterita. Preterita sunt interitū iliensis imperii. Euersio familię Priami: quod maxime dolet propter vxorē: quę filia priami fuit. CRISTO. Postcꝫ res asię. Optimo artificio cōstitutū est: hoc principium: Nam cum in longo sermone defessos esse oporteret auditores: ita incipit: vt omnia magna proponat. Nam & regnum Asię: & gentem priami: & superbū Ilium: veluti quędam magna pronunciat. Vnde capitur atentio. ex eo autē cꝫ ostendit de presentia misera esse. & spem futurorū multo miseriorem sibi sumā ex cōmiseratione beniuolentiam conciliat: Nā in terra aliena: & inimicę Iunoni addicta cōstitut⁹: & omniū rerū egenus se omi misericordia dignū exhibere debebat. b Res. S. Imperia: vt res Agamenonias. c Asię. S. q. d. tertię ptis orbis: Nā phrygia in Asia est: & ilia in phrygia minore. d Priamicꝫ. S. non est iteratio: Nā potuit alterū esse sine altero: vt: Vel tota phrygia euerteretur: vel solum Ilium. e Immeritam. Nā Laomedōtis. Paridiscꝫ culpa tota gens perire nō debuit. f superis. SER. Laus Ilii cꝫ nō nisi dii subuertere potuerunt. Quotiens autem non apparet ratio sic visum interponitur. Hora. sic visum Veneri: cum amorem ostenderet non esse pulchritudinis: Et actio in deos habet aliquā venerationem: aliter sacrilegium esset. DONA. Visum superis. cū hoc dicit ostendit: nō meritis Troianorū: sed deorum intolerabili prauitate euenisse. vt regnum funditus interiret. C. Visum superis. magis placet Serui⁹ in hoc loco cꝫ Donatus. g Superbum Iliū. S. nobile. Virgi. in neutro ponit. Hora. in fœminino: vt: Non semel Ilius vexata. Est autē ciuitas: Troia vero prouintia: in q̄ ē Ilion: sed ponitur pro vrbe. vt Et campos vbi Troia fuit: D. Superbū nobile: vt Nō leuis res videretur cuius interitum dolebat. h Omnis. D. Esset enī solatiū si aliquid semiustū & semidirutū relinqueret. i Humo fumat. S. ab humo: Et significat solū quocꝫ patriā arsisse. Quomō aūt dixit fūat & cecidit. Quia aut Poetice tēp⁹ p̄ tēpore posuit. Vt meminisse horret: luctucꝫ refugit: aut certe naturā rei expressit: Nā ruia ī breui fit. Fum⁹ vero lōgo permāet tēpore. Nā quod ait Prob⁹ c̄rcūflectēdā sillabā: vt sit fumat. p fumauit nō pcedit: quia pone tm̄ verbū i vltima habet accētum: vt significet retro. D. fumat Ostēdit oia fuisse cōsūpta nā oib⁹ incēdio assumptis solū fumū respirat terra. Ergo repete sic: postcꝫ res Asię: postcꝫ visū supis: postcꝫ: cecidit supbū Iliū. Postcꝫ ois hūo fumat nep. tro. Atcꝫ habet q̄ttuor p̄terita: futura aūt sūt alia q̄ttuor: & cꝫ auelleret a patrio solo. cꝫ quereret desertas terras: & cꝫ esset icerti q̄ iret: & vbi posset sistere. Nā hoc ipm icertū pœna est cū labore siisnus q̄ appareat. C. Fūat recte expōit a Seruio. Priscian⁹ tamen fumat agimur: & mollimur. Presentia tempora pro preteritis posita dicit fumat Pathos a mō.

Pu. Virgilij Maronis Aeneidos Liber Terti⁹.

Postquam res asiae
priamicꝫ euertere gentem
Immeritā: visum superis: cecidit cꝫ superbum
Ilium: et omnis humo fumat nepetunia troia.
Diuersa exilia, et desertas querere terras

k Diuersa exilia. SER. Non refertur ad id cꝫ gēs Troiana sit sparsa p diuersum orbem: sed ad diuersa loca quę actus auguriis adiit Aeneas. C. Diuersa exilia. s. Chersonesum Macedoniā Arcadiam Cretā Epyrū Sycilā Affricam Si ergo durissimū est vnū exilium: quod erit querere nō vnū: sed plura: & ea diuersa. Diuersa exilia. Iudicaui opę precium esse: vt preter ipsum Poetę figmentum ea quocꝫ breuib⁹ adderem: quę veteres scriptores de Aeneę exilio tradidere: in qua re Dyonisium halycarnaseū in ꝑme sequar. Capto igitur ab Achiuis Ilio: siue equi ligneī dolo: siue antenoridarum proditiōe. cętera quidem multitudo in cubilibus dep̄hensa cęsa est. Aeneas vero: & qui cum eo Troiani erant. Iliensibus auxilia res ex vrbe Dardano: & Aphremo super tuta pergami cōfugientes arcē capiunt: in qua & sacra patrię erant: & tesauri magni: ad eamcꝫ locum dilapsa quocꝫ multitudo angiportorum peritia confluxit: vt maior fugientium: cꝫ captiuorum numerus fuerit: verum cum necꝫ arcem iam vrbe capta seruari posse speraret Aeneas: statuit vrbe cedere: & sequentibus cunctis sacra: ac opes: quas posset efferre. Itacꝫ in belli turba cum aliquo presidio vis in Idam ferentibus egredi prius iussa: ipse cū armatis subsecutus est: cum diu circa oppugnationem hostibus tamen restitisset. Patrem aūt: & sacra: & vxorem: & liberos curribus impositos fecit eduxit. atcꝫ tutissima Idę occupat: accesserūt etiam & hi qui Dardanum incolebant: & Ophryniū: & alias Troianas vrbes. Itacꝫ his fretus copiis Aeneas in vrbē reuerti posse sperabat. Sed cum oīa diripuissent greci tādem in pactionem transcendunt: vt Aeneę cū suis abire liceat. Itacꝫ ipse natorum maximū Ascaniū cum parte sociorum in Dasylitem agrū mittit: vbi etiam lac⁹ est. Ascanius: Regnauitcꝫ ibi Ascanius: donec Scamando rum: & alios Hectoris filios e grecia a Neoptolemo damissos ad patriū imperium reducens in Troiam rediit. Ipse autem. Aeneas in Thratiam enauigauit. Hęc ait Hellanicus. Sophacles autem in tragedia Laocoōte ait iussu Anchisę cū recordaretur eorū: quibus a venere in stuporem duct⁹ est Aeneam in Idam venisse: & humeris patrē portasse. Naucerathes autem Xantius ait illam vrbem Achiuis prodidisse: propter inimicitias quas cum Alexandra gerebat: cꝫ niam ab eo a dignioribus sacris prohibitus esset: hoc igitē beneficio Achiui domū illi seruarunt. Alii dicunt contigisse tunc cum in pro portu troiano fuisse. Alii Priamo militaris rei causa in phrygiam missum C phalon gergith⁹: &

m Auguriis agimur diuû: classemq; sub n ipsa
Antandro: et o phrygiȩ p molimur montibus idȩ:
q Incerti quo fata ferant: vbi sistere detur.
r Contrahimusq; viros: s vix t prima incepat ȩstas:
Et pater v anchises dare fatis vela iubebat.
x Littora cû patriȩ lachrymâs: portusq; relinquo:
Et campos vbi troia fuit: feror exul in s altû:
a Cum sociis: natoq; b penatibus: et magnis diis.

Egisippus qui de pallena scripsit Aeneam in Thratia periisse dicunt. Alii in Horcomenum Arcadiȩ venisse volunt vt Ariethas: q de Arcadia scribit. ait Agatillus Poeta arcas scribit illû ex Arcadia in Italiam venisse & Romulû genuisse. Sed de aduentu istius in italiâ: alibi scriptû a nobis est.

l Desertas. SER. a dardano intellige: Nam vbiq; fertiles demonstrantur. m Auguriis. SER. vt fuit flâma i capite Ascanii: stella currês: & creusȩ verba quȩ dixit adhesperiam venies. CRI. Auguriis agimur nam nostra spôte quiescimus in patria. Auguriis. Placet semel totû diuinationê perscribere. Diuinandi igit (teste Cicerône) duo sût genera. Naturȩ vnû. Alterum artis. Natura autem furorem habet & somnû. Furor est quo pciti: aut sacerdotes: aut alii futura pdicunt. Hic autem diuinus est: veluti is quo afflati prophetȩ vera prȩdicunt: hic autê nunq; fallit quia spiritu paraclito est. Aut a demonibus prouenit qualia fuerunt oracula apollinis. aut Ammonis: aut reliquorû in quibus nônûq; luduntur homines. Somniandi species quinq; sunt: ex quibus tres verȩ sunt. Sed de his dictû est. Ars aût apud priscos habuit arruspicinâ auguria. astrologiam: & sortes Arruspicina inuêta est apud Etruscos: nâ aranti cuidam in agro tarquiniensi: & sulcum profûdius imprimenti subito e terra extitit quidem: q Tages appellatus est: facie quidem puerili: sed senili prudêtia: ab hoc igitur vniuersa Etruria aruspicinâ edocta est Aruspicina autem ab ara. et inspiciendo dicitur. Continet autem hȩc in se extra: fulgura: & ostêta. Nam mactata hostiâ apud aram eaq; aperta: quomodo cor epar: & reliqua exta se habent inspiciunt: ex eorumq; habitu: dispositione & colore futura coniectabant: vt quo die primum in sella aurea sedit. Cȩsar in boue quem immolauit: cor non apparuit: ex quo futuram infoelicitatem prȩdixerunt aruspices. Ostenta sunt quȩ preter naturam euenientia futurum aliquid significant. Nam cum in exercitu Xerxis: equa animal bellicosum leporem timodissimam feram peperisset: portendebatur tantum exercitum: & tantis opibus suffultum turpem esse fugam moliturum. vt autem inquit Cicero hȩc quia aliquid futurum ostentant: portendunt: môstrât: & prȩdicunt: ostenta: portenta: prodigia: & môstra appellantur. quibus pristorum hystoriȩ refertissimȩ sunt. Tertia pars Aruspicinȩ in fulmine & fulgure: & tonitru côsistit. Vnde est illud. De cœlo tactas memini pdicere qrcus: huc sub aruspicina reponi ostendit. Cicero his verbis: ait enim sed quoniam de extis: et de vulgoribus satis est disputatum ostenta restant. vt tota auruspicina sit ptractata. hȩc est igitur auruspicina: et qui eam exercêt: tû aurispices: tû extispices dicuntur in secunda autem parte eius diuinationis: quȩ artis est: auspitia ponûtur: siue auguria. Auspitia ab auibus inspiciendis. Auguria ab auium gustu vel garritu dicûtur. Erant autem apud antiquos tria diuinandi genera in auibus: Nam aliȩ volatu: aliȩ cantu: aliȩ gustatu futura indicabant. Quȩ vero volatu prȩpetes: quȩ cantu: oscinȩ vocabantur. Gellius vero refert inferas aues ab auguribus dici: quȩ his contrariȩ sunt: quȩ prȩpetes dicuntur. Tertium genus ex tripudio solistimo vetura notabat. Vnde

de dânatur Mantius. Qui cum e cauea producti pulli escam capere nollent: siue iratus ea re: siue artem irridens iussit in aquas proiici addens: vt biberent postq; esse nollent. Cicero ait in libro de diuinatiône. Quid de auguriis loquar tuȩ partes sunt. Tum inquam auspitiorum patrocinium esse debet. Augures igitur: et auspices hȩc considerabant: atq; etiam omnia: dicuntur autem omnia quȩ cum ob aliâ causam ab aliis dicta sunt: nos tamen ea ad nostrum negotium transferimus cuius exemplum hoc sit. L Paulus emilius consul contra Persem macedonum regem creatus domû e senatu rediens: offendit filiam nomine Tertiâ lachrymantem: et cû interrogasset cur tristis eêt. Mi pater inquit illa Persa piit. Erat autê persa nomen catelli quam illa in deliciis habebat. Sed Paulus ex his verbis. Persis regis morte futurâ animo concepit. Hȩc iccirco omnia dicuntur eo q hominum ore prolata sût. Sortium autê originê huiuscemodi referunt. Numerius quidê fuscus apud prenest in os per somnium admonitus certo in loco silicem perforauit: atq; fracto saxo sortes i robore sculptas priscarû litterarû notis iuenit: quȩ habitȩ i maxima veneratiôe sortiȩ monitu mâu puer miscebât: atq; educebantur: habens igitur omniû istorû generum nomia: Nam astrologia ita late patȩ: vt ne volumine quidem non dicam explicari: sed notari possit, non tamê Marcelli me differentiȩ fugiunt: ait enim monstra: et ostenta esse deorum prodigia iras vel minas. Portenta quȩ aliquid immunere significant. Seruius autê monstrum ad presens vult referri. Prodigiû ad id quod in longum tempus dirigit significationê sed mihi placent quȩ dixi ex sentêtia Ciceronis.

n Sub ipsa Antandro. S. iuxta antandrû: est autem ciuitas phrygiȩ dicta antandros: vel q de antandro insula eam condiderunt coloni quasi αντιανδρον vel quia grȩci venientes per Thratiam cœpere polydorum: pro cuius precio hanc a Priamo vrbem accœperunt quȩ ex facto nomen accepit: quamuis huic opinioni non assentiat. Virgi: Fertur tamen q post acceptû pretiû grȩci eum lapidibus occiderunt. Alii scribût illum a Polymnestore occisû post dirrutam Troiâ: & in mari prȩcipitatum: cuius viso cadauere mater dum captiua adduceretur. flendo in canê conuersa est. Hoc fingitur q nimio dolore grȩcis inaniter conuiciabatur. o Phrygiȩ idȩ. SER. ad discretionem cretensis. p Molimur. SERVIAS. paramus: & bene petit loca: in quibus & lateret & nauigia prepararet.

q Incerti quo fata ferant: S. quia nihil incertius est nauigatione: quis nobis locû certû proponamus. C. Incerti q fata ferât. Vide hoc in alegoriis: quid sibi velit.

r Contrahimus. SERVIVS. congregamus ex aduersis populis: qui auxilio venerant. CRISTOFERVS. Contrahimus. In vnum cogimus. Contrahere tamen exercitum cum dicunt hystorici potius paucitatem militum q copiâ significare videntur: quod quadrat huic loco: nam cum ad nouas sedes parandas maiori esset opus exercitu: erât ita congregandȩ copiȩ: vt ne miles quidem vnus relinqueretur.

s Vix. SER. mox. vt vix conspectu syculȩ telluris in altû vela dab. DO. Vix. Nâ fugitiui maturû tempus expectare

THRACIA
POLYDORVS

non possunt: & quia diffinita loca non habuimus: nauigabamus: quo fata ducebant.

t Prima ę. SER. Vernum tempus: aut quia est etiã adulta & pręceps. CR. Prima ętas. In quattuor tempora distinguitur annus. Nam ingrediẽte sole in arietẽ incipit ver: cum autem tangit cancrum, initium tangit ęstatis: A libra autem exoritur autumnus: bruma demum siue hyems: tunc incipit cũ sol capricornũ ascendere incipit. Sũt ergo singula tempora externis mensibus. Ergo in primo mense dicit primum ver. In secundo adultũ ver. In tertio pręceps ver.

v Anchises. S. vt diximus το πρέπον seruat: ut pater iubeat.

a Ioue: id est a cęlestibus sunt. Eius auriga atq; soror Bellona est Lupus & picus illi sacrati sunt. Nam lupus animal rapax est, & insidiosum. Picus aũt duritię rostri dura robora cauat. g Acri. S. sęuo vel cruento. Hic dũ bacchũ contẽnens: vites amputare parat: sibi crura amputauit. Sed constat Abstenium fuisse: & hi sũt fortioris naturę: vt de Demosthene legitur. h Lycurgo. C. Orion: vt in eius fabula dictum est in Thraciam vectus domitis populis ibi regnauit: ac Hyppolagum filium successorem reliquit: ex hyppolago natus est Dryas: & ex dryante Lycurgus. Hinc ait Homerus a diis luminibus priuatum esse: q bacchi nutrices in Nysa latentes persecutus est: ob idq; timens Bacchus in mare profugit. Seruius autem dicit: Q. cum in cõtẽptu bacchi vites cęderet sibi crura amputauit. Lactantius ait in mare illum pręcipitatum fuisse: quia aquã vino tanq; veneno inseruit.

Terra procul vastis colitur mauortia campis.
Thraces arant: acri quondam regnata lycurgo
Hospitium antiquum troię: sociiq; penates
Dum fortuna fuit: feror huc: & littore curuo:
Mœnia prima loco fatis ingressus iniquis:
Aeneadasq; meo nomen de nomine fingo.
Sacra dionęę matri: diuisq; ferebam
Auspicibus cœptorũ operum: supoq; nitentẽ:

x Littora. DO: Nam patria perierat: & cõmitto terram locum stabilẽ & certum: & sequor incerta maris. CR. Littora cum pa. Pathos a loco: vt: Nos patrię fines & dulcia linquimus arua.

y Et campos. DONA. Non sine sommo dolore videt latitudinẽ camporum: in qua mœnia diruta iacebãt: Et tria posuit quę per naturã suam nõ potuerunt perire: littus: portum: campum. CR. Et campos v. t. f. Quę narratio hac breuius esse potuit: Nam integrũ totius vrbis & ędificiorum quę vrbi adiacebant solum sic ostendit.

z Exul in altum. CR. Nã si miserũ est exulare a patria: multo erit miserius exulare p loca incerta: & periculosa: vt est mare. a Cum sociis. S. Duo diuina posuit: & duo humana. Non meminit patris: quia secundum Virgiliũ non venit in Italiam. D. Cum sociis n. q. p. Tacuit patrẽ quia iam eum nominauerat.

b Penatibus & magnis diis. S. Varro. Eosdem dicit penates & magnos deos: Nam in basi scribebatur magnis diis: vt honoris causa dixit. Nã dii magni sunt Iuppiter. Minerua et Mercurius: qui Romanę colebantur. Penates autem apud Lauro lauinium: vnde apparet nõ esse vnũ.

c Terra pro: D. Optime ignoranti Didoni terram exponit: in qua situs loci & incolarũ persona et oportunitas: cum propter propinquitatem laborem longioris itineris leuiaret: & propter fertilitatem indigentibus posset opitulari. Quoniam autem Thraces amiserãt Lycurgum regẽ: videbat q nullus aduersarios venientes prohibere posset: firmabat autẽ spem religio fœderis diuturnitate temporis roborata. d Procul. S. Porro ab oculis: et potest satis longe significare: & nõ valde: vt in quinto. Est pcul in pelago saxum: quod non erat longe. Sed et hic eadem potest esse significatio breuis, est eni Hellesponti transitus. C. Procul. q. d. in cõspectu: hoc est pre oculis.: vt: Serta procul tantum capiti delapsa iacebat.

e Vastis. S. vastatis vel magnis. f Mauortia. CR. Marti cõsecrata: Hoc propter belli studia finxerũt. Statius in ea templũ Martis & syluam ponit: vt hic steriles delubra notant mauortia syluę. Dicunt fabulę: Martem fuisse filium Iunonis sine viri admixtione: quod ideo fingunt quia bella a sola Iunone: id est a terrenis rebus: non autẽ

i Antiquum. SER. Vetustum, vel carum Ilione eni Priami filia Polymnestori nupserat: & illi Priamus Polydorum paruũ filiũ dederat alendum.

k Dum fortuna. S. supple bona. Nam si absolute ponit: intelligit fœlix: Inde fortunatos: id est fœlices.

l Feror. D. Nam non suo consilio venit.

m Littore curuo. S. Curuo perpetuũ est littorum epitheton. Nã quod dixit in sexto Tũ se ad caiete rectõ fert litore portũ significat eũ ita nauigasse: vt nõ relinqret littus.

n Prima. S. Nã in Creta alia locauit. Intelligit aũt Aenũ. Salust. Aenum marmoreamq; et viam militarẽ: quam q Homerus dicat: inde auxilia ad Troiã venisse Euphorion et Callimachus a socio vlissis dictũ volunt illic sepulto: q tempore missus fuerat ad frumenta portanda.

o Fatis iniquis. S. quia fit futurũ pccupat. D. Fatis iniquis. D. Hoc exitus rerum non initia docuerunt.

p Aeneadas. S. Nec Virgilius Aenum dicit. q Sacra: D. Primo inuocabã auxilium maternũ. Deinde aliorum deorum: qui auspicio nouorũ fundamẽtorũ essent necessarii. CR. Sacrum. secundum Trebatium est quicqd deorũ habet. Ergo Virgi. vbicunq; sacrũ dicit: deorũ meminit: vt hic: Item sacra Ioui stygio: quę r. m. cœpta paraui.

r Dionęę. S. a matre Veneris. Bene autẽ dispensat: vt si sequantur aduersa Dioneam venerẽ dicat. Si psperа eric nauigatio illam e mari ortam dicat: nõ tamen semper obseruat. s Auspicibus. S. Ioui q aeris deus est, et Apollini propter auguria. Libero causa libertatis. Sin vero alii dii inuocent: ad priuatã ptinẽt causam. Vñ de Didone Iunõi ante alios: cui vincula iugalia curę nã quauis causa publica simularetur: erat tamen propria Didonis. Sic Aeneas sacrificat Veneri: vt placeat matri. Liberũ dixit: vt sit signum liberę ciuitatis. Nam apud maiores aut stipendarię erant: aut cõfœderatę: aut liberę. Sed i liberis ciuitatibus simulacrũ erat Marsię: qui in tutela liberi patris est.

Celicolum regi mactabam in littore taurum.
Forte fuit iuxta tumulus: quo cornea summo
Virgulta: & densis hastilibus horrida myrtus
Accessi: viridemq; ab humo cōuellere syluam
Conatus: ramis tegerem vt frondētibus aras:
Horrendum & dictu video mirabile monstrū:
Nā que prima solo ruptis radicibus arbor
Vellitur: huic atro liquuntur sanguine gutte.
Et terram tabo maculāt mihi frigidus horror
Membra quatit: gelidusq; coit formidine san-
Rursus & alteri⁹ lentū cōuellere vimen. (guis.
Insequor: & causas penitus tentare latentes.
Alter & alterius sequit̄ de cortice sanguis:
Multa mouens aīo nymphas venerabar agre/
Gradiuūq; prēm geticis q̄ p̄sidet aruis: (stes:
Rite secundarent visus: omenq; leuarent.
Tertia sed postq̄; maiore hastilia nixu
Aggredior: gēibusq; aduerse obluctor harene.

t Mactabā. S. Cōtra ratiōē taurū mactat Ioui. Vnde putant hic subsecutū prodigium. Ioui em̄ iuuencus vbiq; mactatur: vt statuā ante aras aurata fronte iuuencū. Iā cornu petat: et. pedib⁹ q̄ spergt aarenā. Etluue. Qui vexat nascenti robora cornu. Nam in victimis etas est conside/randa. CR. Mactare ꝓprie magis augere est: Vnde macte puer: id est magis aucte. Et quanq; deo sacrificantur non pereunt: sed magis crescunt: Iō fugiebant verba mali omi/nis: neq; dicebant interficio aut iugulo: sed potius macto. & tamen quoniā que sa/crificabātur interficiebantur: aliq̄ndo mactare po/nit simpliciter. i. iterficere.

v Tumulus. SER. & collem et sepulchrum fu/isse significat. C. Tumu/lus. terra tumens. Itaq; potest eē collis naturalis: vt & tumulū capit: Vñ & omnis troia videri. Et etiam terra opera huma/na coarceruata tumul⁹ di/citur. Et quia sepulchra ornabantur huiusmodi aceruis. Tumulus pro se/pultura ponitur: & sic in hoc loco. Cumulus autē nō natura est: sed manu hominū factus: hic autē locus appellat⁹ est Poly/dori tumulus etiā seq̄n/tibus temporibus vt ap/paret i Plinii geographia iuxta Aenon vrbem.

x Cornea & myrtea. S. nam he apte hostilib⁹ sunt: vt & bono bello cornus. Item & pastora/lem prefixit cuspide myr/tum. Cornus autem de arbore dicit̄: vt ficus. Nā de animali indeclinabile est cornu. Lucanus tamē vsurpauit genitiuum: vt cornus tibi cura sinistri: Et Cicero in arato huius genus pro genu dixit.

y Accessi. S. Nō ad cor/nū: s; ad myrtū q̄ iterꝓbē as ē. Et bñ matri sacrifica/tur⁹ aras corōas ex myrto

y Myrtus. C. de hac ar/bore alio loco dixi: hic ad/dam ꝙ in sepulchris libē/ter nasci videtur. Nam in Italia primum visa fuit in Alpinoris tumulo: quod Cir/ceis est.

z Syluam. SES. Bene variat: modo syl/uam: modo virgulta: modo vimina dicens.

a Monstrum. S. recte. Nam statim apparuit quid id esset: & hoc proprie: quāuis alias abutantur.

b Liquuntur. S. in verbo prima syllaba longa est Sic alibi. Canis cum montibus humor liquitur: liquor autē nomen: primam breuem habet.

c Frigidus horror. CRI. tremitus. Horror proprie est: cum res contrahitur: et ipso contractu asper fit: pilosq; & fila erigit: & quoniā timore sanguis ad cor refugit: & extreme partes relinquūtur frigide et ex frigore horrescunt: Dicim⁹ horrere frigesce/re. Vnde est. Scis comitem horridolum tria domare lacer/na. Item timere: vide paulo supra. Horrendum q̄uis mar/cellus exponat nouum & mirabile.

d Quatit gelidusq;. SER. Causa pēdet ex cā. timor enī sanguinem gelat: qui coactus gignit frigus.

e Lentum. SER. molle & flexuosum: vnde et victos curuos dicimus per senectutem.

f Multa mouens. SER. Que illa sint indicat ex sequen/tibus: Nam putabat esse hamadriadas: que cum arbori/bus nascunt̄ & intereant: quod demonstrat Ouidius: cū eresicthon arborem incurrit. Vnde sanguis primo: deinde vlulatus exiit. & Statius. Nec amplexe dimittūt robora nymphe.

g Venerabar. CRI. Ve/niam petebam. Id enim ꝓprie est venerari.

h Gradiuum patrē. SE/RVIVS. ϑο ϳρονυαρηυ id est exilientē in prelia. q̄d in bellatorib⁹ sit necesse.

i Geticis. S. Thratiis: Gete enim populi sunt Misie: Que quia lata sit: multas continet gentes. C. Geticis. Thracensib⁹: & et est ps ꝓ toto. Thratia autem inter validissime Europe gentes late patz: quippe que in quinqua/gita strategeas sit diuisa. In planis autem Thra/tie Scytharum gētes sūt varie quidem: sed littori opposita tenuerūt Gete a Romanis Daci nomina/ti. hec Plinius. Strabo au/tem diuidit & Getas di/cit esse: qui ad pontū in orientem vergūt. Dacos autem qui in oppositam in Germaniam ad histri fontē: hos putat Dauos olim nominatos: ex quo apud Athenienses Geta/rum & Dauorum nomi/na seruilia sūt. Propter āt gentis ferocitatem & ro/bur militar̄: hec terra mar/ti sacra dicitur: & ibi eū suū templū habere. De q̄ Statius. Hic steriles delu/bra notat mauortia syl/uas. Horrescitq; tuēs vbi mille furoribus illi fingit̄ aduerso dom⁹ immāsue/ta sub emo ferrea cōpago latere: ferro atra terunt̄: Limina ferratis incūbunt tecta columnis. Ledit̄ aduersum Phoebi iubar: ipsaq; sedem. Lux timet: et durus contristat sydera fulgor. Digna loco statio.

k Secundarēt: S. ꝓsperos facerent. C Secun/darēt. ꝓspa facerēt. Sic Luc. Dii visa secundēt atq; extis sit nulla fides.

l Visus. S. ꝓ visa posuit: Nā visus est q̄ videm⁹. Visa sunt q̄ videm⁹: Similia sunt nūci⁹ et nūciū. auditus & auditum.

m Omen. C Pro monstro & prodigio posuit.

n Leuarent. S. Bonum ac leue fa/cerent.

o Hastilia. C. Variat nomina: ne indicat vasti/dium: Nā modo virgulta: mō hastilia: mō vimen dicit.

p Obluctor harene. C Luctari enim contra tendere: & niti significat. Vñ lucta ludus est: in quo alter cōtra alterū nititur: ergo obluctabat̄ harene: veluti illa niteret̄ ne dimit/teret; ille autem vt ad se attraheret.

q Eloquar aut sileam SERVIVS:ad miraculũ posita parenthesis.CRISTOFERVS.Eloquar an sileam.Nam magnitudo rei:vt loqueret̃ impellebat. Incredibilitas autem dehortabatur:recte autem & attentum reddit auditorem & per fidem sibi comparat cũ depcat̃ incredibilitatẽ r Gemitus.SER.& lachrymabilis potest esse:& irascentis.DONATVS.Gemitus mortaliter primo gemitus deinde voces auditę sunt. s Reddita.SER.pro data:Redditur quicquid ad nos per alterum transit.Sed & hic possumus intelligere ꝙ ad eum vox missa per tumulum est. t Quid miserum Aenea.DONA.Artificiosa res:si em̃ Aeneas loqueretur:diceret feci:& absoluta q̃litate sese defenderet:quia nescius faceret.Sed Poeta cum inducit defensorem:quia accusator esse debuit:Ideoq; acerbitatem latiꝰ extẽdit ex vno crimĩe multa posse exorire euidenter ostendit:sed instruit:& nõ arguit.Primum crimẽ, est sepulchrum violatum:& hoc ratione loci:temporis:& personarum.Addit miseriam . quę subleuatione & non oppressione digna est.

d Fuge fuge.DONA:Ex duplicatione verbi necessitatem ostendit fugiendi.
e Nã polydorus ego.S.Siue ergo distinguas:siue ego hic subaudias sũ:necesse est. f Seges.C.Quia ad similitudinẽ segetis:& hęrebant:& crescebant hastę.
g Increuit.SERVIVS.reuiruit:Tractum ex hystoria:Nam Romulus captato augurio hastam ex auentino colle in palatium iecit:quę fixa fronduit:& arborem fecit.Vituperabile enim est Poetam aliquid fingere:quod penitus descendat a veritate.Deniq; obiicitur Virgilio ꝙ in nymphas naues mutasset:& ꝙ per aureum ramũ descensum ad ĩferos:& per iris Didoni comam secuerit.Sed hoc purgatur exemplo.Euripidis:qui de Alceste hoc dixit:cum subiret fatum mariti.

v Aenea.DONATVS.ex nomine proprio apparet notum cum noto loq.
x Sepulto.SERVIVS.iacenti:vt inuadunt vrbem somno vinoq; sepultam:quasi sine pulsu:nã sepultus non erat cum sepultura nõ esset rite facta:

(Eloquar:an sileã)gemitus lachrymabilis imo.
Auditur tumulo et vox reddita fertur ad aures:
Quid miserũ ęnea laceras:iam parce sepulto:
parce pias scelerare manus:nõ me tibi troia
Externũ tulit:haud cruor hic de stipite manat.
Heu fuge crudeles terras:fuge littus auarũ.
Nam polydorus ego hic cõfixũ ferrea texit
Telorum seges:et iaculis increuit acutis.
Tum vero ancipiti mẽtem formidine pressus.

h Tum vero.DONATVS.qui supra dixerat:mihi frigidus horror membra quatit:Nam ad illũ horrorem:q̃ fuit ex sanguine accedens vox lamentabilis Polydori mẽtem in hebitudinem conuertit:& vox in silentium transit.

y Parce pias.SERVI.Etiam qui lędit excusat Aeneã:quod pietatis magnũ testimoniũ est.DONATVS.Parce pias ma.Cur parce:si iã patrata res fuerat.Quia q̃d ignorans fecerat merebatur veniam:non autem mereretur:q̃d deinde esset facturus.Sic si mihi parces te crimine solues.CRISTOFERVS.Pias.magna laus Aenee:cum etiam ab eo qui lacerabatur:ita appellaret̃:etiam magnum ꝙ adhortaretur fugeret periculum.
z Scelerare.SERVIVS.polluere.Plautinus sermo:hodie non in vsu.
a Non me tibi troia extrenum:SERVIVS.Nam ciuis erat & cognatus.DONATVS.Nõ me tibi troia extremũ tulit.Peccares enim in hominem:in miserum:in defunctũ:in ciuem:in tuum.Ergo non vult me tibi troia extrenum:idest nõ solum ciuem:sed affinem frater enim creusę erat.
b De stipite manat.DONATVS:Personarum & temporis posuerat partes:nunc ponit loci. c Crudeles terras.S.i.crudeliũ et auaroꝝ.D.Crudeles terras.Demõstrat hoc eẽ vitiũ terrę parentis.vt per hoc oẽs eodẽ vitio laborare significaret.Ergo & ab aliis poterat eadem iniuriã expectare:atq; etiam non decebat:etiam si tutus permansisset pium inter impios versari.CRISTOFERVS.auarum.Quod crudeles:& auarum dixit,demonstrat auaritiam parentum esse crudelitatis.

n Hũc D.ea ratiõe misit.Priamꝰ:vt cũ se nõ sumis periculis cerneret saltem posteritas sua in hoc filio remaneret:& auri vim magnam dedit:vt esset quo viueret:& ex se naturam Polymnestoris coniectans tutum filium apud veterẽ amicum credidit.Infoelix ergo qui dũ filium in tuto collocare putat:eum perdidit.Ergo Priamꝰ nec incautus:nec imprudens:nec in filii causa indiligẽs fuisse demonstratur.Dederat em̃ vicino affini amico veteri dederat cũ diuitiis:dederat regi. s Ille D.q.s.speraret humanꝰ:cuius fidei cõmissus fuerat:qui diues:qui ex plurimis perlectus:qui susceperat innocentem amici filium:Notatur hic persona.s.auara.Item locus:nam mari interpositum erat inter se:& Troiam.Item tempꝰ.s.in quo perierat imperiũ:vt non timeret vltionem.Ostendit preterea Poeta in rebus aduersis:ne amicis quidem fidendũ.Damnat auaritiam tanq̃ quę ad omnia scelera impellat.
i mẽtem formidine pressus.CRI.habens mẽtẽ pressam per sinecdochen.
k Formidine.CRI.quę plus est q̃ metus:aut timor:vt iam in superioribus demonstratum est.
l Steterunt.CRI.Systole est:nam corripuit mediam sil

labã·quę produci debet vt:breuitate dictionis notaret subi
taniam erectionem comarum. m Hęsit. CRI. Consti
tit non egressa est:quod euenit timentibus. Hęrere autē est:
cum res consistit:neq; mouetur:& quoniam qui cogitan
tes in dubium incidũt:consistunt in cogitatione:neq; vl
terius procedunt:dicitur hęrere dubitare:dicimus eadē ra
tione:feras aues q; captę retibus hęrere illis:quoniã neque
unt discedere. Item id quod alii rei inititur. quia nõ demo
uetur illinc hęrere dicitur. Vñ hęrent parietibus scalę: hinc
hęredes: quia adhęrēt bo
nis testatoris. n poly
dorũ ꝛc. C. nomē cõueni
ens homini:qui secũ mul
ta attulerit:nã moltorꝝ do
norꝝ significat. y Quid
ecphonesis est latie dicitur
exclamatio:quę fit a scri
ptore:cũ aliquid aut sum
mopere detestatur:aut ve
hementer admiratur:hęc
figura sũmã affert rei cog
nitionē:vt dii talē terris a
uertite pestē. Est aũt gra
uis poetę:ita auctoritatē
suã admiscere: vt & bo
nos amare:& malos odis
se:indignos inuidere:errã
tes rephendere:& miseros
miserari videat. Hinc Ho
ra. Ille bonis foueat:& cõsi
liet amicę:et regat iratos et
amet peccare timētes: Ille
dapes laudet mēsę breuis
ille salubrem iustitiã leges
q;:et aptis otia portis.
o Infoelix priam⁹. S. I ga
tã esse coeperat:vl cui etiã
Prouisa nocuerit. C. Infoe
lix priam⁹:Nõ ei iprudēter
sibi consuluerat:sed infoe
liciter successit:vt crimē nõ
homīs:sed fortunę sit: ex
q̃ re maiorē sibi cõmisera
tionē cõperat. p Mãda
rat. SER. cõmendarat:vel
emēdarat: Aphęresis est.
q Threicio. S. a loco au
get crudelitatē:ex qua Dy
omedes Lycurgus: & Te
re⁹ sũt. Threitio p thraitio
vt sup Thraissa:nã solutio
est Iõicę linguę. Cũ em̃ sit
θρᾳκες Iões dicũt. θρηιξ Et
eius solutio facit threicius
vel threissa:
r Cingiq; vrbē obsidiõe
videret. S. apparari obsidi
onē. nã post obsessam vr
bem non potuisset.
s Fortuna: SER. s. me
lior. t Victricia. S. verbalia in trix foeminina sũt: & ta
men in plurali neutrũ habent: C. Victricia arma: vt nõ ho
minē:sed fortunã secutus esse demonstret. Est aũt ex locis
ex quib⁹ probet auaritiã scelerũ parentum esse. v Fas
omne. S. & affinitatis: & hospitalitatis. x Obtrũcat. S.
cędit:proprie tñ significat caput amputare. y Potitur.
S. ex his verbis est:quę miscēt cõiugationē:nam tertię licet
sit:facit tñ potiri. Sic & fio pro firi fecit fieri. z Sacra. S.
execrabilis. Tractũ ex more Gallorũ. Nã cũ masiliēses pe
ste laborabant:vnus se ex pauperibus offerebat alendum
anno integro:duplicis: & purioribus cibis postea verbenis.
vestibusq; sacris ornat⁹ circũducebat p vrbē cũ execratio

nibus:vt in eũ inciderent oĩa mala ciuitatis: & sic ꝓiiceba
tur. Hoc aũt in petronio lectũ est:latenter aũt tentat Aene
as ex similitudine calamitatis troianos Didoni cõmenda
re:nã & eius marito causa auri frater intulit necem.
a Ad proceres primũq; pa. D. Qui iudicare demonstris
posset. Et ad ꝓceres:qa quod facto op⁹ esset: debuit ei diffi
niri sentētia. C. ꝓceres proprie in cõtiguatiõibus multi sũt
e parietibus ꝓminentes:qui capita trabiũ sustētãt:hinc pri
mores vrbis ꝓceres dicũtur:qa rēpub. fulciũt. Primũq; pa.
videt em̃ facere eum prici
pē senat⁹. Consul em̃ quē
vellet sētētiã rogabat: Cõ
suetudo erat:vt in primo
consules designati: si ii ad
erat regerent. Deĩde is q a
cēsoribus princips sena
tus electus esset: fuerũt tñ
qui ꝓ suo arbitrio:quē vel
lent rogabant:in q̃ obser
uatũ est:vt is qui rogaba
tur esset ex cõsularibus.
b Refero. C. Recte ex mo
re romano:nã cõsules res
magnas:ac dubias ad se
natum referebant.
c Idem. S. plus q̃ si dice
ret similis. D. Idē solet de
cerni:q̃d maiori parti pla
cet:sed hic tã manifestum
scelus fuit:vt oēs fugiēdũ
censerēt. Inde vbi p scelus
fuerat soluta amicitia: q̃
foedere deuicta erat. Non
ergo vtile illic morari:nec
religiosum: cũ sanguinis
pueri pollutus esset locus.
d Scelarata. S. i. sceleꝝ
vt captiuaq; vestis. i. capti
uorũ. e Classibus au
stro. SERVIVS.. hypala
ge est. f Funus. SER.
mõ sepulcrũ q̃d virgulta
a vellēdo diruerat. Nã fu
nus proprie incensum est
cadauer.

Obstupui:steteruntq; comę:& vox faucib⁹ hęsit.
Hũc polidorũ auri quondã cũ põdere magno
Infoelix priam⁹:furtim mãdarat alendum.
Threicio regi:cum iam diffideret armis
Dardanię:cingiq; vrbem obsidione videret.
Ille vt opes fractę teucrũ:& fortuna recessit.
Res agamēnonias:victriciaq; arma secutus.
Fas omne abrũpit polydorũ obtrũcat et: auro
Vi potitur:quid non mortalia pectora cogis.
Auri sacra fames:postq; pauor esse reliquit.
Dilectos populi ad proceres primũq; parētē
Monstra deũ refero:et quę sit sentētia posco
Omnibus idē animus scelerata excidere terra:
Liq; pollutũ hospitiũ:et dote classib⁹ austros.
Ergo instauramus polydoro funus:et ingens.
Aggerit tumulo tellus:stant manibus arę
Cęruleis moestę vittis atraq; cupresso.
Et circũ iliades crinem de more solutę
Inferimus tepido spumantia cymbia lacte:
Sanguinis & sacri pateras:animãq; sepulchro

f Stant. SERVIVS. po
sitę sunt. h Manibus:
S. Manes:animę sũt quę
egressę corporibus: nõdũ
alia intrant corpora: Sunt
autem noxię: & dicuntur
per antiphrasim:nam ma
nũ bonũ. Vñ & mane di
ctũ:vt Eumeniades par
cas: bellũ:lucũ. Alii mães
dicunt a manēdo: nã ani
mabus plena sunt loca in
ter lunarem circulum: &
terram inde defluunt:
Alii manes deos infernales putant. i Ceruleis. C. varo
ro & Cato dicit consuesse antiquos in funeribus nigro: &
ceruleo colore vti:nã in adolescētis morte nõ nigrũ:sed cę
ruleũ adhibebãt. Est autem cęruleus viridis cũ nigro mix
tus:vt est illud coeperat humenti phoebũ subtexere palla:
Nox et cęruleã terris ĩfuderat vmbrã. k Atra. S. q̃ atros
hoies significat. l De more. S. s. gentis: vel de more plã
gentiũ. m Tepido. S. statim muncto.
n Cymbia. S. Pocula in modum cymbę. CRISTOFE
RVS: Cymbia. Species poculi ē. Sed & de cymbis: & cete
ris poculis dictum est in bucolicis: o Sacri. SESVI
VS. de victimis sumpti. Bene autē lacte: & sanguie anima

ad sepulchrũ elicit. Lacte em corpus nutrit: post aie cõstitutionẽ: & aĩa fine sãguine nõ e: est: Nã illo effuso recedit. Et quia insepultorũ aĩe vage sunt: & hic nõ fuerat legitime sepult9 rite reddita legitima sepultura redit aĩa ad quietẽ sepulchri: quã Stoici mediũ sequẽtes: tã diu aĩas durare dicunt: q̃ diu durat & corp9. Vñ egyptii condita cadauera diucius seruãt: vt multum duret anima: & corpori sit obnoxia: ne cito ad alia trãseat. Romani contra comburãt corpora: vt statim in suã naturã rediret aĩa. Ergo hic obnoxiã facit aiam corpori: quod antea horrebat: q̃si p vim extorta. Plato pperuã dicit aiam: & ad diuersa corpora statim trãsire pro meritis vite prioris: Pythagoras vero non. μετεμψυχωσιν: id est. redire: sed post tempus dicit. p Condim9. DONATVS. Erant placandi manus lesi: presertim illius: qui ciuis: & affinis: & regis filius erat. & qui recte monuerat Troianos: vt sceleratam terram relinquerent. Docet autem Poeta: que possint cura

Condimus: & magna supremum voce ciemus.
Inde vbi prima fides pelago: placataq; venti
Dãt maria: & lenis crepitãs vocat auster in altũ
Deducunt socii naues: & littora complent.
Prouehimur portu: terreq; vrbesq; recedũt.

re q̃ male sint gesta ẽẽ curanda. q Supremũ. S. aduerbium: vt toruũ clamat. r Ciem9. S. dicebãt ei. Vale: nos te oẽs ordine quo natura pmiserit cũcti sequimur. C Ciem9 a cieo es ere secũde cõiugatõis: vt bella ciẽt primaq; vetãt cõsistere terra: inuenit etiã in q̃rta: vñ Regius accitu cari genitoris ad vrbem Sidoniã puer ire parat.

s Inde vbi prima fides. CRI. pulchra narratio: & que foelicitatẽ et celeritatẽ nauigãdi ostẽdat. t Lenis crepitans. S. duo epitheta posuit vitiose: fecit aũt hoc prope in decem versibus.
v Auster. S. p oĩ vento: x Deducũt. DO. Quã miseri subduxerãt: Occurrit magna beniuolẽtia: vt rex & sacerdos nõ expectauerint pigrinos ad se venire: sed vltro occurrerint. y Recedũt. S. Nã videt nauigãtibus q̃ nõ ipse a terris: sed ab ipsis terre recedunt.
z Mari. RER ordina. In medio mari egeo: a Tellus CRI. Delon insulam intelligit. De qua Plinius: Ipsa quoq;

ℭSacra mari colitur medio gratissima tellus.
Nereidum matri: et neptuno egeo:
Quam pius arcitenens oras: et littora circū
Errantem: mycone celsa gyaroq̄ reuinxit
Immotāq̄ coli dedit: et contemnere vētos.
Huc feror: hec fessos tuto placidissima portu
Accipit: egressi veneramur apollinis vrbem.
Rex anius: rex idē hominū phoebiq̄ sacerdos:
Vittis et sacra redimitus tempora lauro.
Occurrit: veterem anchisen agnoscit amicum.
Iungimus hospicio dextras: et tecta subimus.
Templa dei saxo venerabar structa vetusto.
Da propriā tymbree domū: da moenia fessis:
Et genus: et mansurā vrbem: serua altera troie
pergama: reliquias danaū: atq̄ īmitis achilli:
Quē seq̄mur: q̄ue ire iubes: vbi pōere sedes

clarissima Cycladū media: & templo Apollinis & merca
tu celebrata: que diu fluctuata: vt proditur: sola motum
terre non sensit. Ad M. Varronis etatē. Mutianus prodi
dit bis cōcussam. Hanc Aristoteles ita appellatam putat.
quoniā repente apparuerit enata Eglatosthōes Scynthiā.
Alii Orthygiam asteriam postlagiam. Mydiam: Cyne
tum: Pyrpilem igne ibi primum reperto. Herodotus autē
ita scribit. ferunt autem Deliū discessum: Dectis Xerxis pre
fecti Delō se mouisse prio: atq̄ postrēo vsq̄ ī mea tēpora
Strabo ait: In egeo mari magis delos emiet: & circūstātes
illi Ciclades: & ipsi incū
bentes sporades. i. sparse.
Delos vrbē habet. & A
pollinis Latoneq̄ templū:
& cynthus mōs sublimis
ei asper incubit vrbi. Pin
darus quoq̄ illā olim erra
bundam fuisse. Sed aduē
tante partu Latone quat
tuor terrestribus e truncis
colūne dura ī petra solido
ex adamāte continuerūt.
b Nereidum matri. S. i.
Doridi. Fabula est. Iupiter
vitiata latona etiam Aste
riem sororem vitiare volu
it. Illa autem rogās a diis:
vt in auem verteretur: co
thurnix effecta est. Sed cū
mare transfretaret afflata
a Ioue in saxum cōuersa:
sub aquis versa est. Inde
supplicante Ioui Latona
supernatauit. ac primo ne
ptunno: ac Doridi conse
crata est. Deinde cum Iu
no Latonā immisso Phi
thone insectaretur littori
adhesit: sororēq̄: excluso
serpente intra mare recepit
in hac insula ipsa Dyanā:
a Apollinem peperit. Sed
Diana iam nata pro ob
stetrice se matri phoebum
parienti prebuit: vnde q̄
uis virgo a parentibus in
uocat. Apollo: vt primū
natus est: Phitone sagittis
interempto matrē est vl
tus. Et terram ī quo duo
numia sint nata: errare nō
sūt passi isti dii: sed duabꝰ
insulis religauerunt. Veri
tas est q̄ cū isula terremo
tu laboraret: consuluerūt
oraculū Apollinis: cuius
responsū fuit: ne mortuos
ibi sepelirēt: et sacra q̄dā fa
cerēt. Pꝰea egyaro mycōe
q̄ vicin. s isu ꝑ ppli venerūt
q̄ eā habitarēt. Dicūt Dia
nā primo natā: quia nox
primū fuit. Dicta est insula primo ortygia: q̄a grece ορτυξ
dicitur cothurnix: & quia postea emergens apparuit delos.
Nam Δηλον manifestum dicunt. Vel quia Apollinis
oracula: que alibi obscura sunt: illic manifesta dantur.
Delos: & ciuitas: & insula. vnde interdum recipit prepo
sitionē. c Pius arcitenens. S. quia vltus est matrem. C.
Pius quia in iurias maternas Phytone necando vltus est.
Arcitenēs: Ex Neuio q̄ in secūdo libro belli punici ait. De
inde pollēs sagitis iductꝰ arcitenēs Et ab Hōero ē: a q̄ Apol
lo dicit αργυροτοξος d Coli. SER. a vicinis.

e Ventos. S. propter terremotū. f Sacerdos. SER.
Nam apud maiores rex erat sacerdos: & pontifex. Sic ho
die imperatores pontifices dicimus. CRIS. Ille rex Anius
Apollinis filius fuit: qui filium Andrū habuit.
g Sacra. D. vt ostenderet victas: & laurum non esse si
gna leticie: que tristitie Troianorum nō conueniebat: sed sa
cerdotii. Magna autem exempla posuit male boneq̄ ami
citie Polymnestorem: & aniū. que nos ad bonū hortaban
tur: & a malo reuocent. h Amicū. S. per silentiū intel
ligimus. D. Veterem amicū: quasi diceret illū talem tūc ha
buit amicū: qualem habe
bat stante Troianorū foe
licitate: neq̄ secutus ē for
tunam: vt Polymnestor:
& tm̄ habuit amicū q̄tꝰ
fuit: nō quātꝰ veniebat.
i Hospitio. S. i. iure hospi
talitatis: nā ad hospitiū nō
p̄t itelligi: cū iā esset amicꝰ.
k Saxo vetusto. C. Cre
dunt aliqui dictū: quia in
sula saxū sit in quod Aste
ria iā cothurnix versa est.
Cloacius autem verius re
ferēte Macrobio scribit in
Delo aram esse Apolinis
genitoris: ī qua nullū ani
mal sacrificat: quā Pitha
goram: veluti inuiolatam
adorauisse ferūt: hanc igit
Virgi. ab Aenea adoratā:
demōstrat siquidem nul
lo acto sacrificio preces in
choat: & vt genitoris arā
demōstraret dixit. Da pa
ter: at mox cū taurū ma
ctat apud aliam aram in
telligimus: vnde hic patrē
quod sibi propriū est: ibi
Apollinem nominat. Ca
to de liberis educandis ita
ait. Nutrix hec omnia faci
ebat in verbenis: & tubis
sine hostia. vt deli est ara
Apollinis genitoris: quod
ait saxo vetusto dicit epa
phus delphis quondā eue
nisse: vt templū ante reli
giosum: & intactū spoli
atum incēsumq̄ sit: & ad
dit multas circa corynthū
vrbes insulasq̄ proximis
terremotu haustas. Delō
neq̄ ātea: neq̄ postea: hoc
incōmodo vexatā: sꝫ semp
eodē manere saxo. Thucy
dides aūt ī tertio hystoria
rū scribit. Nō mirū ergo si
p̄sidio religionis tutā insu
lā semp ostēderit: & reue
rētiā locorū sibi accessisse
dicit ꝯtiua saxi eiusdē. i. in
sule firmitate. l Propriā. S. Perpetua. Sic propriāq̄ di
cabo: nā q̄ cōsiderat nō fuerat ꝓpria. D. propriā. Nā īcerti
hactenꝰ vagabant: vt incerti quo facta ferāt vbi sistere de
tur. Est āt p̄catio breuis: & q̄ oia cōtieat. Nā petit & mo
uet cōmiserationē. m Tymbree domū. S. ab agro troie
vicino. q̄ tymbra plenꝰ fuit: ī q̄ eiꝰ ē & nemꝰ: & tēplū: in q̄
Achilles a Paride fuit interfectꝰ θυμβρη grece vū η in æ
diphthōgon vt Διρκη dirceus. m Domū. S. familiā.
n Māsurā. S. duo petit. vrbē & perpetuitatē ad hoc:
vel propter Troiam: vel propter eā quā in Thratia cōdidit.

o Da pater. SER. Pater venerationis ē: vnde & diis datur. Quid ve pater neptunne paras: Et montibus: vt pater Appeninus. Et fluuiis: vt tiberi pater. D. Da .i. ostende. Da pater auguriū. Pater animo infunde animis nostris aperta et per spicula oracula. Vsus est autem imparatiuo da. & illa bare: qd est depcatus ex fiducia in Apollinē: qui Troianis fauebat. p Auguriū. S. Pro oraculo posuit q Illabere. S. Nam quis obscura sint tamē semper vera sunt Apollinis oracula. Ergo postulat illud oraculū intelligere: r Vix ea fatus. D. Motio earū rerum presentiā dei ostendit: s Visa. S. Stoicę & Achademice qui dicunt q sunt contra naturā non fieri: sꝫ fieri videri: vñ magica oīs exclusa ē: vtait Plī: t Liminaq₃. S. breuis p longa posita est: defendit autem vl quia monosillaba ad artem nō pertinēt: vel particula: quę sui substātiā non habet: mēbrū putat superioris orationis: vnde liminaq₃ vna erit dictio: & .q. finalitatis gratia produci: & corripi pt. v Mōs. S. Cynthi⁹. x Cortīa. S. Cortīa loc⁹ vñ oraculū exit. l ga Apollinis Tripos corio pythōis tect⁹ est: l qa ibi sint certa responsa quasi certina: vel quod est verius quia illic cor vatis tenetur: nam ca uerna in tēplo fuit ad quā phoeb⁹ rapta vaticiabat C Tripos suū q̄ phoeb⁹ vaticinabat. vnde seruiū Cortinare apud antiquos erat meditari. hinc cortinionē meditationem dixerunt. y Summissi. S. inclinati: pro qualitate eñ nimiū orātes iterdū sūma iterdū ima respiciebant: cū ptātes alie coelestes sint: alie terrene: Alię permixtę. terram nunc petunt. Quia Appollo & Sol & liber pater est: qui inferos petit. Vnde Horati. Te vidit insons cerberus petunt terram. vnde ad eos responsa perueniunt. Et quia Appollo est inferis notus. D. Sūmissi. Pauore nimio vestigiis firmis stare non potuimus: sed ad terram demissi sumus.

a Dardanidę duri quę vos astir. SERVIVS. Obscura sunt: sed tamen vera. Nam Dardanus ab Italia venit. nā si Cretam significaret teucriade diceret. CRI. Dardanidę responsum verum est: sed nō intellectum ab Anchise. Quia vt in allegoriis nostris demonstrauimus appetitus illi⁹ q sensum: non autem rationem sequitur: typum tenet Anchises. Inde igitur promes: quę hunc locum aperte interpretētur. Dardanidę indicat quid Italiā intelligat: de qua Dardan⁹ venerat ex deo nat⁹. Nā de Creta nō oportuit intelligi vñ venerat Teucer. Nō Iouis: sꝫ Scamādri. mortal viri fili⁹ b Duri. S. Vl propter futurū laborem vel eorum arguit insipientiam. CRISTOFE. Duri. Nō ergo reformidandę difficultates longioris itineris: cum durare in laborib⁹ potitis: qui in decenali bello summa paciencia durastis. Ostēdit igitur rem facilem. Nā facile est durioribus aduersa pati. c A stirpe. SERVI. In genere. f. gen⁹ significat: vt heu stirpem inuisam. In masculino arborem: Sed stirpē teucri nullo discrimine sacrum. Horatius contra regulam dixit. Stirpesq₃ raptas: & pecus & domus. DONATVS. Quę vos a stirpe. Nihil breuius: aut eminentius hoc responso: nā & in fine verborum consulentis p rolatum est: & incertos securos reddidit. ostendit eñ Troianos apud illū perigrinos fuisse: nūc originalib⁹ terris: & suis parētibus reddi quod beneficium: & non iniuria est presertim cum vrbem ppetuam promittat: & Troianos maxima incrementa sumpturos. d Prima. S. Italia: vñ Dardan⁹ vēit. Nā Teucer postea de Creta. C. Prima tellus ₂c. Hęc duo Italiā ostendunt. Nam prior Dardanus de Italia: q Teucer de Creta venit. Et de Italię vbertate multi scribunt.

Da pater auguriū: atq₃ aīs illabere nostris:
Vix ea fatus eram: tremere omnia visa repente
Liminaq₃ laurusq₃ dei: totusq₃ moueri
Mons circū: et mugire adytis cortina reclusis.
Summissi petimus terrā: et vox fert ad aures.
Dardanidę duri quę vos a stirpe parentum
prima tulit tellus: eadem vos vbere lęto
Accipiet reduces antiquā exquirite matrem.
Hic domus Aeneę cūctis dominabitur oris:
Et nati natorū: et qui nascentur ab illis.
Hęc phoebus mixtoq₃ ingens exorta tumultu
Lętitia: et cuncti quę sint ea moenia quęrunt.
Quo phoebus vocet errantes iubeat ve reuerti
Tū genitor veterū voluens monumēta virorū:

e Matrem. SER. terram Tractum de historia Bruti. Nam cum filii Tarquinii ab Apollie accepissēt: qui primus terram oscularetur: eum imperio potiturum. Brutus e naui egressus: fingens causam: terrā osculatus est. f Domus. SERVI. ad illud. Da pprium tymbreę domum. g Nati natorum. SER. Ad illud & mãsuram vrbem. hic versus ex Homero est quem ille ex orpheo substilit. & Orpheus ex oraculo Appollinis hyperborei. Mire hoc ostendit Poeta: dicendo hęc phoebus. CRISTOFERVS. Et nati natorum. ab Homero sunt hii versus. Ait enim Aeneam tenuisse imperium cum eius successoribus in ilio. Iā Priami genus est miserat⁹ Iuppiter: Vnde imperium Troię Aeneas manifestus habebit: Et nati natorum: & q nascentur ab illis: & rursus: At genus Aeneę cunctis dominabit oris. Nā hoc carmen Homerus ab Orpheo sumpsit. & Orphe⁹ ab oraculo Apollinis.

h Mixtoq₃ ingens exorta tumultu. DONA. lęti omnes erant: sed querebant nomen loci: Nā antiqua memoria ignorabatur. sed Anchises omnium vetustissimus rem aggressus est: fuit autem pulchrum: ac religiosum his terris reddi: quę parētes ab origine retulerunt: & ne timerent ne a melioribus ad deteriora pergerent: addidit vbere lęto. Et per hoc q dixit vbere allusit ad id quod terram lętā appellauit. Reduces vero ne timeat se futuros oneri his terris quę non aduenas: sed suos reciperent. CRISTO. Mixtoq₃ Ostendit quanta sit errantium cupiditas: firmam sedē acquirendi. i Tumultu. SERVI. Quia dixit exquirite. CRISTO. Dicitur tumult⁹: timor multus, vel timor multorum: Nam lętitia illa quę erat ex promissiōe extremitatis imperii corrumpebatur: cum diffiderent posse intelligere quas terras phoebus significaret. Erat igit & lętitia: & tumultus pariter in omnibus: quia populariter omnes ea res tangebat. k Voluens CRISTOFERVS. voluit sed non valuit distinguere. l Vestras: SERVIVS. vt senex loquitur: aut. quia scit se esse moriturum. m Creta. SER. Dardanus Iouis filius: & electrę profectus de corito vrbe Thuscię primus venit ad Troiam: & illic parua ędificia collocauit post cuius obitum Teucer venit: & arces & moenia constituit. Errat Anchises arguens ab Ida quę mons etiam in Creta est. Creta Iouis ibi nat⁹ fingitur: qui cretenses teste Salustio primo religionem in

Audite o proceres ait:et spes discite vestras.
Creta iouis magni medio iacet insula ponto.
Mons idæus vbi: et gentis cunabula nostrę.
Centũ vrbes habitãt magnas vberrima regna.
Maximus vnde pater (si rite audita recordor).
Teucrus rhœteas primũ est aduectus in oras:
Optauitq; locũ regno: nõdũ ilium:et arces:
pergameę steterant:habitabant vallibus imis.
Hinc mater cultrix cybele corybantia era:
Idęũq; nemus: hinc fida silentia sacris:
Et iuncti currum dominę subiere leones.
Ergo agite:et diuũ ducunt qua iussa seqmur.
placemus uentos:et gnosia regna petamus.

uenerunt dicunt autem Saturnũ cũ a Themide accoepisset se a filio pulsum iri regno vorabat omnes filios:quos de Rhea vxore timeret. Sed nati Iouis pulchritudine delecta ta dam illum sustulit:& nymphis in monte dicteo commendauit:qui ab apibus nutritus est:& adhibiti curetes: & coribãtes qui tynitu ęris phiberent audituri pueri vagitum. Vnde ipsi sunt matris deũ ministri. fingitur hoc quia Saturn⁹ æternitatis:& seculoꝝ de⁹ est. Secula annos in se reuoluunt. Vnde grece κρονοσ quasi χρονοσ id est tempus dicit. D. Creta iouis magni. Dixit & nomen: & ad quẽ deum ipsa maxime pertineret. qui cũ magnus sit magnũ possit incolis prestare fauorẽ.

n Medio ponto. S. Vel secundũ Salustiũ Procul a continenti:vel si pateretur latinitas in medio pontorum. Cosmographi enim dubitant:in quo mari Creta sit. Nam partim lybicũ ptim Ioniũ. partim Aegyptiũ:partim achaicũ respexit. D. Medio põto. vt vndiq; fluctib⁹ clausa aduersus hostes esset tuta.

n Iacet. D. Per hoc eius immensam magnitudinẽ ostendit. o Mons idę⁹. D. ponit signa specialia.

p Cunabula. SER. origenes:Nam in cunabulis iacẽt infantes. Latẽter dat gloriam troianis dicens:se a dijs originem ducere:vnde est a Ioue principiũ generis:vbi & de Dardano & de teucro intelligit.

q Centum vrbes. D. Exponit quod dixit:iacet & ostendit magnitudine:& vbertate pcipuũ regnũ vt & itinꝫ qd dixit gẽtis ni. n. ponit teucrũ. C. Centũ vrbes. Strabo. qui de hac insula diligẽtissime scripsit Troianis tẽporibus Cretam nonaginta vrbes habuisse tradidit:nititurq; Homeri testimonio:qui in Odyssea Vlyssem iducit: qui Cretã ait habere nonaginta vrbes. Sed p⁹ tẽpora troiana decem p̃:erca cõditus esse ab Altemene argiuo illuc comitantibus Doriensibus profecto. Quapropter idem Homerus ex persona sua loquens Hecatopolim eam dicit nõ Troiana:sed sua tempora inspiciens versus est. ἄλλοι θο ι κρητην εκρα ιομ πολιν ω μοντο. Hęc a septentrione ęgeo: & cretico mari alluitur ab austro Affricano. ęgyptum attingente pelagus Creta secũdũ Pli. a Creta nympha Hesperidis filia. Anaximãder a rege curetũ nominatã eẽ vult: Philistides autẽ moletes:& Crates olim aeriã dictam esse volunt: deinde postere scuretẽ appellauisse. Sunt q macharõ a temperie coeli dictã affirmẽt Cretenses primi religionẽ instituerunt. ideo putati sunt nutrisse Iouem. vt Salustius ait r Habitant. S. subintellige Cretenses. Vel habitant pro habitãtur:vt insinuat pauor pro insinuatur. Creta primo habuit centũ ciuitates. inde viginti quattuor:inde duas. s. Gnoson. & Hierapidinam. s Vberrima. SER: re decipitur:qui audiuit vbere glebę. t Maximus. SER. Fallitur. Nam prior Dardan⁹ venit. D. Maximus vbi de est nomen cõsanguinitatis dicimus maiores & patres. Ergo maximus est pater ipsorũ maiorũ:hinc mater Cybelle ab obseruatione sacrorũ arguit eos esse maiores suos.

v Ritę. SER. dubitatione excusatur error.

x Teucros. C. Nomina greca in ros exeuntia:& in us:& in er faciunt apud latinos. Vt Euander Euandrus sic Teucer Tencrus Teucer cretenses moniti ab oraculo Apollinis:vt ibi sedes ponerent:vbi a terrigenis vexarentur. duce teucro venerũt in montẽ Phrygię:quam a nomine mentis patrii Idam appellauerunt:vbi cũ mures arma abrosissent intellexerunt eas sedes sibi ab oraculo predictas. Sũt tamen qui Teucrum dicant:nõ ex Creta:sed ex vrbe Attici soli coo:quã deinde exipeton noĩauerũt profectũ esse. Idq; argumentũ esse volũt q & troiani:& Attici eundẽ sibi Ericthoniũ auctorem esse proponũt:& vtriq; paladã venerãtur:illi peplũ ferũt. Teucrũ ait Scamãdri fluuii: & Idę Nymphę filiũ fuisse:filiã habuit Batheã: quã Dardano vxorẽ dedit. propter quã affinitatẽ meruit illi i regno succedere. y Rhœteas. S. ei in lõgã mutauit e:nam ροιτειον est grece Sic. μηλειοσ et αινειοσ Medea & Aeneas. C. Rhœteas a sigeo promõtorio iuxta troiam. z Optauit. S. elegit. C. Optauit elegit: vnde dicimus dare adoptionẽ. i. dare eligendi ptãtẽ. a Habitabant. S. hi sunt qui cũ dardano venerant.

b vallibus imis. C. propterea magis credidit de Teucro. quia qui cũ Dardano venerant:habitabãt in imis vallibus. Ipse autẽ videtur fundasse imperiũ. Vallẽ dicimus angustam planiciẽ montibus vtrinq; arctatã. Cõuallẽ vero pene vndiq; clausam:& situs locorum sic se habet:vt sit aut mõtanus:aut collin⁹: aut campestris:aut vallis. mater cultrix cybelę.

c Hinc mater cultrix. S: montis phrygię a quo dicta est Alii dicunt cybellem fuisse primum eius sacerdotem. vnde nomẽ ipsa sumpsit. Alii cultrix cybele legunt vt sit quasi cybeleia. Alii cybelem απο του κυβιστᾶν την κεφαλην. i. a capitis rotatiõe. qd pprium ẽ eius sacerdotũ. D. Hic mater cybele: ad obseruationẽ sacroꝝ arguit eos eẽ maiores suos d Corybãtia. S. Corybantes ministri cybeles demones. i. δαημονεσ. i. totũ sciẽtes. e Fida silentia. S. Hinc inquit inuentũ est seruare sacris fidele silẽtiũ. C. fida silentia. Nefas erat paucis tũ nota erat. Nam si iussit ipsa Cybele cũ erudiret ydęos dactilos. & doceret miciandi mores. Diodo. ait. morem iniciandi quẽ Dardan⁹ accepit a Ioue:nefas erat aperire nisi intranti. Ideo ergo fida dixit silentia. f Dominę. S. dñas deas dicũt:vt hi dñam ditis thalamo deducere adorti. Fabula est. schœno vrbe. Atlanta fuit:adeo ppotẽs cursu:vt spõsos prouocaret:victosq; occideret. Hyppomães ãt venerẽ:vt sibi adesset rogauit:a q̃ vt accoepisset cũ de hortis hesepridũ tria mala aurea prouocauit puellã. et sigula coepit iacere:at illa cupiditate legẽdorũ malorũ retẽta superata est. At Hyppomanes:cũ illa in loco matris deũ concubuit:vñ irata dea eos in leones cõuertit. & suo currui subiugauit:precepitq;:vt nunq; inter se coirent:Nã Pli ait Leonẽ cũ pardali:& pardũ cũ leęna cõcũbere. ideo autem vehi:mater deũ curru dicitur. quia terra est:quę in aere pẽdet Sustinet rotis:quia mũdus rotatur:& volubilis est. Leões sibi subiiciũtur:quia materna pietas oia põt separare. Corybantes sui ministri cũ gladiis esse fingũtur: quia omnes pro terra sua debent pugnare turrita corona ostendit oppida superposita terris.

[k] Nec longo distant cursu: mōdo Iupiter adsit[l].
[m] Tertia lux classem cretęis sistit in oris.
[n] Sic fatus meritos aris mactauit honores.
[o] Thaurū neptunno: thaurū tibi pulcher apollo.
Nigrā hyemi pecudē: zephyris fœlicibus albā.
[o] Fama volat pulsum regnis cessisse paternis,
[p] Idomenea ducem desertaq; littora cretę.
Hoste vacare domos: sedesq; astare relictas.
Linquimus ortygię portus: pelagoq; volamus[q].
[r] Bacchatamq; iugis naxon[s]: viridemq;[t] donysam.
[v] Olearon: niueāq;[x] paron[y] sparsasq;[z] per ęquor
[a] Cycladas: et crebris legim[b]⁹ freta concita terris.
Nauticus exoritur vario[c] certamine clamor[d].
[e] Hortātur soti i cretam proauosq; petamus.
prosequitur [f] surgens a puppi ventus euntes:

g Diuū quā iussa se. D. Nā non amplius sunt incerti: q̄ fata ferant. h Placemus ventos. D. Nō quia tūc essent asperi: sed vt deinceps illis prosperis vtantur: facit autem rem facilem a breuitate nauigatōis. i Gnosia. S. a gnosso oppido Cretę. k Nec longo dis. C Arguit a facilitate nauigationis. l Iupiter. S. aer. q. d. mō sit serenū. Hora. Manet sub Ioue frigido venator. Vel Iupiter qui pręest insulę quā petunt. D. Iupiter. Temerariū enim est pollicери aliquid de futuro cuius sumus incerti: nisi deus faueat. m Creteis. SER. Quia. κοντη n Meritos. D. cōuenientes Neptunno ꝓpter in gruentem nauigationē. Apollini propter acceptū oraculū. o Tauꝝ. S. Tauꝝ eñ hostię imolātur: aut ꝑ q̄litate nūmis. vt nigra pec⁹ hyemi: & zephiris felicib⁹ albam Aut per cōtrariū vt porc⁹ cereri: quia nocet frugibus. Caper baccho: quia nocet vitibus thaurū Neptūno: propter futurā nauigationē. Apollini propter oraculū. C. Thaurū: victimā his diis cōuenientē: Nā vt cornu petit taurus: sic Neptūn⁹ littora ferit. Et phoebus cornua habet. i. radios. o Fama. D. oppotunitatē conuenientē oblatā oñdit. fauebat ergo troianis locus: quia secundū Anchisen fata Cretā portēdebant. Itē tempus: quia regnū vacabat: erantq; domus paratę: ne essent cum magno labore ędificandę. C. Fama volat. est narratio quę incurrit fidei faciendę causa. Nā & apud oratores pręter narrationem qua cōtinet causa: incidūt & alię: aut criminationis: aut laudationis: aut cōfirmations: aut fidei faciendę causa. p Idomenea. SER. Idomeneus troia redięs vouit in tempetestate sacrificiorū de re quę prius occurrisset: cū ergo fili⁹ illi occurrisset: & illū aut imolasset: aut imolare voluisset pulsus a ciuib⁹ pelago salentinū. Calabrię ꝓmontoriū tēuit: & ciuitatē condidit: vt & salentinos obsedit milite campos Lyctius Idomene⁹. Hęc ratio troianos impulit: nā aliter ad hostis regnū ire non potuerūt Idomenea. Qñq; sunt Cretę linguę: aeolica: ionica: dorica: attica: cōis vnde fit in eodē nomine variatio. C. Idomenea. Nam ex minoe Cretēsiū rege nat⁹ est Deucalion: ex Deucalione aūt Idomeni⁹: q cretēses cōtra troiāos duxit: vna cū reliqs grecis: De hoc Home. in catalago. κρητων δ' ιδομενευς δουρικλιτος ηγεμονευε. q Volam⁹. D. oñdit ex ꝓspera nauigatiōe q̄tū voluerint obseqa sacrificiorꝫ. C. Volam⁹: et qa celeberria fuit nauigatio: et qa mutua translatio est a volatu ad remigationē. r Bacchatāq; iugis naxō. S. aut vitib⁹ cōsitā: aut celebratā Bacchę: aut vbi bach⁹ ex diis egit triūphū: vt. s̄. dixim⁹ ipi cōsecrata ē: q̄ & dia dr̄. s Naxō. C. Naxū inter Cyclades insulas enumerat̄ orthygia: nax⁹: dyonisa: & paros Naxos (teste plinio) strongyle dicebatur Butes borę filius a lycurgo fratre pulsus: in hāc insulā venit rapta ex thessalico littore: Coronide vna ex bacchātib⁹ quo furto a Baccho in furorē versus est: ob quā rem se in puteū iecit. Deinde Ephialtes & Otus raptā matrem et sororē Pancratidē inquirentes in Strongilē venere eāq; diā:

quia vt heroes in ea culti sunt: nominauere. Hinc Catullus. Nāq; fluentisonę ꝓspectans littora die Thesia cędēte celeri cū classe tuet̄. Siue dicta est dia a Ioue: quia in hac insula impetū aduersus Titanas fecit. Cares etiā aliqñ hanc insulā duce Naxo Palemonis filio tenuerūt: & Naxū appellauerūt. Dicūt Naxi bachū apud eos nutritū: ac ꝓpterea eā Dionisā appellauerūt. Alii a fertilitate Siciliā minorē dixerūt: ei⁹ ambit⁹ est septuagintaquinq; miliū passuū distat a Delo. xviii. mill a. pas. t Viridemq; do. SER. colore marmoris lacedēonii. C. Viridē. Habet ei viride marmor: quod Plini⁹ lacedemonium vocat cunctisq; hylarius est. v Olearon. S. nō adiecit epitheton causa varietatis. x Niueaq;. S. propter marmor cādidum vt Puaruisue lapis circūdat̄ auro. y Paron. C. a paro nepote Iasonis hęc insula dicta est. Parus enim est philomeso Iasonis filio natus: & oppidū in hac insula condidit. & eā a se Parō nomiauit: cū anteā minoia appellaret̄. z Sparsasq; per ęquor. S. quia nullo ordine continentur: nō autem dictę sunt Cyclades: q? ī circuitu sint sed q̄ longo ordine eas circuire necesse ē: vel propter promontoria: vel quia naturale ē: vt cōcitatiora sint maria vicinitate terrarum q̄ anhelitū ex se emittunt: vnde in quinto nauigaturus Eryci sacrificat. DO: Sparsasq; per ęquor. Post specialia transit ad generalitatē: nā cum dixisset nomina aliquarum insularū addit. Crebris legim⁹. ꝛc. a Cyclades. C. circa Delō teste Plinio in orbē sitę sūt b Crebris legimus. S. preterimus tractum a nautis qui funes legendo: idest colligendo aspera loca pretereunt. DONA. Crebris legimus freta concita terris. Quia nec cognitionem habere Aeneas omniū vocabolorum potuit. & odiosum fuit relationem ipsam facere longiorem. Legere autem est nauticū verbū: cum colligunt funes cum pelagi prolixa transmittunt. Et pertinet ad omnes insulas etiam ad freta pertinet. c Vario certamine. D. Nam varia officia sunt: & omnia cum certamine: & labore. d Clamor. DO. Vel morem nautorum expręssit: vel eorum gaudium: qui suffragandibus ventis prospera sperabant. CRI Clamor. Celeuma dicitur clamor: quo inter se nautę hortant̄: & quo qui pręest naui īperat illis quę faciēda sint. κελευω enim impero & adhortor: e Hortant̄. S. celeuma ē. & bene vtit̄ metro celeumatico. i. anapestico trimetro hypercatalectico: celeuma est quasi pręceptum. Vnde Salustius impediebant iussa nautarum. f Surgentes. SER. Flantes contra non flans ponens dicitur: vt cum venti posuere: omnisq; repente resedit flatus. g Tandem DONA. non prolixę nauigationis fuit: sed cupiditatis nauigantiū: nam cupienti omnia tarda sunt: et si summopere prosperentur. h Curetum. SER. Curetes sunt primi cultores. Cretę. C. Curetum. hi priscis temporibus in Creta regnarunt: dicunturq; ante lumen fuisse Diodo. autē ex secūdo Ioue olympo refert decem filios natos: qui curetes dicti sunt.

l antiquis oris. C. dixit ꝓpter antiquitatẽ curetũ.
k Auidus. D. nõ auar⁹: sed quasi ocii cupidus. C. Auidus Nã erratiũ deside riũ est sedes sibi ponere.
l Molior. C. recte: Nã ipsi duces sulcũ fundamentorum aratro faciebãt: vt in terea Aeneas vrbem desig nat aratro.

Et tandem antiquis curetum allabimur oris:
Ergo auidus muros optatę molior vrbis:
Pergameamq; voco: et lętam cognoĩe gentem
Hortor amare focos: arcemq; attollere tectis.

m Pergama. S. zeugma a superioribus hoc est vrbem.
n Lętã. S. ꝓpter pergama restituta. o Gentẽ. S. pro pter sociorum multitudinẽ. p Amare focos. S. sacrificia celebrare. C. Hortor amare focos. Optimũ institutũ sapiẽ tissimi viri. Prio em̃ illos religiõe ĩbuit. Deinde qa non supplicüs solũ: (vt in quit Salu). Sed recte agen do auxilia deorũ cõparat: admonet vt arcẽ parent: qua se tutari possit. Ergo qm̃ hec presentibus cõsu lũt ꝓspicit et in futurũ: vt ex agricultura cõparet vi ctus: et ex cõnubiis ꝓpage tur soboles qua ciuitas duret. q Focos. C. locus vbi ignis fit. Sedes autẽ est diis larib⁹ sa ra: vñ florẽtini focola rem dicũt: quasi focũ ipsoꝝ lariũ. Optim⁹ igiť legũ lator q primo populũ religiõe imbuit: deinde remedia cõtra hosti-

lem impetuũ docet. Postremo: vñ alimenta sibi requirat: & quomodo per successionẽ populosa perpetuaq́ꝫ fiat ciuitas demonstrat. r Arcemq́ꝫ at. t. S. periphrasis est. i. domos ędificare. Nam arx est in ciuitate munit⁹ locus. D. arcemq́ꝫ. Quę pręcipue amauit in Troia hęc reparare cupiebat. s Sicco. D. nam vdũ etiã est littus: t Iã subductę. C. Ostẽdit iã se esse persuasos inuenisse sedes perpetuas: & ꝑpterea ĩ siccũ duxisse naues. Deceptio aũt Anchise ĩ oraculo iterpretando: & pestis in creta: et mõita penatũ pulcherrimũ sensũ habẽt. & ex intima philosophia deductũ: vt nos in nostris alligoriis ostendimus. Videbis ẽm illic Anchisen sẽsus & non rationis typũ habere. Quapropter cum dei pręceptum esset: vt redirent in originem suam: quę cœlestis est. Et significat ꝑ Dardanũ Iouis filium: sensus qui nihil supra corpus videt. Intellexit de origie corporis: quę ꝑ teucrũ mortalis hominis si. exprimitur.

Iam que fere sicco subductę littore puppes:
Cõnubiis aruisq́ꝫ nouis operata iuuentus,
Iura domosq́ꝫ dabã: subito cũ tabida mẽbris
Corrupto coeli tractu: miserandaq́ꝫ venit:
Arboribusq́ꝫ satis lues et lętifer annus
Linquebant dulces animas: aut ęgra trahebãt
Corpora: tũ steriles exurere syrius agros.
Arebant herbę: et victũ seges ęgra negabat.
Rursus ad oraculũ orthygię phoebiq́ꝫ remenso
Hortatur pater ire mari: veniamq́ꝫ precari:
Quem fessis finem rebus ferat: vnde laborũ
Tentare auxiliũ iubeat: quo vertere cursus.
Nox erat: et terris animalia somnus habebat.
Effigies sacrę diuũ: phrygiiq́ꝫ penates:
Quos mecũ a troia mediisq́ꝫ ex ignibus vrbis
Extuleram: visi ante oculos astare iacentis
In somnis multo manifesto lumine: qua se

v Cõnubiis aruisq́ꝫ. D. quę res ostendebat magnã fiduciam manendi. x Opata. SER. perfecit sacrificia propter cõnubia & nouas sedes. Quia neq́ꝫ coniunx dici: neq́ꝫ ager cosi sine sacrificiis poterat: Operari sacrificare: vt lętis operatus in herbis. y Iura domos. D. leges viuendi & domos: aut ĩpasum domorũ iura. i. dominos a legibus deputant. z Subito cũ tabida mẽbris. D. securis: ac dispositis omnibus subita pestilẽtia coorta est ex aeris corruptione: non hominibus solum: sed arborib⁹: & satis: vict⁹ causa. supra ẽm dixerat aruis operata iuuentus, languore autẽ corporis lętũ effugere non poterat. a Corrupto coeli tractu. S. Ordo hic est pestilentię: vt docet Lucre. Primo aeris corruptio: post aquarũ: & terrarũ mox animalium Apolline autem offenso creatur pestilẽtia. Hoc ostẽdit Home. cũ eum armatum sagittis describit. vnde Apollo dicitur. απο του απολλειν. Contra si cytharã tenet mitis est. Hora. Condito mitis: placidusq́ꝫ telo supplices audi pueros Apollo. b Lętifer annus. C. Pathos a tempore q̃d. si non esset vnius diei. c Liquebant dulces animas. S. Nã anima (secundũ eos qui dicunt illam immortalẽ) relinquitur: & non relinquit: & ad diuersa corpora trãsit: vt Et cũ frigida mors anima seduxerit art⁹. Sic ẽm nos relinquit: quorum nihil pręter corpus est. Vnde palinurus. Nunc me fluctus habent: hoc est corpus quod solum meum ẽ. D. Linquebãt. Ex principali malo hęc proueniebãt: aut moriebantur homines: aut corporibus tabe dissolutis trahebant miserabilem vitam. d Syrius. S. Stella ĩ ore canis: quę orit̃ circa octauas kalendas Iulii: quę orta plerũq́ꝫ pestilentiã toto anno facit: plerũq́ꝫ paucis diebus: interdum innoxia nascitur: Creat pestilentiam: si in hanc rem etiam cęterorũ consentiat astrorum cursus. D. Exurere Syrius, Ergo qui spem euadendi habebant, fame perituri videbantur: cum Syrius exurendo omnia sterilia redderet. C. Syrium dictũ putant propter stellę candorem: alii a longo tractu. Nam sua magnitudine trium signorum spatium occupare videtur. Latini caniculã appellant: Est in medio astro coeli. ad quem cũ sol ascendit corpora humana languore afficiuntur. per se noxia est & morbos creat: Canem eẽ dicũt: quę cum Dracone Europę custos data est: eandem postea Procridi dono datam: quã Cephalus procridis maritus thebas adduxit contra vulpem. quę thebanos agros vastabat. Sed cũ & vulpi: & cani fatum esset: ne possent interfici Iupiter vulpẽ in saxum vertit. Canẽ in astra retulit. Alii dicunt Neeram canem esse quę Icarum a pastorib⁹ cęsum Erigone filię suę in sepultum ostẽdit. Inde cũ Erygon. p⁹ hũatũ patrẽ se in hymetro laqueo suspẽdisset. Liber Iouem orauit: vt Icarus in arcturum Erygone in virginẽ verteretur. Canis autẽ quę ad pedes pẽdẽtis dñę mortuus est: κυον. astrum facta est. Home. aũt canem Oriõis dicit esse hoc versu. Ον τε κυνα ωριωνος επικλησιν καλεουσι λαμπροτατος μεν ογ' εστι κακον δε τε σημα τετυκται και τε φερει πολλον πυρετον δειλοισι βροτοισι. Habet hęc imago in capite stellã vnam clarã: quę Isis dicitur. In lingua vnam: quã Syrium & caniculam vocant magnam: & splendidam. In collo duas: in singulis humeris singulas: in pectore duas. In anteriore pede sinistro tres ĩ dextro vnã clarã. In extremo dorso tres: in ventre duas. In sinistro foemore vnam. in posteriore pede sinistro vnã in summitate caudę vnã. e Seges: S. terra. f Rursus. DONA. Pater qui prudentia alios ꝓbibat primus sensit aliquid factum contra pręcepta Apollinis: g Nox erat. DONATVS. Virtutes animi sui: & meritũ gratia deorum cõmendat. Et ostendit q̄ cęteris dormientibus ipse acriter rebus publicis inuigilabat CRI. Nox erat Duo notantur pręcipua. Primum semper esse incumbẽdũ religioni. Nam tutantur dii eos a quibus coluntur. Secũdum oportere administratorem reipub. etiam nocturno tempore vigilare rebus sibi commissis. Ergo & penates: culti ab Aenea sibi vigilanti: quo pacto peste euitet: & sedem inueniat ostendunt.

h Visi astare. S. non astabant: sed videbãtur:

i Insomnis. SER. idest vigilantis. vt vna sit pars: vel in somnis pro in somnis per apochopen: vt peculi pro peculii. CRISTO. in somnis: idest vigilantis. hoc enim decet administratorem.

k Multo lumine. S cum nimbo suo:

l Manifesto. CRISTOFE. adeo claro: vt cuncta faceret manifesta.

m Qua se plena. DONA. Voluit demonstrare. quomõ in nocte videre potuit. scilicet ꝑ radios lunę. C. Plena in plenilunio ẽm maius lumen reddit: & per noctem est luna:

plena per insertas fundebat luna fenestras.
Tunc sic affari:& curas his demere dictis.
Quod tibi delato orthygiã dictur⁹ apollo est
Hic canit:et tua nos en vltro ad limina mittit.
Nos te dardania incensa:tuaq₃ arma secuti:
Nos tumidũ sub te permensi classibus equor.
Idem venturos tollemus in astra nepotes:
Imperiũq₃ vrbi dabimus:tu mœnia magnis
Magna para:longũq₃ fuge ne linque laborẽ
Mutandę sedes:non hęc tibi littora suasit
Delius:aut cretæ iussit considere apollo
Et locus:hesperiam graii cognomine dicũt.
Terra antiqua:potens armis.atq₃ vbere glebę
Oenotrii coluere viri:nunc fama minores
Italiã dixisse:ducis de nomine gentem.
Hę nobis ꝓprię sedes:hinc dardanus ortus:
Lasiusq₃ pater:genus a quo principe nostrũ
Surge age:et hęc lętus longęuo dicta parenti
Haud dubitanda refer: coritũ terrasq₃ require
Ausonias:dictęa negat tibi iuppiter arua.
Talibus attonitus visis:ac voce deorum
Nec sopor illud erat:sed corã agnoscere vultus

n Insertas.S.aut clatratas:aut nõ seratas. vt sit ꝓ iseratas vt asprosq₃ molares ꝓ asperos. C.insertas.i.luna iserta.
o Tunc sic.D.Ne vlterius recurrẽtibus curis frangeret.
p Quod tibi de.D.ne geminet labor redeũdo Apollo facie:vt hęc referentibus nobis hic audias:quę apud eũ eẽ auditurus.Magn⁹ ergo numinis fauor:nõ rogat & fauet:nõ nauigas:neq₃ domo egrederis:& dei iussa famulantibus diis ad tuas aures veniunt. q Orthygiã.S.i.ad orthygiã. r Hic canit.C.cũ nõ sit penatiũ diuinare cõparat sibi fidẽ:dũ se ab Apolline hęc accepisse referũt. Item beniuolentiã:dũ magna polliceritur:sed & hoc ad fidẽ faciendã pertinet. s En.S.demonstrantis est:vt fidẽ faciat:ne sõniũ videat. t Nos te.D.ad hominẽ amore iã a patre ibut⁹ debuit mitti persona:cuius auctoritate:ac meritis :ẽe incredibilia credi possint:dii ergo penates huiusce modi erãt:qui ꝑterita memorando:futura meliora pollicerentur. Artis est igitur excludere añ solicitudinem primam,et liberato angoribus animo alteri⁹ nauigatiõis labores ingerere. Ac mõstrarit nõ eas sedes ostendisse Apollinẽ describit:nec eũ monstrasse locũ. v Dardania.S.deriuatiuũ ab auctore. x Tua ar.S.q.d.Tuas ꝑtes. y Nos.C.Repetitio est:et dissolutio:q duo colores grauitatẽ:atq₃ inde fidem afferũt orationi. z Sub te.CRISTOFE.magna Aeneę laus.Oportuit eñ magnũ esse ducẽ:quẽ dii nõ dedignerẽtur. a Idem vẽturos.C.magna eñ ꝓmittẽda erant fessos nouos errores : & noua ꝑicula subire ꝑsuadere volebat.Promitit eñ fœlicitatẽ posteris:in qb⁹ nos imortales q̃dãmodo futuros esse speramus:& tñ sibi iperiũ nõ denegat. b Nepotes.S.significat.C.cęsarem qui primus inter deos relatus est:& cuius sidus apparuit:vt ecce dionei ꝓcessit Cęsaris astrũ. c Magna.C:nã pro magnis magna etiã pericula subeunda sunt. d Delius.C.vel ab insula in q̃ natus est.Vel quia ei⁹ oracula ꝑ cęteris certa manifesta sint Nã Δηλος manifest certũq₃ significat.Hinc Hora.Cert⁹ eñ promisit Apollo. e Oenotrii.S.Vł a rege:vł a vino:nã vitẽ serere Italis oñdit Saturnus. f Proprię.S.ꝑpetuę.Dardanus & Lasius fratres fuerunt.Electrę filii.Sed Dardanus de Ioue:Lasius de Corito:a quo mõs & vrbs nomẽ accepit.Postea Dardan⁹ dr̃ lasiũ occidisse. g Hinc Dardan⁹ ortus.D.Oñdit cũ Apollo dixit.Quę nos a stirpe parentũ.Prima tulit tellus:nõ de Creta.& de Teucro:sed de italia :& Dardano esse intelligendũ. h A quo.S.s.Dardano. i Nostrũ.S.Ergo deos penates:q̃si troiãos itelligas.Potest & ad ritũ referri,Nã Labeo in libro de diis aĩalibus ait esse quedã sacra :qbus humanę aię vertunt in deos:qui dicunt aĩales q de aĩalibus fiant:& sunt dii ꝑnates:& vitales. k Surge age.D.ostẽdit ꝑ somnũ hoc vidisse.q̃uis aliqui exponẽt insomnis.i.vigilantis.C.Gen⁹ nr̃m:qd in hoc loco de diis aĩalib⁹ refert.S.Possumus secũdũ Platonicos dicere dęmonas esse ministros deorũ custodesq₃ hominũ:& interꝑtes: si qd a diis velint:& qui melioris meriti in corpore nostro sunt.genii dicunt:corpori vero renũciãtes lemures. Tũ si domos incursiõib⁹ infestãt larue.Cõtra si boni fuerit lares familiares dicũt. l Lõgęuo.D.occulte corripuit ꝑm senẽ de origine suorũ nõ debuisse falli.C.Lõgęuo parẽti.Facit fidẽ cũ non dubitent.& parenti:quamuis cõtraria senserint hęc placitura.Quid aũt senserit ex diuĩtate sui ingenii:et ex ꝑfunda platonicorũ doctria nũc Poeta exꝑssim⁹ i Chamaldulẽsibus disputationibus. m Haud dubitanda.S.quia aut dubitaret de consilio anchisę:aut ne ꝓpter somniũ nõ crederet. n Dictęę.S.est mõs Cretę dictus a dictę nympha in q̃ nutrit⁹ dr̃ Iuppiter. o Iuppiter.S.quia ipse Cretẽsibus pręest.D.Iuppiter q̃ Cretę peculiaris amator est. CR. Negat ti.iu.ar. Arguerat ab vtili.& ab honesto eẽ nauigandũ:qm & quietẽ et fertile amplũ & duraturũ iperiũ essent acqsituri.Validissimũ aũt argumentũ necessitatis i postremis reseruauit.Est ei necessariũ discedere inde vbi deus loci te esse nolit.Est loc⁹:fertilitate.& pulchritudine regionis eos inuitat.Hinc Lasius.Posui in alio loco troianorũ originẽ.Verũq₃ nõ oẽs scriptores idẽ sentiũt.Ponã et aliã q̃ de ea lest opinionẽ. Iuppiter ex electra filia exiões filię danai gẽuit Dardanũ.Dardan⁹ ex Bathea teucri filia Erychthiũ Erychthoni⁹ Troẽ a q̃ troiani tros iliũ assaracũ & ganimedẽ.Ilus iliũ cõdidit:& genuit Laomedontẽ Titonũ:et Priamũ.Assarac⁹ capiin:Capis anchisen:Anchises ex venere Aeneã.Scilus Tragic⁹ ait Erychthoniũ fuisse filiũ Iouis:et Electrę.Home.illũ fuisse hominẽ ditissimũ.Iupiter igit ex Electra in samothratia genuit Dardanũ:& Iasiũ Dardanus q̃sdã cerimonias a patre didicit:q̃s erat nefas aperire:nisi initiatis.Primus aũt initiandi mores instituit:et vxorẽ duxit Cybelẽ:ex q̃ genuit Coribantũ defuncto Lasio Dardanus.& Corybant⁹ petere phrygiã secũq₃ asportauerũt mistica sacra,& penates Coribanthus a se initiatos appellauit corybantas.Is thebẽ Cilicis filiã duxit ex Lasio:et Cerere volũt natũ Plutonẽ his sacris initiati fortunati fiebãt vt de Argonãtis dicũt Lasiũ patrẽ dixit ꝓpter cerimonias:quia Corybanthus ei⁹ fili⁹ princeps sacrorũ in phrygia fu

Fuit Iasi⁹ antiquissim⁹ argorũ rex pater Talaonis. Et au⁹ regis Adrasti: & ab eo argos Iasiũ nominatũ.

p Attonitus. S. Stupefactus. ꝓprie is attonitus dicit̃: cui casus vicini fulminis & sonitus tonitruũ dãt stuporẽ. D. Attonitus. duo erant miranda: & deos videre: & optata loquẽtes audire. q Visis. S. deorũ vultibus. r Nec sopor. D. Non eñ pleno somno viderat: aut audiuerat: nã nec plene vigilabat: nec plene dormiebat. s Velatas. S. Vittatas. vt victori velatũ auro vittis iuuencũ. Nã dii qui erant apud laurũ lauiniũ nõ habebãt caput velatũ. t Gelidus sudor. DO. Et hoc cõfirmat deos vi-disse Aeneã. v Corripio. S. Ne facietate videat̃ reliquisse somnũ. quotiẽs aũt ex abrupto somn⁹ aufugerit omen infoelix significat: nã hic tẽpestas sequit̃: & in secũdo. Excutior somno. Et sequit̃ excidiũ vrbis: nec sine rõne: nã si somn⁹ mun⁹ deorũ est: vt dono diuũ gratissima serpit: nõ sine infoelicitate mun⁹ deorũ discedit DO. Corripio e stratis. Ostẽdit ꝓpe vigilãtẽ. Nã posuisset expgefactus sũ: si dormisset: exprimit aũt festinantẽ. x Tendoq; su. S. Honesta locutio. Cũ vno sermone rñdem⁹ duobus: vt interea fessos vẽtus cũ sole relinquit.

y Intemerata. S. rite facta: vt si leniter vinũ infũdendũ sit: & mola iniiciẽda sic fiant: vt rõ sacrificii exigit. Aliter temerata sũt sacra: vñ Helen⁹. Neq; inter sanctos ignes in honore deorum. Hostilis facies occurrat: et oĩa turbet. D. Munera quę sunt vinũ et thus. z Focis. S. & nõ aris: q̃a penatib⁹ sacrificabãt. a Certũ. D. q̃ prius interp̃tatõis vitio reddebatur incert⁹. Oñdit aũt poeta diuinas admonitiões reuerendas nõ esse: nisi primo patri sacrorũ: & precis obsequia sunt: vt ꝓsperent̃ quę bona sunt. q̃ aũt ẽ mala vertant̃ in meli⁹:

vt Anchisen agnouit amicũ. k Portẽdere. S. debere l Crederet. S. propter longitudinẽ spacii. m Dictis. D. Vl' Apollinis. vl' anchisę. n Ouantes. D. Et ꝓpter ereptum laborẽ iterũ in dolũ enauigandi: & ꝓpter magnam spem ꝓpositã. Est aũt hęc descriptio nauigatõis: in q̃ eadẽ res sepi⁹ dr̃ diuersa & splendida: cõpositiõe verborũ. Tempestas aũt egregie descripta est: cũ vno oĩa pulsu sic̃ elementa turbãt. In hoc & initiũ posuit: vt Cęrule⁹ supra caput a. i. Et augmentũ: vt noctẽ hyemẽq; ferẽs: & quę solẽt cõsequi ex hmõi reb⁹: vt inhorruit vmbra tenebris. Et cõtinua voluũt fluct⁹ mare: & reliqua: quę maximã ostẽdũt violẽtiam: vt ꝓ̃uis multum laborantẽ: tñ a cursu detorq̃ volebant nõ ꝓueniret. C. Ouantes. Lętantes. Ouatio eñ minor est triũpho. Dabat̃ aũt teste Põpeio: Ouatio cũ bella ñ rite dicta aut sine sãguie ꝓfecta: Impator igit̃ ouãs vrbẽ ingressus ex mirto coronabat̃. Hãc M. Crassus fugitiuorũ bello cõfecto aspnat⁹. S. C. ꝓ grãm fieri curauit q̃ nõ ex myrto: sed ex lauro coronaret̃. Gellius aũtẽ ait Ouabãt ipator cũ aut bella nõ rite indicta: neq; cũ iusto hoste gesta erant: aut hostiũ nomẽ humile paruũq; erat: vt seruorum piratarũ: aut cũ deditio repente fiebat. eratq; victoria incruẽta: cui fœlicitati Venerẽ q̃ martẽ aptiorẽ putãtes coronã ex myrto dabãt: nõnulli dicũt ouãtes vrbẽ equo vectos igredi cõsuesse. Massurius aũt Sabinus pedibus ingressos ait comitãte non militibus: sꝫ senatu vniuerso. Putant alii ouationem dictã: quia nõ bos: vt in triumpho: sed ouis mactabat̃. Alii vero a clamore quẽ faciunt milites ex victoria redeũtes geminantes o lĩam. o Hãc quoq;. S. vt troiã: & thraciã: & cũ dolore dixit.

Velatasq; comas pręsentiaq; ora videbar.
Tum gelidus toto manabat corpore sudor:
Corripio e stratis corpus: tendoq; supinas
Ad cœlum cũ voce manus: & munera libo
Intemerata focis: perfecto lętus honore
Anchisen facio certum: remq; ordine pando.
Agnouit ꝓlem ambiguã: geminosq; parẽtes:
Seq; nouo veterũ deceptũ errore locorum.
Tum memorat. nate Iliacis exercite fatis.
Sola mihi tales casus cassandra canebat:
Nũc repeto hęc generi portẽdere debita nostro
Et sępe hesperiã: sępe itala regna vocare:
Sed quis ad hesperię vẽturos littora teucros
Crederet: aut quẽ tũ vates cassandra moueret?
Cedamus phoebo: & moniti meliora seq̃mur:
Sic ait. & cuncti dictis paremus ouantes.
Hanc quoq; deserimus sedẽ: paucisq; relictis
Vela damus: vastũq; caua trabe currimus ęq̃r:
Postq̃ altum tenuere rates: nec iã amplius vllę
Apparent terrę: cœlũ vndiq;: & vndiq; pontus
Tũ mihi cęruleus supra caput astitit imber

p Vastũ ęquor trabe. C. Abominatio nauigatõis: q̃ tã amplum mare caua trabe. q. d. tãtillo nauigio: si ad maris magnitudinẽ cõparet̃ curramus: vñ excellens philosoph⁹ in numero mortuor̃ nauigãtes habẽdas cẽsuit: & Anacharsis scytha cũ crassitudinẽ nauis quattuor esse digitorũ didicisset: tm̃ dixit a morte discamus. Hinc Iuue. Digitis a morte reuulsus quattuor aut septẽ: si sit longissima tęda. Est eñ Pathos ac si dicat: iterũ nos morti exponim⁹. q Caua trabe. S. ꝑiphrasis. i. naue. r Postq̃ altũ tenuer e. C. imitatio huius tẽpestatis ex Home. est in vlisse. s Cęruleus. C. quasi densus & niger⁹. Cęruleus eñ color viridis est nigro admixt⁹: qualẽ se ostẽdit maris ꝓfunditas. t Supra caput. S. perinitiosus. v Imber. C. Violẽtior concitatiorq; est q̃ pluuia. x Noctẽ hye. S. pluuiã cum obscuritate. y Inhorruit vnda tenebris. C Erat eñ terribilis aspectus vndarũ: sed accedentibus tenebris magis inhorrebat: Nã nox oĩa pericula terribiliora facit.

deceptus aũt fuerat Anchises: quia memoria Dardani antiquior erat q̃ teucri: & ꝓpterea obscurior. Apollo aũt cũ dixisset anteq̃ oñdit fuisse recẽtiorẽ: Norat eñ et primã ẽẽ & secũdã. b Agnouit. C. Agnoscẽdo approbauit. c Ambiguã. S. duplicẽ et nõ incertã. C. Ambiguã duplicẽ. Hora. Certos eñ ꝓmisit apollo ambiguã tellure noua salamĩa futurã. d Geminos. S. duos. e Nouo. S. aut per cõtrarietatẽ sermonũ declamauit: aut nouũ. i. magnũ. f Iliacis fatis. DO. nõ ꝓprio fato laborabat. Excusat igitur & laborẽ irritẽ nauigatiõis ad Cretã fatis adnectit: vt inuidiã qua afficiebat̃ q̃ illi frustra laborassẽt: purget excusatione: cũ factũ negari nõ possit. g Exercite. S. defatigate: exercitat⁹ aũt peritus. h Sola mihi. D. vni eñ Cassandrę credendũ nõ fuit: deinde nõ videbat̃ verisimile tam longinquas sedes esse petendas. i Casus. Cassandra canebat. S. Hęc cõpositio antiquis placuit: q̃ iã vitiosa est:

Noctē hyemēq; ferēs: et ĩhorruit vnda tenebris
Cōtinuo venti voluūt mare magnaq; surgunt
Aequora dispsi: iactamur gurgite vasto.
Inuoluere diem nymbi: et nox humida coelum
Abstulit: ingeminãt abruptis nubibus ignes.
Excutimur cursu: et cęcis erramus in vndis.
Ipse diem: noctemq; negat discernere coelo:
Nec meminisse vię media palinurus in vnda.
Tris adeo incertos cęca caligine soles

Continuo venti. C. pulcherrima narratio: singulis enim clausulis iisdē q; breuibus celeritatē venientis tempestatis ita exprimit: vt pingere illā videatur. a Voluūt mare mag. sur. C. Qui fluct⁹ cū istis cōparare possunt: nam totū pene mare voluitur a ventis: & totū in fluctus surgit.
b Dispersi iactamur. C. Magna miseria: q; iactatur: maior q; dispersi: cū consilio auxilioq; alter alterius careat.
c Vasto. S. epitheto auxit tapinosim. C. Maxia autē miseria in vasto gurgite. q. d. procul a littore: in qua naufragium cum aliquorū salute, ppter terrę propinquitatem futurę esset. Quid autē miseri⁹ est q̃q; Palinur⁹: in quo erat omnis spes oblit⁹ esset vię non prope portum; sed in medio mari.
d Nox. S. nube caliginosa. e Cęcis. S. incertis quia sydera non apparebant. f Ipse. S. nauigādi peritus. emphasis hoc significat. DO. Ipse. maximū habet itellectū. i. qui peritissim⁹ esset gubernator: qui nauigādi arte pollebat: qui viam in fluctibus obseruatione syderū norat. Descriptis autē omnib⁹: quę orta tempestas: & cuncta perfecerat: vt finem ostendat. addit vela cadunt. g Tris. C. Pathos a diuturnitate tēporis: vt septem illū totos phibent ex ordine menses.
h Incertos soles. S. bene incertos: quia q̃uis sit obscuritas: tamen noctis est mãifesta discretio: frustra ergo quęrunt cur tres dies cognoscere potuerint.
i Cęca caligine. S. cacephaton est.

Erramus pelago: totidem sine sydere noctes.
Quarto terra die primũ se attollere tandem
Visa aperire procul montes: ac voluere fumũ
Vela cadũt remis ĩsurgimus: haud mora nautę
Adnixi torquent spumas: & cęrula verrunt:
Seruatũ ex vndis: strophadũ me littora primũ
Accipiunt: strophades graio stant nomine dictę
Insulę ionio in magno: quas dira celeno.
Harpyięq́ colunt alię: phineia postq́
Clausa domus: mẽsasq́ metu liquere priores.
¶ Tristius haud illis monstrũ: nec sęuior vlla
Pestis: & ira deũ stigiis sese extulit vndis:
Virginei volucrũ vultus: foedissima ventris

k Attollere. S. nam cum appropinquamus surgere videtur terra: & fumum emittere. l Vela cadunt. D. verum contraria videntur: q cum dixerit ipse diem noctemq́ negat discernere coelo: deinde addit Tris adeo incertos cęca caligine soles. Quomõ em̃ hęc scire potuit: si nulla erat distinctio noctis: & diei. Sed respondeo noluisse poetam obscuritatem aeris nimis satiare: Nam qui fieri potuit sic accidere tenebras: vt inter ipsas: & verã noctem nihil interesset. Vel intellige dierum & noctium numerũ distinxisse crebris coruscationibus: quę vl' stellas vel solem ostẽdere potuerunt. m Seruatum ex. S. Ac si diceret ex periculis in grauiora pericula incidisse. D. Seruatum ex vndis. non pseuerauit mala fortuna. Sed nec in totum prospera puenit: nã in littus fertile venerunt qd fuisset foelicissimũ: nisi harpyis occupatum.

n Strophadũ. S. phyneus rex Arcadię liberis nouercam supinduxit: eosq́ illius instinctu excęcauit: ob quã rem irati dii ei oculos sustulerũt: & immiserũt Harpyias: quę illi diu cibũ arriperet. Hic Iasonẽ cum argonautis vell' aureũ petentem suscoepit hospitio: & ductorẽ dedit. Hoc bñficõ illecti argonautę zetũ: & Calaim Borę filios: & Orytyię alatos iuuenes ad pellendas harpyias miserunt: Illę ex arcadia armatos iuuenes fugientes: ad insulas plotias peruenerunt: Et cũ vltra tendere vellẽt ab Iride admoniti: vt a Iouis canib' abstinerent conuerterunt suos volatus. Hęc conuersio. i. strophe. nomen insulis dedit: quod Apolonius late exequit. dicũtur canes Iouis: quia furię habentur: vnde epulas dicũtur arripere: quod est furiarũ: vt & manib' prohibẽt contingere mensas: vñ & auari finguntur furias pati. Item furias esse: idem paulopost testat: dicens. Vobis furiarũ ego maxima pando. Furias autẽ canes dici: (Lucanus testatur) vt. stygeasq́ canes in luce superna. Destituũt. Et in sexto Virg. Visęq́ canes vlulare per vmbram aduentante dea. Sane apud inferos furię dicũtur & canes, apud superos dirę & manes: vt ipse ĩ duodecimo ostendit: In medio vero Harpyię dicuntur: vnde duplex in his effigies inuenitur. Has Virgilius tres dicit Aello Ocypite & Celęno. Apolonius duas: quem Virgilius in duodecimo sequitur: vt sunt geminę pestes.

o Insulę. CRISTO. Strophades duę sunt insulę non lõge ab Asteria. q Ionio. SER. Nam sinus Ionius magnus est ab ionia ad Siciliam: huius partes sunt Adriaticũ Achaicum. & Epyroticum. CRySTO. Ionium hoc mare duplex est: nam aliud pars est maris Asiatici ab Ionia cui subiacet denominatũ. Aliud a pmõtorio malee sumit initiũ.

q In magno. SER. In quo & alia maria sunt.

r Celęno. CRISTO. Harpyię gręce dicũtur παρα το αρπαζω. idest rapio: nam quemadmodũ pro auaritia hoc in loco a poeta ponat: & quid sibi de hac vniuersa re velit abunde in nostris allegoriis expressimus. Hesiodus & Apolonius duas tãtum ponunt. Aelo & Ocypitem: aitq́ Hesiod' illas filias fuisse Taumãtis ex Electra Oceani filia. Alii tres ponunt: & filias Neptunni: & terrę dicũt: Aello: Ocypite: & Celęno. Homer' autem ex Harpyia: & zephiro Achillis equos natos scribit: quos nominat xanthum: & Baliũ: Ait enim. ξανθον και βαλιον τω αμα πνοιησι πετεσθην τους ετεκε ζεφυρω ανεμω αρπυια ποδαργη. De phineo autem Arcadię rege ita sentit Collucius Florentin' vir multa doctrina insignis. ponit em̃ Phineum: quasi phileum: id est boni amatorem ex priore coniuge: quam rationem esse vult: filios bene videntes procreare: idest bonos affectus: extinguitur deinde prima vxor: id est extinguitur lumen rationis: ac ille secundam ducit: quę sensualitas est: cui' blanditiis illectus: priores filios luminib' priuat: Nã hęc pro vero bono: falsum persuadet: & quicũq́ boni affectus a ratione iam extincta fuerant: eos penitus ab homine excęcãdos curat: Irascitur de' homini non aprehendẽti disciplinam: & perit de via iusta. efficitur cęcus: quia amisit lumen rationis. Et Harpyię sibi epulas eripiunt. i. maxima auaritia infestatur. verum vbi argonautas: id est virtutes recoepit: fugantur Harpyię per zetum: id est inquisitionem: et calaym probitatem.

¶ s Tristi' haud. DONA. non potest ab inferis tristius quicquam excitari: q́ sint Harpyię.

t Stygiis. SERVI. non dicit has apud inferos natas: sed peiores esse omnibus inde procreatis.

v Virgine. DONA. nõ esset hoc monstruosum: si cętera essent similia.

x Proluuies. SER. sordiũ effusio. DONA. Proluuies. Nihil in testinis morari patiuntur: sed statim effundunt: ergo non solum non satiebãtur: sed semper famescebant. Indeq́ erat pallor.

y Vncęq́. SES. pro vnguibus posuit.

z Fame. SER. quam non inopia: sed auaritia inferebat:

a Delati. SERVI. necessitate: nam voluntate non deferimur: sed venimus.

b Lęta. S. pinguia. C. Lęta boum. quomõ hęc pertineãt ad auaritiam videbis in nostris alegoriis. c Ecce lęta boum passim campis armenta videm' &c. DONATVS. Omnia conuenerant: quibus illa inuadere cuperemus: diuersitas generis: habundantia: pinguedo ex copia herbarũ:

d Caprigenum. SER. satis noue & affectate dixit. CRISTO. Caprigenum. Non a se fictum nomẽ est: vt dicit Seruius. Sed legerat apud Actium in philothete Caprigenum trita vngulis.

e Per herbas. SERVIVS. per campos in herbis.

f Et diuos. DONATVS. vt quod fiebat illicitũ: esset nobis commune cum dis.

g Ipsumq́ vocamus. SER. deorum regem: aut prędatorem: vt est cui de pręda debetur aliquid: nam Romani bella gesturi de parte prędę aliquid numinibus pollicebant: vnde Romę templum fuit Iouis prędatoris: non q psit prędę: sed q ex pręda aliquid ei dabatur.

h In prędam partemq́. SER. id est in partem prędę.

i Tum littore cur. DONA. Tacuit de apparatu epularũ: quem descripsit in primo de ceruis. Ibi enim nulla necessitas

proluuies:uncęq; manus:& pallida semper
Ora famę.
Huc vbi delati portus intrauimus:ecce
Lęta boum passim campis armenta videmus:
Caprigenumq; pecus nullo custode p herbas:
Irruimus ferro:& diuos:ipsumq; vocamus
In partem:prędãq; Ioue:tũc littore curuo:
Extruimusq; toros:dapibusq; epulãur opimis:
At subito horrifico lapsu de mõtibus adsunt
Harpyię:& magnis quatiunt clangoribus alas:
Diripiũtq; dapes:contactuq; omnia foedant
Immundo:tum vox tetrum dira inter odorem:
Rursum in secessu longo subrupe cauata
Arboribus clausi circũ:atq; horrẽtibus vmbris
Instruimus mensas:arisq; reponimus ignẽ.
Rursum ex diuerso coeli:cęcisq; latebris
Turba sonans prędã pedibus circũuolat vncis
polluit ore dapes,sociis tũc arma capessant
Edico:& dira bellum cum gente gerendum.
Haud secus ac iussi faciunt:tectosq; p herbã
Disponunt enses:& scuta latentia condunt.
Ergo vbi delapsę sonitum per curua dedere
Littora:dat signum specula misenus ab alta

exigebat breuitatem:hic autem quia proposuerat: Et breuiter troię s.a.l. & propter noctis tempus in quo auditores quęrebant quiete:erat properandũ.
k Extruimus.DONA. In primo dixit:fusiq; per herbam:quia lassitudine:& fame naufragii vrgebã tur.Hinc dicit extruimusq; toros:quia in magna copia herbarum non fuit magnum congeries cespitum struere:quibus discũbi posset:& nõ magna p perandi ad epulas necessitas vrgebat.
l Dapibus.SER.Dapes deorum:epulę hominum sunt.ergo recte vtrũq; posuit:nam & sacrificio:& conuiuio indulgebant.
m At subito.DONA. Res omnino abominabiles:insultus improuisus:sonitus alarum:vnde metus.contactus fdus odor teter:fugiẽdas faciebat.
n Harpyię.SER.yi gręca dyphthongus est:Nã latine y non habemus.
o Clangoribus.SER.i. cum clangoribus:vt atq; ixionii vento rota cõstitit orbis.i.cum vento.Aliter acyrologia est:si clangorẽ dixit strepitum alarum.
p Tum.SER.pręterea & deest erat.
q Rursum.S.Ad id solũ pertinet instruimus mensas.Nam ante in speluncis nõ fuerant.Interdum autẽ sic ponitur hęc particula vt iteratum aliquid significet:vt veni ad te manerursus venio:Interdũ sine iteratiõe:vt fugio rursus veniã etiã.Non ideo dicis rursum:quia etiam primo venisti:sed qa illic fuisti.DO.Rursum.antra & rami volatum Harpyiarum impedire poterat.Ibi igit securiores dapes:et sacrificiũ restaurarunt:Sed frustra nam per inspe ctitas coeli partes:et occultas latebras venerunt:& cibum rapuerit:& quicquid reliquerãt ore polluebãt:ergo deficiente industria fuit necessitas:vt ad vim recurreremus.
r Reponimus ignem.S. fit autem iteratio hęc secũdum rationem sacrorum:nam displicuisse prima ex prodigiis iudicatur.Sunt

autem hę animalis hostię quę tantum imolant.Alibi:Sanguinem tantum in aram fundi significat:vt sanguinis:et sacri pateras Alibi partem corporis:vt extaq; salsas porriciã in fluct⁹.Alibi integram victimam:vt.Et solida imponit taurorũ viscera flãmis.
s Ex diuerso coeli.SER.ex secreto montis & subaudi loco.
t Turba.SERVIVS.at tres sunt:sed p emphasim retulit.ad sęuitiam earũ:et turbam:propterea dicit:& allusit ad furias de quibus alib.:vocat agmina sęua sororum.
v Prędam.SER.aut cir cum prędam volat vncis pedibus:aut infra volam amplectitur prędam:vnde & inuolare dicimus in tra volam gerere vnde et pira quędam volema dicuntur.
x Cum dira gente.DONA.Excusat crimen violentię:quam Celęno faciens:pro causa sua plenissime exequitur.
y Iussi.DONATVS. verbum est non participium.
z Tectosq; herbã disponunt.SER.disponunt & tectos faciunt.Sic & scuta condẽdo latere faciũt.DONA.disponũt enses. Breuissima fuit narratio: in qua solum videt:& bellum esse congerandum:et propterea arma capiunt: At illi quamquã non iusserat:industria sua capta arma occultarunt.Sapiẽtibus enim locut⁹ fuerat.
a Dat signũ.CRISTOFE.qsi diceret canit classicum.Classicum eñi canere dicebantur cum signũ dabant:quo milites pugnam inirẽt.Cum autem reuocabantur tunc canere receptui dicebant.
b Specula.CRISTOFERVS.ex loco eminentiori:vnde latus sit prospectus.Hinc fenestrę speculę dicuntur.

c Misenus:SERVIVS.optime tybicen dicitur:nam Aeoli filius est:

Aere cauo inuadũt socii & noua prœlia tẽtant
Obscęnas pelagi ferro fœdare volucres.
Sed nec vim plumis vllã: nec vulnera tergo
Aspiciunt: celeri fuga sub sydera lapsę:
Semesam prędam: et vestigia fœda relinquũt.
Vna in pręcelsa consedit rupe celęno
Infœlix vates: rupit hanc pectore vocem:
Bellum etiam pro cęde boum stratis iuuẽcis
Laomedontiadę: bellum ne inferre paratis?
Et patrio harpyias insontes pellere regno:
Accipite ergo animis: atq hęc mea figite dicta.
Quę phœbo prĩ oĩpotens: mihi phœb⁹ apollo
Prędixit: vobis furiarũ ego maxima pando.
Italiam cursu petitis: ventis vocatis:
Ibitis italiam: portus intrare licebit.
Sed nõ ante datam cingetis mœnibus vrbem:
Quam vos dira fames: nostrę iniuria cędis
Ambesas subigat malis absummere mensas.
Dixit: & in syluas pennis ablata refugit

vt Misenum Aeolidem: & sonus omnis ex vento est. d Noua. S. mira: vt Pollio et ipse fac noua carmĩa. i. mira: Nouum enim non est cuius extat exemplum: nam Hercules in Stymphalo mõte vicit Stymphalidas: vel ideo noua: quia vulnerari nõ poterant. e Obscęnas. S. eas aues dicunt quę cantu aduersa predicũt. f Pelagi. S. quia dicuntur ponti & terrę filię: vnde insulas colunt. partem maris. & partem terrę tenentes. Alii dicunt Neptunni filias: qui pater prodigiorum est. Nam secundum Thaletem Milesium omnia sunt ex humore. Inde: Oceanũ patrem rerum: Ergo quotiens parentes desunt. redimus ad illam tanq ad genus. Alii dicũt Harpyias filias Taumantis & Electrę.

g Vim plumis. S. Naturale est; vt eludat ictus plumarũ leuitas: nam nõ probatur Donati sententia. q fuerint inuulnerabiles: quia sunt natę de Styge. h Precelsa rupe. DO. Quia viderat parari vehementia belli.

i Infoelix va. S. Nuntia infœlicitatis Home. μαν τικακων.

k Rupit vocem. S. Cũ indignatione loquitur: vt quid me alta silẽtia cogis rumpere. C. Rupit vocem Quod irascentis signum erat. n Bellum. D. Inuectio quam nõ oportuit habere pricipia: fuit em̃ irascentis: fuit breuis inuectio: sed oia cõtinet: Nam asseruit personam suam innoxiã. Deformauit aduersariũ appellando Laomedontiadas. dicit causã: iuuencos stratos: & ppos suit inuasionis crimen. dixi tcriminis augmẽtum: vt post violentiam in armenta. addit q de expugnatiõe dñarum cogitauerunt. dixit insontes: dixit factum: non tamẽ factũ fuit: sed pro facto tenet: quod facere cogitarunt. nam inuadere greges: armari, iuuentutem: eo tendit: vt eriperent alienũ imperium: non male q̃situm: sed relictum a parentibus: vitio autem est q diu expectant quod metuant. C. Bellum. Optimũ principiũ pathetice orationis: quoniam abruptum est: & a criminatione cum interrogatione incipit. m Pro cęde boũ. C. q. d. petitis penas pro ea re: pro qua dare deberetis.

n Laomodontiadę. S. Nati ex rege qui deos fefellit: C. Laomedontiadę. vituperat a nomine: vel a genere: quę sunt de attributis personis. Laomedontiadę. ergo. i. impii infideles q in deos: vt Laomedon fuit: hic em̃ pater priamo extitit: de quo fabula est ipsum ad mœnia vrbis. quę ab Hercule diruta fuerant restauranda Apollinẽ & Neptunnum conuocasse: et pretiũ ingens pollicitum fuisse. sed perfecto ope non soluisse. Hinc in Georgi. Satis iam sanguie nostro Laomedontęę luimus periuria troię. o Bellum. C. cognominatio est: qua summopere exprimitur inuehẽtis indignatio: & ardor. p Patrio regno. S. Neptunio. C. Patrio a loco: vt. Nos patriã fugim⁹. Et a causa: vt perit iustissimus lunus q fuit in teucris. q Accipite. S. vt futuram famẽ nunc timere possitis. r Figite. D. quę infixa vos vulnerent: Dat autem orationi auctoritatem: cũ veluti ex pcepto Iouis illa dicere demonstrat. Et Apollinis iussu. s Quę phœbo pater. S. addit auctoritatem: & simul ostendit quę dicit Apollo a Ioue accipere. phœbus purus & impolutus: & solius Apollinis epitheton ẽ. C. Quę phœbo pa. Imitat⁹ ẽ Aeschillũ q refert oia vaticinia eẽ a Ioue ait Mac. t Furiarũ maxia. S. Iõ sunt furię: & idẽ epitheton habẽt. Nam & de Tisiphõe ait. Furiarũ maxima accubat: & manib⁹ p. c. m. quod et istę faciũt inferentes troianis famẽ: & pronunciantes. D. Cũ dicit furiarũ maxima: sibi aliquã tribuit ptãtem: nã ppter hoc digna videt pro pter quã tristia nũciarent. v Italiã pe. S. ex his quę norũt fidẽ dicendis accomodat. D. Italiã. Hęc posuit: vt faceret fidẽ sequentib⁹ †. ¶ S; ñ añ datam ostendit: q necessitate famis nõ licito remedio: sed sacrilegio essẽt subuenturi nã mẽsas dic: q ex frumẽto cfectę diis pẽatib⁹ sectãt. Et ne hoc gen⁹ poene abvltõe Hat puaę discretũ videat Addit nrę iniuria cędę †. C. Ibit italiã. amara oino orõ: pronosticat em̃ in eo q̃d cupiũt eos inuenturos calamitatẽ: nascit ei maxim⁹ mœror: cũ in eo q̃d tãtope q̃siuim⁹: & cõcupiuim⁹ euenit p̃ter spẽ: Prędicendo autẽ incipit a veris: vt illis sibi fidẽ comparans: quę infert deinde falsa verisimilia reddat. x Quã vos di. fa: SER. Hoc oraculũ (teste Varrone. in secundo diuinarũ) i Dodõe a Ioue acceperũt: Quapropter colorate tangit hystoriã: cũ dicit. Quę phœbo. y Nostrę: S. mẽtitur. Fatalis em̃ est troianis fames. z Ambesas. SERVIVS. Vndiq esas. i. rotundas. Maiores em̃ has habebant in honore deorũ pa niceas. C. Ambesas circũ esas Am em̃ (teste Pris). circũ significat. Sunt aũt qui dicant consuesse priscos orbiculas paniceas mensas adhibere: in quibus carnes inciderent: vt q̃ faciũt reges. a Subigat. C. cogat vt castigat: auditq dolos subigit fateri. Itẽ excolere vt añ Iouẽ nlli subigebãt arua coloni. Hic et bñ subactũ ingeniũ dicim⁹. i. bñ exultũ. Ergo p quãdã translationẽ dicim⁹ acuere ferrũ. vt subigũt in cote securi. b Malis. C. maxillis antiq em̃ maxillas axillas: & vexillas dixerũt: Iuniores aũt vt pastoris lrę sonitum effugerent: p his mala ala: & vela dixerũt. Cũ aũt mala in hac significatiõe est. aut arborẽ fructũue et: quẽ in naui arborẽ q̃ dicim⁹ natare volum⁹ pria pducta pfertur. d Refugit. S. nõ metu: nã minãtib⁹ nõ cõgruit: sed ne possit placari. e Cecidere. DONATVS. Qui spe pspe rorũ fuerant in sublime producti. f Armis. SER. scilicet

At sotiis subita gelidus formidine sanguis
Diriguit: cecidere animi: nec iā amplius armis:
Sed votis precibusq; iubent exposcere pacem.
Siue deę: seu sint dire obscęneq; volucres.

...sunt. Nec pōt esse zeu ma. sed plerūq; aliqd sub intelligit: vt illud disce pu er virtutē ex me: et tollera re labores. fortūā ex aliis. Subaudi opta: Nā fortūa nō discit. g Votis pci busq;. S. Nā duob⁹ placā tur nōia: votis: et precib⁹: vñ est Iunonis magnę pri mū pce numen adora. Itē Iunoni: cane vota libens.

...struose volucres. dum mō fierēt ea: qb⁹ imminētia, ma la remoueri possent.

k Obscęnę. D. alii qui putāt dici obscœnū ex ob et scęnō. Et cœnum dici a gręco vbo. κοινω. i. for didū reddo: vñ nos dici mus inqnto. ꝙ p œ diph thōgō scribēdū esset. Alii volunt ex ob & cano. &

h Iubent. S. voluīt vt infan dū regina iubes renouare dolorē. i Deę. S. quia diui nāt. D. Siue deę. q. d. nō erat rspiciēdū an deę essent: an mō tūc careret dyphthongo. Varro tñ ait ex obscœna: & sic haberet diphthōgon œ. Alii dicūt obscęnos dici ab oscis: q essent populi malis moribus.

l Volucres. S. quia in illis ventris cernebãt proluuiẽ. Etiã si aues erãt placãdę ppter pessima omina. m At pater an. D. Huic sp dat partes cõsiliorũ & sciam sacrorũ. Sic in flãma Ascanii. Sic in piaculo polidori. Ergo & hic omisso errore aliorũ: non rogat harpyã quã cõstat esse mõstruosã: & quę aliorũ iussiones pertulisse pfitet. sed magna numĩa Ipsa eñi placanda fuerant: quib⁹ diri nuncii esset origo. n Passis. S. solutis. o Magna. S. Iouẽ: mineruam. & Mercuriũ secũdũ Samothracas. p Meritos. S. cõgruos idest expiatorios. Vñ sequit. Dii prohibete minas. D. Meritos. p magnitudine petitionis cõuenietis. Vel meritos secũdũ iteriorẽ sacrorũ sciam.

cilã Vlissis matrẽ: a nõdũ laerti cõiũgeret Sisipho Aeoli filio nupsisse: & vlyssẽ concepisse. Leõti⁹ vero addit illã cũ ad oraculũ cõsultura accederet a Sisipho captã: & grauidã factã discessisse. d Altricẽ. C. nutricẽ: alo eñi in supino altũ facit. e leucate. S. Leucas aũt mõs ẽ altissim⁹ i pmõtorio epiri iuxta ambrachiã. quã August⁹ Nicopolim appellauit: victis illinc anthonio & cleopatra: & tẽplũ apollini in pmontorio Actiaco cõdidit: & ludos instituit actiaticos. Poeta aũt in honorẽ Augusti ea q fecit dat ei⁹ origini dicit eñi ęneã ibi ludos celebrasse: & alibi inducit illũ pmittẽtẽ tẽplũ apollini qd fecit August⁹. Vt Tũ phœbo: et triuię solido de marmore tẽplũ cõstituã. C. Leucate pmõtoriũ Epiri ẽ de q scribũt. Si qs nimio affect⁹ amore ex eo in mare subiectũ se deiecerit libera ri ab amore hinc Sapho: Cur nũc ñ ignib⁹ eqs. Veneris ãbrachię terra petẽda tibi est phœbus ab excelso q̃tum patet aspicit eqr Acteũ populi Leucatheũ q vocat. Hinc se Deucalion. Pyrrhę succensus amore Misit et illeso corpe pssit aqs. Nec mora iussus amor tetigit letissima pyrrhę. Pectora decalion igne leuatus erat. Appellatur aũt a colore petrę candidantis. Nam λευκον album est. f Formidat⁹. S: Vel q ibi loca saxosa erant: vel vt qdam putãt. quia moris erat aliquẽ de nautis ei imolarę. D. Formidat⁹: non fugerũt: q fessi indigebãt refectiõe: & fuit occasio: vt ludus celebrarẽt in honorẽ eius dei cui tñ debebant. Ergo non luxus fuit causa ludorum egentibus: & peregrinãtibus. sed gratulatio seruatę salutis. g Apollo. CRI. Sinus Ambracius est: cuius hostium paulo maius est q̃ stadia. iiij. Circuitus vero amplectitẽ stadia. ccc. igredientibus hostiũ a dextra Apollinis: actu templum quoddã in tumulo ad hostiũ eminẽs. ait Strabo circũuoluit: Hic Hom. de ano. ηιιγλ ειγυτοσοστιπρ ιγροτεσονεγιστοσ.

At pater anchises passis de littore palmis
Numĩa magna vocat. meritosq̃ idicit hõ ores:
Dii prohibete minas: dii talẽ auertite casũ:
Et placidi seruate pios: tum littore funem
Diripere: excussosq̃ iubet laxare rudentes.
Tendũt vela noti: fugimus spumãtibus vndis.
Qua cursum ventusq̃ gubernatorq̃ vocabãt.
Iã medio apparet fluctu nemorosa zacinthos:
Dulichiũq̃: Sameq̃: et neritos ardua saxis.
Effugimus scopulos Ithacę: laertia regna:
Et terrã altricem sęui execramũr vlyssis:
Mox et leucate nimbosa cacumina montis.
Et formidatus nautis aperitur apollo.
Nunc petimus fessi: et paruę succedimus vrbi.
Anchora de prora iacitur: stant littore puppes.
Ergo insperata tandem telluri potiti.
Lustramurq̃ ioui: votisq̃ incendimus aras:
Actiaq̃ iliacis celebramus littora ludis:
Exercent patrias oleo labente palęstras

q Dii phibete. D Poterant hęc esse vera: & non vera: hocq̃ cognoscebat Anchises: quod ex verbis suis apparet. Nã cũ dicit dii phibete minas. Oñdit nihil fuisse dispositũ: sed phibete mĩqt minas: ne oriret fauor diuin⁹. r Casum. S Bene etiã si cõtingat casum esse credit non vltionẽ. D. Auertite casũ vtsi vere eẽt cas⁹ eiusmõi q potuisset existere auerteretur. Ergo singula singulis dedit. s. dixit phibete: hic auertite. vt prohiberetur nasci: quod nõ erat. Auerteret aũt qd credebat ingruere: s Pios. S. ppter facta ab eis sacrificia. t Tũ lit. fu. C. quo essent religatę naues. v Excussos laxare. C. Nã excutiendo velebant anchorę atq̃ inde rudentes pri⁹ extẽsi laxabant. Oñdit autẽ ex his versibus q ppetanter enauigauerint. x Qua cur. S. Nullũ sibi locũ pponit: sed sequitur ventũ: & gubernatorẽ: q vẽto obtẽperat. x Gubernator. C. grecum est: illi enim. κυβερνηιην dicunt κ in g: & υ in v. Nã g media est inter c & ch. Vñ fit crebra mutatio. vt κυβιοσ. gobius. αχυη aragneest autẽ gubernator proprie nauis rector: sed p translationẽ refertur ad multa: et maxime ad rempu. y Vocabant. S. Poterat et in singulari. poni sed honestior in plu. est locutio. z zacynthos. S. Insulę grętię sunt. C. zacinthos. de hac insula Home. Οιτεζακυνθονεχον ηλοι σαμο γυα φιγεμοντο. Sũt ãt istę isulę e regione Corynthiaci sin⁹ vbi etiã sunt Echidnades e nũero q̃rũ est dulichiũ de qbus Hõ. Οιρι θακηνγειχονκαι νηριτον ειvοσ φιυλλον. ex oibus his insulis milites ad bellũ troianũ duxit vlysses. a Sameq̃. S. Samę Cephalenię est: Nã Samos in Asia est. b Ardua saxis. C. Mõtuosã oñdit: quod etiã demõstrat Home. cum eam appellet ειvοσιφυλλον. id est frondes quacientẽ. Nã in mõtuosis locis magis vigẽt vẽti. q frõdes: arboresq̃ dimouẽt. c Laertia regna. S. Irrisorie: cũ pmiserit scopulos: vt imania saxa vr̃as eure domos. C. Laertia a laerte patre Vlissis. Nã ex Ioue natus est Archisius: ex archisio laertes: qui vlissẽ genuit. Theodũti⁹ aũt refert Anti

h Fessi. S. propter hoc ergo formidatum petimus.
i Paruę succedimus vrbi. S. Ambracię.
k Potiti. S. Ablatiuus ei datur: sed figurate etiã genitiu⁹. Teren. aũt in accusatiuo dixit. Patria potit cõmoda.
l Lustranẽq̃ io. S. purgamur: vt Ioui sacrificemus vel ex periamur. Piaculũ eñi cõmissum fuerat in thratia imolato tauro. Nã q̃uis multa essent secuta sacrificia: tñ itelligebatur iratũ numẽ nõ cessantibus malis. Piaculo aũt cõmisso celebrabãt ludi. Nã cũ iracũdia matris deum Romani laborarẽt: et eã nec sacris: nec ludis placare possint. qdẽ senex statutis ludis Circẽsib⁹ saltauit: q̃ sola fuit cã placationis. Vñ puerbiũ ẽ ad oĩa secũda saltat senex. m Actia. S. propter Augustũ dicit: q vt dixi illic ludos statuit agonales.
n Pr̃ias palest S. Palestra. maxime apud athenięses cele

bratur. Sed Troiani pter Dardanum: & teucrum etiam ab Athēiēsibus ori ginem trahunt: propterea q̄ Mineruam colunt. Hic dixit Neu pplm antiq̄ sub religione tueri. antiq̄ idest ab atheniensibus tradita.
o Fugam &c. S. Foeliciter nauigasse. Tenere ē iplere vt Ni teneant cursus. i. im pleant: & potest intelligi scundū cōmunē sensum ob hoc eos lustratos. i. ex piatos sacrificasse: & lu dos celebrasse quia hosti les terras prospera nauiga tione transissent.

Nudati sotij iuuat euasisse tot vrbes
Argolicas: mediosq; fugam[o] tenuisse p hostes.
Interea magnum[p] sol circūuoluitur annum:
Et glatialis hyems aquilonibus asperat vndas.
Aere cauo clypeū magni gestamen abantis.
postibus aduersis figo: et rem carmine signo.
Aeneas[q] hec de danais victoribus[r] arma[s].

tibus: et in ipsorum sedib⁹ ostentationis causa posu isse: addidisse q̄q; epigra ma quod & suam gloriā testaretur. Et illorum: qui victores recesserant ludi bria fecitq; fortunę bene fitio: vt apud victores ar ma ipsis erepta publice lo caret. r Victorib⁹. S. irrisio est. vt victoresq; ca dunt Danai. s Arma. SER. Subaudi consecra uit.

p Magnū sol. SER. Erat annus triginta dierum scilicet lunaris: vn̄ inuenit in aliquib⁹ vita noningentorū annorū scilicet lunarium. Postea repertus est annus solaris: qui est duodecim mensium. post annum magnum esse voluerūt omnibus planetis in eundem recurrentibus locum: qui se cundū Cice. Hortensium continet duodecim milia nonin gentos quinquaginta quatuor annos: sed de hoc varia est est opinio: et Mentoris: et Eudoxii: & Ptolomei. Quin idē Cice. in libro de natura deorum eum putat esse trium mi lium annorum. Hic ergo dixit magnū: vt excluderet luna rem: et solis: vt excluderet magnum. D. Magnū. i. per.
p Abantis. S. Hunc cū androgeo occisum intelligam⁹.
q Aeneas hec. DO. Breuis titulus vberem continet: la titudinē Aeneas posuit. Aeneas scripsit. Nam fuit memo rabile ad illa eū loca venire potuisset: tutumq; fuisse: vbi erat periculum manifestum habuisse arma sublata victo

☞ t Pheacū. S. Corcyram insulā dicit si tā inter Epyrum: & labriā vbi regnauit Alcino⁹. CRI. Pheacum Apud hos regnauit Alcinous qui vlissem nau fragum hospitio suscoepit. v Abscondimus. S. Naut cus sermo. & mira est vsus celeritate: vt ante absconditam q̄ visam dicat
x Epiri. CRI. Erat hec regio ea tempestate vrbib⁹ popu lisq; frequentissima: sed deinde sub romano imperio pro pter crebras defectiones ad solitudinem pene a Romanis redacta est. Nam paulus Aemilius subacta macedonia su perato per se septuaginta epirotarum vrbes euertit: & cē tum: atq; quinquaginta hominum milia in seruitutē rede git. Ait Polybius Molossia dicta est a Molosso filio Pyr rhi: & Hermiones filię Menelia: & Heleuę. Alii filium Pyrrhi: & Andromaches volunt esse Molossum Buth roti: Hec vrbs sequentibus temporibus romanorum Co lonia facta est.

y Legimus. C. transimus. Nec solum in mari dicimus Sed etiã in terris. Statius. Talis opaca legens nemorũ ca dmeius heros. z Chaonio. S. vt subeunt muro. nam si Chaonios legeris: difficilis est stansio: nõ excluso. s. a vrbem b. S. Vt fõtem tymaui. Est hec vrbs in Epiro cuius pars est Chaonia ante Molosia appellata. b Incredibilis fama. S. rerũ incredibiliũ. C incredibilis. Quis em̃ credat victos inter victores regnare. c Priamidẽ helenũ. D. Mira res a persona q̃ frater pari dis vict⁹ regnaret inter victores. A loco: vt troianis in gretia. A numero nõ p vnã vrbem: sed per plures A fortuna: vt regnaret potius pyrrhi cõiugio ac sceptro. Ergo incredibile vxorem Pirrhi euersoris Troie hominẽ ex priami genere habere: et cũ Pyrrhus vita cessisset Andromachẽ iterũ patrio marito cessisse. Ergo obstupuit Aeneas poti⁹ q̃ marit⁹ sit. C. Priamidẽ. q. d. filiũ eius in q̃ euersendo decẽ annos vniuersa gretia loborauit. Priamidem ergo: et Paridis raptoris fratrẽ eius: in quã Paridis q̃ dolo (si Homerum sequimur) Pyrrhi patrẽ Achillẽ interemit Priamidẽ per graias. victũ p victores. d Cõiugio æacydę pyr. C. Auget q̃ nõ mõ regnauerit. Sed et cõiugio Pyrrhi victoris superbissimi: et a q̃ in seruitutẽ abduct⁹ fuerat sit potitus: et Andromache ex captiua se ad patrias nuptias. et ad regiã familiã reuocauerit: nõ ergo mirũ si obstupuit Aeneas hec audiẽs. e Patrio marito. S. Atq̃ theba fuit: Sed aut posuit prouinciã p patria: vt italiam quero patriã. Et Salu. Hyspaniam sibi patriam esse: vel secũdũ ius loquitur. Nam vxor domicilium viri sequit. Nam et cessisse de iure verbũ est. Credi enim hereditas dicitur: fuit autem mos regũ legitimam vxorem nõ habentium: vt aliquã captiuã pro vxore haberet. Sic & Pyrthus hãc habuit: et ex ea molosum sustulit Deide cũ Hermenionẽ Menelai et Helenę filiã Horesti desponsatã ducere vxorem vellet: in tẽplo Delphyci Apollinis occisus est. Sed moriens precepit vt Andromache Heleno daretur propter supradictũ beneficiũ. Molosa autẽ hec deinde ab Heleno. Chaonia dicta est a Chaone fratre suo quẽ ipse imprudẽs in venerãtiõe interemit. f Obstupui. C. Obstupere proprie est cũ corpus aut aliquod i corpore membrũ: aut sensum: aut motum amittit. Sed ad animũ trãsferimus: et cũ dicimus stupere cũ aliqua magna re: aut horrenda: aut sũmopere mirabili omnẽ aliũ sensum amisit. et in ea sola at tonitus est. g Cõpellare. C. familiariter aloqui. Interpellare vero est molestũ sermonem inferre. Appellare vero est cum a iudicio quod iniquum putamus ad aliũ iudicẽ confugim⁹: Quod et prouocare dicimus. Sed dicim⁹ Appello populum et produco ad populũ. h Linquens. S. Finitus est versus participio: quod raro fit apud latinos: apud grecos vero est vitiosissimũ. i Solennes. S. Legitimas anniuersarias. k Tristitia dona. S. tale est illud quem semper acerbũ semp honoratum: sic dii voluistis habebo. l In loco. S. nunq̃ ponit sine religiõe. nã in ipsis habitant manes piorũ: qui lares viales sunt: sic in vi. Nulli certa domus lucis habitamus opacis. m Falsi. S. Simulati. C. Falsi. Nã cũ fuisset huic aliud nomẽ a Symoente sue patrię flumie sic illud appellabat. n Ad tumulum. S. ad cenotaphion. o Viridi. S. herboso. p Geminas. S. vnã marito: alteram filio. Aut geminas: quia inferi pari gaudent numero. q Monstris. S. rebus insperatis. D. Monstrũ fuit: vt quo tempore manibus parentaret Aeneas appareret. vt et ipse mortu⁹ putari posset. r Diriguit visu in medio. S. dũ me cernit obstupuit CRI. Diriguit. ex subita ac maximi animi pturbatiõe timet sibi vita: & omnis sanguis ad tutandum cor: quod arx vitę recurrit: vñ corp⁹ destitutum a sanguine: in q̃ vita calor est: frigescit: et palescit. hic nerui quib⁹ mẽbra flectũtur ex frigore suũ officiũ p̃stare ñ pñt: acpp̃terea corpus riget: idest inflexibile manet. Trãsfertur ad animũ: et dicimus iudicẽ rigidũ. i. inflexibilẽ. s Calor ossa re. S. extimuit: vt soluunt frigore membra. D. calor os. re. Nã turbata mente recedit calor. Est aũt sapiens cõsiliũ Poete tractãtis personã mulieris soluẽtis i ferias mortuo et illi⁹ amorẽ retinẽtis. Ex cõfusiõe aũt mẽtis: quia p̃fecte videre nõ potuit: incidit in errorẽ: ne esset mortu⁹. prior vidit mulier. prior loquit Aeneę verecũdia intemerata reseruatur.

Linqre tũ portus iubeo: et cõsidere trãstris.
Certatim socii feriunt mare: et equora vertunt.
protinus aerias phæacum abscondimus arces.
Littoraq̃ epyri legimus: portuq̃ subimus
Chaonio: et celsam buthroti ascẽdimus vrbẽ:
Hic incredibilis rerum fama occupat aures
priamidem helenum graias regnare per vrbes.
Coniugio æacydę pyrrhi: sceptrisq̃ potitũ.
Et patrio andromachen iterũ cessisse marito.
Obstupui: miroq̃ incensum pectus amore:
Compellare virum: et casus cognoscere tantos.
progredior portu classes: et littora linquens.
Solennes: tũ forte dapes: et tristitia dona
Ante vrbem in luco falsi simoentis ad vndã.
Libabat cineri andromache manesq̃ vocabat
Hectoreũ ad tumulũ: viridi quẽ cespite inanẽ
Et geminas causam lachrymis sacrauerat aras.
Vt me conspexit venientẽ: et troia circum:
Arma amens vidit: magnis exterrita mõstris.
Diriguit visu in medio. calor ossa reliquit.
Labitur et longo vix tandem tẽpore fatur.
Verane te facies: verus mihi nuncius affers

t Labit. C. Ex superioribus hoc sequit: vt et cadamus. et nõ nisi cũ se anim⁹ cõsternatus recoepit loqui possumus: hęc pturbatio maxime apparet in fœminis qrũ anim⁹ imbecillior est. v Vera ne te f. D. Et quia armat⁹: et quia in die in q̃ nõ solẽt videri mortui apparuit: existimauit viuũ: ex occasione aũt loci: & parentatõis causa perturbat mortuũ. C. Vera ne te f. Sunt hę clausulę submissę: et deficient voce difficulter: et longiusculis interuallis pñũciãdę. Vera Non em̃ sum phantasma: aut vmbra: sed vnum corpus.

x viuis ne. S. Ex affectu muliebri loquit: & bene inferis sacrificans: & in luco vbi manes habitant addubitare videtur. y Hector vbi est. S. ad Aeneę pertinet gloriã: q ab Hectore nunq̃ discessisse videat. Si igitur in sacris videtur vmbrę: cur nõ magis eorũ quibus sacrificat.

z Lachrymasq̃ effudit. D. hęc omnia puenerũt ex mariti recordatione: nec debuit de alio q̃ de marito in tãto dolore querere. C. Lachrymas effudit. Ordinẽ nature suauit in muliere: prima em̃ cõsternatio cogit sanguinẽ ad cor: quo confugiunt & spũs: hinc frigescit corp⁹ & debilitatur. vnde cadit & amittit vocẽ. Ergo nec flet nec lacrimat: donec paulatim ad se redeat anim⁹: et spũs ad sua offitia: ac deũ & vociferare. & clamare vallet a Pauca. D. Vt ga plura turbatus nõ posset: vel quia ipsa ex dolore nõ fuisset plura auditura. C. Vix pauca fureñ. Tãto ei furore ex desiderio pristini mariti ferebat: vt nõ relinqueret vices respond. ndi Aeneę. vel quod mel⁹ esset: adeo turbat⁹ eram: vt vix pauca respondere possem. b Furenti. S. incõsolabiliter dolenti.

c Hisco. S. hio nec loqui possum. C. Hio hias are aperio hinc debet esse hiasco. sed p sincopã hisco fit. d Viuo. SER. ac si dicat. Si vita est infoeliciter viuere. e Heu. D. Et ipse incoepit a gemitu propter Hectoris recordationem. f Excipit. S. signate loquitur quia deiecta dixerat: excipiunt em̃ quę cadunt. g Digna. S. congrua & priori conueniens.

h Andromache. S. Si andromache sequentibus iũge. Si andromacha: superioribus. C. Hectoris andromache: Cũ laude hęc duo noia extollenda sunt.

i Pirrhi. D. cũ deprssione qm̃ hostis erat: & patris achillis: qui Hectorẽ occiderat memoria fuerat odiosa. k Seruas. S. tenes. Vt & nũc seruat honos sedẽ tuus ossaq̃ nomẽ. l Deiecit vultũ. D. Mora pudore. & qm̃ factũ negare nõ poterat submissę vocis purgatiõe defendit. m Demissa. S. humili. n O foelix. S. Recte virginitatẽ laudat & mortẽ: vt se inuitã pirrhi cõiugẽ fuisse ostendat. D. O foelix. ex cõpatõe ostẽdit miserrimã esse foelicẽ cõparatiõẽ sui: q̃ pudorẽ amiserit: quãdo mors in illa exclusit violẽtiã pudoris: & cũ illã solã foelicẽ dicit: nõ se solã oñdit in causa turpi. Virgo ergo piit salua castitate. C. O foelix. ex hoc maxie patet quã malaisset nõ corrũpi: cũ foelicẽ appellet Polyxenã: ex hoc soloq̃ incorrupta fuerit: q̃uis & in prima ętate: & in regia ptãte cõstituta: quib⁹ duob⁹ priuari miserũ videt foelix dicẽda est. Mouet aũt hoc pathos a minori: cũ pponit q̃d p se magnũ est: deinde maius ostendim⁹: q̃ illud q̃d volumus augere: ergo auget a loco q̃ dixit: hostilem ad tumulum. A modo iussa mori Ergo q̃uis hostilem adumulum Quamuis mori tamen sortitus non pertulit vllos. Simile est illud. O ter quaterq̃ beati: & illud Proetules iplerunt falsis mug. agr. o Priameia. S. polyxena Hanc Achilles circa troiana moenia cõspiciens adamauit: & cõditione pacis in matrimoniũ postulauit. Sub dolo autẽ pmiserunt troiani. Quapropter cũ ad feud⁹ Achilles in tẽplũ apollinis tymbrei venisset. paris post simulachrũ dei latẽs sagitta vulnerauit. Itaq̃ moriẽs Achilles iussit: vt polyxena diruta Troia ad suũ sepulchrũ immolaret: q̃d Pyrrhus perfecit. p Virgo. C. pathos ab ętate: nã virgo dicitur a viridiori ętate Priameia a fortuna. q Hostilem ad tumulũ. S. nam magnũ mortis solatiũ est pręmissus hostis interitus. D. Ad tumulũ: & nõ ad cubile: vñ nulla voluptas potuit peruenire ad mortuũ. C. Hostilem ad tumulũ. A loco durissimũ em̃ est iuuenculam mulierem: & in tam ampla fortuna collocatã mori pręsertim ad t. h:

Nate dea:ᵡ viuis ne:ᵡ aut si lux alma recessit:
Hectorʸ vbi ẽ:ᵡ dixit: lachrymasq̃ᶻ effudit et oẽm
Impleuit clamore locum. vix paucaᵃ furentiᵇ
Subijtio: et raris turbatus vocibus hiscoᶜ.
Viuoᵈ equidem et vitã extrema p omnia duco.
Ne dubita: nam vera vides.
Heuᵉ quis te casus deiectam cõiuge tanto
Excipitᶠ:ᵡ aut quę dignaᵍ satis fortuna reuisit:ᵡ
Hectoris andromacheʰ pirrhinⁱ cõnubia seruasᵏ:ᵡ
Deiecitˡ vultũ et demissaᵐ voce locuta est.
Oⁿ foelix vna ante alias priameiaᵒ virgoᵖ
Hostilemᵠ ad tumulum troię sub moenib⁹ altis
Iussa mori: quę sortitus non pertulit vllos:
Nec victoris heriʳ tetigitˢ captiuaᵗ cubile:
Nosᵛ patria incensa diuersa p ęquora vectę:
Stirpis achillęᵡ fastus iuueneq̃ʸ superbum:
Seruitioᶻ enixę tulimus: qui deindeᵃ secutus.
Ledęamᵇ hermionẽ lacedemoniosq̃ᶜ hymenęos

r Heri. S. Parũ erat nisi victoris adderet fastum. D. Heri vt q inimicus fuerat est dñs. s Tetigit. S. & non ostendit. C. Tetigit. tanq̃ cõstupranda: & nõ vxor ducẽda. t Captiua cubile. S. Nec genia le lectũ dixit. s3 cubile. D. Captiua cubile. Nouissiã posuit: q̃ maxie pmebat causa. Heri. vt q inimicus fuerat esse dñs. t Cubile. D. Nõ ad hõestatẽ: sed ad ludibriũ est inuita pducta. v Nos patria. D. Cõclusa cõparatiõis pte: q̃ se purgauit redit ad se: & opponit sua his q̃ euenerant Cassandrę. illa em̃ incolumẽ patriã reliquit. nos incensam: illius funus solũ patriã tenet: nos per diuersa maria sumus tractę: ptulim⁹ natũ ex Achille: qui nulla miseratõe mouebat. x Fastus. S. Qñ supbiã significat quartę declinatiõis est. Qñ pro librũ in quo est computatio dierũ est secũdę declinatiõis: ergo abusus est Luca. cũ dixit. Nec me⁹ eudosi. vincet faustibus annis CRI. Fastus nõ multum a vero aberrare puto Seruium. q̃uis sint qui velint q̃ fast⁹ in q̃rta declinatiõe etiã de libris intelligat: afferũtq̃ auctoritatẽ nõ solũ Lucani: se etiã Varrõis: qui ait. Cęsar fast⁹ correxit. Et Colu. Sequor nũc eudoxi fastus Tamẽ. Ouidi⁹. nõ de fast b⁹: sed de fastis dixit. Neq̃ supbiã fastos: s3 fast⁹ appellatã: vsq̃ iueni verũ: vt notio fast⁹ appareat. Fastus est ea supbia q̃ quẽpiã nõ dignãur. y Supbũ. D. Supb⁹ ex victoria. z Seruitio Enixe tu. S. ptulim⁹. donec in seruitio eniteremur. vtit plurali ad excusãdũ pudorẽ. D. Seruitio eni. t. Seruitiũ autẽ nimis põderosũ fuisse ex eo oñdit q̃ dixit tulim⁹ enixe.

a Qui deinde. D. Oñdit necessitate Pyrrho: necessitate ẽt Heleno fuisse cõiũctã: b Secut⁹ ledęã. C. Purgat suspitionẽ amoris nã si amor itercessisset: nõ iã relipsset. b Ledęã. S. ledę neptẽ. C ledęã. q. d. ei⁹ mlieris ptũ cui⁹ nuptię solent eẽ infoelices: q̃d explanat cũ dicit: Lac. hy. fuit ei Hermiõe mẽelai: et helẽę filia et horesti nupsit. veq deide occiso Agamenone: & fugato horeste: illã rapuit pyrrh⁹: mox interfecto pyrrho priori marito redita est. c Lacedomõis. S. Cũ igẽu felle; ac si diceret: ifoelices mariti: vt pidi & def phoebo: d Trāsmisit. S. Heri voluntate: et nō cō'iugi: vñ et habēdā dixit. e Scelerū. S matricidii. f Excipit. S. intercipit. g Patrias. S. Achilleas: Nā Pyrrhus in patriam reuersus quia pater in tēplo Apollinis tymbrei cęsus erat i insultatiōe dei in templo illius delphico aras patri instituit. & illi sacrificare cœpit. Alii patrias. i. apollineas a patris achaię ciuitate: vbi Apollo colitur: nec queras cū dixerit Delphicas: quia epitheta in alieno negotio plerūq; alia ponuntur: vt in quarto Grygnęus Apollo: & lycię sortes: cū a delo acceperit oracula: C. Patrias. quia: vt supra diximus in delo erat ara Apollinis genitoris: h Reddita. C: vt debita data: nā id mandarat ex testamento pyrrhus. i Cessit. SER. Per priuignū. C. Cessit vt inferiora & sibi subiecta: Nā cedit maior minori. k Chaoniā. C. Hec gens nobilissima est reliquarū epyroticarū: ē ei ex genere Aeacidarū: et qñ toti Epiro imperitauit: maxime autē nobilitatur oraculo Iouis Dodonęo: quod antiquissimū omniū: que in grecia sunt Herodat' asserit hāc q; refert originē: duę eñ sacerdotes thebani Iouis ab egypto a phoenicibus abatię. ita discesserunt vt altera in lybiā: altera huc venerit: & vtraq; in his locis oraculum constituerūt vt testantur sacerdotes Iouis. Verum in loco oraculi Dodonęi notandū est duas columbas nigras ex egyptiaca thebę euolasse: & alterā in lybea Hamonis templū ędificari iussisse: alterā in Dodona sylua super fagū consedisse voceq; humana locutam dixisse: Iouis illico oraculū cōstituēdū. Sacerdotiū aūt earū: que in Dodona fuerunt vetustissima pmeia vocitata est: quę vero fuit post hāc Tyniaria: Nouissima Nicandris. Sed idem Herod. putat has non columbas: sed mulieres fuisse: verū cū apud grecos antiqua lingua Pelasgica peliades. i. columbe mulieres dicerent: creditas fuisse columbas: & iccirco nigras: qm fusci sunt hoies in thebaica regione. l Pergama. S. & nō pgameā. m Qui. S. admiratione: quasi tā psperi. C. Qui venti: & quę fata. Sētentia est. si venisti certo qdam consilio secūdos: profecto habuisti ventos: & secūda fata: nā pro miraculo est posuisse te per tot victores hostes in columem euadere: ergo qui venti cū admiratione. i. q; prosperi. Et quę fata: q; fœlicia. Nam sine summo illorum auxilio tm periculum non effugisses. Sin autē tibi huc enauigare nō pposueras: quis deus hāc fœlicitatē cōcessit: vt ad tuos nihil tale expectās venires. n Quis deus. S. qui prestitit nobis: vt te videre possemus. Tale est illud Aeneę Ad Didonē adulatoriū. Hinc me digressū vestris deus appulit oris. o Ignarū. S. aliud disponēte. p Ascanius. C. Interrogat de eo quē amare pcipue oportuit: qm mariti ex sorore fuisset nepos: & in q magna esset spes futurę fortitudinis: ac pbitatis ponēda: & q; Aeneas filius: & Hectoris nepos esset prudens: ergo Poeta qui & affectū mulieris sciauerit. & Aeneę Ascanii q; laudandi sibi occasionē cōparauit. q Superat. S. viuit Sane; noue dictū: et caret exēplo. vt pauca in Virgi. Alii dicunt superat. i. supstes est. Sed superstes pręsentem significat. Cic. in mureniana. Suis vtriusq; superstitibus. i. pręsentib'. r Quē tibi iam troia. S. Hemystichō nec sensu plenum. Et sunt duo talia. Vt hoc & concessere deū: quē quidē ita cōpleuit Cōcessere deū profugis noua mœnia teucri. s Amissę parentis. S. Sed vñ sciebat hoc Andromache: Rñde. Vel ab Heleno diuinante: vel Aenea querēte p troiam. sed virū q; inualidū: ergo parētis. i. patrię Tullius. Si tibi pria quę omniū oim parēs est. t Antiquā. C. q. d. sempassuetā illi familię: ergo ia ppriā. v Paruā simulataq; magnis & arētē. C. Hec oia Pathos habent qd citatur cū pximis reb' nimia nobis cōpensata videntur. DONATVS Paruā troiā. In oibus istis verbis ne minuat magnitudinē troię patrię oñdit hāc nō tm esse: sed simile. Nā dixit paruā troiā: & simulata pergama: arentēq; riuū Xātū: nec nō & teucris Aeneā: Anchisen: & Ascaniū duxit in suā domum: Reliquos hospitia p ciuitatē acceperūt. x Agnosco. S. Aut cognoie agnosco: aut certe: q; repatā audierat Troiā: vt hic incredibilis rerū fama. C. Agnosco. Hacten' muliebrē orōnē muliebri concessit: nūc virū vt virū inducit. y Sceęq; portę. SERVI: Scęa porta non est dicta a pugnis. sceuis. i. mal'an te sesactis. Nā & antea sic vocabat: nec ab itinere ingressus sceuo. i. sinistro: q; ingressi nō recto eūt itinere: sed sinistro. sed a cadauere laomedontis: hoc est scenomatę qd in eius fuit suplimino. C. Sceęq; amplecto. i. p. Ex amp

Me famulo famulāq; heleno trāsmisit habēdā.
Ast illū ereptę magno inflāmatus amore
Coniugis: et scelerum furiis agitatus Orestes
Excipit incautū: patriasq; obtruncat ad aras.
Morte neoptolemi regnorum reddita cessit.
pars heleno: qui chaonios cognomine cāpos.
Chaoniamq; omnē troiano a chaone dixit.
pergamaq; iliacāq; iugis hanc addidit arcē.
Sed tibi qui cursū venti: quę fata dedere?
Aut quis te ignarū nostris deus appulit oris?
Quid puer ascanius? supat ne? et vescit aura?
Quem tibi iam troia.
Et quę nā puero est amissę cura parentis?
Et quid in antiquā virtutē: animosq; viriles?
Et pater æneas: et auunculus excitat hector?
Talia fundebat lachrymans: longosq; ciebat
In cassum fletus. cū se se a mœnibus heros
priamides multis helen' comitantibus affert:
Agnoscitq; suos: lętusq; ad limina ducit.
Et multū lachrymas vba inter singula fundit.
procedo et paruam troiā: simulataq; magnis.
pergam: et arentem xanti cognomine riuū
Agnosco: sceęq; complector limina portę.
Nec nō et teucri socia simul vrbe fruuntur

lexit ostendit sibi carã esse: et esse caram ꝓpter nomĩa que ferebat ex veteri Troia. z Teucri. S. pro Teucride. a Fruũtur. C. nõ mõ enĩ inde capiebãt sua cõmoda: sed etiã voluptuose tractabant. Nam fruimur re de q̃ summã capimꝰ voluptatẽ. b Accipiebat. S. Pascebat: Terentius. Accipit nemo meliꝰ nec ꝓlixius. DO. Accipiebat: pascebat aliter enĩ nõ in amplis porticibus: sed in amplas porticus: dicendũ fuerat. CR. Accipiebat. pascebat. Teren: Accipit nemo latius. Aliqñ accipe est intelligere vel audire.

S. Per laurũ oracula intelligimus. m Sydera. S. qui es peritus astrologię. CRI. Sydera ꝓpter astrologum. n Volucrum linguas. SER. quia agur. CRIST. Volucrũ ꝓpter auguria: o Prepetis. SER. Aues oscinę sunt aut prępetes. Oscinę ab os: & cano dictę ore futura prędicunt. Prępetes vero volatu. Sed p̃petes aut supiora tenẽt: et p̃petes dicunt: aut inferiora: & infere appellant. Prępetes aũt quia oẽs aues supiora tenẽt volãtes. CR. Prępetes aues dicunt ab Au. Gellio: q̃ oportune p̃uolant: aut ydoneas sedes capiũt: qbus (vt ait Nigidiꝰ figulus) cõtrarię q̃ sunt inferę appellantur. Apollinaris vero Sulpitiꝰ eas dicit p̃petes: quas Homerus. οἰωνοὺς appellat: quoniã iste maxie ab auguribus spectant: q̃ in gẽtibꝰ alis patulę et porrectę ꝓuolant: Ennius etiã prępes pro veloci posuit in aialibus Brundusiũ pulchro pręcinctũ prępete portu. p Fare. S. age: Ordo ẽ troiugena fare age: q̃ prima pericula vito. cętera sunt per Parẽthesim. D: Fare age: nõ iubet: sʒ hortatur. q Omnẽ cursum religio. S. i. omis religio per Hyppalagẽ. C. Nanq; omnẽ. Ostendit necesse eẽ sibi accipe oraculũ: quo certior reddat: q̃ʒ ex his q̃ hactenꝰ accepit: quia inter se aliqd cõtrariũ habeant: incertus relinquat. r Cuncti diui. S. quia quicqd audiuit a diuersis ad Iouẽ recurrit: vnde supra. Quę phoebo pater omnipotẽs mihi phoebus Apollo p̃dixit. s Numine: SER. oraculo. t Repositas: S. Pathos: id est longe positas. v Prodigiũ. S. Prodigiũ aũt mõstrũ & portentũ modico fine discernũtur: sed confusę plerunq; ponuntur.

Illos porticibus rex accipiebat in amplis.
Aulai in medio libabant pocula bacchi.
Impositis auro dapibus: paterasq; tenebant.
Iamq; dies alterq; dies ꝓcessit: & aurę
Vela vocãt: tumidoq; iflatur carbasus austro
His vatem aggredior dictis ac talia quęso.
Troiugena interpres diuũ: qui numĩa phoebi:
Qui tripodas clarij lauros: qui sydera sentis:
Et volucrũ linguas: & prępetis omnia pennę:
Fare age (nanq; omnẽ cursum mihi ꝓspa dixit
Religio: & cuncti suaserunt numine diui.
Italiam petere: & terras tentare repostas.
Sola nouum dictuq; nephas harpyia celeno.
prodigiũ canit: & tristis denunciat iras:
Obscenamq; famem) quę prima pericla vito.
Quid ve seq̃ns tantos possim supare labores.

Accipe nunc Danaũ insidias: & crimẽ ab vno disce oẽs. c Aulai. S. ꝓ aulę: est ei dieresis e gręca scripta resoluta dyphthõgo. C. Aulai. æ dyphthõgus apud nos est: q̃ apud grecos est ai. Sed nos in dissolutiõe nõ dicimꝰ aulę: vt est dyphthõgus latina. sed aulai: vt est αι greca. Sic Lucre. Nunc quę mobilitas sic reddita materiei. d Iamq; dies. D. Argumẽtũ benignitatis: cum nõ vniꝰ: sed plurimũ dierũ sit hospitiũ. e Carbasus. S. lini est genꝰ: q̃d plerunq; abusiue ꝓ velo ponit: & in singulari est hęc carbasus: in pſali hęc carbasa. f Troiugena S. ac si diceret generose: vt alibi. Dardanidę magni genꝰ alto a sanguine diuũ. D. Troiugena. plurimũ dat ei generi: ex q̃ fuit etiam ipe q laudabat. g Interpres. S. vaticinator: qui mortalibꝰ deorũ mẽtẽ publicas: sed qa interpres nomẽ generale ẽ: currit p spẽs. Omnis enĩ diuinatio (teste Cicerõe) in duas ptes diuidit. Nã aut furor est: vt in vaticinantibꝰ: aut ars: vt in auruspicibus: fulguratoribꝰ et auguribꝰ. Oĩa aũt ista ex se pendent: licet propriis finibus contineantur. Ergo Virgilius omnia ei dat quem vult prefectũ intelligi: vt hoc loco Heleno & in decimo: asylę Cui pecudum fibrę coeli cui sydera parent. Et linguę volucrũ: & p̃sagi fulminis ignes. DO. Interpres: Quid foeliciꝰ q̃ʒ nosse: quid velint dii: & dignũ eẽ ꝑ quẽ loq̃mur in hominibꝰ. h Diuũ q nu. S. Põt et interpres diuũ distingui: sane ꝑ omnia zeuma ẽ: ab iferioribꝰ sẽtis h Qui numina sentis. S. qui suscipis nũen: & futura prędicis. C. Numina Phoebi. Id vaticinii genꝰ intelligit: quod ex diuino fauore ꝓuenit: sed de tota diuinatõe dictum est. i Qui tripodas. S. Tripodes mensę fuerũt i templo Apollinis Delphici in qbus positę Phoebades futura p̃dicebãt. DO. Tripodas: trium pedũ sunt: alio nomine cortina appellatur. Est aũt laus plena: nam cũ sint diuersa vatũ genera: & vix singula vaticinatiõis in singulis reperiant: ipe erat in omibus versatus. Est color rhetoricus repetitio. k Clarii. S. Clarũ oppidũ in finibus colophoniorũ. Est autẽ Clarii duplici ii. vt cla breue sit: sic enĩ ꝓfert. Statius. Nec clarias: hac luce fores Dydimeaq; quisq;. C Clarii. Apollinis a Claria vrbe: in q̃ colit. In hac aũt Iuppiter Neptunnus: & Pluto: vt ait Lactan. in Statiũ regnũ diuiserant. Laudat aũt cõuiuiũ: & a copia vini: et ab aureis vasis: & a splẽdore epularũ: cum dicat dapes. l Lauros.

v Tristis denuntiat iras SERVIVS: Deorum supplẽ ꝓpter in iuriã suã. x Obscęnã. S. aut q̃ homies ad obscęna compellit: vt male suada fames: aut quę obscęna auis prędixit. y Quę prima ꝑicula. S. duo petit: aut quõ pericłis careat: aut qbus consiliis par esse possit laboribꝰ: C. Prima ꝑicula. i. maxima. Nã in nulla re magis ẽ elaborandũ administratori reipub. q̃ʒ vt a populo famẽ ꝓpulset. Illa enĩ ad omnẽ seditionẽ: & id oẽe iniustũ: ac nefas impellit. nam nescit plebs ieiuna timere. ergo q̃ prima pericula vito. i. q̃ ego veluti maxima omnium ꝑicula vitare cupio. z Tantos. SER. quantos Harpyia prędixit: a Cęsis iuuẽcis. C. vt eo sacrificio placatus Appollo vera in suũ pectus infundat. b De more. S. s. sacrificãtũ: aut vt est mos sacrificantũ requirit an esset tp̃s consulendi. Vñ ait in sexto. Tũ virgo poscere fata tẽpus ait: aut certe q̃d est melius de sacrificãtũ more ante nefas expiat ab Harpyia p̃dictũ: & sic venit ad vaticinationẽ: Seq̃ns vero locus declarat famẽ hic esse expiatã. s. aderitq; vocatꝰ Apollo. Nam nisi in hoc loco intellexeris: nusq̃ʒ inuocandum est Apollinis numen famis causa. c Exorat. S. Dubitationẽ in hoc loco exorat facit. Nã orare est petere

Exorare impetrare. Ergo impetrat pacē: aut ad inquirendū tp̄us: aut ad mitigādū famis piculū. d Resoluit. S. In sacris par est corpus et aīę cā: nā q̄ nō pn̄t circa animā fieri: fiūt circa corpus: vt soluere vel ligare q̊ possit anima: q̊d p se nō pōt ex cognatōe sentire. Inde ē: Vnū exuta pedē vinclis ī veste recicta. Ergo Helen⁹ cuncta corpis r̄soluit: ne qua parte aīo religato ad numen accederet. C. Vitasq; re: Volebāt antiqui in sacris corp⁹ solutum esse: vt p id significaret animū ab oī cura solutum: debere ad sacra accedere. Sic Pytagoras Simbolis corporeis indicabat ea quę essent animi. e Sacrati ca. C. id ē ipsius q Apollini sacer erat. f Manu. D. Quod est aptū signū beniuolentię. g Suspensum. S. Sollicitū & attentū: si suspensus ipse plenus numinis. DO. Suspēsum aut numinis veneratiōe turbatū: aut inde suspēsum: ne ꝯtraria quā optet audiret. h Deinde. S. peractis sacris. i Diuino. DO. quia diuina canit. k Nate. SER. Ordo est: Nate dea tibi expediā dictis: phibent nā cętera pauca parcę scire Helenū fariq; vetat saturnia Iuno. Omia inquit vates nouit: sed non pmittit̄ dicere fatis: et etiā ex his quę nouit: multa phibet dicere Iuno. l Nam. D. cum sit cōiunctio rōnal̄: non debet prima constitui. ergo lege nate dea

Hic helenus cęsis primū de more iuuencis
Exorat pacem diuum: vittasq; resoluit.
Sacrati capitis: meq; ad tua limina phoebę
Ipse manu multo suspensum numine ducit.
Atq; hęc deinde canit diuino ex ore sacerdos:
Nate dea (nam te maioribus irę per altum
Auspicijs manifesta fides: sic fata deum rex
Sortitur: voluitq; vices: hic vertitur ordo)
pauca tibi ex multis q̊ tutior hospita lustres.

te maioribus ire p altum. m Maiorib⁹. S. Cęlestibus ppt̄ syderis cursum, cuius fuit explanatio per Creusā. n Per altū: S. p limitē supioris fortūę. n Auspicijs manife. D. Nam sic fata deū rex sortitur. o Manifesta fides. C. Adeo video oīa māifesta: vt fides indubitata adhibenda sit.

p Sortit̄. S. disponit: ordinat. allusit autem ad id quod sortib⁹ Apollo dat responsa.

q Voluitq;. S. Diffinitio fati: Ait em̄ Tullius: ꝙ est connexio rerū p ęternitatem se ī uicē tenēs: q̄ suo ordīe et lege variat̄: Ita tn̄ vt ipsa varietas hēat ęternitatē. C. Voluitq; vi. Nā ip̄m fatū reuolutōe coelorum fit. r Ordo. C. Syderū & coeli. s Pauca. S. Duo dicit & quomodo tute possit nauigare: & quibus signis Italiā cognoscat. D. Pauca. Multa instructiōis causa fuerant referenda: sed ne id fieret: dii phibēt me scire: & Iuno aliqua referre non patitur. Tamen dicā: Quę possunt esse in mea potestate. Deinde narrat ꝙ q̄uis italia proxima sit: tamē longo circuitu ambigenda est Sycilia.
t Hospita. C. q̄ cingunt Italiā: cui⁹ hospitio recipieris.
v Prohibēt ꝛc. S. lege: cętera te scire phibēt fata. Helenū vero prohibet Iuno dicere: ea etiā quę audire poteras: & q̄ vacat. Male aūt legūt phibent scire Helenum: cū sit ī Lo

cano. Venit etas omnis in vnam congeriem: Miserumque premunt tot secula pectus. Et alibi: Nec tantū prodere vati: quantū scire licet: Ergo non perhibēt scire Helenū. Quo modo enim vetaret Iuno dicere quod nesciret. Sūt aūt mors patris ad augendū inopinatum dolorem. Tempestas ab Aeolo immissa: amor Didonis: ī quo gaudium esset. Sed quod ante prouisum est: vile creditur: et sciret de Affrica se exiturū nō facile assentiret Didonis amoribus.

In Italia inuentā fuisse: Alii secū importasse troianos nauigantiū more & oraculo cognouisse: ut vrbs eēt cōdenda. Dicit aūt in Campania fugisse: & inuēta in Lauro lauinio: a qua Ascanius deinde nomen albe imposuit.
k Triginta. S. Prodigiale est hoc: & propter quod significat xxx. annos regnaturus Ascanius. l Certa. C. Nam requiē & in Thratia et in Creta sperasti: sed illa incerta fuerunt.

Aequora: & ausonio possis considere portu.
Expediam dictis: prohibent nam cetera parce
Scire: helenum farique vetat saturnia Iuno.
Principio italiam quā tu iam rere propinquā:
Vicinosque ignare paras inuadere portus.
Longa procul longis via diuidit inuia terris.
Ante & trinacria lentandus remus in vnda:
Et salis ausonij lustrandū nauibus equor:
Infernique lacus aeeeque insula circes:
Quam tuta possis vrbem componere terra:
Signa tibi dicam: tu condita mente teneto.
Cum tibi sollicito secreti ad fluminis vndā,
Littoreis ingens inuenta sub ilicibus sus:
Triginta capitum foetus enixa iacebit.
Alba solo recubans albi circum vbera nati:
Is locus vrbis erit: requies ea certa laborum.
Nec tu mensarum morsus horresce futuros.
Fata viam inuenient: aderitque vocatus apollo.
Has autem terras: italique hanc littoris oram
Proxima que nostri perfunditur equoris estu:
Effuge: cuncta malis habitant moenia grajis:
Hic & naritij posuerunt moenia locri.
Et salentinos obsedit milite campos
Lictius idomeneus, hic illa ducis meliboei

At Iuno cupiebat illū remanere: quo regnū Italie lybicas aduerteret oras: Et ipse rem inopinatam conqueritur: nec vates Helenus: cū multa horrēda canerent: hos mihi predixit. C. Prohibēt. Nam cetera ostendit Macrobius ex intima discipline profunditate hoc positū a poeta: sed quia res breuibus explicari nō pōt: nō est visum hic inserere.
x Ignare. S. pro ignarus.
y Longa. S. nō situ sed necessitate fatali & tardiore nauigatione.
z Via inuia. S. Aenee solis. a Lentādus. S. Aut lente tibi nauigandum ē. Nam totā circuiuit Siciliam: aut lentandus id est flectendus. lentū enī flexibile est. b Infernique lacus. S. Lacus lucrinus & auernus: inter quos spelunca ē ad inferos tendēs vnde eos infernos dixit.
c Aee. S. Sic dicta ab spmātū voce: propter cōmutatiōes corporum illic celebratas. d Circes. SER. Qui nunc mōs Circeus ē: olim (vt ait Varro) insula fuit: nōdū siccatis paludibus: quibus diuidebatur a continenti.
e Tuta. S. propter Thratie & Crete discrimina.
f Signa tibi di. S. deest ergo: et puertit ordinē: an cum de vrbe condenda quam de nauigatiōe dicit. D. Signa ti. dicā. Cōmendat quod fuerat dicturus: vt ostēderet id magnū esse: & verū. Deiñ dat signū fluminis: dat porce. dat numerū foetus: dat colorem: quod si est preter naturam porcam edere. xxx. multa per sepe que bonū aut malū portēderēt: euenerūt preter naturam: vt ignis ex capite Ascanii mitis & innoxius: vt in Polydori sepulchro sanguis ex viminibus: vt vox hūana ex pecudibus. C. Signa ti: di. Ex Homero. Ile enī .σγλεεγιφ ρασιιεεοτοιςι. g Fluminis. S. Tyberis. h Littoreis. S. littus est quicquid iuxta aquā est. Hic igit pro ripa posuit. i Sus. S. naturaliter longa est: licet in gtō breuis sit: vt bos: pes: res: spes. Hanc sue alii dicunt: vt Virgilius

m Nec tu mensarum. D. Ostendit futurā famē sed nō nocturā. n Viā. S. rationē: & nō dicit quā: quia etiā profutura est fames: vt hec illa fames: hec nos suprema manebat: Exitiis positura modū. o Vocatus. S. nūc vocatus: quia vt dixi expiatoriū fecit sacrifitium.
p Has aūt terras. S. quas ostendēris est. Nō enī ab Epiro longe abest Calabria. q Nostri eqris: S. Epirotici. r Malis. D. vt Aeneā absterreat: quia per multas vrbes grecas transierit. Et etiā ipse qui captiuus fuisset hostium: personā deformare debebat. s Naritii locri. S. Socii Ayacis oylei fuere Epizephirii & Ozelei. Sed post tempestatē montis Capharei: Epyzephirii tenuerunt Brutios: & hos nūc dicit: ozoli vero pentapoli: Vel lybiā. Vnde est lybico uehitantes littore locros. Legitur et de Ozoleis: quod delati lineā vlterius accesserint: & ciuitatē cōdiderint: quae nūc Ozalis dicitur. Naritii autem sunt dicti a loco prouintie sue. Ozolei vero a putore paludis vicine. C. Locri. Hi populi iuxta phocidem sunt. Locritis enī regio (teste Strabōe) in duas plagas diuidit. vna locorū est in Euboea vergentiū: qui ad vtrūque Daphnuntis vrbis latus discindūtur. Horum alteri opūtii ab vrbe metropoli: alteri Epicnemedii a Cnemede monte vocabātur. Qui aūt ad occidentē spectāt occidui locri: et Ozele dicūtur. Diuidūt aūt hos ab opūtiis: Epicnemidus: et Parnasus mōtes Ozali aūt dicuntur: quoniam in eorum regiōe taphosis est collis. in quo & Nesi: & aliorum centaurorū tumulus locatus ē. e quorū tabo teterrimus odor funditur: & humor crassioribus guttis manat. Vnde illi Ozali. i. odoris mali appellantur. Verum ab Epicnemediis dicta Colonia: et ab his locri epizepheriique deriuati: Est enī zephirū promotoriū in Italia post Herculeū promontorium. t Lyctius ido. S. a lyctio Crete vrbe: de quo supra diximus. v Meliboei philoctete. S. a Meliboea ciuitate

Thessalie de qua fuit: & est pro melibocnsis. CR: Meliboei: Quib⁹ aūt vrbib⁹ Philocte. es impauerit. Home. sic exponit: Οἱ δ' ἄρα Μηθώνην καὶ Θαυμακίην ἐνέμοντο καὶ Μελίβοιαν ἔχον καὶ Ὀλιζῶνα τρηχεῖαν τῶν δὲ Φιλοκτήτης ἦρχεν τόξων εὖ εἰδώς. x Subnixa. S. Cincta muro modico: vt crinecp madētē subnix⁹. y Petilia. S. aut dicta: vtq̄ ἀπὸ τοῦ πέτεσθαι: i. volare: q̄a augurio condita est. Vel

tiam regis: cū se eius dolo crederet eē deceptū: quanq̄ legam⁹ ante pelorū dictū. C. Pelorus (ait Strabo) Est Sycilia tribus formata angul. Figurā vero eius tria termināt promōtoria. Ora quidē Pelori ad faucē: & Columellā & Rheginos agros angustū facit Euripū Pachinus siculo alluitur pelago in Peloponensum Cretensemq̄ cursum Prospectās. Lilibeus in Lybiā respicit hāc insulā: teste Solino ac Diodo.

Parua philoctete subnixa petilia muro.
Quin vbi trāsmisse steterint trās eq̄ra classes:
Et positis aris iam vota in littore solues:
Purpureo velare comas adopertusq̄ amictu:
Ne qua inter sanctos ignes in honore deorum
Hostilis facies occurrat: & omnia turbet.
Hunc socii morem sacrorū: hunc ipse teneto.
Hac casti maneant in religione nepotes.
Ast vbi digressum siculę te admouerit orę
Ventus: & angusti rarescent claustra pelori
Leua tibi tellus: & longo leua petantur.
Aequora circuitu: dextrū fuge littus: & vndas
Hęc loca vi quondā: & vasta cōuulsa ruina
(Tantū ęui longinqua valet mutare vetustas)
Dissiluisse ferunt: cum protinus vtraq̄ tellus:
Vna foret: venit medio vi pontus, & vndis
Hesperiū siculo latus abscidit: aruaq̄ & vrbes
Littore diductas angusto interluit ęstu.

quia p̄t relictū filiū quo ducebat a grecis eā petiuit ciuitatē Philoctes fuit penatis filius. Herculis comes: quē Hercules cū i oeta hoiem exueret: petiuit ne alicui sui corpis reliquias indicaret: iurareq̄ coegit: & suas sagittas hydrę felle tinctas dedit. Et cū rūsum fuisset Herculis sagittis opus eē ad expugnādū Troiā inuentus est Philoctetes. & de Hercule interrogat⁹ negauit se scire. Dein cū cogeret: cōfessus est mortuū: Sepulchrūq̄ ne iusiurandū frangeret: nō voce sed pede ostēdit. Post hęc cū duceret ad bellū: casu in eū pedē q̄ sepulchrū ostēdit: sagitta cecidit: vlnere q̄ imedicabili affect⁹ ē. Ac demū cū vulneris fetor a grecis ferri nō posset: in lemno relictus: & pudore: ne in patriā rediret impeditus i Calabriā venit: & petiliā condidit. C. Petilia. De hac strabo ait. Petilia Lucanorū metropolis putat. Hāc Phyloctes e Meliboea p̄ seditionē pfugus ędificauit: egregiis monumētis validam: Samnites eni q̄nq̄ castellis ex ędificatę corroborarunt. z Solues. C. tanq̄ debitor: Nā q̄ facto voto accepit q̄d petierat: debitor voti fact⁹ est. Vnde i bucolicis: ibi. Dānabis tu q̄ votis. a Purpureo

Sican⁹ cū Hyberorū māu añ troiana bella coluit. Deinde Siculus Nepeunni filius: Vn̄ & Sicania & Sicilia est denomiata. Dicit̄ triquetra ppter triangularem formā. Dicit idē triancria ppter tria promōtoria. Nam ἄκρον grece promontoriū est. Est autem ambitus insulę stadiorū triū miliū vt placet Solino. h Leua. S. Venientis psonā respexit. Nā si de Ionio nauigantes fretū petūt: dextrū teneant litt⁹ necesse est. Sin alias sinistrū. D. Leua tibi. a duertēdū ē q̄ tendētibus ad Italiā dicit leuū latus et dextrū: ceterū redeuntib⁹ sinistrū fit: q̄d fuerat dextrum. i Circuitu. S. Totā eni pene Syciliā circuitur⁹ est. k Hec loca. S. Etiā Salustius: Syciliā Italię fuisse coniunctā dicit: sed mediū spaciū aut humilitate fuisse obruptum: aut ppē āgustiā scissum: vt aūt tam curuū sit: facit natura mollioris Italię: in quā asperitas & altitudo Sycilię estū relidit. D. Hęc loca. Hu⁹ loci descriptionē cū omni cautela psequit. Dicit enim veterū sequi opinionē: facitq̄ verisimile: quia vetustate temporis multi sic locorū mutati sunt. l Quondam. SER. Tria

velare co. ado. a. SER: Subaudi cura: aut memento: aut certe: quod melius est velare impatiuus sit: non infinitiu⁹. b Sanctos. C. quia sacrificiis parati esset. c Honore. C. Sacrificio vt̄s. aut supplexaris imponit honores. c Omia turbet. S. Sacrificii ordinē rūpat q̄d est piaculū: Significat aūt Diomedē: q̄a cū multis casib⁹ affligeret Palladiū ex oraculo Troianis iussus est reddere: Inuenit autē Aeneā sacrificantē: qui cū sacrificiū nollet rūpe Palladiū suscepit Nautes. Vn̄ nautiorū familia sacra. Mineruę seruabat. Sane sacrificātes oīb⁹ diis soliti sunt caput velare: ne se inter religionē vagis aliq̄d offerret ob tutib⁹ excepto solū saturno: ne numis imitatio eē videret. C. Turbet o. i. turbādo sacrificia inferat malū omen. d Casti. SE. Pii: vt nulli fas casto sceleratū insistere limen. e Angusti. S. Quia a continēti. i. a columa vsq̄ ad Pharaon tribus milib⁹ distant; f Rarescent. S. quia venientib⁹ de Ionio in Calabriā ppter curuaturā littorū clausę videnē angustię: q̄ paulatim ppinquātib⁹ apiri videnē. g Pelori. S. Promōtoriū Sycilię: secūdū Salu. dictū a Gubernatore Hanibalis illi: sepulto: q̄ fuerat occis⁹ p̄ ignorā-

habet tempora sicut olim. m Dissiluisse. S. Hinc apparet bn̄ dictū vnctos saliere p̄ vtres: nam et dissolui sic salui. Cicero p̄ Milone. Cū hic de Rheda reiecta penula dissiluisset. C. Dissiluisse ferūt. Credit antiq̄tas Syciliā sicutam Italię fuisse: et Pelorū Sicilię partem esse apennini: sed cum ea pte vehementer depssa esset Italia terremotu: vel alia vi: cū locus scinderet mare irrupisse: & Syciliā a cōtinēti dimisisse. Dissiluisse diuisam eē. Dissilire eni est in diuisas ptes salire: et q̄ in diuersas ptes saliūt diuidūt. Vn̄ Aeraq̄ dissiliunt vulgo vestesq̄ rigescūt. n Protinus. S. Continue aduerbiū mō loci est: Alibi tpis: vt ptin⁹ aerias Pheacū abscondim⁹ arces: o Foret. S. ab infinito ē. sed mō ptēritū significat tp̄s: q̄d rarū ē: sępius eni futurū significat. p Medio. S. in mediū: vt It clamor coelo. q Vi. C. Nam vi terremotus scissus est locus: et mare intrauit. r Hesperiū sicu. S. Hyppalage. Nam minora a maioribus separantur. s Abscidit. S. metri cā ei syllabā corripuit. t Angusto. C. freto. v Interluit. S. interlabitur. x Dextrū scylla. S. de Ionio venientib⁹ Scylla ei in Italia est. Charibdis in Sycilia. Scylla phorci

& Creteidos Nymphe filia fuit. Hanc amabat Glaucos: quē Circe diligat: sed qm̄ in scyllā: pronior erat irata. Circe fontē: in q̄ illa lauabat venenis infecit: in quē cū illa descē disset pubeten⁹ in varias mutata est formas. Horrens ita q̄ suā deformitatē se in mari p̄cipitauit. Homerus dicit: Hāc imortlē mōstrū fuis se. Salusti⁹ dic̄ saxū eē sil̄e forme celebrate, ꝓcul vi sentib⁹. Canes ꝓo et lupi ex ea nati iccirco finguntur: quia ipsa loca plena sunt mōstris marinis: & saxo rū asperitas illic imitatur canū latratus. Legimus etiā nūc nemora ingenti vēto: nūc littora plangūt & latrare nō īcongrue di cūt. C. Scylla. Qd̄ de his monstris intelligāt poete in nr̄is allegoriis dixim⁹. Homerus hanc latrantē more canis nuper geniti inducit: & xii. pedes: & vi capita hr̄e affirmat: q̄ ex spelūca emittens bale nas: et hmōi pisces rapit. y Charybdis. S. Foemīa fuit voracissima: q̄ qa bo ues Herculis rapuit a Io ue fulminata est & ī ma re precipitata: vbi seruat naturā: nā sorbet vniuer sa. Et secundū Salust. Ea circa tauromiuitanū ege rit litt⁹. Oci philipic̄ cha rybdis: q̄ si fuit aīal: fuit vnū. z Obsidet. S. ad transeuntiū insidias. C. Obsidet. Trāslatio ab obsidione vrbium: vel q̄ tanq̄ insidias venientib⁹ nauibus ponat.
a Barathri. S. est imēse altitudinis nomē: grecū eni est βαραθρον
b Ter gurgite vastos sorbet. D. Vtriuq̄ pnitio sum nauigantib⁹: aut cū sorbet nauigia: aut cum eructat et excutit. C. Ter. Numerus ternari⁹: vt etiā affirmat Aristo: complet omnē dimensionem. Et ideo a poetis ponit̄ ꝓ oī nūero. c Scyllā. D. Hāc vt monstrū more poeta rum describit: scꝫ pubete nus. i. vsq̄ ad inguina fa cie hūana est, ꝓ pedib⁹ au tem habere seuorum ani malium genus: luporum foeditate armatum. Eligit au tem animaliū natura: quę insatiabilia sint: Cęterū locus est in mari saxa hn̄s latentia: cu⁹ natura sit: vt de longin quis partib⁹ nauigia trahat & cōtineat aspitate saxorū: & retenta cōminuat. d Cohibet. S. Hyppalage in sen su, nā ipa se in spelūca cohibet. e Naues. C. Allusit ad veritatē rei. Nā vident̄ illis inundationib⁹ attrahi naues. f Prima. S. i. primę partes. CRI. Prima ho. fa. & hoc ex pressum est in allegoriis. g Pubetenus. S. Tenus p̄po sitio gaudet postpositōe: & aliqn̄ seruit gtō: vt. Crurum tenus a mento palearia pendēt. h Pistrix. S. Si bellua pistrix pistricis; Si nauis hęc pistris: hui⁹ pistris dicatur.

Dextrū scylla latus: leuū implicata charybdis
Obsidet: atq̄ imo barathri ter gurgite vastos
Sorbet in abruptū fluctus: rursusq̄ sub auras
Erigit alternos: & sidera verberat vnda.
At scyllam cęcis cohibet spelunca latebris.
Ora exertantem: & naues in saxa trahentem.
prima homīs facies: & pulchro pectore virgo.
pubetenus postrema immani corpe pistrix
Delphinū caudas vtero cōmissa luporum.
prestat trinacrij metas lustrare pachynni
Cessantem: longos & circumflectere cursus:
Quā semel in formē vasto vidisse sub antro
Scyllam: & ceruleis canibus resonantia saxa.
preterea si qua est heleno prudentia vati.
Si qua fides: animū si veris implet apollo:
Vnum illud tibi nate dea: preq̄ omnibus vnū
predicam: & repetēs iterūq̄: iterūq̄ monebo.
Iunonis magnę primū p̄ce numen adora:
Iunoni cane vota libens: dominamq̄ potentē
Supplicibus supera donis: sic deniq̄ victor
Trinacria fines italos mittere relicta.
Huc vbi delatus cumęam accesseris vrbem.

i Commissa. S. cōiuncta & coagmentata ipsa scilicet et figuratę locutus ē: vt. Oculos suffusa. Est aūt hęc locutio postrema: id est τακσοχατα Commissio erat vtero luporū caudas delphinum. i. cōmissas habebat.
m Quā semel in fo. C. Si omnē moram ne semel videas ferre prestat: quid patie ris ne te absorbeat. Est igit̄ optima adhortatio.
n Semel. D. Quia iterū videri cum perieris non potes. k Prestet metas. DONA. Propo sitę vtriusq̄ lateris malis indicat eūdē q̄ charybdis est malū: leuius & labo res subire lōgioris cursus: q̄ compendio nauigare per scyllam.
l Cessantē. S. imoran tem. o Preterea. S. Hic ōndit cūcta scire He lenū: et infensā Iunonē: s; ꝓhibere dicere. D. Prete rea dicturus rem magnā & ad Aeneę salutē in pri mis pertinentem: cōmen dat altis sensibus tenaci ter retinendam. C. Prete rea sic̄ est. Reintegrat ex ordiū: & captat attentio nē cū interponit fidem: quia vates: & prudentiā quia homo. His enim re bus videt̄ hac vehemen ter affirmare: tāq̄ primū maximūq̄: et in q̄ sūma salutis Aenęę consistat.
p Heleno prudentia. S. In homine eni prudentia est: in vatibus fides.
q Prudentia: D. Qd̄ ad eū ptinet: cū nōdum numine parcitus sit.
r Fides. D. Hoc ptinet ad personā vatis. s Si veris. S. i. oraculis: vt Lu canus. Atq̄ hominem toto sibi cedere iussit pe ctore. t Preq̄ omni bus. D. pro cōmodo om nium desideriorum.
v Iunonis magnę. D. Ostendit poeta maioris potentię inimicos obse quēdo: potius q̄ resisten do posse superari. Qua propter precibus & do nis placandam admo net Iunonē: vt possit in Italiam venire: x Magnę. S. supernę: nam in sexto Est Iunoni infernę dictus, sacer. Delectatur aūt Iuno hiis duobus hymnis & p̄ce. y Victor. S. ꝓpositi sui effe ctor. z Cumęā. SER. Euboia insula est: & in illa Chalcis vrbs. Vnde profecti sunt ad nouas sedes quęren das: qui nō procul bays: Qui locus a bayo vlyssis socio illic sepulto nomē accepit: inuenerūt vacuū littus: vbi visa muliere grauida ab augurio fertilitatis vrbē condiderūt: & eam Comas vocauerunt: siue ab απο της κυουσης id est pregnante: siue απο των κυματων id est ab vndis quę κυματα appellantur v autem latini in v sepius vertunt. CR. Cumęā vrbē. De hac vrbe ita ait Stra. Post has Cu

me: fuit vetustissimū Calcidensiū: et cumeorū edificiū: antiquitate em̄ cūctas: & Sicilie et Italie vrbes an̄ cellit: ipsi⁹ aūt Classis ductores Hyppocles Cume⁹: et Megasthenes Calcidensis inter se pepigerūt: vt horū qdē Colonia fieret: horū aūt appellatiōe noiaret: vn̄ Cume nūcupāt: a Calcidensibus tn̄ cōditū putatur oppidū.

sit periculi cū mandet responsum foliis: i. rei leuissime: & cū deferat extra suā custodiā: & cū tenui vēto turbari res possit: & cū Sybilla q̄ semel turbata sint in ordinē reuocari negligat: q̄ periculo suadere pōt: vt Aeneas oēm morā perferat: donec rn̄sum sibi ore reddi impetret.

Diuinosq; lacus: & auerna sonantia syluis
Insanam vatem aspicies: que rupe sub ima
Fata canit: foliisq; notas: & nomina mandat.
Quecunq; in foliis descripsit carmina uirgo:
Digerit in numerū: atq; antro seclusa relinqt.
Illa manent imota locis: neq; ab ordine cedūt.
Verum eadem verso tenuis cū cardine vētus
Impulit et teneras turbauit ianua frondes:
Nunq; deinde cauo volitantia prendere saxo
Nec reuocare situs: aut iungere carmina curat.
Inconsulti abeunt: sedemq; odere sybille.
Hic tibi ne qua more fuerint dispendia tanti.
Quāuis increpitēt socii: et vi cursus in altum
Vela vocent: possisq; sinus implere secundos:
Quin adeas vatem p̄cibusq; oracula poscas.
Ipsa canat: vocemq; volens: atq; ora resoluat.
Illa tibi italie populos: venturaq; bella:
Et quo queq; modo: fugiasq; ferasq; laborem
Expediet: cursusq; dabit venerata sacerdos.
Hec sunt: que nostra liceat te voce moneri.
Vade age: et ingentē fatis fer ad ethera troiam.
¶ Que postq; vates: sic ore effatus amico est:
Dona dehinc auro: grauia: sectoq; elephanto.

a Diuinos. S: consecratos auernum & lucrinū: Auern⁹ antea syluarū dēsitate sic ambiebat̄: vt exhalans p angustias aq̄ sulphuree odor grauissimus supuolantes aues necaret. Vnde Auernus dictus est quasi αορνυσ Hoc Augustus intelligens deiectus ex syluis pestilentibus amoena reddit loca.

b Auerna. C. Strabo. i: Contiguus bais lucrin⁹ adest sin⁹ intra quē Auernus est. Sed de hoc in. vi. latius dicemus.

c Insanā. S. magnā: sed melius est deo plenā. D. Insanā: plenā numis. C. Insanā. furore diuino plenam. Sed & de eo furore quo parcita mēs hūana futura preuidet: & de Sybillis latius i. vi. dicem⁹.

d Rupe. C. Rupes p̄cipitia latera montis sunt. Ripe vero fluuiorū extremitates. e Sub ima: S. in ima: vt exercet sub sole labor: f Fata canit. S. tribus modis futura p̄dicit: aut voce: aut scriptura: aut signis. i. qbusdam notis: vt in obelisco Rome videm⁹: Vel notis litterarū: vt p vnā lr̄am significet aliquid: in foliis autē palmarū Sybillam scribere solitā: scribit Varro. g Mandat. C. cōmittit. q. d. rei instabili credit. h Quecūq; ꝛc. DO. Morē dixit. Sybille & in q̄ loco sit: & q̄ ordine singulorū desideriis respondeat. i In foliis descripsit. DONA. scribit in foliis ordinat: & dimittit homines in illis futura legūt. Sed si vēto pturbat̄ ordo foliorū pereunt ꝯsulta: et dubii remanēt: qui venerāt ꝯsulturi. k Carmīa: S. qa ei⁹ rn̄sa ꝟsib⁹ scribebāt. l Virgo. S. Hec virgo Phemonoe dicta est: nā sybilla nomē est oīm vaticinātium. Aeoli enim σιο ισ deos dicunt: & Βουλη consilium est: Vn̄ dixerūt σιβυλλασ quasi σιουβουλασ.

m Digerit. S. ordinat: disponit. n In nūerū. C. in ordinem. Aliqn̄ numeros rhithmos: et modulatōes i musica dici⁹: vt nūeros memi: si sepe verba tenerēt. o Seclusa. S. p̄clusa. p Relinqt. C. q nō curet: maneāt an dissipentur: Nā relinqm⁹ ea que pauci facimus. q Ordine. C. Exprimit q̄d dixit: Digerit i nūerū. r Tenuis. C. Cū velit damnare hūc modū rn̄dendi: ōndit q̄ntū in

s Cardine verso. SER: aperta ianua. t Ianua. S. i. vētus q p ianuā venit. v Inconsulti. S. sine consilio. Consult⁹ est qui ꝯsulit: incōsult⁹: q nō recipit cōsiliū. x Volens. S. q̄ velle ht: Nā voliturā ppt̄ aspitatē noluit dicere. y Illa tibi. D. edicet illa: q̄ ego phibeor aperire q̄ bella sint ventura: & quō singulos labores vel tolerando trāseas: vel supando compescas: C. Illa que poterit: q̄ ego nō possū. z Hec sunt. S. Bene cū circūscriptōe: ne postea falsidicus: aut min⁹ peritus putaretur.

a Vade age et ingentē: D. Quedā p̄dicit vt vates: quedā admonuit: vt amic⁹ cessantib⁹ p̄cibus vatis. b Grauia. S. finalitatis rōne pducit̄. sed satis aspere: Nā in nullā desinit cōsonantē: vt oia vincit amor: & nos cedamus amori. Et: At tibi tymbre caput euādrius abstulit ensis. c Elephanto. C. Elephas (vt apud Plinium) est maximū oīm aialiū: p̄ximūq; hūanis sensib⁹: intelligit sermonē patrium: habet obedientiā officiorū amoris: & glorie voluptatē: probitatē: memoriam: prudentiā: religionē. Nā in mauritania nitescente luna ad Milonē flumē veniūt: aquaq; lustrant̄: atq; salutato sydere in syluas redeūt. Regē adorant: genua submittunt. Rome primū currū Pompeii in Affricano triumpho comitati sunt. verius de Baccho fert̄ deuicta India. Sed in triumpho iuncti portas ingredi: vt refert Protillius nō potuerunt: aliquis ductus lr̄arū grecarū didicit: scripsitq; illa lingua. Ipse ego hec scripsi: & celtica spolia dicaui: vt ait Mucian⁹: qui ter cōsul fuit: Predam p̄ro q̄ de his petas: sciūt esse sua arma: q̄ tuba cornua Herod. p̄ro tāto anciquos dentes appellat: Hos vel casu aliq̄: vel senecta deciduos defodiunt: Hocq; solū ebur est: cui⁹ candore intelligit iuuenta. Ipsi horū dentiū alterius mucrōi parcunt: ne sit preliis hebes: Alterius vero mucrone radices operario vsu fodiunt homini simpliciter erranti in solitudine mitis est: viāq; demonstrat: gregati incedunt: ducūt agmen seniores: cogit p̄xim⁹ etate. Domitis nomina imponebāt. In exercitu Anthiochi. cū Ayax ductor agminis fluuium transire

Imperat ad naues ferri: [d]stipatq; carinis.
Ingens argentum: [e]dodoneosq; [f]lebetes.
[g]Loricam consertam [h]hamis: auroq; [i]trilicem.
Et [k]conum insignis galeę: cristas q; comantes.
Arma neoptolemi: [l]sunt & sua dona parenti.
[m]Addit equos, additq; duces.

denegaret: pnūciauit rex principatū fore eius qui trāsiret. aliꝰ Patroclus nomine trāsiuit. Quaprop̄t faleris argenteis ab Ayace detractis donatꝰ ē. Ipse aūt Ayax ex ignominia mœrore cōfectus: inedia seipm extinxit: Primū in Italia visi sunt in bello Pyrrhi in Lucanis. Vnde illos boues Lucas appellarunt: anno vrbis. cccc. lxxii. Itē post septē annos Romę in triūpho. Itē anno. diii. in victoria. L. Metelli pontificis capti sunt in Sicilia. c. xlii. victis poenis & vectiratibus: q̄s doliorū structis ordinibꝰ imposuere. Verrius illos pugnasse in circeo confectosq; iaculis poenuria cōsilii: q̄m neq; ali: neq; regibꝰ donari placuit. Oriunt̄ in Affrica vltra syrticas solitudines: & in Mauritania. Item apud ethiopas & traglodytas: sed maximos oim fert India. Eos. Aphri pauent: nec intueri audent. Decem ānos vtero gestari credidit vulgus. Aresto. scribit bienniū: nec ampliꝰ q̄ singulos semel gignere. pr̄es. cc. ānos viuūt: quidam. ccc. Latini a sonituvocis eos barros appellant: eosq; barrire dicunt: vt boues mugire. Hinc ebur eorū dentem dicunt: q̄ e barro fit. Hora. Quid tibi vis mulier nigris dignissima barris Greci & animal & dentem elephantē appellant: qui latine & in secūda elephātus elephāti: et i tertia elephas elephātis dicit̄. Hic igitur poeta elephāto pro ebore grece dixit. d Stipat. S. densat. Hinc stipatores: qui aliqd in nauibꝰ cōponūt a stipa. DO. Stipat. Largitorē p̄cipuū indicat: q̄ tm̄ donasset argēti: q̄ntū naues nisi stipate capere nō possent. e Dodoneo. S. a Dodona vrbe epirotica: & laudauit a loco: vt vasa corinthia. f Lebetes. S. ollas aereas: g Loricā. D. & dona q̄ augeant suas opes dat: & ea q̄bus se ab hoste tuet̄: & omia cū decore: & dicit arma fuisse illius q̄ Troiā vicerat: vt sit insultatio arma victū ferre victoris. C. Loricā. quidā dictā putāt: q̄ sine loris ita conserat̄: vt hamꝰ hamū capiat. h Hamis auroq;. S. i. hamis aureis per Endyadin. i Trilicē. C. i. triplici hamorū ordine cōsertā: ergo densior est. Et propterea minus penetrabilis. k Conū. S. curuatura est q̄ prominet sup quā cristę sunt. C. Conū figura orbiculata est: sed i altitudinē extenuata: ab hac formę silitudine: & trochū q̄ pueri ludūt: & curuaturā in galea p̄minētē: supra quā cristę iponūt̄: et cupīsi baccā conū dixerīt. l Sua. S. ↄgrua etati. D. etati cōueniētia. m Ad d'e equos. C Nā ii in Epiro optimi sunt: vt in Georgicis. Elladū palmas epiros equarū. n Supplet. S. Bene sup plem ētū dixit: q̄d verbū est militare: nā mīltos i creta amis serat. o Socios. D. nūllū indonatū relīq̄t: dans q̄ cōpe tebant v ris fortib⁹. p Ferenti. S. flanti. q An chisa: S. grecus vt̄ss est: nā si latin⁹ breuis eēt. Sec q̄rit quē admodū excat: Nā Tydides tydide fac. Atrides atrida. Hora. Ne quis humasse velit Aya cem atrida vetas cur:; apud latinos hom̄ noīm cā est māifesta. Nā ntm̄ ip̄m in a mittūt: et latinā recipiūt decliatōs vt atri des atrida fac: et scythes Scytha. r Dignate. S. digne habite in passiua si gnificatōe. In prio aliter Haud equidē tali me di gnor honore. D. Digna te: q̄si qui dignus sit inuē tus: q̄ filię Iouis rugeret. s Cura. S. amor: vt: Ve neris iustissima cura. t Bis perga. S. ora toriū est: vt q̄d supi⁹ Anchises; īfoelicitatę putauit: vt fac. vna supq; vi. exci. & ca ptę s. v. Hoc nūc conuer tit in laudē. Bis, nā prius Hercules: nūc greci expu gnarunt. D. Bis pgameis ostēdit q̄ sit cura deum: qui cū debil' eēt: liberatus ēn sit piculis patrię: in q̄ perierunt viri fortes. v Ecce tibi. C. q̄si i ma nu hr̄et. x Tibi. S. Vel vacat: vt Cice. Qui mihi accubātes i cōuiuio. Aut dixit: quia ipse hāc solam Italię ptē visur⁹ eēt: & nō quā tata Aeneę pmittūt. y Ausonię. S. Italię a re ge Ausono. z Arri pe. S. inuade. Illic em̄ est sacrificatur⁹. a Et tū SER. ανακολουθον est. Non em̄ pmisit quanq̄ vicina sit. b Pandit apollo. S Lauro lauinii agrū intelligit. c Vade ait. S Bis hoc mō repetit Virgili⁹ hic: Nā cū supra cōpellat dixerit: mō intu lit: Ait itē in quirō cū pre miserit Fidam sic fat ad aurē: subiicit rurs⁹: Et sese oñdat in armis dic ait..

Est āt a greco v̄bo chlena. Vñ Hom. de Vlysse. ... ουτω Λεχλαι νουβολς. l Nec cedit honori. S. dat tanta mūn ra: q̄nta merebat Ascani⁹. Nā nō cedere honori ē esse parē meritis accipientis. DO. Nec cedit ho. Duo notat in chlamyde: & q̄ esset sibi solatio: quia esset de originali bus terris: & q̄ cōueniret honori Ascanij: nā digna fuit q̄ vteref: tali etiā di gnus Ascani⁹: q̄ tātā rem applicaret vsib⁹ suis. Sūt em̄ quidā abiecti: q̄ vtun tur vestibus sibi nō con uenientibus. Sunt rursus adeo excellētes: vt cū suis vestib⁹ pari honore cōten dāt. Laudauit aūt solā Chlamydē. Cętera gene raliter dixit. m Textili bus. S. q̄d mun⁹ decebat mulierē. n Onerat. D. vt in Heleno dixit: stipan q̄ carinis. Ille vir forti do nat aurū: argentū: arma viro forti. Hęc mulier do na puero textilia. Ergo habuit rōnē psonā. o Et hęc: S. intelligim⁹ & alia prius data: Vel iu re hereditario data Aeneę & Anchisę ad se spectāt. D. Et hęc. etiā duo gene ra mūerū ponit Chlamy dē auri sub tegmie varia tā: q̄ esset ex antiq̄s. Itē alia mūera q̄ non eēnt cā ti pręcii: sed suis māib⁹. Vñ cū hęc offerret: dixit: accipe: Et hęc. pręter chla mydē ē pdicta: vt alterū haberet pciū: alterū amo ris religionē: & dātis affi nis affectū. Ergo si non valent dona: valeat per sona Andromaches tuę auunculi vxoris. p Monumēta. S. memo ria: & a mentis admoni tione sunt dicta. q Longū amorē. S. Et de p̄terito: & de futuro: vt cognoscas q̄ntū te vel amauerim: vel amatura sim. r Hectoreę. S. Ha buit rōnē psonę cū q̄ loq̄ bat. q. d. auunculi tui. C. Coniugis hectoreę. Non solū dixit, ppter affinita tē: s̄ d ppter fortitudinē: cui⁹ illū imitatorē esse cu piebat. Vñ alibi: Et pater

Remigiū supplet: socios simul instruit armis.
Interea classem velis aptare iubebat
Anchises: fieret vento mora ne qua ferenti.
Quē phoebi interpres mlto cōpellat honore
Coniugio anchisa veneris dignate superbo.
Cura deum: bis pergameis erepte ruinis
Ecce tibi ausonię tellus: hanc arripe velis:
Et tamen hanc pelago pręter labare necesse est.
Ausonię pars illa procul: quā pandit apollo.
Vade ait o foelix nati pietate: quid vltra
prouehor: et fādo surgētes demoror austros?
Nec min⁹ andrōache digressu moesta supmo
Fert picturatas auri sub tegmine vestes:
Et phrygiā ascanio chlamydē: nec cedit honori:
Textilibusq; onerat donis: ac talia fatur. (rū.
Accipe & hęc: manuū tibi q̄ monumēta mea
Sint puer: & lōgū andromaches testeī amorē.
Coniugis hectoreę cape dona extrema tuorū.
O mihi sola mei sup astyanactis imago
Sic oculos: sic ille manus: sic ora ferebat.
Et nunc equali tecum pubesceret ęuo.
Hos ego digrediēs: lachrymis affabar abortis.
Viuite foelices: quibus est fortuna peracta:

oñdat in armis dic ait.. d O foelix nati pie S. Latenter oñdit mortē futurā. Non em̄ dixit vitę longinq̄tate: vl' ad uentu in Italiā: sed nati pietate: q̄ poterit exeq̄as celebrare. e Prouchor. S. s. sermōe. f Digressu moesta supmo: S. vltimo: postq̄ eoꝝ desp̄abat aspectū. g Picturatas. S. participiū sine origine verbi. h Sub tegmine: S. filū est quod inter stamen currit: q̄d persius tramā dixit. Mihi tra ma figurę sit reliq. Nō ergo, p stamie ponendū est: cū sta men de auro eē nō possit. i Phrygiā. S. acu pictā: nam has artifices phrygiones appellam⁹: s̄m Plau. Phrygiā: in q̄ sit patrię memoria. k Chlamydē. C. puerili seruit ętati: cū dat purpura distinctas vestes veluti si p̄textū deli gnet: et tū natū ad fortitudinē oñdit cū p̄beat chlamydē: Ea enim vestis militaris est: vt & Plaut⁹ et Teren. oñdūt.

Aeneas: et auūculus excitat hector. s O mihi. CRI. Locus ex Homero est. Est autem excla matio: cum stupeat tantā in duobus pueris similitudinē: & etiam dolorē indicat: quē capiebat, p defuncto filio. s Sup. S. i. valde. C. Sup., p superes s̄cdm Priscianū. Nā & greci p̄positiōem, p verbo ponūt. Vel sup. i. valde. Oui dius in fastis. Extulit & velox ausa sup alta fenestra. Se ia cit audacē fecerit ipse timor. v ymago. S. Valde vehe mēter. & exp̄sse mihi es imago: Quo sermōe etiā Home. vtitur in simili significatōe. x Sic oculos. C. imago est: de q̄ alibi dixim⁹: & vñ gignit Pathos. Itē repetitio et dis solutio q̄ colores apti sunt cōmiserationi: vt: Te nemꝰ an gitię vitrea te fascin⁹ vnda. Te liquidi flurere lac⁹. y La chrymis affabar. D. Non poterat ab his q̄ & ciues: & ita

se liberales essent sine lachrymis discedere.
z Viuite foelices. S. mō
bū optātis ē: nō vt in Bu
colicis male dicētis: vt: Vi
uite syluę. i. perite. Sic et
& valete. Teren. Valeant
q iter nos dissydiū q̄rūt:
Videt aūt meli⁹ dici p op
tatiuū: q̄ p iperatiuū: quia
pōt optari: nō impari p
spera vl' aduersa: q̄ viuā
parui impatīu. D. Viui
te foe. Foeliciter viuere dīc
manere otiosum in eodē
loco et aduersa fortūę: vl
terius nō timere. Sibi aūt
oia ptraria esse ondit. C.
Viuite foe. Affectū: & ex
affectu desideriū suorū ex
primit: & ex foelicitate illorū auget suas calamita
tes. & tñ nulla mouet in
uidia: Nā et foelices dixit:
& melioribus opto auspi
tiis. a Sua. S. q. d. du
ra & ppria troianorū: vt
hac troiana ten⁹ fuerit for
tuna secuta. b Nos
alia. CRI. Pathos a despatione queniendi.

[a] Iam sua: [b] nos alia ex alijs in fata vocamur.
[c] Vobis parta quies: nullū maris ęquor arādū ē.
Arua neq̄ Ausonię semper [d] cedentia retro
Quęrenda: effigiē xanthi troiamq̄ videtis:
[e] Quam vestrę fecere manus: melioribus opto
Auspicijs: & quę fuerit [f] minus obuia graijs:
Si quando [g] tybrim vicinaq̄ tybridis arua.
[h] Intrato gentiq̄ meę data [i] moenia cernam:
Cognatasq̄ vrbes olim: [k] populosq̄ ppinq̄s:
Epiro: hesperia: quibus idem dardanus [l] auctor:
Atq̄ idem casus: vnam faciemus [m] vtranq̄
[n] Troiā animis: maneat nrōs ea cura nepotes

parata: d Cedentia re
tro. S. vt iam tandē Italię
fugientis prendimus oras.
D. Cedētia re. ipossibilia
dīc: sed p illa suū tedium
exprimit: q tot ānos labo
riose: piculoseq̄ nauigās
nōdū veniebat q̄ puenire
cupiebat. e Vrę man⁹.
S. q̄d ē dulci⁹. C. Quā ve
strę fe. man⁹. mlto iucun
diora sūt: q̄ p nosipsos q̄
quę p alios cōficim⁹. Vn
ad cōsolādā venerē: Sub
limemq̄ feres ad sydera coe
li. Magnanimū Aeneā.

f Min⁹ obuia S. i. quę
nullū patiant excidium.
g Tybrim. S. a rege q
in eū cecidit: nā ante Al
bula dicebatur. Alij ty-
berinum Albanorū re-
gem in eū cecidisse volūt.
Alij dicunt quōdā Syra
cusani victores cepisse
magnam vim Athenien
sium. & eam cęsis monti
bus fecerūt addere munt

c Parta. S.

mēta ciuitati: tūc auctis muris: etiā fossa itrinsec⁹ facta est.

CC v

quę flumine admisso repleta munitiorē reddidit vrbem: Hanc fossā p iniuriā hostiūet poenā facta tybri. ουπο τηο υβρεοσ. appellarunt. Inde cū siculi loca iuxta Romam occupassent: vn̄ est fines vsq; ad Sicanos Albulā ad imaginē fossę patrię tybrim vocarūt. De tybri vero Syracusana fossa Theocrit' meminit. h Gētiq; meę. S. & nō sibi: Nam scit Ascanio regna deberi. i Data moenia cernam Cognatasq; vrbes olim: S. Qūq; & p omia cernā subaudis. Sensus aūt talis est. Si potero ad Italiā puenire: et regna cōstituere et videre et vrbes: et populos tibi cognatos: Nā Aeneas & Helen' a Dardano originē ducunt. Ergo hoc dicit: q̄niaz & ab vno originē ducimus: & iisdem casibus subiacuimus. l Hesperia. S. id est quibus populis auctor est Dardanus Hesperia hoc ē εσπεροθεν. Nam grece dixit. Et est de loco aduerbium Dardanus. εσπεροθεν. Figura enim nonunq; pulchra est: si elocutio impfecta sit: vt Cicero in Verrinis. Qui verrem romulea non addidit tribu. m Vtranq; Troiam. S. Et quā tu fecisti: et ego facturus sum: iūgam' & faciam' vnā. n Animis. S. hoc est foedere & affectione: qm̄ reuera eas natura iungi nō sinit. Sane qm̄ occurrebat humane breuitas vitę: bn̄ subiunxit: maneat nr̄os ea. c. n. Distinguendū populosq; ppinqs Epiro: Et ex seqn tibus ostendit quō.

¶ o Proueh mur pela. S: Buthroto derelicto p Ceraunia. S. Promōtoria Epiri a crebris fulminibus pper altitudinem nominata. q Breuissimus. S. Nam medio noctis spacio transitur. r Optatę tellurę. S. Semper em̄ a nauigantibus optatur. s Sortiti re. SER. Per sortē diuisi ad officiū remigādi qs esset proreta: quis pedem teneret. C. Sortiti re: In q̄s em̄ sortes ceciderāt hi remos seruabāt. Oñdit em̄ diligentiam ducis: Nam q̄uis in terram descendissent: tamen custodes intra naues linq̄bant: Et qui descēderāt ad vndā. i. iuxta mare ī sicco corpa curabāt. Ipe aūt Palinur' et cura et diligētia maxia vsus ē. t Littore sicco. S. Nā ē et q̄ aq̄ alluit. v Horis acta. S. per horas decurrētes. C. Horis acta. Lunę solis equos horę: vt poetis placet administrant. Ouid. Iungere equos tytan velocibus impat horis. x Aurib'. S. qua

¶ Prouehimur pelago vicina ceraunia iuxta.
Vn̄ iter Italiā: cursusq; breuissimus vndis.
Sol ruit interea & montes vmbrantur opaci.
Sternimur optatę gremio telluris ad vndā
Sortiti remos: passimq; in littore sicco
Corpora curamus: fessos sopor irrigat artus
Nec dū orbē mediū: nox horis acta subibat.
Haud segnis strato surgit palinurus: & oēs.
Explorat ventos: atq; auribus aera captat.
Sydera cuncta notat: tacito labentia coelo.
Arcturū: pluuiasq; hyadas geminosq; triones:
Armatumq; auro: circumspicit oriona.
postq; cuncta videt: coelo constare sereno:
Dat clarū e puppi signū: nos castra mouem'.
Tentamusq; viam: & velorū pandimus alas.
Iamq; rubescebat stellis aurora fugatis:
Cum procul obscuros colles: hūilēq; videmus
Italiam: italiam primus conclamat achates.
Italiam lęto socii clamore salutant.
Tum pater Anchises magnū cratera corona
Induit: impleuitq; mero: diuosq; vocauit
Stans celsa in puppi.
Dij maris & terrę: tempestatumq; potentes:
Ferte viam vento facilem: & spirate secundi.
Crebrescunt optatę aurę: portusq; patescit.

em̄ venti veniūt ea parte auris frigidior est. y Cuncta: S. Nā i. pnosticis legit' nō sufficere vnū ad explorādā serenitatē. z Notat. C. diligēti' cōsiderat. a Tacito coelo. S. aut nocturno: p q̄d tacet: aut ipse tacitus: aut ad homies retulit. Nam licet ęternus sit axium sonus: non tamen auditur a nobis. b Armatumq; auro circ oriona. S. sic Luc. Ensiferi nimiū fulget lat' orionis. Intuet' hęc: nō vt cernat: Nā omib' patēt: sed vt exploret stellarū vigorem: q̄ futura serenitas indicat' in Georg. Nam necq; tū stellis acies obtusa videt'. nō em̄ q̄rit q̄ si nō orta: nā septētrio sp apparet. d Constare. S. sup petere. Iuue. Quis ferat vxorē: cui constet omia. e Clarū. S. f. faculā eleuauit: vt flāmas cū regia puppis extulit. f Castra mo. S. Castra oia loca sunt vbi milites steterint. Dicta aūt castra q̄si casta: Vel q illic castraretur libido. Nam nūq̄ his intererat mulier. g Tentā' viā. S. i. naues pducim'. h Pandim' alas. S. contos intēdim'. i Hūilēq; videm' Italiā. S. aut naturā oñdit prouitię: vt Salust. Italia plana ac mollis: aut rē physicā exprimit. Nā oē q̄d continet hūili' est: eo q̄d cōtinet: aut quia pcul visscentib' terra hūilis semper videt'. Luca. Et dubios cernit vānescere mōtes. D. n̄l refert nisi quod ait. Nō eē Italiā hūilē. sed qa etiā alta nauigantib' cū lōge apparēt vident' hūilia: k Italiā. S. cantologia vsus ē ad exprimēdū affectū nauigantiū. l Corona Indu. S. vsq; ad summū ipleuit: aut reuera coronauit. m Stās celsa ī pup. C. Nam altior ps nauis ē. n Maris. S. per q̄d nauigo. o Terre. S. ad quā vado. p Tempestatū q; po. S. ventorū aurarū tēporū serenitatis: vt vn̄ hęc tā clara repente tēpestas: nā m̄lta significat. q Ferte viam fa. D. pręb ete facilem viam. r Spirate. S. Et ad vētū pertinet: & ad fauorem. s Crebrescunt. S. Ostendit magnū Anchisę meritum. D. Crebrescūt f. Apparet petitionis fructus. t Aurę. D. natural' r dixit. Aura em̄ nascit': cū primū exorit' lux quā sup induxit nascentem. v Portus. D. ab oriente q̄ fluctibus portus infestari poterat magn' natura obiecit cautes. Ergo latet port': quia fluctus illum reperire nequeunt. x Patescit. S. Propinquantibus: vt Augusti rare scunt claustra pelori.

Iam ꝓpior: templumq; apparet in arce mineruę.
Vela legunt socij: & proras ad littora torquēt.
Portus ab eoo fluctu curuatus in arcum
Obiectę salsa spumant aspergine cautes:
Ipse latet gemino dimittunt brachia muro
Turriti scopuli: refugitq; a littore templum.
Quattuor hic primū omen eq̄s ī gramīe vidi
Tondentes campum late candore niuali.
Et pr̄ Anchises bellum: o terra hospita portas.
Bello armanť equi: bellū hęc armēta minantur:
Sed tamē ijdem olim curru succedere sueti
Quadrupedes: & frena iugo concordia ferre.
Spes est pacis ait: tū numina sancta ꝓcamur,
Palladis armisonę: quę prima accepit ouātes:
Et capita ante aras phrygio velamus amictu:
Pręceptisq; heleni dederat: quę maxima rite
Iunoni argiuę iussos adolemus honores.
Haud mora: cōtinuo perfectis ordine votis,
Cornua velatarum obuertimus antennarum:
Graiugenumq; domos: suspectaq; linqm⁹ arua
Hinc sinus herculei (si vera est fama) tarenti

y In arce. DO. in altitudine. z Legunt. D. Verbum nautis familiare. Nam funes et vela cum colligunt: vel aliqua loca cum transeunt legere appellant. a In arcū. S. in arcus similitudinē. vt: Excisum euboicę latus ingens rupis in antrum: id est in antri similitudinē. b Spumāt. C. Spuma in aqua. c Cautes. D sūt aūt in formā brachiorū. d Latet. S. s. longe intuenti: Nam late patet secundū Donatū non stat versus. e Refugitq; a littore tem. S. Nam ꝓcul intuētib⁹ in mari videtur: & appropinquantibus paulatim discedere: Vel q̄ situ͂ est in colle: qui sensim crescit a littore. iō dixit refugit. DO. Refugit. Constitutis in portu non apparet templū: quia obstant scopuli. f Quattuor. C. Dixim⁹ numerū parē infoelicē eē. Vn̄ fuit Quater ipse in limie portę substitit. Ergo portendunt pericula cędes et labores circa bella futuros: Vel quia exitus ipse foelix fuit Troianis dixit: quattuor respiciens omen in equis tantū & nō in numero: sed p nūerū expssit quadrigas. Q. aūt q̄drigę fuisent indicat cū dicit: sed tamen idem olim curru succedere sueti. g Primum. SER. Aut quale nunq; viderat antea: aut quia sequitur portę albę omen. Vel primū id est primā partē campi. D. Hic primū ꝛc. Honesta elocutiō pascētes campum: et nō pascentes herbam in campo. Et cum dicit: quibus herbis pascerentur ostēdit sola gramina illic fuisse. h Candore. S. Hoc ad victorię omen. Habet āt Anchises diuinandi peritiam: vnde diuiniq; ossa parentis. D. Candore niuali. Ostendit & equos: & niueos: & cōstitutos in magna vbertate. i Hospita. S. Vsurpatū est. Nam quę in es exeūt cōmunia sunt: & foeminiū in a mittunt. Lucanus. Hospes in extremis audiuit curia tectis. Sed Plautus: cum paup commune sit: vt pauperq; senatus: & pauperq; domus: nec nota potentum munera paupera tamen dixit. k Bello armantur equi. DO. Non quia equo Troia perierit: vt quidā ridicule dicunt: sed doctrina sua equos ostendere bella dixit. l Armenta. SER dicunť quasi armis apta: Nam equi intersunt pręliis: boues armanť ex coriis. Sed tamen ana coluton est. nam quanq; non pręmisit. m Concordia. C. quibus concordes equi redduntur ab effectu: vt dicitur mors pallida. n Spes pacis. SER. Ait latenter posse vincere Troianos: dicendo curru succedere sueti: o Palladis. S. Post belli omen deā belli ꝓcať: sed & hoc templū visum ad omen ptinet. D. Palladis armisonę: ad alia signa belli accedit templū armatę palladis: quā merito orat: vt ꝓsperū faceret: si q̄d aduersi immineret: & ouantes dimitteret quos ouātes acceparant. p Ouantes. C. lętos. Cęterū ouatio et ipsa honor est pręmiūq; virtutis: q̄d victorib⁹ ducibus exhibebant. Minor tn̄ q̄ triūphus: sed de triūpho & de ouatione iā dixim⁹. q Ant aras. D. vt ostēdit ꝑter preces etiā munera fuisse dicit aras fuisse in naui: quę non erant vt demōstret aram dici posse vbicūq; sacrificať. r Rite. S. ꝯm ritū. Vn̄ sequiť pfectę ordine votis. s Argiuę. S. i. magnę. t Haud mora cō. S. vnū vacat.

v Graiugenū. S. vt troiugenas. Sacrorū aūt tn̄ cā hanc tetigit calabriā: vbi diciť Palladiū a Diomede accepisse. vel ab vlysse: nā ambo rapuerť.

x Herculei. SER. Deficienti populo lacunib⁹ propter assiduum cum Atheniēsibus bellū: iusserť vt virgines vulgo prostarēt: Hinc icerta nata soboles cum sibi & patrię eēt opprobrio: Nā partheniarę appellabātur: accepto duce Thalanto octauo ab Hercule nauigantes ad breue Calabri: oppidum deuenerunt: quod Taras Neptunni filius fabricauerat: id auxerūt: sed prisco nomine Tarentum appellarunť. Bene ergo Herculei Tarenti (si vera est fama) q̄ Taras cōdiderat & auxerat Phalantus. CRISTOFE. Herculei. Sunt qui dicāt: q̄ cum Lacedemonij iam decē ānos in Messeniorū obsidione occupati fuissent: & viderent domi prolē deficere: remiserunt spartā eos iuuenes: qui ad bellum nō iurati venerant: vt operam liberis cum spartanis virginibus promiscue darent: et reliqua: vt narrat Seru⁹. Antiochus autem de huius vrbis origine sic scribit: q̄ conflato inter Lacędemonios ac Missenios bello: qui Lacedæmoniorum in illud vocati nō sunt: pro seruis habebantur: quos Elotes nominabant: Et quicūq; ea durāte militia nati sūt infames: ignobilesq; putabāt: Quapropter oīs hi duce Phalanto in populares coniurarunt: vt illos perderent: sed patefactis insidiis: cum Phalantus oraculum tale ab Apolline accepisset: Satyreum: & pingue populum tibi trado Tarenti cum suis profectus Tarentum venit: Incolebant enim ea loca Cretenses; qui post lætum Minois in Camicis apud co-

Cernitur: attollit se diua lacinia contra.
Caulonisq̧ arces: & naufragum scylaceum
Tum procul e fluctu trinacria cernitur etna:
Et gemitum ingentem pelagi: pulsataq̧ saxa.
Audimus longe: fractasq̧ ad littora voces:
Exultantq̧ vada: atq̧ estu miscentur harene:
Et pater Anchises nimirū hec illa charybdis.
Hos helen⁹ scopulos: hec saxa horrenda canebat.
Eripite o socij: piterq̧ insurgite remis.
Haud minus ac iussu faciūt: primusq̧ rudētē
Contorsit leuas proram palinurus ad vndas
Leuam cuncta cohors remis ventisq̧ petiuit:
Tollimur in coelum curuato gurgite: & ijdem
Subducta ad manes imos descēdimus vnda.
Ter scopuli clamorem inter caua saxa dedere:
Ter spumā elisam: & rorantia vidimus astra:

culū huc nauigarant & regionē omnem Lapygiam a la
pyge Minois: & Cretensis mulieris filio appellarunt. Ta
rentum aūt a tarento heroe quodā dixerunt. At Ephorus
scribit Messenios regem Lacedemoniorū Teleclū illuc sa
crorū cā pfectū interemisse. Lacedonios aūt iuratos: nūq̧
nisi vrbe capta discessuros Messeniā obsedisse: et cū iā an
nus decimus esset: admoniti ab vxoribus plē deficere eos
remiserūt: Qui quia pueri venerāt iniurati erant: iusserūt
q̧ vt passim cū virginib⁹ coirent: et q inde nati sunt Parthe
nie noiabantur. Decimonono anno expugnata Messena
spartani domū reuersi in nullo honore q iusto mrimonio
nō essent nati hēbant: ac
mox in cōiuratiōe cōtra
se dephēsos ad nouas se
des ingrēdas emiserunt.
At parthenie Achiuos cō
tra barbaros bellātes in
uenere: & in prē piculorū
assumpti Tarentū condi
derūt. Hec apud Diony.
Halicar. inuenies. Fuerūt
aliqn̄ maxie Tarentino
rum opes. Nam & classe
maxima insignes fuerūt:
et peditū. xxx milia: equi
tū tria milia: & ductores
equitū mille i expeditōe
miserūt. Pollebant disci
plia pythagorica et archi
tam habuerūt. y At
tollit. S. qa ppinqntibus
aut recedere mōtes viden
tur: aut surgere. z La
cinia. S. templū Iunonis
Lacine: a rege conditore:
vt quibusdā placet dicit.
Vł secūdū alios a latrō e:
Lainio quē illic Hercules
iteremit: et i hoc expiato
loco tēplū Iunoni condi
dit. a Caulonisq̧. S.
Caulon ē mōs Calabrię:
Vt: Hora Et amicus cau
lon fertil baccho. In q op
pidū fuit: q̄ scdm Higini
um: qui scripsit de situ vr
biū Italicarū olim nō est.
C. Caulōis mōs est: vt di
cit Seruī⁹: Sed vt vrbs est
Caulonia post Sagrā flu
uiū: teste Strabon: q prius Aulonia dicta ē: qsi Vallonia
a vicina ɔualle denoiata. Hanc Achiui cōdidisse idē Stra.
auctor est. Addit etiā suo tpe vacuā fuisse: q ei eā hītabāt
e Sycilia a barbaris eiecti: illam edificauere Coloniā.
b Naufragū scylla. S. piculosum nauib⁹. Dictū scylaceū
vel a tractu: vł a piculi siītudine. Nā inde scylla lōge est.
C. Scylaceū scribit Stra. post cauloniā scylletiū eē Athe
niensiū Coloniā: qui Mnestei comites fuere. Sed suo tpe
Scyllaceū vocari scribit. c Aethna C. Mons i me
dia Sycilia est. & cum sublimis plurimum sit: e celso cul
mine globos olim ignis emittebat. nostro vero tempore
deficiente fortasse sub terraneo sulfure fumos solū emit
tit. Loca supiora (vt scribit Stra) Nuda cinerosaq̧ sūt: &
per hyemem niuibus operta. Inferiora vero aquis arbori
busq̧ amoena. Ipsa vero montis cacumina multas reci
piunt mutatōes vescentibus incendiis: Nunc quidē vnū
in craterem collabente igne: nunc diuiso effluente. Nūc
igniti emittūtur riui: nūc flamme fumose ue fuligines.
Nūc ardentes exalat lapides. Nā necesse ē meatus subter
raneos cum his accidentibus pariter variari. Horrificis iu
xta sonat etna ruinis. In hoc loco Macrobius mentem su
am quā multis in locis dissimulauerat: tandem aperuit.
Virgilius em̄ alioqn egregius et multiplici: ac varia doctri
na insignis: sed dum Homerū Maroni longe tentat ppo
nere nimis ni fallor: inuide poete nostro detrahit. Sj de alij
is alio fortasse in loco dicē⁹. Interi videā⁹: q̄b in Aetne de
scriptione Virgilio obiiciat. Primo enim a Pyndaro hūc
locum sumpsisse demōstrat. Nam est in hoc nimis curio
sus: vt nihil vnq̧ a scriptore vllo siue grecus is fuerit: siue
latin⁹ in suū opus transtulerit: quin ille statim fecū furti
agat: Quanq̧ hec admiratione potius excitant: q̧ excusa
tionem requirant. Sed redeo ad Aetnam: vbi Pyndarum
extollit: qui tanq̧ verita
ti obsecutus dixerit inter
diu fumare Aetnā: & no
ctu flāmigare: veluti na
tura edicto suo Aetnam
prohibuerit: aut in luce
ignem: aut in tenebris fu
mum euomere. Rephen
dis ergo Pyndarum imo
laudo: q cū vtrūq̧ vtro
q̧ tēpore euomi non ne
get: Tamē & fumū diei:
& ignē nocti dedit: quo
niam neq̧ flamme inter
diu multum apparent et
fum⁹ difficile nocturno
tempore dinoscitur. Cō
sulit ergo visibus nostris
Pyndarus: at Maro na
turam exequēs quod se
pe eodem tempe fit. Ipse
q̧q̧ simul ponit: Nā raro
sine fumo flāme exeunt:
Sed ita alternati: vt mo
do exuperet fumus: mo
do vincant flamme: Nō
ergo cōfundit tempora:
sed que simul fiunt: siml
enarrat. Neq̧ absonum
est appellare densissimū
fumum. & in alta sur
gentem atram nubem:
presertim cum illam fu
mantem appellet: Et vt
fumi illam contortam: et
nigram reuolutionem ex
primat addidit Turbine
piceo. Nec est inenarrabi
le: q̧ nubē atram fuma
re dixit turbine piceo: & fauilla candente. Quis enim non
vidit vel sepissime spissum atrumq̧ fumum: ita e for
nace ab igne pelli: vt illi nigredini admixte sint plurime
scintille. Ipse enim hoc loco fauillā p scintilla posuit: Pro
ptereaq̧ candentē dixit a candore ignis. Ad id eni quod
dicit omnium: que mōstra sunt monstruosissimū esse: qd
Maro ait: Scopulos eructari et erigi eosdēq̧ ipsos statim
liquefieri: Neq̧ visq̧ a Pyndaro scriptum: primū ita re
spondeo: nō videre qua ratione vteret Maro aliquid scri
bere: quod non scripserit Pyndarus: presertim cum poeta
rum sit de magnis maiora loqui: & multa supra fidem
proferre: & veris ficta sepe addere. Deinde obsecro: quid
hoc tā absonū est. An qd dicit scopulos auulsaq̧ visce
ra montis erigi? Ad hoc ex ipsa natura fit: vt ex humo
re et calore in arcto conclusis his ventus gignatur: vt ma
ximas moles vi pellat: quod videre licet in lapidibus: qui
eadem causa maximo impetu e bombardis pelluntur:
Sed sit aliquod fictum: nonne licet poete fingere: cum
si figmētum a poeta remoueris iam ipse poeta non erit:
Sed videamus q̧ contra naturā hec sint. Emittit nōnun
q̧ fumum in siītudinē nubis qui veluti turbo circūuol

vritur: & cui scyntille admixte sint: Nam fauilla candēs hoc exp̄mit: et interdū accendit locus: vt globi flāmarū ad coelū extollant. Quis hic error est? an q̄ fumus interdiu flamme noctu solū emittant? Ridiculū est hoc credere: Cū vtraq; hec vtroq; tp̄e accidere possint: q̄uis fum⁹ interdiu: flāma ꝟo noctu meli⁹ cōspiciat. Nōnūq; ꝟo p̄ter fumū flammāq; etiā ingentia saxa assiduo igne liq̄facta eo vēto: q in āgustis cauernarū calore in hūore agente cōficit maxīo impetu contorq̄ri: que q̄dē oīa si q̄s extra nature vim posita esse putauerit: is fortasse naturā recte nō tenet. d Et gemitū in p. S. videt delat⁹ primo ad fretū post ad Aethnā reuersus. e Fractasq;. S. nimias: Vt fractos sonitus imitata tubarum. f Aestu miscent ha.

¶ Interea fessos ventus cum sole reliquit.
Ignariq; vie cyclopum allabimur oris.
portus ab accessu ventorū immotus: & ingēs.

S. Describit loca charibdi vicina q̄s esse credit ex periculi magnitudine. g Saxa hor. S. retulit se ad hystoriā: Nā ꝑ scyllā dic horrēda saxa. h Eripite. S. de periculis deest vos: i O socii. D. Nā i cōmuni vbi ꝑiculū ē oīb⁹ laborandū est. k Leuas vn. S. de Ionio venietib⁹ aliter non procedit. l Cuncta cohors. S. Quia supius dixit: Nos castra monemus. m Ad manes imos. SER. Poetica Hyperbole. n Scopuli cla. S. de hystoria ve sup dixim⁹ hoc traxit. Vn̄ eīn illise concauis saxis cauum imitant latratus: o Elisam exclusam. S. vt Elisos oculos: et siccū sanguie guttur. p Rorantia astra. S. ꝑ irrorata q̄ irrorabant: a q̄ significatōe nō ē apd̄ latinos ꝑticipiū: Sane hyꝑbole ē. ¶ q Ventus cū so, S. Ventorū eīn mutationē necesse est fieri. vel oriente die vel occidente. r Ignariq́ȝ vię cyclopū alla. oris. S. vt seruatū ex vndis strophadū me littora primū accipiunt. Similis enī ē somnus. s Cyclopū. S. clo habet accētū: quia latina declinatio. In accusatio quia grece posuit Cyclopas cy habet accentū: sic Cyclopes clo habebit. s Tonat ętna ruinis. S. Causa hu⁹ intendii secundū Virg. ętnę est hęc. Sūt terrę desudantes sulphur: vt pene totus tractus Campanię: vbi est Veseuus et Gaurus mōtes: quod indicat aquarū odor calentiū. Item nouim⁹ ex aquę motu ventū creari: esse etiā concauas terras ętnā constat: et ab ea pte qua Eurus vel Affricus flant habere speluncas: & plenas sulphuris: & vsq́ȝ ad mare deductas. Hę speluncę recipientes in se fluctus ventū creant: qui agitatus ignem gignit ex sulphure. Vn̄ est φ videt incendiū: hoc aūt eē verū illa comprobat ratio: q̄ a et aliis flantib⁹ ventis nihil ex se emittit: et p mō flantiū Euri vel Affrici interdū fumū: iterdū fauillas: nōnunq́ȝ vomit incēdia: q̄d & hoc loco ostendit: nam effectū indicās supprimit causas.

Fama est. Recte inducit Aeneā: in his quę fabulosa erat dicentē: fama est: ne se actorem rerū impossibiliū faciat. C. Fama ē enceladi. Fabula hęc a Cicerone optime iterpretat. Nihil enim aliud est contra deos gygantes pugnare: q̄ȝ homines naturę repugnare: Nā cum nr̄o ingenio volumus ipm̄ deū: & res altas speculari: cū paulo quodāmodo altius erecti sumus ab ipsa fulminamur. Nam recte apud nr̄os mouemur. Q. scrutator maiestatis reiicietur a deo: e Semustum. S. pro semi vstum. Sic aūt ponitur veluti semiāimis sit Encelad⁹: Vnde est. Motat latus: et est quasi ex fulmine natū sit illic incendium.

Ipse: sed horrificis iuxta tonat ętna ruinis:
Interdumq́ȝ atram prorumpit ad ęthera nubē:
Turbine fumantē piceo et cādente fauilla.
Attollitq́ȝ globos flammarū: & sydera lambit.
Interdum scopulos: auulsaq́ȝ viscera montis
Erigit eructans: liquefactaq́ȝ saxa sub auras
Cū gemitu glomerat: fundoq́ȝ exęstuat imo.
Fama est enceladi semustū fulmine corpus
Vrgeri mole hac, ingentemq́ȝ insuper ętnam
Impositā ruptis flammam expirare caminis.
Et fessū quotiēs motat latus: intremere omnē
Murmure trinacriā: & coelū subtexere fumo.
Noctem illam tecti in syluis īmania monstra
Perferimus: nec quę sonitū det causa videm⁹.
Nā neq́ȝ erant astrorū ignes: nec lucidus ęthra
Syderea polus: obscuro sed nubila coelo:
Et lunā in nymbo nox intempesta tenebat.

t Prorumpit nu. S. Poetica descriptio. Nā nō dicimus prumpo illam re. v Cadente fa. S. Scintillis: & ē bona periphrasis. Nā fauilla est scintilla ab igne deserta. x Viscera. S. i. ptes sic dixit vt ossa terrę dicim⁹. y Eructans. S. Cice. Eructans sermōibus suis cędē bonorū. Hora. vsurpauit: Hic dū sublimis versus ructatur. z Liq̄facta. S. Putrida decocta ī modū calcis.
a Cum gemitu. C. cū sonitu illo maximo: qui ex angustiis cauernę ita prouenit: vt is qui ex cauo boardarum exoritur. Nam & Strabo: non poeta: sed hystoric⁹ de Aetna ait. Nunc igniti emittunt riui: nunc flammę fumosę ve fuligines: nunc ardentes exalat lapides. Quid ergo mirū? si Virgilius hęc omia exaggerat: & quod poetarum propriū est: verborū strepitu grandiora facit.
b Glomerat. C. quasi rotat p aerem. c Imo. S. ab imo & reddit cām latentē. Inde enim vētus ex aqua nat⁹ erumpit. C. Fundoq́ȝ ex imo: q̄si ponit cām efficientē. Vn̄ hęc ad exteriora pueniant: In q̄ quidē descriptiōe: & doctrinam simt: & ingeniū poetę quis summa admiratōe dignū nō putabit; d Fama est. S: excusat fabulam dicturus. Nam in Phlegia loco Thessalię pugnarunt gigantes quō Enceladus in Sycilia Othus in Creta: secundum Salustiū. Vnde Othii campi dicunt Typhoeus ī Campania: vt inerme Iouis imperiis imposita typhoeo. Sed Varro dicit in diluuio aliq̄s confugisse montes: q bello postea lacessiti ab his q de aliis veniebant montib⁹ facile ex locis superiorib⁹ vicerūt: Inde fictū est vt dii supiores dicerent: Inferiores vo terrigenę. Et quia de humilimis ad summā reputabāt: dicti sunt pro pedib⁹ habuisse serpentes. DO.

f Caminis. SER. grecū est latine fornax.
g Motat. SERVIVS: frequēter mouet: Nam si mutat dixeris dās refectionem labori.
h Subtexere. C. Recte Nam fumus ex parte inferiori sese opponebat coelo. i Noctem. SER. melius per accusatiuum dixit.
k Videmus. SER: vel mente: vel oculis.
l Aethra. SER. Splendorem etheris. Sane Homerus Aetherem & aerē cōmunis generis posuit: Ergo potest esse ęthra p aethere.
m Intempestate. S. media hoc est nimiū obscura: Intempesta est dicta nox media: inactuosa carens actibus: per quos tempora cognoscimus. Ait enim Lucret⁹. Tempus non intelligi nisi per actus humanos. Medium autem noctis tempus caret actu: ergo intēpesta inactuosa quasi sine tempore: hoc est sine actu: per quem dinoscit tempus. Vnde est intempestiue venisti: id est. ακαιρως Ergo intempesta dicitur: quia caret tempe.
¶ n Aurora polo dimouerat vmbram. SER. Hysteron proteron in sensu: ante enim aurora est q̄ȝ dies.
o Ignoti noua forma. DO. non idem ignoti & noua forma: Nam noua forma pertinet ad id quod infra de cultu & eius sordibus dicentur. Ignoti autem quem reuera nescissent. CRI. Noua forma. Inaudita: incognita: & qualē nunq́ȝ videramus: non ergo vir esse apparebat: quia forma adeo degenerauerat a forma humana: vt vix tenue vestigium in ea relictū hominis esset. Ignoti. Multi exponunt ignobilis: vt ea miseria confectus esset. vt nō nisi ignobilis appareret: sed verius ignoti p ignoscibilis: vt alibi: Aut illaudati nescit Busyridis aras pro illaudabilis. Discesserat enī adeo a forma humana: vt vix homo esset agnosceretur.

p Forma. S. Bñ dixit formã & nõ hominem. q Respicimus. D. quia nõ audiebatvox rogatis.

r Illuuies. SER. sordes. s Immissa. D. vltra modum grandis. t Consertum spinis. S. ligatum spinis. Teren. Video quẽdam sentũ. D. Consertũ Cõcinatũ spinis: nõ eñi textũ erat spinis. sed spinis frustra pannorũ continentibus consertũ illius fuerat tegmen. v Grauis. S. Habet eñi vnaq;q; gens incessum & vocem pprĩã. x Ad troiam. S aut ex confessione subsequenti hoc dicit: aut grecum esse cognoscit ex trepidatione. vt Terentiꝰ. Nescis quid peccati portat hec purgatio. D. Ad Troiam. gratũ troianis ꝙ talem viderent inimicum. y Conteritus hesit. C. Primo aspectu exhorruit troianos. D. inde cũ consideraret quãta in miseria versaret: statuit prestare sibi manifestissimis hostibus se credere ꝙ apud monstra viuere.

Posteraiamq; dies: primo surgebat eoo:
Humentemq; aurora polo dimouerat vmbrã:
Cum subito e syluis macie confecta suprema
Ignoti noua forma viri: miserandaq; cultu
Procedit: supplexq; manus ad littora tendit:
Respicimus: dira illuuies: immissaq; barba.
Consertum tegmen spinis: ac cetera grauis:
Et quondã patrijs ad troiam missus in armis.
Isq; vbi dardanios habitus: & Troia vidit
Arma procul: paulum aspectu cõteritus hesit
Continuitq; gradũ: mox se se ad littora pceps
Cum fletu precibusq; tulit: per sydera testor:
Per superos: atq; hoc coeli spirabile lumen:
Tollite me teucri: quascunq; abducite terras.
Hoc sat erit: scio me danais e classibus vnum:
Et bello iliacos fateor petijsse penates:

z Mox. D Vbi metum vidit necessitas. a Preceps. S. sine respectu salutis. b Per sydera tes. D. cum procul esset se gestu suplicem exhibuit: mox ppinquꝰ factꝰ preceps adhibuit & lachrymas. Confitet originem: vt misericordiam captet. c Testor. S. obtestor. d Spirabile. SER. Vitale quo spiramus. Cicero vero in libro de natu deorũ. Spiritabile dixit.

e Tollite me. C. Veluti nõ depcetur seruitutem: nec quãuis durã fortẽ perpeti non recuset: ac deinde mori apud homies malit: ꝙ ita apud feras degere. Qualis ergo vita sibi erat: cũ vt illam fugiat ita auide mortẽ petat. f Quascunq;. S. comparatione eorum que fugit non cogitat quo eat. g Hoc sat erit. S. vitasse Cyclopas. h Classibus. S. ex equitibus: vt & ortine classes. i Petiisse. SER. causa metri addidit syllabã: vt nos abiisse rati & vento petiisse mycenas.

k Tanta. S. vt nõ possit fortune p̃sentis q̃litate moliori. l Spargite. S. Hoc ẽ dilacerate: et noua breuitate vs⁹ ẽ. D. Spargite. In partes .s. diuisim. q̃d ne fieret crudelitas facti descripta est. C. Spargite. Concessio est: p̃ quã etiam apud crudelissimos hoies misericordiã captare possit. Nã caute dicit eã morte: q̃ cũ ipsi eã sepe timuerit: possit facile illos ad misericordiã flectere: nã nõ temere eo supplicio alios afficim⁹: quod nobis diu horrori fuerit. Vtit itaq; insinuatione: vt nõ añ ad venie petitionẽ descendat: q̃ huiuscemodi p̃missiõe aios hostium mitigauerit.

ses ex lotophagis in Syciliã delatus: in eã p̃tem venit: ibi duo fr̃es erãt Cyclops & Lestrigon: q̃ inhumane cũ exceperunt: et ni fuisset filiorũ benignitas cum sociis perisset vlysses. Cyclopis filius erat Antiphates: Lestrigonis Poliphemus Scopuli tres Cyclopum sunt: iuxta est portus vlyssis: a Cyclopis. CR. Cyclopes vnicũ oculũ in fronte oricularẽ habuisse ferunt. Vnde cyclopes a greco verbo nomen habuerũt. Quapropter & latini Oratium illum: qui Romam ab sicio põte sublicio ab Etruscis defendit: quoniã altero oculo caret: cũ Cyclopẽ appellare vellẽt ex lingue inscitia p̃ Cyclope coclitem dixerũt Nam eadem inscitia pyrrhum et Byrrhum et Burrhũ dixerunt.

pro quo si sceleris tanta est iniuria nostri:
Spargite me ĩ fluctus: vastoq; ĩmergite põto:
Si pereo manibus hominũ periisse iuuabit.
Dixerat: & genua ãplexus: genibusq; volutãs
Herebat: qui sit fari: quo sanguine cretus:
Hortamur: que deinde agitet fortuna fateri.
Ipse p̃r dextrã Anchises haud m̃lta moratus.
Dat iuueni: atq; animũ p̃senti pignore firmat.
Ille hec deposita tandem formidine fatur.
Sum patria ex ithaca comes infoelicis vlyssi:
Nomĩe achemenides: troiã genitore adamasco
paupere (mãsisset q; vtinã fortuna) profectus:
Hic me dum trepidi crudelia limina linquũt
Immemores socii: vasto cyclopis in antro
Deseruere. domus sanie: dapibusq; cruentis
Intus opaca ingẽs: ipse arduus: altaq; pulsat
Sydera: dii talem terris auertite pestem.
Nec visu facilis: nec dictu affabilis vlli.
Visceribus miserorũ: & sanguĩe vescit atro.
Vidi egomet duo de numero cũ corpora nr̃o:
prensa manu magna: medio resupin⁹ in antro
Frangeret ad saxũ: sanieq; aspersa natarent

m Si pereo. D. Ostẽdit male viuere: Nã si pereo dixit: et nõ cũ periero. n Manib⁹ hoim. S. oblique loquit. vult eñ ostẽdere hãc hoĩs nõ esse crudelitatẽ. o Genua. S. phisice gẽua misericordie cõsecrata volũt: vt aures memorie: frontẽ genio: dextrã fidei. D. Et genua amplexus. Ad p̃ces adhibet obsequiũ corporis.

p Quis. S. cuius filius: nam se grecũ iã dixerat: & ipse sic r̃ndet: q Fari. D. Fari & fateri differũt. Nam fari est simp̃r aliq̃d referre. Fateri aũt ex necessitate: q̃ secreto cõtingũt publicare. r Agitet fortũa. S. Hortatur fateri: q̃ cũ fortuna vexit: vt agitata numina Troie. s Haud multa moratus. S. nimie benignitatis est non expectare p̃mas p̃ces. t P̃nti pignore. S. manuũ coniunctione: qua firmatur amicitia: vt iungimus hospitio dextras ac tecta subimus. v Sum patria ex Ithaca. S. & circũstantias omnes exequit loci: p̃sone tẽporũ. C. Sũ pa. ex Ithaca: que irã moliat. x Infoelicis. S. Querit fauorem vituperatõe eius quẽ scit odio ẽẽ troianis: CRI. Infoelicis: Hoc dicto gratificatur is: qui illum oderant.

b Dom⁹ Sanie. C. Color rhetoricus. demõstratio. Est eñ demõstratio cũ ita verbis res exprimit: vt geri negocium: & res ante oculos esse videat. c Dii talem &c. CR. Exclamatio est q̃ habet Pathos: vt q̃d nõ mortalia pectora cogis auri sacra fames: Et dii talia grais instaurate pio si poenas ore reposco. Fit aliquãdo ex p̃sona poete: vt Mantua ve misere nimiũ vicina cremone: & infoelix vtrũq; ferãt ea fata minores: Dicit grece Ecphonesis.

d Nec visu facil. S. Nã etiam aspectu infert formidinẽ. CR. Nec visu facilis. Quid ergo immanius: si ne aspectus quidẽ eius sustineri poterat. e Nec dictu affabil vlli. SER. Sermõe non explicabilis: & mire exaggerauit post descriptõe. C. Nec dictu affabilis vlli. Admiratiõem in mentibus auditorũ relinquimus: cum oñdimus rem ob magnitudinẽ dicti exquari nõ posse. Sic alibi: Simulacra modis pallentia miris.

y Paupere. SER. Paupertas eñ apud antiq̃s milicie cã fuit: vt de Synone diximus: vtitur veniali statu per excusationem. C. Paupe. Non ergo volũtaria: aut Troianorũ odio: sed vrgente necessitate suscepta eius militia fuit. Paup a puo d̃r. Ergo habet se parũ. Mendicus aũt min⁹ q̃ dicit habet: ergo nihil mansisset ex p̃nti miseria paupertatẽ quã calamitatẽ putabat: nunc putat foelicitatẽ. s Trepidi. S. Ergo p̃p̃ timorẽ: & nõ p̃pter cõtemptũ & cãm timoris ostẽdit fuisse Poliphemi descriptiões. C. Trepidi: nõ ergo q̃ me neglexerint aut oderint: sed quia sibi timerẽt: me reliq̃runt: eadẽ excusatione vtitur Synon: cum dicit & q̃ sibi quisq; timebat vnius immiseri exitiũ cõuersa tulere vlys-

f Visceribus. SER. Viscera proprie carnes sunt. C. Visceribus miserorũ Pathos a re ipsa. g Atro. S. hoc est sanie. h Duo. S. Home. dicit quatuor: Qui etiã scribit Aeneã prius q̃ vlyssem ad Sycilam venisse. Ergo vel dissẽtit: vel dicit duos vidisse: sed quot occiderit nescio. i Resupinus: SER. Magnitudo virtutis ostenditur. k Frangeret ad saxũ. C. Pathos a modo interficiendi & ab instrumẽto. l Exspersa. S. i. madefacta. Si aũt aspersa dicatur: tapinosis & hyperbole iungentur. m Mãderet. C. Pathos e modo quod dentib⁹ conficeret anteq; diglutiret. Mandere eñ est cibum intra os dentibus: malisq; anteq; in stomachum trudat conficere. Vorare autem est ip̃m integrum deglutire. Vñ et Cicero dixit

Limina: vidi atro cum membra fluentia tabo
Mãderet: & tepidi tremerẽt sub dentibꝰ artus.
Haud impune quidẽ: nec talia passus vlysses.
Oblitusve sui est ithacus discrimine tanto:
Nam simlʳ expletus dapibus: vinoq́ȝ sepultꝰ
Ceruicem inflexam posuit: iacuitq́ȝ ꝑ antrum
Immensum: saniem eructans: & frusta crueto
per somnũ cõmixta mero: nos magna p̃cati
Numina: sortitiq́ȝ vices: vna vndiq́ȝ circum
Fundimur: & telo lumen terebramus acuto
Ingens quod torua solum sub fronte latebat.
Argolici clypei: aut phœbeę lampadis instar:
Et tandẽ lęti: sociorũ vlciscimur vmbras
Sed fugite o miseri fugite: atq́ȝ ab littore funẽ
Rumpite.
Nã qualis q̃ntusq́ȝ cauo polyphemus ĩ antro
Lanigeras claudit pecudes: atq́ȝ vbera pressat.
Centũ alij curua hęc hĩtant ad littora vulgo
Infandi cyclopes: atq́ȝ altis mõtibus errant.
Tertia iam lunę se cornua lumine complent:
Cum vitam in syluis inter deserta ferarum:
Lustra domosq́ȝ traho: vastosq́ȝ ab rupe cyclo/(pas.

partim vorant: partim mandunt. n Vlysses. SER: Solo nomine Emphasim fecit. Vnde est Oblitusue sui est. C. Vlysses. Apud Home. in li. ix. cũ in patriã ferretʳ tempestate nouẽ dies iactatũ fuisse: decimo ad lotophagos venisse: emisi duos socios cũ p̃cone exploraturos: hii gustato loco redire nõ curabãt: ego vi redire coegi. Hinc venimꝰ ad Cyclopas: vbi oĩa sua sponte ꝓueniunt ex eorũ grege aliq̃t oues mactatas sociis diuisi: horũ in littus cũ duodecim sociis descendi: vtrem q̃ suauissimi vini: quod Maro Ismari accola et Apollinis sacerdos dederat: mecũ aduexi antrũ intrauimꝰ caseo agnis: hędisq́ȝ refertũ: volebãt socii illis onusti ad naues redire: at ego vetui: expectãs an iure hospitii aliquid donare vellet. interim caseo vescimur: venit custos & saxum ingẽs hostio apposuit: dicimꝰ hospites esse: & aliq̃d vt det supplicamꝰ: ac q̃m hospites in tutela sunt Iouis: tũ ille: Dii nõ sunt Cyclopibꝰ curę: atq́ȝ duos e nobis eripuit: & more leonis integros depastus est. Post tridie ꝓfectꝰ ĩ pascua nos antro obiecto saxo inclusit: vespere rediẽs duas ĩ cœna capras vorauit. Ego igitʳ paterã sibi acutissimi vini porrexi: at ille cũ suaue videretʳ: petiit secundã: ac indẽ tertiam: Inde aũt illi ebrio facto: & dormiẽti oculũ p̃usto cõto terebrauimꝰ. Inde ego me ac socios sub villosis artibꝰ alligaui: vt tangenti oues viderentur: & q̃drupedes ꝓcedentes inter eiꝰ crura elapsi fugimꝰ: Interrogauerat priꝰ q̃ noie Vlysses vocaretʳ. at ille dixit Vtis. Vtis eñ nemo grece: dicitur ergo acclamante illo accurrerẽt cęteri cyclopes: atq́ȝ interrogauerẽt q̃s illũ ita male affecisset: & cũ rñderẽ vtis: at illi dicebãt: si tibi nemo nocuit: certe Iouis mala vitare nequis. o Oblitus ne sui. D. Oms nos vehemẽter turbati sumꝰ: solꝰ vlysses natura calidꝰ. & vsu & ingenio instructus tantę crudelitatis visu deterritus nõ est.: nec ẽ oblitus sui. i. nõ ꝑdit suã industriã. p Itacus. S. Itacensis. q Nã simlʳ expletus. D. Oia signa ponit bellug occasionẽ ad cedẽ ꝓbẽtis. Dederat aũt ꝯsiliũ Vlysses: vt vnicũ illi oculũ excęcaret: sed hoc ꝑiculosum fuit q̃muis dormiret vnio sepultus. Ergo p̃cati sunt numina: & q̃m nõ idẽ ꝑiculũ erat oĩbus varias corpis partes tenentibus eas inter se sortiti sunt. CR. Expletus dapibꝰ: Facit rem verisimilẽ: Nam ex crapula validiores fumi a stomacho ad caput euaporãt: ac cerebro refrigeratí crassioresq́ȝ ꝑpterea facti meatus: ꝑ q̃s spũs a corde ad caput ascendũt obdurãt: ex q̃ re somnꝰ oritʳ: vt Physici oñdunt. r Sepultꝰ. S. stratus iacuit. s Immẽsum. S. ad polyphemi magnitudinẽ refertʳ q̃si toto antro iacuerit. t Nos magna p̃cati Numi. C. Oñdit eñ ꝑ trãsitũ añ oĩa a deo auxiliũ petendũ: Vt alibi in primis venerare deos. Prę̃cabãt ergo deos: sed q̃m nõ desidibꝰ ignauisq́ȝ opẽ dii ferũt: sed bene consulentibus: & recte agentibus. iccirco illos: & prudenter: & fortiter oĩa tentare inducit: q̃d exprimit Salust. Nõ votis neq́ȝ supplicibꝰ mulieribꝰ auxilia deoꝝ paranẽ: sed agendo et bñ consulẽdo: nõ igit imitãdę sunt muliercule: q̃ in preces effusę nihil ex se tẽptãt: neq́ȝ rursus adeo nobis videndũ est: vt sine diuino ope q̃cq̃ cõsequi posse putemꝰ: Sed vtrũq́ȝ adhibẽdũ ẽ. v Fundimur. S. Scd̃m Homerũ q dicit alios eũ tenuisse: alios cęcasse oculũ acuto fuste et obusto. Naȝ scd̃m istum sensum multi terebramus accipiunt: alii tenebramꝰ legũt. Illud primũ sequitʳ verba Homeri. x Telo acuto. S. põt ꝛ simplʳ accipi. y Solũ sub fronte latebat. S. Mlti polyphemũ dicunt vnũ habuisse oculũ: alii duos: alii tres. Sed totũ fabulosum est. Naȝ hic vir prudẽtissimꝰ fuit: & ob hoc oculũ ĩ capite habuisse dicitʳ. i. iuxta cerebrũ: q prudentia plꝰ videbat. Verũ Vlysses eũ prudentia supauit: et ob hoc tingitʳ eum obcęcasse. z Latebat. S. dormiẽtis ẽ. Nã male sentit Donatꝰ dicẽs: Late patebat: q̃ cõtra metrũ ẽ: aut latebat corpis cõpatiõe: Sȝ prior sensꝰ: absolutꝰ ẽ. C. Latebat. Nã dormiens illũ claudebat. a Argolici cly. aut phoe. la. in; S. Vnũ magnitudis ẽ: aliud splendoris. Phœbeę. & a luna et a sole eẽ põt. b Sed fu. o miseri fugite SE. Nam et si hic cęcꝰ sit: pluresalii assunt miseri. Aut blandientis est: vt in Teren. O misera. Aut miseri: quia ad Cyclopas sint delati. CRIST. Sed fugite o miseri. Optima abruptio: & qua dum horrorem suũ exprimit: sibi beniuolentiam cõciliat: & eos: vt se sublato aufugiant suadet. c Qualis. S. Qualis ad mores: Quantus ad corpus. C. Nã qualis. Mira breuitas q̃ valentiꝰ ꝑcipitẽ fugã ostendere necessaria erat: nã cũ esset dicturus illos esse magnos et crudeles & vnioculos: & pastores & reliq̃ q̃ de Polyphemo dixerat vnico versu ꝑ hanc cõpationẽ re expediuit. d Curua hęc habi. ad lit. vulgo. S. Ne tñ in mõtibꝰ eẽ putentur. Vulgo. passim. e Tertia iã lunę. S. Bene in desertis locis ex lunę rõne colligit tp̃a. f Se cõplent. S: quia nõ ex se lumẽ habet: sed a sole accipit. g Inter deserta. C. Non ergo in his syluis: in quibꝰ Cyclopes pascebãt oues: Nã fuisset ab illis dep̃hensus: sed in asperioribꝰ remotioribusq́ȝ quę a solis feris habitabanẽ. Quid ergo infoelicius illi esse potuit: q̃ nõ posse nisi cū feris habitare. Quid ãt crudeli⁹ Cyclopibus: quib⁹ immanissime fere mi tiores dep̃henderent. h Lustra. S. Cubilia hinc lupa naria etiã lustra dicunt: vbi hitant lupe. i. meretrices. dicte ab obscoenitatis et odoris sīilitudine. i Traho. C. Diffi

quia nouerat anteq̃ occecaret. s Informe. C. adeo ma gnū: vt supet oēm cõsuetã formã. t Trūca pinus. C. Inaudita res: vt baculū: nõ ex ramis: sed ex trūco arboris faciat: & ipam arborē nõ ferro incidat: sed vna manu ob trūcet. Quid ergo: aut maius aut robusti⁹ fingi potuit: cui

prospicio: sonitumq̃ pedū: vocēq̃ tremisco.
Victum infoelicem baccas: lapidosaq̃ corna
Dant rami: & vulsis pascūt radicibus herbe.
Omnia collustrãs: hãc primū ad littora classē
Conspexi venientē: huic me quecunq̃ fuisset
Addixi: satis est gentem effugisse nefandam.
Vos animã hanc: potius q̃cūq̃ absumite loeto.
Vix ea fatus erat: summo cū monte videmus,
Ipm inter pecudes vasta se mole mouentem
pastorem polyphemū: & littora nota petentē.
Mõstrū horrēdū: iforme: igēs: cui lumē adēptū.
Trunca manū pinus regit & vestigia firmat:
Lanigere comitant oues: ea sola voluptas
Solamenq̃ mali: de collo fistula pendet.
Q̃ postq̃ altos tetigit fluct⁹: & ad equra venit,
Luminis effossi fluidū lauit inde cruorem,
Dentib⁹ infrendēs gemitu: graditurq̃ p equr:
Iã mediū: necdū fluctus latera ardua tinxit.
Nos pcul inde fugã trepidi celerare: recepto
Supplice: sic merito: taciti q̃ incidere funem:
Verrimus & proni certantibus equora remis.
Sensit: & ad sonitum vocis vestigia torsit.
Verū vbi nulla dat dextrã affectare potestas.
Nec potis ionios fluctus equare sequendo.

cultatē viuēdi oñdit: nõ enī duco dixit: sed traho. k Baccas. S. Bacca ē generale nomē arborū agrestiū. C. Bacca est & baccha. Nã cū aspiratiõe sacerdos est bacchi. Sine aspiratiõe fructus arborū: vt p̃imū syluestris. Sed de bacca acino: nuce: & pomo: dictū ē in Geor. l Lapidosa. C. nã plus ossulorū hñt q̃ carnium. m Corna. S. hec corn⁹ arbor ipsa est: hoc cornū fructus. C. Cornū enim bacca est eius arbor q̃ cornus dr̃. Cornu aūt in q̃rta decliatõe q̃drupedū ē: Neq̃ solū. i. nõ multum dissimile ab osse: q̃d in frõte quadrupedū extat: Sed pedū q̃z vngulas eodem nomie appellant. n Addixi, S. Signato verbo exprimit. D. Addixi. Hoc cõsilio ad vos veni: melius esse manib⁹ hoim perire q̃ Cyclopū. o Animã. C. vitã. Iuue. Summū crede nefas animã pferre pudori. Itē ventum Hora. Impellūt. anime lintea Thratie. Et ipe alibi. Quantū ignes aieq̃ valent. Itē anhelitum idē in Geor. aias et olentia medi ora fouēt illo: et senib⁹ medicant anhelis. Est igit aia pprie in hoie qua viuim⁹ & sentim⁹: ita vt cõtineat vim vegetandi: mouēdi: et sentiendi: q̃ omia cõia sunt nobis cū ceteris animãtib⁹: nã ipa alunt: crescūt: & gignūt: Mouēt p̃terea ac sentiūt: Anim⁹ aūt est. q̃ homies sum⁹: q̃ sapim⁹: & intelligimus: q̃ vis nõ est educta de potētia materie: sz a deo immortal de nihilo creat eodē tpe: & infunditur i corp⁹ nr̃m. Ergo aia cõmunis est nobis cum brutis: anim⁹ pprius est homis. Principio indulsit cõmunis conditor illis: Tantū animas nobis animum quoq̃. Ergo anime partes sunt vegetandi: mouendi: & sentiēdi. Animi aūt rõ: intellectus: intelligētia: mēs: spūs. Sed hec oia i hoie vna eētia sunt. p Loeto. C. morte: ab eo q̃d ē leo les. Vñ deleo. nã oia delet mors. q Vasta mole. C. oñdit pceritatē: nã nõ videbat hūanū corp⁹ moueri. Sed immēsa q̃dã machina & moles hūano artificio confecta: & hūano ingenio pcracta. r Nota. S. ante oculi amissionē. Stat. Sequit tñ improbus hostem q̃ meminit. D. Nota: exponēdū fuit quõ cec⁹ venire potuit:

pro baculo itegra arbor: Itē et ea quidē pinus que aliis arborib⁹ pcerior est: & etiã ipse mãu truncare possit v Ea sola voluptas. D. Voluptatē ex aialib⁹ hūit: cū videbat: Cecus aūt solamē cupiebat. x Postq̃. S. Histeron p̃theron i sensu: vt pgressi subeunt: luco fluuiūq̃ relinquūt. y Fluidum: S. profluentē: vt euitaret omiotelenton. Non fluit ex defosso oculo sanies: sed sup̃ te monstratū est: nõ defossum: sed cerebratū. z Lauit cruorē. D. Adhuc enī inflicta cecitas noua putabat: cū adhuc fūderet sãguinē. a Inde. S. Aut de fluctib⁹: aut de spacio oculi. b Infrendens. CR. pprie infrēdūt sues: qñ fabas dentib⁹ frãgūt. Vñ nefrendes: hi sūt porcelli: q p etatē adhuc frendere nõ pñt. ergo infrendes. i. vocē inter dentes refrendēs q̃d irati est. c Gemitu. S. cū gemitu. d Graditurq̃ per eq̃r. DO. Immense proceritatis expssio. gradiebat in medio mari: vt in terra: nec pfūdi maris lat⁹ eius vnda tangebat. e Mediū. S Sic altū vt mediū putares: vt Mediū eneas iam classe tenebat. f Fluctus. S Legit etiã et fluctus. g Trepidi. S. festini. vt: Ne trepidate meas teucri defendere naues. h Sic merito. S. Quia oia eius pbauerat dicta: ac si diceret: nõ fallacem: vt Synonem. i Taciti q̃. DO. Cessantes remorum strepitu: & cantilena nautarū: sine q̃ remi opari non possunt. k Sensit: D. Quod non videbat: auribus pcepit: Nam q̃uis silentiū adhiberetur: nõ potuit penit⁹ vacua strepitu esse nauigatio. l Vocis. SER. remorum sonitum vocem dixit. Est enim vox omne quod sonat: vt fractasq̃ ad littora voces. m Affectare. S. intendere: vt nauē tenere posset. Terētius: ad dñam qui affectãt viam: Nã si legas dextra affectare: id est cõtingere: caret exemplo. n Potis S. Nomen indeclinabile vnde potissimus: & q̃uis difficile inueniatur in obliquis: Inueniuntur composita impotis pro compositis: & impotem & compotem. o Exterrita tellus. S. Poetica hypbole. C. Exterrita tel. ita. Nec ipse ita accidisse ex horrende vocis magnitudine putauit.

p Curuisq; cauer. S. Ibi enim echo est. q Nec quicq;. S. quia nocere nō poterat. r Frēs. S. aut similes: aut feritate germanos. Nā Polyphemi nō sunt frēs: quē Homer⁹ Neptunni filiū dicit. Vñ eo cęcato Vlysses tēpestatem ptulit: quia ad eū venerat relicta calypso: cū qua fuerat decē ānis. vñ Virgilii dictis dissentit tēporū ratio. C. Frēs: inter se non Polyphemi: vt: Oceanūq; patrē rerum nymphasq; sorores. Nō ēm sorores oceani: sed sorores inter se. s Coniferę. S Con⁹ dr̄ fructus cupressi. Ipsa enim χονοειδης est. Nam a rotunditate in acumen leuat̄. CR. Coniferę ferentes conos. i. suas baccas. Con⁹ enim ꝓpria est forma rotunda: surgens in acutū. Et qa bacca cupressi huius

Clamorē immensum tollit: quo pontus: & oēs
[o] Intremuere vndę: penitusq; exterrita tellus
Italię: curuisq; [p] immugit ętna cauernis.
At genus e syluis: cyclopū: & montibus altis
Excitum ruit ad portum: & littora complent:
Cernimus astantes nequicq; [q] lumine toruo
Aetnęos [r] fratres: coelo capita alta ferentes:
Conciliū horrendū: quales cū vertice celso
Aerię quercus: aut coniferę [s] cyparissi: [t]
Constiterant sylua [v] alta iouis: lucusue Dianę.
Precipites metus acer agit quocunq; rudentes
Excutere: & [x] ventis intendere vela secundis.

iuscemodi formā habet conus dicit̄. Ornatus etiā galeę conus dicitur. t Cyparissus. S. Telephi filius fuit amatus ab Apolline: Vl' vt alii dicūt a Syluano: qui cū ceruū quē in deliciis hēbat per ignorantiā occidisset: flendo numinū misericordiā meruit: atq; i cupressum arborē luctibus aptam conuersus est. CR. Cyparissus nomen pueri est in arborē conuersi. Arbor aūt ipsa etiā cyparissus appellatur: & p sincopen Cypressus: & mutatione y in u fit cupressus.
v Sylua alta. S. Iouis ꝓpter quercū: Dianę ꝓpter cupressum Ipsa eni est etiā proserpina: cui dicat̄ cupressus: ꝓpter luct⁹ morientiū. Alta aūt ꝙ manet in celso vertice: et lucus: ꝓpter religionē diu pmanet. x Ventis secun-

dis. D. id est sequi quocũq; venti ferrent. Naꝫ omnes venti secundi sunt: si quo impellãt eamus. Est ergo sensus: mõ Cyclopas fugerem⁹: nõ curabamus quocũq; nauigarem⁹ quod erat cõtra iussa Heleni: qui vetabat illos temere nauigare. Sed diligẽter vitare charybdim: et scyllam. sed istoꝝ maloꝝ metu turbati decreuimus: vt vel transirem⁹. CR. Secundis. Sententia est: Tantus erat terror: vt mõ inde abirent omnes venti sibi essent secundi. Ergo & in Scyllam et charybdim nauigassent: si venti illuc tulissent. Sed Helenus contra monuerat: queremur: non iuditium. Sed Helenus volebat vitari Scyllam & charybdim. Quare placuit: ne cursus teneãt: id est agantur & impleantur inter vtranq; viam modico mortis interstitio: id ẽ & scyllę charybdis retro dare lintea: quod dũ cogitamus ꝓsperior nobis flare cœpit boreas.

Cõtra iussa monẽt Heleni scyllã atq; charybdĩ:
Inter vtranq; viam lœti discrimine paruo.
Ni [y] teneant cursus certũ est. dare lintea retro.

Quapropter cupiebãt vitare hoc periculum.
y Ni teneãt. S. antiq ni pro ne ponebãt. Plaut⁹. Ni malus ni stulta sis. Sensus igit est. timor cogebat: vt quocunq; nauigaremus: et ventum se

z Ecce. CRI. quasi non expectatus: Nã subito dei fauore venit.
a Missus. SER. Fauore numinũ: quem Anchises optauerat. Adesse autem est ad fauorem: vel patrocinium venire.
b Pantagię. S. Pantagias fluuius est: qui cũ plenus incederet: sonitu implebat pene totam Syciliam: Hinc Pantagias dictus: q̃si vbiq; sonãs. Sed a Cerere filiã q̃rente tacere iussus est. C.

[z] Ecce autem boreas angusta a sede pelori
[a] Missus adest: viuo preteruehor hostia saxo.
[b] pantagię [c] megarosq; sinus: [d] tapsumq; iacentẽ.
Talia mõstrabat relegens [e] errata retrorsum.

CRISTO. Pantagię q ad fabulę tegmentũ attinet: est q incolę offensi tanto strepitu qui erat ex multis saxis: quib⁹ vndę fluminis illidebãt: ea aut sustulerunt: aut fregerũt.
c Megaros. S. Megara oppidũ est: nõ procul Syracusis. d Tapsum. S. Tapsum insula est ꝑpe Syracusas: Pene fluctibus par. CR. Tapsum insula est decem stadia a Sycilia distãs plana & penit⁹ iacẽs vt vndis

Littora achemenides comes infœlicis vlyssi:
Sycanio pretenta sinu iacet insula: contra
plemmyriū vndosum nomen dixere priores
Orthygiā: alpheū fama est huc elidis amnem
Occultas egisse vias subter mare: qui nunc
Ore arethusa tuo siculis confunditur vndis.
Numīa magna loci iussi veneramur: & inde
Exupero prępingue solū stagnantis helori:
Hinc altas cautes: proiectaq꜒ saxa pachynni
Radimus: & fatis nunq꜒ concessa moueri
Apparet camerina procul: campiq꜒ geloi:
Immanisq꜒ gela fluuij cognomine dicta.
Arduus inde agragas ostentat maxima longe
Mœnia: magnanimū quondā generator equ꜒rū.
Teq꜒ datis linquo ventis palmosa selinis:
Et vada dura lego saxis lilybeia cęcis.
Hinc drepani me portus: & illetabilis ora
Accipit: hic pelagi tot tempestatibus actis
Heu genitorem omnis curę: casusq꜒ leuamen
Amitto anchisę: hic me pater optime fessum:
Deseris heu tantis: nec quicq꜒ erepte periclis:
Nec vates helen⁹: cū mlta horrenda moneret
Hos mihi prędixit luctus: non dira celęno:
Hic labor extremus: longarū hęc meta viarū.
Hinc me digressum vestris deus appulit oris.

mersa videat. dicta παρὰ τὸ ϑάπτω id est sepelio. e Errata. S. Participiū sine uerbo. Non eni īuenit error. f Infelicis. C. Voluit explere versum ex verbis achimenidę. Vel infœlix: ꝓpter errores: & captat misericordiā a similitudie fortunę. g Vndosum. S. expressit grecum: Nam idē est plemmyriū qđ vndosum. h Orthygia. S. Hęc alia est a delo: q̄ & ipsa orthygia appellat. i Elidis. S. Elis & pysa in Archadia vrbes sunt: ī quib⁹ ē fons īngens: qui ex se duos alueos creat: Alueum et arethusam: vñ fit vt fingāt cōiungi ī exitu q̄s origo nō cōiūxit. k Arethusa. S. Arethusam in elide esse testat Virgi. Sic tibi cū fluctus subterlabere sicanos doris ama. s. n. in. v. Hęc venatrix dicit fuisse: quę cū fessa se in alueo ablueret: ab eo adamata est: & cū fugeret: in fontē mutata ad Sycilīā per secretos venit meat⁹ alpheū grece ἀλφειὸς vt αἰνείας Aeneas μηδεία Medea. CRI. Arethusa. de q̄ diximus in Buco. l Stagnantis. S. qui ad similitudinē Nili supfundit campis. m Helori. C. helorus flumen ex Pachyno monte fluit. n Proiecta. C. i. in mari extāta. o Pachynni. S. Promontoriū austrū spectās dictum ab aeris crassitudine παχύς enim pinguis ē et crassus. p Camerina. S. Palus ē iuxta oppidū q̄ cū olim siccata pestilentiā creasset: consuluerunt oraculū an penitus eā desiccare p̄starent: vetuit. at illi exsiccarunt: et cessauit quidē pestilentia: sꝫ ꝑ eā ingressus hostibus poenas dedere. CRI. Camerina: q̄ deinde Romanorū Colonia fuit. q Campi geloi. C. Hic stangnū geloū est: q̄d retro odore abigit ꝓximātes: Ibi fontes duo alterū si sterilis bibat concipit. Alterū si foecunda sterilis fit. r Immanisq꜒ gela. S. vrbs a fluuio sic dicta. s Agragas. S. mons est muro cinctus: cuius in summa parte oppidum est: Vnde & Cicero ait: ad mare intra moenia ante oppidū expectabat. Refert aūt hęc poeta ꝓm sua tꝑa. Nā tꝑib⁹ Aeneę palus hęc exsiccata nō fuerat: nec gelas aut agrigentum condite: hoc facit frequēter: sed nūc viciosum: q̄a ex ꝑsona facit Aeneę. C. Agragas: Sal agrigentin⁹ vstiōe liquescit humore admixtus: crepitat cōtra naturā reliq̄ salis. t Longe. D. quia excelsus est mōs. v Generator equorū. S. Nam (Pindaro teste) hi equi ad Agones gręge mittebant. Legimus et'aꝫ cū in Cappodocia equorum greges periissēt: adductis oraculo Apollinis ex agrigento gregib⁹: meliores reparant. x Palmosa selinis. SER. Vrbs iuxta lilybeum abundās palmis & Apio. y Saxis cę. D. quę nautę sub aqua cęca appellant. z Drepani. S. Drepanō ciuitas est: non longe ab eryce: dicta: vel ꝓpter curuaturā littoris: in q̄ posita est. Vl' q꜒ Saturn⁹ post amputata virilia cęlo patri illuc ꝓiecit falcem quę drepanos dicit. Quod verisimile putat ꝓpter vicinitatē erycis Veneri consecrati. quę dicit nata ex coeli cruore & spuma marꝫ. a Illetabilis. S. ꝓpter parentis amissionē. D. Illętabilis. exꝓssit plenā mortalitatē. Nā si qn̄ aliq̄ infortunia accidūt: nos in dolore positi locꝭ attribuimus: quasi nobis aliq̄d inflexerint: ergo hic Drepani tanto loco applicat: quod fato acciderat.

b Amitto anchisen. D. Dolet perisse in portu: q tot maris ꝑicula euasissꝫ. nec dixit mortuū: sed deseruisse filiū. Veteres enim egregios viros nō mortuos: sed ꝑ cōmutationē locorū translatos putabāt. c Fessum deseris. S. Sic ipse Cato aūt ad Italiam venisse dicit: vñ & in. vi. illud Amphibolon est. Quo magis Italia mecū lętere reperta. d Heu tātis. D. Tantus fuit dolor: vt etiā apud Didonē positus q̄si cū eo p̄nte loqueret. Tantis. ad generalitē transit: ne si specialiter enumeraret: lōgior fieret. Dolebat aūt vehemēter: q꜒ infinitis casib⁹ liberat⁹ ad Italiā ꝑuenire nō potuisset. Diffinit ergo poeta: quā vim habeat apđ filiū incolumitas patris. cū dicit omis curę: casusq꜒ leuāen. ¶ Nec Helen⁹: cū mlta horrēda p̄diceret: nec Celeno cū multa optaret maledicta. Ergo nec amicus p̄dixit: nec inimica. Tacuit aūt de tēpestate Syciliensi: ne bis repeteret: q̄d dictū fuerat ab Ilione. e Nec vates hele. SER. Quia dixerat. prohibent nā cetera parcę. CR. Nec vates he. Pathos ab eo q̄d est pręter spem: nam quę ꝓuidim⁹: solent leuiora accidere. Sic alibi: Et nūc ille quidē spe multū capt⁹ inani: fors et vota facit. f Celęno S. Quę vel irata debuit aduersa p̄dicere: & bona pietate morte p̄ris grauiorē dicit q꜒ famē. g Hic labor. C. dissolutio & admonitio. h Deus S. comēdat se Didoni dicens ad eam deorū voluntate venisse. C. Deus conci

Sic pater Aeneas intentis omnibus vnus:
Fata renarrabat diuum: cursusq; docebat.
Conticuit tandem: factoq; hic fine quieuit.

liat sibi fauorem reginę: lũ deorũ esse munus putet: q̃ ad sua littora venerit: Sic & Anna. Diis q̃dẽ auspitiis reor: et Iunone secunda huc cursum iliacas vento tenuisse carinas. i Intẽtis oib⁹. D. Adhuc intẽtis: vt oñderet Aeneã libẽter auditũ. Intẽti fuerant: cũ incœpit: intẽti cũ finiret. Omibus. Oñdit nullũ illic fuisse: q̃ nõ adhuc desiderat audire. k Fata di. S. q̃ dii hoibus tribuũt. C. Fata. quãtũ ad euersiõnẽ vrbis. vnipse. sic visum supis: & hęc in scdo li. l Renarrabat. S. re vacat: vt confieri possit. Sane in principio secundi duo sunt versus: ex persona poetę: sicut hic tres: et similis ẽst finis initio. m Cursus. C. ad errores suos referas: q̃s narrauit in tertio. n Conticuit tandem. S. vt conticuere omnes. o Tandem. S. diuturnitatem narrandi expsit. Epilogos autem sex istis priorib⁹ libris more cõtrouersiarũ dedit: quos etiam bioticos voluit esse: Nam singulis rebus singulas dedit. Primo omnia. Secundo pathos. Tertio errores. Quarto ethos. i. amores. Quinto festiuitatẽ. Sexto scientiam. Epilogus autem sic variauit: vt in primo esset miseratio Didonis. In secundo mors Creusę. In tertio Anchisę. In quarto Didonis. In qnto Palinuri. In sexto immaturũ deflet ipte ritũ Marcelli. D. Tandẽ. Ad ipm ptinet q̃ casus suos narrabat inuitus: Nam auditores adhuc intenti fuerant.

Finit liber Tertius.

Argumentũ Virgilij in quartum Aeneidos librum.

Ardet amore graui Dido: soror Anna suadet
Nubere. iunguntur nymbo cogente sub antro.
Incusat precibus patrem contemptus hiarbas.
Nauigat Aeneas iussu Iouis: illa dolore
Impatiens: & amore necem sibi protinus infert.

Vel sic.

Ardet amans Dido: fatum sortita supremum.

Quę quarto Aeneidos libro contineantur.

Vritur in Quarto Dido flammasq; fatetur.
At regina graui veneris iam carpitur igne.
Consulitur soror Anna: placet succumbere amori:
Fiunt sacra deis: onerantur numina donis.
Itur venatum: Veneris clam fœdera iungunt.
Facti fama volat: monitus tunc numine diuum.
Aeneas: classemq; fugę: sociosq; parabat.
Sensit amans dido: precibus conata morari:
pōstq; fata iubent: nec iam datur vlla facultas
Conscenditq; pyram. dixitq; nouissima verba.
Et vitam infoelix multo cum sanguine fudit.

AT regina graui iã dudũ saucia cura: SER. Apollinus Argonautica scripsit: vbi iducit amantẽ Medeam: Inde totus hic liber trans latus est de tertio Apollonii. Est aũt pene totus in affectiõe: licʒ in fine pathos hab: at vbi abscessus Aenea gignit dolorem: Sane totus in consiliis & subtilitatib⁹. Nam pe ne comic⁹ stilus est: nec mirum vbi de amore tractatur. lũctus qʒ superiorib⁹ est: qd artis esse videt: vt freqñt dixim⁹. Nã ex abrupto vitiosus est trãsit⁹. Licet stulte quidã dicant hunc tertio nõ esse coniũctũ. In illo eni nauigatione et pericula. in hoc amores exequit: nõ videntes optima cõiũctionẽ. Cũ em tertiũ sic clauserit. Factoq; hic fine quieuit: subsecutus est. At regina g̃ui iãdu. sau. cura. Item paulo post Nec placidũ mẽbris dat cura quietẽ. Nam cũ Aeneã quieuisse dixerit: satis cõgrue subiunxit: vt somno amãs careret. DO. At regina &c. Enarratis omib⁹: ad quietẽ secessit Aeneas. Dido aũt intolerabili cura mota recordatõe loqntis. & secreto incẽdio torqbat. CRIST. At regina. Cum mecũ sępe: multũq; animo: totaq; mente Maronis ingeniũ repeto: nihil mihi omnẽ doctrinã: ac omne dicendi genus poetarũ diligentius circũspicienti se se offert: qd ii cum huiuscemõi vate comparare voluero: nõ pene euanescat. Itaq; & si multa apud nõnullos pbem: laudemq;: hunc tñ solũ admiror: atq; stupesco: Verũ de ceteris qui in eo diuini loci dephendũt: & dixim⁹ sępe: ac deinceps dicemus Pñti aũt tpe: cũ eius sit q̃rtus liber interp̃tand⁹: qs satis p magnitudine: ac diuinitate rei illum admirabitur? Nouerat em̃ ex omibus pturbationib⁹ q̃ animos humanos cruciãt: atq; excedũt amoris vim. Amoris inq̃ illius q in nr̃is pectorib⁹ deprauatus: adulteratusq; penitus: a vero degenerat: esse animo maximũ: ac maximarũ calamitatum: quib⁹ mortale genus p̃mit semina: cãmq; p̃bere. hunc igit sapientissimus poeta ita psecutus ẽ: vt nihil mai⁹ nõ dicã verbis exprimi: sed ne mẽte quidẽ: atq; aio sup̃ hoc cõcipi possit. Et quoniã optimi vatis id ppriũ est: vt nõ solũ nr̃as aures dicendi suauitate demulceat: verũ mltro magis. vt grauitate rerũ ac optimis p̃ceptis hũana pectora a viciis purget: & virtutib⁹ informet: ita miserias oms: q̃ maxime in amore sunt: psequit: vt nos q̃ntũ in se est. inde penit⁹ ab

P. Virgilij Maronis Aeneidos: liber Quartus.

AT regina graui
iam dudum saucia cura.

ftrahat. Verum ne quis sibi ꝑsuaserit: me adeo impium: vt scelestissie in amorē inuehar: nō ab re eē iudicaui: vt de ipso distinctius nō ꝑ magnitudine ac dignitate sua: sed ꝑ tempis angustiis differerē. Nam cū innumere pene res a nobis cōplectēde sint: ita in singul' tēperādū est: ne dū vnā alterā ve nimis longe lateq ꝑseqmur: reliquis in ꝑscripto spatio: aut nullū aut oino exiguū locū relinqm⁹. Dicā igitur: Nihil amore maius: excellētiusq apud mortales esse: Dicā rursus: nihil miseri⁹: nihil infoelitius excogitari posse. Qd ne cui incredibile putari possit: Et quid sit amor ver⁹: & qd adult'rin⁹ breuib⁹ ꝑcurram⁹. Est igit amor desideriū pulchri. Pulchritudo aūt ipsa est grā q̄dā viuax & spiritalis: dei radio illustrāte in primis angelo infusa: inde animis hoim: corporūq figuris & vocib⁹: q̄ rōne visum et auditū mouet: atq delectat: delectando rapit: rapiēdo ardenti inflāmat amore. Pulchritudo triplex est. In aimo q̄ orit ex cōtinuitate virtutū. In corpe: q̄ est ex pluriū colore linearumq cōcordia. Gratia itidē maxima in sonis: q̄ ex vocū diuersarū cōsonātia nascit. Pulchritudo ergo animoꝝ mēte: corporū oculis: vocū auribus ꝑcipit. Cum igit amor sit feruēs pulchritudinis desideriū: semꝑ mente: oculisq atq aurib⁹ erit cōtētus: qm̄ istis solis percipit pulchritudo. Olfactum autē

Vulnus alit venis: & ceco carpitur igni.

gustum ac tactū negliget: quia istoꝝ sensuū appetitio nō amor est: sed furiosa libido: rabiesq vocat. Adde etiā ad hec si q amor erga hoiē pulchritudinē desiderat, humani aūt corporū pulchritudo in quadā cōcinnitate ꝯsistit: ipsaq cōcinnitas tēperātia q̄dā est: sola eā exigit amor q̄ tēperata: que modesta: q̄ decora sūt: Quapropter voluptates que ad tactū: gustūmq sunt: qm̄ adeo vehemētes forioseq existunt: vt mentē ex suo statu deiiciant: hoiēmq penitus ꝑturbent: amor oino refugiet: veluti eas q̄ ꝓpter intēperantiā pulchritudini sint aduerse. Etenī furor venere⁹ ad intēpantiā trahit. Ergo ad inꝯcinitatē: ergo ad deformitatē trahit. Amor ṽo ad pulchritudinē rapit. At deformitas et pulchritudo ꝯtrarie sūt: nō ergo deformia appetet amor cū solā pulchritudinē spectet: Quapp̄ nō solū veteres illi theologi: & q añ christū natū floruerunt. verū nostri qq: amorē diuinitatis nomē esse voluerūt. Nā & tertiā in trinitate ꝑsonā amorē nuncuparūt: et i angelorū hierarchiis primū ordinē amoris noie insignē reddiderūt. Seraphin enim ardens vel incendēs est: vel ardentes vel incendētes. Hec igit & pleraq alia his cōgruētia apud Platonē disputat Phoedrus: ac veris argumētationib⁹ ꝓbat: & nobilissimū: & maximū: et vtilissimū eē amorē: & cū duo sint apprime vtilia generi hūano: pudor atq studiū: qm̄ pudore ab oi turpitudie abstinem⁹: studio aūt ad maxia qq ac q honestissima accēdimur: vtrunq ab amore ꝑfectū demōstrat. Longior ꝑfecto sim: si illa quoq que eodē in cōuiuio a Pausania de amore differunt referā: & gb⁹ rōnib⁹ bonū simul ac pulchrū: illū demonstret: ꝯscribā. Quapropter nō solū hui⁹ de amore sentētias ꝑteribo: sed etiā q̄ Erisimachus: que Aristophanes: q̄ Agathō posuerūt: omittā. Est ēm p̄ ceteris oib⁹ ipse amor & benefic⁹: et curator et medicus est. Nā nō qꝫ cognoscim⁹: sed qa amam⁹ deū ab illo amamur. Quapp̄ter ñ cognitio dei: sꝫ amor ī deū: nos coelo restituit. Itaq & quia pulcherrim⁹: amād⁹ est: qꝫ optimus imitād⁹: quia btīssimus venerād⁹. Socratis aūt ratio multo ꝓfundior altiorq est. Verū nos de multis pauca: et ea quidē que nobis in hoc loco quadrent. Cū igit corporis alicuius figura talis est maxime: qualē in eius idea diuina mēs cōtinet: oculis se se obuiā offert: ac ꝑ oculos in spiritū penetrat: animo statim placet: nec iniuria: Nā illa his cōsonat rationib⁹: q̄s veluti rei ipsi⁹ exēplaria tum mēs nr̄a: tū gignēdi vis olim diuitus accepta ꝯseruat. Quapp̄ter huic triplex subrepit amor Nā huiuscemōi pulchritudo que ab oculis ꝑ spm̄ et aiam vsq peruenit: ita nos affectos inueit: vt vel ad rerū supnarū speculationē erigi. vl' in reb⁹ agendis manere: vel postremo ad voluptatē deprimi prompti paratiq simus. Si igit primū fuerit: statim a forme illi⁹ corporalis aspectu: ad eā que spiritual' diuinaq est formā contēplandā erigimur. Sin secūdū erit: ita nos aspiciēdo oblectabim⁹: vt nihil altius q̄ram⁹. Sin tertiū: statim ex eo mediocri statu in turpissimā cupiditatē tangendi attrectandiq rē amatā dilabit. Primo igit amore nihil sublimi⁹. Inter hos aūt hi q medii sunt: & si ad diuīa celestiaq ñ ascedunt: de hūano tñ gradu nō ꝑturbant. Est igit ois amor ab aspectu: sed amor eius q magnaꝝ diuinarūq rerū cognitiōi dedit⁹ e ab aspectu ad mentē ascēdit. Voluptuosi in turpē tactū descēdit. Eius aūt q in vite ciuilis actiōib⁹ versat ab aspectu nō descendit. Hoꝝ igit q tres sunt amores: is q speculationē sequit diuin⁹: Qui in aspectu solo ꝯsistit hūan⁹ appellat: Qui demū i tactū ꝓlabit: ita ab hoie degenerat: vt ferin⁹ noiet. Quapp̄ter cū in rerū oim ordine ita collocet hō: vt in cōfinio positus sit imortaliū: mortaliumq: oīm in mau sua ē: vt prio illo amore sup suā se cōditionē erigat: ac se deo cōiūgat. Est itidē & in mau sua: vt lasciuo & turpi amore: q̄d hois ē exuat: ac in ferā Circeis poculis. i. turpissimarū voluptatū illecebris penit⁹ ꝯuertat. Quapropter cū amorē pulchri desideriū eē diffinierim⁹. Cūq homis forma nō sit que i aio est: nec quicq̄ ꝑter animum vere hō dici possit. amor ip̄e ver⁹ hominē a corporea pulchritudine ad animū reuocat: atq deīn ab aīo in angelū traducit: & ab angelo postremo in deū transfert. Quo quidē re nihil homi excellenti⁹ accidere p̄t. Contra vero amor qui corpis formā sectat nos ī oim ꝑturbationū erumnas cōicit. Non ēm verā pulchritudinē: q̄ sola animi est: et in veritate et iusticia consistit: desiderat: sed illi⁹ oblitus: corpis formā q̄ in pulchritudinis vmbra est exqrit. Negligit igit veram pulchritudinē: sectat vmbrā: q̄ ad extremā ꝑnitiē nos deducit: Quā q̄dē rē apud Orpheum ex Narcissi fabula pulcherrimis (vt poetā decet) integumētis expssā videm⁹: Narcissus ēm pulcherrim⁹ adolescēs: sui vultū nō aspicit: sed eius vmbrā in aq ꝑsequit: atq eā amplecti conat. Suam igit figurā deserit: vmbrā aūt nunq̄ assequit. vñ in lachrymas resolut⁹ consumit. Per Narcissum ēm adolescētē temerarii ac impiti animi intelligim⁹: q sui vultū nō aspicit. Id ēm est verā ac ꝓpriā suā eēntiā nequaq̄ animaduertit: sed fug eēntie vmbrā ī aq ꝑsequit: atq eā amplecti conat. Hoc quidnā aliud ē: nisi q pulchritudinē in corpore: (q̄d quidē & fragile est et caducū: & ad similitudinem aq̄ ꝯfluit) q̄ ipsi⁹ aie vmbra est admirat. Suam ergo figurā deserit: vmbrā nunq̄ assequit: qm̄ anim⁹ corpus sectando: se negligit: & vsu corpis nō implet: neq satiat. Nō ēm ipm̄ reuera appetit corp⁹: sed sui ipsius spēm a corporea forma que spei sue imago est illect⁹: tanq̄ Narcissus affectat: cūq id minime aduertat: dū aliud q̄dē cupit: atq aliud sequtur: desideriū suū explere nunq̄ p̄ot. Qua de cā in lachrymas resolut⁹ ꝯsumit: q̄d iccirco ita euenit: qa extra se posit⁹ anim⁹: et in corp⁹ delapsus: perniciosis ꝑturbatiōib⁹ cruciatur: atq corpis infectus sordib⁹: q̄i morit: cū iā corp⁹ poti⁹ q̄ anim⁹ eē videat. Vides ergo tres eē amores: ex gb⁹ diuinus nos sup hoiem erigens deo ꝯiūgit: atq vt illo veluti nr̄o summo bono fruamur efficit: nosq ex hoc btōs reddit. Hūan⁹ aūt si os ad diuitatē nō ꝑducit: itra hoiem ita tñ continet vt in deteriora nō labamur. At is q vltim⁹ est: quē q ego iā totiens ferinū appello: nō mō btōs ñ reddit: Verū ita nos in nr̄e nature obliuionē inducit: vt ꝑ homine bestiā faciat: et qm̄ nihil in nobis p̄ter corpus cognoscim⁹: nihil ꝑfecto aliud q̄ corpus eē putam⁹: atq ad solas corporis voluptates nos natos eē cēsentes illius: penit⁹: vt in munda sus luto demergi delectamur. Hic innumere misserie: ac grauissime calamitates nos vexāt: ex: dūtq. vt vexeisse expiamur Propertianū illud. durius in terris nihil est: quod viuat amāte. Tantā igit ꝑnitiē: tāq graue pestē, humano generi cōsulere cupiēs Poeta: ita eas in Didone exprimit: vt nos ꝑ virib⁹ ab huiuscemōi insania auocare copiet. Dixi de amore: nūc (vt ad Maronē redeā) similitāpet. Dixi de amore: nūc (vt ad Maronē redeā) quod noster poeta: que ex diuersis floribus id excerpunt: quod operi suo conducit. Nam vt in Buco. Theocritũ. in Geor. Hesiodũ. Sic in Eneide Homerũ imitatꝰ ẽ. Verũ ita tñ imitatus: vt ex aliis poetis: tã grecis ꝗ̃ latinis: mlta ĩ rẽ suam transtulerit. vt s. ostendimꝰ: Nunc cũ maxime varietati studuerit: ĩ hoc q̃rto didonis amorẽ exprimẽs: grecũ apollõiũ imitatꝰ: q de Argonautis scribẽs amores Medeę exprimit: quẽ poeta doctissimo℞ virorũ iuditio longe superauit. b Iam dudũ. S. aut nimiũ: vt Teren. Iã dudũ te amat. Iã dudũ illi facile sit q̃d doleat: Aut iãdudũ a q̃ tp̃e vidit Aeneã: Legius ei: Obstupuit p̃io aspectu sydonia Dido. c Sautia. S. Hic subiũgit: vulnꝰ alit ⁊ bñ alludit ad cupidis tela vt paulo pꝰ ad faculã. cęco carpit̃ igni. nã sagitta℞ vulnꝰ ẽ fac̃ icẽdiũ d Crua. S. amore abeo ꝙ coruat: vt: Venerę iustissima cura. Itẽ mea maxia cura. C. Vulnꝰ. Nã amor figit̃ sagittę corda trãsfodet. hic Propti⁹. ⁊ manꝰ hãat ę ñ frustra armata sagittis. Et Pharetra ex humeris gnosia vtraq̃ iacet. Sed illarũ alias aurea: alias plũbea cuspide esse dicit Ouid. Et aurea cũ fecit cogit amare: cũ vero plũbea percutit: fugat amorẽ. versus sunt. Atq̃ sagittifera prompsit duo tela pharetra. Diuerso℞ operũ: fugat hoc fac illud amorem: qd̃ facit auratũ est: & cuspide fulget acuta: Qd̃ fugat obtusum ẽ: & habet sub arũdine plũbũ: Differũt aũt vulnꝰ & vlcus. Nam vulnꝰ est quicqd externa vi aut pulsu corpori infigit̃. Vlcus aũt est ex interni hũoris corruptõe. e Alit. C. Nã amorẽ ipm̃ diuturna cogitatõe augemꝰ. Quid ergo infelicꝰ amãte: q ipsi suas nutriat miserias. f Venis. S. q p venas amor currit sicut venenũ: Iñ dictũ: fallasq̃ veneno. Item longum bibebat amorem. g Et ceco carpitur igni. SERVIVS. Ita agit Virgilius. Vt interas frangat declamatões: vt hoc loco rẽ dixit sine declamatiõe. Ouid. Quoq̃ magis tegit̃: tanto magis ęstuat ignis. Ceco igit̃ igni. i. validiore: cuiꝰ hęc natura ẽ: vt ↄp̃ssus magis cõualescat. C. Et ceco igni. i. occulto. Nã q̃nto occultior ẽ tãto vehemẽtior. Vt q̃a amor cecꝰ pingit̃: q̃m lumie rõnis puat eos: q̃s afficit. h Carpit. C. Recte posuit. Proprie ei carpe dicimꝰ ea q̃ paulatim capiẽdo minuimꝰ: Vñ carpe iter & carpe herbas. Verũ q̃ em̃ capiendo minuitur: Sic etiã carpe famã: cũ veris vel falsis criminibꝰ illatis: illam minuimꝰ. Prisc. aũt in hoc loco alit & carpit: p alebat et carpebat positũ dicit. Carpit ergo. i. minuit amãtis corpus: & macilẽtũ aridũq̃ reddit. Nam cum vis ipa nature duabꝰ sil' actõibus sufficere penitus nõ possit: animi amãtis interio in assidua amtaj cogitatiõe tota se versat illic & naturalis cõplexiõis vis omis intẽta est. Ideoq̃ nec cibus in stomacho pfecte concoquit̃: q̃ fit vt maior ps in supflua excrementa abeat: sed id etiã q̃d in nutrimentũ reseruatũ est crudius ad epar trahit̃: ab eoq̃ etiã secũda decoctione male decoquit̃. Quo fit: vt et paucus animo sanguis: et is q̃dẽ crudior per venas trahatur. Vñ necesse est: vt mẽbra oia tum inopia: tũ cruditate alimenti: extenuentur ac pallescãt. Preterea q̃ animꝰ intendit. illuc & sp̃us aduolãt: At animꝰ in amati imaginẽ phantasię infixã: in ipmq̃ amatũ rapit̃ q̃ sp̃us q̃ illuc ferũt̃: ibiq̃ resoluũt̃: Et cũ sp̃us ex subtilissima sanguinis parte ĩ corde creent̃: opus est ad ↄsumptos sp̃us restaurãdos: puri sanguis frequentissimo alimẽto. Quã obrem cũ subtiliores q̃q̃: ac lucidiores sanguis partes: in sp̃us restauratiõe exalent: maculosus crassusq̃ atq̃ ater restat sanguis. Hinc macilentus squalidusq̃ efficitur amans: & melancolicus redditur. Nam ex sicco atroq̃ ac crasso sanguie: atra bilis efficitur: Vides ergo: quare ceco igni tecto carpatur amans: i Igni. C. Nam p̃ter sagittas etiã faces gerere dr̃ amor: k Multa viri virtus animo. SERV. bñ mediã se facit p̃bere Didonẽ inter regalẽ pudorẽ & amoris impulsum. Simulat em̃ se virtutẽ mirari: cuiꝰ pulchritudie mouebat̃: Multa aũt virtus figurate dixit. Nã ad nũerũ transtulit: quod est q̃ntitatis. D. Multa vi. vir. Erãt eni et corporis: quia multos labores ptulerat: erant animi: ꝙ erat deo℞ cultor: amator patrię: pentis: vxoris: Quapropter etiã sub lato amore conflato a cupidine: cur nõ amaret virum domi forisq̃ p̃stantẽ: bello strenuũ: in pace religiosum: necessariũ sibi viduę destitutę: condenti ciuitatẽ: necessariũ contra pigmaleonẽ. forma aũt corpis cęteris animi virtutibꝰ afferebat decꝰ: accedebat nobilitas generis. Erat em̃ veneris filius: cupidini frater: nepos Iouis. CR. Multa viri vir. Decorũ seruat poeta. Nã cũ castissimã: & ex oibꝰ ptibus temperatã finxisset Didonẽ: non fiebat verisimilr illã nisi grauissimis causis in amorem impelli potuisse: Neq̃ n si amorẽ penitꝰ lasciuũ & ferinũ: sed humanũ: q aliq mõ diuinũ q̃ sapet. Nõ ergo capta est a principio forma specie ve corpis: sed multa virtute viri ꝗ̃ admirata ẽ: & admirãdo amare cœpit. Incœpit igit̃ irrepere vitiũ in eã sub virtutis specie. Aliter em̃ capi mulier temperata nõ poterat: cũ aũt patefacta iam eẽt amori via: p virtutẽ incœpit admiscere aliqd deteriꝰ: sed nõ tñ malũ: Nã obtulit hoĩs nobilitatẽ generis: q̃ illã vehemẽtiꝰ colligaret: ac demũ illã iã istis rebus occupatã: ipsã corpis specie ac pulcritudine aggredit̃: vt tandẽ a pudico in ĩpudicũ trahat. Nã cũ veluti in nr̃is allegoriis oñdimꝰ: per Didonẽ vitã actiuã ciuilem intelligamus: est quidem ipsa vita ciuil' a principio ita instituta: vt ad virtutis finẽ dirigat̃. Verũ cum in rebꝰ corporeis & mortalibus versetur: illarum illecebris delinita: a virtute ad lasciuiã deflectit: ac degenerat. Sꝫ redeo ad Didonẽ: quã cũ a principio temperatã induxisset: nõ vult illã intẽpantiã: nisi p ↄtinentiã. ad incõtinẽtiã deduci. Nõ ei ab extremo ad extremũ nisi p mediũ itur. Quapp̃ter vt hęc oia videamus. Virtꝰ est q̃dã q̃ facit ne in aliquã turpẽ libidinẽ deferamur. Hãc ãt tp̃antiã appellãt: quã ita diffiniũt: esse firmũ: modestũq̃ rõnis dominũ: libidinẽ: cęterosq̃ ĩportunos animi motꝰ q̃dã vigore coercẽs. huiꝰ ↄtrariũ est intẽperãtia. Vtraq̃ ista℞ hitus ẽ: Ergo illa virtus: hęc vitium Cognoscimꝰ ãt habitũ factũ eẽ: aut ĩ virtute aut ĩ vitio: cũ id agimꝰ & libẽter: et cũ voluptate: nulla in pte repugnãte aio. Ergo q tp̃atus ẽ: sine labore aliq̃: sine aliqua molestia volẽs libensq̃: & cũ voluptate ab oĩ libidie ita abstinet: vt gaudeat cũ id agit. Intẽpatus aũt & ipe libẽs: et cũ voluptate in oẽ genꝰ libidinũ fluit. Inter aũt tp̃antiã et intemperantiã cõtinẽtia est & incõtinẽtia: in qbꝰ q̃m nõ adhuc factus est hitus: pugna appet et difficultas. Ergo cõtinẽs abstinet q̃dẽ a libidinosa voluptate: sed pugnat ĩ eo sensꝰ aduersus rõem. inuitusq̃ cogit̃. Incõtinẽs vero & ipse pugnat: sed tãdẽ vincit̃ rõ & appetitꝰ inobediẽs: et tanq̃ pugnax supat: in hoc appetitꝰ turpiter cupit & trahit rõnem. Ergo nec sistit: nec paret rõni: in eo vero q est cõtinens appetitus sistit: Nã a rõne ita cohibet̃: vt q̃uis efferri cupiat: tamen ↄfirmet vestigia: nec vlteriꝰ dilabat̃: nõ tñ paret. Siquidẽ parere est: q̃d iubet̃ libenter exequi. Appetitio hoĩs cõtinẽtis: nõ oẽ q̃d rõ iubet exequit̃. Nã illa duo ratio p̃cepit: & ne appetat: & ne agat turpiter. Appetitus primũ preceptũ intelligit: secundũ seruat: sed nõ pfecte. Nã q̃uis abstinet a voluptate quã cupit: coactus abstinet. Coacte aũt facere: cogi potiꝰ ẽ ꝗ̃ obtẽperare. Tẽperatꝰ ãt vtrunq̃ p̃ceptũ libẽter exequit̃. Quapropter cũ Plato de incõtinẽte loquit̃: ait illũ deniq̃ cũ errata sua cognosceret pœnitere Et quia vt ait Seneca. Principiũ salutis est penitentia. Icirco ait Pla. Deiñ illũ frena ĩponere cupiditati. Habes igitur quid sit tp̃antia: quid cõtinentia: qd incõtinentia: q̃d deniq̃ intẽperãtia. Quo aũt pacto Didonẽ ex tẽperata cõtinentẽ reddat: atq̃ ex cõtinente incõtinentẽ. postremoq̃ p intemperatã: paulo ĩferiꝰ exprimemꝰ. Neq̃ tñ q̃rat aliqs quõ posset mulier in hitu virtutis constituta inde dimoueri: Nã & si summa sit difficultas tollere habitũ: tñ non est de rebus impossibilibꝰ: p̃sertim in virtutibꝰ ciuilibꝰ. Nã in purgatoriis: & in his q̃ sunt animi iã purgati: lõge alia rõ est: quin et ipse Poeta illã ab hitu dimotã oñdit nõ facile. sed adhibita vi cupidinis. quẽ deũ ĩ reliqs deos posse nõ fabulose fabulant̃. l Recursat. S. Bene frequẽtatiuo vsus est verbo in frequẽti amãtis cogitatiõe.

k Multa viri virtus animo: multusq̃ recursat.

m Gentis. S. non Aeneę: vt sit velut excusatio. sed Dardani a numinib⁹: aut veneris. n Infixi p. v. S. Tale & illd ē illū absens absentē auditq; videtq;. D. Fixi: figi ea dicunt: q̃ facile auelli nō p̄nt: et heret q̄d non pōt reparari. C. Infixi p. Nā quę vehemēter cupim⁹ e mēte nūq̄ amouentur. o Vultus. D. ad corpis laudē. p Verba. D. ad animū referas. q Nec placidā m. d. c. S. aut penit⁹ quiete caruit: vt placida epitheton quietis sit: aut hūit q̄dē quietē sed nō placidā. i. turbatā somniis. Vn̄ ipsa paulo p⁹: Quę me suspensam insomnia terrent: D. Quietē diuersa res est somn⁹ & amor: ergo Aeneas quiescebat: Dido inquieta erat. r Postera phoebea lus. l. ter. S. Circūlocutio oriētis diei. Secundū eni: & tertiū librū Aeneas p noctē in conuiuiis Didonis narrauerat: liq; vt ē dixim⁹. Virg. ista que per naturam necesse est fieri plerūq; cōternat. s Lustrabat. S. aut illustrabat: Aut reuera lustrabat. i. purgabat: Nā nox q̄dāmō polluit mundū. t Humentē vmbrā. S. Quia nox ois hūida est: vt noctis lent⁹ non deficit humor: Et nihil interest: vtrū vmbrā an noctē dicat: Nox em̄ vmbra terrę est: vt supra: Inuoluēs vmbra magna terrāq; polumq;. Est etiam hysteron Proterō in sensu: Aurora em̄ p̄cedit solem. C. Humentē vmbram: noctem q̃ vmbra terrę est et humescit: nam humore p diē a sole attracto: neq; ab eo assumpto humescit. v Cū sic vnanimē. S. de re pudenda locuta parū fuerat sororē diligere: nisi etiā vnanimē: Dicim⁹ aūt vnanimus sicut inermus & inermis. x Male sana. SERVI. Non plene sana. i. amore viciata. Male eni plerumq; minus significat: sicut ve: vt vecors vesan⁹ quācq; male & p̄nitiosus significat. Luca. Sic male deseruit. C. Male sana: Nos ob amore dehortaī: cū isanos reddat. y Anna soror. D. Elegit sororē: & vnanimē: cui turpiorē amorē confiteretur. Neq; tn̄ aperte: sed per insinuationē lōgo circulo verborum confessa est. CR. Anna soror. Optimū initium patheticę orationis. Nam nomine proprio incipit: vt ońdat & amice & familiariter apud sororē conq̄rat. Sic Tereti⁹. O mea Glicerium: quo te is perditū: & crebris interrogatoibus: ac dissoluto rē auget. z Insomnia terrēt. S. et terret & terrent legimus: Nam hec insomnia īsomnię vigilię: et hoc insomniū insomniū: id quod p somniū apparet: vt Falsa ad celū mittūt insomnia manes. Nam insomnia in singulari Pacuuius & Ennius frequenter dixerūt. Plinius tn̄ de vsu remouet: sed ambiguitatem lectionis hęc res facit q̃ nō ex aperto vigilasse se dixit. Sed abusiue quietē implacidā i. somniis interruptā. Ergo z insomniis territa: & p̄pter terrorē vigilias passa est. D. Insomnia terrent. Patior insomnia: dū considero nihil esse in hospite: q̄d p̄ferri non debeat. CRI. Terrent. Nam visis nocturnis horrescit animus: vel terret insomnia. i. vigilias propter varias cogitationes quę animo aduenīūt. a Quis nouus. SER. magnus, vt pollio et ipse facit noua carmina. D. Quis nouus: noua in illo sunt omia: tam in corpore q̃ in animo: neq; vnq̃ in alio visa: Et hęc dicunt̄ p amātis animo. C. Quis nouus. q̄si diceret. Cui nullus vnq̃ similis inuēt⁹ sit: ergo nouus sine exemplo. b Successit sedibus. S. vt succedorē oneri: & succedūt tecto. c Quē se se ore ferēs. S. vt: Obstupuit primo aspectu sydonia dido. D. Quē se se o. fe. q̃ gratū q̃ iucundū est: q̃ viro forti oueniēs: q̃ tacet qui loquit̄ q̃ mouet. Laudat̄ etiā Aeneas hic q̃ nō amauit: vt vulgaris & turpis: sed amatus est: nō tn̄ ab ea quę esset pudoris abiecti: sed etiā petita consilio veneris & Cupidinis fraude. d Forti pectore. S. hoc ab Ilione audierat: & fortitudinis cōmeoratiōe: excusat pulchritudis laudem. e Credo equidē ge. eē deor. S. Nec em̄ vana fides est. i. falsa. Nā degeneres animos timor arguit. i. reprobat. C. Credo eq. ex nimio amore ē: q̃ nō solū hęc credat: sed rōne q̃ cur credat afferat.

Gentis honos: hęrent infixi pectore vultus.
Verbaq;: nec placidā membris dat cura quietē.
postera phoebea lustrabat lampade terras:
Humētemq; aurora polo dimouerat vmbrā.
Cum sic vnanimē alloqtur malesana sororē.
Anna soror q̄ me suspēsam insomnia terrent:
Qui nouus huc n̄ris successit sedibus hospes:
Quē se se ore ferēs: quā forti pectore & armis:
Credo quidē: nec vana fides: genus esse deor:
Degeneres animos timor arguit: heu q̄b⁹ ille
Iactatus fatis: quę bella ex hausta canebat.
Si mihi nō animo fixum immotūq; sederet:

f Heu. S. ipassum amoris significat. DO. Heu: incipit sensim confiteri q̄ amet: q̄ doli casus e⁹. C. Heu. vis amoris exprimitur cum doleat p̄teritis: & quę iam seuasit eius malis: ex hac admiratōe illius fortitudinis inuitu illum indignū tam iniq fortuna fuisse.

g Iactatus fatis. SER. vt: Quis te nate dea per tāta pericula casus iactauit.

h Exhausta. SER. terminata: quod maxie virtutis est: Nam inchoare bella: cuiuscunq; est: vincere paucorum.

i Si mihi nō. D. Adeo illum probat: vt illum iudicet dignum matrimonio suo: nisi priori cōiugio sit decepta. CRI. Si mihi non animo fixū. Sapientissimus poeta: Didonē cū in ipsa pudicitia temperantię habitu confirmatam ostendisset: recte nunc antea q̃ intemperatā inducat: primo illam ex temperata continentē. deinde ex continenti incontinentē fieri demonstrat: Ac postremo in vitii habitu deducit. Fuerat enim a principio temperata: vbi ait: Tum breuiter Dido vultū demissa profatur. Nūc vero veneris consilio: & Cupidinis viribus: ac postremo virtutibus ac pulchritudie Aeneę impulsa labascit: & de habitu temperantię: in quo bene valens: & sine difficultate opabat̄ decta: nō a bono adhuc discedit: sed pugnat ratio aduersus appetitum: qui olim obtēperans fuerat: nunc ab ea deficit: vicit tn̄ adhuc ratio. Et idē agit nūc Dido: q̄d agebat dū erat temperata: sed cū difficultate. In ipsa eni temperantia nulla erat pugna. Nam appetit⁹ ita obtēperans erat rōni: vt pene illi coniūctus cūcta p illius imperio exequeretur: nunc vero in contrariū vitur. Insurgit eni appetit⁹ cū vulnus alit venis: cū cęco carpit̄ igni: cū hęrent infixi pectore vultus: Et cū huic vni pōt succūbere culpę: cū sentit veteris vestigia flāmę. Sed tn̄ in hoc acerrimo certamine tandē succumbit: cū ita decernitura rōne. Sed mihi vel tell⁹ optē prius ima dehiscat. Paulo vero postea cum ad tot acerrimos hostes: blandę sororis p̄suasiones accederēt: superior euasit appetitus: et rationē q̄uis inuitam traxit, factaq; est mulier ex continēti incōtinēs. Vnde est illud his dictis incensum animū inflāmauit amore. Spemq; dedit dubię menti: soluitq; pudorē. Ac demū incontinentia obduxit habitū intēperantię: q̄d ońditur cū ait: Nec iam furtiuum Dido meditat̄ amorē. Coniugium vocat: hoc pretexit nomine culpam. k Fixum immotumq;. SER. Cogi se se optat quę nō negat.

Ne cui me vinclo vellem sociare iugali:
postq̃ primus amor deceptam morte fefellit.
Si non pertesum thalami: tedeq̃ fuisset.
Huic vni forsan potui succumbere culpe.
Anna (fatebor enim) miseri post fata Sychei
Coniugis: & sparsos fraterna cede penates:
Solus hic inflexit sensus: animũq̃ labantem
Impulit: agnosco veteris vestigia flamme.
Sed mihi vl' tellus optem prius ima dehiscat:
Vel pr̃ omĩpotẽs adigat me fulmĩe ad vmbras:
pallẽtes vmbras herebi: noctemq̃ ꝓfundam:
Ante pudor quã te violẽ: aut tua iura resoluã:
Ille meos primus: qui me sibi iunxit amores
Abstulit: ille habeat secũ: seruetq̃ sepulchro.
Sic effata: sinus lachrymis impleuit abortis.
Anna refert o luce magis dilecta sorori:
Sola ne perpetua moerens carpere iuuenta:
Nec dulcis natos: veneris nec premia noris?
Id cinerem: aut manes credis curare sepultos:

l Sederet. S. placeret: vt: Et sedet hoc aĩo. m Iugali. S. Propter iugũ q̄d iponebat m̄rimonio cõiungendis: vñ & lutro iugalis dr̄. n Primus amor. S. i. maritus. o Deceptã m. f. S. Decepit me morte sua: & fefellit. p Pertesum. S. participiũ sine origine verbi: & gtm̄ regit & actm̄. Nam gtũs singl'aris est: & accusatm̄ vt pertesus ignauiã suam. C. Pertesum. Tedet ei in voce actiua: p̄teritum hab; pertesum est: in voce passiua. q Tede. C. pro face ponit. Cęterũ teda arbor est: de q̃ diximꝰ in Georgicis. r Huic vni f. p. s. c. S. Singula pronuncianda sunt. Ingenti eñi dicta sunt libra & moderatiõe q̃bus confessiõibꝰ desiderii sui quãdã inijcit refrenatiõẽ. C. Huic tam graui tã vehemẽti. s Vni. C. q. d. tali vt exemplo careat. t Culpe. S. Nam antiq̃ repellebant a sacerdotio bis nuptas. v Fatebor ei. S. vno sermõe culpam exprimit et necessitatem. Fateri eñi & coactorum est & culpabilium. x Miseri post f. sy. SER. aut muliebriter dixit: aut mortui: sc̄dm Cice. Qui i Tusculanis miseros mortuos vocat: aut cuius iã obliuiscit: aut sic occisi. y Sparsos. S. Si Sychei sparsos. i. pollutos. Si Didonis sparsos. i. dispersos propter fugam. z Inflexit. SER. a rigido proposito: quia supra dixit: Infixũ in motteq̃ sederet. C. Inflexit sensus. Mouit appetitũ: & repugnantẽ ratiõi fecit: & deduxit a via recta: a Labantẽ impulit. S. Impulit: & labare fecit. Non ei lababat: q̄ añ immobilis fuerat. Cauendũ sane ne labentem contra metrum legamus. Nam la longo est, labere nympha polo. b Veteris vestigia flã. S. Rem turpẽ sub honesta fatet̃ specie dicẽs se agnoscere marital' coniugii ardorem. CR. Veteris vest. flam. Ostendit quantus sit amor: cum circa hęc principia notet eum esse similẽ illi qui fuerat maximꝰ. c Sed mihi. S. Callide. ac si diceret: posse se cõiungi Aeneę: si mors secuta nõ fuerit. DO. Sed mihi vl' tel. Confessa de amore: meliꝰ ꝓuenire sibi mortẽ dicit. d Tellus ima. C. Imę terrę p̄tes: vt eo hiatu deuoluat vsq̃ in centrũ. e Dehiscat. C. valde hiscat: vt nulla sit retentio tuenti. Viget aũt hęc rõ: sed cũ appetitu certamẽ init. f Vel pater opš. C. Nã minor poena est per hiatũ ad iferos deduci: q̃ Iouis fulmĩe ꝑcussum eodẽ trudi. g Pallentes vm. h. n. q̃. p. C. excludit elisiorum cãporũ ludos: vbi beatę dẽgũt: & i mãifesta luce & amoena versãnt: vñ est: Solẽq̃ suũ sua sydera norũt. h Herebi. S. in herebo. Alii herebi legũt. C. Et exprimit vbi nocẽtes puniũtur. i Aut tua iura resol. S. propter vinculum iugale. k Ille primus. DO. Oñdit sorori viam necessarię persuasionis: vt quod erat amoris impulsu factura: hortatu alieno magis facere videretur: Ait eñi semel nupsi. habeat ille cuiꝰ ius mortuꝰ pudoris mei pignus qui mihi florem virginitatis eripuit: et secũ hẽat: ac suo sepulchro conseruet: q̄ sic obliq̃ dicit: Quid dubitẽ nubere cũ alteriꝰ nuptias sepultus ille nõ videat: nec sentire possit. Sufficiat illi q̄d ꝑcipuũ huĩc virginitatis meę decꝰ tulisset relinq̄t viduã necessitatibꝰ suis inseruire: Et si sentit fidem debitã: illi substulit mors que nouitatẽ q̄ndã ꝓcurauit. Vis maior vrget: et intolerabilis cogit: impune secundi cõiugii fortũa suscipit. & si aliq̄d manes sentire p̄nt: impune p̄cat̃. l Abstulit. S. cũ illo consumpta sunt desideria & voluptates. m Sic effata. C. quia repugnat appetitꝰ rõni: & coactus obtemperat. n Sinus. S. Nos dicimꝰ orbes oculorum. i. palpebras: q̄ a palpatiõe dictę sunt: q; semp mouentur. o Lachrymis. S. Bene pręmisit excusatiõẽ his lachrymis cõmemoratiõe priorꝫ mariti. D Lachrymas q̄s effundebat: vl' recordatiõe veteris mariti: Vel q̄ cogat̃ id facere: q̄d aĩo respuente dãnauerat. p Abortis. D. Subito cohortis: sic eñi fit q̄ñ dolore animi fundũt̃. Cõtra Synone lachrymisq; coactis. q Anna refert. S. Suasoria est oĩ p̄te plena: nam & purgat obiecta: & oñdit vtilitatẽ: & a timore ꝑsuadet. r O luce ma. d lec. S. i. dilectior. Nam antiq̃ freq̄nter ꝓ cõparatiuo iũgebãt p̄ticulã magis: tale & illud ẽ: Nata mihi quondã dũ vita mãebat. Cara magis. D. O luce m. d. Oñdit cãm meri consilii fuisse: cũ ex amore loq̄tur: & deinde aggreditur destruere causas: ꝓpter q̄s ipsa negauerat secũdas nuptias. C. O luce m. d. so. Oratio est in genere deliberatiuo: & arguit a tuto et honesto. Captat beniuolẽtiã et attẽtionẽ: cũ oñdit tm̄ illũ amare: in primis ãt demõstrat: q̃bꝰ bonis caritura sit: si voluptate et liberis: si amori illi repugnet: & confutat q̃ illa dixit de Syhęo. s Sola ne moe. S. in oĩ carpe iuuẽta. C. Moerẽs. Est moeror sc̄dm stoicos ęgritudo flebilis. t Dulcis na. S. ꝓpter liberos q̄ sũt cã sc̄di m̄rimonii. Alii male iungũt natos veneri cupidinẽ & Aeneã. D. Nec dulcis na. Honestã cãm ꝓponit: ne libidis: sed liberorũ creãdorũ cã illã hortari videat̃. v Veneris p̄mia. S. voluptates Hõe. τὰ τῆς ἀφροδίτης. x Id cinerẽ aut ma. S. ꝓpt illd: Nec seruata fides cineri ꝓmissa Sychęo: Bñ ãt extenuat̃ ñ aĩam dicẽs: sed cinerẽ & manes sepultos. Et ẽ snĩa epicuri: q̄ dic̃ aĩaꝫ cũ corpe interire. D. In cinerẽ. i. hic cui deferre ꝯtendis. nescit honorificẽtiã tuã: Cũ aĩa eñi sensus morientis extinguit̃: totũ interit: pditq; obsequium: quisquis illud nõ homi: sed cineri ꝓrogare contendit. y Sepultos. C. q. d. sensu carentes. Loquit̃ ex snĩa Aristotelis: qui ait: Mortuos parũ de superis curare a Esto. SER. aduerbiū concedentis est & grecū. DO. Esto ęgram. i. cū adhuc esses ęgra ex recenti dolore nulli flexerunt te: nunc non repugnabis placido amori. a Mariti. S. nō qui essent: sed qui esse cupe͞ret. Alii legūt ęgram mariti: vt sit nūeri singularis. i. tristis ppter maritū. b Non ante tyro. SER. aut in tyro: ac si diceret tyri: aut ē proposuit: id est de tyro: vt Dardanus hesperia. c Hiarbas. S. rex lybie: qui secundū hystoriā Didonē petiit: et cū illa recusaret: Carthagini intulit bellū: cuius tiore cū cogeretur a ciuibus: petiit vt ante placaret manes mariti: et edificata pyra se i eā ꝓcipitauit. Vn̄ Dido. i. virago est appellata. Nam elisa ꝓprie dicebat. d Ductores alii. S. Ergo hiarbas ductor. e Aphrica. S. deriuatões frequēter sunt maiores pricipalitate. Interdū pares inueniūt. Raro miores: vn̄ sup̄ de Lacena notandū diximus. f Triūphis. S. i. bellicosa: g Pugnabis amori. S. grecū est: Nam nos dicim᷒: pugno tecū: et nō pugno tibi. h Hinc getule vr. D. Exprimit q̄d obscure dixit: quorum cōsederis aruis: Post aūt mīra necessaria que prius posuit: addidit faciendi necessitatē: singula cū metu discurrens: dic ergo nō consideras te peregrinā: et in locis peregrinis te imperiū velle fundare: & omia initia ꝓsertim imperii hře laborem durū. q̄ fœmia: & sola para vrbē fundare cū innumere gentes possint te magno nūero vrbiū infestare: q̄ viribus & ferocitate valent. i Vrbes. S ad terrorē dixit. Nam in mapalibus habitabant. k Insupabile. D. inuincibiles oñdit. l In freni. S. Sęui. vel qui equo sine freno vtūť. m Cingunt. D. Hoc ip̄m cingūt habet magnā vim. Nam cingere est ambire: vt infiniti monstrentur inimici vndique: ne p illos: neue p deserta fugere possis. n Inhospita. S. Barbara aspera. DO. Inhospita non q̄ nō suscipiat hospites: sed quā inhumanitatis causa omnis formidet aduenie͞ns: vel oderit peregrinos. o Deserta siti re. S. inhabitabil: & intelligit xerolybien: q̄ est inter tripolim: & pentapolim: terret ergo cū iuxta sint aut bellicose gentes: aut deserta: vn̄ nō speret auxilium. p Barchei. S. H: longe sūt a Carthagie. Vn̄ dixit: lateque furētes. Et scd̄m Titanū in Chorographia phoenices quōdā nauali pugna superauere. Barche aūt ciuitas ē Pētapoleos: q̄ hodie ptolomais dr̄. Nam Cyrene & Barce regiōne fuerūt: a quib᷒ cyrenę & barce vrbes dicunť. q Germani minas. D. Hoc vt validissimū posuit: q̄si iste addeť: qui mare obsidebit ne fugere possis. Postremo illi hunc cogitandū pponit: cui impiū sit relictura si careat liberis. r Minas. S. propter aurū quod dolet sibi ereptū: vt in primo diximus. s Diis equidē. DO. poterat timere Dido: Iunoni hoc nō placere: sꝫ cōiecturaliter hoc remouet Anna: ait eī si nollent dii nobis ꝑiungi Troianos: nunq̄ illi nostra littora tetigissent: & credit Iunonem peregisse: vt Troiani a patria pellerenť: vt huic regno fauerent. t Auspicib᷒. S. Nuptię captatis auguriis fiebāt: vt Luca. Contentique auspice bruto. v Secunda. S. ꝓspera nuptię ꝑest coniugiis. x Tenuisse. S. ꝑfecisse. i. implesse. y Quam tu vr. D. Si sola tm̄ regnū parasti: quid facies Troianis adiuta. Ergo fauorē deo᷒ sacrificiis concilia. C. Quā tu vrbē: i. egregiā: q̄s nobilem: q̄ potētē: cū duplicate erūt vires: cū Troianos tuis adiūxeris. erit ergo voluptuosū ex cōiugio tanti & tam pulchri viri. Augebit imperii maiestas aucto populo: & pulso cotidiano q̄ nunc es timore viues macta ci tas Troianorum vires. z Tali. SER. tam fortis viri: hoc dicebat a Didone dictum.

Esto ęgram nulli quondam flexere mariti:
Non lybię: non ante tyro despectus hiarbas.
Ductoresq; alij: q̄s aphrica terra triumphis
Diues alit: placido ne etiā pugnabis amori?
Non venit in mentē: quorū consederis aruis?
Hinc getulę vrbes genus insuperabile bello:
Et numidę infreni cingūt: & in hospita syrtis.
Hinc deserta siti regio: lateq; furentes
Barchei: quid bella tyro surgentia dicam?
Germaniq; minas?
Dijs equidē auspicib᷒ reor: & Iunone secūda
Huc cursum iliacas vento tenuisse carinas.
Quā tu vrbē soror hāc cernes: q̄ surgere regna
Coniugio tali: teucrum comitantibus armis?
Punica se quantis attollet gloria rebus?
Tu modo posce deos veniam: sacrisq; litatis
Indulge hospitio: causasq; innecte morandi.
Dum pelago deseuit hyems: & aquosus orion:
Quassateq; rates: dum nō tractabile coelum.
His dictis incēsum animū inflāmauit amore:

a Punica se. C. q. d. augebitur impiū tuū virib᷒ Troianorū: & tū omnis gloria in tuos redūdabit. Nam punica & Troiana regna dicent. Mira ergo auxesis: vt nō solū tuta: verū etiā in summa vtilitate viuere possit. Recte autem hoc collocat post approbationem. b Tu modo pos. CRI. Ostendit rem voluptate: hōestate: & vtilitate plenam. Nunc facilem facit: si dii inuocabūť: si indulgentiorē se in hospitē prebebit: si occasionem hyemis: quę illos nauigare prohibet: nō obmittet. c Veniā. S. beneficium: aut reuera veniam piuriis: scilicet vt: Non cineri seruata fides promissa Sychęo. d Sacrisq; litat. SER. Diis litatis dicere debuit. Non enim sacra. sed deos sacris litamus: id est placamus. ergo noue dixit: e Indulge. SER. Da operam: vt indulgent vino: & vertūt crateras ahenos. DO. Indulge hospicio. i. illorum peregrinatione vberius faue: ne deficientibus rebus Troiani recedere cogantur. f Causasq; innecte moran. DO. Pretende causas quę illos a nauigatione arceant. g Aquosus orion. S Corripuit o ratione supradicta. h Non tractabile. SER. Asperum: intractabile. i His animū ꝛc. CR. Terentiana sententia est: Ait eī Symon: quia demonstratur q̄ noxia sit res animo ęgroto si improbū assumeret magistrū. k Incensum inflā. S. Hora. Oleū adde camino. D. Incensum inflā. Bis repete. scilicet animū incensum amore: inflāmauit amore: Nam data spe cōmodi ex his quę progatura dicebat: adeo dubitationem remouit: vt omnis verecundia et pudor cesserit.

Spemq; dedit[l] dubie menti[m] soluitq; pudorē.

l Dubię menti. CRI. Nam cū anim⁹ in dubio est paulo momento huc vel illuc impellitur.
m Soluitq; pudorē. S. ꝓpter vincla castitatis C. Soluitq; pudorē. Atqui contra Platonis: quem semp obseruat: sententiam dicere videtur: q̄ illa ex amore pudorem soluat: Ait enim Plato. Pudorem & studiū ab amore oriri: Hic aūt ab amore extingui: sed Plato intelligit de diuino amore q nos ab omi turpitudine remouet iniecto pudore: & ad omnes egregias res impellit: addens studium: quod est vehemens animi applicatio ad aliquid peragendum: sed Plato de diuino amore loquitur. Poeta ferinum describit.

Principio[n] delubra adeunt:[o] pacemq; per aras[p]

n Delubra. S. Delubrū dictū: vt supꝫ ꝓpter lacū in q̄ man⁹ abluunt. Vel ꝓpter tectū piunctū aut l ḡneū simulacrū dicim⁹ a libro. i. raso ligno factū: q̄d grece ξόανον dicit. CR. Delubra. Dicim⁹ a templa eē: i qb⁹ essent simulacra deorū delibrata decorticata. Na (vt est apud Pli.) eius statuaria ars apud Italos vetusta fuerit: vt apparet in Hercule ab Euandro sacrato i foro boario: q triumphalis dicit: & p triūphū triumphali habitu vestitur. Item in Iano gemino: qui a numa dicatus est: digitis ita figuratis: vt.ccclxv. notet: q to & anni. & tempo ram esse deum indicet: tamen vsq; ad deuictam Asiam simulacra deorū potius lignea fuerunt: Vnde legitur in vrbe populonia simulacrum Iouis ex vna vite fuisse. Nam ita magnę ac crasse vites repertę sunt: vt in Metaponto templū Iunonis columnas ex vite habuerit. Quanq̄ apud priscos nulla fuerat dei imago. Clemens eni ait Numam regē mosaica visum disciplina instituisse: nullam imaginem deo tribuere. Vnde annis.clxx. nulla imago neq; facta: neq; picta in tēplis deorū visa fuit. Ita occulte significauit: nullo mō nisi mēte ad dei similitudinem hoim venire posse: ait Euse. de pparatōe euāg. Plutar autē ait: Ex ligno: prisca deorum simulacra fieri solita. Ex hoc

Exquirunt: mactant lectas de more bidentis:
Legiferę cereri: phœboq; patriq; lygo.
Iunoni ante omnes: cui vincla iugalia curę.
Ipsa tenens dextra paterã pulcherrima Dido:
Candentis vaccę media inter cornua fundit.
Aut ante ora deum pingues spaciat ad aras,
Instauratq; diem donis: pecudumq; reclusis
pectoribus inhians: spirantia consulit exta:

enim prima Apollini in delo statua ẽ. ex h Palladi: q̃ suo etiã tpe apud Athenienses fuisse scribit. Itẽ Iunonis apud Samios: vt Callimachus asserit. Peras etiã q prim⁹ Argolicę Iunonis templũ condidit: & p Calythiã filiã suam antistitem cõsecrauit: ex pyri trunco illi simulacrum fixit: Lap dẽ em rẽ durã & inanimẽ: in deorum effigiem celare nolebãt. Aurum vero et argentũ infoecũ de terrę colores putabant. Hęc Plutarch⁹. Plato vero in legib⁹ ait: Terra & vesta deoꝝ est habitatio. Nemo igit ex ea cęteris diis simulacra faciat. Aurũ vero & argentũ inuidiosa possessio est. Ebur aĩam deposuit: ideoq; ad simulacra deorũ ineptum est. Aes & ferrũ belli sunt instrumenta. o Pacem. SER. Beniuolentiã. CR. Pacem propitiationẽ: secundum Marcellum.

p Per aras. S. Auspicialem artem ondit. Hinc ẽ: Et spirantia cõsulit exta.

q Exquirunt. S. Sacrificando explorãt: an dii velint huic rei assentire.

r Mactant. S. verbum sacroꝝ p Emphemismum dictũ: vt adolere. Nã mactare proprie est magis augere. s Lectas. S. ad sacrificia enĩ eligebantur oues: quibus nil deesset: vt in sexto. Nũc grege de intacto septem mactare iuuencos: t Bidentis. S. aut dictę quasi biennes: quia neq; maiores neq; minores licebat hostias dare. Sunt enĩ in ouibus: duo eminentiores dentes inter octo: qui nonnisi circa bimatũ apparent: nec in omnibus sed in his quę apte sacrificio inueniũtur. CRIST. Bidentis. pro bidentes: secundum Priscianum. Refert autem Marcellus: Qui existimãt bidẽtes oues a Virgilio dictas: q duos habeãt dentes: pessime intelligunt. Nam hoc monstri genus est. Sed melius intelligi potest: si biennes dixerint: auctoritate Pomponii. Mars tibi voueo facturum: si vnq; redierit bidenti verre. Et Nigidius figulus ait: Bidental vocari: q̃d bymę pecudes imolẽtur. Macrobius autẽ refert in libris pontificalib⁹ legi bidẽtes primo dictas d. littera ad hiatũ duarũ vocaliũ interiecta: vt est redamare: & redire p reamare & reire: et redarguere pro rearguere. Higinius tñ qui ius pontificiũ ignorauit: dixit: bidentes esse hostias quę per ętatem duos dentes altiores habent: per quos ex minore in maiorem transcendisse constat ętatem. Seruii aũt sententiã scripsimus in eo. Pompeius vero refert bidental templũ quoddam dici: q in eo bidentibus hostiis sacrificaret. Bidẽtes aũt esse oues dentes duos longiores cęteris habẽtes. v Legiferę. S. Leges enim dicit inuenisse. vnde sua sacra Thesmophoria appellantur. Fingitur aũt hoc: quia añ inuentũ a Cere re frumentũ passim homines vagabant: quę feritas rupta est inuento frumẽto: Propter q̃d ex diuisiõe nata sunt iura. DO. Legifere: qui pploꝝ consensus: nisi legib⁹ retineri non possit. CR. Legiferę. Ouid. Prima ceres vnco glebam dimouit aratro. Prima dedit fruges alimẽtaq; mitia terris. Prima dedit leges Cereris sunt omia munus. Sũt qui dicãt eandẽ esse quę Isis quę egyptiis leges dedit. Fuit aũt Ceres Saturni et opis filia. Ouid. Ex ope Iunonẽ mẽorat: Cereremq; creatã. Semina Saturni tertia vesta fuit. Ops enim terra est. Saturn⁹ vero tempus interp̃tatur. Cererem igitur quę fruges sunt terra: ac tẽporũ qualitates pducit. Sed de hac in Geor. latius dictũ ẽ. x Phoebo. S. Qui pręest auspitiis: quib⁹ vrbes regunt. D. Phoebo: vt in futurum prosperiora pficeret quę optabantur.

y Patriq; lygo. S. Quia vrbib⁹ aptę libertatis est de⁹. Vñ Marsias eius minister in ciuitatibus libertatis est indiciũ. Sacrificabat ergo primo diis: qui vrbibus pręsunt quasi nupta pro vtilitate reipubl. Deinde Iunoni: cui curę sunt nuptię. Est etiam sensus altior: Nam facturi aliquid: ante aduersos placamus: et sic propitios inuocamus: vt Nigrã hyemi pecudẽ zephyris foelicibus albam. Ergo nuptura placat Cererem: qui propter raptum filię nuptias execrat Apollinem: qui expers vxoris est: Liberũ qui nisi raptam coniugem habere non potuit: & sic Iunonem conciliat.

z Lygo. DO. libero: vt pręstaret lęticiam sempiternam.

a Iunoni. DO. Quia coniugiorum tenet plenissimam potestatem.

b Cui vincla. SER. quia est curetis et matrona & regina.

c Ipsa tenens. DONA: Alii alia faciebãt: ipsa sacerdotis munere fungebatur.

d Pateram. CRI. Poculum est dictum q patens sit. est ergo latinũ nomen. Crater vero grecũ: Sed de poculis in Bucolicis dictum est.

e Candentis. S. candide: pricipiũ est p nomie. CRI. Candentis vaccę. Ostendit q ex magno affectu parauit hostias maiores. Sed de his in Georgicis. Hinc albi Clitumne greges. Elegit autẽ vaccam: maxime propter Iunonem: cui vaccam sacrificabant: refert autem Plinius q apud antiquos deorũ honori in sacris nihil aliud excogitatum erat: q̃ vt vt auratis cornibus hostię dumtaxat maiores immolarent. Hinc Iuuenalis. Et auratam Iunoni cęde iuuencam. f Media inter cornua. S. Non sacrificium est: sed exploratio hostię vtrum apta sit.

g Ora deum.. SER. ante simulacra. h Pingues. DO. pecorum corpibus oneratas. i Spaciatur. SER. Matronę em̃ sacrificaturę circa aras faculas tenentes: ferebantur quasi cum quodã gestu. Vnde Salustius. Saltare elegantius: q̃ necesse est probę. DO. Spaciatur. eundi & redeundi vices crebras pcurabat. CR. Spaciat. Tangit illorũ opinionẽ: q delubra ea tẽpla dicũt. q̃ ante se aream hñt. k Instauratq; diẽ do. S. mũeribus: q̃ aut diis offerebat: aut donabat Tyriis vl Troianis. Instaurat aũt ideo: q̃ iã sup̃ sacrificauerat: Vt sil Aeneã in regia ducit. Tecta sil d. t. ind: h. D. Instaurat: Sępius hoc faciebat vt pduceret diẽ volens diutius hrẽ pñtem quẽ amabat.

l Inhians. SER. intenta per sollicitudinẽ. CRI. Inhians: cum aliquid vehementer cupim⁹ animus relictis cęteris actionibus illi vni hęret. Vnde apertis oculis: patentibusq; aurib⁹: neq; videmus quicq; neq; audimus: quin etiã vis illa qua membra cõtinentur ab offitio aufert. Vnde omnia stupent: hinc os apertum remanet: quod hiare dicimus. Quapropter poetę potentes subsequens pro antecedenti hiare: & inhiare: id est vehementer cupere dicunt. Sic in Georgicis. Hic stupet attonitus rostris: hunc plausus hiantem. Per cuneos geminatus em̃ populiq; patrumq; corripuit. m Spirantia cõsulit exta. S. palpitantia quasi adhuc viua. C. Spirãtia. Et hic impatiẽ expectandi: ex nimio amore ondit: vt hostias adhuc semiuiuas aperiret. Sũt aũt duo hostiarũ genera: alterũ in q̃ tm̃ aĩa deo dicat: vt Animaq; litãdũ argolica: Alteꝝ in q̃ auruspices futura p̃uidẽt vt hic. dicebat aũt hęc aruspitia ab ara: et inspiciẽdo: q̃a in ipsa ara aptã hostiã insp ciebãt. aruspices enĩ duas fibras. i. duo ĩ iecore capita ita diuidebant:

vt alteri sacrificanti: alteri parti ad uerse darent: Inde vi scera psecta dicebat: hinc psecta dicunt Luca. Et lauti calido psecta cerebro. Pro re aut maxia hebant: si qd in extis nō cōsuetū appereret. Vñ cū sacrificanti apd Laurentū Sylle in capite vituli ni iecoris simitudo corone appareret: regnū illi portendi aurispices dixerūt: Sed et color futura ostēdebat: Luc. Terruit ipse color vatē: Circa mortē Marcelli iecur in extis defuit. Tristia exta piacularia erāt. Itē si hostia ab ara pfugisset: aut pcussa mugitū dedisset: aut alia pars q̄ pete retur cederet. Extra dicta sunt q̄ extent .i. emineāt: & sunt pprie cor & pulmo: q̄ i pte supiore locāt: sed etiā lien & iecur extra dicunt: quia sup iferiora intestina locant: hec oia cōplexa ē antiqrū religio & caput extorū iecur dixerūt. n Heu vatū ignmen. S. Non sacerdotes vitupat: q̄si nescios futurorū: sed vim amantis exprimit: & ide vitupat sacerdotes qui admonuerūt nō credituram. Vñ oia futura a sacerdotib^9 pdicta eē sequens idicat. loc^9: vt multaq; ptrea vatū pdicta priorum. D. Heu. i. fiebāt ab iprudentib^9 sacra nullis amoris necessitatib^9 pfutura: fiebāt ab his: qui sibi veluti vaticinandi scientiam vendicabant: & cum aliud ageret: non intelligebant Didonis ardore pituros se arbitrabant his qui interueniēte ignorati ōe nescirent: Quid em que soluebāt diis vota pdesse poterāt amāti: cum ardor iam immoderata incendia dedisset. CRIST. Heu vatū ig. m. Fortasse repⁿhendit vates: q pu[illegible]t amorē aliqbus sacris pelli posse. Hec āt exclamatio adiūcta repetitioni ac interrogationi: vim et pathos affert oratiōi.

o Est. S. Verbū indeclinabile ē. Nā freqnter deficit. Est aūt hui^9 positio edo: es: est: inuenim^9 sed q̄ abolitū ē edo edis edit. Vñ est edere. i. comedere: q̄d hodie dicim^9. Nam ab eo q̄d eē est: & comesse facit: q̄ tpe etiam pñti vtimur: vt volo eē: nā in defectiuis tpa p tpibus ponim^9: vt odi: noui: memi odisse: nouisse: meminisse: etiā p pñti ponūt. nō odire: nouire: meminire: nec em possumus dicere.

p Medullas. C. vt oñdat vehemēter internū amorem q Tacitū. C. Cūcū et occultū. mutuat āt ab auditu id q̄d est visus. r Totaq; vagat vr. fu. DO. Cū oia frustra agerent ex nimio amore: nullo in loco consistere poterat: & vaganti tota ciuitatis spaciū nō sufficiebat. s Vrbe furens. S. Furor ei est amor. in q̄ nil stabile. Vñ et cupido puer inducit: qui instabil & infans q nō pt fari. Vñ et paulo post: incipit effari mediaq; in voce resistit. t Qualis coniecta cerua sagit. S. Satis congrua cōpatio. D. Qualis &c. Didonē cerue: syluas ciuitati: mobilitatē cerue. Didonis discursib^9. sagittā pastoris sagitte cupidis cōparat. C. Qualicon. Comparatio ex Home. sed loco maxie q̄drās: Cretenses em venenatis sagittis petunt ceruos. At illi ad dictamū currentes: illo gustato venenū ferrūq; e vulneribus pellūt. Dictamū siue diptamum: Nam vtroq; mō scriptū inuenio apd medicos scdm Diascoridē dicit pulegiū syluestre. & bathin. folia habet maiora & lanosa sup omnē fruticē. velut lana inest illi: s; nec florē habet nec semen. Est et aliud gen^9 diptami folia hñs similia sisimbrio: sed virgam maiorem supra qu i florem omino agrestem habet similē & maiorē & nigrū et mollem. cui^9 folia odorem hñt sisimbrii. Plini^9 aūt ait a vulneratis aīalibus Dictamum comestū statim de vulnere tela deicit. Et post multa dicit q̄ species sit pulegii: Antiqui pulegiū Martis dixerūt: habet eandē virtutē quā pulegiū. sed vehemētiorem: Ait aūt Serapio. Defert ex insula: Creta alia spēs Diptami: cui^9 folia foliis sisimbrii similia sūt. sed virgas habet maiores: et i sumitatib^9 sunt folia sīlia foliis origani agrestis nigri coloris et pulchra. odor aūt in eo tenet medium inter sisimbriū: & saluiam: Diptamum etiam suffitu educit abortus: & cōbustū fugat venenosa. v Cressia. S. Cretensia Nam grece cres facit. Vñ est cres & cressa: facit latine cretensis. x Agens telis: S. vrgens: psequēs. y Nescius. S. Ignorat^9: latēs: nō q cerua nesciret: & rara sunt verba q̄ contrariū significat. Nam vector: cū sit pprie q vehit: inuenim^9 etiā eum vectorē dici q vehit: vt Luca. Vectoris patiēs tumidū supnatat omnē. et venia est: hec sola pauoris vectorē non nosse tuū. Tale est formidolos^9 cū sit timid^9 & timēdū significat. Cū eni exigit rō: vt noia verbalia agentis hēant significatione: p passiua significatiōe plerūq; ponūt. C Nesci^9: nescit^9. sicut vector q vehit & vehit. Sic foelix et q dat: et q accipit foelicitatē. vel dixit nesci^9 vt ostenderet licuisse fere vulneratē diuti^9 euagari: quoniam nō insectabat illam venator. quippe qui illam vulnerasse nesciret. Nā si sciuisset: cito illā fuisset assecutus ceruā. C Ceru^9 mulcet fistula pastorali: si cernit arcū et sagittas mirat. z Fuga pagrat. S. Vt sil^a arua fuga. simul eqra verrit. Nā itelligere nō possum^9 fuga cū dicat pagrat: Peragrare em est circuire ingrēdo. a Dicteos. S. Cretenses. ceruę vulneratę dictamū q̄rūt: vt in. xii. legim^9. Nō illa feris incognita capris gramina. b Heret. S. Sic & Didonis vuln^9 q̄uis tota vrbe vaget herebat. c Loetalis harūdo. S. pp̄ter futurū omē Didonis. d Harūdo. C. Calamus. calami subtiliores canę sūt. Et vt refert Pli. Calamis orientis ppli bella cōf ciūt. Calamis sp̄cula addunt: q irreuocabili hamo noxia mortē accelerant. His armis solē ipm obūbrāt: ppter q̄d serenos dies optāt. odere ventos & imbres: qui inter illos pacē eē cogūt. Aegyptii igit ethiopes: Arabes: Indi: Scythe: Bactri: Parthi: his armis vtunt. Nullus tñ sagittis (eodem Plinio teste) calam^9 aptior est: q̄ in rheno Bononiensi amne oritur: cui plima est medulla pondusq; volucre. & contra flatus peruicax: sed libris nō eadē gra. e Per moenia duc Sydo. ost. o. C. Duo ponit quib^9 maxime gaudēt amātes: Nā & rem amatā libenter apud se hñt. Et si q̄ pulchriora hñt: non sine vanitate ostentāt. Nam oñdere ē simpl'r demōstrare. Ostentare vero est ad pompā gloriamq; oñdere. f Sydoniasq;. S. Pygmaleonis vl Sychei. D. Sidoniasq; opes: n: sua pñtia supflua videret. g Vrbe patā. S. Paratā ad illud ptinet: quid Aeneas pp̄ter ciuitatē nauigat: Sed alii mouēt q̄stiōē: quō paratā: cū paulo p^9 interat. Pendēt opa interrupta: minęq; murorū: Sed patū: pt dici cui paululū etiā supest. Vñ est minęq; muror igētes. C. Paratā a q̄ ope turpius erat desistere. h Incipit effa. &c. S. Hora.

Heu vatū ignarę mentes: quid vota furentem:
Quid delubra iuuāt: est mollis flāma medullas
Interea: & tacitū viuit sub pectore vuln^9.
Vritur infoelix dido: tota q̄ vagatur
Vrbe furens: qualis coniecta cerua sagitta:
Quā pcul incautā nemora inter cressia fixit
pastor agens telis: liquitq; volatile ferrum
Nescius: illa fuga syluas: saltusq; peragrat
Dicteos: heret lateri letalis harundo.
Nunc media Aeneā secū per moenia ducit:
Sydoniasq; ostentat opes: vrbemq; paratam.
Incipit effari: mediaq; in voce resistit.

Nunc eadem labente die conuiuia querit.
Iliacosque iterum demens audire labores
Exposcit: pendetque iterum narrantis ab ore.

Cur facũda parũ decoro inter verba cedit lingua silentio. D. Incipit affari. Precidebat cõtextũ ꝟbo rũ: vt loq̃ndi spacia ꝓferret in longũ. C. Incipit affari. Signũ maximi amoris: cũ orõne integra non põt vti amãs: sed vt puer interrũpit. Hanc rẽ mire ostẽdit Florẽtꝰ petrarcha in eo lyrico Benchio tabbia guardato: de mensogna: iuxta mia possa: & honorato assai ingrata lingua non pogia inhai Renduto honore: ma facto mi uergogna. Che quãto piu il tuo aiuto mi bisogna p domãdare mercede allhor tistai semp̃ piu fredda: & se parole fa sono impfecte & come dhuom che sogna. Sed dicet aliquis: cum amor cautus: callidusque sit: etiam eloquens erit: Vnde est illd: Disertũ faciebat amor. Est quidẽ disertus amãs: sed sepe vel subito interuẽtu: vel vehemẽti aliqua cogitatione ita consternatur: vt omina e memoria excidant: subitoque mutescant. i Labẽte die. S quia in vsu nõ erãt prandia: vt Iuuenal. Exul ab octaua marius bibit. C. Labente die. Ex more romano: qui sel' in die & id pꝰ solis occasum cibũ capiebant: Eamque cœnam appellabant:. Deinde cœptum est: vt bis in die epularent, primamque epulationẽ prãdiũ dixerunt, sed de hoc raro meminerunt scriptores: nisi in vita lassiuiori: vt sepe in Comitis videmus.
k Iliacosque. D. consumptis omnibus inuentionibus redibat ad ea q̃ prius erant narrata: misere illũ detinere cupiebat. l Demens. S. que ea que nouerat cupiebat audire. m Pendet narrantis ab ore. S. vt eũ intueretur. et hoc loco per omnia amantis affectus exprimitur. CRI. Pendet ab ore. Nã amantes omnia que ab amato dicuntur: qualiacunque sunt admirantur.

Post vbi digressi: lumenque obscura vicissim:
Luna premit: suadẽtque cadẽtia sydera somnos.
Sola domo mœret vacua: stratisque relictis
Incubat: illum absens absentẽ auditque videtque:
Aut gremio Ascaniũ genitoris imagine capta

n Obscura lũa. S. i. nox: Nã nihil tã cõtrariũ est lune q̃ obscuritas. o Sola. S. sine eo quem amabat. Nã regina sola esse nõ poterat. Est autẽ Plauti: q inducit amatorẽ: inter m'tos positũ dicentẽ q solus sit. p Mœret. S. p dyphthõgon est tristis: aliter significat militat: vt aere merẽt paruo. Sane mœrere aliud est. q Absens absentẽ. S. Teren. Pñs, p̃sentẽ eripi abduci ab oculis. D. Illũ absens. tm̃ fallebat amãtis animꝰ: vt absentẽ videri & audire sibi videret. r Imagine cap. S. amãtis similitudine. s Si fallere pos. a. C...

dicat:conabaᵗ impossib.lia. Nam amor falli non potest. t Nō cœpte. D. Mirifice mortal.tas expssa ē. Nā cū mīta mala in amore insint:illud pcipuū q̄ negociorū oim obliuionē inducit. Eadē eni Dido q̄ instabat opi regnisq̄ futuris:nūc oia omittit:& cū pmiserit. Tyrii quoq̄ stabant ardētes.oia nunc deserūt.

versu pbat Ignominiosum illis esse: si fœmina & vna fœmina:vbi numerᵒ et natura impar est si supata nō ab vna neq̄ ab vno:sed a duobᵒ:nō hoibᵒ:sed diuis: & nō apto marte sed dolo:ergo singula verba huiᵒ versus vehemēter opanᵗ. l Vna dolo diuū si foe. vic. zc. C. Siľe est illud

Vñ oñdit rectorē cōplere omia cū insistit: cū vero cōtra agit omia frigescere. C. Nō cœptę aſ. Miserabilis cōquestio ex psōa poetę. Et q velit ostendere q̄s vires hēat amor: quamq̄ ꝑnitiosus mortaliū generi:cū demōstret eā reginā q̄ paulo ante sapientissima fuerat:et incōdenda vrbe solertissima:amoris venefitiis ita imutatā esse:vt etiā maximarū rerum curam negligat. Augetq̄ ꝑterea cōquestiōis grauitatē repetitio. Non cœptę. Turpissimū enim est rē incœptam deserere. v Turres. C. q̄ ptinent ad salutem cōseruandā x Nō arma. CR. vnde est corruptio morum. y Portusue. C. qui si negligant:nō sit fertilitas: z Propugnacula. C. qbus tuti esse possint: ergo magna facta est oim in deteriᵒ imutatio: cū supra scriptū sit. Stabāt ardentes tirii. a Minę. S. eminentię murorū: q̄s pinnas dicunt. b Quā simľ aggredit. D. Per hoc oñdit aliqd īuidiose se eē dicturā. Tractatus veneris magnᵒ atq̄ astutᵒ cernitur. c Tali. C. q. d. q̄ oim maxima pniciosissimaq̄ oim sit. d Famā. S. s. honestam: Nam ʒouγσov est. e Furori. S. nam nō amori. f Aggredit. S. cū calliditate loqt. g Saturnia. C. Ex sideris malignitate facile fraudulenta mens ostendit. h Egregiā. S. Ironia est. inter quā et cōfessionē sola pnūciā do interest: Ironia est in q̄ aliud verba:aliud sensus cōtinet. CR. Egregiam:

Detinet:infandū si fallere possit amorem.
Non cœptę assurgūt turres: nō arma iuuētus
Exercet:portusue:haud propugnacula bello
Tuta parant:pendēt opa interrupta:minęq̄
Murorū ingētes:ęquataq̄ machina cœlo.
Quā simul ac tali persensit peste teneri
Cara iouis cōiunx:nec famā obstare furori
Talibus aggredit venerem Saturnia dictis.
Egregiā vero laudē:& spolia ampla refertis
Tuq̄:puerq̄ tuᵒ:magnū & mēorabile nomē:
Vna dolo diuū si fœmina victa duorum est:
Nec me adeo fallit veritam te mœnia nostra:
Suspectas habuisse domos carthaginis altę:
Sed q̄s erit modᵒ: aut q̄ nūc certamine tanto:
Quin potiᵒ pacē ęternā pactosq̄ hymenęos
Exercemus:habes quōd tota mente petisti.
Ardet amans Dido: traxitq̄ p ossa furorem.
Communē hūc ergo ppl̄m: paribusq̄ regamᵒ
Auspicijs:liceat phrygio seruire marito:
Dotalesq̄ tuę tyrios permittere dextrę.
Olli (sensit enim simulata mente locutam
Quo regnū Italię lybicas aduerteret oras)

Teren. Vna lachrymula quā oculis vix vi expsserit. m Nec me. C. Nouite tiere nr̄am vrbē ppt eas q̄ intercedūt inimicitias. n Veritā te m. n. S. Legimᵒ em̄ q̄ se Iunonia vertāt hospitia. ppter illud. Haud tāto cessabit cardine rerū. Mœnia nr̄a. Iunonis hospitium. o Modus. S. finis. Iuuenaľ. Nullo qppe mō millesima pgama surgit. C: Sed q̄s erit modᵒ. q. d. hic pgressus in infinitū vtiq̄ pnitiosus erit. p Quo nunc certamine tanto. S: quid opus est certamine. q Qui potiᵒ pa. ęternā. C. Optima pponit. Quis em̄ pacem ęternā p bello non malit:cū bella nulla alia cā sint suscipienda nisi vt in pace degatur. r Aeternā. S. Non inducias tpales. s Pactos hyme. C. Nā spes ē duratę pacis cū ipm cōiugiū pactos hymeneos:pacificamur & exerceamus. t Habes tota q̄d mēte pe. S. ppter illud nostrā nūc accipe mentē. C. Habes cū victoria sis nacta quęre hāc pacē quā tuis honorificis conditiōibus ppono:cū regina ī suo regno florens Aeneę exuli seruire sustineat. v Paribᵒ auspitiis. S. ęquali ptāte:& ab eo q̄d pcedit id q̄d sequit:& dictū a comitiis:in quibus iisdem auspiciis creati (licet simul nō crearent) parem tñ habebāt honorē ppter eadē auspitia. Vñ & cōsules pares sunt: cū necesse esset vt vnᵒ prior crearet. x Phrygio. S. Emphaticos. q̄i dicat exuli. y Dotalesq̄ tuę Tyrios. S. Regalē spectauit personā. D. Tuę. q̄si īdignū. Tyrii. Inuidiose quasi potentissimi. z Permittere dextrę. S. q̄si p manuū cōiunctionē:fm ius locutus est. a Olli. S. illi vľ tūc. cętera per penthesim dicta sunt. C. Olli. Ostendit poeta prudentis eē: q̄uis dolos intelligat:tñ dissimulare:cū id in rē suā sit. b Simulata mēte. S. hoc est. talibus aggreditur.

Oratio est in genere deliberatiuo:quo suadere cupit Veneri: vt omissis dolis apertam cōstituat pacem. Estq̄ eius initiū a validissima argumentatiōe:vt sit statim vehementissima a turpi:cū nihil turpius esse possit q̄ duos duces fraude mortalē supare. Vtit aūt ironia quę est cū aliud verba indicant. alius aūt sensus inest. vt egregia interea coniunx. Hanc nisi grauitas pnunciationis:& pspicuitas rei adiuuent:videbit fateri q̄d negat. Quid āt differat Ironia quę est schema:ab illa q̄ est tropos:oñdit Quintilianᵒ. i Puer. SERVI. filius παισ enim gręce dixit: CRI. Tuq̄ puer tuᵒ. cū ambo magna numina estis. k Magnū & me. nu. C. Ironia:nō ad naturā ipsorū deorū:Nam ipsos poetę maxios fingūt:sed ad pn̄s factū:nā sequenti

c Quo reg. D. Sensit nō potuisse fieri. vt tam graues:tāq̄ diuturnas inimicitias:sic subito deponeret. Nouerat eī quid Aeneę deberet:q̄ magis nitebat id auertere.

d Lybicas aduerteret oras. S. Hęc absolutior est elocutio:sed verior & magis. figurata lybicas auerteret oras. Nam plerūq̄ trahit schema:vt aliquo ituri loco:nō ad locū:sed de loco significationē ponamus:vt si dicas de Cā

pania.abeo in Thuſciam honeſtius ē: q̄ ſi dicas de Campania eo in Thuſciam:hinc eſt ripā ve iniuſſus abibis.
e Sic contra.D. Melius viſum eſt dolos dolis excludere:veluti approbat per diſſimulationē p̄ſentibus:ne deteriorē viam inquireret atrox inimica: ſi contrariā ſe oñderet venus. f Ingreſſa ve.S. Calliditatis eſt:vt ſupra.
g Quis talia de.D.Hec vox q̄ſi conſentientis eſt.
h Tecum: C. quę diuū incędis regina: Iouiſq̧ & ſoror & cōiunx.
i Fortuna.S.ad caſum ptinet. k Fatis.SER. omnia tangit: quibꝰ res hūanę regunt̄.caſum. fata. & volūtates deoꝝ.D. Sed fatis incerta feror.Nā fuit icerta:ſed ita poſuit: vt neq̧ reniti videret̄: & tamē poſſe fieri ſubdole demonſtraret.
l Si Iuppiter.D.Sciebat non poſſe fieri:ſed noluit oñdere ſe nolle:ſed ad Iouem eā dimiſit: vt a deo ſciret nō poſſe fieri. Nam virorū ſecreta facile intelligunt vxores. m Foedera.S.abſolutū ē. Si foedere ad populos ptinet.
n Tibi phas aim tentare p̄can. S. Sic. Aeolus. Tuus o regina: q̄d optes explorare labor.
o Perge ſequar.S.aliud agit: aliud oñdit. Antea eſt eñ Iunonis officiū in mr̄imonio. Deinde vſus venereꝰ.Vñ paulopꝰ.adero: et tua ſi mihi certa volūtas. p Excepit. S. ſubſecuta eſt. q Iſte la. S.ſ.exploratiuus a Ioue.
r Cōfieri. S.con abundat.
s Miſerrima.C.Nā oēs q amāt:miſeri ſūt: vt ait Teren.Et Propertiꝰ. Durius i terris nihil eſt q̄d uiuat amāte:Nec mō ſi ſapias q̄d minꝰ eſſe velis.
t Retexerit orbē. S.quē nox tegebat.C.Retexerit Nā ſi recte dr̄: Nox opit terrā:& inuoluēs umbra magna coelū poluq̧: ita contra:ſol aperit:rectiſſime dicit̄. v Nigrantē. SER.nigrum participiū pro nomine.

Sic contra eſt ingreſſa venus:quis talia demēs
Abnuat:aut tecum malit contendere bello:
Si modo q̄d memoras factū fortuna ſequat̄.
Sed fatis incerta feror:ſi iuppiter vnam
Eſſe velit tyriis vrbem,troiaq̧ profectis:
Miſceri ve probet populos:aut foedera iungi:
Tu coniūx:tibi phas animum tentare p̄cando:
perge:ſequar:tum ſic excepit regia Iuno:
Mecū erit iſte labor:nūc qua rōe:quod inſtat
Confieri poſſit paucis (aduerte) docebo:
Venatum Aeneas vnaq̧ miſerrima dido
In nemus ire parāt:vbi primos craſtinꝰ ortus
Extulerit titan:radijſq̧ retexerit orbem.
His ego nigrantē cōmixta grandine nymbū
Dum trepidant alę:ſaltuſq̧ indagine cingūt:
Deſup infundā:& tonitru coelū omne ciebo:
Diffugient comites:& nocte tegentur opaca:
Speluncam dido:dux & troianus eandem
Deuenient:adero:& tua ſi mihi certa volūtas
Connubio iungam ſtabili ꝓpriamq̧ dicabo.
Hic hymenęus erit:non aduerſata petenti
Annuit:atq̧ dolis riſit cytherea repertis.
¶ Oceanum interea ſurgens aurora relinquit:
It portis iubare exorto delecta iuuentus:
Rhętia rara plagę:lato venabula ferro:
Maſſyliq̧ ruunt equites:& odora canū uis:
Reginā thalamo cunctantē ad limina:primi
poenorum expectāt:oſtroq̧ inſignis:& auro
Stat ſonipes:ac frena ferox ſpumātia mādit

a Deſup infundā.S.q̄a aer eſt Iuno:Bñ hic ſe factură dicit q̄d hʒ i ptāte.
b Oīe ciebo.S.p totū: Oīe eñ numeri ē.totū quantitatis. c Nocte opaca.S.Recte opaca nubiū caligīe.C.Nocte op. adeo obſcura nube:vt opaca nox videatur.
d Tua ſi mihi cer.volūtas.S. Hoc eſt ſi tuū eā ſubſeq̄t officiū e Cōnubio.S. Nu natura ſr lōga eſt:ab eo q̄d ē nubere:vt Cōnubia nr̄a repulit:ſed mō metri cā corripuit.
f Non aduerſata.S.Legitur & auerſata.
g Iubare exorto.S.nato Lucifero,Nam iubar ꝓprie lucifer ē:q̧ lucis iubas effundat:ſed trāſlatiue ſplendor gemmarū et auri & ſimiliū iubar dr̄: Lucifer interdū Iouis:interdū Veneris ſtella dr̄. Eſt aūt hyſteron ꝓteron in ſenſu,ante eñ orit̄ iubar: deinde aurora. h Rhętia rara pla. S. Multi diſtigūt vt ſint rhętia rara maiora:et plagę minora: Alii plagas p diffinitiōe accipiūt:vt plagę ſint rara rhętia. Plagę tñ ꝓprie ſunt funes:qbꝰ rhętia tenduntur circa imā & ſummam partē. i Venabula. SER. q̧ ſint apta venatui. k Lato ferro.SER.pro lati ferri.
l Maſſyliq̧.S.Gens eſt nō longe a Mauritania: et maſſyli per vnum l legendū eſt:Nam ſi.longa eſt. Maſſylia icipit ſtatī poſt Mauritaniā: & eſt pars Getulię ꝛ numidię. m Odora. SER. Odorū eſt quod ex ſe odorem emittit. Sta. Et odore vulnere pinꝰ:ſic eſt. inter odoratum lauri nemus pro odorum.Nam odoratū eſt q̧ aliunde recipit odorem:vt odoratū templum.ergo odorū q̄d per ſe olet:Odoratū q̄d aliūde odorem recipit.Odor inſequū q̧ odorē ſeq̄t: vt mō de canibꝰ dicere debuit. n Vis.S.plus eſt q̄ ſi dixerit mr̄itudo.Salluſtiꝰ.Qua tempeſtate ex ponto vis piſciū erūpit.
o Cūctantē. S. At q̄ amatrix debu feſtinitare:ſed pathos natura vīc:Teren.Dū moliūtur:dū comā annus eſt.Deīn hęc morabat̄ ſtudio placēdi. p Ad.S.ante vl̄ apd̄. q Oſtro. C.purpura
r Stat. S.ſ.adeſt:pn̄s eſt.Nā ſi ſimpl̄r vitupatio ē. Legit̄ enī ſtare loco neſcit:Sed ſeq̄ntia hoc explanāt: s Actre

x Trepidant.S:feſtinant: vt.hic me dū trepidi crudelia limīa linquūt. y Alę.S.equites ob hoc alę dicti:quia pedites tegūtur alarū vice.C.Alę:ſūt turmę equitū: quę vt alę auiū: ita iſte legionū in atie pugnantiū latera tegant. z Indagine, SER. Ferarū inquiſitiōe.

Tandem progreditur: magna stipante caterua
Sidoniam picto chlamidẽ circũdata limbo:
Cũ pharetra ex humero: crines nodant in aurũ:
Aurea purpureã subnectit fibula vestem.
Necnon & phrygij comites: & lętus Iulus
Incedunt: ipse ante alios pulcherrimus omnes
Infert se socium Aeneas: atq; agmina iungit:
Qualis vbi hibernã lyciam: xantiq; fluenta
Deserit: ac delon maternã inuisit apollo:

na ferox spu. mã. S. Spumantia: spumã vomẽtia vt mare naufragũ q̃d naufragos faciat. r Limbo. S. Limb⁹ fastia q̃ ambit extremitatẽ vestiũ: secundũ antiquũ ritum: vt victori clamidẽ auratum q̃s plurima circũ purpura. D. Limbus. regib⁹ deputat: et diis q eorũ caput cãdido orbe circũdat. C. Limbus alio vocabulo instita appellatur. v Cui pharetra. D. Totum q̃d habuit aut aurũ fuit: aut purpura: vt placeret. x Crines n. in. a. S. Veluti reciolũ q̃d colligit comas. κρωβυλη y Ipse. SER. qa amat: dat ei pulchritudinẽ. z Qualis. D. Aut Aeneę pulchritudo p̃ferri cęteris posset. deficiẽtibus hũanis ad diuinã cõpationẽ accessit: & qa Didonẽ Dianę cõparauerat: hunc compat Apollini. C. Qual' vbi. Ad inferendã rebus lucẽ repertę sunt similitudines: quarũ alię pbationis gr̃a inter argumenta ponunt: alię ad exprimendũ rerũ imaginẽ: vt illud: Inde lupi ceu raptores atra in nebula. Obseruandũ tñ est: ne id q̃d similitudinis gr̃a

sumitur: aut obscurum: aut ignotum sit: ergo q̃uis Apollinem nemo viderit: tamen adeo iam insedit opinionibus hominum hęc fabula: vt omnibus notissimus ẽẽ videatur.
a Hibernam. SER. nõ asperam: sed aptam hyemare cupiẽtib⁹: sic enĩ est regio illa: Et aliud agens aliud ostendit. Nã Apollo sex mẽsib⁹ hyemal' apd pataram Lycę vrbem: & sex estiuis apud delum dat responsa. Comparat autem illi Aeneam: vel p pter sagittas: quibus vtebatur in venatione: vel p pter futurum infoelix matrimonium: nam nuptiis hoc nomen infensum est.
b Xanthiq;. CR. Xanthus hunc fluuiũ (ait Homerus) a diis xanthum: ab hominib⁹ vero Scamandrum vocari: Scribit enĩ. Ον ξαν θον κα λεουσι θεοι αν δρες τε μιν σκαμανδρον. Fluit ex Ida monte: et symoenti iũgit: Vn⁹ est ex fluuiis: qui exercitu xerxis potante defecerũt: ait Herodotus.

c Cretesq;. S: ab eo q̃d ĩ ẽ
cres. d Dryopes. S.
ppl̃i iuxta Parnasum: vt
Dryopũq; trahẽs Eras-
mus aristas. C. Dryopes.
Hi ppl̃i e puintia (q̃ doris
nũc dr̃) ab Hercule educti
sunt. e Agathyrsi. S.
ppl̃i sunt Scythię colẽtes
Apollinẽ hyperboreũ: pi-
cti: nõ stigmata hñtes: s;
pulchri .i. cygnea coma
placentes. C. Agathyrsi.
Iuxta Scythas sunt oim-

Instauratq; choros: mixtiq; altaria circum
Cretesq;: dryopesq; fremũt: pictiq; agathyrsi,
Ipse iugis cynthi gradit̃: molliq; fluentem
Fronde p̃mit crinẽ figẽs: atq; implicat auro:
Tela sonant humeris: haud illo segnior ibat
Aeneas: tantum egregio decus enitet ore.

trant: neq; in inimicitias: ne
q; inuidiã inter se exercẽt:
in reliq̃s reb⁹ scythicas le
ges obseruant: Ait Hero.
Scythis petẽtib⁹ negaue-
rũt auxilia contra Dariũ
q; nollẽt in eũ bellũ gere
re: a q̃ nulla essent iniuria
puocati. Marcellian⁹ scri
bit: hos ceruleo colore pictos esse. Plini⁹ ait: ipsos
ceruleis crinibus esse. At
Ponpon⁹ Agathyrsos
refert ora artusq; pinge-

hoim mollissimi: auro or[n]ãt: vñ eos χρυσοφορους appel- re adeo: vt ablui nequeant: ac quantoquisq; excellen-
lat. Hero. Cõiuges cõmu[n]es hñt: Et quia oms fr̃s, existi- tior est: tanto magis pingit̃: aiunt bacchũ ab Indis victorẽ

redeuntem primū Agathyrsos pinxisse. Apollinē hi vehemēter colunt. f Fluentē. S. vnguētis. g Fronde. C. sc. lauri. h Fingens. S. cōponēs. i Tela so. hu. S. Sic in octauo: Pharetrāq; fuga sensere sonantē. C Tela so. h. Sic Home. εκλαγξαν δ᾽ αρ᾽ οιστοι επ᾽ ωμων χωομενοιο.

z Deueniūt. S. supprimit pudenda. Teren Quid tum stulte? a Prima tellus. S. Nam secundū Etruscā disciplinam nil tam incōgruū nubentib⁹ q̄ motus terrę & coeli. b Iuno. S. Hęc signa p tēpestatē dedit: & pluuias quę de aere fiunt. c Ignes. S. Varro dicit aq̄ & igni mariti vxores accipiebāt: vn̄ hodie fasces prelucent: & aqua de puro fonte interest nuptiis. C. Fulsere ignes: qt vt ait Varro in cōnubiis adhibebat̄ ignis et aq̄. Nā ſm Talerē ignis & aq̄ omia gignūt. Hinc Ouidi⁹. Quippe vbi temperiē sumpsere humorq; calorq; Concipiunt: & ab his generant̄ cuncta duob⁹. d Vlularūt. S. mediū elegit sermonē Lucan⁹. Nā lętus vlulare triumphis. In luctu āt vlulari nō dubiū est.

Postq̄ altos ventū in mōtes: atq; inuia lustra:
Ecce ferę saxi deiectę vertice caprę
Decurrere iugis: alia de parte patentes
Transmittūt cursu campos: atq; agmia cerui
Puluerulēta fuga glomerāt: mōtesq; relinquūt.
At puer Ascanius mediis in vallibus acri
Gaudet equo: iamq; hos cursu: iā p̄terit illos
Spumantemq; dari pecora inter inertia votis
Optat aprū: aut fuluū descendere mōte leonē.
Interea magno misceri murmure coelum
Incipit: insequit̄ cōmixta grandine nymbus:
Et tirii comites passim: & troiana iuuentus:
Dardaniusq; nepos veneris: diuersa p agros
Tecta metu petiere: ruunt de montib⁹ amnes:
Speluncā Dido: dux & troianus eandem
Deueniunt: prima & tellus: & pnuba Iuno
Dat signū: fulsere ignes: & conscius ęther
Cōnubii: summoq; vlularūt vertice nymphę:
Ille dies primus leti: primusq; malorum
Causa fuit: neq; enim specie: fama ue mouet̄:
Nec iam furtiuū Dido meditat̄ amorem:
Coniugium vocat: hoc pretexit nomine culpā.

k Segnior. S. pulchrior Nā virtus & pulchritudo p se iuicē ponūt. Sic Satus Hercule pulchro pulcher auentin⁹. Sic Plat⁹ i pyrgo de muliere polynice: quid fortis est. i. pulchra. C. Segnior: non puto referri ad formā membrorū: sed ad corpis agilitatē leuitate ac dexteritatem.

l Tm̄ dec⁹. C. cū admonitiōe. m Ferę cap. S. hę capre. Optime āt ceruis cāpos capreis saxa pmittit. CRI: Capre. Ex licentia poetica videt̄ dictū vt sup de ceruis. Nā Aristo i li. de aiali. capras syluestres & ceruos in Aphrica esse negat. n Decurrere. S. Preterito vsus ē ad exprimēdā celeritatē. o Transmittūt. S. celerrime trāseunt. C. Transmittūt. celeriter trāseunt. Lucre. in ii. Et circūuolitāt equites mediosq; repente. Trāsmittūt valido quatiētes impete campos. p Acri. C. veloci. q Gaudet eq. C. Naturā exprimit adolescētis. Sic Hora. Imberbis iuuenis tandē custode remoto. Gaudet eqs canibusq; et aprici graminę cāpi. r Iam. S. mō vt. Iā eadē digitis iā pectine pulsat eburno. Et puerilem ōndit aīm: q p mobilitatē freq̄ntē optat tīmēda. s Leonē. S. tangit hystoriā. Nā Ascani⁹ Iulus: & Leodamas & Dardanus est dictus: & Aeneas etiā Dardan⁹ est dictus: Vn̄. Hauriat hūc oculis ignē crudelis ab alto Dardan⁹. Itē Ilioneus occulte dixit. Hic Dardanus ortus huc repetit.

e Specie fa. S. rerū p̄sentium est: q̄ q̄si aspicit̄. Fama aūt rerū absentiū. nō ergo mouebat̄ p̄nti deformitate: q̄ i speluca cōueniret: nec futura mox fama. C Nec specie fa. Iam ab incōtinentia transit ad intēperantiā: Nō em̄ iam ampli⁹ luctat̄ aduersus libidinē: nec pudet aut dolet facti: nec latebras q̄rit peccato. Quę omia sunt incōtinēti q̄uis tandem succumbat. Specie. q. d. qualitate rei. Fama. Vel a fando vel a gręco. Nam φημη dicitur. Differunt aūt fama et rumor: vt dictū est in Buc. Impudēs ergo cū iā nō moueat̄ fama: cū in puerbiis philosophantiū p̄cipuū locū teneat curandum fama. Mouet ergo cauendā intemperanciā: in quā qui labunt̄: nihil famā faciāt. f Meditatur. S. exercet. Nec incōgrue: actus inest eni in ipa meditatōe. Nā exercitiū est ipsa meditatio: hoc tn̄ in vsu hodie n̄ est. g Fama malū. S. Diffinitio est: vt quo ex p̄cedenti pendēt nomine. alii tn̄ q̄ legunt: Quo certe nisi diffinitio sit: legi nō pōt: nec em̄ pcedit vt ordo sit: Fama q̄ nō aliud malū veloci⁹. C. Fama malū. imago ē. Est aūt imago: cū aut forma absentis corpis describit̄: vt. Sic oculos: sic ille man⁹: sic ora gerebat. Aut illa quę nulla est fingit̄. Sunt hęc omia q̄ hic de fama describit. & alibi. Quid loquar: an scyllā: nisi q̄ fama secuta ē: Candida succinctis latrantib⁹ inguina mōstris. D. u. & g. in alto. Ah timidos nautas. c. l. m. Est aūt locut⁹ ex Homero: Et q̄d hic de fama: ille de cōtentiōe refert. Optime aūt describit̄ fama ab Ouidio. h Velotius. C. Nam dissipat̄ fama p̄sertim maloꝝ. i Mobilitate. S. dat ei onomatopeiam: & laudat a contrario. Nā cū omia labore minuant̄ hęc crescit. k Viresq; acq̄rit eūdo. C. Sic et Ouidius. Censuraq; facti crescit: & auditis aliquid nouus addidit

CRIST. Leonem: Seneca ex sniā Plotini demonstrat esse quattuor genera virtutū: & affirmat voluisse poetam demōstrare illud tertiū gen⁹ virtutū q̄ dicūt animi iā purgati: sz tāte vite pfectio nō videt̄ adolescēti q̄d rare: et nos totā hāc rē lati⁹ i. vi. explicabim⁹. t Misceri. C. Nā in serenitate vnus est color: & vna res. In tempestate vero plura eodem tpe cōmiscent̄. v Grandine. S. Nam nymbus simplex poterat cōtemni. x Ruunt. CR. cum impetu in planū descendūt. Exprimit aūt torrentū naturā: qui in serenitate torrent. i. exsiccant̄: In pluuiis subito crescūt. Et quia p abrupta descendit magno ferunt̄ impetu. Ergo latine dicunt̄ ab eo q̄ illis euenit in siccitate. Grece autē ab ipsa tēpestuosa pluuia χειμαρρος dicitur. y Amnes. SER. ne possent Tyrii inuestigare reginam

auctor. l Se se attol. i auras. S. Ostendit nec hũilioribꝰ: nec maioribꝰ illã parcere. m Ingrediturq; solo. S. nec hũili parcit fortunę: nec supiori. n Parẽs. S. generat'r oĩm rerũ. o Irritata. S. Amphibolon est: vtrũ sua ira ꝓpter extinctos gigantes: an ira deorũ q extinxerãt gigantes.

p Extremã. S. Post oẽs gigantes: Nã ad illorũ vltionẽ nata ẽ. Vl' extremã. pessimã. Nam qui de medicina tractant: dicũt inutiliores esse q nascũt' vltimi. q Vt ꝓhibẽt. S. cum fabulosum aliquid refert: dicit vt fama est: nunc de fama loqns mire dixit. vt perhibent.

r Pedibus ce. S. Conuertit epitheta: nã pedũ est pernix: vt ꝑnicibus ignea plantis. Celeritas ꝑ pennarũ. vt. Celeriq; fuga sub sydera lapsę. s Cor

℣ Extemplo lybię magnas it fama per vrbes:
Fama malum: quo non aliud velotius vllum
Mobilitate viget: viresq; acquirit eundo:
parua metu primo: mox sese attollit in auras:
Ingrediturq; solo: & caput inter nubila condit:
Illam terra parens: ira irritata deorum
Extremam (vt ꝓhibent) cęo enceladoq; sororẽ
progenuit: pedibus celerem: & ꝑnicibus alis:
Mõstrũ horrẽdũ ingẽs: cui q̃t sunt corꝑe plu/
Tot vigiles oculi subter (mirabile dictu) (mę
Tot ligũę: totidẽ ora sonãt: tot surrigit aures:
Nocte volat coeli medio: terręq; ꝑ vmbram
Stridens: nec dulci declinat lumina somno:

pore plu. S. Non ipsiꝰ: sed omniũ: Est enim exaggeratio: ac si diceret: q̃t sunt arenę. t Oculi subter. S. aduerbiũ: ac si diceret: Non sub plumis: sed sub ipsa. v Tot linguę. S. Quotq̃ enĩ sunt homĩes in quibꝰ fama est. tot ora habet quę sunt hominum. x Surrigit. C. Nã bruta cũ attente audiunt: aures erigunt. y Nocte vo. coeli. S. Nam q̃nto magis celatum: tanto magis conquerit': et certe incipiẽs fama semꝑ obscura est: q̃ deuulgata ꝯquiescit: visa de luce sedet. z Custos. S. Speculatrix.

a Summi culmie tecti. S. per domos nobilium. b Turribꝰ. S. ꝑ domos regũ. c Magnas vr. S. Magnos pplos: & dicit plebeios. d Ficti prauiq;. C. Nam multa sunt ficta q̃ nõ sunt praua: vt. Poemata ficta sũt

Luce sedet custos: aut summi culmine tecti:
Turribus aut altis: & magnas territat vrbes.
Tam ficti: prauiqꝫ tenax: quam nuncia veri.
Hęc tum multiplici populos sermōe replebat
Gaudēs: & pariter facta: atqꝫ infecta canebat.
Venisse Aeneam troiano sanguine cretum:
Cui se pulchra viro dignetur iūgere dido.
Nunc hyemem inter se luxu qꝫ longa fouere
Regnorꝫ īmemores: turpiqꝫ cupidine captos.
Hęc passim dea fœda: virū diffundit in ora:
protinus ad regē cursus detorquet hiarbam:
Incenditqꝫ animū dictis: atqꝫ aggerat iras:
Hic hāmone sat⁹: rapta garamātide nympha:
Templa Ioui centum latis immania regnis:
Centū aras posuit: vigilemqꝫ sacrauerat ignē
Excubias diuū ęternas: pecudumqꝫ cruore
pingue solum: & varijs florentia limina sertis.
Isqꝫ amens animi: & rumore accensus amaro:
Dicitur ante aras media inter numina diuum
Multa Iouē manibus supplex orasse supinis:
Iuppiter omnipotēs: cui nūc maurusia pictis
Gens epulata toris: lenęum libat honorem:
Aspicis hęc: an te genitor cū fulmīa torques
Nequicqꝫ horremus: cęciqꝫ in nubibus ignes
Terrificāt animos: & inania murmura miscēt:

sꝫ nō praua: e Tenax. S. in oībus ꝑseuerās. f Facta at. infecta. S. vt seq̄ntia indicāt. g Dignet. S. librauit ser monē q̄si sit ꝑsonę supiori. C. Digneē. q. d. illa q̄ toto reges dedignata est. h Q̄ꝫ louga. S. i. q̄ꝫ lōga ē ipsa hyems: Sic alibi tybris ea fluuiū: q̄ꝫ lōga ē nocte tumētē lenijt. i Regnorꝫim. S. Hoc fingit: Nam huic Carhago. & illi Italia cura ē. k Fœda. S. crudelis. l Hiarbā. S. Hiarbas fili⁹ Iouis. Hamonis liber cū Indos peteret & ꝑ lybiam exercitū ducēs: siti affectus auxiliū a p̄re petiit: & statim viso ariete fons secut⁹ ē. vn̄ factū est Iouis hāmonis ab arenis dicti simulacrū cū capite arentino. q̄d fingitur: quia satis inuoluta sunt eius r̄nsa. CR. Hāmone. Scribit Dido. sicul⁹ Osyrim ęgyptū instituisse Ioui duo tēpla aurea: alterū mai⁹ celesti Ioui alterum min⁹ parenti q̄ꝫ Hāmonē vocāt: q̄uis alia sit fabula. Naꝫ dicūt cū liber pater ꝑ arydam lybiā exercitū duceret: ac siti laboraret: opē a Ioue p̄re petiisse & in mediis harenis arietē apparuisse cornib⁹ terrā effodiētē: fontē q̄ꝫ inde emanasse: institutūqꝫ eē Iouis tēplū: quē hammonē vocarūt. i. arenarꝫ. Nā hamos arena grece dicit. De hoc multa Curti⁹. habitant aūt loca hęc ammonii: q̄bus vicina sunt garamātes: hiarbas hui⁹ Hammonis filius fuit. n Rapta. S. stuprata: vt rapti ganymedis honores. o Garamantide. S. Vel nomē ꝓpriū est: vł gentile. Nam garamātes iuxta lybiā sunt. C. Garamātide. aut ꝓpriū nomen est: aut patronymicū positū ꝓ gentili: vt sit garamātide ꝓ garamāte. De garamantib⁹ ita scribit Strabo: A maiorꝫ syrtis recessu: dieb⁹ quatuor ad hyemales ort⁹: dicūt ꝑuenire etiā q̄ placide otiosēqꝫ incedūt. Hic loc⁹ est Hāmoni similis palmifer & aquosus: iminet āt cyrenaicę ad meridiē vergenti vsqꝫ ad centum stadia: & arbores fert vsqꝫ ad alia centū. Seritur solūmodo hęc terra etiam orizam gignit: vltra hāc est regio q̄ sylphium fert: & postea inhabitata: & garamantum terra quę Sylphiū fert: angusta est.: & longa: & arida. Longitudo ad orientem solem circiter mille stadia: Latitudo. cc. quę quidē cognita sit. p Excubias di. ęter. S. Diffinitio ē ęterni ignis q̄d ē ignis ꝑuigil: excubię deorꝫ: nec vacat rōne: vt ī aliq̄b⁹ templis sit ignis ꝑuigil. Nā p̄tātes aut terrenę sunt: aut aereę aut ęthereę: in ęthereis ignis est: quia illi ignes sunt. Est igitur in templo Iouis qui ęther est: & Mineruę: quia supętherem est: vnde ex capite p̄ris ꝓcreata dr̄. q Isqꝫ amēs. S. et amator: et barbar⁹. Sane amēs oñdit nom̄ cū habeat genitiuū. r Amaro. S. aspero: vt hostis amare q̄d increpitas. C. Amaro. aspero transtulit id q̄d torquet gustum ad tormentū animi. sic alibi Hora. Confidēs tumid⁹ adeo sermonis amari. s Media inter numina. S. ac si dicat: diis testibus. Salust. Quā mediusfidius veram licet recognoscas. Mediusfidi⁹ id est λυου υιοσ t Supplex orasse. SER. Oratio. Hęc partim hab꞉ precationē: quia supplex: partim conquestionem: vn̄ ait orasse. Orasse autē dixisse: vnde oratores dicti: Nam rogare non ꝓcedit quia ꝯq̄rit magis. v Maurusia. S. mauritania: nam protensio est. C. Maurusia. Gręca declinatio. Diony. ī cosmoḡphia αγωνο λεστη λαο υ μαυρουσιλοσιευσα γαιη. Maurusīi ī lybia ꝑpi sūt. Et Stra de his ait: a ꝑtibus occidentalib⁹ habitant: q a grecis maurusij appellant. Romani vero & indigenę Mauros vocant lybicū gen⁹ magnū & opulentū. hispanię sūt oppositi: & iuxta est colūnarū fretū. ꝓcedenti ad sinistrā mōs est in lybia: quē greci Atlantē vocāt: Barbari vero dyrim. x Gens epulata. SER. dum in epulis est: et est p̄teritū ꝓ p̄nti. Et bn̄ nūc dixit: Nam q̄uis officia in deos hēant ęternā gratiam: & spectēt tam p̄teritū q̄ꝫ futurū: tn̄ in p̄nti plus valēt. Semꝑ aūt Ioui ꝓpter hospitalitatē libant: quem xenion dicimus. Et ꝯq̄rit q̄ hūanas res: ne tūc quidē curat cū ei tribuit honos sacrificij. y Leneū. SER. Lene⁹ bacchus dicitur: q̄ p̄ęest lacubus: απο τησ ληνο. Nam si grecum a mentis delinimento nō potest accipi. z Aspicis hęc. CRI. Oratio plena indignatiōis: et in deū nimis aspera: nō īmerito dixit amens animi. Naꝫ quis amētior est: q̄ꝫ q̄ in deos sęuit. a Nequicqꝫ. S. q̄a ñ iudicio hoc facias. C. Nequicqꝫ horrem⁹. Secundū Epicurū qui deos n gat humana curare: Vnde Iuuenał. Sunt q̄ in fortunę iā casibus oīa ponāt: Et nullo credant mundū rectore moueri: Nā voluēte vices & lucis et anni. atqꝫ iō intrepidi q̄cūqꝫ altaria iurant. b Cęci. SER. quorū origo nō apparet. Alii enī de ventis fieri dicūt: alii de nubibus: alii de aere. c In nubibus. S. quasi diceret: non ex te fiunt:

d Foemina. S. Inuidia a sexu: & iā incipit q̄stio specialis. D. Foemīa. q̄si abiecti sex⁹: vñ mag꜓ dolēdū. Sic Terē. Tu ic꜓ mlier q̄ me oīno lapidē ñ hoie꜓ putas. C. Foemīa. idig natō a sexu. e Errās. D. Exul peregrīa & sine vrbe. C. Errans. q. d. exul & ꝓfuga. Indignatio a fortūa: nā cū durum sit iniuria affici. durissimū tñ est id a foemina et exule pati. f Nostris ī finib⁹. C. Indignatio a loco. vt in regnis hoc ausa tuis.

fascia in loricę modū contextum ad latera defendenda. t Crinēq꜓ ma. sōnix⁹. S. Crinē vnguētatū subnixū hñs. C Subnixū: ꝑ enixū: ꝓm Marcell. q̄si sursum crispatū & calamistratā comam. v Rapto. S. stupro: nam rapt⁹ est illicit⁹: coitus: nec em̄ hic rapuerat. x Nos mu. D. q. d. incassum sacrificamus: cū nō tuis cultorib⁹: sed alienigenis prodes. y Templis quippe. S. acsi diceret: non mirū sit hęc patimur te colētes: Sic sup̄ ad irrisionē dictū Iuppiter omipotens: ac si diceret tu es: q oīa potes.

Fœmina quę nostris errans in finibus vrbem
Exiguam precio posuit: cui littus arandum:
Cuiq꜓ loci leges dedimus: connubia nostra
Reppulit: ac dominū Aeneā in regna recepit:
Et nunc ille paris: cū semiviro cōmitatu
Mœonia mentum mitra: crinemq꜓ madentē
Subnixus: rapto potit̄: nos munera templis
Quippe tuis ferimus: famāq꜓ fouem⁹ inanē.
Talibus orantē dictis: arasq꜓ tenentem
Audijt omnipotēs: oculosq꜓ ad mœnia torsit
Regia: & oblitos famę melioris amantes.
Tum sic mercuriū alloquit̄: ac talia mandat.
Vade age nate: voca zephyros: & labere pēnis:
Dardaniūq꜓ ducem: tyria carthagine q̄ nunc
Expectat: fatisq꜓ datas non respicit vrbes:
Alloquere: & celeres defer mea dicta per auras:
Non illum nobis genitrix pulcherrima talem
Promisit: graiumq꜓ ideo bis vindicat armis:
Sed fore q̄ grauidā imperijs: belloq꜓ frementē
Italiam regeret: genus alto a sanguine teucri
Proderet: ac totum sub leges mitteret orbem.
Si nulla accendit tantarum gloria rerum:

g Exiguū. C. nam sup̄ Taurino q̄ntū posset circūdare tergo: h Precio. S. Ergo non ꝑ grām meruit: nec ꝓ virtutē inuasit. Sed si vendidit qd conq̄rit: ꝓ defraudatus sit ꝑ corū: vel ex nuptiarū ꝓmissione. C. Precio & nō virtute. i Littus. S. ergo infertilē terrā. k Loci. S. Vel vt tributaria esset: vt in nr̄m veniret matrimoniū. l Leges. C. ergo tributaria est. m Connubia nr̄a. D. a facto et ꝑsona facit cōparationē. n Nr̄a. S. q. d. tanti viri: & dolet ꝙ suū cōnubiū repulit. i. se maritū: & accepit Aeneam exulem: nō maritum. o Dominū. S. vt sup̄ Phrygio seruire marito. Est aūt de iure q̄si ꝑ coemptionē: q̄ certis solennitatib⁹ apd̄ Priscos ꝑagebat̄ in cōtrahendo matrimōio: et se se coemēdo inicē vir et vxor iterrogabāt: vir ita a muliere an mlier sibi mr̄fam illias eē vellet: Illa r̄ndebat velle. Itē mlier iterrogabat virū. vtrū vir sibi pr̄familias eē vellet: Ille r̄ndebat velle. Itaq꜓ mlier in viri matrimoniū cōueniebat: et vocabant̄ hę nuptię ꝑ coemptionē: & erat mulier materfamilias viro loco filię. D. Dn̄m. quem deinde ab hitu vitupat. CR. Dn̄m. Indignatōis exaggeratio: ꝙ nō solū in maritū: vbi equalia pene iura sunt: sed in dn̄m accepit. Habet aūt magnam vi: nr̄a: et Aeneā: ac si diceret: cōtēpsit regē: accepit exulē. Collige igit̄ vt sit plenissima conq̄stio: neglectus sum: q̄d durū est. nā durū est despici: vt suaue amari: & neglect⁹ a foemia: et ab ea q̄ exul.: & q̄ emit littus exiguū: in q̄ vrbē ampliorē nisi decepisset me ędificare nō poterat: & q̄ mihi obnoxia eēt: & neglect⁹ ī meo regno: & ita neglectus: vt postpositus sim deteriori. Nam cōparatione auget̄ idignatio. p Paris. S. filis paridꝫ. Iniuria a ꝑsona. Et bñ paris: q̄i q̄ sustulit pactum. C. Paris. vitupatio a noīe. q. d. filis paridi viro effoemīato: & q alīeas mlieres rapiat. Est aūt ꝑmutatio ꝑ filitudinē. q Semiuiro. D. duos ꝓferūt sex⁹: sꝫ dimidiatos: vt neq꜓ viri neq꜓ foemię sint: q̄ cōiectura ꝓbet īfames esse. r Mœonia. S. Lydiāa. Nā phryges et lydii vtebāt̄. s Mitra. S. i. incuruo pileo: de q̄ pēdebat bucarū tegmē. C. Mitra. tegmē capitis incuruū: Ponit̄ etiā apd̄ gręcos ꝑ

z Fouem⁹. S. q̄si rē ꝑ se infirmā. C. Fouem⁹. nutrim⁹ et augemus. a Inanē. S. Aut quia frustra mundi te credim⁹ eē rectorē: aut quia me tuū filiū esse confido. b Aras. CRI. litare sola orōne nō posse antiq̄ credebāt: nisi aras manibus tenerēt: vt varro ait: Aras primo ansas dictas: ꝙ necesse illas māu tenere: vt vase ansis tenenī. Cōmutatōe deinde lrāꝝ aras dici cœptū: vt Valerii & Furii q olim Valesii & Fusii dicebant̄ Ergo cū audiēd⁹ eēt, hiarbas: dixit: Arasq꜓ tenentē: vt alibi. Tango aras medios ignes et numina testor. c Ad mœnia. S. vt inde q̄ellat Aeneā: ne videat̄ ee contrariū: ꝙ oia ꝑturbet̄ Ioue Aphricā respiciente: Nā vtruq꜓ a turpi liberat fama. d Voca zephy. S. vel quib⁹ Aeneas nauigat. vel q vehāt Mercuriū: vt ventosq꜓ secabat. e Carthagīe. S. ꝓ Carthagini: ꝑ aduerbio in loco de loco posuit. Sic Hora. Romę tybur amem vēto sus tybure romā. f Expectat. S. terit tēp⁹. C. Expectat. i. morat̄. g Nō illū. S. ꝑ silentiū itellige. h Pulcherrima. S. Epitheton ꝑpetuū: nec ad p̄sens negotiū pertinens. i Bis. S. Semel s꜓ in singulari certamine cū dyomede: in quo a Dyomede saxo percussus est Iuuenal̄. Vel quo Tirydes percussit pondere costam ęneę. Itē in excidio: sic legimus Descēdo ac ducēte deo. Alii dicūt ꝓpt̄ dyomedis et Achillis singl̄aria certamīa. Sed q̄ñ cū Achille dimicauit: a Neptūno liberat⁹ ē. Pōt tñ q̄d ꝑ Venere factū sit ab ea factū videri: sic Iuno īputat veneri q̄d ꝑ ea factū ē: vt: Tu potes in totidē classes cōuertere nymphas. Vel ītelligim⁹ Aeneā iam tūc natū: cū Hercules Troiā diruit. Nā cōstat priamo tūc ab Hercule imperiū traditū. k Grauidā im. S. Vñ mlti impatores possent creari. Iungim⁹ aūt ablatio: q̄a et grauis: vñ est: ablatio iungit̄. l Belloq꜓ fre. S. Exceptus tpibus: qb⁹ a latino regebat̄. m Regeret. S. Qd nō solū potentis: sed magis prudētis est. Nā rex is est: q iuste prudēterq꜓ gubernat. n Teucri. C. i. [illegible]rdani. nā Dardan⁹ a Ioue est. o Proderet. S. ꝓtēderet. i. ꝓpagaret: ꝓpago. i. gen⁹. Pro breuis ē: vt sit Romana potēs itala virtute ꝓpa

Nec super ipse sua molitur laude laborem:
Ascanio ne pater romanas inuidet arces?
Quid struit? aut q̃ spe inimica ĩ gẽte moratur?
Nec prolem ausoniã: & lauinia respicit arua:
Nauiget: hęc summa est: hic nostri nũtı⁹ esto.

go. Pro arbore ꝓ ducitur: vt flexos ꝓpaginis arc⁹. Alias decipet: vt vni⁹ ob irã ꝓdimur. p Sub leges. C. Nã optimi reges nõ suę libidini (q̃d tyrannorũ est) sed iuri & legibus quos subiectos hñt parere volũt. q Gloria. C. Nã q̃uis hoĩes ipa virtute sola moueri debeant: tñ honos gloriaq̃ ꝯ egregia facta: vt vmbra corpus sequit̃: et oẽs accẽdunt̃ ad studia glĩa Et aũt glĩa cõsentiẽs laus bonorum: incorrupta vox bñ iudicãtiũ de excellẽte virtute: vt est in Tusc. Cice. r Sup sua lau. S. i. ꝓ sua: et grecũ est schema. Sic enĩ Demosthenes. ὑπὲρ τοῦ στεφάνου ꝓ corona ὑπὲρ ἐκείνου ꝓ illo. s Molit̃. S. p̃para t. exercet. t Ascanio. S. cui iperiũ debet̃. Hoc aũt asserit poeta: vt laudãdo Iulũ: cęsarẽ laudet q ab eo originẽ ducit: vt Iuli⁹ a magno demissum nomẽ Iulo. C. Ascanio ne pr̃. Nã mł̃ta liberorũ cã facim⁹: q̃ nr̃a nõ facerem⁹: Arguit ergo ab vtili: et ab honesto: ꝙ negligit regnũ et opes. Vñ etiã glĩa magna ꝓuẽtura: & arguit ñ solũ a se: ſ etiã a filio. v Romanas arces. S. Honestior elocutio: si addamus: quã rẽ inuidem⁹: vt liber pãpineas inuidit collibus vmbras. C. Romanas ar. Ac si dicat: id impiũ q̃d oĩa superet impia. x Quid struit. C. Magna auxesis. & hęc sit s̃ria: amittit iperiũ & id magnũ & glĩa plenũ: nec solũ sibi: sed & filio amittit. Sed q̃d magis dolendũ est: nihil est ꝙ recompensare huic detrimẽto possit: cũ nihil debeat in gẽte inimica cõstitut⁹ sperare. y Inimica. S. ꝓoccupat q̃si ꝓ sci⁹. z Nec ꝓlẽ auso. S. sicut in. vi. Nũc age Dardaniã prolẽ q̃ deiñ seq̃tur glĩa.

a Nauiget. C. Bñ quadrat & ꝑsone & rei hoc ĩperatiuũ: Nã & Iuppiter & q̃a summ⁹ deus: & q̃a auus: iure suo ĩperat: pręsertim cũ id agi mãdet. q̃d fit ex sũma obseq̃ntis vtilitate. b Sũma. S. mei ꝑcepti collectio Iuue: Ad summã nec maurus erat. C. Hęc sũma ẽ. q. d. etiã si nullũ argumentũ vtilitatis et honestatis intulisse: tñ volo obtẽperet mãdatis. c Hic. C. isti hac re: vt oñdat hoc a se decretũ esse. ¶ d Parere. S. nõ rñdet vt numen inferi⁹: ſ obtẽperat. e Talaria. S. Dant̃ Mercurio penę: quia citius oĩb⁹ planetis in suũ ortũ recurrit: vñ et velox et errans inducitur: vt Quos ignes coeli cyllení⁹ erret in orbes. C. Talaria. Exigit locus: vt paulo altius de Mercurio repetam⁹. Ait ergo Cicero ĩ li. de nãa deorũ Mercuriũ primũ coelo pr̃e: die mr̃e natũ fuisse: cui⁹ obscenĩ⁹ excitata natura: tradit̃ ꝙ aspectu Proserpinę cõmotus sit: Alterũ valentis & phoenoridis filiũ qui sub terris habet̃: Idem Triphonius. Tertiũ ponit ex Ioue tertio: & Maia natũ: ex q̃ & Penelopeę Pana natũ dicunt. Quartũ Nilo patre: quẽ egyptii nephas habent.

nominare: qui Argũ interemit: ob idq; in egyptũ fugiẽs: leges ac lrãs illis tradidit: Sunt q ex hoc quintũ natũ Mercuriũ velint. eum q ex die & coelo nat⁹ est: aiũt ex Proserpina filiã. quã nudã cernẽs turpiter amauit Philonẽ archadẽ genuisse: ac ignominia territũ exponere illũ voluisse. S; cũ esset oraculo admonit⁹ illũ diuinũ interpretem futurũ: et nutriri iussit: et Hermẽ appellari voluit. Hinc ob ignominiã patriã fugiens in egyptum venit: ibiq; in om̃i mathematica claruit Diod. Siculus in suis mythologiis tres maxime noiat. Primũ egyptiũ: quẽ mlta adiumẽta vitę hũanę adinuenisse scribit. Inuenit eñi Palestrã & lyrã quã trycordem fecit: imitatus tria anni tpa. Nam ab ęstate acutã: ab hyeme grauẽ: a vere mediã assumpsit vocẽ: Inuenit lrãs & deorũ sacra: Et qa grecos ea q ad interp̃tationẽ pertinẽt edocuit ab illis Hermes. i. interp̃s noiat⁹ est. Scd̃m in Creta natũ scribit ex Ioue: et caduciatoriã: indutias ac foedera quę in bello adhibent inuenisse: p̃sertim vt vbiq; inuiolabiles eẽnt caduceatores. Qd̃ iccirco obseruabãt: qm̃ mercurius medi⁹ vtriq; hosti putabaẽ. Sed nr̃is tpib⁹ tubicines caduceatorũ loco habent. Dicũt inuenisse etiã pondera: et & mẽsuras: & mercaturę q̃stus: & in furtis faciẽdis p̃strigiatorẽ fuisse maximũ. Tertiũ eũ ponit. quẽ atlantici sumpsisse dicũt: natũq; ex Ioue et Maia: cui quę de Cretensi et egyptio dicũt: fere oĩa tribuũt. Eusebi⁹ de p̃para. Euãg. Sanchumathõis: qui añ Troiana tpa in phoenicia floruit testimonio fretus: ait Mercuriũ apud phoenices taurum: apud egyptios: coyth: apud Alexandrenses thoth vocari. Et primũ lrãs inuenisse. Et ea q de dijs fabulose dici videantur: vel allegorice ad naturã: vel tropologice ad mores reducere studuisse: Et fabulas fabularũq; allegorias excogitasse: q tantã mysteriis obscuritatẽ afferũt: vt difficile sit verũ inuenire. Alio aũt loco: orõis & facultatis interp̃tandi simbolũ: Mercuriũ priscos posuisse scribit: & filiũ cupidinis Mercuriũ dici: qa amãdi virtus orõni q̃ʒ attribuaẽ. Sed hęc fabulose ac mystice potiusq̃ hystorice scribũtur. Aurelius aũt Augu. refert: q tpe Moyses est natus floruisse Atlantẽ astrologũ Promethei Physici frẽm: ac maternum auum maioris Mercurii: cui nepos fuit is Mercuri⁹: qui grece ερμησ τρισμεγιστοσ id est Mercurius trimegistus. id ester maximus dicitur. Priorem ergo illum puto quẽ Nili filiũ fabulanẽ: hũc tñ secundũ asserunt occidisse argũ: egyptiisq; p̃fuisse: & leges ac lrãs tradidisse: sed lrãꝝ caracteres aĩaliũ arborũq; figuras habuisse: hũc in deorũ numero retulerunt. Nec erat phas eius nomen temere vulgo proferre: Primũq; anni mensem ab eo cognomiauerẽ. Condidit vrbẽ: quã a se Hermopolim noiauit: nũcupauerũt aũt illũ Trimegistũ. i. ter maximũ: q2 Phũs maxim⁹ & sacerdos maxim⁹: et maxim⁹ deniq; rex fuisset. Cõsueuerãt eñ egyptii (vt apd̃ Platonẽ legiẽ) ex oi phõꝝ nũero sacerdotes: ac rursus ex sacerdotib⁹ reges eligere: Hic ãt vt phũs sapientia: ita religione sacerdos excelluit: & mox in imperio administrãdo: sũpiores oẽs reges supauit. Hic primus a Phisicis mathematicisq; ad diuinoꝝ speculationẽ se erexit: Primusq; de maiestate dei: de demonũ ordie: animarũq; mutatiõib⁹ sapiẽtissime disputauit. ex q re prim⁹ theologię auctor hr̃. Hũc sectatus diuin⁹ vates Orpheus secũdas philosophię assecut⁹ ẽ ptes: cuius sacris initiat⁹ ẽ Aglaophenus: Aglaopheno in philosophia pythagoras. Pythagorę successit Philolaus diuini Platonis pręceptor. Quę oĩa indicãt priscam theologiã a Mercurio inuẽtam: & a Platone absolutã fuisse. Verũ Mercuri⁹ plĩma scripsit quib⁹ diuinaꝝ rerũ cognitiõem traderet: qb⁹ archana mysteria & stupenda oracula pandũtur. Nõ eñi vt phũs solũ loquiẽ: sed vt ppheta futura sępe p̃dicit: Ruinã hic priscę religionis vidit: Ortũ nouę fidei: aduentũ christi: futurũ iudiciũ: Resurrectionẽ: Renouationẽ seculi: Bonoꝝ gloriam: Tormẽta nocentũ p̃dixit. Quapropter dubitat Augustin⁹: an obseruatione syderũ: an reuelatiõe demonum. hęc ille p̃uiderit. Lactantius illũ Sybillis pphetisq; annumerat. Ex hui⁹ viri libris duo pcipui feruñẽ: alter de volũtate diuĩa: alter de volũtate & sapia dei. Et ille qdẽ Asclepius inscribiẽ: quẽ Apulei⁹ platonicus sũpiorib⁹ tpibus latinũ fecit. Hic Pimander: sed et hũc p nr̃m Marsiliũ ficinũ ex eadẽ familia phm̃ nobilissimũ nup ad latinũ migrasse videm⁹: atq; hęc siue de fabulosis dijs ingramus: siue de tanto viro inuestigam⁹ nos hoc tpe nõ mirãdo (nã id rei locũq; rõ minime patiebaẽ) sed ex phĩb⁹ libris in vnũ locũ coartãda duxim⁹. Deinceps aũt q̃d ad Mercurii sydus ptinet. eadẽ breuitate p̃stringem⁹: Mercurius quẽ stilbon vocãt: planeta ẽ tẽpatus. nocturn⁹. nõ masculin⁹: nõ foeminnus: et pter suũ tẽperamentũ: cito se vertit ad eius cui adheserit natura: itaq; cũ foelicibus foelicitatẽ. cum infoelicib⁹ infoelicitatẽ p̃bet: Auctore aũt Ptholemeo sapiam sil' & eloq̃ntiã mortalib⁹ p̃bet. Hinc eloq̃ntię de⁹ a poetis dr̃.

Dixerat: ille patris magni parere parabat
Imperio: & primum pedibus talaria nectit

Inducit ad Arithmeticã: & ad mercaturã: facit Palestritas: ac p̃stigiatores: acsi in genesi malignus est: fraudulentos pducit & fures. Raro videẽ: qm̃ plerũq; tpis sub solaribus radiis occultaẽ. Neq; eñ ab illo vltra trigita grãdus abest: qua ex re ppter Phoebi ardoris vim: fuscus pingitur Exustio tñ a sole q omibus planetę nocet: illi (qm̃ ex freq̃ntia facti assuet⁹ ẽ) min⁹ incõmoda est. Habeẽ nunci⁹ deorum: quia nihil ex sua: sed eoꝝ qb⁹ adheret natura agit: Nã nũti⁹ nõ ex sua: sed ex alioꝝ sentẽtia verba refert. Eius domicilia: gemini ac virgo sunt. Moraẽ i singul' signis vigenis & octenis dieb⁹: ac senis horis: ergo trecẽtis ac triginta octo dieb⁹: totũ zodiacũ pcurrit. Pingiẽ aũt in huiuscemodi formã: vt in capite ac tal' alas gerat: quibus & planetę & eloq̃ntię indicaẽ celeritas In lęua virgã serpentib⁹ inuolutã. Hęc illi⁹ ad oĩa: nõ tñ sine prudẽtia impulsum denotãt: in dextra harpem ensẽ incurũ tenet. Syringa aũt sibi ad os fistulã ex calamis factam admouet: ille eã inflat: Ex harpe vim ac vehementiã eloq̃ntię. Ex fistula vero eiusdẽ sũauitatẽ significaẽ. Caput Galero ornaẽ: q se a solaribus radiis tueẽ. Sed idẽ ex albo nigroq; ↄfectus est: quia eloq̃ntia. et alba nigra: & nigra alba reddere pt. Argus auulso a collo capite: eo q; ocul' pleno: e regiõe pingitur: vt oñdaẽ eloq̃ntia: cui sapiẽtia sit adiũcta: oẽm calliditatẽ superare Corã ipso gallus pingiẽ: vt mercatorũ: quorũ deus est: astuta notetur garrulitas: Atq; huiuscemodi est forma: Tenet autem coelum secũdum: q̃d supra lunã est: q̃uis multi ex egyptiis illud soli attribuerint: corpus eius minimum est omnium: exceptis corruptibilibus: Nam maximus omnium est sol: qui centies ac sexagies ac sexies tantus est: quanta est terra. Post solem maiores sunt quidecim stellę primi ordinis: quarum singulę continent terram septuagies: ac bis: Post has sunt stellę quarti ordinis: quarum singulę continent terram quinquagies quater. Post has sunt stellę quinti ordinis. Harum vnaquęq; terram continet trigesies & septies. Inde sunt stellę sexti ordinis: quarũ quę minorẽ decies atq; octies terrã ptinet. Post has maius corpus est Mars. Post Martem terra. Post terram venus. Post venerem luna. Post lunam Mercurius. Vidimus quanta sint hęc corpora: Nunc quãtum distent: animaduerte. Luna enim quãuis omniũ proxima sit terrę: distat tamẽ ab ea trigesies ter tantum: quantum est dimidium dyametri terrę: Et vigesima pars eius. Eritq; hoc centesies cẽtena milia septẽ milia q̃dringẽta & duodecim miliaria: Nam dimidiũ dyametri terrę: vt ostenditur: est 3245. miliariorum: & quinq; insuper partes ex duodecim partib⁹ vnius miliarii. Mercuri⁹ a terra distat 542750. miliaria. Ven⁹ a terra distat 3640000 miliarioꝝ. Sol autem 3965000. Post quẽ Mars sequiẽ: & hic a terra 28847000. Iouis aũt interuallũ apparet esse 46562500. Longitudo Saturni est 65357500. Hoc autem duplicatum facit interuallum: quod est terra ad octauã sphęrã. Hoc aũt erit 150713000. Et cum multiplicatũ fuerit hoc

Aurea: quę sublimem alis siue ęquora supra
Seu terrã: rapido pariter cum flamine portant.
Tum [f]virgã capit: hac [g]animas ille euocat orco
pallentes: alias sub tristia tartara mittit.
Dat somnos, adimitq;: & lumina morte resi[h]
Illa fretus agit vẽtos: & turbida [i]tranat (gnat.
Nubila: iamq; volans apicẽ: & [k]latera ardua cer
Atlantis [l]duri: coelũ qui vertice [m]fulcit: (nit
Atlantis cinctum assidue cui nubibus atris
piniferum caput: & vento pulsatur & imbri.
[n]Nix humeros infusa tegit: tum flumĩa mẽto
[o]precipitant [p]senis: & glacie riget horrida barba:
Hic primũ [q]paribus nitens [r]Cyllenius alis
Cõstitit: hinc [s]toto pceps se corpore ad vndas
Misit: [t]aui similis quę circũ littora: circum
[v]piscosos scopulos hũilis volat ęquora iuxta.
Haud aliter terras [x]inter coelumq; volabat:
Littus [y]harenosum lybię: ventosq; secabat
[z]Materno veniẽs ab auo cyllenia proles:
Vt primum alatis tetigit [a]magalia plantis,
Aeneam [b]fundantem arces: ac tecta [c]nouantem
Conspicit: atq; illi [d]stellatus iaspide [e]fulua
[f]Ensis erat: tyrioq; ardebat [g]murice [h]lena
Demissa ex humeris: [i]diues quę munera dido
Fecerat: & tenui telas discreuerat auro.
Continuo [k]inuadit: [l]tu nunc [m]Carthaginis altę

p tertiã et septiã; vni⁹ pue niet q̃ntitas circũferẽt: ę circuli signo℞: vel cuiuscũq; circuli maioris descripti in octaua sphera: q̃ est 4100 8 8570. miliario℞. Eritq; mẽsura vniuscuiusq; gradus circlĩ maior℞ ii 41160: miliariorũ. singła aũt mi liaria: tria milia cubitorũ cõtinẽt. f Tũ virgã capit. S. i. caduceũ: q̃d prio apollo habuit: et donauit Mercurio⁹: accepta ab eo lyra. Hora. Fraternamq; nũero lyrã: Mercuri⁹ fert virgã: q: deus orõnis ẽ: et deo℞ iterp̃s: vñ virga bellãtes diuidit. i. bellũc Naz bellantes & interpr. tum orõne sedãt. Vñ scdm Liuiũ: legati pacis caduceatores dicunt. Sicut enĩ p feciales bella indicebãt: ita pax per caduceatores fiebat. spuio aũt grece dicit ... i. interpres. g Animas. S. vmbras. Aię eni in coelo sunt. h Resignat. S. clãdit pturbat: Et ẽ quia dicũt Physici morituros pupillas in oculis añ triduũ nõ hr̃e: qb⁹ nõ visis est summa despatio: resignat ergo. i. aufert signa lumib⁹. i Tranat. S. trãsuolat: vt. Nare p ęstatẽ liquida suspexeris agmẽ. k Latera. S. dat mõti q̃ sũt hois: Nã rex fuit q cũ Persea hospitio nõ susciperet: qm ab oraculo admonit⁹ fuerat: vt a Iouis filiis caueret: a pseo i mõtẽ cõuersus ẽ. viso Gorgõis capite. latine telamon dr̃. sic Nilus melon. l Atlantis. CRI. de hoc mõte Strabo sic scribit. Extra colũnarũ fretũ pcedenti ad sinistrã mons est in lybia: quẽ Atlantẽ vocant: barbari ṽo dyrim: mons est suprą nubes excelsus: qua mare a se dominatũ spectat: squalidus & incultus: quę vero Aphricã respicit arboribus vestit. & fluminib⁹ irrigat: omi genere fructuũ abundãs: interdiu ex miro silentio stuporẽ inducit: Noctu crebris lucet luminib⁹: resonareq; dicũt cãtib⁹ ac tinnitibus cymbalorum: atq; tybiarũ ęgypanorũ & Satyrorũ. m Fulcit. S. sustinet: nam altus est nimis. n Nix. S. niuis facit. Sed verbũ ningit nũc hinc venit: sed ab eo q̃d est ningis. Lucre. Albas effũdere mingues. Ningit ãt pria et scda p̃sona caret: nã ñ ẽ i nr̃o arbitrio: s; ad deũ ptinet. o Precipitãt. S. p p̃cipitãt. p Senis. S. ppter ętatẽ: vel allusit ad niues: vt. Geliduscanis cũ mõ h. liquitur q Paribus. S. a leui volatu: vt dixit. Et i coelũ parib⁹ se sustulit alis. r Cyllenius. S. ab auia: vñ paulo post Cyllenia ples: aut a cylleno monte arcadię: vbi nutritus est. s Toto corpe. S. vno impetu excussus. Sic Lucanus. Ne te tellure cadauer paulatim p membra leuat: terraq; repulsum. t Aui silis. S. Incongruũ heroico carmini erat: si mergũ diceret. Sic alibi p periphrasim cironiã dixit Cãdida veit auis lõgis inuisa colubris. Sic est testa cũ ardente videbis scintillare oleũ: ni diceret lucernã nimis tenuiter. v Piscosos. C. pisobus abũdãs. x Inter coelũ. C. Ita inter infimã partẽ aeris: vt pene in harenosa: Mauritania eñ est aspera & syluosa.

z Materno auo. S. per Maiam Atlantis filiam. D. Auo mr̃no. ab Atlante monte: in quẽ Atlantẽ prẽm Maię cõuertit Perses. C. Materno auo. Atlante qui Maiã genuit: ex qua cõceptus ipse est.

a Magalia. S. Aphro℞ casas: & mapalia idẽ significant. S; magalia ma producit: mapalia vero corripit: vt. Et raris habitata mapaliã tectis.

b Fundantẽ. C. ędificantem. Nã iã; fundatę erãt. c Nouantẽ. S. i. facientẽ quę noua essent.

d Stellatus: C. ornatus: vt illa splendida vt stella fulgeret. e Fulua. S. viridi: vt fuluaq; caput innectit oliua. Sed Plini⁹ inter spẽs iaspidũ vnam ponit fuluã. Et multi volũt iaspidẽ ad ɔtrariũ ptinere. f Ensis. S. pro vagina posuit.

g Murice. CR. pisces sunt similes purpurę. Nã vt ait Plini⁹: purpurę latent: sicut murices circa canis ortum: Et paulo ĩfra. Purpurę congregant verno tempore mutuoq; attritu lentorem cuiusdam cerę saliuãt: simili modo vt murices: sed i hoc loco muricẽ pro purpura posuit. h Lena. S. genus est vestis. Est autem pprie toga duplex: amictus angularis. i Diues quę mũera Dido. CR. pulcherrima propter diuitias quas habebat: Nã pauper sumptum nõ fecisset. k Inuadit. SER. habitũ futurę orõnis ostendit. Et notandũ non tantũ eũ nuncii: sed etiam caduceatoris: id est oratoris officio fungi. Nam & persuadet et nũciat. Inuectiuã futurã esse hoc verbum oñdit. Et ex hoc auti habitu Mercurii: oñdit quali habitu debuit esse Iuppiter. l Tu nunc. DO. obiurgatio est potius q̃; inuectio. Nam cõmune sibi facit hoc damnum. et dolet decipi spem ipsius & filii: quod nõ faceret: si accusationis animũ gereret. m Carthaginis. CRI. quasi diceret terrę alienę: & quę tuis nocitura sint. Vehemens ergo dissuasio: vt nocitura faciat: & profutura deserat.

Fundamenta locas: pulchramq[ue] uxorius[n] urbem
Extruis: heu regni rerumq[ue] oblite tuarum.
Ipse[o] deum tibi me claro demittit olympo[p]
Regnator: coelu[m] & terras qui numi[n]e torquet.[q]
Ipse[r] h[a]ec ferre iubet celeres mandata per auras:
Quid struis: aut q[ua] spe lybicis teris[s] otia terris?

n Vxorius. SE. vxori seruiens. Sic Hora. Vxorius amnis. D. Pulchraq[ue] vxorius vt. Stulti e[st] aliena curare sua negligere.
o Ipse. S. Dat dictis auctoritatem: vt. Que ph[o]ebo p[ate]r omipote[n]s. D. Ipse deu[m]. Hu[ius] persone aucte grauiore[m] facit suaz obiurgatione[m]: & vt maior sit met[us] p[otes]tatem ipsi[us] describit. Vtru[m]q[ue] a[ute]m da[m]nat: et q[uod] subleuet inimicorum opes: et q[uod] i[n] re age[n]da otiu[m] sibi p[ro]ponat: q[uonia]m negligent[ius] est: & incautu[m]: Addit ne p[er] eu[m] pereat: q[uo]d Ascanio debet. q[uo]d nisi p[er] ip[su]m p[re]stari no[n] p[otes]t. CR. Ipse deu[m]. Dat aucte[m] orationi sue.
o Olympo. S. Olympus: quasi ololampos: id est totum splendens: siue mons sit Macedonie: qui dicit[ur] etia[m] diuerso[rum] deoru[m]: siue coelu[m]: Vnde addidit claro: vt plemmyriu[m] vndosum: Accentus sane grecus: tu[n]c p[otes]t esse si sit greca declinatio: vt Ολυμπος ολυμπους. Na[m] latine olympi facit.
q Numie torq[uet]. S. agit: sustinet. vt: Cu[n]cta tuo q[ui] bella pater sub numie torques. Numine a[ute]m est: aut nutu: aut potestate.
r H[a]ec. SER. que dicturus est. Nam supradicta ex se dixerat.
s Teris. S. per negligentia[m] co[n]summis.

Si te nulla mouet tantarū gloria rerum:
Nec super ipse tua moliris laude laborem:
Ascanium surgentem:& spes heredis Iuli
Respice:cui regnum Italię romanaq; tellus
Debentur:tali cyllenius ore locutus:
Mortales visus medio sermone reliquit:
Et procul in tenuem ex oculis euanuit auram.
¶ At vero Aeneas aspectu obmutuit amens:
Arrectęq; horrore comę:& vox faucibus hęsit.
Ardet abire fuga:dulcesq; relinquere terras:
Attonitus tanto monitu imperioq; deorum.
Heu quid agat? q̄ nunc reginā ambire furentē.
Audeat affatu:& quę prima exordia sumat:
Atq; animū nunc huc celerē:nūc diuidit illuc:
In partesq; rapit varias:perq; omnia versat:
Hęc alternanti potior sententia visa est:
Mnesthea:sergestūq; vocat:fortēq; cloanthū:
Classem aptēt taciti:sociosq; ad littora cogāt:
Arma parent:& quę sit rebus causa nouandis
Dissimulent:se se interea q̄n optima Dido
Nesciat:& tantos rumpi non speret amores
Tentaturum aditus:& quę mollissima fandi
Tempora:quis rebus dexter mod⁹:otius oīs
Imperio lęti parent:ac iussa facessunt:
At regina dolos (quis fallere possit amantem?)
Pręsensit:motusq; excepit prima futuros:
Omnia tuta timens:eadē impia fama furenti
Detulit armari classem:cursumq; parari.

t Surgentē. S. crescentē: vt surgentē in cornua ceruum. Item surgentēq; nouę Carthaginis arcem. v Debent. S. Honestius plurali nūero respondit. x Cyllenius. S. Antonomasiū est pro ꝓprio. y Ore. S. orōne. z Mortales vis⁹. S. aut oculis Aeneę se substulit: aut hūanā reliquit effigiē quā sumpserat: vt ab Aenea possit videri. C. Mortales vi. Nam spūs incorporei aerē: ex q̄ corp⁹ sibi conficiunt ita condēsant: vt inuisum cadant: vt videm⁹ nubes q̄ aer densatus sunt. z Medio ser. S. Atqui executus ē oīa quę Iuppiter dixerat: sed sermo est cōsertio orōnis duorū vel pluriū. Medius ergo est: cū persona: cum qua qs loquit: nō r̄ndet. D. Medio sermone. quia nō expectauit r̄nsum: q̄d erat dimidiū sermōis qui anitur inter duos.

a Obmutuit. C. Nam tanto stupore effectus ē: vt vocem emittere nō poterit: Nā et maxima animi cōsternatio fari nos ꝓhibet: & cōtra verissimā accusationē nullā excusationem quā pferret inueniebat. b Dulces. S. minus ē: sed ne videat̄ ingratus: deorū excusat̄ imperio: Sic in sexto. Sed me iussa deū. C. Dulcesq; re. terras. Quō relinquere si dulces? Ondit sibi vehementer curam esse Didonem. Sed tñ male deo obtēperare. In pugna ergo q̄ erat inter appetitū et rationē supabat ipsa ratio.

c Ambire. S. Blāditiis circūuenire: vt nec cōnubiis ambire latinū. d Exordia. S. oratione: sicut ī rhetoricis legim⁹. C. Quę exordia. Nam cā apd̄ Didonē turpissimā hr̄e videbat: in qua diffidebat cōueniens exordiū reperire posse: maxime cū eēt habendū ꝑ insinuationē. in qua maiori artifitio opus erat. e Atq; animū nunc huc. DO. In tā ambigua consolatōe prēualuit in religioso viro diuinum preceptum. f In partesq; rapit varias. CR. Cum modo traheret̄ libidine: modo duceret̄ ratiōe. g Alternanti. S. Varia mēte tractanti: Et ꝑ hoc ōnditur cogitasse eū etiā amorē: sed ꝑtulisse voluntatē deorū: h Taciti. S. sine strepitu celantes cōsilia. i Arma. S. Forte contra impiū irā reginę.

k Dissimulent. CRIS. Dissimulamus: cū ostendimus id non esse q̄d est: Simulamus cū ostendimus id esse q̄d nō ē. q̄ igitur doctus nō vult haberi doct⁹ dissimulat doctrinā. Qui contra indoctus ē cupit doctus hr̄i: simulat doctrinā. l Quādo. S. nō est hoc loco tp̄is: sed significat siq̄dem. Et est cōiunctio ratiocinātis. Sane q̄n do breuis est naturaliter: sic seren⁹. Q̄n flagella ligas. Virgili⁹ vsurpat. Sed q̄ndo tybri vicinaq; tybridis arua. m Speret. C. Timeat: Nā spes de bonis est. n Mollissima. C. q̄ tactus sunt retulit ad occasionem. Ergo mollissima tp̄a ꝓ occasione posuit: vt si q̄s sit diffinitio occasionē eē tp̄s mollissimū id est: q̄d p̄bet facilitatē rei agendę. Molle eīm in tactu dicim⁹: q̄d facile cedit: cui contrariū est durum. Ergo tp̄us fandi molle est: cū his q̄ auditur⁹ est: facile nob̄ cōcedit.

o Quis reb⁹ dex. S. q̄ sit rebus optim⁹ euentus. p Lęti. S. Alacres festini. q Facessunt. S. freq̄ntatiuū est: vt in Geor. Matris p̄cepta facessit. aliq̄n discedere significat. Terentius. Hęc hinc facessat: tu molestus ne fias.

r Quis fallere pos. a. C. Adeo eni suspitiosi anxiiq; sūt: vt nihil inexploratū relinq̄nt. s Pręsensit. S. ac si diceret: āteq̄ ille moliret̄. & nimia ī hoc vis amātis exprimitur.

t Motusq; fu. CRI. id est motus nondum p̄sentes: sed quoniam non fit verisimile: vt ea q̄ nondū sunt sentiamus. reddit verisimile ex amantium natura: Nam amātes etiam timent tuta. Quapropter facile miserrimi sint necesse est. Qui enim est ī metu: miser est: & qui etiam tuta timet: semper est in metu: vt ait Socrates. v Omnia tuta. SER. deest etiam: & est exaggeratio. x Eadem. S. quę Iarbę nunciauerat. y Cursum S. nauigationē. z Inops animi. SER. sine animo. sine consilio. CR. Sequitur inops ai. Quoniā in mœrore erat. Nam vt rebus lętis animi extolluntur: Vnde iure possumus dici diuites animi: sic in mœrore deprimūtur: vnde sumus inopes animi. VB. animi: id est mentis & consilii.

a Totāq incen. S vr. C. Quid ergo infelicius est amāte: Nam dū illi assunt res fœlices: ita tñ anxi⁹ est. vt etiā tuta timeat. Cū aūt imutanē: adeo tota mente cōcutit: vt ī maxima ꝑturbatōe cōstitutus mentē: consiliūq amittat: Et furiis ita agitat: vt obliuiscat pudoris & modestię & publicę debacchetur.

omia nō modo neglectū illius: verū etiam crudelitatē in eā ōndere vident. Quapropter & a turpi & a dānoso premit. l Tm̄ nephas. C. Nam amās nihil maius nephas putat q̄ deseri. m Tacitus. C. quasi dicat: furtim: n Noster. C. q̄i dicat: tā magnus. o Data dextera: S. foed⁹ amicitiarū. CR. Data dex. ꝑfidię arguit.

b Bacchat. S. vt bacchātes furit: Et vno sermōe ꝑoccupat futurā orōnē. c Cōmotis. S. quia in sacroꝝ renouatōe cū cōmouebant simulacra. Hora. Non ego te candide bassareu inuitū quatiam. d Thyas. S. baccha: Naꝫ vt a baccho bacchæ: sic a Thyaneo thyades dicunt. C. Tyades āt sacerdotes: bacchi dicūt ab eo quod est θυειν. i. furē. Sic etiam menades. τουμαινω μαι insanio: & Bassarides: & ipse Bassareus appellatur a veste vł a pelle lyncū: sed de hoc in commētariis Horatii dixim⁹. e Trieterica. S. triennalia. Nā liberi sacra tertio quoq anno innouabāt. CR. Trieterica ab eo q̄d est tris: id est tres & ετοσ annus: Nam triennalia erant sacra bacchi. f Orgia. S. apud grecos omia sunt sacra: vt apud latinos ceremonia: Sed iā abusiue sacra liberi orgia vocant: vel απο της οργης id ē a furore vł απο των ορων. CRISTOF. Nam apud Herodotū de sacris Dianę inuenies. g Nocturnusq vocat. SER: Quia noctu celebratur. Vnde eius sacra nyctelia appellant: q̄ populus Romanus exclusit causa turpitudinis: h Cithęron. S. mons ē ex q̄ clamor numinis velut bacchas vocabant. C. Cthięron mōs est Thebis: iminens: in quo nocturna sacra bacchi colebātur: q̄ nyctelia dicebantur. Et ipē bacchus nyctileus. i Compellat vltro. C. Et quia amantes more impatiētes sunt: & quia quoad possꝫ a principio rem ꝑuenire cupiebat: & malo anteq̄ veniret occurrere.

Seuit inops animi: totamq incēsa per vrbem
Bacchatur: qualis cōmotis excita sacris
Thyas: vbi audita stimulāt trieterica baccho
Orgia: nocturnusq vocat clamore cithęron:
Tandē his Aeneam compellat vocibus vltro:
Dissimulare etiam sperasti per fide tantum
posse nephas: tacitusq mea decedere terra:
Nec te noster amor: nec te data dextera q̄dā:
Nec moritura tenet crudeli funere Dido:
Quin etiā hiberno moliris sydere classem:
Et mediis properas aquilonibus ire per altum
Crudelis: quid si nō arua aliena: domosq
Ignotas peteres: & troia antiqua maneret
Troia ꝑ vndosum peteret classibus ęquor:
Me ne fugis: ꝑ ego has lachrymas dextrāq tuā
Qn̄ aliud mihi iā miserę nihil ipsa reliqui (te
per connubia nr̄a: per inceptos hymeneos:
Si bene quid de te merui fuit: aut tibi quicq
Dulce meum: miserere domus labentis: & istā
Oro: si quis adhuc ꝑcibus locus exue mentē:
Te propter libycę gentes numadūq tyranni
Odere: infensi tyrii: te propter eundem
Extinctus pudor: & qua sola sydera adibam
Fama prior: cui me moribūdā deseris hospes:
Hoc solum nomen: quoniā de coniuge restat.

p Moritura. C. ostendit q̄ntū peccet: siqdem sue mortis cā futurus sit. q Dido. C. emphasim facit i noīe, q. d. ea a qua tot bn̄ficia acceperis. r Quin etiā. C. Magnū scelus ꝑdere q̄ecq: Ma eam q̄ de te bn̄ merita sit maximū prodere cū tuo periculo. s Hiberno sydere. S. nō hyeme: sꝫ hyemali sydere: aut ꝓprie q̄d ait sup̄: dum pelago desęuit hyems: et aq̄sus oriō. Ergo aut tpe: vt q̄ sydere terrā vtere moecenas: aut reuera sydere: ꝓpter Orionem. t Crudel. S. etiā in te odio mei. v Quid si nō arua C. nō deberes etiam si patriam peteres: & sine ꝑiculo sic deserere: quāto min⁹: cū aliena petas et cum periculo. x Domosq ignotas. S: ac si dicat: Carthago iam tibi nota est: licet etiā hic aliena sint arua. y Et Troia antiq̄ maneret. S. deest si. z Me ne fugis. S. Adhuc non vult apte exprobrare bn̄ficia: sicut paulo post irata. C. Me ne. Mrta cōplectit illud me. Me. q̄ ignotū liberali suscepi hospitio. Me: quę tantū amo: q̄ pudicitiam tui causa abieci. a Per ego h. la. C. Postq̄ vsa ē ꝯstitutiōe iuridicali absoluta: q̄d nephas sit deserere: quę tot causis mereat amari: descendit ad cōcessionē ꝑ depcatiōnē: Ita tñ vt a priore non discedat: Nihil aliud q̄ ergo meret ab illo nō deseri: ꝓpter q̄ ipa sibi nihil reliquit. Nā et cęteros hoīes et pudorē et pudicitiā & famā ꝓpter illū contempsit. b Per connubia nostra. C. Arguit a voluptuoso. c Inceptos.

k Dissimulare. SER. artificiosa allocutio: Nam sibi cōsulit sub facie vtilitatis Aeneę. Dissimulare: q. d. ita pudēdā rē aggrederis: vt eā fateri nolis. C. Dissimulare. Oratio oīno Pathetica: & ab aīo extuanti quippe q amore: indignatiōeq sił impulsus ꝑficiscat. Et qm̄ in deliberatiuo genere est: ꝑmit Aeneā a turpi: qm̄ fidem frangat: ingratusq in eā sit: a q̄ tm̄ amet: & cui sit futurę mortis cā: si eā relinq̄t. Auget hāc rē q relinq̄t eā: petitur⁹ loca sibi incognita: et cū magno suo ꝑiculo sit nauigatur⁹ cū in tanto ꝑiculo ne in patriā q̄dē nauigare deberet. Quę

S. q ipsa nouitate sūt dulces: d Dulce meū. S. Tetigit rē inhonestā. Teren. Seu tibi morigera fui in omnib⁹ reb⁹. e Te ꝓpter lybicę. C. Ondit q̄s cōtēpserit ꝓpter illū: et in quę ꝑicula cadat si ab eo deserat. f Tyranni. S. Nihil interest apud maiores inter regem & tyrānū: vt pars mihi pacis erit: dextram te tetigisse tyranni. g Fama prior. S. quę melior fuit sine dubio. h Hospes. S. Aeneas et hospes fuerat et marit⁹. sed maritū se negat: et hospitē confitet: vt nūc Dido dicit: Cui me deseris hospes. i Qm̄ hoc solū nomē de cōiu. restat. S. i. superest hospes.

Alii restat.i.resistit.i.contrarium tibi est. Alii dicũt hoc so lum nomẽ:qm̃ supest vt te cõiungem dicã. Dicitur autem ingenti affectu hos versus Virgilium priuatim cũ pauci adessent Augusto recitasse. Nã recitauit voce optima pri mũ tertium & quartũ. k Saltẽ. S. Vel hoc. Est aũt tra ctum a captiuis:qui cũ tenerent̃ ab hostib⁹:dicebãt. sub latis omnib⁹ salutẽ concede. Hinc p synerisim nat⁹ est ser mo:vt in contẽptu rerum multarũ perituri aliquid saltem dicamus.

esse beneficiorũ. futurumq̃ diu dũ viuet:nec orõem sume re:vt contra hęc dicat:sed vt defendat factum.
y Nunq̃ regina negabo promeri. DO. Palam habet beneficia accepta:sed necessitate impulsum:& non volun tate ostendit se illi non obsequi:breuiter autem purgauit quę obiiciebantur:ne multiloquio tempus tereret: & in gratitudinis vitium primo confutat:vt secundum artem incipiat a validiorib⁹ ad uersariorum obiectis.

Quid moror: an mea pygmalion dũ moenia frᷓ
Destruat: aut captam ducat getulus hiarbas:
Saltem si qua mihi de te suscepta fuisset:
Ante fugã soboles: si quis mihi paruulus aula
Luderet Aeneas: qui te tantũ ore referret:
Non equidẽ omĩno capta: aut deserta viderer
Dixerat: ille Iouis monitis immota tenebat
Lumĩa: & obnixus curam sub corde p̃mebat.
Tandem pauca refert: ego te quę plĩma fando
Enumerare vales: nunq̃ regina negabo
promeritam: nec me meminisse pigebit elissę:
Dũ memor ipse mei: dũ spũs hos reget artus:
pro re pauca loq̃r: neq̃ ego hãc abscõdere fur-(to.
Speraui (ne finge) fugã: nec coiugis vnq̃.
pretendi thedas: aut hec in foedera veni.
Me si fata meis paterentur ducere vitam

l Ante fugã sobo. S. Et amatorie & amare loqt̃: Nã hanc fugã dicit: quã ille pfessionem nomiat. Amor autẽ ex filii deside rio comprobat̃. D. Ãn fu gam. Nam nõ vult hone stare si dicat discessum. ¶ Ille Iouis cõfundeba t pudore:vtpote q ingra ti:q fallacis :q fugitiui in famiã subiret ↄtra institu tum suũ:sed solũ Iouem sibi añ oculos ponebat: q̃d efficiebat:vt vir aliqñ mitis et humanus : q̃uis moueret̃ officiis Didõis: tñ a pposito ñ discederet: Recte aũt dixit :monitis potius q̃ iussis:quia nõ solũ ipenũ eũ mouebat: sed ea q̃ iperabat:quę ad regnũ Italicũ acquirẽdũ ptinebãt:& ne Carthagi nem suo imperio inimi cam futuram foueret.

m Si q̃s mihi. S. de iu re loquit̃. Nam liberi (vbi nõ est iustũ mr̃imoniũ) matrem sequuntur.

n Qui te tñ ore referret. S. aut sic dixit q̃si ama trix: vt s. de Ascanio. Infandum si fallere posset amorem: Aut illud dicit: Optarem filium similem vultui: & nõ moribus tuis. o Ore C.. forma cor poris. p Referret. CRIS. esset tibi similis. q Iouis monitis. S. Et hec monita dicimus:vt Carmentis Nym phę monita: Et hos monitus Persius. Hos pueri monit⁹ patres infundere lippos. r Immota lu. S. Physicũ tñ est:vt q̃litatẽ animi ex oculo℞ aut corpo℞ mobilitate ostẽdam⁹. ergo mõ[vult vult oñdere Aeneã a pposito nõ ẽ deuiaturũ. s Obnix⁹. C. afficiebat̃ amore Didõis: sed cũ mallet deo:id est rõni potius q̃ libidini obtẽperare obnitebat̃.i.nitebat̃ cõtra libidis ardores. t Premebat. C. reprimebat:quod est cõtinẽtis potius q̃ tẽperantis:vt freno rõnis coerceret libidines. v Tandẽ. C. alternãtib⁹ in eo libidie et rõne et amore in Didonẽ: & iussis eorũ du bius erat in cõsultatione. x Ego te q̃. p. f. S. Con trouersia est plena in qua & purgat obiecta remouens a se crimen ingrati: & veniali vtitur statu:profectionem suã retorquens in voluntatem deorum. Habet etiam finem. nam purgat obiectam fugam nomine profectionis. CRIST. Ego te quę. Oratio est in genere deliberatiuo in constitutiõe iuridiciali absumptiua: & in concessione cri minis per purgationẽ. Nam oñdit se hoc nõ consulto face re: Sed reiicit crimen tñ necessitatem. Necesse enim est deo obtemperare in principio: Ergo conciliat sibi fauorem a persona Didonis:cum illum affirmat optime de se meri tam esse. Item a persona sua: Ostendit enim se memorem

z Promeritam. SER. prestitisse beneficia: et est sermo de his quę per con trarium magis lucẽt. Te rẽti⁹. Ita me velim ames promerẽtem pater: id est bene agentem: Cõtra ali bi: Quid commerui aut peccaui pater: id est male egi. a Meminisse pi gebit elissę. SER. Memi ni & illius rei dicim⁹: vt hoc loco: & memini illã rẽ: vt et nũeros mẽini si v̾ba tenerẽ. ¶ Dũ mẽor ipse mei. de futuro dixit: Piget autẽ ad futurũ spe ctat: pudet ad preteritũ. Et licet pene vna sit signi catio: tamen dicimus. pi get me illud facere: & pu det me fecisse: vnde inter dum pręcipue a Salustio simul ponuntur.

b Pro re pauca loquar: SER. remoto ingrati cri mine descendit ad cãm. CRI. Pro re. pro defensio ne rei. Pro enim aliquan do defensiõem significat: vt stabat pro templo. A liquando ante: vt habuit orationem pro rostris. Ali quando vicem & locũ: vt: nos vt etiam pro fratre respon deas vehementer cupimus: & missus ẽ pro consule. Est etiã temporalis: vt prospicio: prouideo. Item pro super vt prominet. Item pro ad: vel secundum: vt nitar pro virib⁹. Est autem interiectio: sed tũc circumflectitur: vt proh de um fidem. c Hanc. SER. profectionem. DON. Neq̃ hanc abscon. furto. Probat q̃ nõ fugam: sed nauigationẽ parauit: quia non venerat: vt matrimoniũ conficeret: q̃d probat q̃ nullis solitis Ceremoniis cõiugiũ celebratũ sit. d Pretendi. SER. probat nõ esse matrimonium. e In foedera. SER. Aut matrimoniũ: vel adiunge seq̃n tibus: et dicet non veni. vt hic morarer: sicut nunc pro bat. f Me si fata meis paterent̃ ducere vitã Auspiciis. SER. Dixit in primo: Quę me cunq̃ vocant terrę: vbi si gnificauit nolle apud Carthaginem perpetuo manere: sed velle quęrere sedes fatis concessas. Ergo veni: consensi: hoc est nõ ad hęc consensi foedera: vt cum vellem discedere nõ liceret. ¶ Auspiciis dispositõib⁹: qa maiores omnia au spicato gerebant. CRISTO. Me si fata meis pat. rent̃ du. vitam. Diximus in allegoriis Italiam pro speculatiõe: Car thaginem pro actione: & vita ciuili poni. Ergo nisi fata me ad speculationem vocarent: in vita ciuili libentius de gerem apud meos Troię: quam Carthagine. Sed hec ibi latius.

g Sponte mea. S. Nomen est: cũ & casus et genus impo nitur. Sic & mane: vt. Dũ mane nouũ: dum gramina ca nent. Sic est & forte. alias aduerbia sũt: nõ dixit autẽ vere sua sponte: Nã supra dictũ est: hos cape fatorũ comites. Item diuersas quęrere terras auguriis agimur diuum. h Et recidiua. S. post ca sum restituta. i Sed nunc Italiã. D. facit rẽ ve risimilẽ. Nã null⁹ ab otio ad negotiũ: nisi inuit⁹ ac cedit. k Gryneus. S. iu xta clazomenas vrbem Asię nemus est gryneũ: vbi Apollo colit: Inde igi tur sumit epithetõ: licet in delo sumpserit oracu lum. C. Grineus. De hoc ita refert Strabo. in freto quod est inter Asiam: ac Lesbum insulę sunt: vel viginti. vel vt placet Ty mostheni q̃draginta. quę cõposito vocabulo Ecato nensi gemĩat o. n. vocant ab eo q̃d ẽ ecatos. i. Apol lo: & Nesos insula. Nam per totam hãc orã Apol lo colitur vsq; in tenedũ: vocaturq; Smyntheus: aut Cylleus: aut gryne⁹ alio nomine. Alii dicunt clazomenem: qua vrbs Ionię est: olim Gryneam vocatam vicinam colo phoni: & in his locis fuis se oraculum Apollinis gryneii: idq; idem esse & clarium. l Lycię sor. S. Nec hinc accepit responsum. Sed hic dicit lycię: hoc ẽ apol lineę. m Hic amor. SER. eo dicit desiderio ꝑ voluntatẽ deorum circa Italiam teneor: quasi pos sem circa troiam. Et ad il lud respicit Troia per vn dosum peterei classibus equor. DON. Hic amor, hęc patria ẽ: si te coepit a mor nouę patrię: nõ ęgre feras: q; ego quoq; nouę patrię amore capiar. n Si te. CR. Si cũ phoe nissa sis: tamen detine ris amore Carthaginis alieni soli: nõ sit inuidia nos quęrere Italiam. o Et nos phas. S. Di cit: mihi phas est. & non me, Sed lege etiam nos fas est extra quęrere re gna. DO. Et nos quẽad modũ et te. p Me pa tris. C. Argumenta sunt quę græci appellãt atechna: id est inartificiosa: qa q̃uis artificiose tractentur: tñ nõ sunt ab arte. Sed natura causę secũ illa affert: & nõ oratoris industria: & rem veri similẽ achronographia facit. q Nox operit. S. a verisi mili id temp⁹ posuit. r Quotiẽs astra. S. Per vnãquãq; noctem. D. Astra ignea. Facit verisimile ex illo tempore; in quo somnus capit. s Insomnis. S. ꝑ insomnis mo re suo. t Turbida. S. terribilis: q̃d & vmbrę conuenit: & parentis auctoritati. v Capitis iiuria cari. C. Interpretatio. Interp̃tat̃ quõ Ascani⁹ admoneat vt iniuria q̃ il lum afficit dũ fraudat regno a fatis dato: eum stimulat. x Interps. S. Hermes ex pressit ab ipso. i. magno: vt sup. Ipse deũ tibi m c. d. o. C. Interps: Nam her mes grece interp̃tẽ signifi cat: y Vtrũq;. S. meũ & tuũ: aut Iouis & Mer curii: aut meũ et Ascanii. z Celeres. C. Respicit ad naturam planetę. a Mãifesto in li. S. aut claro. aut in nymbo: q̃d lumen maius est. vt Lu canus. Postq; se lumine vero. D. Manifesto: cõfir matio rei: ne credat eẽ de ceptũ: et interponit iusiu randũ vtrunq;. s. Iouis q̃ misit: & Mercurii q̃ mis sus est. b His aurib⁹. S. Pleonasmos est. c Hausi. SER. accepi. d Desine. DO. quia co gnouisti iustas discessus causas. CR. Desine. Nam & mihi molesta et sine vtilitate. Ostẽdit ergo se cõmotũ: & necitatẽ ex cusat. Nã frustra conans persuadere eũ qui ñ spon te agit. e Iam dudũ. S. ab initio orõnis. D. Iã dudum. Ex q̃ incoepit lo qui: q̃ sibi nõ placerẽt q̃ cõsideratõe incęsa fuerat. f Auersa. S. irata vl diu ua solo fixos o. a. tenebat g Huc illuc CRIST. Hęc omia signa sũt ani mi ex ira ęstuãtis. Nã ex crebro motu ani fit odo rũ mot⁹. h Totũq; ꝑ errat. D. irascẽtis signũ: vt cũ totũ nolit visum to tũ tñ ocul' errãtib⁹ ce. nat. i Lumib⁹ ta. S. Ipsa tad ta: vt: Tacitãq; obsedit li men amatę. Sequit ãt in uectio: q̃ sp̃ statu caret. k Nec tibi. S Nõ solũ in æneã est vituperatio. sꝫ etiã ĩ se obiurgatio. Nã dixe rat: Credo gen⁹ esse deo rũ: nũc ñ credit eẽ Darda num: D. Nec tibi. d. p. Vi dit illũ ñ flecti ꝓcib⁹ ve rit se ad conuicia: vt saltẽ aio suo morẽ gerat. Est aũt aiorũ maxia cõmuta tõ: Nã cũ amaret dixitq do eqdẽ gen⁹: eẽ deorũ. C. Nec tibi d. p. Principiũ ab ruptũ. q̃d cõuenit aio ex ira pręcipitanti. & amantis est: cũ ardet amore nimium laudare: & rem amatam diuinam putare. Vnde dixit: Credo equidem genus esse deorũ. Et rursus: cum irascitur palinodiã canere: & cõtraria his q̃ di xerat dicere: vt hic: Nec tibi diua parens. Prẽterum est ho

Auspicijs: & sponte mea componere curas:
Vrbem Troianam primũ: dulcesq; meorum
Relliquias colerẽ: & priami tecta alta manerẽt:
Et recidiua manu posuissem pergama victis:
Sed nunc Italiam magnã gryneus apollo:
Italiam lycię iussere capessere sortes:
Hic amor: hęc patria est: si te carthaginis arces:
phoenissam: libycęq; aspectus detinet vrbis.
Quę tandẽ ausonia teucros considere terra
Inuidia est: & nos phas extera quęrere regna.
Me patris anchisę: q̃tiens humentib⁹ vmbris
Nox operit terras: quoties astra ignea surgũt:
Admonet in somnis: & turbida terret imago:
Me puer Ascanius: capitis q; iniuria cari:
Quẽ regno hesperię fraudo: & fatalib⁹ aruis.
Nunc etiã interpres diuũ Ioue missus ab ipso
(Testor vtrũq; caput) celeres mãdata ꝑ auras
Detulit: ipse deum manifesto in lumine vidi
Intrantẽ muros: vocemq; his auribus hausi.
Desine meq; tuis incendere: teq; querelis:
Italiam non sponte sequor.
Talia dicentem iam dudum auersa tuetur:
Huc illuc voluens oculos: totumq; pererrat
Luminibus tacitis: & sic accensa profatur.
Nec tibi diua parẽs: generis: nec Dardan⁹ au(ctor

foeminę cōueniens: q̄ aut amat: aut odit nihilq́ʒ hʒ mediū. l Perfide. S. more amantiū obiurgat. C. Perfide. hoc primū maximūq́ʒ iurgiū est ab amante: nec est ꝙ magis doleat q̄ sibi fidē non obseruari: & prodi: etiam cū non proditur conqueritur. m Duris cautibus caucasus. DO. quia asper es: et ab humanitate alienus. C. Duris vituperatio a natura. Est aūt locus ex Homero. n Caucasus. S. mōs scythię inhospitalis. C. Caucasus, ait Strabo. Altissimę veri Caucasi partes albaniā: et iberiā: et colchos et heniolchos versus sunt australes. Sed de his prolixius scribit Boccatius florentinus. o Hircanę. S. arabicę. Ab hircania arabię sylua. R. dictis aūt mediis cōparatōibus augmenta fecit. Nā post deos non homines, sed saxa intulit. C. Hircanę tygres. Vituperatio ab educatione. Hircani: vt placet Solio (ostia oxi fluminis habent) gens syluis aspa: immanibusq́ʒ foeta feris foeta tygridibus: quibus insignis maculis notę: & pnicitas inest. fuluo nitēt. hoc fuluū nigrantibꝰ segmētis: itemq́ʒ dataā varietatē decētē facit: nihil tā lōgū: quo non breui penetrent nihil adeo antecedit: q̄d non illico assequātur. Pāthere quoq́ʒ sunt in hircania minutis orbiculis sup pictę: ita vt oculatis ex fuluo circulis: vel cęrula: vel alba distinguatꝰ tergi supellex. ferunt odorē earū ad contemplationē armēta mire affici: atq́ʒ vbi eas p̄sentiscant: properato conuenire: nec terreri nisi sola oris toruitate. Ergo panthere abscōditis capitibꝰ: reliq̄ spectāda prebēt: vt greges stupidos in obtutū populent. Hircani carnes aconito illitas illis passim obiiciūt. at Pāthere aduersus hoc virꝰ excremēta hūana deuorāt: lenta illis viuacitas est: adeo vt eiectis interaneis mortē diu differant. In his locis & pardi sunt. Pli. vero ait Hircani: & inde ferūt tygrim animal foelocitatis tremēdę: & maxime cognitę: dū capitur totus eius foetus: qui semper numerosus est. ab insidiante rapitur equo quā maxime pnici: atq́ʒ in recentem subinde transfertur: at vbi vacuū cubile inuenit: foeta (maribus eñ nō est cura sobolis) fertē preceps odore vestigans. Raptor vero appropinquante fremitu abiicit vnū ex catulis. Tollit illa morsu: & deposito etiam otior remeat: iterūq́ʒ cōsequitur: iacit ille aliū: inde aliū donec nauem regresso: irrita feritas sęuit in littore.

p Vbera tyg. D. Propter quod hominū mansuetudinē nescis. ostendit autem per alimoniā lactis mores pueris infundi: quod & Cicer. placet: qui in educatione oratoris iubet pręcipuas adhiberi mulieres: cū per obsequia vberum natura ex alia in aliā mutetur. q Nam quid dis. S. Quasi diceret: non est sperandū posse illū mitigari precibus: & iccirco non esse exasperandū iurgiis. r Num fletu in. no. nū. lu. fle. D. Oñdit non esse in Aenea: quę in bono viro esse solent. Tria autem hęc sunt: per quę homo miseratiōe motus esse videtur: gemitus: lachrymę. oculorū flexio. C. Num fle. Repetitio; & dissolutio colores sunt indignationi: & vehementię orationis accomodati.

s Miseratus. SER. miseror accusatiuū regit: misereor verο genitiuū. vt miserere animi non digna ferentis.

Perfide: sed duris genuit te cautibus horrēs
Caucasus: hircaneq́ʒ admorūt vbera tygres.
Nā q̄d dissimulo: aut q̄ me ad maiora reseruo?
Num fletu ingemuit nostro? nū lumina flexit?
Nū lachrymas victus dedit? aut miseratꝰ amā?
Quę qbꝰ añ ferā? iamiā nec maxia iuno: (tē est?
Nec saturnius hęc oculis pater aspicit ęquis
Nusq́ʒ tuta fides: eiectū: littore egentem
Excepi: et regni demens in parte locaui.
Amissam classem: sotiosq́ʒ a morte reduxi:
Heu furiis incensa feror: nūc augur apollo:
Nunc lytię sortes: nūc et ioue missus ab ipso
Interpres diuū: fert horrida iussa ꝑ auras:
Scilicet his sup̄is labor est: ea cura quietos:

t Quę quibus anteferā. S. Amphibologia est: idest quid prius: quid posterius dicam. C. Quę quibus ante feram. Dubitatio est color rhetoricus: qui pathos mouet. Est eñ dolentis: vel irascentis dubitare quid agas: vt hic. Item illud: En quid agam rursus ne procos irrisa priores. Experiar. Alii legunt quę: idest quas res: quibus. s. diis ante ferā narrem: & in consp̄ectu proferam. v Iamiam nec maxima iuno. C. Maxia commotio animi cum religiosa olim mulier in deos inuehitur: x Maxima. S. aut cōuitiū in Iunonē ꝙ eā dicat non esse maximā: vt in Ioue quē dicit Saturnū q̄si nocerē. Aut iungit: vt nec Iuno: nec iuppiter aspicit: y Iuno. D. Quę vł quia deorū sit regina: vł a se colatur prima vlcisci debebat: vel quia inimica esset troianis. z Nusq́ʒ tuta fides. SER. Nec apud rem: nec apud hominē. Teren. Quid credas: aut cui cred. Aut declamauit per contrarium Nam omīs fides tuta est. CRIS. Nusq́ʒ tuta fides. Neminē īuenies apd' quē fidem tuā tuto colloces: & amantis est vt doleat quod nō est: sic Teren. facit Sic Accꝰ in antigonia Iamiam nec dii regūt. nec pfecto deū sūmus ex omnibꝰ curat: Et nimis amatorie queritur nusq́ʒ esse: quod in vno nō inuenit: Sic Terent. Nulla in re esse cuiq́ʒ hominū fidē. Queritur autē de Iunone: q̄m ab ea vehemēter culta hāc iniuriam propulsare debeat: & dea matrimonii mrīmonii destorē vlcisci: a Eiectū. S. naufragū. C. Eiectū. Neq́ʒ beneficiorū exprobratio apud modestā: nisi ex ingenti pturbatione. b Littore egentē: vt hospitio phibemur harenę. c Et regni de. S. sic queritur iarbas. Et dominū Aeneā in regna recepit. d Amissam clas. S. subaudi renouaui. D. Amissam clas. quasi cōtra me feci: Nā sine illa nauigare non posset. e Reduxi. D. de classe dicamus solū reduxi classem: de sotiis vero reduxi sotios a morte.

f Heu furiis. S. quia multa erat in deos oblocuta. Nā credere deos non curare mortalia: & ab ipsis non sperare auxiliū furoris est. Pręmittit ergo excusatio: si quid pia numina possunt: g Nunc lytię. S. irrisio honesta satis cum his verbis fit: quibus laus pręcessit: vt & nobis idem alchimedon duo pocula fecit. Nec dū illis labra admoui: sed condita seruo. D. Nunc. q. d. nūc cū vult abire: sed cur non antea cū opera mea egeret. C. nūc ly. Ea quę aliter cōfutari non potest: per irrisionē tanq̄ quę falso abiecta sint refert. h Scilicet. C. Ironia est: vt non sit credendū deos qui in ęterna tranquillitate degūt: in hac re (quę si rerū naturā inspicias illis minima est) tm̄ laborare. Neq́ʒ loquitur epicuree: cū paulopost dicat si quid pia numina possunt. Sic Teren. Id populus curat scilicet. i Quietos solicitat: S. Cice in libris de natura deorū triplicem ponit opinionē: non esse deos. cuiꝰ rei auctor apud Athenas exulꝰ est. Esse & nihil curare: vt epicurei. Esse & curare: vt stoici. Ergo hic epicuree paulopost Stoice. Si quid pia numina possunt. k Refello. SER. Redarguo.

Solicitat:neq te teneo:neq dicta refello:
I sequere italiã ventis:pete regna per undas.
Spero equidẽ mediis (si quid pia numĩa põt)
Supplicia hausurũ scopulis:et nomine dido
Sępe vocaturũ.sequar atris ignibus absens:
Et cũ frigida mors anima seduxerit artus:
Oib⁹ vmbra locis adero:dabis ĩprobe poenas:
Audiã & hęc manes venit mihi fama sub imos.
His mediũ dictis sermonẽ abrumpit:& auras
Aegra fugit:seq ex oculis auertit:& aufert:
Linquẽs multa metu cunctãtẽ:et multa parãtẽ
Dicere suscipiunt famulę:collapsaq membra
Marmoreo referunt thalamo:stratisq reponũt
At pius æneas quanq lenire dolentem
Solando cupit:et dictis auertere curas:
Multa gemẽs:magnoq animũ labefact⁹ amore
Iussa tamen diuũ exequit:classemq reuisit.
Tum vero teucri incũbunt:et littore celsas
Deducunt toto naues:natat vnda carina:
Frondentesq ferũt remos:et robora syluis
In fabricata fuge studio.
Migrantes cernas:totaq ex vrbe ruentes.
At veluti ingentẽ formicę farris aceruũ
Cũ populãt:hoĩes memores:tectoq reponũt:

l I sequere italiã. S. Artificiosa prohibitio:quę fit ꝑ concessionẽ:et tñ intelligatur persuasio. miscẽtur quędam quę nocent:vt ventis & per vndas. Teren. Profundat:perdat:pereat nihil ad me attinet. C. I sequere. Italiã ven. Artificiosa concessio:quę habet aliquã correctionẽ:Nam si per vndas non debet sequi Statius. Moue pharetras arcusq intende sonores. Insigneq animã læto dimittit. Nam si insignis non meret̃ mori. Est aũt hęc ironia (teste Quintiliano) quę cũ fit cũ similes permittentibus vbi impãntibus sumus:& cũ ea quę volumus aduersariis esse concedimus. Id acrius fit cũ in nobis sunt:sed illis non sunt. Vt:Meq timoris argue tu drances,qñ tot cędis aceruos teucrorũ tua dextra dedit. Aut cũ ea q a nobis absunt in aduersarios esse redarguimus vt me duce Dardañ⁹ spartam expugnauit adulter. m Mediis. S. Manifesti. Vel illa saxa dixit:q inter Affricã Sardiniã Siciliãq media sunt. n Hausurũ: S. Luiturũ:daturũ. o Dido. S. Et vocatiu⁹ esse potest:& accusatiu⁹: p Atris ignibus. S. inuocatas tibi inmittã furias quę faces habẽt. Alii dicunt atris ignibus. s. fociorũ. vt paulopost. Ite ferte citi flãmas. Melius est vt secũdũ Vrbanũ dicamus atris. i. rogalibus:qui visi tempestatem significant. vt Aeneę in quinto euenit. ergo est:Occidam me:& rogalib⁹ te ꝓsequar flãmis. Atris mali ominis Horatius. Nigrorũq memor dũ licet ignium.

q Absens. S. quasi mortua. r Anima art⁹. S. animã artub⁹: s Vmbra. SERVIVS. biotanathorũ animas dicũt phisici non recipi in sedes suas nisi vagantes legitimũ tẽpus expleuerint:quod poetę ad sepulturã trãsferũt. Ergo extincta ante diem vagãs te prosequar. Si autem fuero recepta in originem poenas tuas audiã. ergo sensus totus est. si visis rogalibus flãmis euaseris tempestatẽ: vmbra mea te prosequet̃:si hanc euaseris:vel recepta audiã famã tuorũ suppliciorũ. t Mediũ. S. s. propter id quod sequit̃. v Auras ęgra fugit. C. Nam qui in moerore incidunt ex atra bili quę in eo redundat:tenebras adamant:& lucẽ fugiũt. x Auertit. C. quia dat sibi terga. y Aufert. C. remouet see conspectu. z Metu. C. Nam cũ furentem videret metuebat:ne aut sibi Aenęę:aut sibi ipsi Didoni noceret. Nam furente ex amore foemina nihil sęuius: vnde sęu⁹ amor docuit natorũ sanguie matrem cõmaculare man⁹. a Cunctantem & multa parantẽ dicere. C. Nõ multa q̃bus posset causã defendere:qm̃ illã irrita esset omittebat: multa rursus quibus illa placaret dicere ꝑparabat. b Suscipiunt famulę. C. Ostendit q vehemens sit animi perturbatio amor:cũ corpus ex ea in tantã cadat imbecillitatẽ. c Quanq lenire. C. Nã semꝑ ita illũ Poeta deo obsequentem inducit:vt tñ gratum quoq ostendat in Didone. d Tum vero: S. regis pręsentia. C. Tũ vero. q. d. q̃d pręsentia ducis omnia diligentius:& ardentius curant. e Remos. S. qui essent futuri: vt. Quos ego sum toties iam dedignata maritos. f Fuge. S. celeri profectione:vt ille volans simul arua fuga simul ęquora verrit. g Migrãtes cernas. S. Honesta locutio: vt rẽ tertię personę ad secũdam referas. C. Migrãtes cernas. Ad maiorẽ Didonis dolorem. Nam migrare est eo animo abire loco:vt nõ sis reuersurus.

h Ruentes totavr. C. q. d. sine vlla dissimulatiõe: populariter ex omnibus vrbis partibus eodẽ tempore simul abeuntes. Ergo cognoscebat quo aio discederent, & quia aperta:& popularis discessio quędam insultatio videbat̃:maiorem cõcipiebat dolorem. i Formicę. S. ad studiũ fit cõparatio & cautela exprimitur per formicas. Hora. Paruula nam exemplũ est magni formica laboris. Iuue. Formica tandẽ quidã expaure magistra. formica dicta est quod ferat micas. C. Formicę origani:& sulphuris iniecto caueruas suas relinquũt ait Aristote. Optima cõpatio. Nã laboriosum:& idustria plenũ est animal:& veluti in populari reipub. degũt:semina arrosa condũt:ne in fruges exeant:madefacta imbre ꝓferũt:& exsiccãt. operantur et noctu plena luna:& qm̃ ex diuersis coeunt altera alterius ignora:certi dies ad cognitionẽ mutuã nundinis dantur tunc inuicem:veluti quędam elocutio:& percunctatio. Solę viuẽtiũ:veluti homines inter se sepeliũtur. In Sicilia nõ sũt pẽnatę. vt ait Pli. in regiõe septentionaliũ indorũ e cauernis aurũ egerũt. ipis color foed⁹ magnitudinẽ egyptii lupi. Erutũ tpe hiberno Indi furãtur ęstati cõditis ipsis in cuniculis propter calorẽ. Quę tñ odore excitę:q̃uis in velocibus camelis fugiētes cōsequunt: & Ja cerant. Pli. hec & Hero. k Farris. S. nom ē solū dd. r. gemiat i genitio Mo nodicon ergo est sicut sol. lē cor cordis solū in dis mittit genitiuū. Itē s gemi nāt as assis: & hec carent exemplis. l Populāt. S. antique dixit: Nā hoc verbū apud veteres acti uū fuit nūc est deponēs. m Hyemis me. S. Hora. Que simul inuersum contristat aquarius annū, nō vsq3 prepit.

n It nigrū campis agmen: p̄dāq3 per herbas.
o Conuectant calle augusto: p ps grādia trudūt
Obnixe frumenta humeris: pars agmina cogūt
q Castigātq3 moras: r opere omnis semita feruet.

n It nigrū cāpis agmē. S. hemistichium Ennii de e lephantis. Quo ante a Acti' est vsus de Indis. o Calle. S. Call' ē semita tenuior callo pedū pecu dū predurata. p Tru dūt. S. q̄ portare nō pñt. q Moras. S. tardas, mo rantes r Semita. S. est semiuia vñ semita dicta est. Via est actus dimidius qua potest ire vehiculū: Nā act' duos capit p̄pter eūtiū et veniētiū vehiculorum occursū.

s Quis tibi tunc di. C. Ex hac interrogatōe: & a postrophe mouet pathos

¶ t Quis tibi tunc dido cernenti talia sensus:

auditoribus. Adducit enī pene añ oculos dolorem ei' miseris. t Cernēti.

C. Et eo magis dolenti: Nã multo magis mouẽt: quę vide mus q̃ quę audimus: vt iã dictũ est. v Feruere late. S. Infinitus hicẽ a tertia cõiugatõe. i. feruo is. Na secũdę coniu gatiõis verba pdita e q̃d habẽt añ o in tertiã migrãt: vt fer ueo feruo. fulgeo fulgo: Hinc est feruere leucatẽ auroq; efful gere fluctus. Sic Hora. Vade: vale: caue: ne titubes mãdata q; franges. Nã caue ve lõga est: nec vocalis sequit: vt in Bu colicis. Vale vale inquit iola. Sed dicimus a tertia cõiugatio ne esse iperatiui. vt cauo is. Hinc cauere etiã Catullus dixit; hoc nõ euenisset: g Anna vides. C. Oratio e quę propera to opus esse iudicet: & propterea breuis. Sed quę etiã an nę ostẽdat esse properãdũ: cũ iã ita cõuenerint Troiani. vt paulo post sint abituri. Cũ & omnes cõuenerint ad portũ: & venti sint prosperi. h Properari. S. impersonale est. i Littore circũ. S. i. circũ littora. sed pposition postpo sita mutauit accẽtũ & perdidit vires. k Vocat car. au: C. i. aurę vocãt carbasũ. i. vela: Nã carbasus lini species est: Carbasina aũt vela primus in theatrũ trãstulit lentul⁹ spin ter apollinaribus ludis:

Quot ve dabas gemitus: cũ littora feruere late
Prospiceres arce ex summa: totumq; videres
Misceri ante oculos tantis clamoribus ęquor:
Improbe amor: q̃d nõ mortalia pectora cogis:
Ire iterũ in lachrymas: iterum tẽtare precando
Cogitur: et supplex animos sũmittere amori:
Ne quid inexpertũ frustra moritura relinquat.
Anna vides toto properare littore circũ:
Vndiq; cõuenere: vocat iam carbasus auras:
puppibus et lęti nautę imposueri coronas:
Hunc ego si potui tantũ sperare dolorem:
Et perferre soror potero, miserę: hoc tñ vnũ
Exequere anna mihi: solã nam perfidus ille
Te colere: archanos etiã tibi credere sensus.
Sola viri molles aditus: et tempora noras.
I soror: atq; hostem supplex affare superbũ.
Nõ ego cũ danais troianã excindere gentem
Aulide iuraui: classemue ad pergama misi:
Nec patris anchisę cineres: manesue reuelli.
Cur mea dicta negat duras dimittere in aures:
Quo ruit: extremũ hoc miserę det mun⁹ amãti:
Expectet facilemq; fugam ventosq; ferẽtes.
Non iã coniugiũ antiquũ (quod prodidit) oro.
Nec pulchro vt latio car eat: regnũq; relinquat:

x Arce. S. Nã in arcibus tutelę cã habitarũt reges. Deniq; valerius. publico la cũ i Esquiliis loco alto haberet ędes: inuidię causa illas diruit: & in plano ędificauit. Itẽ August⁹ p⁹ Actiacũ bellũ pallatium ex suo pcepto ędificatum cũ esset dom⁹ priuata rei publi. donauit. y Totũq; videres. C. Exaggerat dolorẽ. Nã in his singulis videndis: singulos vt ita loquar dolores sentiebat. z Improbe am. S. Exclamatio cõtra amorẽ: & hoc ait Horati. Hoc amj hoc sp nat pmis. car. au. q; q̃ de ordie artificiali: & naturali ibi dictũ sit. Tale. & illud Auri sac fames: Nã illic amoris est increpatio: q̃ secũdũ philosophos omniũ gñalis est rerũ: Hinc Eryphile apud inferos iter amãtes numeratur. q̃ monile concupierat. CRIS. Improbe. nulli probande: seruat autem τὸ πρέπον poeta: vt exclamatiõe hac detestet amorem: vel insatiabilis: vt nihil improbus anser. Strimonieq; grues. & amaris in tiba fibris. Insatiabilem aũt alibi ostendit: vt nec lachrymis crudelis amor nec gramie ripę: nec cytiso saturant apes.

a Ire in lachrymas. S. amoris improbitas: quę lachrymis cogit rogare dudũ supbã. b. Precãdo: S. vt cãtãdo do breuiatur naturaliter. hoc mõ Terẽtianus: vt vitę dubius varios renouando dolores. plerũq; tñ a Virgi. pducitur: vt cantando tu illũ. Itẽ Cantando rumpit anguis. c Cogit. C. Nã indignatio aliẽabat eã a pcib⁹ et animi magnitudo: at amor cõtra cogebat.

l Lęti. S. minie timẽtes: m Potui. S. pro potuissem: & sic est dictũ vtoia pcepi: atq; aio mecũ añ peręgi. ac si diceret: nihil mihi nouũ cõtinget. CR: Si potui. Sed quia nõ potui timere nõ potero pferre: Nã q̃ pręmeditati fuerimus ea min⁹ offendunt: n Sperare. SER. i. timere: & est acyrologia. dicit aũt si scirem abiturũ Aeneã nõ tñ diligerẽ: si non dilexissem minus dolerẽ. o Exeq̃re mihi. S. p me exequere: p Colere. S: p colebat. q Molles: S. faciles: vt & quę mollissima fandi tẽpora. r Hostẽ su: S. postq; denegauerat Carthagini se mansurũ C. Hostẽ. Nimis indignãter dictũ: nã nec satis anio suo fecit. sed addidit superbũ. s Nõ ego cũ da: C. Pathos ab eo q̃d ẽ pter spem. Quintilia. aũt ait: illa quoq; vocat auersio: q̃ a pposita questione abducit audiẽtẽ: quale est illud: nõ ego cum danais troianã excidere gẽtẽ. t Aulide iuraui. S. Aul portus in q̃ cõiurarũt gręci nõ añ reuersuros q̃ troia caperet. Aulide aũt: vel in aulide: vel p aulide. C. Aulide iura. Aulis in sena su eboice port⁹ est quinq̃ginta nauiũ capax: ora sane lapidosa. huc cõiurati in troianos gręci conuenerũt. v Cineres re. S: quod ex oraculo dr̃ fecisse Diomedes. et secũ ei⁹ ossa portasse: q̃ postea reddidit cũ multa ad ipsa pferret: Hic ste. iterũ saluete recepti ne quicq; cineres. hoc ait Varro. Cato aũt q; in italiã venit Anchises. C. Cineres hos varro dixit Diomedẽ ex Sycilia abstulisse

d Submittere animos. C. idignationẽ. q̃ prouenit ex magnitudie animi: vt pone animos & pulsos abi. Et in ista significatione pluralis adhibet: & nõ singularis. e Amori. S. q. d. & nõ Aeneę. vl' ęneã amorẽ vocauit. f Ne q̃d inexpertum. S. nõ sperabat ipetrare: sed ne quid sibi imputaret si nõ rogasset: et (frustra) ex psona poetę dictũ ẽ. Sic Salusti. Falso queritur de natura sui genus humanũ: vt supra Hoc amet: hoc spnat pro c. au. C. Inexpertũ: nõ quia quicq; speret: sed ne remordeat inde cõscientia: vt si ita fecissem;

& ob hoc multa passũ restituisse cũ palladio Aeneę: x Reuelli. S. nõ reuulsi: vulsus aũt & reuulsus vsurpatum est tñ in participiis cõtra naturã. y Quo ruit. S. sine respectu salutis. Nã q̃d peto sibi etiã pdest. z Ferentes. S. bñ flantes, ppitios. a Prodidit. S. Decepit et recte: Nã ad diruptionẽ cõiugii imutata volũtas sufficit. b Pulchro. S. q̃d illi pulchrũ videt sic dictũ et illud. O tm libeat mecũ tibi sordida rura: i. q̃ sic tibi vident. c Tps: C. quod etiã st ultis mederi vt ait Cice. solet. d Inane. S:

sine officio coeūdi. Nā sine bnficio nō pcedit cū: spatiū petit et requiē. e Mea. S. aduersa: vt hac troiana ten⁹ fuerit. f. se. Ex eo statu in quo est: fortunā dixit. f Doceat dolere. S. illud est: quia non habet in aduersis patientiā: nisi qui dolere cōsueuit. Petit ergo sibi p̄stari tempus: per q̄d discat aduersa perferre. f Veniā. S. beneficiū. vt orātes veniam. g Miserere sororis. S. genitiuū tm̄ regit.

h Quā mi. cū de. S. i. q̄d bn̄ficiū: cū mihi cumulatum dederis sola morte relinquā: et hic intellectus melior ē: q̄ꝫ mihi cū dederis cumulatā: quā lectionē Tucca et varrus p̄bāt. Nā male q̄dā legūt. Quā mihi cum dederit. i. Aeneas: cumulata m. r. & intelligūt acceptū ab eo beneficiū morte cumulabo: & sic reliquā: vt amantes dicere solent: vt aerei specula demōtis in vndas Deferar extremū hoc mun⁹ morientis habeto. Nā si illū oderit: ei⁹ morte letabitur. sed non procedit. Nemo em̄ dicit veniā cumulata: sed cumulatam. i Cumulatā. C. oībus partibus absolutā: & a q̄ nihil desit. Trāslatio a cumulo: cū em̄ ex oībus vndiq꜄ congestis factus est cumulus: nihil abest. k Fertq꜄ refertq꜄. S. non ab Aenea q̄ nihil dicit: sed a Didone: fert: & refert. i. iterū portat. C. Fert & refert. Nā noīe Didonis orabat Aeneā: & ab Aenea referebat Didoni nō posse illū desistere ab īcœpto. l Tractabilis. C. quāuis tractabilis non mouetur: nō ergo ingenii duritie: sic em̄ eū excusat: sed dei. i. Iouis volūtate nō mouetur. ac veluti cōparatio: in q̄ constantiā Aeneę ęquipat durissimę quercui. Nam vt illa nullis ventis a suis sedibus mouet̄. sic & Aeneas nullis animi perturbatiōibus: nō amore: nō misericordia: quibus vehementer in Didonē afficiebatur: nō cupiditate illius regni: non metu: ne irata mulier aliquid in eum moliretur ab recte suscœpto p̄posito pellebatur. l Deus. S. Iuppiter. f. vn̄ & supra Dido ait Saturnius. m Annosā. C. vetustate em̄ magis magisq꜄ durescit m̄lta secula durat. Nā refert Pli. suo tempore fuisse quercū iuxta Iliū vrbē in tumulo. Ilii. tūc satā cū cœpit Iliū vocari. Et i pōto duas iuxta Heracleā ab Hercule satas. n Alpini. S. lingua Gallorū alpes alti montes vocantur. o Hinc et illinc. S: vt Aeneas ab Anna et Didone. p Stridor. S. Ad Aeneę dolorem pertinet: vnde et magnos p̄sentit pectore curas. q Alte. S. iugiter diu: r Consternūt. S. implent: vt strata iacēt passim s. q. sub arbo. po. s Frondes. S. vt lachrymę Aeneę. t Heret. S. vt ille in cōsilio perseuerat. v Tantū. S. dicūt physici parē eē radicū: et arborꝫ altitudinē. x Inanes. C. q̄a nō p̄ficiūt y Tū. S. post despatōē z Exterrita. S. p̄cipitata: turbata.

Tempus inane peto: requiem spaciūq꜄ furori.
Dum mea me victam doceat fortuna dolere:
Extremam hanc oro veniam: miserere sororis.
Quā mihi cū dederis cumulatā morte relinquā:
Talibus orabat: talesq꜄ miserrima fletus
Fertq꜄: refertq꜄ soror: sed nullis ille mouetur
Fletibus aut: voces vllas tractabilis audit.
Fata obstāt: placidasq꜄ viri deus obstruit aures:
Ac veluti annosam valido cū robore quercum
Alpini boreę: nūc hinc: nūc flatibus illinc
Eruere inter se certant: it stridor et alte
Consternunt terras cōcusso stipite frondes:
Ipsa heret scopulis: & quantū vertice ad auras
Aethereas, tantum radice in tartara tendit.
Haud secus assiduis: hinc atq꜄ hīc vocib⁹ heros
Tunditur: & magno persentit pectore curas.
Mēs īmota manet, lachrymę voluūtur inanes.
Tum vero infœlix fatis exterrita dido
Mortem orat: tędet cœli conuexa tueri.
Quo magis incœptū peragat: lucēq꜄ relinq̄t
Vidit thuricremis cum dona imponeret aris
(Horrendum dictu) latices nigrescere sacros:
Fusaq꜄ in obscenū se vertere vina cruorem:
Hoc visum nulli: non ipsi effata sorori:
Preterea fuit in tectis de marmore templum
Coniugis antiqui: miro quod honore colebat.
Velleribus niueis. & festa fronde reuinctum:
Hinc exaudiri voces: & verba vocantis
Visa viri; nox cū terras obscura teneret.

a Orat. S. desiderat vel quia cōsecrata nō poterat mori: nisi a cōsecratiōe solueret̄. b Tędet coe. cō: tu. C. ex egritudine enim ita exūdabat atra bili: vt illā tenebras amare cogeret & oderat lucem.

c Thuricremis. S. Cremantibus thura. C. Thuricremis ab Ennio aū deum vitulus thuricremas mactat ad aures. d Nigrescere. C. q̄d mortē portēdit. e Cruorē. C. q̄m vulnere se ipsa perditura erat. f Visū S. q̄d viderat. g Nō ipsi. C. Cui oīa credere solita erat. Hoc aūt vel q̄a pudebat se ita eē inuisā diis: vel quia nolebat ab ea quā iā aīo cōcœperat morti, p̄hiberi: et in ea diligētius obseruari. h Antiqui. S. prioris: aut cari. i Miro ho. S. exhibēdo ea que circa viuos exhiberi solent. Nubentes em̄ puellę simul venissent ad limen mariti postes anteq꜄ ingrederentur ornabāt laneis vittis. vn̄ ait. k Velleribus niueis: & oleo vngebāt. vn̄ vxores quasi vnxores: dicebātur l Festa. S. Diuina: veluti numē colerent. Tāgit autē latēter hystoriā quā supra dixi. Nā si amaret æneā nō coleret extinctum maritū. m Nox cū ter. S. verisilitudo. n Sola bubo. S. abutitur genere. Nā masculinū est. Luca. Et lęte iurantur aues bubone sinistro. Itē Ouidi⁹: infandus bubo. Sed Virgi mutauit referēs ad auē sed bene mutamus gen⁹ referentes ad generalitatē vt si dicam⁹. Bona turd⁹ referendo ad auē: vt si dicam⁹ pria est a. referendo ad l̄ram cū a sit neutri generis. C. Bubo funebris ē: & maxie abominat⁹ publicis p̄cipue auspiciis. deserta icolit: nec tm̄ desolata. s꜄ dira etiā ē: in accessa noctis mōstrꝫ: nec cātu aliq̄ vocali; sed gemitu. ita ꝙ in vrbibus haud oino in luce visus: dirũ ostentũ est pri uatori domibus insidentẽ plurimũ scio non fuisse ferale. Nũcꝙ vo a: quo libe . sed transuersus aufertur Capitolii cel lam intrauit. S. Papellio istro: et L. Pedano consulibus pro pter quod nonis Marcii vrbs lustrata est eo anno ait Plini us. Gufus est. Aristo in lib. de animalibus ait. Nocturnas aues quę vnguibus aduc s sunt esse noctuã et vlulã: et bu bone: qui spetie similis noctuę non minor est aqla et alu cone quẽ Pli. ab auribus quas plumeas habet: otum dicit

theus . hic Echionis: & agaues filius fuit: & qm bacchũ deũ esse negabat: ma tremꝙ: & materteras illi sacra facere proh beba : ab ipso in furorẽ cõuersus est. Sunt qui ad hy storiã fabulã referãt: & dicũt illũ Abstem. ũ fuisse: & quia mulieres illas a temulẽtia coherceret: ab illis ebrius fuisse la niatũ. Apud Pacuniũ furens inducitur: qui videt duos so les: & duas thebas. y Agitat⁹. S. Quia multę de co scri ptę sunt tragedię, quasi frequẽter actus: et quia furiis perci tus est. z Orestes. S. inducitur Pyladis admonitu pro

n Solaꝙ culminibus ferali carmine bubo
o Sępe queri: et longas in fletum ducere voces:
p Multaꝙ preterea vatum predicta priorum
Terribili monitu horrificant: agit ipse furentẽ
q In somnis ferus æneas: r semperꝙ relinqui
s Sola sibi: semper longã incomitata videtur
Ire viam: et tyrios deserta quęrere terra:
t Eumenidũ veluti demẽs v videt agmĩa x pẽtheus
Et solẽ geminũ: et duplicis se ostendere thebas
y Aut agamemnoni⁹ z scenis agitatus orestes:
a Armatã facibus matrẽ: et serpentibus atris
b Cum fugit: vltricesꝙ sedent in limine dirę.
Ergo vbi concepit furias euicta dolore:
Decreuitꝙ mori: tempus secũ ipsa: modũꝙ
c Exigit. et mœstam dictis aggressa sororem
d Consiliũ vultu tegit: ac spem fronte serenat.
e Inueni germana viam: gratare sorori:
f Quę mihi reddat eũ. vel eo me soluat amantẽ.
g Oceani finem iuxta h solemꝙ cadentem.
i Vltim⁹ æthiopum locus est: k vbi maxim⁹ atlas
l Axem humero m corpus: stellis ardẽtibus aptũ.

appellari et maior est ga lnaceo: et Asione qui mi nor ꝙ noctua est. Omes aũt carniuorę aues sunt. Scribit preterea Pli. Si cor bubonis sinistrę mãmę dormientis mulieris ipo natur: efficere vt illa oia se creta promat: et eos qui il lud in pugnã ferunt for tiores effici.

o Ferali carmine. S. Nã non est mali ominis sem per bubo sed dũ canit. Cã tus em gemitũ imitatur et fletum: tacens ostendit fœlicitatem. Omnes em aues oscinesbonę: ppetes malę sunt et contra.

p Priorũ. S. Priorũ & piorum legitur: sed illud spectat. Heu vatum igno rę mẽ. q In somnis. S. pro isomnis. i. vigiliis: et declinatur hec insomnia nię. r Sempꝙ. S. Om nes noctes nauigare vide batur Aeneas. quasi eam semper deseret.

s Incomitata. S. ꝙ fera le. i. mortiferũ omen est: & pcipue regi. C. Incomi tata: hoc insomnium regi bus mortem prenunciare dicunt. Priuatis aũt si se frumẽtũ metere somniãt.

r Sępꝙ relinqui. Om nib⁹ noctib⁹ sese ab Aene ea relinqui somniabat.

t Eumenidũ. C. Furias tres ponunt poetę Alecto Tisiphonẽ: & Megerã. easꝙ dicũt filias Acherõtis. & noctis: quia ex nocte id est ignoratione rerũ ori tur perturbatio mẽtis q non absꝙ cecitate iudicii perseuerat: & perseuerati one fit maior: donec erũ

pter vitãdas furias ingres sus Apollinis templũ: & cũ inde vellet exire suade batur a furiis. Hinc ergo est. sedẽt in limine dirę. C. Orestus: quasi montan⁹ opos enim mons ga fu erit montanis. i. efferatis morib⁹: vt ait Pla. i Gra ti. sic Agamenon a valde manẽdo: quia constanter perseuerauerit. fuit orestes Agamenonis fili⁹. & Cli timnestrã matrẽ: qm illa vna cũ ægysto Agame nonẽ interemerat interfe cit: & egystũ simul: et cũ in furias incidisset comite pylade astrophali filio in Tauricã regionẽ ad Dia nã accessit: et liberatus fu riis. Inde cũ sorore rediit: et fraude Macarei sacer dotis Pyrrhũ in templo Apollinis interemit: Et eo dem pacto Hermionem sibi olim puero desponsa tã recupauit: Seruı⁹ ait hu ius ossa Aritiam quo dia nę simulacrũ attulerat Ro mã trãslata et sepulta an te tẽplũ Saturni. Solinus autẽ scribit a spartanis in uenta in tegea vrbe olym piade quinqgintanouẽ tã ta magnitudie. vt ipleret longitudinẽ septẽ cubito rũ. a Armata ma. S. causam furoris oñdit.

b Sederit. S. a Pacunio: Exigit. C. cõ stituit.

d Spem. serenat fronte. C. Hyppalage ẽ. i. serenat frontẽ spe. e Gratare. S. Gratulare. Suscipe gau diũ pro sorore: dicim⁹ em grator tibi honorem.

f Eũ. S. Aeneã quẽ vt notũ noluit dicere: quasi

pat in furorẽ. Ergo Acherõ. i. priuatio gaudii: & nox. i. rerũ ignorantiã gignit furias. Hesiodus tñ in Theogonia scribit terrã sanguinẽ: qui ex amputatis cœli virilib⁹ fluxerat exce pisse. & post congruũ tempus erinas. i. furias: & gigantes & nymphas: quas melias dicũt peperisse. Dicunt ergo Eri nes a contentione ἔρις enim contentio est: apud su peros dicũtur dirę: quia furor superiorũ crudelitatem exer cet i iferiores. Apud inferos canes: quia iferiora solo latra tu. i. iurgiis vlciscuntur superiorum iniurias. apud littora les harpię vocant: qm magno furore in pdas vertunt. Sed vt ad textũ redeã: non verisimile videbat: vt se ex amore interemisset Dido: nisi grauissime exagitata furore. ergo cõ paratione ponit: & ait. Cõcepit furias euicta dolore.

v Agmina. S. vel impetus: vel agmina serpentũ.

x Pẽtheus. S. sedũ pacuuii Tragediã fu uit etiã ipe. C. Pẽ

eius fastidio nomen abhorreat: g Oceani finẽ. S. Nemo nouit Oceani finẽ: sed p principio ponit aliunde sumpto initio. C. Oceani finem ad rem v risimilem faciendã narra tio. h Solẽꝙ cadentẽ. C. Ostendit in qua Oceani p te. cũ Oceanus in omnibus terrę finibus inueniat.

i Ethiopũ. S. Duo sunt Ethiopię: vna circa ortũ solis. Al tera circa occasum in Mauritania: quã nunc dicit. dicta est ethiopia a colore populorũ: quos solis vicinitas torret. C. Ethiopia. Duplex ẽ ęthiopia. Alia sub ęgypto hęc aborea Ethiopia. Duplex ẽ ęthiopia. Alia sub ęgypto hęc aborea haber ęgiptũ. Et marmaridẽ lybiã. ab ortu Arabicũ sinũ: ab occasu lybiã desertã. Et par. ẽ Cyrena cũ regionis: a meri die aliã ethiopiã: q i terior dicit: hęc at habebat ab ortu bar baricũ sinũ: ab occasu hesper ũ: a mer die terrã incognitã: ab septẽtriõe ethiopiã sub ęgypto: et lybiam interiorem ait Ptholomeus. k Atlas. S. nullũ nomẽ grecũ in ns termi

Hinc mihi massylę gentis [n] monstrata [o] sacerdos
Hesperidum [p] templi custos: epulasq; draconi
Quę dabat: & sacros seruabat in arbore ramos

natur. l Torquet. S. Sustinet. m Stellis. aptũ. S. i. coniũctũ: ab eo q̊d est. υπο του αιτεσθαι: non autẽ insignitũ stellis axis ei nõ habet stellas q̄ est medius inter septentriones: vñ eos non occidere axis vicinitas facit: nõ q̄a in axe sunt. C. Aptũ. Sic Ennius qui cœlũ versat stellis fulgentibus aptũ. n Massilę. C. Hęc vrbs post Mauritaniã est regio ista a molochath flumie initiũ sumit. Facit rẽ verisimilem ex eo q̄ mulieres maiorem fidẽ peregrinis prestent. o Monstrata. S. prędicta: quę est oriunda Massyla a qua non longe absunt horti hesperidũ, sacerdos nũc venit de locis: quę sunt circa Atlantem: Nam aliter non i ro cedit. Massyla enim mediterranea est ciuitas Beronicę Lybię: vñ haud longe horti hesperidũ sunt. Atlas vero maximus in mauritania ẽ mõ. p Hesperidum. S. Hesperides Atlãtis filię nymphę hortum secũdum fabulas habuerunt: in quo erant aurea mala Veneri cõsecrata: q̄ Hercules missus ab Euristeo Argiuorum rege occiso peruigili dracone substulit. Reuera fuerũt nobiles puellę: quarum greges abegit Hercules: occiso eorum custode. vnde fingitur mala substulisse, id est oues. Nam grece.. μηλα & mala: & oues significant: vnde μηλονομος ouium pastor. CRIS. Hesperides. Ex questo atlantico mari vsq; ad occasum Gorgadũ insularũ meminit Iuba. Sed de his dicetur in sexto, Hesperidũ autem insulę: vt ait S besus vl

Spargens humida mella: soporiferumq; papauer.
Hec se carminibus promittit soluere mentes
Quas velit: ast aliis duras immitttere curas.
Sistere aquā fluuiis: & vertere sydera retro:
Nocturnosq; ciet manes: mugire videbis
Sub pedibus terrā: descēdere montib⁹ ornos.
Testor cara deos; & te germana: tuūq;
Dulce caput: magicas inuitam accingier artes.
Tu secreta piram tecto interiore sub auras
Erige: & arma viri thalamo quę fixa reliquit
Impius: exuuiasq; omnes: lectumq; iugalem
Quo perii superimponas: abolere nefandi
Cūcta viri mōumēta iubet: mōstratq; sacerdos
Hec effata silet: pallor simul occupat ora.
Non tñ anna nouis pretexere funera sacris
Germanā credit: nec tantos mente furores
Concipit: aut grauiora timet quā morte sichęi.
Ergo iussa parat:

tra Gorgades dierū quadraginta nauigatione in vltimo s sinus recesserunt ait Solinus. In harum hortis aurea mala alii fuisse dicūt: eaq; a terribili serpente obseruari solita. Alii dicūt pulcherrimis ouiū greges hesperidas puellas habuisse: aureas aūt pecudes: ob pulcbritudinē poetice dictas: vt venus propter decus aurea appellatur. Nonnulli affirmāt q colorem aureū illę pecudes habuerit. Draconē aūt vocatur pastorem: qui corporis robore excellentissimus latrōes abigebat: atq; interimebat ait Diod. qui etiā addit hesperidū genus huiusmodi: fuisse fratres gloria excellētes: Hesperū: & atlantē: eosq; habuisse insignes ouium greges colore fuluo: & auro simili. Hacq; de causa poetę pecudes τα μηλα vocātes quod nomē etiā mala significat aurea mala habuisse dixerunt. Hesperū autē filiā Hesperam fratri matrimonio copulasse: vnde natę sunt puellę septem. Et a patre Atlātides. Et a matre Hesperides nominatę. has etiam a Busiride adamatas: et ab eo missos q rapent. Verū Herculē illos in littore offendētem interemisse. Et puellas parētibus restituisse. Scripsit eorū noīa ita ponūtur Arato. αλκυονη μεροπη τε κελαινω ηλεκτρη και τε στεροπη και τ αυγετη και ποτνια μαια. Hę in coelo Pleiades sūt: sz de Peiad⁹ alibi. Noīa etiā ab Oui. in fastis ponūr. ita Pliades incipient humeros releuare paternos Quę septē dici: sex tamē esse solent. Seu quod in amplexus sex hic venere deorū Nā sterope marti cōcubuisse ferūt Neptunno alcyone & te formosa cyleno Maiā: & electrā taygetāq; Ioui. Septima mortali meropē tiby sysiphe nupsit. Penitet: & facto sola pudore latet.
q Soporiferū. S. quō soporiferū: vt vigilaret. Sed dicimus variā vim prebere victū variis animalib⁹: Nā salices hominibus amarę sunt: dulces capellis: vñ salices carpetis amaras. s. omnibus. Itē Cicutę secūdū Lucretiū hominibus sunt venenosę: cū pingues reddāt capellas. Sic forsan papauer: qd dat hominibus somnū: adimit serpentibus: vel construe quod seruabat in arbore ramos plenū sit. Deinde sequantur. Hęc se pmittit carminibus curas soluere spargens humida mella soporiferumq; papauer. i. miscens. vt Cic. Spergere venena didicerunt: nec incōgrue ad amaritudinem amoris mel adhibet: & ad obliuionē papauer: r Carminibus. C. incantationibus. S. Sistere. aquā fluuiis: si hęc poterit: multomagis poterit ęneā ab amore reuocare. t Mugire vi. S. videbit quis: vt migrātes cernas. C. Mugire vi. solet em̄ contingere in necromantia: vt terra mugeat. inde manes emergunt. v Testor. ca. de. S. quia cū multa sacra Romani susciperent: magica semp dānarūt. x Magicas. C. apulei⁹ accusat⁹ q magicā exerceret pulcherrimā habuit orationē de hac arte: & tñ dānatus est. y Accingier. S. additur er metri causa: & i quę in vltima longa erat breuiatur. ʒ Secreta. S. sine arbitris: & ē bona elocutio: rē ori loci vel tempus ad personā transferre: vt nocturnus venit: secretus fecit. a Pyrā. S. sub specie sacrificii pparabat mortis exequias.
b Arma. S. gladiū abusiue. Arma proprie sunt quę armos tegunt. c Impius. S. qui gladium furenti reliquit. ex Home. ē q dič gladiū Aiaci datū ab hectore: et hectori baltheū ab Aiace q̄ eis exitio fuerūt: nā alter beltheo tract⁹ ē: alter gladio incubuit. CRIS. Verisilē facit narrationē: Nā oīa monumēta remouenda ex ocul⁹ sūt eius rei cuius obliuisse cupimus. d Exuuias. S. Vestē Aeneę quē hostē dixerat. C. Exuuiis: qm̄ Aeneā p hoste iā habet. e Quo perii. S. propter extinctū pudorem. C. Quo perii: nam cū demū deuicta est extremo amore. amantes autē perire dicūtur. Nec iniuria. seipsum em̄ perdit homo in ipsa perturbatiōe amoris. & si in suo mortu⁹ in amati corpore viuit. vt pbe ostendit Pla. in simposio. & quidē poeta. την χοκην του ερω τοσ εγαλλοτρισωσο μαστιζην vel quo perii: quia tūc actū est de pudicitia sua: sine qua iure mulier periisse dici pōt. Hic optie petrar. ha noster Et chi se lascia del suo honoie priuare ne dōna e piu ne viua. f Abolere. C. Nā philosophorū pceptū est vt cū ab amore discedere cupim⁹ oia rei amatę monumenta a nobis remoueamus. g Iubet monstratq;. C. pcipit neq; solū precipit. sed monstrat. i. rōes quoq; ostēdit cur ita faciendū sit.

h Pallor oc. ora. C. vim maximā ostendit perturbationis: nam & si a principio dissimulare potuit: in fine nō potuit. Vel ostēdit q q̄uis mortē sibi decreuisset tñ ipsa natura q̄ sui ipsius cōseruatiōes quęrit & interitum exhorrescit: pallere coacta est. i Non tñ anna pretexere. C. excusat annā ex incredibilib⁹ ē nā q aliquis se perdere velit: presertim cum in morte Sichęi: quem tātū amabat se occidere non tentauerit. ❡ ptexere: abscondere puertere. k Tantos furores. S. quātos cogitabat Dido.
l At regina pyra. S. notatus est versus: viciosa est em̄ elocutio: quę habet exit⁹ similes: licet sit casuū dissimilitudo.
m Penetrali in sede su. C. impluuiū describit: dicūtur em̄ impluuia: loca quę intra domū sub diuo sunt: quę in villis coortes dicūtur: qm̄ intro pluat aqua circūstantiū tectorū.
n Tedis atq; ilice. C. De teda atq; ilice dictū est in Geor.
o Intenditq; locum sertis. S. i. ligat. vt stupea vincula collo intendunt. Et est hyppalage. intendit serta per locum.
p Funerea. S. cupresso. nam & superiora ligna ad funus pertinent: vt procumbunt picee sonat icta securibus ilex.
q Effigiem. SER: exprimit affectum amantis: quo etiā in morte amici imagini vult coniungi.

r Ignara futu. S. Immemor suę dispositionis.
s Ter centum deos. S. i. ter centum nomina: vnde Hecate dicta est: quia cẽtum habet potestates. C. Ter centũ tonat idest ter tonat centum potestates lunę: vnde & ipsa hecate: qm̃ ecaton. i. cẽtum habet dicitur. Ter dixit: quia hic numerus sacris aptissimus est. Vnde in Buco Terna tibi hęc primum triplici diuersa colore Lycia circundo: terq; hęc altaria circũ. Effigiẽ duco. dũ florẽ ętatis: e Nigri lacte. S. nigri noxii: vl' quia nigri sunt homines post venenũ: vel sũt herbę nigrę lactis. i. succi. Et periphrasi dicunt significari agreste papauer. C. Nigri cũ lacte. pulchre vsurpauit: vt sępe cũ verba pro verbis ponit: vt ora corticibus sumũt horrẽda cauatis pro personis. Et discolor vñ auri p ramos aura refulsit: Quid em̃ est aura auri: ergo etiã pulchrę fecit cum opponit nigrę lacti. dicimus aũt lac lactę: vt lac mihi nõ ęstate nouũ nec frigore desit. Plau. tñ lacte in nominatiuo posuit: vt nec aqua aquę: nec lacte lacti. In plurali aũt nũero hę lactes: licet pro pingui sumantur: tñ propriè sũt crassius & tenue intestinũ propter molliciẽ: vel cãdorem sic dictę. Prisci. ait hę lactes ptes sũt intestinorũ a greco. γαλαχηαδεσ Persius cum lactibus vnctis. f Et matri prere. amor. S. refert Pli. pullos equinos habere in fronte quandam carnem quam statim his natis adimit mater: quam si quis prerripuerit pullum odit: & lac ei denegat Iuue. Cui totũ tremuli frontẽ cęsonia pulli infudit: merito ergo credunt amorẽ creari ex carne sine qua mater nõ alit ex se creatum. C. Et matri prereptus amor. Plinius ait. Equa stans parit: prę ter ceteras diligit foetus: & sane equis amorę innascitur veneficium hyppomanes appellatur. Est em̃ carnicula in pulli fronte nigro colore caricę magnitudine quã statim edito partu vorat: sed si eripiatur foetum non amat.

t Tonat. S. perite dixit: Nam in aliquibus sacris imitabant tonitrua.
v Herebũ. S. inferorũ profunditatẽ. x Ter geminã. C. quasi triformẽ. Triformis em̃ est eius virtus: nouilunii em̃ eius vim cãdidis & aureis vestibus: & ardente face exprimũt. Cista vero cũ iã media sit quasi nã crescente lumine frugem maturat. Plenilunium aũt ferũginio colore notarũt: ait Eusebius de prepa euan. y Tria virginis ora di. S. iteratio est lunę dianę proserpinę. C. Tria virg. ora. idem dicit: vel exprimit tria noia luna diana: & proserpina. Chaos. i. oĩm elementorũ confusio fundo quã sotiã demogorgõis poetę fingũt: & ex eius tumultuante vtero eundem Demogorgonẽ forti manu adiuuantem tres parcas: e pugna eduxisse ferũt.
z Simulatos. S. nã q in sacris haberi nõ poterãt simulabant. & habebãtur proveris. a Auerni. S. p auernũ descensus est ad inferos. b Ad lunã. S. Nam herbę p lunę ratiõe tollunt: nec oẽs eodẽ mõ. c Ahenis. S. pite dixit: nã alię velluntur: alii incidun tur: & hęc ad lunã. i. ad lunę obseruationẽ. C. Ahenis: ab eo qd est æs fit æneus æreus: & per dissolutiõẽ dyphtõgi ahenus. imitatur aũt sophoclum: qui inducit medeã herbas noxias: sed auersam: ne se lędant secare: & succos ĩ cados æneos infũdere: somno autẽ ad rẽ diuinã pleraq;

At regina pyra penetrali in sede sub auras
Erecta ingenti: tędis: atq; ilice secta.
Intenditq; locũ sertis: et fronde coronat
Funerea: super exuuias: ensemq; relictum:
Effigiemq; toro locat haud ignara futuri.
Stant arę circum: & crines effusa sacerdos
Ter cẽtũ tonat ore deos: herebũq;: chaosq;:
Ter geminãq; hecaten: tria virginis ora dianę.
Sparserat et latices simulatos fontis auerni:
Falcibus et messę ad lunã querũtur ahenis
pubentes herbę: nigri cum lacte veneni:
Queritur et nascentis equi de fronte reuulsus
Et matri prereptus amor:
Ipsa mola manibusq; piis altaria iuxta
Vnum exuta pedẽ: vinclisq; in veste recincta
Testatur moritura deos; et conscia fati
Sydera. tũ si quod non ęquo foedere amantes
Curę numẽ habet iustũq; memorq; precatur
Nox erat: et placidum carpebant fessa soporẽ
Corpora per terras: syluęq; & sęua quierant
Aequora: cũ medio voluũtur sydera lapsu:

g Mola. SERVI. Farre & sale. q ipa Dido mola et piis manibus deos testat.
h Vnum exuta pedem SERVI. Id em̃ agitur: vt ista soluatur: & innectatur Aeneas.
i In veste recincta. SERVIVS. quia supra diximus in sacris nihil solere esse ligatum precipue eius qui amore vult solui.

ęnea adhibebant: pcipue in sacris lunę. quibus aut deuouere: aut pellere aliquos morbos volebant. Hinc Plau. Mecũ habet pagus. morbũ. æs. Carminibus ait æneis aratris ad cõdẽdas vrbes esse vsos: vt in sacris targeticis apparet. & Sabinos æneos cultros ad tundendos sacerdotes facere. Aes naturã habet stipticam: vnde medici squamas eius adhibẽt remediis: q cõtra putredinẽ auocant. Preterea qui in metallo æris morant semp sanitate oculorũ pallent: & qbus antea nudatę palpebrę fuerant: illic cõuestiunt. Aura em̃ q ex ære pcedit in oculis incidens: haurit & exsiccat quod male influit. Aristo. ait vulnera ex ære minus esse noxia: & facilius curari: q; quę ex ferro. d Pubentes. S. quia alię siccę: alię viridiores legũt: & iter hoies: & herbas reciproce sũt translationes, sic em̃ pubentes herbas dicimus quẽadmo

k Conscia fati. SERVIVS. planetas quibus fatorum ratio continetur.
l Si quod non ęquo foedere amantes. SERV. cõpone. tũ numen precatur si quod curę habet amantes non ęquo foedere. Si quod: Bene dubitat: vtrum super res male positas habeat potestates: Inuocant autem contrarium cupidini: qui amorem resoluit: aut certe cui curę est iniquus amor: scilicet vt implicet non amantem.
m Iustum memorq; precatur. SERVIVS. vt expugnetur: qui est causa discordię.
n Nox erat. SERVIVS. protenditur hęc descriptio ad exaggerationem vigiliarum Didonis.
o Syluę. S. Ex opinione eorũ: qui dicunt oĩa quę crescũt animalia esse. p Aequora. S. elementa etiã animalia ee

voluerūt: vñ in septio Aequora mulcebāt cantu. q Tacet ager. S. ea que in agris sunt. C. Cum tacet omnis ager. Sūma excitatur in Didonē cōmiseratio ex hac Chronographia: & longiuscula narratione: cū ostendatur nullū eē animaliū genus: quod nocturno tēpore somnū nō capiat. Solā autē Didonē ex nimio amore nō posse dormire:

deriū ferre nequeat. c Numadas pe. S. Inuidia a psonis petā mulier: & regina nomados. i. vagos. d Maritos. S. s. futuros. Est aūt locutio dedignor illā rē: & illa re. e Vltia ius. S. aut ītelligim⁹ æneā obtulisse nauigādi facultatē. aut Teucrorū iussa nō q̄ ipi iusserāt sʒ ea q̄ iussa sūt a Ioue vt nauiget hec sūma est.

Cū tacet omnis ager, pecudes pictęq; volucres,
Quęq; lacus late liquidos: quęq; aspa dumis
Rura tenent: somno positę sub nocte silenti:
Lenibant curas: & corda oblita laborum.
At nō in foelix animi phoenissa: nec vnq;
Soluit in somnos: oculis ue: aut pectore noctem
Accipit: ingeminant curę: rursusq; resurgens
Sęuit amor: magnoq; irarū fluctuat ęstu:
Sic adeo insistit: secūq; ita corde volutat.
En quid ago: rursus ne procos irrisa priores
Experiar: numadūq; petā cōnubia supplex?
Quos ego sum totiens iā dedignata maritos.
Iliacas igit classes: atq; vltima teucrum
Iussa sequar: quiane auxilio iuuat ante leuatos:
Et bene apud memores veteris stat gratia facti.
Quis me aūt fac velle sinet: ratibusq; supbis
Irrisam accipiet. nescis heu perdita: nec dum
Laomedonteę sentis periuria troię.
Quid tū? sola fuga nautas comitabor ouantes?
An tiriis omniq; manū stipata meorum
Inferat: & quos sydonia vix vrbe reuelli:
Rursus agā pelago: & ventis dare vela iubebo.
Quī morere vt merita es: ferroq; auerte dolerē.

r Oculis aut pecto. S. nam potest aliquis somnum sensibus capere & mente turbari. s Noctem. C. somnū. t Ingeminant. C. duplicātur: nā p tenebras spi ri⁹ obscuriores reddūt. Vñ omnia que nobis tristia obueniunt: tunc tristiora efficiuntur. amor item crescit: nam in die multis negociis occupatus anim⁹ amori se subtrahit: noctu vero cū ab his cessemus: solus amor mentē occupat. hinc insomnem noctem ducunt amantes: et ante lucem surgūt: quod per Damonem in bucolicis significauit. v Resurgens. S. grauior est cum resurgit. x Irarum. C. Et ad amorem referas: & ad mortē Nam & si amabat: tamē amori irata erat: tanq; ab eo male affecta. Cōtra etiam q̄uis mori decreuisset: tamen repugnabat natura: quę cōseruationem sui exoptat.

y Fluctuat ęstu. C. Simillimus est mari appetitus. Nam mare ventis nō agitatum tranquillū est: si rursus ab illis vexetur in maximas tempestates erigitur. sic & appetitus: si nulla perturbatione moueatur: pacatus manet. Sin vero i eo vna plures ve perturbationes citātur: nihil illo turbulenti⁹ efficitur. Recte ergo fluctuat ęstu: vt sit a mari translatio. y Insistit. C. quia nō discedit a turbulentissima ratiocinatione. ʒ Secū. C. quod durū est qa caret eo qui consulat: & q cōsulet. a En qd ago. S. demōstrātis pticula et pq̄; multa cogitasse demonstrat. & sic prupisse. En quid actura sum. Est autem comicū principiū & cōgrue amatrici datū. Sic Teren: Quid igit faciā. Nā hęc cōiūctio multa eā cogitasse significat. b Rursus. S. duo significat: frequēter iterū: raro vicissim. i. mutuo. i. denuo: vt hic. C. Rursus ne. pro. Consultatio erat cū amore periret: quid potissimū faceret. vtrū amori ne mederet. quod maxime fit: si nouū amorē ineamus. Nā amor amore velut clauus clauo truditur. Et vt ait Naso Successore nouo tollitus omnis amans: an pristinū retinens Aeneā seqret: an morte dolores exueret? Cōcludit aūt cū non possit mederi nouo successore: qa in aliis iā a se irrisis nulla esset spes hñda. cūq; rursus Aeneā seq nō valeat ppter rōnes quas affert: solū hoc restare; vt moriat: cū æneę desi

f Quiane. S. reuera & est vna ps. C. Quiane au. iu. au. le. Ironia ē: q̄ rēte fctā ḡuitatē sūmā orationi affert psertim in cōfutatiōe g Veteris. C. Nā qui veterū bñficiorū immemor est. in eū noua nō sunt cōferēda. h Stat. S. manet. C. Stat collocata est. i Quis me. C. demōstrauerat nec vtile sibi: nec honestū esse q relicta vrbe iā ędificata: & ipso consilituto: exulē: & ad incerta. pficiscētē sequat: psertim cū iā ludibrio habita a nemine sit recipienda: cū et gens illa perfida sit: & ab laomedōte g nō in hoies solū: sed in deos q̄; pfid⁹ fuerit originē ducat.

k Perdita. C. s. ex amore. & se ipsā increpat. q̄ nisi amore pdita esset in cōsultatiōe de sequēdo Aenea nō veniret. l Nec dū se. C. q. d. ea ex ptēris: ex quibus iā dudū sentire debebas. nōdū sentis: q̄ id verū ē q g pdite amat. nllū i amato vitiū recogscit: m Quid tū. C. nc ostēdit eē ipossibile. Ergo ait: sʒ fac illos me recepturos: fac nos eē pfidos: nec ingratos erga me possū ne regina ire sola: aut tentabo abducere mecū tyrios: q cū me ex tyro vix secuti sunt: nullo pacto cōpositis iā sedib⁹ secundū exiliū pati volēt: nā discesserūt tyro vt fugerent tyrannū. Nūc vero vt tyrānū sequant patriā suam: & suis manib⁹ facta nō desererēt: ergo cū neq; alii sint mariti: neq; Aeneā sequi possim: moriēdū est. Quę quidē cōsolatio nō solū incōtinētis. sed oīo in tēperatę est: cū sit adeo pdita vt sine amore viuere possit desperet. Ex quibus oibus ōndit Poeta eē a principio resistendū Nā cū in tātū furorē plapsi fuerim⁹: nullū inuenit remediū q̊d nō fecisse illa sibi ipsi ex probat: cū dicit morere: vt merita es. n Nautas. S. inuidiose. q. d. asuetos laboribus. o Ouātes. S. abusiue lętātes: sed pprie ouatio est minor triūphus q ouat. & vno eqvtit: & a plebeis: vel equitib⁹ ro. deducitur ad capitolium: & de ouibus sacrificabat: triūphās albis equis vtit q̄ttuor: & Senatu peunte de thauro sacrificat. p Vix. SER. aut mox. i. pauloañ: aut vere vix. nā nulla rōne dimisissent patriā: nisi aut odio aut metu regis vrgēte: vt in primo dictū est. q Quin morere. S. qnimo. & bñ ois eius intētio tēdit ad mortē: nā si pcos rogare turpe est solū sequi: & inhonestum: tyrios trahere difficile sola mors sup est.

r Tu lachry. S. totum ei imputat: sed cũ excusatiõe. s Tu parima fur. S. Sic diuidit vrban⁹. Tu persuasisti vt nuberem victa lachrymis meis. tu nunc his oneras malis. Nã me olim occidissem: nisi te deserere formidarem. t Obiicis. S. ob naturaliter corripit: sed positiõe longatur: Nã prima ĩ est consonãs ex ob et iaceo fit obiitio. v Crimine. S. vt supra potui succunbere culpę. x More ferę. S. Pli. asserit lyncas p⁹ amissos cõiuges aliis ñ cõiungi. Alii fere adverbiũ volunt, vt sit sensus: more quo sã ad viduitatẽ fere consueuerat. C. More ferę. i. more ferarũ: quę si ne certo cõiugio viuunt: hoc dixit coacta dolore: quẽtũ sentiebat: vt pot⁹ impudice viuere voluisset q̃ hęc sentire. q. d. si vixissem more ferarũ explessẽ libidinẽ. Neq; hunc pot⁹ q̃ aliũ amassem. Cogit ergo dolore impulsa in tã turpem sententiã deuenire. Sed magis placet: quę de lynce profertur. y Non seruata fi. C. q. d. ad alia mala hoc quoq; addidit: vt ego promissã fidem fregerim: nõ vt voluptatem consequerer: sed dolorem. hec igitur illi p̃pter insaniã amoris eueniebant. At Aeneas tãta cura liber dormiebat. ʒ Sicheo. S. pro sycheio. a Certus eundi. S. indubitabiliter profecturus. b Carpebat somnos. S: hoc accusat paulo post Mercurius: sed excusatur his rebus: Nam & eũdi erat: & cũcta rite p̃parauerat: aut proeconomia est: vt possit videre Mercurium. c Forma dei. S. non deus: sed forma dei. Nã raro se videnda prebent numina. d Eodem. S. o semp lõgum est: quia eodẽ ablatiuus est semper. Eodẽ autem & producit & corripit. Nã et nominatiu⁹ est. & eadẽ mulier fecit: & eadem muliere faciente. e Visa monere. S. Bñ visa. non eñi reuera est. f Omnia Mercurio vocẽq; coloremq;. C. Nam & eloquentię fuit: & palestre reptor. Hora. Mercurii facũde nepos atlantis. Qui feros cultus hominũ recentũ voce formasti Catus & decore more palestrę. Te canã magni Iouis et deorum nũciũ: curuęq; lyrę parẽtẽ callidũ quicqd placuit iocoso cõdere furto. g Similis. S. aliud est idẽ esse: aliud silis esse. Ergo nũc certus est Aeneas. h Vocẽ. S. qa orõnis est de⁹: Hora. Mercurii facũd e nepos atlantis. i Flauos. S. & pustus: & flauus mercuri⁹ fingit. quia satis vicinus est soli prgter ceteras stellas. k Et mẽ. de. iu. S quia deus palastrę est l Iuuentę S. gratis. cũ iuuentus st p̃sonarũ: vt et reb⁹ spectata iuuent⁹. Fgura vero est silis voce mẽbra & colorẽ. m Nate dea. C. Optimũ principiũ arguẽtis. q. d. cũ sit natus dea. et p̃pterea oporteat te eẽ magni et inuicti animi: et mirificę solertię: põt ne cadere in te tã a segnities: vt in tanto periculo dormias: p̃sertim cũ summã enauigãdi nactus sis occasionem argumentatur igit ab honesto vtili et facili. n zephiros. S. ventos. Nã zephiris flatib⁹ de Aphrica nauigare nõ poterat.

Tu lachrymis euicta magis: tu p̃ria furẽtẽ
His germana malis oneras: atq; obiicis hosti.
Non licuit thalami expertem sine crimine vitã
Degere more ferę: tales nec tangere curas.
Non seruata fides cineri promissa sicheo:
Tantos ille suo rumpebat pectore questus:
Aeneas cęlsa in puppi iam certus eundi
Carpebat somnos rebus iam rite paratis:
Huic se forma dei vultu redeuntis eodem
Obtulit in somnis: rursusq; ita visa monere:
Omnia merurtio similis: vocemq; coloreq;:
Et crines flauos: & membra decora iuuentę:
Nate dea potes hoc sub casu ducere somnos:
Nec quę circũstent te deinde pericula cernis?
Demẽs: nec zephyros audis spirare secundos:
Illa dolos: dirumq; nephas in pectore versat:
Certa mori: varioq; irarum fluctuat ęstu:
Non fugis hic pręceps: dũ pręcipitare p̃tãs?
Iam mare turbari trabibus sęuasq; videbis
Collucere faces, iam feruere littora flãmis,
Si te his attigerit terris aurora morantem,
Eia age rũpe moras: variũ & mutabile semper
Foemina: sic fatus nocti se immiscuit atrę,
❡ Tum verò æneas subitis exterritus vmbris
Corripit e somno corpus: sotiosq; fatigat.
præcipites vigilate viri: et conscendite trãstris:
Soluite vela citi: deus æthere missus ab alto
Festinare fugam: tortosq; incidere funes:
Ecce iterũ stimulat: sequimur te sancte deorũ,

o Dirum nefas in pectore versat SERVIV. ne nõ timeret amatricẽ bene addidit certa mori. Itẽ variũ et mutabile sp̃ foemina. q Irarũ ęstu. C. admonet aũt ne idẽ sibi veniat de Ascanio: quod et Iasoni et Tereo euenit. Confutat amorem: neq; illi credendũ ostendit: cũ et perdita sit maximo irarũ furore: et mortẽ sibi decreuerit. r Preceps. S. festin⁹. s Collucere fa. S. p̃pter illud ferte citi flãmas.

t Variũ et mu. C. Sic Catullus Ah crudele genus: nec fidũ foemina nomen: Et Ouid. Fallite fallentes ex magna parte p̃fanum Sunt gen⁹. in laqueos q̃s posuere cadant.

v Nocti se. C. Nã cũ dissoluerint corpus quod ex cõdensato aere eos visibiles fecerat: relinquunt inuisibiles: est autem oratio et mercurii: et Aeneę preceps et velocissima: vt imitet agẽdi p̃cipitẽ celeritatem.

❡ x Vmbris. S. sicut supra forma dei. y Corripit. S. omen futurę tẽpestatis. ʒ Tortos. C. qui ex torta stupa: vel canabe fiunt. a Sancte deorũ. S. aut di distinguit sancte: aut secũdum Enniũ respondit: Iuno saturnia sancta deorũ. b Quisquis es. S. at dixerat. omnia Mercurio similis. Sed teste Cice. in libro de n. d. Tres sũt Mercurii supern⁹ terren⁹ et inferu⁹. Ergo quisq́s de trib⁹ Aut referas ad Iouẽ. q̃s

[b]Quisquis es: imperioqꝫ iterū [c]paremus ouantes
Adsis o placidusqꝫ iuues: & [d]sidera coelo
Dextra feras: dixit: vaginaqꝫ eripit ensem
[e]Fulmineū: strictoqꝫ [f]ferit retinacula ferro.
Idē omnes simul ardor habet: rapi[g]ūtqꝫ: ruūtqꝫ:
Lit[h]tora deseruere: latet sub classibus æquor:
Annixi torquēt spumas: et cerula verrunt:

quis es q p̄cipis: vt in nono. Quisquis in arma vocas: cū iam vidisset. i. quicūqꝫ iam misisti. Plane illud occurrit q̊d ait. Deus ethere missus ab alto. vbi et Iouē: et sup̄mū complectit̄ Mercuriū. p̄t etiā q̄si phātasiā facere pp̄ter socios Et qsqs es: iō dicere: quia licet viderit: nō tn̄ reuera nouit esse mercuriū: vn̄ ait supra. Et formā: et vultū visa mouere.
c Iterū paremus. S Nā iā paruerat p̄paratiōe nauigiorꝫ. d Et sy. coe. de. fe. S. hoc est vētos q ex ortu syderꝫ: aut p̄sp̄i: aut aduersi sunt. Sic i Geor. Preterea tā sunt iacturi sydera nobis. Nec em̄ sydera dicit reuera: cū arcturus vna sit stella. Ergo dextra dixit sydera: ventos vl' tēpora. e Fulmineū. C. acū vt fulmē. f Ferit. C Nā more īpatiēs id: ipe facit q̊d aliis faciendū iuss erat. g Rapiūt: ruūt. C. Ponit an̄ aculos mirā illā celeritatē. h Littora deseruere. C. ponit p̄teritū: vt melius celeritatē notet

Et iam prima nouo spargebat lumine terras
Tithoni crocum linquens aurora cubile:
Regina e speculis vt primū albescere lucem
Vidit: et æquatis classem procedere velis:
Littoraqꝫ: & vacuos sensit sine remige portus:
Terqꝫ quaterqꝫ manu pectus percussa decorum:
Flauentesqꝫ abscissa comas: proh iupiter ibit.
Hic ait: et nostris illuserit aduena regnis:
Nō arma expedient: totaqꝫ ex vrbe sequentur
Diripientqꝫ rates: alii naualibus: ite:
Ferte citi flāmas: date tela: impellite remos.
Quid loquor? aut vbi sū? q̄ mētē insania mutat
Infœlix dido: nūc te fata impia tangunt.
Tū decuit cū scœptra dabas: en dextra fidesqꝫ
Quē secū patrios aiunt portare penates.
Quē subiisse humeris confectū ętate parentem.
Non potui abreptū diuellere corpus: & vndis
Spargere: nō socios nō ipsum absumere ferro
Ascaniū: patriisqꝫ epulandū aponere mensis.
Verū anceps pugnę fuerat fortuna: fuisset:

i Et iā prima. C. Lucretius Cū primū aurora respergit lumie terras. k Prima aurora. S. designatio tpis est nō diei descriptio: vt infert: vt prio albescere lucē vidit. Sic in duodecimo. Cū primū crastina coelo puniceis i uecta rosis aurora rubebit. Et bñ hanc primū inducit vidisse crepusculū, quę quasi amatrix totā vigilauerat noctē. Sic in Buco. de amatore Nascere pręqꝫ diē veniēs age lucifer almum. l Nouo lumie. S. Epicureos imitat: qui aiūt solē de athomis cōstare: & cū die nasci: & cū illo perire. m Tithoni cubile. S. Tithonꝰ laomedontis frater fuit: hunc aurora amatū in coelū leuauit: quē longinquitas vitę i cycadā cōuertit. Hora. lōga thitonū minuit senectus. n Albescere lucē. S. hypallage est: luce eñ albescūt oīa: nō lux albescit. o Aequatis velis. S. foeliciter plenis siue motu aliquo.

p Proh. S. irascentis exclamatio. Theren. Proh: supreme iuppiter. Aut testatur Iouē: quē in aduentu Aeneę iuocauerat. Iuppiter hospitibus: nā te dare iura loquuntur. CRI. Proh Necesse ē: vt oratio patethica .i. perturbationibus plena: principiū habeat vehemēs: & abruptū: qm̄ indignātibus leuiter ex oratiōe incipere nō dat: nō eñ mēte dicūt: sed appetitu agūtur: ac vehunt. Sic Iuno. Quid me alta silentia cogis rūpere & obductū verbis vulgare dolerē. Et heu stirpem inuisam. q Ibit & illuser. t S. ibit: & illudet. tp̄s p tpe sic dixit v. certā tꝫ illudere capto. r Et nr̄is il. ad. C. Indignatō a fortūa: nā & misericordia a fortūa elicit .i. cum demonstramus quēpiā ex sublimi gradu sine vlla sua culpa in calamitates maxias deiectū: vt tot quōdā populis regnisqꝫ supbū regnatorē asię. Et indignatio cū dolemus ab his: qui aut aduersa: aut humili fortuna premuntur superati: vt hic dolet qꝫ tanta regina ab homie aduena. & a pr̄ia extorre illudat. Et illud. exulibꝰ ne dat ducēda lauinia cōiūx: dolet eñ ab exule ænea vinci Turnū qui florēti i regno cōstitutꝰ sit. s Illuserit. C. recte dixit. Et nō illudet: vt sit sensus. iste mihi illuserit: & deinde nulla data pœna tutꝰ abire poterit. Ergo ponēdo tp̄s magis p̄teritum oñdit nō solū illusurū. sed post illusionē incolumē futurū: cū nemo ex suis illū i sectatꝰ fuerit: cū deberēt insectari ex tota vrbe. i. oēs ciues ppłariter ex ipsa vrbe. Augetᷓ aūt res ab ipsa interrogatōe: t Nō ar. ex. S. Furētis verba: vt paulo post: q̄ mētē insania mutat. Nā sana ñ ipat absentibꝰ cū sola sit. v Diripiētqꝫ ra. C. auget indignationē a facili. Illudor ab aduena: nec tñ mei ciues: ad q̄s necvltio ptinet insectabūt. cū facile sit illoꝝ naues diripe. Itē oñdit qꝫ vehemēti furore correpta sit: cū absentibꝰ nihilqꝫ tale audiētibꝰ ipet. x Naualibus. S. Loca sunt in qbꝰ stant naues. y Date vela. im. re. breues clausulę & sine copula irat animi festinationē expmūt. z Quid loquar. C. alternatim: mō perturbatio: mō rō p̄ualebat. Qui eñ p̄cœpisset vltionē absētibus: nisi furiis ageret. nūc aūt se colligens stultitiā suā recognoscit: ergo q̄d loquor. q. d. Cur hęc p̄cipio nō audiētibꝰ.
a Vbi. S. q. d. an in coetu sum. C. Aut vbi sum. Nōne video abesse me ab his quibꝰ frustra cū absint impero
b Quę insania. C. quā magna insania mutat & perdidit mētē. c Tū de. cū sce. da. S. vt At dñm Aeneā i sceptra recepit. C. Tū de. cū sce. da. Tūc oportuit me impare: cū cū Aeneas ad huc erat in mea potestate. Vel referamus ad occultiorem sensum: vt oñdimꝰ in allegoriis. Et sit sentētia: nūc demū cū habitū culpę abduxerim: ita vt nō sim amplꝰ mei iuris: nec possim me ab huiuscemodi furoribꝰ explicare: ista volumus: sed debebā velle cum sceptra dabā. i. cū iperabā: nā cū i nobis rō appetitusqꝫ insunt: & rō naturę ipa pręsit: & veluti regina cūcta ex eius iperio agat. appetitū aūt veluti seruū illū obtpare oporteat: tūc dicimur dare sceptra. i. impe rare: cū oia ex ipsa rōne. q̄ sola hoies sumus agimꝰ. nā si hō rō est: cū rō sit forma hominis: tunc hō agere dr̄: cū rō agit: cū aūt vitiis inuoluti sumus: et appetitus victa rōne in nobis regnat: seruire dicitur: & nō iparare. vñ est illud padoxon. Omēs sapientes liberos esse: & oēs stultos seruos. Ergo anteaqꝫ cōtrahamus habitū vitiorū cū adhuc rō vitę nr̄a habenas tenea: tdamꝰ sceptra. Sed hęc latiꝰ in allegoriis nostris diximꝰ.

d En dextra. C. non tot fluctibus agitat mare cōtrariis vētis vexatū: quot exagitat mulieris: & amātis: & furore iraqꝫ pcitus animꝰ: Ergo nē dolet illū ipune abire nunc vltionē suis mādat: nūc se ipsam stultitię suę arguit: nūc Aeneā illis virtutibꝰ priuat: q̄s a principio maximas in eo esse dixerat. En dextra. Ironica oratio: Dicit eñ ex hoc suo facto indicatur: & fides & pietas sua: & comprobat eē nō verū q̄d dicūt eū & penates deos: & patrē ab incēdio liberasse: vt sit. sententia. ex p̄sēnti crudelitate: & pfidia: oīa quę de illo recte facta dicunt: falsa esse demonstrant. e Fidesqꝫ. S subaudi en etiā in sequētibꝰ: aut certe hic est quē dicūt portare deos. Sane en noīatiuo melꝰ iunget. vt En priamꝰ. f Nō potui. C. ex ratiotinatōe recādescit ira: & dolet nō potuisse id q̄d si p̄uidisset poterat: & ex hoc quod cupit: muliebre oñdit odiū. Et pbat illd Senecę. ipsā mĺerē a maxio amore i maximū odiū ferri. Cōcluditqꝫ fuisse ineundam hācpugnā. q̄d pbat cōplexiōe. Nā si supasset: explesset animū suū cęde: quā sitiebat: si superata fuisset: iuenisset mortē qꝫ etiā nūc sibi decreuit. Est autem iratis aliqua voluptas cum narrant rē quā cupiūt eo ordie eoqꝫ mō q̄ exeq voluissēt. g Ip̄m Asca. S aūt qa ē cā nauigatōis: vt quē regno hespię fraudo: aut ad pr̄is dolorē. vt. Qui nati corā me cernere lœtū fecisti.
h Epu. a. S. q̄d fecit pgne occiso Ithi filio ppt sororis stupꝝ

t In' castra. S. in classes: vt nos castra mouemꝰ. k Foros. S. tabulata nauiū ab eo ꝙ incessus ferant: & est generis masculini: numeri tantū pluralis: vt hi fori fororꝫ. l Cū genere extinxem. S: pro extinxissē morte Aeneę: & Ascanii. & est sincope. m Sup ipsa. S. Satis amatorie. n Sol q ter. flā. S. Iā vtit impcatōibꝰ: et deuotōibꝰ. vn̄ deuotor & deuotrix qui impcator dicitur: non autē terrarū flāmis: sed opera terrarū. Recte aūt inuocat solē: vt supra per nomen liberi significauit. C. Sol. factura imprecationē admittif a diis exaudi ti.

qn̄ Euādri & Tarcontis petiuit auxiliū. C. Finibus extorris moriēti nō imerito vt oñdit Cice. dat diuinationē. f Indigna suorū funera. SER. Pallantis dicit & ceterorum: g Pacis iniquę. S. ppter perditā liguā. habitū. & nomē q oia solet victor ipōnere victis: sicut postulat Iuno. h Optata luce. C. i. vita. i Fruat. C. Infœlicissimū est multos labores tulisse. m̄taq; adisse picula vt aliqd assequmur: q̄ acqsito morte itercœpti frui n̄ possimꝰ: vt frustra oia illa dura: atq; aspa ppessi videamur. k Sed cadat. S. Cato dic̄ iuxta laurolauiniū cū ęneę socii p̄ das agerēt: bellū esse cōmissū: i q̄ latinꝰ occisus est: Turnꝰ fugit: & auxilio mezētii cōpato: victꝰ qdē est. Sed i eo p̄lio æneas nō cōpuit. Ascanꝰ postea mezētiū interēmit. alii dicūt ꝙ victor æneas cū sacrificaret sup numitiū fluuiū lapsus ē & eiꝰ cadauer nūq̄ appuit: Vnde ipa dicit: Mediaq; ihūatꝰ harena: Postea dixerūt iter diuos receptū. & Iouē indigetē appellatū. l Ante die. S. añ fati necessitatē. & hn̄ q̄d passura est optat Aeneę. C. Añ di. q. d. cū vita adhuc durare posset. Longo aūt ordie narrat hęc: tā q̄ sibi illa ipare possit: Nā hęc dicēs videt aliq̄ mō saturare irā: et explere aim: m Mediaq; inh. ha. C. Ceterꝫ hoc ex hystoria ē: Nā æneas cū rutul. & cū mezētio pugnās supuenīete nocte nusq̄ appuit: alii putant in deos relatū alii submersum in numitio fluuio: et iō tēplū illi dicatū est cū hoc titulo prīs diui terrestris: q fluuii numici aq̄s gubernat ait Dyoni. Optat aūt et vitā breuē: & mortē in honoratā: n Cū. S. q̄si ipcatōes ipas suo sāguie cōsecret. o Tirii. S. nō sūt mādata: sꝫ ipcatōes. Nā si mādata sūt quō genꝰ futurū. C. O Tyrii Apostrophe ad absentes: vt ingēs animi affectꝰ demōstret. p Exercete od. D. q̄d factū est tribus bell. punicis. C. Exercete: q. d. pseuerate in odiis. Nā exercere nō ē semel ifestare: sed diuturno tpe in laborib' defatigare. q Sunto. S. Vrbanꝰ ait. Verbo eā iuris vsā: ppter odia hereditaria. r Exoriare. S. exoriat. Et oñdit hanibalē. C ex ossibꝰ secūdū anaxagorā q hō comeriā dic̄. i. oim mēbrorꝫ similitudiē eēi rebꝰ creādis: q̄ sic ex ossibꝰ sic ex sanguie & medull. nā oia p pte sui trāseūt i pcreationē Lucretiꝰ. nūc ad anaxagoreū nīamꝰ homo comeriā. D. Exoriare aliqs. Aliq de hanibale volunt intel igere. Sed melius est. vt sit hoc pturbatę psonę q̄ nesciat se ipossibilia postulare. q̄d seq̄ntia indicāt cū postulet: & littora: & vndas inter se discordare. C. Exoriare gr hos aliquot versus quanto odio feratur ostendit.

Quē metui moritura? faces in castra tulissem:
Implessemq; foros flāmis: natūq; patremq;:
Cū genere extinxem: memet super ipa dedissē.
Sol qui terrarū flāmis opera omnia lustras:
Tuq; harū interpres curarū & conscia Iuno:
Nocturnisq; hecate triuiis vlulata per vrbes:
Et dirę vltrice: et dii morientis elissę
Accipite hęc: meritumq; malis auertite numē:
Et nostras audite preces: si tangere portus
Infandū caput: ac terris ad nare necesse est.
Et si fata iouis poscunt: hic terminus heret:
At bello audacis populi vexatus: et armis
Finibus extorris: complexu auulsus iuli
Auxiliū imploret: videatq; indigna suorum
Funera: nec cum se sub leges pacis iniquę
Tradiderit: regno aut optata luce fruatur.
Sed cadat ante diē: mediaq; inhumatꝰ harena:
Hęc precor: hāc vocē extrema cū sanguie fūdo.
Tum vos o tyrii stirpem: et genus omne futurū
Exercete odiis: cineriq; hęc mittite nostro
Munera: nullus amor pp̄lis: nec fœdera sunto.
Exoriare aliquis nostris ex ossibus vltor.
Qui face dardanios ferroq; sequare colonos:
Nunc olim quocūq; dabūt se tempore vires

o Interpres cu. S. aut q̄s patior: aut generaliter curarū cōiugaliū interpres: hoc est media: & consiliatrix. Cic. Quiq; interpretes corrūpendi iudicii esse solent. p Conscia Iuno. S. Siluit rē turpē: sic supra Et pronuba Iuno. q Nocturnis. S. non triuiis. sed p nocturnū tp̄s. r Vlulata per. vr. S. p serpinā raptā a Dite p̄re Ceres cū per vrbē incensis tabulis quereret per triuia: & q̄druuia vocabat. Hic in eius sacris a matronis per triuia exercet vlulatus sicuti i s dis sacris: vbi est imitatio inuenti Osiridis: quē dilaniatū a Typhōe fratre vxor Isis per totā orbem quęsiuit. Iuue. Plāgentis populi currit derisor anubis Hecatē aūt inuocat causa vltiōis: vnde & furias inuocat. s Dirę. S. Vsurpatiue dixit diras. Nam dirę in cœlo. furię in terris: eumenides ad inferos. Vn̄ & tres esse dicūtur. Sed hęc noia confundūt poetę. t Vltrices. S. Vltrix, i. Tisiphone. Grece em̄ τισις est vltio v Dii morientis. S: aut manes dicit. vnde ē. Vos o mihi manes esto boni: qm̄ superis auersa voluntas. aut anereticos dicit. i. martē & saturnū: qui intercidunt vitę rōnem si ra diis ortum genitura pulsauerint. Hora. Te Iouis impio tutela saturno refulgēs eripuit: volucresq; fati tardauit alas. Et tn̄ tardauit. Nam necessitas fati tardari pōt nō penitꝰ tolli. Virgi. Nec fata vetabāt Stare decemq; alios priamū superesse per annos.

x Meritūq; malis auertite numē. S. q̄d mali merētur. y Preces. S. impcationes: vt paulo post. Imprecor arma armis pugnēt. z Adnare. S. vt i primo. Huc pauci vr̄is adnauimꝰ oris. i. p tēpestatē veniemꝰ: & bono calore fūta p̄dicit. a Si necesse est. C. q̄d minime vellē. b Fata iouis. S. participiū est nō nomē. c Terminus heret. S. Si hoc est imutabile. d Audacis populi. S. rutilorū quos sp̄ inducit audaces. e Finibus extorris: S. Extra suas terras remotꝰ: significat,

s Fluctib⁹ vndas. S.p pter illud qd in foedere sanctū est: vt corsica media esset iter Romanos: & carthaginenses.

Littora littoribus cōtraria: fluctibus vndas
Imprecor: arma armis pugnēt: ipsiq3 nepotes.

t Pugnent: ipsiq3 ne. S. potest ad ciuile bellū referri. D. pugnēt ip. Hoc dixit; possibile: nā & furētes qnq3 qd rectū est sentiūt.

v Versabat in omnes partes. CRISTO. Eodē enim tempore cuncta animo complectebatur. Ex quibus in eādem sentētiā trahebat vtq3 primū moreret. Nil ēm re amata cariturę qd dignum vita videretur occurrebat.

x Tum breuiter. SER. Festinatione mortis simul nectit

Hęc ait: et partes animū versabat in omēs.
Inuisam quęrens quā primū obrumpere lucē.
Tum breuiter barcen, nutricem affata sichęi

causam morarū: & sibi & sorori. DONA. Tum breuiter: Nam hoc conueniebatque ei q3 primū mori cuperet.

y Nutricem sichei. CRISTOFE. Hac vtitur ministra: vt per illā magis recordet prisci mariti: atq3 inde magis ex animo pellatur Aeneas.

(Nancq̃ suā patri antiqua cinis ater habebat)
Annā cara mihi nutrix huc siste sororem:
Dic corpus ꝓperet fluuiali spargere lympha:
Et pecudes secū:et monstrata piacula ducat:
Sic veniat,tuq̃ ipsa pia tege tempora vitta:
Sacra ioui stygio:que rite incœpta paraui
perficere est animus:finecq̃ imponere curis
Dardaniiq̃ rogum capitis permittere flāmę.
Sic ait:illa gradum studio celebrabat anili:
At trepida et cœptis immanibus effera dido
Sanguineā voluens aciem:maculisq̃ tremētes
Interfusa genas,et pallida morte futura
Interiora domus irrumpit limina:et altos
Conscēdit furibunda rogos:ensemq̃ recludit
Dardaniū:non hos quęsitū munus in usus
Hic postquā Iliacas vestes:notumq̃ cubile
Conspexit :paulū lachrymis:et mente morata
Incubuitq̃ toro:dixitq̃ nouissima verba:
Dulces exiuię dum fata deusq̃ sinebant:
Accipite hanc animā,meq̃ his exoluite curis.
Vixi,et quē dederat cursum fortuna peregi.

s Cara:D.Blanditur:vt imperet per blandimēta:quod illa propter ingrauescentē ętatē poterat recusare.Elegit personā:quę tarde pergeret: & cū mora remearet:vt sibi longiusculū ad mortē patrandā spacium daretur.& propter hoc dixit siste:& non mitte. a Huc siste.S.huc adduc:vt & cū grege sistit ad aram.hinc & sistatur.i.abducatur:nā stare aliud est:nec aliter possumus dicere q̃ sta hic:et siste huc.Fallit em̄ plerunq̃ verbi similitudo:quia dicim⁹ sto et sisto:cum diuersa significent pro eodem.

b Dic corpus.D.et hoc ad morā innectandam ꝑtinet. c Properet.C.nō quia illā cuperet properare.sed vt magis dissimilet consilium mortis .Ergo quāuis imperet festinationē:tamen multa adnectit:quibus morari illam cogat.

d Spargere lympha.S.nam inferis sacrificantes aspergebantur:vt spargēs roro leui:& ramo fœlicis oliuę: Superis abluebāt:vt donec me flumine viuo abluero:modo inferis sacrificabāt:vt sacra Ioui stygio. e Et pecudes.S.i.et hoc similiter.

f Piacula.S.purgatiōes:alias sacrilegia.

g Sic veniat.S. ne ꝑmitteret:aut pręcederet.

h Tege.S.corona vt ipa tardaret. i Ioui stygio.S.hoc est Plutoni:dicunt stoici vnum esse deū: cui nomina variantur pro artibus.& officiis.vnde etiam duplicis sexus numīa esse dicunt.vt in agendo mares:in paciēdo fœmię sint natura.vñ est Coniugis in gremiū lętę descendit.Ab actibus aūt vocātur:vt Iuppiter iuuās pater.Mercurius q̃ ꝑest mercibus.Liber a libertate.Sic modo Iouem stygiū dicit inferis sacrificatura:vt iunoni infernę dictus sacer.Hic est Iouis oratio: Cœlicolę mea mēbra dei:quos nr̃a potestas officiis diuisa facit.

k Que rite incœpta paraui.SER.Ordo est incœpta quę paraui anim⁹ est rite perficere.

l Finemq̃ imponere curis.C.ex his verbis simulat consiliū vitę. m Dardaniiq̃ rogū capitis.S.in quo eius imago fuerat. n Studio anili.SER.aut pro ętatis possibilitate:aut pro industria qua vtuntur aniculę.

o At trepida.S.Festina.nā moritura nil timebat. p Cœptis effera.S.Efferata.i.furiata sęuis cogitatiōib⁹.C.Effera:ponit ante oculos quomō affecti sint:qui sibi mortē iam decreuerunt. q Sanguineam.C.Furore accensam.Nā oculi ex furore:veluti sanguine rubebant.Nā ex vehementi furoris impetu sanguis ad exteriora pellitur:& spiritus veluti ardentes in oculis apparent:et tñ genę:idest palpebrę:& oculorum sinus alternātibus furore simul:& timore mortis maculis inficiuntur.Nam & si mortem ex impetu appetamus:tamen natura ab ea abhorret.

r Pallida morte futura.SER.Vel pallidor q̃ soleāt esse hoies p⁹ mortē:aut omīe pallida mortis future. s Furibunda.S.furenti similis. t Quęsitū munus in vsus.S:quē Aeneas nō ad hūc vsū reliquerat:vt supra diximus secūdū Home.vertitur mun⁹ in perniciē.tale est in Buc.Hos illi quod nec bene vertat mittimus hędos.

v Hic postq̃.C.qm̄ alternatim in ea ęstuabant modo odiū:mō amor:cū reliquias videret:non potuit non detineri aliquantulū. x Mente.S.consilio. y Dulces exuuię:C.Exuuias dicim⁹ quas hostē exuimus .ergo nec olim exuuias:nec nūc dulces:sed o,reliquę q̃ fuistis dulces,nunc estis exuuię:Sic & i Buc.Has olim exuuias mihi perfid⁹ ille reliquit.Vel simpliciter dulces exuuias:quia hoc odium non excluserat omnino amorem.Nec pōt auditor huiuscemodi apostrophen sine summa cōmiseratiōe audire:nam dicitaē inde maxima presertim si fit ad mutā rem.

z Dum fata deusq̃ sinebant.S.Aut Iuppiter qui Aeneā discedere iubebat.Aut amor:aut necessitas fati.C.dū fata de⁹q̃ sine:Ex amore ita videt aliq̃ mō excusare Aeneā & rē in fata & deū reiicere:

a Accipite hanc ani.C:q.d.Si morte tantis curis soluor:cupio incerta vobiscū esse. b Vixi.S:excusat vitę abruptionē.Nā ait Plato magna pœna affici animas corū q̃ vitam:añ tempus relinquunt.C.Vixi honesta locutio:vt quos periisse significare volumus:dicam⁹ vixerunt.sic Cice.de his de quibus suppliciū iam sumpserat dixit vixerunt.

c Et quem dederat cursum fortuna per.S.nō natura:nec fatū:tribus enim vita humana cōtinet.Natura cui vltra nō.cxx.solares annos cōceditur.Fato cui nonaginta anni.i.tres saturni cursus exitiū creāt:nisi aliarū stella benignitas tertiū superet cursum. d Fortuna.S.i.casu qui ad omnia pertinet.quę extrinsecus sunt:vt ad ruinā:naufragia:& huiuscemodi.Bene ergo fortuna.Sic Cice.in philppicis.Multa mihi īminere videbant pręter naturam pręterq̃ fatū.i.gladii anthonii ex casu. e Peregi.C.penitus absoluitat q̃ expleui.Per em̄ in cōpositione aliq̃n vim retinet:vñ dicimus totū percurrere campū.i.currere per totū campū.Aliqñ significat actus perfectiōis Hinc Cicero.Qm̄ hęc nos non solū ferre:sed etiā perferre decreuimus. f Magna

Et nūc [f] magna mei sub terras ibit imago:
Vrbem [g] preclarā statui: [h] mea moenia vidi:
Vlta [i] virū pœnas inimicos a fratre [k] recœpi.
Foelix heu nimiū foelix si littora tantum
Nunquam [l] dardanię tetigissent nostra carinę
Dixit: et [m] os impressa toro: [n] moriremur inultę:
Sed moriamur ait. [o] sic sic iuuat ire sub vmbras.
[p] Hauriat hunc oculis ignem crudelis ab alto
Dardanius: & nostrę secū ferat omina mortis.
Dixerat: [q] atq; illam [r] media [s] inter talia ferro
[t] Collapsam aspiciunt comites: en semq; cruore
Spumantem: [v] sparsasq; manus: [x] it clamor ad alta
Atria: [y] cōcussam bacchatur fama per vrbem:
Lamentis gemituq;: & [z] fœmineo vlulatu
Tecta fremūt: resonat magnis plāgorib⁹ æther
[a] Non aliter q̄ si immissis ruat hostibus omnis
Carthago: aut antiqua tyrus: flāmeq; furentes
Culmina perq; hominū voluūtur. perq; deor:
[c] Audiit exanimis trepidoq; exterrita cursu
Vnguibus [d] ora soror fœdans: et pectora pugnis
per medios ruit: ac morientem [e] noīe clamat.
[f] Hoc illud germana fuit: me [g] fraude petebas

mei sub terras ibit imago. SER. valde queritur quid illud
sit: quod inferos petat: nam tribus cōstamus: anima q̄ su-
pernam originem suā petit. Corpore: quod in terram desinit. Vmbra q̄ iā Lucretius sic diffinit. Supra spoliatus lumi
nis aer: q̄ si ex corpore creat vna secū perit: neq; est q̄cq̄ re-
liquū ex homine q̄ inferos petat. Sed deprehenderūt esse
quoddā simulacrū: quod ad nostri corporis effigiē factū in
feros petat: & est species corporea: quę nō potest tangi sicut
ventus. Hinc in sexto. Corpora viua nefas stygia vectare
carina. Hoc et Home. reg
nit simulacro Herculis a-
pud inferos viso. Et scien
dum simulacra eē hęc etiā
corū quę per apotheosin
dii facti sūt: vnde aut visi
esse apud iferos: aut illic de
scendisse dicuntur. Hora.
de libero. Te vidit insons
cerberus aureo cornu de-
corum. Sciendum tamen
abuti poetas: & confuse
vel simulacrū: vel vmbrā
dicere. C. Magna imago:
Dixit magna: q̄si dolens
tantā foeminā sic perire. s.
sine vlla vltione: vnde est
moriemur inultę: & ostē-
dit q̄ etiā in extremo tēpis
pūcto alternatim mō huc
modo illuc fluctuās mo-
uebatur animus. Et ppre
rea dixit sic quasi non pla
ceret. Deinde affirmauit:
vicū dixit sic.
g Vrbem preclaram.
SERV. non est contrariū
illi. Pendent opera interru
pta. Nā et si pau lisuperesset
tamen quantū ad ipsam
pertinet fecerat: & reuera
quid superest ciuitati factis muris templo portu
& theatro. h Mea moe
nia vidi. S. a me facta: &
pertinet ad affectū: vt quā
vestrę facere manus.
i Vlta viru. S. puniendo
eius interfectorem. Nam
ideo addidit poenas inimi
co a fratre recœpi. Et reue
ra nulla auaro maior poe
na q̄ amittere pecuniā p
pter quā admiserat scelus.
k Recœpi. S. tanq̄ debi-
tas: ergo hoc dic. feci istud
& illud foelix fuisse: si tm̄
Aeneas carthaginē nō ve
nisset. Alii per interrogati
onem legi volunt: vt nihil
dicat esse perfectū: vt nun
quid vrbem statui: nūqd
vlta sum virum. & tamē
foelix fuissem. si tm̄ Aeneas non fuisset. Et hanc varietatem
gignit hoc verbum tantum: nam vtrūq; admittit. Superi-
or tamen sensus melior: quem nōnullli sic exponunt pēdēt
opera: vt sit ordo: vrbem preclarā. & moenia vidi statui. i.
dū statuerētur l Nunquā Dardanię. C. Sic Varius. Iup
piter omnipotēs: vtinā non tempore primo. Gnosia cecro-
pię tetigissent littora puppes. m Os īpressa toro. SER.
Applicato ore ad lectulum quasi amatrix: vt stratisq; reli
ctis incubat: vel insensibili rei dans sensum: lectulū alloqtur. vt hastā Turnus: & mezentius equū. Rebe diu res si

qua diu mortalibus vlla est. n Moriemur inultę D.
In plurali dixit. vel quia sic sepe vsurpamus: vt de vno dici
mus nos. vel quia & reliquię erant perituræ. C. Moriemur
inultę: non potuit excellentius scribere poeta estuationē illā
animi modo in amorem: mō in odium insurgentis: nam
quę paulo an̄ dixerat ex nimio amor: Accipite hāc animā:
nunc ex odio conqueritur q̄ moriatur anteq̄ illū vlta sit.
o Sic sic. S. interrogatō et respōsio: & placet eā sic mori. Et
in hoc loco se percussisse intelligim⁹. p Hauriat. SER.
vel capiat. hęc omina tem
pestatis venturę. vel satisfa
ciat suę crudelitati D. Ha
uriat. ps vltiōis erit si hostis abiēs rogi flāmas aspi
ciat: et trist b⁹ oīb⁹ nauiget.
q Atq; illū. D. ostendit
celeritatem in Didone: vt
nemo ictū viderit: sed illam cadētem aspexerūt.
r Media inter talia. C.
Appronian⁹ legit mediā:
nam qui se transfodit me
dius videt esse gladii. Sic
Syllius concidit exacti me
dius per viscera teli.
s Inter talia. S. per talia:
Vt hunc inter fluuio tybe
rinus amoeno. t Col-
lapsam aspiciūt. C. ita cal
lide rē peregit: vt non ani
maduertere illę poterat eā
collabentē dum ensi incū
beret: sed viderūt iam p
lapsam. v Sparsas. S.
aut perfusas sanguine aut
morte resolutas. x It
clamor. C. Facit rem verisimilem ex eo quod solet
fieri. y Cōcussā Baccha
tur fama per vrbem. C. Fa
ma statim per vrbē spar-
sa: tam subito dolore vniuersa vrbs concussa est fu
rentibus omnibus prę do
lore. z Foemineo. S. nā
proprie foeminarū est. Ho
ra. Et illa non virilis eiula
tio. a Nō aliter. C. Pa
thos a maiori. dicit em̄ nō
minorē fuisse luctum ex
morte vnius q̄ si morte
vrbs piisset. b Anti-
qua. S. vel nobilem dicit:
vel illud ondit. Quia Car
tago ante byrsa: post ty-
ros dicta ē: post Cartha-
go. at Carta oppido inter
tyron. & Byrseon. vn̄ fuit
dido. c Audiit ex. S.
Territa. nā supra dixim⁹ ex
anim⁹ mortuus significat.
d Ora soror. S. cruentās
sanguine. e Nomine cla. S. Didonē vocat: q̄ viraginē
significat lingua punica. Nam ellisa dicta est: sed virago ap
pellata cū se in ignē precipitauit: vel noīe clamat. i. noīatim
vt homerus dixit. ἐκτανο ωϛεν Aut certe vero nomine: vt solent dolentes. vt Hunc te Euryale aspicio: & mater
Cyrene mater: Sed quō clamat nomine: cum nūquā seq
tur. sed cū plures nō haberet sorores. p noīe germana itelli-
gitur. Sic de iure: cū vnicū habeat qs filiū: nihil interest: vtrū
dicat fili heres esto an titi heres esto: & tanq̄ cōturbata in
tegrum sermonē non edidit. D. Noīe at qui nō dixit dido

sed germana. Sed duplex est nobis nomen alterum nature & sanguinis: quo consuncte persone appellãt: vt mater: frater: pater: soror: & similia. Alterum quod imponitur ab extraneis: ergo soror sororẽ nomine sanguinis apellare debuit vnde dixit germana. f Hoc illud. CRI. hoc scilicet q̃d te interficeres. Illđ q̃d sacra simulares. Ergo illđ fuit hoc. i. ea idcirco simulasti: vt mortẽ tibi ɔscires: q̃ petebas me fraude.

primebat. t Cruores. S. vsurpauit. Nã nec sanguines nec cruores in plurali dicimus. v Sub pectore. SER. Nunc per transitum dicit vulneris locũ. x Ter. SER. vt numerus pro numero. Vel promathesis. i. prediuinatio: q tria fuerant bella punica. y Ingemuitq; rep. S. Atqui dixerat inuisam querens abrumpere lucem: sed ostẽdit morientes sua iprobare desideria vt i. vi. Quã vellẽt ethere in alto: nunc & pauperiem: et duros perferre labores:

[h] Hoc rogus iste mihi: hoc ignes: areq; parabant.
[i] Quid primũ deserta querar? [k] comitẽq; sororẽ.
Spreuisti moriens? eadem me ad fata vocasses:
Idẽ ambas ferro dolor: atq; eadẽ hora tulisset.
His etiam [l] struxi manibus: [m] patriosq; vocaui
Voce deos: sic te vt [n] posita crudelis abessem
[o] Extinxi te: meq; soror: populũq;: patresq;
Sidonios: vrbẽq; tuã: [p] date vulnera lymphis
Abluam: et extremus si quis super halitus errat
[q] Ore legam: sic fata [r] gradus euaserat altos:
Semianimẽq; sinu germanã amplexa fouebat
Cum gemitu: atq; atros [s] siccabat [t] veste cruores
Illa graues oculos conata attollere: rursus
Deficit: infixũ stridet [v] sub pectore vulnus.
[x] Ter sese attollens: cubitoq; annixa leuauit:
Ter reuoluta toro est, oculisq; errãtibusq;: alto
Quesiuit coelo lucem: [y] ingemuitq; reperta.
Tum [z] iuno oipotẽs longum miserata dolorẽ:
[a] Difficilesq; obitus: [b] irim demisit olympo:
Que luctantẽ animã: nexosq; resolueret artus.
Nam quia nec fato: merita nec morte peribat.
Sed misera ante diem subitoq; accensa furore:
Non dũ [c] illi flauũ proserpina vertice crinẽ
Abstulerat: [d] stygioq; caput damnauerat orcho
Ergo [e] iris croceis per coelum [f] rosida pennis

g Me petebas fraude. C. i. faudulenter egisti mecum: nam petere ex se hoc significat. vt Reginam petit hec oculis: hec pectore toto heret. Repetitio autẽ vehementiam orationi prebet: ac deniq; sibi commiserationem citat: q per errorem: dum sacra se sorori parare credit mortem illi parauit, h Hoc rogus. S. Refert ad hystoriã i Quid primũ deser. querar. S. dolet non esse vocatam ad par suppliciũ. k Comitemq; sororem spreuisti. S. i. illud ne quod spreuisti comitem sororẽ. & semiplene loquitur: q̃d afflictis conuenit. C. Comitem ne, q̃ infoelix sit ostendit: cũ pro beneficio habitura fuisset: si comitẽ se ad mortẽ vocasset. l Struxi manibus. SERVI. Subaudi rogos. m Patrios. S. Saturnũ: et Iunonẽ. n Posita. S. Exaniata. Sta. positusq; beata morte pater. o Extinxi. C. Durũ est incidere in calamitatẽ: sed durius in eã q̃ sua oia pdiderit: durissimũ ãt cũ id sit sua tristitia contractũ: Quid aũt erit: si illud annixe conficere tentauerit. tanq; si summopere profuturum fuerit. Deinde vniuersa illa sedula executio officii: q̃d aquã ad abluendũ petiuerit. Q đ extremũ spiritũ ore legere tentauerit: Quod celerrime ascẽdens germanã amplexa sit: & q dido eã aspicere conata sit. Et q pnie sign x tribuerit: q mortẽ sibi cõstisset cõmiseratione summã excitat. p Date. S. scilicet aquã: vel date. i. pmittite. Lauare autem cadauera dabat proximis: vnde mater Euryali. Nec vulnera laui veste tegens.

q Ore legam. S. Cice. in verrinis. vt extremũ filiorũ spiritum ore excipere liceret. C. Ore legam. Nam ppinquorum erat hoc officiũ sic Cice. de pretura vrbana. Ait eñ vt extremũ filiorũ spiritũ ore excipere liceret. r Gradus euaserat altos. S. ascenderat rogũ. s. que pro qualitate fortunarum fiebat: vnde in: vi. Coeloq; educere certant. s Siccabat. S: exprimebat.

z Iuno. SER. aut p nuba vt inferna. a Difficiles. S. quia superat victam: quia nõ fato: aut fortuna perierat: sed casu: vt. nam quia nec fato merita nec morte peribat. i. naturalis. b Irim demisit ol. S. Traxit de Alceste Euripidis: qui induxit Mercuriũ ei comã secantem: quia fato peribat mariti: hoc ideo nunc fit: quia certis consecrationibus solebant homines facere: vt muniti aduersus fortune impetus non possent mori: nisi ex auctorata illa consecratione. Ergo dicit ista circa Didonem obseruanda: quia misera añ diem peribat. Nec est cõtrarium illud quod ait in. x. Stat sua cuiq; dies. Nam loquitur mõi secũdũ hãc modo secũdũ illã sectam Quãquã gramatice possit responderi. Omnia vincit amor: et nos cedamus amori. C. Irim demisit o. Quãuis cornutus dicat: q more poetico sicut de ramo aureo: hoc finxit poeta. Tamẽ de alceste euripidis tragedia traxit. Alceste enim pelei Iosonis patrui filia admeti regi Thassalo nupsit: et cũ Admeto esset moriendũ adeo illa virum dilexit: vt pro illo mortem subire voluerit: In hac tregedia inducit Euripides orcũ gladium gestantem: quo crinem incidat Alceste. Ergo quemadmodũ cũ illi de vita superesset: & tamen pro viro obedire eligeret finxit opus esse Euripides: vt crinis secaretur. sic cũ Didoni superesset de vita: & tñ eligeret mori: vt amoris vitaret dolores. Idem Virgi. figere placuit. c Illi flauũ. S. Matrone nunq̃ dabatur flauus crinis. sed niger. vnde Iuue. Et nigros flauũ crinem abscondẽte galero: illi ergo dat quasi turpi. C. Nõdũ illi flauũ: nõ placet q̃d Seruius scribit mulieres pudicas nõ essevsas flauo crine: Nã Oui. in lib. de fastis. sic ait de Lucretia cui palma pudicitie tribuit. Forma placq; niueusq; color: flauiq; capilli. Quodq; aderat vlla factus ab are color. d Caput damnauerat. S. nec etiã morti desti nauerat. e Iris croceis per. CRI. alatam deam hanc fin gunt: & filiam Thaumantis ex Ponto et Terra geniti: et ex vxore Electra oceani filia: qd iccirco fingunt: quod illam homi nes admirantur. Nam θαυμάζω admiror significat. ẽ filia Electre Oceani: quoniã ex humore nascitur. Verũ philoso phos de hac re audiamus. illi enĩ aiunt: irim eẽ impressionẽ generatam ex nube concaua simul & rosida ad pluuiam paratã stillicidiis infinitis, tanquam in speculo relucẽtẽ: haben temque figurã arcualẽ: & co lores varios a radiis solis: sine lune generatam. Sed Aristo. ait non generari a luna: nisi bis in quinquagin ta annis. Erit ergo iris nu bes aquosa per omẽs sui partes a radiis penetrata Forma ẽ arcualis & duo bus capitibus terre affixit in figuram circuli ad coe lum deuatur Colores tra hit: vt placet nonnullis ex quatuor elementis. Ex igne enĩ rubeus est in sũmo: ex terra viridis in infimo: ex aere lacteus: ex aqua ceruleus. Sed Arist. in metheoricis ait. quod color rubeus vel vinosus fit ex ra dio tangente superficiem rotunditatis nubis post quẽ seq tur color mixtus ex albo & ceruleo secũdũ qualitatẽ domi nantem in medio nubis: tamẽ apparet in vno color viri dis: vbi vapor magis est terrestris: & hi colores sunt aliis principaliores: quia multos habet colores: quos pictor nul lus exprimeret. Est igitur eodem Aristotile auctore Iris rep cussio radii tedũdãtis ad vaporẽ sibi oppositẽ nubis: sic splẽ dor in aqua refulgens: in pariete refulget rediens ad ipsum sua interpositiõe feruorẽ solis temperat: resolutiõe in pluui as inferiora foecũdat. Specie sua supiora pulchra reddit do minũ humiditatis in aere esse ostendit. vnde infra quadra ginta annos a mũdi fine apparebit: quod elementorũ de siccationẽ indicabit: pacẽ inter deũ & mundũ denũtiat. Sẽ per ex opposito solis est. Ergo nunquam apparet in meridie: qa sol nunquam est in septentrione. Plinius tamen ait: quod post au tumni equinoctiũ appareat quacunque hora: nec nunquam pl'es simul quam duo f Rosida. S. quia cũ nubibus est que nõ carent rore. g Aduerso. S. naturalẽ rẽ expressit. Iris enĩ nisi e regione solis non fit cui varios colores illa dat res: qa aqua tenuis aer lucidus: et nubes caligãtes irradiate varios creant colores.

Mille trahens varios aduerso sole colores
Deuolat: et supra caput astitit: hunc ego diti
Sacrum iussa fero: teque isto corpore soluo.
Sic ait, et dextra crinem secat: omnis et vna
Dilapsus calor: atque in ventos vita recessit.

g Corpore soluo. S. Nã supra dixit. Nexosque resol ueret artus. D. Soluo Om nia quibus vita constat, si bi inuicem nexa sunt. sed cũ resoluta fuerint: atque a se recesserint: tũc mors se quitur: Nec fato nec mor te merita: nõ secũdũ insti tutũ nature: quod fatis at tribuit. difficilis enĩ mors est: cũ nõ cõsensu nature: spũs reddit: sed vi extorque tur añ diẽ, i. añ tps quod natura potuit afferre. C. Soluo. Quia secũdũ Plautonicos homo anima est: que in corpore veluti molestissimo in car cere includit. Ergo soluto tanquam a corporeis vinculis. & ipẽ in sexto. Nec auras respiciũt clause tenebris et carcere ceco. h Omnis & vna. S. vno impetu effusa est vita. i. anima: i Calor. S. secũdum eos qui dicunt animam calorem esse qua discedente friget corpus. k In ventos vita recessit. SERVIUS. anima vt in sexto. Quẽ sibi tenuis nascentem accersere vitas. Et dicendo in ventos: aut eos sequit qui ani mam aerem dicũt. hoc est in materiam suam redit: aut cer te eos: qui dicunt animã perire cum corpore: vt intelligam euanuit in ventos. i. recessit: vt in nono. Sed aure omnia dis scerpunt: id est euanescunt.

Finit quartus liber æneidos

GG ii

P. Virgilij M. Argumentũ in quintum Aeneidos librum.

In siculas iterum terras fortuna reducit
Aeneam: tumuloque patris persoluit honorem:
Tum cogit naues incendere troadas iris:
Troes ibi liquunt sotios: venus anxia placat
Neptunũ: somnus palynurũ mergit in vndas.

Vel sic

Quintus habet tumu li varia spectacula patris.

Descriptio quinti libri

Quintus habet ludos: et classẽ corripit ignis
Nauigat æneas: siculas defertur ad oras.
Ludos ad tumulũ faciunt: certamina ponunt.
prodigio: et cunctis ardens allapsa sagitta.
Iris nutricem habitu mentita senili
Incendit naues: subitus quas vindicat imber:
In so mnis pater anchises, que bella gerenda.
Quoque duce ad manes possit descẽdere narrat.
Transcribit matres vrbi: populumque volentẽ.
Et placidũ æneas palynurũ querit in vndis.

p. Virgilii Maronis æneidos liber quintus

Nterea medium
æneas iã classe tenebat:
Certus iter fluctusq; atros
aquilone secabat

Ntea mediũ Aeneas iã. S.i. dum flet aut sepelitur Dido. & hoc sermone librũ (vt solet) superioribus iungit. cuius pars maior ex Humero est de funere patrocli sumpta: nisi q hic certamen est nauale: illic currule: nõ potuit aũt vna die in Siciliã nauigare. Ergo intellige q enauigauit prima luce: sed leniter spirantibus vẽtis: dũ Dido se interfecit: & dũ flet tota die parũ pfecit: & flãmã rogi circa vesperã vidit: q tpe p naturã ignẽ videre potuit. & etiã in consuetudine erat: q cadauera p diem non vrerentur. Deinde tota nauigans nocte: et sequentis diei pte ad Siciliã venit. b Cert⁹. S. indubitabiliter pergẽs: aut certus Aeneas. i. solers: & strenu⁹: vt equidẽ per littora certos dimittam. c Fluctusq; atros aquilone. S. quos aquilo nuper flans atros fecerat. tempestatis em̄ hęc est natura vt reliquias venti teneat. eā in alteri⁹ flatu. ¶ Atros. Ait Pli. non esse maris certū colorem. sed pro vētorū qualitate mutari: & aut flauū esse: aut luculentū: aut atrū. D. Atros aqlonē at qui nō est aptus aquilo ex affrica in italiā nauigantibus: sed vel posuit spetiē pro genere. vel naui gabat aquilone. quia ex secūdo Iouis pcepto statuerat Carthaginē relinquere quocūq3 illū ferrent venti: vt etiā aquilone flante enauigarent quo illi ferrent. C. Fluctusq3 atros. Varii enim venti: varios mari colores afferunt: vt aparet apud Home.

hymber supra caput sit. C. Caput a capiendo dicit: qa omnes sensus capiat. quod alio mēbro nō cōtingit. Inde capilli: capitis pili. n Imber. C qui maiori impetu fert. Nā pluuia lentior est: & magis iugis. o Tenebris noctis & nubiū. p Ipse. S. Qui debuit esse solatio. C. Ipse. q. d. cui credendū erat propter rei scientiā. q Ab alta. C. e loco q̄ cūcta recte prospicere posset. r Quia nā. S. cur. aduerbium est interrogātis quo vsus est bis. hic: & in decimo. Coelicolę magni: quia nā sententia vobis versa retro.

Mœnia respiciens: quę iā infœlicis elissę
Collucent flāmis: quę tanta accenderit ignē
Causa latet: duri magno sed amore dolores
polluto: notūq3 furens quid fœmina possit:
Triste per augurium teucrorū pectora ducunt:
Vt pelagus tenuere rates: nec iā amplius vlla
Occurrit tellus: maria vndiq3: et vndiq3 coelū
Olli cęruleus supra caput astit imber
Noctē hyemēq3 ferēs: et ihorruit vnda tēebris.
Ipse gubernator puppi palinurus ab alta
Heu quia nā tanti cinxerūt ęthera nymbi:
Quidve pater neptūne paras? sic deīde locutus
Colligere arma iubet: validisq3 incūbere remis:
Obliquatq3 sinus in uentū: ac talia fatur:
Magnanime Aenea nō si mihi iuppiter auctor
Spondeat: hoc sperem italiā contingere coelo:
Mutati transuersa fremūt: et vespere ab atro
Consurgunt venti: atq3 in nubē cogitur aer:
Nec nos obniti contra: nec tendere tantū
Sufficimus supat quoniā fortuna sequamur.
Quoq3 vocat vertamus iter: nec littora longe.

d Respiciens. C. Ex amore q̄uis italiā vt deo obseqertur peteret: tn̄ nō poterat nō moueri amore quē erga Didonē gerebat. Discedere em̄ Aeneā a Didone nihil aliud est (vt in allegoriis ostēdimus) q̄ virū egregiū a Ioue p Mercuriū monitū. i. a deo p doctrinā eruditū a vita actiua ad cōtēplatiuā trāsire. Sed cū nōdū in eo virtutū genere q̄ animi iā purgati dicunt cōsistat sed in virtutibus purgatoriis cōstitutus sit: q̄uis diuina pcepta (qbus celestia cōtēplari: & terrena despicere iubemur) seq decreuerit: tn̄ nō pt nō cōmoueri cupiditate rerū terrenarū: psertim earū in quib⁹ virtutes ciuiles versant: nā bene regere se: domūq3 suam ac etiā rēpubli. nō minima virtus: neq3 damnatur vita actiua. q̄ a iusticia non discedit: nā si legit Maria optimā pte elegit: sequit q & Marta bonā potuerit eligere: sed de his plenius disputauim⁹ i primo libro Chamaldulēsiū questionū. e Collucē. S. in honorē em̄ regis cū facculis pcedebāt a pplo: Hinc de pallante: lucet via lōgo ordine flāmarū. Postea etiā funebres lectos pferre ceperūt: vn̄ in sexto: vel quę Tyberine videbis funera cū tumulū pręter labere recentē. f Quę tā tū. S. ait varro. Aeneā ab Anna eē adamatū: q̄uis em̄ plurimū intersit tēp⁹ tn̄ lectū est. g Causa latet. C. Nesiebat quidē sed vis polluti amoris: & furor fœmine⁹ cōiecturā faciebat ignes esse regales. q D. do se interfecisset: q̄d eos tristitia afficiebat: qm̄ illud esset malū augurium. h Duri magno. S. Nesciebat cās: sed cōiecturis illuc ferebāt. i Ducūt. S. multi dicūt diducūt. i. lacerāt. vt ad dictas duas cās tertia accedat: pcedebat inquit animos troianorū q̄ nascebant duri dolores amore polluto q notus erat fœminę furor: q ignē rogi videbant. i. omē nauigantibus triste vt per triste valde triste: sed sic intellexerimus tertio dicto congruit tm̄ nō etiā superioribus. Nec em̄ troiani nauigātes poterāt: aut de amore: aut de furore Didonis eē solliciti. k Rates. S. p nauib⁹ abusiue ponit. l Olli. S. tunc aut illi. m Supra caput. S. i. ineuitabilis mortifer. nec simpliciter dictū: cū ois

s Colligere S. cōtrahere: nō penitus deponere. Nā dicit obliquatq3 sinus in uentū. t Arma. S. vela. v Validis remis. C: id est ipos validos incumbere remis. x Auctor. SER. nostrę nauigationis: vl' loquit secūdū vsum: nec si hui⁹ rei auctorē se iuppiter faciat. Sed cur hoc dicit cū Apollini hoc det scribens. Tot maria intraui duce te. Sed legimus. Quę phœbo pater oipotens: & specialiter nauigatiōis ex Affrica auctor est iuppiter. y Hoc coelū. C. hac q̄litate coeli. i. aeris. Optime aūt Iouē noiat. & qa dis oibus pręest: & quia aer interptatur. Ondit aūt nō vanū fuisse triste augurium: qm̄ secuta sit atra tēpestas. z Transuersa. S. aduerbiū factū de noie: vt rauca sonant. Nā nomē & aduerbiū sępe trāseūt in se: vt Toruūq3 repente clamat. Itē aduerbium in nomē: vt cū mane nouū. Et Persi Iā cras hesternū cōsumpsimus: ecce aliud cras Sed nomē in aduerbium transiens fit indeclinabile. Plau. a mani ad vesperum. Mane aūt propter: cetraptotē n̄ dixit. Nā cū in alienū i⁹ transeūt hę ptes nō fuisisset earū ad quas transeūt vtunt ptarib⁹ dū taxat in declinatiōe. Nā tē por rōne suā seruāt vt hic Nā cū aduerbia a in vltimis pducūt: vt frustra. Inde & frustra cerno te tēdere cōtra. tn̄ hic trāsuersa secūdū rōnē nois corripuit. a Et vespere ab atro. S. s. quo tendim⁹. nec sine ratiōe post gn̄alitatē addidit specie. b In nubē cogit aer. S. nā aeris dēsitas facit nubē vt densat erāt q̄ rara mō: & q̄ densa relaxat. C. In nubē. Ex vaporibus em̄ a terra ascendentibus cōdensatur aer: & partes in illo densiores vertunt in aquā. hęc em̄ mutua est elementorū cōuersio: vt ętheris crassiores ptes in aerē: et aeris in aquā: & aq̄ in terrā vertant & rursus subtiliores terrarū in aquā: & aquę in aerē: & aeris in etherē vertant: nihilq3 ex ips s deperit. sed mutua fit cōuersio. c Superat qm̄ for. se. C. ostēdit prudentis esse fortunę cedere: & inseruiēdū tēpori. Quare aūt prius esset parentādū Anchisę: q eundū in italiā: in allegoriis dictū est. d Nec littora longe. S. suadet a facili. e Fida. S. ppter Acestis affinitatē. f Fraterna erycis. S. ppter ericē burg

& Veneris filium.secundum alios Neptuni & veneris.C. Eryx quartus fu ta neptunno.Neptūni em̄ filius fuit amy cus;Amyci aūt butes.Butes aūt ex venere genuit Erycem qui(teste Diodoro eiusdē insulę viro)rex Siciliç fuit:qui ob maternū genus in maxima gloria fuit:& in eo monte:quē a se denoīauit:vrbē cōdidit:& in arce templū matri posuit multis donariis ornatū:quod vetustate ipsa creuit.Nā & Aeneas in italiā veniens:illud vehemēter excoluit. Deinde multis seculis illud siculi celebrarunt.Post et ā Carthaginenses coluerunt:postremi Romani in eo oēs superarunt.Quisquis em̄ cū imperio in insulam veniebat:donis templū ornabat:& ludis & mulierꝝ cōsuetudine:om̄i abiecta tristitia:hilare sacra faciebāt. Sed q̄d maximū fuit.xvii ex Siciliç vrbib⁹ huic templo aurū pendere iusserūt additis militibus qui tēplū custodirent.hęc Diodorus.Strabo autē etiam scribit illud singulari venerati ōe coli:& antiquit⁹ mulierū frequentia refert illius ministeriū dicatum quas & ex Sicilia & ex externis regionibus multi locārāt:Hac tēpestate et ipa Colonia:& templū pene desolatum est:Sed & Rome est añ portā collinā tēplū:q̄d appellant Ericinę veneris:cui cū ęde sacra insignis adiacet porticus:Cęterū mons ipse Drepano propinquus est.

s Miratus.S.i.qui mirabať aut certe miratus occurrit. t Horrid⁹.S.horribiľ. v Lybistidis v.S.Aut reuera veste:aut ferç africanç.C.Lybistidis.Puto significari fabulā Ibisca em̄ Sisiphi filius condidit in sycilia vrbē de suo nomine appellatam Silli⁹.Sed decus haud:vllum pulchri⁹ oris:quā q̄ formauit nomē Ibiscę. x Gratať et occurrit; D.impatiētiā cupiētis gratulari:significat ¶ Et paternū pelle refert hitū.erat ei nat⁹ ex fluu oet fluuii pene nudi sine ambitione vestiū pingūť.

C.Gratatur.grator te:& gratulor tibi dicimus.i.lętum me p tua re prospa prębeo.Gratificari aūt rē gratā facere.& habet nescio quid cōiunctiuū cum adulatiōe.Sal in iugurta:nisi forte quē inhonesta et pnitiosa libido tenet paucorum potentię dec⁹:atq; libertatē suā gratificari. y Gaza.S.opib⁹ rusticāis.nā gaza ois fruct⁹ est. z Lętus.C.liberalis.Nā liberales lęti dicūť.Sic cōtra Teren.dixit inuitat tristis:quasi inuitus:nā isti nō dāt lęti. a Solať.Nā p̄teritas angustias rerꝝ p̄sētiū copia solari poterant. a Agresti.DO.Agrestes sunt epulę de quibus ait i bucc.Sūt nob̄ mitia poma:castaneęq; molles et p̄ssi copia lactę.his addere possum⁹ oua:et herbas.

[e]Fida reor [f]fraterna erycis:portusq; [g]sicanos.
Si modo [h]rite memor seruata remetior astra.
Tum pius Aeneas:equidē sic poscere ventos
Iamdudū:et frustra cerno te tendere contra:
[k]Flecte viā velis:an sit mihi gratior vlla:
Quoue magis [l]fessas optem dimittere naues:
Quā quę [m]dardaniū tellus mihi [n]seruat acestem:
Et patris anchise gremio complectitur ossa:
Hęc vbi [o]dicta:[p]petunt portus:et vela secundi
Intendunt zephyri:[q]fertur cita gurgite classis:
Et [r]tandem lęti notę aduertuntur harenę.
At procul excelso [s]miratus vertice montis
Aduentū:sotiasq; rates:occurrit acestes
[t]Horridus in iaculis:et pelle [u]libistydis vrsę:
Troia crinisо conceptum flumine mater
Quē genuit:veterū non immemor ille parentū
[x]Gratatur reduces:et [y]gaza [z]lętus [a]agresti
Excipit:ac fessos opibus [a]solatur amicis:
Cū postera cū primo [b]stellas oriente [c]fugarat
Clara dies:sotios in [d]coetum littore ab omni

g Sicanos.S.corripuit si.alibi producit:vt Sicanio p̄tenta sinu. h Rite.SER.i.si rite remetior astra coelo añ seruata.f. añ tēpestatē.Collegit aūt vicinitatem ex ratōne cursus:q a peritęhis horis colligiť:quas idicant sydera. i Iādudū.S.ñ tm̄ heroicū est q̄d dat Aeneę pitiā gubernandi:sed etiā ad p̄oeconomiā pertinet:dictu rus em̄ est:Et ipse ratē nocturnis rexit in vndis. k Flecte viā.S.interra nos flectim⁹ de uia.in mari ip̄am viā flectim⁹. l Fessas naues.S.i.nos fessos: m Dardaniū acestē.S.vt supra diximus:Hipotes filiam suā Egestā ne ad cętos relegareť:nauiculę superposuit.et misit quo sors tulisset.Hāc ad Siciliā delatā.Crinisus fluuius amplexus est.cōuersus in canem.vñ Acestes est natus. n Seruat.S.tenet:vt:& tantas seruabat filia sedes. o Petunt.C.Petimus cū ratione.Appetimus cū affectu: Expetimus honesta. p Secūdi.S.Iā secūdi post cōuersionē. q Fertur cita gur.cla.C.Ipsa cōpositio verborū celeritatē fugientis nauis & sonitū quē odit:nobis añ oculos ponit. r Tandē.S.vacat.Vt & quo sub coelo tandē:nā cur tandē:cū dicat:ferť cita gra.clas.C.tādē.potius ad desiderū.Nā animo cupienti nihil satis festinať:quā ad longitudinē tp̄is refertť.Nā nauigatio breuis:& celerrima fuit.

b Stellas.C.stellę q̄ oēs dicuntur fixę octauo coelo:nō qui ip̄ę q̄s cōtra suum coelū nō eāt:sed adeo tardo sunt motu.vt moueri nō videāť.Nam cētesimo fere anno gradū vnū qui est trigesima pars vni⁹ signi:q̄ duodecim sunt cōficiūt.Vñ totus zodaicus pagiť sex & triginta milibus annorꝝ.Stellarū numerus incognitus est astronimis.Mille em̄ et sex centū sunt solū illę quarū cognitiōē hn̄t:q̄ q̄dē.lxxii.signa cōficiūt.Vt si exēpli causa dicam⁹ cignū i coelo esse vnū:& arietē aliud signū.Et cygnū quidē habere stellas.xiii.Arietē.xviii.Ergo stellas dicimus illas singulas.Cōfigurationē aūt ex multis stellis appellamus signa.q̄uis iuniores astrologi signa solū dicant illa.xii.q̄ sunt in zodiaco.s.arietē taurū geminos cācrꝝ:leonē:virginē:librā:scorpionē:sagittariū capricornū:aquariū pisces.Reliquas aūt cōfiguratiōes: imagines:& nō signa noiant.Sed apud scriptores promiscue:& signa & imagines inuenimus. Pręter aūt has omnes stellas:septē alię sunt nō in octauo coelo:vt illę.sed singulę in singulis septē coelis inferioribus.vt in septimo sit Saturnus.in sexto Iuppiter:in quinto mars:in quarto sol:in tertio venus:in secūdo mercuri⁹:in prima luna.Et hę stellę planetę dicunť.i.erratiles.Nam. πλανωμαι grçce erro significat.quia manifesto cernūť cōtra suū coelū ferri:inde retrogardi sunt. c Fugarat.S.poetice dixit.Nā stellę astrogardi sunt. d Coetū.C.Cō coelo sūt:p̄ter planetas:& a stādo dicūť.

Aduocat æneas: tumuliq́ [e]ex aggere fatur:
[f]Dardanidę [g]magni: gen⁹ alto a [h]sanguine diuū:
[i]Annuus exactis completur mensibus orbis:
Ex quo relliquias [k]diuiniq́ ossa parentis

ctiliū. Vt & coetu cinxere poliū. e Exaggere. C. Nā qui verba habent ad populū ex loco superiore faē. f Dardanidę magni. S. frequenter (vt diximus ad opus suū Virgilius) aliqua ex hystoria deriuat. Nā sic omnia inducit: q̄si diuini honores soluātur Anchisę: quos constat Iulio Cęsari fecisse augustū. C. Dardanidę magni. Captat beniuolentiā a nobilitate: quā cū cōmemorat: ostendit esse causam: ne desererent honores Anchisę: & facit rem verisimilem. facile em̄ potest credi: ex genere a deis profecto oriri aliquē deū. g Genus alto a sa. di. S. bene sic dicit. Nam per tacitā œconomiā ostendit: debere Anchisen generis sui honorem mereri: vnde est. Diis genite & geniture deos. h A sanguine diuū. S. diuū aūt: & deorū sępe indifferenter ponit: quāq́ sit discretio: vt deos perpetuos dicam⁹. Diuos aūt ex homine factos: quasi qui diem obierint: vn̄ diuos & imperatores dicimus. Sed Varro & Atteius contra: dicentes diuos perpetuos. Deos qui propter sui consecrationem timentur: vt sunt dii manes: quod tangit in. xii. Turni sic est affata sororē: diua deā stagnis quę fluminibusq́ sonoris presidet. i Annuus orbis. S. quia menses in se currunt: & annū faciūt: vn̄ annulus quasi & annuus. Sic alibi. Atq́ in se sua per vestigia voluitur annus. C. Annuus Apud antiquos annus. quia ex reuolutione syderum ē triplex notatur. Minor em̄ est ex reuolutione lunę: q̄ cum terrę proxima sit: vehemēter in corpora agit. Constat autē ex diebus viginti & octo. Celerrima est propter breuitatē suę sphęrę: & quoniā proxima terrę: videt̄ maior reliquis syderibus excoepto sole: & tn̄ minima est omniū excepto Mercurio. Post hunc est ann⁹ solaris: qui vere ann⁹ dici potest: quia cursu suo omnia tempora distinguunt: efficit tenebras: mane: meridiē: vesperū: efficit. ver: estatē: autumnū: hyemē: totum deniq́ zodaicum trecentis & sexaginta quinq́ diebus: & besse & semisse peragit: ac preterea centussę. i. cētesima parte vnius diei. Ergo vt omittā annū priscorum Romanorum: de quo explicatissime dicit̄ apud Macrobiū: Iulius cęsar dictator primus ad rationē mathematicorū: vt etiā ęgyptii faciebant: Romę annū redegit: qui cōstaret ex trecētis et sexaginta qnq́ dieb⁹: & q̄drante: & qm̄ singulis annis quadrantis ratio haberi nō poterat: instituit: vt quarto quoq́ anno dies vnus intercaleretur post vigesimū quartum diē februarii. i. kalendis marcii. & qm̄ is dies bis repetebatur: bisextilis dictus est. k Diuum. S. aut laus est: vt diuini opus Alchimedontis: aut Vaticinātis: vnde est. nunc repeto Anchisen fatorū archana reliquit. l Aras. SER. medium se prebet. Nam & hominem fuisse nouit: & vult eū ex consecratione numen effectū. Nam moestas aras ad hominem pertinet.i.diis manibus cõsecra tas ꝙ paulo post dicit. Altaria liquit:pertinet ad diuinitatẽ post apothosin:vnde est adytis:quę sunt templorũ.& suc cessit tumulo:quod est hominum.

l Nisi fallor.S non quasi nescius dixit:sed,ppter anni con fusionem:nam ante cęsarem (cuius rationem de anno nũc sequimur) intercalcabant dies:vt in verrinis legimus.f.lunę non congruente ratione. Annum autem primo Eudoxus deinde Hyppafcus:deinde ptolomeus:ad vltimũ cęsar de prehendit. m Acerbũ:S.propter perditum patrem:

liebãtur:vnde est orta consuetudo:vt dii penates in domi bus colantur. DONA. Nona diem.pręscripsit tempus lu dorum:si tantum aeris temperies esset.& id ipsum nec ni mis propinquum:vt possit pręparari celeritas:nec nimis lõ ginquum:ne habe:et diutinę expectationis tedium.

d Almum.DON.Tranquillum debemus accipere.Et di xit aũt ludos nõ impudicos:vt mimi sunt.sed fortes:& q bus virtutes in homine accenduntur.

e Aurora.CRIST.prima pars lucis nondum sole appa rente.dicta ab auri colore quo oriens vestitur cũ apparet.

n Honoratũ. S.quia de us sit effectus.

o Sic dii voluistis. S. de diis semper salua venera tione loquitur:sicut inter tio.sic visum superis.

p Agerẽ.S.essem.& be ne aut desertos :aut hosti les memorat locos.

q Argolico.S.Ionico:& adriatico.

r Deprensus.S .occupa tus.& p prie nauigantiũ est.vt depresis olim statio gratissima nauis.

s Micenę.SER.vt vrbẽ pataui:& grece vsus ẽ sin gulari vt Iuuena. Atq ve tus thebe centum iacet ob ruta portis.et ab eo quod est Mycene mycenes dixit mycena mycenę.Vel ẽ my cene in ablatiuo.

t Annua vota & pom pas.SER.Hęc quasi nu mini.

v Suis donis. SER.con gruis:sunt enim tantum su periorũ.Munera sunt in feriorum:vt in Buc. Phoe bo sua semper apud me. Munera sunt lauri.

x Nunc vltro.SER Ar gumentum a minore ad maius.vltro.i.vltra.i.insu per vel sponte sua non vo lentibus nobis.Quasi ve lit tempestatem ortã:non vt ab italia arcerẽtur: sed vt sacra renouarentur An chise.

y Honorem. SER.non dixit exequias.Nam & vẽ tos quasi a numine vult petere.

z Posita.SER. consti tuta.vt Et posuere in mõ tibus vrbem: dicit autem petamus etiam hoc:vt velit nos etiam in vrbe constituta singulis quibusq; annis sibi sacra persoluere.

Condidimus terrę:moestasq; sacrauimus aras:
Iamq; dies:(nisi fallor) adest:quẽ semper acerbũ
Semper honoratũ:(sic dii voluistis) habebo.
Hunc ego getulis agerem si syrtibus exul:
Argolico ve mari deprensus:et vrbe micenę:
Annua vota tamen:solẽnisq; ordine pompas
Exequerer:strueremq; suis altaria donis.
Nunc vltro ad cineres ipsius:et ossa parentis
(Haud equidẽ sine mẽte reor:sine numĩe diuũ)
Adsumus:et portus delati intramus amicos:
Ergo agite:et cuncti lętũ celebremus honorem:
poscamus vẽtos:atq; hęc mea sacra quot annis
Vrbe velit posita templi sibi ferre dicatis.
Bina boũ vobis troia generatus Acestes
Dat numero capita in naues:adhibete penates
Et patrios epulis:et quos colit hospes acestes.
pręterea si nona diem mortalibus almum
Aurora extulerit:radiisq; retexerit orbem:
prima citę teucris ponã certamina classis:

appellaẽ & matura:hinc dicimus matutinum tem pus.

f Prima.SER.reuera prima:Nã cętera nõ ea q dicit editurus est ordine.

g Certamia.CRISTO. mos fuit apud priscos:vt in honorem maximorũ virorũ:pręsertim eorũ q in bello oppetissẽt:funebres ludi exhiberent.Fuerũtq; primę inferię:vt ex capti uis nõnulli ad tumulum mactarentur.hinc gladia torum manus originem sumpsit. Primi autẽ ludi funebres:quorum memo ria extet instituti sunt ab Hercule in honorem Pelo pis eius atraui : & Ioui cõ secrati,dictiq; sunt olym pici :quia apud olympũ Archadię mõtem celebrã tur in pisęis finibus.hos in termissos Iphitus eius filius instaurauit.hinc initiũ habuit prima Olympi as. Hi ludi iã expleto q̃r to anno:quinto incipien te agebantur.Primus in il lis ipse Hercules coronat est.Qui cum a bello ad sa cra conuersus esset.etiam a diis secundum Diodo. munera accepit,a Myner ua peplum:a vulcano da uum,& thoracem. Dedit Neptunnus equum.Mer curius ensem.Apollo arcũ & illo vti docuit.Ceres pu ua mysteria ad purgan dum centaurorum cędem il li ostendit:In his ludis vi ctores oleastro coronabã tur.Secundi fuere phocen ses pᵒ phytonẽ serpẽtẽ in ab apolli ẽ cęsum apollis honorẽ cõstituti. Eratq; victoribᵒ corona ex lauro Tertii achei i Isthmo ob id Isthmii dicti i honorẽ Palemõis:quẽ latini portunũ nominant:qui ex Melicerta homine deus marinus effectus est:In his corona ex pinu victoribus de cernitur.Quarti argolici:q nemeia a nemea sylua nominã tur in Archemori honorem instituti sunt.Hic enim puer ly curgi filius fuit:& Opheltes appellatus.verũ a nutrice dũ fontẽ argiuis i thebanũ bellũ,pficiscentibᵒ ostenderat:temere humi relictᵒ a dracone ictus periit. Argiui autem in partis solatium:illi ludos instituerunt:& quia principium fati in de cœptum est:pro Ophelto archemorem appellarũt. Est illis corona ex Apio,vt ex herbę humilitate:ętas infantilis exprimeretur:vel quia in Apio iacens extinctus sit:hęc igitu

a Incapita.C.vt digerit in numerũ.i.per ordinẽ:aliquan do significat similitudinẽ vt curuatᵒ i arcũ.i.i similitudiẽ arcᵒ.

b In naues.SER.per naues.Multa enim significat vt su pra diximus. c Si noua diem.S.non de die qui certus est dubitat:sed de serenitate:vnde paulo post Serena iam luce: & est sciendum:quia apud maiores vbicunq; quis fuisset extinctus:ad domum suam referebatur :& illic sep tem reseruabatur diebus : octaua die incendebatur: nono sepeliebatur:vnde & Horatius Nouendiales dissipare pul ueres:nam & ludi:qui in mortuorum honorem celebrant. Nouendiales dicũtur. Sciẽdum quia etiam domi suę sepe erant precipua genera ludorũ in grętia: cũquis & plerĩq; alii extarent: vt in actica: vbi celebrabant ludos Mineruę. in ęgina Aeaco, i archadia lyceo Ioui, Tespiis amori. Oropi amphiarao. Argis Iunoni, & alibi aliis. h Aut iaculo incędit melior leuibus ve sagittis. S: idest iactu velotiũ sagitta rum: vt vacet ve. Sic ista iunxit in nono. insidiis iaculo: & longe fallente sagitta: hoc est in iactu longe fallẽtis sagittę: Nam non exhibuit iaculatores. i Crudo cęstu. SER. crudeli: vel duro: & dyphthongatur cęstus: quando pugillum arma significat: & pluralẽ habet numerũ: & est quarte formę. Cestus autem cesti sine dyphthongo tantum singularis numeri est & significat cingulum veneris.

k Meritę. DONA: permonet q recto iudicio attribuetur palma.

l Expectent. DONA. vt videãt vel sperẽt.

m Palmę. SERVI. virtutis consequens pro precedenti positum. CRISTOFORVS. Palma hac arbore donantur victores: non solũ quia semper virent: quod sibi cõmune cũ multis est: sed q adeo per seuerãti motu erigitur: vt etiam omnia grauissima sufferat. Sunt quidem palmę in Europa vulgo q in italia: sed steriles. in maritimis hyspanię fructum ferunt: sed inuitem. dulcẽ in Affrica: sed cito euanescentem. In oriẽte vero plurimi ex hoc fructu vina faciũt. Alii etiam panem: Alii ex eo pecudes saginãt nulla sponte sua nascitur: nisi in calida terra: nulla frugifera: nisi in feruida. mas est & fœmina. plurimę q feminę vni mari circũsistunt: q remoto sterile scunt. In cypro: cũquis non maturescat: dulcis tamen est. Asyria, et psis syluas palmarum cęduas habet & ad lautiora vtitur: nouelli fructus intus lignũ nõ habent: vnde a spadonibus nomen sumpserũt: differunt colore: vt fici cãdidi: tamen gratiores.

Aut iaculo incędit melior: leuibus ve sagittis:
Quicq; pedũ cursu valet: et qui viribus audax:
Seu crudo fidit pugnã cõmittere cęstu,
Cuncti adsint: meritęq; expectẽt pmia palmę.
Ore fauete omnes: et cingite tempora ramis:
Sic fatus: velat materna tempora myrto.
Hoc helymus facit, hoc ęui maturus Acestes:
Hoc puer ascanius: sequitur quos cętera pubes.
Ille e consilio multis cum milibus ibat
Ad tumulũ: magna medius comitante caterua.
Hic duo rite mero libans carchesia baccho
Fũdit humi: duo lacte nouo: duo sãguĩe sacro.
purpureosq; iacit flores. ac talia fatur.
Salue sancte parens: iterum saluete recœpti

s Rite. SER. secundũ ritum sacrificii: quod exigebat: vt libaret de mero Baccho: idest puro vino. t Carchesia. S. genus poculorum. v Humi. SER. terre. x Nouo. SER. vel statim mulcto: vel post fœtum: quod colustrum dicitur neutro genere. y Sanguine sacro. S. scilicet victimarum. Sacrificat autẽ partim quasi mortuo numero pari: partim quasi deo numero impari. vt cędunt quinas de more bidentes. Nã de' numero impare gaudet. z Purpureos. SER. ad sanguinis imitationem in quo est sedes animę Sic in sexto. Purpureos spargam flores. Item pupureasq; sup vestes velamina nota. s. vt sedis suę cognoscat imitatiõe. a Salue. SER. Salue & vale secundum Varro, in logistoricis synonima sũt vnde his insultationibus & execrationibus vtimur Teren. Valeãt q inter nos dissidiũ volunt. Vnde hęc etiam mortuis dicimus: non q eis optemus salutem: in quibus nulla esse potest, sed vt significemus nos ita digredi: vt ostẽdamus illos nunq; in nr̃am cõmunionem esse venturos. distingue etiam. nam quo tempore sepeliit dixit salue & vale.

b Sancte. DONA: vt significet iter deos receptũ: Nã in secundo libro: q vi uus erat: et ab eo minime diuelli volebat: non sancte dixit: sed care.

c Recœpti necquicq; cineres. SERVIVS. Cinere. pro ipso patre posuit. ac si diceret. Salue pat' de troia liberate sine causa: propter qd seqr. Nõ licuit fines italos fataliaq; arua. ☙ Recœpti iterũ. Alii hystoriam referunt supradicta distinictiõe mutata: vt dicãt. Recepti iterum cineres: semel ex troia: semel a Diomede: qui dicitur ossa eius eruta: cum Palladio reddidisse. ☙ Necquã aũt secũdum epicureos q dicunt omnia perire cum corpore. CRISTO. Cineres. Hic mos apud Romanos fuerat vt cadauera cõburerent: quam consuetudinẽ ostendit in Myseni funere. fuit etiã & apud alios. Nam cũ Pli. ponat esse speciẽ lini: q non vratur: addit regum funebres tunicas: ex hoc lino corporis cineres a reliquo separare cinere: non tamẽ apud omnes cõburebant. Neq; semper Romę cõbusta sunt. Aegyptii vero tãto artificio cadauera cõdebãt: vt ne pili quidẽ inde deffluerent. Quapropter multi ita suos domi habent: vt multarũ ętatũ pgenitores suos conspicere possint quãtitatẽ: & habitu corporis. ac forma & liniamẽtis integris ait Hero. & Diod' Idẽ Diod. refert gẽtẽ eẽ in ęthyopia: q cadauera in flumen iaciant: id optimũ sepulchrũ putantes: aut vitro circũlitos domi seruant: aliq fictilib' condũt ac infodiunt. Idem refert in Balearibus insulis cadauera in funere fustib' cõstringi solere: ac mox fictilib' cõdita multo lapide obruere. Herod. scribit Aethiopas (q̃s a lõgavita macrobios

n Ore fauete. SER. apto sermone: & sacris ludis vtitur. Nam in sacris taciturnitas: in ludis necessarius est fauor: fauet quis ore etiam per taciturnitatem. Hora. Fauete liguis carmina non prius audita musarum sacerdos. DONA. Ore fauete: in sacris significat indicere silentium: hic vero admonet: vt lętis clamoribus fauorem accomodent.

o Cingite tempora ramis. SER. Ex more romano: vbi omnis ętas coronata ludos spectabat: quod ostendit per Aeneam: acestem & ascaniũ. per quos omes ostẽdit ętates.

p Materna. SER. vel quia filius: vel quia Veneris sacrificaturus marito. q Helym'. S. Princeps troianorum. qui dicitur tres in Sicilia condidisse ciuitates. DONA. Hoc hely. Acestes & ascanius. quia omni ętati cõgruebat. ☙ Iterũ. nam primo salutauerat tamen sepeliit.

r Aeui matur'. SER. Honesti' q si ęuo maturus diceret.

appellant cadauera desiccare. deinde pingendo ad pristinā figurā reducere. Deinde columnos adnixos ad annum domi retinēt quo exacto magna pompa per vrbē circūferunt. Nasamones mortuos sedentes in sepulchro collocāt. Cauent etiā ne quis aliter q̃ sedens animā emittat. Massagetę eos qui morbo pereunt: vt impios & dignos: qui a feris lanientur abiiciunt Caspii eū qui septuagesimū annum excesserit in solitudinē exponunt: qui si ab auibus laniet̃ foelix creditur: si a feris vel canibus nequaq̃: si a nullo infoelix Quidā in iudea vulturib⁹ mortuos exponūt. Assiry ī melle condunt: & cera oblinunt. Sabei pro stercore cadauera habent: & sterquiliniis etiā reges sepeliunt. Magi nō humāt corpora: nisi antea a canib⁹ laniet̃. In hyrcania plębs cōes alit canes opinantes domesticos: vt ab eis lanientur. Plutonē aiunt primū funera instituisse.

Nec q̃cq̃ [d]cineres: animęq̃: vmbręq̃ paternę.
[e]Non licuit fines italos: fataliaq̃ arua:
Nec tecū ausoniū ([f]quicūq̃ est) quęrere tybrim:
Dixerat hęc: adytis cū [g]lubricus anguis ab imis
[h]Septem ingens [i]gyros [k]septena [l]volumina traxit,
Amplexus placide tumulū: lapsusq̃ per aras:
Ceruleo cui terga [m]notę: [n]maculosus et auro
[o]Squamā incendebat [p]fulgor: ceu nubibus arcus
Mille trahit varios aduerso sole colores.
Obstupuit visu æneas: ille [q]agmine longo
Tandē inter pateras: et leuia pocula serpens:
[r]Libauitq̃ [s]dapes: rursusq̃ innoxius imo
Successit tumulo: et [t]depasta altaria liquit:
Hoc magis īcoeptos genitori īstaurat honores:
Incertus [v]genium ne loci [x]famulū ne parentis
Esse putet: cędit quinas de more bidentes:
Vinaq̃ fundebat pateris: aīamq̃ vocabat
Anchisę magni: manesq̃ [y]acheronte remissos:
Necnon et sotii: quę cuiq̃ est copia: lęti
Dona ferunt: onerātq̃ aras: mactātq̃ iuuēcos:
Ordine ahena locant alii: fusiq̃ per herbam

d Animęq̃ vmbręq̃. S: Plato & aristo. Et omes periti dicūt in homine q̃tuor esse aīas: Aliam vitalem: vt in vermibus: q tm mouent̃: aliā sensualē: vt in multis animalibus: in quibus est sensus timoris & gaudii. Tertiā ītellectualem: vt in hoībus: qui et cogitare: & iudicare possunt. Est quarta infra omnes quę phisice dicit̃ ī herbis & arboribus quę motu carentes oriuntur: crescūt: & occidunt. Homo horū oīm pticeps est: vñ Salusti. Alterū nobis cū dis: alterū cū beluis cōe est Si aūt quattuor sunt aīę totidē erūt et vmbrę: vt si q̃s inter geminas stet lucernas: geminā vmbrā creat. hoc de animis etiā Lucretius tradit. Sed non tātum veritati studet: quantum sectę epicureę. Alii tñ dicūt vmbrę esse gtm̃ singlarē: vt sit: cineres animę & vmbrę paternę: q̃d nō valde pbandū: cū nec vmbra: nec aīa cineres hēat: D. aīęq̃ vm. Cas⁹ genitī ē in singlari. C[illegible] s Rurs⁹. quia inimicorū manibus fuerant effossi: & iterū sua opa cōditi: q̃d bñficiū cū nō rēserit mortu⁹ dixit nec quicq̃: & bñ dictū est ex psona filii q viuo q̃ mortuo bñfitiū pstare maluisset. e Non licuit. D: ppter q̃d in tertio dixit. Heu tantis nec q̃cq̃ erepte pclis: f Quicūq̃ est. S. tedio lōge nauigationis hoc dicit. g Lubricus. S. labilis. alias locū dicit: vt p lubrica surgens. h Septēiū. S. p magnitudinē loci geniū vult pbare: nullus em̃ locus caret genio. q p anguē plerūq̃ ōndit̃. Persi. Pinge duos augues pueri sacer est locus: extrameite disceto. Locus ex Home. q inducit grecos apud Aulidē omē decēnalis belli ex serpente colligisse. q etiā matrē cōsumpsit nouē pullis comesis. Sic & nunc gyris finem errorū Aeneę ostendit qui septē annos durarūt: et est optimū figmētū. Annus em̄ ante inuētas lr̃as: indicabat̃ picto serpente ore caudā tenente: q annus in se recurrit. i Gyros. S. nomē legimus verbū ex inde nō innenim⁹. k Septena. C. nō solū septē: sed q̃ dū traherent semp essent septē: nā retinet nō solū numeralē significationē: sed etiā pprīā. l Volumina. C. plicas. m Notę. C. q̃uis vt plurimū notam id dicamus q̃ corp⁹ amnis ue aliq̃ labe polluit: tñ etiā & ad honorē pulchritudinē q̃ refert̃. vt Oui. in fastis. Quiq̃ numātina duxit ab vrbe notā. Sic & in hoc loco dixit notas illa interpuncta cerulea: q̃ q̃ fuluū aureūq̃ colorē variabāt. n Maculos⁹ fulgor. C. i. ille colorfulu⁹: vñ splēdor tāq̃ ex auro micabat distinctus maculis cęruleis. o Squama in. C. de squama & squalore dictū est ī secūdo. p Incendebat. S. illustrabat. q Agmine lō. C. tādem post illos gyros tādē longo repe cepit. Agmine ipetu. D. Agmie. Dixit agm̄ q̃ naturaliter impellit̃ serpens: pulchritudo: & inocentiā serpentis rē celestē: et nō noxiū aīal significat ppter q̃d magis honores restaurauit. r Libauit. S. leniter tetigit. s Dapes. S. Superpositas q̃ silicerniū dicunt̃: q̃si silicerniū supra silicē positū. t Depasta. S. nō a serpētē ipse libauit: sed tā diu mansit: donec flāma oia aris imposita cōsūmeret.

v Geniū ne lo. S. Quia vt sup̄ dixim⁹ null⁹ loc⁹ est sine genio. C. Genios ait Cēsorinus dictos eē: quia vt gignamur curēt: vł q genitos curēt. Credebātq̃ vnicuiq̃ duos esse Alterū bonū: alterū malū: vt nos christiani q̃s duos angelos bonū maluq̃ in custodiā singulorū hominū eē volūt. Apuleius aūt in lib. de demonio socratis scribit. Dęmonas q̃s genios et lares possum⁹ appellare ministros deorū arbitrant̃ custodesq̃ hominū: interptes si q̃d a diis venit. Ergo qui melioris meriti in corpore sunt nr̃o: genii dicūt̃: Corpori renūciātes lemures. Tū si domos incursionibus infestarēt larue appellebant̃: cōtra si boni fuerint lares familiares dicūtur. x Famulū ne. S. Consueuerāt prisci (vt hodie apd̄ Indos) vt q̃tiēs reges moriebant̃: cū his dilecti equi: vel serui & vna ex vxorib⁹ carior incēdebāt̃. Inter q̄s de hoc magna erat cōtentio: possum⁹ igitur intelligere seruū sepultum cū anchise vel p Apotheosim deū vulteē effectū: vñ dat famulū q̄si ministrū. singula em̄ numia habēt inferiores ptātes ministras: vt ven⁹ Adonim. Diana Virbiū. Aut ex sētētia pythagorę dic q primus dephendit de medulla hominis: q̄ est in spina anguē creari Quod Oui. in. xv. meth. dicit loquēte pytagora. y Acheronte re. S. aduenientes de acheronte. Aut acherōte remissos qui iā in acheronte non essent post apotheosim factam.

ʒ Prunas. CRISTO. A Subijciunt verubus prunas: et viscera torrent. perurēdo dictas volunt.

a ¶ Expectata. D. quasi tardius desiderantibꝰ venisset. b Phaetontis. S. Solis. ἀπὸ τοῦ φαέθειν. C. Phaetontis. i. solis qui phaeton: quasi splendens dicitur. vel appellāt eq̄s solis: equos phaetōtis: quia phaeton solis ex clymene filiꝰ: eos male rexit. fingūt aūt poetę solem habere q̄drigas: idest currus: cui quattuor sunt iuncti equi. Eorum nomina sic ponit Ouidius: Interea volucres pyrous eo-

¶ Expectata dies aderat: nonamq; serena
Aurorā phaetontis equi iam luce vehebant:
Famaq; finitimos: et clari nomen Acestę
Excierat: lęto complerant littora cętu:

us: & ęthon Solis equi quartusq; phlegon hinni-tibus aruas flāmiferis implent. c Visuri ęne. D. Expressit plenissimā laudem troianorū: cū Siculi nō solū causa ludorū cōuenirent. sed & ad videndum troianos. d Circo. SERVIVS. Spacioso ludorum loco. D. Circo. non q; esset circus: sed locus in formā circi. C. Circo locꝰ est spatiosus; & capax tur

Visuri æneadas: et pars certare parati
Munera principio ante oculos: circoq; locant
In medio sacri tripodes: viridesq; corone:
Et palme precium victoribus: armaq; et ostro
persuse vestes: argenti auriq; talenta:

hę hominũ ad ludos spectandos: dictus vel a circe solis filia: quę prima ludos quos sibi patri instituerat edidit. Romę erat circus maximus inter palatinũ & auentinũ. e In medio. S. vt ab omnibus spectari possit. f Sacri tripodes. S. Sic pulchri vt sacros putares: nec enim sacrilegus erat: vt sacra donaret: & sic dictũ est: vt Dodoneosq; lebetes. i. quales sunt in Dodona. & palmę zeugma ex vtroq; latere. Nam victoriꝰ precium: & ad supradicta: & ad dicenda pertinet. g Armaq; & ostro perfusę vestes. DO Transit ad generalitatem: ne speciatim diceret. h Argenti auriq; talenta. S. Talentum secundum varias gentes varii est ponderis: apud Romanos talentum est septuaginta librę sicut Plau. ostẽdit in mustellaria: qui ait duo talẽta esse centũ q̃draginta libras: legimꝰ etiã talentũ eẽ paululũ q̃dã. Nam home. in ludis funebribꝰ Patrocli: vltima pręmia ponit esse duo talẽta: quod nos cogit aliq̃d minimũ intelligere. Nã si prior victor bouẽ accepit: consequens non est ꝙ dicamus vltimũ tam magnũ accepisse pręmiũ: vnde apparet talentum etiã minimũ quiddã significare. C. Talenta. talentum gręcũ est. apud quos acticũ inuenitur: & euboicũ: ac rursus acticũ magnũ ac paruum. Nec credo pecuniam percussam: ponderis certi nomen est: Nam magnũ: vt notabis apud liuium. li. xxxiii. habet libras lxxxiii. & vncias quattuor. ergo prisciano teste sexmilia continet denariorũ romanorũ. Verũ vt de ponderibus latius prosequamur. minutissimũ quidem. latini siliquã nominãt. Est enim siliqua quam gręci κερατιον dicunt. i. granum ex siliqua quam vulgo fabam gręcam nominant. Hęc aũt cẽtesimam ac quadragesimã quartam partẽ vncię habet. Obulus deinde est qui tres cõtinet siliquas. Est enim pars octauę atq; quadragesima vntię. Inde scrupulus siue dragma vigesima quarta pars vntię duos cõtinet obulos: siliquas sex. Dragma pars vntię octaua: continet scrupulos tres: obolos sex: siliquas duo de viginti Sextula vntię pars: sexta habet scrupulos quattuor: obolos octo: siliquas vigintiquattuor Siliquꝰ siue siliquũ quarta vntię pars habet scrupolos sex: obulos duodecim: siliq̃s triginta sex. Duella tertia pars vntię: habet sextulas duas: scrupulos octo. obulos sexdecẽ: siliquas quadraginta octo Semiuntia habet dragmas quatuor: scrupulos duodecim: obulos viginti quattuor siliquas: septuaginta duas. Vntia pars duodecima assis. As aũt: & libra: & pondo idem est: & duodecim continet vntias: est & mna et semiũtia maior nostra lytia: cuius libra apud acticos minor esset nr̃a libra vna & viginti dragmis. Sextans pars sexta assis: duas habet vntias. Deinde ex ordine est quadrans siue teruntium: Triens quincũx: semis: septuns: bes: dodrans: siue nuntiũ dextans deunx. Dipõdiũ duę sunt librę. Sextertiꝰ: siue sestertiũ q̃si semis tertiũ in q̊ duę integrę sũt: et tertia est dimidia. Sunt igit̃ duę asses & dimidiũ: vñ veteres his notis. cxv. sestertiũ significabãt: est triassis: q̃driassis: nonussis: decussis: siue denariꝰ. est etiã vigessis trigessis vsq; ad cẽtussẽ q̊ maius aeris ꝓpriũ vocabulũ nõ est. Talentũ igit̃ duplex est. Acticũ & euboicũ. Acticũ aũt ipm duplex est: magnũ: & paruũ: est aũt põderis nom̃: Magnũ teste liuio. li. xxxiii. habet lxxxiii. libras. & q̃ttuor vncias. Habet aũt secũdũ prisci. sex milia romanorũ denariorũ. sed (vt dixi) mna videt̃ maior ꝙ̃ libra nostra: nã ait Pli. de thure. Inueniũt̃ guttę q̃ tertiã ptẽ mnaę. i. xxxiiii. denariũ põdꝰ ęquẽt. Hic Romę: vt ait Liui. institutũ est ne talentũ minꝰ põdo. lxxx. romanis põderibꝰ põderet: & alio loco decreuit senatꝰ: vt nõ plus ꝙ̃ ternę librę & q̃ternę vntię singulis desint talẽtis. Paruũ talentũ libras habet. lx. vt ait Dardanꝰ. et Seneca ad Nouatiũ. xxiiii. sextertia. i. talẽtũ acticũ puũ talẽtũ. Talẽtũ euboicũ erat q̃tuor miliũ romãorũ denariũ. Denariꝰ aũt (teste Prisc.) ex. xx iiii. siliquis constabat. Sed Gelli. Pli. & Põpeiꝰ ex. xviii. i. ex dragma argentea: siue aurea dicũt. Idẽ ait Remiꝰ fauiuꝰ. ergo cõtinebit: xli. asses: & bessem. Ponit p̃terea Home. Talẽtũ p re parua. Nã in patrocli funeribꝰ ludis cũ victori pręmiũ bouẽ faciat: & alteri duo talenta tãq; minoris sint ꝙ̃ bos dat. Nõ est aũt visũ abre ponere versus Remi fauini de põderibus ac mẽsuris. Ea sũt hmõi. Põdera pęonis veterũ memorata libell'. Nosse iuuat põdꝰ rebꝰ natura locauit. Corporeis elemẽta suum regit oia pondus. Pondere terra manet vacuusq; ponderis ęquor. Indefessa rapit voluentis sydera mundi. Ordiar a minimis: post hęc maiora sequent̃. Nã maius nihil est aliud ꝙ̃ mixta minuta. Semiobulo duplũ ẽ obulꝰ: quẽ pondere duplo. Grãma vocant: scrupulũ nr̃i dixere priores. Semina sex aliĩ siliq̃s latitãtia curuis. Attribuũt: scrupulo lentis vergantur vt octo: Aut totidẽ speltas numerant tristes ve lupinos. Bis duo: sꝫ si par gnatim his põdꝰ inesset. Seruarẽt eadẽ diuersę pondera gẽtes. Hũc variant: & enim cũcta nõ foedere certo Naturę: sed lege valent hoĩm q; reptis. Scrupula nanq; tria dragmã quę põdere doctis. Argẽti facit̃ signat̃ nũmꝰ aenis. Olcę q̃ a dragma nr̃ę: sed noie differt. Dragmã si gemies aderit: quẽ dicier audis. Siclicꝰ dragmę scrupulũ si addecero fiet Sextula q̃ fert̃: nã sex his vntia cõstat. Sextula cũ dupla est veteres dixere duellã. Vntia fit dragmis bis quattuor vñ putãdũ Grãmata dicta: qa hęc. xxiiii. in se vntia habet. Tot enim formis vox nr̃a notat̃. Horisq; mũdꝰ pagit noctẽq; diẽq;. vntiaq; in libras ps est q̃ mẽsis i anno. Hęc magno latio libra ẽ gẽtiq; togarę. Actica. nã minor est ter qnq; hãc deniq; dragmis: & ter vigenis tradũt expelier vnã. Accipe p̃terea paruo quã noie grai. Mnã vocitãt nr̃i: minã dixere priores. Cẽtũ hę sũt dragma: ꝙ si decerpseris ill' q̃ttuor efficies hãc nr̃am deniq; librã. Actica q̃ fiet si q̃rtã dempseris emnã Cecropiũ supest pꝰ hęc docuisse talẽtũ Sexagita minas: seu bis sex milia dragmas. Quod sũmũ doctis phibet põdꝰ aenis. Nã nihil his obulo ve minꝰ maius ve talẽtũ. Nũ dicã solidę: q̃ sit diuisio librę Seu assis nã sic legũ dixere priti. Ex q̊ q solĩ capimꝰ phibemur hr̃e. Dicimꝰ aut ptis dũi p ptibꝰ huiꝰ Vntia nã librę: si deest dixere deuncẽ. At si sextã tẽ retrahas erit ille deuncis: Sed nullũ reliq̊ nomen semuntia certũ. Dẽpta dabit: neq; enim est huiꝰ secuntia triplex. Dodrãtẽ reliquũ vocitãt q̃drãte retracto. Cũq; triẽs desit bessẽ dixere priores. Idẽ septuncẽ dẽpto qncũce vocarũt. Post hęc semissis solidi ps maxia fert̃. Nã q̃ dimidiũ supat ps eẽ negat̃. vt docuit tenui scribẽs in puluere musa. Certa dicta prius qbꝰ. est semuntia maior. Hęc de põderibꝰ supat ps altera nobis. Humida seu frugũ semia maiꝰ pes lõgo spatio lato q; notat̃. Angulus et sparsit quẽ claudat linea triplex. Quattuor & q̃dris mediũ cingat̃ inane Amphora: fit cui vas quẽ violare liceret. Sacrauere Ioui tarpeio in mõte qrites huiꝰ dimidiũ fert̃ velut ipsa medimni Amphora terq; capit modiũ sextariꝰ vnũ Sedetes haurit q̊d soluit̃ indigitos pes Arq̃rilas: q̃s si placeat dixisse licebit Eminas recipit geminas sextariꝰ vnꝰ. Qui q̃ter assũptꝰ fit gio nomine chenix. Adde duos chius fit vulgo q est cõgius idẽ. A q̊ sextarii nr̃i secille priores. Crediderim: qa eos capit sex cõgiꝰ vnꝰ. At q̃rilatatos his ternos vna receptat. De ciato nobis põdꝰ: sed septe notat̃. Bisq; hũc faciũt dragmę si appẽdere vel' Oxibatũ faciẽt si qnq; addant̃ ad istas. Armistri ciati q̃rta est atteritamistri. Quã vocitãt ciamẽ capit hęc coclaria bina Q, si mẽsure põdꝰ cõponere phas ẽ. Sextarii ciatꝰ ps ẽ q̃ ẽ vntia librę Necũ oxibati sꝭs secuntia fiet. Siciliciũq; tib mistro sparę licebit. i Et tuba. S. Romão more sicut hodieq; videmꝰ. si sacri sunt oibus ludis funebribus: vt sunt diuorum: nã si sacri sunt idest votiui illustrant̃ saculis. Ante etiã hymnis incipiebãt. k Prima certamina. S. primo bello punico naumachiam

Et tuba cōmissos medio canit aggere ludos.
Prima pares ineunt grauibus certamina remis
Quattuor ex omni delecte classe carinę
Velocem mnestheus agit acri remige pistrin
Mox italus mnestheus: genus a q̄ noīe memni:
Ingentemq́ʒ gyas: ingenti mole chimeram
Vrbis opus triplici pubes: quā dardana versu
Impellunt: terno consurgunt ordine remi
Sergestusq́ʒ domus tenet a quo sergia nomen.
Centauro inuehitur magnas: scyllaq́ʒ cloāthus
Cęrulea: genus vnde tibi romane cloanthi.
Est procul in pelago saxum spumātia contra
Littora quod tumidis submersū tōditur olim
Fluctibus: hyberni condunt vbi sydera chori:
Tranquillo silet: immotaq́ʒ attollitur vnda
Campus: et apricis statio gratissima mergis.
Hic viridē æneas frondenti ex ilice metam
Constituit signū nautis pater: vnde reuerti
Scirent: et longos vbi circunflectere cursus
Tum loca sorte legunt: ipsiq́ʒ in pupibus auro.

ad exercitū instituendū Romani cœperūt postq́ʒ probarūt gentes etiā nauali certamine plurimū posse ad q̄ʒ rē i hoc certamine plurimū alludit poeta. l Pares. S. diuersis cōparabiles rebus: vt sequentia indicant. m Grauibus remis: SE. Fortibus: vt ferit ense grauem tymbręus osyrim. Nam graues inferunt tarditatē.

n Remige. S. erit nominatiuus remex Serenus semiremex Hercules.

o Pistrin. S. vel a tutela depicta: vel ἀπὸ τοῦ πρίειν τὰ κύματα. i. a secādis fluctib⁹. C. Pistrin. Cū aq̄tilia maiora: propter copiam humoris ceteris animalibus sint: tamen in indico mari maxime reperiuntur: et inter ipa magnitudine excedunt balena & pistris: itaq́ʒ balenę quaternorū iugerū sunt: pistres ducentorū cubitorū vestitur pilo pistris: et animal nō ouū parit: sed hoc est cōmune oībus aquatilib⁹ pilo vestitis: vt aīal & nō ouū pariant: vt balenę pistres hyppotami et vituli marini.

p Mox italus. S. subaudi futurus: Nam memiorū familiā constituit. Bn̄ aūt laudat familias nobiliū: nā a sergesto sergia familia fuit: & cloanre cluē tia: et a gya gyania. Nobiles aūt fuisse familias a troianis testat̄ Iuuena. Iubet a p̄cone vocari ipsos troiugenas. q a q̄ noīe. S. s. mnesthei etmnesthcus sic est vt Thyde⁹. nā diphthōgus grȩca est. r Ingētē mole. S. motu vt magna se mole mouentem.

s Chimeram. C. hoc mōstrū ex Typhaone: & Echidna natū fingūt poetę. Idq́ʒ dicunt ignē expirare vn̄ in sexto. Et flāmis armata chimera. Itē tria capita habere vnū leonis: alterū dracōis: tertiū chimerę. i. caprę. Dicit em̄ Hesio. in theogōia. πρόσθε λέων ὄπιθεν δὲ δράκων μέσση δὲ χίμαιρα Hanc pegasus et Bellerophō deuicit: quę tn̄ exortho cane Gerionis spingē et leonē Nemęū pepit. t Vrbis op⁹. S. Tā magna vt vrbē putares: v Triplici versu. S. oēs em̄ triremes fuerūt versu: aūt ordie: vt ille etiā feras in versum distulit vlmos: aut versu tracto a verēdo: vt ęquora ferrebāt caudis æstūq́ʒ secabāt: Sane vn⁹ ē sensus. x Pubes impellūt. S. figura est. Et ps in frustra secant. Sane sciēdū inter barbarismū: & lexin hoc est latinā elocutionē: & pfectū metaplasmū esse qui vno sermone fit rōne vitiosus. Itē inter soloecismū: & schema. i. perfectā sermonū ꝯnexionē figura est: quę in cōtextu sermonū rōne viciosa. Ergo methapl sm⁹ & figura media sunt: & discernunt pitia: & īperitia: Fiūt aūt ad ornatū.

y Dom⁹ sergya. S. familia. vt da ꝓpriā tymbręe domū.

z Centauro ma. S. feminini generis est: cū de naui dicitur Teren. in Eunuchū suā cū Comediā diceret. Iuue cōtra sensit: vt scriptus & in tergo: nec dū finitus Orestes. Sed cōsundit gen⁹: aut metri: aut hiat⁹ cā. Sic Hor. Nec cupido sordid⁹ aufert: cū cupido p cupiditate generis sit fœminini. Et Virgi. ait: timidi dāmę, ceruiq́ʒ fugaces: cū ipe ꝑm fidem dixerit cū canib⁹ timidi veniēt ad pocula damę. C. Centauro. Horū fabulā in sexto enarrabitur. a Scylla. C. de hac dictum in tertio. Singulę ergo hę quattuor naues singula hęc monstra in se picta habebant: & ab illis noīabātur.

b Cęrulea. S. aut nigra aut alta carina: omne em̄ altū nigrū est: vt scrupea tuta lacu nigro nemorūq́ʒ tenebris. C. Cęrulea. nam marino monstro maritimū colorem esse oportuit. Cōsueuerunt aūt latini. Si a noīe appellatiuo nomen ꝓpriū alicui rei faciāt mutare gen⁹ masculinū in fœmininū. vt hic centauro magno. Sin autē deducatur a nomine proprio viri reseruat gen⁹: vt script⁹ & in tergo: nec dū finitus horestes. c Cloāthi. S. ad ipsum apostropha est:

d Procul. S. aut non nimis longe fuit. vt. Serta ꝓcul tantū capiti delapsa iacebāt: interdū ⁊ satis longe significat. e Chori. C. Nomen venti septentrionalis a parte occidētis. Cōsueuerūt aūt latini o lōgā in au aliqn̄ ꝯuertere. vn̄ ꝓ choro & chore chaurū & cautē dicūt. Hic cū florus grāmatic⁹ hoc doceret deinceps flaurus est appellat⁹. f Trāquillo. S. meli⁹ septim⁹ casus ē q̄ʒ datiu⁹. g Camp⁹. S. saxi latitudo. h Apricis. S. apricū locū sole gaudētē dicim⁹: cui cōtrari⁹ est opacus & abdit⁹. Virgi. duceret apricis in collibus vna colorē. Itē apricū hominē q sole gaudet. Persi. Vt nostra floralia possint Aprici meminisse senes Apricū quasi ἀνευ ψύχους sine frigore. i Mergis. SER. Esacus filius Priami fuit hic se pręcipitauit a muro nec periit: & cū sępi⁹ hoc faceret deorū miseratiōe in auē cōuers⁹ ē. q ad imitatiōē hoc fac. C. Mergi fabulā narrat fui⁹. Dr̄ aūt merg⁹. quia freq̄nter aqs īmergit. Auis aquatilis & tn̄ in arborib⁹ (teste Pli) nidificat. k Metā. C. Meta terminus est ipsi⁹ cursus: ad quē nō satis est peruenisse: nisi etiā circueat: in q̄ industria laborq́ʒ requirit. Nā si lōgo spatio ipsam vitam⁹ subit. inter illā nosq́ʒ alius. & minori gyro currens ꝑuertet. Sin contra: vt hoc fugiamus nimis adhęrem⁹: piculū est ne in illā illudamur dicta aūt meta: vl̄ q in diuerso spatio posita sit: vel qa illā metiat̄ quadrigę circūcurrentes. Hinc Iuue. per quē magn⁹ equ⁹ aruncę flexit alūnus. Et Cice. in libris de oratore. Si infinitus rerū forensiū labor: & ambitiōis occupatio deflexo honorū: & ętatis cursu cōstitisset. & Statius flectere si posset circū cōpēdia metę. Et Persi. Ordo qs rerum aut metę quāmollis flex⁹ & vn̄. l Circūflectere. S. vno sermōe: & pfectionē & reuersionē cōplex⁹ est. m Sorti legūt. C. Nā cū difficultas rei cōmoda et incōmoda ęque pati nō pmittit ad sortes recurrim⁹ ne quis iure cōq̄ri possit.

Ductores longe effulgent:ostroq; decori.
Cetera populea vestitur fronde iuuentus:
Nudatosq; humeros oleo perfusa nitessit.
Considūt transtris:intentaq; brachia remis:
Intenti expectant signū: exultantiaq; haurit
Corda pauor pulsans:laudūq; arrecta cupido
Inde vbi clara dedit sonitū tuba: finibus oēs
Haud mora prosiluere suis:ferit ęthera clamor
Nauticus: adductis spumāt freta versa lacertis.
Infundunt pariter sulcos:totumq; dehiscit:
Cōuulsum remis rostrisq; stridentibus ęquor.
Non tam p̄cipites biiugo certamine campū
Corripuere:ruuntq; effusi carcere currus.
Non sic immissus aurigę vndantia lora
Concussere iugis:proniq; in verbera pendēt.
Tum plausu fremituq; virū:studiisq; fauētum
Cōsonat omne nemus:vocēq; inclusa volutāt
Littora:pulsati colles clamore resultant.
Effugit ante alios:primusq; elabitur vndis
Turbā inter fremitūq; gyas:quē deinde cloāth⁹
Consequitur:melior remis:sed pondere pinus
Tarda tenet:post hos æquo discrimine pistris
Centaurusq;:locum tēdunt superare priorem.
Et nunc pistris abit:nunc victā pręterit ingens
Centaurus:nūc vna ambę iunctisq; feruntur
Frontibus:et longe sulcant vada salsa carinę.
Iamq; propinquabāt scopulo:metāq; tenebāt:
Cū princeps:medioq; gyas in gurgite victor
Rectorem nauis compellat voce menętem
Quo tantū mihi dexter abis,huc dirige cursū:
Littus ama:et leuias strīgat sine palmula cautes.

n Ductores. S.s.dn̄i nauium non gubernatores. o Populea vestitur fronde iuuētus. S. Hebe est iuuētus vxor Herculis. Nūc ergo aut propter hoc iuuētus vtitur populeis coronis.aut ad imitationē virtutis. Populus em̄ arbor Herculi sacra est.vt populus alcidę gratissima. p Nudatos.S. bene nudatos qui tecti esse cōsueuerunt. Nam nudū est nū q̄ tectū:vt nuda facies. q Oleo perfusa. CRI.vt brachiis & totum reliquo corpore in remigatiōe agilius vterent. Id em̄ prestat oleum.nā ex illo robustiores:magisq; flexibiles reddunt. r Trāstris. S.trāstris & trāstra dicūt:& iuga:vt in sexto. Inde alias animas:quę per iuga longa sedebant. s Intenti. S.eodē sermone in diuersis rebus vtit. aliter enim brachia aliter mentem tendimus .D.Intenti expectantes signum t Exultantiaq; .haurit corda pauor pul.S. Hypallage est omni parte pulsans pauor corda haurit: idest ferit:vt latus haurit aprum:& exultare facit. D.Exultātia corda pp̄ter sollicitudinem victorię q̄ erat incerta. v Pauor.C.non timor: sed percussio:nam pauere percutere est. Inde pausia oliua dicta:quia antea q̄ trapetibus demoliat pauetur:id est percutitur. Inde pauimentū:quia pedibus percutiatur. Inde ipullaria aurispicina tripudiū quasi terri pauiū dicit:q̄ pulli dum ęscam sumūt rostro terrā pauent.i.tondunt. x Laudūq;.S. ne esset turpe quod ait pauor. Sane hę sunt bellorū prolusiones:vnde etiā ad tubā geruntur:sed sciēdū maioris ętatis funera ad tubā soluere proferri. Persi. Hinc tuba candelę. Minoris vo ad tybias.vt Sta. de Archemoro Tibi cui teneros solitū deducere manes. y Sonitū.C.erat signū q̄ erumpere debebāt. z Tuba, C.Inuenta est a maleo siue maleto rege ethrurię:vn̄ ip̄e alibi Tyrrhenusq; tubę mugire p̄ ęthera clangor. a Finibus omnes. S. Secūdū naturā ante generali vsus descriptione venturus ad specialitatem. b Clamor. C.quo se inuicē:qui eiusdē nauis sunt hortant. c Freta versa. C.ondit maximū studiū maximasq; vires: cū vndas nō dicat versas:sed totū fretum in qua sentētia psistit:cū dicit totūq; dehiscit. Conuulsum remis rostri. equor. d Nō tā. C.Cōpatio a certamine curruli: q̄ vehemēter quadrat:nā & trāslatio fieri potuisset. e Precipites. S. veloces: vt precipites vigilate viri. f Biiugo: S.& hoc celeritatis est:plures em̄ se impediunt. g Ruunt.C. magno impetu feruntur. h Carcere. S.pro carceribus. Nam in singulari significat custodiā noxiorū: in plurali aūt repagulū:q̄ equi arcentur:vnde carceres :quasi arceres: secūdū Varronē. C. Carcere;non obseruat: quod a Seruio dicitur. Nam & Cicero in oratiōe soluta vsus est singulari numero p̄ repagulo:quo arcentur cursores ne añ lignū erumpant ait em̄ a calce ad carcerem reuocari. i Vndantia.S. valde effusa. k Iugis. S.iugalibus. l Consonat. S. propter echon: quę est nostrę vocis ęmula:vnde & resultata. m Elabitur. S. celeriter percurrit. vt Labere nympha polo n Turbā inter. S.in ipso principio. o Discrimie. S.iterstitio. Sane variat:& nunc naues:nunc ductores cōmemorans. p Priorē.S.inter sese hoc est tertium. q Metamq; tenebat.S. nauticū verbum. r Princeps. SE.mō ordinis. s Mihi. S. vacat: vt solet frequenter. C. Mihi non vacat:vt ait Seruı⁹ sed vehemēter q̄drat:Nā q̄cq̄d agebat gubernator siue recte siue contra:non sibi sed Gyę agebat. t Huc C.Digito em̄ ostēdebat nauigationē: q̄ metę propinquior esset. v Littus.S .litt⁹ est omne quod aqua alluit. vñ saxū litt⁹ vocauit. x Strigat. S.radat. q.d: hoc nolo q̄d times. y Palmula. S. extrema pars remi ī modū palmę p̄tēta.

Altum alii teneant dixit: sed ceca menetes
Saxa timẽs: proram pelage detorquet ad vndas
Quo diuersus abis: iterum pete saxa menete
Cũ clamore gyas reuocabat: et ecce cloanthũ
Respicit instantem a tergo & propiora tenentẽ.
Ille inter nauẽq; gyẽ: scopulosq; sonantes
Radit iter leuũ interior: subitoq; priorem
Preterit: et metis tenet equora tuta relictis.
Tum vero exarsit iuueni dolor ossibus ingẽs.
Nec lachrymis caruere genẽ: segnẽq; menetem
Oblitus decorisq; sui: sotiũq; salutis
In mare precipitẽ puppi deturbat ab alta.
Ipse gubernaclo rector subit: ipse magister
Hortaturq; viros: clauũq; ad littora torquet.
At grauis: vt fundo vix tãdẽ redditus: imo est
Iam senior: madidaq; fluens in veste menetes
Summa petit scopuli: siccaq; in rupe resedit.
Illum et labentẽ teucri et risere natantem
Et salsos rident reuomentẽ pectore fluctus.
Hic leta extremis spes est accensa duobus
Sergesto mnestheoq; gyam superare morãtem:
Sergestus capit ante locũ: scopuloq; propinq̃t
Nec tota tamen ille prior preeunte carina.
Parte prior: partem rostro premit emula pistris.
At media sotios incedens naue per ipsos
Hortaturq; mnestheus: nũc nũc insurgite remis
Hectorei sotii: troie quos sorte suprema
Dilegi comites: nunc illos promite vires:
Nunc animos quibus in getulis syrtibus vsi
Ionioq; mari: maleeq; sequacibus vndis.
Nõ iã pria peto mnestheus: neq; vincere certo

Altum alii teneant. C. quasi diceret: id facis q̃d ego cupio facere aduersarios.
a Saxa timens. C. tanta fuit timoris pturbatio: vt iussa superaret imperãtis Gye. b Iterũ. S. Hoc verbũ & a poeta põt dici q̃d iterum vocabat. & a Gya. vt quo abis iterum nõ iteꝝ pete. c Ecce. C q.d. q̃ nõ puiderat: q̃d nõ putauerat. d Propiora. C. Magis propinquã metẽ q̃ nauis Gye. Est autẽ a prope propior: põtq; re tinere vim ppositionis a q̃ est: vt dicamus tenetẽ propiora metã q̃ Gyas.
e Nauẽq;. S. q; vacat.
f Exarsit iuueni. S. Causa ex causa pendet. Hora. Non ego ferrem calid⁹ iuuenta consule Planco.
g Nec lachrymis. S. Nimis irascentis est. Cice. de Vere cũ irasceref lachrymas interdũ vix tenere.
h Oblitusq; decoris sui. S. Inhonestũ eñi est irasci duci pfertim. C. Oblit⁹. Et quia vt muliercula lachrymauit. & quia supra modũ seuiuit. i Sotiũq; salutis. S. possumus & sotiũ salutis sue oblitus intelligere: & sotiũ salutis p sotiorũ precipitato .s. gubernatore. k Ipse gubernaculo. S. Vt oñderet nihil esse quod ipse non posset efficere. l Hortaturq; viros. S. aut ipse dicit celeuma: nã oratores dicũtur: aut quia cõsternati fuerant pdito gubernatore. m Clauũ: S. Fustem gubernaculi.
n Iam senior madidaq; S. Cõtra illud: quia occurrebat gubernatorem natãdi peritũ fuisse debere addidit seniorem. o Fluẽs in veste. S. cui vestes fluebant: honeste locutus est. Sic Iuue. Et mlto stillaret penula nymbo. p Risere natãtem. S. in ludis voluptas queritur. q Reuomẽtẽ. S. sepius vomẽtẽ.
r Aemula pistris. S. Eiusdem rei studiosa. vt Cice. p M. Marcello illo emulo atq; imitatore studiorum meo᷑: als inimicũ significat. C. Aemula. Est æmulus: qui alios aliq̃ re egregia superare nitit: hoc si facimus: ne in virtute vincamur res laude digna ẽ. Nõ eñi hoc facim⁹: vt cuiq; q̃c q̃ detraham⁹: sed vt nos ipos excellẽtes in ea re reddamus. Sin aũt non quia virtutẽ diligamus: sed q̃a aliũ florere doleamus vincere: superioresq; euadere nitimur inuidia. i. & propterea vitiũ ẽ. Menete aũt: et Sergesti exemplo mouet nos poeta: ne aut nimia q̃dã timiditate nõ audeamus in his in quibus audiẽdũ est: aut cõtra ita parũ cauti res aggrediamur: vt nimia audacia p temeritatẽ in periculo icidam⁹: vtrũq; eñi vitiũ vitandũ est. s Insurgite. S. Cõtra Luca: atq; in transtra cadũt. t Hectorei. S. aut fortissimi: aut reuera quondam. C. Hectorei sotii. Oratio in genere deliberatiuo. Hortatur a victoria & arguit a facili. Est ei facile superare his: q̃ eius sotii fuerũt: qui semper superauit: & simul eos sibi beniuolos reddit cum appellet sotios hectoreos: & cũ oñdit se illos plurimi facere: cũ non casu sibi sotios illos sumpserit: sed elegerit etiã eo tẽpore in quo pręter metũ hostilem: et fugiendi cupiditatem: tñ non quos sors daret acceperit: sed ipe elegerit: debet ergo eos pudore non vincere q̃ & hectorei sotii fuerint: & a se electi. Ergo eodem tẽpore illos sibi beniuolos facit: & ne in rem pudendã incidant clanculũ mouet: et a facili arguit. Deinde a maiori probat hoc illos optie posse: qui difficiliora: & in syrtibus: & in Ionio mari potuerunt: pręsertim cũ non primas habere partes: sed fugere extremas contendat.
v Getulis syrtibus. S. africanis a pte totum: nã getulia mediterrãea ẽ. Syrtes vero iuxta lybiã sunt: sic de syrtibus Hora. vbi maura semper estuat vnda. fuisse autẽ troianos in syrtibus ille indicat locus. In breuia & syrtes vrget miserabile visu.
x Ionioq;. S. quãdo iuxta carybdim nauigarunt.
y Maleeq;. S. Malea promontorium est laconię puincię. vbi vnde sunt seq̃ces: idest persecutrices: vt capreq; sequaces illudit.
z Prima. SER. quasi diceret: que soleo Mnesteus semper ille victor.

a Quanq̃ o. C. O. aliq̃n vocatis est: vt. ꝓcul o miseri que tāta insania ciues. Aliquando exclamantis: vt hic. & illud. O mihi p̄teritos referat si Iuppiter annos. Aliquando optātis est: vt hic: vl' solum ponitur: vl' coniungitur huic dictioni: si. vt Persius O si ebuliat patrui preclarū funus. Aliquando est vtinam Ouid. O vtinā tunc cū lacedemona classe petebat: Obrutus insanis esset adulter aquis. O litterā populi italie: p̄sertim vmbri. & Tusci teste Prisc. nō habebant

b Neptūne. C. Apostrophen facit: vn̄ est pathos. & simul ostendit non desperare victoriā quia diffidat ill': sed quia maris de' illam aliis decreuerit. Optima ergo ratio: quam cū in temporis articulo breuissima esset habenda: tn̄ & beniuolentiā captat: et a facili multis modis arguit. & pudorem incutit: & sibi quod sua natura ꝑuum videbatur, gratissimū ostendit: & ita de deo queritur: quod indicat ipsa apostrophe vt omnē impietatem effugiat.

c Hoc vincite. S. loco victorie sit postremos non redire. C. Hoc vincite & ꝓhibete a me. Res igit' facilis q̃ non sunt extremi: & tamen ipsa & duci desiderium complebūt: & ignominiā euitabunt.

d Nefas. S. mō obprobrium.

e Procumbūt. C. & breuiter: & tamen absolutissime: ita describit illorum studiū: vt non solum aurib' exponat: sed ipsis etiam oculis subiiciat.

f Aerea. S. Fortis: vt & iunctos remo trahat aereus orbis: nā aerea non est puppis: sed prora.

g Subtrahiq̃ solum. S. vnicuiq̃ rei: quod subiacet solum est ei cui subiacet. vnde est nauis solum mare: & aer auiū: & ē verbum cuius perlucida significatio per naturā nō inuenit. h Riuis. S. more riuorū: ac si riuatim diceret. i Furens ani S. figurate dixit: vt prestās animi iuuenis.

k Interior. S. Sinisterior Cice. in quē intus oīa cauere dicebant. Salu. Legit'

Quanq̃ o sed sup̄ent q̄bus hoc neptūne dedisti
Extremos pudeat rediisse: hoc vincite ciues.
Et prohibete nephas, olli certamine summo
procūbūt: vastis tremit ictibus aerea puppis
Subtrahiq̃ solū: tū creber anhelitus artus
Aridaq̃ ora quatit: sudor fluit vndiq̃ riuis.
Attulit ipse viris optatū casus honorem:
Nāq̃ furēs animi dū prorā ad saxa suburget
Interior: spatioq̃ subit sergestus iniquo
Infoelix saxis in procurrentibus hesit.
Concusse cautes: et acuto in murice remi
Obnixi crepuere: illisaq̃ prora pependit
Consurgunt naute: et magno clamore morant.
Ferratasq̃ trudes: et acuta cuspide contus
Expediunt: fractosq̃ legunt in gurgite remos
At letus mnestheus: successuq̃ acrior ipso
Agmine remorū celeri: ventisq̃ vocatis
prona petit maria: et pelago decurrit aperto.
Qualis spelunca subito cōmota columba
Cui dom': et dulces latebroso in pumice nidi
Fertur in arua volās, plausumq̃ exterrita pēnis
Dat tecto ingentem: mox aere lapsa quieto
Radit iter liquidū: celeres neq̃ cōmouet alas.
Sic mnestheus: sic ipsa fuga secat vltima pistris
Aequora: sic illā fert impetus ipse volantem.
At primū in scopulo luctantem deserit alto
Sergestum: breuibusq̃ vadis: frustraq̃ vocātē
Auxilia: et fractis discentē currere remis.
Inde gyan: ipsamq̃ ingenti mole chymeram
Consequitur: cedit q̄m spoliata magistro est
Solus iamq̃ ipso superest in fine cloanthus:

introrsus prima Asye bythinia est. l Iniquo. S. angusto: vt syluis insedit iniquis. m Procurrentibus. S. prominētib' & veluti obuiā venietib'. n Murice. S. Saxi acumen eminens. ꝑ tranquillitatem. o Morantur. S. retroagunt.

p Trudes. C. partice sūt sic dicte. quia illis naues trudantur. q Legūt S. Alii pretereunt: sed melius legunt. i. colligunt: nā sequit'. & fractis discentē currere remis.

r Prona. SERVIVS. vicina littoribus: vnde altum est longe positum.

s Columba. S. vbiq̃ de his domesticis columba Virgilius dicit. Persius vero ait. Teneroq̃ columbo es similis. Nā agrestes palumbes vocantur.

t Exterrita pennis. S. pennarum cōcussione terrorem significans. vt Timuitq̃ exterrita pennis. Ales em̄ nō pennis timet: sed timorem indicat.

v Radit. S. secat purum aerem. x Celeres neq̃ cō. CRI. Nā imobilibus alis aerem scidit: qui volatus celerior est q̄ is in quo ale quatiuntur. y Sic mne. sic. C. imago & repetitio colores rhetorid.

z Frustra. S. Quis em̄ derelicta victoria subueniret.

a Discentem. S. tentantem: & experiētem: vt ait Marcellus: nā id agebat. quod nusq̄ hactenus egerat: experiendo ergo id tētabat. & aliquid assequebatur: quod prius non norat: egestas em̄ ingeniosū faciebat. Mirifice autē variat hos ludos: vt ex variatione pariat auditoribus voluptatē: & simul ostēdit q̄ varii q̄nq̃ inexpectati sint rerum euentus: & sepe euenire: vt victores victi: & victi victores fortune fauore reddant'. Est p̄terea color rethoric' similiter cadens.

b Quoniā spoliata magistro est. CRI quasi diceret sua stultitia: quia magistrum precipit auerit ac cedere vt vincatur.

Quem petit:& summis annix⁹ viribus vrget.
Tum vero ingeminat clamor:cunctiq₃ seq̄ntē
Instigant studijs:resonat fragoribus ęther.
Hi ꝓprium decus:& partū indignant honorē:
Ni teneant:vitamq₃ volunt pro laude pacisci.
Hos successus alit:possunt quia posse vident.
Et fors ęquatis cœpissent pręmia rostris
Ni palmas ponto tendēs vtrasq₃ cloanthus:
Fudissetq₃ preces:diuosq₃ in vota vocasset.
Dij quibus imperiū pelagi:quorū ęq̄ra curro
Vobis lętus:ego hoc cādentē in littore taurū
Constituā ante aras voti reus: exta salsos
porritiam in fluctus:& vina liquentia fundā:
Dixit:eumq₃ imis sub fluctibus audijt omnis
Nereidū phorciq₃ chorus:panopeiaq₃ virgo:
Et pater ipse manu magna portunus euntem
Impulit:illa notho citius:volucriq₃ sagitta
Ad terram fugit:& portu se condidit alto.
❡ Tum satus Anchisa:cūctis ex more vocatis
Victorem magna pręconis voce cloanthum
Declarat:viridiq₃ aduelat tempora lauro.
Muneraq₃ in naues ternos aptare iuuencos:
Vinaq₃ & argenti magnū dat ferre talentum.
Ipsis pręcipuos ductoribus addit honores.
Victori clamidē auratam:quā plurima circū

c Propriū d cus. SER. quasi iam partam victoriam:& honorē ni teneāt indignant. CRI. Hi ꝓpriū de. Nullū em̄ laborē recusant homīes:omia ꝑferūt:ne id q̄d iam partū est amittāt: Cōtra vero hi q̄bus fortuna fauet, sępe supra vires suas:multa sperant. d Successus. S. Fœlicitas.

e Possunt:quia posse vident. S. Sperabant victoriam spectantiū opiniōe: vt: Cunctiq₃ seq̄ntē instigant studijs. C. Pnt quia pos. vident. Nam cū spectātes suaderēt eos posse vincere:ideo posse credebant. f Palmas. S. vt diximus. s. antiquū hoc esse. Caspius tn̄ dicit per naturā vitiosam hanc eē elocutionē: siue vtramq₃ palmaz:siue vtrasq₃ palmas dixerim⁹ esse in aliq̄ vsurpatione. g Imperiū pela. S. i. in pelago: vt dij quib⁹ impiū est aīarū id est in animabus.
h Lętus vict. S. a p̄cedēte illud q̄d sequit̄. C. Lętus. quia ero. i Ante aras. S. De q̄bus paulo p⁹: Pars spoliant aras. k Voti reus. S. debitor: vnde & vota soluētes dicimus absolutos. C. Voti reus. i. quia assecutus a vobis id ꝓpter q̄d votū conceperā: ero debitor ipsius voti:q̄d mihi lęticiā afferat: Vn̄ alibi. vt baccho cererıq₃ tibi sic vota quotānis. Agricolę facient:dānabis tu q₃ votis. Nā ex pontificio iure verba ī sacris elegit. Reū em̄ dicut illū sacerdotes:q susceptio voto se numinib⁹ obligat:dānatus q ꝓmissa vota iam soluit.
l Porritiā. S. exta porriciuntur. i. porrigunt̄: nisi forte dicam⁹ & fluctibus maris offerri: q̄d si ē porriciam. i. porro iaciā legendū est. C. Porritiam & nō proijtiam: & hoc verbū sacrorū est: vt Veranius ex primo libro Fabij pictoris executus est: Exta porriciunto dijs ī altaria aram ve focū ue, q̄ extra dari debebāt: nunc pro ara & foco mare accipit: cuius dijs sacrificaturus est: ait Macrobius. m Nereidum: CRIST. Nymphę sunt Nerei marini dei filię: quas ex Doride filia Oceani vxore sua genuit. has Hesiod⁹ in theogonia enūerat quinq̄ginta: ac earū noīa ponit. n Phorci. S. latine hic phorcus: hui⁹ phorci dicim⁹. Nam apud nos grǽca lingua hui⁹ nomis nō est declinatio. Est aūt deus marinus. CR. Phorcus fili⁹ fuit Neptunni ex Thoossa nympha: & imperauit Chorsicę & Sardinię: & secūdū Varronem ab Atlante victus bello nauali mari obrutus est: & a superstitibus socijs diuinos honores meruit. o Panopeia virgo. S. vna de nereidibus: quam ideo separatim dixit: vt illas non virgines intelligamus. p Portunnus. S. Deus marinus: qui portub⁹ p̄est: & bene impulit eū: ipse iā vicinum portui. Nota aūt est fabula. Athamas post furorem a Iunone immissum cū occiso Learcho: Melicertam alterū filium cū Ino vxore sua ꝑsequeret̄: cū se illi in mare precipitassent: voluntate numinū in deos versi sūt Melicerta in portunnum qui Palęmon dicitur: Ino in matrē Matutā: quę gręce dr̄ Leucothoe. C. Portunn⁹. Stati⁹. Cur sumpserit arcus infœlix Atamas: cur nō expauerit ingens Ioniū socio casura Palemōe mater. Fabula ate explicata ē apd̄ Ouidiū n̄ ꝓcul Athenis saxa scyronia sūt: quia illic scyronem Theseus īterfecit. Hinc se Ino p̄cipitauit cū filio: ait Solinus.
q Portu se condidit alto. S. id est vsq₃ ad iteriora puenit. r Ex more. S. Ludorū. s. per p̄conē.
s Victorē. S. priū s̄hau di. Nā illi duo victores sūt. Sergestū hinc paulo p⁹. Quē mn nauali mnestheus certamine victor.
t Ternos. C. in singłas tres naues. vel singłos in tres naues. v Dat ferre. S. grǽcum est duo verba coniungere: vt paulo post: donat habere viro Sed hoc datur poetis. C. Ferre. hr̄e s̄m Marcellū.
x Magnū talentū. S. vt diximus breue quidem: sed magnū alterius comparatiōe. y Victori clamidem. D. Laudat chlamidē ꝓpter honorē dātis: & meritū victoris. CRI. Chlamidē: viro egregio cōuenientēs donū: Nā chlamis vestis est militaris: et nomen grǽcum. χλαμυς vt Teren. de milite gl̄ioso. & Plautus ondit. Sūt qui dicūt vestē q̄ sup̄ alias vestes induitur.
z Auratam. D. laudat materiā: aurū. s. et purpurā. laudat artificiū et specię rei. C. Auratā ꝛc̄. Laudat hanc a materia q ex auro & purpura. Laudat artificio: q in textura illa res viua videret̄. Vn̄ dic̄: Fatigat ceruos ꝛc̄. a Circum. S. in parte extrema: vt dixim⁹. b Meandro duplici. S. flexuoso. & hoc dicit: Erat in chlamide flexuosa: & in se remeabilis purpura: ī modū meādri flūinis Carię puītię. C. Meāder fluui⁹ ē: q ex Alotrine lacu q ē ī alotino mōte minoris Asię fluit: & adeo sinuos⁹ circūcingit flexib⁹: vt nonnunq₃ in suos ortus redire videat̄. Ouidius. Quiq₃ recuruatis ludit meandr⁹ in vndis: & Apamęę primum irrigat regionē: postea hirgaleticos campos: et nouissime cariam omnes fertilissimo limo fœcundās effluit in mare Icareum. aiunt ī eo nasci lapidem: quē p Antiphrasim Eu

phrona vocant :qui alic⁹ pectori alligatus tantam subito illi insaniam conci tet:vt aliquem ex ꝓpinquis interficiat. Solinus scribit iuxta Celenas: quę deinde Apamea dicta ē. Vallem auloctenam : & fontē eiusdē nominis eē: & ex eo fluere Męandrū qui iter canam : & Ioniā in sinū exit:qui miletum & Prienam diuidit.

c Et Meliboea S.p meliboensis: Est autem thessalię ciuitas Meliboea. CRI. Meliboea ;in Thessalia est. Vnde Philoctetes iuxta magnesiam.
d Regius. S. Trois regis Phrygię filius.
e Fatigat. S. Laus picturę: quasi gerat. & nō gerere videat. C. Ceruos fatigat: Nam ita intextus est: vt fatigare videat: & anhelanti similis & prępes armiger rapuit et ;tendunt palmas; & sequit

pupura m[b]eandro duplici m[c]eliboea cucurrit:
Intextusq; puer frondosa r[d]egius ida
Veloces iaculo ceruos: cursuq; fa[e]tigat
Acer anhelanti similis quē pr[f]ępes ab ida
Subl[g]imē pedib⁹ rapuit Iouis armiger vncis.
Longeui [h]palmas nequicꝗ ad sydera tendunt
Custodes : sequitq; canum latratus in auras.
At qui deinde locum tenuit virtute secundū
[k]Leuibus huic [l]hamis consertā: auroq; tri[m]licem

canum latratus : Nā hęc omnia geri videbantur.
f Prępes. S. mō volans:
g Sublimē. S. in altum:
h Palmas ne quicꝗ ad syera tendunt. S. aut admirantes: aut increpātes deos. i Virtute. SERga ille fauore vicerat numinū: vnde et pmia datur congrua: illi; chlamis deorum continens fabulam: illi lorica virtutis insignę. k Leuibus. DO. minutis : & omni subtilitate perfectis: ostēdit illam fortem & pulchrā. Deinde accedit tertia laus ab auctore. CR. Leuibus politis. Hinc leuigare: id est expolire.

l Hamis au. S. hamis aureis. m Trilicem. C. ex triplici ordine hamorum scilicet in q̄ singuli hami. i. maculę ternos capiebant: vt validior esset lorica. Ergo quia aurea pulchra erat: ga trilix robusta & infrangibilis: n Demoleo. C. viro illi forti. 2 dit laudat loricā: laudat demoleū: sz magis Aeneā: q talē virū supa uit. o Simoenta. S. a noiatiuo est grēco: non in ις: sed in εισ exeunte. p Ilio alto. S. o breuis fit sequente vocali. q Decus. S quia aurea. D. Decus. ppter aurum. r Tu tñ. S. qa triplex. D. Tu tñ. ppter texturam trilicem laudat Demoleum. quia illa armat⁹ agebat hostes. Laudat magis Aeneā: qui illū vicerit ac spoliauerit & portauerit. Laudat eū cui donat: quia & ipse portare optime posset: pptereaqz eēt dignus dono. s Phegeus sagarisqz. S. noīatiuo dicendo addidit laudem. C. Phegeus et sag. Hec noīa pprium hñt. q. d. valentes robustiqz serui. ergo cōnixi humeris. i. qz ambo hūeros sibi intēdo supponerēt: vix ferebant: vt sit sentētia: duo valentes etiā vehemēter intēdo fugabat: & fugatos cursu cōseqbat: ita vt & vires inauditę: et anim⁹ maxim⁹ in eo ōnderet. Qualis igitur: quātasqz Aeneas: qui talia arma tali viro detraxerat: ergo ex hoc fortissim⁹: et quia et pciosa & maxime tuta & ppterea: qz hosti cū sūma gloria detraxerat: sibi gratissima donabat: liberalissimus apparebat. v Cursu palātes troas agebat. S. Ad æneę q eū vicit ptinet laudem. x Geminos. C. a numero laus. y Cymbiaqz S. pocula in formā cymbę. z Argento: CRI. a materia. a Aspera signis. SERVIVS. ανάγλυφα CR. Aspa signis: ab artificiō. b Omnes. S. qui vicerant. c Puniceis t. SER. vittis roseis: & significat lennīscatas coronas: quę sunt de frondibus & discolorib⁹ fasciis. Et vt ait Varro: Magni honoris sunt. Tęnis āt mō vittis: alias extremitates vittarum dicit: vt sit lōgę tęnia vittę. DONA. Puniceis tęnis. vittis roseis. d Cum sęuo. CRIST. Contraria contrariis opponit: Vnde spectantibus ex varietate oritur voluptas: & occultus hūanę conditionis sortem dolet.

Loricam: quam demoleo detraxerat ipse
Victor apud rapidum simoenta sub Ilio alto
Donat habere viro decus: & tutñ in armis
Vix illam famuli phegeus: sagarisqz ferebant
Multiplicē connixi humeris: indutus at olim
Demoleus cursu palantes troas agebat.
Tertia dona facit geminos ex ære lebetas:
Cymbiaqz argento perfecta: atqz aspera signis.
Iamqz adeo donati omnes opibusqz superbi.
puniceis ibant euincti tempora tęnis.
Cum sęuo e scopulo multa vix arte reuulsus
Amissis remis atqz ordine debilis vno.
Irrisam sine honore ratem sergestus agebat.
Qualis sępe vię deprensus in aggere serpens
Aerea quē obliquū rota trāsiit: aut grauis ictu:
Seminecem liquit saxo lacerumqz viator
Nequicqz lōgos fugiens: dat corpore tortus:
parte ferox: ardensqz oculis: & sybilla colla
Arduus attollēs: pars vulnere clauda retētat:
Nexantē nodis: seqz in sua membra plicantē:
Tali remigio nauis se tarda mouebat:
Vela facit tamen: & plenis subit hostia velis:
Sergestum Aeneas promisso munere donat
Seruatā ob nauem lętus: sociosqz reductos.
Olli serua datur operū haud ignara mineruę:
Cressa genus pholoe geminiqz sub vbere nati.
¶ Hoc pius Aeneas misso certamine tendit
Gramineū in cāpū: quē collib⁹ vndiqz curuis.
Cingebant syluę: mediaqz in valle theatri
Circus erat: quo se multis cū milibus heros

e Atqz ordi. debil⁹ vno Sergestus. S. et bñ ex mutatiōe sensuū qsiuit ornatū: Nā irrideri & sine honore esse hoīs est. & remis carere nauis. f Vię in aggere. S. Agger est media vię eminētia coaggeratis lapidibus strata: vñ vię aggere dixit. g Aerea. S. fortis vt ærea puppis. h Grauis. S. fortis: Vt grauib⁹ certamina remis. i Tortus. S. hos tortus. i. sine cā tentat incessus. k Parte ferox. C. Nā insecta q nostrorū tēporū philosophi annulosa appellāt etiā: i mēbris abscisis viuūt. l Clauda. S. ab homīe trāstulit: Cicero. Mancā ac debilē fore preturā suam. m Membra. S. etiā hoc ab hoie transtulit. n Tali remig. C. Nā ab eo latere: cui⁹ remi fracti erant tarda omnino ab eo, cui⁹ integri velox apparebat. o Vela facit tñ. SE. ανακόλουθον Nam nō pmisit: qd qz remigare non posset. p Plenis velis. D. Facit cōtra nauticā cōsuetudinē. Nā subituri portū dimittūt vela sed necessitas coegerat: qz carebāt remis. q Subit hostia. S. Port⁹: vt sępe diximus. Iō qa exitus fluminū freqnter port⁹ efficiunt. r Promissio rc. S. aut magno aut an pmisso: vt intelligam⁹ i oībus ludis illud eē seruatū, Nemo ex hoc nūero mihi nō dona⁹t abibit: quod etiā in pictali certamine victori velatū auro vittisqz iuuencū Ensēatqz insignē galeā solatia victo: Aut certe pmisisse eū intelligam⁹: qñ vidit nauem pclitantē. s Donat. C. Erat eñ clemētis principis fortunę vulneribus mederi: & sic non decebat in ludis quēqz moestissimū sine aliq solatio dimittere. t Operum haud ig miner. S. perita lanificii. v Cressa gen⁹ S. figura greca: vt q gen⁹ vnde domo. D. Crassa genus. Plena laus seruę: quę est ab artificio. a genere et fœcunditate. x Pholoe. S. nomē propriū: erat aūt lactās: Nā infantes lactētes dicim⁹.

¶ y Gramineū: S. gramiosū. Cicero de hastis. Bñ etiā ne gramineas hastas. z Collibus vn. curuis. S. muta

uit nō enī sylua colles h̄z: sed est in collib⁹ sylua: debuit ergo dicere: quē colles cingebant syluis. CR. Quē collib⁹. Elegit locū quē natura pene theatrū effecerat. a Mediaq̄ꝫ tē. S. media in valle erat circ⁹ theatri .i. spaciū spectacl'i: et theatri grece dixit υοο ΤΗσ θεcopιυσ ñ ei est speciale. b Concessu me. tulit. S. Ordo est q̄ se Aeneas mediū tulit cū multis militibus: et extructo concessu resedit. c Aios. S. subaudi eorū: d Premia po. C. Nā vt ait Cic. Honos alit artes: om̄esq̄ꝫ accendunt ad studia: gloria. e Mixtiq̄ꝫ sicani. S. Quod pars ait: Et certare parati. f Primi vn̄. C: verisimile est ad cursum pedestrē multos cōuenisse: nam & extra periculum est cursus; neq̄ꝫ sumptu opus erat huic certamini; nā

[b] Concessu medium tulit: extructoq̄ꝫ resedit.
Hic qui forte velint rapido contendere cursu
Inuitat [c] precijs animos: & [d] premia ponit.
Vndiq̄ꝫ conueniunt teucri; [e] mixtiq̄ꝫ sicani:
[f] Nisus & euryalus primi.
Eurialus forma insignis [g] viridiq̄ꝫ iuuenta.
[h] Nisus amore pio pueri quos deinde secutus:
[i] Regius egregia priami de stirpe diores.

alter propter iuuētā ardens erat ad certamē. Alter amore pio impellebat: ne sociū vsq̄ꝫ desereret. g Viridiq̄ꝫ iuuenta. S. Aetates omnes. Varro sic diuidit īfātiā: pueritiā: adolescētiā: iuuētā senectā. Hęc ꝫ ñ sic etiā de tpib⁹ supra diximus: singulę trifariam diuidunt: vt sic prima viridis & adulta & pręces hinc est. Et Viridi iuuenta Et Cruda deo viridisq̄ꝫ senectus. Itē Salustius. Sed Mitridates extrema pueritia regnū ingressus mre suo veneno intersecta. h Nisus amore pio pu. S. Aut gtūs est. & dicit eū ob hoc venisse: ne amicū relinqret: aut distinguēdū p se: & erit ntūs pl's: vt Puer nō referas ad etatē: sed ad agonale studiū: in q̄ sunt virorū & puerorū separata certamina: Nā ακλρεσια

Hunc salius siml' & patron: quorũ alter acarnã:
Alter ab archadia tegeę de sanguie gentis:
Tũ duo trinacrij iuuenes helymus panopesq;
Assueti syluis comites seniores acestę.
Multi preterea quos fama obscura recondit:
Aeneas quibus in medijs: sic inde locutus
Accipite hęc animis: lętasq; aduertite mentes:
Nemo ex hoc numero mihi nõ donat' abibit
Gnosia bina dabo leuato lucida ferro
Spicula: cęlatamq; argento ferre bipennem.
Omibus hic erit vn' honos: tres pmia primi
Accipient. flauaq; caput nectentur oliua.
primus equũ phaleris insignẽ victor habeto:
Alter amazoniam pharetrã plenamq; sagittis
Threicijs. lato quam circumplectitur auro
Baltheus: & tereti subnectit fibula gemma
Tertius argolica hac galea contentus abito.
Hęc vbi dicta locum capiunt signoq; repente.
Corripiunt spatia audito: limenq; relinquunt
Effusi nymbo similes: simul vltima signant.
primus abit: longeq; ante omĩa corpa Nisus
Emicat: & ventis: & fulminis ocior alis.
proximus huic longo: sed pximus interuallo
Insequitur salius: spacio post deinde relicto
Tertius euryalus
Euryalumq; helymus sequit: q deinde sub ipo
Ecce volat: calcemq; terit iam calce diores
Incumbens humero: spacia & si plura supsint.
Transeat elapsus prior: ambiguũq; relinquat.
Iamq; fere spacio extremo: fessiq; sub ipm
Finem aduentabãt: lęui cum sanguine Nisus
Labitur infoelix (cęsis vt forte iuuencis)

...nxia eot dicuntur'. Licet confusio sit ętatum. i Regius. CRIS. Non enũerat illos scdm ordinẽ dignitatũ: sed cupiditatũ. k Acarnã. S. epirota A' carnania ei ẽ ps Epyri. C. Acarnania ẽ ab Acheloo fluuio ad euenum iuxta etholiã. l Tegeę de. S. Si deriuatiũ fuerit de nõ sequit. Si tegeę legerimus nõ stat versus: nisi addi' ta de syllaba: deriuatiuũ aũt ille indicat locus. Tũ lateri atq; hũeris tergum subligat ensem. Et iterũ oppidũ est Archadię. C. Tegea penulti. correpta. vrbs est: quã argiui nouẽ ppilis (vt ait Strabo) ha' bitandã dedert. A tegea aũt fit tegeę: vt tegea te' geum deriuatiũ: & in pe nultia pducit: quia habet diphthongõ: vt Nemęa: a qua ẽ nemęus nemęa ne' meũ. m Syluis. C. quasi in venatiõib': qb' cursus exercet. n Multi preterea. C. Sic Enni' in Alexandro: Multi alii ad uẽtãt pauptas: quoq; ob scurat noia. o Quos fa ma re. S. per contrariũ il los supiores oẽs esse no biles indicauit. p Gnosia. S. Cretensia. Gnosos ciuitas Cretę: & bene sicut etiã in manib' generalia dat et specialia: q Lęuato. S. Nitido: vt At leuẽ clypeũ sublatis cornibus io. r Primi. S. aliorũ cõpatiõe: Nam vn' est primus. s Fla' ua. S. viridi: vt supra Ia' spide fulua. t Pha leris. S. equorũ ornamen tis sermo grecus est: v Habeto. S. habeat ter tia psona est a futuro im peratiui: q in hoc mõ nũe ro singularis similis est se cundę. x Amazoni am. S. qsi amazoniã: vt sacri tripodes. y Bal theum. S. Baltheus dicit non tantũ quo cingitur: sed etiam a quo arma de pendent. z Gemma. C. Vulpianus iurisconsul tus ait: inter se gẽmas & lapillos & margaritas de ferre: & gẽmas esse plu cidę materię: vt smarag' di et chrysoliti: & hmõi. Lapillos aũt cõtrarię na turę: vt Absiani Margari tas: nec in gẽmis: nec i la' pillis esse vult Sabi. Sed hanc differentiam: nec ratio nec mos approbare videt. a Contentus abito. S. quasi de paruo munere. b Corripiũt spacia. S. Raptim eunt: vt corripit Aeneas extemplo auidusq; refrin git. c Limenq; reli. S. Aut regulã: aut signũ de creta factũ. d Simul vltia signãt. S. intuentur vltima spacia auiditate vincendi: & notat et desi gnat oculis: aut signãt vl tima: id ẽ cumulorũ sum mitatẽ signant vestigiis: vt alibi vix summa fasti gia signat harena.

d Primus abit. S. sicut de nauib': post generali tatẽ trãsit ad specialitatẽ: Et bñ quia tribus statu ta sunt pmia qñq; cõme morat duob' casuris.

e Alis. S. velocitate: qa tã ventos q; flumina fin gunt alata poetę: vt ali' tis austri. f Proximus huic. S. Scdm hunc locũ proximũ dicim': etiã lon ge positũ nullo interueni ente. C. Proxim' huic: s; longo pxim' interuallo. Ex Cicerõe. In bruto du obus igit' sũms Crassio & Antonio L. Philipp' proximus accedebat: sed longo interuallo tñ pxi' mus Sta. a contrario imi tat Triodamãta volunt: qui cũ ipse archana deorũ partiri: & visas vni socia re solebat Amphiaraus aues tanteq; haud inuid' artis: gaudebat similem iuxtaq; secundum.

g Quo deinde sub ipo. SER. id est post ipm.

h Calcẽq; terit calce. S. Calcẽ dicim': unde et ter rã calcam': Ergo ñ pprie dixit calcẽ calce terit: Plan ta eñ calcem potuit ter' rere. Vnde a parte totum accipiendum: id est calcẽ pede terreat.

i Incumbens humero. S. aut Helymi hũero: aut currentis est gestus.

k Elapsus prior. SER. Ideo labitur: id est celeri ter currit: vt prior fiat: & satis licenter est dictum.

l Ambiguũq; reliqr. S. minus firmũ ad celerita tem. CR. Ambiguũ ma gis placet: ut dicam' mẽ' te dubiũ: nam vix crede bat se esse supatũ: qui ha ctenus superasset:

m Sub ipm finẽ. S. Bis subaudi finẽ: sub ipsam finẽ fessi aduẽtabũt ad fi nem. n Labit infoelix. S. quia parata victoria caruit. o Cęsis vt for. iu. S. Bene rem notam p transitũ tetigit.

Fusus humū:viridesq; sup madefecerat herbas
Hic iuuenis iam victor ouans vestigia presso:
Haud tenuit titubata solo: sed pronus in ipso
Concidit in mundoq; fimo:sacroq; cruore.
Non tamen euryali:nō ille oblitus amorum:
Nam sese opposuit salio ꝑ lubrica surgens.
Ille autem spissa iacuit reuolutus harena.
Emicat Euryalus:& munere victor amici
prima tenet:plausuq; volat fremituq; secūdo.
post helymus subit nunc tertia palma diores:
Hic totum caueę concessum ingentis:& ora
prima patrū:magnus salius clamoribꝰ implet:
Ereptumq; dolo reddi sibi poscit honorem:
Tutatur fauor euryalū:lachrymęq; decorę
Gratior:& pulchro veniens in corpore virtus
Adiuuat & magna ꝓclamat voce diores:
Qui subijt palmę:frustraq; ad pręmia venit.
Vltima si primi salio reddātur honores.
Tum pius æneas:vestra inquit munera vobis
Certa manēt pueri:& palmā mouet ordīe ne
Me liceat casū miserari insontis amici. (mo.
Sic fatus tergum getuli immane leonis
Dat salio villis onerosū:atq; vnguibꝰ aureis.
Hic Nisus si tanta sunt pręmia victis
Et te lapsorum miseret:quę munera niso
Digna dabis:primam merui q laude coronā
Ni me quę salium fortuna inimica tulisset:
Et simul his dictis faciem ostēdebat:& vdo
Turpia membra fimo:risit pater optimus olli:
Et clypeum efferri iussit didymaonis artes:
Neptunni sacro danaīs de poste refixum
Hoc iuuenē egregiū pręstanti munere donat.

Agonalis ei moris fuerat pꝰ sacrificia ad certamē venire. p Fusus hu. S. Ordo est supfusus. q Titubata. S. ꝑcipiū sine verbi origine. r In ipso concidit. S .ablatīu posuit:qa nō ē mutatio. s Oblitꝰ amoꝝ. S. amoris;nec supradictis cōgruit. Ait eni amore pio pueri:nūc amorū:qa pluralr nō nisi turpitudinē significat. DO. Non ille oblitus amorū. ꝓpter hanc cām posuit in supioribꝰ tm̄ inter illos amorē. C. Amoꝝ. Nō puto amores in plurali dici solū impudicos. Nam Cice. in li. de officiis. Formā quidā ipsam:& tanq̄ honesti faciē vides: Quę si ocul' cerneret:mirabiles amores (vt ait Plato) excitaret sapientię. t Lubrica. C. Et q̄d nō potest teneri vt anguilla est:lubricum dicit:& simil'r locus in q̄ consistere non possumus appellat lubricus. Et per translationē referimꝰ ad res īcorporeas. Et dicimꝰ lubricū id ꝑ q̄d facile labimur ī errorem aut vitiū. v Spissa harena. S. tenui. Quanto enim quid minutiꝰ:tanto est densiꝰ. x Iacuit. C. Ita lapsus ē: vt penitus humi ꝓstaret:nec posset surgere. y Prima tenet. S. πρωτα. z Plausuq;. CRI. strepitu & pulsatione:cuiuscunq; rei fit plausus:id est sonitus:q̄ alicuius factum:dictū ve probamꝰ: id ei est plaudere. Contra explodere est cū eodē sonitu & pulsu improbamus: q̄d factū dictumue sit. Inde dicemꝰ explodere per te:& cū irrisione cōfutare. Cic. in primo officiorum Qm̄ Aristonis Pyronis & Erylli iam pridē explosa sententia est. a Fremituq; secundo. SER. Secūdo addit: quia est et iratorum. C. Fremere āt est confusā ore vocē emittere: & qa hoc non solū plaudentis: sed irascentis quoq;:indignātisq; est. Iccirco dixit secundo quasi fauente. b Caueę. S. ꝑ caueā plebem significat: Nā cauea consessus est populi. DO. Iccirco theatrū cauea dicit: ꝙ inclusos continet spectatores. C. Caueę. Omnē locū in q̄ feras includimꝰ:ne effugiant:siue aues sint:siue q̄drupedes: vt sūt vrsi: et leones caueam appellamꝰ. Est etiam cauea in theatro locus:vbi ppl's spectat q̄ diuidit in suos cuneos. Caueā posuit alibi: Consensu caueę magnis Circentibus actis. & de cuneis in Geor. dictū est. Hi q̄ pacto sese ī theatro hr̄e debeāt optime describit Vitruuius. c Ora prima pa. S. Hoc est q̄d Iuuenal' dixit. Oibus ad podiū spectantibus. C. Primaq; ora patrū. Podiū intelligit: in q̄ nobiliores ludos. De hoc Vitruuius podii altitudo ab libramēto pulpiti: cū corona: Supra podiū columnę cū capitul' et spiris. d Reddi. C. Veluti rem sibi debitā dari. e Lachrymęq; decorę. S. Naq; ipse fletus hēbat aliqd venustatis ortus a gaudio. Teren. Lachrymo p̄ gaudio: q̄d puero cōuenit ꝓpter victoriā inopinatā. Aut etiā ꝑtinet ad cōmiserationē cōmouendā cōtra eū q se victorē asserebat. C. Lachrymęq; decorę. Sic Sta. Ipse re gesta Parthenopeꝰ humo vultūq; oculosq; madentes obruit: Accessitq; lachrymarū grā formę. Decore. Qanta ergo erat pulchritudo cū lętꝰ eēt: sic et venerē laudauit. Tristior & lachrymis oculos suffusa nitētes. f Gratior. C. Nam vulgo sic euēit: vt virtutes ī pulchritudine corpis sint maioris p̄cii. Et Aristo. ait. Puchritudinem plus oibꝰ eplīs ad cōmendationē valere Et in æthicis nō eē abilē ad fœlicitatē capessendā hoiē penitus deformē. Recte tamē Augustinus asserit non oportere esse gratiosiorē virtutem in vno q̄ in alio corpore. Sed poeta nō q̄rit qd sit secundū verū: sed qd appareat homībꝰ non rectā habentibus opinionem. g Veniēs. S. crescēs: vt hic Segetes illic veniunt fœliciꝰ vuę. h Pueri. S. Quia vt supra diximus: παιδες dicunt. i Me liceat inson. S. i. liceat me miserari: Nā non me licet: sed mihi dicimꝰ. k Casum. S. allusit a cadendo. l Tergū. S. pro tergus posuit. m Onerosum. S. Plus est q̄ oneratum: sicut scelerosum plus est q̄ sceleratū. n Laude. S. virtute consequens ꝓ antecedēte. Ex virtute enī sequit laus. o Fortuna. S. excusat dolum. p Olli. S. Illi. f. arrisit

Q post vbi confecti cursus: & dona peregit.
Nunc si cui virtus animusq́ in pectore p̃ns
Adsit: & euinctis attollat brachia palmis.
Sic ait: & geminum pugnę proponit honorē
Victori velatum auro: vittisq́ iuuencum:
Ensem: atq́ insignem galeam solatia victo.
Nec mora continuo vastis cum viribus effert
Ora dares: magnoq́ virum se murmure tollit.
Solus qui paridem solitus cōtendere contra.
Idemq́ ad tumulū: q̊ maxim⁹ occubat hector
Victorem Butem immani corpore: qui se

vel iussit afferri. Recte autem arma dat iuueni: & laudat illa ab artifice: vt diuinum opus Alchimedontis. q Neptunni sacro. S. intelligimus ad Aeneā trāsisse p̱ Helenū: ne videat̃ ex sacrilegio q̃sitū. r Anim⁹ p̃ns. S. Fortis plenus animo. C. Anim⁹ p̃ns. fortis: Nā cōtra: is qui metuūt aīm refugere dicim⁹: vñ qb⁹ anim⁹ nō refugit: sed p̃ns est fortes sunt.

s Euinctis. C. C. stuū certamen durum erat: raroq́ sine cęde committebat. Nā ex ferro erant: et vt habili⁹. faciliusq́ manibus gerētur: pendebāt ab illis lora: quib⁹ non solum manus: sed brachia humerosq́ alligabāt: vt etiam remissis digitis palmę tū hęrerent. Cęstus a cędēdo dictus est. Cestum aūt sine diphthongo cingulū illud Veneris appellabāt: quo in legitimis solum nuptiis vterentur. Hinc incestū appellam⁹ omnē cōcubitū: iure nō licitum: quasi sine cestu.

t Auro. SER. Quia solent lamias quasdā hr̃es vt. Et statuam ante aras aurata fronte iuuencum.

v Virum murmure. S. suffragio virorum.

x Solus qui pa. S. Verba sunt murmurātis populi.

y Paridem. SER. ab eo q̄d est paridis vel paridos. q̄d āt legim⁹ pari venit. απο του παρισ του παριοσ ισ παριτον παρiνet voluīt si ꝓpriū sit in dos exire: Si appellatiuū in os. Sane hic parisseū dīī troica Herōis fortissi⁹ fuit adeo vt i troia Agonali certāine supet oēs: etiā ip̃m Hectorem: qui cum iratus ī se stringeret gladiū: dixit se esse germanū: q̄d allatis crepūdiis probauit. Nam sub habitu rustici adhuc latebat. Hos autem ludos trāsfert Virgilius ad Hectoris tumulū: qui sunt facti cū debuisset Hector occidi: cū ludī funebres celebrarent̃ cadaueri Hectoris ab Achille occisi.

a Bebritia. S. Bithynia est. Salustius igitur introrsus Asie: Prima bithynia. est m[ul]tis ante nominibus appellata: Ipsa eni[m] est maior Phrygia. a Amyci. S. Neptunni Hic rex filius fuit ex Melie nympha: qui a polluce victus est in pictali certamine. C. Amyci: Bebrytioru[m] rex. Bebritia: eni[m] Bithynia est Sonus. Bithynia in ponti exordio Thratia[m] ab oriente tangit: prius Bebritia. Inde mygdonia: postre[m]o a rege Bithynio Bithynia dicta. Hic aduenis in nemore Bebritio insidiabatur: & cestius interficiebat. Ergo cum pollux: qui illuc cu[m] argonautis accesserat: ab eode[m] p[ro]uocaret: vicit eu[m]: et interfecit. De hoc Plinius in eode[m] tractatu. Portus amyci est Bebritie rege interfecto clarus. Eius tumul[us] lauro tegitur: qua[m] insana[m] voca[n]t: quonia[m] si quid ex ea decerptu[m] ma[n]ibus referatur iurgia fiunt: donec abiiciatur h[a]ec de amyco. Butes vero occiso patre Amyco Drepanum confugit in Syciliam: & a lycaste nobili meretrice ob pulchritudine[m] adamatus est: ex ea q[ue] Erycem sustulit: Hec mulier ob admirabilem forma[m] Venus dicta ab incolis est. Quap[ro]pter Eryx filius veneris est putatus.

i Reddi. CRI. Tanq[uam] rem debitam dari: vt & hortenti tunicam non reddere seruo. k Grauis. SER. Aetate vel obiurgatione. l Castigat. S. obiurgat. m Toro herb[a]e. SER. Verbum de verbo. Nam ab herbis tortis dictus est torus. n Entelle heroum. D. Obiurgatio non iniuriosa: cui sit admixta laus.

o Frustra. S. Ordo est: Tanta ne dona frustra tolli sines tam patie[n]s. Secundum autem Ignium qui de familiis Troianis scripsit: vnus fuit ex troianis. de quo poeta mutat hystoriam. D. Frustra: sine laboris merito. CRI. Fortissime frustra. Nam omnia egregie gesta sua: in hoc extremo actu deturbantur: vt videret illa frustra fecisse: & optime eum incitat: & a p[rae]ceptore quem habuit: & a rebus gestis quibus gloriabatur: & a phama que omnia ostendit euanescere. Si nu[n]c sic cedat: Ille autem excusat senectutem que a natura est.

Bebritia veniens amyci de gente ferebat
Pertulit: & fulua moribundu[m] extendit harena
Talis prima dares caput altu[m] in pr[a]elia tollit:
Ostenditq[ue] humeros latos: alternaq[ue] iactat
Brachia protende[n]s: & verberat ictibus auras.
Queri[tur] huic alius: nec quisq[uam] ex agmine tanto
Audet adire viru[m]: ma[n]ibusq[ue] inducere cestus.
Ergo alacris: cunctosq[ue] puta[n]s excedere pugna
Aene[a]e stetit ante pedes: nec plura moratus.
Tum l[a]eua tauru[m] cornu tenet: atq[ue] ita fatur.
Nate dea: si nemo audet se credere pugn[a]e
Qu[a]e finis standi? quo me decet vsq[ue] teneri
Ducere dona iube: cuncti simul ore fremeba[n]t
Dardanid[a]e: reddiq[ue] viro p[ro]missa iubebant.
Hic grauis Entellum dictis castigat Acestes
proximus vt viridante toro consederat herb[a]e.
Entelle heroum quonda[m] fortissime frustra
Tanta ne tam patiens nullo certamine tolli:
Dona sines: vbi nu[n]c nobis deus ille magister
Nequicq[uam] memorat[us] eryx: vbi famaq[ue] p[er] o[m]em
Trinacria[m]: & spolia illa tuis pendentia tectis?
Ill[a]e sub h[a]ec: non laudis amor: nec gloria cessit
pulsa metu: sed eni[m] gelidus tardante senecta.
Sanguis hebet: frigetq[ue] effoet[a]e in corp[or]e vires.
Si mihi q[uae] q[uo]nda[m] fuerat: quaq[ue] improbus iste.

b Moribundu[m]. S. morienti similem. c Talis. S. quale[m] multitudo loquebatur. d Ostendit. S. Melius dixisset: ostentat. e Alacris. S. Quu[m] acer dicat semp[er]: tamen nusq[uam] dicit alacer: sed alacris q[uam]uis inde nascat[ur]. Inde e[st] q[uod] Pa[m]pinius supprimit gen[us] quia dubitatur. C. Ergo alacris. Admonet nemine[m] oportere tantum sibi arrogare: vt nullum sibi parem esse co[n]fidat: qua[m]uis fortissimus sit: vt hic. Qui l[a]eua sola taurum validissimum tenere posset. Ostendit autem q[uod] sine negotio illum teneret: cu[m] etiam quiete eum tenens loqueretur.

f Putans. DO. Iam ex hoc significat emersuru[m] alium qui vincat.

p Tanta. DON. Tam preciosa: tam pulcra sine gloria vincendi tolli dona patieris. est au[tem] sententia: quoniam in superioribus ille dixerat: si nemo audet: videberis tu etiam timuisse.

q Nobis. S. non vacat vt ibi: qui mihi accubantes in co[n]uiuiis: sed nobis pro noster positu[m] est causa vitandi omoeoteleuton causa ne dicat: Noster deus ille magister.

r Sub h[a]ec. SERVIUS: Statim: vel post h[a]ec.

s Gelidus. S. Aliud ex alio pendet: Quare enim hebet: quia gelidus. et q[ua]re gelidus: quia senis est.

t Effoet[a]e. S. exhaust[a]e. Translatio a mulieribus quas partus debiles reddit quasi post foetum.

g Quo me decet vsq[ue]. C. q[uo]usq[ue] p[er] Themesim: id est vsq[ue] ad tempus: & recte h[a]ec impatientia arrogantia[m] exprimit. h Cuncti. DO. vt pro victore ab omnibus haberi ostendat: & simul est testimonium suorum meritorum. CRI. Cuncti Dardanid[a]e. Nam populi iudicium s[a]epe labitur.

v Improbus. S. nimis audus: qui sine certamine postulat premium. x Illa. S. magna: aut qu[a]e quondam fuerat. y Moror. S. expecto: Nam superiora dixerat se no[n] moueri pr[a]emiis: Et paulo post victor bouem interemit.

z Quibus. S. quorum instructu: a Fere manum. SER. Pugnare: contendere: Nam vtraqꝫ manus armat. b Intendere. S. ligare: vt intendit q: locum sertis. c Tantorum. S. virorū.

Exultat fidens: si nunc foret illa iuuenta:
Haud equidē precio īduct⁹: pulchroqꝫ iuuēco
Venissem: nec dona moror: si deinde locutus
In medium geminos immani pondere cęstus.
Proiecit: quibus acer Erijx in prelia suetus.
Ferre manum: duroqꝫ intēdere brachia tergo.
Obstupuere animi tantorū: ingentia septem
Terga boū plumbo insuto: ferroqꝫ rigebant:
Ante oēs stupet ipse Dares: lōgeqꝫ recusat:
Magnanimusqꝫ anschisiades: & pondus: & ipsa
Huc illuc vinclorū immēsa volumina versat:
Tum senior tales referebat pectore voces:
Quid: si quis cęstus ipsius: & herculis arma
Vidisset: tristemqꝫ hoc ipso in littore pugnā:
Hęc germanus Eryx q̄ndā tuus arma gerebat.
Sāguie cernis adhuc: sparsoq; infecta cerebro.
His magnū Alciden cōtra stetit: his ego suetus
Dū melior vires sanguis dabat: ęmula nec dū
Temporibus gemīs canebat sparsa senectus.
Sed si nostra Dares hęc troius arma recusat.
Idq; pia sedet Aenee probat auctor Acęstes
Aequemus pugnas: Erycis tibi tergo remitto.
Solue metus: & tu troianos exue cæstus.
Hæc fatus duplicē: ex humeris reiecit amictū.
Et magnos mēbrorū artus: magna ossa: lacer/
Exuit: atq; ingēs media cōsistit harena. (tosqꝫ

d Immensa volumina CRIS. Nam cum essent cęstus immanis ponderis oportebat ab illis esse longissima lora que totū ambirent corpus: vt facilius manibus tenerent.

e Versat. S. Considerat. salustius. Exercitū versare. CR. Versat. Ad laudem Aenee. Nam dum reliqui stupebant ipse manibus sine negotio huc et illuc vertebat.

f Tum senior. S. Iunior. & senior per diminutionem sunt hec comparatiua: vt. Iam senior: sed cruda deo viridisqꝫ senect⁹.

g Tales. CR. Ostendit magnanimam orationē futuram.

h Pectore. CRI. vt diceret que sentiret: & non que fingeret.

i Cęstus et arma. SER. per endyadim arma: id ē cęstus. k Tristem ꝓ hoc ipso in littore pugnā. SER. Aut in quo magister occisus est. aut in tristi littore: id est infoecundo. Varro enim dicit sub Eryce mōte eē infoecundum campum fere in tribus iugeribus: in q̄ Eryx & Hercules dimicarunt.

l Hec germanus Eryx. SER. Germanus secundum Varronem in libris de gradibus: ex eadem genitrice nat⁹ est nō: vt multi dicunt de eodem germine: quos ille tantum fratres vocat. secūdum quē bene nunc Erycem Veneris: & Bute filium Aenee dicit fuisse germanum

k Sanguie. S. non Herculis. qui victor euaserat: sed ipsius Erycis qui interfecerat se tegendo.

l Cerebro. CR Hoc mēbrum frigidum est & humidum: Nam nisi sic eēt ex assiduis suis motib⁹: & iis q̄ sensibus in se recipiunt nimis inflammaretur. Preterea cū spiritus in illum duplici arteria calid⁹ a corde perueniat ex nimio calore nimis confusas suas actiones redderet. Ita q: oportuit: vt suo sibi innato frigore spiritū temperaret. Humidum autem illud efficient natura: ne motus ipsum desiccent: & vt facile in illum inprimant figure virtutum animalium. Humor autem huiusmodi pugne habet: vt sua viscositate formas cōmodius retineat: & vt nerui q ab ipso sunt: sua viscositate facilius p varias corporis curuaturas flectantur et extendant. Triplex in eo est substantia chartilago: medulla & ventres: Oportuit eni esse velamen q̄d os contineret: vbi radices sunt neruorū. Post hoc Lacuna est: in quā vene ab epate sanguinē fundūt: ibiqꝫ decoquitur: & de calore remittit: mox a venis nutrientibus cerebrū sugitur. Deinde due sūt cartulagines que cerebrū tangunt. Superior durior resistit: craneo et noxia a cerebro arcet. Vnde propter duritiē & maternā custodiā dura mater dicitur. Inferior tenuis cerebro adherens que extenditur & contrahitur: p̄sertim in clamore et cantu: & dicitur pia mater: & est ligamentū arteriarum: & venarum ad cerebrū venientium.

m Stetit. CRI. Pugnauit: non cessit. n Melior sanguine. CRI. Iunior. Et si quatuor consitemus humorib⁹: sanguie qui calidus atqꝫ hūidus est. pituita (que grece flegma dicit) frigida atqꝫ humida. Bili (que colera dicitur grece) & est calida & sicca: et atra bili ea enim est melancolia. Tamen q: ex his oibus melior maiorqꝫ pars sanguis est: et eo maxime alimur. Capimus sanguinem pro tota illa humorū compositiōe. Nā eius calore atqꝫ hūore inualescunt nerui: in q̄bus consistit robur corpis. & q̄m sanguis: q viuatior: validiorqꝫ fuerat z ī iuuēta ꝓpter vehementiorē calorē: et depuratū humorē ī senectute reddit frigidior: et amittit de succo naturali vires minuūt. n Canebat. C. Canities ē ex defectu natural' hūoris. p Pugnas. S i. arma: sequēs ꝓ ancedenti. q Tibi. S. ꝓ te: vt tibi deserit Hespe rus oetam. r Duplicē amictū. S. i. abollā: que duplex ē: sic chlamis. Horatius. Contra quē duplici panno patiētia velat: s Ossa. C. ossa q̄ magna sunt: meli⁹ pōdus omne: & oēm ipetū: incōmodūqꝫ perferūt. t Lacertos. C. lacerti q̄s etiā totos musculosqꝫ appellā⁹:

Tum satus Anchisa cęstus pater extulit ęqs:
Et paribus palmas amborum innexuit armis.
Constitit: in digitos ex templo arrectus vterq̧
Brachiaq̧ ad superas: intentus extulit auras.
Abduxere retro longe capita ardua ab ictu
Immiscētq̧ man⁹ manib⁹: pugnāq̧ lacessunt:
Ille pedum melior motu: fretusq̧ iuuenta.
Hic mēbris & mole valens: sed tarda trementi
Genua labāt: vastos q̄tit ęger anhelitus artus.
Multa viri: necquicq̧ inter se vulnera iactant.
Multa cauo lateri ingemināt: & pectore vastos
Dant sonitus: erratq̧ aures: & tēpora circum
Crebra man⁹: duro crepitāt sub vulnere malę:
Stat grauis entellus: nisuq̧ immotus eodem:
Corpe tela modo atq̧ oculis vigilātibus exit
Ille (velut celsam oppugnat q̄ molibus vrbem
Aut montana sedet circū castella sub armis)
Nunc hos nunc illos aditus: omnēq̧ pererrat
Arte locū: & varijs assultibus irritus vrget:
Ostendit dextram insurgēs entellus: & alte
Extulit: ille ictum venientem a vertice velox
Preuidit: celeriq̧ elapsus corpe cessit.
Entellus vires inuentum effudit: & vltro
Ipse grauis: grauiterq̧ ad terrā pondere vasto
Concidit: vt q̄ndā caua cōcidit: aut erymātho:
Aut idā in magna radicitus eruta pinus.
Consurgunt studijs teucri: & trinacria pubes.
It clamor coelo: primusq̧ accurrit acęstes:
Aequeuūq̧ ab humo miserans attollit amicū.
Acrior ad pugnā redit: & vim suscitat ira
Tum pudor incendit vires: & conscia virtus.
Pręcipitemq̧ daren ardens agit ęquore toto
Nunc dextra ingeminās ictus nūc ille sinistra:

carnes sunt vehementer neruosę: et neruorum carthilagię inuolutę: quibus corpus veluti: quibusdā machinis ītēdit et remittit: His & aduersus pondera contra nitimur: & oīs impetus mouem⁹: Quapropter qui lacertos ossaq̧ magna habēt eos fortiores: valētioresq̧ eē constat.

v Consistit arectus ī digitos. S. Locus trāslatus est de Apollonio.

x Abduxere c. C. Nam artis erat: n̄ solū in aduersariū inferre ictū. Sed etiā se p̄sertim caput custodire ab ictu hostili.

y Pugnāq̧ l. C. i. alter alterū ad pugnā irritat.

z Lacessunt. S. puocāt potiusq̧ gerūt. z Mēbris & mole. S. Endyadis. i. mole membrorū.

a Genua la. S. proceleumaticus est: quē iste ita ponit vt possit reduci ad dactylum. b Labāt. C. vacillant: quia nerui et ligamēta illius iuncturę ex defectu sanguis inualidiora sunt. c Aeger an. C. quasi difficilis. Nā p̄pter multū motū vehementer accēdit cor: & in nimio calore op⁹ ē maiore refrigeratiōe: ergo maiorē aeris haustū: et attrahunt: & emittūt pulmones. vn̄ tantus anhelitus difficultatē p̄bet anhelanti. d Necquicq̧. S. nō. e Vulnera. S. iactant ictus. f Male. C. Antiquitas fugiens vastioris litterę sonum malas & alas p̄ maxillis & axillis dixerunt. g Tela. S. ictus. h Exit. S. vitat: declinat. Vn̄ de Tarconte Vim virib⁹ exit: Et bis' h̄ tantū vsus est. CR. Exit Vitat (ait Seruī⁹) Sed vt rem intelligas nō recedit a sua notiōe. Nam ille q̄ ictū venientē vitare vult exit eā lineā: p̄ quā vētu rum videt telū: et sic exeundo vitat.

i Qui mollib⁹ vrbē. S. Amphibologia est: aut celsa molibus: aut q̄ molibus oppugnabatur.

k Sedet circumcastella. SER. Temesis est: id est circum sedet.

l Ostendit dextram S. Aut fidutia fortitudinis est ostendere quo minat̄:

aut certe prouectus gratia ostenditur: Quę enim ex improuisu ferire nō finit. CR. Ostendit dextram: erigit. Consequens p̄ antecedente: Nam quod in altum extollitur: ab omnibus videtur. Vel ostendit scilicet ne dolo: sed apto marte agat. Vel denotat tarditatem senilē. vel librat ictum: vt destinatū locum assequatur.

m Velox. SER. velociter nomen pro aduerbio: n Vltro. S. econtrario: ille enī cadere debuerat. o Grauis grauiter. S. a similitudine figura. p Caua pin⁹. S. bene respexit ad etatē. C. Caua: carie: corrosa. q Erymantho. S. Erymanth⁹ mons est Archadię. r Ida in magna. S. Modo non Cretę: sed phrygię propter pinus. s Consurgunt studiis. SER. in studiis. t Vim suscitat ira: CR. Secundū perypateticos: qui aiunt: Vt ferrū cote acuitur: sic fortitudo ira. v Tum pudor. CR. Ponit Aristo. quinq̧ species fortitudinis: quę propriē fortitudo nō sunt: sed cū idem operantur: Inter q̄s est cum pudore impellimur: vt forti animo rem aggrediamur: & hęc ciuilis appellatur. Affertq̧ auctoritatē ex Homero de Hectore: qui pudore cogebatur: ne hostibus cederet. Dicebat enī Polydamas: Me primus redarguet. Pugnabat ergo poti⁹ pudore: q̄ recta ratione mot⁹. Quapropter erit (teste ipso Aristotele) tertia species nō vere fortitudinis. x Et cōscia virtus. C. Nam cum conscius sit: q̄ virtute hactenus fuerit: nō vult ab ea degenerare. y Pręcipitemq̧ darē. S. celerem: vt Pręcipites vigilate viri. z Nunc ille sinistra. S. Vacat ille additū p̄pter metrū. De ipso enī dicit Creber vtraq̧ māu pulsat versatq̧ dareta. C. Nunc ille. Non vacat ille meo iudicio: sed potius emphasim facit. Idq̧ mirū in poeta q̧ strepitu & tumultu: vt ita loq̄r: & vehemēter verborum celeritate vehementiā huius viri exprimit.

Nec mora nec requies: quã multa grandine nymbi
Culminibus crepitãt: sic densis ictibus heros.
Creber vtraq; manu pulsat: versatq; dareta.
Tum pater æneas procedere longius iras:
Et seuire animis entellum haud passus acerbis:
Sed finem imposuit pugnę: fessumq; dareta
Eripuit mulcens dictis: ac talia fatur.
Infœlix quę tanta animũ dementia cœpit?
Non vires alias: conuersaq; numina sentis?
Cede deo: dixitq; prelia voce diremit:
Ast illum fidi ęquales genua ęgra trahẽtem
Iactantemq; vtroq; caput: crassumq; cruorem
Ore reiectantem: mixtoq; in sanguine dentes.
Ducunt ad naues: galeamq;: ensemq; vocati.
Accipiunt: palmã entello: taurũq; relinquunt
Hic victor superans animis: tauroq; supbus.
Nate dea: vosq; hęc (inquit) cognoscite teucri:
Et mihi q̃ fuerint iuuenili in corpere vires:
Et qua seruetis reuocatum a morte dareta.
Dixit: & aduersi contra stetit ora iuuenci:
Qui domũ astabat pugnę: durosq; reducta.
Librauit dextra media inter cornua cęstus
Arduus effractoq; illi sit in ossa cerebro:
Sternit exanimisq; tremẽs: pcũbit humi bos:
Ipse super tales effundit pectore voces.
Hanc tibi Erix meliorem pro morte daretis
persoluo: hic victor cęstus artemq; repono.
¶ protinus Aeneas celeri certare sagitta
Inuitat qui forte velint: & pręmia ponit.
Ingentiq; manu malum de naue Seresti
Erigit: & volucrem traiecto in fune columbã:

a Quã multa grandine nymbi. SE. Hypallage: Nã debuit dicere q̃ multo nymbo grando pcipitat. b Versatq; dareta S. Dares daris. Vnde daren & dares daretis. Vñ dareta: sic Chremes chremis: & chremetis. Vnde chremen & chremeta.

c Infœlix. S. Cõsolatio vt fortunę videat: quod victus sit. D. Infœlix. qui audeas contra numina. Est aũt optima cõsolatio cũ ondit nõ ab hoĩe: sed a numie vinci. d Alias D. Quã hõis eẽ cõsueuerit. e Cõuersa. C. mutata in fauorẽ suum Solaturus eũ conat ostendere nõ ab illo: sed a diis esse victũ: ergo cede deo. f Cede deo. D. Errant q putant Entellũ deum ab Aenea vocari: sed deũ dicit: Fauẽsilli numen.

g Dixitq;. S. que vacat metri causa: et maluit Perissologiã facere q̃ vti cõmuni syllaba: q frequens vitiosa est. Hinc Terentianus: Nec tãta immeritis venia conceditur vti. h Ast illũ fidi ęquales. SERVI. Homerus. φιλοι ἑταῖροι. i Regia. D. Quib9 paulo ante tantopere videbat. k Iactantẽq; reiectantẽ. C. Color est sil'r cadẽs.

l Vtroq;. S. Aduerbiũ est. i. in vtranq; partem. m Caput. DO. Quod paulo añ in cœlũ pter superbiam. n. Vocati. S. Ondit eorũ pudorẽ: pterea circa amicũ erant occupati. o Palmã tau. relinquũt. D. Exprimit q̃to cũ dolore hęc facerent. p Teucri. S. & nõ siculi quia illi eius virtutem norant.

q Librauit. CRI. quasi diceret collineauit: pprie dicimus librare rem cum illam ingenio et artificio nostro ita collocam9: vt vi sua spõte sine vinculis fiet: vel cum volumus & quo volumus suo pondere nullo impellente declinet: quod Florenti dicunt congregare: vt maxime apparet in instrumentis horologii. Dicimus etiam librare: cum id quod percussuri sumus: ita collineamus: vt nõ nisi ppositũ nobis locũ feriat. Et dicit a libra: quoniã maxima ratione ingenii tota res ponderasturi: id est diligenter precogitatur. Ergo librauit: id est collineauit: vt mediũ inter cornua ferirent. Dicimus etiam librare cum aliqua moles ita constituatur: Vt vel pueri manu facile: vel circũagatur vel quouis inflectatur. Nos autem dicim9 bibliare. Plinius, Quarũ in officina turbine sita librati pependerunt: vt puero circumagente tornarentur. r Effractoq;. SER. Hypallage. Nam fregit os: & illisit in cerebrum.

s Humi bos. SER. Pessimus versus in monasyllabis desinens. CRI. Humi bos. Male desinũt versus in monasyllabis: sed hic de industria posuit: vt casu bouis: casu carminis ante oculos poneret. t Meliorem. SER. aptiorem. Nam animalẽ hostiam dant. CRI. Meliorem. non excellentiorẽ: Nã melior est anima humana: quę rationalis est q̃ ferina quę caret rõne: Sed aptiorem. vt. Et bona bello cornus. i. apta.

v Cęstus artemq; repono. S. Et arma dicit se reponere: & arti renuntiare. ¶ x Ingentiq; manu. S. ingenti multitudine.

y Malum. SER. Mal9 arbor est nauis ageneris masculini. Horati9. Nec malus & celeri sautius Aphrico. Et dict9 est malus: vel quia habet instar mali in summitate: Vel quia quasi quibuldã cingitur malis ligatis: quorum volubilitate facilius eleuantur.

z Traiecto. SER. extento. Vnde transenna dicitur extẽsus funis. Salustius. Transenna dimissum victorię simulacrum cum machinato strepitu tonitruum coronam capiti imponebat.

a Quo tendat ferrum malo suspendit ab alto.
Conuenere viri: deiectamq; erea sortem
Accepit galea: & primus clamore secundo
Hyrtacide ante oēs exit locus hyppocoontis.
Quē modo nauali mnestheus certamīe victor
Cōsequitur: viridi mnestheus euinctus oliua.
Tertius Eurytion: tuus o clarissime frater
pandare: q quondā iussus confundere fœdus
In medios telum torsisti primus achiuos.
Extremus galeaq; ima subsedit acestes.
Ausus & ipse manu iuuenū tentare laborem.
Tunc validis flexos: incuruant viribus arcus:

a Quo. SER. inquam Nam ponit aduerbia p nominibus. Gen⁹ vn̄ lla tinum.
b Clamore secūdo. S. vt supra dixit: Magnoq; virū se murmure tollit.
c Quē modo. S. nuper. Nam vt sup̄ dixim⁹.
d Victor. SER. fuit duorum. Vrban⁹ vero dicit mō propemodū: pene: nam secundus deus fuit. Alii victor. i. compos voti: vt rapidisq; rotis insistere victor: optauerat ei ne rediret extremus.
e Clarissime. S. notissime qui fuit Licaontis filius. Pandarus aūt scdm Homerū Mineruę iussu turbauit certamen singłare Paridis & Menelai.
f Pandare. C. Iure in vota vocauit. Nā (Strabone teste) apud pīnarā maximam & Lycię ciuitatibus pandarus colitur. Hic Licaonis filius fuit: & emissa sagitta vulnerauit⁹. Menelaum congressum paridi.
g Subsedit. S. Remansit. neq; eni proferebat̄ sors: aut delituit: vnde subsessores dicūtur: qui occisuri aliquē delitescunt. Sed hoc delucidius ibi: deuicta Asia subsedit adulter.

h Flexus incuruant. S. curuos inflectunt: debuit dicere: Est ergo vsus imitatione.

Pro se quisq; viri: & depromũt tela p haretris.
primaq; per cœlum neruo stridente sagitta
Hyrtacidę iuuenis volucres diuerberat auras.
Et venit: aduersiq; infigitur arbore mali.
Intremuit malus: timuitq; exterrita pennis
Ales: & ingenti sonuerunt omnia plausu.
post acer mnestheus adducto constitit arcu
Alta petens: pariterq; oculos telũq; tetendit.
Ast ipsam miserandus auem contingere ferro
Non valuit: nodos & vincula linea rupit.
Quis innexa pedem malo pendebat ab alto.
Illa notos: atq; atra volans in nubila fugit.
Tum rapidus iamdudũ arcu cõtenta parato
Tela tenens: fratrẽ Eurycion in vota vocauit:
Iam vacuo lętam cœlo speculatus: & alis
plaudentẽ: nigra figit sub nube columbam.
Decidit exanimis: vitamq; reliquit in astris
Aerijs: fixamq; refert delapsa sagittam.
Amissa solus palma superabat acestes:
Qui tamen ętheręas telum contorsit in auras
Ostentãs artem pariterq; arcũq; sonantem.
Hinc oculis subito abijcitur: magnoq; futurũ
Augurio monstrũ: docuit post exitus ingẽs:
Seraq; terrifici cecinerunt omnia vates:
Nanq; volãs liquidis in nubib⁹ arsit arundo.
Signauitq; viam flammis: tenuesq; recessit
Consumpta in uentos: cœlo ceu sępe refixa
Transcurrũt crinemq; volantia sydera ducũt.
Attonitis hęsere animis: superosq; pręcati
Trinacij teucriq; viri: nec maximus omen
Abnuit æneas: sed lętum amplexus acęstem

[Left margin commentary]
i Pro se quisq;. SER. p sui roboris qualitate. k Depromunt. C. Promere, est rẽ reconditã ita educere: vt ad manũ parata sit: vñ promptũ paratũ dicim⁹. l Neruo. C. Chorda q̃ ex neruis q̃nq; fit. m Volucres. C. q̃ tactũ celerrime effugiũt. n Arbore mali. SE. sic dixit. vt: Lustrat auentini montẽ. C. Arbore mali. p malo qui arbor dicit̃.

o Intremuit malus. C. suo ordie põit. Prio mali tremore. i. tremulã cõcussionẽ: & ex ea re timorem auis: atq; ex his duobus plausus spectantium.

p Exterrita pẽnis. S. timorẽ pẽnis significans. Singula eni aĩalia signa hñt qbus indicant timorẽ hinc de lupo. Caudã q; remulcens subiecit pauitantẽ vtero. Oculi aũt in hoĩe primi indicant timorẽ. Vñ de Caco. Turbatumq; oculis. q Plausu. S. Plausũ alii pennarũ dicũt: sed meli⁹ est spectantiũ fauore. r Acer. C. acuto ĩgenio. s Adducto arcu. SER. Hyppalage est. nã telum adducit: & arc⁹ ĩ tendit̃. t Constitit. C. Nam dũ ita tendim⁹ arcũ: vt nulla sit manuũ vacillatio certissimus ictus est. v Oculos telũq;. C. Sic eni collineamus sagittas: vt oculo p lineã illã: q̃ ad signũ fert sagittã dirigamus. x Miserand⁹. S. spectãte re difficiliore ca[?]tur victoria. y Tum. S. deinde: ordinis aduerbium. z Arcu cõtenta parato. S. cõtento arcu tela tenens parata. a In vota. S. Nam pandarus veluti heros apud lycios colit̃. b Nigra. S. alta. c In astris. S. vñ assumpserat. vt Hinc hominũ pecudũq; gen⁹: vitęq; volantũ. Et loc⁹ est ex Homero: vnde inanis est vituperatio Aenec: q; suspẽderit auẽ maternã: nã & res trãslata est simpliciter: & quãcunq; auẽ suspẽdisset ĩ eãdẽ icidisset vituperatiõẽ: cũ quęcunq; auis alicui deo sacra sit. Vrbanus autem dicit ma trem citius potuisse placare. d Superabat. CRI. superat. Et neutrum in hac significatione est. Qñ aũt transit: vincere significat.

[Right margin commentary]
e Artem. S. culpat locũ. Virgili⁹. Masty x cũ in vacuo aere artẽ non posset oñdere: q̃ mq; dicãt periti ex ipso sagittariorũ gestu artis periciã indicari. f Augurio. S. Dicit̃ augurũ quasi auigeriũ: q; aues gerũt. Et bene de sagitta dixit: q̃ habet pẽnas quãq; omia ad vnũ congesserit locum: monstrũ: augurium: auspitiũ: oraculum.

g Docuit post exit⁹. C. Nam oñdit infœlix fuisse: quod fœlix eẽ æneas putauit: Et p trãsitũ ostẽdit poeta: q; difficile futura auguriis mõstrisue cõiectari possum⁹: cũ sępe etiã prudentissimi viri fallantur: vt in hoc loco Aeneas: qui putauit fœlicia portendi: cum infœlicia portenderentur.

h Seraq;. S. Serum. graue. Salust. Serum bellũ in angustiis cõmitit̃: & q; improbat vates Aeneas complectit̃ deceptus augurii similitudine: q̃d apud Troiam pbauerat pater: vt stella facẽducẽs.

i Liquidis. S. at nõ pñt esse liquidę nubes: sed p aere posuit. k Refixa. S. ex vulgari opiniõe. Nã secundũ Lucre. Ventus altiora petens ęthereum ignem secũ torquet: quẽ imitatur stellam cadentem. CRIST. Sydera refixa. Nam cum affixa cœlo sint sydera refigi putãtur ab imperitis: secundũ quos nũc vt Poeta loquitur. Illi enim credunt vapores ignitos: qui sępe p aerem feruntur stellas esse e cœlo cadẽres. Vnde etiã Ouidius. Quę si non cecidit: potuit cecidisse videri. Si autem quod etiam puerile cogitatu est caderet: terram vniuersam tegeret: cum singulę stellę magnitudine terram superent. l Crinem. CRIS. Idem est quod dixit: Signauitq; viam flammis. m Attonitis. SER. stupefactis per tonitrua: quę cęlestibus ignibus semper cohęrent. n Omen. SERVIVS. non abnuit Aeneas: sed probauit non secundum auguriũ disciplinã dixit ad se non pertinere: Nam nostri arbitrii est visa omnia: vel improbare vel recipere.

o Summe pater. SER. percipe. nam est verbum quo vtunt iuriscõsulti: q̊tiens legatũ non ab herede datur: sed excipiẽtis arbitrio:

p Exortẽ. S. ακληρον. CRI. Exortem, qui ꝗ tibi esset proprius: neq̃ cum cum aliis sortireris.

q Anchisę munus. S. quod accepit a Cysseo rege Thracię patre Hecubę.

Muneribus cumulat magnis: ac talia fatur.
Summe pater: nã te voluit rex magnus olympi
Talibus auspicijs exortem ducere honorem.
Ipsius Anchisę longeui hoc munus habebis
Cratera impressum signis quẽ thratius olim
Anchisę genitori in magno munere cysseus
Ferre sui dederat monumẽtũ: & pign⁹ amoris.
Sic fatus: cingit viridanti tempora lauro.
Et primũ ante oĩes victorem appellat acęstẽ.
Nec bonus Eurytion pręlato inuidit honori:
Quãuis solus auem coelo deiecit ab alto.
proximus ingreditur donis: qui vincula rupit:
Extremus volucri: qui fixit arundine malum.

r Impressum signis. S. impressa signa habentẽ: id est emblemata.

s Primum ante omes: SER. vnum vacat. CR. Et primũ ante omnes. Possunt esse duo: vt primum referatur ad tempus: primum id est ꝙ primũ & statim vt res statim facte sint: & an̄ omnes ad ordinem.

t Donis. SER. ad dona. v Extremus. SE. ostendit hos sua munera percepisse. Acestem vero sumpsisse pręcipua.

At pater Aeneas nondum certamine misso
Custodem ad se: comitemq; impubis Iuli
Epitidem vocat: & fidam: sic fatur ad aurem.
Vade age: et Ascanio si iam puerile paratum
Agmen habet secū: cursusq; instruxit equorꝝ
Ducat auo turmas: & sese ostēdat in armis.
Sic ait: ipse omnem longo decedere circo
Infusum pplm: & campos iubet esse patentes.
Incedunt pueri: pariterq; ante ora parentum
Frenatis lucent in equis: q̊s omnis euntes
Trinacrię mirata fremit: troięq; iuuentus.
Omnibus in morē tonsa coma pręssa corona.
Cornea bina ferunt pręfixa hastilia ferro.
pars leues hūero pharetras: it pectore summo
Fexibilis ob torti per collum it circulus auri.
Tres equitum numero turmę: terniq; vagātur
Ductores: pueri bisseni quemq; secuti:
Agmine partito fulgent: paribusq; magistris.
Vna acies iuuenū: ducit quā paruus ouantē
Nomen aui referens priamus: tua clara polite
progenies; auctura italos: quē thracius albis
portat equus bicolor maculis: vestigia primi
Alba pedis: frontemq; ostentās arduus albam.
Alter atys: genus vnde atij dixere latini.
paruus atijs: puerocq; puer dilectus Iulo
Extremus formaq; ante omnes pulcher Iulus
Sydonio est inuectus equo: quē candida dido
Esse sui dederat monumentū: & pign⁹ amoris
Cętera trinacrię pubes seniorum acestę
Fertur equis.
Excipiūt plausu pauidos: gaudētq; tuētes

x Custodem. SER. ſm Tulliū: q dicit ad miliciā euntib⁹ solitū eē dari custodes: qb⁹ prio āno tegant. Vñ ait de Pallā te sub te tolerare mgr̄o: miliciā & g̃ue maritis op⁹. y Impub. S. ab eo q̊d ē hic pubis. Naꝫ q̊d ait Salustius. Puberes omnes interfici iubet. Vēit ab eo q̊d est puber: & sunt ̄generis cōis: si referant̄ ad singulos: si aūt ad multitudinē. Hęc pubes. z Fatur ad aurē. S. sequit̄: & sic ait: Vñ sicut et in tertio diximus vnum vacet necesse ē. Campos iubet esse patentes. Discessu populi. s. iubet fieri campos patentes. a Infusum. C. confuse & nullo ordine in gestū. b Incedūt pueri. S. aut poetica licentia cōfundit ętates: vt mō pueros iuuenes dicat. Nā ait: Vna acies iuuenum: aut certe ſm quosdā seq̄nti distinctiōe murata: mgr̄os pueros dicit: sequentes vero maturioris ętatis. c Ante ora parentū. C. quę res magnā illis voluptatē prębebat. d Frenatis. C. Nam et in frenes aliq̄n i bello adhibebant. e Lucent. CR. ppter arma: & nihil memorat: q̊d horrorē ab armis auferat: vt in bello solet: sed omīa oñdit voluptuosa: q̄lia in ludis eē dicebat. f Quos omnis euntes. S. Quos euntes omnis turba fremit. i. cū fauore prosequitur. g Mirata fremit. CRI. Nā illorū indoles spem futurę fortitudinis afferebat. h Tonsa coma. S. id est composita. i Pręssa corona: S. id est galea & sermone Homeri vsus est. Nam galea στεφανην. dixit: nam ppter comę nō tonsi capilli: Et reuera corona non pōt esse: cū sequat̄ galeā ante pedes pięcit inanē. Alii dicunt potuisse eos hr̄e galeas coronatas. Bebius tamē Macer dic̄ a cęsare Augusto pueris: qui luserunt Troiam donatas esse galeas: et bina hastilia. Ad q̊d Virg. constat alludere. k It pectore sū. S. Sic legendū est: ne sit soloecismus: & rei inanimatę dedit motū dicendo it: Summū aūt pectus ait pastoris & colli cōfiniū. l Tres equitū numero turmę. S. rem Romanę milicię suo inserit carmini. Nam cōstat primo tres fuisse partes populi Romani. Vna Tatiensium a Tito Tatio duce Sabinorum iam amico post foedera: Altera Ramnetū a Romulo. Tertiā lucerū: q̄rū secundū Liuiū & nomē & causa in occulto sunt. Varro tñ dicit Romulū dimicantē ɔtra Titū tacitum a lucomonib⁹: Hoc est Tuscis auxilia postulasse: Vñ quidā venit cū exercitu: cui recepto iam Tatio pars vrbis ē data: vñ in vrbe Tusc⁹: dictus est vic⁹. Hora. At thusci turba impia vici: g̊ a lucumōe luceres dicti sunt. Ergo in tres ptes diuisus erat pplus. adeo: vt qui etiā vni pēerat pti: tribun⁹ dicebat̄. Vñ etiā sumpt⁹ dati pplo tributa noiāt̄. m Terniq; ductores. S. more suo: hoc ē tres. n Ductores pueri. SE. Hic quidā distinguūt: vt diximus supra. o Paribusq; mgr̄is. S. Et hic alludit: Nā hodie equitūq; magistri dicūt̄. p Priamus. C. fili⁹ fuit Politę: q̄ꝫ in ɔspectu pr̄is a Pyrrho cęsum scripsit poeta: q̄uis Cato illū in Italiā venisse: et politoriū vrbē cōdidisse dicat. Alii dicūt Priamū ędificasse: et illā a patre denōinasse. q Polite pgenies. S. Illū dicit: quē supra a pyrrho introducit occisū: de quo Cato in originibus dicit: q ad Italiā veniret: & segregatus ab Aenea condiderit oppidū Politorium a suo nomine. r Quē Thraci⁹ al. S. Cū tres dixerit duces: quorū eq̊s cōmemorat: sed aut ptermisit. q vt cōseq̄rent̄ necesse erat: nec enī vnus pedes eē poterat: aut illo reddidit loco: vt cętera pubes senioris Acestę fert̄ equis. Quāq; mr̄i distinctiōe mutata tres eq̊s cōmemorāt: vt sit planc prius equ⁹ bicolor maculis: & de alio dicat̄. s Vestigia primi alba pe. S. i. primorū pedū vestigia: & frontē albū oñdebat alter. t Atii dix. latini. S. propter Actiam matrem Octauiani dixit: de q̄ dixit Anthoni⁹: Acya latini mater: vult enī eius etiā maternū genus esse antiquissimum. v Cętera trinacrię. S. Cętera pubes equis acestę fertur. x Pauidos. SER. glorię cupiditate sollicitos. y Gaudentq; tuentes Dardanidę. CR. Fit enī natura vt puerili ętate: i q aliq̄ sit idoles: gaudeā⁹ et ipā similitudine formę prnę illos a morib⁹ ipoꝝ nō degeneraturos putē⁹.

z Flagello. SER. virga quę sonat in modum flagelli. a Choris. S. aciebus. C. Choris. maluit ꝙ acies dicere: qa ludus & nō hostile certamē erat. b Et nunc terga. S. Tria cōmēorat: q̄ in bello gerunt: pugnā: fugā. & pacē. c Labyrinthus. S. locus apd̄ Cretā factus: a Dedalo ꝑplexis parietibus: vbi minotaurus inclusus est. C. Labyrinthus. Hoc ędificii gen⁹ portentosissimū iure appellat Plin⁹. Est em̄ īgentissimi dispendii: & nulli vsui necessariū. Pōit aūt quatuor fuisse. Primū in heracleopolite: quē Herodotus. xii. regū: q egypto sił imperarunt op⁹ fuisse refert: Et tria milia habitacula habuisse: mille qngenta supra terrā: & totidē sub terranea. Demoteles regiā Mochrudis fuisse dic. Lycias sepulchrū Meridis, plures Sol lsacrū eē extructū. Hinc Dedalus exemplar ī eo quē in Creta ędificauit: sūpsit. sʒ illi⁹ cētesimā ꝑtē vix imitatus est: q̄ itinerū ambages occursusq; ac recurs⁹ inexplicabiles cōtinet: crebris forib⁹ inditis ad fallendū occursus: redeūdūq; in errorȩs eosdē. Terti⁹ fuit ī Lemno: silis illis. columnis tm̄ centū qnqginta memorabilior: qrū ī officina turbines ita librati pepēderūt: vt puero circūagente tornarēt. Quartū porsena Clusii rex sibi facit sepulchri cā sub vrbe Clusio. De q̊ Varro. sepultus est sub vrbe Clusio: ī quo loco monumentum reliqt lapide q̄drato: Singula latera pedū lata tricenum: alta qnqgenū: in qua basi q̄drata intus labyrinthū inextricabilē: q̊ si quis ꝓpperet: sine globo lini: exitū inuenire neq̄at. Sup̄ ad q̄dratū pyramides qnq; sūt. q̄tuor in angulis: ī medio vna: ī imo latę pedum septuagenū quinū: alte centum quinquagenū: ita fastigiate: vt in summo: orbis Aeneus: & Pegasus vnus omnibus sit impositus: ex q̄ pendeant excepta catenis tintinnabula: quę vento agitata: longe resonant. Supra quem orbem alię quattuor pyramides extant: altę pedes centenum supra quas vno solo quinq; pyramides: quarum altitudinem Varronem puduit ponere. Fabulę Etruscę eādem dicunt: quam totius operis Diodorus siculus scribit de labyrintho egyptio esse: qui illum a Mena rege ędificatum: volūt: esse itidem alios qui a Barone positū referant. d Parietibus intextū cęcis. S. i. cęcum intextis parietibus. e Ancipitēq; dolū. S. perplexū errorē eundi ac redeūdi. C. Ancipitem dolū. Errorem ex ambiguitate. f Frangeret. S. deciperet. falleret. Est enī Catulli versus. Errabunda regens tenui vestigia filo: Ne labyrintheis e flexib⁹ egredientē tecti frustraret inexplicabilis error. g Indeprehensus. CR. pro indeprehensibilis. h Impediūt. S. Implicant: intexūt: q̄d a vestibus tractum. i Texuntq; fugas. C. Ita fugiunt: vt inexplicabiles cōnectendo cursus reddant. k Delphinū. S. aut vento ab eo q̄d est Delphin delphinis a Delphine: aut delphinū pro delphinorū posuit. CRI. Delphinū. delphinus delphini: & delphin delphinis: velocissimus omniū aīaliū delphinus est ocior volucre: acrior telo, tardatur tn̄ in feriēdo: quia nō resupinus: atq; inuersus feriri potest: quoniaʒ multū infra rostrū os illi est medio pene in ventre: cū diutius spiritū ꝯtinuerit veluti arcū emissus ad respirandū emicat. Parit catulos decē: nutrit vberib⁹. foetus infantia infirmos gestāt: adultos diu comitaƚ: viuit trigīta annis: lingua illi contra naturam aquatiliū mobilis & suillę similis ꝓvoce gemitus hūano silis: dorsum repandū. rostrū symum: qua de cā nomen Symonis miro mō agnoscūt: malūtq; ita appellari homini amicissimi sūt: & musica delectāƚ. Hu⁹ rei & Arionis: & multorum alioꝝ exempla narrat Plinius. corio vestiuntur: sed non cum pilis: vt vituli marini & hyppotami. l Maria hu. S. Homerus. υγρα κελευθα m Carpathiū. S. inter ęgyptū & rhodū: ab Carpatho insula: nec vitādū cum duas posuisse cōparationes. cum & in secūdo hoc fecerit in segetem veluti ꝛc. vt in Geor. tres ponat frigidus: vt q̄ndā syluis immurmurat auster: vt mare solliciū stridet refluentibus vndis: Aestuat vt clausis rapid⁹ fornacibus igni. n Primus Ascanius: SER. generis ordinē docet: vt in primo diximus. o Retulit. SER. innouauit: quod iam fecerat. p Priscos. S. Qui tenuerant loca: vbi alba est condita: q Porro. S. Post longū interuallum: & est aduerbium temporis. r Troiaq; nunc pueri. SER. vt ait Suetonius: Tranquillus ludus ipse quē vulgo pyrricā appellāt: Troia vocatur: cuius originē exp̄ssit in libro de puerorum lusibus.

Dardanidę: veterumq; agnoscāt ora parentū.
Postq; omnē leti cōsessum: oculosq; suorum
Lustrauere in equis: signum clamore paratis
Epitides longo dedit insonuitq; flagello.
Olli discurrere pares: atq; agmina terni
Diductis soluere choris: rursusq; vocati
Conuertere vias: infestaq; tela tulere.
Inde alios ineunt cursus: aliosq; recursus.
Aduersis spaciis: alternisq; orbibus orbes
Impediūt: pugnęq; cient simulacra sub armis.
Et nunc terga fugę nudāt: nūc spicula vertūt
Infensi: facta pariter nunc pace feruntur.
Vt quondā Creta fertur labyrinthus in alta
Parietibus textum cęcis iter: ancipitemq;
Mille viis habuisse dolum: qua signa sequēdi
Frangeret indeprehensus: & irremeabilis error.
Haud aliter teucrum nati vestigia cursu
Impediunt: texuntq; fugas: & prelia: ludo
Delphinū similes: qui ꝑ maria hūida nando
Carpathiū lybicumq; secāt: ludūtq; ꝑ vndas.
Hunc morem cursus: atq; hęc certamīa: prim⁹
Ascanius longam muris cum cingeret Albam
Rettulit: & priscos docuit celebrare latinos.
Quo puer ipse modo secū: quo troia pubes:
Albani docuere suos: hinc maxima porro
Accepit roma: & patrium seruauit honorem.
Troiaq; nunc pueri troianum dicitur agmen.

¶ s Hac celebrata ten⁹: SER. Temesis est hactenus: & hic sermo quantũ ad artẽ spectat. duas continet partes orationis: vt hac pnomẽ sit: tenus prepositio: sic pube ten⁹: & currũ ten⁹: sed iã vsus obtinuit: vt p vna parte habeat: ergo aduerbiũ ẽ. Omis eni pars orõnis cũ desierit esse qd ẽ: in aduerbiũ migrat: & est tẽporis: nam hucusq; significat. t Hic primũ. S. Sequet enim Palinuri vel Miseni mors: ideo mutata fortuna est. C. Fortuna mutata. i. fortuna innouata: id est alia facta mutauit fidẽ: In q̊ loco docet Poeta nullã fidẽ habendã eẽ fortũę: qa mobilis instabilisq; semp est: & semp infida vt recte monere videat Seneca: Nemo confidat nimiũ secundis. Nemo desperet meliora lapsis. Fortuna mutata nouauit fidẽ. i. mutauit fidẽ innouata qi alia effecta. v Irim de coelo 2c. S. Ex magna parte seruatur; vt Mercurius ad concordiam Iris ad

¶ Hac celebrata tenus sancto certamina patri:
Hic primũ fortuna, fidem mutata nouauit.
Dum varijs tumulo referunt solennia ludis:
Irim de coelo misit saturnia Iuno
Iliacam ad classem: ventosq; aspirat eunti.
Multa mouẽs: nec dũ antiquũ saturata dolorẽ.
Illa viam celerans per mille coloribus arcum
Nulli visa cito decurrit tramite virgo.
Cõspicit: ingentẽ cõcursum: & littora lustrat:
Desertosq; videt portus: classemq; relictam:

discordiam mittat. Vñ et Iris dicta ẽ quasi ερισ. Falsum est autem quod dicitur ministra esse tantũ dearũ: cum & a Ioue plerũq; mittat: vt Aerea coelo: cum Iuppiter irim. Demittit germane haud mollia iussa ferentem: Et bene irim mittit: quę fit de nubibus: quarum dea est Iuno. x Ventosq; aspirat eunti. S. vt de Mercurio. Voca zephyros. CR. Aspirat. spirando immittit. Nam venti spũs sunt: et simul fauorem significat: vt aspirat primo fortuna labori. y Mille coloribus. S. scilicet factum. Vel mille colorum: p Antiptosim.

z Nulli visa. S. scilicet ipsa dea. Nam arcus videt: quem non irim: sed viam iridis dicit. Alii celeratis esse voluñt nulli visa: de iride arcũ in genere masculino dixit Virgil⁹. Catullus & alii in foeminino referentes ad originem. a Desertos. S. a viris. b In solo. S. deserta. Terentius.

venit meditatus ex solo loco. c Acta. S: ακτη grecũ ẽ.
d Pontũ aspectabant. C. tanq̃ exose nauigationẽ: & q̃
dolerent: & tantũ nauigasse: & tm̃ adhuc esse nauigãdũ.
e Flentes heu. S. i. miserabiliter flentes: & a psona poete
dicit: Vel sit ipsarũ mulierũ. f. Vox oib⁹ vna. C. Opti
mã captauit occasionem
classis incẽdende: cũ oẽs
a nauigatiõe abhorrerẽt.
g Haud ignara. C. Ar
guit a possibili.
h Facieq̃ dee vesteq̃ re
ponit. C. Nõ em̃ poterat
induere formã Beroes: ni
si prius suã reponeret. i. se
orsum poneret. In eã aũt
mulierẽ se vertit: que et p
pter viri auctoritatẽ: & p
pter etatẽ: & ppter natos
fidem haberet. i Repo
nit. S. Duo diuersa vno ꝟ
mõe ↄcludit. k Ismа
rii. S. thracis: Ismar⁹ mõs
Thratie: & bñ suadet ab
auctoritate ¶ Sicaut mu
tato hitu: aut ista dictu
ra. l O misere. S. ma
gna arte: nõ ex abrupto
q̃d vult persuadere dicit:
sed vtitur circumstantiis.
C. O misere. idem loc⁹ est
qui fuit sup̃ in tertio en. o
Foelix ante oẽs priameia
virgo hostilẽ ad tumulũ
iussa mori: Quãta ergo ẽ
pñs ifoelicitas: cũ fuissẽt
future foelices: si cesei pa
tria fuisset. Est ãt pœmiũ
per insinuatõez. Hoc em̃
id agere velle videt̃: vt ea
rum miserias deploret.
Neq̃ antea demonstrat
quid vellet: q̃ ni faciant: il
las infoelicissimas futuras
demõstret. m Exitio.
S. Exitio dixit et non re
gno. C. Cui exitio. q̃si di
cat: nullũ eẽ tam seuũ: q̃
illi satisfacere videat̃.
n Septima. S. Atqui et
Dido etiã septima dixit:
Vñ quidã dicunt Aeneã
paucis diebus fuisse Car
thagine: nam dixit: Cum
subito assurgens fluctu
nymbosus orion: qui se
cũdũ Salustiũ orit̃ iuxta
solis estiui pulsum. Itẽ ait
dum pelago deseuit hy
ems et aquosus orion: vt
hyemem p tẽpestate po
suerit: sed illud occurrit.
Nũc hyemem inter se lu
xu q̃ longa fouere. Sed
quidã ita purgãt: vt itra
anni metas: et ad Aphri
cam venerit: et inde deces
serit. Sed in primo ait septima estas. Vnde apparet hanc
octauam fuisse. quod & ab Anchise morte indicat imple
tus annis. Ergo insolubilis est locus: & quem Virgilius
emendasset. C. Septima. Pathos a longitudine tempis: vt
septem illũ phibẽt totos ex ordine menses. Item a difficul
tatibus & periculis: que diutius perpesse sunt.

At procul in sola secrete troades acta
Amissum Anchisen flebant: cuncteq̃ ꝓfundũ
pontũ aspectabãt flentes: heu tot vada fessis:
Et tantũ superesse maris: vox omnibus vna:
Vrbem orant: tedet pelagi ꝑferre laborem.
Ergo inter medias sese haud ignara nocendi
Conijcit: & faciemq̃ dee vestemq̃ reponit.
Fit beroe: Ismarij coniunx longeua doricli:
Cui genus & quondã nomem natiq̃ fuissent.
Ac sic Dardanidũ mediã se matribus infert.
O misere: quas nõ manus (inq̃t) achaica bello
Traxerit ad lœtũ: patrie sub menibus: o gens
Infœlix: cui te exitio fortuna reseruat?
Septima post troie excidiũ iam vertitur estas:
Cũ freta: cũ terras omnes: tot inhospita saxa:
Syderaq̃ emense ferimur: dũ per mare magnũ
Italiã sequimur fugientẽ: & voluimur vndis.
Hic Erycis fines fraterni: atq̃ hostes acestes:
Quis ꝓhibz muros iacere: & dare ciuib⁹ vrbẽ?
O patria: & rapti necquicq̃ ex hoste penates:
Nulla ne iam troie dicent mœnia? nusq̃
Hectoreos amnes: xanthũ & Simoeta videbo?
Quin agite & mecũ ĩfaustas exurite puppes.
Nam mihi cassandre ꝑ somnũ vatis imago
Ardentes dare visa faces: hic querite troiam:
Hic domus est (inq̃t) vobis: nũc tẽpus agi res:
Nec tantis mora prodigijs: en quatuor are

o Cum terras omnes. SER. quia peragrauerat multa:
p Syderaq̃ emense ferimur. S. Aut tempestates: aut p
uintias: q̃ syderibus subiacẽt: vt in Bucco. Aethiopũ ver
sem⁹ oues sub sydere cãcri. ¶ Per mare. mag. S. ꝓcellosũ:
Lucretius. Suaui mari magno. q Italiam. sequimur fu.
S. vt iam tandẽ Italie fu
gientis prendim⁹ oras. Et
reuera nullus sequit̃: nisi
quod fugit. C. Fugiẽtem:
Pathos a desperatiõe fu
turi: ex quib⁹ recte conclu
ditur debere eas q̃rere se
des. ergo & incendere na
ues. r Voluimur. S
nõ nauigamus.
s Hic erycis fi. S. Argu
mentũ a facili. C. Erycis
fines: nõ satis erat demõ
strasse nõ esse nauigãdũ:
nisi etiam ꝓbaret cõmo
de illic consistere licere.
t O patria. C. quã reli
quimus: vt nouã restau
raremus. Concitat maxi
mam cõmiseratione hu
iuscemodi interposita ex
clamatiõe. v Necquic
q̃. S. qui nõ ꝓderant: cũ
essent fatorũ comites. C.
Necq̃cq̃. Si nobis sedes
paramus. x Quin agi
te. C. quod hactenus oc
cultauerat: nũc demũ et
confutatis q̃ contra dici
poterant: & cõfirmatis q̃
in rem faciebant audit⁹
profert: animis iam ex su
periori oratiõe: ad id sua
sponte inclinatis.
y Infaustas. SER: ma
li ominis. y Nã mihi
cassandre. S. nõ cui crede
re non debebant: sed cui
cum sua pernitie non cre
diderãt. CR. Nam mihi.
Confirmat ea q̃ ꝓponit:
vatis auctoritate: cui⁹ va
ticinia neglecta calamita
tum causa fuerũt.
a Hic. C. vbi summa
adest facultas.
b Nunc tẽpus agi res:
SER. Troiam fien. CRI.
Nec abest occasio tempo
ris.
c Mora prodigiis. S. Ec
ce ꝓdigiũ de bono: et ar
gumentat̃ ad incendium
nauium. d En q̃tuor
are. S. Aras Neptunni a
dere: quas ideo quatuor
dicit: q̃a singuli duces sin
gulas posuerant. Nã con
trarium est: Numero de
us impare gaudet. Alii di
cunt a Cloantho posi
tas quas promiserat se daturum. CRIST. En quatuor
are. vt nõ solũ ex hoc facultas ostendat̃: sed etiam deorũ
iudicet̃ voluntate fieri posse. e Neptunno deus. S.
cuius sunt naues. f Prima. C. Non enim orõne solũ:
sed et exemplo illas mouere voluit. g Infensũ. SER.
i. ipa infensa. h Tot. S. aut multorum: aut supra

dictarum: vt quinqꝫginta illi thalami. i Nō beroe. S. hortatur numinis auctoritate. k Diuini signa. S. diuia collegit signa: qb⁹ dii cognoscunt: vt: Nāqꝫ haud tibi vllus mortalis: nec vox hoiem sonat. l Ardentes. C. Non ex ira: sed diuio splēdore. m Spiritus. S. odor: vt comę diuinum vertice odorē. Spirauere. CRI. Qui spūs. quę animi vehementia.
n Qui vult⁹. C. Nā i facie illi appebat nescio qd diuinū. o Vl gressus. S. vt. et vera incessu patuit dea. p Reliqui egrā. C. Recte eius formā sumpsit iris: quę morbo absutura: illā simulationis arguere nō poterat.
q Primo. S. anteqꝫ numen agnosceret. C. Prio ancipites. Nā a principio qꝫuis suasę essent: tñ magnitudo facinoris absterrebat: atqꝫ etiā desideriū fatalis terrę extinguebat ardentē cupiditatē in Sycilia quiescendi. r Miserū. SER. aut magnū. Teren. Eam misere amabāt: aut q̄ efficerent miseriores. s Focis ig. C. Recte: Nam focus est vbi ignis fit. t Trāstra p. C: Anastrophe. i. ptrāstra.
v Pictas: S. vel q̄ essent picte & de abiete.
x Abiete. S. i. in abiete.
y Eumel⁹. C. accōmodatū rei nomē: nā Eumel⁹ pōt iterptari q recte cu ret. z Lęt⁹. C. velox Et recte prim⁹ Ascani⁹: nam & in equo erat: & ad eū preter ceteros ea res ptinebat. a Magistri. S. custodes. Teren. Me filiis reliquit quasi magistrum.
b Furor. S. q̄si ad furentes loquitur: & veluti: ne nunc quidē agnit⁹: cū dicat: En ego vr̄ Ascanius galeā piecit inanem.
c Nouus. SER. aut magnus: aut inopinatus. C. Nouus. magn⁹. vel sine exemplo: qꝫ in mulieres tanta venerit amentia: vt suas naues vrāt.
d Quo nunc tenditis? S. id est: quid habetis intentiōis? e Vr̄as spes vritis: S. Nauibus eni ad regna tendebāt. f Inanem. S. cōcauā sine capite. g Ludo. S. p ludū. h Illę diuer. C. Nō discedit ab ingenio muliebri:

Neptuno: deus ipse faces: animumqꝫ ministrat.
Hec memorās: prima infensū vi corripit ignē:
Sublataqꝫ procul dextra: cōnixa coruscat
Et iacit: arrectę mentes: stupefactaqꝫ corda
Iliadum: hic vna e multis quę maxima natu
pirgo: tot priami natorum regia nutrix:
Non beroe vobis: nō hæc rhoeteia matres
Est doricli coniunx: diuini signa decoris:
Ardentesqꝫ notate oculos: qui spiritus illi:
Qui vultus: vocisue sonus: vel gressus eunti.
Ipsa egomet dudum beroen digressa: reliqui
Aegram: indignantem tali quod sola careret
Munere: nec meritos anchisæ inferret honores.
Hæc effata.
At matres primo ancipites: oculisqꝫ malignis
Ambiguę: spectare rates: miserū inter amorē
præsentis terrę: vatisqꝫ vocantia regna.
Cum dea se paribus per cœlum sustulit alis:
Ingentemqꝫ fuga secuit sub nubibus arcum.
Tum vero attonitę monstris actęqꝫ furore
Conclamāt: rapiuntqꝫ focis penetralib⁹ ignes:
pars spoliant aras: frondē: ac virgulta: facesqꝫ
Coniiciunt: furit immissis vulcanus habenis
Transtra p & remos: & pictas abiete puppes.
Nūcius anchisæ ad tumulū: cuneosqꝫ theatri:
Incensas perfert naues Eumelus: & ipsi
Respiciūt atram in nymbo volitare fauillam.
primus & ascanius: cursusqꝫ vt lætus eqstres
Ducebat: sic acer equo turbata petiuit
Castra: nec exanimes pñt retinere magistri.
Quis furor iste nouus? q̄ nunc q̄ teditis inqt.
Heu miserę ciues? non hostē inimicaqꝫ castra
Argiuum: vestras spes vritis: en ego vester
Ascanius: galeam ante pedes proiecit inanem:
Qua ludo indutus belli simulacra ciebat.
Accelerat simul æneas: simul agmina teucrum.
Ast illę diuersa metu: p littora passim

quasi per furorē in audatiam proruperint deprehensę fuga sibi consulūt: et latibula nullo delectu habito: metu et pudore sibi omino queritant.
i Mutatę. C. Nā relictę a furore in sanam mentē redierant. k Excussaqꝫ pect. Iu. est. S. Furoris causa nō furor. ¶ Iccirco qa furor desierat.
l Sed nō iccirco. C. admonet diligēter animaduertendū antea quā quicqꝫ agere incipiam⁹. Nam quę facta sunt: poenitentia infecta reddere nō possumus. m Vdo. S. sub robore vicino aquis.
n Stuppa. S. ꝑm antiquā orthographiā. Nam stuppa dicta est a stipando: Abusiue etiā linum dicim⁹. o Tardum. S. densum: crassum. Nam ignē solet fumus pręire. Vnde tardum addidit.
p Est. CR. Consumit: vt. Est mollis flāma medullas. q Corpore. S: nauiū. Vt disiice corpora pōto. r Descendit pestis. S. incēdiū more suo: & declamauit p contrarium. Nā ignis supiora semp petit. s Vires herovū infu. flu. C. i. tanta vis aquę quanta heroica virtute infundi posset: q̄ instar fluminis erant.
t Flumia. psunt: S. vis aquę. v Humeris abscindere vestem. S. Notāt quidā qꝫ æneas damnum q̄tuor nauiū impatienter doleat: Sed magis illud cōsiderandū est: q̄d ait supra Ascanius: vr̄as spes vritis: vt damnū nō doleat: sed spem nauigatiōis ereptam. C. Hūeris abscindere vestem. Ergo animi desperatiōe agebatur: sed nō mirādū, nam cū constitutus esset in eo genere virtutū: q̄ purgatorię sunt: nōdū ad id robur puenerat: vt taꝫ sequę posset obsistere fortunę: quod earū est virtutū q̄ animi sunt iam purgati: vt nos latius in disputationib⁹ nostris Chamaldulensibus dixim⁹.
x Iuppiter omnipotēs. SER. Figuratis hoc agit coloribus: nec vt pereat: sed vt restringuat incēdiū. ¶ Si. optimus duct⁹ est: q agentis voluntatē latenter ondit. D. Iuppiter omipotens: amplexus

Diffugiūt:syluasq;:& sicubi concaua furtim
Saxa petunt:piget incœpti:lucisq;:suosq;
Mutatę agnoscūt:excussaq; pectore:Iuno est.
Sed nō iccirco flammę atq; incendia vires
Indomitas posuere:vdo sub robore viuit
Stuppa vomēs tardū fumū:lentusq; carinas
Est vapor:& toto descendit corpore pestis.
Nec vires heroum:infusaq; flumina prosunt.
Tum pius æneas humeris abscindere vestem:
Auxilioq; vocare deos:& tendere palmas:
Iuppiter omnipotēs:si non dū exosus ad vnū
Troianos:si quid pietas antiqua labores
Respicit humanos:da flammā euadere classi
Nunc pater:& tenues teucrū res eripe lęto.
Vel tu quod superest infesto fulmine morti
(Si mereor)demitte:tuaq; hic obrue dextra.
Vix hęc ediderat:cum effusis imbribus atra
Tēpestas sine more furit:tonitruq; tremiscūt
Ardua terrarum:& campi:ruit ęthere toto
Turbid⁹ imber aq̄:densisq; nigerrim⁹ austris.
Implenturq; sup puppes:semiusta madescunt
Robora:restinctus donec vapor omnis:& om
Quatuor amissis seruatę a peste carinę. (nes
¶ At pater æneas casu concussus acerbo:
Nunc huc ingentes:nunc illuc pectore curas
Mutabat versans:siculis ne resideret aruis
Oblitus fatorum:italas ne capesseret oras.
Tum senior Nautes:vnum tritonia pallas
Quem docuit:multaq; insignē reddidit arte:
Hęc responsa dabat:vel quę portenderit ira
Magna deum:vel quę fatorum posceret ordo.
Isq; his æneam solatus vocibus:infit.

est omnia quę sp malorū necessitate uerāt postulāda. ¶ Iuppiter.hoc solum satis est ad auxiliandum.Omīpotens.vt nō solum pstādi habeat potentiam:sed etiam difficilia possit remouere:sed qm̄ non satis est posse:nisi etiam velit:addit:si nō omnes ad vnū odisti·id est nisi me quoq; odisti. Addit etiā cōmiserationem ponens egestatis angustias. Postremo ponit meritū postulantis:et plenum auxiliū dantis. C. Iuppiter omnipotēs.Oratio est in genere deliberatiuo:in qua cum petat:primo oñdit facilitatem rei:nam omīpotenti Ioui nihil difficile fit. Dein̄ ostendit rem honestā. pertinet em̄ ad diuinā clementiā:cū res amplę in angustias redactę sunt illarū misereri.qui locus non solū honestatē oñdit:sed summam quoq; concitat cōmiseratione. y Non dum ⁊c. C.q̄si dicat:nisi das euadere flammam:videberis exosus omnes Troianos:& nō videbit esse pietas hūanis laboribus:q̄d nō est diuię clementię. z Exosus.SER.Antiq̄ dicebāt odi:& osus sum:hinc exosus nunc nomen in vsu est:verbo nō vtimur.

a Ad vnū.S.nullo excepto. b Si qd pietas. S.aut si tibi pietas pstat aliquid hūanis laborib⁹:aut si quid meremur:propter pietatis cultū:vt Parce pio generi:hoc ipm remunera. Vel si respicit res hūanas pietas:quę de terris olim recessit.

c Pater.C.q.d.omib⁹ cōmunis:& ad quē oim cura ptinet. d Tenues CR.q.d.ex quibus si aliquid demit:nihil iam superesse videbit. Satis eni iam punisti:si ex tam magnis.ita tenues redditę sunt.Ergo ne sęui:quia nō meruimus puniri:vl si meruimus satis āplas iam pœnas dedim⁹ ad huiuscemodi tenuitatem redacti.

e Res eripe lętos.SER. Acyrologia ē:id est inpprietas sermonis:nō em lętum dicit:nisi de viuentibus animalibus.

f Vel tu.CRI.Nam auctor poenę:eam leuiorē faciet. g Quod superest.S.id est q̄d cōgrue sequit.C.Qd̄ supest.q̄si dicat:illud exiguū quod restat. h Vix hęc edide C.Ostendit q̄ acceptus diis esset:cū tā subito ei⁹ sint exauditę preces.

i Effusis imbrib⁹.CRI. Imbres e.n̄ vehemētiores sunt q̄ pluuię.pręterea erāt effusi. k Sine more.S.i.sine exemplo.

l Tonitruq; tremiscunt:S.ablatiūs hic incert⁹ est:vtrum a neutro indediabili veniat hoc Tonitru:vt hoc cornu.Nam inde est fractęq; tonitrua nubis:vt cornua:an masculinū ƀm q̄rtam declinatōnem.Hinc em̄ est.tonitr⁹ agis:et mea fulmina torques. m Ardua terrarū.S.Periphrasis mōtium. n Aethere toto.S.pro aere posuit.

o Madescunt robora:S.aut humectant:aut resoluunt in cinerē:q̄d naturale est post incendiū.

p Fatorū.S.oraculoꝝ.

p Tum senior nautes:S.bene daturum cōsiliū & ab ętate:et a prudētia:& religionē cōmēdat.D. Tū senior.Et arte & ętate a pallade accepta meruerat audiri. Est autem suę sententię consona illa Terētiana.Qn̄ id fieri potest q̄d vis:id velis quod possis. r Vnū.S.pręcipuum. s Tritonia pallas.SER.p vno proprio duo Antonomasia posuit. t Pallas.S.Q̄ dixit Pallas quē docuit:propter illud q̄d supra dixim⁹ fingit.quia ipse Romā Palladiū detulit:Vn̄ nautiorū familia Mineruę sacra retinebat:quod etiā Varro dicit ī libris q̄s de familiis Troianis scripsit. v Reddidit arte. SER:virtute ἀπὸ τῆς ἀρετῆς: x Rn̄sa dabat S.Laus consilii.

y Vel quę portenderit ira magna deum.S.i.Iuno.vt alibi. Cęlestū vis magna iubet. z Solatus vocibus infit.S.solat & infit.Nam solans debuit dicere:sicut sequens indicat consolatio.

Nate dea: quo [a] fata trahũt: retrahũtq; seq̃mur:
[b] Quicq̃d erit: superãda oĩs fortũa [c] ferendo est:
[d] Est tibi Dardanius diuinę [e] stirpis acestes:
Hunc cape: onsilijs sociũ: & cõiunge [f] volentẽ.
Huic trade amissis [g] superãt q̃ nauibus: & quos
perteseum magni incœpti: rerum q; tuarũ est,
[h] Longeuosq; senes: ac fessas æquore matres.

a Quo fata trahũt. C. Nam q̃ mutari non pñt si illis cędendo ęq̃ aĩo fera mus: min⁹ nos affligũt. Nam vt est apud Hora. leuius fit patientia qcq̃d corrigere est nefas. b Quicq̃d erit. S. vt alibi: fuerit q̊dcũq; fatebor. c Ferendo est. S. dũ fertũ: mod⁹ gerundij a passiuo. d Est tibi. S. Iã hoc consiliũ est. C. Est tibi. Arguit a facili: & ab honesto: a tuto. Facile ei est condere vrbem in regiõe vbi & cognat⁹: et liberal' prĩceps regnãt: honesteq; ac tuto illi hi q̃ reliquũt: credũt. Fit etiã sine suo dãno: cũ illis exoneret: q̃ aut senectute debiles sũt: aut naturali ignauia oĩ virilitate careãt. e Diuinę stirpis. S. ꝓpter Dardanũ. f Volentẽ. S. volituriũ. Nã velle hẽbit: ñ iã vult. g Supant. S. supsũt. supfluũt. dicit aũt: nõ tm̃ debiles: sʒ etiã valẽtes iuue-

Et quicqd tecũ inualidũ: metuẽsq3 pericli est
Delige: & his habeant terris sine mœnia fessi:
Vrbem appellabunt pmisso nomĩe acestam.
Talibus incensus dictis senioris amici:
Tum vero in curas animũ deducitur omnis:
Et nox atra polum bigis subuecta tenebat.
Visa dehinc cœlo facies delapsa parentis
Anchisę: subito tales effundere voces:
Nate mihi vita (quondã dum vita manebat)
Care magis: nate iliacis exercite fatis:
Imperio Iouis huc venio: qui classibus ignẽ
Depulit: & cœlo tandẽ miseratus ab alto est:
Consilijs pare: quę nũc pulcherrima Nautes
Dat senior: lectos iuuenes fortissima corda
Defer in italiam: gens dura atq3 aspera cultu
Debellanda tibi latio est: ditis tamen ante
Infernas accede domos: & auerna per alta
Congressus pete nate meos: nõ me impia nãq3
Tartara hñt: tristesq3 vmbrę: s3 amcena piorũ
Concilia: elysiumq3 colo: huc casta sybilla
Nigrantũ multo pecudum te sanguĩe ducet.
Tum gen⁹ omẽ tuũ: & q̃ dent mœnia disces.
Iamq3 vale: torquet medios nox hũida cursus.
Et me sęuus equis oriens afflauit anhelis.
Dixerat: & tenuis fugit ceu fumus in auras.
Aeneas quo deĩde ruis? quo proripis inquit?

nes: vnde sequitur Lon. h Longęuosq3 senes. S. Nec eni adderet, qui nisi supra iuuenes dixisset. Item expressius sequitur. i Et quicqd tecũ inua. &c. C. Inualidũ ad corp⁹ referas. k Metuẽs. C. Ad animũ hoc spectat. Ergo reliq̃ illos qb⁹ neq3 corpis neq3 animi vires sufficiunt. l Permisso noĩe. S. ab Aceste scilicet: dicta ẽ aũt Acesta: deinde Segesta. m Tũ vero. S. Nam & ante cogitauerat: vt: pectore curas mutabat versans. C. Tum ve. Nam q̃uis hæc ita essent: vt dicebat nautes: tñ magnanim⁹ vir nihil mag cupiebat. q̃ oẽs suos incolumes in Italiã transire. Ergo hinc necessitas: illic excellentia rei illum distrahebãt. Fuit ergo opus ad cõsiliũ dandũ eo: in q̃ maior esset auctoritas. n Animum deducitur. S. gręca figura vt mentem lęsus. o Et nox atra polum. S. quasi maior causa cogitationis. vt. Et sub noctem cura recursat. p Bigis. S. proprio modo. Bigis ei melius plurali vtimur q̃ singulari. Ideo rorifera gelidũ tentauerat aera biga: abusiue dixit Statius. q Visa dehic cœlo facies delap. pa. S. Aut scd̃m q̃d. ã. dixim⁹: quia animę cœlũ tenent: Simulacra vero apud inferos sunt: aut ad errorẽ ptinet somnii: Nã et visa ait: Aut certe a Ioue missam ptãtem aliquã: quę se in Anchisę conuerteret vultũ: Nam & ipse dicit impio Iouis huc venio: Et infert: Elysiũq3 colo. ¶ Facies. C. Prima ex trib⁹ Seruii expositiõibus magis placz. & Elysiũ intelligas in circulo lunari.

r Dũ vita manebat. S. Bene addidit: dum vita manebat. nulla eñ est vita p⁹ mortẽ. s Impio Iouis. S. Ab auctẽ: vt. Ipse deum tibi me claro demittit olympo regnator. t Nautes, dat senior. S. vt solz iisdẽ vsus ẽ sermõib⁹. Nã ait: Tũc senior nautes. v Fortissima corda: gens dura. C. Propterea oñdit eẽ relinq̃ndos imbelles: qm nõ sine magnis bellis in Italia consistere liceat. x Atq3 aspa cul. S. q̃d in nono latius exequit: naros ad flumĩa primũ deferim⁹. y Debellãda ti. S. Bñ victoriã ĩ bella sola p̃dicit: ĩ qb⁹ esse poterat terror: z Auerna p al. S. vt gargarus gargara: et tartar⁹ tartara. a Non me iperia namq3. S. ppter facilitatẽ. b Amœna. S. loca sunt solius volupta

tis plena: quasi amunia: vnde nullus fructus exoluitur: Vñ nil p̃stantes immunes vocamus. t Piorũ consilia elysiumq3 colo. S. Elysium est vbi piorũ animę habitant post corporis animęq3 discretionẽ. Vñ & interit⁹ dr̃ res inter aiam & corpus veniens. Ergo Elysium ΑΠΟ ΤΗΣ ΕΛΥΣΕΩΣ. quod secundum Poetas in medio inferorũ est: suis fœlicitatibus plenum: vt Solemq3 suũ sua sydera norũt: Secundũ Philosophos sũt ĩsulę fortunatę: quas ait Salusti⁹, inclytas esse Homeri carmib⁹: quarũ descriptiõem plus cõmẽtator dicit eẽ sublatã: Scd̃m theologos circa lunarẽ circulũ: vbi aer purior est. vñ ait ipse Virgi. Aeria in campis. Itẽ Lucan⁹. Non illuc auro positi: nec thure sepulti perueniunt. d Nigrãtũ. C. quia inferis nigra hostia cõuenit: vt superis alba. e Tum genus oẽ tuũ et quę dẽt mœnia disces. S. Hę sũt causę ppter quas Aeneas ad inferos descẽdit. Generis agnitio: & ciuitatis nomẽ: q̃d ei nullus vnq̃ p̃dixerat: sed solus indicat pr̃. Latet eñ vt supra diximus: verũ vrbis nomen: vnde ei pr̃ quasi pro mysterio & affectiõe: ait illa indyta Roma.

f Torq̃t med. nox hu. curs⁹: Et me sęu⁹ e. ori. af. anhel'. S. Dies est plenus: qui habet horas viginti quatuor: nam & nox ps diei est. Dicim⁹ aũt diem a parte meliore: vñ vsus est: vt sine cõmemoratiõe noctis numerũ dicamus dierũ. Hic aũt dies scd̃m egyptios inchoat ab occasu solis. Scd̃m Persas ab ortu sol'. Scd̃m Ethruscos et Athenięses a sexta hora diei: Secundum Romanos a media nocte: et hos nunc secutus ait: medios cursus. Et me sęuus equis oriens afflauit anhelis. Hęc aũt plene exequit & Cicero in auguralibus: & Aulus Gelius in libris noctium acticarum. Hoc etiam illa res iuris indicat: q̃ cũ tribunũ plebis abnoctare ab vrbe nõ liceret: licebat tamẽ exire p⁹ noctem mediã: & añ mediã reuerti. g Sęu⁹ oriens. S. Sol cui⁹ lux est vmbris inimica. Vñ Luca. Et medio fecit axe diem. Est ãt physicũ: nã pereũt vmbrę solis aduẽtu. h Fumus in au. C. Nã fumus in aerẽ ascendens euanescit. i Aeneas quo deinde ruis? SER. Ordo est: Aeneas deinde quo ruis.

Quē fugis? aut quis te nr̃is cōplexibus arcet?
Hęc memorās: cinerē & sopitos suscitat ignes:
pergameumq̃ larem: & canę penetralia vestę.
Farre pio & plena supplex veneratur acerra.
Extemplo socios: primūq̃ arcessit acęstem:
Et Iouis imperiū: & cari praecepta parentis
Edocet: & quę nunc animo sententia constet.
Haud mora consilijs: nec iussa recusat acęstes.
Transcribūt vrbi matres: populumq̃ volentē
Deponūt aīos nil magnę laudis egentes.
Ipsi transtra nouāt: flammisq̃ ambesa reponūt
Robora nauigijs: aptant remosq̃ rudentesq̃.
Exigui numero: sed bello viuida virtus.
Interea Aneas vrbem designat aratro.
Sortiturq̃ domos: hoc Ilium: & hęc loca troię
Esse iubet: gaudet regno troianus Acestes

k Quem fugis? S. Quasi ignorās rōnē qua fugeret. CRI. Quē fugis? q. d. nō decet patrē filiū fugere. l Aut qs. C. q. d. tam crudelis. m Canę. S. antiquę. Aut p pter ignis fauillas. C. Canę. antiq̃. Vel allusit ad extinctū cinerē. n Farre pio. S. vel quia exinde sacrificabant: vel qa mos fuit apud maiores: vt diuinū ignē farre seruarēt: quia si durasset in alterū diē: eū aptū agendis reb⁹ sacrifica bant. o Acerra. S. id est arca thuralis: id q̃d continet pro eo q̃d conti netur. C. Acerra in singu lari arcula thuraria ē: In p̃rali nomē vrbis: vt. Et vacuis nō ęquus acerris. p Socios. C. scd̃m mo rem Romanū. Nam con sules omia referebant ad senatū. q Primū: S. Principem. r Et Io uis impiū. CR. In primis fert illud eē impiū Iouis: vt fidem ex auctoritate faciat. s Haud mora: S. hoc est q̃d ait: Et cōiū gę volentē. C. Haud mo ra. Quis eñ recto cōsilio & a Ioue pficiscenti ad uersaret? Sed de consilio altius repetam. Mens ho minis triplex est: qua cō templamur: qua agim⁹: & qua efficim⁹. A prima si diuina pscrutāur: nāci scimur sapientiā: quę est diuinarū rerū cognitio: Sin aūt ea quę sunt secū dū naturę ordinē inquiri mus: euentuū ac princi piorum naturaliū conse quimur cognitionē: & il lam scientiā: hanc intelli gentiā nominānt. Ab alte ra vero: id est ab ea q̃ agit (quoniā curam capit re rum agendarum) acqui rimus prudentiā: quā & Plato et Aristoteles habi tum diffiniunt rerum rationabiliter agendarū. Hinc Ari stoteles in sexto de moribus q̃tuor adiūgit virtutes: bonā consultationē: solertiam: sagacitatē & sententiā. Nam vt hic idem phūs in septimo eius libri: quē de repub. scripsit duo sunt: quib⁹ consultatio recte agendi consistit. Nā et fi nē quo oia referam⁹: puidere nos oportet. vt omēs q̃ ad illū ferūt rationes recte inueniam⁹. Quapropter et his qui circa finem versanē. & his quę ad finē ducunt: indiget pru dentia. Ergo inprimis consultationē: iudiciū: & electionē desiderat. Consilium aūt est eorū quę ad finem ferunt in quisitio. Huius triplex est officium. Primum eñ perqui rendum est: an aliquę vię sint quę ad eum quē nobis iam proposuimus finem ducāt. Deinde si sint? quot illę sint? Postremo si vna pluresue inuentę fuerint: quo pacto illis vti valeamus. Atq̃ hoc totum deliberationis esse volūt. His autem ita conquisitis: disceptandū erit. vtra potius si duę sint? an si plures: quę potissimum ex illis aptior: ho nestiorue: aut vtilior sit: quod iudicii est. Pōst hęc autem iam aptissima inuenta insurgit electio: quę est eorum quę ad finem faciunt cōsulta appetitio. Nec illud p̃tereundū. nā quia huiuscemodi & bona et mala esse possunt: opor tet quosdā esse habitus: qui omnia ad bonum honestum q̃s dirigant. Consultatio itaq̃ dirigitur bona consultatōe & solertia. Bene consulere est honesta via ad finem rectū commode pducere. Solertia est earum viarū promptissi ma adinuentio. Iudicium rectū absolutūq̃ redditur sa gacitate ac scientia. Sagacitas est rectum promptūq̃ iu dicium. Sententia aūt est iudicium boni & ęqui. Et saga citas quidem in his quę a legibus instituta sunt versatur: & summa vtitur celeritate & acumine in iudicando. Sa gire enim ē acute calideq̃ sentire. Hic odorisecos canes sa gaces appellamus. Sētentia aūt illa est virtus qua & sapimus & volumus in his quę ad ęquitatem & scientiam pertinent. Hęc paulo explicati⁹ po sui: vt cui⁹ virtutis pars sit consiliū: intelligeres.

t Nec iussa. S. voluntatem: vt supra Infandum regina iubes renouare dolorem: Aut certe quę Iuppiter iusserat.

v Trāscribunt vrbi matres. S. Romani moris verbū est. Transcripti enī in colonias deducebātur C. Transcribunt. Triumuiri enim creabanē apd̃ Romanos: qui ciues: qui transcripti eēnt in colonias deducerent.

x Vrbi. S. ad vrbem.
y Deponūt. S. q̃i de manib⁹. z Animos nil magnę laudis egentes. S. Aut ęneas deponit eos: qui nulla glorię cupiditate tanguntur. Aut hi qui erāt transcripti. i. matres & volentiū multitudo: deponunt animos: id est submittunt inertię.

a Transtra nouant. CRI. Nam quāuis quatuor dumtaxat exustę essent naues, tamen plurimę ex aliis resta bant viciatę.

b Reponunt aptant remosq̃. CRIST. Vel iterum ponunt robora: quę sunt ambesorum loco: vel dolant am besa: & deinde rursus ponunt.

c Robora nauigiis. SER. melius sic distinguitur. CRI. nauigiis. Nauem cū dicimus speciem ponimus. Nauigiū autem genus est: nam omne quo nauigamus: nauigium est. d Exigui numero: sed bello viuida virtus. SER. Transit ad rem a numero.

e Vrbem designat aratro. SER. quem Cato in originibus dicit morem fuisse. Conditores enim ciuitatis taurū in dextram: vaccam intrinsecus iungebāt: & incincti ritu sabino: id est togę parte caput velati: parte succincti: tene bant stiuam incuruā: vt glebę omēs intrinsecus caderēt: & ita sulco ducto loca murorum designabant: & aratrū suspendētes circa loca portarū: vnde territorium dictum est quasi terribouiū tritum bobus & aratro.

f Sortiturq̃. CR. nunc sorte distribuit. alias sortiri est. per sortem accipere: vt est. Scipio sortitus est Aphrycam.

g Regno troianus acęstes. SERVI. Suo nomine enim fuerat ciuitas appellata.

Indicitq; forum:& patribus dat iura vocatis.
Tunc vicina aſtris:Erycino in vertice ſedes
Fundatur veneri Idalię:tumuloq; ſacerdos
Ac lucus late ſacer:additur anchiſęo.

h Indicitq; Forum.S.i: tempus:& locū deſignat agendorū negotiorū:qui conuentus vocatur. Indicit autem verbū iuris eſt. & per hoc potentē vult ſignificare ciuitatem. C. Indicitq; fo. Indicit dies: quibus foro vtantur: id eſt ius dicatur.

i Et patribus dat iu. vocatis. S. dat cōdendi iuris poteſtatē:his quos appellauerat pr̄es:aut certe vocatis pr̄ib⁹ iura diſtribuit. Hi aūt vt Saluſt. dicit:vel ętate:vel curę ſimilitudine patres appellati ſunt. Senatores aūt: vt alii a ſenecta ętate:alii a ſinendo dictos accipiūt. Ipſi enī agendi facultatē dabant p ſenat⁹ conſultū. DO. Pr̄ibus dat iura vocatis. Hoc ad Aeneā refert:ad quē redit poſt expletam Aceſtę beniuolentiam

k Idalię.SER.Cyprię.

l Sacerdos.SER. Alii ad tumulum:alii verſo ordine ad templū referūt:vt luc⁹ tm̄ tumulo det Anchiſę:vt inducite fontib⁹ vmbras paſtores. Nemora enī aptabāt ſepulchris.

¶ Iamq; dies epulata nouē gens omīs:& aris
Factus honos:placidi ſtrauerūt ęq̄ra venti:
Creber & aſpirans rurſus vocat auſter in altū:
Exoritur procurua ingens per littora fletus:
Complexi inter ſe noctemq; diemq; moranī.
Ipſę iam matres:ipſi quibus aſpera quondā

¶ m Placidi ſtrauerūt ęquora venti. C. Ita placidi flabant:vt nō in fluctus ęquor erigerent: ſed ſtratum ęquatūq; reddeſent.

n Aſpirans..C.Ita ſpirans:vt fauorem non incommodum afferret.

o Exoritur. CR. Nam & ſi nauigationem exoſi in Sycilia relinqui paterentur:tamen duriſſimū erat a ſuis diſiungi. Ergo & qui ituri:& qui manſuri erant diuort. ū hoc grauiter ferebant.

p Visa maris facies. SER. vt me ne salis placidi vultū: Vult aūt istos aspectū q̄z maris horrere. q Fugę. S. ꝑfectionis. r Tris. C. Nam nūero deus impare gaudet s Eryci & tēpestatib⁹. S. bene iunxit. Procellę enī aut de fluminib⁹. aut de montib⁹: quasi περιπνοιας dicuntur.

& Iouis imperiū audere. Postremo q̄ diruta vrbe et genere Troianoꝝ magna ex parte deleta adhuc in reliqas sęuiat. c Preces descendere in oīa. S. Si qd inuidię est in humillimis ꝑcibus imputādū est Iunoni. Nam oīes discendo: etiā humiles significat: Vn̄ ait etiam descendere.

Visa maris[p] facies: & non tolerabile numen:
Ire volunt: omnemq[q] fugę perferre laborem.
Quos bonus æneas dictis solatur amicis.
Et cōsanguineo lachrymās cōmendat acestę.
Tris[r] Eryci[s] vitulos: & tempestatibus agnam
Cędere deinde iubet: soluiq[t] ex ordīe funes.
Ipse caput tonsæ folijs euinctus oliuæ[v]:
Stans[x] ꝓcul in prora paterā tenet: extaq salsos
Proijcit in fluctus: ac vina liquentia fundit.
Prosequit̄ surgēs a puppi ventus euntes.
Certatim[y] socij feriunt mare: & æqra verrunt.
At[z] venus interea Neptunnū exercita curis
Alloquit̄[a]: talesq effundit pectore questus.
Iunonis[b] grauis ira: nec exaturabile pectus
Cogīt me Neptunne ꝑces[c] descendere in oēs:
Quā[d] nec longa dies: pietas[e]: nec mitigat vlla:
Nec Iouis imperio: fatisue infracta[f] quiescit.
Nō media[g] de gente phrygū exedisse[h] nefandis
Vrbem odiis satis est: poenā[i] traxisse ꝑ omnē
Relliquias[k] troię cineres: atq ossa peremptę
Insequitur[l]: causas tanti sciat illa furoris.
Ipse mihi nuper libycis: tu testis in vndis:
Quā[m] molem subito[n] excierit: maria[o] oīa cœlo
Miscuit: æolijs nequicq[p] freta procellis:
In[q] regnis hoc ausa tuis.

t Soluiq ex ordine fu. S. Ordo est iubet cedere ex ordine. i. rite peragi sacrificiū: et sic solui funē. Sic in vij. Phrygiāq ex ordine matrē inuocat. i. rite. v Tōsę oliuę. S. cōte minutis foliis. CRIS. Oliua aūt coronat⁹ erat quoniā Mineruę sacra ē arbor: sine qua dea · q̄niā sapientia est: in Italiā. i. ad vitam cōtemplatiuā accedere nō licet. Propterea pacis signū ē hęc arbor: & nisi animū pacatū extinctis ꝑturbationib⁹ gerimus: nūq res altas speculabimur. Sacrificātem aūt ꝓsper ventus ꝓsequebat̄. i. comitabatur: quia propitiati dii auxilium ferunt: sine q̄ ad tantā vitę sublimitatē nunq erigemur. x Procul in ꝓra. S. i. in parte extrema. y Certatim socii. C. Nā ꝑueniente diuino fauore oēs animi vires vtuntur. z At venus. CRI. id est ipse amor rerū diuinarū excitat Neptunnū: id est rōnē supiorē: qui curet ne mare tēpestatib⁹ insurgat. i. ne appetitus ꝑturbatiōib⁹ supra modū cōcitetur. Est aūt ventus in puppi prosper. nam impellit nauē quo volum⁹: quo significat̄ appetitus rationi obtēperans: q̄ facile in Italiā. i. in contemplationē ferimur. Inuehitur aūt i Iunonē. i. in ambitionē: q̄a nullū vitium est q̄d tm̄ aduerset̄ volētibus ad cōtēplationē ꝓficisci. Sed hęc lati⁹ in nr̄is allegoriis inuenies.

a Effudit pectore. S. q̄ est cum dolore. Vt fundit q ꝑces rex pectore ab imo. b Iunonis gra. i. DO. Magnū artificium: nam in ipso principio & suā ꝑsonā cōmēdat: et aduersarię deturpat: & incipit a nomine: et addit grauis ira: & exaggerat q̄ pectus eius dicat insaturabile. Quā aūt crudelis in Troianę sit: ipsi⁹ Neptūni testimonio ꝓbat. CR. Iunonis gra. ira. Vehemēs principiū: & q̄d ꝑuenit ab inuectiua. Captat beniuolentiam ab aduersaria: quā onerat inuidia: cū abutat̄ potentia sua: feratur q animi ꝑturbatiōe. i. grauissima ira. Et cū etiā crudelissimi soleant: aut tempis diuturnitate: quę oībus ꝑturbatiōibus solet mederi: aut aduersariorū pietate molliri. ipsa imota manet: Onerat et superbia: cū ostendat illā aduersus fata:

d Quā nec longa dies S. id est temp⁹: de q̄ licet melius fœminino genere dicam⁹: tn̄ etiā masculino dicimus. Nā de certo die tm̄ masculinū vtendū ē:

e Pietas nec mitigat vlla. S. aut Troianorū: qui pii sunt: Aut certe ꝓpter illud Iunoni argiuę iussos adolem⁹ honores: quasi quę nec sacrificiis placaret. f Infracta. S. valde fracta: vt. Turnus vt infractos aduerso marte latinos. g Media de gēte. S: id est toti⁹ gentis potentem. h Exedisse. S. muliebriter dictum: Nā inde ē quod sequit̄. Cineres atq ossa peremptę. Sane edo habet & rectā: sed antiquā declinationē: vt edo edis edit: & anomalam: vt Edo es est: quarū secunda & tertia personę longę sunt: ꝓpter differentiam hui⁹ verbi Sum es est. Edit autem in pręterito ꝓducit e: vt legit.

i Traxisse. CRIS. quasi inuitam. Nam poena inuita sequi videt̄ cū excedit modū: cum infertur quo non est inferenda. k Reliquias troię ⁊c. C. Nā vt damnatur illa crudelitas: quę sęuit in mortuos: sic & illa quę sęuit in eos: quorum iam patria diruta est.

l Causas tanti sciat illa furoris. SER. Bene supprimit. Contra ipsam enī sunt quę Iuno exequitur in decimo: vt. Me duce Dardanius spartam expugnauit adulter. m Quam molem. S. vt tantas auderis tollere moles. CRIS. Quam molem. Vnico verbo multa menti auditorū subiicit: quasi diceret: q̄ immensam: q̄ ponderosam tempestatē: q̄ exurgentem: quantū cuncta obruentem. n Subito. CRIST. Ergo ex improuiso. ergo magis ineuitabilem. o Maria omīa cœlo miscuit. C. Ergo quid maius excogitari potest. p Necquicq. S. aut sine causa: & nulla extante rōne: Aut necquicq: ad eius ꝑtinet mentem. Vnam enī nauem ex omibus vertit. q In regnis hoc au. tuis. SER. vt. Non illi imperium pelagi: sęuumq tridentem:

Proh scelus: ecce etiã troianis matribus actis
Excussit foede puppes: & classe subegit
Amissa: socios ignotę linquere terræ.
Quod superest: oro: liceat dare tuta per vndas
Vela tibi: liceat laurentẽ attingere tybrim.
Si concessa peto: si dant ea mœnia parcę.
Tum saturnius hęc domitor maris edidit alti.
Fas omne est cytherea meis te fidere regnis.
Vnde genus ducis: merui quoq; sępe furores
Compressi: & rabiem tantã cœliq; marisq;:
Nec minor ĩ terris: xanthũ simoentaq; testor:
Aeneę mihi cura tui: cum troia Achilles
Exanimata sequẽs impingeret agmina muris:
Milia multa daret leto: gemerentq; repleti
Amnes: nec reperire viam: atq; euoluere posset
In mare se xanthus: pelide tunc ego forti
Congressum ænea: nec dijs nec virib⁹ ęquis
Nube caua eripui: cuperẽ cũ vertere ab imo
Structa meis manibus periurę mœnia troiæ.
Nũc q; mens eadẽ mihi perstat: pelle timores
Tutus quos optas portus accedet auerni.
Vnus erit tantũ: amissum quẽ gurgite queres.
Vnum pro multis dabitur caput.
His vbi læta deæ permulsit pectora dictis:
Iungit equos curru genitor: spumãtiaq; addit
Frena feris: mãibusq; omes effundit habenas.
Ceruleo p summa leuis volat æquora curru.
Subsidunt vndæ: tumidũq; sub axe tonanti
Sternit æquor aq̃s: fugiũt vasto ęthere nymbi.
Tum variæ comitũ facies: immania cæte:

C. In regnis hoc ait. Omnibus ex locis augeẽ res: quia sine cã: quia inextinguibilis ira fuerit. quia in miseros excitata tẽpestas. quia ita magna: vt ñ possit exprimi: quia deniq; in regnis alienis.
r Proh scelus. C. ab exclamatiõe auget
s Ecce. C. ex iprouiso: q. d. q̃d nemo vnq̃ credidisset. t Actis. S. furore cõpulsis: vt reginã allecto stimulis agit vndiq; bacchi. C. Troianis m̃ribus actis. nã quid potuisset esse crudelius q̃ Troianis a Troianis mulierib⁹ tantã cladem inferri?
v Ignotę. S. Ignobili: vt Nã sępe fauos ignotus adedit stellio. Et dixit ignotę: ad Italię cõpatione. nam ignota non erat: ad quã Troiani bis venerũt.
x Quod superest. C. Non sine magnę conditiõe misericordię petit auxilium his paucis qui de multis supsunt. Neq; petitur res magna. sed quę cuicũq; concedi soleat: vt liceat enauigare: & ad ea loca quę a fatis conceduntur.
y Tibi. S. p tuũ regnũ.
z Si concessa. S. Siquidem: Nã si nõ confirmantis est, arguit aũt a possibili: a Fas omẽ est. S. Possibile est.
b Meis te fidere regnis. S. Nam fido datiuũ tãtũ regit. C. Fas omne est meis te fidere regnis. Cõpone est omne fas te fidere: id est ita iustum est te fidere: vt nihil sit in hac fiducia quod nõ sit iustũ.
c Vnde g. d. S. Nam Saturnus Cœlio p̃ri falce virilia amputauit: q̃ lapsa in mare sunt: de quorum cruore & maris spuma nata est Venus. vnde αφροδιτη dicit. Nam αφρος spuma test: ratio est q; omnes vires vsu venereo debilitãt: qui sine corporis damno nõ geritur: Ergo de damno orta est venus: & ex mari: quia sudor salsus est qui semp elicit coitũ. Hinc myrtus ei sacratur: quę litorib⁹ oritur. CRIST. Vnde. i. ex quibus. d Merui. SER etiam prestiti: vt nec te regina negabo promeruisse. Alii dicunt militaui: vt aere meruit paruo. C. Merui. Quod fideres: nam ea feci quę te facile persuadere possint: vt fidas. Nam si extra mea regna: et vbi sine fraude id officiũ negligere potui: & cuperem Troiam perire: ego tamen Aeneã a morte eri

pui: quanto magis quod ad meã fidem ptinere videẽ: vt nauigãtes p mea regna tuti sint: ipm incolumẽ esse operã dabo.
e Rabiẽ tãtã cœliq; marisq;. S. vt in primo legimus. f In terris. S. etiam in terr: nam augmentum est. g In mare. SER. Omnia hec Homeri sunt. h Nec diis nec viribus equis. S. id est aduersis. Lyptote est figura: aut non equali fauore: P̃sens ẽnĩ dĩĩ grecis fauebãt. De matrib⁹ aũt intelligere non possumus: quia Thetide melior est Venus, & ei psenti derogare nollet.
i Vertere ab imo. S. q̃d ppriũ eius ẽ. vt: Magno q; emota tridenti fundamẽta quatit. Hinc vt supra diximus ενοσιχθων dictus est. & fecit argumentũ cũ se pstitisse dicit iratũ. k Portus accedet. S. Hic distinguendũ: ne sit contrariũ Veneris petitioni: q̃ ait: Liceat laurẽtẽ attigere tybrim. l Amissum quẽ gurgite queres. SER. Misenum dicit: de q̃ legim⁹: Inter saxa. virũ spumosa emerserat vnde.
m Vnũ p m̃ris dabit. S. Palinurũ intelligit: Nã falsum erit: si vnũ voluerimus accipe. Duo enim perierunt Palinur⁹ & Misenus. n Lęta permulsit. S. aut permulsit: et lętã fecit: vt animũ q; labantẽ impulit. Aut epithetũ ęternũ est Veneris. o Spumantia. S. spumas vomentia.
p Feris. S. equis: vt. In q; feri curuam compagibus.
p Tum varię comitum facies. SER. aut beluas dicit marinas secundum naturas: vt poetę deos marinos.
q Immania cęte. SER. Gręca declĩatio το κητος κητη vt βελος βελη. Nullum enim apud nos animal neutri generis est: nisi forte hic cętus huiusmodi cęti dicamus: quod nusq̃ lectum est: Nam dicunt canes marini. CRIST. Cęte. quę adeo magna inueniũtur in Indico mari: vt quattuor iugerũ sint: ergo immania: id est vltra modum magna.

Et senior glauci chorus. Inousq; palemon:
Tritonesq; citi: phorciq; exercitus omnis.
Leua tenent thetis: & melite: panopeaq; virgo:
Nisee: spioq; thaliaq;: cymodoceq;.
¶ Hic pris Aeneę suspensam blanda vicissim
Gaudia ptentant mentē; iubet otius oēs
Attolli malos; intendi brachia velis:
Vna omnes fecere pedem: pariterq; sinistros
Nūc dextros soluere sinus: vna ardua torqnt
Cornua detorquētq;: ferūt sua flamīa classem.
princeps ante oēs dēsum palinurus agebat
Agmen: adhuc alij cursum contendere iussi.
Iamq; fere mediam coeli nox hūida metam
Contigerat: placida laxarunt membra quiete:
Sub remis fusi per dura sedilia nautę.
Cū leuis ętheriis delapsus somnus ab astris:
Aera dimouit tenebrosū: & dispulit vmbras:
Te palinure petens: tibi tristia somnia portās
Insonti: puppiq; deus consedit in alta
phorbanti similis: fuditq; has ore loquelas.
Iaside palinure: ferunt ipsa ęquora classem:
Aequate spirant aurę: datur hora quieti:
pone caput: fessosq; oculos furare labori:
Ipse ego paulisper pro te tua munera inibo.
Cui vix attollens palinurus lumina fatur:
Me ne salis placidi vultū: fluctusq; quietos
Ignorare iubes? me ne huic cōfidere monstro?
Aeneam credam: quid eīn fallacibus austris

r Et senior glauc' cho. S. Hic piscator fuit: & cum exanimes pisces in herbā abiecisset: & ea illos vitā recipere vidisset: ipse eadē herba gustata in deū marinū mutat⁹ est. Et senior glauci cho. Quia glauc⁹ senex fuerat: vl' ppter spu marū colorē: s Inousq; palemon. S. Melicerta Inonis fili⁹. Et notandū patronymicū a mr̄e ī auctore idoneo. t Tritonesq;. CRI. Tyberio principi nūciauit Olisiponēsium legatio: ob id missa: visum auditumq; in quodā specu cōcha canētē Tritonē qua nasci tur forma. Et nereidum nympharū falsa opinio nō est. Sūt eīn hūano corpore: verū squamis hyspido. Nam et harū vna in eodē littore spectata ē: cuius moriētis gemitū tristem: etiam accolę longe audiuere. Et diuo Augusto legatus Gallię cōplures in littore apparere exanimes Nereidas scripsit. v Phorciq;. S. Hic Neptūni ex Thoose nympha fi. fuit. Varro aitq; fuit rex Corsicę & Sardanię: q cū ab Atlante rege bello nauali cū magnā pte exercitus victus fuisset et demersus: finxerūt socii eū ī deū marinū esse ɔuersum. C. Phorc⁹. Neptūni et Thoose nymphę filius Varro ait illum impasse Chorsicę & Sardinię. Alii insulis Oceani Aphryci: & victum ab Atlante: postea p numine marino habitū. Pater fuit Medusę: et cęterarū gorgonū. Prob⁹ ait fuisse duos Phorcos: Alterum deū maris; alterū regē in Aphryca. x Leua tenēt. S. perite sexū debiliorem lęuę applicat parti. y Melyte. CR. μελιτα eni ab hesiodo: qui has oēs nymphas enumerat in theogonia: filias Nerei ex Doride: & qnqginta esse dicit.

i Mediam metā. S. perite. Nā medium coeli meta est ἀναβιβάζων τὸ id est ascendentis circuli. hic meridianus dr̄. et medi⁹ est inter ortū et occasum. A medio eīn coelo: et finitur ortus: et occasus incipit siderū. Alter ē orizontis: q sepat aspectū hui⁹ coeli ab alio: inuisibili nobis. CRIST. Mediā metā. Meridianū circulū intelligit: quē mathematici equatorē appellant. k Sub remis. SER. requierāt paululū; sic remos tenentes.

l Leuis. SER. vel aduētu: vel discessu: in vtroq; enī leuis ē. m Dispulit. S. Nā sp deos ambit nimbus. n Te Palinure petens. C. p mortē Palinuri ītelligat q̄d expsiī⁹ enarrauimus in nostris allegoriis. o Petens. S. Factiose appetēs aggrediēs. Et more poetico ī malus celebrat fun⁹ Palinuri: quē dormientē cecidisse constat. p Somnia. S. soporē: Bñ hęc distinguit: vt somnū ipm deū dicat: Somniū quod dormimus. Insomnium quod dormientes videm⁹: vt sed falsa ad coelū mittūt insomnia manes.

q Iaside palinure. C. Conciliat beniuolentiā: q deus hominē proprio nomine alloquatur. r Palinure. CR. Neq; solū pprio noie conciliat beniuolentiam: sed etiam paterno. s Ferūt ipsa ęquora classē. S. i. ęstu et aura nostra vtimur. C. Ipsa ęqra classem. Arguit a facili. t Datur hora quieti. C. Ponit occasiōem temporis. v Pone caput. SER. particulatim ad id venit: quod aperte dictum cōfutaretur.

z Nisee. S. media diphthongus est. a Vicissim. S. quia reliqrat socios: sed foeliciter petebat Italiā. b Malos. S. i. vela p malorū volubilitatē leuari: nam cū nauigarēt: nō est dubiū: q olim erexerāt arbores. c Pedem. S. i. podiam. i. funē q tendit velū. d Pariter. CRI. i. in eodē tpe oīm nauiū nautę hęc vicissim faciebāt: Sed ita vt sp Palinurū tanq; doctiorē imitarēt. Neq; minus elegāter in hoc loco tranquillitatē describit q alibi tempestatē. e Sinistros n. d. S. pro aurę mobilitate. f Cornua. S. extremitatē. g Sua flamina. Pro sphera & a puppi venientia. h Princeps an oēs. S. vnū vacat.

x Labori. S. ex intuendis syderibus. y Attollens lumina. S. aut a syderibus remouens: aut p̄sentia numinis degrauatus: quod est melius: Nam & sequens eius oro turbata est: qd & semiplenę indicāt elocutiones. z Vultū. S. mutabilitatē q fit p qlitate vētorū. a Iubes. S. vis. vt: Infandū regina iubes renouare dolorem. b Me ne huic confidere monstro? SER. Subaudi vis. c Aeneam credam: quid enim. S. p contrarium: Cur Aeneam committam coelo: & austris fallacibus: qui sum totiens serenitatis fraude deceptus. ¶ Quid enim: quid nī: cur non.

Et coeli totiens deceptus fraude sereni:
Talia dicta dabat: clauūq; affixus: & hærens
Nusq; amittebat: oculosq; sub astra tenebat.
Ecce deus ramum letheo rore madentem
Viq; soporatum stygia: sup̄ vtraq; quassat
Tempora: cunctantiq; natātia lumina soluit
Vix primos inopina quies laxauerat artus.
Et sup̄ incubens: cum puppis parte reuulsa
Cumq; gubernaculo liquidas, piecit in vndas,
præcipitem: ac socios: necquicq; sepe vocantē.
Ipse volans tenues se sustulit ales in auras.
Currit iter tutum nō secius equore classis.
promissisq; patris Neptunni interrita fertur.
Iamq; adeo scopulos syrenū aduecta subibat
Difficiles quondam: multorūq; ossib⁹ albos:
Tunc rauca assiduo longe sale saxa sonabant:
Cum pater amisso fluitātem errare magistro
Sensit: et ipse ratem nocturnis rexit in vndis:
Multa gemens: casuq; animū cōcussus amyci.
O nimiū coelo & pelago confise sereno:
Nudus & ignota palinure iacebis harena.

d Seren⁹. S serenitatis: vt seruātissim⁹ equi pro equitatis. e Viq; soporatum stygia. S. morte plenū. C. Vi: virtute alicuius rei. Soporatū. vim sapore inferendi habentē. f Vtraq; tp̄a. S. p vtrūq; tempus. g Cunctanti. S. quasi reluctāti. h Natantia. S. errantia somni vicinitate: C. natātia exp̄ssit fluctuatōem illam q̄ oculi somno grauati p̄munt. i Inopina. C. Nam naturali via nō venerat somn⁹. Ergo nō antea illum p̄sensit. k Laxauerat. CR. Nam resoluuntur somno. l Cū pupis parte. S. p Oeconomia: vt triduo natare potuerit. m Currit iter. S. vt Cicero pro murena: ite viā: redite viam. n Tutum. S. p̄sidio Neptūni: o Syrenū. S. Syrenes secundū fabulā tres i parte virgines fuerunt: i parte volucres Acheloi fluminis: & Calliopes musę filię: Harū vna voce: altera tybiis. Alia lyra canebat. Et prio iuxta pelorum post in Capreis insula hitauerūt: que illectos suo cantu i naufragia deducebāt. s̄m veritatē meretrices fuerūt: Quę transeūtes: qm̄ deducebāt ad egestatē: his ficte sunt inferre naufragia: has Vlyxes contēnendo deduxit ad mortē. Syrenū aūt genitiu⁹ est: veniens ab hac Syrene. C. Syrenū. Sunt qui dicant harū noia esse Parthenopen: Leucosiam & Lygiam. Dicunt autem ab eo q̄d est εἴρειν q̄d significat connectere & retinere: & aspiratio cōuertit in s. vt cum dicimus ἕξ sex & ἑπτὰ septem: & ει in i longā. A Parthenopę vna ex syrenibus dicta est Parthenope vrbs: quam deinde Augustus Neapolim nuncupari voluit. Plato tamen in libro de republica: cum de sphęrarum cœlestium volubilitate tractaret: singulas dixit: Syrenas singulis orbibus: insidere mo⁹ū sphęrarū significans. Nam syren gręce deo canens recte exprimitur. Vt etiam Macrobius ostendit Poetę cum capiunt Syrenas p sensuū voluptatib⁹: quę virilem etiā animū effœminare possunt: nisi assit sapiētia quę mentē nostram ab illarum illecebris auertat. Vnde fingūt Vlissem aures sibi: suisq; cęra obturasse: ne cantus syrenum audiret. Nam sapientum pręcepta sunt: ne illas audiamus. Nō enim facile est deinde abstinere. Q; vero Palinurus decept⁹ a somno periret: & Aeneas temoni regendo subierit: nō caret rōne. Sed hęc in allegoriis dilucie inuenies. p Tūc rau. S: ac si i diceret: āte hac delectabili voce resonabant. Tūc fluctib⁹ solis: Et bn̄ imitatus est maris stridorem. q Sale salsa sonaabt: Cū pr̄ amis. flui. er. mgr̄o. S. Naturale em̄ est vt fluctuet nauis sine gubernatore. r Nocturnis rexit i vn. S. dat ei hoc, Et in decimo. Vt ipse sedēs clauumq; regit velisq; mīstrat.. s Multa gemēs. S. nomē p aduerbio p multū. t Casu amy. S. ppter ruinam allusit ad nomē. v Pelago ɔfise. S. hoc ē q̄d supra Palinurus excusat.

x Nudus. S Insepultus mortuus: vt: Et freta destituant nudos in littore pisces. y Ignota. S: peregrina: ante nō visa. Nam in sexto dicturus est paulatim ad nabam terrę: iamq; arua tenebam. Sciendū sane Tuccam et Varrū hunc finē quinti esse voluisse: Nam a Virgilio duo versus sequentes huic iūcti fuerunt. Vnde in nōnullis antiquis Codicibus sexti initiū est Obuertūt pelago pras &c.

Finis Quinti libri.

P. Virgilij in Sextum Aeneidos librum Argumentum.

Sacratam phoebo cumarum fertur in vrbē
Rex phrygius: vatisq; petit responsa, sibyllę.
Misenum sepelit: post hęc adit īfera regna:
Congressusq; patri: discit genus oīe suorū.
Quoq; modo casus: valeat supare futuros.

Vel sic

¶ Infernos ditis manes & regna per errat.

Descriptio Sexti libri.

¶ Queruntur sexto naues: & tartara ditis:
Cumas deiñ venit: fert hinc responsa sibyllę.
Misenū sepelit: mons seruat nomē humati.
Ramū etiā: ante deū placato numine portat.
At vates longeua vna descendit auernum.
Agnoscit palinurū: & ibi solatur Elissam.
Deiphobumq; videt lacerū crudeliter ora.
Vmbrarum poenas discit narrante sibylla.
Cōuenit Anchisen: penitusq; in valle virēti:
Agnoscitq; suā; prolem monstrāte parente:
Hęc vbi percepit graditur: sociosq; reuisit.

TEMPLV·APOLLINIS
ENEAS
ACHATES

pub Virgilii Maronis Aeneidos liber ſextus.

S Ic fatur lachrymans: claſſiq; immittit habenas

Et tandem euboicis cumarū allabitur oris.

Obuertunt pelago proras: tum dente tenaci

Anchora fundabat naues: et littora curuę

Prętexunt puppes: iuuenū manꝰ emicat: ardēs

Littus in heſperiū: quęrit pars ſemina flāmę

Abſtruſa in venis ſilicis: pars denſa ferarū

Tecta rapit ſyluas: inuentaq; flumina mōſtrat.

S Icfatur. S. Totus Virgilius plenus eſt ſcientia in qua hic liber tenet principatum, cuius ex Home. pars maior ſumpta eſt. & dicunt aliqua ſimpliciter: multa per hyſtoriā multa per altā ſcientiā egyptiorū: adeo vt plerique de his ſingulis: huiꝰ libri integras ſcripſerūt pragramatias: licet autem Probꝰ & alii primos duos verſus reliquerint in fine quinti tamen prudenter ſunt ad initium ſexti tranſlati: nam & coniunctio poematis melior eſt. Et Homerus. etiam incipit ωσφατο δακρυχεων.

C. Sic fat lachrymans Cū ea rōe ex troia diſceſſiſſet æneas: vt in italiā. i. ad ſūmū bonū pueniret. Oportuit eū variis erroribꝰ verſatū cognoſcere: id quod querebat ſummū bonū in nulla alia re: niſi in diuinarū rerū cognitione conſiſtere Diſceſſit ergo ex troia. i. corporea voluptate: quam venus confeſſa deā & qualis coelicolis videri ſolet. i. verus amor rerum diuinarum demonſtrauit nulli deo placere. Diſceſſit ex thratia atq; ſtrophadibus: cū cognoſceret diuitias ſine dolo ſine vi partas non habere ſūmū bonū. Diſceſſit ex creta: quę vitę ciuilis: et quę magis corpꝰ q̄ aīam ſpectet ſymbolū habet: cū dephenderet originē noſtrā: non a corpore re caduca: et mometanea ſed ab aīo eſſe. Quę oīa nos diligentius cū huiuſcemodi profundiores cenſus figmentis poeticis abſtruſos eruere: & in lucē pferre coneremur pro viribꝰ aperuimꝰ. Nec abſonum fuit ꝙ petētes italiā Iuno. i. ambitio illū Carthaginē. i. ad vitā ciuilē recinderet: Nunc vero cū tandē e Sicilia: loco ominio italię vicino enauigaret: non prius tn̄ portū tangere potuit q̄ Neptunnus quem nos rōnem ſuperiorem eſſe oſtendimus maria. i. partē animi concupiſcibilē penitus placuerit. Et Palinurus. i. appetitus rationi repugnans. a Temone. i. vitę adminiſtratiōe remotus ſit: & ipſe Aeneas. i. ipſe intellectꝰ gubernaculo ſubiret: nūq; em̄ in tranquillū portū: (in quo cognitioni inuigilemus) venire poterimus: niſi prius mare a tempeſtatibus ſedetur. i. appetitus omnibus turbationibus vacet. Et niſi appetus: qui ratiōi aduerſatur ab ipſo Temone. i. a vitę adminiſtratione dimoueatur. Hic Palinurus iure appellatur: nam παλιν retro ſignificat & ουρος ventus: quaſi ventus cōtrarius. Et niſi Aeneas Canonē ſuſcipiat. i. vir laude dignus. αινος enim laudem. Laus em̄ nō eſt niſi in virtute: rebus itaq; ſic diſpoſitis portū tandem intrat: hoc em̄ non niſi poſt longū tempus: & multa cū difficultate nobis euenit. Sed huiuſcemodi rebus profundioris ſenſus omiſſis redeamus ad hyſtoriā. Sic fatur lachrymās ꝓponi. i. decorū in ænea ſeruat poeta. lachrymas ergo amittit, tribuens hoc amicitię: nec tn̄ ita ex moerore torpet: quin ea quę agenda ſunt. ſtrenue agat. b Claſſi. S nauibꝰ vel ſuę naui. Et dicit claſſis: quia fiet de fuſtibus. Calas em̄ dixerunt priſci fuſtes quos portabant ſerui ſequentes dominum ad proeliū. vnde & Calones dicebantur: vnde cōſuetudo erat militis Romani: vt arma ſibi portaret: & vallum qd dicebāt calam. Lucilius: Scinde puer calam: vt caleas. & frange fuſtem: & fac focū: hinc claſſem dictā volunt. Alii ſic dictā credunt: quia olim in terreſtri proelio ſtipendium pedes dabat: in nauali eques. Et quia ab equitibus dabat ſtipendium dicta eſt claſſis: ꝓprie enim claſſes equitū dicimus. Ergo claſſi: aut ſuę naui: vt dicatur απο των κωλων ideſt a lignis Hinc Hora. Me vel extremos numidarum in agros claſſe releget. Aut omniū qui eiꝰ curſum ſequūt. Palinurus em̄ implet officiū de quo dictū eſt. Ad hūc alii curſum cōtendere iuſſi. C. Claſſi. Pręter eā ſignificationē: quā dat Seruius: Claſſes e. iā dixerunt diſtinctiones ciuitatis: & populi ſecūdū cenſus diuiſionē. Itaq; prima erat claſſis eorū: qui centū milliū æris: aut maiorē cenſū haberent. Et hēbat. lxxx. centurias quadragenas iuniorū: & totidem ſeniorū. & iuniores quidē vt foris bellū gererent ſeniores vrbis cuſtodiam haberēt additeę duę fabrū centurię: q̄ ſine armis ſtipendia facerent: munus datū: vt machinas in bello ferrent. Secūda claſſis infra centū vſq; ad. lxxv. millia: ex his ſenioribꝰ iunioribuſq;. xx. conſcriptę centurię. Tertia claſſis quinquaginta milliū cēſus fuit. Quarta claſſis: xxv. milliū: Quita claſſis. xxx. centurias habuit: fundas lapideſq; inuiſibiles hy gerebant. in his cornices: ac tibicines i tres cēturias diſtribuit. c Habenas. S. aut funes per methaphorā dicit: aut ſecūdum Home. qui ait. στρεπτοισι βοευσι. id eſt loris retortis. his enī vtebantur antiqui. d Tandem. S. ad Aeneę deſideriū: ad italiā venire cupientis refertur: nā mora non congruit de Capreis cumaſq; vſq; ad ciuitatem tam longā fuiſſe: pręſertim accedente fauore Neptunni. C. Et tandem non refertur ad breuē hanc ex Sicilia nauigationē: ſed ad id tempus ex quo e Troia nauigauit. ergo tādē poſt errores ſeptēnales: e Euboicis. S. a Colonia cumas ſic appellauit. Nā Euboea inſula eſt in q̄ Chalcis ciuitas ē de q̄ venerūt. qui in Campania ciuitatem condiderunt. quam Cumas vocarūt απο των κυματων a fluctibꝰ: erat ei iuxta mare: vel ab augurio grauidę mulieris q̄ εγκυος dr̄. C. Euboicis. De cumis diximus in tertio. f Allabit. S. venit celeriter: vt labere nympha polo. g Obuertūt. S. recte nā aliis dat viliora officia Aeneę aūt artē gubernādi. h Pelago. S. in pelagus: vt It clamor coelo. i Dēte tenaci. S. vt in primo. Vllo nō alligat anchora morſu. Grece nō aſpiratur. αγκυρα vnde apud antiqs nō aſpirabāt anchora. Cōtra thus & orchus & lurcho. i. vorax dicebāt: quibꝰ ſeques ętas detrahit aſpirationē. k Prętexunt. C. operiūt: abſcondunt: vt hocq; ꝓtexit noīe culpā. & eſt hyperbole. l Iuuenū. S. Nā pꝰ vrbē in Sicilia conditā: aut nīſa: aut rara fit ſenū mentio. m Ardens. S. feſtinās. n Heſpiū. S. oñdit oēm italiā maiorē Heſpiā dictā: vel a rege vel a ſtel la. o Semia flāmę. S. Sic Hōe. σπερματα πυρος p Abſtruſa. S. Sic in Georgi. ſylicis venis abſtruſū exc. ig. C. Abſtruſū. Sic in Geor. Melliaq; decuſſit foliis ignēq; remouit. Et paulo infra. Abſtruſū in venis ſylicis excuderet ignem. q Ferarū tect. S. Epexegeſis ſyluę: mōſtrauit aūt: flāmā Aeneę ad expiandū ꝓpter mortē Palinuri: nō ꝙ eū viderit: ſed

At pius æneas: arces quibus altus apollo
Presidet: horrendæq; procul secreta sybillæ
Antrū immane petit: magnā cui mētē animūq;
Deluis inspirat vates: aperitq; futura:
Iam subeunt triuię lucos: atq; aurea tecta.
Dædalus (vt fama est) fugiēs minoia regna:
præpetibus pennis ausus se credere cœlo:
Insuetum pariter gelidas enauit ad arctos:

funus agnouerat: & doluerat: in eo enim est pollutio: quod ait, casuq; animi concussus amici. nā ipsa incipiant: q cognoscimus. vnde cū Hora. puluillus apud Liuiū capitolium dedicaret et audiret ab inimico mortuū filium: ne pollutus dedicaret: respondit: cadauer sit. Hanc autem purgationem polluto Aeneę: vbiq; dat: vt hic & paulo post. Corpusq; recenti sp.a. r At pius Aeneas. C. Obseruauit id in suo loco poeta: quod in vita humana omniū maximiū. ac omniū prestantissimū dicitur: & quod ab omnib⁹ philosophis tātis laudibus decantatur: quod greci prepon: nostri decorū appellant. Reliqui igitur humilioribus rebus intenti erāt: qm & humilis in illis erat ingeniū & animus. Aeneas autē qui oia humana inferiora se esse putaret: nihilq; non altū mente tractaret: his omissis: religiōi & diuinis rebus operā dabat: possumus & altiorē sensum afferre: nam cū reliqui quorū ratio perturbationibus obsistere neqt semia flāmę. i. materiam: & iracundię & reliquis ardentioribus cupiditatib⁹ querant: cum obscuritatē nemorū. i. oim rerū iustitiā. vnde vitia sunt subeant. cū tecta ferarū. i. vitiorum habitacula quę habitus appellātur petant. vir alti & magni ingenii terrena omnia despitiens templū apollinis petit: vt fœlicitatem consequi possit. Quā quidē partim nostra sapiētia: partim diuino furore acquirere possumus. Addit ergo templū Apollinis. Nā vt etiā nostri theologi testant initiū sapientię est timor dñi. s Arces. S. Cū vbiq; Ioui dentur arces Cumis in arce Apollinis templū est. t Altus. S. magn⁹: vt iacet alt⁹ orodes: & alibi. Sic pater ille deū f sic al apollo: vel ad simlacri altitudinē ṛtulit: q̄d cōstat eē altissimū. C. Alt⁹ nāq; nihil excelsius ipsa diuitate. Et mōtē etiā nrę litterę p speculatione ponunt: vnde illud. Quis ascendit in montē dñi: aut quis scribit in loco sancto eius. Altus cuius templum in alto. i. in monte positus esset. Vel altus propter proceritatem simulacri: nam apud antiquos plerę q; ex maiorib⁹ statuis quos collesseos appellant Apollini erant dedicatę. Nā in capitolio vna erat translata a Lucullo ex Apolonia pōti vrbe. xxx. cubitorum. Cares aut Lydius Lysippi discipulus solus colossū Rhodi fecit. lxx. cubitorum quę statua post. lvi. annos terręmotu diruta est. & in plurimas partes disrupta. Cuius pollicē (vt ait Pl) pauci amplecti valebant. Erat Apollo in Bibliotheca Augusti. l. pedum. xenodorus Romę statuā. cxx. pedū Neroni erexit: quę post illius mortem damnatis eius moribus soli est dedicata. v Presidet. S. precest defendit. x Horrēdeq;. S. venerandę: vt horrēdū syluis: & re. p. y Procul. S. aut quod prę oculis est: aut porro. i. longe: significat ergo iuxta: & longe. z Antrū. S. epexegesis est domus sybillę. a Mentē animūq;: S. perissologia. Nam secundū Lucretiū. Vnū est mens: & animus. C. mentem animūq;. Perissologia. Sic Terenti. Mala mens malus animus. Et Lucretius. Primū animū dico mentem quē sępe vocamus. Et alibi idem cōsilium: quod nos animū mentemq; vocamus. b Deluis in. va. S. Sic ait: vt nūc lycię sortes. i. apolineę. Expressit autem: quid sit sibylla: magnā cui mentē animūq; deluis in. v. Nā vt diximus Sybilla est quasi σιου βολη .i. dei sententia Aeolici. enim σιο ιο. i. deos dicunt. c Triuię lu. S. cōgrue Apollini: & Dianę iūcta sūt tēpla: vt paulop⁹ phœbi triuięq; sacerdos: & bn̄ fit lucorū Dianę cōmemoratio: quia petiturus est inferos. d Auria tecta. S. Apollinis. C. Aurea tecta. idest aurata: vel pulchra: vt picus equū domitor quē capta cupidine coniunx. Aurea percussum virga versumq; venenis fecit auē cyrce. Item dicimus aureā quā multi facimus & carā habemus. Tibul. non ego te propter parco tibi: sed tua mater. M: mouet atq; iras aurea vincit anus. e Dædal⁹ (vt fama ē) fugiēs mi. re. S. Indicato a sole adulterio matris: & veneris. Vulcanus minutissimis cathenis lectulū cinxit quibus Venus & Mars ignorantes implicati sunt. et cū ingenti turpitudine resoluti sub testimonio cūctorum deorum: hoc dolens Venus omnem solis stirpem infandis amoribus prosecuta est. Vnde Pasiphæ solis filia Minois Cretēsis regis vxor tauri amore arsit. & artē dędali inclusa in ligneā vaccā: septam corio iuuencę: cū eo cōcubuit: hic natus minotaurus: q labyrintho inclus⁹ carnib⁹ humanis vescebatur. Sed Minos de Pasiphæ plures suscepit filios Androgeū: ariadnē: phędrā: s. Androge⁹ quū eēt athlęta: inuicti⁹ cū cūctos in agonibus superaret ab Atheniensibus & vicinis megarensibus occisus est. ac Minos bello Athenienses vicit: coegitq; in singulis annis septē filios: septēq; filias edēdos miotauro darēt. Tertio anno These⁹ Aegei regis filio sorte euenit. Hunc Ariadna Minois filia adamauit. & consilio Dędali minotaurū interfecit. filiāq; sequēs ex labyrintho egress⁹ cū ariadna aufugit. At Minos Dędalū cū Icaro in labyrintho inclusit. Dedalus corruptis custodibus sub faciendi numeris spetie quo simulabat posse regē placari: cera: et pēnis alas sibi & filio fabricauit: & aufugit volando. Sed Icarus altiora petens: solutis ex calore solis pēnis: mari in quod cecidit nomen imposuit. Dędalus primo i Sardiniā: (vt ait salustius) Deinde cumas delatus est Et tēplo Apollini condito: hec oia in foribus pinxit. Dicendo autem Virgilius vt fama est: ostendit requirendam esse veritatē. Nam taurus seu notari⁹: seu magister militum Minois fuit: cum q̄ Pasiphæ in domo Dędali cōcubuit. & qm̄ geminos pepit. Vnū de Minoe alterū de tauro: fingit minotaurū pepisse: q̄d ipe paulo post exprimit dicēs. Mixtūq; genus prolemq; biformē. Dędalus aūt nō per aerē volans: sed p mare nauigans aufugit: vn̄ ait remigio alarum. Alę enī & volucrū sunt & nauiū. vn̄ est volucrū pandimus alas. C. Dędalus. hic Atheniensis fuit ab Erichtheo genus ducēs. Nam Erithei fili⁹ fuit Athieneus Athienei Eupalmus. Eupalmi: hymetion hymetionis. Dędalus. Hic longe superiores excellēs in architectura: ac statuaria floruit. primusq; oculos aspicientes. & manus ptentas fecit: cū in priscis statuis oculi clausi & manus lateribus apppositę essent. Abiit aūt ex patria tali causa: erat ei nepos ex sorore: quē D. od. Talū noiat. Alii autē perdicā apud eū instructus puer adhuc: sed qui ingenio & solertia magistrū superaret. hic rotā figuli & serrā ex serpētinorū dentiū imitatione adinuenit. Itē Tornū: & alia multa. Itaq; motus inuidia Dedalus eū interfecit. vn̄ ab Ariopagitis dānatus in Cretā decessit: & ob industriā regi amicus factus est. Sed cū ille singulis annis Neptunno pulcherrimū taurorum sacrificare solitus esset: tunc aūt pulcherrimo relicto pximū illi sacrificasset. Iratus deus Pasiphen in eius tauri amorē impulit. Itaq; Dędalus ligneam vaccam fabricauit: in qua inclusa Pasiphæ cū tauro concubuit. Mox re patefacta in Siciliā ad reges Cocalū fugit Pasyphæ subministrante nauigio Ibi multa miranda ędificia regi ędificauit. Et in Eryce petrā circūcidendo imensam altitudinem erexit. & in cacumine templū posuit. f Prępetibus pen. S. fœlicibus: prępetes enim sunt aues boni augurii. qd huic dat: quia peruenit. g Ausus se cre. cœ. S. quasi alienis sedibus. Hora. Expert⁹ vacuū Dędalus aera pēnis nō ho mini datis. C. Ausus. Hoc verbũ: aut periculũ notat. vt Ausus quinetiã voces iactare p vmbras. Hora. Audax oĩa perpetĩ gens hũana ruit p vetitũ nefas: aut scelus: vt in regnis hoc ausa tuis. h Insuetũ S. s. hoib⁹. i Enauit ad ar. S. vtrũq; miscet: nã nõ solũ nauiũ est. sed & auiũ. Vt nare p estatẽ liquidũ suspexeris agmẽ. k Ad arctos. S. Si ad fabulã respicias cõtra septẽtrionẽ. Si ad hystoriã ad septentrionis obseruationẽ. l Chalcidica: S. quã ciuitatẽ Chalcidenses condiderũt. vt supra ab insula: nũc a ciuitate epitheton dedit. m Leuis. C. Quia p aerẽ volauit. n Redditus his. S. quasi de alieno elemento Horatii. Finib⁹ atticis reddas incolumen precor. C. Reddit⁹ restitutus illi elemento cui debebat. Aer enĩ elemẽtũ hominis nõ est. Sic Hora. Nauis q̃ tibi creditum debes Virgiliũ finib⁹ atticis reddas incolumẽ precor.

o Sacrauit. C. antiq enĩ cũ ab aliquo artificio discederent: artificia illius ei deo sacrificabant in cuius tutela esset ars. Ergo cum gladiatoria Herculi attribuatur. dixit Hora. Veianius armis Herculis ad postes fixis latet abdit⁹ agris Ne pp̄lm extrema toties exoret harena. Et alibi. Vixi puellis nuper idoneus. Et militaui nõ sine gloria nũc arma defunctũq̃ bello barbitõ hic paries habebit leuũ marinę q veneris latus custodit. Et saphos inde chelim, phoebo cõia munera ponã. Et sub ea versus vnus & alter erit. Grata lyram posuit tibi phœbe poetica saphos: Cõuenit illa mihi: cõuenit illa tibi. p Remigium ala. S. artẽ volãdi.

q Posuit. S. edificauit: r Inforibus lę. C. Nõ sine p̄funda scientia: & mystica theologia hęc figurantur. Tria enĩ vitia ostẽdit ænea fugisse. Supbiã: pp̄ter Icarũ: qa alta petẽs in mare decidit: luxuriã pp̄ter pasiphẽ. Inuidiã pp̄ter vltõẽ Androgei. s Androgeo. S. secũdũ Atticã liguã genitiu⁹ singularis est. t Pẽdere. S. soluere q̃d est tractũ a pecuniaria dãnatione. v Cecropidę. S. Athenienses a Cecrope rege. vt Romani a Romulo Romulidę. C. Cecropidę. a Cecrope eorũ rege: fuit enĩ Cerops prim⁹ qui dypheis. i. duab⁹ naturis est dictus: siue ob lõgitudinẽ corporis: siue q: cum esset ęgyptus duas linguas: ęgyptiacã. s. & gręcã teneret incoepit regnare: vt placet Eusebio: ãno a mũdi origine quarto supra tria milia: ac sexcẽtos & xl. annos. Regnauitq; annos l. primusq; bouẽ immolãs Iouẽ appellauit. & Cecropia regia ab eo nũcupata est. hic vrbẽ vel cõdidit: vł restaurauit: & athenas a Mynerua denoiauit: vt alio in loco demonstratũ est. hoc regnãte: Moyses pp̄lm ex ęgypto eduxit. Ariopagũ: hoc regnãte cõstitutũ Athenis fertur. Fuit & alius Cecrops Atheniensiũ rex septimus ab hoc.

x Iussi. C. Qm̃ victi cõditiones acceperãt. y Miserũ. S. dolentis interiectio: ac si diceret nefas. z Septena. C. De hoc Pla: in phędõe ait. hęc est illa nauis: vt aiũt Athenienses: in q̃ Theseus olim bis septẽ illos tulit i Cretã seruauitq; eos: & ipse seruatus est.

Chalcidicaq; leuis tandem super astitit arce.
Redditus his primũ terris: tibi phoebe sacrauit
Remigiũ alarũ: posuitq; immania templa.
In foribus lætum androgeo: tũ pendere pœnas
Cecropidę iussi (miserũ) septena quotannis
Corpora natorum: stat ductis sortibus vrna.
Contra elata mari respondet Gnosia tellus:
Hic crudelis amor tauri: suppostaq; furto
pasiphae: mixtumq; genus prolesq; biformis
Minotaur⁹ inest: veneris monumẽta nephãdę.
Hic labor ille domus: et inextricabilis error.
Magnũ reginę sed enĩ miseratus amorem.
Dedalus: ipe dolus tecti: ambagesq; resoluit
Cęca regens filo vestigia: tuq; q; magnam
partẽ opere in tanto: sineret dolor: Icare haberes
Bis conatus erat casus effingere in auro:
Bis patrię cecidere manus: quin protinus oẽm
perlegerent oculis; ni iam pręmissus achates

a Corpora. S. quę adẽpta vita cõsumebant. b Stat. S. horrẽt. vt stãt lumia flãma. Aut stat reuera post ductas sortes. Vel ad picturã respexit: nã volui in pictura non poterat. Sed si stat. i. horret itelligamus. dicemus ductis de q̃ ducebant. c Elata. S. pire situ expressit. Nã Sal. ait Creta altior est qua parte spectat orientẽ. d Respondet. S. aspicit. Nã contra Athenas est posita. e crudelis. C. ex cupidinis venerisq; siue Neptũni crudelitate proueniens: Crudele enĩ fuit vt virgo culpa vacãs intã mõstruosũ amorẽ: siue a venere vt iniuriã solis patris vlcisceretur siue a Neptũno: quia Minos optimũ taurũ non imolasset: impelleret.

f Furto. S. adulterio vt Vulcani Martisq; dolos: & dultia furta: vel ad vaccam refert: g Mixtum q; ge. S. secũdũ varietatẽ: nã duos peperit vnum ex tauro alterũ ex minoe. C. Mixtũ genus. Nõ abhorrẽt a natura quę refert. Seru⁹. Nam Aristo. in eo quẽ de aĩalibus scribit: mulierẽ & equã: solas ex aĩalibus foetas: coitũ pati asserit: reliqua vero marẽ fugere: pręter ea q̃ superfoetãt: vt lepores, ac paulo post addit accidere nõ nunq̃: sed raro: vt mulier post cõceptũ foetũ etiã aliũ concipiat: sed posteriorẽ partum non perficit. verum cũ maturo in maturũ cadit: nisi proxime a primo factus sit. tunc enĩ incolumen ędi posse: vt de hercule & Iphicle fabulant: Affirmatq; euenisse adultera vt superfoetata geminos pareret: alterũ marito: alterum adultero similem. h Prolesq; bifor. S. ad fabulã refertur. i Veneris monumenta nefãdę. S. aut mẽoria turpissimi coitus: aut vltio veneris proditę:

k Labor ille domus. C. Laborynthũ intelligit: de quo diximus in quarto. l Inextricablis. S. insolubilis: indeprehensibilis. Hora. Si purgat extricata dẽsis ceruã plagis. Extricata: soluta inextricata g̃ isoluta. m Reginę. S. regis filię Ariadnes. n Opere in tanto. S in foribus fabricatis. o Bis patrię cęcidere manus: S. Quia patrię. p Quin protinus omnẽ. S. Ostẽdit plura fuisse q̃ dixerit: q Perlegerent. S. s. picturã: nec incongrus legi picturam dixit cum grece γραφει & pingere dicatur: & scribere. Hoc est quod ait Hora. in arte poetica. Et noua fictaq; nuper habebant verba fidẽ si gręco fonte cadãt parce detorta r Pręmissus achates. S E. κατα το ... Intelligimus: C. Pręmissus achates. Demonstrauimus achatẽ pro cura poni: quę semper magnos viros comitatur: recte ergo pręmissus: nã sapientes oĩa sua cura p̄ueniunt. Quod nisi esset etiã ipsi q̃nq; variis voluptatũ illecebris allecti laberentur: nisi achates. i. cura & sollicitudo: & ipsi⁹ (vt ita loquar) cõscientię stimulus: ad moneret paululũ: illud vitę actem poris: quod humanę sorti cõcessum est: non nisi in magni

Afforet: atq; vna [s]phoebi triuieq; sacerdos
[t]Deiphoebe glauci: fatur que talia regi:
Non [v]hoc ista sibi tempus spectacula poscit:
Nunc [x]grege de intacto [y]septē mactare [z]iuuencos
prestiterit: totidē [a]lectas de more bidentes.
Talibus affata aeneā: nec sacra morantur
Iussa viri: teucros vocat alta in tēpla sacerdos.
Excisum [b]euboicę latus ingens rupis in [c]antrum
[d]Quo lati ducunt aditus centum: [e]ostia centum:
Vnde ruunt [f]totidē voces: respōsa [g]sibyllę.

excelsisq; rebus esse ponendā. Nam hoc inter stultos sapien tesq; interest. Stulti eñ si semel e vita recta labantur: nunq; ad eā reuertunt. Sapientes aūt etiā si (qm̄ hoies nati sūt) qn̄ q; paululū e recta via diflexerit: statim adest illorum Achates: qui eos ad rectum reducat. s Atq; vna phoebi. C. Nā ipsa cura excitat mentē: que excitata ad suā sapientiā & sciētiā reuertitur. hec eñ sibylla est que nos ita alloquit. t Deiphoebe glauci. S. Subaudi filia. Et est propriū nomē sibyllę: multi em fuerunt: vt supra diximus in tertio: quas oēs Varro cōmemorat: & requirit a qua sint fata romana conscripta: & multi sequētes Virgilium ab hac Cumana dicunt: que licet longęua dicantur: nō tamē valde congruit eam vsq; ad torquinii tempora durasse: cui libros Sybillinos ꝯstat oblatos. Dicit tñ Varro Erythræā credam scripsisse: quia post incensum Apollinis templū in quo fuerant apud Erythræā insulā ipsa inuenta sunt carmina.

v Non ho ista sibi tempus spectacula poscit. S. Et supra diximus Apollinem sex mēsibus apud lycros: & sex apud Delū dedisse responsa. Itē lectum est deos aliquotiēs tantū idib9 vaticinari. Nōnunq; diei: vel prima: vel postrema parte: vñ est in iure fissus dies. i. nō totus religiosus: quē nunc ostendit dicēs. Nō oportere Aeneā religiosam diei partē perdere. i. oraculo congruā: sane sciendū poscit lectionē meliorē. Tempus eñ poscit spectacula: nō a spectaculis poscitur. C. Non hoc ista sibi. Nā tempus quod breue est semper labitur: nō poscit: vt in rebus futilibus: & vanis conterat: vnde eñ ait Cice. Hore quidem cedunt: & dies & mēses: & anni: nec tempus preteritū vnq; reuertitur. Verū si illud non hmōi spectaculis cōteramus: sed maioribus quibusdā rebus impediamus nō erit breue: (teste eodē Cicerone) cuius sentētia est omne breue tempus satis est longū ad bñ beateq; viuendū. Nam & Salu. Sed dux atq; imperator vite mortaliū animus est qui oia ad gloriā virtutis via crassatur abunde pollens potensq;: & clarus est: neq; fortune eget: que virtutes: neq; dare: neq; eripere pōt. Sin captus prauis cupidinibus ad inertiā. & voluptates pessundatur perniciosa libidie paulisper vs9 vbi per secordiā: vires: etas: tēpus: ingeniū defluxerunt. nature infirmitas accusat: suā quiq; culpā auctores ad negotia transferunt. Tempus igitur q recte illo vtentibus satis longū. Ab vtentibus at nimis etiam breue nō poscit hec spectacula. x Nunc gre. de inta. S. gregē pro armēto posuit. nā de iuuencis dicturus est: que per poeticā licētiā sepe confundit: illo loco ꝓprie posuit. Qñq; greges illi balatū quina redibant Armenta. Intacto autē indomito: vt intacta totidem ceruice iuuencas. C. de intacto. Quoniā hostię ab antiquis adhibebantur indomitę: et in iuges appellabātur. y Septem. C. Secundū pythagoricos hic numerus omniū est perfectissimus & tribuitur sapientię: vñ & virgo: & pallas apellatur. Ergo septē quia sapientiā optat. z Iuuencos. C. Quantum ad contēplatiuā vitā: in qua: & maiora queruntur: & maiores sunt tentationes quib9 animus impeditur. Oues aūt q̄ ad actiuā in qua vtrūq; min9 a Lectas de more bidentes. S. de more antiquo. s. quē preter misit: quasi tūc omnibus notū. i. ne habeant caudam aculeatam: nec linguā nigram: nec aurem fissam. quod docet aliud esse intactum: aliud lectum. Bidentes autem vt diximus oues sunt circa bimatum habētes duos dentes emi

nentiores: que erant apte sacrificiis. b Euboice ruppis. S. latus. hoc est montis cumani: quem Euboici habitauerunt. Est autem acyrologia. Colonię eñ epithetō rei dedit immobili. c In antrū. S. in antri similitudinē vt port9 ab eo fluctu curuatus in arcum. C. Antrum. ponit pro foelicitate. Nam vt Aristo. ipsa in centro est: & vndiq; ad eam sunt aditus. d Quo lati ducūt aditus centū rc. S. Non sine causa aditus dixit & ostia. Nam Vitruuius qui de Architectonia. scripsit ait. Cum ab aliquo arcemur ingressu id ostium dici ab obstādo: cū ingredimur aditum ab adeundo. e Ostia centū. S. finitus. numerus pro infinito: licet possit: & rōnabiliter dictū esse: responsa enim Sibyllę in hoc loco plus minus centū sermonū sunt: inueniūt tñ Apollinis eulogia: & viginti & quinq; & triū sermonū: Vnde melius est finitū ꝓ infinito accipi. C. Centū multę eñ sunt res vięq; q bus foelicitatibus consequi possumus: dūmodo recte viuamus: Vnde & in euāgelio in domo patris mei mansiones multe sunt. f Totidē voces. S. ac si diceret tot sermones. g Sibyllę. C. Sibyllę (teste M. Varrone in libris rerū diuinarū ad Cesarem pōtificē maximū) appellatę sunt omes vates feminę: vel ab vnius Delphidis nomine: vel a diuinis consiliis enūciatis veteres greci Aeolici deos συο ισ dixerunt. βολη consilium est. ergo Sibylla est: ac si dicatur. συου βλη Ait aūt idem Varro Sibyllas decem fuisse. Primā de persis cuius meminit Nicanor: qui gesta Alexandri scripsit. Secundam lybicam ab Euripide in lamię prologo nominatam. Tertiam Delphicam de qua Chrysippus in libro de diuinatione meminit. Quartā Cumena in italia. de qua et Neuius in libro de bello punico: & Piso in annalibus scribit Quintā Erythreā: quam Erythreus Appollodor9 suam ciue affirmat. Eāq; vaticinatā Grais Iliū petentibus. & Troiam perituram. Et Homerū mendatia scripturum. Sextā Samiam: de qua Eratosthenes in antiquis annalibus Samiorum reperisse se scriptū ait. Septimā cumanā noīe amalthea que ab aliis Erophile nomiatur que libros ad Tarquiniū: vt Liuius narrat detulit: quorum numerū auxerunt restituto capitolio q ex omnibus gretię italięq; precipue erythręis coacti: allatiq; sunt cuiuscuq; Sibyllę nomine fuerit. Octauam Helespontiā in agro Troiano Solonis & cyri: vt ait. Heraclides pōticus temporibus. Nonam phrygiam: q̄ Ancyrę vaticinata sit. Decimā tyburtem nomine. & Albuneam: que tyburi colitur: vt dea iuxta ripam Anienis: cuius in gurgite simulacrum eius inuentum dicitur tenens manu librum: cuius sortes senatus in Capitolium abstulerit. Harū eñ Sibyllarum carmina habentur: preter q Cumeę: cuius libri a Romanis occultantur: nec nisi a quindecim viris inspici fas est. Sunt autem singularum singuli libri: q: quia Sibyllę nomine scribuntur: veluti vnius esse creduntur: et ita confusi: vt suus cuiq; assignari non possit: nisi Erythręę: q̄ nomē sui carminis inseruit: que nobilior ceteris habet. Si q̄dem Fenestella de quindecimviris ait: restituto capitolio retulisse ad senatum. C. curionem consulem: vt legati ericteas mitterentur: qui carmina Sibyllę conquisita Romam deportarent. Ita P Gabinus M Octalitius L valerius legati missi descriptos a priuatis versus circa mille Romā retulerunt. Extant illarum versu. αλλιχεσοσιορου
h Deus ecce deus. S. vicinitate templi iam afflata est nu

mine: nam furentis verba sunt deum velle ostendere. que ipsi tantum videntur. Sane cauti esse debemus: quando plena sit numine: & quando deum deponat. Non enim post vaticinationem dictura est. i Non vultus non color vnus. S. Item Luca. Stat nusquam facies. CRI. nō vultus non color. Parhos ab habitu. Nam habitus plerosque ostendit affectus: vt est illud pauitantē: & dura tegentē supplicia: Luctū vt Excussi manibus radii reuolutaque pensa. Admirationem defixa obtutu tenet ora Venus rogatura. Tristor & lachrymis o. s. n. Statius autem etiā de vate insano ait. Sera que mixta comis sparsa: ceruice flagellat. i Compte come. S. ante hac. s. Nam per sacra resoluta sunt. vt vitasque resoluit sacrati capitis. k Anhelum. C. Sic Statius Quin et cornigeri vatis nemus atque molossi Quercus anhela Iouis Troianaque tymbra placebit. l Maiorque videri. S. videbat sicut solebat in vaticinationibus apparere numinis presentia quod humanis illudebat aspectibus Vnde ait Maiorque videri non enim est re vera. m Nec mortale sonās. S. Alia enim vox nūinū est vt s prio Nec vox hoiem sonat. Item vocis ue sonus ¶ Afflata ē nōdū deo plena: sꝫ afflata vicinitate numinis. n Quādo. S. si quidem: nam coniunctio est non aduerbiū. o Cessas in vota. S. Tardus es ad vota faciēda: nā si dixeris cessas in votis: hoc significat: tardus es dū vota facis: aliud enim est cessas in illā rem: & aliud cessas in illa re: tardus es ad faciendam rem: et tardus es in facienda re. Figurate autem dixit cessas circa vota promittēda numinibus. C. Cessas. Nō enim per otium in quo omnia vitia sedent: vnde Otia si tollas perire cupidis arcus. Sed in vigilādo agēdo cūcta circūspiciendo. et labores sudoresque tolerando sapientia acquiritur. Hinc Horatius Qui studet optatam cursu contingere metā. Multa tulit fecitque puer sudauit: & alsit. p Tros. S. principale pro diriuatiuo. i. pro Trois. Neque enim ante dehiscent: tractū est de matris deum templo: quod non manibus: sed pcibus aperiebat. q Attonite. S. stupende non stupentis. Ergo attonite facientis attonitos: vt mors palida. tristis senectus. r Ora domus. S. Quia supra ait: vnde ruunt totidem voces. s Perdura cucurrit Ossa tremor. S. religionis est: & diuine reuerentie: alibi ipse manum multo suspensum numine ducit. t Pectore ab imo. S. a mentis intimo. Nec immerito: nam illa re diuinitas flectitur: que est nobiscum diuinitate cōmunis. i. sensu. C. Pectore imo. Ostendit quales preces esse debeant. v Phoebe graues. S. Secundum Homerum qui eum dicit semper propugnatorē fuisse troie. C. Phoebe. Captat beniuolentiam cōmemoratione beneficiorum: eademque illā ad alia inferenda pmptiū reddit.

x Miserate. S. bene miserate. Quia Troia defendi non potuit. Ideo non dixit defendisti. sed miseratus es. y Dardana qui paridis. S. Achilles a matre tinctus in Stygem paludem toto corpore inuulnerabilis fuit excepta parte: qua tentus est manu matris. vn Statius Si te stygiis amne seuero. armaui totumque vtinam. Qui cum amatam polyxenam in templo accipere statuisset insidiis paridis post simulacrū latentis occisus est vnde fingitur: quod tenente arcū Apolline. Paris direxit tela. ȝ Direxti. S. Bene direxti quia si ad solum vulnerabilem locum Dardana autem ideo: vt non adulterio. sed gente i prestitisse videatur. a Tela manusque. S. vel quia aliud sine alio esse nō potest: vel hoc dicit & artem pro tela vt posset quod feriret: & virtutē per manus dedisti: vt eius fata cōpleret. b Magnas obeuntia terras. S. Cingentia terras tot maria. Oceanus enim omnes ambit terras: et licet iste per ea maria nauigauerit que terris cinguntur: tamē nō dixit improprie cū de oceano ista nascantur. & tot dicendo maria. partem eius maris nauigasse significat nō totū mare. Mare enim elemētum est totum: maria vero partes maris: sicut terre partes sunt. terra vero totum elementum. c Duce te. C. Duce te: Et certe maris fluctus. i. animi perturbationes duce Apolline. i. sapientia toleramus. d Penitusque repostas. S. longe semotas auias. e Massylum gentes. S. Massyli sūt mauri. vnde speciem pro genere posuit. Nam Aeneas ad Affricā venit. cuius partem constat esse massyliam. f Pretenta. S. circūfusa: Incerta enim illic maria: & terre: vnde Luca. Aequora fracta vadis: abrupta terra profundo. g Fugientis. C. Ipsa enim humana foelicitas semper fugere videtur: aliqua alia

Ventum erat ad limen: cū virgo poscere fata
Tempus ait: deus ecce deus: cui talia fanti
Ante fores: subito non vultus: nō color vnus:
Nō compte mansere come: sed pectus anhelū:
Et rabie fera corda tument: maiorque videri:
Hec mortale sonans: afflata est numine quādo
Iam propiore dei: cessas in vota precesque
Tros ait aenea: cessas: neque enim ante dehyscent
Attonite magna ora domus: et talia fata
Conticuit: gelidus teucris perdura cucurrit
Ossa tremor: fuditque pces rex pectore ab imo.
Phoebe graues troie semper miserate labores:
Dardana qui paridis direxti tela manusque
Corpus in eacide: magnas obeuntia terras
Tot maria intraui duce te: penitusque repostas
Massylum gentes: pretentaque syrtibus arua.
Iam tandem italie fugientis prendimus oras.
Hac troiana tenus fuerit fortuna secuta.
Vos quoque pergamee iam fas est parcere genti

duo supervenientē molestia vnde fuit illud Solonis. Sed. s. vltima semper expectanda dies homini est: dicique beatus. Ante obitum nemo: postremaque funera debet. h Prendimus. S. Quippe fugientem italiam. i Hac troiana tenus. S. i. hactenus hucusque. i. hic sit finis. Nam tenus proprie est extrema pars arcus: vt Plau. ostendit. vnde tractum est: vt hactenus hucusque significet. k Troiana fortūa. S. a preiuditio. i. mala. Et dicit iniquū esse: vt Troianam fortunam patiantur in italia l Fas est parcere genti. S. Quia se fictam fatetur. m Dii deeque. SERVI. & dearum tantum repetimus exēpla non est mirum: cum supra dixerimus. ἀπὸ κοινοῦ omnes deos. Possumus ergo per vnā rem vtrumque intelligere: licet dicatur etiā Neptunno obfuisse Troiam in denegatione mercedum. Nouimus preterea esse morem poeticū. vt duabus prepositis rebus vni respondeant. vt nauita tum stellis numeros:& nomina fecit:plyadas hyadas claraq3 licaõis arcton. Nam supresso numero dixit nomia. n Quib9 obstitit ilio. S. Ganymedes em obfuit Hebe. Par3 Miner. uę,& Iunoni. o Prescia venturi. S. Absolutum est rerũ venturarum. p Da. S. dic vt Qui sit da. Titere nobis. vnde est contra. Accipe nũc Danaũ insidias. Non em prestare aliquid poterat:sed indicare futura. q Non indebita po. S. deest si Est autem. ... i. longissimum hyperbaton: Phoebe:& vos dii deęq3:& tu ovates da. i. dic.

ludos vouendos faciendosq3. In q3 eam duodecim milia aeris pretori:& duas hostias maiores dari:decẽq3 viris praeceptũ:vt Apollini facerent aurato tauro:& duabus capris albis auratis: Latonę boue foemina aurata. Ludos iccirco ppl'us coronat9 spectare iussus est. y Te quoq3 magna manent regnis penetralia nostris. S. i. coleris vt numen.
z Manent. S. expectant in futurum.
a Penetralia. SER. Sacrata templorum.
b Tuas sortes. SER. Sibyllina responsa:quę vt supra diximus incertum:est cuius Sibyllę fuerint:quã q3 Cumanę Virgi. dicat. Varro Erythreę. Sed constat Seruio Tullio regnante Tarquinio quãdã mulierem:nomine Amaltheã obtulisse ei nouem libros: in quib9 erãt fata:& remedia Romana:& p his poposcisse tercentum philippeos qui aurũ tunc p̃ciosi erant quę cõtempta alio die tribus incensis reuersa est:et tãtum poposcit. Itẽ tertio aliis tribus incensis cũ tribus reuersa est:et accoepit pro tribus tercẽtum quãtum postulauerat pro nouem:hac ipsa a rege commoto: quod pretium nõ mutabat:quia libri in tẽplo Apollinis seruabant: nec ipsi tantũ: sed & marciorum:& Begoes nymphę:quę artem scripserat fulguritarũ apud iustos. vñ addidit: Tuas sortes: archanaq3 fata:et hoc idtrahit poeta: Aeneã tamẽ inducit:quasi de pręsenti dicente oraculo.

r Latio cõsi. teu. S. i. vt possumus considere. Verecunde autem dictũ est Si tñ indebita posco .cũ certum esset:quia debebãtur eis regna.
s Errantesq3 deos. S. Vt dissedẽ exiguã patris.
t Agitataq3 nu. tro. S. Aut mecũ vexata:aut certe ... dicit. i. simulacra breuia q̃ portabantur in lecticis:& ab ipsis mota insundebãt vaticinationẽ quod fuit apud egyptios:& Carthaginẽ. v Tum phoebo et tri. SER. vt solet miscet hystoriã. nã hoc templũ in palatio ab Augusto factum est:sed quia Augustus coheret Iulo:qui ab Aenea originẽ ducit: vult Augustũ patrũ vota saluisse. v Templa. C. Templum hoc August9 in palatio condidit: post pugnã Acticã:in qua se ab Apolline adiutũ putauit Augustus. Vñ in octauo' Actius hęc cernens arcum tẽdebat Apollo. Desup ois eo terrore ęgypt9

Diiq3 deęq3 oẽs:quibus obstitit iliõ:et ingens
Gloria dardanię:tuq3 o sanctissima vates
pręscia venturi:da(non indebita posco
Regna meis fatis)latio considere teucros.
Errantesq3 deos:agitataq3 numina troię.
Tũ phoebo et triuię solido de marmore tẽpla
Instituam:festosq3 dies de nomine phoebi.
Te quoq3 magna manẽt regnis penetralia nr̃is.
Hic ego nanq3 tuas sortes:arcanaq3 fata
Dicta meę genti ponam:lectosq3 sacrabo
Alma viros:foliis tantum ne nomina manda:
Ne turbata volent rapidis ludibria ventis.
Ipsa canas oro:finem dedit ore loquendi.

& indus. Omnis arabs oẽs veterũt terga sabęi. Et Proper. Musa palatim referamus Apollinis ędem Rex est calliope digna fauore tuo. Et paulo infra. Festosq3 dies.
x Festosq3 di. de uo. phoe. S. Ludos apollinares:qui secũdũ quosdam bello punico secũdo instituti sunt. Sed secundũ alios tempore Syllano ex responso martiriorũ fratrum quibus Sibylla pphetauerat:quorũ extabant:vt sibyllinia respõsa. C. Festosq3 dies. In Macrobii Saturnalib9 sic scriptũ est Romę cũ ex vaticinio Marcii vatis carmineq3 sibyllino' ludi celebrarętur. Apollini repentino aduentu hostis plebs Romana ad arma excitata occurrit hosti. q̃ tempore nubes sagittarũ in aduersos ferri visa hostes fegauit:& victores Romãos ad spectacła dei sospitalis reduxit:& paulo infra:sed inuenio in litteris hos ludos victorię:non valitudinis causa:vt quidã putãt institutos. Bello em̃ punico hi ludi ex libris Sibyllinis primo sunt instituti(suadẽte Cornelio ruso decẽuiro)Qui propterea Sibylla cognominatus est:& postea corruptiõe primus coepit Sylla vocari: fertur etiam in carminibus Marcii vatis:cuius duo volumina illata sunt in senatũ:inuẽtũ eẽ ita scriptum:hostẽ romani si ex agro expellere vult;:Vomicã quę gentiũ venit lõge Apollini censeo vouendos ludos:qui quot annis'comiter Apollini fiant.his faciendis pręsit is pretor:qui ius populo phoebiq3 dabit summũ :Decẽ viri gręco ritu hostiis sacra faciãt hoc s. recte facietis gaudebitis semper: fietq3 respu . melior. Nã iis du9 extinguet per duellos vestros:qui vestros campos pascũt:placide ex hoc carmine dies vnus . pcurãdi causa rebus diuinis impensus est. Postea senatus consultũ factum:vt decem viri libros Sibyllinos adirent:in quib9 cũ eadem aperta nunciatum esset censuerunt partes Apollini

c Lectosq3 sacrabo viros. S. Quia nisi patricii non fiebant. Sane sciendũ. Primo duos librorũ fuisse custodes. Inde decem. Inde quindecim vsq3 ad tempora Syllana post creuit numerus:nã sexaginta fuerũt: Sed remansit quindecim virorũ vocabulũ. C. Lectosq3 sa. Nam a principio duo lecti sunt ex patritio ordine custodes librorũ Sibyllinorũ:& dicti sunt duũuiri. Deinde cũ plebs istius quoq3 magistratus participes reddi adnixe contenderet, pro duobus decemviri creati sunt : quinq3 ex patriciis:totidemq3 ex plebeis. Et sunt appellati decẽviri:quod nomen etiam deinceps mansit: quãuis numer9 auctus esset. d Foliis tantũ ne no. man. S. vt Varro dicit in foliis palmę interdũ notis:interdũ sermonib9 scribebãt:vt i tertio supra diximus. C. Foliis tantũ. Nã in tertio admonitus ab Heleno fuerat:vt peteret sibi oracula sermone Sibyllę dari:non aũt mandari:Nã quicũq3 in foliis descripsit carmina virgo. Degerit in numerũ:atq3 in antro seclusa reliquit. Illa manent ĩmota locis :neq3 ab ordie cędũt Verũ eadem verso tenuis cũ cardine ventus impulit. & teneras turbauit ianua frondes. Nunq3 deinde cauo volitãtia prẽdere saxo. Nec reuocare situs:aut iũgere carmina curat. Inconsulti abeunt:sedemq3 odere sybillę. Hic tibi ne q̃ morę fuerint dispendia tanti. Quin adeas vatẽ:precibusq3 oracula poscas. Ipsa canat vocemq3 voluẽs:atq3 ora resoluat. Foliis, folia Frondes sunt. Sunt qui putent frondes solũ arborũ eẽ. Folia vero arborũ:& herbarũ. Itẽ folia dicim9 i qb9 scribim9. Et ẽ genus:cui9 species sunt mẽbranę z chartę. mẽbranę ex pellib9. Et chartę ex papyro. e Ipsa canas oro. S. Ipsa pro tu. Et pronomẽ posuit eius personę qua loquimur: Est aũt gręcũ. nam dicunt. αὐτὴ εἰπέ. i. tu dic.
f Finẽ dedit ore lo. S. hoc est diffiniuit et:vt ore loqueret:

nec in foliis scriberet: g Nondum paciens. S. aut q̃ non dum posset implere oraculorum sermones: aut dum vacat: & est impaciens. C Phoebi nondum patiens. Non em̃ valet mens humana: ea que adeo excellũt: vt supra nostras vires sint: suscipere: donec Apollo .i. sapiẽtia nos componat: adeo vt omnia nobis facilia esse videanẽ. h Bacchatũ vates. S. bene bacchatur. Idem em̃ est Apollo: qui liber pater: q sol: Vnde ait Luca. Cui nomine mixto. Delphica thebanę referunt trieterica bacche. Vnde in eorũ sacris erat phoebadum baccharumq; cõuentus. CRI. Bacchatur. Quod sol liberq; idem sit numen: & ipse ostẽdit in Georgi. Vt vos o clarissima mũdi lumina. Labentem coelo que ducitis annum liber & alma ceres. Et macrobi. multis argumentis ostendit. Et Orpheus hoc versu exprimit ηλιοσ ο Διονυσον επιχλησιν καλεουσιν.

uinium dicitur: licet possit ad Laurinum latini fratrem referri: qui illic ante regnauit. q Sed non & venisse volent. CRISTOFERVS. Iure dixit Aristotiles eos qui in solitudine seorsum ab aliis viuũt: aut bestias esse: aut plus q̃ homines: adeo enim supra hominem est relinquere ciuilem societatem: vt id non fiat nisi aut ex sensuum perturbatiõe: & ex ipsa atrabili: vt videmus quosdam furiosos: q̃s mysanthropos grẹci appellãt. aut cum mẽs nostra ad originẽ suam redire cupiens omnia humana (quippe quẹ caduca corruptibiliaq; sint) contẽnit. solaq; diuina respicit. Verum anteq̃ his virtutib⁹ corrobata sit: quẹ animi iam purgati appellantur: sẹpe vacillat in cõsilio: quia multo maiora sese vndiq; offerũt impedimenta in hoc viuẽdi genere: q̃ in ciuili iure: ergo dixit grauiora bella nobis excitari terra .i. in hac solida vita cõtemplandi: q̃ in mari: idest in vita ciuili: in qua appetitus perturbationibus excitatur: Sed postq̃ his virtutib⁹ quẹ animi iã purgati vocãt corroborata est mẽs: hostes omnes cedunt: & veluti in naturã suã reuersus: & etiã animus in corpore nulla corporis incõtagione impeditus summa cum voluptate diuinis perfruitur: ergo in primis istis difficultatib⁹ nõ est cedendum: sed audacius contra eundum.

At phoebi non dum patiens immanis: in antro
Bacchatur vates: magnũ si pectore possit
Excussisse deum: tanto magis ille fatigat
Os rabidũ: fera corda domãs: fingitq; p̃mẽdo.
Ostia iamq; domus patuere ingentia centum
Sponte sua: vatisq; ferũt responsa per auras.
O tandem magnis pelagi defuncte periclis
Sed terrẹ grauiora manent: in regna lauini
Dardanidẹ venient: mitte hanc de pectore curã.
Sed nõ et venisse volent: bella horrida bella:
Et tybrim multo spumantem sanguine cerno:
Nõ simois tibi: nec xanth⁹ nec dorica castra
Defuerint: alius latio iam parthus achilles:
Natus et ipse dea: nec teucris addita Iuno
Vsq; abierit: cum tu supplex in rebus egenis.
Quas gentes italum: aut quas nõ oraueris vrbes
Causa tanti mali cõiunx iterũ hospita teucris:
Externiq; iterum thalami.

i Excussisse deũ. SER: Excuti proprie de equis dicimus: quod eõ traxit: quia phoebus .i. sol equis vtitur: & nunc Sibyllam quasi equum Apollinem quasi equitem: inducit: in ea permanens translatione excussisse ait: vt excussus a conteus. Itẽ fera corda domans: quod p̃prie equorum est: & frena: & stimulos pati: vt ea frena furenti concutit: & stimulos sub pectore vertit. Q᷑ autem dicit magnum deum non reuera ait: sed retulit ad affectum colẽtis: vt summe deũ sancti custos soractis. Apollo em̃ vnicuiq; deus ipse: quem colit magnus videtur. Excussisse deum pro excutere: tempus pro tempore. Est aũt attica figura: qua nos vti nõ conuenit: hac licenter vtuntur poetẹ. C. Excussisse. Sẹpe em̃ in mẽtem venit aliquid magnũ quod nostrum ingeniolũ superet: vnde conamur illud a nobis abiicere.

r Horrida bella. S. quẹ cõtra hospitem cognatũq; suscepta sunt. vt latin⁹ dictur⁹ est. Arma impia sumpsi: promissa eripui. s Spumantem sanguinem cerno. S. quasi nõ p̃uideat: sed videat quẹ facturus est Turnus: vt re doleant tyberina: fluente sanguine adhuc. t Nõ simois tibi nec xãthus. S. Tyberin⁹: & Numicus in quẽ cecidit. v Nec dorica castra. S: grẹca & reuera. Nã Turnus grẹcus fuit: vt & turno: si prima dom⁹ reputatur origo Inachus acrisiusq; pares mediẹq; mycenẹ v Part⁹ achilles. S. Turnũ significat: & sic hoc dictũ ẽ: vt in jbuco. Alter erit tunc typhis: et altera quẹ vehat argo Heroas: & hoc est quod dicit: Obscuris vera inuoluens: nam licet vera sint latent: vnde. Apollo λοξιασ dicitur .i. obliquus. x Natus & ipse dea. S. de venilia sorore Amatẹ: vt cui diua venilia mater: nec debet mirũ esse amatã fuisse mortalem: cũ & Turnus Iuturnẹ frater mortalis fuerit: nam hẹc fuerant diuina beneficia. y Addita Iuno. SER. Inimica: est autem verbum Lucilij: & antiquorum: vt plaut⁹ additus Ioui argus. z In rebus egenis. SER. per transitũ ostendit famem. a Coniunx iterum hospita. SER. Nã & Paris ab Helena fuerat susceptus hospitio. Hospita aũt more suo dixit: & bene: ne aliquid imputetur Aeneẹ: quasi hoc fatorũ esse predixit. b Tu ne terre. S. ne cedas. Sed esto audacior q̃ tua te fortuna permittit: & bene aduersa

k Fingitq; premẽdo. S. Componit vt & corpora fingere lingua. Componit etiã ad moderationem certam dicendi: vt em̃ supra diximus. Omnia quidem vident: sed non omnia indicant: sacerdotes vt supra Lucanus. Nec tm̃ prodedere vati: quantum scire licet.
l Ostia iamq; domos patuere. SER. Precibus .s. & quẹ ante ostia erant patefacta aditus esse coeperunt.
m Ferunt responsa. SER. Quia supra ait. Ora domus.
n Pelagi defuncte periclis. SER. non liberatẹ pelago: sed marinis periculis. nam adhuc nauigaturus est: sed sine vllo discrimine. Defunctẹ aũt liberatẹ: nam dicimus fũctos officio: qui officia debita compleuerunt. vñ & honoribus functi: & hinc defunctus mortuos dicimus: qui compleuerunt vitẹ officia. vnde est. nil iam cẹlestibus vllis debẽtem.
o Sed terrẹ. SER. Terrẹ legitur: & terra vnum tamẽ est.
p In regna lauini. SE. Alii latini legũt: cui⁹ tũc erant: sed quia diuina loquitur futura prẹoccupat. postea enim la

Tu ne[q] cede malis: Sed contra audentior ito:
Quã tua te fortuna sinet[c]: via prima salutis
(Quod minime reris) graia pandetur[d] ab vrbe.
Talibus ex adyto[e] dictis Cumęa[f] sibylla
Horrendas canit ambages: antroq;[g] remugit:
Obscuris[h] vera inuoluens: ea frena[i] furenti[k]
Concutit[l]: & stimulos[m] sub pectore vertit apollo.

fortunam edocet virtute: aut vitari: aut minui: aut patiẽter sustineri. c Via. SER. ratio oportunitas. d Graia pandetur ab vrbe. SER. propter Euãdrum: qui eum in Thusciam missurus ad Tarcontem est. e Ex adito. SER. locũ vaticinatiõis ostendit. f Cumęa sibylla. SER. Cumęa bene addidit propter discretionẽ. g Antroq; remugit. SER. quia in antro: vt pulsati colles clamore resultant. h Obscuris vera inuoluens. SER. vera & obscura cõfundens. Est autẽ hyppalage veris obscurũ inferens. i Frena. CRI. In singulari tãtum neutri generis est. In plurali vero masculini et neutri. k Furenti. CRISTO. eo scilicet furore: q parcita vaticinari possit. Furor enim duplex est: alter bonus alter malus: Nã quia ex humoris pturbatione nascitur is hominẽ a ratione deiicit. & in insaniã aducit: qui vero diuinitus infunditur hoiem supra hoiẽ erigit: et deo pximum: dum illo afflatur reddit. Quapropter apud Platonẽ quattuor diuini furoris species ponuntur: aũt enĩ animos nr̃os antequam rerum terrenarum desiderio grauarẽtur: eternis sedes habitasse: & in deo speculo: in quo oẽs Ideę elucescũt vidisse iustitiam: sapiẽtiã: harmoniã. & diuinę naturę pulchritudinem: quas ideas diuinas essentias: primas naturas: quę in eternitate dei sint nominant: quarum perfecta cognitione animi illic nutriuntur: ad corpora inde terrenorũ cognitione: appetioneq; delati: qui prius ambrosia: & nectare. i. cognitione dei: & gaudio fruebantur. Letẽ. i. obliuionẽ in descensu hauriũt: nec prius ad supera reuolant: q̃ cognitionem illam recuperent: hoc duabus virtutibus. i. morali: & contemplatiua assequũtur. Moralẽq; iustitiã: & sapientiã nuncupãt: his ergo tanq̃ geĩnis alis nos ad superos reuolare in phędone demonstrat: & in phędro sola philosophi mẽs ait: recuperat alas. In qua recuperatione abstrahitur a corpore: deoq; plen⁹ ad cœlũ trahitur animus. quę abstractio furor est: qui in quattuor partes diuiditur: neq; diuinorũ reminiscimur: nisi quibusdam vmbris ac imaginibus: quę corporis sensibus percipiunt̃. Hęc paulus. Et Paulũ sectatur Dyonisius inuisibilia: per ea quę hic facta sunt: aiunt. Diuinę igitur sapientię imago est nostra sapientia. Harmonię ea quę instrumẽtis musicis: & vocib⁹ humanis orit̃ harmonia. Pulchritudinis autẽ ea quę ex partiũ membrorumq; corporis: quę aptissima compositione conficitur conuenientia: venustasq; imago est: sed cum sapientia nullus: aut paucis percipiatur: neq; corporeis sensibus cõprehendatur: diuinę sapientię paucę apud nos extãt imagines: & hęc quidẽ sensibus incognitę sunt: itaq; in phędro dicit: simulacrũ sapientię oculis cerni nõ põt: q̃ si cernatur mirabiles amores diuinę illius cuius est simulacrũ nobis excitaturũ sit. Pulchritudinis autem imago oculis harmonię auribus percipitur: qui reliquorũ sensuũ (teste eodẽ Platone) sunt acerrimi: Quapropter his simulacris: qui corporibus insunt in animũ per corporis sensus penetrantib⁹ reminiscũtur eorũ q̃ extra corpus constituti videramus: cũ recordatiõe alas recupamus: & a contagione corporis paulatim purgati diuino furore afficimur. Pulchritudinis autẽ specie: quã oculi portigũt illius: quę diuina est pulchritudo recordari ardentissima cupiditate illã desideramus: qui furor diuinus est. Et a Platone amor appellat̃: atq; diffinit̃. Amor est corporeę pulchritudinis desideriũ: ad cõtemplandum rursus diuinam pulchritudinem redeundi: atq; is qui sic afficitur: non modo diuinam pulchritudinem desiderat: sed ea quę oculis patet: delectatur. Nam amantes non solum re amata: verũ etiã illius simulacris delectãtur. Sed crassioris ingenii est huiuscemodi solum: vt ita loquar vmbras sectari: verã aũt illã pulchritudinẽ negligere: huius aũt stulti amoris petulantia lasciuiaq; comes est. Isq; diffinit̃: irrationalis insolensq; eius quę percipit̃ circa corporis formã voluptatis cupiditas vel est ardor animi in proprio corpore mortui in alieno viuentis: vñ Epicurei credũt amorẽ ec nixũ atomorũ sese ei a quo simulacra pulchritudinis hausta sunt penitus infundendi hunc Plato ab humanis morbis natum solicitudine plenũ esse vult: & in illos peruenire: quorũ mens tenebris adeo circũfusa sit, vt nihil altũ suspiciens solam fragilis cerpusculi imaginẽ adimeretur: q aũt huiuscemodi tenebris liberi sũt hi obiecta corpa forma illa. prio⁹ vt diuinę pulchritudinis simulacro delectantur: ac statim ex hac in diuinorũ memoriã rediens ardẽtissimo desiderio ad superos feruntur: atq; furor qui p oculos percipit̃: huiuscemodi est: p aures vero musicę nũeros animus percipit: quib⁹ imaginib⁹ admouetur. vt diuinam Harmoniam acrioris quodam animi intimo sensu cõsideret. Diuina autem Harmonia eodem Platõe auctore duplex est. Altera enim in eterna dei mente perdurat. Altera in cœlorũ ordine: ac motibus qua mirabilem coeli concentum faciunt: Ergo animus qui ante corporis ingressum illam audiebat: nunc per aures imagines illius percipiẽs desiderio verę harmonię percipiendę afficitur: & id ad superos sedes reuolare contendit: interim in carcere corporis clausus: illam nititur imitari. sed alii: vt illam imitentur: aut vocibus: aut humanis instrumentis vtunt̃: quos leues vulgaresq; musicos dicim⁹ nõnulli grauiori iudicio intimę mẽtis sensũ: pfundasseq; notiores versibus nũerisq; illustrãt. Hiq; sũt q diuino furore Parciti grauissima q̃dã: ac plenissima carmina ingenti ore effũdũt. Hęc aũt poesis appellat̃: q̃ vocũ: ac motuũ nũeris grauissimos q̃sdã: & delphicos sensus sũmo ardore exprimit: vñ nõ solũ cõcẽtu vocũ aurib⁹ blãdit̃. verũ etiã ambrosię coelesti simĩmũ mẽti pabulũ affert: Ideoq; pxime ad diuinitatẽ accedit: oririq; poeticũ hũc furorẽ a musis existimat: q aũt sine musarũ instinctu poeticas ad fores accedit: sperans q̃si arte q̃dã i poetã bonũ euasurũ: Inanis q̃dẽ ipse: ac ei⁹ poesis efficit̃. q aũt coelesti vi inspirant̃: adeo diuinos sępe musis afflatos sensus exprimũt: vt ipemet deĩde a furore derelicti vix illos intelligant. Musas aũt Plato cęlestes cãt⁹ intelligit: vñ a cãtu etiã camenas illas latini appellant: Quapropter musis. i. coelestib⁹ numinibus: ac cãtib⁹ incitati ad eorũ imitationẽ poeticos modos: ac nũeros medicant̃. Itaq; i libro de repub. vbi de sperarũ motu scribit Plato singulis orbib⁹ singlas insidere syrenas refert: motũ sperarũ significãs. Nã syrẽ deo canere ẽt. Theologi q̃z veteres octo musas octo sperarũ cãt⁹: & nonã maximã: q̃ ex oibus cõficit̃ Harmoniã eã eẽ dixere: ergo poesis a diuino furore: furor a musis Muse a Ioui pficiscũt̃. Iouẽ ei mũdi toti⁹ animũ platõici intelligũt: vt in sequentib⁹ apparebit: & in buccolicis A Ioue principiũ musę iouis oia plena. ai⁹ ergo iste qui vbiq; viget & coelũ q̃si cytherã quãdã: vt alexãder milesius pythagoricus inqt: exagitãs coelestẽ pficit harmoniã. Atq; orphe⁹ Iuppiter igt prio genit⁹: Iuppiter nouissim⁹: Iuppiter caput: Iuppiter mediũ: iuppiter fundũ terrę ac cœli stelliferi. Iuppiter pdiit mascul⁹: iuppiter icorruptibil' spõsus: & pl'a alia dicẽs ex qb⁹ itelligit̃ illũ oib⁹ infusũ corpib⁹ cõtiert̃: atq; alere cũcta. Vñ Lu. Iuppit̃ ẽ q̃dcũq; vides q̃dcũq; mouerĩs. Sũt pręterea duę alię furorũ spẽs: alia circa mysteria: alia circa vaticinia. Pri⁹

¶ Vt primũ [n] cessit furor:et rabida ora quierunt:
Incipit [n] æneas heros:non [o] vlla laborum
O virgo noua mi [p] facies [q] inopinaue [r] surgit:

furor est vehementior animi concitatio in his quę ad eorum cultum:ac religionem pertinent perficiẽdis. Affectus vero mentis qui talẽ furorẽ falso imitatur. superstitio dicitur. Vaticiniũ autem est diuino afflatu inspirata psensio. Ergo n uaticinio furor est:si animus acrius exarserit:cũ mens a corpore abstracta diuino instinctu concitatur. Nã si figura q̃dã humana sagacitate preuidẽtur: nõ vaticiniũ: sed prudentia:& cõiectatio appellatur:ergo amori diuino libidinosus amor. Poesi. leuior musica. Misterio: supstitio: Vaticinio:prudẽtia opponitur Amori venus. Poesi musa: Misterio bachus. Vaticinio Appollo:pręest. habes ex platonica disciplina quatuor diuinos furores. Quapropter recte dixit Poeta. Et frena furenti :quia vaticinii furore parcita esset. l Concutit. C. Ex eo quod est quatio fit excutio q̃d significat quatiendo eiicere:& in cutio quatiendo imittere. Nam quę non sedate:sed cum impetu subeunt incuti dicuntur. Discutere quatiendo in diuersas partes deiicere: & per similitudinem dicimus discutere rem quam diligenter rimamur:& eius omnes partes inquirimꝰ. Hinc discussum dicimus negocium:cũ per omnes suas partes diligenter est cognitum. Nam vt ex discussa veste omnia quę intus latebãt:prodeunt:& apparẽt. sic ex discussa re:de qua ambigitur:ꝙ latebat:verũ appar. Petercutio verbero:Recutere aũt ñ ẽ a quatio nec in pterito recussi ẽ:sed recutiui recutitur. Est aũt acute:vnde recutiores dicimus iudeos :qui circuncisione cutẽ:quę preputiũ est deponunt:ꝙuis sunt q velin hoc participium esse sine origine verbi. m Stimulos. C. Stimulus est omne quo pungimus:& est a greco illi em̃ στίζω pungo:et verbero dicũt. hinc στιγμα. ¶ Hinc Aeneas heros. C Quasi dicat propterea fuit tanti animi: vt hec petere non formidaret quãdo esset heros Heroici em̃ virtutes opus sunt:siquis hanc speculandi difficultatẽ tolerare vult. De his loquitur Aristoteles in ethicis.

n Cessit furor. SER. nõ penitus recessit:sed paulatim coepit imminui. nam et paulo post est de myseni morte dictura:q̃d non procedit:si nunc numen recessit.

o Nõ vlla laborꝫ virgo. S. O licet sit naturalr breuis in sermonibus latinis:apud Virgiliũ tamen pro longa habetur:vt in hoc loco O virgo. Item alibi Quis te magne Cato in tacitũ exceptis ego:vt Ast ego quę diuũ et duo:vt si duo preterea:& scio:vt nunc scio quid sit amor:& nescio vt Nescio quis teneros oculos mihi festinat agnos. Apud alios:o nisi in grecis nominibus non producit quod & nũc sequi debemus. Dicunt tamẽ quidã. o tunc produci in nominatiuo:quãdo & i genitiuo fuerit pducta q̃d falsum est. Nam & Virgi. produxit virgo cũ virginis faciat & Luca. Cato corripuit:vt Nos Cato da veniam cũ catonis faciat. Item Iuno cũ pducat Virgilius. Statiꝰ tñ corripit. Sane sciẽdum allocutionem hanc esse persuasoriã cũ partibus suis:nam honestũ est quererẽ patrem. Vtile quod ab eo patrię origẽm discat:Necessariũ q̃a iusserat pater. Possibile:q̃a hic inferni ianuaditis. p Mi. S: nõ profert. Sed p Synerismũ ne sit blandientis aduerbium:neq; nitendũ est hoc exẽplo: & quia vnicũ est:& quia blandientis potest esse:nihil vero pro metri necessitate ponitur:nam si sequens sillaba incipit a vocali nihil dicimus. vt Heu nihil inuitis fas quenq; fide re diuis. Sin aũt a cõsonã te ponimꝰ vt nil iuuenal:nil tale expectes emit sibi. q Facies. S. spẽs. C Noua. Oñdit ex grauissiorꝫ phiorꝫ sñia q̃cũq; ex iprouiso accidãt solere eẽ grauiora: ppter q̃d ait se priꝰ excogitasse q̃ res maxime videt p turbationibꝰ. vt ait Cice. Nihil est q̃d tã obtũdat eleuetq; ęgritudinẽ q̃ ppetua in omni vita cogitatio nihil eẽ q̃d nõ accid[illegible] posset:ꝗ meditatio cõditõis hũane quã vitę lex cõmeentarioq; parẽdi: q̃ nõ hoc affert:vt sp mereamꝰ: sed vt nũq; ei q ter[illegible] nata tã q neq; vitę veritatẽ q ĩbecillitatẽ generis hũai cogitat meret cũ hoc cogitat S; tũ maxię sapiẽtię fũgi

Omnia percœpi: atqꝫ animo mecum ante pegi.
Vnum oro (quando hic inferni ianua regis
Dicitur: et tenebrosa palus acheronte refuso)
Ire ad conspectum chari genitoris: et ora
Contingat: doceas iter: et sacra ostia pandas.
Illum ego per flāmas: et mille sequentia tela
Eripui his humeris: medioqꝫ ex hoste recœpi.
Ille meum comitatus iter: maria oīa mecū:
Atqꝫ omnes pelagiqꝫ minas cœliqꝫ ferebat.
Inualidus vires vltra: sortemqꝫ senectę.
Quin vt te supplex peterē: et tua limina adire
Idem orans mandata dabat: natiqꝫ patrisqꝫ
Alma precor miserere: potes nāqꝫ omnia: nec te
Nequicqꝫ lucis heccate prefecit auernis.
Si potuit manes arcessere coniugis orpheus
Threicia fretus cythara: fidibusqꝫ canoris:

munere: Vtrūqꝫ eīm consequetur: vt & consideret rebus humanis propria fingatur philosophię officio. & aduersis casibus triplici consolatione sanetur. Primū ꝙ posse accidere diu cogitauerit: quę cogitatio vna maxime molestias omnes extenuat: ac diluit. Deinde ꝙ humana ferēda intelligit: postremo ꝙ videt malum nullum esse nisi culpam.

r Inopia. S. nomen est: & non participiū. Nā inopinata diceret: quod non procederet. Nā nō inuenitur inopinor vt opinor: ergo nocens a nocco participiū est. innocens vero non: quia non inuenit innocco. nullum eīm participiū quod a verbo nō trahitur: licet a sui verbi forma non veniat: vt placita licet placeor nō inueniat: tñ placeo inuenitur sic coenatus & pransus: & regnata: & triumphata vñ gelatus: & tunicatus nomina sunt: quia nullum extat verbum.

s Percœpi. S. ab heleno vel a patre. Dicit autē futura partim audisse: partim mēte percœpisse. Sed si nouit omnia: cur consulit numen. nosse se omnia quantū ad labores pertinet dicit et ꝓcedit totā petitionem: vt ad illud veniat: vt possit patrem videre. Nam cum dicit vnum oro: nō solum id dicit: sed præcipuum: vt Vnā posthabita coluisse samo.

t Tenebrosa. S. nigra. Et nigra p alta: vt nigra figit sub nube columba: idest alta.

v Palus. S. pro laco: Nā Auernū significat: quem vult nasci de acherontis ęstuariis. Palus. bene produxit lus: qa paludę facit. Hora. corripuit: vt sterilisqꝫ diu palus aptaqꝫ remis.

x Acheronte. S. Acherō fluuius est infernorū: q̄si sine gaudio. Sed locus nō procul est bais montibus ita septus. vt neqꝫ orientem neqꝫ occidentē solē aspiciat: sed tm̄ mediū diem: Dicitur ignibus plenus: quia circunstantia loca sulphuratis: & calidis aquis scaturiunt dicitur sine gaudio: quod nisi necromātia ñ potest effici (vt aiunt) hęc sine ceso homine nō fiebat: vñ Aeneas Misenum: & vlyxes Elpenorem pro sacris faciēdis occiderunt: quamqꝫ fingatur in extrema parte oceani Vlyxes fuisse: quod & ipē Home. falsum esse ostendit ex qualilitate locorum: quę cōmemorat: & tempore nauigatiōis dicit enim circa vnam noctem nauigasse: & ad locum venisse: vbi sacra perfecit: quod de oceano non procedit: de Cāpania manifestū est: pręterea a Baio eius socio illic mortuo baias dictas esse cōstat: dicitur etiam vidisse Herculem: qa illis sunt baulię: quasi boaulia: vbi boues tenuit: quas Gerioni detractos ex hyspania abduxerat.

y Sacra. S. aut venerabilia: aut execranda: vt de tartaro sacrę panduntur portę.

z Illum ego. S. meritum probat patris: vt iustum videatur esse desiderium.

a Sequentia tela. SER. vt ardentis clypeos:

b Ex hoste: S. Plus est ꝙ si ex hostibus dicat. Ex hoste eīm generaliter dicitur. ex hostibus partem ostendit: vt terrā cū dicimus: significamus elementū. Terras vero singulas partes.

c Recœpi. CRISTO. locus est ab honesto.

d Comitatus iter. SER. omnino spe salutis: sed mei causa: vt Cedo nec tibi nate comes ire recuso: vnde addidit tibi, i. tui causa nō mei.

e Cœliqꝫ ferebat. SERVI. vt ante mortem preuentus sit quam ferre desierit. Et mire imperfecto vsus est tempore. ac si diceret: etiam si adhuc viueret ferret.

f Vires vltra sortēqꝫ. S. s. quia senectę sors est quies & ocium: sicut pueritię ludus: amor: adolescentia: ambitus iuuenilis etatis: ergo aliud ferebat pater quā sors exigebat senectę.

g Orans mandata dabat. S. sic dictum est: vt Et supplex tua numina posco. maior eīm ad imperandum vis est eum rogare cui possis iubere. CRI. Orans mandata dabat. a necessitate: non eīm spernāda sunt parentum iussa: est etiam a possibili: nam cum post mortem hęc impasset min me credibile est illam impossibilia impetrasse.

h Mandata dabat. S. vt huc casta sibylla nigrarum multo pecudū te sanguine ducet.

i Potes nāqꝫ. C. arguit a facili.

k Nec te. CRISTOFE: probat illam esse: quę frustra ꝓposita esset illi loco a dea harum rerum potētissima, nisi data simul facultas fuisset.

l Lucis hecate prefecit auernis. S. Hecatę triū potestarum numen est. Ipsa eīm ē: Diana: luna: proserpina. Sed solam proserpinam dicere non potuit ꝓpter lucos qui Dianę sūt. Item Diana: quia auernis ait. Bene elegit nomen in quo vtrūqꝫ cōstabat. vñ Luca. de proserpina ait. nostrequę hecates pars vltima.

m Si potuit manes arcessere. SER. vtit exemplis: quę inferiora sunt per cōparationem. vt ipse videatur iustius velle descendere. Nam Orpheus conatus est reuocare vxorem. hinc vult tantum patrem videre. Orpheus autem voluit quibusdam carminibus reducere animam coniugis. quod quia implere non potuit a poetis fingitur receptam iam coniugem perdidisse dura lege Plutonis. quod etiam Virgilius ostendit dicendo arcessere. quod euocantis est proprium. CRISTO. Si potuit manes. Probat exemplo illā posse. Orphei autem fabulam sic interpretatur Boetius: Erydicen qui interpretatur lata iustitia. i. omnem virtutem amat vir excellens. quam si quis amittat cythera. i. bonis artibus: & actionibus recuperat: quod si iterū ab eo labatur difficile est reuocare. Sed de Orpheo in Georgi. dictum est.

n Fidibusqꝫ canoris. SER. bene sonantibus chordis. Fidibus autem est a nominatiuo hęc fidis: vt sit pyrrichius: nā fides iambus est.

o Si fratrem pollux alterna morte redemit. SERVI. vt supra diximus. Helena & Pollux de Ioue natę īmortales fuerunt. Nam Castor Tindari filius fuit: cuius mortem suo interitu fraterna pietas redemit: quod ideo fingitur: quia horū stellę ita se habent vt occidente vna altera oriatur: et iterū exemplū post cōparationē: quod quia pium est se ad frequentiā contulit dicendo. Itaqꝫ redit &c. C. Si fratrē pol-

Si fratrē pollux alterna morte redemit:
Itq; reditq; viā totiens: quid thesea: magnum
Quid memorē alcidē: et mi gen⁹ a Ioue sūmo.
Talibus orabat dictis: arasq; tenebat.
Tum sic orsa loqui vates: satis sanguine diuū
Tros anchisiade. facilis discensus auerni.
Noctes atq; dies patet atri ianua ditis.

lux. fabula est Iouē captū amore ledę cū ea sub forma cygni cōcubuisse: atq; inde duo oua nata. et ex altero pollucē & Helenam: & ex altero castorem & clytemnestram prouenisse. Alii dicūt primū ouū solūmodo Iouis fuisse, ppterea q; Pollucem et Helenā immortales extitisse. et secundū ex pindaro Castorē: & clitemnestrā pduxisse mortales. Addit Higinius hos fratres maxima cōcordia regnasse. & mare pyratis infestatum sua opera pacauisse. verum cū Castor in pugna aduersus Athenienses cecidisset Pollux suam mortalitatē cū illo cōmunicauit: & impetrauit a Ioue: vt alternatim viuerent. Sūtq; a Ioue ingeminos cęleste signū conuersi quod adeo amplū est: vt cū alter iam oriatur alter adhuc lateat hinc alternatim viuere dicant. Iccirco a periclitantibus nautis in tempestate inuocatur: quoniā dum in terris essent illos a Pyratis seruarent. Diod. autē refert Orpheū in argonautarū grauissima tempestate sacra pegisse: quę apud ęgyptios didicerat: ac deinde Samothracas docuerat paulo post duos igniculos supra capita Pollucis & Castoris apparuisse: statimq; tēpestatē cessasse: q sacra deinde a nauigantibus obseruata sunt: & igniculi illi dioscurorū numē esse putant. Hęc Diodo. Pli. aūt: verba de hac re ponā: Inquit ergo. vidi i nocturnis militū vigiliis inherere pilis provallo fulgurū effigies Eę et antēnis nauigantiū aliisq; nauiū ptib⁹ ceu vocali qdā sono insistunt vt volucres sedēiex sede mutātes graues cū solitaria venere mergentesq; nauigia. & si in carine ima deciderint exurētes geminę autem salutares. & prosperi cursus prouincię quarū aduētu fugari diram illā: ac minacē appellatā Helenā. ferūt & ob id Polluci & Castori nomen assignant: eosq; in mari deos inuocant: Horū cęleste signū Gemini vocant. Is qui proximus cancro est: tres claras stellas habet: vnam in capite: & in singulis humeris singulas: deinde in dextro cubito vnā: In vtroq; genu singlas. Alr i capite vnā. in singulis humeris siuglas. in singul manib⁹ singlas. In singul genib⁹ singulas. In singulis pedibus singulas infra sinistrū pedē vnā. Sunt itaq; stellę: quę hoc signū faciunt. xviii. Est autem domiciliū. Mercurii. Disponit hominē ad litteraturam: & scripturam in corpore dominat humeris brachiis & manib⁹: efficit mediocrem staturam & hominem pulchrum.

p Itq; reditq; viā totiēs. S. ppter stellas inter se orientes: & occidētes Castoris & Pollucis. q Quid thesea. S. durum exemplū. vnde nec immoratus est. in eo dicit autem inferos debere patere pietati: q patuerūt infanda cupiēti: nā hic ad capiendū proserpinam ierat cum pyrithoo: & ibi retentus luit poenas: vt sedet ęternumq; sedebit infoelix theseus. r Magnū quid me. al. S. melius sic distinguit. licet quidem legant. Quid thesea magnū: vt epitheton ei dent: q per se non est magnus. Nā Herculē sine epitheto etiam magnū intelligimus. Sed melius est magnū dare Herculi q̄ sacrilego. r Et mi ge. a io. sum. S. Occurrit tacite questiōi tanq; Sibylla dixerit. Ii. em qui descenderūt a diis ducebāt originē. s Arasq; te. S. rogabant em deos ararū ansas tenentes. t Satis san. di. S. vn̄ Aeneas desiit. inde hęc sūpsit exordium. v Facilis dis. auer. S. legit & auerno. i. ad auernum: sed si auerni inferorū significat: & lacum pro inferis ponit. C. Facilis dis. auer. infernū prisci illi mortales qui anteq; studiū philosophię ad tantum vigoris adolescere fuerunt nihil aliud esse voluerunt q̄ ipsa corpora quib⁹: vl inclusę animę carcerē foedū ferunt. Et corpori infernos fluuios: & supplitia: quę apud inferos sunt attribuerūt platonici aūt de inferni finib⁹ non idem sentiunt. Alii em in duas partes mundū diuidunt: & alterā quę faciat quam aplanen dicunt. vsq; ad globū lunę pertingere voluerunt: q nę sit immobilis. Alterā quę patiatur: & mutabilis sit a globo lunę ad terram vsq; producunt. Et viuere animā asserunt: dum est in parte immutabili. Mori aūt cū ad partem cecidit: quę inter lunam & terram est. et eam mortis & inferorum locum posuerunt: vt lunę globus vitę mortisq; cōfinium sit: a luna em deorsum natura incipit caducorum. Alii mundum in in triplicem ordinē elemētorum distinxerūt. vt primus sit terra aqua: aer: ignis. Secūdus sit luna pro terra. Mercurius pro aqua Venus pro aere. Sol pro igne. Tertius autē ordo vniuersus sit: vt Mars sit ignis: Iuppiter aer. Saturn⁹ aqua. Aplanes terra: & in ea sint cāpi elisii puris animis deputati. Ex his campis cum animę emittunt per tres elementorum ordines in corpus descēdūt. vt primi in duas ptes diuidūt: sed solā aplanē vnā ptē posuūt reliq oia: s. septē sperę: & quattuor elementa alterā ptē faciunt: & is locus inferorū dr. Christiani autem in centro terrę. nam ibi sunt tenebrę exteriores. i. a luce distantes fletus & stridor dentiū: & sic ait propheta. Eripuit dn̄s aiā meā de inferno inferiori. Nihil est cētro inferius. Et domin⁹ dixit q filius hominis esset futurus in corde terrę tribus diebus & tribus noctibus. Centrum em ita nouimus esse in medio terrę: vt cor est in medio corporis. Nec obstat q terrę soliditas cōcauitates n̄ paciat: nā sic spiritib⁹ aut cęlestib⁹ aut malis: sic aiab⁹ nr̄is oia peruia sunt. Vt eāt q volūt nisi deus vetet: q̄uis etiā pfundę speluncę in mōtibus testēt: q illic possint eē cōcaua. Iob ait in pfundissimū infernū descendent oia mea. Si aūt cōsideremus ea quę dicuntur a diuino. Grego. Infernus erit ab aere hoc caliginoso: et repleto illis spiritib⁹. q nec deo nec lucifero: assenserūt vsq; ad cētrū terrę: sed de inferno hacten⁹: nā noia quib⁹ vocātur suis in locis explicabunt. Descensus aūt ad inferos qnq; sunt. Primus cū secūdū platonicos aius in corpus descendit: & hęc mors animi dr: nā cū a corpore inde dissoluit: dr mors aialis: de q discēsu pluria pclaraq; apud Macro. phūm platonicū reperies. Secūdus descensus est cū animi suis scelerib⁹ dānati ad terrena supplitia descendūt. Terti⁹ est cū sacris q̄busdā necromātia aias inde euocamus: vt lati⁹ patet apud Luca. Quart⁹ cū in vitia labimur. Quint⁹ cū in cōtēplatōe vitiorū descendim⁹: vt illorū pnitie cognita ab eis abstineamus q rōe: & Virgi. Nūc ęneā descēdisse fingit duce Sibylla: & nr̄ diuinus poeta. Dathes se ipsū descēdere duce Virgilio cōminiscit. Ponit em ille ex diuina xpianorū sapientia sūmū hoim bonū eē frui deo. ergo mēte cōtēplatōeq; cęlū ascēdat oportet: se qm̄ nēo ascēdit i mōtē dn̄i. i. istiusmōi cōtēplationē: nisi innocēs manib⁹ & mūdo corde. i. nisi mētē actiōesq; a viciis mūdas gerat: iccirco oz vt prio i infernū i. cōtēplationē vitiorū descēdat: deinde illorū pnitie cognita in purgatoriū assurgat. i. purgatoriis virtutib⁹ aim ab oi labe mūdū reddat: atq; inde in ipsos coelos penitret. i. eaꝝ virtutū q animi iā purgati dicunt alis ad diuinas res cōtēplandas eleuet: eadē ergo rōe q ad licet hoi xpiana veritate nō ibuto rē tractat Virg. sed ita vt mō descēsū aię ad corp⁹ sceleratorū in vitia: mō corū q ad illa cōtemplāda descēdāt psegt ergo facil descēsus: si descēs⁹ aię ad corp⁹ itelligas nihil ē veloci⁹ Si discensū rōnis in sensualitatē: qm̄ primi motus in ptāte nr̄a nō sunt qd est celerius? quia labi invitia q niā a stultia id puenit facile est: stultorū aūt infinita est copia. Quapropter est snīa phī clausis etiā oculis posse ad inferos descēder. Hic Hes. την μεν τοι κακοτητα ... Aū āt ipā virtutē sudorē et laborē eē dixit. της δ' αρετης ιδρωτα θεοι προπαροιθεν εθηκαν αθανατοι.

x Noctes atq; dies patet atri ianua di. S. oi t phoies ifara cedūt & hoc poetice: nā et Lucae. ex maiori pte: & alii itegre

Sed reuocare gradū: superasq̧ euadere ad auras:
Hoc opus hic labor est: pauci q̄s equus amauit
Iuppiter: aut ardens euexit ad ethera virtus.
Diis geniti potuere: tenēt media omnia syluę.
Gocytusq̧ sinu labens circunuenit atro.
Quod si tantus amor menti; si tanta cupido est

doc̄t inferorū regna: nec esse quidem posse nam locū ipsorum quē possumus dicere: cū sub terris dicātur esse antipodes: in media vero terra eos esse nec solidatas patit̄: nec cētrum terrę: quę terra si in medio mundi est tanta eius esse ꝓfunditas non potest: vt in medio sui habeat inferos: in quibus est tartarus: de quibus legitur. Bis patet in preceps tantū tēditq̧ sub vmbras. Quauuts ad ethereum coeli suspectus olympū. Ergo hanc terrā in qua viuim⁹ īferos esse voluerūt: quia est omnium circulorum infima planetarum. scilicet: septem Saturni Iouis Martis Solis Veneris Mercurii Lunę & duorū magnorū. Hic est q̄d habem⁹. Et nouies styx interfusa coheret: nā nouē circulis cingitur terra. Ergo omnia quę de inferis fingunt̄ suis locis hic eē ꝓprobabim⁹. Quod autē dicit p̄r atri ianua ditis

Sed reuocare gradū superasq̧ euadere ad auras. Hoc opus hic labor est: Aut poetice dictū est: aut secūdū philosophorum altam scientiā: qui deprehenderunt bene viuentiū animas ad superiores circulos. i. ad originem suā redire: quod dat Lucre. Pomp: vt. vidit quanta sub nocte iaceret nostra dies: male viuentiū vero diutius in his permorari corporib⁹ permutatiōe diuersa: & apud inferos semper. C. Noctes atq̧. peccat̄ noctu. i. per ignorantiā peccat̄ diu. i. ꝑ malitiā: y Euadere. C. Hoc verbo vtimur in rebus difficilimis: & laboriosis: videt̄ et verbū esse a vado aquarū e q̄ nō egredimur sine difficultate: vnde dicimus: euasit ad consulatum Euasit in summū virū: quę quidē nō fiunt sine difficultatibus & laboribus magnis. y Sed reuocare. C. Nā cū ex hitu vitiorū in ipo īfimo appetit⁹ fūdo iaceat trō. difficile est illi redire ad supos. i. ad virtutē. ʒ Hoc op⁹. C. hęc ē difficultas: hoc est necesse; a Pauci quos equus amauit. S. Tria hominū genera possunt remeare ad superos quos diligit Iuppiter. i. hos quos in ortu benignus syderū aspect⁹ irradiat Iuuena. Distat em̄ q̄ sydera te excipiant modo primos incipientē edere vagitus. Quos prudētia sublevat: nā hoc est. Quos ardēs euexit ad ethera virtus. Itē religiosos: quos a diis genitos dixit. Consequēs em̄ est vt deorū soboles regionibus vacet. C. Pauci q̄s eq. ama. Iuppiter. Ex profunda Platonis sentētia hec sunt. refert em̄ Pla. aīos nr̄os: dum in coelis degunt ambrosia ac nectare pasci. i. deo frui. ac inde sūmū gaudiū ꝑcipere. Verū cū hō in cōfinio rōalis creaturę possit ꝑ virtutē deo fauēte sup se emergere. sic vitiis infra se infernū ruit ista demersio: qm̄ de cōfinio nr̄e cōditionis labimur iure discēsio ad inferos dr̄. quapropter cū in inferno simus demersi nō possum⁹: nisi duab⁹ alis recupatis ad supos redire: hęc aūt sūt iustitia: & religio ꝑ iustitiā ītelligit Pla. oēs virtutes qbus a vitiis ita purgam⁹: vt facile ad cognitiōē rerū celestiū valeam⁹ erigi. Nā q vitiis inquati sūt diuina cōtēplari nō pnt̄ q̄propter & apud Socra. est q: im puro purū attingere nefas est: & sacrorū carmini poeta ꝓphetaq̧ cū interrogauerit. Quis ascēdit in mōtē dn̄i: aut qs stabit in loco sacto ei⁹. i. qs ꝑuenire ad diuinarū rerū speculatione valebit? Rn̄det Innocēs manib⁹ & mūdo corde. i. q neq̧ faciat: neq̧ cogitet vitia: Et ipsa veritas in euāgelio dicat Beati mūdo corde: qm̄ ipi deū videbūt. ergo prima ala iustitia est. i. virtutes morales. Secūda vera religio. i. virtutes intellectiue q̄ sunt intelligētia: scīa: sapiētia: & prudentia: nā purgati a vitiis: & ꝓpterea idonei ad cōtēplādū effecti ꝑ has virtutes: ꝑcipue aūt ꝑ sapiētiā in diuinarū rerū cognitionē deuenim⁹. Quaꝓpter Maro dixit: Pauci q̄s ardēs virtus ad ethera vexit: primā alā intellexit. cū vero diis geniti adiūxit: secundū alā notauit, neq̧ frustra positum est. Quos equ⁹ amauit Iuppiter. Nā q̄uis aīorū nr̄orū sol⁹ de⁹ creator extiterit: ꝓptereaq̧ nullis sunt syderib⁹ subiecti: tn̄ ex cōtagiōe corporū qb⁹ includunt̄: q̄ syderib⁹ subiecta sūt: trahūt cōcupiscibilē & irascibilē vim: & irrōnalē appetitū.

etq̧ inde varias & ad virtutē affectiōes: & ad vitiū inclinatiōes. Quapropter ꝑmulti interest: q̄ quisq̧ sydere natus sit: neq̧ solū hęc res circa morales virtutes agnoscit̄: sed & ad veri cognitionē ꝑtinet: nā q̄uis omniū aiorū eadē natura sit: vn̄ nisi a corpore erit: q̄d alii ingenio memoria mirifice excellāt: alii ꝯtra hebetissimi sint: Quapropter si benigno syderū aspectu nascat̄: & ad bonū simil̄ & ad verū excitabit̄: sin contra & ad vitia ꝓclius erit: & ingenio hr̄i existet. Quare aūt Iouē pot⁹ q̄ aliū planetā noiauerit: facile est rn̄dere. Nā refert Ptholome⁹ in libro de harmonia certos q̄sdā nūeros esse q̄s nūc omittā ꝑ q̄s in oībus q̄ sibi cōueniēter iūgunt̄: sol & luna moderet̄ Ōndit Iouē oībus illis numeris soli: plurib⁹ aūt lunę assotiari. Venerē vero oībus lunę plurib⁹ soli adiūgi. ac ꝓpterea cōcludit Iouē primum. deinde venerem eē bonoorum. & animi & corporis. Preterea ostēdūt mathematici optimos mores: atq̧ oīm iustitiā a Iouis influxu hoīb⁹ ꝑuenire. b Diis gen. S. quia corporib⁹ se infundebāt ꝑtātes supnę vnde heroes ꝓcreabāt. c Syluę. S. i. oia polluta: & ingntata sūt: syluę em̄ tenebras & lustra habēt qb⁹ feritas & libido dn̄at̄. C: Syluę ꝑ inscitia: & stultitia optie ponit̄ sylua. vn̄ oia vitia q̄ reditū nobis ad supos intercludūt. Sed & syluā ꝑ materia ponūt platōici. a materia aūt. i. a corpore oia vitia hominib⁹ ꝑueniūt. Quapropter pythag. & pla. syluā malā et pestiferā nūcupāt: & vt de⁹ fōs est & cā bonorū oīm. sic syluā cāz omniū malorū ponūt. ꝓlixū oīno etiā: si syluę noia oia q̄ illi a philosophis dat̄ nūc recēseā. Ex nouē autē q̄ ille Trimegistus dat noīb⁹ tria spectāt ad essentiā ꝓpriā. s. natura: mater: sylua. Tria inchoationē. i. vim recipiēdi: fecūditas: sin⁹ receptaculū. Tria ad defectū: malignitas: inuidia: fraus. Pla ꝓo deū appellat p̄rē: qm̄ oia gignit Syluā m̄rē q̧ materiā ꝑbet. Aiam mūdi semē: formas genitas ꝓlem. Et quia vt faber lignarius ex sylua q̄ habet deformia ligna & incurua & rudia materiā tn̄ illā rudē reducit in q̄cunq̧ vult formā. sic de⁹ ex materia prima informi elicit oēs formas: iccirco syluā illā philosophi nūcupāt. d Cocyt⁹. S. flumē inferni dict⁹ ab eo quod est. κωκύειν. i. lugere. Est aūt loc⁹ vicin⁹ acherōti fingit̄ luctuosus: quia ex sacra morte hominis fiebant. C. Cocyt⁹ cū multa alia de sylua dixisset. Pla. dedit postremo nouē noia qb⁹ illi⁹ prauitatē exprimit: cōfusionē: errorē. malitiā: inuidiā: fraudē: lętheū acherōtē cocytū: stygē: & ꝑfecto vt sapiētissie idē philosoph⁹ ōndit h⁹ lubricę rei nullā spēm formā ve ꝓpriā inueniemus: & tn̄ oēs hr̄e videt̄. cū intra gremiū ei⁹ cōuersiōe ad aliud ex alio formę trāsfigurēt̄. Sed de ceteris alias vt aūt q̄cq̄d de fluminib⁹ sentias intelligam⁹. aī aduerte platonicos totā materiā in duas regiōes distribuere. Priāq̧ faciūt coelū ipm primū q̄s btōrū insulas appellat: et celestē terrā secūdā: reliq̄ oia q̄ sub coelo continet̄ q̄s dicūt inferos: & hāc rē totā: qm̄ varię fluitet ęstuetq̧: & nūq̧ eodē statu ꝑmanet. flumen vocant primā q̄z ꝑtē nectar noiant potū. s. q̄ dii alāt̄. hāc aūt secūdā potū aiarū: nā vt musca potu mellis īmergit̄. Ita anim⁹ harū rerū ꝑnitiosa dulcedie delnittis in syluę viscerib⁹ idemergitur: atq̧ ita ebri⁹ efficit̄: vt neq̧ facile reuiuiscat: neq̧ expgiscat̄: nec veri gaudii pabulū q̄d ex cōtēplatiōe ēvaleat degustare. Cū ei ai⁹ nr̄ exactissima diuinitatis cōtēplatiōe frueret̄ i cęlo cōsistēs. tāq̧ terrenarū rerū cōtagiōe ac desiderio infect⁹ ipa cogitatōis mole i corpis crassitudinē descēdere cœpit. ac nouē syluę ebrietatē haurire. & i ea veluti flumine emergi: q̄d i q̄ttuor distributū ē flumia. lętheū. i. obliuionē Acheronta: idest priuationem gaudii. Stigem: idest tristitiā: Cocytum luctum Acheron ex lętheo fluit. Nam vt anim⁹ ex cognitione dei purus inuiolatusq̧ existēs ineffabile percipiebat gaudiū ita ex obliuione gaudio illo priuat̄ ex priuatione gaud i tristitia pascitur: ex tristitia luctus orit̄ vnā

Bis stygios innare lacus: bis nigra videre
Tartara: et insano iuuat indulgere labori
Accipe que peragenda prius: latet arbore opaca
Aureus et foliis: et lento vimine ramus.
Iunoni inferne dictus sacer: hunc tegit omnis
Lucus: et obscuris claudunt conuallibus vmbre.
Sed non ante datur telluris operta subire:
Auricomos quam quis decerpserit arbore foetus.
Hoc sibi pulchra suum ferri proserpina munus
Instituit: primo auulsum non deficit alter
Aureus: et simili frondescit virga metallo.
Ergo alte vestiga oculis: et rite repertum
Carpe manu: namque ipse volens faciliusque sequetur:
Si te fata vocant: aliter non viribus vllis
Vincere: nec duro poteris conuellere ferro.

ea igitur materia apud inferos flumen igitur vnum: sed quia quattuor malorum causa est: & quattuor habet proprietates: quattuor fluminum nominibus appellatur. Sed hec in phedro diligentius. Hec ergo sentiunt platonici euenire mala animis nostris: cum ex celestibus sedibus delapsi: atque in hunc infimum mundum deuoluti corporeo sunt carcere inclusi. Addunt etiam alium fluuium phlegethonta dictum ab ardore. Nam demersa in corpus anima obliuiscit maiestatis prioris vite quod fluuius lethe est: deinde per phlegethontem ardores irarum. per acherontem quicquid nos fecisse vsque ad tristitiam penitet: per cocytum lachrymas: per stygem quicquid inter nos odium parit: possumus etiam Cocytum et phlegetontem alio modo diuidere. Cum enim ex obliuione rerum coelestium: & ex contagione rerum terrenarum in perturbationes incidamus: et ille aut ab opinione boni qualis de presenti letitia gestiens aut de futuro libido. Aut ab opinione mali Cocytus: idest luctus prouenit. nam ex altero lachryme emanant. ex altero ardentissime cupiditates accenduntur.

e Bis. S. modo & post mortem. Nam quamuis Ouid. dicat inter deos relatum fuisse Aeneam: tamen necesse est etiam istorum apud inferos esse simulacra: vt Hercu. liberi patris Cast. & Pol. Alii ad sibyllam referunt: vt dicat: vis me bis cernere: modo & cum me lucis hecate prefecit auernis. Sed non bis erit: sed ter: nam & ipsa moritura est. Ergo dicimus vt supra etiam post apotheosim apud inferos remanere simulacra.

f Stygios. SERVIUS. Styx palus apud inferos de qua dicitur Dii cuius iurare timent: & fallere numen Hoc autem est: quia Victoria stygis filia bello gigantum Ioui fuisse dicitur: pro cuius remuneratione Iuppiter. tribuitur dii intrantes per eius matrem non audeant fallere: ratio autem est Styx moerorem significat. vnde απο του στυγερου. i. a tristitia styx dicitur. Dii autem semper leti: vnde & immortales. Ergo iurant per rem sue nature eterne contrarium. i. per tristitiam ergo per execrationem.

g Tartara locus inferorum profundus Luca. ad inferos ait: Cuius vos estis superi. C. Tartara. Proprie loca sunt infima inferorum dicta απο του ταρταριζειν quod est a frigore tremere. est enim locus adeo remotus a coelo: vt ibi sint tenebre: & stridor dentium. h Insano. S. magno.

i Accipe. S. audi: & sub fabularum pretextu docet rectam vitam: per quam datur animabus ad superos regressus.

k Latet arbore opaca. S. in syluis: quia in huius vite confusione ex maiori parte vitiorum virtutis integritas latet. Alii dicunt aureo ramo inferos peti: quia mortales facile diuitiis intereunt. Tyberianus. Aurum quo pretio reseratur limina ditis. C. Latet. Nam vt Cicero dicit. Democritus veritatem natura in profundo abstrusit. per ramum autem essentiam per frondes accidentia intelligamus.

l Lento. S. flexibili: vt lento quibus torno facili super addita viris m Ramus. S. licet quod de sacris Proserpine scribunt: dicant aliquid esse mysticum publica tamen opinio hec est Orestes postquam Thoantem regem in taurica regione occiderat cum iphigenia sorore: & simulacro diane aufugit. Idque non procul ab aricia collocauit in hoc templo post mutatum ritum sacrorum: fuit arbor de qua ramum infringi non licebat: dabatur autem fugitiuo: vt si ex ea arbore ramum effringere potuisset cum fugitiuo eius templi sacerdote monomachia pugnaret. Nam fugitiuus ille erat sacerdotes ad pristine fuge imaginem dimicandi vero dabatur facultas quasi ad pristini sacrificii reparationem. Hunc ergo inde sumpsit calorem. Ramus enim necesse erat vt vnicus causa esset interitus: vnde statim subiungit mortem Miseni: & ad sacra diane accedere: nisi sublato ramo non poterat. inferos autem subire est sacra celebrare Proserpine de reditu anime: hoc dicit Pythagoras vitam humanam diuisit in modum y litere. quarum prima etas incerta sit: quoniam nondum se aut virtuti aut vitio dederit dubium y litere a iuuentute incipere quo tempore: aut vitia in sinistram: aut virtutes in dexteram partem sequimur. Hinc Persius Traducit trepidas ramosa in compita mentes. Ergo per ramos virtutes dicit sectandas. C. Ramus au. Sapientia est: que est rerum omnium humanarum diuinarumque scientia: sine hac non est contemplatio: que est fugiendarum eligendarumque rerum iudex: vnde sapiens aurum: & multitudo gemmarum: & vas preciosum labia scientie. Aurum enim interpretatur nitor sapientie. Multitudo vero gemmarum varietas virtutum: & Gregorius in Iob. per aurum sapientiam intelligit.

n Iunoni inferne. S. Proserpine: vt sacra Ioui stygio. i. plutoni.

o Dictus. SERVIUS. dicatus.

p Lucus & vmbre. CRISTOFERUS. per lucum que sylua est intellige contagionem corporis qua oppressi nihil recte sentimus. Per vmbras vero inanes appetitus cupiditates: nam & ipse a veritate dinoscenda arcent. sed non datur nobis subire operta: idest deprehendere ipsam veritatem: que a nostra mole corporea oppressa latet. nisi hunc ramum: idest hanc sapientiam assecuti fuerimus.

q Obscuris vmbre. SERVI. Reuera enim nemus aricinum densum est. ¶ Sed non ante datur. S. siue iustis siue iniustis: & sic intelligentes remouemus questionem. Hinc enim dicit longa post tempore visum: ex eo enim quod dicit descendisse aliquos ramum quoque depositum esse significat.

r Telluris operta. SERVIUS. secundum eos qui dicunt inferos esse in medio terrarum: quos Iuuenalis dicit putari esse sub terris. vt esse aliquos manes: & sub terranea regna s Pulchra. SER. que rapi meruit a Plutone. t suum. SERVIUS. sibi carum.

v Primo auulso non deficit alter. SER. Ne diceret ab illis qui primo descenderunt esse sublatum. CRISTOFERUS Primo auulso non deficit alter. Quia veritatem veritas aperit. nec vetamur idem illud intelligere: quod alter intellexerit prius. x Frondescit. SER. in naturam rediit: & honeste locutus est, dicens: habes frondes sui metalli.

y Alte vesti. ocu. S. Require omni intentione. C. vestigia diligenter inquire. Translatio a venatoribus qui sequuntur vestigia animalia querit.

z Rite repertum car. S. rite carpe: & non rite repertum.

a Si te fata vocant SERVIUS. Nunc enim que fata vocant. facile sequitur. C. Si te fata vocant. Si datum est a superis.

b Aliter. CRI. Nã diui/na prouidentia cõtraria disponente nihil ꝓficere possumus: nec ingenii vis: nec corporis robur ꝗcq̃ valz.

c Poteris. SERV. poteŕit quis. Tertię ei ꝑsonę significatõe ad secũdã trãstulit: et gñaľr loqĩ nã vdenea dicat: ñ ꝓcedit si em dubitat caret deo nec potest de Miseno vaticinari:

preterea iacet exanimũ tibi corpus amici

Heu nescis? totãq; incestat funere classem.

Dũ consulta petis: nostroq; in limĩe pendes:

Sedibus hũc refer ante suis: et cõde sepulchro.

Duc nigras pecudes: ea prima piacula sunto.

Sic demũ lucos stygios: et regna inuia viuis

Aspities: dixit: pressoq; obmutuit ore.

d Duro ferro. S. Et gen⁹ esse potest & species.

e Preterea. S. quasi diceret. Est alia oportunitas descendendi ad inferos. i: proserpinę sacra peragendi. Duo enim horum genera sacrorũ fuisse dicunt. Vnũ necyromãtię quod Lucanus exsequit. Aliud scyomantię: quod in Homo. quem Virgilius sequitur lectum est. Sed secundũ Luca, ad eleuãdũ

cadauer sanguis est necessarius: vt pectora cum primo feruendi sanguine suppleret. In sciomantia: quia vmbre tantum est euacuatio: sufficit tm̄ solis interitus: vnde inducitur Misenus est in fluctibus occisus. f Tibi. S. ideo addidit: ne amici posset etiā ad Sybillā referri. g Incestat. S. polluit. incest⁹ eīm ē quecūq; pollutio. h Pendes. S. Sollicitus es: vt ipse manu multo suspensum numine ducit. i Suis. S. apud priscos (vt supra diximus) omnes in suis domibus sepeliebantur: hinc. ortū: vt lares in domib⁹ colerentur: vnde vmbras laruas vocamus. Nā dii penates alii sūt: propter hoc Dido coenotaphium fecit marito: sed quō ille secutus dū hunc morē loquit: cū Troiani nondum haberēt domos: ergo aut secūdū istum locutus est morem quāuis troiani adhuc domos nō haberent. Aut dicit. refer hunc naturalib⁹ sedibus terre: nā in aqua perierat. Verū tn̄ illud est: vt intelligamus eam dicere: sepeli eum: nā sepulchrū sedes vocat. Hora. Nulla certior tamen rapacis orci fine destinata diuitē manet herū. Itē Virgi: & nūc seruat honos sedem tuus ossaq; nomē. psuadet autem sepulturā: vt possit recentis cadaueris vti aīa. Vt ait Luca. Non in tartareo latitantia poscim⁹ antro. Asuetaq; diu tenebris mō luce fugata Descēdentem aīam primo pallentis hiatu. Heret adhuc orci. k Prima piacula sunto. S. pp̄ter pollutionē ex more miseni. l Lucos stygios. S. Seneca de sacris egyptiorū scribens refert iuxta Syenem in extremo egypti locū esse quas philas. i. amicas vocēt: quia illic placata est Isis irata q mēbra Osiridis mariti non inueniebat: que inuenta cū sepelire vellet: elegit vicinas paludis tutissimū locū: quē ad transitum constat esse difficilem. Limosa em̄ est palus: & papyris referta: vltra hanc breuis insula inaccessa hominib⁹: dicta ob hoc. ἄβατος Hinc Lucanus. Hinc abatos quod vocat veneranda vetustas. hec palus styx vocat: quod tristitiam transeuntibus affert. Sane ad illam insulam ab his qui sacris imbuti sūt: certis transitur diebus. Vicini autē populi cadauera suorum ad alterā regionē transferunt. Sed si quis in fluuio pereat nec eius inueniatur cadauer. post cētū ei annos persoluunt officia. hinc tractū est. Centum errant annos: volitantq; hec littora circū. m Inuia. S. Que cōtra naturam sunt non afferunt p̄iudicium generalitati: vnde ait: inuia. licet Hercules: & alii transierint. & sic Aeneas transiturus. Sic dictum: & illud. Euaditq; celer ripā irremeabilis vnde. C. Regna inuia v. Nā qui vitiis non sunt extincti: s; suis virtutibus viuunt. non descendunt ad inferos sic. Et Dauid dixit. Nō mortui laudabunt te domine: neq; omnes qui descendunt in infernū. Sed nos qui viuimus: recte autem ignorat Aeneas que sotiū humādū predicat Sibylla: nam ante sapientiam quā adhuc non acquisiuerat vitia non recte cognoscit. Laudes autē Myseni non ad allegoriā: sed ad hystoriā referas. vel dicas in bellis nihil prestātu⁹ esse inani gloria: vbi cupiditas glorie plus q̄ virtus valet. Nā vt ait Iuue. Quis em̄ virtutem amplectit̄ ipsam p̄mia si tollas. ¶ n Moesto vultu. S. pp̄ter mortē amici: & rami inquisitionē. o Defixus lumina. S. quod moestitiā significat. p Ingreditur. S. pro gradit̄: vacat p̄positio: vt ingreditq; solo et caput inter nubila condit. q Et paribus curis vestigia figit. S. aut simili solicitudine incedit. Aut

¶Aeneas moesto defixus lumina vultu
Ingreditur linquens atrū: cecosq; volutat:
Euentus animo secū: cui fidus achates
It comes: et paribus curis vestigia figit.
Multa inter sese vario sermone serebant:
Quē sotiū exanimū vates: q̄d corpus humādū
Diceret: atq; illi Misenum in littore sicco
Vt venere vident: indigna morte peremptum,
Misenū eoliden: quo non prestantior alter
Aere ciere viros: martemq; accendere cantu.
Hectoris hic magni fuerat comes: hectora circū

figit vestigia: idest stat ex improuiso: quod cogitātes solēt. r Serebant. SER. Hinc proprie dictus sermo q̄ inter duos feratur. s Indigna. S. miserabili non cōgrua eius meritis. vel propter anime extinctionē elementi contrarietate. t Morte peremptum Misenū. C. Per mortuum autē Misenum: inanem gloriam extinctā intellige. Nam qui scientiam querit: nunq̄ proficit: si inani gloria intumescit. Sunt qui addiscunt: vt ex sua doctrina gloriam aucupentur. Sūt iidem: qui vt instruantur. Sed quorū gloria finis est: hi nunq̄ meliores ex sua doctrina redduntur: sed potius vanitate deteriores. Quapp̄ter qui summū bonū ex diuinarum rerū cognitione assecuturi sunt: addiscant: vt sciant: & vt se ad eorū que didicerint normā dirigāt: & cū inde suā originem diuinam esse cognouerit: se oīm corporea contagione purgantes: velut dii in terris degāt. Neq; iccirco discant: vt deinde suam sapientiā tractēt: & nihil recte agentes tumidi inflatiq; reddant: a qua quidem re nos vehementer Paulus deterret. Est et tertiū quoq; genus eorū qui discunt: vt inde q̄stum faciant: & hi improbant tanq; auari. Iure igit̄ Aeneas cum hanc vitam sibi proposuisset. dū pendet in limine Sibylle: idest dum sibi quid agendū sit consultat. interierit Misenus. i. euanescit ab eo omnis inanis gloria: nam qui recta ingreditur via: nihil agat propter vanitatem: & inanē gloriā: sed cuncta eo referat: vt se ipsum optime instituat. dicit em̄ Misenus odiosa laus. Quid em̄ apud mortales odiosius est vanis inflatisq; hominibus. datur autē comes Hectori: quoniam ille ab Homer. non vera virtute pugnasse: sed ne gloriā existimationem ue amitteret apud suos. Qua propter etiā ab Aristo: exemplo ponitur in quadam spetie non vere fortitudinis. Quoniā ergo res tota ventosa est: eolii regis ventorū filius dicitur. Est tubicen quo artifice nihil inflatius reperit̄: nihilq; vētū p̄ter prestat. Hic ergo polluit totam classem. Nam omnem virtutem deturpat huiuscemodi vanitas. Ergo non solum extinguatur in nobis: sed penitus sepeliat̄: v Quo non prestantior alter. D. Enumerat que in tali viro essent dolendum. Primo quia nobili genere. Secundo q summus artifex in sono tube. x Aere ciere vi. C. Apud em̄ mortales: nullus est stimul⁹: quo vehementi⁹ homines agant̄ quā ipsa nimia cupiditas glorie. Ipsa enim tuba aenea est: quia mars accenditur. i. ad omnia grauia: ac difficilia excitamur. Recte ergo C. honos alit artes omnesq; accendimur ad studia gloria. y Viros. D. Homines fortes: quia imbelles nullis exhortationibus citari possunt. z Martemq; accen. can. S. Hemistichium. i. dimidium versum: hoc dicitur addidisse: dū Augusto hunc sextum librū recitaret: nam ante fecerat hemistichium dicēdo Aere ciere viros. postea in p̄sentia Augusti ex habūdātia intellect⁹ addidit subito: martēq; accendere cantu. C. Martē p bello. posuit em̄ auctorē rei pro ipsa re: & est denoīatio color rethoricus. a Hectoris hic comes. D. Maxima laus q nunq; nisi precipuis comes esset. b Hectora circū. Anastropha est vbi p̄positio postponit̄: vt trāstra per remos. Omnes aūt in quibus animus excelsus est: neq; adhuc vere virtutis habitū abduxerunt magis gloria q̄ virtutis amore mouent̄: quod & aenee cōtingit anteq; in italia. i. in virtutis habitu consisteret: que

Et lituo pugnas insignis obibat: et hasta.
postq̄ illū vita victor spoliauit achilles:
Dardanio æneę sese fortissimus heros
Addiderat sotiū: non inferiora secutus.
Sed tum forte caua dū personat ęquora concha
Demens: & cantu vocat in certamina diuos
Aemulus exceptū triton (si credere dignū est)
Inter saxa virum spumosa immerserat vnda.
Ergo omnes magno circum clamore fremebāt:
pręcipue pius æneas: tum iussa sibyllę
Haud mora festinant flentes: aramq̄ sepulchri
Congerere arboribus: cœloq̄ educere certant.
Itur in antiquā syluam stabula alta ferarum.
procumbunt piceę: sonat icta securibus ilex.
Fraxineęq̄ trabes: cuneis & fissile robur
Scinditur: ac uoluūt ingentes mōtibus ornos:
Nec non æneas opera inter talia primus
Hortatur sotios: paribusq̄ accingitur armis.

res magnis olim rebuspu. calamitatē: extremūq̄ exitiū attulerunt: dū eīn ingentes honores sūmaq̄ imperia assequi volunt huiuscemodi viri reipub. suę libertatē ademerunt: vt de sylla Mario Cęsare. at Pōpeio legim⁹. Hinc Iuuena. Populos tantū obruit olim gloria paucorū: laudūq̄ imēsa cupido: c Et lituo pugnas & ha. D. Non solum tuba alios accēdere poterat: sed & ipsa pugnabat: d Vita spoliauit. S. ad bellū retulit: in quo victis tollunt exuuię. C. Spoliauit. vitā eīn veluti exuuias hostis ab hoste petit: Et Hōe. ait. ευαριζευ e Non inferiora secutus. S. s. Vbiq̄ Aeneā Hectori cōparat: vt ambo animis ambo insignies pręstantibus armis. f Caua dū personat ęq̄ra. S. aut personare facit. Aut hysterologia est: dū per caua equora sonat. g Demēs. S. improuidus: qui non considerauit: etiā deos in emulatiōe posse defendere. h Aemulus: S. modo eiusdem rei studiosus: alias inimicus inuenitur. C. Aemulus. inuidus teste Nonio. i Exceptum. S. opprēssum insidiis: vt fuerit tātę virtutis: vt ne adeo quidē sine insidiis opprimi posset. D. Exceptum. vt venabulo feram: quę dum sua feritate plurimū posse credat incauta ruens: in ferrū temeritatis poenas dat: k Triton S. in pēnultima accētum habet: nam si in vltima tritonis faceret: vt demophoō demophoontis. l Si credere dignū est. D. quasi incredibile sit q̄ homo deū puocauerit. m Inter saxa &c. D. Indigna morte: quę non conuenit viro forti: ergo non tantus dolor fuisset: si in bello cecidisset. n Ergo. S. Vel quia talis interierat: vel sic perierat. o Pręcipue. S. Semper illum super alios amicorū mortem inducit dolere: vt nunc amyci casum gemit. Itē casuq̄ animū cōcussus amyci hinc ei dat circa sepulturā sordida officia: quę in aliis denegat locis: nam primū locū pietati in sepultura tribuunt: ergo cum nefas esset pontificibus cadauer videre: magis tamen nefas erat visum in sepultū relinquere: gen⁹ autem sepulturę fuerat iniectio pulueris: vnde est. Aut tu mihi terrā iniice. Hora. Non est mora longa iniecto ter puluere curas. p Aramq̄ sepulchri. S. Pyram dicit: quę in modum arę lignis construebant: vnde sequitur. Congerere arboribus certant: Nam aram: quę ante sepulchrum constituit̄ intelligere nō possumus: vt Stāt manibus arę. Cum nondum facta sit funeratio: quę pręcedit sepulchrū. Probus tamē & Donatus de hoc loco requirendū adhuc indixerunt. D. Arāq̄ sepulchri. Meritū defuncti pręter lachrymas postulabat exequias. q Certant. SER. s. mente pertractando: nam adhuc in syluas erāt ituri. r Itur. S. eo: e breuem habet. Itur i producit: quia igit̄ verbum hoc breue est origine: & declinatione sit longum: ideo eius certa natura: nec in temporibus: nec in participiis aparet: nam itur longa: iturus breuis est. vt superūq̄ in lumen ituras. Multi tamen tentant dicentes: itur. ppter eo q̄ prima verbi origo est per dyphthōgon scribi debere: quod non procedit: quia dyphthongus semp longa est: i aūt produci potest: & corripi. Hinc est q̄ fortuito: et producit. i. & corripit. Iuue. Nō quasi fortuitus: nec ventorū rabię: sed iratus cadet in terras. Et vindicet ignis. Cōtra Hora. Nec fortuitum spernere cespitem leges sinebant. Fortuitus a fortuna: & eundo cōponitur. C. Itur in an. syl. Quotiēs volumus. demonstrare rē populariter ab omnibus fieri impersonali vtimur. Sic et Teren. Et qm̄ nemī obtrudi pōt ad me itur: extrema aūt mortuorum quosq̄ mouēs Sic & Teren. venimus ad sepulchrū in ignem posita est: fletur interea. s Antiquā. D. In q̄ essēt arbores multis seculis auctę. C. antiquā. ideo dixit: quoniā inde ingentes arbores essent adducturi. Syluā aūt posuit: quę ramū aureū occuparet: vt ostēderet ab hyle nobis omnia prouenire vitia: quę obsunt: ne sapientiā assequi possum⁹: vnde est. In animā maliuolam non introibit spiritus sapiētię: propterea addidit stabula alta ferarū: t Stabula ferarū. D. ergo maiores ferę stare consueuerant: quarū metus arcebat homines: ne irēt cęsum līgua. Laus Troianorum: qui non sunt deterriti stabulis ferarū: vbi multarū esset cōgeries: & magnarū. nam de minorib⁹ cubilia diceret. C. Ferarū. vitia ei nos ex hoīe feras reddunt. v Piceę. S. Quinta species cedri est vt ait Pli. Nam cędria dicta est quasi. κιομενησ αρδομενησ υγρον. id ē arboris humor ardētis. C. Piceę. Sex sunt genera cognatarū arborum. Pinus: pinaster: pix: abies: Larix: et Tęda: Pix montes: & frigora amat: feralis arbor: & funebri inditio ad fores posita: Gemmā candidā: & tauri ita similem: vt illi admixta nō dinoscatur. x Ilex. C. species est quercus. Hinc pontē sublicium dicimus. i. ligneum: quoniā ex ilico sit ad multa secula durat. Nā sua tempestate refert Pli. Ilicem in vaticano fuisse. ante vrbem conditā. In qua titulis ereis litteris etruscis religione iā tū dignā arborem fuisse significat. Plinius. Aut fuit anno ab vrbe condita. y Fraxineę. C. Fraxinus celebratissima ab Homero in hasta achillis: quę in Ida troadis nascitur. adeo cędro similis est: vt dempto cortice emptores fallat. Folia eius iumētis mortifera: ruminantibus autē innoxia greci scripserunt. In italia nec iumētis quidem nocet: succus ad potū expressus contra serpentes valet: arborē ipsam ita fugiunt: vt ne vmbram quidem vnq̄ attingant. Expertū se dicit Pli. si necessitas sit in igne potius q̄ in fraxinū effugere serpentem. z Robur. C. inter species quercus reponit. Est arbor durissĩma: vnde nomẽ sumpsit. a Necnon. S. Bona oecono mia venitur ad arborem. b Accingitur. S. instruitur officiis. c Tristi. D. Quã uis de morte amici tristis esset: nõ omittebat curã rami inuestigandi. d Aspectans syluã immẽsam. C. propterea tristis q immẽsa sylua prębeat difficultatẽ inueniendi: vel est tristis propter amissum amicũ. e Forte. S. vacat. & est de versibus: qui tybicenes appellant: quibus addit aliquid ad solam metri sustentationem nec possumus intelligere eũ forte rogasse. f Precat. D. Nam auxilio diuino sciebat opus esse: vt in tanta sylua ramus inueniatur.

facile eñi in ambiguis: propter difficultatẽ torpesceremus: nisi adesset ardor amoris. x Ne defice rebus. S. ne desere in reb⁹ incertis. Et bñ in syluis inuocat matrem quã iam scit sibi visam esse habitu venatricis: vt in primo legimus. y Affat⁹. S. proprie affatę sunt augurũ preces: vnde ager post pomeria vocabatur affatus vbi captabant auguria. z Vestigia pressit. S. quia ad captanda auguria post preces immobiles: vel stabant: vel sedebant. Pascentes. optimum augurium: quod pascerent. Nam Romani in bellis agẽdis: aut in conuiuiis habendis pullaria captabant auguria. vnde est in liuio: q cũ quidã cupidus belli gerẽdi a tribuno phiberetur ne iret: pullos iussit afferri: qui cũ missas fruges nõ ederent: irridens consul augurium ait. vel bibant: & eos proiecit in tyberim. Inde nauibus victor: ex Aphrica reuertens: in mari cũ omnib⁹ quos ducebat extinctus est. D. Vestigia pressit. Obseruabat diligentius: quia sciebat posse illas preter aduentum suũ aliquid propriis motib⁹ nũciare. C. Pressit: nam non nisi pedetentim procedendũ est: neq prius ad subsequentia procedendũ: q antecedentia recte nouerimus: si veritatẽ cõsequi cupim⁹: nec quicq est inexploratum omittẽdũ: hoc est cuius noster Danthes expssit: cũ in mõtis ascensu diceret. Si chel pie fermo sempre era el piu basso. Apprime ei ardua est via & sudoris plena: quę ducit ad virtutem.

Atq hęc ipse suo tristi cum corde volutat:
Aspectans syluã immẽsam: et sic forte pcatur.
Si nunc se nobis ille aureus arbore ramus
Ostendit: nemore in tanto: qñ omnia vere
(Heu nimiũ de te vates misene) locuta est.
Vix ea fatus erat: geminę cum forte columbę.
Ipsa sub ora viri: coelo venere volantes.
Et viridi sedere solo: tum maximus heros
Maternas agnouit aues: lętusq precatur.
Este duces: o si qua via est: cursumq per auras
Dirigite in lucos: vbi pinguem diues opacat
Ramus humũ: tuq o dubiis ne defice rebus
Alma parens: sic affatus: vestigia pressit:
Obseruans quę signa ferant: quo tendere pgãt:
pascentes: illę tantum prodire volando:
Quantũ acie possent oculi seruare sequentum.
Inde vbi venere ad fauces graue olentis auerni:
Tollunt se celeres: liquidũq per aera lapsę
Sedibus optatis: gemina super arbore sidunt:
Discolor vnde auri per ramos aura refulsit.

g Si. S. rogãtis & optãtis est per se plenũ: sicut o. licet neoterici hęc iungant & provna ponant Prisc.: O si ebuliat patrui pclare funus: & oss. h Quãdo: S. siquidem. i Vere nimiũ. S. cũ affectu dixit: quasi mors pdicta falsa esse debuerit. k Cum forte columbę: S. Auguria: aut oblatiua sunt: quę nõ poscunt: aut impetratiua: quę optata veniũt: quia ergo hoc oblatiuũ est. dixit forte. Bene aũt dant auguria a columbis: & Veneris filio: & reginã pertinet ad regem: quia columbę nũq solę sunt: sicut nec reges quidem. l Ipa sub ora. S. nam si longius volarent: ad ipsum pertinere nõ viderentur. nã captantes auguria certa sibi spatia designabant: quibus volebãt videda ad se ptinere. m Coelo. C. Venerũt ex alto: & sederũt virenti solo: quia erat auguriũ ipsã sapientiã: quę cęlestis ẽ: daturã sibi cognitiões viciorũ q terrena sũt. Estq opti⁹ pgress⁹ vt primũ vitiis exuamur deinde coelestibus virtutibus oppleamur: Nã virtus est vitiũ fugere: & sapientia prima stultitia caruisse: vt ait Hora. n Heros. C. Nã nisi heroicis virtutibus: vt ostẽdit Aristo. sũmi boni participes esse nõ possumus. dixit aũt geminas colũbas quia secundũ Euripidem duę sũt veneres cęlestis: & humana. i. amor rerũ coelestiũ: in quibus est contẽplatiua: & humanarum: in quibus est actiua: vnde recte sapientiam dicunt rerum diuinarũ & humanarũ scientiã. nõ aũt temere Orphe⁹ vnã tñ argonautis tribuit: nã ipsã solã humanã sapientiã secuti sunt. o Maternas. sunt eñi veneri sacrę propter foetũ frequentẽ: & coitũ. q Esto duces. C. nã frustra ducimur: nisi ardentissim⁹ amor nos ducat. q O si. D. posuit cũ loqueretur cum colũbis O cũ preces torsisset ad matrem: illic eñi ponitur: vbi simplex hortatio est: & blanda. r Via. S: i. ratio: et incipit esse imperatiuũ: qd oblatiuum fuerat. C. Si qua via. Recte addubitat in rebus difficilimis. s Cursum. S. Impetũ. nã & nauiũ cursum dicimus. t Pinguẽ. C. cum sũmũ bonũ pducit. v Dubiis. C.

a Pascentes. S. Alii distinguunt: & absolut⁹ est sensus: alii pascentes volãdo: & referunt ad naturã columbarũ: quę exsiliẽtes pascere consueuerũt. Alii volando ambulando dicunt. Vola eñi media ps pedis vel manus dicit. C. Pascentes. Pabulum eñi aiorũ est ipsa veri inuestigatio. b Prodire volãdo. D. Prodire pedũ est. volare alarũ: sed quõ ambulabant: & volabant intellige volam eẽ: mediam partem plãtę: & manus. Ergo ambulabant per volã: vnde inuolare dicimus cũ aliquid furtim volę manus subtrahim⁹. Itẽ inuolare cũ violẽter man⁹ in aliquẽ dirigũtur. Terẽ. in faciẽ inuolẽ venefico: ergo hic ambulare intelligit. Nã cũ alarũ motũ exprimere voluit dixit Coelo venere volantes: cũ autẽ demõstrasset ambulationẽ in eo qd est prodire volando: & deinde volatũ exprimere vellet dixit. Tollunt se celeres liquidũq per a l. Ergo vsq ad auernũ ambulauerant. C. Prodire volando. nõ eñi debet amor inuestigãdi longius procedere q ingenii acies cõseq possit. c Graue olentis auer. S. male olentis. Alibi bñ olentis: vt & grauiter spirantis copia thymbrę floreat. C. Auerni. de quo videbis apud Seruiũ: vitat aũt odorẽ auerni. i. fugiũt rerũ terrenarũ corruptelas; & ab his el uatę per liquidũ et

Quale solet syluis brumali frigore viscū
Frōde virere noua:q̄d nō sua seminat arbos:
Et croceo foetu teretes circūdare truncos:
Talis erit speties auri frondentis: opaca
Ilice:sic leni crepitabat brachtea vento.
Corripit æneas extemplo:auidusq̧ refringit
Cunctātem:et vatis portat subtecta sibyllę:
Nec minus interea misenū in littore teucri
Flebant:et cineri ingrata suprema ferebant.
principio pinguem tędis et robore secto
Ingentem struxere pyram:cui frōdibus atris
Intexunt latera:et ferales ante cupressos
Cōstituūt:decorātq̧ super fulgentibus armis:
pars calidos latices:et ahena vndantia flāmis
Expediunt: corpusq̧ lauant frigētis:et vngūt.
Fit gemitus: tū mēbra thoro defleta reponūt.
purpureasq̧ super vestes:velamina nota
Coniiciunt:pars ingenti subiere feretro

purū aerē:i. p supernū terū affectū deueniūt ad ipsā sapiētiā:nā quotienscūq̧ nos incitant res terrenę debemus illis opponere diuinarū rerū excellentiā. d Liquidūq̧ per aera.S.Non est aeris perpetuū epitheton: sed purum:auerni cōparatione:dicit autē eas alte volasse ad vitandū auerni odorem e Super arbore.S.secūdū antiquā licentiā sup iungit ablatiuo. f Discolor.D.Nam per arborē viridē fulsit color aureus. g Auri aura.S splendor auri.Hora. Tua ne retardet aura maritas.i.splendor.Hinc & aurū dicitur a splēdore:qui est in eo metallo hic & aurarii dicti:quorū fauor splendidos reddit. h Bruma li frigore viscū.S.bñ brumali addit.tunc em̄ maturū est:& auri imitatur colorē:nā noua fronde viret.quod vt ait Pli.de fimo turdelarū in certis arboribus nascit̄:vñ plau. Ipsa sibi auis mortē creat. C.Viscū.neutri generis est:& secūdę declinatōis.Nā viscus visceris carnē dicimus.Quicquid em̄ intra cutē pelleue animalis est:viscus appellat̄.Viscū aūt i q̄rcu robore.bruma Ilice syluestri terebinto nascitur nullo semine:nisi in aluo auiū maturo:palūbi maxime:& turdi.huminūq̧ nascitur Druidę:qui magi gallarū sunt:nihil sacratius habēt visco:& arbore qua gignit̄:mō robur sit:nā roborū eligūt lucos:nec vlla sacra sine roboris fronde faciunt.Inde gręca interpretatione ἀπὸ τοῦ Δρυὸς Truidę appellari possunt.Certe em̄ quicquid illi adnascitur:e coelo missum putant:et id electę arboris signum putant:hoc raptū maxia religiōe petitur:& añ oia sexta luna quę mensium annorūq̧ principiū his facit sacrificio epulisq̧ rite sub arbore paratis duos admouent candidos tauros.sacerdos candida veste cultus arborē scandit.falce aurea demetit:cādido id accipit̄ sago.Tum demū victimas imolāt p̄cantes:vt suū donū deus psperū facit his quibus decernit.foecūditatē eo dari cuicūq̧ sterili aīali arbitrantur:cōtraq̧ venena oia remedio esse ait Plinius. i Teretis.SER.Teres est rotundū aliquid cum proceritate:vt incumbens tereti Damon sic cępit oliuę.Horati⁹. Brachiaq̧ & vultū teretesq̧ suras. l Brachtea.CRI. subtilis lamina. m Corripit.DONA.ne plixior esset narratio nō dixit quō ad ipsam arborē æneas venerit:sed p aliā viā intellige puenit.C.Corripit.nam vir alio ingenio aīaduersa sapientia illā capit. n Exēplo.S.bñ verbo vsus est augurdū:vt diximus supra. o Cunctātem.S. Aliud pendet ex alio.quia auidus:vt ondat tantā fuisse auellendi cupiditatē:vt nulla ei satisfacere possit celeritas:nā tardantē dicere nō possumus eū qui fataliter sequebatur. Alii cunctantem ad auri naturā referunt.i.mollem q paulatim frangit̄.i.lentescit.Alii cunctātē grauē dicūt:vt Glebais cunctantes:crassaq̧ terga expecta.C.cūctantē.Vide Seruiū:sed ad mores refertur:nam virtus circa difficilia consistit:neq̧ de repente sapientiā in mentē nostrā asciscere valemus. p Nec minus.S.nihilominus iste deflebatur. q Interea.S.dū itur ad syluas: r Cineri.D.nondum cinis erat.sed mox cōbusto cadauere erat futurus. s Ingrato.S.tristi:vt gratum aliqd lętū dicimus:alii ingrato dicūt gratiā non sentienti C.Ingrato.non quia esset ingratus:sed qui nō sentiret officia funeris:quod ingratitudinis esse videtur. t Pinguem.S.aut de greco trāstulit λιπαρὸν :aut hypalage est:hoc est de pinguibus tędis. DONA.Principio pinguē.Ea adhibuerunt:quę nō solum pyrā instruerēt:sed eam facile incenderent. v Robore.C.Nulla arbor durior est robore:robur vere cęsum teredinem facit.bruma autem neq̧ vitiatur neq̧ finditur:alias obnoxium:vt etiam torqueat se findatq̧.lignū decorticatū cādidū est & iocundi aspectus. x Frondibus at.S.aptis ad funera Cupressus adhibetur ad funera:vel q cęsa nō repullulat.vł q p eā funestata ondītur domus:sicut lętā frondes indicant festę.Varro tñ dicit pyras iō cupresso circūdari pp̄ter grauē vstrinę odorē:ne eo offendat̄ populi circūstantiū corona:quę tam diu stabat respōdens fletibus pfficę.i.planctuū principi.q̄diu consumpto cadauere:& collectis cineribus dicebat nouissimū verbum:licet:q̄d ire ilicet signat.vnde est dixitq̧ nouissima verba. y Armis.D.Nā virorū fortiū arma:et cętera quę charissima hn̄t:cū ipsis cōsumebant. z Pars calidos.S.Pli.i naturali hystoria dicit hanc esse causam:ut mortui:& calida aqua abluantur et per interualla conclamātur:q̄d solet plerūq̧ vitalis spiritus exclusus putari:& homies fallere.Deniq̧ refert quēdā suppositū pyrę adhibitis ignibus erectū esse:nec posse liberari.Vñ & seruabātur cadauera septē diebus:& calida abluebantur aqua:& post vltimā cōclamationē cōburebāt̄:vñ traxit Terē.Desine iam conclamatū est. a Ahena vn.flam.S.hoc est p flāmas.alibi.Nec se iam capit vnda volat vapor ater ad auras. b Expediunt.C.In promptu ponūt:vt sint parata vti volentibus.Quod aūt refert Seruius:de his q mortui videntur nec sunt:patet.et plinium inducit:verū videtur.Nā pli.ait Auiolā quendā consularē in rogo reuixisse:sed qm̄ pręualente flamma subueniri nō potuit:viu⁹ crematus est.Idem dicit euenisse L.lamię pretorio viro.Celius aūt Tubero:& ipse p̄rorius a rogo relatus est.vt Messala:Ruffus:& alii testant̄.Nos aūt florentię vidimus muliercula ifectoris vxorē pro mortua relatā:cū ad remigii templū iam portata esset.in feretro assurrexisse:et ad multos annos vixisse:hoc malo laborant fœminę:cū vulua peruersione spiritus pręcludit̄:quę si corrigit̄:redditur spiritus.Hoc mō ait Heraclitus ephesius:feminā quę septē dieb⁹ exanimis iacuerit:ad vitam reuocasse.Sed multa in hystoria au dent greci.dicũt aũt Hermitini clazomenii a am relicto corpore errare solitã:& elonginquo multa initiare:corpore interim semianimi iacẽte:donec cremato eo inimici eiꝰ:q cantaridę dicebãtur:remeãti anime veluti vaginam ademerit. c Lauant frigẽtis & vn. S. Versus Ennii q ait Tarquini corpus bona foemia lauit:& vnxit. d Defleta.S. Participiũ ab eo q̃d est fleor, si tñ inueniat.alias sine verbi origine esse dicemus. e Purpureas. S. ad imitationẽ sanguinis:in quo est aia:vt supra diximus: purpureã vomit ille aiã. D. Purpureas. Ex pretio vestiũ meritũ mortui vult oñdere has vestas illum amasse ex eo demõstrat: qa freq̃nter illis vsꝰ ẽ.& ppterea multis erãt notę. f Velã.no.S.vel ipsi cara:vel aię.Ex notitia eñi gignit caritas:vt hic iter flumina nota g Fere

Triste ministeriũ:et subiectã more [b]parentũ
Auersi [i] tenuere [k]facem:congesta [l]cremantur
[m]Thurea dona:dapes [n]fuso crateres oliuo.
postq; [o]collapsi cineres:& flamma [p]quieuit.
[q]Relliquias [r]vino,et bibulam lauere [s]fauillam.
[t]Ossaq; lecta cado texit chorynus [v]aheno:
Idem ter [x]sotios pura [y]circumtulit vnda:
[z]Spargens [a]rore leui:et [b]ramo [c]foelicis oliuę:
[d]Lustrauitq; viros:dixitq; [e]nouissima verba.
At pius [f]æneas [g]ingenti mole sepulchrum
Imposuit:suaq; [h]arma viro:[i]remũq; tubamq;:
Monte [k]sub aerio:qui nũc misenus ab illo
Dicitur:[l]ęternũq; tenet per secula nomen.
His actis propere exequitur p̃cepta sibyllę.

tro.S.grece dixit:nam capulus dr̃ a capiẽdo.Vnde ait Plau.Capularis senex i.capulo vicinus. Subire feretro. vt subeunt muro. h More parentũ. S.propinquioribus eñi virilis sexus hoc dabat officiũ. i Auersi.C.nã de more erat cũ rogum esset incensuri:faciẽ auertere:ne id volẽtes:sed officio astricti facere viderent. k Facẽ.S:de fune.vt varro dicit:vñ & funꝰ dictũ est.Per noctẽ aũt vrebat:vñ pmãsit:vt et mortuos faces antecedãt. l Cõgesta.D.Copiose tradita: C. Cõgesta.oñdit cũ magna rerũ copia oia gesta fuisse. m Thurea dona cõgesta.D.Meritũ viri ostẽdit ex multitudine specierum:& cũ nõ dicat quãta:etiã plura intelligãtur. n Fuso cra.oli.S.diis superis tm̃ libabãt:inferis vero sacrificãtes.etiã vasa in ignẽ mittebãt:vñ ait crateres.Quod etiã Sta.i arche

mori sepultura cōmemorat. Oliuū autē ab oliua dixit: nā oleū ab olea dicit. D. Fuso crateres, nō paulatim. sed semel credi. o Collapsi. C. Nā omnibus concrematis cineres collabuntur: & resident. p Flāma quieuit. S. Quasi pyre ingentis: quia (vt in quarto diximus) pro qualitate perso ne pyre fiebant: sepulchra etiam vel maiora: vel minora fere bant. C. Quieuit. Consumpto em̄ omi humore discedit flā ma: cū pabulū quo alebatur amiserit. q Reliquias. D. Ossa quę restabant ex cadauere cōbusto. r Bibulā. C. Quicqd humore fugit id bibulum dicimus: hoc ex cineribus euenit. s Fa uillam. C. Fauillā dicim⁹ iam extinctā. Accensam aūt scintillā. t Ossa q̄ lecta. SER. aut colle cta: aut lecta ideo: quia vt supra di im⁹: nobiles nū q̄ soli cōburebantur: sed cū dilectis equis: vel canib⁹: vel famulo. lecta: ex cine ribus lignorū. v Aheno. C. Aes enim prȩter cetera metalla ad sa cra adhibebant. x Ter sonos. S. Aut sępius: aut reuera ter. Licet em̄ a furo re contraxerit pollutionē: tñ omnis purgatio ad su peros pertinet. vnde & ait imparem numerū. Aut q̄ hoc ratio exigit lustratio nis. y Circūtulit. S. purgauit. antiquū verbū Plau. Pro larua te circū feram. i. purgabo: nā lustratio a circūlatiōe dicta est: vel tę dę: vel victimę in quibusdā: vel sulphuris. Iuue. Cuperet lu strari: si qua darentur sulphura. cū tędis: aut si foret humi da laurus. C. Circutulit. lustrauit. Sic Plau. Oportet hanc circūterri procerità. z Spargens. S. Quia res agunt infer ne. In secūdo vero Aeneas deos portaturus ait: donec me flumine viuo abluero. Hic em̄ erat mos vt diximus supra. a Rore leui. C. aqua minuta vt ros esse solet. b Rore et ramo. C. rore prouenienre a ramo madefacto. c Foeli cis oliuę. S. arboris festę. Sed moris fuerat: vt de lauro fieret quod ppter Augustū mutauit: vt dicit Donatus: nā nata erat laurus eo die quo natus est Augustus in palatio: vnde triumphantes coronari consueuerāt. propter quā rem no luit laurū dicere ad officiū lugubre pertinere. d Lustra uitq; viros. D. Quia totius classis pollutionē posuerat: iccir co omnes hic lustrat. e Nouissima verba. S. i. ilicet: nā vale dicebatur post tumuli peracta solēnia. f At pius Aeneas &c. D. Superiora cęteri cōpleuerant: sepulchrū vero scitico curauit Aeneas: vt magna mole fieret: quia contem plabatur eius meritū. Arma etiā posuit: vt quibus in vita floruit: illis in morte ornaretur. g Ingēti mole. C. nam aut cōgestis lapidib⁹: & terra: aut magno edificio magnā molē super imponebant sepulturę: vn̄ & moles dicebātur sepulchra. Hinc moles Adriani. i. sepulchrū dicta: q̄ nostris temporib⁹ sancti angeli arx noiatur: quā duplici peruioq; muro palatio pontificali quod in vaticano est iunxit Nico laus quintus pōtifex maximus. h Suaq; arma vi. S. Ipi cara sculpsit in saxo: nā supra: ea iā legimus cōcremata. i Remūq; tubamq;. S. Quia & bellator: et remex fuerat: licet possum⁹ etiā solā tubā accipere. Remus em̄ dicit lorū. quod continet tubā. k Monte sub aereo. S. in aereo: nā supra est positus. Aereū aūt alii altum dicūt: alii nomē an tiquū montis intelligunt: vnde est qui nūc Misenus ab il lo dicit. D. Aereo. hoc nomē monti illi apud priscos fuerat: Ergo mira breuitate: & vetus: & nouū ponit nomen. l Aeternū per secula. D. Et ppter meritū defuncti: & pro pter auctoritatē Aenee: qui hoc voluit: Neq; placet q̄ aereū nō sit nomē potiū: sed significet altū: nā q̄ vetustū illud no men fuerit, ostēdit Maro cū de miseno dicat qui nūc quasi inferat: dicit nunc Misenus qui olim dictus est aereus. m His actis. C. Nā nō solū extincta. sed magna etiā mo le obruta inani gloria: quia virtutē propter se: nō ppter glo riā amamus: sibyllę. i. diuino cōsilio obtẽperauit. n Prę cepta sibyllę. S. vt duc nigras pecudes ea prima piacula sū to. o Spelunca alta fuit. S. Qua ad inferos descēdeba tur: nō vbi sibylla fuerat vaticinata. C. Spelunca. nā ingres sus ad inferos obscur⁹ est: ex rationis em̄ cecitate in vitia labūtur. p Scru pea. S. lapillosa: nam scru pus est pprie lapillus bre uis: qui pressus sollicitudi nem creat: vn̄ etiā scrupu lus dictus est: vn̄. Teren. iniecit scrupulū. q Tuta lacu. D. Hoc fa cit natura loci: & non hu manū artificiū q̄ tuta sit. r Lacu nigro. S. Aut al to: aut vere nigro. inferorū vicinitate. Tuta aūt: quia hinc lacu: hinc gignit sylu is. Dicit aūt locū: quem nunc doliola vocāt apud cumas. s Volātes. S. volantes participiū p no mine posuit: vt plurimus alburnū volitans: cui no men asylo est. Sane scien dū Lucretiū: & aliquos alios phisicos dicere aerē corporeū esse. vnde aues sustinet. Sed hunc cedere vapori sulphureo. Vnde aues in illis locis desertę aere: quo portari solent cōcidūt: non er rore: sed pondere: quod potest esse verisimile: qui altius in eodem loco possunt volare: vt tollunt se celeres liquidum per aera lapsę. t Talis sese halitus. D. refert causam: non possent volare. s. propter vim vaporis inde surgentis: q̄ sta tim necabant. v Ad cōuexa. S. ad coeli curuitatem. x Quattuor. D. Procurabat sibylla remediū ad transitū: nā si aues per altitudinē coeli eū transire nō poterant: q̄ ho mo efficeret per deterrimū locū: & tenebras transiturū tar do gressu. Numer⁹ aūt & color. & reliqua quę adhibentur pertinent ad rationē sacrificii. y Quattuor. C. Qm̄ diis inferis numerū parem dam⁹: vn̄ apud antiquos februario mense. xxviii. dies dederunt: cui cū inferis sacer esset diuinit⁹ & par numerus conueniebat. y Cōstituit frontiq; in uergit. S. in quarto ait. Media inter cornua fuditret funde re est supina manu libare: quod fit in sacris supernis. Verge re aūt est conuersa in sinistrā manū ita fundere vt patera cō uertatur: quod in infernis fit: hęc pertinent ad victimarū ex plorationē: vt si non stupuerint apte probētur. a Inuer git. C. vergere verti etiā exponere dicim⁹. Hinc aliquā regi onem ad meridiem: vel occasum vergere dicim⁹: id est verti & exponi: & inclinari: Hinc inuergere est ita fundere: vt vas in quo res est conuertatur. b Summas. C. quę in sūmo capite sunt. c Media inter cornua. C. i. in eo me dio: quod est inter cornua. d Setas. C. meliores lanam dicimus: vt est in ouibus: duriores setas vt est in sue: medi ocres pilos: vt sunt in homine. e Libamina. CRISTO FE. de vino recte: de seus improprie: nam libare de rebus li quidis est. f Voce vocans. SER. non verbo: sed certis ministriciis sanis: nam varie numina inuocabantur: quod aperte Luca. expressit: vt libratus habet ille canū gemitus: q̄ luporumq;: quod strider vlulātq; ferę: q̄ sibilat anguis. Exprimit & planctus fractęq; tonitrua nubis. Tot rerum vox vna fuit. g Coeloq; hereboq; potentē. S. Hoc est: q̄ ait Hecatē: vt plenum lumē ostenderet. C. Herebo. Inferno: dicitur em̄ herebus. i. terra. &

Spelunca alta fuit: vastoq; immanis hiatu
Scrupea: tuta lacu nigro: nemorūq; tenebris:
Quā super haud vllę poterant impune volātes
Tendere iter pennis: talis sese halitus atris
Faucibus effundens: supera ad cōuexa ferebat.
Vnde locū graii dixerunt nomine auernum.
Quattuor hic primū nigrantes terga iuuencos
Constituit: frontiq; inuergit vina sacerdos:
Et summas carpens media inter cornua setas:
Ignibus imposuit sacris: libamina prima:

id est clamo: quia querelis damnatorum ibi terra reboet. Secundū autem Hesiodū Herebus & nox ex chao sunt. h Supponūt. S. Victimas cedūt. Est autem sacrorum in quibus mali ominis verba vitamus. Hinc mactare dicim⁹ id est magis augere. i Cultros. S. dicit hic culter: nam cultellus diminutiuū est: hoc cultellū latinum non est. k Succipiunt. S. antiquū est modo suscipiunt dicimus: vt supra succepitq; ignem foliis. D. Suscipiunt. Ne iam sacratus in terrā cadat. l Ipse atri. D. Omnia nigra inferis mactat. m Matri eumenidū. S. i. nocti: vt hūc mihi da propriū virgo sacra nocte laborem. Eumenides dicuntur per contrarium cū sint immites. C. Matri eumenidū. i. nocti. furię enī Eumenides dicūtur. & sunt filię noctis & acherontis.

n Sorori. S. i. terrę. Nox enī vmbra terrarum est. o Ense ferit. SER. vt eū contra vmbras haberet consecratum: vnde infra. Vaginaq; eripe ferrū. Itē strictaq; atiē venientibus offert. p Sterilemq;. S. congruam deę numq; enitēti. D. Sterilem vaccam. quia nihil ab inferis nascit. demōstrat quattuor: colorē. genus animalis cū primo vellere intactū: ergo non attonsum. & Veneris immune. C. vaccā. De vaca: boue: vitula iuuenco: & tauro diximᵘ in bucco. q Proserpina. C. a greco est mutatione litterarū. Illi enī περσεφόνη dicunt: posuēt aūt proserpinā p ea vi q est in semine in terram p iecto: hāc rape Plutonē dixerūt. i. solem qui hyemali tempore remotiore quādam mundi partē perlustrat: hanc igitur raptam ab eo proserpinā dicunt: quā sub terra latētem Ceres queritat: Ceres autem symbolū est feracis: & cāpestris terrę. hec proserpinā sub terra latentem querit. Est aūt fertilis nō sterilis hęc vis: sed in hoc loco allusit ad naturam inferni: vbi nihil gignitur.

r Nocturnas. S. tota nocte ardentes. D. Nocturnas. nam & tēpus tenebrosum inferis conuenit. s Inchoat. S. p ficit. Et est verbū sacrorū. t Solida viscera. S. non exta dicit: sed carnes: viscus enī est quicquid inter ossa & cutem Hinc visceratio: conuiuiū: quod fit de carne. Solida ergo viscera: i. holocaustū: quod detractis extis arę superimponebatur: vnde infert: fundens ardentibus extis: quāq; alii pro parte totū velint: vt per exta totum animal intelligat. v Oleū. D. vt validius vrerentur: ostendit igitur quo more: vel quibus: & qualibus. & quantis animalibus cęsis inferorum numinū fauor acquirit. x Ecce. D. vbicunq; ponitur ecce: necesse sequit aliquid quod metū afferat: vel admirationē. y Primi sub lu. so. S. Atq hec sacra p noctem fiebant. Sed locutus est secundū Romanū morem q dies a medio noctis icipit: nā vbi dicit nox ruit: nō venit: sed finitur significat. Quāq; alii dicunt hęc sacra incipere a medio die & produci ad mediā noctē. C. Primi solis. i. subortu quem primum solem dicimus. z Ortus. DO. ne incertum esset. quid sit sub lumine solis: addidit ortus. a Iuga. CRI. Magna vis: vt non solum campestria verū etiam montes tremāt. b Canes vlulare. S. ita numinis ostendebatur aduētus: canes autem furias dicit. Luca. Stygiasq; canes i luce superna: vlulare & canū & furiarū diximus. c Per vmbram. D. ad omnia pertinet quę descripsit. d Dea. S. s. proserpina. e Prophani. S. non iniciati sacris. C. Prophani duplicē habet significationē. Nā simpliciter prophanum habetur: quod non est sacris addictum: aut initiatū: & qd deniq; non est inter sacra: vnde est illa hystoricorū diuisio publica: & priuata: sacra: et prophana. Est itidem pphanum quod ex religione in vsū humanū peruenit: vnde est faune precor miserere inquit: tuq; optia ferrum: terra tene: coluivestros si semp honores: quos contra Aeneade bello fecere prophanos: Item impiū & sceleratum. Nā isti procul sūt a fano. i. ab omni religione. Stat⁹. Fraternas acies alternaq; bella prophanis decertata odiis.

f Toto luco. S. non tantum a luco: sed ab omni vicinitate luci. D. Toto luco. vt penit⁹ totum lucū relinqueretis. g Inuade. S. viam īgredere. C. Inuade. cum audatia et fortitudine tanq; rem difficilem ingredere. Nam hostes inuadere dicimus: quod nō fit sine labore: & periculo: & euadere cum labore & difficultate peruenire significant. Res enī difficilis est descēdere: & i infernū ea ratione: vt a cognitis vitiis abstineas. Nam si i ea precipitaris facilis descensus auerni: vnde opus est vt ensem strictum teneat: idest adhibeat animi prestantiam: qua perturbationibus resistat: nam in ea re opus est. h Furens. S. deo plena vel similis furenti. i Aperto. DO. q semper patebat. k Ducem passibus equat. C. non timidis. quia diuinū consilium ita seq debemus: vt prestanti animo omnia exequamur: l Vadentem passibus equat. D. Magnam fiduciam Aeneę ostendit. m Dii quibus im pium. S. plenus locus alta sapientia: de qua varie dixerunt philosophi. Nam dicūt per alios animas ad inferos duci: vt hac animas ille euocat arco pallētes: alias sub tartara tristi. Item per alios transferri: vt nauita: sed tristis. per alios purgari. vt alię panduntur inanes suspensę ad ventos per alios ad supera reuocari: vt letheum ad flumem deus euocat agmine magno: sciēs enī de deorum imperio varias esse opiniones: prudentissime tenuit generalitatem: ex maiori autem parte Sironem Epicurum magistrum suum imitatur. Quę secta superficiem tractat rerum: altiora non disquirit. D. Dii quibus imperium. Dicturus quales esse sedes asserantur: & quę illic gerūtur. quę sunt incognita viuentib⁹ ne temerari⁹ videat. ven iam a diis petit asserens nō se auctore: sed aliis profitentibus illa dicere: ne sibi incognita: & in vulgus non proferenda videatur retegere. n Vmbręq; silentes: S. secreta inferorū

f g
Voce vocans hecatē cœlo q; herebo q; potentē,
h i
Supponunt alii cultros: tepidūq; cruorem
k l
Succipiunt pateris: ipse atri velleris agnā,
m n
Aeneas: matri eumenidum: magnęq; sorori
o p q
Ense ferit: sterilemq; tibi proserpina vaccam.
r s
Tum stygio regi nocturnas inchoat aras:
t
Et solida imponit taurorum viscera flammis.
v
Pingue superq; oleum fundēs ardētibus extis,
x y z
Ecce autē primi sub lumine solis: et ortus
a
Sub pedib⁹ mugire solū: et iuga cœpta moueri
b c
Syluarum: visęq; canes vlulare per vmbram
d e
Aduentante dea: procul o procul este pphani
f
Conclamat vates: totoq; absistite luco:
g
Tuq; inuade viam: vaginaq; eripe ferrum:
Nunc animis opus ænea: nunc pectore firmo:
h i
Tantū effata: furens: antro se immisit aperto,
k l
Ille ducē haud timidis vadentē passib⁹ equat,

ENEAS
SYBILLA
GORGONES
CHIMERA
HYDRA
GERIONES
HARPYIE
DISCORDIA
BRYAREUS
EUMENIDES

semper silentia: Nam hominũ vmbrę loquuntur hinc est. Q uę sacra silentia norũt: inuocat aũt summũ bonũ: quod in silendio constare certum est. o Chaos. S. elementorum confusio. Inuocat autem rerum primordia: quę in elemẽtorum fuerant confusione: per phlegetonta fluuiũ inferorum ignem significat. Nam φλοξ grece ignis est: a quo secundũ Heraclitum cũcta sunt: nam de frigore nihil nascit: vt de septentriõe dicat: sterili nõ qcq̃ꝫ frigore gigni. CRIS. Chaos παρα το χεω. id est, misceo: omnium elementorum inmixta & confusa materia dicit. Hãc vna cũ eternitate sociã demogorgonis primi dei fuisse Archades volunt: & ex ea natũ esse litigiũ dicũt: nã inde sunt quattuor elemẽta inter q̃ assidua ẽ discordia. cũ humida siccis: & calida frigidis pugnent. Ex chao igit quę est materia pria quã hilen. i. syluam appellant omnia elemẽta orta sunt: p Loca nocte silẽtia. la. S. Aut hoc est: quod dixit vmbręqꝫ silẽtes: Aut ostẽdit esse partem mundi in qua perpetuę sũt tenebrę: nam si verum est. Et minima cõtentos nocte Britãnos: Sphęrę exigit ratio: vt econtrario sit regio noctibus vacans.

q Sit mihi fas audi. lo. S. De alta dicturus prudentia: miscet poeticam licentiã. C Sit mihi fas au. loqui. Dicturus de descensu animorum ad infernũ id est ad vitia: quia res hęc questionem habet variam & multiplicem: & propterea iure dici potest: esse mersam terra & caligine. i. summa obscuritate: iccirco excusat difficultatẽ: & petit veniã si referat audita r Sit numine ve. S. concedatur a numine vestro. s Caligine. S. Bene iũxit. ex terra em̃ gignitur caligo: scilicet vmbra obscurior. t Obscuri. S. Aut hypallage sub nocte obscura soli ibant. Aut sub sola nocte. i. vbi nihil est pręter noctem. C. Ibant obscuri: qui in vitia labuntur eunt in obscurum: qm̃ omnia vitia ex cęcitate mentis: & ex sola stultitia sũt. v Sola sub nocte. D. Sola nox est: cui lux nulla succedit. x Domos vacuas. S. nostri mundi comparatione. simulacra em̃ quę illic sunt inania sunt. D. Vacuas. in quibus nihil videri potest: necꝫ illi occurri. C. vacuas domos. non solũ alludit ad animas: quę in corpore nullũ locũ occupant. verum ostendit ipsa vitia nihil esse. qm̃ priuatõis sunt. Quapropter optime Persius O curas hominũ o quantũ est in rebus inane. Nec mihi placet: q̊d multi putant voluisse poetã sectã Epicureã tãgere: ꝙ iccirco sint inania regna: qm̃ cũ anię mortales sint: nihil sit apud iferos: nã minime quadrat tam humilis sententia: tam profundę doctrinę: quã huic libro inserit. y Inania regna. S. inaniũ per quod ostenditur vacuũ. ʒ Incertam. S. alii incertum legunt: sed idem est. Nam incertum incipientẽ. i. minorem significat. D. Incertã. In ipsis initiis positã. C. Quale per incertã. Exprimit ingressũ ad vitia. Nã in principio: & si mẽtis cęcitate in vitiũ descendimus: tñ adhuc rõis lumẽ q̃ꝫuis exiguũ retinem⁹ nõdũ fcõ habitu. Maligna. S. obscura. Malignũ proprie angustũ est: vt aditusqꝫ maligni. i. minores: & obscuri: vult aũt ostendere fuisse aliquid lucis. Nã aliter q̃ dictur⁹ est videre nõ poterat. C. Maligna: quę se diminute & illiberaliter p̃beat: vt cõtra. Liberalẽ: & copiosũ benignum dicim⁹. vt: accipit in teucros aimum mẽtẽqꝫ benignã. b In syluis. DO. Que etiã illud exiguũ lucis sua diuersitate possunt eripere. C. In syluis: nã accedente opacitate syluarũ ad lucis diminutionẽ: vix luminis relinquitur vestigiũ. Nec temere meminit syluarũ: quia vt iam diximus omnia vitia nobis a sylua. i. a materia & corpore sunt. c Vbi. S. qñ. Nam nõ est loci: sed temporis. n Nox abstulit colorem. S. dicũt em̃ Epicurei: noctẽ auferre varietatẽ colorum. Contra Achademici repugnant: nam squamę p. scũ p noctẽ lucẽt. C. Nox abstulit colorem. Etiam si non secũdũ epicureos loquatur: satꝫ auferũtur colores tenebris: cũ nulli in illis appareãt.

¶Dii qb⁹ iperiũ est animarũ: vmbręqꝫ silẽtes:
Et chaos: et phlegethon: loca nocte silentia late:
Sit mihi fas audita loqui: sit numine vestro
pandere res alta terra: et caligine mersas.
Ibant obscuri sola sub nocte per vmbras:
perqꝫ domos ditis vacuas: et inania regna.
Quale per incertam lunam sub luce maligna
Est iter in syluis: vbi coelum condidit vmbra
Iuppiter: et rebus nox abstulit atra colorem.
Vestibulũ ante ipsum primisqꝫ in faucib⁹ orci:
Luctus: et vltrices posuere cubilia curę:
pallentesqꝫ habitant morbi: tristisqꝫ senectus:

e Vestibulum. S. Ethimologię non habet pprietatem: vt ait Varro. sed fit pro captu ingenii. dicitur em̃ ꝙ vestiat ianuã. Alii a vesta dictũ volũt: nã in illi ianua cõsecrata ẽ. Alii ꝙ nemo ibi stet. In limine em̃ solus est transitus: vt em̃ vesanũ nõ sanũ: sic vestibulũ nõ stabulum. D. Vestibulũ ante ipsum. In hoc erant omnia: quę cruciãt viuos: aut defunctos affligunt. C. Vestibulum. C. melius Gallus in libro de verborũ significatione. Vestibulũ dicit esse nõ in ędibus: necꝫ in ędiũ parte sed locũ añ ianuã dom⁹ per quem de uia aditus accessusqꝫ ad fores ędiũ sit. Ianua em̃ procul a via fiebat ærea: tum intersita: q̃ vacaret. Putant aũt dictũ a ve & stando: Ve aũt aliqñ intendit: vt vetus quasi magnę ętatis: & vehemens. i. magnę mentis: et impetus. Aliqñ minuit: vt vecors: vesan⁹. Ergo si ve auget in hoc vocabulo dicit a magna statione quã illic habebant qui veniebant: & dñm ędiũ expectabant: vt illũ deducerẽt & reducerent. Si aũt priuat: dicitur a domesticis: qui frequẽter ingredientes egredientesqꝫ domũ: ibi nuncꝫ consistunt. Ergo vestibulũ ꝯstat aream dici: quę a via domũ diuidit. f Faucibus. C. fauces: iter angustũ est: per quod ad vestibulũ de via flectitur. Ergo Aeneas cũ vidit fauces: atqꝫ vestibulũ domus impiorum: non est intra domũ: sed de via videt loca inter viã & ędes locata. hęc Macro. Sunt tñ q vestibulũ esse a vesta: cui primę dom⁹ partes sacratę sunt. Alii quia domũ vestiant. g Orci. S. deũ posuit pro loco: vt Iouẽ pro ęthere Hora. manet sub Ioue frigido venator. Orcũ igitur Plutonẽ dicũt Cice. in verinis: vt alter orc⁹ venisse ętnã: & nõ proserpinam: sed ipsam cererem rapuisse videatur h Luctus &. S. ea dicit esse in aditu inferorũ: quę vicina sunt morti. D. Luctus: quorũ sordidus: & miserabilis circuitus est. C. Luctus: sequitur em̃ vitia luctus ex poenitentia scelerũ. i Vltrices. S. conscientię quę puniunt semp nocẽtes C. Vltrices. nã post cõmissum scelus exagitamur a cõscientia: q̃ nos assiduo torquet. Hinc Iuue. Exemplo quodcũqꝫ malo cõmittit: idẽ displicet auctori. Pria hęc est vltio: quod se iudice nemo nocens absoluitur. Et alibi Nocte dieqꝫ suũ gestare in pectore: testem Spartano cuidam respondit Pythia vates. k Curę. D. Quę q̃cunqꝫ possident torquent. l Pallentes. C. ab effectu l Morbi. C. vel quia ex descẽsu animoꝝ in corpora nascũtur morbi & egestas: nam a corpore hęc sunt nõ ab aio: & vehementer illa exhorrere mortales: vel morbos more Stoicorum: pro vitiis: & egestatẽ pro auaritia: a qua omnia pene insit mala ponit. Soli aũt sapientes (vt ostendũt stoici) diuites sũt m Senect⁹. S. ad seniũ vergit ipe ai⁹ cũ vergit ad vitia. Puto tñ ex platonicorum sentẽtia poetã immersionẽ

Et met⁹: et malesuada fames: ac turpis egestas:
Terribiles visu formę: lętumq́ laborq́.
Tum consanguineus leti sopor: & mala mētis
Gaudia: mortiferūq́ aduerso in limine bellū.
Ferreiq́ eumenidum thalami: & discordia de/
Vipereū crinem vittis innexa cruentis: (mēs:
In medio ramos annosaq́ brachia pandit
Vlmus opaca ingens: quā sedē somnia vulgo
Vana tenere ferūt: foliisq́ sub omnibus hęrēt.
Multaq́ preterea variarum monstra ferarū.
Cētauri in foribus stabulāt: scyllęq́ biformes.
Et centū geminus Briareus: ac bellua lernę
Horrēdū stridens: flammisq́ armata chymera:

animi in corpus appellare infernū: atq́ ex ipso corpore oia ibi hęc mala prouenire ostēditur. Nam & per quattuor flumina, etiā quattuor corporis humores Platonem expressisse nonnulli volunt. Sunt mala mentis gaudia: qn̄ lętatur stultus q̄ male fecerit. Bellū aūt: & discordia: & furiarū thalami in hac mūdi parte facile deprehēdūtur. m Tristis. S. seuera quę gignit seueritatem. Cice. Iudex tristis: & integer. n Turpis egestas. S: quę turpes facit: & quasi horū imagines facit: quas dic t esse apud inferos: ideo quia in quem ista concurrunt: fit mortalis necesse est. vnde deos immortales dicunt: quia ista non sentiunt quib⁹ mors creatur. D. Turpis ege. nā & macie deturpat faciem & necessitate sordidum relinquit victū & vestitū. a Mala men. gau. S. generaliter omniū scelerum dicit, ac si diceret malę mētis gaudia. D. Mala mentis gaudia hęc sunt quę in scelera ducunt: adulter em̄ & latro luctu & scelerib⁹ voluptatem capiunt: mala ergo, quia apud inferos puniuntur. b In lumīe aduerso. C. quia semper aduersat: & cōtrariū est. c Eumenidū thalami. S. furię nū q̄ nupserunt: vnde thalam⁹. i. i quibus natę sunt: Alii thalamos dicunt: qui facti sunt auctoribus furiis: sed nō procedit: quia ait, Terribiles visu formę: & vt non videatur esse cōtrariū, quia paulopost furias alibi dicit esse. nā possunt hic: & alibi manere: & alibi officium exercere poenarū. d Discordia de. D. i. quā ex demētia icidimus. Neq́ iniuria dat sanguinem: & serpentes. C. Discordia de. quia a stultitia hominū prouenit: cū natura nos ad societatem: concordiamq́ creauerit. e In medio. SERVIVS. aut vestibulo: aut absolutū est: & intelligimus hāc esse eburneā portā per quā exiturus est: quę res hęc omnia indicat esse simulata: si & ingressus & exitus similis est. D. In medio ramos. Post vestibulū ponit interiorem partē: q̄ non esset sub tecto. f Vlmus opa. in. S. distinguēda sūt ista ꝓpter duo epitheta. Do. posuit vlmū annosam: et quia nō omnes annosę sunt mentes [& opacę frondibus: iccirco hęc addit. C. Vlmus. cū somnia vana exprimat: & nullum fructū producentia: optime vlmū posuit: quę arbor sterilis est: g Vulgo tenere. S. passim cateruatim. h Vana sō. D. Vult hęc esse errores: qui ꝓ necessariis inaniter occurrunt. i Foliisq́ sub om. S. Qui de somniis scripserūt dicūt: q̄ tēpore folia de arboribus cadūt vana esse somnia: q̄d per trāsitū tetigit. Vana autē sō: quia inferis. Nā vera supi ab mittunt. Home. καὶ γάρ τ' ὄναρ ἐκ Διός ἐστιν. k Centauri in foribus sta. S. Bene in foribus quia ea q̄ cōtra naturā possunt creari statim pereunt. Stabulant aūt habitant: & vsurpatiue dixit, vt populat: luctat. Nam stabulor dicimus: & bn̄ allusit, quia ex parte equi sunt. Centauri aūt Ixiōis: & nubis filii sunt. Ixion em̄ amatā Iunonē de stupro iterpellauit. Illa cōfessa Ioui ē ex ei⁹ volūtate nubē: i suā formā cōuersam ei obtulit: vn̄ ferunt nati esse cētauri: CRIS. Centauri. Ixion cum Iunone cōcunbere credens cū eius simulacro ex nube facto cōcubuit: vnde nati sunt centauri: quorū supernę partes humanę: infernę equinę erant. in q̄ exprimit euētus nimię ambitionis: nā qui terrandi & nimię imperandi cupiditati incūbunt: putant se Iunone. i.

maximis regnis potiri posse: et homies deę nuptias petūt: i. euētus sibi supra humanā facultatē proponūt: vn̄ & pro rebus solidis nubē. i. res inanes assequūt: vn̄ non humana quędam: sed monstruosa: & efferata enascunt: quib⁹ ex alto ab ima ꝓcipitantur. l Centum geminus briareus. S: Centies duplex secūdū fabulas ipse est Aegeon: m Briareus. C. Cottus. Briareus. & Gyges tres fuerūt ꝑm Hesio, coeli et terrę filii: & titanes dicti: decennale bellū cū filiis Saturni gesserunt, et illi quidē ab Othri: hi ab olympo monte impetum faciebant. Tandem a diis victi in tartara deiecti sunt. Habebāt autem singuli quinq̄ginta capita: & centum manus: & omniū fortissimi: & pulcherrimi fuerūt. Briareū autem dicit Homerus Aegiona ab hominibus appellatum eę. ὃν Βριάρεων καλέουσι θεοί, ἄνδρες δέ τε πάντες Αἰγαίων'. Additq́ q̄ cū quādoq́ Iuno Neptunnus & Pallas Iouem in vincula cōiecissēt: neq́ esset qui auxiliū ferret: q̄ thetis Achillis mater coelum ascendit: & secū adduxit Centimanum Briareum: eiusq́ auxilio Iouē soluit. Hesio scribit Neptunnū hunc sibi generū adsciuisse tradita sibi Opya filia: vnde & Oui. Balenarūq́ ꝓmentē Aegaeona suis immania terga lacertis. n Ac belua lernę. S. Hydram dicit: quę fuit in lerna argiuorū palude: sed latine excetra dicitur: quod vno cęso tria capta excrescebant. Sed cōstat hydrā locū fuisse euomentē aq̄s vastantes vicinas ciuitates: in quo vno meatu clauso: multi erupebant: quod Hercules videns loca: ipsa exussit: & sic aquę clausit meatus: nā hydra ab aqua dicta est. id est. ἀπὸ τοῦ ὕδατος Potuisse autem hoc fieri ille indicat locus. Excoquitur vitiū: atq́ exudat inutilis humor. C. Belua ler. Hydrā dicit Hāc (auctore Hesio). peperit Echidna ex typhaone. Iuno autem illā in lerna palude nutriendā curauit contra Herculem. Sed illā Hercules cū Iolao flammis interemit: consiliis Mineruę adiutus. dicitur exctera latine: quia vna coeso tria oriuntur capita. Hydrā Plato refert fuisse callidissimū sophistā: quē Hercules doctus philosophus flāmis. i. feruore ingenii superauit. Est aūt sophistica ratio cauillosa: et vno sublato capita plura nascūtur. Est em̄ logices duplex disputandi ratio: & per veras & sophisticas rōes. o Horrendū stri. C. Si ad fabulā referas, expressit naturā serpentis. Si ad sophisticā rationē: notauit huiuscemodi disputatōis rabiē.

p Flāmisq́ ar. chy. S. ore leo postremis pābus draco: media capra: secūdū fabulas fuit: Reuera aūt est mons Lycię cuius hodieq́ ardet cacumen iuxta quod sunt Leones: media autem pascua sunt: ima vero montis serpentibus plena hunc Bellerophon habitabilem fecit: vnde chymeram dicitur occidisse. C. Chymerā. Hanc etiā ignem expirantem iisdem parentibus qb⁹ hydrā ortā ait. Hesiod⁹. habuit secūdū hūc poetā tria capita Primū leonis. vltimū draconis mediū caprę ait em̄. πρόσθε λέων, ὄπιθεν δὲ δράκων, μέσση δὲ χίμαιρα Hanc Pegasus, & Bellerophontes deuicit: quę tamen ex orco cane Gerionis pri⁹ pepit Spingem: leonē nemeū: et draconem q̄ mala aurea custodiuit. Item peperit Ceto ex phorco de hac enim Ouidius. Quęq́ Chymera iugo mediis in partibus ignem: pectus: & ora leę caudam serpentis habe

Gorgones: harpieqꝫ: et forma tricorpis vmbre.
Corripit hic subita trepidus formidine ferrū
Aeneas: strictāqꝫ atiem venientibus offert:
Et ni docta comes tenuis sine corpore vittas
Admoneat volitare caua sub imagine forme:
Irruat: & frustra ferro diuerberet vmbras:

bat. Reuera mōs in lycia est Carię cōterminus de q̄ vide Seruium.
q Gorgones. SER. Gorgones tres fuerūt in extrema aphrica circa Atlantē montē: quę oēs vnum oculū habebāt: q̄ inuicem vtebant Schenio Euriale Medusa. Serenus tn̄ dicit puellas fuisse vniꝰ pulchritudinis: q̄s cum vidissent adolescētes stupore torpebant: vnde fingitur quod si quis eas vidisset vertebatur in lapidem. C. Gorgones Phorci. & Ceto filię sūt: Schenio Euryale: et Medusa. Harum primę duę immortales fuerunt Medusa mortalis. q̄ quia in templo Palladis cum Neptunno concubuit: irata dea crines suos q̄ꝫ splēdore captꝰ fuerat neptūnꝰ in serpētes cōuertit. Quo pacto autem a Persio interfecta sit describit Oui. Ex

Hinc via tartarei quę fert acherontis ad vndas.
Turbidus hic cęno: vastaq; voragine gurges
Aestuat: atq; omnem cocyto eructat harenam.
portitor has horrēd⁹ aquas et flumina seruat
Terribili squalore charon: cui plurima mento
Canities inculta iacet: stāt lumina flamma:
Sordidus ex humeris nodo dependet amictus.
Ipse ratem conto subigit: velisq; ministrat:
Et ferruginea subuectat corpora cymba.
Iam senior: sed cruda deo viridisq; senectus.
Huc omnis turba ad ripas effusa ruebat
Matres atq; viri: defunctaq; corpora vita
Magnanimū herou: pueri innuptęq; puellę:
Impositiq; rogis iuuenes ante ora parentum.
Quā multi in syluis autumni frigore primo

tius morientis vtero emicuere duo foetus Chrisaor sic dict⁹: quia cū aureo ense natus ē: & hic ad deos ascendit Ioui fulmen: et tonitruum ferens. Et equus alatus: qui pegasus est appellatus απο ιοισ πηγωισ .i. a fontibus Oceani iuxta quos sit natus. De Harpiis dictū est in tertio. Oīa hęc monstruosa sunt. Omnis aūt monstruositas vitiosa: quoniam aut excedunt: aut deficiunt. Ergo in vestibulo inferni defect⁹: & excessus sunt. Quapropter inde via est ad tartara. i. ad habitus vitiorum: vnde est charon: id est priuatio gaudii. r Harpięq; S. Aut iam occisas intelligit: aut secū dum Platonem & alios: simulacra licet viuarū illic fuisse. Nam dicunt omnium rerum quasdā: ibi ee imagines: ad quarū similitudinem procreatur vniuersa. Hinc est ꝙ in Statio Thyodomas Plutōi dicit: Omibus finitor esse videris: mihi vero & sator. Harum autem simulacra bene apud inferos sunt: q esse dicuntur & furię. s Tricorporis vmbrę. S. Eryli & Gerionis. t Offert. S. non ad feriendum: sed ad repellendas vmbras: vnde et offert dixit: sacerdos aūt ferire phibet. v Tartarei acherōtis. S. Acherōta vult quasi de imo nasci tartaro. huius estuaria stygem creari. de styge aute nasci cocytō. Et est ethimologia: nam physiologia hoc habet. qui caret gaudio: sine dubio tristis ē: tristitia autem sine dubio vicina luctui dt: qui procreatur ex morte: vn̄ hęc esse apud inferos dicit. x Turbidus hic coeno. D. p qualitate inferni fuit natura aquę turbida: cenosa: odoris pessimi: vt porte quę ructaretur a coeno. y Cocyto eructat harenam. S. in cocytum. s. per stygem. ȝ Portitor. S. portitor proprie qui portat: abusiue etiam qui portatur portitor dicit̄: sicut vector. D. Is proprie est q portū obseruat: vt nullus ei⁹ iniussu in alienas regiones trāseat: his igitur aquis tam male olentibus: tam horridi aspectus erat par custos: nec dissimilis loco & religioni. C. Portitor charon. Si nauis voluptatis typum habet: pro libertatis arbitrio capitur charō. Ergo charon agit nauem. i. voluntatem conto. i. electione qua arbitrium se dirigit. Dicit̄ em̄ cōtus quasi conitus. Nam ex tereti in acutum tēdit qua figura conus appellatur: Ministramus igitur nauem. i. voluntatem velis. i. pręparam⁹ coelesti voluntati: quoniā quod influit coelum libenter vult: nisi sese ratio opponat: cuius est syderib⁹ dominari. Senex fingitur: quia nihil antiqu⁹ anima in qua liberum arbitrium semper fuit. Sed viridis senectus: quia nūq; deficit. Per amictum solidum intellige corpus: q̄d putre corruptibileq; est.
a Has horrendus aquas. S. propter tria flumina.
b Terribili squalore. SER. terribilis squaloris.
c Charon. SER. Per antiphrasim: quasi acharon.
d Mento canities. SER. veteres em̄ non solum comas ornabant: sed etiam barbam. vt ī nōnullis vidimus statuas. e Stant. SER. horrent. & est polysemus sermo: vt diximus sup̄: Cōto subigit pro impellit: sursum agit regit q̄ ē polysem⁹ sermo: nā & acuit significat vt subigūtq; in cute secures. f Stant lumina flāma: DO. inflexibiles oculi quasi flammam emittebant. CRI. Duo lumina flammę. Quia liberum arbitrium ad vtrūq; tendere potest: ad lumē rationis: & ad ardorem cupiditatis: quod autem hic de charone dicimus: idem & Sene. in descensu Herculis intelligere videtur. It em̄ ad eum Hercules cedente turba: quoniā erat in tertio genere virtutūm animi iam purgati: vbi non diuina solū in electione preferimus: sed tanq; nihil aliud sit intuemur: hocq; pacto liberū arbitrium absolutum est: & cedit ei turba perturbationum. Exclamat charon: quo pergis audax: quia liberū arbitriū vellet discutere qd esset agendum: aut virt⁹ ipsa heroica: quoniā iam electionem fecit: pellit moras: & nautam conto domitat. i. cogitat liberū arbitrium in suum habitū: sua electione consumata. em̄ virtus amplius nō deliberat. Charō ob receptū Herculem: anno in cōpedibus fuit: quia arbitriū in habitu virtutis heroicę non amplius liberum est: in vitia fluere: actu scilicet non potentia potest.
g Sordidus amictus: DONAT. Sordidum erat velamen: neq; tantum vt totum tegeret corpus: & nō fibula. sed nodo nectebatur.
h Ipse ratem. DONA. non agendi potestatem: sed poenam habebat: qa multa simul officia implebat. Nam dabat vela: vectabat corpora: subigebat. idest non sine labore agebat. i Velisq; ministrat. S. aut per vela: & est septimus: aut velis obsequitur: & est datiu⁹. k Ferruginea. S. nigra tristi. Nam lugubrē esse hunc colorem ostēdit dicens: Cū caput obscura nitidū ferrugie texit. C. Ferruginea. a ferro et ferrugo Color est purpureus ad nigrū tendens: vt lugubris sit. Sta. Et ferrugineū nemo astupet ipsaq; tellus miratur potuisse retro.
l Corpora cymba. S. omne quod potest videri corpus dicitur. Nam paulopost discretionem fecit dicēs. Corpora viua nefas stygia vectare carina. m Iam senior. S. aut cōparatiuū pro positiuo posuit. Aut vt diximus senior est: virens senex: vt Iunior inter iuuenē est. quā rem a Varrōe tractam confirmat etiam Plinius. n Cruda deo viridisq; senectus. S. s. τοιαιτιον quia in deo. DO. Viridis non ppter ter colorem: sed quę adhuc non parum de pristinis tēporibus retinent. Cruda & viridis: quia nōndum tendebat ad maturitatem. o Pueri & virgines. DO. quos in spem posteritatis seruandę conuenerat in longum senium perduci distinguit: sexus & ętates. vt ostendat mortem omnibus esse cōmunē: nec moriendi esse ordinem. o Iuuenes. D. Qui adhuc suis cōmodis in seruire patrię potuissent.
q Autumni frigore primo. SER: Extremitatē vult ostēdere: quod ait Iuuena. Iam lętifero cędant pruinis autumno. Nam ei⁹ prima pars feruet: vt totoq; autumni incāduit ęstu. Sane sciendum secūdum Pliniū. Folia autumnali tēpore ideo cadere: quia omnis tūc in arboribus humor: ęstatis colore inuenitur exhaustus. Ergo cadunt: non quia siccari incipiant: sed quia tunc eis iam deest humori.

Lapsa cadũt folia: aut ad terrã gurgite ab alto
Quã multę glomerant aues: vbi frigidus ann⁹
Trans pontũ fugat: & terris immittit apricis.
Stabant orantes primi transmittere cursum:
Tendebantq; manus ripę vlterioris amore.
Nauita sed tristis: nunc hos: nunc accipit illos:
Ast alios longe summotos arcet harena.
Aeneas. (miratus em̃ motusq; tumulum)
Dic ait o virgo: quid vult concursus ad amnẽ:
Quidue petũt animę: vel quo discrimĩe ripas
Hę linquunt: illę remis vada liuida verrunt:
Olli sic breuiter fata est longęua sacerdos.
Anchisa generate: deum certissima proles:
Cocyti stagna alta vides: stygiamq; paludem:
Dii cuius iurare timent & fallere numen.
Hęc om̃is quã cernis inops ĩhũataq; turba est.
Portitor ille charon: hi quos: vehit vnda sepulti.
Nec ripas datur horrendas: nec rauca fluẽta
Transportare prius: quã sedibus ossa quierũt.
Centum errant annos: volitãt hęc littora circũ.
Tum demũ admissi stagna exoptata reuisunt.

r Quam multę. DO. Ex hac comparatione quanta fuerit turba ostenditur. s Glomerantur aues. S. Bene rebus volitantibus comparauit animas: quia & ipsę volant. t Immittit apricis. S. i. sine frigore. vt diximus supra: vñ & nonnulli aphricam dictam volunt. v Stabant. C. astabant illi: vel stabant quasi non descendebant: sed perseuerabant in orando: & ita vt vnusquisq; primus esse contenderet. x Primi trãsmittere. S. Figura gręca est: vt primi transirent. y Transmittere cursum. CRI. emittere cursũ trans fluuiũ. i. v. loci nauigatione transire. z Tendebant. C. Protensis palmis orabant. a Nauita. C. pro nauta per epenthesim. b Tristis. S. asper & mirabilis. D. Tristis. dur⁹ & nunq; affabilis. C. Tristis. seuerus: qui nõ ex cupiditate illorum. sed ex iusto ordine eos admittebat: hoc autem significat q ex ardore perturbationum omnes in vitium ruere cupiũt. id em̃ est ad inferos descendere: verum non transuehuntur: nisi quorũ corpora sepulta sunt: idest qui ex habitu vitiis penitus sunt obruti: insepulti autẽ: idest hi qui nõ iacent in habitu demersi: errãt circum littora: id est peccãt sñ quotidi⁹ actib⁹: & post centum annos: id est post diuturnum tempus admittuntur: quia ex illis efficitur habitus. c Nunc hos. DO. Nã omnes simul nõ poterat. d Aeneas. S. ordo est ęneas ait dic o virgo. Cętera per parenthesim sunt. e Cõcursus. C. Nã ab oibus pari studio curritur. f Discrimĩe. S. differẽtia. g Linquunt. SER. redeuntes non transeuntes. h Liuida. SER. nigra. Nam liuidum: id est inuidum: non nisi apud neotericos inuenies. Lucan⁹ Liuor edax tibi cuncta negat. Licet Ouidius dixerit. Liuor edax vitiũ mores non exit in altos. CRISTO. Liuida. Nam omnia coelestia candida sunt sic inferna nigra. possum⁹ & ad descensum illum q speculationem vitiorum exprimimus ita rem referre. cõcurrunt ad nautam: q omnes natura scire cupimus. Sed liberum mentis arbitrium: non omnes admittit ad speculationem: Quod autem non admittantur inhumatis: qui corporibus sunt: notat per corpora perturbationes animorum: quę a contagione corporis sunt: quę nisi penitus humentur: nos ad speculationem proficisci non sinunt. Nã quod de centum annis refert: id ex ęgyptiorum consuetudine poetice admiscet. Et de qua Seru⁹ & Sene. referunt. sed Hora. ex hac ęgyptiorũ cõsuetudine ait: Orpheum inferorũ fabulam scripsisse. i Breuiter. D. Ne qua fieret rebus necessariis mora. k Longęua. SER. Apollo Sibyllam pie dilexit: & poscendi quod vellet arbitrium dedit: illa hausit harenam manibus: & tam longã vitam poposcit: id Apollo posse fieri respondit si Erychtream insulam relinqueret illam nunq; reuisura. Venit ergo Cumas vbi corporis viribus deserta: vitã in sola voce retinuit: hoc intelligentes eius ciues siue inuidia: siue cõmiseratione moti: epistolam miserũt: creta antiquo more signatã. At illa visa terra patria in mortẽ resoluta est: vnde sunt: qui dicũt hanc esse: quę Romana fata scripsit: quod incenso Apollinis templo: inde Romã illati sunt ab libi: vñ hęc fuerat. l Certissima proles. S. cũ subire inferos potuerit. Multi em̃ ad gloriã sibi genus fingunt. vt Romulus ex Marte Alexander ex Ioue Hamone: sic de Hercule Salue vera Iouis proles. D. Certissima proles. Natus ex homine non immerito paues: sed nihil debes metuere: quia a diis principiũ ducis. m Cocyti stagna. D. Nõ auget moram: quia respõdet ad id quod non interrogat: sed minuit: nam curat ne postea interroget. Stagnũ igitur inquit cocyti habet nomen. n Paludem. DO. Paulus: q ex superfusiõe aquę efficitur styx appellãt. Nec indiget probatiõe q insepulti non transportentur. quoniam cernit ibi quos sepelire non potuit. o Fallere numen. S. propter victorię fauorẽ Stygis filię. nam statuit Iupiter si quis fefellisset eius numen: vno anno & nouem diebus ambrosia: & nectare priuaretur. Sed iõ est q ideo per stygem dii iurant: quia tristitia cõtraria est ęternitati. p Inops inhumata. S: duo dicit: q neq; legitimã habet: nec imaginariã sepulturã. inopem em̃ dicit sine pulueris iactu: nã op⁹ terra est: inops sine terra: sine humatione: Vult aũt ostendere tantũ valere inanem: quantum plenam sepulturã. Nã & deiphobi vmbra transuecta est: cui Aeneas cœno aphium fecit: vt tunc egomet tumulum rhetęo in littore inanem constitui. Bene autem sepultos. i. fletos. Nam sine fletu sepultura non est. Vnde legimus inhumata infletaq; turba facit supradicta flumina transire: quibus luctus nomen imposuit. Centũ autem annos ideo dicit: quia illi sunt legitimi vitę humanę: quib⁹ completis potest anima transire ripas. i. ad locũ purgationis venire: vt redeat rursus in corpora. Sane sciẽdum: quia cũ terrã dicim⁹ hęc ops facit. Si nymphã dicim⁹ hęc opis. si diuitias hę opes numero tm̃ plurali. q Rauca fluẽta. S. aut remota. i. ęstuaria dicit: aut bñ pluraliter: quia de tribus loquit̃. r Sedib⁹ os. qui. S. i. prius q corp⁹ in naturã suam redeat. i. in terrã.
Stagna exoptata reuisunt. S. lethei. s. fluminis.

Cōstitit anchisa satus: et vestigia pressit:
Multa putās: sortē animo miseratus iniquā.
Cernit ibi mœstos: & mortis honore carentes:
Leucaspim: & licię ductorem classis orontem.
Quos simul a troia ventosa per ęquora vectos
Obruit auster: aqua inuoluens nauē viros.
Ecce gubernator sese palinurus agebat.
Qui lybico nuper cursu dū sydera seruat.
Exciderat puppi mediis effusus in vndis.
Hunc vbi vix multa mœstū cognouit ī vmbra.
Sic prior alloquitur: quis te palinure deorum
Eripuit nobis: medio sub ęquore mersit:
Dic age: nam mihi fallax haud ante repertus.
Hoc vno responso animū delusit apollo.
Qui fore te ponto incolumē: fines canebat
Venturū ausonios: en hęc promissa fides est.
Ille autem: nec te phœbi cortina fefellit
Dux anchisiade: nec me deus ęquore mersit:
Nam gubernaclū multa vi forte reuulsum:
Cui datus herebā custos cursus regebam:
Precipitans traxi mecū: maria aspera iuro:
Nō vllū pro me tantum cœpisse timorem
Quā tua ne spoliata armis: excussa magistro:
Deficeret tantis nauis surgentibus vndis:
Tris nothus hibernas īmēsa per ęquora noctes
Vexit me violentus aqua: vix lumine quarto

t Vestigia pres. S. cogitatiōe. s. v Putās. S. reputans. ī aio pertractās. x Sortē aio mi. ini. S. iniqua em̄ sors est puniri propter alteri⁹ negligentiā: nec em̄ quis culpa sua caret sepulchro. Bene aūt om̄es: quasi represago: vt alibi. Presaga mali mens. Ipse em̄ Aeneas insepultus iacebit: vt mediusq; inhumatus harena. y Mortis honore. S. sepultura. vt quis quis honor tumuli.
z Leucaspim. C. id enī nomen erat magistro nauis orōtis: quod ille in primo libello omiserat: dixit em̄ excutitur pronusq; magister. a Ductorē clas. S. apertū exemplum classem etiam dici vnam nauem. Nā legimus vnā: q̄ lycios fidumq; vehebat orontē. b Quos simul a troia. D. Reuocat in memoriā legenti q̄ isti essent: & vbi: & q̄n. & qua vi perijssent. et simul ne q̄s damnet vitio Aeneę: ne suos sepelisset: q̄m sepelire nō potuit. c Auster. S. Hic distinguendū. d Sese agebat. S. Sese agere est sine negotio incedere.
e Qui ly. nu. cur. S. Bn̄ lybico. Nauigatio em̄ nō a diuerticulo: sed ab intentione accipit nomen.
f Effusus in vndis. S. sarchasmos est. Quāq; Donatus esse ordinem velit: dū seruat sydera in vndis mediis. D. In vndis. Non effusus in vndis: ne sit vitiū in casu: sed effusus cū in vndis esset. g Multa mœ. co. in vm. S. Prudentiores dicunt animas recentes a corporibus sordidiores esse donec purgētur: que purgatę incipiunt esse clariores: vnde paulo post: donec longa dies pfecto tēporis orbe cōcretā exemit labē purūq; relinquit: ęthereū sensū atq; auri simplicis ignē. i. nō vrentē: vt ē sol. Inde ē q̄ aliq̄ aię lunarē circulū: alię solstitialē retinere dicuntur pro modo purgatiōis. Recte ergo Palinurū obscura vmbra circūdatum dicit. & vix agnitum: q̄a nec ad loca q̄dē venerat purgatorū. Sic et de Didone. agnouitq; p vmbrā obscurā. DO. Multa vm. hoc excusat q̄ amicū non statim agnouerit.
h Prior. C. hoc pertinet ad clementiam ducis.
Quis deorū. S. grece τίς θεῶν. CRIS. Quis deorū admiratur aliquē deū vsum esse tanta crudelitate:
k Eripuit. C. vt ostendat & vim illatā: & damnū: nec putabat hoc euenisse nisi a deo: cū Apollo illū incolumē in Italiā venturum prędixisset. At ille respondet venisse quidē in italiā: sed ibi cęsum fuisse. Cōpone aūt. Nec cortina phœbi fefellit te nec me. l Nobis. S. Nā gubernator cōi peric periculo. m Sub ęquore mersit. S. Themesis submersit ęquore. n Qui fore ponto. D. nihil dixerat de Palinuro Apollo: sed tacēdo de suis aduersis: boni aliquid pmisisse videt̄. o Venturum. S. κατὰ τὸ σιωπώμενον ītelligim⁹. ¶ Cortinā: vl̄ quod cor teneat: Vel q̄ tripos septus erat coria serpentis: vel quia ὅτι τὴν κόρην τείνει. i. extēdit puellā: vt. maiorq; videri. p Nec me. S. Hic distinguendū ne sit cōtrariū: nā eū somnū deiecit: q̄q; alii frustra dicāt: q̄d credebat phorbantē: cum extinctis diuinādi sit concessa licentia: vt iam nunc sciat somnum fuisse.
q Deus. DO. Cognouit vim illā eē diuinā. sed q̄s deus fuerit ignorat. quia nō vidit: nisi phorbantē.
r Gubernaclū. S. vt fit verisimile q̄ venerit ad italiā. C. Gubernaclū. temonē. Et facit narrationem verisimilē: nā sine temone nō erat credendū illū tamdiu natare potuisse.
s Vi reuulsū. D. ōndit p viribus pugnasse vt excuset factū. t Precipitās. S. dū pcipitarer. v Aspa. C. Ex affectu natantis: vl̄ epitherō est ęternū maris: nā tēpestas nulla fuerat fauēte neptūno. x Iuro. S. aut execratio. aut quasi nauta iurat p maria.
y Nō vllū. C. Exprimit q̄ sit vera amicitia: & q̄les ī amicos eē debeam⁹. Simul et Palinur⁹ beniuolētiā captat. vt facili⁹ possit q̄d petit īpetrare. z Spoliata ar.. S. pdita gubernaculo. a Excussa ma. S. Noue dictū: de q̄ fuerat excuss⁹ mgr̄. ¶ Surgētibus vndis. signat fuisse pelagus tumēs: nā tēpestas fauēte neptūno non erat: nec de ęneę pīcia dubitauit: sed ppter pditū gubernaculū. b Tātis s. C. Atqui trāq̄lla fuerat nauigatio. sed loquit̄ ex ea q̄ sibi erat solicitudie: & ex eo q̄d sępe id sibi acciderat: aut q̄a sic natāti videri potuit: nā et mediocres: vnde videri ingētes natāti possunt. c Hibernas. S. aspas: & retulit ad affectū nauigātis: d Vix lu. C. q̄si pathos. a diuturnitate tpis vt sepē illū phibēt totos ex ordine mēses. Et septia p⁹ troię excidiū iā vēit estas. e Sūma. C. docēt mathematici reliq̄

Prospexi italiam sūma sublimis ab vnda.
paulatim adnabam terrę: et iā tuta tenebam:
Ni gens crudelis madida cū veste grauatū
prensantē[q;] vncis manibus capita aspa mōtis
Ferro inuasisset: prędā[q;] ignara putasset.
Nūc me fluctus habet: versant[q;] in littore vēti.
Quod te per cœli iocundū lumen: & auras:
Per genitorem oro: per spes surgentis Iuli
Eripe me his inuicte malis: aut tu mihi terram
Iniice: nā[q;] potes: portus[q;] require velinos.
Aut tu si qua via est: si quā tibi diua creatrix
Ostendit: (ne[q;] em̄ credo sine numine diuū
Flumina tanta paras stygiā[q;] innare paludem)
Da dextrā misero: et tecū me tolle per vndas:
Sedibus vt saltē placidis in morte quiescā.
Talia fatus erat: cœpit cū talia vates.
Vnde hęc o palinure tibi tam dira cupido?
Tu stygias inhumatus aquas: amnem[q;] seuerū
Eumenidū aspities, ripā ue iniussus abibis?

elementorū ita aquę corpus sphericū esse: ac ppterea mare non planū esse: sed turgescere: vnde est q̄ propter interpositū hunc tumorem maris aliquis positus in naui non videbit montē e regione positū: quē tñ videbit: qui est in summitate mali eiusdē nauis. f Adnabā. S. & hic distingui potest adnabā terrę. C. Paulatim adnabā. Oñdit difficultatē. & fessitudinē. g Terrę iā tuta. C. Pathos ab eo q̄d est p̄ter spem. Nam vbi tutus esse credidit ibi crudelissime occisus est. h Gens crudelis. S. lucanorū: & dicit eū a veliensibus interemptū: vt portus[q;] require velinos: Sed velia quo tempore Aeneas in italiam venit nondū erat: q̄ anticipatio si a poetę persona fit: est tollerabilis. Si per alium: est viciosa. Sed q̄ Palinuri diuinādi scientiam dant. quasi ab vmbra sit dictū. Velia autem dicta est a paludibus quibus cingitur quas grę ci ἑλη dicūt. fuit ergo helia: sed accepit digamon: vt enetus venet⁹. C. Crudelis. Et quia q̄ in naufragum nulla iniuria puocati seuissent: & quia spoliati sepulturā neglexissent. i Madida cū ve. gra. C. Et quę sequentur huiusmodi sunt: vt etiam in immanissimis cōmiserationē cōmouere potuerint: ergo crudelis gens. k Prensātē. C. ponit rē añ oculos: nā sępe p̄hēdebat. quia sępe a fluctibus illinc remouebat̄. l Capita asp. D. aspa saxoꝝ: q̄ ex montibus radicib⁹ veluti capita in mare extāt. m Montis. S. saxi. alibi contra. Saxi de vertice pastor. i. montis. Item fertur in abruptū magno mōs improbus actu. pro saxo: nam ista reciproca sunt. n Ferro inuasisset. C. pathos a mō & a materia. o Prędam[q;] ig. C. rē verisimilem facit. Qui em̄ inuasissent: nisi questū inde sperarent: Sed nō propter hoc minuitur crudelitas. p Me flu. ha: S. Quia secūdū philosophos corp⁹ solum nostrū est: quod nobiscū oritur: nobiscū morit̄. Anima generalitatis est: et adeo nō est nostra: vt etiā in alia corpora trāseat plerū[q;]. q Versant in lit. ven. D. ne in profūdo esse videretur. r Per iocū. D. quia apud inferos non est iocūdū. q. d. per id quod cupis remouere. C. Iocūdū. ex affectu inferorū: vita em̄ nostra huiuscemodi est: vt si illam inferis cōpares: iucūdissima esse videat̄. Sin aūt superis calamitosa fit. s Per genitorē. D. cuius causa tot subis labores. t Eripe me. S. corp⁹ meū: quod est hominis propriū. Est aūt Homer. αυτο ιστ Δελcοριοι τσοχεκ ινεσιν ¶ Cœli iocūdū: bñ iocūdū addidit. Est em̄ etiā apud inferos: sed nō iocūdū. v His inuicte malis. S. qui iferos subire potuisti. his aūt. ac si diceret quę cernis. C. Inuicte. ergo potes. x Malis his. D. Captat hinc cōmiseratione̅. y Terram iniice. S. Bene aūt maius petit: vt vł hoc impetraret. Terrę aūt iniectio secundū pontificalem ritum poterat fieri & circa cadauer: & circa absentiū corpora quibusdam solennibus sacris. D. Iniice terram. Ostendit facultatē. C. Terram iniice. Fac cœnotaphiū. sic alibi. Tunc egomet rhetęo in littore inanem constitui. ȝ Nā[q;] potes. S. vbi[q;] eum rerum diuinarum inducit peritum. C. Nā[q;] potes: Sic Horatius. Qua[m]q̄ festinas nō est mora longa licebit, iniecto tertio puluere curras. a Portus require velinos. D. Remouet laborem querēdi. b Si qua via est. S. Si est vlla ratio. D. Si qua est. Ostendit illum posse: & quia tāto vir est corporis robore: & animi ingenio: q̄a nat⁹ ex diis: quia venerem matrē hab;: quia sibi maiora dii concesserunt. q̄ñ viuenti hunc descensum permiserūt. c Diua creatrix. S. Rerū omniū generaliter. C. Creatrix. Sic lucret. Aeneadū genitrix hominū diuum[q;] voluptas. Quę mare nauigerū quę terras frugiferentes concelebras p̄ te q̄m gen⁹ oē a antū cōcipit: visit[q;] exortū lumia solis. vł poti⁹ creatrix tua ex q̄ facili⁹ ē t posse illum oñdit̄. d Innare. S. nauigare more suo. e Da dextrā. S. da auxiliū. Vmbra ei nū[q;] tenet: vt ter frustra cōpressa manus effugit imago. f Misero. C. Si miseri q̄ iferno mergūt̄ q̄d miseri⁹ eo q nec hoc q̄dē asseq̄ p̄t. g Saltem in morte quiescā. S. nam nautę semper vagantur. C. Saltem. Pathos q̄ nun[q;] inuita quieuerit: & nunc etiā in morte nulla quietis spes dat̄. h Talia fat⁹ erat. C. Orō indignatiōe plena: quę nō solū verbis oñditur. verū etiā festinatiōe respōsionis cū vix expectauerit: vt ille finiret. i Cœpit cū talia vates. D. rñdit sibylla: cui leges inferoꝝ notiores essent. k Vnde. C. Ad dubitatio auget indignationē: cū videat̄. q̄d ne suspicari q̄dē possit: vñ hęc cupido illi veniat. l Tā di. cu. S. ex deorū ira veniēs. aut magna: vt sua cui[q;] de⁹ fit dira cupido: m Tu sty. in. C. Grauissima interrogatio: cū ita vrgem⁹ aduersariū: vt nō possit: nisi id q̄d nobis placet rñdere. Habēt aūt hęc singula verba magnū pond⁹. Tu. q. d. cui nullū tale meritū est vt supra fata q̄c[q;] sit tribuēdū: stygias q̄s in tāta dii venerātōe hñt. Inhumat⁹. cū magno pōdere. q. d. q̄d nū[q;] factitatū est. n Seueꝝ. S. tristē. & sūt reciproca. C. Seueꝝ. q. d. vis q̄c[q;] i eo flumie aduers⁹ ius facere. i q̄ sūma sp̄ obseruata fit seueritas. o Eumenidū. S circa quē hītāt Eumēides. C. Eumenidū q̄ oim̄ sceleꝝ vltrices sūt. p Aspicies ⁊c̄. C. si tm̄ admirat̄ si aspiciat: q̄d erat si transeat. Repete ergo. Tu q nihil extra sortē a diis mereris: nullo[q;] illi sāguie cōiūct⁹ es: inhūat⁹: q̄d sp̄ nefas fuit. talē fluuiū: et q tales h; vltrices: nō dicā trāsib: sed aspicies. Aut abibis ripā: vt oñdat maximū nefas ēē ipm̄ trāsire etiā si p⁹ trāsitū a ripa nō discedēs: vlteri⁹ n̄ p̄grediat̄. q Ripā abi. S. vt abeo in thuscos: alii hñt adibis.

Desine fata deum flecti sperare precando:
Sed cape dicta memor: duri solatia casus:
Nam tua finitimi longe lateq; per vrbes
prodigiis acti cœlestibus ossa piabunt:
Et statuent tumulū: & tumulo solēnia mittēt:
Aeternumq; locus palinuri nomen habebit.
His dictis curę emotę: pulsusq; parumper
Corde dolor tristi: gaudet cognomine terra.
¶ Ergo iter inceptū pagūt: fluuioq; ꝓpinqūt.
Nauita q̄s iā inde vt stygia ꝓspexit ab vnda

r Fata. S. quę semel dii decreuerūt: & locutus ē secūdum Epicureos: qui dicunt: nec bene pro meritis capitur: nec tangitur ira. D. Fata. fatum dixit iudicatū: cuius firmitas moueri non possit. C. Desine fata deū flecti sperare precā. Ostēdit q; transire fluuiū aliquem inhumatū: sit velle flectere fata: quę secūdum Stoicos ne a Ioue quidem frāgi possunt. De fato ita scribit Augustinus in quinto eius voluminis q inscribitur de ciuitate dei. Qui non astrorū constitutionē sicuti est cum quodq; concipitur: vel nascitur: vel inchoatur: sed omnem cōnexionem seriemq; causarū: qua fit omne quod fit: fati nomine appellant: non multū cum his de vi verbi est laborandū: qm̄ hanc seriē: dei voluntati: et potestati subiiciunt: qui cūcta scit anteq; fiant: & nihil inordinatum relinquit: a quo sunt omniū ptātes q̄uis ab illo sunt omniū volūtates. Hęc Augustinus. Seneca autem his versib⁹ ostendit: dei volūtatem: cuius ptās per cūcta porrigit: fatū illos dicere duc me sūme pater: altiq; dn̄ator poli quocūq; placuit: nulla parēdi mora est: assum impiger; fac nolle comitabor gemēs: malusq; patior facere: q̄d licuit bono. ducūt volentē fata nolētem trahunt. Postremo addit Augustinus: ordinē causarū vbi dei voluntas plurimū valet: nec negam⁹: nec fati vocabulo nūcupam⁹: nisi forte a fādo fatū dicam⁹. Nā scriptū est in libris sanctis semel locutus est deus: qm̄ ptās dei est. & tibi dn̄e misericordia Semel. i. in cōmutabiliter oīa factur⁹ ē. Hac ergo rōe fatū appellare possum⁹ a fando: sed qm̄ in alia re intelligi solet: corda hominū nolumus inclinare. Plato scribit. Fatū esse diuinā legē per quā ineuitabiles cogitationes dei: ac incœpta complentur. Hanc aūt legem in mūdi animo insitā: ingenitā ab ipsa dei prouidentia putat: vt idem sit hic fatū quod in mente dei est ꝓuidentia. Anim⁹ em̄ mūdi: minister est dei: quia ea quę ꝓuidentia sanxit: & nouit diligenter exequit: ac cōplet: ac omnis exequēda ministris suis. i. syderibus: ac demonibus mandat. Quo fit vt lex administrandi mundi: sit & in principe deo: & in mundi spiritu: ac syderibus: hoc omne exprimit Plato: ineuitabiles primo dixit cogitatiōes dei. Secūdo legē per quā illę cōplentur: & alibi dīc fatū eē syderꝝ legē: vt ondēderet ꝓuidētiā i deo eē: fatū vero in mūdi spū: ac syderib⁹. Sępe etiā vniuersi mētē fato nuncupāt. Sępe & ipsi⁹ legis executionē: ergo apud platonicos q̄tuor signāt fatū: Mentē ipsā cœli: legē: q̄ illi ingenita est. Legē q̄ cęteris diis attribuit. Ac deniq; executionē: quā sanxit de⁹ prim⁹: quas administrandas accœperūt secūdi. Hęc de Platone. Trimegest⁹ aūt primo dedit diffinitionē. q̄ ad ipsius legis tēporalē executionē pertinet: dicēs fatū eē necessitatē oīm q̄ gerunt: semp sibi catenatis nexib⁹ iunctā. Secūdo appellauit mūdi animū fati nōie. & simul aliā diffinitionē posuit: q̄ fatū: & in mūdi mēte. & in cęteris diis posuit: dicit em̄ fatum est: aut secūdus deus. i. vniuersitatis animus: aut oīm cęlestiū terrenorūq; firmata diuīs legib⁹ disciplīa. i. rō: & ordo reꝝ administrādaꝝ in diis in sūma dei ꝓuidētia. Ac idē Trimegest⁹ tria putat in reb⁹ administrādis principatū tenere his verbis. hęc tria fatū: necessitas: ordo nutu dei effecta sunt. Prima igiť est ꝓuidētia diuina gubernans mundum: a quā gubernanda: mūdi rō: similis mūdi menti tradita est: quā hic fatū nominat: ab hoc necessitatē vult oriri. i. rationis huius ineuitabilem executionem. A necessitate censet ordinem emanare. Hęc autē sunt eius verba. Fatū: & necessitas ambo sibi inuicē indiuiduo nexę sunt glutino. Fatū rerū initia parit: necessitas cogit effectū: q̄ ex illius primordiis pendet. has ordo cōsequitur. i. textus & dispositio tpīs rerū perficiendaꝝ. Nihil em̄ est sine ordinis dispositiōe. Est igiť (eodē Trymegesto teste) prouidentia reꝝ agēdarū in sūmo principe constituta. ab hoc fluit fatū: lex. s. ꝓuidentię similis: sed in mundi spiritu insita: hinc necessitas: deindi ordo. Cęteri philosophi nō integrā hāc Trymegisti sententiā acceperunt: pręter Platonē. Pythagoras em̄ prouidētia mūdū admīstrari dixit. Fatū āt diffiniēs: id q̄d ad legē et ad legis executionē ordinē explicuit: scribēs fatū eē eoꝝ quę sunt per ꝑtes administrādo cū causam. Ad idē quoq; respiciens Aristotiles: fatū inq̄t est decretū causaꝝ antractus se inuicem cōtinētiū: Stoici. idē pene exprimūt cū dicauit fatū esse connexā rerū seriē: siue rōnē: per quā mundus administratur. Democritus autē Heraclit⁹ Empedocles xenophanes: & Mellissus solā necessitatē in fati diffinitione posuerūt: dicūt enim fatū esse euentū ineuitabilem: ac necessariū. Boetius autē solā executiōis cōnexionē posuit. Fatum em̄ ait: Est inhęrens reb⁹ mobilibus dispositio: per quā diuina prouidētia suis queq; nectit ordinibus. hęc fortasse dum breuitati studeo: obscuri⁹ q̄; par erat retuli. Sed inuenies apud Marsilium nostrum vicinū: & hęc & plurima alia enodatius explicatiusq; scripta:

s Memor. C. quasi diceret: quę te nō fallent: nam qui narrat: non iubet memorię mandari: quę non credat futura: ne aliq̄n mendatio argui possit. t Duri. S. impossibilis ad mutationē. v Longe lateq;. S. de hystoria est Lucanis em̄ peste laborantibus respondit oraculū: manes palinuri esse placandos: quāobrem haud procul a velia: & nemus ei dederūt: & cœnotaphiū. x Prodigiis cœlestib⁹. S. & pestilentiā & oraculū cōpēdiose tangit. C. Cœlestib⁹. q. d. quę a te nō sūt cōtemnēda: ergo nō est dubitandū qui exequatur. y Piabunt. S. expiabunt placabunt.

z Aeternū. S. ęternū. & ad aduerbiū. a Palinuri. S. plus est q̄; si tuū dixisset. C. Palinurus. diximus de elia siue velia. Palinurus aūt promontoriū est nō procul ab hac vrbe. b His dictis. C. non potuit venire in italiā. i. ad contemplationē Aeneas: nisi Palinurus quē appetitū ratiōi repugnantē interpręstati sum⁹: qui nimis vehemēs nimis concitatus a somno. i. a sūma animi & placida quiete: de temone. i. de vitę administratione deiiceretur. Nūc aūt cū inferno. i. in vitiorū speculatione iterū sese offerat: iterū repellitur: quia non possumus vitia cōtemplari: vt ab eis liberemur nisi pri⁹ relicto hoc appetitu. c Parūp. S paulati lętari cœpit: spes ei sola nōdū bn̄ficiū accœpat pr̄is. alii parūp valde parū volūt. C. Parump. Statim secūdū marcellū. Sed magis Seruio assentior. d Gaudet cognomine terra. SER. est enim hic & hęc cognominis. In Plauto em̄ vna de bacchadib⁹ dicit: illa mea cognominis est. Metti autem necessitate a cōmuni genere in e misit ablatiuum.

e Nauita. S. Epenthesis; vt mars ꝓ mauors. C. Nauita de Charonte. abunde dictū est. & q; vi nolit pati: etiā demōstratū est. f Inde vt stygia prospexit ab vnda. S. vt Siculo prospexit abusq; pachynno: & sic intelligimus hęc tria iuncta esse Acherontē stygem & cocyton: de his em̄ nascūtur alia. hinc est nouies styx interfusa cohercet.

g Tacitū. SERVI. aut solum: aut ipsi taciti. h Ag-

gredit. SER. Hoc sermo-
ne ostendit eum iratum.
i Armatus. S. ac si dice-
ret nihil pium molitur armatus. k Qui. SER.
cur. l Istinc. S. a loco
in quo es. m Somni
noctisq̃. C. vt ostendat
omnia: cũ iam sit amissa
ratio: quasi dormire: aut
in rerũ omniũ tenebris: et
cecitate versari.
n Viua. S. Nã sũt corpa
etiã mortuorũ q̃ tm̃ vident
id est vmbre.

per tacitũ[g] nem⁹ ire: pedẽq̃ aduertere ripe:
Sic prior aggreditur[h] dictis: itaq̃ increpat vltro:
Quisqs es armatus[i]: q[k] nostra ad flumina tẽdis
Fare age qd venias: iã istinc[l] & cõprime gressus:
Vmbrarũ hic locus est: somni[m] noctisq̃ sopore:
Corpora viua[n] nefas stygia vectare carina.
Nec vero alciden[o] me[p] sum letatus eũtem

o Nec vero alcidem. S.
Volunt qdem dictũ απο
του αλκη. i. virtute. Quod
non pcedit: quia a prima
etate sic dict⁹ est: ergo ab
Alceo patre amphytrio-
nis. D. Nec vero alcidem:
dat exempla eorum: qui
apud inferos illicita com-
misissent sub occasiõe q
deorum originẽ ducerent.
p Me sum letat⁹. SER.
lectũ enim in Orpheo: q
qñ Hercules ad iferos de-
scendit. Charon territ⁹ eũ

Accepisse lacu: nec thesea: pirithoumq́:
Dijs quanq́ geniti: atq́ inuicti viribus eẽnt:
Tartareum ille mãu custodẽ in vincla petiuit:
Ipsius a solio regis: traxitq́ trementem.
Hi dominã ditis thalamo deducere adorti
Quẽ cõtra breuiter fata est amphrysia vates:
Nullę hic insidię tales: absiste moueri:
Nec vim tela ferunt: licet ingens ianitor antro
Aeternum latrans exangues terreat vmbras:
Casta licet patrui seruet proserpina limen:
Troius æneas pietate insignis & armis
Ad genitorẽ imas herebi descẽdit ad vmbras:
Si te nulla mouet tantę pietatis imago:
At ramum hũc (aperit ramũ qui veste latebat)
Agnoscas: rabida ex ira tum corda residunt.
Nec plura his: ille admirans venerabile donũ
Fatalis virgę: longo post tempore visum:
Cęruleã aduertit puppim: ripęq́ propinq̃t.
Inde alias animas q̃ per iuga longa sedebant
Deturbat: laxatq́ foros: simul accipit alueo:

statim suscepit: propter quod anno integro in cõpedibus fuit. q Quanq́. S. ac si dicat: hoc in te nõdum probauit: sed p simulationẽ: nam norat. r Tartareũ. D. Vna iniuria priuare oms inferos sua custode. s In vincla. S. Hercules a prudẽtiorib⁹ mente magisq́ corpe fortis dicit. Ergo cũ pła fecerit: duodecim ei labores danť ppter duodecim agnita signa. Q; igiť ab iferis cerberũ traxerit: notať q́ oẽs cupiditates: et omia vitia terrena cõtempsit. Nã cerberus est terra: q̃ est consumptrix corporũ. Vnde cerberus: quasi κρεοϐορος. id est carniuorus dr. Vñ est: Ossa super recubans. Nam ossa nõ cito terra consumit. t Petiuit. C. adduxit: secundũ Marcellũ. v Ipsius a solio regis. S. Atq́ cerber⁹ statim post flumina est: vbi est quasi adit⁹ inferorũ. Soliũ aũt Plutonis interius est. Ergo vť ad naturã canũ referas: q territi ad dominũ refugiunt. Aut soliũ p impio accipias: vt alibi arces p impetio: vt imbellẽ auertis romanis arcib⁹ Indũ: cũ indi vsq́ ad primos venerint fines. i. vsq́ ad arces. D. Ipsius a solio. Alia ipsi⁹ regis iniuria. x Tremẽtem. DO. iniecit timorẽ Hercules illi qui neminẽ timuit. y Dominam S. vel a greco est q vxorẽ δεσποιναν dicunt. Aut ditis thalamo: vt dominã Charon ad se retulerit. D. Hi dñaȝ ditis. peius conati sunt. Q; hic loca sunt accusationes. Facere vim vxori alienę: vxori regis & psentis. Ipsi quoq́ reginę: & hæc a psona. A loco vero de ipso thalamo: quẽ nosse pter maritum nemini licuit. A facto. abstrahi: quem honeste tãgere nõ licuit.

z Breuiter. D. quia quę iusta sunt longo sermone nõ egent. a Amphrysia vates. S. Apollinea: et est longe repetitũ epitheton. Nam Amphrysus est Thessalię fluuius: iuxta quem Apollo priuatus diuinitate ab Ioue nato Admeti regis pauit armenta: quia occiderat Cyclopas fabricatores fulminũ: quib⁹ Aesculapius Apollinis filius extinct⁹ est: qa Hyppollytũ ab inferis potentia herbarum reuocauerat. b Nullę insidiæ. D. Loquiť ergo contra: vt dixit: Nã loquiť cõtra illa q̃ suspicabať. C. Nullæ hic isidiæ Purgat q̃ ille timebat: & oñdit q́ alienus sit a fraude & a rapina. Post hæc oñdit ramũ. Hęc omĩa huc tẽdũt: vt qui ad speculationẽ tendũt, primo vacent & dolo: & vi hoc est omni vitio. Nam ille ascendet in montẽ dñi: & stabit in loco sancto eius: qui est innocẽs mãibus: & mũdo corde: qui non accepit inuanũ aĩam suam. Sed neq́ hoc satis: vt vitio careas: vt in speculationẽ recipiaris: sed opus est vt ramũ aperias. i. preferas ipam sapiam: quã sine dei dispositione nemo assequiť. Vnde dixit donũ fatalis virgę mirabile: quia nil sapientia mirabilius est. c Nec vim tela ferũt. S. ac si diceret tñ repellũt. D. Nec vim tela fe. Confutat q̃d ille vehementer timebat. Fertur eni ferrũ plerumq́ nõ vt inferať: sed vt repellať iniuria. d Licet. S. Fas est: et est concedentis aduerbiũ. sicut esto. e Aeternum. S. aduerbiũ est: vt supra: & subaudiť bis æternum latrans ęternũ tereat. f Patrui. S. quia Iouis est filia ex Cerere. g Seruet. S. custodiat: vt tãtas seruabat filia sedes. h Troius. S. q. d. a diis originẽ ducens. i Pietate insignis & ar. S. propter illud: pauci q̃s ęquus amauit Iuppiter. Aut ar. e. ad æ. v. DO. Pietate et armis. Nam ppter pietatem descẽdit ad patrem: propter vero fortitudinẽ nõ reformidauit pericula quę sunt apud inferos. k Herebi. S. pprie pars inferoȝ: in q̃ qui bñ vixerunt: morant. Nã ad Elysiũ nonnisi purgati veniunt: Vnde est. Et pauci lęta arua tenemus. Hinc depręsum est animas de Elysio ad corpa nõ redire: quia per purgatiõeȝ carent cupiditate. l Si te nulla mouet. S. necessitate vult psuadere: quia scit manes nulla reflecti vt sciret si ignoscere manes. m Pietatis imago. S. i. pietas: vt vis herculea. i. hercles p piphrasi. n Aperit. S. nudat: vt apiť pcul mõtes ac voluere fumũ. o Fatalis virgę. S. Nã ẽ: Si te fata vocãt. p Longo p⁹. SE. Aut aduerbium est; aut prepositio antiquę posita. CR. Longo post tẽpe visum. Nihil eni rarius videre contingit. Mirať ergo ramũ aureũ: nam quãuis nolit cogi liberũ arbitriũ: tñ concedit sapientiã. q Cęruleam aduertit puppim. C. aduertit voluntatẽ: quę vidẽda discutiat. Hęc habet ppriũ: id est impetũ in obiectum: habet in puppi clauum: id est rationem: qua cuncta ponderat & regat. Nam in malo eligendo adhibet rationẽ licet falsam. Charon igiť: id est liberum arbitriũ viso ramo. i. sapiẽtia libenter ad illum se vertit. Nauis cęrulea est. Cęruleus aũt color ex albo constat & nigro: quia animus per speculatiõem ad inferna tendens: nigrũ. i. vitium: & albũ. i. virtutẽ cogitat: vel per nigrum inscitiam; per album cognitionẽ intellige. Speculator eni nisi videret aliquid nõ moueretad speculãdũ. Si vero oia videret: cessaret ipsa speculatio. Remouet Charon cęteras animas. i. cęteros oẽs animi affect⁹ & pturbationes: & recipit Aeneã cum Sybilla. i. anim⁹ cum solo intellectu. r Inde alias a[illegible]as. D. quo facilius Aeneam ferret. s Iuga S. gręce dixit. ζυγα quę transtra vocaus. t Laxat. S. vacuat: vt supra. v Foros. S. tabulata. multitudine eñ remota q̃si laxanť spatia. x Alueo. S. fluminis. Et per Synęresim aluo.

[y] Ingentem æneã: gemuit sub pondere cymba
[z] Sutilis:& multã accepit rimosa [a] paludem.
[b] Tandẽ trans fluuiũ: ĩcolumes: vatemq; viruq;
[d] Informi limo: glaucaq; exponit in vlua.
[e] Cerberus hęc ingens latratu regna trifauci
[f] Personat: aduerso recubãs immanis in antro.
Cui vates horrere vidẽs iam colla [g] colubris:
Melle [h] soporatã: & medicatis frugibus [i] offam
[k] Obijcit: ille fame rabida tria guttura pandẽs:
Corripit obiectam: atq; ĩmania terga resoluit:
Fusus humi: [l] totoq; ingens extenditur antro.
[m] Occupat æneas aditum custode [n] sepulto:
Euaditq; celer ripam [o] irremeabilis vndę.

y Ingentẽ æneam. S. vt ostendat per purgatõem animi corpora fieri leuiora: qd de Sybilla vult accipi. D. Ingẽtẽ. Aut qd reuera esset magn⁹: aut cõparatiõe exiguę nauis: quę ad incorporeas aĩas vehendas inuẽta esset.

z Sutilis. S. Intexta ergo fragilis. C. Cymba sutilis est: quia scitis scienda annectit. a Rimosa. C. Est rimosa ꝓpterea: ꝙ in eadẽ re scibiliũ scitorũq; aduersitas nulla est: distantq; longe inter se: ac differũt: & pugnare sępe videt. Gemuit Cymba ex ãgustia: quę p̃mit ꝓpter speculatiõis difficultatẽ. Et qa rimosa est: accipit multã paludẽ: nam sępe inter speculãdũ corporearũ rerum illecebrę subeunt.

b Tandẽ. S. ꝓpter paludis magnitudinẽ: aut qd melius est ꝓpter pondus æneę: & ꝓpter coeni densitatem. D. Tandem: aut mora fuit: quia nauis p̃ter solitũ esset onusta. Vt ex affectu Aeneę: q ꝓperabat ad patrẽ. d Informi. S. sine forma.

e Cerberus. S. quia de animis dictur⁹ est: bñ facit ante Cerberi mentionẽ consumptoris corporũ. C. Cerberus. Hic secũdũ Hesiodũ nat⁹ ẽ ex Echidna & Typhaone simł cũ orco cane Gerionis et hydra: & Chymera. Et vt idem poeta scribit: habet centum capita: ianitor est Plutonis. Et cuicũq; venienti: cauda atq; aurib⁹ blandit: sed exire neminẽ patit. Siquidẽ in insidiis collocatus qcũq; extra ianuam offendit: deuorat. Alii non centum sibi capita: sed tria dant. Verũ ꝙ magis absonum iudicari possit: contraria sentire Hesiodus ac Virgilius videtur. Siquidem Hesiodus ait illum intrantibus blandiri: egredientibus aduersari. Contra Virgilius ipm venientib⁹ obstare: & ne ingrediant eos impedire inducit: Quorũ cõtrouersiã vt facilius tollam⁹ meminisse oportet: descensũ ad inferos esse: tum eorũ qui ĩ vitia labunt: tũ eorũ q descendũt in cõtemplationẽ vitiorũ: vt cũ illorũ pernitiosam pestẽ cognouerint: ab illis se purgent. Cerberũ aũt p eo ponit: qd ĩ nobis terrenũ: ac ꝓpterea caducũ est. Si igit intelligam⁹ nos ad inferos descendere: cũ in vitia labimur: erit id quod scribit Hesiodus. Nam labentib⁹ ita ad inferos blandit Cerberus. i. corporei sensus: nam illi nos in vitia p̃cipites agũt & ad oĩs voluptates inuitãt: q animũ effœminant: contraq; ab omni rerũ cęlestiũ inuestigatõe remouẽt. & quia nihil nisi corporeum nobis se se offert: nos nihil nisi corp⁹ esse putamus. Sin aũt hinc abire tentam⁹: repugnãt oĩno eędem voluptates: itaq; hortant ad ingressum: dehortantum ab egressu. Sin autem eum descensum ad inferos intelligam⁹: per q contemplationẽ vitiorũ: vt ab illis descendamus significam⁹: cõtra est de Cerbero. Nã repugnat aduersaturq; ingredi volentibus. Impediũt em̃ nos ea oia quę qũuis caduca momẽtaneaq; sint. tamẽ sensus demulcent. Pręsertim aũt impedit nos timor: ne ea quib⁹ corpus indiget nos deficiat. Itaq; sapiens qui est: cõsiderat tria genera esse earum rerum: quę ad corpus ptinet voluptatũ. Primę illarũ rerum sunt: quę nec necessarię nec naturales sunt. Altera earum rerum: quę & si non sint necessarię: tñ sũt naturales. Tertia vero illarũ quę naturales necessarięq; sunt. Itaq; prima tanq; animo pernitiosam refugiendã ẽẽ censet. Secunda vero specie facile caremus. Tertiã postremo (qũuis ea continet sine quibus esse nõ possum⁹) facile tamen parari illa posse: quia natura paucis minimisq; cõtenta sit adnimaduertit ista: ergo facile sine mlta impensa & paruo labore sibi cõparat: ac deinceps reliquũ tẽpus maximarũ rerum cõtemplationi impẽdit: Qua quidem laute abundeq; alitur animus: eaq; viget: ac beate degit: vt ipsa ĩuestigatio pabulũ sit: ac vera ambrosia: gaudiũ em̃ quod ex illarum rerũ cognitione puenit: suauissimũ nectar p̃bet. Dat igit Cerbero: id est necessitati corporis offam. i. vilem ac facile parabilem cibum: in quo sit etiã potus: et ex quo gignatur somn⁹: vt ad plenum satisfaciat necessitati corporeę: Naz cibo: potu: ac somno indiget vita animal: vnde trifauci latratu illũ ꝑsonare dicit.

f Personat. S. aut ꝑsonare facit: aut p regna sonat. g Colubris. S. fingit pro pilis habere serpentes: & est Hyppalage: quia in collo ei⁹ hęrebant colubre.

h Soporatam. C. Nam (vt diximus) somnus necessarius est vitę corpeę.

i Offam. S. hinc diminutiuũ ofella: q nõ geminat f. Qđ ait melle allusit ad corpora: quę cũ melle obruuntur.

k Ille fame rabida. C: ostendit per transitũ nullum obsonium melius esse q̃ fames: cum tunc etiam vilissima suauissima sint: & illud simul docet fame ipsa oia latrare: & in omnẽ rabiem verti. Hinc etiã alibi Et malesuada fames. l Toto antro. S. Per hoc eius magnitudo oñdit: vt de Polyphemo. Iacuitq; p antrũ immẽsum. m Occupat. S. raptim ingredit. C. Occupat æneas adi. custode sepulto. Nam cũ ita curatũ ẽ corpus: vt neq; nimio luxu cõtumax sit: neq; rursus rebus necessariis laboret: iacet obtemperãs: nec animo cõtemplari volẽti aduersat. Ergo valet æneas. i. vir sapiẽs occupare ingressum ad cõtemplationẽ. n Sepulto. S. sine pulsu: id est sine motu dormiente. o Irremeabilis. S. epitheton ęternũ: & etiã ipsi Aeneę irremeabilis: quia p aliam portã egressurus est. ¶ p Continuo auditę vo. S. nouẽ circulis inferi cincti dicunt: quos nunc exequit. Primus animas infantiũ tenet: Secũd⁹ eorũ: qui p simplicitatẽ sibi adesse nequierunt. Tertius eorũ qui euitantes ęrumnas se interemerunt. Quartus eorũ q amauerũt. Quintus virorũ fortiũ. Sextus nocentũ qui puniũtur a iudicibus. In septimo anime purgantur. In octauo sunt animę ita purgatę vt redeant. In nono: vt iam non redeant in campo Elysio.

q Vagitus. SER. Poetice dixit: Ploratus tantũ lachrymarum: Planctus tantũ vocum. Fletus ad vtrunq; ptinet: Sed confundũtur plerunq;. C. Vagitus. Vagire infantium est: quoniã pueri simł atq; parti sunt: eam primam vocem edunt: quę prima syllaba in dictione est. Vnde et Vaticanus deus is: penes quem vocis hũanę initia sunt: a quo ager Vaticanus est dictus: vt ait Varro. Quamuis

p q

¶ Continuo audite voces: vagitus & ingēs

alii hunc deum a vaticiniis nominatū velint: & agrū vaticanū: ꝙ a vaticiniis q vi atq̄ instinctu eius dei ī eo agro fieret solita essent. r Infantū. C. Infantia aūt ſm doctiores phōs septimo anno finit: q̄ est prima etas. Secūda vero pueritia nuncupat vsq̄ ad pubertatē. ſcđo septēnario: id est quartodecimo anno finit. Tertia ē adolescētia ad .xxi. annū extendit. Deinde septēnario geminato ad .xxxv. annū pducit iuuētus: qua etate pfecta eu xorē ducere. Arist. iubet: Rursus septēnario geminato vsq̄ ad .xlix. vel .l. annum est etas virilis matura ac pfecta. Senectus demū triplicato septennario constituit. Ait enim Arist. ī lib. de repub. qui ebdomadibus diuidunt etates: plurimū bene dicūt. Secūda ei est nature ditio.

Phesum vero ad meridiem positum: & Cydon ad occasum vergēs. Dedit leges Cretensibus: quas a pr̄e accepit: qui in spelunca sibi eas dabat: ac bello nauali multas insulas cœpit. Primꝰ grecorū mari imperauit: Magnoq̄ in honore ꝓpter iustitiā & fortitudinē fuit. Classe primus (teste Plinio) pugnauit. Ephorus aūt scribit: Minoa cuiusdam atiquissimi Rhadamāthi imitatorē extitisse: viri iustitia: & equitate celeberrimi: qua appellatiōe Minois frater fuit. Hūc igit sectatus Minos p nouē annos Iouis antrū conscendebat: ac postea deinde discedens: leges q̄ mādata Iouis diceb at hominibus ferebat. Vñ poeta dixit: Hūc quondā Minos nonū regnauerat ānum. Excelsa mandata Iouis captans: ait Strabo.

Infantumq̄ anime flentes in limine primo
Quos dulcis vite exortes: & ab vbere raptos
Abstulit atra dies: & funere mersit acerbo.
Hos iuxta falso damnati crimine mortis.
Nec vero he sine sorte date: sine iudice sedes.
Quesitor minos vrnam mouet: ille silentum
Conciliumq̄ vocat: vitasq̄ & crimina dicit.
Proxima deinde tenent mœsti loca: q sibi le
Insontes peperere manu: lucemq̄ perosi (tum.
Proiecere animas: quā vellent ethere in alto
Nunc & pauperiem: & duros perferre labores:
Fata obstant: tristisq̄ palus inamabilis vnda
Alligat: & nouies styx interfusa coercet:
Nec procul hinc partē fusi monstrant in omnē.

s Flentes. CRIST. Flere est tm̄ lachrymis. Gemere cū pręangustia in somnū prorūpimꝰ. Iō & iumēta sub nimio pōdere gemūt: & inanimata ea rōne gemere dicunt vt: Gemuit sub pondere cymba. Plorare est voce flebili dolorem ostēdere: Vñ ē implorare. Plāgere est pcussiōe mēbrorū dolorē ondere: et p pcutere capit. Eiulare est acutiori & magꝭ sublata voce flere: q̄d est mulierū: & pene idē q̄d vlulare: q̄uis hoc luporū canumq̄ sit: Nam vociferant: qui nō mō dolorē: sed indignatione voce effrenata demonstrant: q̄d & vehementer clamare aliq̄ significat. Nam lamentare est voce querula: & tristi oratiōe calamitatem testari.

d Mœsti. S. Quia secundū Platonē grauiter puniunt eorū anime qui sibi inferūt mortē. C. Mœsti: q̄a contra impiū deorū fecerūt. Erat eñ in arcanis antiq̄rū nō licere: cuiq̄ seipsum interimere: cuius rei hāc rōne Socrates apud Platonem refert homines in quadā custodia esse: nec oportet quenq̄ seipm dissoluere: neq̄ fugere: dicitq̄ deos nostri curam habere: nos vero homies in rebus esse deorum. Ergo queadmodū si quis ex nr̄is seruis se occideret: cum hoc nō mandaremꝰ: grauiter ferremꝰ: atq̄ si possemus puniremus. Ita & deus facit: si quis custodiam effugiat prius q̄ sibi deus aliquā necessitatem imposuerit.

t In limine primo. SER. Qui de prima ipsi subrepti sunt vita. v Dulcis vite exortes. D. Quos dulcis vita cito deseruit: & fecit exortes .i. extra sorte viuēdi maiorē. x Exortes. S. exptes sine pte ἀκληρος grece. y Ab vbere raptos. D. ad augmētū miseratiōis: ꝙ insontes a mr̄is vberibus rapti ante extinguerent: quā loqui cœpissent. C. ab vbere raptos. Pathos a breuitate vite: & ab etate. z Acerbo. S. immaturo translatio a pomis. CR. Acerbo. ab eo q̄d est acer: nā que acerba sunt acriorē hn̄t saporē. a Falso dānati cri: C. Iure post infantilē innocentiā: ponunt qui innocentes mortē subiere. b Sine sor. S. sine iuditio. Nā antiq nō audiebant causas: nisi sorte ordinatas: nā tpe q̄ agebātur cause: cōueniebāt omes. Vñ & conciliū ait. Et ex sorte dierum ordinē capiebant: quo post diem trigesimū suas causas exeq̄bāt. Vñ & vrnā mouet Iuuenal. Gratia fallacis ptoris vicerit vrnā. C. Sorte. Vide Seruiū. Sed & Quintilianꝰ ait: ꝙ in foro vel atrocitate formularū: vel mō petitionū: vel nouissime sorte iudicat. c Quesitor minos. S. Quesitor ꝓprie is est: qui exercendis questiōibus preest. Inducit aūt minoa tanq̄ crudelē q̄d Epitheron Plato & Homerꝰ ei danr. Nam Aeacus & Rhadamāthus frēs minois sunt. D. Quesitor mi. Et inquirēdi & vrne agitāde habet ptātem. C. Minos. Scripserūt multa plurimos deos in Creta fuisse. ac deinde multis etatibus post deos heroas eandē insulā habuisse: quorū clariores teste Hero. Minos & Rhadamātus fuerūt Europes & Iouis filii. Minos ꝙ maiorē natu regnū accepisse: ac plures vrbes cōdidisse. Sed ex his tres nobiliores Gnosum: quod Asiam spectat

Insontes. DON. dicitur vt tunc Socrati fecit. e causa facti: Nihil enim fit nisi quod faciendi habet necessitatem. f Lucemq̄ perosi. SER. Figurate. Nā perosum illius dicimus. g Proiecere. S. quasi rem vilē. h Aethere. SER. nostrū habitaculū Aetherem vocauit inferorum cōparatione. i Duros perferre labores. S. Homerus Achillis vmbram inducit dicētem: libentius se omnia aduersa apud superos tolerare: q̄ apud inferos imperare. k Fata. S. iura nature. l Nouies styx interfusa. S. qui altius de mundi rōne que sierunt: dicunt intra mundi hos nouem circulos inclusos: esse virtutes: in quibus & iracundie sunt: & cupiditates: De quibus tristicia: id est styx. Vnde dicit nouem esse circulos stygis: que inferos cingit: id est vt supra diximꝰ terram. Nam dicunt alias esse purgatiores extra hos mundi circulos potestates. CR. Nouies. quia octo cœlorū spheris & corpore inclusa est anima i inferis esse dr̄. Alii dicūt nouem circuitos stygis nouem esse complexiones ex qualitatibus quatuor humorū: quibꝰ anima diuinitate sequestratur: quarū quatuor sunt simplices. Nam bili calor: sanguini humor: pituite frigiditas: atre bili siccitas. Quatuor cōiūcte: Nam siccitas mixta frigori terrestrem corporaturam facit calori igneam. Humiditas cū frigore aquaticam cum calore aeream facit: nonā velut equalē. in qua quia secundū iustitiam omes operentur qualitates nulla superet. m Partem fusi mōstrant in om. SES. Plures vult ostendere eos: in quibus libido dominat. D. Fusi in omnem partem: quocunq̄ oculos tendere poterant. n Lugentes campi. S. quasi lucis egentes: quod etiam a maiorib⁹ congruit. CSI. Lugentes: Nam luctus maxi/me amantū est. Vñ i Buco. Nec lachrymis crudel amor: nec gramū ripę. nec cithiso saturāt apes: nec frōde capellę. o Durus amor. S. immitis: inexorabilis. p Tabe p: S. corpore paulatim defluēte. q Secreti cęlāt valles. S: Amantibus congruit. D. Secretos. aut in abdito constitu tos aut separatos. r Myrtea syl. S. quę est Veneri cōse crata. s Curę nō ipsa in morte reliquūt. S. Hoc est: Etiam illic amant: & hūt peractorū imaginē criminū: sicut etiā de piis dicturus est: vt quę grā currū armorūq; fuit viuis: quę cura nitentes Pascere eq̄s eadē sequit tellu re repostos. Sane sciendū (vt sup̄ dixim⁹) loqui eū de amore generali: sic etiā Plato in Symposio tra/ctat. Nihil enim interest qd quis amet: dūmodo amore teneat. Notandū etiā est: [illegible] tatū ē: quia cū masculino genere su/pra visus fuerit: vt hi q̄s durus amor. Nūc tm̄ foe minarū ponit exēpla: nō q̄ desint viri: sed elegit se xū impatientē ad amandū: tamē paulo post etiā Sichei facturus est cōme morationē. DON. Curę non in morte relinquūt. Tanta fuit vis amoris: vt post mortem ab iisdē curis nō deserentur.

t His phędram. S. Hęc fuit filia Minois & Pha/siphaes et vxor Thesei: q̄ priuignū Hyppolitum amore capta de stupro interpellauit: & despecta apud maritū eū falsi cri/minis detulit: qui irat⁹ inuocauit Aegeū patrē: vt Hyppolito currum agi/tanti immitteret phocā. quo facto: Hyppolito interēpto Phędra amoris ipatientia laqueo vitā finiuit.

v Procrin. S. Hęc vxor Cephali fuit: q cū venādi studio teneret. labore fessus locū q̄ndā adire cōsueuerat: & illic ad se recreandū auram vocare: Qd cū sępe faceret: amorē in se mouit Aurorę: q̄ ei carnē velocissimā Lęlapa nomie donauit: & duo hastilia ineuitabilia: eumq; in amplexus rogauit: ille ait iusiurandū se habere cū cōiuge mutuę ca stitatis. Quo audito: aurora rñdit: vt probes igit coniugis castitatē: muta te in mercatorē: Quo facto: ille ruit ad procrin: & oblatis munerib⁹: ipetratoq; coitu: cōfessus ē se eē maritū: Qd illa dolens: cū a rustico amare eū Aurorā au disset quā iuocare cōsueuerat: ad syluas pfecta est: & i fru tetis latuit ad dep̄hendēdum maritū: qui cū amore solito Auroram vocaret: Procris egredi cupiens: frutetta cōmo/uit: sperans Cephalus feram: hastam ineuitabilē iecit: & ignarus interemit vxorem. x Moestamq; eryphilē. SER. Hęc amphiarai a uguris Argiui vxor fuit: quę latē/tem bello Thebano maritū polynici prodidit: monili acce pto: quod ante vxori dederat: qui duct⁹ ad prelium hiatu terrę periit. Cuius filius alcmeon postea matrem necauit: Et vt etiā Horestes furore correptus. Vituperat sane Virgi. Q moestam dixerit: quam Stygerem legit apud Homerum: id est nocentē Nam moesta est. στυγερην.

y Euadnem. SER. Hęc vxor Capanei fuit: quę se in ardentem mariti rogum pręcipitauit. C. Euadnē. Hęc martis ex Thebe Asopi fluminis vxore filia fuit. & Capa/neo coniūcta illi Stelenum genuit. Tanto aūt amore in virum affecta est: vt in eundē rogum se p̄cipitans arserit. z Phasiphaen. S. Hęc aūt (vt supra diximus) tauri amo/re flagrauit. CRI. Phasiphaen. Solis filia fuit: & Minois regis vxor: occupatoq; marito in bello Atheni/ensi: tauri amore affecta est. Venere: qm̄ sol cum Marte adulteriū omnib⁹ diis palam fecerat: hoc pacto iniurias suas vlci/scente. Alii dicūt Minoē quandoq; dignā: quā si/bi sacrificaret hostiā a Ioue petentē: taurū ab illo pulcherrimū accepisse: ca/ptūq; auaritia: tauro ad armenta misso alium de/teriorem sacrificasse: ob idq; Iouem iratum effe/cisse: Vt vxor tam nepha/rio ꝯcubitu se iquinaret. a Laodomia. S. Vxor Prothesilai fuit: q̄ cū maritū in bello troiano pe/riisse cognouisset optauit vt ei⁹ vmbrā videret: q̄re cōcessa: nō deserens eam i eius complexib⁹ periit. b Nūc foeminā cęneus. S. Cęneus virgo fuit a neptunno pro stupri p̄cio meruit sexus mutatiōem. fuit etiam in vulnerabilis: qui pugnando pro lapythis a Centauris crebris ictibus fustiū paulatim fixus i terra est: post mortem tamē in sexū rediit. Hoc aūt dictum ostēdit Platonicū illud animas per μετεμψυχωσιν. sexū plerunq; mutare.

c Recens a vulnere. C. De recenti ad inferos propter vulnus missa. d Errabat. S. vagabatur. Et bene allusit: quia & amauerat. & se interimerat: vt quasi incertum eēt quem circulum posset tenere.

e Vmbram obscuram. S. Recenti morte: vt supra dixi⁹. DO. Vmbrā obscu. Cum dicit vmbram obscurā: habuit aliquid luminis: id enim est obscurū: quod ōndit aliquā lucem: sed & maximas habet mixtas tenebras.

f Primo mense. C. Prima parte mensis: hoc est in nouilunio. Nam cū mēsis: quia ex cursu lunę conficit a mene: id est a luna dicat: ab eadem luna initium accipiet: vt tūc incipiat mensis cum incipiet noua luna.

g Demisit lachry. D nō cogitauit flere. Nam dolor verus repentinos fletus nō coactus excludit.

h Infoelix Dido. SER. Veniali vtitur statu: & excusat se per necessitatem: ne mortis causa fuisse videatur. D. Infoelix dido. Personarū & causarū ratio habet. Dido fuit aspera propter recentis facti cām. cui⁹ quātus dolor fuerit: ostēdit exitus: acerbitas etiam vulneris: & aspectus auctoris dolorem duplicabat. Aeneas aūt se reum agnoscit: & interposita purgatione factū fatetur. Infoelix Dido. Ostendit dolorem: q miserabiliter ferat: Et addit q ferro perierit. CR. Infoelix dido. Oratio causis & psonis accōmodata. Erat enim Dido reddita infensa Aeneę: quoniā suo a

Lugentes campi: sic illos nomine dicunt.
Hic quos durus amor crudeli tabe peredit.
Secreti cęlant calles: & myrtea circum
Sylua tegit: curę non ipsa in morte relinquunt.
His phędrā: procrinq; locis: moestamq; eryphi/
Crudelis nati mōstrantē vulnera cernit. (len.
Euadnemq;: & pasiphaen his laodomia
It comes: & iuuenis q̄ndā nūc foeminā cęneus.
Rursus & in veterem fato reuoluta figuram.
Inter quas phoenissa recens a vulnere Dido
Errabat sylua in magna: quam troius heros
Vt primū iuxta stetit: agnouitq; per vmbrā
Obscuram: qualem primo quis surgere mense:
Aut videt: aut vidisse putat per nubila lunā:
Demisit lachrymas: dulciq; affatus amore est:
Infoelix Dido: verus mihi nuntius ergo

biu mortẽ sibi consciuerat: Tanta aũt acerbitas agebatur conspectu ipsius. ergo erat ex re: vt statu veniali vteref: ex quo maximopere nobis misericordiã cõparam⁹. Infœlix. quia nõ sua: sed aliena culpa sibi mortẽ cõsciuerat: Infœlix. cum tñ in eã sęuerit amor: vt ad mortẽ cõpulerit: ergo illã culpã absoluit: se aũt dãnat: sed mox articiose rẽ vniuersam in necessitatem reiicit. Ergo oro Pathetica sępe a ɔclusiõe erũpit. Sic Teren. Quidnam igit faciã? Et Propertius: Ergo sollicitę tu causa pecunia vitę. per te imaturũ mortis adimus iter. i Verus mihi nũtius. S. [illegible] vel ligendum ꝙ sit nũtiatus Didoni interitus. Alii ad ignẽ referunt visum. Alii ad Mercuriũ: Qui ait: certa mori: sed in neutro etiã ei gen⁹ mortis significatũ ẽ. Et hic dic ferroq́ extrema secutã: Sane qui nuntiat genere tñ dr̃ masculino: quod aũt nũtiaf: licet neutro dicaf: inuenit etiam masculino.

k Funeris heu ti. cã fui. S. ac si diceret: qui fuerã ante causa voluptatis. C. Funeris heu tibi. Cõfitetur peccasse: vt placet iratã: vnde crimẽ in necessitatem refert: vt sit cõstitutio iudicialis absumptiua. l Per sydera. D. Firmamentũ ponit purgatiõis: quia apud illam fide carebat: & qa hoim testimoniũ adhiberi non poterat: adhibet deorum. C. Per sydera. Affert iusiurandũ: cũ testes animi sui apud inferos hre non posset. m Si q̃ fides tel. ꝛc. S. vbi ꝓmissa exitũ nõ hñt. Respexit autẽ ad Orpheũ. qui receptã perdidit coniugẽ. D. Et si qua fides: quia nesciebat quod gen⁹ iuirsiurandi apud inferos esset: posuit generalẽ iurationẽ. CR. Si qua fides: nã nesciebat: q̃d iusiurandum illic haberef. n Inuitus. D. nõ te fugi: sed potiorũ iussis cessi. o De tuo littore. D. q. d. mutaui locum: sed te animo retinui. p Sed me iussa. C. Augmẽtũ ex tpe & cã sumptũ. Dicit ergo coactus sum: quia iusserũt dii: quorũ imperio nefas repugnare est. Ex q̃ etiã adii loca hęc tenebrosa. Non igit mirũ est: si illis iubentib⁹ a te mihi charissima discesserim: cũ eorundẽ impio tantũ laborẽ inferorũ petendorũ subierim: Quę tñ omia et si iustã faciant cãm non te reliquissem: nec diis obtẽperassem: si tñ te iñ dolorem suscepturã putassem. q Quę nũc has ire per vm. S. Argumẽtaf ex eo q̃d ẽ inferos subire cõpulsus: inuitũ se reliquisse carthaginẽ. r Senta S. squalida. Et est translatio a terra inculta. Situs aũt ꝓprie est lanugo q̃dã ex humero ꝓcreata: fit autem in locis carentibus sole. s Nec credere quiui. S. Ad augmentationẽ tendit: ac si diceret: si credidissem forte etiam deorum iussa cõtemnerẽ.

Venerat extinctam: ferroq́ extrema secutam.
[k] Funeris heu tibi causa fui: per [l] sydera iuro:
per superos: & si [m] q̃ fides tellure sub ima est.
[n] Inuitus regina tuo de [o] littore cessi.
[p] Sed me iussa deũ: [q] quę nunc has ire p̃ vmbras:
per loca [r] senta situ cogunt: noctemq́ ꝓfundã:
Imperiis egere suis. nec [s] credere quiui.
Hũc tantum tibi me discessu ferre dolorem:
[t] Siste gradũ: teq́ aspectu ne subtrahe nostro:
Quem fugis? [v] extremũ fato q̃d te alloq̃r hoc est:
Talibus æneas ardentem: & [x] torua tuentẽ
[y] Lenibat dictis animum: [z] lachrymasq́ ciebat:
Illa solo [a] fixos oculos [b] auersa tenebat:
Nec magis [c] incœpto vultũ sermone mouetur:
Quam si [d] dura silex: aut stat [e] marpesia cautes.
[f] Tandem corripuit sese: atq́ inimica refugit
In nemus [g] vmbriferũ: cõiunx vbi [h] pristin⁹ illi
[i] Respondet curis: [k] ęquatq́ sicheus amorem:
Nec minus æneas casu percussus iniquo
[l] Prosequit̃ lachrymãs: longe et miserat⁹ euntẽ:

DO: Nec credere quiui. Mendacio verisimili tutatur causam. Ipsa primo silendo: et se auertendo. Et postremo fugiendo oñdit iram. t Siste gradũ. S. Discedere eam datur intellige. v Extremũ fato quod te alloquor hoc ẽ. SER. Aut quia deus futurus est: aut quod melius est: qa post mortẽ tenebit alterũ circulum: viris fortib⁹ scꝫ nõ amantib⁹ datum. x Torua. S. pro torue: id est terribiliter. y Leniebat. S. pro leniebat: & antique dixit: vt Squamis auroq́ polibat: pro poliebat. Maiores enim in oibus coniugationib⁹ impatio ibam addebant: & faciebãt imperfectum indicatiui: q̃d adhuc in tribus obseruatur. In q̃rta etiam e additur: vt nutri nutriebat.

z Lachrymasq́ ciebat. SER. Sibi aũt certe illud dicit: Sermo quidem eius lachrymas excibat: Sed illa immobilis mansit. Nam ciere proprie est alteri fletũ mouere. Tractũ est autem hoc de Homero. Qui inducit Aiacis vmbram Vlissi colloquia fugientẽ: qui ei fuerat causa mortis.

a Fixos. CRIS. ex quo illa in proposito perseuerare ostenditur. b Auersa. CRI. remota a conspectu Aeneę. c Incœpto sermone. S. a principio orationis.

d Dura silex. SER. Saxi est species: Generalitas enim esse nõ potest: sequente specialitate. Nam cautẽ marsepiã: parium lapidem dicit. e Marpesia. S. Marsepos enim mons est parię insulę: hñs durissimos lapides. CR. Stat marsepia cautes. Ita obstinate hęrebat: ĩmobilisq́ manebat: vt saxa marsepi montis: qui in paro est. f Tandem. S. quasi diu deliberauerit. g Vmbriferũ. SER. frondosum. h Pristinus: SER. prior. quod difficile inuenitur. Nam de hoc sermone quęrit: & Probus & alii. i Respondet curis. SER. Aut pari eam diligit affectione: quod in Aenea non fuit: ut expressio rei supradictę sit. Aut certe respõdet curis id est par est mortis similitudine. ferro enim vterq́ consumptus est. l Prosequitur lachrymans. SERVIVS. id est longe oculis eam sequebatur humentibus.

¶ m Inde datum. SER. aut ratione facti: aut oblatum fortuito quod τυχον dicunt.

n Vltima. SER. at qui mł̃ta supersunt: sed dixit quantum ad litterã y pertinet. In his autem quę sequũtur pœnas nocentũ a meritis piorum segregat: nam inferi aĩam in corpore constitutam continent. Hic omnia mixta. Licet enim laudet in viris virtus: tamen vituperatur in illis alienũ imperium cędibus occupare. Item amare priuignũ

crimen est: virtus maritū. Alii legūt: tenebant arua quę vltima viri fortes frequentāt. i. possident vltima. o Secreta. C. a superiorib⁹. p hic. S. illic. q Tydeus. S. Oenei & Alteę filius a Menalyppo i bello thebano extinctus. C. Tydeus fili⁹ Oenei Calidonis regis fuit: corpore fuit exiguo: viribus vero excellens. Hinc Statius. Maior in exiguo regnabat corpe virtus: Hic cū Alcatū & Lycotetū patrueles interemisset Argū ad Adrastum exulauit: ab eoq; filiā Deiphilen vxorem accepit: cum Argya aliam filiā Polynici tradidisset.

m Inde datum molit iter: iamq; arua tenebant
n Vltima: quę bello clari secreta frequentant:
p Hic illi occurrit tydeus: hic inclytus armis
s parthenopeus: & adrasti pallentis imago

r Hic. CR. Repetitio est quę locū honestat grauitatem addens. s Parthenopeus. S. Menalyppe & Martis siue Menalionis filius rex arcadum: qui puer ad modū bella Thebana petiit. CR. Parthenopeus sic dict⁹: quoniā virgialē haberet faciē. Meleagri filius fuit ex Atalanta Iasii regis Archadię filia: quę diu aspernata maritū: tandē virtuti Meleagri cessit. Seruius tñ hunc Melanipis & Martis siue Menalionis filium fuisse scribit. t Adrasti pallentis imago. SER. Rex Sytionis: deinde Argiuorū Tydęi et Polynicis socer.

CR I. Adrasti. Hic rex argiuorũ fuit: ad quẽ & Polynices: a fratre Etheocle regno contra foedus exclusus confugit septemq; ducibus in auxiliũ Polynicis generi bellum thebanũ gessit: Reliquisq; extinctis solus aufugit Talonis & Eurynomes filius fuit. Cumq; Argyam & Deyphilem filias haberet: per quietẽ visus est alterã leoni: alteram apro vxorem dare. Cũq; Tydeus & Polynices eodem tempore sorte quadam ad eius regiam appulissent: atq; de porticu sub qua imbres euitarẽt cõtenderent: descendit senex vt eos placaret: & cum Polynicem Leonina pelle tectũ inuenisset: q Thebani Hercul' insigne eẽt: Tydeum vero aprino corio ornatum ꝓpter aprum a patre interemptũ: eos sibi generos asciuit.

v Pallentis. S. Autepitheton est vmbrarũ: aut quia extinctis sex aliis solus aufugit: fuge aũt comes est pallor. CRIST. Pallentis. Nam et Statius de eo scribit. Hic hosti implicitus pariter ruit hũc fuga retro voluit agens socię linquentem fata cateruę. x Fleti. S. nobiles quę morte magna segr lamentatio. DONA. Multum fleti: quia propter suas virtutes magnum relinquerant luctum.
y Ad. S. apud.
z Caduci. S. mortui a cadendo: hinc cadauer.
a Longo ordine. S: ingenti multitudine.
b Tris antenoridas: S. multi supradictos accipiunt: sed falsum est. Nã Homerus alios esse ostendit. CRISTO. Tris an. preter tres commemoratos: Hi enim Antennoris non fuerunt filii cum Homerus duos ipsorum in cathalago nominauit: sic ωματους Λυσαν Τηνορ ος ιεαρχελοχοσ τοχωμα στε. Et i tertio li. ponit tertiũ: Aitei. πηναντηνορια ηοσιχεκρεοηε λικαον. Sũt g Archeloch' Acamas et Elicaon filii Antenoris.

Sacrum Polybetem. DONA. Ostendit numina suis in morte iuuare non posse.
d Ideum. SER. Priami aurigam legimus fuisse.
e Etiam. SER. adhuc. f Circumstant. CRIST. Tanq̃ ciuem optime de sua patria meritum: & quẽ propter preclaras virtutes & amarent & tollerent: & eius viuentis adhuc aduentum admirarentur.
g Vsq;. S. diu. h Danaum proceres. CR. Ostendit virtutem Troianorum, cum plurimi ex grecis proceribus ceciderint. & simul timidos fuisse grecos: & dolo nõ virtute fecisse. ergo & post mortem in eodem fuisse timore. DO. Proceres: non tm̃ ordine: sed meritis.
i Phalanges. DO. ac si tota grecia ad inferos migrasse videretur: Ostendit igit quanti Aeneã hostes fecissent in bello: ostendit etiã non sine multa sua cede vicisse grecos.

Hic multũ fleti ad superos belloq; caduci
Dardanidę: q̃s ille oĩes longo ordine cernẽs
Ingemuit: glaucũq;: medõtaq;: thersilochũq;
Tris antenoridas: cereriq; sacrum polibetem:
Ideumq; etiam currus: etiã arma tenentem.
Circũstant animę dextra leuaq; frequentes:
Nec vidisse semel satis est: iuuat vsq; morari:
Et conferre gradum: et veniendi discere causas.
At danaũ ꝓceres: agamemnonięq; phalanges:
Vt videre virum: fulgentiaq; arma p vmbras:
Ingenti trepidare metu: pars vertere terga.
Ceu quondã petiere rates: pars tollere vocem.
Exiguãq;: inceptus clamor frustrat hiantes.
Atq; hic priamiden laniatum corpore toto
Deipohbum vidit lacerum crudeliter ora.
Ora manusq; ambas: populataq; tpa raptis
Auribus: & truncas inhonesto vulnere nares.
Vix adeo agnouit pauitantẽ: & dira tegentem
Supplicia: & notis compellat vocibus vltro:
Deiphobe armipotẽs gen' alto a sanguĩe teu
Quis tã crudelis optauit sumere poenas? (cri.
Cum tantum de te licuit? mihi fama suprem.
Nocte tulit fessum vasta te cęde pelasgum:
procubuisse super confusę stragis aceruum.

k Pars vertere terga. CR. vt cum viuerent. vt a'ii turpi formidine capti. Scandunt rursus equum & nota cõdunt in aluo.
l Ceu quondam petiere rates. S. Ostendit vitia nec morte finiri.
m Hiantes. S. clamare cupientes: dat aliis vmbris verba: his silentiũ: vt exprimat metũ: q viuis q̃ꝙ adimit vocem: vt Obstupui steteruntq; comę: & vox faucibus hesit. CRI. Frustratur hiantes: Causa q vox deficit timentes: est fuga spirituũ a reliquo corpore ad cor.
n Atq; hic priami. CR. Quantis in detrimentis fuerit: ex hoc intelligitur: q affinis amicus vix cognosceretur.
n Deiphobum. SES. Hic Helenam duxerat mortuo Paride: ad cuius domũ pri'ire necesse erat:
o Lacerũ ora S. habẽtẽ ora lacerata. p Populata. S. vastata: deformia sublatis auribus.
q Truncas. SER. Truncatas. r Inhonesto. S. turpi Terentius. Illum! ne obsecro inhonestũ senẽ.
s Pauitantẽ. S. timentẽ ne agnosceret. t Tegẽtẽ. S. tegere volentẽ: nam trũcatis manib' qui tegebat. D. Tegentẽ. nõ quia posset mãib': sed quia toto se corpe subtrahere conabat: aut totũ auertere.
v Notis. S. amicabilib'.
x Deiphobe. CR. Optimũ initiũ ad mitigandũ dolorẽ. Cupiebat ei se occultare q timebat ne ob accepta vulnera imbellis videret in bello fuisse: remouet ergo huiuscemõi suspitionẽ: cũ eũ appellet & armipotentẽ: & cũ ita admirabunde loquatur.
y Quis. D. nõ tã interrogantis hęc sunt quã admirãtis & dolentis. Admirat prio cogitare quẽpiã potuisse tot ad ue. sa supplicia i viro tã forti. Deinde q ausus esset implere: deinde q totũ corp' supplitio insectat' eẽt. C. Quis: sq adeo potẽs te tortissimũ. Arguit deiñ a fama q relatũ sibi fuerit: nõnisi multis prius cęsis eũ occubuisse. z Opta

Tunc egomet tumulũ rheteo in littore inanẽ
Constitui: & magna manes ter voce vocaui:
Nomẽ & arma locũ seruant: te amice nequiui
Conspicere: & patriam decedens ponere terra.
Atq; hic priamides: nihil tibi amice relictũ ẽ:
Omnia deiphobo soluisti: & funeris vmbris.
Sz me fata mea: et scelus exitiale lacęnę:
His mersere malis: illa hęc monumẽta reliqt.
Nanq; vt suprẽmã falsa inter gaudia noctem
Egerimus nosti: & nimiũ meminisse necesse ẽ:
Cum fatalis equus saltu super ardua venit
pergama: & armatũ peditẽ grauis attulit aluo.
Illa chorum simulãs: Euantis orgia circum
Ducebat phrygias: flãmã media ipsa tenebat
Ingentẽ: & summa danaos ex arce vocabat.
Tunc me confectum curis somnoq; grauatũ.
Infoelix habuit thalamus: pressitq; iacentem
Dulcis et alta qes: placidaq; simillima morti.
Egregia interea coniunx arma omnia tectis
Emouet: et fidum capiti subduxerat ensem.
Intra tecta vocat menelaum: et limina pandit.
Scilicet id magnũ sperans fore munus amãti:
Et famam extingui veterum sic posse malorũ:
Quid moror: irrũpunt thalamo comes: addit
Hortator scelerũ Aeolides: dij talia graiis (vna:

uit sumere. S. elegit vt sumeret. a De te. SER. in te. b Ferrum pcu. sup acer. D. Magna laude afficit. Nõ eñ dixit occisum: sz pcubuisse lassatũ. c Egomet. D. q. d. nõ aliis cõmisi. d Rheteo. S. vbi erat Asylũ Aiacis: sicut in Sygęo Achillis: Et bñ illic qsi vbi tut9 eẽ potuerã. Sane rhetheũ dr: et retheũ facit: sicut cytheria & citherea. e Inanẽ. D. qa inter hostes confossus iacens repiri nõ potuisti. C. Inanẽ: quia tuũ cadauer tot hostib9 admixtũ inuenire ñ potui. f Arma. S. depicta scz. g Te. S. tuũ corp9: vt nũc me fluctus habet. D. Te a. n. Feci qd potui ñ qd volui: q te repirẽ ñ potui. h Oia. S. q ɔstituto tumulo manes vocauit. i Soluisti. C. qm mortuis ea pstare tenemur. k Funeris. S. Fũ9 eẽ ñ potuit: vbi ne cadauer quidẽ fuerat. l Fata. S. secũdũ mathematicos q dicunt inimicitias: etiã ex fato descẽdere. Vñ ɔiũxit fatũ & scelus Helenę: p q sibi mors venit. C. Fata mea. Prio rñdet vltimis: ne accepto rũ bñficiorũ videaẽ ingratus. Deiñ rñdit: nec sua ignauia: neq; aliorũ culpa in eas calamitates inuidisse: sed suo malo, fato & scelere Helenę. Est hęc oratio absoluta. pricipio eñi comparat sibi beniuolentiã a psona Aenee q officiũ pstiterit: ñ solũ vt officiosus: sed vt amicus: Deinde a sua: & q gratũ se bñficiorũ ostẽdat: et q nõ sua culpa i eã miseriã inciderit. Hinc enim cõciraẽ misericordia qua nihil vehemẽti9 est ad beniuolentiã ɔciliandã. Deinde ita narrat: vt oñdit quõ hęc gesta sint: q Aeneas nosse nõ poterat eo tpe q sunt gesta: ea q ipse nouerat obtruncat. Nouerat enim: nanq; vt suprema: & reliq: Nõ nouerat aũt hęc: illa chorũ: & q sequũtur. m Illa. D. pper odiũ nomẽ nõ posuit: sicut sup lacenę dixit. n Monumenta. SER. quod mentes moneat & medium est: Vnde hic de malis: Contra vero i tertio: Minuum tibi quę monumẽta mearum sint puer. o Nãq; vt supremã. CRIST. cum magno animi dolore hęc pnũciãda sunt. p Egerim9. S. metri cã corripuit. q Et nimiũ meminisse. C. Nã et si miseriarũ obliuisci cupiam9: tñ qm vehemẽter infixa memorię sunt: pp̃ter illarũ magnitudinẽ necess: est etiã si nolimus vt recordemur. r Meminisse ne. ẽ. S. Sic Cice. Cui placet obliuisciẽ: cui dolet meminit. s Cũ fatalis equ9. C. narratio hęc et breuis ẽ: quia neq; altius quicq; repetit: neq; lõgius q oportz psequiẽ: neq; supuacaneũ qcq; addit. Est dilucida: quia & suo ordine narrat: & verbis

apertis et pspicuis. Est verisimilis: qa neq; a natura rerũ et psonarũ: neq; cõsuetudine discedit. Et qm accusatoris oro dispersa est variis accusationũ seminib9. t Sup ardua S. Aut qa in arce collocat9 ẽ: aut quia fractis muris supra tractus est. v Grauis. SER. Grauis: grauidus: vt. Nec graues tentabũt pabula foetas. x Chorũ. S. mltitudinem ad sacra collectam. y Euãtis. S. Bachantes. s. phrygias. aliter nõ stat versus. Euã eñ bacch9. C. Euãtis. dicũẽ eñ euãtes bachantes: qa bachus Euã diciẽ. fuit aũt duplex occasio: & q sub specie sacrorũ danaos euocare: Et q dormiẽte marito sine negotio intra domũ admittere potuit. z Circũ ducebat. S. in duos diuisit vsus cõpositã dictionẽ, nam lyrici etiam simplicẽ diuidũt. a Tunc me. C. excusat suã somnolẽtiã: ne inertisse videaẽ. b Confectũ cu. S. Nã z si gaudiis vacuauerat: tñ oñdit illd Statii. Stant veteres ante ora metus. vt ñ discederẽt curę pteriti belli. Alii dicũt curas: qa hrẽt cõiugẽ pditiosã mariti s. Vnde sequiẽ. interea egregia ɔiunx. c Infoelix tha. D. vł qa in eo talẽ habuit vxorẽ. Vł qa ibi tot suppliciis sũ affect9. C. Infoelix. actiue posuit. Naz ex mrimonio hęc omia sibi mala euenerãt. Põt et absolute pferri ifoelix thalamus. Nã oib9 ifoelix fuit helenę thalam9. d Egregia. C. guissima ironia. e Interea: C. Dũ pfũde dormiebã: fuerat circũspectus q arma reliqrat. sed dolo vxoris illis exspoliatus est. f Cõiũx. D. Ex hoc noie detestabili9 scel9 facit: q violatũ sit coniugiũ: qd sacrũ eẽ oportet. Coniux. Non dixit mea: sed q mltorũ fuisset: neq; se amaret. g Intra tecta vo. me. C. quõ ergo se defẽdere potuit: si astutia & dolo mulieris & armis exut9 & hostib9 circũuentus est. h Vocat et pandit. S. i. pandit et vocat. i Menelaũ. C. ad quẽ vltio i pmis ptinebat. k Scilicz. C. Demõstrat fuisse cãm cur ei expediret Deiphobũ pdere: q est in ptib9 pbabilis. Sperabat eñ tãto bñficio et maritũ sibi reconciliare: in cuius man9 oino ventura erat: et infamiã sui egregii discessus purgare. Nam si Troianos nõ amaret: nõ volens secuta videbaẽ Paridem: sed inuita abducta. l Aeolides. S. Vlysses. Quia vbiq; sic inducitur: Nam anticlia mater ante Laertis nuptias clam cum Sisypho Aeoli filio cõcubuit: Alii ilidem legunt: de q nõ legimus. m Dii talia graiis. D. Pulchra Apostrophe et multa cõtinẽs. Ostendit autem talis sceleris solos deos vltores esse posse.

n Age fare. D. Querit optime deiphobus: Sed poeta optimo consilio abscindit responsionē: ne dicta iterū dicenda sint. o Actus. S. nō ad inferos: sed ad locū in q̄ inferorū descensus ē: nā sub terra sunt inferi. Vel altius intellige secundū corographos: qui volūt terrā sphericā esse & vndiq; aqua et aere sustentari: q̄d si est: ad Antipodes potest nauigatione peruenire: qui nobis inferi sunt: vt nos illis. hinc ē q̄ nos sub terra inferos dicimus. Tyberianus etiā dicit epistolā esse ab Antipodibus ad nos vēto allatā: q̄ habuit: superi inferis salutē: qua occasiōe tractat hoc rec iprocū: q̄d diximus sup. & prudētiores dicunt aias [Greek] ad alterius terre partis corpora trāsitū facere: id est nō in eodē climate versari. Hinc Lucanus. Regit idē spūs artus: Orbe alio longe canities si cognita vitę. Est aūt Homericū: nā & illic Vlyssem Elpenor similr interrogauit. p Sine sole. S. Nā q̄d dixit: Solēq; suū sua sydera norūt. de Elysiis itelligit. q Hac vice &c. S. Hec sacra pter vnius diei spacium nō tenebāt: Vñ timet Sybilla: ne datū. i. cōstitutū tēpus inanibus fabulēt. Q; aūt dicit aurora mediū axem traiecerat: Ostēdit q̄ scdm Tuscos diei ortus ē a sexta diei hora. Ortus em̄ diei habet aurorā. Donatus tñ dicit aurorā cū quadrigis: solē significare. r Sed comes. D. Quę illi pp̄terea functa fuit: vt i omibus instrueret ignorantem. s Breuiter. S. q̄d cōgruit morā obiurganti. D. Breuiter: ne lōgitudīe sermonis tēpus tererent: cū ipa breuitatis admoneret. t Nox ruit. SER. id est imminet. si per diem sacra celebrabantur: Si per noctem finitur. CRIST. Nox ruit Aenea: nos flen. du. horas. Grauissima increpatio: quasi dicat: nos tempus ipm: q̄d non nisi in rebus seriis adhiberi cōuenit: in vanis futilibusq; et nihil pfuturis terimus. v Flendo. S. pprie. Nā & lachrymę & gemitus fuerāt. x Partis. CR. p partes. ait Priscianus. y In ambas. S. Cōpendiosius q̄ si duas diceret: poterā ei etiā tertiā sperare. Sic Salust. Inter secūdū atq; vltimū bellū Carthaginense & nō tertiū. D. In ambas: Honesta locutio in ambas potius q̄ in duas. Intellige eni q̄ ambas vias dixerit: q̄ eēnt natę ex vna. C. In ambas. Compendiose loquiē ne in id incidat vitiū: cuius Aeneam damnabat: posuerat autē hactenus eos in qb' vitia & virtutes promiscue esse possent: nūc aliā dicit esse viā q̄ ducit ad bonos: aliā q̄ ad malos. z Dextera. C. Nam omia dextera bona: queadmodū oia sinistra mala. Ergo recte ad btōs deducit dextra via. Q̄d etiā famius Pythagoras expressit i lrā y. cuius ipe auctor extitit. Nā cū vnica linea ad alicius spaciū ferat: indicat eā vitę ptē: q̄ nec virtuti nec vitio pp̄ter tenerā ętatē mācipaē. Cū uero puerū est ad biuiū: & alter ramus in dextram surgit: alter i sinistrā

Instaurate pio: si poenas ore reposco.
Sed te qui viuum casus (age fare vicissim)
Attulerint: pelagi ne venis erroribus actus:
An monitis diuum: an que te fortuna fatigat:
Vt tristes sine sole domos loca turbida adires:
Hac vice sermonū roseis aurora quadrigis
Iam medium ęthereo cursu traiecerat axem:
Et fors om̄e datum traherent, p̄ talia tempus:
Sz comes admonuit: breuiterq; affata sybilla ē:
Nox ruit Aenea: nos flendo ducimus horas:
Hic locus est: partes vbi se via findit ī ambas.
Dextera quę ditis magni: sub moenia tendit.
Hac iter elysium nobis: at lęua malorum
Exercet poenas: & ad impia tartara mittit.
Deiphobus contra: ne sęui magna sacerdos.
Discedā: explebo numerū: reddarq; tenebris.
I decus: i nostrum: melioribus vtere fatis.
Tantum effatus: & in verbo vestigia torsit.

flectitur: tunc bonos a malis diuidit: vt ostendat quo viā pergant soli boni: & qua rursus soli mali. Vñ Persius. Deducit trepidas ramosa incompita mentes. a Elysium. S. ad Elysum. b Malorū. S. impiorum. c Impia. S. vbi impii puniūtur. d Ne sęui. S. antiqui dicitū. i. ne sęuias. Nec impatiū iungimus aduerbio imperantis. e Explebo. S. vt diximus explebo est minuam Ennius. Nauibus explebāt se se terramq; replebant. Quē Caper secutus: cum de ppositiōe ex tractaret: hoc exēplū posuit. Ergo minuā vestrū numerū: et reddar tenebris. Nā citra Aeneā & Sybillā aliqd lucis fuisse itelligamus. Alii explebo male putant cōplebo esse, vmbrarum scilicet qbus excesserat numerū. Alii explebo numerū dicunt esse finitū tps statutū purgationi: & in corpus reuertar: vt hoc sit: Reddarq; tenebris: vt illud clausę tenebris et carc. vt sit sensus: irascermini hi quasi homo non ne & ego homo factus sum: Alii legūt. Cur irascēris: his locis sum: q̄ diu vitę per vim ereptę explea tēpus: post tenebras. id est meis sedibus reddar. Sed hęc nō congruūt: nō eni intelligere possumus Deiphobum respondisse ad alia q̄ Sybilla voluerit: illum abscedere. CR. Explebo. Recte Seruius: verū audiamus Macrobium qui ait: Animā corpori quadā certa nūerorū ratione sociari: qui cū defecerint: illa archana vis soluit: qua societas vitę constabat: quo in loco adducit auctoritatē huius carminis. f I decus: i nostrū melio. vte. fa. S. Vel I decus nr̄m & vtere melioribus fatis: inferorum cōparatione: quia ait supra: An quę te fortuna fatigat: vt tristis sine sole domos. Vel vtere melioribus fatis nostrum: id est quam aut ego aut tu habuerimus. DO. Melioribus vtere fatis. Placauit Sybillam: & Aeneę foelicia ominatus est.

¶ g Moenia lata videt. SER. Tartarum exprimit quem vult esse carcerem nocentiū. DO. Moenia lata videt. Describit locum ydoneum coercendis reis. Primo triplici muro claudit: ne facile euadere possint. Portę ita sūt robustę: vt neq; vi diuina neq; humana possint frangi. Postrema omnia fluuius claudit: qui & saxis & flammis transitum prohibet.

h Lata. S. vt ostendat numerum malorum.

i Triplici muro. SER. valde munitum explicat locum. CR. Ambitus murorum ostendit ambitū contractus in vitiis: a quibus ita complexi sumus: vt inde abire nō liceat. Triplici. Quia mēte: verb: & actiōe peccatur. Vel notat q̄ initium peccati a mala mente est: a qua secundo loco surgunt actiones: ex quibus frequentatis tertio in loco contrahitur habitus: Huiusc mōi in peccatis progressum: ita explicat sacrorum carminum Poeta: Beatus vir:

qui non abiit in consilio impiorum: id est qui non vertit animũ ad deprauatas cogitatões: Et in via peccatorum non stetit: id est nõ freq̃ntauit actiones ſm malas cogitatões. Et in cathedra pestilentie ñ sedit. i. nõ obduxit in illis habitũ.

Respicit Aeneas subito: & sub rupe sinistra
Moenia lata videt: triplici circũdata muro.
Que rapidus flãmis ambit torrentibus amnis
Tarthare⁹ phlegethõ: torquetq̃ sonãtia saxa.
Porta aduersa ingẽs solideq̃ adamãte colũne:
Vis vt nulla virum: non ipsi excindere ferro
Celicole valeant: stat ferrea turris ad auras:
Tisiphoneq̃ sedens palla succincta cruenta:
Vestibulũ insomnis seruat noctesq̃ diesq̃.
Hinc exaudiri gemitus: & seua sonare
Verbera: tum stridor ferri: tracteq̃ cathene.
Constitit Aeneas, strepitũq̃ exterritus hausit.
Que scelerũ facies o virgo effare: quibusue
Vergent poenis: quis tãtus plangor ad auras:
Tum vates sic orsa loqui: dux inclyte teucrũ:
Nulli fas casto sceleratũ insistere limen:
Sed me cũ lucis hecate prefecit auernis:
Ipsa deũ poenas docuit: perq̃ omnia duxit.
Gnosius hec rhadamãtus hz durissima regna:
Castigatq̃ auditq̃ dolos: subigitq̃ fateri:
Quequis apud superos furto letatus inani

h Torquet. S. trahit. l Porta aduersa ingens. S. Distinctione tollit vitiũ duorũ epithetorũ. C. Porta ingens Nã late patet via q̃ ducit ad vitia. m Solideq̃. S. duro. Nihil est em̃ adamante durius. CR. Adamas grece dictus est: quia nulla vi domet ab α priuatiua: & a δαμάω domo. Nã neq̃ ferro neq̃ igni vincitur. Nã in incudibus positus ita ictus respuit: vt ferrũ vtrunq̃ dissultet. Ignium asit adeo victrix est eius durities: vt igni imposita nunq̃ incalescat. Verũ vt appareat concordia: discordiaq̃ rerũ nature: quam συμπαθειαν αντιπαθειαν greci vocant: Hec vis ferri: ignisq̃ cõtemptrix: sanguie hircino frangit: ac nõ aliter q̃ recenti calidoq̃ macerata. Dissidet cũ magnete lapide in tantũ: vt iuxta posit⁹ ferrũ non sinat trahi: venena facit irrita: timorẽ pellit. Ponit aũt locũ & edifitiis et materia qua sunt edifitia & situ et custodibus inexpugabilẽ: quia ex hitu viciorũ impossibile pene ad virtutẽ gaudiũ reuocare: Nec tñ excusat: quia in eo est: Nã q̃uis nõ videat volũtariũ peccare ab habitu cogitat: tñ quia actus ex quibus ipse cognoscebat se in habitũ labi voluntarii: et in sua pt̃ate erãt volũtariũ dicit peccatũ. Quapropter queadmodũ qui lapidẽ contorturus erat: poterat nõ torq̃re: q̃uis deinde cupiat cum iecerit: reuocare: tñ dicit voluntario ferire: quia principiũ torq̃ndi i eius arbitrio fuerat. Sic et ille q hitu iam contrario peccat: iure dr̃ volũtario peccare: q̃niã viderat ex actis a qb⁹ abstinere facile poterat se venturũ in illam necessitatem:

n Virum. S. virorũ fortiũ. Cicero. Virũ res illa q̃rebat. Per hoc ostendit nullũ de tartaro posse ad superos egredi: ne deorũ quidem fauore. o Coelicole. CR. Nam etiam vis illa rationis: que in nobis celestis diuinaq̃ est: vix habitũ tollere potest. p Stat. S. eminet. C. Erecta est.
q Auras. S autem inferis congruas intelligamus. Et Statius de Mercurio ait: Pigre aure eius impediebant volatum. De illo enim loco multi querunt: Quis tant⁹ plangor ad auras dicit Aenee: & Sybille que secum traxerant illi: cum esse constet illic auras. r Tisiphone. CRI. Recte pro conscientia nostra ponit. Nam illa semp̃ cruciamur.
s Strepitumq̃ exterritus hausit SER. Hausit & exterritus est per Hyppalagen. t Que scelerum facies. SER. Facies: species. CR. Que scelerum facies. Iure miratur vir bonus: vnde sint animi tormenta. interrogauitq̃ Sybillã id est rationem. Illa autem docet que diuino furore didicerat. v Dux inclyte teucrum. DONA. Magna poete copia. Quotiens Sybillam loquentem inducit cũ aenea: totiens principia cum eius laude variauit.
x Casto. SER. pio. Ostenditur Aeneam ingredi voluisse: Sed quasi pium esse prohibitum. CRISTO. Nulli casto. Impolluto a vitiis non licet esse inter vitia: ergo illa ratione: nec vitia norit ratio: nec que supplitia sint vitiis. Sed intelligimus noster is eni Sybilla: cum ab imortali deo prefect⁹ sit inferna: id est appetitui: que pars inferior est: et in qua vitia versantur: illa diuino adiutus fauore cognoscere valet.
y Insistere. S. Insisto illã rẽ dicim⁹ & insisto illi rei.
z Sed me. SER. Ne forte queratur vnde illa cognouerat.

a Poenas deũ docuit. SER. Quas dii statuerant: aut titanũq̃ deorum legimus. Vel vere poenas deorum: quia ait Orpheus: q̃ dii iurantes per Stygem nouem millibus annorum in tartaro puniuntur. Vnde ait Stati⁹. Et Styx periuria diuũ arguit.

b Gnosius. CRIST. Cretensis a gnoso vrbe. Nam quãuis plurimas vrbes haberet Creta: tres tamen omnium reliquarum (teste Strabõe) in eadem insula nate excellentissime fuerunt Gnosos: Gortina: & Cydonia. Est Gnosus in insula a parte aquiloanari e regione Peloponensi: si qua sequentibus temporibus Romãorum Colonia facta est.

c Rhadamanthus. SERVIVS. Hic & Minos & Aeacus filii Iouis: & Europe fuerũt: q postea facti sunt apd̃ Inferos iudices. CRIS. Rhadamanthus. Vide Seruiũ. Strabo in dicit auctore Ephoro Rhadamanthum antiquissimum Crete regem fuisse: & primum legibus Cretenses instituisse: cuius imitator deinde Minos extitit: Fratremq̃ habuit ex huius imitatione Rhadamanthũ appellatum. Diodorus tamen Siculus ait Iouem e Phoenitia in Cretã Europam rapuisse: & ex ea Minoem Rhadamanthum et Sarpedonem genuisse: ac deinde Europem Asterio regi Cretensi vxorem dedisse: Qui cum filiis careret: il os in successionem regni adoptauit. Et Minos regnum suscepit: Rhadamanthus leges Cretensibus tulit:
d Durissima. CRI. Quia ibi iudices inexorabiles grauissima supplicia inferunt.
e Subigitq̃ fateri. SER. compellit ad confessionem CRIST. Subigit. cogit.
f Furto letatus inani. SER. Latebra: non valde profutura: quippe que fuerant publicanda post mortem.

Distulit in seram cõmissa piacula mortem.
Continuo sontes vltrix accincta flagello
Tisiphone quatit insultans: toruosq; sinistra
Intentans angues: vocat agmina sęua sororũ.
Tum demũ horrisono stridẽtes cardine sacrę
panduntur portę: cernis custodia qualis
Vestibulo sedeat: faties: quę limina seruet?
Quinquaginta atris immanis hiatibus hydra
Sęuior intus habet sedẽ: tum tartarus ipse
Bis patet in p̃ceps tantũ: tenditq; sub vmbras
Quantus ad ęthereũ coeli suspectus olympũ.
Hic genus antiquum terrę: titania pubes
Fulmine deiecti: fundo voluũtur in imo.
Hic & aloidas geminos: immania vidi
Corpora: qui mãibus magnũ rescindere coelũ
Aggressi: superisq; Iouem detrudere regnis.
Vidi & crudeles dantem salmonea poenas:
Dum flãmas Iouis: & sonitus imitat̃ olympi.

g Distulit i serã: S. In grauẽ: Sal. crũ bellum i angustiis futurũ. D. Distulit. Nam q̃uis homies latuerine scelerati: nõ poenas euaserũt: sed in aliud tẽp⁹ distulerũt. h Piacula cõmissa. S. p̃pter quę expiatio adhibet̃. i Accincta flagello. S. Aut hoc dixit q̃d videm⁹: quia q longo flagello vtit̃: vt is post ictũ in se reuoluat: necesse est. Aut accincta: est instructa ad verbera sc;: id est nocẽtes flagello quatit ipa p̃parata. C. Flagello Flagra sũt p̃prie virgę sub tiliores in arborib⁹: dictę quia ventorũ flatu facile cõmoueant̃. His aptissime v̾bera incutiũtur. A flagro vero fit flagellum: Iuuenal̃. Mittentur bracę frena flagellũ. Est aũt ex more Romano tractũ q prius verberabãt; deinde capite mulctabant.

k Vocat ag. sę. sororũ. S. Aut impetus: aut de Harpiis dix. t: aut serpentum agmina: q̃s p comis hñt. C. Vocat ag. Sic Statius. Stridor ibi & gemit⁹ poenarũ atroq; tumultu fervet ager sępe eumenidũ voces q; man⁹ q;: In medium sonuere diem.

l Tũ demũ horrisono: S. Mittunt̃ igit post verbera ad ęternũ suppliciũ: & est secut⁹ ordinẽ iuris antiquũ. Nã post habitã quęstionẽ ad Tullianum ad vltimũ suppliciũ mittebant̃. Alii hoc a poeta dictũ volũt: vt illa loq̃nte intelligam⁹ portã esse patefactã. Alii cõtinuãt narrationẽ. m Sacrę. s. execrabiles. n Cernis cust. q̃l. S. Custodia ẽ quę custodit: non quę custoditur. Vsurpatũ ãt est sicut hospita: sic neptis. Nã hic & hęc custos fac̃: hęc ei q̃ finiũt i o vt fullo: in os: vt nepos: in es vt hospes: foeminia ex se nõ faciũt: q̃ ãt inuenim⁹: vsurpata sũt: Vñ et dissimilia inueniunt̃. Nã custos custodis facit: & nepos neptis. DO. Custodia qual̃. Non expssit q̃ esset: vt quicq̃d tetrũ horrẽdũ: ac detestabile esset: cõtuens colligeret estimatio. Ergo suppressit specialitatẽ: ne sola putaret̃ q̃ forte posuisset. C. Custodia. Custodia etiã gręce p eo q custodit ponit̃: vt in iure ciuili. Si custodia se interfecerit: vel p̃cipitauerit: militis culpę ascribit̃. Et Suetoni⁹ de Domitiano. Nec nisi secreto: & solũ durasq; custodias receptis in mãu cathenis audiebat. Hic aũt p custode ponit̃. o Qual̃. C. Nihil aũt diffiniuit: sed ita locutus est vt quicq̃d terribile & horrendũ inueniri possit cogitatio auditoris colligere queat.

p Vestibulo sedeat. S. significat Megęrã. hoc aũt dic̃ cernis hanc q̃ sęua sit: sunt & intus alię. D. Sedeat: vt ostendat assiduitatẽ & continuationẽ facti. q Atris ima: hiatib⁹. S. quę sęuior q̃ hydra fuit. Multi ipsam hydram fuisse dicũt. q̃d nõ p̃cedit: Nã eã in aditu legim⁹ inferorũ vt ac belua lernę: quam alii tria volunt habuisse capita. alii nouẽ: vt Simonides dicit quinq̃ginta. CR. Hydra. de hac dictũ est in sup̃ioribus. r Tartarus. S. Vel quia omnia illic turbata sunt. ἀπὸ τῆς ταραχῆς. Aut quod est melius. ἀπὸ τοῦ ταρταρίζειν id est a tremore frigoris. Sole enim caret. s Bis patet in p̃ceps. S. Iõ in p̃rgceps addidit: quia põt quid etiã sursum patere. Videt̃ aũt hoc a prudẽtiorib⁹ ideo dictũ: quia s̃m rõnẽ sphęrę sol cũ in vnã concesserit partẽ: duę q̃si tartarũ faciũt: Vna a qua discessit: et altera ad quã nunq̃ accedit: q̃d melius sphęrę indicat rõ. Hoc aũt dicit tartarus ipse bis tm̃ in p̃ceps patet: & tendit sub vmbras: q̃tus est suspectus. i. altitudo ad olympũ ęthereũ. D. Bis pz in p̃ceps. Vt si coeli altitudo sit centũ: profunditas iferni sit. cc. Nec aloidę qui manib⁹ coelũ tangerẽt ex infimo iferno fastigiũ possent tangere: & inde abire. C. Bis patet in p̃ceps. Demõstrat esse ęquales descẽsum & ascẽsum: q̃a inter vitia & virtutes est posit⁹. Alii dicũt q̃ tanta ẽ ista imersio: q̃nta esse p̃t sensibil̃ affect⁹ emersio: si rectum desideret. Et tñ bis patet tartarus: Quia cũ virtutũ sit vnica rõ ñ vnq̃ discedũt a mediocritate: sed circa illã sẽp versãt̃. Vitiorũ cõtra duplex est p̃cipitiũ: alterũ quod i excessũ: alterũ q̃d in defectũ p̃labitur.

t Hic gen⁹ antiq. terrę. &c. S. id est primũ. Titanas eni contra Saturnum genuit: Gigantes postea cõtra Iouẽ: & ferũt fabulę Titanas ab irata contra deos terra in ei⁹ vltionem creatos: vñ & titanes dicti sunt. ἀπὸ τῆς τίσεως ab vltiõe. De his aũt sol abstinuisse narrat̃ ab iniuria numinis: Vnde & coelũ meruit. C. Genus antiquũ terrę. Iure optimo tanq̃ maximũ oim viciorũ sup̃biã i imo fundo collocat. Nam omnẽ vitiũ tanto magis distat a coelo. quãto ipsum maius est. Bene autem Titanas & gigantes pro superbia ponũtur. Quid eni superbius q̃ naturę repugnarę. Neq; aliud est: si Cicerone audiam⁹ bellũ more titanũ et gigãtũ aduersus deos gerere: q̃ naturę repugnare: q̃re nihil alie nũ est ab hũanitate. v Voluũt. q. C. humi p̃strant̃: q̃ poena cõuenĩetissima ẽ supbis: vt q sup̃ cęteros se se extollere tentãt. hi ifra cęteros iaceant. Vñ illud. Deposuit potentes de sede: & exaltauit hũiles. Eadẽ rõne & Aloidę et Salmoneus p sup̃bis ponunt̃. x Hic. C repetitio est color rhetoricus. y Aloidas gemios. S. Aloeus Iphimediã vxorẽ hũit: q̃ cõpressa a Neptũno duos pepit Othũ & ephialtem: q digitis nouẽ p singlos mẽses crescebant. Freti itaq; altitudine coelũ voluere subuertere: sed confixi sunt Dianę & Apollinis telis. Aloidas aũt sic dixit: vt de Hercule amphitrioniades diximus. z Geminos. S. fui similes. a Crudelis poenas. SER. sęuas. nimias: nam non dicit indignas ferentẽ: qui sacrilegus fuit.

b Salmonea. S. Salmoneus Aeoli fili⁹ fuit: nõ regis ventorum: sed cuiusdã apud Elidem vbi regnauit: qui fabricato ponte ęreo sup eum agitabat currus ad imitanda tonitrua: Et in quem fuisset iaculatus facem eum iubebat occidi: hic postea verum expertus est fulmen.

Quattuor hic inuectus equis: & lampada quassans
per graiū ppl'os: mediecꝫ ꝑ elidis vrbē
Ibat ouans: diuumcꝫ sibi poscebat honorem
Demens: qui nymbos: & nō imitabile fulmē
Aere: & cornipedum cursu simularat equorꝫ.
At pater omnipotens densa int' nubila telum
Contorsit: non ille faces: nec fumea thedis
Lumina: ꝑcipitemcꝫ immani turbine adegit.
Necnon & tytion terrę omīpotentis alumnū
Cernere erat: per tota nouē cui iugera corpus
porrigitur: rostrocꝫ immanis vultur dauunco
Immortale iecur tondens: fœcundacꝫ pœnis
Viscera rimaturcꝫ epulis: habitatcꝫ sub alto
pectore: nec fibris requies datur vlla renatis

c Mediecꝫ ꝑ elidis vr. S. Hinc est indignatio ꝙ i ea ciuitate Iouē imitabat': in qua speciał'r Iuppiter colit'. C. Elidis vrbē. Nā cū summū sit scelus Iouē cōtemnere: q̄d dicemus de eo q̄ illū in ea cōtēnebat vrbe: in q̄ ipse pręerat: vt sit simil' hęc q̄rela: illi loco. . In regnis hoc cā tuis. Geneologia aūt est. Q̄ ex Deucalione natus sit Aeolus: ex Aeolo Salmoneus. ex Salmoneo Tyro puella: Vlisses apud Homerū ait: Inter quas Tyro nobili patre genita. fortis enim Salmonei filia erat. Hęc Cretęo Aeoli filio nupsit. Hęc Enipeum fluuiorū pulcherrimū adamauit. Igit' Tyro filia fuit Salmonei: & Alcides filię Elei ex Neptunno pueiso in Enipeū Pelian et Heleum genuit: ex Creteo vero amythaonem Pheretum: & Esonem patrē Iasonis.
d Dēsa inter nu. S. oste dit fulminis cām & originem. e Contorsit. S. piecit cū impetu.
f Fumea lumia. S. i. terrena. Nā ęthere' ignis caret fumo. solo em̄ splendore viget. g Adegit. S. inpegit. h Necnon & tytion. S. Tytius ꝑm aliq̄s filius terrę fuit. Secundū alios a terra nutritus. Vn̄ elegit sermonem quo vtrūcꝫ significaret: Nam alumnū dixit: hic amauit Latonā: propter quod Apollinis telis cōfixus est: Dānatus est autē hac lege apud inferos: vt eius iecur vultur exedat. Quancꝫ Home. vicissim dicat duos vultures sibi in eius pœnā succedere: sane in vsu est vultur: licet Cicero vulturis dixerit. Et Plautus in Curculione: Iacit vulturis quatuor quod quidem potest esse etiam deriuatiuū. Enni': vulturꝫ in syluis miserū mandebat homonem. Declinatur aūt hic Tytios: huius Tytii. vt delos deli. DO. Tytion. Monoptoton declinatur. Nam tytionē diceret: si per casus variari potuisset. CRIS. Necnon & tytion terrę omnipo. al. D: his fabulis hęc est Macrobii sententia: Vulturem esse tormentū cōscientię obnoxia flagitio intestina rimantis: & ipsa vitalia admonitionis sceleris lacerantis: Et semp curas: si requiescere tentes excitantis: nec vlla sibi miseratiōe parcentis: Nam e iudice nemo nocens absoluit': illos autem quibus epulę ante ora paratę sunt: auaros esse itelligit. Est enim auaritię semp q̄rere: & ab acquisitis abstinere: Qui radiis rotarū districti pendent: sunt qui nihil rōne & consilio prouidentes: nihil virtutibus explicantes se fortunę cōmittunt: cui' casibus semper rotant'. Saxū ingens voluunt. q inefficacibus: laboriosisq̄ conatib': vitā terūt. Quos super atra silex: hi sunt q nimias potestates: & infaustas tyrannides ambiūt: nunq̄ sine timore victuri. Lucreti' aūt ꝑ Tytio intelligit eos qui amorū aut reliquarū turpidinū curis laniant'. Vn̄ ait Sed Tytius nobis est ipse in amore: iacentē Quē volucres lacerēt: atq̄ ex est anxius angor. Aut quauis alia scindunt turpidine curę. Vlysses apud Home. de Tytio ait. Inde Tityon almę terrę inclytū filiū. per nouē iugera humi porrectum vidi: Griphes vtrusq̄ eius epar exedunt. Necꝫ ipse eos abigit. Latonę eni pulchrę vim inferre tentauit.
i Per tota no. cui iug. corp' porrigit'. S. quantū ad publicam faciē: magnitudinē ondit corpis: sed illud significat. ꝙ quia de amore loquit' i. libidinē late patere: vt ait sup. Nec procul hic fusi partem mōstrant in omnē lugētes cāpi. Sane de his oibus reb' mire reddidit rōnē Lucre. & cōfirmat in nostra esse vita omnia: q̄ fingunt' de inferis. Dicit enim tytion amorē esse: hoc est libidinem: quę ꝑm phisicos et medicos in iecore est: vt risus in splene: & iracūdia in felle. Vn̄ etiam exesum a vulture dicit' in pœnam renasci: nam libidini nō satis fit re semel pacta: sed recrudescit semp: vt ait Horatius: incōtinentis aut tititi iecur. Ipse em̄ Lucretius dicit: per eos sup per quos casurus imminet lapis supstitiosos significari: qui inaniter semper verentur: et de diis & cœlo & locis supioribus male opinarent'. Nam religiosi sunt q ꝑ reuerētiā timent. Per hos autē qui saxum voluunt: ambitū vult & repulsam significari. quia semel repulsi petitores ambire n̄ desinūt. Per rotam aūt ostēdit negotiatores: quia semp tēpestatibus turbinibusq̄ voluuntur. CR. Nouē iugera. Sic inde Lucretius: Qui non sola nouem dispersis iugera mēbris obtineat. De iugere autem diximus in Georgicis.

k Vultur. CRIS. Vulturis nidū (teste Plinio) nemo attigit. Nidificat enim in excelsissimis rupibus: fœtus quidem sępe cernunt' fere bini. Refert idem Plinius vmbritium in suo ęuo aruspicem peritissimū tradere: ꝙ vultures pariunt oua tredecim: & vno ex his reliqua oua et nidum lustrant: mox illud abiiciunt. Triduo aūt ante aut biduo eo aduolant: vbi cadauera futura sunt.
l Fœcundacꝫ pœnis. S. fœcunda in pœnam.
m Rimatur. S. pascitur: vt rimant' prata caystri. CRI: Rimaturcꝫ epulis. Rimari proprie est diligenter inquirere: Translatio ab his qui in rimis aliquid inuestigant: & dicimus rimari pasci: vt sunt aues & sues: qui in rimis q̄d quęrunt. n Habitatcꝫ sub alto pectore C. Ostendit firmā ibi auis esse sedem: tanq̄ nusq̄ alibi pascatur.
o Nec fibris. S. Fibrę sunt eminētię iecoris. C. Nec fibris reges datur vlla renatis. Nā iecoris duo sunt capita quas fibras appellant. Hęc aruspices ita diuidebant: vt alterū sacrificanti: alterum eius aduersario assignarent. Erat autem maximi momenti si quid in extis appareret: Vnde sacrificanti apud Laurentū syllę in capite vitulini iecoris similitudo coronę apparuit: quod sibi regnum portendit. Est autem iecur amoris sedes: quare recte fingit' iecur in homine libidinoso depasci.
p Quid memorē lapythas. S. Hi populi Thessalię: qb' impabat Ixon amicissim': vt supra diximus Ioui Phlegyę filius: q p' nubis coitū fictę i formā Iunōis: cū se de eius stupro iactaret ab irato Ioue ad iferos trusus ē. et illic religat' ad rotā circūfusam serpentib'. D. Quid memorē lapythas. Gen' est transit' ꝑ omissionē: & ponit ne cōtinuatio narratiōis horrescat. C. Quid mēorē lapythas. Lapythę populi sunt Thessalię: quorū sedes in Otri mōte fuit.

Quid memorē lapythas: ixiona: pyrithoumqꝫ.
Quos sup̄ atra silex: iamiam lapsura cadenti
Imminet ad similis: lucent genialibus altis.
Aurea fulcra thoris: epulęqꝫ ante ora paratę
Regifico luxu: furiarum maxima iuxta
Accubat: & manibꝰ prohibet cōtingere mēsas
Exurgitqꝫ facem attollens: atqꝫ intonat ore.
Hic quibus inuisi fratres: dum vita manebat:
pulsatusue parens: & fraus innexa clienti:
Aut qui diuitijs soli incubuere repertis:
Nec partem posuere suis: quę maxīa turba est:
Quiqꝫ ob adulteriū cęsi: quiqꝫ arma secuti

q Ixiona. CR. Hic ex Phlegya martis filio fuit natus: Iouis secretariꝰ factus: Iunonē de stupro compellauit: ac Iupiter simulacrū Iunonis ex nube fabricatū sibi obiecit: In quā cū semē emitteret centauros genuit. Hac fabella denotanť tyranni: qui ad alta cogitatiōe rapiuntur: Iunonemqꝫ interpellāt deā regnoꝝ: quia regna nullo iusto titulo inuadere audēt. Ex nube gignūť centauros: qa eoꝝ monstruosa optata instabilia sunt. Fuit aūť Ixion primꝰ ꝗ apud grecos tyrannidē aggressus est: & cū ab aliq̄ humanitate incoeperint: ī feritatē postremo deuenīūt: Iure igitur Centauri geniti sunt: qui primas partes homis. postremas ferę haberent.

r Pyrithoumqꝫ. S. Hic vnꝰ de lapythis fuit: ꝗ descendit cū Theseo ad rapiendā ꝓserpinā. C. Pyrithoumqꝫ. Pyrithous filiꝰ fuit Ixionis: nō ex nube: sed ex cōiuge: qui cū esset Theseo amicitia iunctꝰ: & Hyppodamię nuptias celebraret: et in sacris martem inhonoratū reliquisset: centauri Marte instimulante rape Hyppodamiā conati sunt. Deinde mortua Hyppodamia: relicto polypote filio coniurarunt ipse & Theseꝰ nullam ducturos vxorē: nisi Iouis filiā. Et cū Helenā rapuissent q̄ omniū pulcherrima annū decimū tunc agebat: euenit sorte: vt ait Diodorꝰ siculus: vt Theseo illa contingeret. Itaqꝫ ad inferos: vt raperent Proserpinam descenderēt: vbi Pyrithous a Cerbero interemptus: & Theseus retentꝰ est. Hystoria est: hos Molossorum regi vxorē subripe tētasse: sed canē regis Pyrithoū interemisse. Theseū vero captū in vinculis fuisse retentū: donec ab Hercule liberatus fuit.

s Quos sup̄ atra silex. C. Poenā supstitiōsoꝝ exprimi ꝑ huiuscemōi volūt: ꝗ deorū irā atqꝫ poenas sibi sꝑ iminere putant: nunqꝫ qꝫ anxietate carēt: tanqꝫ illa iamiam super eos lapsura sit. t Ad similis. S. ad vacat: & a maioribꝰ ad ornatū adhibeť. Hora. Qua ppľs adsit a certis limitibus vicina refugit iurgia. v Lucēt ge. S. Aliud est Tantalꝰ rex Corinthioꝝ amicꝰ numinibꝰ fuit: ꝗ cū freq̄nter eos susciperet. Et q̄dā tp̄e defuissent epulę: filiū Pelopē occidit: & diis epulandū apposuit: Tunc abstinētibꝰ cunctis Ceres hūerū eius exedit: & cū eū dii ꝑ Mercuriū reuocare ad supos vellēt eburneꝰ est ei hūerus restitutꝰ: sic sup̄ Humeroqꝫ Pelops isignis eburno. Iō aūť sola Ceres dr̄ comesse: quia ipsa est terra q̄ corpꝰ soluit: Per Mercuriū aūť ob hoc fingiť esse reuocatꝰ: qꝫ ipse est deꝰ prudētię: ꝑ quā Philosophi: d'phēderūt. παλιγγενεσίαν. vel μετεμψύχωσιν. Tātalꝰ aūť hac lege apud inferos diciť esse dānatus: vt ī Eridano inferorū stans: nec vndis pn̄tibꝰ: nec vicinis eis pomariis ꝑfruať: ꝑ hoc aūť auaritia significať: vt etiā Hora. Tantalꝰ a labris sitiens fugiētia captat flumina. Quid rides; mutato noīe de te fabula narrať. C. Lucēt genialibꝰ altis. Notat auaritiā: in q̄ tanto furore afficiunť: vt cū indies magisqꝫ diuitias augeant: nihil tn̄ inde in vsus etiā necessarios assumere audēt. Huiuscemōi hoīes ꝑ Tantalū exprimūť: qui cū in aq̄s ad mentū vsqꝫ sit: & ad os pene descēdant arborū rami pulcherrimis optimisqꝫ pomis onusti: tn̄ neqꝫ cū sitiat bibere: neqꝫ cū esuriat esse aliq̄d valet: aquis pomisqꝫ: cū cap̄e cuptat recedentibꝰ;. De Tantalo Vlysses Homericus ait: vidi Tantalū grauiter in palude laborantem: Aquaqꝫ vsqꝫ ad mentū erat: q̄tiens vero bibere volebat vsqꝫ ad ima vada diffugiebat. Altę sup̄ caput arbores piri: punicei mali: ficus dulces q̄tiens legere volebat senius vētꝰ ꝑ nubes auferebat. Petroniꝰ etiā poeta dixit. Nec bibit iter aq̄s: nec poma pudēda carpit Tantalus infoelix: quē sua vota premūť. x Genialibꝰ. S. veluti genialibꝰ: Nā genales ꝓprie sunt: ꝗ sternūť puellis nubētibꝰ: dicti a generādis liberis. C. Genialibꝰ. Notionē huiꝰ dictiōis expssimꝰ in Georgicis in versu illo. Inuitat genialis hyems. y Aurea fulcra tho. S. quibꝰ fulcimur. i. sustinemur.

z Regifico luxu. S. regio ambitu. a Furiaꝝ maxima iux. S. Vn̄ & famē pn̄ūciat: vt hāc eē furiaꝝ maximā doceat. b Et mānibꝰ phi. S. eorū. s. non suis. c Facē attollēs. S. initiens ignē auaritię: vt abstineant. C. Exurgitqꝫ facē attol. atqꝫ into. ore. Naꝫ cū hō voluptate fruēdi rebꝫ ptis trahiť: vt aliquid absumat. subito cōtra insurgit furor ille habendi & ꝑcendi partis: ꝗ vetat absumere. Attollēs facē. i. excitās in ardentissimā cupiditatē habendi. recte ergo facem: quia oīs vehemēter cupiditas flagrans ardensqꝫ est.

d Quibꝰ inuisi frēs dū vita ma. S. Hęc q̄dē constat eē dicta generalr̄. Pn̄t tn̄ & ad spēm trahi: vt Aegistū ꝛ Danaū. Atreū similr̄ & Thyestē Ethoeclē & Polinicem significare videanť. Bn̄ aūť dicendo inuisi: per id q̄d leue ē: maiora amplexꝰ ē. e Pulsatusue parēs. S. Itē q̄d leuꝰ ē dixit paricidii cōparatiōe: possumus aūť Oedippū accipere Laii extinctorē. f Et fraus innexa cli. S. ex lege duodecī tabulaꝝ venit: in q̄bꝰ scriptū est. patronꝰ si clienti fraudē fecerit: sacer esto. si em̄ clientes quasi colētes sunt: patroni q̄si prēs. tantumqꝫ est clientem quātū filiū fallere: & hoc posse fieri ex Horatii dictis itelligimꝰ: ꝗ cū loq̄reť de auaris potētibꝰ ait de vicino clientes: Pellit prn̄os in sinu ferens deos. Vrbano tn̄ hoc displicet. Et dicit rarū eē hoc: magisqꝫ cōtrariū: cū magis patronos decipiant freq̄nter cliētes. Vult āt intelligi p̄uaricatores: ꝗ patroni sunt clientū: q̄s nūc susceptos vocamꝰ. g Aut ꝗ diuitiis soli incu. reptis. C. Oībꝰ modis dānat auaritiā quę caput ē oīm maloꝝ: & corruptrix trāquillitatis hūanę vitę: Huiꝰ duę species sunt. Altera qua rapimus vn̄ nō oportꝫ. Altera q̄ nō damꝰ: vbi dandū libalitas docꝫ. Hos ergo primo stix: mo ait hic puniri. h Nec partē po. suis. S. q̄ maxīa turba ē. Bn̄ addidit suis. i. cognatis affinibus. Hęc em̄ fuerat apud maiores donādi rō: nō ꝓfusa passim. Nā h̄ est velle inaniter ꝑdere. Vn̄ Cice. ī librꝫ legū: Stipem ꝓhibeo: nā auget supstitionē: exhaurit domos. Dignis igiť largiendū ē. Vn̄ ait Hora. Cur eget idignꝰ quisqꝫ te diuite id est idignꝰ pauptate. i Quiqꝫ ob adul. cęsi. S. si occisi: Aegistū significat Tyestę filiū: Si reuera cęsi Salustiū quē Milo dep̄hensū sub serui hītu verberauit in adulterio sue vxoris filię Syllę. k Quiqꝫ ar. secuti Impia nec ve. dn̄oꝝ fal. dextras. S. Hoc loco videť blandiri Augusto: ꝗa cōtra cęsarem prēm eius multi q̄bꝰ ignouit: arma susceꝑant: est nāqꝫ eiꝰ dictū: dare q̄dē se veniā Pōpeianis: sꝫ ab ipis qn̄qꝫ eē piturū: vt arma ipia ciuilia dixerit bella. Vľ ea q̄ mouerūt Pōpeiani cōtra acceptę venię fidē: sed n̄ ꝓcedit: Nā si arma ipia dixit: bellū ciuile tāgit: et Augustū et Cęsarē: ꝗ & ipsi bella ciuilia tractarť. Ite si culpat eos ꝗ contra fidē datę venię dimicauerť: tangit Augustū. Nā trāsfert ad eū

Impia. nec veriti dominorum fallere dextras.
Inclusi poenas expectant: ne q̃re doceri mersit
Quam poenā: aut quę forma viros fortunaue
Saxum ingens voluunt alij: radijsq; rotarum
Districti pendent. sedet: ęternumq; sedebit
Infoelix theseus: phlegyasq; miserrimus omnes
Admonet: & magna testatur voce p̃ vmbras.
Discite iusticiā moniti: & nō temnere diuos:
Vendidit hic auro patriā: dominūq; potentē
Imposuit: fixit leges pretio: atq; refixit:
Hic thalamū inuasit natę: vetitosq; hymeneos:
Ausi omnes immane nefas: ausoq; potiti:
Non mihi si linguę centū sint: oraq; centum
Ferrea vox: omnes scelerū cōprendere formas:
Omnia poenarum percurrere nomīa possem.

ab Antonio duo milia equitū: p̃ quos est victoriā cōsecut⁹ Vn̄ Hora. Adhuc frementes verterunt bis mille eq̃s Galli canentes Cęsarē. fecit preterea iniuriā Augusto vł Cęsari: si eos dominos dixit: q̃d apud maiores insidiosū fuerat: nam prēs patrię dicebant. Iuuenał. Roma patrem patrię Ciceronē libera dixit. Meli⁹ ergo est vt bellū a Sexto Pompeio Pompei filio in siculo freto gestū accipiamus. Nam occiso patre Syciliam tenuit: & collectis inde seruitiis: vastauit sex annis vltro citroq; Syciliam. Postea victus est ab Augusto & Agrippa. Vn̄ Hora. Minatus vrbi vincula q̃ detraxerat seruis amicus pfidis. et hoc sensu tā arma impia q̃ dn̄orū cōgruit cōmemoratio. l Poenas expectant. S. Quod grauı⁹ est. Nā in expectatōe. et pn̄s met⁹ est & dolor futur⁹: In ipsa solus est dolor. m Forma viros. S. regula. Singulis em̄ sceleribus statuta sunt supplitia: nā morē Romanū sequitur. n Saxū ingēs vol. S. Sisyphū dicit: qui deo⁊ consilia homibus publicauit. o Radiisq; rotarū. S. Ixionem dicit: vt alibi ostendit: atq; Ixionii vento rota constitit orbis: licet supra dixerit. Quos sup atra silex iā iam lapsura cadenti. Nā de his fabulis varię sunt opiniones in ipis auctoribus. p Aeternūq; sedebit infoelix theseus. S. Cōtra opinionē. Nā ferē ab Hercule esse liberat⁹: quo tpe eū ita abstraxit: vt illi corpis ei⁹ relinq̃ret partē. Freq̃nter eni variant fabulas poetę. Hipolitū ab iferis liberatum Virgilius dicit. Horatius contra. neq; enim Diana pudicum liberat Hyppolitum. q Phlegyasq; miserrimus omnes admonet. SER. Si nolatiuus est singularis hoc dicit Phlegyas omnes admonet apud iferos poenas ferentes. Si aūt accusatūs pł̃alis est: Theseū oēs Phlegyas admonentē debemus accipe. Hi nanq; secundū Euphorionē populi insulani fuerūt satis ī deos impii: & sacrilegi. Vnde iratus Neptūnus pcussit tridente eā partē insulę q̃ phlegyę tenebāt. Phlegyas āt pr̄ Ixionis habuit Coronidē filiā quā Apollo viciauit. Vn̄ suscepit Aesculapiū: quo pr̄ dolens: incendit Apollinis templū: & ei⁹ sagittis est ad inferos trusus. Statius. Phlegyā subter caua saxa iacentē: Aeterno p̃mit accubitu. r Discite iusticiā mōiti: & n̄ tem. diuos. S. vel tunc in poenis locati. s Vendidit hic au. pa. S. Et hęc licet generał̃r dicant: hn̄t tn̄ specialitatē: Nam lasthenes Olyntū Philippo vendidit. Curio cęsari vigintiseptē milibus aureis Romam. De q̃ Lucanus Gallorū captus spoliis: & Cęsaris auro: & illud: Emere oīes hic vēdidit vrbē. C. Vendidit hic au. patriā: redegit in seruiturē: quasi dicat: famā qua liber pductus est in seruam esse voluit: idq; nulla alia cā ductus nisi auaritia. t Patriam. C. cum indignatiōe pferendū: q̃i dicat: Eam qua nihil carius hr̄e debuit. v Dn̄m. C. nō isti vendidit. q eā p filia gubernatur⁹ esset: sed q seruitutis Iugo p̃llurus. Nam dn̄o seru⁹ corrn̄det. Ergo tyrann⁹ ē. Nā antiqui in publicis rebus nunq̃ aliter dn̄m susceperūt q̃ tyrānū.

x Potentē. C. Auget scelus. q. d. Eum a q̃ nō facile se liberare possit. y Fixit leges p̃cio atq; refixit. S. Possumus Antoniū scd̄m Ciceronē in Philippicis accipe. Fixit aūt ideo quia incisę in ęreis tabulis leges affigebant parietibus. DO. Fixit leges p̃tio. Omnia hæc scelera posuit Maro: vt viuētes ad bonos mores metu poenę reduceret. C. Fixit le. p̃cio. Nam cū leges ad ęquitatē & cōmunē vtilitatē fieri debeāt. et ita latas firmas stabiles esse oporteat: iste qui omia venalia haberet: oblato p̃mio: & ponebat & remouebat. Est autē indignatio a cā. Fixit. Vide Seruiū. Hic Ouidius. Nec verba minātia fixo Aere ligabantur: nec supplex turba timebat iudicis ora sui. Sunt aūt versus a vario Poeta: ait eni Vendidit latiū populis agrosq; quiritū. Eripuit fixit leges precioq; refixit. Video Seruiū vehemter laborare: vt ōndat poetā voluisse in singuł sceleribus singulos cape hoies. Verū ego puto voluisse illū species scelerū psequi nō singulos sceleratos insectari. z Hic thalamū inuasit natę. S. Thyestes: Pelopę filię: vnde & Aegistus natus est. Item Cynaras filię Myrrę: de qua nat⁹ ē Adonis. Nam q̃d Donatus dicit: Nefas est credi dictū esse de Tullio. CR. Inuasit. tāq̃ raptor et hostis. Est em̄ iuadere in aliena hostiliter irrūpe cum patris sit tutari filiarū pudicitiā nō expugnare. a Vetitosq; hymeneos. S. legib⁹ sc. Nā dicendo vetitos ostendit fuisse non vetitos velut est apud Persas hodie. vnde Donat⁹ male ait natura & legibus vetitos. b Ausi omnes immane nefas ausoq; potiti. S. Illi sunt & qui fecerūt: ac qui conati sunt. Dē autem secundū ritum Romanū: in quo non tantū exitus punitur: sed etiam volūtas. C. Ausi. Bis peccarunt. Et q̃ ausi sunt: nam scelus intra se quicunq; cogitat vllum facti crimen habet. Et q̃ executi sunt: quod ausi fuerant. c Potiti. C. auget inuidiā. Quasi diceret: q̃d malis artib⁹ pepererant: etiam retinere potuerūt: ergo cogitauerūt. Executi sunt cogitata: ac postremo in scelere pseuerauerunt. d Non mihi si linguę centum sint: oraq; centum: ferrea vox. SER. Lucretii versus sublatus de Homero: sed ille aerea dicit. DO. Nō mihi. Necessario generalitas iniecta est: ne cuncta descripsisse videretur: quoniā fuit impossibile latitudinem tantam complecti plene: vł ne contemptui haberēt poenę propositę ex quotidiana meditatiōe. Plus q̃ etiam metus iniicitur: cum infinita formido est. CRI. Linguę centū. a Lucretio est. Et Lucretius Homerū imitatus est: Ait ei Home. Ουδειμοιδεκαμενγ λωσσαι δεκ αδεστοματειεν. e Ferrea vox. C. Homer⁹ nō ferream: sed infrangibilē dixit. Lucretius autem aeream dixit. f Scelerū formas. S. Quę forma viros fortūa ue mersit. g Percurerre. C. id est non solum non possem abundanter narrare: sed ne etiam breuiter perstringere. h Nomina. C. Nam breuius pcurrimus noia scelerū: q̃ demonstramus illorū variā multiplicēq; malignitatē.

¶Hec vbi dicta dedit: phoebi lõgeua sacerdos:
Sed iam age carpe viã & susceptũ [i]ꝑfice mun⁹:
Acceleremus ait: [k]cyclopum educta [l]caminis
Mœnia conspitio: atq aduerso [m]fornice portas:
Hec vbi nos p̃cepta iubent deponere dona
Dixerat: & pariter gressi [n]per opaca viarum
Corripiunt spaciũ mediũ: foribusq ꝓpinqnt:

¶i Perfice mun⁹. hoc est ramũ redde. Nã supra ait. Hoc sibi pulchra suũ ferri Proserpina mun⁹ instituit. k Cyclopum educta caminis. S. hoc ẽ magna: ita eñ cuiuslibet rei magnitudinẽ significant. adeo: vt Statius: Arguorũ muros ab ip̃is dicat esse perfectos. C. Cyclopum. Omnia eñ que magna sunt a cyclopib⁹ fabricata fingunt poete: sic Statius etiã ponit. de

Cyclopibus dicendũ erit in seq̃ntib⁹. l Caminis. C. grecũ verbũ est latine fornax dr̃. m Fornice. S. arcu. Cicero. Vidit ad ip̃m fornicẽ fabianũ. D. Fornice. ea eñ est camera in arcũ ducta. C. Fornice. camera seu testudie. n Per opaca. C. Nã ipsa sapientia: q̃ paucis patet: intra multã ignorãtiam latet. o Recẽt. SER. Semp fluenti. Dixit aũt hoc ꝓpter paludẽ stygẽ.

Spargit aqua: S. i. purgat se: Nam inquinatus fuerat aspectu tartari: & spargit: quia se inferis purgat. nam su peris imolari corpus abluũt: vt supra: donec me flumine viuo abluero. p Deuenere locos letos. D. vt metu poenarũ malos deterruit: ita spe foelicitatis ad virtutes hor tatur. Primo ergo regionũ bona psequit: Deinde q̃ ex his locis capiant commoda: & qui sint hi qui huiuscemodi bonis pfruant. q Amoena vireta. S. virentia: & est fa cis vsurpatũ. Amoena aũt qui solũ amorẽ pstant: velut supra dixim⁹ quasi amu nia: hoc ẽ sine fructu: vt Varro & Carminius do cent. alludit aũt ad insu las fortunatas: Nã & fre quenti hoc indicat versu. r Largior hic campos ether & lu. vestit pur. S. non nostro largior: sed q̃ est in cetera inferorũ pte. aut reuera largior: si luna rem itelligam⁹ circulum: Nã vt supra dixim⁹ cam pi Elysii: aut apd inferos sunt: aut i insulis fortũa tis: aut in lunari circulo. Lucanus: Illuc postq̃ se lumine vero induit. DO. Largior. Hic ostẽdit nihil deesse ex his q̃ sunt apd superos: adeo vt fortuna ti: et beati appellari merue rint. s Solẽq̃ suũ. S. sibi congruũ. Grece dixit vt fessosq̃ sopor suus oc cupat artus. CRI. Solẽq̃ suum. sua sydera Ex media iPhilosophia res inserit figmento poetico. Credidit eñ antiquitas eas aĩas q̃ eluuie corpea pollute in morẽ ferinum immutant: resolutionem corpis exhorrescere: &. si qñ mori necesse sit: nõ ni si cum gemitu fugit indi gnata sub vmbras: nec post mortem facile corp⁹ relĩqt: quia nõ dum illis corpore excedũt pestes: sed aut suam oberrant cadauer: aut noui corpis habitaculũ ambiunt: nec hũanũ solũ: sed ferinũ etiam: electo genere cõgruo mo ribus: q̃s in homĩe exercuerũt: volũtq̃ oĩa pferre vt coelũ quod vel ignorãdo vl dissimulãdo: vl postponẽdo negle xerunt fugiãt. Sapientũ vero & bonoꝝ aĩe: q̃ semp coelũ nulla corpis inquinatiõe pollute suspexerunt illud petũt. Quapropter & Plato & Cicero in libro de repub. rectori bus ciuitatũ & ceteris sapientibus sedes in coelo paratas esse scripserunt. Et multos claros viros in deos retulit an tiquitas. Et Hesiod⁹ priscos reges diis annũerat. Hoc igit non ignorauit Virgilius: qui licet argumẽto sui inseruies heroes i inferis religauerit: nõ tñ illos separat a coelo: vt ge minę doctrinæ obseruatõe: nec poetices figmentũ reliq̃rit: nec philosophię veritatẽ omiserit. Recte ergo solem suum id est bonis reseruatũ: peccatoribus denegatum.

t Sua sydera norũt. C. Que inferis incognita sunt.

v Pars in gramineis. D. ostẽdit quãta animi sẽuerita te in voluptatibus honestis viuant. x Palæstris. S. lu ctatiõibus: grece dixit. C. Palestris. Ludi apud priscos re perti fuerunt: vt corpis exercitatione valitudinẽ conserua rent: & robur augerent: agilitatẽq̃ acqrent: & animũ con sumarent: vt in periculis cum rõne susceptis pseentiores ex isterent. Fueruntq̃ quinq̃ apud priscos πυγμη: qua pugiles exercebant. δισκος. qui erat lapidum ia ctus. διαυλος. in quo cursu. & αλμα. In quo saltu contenderent. Erat postremo quã nos palestrã & luctam nuncupamus. His ergo et legibus pbabatu & liberales habebant. Alea autẽ et tali & q̃s charitas ap pellant pnicosissime sũt pestes: & res oĩno et seruiles que vitã deturpãt: infamẽq̃ reddunt. Mores deprauãt: et om ne flagitium impellunt. y Contẽdunt ludo. S. iter se ludo nõ odio. z Choreas. S. Re corripuit propter me trum. Alibi ait secundũ naturã: vt iuuat idulgere choreis. Ergo aut sistolen fecit: aut antiptosin e p ei ponẽs. Nam grecum est nomen.

> Occupat Aeneas aditum: corpusq̃ recenti
> Spargit aqua: ramũq̃ aduerso in limine figit.
> His demũ exactis perfecto munere diuę:
> Deuenere locos letos: & amoena vireta
> Fortunatorum nemorum: sedesq̃ beatas.
> Largior hic campos ether: et lumine vestit
> purpureo: solemq̃ suũ sua sydera norunt.
> pars in gramineis exercent membra palestris.
> Contendunt ludo: & fulua luctantur harena.
> pars pedibus claudũt choreas: & carmĩa dicũt.
> Necnon threitius longa cum veste sacerdos:
> Obloquitur numeris septem discrimĩa vocũ.
> Iamq̃ eadẽ digitis: iam pectĩe pulsat eburno.
> Hic genus antiquũ teucri pulcherrima proles.

a Necnõ threitius lõga cũ veste sacerdos. S. Orpheus Caliopes muse et Oeagri fluminis fili⁹ fuit qui primus Orgia institituit. Primus etiam dephẽdit Harmoniã. i. circu loꝝ mundanoꝝ sonũ: q̃s noue esse nouim⁹ e q̃b⁹ sũm⁹: quẽ ἀναστρογγ dicunt sine astris dicunt sono ca ret. Item vltimus q terre nus est: reliqui septẽ sunt quoꝝ sonum dephendit Orpheus. Vñ septem fin gitur vti chordis. DON. Necnon threitius. Osten dit cytheram interhonestas enumerari artes. Est eñ musica: b Longa cum veste. S. Longã vestẽ: aut Cytharoedi ha bitum dicunt: aut lon gam barbã. Nã e cõtrario imberbes inuestes vocamus.

c Sacerdos. S: Sacerdos quia theologus fuit: et or gia primus instituit. Ipe etiam homies de feris & duris mites composuit. Vnde dr arbores et saxa mouisse vt deus.

d Obloquit numeris. SER. Dicendo obloquit chordarum expressit laudem: quas dicit verbis locutas: Obliqui eñ nõ est nisi contra loquentẽ loqui. C. Obloquit Obloqui contra loqui significat: vt opponere cõtrapone re. ergo nõnunq̃ obloqui dicimus detrahere: quia q con tra quempiã loquit ei detrahit. Hic aũt obloquit: qa que voce cecinerat illis cytharę sonũ opponit. e Numeris. S. Rythmis sonis: vt. Numeros memini si verba tenerem. f Septem discri. S. quia oẽs chordę dissimilit sonant. C. Septem discri. vo. Orpheum cytharã inuenisse. Bene autẽ septem chordaꝝ meminit: nam octauã addidit Simoni des. Nonã postremo Tymotheus. Verum de huiusmodi rebus nos multa dixim⁹ in interptatiõibus nr̃is in Hora tium. De Orpheo autẽ plima diximus in Georgicis.

h Iam. S. nunc. h Pectine. S. Hoc autẽ pecten declinat vt hoc carmen. i Hic genus anti. S. q̃d non oẽs viros fortes in Elysio visos eẽ cõmẽorat: hæc ẽ rõ: qa isti diuios meruerunt honores: q̃d Tydeo vl his quos supra memo rauit: nõ contigit. ideo antiquũ addidit: quasi et illis Ely sii cõtingeret campi: si eis honorẽ nõ derogaret vetustas. C. Genus antiquum teu. Diodorus ait teucrum primum in Troade filium Scamandri fluuii: et ydę nymphę. venit autẽ ex Creta: suscepit filiã Bateam noie: q̃ Dardano nu psit. Dardanus scdm mltos natus est in Italia ex Ioue: at q̃ electra Atlantis filia: & Choriti regis vxore: ex Co ritho natus est Iasius: Sed mortuo Coritho exorta est se ditio inter Dardanum & Iasium. Quapp ter Dardanus cum parte ppl'i primo in Samothraciã: inde in Troada exulans peruenit: quod Eusebio auctore fuit anno septin gentesimo ac vigesimo prĩo supra tria milia. Iste Dardaniam vrbẽ condidit: & Batea Teucri filia in vxorẽ accepta: illi in regno successit. ex hoc natꝰ est Erichthonius: qui diuitiis cũctos supauit: vt affirmat Home. Huiꝰ filius Tros a se Troas noiauit: sed Tros Iliũ Assaracũ et Ganymedẽ filios genuit. k Nati melioribꝰ ãnis. S. Plerũq3 enĩ virtus decoloraẽ tpis infoelicitate. Cicero. Vt illa laus temporũ: nõ hoim fuisse videaẽ. l Ilusq3 assaracꝰ. S. Troiani reges fuerunt. C. Ilus. vrbẽ totius Troadis pulcherrimã cõdidit: Iliũq3 noiauit: et filios habuit Titonum & Laomedontẽ: qui Priamũ genuit. ex Assaraco capis. ex Capi Anchises: ex Anchisa Aeneas filiꝰ sunt. m Troię dar. au. S. Hũc i septimo inter deos dicit esse relatũ: vt & nũerũ diuorũ altaribꝰ addit: sed vt supra diximꝰ Homerũ sequiẽ: qui inducit simulacrũ Herculẽ apd̃ inferos visum.

tũ currũ agitare nõ potuit: et cũ p errores mũdus arderet: fulminatus in Italię fluuiũ cecidit: & tũc a luce ardoris sui Phaeton appellatꝰ ẽ: & pristinũ nomẽ fluuio dedit. Vnde mixta: hęc duo noia inter solis filiũ & fluuiũ inuenimus. Postea eius sorores flendo versę sunt in pp̃los: vt in decimo: populeas inter frõdes vmbrãq3 sororũ. Et hoc Virg. Nã alii alias arbores dicunt. x Hic manꝰ ob pa. pugn. vul. passi. S. Manꝰ. i. multitudo eorũ: qui ob patriam passi sunt vulnera: et est figurate dictum. Sane aniaduertendũ illud qd̃ ait Hora. in arte poetica: Et simul & iucunda & idonea dicere vitę. Nullã eni maiores nostri artẽ eẽ voluerũt: q̃ non aliqd rei publicę cõmodaret. Vñ Virgi. hoc p trãsitũ facit: Nã dicendo punire patrię venditores: contra p̃mia defensoribus solui. Nihil vtiq3 aliud nisi fugienda vitia: & sectandas docet esse virtutes. C. Ob patriam. Cũ disciplina militaris in p̃cio sp̃ fuerit. nõ tñ ea laudaẽ: q̃ iniuriã ifert: sed q̃ propulsat. Nam cũ hõ viribus et rõne p̃stet: duo (vt Ciceroni placet) sũt genera decertãdi: vnũ per disceptatiõem: alterũ p vi. cũq3 vnũ ppriũ sit homĩs: alteꝝ beluarũ: cõfugiendũ ẽ ad posteriꝰ: si vti nõ licet supiore. Quare suscipienda sunt bella: vt sine iniuria in pace viuatur. Optime ergo dixit ob patriã: vt ostẽdat eos laude dignos esse: nõ qui inferũt: s3 qui propulsãt iniuriã. Ob patriã. Cui omia debemꝰ: & pro cuius salute nullum mortis genus recusandum est. Ergo si in imis tartaris cruciãtur qui patriã prodiderũt iure: in elysiis collocãtur: qui illiꝰ libertatẽ vulnera subeundo tutati sunt. Optimus aũt Poeta: huiuscemodi narratiõibus hoies & a viciis absterret: & ad virtutes allicit.

Magnanimi heroes: nati melioribus annis.
Ilusq3 assaracusq3: & Troię dardanus auctor.
Arma procul: currusq3 virũ mirantur inanes:
Stant terrę defixę hastę: passimq3 soluti
per campum pascũtur equi: quę gratia currũ
Armorumq3 fuit viuis: quę cura nitentis
pascere equos: eadem sequiẽ tellure repostos.
Conspicit ecce alios dextra: leuaq3 p herbam
Vescentes: lętumq3 choro pęana canentes
Inter odoratũ lauri nemus: vnde supernę
plurimus eridani p syluam voluitur amnis.
Hic manus ob patriã pugnãdo vulnera passi.
Quiq3 sacerdotes casti dum vita manebat:
Quiq3 pii vates: & phoebo digna locuti:
Inuentas aut qui vitam excoluere per artes:
Quiq3 sui memores alios fecere merendo:

n Inanes. C. vel nõ onustos viros: Vł qa nõ currus essent: sed simulacra curruũ. o Defixę hastę. S. subaudi inanes: & quidẽ equos inanes: p Quę gr̃a curruũ. S. Detraxit vnũ u licentia q̃ latinitas grecos secuta: genitiuo p̃ali syllabã aut addit aut detrahit: vt hoc loco detraxit: sicut arma virum. Contra addidit u vt Alituũ: pecudũq3 genus: pro alitũ sicut gręci [Greek] q Nitentes. SERVIVS. pingues: Ab eo quod sequitur id quod p̃cedit intelligas. Per ea aut q̃ dicturꝰ est intelligẽdũ hoc q̃: gr̃a fuit viuis: eadẽ sequiẽ tellure repo. r Vescentes. C. queãdmodũ discũbere: qd̃ iacere est: pro vesci poniẽ: quia cibũ discũbentes capiebãt: sic et contra uescentes p discũbentes posuit. s Pęana. S. proprie Apollinis laudes. qđ nunc intelligemꝰ propter lauri nemus. abusiue oim deoꝝ: sicut Orgia proprie liberi. CR. Pęana. hymnũ appellabãt pprie: q i honorẽ Apollinis canebat: sed et de cęteris diis dr̃. Statiꝰ. Herculeũ Pęana canunt. t Odoratũ. S. p odorũ: vt sup̃. v Vñ supne plurimꝰ eridani p syl. vol. ãnis. S. Eridanũ Aratus esse in coelo dixit: aut longe a coelo: hic & in terris est: q in Italia padus vocaẽ: quem etiã alii ad inferos volunt tendere. Alii nasci apud inferos: & exire in terras. Iõ aũt ista finguntẽ: qa de Apennini parte oriẽ q̃ spectat inferũ mare: & tendit vsq3 ad superũ. ergo hic sensus ẽ: Canebãt i locis vñ supne. i. supos ad plimꝰ Eridani amnis p syluã voluiẽ. Nãq3 et verisile est: qm̃ legimus de Aristeo: Omia sub magna labentia flumia terra spectabat diuersa locis. et cõgrue nã omis humor ex terrę nasciẽ venis. Alii Eridanũ pro q̃cũq3 accipiunt & dicũt: [Greek] dictũ. Nã legimꝰ fluuiorũ rex Eridanꝰ: & amãt poetę pro appellatõe magnę rei proprietatẽ ponere: vt alibi: Poculaq3 inuẽtis Acheloia miscuit vuis. Melius tñ est si distinguamꝰ: vnde superne plurimus. i. magnꝰ voluiẽ p syluã Eridani. i. pp̃lis. Fabulãq3 hęc est: Eridanꝰ solis filius fuit: hic a p̃re impetra

y Sacerdotes casti dũ vita ma. S. quasi quis castus possit esse post mortẽ. Sed aliud dicit id est q fuerũt casti: dũ in cõmunione vitę versarenẽ. Nã hi qui maxima sacra accipiebãt: renũciabãt oibus rebus: nec vlla in his nisi numinũ cura remanebat. Herbis etiã quibusdã emasculabanẽ: vnde etiã coire nõ poterant. Dicit ergo eos sacerdotes: q casti fuerẽt: etiã añ suscepta sacra. z Pii vates. S. vaticinantes. a Phoebo dig. locuti. S. veridici qui talia loquebanẽ: qualia decebãt Apollinẽ: multi enĩ mentiebanẽ: sicut in Lucano Phoebas: ad quã Appius claudiꝰ: Et nobis dabis improba poenas. Et superis qd̃ fingis ait. C. Digna phoebo: qui in edendis oraculis non sunt mentiti: vt Hammonis Iouis sacerdos: vt Alexandro magno assentareẽ. b Aut qui vitã excolue re p artes. S. qui erudierũt. i. ornauerũt vitam p inuẽta artificia. Significat aũt philosophos. C. Per artes inuentas. vitam contẽplatiuã intelligit: in q̃ excellentia ingenia multas doctrinas: atq3 artes excogitarũt: quibus vita hũana ita vitiis purgaẽ: & virtutibꝰ illustraẽ: vt ager cultura: purgatur sentibꝰ ac vepribus: & reddiẽ frugibus fertilis. c Quiq3 sui memo. ali. fe. merẽdo. S. Et qui aliq̃s sui memores fecere p̃stando: vt, nunq3 regina negabo promeritã id est prestitisse. Terentiꝰ. Ego carine neutiq; liberi esse homis officium puto: cũ nihil promereat po stulare id grẽ apponi sibi. C. Memores alios fecere merẽdo. Et hic actiuam vitã oñdit: in ꝗ & reipublicę: & ciuibus nostris: & quibuscũq; aliis possumꝰ: bñficia pstãdo: optimã de nobis memoriã apud posteros relinqmꝰ. Vt eñi contẽplatio circa veri. Ita et actio circa iusti

Omnibusꝰ his niuea cingũtur tempora vitta:
Quos circumfusos sic est affata sybilla:
Musęum ante omnes: mediũ nã plima turba
Hũc habet: atq; humeris extantẽ suspicit altis:
Dicite fœlices animę: tuq; optime vates:
Quę regio Anchisen: ꝗs habet locus? illiꝰ ergo
Venimꝰ: & magnos herebi tranauimꝰ amnes.

inuentionem versatur; d Omnibꝰ his niuea c. t. v. S. Per ꝗd eos ostẽdit meruisse diuios honores vt diximꝰ sup. D. Oibus his. Omia cõmoda cõsequũt honestatis cultores. locũ: sydera: lucẽ: prata: nemora: cibos: delitias: studia artiũ: vt nõ priuati vita: sz ad aliud viuendi genꝰ transisse videant. CRI. Niuea. quasi intelligat diuinos honores. Nã cui mores et vita cãdida

fuit: eidem candida vitta debet. c Musęū añ oms. S. Theologus fuit iste post Orpheū. Et sunt varię de hoc opi niones. Nam eū alii Lini filiū. Alii Orphei volunt: cuius eū constat fuisse discipulū. Nā ad ipm primū carmē scri psit: qd Cratera appellauit. C. Musęū Eumolpidis filius fuit: primus qui apud Athenienses philosophatus ē scd̃m Laertium: a quo etiā Athenienses Eumolpidi appellati sunt. Primus deorū generationē tradidit & sphęram. Et ex vno fieri omia: & in idē reuerti dixit: Scripsit versibus fabulam heros & Leandri. Phalaris obiit: vbi humatus est: cum hoc epitaphio. ... μολπου φιλον υιεχει ... Δαιμονιον φθιμενον ... ταφος.

cendit ego: et alibi. Cui⁹ rei ergo agrum terram fundūq; meum soli taurilia circumagi iussi. l Magnos amnes. SER. Aut magna fluenta: aut quia nouē sunt q̄ odiosum fuerat: si singula cōmemoraret. m Nulli certa domus. S. i. habitatō: q̄z anię tā diu certā hn̄t q̄z diu in corpib⁹ sunt: post quorū absolutionē vagant̃ p vitę merito in circulis. C. Nulli cer. dom⁹. Notat celeritatē animorū: q vincul' corporeis soluti: & in suam diuinitatē absoluti nulli certę rei adiecti sunt: sed per omnia facile discurrunt.

Atq; huic rn̄sum paucis ita reddidit heros:
Nulli certa domus: lucis habitamus opacis:
Riparumq; toros: & prata recentia riuis
Incolimus: sed si vos fert ita corde voluptas:
Hoc superate iugū: & facili iam tramite sistā.
Dixit & ante tulit gressum: cāposq; nitentes
Desup ostentat: dehinc summa cacumina linquūt.
At pr̄ anchises penit⁹ cōualle virenti.
Inclusas animas: superumq; ad lumen ituras
Lustrabat studio recolens: oēmq; suorum
Forte recensebat numerū: carosq; nepotes:
Fataq;: fortunasq; virum: moresq;: manusq;.
Isq; vbi tēdentē aduersum per gramina vidit
Aeneam: alacris palmas vtrasq; tetendit:
Effusęq; genis lachrymę: & vox excidit ore:

Huic sunt instituti diuini honores: & ipse oracula reddidit. Vn̄ scribit Herodotus Onomacritum atheniēsem exulē Musęi oraculorū fatidicū: xerxi predixisse Hellespontum a viro Persa ponte cōiunctum iri. Alii volunt Lini. Alii Orphei filiū fuisse: cui⁹ cōstat discipulum extitisse. Ponit āt Musęū poetam & theologū pro omnibus disciplinis: verū vt precipue notet platonicam scientiā: cuius se professorem esse multis locis indicat: dixit hūeris altis: vt proceritate corpis Platonē significet. Qui cum prius Aristocles aut nomine nuncuparet̃. ab Aristone argiuo palestrita: apud quē se exercuit propter egregiū corpis habitum Plato est cognoiat⁹.

f. Humeris extantē suspicit altis. S. quasi philosophum: ac si diceret Platonē: Nam Plato ab humerorum dictus est latitudine: Athleta eni fuit q post oim victoriā se philosophię dedit. g Foelices. D. vtpote q̄ post depositā vitā tal a loca: ac delitias sint assecutę. C. Dicite foelices. Moralis sensus est: vt qui verū scire cupiūt: interrogēt doctores: neq; idoctis se cōmittāt. Doctiorū aūt postulat hūanitas: vt errantes in viam ducant: & sua doctrina alios meliores reddant. Nam cū pprīū homis sit: & q̄ nescis addiscere: et quę scis alios docere: vtrūq; in hoc loco describit optimus poeta. Qd aūt fingit Musęū collē ascendentē: aperte docet non debere nos vt alios istruam⁹ vllū laborē recusare. postq̄z auctore suo Platone: Non nobis solū nati sumus: sed cęteris etiā homib⁹. qđ in Catone optime exprimit Lucanus: Nō sibi sed toti genitū se credere mūdo. h Tuq; optime vates. S. Quia theologus fuit. Est sciendum hoc loco Sibyllam iam a numine derelictam. Vnde & interrogat: quod alias non faceret.

i Quę regio anchisen: quis habet locus. SER. Bene et generalitatē requirit & spēm: vt possit facilius inueniri. nā locus in regiōe est. k Illius ergo. S. propter illū: Ergo autem coniūctio fuit: Sed per accentus mutationē in aduerbium transit: & est sola particula: quę habet in fine circumflexum. Multi male putāt nomen esse indeclinabile: & dicunt positū esse pro causa. Causa aūt nomen. CRI. Ergo, gratia et causa. Hinc Liuius ait ludos apollinares victorię non pestilentię ergo fuisse. Et Marcus Cato de re rustica: Tibi ius est porco piaculo facere illiusce sacri coer

u Lucis habitamus o. S. Varia dicit: quę p vitę uarietate cōtingūt. In his aūt locis heroum animę colunt̃. o Recentia riuis. S. Virentia riuorum: scilicet causa. p Iugū. S. Ita em̄ diuidunt̃ montes: i radices: latera: iuga: vertices p qualitate locorū. C. Hoc supate iugū. Nā volēti virtutē acquirere: plurimę difficultates opponunt̃. q Dehinc summa cacu. linquūt. S. Nō linquit. hoc em̄ dicit: Aeneas & Sibylla pducti ad summū in plana descēdūt. r Penitus cōualle virenti. S. valde virenti: vt. Penitusq; sonantis. s Inclusas aīas. Non reuera inclusos: sed separatas a multitudine quo facili⁹ agnoscerent̃. Inclusas autem aut segregatas: aut secundū ritum antiquū. multitudinem enim si numerare nō poterant. eam in certum locū p partes includebant: & ita q̄nta esset videbāt: Qđ &. xerxes de suo fecit exercitu. t Lustrabat stu. reco. S. circūibat studiose tractās. D. Lustrabat oculis. v Recolens. DO. animi intentione. x Forte recen. C. Non forte hoc faciebat Anchises: qđ p sūmā industriā faciebat: sed forte euenit: vt dū hęc ageret: aeneas veniret. y Carosq; nepo. S. posteros. Sic p nur⁹ foemīas dicūt: z Fataq; fortunasq; virum moresq; manusq;. S. Foelicitas enim: aut fatalis est: aut fortuita: aut ex virtute descendit. D. Fata fortuna mores manus. Propositio est o rū: q̄ ... udeinde psequit̃. C. Fataq; fortunasq;. De fato diximus: de fortuna dicemus alio loco. a Mores. C. virtutes morales: quę neq; a fato neq; a fortuna sunt: sed ex nostra electione. b Manus. C. ad robur corporis refertur. c Isq; vbi. CRI. decorū: pulcherrime seruat. Nam & parenti quod parētū est: & filio quod est filiorum optime tribuit. d Alacris. SER. Ipse alacris. Et sciendū secundū antiquos: & alacris et alacer. tam de masculino q̄z de foeminino genere dixisse: nunc masculino vtrunq; damus. de foeminino alacer nunq̄z dicimus: licet Ennius dixerit. Aestatem: autumn⁹ post acer hyems fit. Nam inde est alacer. e Genis. SER. palpebris. Ennius de dormiente: Imprimitq; genę genam. f Excidit ore. SER. quasi sem: quod circa Anchisen reseruat: Vt tantumq; n. phas patrio excidit ore. g Venisti tandem. S. Hoc ad effectū pertinet considerantis: alias oritur questio: q̄ dicit: equidem ducebā animo. h Expectata. S. probata nūc etiam: vt. Et rebus spectata iuuentus. Hoc autem dicit: Tua pietas mihi semp probata: nunc etiā iter durū vicit: scilicet inferorum.

[g]Venisti tandem tuaq; [h]expectata parenti
Vicit iter [i]durum pietas: datur ora tueri
Nate tua: & notas audire & reddere voces.
Sic equidem ducebam animo: [k]rebarq; futurū:
Temp̄a dinumerans: [l]nec me mea cura fefellit:
[m]Quas ego te terras: & quāta p̄ æquora vectū
Accipio: quantis iactatum nate periclis.
Quā metui: ne quid [n]lybię tibi regna nocerēt.
Ille autem tua me genitor tua [o]tristis imago
[p]Sępius occurrens hęc limina tendere adegit.
[q]Stant sale tyrrheno classes: da iūgere dextras:
Da genitor: teq; amplexu ne subtrahe nostro.
Sic memorans [r]largo fletu simul ora rigabat.
[s]Ter conatus ibi collo dare brachia circum:
Ter frustra comprehensa manꝰ effugit imago:
Par leuibus vētis: volucriq; simillima somnō:
[t]Interea videt Aeneas in valle reducta
Seclusum nemus: & [v]virgulta sonantia syluis:
[x]Lętheūq; [y]domos placidas qui [z]p̄natat amnem:
Hunc circū innūerę [a]gentes: populiq; volabāt.

i Et notas audire & reddere voces. S. familiariter loqui. k Rebarq; futurū. S. arbitrabar: ratiocinabar esse venturum: Et per hoc intelligimus fataliter Aeneam ad inferos descendisse. Non eṁ nisi fatalia deprehenduntur. l Nec me mea cura fefellit. S. nec decepit me dulcissimus filius: Nam vocaturus est mea cura: id est tu. et dictum est sicut: Veneris iustissima cura. m Quas ego te terras: & q̄ta p̄ ęquora vectū. SER. pietatis magnitudo ostendit: cū pater eius ingemit casibꝰ. C. Quas ego te terras: & q̄ta per ęquora vectū. Et p̄fecto antea q̄ e vita ciuili in portū cōtemplatiōis se se recipiat homo: multis cōflictatur perturbatiōibꝰ: quę nos a summo bono ita abstrahunt: vt multi adeo illis opprimant̄: vt nunq̄ summū bonum assequi possint. Vide recte: is qui tota rectitudo est Christus: de Martha quę vita actiua iterp̄tat̄: Martha martha sollicita es: & versaris circa plurima. Nam animꝰ qui circa p̄ima (vt fit i vita ciuili) distrahit̄: ad rerum cęlestiū contemplationē ineptus reddit̄. n Lybię tibi regna nocerēt. S. aut quia de Iunone. ait Venꝰ. Haud tanto cessabit cardine rerū: Aut q̄d est melius. Illud dicit: ne dum apud regna Carthaginis voluptatibꝰ vacabas: imperiū fatale derelinq̄res: vnde p̄ transitū insinuat: q̄ intelligat̄ Aeneam in Aphrycā apud Didonē diuertisse: cū vtrūq; constet diuersis ętatibꝰ fuisse. C. Regna libyę. Ea enim sunt curę ciuiles. Nā nos in superioribus Carthaginē p̄ vita ciuili posuimꝰ. o Tristis imago. SER. Seuera terribilis: vt sup̄: Et turbida terret imago. C. Tristis. sęuera: Nā maiorū nostrorum pręcepta nobis grauissima sunt. p Sępius. SER. κατα τοσ ισοπεσουμενον. sępius ei dictum intelligimꝰ: aut certe. egit mea tua imago ad hęc tendere limina: q̄ sępe videre consueui. q Stant sale tyrrheno classes. S. affectionis est filii etiā ea indicare: de quibꝰ non interrogat̄. r Largo fletu. S. nato ex gaudio. s Ter. S. Sępius. finitus pro infinito. t Interea videt Aeneas. S. Hirmos est hoc loco. i. vnꝰ sermo protentus p̄ mltos versus: in quo tractat de Platonis dogmate: quod in Phoedone positum est. περὶ ψυχῆς. De quo in Georgicis stricte hic latius loquitur. De qua re etiam Varro in libro diuinarū plenissime tractauit. Hoc autē cōtinet: Aeneas dum per inferos pergeret: respexit fluuiū quendā loci remotiorē: ad quem innumera multitudo tendebat animarū: Interrogauit patrē qui esset fluuius: et qua rōne ad eum pergerent animę. pater ait. Letheus est:

Pergunt aūt vt potent: & obliuionē patiant̄: vt incipiant in corpora velle remeare. Stupefactus æneas interrogat: dic pater: animę quę p̄ p̄teritā vitā tot supplitia pertulerunt: possunt hr̄e votum reuertendi in corp̄a: nō est verisimile liberatas de corp̄is carcere ad eiꝰ nexū reuerti? Suscepta narratione hoc Anchises exequit̄: primo debere fieri vt redeāt: deinde posse: deiñ velle: quę quoniā obscura sunt: aliis diuisionibus innotescūt. Quid est debere? cuncta aīalia a deo originē ducūt: quę quia nasci cernimꝰ: reuertunt̄ sine dubio vñ cuncta p̄creātur. Deinde posse sic probat: Quia imortales sunt animę: & sunt quę p̄sūt reuerti. Tertium est: vt velint: q̄d dicit fieri per Letheum fluuiū: & hoc est quod dicturꝰ est: sed incidētes q̄stiones faciunt obscuritatem. v Virgulta sonātia syl. S. quę est iuxta p̄ripia fluminis. x Letheū amnem. C. Ostendimꝰ egregiū poetam: dū figmēto poetico inseruit de campis Elysiis: Platonis tamen dogma sub illo tegere: vt campi Elisii: coelum sint: a quo cū cupiditate rerum terrenarū degrauati animi delabuntur: relinquunt nectar deorū poculum: et pro illo lęthęū potant: a quo accipiunt obliuionē rerū cęlestiū: nam illo iam ebrii facti cupiūt terrena corp̄a subire. Sed hęc latius apud Macrobium inuenies. y Domos placidas. S. campos Elysios. z Prenatat. SER. pręterfluit: et contrarie dictū est: nā n̄ natāt aquę: sed in ipsis nos natamus Ennium igitur secutus est: qui ait: fluctusq; natantes: Sane de hoc fluuio q̄ritur a prudētiorībꝰ. Vtrum de illis nouem sit qui ambiunt inferos: an p̄ter nouem? Et datur intelligi q̄ ab illis separatus ē. Nam q̄ volunt eum esse senectutis imaginē: nā animę nostrę vigent: & alacres sunt: plenęq; memoria a pueritia vsq; aduirentem senectam: postea in nimia senectute omnis memoria labitur: qua lapsa mors interuenit: & animę in aliud corpus recurrūt: vnde fingunt poetę animas lętheo hausto in corpus redire. Ergo et Lętheus est obliuio: morutis semper vicina. a Gentes populiq;. SES. innumerarum gentiū & populorum animę. b Floribus insidunt. SE. Insido illi rei: vt insidat quantus miserę deus. Insisto autem illam rem: vt Nulli fas casto sceleratum insistere limē. c Lilia fundūtur. SER. Circa flores speciem pro genere posuit. d Causasq;. C. Nam appetitus rationi iam obtemperans: non audet sese alicui opinioni quę falsa esse potest temere credere: sed iudiciū rationis expectat: quod est ia licentia que nouit causas. e Flumina porro. S. longe remota: et est grecum aduerbium. Bene aut Aenea longe a Letheo facit: quia adhuc viues e: f Viri. C. Virorum anime: & viros p hominibus posuit. nam complectitur vtrunq sexum. g Agmine. S. cursu impetu: per quod ondit cito iri ad senectam: quia tota celeritate vsus labit vite. h Tum pr. DO. Interrogat Aeneas quis fluui⁹: & quare ani e illu petat: Ad vtrunq breuiter rn̄det. Esse animasq in alia corpora reuerti volunt: et fluuiu ee letheu. C. Tum pater. Rn̄det interrogatus anchises. Nam nunq deest intellect⁹ appetitui modo is se illi obtēperantem pbeat. i Anime quibus altera fato Corpora debent. S. Sciendu no omes animas ad corpora reuerti. Alique eni propter vite merita non redeunt: Alique redeunt propter mala vitam: aliq̄ que pter fati necessitate. CR. Altera corp. Pythagoreu est: Ille em credebat animas hoim ex corpore in aliud corpus migrare: Refertq Heraclit⁹ ponticus hunc de se dicere solitu: quandoq Aethalidem Mercurii filiu putatu: & a Mercurii accepisse: vt quicquid vellet preter immortalitate peteret: petisseq: vt viu⁹ et defunctus oim cotingentiu meminisset. Idq ei cotigisse. Longoq post tēpe in Euphorbum venisse: & a Menelao fuisse vulneratu. Euphorbus aute dixit se aliqndo ethalide fuisse: et a Mercurio hoc p munere accepisse: vt aia eius iugi circuitione vagaretur: & in quas vellet arbores: aut animātes migraret: mortuo Euphorbo migrasse in Hermotinu eius animam: cui⁹ ipse cu fidem vellet facere: branchidas petiit. Ingressusq Apollinis Fanum ostēdit clypeum iam putrefactum: solamq perdurare eburneā faciem: mortuo Hermotino rursus in Pyrrhum Delium piscatore migrasse: illumq memorasse: vt ethalides: Euphorbus & Hermotinus ante fuisset: ac postremum factu fuisse Pythagoram: atq oim⁹ meminisse. k Lethei ad flumis vndam. SER. Si anima eterna est: & summi spiritus pars: qua ratione in corpore no totum videt: nec est tante prudentie: tanteq vivacitatis: vt omia possit cognoscere: quia cum cœperit in corpus descendere: potat stultitiam & obliuione: vnde non potest implere vim numinis sui post nature sue obliuione. Obliuiscit autem secundum Poetas preteritoru. Secundu philosophos futuri. Vnde medium tenuit dicendo obliuia. Docent aut philosophi: Anima ad ima descendens: p singulos circulos pergat. Vnde etiā disputantes de ratione mathematici fingunt: q singuloru numinu potestatibus: corpus & anima nostra conexa sunt: ea ratione: quia cum descēdut anime: trahunt secum torpore Saturni: Martis iracundiā: libidinem Veneris: Mercurii lucri cupiditatem: Iouis regni desiderium: que res faciunt perturbationem animab⁹ propriis. l Securos latices. S. qui securos faciut. vt pallida mors. CR. Securos latices: id est potant latices letheos q bus deueniut in tantā obliuione earum calamitatu: quas passi fuerant in corpore: vt nullam curam: id est sollicitudinem & timorem ob id capiant. Nam differt securus a tuto. Tutus enim est: qui extra omne periculu modo sit. m Iā pride. S. exq ait: Tum genus ome tuum: & que dentur moenia disces. n Quo magis italia. D. Ex hoc ostēdit se magna dicturum. o O pater. S. Nota breuitas: Nā dicendo pater: cui loquit ostendit. DO. O pater an ne. Non poterat non mirari: q ad tanta incommoda vite redire vellent. p Ad coelu hic ire putandum ē. SER. Miscet philosophie: figmenta poetica: & ostendit tam quod est vulgare: q quod continet veritas et ratio naturalis. Nam scdm Poetas hoc dicit: Credendu e animas corpis cōtagiōe pollutas ad coelu reuerti. C. Ad coelum. Non ad coelum qd stellis ornatum supra nos est. sed nostru hunc orbem: qui comparatione inferoru coelum dici potest: vt supra etiā dixit: Quam vellent ethere in alto. Nunc & pauperiem & duros pferre labores: nam apud nos no est ether alt⁹: nisi compararetur inferis. q Sublimes animas. S. non omnes: sed sublimium. CR. Sublimes. Que quidem sublimes fiunt dum ad supera volant.

Ac veluti in pratis: vbi apes estate serena
Floribus insidunt varijs: & candida circum
Lilia fundunt: strepit omis murmure capus:
Horrescit visu subito: causasq requirit
Inscius eneas: que sint ea flumina porro:
Qui ue viri tanto cōplerint agmine ripas:
Tum pater Anchises: anime qbus altera fato
Corpora debentur: lethei ad fluminis vndam
Securos latices: & longa obliuia potant.
Has equidē memorare tibi atq ostēdere corā
Iam pridem hāc prolē cupio enūerare meorū:
Quo magis Italia mecum letere reperta.
O pater: an ne aliqs ad coelū hic ire putādū est
Sblimes animas: iterumq ad tarda reuerti
Corpora: que lucis miseris tā dira cupido ē:
Dicam equidē: nec te suspensum nate tenebo.
Suscipit anchises: atq ordine singula pandit.

r Ad tarda reuerti corpora. S. anime comparatione: qua velotius nihil est. Vno enim momento cuncta discurrit. CRIST. Ad tarda corpora: quasi diceret: ad eam molestiā: vt subeant corpus: cuius grauitate tardiores efficiantur: & q illis pro carcere sit & vinculis: vnde, λεσμα. corpus dicunt greci: qa vinculum sit anime. s Que lucis miseris tam dira cupido. SER. vt id desiderent: pter quod sentiunt se poenas dedisse: scilicet vitam. CRI. Lucis: vite: vt. Et luce carētum. t Suspensum. S. sollicitum: incertum: vt. Multo suspensum numine ducit. v Suscipit anchises: atq ordine singla pan. SER. Hysteron protherō. Post hunc enim versum sequi debuit Dicam equidem: nec te suspensum nate tenebo. x Principio coelum ac terras: camposq liquentes. SERVI. Interrogatus Anchises: quare anime velint reuerti ad corpa: quasi aliud dicit: tamen illuc recurrit: quod grece τοπαναν. dicit id ome quod est. Quatuor sunt elemēta terra. aqua. aer. ether. Et deus. pter hec nihil est aliud: & hoc mūdu no possum⁹ dicere. Nam mūdus nō est totum. Ergo deus est quidam diuinus spiritus: qui per quatuor infusus elementa gignit vniuersa. Igitur si de elemētis et deo nascūtoia vnā originē habent: & par est natura omniū: s

Principio cœlum ac terras: camposq; liq̄ntes.
Lucentemq; globum lunę: titaniaq; astra
Spiritus intus alit: totaq̄; infusa per artus
Mens agitat molē: & magno se corpe miscet.
Inde hominū: pecudūq; gen⁹: vitęq; volātū.
Et quę marmoreo fert monstra sub ęq̄re pōt⁹.
Igneus est ollis vigor: & cęlestis origo

videamus quid in nobis a deo est: & q̄d a q̄tuor elemētis: quantū daṫ intelligi: ab elemētis hēm⁹ corpus: a deo aīm. Q̄d iō ꝓbaṫ: quia est in corpe: terra. hūor. anhelit⁹: calor: q̄ oīa videnṫ: sicut etiā elementa. Anim⁹ inuisibil' est: sicut et deus vñ originē ducit: deinde elemēta mutanṫ: quoꝝ perire mutari est.: sicut etiā corpus q̄d inde originē ducit. Contra: Deū nō perire: māifestū est: Ergo nec anim⁹ perit: q inde originē ducit: nā pars sp gen⁹ sequiṫ. Huc igiṫ tetendit primā intentionē suā: vt aīas imortales doceret: sed occurrit illud. Si em̄ imortales sūt: et vnū hn̄t principiū: qua rōne nō oīa sentiūt: & dicit nō eē in animis dissimilitudinē: sed ī corporib⁹ q̄ ꝓut fueṙt vl' viuaria: vel torpentia: ita et aīos faciūt: q̄d pt etiā in vno eodēq; corpe cōprobari. In sano em̄ corpore alia viuacitas est mētis: in ęgro ē pigrior: in sanis valitudo etiā rōne carēs: vt in phreneticis cernim⁹ adeo: vt cū ad corpus venerit: nō natura sua vtiṫ: sed ex ei⁹ q̄litate mutaṫ: Inde Aphros versipelles: Gręcos leues: Gallos pigriores videmus ingenii: quod natura climatum facit: sicut Ptholomeus deprehendit: qui dicit translatum ad aliud clima hominē: naturā ex parte mutare. De toto em̄ non potest: quia in principio accepit sortē corpis sui. ergo aīa ꝑ q̄litate est corpis: et qua rōne res melior est ꝑtāte deterioris: Atqui diuin⁹ animus debuit corp⁹ in ꝑtāte hr̄e: nō corp⁹ naturā aī corrūpe. Sed hoc ideo fit: quia plus est q̄d continet: q̄ q̄d cōtineṫ: vt si leonē includas in caueā: impeditus vim suā nō perdit: sed exercere nō pōt: Ita anim⁹ nō transit in vitia corpis: sed ei⁹ cōiunctiōe impedit⁹ nō exercet vim suam: et occurrit illud. Oīe q̄d corrūpiṫ ęternū nō est. Si anim⁹ irasciṫ: desiderat: timet: caret ęternitate: cui sunt ista cōtraria. Nā passio ęternitatē resoluit. q̄d iō falsum eē dicim⁹: quia anim⁹ ꝑ se nihil patitur: sed laborat ex corpis cōiunctiōe: Et aliud est ꝑ naturā suā corrūpi: aliud ꝑ contactū rei alteri⁹. videm⁹ enim tale aliq̄d: vt in lucerna q̄ ꝑ se clara est: & locū in q̄ est sine dubio illūinat: Sed si q̄ re tracta fuerit & inclusa: non ꝑdit splendorē ꝓpriū q in ea est. Remoto nanq; impedimento apparet: nec tn̄ quia impeditus est eius vigor: nō etiā corruptus. Ita ergo anim⁹: q̄ diu est in corpe: patiṫ ei⁹ cōtagionē. Postq̄ vero deposuerit corpus: recipit suū vigorē: et natura vtitur ꝓpria. Si ergo ꝓpriam recipit naturā: quare pœnas apud inferos patiṫ: Ideo q̄a simul diu fuit: nō potest deposita ipa re: statim ad suū nitorē reuerti: vt si ipēm candidā missam in lutū polluas: & eā statim auferas: nō iccirco sordibus caret: sed ablutionē requirit: vt in pristinū nitorē possit redire. Sic anima ex eo q̄ daṫ corpori: inq̄nata ē. Vt etiam si corp⁹ deponat: necesse habet purgari. Si ergo purganṫ et recipiūt naturā suam: cur volūt reuerti: q̄a potant (inquit) obliuia. Etiā est illd ambiguū: nam aut ꝑteritarū obliuiscanṫ pœnarū: aut certe: vt ignarę futuri habeant desideriū redeundi in corpora: quod sine passione non fit: & anim⁹ in quo ē passio mereṫ reuerti. C. Principio. Principiū simpliciter poniṫ pro initio alicuius rei. Vnde est illud: debile principiū melior fortuna sequeṫ. Philosophi aūt principiū cām: et elemētū esse oñdūt: & in q̄ differāt: et in q̄ cōueniāt demonstrāt. Principiū etiā theologi capiunt ꝓ deo: qui apud hoies hr̄ primū principiū necessariū oīm rerum. Vñ est illud: In principio erat verbū. i. in deo erat verbum. Quapropter in Phœdro dixit Plato: Principiū nec gigni posse: nec destrui. nec eē aliq̄d ex q̄ principiū oriaṫ: alioq̄n ñ eēt principiū: nec a se gigni posset: nec ab alio destrui: nihil em̄ valentius est principio: a q̄ ipm̄ destrui possit: Item dicunt principiū tp̄is & ꝓductiōis: vt. In principio creauit deus cęlum & terram. Et q̄n hac notione hic quadrare videṫ: Ergo in principio in rerū ꝓductiōe. Iudico aūt Platonici poetę sn̄iam ad Platonis dogma referēdū. y Cœlū. S. pro aere & ęthere posuit: vt duo significet elemēta: vt. Iā cœlū terrāq; meo sine numine. CR. Cœlū ac terras cāposq; liquen. Trib⁹ nominibus cōplectiṫ q̄tuor elemēta. Nā cœlū pro aere capiṫ. Lucreti⁹. In hoc cœlo q dr̄ aer. Item ꝓ ipso ęthere. Campos aūt linq̄ntes maria itelligim⁹. Oñdit aūt Plato i Thymęo. Q̄ diuini decori ratio postulauit talē fieri mundū: q visum pateret & tactū: sed nihil tangi sine terra: q̄ sola est solida. nihil videre sine igne pōt. Vñ de igne & terra mūdū incipiēs fabricare deus: vidit duo cōuenire sine medio colligāte non posse. Quare aūt nō vno nexu: sed duobus. s. aq̄ & aere. opus eēt. docet Macrobius: z Cāposq; linquentes. S. i. maria:

a Lucentēq; globū. S. Iō vsus est participio. vt oñdat eā suū lumē ñ hr̄e: Nā lucēs est: q̄d aliūde illumiaṫ. Lucibile: q̄d ꝑ se lucet: vt patulū et patēs: Patulum est quod per se patet. Patens est quod aperiṫ et claudiṫ. Globū autē ideo: quia dicitur luna σφαιροειδης esse: b Titaniaq; astra. S. aut stellas dicit: aut solē quē supra vnū fuisse de Titanibus dixim⁹. CR. Sūt q̄ velint Titania astra ꝓ igne eē posita: q̄nquidē Anaxagoras Clazomenius solē dicat esse lumen igni ꝑmixtū: & ipse alibi: Axem hūero torq̄t stellis ardentib⁹ aptū: Et alibi. Quotiēs astra ignea surgunt. Sic etiā Cice. in li. de nata deoꝝ. Sūma pars cœli q̄ ętherea dr̄: & summū retinet ardorē. ergo aūt et lunā. et titania astra ꝓ oībus cœlis posita puto. Et multi credūt Titania eē epitheton oīm astrorū. Quia (vt refert Diodorus) hiperiō qui fuit vn⁹ ex titanibus prim⁹ lunę solisq;. ac reliq̄rū astrorū cursum naturāq; demōstrauit: ꝓptereaq; syderū pr̄ creditus est. c Spūs. S. diuin⁹. s. Et q̄ vnū siue mētē dicat siue animū: siue spiritū. C. Spūs. Per spm̄ aīam mūdi ponit: q̄ scd̄m Platonē oīa administrat. Putauit em̄ Plato. Cū deus pulcherrimū opus fieri decreuisset: atq; in ordine materię partes: cōmotionesq; reduci excogitasse aīam quandā: mentēq; rōnabilē: & sapientē: cui vt vicario syluestris prouintię curā mandaret: subiiceretq; eius malignitatē freno: & o a in ordine reduceret: & in ęto collocaret. d Int⁹ alit. S. Vegetat et in ęternitate custodit: quia mixt⁹ ē: et nulla pars elemēti est sine deo. C. Int⁹ alit. Coniūctus mūdo: vt forma. e Per artus. S. ꝑ elemēta: q̄ sunt mēbra mūdi corpalia. Corpa nanq; sunt q̄ possunt videri.

f Mens agitat molē. S. magnitudinē mūdi mēs agitat: Et sicut Cicero dicit in Tusc. Aeternū ē quicq̄d in æterno motu est: sine dubio etiā anim⁹ ętern⁹ ē. Semp̄ em̄ i motu est: adeo vt ne nobis quidē q̄escentib⁹ cōquiescat. C. Mēs diuina ipsi⁹ boni filia segregata a mūdo. g Agitat molē. C. tanq̄ motor sepat⁹. h Magno se corpe miscet. S. Aut antiptosis est pro corpori: vt hęret pede pes densusq; viro vir: q̄d pori⁹ credēdū est. Aut certe scd̄m eos locut⁹ ē: q dicūt deū corpalē eē: et eū ita diffiniūt πνευμα νοερὸν ... ignē sensualē. Q̄d si verum est: corpus est: nec ꝑ antiptosim dixit: sed ꝑ diffinitiōē. Magno corpe: id est iō omni. CR. Magno se corp. misc. Mēs alia tanq̄ motor cōiūctus a mēte diuia aię mūdanę tributa. Hinc ex aīa mūdana: eiusq; mēte vitā corpeā sortiunṫ oīa. i Inde hominū pe. ge. S. ex quatuor elemētis et deo. k Igne⁹ vi. C. In oīb⁹ aīantib⁹ inest vita corpea, a vita cęlesti et calor naturaṫ. hui⁹ vitę pabulū sumit ex calore cęlesti: atq; hac de nunc locut⁹ est de oībus aīantib⁹: in qb⁹ iā ondit ignū eē vigore. Dain sepat aīos nr̄os a reliq̄rum brutoꝝ aīa. Atq;

Seminibus: quantũ non noxia corpa tardant:
Terrenicqꝫ hebetãt artus: moribũdacqꝫ mēbra.
Hinc metuũt: cupiũtqꝫ: dolēt: gaudētqꝫ nec au
Suspiciũt clausę tenebris: & carcere cęco. (ras.
Quin & supmo cum lumine vita reliquit:
Non tñ omne malũ miseris: nec funditꝰ oĩs
Corporeę excedunt pestes: penitusqꝫ necesse ē:
Multa diu concreta: modis inolescere miris.
Ergo exercentur poenis: veterumqꝫ malorum
Supplicia expendũt: alię pandũtur inanes
Suspensę ad uentos: aliis sub gurgite vasto
Infectum eluitur scelus: aut exuritur igni.
Quisqꝫ suos patimur manes: exinde p amplũ

ale: qꝫ cũ illis sit igneus vigor. At seminibꝰ. i. animis nr̃is ē origo cęlestis. Recte aũt Platonis sectator vates nr̃os animos semina vocat. Legerat eñ in Thymęo rõnales aias cõ creatas a mēte diuia in mũdo supiori ex semibꝰ oĩm rerũ musica rõne cõmixtis in patera. Preterea ait deũ opificem mũdi demisisse infra lunã rõnales aias tãq; semia hoim: cęlestes vero deos subiũxisse rõnalē vitã omibꝰ cõmunē. Quibꝰ Plotinꝰ etiã addidit rõnales aias eē hoim semina: qa ex ipsis pullulãt vitę q̃dã pprię irrationales in corpora.

l Et cęlestis origo. S. q̃d supra diximus.

m Quantũ. S. Intantũ inqt in oibꝰ viget pars diuinitatis: inq̃tũ sunt corpũ qualitas. n Terrenicqꝫ hebetãt ar. S. inquãtũ hebetãt artꝰ. o Moribũdacqꝫ mem. S. morienti similia. hoc ē sp morientia. Nunq̃ eñ in eodē statu sunt: sed aut minuũtur: aut crescũt. & animꝰ idē ē: sed uti viribꝰ suis nõ põt ppter corpis cõiũctionē: C. Moribunda. qm̃ sola hęc corpa impediũt intelligentiã: nõ aũt corpora ętherea: qbꝰ ab ęuo induę sunt. p Hic metuũt cup. do. gau. S. Ex corporũ piunctiõe et animi hebetudine: Varro & oẽs philosophi dicunt q̃tuor eē passiões: Duas a bõis. duas a malꝪ opinatis rebus. Nam dolere & timere duę opiniões malę sũt: vna pñtis: alia futuri. Itē gaudere & cupe sunt opiniones bonę: vna pñtis: alia futuri. Hęc ergo nascunł ex ipsa cõiũctõe: nã neq; animi sunt: neq; corpis ppria. pereũt eñ facta segregatõe. C. Hic metuũt ꝛc. Quatuor pturbatiões põit: q̃ ex q̃tuor humoribus puenĩũt. Sunt eñ duę ex opiniõe boni: q̃rũ altera voluptas gestiēs ē. i. pter modũ elata lętitia: q̃ puenit ex opiniõe pñtis magni aliꝰ boni: rõni nõ obtpans. Hanc ergo volũt nobis e sãguie puenire. Altera cupiditas dr̃: q̃ recte vł libido dici pt. Est eñ imoderata appetitio opinati magni boni rõni nõ obtpans: Hęc ãt e bili originē sumit. Duę itidē sunt ex opiniõe maloꝝ: metꝰ & ęgritudo. Nam metꝰ ē opinio magni mali ipendētis: qsē ex atra bili puenire volũt. Aegritudo ãt est opinio magni mali pñtis: & quidē recēs: hancqꝫ dicũt a pituita originē ducere: q̃ affert mollitiē q̃ndã eneruatã: q̃ fracti cũ supiores ĩ rebꝰ duris eẽ nõ possumꝰ: facile succũbimus. q Nec auras respiciũt. S. Nã quia cohęrēt corpori: obliuiscũł naturę suę: q̃s auras vocauit. r Clausę tenebris ꝛ car. cęco. S: diffinitiões sũt corpis. C. Clausę tene. mũdo corporeo. r Quin et sup. S. Quia (vt diximꝰ) occurrit debere eas statim post corpus depositũ in suũ vigorē reuerti: & dic̃ ñ posse: Quęcũ diu cõiuncta sunt: inuicē se tenēt: et trahũt reliquias sordiũ antiq̃s. ¶ Nõ tñ oẽ malũ. cedit: s; ñ oẽ: nã remanet q̃d vt purgeł necesse est. Inde est q̃d dicit eadē sequił tellure reposcos. s Miseris. S. Bñ miseris: qa etiã post corpꝰ hñt corpis sordes. Vnde est: nec funditus oẽs corporeę excedunt pestes. t Diu concreta. S. cõiũcta et cõglutinata. v Inolescere. S. crescere: vt vdoq; docēt inolescere libro x Miris modis. C. Mirũ est habitum pelliuem ad corpora: qui quasi corporea quędã qualitas est imprimi ex corpore ĩ aiam incorporeã. Ergo nõ sicut ex sigillo transit in ceram. Verum animalita contrahit sibi huiuscemodi qualitatem in corpore: sicut lumē in nube pallorē. Hinc illud:

Simulacra modis pallentia miris. y Ergo exercenł poenis. SER. quia deposito corpe sordes supsunt. poenas aũt nõ perferũt animę. sed illius cõiunctiõis reliquię q̃ fuit inter animã & corpus: Nam ilicet illa duo p se poenas pferre nõ possint: homo tñ pfert qui de his duobꝰ est factus.

z Supplitia expēdũt. S. nõ agũt supplitia: ñ vt animas puniant: sed vt eas peccatis exuant pristinis.

a Alię pãdunł manes suspensę ad ventos. SER. Loquił quidē poetice de purgatõe animaꝝ: tangit tñ q̃d & philosophi dicunt. Nã triplex est omis purgatio. Aut ĩ terra purgãł: q̃ nimis op pssę sordibꝰ fuerũt: deditęq; corpalibꝰ blandimentis. i. transeũt in corpa terrena. & hęc igne dicunł purgari. Ignis enim ex terra oritur q̃ exurũtur oia. nam cęlestis nihil purit. Aut in aq̃. i. trãseũt ĩ corpora marina: si paulo melius vixerint. Aut certe in aera transeũdo. i. in aeria corpora: si satis bñ vixerint: q̃d & in Statio legimus: vbi de augurijs tractat: seu quia mutatę nostraqꝫ ab origie versis corporibꝰ subiere notos. Vñ etiam in sacris omnibus tres sunt istę purgatiões. Nam aut theda purganł & sulphure: aut aqua abluunł: aut aere ventilanł: quod erat in sacris liberi. Hoc est enim quod dicit in secundo Georgicorũ. Tibiqꝫ oscilla ex alta suspendit mollia pinu. Nã genus erat purgatõis. Id aũt q̃d apud Iuuenalē tãgił. Quotiēs hinc talꝪ ad illos vmbra venit: cuperēt lustrari siqua darenł sulphura cum thędis: & si foret hũida laurus: & in ipsis purgatiõibus bonũ meritoriũ secutꝰ est ordinē: vt ante aereã: Inde aq̃. post ignis diceret purgationem. CRIST. Alię panduntur inanes: Quę habitũ ex bili pcretũ ferũt: patiũł in igne: Quę ex sanguine in aere: quę ex pituita in aqua: quę ex atra bili in terra. Patiuntur autem corpore aereo in aere crasso: q̃d appellatur animę. Vel imago magna dicitur: quia crassior. b Quisqꝫ suos patimur manes: S. Supplicia varia reliquit: intellige q̃ sunt apud manes. i. vt siquis dicat iudicium patimur. et significat ea quę in iudicio continētur. Est & aliud verius: nam cum nascimur duos genios sortimur vnus est qui hortatur ad bona: alter qui deprauat ad mala. Nec icongrue dicũł genij: Quia cum vnusquisqꝫ genitus fuerit: ei statim obseruatores deputantur: quibus assistentibus post mortem: aut asserimur in meliorem vitam: aut condemnamur in deteriorem: per quos aut vocationem meremur: aut reditum in corpora: ergo manes Genios dicit: quos cum vita sortimur. DONA. Quisqꝫ suos patimur manes. Nam si bonꝰ ad inferos venit: bonos patitur manes. Si malus: malos.

c Exinde. SER. Vna pars orationis est. et in tertia a fine accentum habet: licet penultima sit: quod ideo factũ est: vt ostenderetur vna pars esse orationis: ne prępositio iungeretur aduerbio: quod vitiosum esse non dubium est. DONATVS. Exinde post examinationem.

d Amplum. DONA. Vt ostendat nõ illis paucis paratam esse latitudinē: sed pluribus: modo ita viuant: vt illuc venire mereantur. Sed quia pauci merentur: pauci diffusam latitudinē merenł. CR. Per amplũ Elysium. In regionē cęlestem. alii ad alias sphęras post purgationem.

Mittimur elysium: & pauci lęta arua tenem⁹.
Donec longa dies perfecto temporis orbe.
Concretam exemit labem: purumq͵ reliquit
Aethereum sensum: atq͵ aurai simplicis ignē.
Has omnes vbi mille rotam voluere p̄ annos:
Lętheū ad fluuiū deus euocat agmīe magno:
Scilicet īmemores supera vt cōuexa reuisant:
Rursus & incipiant in corpora velle reuerti.

¶ Dixerat Anchises: natumq͵ vnaq͵ Sibyllā
Conuentus trahit ī medios: turbāq͵ sonantē:
Et tumulū capit: vnde oēs lōgo ordine posset
Aduersos legere: & venientū discere vultus.
Nunc age dardaniā prolem: q̄ deinde sequeẜ
Gloria: qui maneant itala de gente nepotes
Illustres animas: nostrūq͵ in nomen ituras

e Pauci lęta arua tenemus. S. Non om̄es: Qui em̄ minus purganẜ: statim redeūt ī corpa. C. Pauci lę. ar. tenem⁹. Nō quia pauci reuertanẜ ad cœlū: sed vł quia pauci reuertātur ad firmamētū. Vel q̄a pauci cū egrediūẜ e corpe statim p̄fi ciscunẜ ad cœlū. Sed postq͵ longo tp̄e purgati fuerint: q̄m habitus difficile amoueẜ. f Donec longa dies p̄fecto tē poris orbe. S. Sed quia etiam post purgationem opus est tempore: vt perseueret in purgatione: & sic redeat: et quęritur vtrum animę per Apotheosim: de quibus ait. Et pauci lęta arua tenemus: possint mereri p̄petuā purgationē: quod nō potest fieri: Merentur in temporis multi: non pepertuitatis: et quę male vixerūt: statim redeunt: quę melius tardius: quę optime diutissimo tē pore sunt cum numinibus. paucę tamen sūt q̄ et ipsę exigente ratiōe (licet tarde) coguntur reuerti. DON. Longa dies. Longo tempore est opus: vt fiat talis purgatio. qualis anteq͵ in corpus perueniret. g Perfecto tē poris orbe. SER. Finito legitimo tempore. CRI. Perfecto temporis orbe. quia circūitum agunt in purgatorio ab elemento ad elementum vicissim: vt alternis vicissī purgentur habitus varii cōcreti ex quatuor hūoribus vicissim: q̄i q̄tuor elemētis. h Concretam S. affixam & inherentem. i Aethereum sensum. S. syderum. πυρωστητου CRISTOFERV. Aethereum sensum atq͵ aurai simplicis ignem. Aether. ignis. aura. sunt tria corpora tenuia: quibus animus inuolutus in terrenum corpus delabitur: Neq͵ solum animus ipse anteq͵ redeat in cœlū purgandus est a corporea labe. sed etiā hęc tria eius velamina purganda sunt a nebula contracta a corporibus crassioribus. Dicitur autem ęthereus sensus: quia corpus ęthereum totū est sensus totus. k Aurai simplicis ig. S. Non vrentis. Simplicis autem nostri cōparatiōe: qui constat de ligno & aere. Ille em̄ per se semp̄ plenus est et æternus: quia simplex. Omnia enim συνθετα. id est composita exitum sortiuntur. Vnde & atomos perpetuos dicunt: quia simplices sunt: nec recipiunt sectionem. l Ignem. S. sensualem. i. deū: per quod q̄d sit aīa ostendit. m Has omnes. SER. Ac si diceret: etiam has om̄es. Nam supra nō om̄es dixit: sed animę quibus altera fato corpa debentur. n Mille. C. non certus est hic numerus. Ergo multa sęcula: Nā animę longe diuturniorē vitam agunt in cœlo beatę: q̄ infœlices: vel in terra peccantes: vel in aereo corpore purgādę. o Rotam voluere p̄ an. SER. peregerunt. exigerunt statutū tempus per annorū volubilitatem. Est aūt sermo Ennii. CRIST. Rotam voluere: in cœlis cōsenserūt cum anima mundi ad cęlestium motiones: & contēplando a formis in formas vicissim discurrent: Sed quoniam post vitam cęlestem: redituręsunt ad terrenam: deus Neptunnus generationi rerum fauens allicit eas ad giniturā certis temporibus: q̄ñ ad idem officiū vis genitalis in eis p̄se iam iam excitatur. Nam vices ag̅ūt animę ex intelligentia in genituram certis sęculis atq͵ vicissim. p Letheum. CR. Obliuiscunẜ em̄ diuiorꝝ occupatę mortalibus. q Deus euocat. S. non dicit quis: sicut sup̄: Dii quib⁹ imperiū ē animarꝝ: sed alii Mercuriū volūt: propter hoc: Hac animas ille euocat orco pallētes: & est ratio. Nā νοτσ. dicitur. id est. sensus: quo philosophiam quę hęc indicat intelligimus: q̄a spe etiam inuenerit litteras. r Agmie magno. S. Impetu: & dictū est impariue. Non em̄ blandiciis inductę redeūt: sed necessitate q̄dam coguntẜ: vt potantes velint reuerti. s Immemores. S. vel p̄teritorū vel futurorum. t Supera vt cōuexa reuisant. C. oculis caducis. prius videbant ea velut inferiora oculis despicientes ęthereis: rursus incipiant velle: nō em̄ cōpellūẜ. sed pro naturę p̄cliuitate tp̄ibus certis alliciūẜ. Huiuscemodi igiẜ rōne: putant hos vers⁹ interp̄tandos. nō q̄ hęc crederē. an illis assentirer. Nā de animis nr̄is: sine vlla hesitatione eadē oīno sentio: q̄ christiana p̄hibet religio: eas eē ex nihilo a deo creatas: & corp̄ibus infusas: & plęraq͵ alia: q̄ nos in nr̄is de anima dialogis p̄lixius scripsimus. Sꝫ maiōeꝫ nostrum: q̄m nostrę religionis ignarus fuerit: & platonicus oīno extiterit: ad Platonicū dogma eius sententias traducendas censui. ¶ v Dixerat anchises. S. ante dicta de reuersione animarum probatio huc tendit: vt celebret Romanos: & pręcipue Augustum: Nanq͵ qui bene considerant: inuenient omnem Romanam hystoriam ab ænee aduentu: vsq͵ ad sua tp̄a sūmatī celebrasse Virgiliū Quod ideo latet: quia cōfusus est ordo. nam euersio ilii & Aenee errores. aduētus bellumq͵ manifesta sunt. Albanos reges: Romāos etiā consules Brutos: Catonē: Cęsarē: & Augustū: & multa ad hystoriā Romanā pertinētia hic indicat locus. Cętera quę hic intermissa sunt in. αστιλο νοια. commemorat. Vnde & in antiquis inuenimus opus hoc appellatum esse non æneiden: sed gesta populi Romani: Quod ideo mutatū est: quia nomen nō a parte: sed a toto debet dari. x Turbamq͵ sonantē. S. Aut quę tunc propter festinationem sonabat: aut turbę perpetuū est epitheton. y Longo ordine. Non quo nati sunt: sed quo apud inferos stabant. Non enim eo quo regnauerūt dicturus est ordine. z Aduersus legere. S. relegere: considerare. a Nunc age. DO. proponit se dicturum; prolem Troianam: & nepotes inde ex Italo sanguine commixtos: & fata sua: ergo exequitur specialiter: quod generaliter in primo terigit. b Dardaniam prolem. SER. Albanos reges: qui tredecim fuerunt de Aeneæ & lauinię genere. Vnde ait: Itala de gente. c Illustres. SER. Hoc nomen notitię fuit non meriti. Vnde etiam in meretricib⁹ inueniẜ. Nam et nobiles & illustres vocanẜ. d In nomē ituras. S. In gen

Expediam dictis:& te tua fata docebo.

rem:vt ipse nomē Echio nium:matrisq; genus peri die: e Ille vides pura iuuenis qui nititᵉ hasta. S. Aeneas vt dicit Cato: simᵘl ac ve nit ad Italiam: Lauiniam accepit vxorē,ꝑpter quod Turnus irat^9 tā in latinū q̄ in Aeneā; bella cōmouit:a Mezentio ipetratis auxilia.

Ille [e]vides [f]pura iuuenis qui nititur hasta.
proxima sorte tenet lucis loca: primꝰ ad auras
[g]Aethereas italo cōmixtus sanguine surget:
[h]Syluius albanum nomen: [i]tua posthuma ꝓles:
Quem tibi [k]longeuo serum lauinia coniunx
Educet syluis regem: regumq; parentem.
[l]Vnde genus longa nostrū dominabitᷣ alba.
[m]proximus ille procas troianę gloria gentis
Et capys: & numitor: & qui te nomīe reddet
Syluius Aeneas: pariter pietate vł armis
Egregius: [n]si vnq̄ regnandā [o]acceperit albam:
Qui iuuenes quātas ostentant aspice vires.
At qui vmbrata gerunt [p]ciuili tēpora quercu.
Hi tibi [q]nomentū & gabios: [r]vrbemq; fidenā
Hi collatinas imponent montibus arces.
[s]pometios: castrūq; inui: bolamq;: coramq;

quod e iā ipse ondit: dicens se satis ambobꝰ teucrisq; venire latinisq;. sed (vt supra diximꝰ) primo periit Latinꝰ: secundo pariter Turnus et Aeneas postea. Mezentiū interemit: Ascanius: & Laurolauinum tenuit. Cum Lauinia timens insidias grauida cōfugit in syluas: & latuit in casa pastorali Tyri: Ad qđ alludēs: Tyrusq; pr: cui regia parēt Armēta. Et illā enixa est filiū. Sed cū Ascāiꝰ: flagraret inuidia vocauit nouercā: et ei cōcessit Laurolauinium: sibi vero albā constituit: qui qm̄ sine liberis periit: Syluio: q & ipse Ascanꝰ dictꝰ ē: suū reliqt impiū. Vñ apud Liuiū error est: q Ascainꝰ: Albā cōdidit. pꝰea Albāi oēs reges dicti sunt Syluii ab huiꝰ noīe: sicut hodieq; Romani ī⁊patores Augusti vocāt. Aegyptii: Ptholomei: Persę Arsadicę. Latini: Murani: vt Muranū hic atauos: et auoꝝ antiqua sonantē Nomia: ꝑ reges q; actū genꝰ oīe latinū.

f Pura iuuenis nitiť hasta. S. sine ferro. Nā hoc fuit ꝑmiū apđ maiores: qui tūc primū vicisset in prelio: sicut ferť in libris de gente ppłi Romāi. D. Pura sine ferro: qđ est signū pacis & non belli.

g Italo cōmixtus sang. sur. C. Optime dictū: nā pater materiā nō prębet: ex qua fœtus conficiať. Nā semē viri spūs sunt: qui veluti artifices fœtum in materno vtero formāt ex sanguine materno. Ita q; semen artifex ē sanguis materna. Vñ et mater dř q̄si materiā tradens: ꝗ qa ex viro Troiano: et ex matre Itala orituri erāt: Italo sanguine dixit.

h Syluius. SER. Albanum nomen: Quia omnes Syluii ab eo dicti sunt. CRI. Syluius: Ascanius ex Aenea & Lauinia vxore natus est: Nā lauina post obitū Aeneę verita Ascaniū ex Creusa natū ī syluis delitescēs: Ascaniū filiū: quē i illis peperit: Syluiū noiauit. Hic Ascanio maiori qui Albā condiderat: & sine liberis decesserat: in regno successit: & ab eo reliq albani reges Siluii denoīati sunt: ex hoc natus est Aeneas syluius: q latinū Syluiū genuit: a quo nō nullę colonię deductę sunt: & Prisci latini appellati ex latino Alba est ortus: ex alba atis: ex Ati Capys: ex capy Capetus: ex capeto: Tyberinꝰ: a quo Albula flumen: in quo submersus ē Tyberinꝰ ē appellatus. Tyberinus genuit agrippā: Agrippa romulū syluiū: qui ictus flumine reliqt filiū Auentinū: a q̊ Auentinus collis Romanus est noiatus: cū in eo sepultus esset. Huic successit Dorca: q Numitorē & Amuliū genuit. Sed AmuliꝰNumitorē regno pepulit: & filiū iteremit: et Rheā Syluiā virginē Vestalē instituit: ex q̊ Romꝰ et Remus nati sunt.

i Tua posthuma ꝓ. S. Posthumus ē post humationē parentis creatus. Per hoc aūt Aeneā cito oñdit esse periturū: & statim infert consolationē dicēs: Quē tibi ⁊c.

k Quē tibi longeuo. S. id est deo. Aeuum enim proprie ęternitatis est: quę nō nisi in deos venit: Enniꝰ Romulus in cœlo: cum diis genitalibus ęuū degit. Male autē vindicauit vsus: ꝑ quē dixit longęuos senes. CRIS. Longęuo ait Gellius Virgiliū apud antiquos rep̄hendi: q nō conueniat: longęuū & posthuma proles. Nam si post mortem patris natus est: vt est in oibus hystoriis: Cur addidit longęuo. Sed Cesellius ait sententiā esse hoꝝ verboꝝ: q viuo patre natus sit: aitq; eū esse posthumū: qui postremo loco patre iam senescit natus. Sed huiꝰ hystorię nullū idoneum auctorē noīat. Sulpitius vero apollinaris ait longęuū pro immortali poni. Nā oñdit Anchises filiū hunc natū iri Aenea iam immortali effecto: sed aliud est lōgęuum: aliud perpetuū: Nec dii longęui: sed immortales dicunť. Hęc gellius. Possumus tñ dicere q posthuma proles nascitur longęuo: cū nascit post mortē: qa longęuus fuit.

l Vnde. S. a quo vt: genus vñ latinū. Nā posteri eiꝰ fuerť: q postea apud albam regnauerť ciuitatem.

m Proximus ille procas. S. Standi non ascendendi ordine. Nam duodecimus fuit: & Capys sextus est rex Albanorū: Item Numitor tertiusdecimus fuit.

n Si vnq̄ regnandā acceperit albam. S. Aeneas syluius. Et hic ostēdit omnes albanos reges syluios dictos.

o Acceperit. S. a tutorē qui eius inuasit imperiū: quod ego vix anno .liii. restituit: & rem hystorię plenam per transitū tetigit.

p Ciuili tempora quercu. S. Ciuica debuit dicere: sed mutauit: vt cōtra Hora: Motum ex metello consule ciuicum: pro ciuile: Querceam autem coronā accipiebant: qui in bello ciuem seruassent. Ideo quia aū a causa vitę in hac arbore hominibus fuit: qui glandibus vescebanť. Altę eni murales erant: alię agonales .i. lemniscatę. D. Ciuili quercu. Ciuilē dixit festam, pacificam: vt est laurus: & oliua.

q Hi tibi momentū & gabios. SER. Hę ciuitates sunt priscorum latinorū ab albanis regibus constitutę: quamq; collatinā Tarquinus constituisse dicatur: qui vt erat superbus: eam ex collata pecunia constituit. Vnde collata dicta est. Potest tamen etiā fieri vt ab Albanis fundata sit: aucta a Tarquino: sicut supra de Tarento diximus: quod Taras fecit: auxit Phalantus. Romā etiā Romulus fecisse dicitur: quam ante Euāder condidit: vt tunc pater Euandrus Romanę conditor arcis.

r Vrbemq; fidenā. S. Fidenę dicunť sicut thebę. sed dixit vt Iuuenał. Atq; vetus thebę cētū iacet obruta portis: nā varietati studet: vt etiā pometios ait: cum dicať numero singulari poemetia.

s Castrūq; inui. S. Vna est Italię ciuitas castrū nouū diciť: De hac aūt. ait Castrum inui: id est panos quia illic coliť. Inuus autē latine appellať. grece παν. Itē. επιαλτης Grece. latine incubꝰ: id est faunus. Item fatuus fatuellus, dicitur aūt ab ieūdo passim: cū omibus anialibꝰ: vñ & incubꝰ dř. Castrū aūt ciuitas ē. Nā castra nūero płali dicimꝰ: licet legerimꝰ in Plauto. Castrū poenarum: quod est diminutio oñdit: Nam castellū dicimus.

Hec tum noia erunt: nunc sunt sine noie terre.
Quin & auo comitem sese mauortius addet
Romulus: assaraci quem sanguinis Ilia mater
Educet: viden vt gemine stent vertice criste.
Et pater ipse suo superum iam signet honore.
En huius nate auspitiis illa inclyta roma
Imperium terris: animos equabit olympo:
Septemque vna sibi muro circumdabit arces.
Foelix prole virum: qualis berecynthia mater
Inuehitur curru phrygias turrita per vrbes:
Leta deum partu: centum complexa nepotes:
Omnis celicolas: omnis supera alta tenentes.
Huc geminas: nũc flecte acies: hãc aspice gentẽ:
Romanosque tuos: hic cesar: & omnis Iuli
progenies: magnum coeli ventura sub axem.
Hic vir hic est: tibi quem promitti sepius audis
Augustus cesar: diuum genus: aurea condet

t Nunc sunt sine nomine terre. SERVIVS. Atqui in Cathalago hinc est dicturus aliquas ciuitates: sed ex persona sua pocciparat. v Quin & auo comitẽ sese mauortius add. Romu. S. Amulius & Numitor frẽs fuerũt: sed Numitorẽ regno Amulius pepulit: etiã Iliam eius filiã sacerdotẽ Veste fecit: De hac et Marte nati Remus & Romulus: q cũ adoleuissent: occiso Amulio: auũ Numitorẽ in regnũ reuocarũt: et cũ eo vno ãno regnauerũt: postea ppter ãgustias iperii: Romã captatis auguriis cõdiderunt: ergo auo se comitẽ: aut auito se iunget imperio: aut sm Enniũ refertur inter deos cũ Aenea. Dicit nãque Iliã fuisse filiã Aenee: quod si ẽ: Aeneas auus ẽ Romuli. Vñ & assaraci quẽ sanguis: Nam hoc epitheton non sine cã introductũ est: qd est propriũ Aenee. Nam Assaracus pr ẽ Capyos: Capys Anchise: Anchises Aenee. x Auo. C. Numitori patri Rhee: quem pulsum a pr̃e Amulio ipse industria & virib9 suis in regnũ reduxit

y Mauortius: C. Et qa Martis filius: & quia vir bellicosus. z Romul9. CR. quis Romulus fuerit apd scriptores magna controuersia est. Nosque multorũ opiniones in eodẽ loco retulim9: Sed vt ea sequamur q de Rhea et Marte scribunt: qm vulgatiora sũt: & a Liuio magis illustrant: Romulus ex Marte & Rhea genit9: a rumine lupe noiat9 ẽ: qm lacte lupe nutritus sit: & antiqui mammã rumen appellarũt. Hinc & ruminalis ficus: sub q̃ expositi sunt dicta est: quoniam sub ea lupe rumen sumpserunt. a Assaraci. CR. Aeneadarum: nam ex Assaraco natus est Capys. ex Capy Anchises pater Aenee. b Viden. S. Den naturaliter longa est: breuẽ tñ posuit secutus Ennium: et adeo est ei9 imutata natura: vt ea vbique breuis inueniat. C. viden. vides ne: Comicũ ẽ: vt a ne dictiõe interrogatiua remoueat e: & dictioni antecedenti adiũgat n. hinc est Pyrrhin connubia. pro pyrrhi ne. c Gemine stent vertice criste. S. Omnino in oĩbus hoc egit Romulus: vt cũ fratre regnare videret: ne se reũ patricidii indicaret. Vñ oĩa noĩa duplicia habuit: q̃si cũ fratre cõmunia. Etenĩ ad captanda auguria Palatinũ Romulus tenuit. Auentinũ remus: qui prior sex vultures vidit: post Romulus. xii. & cũ ille tpe: ille numero de cõdenda vbe certarent: orta contẽtiõe de vrbis noĩe inter exercitũ: a Romuli militib9 Rem9 occisus est. Fabulosum aũt est φ a fr̃e propter muros dicit interemptus. d Criste. C. Gallorũ gallinaceorũ dicũt: & deinde a similitudine ornat9: qui imminet galeis crista dicitur. vt. Cristaque insignis est. e Et pater ipse suo superum iã signet hono. SER. Merito virtutis. Mars Romulum deum esse significat. Superum enim actũ est singularis ab eo quod est superus superi. C. Suo honore. excellentia rei militaris: qui honor proprius est Martis. Alii suo: id est diuino

φ referendus sit inter deos. g Illa. SER. quam tibi fata sepe promiserũt. C. Illa. Emphasim habet. laudat aũt a fortũa: a virtute: a situ. a sobole. h Inclyta. S. Grecũ: nam. κλυτον. gloriosum dicũt. i Imperiũ terris. S. In q̃ntũ tenditur terra. k Animos equabit olympo: SER. id est magnanimitate equabitur coelo. De hoc autẽ loco & Probus & Trogus querunt.

l Septẽque vna sibi muro. SER. Bene dicit vrbẽ Romanã septẽ inclusisse montes: & medium tenuit: nam grandis est inde dubitatio. Et alii dicunt breues septẽ colliculos a Romulo inclusos. i. Palatinum. Quirinalẽ. Auentinũ. Coeliũ. Viminalem. Aesquilinum: & Ianicularẽ. Alii vero volũt hos quidẽ fuisse: aliis tamẽ nominib9 appellatos. que mutata sunt postea: vt de omĩb9 rebus legimus fieri: sicut etiã de multis locis et fluminib9 legimus: vt sepius. & nomẽ posuit saturnia tell9. CRIS. Septem. Non qa vrbs a Romulo edificata amplectaretur tũc septẽ colles: sed que deinde sua magnitudine esset complexura

m Prole virum. SER. pro virorũ fortium. D. Virũ. Vir hic ad similitudinem Saturni regnabit: ex quo illud videt astruere φ foelicitas regnãdi generi ei9 attributa videat.

n Qualis berecynthia mater. S. Phrygia. Nam berecynthos castellũ est Phrygie: iuxta sangariũ fluuiũ: vbi mater deũ colitur. Per hanc autem cõparationem nihil aliud ostendit: nisi Romanos duces inter deos ee referẽdos. C. Berecynthia. De hac dea dictũ est alibi. o Turrita. SER. Quia ipse est terra: q̃ vrbes sustinet. Ideo designat ei corona cum turribus in capite. p Huc geminas nũc flecte acies. S. Totum visum tuum huc dirige: & huc specialiter intuere. C. Huc gemias &c. Captat attentionẽ. quasi dicat: sunt digni: vt aspiciant. q Hic cesar & om. S. id est progenies: vt Iuli9 a magno demissum. r Iuli. CR. Dieresis est: vt sint tres syllabe: Augustus hic ĩ domũ Iuliorũ nõ natura: sed adoptiõe venit. Fuit enĩ nepos. C. Cesaris ex octauia sorore. s Coeli ventura sub axẽ. S. Nam cũ augustus pr̃i Cesari ludos funebres exhiberet: stella crinita per diẽ apparuit: q̃ psuasione Augusti: Cesaris aĩaz populus esse credidit: Hinc est ecce diongi processit c.a. t Sub axem. SER. id est ad diuinos honores. v Hic vir hic est tibi. S. C. littera pro duplici non nisi in monasyllabis habetur: vt. Hoc erat alma parens. Nam si hoc esset: etiam in dissyllabis pro duab9 haberi debuerat: quod nusque inuenim9. Littere enim naturam seruari etiã in syllabis conuenit. x Diuum genus: S. Cesaris: qui fact9 est de9. Dicit aũt non solũ iure adoptionis: sed etiam consanguinitatis. Nam Actie fuit filia que erat soror Cesaris. Hic aũt Augustus Cesar hoc nomẽ accepit a pa tre adoptiuo. Nã añ Octauius dictus est a pr̃e Octauio post Augustus cesar. y Secula q̃ rur. la. S. sub Saturno dicit secula aurea fuisse i orbe terrarũ: sub Augusto tm̃ in Italia. CR. Aurea secula. Nã neq; tranquillior: neq; ad longius tẽpus durãs pax fuit: q̃ illa q̃ sub Augusto extitit. z Garamantas. S inter Lybiã & Aphrycã: iuxta i [illegible] id est zonam torridam. DONATVS. Garmantas & indos. faciet id qđ Saturnus in Italia. Atq; insup pacabit ipm orbẽ. CR. Garamantas. Extremi sũt ppl̃i Aphrycę sup psyllos ad austrũ vergentes: solitudibus a reliquorum mortalium cõmertio discreti. armis carent. aspectũ hoim refugiũt. Romanis nunq; subditi: nec bello tentati vsq; ad vespasianũ. Mira aũt auxesis. Nã si Saturnus in maxima fama est: quia in Latio regnauit: in quãta erit hic: qui omnẽ sibi terrã adiunxit: Nam legatio q̃q; Indorũ ad Octauianũ venit: amicitiã petiit. a Indos. S. ppl̃i orientis. extremi.

b Iacet extra sy. tellus. S. Nulla est tell⁹ q̃ nõ subiaceat syderib⁹: vñ perite addidit: Extra anni solisq; ꝛc. c Extra anni solisq; vias. S. vt ostẽderet xii. signa: in q̃bus est circulus solis: significat aũt Maurorũ Aethiopiã: vbi est Athlas: de qua ait Lucanus: Aethiopũq; solũ: quod nõ p̃meret ab vlla signiferi regiõe poli nisi poplite lapso vltia curuati p cederet vngula tauri. D. Anni et solis. Annũ p nocte: solẽ pro luce posuit. Vult ergo aliquid vlterius Saturnus qui etiam Poeta: q̃d sol nesciat & mũd⁹ excludat. Ergo meli⁹ Cesar: qui ad tm̃ spacium imperium proferet q̃ in sola regnauit italia. CRISTO. Extra anni solisq;. i. extra zodiaci circulũ: p quẽ est via solis: a q̃ cõficit ann⁹: sed nulla ps terrę est q̃ extra zodiacũ sit. Ergo extra. i. pene extra q̃d euenit ethiopię Maurorũ: vt docet Ser. d Torquet. S. sustinet. e Aptũ. S. vicinũ: vt dixim⁹. s. f Iã nunc et cas. reg. S. fines Assyriorũ in q̃bus sunt portę caspię. Q; autẽ dicit: verũ est. Nã & Suetoni⁹ ait in vita cesaris: respõsa esse data p totũ orbẽ: nasci inuictũ imparatorẽ. g Responsis. C. Nã et q̃ntilĩa⁹ i tertio lib. in de laudib⁹ hoim: etiã oracula põit. h Meotica tel. SE. Scythica tellus: cui⁹ palus est meotis. C. Meotica. Scythia a meoti palude. i Septem ge. S. septemflui. C. Septẽ ge. nili. Qui erumpit in mare p septẽ hostia. Nilus mediũ ægyptum secans vsq; ad cercasorũ vrbẽ vnus fluit. Deĩñ in tres pres diuidit: quarũ vna versus aurorã fert: quod os Pelusiũ vocat. Altera ad Hesperum vergens: os canopicũ dr̃. Media vero q̃ recto cursu fluit eã egypti partẽ intersecat: quã deltam vocant. Dicit autẽ os sebeniticum: hoc aũt ñ natura: sed regũ opa i plã ora diuisum est. Nã hoc saiticicum: illud mendesiũ: aliud molbitinum & bucolitium dicitur.

k Turbant. S. turbant. l Nec vero alcides. D. Nunc cõparat illũ Herculi: deiñ libero prĩ: qui ambo plĩma loca superarũt: Laudat ergo alios: vt potiorẽ Cesarẽ faciat: Sic assentator ille Terentian⁹ Gnato: cum dictũ esset. Magnas vero gr̃as Thais mihi? Rñdit: Ingentes: vt cõfirmatione audentius assentatiõe suparet: nã si magnas rñdisset ñ ꝓmerebat patronũ. ¶ Alcides. Optime cõparatõe illum extollit. Nã ait Cice. Est & cum ceteris p̃stantib⁹ viris compatio in laudatione preclara.

Secula: quę rursus latio regnata per arua
Saturno q̃ndã: superet garamãtas ad indos:
proferet imperiũ: iacet extra sydera tellus:
Extra anni: solisq; vias: vbi celifer atlas
Axem humero torquet stellis ardentib⁹ aptũ.
Huius in aduentu iam nunc & caspia regna
Responsis horrent diuũ: et meotica tellus:
Et septem gemini turbant trepida hostia nili.
Nec vero alcides tantum telluris obiuit:
Fixerit æripedem ceruã licet: aut erymanthi
placarit nemora: & lernam tremefecerit arcu.
Nec qui pampineis victor iuga flectit habenis
Liber: agens celso Nysę de vertice tygres.
Et dubitamus adhuc virtutẽ extendere factis.
Aut metus ausonia prohibet consistere terra.
Quis procul ille autem ramis insignis oliuę

m Fixerit aeripedem ceruam. SER. Pro aeripedẽ vicit autẽ cerintim ceruã dictã a loco. Fixerit autẽ strauerit: delassauerit. C. Ceruam. Hęc in menalo monte fuit ereis pedibus & aureis cornib⁹: et oino velocissima: quã tñ cursu supauit hercules. Volunt ceruã pro metu positam: quã Hercules. i. vir fortis omnino superat.

n Erymanthi. S. Mons Archadię: in q̃ aper ferocissimus fuit. C. Erymãthus est mõs i Archadia in q̃ Hercules aprum domuit: ꝛ viuũ ad Euristheum detulit o Lernã tre ar. S. pro hydra paludẽ ipsam posuit: & intelligamus eã añ sagittis fuisse cõfixã: post exectam: & adustã. p Liber agens ce. Nysę. C. Nõ boeticus: sed egypti⁹: qui auctore Eusebio regnante danao floruit: et in India vrbẽ Nysam condidit anno mũdi vigesimonono sup tria milia et septigentos. Idem affirmat Stra. Curtius aũt hãc ab Alexandro obsessam: & tandẽ sese Nyseos illi dedidisse: seq; a libero conditos affirmasse refert. Est hęc vrbs sita in radicibus montis: quẽ Moronẽ appellãt. Et quia meron grece femur significat: fortasse fabulati sunt poetę: Bacchum añ tẽpus e m̃ris vtero eductum: femori Iouis assutum fuisse: quãuis ego hoc figmentum ad rem physicã: vt alibi dixi: libẽtius retulerim. Diodorus p̃terea scribit Bacchũ a nymphis apud Nysam Arabię vrbem nutritum fuisse: & a Nysa et Ioue patre: quẽ greci dia appellant: vocatũ esse Dionysum. Est et tertia Nysa in Helicone boetię monte: vt refert Strabo.

q Nysę de vertice tygres. S. mons est indię: de quo loquitur. Ceterum est & Nysę ciuitas in monte Parnasso. In q̃ liber colitur: vnde nyseus dictus est.

r Et dubitamus. SER. pro dubitas. miscuit personam suam. Est autem sensus: cum sit tanta preparata posteritas: dubitas virtutem factis extendere: id est gloriam. D. Et dubitamus. Fuit ornamenti quo impelleret filium: ne frangeretur tarditate veniendi. s Aut metus. S. aut est aliquis timor: qui te a regnis Italię reuocet. t Quis procul il. ãt ra. S. Nunc redit ad Romãos reges: q septẽ fuerunt. Romulus: Numa Pompili⁹: Tullus Hostilius: Ancus Marcus. Targn⁹ priscus: Serui⁹ Tullus: Targu⁹ supb⁹. Mira ãt vtit fantasia: vt q̃si oñdat se ñ agnoscere eũ q de gẽte Romana ñ fuerat. Romulo ei mortuo cũ anno senatus regnasset p decurias: tediosũ visũ est: & q̃situs est rex. Sed cũ in vrbe nullus idone⁹ esset inuentus: orta est bona

Sacra ferens? nosco crines: incanaq; menta
Regis romani: primam qui legibus vrbem
Fundabit: curibus paruis: & paupere terra
Missus ī imperiū magnū: cui deinde subibit
Otia qui rumpet patrię: residesq; mouebit
Tullus ī arma viros: & iam desueta triūphis
Agmina: quē iuxta sequit̄ iactantior Ancus:
Nuncq; iam nimiū gaudēs popularib⁹ auris.
Vis & tarquinos reges: animāq; superbam:
Vltoris bruti fascesq; videre receptos?

Pompilii fama q̄ esset apud Cures ciuitatē Sabinorū: Rogatus itaq; p legatos: accepit impiū: q ferotiam ppl'i a bellis ad sacra contulit. Vn̄ etiam numa dict⁹ est. απο του νουου. Hic etiam can⁹ fuit a prima ętate: ad q̊d alludēs ait: Incanaq; mēta. Item ꝓpter sacerdotiū. Ramis insignis oliuę. D. Quis procul ꝛc. Multa dat signa: vt cognoscat̄ in multitudie. Magna aūt laus: vt p modicas vires ad magnū tendit imperiū. v Incanaq; menta CR. Numam Pompiliū notat: qui Curib⁹ vrbe Sabinoꝝ oriūdus omi religione & pietate prudētiaq; & iusticiaq; singl'is adeo insignis fuit: vt sequētia secta illū Pythagorę discipulū: q Tullo regnante fuit crediderint: sed fuit nō tā artib⁹ pegrinis instruct⁹ q̄ disciplina tetrica: ac tristi veterū Sabinoꝝ. Ppl'm ad studia pacis trāstulit: & vt illū sub metu religiōis contineret multa sacra inuenit: quę fingebat a nympha egeria accipe: annū ad cursū Lunę. xii. mensib⁹ fiunt. Ioui Marti: & Quirino flāmines instituit. virgines vestę legit: duodecim salios Marti instituit: qui ancilia ferrent. Lucū in q̊ cū Egeria sine arbitris loq fingebat musis dicauit. In eodē luco soli fidei sacrariū statuit: in q̊ māu ad digitos inuoluta sacrificabat̄: Regnauit annis. xliii. cū vixisset supra octogita, dissolutusq; est senectute pmanente eodem ingenio donec fuit in vita q̊ olim fuerat: fuit lex Numę. Q; si pater filio vxorē ducere pmitteret: et nō amplius hr̄et ptātem filii vendendi. Cum Romuli lex potestatę patri in filiū p om̄e tempus concederet verberandi: vendēdi: et occidendi: vt ait Dionysi⁹ halicar. Tullus hostilius originē duxit ex medulla vrbe olim condita ab Albanis. Sed Romul⁹ illā foedere suscipiēs Coloniā Romanorū fecit. In hac fuit nobilitate & diuitiis insignis Tull⁹ qui Romā cōmigrās: vxorē duxit seruili filiā Sabinā mulierem: quę gentilib⁹ foeminis psuasit: vt inter viros et patres de concordia ageretur. Hic igit̄ sub Romulo fortiter dimicans: in bello Sabino extinct⁹ est. Ex eo relict⁹ filius Tullum hūc regē genuit: qui fuit vir ꝓmpt⁹ & alacer. Rex est factus secundo āno septimę et vigesimę Olympiadis. Fuit p̄ter cęteros liberalis. Nā quicqd agri Romul⁹ bello Sabino susceꝑat: & numa: eius fructus in rē diuinā: et domesticū sumptū cōuertebat. Tullus his ciuibus q nullā sortē habebāt diuidi iussit: p̄rna hęreditate ad id sibi sufficiente. Extinctus est cū regnasset annos duos ac triginta absumptus cū vniuersa familia igne: q̊ dom⁹ sua inuoluta cōflagrauit: siue id dolo Antius Martius parauerit: dolens filios Tulli in regno successuros: cū ipse ex filia Numę nepos priuatus degeret: siue q̊d magis credidit Dionysi⁹ halicar. Fulmē domū pcusserit: Marcus cognomine Ancus successit Tullo: āno scdo trigesimę q̄rtę Olympiadis: qui pleraq; sacra a Numa auo materno instituta cū illa neglecta uideret reuocauit: & cultores agrorū ꝓpt opulentiā negligentiores animaduertens ad antiquā diligentiā cōpulit. eademq; pacis cupiditas fuit: q̄ fuerat Numę: sed nō eadē fortuna. Nā et latini et sabini sępius eum inuadentes ad belliū compulerūt. Quapropter sua sapientia ac fortitudine mltos debellauit: et mira quadā clemētia victos seruauit: et nōnullos ppl'os Romā traduxit: illisq; locū in vrbe habitandū tradidit: Regnauit ānis quatuor ac. xx. vrbem relinq̄ns potentiorē q̄ inuenit. Successitq; Targnus: huic p̄r fuerat Damaratus corinthi⁹ ex brachiadum familia. Hic cum naui oneraria propriis mercibus onusta: in Etruriā venit: foeliciq; vtens mercatura: et Etrustorū in gręciam: & gręcorū in Italiā transferēs merces: ad sūmas diuitias pueit: et cū tyrānis Cipseli Brachadū factiōi instaret: patriā ꝓpter metū oīno reliqt: & Tarquiniis vrbe Etrurię opulēta domiciliū cōstituit. Suscepit duos filios q̊s etruscis noībus appellās: alterū Aruntē: alterū Lucumonē nūcupauit: & gręca Etruscaq; disciplina erudiuit: Sed mortuo Demarato atq; Arunte: sol⁹ Lucumo patrimoniū accepit. Et cum in ea vrbe (quia peregrinus eēt) maiorib⁹ honorib⁹ nō dignaret̄: audiretq; romę etiā externis honores dari: illuc cōtendit: maxīe adhortāte Tanaquillę ei⁹ vxore: q̄ Etrusca disciplina ībuta: maxīos illuc honores: illū assecutorū esse p̄dixit. Romęq; ciuis fact⁹: sibi ꝓ lucumone Luciū nomē īposuit. Et Targnū ab vrbe vn̄ venerat cognoīauit. Hic Anco successit: Multaq; egregia domi: militięq; facinora edidit. Octogenari⁹ āt fact⁹: ab Anci filiis dolose occiditur.

x Otia q rū: pa. S. De hoc Liui⁹. Hic n̄ solū pximo regi dissimil': sed ferotior etiā q̄ Romul⁹ fuit. y Resides. S. otiosos: nimiū sedētes. z Desueta. S. a cōsuetudīe triumphandi dissuescentia. a Iactantior An. S. amāns ppl'i fauorē. Hic hostiā fecit. Ancus āt dictus. απο το αγκωνος. id est a cubito: quē incuruū habuisse dr̄. DONAT. Iactantior. Iactat se qsq; p'imū sibi arrogat. b Auris. S. fauorib⁹. Vn̄ etiā Aurarii dicūt̄ fautores. D. Popularibus auris. Hi sunt fautores ppl'i q̊s nō q̄runt sapientes. c Vis et tar. re. aiam sup. S. Vn⁹ em̄ de Targnis fuit supbus. d Vltoris bruti. S. scꝫ vis videre fascesq; receptos. Historia āt hoc hꝫ. Targni⁹. ob multa qdē supb⁹ ē dict⁹: p̄cipue tn̄ ob hanc cām. Mādauit aliqn̄ sexto filio q minim⁹ ex tribus erat: vt p̄ris in se sęuitiā intolerabilē conq̄rens Gabios trāsfugeret: q̊ cū venisset: & supbiā p̄ris ab alienis i suos versā diceret: nihil vsq; sibi tutū: nisi apud hostē Tarqni p̄ris credidisset: multisq; i Gabinoꝝ fraudē simulatꝫ: dux ad vltimū belli cōtra p̄rēm legit̄. Itaq; p̄liis qbusdā foeliciter gestis: cū tātā charitatē ab oībus adept⁹ foret: vt nō p̄r Targni⁹ potentior Romę q̄ filius Gabiis esset: Satis iam viriū ad conatus sibi collectū existimans: ex suis vnū satellitē scissitatū ad patrē Romaꝫ mittit: qd iam se facere vellet: q̊d cū Tarquino sateles renūciasset: rex ip se: quia dubię fidei nūti⁹ videbat̄: nihil voce rn̄dit. sed deambulās cū virga in hortis: velut deliberabund⁹: capita decussit papauerū: vt ea re p satellitē renunciata filius quid fieri vellet cognosceret: & primores ciuitatis q̊ quo modo interimeret. quod et ab eo factū ē. Hui⁹ filius vitiauit nobilissimā matronā Lucretiā: q̊d illa dolens: se interemit. Tunc eius auūculus Brutus rapto ex eius corpe gladio: processit ad populū: & de hac re contionatus est: tunc omnibus placuit ne reciperetur rex: qui tūc ardeam expugnabat. Quo facto, Targnus se cum filiis ad Porsenam regem Thuscię contulit: & bellū gessit grauissimum contra populum Romanū: tunc duo creati sunt Cōsules: Brutus et Tricipitinus pater Lucretię. Iste & Tarquinus dicebat̄: ob quod solū est vrbe pulsus: & in eius loco subrogatus est Valerius publicola. Quo mortuo item alter est factus: & alter. Q̊d cernens tediosum esse Virgili⁹: solū Brutum posuit: qui annū solus impleuit. Sed Bruti filii erāt amici filiis Tarquini: cum quibus cū iniuissent consilium: vt per noctem eos intromitterent: proditi sunt

Cōsulis imperiū hic primus: sęuasq; secures
Accipiet: natosq; pater noua bella mouētes
Ad pœnam: pulchra pro libertate vocabit:
Infœlix: vtcunq; ferent ea facta minores:
Vincit amor patrię: laudūq; immēsa cupido.
Quin decios: drusosq; procul: sęuūq; securi
Aspice torquatū: & referentē signa camillum.
Illę autem paribus quas fulgere cernis ī armis
Concordes animę nunc: et dū nocte pmunt:
Heu quantū inter se bellum: si lumina vitę
Attigerint: quantas acies stragemq; ciebūt.

a seruo vindicto: & a patre interempti sunt. Iō ergo vltoris. scilicet & libertatis publicę: & Lucretię pudoris. e Seuasq; secures. S. Quę etiā sęuierūt cōtra liberos. D. Seuasq; secures. Infœlix qꝫuis ob cōmodū publicū te laudent: tamē infœlix eris propter natos cęsos. C. Secures. Fasces virgarū in qbus inclusę essent secures. Fiebāt aūt fasces ex Betulia gallica arbore cādidissima. Sed et in hoc loco quid de insignib⁹ magistratuū sentiat Dionysi⁹ halicarnaseus breuiter aperiā: Victis a Tarquino Ethruscis eo bello: qd noue annis cū illis gessit: qꝫuis illos liberos reliqrit: tamē ipsi tanq; victi insignia eorū principatus regi attulert. quib⁹ ipsi suos reges adornabant: coronā auream. Sellam eburneā. Sceptrū hñs supra caput aquilā. Tunicā purpureā cum signis aureis. Amictū purpureū variū: quales lydorū Persarūq; reges ferebāt: pręterq; q nō sunt figura quadrangulari: vt sunt illi: sed semicirculari. Talia aūt vestimēta Romāi togas: greci thebanum vocāt. Tulerūt etiā vt qbusdā hystoricis placet duodeci secures: q ex vrbib⁹ singul' singlas sumebāt: Mos ei erat Etruscis vnicuiq; regi lictorē vnū anteire: fascē virgarum in q inclusa esset securis ferentem. Si vero fieret cōmunis oīm ciuitatū exercit⁹ xii. illas secures vni illi tradebant: qui dux factus esset omniū copiarū. Alii dicunt: alios quoq; reges Romanos antea duodecim lictoribus fasces ferētib⁹ ornatos incessisse: Moremq; hūc Romulū instituisse. Tamen nihil prohibet insignia fuisse Etruscorū: & ea sit cū reliqs tūc fuisse ad Tarquinū lata. Sed nūc quoq; sceptro et Diademata Romani donāt reges: cum volunt illos cōfirmare. Hęc igit' accipiens Tarqnus cognitionē ei⁹ rei reiecit ad senatū & ad ppłm. At illi decreuert illa esse accipienda. Sicq; et ipsi et reliq post eū reges coronam tulerūt aureā: & vestem purpureā pictam: et sceptrū eburneū astantib⁹. xii. lictoribus: qui etiā illos euntes ante ibant: et in sella sedebant eburnea ius dicturi. idē mos & consulibus: pter coronā aureā: et vestem purpureā pictā: Hęc ei vt res inuidiosa ablata sūt illis: nisi cū victores triūphabant. Hęc Diony. At Macrobi⁹ refert Tulliū hostiliū tertiū Romanorū regem debellatis Etruscis Sellā curulē. lictores togam pictā et ptextā insignia magistratuum Etruscorū ad Romāos transtulisse: sed ptextā illo tpe puerilem ętatē nō vsurpasse. Sed Targnū priscū cū Sabinos superasset: filiū qtuordecim ānos natū: qui in hostē pcussisset: & pro cōtiōe laudasse: & bulla aurea q gestamen prius triūphantiū erat: et ptexta q sola magistrat⁹ vtebātur insignisse. In bulla em triūphantes gestabāt inclusa remedia contra inuidiā validissima: Hinc mos fuit vt ptexta & bulla pueri vterent. Alii dicūt Tarquinū instituisse ad ornatū ingenuorū puerorum: vt pueri pretexta: & bulla vterentur: sed hi dumtaxat: quorum patres curulē magistratum gesserant. Ceteris aūt vsq; ad eos: quorum patres equo iusta stipendia meruissent: sola pretexta concessa est. Libertinis & peregrinis vti ptexta nō licebat. Deinde cum in secundo bello punico institutū esset: vt in eo sacrificio: qd ex collatis pecuniis faciundū esset libertinę quoq;: sed illę solę: q longa veste vterentur: pecuniā conferrent: concessum est vt libertinorū filii: qui ex iusta matre concepti essent: pretexta vterent': & lorum pro bulla in collo ferrent. f Natos. CRI. L. Iunius Brutus filios habuit Tytum et Tyberiū: hos Brutus ex vxore sua furore vitelliorū sustulerat. Sed cū vitellii contra rempublicam de reducendis regibus: sua auctoritate filios Bruti: quibus auunculi erant in eandē coniurationē traxerūt: Mox coniuratiōe per seruum patefacta: Brutus qui tunc consul erat filios: ac reliquos coniuratos verberibus cędi: & securi percuti iussit. g Pulchra pro libertate. SER. Ingenti arte loquit' consideratione psonarū: factū enim laudat dicens: Pulchra pro libertate. psonā vituperat: vt cunq; ea facta minores: etiā si laudaris a posteris nō extorqre debet vim naturę amor patrię. h Infœlix. C. Infœlix fuit qdem dign⁹ laude Brutus: qui patrię libertatē filiis proposuerit. Sed et si vir optimus: tamē infœlix q in eā calamitatē inciderit: vt filios necare coact⁹ sit. Ergo hominis virtutē laudat: fortunā vituperat.

i Quin decios. S. quinimo. Decios respice. Hi duo fuert q mures dicti sunt pater et filius. Horū alter se bello gallico: alter Samnitico vouit pro republica: cum terra et mari vniuersum bello vellet exercitū perdere.

k Drusosq. SER. Hi duo fuerunt. Horum prior vicit Hasdrubalem. Alter filius Iulię sororis Augusti. CRIST. Drusos. Drusum intelligit: qui scordiscos gentē Thratię effrenatā repssit: pot⁹ q eū qui in promulgatiōe legis agrarię magna incendia belli ciuilis relinquit. l Seuūq; securi: aspice. S. Hic gallum quendā singulari certamine supauit: & eius sibi torquem imposuit: vnde et nomen accepit. Hic ad vrbē pergens: pcepit filio: vt tantū castra tueret. Ille nacta occasiōe victoriam cōsecutus est. Reuersus postea pater laudauit fortunam populi Ro. sed filium (vt dicit Liuius) fustuario necauit. Seuum ergo iure occidendi: non ferri genere: Nam securi nō animaduertit in filiū. m Torquatū: CRI. Erat bellū cū latinis graue et periculosum quippe: cū et mores et arma et virtus cū Romanis par esset. Consules edixerant: ne quis extra ordinē pugnaret. Tytus aūt Mallius consulis filius a Metio equite Tusculano ad singulare certamen prouocatus: siue pudore: siue ira recusare prohibitus accessit ac superauit. Mālius aūt consul in contione: quando inquit Māli spreto cōsulari imperio eo me impulisti: vt aut meorū: aut respub. obliuiscendū sit nos potius delicto nro plectamur: quā respub. suo damno nostra pctā luat. Triste exemplū: sed in posterū salubre iuuētuti erim⁹: deinde securi pcuti filiū iussit. Ait Liui⁹ in. viii.

n Referentē signa ca. S. Brenno duce Galli apud Alliam fluuiū deletis legiōibus euerterunt vrbē Romanā: absq; capitolio: p q imēsam pecuniā accepert. tūc Camillus absens dictator ē fact⁹: cū diu eēt apd Ardeā i exilio ppter veientanā pdā nō equo iure diuisam: et Gallos iā abeūtes secutus est: quib⁹ interemptis aurū o[m]e recepit: Post hoc tñ factū: rediit in exiliū: vnde rogatus reuersus est. o Fulgere. S. ab eo qd est fulgo fulgis accentū i prima. p Et dū nocte pmunt. S. Bene allusit: Nam dum pauperes fuerūt: concordes manserūt: et concordiā in humilitate tenuerunt: cū nobilitate vero in bella venerūt.

q Aggeribus socer alpinis atq; arce monęci
Descendens:gener aduersis instructis eois.
Ne pueri ne tanta animis assuescite bella:
Neu patrię validas in viscera vertite vires.
Tuq; prior tu parce:genus qui ducis olympo:
proiice tela manu sanguis meus.
Ille triumphata capitolia ad alta corynthο
Victor aget currum:cęsis insignis achiuis.
Eruet ille argos:agamēnoniasq; mycenas:
Ipsumq; Aeacidē genus armipotentis achilli:
Vltus auos troię: tēpla & temerata Mineruę.
Quis te magne Cato tacitū:aut te Cosse relīqt?
Quis Gracchi gen⁹:aut gē.nos duo fulmīa belli
Scipiades:cladem libyę:paruoq; potentem

q Aggeribus socer alpinis atq;. S.munimentis alpium. Hęc em̄ italię murorū exhibent vicem. Socer vero quia Pō peius habuit Iuliā filiam Cęsaris:quę in partu periit. vn̄ isti cum facile in bella venerūt. Vnde Luca. Morte tua discussa fides bellūq; mouere permissum est ducib⁹. r Arce monęci. S.de lyguria. vbi est portus Monœci Herculis. Dictus autē μονοικος vel ꝙ pulsis omnibus illic solus habitauit:vł ꝙ in eius templo nunq; aliquis deorū simul colit. Sicut in vt Iouis Minerua:et Iuno:In Venerę Cupido. s Aduersis Eois. SERVI. orientis em̄ auxiliis vsus est. t Pueri. D. Nam quisq; cū nascitur puer est:tanq; autē optimus pater recte consulit posteris:eo ꝙ sapienter admonet. v Assuescite bel. S. Mire dictū est:ab ipsis enim quasi consuetudinem fecit populus roman⁹ bellorū ciuiliū. Octies em̄ gesta sunt. Ter a Cęsare contra Pompeiū in Thessalia. Item contra eius filiū magnū in hyspania. Item cōtra Iubam & Catonē in affrica. mortuo Cęsare ab Augusto contra Cassiū & Brutū in philippicis ciuitate Thessalię. Cōtra Lucū Antoniū perusii. Contra Marcum Antonium: & Cleopatrū in Epyro: et Sex. Pōpeiū in Sycilia. x Tuq; prior tu par. S. Cęsari dicit quē clementē circa Pompeiāos legim⁹: cui vult hoc tunc esse mādatum. y Ille triumphata. S. Mumiū significat. C. Triumphata Mumiū intelligit. hic cū Acheis:et Boetis:& Chalcidēsibus pugnās ad Isthmū vicit:totāq; achaiā ī potestatē Po.Ro redegit. Corynthū ex sena.cō. diruit:qa ibi romanorū legati violati fuerant. Thebas:quoq;:& Chalciden:quia auxilio Acheis fuerunt diruit. vir adeo abstinens:vt ex tot opibus ornamētisq; :quę prędiues Corinthus habuit:nihil sibi sumpserit. In triūpho suo magnā vim signorū ęreorū. ac marmoreorū:ac pictarū tabularū tulit. z Ipsumq; æacidem. S. Necesse est:vt ille subaudiamus. Pyrrhū enim quē Aeacidem dicit. Curius & Fabricius uicerunt ferentē tarentinis auxiliū. Hic postea fugit in Gręciā:& illic occisus est. Nam cū Argos obsideret ictu tegulę periit. Argos vero. & Mycenas alii vicerunt. C. Aeacidem. Aeacus. auctor huius familię fuit Iouis filius ex Aegina Asopi filia. Isti igitur Peleū genuerūt: & ipe Achillem sūmis laudibus ab Homero celebratum. Ex hoc natus est Pyrrhus:qui & Neoptolem⁹ est appellatus. Ex eadem familia lōga successione natus est Pyrrhus Epirotarū rex. Iginius tn̄ in hoc loco remouendū censuit. Eruet ille argos:si sequit̄ ipsumq; Aeacidem. Nam & in illo posset esse causa:ꝙ L. Mumi⁹ qui vicit Achaiā vicisset argos & Mycenas eiusdē ditionis vrbes. Sed hoc ipsumq; Aeacidē delēdū est. Et si superuixisset Virgilius deleuisset:quia nullo pacto conuenit L. Mumii cū ętate curii. Sed queso cur non potest sic legi ille triumphata s. Nam L. Mumi⁹. deinde cum dicit ipsūq; Aeacidem intellegam⁹ ille alius. s. Curius. Nā multo obscurior est in Bucc. quid loquar aut scyllā nisi:an aliā scyllā q; fama secuta est. a Armipotētis. C Nā Homerus illum omniū gręcorū fortissimum scribit. b Vltus auos. S. aut distinguendū est;vt sit Troię Mineruę, pro troianę:principale pro deriuatiuo. Aut certe auos troię non quos Troia habuit auos. sed qui de Troia fuerunt. s. auos troianorum. DO. Vltus auos troię. vehementer reficit animū filii interitū gręcię:& vltionē troię pmittens. Atq; hęc mirantibus addit. transitus quidā:ne vna & continua narratio tediosa sit. Hinc em̄ generibus varietas nascitur:& q̄si noua initia aliarum narrationū fiunt. c Magne Cato. S. Censorinū dicit qui scripsit hystorias multas: & etiā multa bella confecit. Nam vticensem pręsente Augusto cōtra quē pater eius dimicauit:et ide anthicathōes scripsit laudare non poterat. Supra aūt Mineruę templa temerata per stuprū Cassandre dicit. CRI. Magne Cato. Si de cēsornio loquitur iure magnū appellat. Nā sententia omnium tribus maximis reb⁹ excelluit. Maxim⁹ em̄ orator:maximus imperator:maximus senator fuit. Inuidia inimicorū quater ac quadragies accusat⁹:semp absolutus est. hic Tusculi natus fuit:& in ciuitatē receptus principiū portię familię pręstitit. Duas habuit vxores. Ex prima habuit filiū qui pretor designatus:viuo patre mortuus est:& egregios de iuris disciplina libros reliquit: Huius filius fuit M. Cato cognominatus M. nepos orator satis vehemēs. et cū Q. Martio rege in aphrica defunctus est. Qui & filium habuit:qui edilis:et p̄tor fact⁹:in gallia Narbonensi est defunctus. Ex secūda vxore q̄ soloni clientę sui filia fuit:duos sustulit filios L et M catōe; ex M. Catotone nat⁹ est M. cato vticensis oīm virtutū exemplar: cuius filius M. cato cū Bruto in prœlio philippensi occisus ē. Portia familia(vt apparet ī nono macedonici belli libro) plebeia erat. d Cosse reliquat. S. Cossus Tribunus militaris fuit. Hic Larē Tholomiū a loco dictū occidit: et opia spolia reportauit. Erit aūt nominatiuus:hic lar:hui⁹ lartis. e Quis gracchi genus. S. Gracchos seditiosos constat fuisse:nobiles tn̄ genere. Nāq; per Corneliā nepotes Scipiōis africani:vnde Iuue. ad eā. Tolle tuū precor Hanibilem victūq; syphacem. Ergo Scipiones dicit per Gracchi genus. Duo aūt fuerūt maior affricanus et Emilius minor:qui obsidione Carthaginis:ab Italia reuocauit Hanibilem. C. Gracchi. T Gracchus bis consul:bis triumphator:bis cēsor:. Corneliā affricani maioris filiā vxorem habuit:quā adeo dilexit: vt eius salutem suę proposuerit. et ipsa eo mortuo nuptias Ptolomei Aegyptiorū regis cōtempsit T. et. C Gracchos filios oratores excellentissimos reddidit. In Tito aspectu:et ingenio humanitas apparuit. C⁹ asper et ꝯcitatus fuit: Ambo q̄uis diuersis temporibus cū agrariā legem aduersante senatu ferre tentarent cęsi sunt. f Scipiadas. S. Hi gemini fratres fuerunt:qui cū fortissime dimicarent:in hyspania apud Carthaginē nouam:quę Spartaria dicit̄ interempti sunt:quorū alter pater:alter patruus Scipioni Affricani maioris fuerunt. C. Scipiadas. Patronymicū pro nomine proprio posuit metri causa. Nā Scipiones nō recipit hexameter versus. Sic Lucre. Scipiadas belli fulmē Carthaginis horror. fuerunt hi gemini fratres. s. Cn. Cornelius Scipio: Cornelius scipio quo ꝓP consul ad Ticiniū flumē cū Hanibile fo alter dimicādo vulneratus:ab adolescente filio qui affricanus maior fuit:a mortis periculo liberatꝰ est. Hi ambo in hyspania Hasdrubale Hanibalis fratre ꝓfligato afrorū milia.xxv.occidere.decem vero milia cepere postremo insidiis Afrorū oppressi:eodem die ambo periere. Sed Cn.filius fuit Cn. Cornelii scipio Nasica qui senatus totius iudici optimus iudicatus est. Et in hyspania quinquaginta rebellātium opida imperio restituit. Lusitanos acie vicit: Cū bois bellum gessit:quorū.xxv.milia prostrauit. Dalmaticos repressit. Publii filii duo fuerūt P. Scipio Affricanus: Et L. Scipio Asiaticꝰ. Publius vt dixi patrem liberauit. Hasdrubalē hyspania pepulit. Inde Carthaginē vicit.hic filios duos habuit. Alterū ita a patre degenerātem: vt vecordia et amentia monstro similis fuerit. Alterū Publiū scilicet corpore imbecillē: animo vero prestantissimū:qui filiis carēs: Aemiliū. Paulli Aemilii filiū adoptauit.qui Scipio Affricanus minor est cognominatus:qui Celtiberos:vacceos:et cātabros vicit. Carthaginem euertit. Postremo in hyspaniā reuersus ꝓfectus numantiā sustulit L.aūt Scipio supioris affricani frater primus vi vltra Hellespontū in Asiam traiecit: Antiochū vno & insigni proelio supauit: & quinquagita hominū milibꝰ cesis. Asiā romano imperio adiecit. ¶ Cosse.aemilius Mamercus dictator:veheientes fidenates: & faliscos iuxta fidenas proelio vicit:vbi Aulus Cornelꝰ Cassius vir nobilis: & corporis ꝛ animi fortitudine excellens animaduertens regem Tolunniū cum equitibus omnem pugnā sustinere:cicato equo eū percussit: & ad terram deiecit:ac mox ipse desiliens vulneribus cōfecit:caputq; eiꝰ abscissum :& pilo affixum per agmen circum ferens:regiis spoliis insignē terrorē hostibus:suis vero animū auxit:Itaq; spolia opima in templū Iouis feretrii iuxta spolia Romuli fixit. Erat tunc Cassius tribunus militum.vt reliqui auctores ante Liuiū posuēt. Verū cū spolia opima non sint:nisi que dux duci detraxit :credit ipe illum Cōsulē fuisse. Referetq; Augustū cū templū vetustate prolapsū restauraret:affirmasse se in torace linthei inuenisse titulū consulis.

g Cladē libyę. Scipiones affricanos duos maiorē & minorem:quorū alter vicit Carthaginem:alter deleuit.

h Fabriciū. S.paupertate gloriosum.hic est qui respondit legatis samnitū aurū sibi afferentibus:Romanos non aurū habere velle:sed habentibus aurū imperare. i Serrane serentē. S. Attilius quidam senator fuit:qui cū agrum suū coleret:euocatus propter virtutē meruit dictaturā. Serranus aūt a serendo dictus est. CRI. Serrane. Sunt qui intelligāt de Attilio serano:qm serenti dati sunt populi Romani honores. Alii putant de L. Q uintio Cincinnato hęc dici:quem a serendo seranū appellat. Ruperant Equi foedus: & Graccho cloelio duce Lauiniū & tusculanū agrū inuaserant: & in algido Minutiū consulē obsidebant. Erat L. Quintiꝰ Cincinatus:qui trans tyberim:vbi postea naualia fuerūt quattuor iugerū agrū colebat:quę prata Quintia appellabant. Colebat ergo agrū:siue arans:siue fossam fodiens:cū nuntius venit eū dictatorē esse creatū. Qua ꝓptertogam a Racilia vxore accipiens in vrbem accersitus venit:Et indicta iustitia:nihilq; priuatim agi permittens:cū maximo exercitu in Algidū venit. Equo proelio vicit: Gracchūq; ducem in deditionem accoepit: & hostibus subiugū missis: predā omnem suis militibus:nō aūt consularibus diuisit. Consulemq; magistratū abire iussit:quā ignominiā modeste tulit consul.magꝭ beneficii q̄ ignominię memor. Quintus a cōsulari exercitu corona aurea donatus triumphauit Et sextodecimo die dictatura:quā in sex menses accoeperat se abdicauit. k Quo fessū rapi fabii. S. Cur.me.o.fabii fessum ad vestram narrationē:aut certe fessum tristē:vt ter fessus valde resedit.s.propter eorum mortem: nam trecēti sex fuerunt de familia vna:qui cōiurati cū seruis & clientibus suis contra vehientes dimicarunt: & insidiis apud Cremerā fluuiū interempti sunt: vnus aūt superfuit.s. Fabius maximus. Qui propter tenerem adhuc pueritiā in ciuitate remanserat: a quo per temporis successionē longioris: Fabius ille maximus creatus est:qui postea cū Hanibalis impetum ferre non posset:mora eū elusit: & ad Cāpaniā traxit:vbi deliciis virtus eius obtorpuit. Hic est de quo Ennius:vnus homo nobis cūctando restituit rem:non ponebat em̄ rumorē ante salutē. Ergo postq; magisq; viri nūc gloria claret. Sciens enim Virgi.quasi pro exemplo hūc versū posuit. C. Fabiorum familia hęc multisq; variisq; tpibꝰ optie de repub. cū sua glīa merita est. Primus aūt in ea fabiꝰ dictꝰ est a fabis. Nam vt refert Plini. cū in magno pretio agricultura esset:qui lentibus amplioribus reliquos anteiret lētulus Qui Cicenibus Cicero: & qui fabis fabius est nominatus. Eratq; amplissima laus . si quis probus vir & bonus colonus noiaretur :nam probos dictos esse asserūt:q probe foderet. Primꝰ aūt ex fabiorū familia cōsul fuit Q Fabiꝰ q eqs & volscos superauit: & tres annos cōsul fuit. Sed & M. fabius volscos & vehiētes vicit. ¶ Tu maximꝰ vide Seruiū. l Excudēt. S. aliq cudendo efficient: & est rhetoricꝰ locus: C. Excudent. Cudere percutere: Excudere vero est cudendo aliquid perficere. m Spirantia aera. S. animata. Hora. Et molles imitabitur aere capillos. C. Spirantia. Ita exacte picta:vt spirare.i. viuere videantur.omne em̄ animal quod sanguinē habet pulmonē quoq; habet:quo veluti follibus quibusdā aer hauritur et remittitur:quo cor multo sanguine calefactū refrigorat:q̄ vitā sine hoc spiritu ducere nō pt: vt diximus ibi. Vitalis carpis auras. Quę vero sanguine carent vel pulmōe quoq; carēt:vt sunt Cicadę:formicę:apes: & cętera insecta:in quibꝰ nulla est vox:quę nascitur ex spiritu illo a pulmonibus remisso: & in ore reuerberato. Spirantia aera. Ars ipa aut sculptilis ē:vt in marmore. Aut Plastice:vt in terra: & gypso: Aut fusilis:vt in aere cęterisq; metallis. n Aera. S.pet Aera Corintheos indicat:p marmor parios:p actionē causarū Athenienses per astronomiā Aegytios: & caldęos. o Viuos vultus. S.hoc est quod dixit spirantia. C. Viuos vultus.i. mutationes illas in facie:quę ex diuersis animorū affectibꝰ diuerse gignuntur: quę nisi in viuentibus esse non possunt. p Coeliq; meatus. CRI.motꝰ & fluxus: & cōuersiones coelorū: & stellarum: quā scientiā inuenerūt:vel ęgyptii:vel Assirii: vel vt aliis placet Atlas lybię filius. q Radio. C. de hoc in bucco. r Populos. C.q.d. cui tāta fuerit prudētia tāta animi magnitudo:tantaq; iustitia: & in ipsa iustitia tanta innocentia:vt non solum se ipsum:sed reliquos quoq; populos recte administrare possis. s Tu romanę. C.q.d. in quo pfecta absolutaq; est disciplina reipu.administrandę. Hinc Cice. in tusculanis. Rē vero publicā nostri maiores certe melioribꝰ artibꝫ temperarunt; vt institutis & legibꝰ. t Hę artes

Fabriciū:vel te sulco Serrane serentem:
Quo fessum rapitis fabii: tu maximus ille es:
Vnus qui nobis cunctando restituis rem.
Excudent alii spirantia mollius ęra:
Credo equidē viuos ducēt de marmore vultꝰ:
Orabunt causas melius:coeliq; meatus
Describent radio: & surgentia sydera dicent:
Tu regere imperio populos romane memento:
Hę tibi erunt artes:paciq; imponere morem:
parcere subiectis:et debellare superbos:

C.q.d. tã admirabiles artes. & reliqrũ omniũ p̃clarissime que salutẽ & dignitatẽ publicam continent. Nam bonum quãto magis vniuersale est: tãto prçclarius: administratio vero rei publicç oĩa cõplectit̃. Ergo cçteris oĩbus virtutib⁹ est p̃ponẽda: v Tibi. C. q. d. & nõ aliis. x Pacis amo. S. leges pacis: y Parcere subie. C. designat quid propriũ it eorũ qui reipu. p̃sunt. Cũ eñ quies & pax ciuitatis primũ bonũ sit: ea maxime rõne bella gerenda eẽ videantur: vt nihil nisi pax quesitũ esse videat̃. Itaq3 erit officiũ eorũ: qetos: & leg b⁹ obtẽperãtes tutos esse iubere: eosq3 ab omni iniuria p̃hibere: superbos vero: & contumaces: et qui aduersus leges alienum otium sua immanitate conturbant: bello insectari: & vt legib⁹ obtemperent cogere & illorũ ceruices frangere.

¶ Sic pater anchises: atq3 hçc mirãtibus addit.
Aspice vt insignis spoliis [3] Marcellus opimis

[3] Spoliis mar. op. S. Hic Gallos et poenos equestro certamine superauit. Viridomarũ etiã Gallorũ ducẽ manu p̃pria interemit: & opima retulit spolia: q̃ dux detraxerat duci.: sic Cossus larti Tolũnio. C. Spoliis mar. op. Postulat loc⁹: vt de Ioue Feretrio quçdã alti⁹ reputamus: Romulus ergo: vt Dyonisius ha. Ceniensiũ exercitu ĩ fines Romanoꝝ irruẽte cçso: vrbẽ ipsã igrediens ceninẽ Acronẽ illius regẽ cũ valida manu sibi obuiã intra vrbẽ factũ sua manu interfecit. Superauit etiã Antẽ

Ingreditur: victorqꝫ viros supereminet omnis.
Hic rem romanā magno turbante tumultu
Sistet eques: sternet poenos: gallūqꝫ rebellem:
Tertiaqꝫ arma patri suspendet capta quirino.
Atqꝫ hic Aeneas: (vna namqꝫ ire videbat
Egregiū iuuenē forma: & fulgentibus armis:
Sed frons lęta parū: & deiecto lumina vultu:)
Quis pater ille: virum qui sic comitatur eūtē?
Fili⁹: an ne aliquis magna de stirpe nepotum?
Quis strepit⁹ circa comitū: quātū istar ī ipo ē.
Sed nox atra caput tristi circumuolat vmbra.
Tū pater anchises lachrymis ingressus abortis:
O nate ingentem luctum ne quęre tuorum.
Ostendent terris hunc tantum fata: neqꝫ vltra

nates: Deinde Acrontis spoliis insignis victor adiit domū ꝓdā omnē reducens: comamqꝫ lauro coronatus: & q̄driggis inuectus sequentib⁹ equestribus: pedestribusqꝫ copiis egregie instructus: diisqꝫ primū prędę primitias offerēs multa sacrificia fecit: vltimusqꝫ is post pōpā ibat purpurea veste amictus: deos laudantibus cū versibus patriis: qui etiam duce ipsum ex tēporaneis carminibus extollebāt. Cuncti etiā illi obuiā ex vrbe venerūt cū vxorib⁹. & liberis: ex vtraqꝫ vię parte: lętitiā ex victoria ostendētes: vrbē autē ingressi crateribus vinoꝝ plenis occurrunt: potare volētibus: & mensę apud excellētiores familias in ꝓmptu erāt omni genere epularū refertę: victorialis igitur: & tropheophera pompa: & imolatio: quā Romani triumphū vocant: a Romulo huiuscemodi prima instituta fuit: quę nostra ętate sumptuosissima & insolens: & ad diuitiarū poti⁹ ostētationē q̄ virtutis decantata: priscę parcitatis formā prorsus exit. Post pompā vero: & sacrificiū Romulus extructo templo in Capitolio Ioui: quē feretriū Romani vocant nec magno: nā adhuc vestigia extāt: vbi maiora latera denū pedū habet: minora quinū pedū: Cenisiensiū regis spolia sua manu cęsi cōsecrauit. Hūc autē feretriū: si q̄s velit triumphū vocare: siue vt aliis placet: stulophoron: siue quia oēs excellit: omnēqꝫ rerū naturam in circuitu comprehendit: t hyppheretem non aberrabit. Hęc Dyoni. Liuius aūt scribit. Romulus igitur tēplū cōditur⁹ ita ait. Iuppiter feretri: hęc tibi victor Romulus rex regia arma ferens: templū his regionibus: quas mō aio meditatus sum dedico sedē opimis spoliis: quę regib⁹ ducibusqꝫ hostiū cęsis me auctorē sequētes posteri ferent. Feretrius Iuppiter appellat̄: q̄ fulminet. Sylius. Tertia qui tulerit sublimis opima tonanti. Numa Pompilius in cōmentariis suis: vt Plutarchus meminit Spolia opima sic consecrari instituit. Prima Ioui feretrio: cū. ccc. assibus. Secunda Marti cum. lxxx. assib⁹. Tertia Quirino cū cētū assibus. Post Romulū secutus est Cossus de quo dictū est. Tertius fuit Marcellus M. Claudius Marcell⁹. M. Claudii fili⁹: a matre nomē accœpit ꝓpter ꝓstātiā rei militaris: vt Possidonius scribit grecis litteris erudit⁹: primo edilis curulis. Inde augur. Postremo consul creatus: & missus contra Gallos insubres Briomathū: vel vt alii dicūt Vitromanū ducem cecidit: cuius opima spolia Ioui feretrio tulit. Tertius a romulo quinquies cōsul fuit. Quarto cōsulatu auertit Syracusas secūdo bello punico: i quo sępe numero exercitū poenorū cecidit. Quinto cōsul apud Brutios vaticinio monētī nō credidit: īsidiis ab Hanibile circūuentus interfectus est. Corpus Hanibal dēpto annulo magnifice cremauit: reliq̄asqꝫ in argēteo vase ad filiū remisit: q̄s vt ait Corneli⁹ nepos: Numidę obuii raptas dissiparūt. Liui⁹ & Augustus illesas delatas aiūt. Eius nepos Marcellus qui īteriit: cū in aphricā naues traiiceret monumētū erexit: vt Pedian⁹ Asconius cū tali titulo. Hic siti sunt Marcelli tres nouies cōsules: auus quinquies: filius semel: nepos ter.

a Supeminēt oīs. S. virtutis ꝗenere. b Rem ro. S. statū reipu. c Turbante tu. S. Turbante tu. iō tumultu q̄a in italia res geritur. d Sistet. S. cōfirmabit. e Tertiaqꝫ ar. ⁊c. S. Captaqꝫ hęc tertia opima spolia suspēdet patri. i. Ioui. f Capta Quiri. S. Qualia & Quirinus cœperat. i. Romulus de Acrone rege Cęniensiū: & ea Ioui suspēderat possumus & q̄d est meli⁹ secūdū legē Numę hūc locū accipere: qui ꝑcipit prima opima spolia Ioui Feretrio debere suspendi: q̄d Romulus fecerat. Secūda Marti: q̄d Cossus fecit. Tertia Quirino quod fecit Marcellus: Quirinus aūt est mars: q ꝑest paci & intra ciuitatē colitur. Nā belli mars extra ciuitatē tēplū habuit. Ergo vt suspendet pri. i. Ioui: aut suspēdet pri Quirino. Varie de hoc loco tractāt cōmētatores Numę legis immemores. Hui⁹ facit mētionem Liuius.

g Egregiū iuue. for. & ful. ar. S. Tria sunt secundū Carminiū: Pulchritudo ętas: & virt⁹. Significat autem Marcellū filiū Octauię sororis Augusti. Quē August⁹ sibi adoptauit: Hic. xvi. anni incidit i valitudinem & periit. xviii. anno in Baiano: cū ędilitatem gereret: hui⁹ mortē ciuitas vehementer doluit: nam affabilis fuit: & Augusti fili⁹. Ad funeris huius honorē Augustus sexcentos lectos intra ciuitatē ire iussit. Hoc autem apud maiores gloriosum fuerat: etiā dabat̄ ꝓ qualitate fortunę. Nā Sylla sex milia habuit. Igit̄ cū ingēti gloria & pompa elatus & i campo Martio est sepultus. Ergo mō in Augusti adolationē q̄si Epitaphiū ei dicit. Etiā constat hunc librū tanta ꝓnūtiatiōe Augusto & Octauię esse recitatum: vt fletu nimio imperarēt silentiū: nisi Virgili⁹. finē esse dixisset: qui ꝓ hoc gre̗ graui donatus est. i. massis. C. Egregiū for. ful. Miro ingenio: & artificio: laudat iuuenē ab indole: qm̄ ꝓ ętatē nihil ꝓstare potuit: q̄d laude dignū esset: ꝓter spem futurarū virtutū. Itaqꝫ cū a principio summā captasset attentionē. oñdens Aeneā tā cupidum sciendi: laudat eū a forma corporis: & a spe futurę fortitudinis: Captat & summam cōmiserationē ex eo q̄ sit frons lęta parꝝ: demōstrat em̄ tā tę virtuti fortunā inuisurā: neqꝫ passurā illā perfici posse. h Sed frons lę. pa. S. Omen est mortis cito futurę. Contra alibi. incipe parue puer risu cognoscere matrē. i Virū. S. qui sic comitatur euntē: Marcellū cui similis est. D. Quis pa. ille. vi: Interrogat Aeneas cū admiret̄ formā Iuuenis & tristitiā in fronte quis sit. k Quis strepitus. S. ꝓpter ędilitatē. l Instar. S. similitudo: & est nomē q̄d non recipit ꝓpositionē. Ad instar em̄ nō dicim⁹ q̄d ꝓbus declinat. m Lachrymis ab. C. Non potuit cōmodius alia rōne extollere nomē adolescentis q̄ ostēdere q̄ iniquo animo illi⁹ imaturū interitū ferat Anchises: cui totius generis conditio data esset. n Ingentē. C. q̄d est plus q̄ magnū. o Luctū ne quęre. C. dixit ne q̄re. q. d. q̄d & mihi narranti: & tibi audienti molestissimū sit futurū. Luctū: quia nihil nisi luctū illaturū sit. p Tuorū. C. ac si dicat popu lariter omniū: veluti q̄ iactura sit oīno publica. q Ostendēt ter. ⁊c. S. parum illucescet & mox peribit. C. Ostendit terris. q. d. tā diu viuet donec magnā de se spem apertissime ꝓbeat: nec vltra ꝓgreditur: ne quid ꝓstare possit. r Nimiū vobis. C. plenissima indignatiōe exclamatio. Nec nisi maximā Romani generis iacturā videret. tam pius vir deos inuidia accusaret; sed superauit affectus ma

gnitudo ipsam ratione: quod nisi ex magno dolore accide
re non potuit. Nimiū potens: quasi velit inferre φ humas
nā ɔditionē tāto ciue transcensura sit. s Visa potēs su.
S. cū indignatione dictū
...distis glorię Romanę:
...vestris muneribus: Nā
foelicitas vr̄a sunt mune
ra. t Propria. S. perpe
tua: vt propriāq; dicabo.
C. Propria. ꝑpetua. vt. da
propriā tymbree domū:
Donū enī dei oportuit es
se tantum virū: sed nō fu
it diuturnū. v Quan
tos ge. C. qui ex vero dolo
re prouenīūt: nā non accidit
gemitus: nisi per summā
angustiā animi: neq; illa ē
nisi a sūmo dolore: vides
ergo q̄t locos: vt laudaret
ibi inuenerit vbi pene nul
los putares. x Virum.
C. i. fortissimorū hominū
quib; nisi res maximi pō
deris sit: nihil graue esse so
let. proprie etiā gemit; vi
rorū dixit: qa plorare: aut
eiulare (vt dixit Cicero) vi
ro non dat. Igit nō solum
muliebres: & plebeis cita
bit luctus: sed etiā virorū
fortiū gemitus. y Ma
uortis cam. S. in quo ē se
pultus. z Funera. S. ꝓ
pter sexcētos lectulos. C.
Quę funera? Nā magna
funera non parantur: nisi
magnis. a Nec puer.
CRI. cū plurima dixisset
in laudē: tandē cōcludit:
φ q̄uis: & troiani maxi
mos habuerint viros: &
q̄uis romāi a romulo filio
martis sint: de neie maiora
sparare poterūt. b In tm̄
spe to. a. Exiget generis an
tiquitatē: & rethorice spē
laudat in puero: quia fa
cta nō inuenit. Est autem
Ciceronis i dialogo cā diffi
cilis laudare puerū. Non
enim res laudanda: sed spes
est. c Nec romula quō
dā. S. Pro romulea: vt q̄s
affrica terra triūphis diues
alit. Quondā aūt pōt esse p̄
teriti esse & futuri.
d Heu pietas. C. dolet
tantas virtutes inchoatas
perituras. Nā pietas & fides vniuersam iustitiam amplecti
videntur. Quia nihil in hominū societate ad quietem cō
tinendā melius est. Fortitudo aūt in re militari omnia pericu
la arcet: quę in hoc & pedestris summa erat: & equestris.
Heu. dolet quia peritura est. Pietas autē nō solū in sangui
ne coniūctos: sed in vniuersam patriā officiū suū pręstat.
f fides prisca. C. integerrima. qualis apud priscos fuit.
f Foderit calcarib;. S. species ꝓ genere. g Equi armos.
S. ꝓ equo posuit. Non enim possunt armi calcaribus fodi.
g Fata aspera rū. S. Posse aliqua rōne fata dirūpi ꝑ transi
tum docet. h Tu mar. eris. S. talis qualis est marcellus.
C. Tu mar. eris. Marcellus ille de quo supra dictū est. pro
pter mirificas inumerasq; virtutes: reliquorū omniū Mar
cellorū famā: gloriamq; itaq; occupauit: vt cū huius hominis

mentio facta esset: ille solus ꝑ quandā Antonomasiā intel
ligeret. verū si fata sua hic frangere possit: illū ita superabit:
vt cū marcellus absolute noiaretur: nō amplius ille: sed hic in
telligat. Marcellorū fami
lia maximū detrimētum
accepit de morte ei; mar
celli. ꝓ cuius restitutiōe ex
tat gratiarū actio Cicero
nis ad Cęsarē. Postremo
in huius marcelli: qui Au
gusti ex sorore nepos fuit
morte penitus visa est ex
tingui. Fuit in eo magna
indolis spes. Decē aūt &
octo annos natum in gra
uescente ꝑ bienniū morbo
in baiano suo mortu; est
ędilis curilis. Corpus trās
latū est Romā cōmuni lu
ctu i cāpo martio magni
ficentissime sepultū prope
tyberim Octauia mater
sub filii marcelli noie thea
trū: & bibliothecam dedi
cauit. i Manibus ple.
DO. plena officia signifi
cat. k Purpureos flo:
S. vt sępe diximus propter
sanguinis similitudinem:
quia aut aia est: aut sedes
animę. l Nepotis. S. po
steri. nō enī reuera nepos
fuit. m Inani munere.
S. secūdū Epicureos n̄ ꝓ
futuro. n Sic. S. ista no
scētes. D. Sic tota passim
regione vagantur. Nō cō
pleuit omnia: quę apud in
feros agebant. Esset enim
vitiū si totū velit suo car
mine cōplecti: quia & lōn
gū & impossibile.
o Aeris. S. aereis in cāpis
Collisionē fecit. locutus est
aūt: secūdū eos qui putāt
elysiū lunarem esse circu
lū. p Incēditq; anim. S.
Nā sup̄ ait. Et dubitamus
adhuc virtutē extēdere fa
ctis? q Exin. S. dein
de. Confert aūt in cōpēdi
um narrationis ꝓlixitatē.
Ter. ꝓpter longū actū ait.
Intus despondebit: intus
trāsiget si quid est quod
restat. D. Exin bella. Nar
rauit primo lęta. Tristia p̄
termisit p̄ter q̄ de marcel
lo. Deinde docuit quō quę
dā ęquo animo ferre posset. C. Exin bella viro. Artificiosis
sime locutus est Anchises. prius enī accendit illū amore fu
turę glorię: q̄ dura: & aduersa: quę ventura erant p̄diceret: q̄q̄
enī aio ferimus aduersa. ex quibus iocūda & honorifica p
uentura sint. Nihil enī difficile est viro excelso aio predito:
vn̄ tā dē gloriā spectet. dein cū aduersa p̄dixisset: p̄posuit spē
euadendi: cū huiuscemodi illa esse ostendat: vt perferri a for
tissimo viro: partim vitari a sapientissimo possunt.
r Sūt ge. som. por. S. ꝓ somniorū. Est aūt in hoc loco Ho
me. secutus. in hoc tn̄ differt: φ ille ꝑ vtrāq; portā somnia
exire dicit: hic vmbras veras ꝑ quas somnia indicat vera:
& poeticę apertus est sensus: vult autē intelligi falsa omia
quę dixit. physiologia vero hoc habet: per portā corneā ocu
li significant. q & cornei sunt coloris: & duriores ceteris mē

Esse sinent: nimium [r] vobis Romana propago
Visa [s] potens superi [t]: propria hęc si dona fuissent.
Quantos [t] ille virum [v] magnā [x] mauortis ad vrbē
Cāpus aget gemitus: vel quę tiberine videbis
Funera [z]: cum tumulum pręterlabere recentem.
Nec [a] puer iliaca quisq; de gente: latinos
In tantum spe tollet [b] auos: nec romula quondā [c]
Vllo se tantum tellus iactabit alumno.
Heu [d] pietas: heu prisca fides: inuictaq; bello
Dextera: non illi se quisq; impune tulisset
Obuius armato: seu cū pedes iret in hostem:
Seu spumantis equi foderet [f] calcaribus armos [g].
Heu miserande puer: si qua fata aspera rumpas
Tu marcellus [h] eris: manibus [i] date lilia plenis:
purpureos [k] spargam flores: animamq; nepotis [l]
His saltem accumulē donis: & fungor inani [m]
Munere: sic [n] toto passim regione vagantur
Aeris [o] in campis latis: atq; omnia lustrant.
Quę postquā anchises natū ꝑ singula duxit:
Incenditq; [p] animū famę venientis amore.
Exin [q] bella viro memorat: quę deinde gerenda:
Laurentisq; docet populos: vrbemq; latini:
Et quo quęq; modo fugiatq; feratq; laborem.
Sunt [r] geminę somni [s] portę: quarū altera fertur

Cornea: qua feris facilis datur exitus vmbris:
Altera candenti perfecta nitens elephanto.
Sed falsa ad cęlũ mittunt insomnia manes:
His vbi tum natum anchises: vnaq̃ sibyllã
prosequitur dictis: portaq̃ emittit eburna.
Ille viam secat ad naues: sotiosq̃ reuisit.
Tum se ad caietę recto fert littore portum.
Anchora de prora iacitur: stant littore puppes

bris. Nã frigus nõ sentiũt sicut extã Cice. dicit in lib. de deorũ natura. Per ebur neã vero portã os significatur a dentibꝰ. Et scimꝰ: qa quę loquimur falsa eẽ possunt. Et q̃ videmꝰ sine dubio vera sunt. Iõ æneas ꝑ eburneã mittit portã. Est & alter sensus. Somnũ cũ cornu nouimus pingi. Et qui scripserũt de somniis: dicũt ea q̃ secũdũ fortunã & ꝑsonę possibilitatẽ videntur hr̃e effectũ. & hęc vicina sunt cornu. vñ cornea vera fingit porta: ea vero q̃ supra fortunã sũt: & habẽt nimiũ ornatũ: vanã q̃ iactãtiã dicũt falsa eẽ vñ eburnea quasi ornatior porta fingitur. C. Sũt geminę. Placent q̃ de portis referunt a Seruio. Sed excellẽtissima Macrobii sententia est. Ait ei cũ geminas somni portas ponat Maro: & q̃dã vera & q̃dã falsa eẽ: amplecti illã Porphirii sentẽtiã. qui inq̃t: latet oẽ verũ: hoc tñ aia ab officiis corporis somno eius paululũ liberũ est. iterdũ aspicit: nõnũq̃ intẽdit atiẽ: nec tñ ꝑuenit in cognitionẽ: & cũ aspicit nõ tñ libero & directo lumine videt: sed interiecto velamie: qd nexus naturę caligãtis obducit: hoc aũt in natura eẽ idẽ Virgi. asserit in secũdo lib. vbi ait. Aspice nãq̃ oẽm q̃ nũc obducta tuenti. Mortalis hebetat vultus: atq̃ humida circum Caligat nubẽ eripiã. Hoc igitur velamẽ cũ inquiete ad vsq̃ atię aię introspicientẽ admittat de cornu creditur: cuius natura est. vt tenuatim pũitũ sit visui. Cũ aũt a vero hebetẽ reddit obtũtũ: atq̃ repellit: ebur ponitur cuius corpus ob densitatem: ne tenuatim quidẽ visũ admittat. s Somni. C. Nõ est apocope: vt sit somni ꝑ insomnii: sed portę ꝑ quas somno vmbrę. i. obscura: & advmbrata somnia proueniũt. t Veris vmbris. C. veris: sed obscuris somniis. v Falsa insomnia. S. i. somnia. x Porta eburna. C. vt oñdat: q̃ scribit oia ficta eẽ. y Secat. S. tenet vñ sectas dicimus ab eo q̃ ꝑpositũ tenent. D. viã secat. Quid eñ prius facere debuit q̃ suos reuisere.

z Ad Caiete portũ. S. a persona poetę ꝑlepsis. Nã Caieta nõ dũ dicebatur: quia adhuc non erat. z Recto littore. D. Aut quia nullũ littus rectũ: sed dicimus rectã vitã agere: quando nihil aliud agimus: nisi iter continuum: & nullo alio actu illud rumpimus. Nam cupida suorũ mens nihil aliud agere debuit. CRISTOFE. Recto littore. Omnia littora incurua sunt. ergo non recta: sed volunt ostẽdere eum quã breuissimo itinere vsum fuisse: vt nusquã deflecteret: vt dicimus. recta ad me profectus est.

Finis sexti libri.

Argumentum.
p. Virgi. Ma. in Septimum Aneidos Librũ

Tandem deueniunt laurentia Troes in arua.
Et pace accepta lęti noua mœnia cõdũt:
Nocte satam Iuno furiã vocat: illa latinos.
Inter & Eneidas bellum serit: & ciet arma.
protenus auxiliis terra instruit itala turmas

Vel sic

In latium æneas: italum simul intrat in oras

Descriptio Septimi Libri.

¶ Septimus æneã reddit fatalibus aruis:
Hic quoq̃ Caietã sepelit: tũ deinde profectus
Laurentum venit: verbis cognouit Iuli
Fatalẽ terram: mensis en vescimur inquit.
Centum oratores pacem veniamq̃ petentes
Ad regem mittunt lęti: cum sorte latinum.
Qui cum pace etiam natę cõnubia pactus.
Hoc forte electo Iunonis dissipat ira.
Cõcurrunt dictis q̃uis pia fata repugnent:
Belli causa fuit violatus vulnere ceruus.
Tũ gẽtes sotia arma parant: fremit arma iuuẽtꝰ

Tu quoq̃ littoribus nostris. SER. Vt in principio diximus In duas partes hoc opus diuisum est. Nam primi sex libri ad imaginem Odyssęę sunt dicti: quos personarũ: & allocutionũ varietate cõstat esse ꝑuiores. Hi aũt sex ad imaginẽ Iliadis dicti sunt: qui negociis validiores sunt: nam & ipse hoc dicit: maius opus moueo: & reuera tragicũ opus est: vbi tantũ bella tractantur. Tu quoq̃ littoribus. Sicut Misenus & Palinurus. D. Tu quoq̃. viderat apud inferos q̃ necessariũ esset defũctis sepulchrũ. Ergo vt piꝰ nutrici illud instituit: meruerat eñ ipsa: quia tam piũ & religiosum Romani imperii principem prudentẽ: fortemq̃ virũ nutrierit. Tu quoq̃. repete inde: & optime coniunge. At pius æneas ingenti mole sepulchrũ imponit: suaq̃ arma viro remiq̃ tubamq̃. deinde remotis his: quę de inferis narrauit sequere. Tu quoq̃ littoribꝰ nostris ⁊c̃. Tu quoq̃. Quę admirandę memorię videris supremo officio cõiungi meruisti. b Nostris. S. Italicis. vt non eadẽ arboribꝰ pendet vindemia nostris. Non vt Donatus ait naugalibus. D. Nostris italis. ergo ibi es sepulta: vbi ipse cum suis esset regeneratus: honorat ergo a loco. c Aeneia nutrix. S. Hãc alii ænęę: alii Creusę: alii ascanii nutricẽ volũt. Lectũ tñ est in philologia in hoc loco casu incensam classem esse Troianã. vnde Caieta dicta est. ἀπὸ τοῦ καίειν. d Aeternã moriens. DON. Argumẽtũ a contrario. nã creuit fama. cũ deberet mori & minui. e Caieta. C. sequitur opinionẽ illorũ qui hanc vrbem a nutrice ænęę illic sepultę dictam volunt. Strabo: cũ hoc idem non pręteream: addit laconas. vt

Pu. Vir. M. Aeneidos Liber septimus.

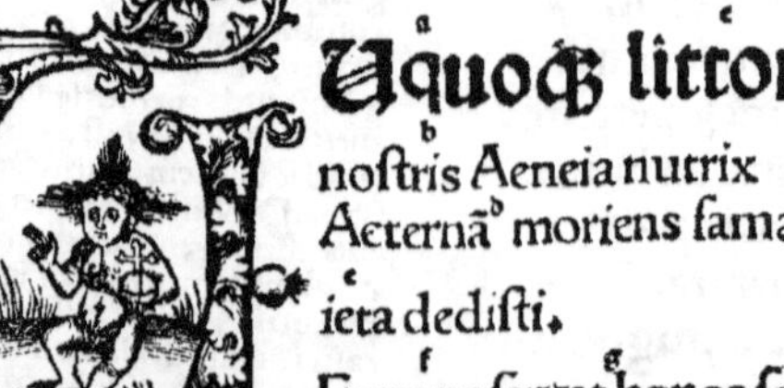

Tu quoq; littorib[a]' [e]
nostris Aeneia nutrix[b]
Aeternã[d] moriens famam ca
[c] ieta dedisti.
Et nunc[f] seruat honos[g] sedem:
tuus: ossaq; nomen
Hesperia in magna[h] (si qua est ea gloria[i]) signat.

bem formã posuisse: & si nũ ipsum ĩ medio positũ Caietã noĩasse: curua em̃ oia caietas appellasse lacônas. formas aũt dicũt antea lamiũ fuisse dicta a lale mostrigonum rege. Addũt etiã ĩ portu quã caietã dicũt fuisse opidulũ epice Ab Epica nutrice Aeneę denominatũ. Home. Caietam non denoĩat: sed lamiũ cũ lystrigonibus. Volunt alii Caietam appellatã a nutrice Creusę. Alii a nutrice Ascanii. Alii dicũt propter combustas ibi na

ues caietam fuisse appellatam: nam .kα'ειν. vrere est. f Nunc. D. etiam his temporibus: quo hęc scribũtur. g Seruat honos. S. tenet possidet: vt seruantẽ ripas alta: nõ vidit herba: h Hesperia in magna. S. ad hyspanię discretionẽ. C. Hesperia in magna. Non solum dixit magna: vt distingueret italiã ab hyspania: verũ vt oñderet gl'ias suã vt nõ solũ vrbi nomẽ dederit: sed vrbẽ ĩ tã celebri natiõe cõstituit. i Si qua ẽ ea glo ria: S. secũdum epicureos. Bñ aũt interest funeri postq̃ ab inferis rediit: sicut interfuit anteq̃ descenderet: vt medium ostenderet. D. Si qua est gloria. Sciebat nihil sentire mortuos: sed vt satis face et religiõi. C. Nõ temere dubitat: an hęc gloria ad mortuũ spectet. Nam & socratas: & Diogenes: & Anaxagoras Clazamenius: vana oĩa: quę circa mortuos p̃stanẽ: & nihil ad ipsos mortuos pertinere ostẽdunt. Multi contra mortales de sepultura anxie curauerũt. Verũ Ciceronis In suis tusc: vt est in rebus omnibus grauis & sapiens: optime concludit: ait eñ. Tot⁹ igiẽ hic loc⁹ contemnendus est nobis: nõ negligẽdus in nostris: ita tñ vt mortuorũ corpora nihil sentiri viui sentiamus. Quantũ aũt consuetudini: famęq̃ dandũ sit: id curent viui: sed ita vt intelligant nihil ad mortuos pertinere. k Quierũt. S. Auctor Hebrus q̃ erãt legit. l Tẽdit iter velis. S. quia prout vela extensa fuerunt: ita etiã cursus extẽdiẽ: in q̃ nauis est iter: nam ait supra: flecte viã velis. m Aspirant au. in no. S. Quia (vt diximus) tẽporũ mutatione ventus minuitur: vel augeẽ. In noctẽ aũt circa noctẽ. Et quotiens tẽpus exprimiẽ accusatiuum regit ista prępositio. n Candida. C. micãs & rutilãs. A ferri eñ cãdore diciẽ cãdidus. o Luna. ne. S. liptotes. nã diẽ large p̃stat Vt munera nec sperno.

At pius exequiis æneas rite solutis:
Aggere cõposito tumuli: postq̃ alta quierunt
Aequora: tendit iter velis: portumq̃ relinquit.
Aspirant aurę in noctem: nec candida cursum
Luna negat: splẽdet tremulo sub lumĩe põtus.
proxima circęę raduntur littore terrę:
Diues inaccessos vbi solis filia lucos
Assiduo resonat cantu: tectisq̃ superbis
Vrit odoratam nocturna in lumina cędrum:
Arguto tenuis percurrens pectine telas.
Hinc exaudiri gemitus: iręq̃ leonum
Vincla recusantum: et sera sub nocte rudentũ:
Setigeriq̃ sues: atq̃ in presepibus vrsi
Seuire: ac formę magnorũ vlulare luporũ:

p Tremulo sub lu. S. Ita eñ mobilitas aquę facit videri. C. Tremulo sub lumi. De imagine rei expressum ẽ. Enni⁹ lumine sic tremulo terra et caua cerula cãdẽt: & Lucreti. Pręterea solis radiis iactaẽ aquę humor. In lucem tremulo rarescit ab ęstu. q Circęę terrę. S. vt diximus supra mons iste ante hac insula fuit. Paludibus eñ a cõtinenti segrebatur: quas excludit limus de albanis montibus fluens. & dicebatur ęęus ab horrore transeũtiũ: quo homines mutanẽ in feras. In hoc summo opidũ fuit. quod & circeũ dictũ est a Circe & circei: nã vtrũq̃ Liuius dicit. Circęę. C. terrę. Circeos appellarũt locũ: quẽ olim insulã fuisse tradũt. Deinde vt ait Seruius ex limo qui e proximis montibus longo tp̃e fluxit repletis angustiis aquarũ: quę Circeos a continenti diuidebant ipsi cõtinenti iuncti sunt Si ãt Home. credi⁹ insula fuit olĩ imenso mari circũdata. Ergo vt ait Pli. Quicquid terrarũ est. pręter X. M. P. quã mensurã Clytarch⁹ posuerat ambitũ annexũ insulę erat. Est autem hic locus antiqui latii terminus: cui⁹ longitudo a tyberi huc erat. L. M. p. ¶ Filia sol. Circẽ itelligit a q̃ insula circea dicta est. hanc pleriq̃ ex antiquis filiã solis fingũt. et sororẽ ętæ colchorũ regis: quã quidẽ ipse sol ex Perse. Oceani filia vt placet Homero: vel vt Cicero. ex asterie sorore latonę genuit: quã opinionẽ sequiẽ nunc Poeta. Diod. autẽ Siculus sic ait. Soli duos fuisse filios. Aetem & perseũ. & Aetẽ colchorũ: Perseũ vero Tauricę regionis regẽ extitisse: vtrũq̃ crudelitate insignẽ. Persem autẽ Hecatẽ filiã habuisse: q̃ paternã crudelitatẽ superauit: nã cũ venatione delectaret: homines pro feris arcu vulnerabat & venenis pestiferis operam dans id inuenit q̃d. ακονιτον: nominant Inhospitibus venena experiebatur. Demum cum patrem veneno extinxisset regnum occupauit: & tẽplũ Dianę cui hospites imolarentur cõdididit. cõcubuit inde cũ getæ patruo: Et ex eo cõcepit Circẽ. & Medeã filias: filiũq̃ ęgialem. Circe & arte materna: & sua industria omnes mortales in venenis cõpandis superauit: adeoq̃ oĩm herbarũ vim conspicata est: vt nihil inueniẽdũ posteris reliquerit. adinuenit: ad pharmacũ: quod ad cõciliãdã beniuolentiã valeret.: nupsit Scytę sarmarũ regi coq̃ venenis sublato regnũ occupauit. ex quo tandẽ ob crudelitatẽ pulsa: inde ad Oceanũ secũdũ aliquos p̃uecta in insula deserta sibi comitib⁹q̃ fugę sedes posuit. Aliĩ dicũt in italiã deuectã promontoriũ: quod inde Circeũ dicũt tenuisse. Hęc Diod. Quid vero poetę de Circe in Italia cõstituta referant: alibi expressũ est. Home. autẽ scribit Aeeam olim insulã fuisse: quã circe habitabat in loco edito circũ errabãt: & vrsi: & leones: quos illa veneficiis cibo et potui i mixtis ex hoibus feras fecerat: tñ in hoies nõ sęuiebant: sed veluti canes blãdiebãtur: illa sotiis vlissis i cena vertit in porcos: p̃ter Eurylochũ: q fraudẽ in ędificio esse suspicatus non intrauit: intus texebat Circe tales telas q̃les deę texũt: & suauissime canebat.

r Diues. S. Non addidit cuius rei cum soleat: vt diues equũ: diues pictai vestis: & auri diues opũ variarũ. s Inaccessos. S. inaccessibiles i accedẽdos: Nã vlisses illuc venit. Ergo in accessos non ad q̃s nullos accessit: sed ad q̃s null⁹ debeat accedere: vt: Aut illaudati nescit Busiridis aras: hoc est illaudabilis: nã ab Isocrate laudatus est. r Resonat. S. resonare facit. v Superbis. S. mobilib⁹ p̃pter antiquã oppidi magnitudinẽ. x Vrit adoratã. S. p̃ odoriferã: & hoc iõ: q̃a vsus olei apud maiores nõ fuit pręcipue in italia. DO. Vrit odoratã. vigilans & voce: & odoratũ lumine ad se incautos attrahere nitebaẽ. y Cędrũ. D. cędrũ tanq̃ oleo madens incendia semper insidiis. & voce nutrit. C. Cędrũ. hęc arbor nõ ea est: quã vulgo cędrũ appellamus: illam eñ dicimus citrũ cuius poma maxima sunt: sed lõge alia. Duo eius genera: vt Plinio placet lyria: & phœnitia. Differũt folio: namq̃ durũ accutũ: & spinosum habet: oxycedros vocaẽ: ramosa & nodis infesta. Altera odorẽ p̃stat fructũ ferunt Myrti magnitudine: dulcẽ sapore. Item maioris cędri duo genera. Quę floret fructum nõ fert. Fructifera non floret: & in ea antecedentem fructũ occupat nouus. Semẽ ei⁹ cup̃sso simile: quidã cedrelatã vocant: ex hac resina laudatissima. Materię ipsi ęternitas. Itaq̃ simłacra deorũ ex ipa factitarũt. Cędrinus erat apollo Romę e seleutia aduect⁹. Hęc Pli. Diascorides aũt ait. Cędrus ãrbor est. vñ fit pix cędria. Quędam est parua: ac spinosa fructu iunipero similis. Alia maior fructus ei⁹ cyp̃sso similis: sed minor: & cedridon vocaẽ: in materia maxima ęternas putãt hebenũ cypressum & cędrũ in templũ dianę ephesię: quod tota Asia extruente xl. annis pactũ est: tectũ est ex cędrinis trabibus. Habes de cędro. Quod aũt inducat Circem cędrũ vrer: ab Home. est: Ille enim in odyssea libro. Quintus de calipso. vbi Mercurius a Ioue missus nuncius ẽ. πυρμεν επεσ χυροφινμ. γακαισ το τηλοσ ελοδωδ μηκεδρουν τεοκεα θηουνου τανυνητον οδουει: Succo ergo cędri illis tẽporibus ad noctur

Quos hoīm ex facie[f] dea sęua potētibus herbis
Induerat circe[g] in vultus ac terga ferarum.
Quę ne monstra pii[h] paterentur[i] talia troes
Delati in portus:ne littora dira subirent:
Neptunnus[k] ventis impleuit vela secundis:
Atq; fugam dedit:et pręter[l] vada feruida vexit.
Iamq;[m] rubescebat radiis mare:et ęthere ab alto
Aurora in roseis[n] fulgebat lutea bigis:

na lumīa vtebant̃. Ait em̃ Pli. Cędri succus:quo mō fieret diximus. Magni aūt est ad lumina vsus ni capitis dolorem inferret. Recte aūt meminit de succo Cędri nōdum in italia nascente. Refert em̃ fenestella regnāte Tarquinio nōdū neq; in italia:neq; in hyspania:neq; postremo in aphrica oleum fuisse:Sz nec etiā thure supplicabāt. Cędri tm̄:et citri succū suorū fruticū in sacris fumo cōuolutū nidorē veri⁹ q̃; odorem nouerant. Cātu aūt ad se hoīes allicere circē allectosq; in varias feras cōuertere:qd aliud habet;nisi q; q̃ voluptuosę vitę dedunt̃:hoīem exuunt. Amittunt em̄ rōem qua sola homines sumus & ruunt in varias animi perturbatiōes:q̄ cū ex rationis priuatione pueniāt brutorꝫ potı⁹ q̃ hominū dicendę sunt. Vlisses autē ñ trāsmutatur a Circe:qa sapiens nō mō non vincit̃ a voluptate. Verꝫ causa est q; socii sui iā mutati i pristinā formā redeāt. Nam & dū recte agit exemplo malis est:q̄ redeāt ad meliorem vitā:& sua doctrina aliis:vt recte viuāt psuadere pōt. z Arguto. S. Stridulo sonanti:vt forte sub arguta cōsederat Ilice Daphnis a. Percurrens te. S. aut manu pcurrens tactu pectinis:vt videmus:aut quia apud maiores stātes texabāt: vt hodie linteones videm⁹:Est aūt Home. q̄ ait. ἱσὸν ἐποιχομένην b Gemitus. S. Irascentiū leonū Endiadis. c Sera sub no. ru. S. tpe q̄ naturali libertate vti cōsueuerunt. Sub sera nocte:ppter serā noctem. d Rudentē. S. Ru. naturaliter longa est. Persi⁹. Findor vt arcadię pecuaria rudere dicas. Systolen ergo fecit. Ruditus aūt ppriē est clamor asinorū: vt grunitus porcorū. Ranarū aūt coax:quę omnia a sono vocis ꝯstat esse cōposita. d Pręsepib⁹. S. caueis:vbi alūtur. Non em̄ reuera pręsepia habent. e Formę. C. Aperit figmentum fabulę. Nō em̄ pōt homo:neq; alia animal' species in aliā transfigurari:sed cum forma sit sola:tale aīal dicim⁹:& hō deditus viciis:id solū fit q̄d est lupus:pfecto lupus dici pōt. Hoc quoq; mō multi Platonici intelligunt trāsitū illū aīorū nostrorꝫ in varia brutorū corpora a Platone intelligi:nō aūt transfigurent in corpora aliorū aīalium:sed in mores ipsorū f Dea sęua. S. Per se:aut herbis potentibus sęua. g Circe. SERVIVS. ideo fingitur solis filia:quia clarissima fuit meretrix & nihil sole clarius: hęc autem libidine sua:& blanditiis homines in ferinam vitam ab humana deducebat:vt libidini:& voluptatib⁹ opā daret:Vñ fabulę dat⁹ est loc⁹. Hora. Sub dña meretrice fuisse turpis et excors Cū in vult⁹ ac terga fe:corrūpebant̃ em̄ in illis sensus:Anim⁹ aūt manebat idē. h Quę ne mō. pii. D. Propterea debuerūt liberari ab his monstris:qm̄ pii erāt:neq; sceleratis cōpādi. i pii pa. ꝛc. S. Ergo ipii:q p tulerūt:s. occidendo solis armēta. k Neptunnus vē. ꝛc. Phisice locutus est. S. motu em̄ aquę ventus creat̃:vt videmus in bombis. C. Neptunnus. vt in primo ostendimus. Neptunnū poni p ratione superiori:sic & in hoc loco. Nā superior ratio. i. ipse intellectus:qui maxime pōt in hoībus piis. i. virtutibus ciuilibus purgatis:facit ne p̄cipitentur in monstra. i. maximas:& efferatas. pturbationes. Sed vt aptius intelligat̃ ponūt Platonici duas alas:p quas animi humani ad cœlū euolēt. Iustitiā:& religionē:& p iusticiā cui⁹ pars est pietas:intelligūt morales virtutes:& per religionē intellectiuas:dicūtq; summū bonū cōsistere in cōtemplatiuis:quia illis fruimur deo:q̄d sūmū bonū ponit Pla:sicut etiā xpiani. Sed tñ incipiendū esse voluit a moralib⁹:quibus animus purgat̃. Nam in animū inmūdū negant posse ingredi sapientiā:quia vt ipsi aiunt auctore Socrate purū impuro attingi nefas est:hoc idē sentiūt christiani. Vnde est illud in animā maliuolam non introibit spiritus sapientię. Ergo Neptunnus. i. sapientia qui mare. i. perturbatōes piis. i. mortali virtute purgatis pacat eripit eos a talib⁹ mōstris. i. a talibus viciis:quia sapientia est:qua bona a malis cognoscimus:et inspirat optimos ventos:id est inspirat optimam voluntatem. Nam vt nauis vento: sic animus sua voluntate fert̃. Et voluntas;quę est a sapientia: fert ad bonū vitato malo. Quapropter bona mensa sapientia inspirata:vnde est cognitio veri eripit pios a talibus monstris quę sunt vt homo in ferinam naturam conuertatur.

l Pręter vada fer: SERV. periculosa nauigantib⁹:& est temesis. C. Pręter va. fer. Cōpositōe ista verborꝫ exprimit:atq; pene depingit et celeritatē depulsę classis et strepitū aquę ea celeritate a naue percussę:& vadis illisę. m Iāq; rubescebat. D. Bonis auspiciis recepti sunt. si pura luce:et pura aurora: & lenitate venti:hylaritas aūt aurū: populorū lęticiā significabat. Est ergo ita ingressus vt elemēta obseq:& aues venienti illi gratulari viderent̃. n In roseis fulgebat lu. SERVIVS. luteā est crocei coloris:vt Croceo mutauit vellera luto: vnde multi iungunt in roseis. i. non rubicundis. ne sit cōtrariū:tñ secundū Home. dictū est:qui interdum. ῥοδοδάκτυλον. aurorā: interdū. ῥοδόπεπλον. dicit. C. Aurora lutea in roseis bigis. At qui nō idem color est roseis:qui ad ruborē tendit:& luteus qui croceus est. Verum voluit poeta duplicē colorem qui in aurora deprenditur ostendere. Primo em̄ ea pars hemisperii ad quā venturus est sol:qm̄ & plus tenebrarum habet propter noctem: & minus splendoris:qm̄ longius adhuc abest sol rubicūdior:Cum vero sol iam propinquior fit ille rubor:iā plus illucescente alte in croceum colorem redit. Ergo duo Epitheta:quę Homer⁹ aurorę dat:vt modo. ῥοδοδάκτυλον: modo. ῥοδόπεπλον. eam nominet:poeta in hoc loco coniunxit. Ergo troiani pii. i. virtutibus moralibus purgati a viciis veniunt in italiā. i. in cōtemplationem: in qua sūmū bonū esse deprehendit̃ illucescente iam die. i. apparēte iā lumine rationis remota nebula erroris.

o Cum venti posuere. S. cum ortu quieuere: sicut contra flantes ferentes dicimus:vt fieret vento mora:ne qua ferente. i. flanti. p Omnisq; repente resedit f. S. omis. i. & grępe est:& qui pelagi:qui altanus vocatur.

q Tonsę. S. remi dicti a decuciendis fluctibus:sicut tōsores a tondendis:& decutiendis capillis.

r Lucum prospicit. S. in quo erat fluminis numē:nam vt supra diximus:nunq; lucū sine religione ponit. CRI. Ingentem lucum. cum venit in terram Carthaginensium:id est vitam ciuilem:ingressus est syluam replerā feris:vt sunt vrsi:& similia:quia vita ciuilis circa corpora versatur vbi est materia:quę viciis abundat:Nunc ingreditur lucum:id est syluam sacram:quia vita contemplatiua:dum adhuc ī corpore sumus:& si a natura nō omnino discedat:tamen habet illā defecatam ab omibus viciis. Neq; erant terrestria animalia:sed aerea:vt sunt aues:quę cantu omnia mulcebant. Cōtemplatio em̄ nihil agit tumultuose:sed obseruat in rebus omnibus agendis variam quandam amoniā.

s Hunc inter fluuio tyberinus ame. SERVIVS. per hūc Terentius. Dum rus eo cœpi egomet mecum inter vias ꝛc. Est autem crebra frontonis elucutio.

t Amoeno. S. vmbroso:syluis circundato.

v Multa flauus harena. SERVIVS. Epitheton proprium. Et sciendum; exitum tyberini fluuii naturalem nō esse:nisi circa hostiam:vbi prima Aeneas castra cōstituit. Nā aliter non procedit:quod ait murorum in parte sinistra opposuere atiem:nam dextra cingitur amni. Nō postea in laur r Laurnio castra fecit ingentia:quorum vestigia adhuc videntur. x In mari prorumpit;varie Circum supraq;.

Cum[o] venti posuere: omnisq[p] repente resedit
Flatus: & in lento luctantur marmore tonsę[q].
Atq hic æneas ingentem ex ęquore lucum[r]
prospicit: hūc[s] inter fluuio tyberinus[t] amœno
Vorticibus rapidis: & multa[v] flauus harena
In mare prorumpit: varię[x] circumq supraq
Assuetę[y] ripis volucres: et fluminis alueo:
Aethera[z] mulcebunt cantu: lucoq volabāt.
Flectere iter sociis: terręq aduertere proras
Imperat: et lętus[a] fluuio succedit opaco.

D. Sex descripsit ptes. nā circū significat dexterā: & leuā: a tergo & ante. Item duas infra & supra. Infra ōndit cū dicit fluminis alueo: supra cū dicit: Aethera. y assuerę. vo. S. bono compendio vsus est.

z Aethera mulce. cantu. S. Leuibāt: corporalia ei sunt elementa: vt diximus supra. non enim mulcet: nisi quod corporale ē. Supra ait. totamq infusa p artus a Lętus. D. propter tot foelicia auguria.

b Nūc age. S. hic est sequentis operis iniciū. ante dicta em̄ pendent a superioribus. D. nunc age. Exquisitis inuentionibus accumulat Aeneę laudes. Facit em̄ aduentus nouū exordiū: vt alia pars videatur esse errorū: alia gestorū in Italia. Sub imagine inuocatiōis propositionē fecit: vt lectorem ipsius ordinis quē habiturus esset doctū reddat. CRISTO. Nunc age qui reges: bipti ca fuit a pricipio pposito

poste. C. vt primo narret errores æneæ ad imitationē odysseæ Deinde ad similitudinē Iliados exponeret bella: q̄ in italia gessit. Ergo explicatis erroribꝰ: cū principiū bellorum sit: reno uat inuocationē: & more Homerico eodem tpe: & inuocat musam auxiliū: & pponit. q̄d explicabit: qui in italia regna uerunt cū æneas illuc apulerit: & quis rerum status fuerit. Nā tpa ipsa varietate rerū distinguūt: vñ & fœlicia & ifœlicia tpa dicimus: vt ipse status rerū fœlix: infœlixue in illis tem poribus est. hinc illud est o mores: o tpa. c Erato. S. Sa ne pro caliope posuit. C Erato. Nam musam iuo cans omnes inuocat. Sic alibi: Vos o caliope p̄cor: vel locutus ex sentētia il lorū: qui cū singulis mu sis singulas attribuūt do ctrinas. Erato hystoriam assignant. ipse autē priscæ hystoriæ cognitionē cupit: iure Erato iuocauit i hac aūt ppositiōe: & inuoca tione restaurat exordium. Captat eī bñuolentiam a psona sua: ex modestia: quā negat ex diuino auxi lio præstare ex se posse. Itē ab opera industriaq̄ʒ sua: qua prisca ex obscuritate vetustateq̄ʒ in lucē eruendo: voluptatē: vtilitateq̄ʒ au ditoribus pferat. Captat attentionē: demōstrat eī difficilem: & cognito dig nā: & a memoria suorum tpo remotā. Captat po stremo docilitatē. Capita enī rerum distinctim ppoit: in eo aūt mirificū eiꝰ appa ret ingeniū. Nā cum dein ceps bella sibi canenda p ponat: stilum: q̄ʒuis subli mis fuerit ita tñ extollit: vt bellicū quoddā sonare videat: in quo quidē stilo: & si perseueraturus sit: tñ cū post ppositionē narra tionē a rebꝰ quietioribꝰ ichoet: illū de idustria flectet: cū ea cat mia intonuerit. d Que te. re. S. qa: vt .s. diximꝰ secūdū Lucre. tpa nisi ex rebꝰ colligāt p se nisa sūt. e Latio an tiq. Quia duo sunt: vetꝰ: & nouū: sicut & i iure lectū est. f Aduena. D. Magna laus q̄ peregrini sua virtute i alienis locis igēti fultos substātia supauerit. Ergo potuisset & tro iam defēdere: nisi iunonē aduersariā habuisset. h Exor dia pu. S. cerni in iteritū. i Tu va. D. vates dicunt poetæ: q̄ musarū sacerdotiū pfitēt: & vt sūt vates q̄ deorum mēsa ad hoies pferūt. Ita iste vates erūt: p q̄s ita musæ loq̄ phibeāt: vt dii p suos sacerdotes. k Actos. S. Aut collectos: aut reuera cōpulsos: q̄d ē verisimile: ppter illud: lōga placidas i p̄ ce regebat. l Totaq̄ʒ rc. S. Collectā: vt Tityre coge pe. To tā aūt hypbolice dixit: D. Totā co. aila ppoīs ps: & plena seminibꝰ laudū æneæ. Qm̄ tātā cōiurationē regū pua manu supauit. m Maior re. rc. Maio. rc. C. Mtꝰ sic seqt. Rex ar. rc. n Iā senior rc. C. Est ei maxio igenio: & sūma elo quētia pditi viri: vt q̄ʒuis ingēs aliq̄d argumētū sibi pposue rit. ppterea q̄ʒ grādiori: vt ita loqr ore canēdum sit: tñ vt tes nōnūq̄ʒ variat: ita variet et dicēdi figurā: Quod q̄dē apud alios poetas raro absolutū pfectūq̄ʒ inuenies. o Huc fau. Accipimꝰ. S. q̄dā deꝰ ē fatuellus, cuiꝰ vxor ē fatua. Idē sunt faunꝰ & fauna: dicti aūt sūt a vaticinando. i. fando. Vñ & fatuos dicimꝰ incōsiderate loq̄ntes. ergo faunæ & fatuæ no mē q̄si aspū fugit poeta. & Maricā dixit vxorē fuisse fauni q̄ dea littorum minturnēsiū iuxta Lirim fluuiū. Hora. Inn̄ r ie maricæ littoribꝰ tenuisse lirim. q̄d si voluerimꝰ accipe vxo rē Fauni maricā nō pcedit. Dii eī topici. i. locales ad alias regiōes nūq̄ʒ trāseūt: s; pt dictū eē p poeticā licētiā laurēte marica cū sit minturnēsis. Dicūt alii p marica Venerē itelli gi debere cuiꝰ fuit lacellū iuxta maricā in q̄ erat scriptum. ΥΗΟΥ ΤΗΣ ΑΦΡΟΔΙΤΗΣ. Sane Hesiodꝰ latinū Circes: et vlis sis filiū dicit. q̄d & Virg. tāgit dicēdo solis aui specimē. Sed q̄a tpora rōne nō pcedit illud accipiēdū ē higini q̄ ait latinos p̄res fuisse: vt itelligimꝰ poetā abuti noīm silitudie. C. Huc fau. Artificiosa oīno narratio: nā & dilucida ē: vt plane in telligatur. et breuis: vt me moria retineat: et verisilis vt oīa facile credāt. Qui eī daret extemo viro ea puella ad quā solā regnū spectabat. q̄ oīm eēt pilch errima. & a multis petita nisi deorum monitis itaꝰ da ri prohiberet. Rursus quō eā extorsisset Turnꝰ: aut il li cessisset latinꝰ: nisi ipse & nobilitate elatꝰ: & regno ppotēs: & animi cor porisq̄ʒ viribꝰ audax ac po stremo reginæ fauore suf fultꝰ fuisset: ac demū q̄ nā tāta fuisset æneæ glia: nisi aduersus potētissimos re ges: ferocissimos pplos: flo rētissima regna: demū ni si aduersus et diræ furiæ a lectos: & potētissimæ om niū deæ Iunonis machinas pugnādū eēt. Huiuscemo di igit narratōe ea cūcta q̄ inferre voluit poeta: veri silia reddūt. Huc fa. locū adornat denoiatōe et apo strophe. Maricā. ait Pōpo niꝰ fuisse reginā laurenatiū et ab ea forsā ē marica sylua i exitu liris flumis vbi sūt miturnæ. Maro ait eē nymphā ex q̄ et fauno sic nat latinꝰ. Alii volūt fuis se filiū Hercul: & ab ipso fuisse cōmidatū fauno ab origenū regi: ppterea q̄ eiꝰ volūt filiū putatū. Hes. o. latinū Circes r. vlyssis filiū scribit. Volūt āt q̄dā ex Circe. vlysse tres genuisse: Thelogonū: latinū: & Ausoniū: sed oēm ambigu itatē Iginiꝰ soluit q̄ scribis i latio p̄res fuisse reges latinos ap pellatos. Dicūt p̄terea duos latinos filios fuisse cæsos i p̄ria ætate fraude vxoris amatæ illorum nouercæ. p Accipimꝰ. S. ppter varias opiniōes hoc adiecit: vt Salu. vrbē romā sicu ti ego accoepi cōdidere atq̄ʒ habuere initio troiani. q Te sa. C. emphasim habet te. q. d. maximū deorum. r Vltimꝰ au. S. primꝰ: vt supmū sūmū dicimꝰ. proh supme iuppiter. D. Vltimꝰ au. q̄a primꝰ fuit latinꝰ a q̄ factū ē initiū narrādi. Ergo iste vltimꝰ: vt i scol' si descēdas primꝰ ē sūmꝰ: vltimꝰ q̄ est imus. Si ascēdas cōtra fiet. Sic Cice. in rhetorica inq̄t: ab vltimo principio huiꝰ p̄ceptōis. Hinc de latino ipm̄ dicere se quētia indicāt. q̄ʒuis possit credi de saturno. s Nulla fuit. C. s. eo tpe q̄ æneas i italiā venit. Nā priꝰ fuerat: vnde addit primaq̄ʒ exc. cta iuuēta. t Primaq̄ʒ ori. S. p trāsitū tāgit hy storiā. Amata eī duos filios voluntate p̄ris æneæ spōdētes so rorē factiōe interemit. Vnde & erepta dixit q̄si puim. Fato āt dicēdo eorum voluntate. Nā dii id fāt q̄d sentiūt: nō vt hoies de qbꝰ lectū ē. aliud clausū i pectore: aliud i ligua pmptū hre. D. Priaq̄ʒ ori. ñ nascēdo: s; moriēdo extīcta ē: & q̄d magis dolēdū i ea ætate extīcta ē vñ spes cœpat. v Iā ma. vi. rc. S. nō est iteratio: sed secūdū ius locatus est. in q̄ & ex anno rū rōne: & ex habitu corporis ætas pbatur. Primū ergo ad hitū: secūdū ad annos ptinet. C. Iā matura viro & an. nu. Ex iure sūptū. p̄terea laus ab ætate iā nō trāsacta iā iuuen

¶ Nunc age qui reges Erato: que tēpora rerū:
Quis latio antiquo fuerit status: aduena classē
Cū primū ausoniis exercitus appulit oris
Expediam & primæ reuocabo exordia pugnæ.
Tu vatem tu diua mone: dicam horrida bella.
Dicā acies: actosq̄ʒ animis in funera reges:
Tyrrhenamq̄ʒ manū: totaq̄ʒ sub arma coactā
Hesperiā: maior rerū mihi nascitur ordo:
Maius opus moueo. rex arua latinus: & vrbes
Iam senior: longa placidas in pace regebat.
Hunc fauno: & nympha genitū laurente marica
Accipimus: fauno picus pater: isq̄ʒ parentem
Te saturne refert: tu sanguinis vltimus auctor.
Filius huic fato diuū: prolesq̄ʒ virilis
Nulla fuit: primaq̄ʒ oriens erepta iuuenta est.
Sola domū: & tantas seruabat filia sedes:

Iam matura viro:iã plen is nubilis annis:
Multi illã magno e latio:totaq₃ petebant
Ausonia:petit ante alios pulcherrimus omnes
Turnus:auis atauisq₃ potens:q ue regia cõiux.
Adiungi generum miro properabat amore.
Sed variis portenta deum terroribus obstãt:
Laurus erat tecti medio:in penetralibus altis:
Sacra comã:multosq₃ metu seruata per annos:
Quã pater inuẽtam:primas cum cõderet arces
Ipse ferebatur phoebo sacrasse latinus:
Laurentisq₃ abea nomen posuisse colonis:
Huius apes summum densę (mirabile dictu)
Stridore ingenti liquidũ trans ęquora vectę
Obsidere apicẽ:& pedibus per mutua nexis
Examen subitum ramo frondente pependit.
Continuo vates: externum cernimus inquit
Aduentare virum:& partes petere agmẽ easdẽ
partibus ex iisdẽ:& summa dominarier arce.
prętereа castis adolet dum altaria tędis:
Et iuxta genitorem astat lauinia virgo:
Visa(nephas)longis cõprehendere crinib⁹ ignẽ.
Atq₃ omnẽ ornatũ flãmma crepitante cremari:
Regalesq₃ accensa comas:accensa coronam
Insignẽ gemmis:tum fumida lumine fuluo
Inuolui:ac totis vulcanum spargere tectis.
Id vero horrendum:ac visu mirabile ferri.
Namq₃ fore illustrem fama:fatisq₃:canebant
Ipsam:sed populo magnũ portendere bellũ.
At rex sollicitus monstris:oracula fauni
Fatidici genitoris adit :lucosq₃ sub alta
Consulit albunea:nemorũ quę maxima sacro

a nupserat:vt multis euenit:sed in ipso ętatis flore ab oibus expetita est. x Multi.D.Et quia vnica esset:& quia senis filia ex q̃ regnũ pro dote veniret. C.Multi illã:quid mirũ si nobilissima:si in flore ętatis cõstitutã:si pulcherrimã: si tanti regni heredem multi peterent. Multi.argumentũ a numerositate petentiũ. y Latio. S.latiũ ps ẽ Ausonię:vñ dixit prius q̃d minus est sic itulit.Totaq₃ ausonia. C. E latio. laus a regione nã multũ iterest q̃ quisq₃ natiõe sit. z Ausonia: C.de ausonib⁹ id ait Pli: a locris italię fons incipit magna Grętia appellata: in tres sinus recedens Ausonii maris:qm̃ Ausones tenuere primi. A Petit añ al.S.aut ante alios petit: aut certe pl̃cherrim⁹ ante alios.D.Añ om.s.pulcherrimus:nõ aũt añ oẽs petit.Omnia aũt supradicta i laude sũt ænęę ne.igo nobilem:aut sibi imparẽ ducere videatur:qm̃ illã vicini spreuissẽt:vterq₃ a saturno est ab illa em̃ Iuppiter:ab Ioue Venus:a Venere Aeneas. Sic a Saturno :picus .ab Pico faun⁹: a fauno latinus:a latino. hęc. ergo par sanguis:sed virtus in Aenea maior. b Pulcherrimus.C.nobilitatis meminit.& pulchritudinis.Qm̃ hęc duo p̃cipue mouẽt mr̃es i ascicendis sibi generis:cũ patres altiori cõsilio de generis virtutibus quęrant. c Miro pro.amo.S.Noua intẽperãtia. d Sed variis.S.ppter apes.& incendiũ:& ppter oraculũ fauni. e Portẽta.S.Signa sunt media:nã & bona & mala sunt portẽta. f Laurus erat.S.Latin⁹ post mortẽ Lauinii fr̃is eũ Lauinũ amplificaret ab iuẽta lauro Lauro Lauiũ appellauit.D.Laur⁹: ponit portenta:q̃bus connubiũ Turni prohibebat. g In penetralibus. S.Penetrale est ois superior ps domus:licet sit itecta.Vñ Laurũ fuisse in penetralib⁹ nõ ẽ mirũ. h Metu. S.religiõne quę nata est p timorẽ. i Primas cum con.ar.S.primas circa laurum.s.nam iã ciuitas fuerat. k Trans ęthe.S. pro aere posuit. l Obsedere api.S.Verbũ oppugnationis est futurę. m Per mutua.S.inuicẽ. Et est absolutum.Mellissus qui de apibus scripsit ait.duob⁹ pedib⁹ se tenẽt: & duob⁹ aliis se sustinẽt: n Vates.S.diuinus:per quã aũt artẽ nõ dixit:nec nomẽ ei⁹:sed dat intelligi: coniecturis eũ quibusdã dixisse futura. o Virũ. D.nõ dixit cernim⁹ virũ: veluti pręsẽtẽ.sed cernim⁹ virũ externũ aduẽtare. p Partes pet.ag.S.easdẽ intelligimus ab infero mari apes venisse.Vnde Troiani.Partes autẽ easdẽ sũmitates rerũ petere dicit: sicut apes apicem lauri. Quod aũt in lauro sedere õnditur aduenarũ futura victoria. q Castis.S. piis.Et intelligim⁹ latinũ sacrificasse:iuxta adstante lauinia.C.Castis.i.ipa casta:vt dicim⁹ manibus piis. r Nefas.S.Absoluta penthesis ẽ:& est hypallage. s Cõp̃hendere cri.ig.S.Cum ignis crinẽ cõprehendat. t Fumida.S.in quo fumus ẽ causa lachrymarũ. v Vulcanũ spargere.S.Incẽdium belli significat:his em̃ duobus:hoc ab augurio distat Ascanii:fumo:& aspsione flammarũ. x At rex.DO.nõ dixit virginis pater .Nam publicus status q̃ filię potior fuit. y Fauni.S.faunus dict⁹ est:q₃ voce :nõ signis futura ostendit. z Lucosq₃. S.in lucis. a Sub alta albunea.S: in albunea.alta:quia ẽ in tyburtinis altissimis mõtib⁹.Et albunea dicta est ab aquę q̃litate:q̃ in illo forte est.Vnde etiã nõnulli ipam Leucotheã volũt. Sciendũ sane vnũ esse nomẽ fontis: & syluę.CRI. Albunea .nemus est iuxta aniene cum fõte eiusdẽ nominis: siue a colore aq̃ sulphureę:siue q₃ albunea latine:sic quod grece Leucothea:Sed i hac sylua fõtes sunt sulphurei appellati albulę. vt Strabo.Et Pli.scribunt. b Fonte sacro.S.Nullus em̃ fons non sacer propter attributos illis deos:qui fontib⁹ pręẽe dicunt. c Mephitim.S. Mephitis proprie est terrę putor:qui de aq nascitur sulphuratis: & est in nemoribus grauior ex densitate syluarum: alii mephetim deum volunt Leucotheę connexum sicut est veneri Adonis. Dianę virbius. Alii mephitim Iunonem volunt: quam aerem esse constat. Nouimus enim putorem non nisi ex corruptione aeris nasci: sicut etiam bonum odorem de aere incorrupto: vti sit Mephitis dea odoris grauissimi .i. graue olentis. d Hinc italę gentes. S. commendatio oraculi. D. Italę gentes. ergo oes. e Oenotria tellus. S. proprie Sabinorum tractus. C. de Oenotria iam diximus. f In dubiis. D. ergo maioris meriti oraculum. g Huc dona. D. ponit morem petendi oraculi. h Sub nocte si. S. per noctem silentem .i. per noctis silentium: cum oes tacent. i Incubuit. D. Incubare proprie dicunt hit: qui dormiunt ad accipienda rnsa: vn est. il le icubat Ioui .i. dormit in Capitolio: vt rnsa possit accipe. C. Pellib9 in. Apud priscos enim factis sacris so lebant in deorum templis somnum capere: vt ab eo deo cui sacrificassent psonum futura acciperent: Quod & Plau. in Cappadoce ondit lenonem qui in templo Aesculapii: vt valitudini remedium acciperet incubuit. Et Ci. de diuinatione: atque etiam q sperant lacedemoniis: q contenti vigilantibus curis in Pasiphaes dom o: q est i agro: ppter vrbem somniandi causa excubabant: quęgetis oracl avera dicebant Strab. at refert in agro Samio basylica fuisse Calchantis: cui petentes oracula nigrum sacrificabant anete: & strata i pelle dormiebant. k Miris mo. C. Nam q somniando nobis apparent: variis et horrendis figuris sese offerunt. Fuit autem mire Poetę ingenium: vt dicat & miris. vt quod verbis exprimere non valebat: auditoris iudicio explicandum relinqueret. l Varias au. S. ppter mlta simulacra. m Fruit. S. Pascit quod de reb9 tm bonis dicim9.

quam fallere non debeo. t Thalamis neu &c. S. ppter Turnum. C. Thalamis. p. Erat enim op9: vt ante hac pdicerent q Troiani uenirent: ne commenta res esse videret. v Veniunt. S. veniunt meli9 q venient: vt iam eos venire significet x Generi. S. plurali p singulari vsus est. y Ab stirpe. S. Stirpem cum de genere dicimus tm foemineum. de arbore neutrum gen9 & foemininum inuenit: Vt. Sed stirpe teucri nullo discrimine sacrę. Et foe. vt Hora. Cum stirpesque raptas: & pecudes: & domos. z Sub pe. S. sub iperio suo: ac potestate. a Vertice. CRI. Quia suo ipeno subiget: b Regique. C. q subactos clementer administrabunt. c Monitusque. S. alibi monita dixit: vt Carmentis nymphę monita & deus a. ap. d Non ipse suo. S. quo a se repelleret generos e Sed cir. S. themesis est. circumuolitans. C. Circum. Cum eo quod est tulerat iungendum e: vt sit circumtulerat. f ¶ Adorea li. S. odor ppriae genus farris. Liba aut sunt placentę de farre & melle & oleo. sacris & apte. C. Adorea: ador quod sit expssim9 in Geor. g Per her C. s. p apium. Dyoni. enim libro .i. ait in agro laurenti: vbi consederunt Troiani: aqua fluebat vsque ad mare nunc i cauo loco e scatens fons sacer phoebo cum duabus ędiculis in quib9 Aeneas primum sacrificauit: & ibi Troiani cibum sumpsere in loco strato ex apio: siue ex crustulis panis ad ciborum mundicie paratis: ac consumptis cibis: quidam ex illo apio: siue ex crustis comedere cœperunt. Tum quidam ex filiis Aeneę: siue alius ex discumbentib9 inquit At ei mensa iam comesa e nobis. Quo audito tumultuarunt oes: tamque si finita essent pria oracula. Responsum enim accœperant: siue a dodoneo oraculo: siue ab erythris idę tugurio vbi Sibylla habitabat: nympha idigena fatidica. quę ipos monuit: vt in occasum nauigarent: donec eo peruenirent: vbi mensas comederent: Hoc ergo nunc aduenisse dicebant. h Et Cereale solum. S. solum dr omne quod aliquid sustinet: vn de mari supra ait. Subtrahiturque solum. sicut nunc panitias mensas i. epularum sustentaculum solum vocauit. C. Et cereale solum. rem minorem q i heroico carmie puenirent translatione et denoiatione duob9 coloribus rhetoricis honestauit: vt noibus p noibus positis: viliora q essent materiestatem quandam reciperent. i Fatalis cru. ad negocium respexit aeneę: cui hic erat finis laborum. crustum aut: & crusta neutro dicim9 de his q co medi punt. Nora. vt pueris oli dant crustula blandi doctores. Iuue. Hos colaphum icutim9 liberti crustula suo: fœmico at gne fragmenta dicim9 q n sunt vsui: vt:

Fonte sonat: sęuamque exhalat opaca mephitim.
Hinc italę gentes: omnisque oenotria tellus
In dubiis responsa ferunt: huc dona sacerdos
Condidit: & cęsarum ouium sub nocte silenti
pellibus incubuit stratis: somnosque petiuit.
Multa modis simulacra videt volitantia miris:
Et varias audit voces: fruiturque deorum
Colloquio: atque imis acheronte affatur auernis.
Hic & tum pater ipse petens responsa latinus:
Centum lanigeras mactaret rite bidentes
Atque harum effultus tergo: stratisque iacebat
Vellenbus: subito ex alto vox reddita luco est:
Ne pete connubiis natam sotiare latinis
O mea progenies: thalamis neu crede paratis:
Externi veniunt generi: qui sanguine nostrum
Nomen in astra ferant: quorumque a stirpe nepotes:
Omnia sub pedibus: qua sol vtrumque recurrens
Aspicit oceanum: vertique regique videbit.
Hec responsa patris fauni: monitusque silenti
Nocte datos: non ipse suo premit ore latinus:
Sed circum latas volitans iam fama per vrbes
Ausonias tulerat: cum laomedontia pubes:
Gramineo ripę religauit ab aggere classem.
¶ Aeneas: primique duces: & pulcher Iulus
Corpora sub ramis deponunt arboris altę:
Instituuntque dapes: et adorea liba per herbam
Subiiciunt epulis: sic iuppiter ipse monebat.

n Acheronta af. S. pratęs q sunt in Acheronte ad quę p auernum venit. Hoc aut io: qa faun9 dr infern9 de9: Et congrue: na nihil est terra inferius in q habitat faunus. Hinc est q eum Hora. inducit nocentem dicens. Lenis incedas: abeasque paruis equ9 alumnis. o Pater ipse. S. Aut honoris e: aut reuera ppter lauiniam. D. Pater ipse. Ergo non misit alterum: sed ipse prexit: vt et pris: & regis diligens adhiberet officium: & p mollib9 plumis: & ornatu regio non recusauit pellium stratum. p Centum. S. aut p qualitate fortunę: vn & rite dixit. aut certe finit9 sit p infinito. q Tergo. S. p tergorib9. r Velleribus. D. ppter meritum petitis. C. Subito. vt ondat prem filio p ceteris rndisse. Neque diutius incertum tenuisse. s O mea pro. C. facit fidem. q. d.

Et cereale[b] solum pomis agrestibus augent.
Consumptis hic forte aliis: vt vertere morsus
Exiguam in cererem penuria adegit edendi:
Et violare manu: malisq; audacibus orbem
[i]Fatalis crusti: patulis nec parcere quadris.[k]
[l]Heus etiã mensas consumimus inquit Iulus.
Nec plura: adludens[m] ea vox audita: laborum[n]
prima tulit finem: primãq;[o] loquentis ab ore
Eripuit[p] pater: ac stupefactus numine[q] pressit.

Cõcrescũt subite currẽti i flumie crustę. k Quadris. S. aut mẽsis: & ẽ antonomasia: nã sup̃ orbẽ dixit: aut q̃dris fragmẽtis accipiam⁹: vt Iuue: vt bona sũma putes aliena viuere q̃dra. C. Quadrã panẽ dixerũt: φ apud antiq̃s q̃dratas sectiões haberẽt panes. Martialis Cum mittis turdũue mihi q̃drã ue placentę. l Heus &; mẽ. C. miserã hoĩm isciẽtiã oñdit poeta. Nã vt p̃ sępe q̃ timẽda sunt non timẽt: ita q̃ nõ sũt timẽda: timẽt. vt verissimũ scilicet in Cice. Tusculanis. ignaros hoĩes in vita moribus errãt. m Adludẽs. S: Aut vacat ad: & ludẽtẽ significat: aut certe alludẽs ad respõsi fidẽ verba componẽs. n Laborũ finẽ. S. Maritimoꝝ: nã in terra multa passurus est: vt ait Sibylla. Sed terrę grauiora manẽt. o Primãq; lo. S. Hoc ẽ adhuc loquẽte Ascanio intellexit tamẽ quã fata p̃dixerãt. p Eripuit. C. nõdũ enim p̃fecerat orationẽ Ascani

cum Aeneas oraculū inter-
pretatus est: in quo &
acumen ingenii: & lętitia
demonstratur Nam neq;
tam cito hebes intellexisset: neq; quod intellexerat
tam celeriter: nisi lętus elo
cutus fuisset. Salutat autē
terram quoniā eā esse co-
gnouit: quam fata protē-
debant. agit gratias pena
tibus: quoniā eo incolu-
mem illum perduxerant.
q Numū pressit. S. ora
culi fide: ab Heleno: & an
chisa predicti: pressit autē
vocem Ascanii: quo pos-
set ipse numina deprecari.

r Fatis mihi debita tel-
lus. S. bona periphrasis est:
ne fatalis diceret quod est
mediū: & in precibus ni-
hil debet esse ambiguum:
s O fidi. S. Aeneę. s. &
non Troię: quam nequiue
re seruare.
t Hic domus. S. aut fa-
milia, vt: da propriā thym
brę domū: aut ordo est
hic patria: hic domus: an
enim patria est q; dom⁹.
v Accisis. S. vndiq; cō-
sumptis: & hoc est apud
nos: ac. q̊d apud grecos
am, x. Hęc erat illa fa-
mes. S. ac si diceret hoc fu
erat timendum periculū:
quod pericula terminat.
C. Hęc talis: quasi diceret:
tam lęta q; fœlix.
x Illa. C. s. quę tātum ter
rorem incutiebat.
z Quare agite. C. optim⁹
omnino dux: qui & diis
ob acceptum beneficiū
nulla interposita mora sa
crificia instituit: & is qui
suę fideicōmissi sunt ho-
minibusq; primū occasio
dabitur (illa enim inuestigatio tenebris fieri nō po
test) cōsulēdū decreuit
a Habeant. SER. habi
tent: hoc enim frequentati
uū est ab eo quod est ha-
beo.
b Vbi mœnia gentis. S.
laurolauinium significat.
c Nunc pateras libate Io
ui. SER. ab eo quod con-
tinet id quod continetur.
d Anchisen genitorem.
SER. Bene Iouem & an-
chisen: qui causa oraculi
fuerunt.
e Reponite mēsis. SER
Aut timore verborū Asca
nii iterrupta rnouate: aut
reponite frequenter: poni
te. i. crebro libate.
f Tempora ramo impli-

Continuo: salue fatis mihi debita tellus:
Vosq; ait o [s]fidi troię saluete penates:
[t]Hic dom⁹ & patria est: genitor mihi talia (namq;
Nunc repeto) anchises: fatorū arcana reliquit:
Cum te nate fames ignota ad littora vectum
[v]Accisis coget dapibus consumere mensas:
Tum sperare domos defessus: ibiq; memēto
Prima locare manu: molirique aggere tecta.
[x]Hęc erat [y]illa fames: hęc nos suprema manebat.
Exitiis positura modum.
[z]Quare agite et primo lęti cum lumine solis.
Quę loca: qui ve [a]habeāt hoīes vbi [b]mœnia gētis
Vestigemus: & a portu diuersa petamus:
Nunc [c]pateras libate Ioui: precibusq; vocate
[d]Anchisen genitorem: & vina [e]reponite mensis.
Sic deinde effatus: frondenti [f]tempora ramo
Implicat & [g]geniumq; loci: [h]primāq; deorūq;
Tellurē: [i]nymphasq;: & adhuc ignota precatur
Flumina: tū [k]noctem: noctisq; orientia signa:
Idęumq; Iouem: [l]phrygiamq; ex ordine matrē
Inuocat: & [m]duplices [n]cœloq; [o]hereboq; parētes.
Hic pater omnipotens ter cœlo [p]clarus ab alto:
Intonuit: [q]radiisq; [r]ardentem lucis & auro
Ipse manu quatiens: ostendit ab ęthere nubē.
Deditur hic subito troiana per agmina rumor:
Aduenisse diem: quo debita mœnia condant.
[s]Certatim instaurant epulas: atq; omine magno
Crateras lęti statuunt: & vina [t]coronant.
Postera cū prima lustrabat lampade terras
Orta dies: vrbem: & fines: & littora gentis
Diuersi explorant. hęc fontis [v]stagna numici.
Hunc tybrim fluuiū. hic fortes habitare latinos

cat: SER. diebus enim fe
stis ita epulabantur.
g Geniūq; loci. S. Apol
linem vult intelligi: in tutela enim eius tota fuerat
religio, Vt: laurētis ab ea
nomen posuisse colonis:
aliter iniquū est: si cū omnis iuocat. Apollinē pręter
mittat pręsertim cū Hele-
nus dixerit, Aderitq; voca
tus Apollo.

h Primāq; deorū tellu-
rem. S. quia ipa est mater
deorum.. Nam berecin-
thiam: quę terra interprę-
tatur omnium deorum
matrem fabulati sunt po
etę. Vñ magnā mrē appel
lāt tellurē. i Nymphas
q; & adhuc ignota prec.
flumina. S. Bonum ordi
nem sequit. Sic alibi nym
pę laurentes nymphę ge-
nus amnibus vnde est.
k Noctem noctisq; ori
entia sig. S. quę noctē sequuntur: vt nymphas flu
mīa: inuocat enim sibi cō
iuncta.
l Phrygiāq; ex ordine
matrem. S. Aut congrue:
quia deum dixerat Iouē.
aut certe ex ordine. i. more
solenni.
m Duplices. S. duos.
n Cœlo. S. venerem.
o Herebo. S. Anchisen.
C. Cœloq; hereboq; parē
tes. Constat ex immorta-
li dea: & mortali homine:
i. ex animo & corpore: &
vtriusq; dū viuim⁹ ratio
est habēda: ergo vtrumq;
inuocat. p Cœlo clar⁹
ab alto. S. in serenitate q̊d
est augurii: nam ī nubib⁹
fulminis causa est.
q Radiis & auro. SER.
radiis aureis.
r Ardentem nubem. S.
Alii fulmen ardentem nu
bem dicunt, vt Luca. At-
q; ardētes aere solo: quos
hoc loco secutus est. Alii
dicūt fulmen aeris scissio
nē. i. ardētem rimā: quos
alibi sequitur dicēs: ignea
rima micans percurrit lu-
mine nymbos.
s Certatim instaurant
epulas. S. hoc est & vina
reponite mensis. t Vi
na coronant. S. p pateris:
vt alibi Magnū cratera co
rona induit. magno autē
omine cœlesti dicit alibi:
Nā te maiorib⁹ ire p altū
Au[s]piciis manifesta fides.
v Hec fontis stagna Nu.
S. Ista iā ab incolis discūt

q aūdalt fontis stagna: verum est: nā numic⁹ ingens ante fluui⁹ fluit: in quo repertū est cadauer æneę. et ꝯsecratū: post paulatim decrescēs in fontē redact⁹: q̄ etiā ipe siccat⁹ est sacris intercoeptis. Vestę enī libare: nō nisi de hoc fluuio licebat.

x Tũ satus anchisa. D. q̃uis satis fideret: tñ humanitatis officiũ putauit ad regem legatos mittere: ne ob superbiam alienos fines inuadere videret: tñ nõ expectato de pace respõso vrbẽ designat: tm̃ spei i fatis reposuerat. y Ordine ab omni. S. ex omni qualitate dignitatis: quod apud Romanos in legatione mittẽda hodieq̃ obseruat. C. Delectos ordine ab omni. misit centũ vt ex numerositate oratoꝝ oñderet multos venisse Troianos: ne forte ob paucitatẽ contẽnerentur. Mirũ autẽ fuit Aeneę ingeniũ: nã q̃uis mitteret illos cum insignibus pacis pacẽ petituros: demonstrat tñ iustitias ꝓbitatẽq̃ Troianorũ: sed ne a timore potius q̃ ab ingenii bonitate prouenire hoc crederet latinꝰ: voluit ne illũ laterent Troianorũ vires. Delectos. maxima em̃ diligentia adhibenda in mittendis oratoribus: vt pręstent eloquentia: & sapientia, vt quę facto opus sint cognoscãt: & cognita ꝑsuadere possit: & ex eoꝝ pręstantia fides fiat apud externos: populũ a quo mittuntur excellentissimis viris abundare. Ex omni ordine. Etiam qui ignobiliori genere nati sũt ab optimis reipubli. administratoribus nõ cõtemnunt: modo aliqua egregia virtus in illis eluceat. ȝ Augusta ad mœnia. S. augurio cõsecrata. Hinc paulopost. tectũ augustũ ingens: & nisi i augusto loco senatus cõsiliũ habere non poterat. Vnde templũ vestę non fuit augurio consecratum: ne illuc cõueniat senatus: vbi erant virgines. Nã hęc fuerat regia Numę Pompilii. sed ad atriũ vestę conueniebat: quod a templo remotum fuerat.

a Ramis velatos. C. vt statim primo aspectu pacata omnia afferent.

b Dona. C. nã hęc quoq̃ ad conciliandos hominũ animos multum valent. c Haud mora. C. nam cũ mora plerũq̃ noceat. hãc vitare debuerũt legati. d Fossa. S. sulco: & sunt ista reciproca: nã sulcũ ponit pro fossa: vt Ausim vel tenui vitẽ cõmittere sulco. C. Ipse. h. d. m. fossa· de forma edificandarũ vrbiũ diximus in primo. e Moliturq̃ locũ. S. parat. alias fabricat. vt phrygię molimur montibus idę.

f Primasq̃ in littore sedes. S. quia imperiũ lauiniũ translaturus est: & sciendum ciuitatem quam primo fecit Troiã dictã secũdũ Catonẽ & Liuiũ: quod ipse docet: nec te troia capit. g Castrorũ in morẽ. S. hoc est breuem.

h Pinnis atq̃ aggere. S. in qua pinnę sunt. & est synechdoche. aggere fossa. i Iãq̃ iter emensi tur. ꝛc̃: S. Hipermetrus versus. D. Turres ac tecta. Primo em̃ altiora edificia: deinde cũ propinquius acceditur humiliora cernuntur.

k Murosq̃ subibant. S. alibi per accusatiuũ. vt Aeneę: subit, mucronẽ; & hoc secũdũ naturã est; nã it sub mucronem

dicimus: nã per datiuũ figuratũ est. l Pueri & primęuo flo. iu. S. Bene romanę militię exprimit morem: nã post pubertatem armis exercebantur. & sextodecimo anno militabant: quo etiã solo sub custodibus agebant: nec est contrariũ longa populos in pace regebat: nã licet in pace essent: exercitiũ tñ vigebat armorũ. C. Ante vrbẽ pueri. Ostenderat sapientissimũ ducẽ Aeneã: nunc vicissim latinũ laudat: ne stultum Aeneas vicisse videatur. Quis aũt illo duce prudentius esse potuit: qui ciues suos a prima vsq̃ ętate: in bonis disciplinis erudiẽdos curat: & ita instruẽdos: vt se patriãq̃ suã tueri: & omnes iniurias propulsare possint.

m Domitãtq̃ in puluere currus. S. equos sub curribus. D. In puluere: quia ibi meliꝰ animalia domantur: vbi difficilior tractus est. n Acris arcus. S. fortes et est. κατα φρησισ: nã acrimonia mentis est.

o Lenta. S. mollia.

p Ictuq̃. S. iaculatione. D. Ictu. non vt ferirent inuicem: sed vt destinata ꝑcuterent. q Cũ preuectus. C. vt ostendat vigilantes astitisse custodes: q̃ omnia pręuiderent: & p̃uisa ad regem referrent.

t Ingentes. S. Ex stupore nuncii: laus ostenditur Troianorum: & bene nouitatis ostẽdit opiniones. ĩgentes em̃ eẽ quos primũ videmꝰ opinamur. D. Viros ingentes ignota vestę Nã ex in premeditata re ꝑturbato animo putauit se vidisse illos vltra humanã formã. Extollit autẽ regiã latini a pulchritudine ędificii: & ab ornatu triũphali: nõ vt a pictura fabularũ. s Reportat. S. aut reuocat: aut apportat. t Intra tecta vocari. S. Dissentit hoc loco a romana cõsuetudine: nã legati: si qñ incognite venire nunciarentur. Primo quid vellent ab exploratoribus inquirebatur. Postea ad eos egrediebantur magistratus minores: et tunc demũ senatus extra vrbẽ postulata noscebat: & ita si visum fuisset admittebantur: sed hoc prudenter fecit. latinũ nãq̃ memorem vult esse responsi: & auidũ satis ad videndũ externos. per quos ei ꝓmittebatur fœlicitas. v Soleo medius consedit. S. vt supra diximus. Soliũ est veluti armariũ de vno ligno ad regũ tutelã factũ. Secũdum alios a soliditate dictum. secũdum Asprũ per antistichõ: quasi sediũ a sedendo dictum. Nam & sella quasi seda dicta est.

x Tectum augustũ ingens. S. domum quam supra diximus in palatio ab Augusto factam per transitum laudat. quã cõmemorat: & quasi in lauro lauinio vult fuisse. D. Augustum. Vel quia domus fuit regũ: vel quia reges ibi regnandi auspitia sortiebantur: illic enim potestatem sumebant & fasces erigebant. y Horrendum. S. venerandũ. nõ q horrori sit. ȝ Hic sceptra accipere. S. hoc in palatio,

¶ Tum satus anchisa delectos ordine ab omni
Centum oratores augusta ad mœnia regis:
Ire iubet: ramis velatos palladis omnes,
Donaq̃ ferre viro: pacemq̃ exposcere teucris.
Haud mora: festinant iussi: rapidisq̃ feruntur
passibus: ipse humili designat mœnia fossa.
Moliturq̃ locum: pinnasq̃ in littore sedes
Castrorũ in morẽ: primis: atq̃ aggere cingit.
Iamq̃ iter emensi: turres ac tecta latinorum
Ardua cernebant iuuenes: murosq̃ subibant.
Ante vrbem pueri: & primęuo flore iuuentus
Exercentur equis: domitãtq̃ in puluere currꝰ:
Aut acris tendunt arcus: aut lenta lacertis
Spicula contorquẽt: cursuq̃ ictuq̃ lacessunt.
Cum preuectus equo longeui regis ad auris
Nuncius: ingentes ignota veste reportat
Aduenisse viros: ille intra tecta vocari
Imperat: et solio medius consedit auito.
Tectum augustũ ingẽs centũ sublime colũnis
Vrbe fuit summa: laurentis regia pici:

Horrendum syluis: et relligione parentum.
Hinc sceptra accipere: et primos attollere fasces
Regibus omen erat: hec illis curia templum:
He sacris sedes epulis: hic ariete ceso
perpetuis soliti patres considere mensis.
Quin etiã veterum effigies ex ordine auorũ
Antiqua e cedro: italusq;: paterq; sabinus:
Vitisator curuam seruans sub imagine falcem.
Saturnusq; senex: Ianiq; bifrontis imago
Vestibulo astabant: aliiq; aborigine reges.
Martia qui ob patriã pugnando vulnera passi.
Multaq; preterea sacris in postibus arma:
Captiui pendent currus: curueq; secures:
Et criste capitum: et portarũ ingentia claustra.
Spiculaq;: clypeiq;: ereptaq; rostra carinis.
Ipse quirinali lituo: paruaq; sedebat
Succinctus trabea: leuaq; ancile gerebat
pic⁹ equũ domitor: quẽ capta cupidĩe cõiunx

a Omen: C. potestas: vt paribusq; regamus auspiciis. b Curia templũ. S. Quia vt diximus supra. Curia nõ nisi in augurato erat loco. c Epulis. C. pro dapibus posuit. i. sacrificiis. d Hic ariete ceso. S. Hoc sacrificium in iauna palacii festis dieb⁹ fiebat. e Perpetuis mensis. S. longis ad ordinẽ exequatis sedentiũ. Maiores enĩ nostri sedentes epulabantur: quẽ morem habuerunt a laconibus: et cretensibus: vt Varro docet in libro de gente populi Romani: in qbus dicit quid a quaq; traxerit gente. f Ex ordine auorũ. S. prout successerant sibi. Sane intelligẽdũ est ita vt nati fuerant: sic eorũ imagines fuisse compositas. g Antiqua e cedro. S. qd lignũ non fa facile consumitur a vetustate: hoc gen⁹ ligni tinee nescit corruptiõẽ: tineã ex antiquitate non sentit: aut cedria: peruncta ligna custodiata conseruat. Vnde & Persius: & cedro digna locut⁹. D. Cedro. ex cedro facte: qz hoc lignũ cariẽ nõ sentit. Vel cedria vncte: q ligna conseruat.
h Italus. C Italia ab italo dicta est: cũ Italus pronepos fuit Saturni qui inter duos sinus ĩpauit. Neptunniũ: & Syllaceũ. Vel intelligas de Italo Vlissis & Circes filio.
i Sabinus. C. de Sabinorũ nomine: non idem omnes scriptores tradũt. Poeta aũt assentire videt. Porcio Catõi: qui (teste Dyo. halicarnaseo ait) Sabinos dictos eẽ a Sabino rege: et illũ quidẽ filiũ fuisse Sangi cuiusdam gentilis diui: qui a quibusdã pistius sit vocatus. Ergo Sabinus pater: aut quia illius gentis auctor extiterit: aut qa non solũ rex: sed deorũ sanguine: nam omnes dii patres appellãtur. Hunc Silius Sabũ appellat. sic: ps sanctũ voce canebat Auctorẽ gentis: pars laudes ore ferebant: Sabe tuas: q de proprio cognomĩe primus. Rexisti populos magna ditione sabinos. Alii tamen dicũt Sabinos dictos eẽ: quos Romani Sabellos nũcupãt.
k Vitisator. S. non inuentor vitis. Sed qui genus vitis italis demonstrauit populis. l Sub imagine falcem. S. aut Statue exprimit gestũ: vt dicat: ita tenebat falcẽ: vt eã sub vestu haberet. Aut sub imagĩe: sub theca dr̃: q falci sitis est: m Saturnusq; senex. S. antiqui reges nomina sibi plerũq; vendicabãt deorũ. Ergo Saturn⁹ rex fuit Italie: nam & supra ait. Veterum effigies ex ordine auorũ: & ĩfert. Aliiq; ab origine reges: hinc est quod apud Cretam esse dicit Iouis sepulchrum. Gabalus etiam imperator Romanus: solẽ se dici voluit. Nam Heliogabalus dictus est. n Ab origĩe. S. pro aboriginũ reges sed est metro prohibitus. D. Aliiq; aborigineq; reges. Refert se a specialitate ad generalitatem: et vt cõpendio vteret: & numerũ augeret: in generalitate enim infinita extimatio est: & plus intelligitur q veritas habet.
o Martia. C: De Saturno alibi diximus. Laudat aũt omnes hos reges. Nam ostendit non tyanos fuisse qui omnia ad suum cõmodũ referentes pro pastoribus lupi suis ciuibus fiunt. Sed fuisse q p patria pugnantes mortẽ subire non dubitarent. p Pugnando vulnera passi. S. quasi reges passi. DON. Vulnera passi. vt gloriam ex defensiõe libertatis ostenderet. q Multaq; preterea. C. Quod argumentum erat illos viros fortes fuisse: & hostes sibi iniuriã inferentes semper superasse. Nam cõsueuerãt exuuiis hostilibus templa exornare antiqui: vt & diis cõsecrarent: que deorũ auxilio acquisiuerant: & sue virtutis monumentum relinquerent sempiternũ. hinc Sta. Hic ego maiorum pugnas: vultusq; trementes. Magnanimũ effingam regũ: fingamq; superbis Armatolis: que ipe meo quesita reuexi sanguine. Enumerat omnia pugnandi genera. Nam p currus et cristas et galeas pugnã: que collatis signis fit ostendit: per claustra portarum expugnatione vrbium: & p rostra erepta carinis: certamẽ nauale indicat. r Sacris in postib⁹. S. vbi spolia cõsecrabãtur. D. in postibus ar. Indicia hec sunt virtutis.
s Captiui. S. p captiuorũ. nota figura est.
t Curueq;. DO. oia sine numero posuit vt plus arbitraremur. v Criste. S. galee. a parte totum posuit. x Ingentia. D. vt ondat qnto labore retracta sint. y Ereptaq; rostra car. S. Bene de omni genere preliorũ spolia illic fuisse demonstrat. z Carinis: D. vt appareat et nauali bello illos vicisse.
a Quirinali lituo. S. litu⁹ incuru⁹ augurũ baculus quo vtebant ad designãda coeli spatia: nã manu non licebat. Quirinalẽ autem ex psona sua dixit: qlem postea Quirinus habuit: nã tũc adhuc nõ fuerat Romulus: vel lituũ. i. regiũ baculũ: in q ptãs erat dirimendarũ litiũ. Et hoc etiã dicit Donatus. C. Ipse Quirinali. At qui Romulus: qui Quirinus dicitur nondũ erat. Ergo quirinali. i. quali vsus fuit deinde Quirinus: vel Quirinali martio: qa Quirin⁹ mars sit. ¶ Ipse vt ostẽdat magestati regie auguralẽ q; dignitatẽ addidisse. Picus enim vt refert Augustius Staturni filius fuit prim⁹ Laurẽtũ rex fuit: q tpe hebreis iudicauit Delbora foemina: q pphetissa fuit. assyriorũ rex erat lamperes. Hui⁹ fabula notissima est. qd a Circe in auẽ sui nominis sit mutatus. Sunt qui dicãt q illi pater sterion fuit optimus agrorũ cultor. a quo fim⁹ quo agri pinguescũt stercus appellat. De lituo vero iam dictũ est. b Parua. D. Vel quia tales extãt: aut nõ magni precii: quia veteres non erant ambitiosi cultus. c Succinctus tra. S. Toga est augurũ de cocco & purpura.
d Ancyle gerebat. S. Ancyle scutũ breue est regnante Numa coelo hmõi scutũ lapsum est: & data responsa sunt: illic fore sũmã imperii vbi esset: quod nec aliqñ hostis agnosceret. per Mamuriũ fabrũ multa similia fecerũt: cui & diẽ cõsecrauerunt: quo pellem virgis feriũt ad artis similitudinẽ

Dicimus aũt hoc ancyle: & hęc ancylia: ancyliorũ vero vsu pauit. Hora. Ancylorũ et nominis togę oblitus. C. Ancyle: Nondum fuerat ancyle: quod subsequẽtibus temporibus regnante Numa de cœlo lapsum est: & de quo dicemus in sequentibus: sed ostendit illũ Numę similē in religione fuisse. e Equũ domitor. C. fortissim⁹ in pugna equestri: & qui bene & pro arbitrio suó equis vteret. Exp̄ssit em̄ id q̊d ab Home. dr̄. ιππο δαμος. f Capta cupidine cōiūx. S. cōiux vero nō quę erat: sed quę esse cupiebat, vt q̊s ego sum totiens iã dedignata m. Picũ amauit Pomona dea pomorũ: & eius volē tis est sortita cōiugiũ. Postea Circe eũ cũ amaret: et sperneret: irãta in auē picũ cōuertit. Nã altera est pica: hoc aũt iō fingitur: qa augur fuit: & domi habuit picũ p quē futura noscebat: quod & pontificales indicant libri. Bene aũt ei supra lituum dedit: quod est augurũ ꝓpriũ: nã ancyle et trabea cōta sunt cō diali vel martiali sacerdoti. C. Capta cu. con. Non quę esset: sed quę esse cuperet: sic em̄ Corebum Priami generum dixit. g Aurea circe. S. Nã aliter non stat versus. Et aurea p ironiã dixit. D. Aurea: ironice: quasi itelligat pessima: & indignationem citat: ꝙ talem virum ita tractasset. h Fecit auē Circe. C. picũ Martium: hęc auis arbores rostri duritie cauat: nidificat in cauis arborũ. Est auctor Trebius clauũ: vel cuneũ ꝗbuis magna adact⁹ sit vi: arbores in quibus nidũ habēt pici statim extrudere cũ crepitu arboris: ipsi principales sũt in auguriis teste Plinio a rege: qui nomē huic aui dedit. In capite L. Tuberōis prętoris vrbani in foro iura reddentis: ita placide sedit: vt manu apprehenderetur. Rñdere vates exitiũ imperio portēdi: si dimitteret. si vero examiaretur p̄tori: Et ille protin⁹ ꝯscripsit: nec mlto post impleuit ꝓdigiũ. i Prior ꝓpter affectũ quo vrgebat: vt filiã peregrinis locaret. i Placido prior. S. Legatorũ em̄ fuerat: vt ipsi ante loquerent: sicut in secũdo. Vltra flens ipse videbat. k Dicite dardanidę. S. Aut ex veste eos troianos esse cognoscit: quę erat propria gentiũ singularũ: aut κατα το σιωπωμενον. intelligimus famam: quę eos venire nunciauerit: eandã etiã Troianos esse dixisse. Vnde infert auditiq; aduertitis ęquore c. Dardanidę aũt ac si diceret cognati. D. Dicite dar: Prim⁹ verba facit: vt facilitatē suã: et beniuolentiã in eos demonstret. Potuit aũt ex veste: latinus qui multa experientia esset: troianos cognoscere: quod non poterant per teneram ętatē illi qui erant extra portas. l Vada cerula. S. Cęrulum est viride cũ nigro. i. mare. m Siue errore vię: seu tēpestatibus acti. S. duo quęrit. Si voluntate venistis: quid petitis? Si necessitate: tēpestas vos an error aduexit? D. Errore vię: quia in obscuro cœlo ĩ quo via est nauigantibus: ab illa errare possunt: vel vi tempestatis inde abstrahi. n Qualia multa. S. ad duo respexit errorē: & necessitatē. o Portuq; sedetis. S. aut em̄ pro portu erat illic exitus fluminis. p Ne fugite. S. ne fugiatis. D. Ne fugite hospitiũ. non modo cōcedit: ꝙ sua auctoritate iã sumpserãt ꝙ ripas intrauerũt: sed vltra id hospitiũ offertur. Ex cognatione autē quę troianis cũ Italis est: ostēdit eos posse cape omnē fiduciã. q Neve ignorate. S. ignorate. S. ignoretis.

Aurea: percussum virga: versumq; venenis
Fecit auem Circe: sparsitq; coloribus alas.
Talis intus templo diuũ patriaq; latinus
Sede sedens: teucros ad sese in tecta vocauit.
Atq; hęc ingressis placido prior edidit ore.
Dicite dardanidæ (neq; em̄ nescimus & vrbē
Et genus: auditiq; auertitis ęquore cursum)
Quid petitis? quę causa rates: aut cuius egētes
Littus ad ausoniũ tot per vada cęrula vexit.
Siue errore vię: seu tempestatibus acti:
Qualia multa mari nautę patiuntur in alto:
Fluminis intrastis ripas: partuq; sedetis:
Ne fugite hospitiũ: neue ignorate latinos
Saturni gentē: haud vinclo nec legibus ęquam:
Sponte sua: veterisq; dei se more tenentem.
Atq; equidē memini (fama est obscurior annis)
Hinc illum coryti tyrrhena ab sede profectum
Threiciãq; samum: quę nũc samothratia fertur
Auruncos ita ferre senes: his ortus vt agris
Dardanus ideas phrygię penetrauit ad vrbes:

r Saturni gentē. S. laus generis. s Sponte sua. S. Xenocratis est: qui cũ primus scholã aparuisset: q̊d antea in porticibus de phia tractaretur: & interrogatus esset quid p̄stare posset discipl'is suis: respōdit: vt id homines voluntate faciant: quod alii iure coguntur. t Veteres. S. antiqui. ac si diceret. aurei sęculi imagine viuimus. v Fama est obscurior annis. S. ac si diceret. nisi esset iam vos sciretis: x Arũcos ita ferre se. S. Apud veteres hystorię hoc gen⁹ fuit: vt maiores natu antea acta posteris indicarēt: q̊d hic indicat locus. Lucan⁹ apertius cũ esset de Antęo narratur⁹. Cognita p multos; docuit rudis ĩcola patres. Arunci vero Italię populi fuerunt. C. Arunca: Antiquissima italię vrbs fuit edificata ab Ausone Vlyssis & Calypsus filio: a quo Ausonia nominata est. y Ferre. S. quasi cũ ostentatione iactare. ʒ Dardanus. S. Iuppiter cũ Electra Atlantis filia Coriti regis Italię vxore cō cubuit: sed ex Iouis semie nat⁹ est Dardanus. Ex Coriti Iasius. Dardanus profectus ad phrygiã Iliũ cō didit. Iasius vero Thratiã tenuit. vbi est samos: quã & Samothratiã noĩauit. Nã Iunōis alia est samos insula: ꝗcq; ciuitas thrati: quę est ĩ cępĥalenia Same dicatur. Vnde cum postea responsum esset Antiquã exquirite matrē: & Aeneas Italiã peteret: profectus ad Thratiã: Samothracas deos sustulit & pertulit secũ ꝓpter originē matris. D. Dardanus. Iam explicat: q̃d ꝓposuerat. cũ dixit dicite Dardanidę. C. Dardanus de hoc dicta plurima sũt: pauca tñ hęc repetã. Duxit hic Crisen Pallantis filiã. vnde sunt nati Ideus & Dimas in Archadia regnarũt vsq; ad diluuiũ. Hęc Dyonisius. qui ait Atlantē fuisse Archadię regē. Cum vero p diluuiũ campi in Archadia in lacunas essent versi: propterea ꝙ habitatio montuosa difficilis esset: atq; sterilis. Dimate in Archadia cũ parte copiarũ relicto Dardan⁹ in Samothratiã venit: ibiq; Iasio a fulmine percusso: quia Cereris concubitũ appetiuerat ꝓfectus est in phrygiã: & defuncta Cryse Batheã filiã teucri duxit: mortuoq; Theucro in regno successit. Ex hac genuit Erichtonium. Ex erichtonio: & Callir[illegible]

Scamandri filiã Tros nascit: ex Troe Assarac⁹: ex hoc Capys. Ex quo & ex Naide Nymphę oritur anchises. Diod. refert Iasiũ: & Dardanũ natos in Samo insula: que nomẽ a Samo Mercurii filio habebat: inde aduentu Thraciũ colonorũ Samothracia est appellata: mortuo Iasio Dardanus: et corybantus Phrygiã petiere: Vbi defuncta Chrysę Dardan⁹ Batteã filiã Teucri duxit: & Teucro i regno successit. Latini aũt dicũt Dardanũ & Corytho in Samothratiã. & inde in Phrygiã profectũ. a Ideas Phrygię. S. quia erant & Cretę: iõ addidit phrygię. b Coryti. S. oppidũ & mons dictus a rege patre Dardani.

que non mõ dea est ex selectis. Ponit enĩ Varro in sextodecimo volumie deos selectos Ianũ Iouẽ Saturnũ Geniũ Mercuriũ: Apollinẽ: Martẽ: Vlcanũ: Neptũnũ: Solẽ: Picũ: Liberũ patrẽ: Tellurẽ: Cererem: Iunonẽ: Lunã: Dianã: Mineruã Venerem & vestam. Sunt itaq; duodecim mares: octo foeminę dii selecti. Ergo cum per Venerem matrẽ vnã ex selectis nepos Iouis sit Aeneas: iure de gente suprema Iouis eẽ dicitur. n Tua ad limina. C. vt ostenderet nihil illos sibi arroganter assumpturos: sed precibus exornaturos.

Aurea nunc solio stellantis regia coeli
Accipit: & numerũ diuorũ altaribus auget.
Dixerat. & dicta Ilioneus sic voce secutus:
Rex genus egregiũ fauni: nec fluctibus actos
Atra subegit hyems vestris succedere terris:
Nec sydus regione vię: littus ue fefellit:
Consilio hanc oẽs animisq; volentibus vrbem
Afferimur: pulsi regnis quę maxima quondã
Extremo veniens sol aspiciebat olympo.
Ab Ioue principiũ generis: Ioue dardana pubes
Gaudet auo: rex ipse Iouis de gente suprema
Troius Aeneas: tua nos ad limina misit:
Quanta per ideos sęuis effusa mycenis
Tempestas ierit campos: quibus actus vterq;
Europę: atq; asię: fatis cõcurrerit orbis:
Audiit & si quẽ tellus extrema refuso
Summouet oceano: & si quem extẽta plagarũ
Quattuor in medio dirimit plaga solis iniqui.
Diluuio ex illo: tot vasta per equora vecti:
Diis sedẽ exiguã patriis: littusq; rogamus
Innocuũ: & cunctis vndamq; auramq; patentẽ:

c Accipit. S. augetadiectione, s. nominis sui. d Voce secutus. S. Plerũq; enĩ cõsentimus & taciti. e Rex. S. Cõciliatio ab honore: inde a genere. D. Rex genus egregiũ. Cũ se beniuolum ostendisset latinus: nõ multum laborauit in texendo exordio Ilioneus: nec tamẽ penit⁹ omisit. C. Rex. In genere deliberatiuo oratio est. In qua pacem: sedemq; sibi Troiani petũt. Captat autem beniuolentiam: a nomine: & a nobilitate. Cõmẽdat petitionem suam a necessitate: quoniam sic volentibus fatis (quibus repugnare latinũ non deceat) illuc deuenerint: sicq; cõfutat quod ille dixerat potuisse troianos venire deceptos errore vię: aut impulsos tempestatibus. Et simul a seipsis captat beniuolentiã: quia ostendit suum consilium troianos fatis accõmodasse: et idv⁹ le: quia illa disponũt: Cõcitat simul: & misericordiã cũ ostẽdit se ex florẽti fortuna in magnam calamitatẽ incidisse. f Fauni. D. Vnde hoc cognouit Ilioneus? nempe ex simulacris: quę erant in vestibulo. Breuissime autẽ amplectitur q̃cunq; dixit latinus: nec potuit in tanta breuitate magis extollere genus troianorũ. g Succedere terris. S. vt succedoq; oneri. g Nec sidus. S. Aspectus siderũ: nam tempestas supra dixit. i Vrbem afferimur. S. ad vrbem referimur. k Extremo veniẽs. S. primo, nã alias rediens diceret non veniens. l Ab Ioue principiũ. D. plus dixit q̃ latinus. Ille enĩ Dardanum ex italia venisse: hic vtriq; generi a Ioue principiũ esse demonstrat: & confirmãdę rei causa rem sępius repetit. C. Ab Ioue principiũ. Cõmendat se a genere. m Dardana pubes. Gaudet auo: rex ipse Iouis. S. Generis origine: Nã auus nõ est troianorũ Iuppiter. Sed Aeneę per venerem. n Suprema. D. vt enumeratione maiorũ: ipse videatur finis ꝓpinquior, causa ostenditur Aeneas: qui nepos erat Iouis. C. de gente suprema. Non solũ a Ioue esse Aeneã ostendit: sed ita a Ioue: vt non per vulgarem parentẽ illi nepos sit: sed per venerem

p Quinta p idęos. S. Ad illud respexit. Auditiq; aduertitis ęq̃re cursum: nam non mirũ te audisse: quę vniuersus orbis agnouit. D. Quanta: vt cõmiserationem concitaret: narrandę erant calamitates: sed remouendę erãt morę: vt q̃ prius legatioẽ expõeret. Ergo breuiter illas tangit. q Tempestas. S. vis bellorũ. r Actus. SER. collisus. s Fatis. S. per transitũ: & excusat troiãos: et grecorum laudem minuit. t Audiit & quẽ. C vniuersã hãc sphęricã tõem explicauimus in Georgicis: vbi de quinq; zonis meminit. v Tellus extrema. S. vt est Britanię: & omniũ insularũ Oceani. x Refuso. S. refluo vt indiat Luc. Quaq; iacet littus dubium: quod terra fretumq; vendicat alternis vicibus. cum funditur ingens Oceanus: vel cum refugis se fluctib⁹ aufert: & est Homeri. y Et si quem ex. pla. S. Audierunt etiam illi qui separãtur zona ea quę est in medio quattuor inferiores: significat autem antipodas. z Plaga ini. S. intemperati: vel ardentis. a Diluuio ex illo. S. ex illa vastitate. Alii hic distinguũt & mutant sensum: vt sit, quos dirimit plaga solis ardentis: ex quo mũdus est cõstitut⁹: hoc ẽ ex quo chaos esse desiit. D. Diluuio nõ bello: Nã ex bello aliquid remanet: ex diluuio vero nihil: nã oĩa tollit.

C. Diluuio ex illo. translatio est Fit aũt trãslatio: cũ verbũ ex quadã re transfertur in aliã rem: q̃d propter similitudinẽ recte transferri videtur: vt cũ fiat: aut rei ante oculos ponendę: aut augendę: aut minuendę: aut ornandę causa: aut vt obscenitas vitet: aut vt breuiter narretur: hic breuitatis causa posita est translatio. Cum enĩ dixit diluuio ex illo: denotat q̃ quemadmodũ diluuio oĩa ruũt: trahũtur: sternunt euertunturq;: ita in eo bello demonstrat incẽdia: rapinas: depopulatiões: cędes: euersiones: irruptiones: inuasiones: captiuitates: Quapropter vt ex nobilitate gentis & opulẽtia regni sese nobilitaret: et dignos demonstrauerat: quibus sedes dãdę essent. Sic huiuscemodi calamitate misericordiã commouet: & metũ omnẽ: ne superbius, quid agant submouet.

Non erimus regno indecores: nec vestra feret̃
Fama leuis: tantiue abolescet gratia facti.
Non troiã ausonios gremio excœpisse pigebit.
Fata per æneę iuro: dextramq; potentem:
Siue fide: seu quis bello est expertus & armis.
Multi nos populi: multę (ne temne quod vltro
Pręferimus manibus vittas: ac verba precãtũ)
Et petiere sibi: & voluere adiungere gentes:
Sed nos fata deum vestras exquirere terras
Imperiis egere suis: hinc dardanus ortus:
Huc repetit: iussisq; ingentibus vrget Apollo.
Tyrrhenum ad tybrim, et fontis uada sacra nu(mici.
Dat tibi pręterea fortunę parua prioris
Munera: relliquias troia ex ardente recœptas.
Hoc pater anchises auro libabat ad aras.
Hoc priami gestamen erat: cum iura vocatis
More daret populis: sceptrumq;: sacerq; tyaras:
Iliadumq; labor vestis.
Talibus ilionei dictis: defixa latinus
Obtutu tenet ora: soloq; immobilisq; hęret.
Intentos voluens oculos: nec purpura regem
Picta mouet: nec sceptra mouet priameia tãtũ.
Quantum in cõnubio natę thalamoq; moratũ:
Et veteris fauni voluit sub pectore sortem:

b Tot vasta. D. post calamitatem belli, durior casus nos excœpit. c Diis sedem exiguã pa. S. pia & verecũda petitio. D. Diis sedem ex. Facilem & honestam petitionẽ ostẽdit. Ex cõmemoratiõe autem deorũ etiã hoibus petere videt̃. Nã quę numinibus prębebit sedes cultore neglecto? C. Diis sedem. Cõmendat petitionẽ suam a modestia.
d Litusq; ro. Innocuũ. S. non quod nulli noceat, sed cui⁹ vẽdicatõ nulli possit nocere: aliter serpentes innocuos dicimus. D. Litus. vt demonstret quod ad homines pertinet: nec difficile: nec onerosum. C. Innocuum. In quo vobis nullũ afferemus detrimẽtum: nã cum dabũt litt⁹ sterile: nihil ex eorũ libertate iminuẽt. e Cunctis vndãq; aurãq; pa. S. Ista enĩ cõmunia sunt.
f Indecores. S. Decus decoris facit decor decoris: sed hic indecor dicim⁹: hic indecus non possumus dicere: vñ indecores: cũ co breuis sit: aut systole est: aut certe dicim⁹ noiatiuũ non inueniri. vt ĩ multis nominibus fit: nã indecus lectũ nõ est: quod et melius est. Nã systole sine exemplis fieri non debet. Verecũde autẽ hoc dicit: sua coniunctione etiam ornari italos. D. nõ erimus indecores: Noluit dicere ornabimus regnũ: ne sit arrogans. C. Nõ erimus: non solũ non erimus detrimẽto: sed erimus decori. conatur autẽ summũ seruare tẽperamẽtum: ne aut propter nobilitatem: magnitudinemq; nominis Troiani: illorum sotietas periculosa veniat. ne ve rursus propter illorũ calamitates: sint ita afflicti: vt sint contẽnendi: ac ne quęrat latinus: cur non secũdas sedes suas posuerint apud illos: qui eos sibi iungere voluerunt. Repetit Ilioneus q̃d iã posuerat: fato huc eẽ adactos Troianos. g Abolescet. S. abolebitur: & vsus est inchoatiua forma cũ opus nõ esset. h Troiam. S. Troianos. i Fata p æneę iuro. S. q̃ iã nouit latinus oraculo. s. fauni p quod audiit externi veniẽt generi: k Siue fide seu qs zc. S. In his dextra cõprobat fide & virtute. D. Fide. laudat fidẽ: quę necessaria est in societate regni. l Vittas. S. quę religabantur ad ramum.
m Huc repetit dar. S: Aeneas: & bene repetit non petit. q̃si ad sua. n Ingẽtib⁹. S. de his quę magna cõstat fuisse. o Dat prę D. Quõ pterea cũ nihil pri⁹ dederit: sed sic cõiũge: misit nos ad te Aeneas: & pręterea. i. vltra id q̃d misit dat munera parua respectu prioris fortunę. p Fortuna parua prioris. S. Bene mediũ tenuit: nam ne laudare videretur ait parua: ne deformare (nã durum est aliquid de infœlicib⁹ accipere) ait fortunę prioris. C. Fortunę par. prio. dicit: qua ne sua iactanter laudet. Dicit fortunę prioris: ne viderent̃ contẽnenda: nec caret cõmiseratione hic loc⁹. cũ oñdat: ex q̃ excelso gradu in q̃ humilẽ ceciderint. q Receptas. C. cõmẽdat a labore. Sic alibi. Pręterea duo: nec tuta mihi valle reperti. r Hoc pater anchises auro libabat ad aras. S: Pateram significat. D. hoc pater. Nã si per se non sint digna: sunt tñ q̃ talium virorum fuerũt. C. Hoc auro. i. vase aureo. & est denoiatio. Cõmendauerat dona a prisca fortuna: nunc cõmendat ab auctore. s Hoc priami gestamẽ erat S. Diadema dicit: nam sceptrũ dictur⁹ est. t Cum iura vo. C: vt nõ solũ ostenderet Priamũ illo vsum fuisse: sed vsum in maximis celebrationibus. v Sacerq; tyaras. Pileũ phrygiũ dicit. Et sciendũ hic tyaras per vsurpationẽ dictũ. nã hęc tiara dicimus. Meli⁹ ergo Iuue. Et phrygea vestitur bucca tyara. D. Tyaras. pile⁹ est: quo phryges vtũtur: cũ celebrant sacra: vñ sacrum dixit. x Iliadũ. C. ab artificib⁹ laus ẽ. nã pter cęteros mortales phrygii hunc intexendi artẽ colebãt. vnde phrygiões dicebantur huiuscemodi artifices. y Labor. C. q̃si dicat industria: quę nõ est sine labore. Optie autem post orationẽ adhibuit munera: quia plurimũ ad psuadendũ valẽt. z Obtutu tenet ora. S. ordo est. Latinus defixa tenet ora: & obtutu. i. ĩ tuitu solo hęret immobilis.
a Intentos voluens oculos. S. cogitantis est gest⁹ sic de Bocco Sal. Vult⁹: & oculis pariter: atq; aio varius. D. Intentos oculos. Quod est sapientis cõsilium: nã oculi p diuersa vagantes: secũ animũ trahũt & a fixa cogitatione abstrahũt: Sed si intentos: quõ voluẽs? quia tacitarũ cogitationũ est mouere oculos: cũ animi ęst⁹ per diuersa rapiunt: ita quo ierit redieritq; animus: oculorũ signis ostendit. b Regẽ picta mouet. S. qppe regem & hoc est labor Iliadũ. c Sceptra mouent tãtũ. D. q. d. admirabatur quidẽ dona: sed tñ nihil magis curabat: q̃ coniugiũ filię. Cõmendat aũt regem a sũma prudentia: qui nihil temere constituerit: sed longa ratiotinatiõe considerãdo qui essent troiani: & repetendo oracula Fauni vere cõclusit esse recipiendos Troianos. Ergo tandẽ dixit. i. post diuturnã disputationẽ. d Veteris. C. q. d. veridici: nam ea quę falsa deprehendunt̃ oracula: diu non durant.

e Portendi. S. porro tendi: ꝗd ducī significari. f Paribus auspiciis. S. pari potestate: & tractū est ex comitiis: vt diximus supra. g Tandem. D. post diuturnā cogitationē.

terno cōiūgere aduētū aūt externorū rarūq; eorū dēq; virorū excellētiū rarissimū esse cognosceret: erat anxius: ne tātā occasionē fortunę iniquitate omitteret. s Sortes. S. abusiue p oraculis posuit. t Plurima coelo. Mōstra sinūt.

Nunc illum fatis extrema a sede profectum
portendi generum: paribusq; in regna vocari
Auspiciis: hinc progeniē virtute futuram
Egregiam: & totum quę viribus occupet orbē
Tandem lętus ait: dii nostra incœpta secundēt:
Auguriumq; suū: dabitur troiane quod optas:
Munera nec sperno: non vobis rege latino
Diuitis vber agri: troię ue opulentia deerit.
Ipse modo æneas: (nostri si tanta cupido est:
Si iungi hospitio properat: sotius ve vocari)
Adueniat: vultus neue exhorrescat amicos.
pars mihi pacis erit dextram tetigisse tyranni.
Vos contra regi mea nunc mandata referte:
Est mihi nata: viro gentis quā iungere nostrę
Non patrio ex adyto sortes: nō plurima cœlo
Monstra sinūt: generos externis affore aboris
Hoc latio restare canunt: qui sanguine nostrū
Nomen in astra ferant: hunc illū poscere fata
Et reor: & si quid veri mens augurat: opto.
Hęc effatus: equos numero pater elegit omni.
Stabant ter centum nitidi in p̄sepibus altis
Omnibus extemplo teucris iubet ordine duci
Instratos ostro alipedes: pictisq; tapetis:
Aurea pectoribus demissa monilia pendent:
Tecti auro. fuluū mandunt sub dētibus aurū.
Absenti ænee currū: geminosq; iugales:
Semine ab ęthereo spirantes naribus ignem:

h Lętus. D. quia respexerat foelices exitus.
i Dii nr̄a. incoe. secū. S. Antiquo more locut⁹ de publicis rebus .i. de pace & nuptiis filię: & de regis nuptiis: facit añ deorū cō memorationē: sicuti etiā in oībus Catonis traditionibus legimus. Hinc est in diuinatione. Si quid ex veteratione est Iouem ego maximū optimū: Ipse etiam Virgi⁹. Pręfat⁹ diuos solio rex infit ab alto. D. Nostra incœpta. ꝗd magnopere desideramus compleri optamus: hoc optatum ptinet ad nuptias filię: de quibus diutius cogitauerat. k Auguriū. S. propter quę dicta sunt supra. l Quod optas. S. i. pax. D. Quod optas. breuis: sed plenissima promissio. m Nec sperno. S. quia dixerat fortūę parua prioris. Et est lyptotes id est libēter accipio.
n Vber agri. S. vbertas alibi. Pecori & vitibus almis. Aptius vber erit. Et est maior petitione pmissio. Nā littus illi petierāt. C. Diuitis vber agri. liberalitas: simul & benignitas ōnditur regis: qui sterile littus petentibus fertiles pollicet̄ agros.
o Troięue. D. Nam no mellionci cogitabant.
p Pacis erit. S. foederis ab eo quod sequit̄ id ꝗd pręcedit. q Tyrāni. S. gręce dixit regis: nā apud illos Tyranni & regis nulla discretio est: Licet apud nos incubator imperii Tyrannus dicatur. Declinat̄ aut hic & hęc tyrannos. D. Tyranni. hoc nomen posteribus sęculis infamatū est: nā reges ꝗ tyranni dicebantur. r Est mihi na. S. male multi arguunt Virgi. ꝗ latinū vltro induxit filiā pollicētē: nec oraculū considerantes: ga Italo dari nō poterat: nec æneę meritū: quē decebat rogari. Teren. Hac forma impulsus Chremes vltro ad me venit vnicā natā suā. Hesiodus etiam περὶ τῶν γυναικῶν. inducit multas heroidas optasse nuptias virorū fortiū. D. Est mihi nata. Verecūda oblatio: & aduersus omnē exprobrationem munita: ne forte illud dici posse: Terentianū. aliquid mōstri alūt: & ꝗ niā nemini obtrudi p̄t: itur ad me. C. Est mi. na. Ingēs affectus paternus iubet illū vltro afferre connubiū ꝗd esset ab ænea petendū: sed cū ppter monstra iā decreuisset filiā ex

S. aut p augmentū dixit: aut & alia visa intelligamus: nā duo nō sunt plurima. v Hoc la. re. ca. S. Hoc Italię manere significat: nā sic dicim⁹ hoc mihi restat. id ē manet me illa res. x Qui sanguine no. Nomē i as. fe. C. ostēdit id mr̄imonium Troianis ꝗ gloriosū fore.
y Et reor & opto. C. vt pterq; ꝗd fatis ad hoc ducitur etiā beniuolo aio & amico moueri videatur.
z Mens augurat. S. Auguro dicimus secūdū Pli. cū p̄sagio mentis futura colligimus: auguror vero tū cū futura veris captamus auguriis. a Opto. D. ad laudē æneę. b Numero omni. S. i. tercentū: & perite dixit: nā in legione nō nisi tercēti equites erant: quę habebāt sexmilia virorū: p ꝗd ōndit̄ habuisse: vnā legionē latinū vñ & alibi. Tercentū scutati oēs volscēte magistro
c In pręsepibus altis. S. multa nō ppter se: sed propter aliud dicūtur: nā et p p̄sepia alta: equorū magnitudo monstrat̄ Homerus. πέπλους [illegible] id ē p longas vestes d Extēplo. C. Cupiebat vti occasiōe de teucris: ꝗ primū: ergo celerrime remisit: & qñiā viros fortes illos putauit. muneribus ꝗ ad fortes viros pertinēt donauit. Est aūt moralis sensus: vt cū fortuna sese nobis offert eā ꝗ primū accipiam⁹: ne cū paulopost ea auolauerit frustra illā inquiram⁹. e Ordie. S. p meritis singulorū. f Instratos ostro. D. Stratis purpureis ornatos. C. Instratos o. i. habētes stramēta purpurea. dicūtur eñ stramenta sellę in quibus in equis insidem⁹: qm̄ eq̄s i sternāt. i. eorū terga exequāt: ꝗ mollius residem⁹. g Tapetis S. Secūdo declinatur: hoc nomē tapetū tapeti vt hoc tēplū tēpli. Vnde est pictisq; tapetis hoc loco. Itē hoc tapete: vt hoc sedile sedilis. Vñ est. Qui forte tapetibus altis extructus. Declinat̄ aūt gręce Ὁ ταπης τοῦ ταπητος. Vnde est. pulchrosq; tapetas. h Demissa mo. pē. S. Suspendēda pnūciatio: & ambit⁹ maior est. Nā monile nō nisi hoīm dicim⁹: ꝗ nūc ad laudē p phaleris posuit. D. Monilia: ornat. In formā mulierū. mirū autē beniuolentię in Troianos signū. Nā ꝗ pedib⁹ venerāt: non

Illorũ de gente:patri quos dędala Circe
Supposita de matre nothos furata creauit.
Talibus æneadę donis:dictisq͛ latini
Sublimes in equis redeunt:pacemq͛ reportãt.

debebant ad futurũ generũ:nisi equites redire. Aeneę vero mittit bigas. honoris virtutisq͛ causa. Honoris:vt curru vectus ad socerũ:cũ dignitate veniret:Virtutis:quia curr⁹:& equi instrumẽta bellorum sunt:& ne ad generũ potentissim⁹ rex leue donũ mittere videret:eq̃s mirifice laudat. i Dente.S.de equis abusiue dixit:quod est hominũ propriũ k Patri quos dędala circe.S.Et hoc fingit eã fecisse.Tractũ aũt est de Home.qui tales equos habuisse inducit anchisen.Et bñ est cõpositũ ad id quod supra ait:Troię ue opulẽtia deerit.D.Dędala viuacissimo ingenio.vt Dędalus fuit.C.Dędala.ingeniosa:& quę sũmo artificio sit prędita.Nam Δαιδαλλειν: ornare & variari gręcę dr̃.Sumpsit aũt a Lucre.apud quẽ

est Dędala tellus. l Nothos.S.materno ignobiles genere.Est autẽ nomẽ hoc grecũ:nã latię queadmodũ dicas nõ est. m Furata creauit.CRI.m͛ta ab antiquis mutuatus est Virgili⁹.verũ multa etiã ex se configurauit:vt cũ dicit:tepidaq͛ recentẽ cęde locum.cũ locus tepidus cęde recẽti dicendũ sit.Et alio loco:cesserunt ęquore iussu.i.ipsi iussi.Sic igit̃ dixit hic Supposita de matre nothos furata creauit.i.furtim.i.clam patre supponẽs matrem.s.equã.equos solis creat.i.creari fecit hos equos nothos.i.quorũ mater mortalis:pater vero diuinus esset:nã proprie nothi dicũtur:quos nobilior pater ex ignobili matre creauit. n Donis dictisq͛.S.Eq̃s & pacis nuptiarũ pmissiõe.D.Don̄.ppt̃ eq̃s.dict̄ nãq͛ pacẽ reportãt.

¶Ecce autem Inachiis sese referebat ab argis
Sęua iouis coniunx:aurasq͛ inuecta tenebat:
Et lętum æneã.classemq͛ ex ęthere longe
Dardaniã:siculo prospexit abusq͛ pachyno:

o Ecce autem.C.hęc dictio semper rem improuisam:neq͛ ante aĩaduersã: significat.ergo in maiorẽ perturbationẽ ex improuisa Troianorũ foelicitate incidit Iuno:nã vt ostẽdit Cicero in tusculanis:et vt disputant Stoici:oĩa ĩprouisa videntur maiora:quãta sint quę acciderũt:cõsiderandi spatiũ non datur. p Inachiis sese referebat ab argis.S.bñ Inachiis.Nõ eñ est vna argos.Fuit eñ et in Italia quã Diomedes condidit:quę primo argi:post Agyrippa:post Arpi dicta ẽ:fuit & in Thessalia.Luc.Vbi nobile quõ

dã nũc super argos arat: Fuit & haud longe ab Athenis:quod a siti Dipsõ dictũ est:apud quos erat magna societas inter eos qui vno puteo vtebãtur. Vnde & fratrias dixerũt απο του φρεατος.quas tribus vocamus:Et notãdũ vbicunq͛ bonus seq̃t euentus Troianos:Iuno remouetur & cõgrue:quasi numen inimicũ:quod p̃sens posset nocere. q Sęua Iouis.C In troianos:nã a iuuãdo dicitur Iuno:vel Sęua.i.magna. r Aurasq͛ infecta te.S.q͛ elementũ suũ ibat. s Et lętũ.C.Nã quid durius inimi

Moliri iam tecta videt: iam fidere terrę:
Deseruisse rates: stetit acri fixa dolore.
Tum quassans caput: hęc effūdit pectore dicta.
Heu stirpem inuisam: & fatis cōtraria nostris
Fata phrygum: nū sygeis occumbere campis?
Num capti potuere capi? nū incensa cremauit
Troia viros? medias acies: mediosq; per ignes
Inuenere viam. at credo mea numina tandē
Fessa iacent: odiis aut exaturata quieui:
Quin etiā patria excussos: infesta per vndas
Ausa sequi: & pfugis toto me opponere pōto.
Absumptę in teucros vires: coeliq; marisq;.
Quid syrtes? aut scylla mihi? qd vasta carybdis
Profuit? optato condūtur thybridis alueo:
Securi pelagi: atq; mei: mars perdere gentem
Immanem lapithum valuit: concessit in iras
Ipse deū antiquā genitor calydon a dianę:
Qd' scel' aut lapithis tātū: aut calydōte merēte?
Ast ego magna iouis cōiunx: nil linqre i nausū

ę dee e potuit: quā videre ęneā lętū moliētē m oenia. s Abusq;. S. Abusq; & adusq; vsurpatiue dicim': pposito tm̄ nō aduerbio iūgit: nec ppositiōi. vsq; aūt aut ppositio est: aut aduerbiū. t Iā fidere terrę. SER. vt. & fidere nocti. v Stetit. S. quod solet esse cogitantiū. x Quassans. C. Quod irascentis: & minantis est. y Effudit. C: Nullo ordie: aut rōne emisit: eo em̄ ferebat: quo ira dolorq; raperet. z Pectore dicta. C. Quę ex imis sensibus prouenirent. a Heu stirpē. C. Omnis oratio pathetica pceps & abruptū initiū habet: qm̄ irat' nō rōne ducit: s; variis irarū fluctibus pcipitatur. Sic est illud proh Iuppiter ibit: & quid me alta silentia cogis rumpere. Itē mene incoepto desistere victā. Verum psens orō non solū principium habet abruptū: sed vniuersa breuibus sentētiis et crebris sentētiarū mutationibus in pceps fert velut inter ęstus iracūdię fluctuet. Incipit igit ab exclamatione quā gręci ἐκφωνησιν dicūt: quę nō solū sūmū dolorem indicat: sed extremā q; desperationē: qua etiā magis dolet: q a fidet fatis suis: quę regina deorū sit: audere troianos homines exules fata sua opponere. Deinde breues sequunt interrogātiūculę. b Fatis S. voluntatibus. D. Fatis contraria. qui cōtrariis fatis nascunt imortales inter se inimicitias exercēt. Cōfirmat etiā deos fatis agi: dolet igit ꝙ debuissent timere fata Iunonis Troiani: & nō timuerunt: dolet ꝙ supiores euaserūt: & quicquid cogitare potuerit vicerūt.

c Nū sigęis. C. dolet em̄ cū superati fuissent: cū eorum vrbs incēsa: tm̄ habuisse facultatē euadendi: neq; per tuta: sed per medias hostiles acies. d Nū capti potuere capi. S. Cū felle dictū est. Nā si hoc remoueris erit oxymoron: dicit aūt quę cōtigerūt nō videri contigi sse. quia nō obfuerūt. Capti aūt capi. sic dixit: vt & Cicero: vt in vberrima Sycilię parte Sycilā quęrem'. e Medias acies. D. Per gladios: & p ignes nō extremos: sed medios: quib' nulla possent esse grauiora picula. C. Medias acies Hipbole est. f At credo mea nu. S. Nec fatigata destiti. nec satiata requieui. D. At credo nō em̄ fessa sum odiis: nec quieui saturata. C. At credo. Ironiā ponit. g Patria excusos. S. Satis signate locutus est. h Per vndas au. se. C. Ausus suos in efficaces cōquerit: i Me opponere ponto. S. plus est q̄ si diceret; tēpestate: Me autem; per perisologiā: imbres: tonitrua: tēpestates. k Absumptę in teucros vires. C. Alia hipbole: deinde adiungit dispersas querelas: & cū interrogatiōe: quę orationi maiorē affert grauitatē: est itē repetitio quid: & quid est dissolutū: nā breues & cōcisę clausulę sine copula pferuntur. l Aut Scilla mihi. S. Bñ mihi. ac si diceret. et iā q̄ p suā naturā solēt nocere me rogāte minime obfuerūt. m Profuit. C. q. d. id qd' cęteris rē oēm absoluisset: mihi ne minia qdē parte profuit. n Cōdūtur tybri. al. S. Cōdi pprie dicuntur: qui sibi statuūt ciuitatē. cōdūtur ergo: sedē stabilem locant: & sunt pprie verba: q̄ nulla rōne mutant: vt sacerdotes creari: virgines rapi dicim'. C. Optata cōdūt t. a. potest sine extremo dolore recordari: ꝙ nō mō pericula illis ab ea obiectis euaserūt: Verū etiā in terras fatales incolumes peruenerant: nec tm̄ dolet in Italiā peruenisse q̄tum ꝙ tyberino flumine purificatus se etiā sacris placare posset: o Pelagi. S. propter illud s; terrę grauiora manēt. p Mars pdere gē. S. Bñ belli & vastationis quęrit exēpla i reb' huiusmodi: sicut in primo naufragii: ¶ Pirithous Lapitharum rex: cū vxorē duceret vicinos populos centauros etiā sibi cognatos excepto marte ad conuiuiū vocauit: Iñ iratū nūq; imisit furorē q̄ centauri: & lapithę in bella venerunt. D. Mars perde. gen. ab exemplis iras suas accendit: & ōndit miores deos a d plenū se defendisse. Cōparat causas: delicta: et psonas. C. Mars pdere gētē. a minori argumentū est: q qui dē re quid illi durius eē pt: vt miōribus diis licuerit: quod sibi nō licet. q Cōcessit. S. aut ideo dixit: vt ōnderet minora numina nisi impetrauerint nō posse nocere. Stati' de venere. Infādū iratę ɔcessit hōorē r Antiquā genitor ca. d. S: Oeneus calydonis rex de primitiis oibus numinib' sacrificauit: excoepta Diana: quę irata aprū immisit: q cuncta vastabat: dōec a melegro occideret. s Quod scelus ꝛc. S. hęc est vera lectio: sic & casus pcedit: vt vterq; ablatiu' sit: Nā si calydōe legas: vitiū erit: nec sensus pcedit: scelus aūt p pęna posuit: ab eo quod pcedit id qd sequit. vt scelus expendisse merentē. t Ast ego: C. q̄to hęc dolore pfert: vt maxima dearū cū nihil inausū reliquerit: cū se ad oia cōuerterit. tm̄ n̄ mō nō potuit pdere ęneā: s; dic ab illo se vici. v Quę potui in. S. i. nocēs: vt cōtra. Sis foelix. i. ppitia: vt ēt diximus. sup. v Vincor ab ęnea. D. Nomē ppriū p cōuitio posuit. q. d. ab vno eodēq; inertissimo. y Quod si numina. C. Quod irascentis ppriū est: cōfirmat se ad nocēdū: & q̄uis despet pficere rē posse: tm̄ ipedire cōtēta est. Admonet aūt in hoc loco poeta quātū in mentib' nr̄is furor valeat: cū cogat eos etiā q maximi sunt descendere ad oēm indignitatē: neq; decoris sui rōnem habere: imo sui ipsi' obliuisci: & omni rōnis luce extincta qua soli hoies sumus: so lo furore: q immaniū bestiaꝝ est ferri. Vñ non pudet etiā in feris supplex fieri: & quod sūmę stultitię est: quod desperat perfici posse: tm̄ ipedire cōanta est: & saturat irā verbis: quā do ipsa re nō pōt. & cū indignatione pfert. z Implorare

Quę potui infoelix: quę memet in omnia verti
Vincor ab Aenea: quod si mea numina nō sunt
Magna satis: dubitē haud equidē īplorare quod vsq̄ est.
Flectere si nequeo supos: acheronta mouebo.
Non dabit̄ regnis: esto: ꝓhibere latinis:
Atq̄ immota manet fatis lauinia coniunx.
At trahere: atq̄ moras tātis licet addere rebus:
Et licet amborū populos excindere regum:
Hac gener: atq̄ socer coeant mercede suorū.
Sanguine troiano: & rutulo dotabere virgo:
Et bellona manet te pronuba: nec face tantum
Cysseis pregnans ignes enixa iugales:
Quin idē Veneri partus suus: & paris alter:
Funestęq̄ iterū recidiua in pergama tędę.
Hęc vbi dicta dedit: terras horrenda petiuit:
Luctificam Alecto dirarū a sede sororū:
Infernisq̄ ciet tenebris: cui tristia bella
Iręq̄ insidięq̄: & crimina noxia cordi:
Odit et ipse pater pluton: odere sorores
Tartarę monstrū: tot sese vertit in ora:
Tam sęuę facies: tot pullulat atra colubris
Quam Iuno his acuit verbis: ac talia fatur
Hūc mihi da ꝓpriū virgo sata nocte laborē:
Hanc operā: ne noster honos infracta ue cędat
Fama loco: neu cōnubiis ambire latinum
Aeneadę possint: italosq̄ obsidere fines.
Tu potes vnanimes armare in proelia fratres:
Atq̄ odiis versare domos: tu verbera tectis:
Funereasq̄ inferre faces: tibi nomina mille:

quodusq̄ est. S. ac si diceret. etiā humilia. Qđ aūtē Iuno vbiq̄ alieno vti introducit̄ auxilio: physicū est: natura eīm aeris ꝑ se nihil facit: nisi aliena coniūctiōe: ventorū. s. qui creant nubes: & pluuias. a Nō dabit̄ re. &c. C. Deinde cū quadā voluptate: & hostili insultatiōe addit. At trahere et reliq̄. Iratorū eīm ē tali iurgio vti. b Atq̄ moras tātis licet addere rebus. S. Oñdit deos retardare fata: nōn penit⁹ tollere: vt decē q̄ alios Priamū supesse ꝑ annos. Quę aūt dicit etiā a Creusa dicta sunt: vt regnūq̄: & regia cōiunx pta tibi. c Et licet am po. ex. D. magnū factiosę inimicitię cōsiliū vt dissiparet populos: cū regū concordiā nō posset rūpere. Cōuertit̄ āt ad virginē: veluti ipsa cū aenea aliquid egisset. d Sanguine troiano. S. ambitiosā execrationē. e Et bellona. C. Nō eīm ego ad cuius numē hoc ptinet ero ꝓnuba: sed bellōa q̄ dea belli est. Enio gręce dr̄ furor bellandi: cuius sacerdotes instituebāt̄ iuuenes: et robusti: et qui comā nutriēt: in annuo sacrificio ictu terri percutiebāt sibi lacertos brachiorū: sed antiqui sacerdotes secabāt sibi brachia: quā cōsuetudinē seruari suo tēpore iussit Anthoni⁹. f Nec fa. tā. S. tātūmō. C. Nec face tm̄. Ma⁹ ergo incēdiū ex his nuptiis parat̄ italię: q̄ ex ortu paridis paratū est ex quo ois Troia periit.
g Cysseis. S. regina Hecuba. filia (secūdū Euripide) Cyssei: quē Enni⁹. Virgi. & Pacuui⁹: sequūt̄. Nā Home. Dimātis dicit. hęc se facē parere in somnis vidit: et parim creauit: q̄ causa fuit incendii. ergo nunc hoc dicit. talis erit veneris partus. Nā sicut ꝑ Parim Troia cōsumpta est: sic ꝑ aeneā reliquię Troianorū: Cōparatio autem iniuriosa: nam veneri Hecubam: Paridē aeneę: Helenā lauinię comparat. h Iugales. S. cōiugales. in mr̄imonio cōceptos. i Idem. S. similis. k Funestęq̄ iterū &c. S. Sic tędę recidiuę: vt ꝑgama. l Hęc vbi dicta dedit. C. Iuno quę ambitio est: nō excitat furorem nisi terras petat: nā ex rerū terrenarū cupiditate īfurit ip̄a ambitio: mouet aūt ab inferis tenebris: q̄a ab appetitu ꝑturbato: q̄ ꝑs animi corpea ē: a q̄ ꝑuenit ois furor. Furori autē sp̄ placēt bella: & insidię: et omnia scelera. Hanc et Pluto: et sorores oderunt: nā nō solum boni oderunt furiosi: sed etiā mali.
m Horrenda. D. ex causa magnę iracundię vehemēter cōmota: descriptio autē Alectos ostendit eā esse aptam tāto negocio. n Luctificam Alecto. S. grecus accusatiuus huius declinatōis tres casus vsurpamus: genitiuū: videlicet vt electus: nominatiuū et accusatiuū: vt alecto.
o Odit et ipse pa. plu. S. Venerationis est pater: nā furię: acherontis et noctis filię sunt. p Tot sese vertit in ora. C. Sequit̄ Euripidē in Horeste: qui fingit furias vertere se in varias formas: modoq̄ appellat fortunā: mō fatū: mō necessitatē. q His acuit verbis. S. Incitauit: et instigauit ei⁹ insaniā.
r Hūc mihi da ꝑ. S. aut tibi aptū: aut certe ꝑpetuū. Indefessū vsq̄ ad finē ꝑducēdū. Et sciēdū furię nihil ꝑ p̄mio dari: q̄a prestat̄ hoc ip̄m furię: vt bella cōmoueat: et vt dicat̄ descēdisse Iunonē. DO. Da ꝓpriū. Da nō p̄catur: sed imperat: vt sit rō personarū: Propriū. ꝗ nō laborabis: q̄a nihil peto alienū a te. C. Propriū: Nam cū quis furor oib⁹ ardētioribus cupiditatib⁹ insit: tn̄ nulli maior ē: nec magis ꝓpri⁹ q̄ ambitiōi. s Infracta. S. vt valde fracta: aut q̄ fuit añ hac semꝑ infracta: vt in. xi. Turnus vt ifractos aduerso marte latinos. t Cędat fa. lo. S. Vicat̄. Cicero. loco ille motus est cū ē ex vrbe depulsus. v Ambire latinū. S. amplecti circū retinere nec ob ambitū hoc dixit. nā ambio ad illū dicimus non ambio illū. x Tu potes vnani. ar. S. A maiore ad min⁹. C. Vnanimes oñdit q̄d petit facile ab ea p̄stari posse: arguit ei a minori. q̄tro eīm magis accēdet latinos ɔtra externos: cū posset fr̄es hacten⁹ vnanimes iter se cōcitare: neq̄ est q̄ exēplū petam⁹ ab Atreo & Thyeste: aut ab Etheocle et Pollinice: nā in omni seculo innumeri inueniuntur.
y Versare domos. SERVIVS. vertere: et vsus est frequentatiuo ad vim augendum.
z Tibi nomina mille. SERVI. facies: vt Et sine nomīe corpus; Mille autē secundū Euripidē in cuius tragedia dicitur

Furias non esse vnius potestatis: sed plurimarũ ita factũ secundum necessitatẽ. ita Asper. D. p nomina formas ondit. in quas cõuersa mutabat: quod poterat vocitari. C. Tibi nomina mille .i. potestates.

Mille nocendi artes: foecundũ concute pectus:
Disiice compositam pacem: sere crimina belli:
Arma velit: poscatq; simul: rapiatq; iuuentus.

vt ex fatis alia rursus fecũde pullularẽt.

d Crimina bel. S. causas: vt crimẽ amor vestrum.

e Velit. D. plus velle est q̃ cogi. Velit: primo dein de poscat: & si non detur rapiat. nam rapit: qui sine

a Foecũdũ concute pectus. SER. Plenũ malitię efficatię: D. Foecũdum. nocendi artibus redundans. Solicita autem in causa sua sępius rem cõmendat: ordinatum autem conciliũ est. Prio em̃ foed⁹ vertẽdũ fuit: vt via pateret ad bellũ.

b Cõpositã pa. S. quã sup̃ latin⁹ dederat. c Sere. D.

iubentis auctoritate inuadit. CR. Velit. cupiat: sed cum multi velint ferre arma: & tamen non audeant a ducibus poscere: adiunxit poscat. Multi etiã cum poposcerint; si denegetur; non audent rapere. addidit rapiat.

g Exin. S. ordinis aduerbiũ. D. Exin. ex eo momento. h Gorgoneis. S. Sguis pessimis a Gorgone. D. Gorgoneis fuit a forma qua fingitur gorgone. i Tacitum. S. pro tacite. D. tacitum sine strepitu: qm in moerore iacebat cũ audiret filiã dandã Aeneę: vt ipsa tacita: vt facinus nescienti obtemperet. C. tacitum. clanculũ nõ sentiẽte illa. k Obsedit. S. bene obsedit: quasi quæ insidiabatur. l Super. C. i. de. & de propter significat. Cicero. Cupio hoc mſtis de causis. i. propter multas causas. m Foemineę. C. q. d. maxime. Nam femineus sexus propter imbecillitatẽ impacientior est i omnib⁹ perturbatiõib⁹. Hinc paulo infra: vt rabiem vehementer ostendat: canes foeminas posuit. n Curęq; iręq; coquebant. S. per uerso ordine respõdit: nã ira in troianos est: & cura de nuptiis: & primo aduẽtũ teucrorũ dixerat. C. Curęq; irę q; nã cura quã cupiebat de filia irã in troianos excitabat: Vsus est autem plurali numero: vt tas perturbationes vehementiores ostẽderet. o Huic dea ceruleis. S. figura per hypbaton: Nã q; talis est ordo: huic dea vnum anguẽ in sinũ conicit: & vsq; ad itima subdit precordia quę sunt loca cordi vicina: quib⁹ sensus percipitur. Anguẽ aũt inicit partem sui. i. furoris. p Vnũ. D. quia vnũ ad perditionẽ presentium arbitrata est satis esse. q Inq; sinũ. D. Sinus dicitur qui potest aliquid excipere: & tenere. r Precordia. C. optimũ elegit membrũ: vt videbis vbi expressimus: quid esset precordia dictum est. s Leuia. S. pulchra. t Attactu nullo. S. Sine morsu. v Fallitq; furentem. S: Inicit furorem sine accipientis sensu: furentẽ aũt: vt furore teneatur: nã nõdũ furebat. C. Fallitq; fu. Nam ita furtim inicit furorem: vt cũ illa fureret: tñ nõ aiaduerteret: vnde sit ille furor. x Vipeream animã. D. Pulsã. s. humana. C. Animã. i. anhelitum: sic in Georgi. Animas: & olentia medi ora fouent illo. y Tęnia vittę. S. Tęnia ẽ vittarũ extremitas. D. Tęnia. i. vitta. z Vdo. S. s. veneno. hypalage i sensu veneno vdo quod est de vdo corpore: nãq; serpentum vda sunt corpora adeo vt qua eunt viã humore designẽt. a Solito matrum

de more. S. iracunde: nã hoc est de matrũ more mixta aspiratate loquebatur: nam paulopost vero furore quatietur. C Matrũ de more. Ita loquebatur vt amorẽ maternũ exprimeret: & cuncta quę quereretur: inde prouenire videretur: nõ autem a furore: vt paulo post. b Multa. C. pro multum. c Exulibus ne datur. S. propter dissuasionem significante loqtur. exules vocas eos: quia propria regna repetebant. D. Exulibus ne datur. Non fuit vtẽdum principio: nam nec beniuolus reddendus erat qui esset pater: nec attentus q de re esset sollicit⁹: nec docilis: cũ causam sciret. Incipit ergo a questiõibus deformans negocium: et ita agit cum marito quẽ reuereri oportuit: vt suadere potius q̃ reprehendere videatur. Sũt ergo argumẽta. Nullus postulat. Pater ingerit. Erit in naui thalamus filię. quando datur ei qui perpetuis erroribus damnatus est. omnis vita ducetur in fluctibus: nulla coniugis gratia: nullum decus vxoris: quam pater non tradidit: sed abiecit non amplius visurã: ergo non propagatio sanguinis: sed orbatio est. & domus nostrę solitudo ꝑpetua. Antea autẽ gesta: exempla sunt perfidię ipsorum. Est autem maximũ scelus rumpere fidem. d Ducenda. S. abducenda. CRISTO. Ducenda: arguit a damno q; filia detur illi: qui paulo post abducturus sit. Et hoc facit verisimile: quoniam sit exul: neq; proprias sedes habeat: quo se recipiat. Item a turpi: quoniã cõtra ius atq; fas eripiatur. e O genitor nec te miseret natę. CRISTOFE. ad ad quem potissimum pertineat filię cauere. f Natęq; tuiq;. CRI. id agis: quod nemini prosis omnibus noceas: nam cũ rapietur a conspectu parẽtum virgo: & nos & illa in miseriam rapiemur: nec frustra id adiunxit. g Nec matris miseret: q̃ primo aquilõe relinquet. CRISTOFERVS. Nam impatientius ferũt hęc incomoda matris q̃ patris vnde repetiuit miseret. h Predo. SERVIVS. Quasi piratam dicit hominẽ diu in mari morantẽ. CRISTO. quod facile coniici potest: ex eo q; diu per diuersa maria versatus sit. i At non sic phrygius penetrat lacedemona pastor. SER.

ᵍ Exin gorgoneis ʰAlecto infecta venenis:
principio latium: & laurentis tecta tyranni
Celsa petit: ⁱtacitumq; obsedit ᵏlimen Amatę.
Quã ˡsuper aduentu teucrũ: turnicq; hymenęis
ᵐFoemineę ardentem ⁿcurętq; irętq; coquebant.
Huic dea ᵒcęruleis ᵖvnũ de crinibus anguem
Cõiicit: ᑫinq; sinũ ʳpręcordia ad intima subdit:
Quo furibuda domũ monstro ꝑmisceat oẽm.
Ille inter vestes: & ˢleuia corpora lapsus:
Voluitur ᵗattactu nullo: ᵛfallitq; furentem:
ˣVipeream inspirans animã: fit tortile collo
Aurum ingens coluber: fit longę ʸtęnia vittę.
Innectitq; comas: & membris lubricus errat.
Ac dum prima lues ᶻvdo sub lapsa veneno:
pertemtat sensus: atq; ossibus implicat ignem
Nec dũ animus toto percoepit pectore flãmã:
Mollius & ᵃsolito matrum de more locuta est:
ᵇMlta sup nata lachrymãs: phrygiisq; hymenęis.
ᶜExulibus ne datur ᵈducenda lauinis teucris?
ᵉO genitor: nec te miseret ᶠnatęq; tuiq;:
ᵍNec matris miseret: q̃ primo aquilõe relinquet
Perfidus: alta petens abducta virgine ʰpredo.
ⁱAt nõ sic phrygius penetrat lacedemõa pastor:
Ledeamq; helenam troianas vexit ad vrbes?
Quid tua sancta fides? quid cura antiq tuorũ?
Et ᵏconsanguineo tociens data dextera turno?

Leuiter & an nõ: sed hoc absolutum est. Si autem legeris: at. copulatiua particula est ad ornatum solum pertinens. Hora. At o deorum quicquid i coelo regit terras: et humanũ genus. CRISTO. At nõ. maximã vim habet hoc exemplum. Facit eñ credibile hoc in Aenea cum de more illius gentis sit rapere aliena. k Et cõ sanguineo Turni. SER. Filius eñ Venilię amatę sororis: DO. Turno. Respõsa deorum sunt cum maxima cautela consideranda: quia implicita sũt & inuoluta.

l Si gener externa petitur de gente latinis. S. De qualitate transit ad finem. nã vult Turnum extraneum esse: diffiniri per callidã argumentationem: quia imperio latini non subiacet: cum oraculum de latinis omnibus cauerit. Postea etiam huic occurrit. Turnum grecum esse ab acrisio cõmemorans: p quod duas res laterer agit: Nã dicẽdo originẽ ꝯsiderãdã: docet Turnũ grecũ esse ab acrisio. ęneã latinũ a Dardano: C. Si gener externa petitur de gẽte latinis. Cõfutatio eorum: que obiici possent de futurorum iussu.

m Premunt iussa. SERVI. vrgent: in hoc compellunt.

n Inachus acrisiusq; patres. S. Danę Acrisii regis argiuorum filia postq; est a Ioue viriata: pater eam intra arcam inclusam pręcipitauit in mare: quę delata ad italiã inuenta est a piscatore cũ Perseo quẽ illic enixa fuerat: & oblata regi: qui eam sibi fecit vxorem cum qua etiã ardeam condidit: a quibus Turnum vult originẽ ducere.

o Tum vero. C. Hactenus de matrum more locuta est. Nunc vero apte furore concita coepit: tum ex desperatione: quia latinum persuadere non poterat: tum quia magis atq; magis a furia accendebatur.

p Mõstris. C. non erit verisimile pudicã reginã in tantam amentiam proruisse: nisi cõcita fuisset tãto furore: vt pro monstro

Si gener externa petitur de gente latinis:
Idq; sedet: fauniq; premunt te iussa parentis.
Omnẽ equidẽ sceptris terrã quę libera nostris
Dissidet: externã reor: & sic dicere diuos.
Et turno si prima domus repetatur origo:
Inachus: acrisiusq; patres: medięq; mycenę.
His vbi nequicq; dictis experta: latinum
Contra stare videt: penitusq; in uiscera lapsum
Serpentis furiale malum: totamq; pererrat:
Tum vero infoelix ingentibus excita mõstris:
Immensam sine more furit lymphata per urbẽ.
Ceu quondã torto volitans sub verbere turbo.
Quem pueri magno in gyro: vacua atria circũ:
Intenti ludo exercent: ille actus habena:
Curuatis fertur spatiis: stupet inscia turba:
Impubesq; manus: mirata volubile buxum.
Dant animos plagę: non cursu segnior illo:
Per medias vrbes agitur populosq; feroces.
Quin etiã in syluas simulato numine bacchi
(Maius adorta nefas: maioremq; orsa furorẽ)
Euolat: & natam frondosis montibus addit.
Quo thalamũ eripiat teucris: tędasq; moretur.
Euhoe bacche fremẽs: solũ te virgine dignũ
Vociferans: & eñ mollis tibi summere thyrsos:
Te lustrare choris: sacrũ tibi pascere crinem.
Fama volat: furiisq; accensas pectora matres
Idẽ oẽs simul ardor agit: noua lequęrere tecta.
Deseruere domos: ventis dant colla comasq;.
Ast alię tremulis vlulatibus ęthera complent:
pampineasq; gerunt incinctę pellibus hastas.
Ipsa inter medias flagrantem feruida pinum
Sustinet: ac natę turniq; canit hymenęos.
Sanguineã torquẽs aciem: toruũq; repente
Clamat io matres: audite vbi cũq; latinę:
Si qua piis animis manet infoelicis amatę

haberi posset.

q Sine more furit. SERVI. Sine exemplo: & hoc etiã contra decus est regiũ.

r Lymphata. S. percussa furore nympharum, sicut ceritosa cerere dicim⁹.

s Turbo. SER. Catull⁹ hoc turbẽ dixit: vt hoc carmen: hic turbo: vnde turbinis facit. Nam si turbonis sit: erit a proprio nomine.

t Impubesq;. SER. aut mltitudo puerorum: aut a parte totum posuit: vt pro manu ipsum puerum intelligas.

v Dant animos. CRI. Quomodo inerũt animi rebus inanimis. sed pulcherrima poetę fantasia: vt motus illi maiores: q turbini ex plagis proueniũt: animos quasi audatiam appellet: & declamat a cõtrario: cum ipsę plagę soleant illã imminuere.

x Simulato numie bacchi. SER. Talem paciebatur furorem: vt speraret se liberi sacra celebrare. Non eñ ipsa simulabat: quod est sanorũ. Nam & paulo post dicturus est. Alecto stimulis agit vndiq; bacchi. C. Simulato. a se. Tãto eñ furore percita ẽ. vt contra latini iussa filiam in sylvis ausa sit abducere: vt coniugium Aeneę remoreẽ: Ex qua mora tolli penitus illud posse sperabat. Vnde & reliquę mulieres motę auctoritate reginę: illam in syluam secutę sunt.

y Quo. S. vt.

z Euhoe bacchi fremẽs: solum te virgine dignum. SERVIVS. Vox bachantis est.

a Tibi sũmere thyrsos. SERVI. pro sumebat: & sunt infinitiui p indicatiuis.

b Deseruere domos: vẽtis dant colla comasq;. C. Quasi dicat populariter illuc migrarunt. Et ex hoc innuere videtur: etiã has furore ab electo cõcussas fuisse.

c Pampineasq; gerunt incinctę pellibus hastas. SERVIVS. Pampinis rectas. CRISTOFERVS. Pampineas. pampinis vestitas: quos thyrsos vocant.

d Incinctę pellibus. SERVIVS. Nebridum solicit:

C·incincte pellibus. habẽ tes pelliceas vestes incin cṫas: Vtehantur enim pel libus lincum: & dāmarū et huiusmodi ferarum: q̄s Nebridas dicunt.
e Pinum sustinet. S. facē pineam: vt fiebat in libe alibus.

Gratia: si iuris materni cura remordet:
Soluite [k] crinales vittas: capite orgia mecum.
Talem inter syluas: inter deserta ferarum:
Reginam alecto [l] stimulis agit vndiq̧ bacchi.

f Natę turniq̧ canit hy menęos. S. hic aperte exp̄s sit dementiam: nam cum consecrauit filiā libero: hy menęū canit eius ac turni. hymęneū autem nūc car men nuptiale dixit.
g Toruū. SER. pro tor ue h Io. SERVI. vox

clamantis: & est tragicus sermo. i Piis animis: S. i. maternis
k Crinales vittas. SER. quę solarū matronarum erant. nā meretricibus nō dabantur.
l Stimulis bacchi. C. eū em̄ furorem incusserat: vt illa omnis decori oblita: ausa sit bacchi sacra simu lare. ¶ m Acuisse fu rores. S. vt supra· Quam Iuno his acuit dictis.
n Consiliūq̧ om. ꝛc̄. S. Quod habuerat: vt filiam

¶ Postq̄ visa satis primos acuisse [m] furores:
Cōsiliumq̧: omnēq̧ domū vertisse latini:
protinus hinc fuscis tristis dea tollitur alis
Audacis rutili ad muros: quā dicitur vrbem
[o] Accrisioneis Danae fundasse colonis:
[p] pręcipiti delata noto: locus ardea quondā
Dictus auis: et [q] nūc magnū manet ardea nomē:

dando Aeneę bella remo ueret: q̄ significauerat fu mus augurii. C. Consiliū om. do.. i. consiliū quo q̄ dem euerso totius familię occasus sequebatur.
o Accrisioneis danae. S. patronymicū. i: Nam filiā Accrisy significant: nō ac crisęoneis colonis. Sola em̄ venerat: nō cū colonis.
p Pręcipit idela. S. vt di ximꝰ sup̄ intra archam.
q Et nunc magnum ar dea nomē. SERVI. Bene allusit: nam ardea quasi

Sed fortuna fuit: terris hic turnus in altis
Iam media nigra carpebat nocte quietem.
Alecto toruā faciem: & furialia membra
Exuit: in vultus sese transformat aniles:
Et frontē obscœnā rugis arat: induit albos
Cum vitta crines: tum ramum innectit oliuę:
Fit calybe: Iunonis anus: templiq́ꝫ sacerdos.
Et iuueni ante oculos his se cū vocibus offert.
Turne tot incassum fusos paciere labores?
Et tua Dardaneis transcribi scęptra colonis?
Rex tibi cōiugiū: & quęsitas sanguine dotes
Abnegat: externusq́ꝫ in regnū queritur hęres.
I nunc ingratis offer te irrise periclis.
Tyrrhenas i sterne acies: tege pace latinos.
Hęc adeo tibi me placida cum nocte iaceres.
Ipsa palam fari omnipotens saturina iussit.
Quare age & armari pubem: portisq́ꝫ moueri
Lęt⁹ ī arma para: & phrygios q flumīe pulchro
Consedere duces: pictasq́ꝫ exure carinas.
Cęlestū vis magna iubet: rex ipse latinus
Ni dare cōiugiū & dicto parere fatetur:
Sentiat: & tandem turnū experiatur in armis.
Hic iuuenis vatem irridens: sic orsa vicissim
Ore refert: classes inuectas tybridis vndam

ardua dicta est.i.magna: & nobilis: & quāq́ꝫ Igin⁹ in italicis vrbib⁹ ab augurio auis ardeę. ardeā dictā velit. Illd'nāq́ꝫ
Oui.i meta. fablosū ē icēlā ab hanibale ardeā: et i hāc auē
eē ꝯuersā: Sciendū tn̄ ardeā
p antyphrasim dictā: ꝙ
breuitate pennarꝫ alti⁹ nō
volat. Luca. Quod ausa
volare ardea sublimis pē
nę confisa natanti. C. Ardea dicta secūdū Strabo-
nē: vl' quia ardua q̄d i edi
to sit posita: vel quia con-
dētibus vrbē: auspitiū fuit
ardea auis: vel nomen ha
buit ab ardea. Vlissis: &
Circe filia. r Mēbra. ex.
S. Añ exuit: nā dii cū volūt xideri iduūt se corpib
ꝑpter mortaliū oculos: nā
incorꝑei sūt. D. Pulchre di
xit exuit: et induit. Veluti
cū vestitus permutationē
facim⁹. Exuim⁹ eñ nrm
& induimus alienum.
s Albos cū vi. S.i. etiam
albas vittas. t Ramū
in oli. SER. aut coronam
accipit: aut ramū alligat
vittis: q̄d apte in viii. ostē
dit. Et vitta cōptos volu
it ꝑtendere ramos. sup eti
am: ꝑferimus manib⁹ vit-
tas. v Iunonis ₇c. S.
Iunōis tēpli. an⁹ sacerdos.
C. Bñ Iunonis sacerdotis
ꝑsonam sumit: vt maiore
auctoritate loqueret.
x Incassū fusos ₇c. S. Pro
b⁹ de tēporꝫ ꝯnexiōe libel
lū cōposuit. in q̄ docet qd
cui debeat accomodari:
ex q̄ itelligim⁹ hāc q̄ꝫ facit
arduā eē cōnexionē. Nam
patiere futuri tēporis est.
Fusos vero participium
est preteritum. Dicit au-
tem patieris: vt tot tui la
bores fundant incassum:
vel in irritū cadāt: incassū
aūt tractū est a cassib⁹.i.
retibus. y Trāscribi. S.
tradi. Sermo autē hic tract⁹ ē de pecunia: nā scribi ē
dari. Hora. Scribe decē nerio ñ ē satꝫ adde cicutę. Reꝫ
scribo ꝓ reddi. Hora. dic-
tātꝫ q̄d tu nūq̄ꝫ rscriberē pos
sꝫ T ere. Argētū illd' denuo
rescribi iubeas phormiōi.
з Abnegat. DONAT.
Cū tātis ꝑiculis: & vxorē & dotē q̄sieris: a Externusq́ꝫ in
re. D. dic oia q̄ hoiem fortē et regem mouere possint: dat ꝑ
terea vincēdi fiduciā assērēdo Iunonē affuturā: cui cā displi
cebat. addidit meritū: ne si cūctaret: firmatos arctiore fœde
ris vinculo sꝑare nō posset. C. Externus. Quid ei iniuriosi⁹
est q̄ꝫ cū domi sint hęredes: q suo sanguine cōiugiū meruerit
quęrere externos. b Querit hęres. S. de iure traxit. vt nō
generū: sed hęredē diceret. Nā p coēptionē facto mrīmonio
sibi inuicē succedebāt. c I nunc. C. grauissima cōfutatio
cū id cōcedere videmur q̄d manifestissimis argumētatōib⁹
mīme agēdū oñdim⁹. sic i. iiii. I. Seq̄re italiā vētꝫ pete regna
ꝑ vndas. Est ornat⁹ loc⁹ dissoluto & exploratōe; vbi muta

tis verbis repetit eadē sententia: d Ingratis. C. Ex quib⁹
nulla grā ꝑuenit. e Tyrrhenas i sterne. S. vt i seq̄re ita
liā ventis. Sane notum ē bello multū potuisse tyrrhenos:
et fuisse ꝑcipue infestos la
tinis: vt hi bellū assidue
ducunt cū gēte latina:
f Hęc adeo ₇c. addit au-
ctoritatē: qa scit anui credi difficile. Adeo aūt valde. f. iussit. vt Terē. Adole
scētē adeo nobilē. g Tibi
C. cōtra meritū laborū ir
risio. Tibi qui mala gesta
possis tua ꝑpria fortitudi
ne corrigere. Tibi suspecto
iā genero. h Me. D. Sa-
cerdotē suā tēpli custodē:
cui⁹ fidē nosset. i Ipsa
pa. fa. D. habet ēphasim
ipsa. q. d. q̄ oia ꝑt. quę tuę
causę fauet. CRI. Ipsa saturnia. Argumentum ab
auctoritate. k Qua
re age. C. Cum iā oñdisset
incœptū iustū vtileq́ꝫ fu
turū: exhortat vt capiat.
l Lęt⁹. S. alacer: festinus.
Nā lętari nō ꝑt q ꝑdebat
vxorē: sicut supra in. i. vela dabāt lęti. m Et phry
gios. D. q. d. imbelles et inertes n. Flumīe pu. S. vt
sup hūc iter fluuio tyberi⁹
amęno. C. Flumīe pul. &
picta scarinas dixit: vt tra
heret: in cōtēptū. q. d. qui
pulchritudinē poti⁹ ad vo
luptatē reqrat q̄ꝫ ea q̄ ad
salutē & defēsionē spectēt
qua ꝑpter facili⁹ tanq̄ꝫ deli
tiosi sꝑabūt: ergo arguit
a facili. o Pictas. D. nā
luxuriosos hęc pictura de
notat. p Cęlestū vis
ma. iu. S. p diffinitionem
ipa Iuno est vis deorū: aut
p augmentū suasit primo
per se: secūdo p Iunonem.
postremo p vim omniū
deorꝫ. D. Cęlestū vis. ergo
debet audati⁹ fi eri:
q Rex ipse. D. qui te fefel
lit: cui⁹ ipiū tu defensione
seruasti. C. Rex ipse la. Tra
xerat hūc in odiū cū dixit
illū denegare sibi ꝯnubiū
& dotes partas sanguine:
itaq́ꝫ nūc amare insultat:
& exaggerat irā i Turno.
r Sentiat. S. tādē sentiat
cōtra quem laborātē ꝑ se nō ꝑbauit. CRIST. Sentiat. Ex
eo ꝙ mltū fidere videt viribus Turni: audatiā illi auget: &
bona spe cōfirmat. s Tādē C. q. d. post nimis longā tu
am patientiā. t Hic iuuenis vatem irridēs. S. caluit quia
iuuenis. Horatius. Non ego hunc ferrem calidus iuuenta
consule planco DONA. Iuuenis. Non mirū si iuuenis mu
lierem & anū in re bellica contempsit. CRI. iuuenis. Quibus in ętate viuendi robor magnum est. hi plus viribus q̄
consilio tribuere solent: hinc egretulit Turn⁹ ab aucula ad
monēri: cum reipublicę cura ad regem non ad sacerdotem
pertineat. proptereaq́ꝫ est responsio plena amaritudine: &
contemptu: & ostendit se nihil latere ex his q̄ illa veluti con

Non (vt rere) meas effugit nuncius aures:
Nec tantos mihi finge metus: nec regia iuno
Immemor est nostri.
Sed te victa situ: veri quã effœta senectus
O mater: curis nequicq̃ exercet: et arma
Regum inter falsa vatem formidine ludit.
Cura tibi diuũ effigies: et templa tueri:
Bella viri paceq̃ gerant: quis bella gerenda.
Talibus allectos dictis exarsit in iras.
At iuueni oranti subitus tremor occupat artus:
Diriguere oculi: tot erynnis sybulat hydris:
Tantaq̃ se facies aperit: tũ flãmea torquens
Lumina: cũctantem: et querentem dicere plura
Reppulit: et geminos erexit crinibus angues:
Verberaq̃ insonuit: rabidoq̃ hęc addit ore.
En ego victa situ, quã veri effęta senectus
Arma inter regum falsa formidine ludit:
Respice ad hęc adsum dirarũ ab sede sororũ:
Bella manu: lętumq̃ gero.
Sic effata: facem iuueni coniecit: & atro
Lumine fumantis fixit sub pectore thędas,
Olli somnũ ingẽs rupit pauor: ossaq̃: et artus
perfudit toto prœruptus corpore sudor.
Arma ames fremit: arma toro tectisq̃ requirit.
Sęuit amor ferri: et scelerata insania belli.
Ira super: magno veluti cum flãma sonore
Virgea suggeritur costis vndantis aheni:
Exultantq̃ ęstu latices: furit intus aquę vis.
Fumidus atq̃ altę spumis exuberat amnis:
Nec iã se capit vnda: volat vapor ater ad auras

sultrix admonuerat. v Victa situ senectus. S. Temporũ longinquitate ex qua nascitur situs. C. Sed te victa situ. Nõ quia plus sapiat: sed quia deli- ret illa meas res dixisse. x Veriq̃ effœta. S. Cas- saveritatis. y O mater. S. Irrisionis est non hono ris. D. O mater. irrisio ẽ ap ta. z Falsa formidine. S. quia vatem: nã eã defẽ- debat a bellis: si non ętas saltẽ religio sacerdotii. a Cura tibi. C. Distribu tio est: nã ostendit: & qd ad aniculã sacerdotem: & quid ad viros pertinet. b Talibus alecto. C. Et recte: nam quis magis fu rore percipi q̃ ipsa furia de buit. c Exarsit in iras. S. Cõmunis sermo habet ardeo illa re. Sed figurati⁹ ardeo illam rem dicimus. Et est specialis cornelii elo cutio. d Oranti. S. loqn ti: vnde etiã oratores dici- mus. e Tremor occu- pat artus. S. Vicinitate. s. furię. Nam tremor furoris est. C. Subit⁹ tremor. per colorem rhetoricũ: quem notationẽ appellãt, illã ita describit: vt oculis nostris eam subiiceat. f Tãta q̃ se fa. S. Semoto anili vultu quẽ finxerat: & q̃ se induerat: sicut supra ĩ pri- mo de venere. Et vera ĩcessu patuit dea. g Rep- pulit. C. re in cõpositione breuis est: sed in tribus prę teritis: qñ geminat̃ cõso- nans fit longa positione. Sũt aũt hęc reppert: rettuli & reppuli. h Gemi- nos erexit cri. an. SER. Si miles. Nã oẽs dicit erexis- se: nõ duos. i Verbera- q̃ insonuit. S. p verberib⁹ insonuit. i. per verbera. k Rabidoq̃. S. habitũ futurę orationis ostendit. C. Rabido. vt pote qui iã furore vehemẽter cõcitarẽ tur. l En ego victa situ. D. pri⁹ nõ potuit obiurga re metuẽtẽ q̃ ĩ illũ regere q̃ ptulerat. C. En ego: Re- petitio verborũ: qb⁹ vsus fuerat Turn⁹: vehementiã demonstrat iracũdię. m Respice. S. multi hic distinguunt: & superiori- bus iungunt: vt sit sensus: respice eam quã dicis fal- sa deludi formidine. n Ad hęc. S. i. ad regum arma: & ad bella. Quõ er go dicis: qd supfluo his in

ferar reb⁹: ad q̃s veni. Alii respice ad hęc legũt: vt sit q̃si demõstrãtis: respice bel la: & lętũ gero. o Bella ma. ge. D. cõtra illd⁹ bella viri paceq̃ gerãt. p Fa cẽ iuueni cõiecit. S. Satq̃ cõ siderate facẽ iuueni iniecit q̃ cito exardescit: et desinit. supra vero amarę serpẽtẽ iniecit: vt in mulierib⁹ sem per viget venenũ. q A- tro lu. S. atri lumis tędas: vt pulchra faciat te prole parẽtẽ. Atro aũt lumĩe: fu riali ĩferno. alias aũt rõne caret. CRI. Atro. nũq̃ ab hoc colore discedit Poeta: sed etiã sensus lr̃alis ẽ atro lumĩe: cui mult⁹ fum⁹ eẽt admixt⁹. r Sub pecto- re S. Vbi fellis loc⁹ est. i. ira cũdię. s Fremit. S. cum clamore deposcit: bñ autẽ amẽs: qa ĩ tp e geuerat. C. Fremit. nã indignatio ali um sonũ emittere phibe- bat. Nã tremere significat cõfusã vocẽ ex ira: & indi gnatiõe emittere. t Sce lerata insania. S. nihil ei tã insanũ q̃ desiderare id per q̃d possis pire. v Ira su per. C. pulcherrĩa & acco- modatissima cõpatio & mira copia. Nã cũ aq̃ no- minãda sit: modo latices: mõ vn: mõ amnẽ: mõ vn dã dicat. x Magno ve. D. Ornat⁹ poetic⁹ in pab lis silitudinib⁹ maxime cõ sistit. y Virgea sug. S. de viminib⁹ vł virgis facta: vñ est flãma validior. z Costis vn. S. Costis aũt laterib⁹: & bñ antiquũ re spexit morẽ: nã ollas non suspẽdebãt: sed positis cir- cũ circa ignẽ adhibebant Costis. i. laterib⁹. a Fu- rit in. aq̃ vis. S. i. fumidus aquę amnis: nec imerito: nã pt eẽ & alterius rei am nis. Hãc aũt dieresim Tuc ca & Varr⁹ fecerũt: nã vir gili⁹ sic reliq̃rat. furit it⁹ aq̃ amnis. & exuberat vt aq̃ amnis. q̃d satis aspũ fuit. b Nec se iã ca. vn. S. me- lius q̃ si diceret nec vas iã vndę capit. c Vapor ad auras. C. oĩa in cõpatõe q̃ drant: ęstuat eñ sanguis ex accensione bilis. vt aq̃ flãmas in aheno: & ebulli tiõe mouet̃: & vt inde ex- tollitur fumus: sic ex bilis sanguinisq̃ bullitiõe ele- uãt ad caput vapores: qui bus oĩs recta rõ adumbra tur: & lumẽ amitit. d Ergo: S. q: sic icesus ẽ.

e Polluta pace. S. vl̄ sua vel Troianorū. D. Polluta pace. aliter enim aduersus socerū moueri non debuit: preterea impellebat̄

Ergo iter ad regem polluta pace latinum
Indicit primis iuuenum, et iubet arma parari:

a furia. f Indicit. S. Signate verbū bellicū posuit. C. indicit iter. i. expeditionē. Honeste autem dixit iter: quasi qui iturus esset.

ad latinū: ei⁹ animū exploraturus: anteqꝫ bellū moueat: g Primis. D. ductoribus: vt causam scirent. h Tutari italiā detrudere finib⁹ hostem. C. verbis eñ honestabat bellū: quod quidē sumere simulabat: ñ ꝑpter ereptā ꝯiugem: ne ꝓpriū cōmodiū sequi videret: sed vt patriam tutaretur: et ab ea hostes arceret: ergo primo ostēdit honestū̄ bellū: deinde facile. cū polliceatur: nisi etiā latini sese oppouant: tamē ipsum contra ambos sufficere: vt aūt verisimile faciat: rutulos relecta pace qꝫ omnes suapte natura amāt: bellum sequantur. plures causas refert. quibus facile ad id moueri potuerint. hoc in genere deliberatiuo Cicero affectionē vocat: que est quedam cōmutatio rerum ex tempore: aut negotiorū euentu: aut administratione: aut hominum studio. i In vota vocauit. S. Quia nūcupatis votis bellā summebant. k Certatim. D. Amor maxim⁹: & fauor in Turnū ostenditur.

l Hunc decus egregium forme mouet. S. Dauni et nimi. s. decus: nam hoc dicit alios pꝛchritudo turni: alios nobilitas: alios virt⁹ mouebat ad bellū: nam hoc est animis audacib⁹ implet. Affectione sui incidit omibus magnanimitatem. m Arte noua. S. Dolo. CRI. Arte noua. Fraude inusitata: nam ingeniosa res fuit ex venatione huiuscemodi captare occasionem. n Speculatā locū quo littore pulcher. SER. pronomē pro nomine ponitur: non pro nominibus. vnde mō noue inter duo nomina vnū pronomen posuit: nam recte q̊ loco diceret: & hoc semel tantum fecit.

o Insidiis cursucꝫ agitabat. S. nam insidiis circūuenimus non agitamus.

p Canibus rabiem. S. Studium mutauit in rabiem. C. Canibus. nā difficile erat homines externos: & omnia pauitātes: vt aliquid cōtra ius auderent concitare: ergo impulit canes ad id ad q̊d homines non impulisset.

q Noto odore. S. Ceruino. solēt eñ ita īstitui. Hora. Venaticus ex quo ceruinā catulus pellem latrauit in aula. CRI. Noto quē ex multis venationib⁹ nouissent: vꝉ noto: id est amico & grato: & quo vehementer delectarentur: vt in Bucco. hic inter flumina notē. r Malorum causa fuit. SER. Hoc est: & primē reuocabo exordia pugnē. s Animos agrestes: excitauit eos primum: qui facilius excitari potuerunt: propter imperitiā; & feritatem. CRISTO. Animos

h
Tutari italiā: detrudere finibus hostem:
i
Hęc vbi dicta dedit: diuosꝙ in uota vocauit.
k
Certatim sese rutuli exhortantur in arma.
l
Hunc decus egregiū formę mouet: atqꝫ iuuētę:
Hunc ataui reges: hunc claris dextera factis.
¶Dū turnus rutulos animis audacibus īplet:
Alecto in teucros stygiis se concitat alis:
m n
Arte noua speculata locū: quo littore pulcher
o
Insidiis: cursuqꝫ feras agitabat Iulus.
p
Hic subitā canibus rabiem cocythia virgo
q
Obiicit: & noto nares contingit odore.
r
Vt ceruū ardentes agerēt: quę prima malorum
s
Causa fuit: belloqꝫ animos accendit agrestes.
t
Ceruus erat forma pręstanti: & cornibus ingēs:
v
Tyrrhidę pueri quē matris ab vbere raptum:
Nutribant: tyrrhusqꝫ pater cui regia parent
Armenta: & late custodia credita campi:
y
Asuetum imperiis soror omni Syluia cura
Mollibus intexens ornabat cornua sertis:
ʒ
pectebat ferū: puroqꝫ in fonte lauabat.
a b
Ille manū patiens, mensęqꝫ asuetus herili:
c
Errabat syluis: rursusqꝫ ad limina nota
d
Ipse domū: sera qꝫuis se nocte ferebat.
e f
Hunc procul errantem rabidę venantis Iuli

agrestes: nam ciuilibus & aliqua ratiōe compositis nō suffecisset illa causa: vt propter ceruum mouerent bellum. t Et cornibus ingens. SER. Ingens. & ad pręstantem formam pertinent: & ad magnitudinem cornuum.

v Tyrrhydę pueri. SER. Tyrrhi filii. & vt diximus supra alludit ad nomē: nam tyrrhus dictus est pastor: apud quē lauinia peperit. v Cui regia parent armēta. SERVIVS. magistrum hunc pecorum vult fuisse: & salutarium. Nam hoc est & laure custodia credita campi. Magister autem pecorū est: ad quē omnia pertinēt animalia Cicero. nominat hominē quem magistrum pecorū eē dicebat. CRISTOFE. Regia parent armenta. non enim moti sunt ad vlciscendum iniuriam reliq nisi Tyrrh⁹ magnę auctoritatis apud illos fuisset. Dat autem curam alendi puellę: qm̄ natura mollior: in delicíis huiusmodi animalia habere ꝯsuerūt: mansuetudinem autem illius longius describit: vt inde appareat eum in maiori precio apud heros fuisse.

y Syluia cura. SER. bonum puellę rusticę nomē formauit.

ʒ Pectebatqꝫ ferrum. puroqꝫ in fonte lauabat. S. quadrupedem: vt in lat⁹ inqꝫ ferri.

a Ille manum paciens: SER. patiens illius rei dicimus: vnde apparet vnū v. causa metri detractū.

b Mense herili SER. noue dixit: nā herum non nisi dominum dicimus. nisi forte: ideo dixit. quia dat ei humanū sensum: vt implorantí similis.

c Errabat syluis: rursusqꝫ ad limina nota. SER. pascebatur: vt mille meę siculis errant in montib⁹ agnę.

d Ipse domum: sera qꝫuis se nocte. SER: id est sua sponte.

e Errātem DONA· his versibus ponit excusationem Ascanii.

f Rabidę venantis Iuli. CSI. Quia foeminę facili⁹ in furorem concitantur.

g Secundo deflueret. S. Secundo: id ē cū aqua vnde & aduerso dicimus cōtra aquam: Nam ideo deflueret dixit. Et. Secundo quia eius cursus post natantem videtur.

h Nec dextrę deus errāti. SER. licet enim certum esset ꝑferiturum: tamen bene errantē dixit: quia non vsqꝫ quaqꝫ semper certus est ictus; Horatius. Nec semper feriet quodcunqꝫ minabit arcus. i Deus absfuit. S. Alecto deum dicit: sicut de Venere descendo: ac ducente deo: nam vt dixim⁹ nu

crimina belli: r Terrorum & fraudis abunde est. S. Terrorꝝ: more hominū: fraudis vero ex cerui vulneratione. C: Fraudis abūde est: nā prestita causa belli a furia: & aliquis effect⁹ cause reliqua facilia erant. s Stant belli cause. SES. manifeste sunt placent. vt stat cōferre manum. t Talia. Ironiā continet hic locus. v Egregiū veneris gen⁹. C. Ironice dictū est. x Ipse latinus. S. ac si diceret: quē Aeneę causa cogor odisse. Vnde & ama-

Tū contra Iuno: [r]terrorū et fraudis abunde est:
[s]Stant belli cause: pugnatur cominus armis.
Que sors prima dedit sāguis nou⁹ ībuit arma.
[t]Talia coniugia et tales celebrent hymeneos
[v]Egregium Veneris genus: et rex [x]ipse latinus.
Te [y]super ethereas errare licentius auras
Haud pater ipse velit summi regnator olympi.
Cede locis: ego si qua super fortuna laborū est.

te nulla fit mentio: que est Troianis inimica: vrban⁹ tamen hūc locum accipit per interrogationē: terrorū et fraudis abunde est: q̄ si p gratulatōez ñ credat. sicut Terē: quia plus cupio minus credo.
y Te super ethereas. S. quia dixerit: Coeli cōuexa p auras. C. Te sup ethereas: nam furorem non amat deus:
z Attollit alas. SE. honesta volant; periphrasis.
a Italię medio. S. hūc locum vmbilicū Italię chorographi dicunt: est autē

Ipsa regam: tales dederat Saturnia voces.
Illa autem attolit stridentes anguibus alas,
Cocytiq; petit sedem supera ardua linquens.
Est locus italię medio sub montibus altis
Nobilis: & fama multis memoratus in oris:
Amsancti valles: densis hunc frondibus atrum
Vrget vtrinq; lat⁹ nemoris: medioq; fragosus
Dat sonitum saxis: & toto vortice torrens.
Hic specus horrendum: & sęuis spiracula ditis
Monstrātur: ruptoq; ingens acherōte vorago
pestiferas aperit fauces: quis condita erynnis
Inuisum numen: terras cœlumq; leuabat.
Nec minus interea extremam saturnia bello
Imposuit regina manū: ruit omnis in vrbem
pastorum & acie numerus: cęsosq; reportant:
Almonem puerum: fœdatiq; ora galesi:
Implorantq; deos: obtestantur latinum.
Turnus adest: medioq; in crimīe cędis & ignis
Terrorem ingeminat: teucros in regna vocari:
Stirpem admisceri phrygiam: se limine pelli:
Tū quorū attonitę baccho nemora auia matres
Insultāt thyasis. (neq; enim leue nomē Amatę)
Vndiq; collecti coeunt: martemq; fatigant.
Illicet (infandum) cuncti contra omina bellum
Contra fata deum: peruerso numine poscūt.
Certatim regis circunstant tecta latini:
Ille velud pelagi rupes immota resistit.
Vt pelagi rupes magno veniente fragore.
Quę sese multis circum latrantibus vndis
Mole tenet: scopuli nequicq;: & spumea circū
Saxa fremunt: laterię illesa refunditur alga.

in latere cāpanię: & Apulię: vbi hyspani sunt: et ha[bent] aquas sulphureas: iō grauiores: quia ambit syluis: iō aūt ibi aditus dr̄ inferorū: q grauis odor iuxta accedentes necat: adeo vt victimę circa hūc locū nō imolarēt: sed odore pirent ad aquā applicate: et hoc erat genus litatiōis. Sciēdum tn̄ Varronē enumerat q̄t loca in italia sint eiusmodi: Vnde & Donatus dicit: Canusię: qui dicit locus a porta certa fluuius: qui Calor vocatur: quod ideo nō procedit: q ait italię medio. b Sub montibus. S. hoc nisi ad totam Italiā referas nō p[ro]cedit: vt sit: Est in vallibus italię mōtuosę: nam hoc in loco montes penitus non sunt. c Nobilis. S. not⁹ q̄d sequētia indicat. d Amsancti valles. S. loci amsancti. i. omni parte sancti: quem dicit & syluis cinctum: & fragosum fluuio torrente. C. Amsancti valles. hic loc⁹ in hyrpinis est: vt apparet apud Pli. e Dat sonitum. D. Cōpendiosa descriptio: in qua amnē & p̄tē ex qua funditur: & sonū cadētis aquę: & causam soni ostendit. f Hic spec⁹ ho. S. hoc nom̄ apd̄ maiores trīū generū fuit Enni⁹ fœmineo posuit. Horati⁹ masculino. Quę nemora: aut quos agor in specus. Virgi. neutro: quod hodie in numero singulari trib⁹ tm̄ vtimur casibus. Plurali tm̄ a genere masculino habemus in omnibus casibus. Hinc est ipi in defossis specubus: q̄q; antiqui codices habeant hic spec⁹ horrendus. C. Hic specus horrendū: Poetice describit hiatū per quē ad inferos furia descēderit: q autem addit coelum: terramiq; leuabat, ad moralē rationem retulit: quia & magni & parui viri leuātur: quando furore liberātur. g Spiracula dytis. S. aditus a spirādo antiqui codices piracula habēt: q dicta sunt, ὑπὸ τῶν πυρῶν, hoc ē a finib⁹ iferorū. h Vorago. S. Acherōtis est exęstuatio. i Cōdita erynis. S. alii condit legunt: & se subaudiunt. k Leuabat. SER. releuabat: recreabat: cui prēsent . . sua erat onori.

l Extremā saturnia bello ipo. ma. S. Quod super est perficit: & est trāslatio a pictura: quā manus cōplet & ornat extrema. D. Extremā manū: nā in artificibus extrema manus est: cū amplius man⁹ non reponitur: quia opus est p[er]fectum. m Ruit oīs. C. quod mirū si latin⁹ cessit: cū & hi qui iniuria se a teucr[is] lacessitos putabāt: & turnus: & hi quorum vxores ab amata cōmote erant, eodē tpe circūstarent tandē cessit. n Almonē. C. Emphasis est in nomie: qui primū regi pastoris filius. o Puerū. C. pathos ab ętate.

p Fœdati. S. cruentati. C. Fœdati pathos a mō. q Implorantq; deos. S. Ad auxiliū & vltionem. r Obtestanturq; latinū. S. propter cędē factā testē adhibent: & dicūt auctores rupti fœderis esse troianos cū ipi pacis iura temerarint. D. Obtestantur. Inuidiosis vocibus lacerāt: q oīa mala per troianorū fœdus euenerant. s In medio carmine. C. Capta maxima occasione.

t Et ignis. S. in ipso feruore seditionis. v Teucros in regna vocari. S. Dicit teucros: aut iniuriose dictū accipe: quasi exules ac p[er]fidos. D. Teucros: et stirpem phrygiā. pro conuitio posuit. q. d. indignos ad maxias dignitates vocari. C. Teucros. q. d. externos: & exules in regna vocari: nam cui lauinia tradebatur: eidem regnū concedebatur. x Stirpem admisceri phrygiā. quasi queratur degeneraturos latinos ex admixtione aduenarum extorrū: & a patria pulsorū. y De limine pelli. C. Habet emphasim, p[ro]nomē. q. d. affinē tm̄ regē, etiā q sua fortitudine hactenus illud regnū protexerit: ergo cū indignitione proferendum. z Attonitę bacho. S. quasi bacho. furia eīm agebantur: & sic est dictū: vt at medias iter cedea exulat. a Nemora auia. SER. p[er] nemora. b Insultant thyasis. choreis. c Neq; enim leue nomen amate. S. Iune. Quę nō facit pricipis v. d Martemq; fati. S. prœliū cū clamore deposcunt.

e Contra omnia fata. S. superius de lauinia. D. Contra omnia. ppter apes & incēdiū c Fata deū. S. ppter oraculum fauni. D. cōtra fata. i. sentētias deorū: & fauni rñsa. f Peruerso. S. irato. g Certatim. C. vt ōñdat latinū: ni si invitū nō cessisse. h Circūstant. D. obliti regalis reuerentię. i Velut pelagi rupes. S. sic Cice. Seditionē populi fluctib⁹ cōparauit: in ill' dūtaxat fluctib⁹ cōtionū. Bñ Virgi. eū qui restitit isedítiōi rupē vocauit. C. velut pelagi rupes: vt. p. r. Hęc cōgeminatio asserit cōpationē nō temere factā: sed penit⁹ verā eē. k Mole te. S. Hic distinguēdū vt scopuli nētis plis sit. l Coœcū cō. S. fremitui ppli bonū nomē posuit. m Sęuę. nu. Iu. C. nō fuisset supat⁹ a solis hoīb⁹: nisi fuisset aduersus eū iuno: deorū & regnoꝝ regina n Deos au. DO. nā oīb⁹ cōtra stātib⁹: quē aliū suę snię potuit adhibere testē. o Frangimur. S. pmāsit in rupis trāslatiōe. D. Frāgimur. frāgūt cōmoda nri ipii: & ponit isignata verba in traslatione: Nā frāgit nauis: & fluctib⁹ istātib⁹ interit. ¶ Miseri. dolet errore peccātiū: null⁹ eñi sciēs cadit in fouea scelerū. C. Frangimur. grauis est rei dānatō cū demōstram⁹ nos inuitos cędere. p Sacrilego san. S. qa bellū sumebāt cōtra volūtatē deoꝝ. q Sanguine. C. ne forte credatis illas eē breuiores. r O miseri. C. ppter poenas q̄s lueretis ex scelere. potuisset iure suo sceleratos appellare: sed voluit miserātis poti⁹ q̄ irascētis aīm ōñdere: si forte illos imutare posset. s Te turne. C. cui⁹ auctoritate hęc maxie fiūt. Cōgemīauit aūt pnomē ad maiorē expssionē. t Votisq; de. ve. se. S. qa religio rigida dr̄ semel mala cōmissa nulla rōne reuocar̄. Hor. Dira detestatio nulla expiatur victima. C. Votis. s. nō eñi deoꝝ sęuitia hoc euenit: sed tua pertinatia: quia seri⁹ q̄ oportuerit penitētia moueberis: Deinde vt maiorem orōni auctoritatē afferat: apte ōñdit multo pluris hęc illoꝝ q̄ sua interee. v Parta qes. S: s. vicinę mortis bñficō. x In limie por. S. securitas ois i pmptu est. y Funere foe. spo. S. exequiis tm̄ regalib⁹ careo.

¶ Mos erat. S. Varro vult morē esse coem cōsensū omniū simul habitantiū: qui inueteratus cōsuetudinē facit. a Hespio inlatio. S. hoc est in antiquo: nā (vt in primo diximus) duo latia fuerūt: vñ nō frustra hespio addidit. Quod aūt dicit hāc cōsuetudinē antiq; fuisset: falsum est. Nā a numa pōpilio primū instituta est: sed carmini suo: vt solet misce hystoriā. Notandū sane incōnexum esse hūc locū: si qs totius libri cōsideret textū.

bella gesserunt: qui getas per Auliū Martiū: & canidū centurionē repressit. Thracas: et Sarmatas per Publiū lentulum: hyrcanos p tyberiū. armoenios quoq; regio hyrcania est superauit Augustus. Et Parthos ad cōcordiā venire: & signa a Crasso ablata reddere coegit per Aquilium Gallū. Arabas domuit. h Hyrcanisq;. S gens dicta a sylua hyrcania: vbi sunt tygres. i Arabisue parant. S. hic datiuus venit ab eo qd est hic Arabus: nā ab eo qd est hic arabs: ab hoc arabe: arabibus facit: sicut hyberus. vnde in Luc. Occurrat hyberus alter: & hybers. Horati. Discet hyber: Rodaniq; potor. Item lectū est Ethiops: & ethiopus: Sed mō tātum ethiops dicimus.

Nā supra ait: longa placidas in pace regebat. Item dicturus est: ardet in excita ausonia: atq; immobilis añ. & nūc dicit. Mos erat hesperio in latio: supra etiam Captiui pēdent currus. Itē tyrrhenas isterne acies: quę ne sint cōtraria: accipiamus italiā primo caluisse bellis. Medio tpe quieuisse: & ad antiquū studium nunc reuerti: sicut romāi bello flagrauere sub romulo: quieuere: sub numa: sub tullio hostilio pria studia repetiuerūt. Hic ē qp ipse Virgi. ait: longa placidas in pace regebat: nō ppetua. Itē desuetaq; bello Agmina in arma vocat subito: ferrūq; retractat: nā retractare ē repetere qp omiseras. tale aliqd dic de genere syllāo. Salu. Nā vo lesōndere antiqs maiores cōsulares fuisse: vicinos vero ignauissimos. Syllā vero florentissimū. ait igitur Sylla patritię gentis fuit: familia iā extincta maiorū ignauia. b Quē protinus. S. iugiter: deinde. Nā nunc tpis aduerbiū. alibi loci est: cū ptinus vtraq; tellus una foret. c Albanę coluere sacrū. D. Obseruatiões aut legibus: aut assensibus hominū sunt: mos ipe custoditus legē facit: quę etiā ad posteros transit. vt hic patet. ¶ Sacrū: qp nō p leui duxerūt: quasi putarēt sacrilegiū cōmitti: nisi esset obseruatus. d Maxima rerū roma. S. Imperii potita. e Roma. DO. Magna laus moris: cū a principe terrarū populos seruetur. f Mouent in proelia martem. S. nā moris fuerat indicto bello: in Martis sacrario ancylia cōmouere. Vnde est in .viii. vtq; impulit arma. C. Mouerē martē: qui sibi sacrificant orant sibi assit: & ancilia in eius templo mouent. Mos autē a numa fluxit: sed ipse ad priscos: vt & multa sic retulit hoc: & qm vult hoc fictū videri: non meminit populos: contra qs prisci bella mouebāt. qui oēs intra italię fines versabant. g Siue getis inferre manu lachrymabile bellū. S. Getarū fera gens etiam apud maiores fuit: nam ipsi sunt Mysi: qs Saluia lucullo dicit esse superatos. C. Siue getis. Populi in Scythia Tartari dicuntur. hec oia videt ad Augustū referenda sunt: nā neq; latini veteres: neq; Albani extra italiam

Verum vbi nulla datur cęcum exuperare ptās
Consilium: & sęuę nutu Iunonis eunt res.
Multa deos: aurasq; pater testatus inanes.
Frangimur heu fatis inquit: ferimurq; procella.
Ipse has sacrilego pendetis sanguine poenas
O miseri: te turne nefas: te triste manebit
Suppliciū: votisq; deos venerabere seris.
Nāq; mihi parta quies: oīsq; in limine portus:
Funere foelici spolior: nec plura locutus
Sepsit se tectis: rerūq; reliquit habenas.
¶ Mos erat hesperio in latio: quē protinus vrbes
Albanę coluere sacrum: nunc maxima rerū
Roma colit: cū prima mouent in proelia martē
Siue getis inferre manu lachrymabile bellum
Hyrcanisq; Arabisue parāt: seu tēdere ad Indos
Auroramq; sequi: parthosq; reposcere signa:
Sunt geminę belli portę: sic nomine dicūt:
Relligione sacrę: & sęui formidine martis:
Centum ęrei claudūt vectes: ęternaq; ferri
Robora: nec custos absistit limine Ianus.
Has vbi certa sedet patribus sententia pugnę:
Ipse quirinali trabea: cinctuq; gabino

k Auroraq; sequi. S. Ingenti ambitu ipsum ortū diei dicit p populis.
l Parthosq; reposcere signa. S. Hoc in honorem Augusti posuit: quo regnante a Parthis repetita sunt signa: quę Crassus pdiderat: qui cū auiditate sua cōtra auspitia bellum suscoepisset: captus cū filio est: & necatus infuso in os auro. l Sunt geminę belli portę. S. Sacrarium hoc Numa Pompilius fecerat circa imū argiletum iuxta theatrū Marcelli: qd fuit in duobus breuissimis templis. duobus aūt: propter Ianū bifrontē. postea captis Faliscis ciuitate Tuscię inuētū est simulacrū Iani: cū frōtibus qttuor: vñ qd Numa istituerat trā slatū ē ad forū trāsitoriū: et qttuor portarū: vñ tēplū est institutū. Ianum sane apud aliquos bifrontem: apud aliquos quadrifrontē esse nō mirū est. Nā alii eū diei dñm volūt: in quo ortus est & occasus. Hora. Matutine pater seu Iane libentius audis: Alii anni totius quē in quattuor tempora cōstat esse diuisum. Anni aūt esse deum illa res pbat: qp ab eo pria pars anni nominatur.
m Relligione sacrę. S. tremendę: execrabiles: nā & paulo post dicturus est: Tristesq; recludere portas.
n Centū aerei. D. numerus & materię qlitas dat vim.
s Ferri robo. S. bñ addidit ferri: nā omne quod forte est robur vocamus.
p Ianus. D. Addit ad robur portarū deus iā qui bifrons oīa circūspiciat: ne furorū & scelerū portę temere aperiātur.
q Sedet patribus. D. firma est omniū sententia.
r Quirinali trabea. S. Suetonius. libro de genere vestiū dicit tria eē genera trabearū. vn ūdiis cōsecratū: quod est tm de purpura. aliud regū: quod est purpureū: & habet tm album aliquod: tertiū augurale: & coco mixtū: quirinali ergo regali. ¶ Trabea. Trabeę tria sunt genera: primū diis sacrū tm ex simplici purpura: alterū regibus: & deinde consu

Insignis reserat stridentia limina consul.
Ipse vocat pugnas: sequitur tum cetera pubes.
Aereaq; assensu conspirant cornua rauco:
Hoc & tum eneadis indicere bella latinus
More iubebatur: tristisq; recludere portas:
Abstinuit tactu pater: auersusq; refugit
Fœda ministeria: & cęcis se condidit vmbris.
Tum regina deum cœlo delapsa: morantes
Impulit ipsa manu portas: & cardine verso
Belli ferratos rupit saturnia postes.
Ardet inexcita ausonia: atq; immobilis ante.
pars pedes ire parat campis: pars arduus altis
puluerulentus equis furit: oẽs arma requirũt:
pars leuis clypeos & spicula lucida: tergunt
Aruina pingui: subiguntq; in cote secures:
Signaq; ferre iuuat: sonitusq; audire tubarum.
Quinq; adeo magnę positis incudibus vrbes
Tela nouant: atyna potens: tyburq; superbum:
Ardea: crustumeriq;: et turrigerę antemnę:
Tegmina tuta cauãt capitũ: flectuntq; salignas
Vmbonũ crates: alii thoracas ahenos:
Aut leuis ocreas lento ducunt argento.

libus cui esset aliquid de alba. Tertiũ augurius. sed hoc de purpura & cocco. apud Romanos trabea primus est vsus Romulus Hinc Ouidi⁹. Trabeati cura quirini Pli. autẽ scribit pretextas apud etruscos originem inuenisse: et trabeis vsos fuisse reges. s Cinctuq; gab. S. Gabinus cinctus est toga sic in tergũ reiecta: vt vna eius lacinia a tergo reuocata hominẽ cingat: hoc aũt vestimẽti genere vtebat cõsul bella idictur⁹: iõ quia cũ Gabii Campanię ciuitas sacr;, oparet: bellũ subito venit: tũc ciues accincti togis suis ab agris ad bella ꝓfecti sunt: & adepti victoriã. Vñ hic ort⁹ est mos. C. Cinctus. teste pomponio genus est vestis a cingendo: idẽ sentit Varro: vnde Hora. Cinctutos dixit cethegos. Gabinũ addit: qa Gabii sacrificantes intellexerũt de aduentu hostiũ: itaq; vestes suffarcinantes: in hostes irruere victoriãq; reportauere. vnde Romani ex bono augurio a Gabiis accœpere. Consul. ergo indictu rus bellum ad Ianualem portã subsequẽtibus militib⁹ accedebat. Inde ad caput circi maximi: ibiq; dicebat. Po. Ro. sanitibus bellum indicit: eisdẽq; verbis reclamabãt oẽs: Inde e columella: q̃ erat añ tẽplũ Bellonę in capite circi maximi hastã iaciebat Tẽplum Iani Numa ędificauit ad imũ argiletũ inter duo fora: inter capitoliũ: & palatiũ: & statuit vt clausum pacẽ: apertũ bellũ significaret. Post hęc cũ Faliscos Romani expugnassent: Inde simulacrum Iani cũ quattuor vultib⁹ Romã adduxerũt.

t Insignis re. S. is qui pu re creat⁹ est insignẽ accipe primo loco creatũ: licet alter similẽ habeat ptãtem. v Ipsa vocat pugnas. S. Tria sũt: vt supra dixim⁹ militię genera: sacramẽtũ in hoc vnusquisq; miles iurat se nõ recedere: nisi p̃ cœpto cõsulis post cõpleta stipẽdia. i. militię tẽpora. Cõiuratio quę fit ĩ tumultu. i. italico bello & gallico: qñ vicinũ vrbis piculũ singulos iurare non patit̃: vt inter Gabios fuit. Euocatõ: quod gen⁹ nũc tangit: Nã ad subitũ bellũ euocabãt̃: vnde etiã consul solebat dicere: qui vult rempublicã saluã: me sequatur. D. Vocat p. dat pugnandi ptãtem. x Conspirãt. S. Nã & tubę simul flabant̃. y Fœda ministeria. S. cruenta more suo. z Morantes. S. differentes. s. bella. a Impulit. D. Iuno. quod nõ decebat: Ergo oñdit̃ ptinax inimicitia: neq; aperuit solũ: sed euertit postes a cardine. b Ardet inexcita. D. Ecce q̃ntũ potuit factio Iunonis: c Immobilis añ. S. nõ semp: sed añ hac: p̃t tũ & ĩmobilis a furia: nã; añ gessit bella: sed iure indicta p foeciales & patrẽ patratus.

d Spicula lu. C. i. tergenda lucida efficiũt: e Tergũt. S. ab eo quod est tergeo terges fuit: & tergũt: & tergo tergis: quod de vsu penitus recessit: f Aruina pingui. S. secũdũ Suetoniũ de viciis corporalib⁹: aruina est durũ pingue: q̃d est inter cutẽ & viscus. C. q̃d vulgo lardũ dicunt. Sed latini lardũ appellãt carnẽ salsam: quasi large aridã. pingue autẽ internũ. in animantibus q̃ nõ ruminãt adeps dr̃. In his vero quę ruminãt seuũ: & sebũ dr̃. Sagina vero est pingue arte & nõ natura cõparatũ: & p totũ corpus dispsum. Inde saginare pecora & aues dicim⁹. g In cote. C. Cos lapis: quo ferrũ acuit̃. Pli. plura genera ponit. Primũ Creticas: deinde laconicas laudat: & vtręq; oleo indigent. Naxias inter aquarias laudari dicit: ac inde armenias. Cilicias vero ex oleo & aqua. Postremo scribit repertas esse in italia: q̃ aq̃ trahãt aciem acerrimo affectu: nec nõ transalpes: h Quinq; adeo ma. D. nutrimur: & magnitudinẽ exprimit. i Atyna potẽs. S. Ciuitas hęc ẽ iuxta pontinas paludes: dictę a morbis q̃ gręce ἄτη dicũtur: q̃s paludis vicinitas creat. C. Atina. Vrbs iuxta põtinas paludis p⁹ fabrateriã in campania. k Tyburq; superbũ. S. aut nobile: aut ꝓ transitũ tetigit illud: q̃d aliq̃n cũ a senatu auxilia poscerent tyburtes sub cõmemoratione bñficiorũ hoc tãtũ a senatu rñsum accœpũt superbi estis. l Crustumeri. S. mutauit: nam crustumerium dr̃. C. Crustumeri. In latio opidũ ẽ Albonoꝝ Colonia. m Turrigerę antẽ. S. bñ muratę: antẽnę autẽ dictę sunt q̃ amnis p̃ter fluit: q̃si ante amnẽ positę. C. Antennę: dictę sunt añ amnẽ: q̃ i tyberim fluit a sicul' primis latii habitatoribus ꝯditę. n Flectũtq; sa. S. vt dicit Salu. de lucãis: qui de vimine facta scuta coriis tegebant. o Vmbo. C. media ps scuti: quę apud priscos eminebat. p Toracas ahe. S. qa apud maiores loricę pectora tñi tegebant Sta. triplici seruãt pectora ferro. Pectora nã tergo null⁹ mcc⁹. q Ocreas. C. quibus induũt̃ crura. Vñ dicũt̃ ocręę: q̃si ob crura. i. circa crura. Crura aũt dicũt̃: qa illis curram⁹. r Lẽto du. ar. S. flexibili argento ducũt. i. extẽdũt. Est aũt & spondaicus & reciproc⁹ versus. s Vomeris. Ecce q̃lis lamẽtia vniuersorũ agrestiũ fuit: vt instr̃a vitę ꝓfutura: in pniciẽ vitę verterẽt. t .C. Recoquũt. Recoquẽdo reficiũt: & iã erugie cõsectos restaurãt. v Classica iãq; so. S. bñ posuit ãphibologiã: nã classicũ dicim⁹ & tubã ipsam & sonũ. Classicũ autẽ est flexibilis tuba. x Tessera si. S. Simbolũ bellicũ q̃ ad pugnā exeūtib9 dat᷑.s.ꝓpter ↄfusionē euitādā: vt fuit in bello Martii: Lar de9.ī syllē Apollo delphic9. In Cęsarē ven9 genitrix. D. Tessera significat nūciū gerēdū significantē bel

lū. C. Tessera signū bellicū: vt inter se ab hostib9 cognoscāt᷑ vł noīe vel aliq̄ alia re. y Trepid9. S. festin9 more suo. ʒ Loricā induit᷑. S. dicim9 & induo illa re: & illā rem

Vomeris huc:& falcis honos:huc omnis aratri
Cessit amor:recoquūt patrios fornacibus enses.
Classica iamq; sonant:it bello tessera signum.
Hic galeā tectis trepidus rapit:ille frementes
Ad iuga cogit equos:clypeūq;:auroq; trilicem
Loricam induitur:fidoq; accingitur ense.
Pandite nunc helicona deę:cantusq; mouete:
Qui bello exciti reges:quę quęq; secutę
Complerint campos acies:quibus itala tātum
Floruerit terra alma viris:quibus arserit armis?
Et meministis enī diuę:& memorare potestis.
Ad nos vix tenuis famę perlabitur aura.
Primus init bellū tyrrhenis asper ab oris
Cōtemptor diuū mezentius:agminaq; armat.
Filius huic iuxta lausus:quo pulchrior alter
Non fuit:excepto laurentis corpore Turni.
Lausus equū domitor:debellatorq; ferarum:
Ducit agillina nequicq; ex vrbe secutos
Mille viros:dignus patriis qui lętior esset
Imperiis:& cui pater haud mezentius esset.
Post hos insignem palmā per gramina currum
Victoresq; ostētat equos satus Hercule pulchro
Pulcher auentinus:clypeoq; insigne paternū
Cētū angues:cinctamq; gerit serpentib⁹ hydrā
Collis auentini sylua quem Rhea sacerdos
Furtiuum partu sub luminis edidit auras.
Mixta deo mulier:postq; laurentia victor

a Pādite nūc. D. Relatur⁹ antiquitatis memoriā inuocat musas:ne siue vera:siue falsa referat culpā habeat. & inuocādo pponit: quia sit narraturus. C. Pādite nūc. in re difficile renouat inuocationē. b Helicona. S. pernassus mōs Thessalię diuidit in Citherōnem liberi:& Heliconē apollinis cuius sunt musę. Est aūt Homeri. ἔσπετε νῦν μοι μοῦσαι ὀλύμπια δώματ᾽ ἔχουσαι· ὑμεῖς γὰρ θεαί ἐστε πάρεστέ τε ἴστε τε πάντα· ἡμεῖς δὲ κλέος οἶον ἀκούομεν οὐδέ τι ἴδμεν· οἵτινες ἡγεμόνες Δαναῶν καὶ κοίρανοι ἦσαν. c Quib⁹ ar. S. aut splēduerit. aut amore flagrauerit. d Prim⁹ in. bellū. S. Nō mirū si & cōtemptor diuū: & sacrilegus Mezentius cōtra piū prim⁹ arma corripuit. Et sciēda ē Poetę affectatio: nā amb[illegible] nefas est dicere:hic aliquorum cōmemorat:q̄s in bello nō inuenis:& in sequētibus aliq̄s inuenim⁹:q̄s hic oino nō posuit. C. Primus:qa asp. Primus quia cōtēptor eorū deorū:qbus auctorib⁹ aeneas ad italiā venit:et cō iugiū lauinię factū est. e Tyrrhenis asp ab oris. S. oriūdo tuscus:nō tunc de tuscia venit:quem aū pulsū a ciuibus cōstat. f Cōtēptor diuū. C. adeo curā sacrorū aū oēm pietatē ponit. poeta (vt ī Capro videt)qa cōtēptę diuis. in hoies sęuit Mezētiū contemtorē deorū dixerit:nā et de Busiride quē illaudatū dicit idē dixisse. Sed quia curā sacrorū diis nō exhibuit:nā vt ait Catho in originibus:Mezentius rutilis iperauit:vt primitias quę diis debētur sibi offerrēt: Et latini timi⁹ imperii metu ita vouerūt O Iuppiter si tibi magis cordi ē nos ea tibi dare poti⁹ q̄ Mezētio:vt nos victores facias:hinc sacerdotis illa insultatio! Hęc sunt spolia:& de rege superbo primitię: g Agminaq; ar. SER. aut eorum:qui eum secuti fuerāt: sicut eius filiū:nec enī credibile est solū fugisse:nā & Stati⁹ dicit:vel q̄s mouet exul:et hęsit tristib⁹ apta fides:aut certe eorū q̄s Turnus aū eos dederat: vt Adrastus polynici in Statio qui ait. Ne parua mouēs inglorius arma iret. d Lausus D. Laudat lausū a fortitudine. quę in pulchro corpore rara solet eē. i Agillina ex vrbe. S. Cęrete oppido. C. Agilina. Refert Dyonisi⁹ halicarnaseus: Pelasgos q̄ in italiā venerāt cū auxiliū aboriginibus cōtra Siculos:ex hyspania pplos tulissēt:eosq; pepulissēt vna regnarūt:plimasq; vrbes habuerunt. Inter q̄s fuit vrbs Ceretinorū: q̄ tūc agylina vocabat. k nequicq;. S. quia i pręlio periit:nec paternū recipit imperiū: l Patriis q̄ lętior esset impiis. S. dignus:qui haberet impatorē poti⁹ q̄ exulē patrem. m Pulchro. S. forti: vt dixim⁹ supra. n Pulcher auen. S. Auētin⁹ mons vrbis Romę est:quē cōstat ab auib⁹ eē noiatū:q̄ de tyberi ascēdētes illic ascendebāt:vt in octauo legim⁹: Dirarū p inde dom⁹ opportuna volucrū:quidā etiā rex Aborigenū Auētin⁹ nomie illic:& occisus:et sepult⁹ est. Sicut etiā Albanorū rex Auētin⁹:cui successit Procas. Varro tū dicit in gente Po. Ro. Sabios a romulo susceptos istū accepisse mōtē quē ab auēte fluuio puincię suę appellauerūt Auētinū. Constat ergo varias opiniōes postea secutas. nā a principio Auētin⁹ dict⁹ est ab auib⁹: vł a rege Aboriginū vnde hūc herculis filiū cōstat nomen accepisse:nō pstitisse. C. Auētin⁹. Mōs tyberi iminēs ab Auento ibi sepulto. Vel vt Neuio placet ab auib⁹. q̄ cū i tyberim potassēt illic se reciperēt:ergo ab aduētu auium:vł ab aduentu populorū. nā ibi erat Dianę tēplū:q̄d nūc Sabinę dedicatum est:et oibus latinis erat cōmune. De hoc propertius. Phillis Auentinę quędā est vicina Dianę. Varro ab aduehendo putat:nam is collis a reliq̄s collib⁹ paludib⁹ erat discretus & ex eo vrbe ratibus aduehebantur. Alibi idē Varro ait. Sabinos ab eorū fluuio Auente Auentinum nominarūt. o Insigne paternū. S. Absolute dixit. p Centū angues. S. Secūdū Simonidē:vt dixim⁹ supra. D. Centū angues glorię causa hydrā gestabat:sed ludibrium matris ex hoc apparebat. q Collis auentini sylua. SERVI. in sylua collis Auentini. Et dicendo Auentini ōndit iam antea ita esse nominatum. r Rhea sacerdos. SERVIVS. illud ad nomen matris Romuli:quę dicta est Ilia. Rhea. syluia. s Furtiuum. SERVIVS. illicite cōceptū:quippe a sacerdote. sic ait alibi:& dulcia furta. t Mixta deo mulier. SER. mechisa μηχισα. grece dixit: Mulier. S. cōpēdioie mortalis dixit. Cōseq..es nāq; fi erat:vt diceret:& mixta deo mortalis. v Laurentia arua. S. Laurentū ciuitas plurimū potuit:Nā omnia vicina lo ca eius imperio subiacuerunt: vnde nunc ait arua laurentia: cum iuxta tyberim eius armenta Hercules pauerit: sed secundum antiquum situm ante albam & romam tyberis laurentini fuit territorii.

mœnia. Tyburtes originem multo ante vrbem hunc. apud eos ex albanis siliees tres, tyburte conditore vetustiores. Hec Pli. atque addidit fuisse filium Amphiarai: qui apud thebas periit: & natum esse ex sorore adrasti. & in italiam venisse cum Cora: & Catillo fratribus.

Geryone[x] extincto tirynthius[y] attigit arua:
Tyrrhenoque[z] boues in flumine lauit iberas.
pila[a] manu seuosque gerunt in bella dolones:[b]
Et teriti[c] pugnant mucrone: veruque sabello.
Ipse pedes[d]: tegmen torquens[e] immane leonis:[f]
Terribili impexum seta cum dentibus albis:
Indutus capiti: sic regia tecta subibat
Horridus:[g] herculeoque humeros innexus amictu
Tum gemini[h] fratres tyburtia mœnia[i] linquunt:
Fratris tyburti dictam cognomine gentem:
Catillusque: acerque Coras: argiua iuuentus:
Et primam ante aciem: densa inter tela feruntur:
Ceu duo nubigene: cum vertice montis ab alto
Descendunt[k] centauri: homolen[l] othrimque niualem
Linquentes cursu rapido: dat euntibus inges[m]
Sylua locum: & magno cedunt virgulta fragore.
Nec[n] prenestine fundator defuit vrbis:
Vulcano genitum: pecora inter agrestia regem
Inuentumque focis: omnis quem credidit etas
Ceculus:[o] hunc legio late comitatur agrestis:

x Geryone extincto. S. Geryones rex fuit Hyspanie: qui ideo trimembris fingitur: quia tribus insulis prefuit: que adiacent hyspanie: baliarice minori: maiori: & Ebuse. Fingitur etiam bicipitem canem habuisse: quia & terrestri: & nauali certamine plurimum potuit. Hunc Hercules vicit: qui ideo fingitur ad eum olla erea transuectus: quod habuit nauem fortem: & ere munitam. Sane sciendum declinari: hic Geryones geryonis. vnde est tergemini nece geryonis: vt Anchises. se. vnde vsurpauit Salusti. Geryonis dicens. Veniens autem Hercules de hyspania per Campaniam: in quadam campanie ciuitate pompam trium philorum suorum exhibuit. vnde pompei dicitur ciuitas. postea iuxta baias caulam bobus fecit: & eam sepsit: qui locus boaulia dictus: hodieque boaulia dicitur. C. Geryone ext. Vide Seruium. Hesiodus etiam ait. Medusa cum Neptuno concubuit: verum cum illi caput abscissum est: ex vtero duo filii emicuerunt: Pegasus equus alatus: & Crisaor: sic dictus: quia cum aureo ense natus est. Crysaor relicta terra ad cœlum accessit: Ioui tonitrum: et fulmen ferens. Hic autem genuit Geryonem. quem Hercules interemit. y Tirynthius. S. a tiryntha ciuitate argiuorum vbi nutritus est.

k Descendunt cen. S. ex hac comparatione equites eos fuisse intelligimus quod cum dicturus est postea. Nec non celeres latini. Et cum fratre Coras: & virginis ala camille. l Homolen ot. ni. S. montes Thessalie.

m Inges syl. &c. S. cum vtrique cedit sylua: cedunt virgulta: a minore ad maius venire debuit.

n Nec prene. fun. &c. S ER. de ciuitatibus totius vrbis: multi quidem ex parte scripserunt: ad plenum tamen Ptolomeus. grece: Latine plinius. de italicis etiam vrbibus Higinus plenissime scripsit: & Cato in originibus. conditarum vrbium dissentio inuenitur adeo vt ne vrbis quidem Rome origo diligenter possit agnosci. Nam Salu. dicit vrbem Romanam: sicuti ego accepi condiderunt: atque habuere ab initio troiani. & cum his aborigenes. Alii ab euandro secundum quos Virg. Tunc rex Euandrus romane conditor arcis. Alii a romulo: vt en huius nate auspiciis illa inclita roma. Si igitur tante ciuitatis certa ratio non apparet: non mirum si in aliarum opinione dubitatur: vnde nec historicos: nec commentatores varie dicentes imperitie condemnare debemus. Nam antiquitas creauit errorem: & plerique confuderunt: plerique augent: & ad se transferunt nomina: quam rem etiam non parum errorem afferre manifestum est.

z Tyrrhenoque bo. S. Admiratio locorum longinquitate. C. Tyrrheno in flu. h. b. dictum pro miraculo quod tanta fuisset vis Herculis: vt tam ex longinquo predam abduxisset. a Pila ma. S. Pilum proprie est hasta romana: vt gesa gallorum. sarysse macedonum. b Dolones. S. dolo est aut flagellum intra cuius virgam latet pugio: aut secundum Vrronem inges contus cum ferro breuissimo. Dolones autem a fallendo dicti sunt: quod decipiant ferro: cum spem preferant ligni: & multi volunt per teretes mucrones dolones dici. per veru sabellum: pyla significari. c Terete mu. C. Mucronem etiam ferri intelligimus. Erat ergo mucro teres. i. ita hasta longa: atque rotunda esset aculeata. d Ille pedes. S. ad genus respicit. Nam Hercules semper pedes incessit cum equos habuerit nobilissimos e Torquens. S. sustinens: vt axem humero torquet. C. Torquens inuoluens circum se. f Tegmen leonis D. Preter hydram: etiam leonis pellem aliud insigne paternum gestabat. g Horrendus. S. tremebundus non reuera horribilis h Tum gemini. D. geminos: vel simul natos: vel duos: vt alibi a tenedo. i Tyburti mœnia. S. i. de grecia tres fratres venerunt ad italiam: Catillus: Coras: Tyburtus: hi simul omnes vnam fecere ciuitatem: & eam de fratris maioris nomine tybur appellauerunt: licet et alias fecerint singuli: Nunc ergo dicit duos ad bella venisse dimissa in ciuitate ad custodiam Tyburti: vel tyburno. Catillus vnde mons Catilli: quem Catelli dicit per corruptionem: Coras a cuius nomine est ciuitas in italia. C. Tyburtina

vt ecce laurentum a pico factum: vt est laurentis regia pici. Item a lauino latini fratris est lauinium dictum. Item a latino laurentum. Item a lauinio laurolauinium. Nec prenestine funde. vr. Preneste locus est haud longe ab vrbe dictus. ἀπὸ τῶν πρινῶν: id est ab arboribus ilicibus: que illic abundant: ibi erant pontifices: & dii indigetes: sicut etiam Rome erat: & etiam illic duo fratres qui diui appellebantur. horum soror dum ad focum sederet resiliens scintilla eius vterum perculit: vnde dicitur concepisse: postea enixa puerum iuxta templum Iouis abiecit: quem virgines aquatum euntes iuxta ignem inuentum sustulerunt: quia a fonte haud longe erat: vnde vulcani dictus est filius. o Ceculus. S. Ceculus autem ideo: quia minoribus oculis fuit: quam rem efficit frequenter fumus: hic postea collecta multitudine: postque diu latrocinatus est: prenestinam ciuitatem in montibus condidit: & cum ad ludos vicinos populos inuitasset: cœpit eos hortari: vt secum habitarent: & pro gloria iactare se filium vulcani: quod cum illi non crederent inuocato vulcano: vt filium suum comprobaret: omnis illius multitudinis cetus flamma est circumuolatus. quo facto commotiones simul habuerunt: & vulcani filium esse crediderunt: hinc est omnis quem credidit etas: quasi post dubitationem: & quia sine dubio etas varia in spectaculis fuit. Dicimus autem: & hoc preneste: vt quicque altum preneste viri: Et hec prenestis vnde est cum primam ante preneste sub ipsa strauit. CRI: Ceculus hunc legio. a Seruio diligenter fabula narratur.

p Quicq; arua gabinę. S. Gabii diu in agris morati: tandē Gabios condiderunt: vnde perite arua dixit non moenia. Sane illic Iuno religiosissime colitur. est aūt locus haud lōge ab vrbe. Gelidūq; aut. Anio fluuius haud lōge ab vrbe ē: & hic ſm Euphoniā locutus est. Nā Enni⁹ Anionem dixit iuxta regulā. C. Anio fluuius ex mōtibus trebanorū fluens. lacū olim hominum industria faciebat. ex quo preceps atq; angustus ferebatur. Inde per Tyburtinū saxum precipitatur in latium: Tybrim intrat. Dicitur Anio anionis ab Ennio: mansit tamen vsus: vt dicatur anio anienis. Sunt qui dicūt inueniri aniemē anienis: et anienus etiam.

r Hernica saxa. S. Sabinorū lingua herne saxa vocantur: Quidā dux Maior gabios de suis locis elicuit: et habitare secū fecit in montib⁹ saxosis. inde dicti sūt hernici. C hernica saxa herne sabina lingua saxa vocantur: vn̄ hernici ppl'i q saxosa habitant horum metropolis anagnia Sabinorū natio est. s Diues ana. S. aut fertilis: aut allusit ad hystoriā. Nam Anthonius Augusti sorore contēpta: postq; & Cleopatrā duxit vxorem: Monetam eius in anagnia ciuitate iussit feriri.

t Quos amasena pa. S. aut pascis: aut sit an ti pto sis: qs pascit Amazenus. est autem fluuius vicinus ciuitati Priuenarū: quę est in Campania.

v Arma. S. scuta:

x Clipei. S. scuta maiora. dicti ab eo q celent corpus. απο του κλεπτω.

y Vuluosq; lupi de pel. ga S. Galerus genus est pilei: quod frōti⁹ neutro genere dicit. z Vestigia nuda sinistri. S. At qui ipse ē ipugnātib⁹ prim⁹: sed bn̄ nud⁹ est: qa tegiē scuto dextrū aūt tectū esse cōueniebat: quasi ab armis remotū. C. Vestigia nu. s. hęc cōsuetudo in italia nō fuit: sed norat Maro Hernicos a Pelasgis oriundos: & ab Hernico duce appellatos: & ideo morē quē de ętholia: anteq; pelasgorū colonia legerat: hernicis tribuit. Nam Iulius Nigidius in secūdo vrbiū ait morem ętholis fuisse vno tantum calceato pede in bellum proficisci: quod ostēdit Eurypedes in meleagro vbi nuncius inducitur describens quo quisq; habitu ad aprum mactādum venerit: eundem pedem Maro dixit quē Eurypedes: sed Euripedem reprehendit Aristoteles: qui ait non leuum: sed dextrum pedem nudum illos gerere. a Pero. S. Rusticū est calceamentum: & traxit hoc a greco more: vnde isti transierant. vnde hoc armorum fuerat genus. b At mesappus equū. D. neptū. pro. S. Hic Mesappus per mare ad italiā venit. Vnde Neptūni dictus est filius: quē inuulnerabilem ideo dicit: quia nusq; periit in bello. Ignem autem ei nocere non posse: pp̄ter Neptunnū dicit: quia est aquarum deus. ab hoc Enni⁹ dicit se originem ducere: vnde nunc & cantantes inducit eius socios: & eos cōparat cygnis. Domitor autem equorum: quasi animaliū a patre inuentorū. c Hi fescenninas acies. S. Fescenninū opidū est campanię: vbi nuptialia inuēta sunt carmina: hi autem populi ducunt originem ab Atheniēsib⁹. d Equosq; faliscos: S. Faliscos halesus condidit immutatio h. m. f. Falisci dicti sunt: sicut febris dicitur: quę antea hebris dicebatur. formię: q hormię fuerūt. απο τησ ορμησ. nā posteritas i multis nominib⁹ f p h posuit. Iustos aūt dixit: quia po. Ro. missis decē viris ab ipsis iura facilia collegit: & nōnulla supplemēta. xii. tabularum accepit quas habuerant: nam Atheniēsibus decem habuerūt tabulas.

e Hi soractis habēt arces. S. Soracte: q est mōs apud hyrpinos haud longe a flaminia.

f Flauinia arua. S. locus est in italia flauiniū nomine. g Ciminicū monte la. S. & lac⁹ & mons hoc nomine appellatur. Sane hoc habet fabula. Aliqn̄ Hercules ad hos populos venit: qui cum a singulis prouocaretur ad ostendēdam virtutem defixisse dicitur vectem ferreum quo exercebatur: qui cum terrę esset affixus: & a nullo potuisset auferri: cum rogatus sustulit: vnde imensa vis aquę secuta est quę ciminicum lacū fecit.

h Lucosq; capenas. S. Vnde & porta Capena q iuxta camoenas ē: nomē accepit.

i Aequati numero. S: digesti in ordinem cōgruenter sicut decebat.

k Liquida inter nubila S. pura. Sed nil tam cōtrarium nubibus: nam liquidę non sunt. ergo nubes pro aere posuit: vt liquidis in nubibus arsit arundo. l Et longa canoros dāt per colla modos. S. Secundum Plinium: q ait i naturali hystoria: Cygnos ideo suauius canere: quia colla longa: & inflexa habent: & necesse est eluctantem vocem per lōgum. & fluxuosum varias reddere modulationes. C. Et longa. De cygnis dicimus in Bucco.

m Sonat amnis. SERVI. Caystrum in Mysia regione dici qui coheret Asię paludi: quam cum significamus a longa est: cum sit breuis si prouinciam significare voluerimus: qd significatur in Georgi. vt atq; Asia circum: dulcibus in pratis rimantur prata caystri.

n Asia. CRISTO. De hac in Geor.

Quicq; altum pręneste viri: quicq; arua gabinę
Iunonis: gelidumq; anienem: & rosida riuis
Hernica saxa colunt: qs diues anagnia pascit.
Quos amasene pater: non illis omnibus arma:
Nec clipei: currusue sonāt: pars maxima glādes
Liuentis plumbi spargit: pars spicula gestat
Bina manu: fuluosq; lupi de pelle galeros
Tegmen habet capiti vestigia nuda sinistri
Instituere pedis: crudus tegit altera pero.
At mesapus equū domitor neptunia proles:
Quem neq; fas igni cuiq;: nec sternere ferro:
Iam pridem resides populos: desuetaq; bello
Agmina in arma vocat: subito ferrūq; retractāt
Hi fescininas acies: ęquos faliscos:
Hi sora ctis habent arces: flauiniaq; arua:
Et cimini cū monte lacum: lucosq; capenos.
Ibant ęquati numero: regemq; canebant.
Ceu quondā niuei liquida inter nubila cygni:
Cum sese e pastu referunt: et longa canoros
Dāt per colla modos: sonat amnis: et asia lōge
pulsa palus.
Nec quisq; ęratas acies ex agmine tanto
Misceri putet: aeream: sed gurgite ab alto

o Volucrum raucarū. SER. Raucum. τονωσκον. Sicut grane olentis: nā legimus grauiter spirantis copia tymbrę. Sedētū tamē Virgi. secūdum morem prouincię suę locutū: in qua bene canentes cygni rautiores vocantur. p Ecce sabinorum. S. vsurpat hoc: nam clausus dux Sabinorum post exactos reges: cū quinq; milibus clientum: & amicorum venit Romā: & susceptus habitandā vrbis partem accepit: ex quo & claudia & trib⁹: & familia nominata. C. Sabinorum: de quibus in Geor. M. Cato Sabinos pdmū habitasse dicit prope amiternū in vico nomine testrina: deinde cū ab originibus in agro reatio: & multas fecisse colonias inter quas cures. Quidā aūt quosdā lacones a spartatem legum lycurgi fugientes in italia p̄riuatas paludes templū feronię p̄stituisse. Deīn aliq eoꝝ migrarunt in agrū Sabinū: et cū illis habitarūt: vnde Ebali. i. lacedemonii dicti sunt Sabini ait Dyoni. ¶ Mutiscę Sabinorū vrbs: appellata alias Trebula: & Suessena. Ait enī Plini⁹: thecrini trebulani qui cognominantur mutisci: & qui suffenates. q Prisco de sang. S. de antiquis Sabinis. r Magnū agmen. pp̄ter quinq; milia clientum. s Postquā in partē da. ro. sa. S. Hoc de alia traxit hystoria: nam post Sabinorum raptum: & factū inter Romulum: & Tytū Tacium: recepti in vrbē Sabini sunt: sed hac lege: vt in oib⁹ essent ciues Romani excepta suffragii ratiōe: nā magistrat⁹ nō creabant. t Amyterna cohors. S. dea myterno oppido. v Prisciq; quirites: S. i. Sabini: prisci autē ideo: qa post foedus Tyti & Romuli: placuit: vt q̄si vnus de duob⁹ fuerit populis. Vnde & romani quirites dicti sunt: q̄d nomen Sabinoꝝ a ciuitate curib⁹ fuerat. Et Sabini a Romulo dicti sunt.

Vrgeri volucrū raucarum ad littora nubem.
Ecce sabinorū prisco de sanguine: magnum
Agmē agēs clausus: magniq; ipse agminis instar:
Claudia nūc a quo diffūditur et tribus: et gēs
per latiū: postq; in partem data roma sabinis.
Vna ingens amiterna cohors: prisciq; quirites:
Er eti manus omnis: oliuiferęq; mutuscę:
Qui nomentum vrbem: qui rosea rura velini:
Qui tetricę horrētis rupes: montemq; seuerū:
Casperiāq; colūt: forulosq;: et flumen hymellę:
Qui tybrim fabarimq; bibūt: q̄s frigida misit
Nursia: et ortinę classes: populiq; latini:
Quosq; secans infaustū interluit allia nomen.
Quā multi lybico voluuntur marmore fluctus
Sęuus vbi orion hybernis conditur vndis.
Vel cū sole nouo densę torrentur aristę:
Aut hermi campo: aut licię flauentibus aruis.
Scuta sonant: pulsuq; pedum cōterrita tellus.
Hinc agamemnonius troiani nominis hostis
Curru iungit Alesus equos: turnoq; feroces
Mille rapit populos vertunt foelicia baccho

loco fertilitas: vt etiā perticę longitudinē altitudo superaret herbarū: quā etiam quantū per diem dēptū esset: tm̄ per noctem crescebat: quod Virgi. ad suā prouinciā transtulit dicens. Et quantū longis carpent armenta dieb⁹. Exigua tātū gelid⁹ ros nocte reponet. b Tetricę horrētis rupes. S. Tetricus mons in Sabinis asperrim⁹. Vnde tristes homines tetricos dicimus. c Monteq; seuerū. S. nomen propriū montis: sicut Agri roseus. d Casperiamq; colunt. S. Casperia: et foruli ciuitates fuerunt. e Flumen hymella fluuius est. Et sic dixit hymelle flumē: vt buthroti vrbem. f Qui tybrim fabarimq; bibūt. S. Bene bibunt: nāq; tyberis fluui⁹ in Tuscia orit: Sed transit etiā per Sabinos: vnde bibunt: nō possident dixit. Et sciendum Turni dare auxiliū a tractu Piceni Samnii Cāpanię: & pro parte Appulię: omnis vero Tuscia superior: & Venetia Aenea pręstat auxiliū. Fabarim autem quē dicit: etiā ipē p sabinos transit & farfarus dr̄. Plau. Dissipabo te tāq; folia farfari. Ouidi. Et amoenę farfarus vmbrę. g Frigida misit Nur. S. Piceni ciuitas. frigida aūt: aut reuera: aut certe venenosa nocens. Gracchi nāq; vbiq; in cōcionibus suis Nursinas sceleratos appellauere. Et sciēdū Virg. Hystoriarū rē p trāsitum tāgere. h Ortinę clas. S. Ortini equites qui classes dicunt. Vn̄ & corū tubas classica dicim⁹: & pares populi classes vocam⁹ q̄ quiq; fuerūt. i Populiq. S. q intererant albani montis viscerationi. k Infaustū interluit. S. Allia fluuius haud longe ab vrbe ē: iuxta quē Galli Brenno duce quindecim kalē. augustas die: deleto exercitu: post triduū deleuerūt etiā vrbē excepto capitolio. Sane alia dr̄ cui addit vnū l pp̄ter metrū: vt relliqas Luc. hū posuit: vt q̄s alię classes. C. Alia flumē nō lōge ab vrbe

x Ereti manus. S. Oppidum est dictū a Iunone. i. ηρας: quę illic colitur. y Oliuiferęq; mutiscę. S. Hęc Trebia postea dicta ē: quā modo Trebulā dicunt. apud hanc Hanibal deleuit populum Romanum. Lucanus q̄ in punica nati tempora cannarum fuimus trebeęq; iuuētus. z Qui nomentum vrbem. SER. Hoc ex sua persona dicit Poeta: nam adhuc ciuitas Nomentana non fuerat: vt in sexto ait. Hi ibi Nomētum & gabios. Item hęc tum nomina erit. C. Nomētū. vrbem non longe a Roma. hanc Romulus Coloniā fecit dictum est a Nomento conditore ait Dyonisius. a Rosea rura velini. S. Velinus lacus est iuxta agrum: qui Rosulanus vocatur. Varro tamen dicit locum hunc a quodam consule in nartam: vel nartem fluuiū deriuatum (Nā vtrūq; dicitur) esse diffusum: post quod tanta secuta est eo

vbi duce fabio exercit⁹ ppl̄i Romani cęs⁹ ē postridie id⁹ Quītilis qui dies aliēsis dr̄: et inter atros habet. Erat enī atri dies triduani. i. q erāt post calēdas nonas: et idusq; alii ac correptionē nomis p̄unes appellabāt. l Marmore. S mari. m Vel cū sole nouo. S. pria ęstatis p̄te etiā sol nou⁹ ē. viii. kalēdas Ianuarias die: sed tūc non sunt aristę. q̄s ab ariditate dictas eē cōstat. n Aut hermi cam. S. Herm⁹ lydię fluui⁹ ē: q suspfusus cāpis gignit fertilitatē: Vn̄ Harenas aureas fingitur trahere. o Aut lycię flauēti. ar. S. prouincia est fertilis frugū. p Hinc agam. tro. no. ho. S. Agamemnonis pleriq; comitē: pleriq; notū filiū volunt: qui cū venisset ad italiā audito aduentu Aeneę in bellum ruit: non amore turni: sed odio hostilitatis antiquę. Vnde ait troiani nomis hostis. q Rapit populos. SER. Raptim abducit: & iam

Capanię loca cōmemorat: nam massicus mons est vitibus plenus. r Massica. S. dixit vt menala. C. Massica mons Campanię Poeta tamen imitatus grecos: massica in plura li dixit: vt gargara: & menala. s Arunci misere patres. S. isti grece Ausones nominantur: Sidicinaq; iuxta: ab oppido Sidicino. t Cales linquūt. S. Ciuitas est Capanię: nā in flāminia est: q Cale dicitur: & in Gallia hoc nomine: quā Salustius Captā a Perpenna cōmemorat. v Amnisq; va. Accola vulturni. S. fluui⁹: q iuxta cumas cadit i mari x Saticulus asp. S. Populus Capanię asp moribus. y Oscorūq; manus. S. Capuenses dicit: q antea ophici appellati sūt quod illic plurimi abūdauere serpentes. z Aclides illis Tela. S.: Aclides sunt tela: qbā antiqua adeo: vt neq; vsq; cōmemorentur in bello: Legitur tamē q sit claue cubito semis factę: eminētib⁹ hinc inde acuminib⁹ quę ita in hostē iaciuntur religato loro vl lino: vt pactis vulneribus possit ad dños redire. Putat tñ esse teli genus: qd per flagellū in immensum iaci pōt. a Lęuas cetr. te. S. Scutū loreū q vtunt affri: & hyspani. b Falcati co. en. S. affectauit varietatem: nam cōsequens fuerat: vt diceret dextras armarunt gladii falcati. Falcatus autē ensis ē harpę qua vsus est Perseus. Luca. ait Harpen alterius monstri iam cęde rubentē. c Oebale. S. Oebalus fili⁹ est Telonis: & nymphę Sebetridis: hęc aūt est iuxta neapolim. Sed telo diu regnauit apud Capreas insulā contra Neapolim sitā: filius vero eius patriis nō cōtentus imperiis transiit ad Capaniā multis populis subiugatis suū dilatauit imperiū. d Theleboū capreas cū regina teneret. S. Theleboū. Nam thelaboę capreaꝝ sunt populi: quos telo suo regebat imperio. e Sarrastes populos. S. Campanię sunt a Sarno fluuio. f Rufas batulūq; te. S. Castella Capanię. g Arua celenę. S. Iunonis. locus est Campanię Cellena sacer Iunoni. h Et qs maliferę despe. me. bel. S. multi nolā voluūt intelligi: & dicūt iratū Virgiliū nomē ei⁹ mutasse: propter sibi negatū hospiciū: & id apte noluisse dicere: sed ōndere per pyphrasī: nā illic punica mala nascunt: vt nunc bella pro nolana posuerit.

Massica qui rastris: & quos de collibus altis
Arunci miseri patres: sidicinaq; iuxta
Aequora: quiq; cales linquunt: amnisq; vadosi
Accola vulturni: pariterq; saticulus asper.
Oscorumq; manus: teretes sunt aclides illis
Tela: sed hęc lento mos est aptare flagello:
Lęuas cetra tegit: falcāti cominus enses.
Nec tu carminibus nostris indictus abibis
Oebale: quē generasse telō Sebethride nympha
Fertur: teleboū capreas cū regna teneret.
Iam senior: patriis sed non & filius aruis
Contentus: late iam tum ditione premebat
Sarrastes populos: & quę rigat ęquora sarnus.
Quiq; ruffas batulūq; tenēt: atq; arua celenę:
Et quos maliferę despectant moenia bellę.
Teutonco ritu soliti torquere cateias.
Tegmina quis capitū raptus de subere cortex:
Aerateq; micant peltę: micat ęreus ensis.
Et te montosę misere in proelia Nursę
Vfens insignem fama: & foelicibus armis.
Horrida pręcipue: cui gens: assuetaq; multo
Venatu nemorū: duris ęquicola glebis:
Armati terrā exercent: semperq; recentes
Conuectare iuuat pręda: & viuere rapto.
Quin & marrubia venit de gente sacerdos:
Fronde super galeam: & foelici comptus oliua
Archippi regis missu fortissimus vmbro:

Alii voluūt accipi moenia abellę: vt sit sinalepha: ꝛ legat̄ moenia bellę. t Cateias. S. tela gallica. Vnde etiam teutonicum ritum dixit. k Raptus de subere cortex. S. Bū raptꝰ: quia recēs suberis cortex: in q̄uis formam tota flectit̄ facilitate. l Montosę Nursę. S. Ciuitas in mōtibus posita. m Insignē fama. S. bene fama: quia eū occidet Gyas: vt vfentē Gyas cadit ipse. n Foelicibus armis. S. dum affuit fortuna. o Horrida pręcipue cui gens. S. Aequicolam gentem dicit, et mores vitę qualitatē pręduram. Sane aliud pendet ex alio: ideo erant horridi: quia venabantur: Item venabantur: quia habebant duras glebas. i. ifertiles: nā molles feraces sunt: vt in Georgicis docet. Et cui putre solum: nāq; hoc imitamur arando. p Quin & marubia venit de gente sacerdos. S. medea quādo relictis Colchis Iasonē secuta est: dicit ad italiā peruenisse: & populos qsdā circa fucinū ingentem lacum habitātes: q Marubii appellabātur. quasi circa mare habitātes: propter paludis magnitudinē docuit r̄media contra serpentes: q̄ſq; alii marrubios a rege dictos volunt. Hic ergo ppli Medeam Angitiam nominauerūt ab eo q carmibus serpētes angerent: ab his nunc vmbronem venisse dicit: nō regem: sed ducē: sunt autem isti marsorū populi. CRIST. vide Seruiū. Sunt qui dicant Marubiū oppidum cōditum a Marro Marsię comite, Marsi autem populi dicti sunt: vel a Marsio lydorū duce. Aut vt Sylius meminit a Marsia phrygię apł Apolline cātu victo: qui timore poenarū in Italiā fugit. Plinius ait Marsos ortos a filio Circes propterea; inesse illis vim cōtra serpentes. Sunt qui dicunt ortos a psyllis populis aphricę: qui vim haberent cōtra serpentes: hi pulsi a Nasamōibus huc partim venere. Partim in Cyprum. Angitii autem dicti sunt: q serpētibus aduersantibus eos angere viderentur. Alii dicūt q agnitia fuit dicta Circe. q Fronde super galeam: & foelici cōptus oliua. SERVI. Comptus frondibus veste oliuę. r Vipereo generi: & grauiter spirantibus hydris. SERVIVS. Terrenis serpentibus.

Vipereo generi:& grauiter spirantibus hydris:
Spargere qui somnos cãtuqꝫ manuqꝫ solebat:
Mulcebatqꝫ iras:& morsus arte leuabat.
Sed non dardanię medicari cuspidis ictum
Eualuit:neqꝫ eũ iuuere in vulnera cantus
Sõniferi:& marsis quęsitę in mõtibus herbę.
Te nemus angitię:vitrea te fuscinus vnda:
Te liquidi fleuere lacus.
Ibat & hyppoliti proles pulcherrima bello
Virbius:insignẽ quem mater aricia misit:
Eductum egerię lucis:hymetia circum
Littora:pinguis vbi:et placabilis ara dianę.
Nãqꝫ ferũt fama:hyppolitũ postqꝫ arte nouercę
Occiderit:patriasqꝫ explerit sanguine pœnas:
Turbatis distractus equis:ad sydera rursus
Aetherea:et superas cœli venisse sub auras:
peoniis reuocatum herbis:et amore dianę:
Tũ pater oĩpotẽs aliquẽ indignat⁹ ab vmbris.
Mortalem infernis ad lumina surgere vitę:
Ipse repertorem medicinę talis:et artis
Fulmĩe phœbigenã:stygias detrusit in vndas.
At triuia hippolitum secretis alma recondit
Sedibus:et nymphę egerię nemoriqꝫ relegat:
Solus vbi in syluis italis ignobilis ęuum
Exigeret:versoqꝫ vbi nomine Virbius esset.
Vnde etiam templo triuię lucisqꝫ sacratis
Cornipedes arcẽtur equi:quod littore currum
Et iuuenẽ monstris pauidi effudere marinis
Filius ardentis haud secius ęquore campi
Exercebat equos:curruqꝫ in bella ruebat.
Ipse inter primos prestanti corpore turnus

s Grauiter sperantibus hydris:S.atqꝫ serpentib⁹ solo nocentibus flatu Luca.Ante venena nocent:
t Spargere.S.conficere:vt spargere venena didicerunt. v Arte leuabat. S.leuiores esse faciebat:vt nostrumqꝫ leues quęcũqꝫ laborem.
x Medicari ictum.S.medicor illam rem:& illi rei sicut modulor et comitor.
y Te nemus.C.vehemẽtem cõmiserationem monet hęc repetitio.
z Liquidi fleuere lac⁹.S.etiam alii.
a Ibat & hyppoliti proles pulcherrima bello.S.These⁹ mortua priore vxore hippolite:phędrã minois:et pasiphaes filiam sup(er)induxit nouercã.Hyppolito:qui cum illã de stupro interpellantẽ contempsisset.falso ad patrem detulit ꝙ ei vim voluisset inferre:ille Aegeum patrem rogabat:vt se vlcisceret.Ille agitanti currum Hyppolito phocam imisit:quã ęgterriti eũ distraxerũt.Diana eius castitate cõmota:reuocauit eum ab inferis.Per Aesculapiũ filiũ apollinis:& Coronidis:qui natus erat exsecto matris vẽtre:ideo ꝙ cũ Apollo audiuisset a coruo ei⁹ custodẽ eã adulteriũ cõmittere:irat⁹ Corõidẽ maturo iã portu cõfixit sagittis:coruũ vero nigrũ fecit ex albo et exsecto ventre Coronidis produxit aesculapiũ:q fact⁹ est medicinę peritus:hũc postea Iuppiter propter reuocatum Hyppolitum interemit.Vnde Apollo iratus ei Cyclopas fabricatores fulminũ sagittis confixit:ob quam rem ab Ioue iussus est Admeti regis nouẽ annis armenta pascere diuinitate deposita.Sed Diana Hyppolitum reuocatũ ab inferis in Aricia nymphę cõmendauit Aegerię:et eum virbiũ q̃si bis virum iussit vocari:cuius nunc filium cognomine dicit in bellum venire.adeo omnia ista fabulosa sunt:nam cum castus vbiqꝫ induct⁹ sit:& qui semper solus habitauerit:habuisse eũ filiũ fingitur.Reuera autem:vt supra diximus Virbius est nomẽ cõiunctum Dianę:vt matri deũ Atis;Mineruę:Erychthonius,venerei Adonis:
b Quẽ mater aricia misit.S.Ciuitas iuxta Albã.mater aũt ꝓpter Augustũ dicit qui fuerat ex aracina matre Actia progenit⁹:ac si diceret:quę tanti auctor est generis.
c Eductũ Aegerię lucis S.Nymphę in aricino nemore:quam amicã suam Numa esse fingebat ad affirmandam legum suarũ auctoritatem.
d Pinguis vbi & placabilis.SER.pinguis frequẽti sacrificio.Placabilis autem ac si diceret:non qualis ante fuit:vel illic:vt apud tauricos humano gaudens cruore:quam hystoriam plene in secundo diximus cum Iphigenię incidit cõmemoratio.
e Arte nouercę occiderit:S.Bene vĩ sceleris expssit sola nouercę cõmemoratione f Peoniis reuocatũ her.S.aut medicinalibus a Peone medico.g Ipeõ secũdũ Doricos dicitur secũdũ rationẽ Peon.aut reuera herbam Peoniam dicit:cuius creta ferax est. g Et amore Dianę.S.i.cura.
h Medicinę talis et artis:S.q̃ etiã fata dissoluerũt.
i Phœbigenam.S.matris pena genitũ:alii phœbigenam legũt:vt prob⁹.
k Relegat S.cõmendat ab aliis segregatum.
l Solus.S.in solis locis:nam solus quomõ qui dicitur filiũ suscepisse.
m Ignobilis.S.non vilis:sed ignotus.quãqꝫ possit etiã ad illud referri:q̃d dicitur quibusdã artibus hominũ vita vltra fata ꝓtendi posse:ita tamen vt solã habeant vitę imaginationem:videntur enim omnia facere nec faciunt.
n Versoqꝫ vbi nomine.SER.De re facta:vt Oestrũ graii verter̃ vocãr̃.
o Vnde etiam triuię luco.S.exponit Ιουϊτιον.Nã Calimach⁹ scripsit:αιτια in quibus etiam hoc cõmemorat.
p Haud secius ęquore campi.SERVIVS.nõ segnius patre.dicit autem eum tantę fuisse audatię.vt nec paternę mortis terreretur exemplo.

q Vertitur. S. l. agit. r Et toto vertice sup͂ ē. S. Sta. Et toto despectat corpe bellū. s Aethneos efflātē faucib⁹ ignes. S. Ingētes. nimios q̄ tos habꝫ ęthna. Tā mag͂ ista fremens. & tristibus ef. fla. Quā magis effu. cru. san. pug. Legitur in arte: ꝙ tā magis: maxime: min⁹: minime positiuo tantū iunguntur: q̄d tn̄ tunc obseruat̄: si ponantur ad augmentū iste particulę tunc em̄ vitiosam faciūt elocutionem Ceterū si ad exeq̄tionē positę sint: possunt: vel cōparatiuo vel superlatiuo: vel pro ipsis gradibus ipse inter se iungi: hic ergo est. Tā magis illa fremens: & tristib⁹ effera flāmis. Quam magis effuso crudescunt sanguine pugnę. Nō em̄ ad prelationē positę sunt: sed ad exeq̄tionē. Maiores em̄ nr̄i non in dicto vitia: sed in significatione esse voluerunt: Hinc ē in Salustio. ita quā quisqꝫ pessime facit: tam maxime tutus est. Nā & hic exequatio est: non cōparatio. C. Tam magis illa fre. Vel poetice dixit: ꝙ tanto magis cresceret flāmę: quanto magis crudesceret pūgna: cū reuera nō essent flammę: sed simulacra flāmarum: vel hoc voluit exprimere: ꝙ & si forma chymerę in galea horrorē incuteret: tn̄ in ardenti pugna horribilior apparebat. v Sublatis. C. quasi extantibus ex scuto. x Auro insignibat. SE. Io Inachi filia argiuorum fluminis fuit. Hanc amauit Iuppiter. & dum cum ea esset: superuenit Iuno: ille timēs ne deprehenderet: Io mutauit i vaccā: & eā poscenti dedit Iunoni: ne pellicem confiteret: cui Iuno argū oculatum oib⁹ membris. Aristoris filiū custodē apposuit. q̄ꝫ cū Iuppiter ꝑ Mercuriū interēisset: Iuno eū in pauonē mutauit. Ioni vero immisit: oestrum q̄ diu exagitata: ꝑuenit ad egyptū & Iouis volūtate in Isim mutata est. y Insignibat. S. Signo suo clarę esse faciebat. z Setis. C. Setę horidę sunt: vt in suibus videmus. Lana cōtra molissima: neqꝫ est nisi ouibus. Pili autē medii: vt neqꝫ molles: vt lanę: neqꝫ rursus rigentes: vt setę. Itaqꝫ feras ꝑ pilis posuit. a Argumētū in. S. Aut fabula: vt Cicero. argumēta erāt in valuis: aut reuera argumētū: i. ꝓbationē q̄ se grecū cōprobare cupiebat. hoc em̄ etiā amata sup⁹ dixit: Inach⁹ acrisiusqꝫ pr̄es medięqꝫ mycenę. b Custos. S. ne reuerti posset in formā priorē. c Celataqꝫ am. C. Fluuioꝝ em̄ dii ita pingebant: vt bubula haberēt cornua: & ex vrna aquā funderēt. d Pater Inach⁹. S. Pr̄ nō tm̄ ei⁹: sed auctor originis turni. e Totis ag. cā. S. qui oculis poterāt subiacere. f Dēsent̄. S. Dēseo denses dicim⁹. aliter nō. g Argiuaqꝫ pu S. Et hoc ad generis vt dixim⁹ sup͂ ꝑtinet ꝓbationē ꝙ eū sequebant̄ argiui. h Veteresqꝫ si. SE. bn̄ veteres: nā vbi nūc roma est. ibi fuerūt Sicani. q̄s postea pepulerūt Aborigenes. C. Veteresqꝫ si. Gēs hęc hispana est: q̄ ꝑ seditionē poqularē relicta p̄ria in italiā venit: dicti sunt Sicani a Sicore hyspanię fluuio. hi pulsi ab vmbris insulā occuparūt: q̄ sicilia a siculis appellabat̄. i Sacranę acies. S. dicūt Corybantē venisse ad italiā & tenuisse loca quę nunc vrbi vicina sunt. & ex eo ꝑpos ducētes originē Sacranos appellatos: nā sacrati sunt m̄ri deū Corbantes. Alii sacranas acies ardeatiū volūt: q aliqn̄ cū pestilentia laborarēt: ver sacrū vouerunt: vnde sacrani dicti sunt: ver sacꝝ aūt imolationis est genus. Mos em̄ talis fuit: vt magnis in periculis adducti: vouerunt quęcūqꝫ proximo vere nata essent apd̄ se aialia imolaturos. C. Et sacranę acies: mēorāt Corybātē q̄ndā vēisse i latiū: et ostēdisse mystica Cybeles ab hocqꝫ fluxerīt ꝑpter sacras ceremonias: sacrani appellari sūt. Alii dicūt sacranos eē dictos ardeates ob sacrum votū: q̄d videtur sentire Syll⁹: cum ait. Sacra manus rutuli. k Picti scu. la. SE. Glaucus minois fili⁹ venit ad Italiā: & cū sibi impium posceret: nec accipet. Ideo ꝙ nihil prestabat: sicut ei⁹ pater p̄stiterat: sonam eis transmittendo: cū añ hac discincti essent: ostendit & scutū militare a q̄ & ipse laby c⁹ dict⁹ est. & ex eo populi. απο τηϲ λαβηϲ. quā latini ansā vocamus: picti autē scuta. i. in bello frequēt ꝓbati: nā apd̄ maiores viroꝝ fortium picta erant scuta: cōtra & inertium: & tyronū pura erāt. Vñ est. parmaqꝫ inglori⁹ alba. i. nō picta. l Qui sal. ty. tu. S. nō originē: vt supra diximus. m Sacrūqꝫ nu. li. a. S. aut iā tūc sacrū. Aut ꝑlepsis est a cadauere ęnee. nā sacrat⁹ est numicus postqꝫ inuentū est illic cadauer ęneę. n Litt⁹ ar. S. litt⁹ fluminis vt viridiqꝫ i littore ꝯspicit̄ sus. cū ripę ꝑprie fluminis sūt: littora maris. vt Oui: ꝑ ripis littora pulsant. o Rutulosqꝫ ex. C. Rutuli argiui fuerūt: qui cū rege rutulo in italiā venerāt. At giui: Epei: et phoeōatę venerīt cū Hercule. Cretēses cū saturno. p Circęūqꝫ iu. S. Circa hūc tractū cāpanię colebat̄ puer Iuppiter: q auxurus dicebat̄ q̄si. ἀνευ ξυροῦ. i. sine nouacula: qa barbā nūqꝫ rasisset: vt Iuno virgo q̄ feronia dicebatur. Est aūt fons in Cāpania iuxta terracinū q̄ aliqn̄ auxur est dicta. q Et viridi gau. ꝛc̄. S. nō vacat ꝙ addidit viridi: nā cū aliqn̄ hui⁹ fontis luc⁹ fortuitu arsisset incēdio: & vellent inde incolę trāsferre simulacra. subito reuiruit. r Qua satu. ꝛc̄. S. ꝑm hāc lectionē: reuera saturā paludē intelligimus: sed alii asture legūt: quod si est: paludē pro flumine posuit: Nam haud lōge a Teracina oppidū est Asturia & eius cognimine fluuius. s Querit iter valles. S. Satis signatis verbis expressit flumen angustum Cōtra de tyberino ait: in in mari prorumpit. t Vfens. CRI. Fluuius hic haud longe a Teracina in Tyrrhenum cadit mare. Est & vfens alter fluuius in Gallia cisalpina: qui ex alpibus cadens: padum ingreditur.

Vertitur arma tenens: & toto vertice supra est.
Cui triplici crinita iuba: galea alta chymeram
Sustinet: ęthneos efflantem faucibus ignes.
Tā magis illa fremens: & tristibus effera flāmis.
Quā magis effuso crudescunt sanguīe pugnę
At leuem clipeū sublatis cornibus Io
Auro insignibat: iam setis obsida: iam bos:
Argumētum ingens: & custos virginis argus:
Cęlataqꝫ amnē fundens pater Inachus vrna.
Insequitur nimbus peditum: clipeataqꝫ totis
Agmina densentur campis: argiuaqꝫ pubes:
Aruncęqꝫ manus: rutuli: veteresqꝫ sicani:
Et sacranę acies: & picti scuta labyci.
Qui saltus tiberine tuos: sacrūqꝫ numici
Littus arant: rutulosqꝫ exercent vomere colles:
Circęumqꝫ iugum: quis iuppiter auxyr⁹ aruis
Pręsidet: & viridi gaudens feronia luco.
Qua saturę iacet atra palus: gelidusqꝫ ꝑ imas
Querit iter valles: atqꝫ in mare cōditur vfens.

Hos [v] super aduenit volsca [x] de gente Camilla:
Agmē agens equitū: & florentis [y] ęre cateruas:
Bellatrix: non illa colo calathis [z] ve mineruę
Fœmineas assueta manus: sed proelia virgo
Dura pati: cursuq; [a] pedum preuertere ventos.
Illa [b] vel intactæ segetis per summa volaret
Gramina: nec teneras cursu lęsisset [c] aristas.
Vel mare p mediū fluctu suspensa tumenti
Ferret iter: celeres nec tingeret [d] æquore plātas.
Illam omnis tectis agrisq; effusa iuuentus: [e]
Turbaq; miratur matrū: & prospectat euntē.
Attonitis [f] inhians animis: vt regius ostro
Velet honos: leues humeros: vt fibula crinē
Auro internectat: lyciā [g] vt gerat ipa pharetrā:
Et [h] pastoralem prefixa cuspide myrtum.

Finis Septimi libri.

v Hos supaduenit volsca de gente ca. S. Prudenter post cōpletā cōmemorationē virorū: transit ad fœmias. Ita eni de Troianis legit: q vltimū Amazonū postularēt auxiliū: quę res ab Homero pter missa est. Sane iā psagiū infœlicitatis futurę: q̄ inter ipsa principia armāt & fœminę. x Volsca de gen. ca. S. de priuerno volscorū oppido: vt priuerno antiq metabus cū excederet vrbe. C. Camilla: Camillos antiq ministros dixerūt. y Et florentis ęre cater. S. Ennius: & Lucretius flores dicunt omne qd nitidū est: hoc ē secutus Virgilius: aliter acyrologia est. Lucretius. Florebat nauibus pontus. z Calathis ve miner. S. Minerua et armorū dea ē: & lanificii: sed Camilla: aium ad arma solū cōtulerat. a Cursuq; pedū pter. ven. S. bene pedum adiecit: ne p equū eius gloria minueret: qd ei obiicit. Quid tm̄ egregiū si fœmina forti fidis equo.

b Illa vel intactę. C. Pulcherrimę hyperboles: q̄s latini suplationes noiant: q̄ q̄quis aptū mēdatiū pferāt. tn̄ magnum inde fit aut augmētū aut diminutio. c Lęsisset aristas. S. Primas spicę partes: dictas ab eo q̄ primę arescant: d Tingeret ęquore plātas. S. mergeret: vt tingat equos. e Iuuētus: turbaq; miratur. S. iam ornatū eius post arma dictus ē. Vn̄ Hysteron Proterō ēē voluerunt in rn̄dendo: vt ornatū matres: viri vero arma mirarēt. sed melior sensus est: vt sic dictū ē accipiamus. ea eni sexus vterq; mirarēt. q̄ sunt posita contra opinionē: vt miretur fœminę arma in muliere: vt viri ornatū in bellatrice. f Attonitis inhi. ani. S. Stupore qdam patefacto ore. g Lyciā vt ge. ip. pha. S. quasi Lyciā. vt legimus Cretenses sagittas. h Pastoralē pfixa zc. S. non hastā myrteā: sed ipsum myrtū. Statius: Lerneam iacit ille trabē.

P. Virgilii Maronis Argumentum in Octauum Aeneidos librum.

¶ Vidit vt Aeneas summa vi bella parari:
Arcadas: Euandrūq; senem sibi fœdere iūgit:
Dardanioq; duci sociatur hetruria tota.
Arma petit genitrix: dat mulciber: in clipeoq;
Res pingit latias: & fortia facta nepotum.

Vel sic

Intonat hic bellum tecti de culmine turnus.

Descriptio Octaui libri.

Preparat octauo bellū: quos mittat in hostis:
Dat belli signum laurenti turnus ab arce.
Mittitur & magni venulus diomedis ad vrbē:
Qui petat auxiliū: & doceat quę causa petēdi.
Aeneas diuū monitis adit arcada regem
Euandrū: arcadia profugū noua regna petētē:
Accipit auxiliū: huic natū & socia agmia iūgit
Euander. pallas fatis comes ibat iniquis.
Iamq; habilis bello: & maternis lętus in armis:
Fataq; fortunasq; ducum: causasq; suorum
Sortitus clypeo: diuina intentus in arte est.

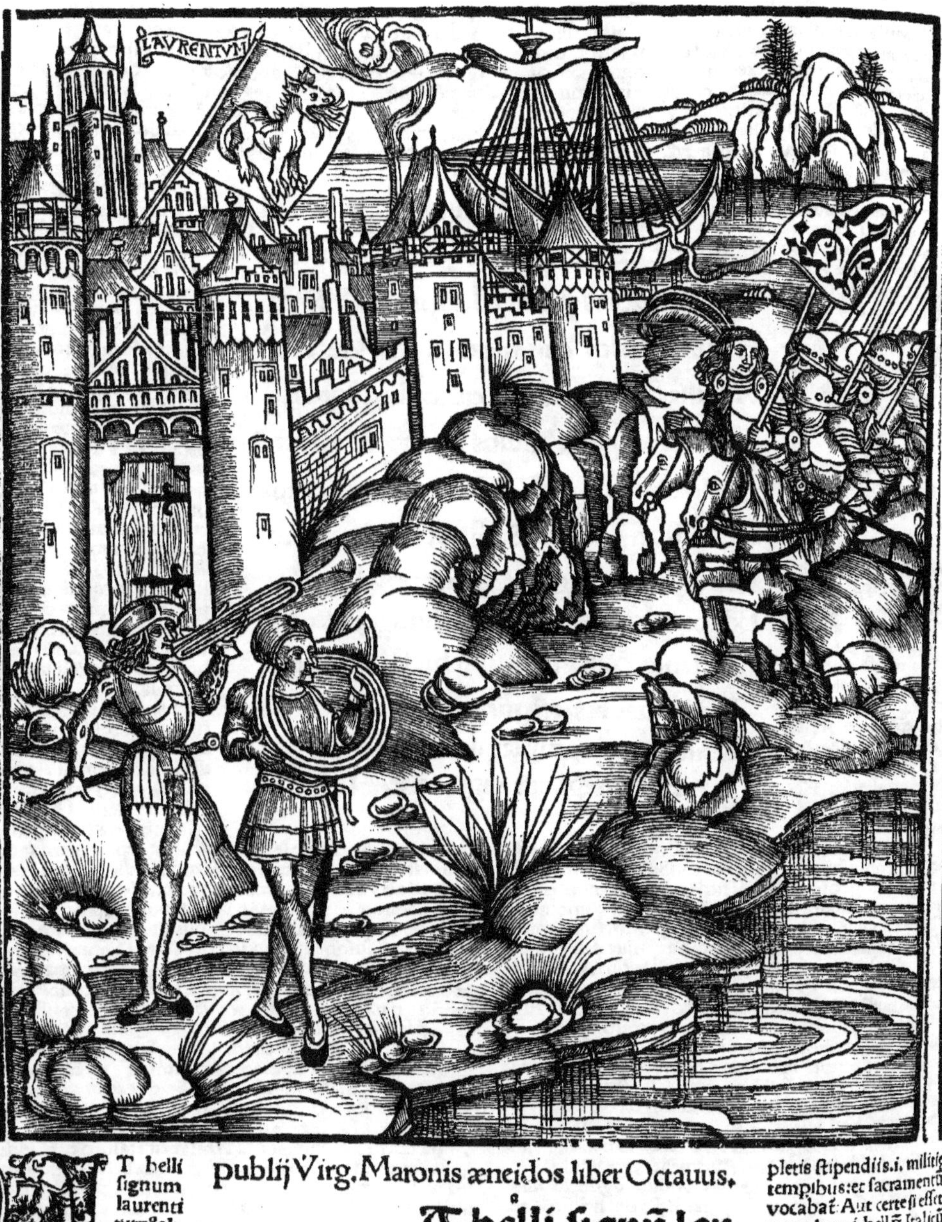

publij Virg. Maronis æneidos liber Octauus.

T belli signum laurenti turn⁹ ab arce. S. Apud maiores nostros tria erant militię genera in bellis gerendis: nã aut legitima erat militia: aut coniuratio: aut euocatio. Legitima erat militia eorũ: q singuli iurabãt ꝓ republica se eẽ facturos: nec discedebant nisi completis stipendiis. i. militię tempibus: et sacramentũ vocabat. Aut certe si esset tumultus. i. bellũ Italicũ vel gallicũ: in qb⁹ ex periculi vicinitate erat timor multus: quia singulos interrogare nõ vacabat: q fuerat ducturus exercitũ: ibat ad capitoliũ: & exinde proferens duo vexilla: vnũ roseũ: quod pedites euocabat: & vnum ceruleum: quod erat equitũ. Nã cerule⁹ color ẽ maris: a cui⁹ deo equũ constat

V

T belli signũ laurenti turnus ab arce
Extulit: & rauco strepuerũt cornua cantu:
Vtq3 acres concussit equos: vtq3 impulit arma:

inuentū) dicebat. qui rēpublicā vult saluā esse: me sequatᷣ. Et qui cōuenissent simul iurabant: & dicebatᷣ ista militia coniuratio. Fiebat etiā euocatio: nā ad diuersa loca diuersi propter cogendos mittebantᷣ exercitus. Nō ergo duo sunt genera militię: coniuratio & euocatio quippe in tumultu. Sane incōgruū nō est: qd signū belli. i. vexilli eleuatiōem Turno dat: cū de rege latino dixerat supra Rerūque reliquit habenas. Belli autem signū dixit generalr: nā multa sunt: sed vexillum significat qd est tractū a veli diminutione: vt velum vexillū. C. Vt belli signū laurēti turrisab arce. Ex more romano: illi em rubrū vexillū ex arce pponebant bellū motum. Est aūt vt. i. q primū statim. b Strepuerūt cor. cātu. S. quę simul sonabāt: vt: Aereaque assensu cōspirāt cornua rauco. c Vtque acres cōcussit eqs. S. hoc ad equites ptinet. d Vtque impulit arma. SE. Hoc ad pedites. Est aūt sacrorū: nā is q belli suscepat curā: sacrarium Martis ingressus. Primo ancilia cōmouebat: p⁹ hastā simulacri ipsi⁹: dicens Mars vigila. e Ex tēplo. S. aut subito: aut reuera ex ipso tēplo. i. post diuina arma cōmota. C. Extēplo. nulla interposita mora. f Turbati ai. C. Non em solū moti sūt ad arma: sed vehemēter moti: vt fuerit ille motus summa pturbatio. Hoc aūt refert poeta: vt exprimat effectum furię.

Ex templo [e] turbati [f] animi; simul [g] ome tumultu [h]
Coniurat [i] trepido latium: seuitque [k] iuuentus
Effera [l]: ductores primi Mesapus: & Vfens:
Contemptorque deū mezentius: vndique cogūt
Auxilia: & latos vastant cultoribus [o] agros.
Mittit [p] & magni Venulus diomedis ad vrbē:
Qui [q] petat auxiliū: & latio consistere teucros [r]:
Aduectum [s] Aeneam classi: victosque penates
Inferre: & fatis regem [t] se dicere posci
Edoceat: multasque [v] viro [x] se adiungere gentes
Dardanio: & late latio increbrescere nomen.
Quid [y] struat his cœptis: quē [z] si fortuna sequatᷣ
Euentum pugnę cupiat: manifestius ipsi:
Quam turno regi, aut regi apparere latino.

g Simul omne. DONA. Simul & omne dixit: id est vno tempe omnibus in vnum coeuntibus. C. Simul. qsi dicat: eodē tempe omes, qd nisi furię opa factū non esset. Qui em potuissent oēs eodē momēto tātopere cōmoueri: nisi furię impulsu. h Tumultu trepi. S: Festino more suo. C. Tumultu trepido. nō potuit expssius demōstrare ingentē animoꝝ motū: vt appareat & festinatio & concitatio animoꝝ. i Coniurat. S. Nota de re bona cōiurationē dici posse Nā ꝯiuratō τον ναυσοων. D. Cōiuratō aūt totius latii: & tumult⁹. i. timor multus et cōcitatio tot populorū ad laudes Aeneę ptinent. Inseruit etiam Aeneę hic tumultus: ne peregrin⁹ in hospites & sotios infoederatos: impi⁹ videatᷣ: si primus bellū moueat. k Seuitque iuuentus Effera. S. efferata p furiā. C. Iuuētus. Hęc eni ętas facilius excandescit ad irā: l Ductores primi mesapus vt vfens. S. Bona electio psonarū ad delectū habendū: vn⁹ eques bon⁹. i. Mesap⁹ mittiᷣ. Alter pedes egregi⁹: m Cōtemptorque deū Mezentius. vndique cogūt. S. Quis eni iustius q sacrilegus contra pios: & pparet bellū: & gereret. D. Cogunt. nō congregāt: sed vi cogunt timidiores. In qua re etiā ipsi duces timorē suū ondunt. Magna laus Aeneę: vt Mezentius cōtēptor diuū aliqn īueniret quem timeret. n Auxilia. C. more Romano. Nam in legionibus non militabant nisi ciues Romani: siue Romę oriundi: siue donati essent ciuitate. Extra vero legiones erant auxiliares: & auxilia appellabanᷣ. o Vastant cultoribus agros. S. abducendo cultores: vastos & desertos effi ciunt. p Mittitur & magni Venulus diomedis ad vrbem. S. Diomedes postque reperit ira Veneris a se vulnerat ę vxorem apud Arpos turpiter viuere: noluit reuerti. Sed tenuit partes Apulię: & edomita omis gargani montis multitudine: in eodē tractu ciuitates plimas condidit: Nam Beneuentū & Equuturicum ipse cōdidit: Et arpos quę Argiripa dicitur: ad quā nunc Venulus mittitur: non Arpinum quā constat esse Campanię. vn Cicero arpinas. Sane sciendū Apuliā vno dictā vocabulo: sed hu⁹ partem quam Diomedes tenuit: Mesapiam & Peucetiā a duob⁹ fratribus dictā: qui illic imperarūt. Item Dauniā a Dauno rege Apulię. Venul⁹. S. Hūc fuisse cōstat Argiuū: nam tyburs est: vt ille indicat loc⁹: prędam tyburtum ex agmine raptā portat ouans: Considerate hic ergo ad Diomedē mittiᷣ: & cum qsi ciuis possit mouere. DO. Mittitur & magni. Magnū signū timoris: vt etiā ab externis auxilium petant. C. Venulus. Diomedes cū turpitudīe vxoris: quę simul nate Venere propter vuln⁹ ab ipso acceptū adulteriis indulgebat: in Italiam venit: et in Apuliā & Dauni regis filiam duxit: condiditque arpos: quę Argiripa & Argosippum nomiaᷣ. Hūc ergo tanque Troiani nois hostem in auxiliū vocat Turnus. q Qui petat auxilium. C. Semina sunt artificiosissime orationis: illic enim eductūᷣ ista. esse obuiandū Aeneę antequ plures se illi adiūgāt: neque deesse sibi vires cū venerit classe: neque auctoritatem: cum dicat se fatis posci: neque fidem: cum iam plures se adiunxerint: ergo esse formidandum. Itaque extant loci ab vtili. honesto. & necessario: & cum illum pene repugnabilem ponat: tamē relinquit posse superari a Diomede: quoniā alias ab ipso supatus sit. Ac postremo debere illā rem suscipe: qm antiq hostilitate Diomedē pręter ceteros petitos sit: neque defutas vires sibi: si alios supauerit: In q re appet mirificū poetę ingeniū. et consiliū sapientissimū: cū paucissimis verbis relinqt locos ad copiosissimā efficacissimāque orōem cōtexendā. r Consistere. S. iam esse conditos. i. fundasse ciuitatē. s Aduectū Aeneam: D. quasi quē vicerat ne despet de victoria. t Et regem se dicere posci. S. agit subtilr: nā si nō venit errore: sed fato: omnē sibi vtique est vendicatur⁹ Italiā: sine dubio et Diomedis impiū. D. Regē se posci. q. d. mentiᷣ in hac re. v Multas. D. Adiungit hęc vera: vt etiā falsa credāᷣ. vult igiᷣ inferre timorē Diomedi. vt sua causa pellat Aeneam: sed nō tm terrorem: vt desperet de victoria. si pperabit. Est autem in singulis repetendū. edoceat. x Viro se adiungere gen. Dardanio. S. bn nō Aeneę dixit. Sed viro Dardanio: vt nō sit mirū si seqbāᷣ hoiem sibi cognatiōe sotiarū: vt hinc Dardan⁹ ortus huc repetit. y Quid struat his cœptis. S. Cum hęc iam cœpit: & particulariter dixit ab eo qd est incipio cœptus facit: hinc est cœptis. z Quē si for. sequatur Euentū pugnę cupiat. S. Si eū fortuna comitetur: quem suę finē velit esse victorię ipm melius nosse: q iam antiqu⁹ ē hostis: vult autem intelligi Aeneam etiam contra Diomedem bella gesturum: nō tantū pter psens imperiū: sed causa hostilitatis antiquę.

¶ a Talia ꝑ latiû. S. Gerebant subaudis. Et ẽ formosa eclipsis.
b Laomedonti⁹ heros. D. virtute & calliditate Laomedonti respondẽs.
c Cunctavidens. S. aĩo ꝑtractãs: nã nõ videbat: D. Cuncta vidẽs. i. nihil ex his quę hostes aggerẽt illû latuit. d Curarû fluct. ęstu. S. His verbis futurã pręoccupat cõpa-tionẽ: quę ẽ Apollonii de

¶ Talia per latium: quę laomedontius heros
Cuncta videns: magno curarum fluctuat' ęstu.
Atq3 animû nûc huc celerem: nûc diuidit illuc:
Inpartesq3 rapit varias: perq3 omnia versat.
Sicut aqua tremulû labris vbi lumen ahenis
Sole repercussum: aut radiãtis imagine lunę:

as: & tantos hostiles ap-parat⁹. C. Magno curarû fluc. ęstu. Nõ cędit magnitudini ꝑiculoꝝ inuict⁹ anim⁹ Aenęę: sed q̃ pacto pericl'a declinet omi cura cogitat. e Fluctuat. C. Nã cõsultanti in rebus dubiis: multa ꝓ re: multa itidẽ contra rẽ occurrunt: vñ anim⁹ dub. tabûdus: ita ambigu⁹ rel. nquit: vt veluti carina a diuersis ventis certo cursu cõsiste-

verbo aduerbiû. D. Aestu curarû ,ppter exiguas copias su re negt. sed modo huc: mõ illuc labit. Sic ipse: mõ in illã

Omnia peruolitat late loca: iamq́ subauras
Erigitur: summiq́ ferit [i] laquearia tecti.
Nox erat & terras animalia fessa per omnis
[k] Alituum: pecuduḿq́ genus sopor altus hēbat:
Cum pater in ripa: gelidiq́ sub [l] ętheris axe
[m] Aeneas: tristi turbatus pectora bello
[n] Procubuit: [o] seramq́ dedit ꝑ mēbra quietem.
Huic deus ipse loci fluuio [p] tyberinus ameno
Populeas inter [q] senior se attollere frondes
[r] Visus: eum tenuis glauco velabat amictu
Carbasus: & crines vmbrosa tegebat arundo.
Tunc sic affari: & [s] curas his demere dictis.
[t] O sate gente deum: troianā ex hostibus [v] vrbē
Qui reuehis nobis: ęternaq́ pergama seruas:
[x] Expectate solo laurenti: aruisq́ latinis:
[y] Hic tibi certa domus: certi (ne absiste) penates.
Neu belli terrere minis: [z] tumor omnis & irę
[a] Concessere deū: ꝓfugis noua mœnia teucris.
Iamq́ tibi (ne [b] vana putes hęc fingere somnū)
[c] Littoreis ingens inuenta sub ilicibus sus
Triginta capitum fœtus [d] enixa iacebit.
Alba solo [e] recubans: albi circum vbera nati:
Hic locus vrbis erit: requies ea certa laborum:
[f] Ex quo terdenis vrbem redeūtibus annis
Ascanius clari condet cognominis albam.

modo in alīā sniām incli- net. f In ꝑtes ra. va. C. Tanta vis erat ingenii: vt eodē pene momēto: ꝓ q̄cunq́ aut ad rē facerent: aut rei aduersarent discurreret. g Sole repcussū. S. aut vacat re: aut bn̄ repercussum: quia primo aquā ferit: ide postea tendit ad tecta. h Radiātis imagine lunę. S. negāt oēs physici lumē lunę aliud ex se reddere: & vituperāt hoc dicto Virgiliꝰ. Qd tn̄ tolerabile est: qa nō lunā sꝫ imaginē dixit lunę: quā a sole lumē accipere manifestū est.
i Laq̄aria tecti. S. multi lacunaria legūt. vn̄ est in Horatio. Nec mea renidet in domo lacunar.
k Alituum. S. ꝓ alitū: sꝫ metri cā (vt sup̄ diximꝰ) addidit syllabā. l Sub ętheris axe. S. i. sub aere.
m Aeneas tristi. C. ostēdit numen his qui ꝓ virili sua periclis resistit: nunq̄ adesse. n Procubuit. C. quasi victꝰ necessitate naturali: non eñ sponte iacuit: sꝫ victus a somno ꝓcubuit. o Serāq́ dedi. ꝑ mē. qetē. S. Tardā quietē in bellicis curis.
p Tyberinꝰ. S. bn̄ Tyberinus: quia supra dixerat deus. Nā in sacris Tyberinus: in cœnolexia: id est cōmuni sermōe Tyberis. In poemate tybris vocatur. q Senior. S. Atq̄ vbiq́ flauū eū eē dixit. Sꝫ senior: aut ꝓpter spumas dictus ē: aut ad reuerētiā ꝑtinet: Sic Lucanꝰ de Roma adhuc florēte: Turrigero canos effundens vertice crines. r Glauco. C. color aquę conueniēs: Colorū facies multiplex & varia est: vocabula āt ipsos experiētia exiguat. Rufi aūt coloris spēs sūt fuluus: flauus: rubicūdus: phœniceus: rubeus: luteus: spadix. Hę oms appellationes sunt rufi coloris; aut incēdētes: aut viridi admiscētes: aut nigro infuscātes: aut virenti sensim alba illūināte s. Nā phœnicꝰ iā latinū est: et rutilus: & spadix: qui his color est: q exuberantiā splēdoreq́ ruboris significat q̄les sunt fructus palmę: nō ad modū sole incocti. Vn̄ & spadicis et phœnicis nomē est. Spadic a eñ Dorici vocant tramitē: & palma cū fructu auulsum. Fuluus de ruffo et viridi mixtus est. In aliis plus viridis: ī aliis plꝰ rufi habꝫ: ergo fulua aquila: fuluū aurū: fuluus iaspis dr̄ & fuluꝰ leo. Flauus ex viridi albo et rufo est. Hinc flauę comę: flauę frondes oliuarꝫ a Virgilio dicūt. Et Pacuuiꝰ. Flauam aquā: & flauū puluerē dixit. sic cedo tn̄ pedem flauis lymphis, flauū vt puluerē manibꝰ eisdē: qbꝰ Vlyssem sępe ꝑmulsi abluā. Rubido rufusq́ atrior est: & nigriore mixtꝰ luteus cōtra rufo dilucidior. Gręcā latini dixere; q glauce glaucopis (vt Nigidiꝰ ait) de colore cœli q̄si cœlia. s Et curas ꝛc. S. Habitū futurę orōis ondit.
t O sate gēte deū. S. Alibi. certissima ꝓles. & vigilas ne deum. gens. C. Sate. orō est i genere deliberatiuo: ab oi ꝑte absoluta. Primis eñ verbis nō solū beniuolentiā captat a ꝑsona Aeneę. Cōmendat ei a gnere: cōmēdat a meritis q̄ Troiā reuehit. Quę tanta; res nisi a magno fieri nō p̄t. cōmēdat ex eo q̄ a fatis sit vocatꝰ: verū etiā iisdē rebus dat spem nō mediocrē futurā esse qui sibi p̄dicit. Postremo monstro suis remouet dubitationē omnē: ne forte suspicet: hęc somnia vana esse. v Vrbē q reuehis nob. S. vt iliū i Italiā portans; vrbē ergo ꝓ ciuibus posuit. Reuehis āt ꝓpter Dardanū: a q̄ troiani descendūt. x Expectate solo. S. Laudat affectū: etiā locis: vt: Ipse te tityre pinus. Ipsi te fontes: ipsa hęc arbusta vocant. y Hic tibi cer. do. S. q̄d supius ab Apolline. poposcerat: hoc nūc indicat Tyberis: vt. Da ꝓpriā tymbrę domū da mœnia fessis. z Tumor ois & ire concess. deū. S. aliq̄ Hemistichia in Virgilio tā sunt imminuta sensu q̄ verbis: vt ecce hoc loco. Nanq́ nō possumꝰ intelligere qeuisse oēm tumorē & iram deoꝝ: cum adhuc inimica sit Iuno: Et ad Troianorū ꝑnitiē addant aliq̄ alia numia: vt furia: vt Iuthurna. Vn̄ quidā mire conclusit hūc versum dicens. Concessere deum ꝓfugis. n. mœ. teu. quod si ita acceperimꝰ: vt dicat teucros cōstituere ciuitatē: nec ea numia quę sunt irata vetant: nihil erit contrariū: Nā & ipsa Iuno hoc dic. Nō dabit regnis esto ꝓhibere latinis: Atq́ imota manet fatis Lauinia coniunx. Hic aūt sensus etiā si detrahas subauditionē p̄t accipi a supioribꝰ: vt sit tumor ois & irę concessere deū: vt hic tibi certa domꝰ: certi penates.
b Ne vana pu. DO. Quia solēt multi insomniis decipi: dat signū: q̄ cognoscat hoc somniū veꝝ esse. c Littoreis ꝛc. S. Licꝫ possumꝰ de fluuio etiā littus dicere. ponit tn̄ discretionē: vt sub ilicibus. paulo post: Viridiq́ in littore conspicit sus Hāc aūt porcā (vt diximꝰ) secū habuere Troiani: q̄ amissam i Cāpania inuenere cū fœtu circa laurentē agrū: quā iō Aeneas imolauit Iunoni: quia ipsa dr̄ terra: vt. Coniugis in gremiū lęte descendit. Scimꝰ aūt hoc aīal inimicū eē frugibꝰ: vt caprū vitibꝰ: qui libero imolatur.
d Enixa iacebit. S. participio vtens tangit hystoriam.
e Solo recubans. S. solo videt abūdare. f Ex quo. S.

ex qua rōne. g Quod instat. S. Cura eni Aeneę pn̄tis fue rat necessitatis. h Archades his oris g. a. pal. p. S. Euā der archas fuit nepos palantis regis archadię. Hic āt cum patrem occidisset: suadente mr̄e Nicostrata: q̄ etiā carmē tis dicta est. qa carminib⁹ vaticinabat̄: dimissa, puītia sua

Mitis vt in morē stagni placideq̄ paludis: vt sit recto p̄te riti tp̄is participiū. p Iunoni fer rite p̄ces. S. Sicut etian Helenus monuit. D. Iunoni. matutinū tp̄s cōgruū sacrifi ciis oñdit. Docet potentū iras supplicādo potius q̄ repu gnando supari. q Supplicibus. C. Et ī hoc dat spem

venit ad Italiā: & pulsis Aboriginib⁹: tenuit loca in q̄bus nūc Roma est: et modicū oppidū fūdauit in mōte Palatino. Hic āt palatin⁹ mons scd̄m Vir giliū a Palante auo Euā dri est dictus: scd̄m Var. & alios a filia Euandri Palātia ab Hercule vici ata: et postea illic sepulta: vel certe a palante ei⁹ filio illic sepulto. Alii a balatu ouiū: balanteū volunt di ctū: exiñ p Antistichō pa lāteū dictū: sed si a bala tu: hoc nomē venerit: Pa: breuis ē sicut eā Martia: pōit plerūq̄. Si aūt a pa lante pa. lōga fit: vt eam ponit vbiq̄ Virgi. scd̄m suā opinionē. Gen⁹ a pa lante p̄fectū. Profectum ad has oras gen⁹ a palan te: nō a palante profectū. DO. Archades. breuitate vtit̄. ne tedio afficat æneā: Gen⁹ eñ dicit et nomē et vrbē: & spem dat auxilii cū hostib⁹ illi hostes sint & peregrini. q̄s iure ode rint latini. C. Archades. Postq̄ fidē fecerat: q̄ di cturus erat esse credenda narrat vñ auxiliū petat. i Euandrū. C. annis se xaginta añ bellū Troia nū. Euander suspectus apud populares cęde pa terna: cū magna mãu Ar chadū: & mr̄e Carmēta quę fuit filia palantis: & ipse Licaonis regis archa dię: Hi diuinationē a pal lade habuere: quia Iuppi ter pallada pallanti edu cādū dederat. Archades gręca gens secunda post pelasgos in Italiā venit. k In mōtib⁹. S. vt dixi⁹ ē. i miorib⁹ illis collicul̄. l Palantis, paui. S. Cō fundit nomia vt plerūq̄

Haud incerta cano: nunc qua rōne q̄d [g] instat
Expedias victor: paucis (aduerte) docebo.
Archades [h] his oris: genus a pallante profectū.
Qui regem [i] Euandrū comites: q signa secuti
Delegere locū: posuere in [k] montibus vrbem.
[l] palantis proaui de nomine pallenteum:
Hi [m] bellum assidue ducūt cum gente latina:
Hos castris adhibe socios: & [n] fœdera iunge.
Ipse ego [o] te ripis: & recto [p] flumine ducam:
Aduersum remis superes subuectus vt amnē.
Surge age nate dea: primisq̄ cadentib⁹ austris
[p] Iunoni fer rite preces: irasq̄ minasq̄
[q] Supplicibus supera votis: mihi [r] victor honorē
persolues: ego [s] sum pleno quē flumine cernis
[t] Stringentē ripas: & pinguia culta secantem
[v] Ceruleus tybris: [x] celo gratissimus amnis.
[y] Hic mihi magna domus: celsis caput vrbibus (exit.
Dixit: deiñ lacu fluuius se condidit alto
[a] Ima petens: nox æneam somnusq̄ reliquit:
Surgit: & etherei spectans [b] orientia solis
Lumina: rite [c] cauis [d] vndam de flumine palmis
Sustulit: ac tales [e] effudit ad æthera voces.
[f] Nymphe laurētes: nymphe gen⁹ amnibus vn (de est:

perficiendi. Nam placata Iunone oia tuta erāt spe randa: neq̄ dubitādū qn placari posset: p⁹ q̄ impe rat q̄d superet. Nā nō im perat deus q̄ p̄stari non possit. r Mihi victor ho. p̄sol. S. Bñ adimit ei bellicā curā p̄mittēdo vo ti fore cōpotē. C. Victor: q. d. nō postulo nisi cum viceris. s Ego sū. D: nō arrogāter: sed necessa rio laudat suū officiū. C: Ego sum ple. Vt fidē sibi conciliet: seip̄m manife stat: & cū addat se eē gra tissimū cœlo: p̄suadet se facile p̄stare posse q̄ p̄mi serat. t Stringentē ri pas. S. radentē: iminuen tem: Nā est Tyberini flu uii p̄priū: adeo: vt ab an tiquis rumon dictus sit: quasi ripas rumināſ: & exedens. etiā in sacris se ra dicebat̄. Vñ ait nunc: et pinguia culta secātē in aliq̄ etiā vrbis pte: Teren tū dicit̄: ex eo q̄ ripas te rat. V Cerule⁹ tybris: S. altus. profundus. x Cœlo gra. S. Pro his qui in cœlo sūt. y Hic mihi magna do. S. circa exitum suū: alii Romā dicūt Tyberini esse domi ciliū. z Celsis caput vr bibus exit. S. De Tuscia quā illis constat multum floruisse tp̄ib⁹. nā et lu comones reges hēbat: & maximā Italiam supaue rat partē. a Nox æneā somnusq̄ reliq̄t. S. vt fes sos ventus cū sole reliq̄t: C. Nox æneā. s. cū p q̄ te viderit: atq̄ audierit parū añ lucē credēda videbāt: Nā Platone & Aristo. te stibus. Somnia q̄ matu tino tp̄e obueniūt: vera es se cōsueuert. b Orien

solet: Nam auus fuit. sicut & illud dixit Luco tum forte parentis pilumni Turnus: Et alibi. Pilumnusq̄ illi quar tus pater. m Bellum assidue ducunt cum gente la tina. S. Ducūt. i. aut gerūt: aut in longū trahūt. Et bñ prę standorū auxiliorū exprimit cām. ne mag⁹ Turno quasi gr ęco fauere credant̄. C. Hi bellū. Argumētū a uerisimili: Nā si latinis hostes sint: libenter ad p̄pellendū cōmunē hostē cū Troianis cōuenient. n Fœdera iunge. S. legit̄ & fœ dere. o Ipse ego. D. Pollicet̄ homi ignaro viā se ostensu rum. C. Ipse ego. Dat spem posse illū ad Euādrū p̄uenire. p Recto flumie. S. Recto fluminis itinere. & sic dixit: vt tunc se ad Caietę recto fert littore portū: hoc est a littore re cedens. Sicut ergo nūc a littore fluuii nō recedētē significat. Est & alia expositio: vt recto flumine & domito freuato: & in tranquillitatē redacto intelligam⁹: quod etiā fecit, vt

tia lumina. C. Nā ideirco nox abibat: quia sol oriebat̄. c Cauis. C. in concauitatē redactis. d Vndā de flu. pal. sust. S. quia dr̄ etiā nox solo somno polluere. vñ est et noctem flumine purgat. e Effudit. C. affatim emersit: & recto ordine progressus est: vt primo corpus lustraret aqua: deinde lustratus p̄ces effunderet: nā impurū purū astari haud decet. f Nymphę. S. Hic distinguendū est vt generalitatē sequat̄ specialitas: vt in georg. Mater cyre ne. Nam viciosum est post speciem genus inferre. DO. Nymphę. p̄t sic distingui. nymphę laurentes: qm̄ ipse in tp̄e fuerāt necessearię: deiñ ponē Nymphę gen⁹ amnib⁹ vnde est: possum⁹ etiā intelligere esse duplicatōem. Tertia distinctio est: vt dicas nymphę: vt generalr̄ proferat: deiñ ad sp̄em redeat: & dicat laurētes nymphę q̄ erāt p̄ferēdę. g Tybri. S. Tybrim alii a rege Aborigenum volūt di

Tuq; o tybri tuo genitor cũ flumine sancto
Accipite Aeneã:& tandem arcete periclis.
Quo te cunq; lacus miserantẽ incõmoda nr̃a
Fonte tenet:q̃cunq; solo pulcherrimus exis.
Semꝑ honore meo:semꝑ celebrabere donis:
Corniger hesperidum fluui⁹ regnator aquarũ
Adsis o tandẽ:& propius tua numina firmes.
Sic mẽorat:geminasq; legit de classe biremes:
Remigioq; aptat:socios simul instruit armis.
Ecce aũt subitũ:atq; oculis mirabile monstrũ.
Candida per syluam cum foetu concolor albo
procubuit:viridiq; in littore conspicitur sus.
Quã pius Aeneas:tibi enĩ tibi maxima Iuno
Mactat sacra ferens:& cũ grege sistit ad aram.
Tybris ea fluuiũ quã longa est nocte tumentẽ
Leniit:& tacita refluens ita substitit vnda
Mitis:vt in morẽ stagni:placideq; paludis
Sterneret eq̃r aquis:remo vt luctamen abesset.
Ergo iter incoeptũ celerant rumore secundo:
Labitur uncta vadis abies:mirant̃ et vndę:
Miratur nemus insuetum:fulgentia longe

ctum:qt iuxta dimicãs interempt⁹ est:Alii ab eo rege quẽ glaucus Minois filius ĩ Italia interemit:alii (inter q̃s Liui⁹) ab Albano rege:q̃ ĩ eũ cecidit. h Tuo genitor cũ flu. S. Sic enĩ in p̃cibus adesto Tyberine cũ tuis vndis. D. Genitor:honoris cã:vel quia subit q̃ vt pr̃ consuluerat.
i Arcete periclis. SER. Hyppalage est:pro a me phibere pericula.
k Quo te cũq; tenet la. S. Lacus est quoddã adhuc latentis aq̃ receptaculum:& dictus q̃si lacuna quędã:ex q̃ erũpens aq̃ efficit fontẽ:qui cũ fluere cœpit:alueũ facit. Vnde ista tria dixit:alueũ:fontem:lacum. Hoc enim est. Quocumq; solo pulcherrimus exis quamq; multi hoc versu eius sup̃fusionẽ velint significari:ideo aũt hoc dixit aeneas:q̃a audierat:hic mihi magna dom⁹ celsę caput vrbibus exit. D. q̃ te cũq; lacũ:& q̃cũq; fonte alterũ ad eius originẽ:alteꝝ ad exitum ꝑtinet:Fons est aq̃ nitium:Lacus vbi fontis aq̃ colligitur m Semꝑ honore meo. S. Satis Aeneas pie pollicet̃:cũ Tyberis verecunde poposcerit:Ait nanq;:mihi victor honorẽ ꝑsolues.
n Corniger. S. flumina ꝓ cũ cornib⁹ pingũt̃:siue quod mugitũ boũ imitat̃ murmur vndarũ:siue q̃d plerunq; in cornuũ similitudinẽ curuatas cernimus ripas. o Hesperidũ reg. aq̃ꝝ. S. Bene addidit hesꝑidũ.i. Italiaꝝ. Nã Eridan⁹ rex est fluminũ hesperię:vt fluuiorũ rex Eridanus. fluuius vocatiuus antiqu⁹ est:qui apd maiores in oĩ forma sit. is erat ratio. Sed mõ aliter ẽ in scđa tm̃ forma. Nãq; si propriũ fuerit nomẽ:et i añ us habuerit:vs perdita fac̃ vocatiuũ:vt Terentius Terenti:nullo excoepto. Si aũt appellatiuum in e mittit vtm̃:vt pius pie. fluui⁹ fluuie. Excoepto filius Nam fili facit:Plerunq; tñ Poetę euphonię cã anquitatẽ sequũt̃. p Regnator. D. vt on̄dat oĩbus fluminib⁹ potiorẽ Placid⁹ & vento:& flumine propter nauigationẽ. q Tandem. C. post diuturnos errores r Et propi⁹. S. Et pprius legit̃ et propius. Si pprius familiari⁹ significat:vt. Et pprius res aspice nr̃as. Si aũt ppius citius. Cice. sic in verrinis. Nec quicq; est ppius factũ:q̃ vt illd exemplũ de hydriano siracusas inferretur:& hoc est meli⁹. Nam et statim est porca conspecta:& Aeneas nõ dubitabat de side oraculi:sed poscit celeritatẽ. s Tua numia. S. tua oracula et pmissa. C. Numia fir. Nã ꝯfirmabit numẽ:si facta pmissum sequent̃:q̃d euenit:nam paulo post sus appruit. t Monstrũ. S. quia subito:& cũ triginta porcellis est visa. D. Monstrũ:q̃d est contra rõnẽ naturę. Refert Dionysius Aeneę sacrificanti porcam aufugisse quã naui secũ adduxerat:& oraculũ fuisse:vt ibi vrbem conderent:vbi illa constitisset. Ergo illã insecuti sunt vsq; ad collẽ:q tribus milib⁹ passuũ distat a mari:auditaq; est hic vox vt cõsisterent:& sucm parientẽ obseruarẽt:quãdoquidẽ totidẽ annos postea quot illa foet⁹ pareret Troiani sedes imoraturi essent:cũ meliori fortuna:atq; illa die sequẽti triginta porculos p⁹. xxx. annos ab Ascanio sedes in albam traductę sunt. v Viridiq; in littore. S. Fluuiali:sc. ¶ Conspicit̃ sus. Hora. Et amica luto sus. Sciendũ tñ hoc ẽ vitiosum ĩ monasyllabis finiri versũ:nisi forte ipsi monasyllabo minora explicent̃ animalia:vt parturient montes:nascetur ridiculus mus. Gratiosiores enim sunt isti versus scđm Lucilium.
x Tibi enim. SER. Vacat enim et tantum ad ornatũ ꝑtinet. Integrum est ergo tibi:vt ex iteratiõne crescat augmentũ. Teren O misis missis. CRI. Tibi enĩ. Nã audierat Iunonẽ supplicib⁹ supera donis.
y Maxia Iuno. S. Quęsitũ est q̃ sit maxima Iuno:Nam (vt dixim⁹) varię sunt eius ptãtes:vt curetis. Lucina. matrona. regina. Et dicunt theologi ipam esse matrẽ deũ:quę terra dicit̃. Vnde etiam ei porca sacrificat̃. Ergo perite elegit Epitheton:vt maxima diceret.
z Mactat. S. mactatio post imolationẽ:Vñ bono vsus est cõpendio. Sane hysteron proteron est in hoc versu:primũ enim cum grege sistit ad arã:et sic mactat:auget:ꝑficit. D. Mactat. Pri⁹ sistit. deinde mactat. Ergo ordo est:Quã Aeneas ad aras cum grege sistit:et cũ grege mactat:vt itelligatur etiam foetus mactasse.
a Tyberis ea. C. Respondit re ipsis pmissis:& ostendit quanta sint merita Aenee:qui tante curę immortalib⁹ diis sit. b Q̃ longa est nocte. S. Incẽptũ longa est:vt nunc hyemẽ inter se luxu q̃ longa fouere.
c Refluens. S. velut in alueũ suũ recurrens:vt Aeneas cõtra vndas pergẽs descendẽtis celeritate ppe modũ tueret̃.
d Aequor aq̃s. S. scilicet ipsius ęqualitatẽ. e Rumore secundo. S. Hoc est bona fama cũ nemĩnẽ lederet:aut certe dicit eos añ venisse q̃ fama nũciaret eẽ vẽturos:aut rumore ꝓ rumone posuit. Nã vt̃s. dixim⁹ rumon est dictus. Vñ et ficus ruminalis:ad quã eiecti sunt:Remus et romulus:q̃ fuit vbi ẽ nũc Lupercal in circo. hac enim labebat̃ tyberis. anteq̃ Neptunno factis sacrificiis auerteret̃:q̃uis ficũ ruminalẽ alii a Romulo velint dictam q̃i romuralem. alii a lacte infantib⁹ dato. Nã pars gutturis ruma d̃r. Ergo si fuerit rumone scđo:fauente fluuio intelligim⁹. C. Rumore secundo:quasi dicat:omnib⁹ ex lętitia plaudẽtibus.

nam cū māifestū videret oraculū: varii erant vulgo sermones. f Labitur ūcta vadis a. S. descēdētis celeritate prope cōscendit: Sta. de disco. similisq; cadenti: crescit ī aduersū. C. Labit. Ōndit facilitatem ex reflexu fluminis. g Abies. C. Denominatio. pōit materiā p naui q̄ ex ea materia fit. h Miranť et vndę. S. Laus troianoꝝ p fantasiā q̄ndā ex vndaꝝ vl'ne moris admiratōe veniētē. C. Miranť et vn. Mira fantasia poetę ad laudē troianorū. Mirantur ergo: tamq; neq; nauis: neq; arma: aut viros tales hactenus vidissent. Habet aūt mirā iocunditatē iste locus: qm̄ sensū dat reb⁹: q̄ sensu

Scuta virum: fluuio pictasq; innare carinas.
Olli remigio: ⁱnoctemq; diemq; fatigant:
ᵏEt longas supant flexus: ˡvariisq; teguntur
Arborib⁹: ᵐviridesq; secant placido eq̄re syluas.

carent: neq; flumīs amoenitatē eleganti⁹ pingi poterat: vt ex pulchritudine nauigationis q̄dā foelicitas portendi videretur. i Noctemq; dieq; fat. S: vt syluasq; fatigāt: p ipsi fatiganť. k Supant flexus. S. Hic ōndit nō eē alueū fluminis rectum. l Variisq; teguńť arboribus. S. Hoc ē. hūc inter fluuio tyberinus amoeno. m Secant placido eq̄re syl. SER. Ostendit adeo perspicuā fuisse naturā fluminis: vt ī eo apparerent imagines nemorū: quas Troianę naues secabāt. Terentianus. Sic est natura fluminis: vt obuias imagines receptet in lucem uam.

n Sol mediũ coeli consc. ignis. S. alterius scilicet diei: o Cũ muros ar. pcul. S. Palatinũ vidit: nec situũ psẽtem considerare debem⁹. tũc em̃ nullis obstantib⁹ edificiis per lupercal tyberi: vt diximus: fluente: facile mõs poterat vi deri Palatin⁹. p Forte die. so. illo. SER. ευοιωβολον. id est bono omine victo ri deo Troianis venietib⁹ sacra celebrãt. Bona etiã visus est oeconomia. CR. Forte die. Diuinit⁹ factũ videt: vt huiusmõi heros amicitiã cũ euādro in sa cris maximi oĩm heroũ herculis iniret. q Amphitrioniade magno diuisq; f. S. satis perite. Nã cuiuis deo sacrificaret: ne cesse erat post ipm etiam reliqs inuocari. r Añ vr bẽ. S. scdm antiquũ sitũ: tũc em̃ ciuitas breuis fue rat. s Palas huic filius S. pro cũ hoc. t Iuue nũ primi ꝛc. S. Totã oste dit etatẽ. nam p senatum seniores significant: paup asit aut ad nũerũ retulit: cẽtũ em̃ sub Romulo fue runt: aut reuera paup: p q᷒ Romani imperii oste dit parsimonia p laude tunc habita. D. Paup se natus. & numero & opi bus intellige. v Tepi dusq; cruor. S. Frustra q dã cruorẽ pecudũ: sangui nẽ hoĩm volunt. Nã Iuue nalis ait: Sãguis & a ma gno ceruix feriendo mini stro. Virgili⁹. Atq; atros. siccabat veste cruores. x Celsas videre rates: S. quia dicit: geminasq; le git de classe biremes. C. Vt celsas. Nã cũ nihil pa catũ cum finitim; hñent: ad oẽs casus trepidabãt: vigilanterq; oĩa explora bant. y Inter opacũ Allabi ne mus. S. per nemus. vt. Hunc inter fluuio tyberi nus amoeno: & est hone sta elocutio: vt si dicas: in ter coenam locut⁹ sum. i. per cœnã. z Tacitis re mis. S. pro ipsi taciti: hoc est sine celeusmate.

gente latina: non mirũ si anxie cuncta exploraret. CR. Et procul. Cautus adolescens: Nam modo audiretur: non ex pectauit: donec ad eos pueniret. c E tumulo. C. Vnde facilius et videret et audiret. d Iuuenes que cã subegit. S. Succincta & plena interrogatio: cui p singula respõdit Aeneas. DON. Iuuenes. Oratio necessariis in tanto metu interrogatõibus plena. e Quo tenditis. DO. qui ex defectu illos velle descendere videbat. e Qui genus. S. quo genere. f Vnde domo. S. de qua ciuitate. g An arma. SER. Tropum fecit causa metri. Nam consequns erat: vt diceret an bellũ.

n Sol mediũ coeli conscẽderat igneus orbem:
o Cum muros: arcemq; procul: & rara domorũ
Tecta vident: que nunc romana potẽtia coelo
Aequauit: tum res inopes Euander habebat.
Ocius aduertunt proras: vrbiq; propinquant.
p Forte diem solennem illo res arcas honorem
q Amphitrioniade magno: diuisq; ferebat
r Ante vrbem in luco: s palas huic filius vna:
Vna omnes t iuuenũ primi: pauperq; senatus
Tura dabãt: v tepidusq; cruor fumabat ad aras.
Vt x celsas videre rates: atq; y inter opacum
Allabi nemus: & z tacitis incumbere remis:
Terrentur visu subito: cunctiq; relictis
Consurgũt mensis: a audax quos rũpere pallas
Sacra vetat: raptoq; volat telo obuius ipse:
Et procul b e tumulo: c iuuenes d que causa subegit
Ignotas tentare vias: e quo tenditis inquit?
Qui gen⁹? e vñ domo? f pacẽne huc fertis? g an ar-
Tum p̃r aeneas puppi sic fatus ab alta: (ma?
pacifereq; h manu ramũ pretendit oliue:
Troiugenas: i ac tela vides k inimica latinis:
Quos l illi bello profugos egere superbo:
Euandrum petimus: ferte m hec: & dicite n lectos
Dardanie venisse viros: socia arma rogantes.

h Paciferẽq; manu ramum pretendit oliue. S. Ne moram faceret in responsione. CRIST. Paciferẽ. in tanta properatiõe. id signum dedit: quod instar longe orationis esset.

i Troiugenas ac tela vides inimica latinis. CRI. Ostendit. et qui essent: & qui amici venirent: nam amicos esse oportebat: q inimicis inimici essent.
k Tela vides inimica. SER. Bona conciliatio: nam audierat. Hi bellũ assidue ducunt cum gente latino.

l Quos illi bello profugos. SERVIUS. Sicut et nos. Et mouet conciliationem. etiam ex similitudine fortune. DONA. Profugos. Ostendit iuxta peregrinos immites. CRIST. Quos illi. Nam nõ satis fuerat ostendisse q essent inimici latinis. Nam si ob illatam illis iniuriam fuissent: poterant et Archadib⁹ suspecti eẽ. Posuit aũt huiuscemodi: & interrogationẽ & responsionẽ poeta: vt mira quadã breuitate p sancta

a Audax quos rumpe palas Sacra vetat. SER. ne interruptiõe sacrificii piaculũ cõmittet: vnde et in tertio Helenus: ne qua inter sanctos ignes in honore deorum hostilis facies occurrat: deniq; cũ ludi Circenses Apollini celebrarent. Et Hanibal nunciatus esset circa portã collinam ingruere: oẽs raptis armis concurrerũt. reuersi postea cum piaculũ formidarẽt: inuenerũt saltantẽ senẽ quẽdã: qui cũ interrogat⁹: dixisset se nõ interrupisse saltationẽ: ductũ est hoc puerbiũ: Salua res est: saltante sene: audacem aũt dixit vbiq; Virgi. quotiens vult ostendere virtutẽ sine fortuna: etiam Turnum audacẽ vocat. D. Audax. Non temerari⁹: sed virtuti confidens. C. Audax palas. Iam nunc format virum egregiũ: qui & sacrificia semel: & saluti publice cõsuluit. d Et procul. D. cum assiduũ bellũ gererent cũ

rum orationum absolutum officium impleret. Sicq; & tempori in quo properato opus erat: inseruiret. Et tamẽ nihil necessariũ omitteret. Et quemadmodum respõsio Aenee ostendit interrogationem Pallantis perfectam fuisse: Sic vicissim responsio Pallantis demonstrat Aeneam nihil de necessariis omisisse.
m Ferte hec. SER. Hoc ad ramum pertinet.
n Dicite. SER. ad verba. DO. Dicite: Quia non solus in tanto tumultu venerat Pallas.
o Tanto perculsus nomine. SER. Dardani scilicet commemoratione. p Quicunq; es. S. Hoc ad nomen Aenee ptinet: nã esse Troianos audierat. D. Quicũq;. Ad hoiem: nõ ad originẽ referas. q Corã parẽtẽ. D. Optime summũ iudiciũ seruat parẽti et regi. r Dextraq; amp.

hesit. S: ondit virũ: et vir
tutis: & hostilitatis ama
torẽ: s Subeunt
loco flu. q; reli. S. Hyppalage i sensu: t Opti
me graiugenũ: S. Quãtũ
ad Aeneã: greci neq; bo
ni: neq; meliores sũt: ergo
optime graiugenũ supla-
tiuus est p positiuo. nam
optimus malorũ nõ pos
sum9 dicere: Suplatiuus
enim suo tm̃ iungit gene
ri: Sic g dixit: vt Homer9
Δικαιότατος κενταύρων

Obstupuit tanto percussus nomie pallas:
Egredere o quicũq; es ait: coramq; parentẽ
Alloquere: ac nr̃is succede penatibus hospes:
Excepitq; manu: dextrãq; amplexus: inhesit.
progressi subeunt luco: fluuiumq; relinquũt.
Tum regem Aeneas dictis affatur amicis:
Optime graiugenum: cui me fortuna precari:

id est iustissimus cen
taurorũ: plustus: cũ cen
tauri fuerint crudeles &
impii: v Cui me fortu
na pcari: S. antiquũ ẽ. nã
mõ quẽ pcari dicim9. Te
rẽ. Credo q mihi sic oret.
Itẽ facite vt vobis decet:
Salust. Locũ editiorẽ q̃
victoribus decebat: et est
grecũ: vt πρέπει σοι κοινω
CRISTOPE: Fortuna
precari. q. d. nõ sue stulti
cie esse q i eas angustias
descẽderit: vt auxilia sine

medicãda: sed iniq̃ fortũę. x Vitta cõptos ra. S. vt in pa
cis petitione ramus oliuę cũ vittis offeraẽ: ptim fabulę: p/
tim naturę efficit ratio. Nã cũ de noie Athenarũ Neptũn⁹
& minerua contenderẽt: & iussisset iupiter: vt illius nomie
diceret ciuitas: q mun⁹ melius obtulisset: equũ Neptũn⁹: oli
uam Minerua ptulit: & statim vicit. Vñ cũ ram⁹ eius alicui offereẽ: indicat eũ eẽ meliorẽ. Hinc ẽ illud puerbium Herbã do. i. cedo victoriã: qd Varro in ettisponit: cũ in agonib⁹ herbam in modũ palmę dat aliqs ei cũ q̃ cõtendere nõ conat: et fateẽ eẽ meliorẽ. Vittas aũt habet ramus oliuę: Iõ vt inertiã et imbecillitatẽ oñdat offerentis. Scim⁹ eni oues egere alieno semp auxilio. y Voluit. S. Hinc eũ laudat: q̃ tãtus eũ vir rogare cõpellit. z Nõ eqdẽ extimui. C. Nã pl⁹ valuit apud me tuoꝝ morꝝ pbitas: q̃ q̃ et grecus et atridis coniũctus eẽs: sed ne adulatõis eẽ videaẽ: qd ignotũ laudet: addit et famã illũ nosse. a Danaũ qd duc. et archas. S. nec qd mẽritudiẽ hres extimui: nec qd eẽs archas. vt illuc hoc tendat. i. Agamẽnoni: & menelao coniũctus: et hoc ad Euãdri laudẽ ptinet: q p q̃litatẽ morũ meruit nõ itimeri. b Fores. S. p fuisses. Sed notandũ fores de pterito. c Geminis cõ. atri. C. Nam Euander archadię rex: Mercurii ex Nicostratę filius fuit. Atridę aũt a Tãtalo sũt filii Iouis: q ex Ioue fr̃ est Mercurii. d Mea me virt⁹. S. Hęc arrogatio ad honorẽ Euãdri ptinet. C. Mea virtus. Nã virtutis. i. fortitudis: est etiã si periculosa fuisseẽ cõgressio cũ Euãdro. tñ piculũ certa q̃dã ppposita rõne adire: erat aũt rõ: & qd oraculũ psuadebat. et quod auxiliũ petere necessariũ esset. e Sctĩ oracula diuũ. S. Tyberini scꝫ. f Dedita fama. SE. diuulgata: vt dedit hic subito troiana pagmĩa rumor. g Fatis ege. vo. S. quod voluntas fuerat egit necessitas fati.

Et [x] vitta comptos [y] voluit pretendere ramos:
Nõ [z] equidẽ extimui [a] danaũ q̊d ductor: & arch/
Q̊dq; [b] a stirpe fores [c] gemĩs cõiũct⁹ atridis. (as:
Se [d] mea me virtus: & [e] sancta oracula diuum:
Cognatiq; patres: tua terris [f] dedita fama:
Cõiunxere tibi: & fatis [g] egere volentem.
Dardanus [h] iliacę prim⁹ pater vrbis & auctor:
Electra (vt [i] graij perhibent) athlantide cretus:
Aduehitur teucros: electram maximas athlas
Edidit: ęthereos humero qui sustinet orbes.
Vobis mercurius pater est: quẽ [k] candida maia
Cyllenæ [l] gelido conceptum vertice [m] fudit.
At maiam (auditis si quicq; credimus) atlas:
Idem [n] atlas generat: cœli qui sydera torquet.
Sic genus amborũ scindit se sanguĩe ab vno.
His fretus: nõ legatos: neq; prima per artem
[o] Temtamenta tui pepigi: me meipse: meũq;
O [p] bieci [q] caput: & [r] supplex ad limina veni:
[s] Gens eadem quę te crudeli [t] daunia bello
Insequitur: nos si pellant: [x] nihil absfore credũt
Quin oẽm hesperiã penit⁹ sua sub iuga mittãt:
Et mare quod supra teneant: q̊dq; alluit infra:
Accipe [y]: daq; fidem: sunt nobis [z] fortia bello
pectora: sunt animi: & rebus [a] spectata iuuẽtus.
Dixerat æneas: ille os [b] oculosq; loquentis
Iandudum: & [c] totum lustrabat lumine corp⁹.
Tum sic [d] pauca refert: [e] vt te fortissime teucrum

Vt hoc tuorũ testimonio pbem. k Candida Maia: S. Splendidior eni ẽ Maia inter Pleiades: q̃ est vna de Atlãtidibus. i. de Pleiadib⁹. l Cyllenę. S. Mons archadię vbi Maia mercuriũ est enixa. m Fudit. S. nõ iniuriose dictũ est: vt in Pisonem: quę te belua: non hoiem ex vtero fudit: Sed celeritatẽ partictis oñdit: qd infantib⁹ dr̃ omẽ fœlicitat: afferre. Spectat etiã ad ratiõem physicã. Nã celer ẽ vbiq; Mercurius (vt dixim⁹ supra) iõ dicit eũ in ortu fuisse velocẽ. n Idem atlas. D. ne silitudine nois falso id vsurpare videreẽ. o Tentamẽta tui pe. S. Cũ nilo ante pact⁹ sũ vte aut p artẽ aliqm: aut p legatos pbarẽ: sed intrepidu mehi comisi. Tentamẽta pepigi. expimẽta pact⁹ sũ: nã geminũ ẽ pteritũ: ab eo quod ẽ paciscor: facit eni & pepigi & pact⁹ sũ: sic placeo & placui & placitus sũ. Apago enim vñ multi venite volũt. pepigi: nusq; lectũ ẽ. p Obieci. D. cũ petiturus essem: q̃ etiã tibi salutaria eẽnt: nõ expaui. Nã cum gente tibi inimica et crudeli bellum gero: et dicendo vnam gentẽ: extenuat timorem belli. q Caput. C Nõ solum res alias: sed etiã vitam. r Et supplex. CR. q̃ videẽ pter dignitatẽ meã. s Gens eadẽ q̃ te. S. Sic ait vt ipse pstare videaẽ: Nã & .s. ait: Socia arma rogãtes. C. Gẽs. Argumẽtũ ab vtili et ab honesto: t Daunia SER. rutila a dauno. v Crudeli bel. S. supra: Bello pfugos egere supbo. x Nihil absfore. S. sibi absuturũ nihil arbitrantur. y Accipe daq; fidẽ. Hoc ẽ qd ait in decimo: hũanis q̃ sit fiducia reb⁹. D. Accipe ꝛc. Sume auxlium et da. C. Accipe ꝛc. Qd est fodere cõiũgi. z Fortia pect. et aĩ. D. Nã i bello animi fortitudo vt cõiũcti repellam⁹ hostẽ: quẽ diiũctim nõ possem⁹: & corpis robur requirit. C. Sũt nob for. c. Ne putes cũ p regno certam⁹ nihil nos pstaturos.

h Dardanus iliacę primus pater vrbis & auctor. SER. Reddit quod ait supra: Cognatiq; patres. Sane sciendum Atlantes tres fuisse: vnũ Maurũ q est maxim⁹, alterũ patrẽ Electrę: vnde nat⁹ est Dardan⁹. Tertiũ archa dicũ patrẽ Maię: vñ nat⁹ ẽ Mercuri⁹. s nũc ex noim silitudine fecit errorẽ. Et dicit Electrã & Maiã filias fuisse Atlantis maximi: nec pter rõnẽ ait et maximus: & Atlas idẽ generat. Nã & ipse habuit etiã horũ noim filias. i. Electrã et Maiam. i Vt graij phi. S. vt vestrę continẽt litterę. D Vt graij phi.

a Reb⁹ spec. ꝛc. S. Decennali prelio: & bñ pmissionẽ cõfirmat reb⁹ et testimoniis: q̃ est i valida uerbis. D. Spectata. De q̃ iam factũ est piculũ. b Os oculos. S. ex physionomia capiebat cõiecturã: eũ eẽ Aeneã: quẽ ipe de se pdicabat. c Totũq; lustrabat lu. corp⁹. S. Paterna in eo lineamenta cognoscens. d Pauca refert. S. Non pauca: sed paucis. i. breuiter: hoc vult dicere: multa eũ dixisse; sed paucis. DO. Pauca. Ne longior oratio solẽnia impediret. e Vt. C. q̃ multum.

Accipio[f] agnoscoqꝫ libens: vt verba parentis:
Et vocem Anchisę magni: vultūqꝫ recordor.
Nam memini hesionę[g] visentem[h] regna sororis
Laomedontiadē priamum: salamīa petentem
protinus[i] archadię: gelidos inuisere fines.
Tum mihi prima genas vestibat flore iuuēta.
Mirabarqꝫ[k] duces teucros: mirabar & ipsum
Laomedontiaden: sed cūctis altior ibat
Anchises: mihi mens iuuenili ardebat[l] amore
Compellare viꝝ: & dextrę coniūgere dextram:
Accessi: & cupidus[m] phenei sub mœnia duxi.
Ille[n] mihi insignē pharetrā lyciasqꝫ sagittas
Discedēs: clamydēqꝫ auroqꝫ[o] dedit inter textā.
Frenaqꝫ[p] bina: meus q̄ nunc habꝫ aurea pallas.
Ergo & q̄ petitis: iūcta[q] est mihi fœdere dextra:
Et lux cum primū terris se crastina reddet
Auxilio lętos dimittam: opibusqꝫ iuuabo.
Interea sacra hęc (quādo[r] huc venistis amici)
Annua[s]: quę differre nephas: celebrate fauētes
Nobiscū: & iam nunc socioꝝ assuescite mēsis.
Hęc vbi dicta[t]: dapes iubet: & sublata[v] reponi
pocula: gramineoqꝫ viros locat ipse sedili[x]:
pręcipuumqꝫ toro: & villosi[y] pelle leonis
Accipit[z] Aeneam: solioqꝫ inuitat acerno.
Tum lecti[a] iuuenes certatim[b]: arę[c]qꝫ sacerdos
Viscera[d] tosta ferūt taurorū: onerātqꝫ canistris
Dona laboratę[e] cereris: bacchumqꝫ ministrāt.
Vescitur Aeneas simul & troiana iuuentus

Agnoscoqꝫ libens. S. Postq̄ ꝓbauit ex habitu corporis vera esse q̄ dicebat æneas: ꝑ Anchisen eū laudat adulatione deposita. Sane inter agnosco et cognosco superfluo qdā volunt facere discretionem: vt cognoscamus nouos: agnoscam⁹ antiqs. Sꝫ hęc a poetis metri necessitate variant᷑: nam agnosco ꝓpter Synaliphen dixit.

g Hesionę visentē reg. sororis. S. vt dixim⁹ supra: Hercules euersa Troia hesionē Laomedontis filiā Thelamōi suo comiti dedit: ex q̄ nat⁹ ē Teucer. Priamus post cū salamina tenderet ad visendum regnū sororis: ꝑ Archadiā iter fecit: & tūc ab Euandro suscept⁹ ē Anchises.
h Visentē reg. S. videre cupientē. i Protin⁹. S. Vno eodēqꝫ tpe. Hoc est dū pergit: vidit archadiā. Nā nō possum⁹ sił intelligere: cum salamīa insula sit: Archadia in cōtinenti.
k Mirabarqꝫ duces teucros. S. hos laudat: q̄ melior sit ille quē pręfert.

l Iuuenili arde. S. inest em̄ studiū acgrēdaꝝ amiciciarū. Hora. Animusqꝫ virilis quęrit opes et amicitias. m Phenei. S. Oppidi archadię. Home. οἱ φενεὸν τ' ἐνέμοντο. Nec nos debet mouere: q̄ cū Euāder de Palāteo sit dic̄ Phenei sub mœnia: cum sciam⁹ Poetas vicīas oēs ꝓ vna hr̄e ciuitate: sicut de Didone facit: quā non nunqꝫ Tyriā: aliq̄tiēs Sydoniā vocat. n Ille mihi insignē pha. S. Ius hospitii habet inter se remunerationē: sed verecunde tacet Euāder de mūerib⁹ suis. D. Insignē pharetrā. Mire mūera exornat: ne videant᷑ leuia. o Auro dedit itertextā. S. legit᷑ et intertexto. p Frenaqꝫ bina. S. poetice. nam duo debuit dicere: Bina em̄ scd̄m Ciceronē nō dicunt᷑ nisi de his q̄ sunt nūeri tm̄ pł'alis. Nam Cicero culpat filiū ꝑ epł'am dicens: Male eū dixisse direxi litteras duas: cum litterę quotiens epistolā significant numeri tantū pluralis sint. contra epistolas binas non dicimus: sed duas.
q Iuncta est mihi fœdere dextera. SER. antiquis amicitijs per Anchisę hospitiū. r Quando huc venistis amici: S. Siquidē amici iam venistis. Extraneos em̄ ad sacra n̄ licebat adhibere. Hos aūt adhibet ad sac̄ q̄si antiqs iunctos amicitiis. Vn̄ infert: et iam nunc sociorū asuescite mēsis. C. Interea sacra hęc. Quod plenū amicitię signum est: cum cauerent antiqui: ne iter sacrificandum hostilis facies occurreret: ipm veluti amicū inter sacra recipit.
s Annua quę differre nefas. S. Anniuersaria sacrificia: ideo nō differuntur: quia nec iterari pn̄t. Naꝫ kalendaria: si qua fuerint ratione dilata: possunt repeti: nec piaculū eorū intermissiōe committitur.

t Dapes. SER. epulę deorum ꝓprie vt Iouis cœna. v Sublata. D. aut metus causa: aut satietate interueniente.

x Sedili. DO. Nā mos fuit nō accumbendi: sed sedendi in his sacris. Vn̄ in septimo: Hęc sacris sedes epulis.

y Leonis. SER: Quod conueniebat Herculis sacris. z Accipit. S. Aut suscipit ad sedendū: aut pascit. vt illos ꝓ porticibus rex accipiebat in amplis. Torum aut herbariū super solium fuisse intelligamus: ne sit sedili contrarium. Cōgrue autem dicit eū leonis pelle esse copertum: quasi in Herculis sacris.

a Tum lecti iuuenes. SES. non vacat lecti. In sacris enim Herculis libe nec serui interreant: nec liberti: adeo: vt Appi⁹: q sacra hęc trāstulit in libertos: & caruerit oculis: & intra annum omnem familiam perdiderit potiorum.
b Certatim. SER. id est studiose.
c Arę. S. Maximę scꝫ non dū enim templum Herculis fuerat: sed ara tantummodo: quam maximā dicit ex magnitudine fabricę. CRI. Arę. quę maxima dicebatur.
d Viscera. DO. Nulla erat ambitio in vestib⁹: caro portabatur copiosa: sed bubula: male autem acceptus fuisset si tollatur sacrorum religio.
e Laboratę cereris: SER. quę eget laboris: vt mox et frumētis labor adit⁹: vt mala culmos .cēt rubigo: Glandes enim sine vllo labore nascuntur. f Perpetui tergo. S. aut scd̄m Homerū intelligēdū qui dicit carnes dorsi appositas honorabilioribus: vt sit sens⁹ talis apposuit ān pontificis eos magni bouꝫ carnes eas q̄ apd̄ maiores car⁹ vēdebāt causa religiōis: & ini alter redimebat: q ex illi⁹ ꝓcio cōpara

tus: quasi ppetu⁹ esse videbat. Tergo aut pōt a pte totū intelligi. g Lustrabilib⁹. S. aut pinguib⁹. Moris em̄ fuerat cōpleto lustro: pingues victimas offerre censores: aut certe de quinquennali boue .i. pfecte etatis. Nā Home. dixit: βουν πενταετηρον. CRI. Lustralibus. Placet Serui⁹. vł dic lustralibus expurgatoriis .i. quibus purgarentur. h Postq̄ exemp. fa. et a. com. edendi. SER. Postq̄ necessitati satisfactū est: et voluptati. D. Postq̄ exempta .s. nō libenter audiūt sermões: nisi venter satur sit. C. Exempta. vt in primo lib. scribit Troianos multis rebus sollicitos nihil voluptuosum in epulis q̄siuisse: nec expleri voluisse: sed famē pellere sat fuisse. Eadē rōne: & i hoc loco ad necessitatē epulatos fuisse oñdit: ne in tāta sollicitudine: ac poti⁹ periculo voluptatē admittere videāt. i Nō hec. S. Vatiat in vno pnoie: Nō hec solēnia nobis. Has ex more dapes. Hanc tāti numinis arā. D. Has dapes. dū originē sacrorū narrat: epulas etiā excusat. C. nō hec solēnia. Cōmēdat se apd ignotos a religiōe: et ostēdit se gratū acceptis bñficiis q̄s illa pdicat. Maxime aūt huiuscemodi digressiōe exornat poema: nec tñ fuit tempe alieno: & qd nō penit⁹ quadret. l Superstitio. SERVI. Superstitio est timor supflu⁹ et delir⁹: aut ab anicul is dicta q̄ multis supstites p etatē delirāt: & stulte sunt. Aut scdm Lucretiū: supstitio ē supstantiū rerū .i. celestiū ꝛ diuinaꝝ: que sup nos stant: inanis & supflu⁹ timor. C Vana superstitio. est em̄ religio deoꝝ colendorū recta scientia. Superstitio autem verā sciam non habet l Veterū ue ig. deoꝝ. S. Duo dicit: nō ideo Herculem colim⁹: aut ga omnē religionē verā putamus: aut quia deos ignoram⁹ antiq̄s. Cautū eni fuerat & apud Athenienses: et apud Romãos: ne qs nouas introduceret religiões. Nā id et Socrates dānatus ē: & Chaldei & iudei sunt vrbe depulsi. m Nouamus ho. S. Detraxit re: nā renouām⁹ debuit dicere: quā particulā alibi addidit: vt fata renarrabat diuū. n Suspensam hāc aspi. S. Cacus scdm fabulā Vulcani fili⁹ fuit. ore ignē ac fumū vomēs: q vicina omia populabat. Veritas tñ scdm phōs & historicos hoc habet: hūc fuisse Euādri nequissimū seruū aut furē. nouim⁹ aūt malū a grecis κακον dici: quem ita Arcades illo appellabant tpe. postea translato accētu Cacus dictus: vt. ελενη. Helena. Ignē aūt dict⁹ ē vomere: q agros igne populabat: hūc soror sua eiusdē nois pdidit. Vñ etiā sacellū meruit: in q̄ ei p virgies Veste sacrificabat. ¶ Suspensā. Rupē pli iam iamq̄ lapsurā. C. Suspēsā hāc aspice ru. Mirifice describit spelūce ruinā cui inferiora sustentacula subtracta sint ptē supiorē suspensam relinqui oportet. o Semihomis. S. feritate corrupti. p Caci. C. Cacum Vulcani filiū fuisse fabulāt:

piro qa cū latrocinīū exerceret: multa incēdio populat⁹ ē. Hūc ait Solinus locū habitasse: cui Salina nomē eēt: vbi postea trigemina porta fuit. Gelli⁹ āt scribit: q a Tracone Tyrrheno: ad quē legatus venerat iussu Marsie regis sotio Megalo Phrygi custodie esset datus: vinclis frustrat⁹ ē. & cū socio Megalo maiorib⁹ psidiis rediens: regnū circa Vulturnum & Campaniam occupauit: et cum ea quoq̄ inuadere auderet: q̄ in Arcadum iura venissent. Arcades duce Hercule: q tūc victor ex Hispania redierat: illū superarūt: quod cesso Megalos in Sabinos quibus augurādi artem oñdit sese recepit. Dionysius aūt refert: Herculē: cū in hec loca venisset: boues i pascua eduxisse: & ipm labore fessum obdormisse. Latronē āt quēdā noie Cacū: paucas ex his surripuisse: & versis vestigiis ne furtū dephenderet: per caudā in antrū traxisse: at mox perquirēti Herculi vidisse se negasse: neq̄ volentē scrutari antrū ingredi pmisisse: sed potius aduersus illū instantē vicinos implorasse. Herculē aūt consilii incertū armentum circa spelūcā duxisse: ad hariūq̄ mugitū: q̄ intus clausa erant remugisse. Cacū vero q̄uis in crimine dephensū: vim cū latronib⁹ cōuocatis cōtra Herculē parasse. Herculē aūt claua eū interemisse: ac postea i flumie se a cede abluisse. Et Ioui inuēctori arā consecrasse: & iuuencū imolasse: qd sacrificiū deinceps Romāi obseruauerūt ritu greco in eos vteres: vt illi instituerāt. hec Diony. Alii dicūt hūc Cacū sororē habuisse: que furtū indicauerit: ob idq̄ meritum aras et sacrificia meruisse ferunt. Diodo. Siculus aliter tradidit. Scribit enim q ipse in loca vbi Roma deinde fuit peruenit: vbi in palatio incole pua vrbē hēbāt: ciuiū primores erāt Cacus et pinari⁹: q honorifico hospitio eū suscepērūt: eorūq̄ viroꝝ suo tpa monumēta extitisse narrat. Nā pinariorū familia aduc viget. Caci āt in palatio descēsus cū lapideis scalis oñdit ppiqui⁹ domui: q̄ ab ea Caci adicebat. Hercules āt palatinis pdixit: q cū ipe ad deos pfectus eēt: qsqs illi decimā primonii sui defoueret. btē eēt vi ctur⁹: Qd i mltis q decimas vouerūt: verū fuisse expti ie ē. p Inaccessam. S. pticipiū sine verbi origine. accedor em̄ nō dicimus: sed tale est placita. nupta. triumphata. q Huic mōstro. S. bñ vitat casum in q̄ erat turpis significatio. r At nobis. S. Sicut multis quib⁹ Hercules pfuit monstra purgādo. s Aetas. S. bñficiū tpis: vt voluēda deos en attulit vltro. t Maxim⁹ vl. S. Nō tm̄ nr: sed vt oim. v Tergemini nece ge. Hāc fabulā dixim⁹ illo loco postq̄ laurentia victor geryone extincto tirynthius attigit arua. x Spoliisq̄ supb. S. Atqui boues adduxerat. sed spoliū ē qcq de hostib⁹ tollat: vt addit equus & tela: qb⁹ spoliauer hostē. Itē p⁹q̄ illū victor vita spoliauit Achilles.

perpetui[f] tergo bouis: & lustralibus[g] extis.
postq̄[h] exēpta fames: & amor cōpressus edendi
Rex euandrus ait: nō[i] hec solēnia nobis:
Has ex more dapes: hanc tanti numinis aram
Vana sup[l]stitio: veterum ve ignara deorum
Imposuit: seuis hospes troiane periclis
Seruati facimus: meritosq̄ nouam⁹[m] honores.
Iam primū saxis suspensam[n] hanc aspice rupē:
Disiecte procul vt moles: desertaq̄ montis
Stat domus: & scopuli ingentē texere ruinam.
Hic spelunca fuit vasto submota recessu
Semihominis[o] Caci: facies quā dira tenebat:
Solis in accessam[p] radijs: semperq̄ recenti
Cede tepebat humus: foribusq̄ affixa supbis
Ora virum tristi pendebant pallida tabo.
Huic[q] mōstro vulcanus erat pater: illius atros
Ore vomens ignes: magna se mole ferebat.
Attulit[r] & nobis aliquando optantibus etas[s]
Auxilium: aduentūq̄ dei: nā maximus[t] vltor
Tergemini[v] nece geryonis spolijsq̄[x] superbus

Alcides aderat: taurosq3 hac victor agebat
Ingentes: vallemq3 boues: amnemq3 tenebāt.
At[y] furis Caci mens effera:[z] ne quid inausum
Aut intemptatū sceleris ve doli ve fuisset:
Quatuor[a] a stabulis prestanti corpore tauros
Auertit:[b] totidem forma superante iuuencas.
Atq3[c] hos: ne qua forent pedib9 vestigia rectis:
Cauda in speluncā tractos: versisq3[d] viarum
Inditijs:[e] raptos saxo occultabat opaco.
Querentem nulla ad speluncā, signa ferebant.
Interea cum iam stabulis saturata moueret
Amphitryoniades armenta: abituq3 pararet:
Discessu[f] mugire boues: atq3 omne querelis[g]
Implerinemus:[h] & colles clamore relinqui.
Reddidit vna boum vocē: vastoq3 sub antro
Mugijt[k]: & Caci spem custodita[l] fefellit.
Hic vero Alcide furijs exarserat atro[m]
Felle dolor: rapit[n] arma manu: nodisq3[o] grauatū
Robur: & aerij cursu petit ardua montis.
Tum primum nostri Cacum videre timentē[p]:
Turbatumq3[q] oculis: fugit illicet ocior euro:
Speluncāq3 petit: pedibus[r] timor addidit alas.
Vt se se inclusit: ruptisq3 immane cathenis:
Deiecit saxum: ferro quod: & arte[s] paterna
pendebat: fultosq3[t] emunijt obice[v] postes.
Ecce[x] furēs animis aderat tirynthius[y]: omnēq3
Accessum lustrans: huc ora ferebat: & illuc
Dentibus infrendens[z]: ter totum feruidus ira

y At furis caci mens. S. Pro ingenti scelere furis nomen posuit. Capitale eni crimē apud maiores fuerat: ante poenam quadrupli. z Nequid inausum. C. Nam q maior potuit esse audatia: quā audere in Herculē q oia monstra domabat. a Quatuor. C. indignatio a nūero. Itē a loco cū dicat a stabul. Itē a forma, cū dicat pstāti corpore. Itē a spe gregis: nā & mas & foemia: sperabat ex furto armentum: Itē a mō q nō virib9 contra heroa: sed dolis egit. b Auertit. S. Erat prius abegit: sed respexit ad pdā: q auerti dr: vt raptas ad littora vertere predas. c Atq3 hos. S. quotiēs masculinū & foemininū iungit: hec disciplina est: vt etiā si posteri9 ē foemininū masculino rñdeam9. d Versisq3 viam iditiis: S. cōtra naturā inicientibus errorē. e Inditiis: S. Ipsa inquit decipiebāt indicia q indicare consueuerūt. nā inditiū ab indicando nomen accepit. f Discessu mugi. bo. D. Nā & bruta qndā familiaritatis affectū hnt. g Querelis ipleri nem9. S. Non vt multi dicunt: quia consortes pdiderant sed quia vellebant a pascuis: Insita est eni bobus auiditas edendi. Vn ē in Buco. Ite domū saturi: si quis pudor ite iuuenci. h Et colles cla. relinqui. S. Cum clamore: vt atq3 ixionij vento rota cōstitit orbis: i. cū vento: & hoc est melius. Nam multi dicunt relinquuntur colles etiā a clamore: hoc est tm̄ recesserāt a collib9 boues: vt nec Echo resultaret. s. ad colles iam clamore nō perueniente: qd non pcedit: quia hoc sensu illud excluditur Reddidit vna boum Si enim tā longe fuerāt: vt nulla rōe recedētiū boū mugit9 colles derelictos feriret: queadmodū inclusi bouis clamor ē auditus ab Hercule. D. Reddidit vna boū vocē: Nam & bruta sua voce affectum exprimūt. vnde & in tertio dixit: Qui volucrum liguas sentis. k Mugiit. S. more suo pro mugiuit: vt: Audiit & triuię longe lacus. l Custodita. DO. nihil profuit custodia & astutia. CRIST. Spem custodita. Nā fefellit in ea spe quam ipse posuerat in custodia: m Atro felle dolor. S: Quo ita irascimur secundum physicos: vt splene ridemus. Persius: sed sum petulāti splene cachinno. CRI. Furiis atro felle. Ex ira maxima quę puenit ex candescentia bilis: cuius receptaculum fel est. n Rapit arma manu. SER. Sagittas, et nō vacat q3. nā si armorū Epexegesis est. D. Rapit. & non coepit nec passibus: sed cursu, magis iniuriam q damnū dolens. o Nodisq3 grauatum robur. S. vacat. q3. Grauatum autē pro graue ponit: Nam graue est p naturā: ponderosum. grauatum quod oneratur extrinsecus. p Timentē. D: Hoc tria signa ostendūt. oculi: q oēs animi mot9 indicant. Cursus celerior solito: & in speluncā: nō in loca apta se contulit. q Turbatumq3 oculis. S: Ea pte pturbatū: q proditrix est mētis: alii oculi legūt: & accipiūt a supiorib9 videre turbatū oculis. r Pedibus timor addidit alas. CR. qui eni potuisset Herculem ita furentem effugere: nisi summ9 timor impelleret. Valet q plus timor q ira. Nā ira impellit ad animū saturandū. Timor ad salutē petendam. Timor igitur celeritatē in Caco: & industriā augebant: Ira vero Herculis ad omnia difficilia impellebat. s Arte pr̄na. S. Perseuerat in fabula: t Emuniit. S. sicut mugiit: v Obice postes. S. Hāc obicē dicim9: vt Ecce maris magna claudit nos obice pontus. Dubitant eni mlti: verū masculinū sit an foemininū. x Ecce aderat. CRIST. mirifice dicit: Ecce aderat: q̄si dicat: vix se incluserat Cacus cum ille venit: Optime autem exprimit hominē ex ira operantē: & oēm idustriā adhibentē. Venit ergo furens animis. Circuit locū: et oculos ad oia vertit: Infrēdit dentib9. Tentat si hostiū auellere possit. Demū oib9 rebus exploratis: cū nihil succederet: resedit. qd dubitationē: et consilij defectū significat. nā vt animus i ratiocināndo cū ad ambiguū locū pueit: subsistit donec nodū illū soluat. Sic et corp9 ab illo qdāmō sistit. z ifrēdēs. C frēdere ē frāgere. Vn infrēdere: q adhuc p iesporci dicūt: q adhuc p etatē fabā vl similia frāgere nō pñt. Sed de hoc i Geor. Hinc ex qdā similitudie infrēdere dicūt: qui vocē dentib9 infringētes cōfusū sonitū emittūt: quod irati furiosiq3 est. y Tirynthius. S. a tirynthia in qua nutritus est ciuitate; vt supra diximus.

Lustrat auentini montem: ter saxea temptat
Limina nequicq͂: ter fessus valle resedit.
Stabat acuta silex precisis vndiq͂ saxis:
Spelunce dorso insurgens: altissima visu:
Dirarum nidis domus opportuna volucrū.
Hanc vt prona iugo leuū incūbebat ad amnē:
Dexter in aduersum nitens concussit: & imis
Auulsam soluit radicibus: inde repente
Impulit: impulsu quo maxim⁹ intonat ether:
Dissultant ripe: refluitq͂ exterritus amnis.
At specus & caci detecta apparuit ingens
Regia: & vmbrose penitus patuere cauerne.
Non secus ac siqua penitus vi terra dehiscens
Infernas reseret sedes: & regna recludat
pallida dijs inuisa: superq͂ immane barathrū
Cernatur: trepident immisso lumine manes.
Ergo insperata deprensum in luce repente:
Inclusumq͂ cauo saxo: atq͂ insueta rudentem
Desuper alcides telis premit: omniaq͂ arma
Aduocat: & ramis vastisq͂ molaribus instat.
Ille autē (neq͂ enī fuga iam sup͂ vlla pericli est)
Faucibus ingentem fumum (mirabile dictu)
Euomit: inuoluitq͂ domum caligine ceca.
prospectū eripiens oculis: glomeratq͂ sub antro
Fumiferā noctē: cōmixtis igne tenebris.
Non tulit alcides animis: seq͂ ipse per ignem
Precipiti iecit saltu: qua plurimus vndam
Fumus agit: nebulaq͂ ingens specus estuat
Hic cacū ī tenebris incēdia vana vomētē atra:
Corripit in nodū cōplexus: & angit inherens
Elisos oculos: & siccum sanguine guttur.

a Auentini montē. S. vt fontē timaui. Butroti vrbem. i. Auentinū mōtē. a Ter fessus val. resedit. S. egens consilii. Salust. Fessus in Pamphiliam se receperat. Nā corpe fatigatum dicim⁹. Animo vero fessum. Quis hec sepe cōfundat auctoritas. b Stabat acuta si. S. pe neomnes hāc silicem dixerunt. Nam et Varro et Lucretius ita dicūt: Tanta tñ est Virgilii auctoritas: vt psuadeat nobis etiam hunc silicē dici. D. Stabat acuta silex. nō solū virt⁹: sed etiā prudētia Hercul: ōndit. c Dirarū volucrum. S. modo dirarū nō mali omis dicit: vt sunt bubones: sicq͂ hūanis cadauerib⁹ vescebant. dixit eni foribusq͂ affixa sup̄bis. Ora virū tristi pēdebant pallida tabo. d Concussit. S. soluit: impulit. satis signat vi⁹ est verbis: e Refluitq͂ exterritus am. S. Rem naturę vertit in fabulā: cum ruina rupis i se currere ñ posset: & recurrere in se faciat necesse sit impetū fluminis. e At specus. D. In hoc loco spelūca significat longitudinē & interiores recessus. f Ingens regia. S. Regia sicut Cacus putabat: sic est & illud dictū: Illa se iactet in aula Aeolus. D. Regia. latitudinē. g Penit⁹ patuere. S. admissum lumē est vsq͂ ad secreta speluncę. h Cauernę. S. Cauernas aūt spelūcę p tapinosim dixit. D. Cauernę. coartatas angustias. fuit spelūca sed p qlitate psonę dicta est regia. Cauernas aūt dixit patuisse id est non solū latas ptes sed angustas. i Si q͂ vi. S. Terrę hiatus nō nisi ex terremotu fit: q q͂m aut motu aquę de iferiorib⁹ nascit: aut crebris tonitrubus: aut de cōcauis terris erumpentib⁹ ventis. Ideo ait: si qua vi. Q. aūt dic infernas reserate sedes.

Notandū est etiā de impossibilibus posse fieri cōparationē. k Regia. DONA. Quia sibi tirannidem agitaret. l Dijs inuisa. SER. Superbis scili cet. m Baratrum. CRIST. grecum est: latine vorago: id est immensa & inexplebilis profunditas. n Trepident immisso lumine manes. S. Lucanus. Et subito feriere die. CR. Trepident. Ob insuetudinē. Comdiscitur. Vnde multi elidens legunt: & integer sensus est. Nam elisos σολοικοφανες. facit: id est figura: que masculinum & neutrum: vel accusatiuū cum nōiatiuo iungit: vt sic. ita angit guttur: & elisos oculos facit. d Siccum sanguie. S. p hoc iā ex animū cadauer ōndit.

paratio aūt ipsa in omnibus correspondet. o Insueta rudētē: SER. clamantē: & abusiue dictū est: sicut supra de leonibus. Et sera sub nocte rudentū. Nam rudere, p prie asinorū est: Persi⁹. findor vt Arcadię pecuaria rudere credas. C. Rudentē. Optime: nam ex timore hūanā vocē efferre rat: & more suo corripuit primā syllabam quam alii pducūt. p Telis premit. S. Omne qd iaci potest: telū vocat: dictū απο του τηλοθεν. Vnde omniaq͂ arma aduocat. q Omnia arma aduocat. C. i. omnia q͂ ad manus veniūt i suū auxiliū trahit: & veluti arma adhibet. Nam aduocare in suū auxiliū vocare ē: hinc aduocatū defensorē dicimus. r Molarib⁹. S. asperrimis saxis: nō vnde mole fiūt: & scdm Homerum dixit. s Sup vlla pericli est. C. i. sup est. per Themasin.

t Inuoluit. C. Implet fumo se inuoluentem. v Caliginē. C. Et fumū & tenebras p eadē reposuit: ne dū ad idē verbū reuertit: fastidiū inferat: et est expolitio. x Nō tulit animis. S. Iratus est q̄ ita repugnaret. Vnde ex accensiōe irę in ignē periculo māifesto se se iecit.

y Per ignē. S. p eā rem: vnde ille sperabat auxilium. z Qua plurim⁹ vndā fumus agit. C. Cum illum peteret: neq͂ videre posset: assequbat huiuscemodi coiectura: vt ibi eē putaret: vbi plurimus fumus esset. a Nebula. CRI. Pro fumo posuit. b Incendia vana. S. q̄ntum ad Hercul̄ ptinet. c Angit inherēs Elisos oclos et siccū sāguie guttur. S. Angit guttur. Bñ dicimus: Nā angit oclos nō procedit. Ergo angit ad vnā rē pertinet: vt disce puer virtutē ex me: verumq͂ laborem: fortunā ex aliis. Nam fortuna nō

Pandit'[?] extēplo foribus domus atra reuulsis:
Abstractęqꝫ boues:[e] abiuratęqꝫ rapinæ
Cœlo ostendūtur:pedibusqꝫ [f] informe cadauer
protrahitur: [g] nequeunt expleri corda tuendo
Terribiles oculos:vultum:villosaqꝫ setis
pectora semiferi:atqꝫ [h] extinctos faucibus ignes.
Ex illo celebratus honos: [i] lętiqꝫ minores
Seruauere diem:primusqꝫ [k] potitius auctor:
Et domus herculei custos pinaria sacri:
Hanc aram [l] luco statuit:quę [m] maxima semper
Dicetur nobis:& erit q̄ maxima semper.
Quare agite o iuuenes tātarū in mūere laudū
Cingite frōde comas:& pocl'a [n] porgite dextris:
[o] Cōmunēqꝫ vocate deū:& date vina volentes.
Dixerat: [p] herculea bicolor cū populus vmbra
Velauitqꝫ comas:folijsqꝫ innexa pependit:
[q] Et sacer impleuit dextram cyphus: ocius oēs
In mensa lęti libant:diuosqꝫ precantur.
[r] Deuexo interea propior fit vesper olympo:
Iamqꝫ sacerdotes:primusqꝫ potitius ibant:
pellibus in [s] morē cincti:flāmasqꝫ ferebant.
Instaurant epulas: & [t] mensæ grata secundæ

e Abiuratę ꝑ rapinę. S. abiurare est rem creditam negare ꝑiurio Plautus i curcul. Qui abiurat si qd creditū est: sed hoc isti loco nō congruit. Vn̄ mō abiuratas rapinas cōtra ius detētas intelligam⁹. f Informe cadauer. S. magnū. Et cadauer est corp⁹ nōdū sepultū: q̄d careat honore sepulturę. g Nequeūt expleri corda tuēdo. S. nō poterant hoīes videndo cadauer sua corda satiare. C. Expleri corda: satiare voluptatē: quā capiebāt ob ei⁹ mortē. h Ignes extinctos. CR. At quō tuebant̄: si erat extinctus: Sz cuiuscūqꝫ sensus ē cognoscere ea: quoꝝ iudex est: atqꝫ etiā priuationē illorū: Ergo oculis cognoscim⁹ colores: & etiā tenebras. auribus voces & silētiū. i Lętiqꝫ minores. SER. Noue & satis licenter dixit minores: cum ab ipso Euandro Herculē cōstet esse susceptū: & minores non dicam⁹ nisi quotiens graduū deficit nomē: vt puta filius: nepos: pronepos: abnepos: trinepos. vbi isti tres grad⁹ defecērūt. merito iam dicimus minores. sic etiā maiores dicim⁹ post patris: aui: proaui: abaui: atauiqꝫ vocabulū. k Primusqꝫ potitius auctor: Et domus herculei cust. pi. sacri. S. Apud maiores raro aduenę suscipiebant̄: nisi haberent ius hospitii. Incertū em̄ erat q̄ aio venirēt. Vn̄ etiā Hercules primo ab Euādro nō ē suscept⁹. Postea vero cum se et Iouis filium esse dixisset: & morte Caci virtutē suā ꝓbasset: est susceptus: et pro numine est habitus. Deniqꝫ ei ara maxima ē constituta: q̄d ei Herculi Delphicus Apollo in Italia fore p̄dixerat: cū ergo de suo armēto ad sua sacrificia boues dedisset: inuenti sunt duo senes: Pinarius & Potitius: quibus qualiter se coli vellet ostendit: scilicet vt mane & vespere ei sacrificaretur. Perfecto itaqꝫ matutino sacrificio: cū circa solis occasum essent sacra repetenda: Potitius prior aduenit: Pinarius postea extis iā redditis. Vn̄ iratus Hercules statuit: vt pinariorū familia tm̄ ministra esset epulantibus potitiis: & cōplentib⁹ sacra. Vn̄ etiā Pinarii dicti sunt απο της πεινας. id ē a fame. Nā senē illū Pinariū constat alio nomie esse nūcupatū. Hinc est ꝙ paulo post Potitiū tm̄ facit cōpatione: Vt primusqꝫ potitius ibat: Qꝫ aūt dicit dom⁹ Herculei custos pinaria sacri: nō est contrariū. Nā custos est minister: vt in decimo. At triuię custos iā dudū in mōtib⁹ opis alta sedet. i. ministra. l Luco. S. Templū em̄ nōdū habuerat Hercules: sed arā tantūmodo: vt dixim⁹ supra. m Maxima. S. ingēs em̄ est ara Herculis: sicut videm⁹ hodieqꝫ. CR. Quę maxima: Romāi bouē indomitū singul' annis Herculi sacrificabāt. Dixerat p̄terea Hercules: quisquis illi sacrificaret diuitē futurum. Ara maxima erat prope forum boarium: sed sub diuo. templū Herculis erat prope Tybrim. erat aūt obseruatio: vt ait Macrobi⁹: vt in Hercul' ꝯsaris epularent̄ sedentes: Corneli⁹ balbus exegeticus ait obseruatū: ne apud arā maximā lectisterniū fieret: in eodē loco oēs aperto capite sacrificabant: ne hitū dei imitarēt̄: q illic aperto capite sedet. Varro ait hunc gręcū morē eē. CR. Bassus. Refert arā maximaꝫ añ aduentū Aeneę in Italia constitutā esse: q hūc ritū velandi capitis inuenit.

n Porgite dextris. S. p̄bete inuicē pocula. & est Homeri. o Cōmunēqꝫ vocate deū. S. Aut qa Argiuus est Hercules: & sup dixit Aeneas: tā gręcos q̄ꝫ Troianus de vno sanguinis fonte descendere: aut cōmunē deū dixit vtriusqꝫ naturę medium id est inter mortalitatē et diuinitatē. Sunt numina aliqua tm̄ cœlestia: aliq tm̄ terrestria: aliq media: quos deus Apuleius mediocres vocat. Alii cōmunē deū: ideo dictū volūt: quia scd̄m pontificalem ritū: idē est Hercules: q et Mars. Nam stellā vnam hr̄e dicunt̄: & nouimus Martē cōmunē dici. Cicero. Martemqꝫ deū cōmunem Virgi. Ipse et diis cōmunib⁹. Item paulo p⁹. Dat salios Herculi, quos Martis esse dubiū nō est. D. Cōmunē. vt ꝑ coniūctionē fœderū se Troianis cōmixtū ostēdat. vel quia Troianis & Archadibus idem erat genus.

p Herculea ꝑpl's. S. Herculi consecrata: q cū ad inferos descendēs fatigaret labore. dicit̄ de hac arbore corona facta caput velasse. Vnde foliorū ps tpibus coherens: et capiti abluit sudorē. Pars vero exterior ꝓpter inferiorum colorem nigra ꝑmansit: & honeste ꝑpendit populus: id est corona de populo. q Et sacer impleuit dextram scyphus. SER. Legit̄ in libris antiquis Herculē ad Italiā ingens ligneū poculū attulisse: q̊ vtebant̄ in sacris: q̄d ne carię cōsumeret̄: pice oblitū conseruabat̄: cui⁹ magnitudinem significat. Impleuit dexterā scyphus. C. Scyphus. Herculis est poculū. Pingebāt em̄ illū sculptores cū poculo: et nōnunqꝫ ebriū: nō solū ꝙ is heros bibax ꝓhibet̄: sed ꝙ fabula antiq ipm poculo tanqꝫ nauigio maria transisse referat. Sed putat Macrobi⁹ illū nauigio: cui scypho nomē esset nauigasse. Sunt q dicant illū in Italiam poculū hoc ligneū vexisse: ac pro monumento reliquisse. Italia autem ad defendendā vetustatem pice obduxisse.

r Deuexo olympo. SER. inclinato in noctem cœlo:

s Pellibus in more cincti. S. aut in morē Herculis: aut certe sacerdotū. t Mensę grata secundę. S. quia vt diximus: vna pomorum; altera fuit carnis apud Romanos.

Dona ferũt: cumulantq; oneratis lancibꝰ aras.
Tum salij ad cantus incensa altaria circum
populeis adsunt euincti tempora ramis.
Hic iuuenũ chorus: ille senũ: q carmine laudes
Herculeas & facta ferunt: vt prima nouercę
Mõstra mãu: geminosq; p̄mẽs eliserit angues.
Vt bello egregias idem disiecerit vrbes:
Troiamq;: oechaliamq;: vt durosmille labores
Rege sub eurysteo: fat is iunonis iniquę
pertulerit: tu nubigenas inuicte bimembres:
Hylęumq;: pholumq; manu: tu cressia mactas
prodigia: et vastum nemeę sub rupe leonem.
Te stygij tremuere lacus: te ianitor orchi
Ossa super recubans antro semesa cruento.
Nec te vllę facies: non terruit ipse tiphoeus
Arduus arma tenens: nõ te rationis egentem
Lernęus turba capitũ circumstetit anguis.
Salue vera Iouis proles: decus addite diuis:
Et nos & tua dexter adi pede sacra secundo.
Talia carminibus celebrant: suꝑ omnia caci
Speluncã adiiciunt: spirantẽq; ignibus ipsum.
Cõsonat oẽe nemꝰ strepitu: collesq; resultãt.

¶ Exin se cuncti diuinis rebus ad vrbem
perfectis referunt: ibat rex obsitus euo:
Et comitẽ Aeneã iuxta: natumq; tenebat
Ingrediens: varioq; viam sermone leuabat.
Miratur: facilesq; oculos fert omnia circum
Aeneas: capiturq; locis: & singula lętus:
Exquiritq;: auditq; virũ monumẽta priorum.
Tum rex Euander Romanę conditor arcis:
Hęc nemora idigenę fauni: nymphęq; tenebãt:

DO. Secundę. prosperę. v Cumulantq; oneratis lan. aras. S. i. reddunt exta. x Salii. S. Qui tripudiantes aras circũibãt salientes. y Laudes Herculeas & facta S. Senes tm̃ voce laudes herculis exeq̃bant. Iuuenes & gestu corꝑis eiꝰ facta mõstrabant. z Prima nouercę. S. Bñ prima. Nam & oĩa alia: Iunonis insidiis ꝑtulit. Fabula autẽ hoc habet: Hercules natꝰ est cũ Iphiclo Amphitrionis filio: sed cũ Iuno duos serpentes imisisset herculi: Iphiclꝰ de cunis terrore lapsꝰ suo vagitu excitauit parentes. Qui cũ insurrexissent: viderũt Herculẽ angentẽ manibꝰ angues immissos ei nouercalibus odiis.
a Eliserit. S. p̄focauerit.
b Troiamq;. S. vt supra diximꝰ Troiam Hercules euertit ꝓpter negatos sibi a Laomedonte eq̃s diuino semine ꝓcreatos: & ob hęsione nuptias quã a cetu liberauerat. Sane Critici frustra culpant Virgi. q͛ p̃ntibꝰ Troianis Troię introduxerit excidiũ: nõ respicientes: q͛ hoc fecit ratio hymnorũ: q̃bus aliq̃d subtrahere sacrilegiũ est.
c Oechaliamq;. S. Eurithus rex Oechalię Iolẽ filiam: denegauit Herculi ante ꝓmissam: ideo q͛ eũ fuerat filius dehortatus dicens: ab Hercule & Megarã vxorẽ: et ex ea filios interemptos: q̃d factũ fuerat Iunõis instinctu. Vñ iratus Hercules ꝓpter nuptias sibi denegatas euersa ciuitate interemit Eurythũ: et Iolem sustulit.
d Nubigenas. S. de Ixione et nube ꝓcreatos cẽtauros: vt diximꝰ supra.
e Hylęũq; pholũq;. S. Hylęũ. Theseus iteremit. Pholꝰ vero herculẽ suscepit hospitio eo tẽpe q̃ ad expugnãdos cẽtauros ꝓfectus ẽ. Luc. Hospes et alcidę magni phole. vñ appet ꝑ poeticã licentiã noia esse ꝓ noibꝰ posita.
f Cressia mactas ꝓdi. S. Bene ad leonẽ quẽ interemit refert. nã Cretensem taurũ nõ interemit: sꝫ icolumẽ ad Eurystheũ ꝑduxit: vno tñ ṽbo verũ q̃ sępe concludit: vt. Disce puer virtutẽ ex me: verumq; laborem. Fortunã ex aliis.
g Nemeę sub rupe. S. Nemea sylua ẽ vicina thebis: in q̃ Hercules interemit leonẽ. Nemeę aũt Anapestus est. Nam et ne & me breues sunt.
h Te stygii tre. lacꝰ. S. Inferni: q̃ tpe descẽdit ad rapiendum cerberum.
i Ossa suꝑ recu. S. Aut ad terrorẽ dictũ ẽ: aut certe illud est: q̃d etiã. s̃. diximus: Cerberũ esse terraꝫ: quę corpa sepulta consumit. Nã inde cerberꝰ dictꝰ est: quasi. κρεωβορος. Alii pueriliter volũt a cerbero amphiarii ossa cõsumi: qui hiatu terrę scd̃m Statiũ viuꝰ descẽdit ad inferos.
k Semesa cruẽto. S. Semẽsum ñ dicimꝰ: nec ensum: nã esum facit et comesũ.
l Nec te vllę fa. S. Id est spẽs more suo.
m Ipse Tiphoeus. S. et hoc poetice. Nam si interimit centauros: queadmodũ etiã gigantũ interfuit p̄lio: qui añ innumeros annos fuisse dicunt.
n Non te rõis egentẽ. S. Liptotes figura. Nã minꝰ dixit et plꝰ intelligimꝰ. hoc eñ dicit: prudẽtissimũ nõ te circũuenit. & est talis figura: q̃lis: munera nec sperno.
o Lerneus turba capitũ cir. ang. S. id est hidra.
p Salue vera Iouis p. & c. S. Nullus eñ hũano sanguine ꝓcreatus tãta ꝑficeret.
q Dexter adi. S. i. propitius.
r Et pede sacra secundo. S. i. ꝓspero omine.
s Suꝑ oĩa caci. S. i. hoc factũ laudãt vltra oĩa: & sic est dictũ: vt est: & te suꝑ omia dona vnũ oro. Et bñ q̃ntũ ad ipsos ꝑtinet rẽ maiorẽ seruauere post omnia.
¶ t Obsitus euo. S. ętate. inuolutꝰ: vt Teren. Annis pannisq; obsitꝰ.
v Facilesq; oc. f. o. circũ. S. Physici dicunt ex vino mobiliores oculos fieri. Plautus. Faciles oclos habet: id est mobiles vino.
v Capiturq; locis. S. delectatur. C. Capit locis. Veluti p̄sagio q̃dã mẽtis q͛ illic futurũ esset caput imperii.
x Romãe conditor arcis. S. Conditor palantei: vbi nũc palatiũ est: q̃d non reuera arx: sed tenet rerũ oĩm principatum. C. Cõditor Romãę

Gensq̧ virū truncis:& duro robore nata: (ros
Quis neq̧ mos:neq̧ cult⁹ erat:nec iūgere tau/

arcis. Sic em̄ nō nulli pu/tarūt. Sed varias decon/dita Roma opiniōes alio in loco dixim⁹. y Hęc nemora indigenę fauni. S. inde geniti. Et sciēdum ſm Hesiodi. theogoniā: primos deosgenitos: Inde hemitheos: post heroas. Inde homies innocentes: vltimo sceleratos: quē hic nūc ordinē seruat. C. Indigenę. In eo loco nati: & q̄rū origo non sit aliunde: q̄s greci. αυτοχθονεσ. vocant. z Truncis & au. ro. nata. S. Hoc figmentū ortū: ex antiq̄ hoim habitatiōe: q an̄ fa factas domos: aut in cauis arboribus: aut spelūcis mane/bant: Qui cū exinde egrederēt. vt suā educerēt sobolē: di/cti sūt inde pcreati. C. Trūc: q̄si q̄d a principio orbis inde originē traxerīt: Nā q ex antiq̄s philosophis mūdū habu isse principiū volūt, referunt terram ipsam post elemento rū diuisionē cenosam ex/titisse: eamq̧ a sole paula tim densatā: et suo calore refermētatam: in plurimis locis tāq̧ vlcera q̄dā tan q̧ folliculo ogata pduxisse: vt etiā nūc in ęgypti paludib⁹ videm⁹ accidere. Cū ergo in hūidis calore adhibito generatio fiat: et noctu quidā circūfluus aer humorē p̄stet: q inde sole cōsolideṫ: tandē putredines illę: tpe ad ptū pducte sūt: vnde effractis folliculis variarū formarū aīalia exierunt. Inter cętera et homies. Quā opiniōē Euripedes Anaxagore discipul⁹: in ea quam menalippem fabula scribit refert. Hi igiṫ a principio vagi inculti sine morib⁹ aut legib⁹ per syl/uas viuebant: donec aliq̄s qui sapientia ac eloq̄ntia p̄dit⁹ paulatim a feritate ad hūanitē reducēs in vnū eos coegit: atq̧ illis & moenia: et leges posuit. a Neq̧ cultus erat.

[b] Aut cōponere opes norant: aut [c] parcere parto:
Sed [d] rami: atq; aſper victu venatus alebat.
[e] primus ab ęthereo venit ſaturnus olympo
Arma iouis fugiens: & regnis exul ademptis:
[f] Is genus indocile ac diſperſum mōtib⁹ altis
Compoſuit: [g] legeſq; dedit: [h] latiumq; vocari
Maluit: his quoniā latuiſſet tutus in oris:
[i] Aureaq; (vt perhibent) illo ſub rege fuere
Sęcula: [k] ſic placida populos in pace regebat:
Deterior donec paulatim: ac [l] decolor ętas:
Et belli rabies: & amor ſucceſſit habendi.
Tum [m] manus auſonię: & gentes venere Sicanę:
Sępius & nomen poſuit ſaturnia tellus.
Tum reges: aſperq; [n] immani corpore tybris.
A quo poſt Itali fluuium cognomine thybrim
Diximus: amiſit verum vetus [o] albula nomen.
Me [p] pulſum patria: [q] pelagiq; extrema ſequentē
[r] Fortuna omnipotēs: & ineluctabile fatum

SER. id eſt nullam ſui curam habebant. b Compo-nere opes. S. i. reſeruare: ordinare. c Parcere parto. S. D: die ingt viuebant: nec inuenta ſeruabant. d Rami atq; aſper victu venatus alebat. S. cognatio quō victu ale-bant: aut venatu montiū: aut arborum ramis. e Pri-mus ab ęthe. ve. ſatur. olympo. S. Hoc dicit ſecundū poe-ticū morē. Nam Saturn⁹ rex fuit Cretę: quē Iuppiter filius bello pepulit: hic fugiens ab Iano ſuſceptus eſt: q regna-bat in Italia: quē cū docuiſſet vſum vinearū: & falcis: i par-tem eſt admiſſus imperii & ſibi oppidū fecit: p⁹ea ſuū repetiuit imperiū. f Is gen⁹ indocile. S. ꝓ indoctū. nā indocile ē: q̄d penitus nō p̄t diſcere: In-doctū q̄d nōdū didicit. Hos āt dic̄ eē icōpoſitos. Vnde appet: q̄ indocile dicit ꝓ idoctū. Hoc ē aūt quod dicit Cice. in primo rhetoricoꝝ. Feros adhuc hoīes magni cuiuſdā vi-rtoratione compoſitos. g Legeſq; dedit. S. Atq̄ dixit: Haud vinclis nec le-gibus equā. Sed intelligi-mus Saturnū dediſſe le-ges: quib⁹ adeo obtēpa-uerūt: cū iā antea ꝑ natu-rā ſine legibus viuerent. h Latiūq; vo. maluit. S. Bn̄ maluit: Nā et Sa-turnia dicta eſt: vt & no-men poſuit Saturnia tel-lus. Et Virgil⁹ Latiū vult dici: ꝙ illic ſaturn⁹ latuit. Varro aut Latiū dici pu-tat: ꝙ latet Italia inter p̄-cipitia alpium & Apenni-ni. i Aureaq; vt phi-bent. C. Regnabat (teſte Higinio: qui Protarchū trallianū ſecut⁹ eſt) in hac regione Ian⁹ atq; Camer-ſes tanta concordia: vt re-gio Cameſenę: oppidum Ianiculū diceret. Verū cū iā ad ſolū Ianū regnū ꝑ-ueniſſet: ipſe Saturnū cre-ta a Ioue pulſum naui de-latū hoſpitio accepit: at-q; ab illo agriculturā edo-ctus: eū regni ſociū fecit: et cū primus ęra ſignaſſet: in alte-ra parte Saturni effigiē: in altera nauis q̄ aduectus fuerat: imprimendū curauit. Cum autem inter hęc Saturnus nū-q̄ appareret. Ianus oēm terrā ſuę ditionis parentē appella-uit: & Saturnalia illi inſtituit: Saturnia oppidū puū fuit ſub Capitolio conditū: ab originib⁹ in mēoriā Saturni: In eo erat ſaturnia porta: q̄ deīn pandana eſt noīata: Satur-nus mōs ſeqntib⁹ tpibus dictus ē Tarpeius: ſunt q dicāt ſaturniā terrā a fertilitate dictā: quia ſaturan⁹ ſit deus ferti-litatis. Inde agros fertiles ſaturāos dixerūt. k Sic placi-da po. ī pa. regebat. S. vt merito aurea ſęcula crederent. l Decolor ętas. S. vitioſa. In oī em̄ vitioſo corpe ineſt peſ-ſimus color: & alludit ad naturā metalli: quā cernim⁹ di-ſcolorē: nec imerito: ſupra em̄ dixerat: Aurea ſęcula. Ideo nunc dicit decolor ętas. m Tū ma. auſo. & gē. ve-nere ſicanę. S. Om̄s terrę habitatores: aut indigenę: aut ad-uenę: aut cōuenę. Indigenę ſunt inde geniti: vt de faunis di-xit. Aduenę de vno loco veničtes: vt Saturn⁹. Conuenę de diuerſis: vt Auſones et Sicani. Sicani aūt ſm nōnullos po-puli ſunt hiſpanię: a Sicoro fluuio dicti. Luca. Heſperios

īter ſicoris nō vltim⁹ amnis. hi duce Siculo venerūt ad Ita-liā: et eā tenuerūt excluſ aboriginib⁹: mox illi pulſi ab illis: q̄s añ pepulerāt iſulā vicinā Italię occupauerūt: et eā ſicaniā a gentis noīe: Siciliā vero a ducis noīe dixerūt: quāq; Thu-cydides de Sicilia Italum dixit veniſſe: & ab eo Italiam eē appellatā. C. Auſonię: Auſones eā partē Italię habitauerūt: quę eſt ꝑe rheginos ad meridiē in dorſo Apennini: ſic di-cti. ab Auſone antiqſſimo rege ex archadia huc profecto. Q̄ui p⁹ea ſparſi ad Italiā: Aborigēes ſūt noīati. ❡ Sicani vide Seruiū ❡ Sicanos: i eadē iſula (vt refert Dio-nyſius) venerūt ſiculi: qui Italię ppl̄i: cū pelaſgis & Aboriginibus pares eſſe nō poſſent: Italiam oēm inferiorē innotū ꝑegran-tes in ꝓximā inſulā obſer-uato ęſtu transfretarunt. Occuparant aūt prius ſi-cani hiſpanū genus: q li-gures fugerāt: & Sicaniā a ſe inſulā noīarunt: q̄ an-tea a figura triāgulari tri-nacria dicebat̄. Iſti igitur a ſe Siciliā nominarunt: quod fuit (vt placꝫ Ella-nico leſbico) trib⁹ ętatib⁹ añ res Troianas. Is enim dicit eorū regē noīatū Si-culū: a q̄ & ipſi & inſula nomē acceperūt: Philiſt⁹ aūt Syracuſanus ſcribit tempus tranſmiſſiōis an-nis octoginta añ troianū bellum fuiſſe: & ab eo di-ctos eē ſiculos: Antioch⁹ ſyracuſanus ſiculos hos exactos fuiſſe ab Oeno-triis & vmbris. Thucy-dides ſcribit Siculos pul-ſos ab opicis multis an-nis poſt troicum bellū.

n Immani corpe ty. S. Hic Tuſcorū rex fuit: qui iuxta hūc fluuiū pugnās cecidit: & ei nomē impo-ſuit: Alii volūt iſtū ipm regē latrocinatū eſſe circa huius fluminis ripas: & tranſeūtib⁹ crebras iniuri-as intuliſſe. Vnde tyberis quaſi. υβρισ. dictus. απο της υβρεως. id eſt ab iniu-ria. Nam amabant maiores: vbi aſpiratio erat θ ponere. Alii (vt ſup̄ diximus) volunt eos q de Sicilia venerūt tybe-rim dixiſſe: ad ſiītudidiē foſſę ſyracuſanę: quā fecerūt per iniuriā Afri: & athenienſes iuxta ciuitatis murū: nam q̄d Liui⁹ dicit ab Albano rege tyberim dictū: nō p̄cedit. Ideo quia etiā añ Albam thybris dictus iuenit̄. o Albula. S. Antiquū hoc nomē a colore habuit. p Me pulſum pa. S. aut (vt dixim⁹ ſup̄) propter patricidiū: aut certe ora-culorū neceſſitate cōpulſum. D. Me pulſum. Non ſua cul-pa patria caruiſſe: ſed fatorū demonſtrat: quę (vt ip̄e dicit) ſūt iſuperabilia. q Pelagiq; extrema. S. per extrema pelagi actū. Aut (vt dicit Donat⁹) per pelagus extrema pe-lagi ſ q̄ntē: aut pelagi aduerbiū eſt. r Fortuna omp̄s et ineluc. fatū. S. ſcđm Stoicos locut⁹ ē q naſci & mori fatis dant: media oia fortūę: nā vitę hūana incerta ſunt omīa: vnde & miſcuit: ut q̄ſi plenū oñderet dogma. Nam nihil tam cōtrariū eſt fato q̄ caſus: Sed ſcđm ſtoicos dixit. C. Fortūa oipotēs. Videt̄ ponere ꝓ fato in hoc loco. ꝓpterea q; omnipotentē appellat. Quomō aūt a philoſophis fatū

His posuere locis: matrisq̃[s] egere[t] tremenda
Carmētis[v] nymphę mōita: & de⁹ auctor[x] apollo.
Vix ea dict[a]: dehinc pgressus[y]: mōstrat & arā:
Et carmentalem: romano nomine portam
Quā memorāt: nymphę priscū Carmētis honorem
Vatis[z] fatidicę: cecinit[a] q̃ prima futuros
Aeneadas magnos: & nobile pallanteum:
Hinc lucū[b] ingentē: quē romulus acer asylum[c]
Rettulit: & gelida[d] monstrat sub rupe lupercal:
parrhasio[e] dictum[f] panos[g] de more lycei.
Necnon[h] & sacri monstrat nemus argileti:
Testaturq̃[i] locū: & lętum[k] docet hospitis argi.
Hinc ad tarpeiam sedem: & capitolia[l] ducit.
Aurea[m] nunc: olim syluestribus horrida dumis.

a fortuna: & a casu diuidat̃: alio loco: puto dixisse. Euandrū aūt ex Pallanteo vrbe archadię in Italiam venisse sexaginta ānos aū res Troianas: ait Diony. creditū q̃ eē Mercurii filiū: et nymphę cuiusdā Archadię incolę: quam greci thenon eē dicūt: fatidicāq̃ demōstrāt Romāi carmentē dixerūt: quia ventura carmie pdiceret. Quo aūt duxit venerit: qm̄ dissidētē populo pars inferior victo excessit. Receptus est liberaliter a Fauno rege Aborigenū pnepote Martis: atq̃ ab eo data est portio agri. quam voluerūt Archades: qui pauci erant: elegerunt premōstrante carmenta collem Tyberi vicinū: paruūq̃ in eo oppidū condiderūt q̃d appellarūt pallāciū a metropolo eorū regionis q̃ Polybius dicit dictū a pallāte adolescēte ibi mortuo: sed nullū vestigiū extat: q̃d Euander aliq̃s cerimonias illi instituerit: cum arā Carmenta sub Capitolio erexerit iuxta portā carmentalem. Instituerūt autē templū Pani Lyceo archadū deo vetustissimo ī loco quē Romani Lupercal: nos lyceum dicimus: Erat aūt illis tpib⁹ antrū magnū sub colle arboribus tectū: & fontes sub petris pfundi: & adherēs rupibus densa sylua ibi atra: apud quā etiā nunc romani sacra faciūt mense februario: cū zona pellis caprinę discurrentes pugnantiū fœminarū dextras ad facilē partū verberant. Hinc nōnulli putāt dictū lupercal: eo q̃ luāt p caprū. In vertice collis victorię tēplū erat. hęc et longe pla in Diony. Sūt alia de Euandro q̄ apud Seruium: & cōciuem nostrum Boccatium florentinū inuenies: s Matrisq̃. DONA. Nam & mater & dea: quę contra pietatis meritum monere filiū nō posset. t Egere. S. coegere: vt ostēdat se q̄si inuitū. v Carmētis nymphę monita. S. matris ei⁹. Nymphę aūt maritę dixit: Nā grece sponsa νυμφη. dicitur. Hęc aūt non vere nympha fuit: sʒ vaticinatrix. x Auctor. S. s. oraculorū. y Monstrat & arā. S. quā mr̄i fecit extinctę. Est aūt iuxta portam: q̄ primo a Carmēte carmētalis dicta ē. post scelerata. Fabiis. ccco. viris p ipsam in bellū pfect; nō suntreuersi. z Vatis fatidicę. S. Bn̄ addidit fatidicę. Nam vatē et poetā possum⁹ intelligere. Luca. Nec si te pectore vates accipiam: vn̄ solū plenū nō erat. Ergo tale est: vt est illud ī Salustio. In tugurio mulieris ancillę: nō q̄a mulieris: statim & ancillę: si aūt ancilla statim & mulier est. a Quę prima. S. Quia postea etiā Sibylla dixit nobile pallāteū: scʒ sicut et æneades. D. Cecinit q̄ prima. Magnū argumentū q̃ dea fuerit et fatidica: cū prima cecinerit Aeneadas futuros magnos: & pallanteum futurū nobile. b Lucum. D. qui postea a Romulo Asyli nomē accepit. c Asylū retulit. S. Postq̄ Hercules migrauit e terris: nepotes eius timētes insidias eorū q̄s auus afflixerat: athenis sibi primū Asylum: hoc ē templū munimē collocarūt: vn̄ nullus posset abduci: q̃d etiā Stati⁹ dic: Herculeos fama est fundasse nepotes. Iō ergo ait: q̃ Romulus acer Asylū retulit: hoc est: fecit ad imitationem atheniensiū Asyli: q̃d ideo Romulus fecit: vt haberet aduenas plēs: cū q̄bus conderet Romam. Iuuenalis: Et tn̄ vt longe repetas: longeq̃ reuoluas. Nomen ab infami gentes deducis Asylo. d Gelida mōstrat sub rupe Lupcal. S. sub mōte Palatino est q̄dā spelūca: in q̄ de Capro luebat̃. i. sacrificabat̃. Vn̄ & lupercal dictū nōnulli putant. Alii vero dicūt: q̃ illic lupa Remū & Romulum nutrierat. Alii (q̃d ē verisimili⁹) lucū hunc eē sacratū Pani deo Archadię: ceu etiā mōs Lyceus ī Archadia est cōsecrat⁹: & dictus est quod λυκους. id est lupos non sinat in oues sęuire. Ergo ideo & Euander deo gētis suę sacrauit locū: & nomīauit Lupercal: q̃ psidio ipsi⁹ numis lupi a pecudibus arcerent̃. D. Lupercal. vn̄ luperci & lupcalia dicūt. e Parrhasio dictū pa. de mo. lycęi. S. Ordo est: Monstrat Lupcal panos lycęi dictū de more parrhasio. i. ostendit lupercal panos Lycęi dicatum ex more archadico. Nā parrhasia archadia est. f Dictū. S. dicatū consecratū. g Panos lycęi. SER. huius panos gtūs grecus est: & panos lycęi sic dictū ē. vt Iouis olympi. Apollinis delphorū. h Sacri monstrat nem⁹ argilęti. S. sacri execrabil. Sane argilletū multi volunt: q̄si argiletum a pingui terra. Alii a fabula: nā Euāder argum q̄ndā suscepit hospitio: qui cū de eius cogitaret interitu: vt ipse regnaret: Euādro hęc nō sentiente: socii intellexerunt: & Argum necarūt. Cui Euāder & sepulchrū fecit: & lucū sacrauit: nō q̃ ille merebat̃: sed hospitalitatis causa. Bene aūt Euāder in hac re immoratur: et docet causas: ne apud hospitem in suspitionem veniat. Ergo argiletum ab Argo illic sacrato & sepulto. DONA. Argi. qui ex hospite factus est inimicus: Vn̄ nō erat pudendū: si hospitem talem interemisset: qui hospitalis religionis oblitus fuisset. i Testatq̃ lo. & lę. hospitis argi. S. Iurat nō sua culpa: iura hospitii esse violata. k Lętum docet. C. id est docet. & qui lętū intulerit: & quare intulerūt: vt culpā a se amoueat. Nunc is capitolia & tarpeia et aurea. Nam Euandri tpibus: nec aura erāt: nec illa noia hēbant. Nā mōs iste primo Saturn⁹ est appellatus: deinde Tarpei⁹ a Tarpeia virgine Sabinorū scutis necata: de q̄ Properti⁹: Tarpeię manes: & tarpeię turpe sepulchrum. Fabor & antiqui limina capta Iouis. Postremo est. Tarquin⁹ priscus fundamēta ad ędē Iouis faciendā, cauaret ab inuēto hūano capite capitoliū dixit: q̃d seq̄ntib⁹ tpib⁹ ita ornatū excultūq̃ fuit: vt primū inter septē orbis spectacula poneret̃. l Ducit. D. ostendēdo: nō autē ambulando. Nam senex ardua nō ascendisset vesptino tpe. m Aurea nunc: oli syluest. S. Nunc ad vtrunq̃ ptinet: et ad aureā: et ad Tarpeiam sedem. Nam tarpeia sedes dicta est a Tarpeia virgine. Cum em̄ Romulus contra Sabinos bella tractaret: & Tarpeio cuidā dedisset arcē tuendā: filia eius Tarpeia aquatū pfecta in hostes incidit: quā cū cohortarent̃ ad pditionē: illa pro p̄mio poposcit ornatū manuū sinistrarum. i. armillas. Facta itaq̃ arcis pditione hostes ingeniosa morte promissa soluerūt: Nam scuta: id eſt ſiniſtrorum manuū ornatum ſupꝰ illam iacentes eam priuauerūt luce: que illic ſepulta: tarpeię ſedi nomen impoſuit. n Religio. S. i. metus: ab eo ꝙ metuētē religet diſcta religio. o Terrebat. CR. Nam primus in orbe deos fecit timor. ¶ Paupis Euādri. Vtꝰ vt oñdat nq̄ta deinde incremēta fuerint vrbis Romę: Vel ꝑ tranſitū antiquorū frugalitatē laudat. p Dira. S. magna: vt an ſua cuicꝫ deus ſit dira cupido.

q Hoc nemꝰ. SER. Bene vbicꝫ nemus dixit: nā tunc edificia non erant.

r Ipm credūt ſe vidiſſe Iouem. S. In hoc. ſ. nemore. Sane ad illud alludit: ꝙ primi dicunt Ioui templa feciſſe: nec enim lōge ſunt a monte olympico: vnde eos dixit Iouem vidiſſe: et ꝙ ipſi ſunt. προσέληνοι. id eſt ante lunam creati: vt Statius. Archades aſtris: lunacꝫ priores: Licꝫ dicat Saluſtiꝰ primo Cretēſes inueniſſe religionem. Vnde apud eos natus fingit Iuppiter.

s Aegida concuteret. S. Hic diſtinguēdū eſt: Nā aegida: id eſt pellē amalthee capre: a qua nutritꝰ eſt in ſiniſtra Iuppiter tenet. t Dextra nymboſcꝫ cieret. S. Et de dextra fulmina cōmoueret. Nam modo nymbos ꝓ fluminibꝰ poſuit: que de dextra iacit. Aegidis aūt cōcuſſio commouet pluuias. v Diſiectis oppida muris. S. Vnum Iani: aliud Saturni: iā tunc vetuſta.

x Monumenta virorū. SER. Hoc ſermōe oſtendit etiam Saturnum virum fuiſſe.

y Ad tecta: DO. vt iam appropinquaſſe oſtēdat: non autē tecta: ne ingredi viderentur.

z Paſſimcꝫ armēta videbant. S. Que poſt mortē Caci nullo timore paſſim vagabātur. C. Nam in his priſcorum diuitię erant. a Romanocꝫ foro. S. Romanum forum eſt vbi nūc roſtra ſunt. CRI. Romanocꝫ foro. Poſt palatium erat in via ſacra ad radices capitolii. b Lautis mugire carinis. S. Carinę ſunt ędificia facta in carinarū modum: que erant intra templū telluris. Lautis autem dixit propter elegantiā ędificiorum: aut ꝓpter auguſtū q natus eſt cunis veteribus: & nutritus eſt in lautis carinis. C. Carinę viam ſacram pertingebant. Vincula diui Petri in illis ſunt. c Victor alcides ſubiit. SERVI. ευσυμβολος.

Iam tum relligio pauidos terrebat agreſtes
Dira loci: iam tum ſyluam: ſaxūcꝫ tremebant:
Hoc nemus, hunc (inqt) frondoſo vertice collē
Quis deus īcertū eſt: habitat deꝰ: arcades ipm
Credunt ſe vidiſſe Iouem: cum ſępe nigrantē
Aegida concuteret dextra: nymboſcꝫ cieret.
Hęc duo preterea diſiectis oppida muris:
Relliquias: veterūcꝫ vides monumēta virorū.
Hanc Ianus pater: hanc Saturnꝰ condidit arcē:
Ianiculum huic: illi fuerat ſaturnia nomen.
Talibus inter ſe dictis ad tecta ſubibant
pauperis Euandri: paſſimcꝫ armenta videbāt:
Romanocꝫ foro: & lautis mugire carinis.
Vt ventum ad ſedes: hęc inquit limīa victor
Alcides ſubiit: hęc illum regia cepit.
Aude hoſpes cōtemnere opes: & te q̄ꝫ dignū
Finge deo: rebuſcꝫ veni non aſper egenis:
Dixit: & anguſti ſubter faſtigia tecti
Ingentem Aeneam duxit: ſtratiſcꝫ locauit
Effultum foliis: & pelle lybiſtidis vrſę.
¶ Nox ruit: & fuſcis tellurem amplectit alis:
At venus haud animo nequicꝫ exterrita mr̄:
Laurentūcꝫ minis: & duro mota tumultu:
Vulcanū alloquit: thalamocꝫ hęc coniugis aureo
Incipit: & dictis diuinū inſpirat amorē.

id eſt bonū Aeneę omen oſtenditur. d Regia. DON. Quecuncꝫ domus modo a rege habitet: regia iure dicit. CRI. Hęc regia. q̄ſ dicat. q̄uis parua & humilis: & oſtendit magnos viros: nō fortunę pompas: ſed animi virtutes admirari. e Aude hoſpes contēnere opes. S. Bn̄ aude. quaſi rem arduā & difficilem. DO. Aude hoſpes. Multū tribuit ęneę: cum Herculi cōparet. f Dignū finge deo. S. Cōpone te in ſīlitudinē numīs g Rebuſcꝫ veni nō aſ. egenis. D. id eſt ne aſpere veni rebus n̄ egenis. Sū enī pauper: cui et ſi copia deſit: aliq̄nte tn̄ ſubſtantię ſunt. Sed n̄ ſū egenꝰ: ille enim in miſeria eſt: & egeſtate. Ergo. n̄. bis repetendum. h Anguſti ſubter faſt. tecti duxit. SER. ex contrarietate q̄ſi tus ornatus. Ait enim: anguſti teſti ſubter faſtigia īgentē æn eā duxit. C. Anguſti ingentē Aeneā. pulcherrima eſt declamatio a contrario. & occulte ſignificat etiā magnos animos in anguſtis laribus inueniri poſſe.

i Pelle lybiſtidis vrſę. S. ſpecies pro genere. Nam cuiuſlibet ferę poſſumus accipe. D. Lybiſtid. vrſę. Vt ex ꝑtio beſtię aliquid gratię illi ſtrato adderet. k Exterrita mr̄. S. Ideo territa: quia mater. l Vulcanū alloquit. DO. Tantū hn̄s ſpei q̄ntum vxor de viro concipet debet: Et tm̄ deſperationis: quantū odiū inter victricum et ꝑuignū eſſe conſueuit: ergo illū fraude adoritur. m Thalamo. D. vt inter ſecreta lectuli extorq̄ret: quod ille nollet. n Dictis diuinū inſpirat amorem. S. Petitura ꝓ filio de adulterio ꝓcreato: orōnem ſuam ingenti arte cōpoſuit: Quod etiā Vulcanꝰ ipſe teſtat dicēs: Quid cauſas petis ex alto? Non em̄ aperta eſt eiꝰ petitio: ſꝫ lōgo procemio peruerſam amore mariti circūuenit mentem. Ergo queſtionē hanc q̄ naſcit ex petitiōe Veneris impudica: ſolumꝰ his modis. Primo ꝙ Vulcanū amore circumuenit. Deinde ꝙ eſt nacta occaſionē eius temporis: quo Marti arma faciebat: quē fuiſſe ſciebat adulterū. Per quod datur intelligi: Vulcanū omnē ſuſpitionem: & iram quam habuit circa Venerē depoſuiſſe: adeo vt arma etiam ipſe fabricaret adultero. Preterea Vulcanū vxorium fuiſſe: teſtatur & Virgilius dicens. Tunc pater eterno fatur

Dum° bello argolici vastabant pergama reges
Debi^p^ta: casuras inimicis ignibus arces:
Non vllum auxili^q^um miseris: nõ arma rogau i:

deuictus amore. Et Statius vbi Martem Venus alloquit: vt. At non eadẽ vulcania nobis: obsequia & lesi at tamen ira mariti. Nam q̃d dicit Donatus potuisse fieri: vt cum Anchisa concũberet Venus: anteq̃ Vulcano nuberet: non procedit. Constat eñi a principio Venerẽ vxorem fuisse vulcani. DO. Diuinũ. Quem humanis pectoribus dono inserere consueuit. Nã amor q est ex voluntate nostra humanus est. CRI. Diuinum amorẽ, quasi dicat, maximum: & qualis a tali dea inspirari posset.

o Dum bello argolici. CR. In deliberatiuo genere est. Petit enim arma filio. Est autem causa turpis: cum petat & filio arma a marito: quẽ ipsa ex adulterio conceperat. Qua

ꝓpter magna ex parte ponit ꝑsonã pro ꝑsona. Demõstrat eñi causa Troianorum maxime moueri. Captat aũt in primis beniuolẽtiã a ꝑsona sua: cũ ostendat maximam rõnẽ mariti habuisse: & q̃uis multũ cupet Troianoꝝ cã: plurimum q̃ deberet Troianis ꝓpter iudiciũ paridis, tamẽ numq̃ voluisse illum incassum laborare: in re nihil profutura. Nunc autem petere arma cum teucri iussu Iouis in Italia, cõstituti fuerit; p Debita. S. Fataliter ad exitiũ destiata. q Miseris. S. Atqui honestum est miseris subuenire.; sed hoc dicit: Cum te fatigarem pro hominibus fati necessita te perituris. r Artis opis, CRISTOF. Quasi dicat: quę facile pręstare potuisses.

a Charissime C. cum efficacia ꝓtulit: & gestus lenocinio. Charissime. Propterea nolui te incassum laborare: qa mihi es carissimus. Carissime. Quasi hoc verbo medeẽ dolori inueterato Vulcani ex adulterio Anchisę: q̃si inferat: nõ ꝓpterea se Anchisę admiscuisse: ꝙ tedio mariti afficeretur: sed alia veniali cã: ergo carissime cõiũx, i. cuiꝰ cõiugiũ mihi sẽp gratissimũ fuit: nam nulla alia re grauiꝰ ferũt vxoris adulteriũ viri: q̃ȝ ꝙ dolet postponi in amore.

c Clausis ferrum acuant portis. SER. Dixit enim superius. Quinq; adeo magnę positis incudibus vrbes.
d In me. SER. Artificiose arma petit: et iam sibi profutura. Nam a grecis fuerat vulnerata: Vnde est: Equidem credo mea vulnera restant. DO. In me. Iunxit personam suam: vt magis moueret.
e Et niueis hinc atq; hinc. CRI. Fœminarũ est: vt pulchritudini et blãditiis plꝰ confidant q̃ȝ veris argumentationibus: ipsa aũt prudentissime egit: vt primo rationibus cõmoueret: deinde cõmotu: mpulchritudine: & blanditiis impelleret.

Artis [r] opisq; tuę: nec te [a] carissime coniunx:
Incassum ve tuos volui exercere labores.
Quãuis [v] & priami deberem plurima natis,
Et durum Aeneę fleuissem sępe laborem.
Nunc [x] Iouis imperiis rutulorũ constitit oris:
Ergo [y] eadẽ supplex venio: & sanctũ mihi numẽ
Arma [z] rogo: genitrix nato [a] te filia Nerei:
Te potuit lachrymis tithonia flectere cõiunx.
Aspice [b] qui coeant populi: quę mœnia clausis [c]
Ferrum acuant portis [d] in me: excidiũq; meorũ.
Dixerat: [e] & niueis hinc atq; hinc diua lacertis
Cunctantẽ [f] amplexu mollis fouet: ille repente
Accepit [g] solitam flammã: notusq; medullas
Intrauit calor: & [h] labefacta per ossa cucurrit.
Non secus: atq; [i] olim tonitru corrupta corusco
Ignea [k] rima micans percurrit lumine nymbos.
Sensit [l] lęta dolis: & formę [m] conscia coniunx.
Tum pater [n]: ęterno fatur deuinctus [o] amore.
Quid causas petis [p] ex alto? fiducia cessit
Quo tibi diua mei? similis si cura fuisset

r Priami deberẽ plurima natis. S. Scimus ꝙ paridi tm̃ debuit: sed hoc idẽ habet ad aliarũ cõmemorationẽ ꝑsonaꝝ: ne ex turpi cã paridi debuisse videat. D. Priami natis. De Creusa maxime itelligit: laborat aũt vt verecunde videatur petere: ne mariti auxiliũ inaniter rogaret in rebꝰ q̃ remoueri nõ possent. C. Quãuis priami natis: q̃d debebat paridi soli: veluti gratissima se omnibus debere dicit.

v Aeneę fleuis. sę. laborẽ. S. Bñ post pergama: post Troianos: post Priami liberos: cũ excusatiõe cõmẽoratio fit Aeneę: dicit enĩ se eius foelicitate cõmotã. C. Et durũ aeneę. Non noiauit Aeneã nisi iam corroborata cã: atq; eũ conat̃ ducere in cõmiseratiõem: cũ eius nomiat dierũ laborẽ: & cũ m̃ctũ consideret formę suę addit: fleuisse: vt moueat̃ ꝓpter se: si nõ mouet̃ ꝓpter Aeneam. x Iouis imꝑiis. S. Ne videret̃ impudẽs: si aliena regna deposceret: & hoc latenter dicere videt̃: faue huic cui etiã Iuppiter fauet. C. Iouis iꝑiis rutuloꝝ. oñdit egere auxilio: qa in oris rutulorum. oñdit pericl'a nõ eẽ ieuitabilia: q̃z sint sub cutela Iouis. y Eadẽ: S. Quę tunc: scilicet silui. DO. Eadem quę tacui.

f Cunctantem. S. scilicet de promissiõe: quam rem per amplexũ suum immisso amore ꝓsoluit. CRIS. Cunctantem ex morali sensu docet: maximos etiã viros muliebri forma lenocinio domari posse: vt de Hercule: Iasone referunt.

g Accepit solitam flã. SER. Ostendit plus profuisse loci: temporis: & personę obseruationem: q̃ȝ verba.

h Labefacta per ossa. SER. Si ossa labefecit: quanto magis animum.
i Atq; olim. S. fere vt solet. nam non est aduerbium temporis.

k Ignea rima micans. SER. id est fulmen: cuiꝰ naturam expressit: Nanq; nubes vẽto coactę: plerunq; rumpuntur: & ex se fulmen emittunt.

CRIST. Ergo eadem. Ostenderat causam petendi esse honestam: neq; desperandam: nunc ponit petitionem.
z Arma rogo. S. Hic distinguendũ: vt cui petat: non dicat: sed relinquat intelligi. a Genitrix nato te filia nerei. S. Thetis quę Achilli arma impetrauit: & bonis vtitur comparationibꝰ dicendo filia Nerei: cum ipsa Iouis sit filia. Item vxor tithonia: cum ipsa sit Vulcani. Neri autem pro nerei. Omnia aũt quę in eus exeunt hodie: apud maiores in es exibant: vt Thydeus tydes: & gtm̃ in is mittebant: vt Thydis: neris. sed quia plerunq; s in latinitate detrahitur: remanebat. i. hinc est filia neri. indutus Achilli. Item in Salustio ad bellum Persi macedonicum: sic asper. Tithonia coniunx. Aurora petiuit pro Memnone. DO. Genitrix nato. Maiorẽ miserationem mouet nominibus necessitudinũ q̃ȝ mouisset nominibꝰ propriis. CR. Nato filia. Ergo cõcedendũ o te. Potuit lachry. con. Argumẽtũ a maiori. b Aspice. C. Ostendit auxiliũ necessarium propter hostium potentiam.

l Sensit lęta dolis. CRIST. Nihil enim foeminę gratius accidere potest q̃ȝ cum sentit sua pulchritudine virũ vinci.
m Formę conscia coniunx. SER. Intellexit se dolis & pulchritudine peruertisse mentem mariti.
n Pater. DO qui loco patris Aeneę esset profuturus:
o Deuictus. SER. Hoc sermone ostendit eum cuncta posse concedere.
p Ex alto. SER. Argumentatione longe repetita. DO. Quid causas petis ex alto? Loquit̃ quasi nõ ipse eẽt: qui paulo ante cunctabatur. Ex alto. Longa circuitione verborum. CRIST. Quid causas ex alto. Animaduerterat artificiosam coniugis oratiõem Vulcanus: & illam per insinuationem argumentationis ex longinquo repetisse: & veluti amore perdomitus: operam suam perfectã absolutãq; pollicet̃: Quis enim amori resistat? Vnde ipse alibi. Omnia vincit amor: & nos: cedamus amori.
q Nec pater omnipotens. D. Non posse penitus subuerti; sed posse differri fata ostendit poeta.

Nec fata vetabant stare. S. Atqui supra ait debita: Sed sciendũ secundũ aruspicinę libros: & sacra aruntia: quę Tages composuisse dicit: fata decẽ annis q̃dã rõne differri: quod nunc dicit Vulcanus potuisse fieri: Ergo nõ est cõtrarium. Nam fata differunt tñ: nunq̃ penit⁹ immutant: qd' etiã Iuno dicit: Atq̃ immota manet fatis lauinia coniunx: at trahere atq̃ moram tantis licet addere rebus.

c Cum foemina primũ. C. Ostendit per transitũ oportere bonã matrẽfamilias assiduo opere cũcta quę domi sũt curare: & pro viribus familiã nutrire: & castitatẽ duritia vitę: et assiduo labore seruare. Quapropter recte Iuuenalis Prestabat castas hũilis fortuna latinas. Quõdã nec vitiis cõtingi parua sinebat Tecta labor: somniq̃ breues tusco Vexatę durẽq̃ manus.

Tum quoq̃: fas nobis teucros armare fuisset.
Nec pater oĩpotens Troiam: nec fata vetabãt
Stare: decẽq̃ alios priamũ superesse per annos.
Et nunc si bellare paras: atq̃ hęc tibi mens est:
Quicquid in arte mea possum ꝓmittere curę
Quod fieri ferro: liquido ve potestur electro:
Quantũ ignes: animęq̃ valent (absiste ꝑcãdo
Viribus indubitare tuis) ea verba locutus:
Optatos dedit amplexus: placidumq̃ petiuit
Coniugis infusus gremio ꝑ membra soporẽ.
Inde vbi prima quies medio iã noctis abacta
Curriculo expulerat somnũ: cũ foemina primũ
Cui tolerare colo vitam: tenuiq̃ minerua:
Impositum cinerem: & sopitos suscitat ignes:
Noctẽ addens operi: famulasq̃ ad lumĩa lõge
Exercet penso. castum vt seruare cubile
Coniugis: & possit paruos educere natos:

s Si bellare paras. S. q̃a dixerat: In me excidiũq̃ meorũ. t Possum promittere. curę. S. Vel possũ quicq̃d curę est. i. officii et sollicitudinis. v Ferro. DO. ad robur pertinet. x Liquido elect. S. pulchro. Et scd'm Pliniũ in naturali historia: sũt tria electri genera: vnum ex arborib⁹: q̃d succinũ dr̃: aliud q̃d naturalr̃ inuenitur. Tertiũ quod fit de tribus partibus auri. et vna argenti: q̃s partes etiam si naturã resoluas inuenies. Vnde errant q dicũt melius esse naturale. Electri aũt natura: ꝓbat veneno: quo recepto & stridorem emittit: & varios in dissimilitudinem reddit colores. DO. Electro. ad pulchritudinẽ pertinet. Sed armorum splendor vehementer terret hostes. CR. Liquido ve potestur electro. Non me fugit inueniri apd' antiq̃s potestur. Nam Lucre. ait in tertio. quod tñ expleri nulla ratione potestur. vt etiam dixerunt potesse. Idẽ. Qd' si forte vna credũt ratiõe potesse. Verũ in hoc versu non stat: quia electrũ primam syllabam producit. Est enim ηλεκτρον: grece. & η littera semper apud nos in. e. longam transit. Ergo si dicatur liquido ve potestur electro corripitur e: quoniam est vltima dactili: qua ratione inductus: puto Virgiliũ hunc versum fecisse spondaicũ: vt est. Cornua velatarũ subduxim⁹ antẽnarũ. Et alibi: Sic costã longo subduximus apennino. Quapropter dicet: q̃d fieri ferro ve potest electro: vt. test. e. sit in quinta sede spondeus pro dactilo: quod apud grecos tritissimũ est.

y Animę. SERVIVS. Ventis. απο των ανεμων. Quia scd'm ãtiq̃s omĩa ventus est: vt atq̃ inuẽtos vita recessit. D. Animę. ventis: quib⁹ ignis animat. CR. Animę. venti. Hora. Impellũt aię lintea thratię: nam vento ꝑ folles concitato egent fabri ferrarii ad ignẽ viuificandũ. Inde flãma a flatu dicit. z Precando viribus indu. tuis. S. i. dubitare. Nam in vacat: & hoc idem precum nimietas postulationis significat dubitationem.

a Coniugis infu. gremio. S. Hoc est ante concubuit: & sic quieuit. Probus vero & Carminius propter cacephaton infusum legunt: vt sit sensus: Dormit cum cõiuge dormiente. i. petiit soporẽ infusum: etiam in cõiugis gremio. DO. Gremio. intelligitur gremiũ: nõ solũ sedentis sinũ: verum etiam quicquid homini ad requiẽ prestiterit locũ. Ita alibi. Et fotũ gremio dea tollit in altum.

b Curriculo. S. tempore modo; alias loco; alias officio.

d Colo. S. Hunc sequimur. nã huius coli dicimus: nõ vt Statius: hui⁹ colus in sexto theb. Extrema iam fila colu datus ordo senectę. Et in quarto. Nigrę sororum in trauere colus. e Tenuiq̃ Minerua. S. non filo tenui: sed paruo precio lanificii: & alii hic distinguũt: et subaudiũt mos est: aut placet: vt sit sensus: Cui tolerare colo vitam tenuiq̃ Minerua mos ẽ. vel placet: & hoc inferũt. impositũ cinerem & sopitos: vt contra Horatiũ. Incędis ꝑ ignes suppositos cineri doloso. Alii sic legunt: Tenuiq̃ minerua impositum: id est cui hęc necessitas fataliter data est. f Noctẽ addens operi. S. per transitũ ostẽdit eẽ noctẽ partem diei. C. Noctem. q̃ multę in nimia lasciuia conterũt.

g Famulasq̃. DO. Pro manibus accipiam⁹: q̃bus vice famularum vtuntur pauperiores: quib⁹ ad cõparandas famulas pecunia nõ est. C. Famulasq̃. Nam quę regendę familię preest: omnẽ a muliebri sexu desidiam dimouere oportet: si illũ castũ continere cupit. Recte ergo Ouidius. Otia si tollas periere cupidinis arc⁹.

h Exercet penso. SER. fatigat. Terentius in Andria. Primo hęc parce: ac duriter vitam agebat: lana et tela victum queritans. Hinc ergo traxit Virgilius: vt diceret: castum vt seruare cubile. CRIST. Penso. a pensando dicitur pensum: accipiebant enim famulę lanam certo quodam pondere. ergo quod pensaretur pensum dicebant. Hinc libraria erat: quę reliquis lanam pendebat. Pendere enim pondus facit: a pendo fit penso. Dicimus etiam pensum examen: & diligentem curam siue cogitatiõem & consultationem: quam in maiorib⁹ rebus adhibere cauti consueuerunt: quia si a corporeis ad incorporea translationem faciamus: cogitare: est ipsas res pendere. Et quia prisci pecuniam quę ænea fuit: nõ numerabãt: sed pendebant: pendere soluere dicebant. Rependere est aliud ꝓ alio pendere.

i Paruos. CRI. Qui sub labore. aut industria sibi consulere per ętatem nequnt: aut quia paruuli magis sunt sub protectione materna q̃ paterna.

k Ignipotens. SER. Vulcanus vt diximus ignis est: Et dicitur Vulcanus q̃si volican⁹: q̃ per aerem volet. Ignis enim e nubibus nascitur. Vnde & Homerus dicit eum de aere precipitatum in terras: q̃ omne fulmen de aere cadit: Quod quia crebo in Lemnũ insulam iacitur: Ideo in eam de dicitur cecidisse Vulcanus: Claudus autẽ dicitur: quia ꝑ

naturā nunq; rectus est ignis l Ad fabrilia surgit. SER. ex contrariis epithetis fecit ornatū dicens: Mollibus e stratis opera ad fabrilia surgit.
m Sicanium iuxta latus Aeoliamq; erigitur liparen: SERV. Phisiologia est: cur Vulcanus in his locis officinā habere fingatur inter Liparen & Aetnam: scilicet propter ignem et ventos: quę apta sunt fabris. Aeoliam autē ideo liparen: quia vna ē de illis septem insulis: quib⁹ Aeolus imperauit.

positum. Dicit autem in fulmine partem non perfectam: partem iam politam fuisse. z Iam parte polita. CRI. Ostendit Vulcani studiū perficiendorū armorū: qui opus inchoatum relinqui iussit: & id opus quod esset omnium maximū: & eius esset dei: qui ceteris omnibus diis imperaret. a Toto genitor quę plurima coelo. S. Toto id est ab omni parte coeli. Nam dicunt physici de sexdecim partibus coeli iaci fulmina. Quę aut q̄lia vt. Hūc ḡ te Euryale aspicio: id est talem. Ergo hoc dicit: faciebant fulmen in eorū similitudinē: quę Iuppiter iacit toto coelo: hoc est diuersis ptibus coeli: scilicet sexdecim.

Haud secus [k] ignipotēs: nec tempe segnior illo:
Mollibus e [l] stratis opera ad fabrilia surgit.
Insula [m] sicanium iuxta latus: æoliamq;
Erigitur liparen: fumantibus ardua saxis:
Quam subter specus: & [n] cyclopū exesa caminis
[o] Antra ęthnea tonant: validiq; incudib⁹ ictus
[p] Auditi referunt gemitum: striduntq; cauernis
[q] Stricturę [r] calybū: & fornacibus ignis anhelat:
Vulcani domus: & vulcania nomine tellus.
Hoc [s] tunc ignipotens coelo descendit ab alto.
Ferrum exercebant vasto cyclopes in antro.
[t] Brontesq;: [v] steropesq;: & nud⁹ [x] mēbra pyracmō.
[y] His informatum manibus: iam [z] parte polita
Fulmen erat: toto [a] genitor quę plurima coelo
Deijcit in terras: pars imperfecta manebat.
[b] Tris imbris torti radios: tris nubis aquosę
Addiderant: rutuli tris ignis: & alitis austri.
[f] Fulgores nūc terrificos: [g] sonitūq; : metumq;
Miscebant operi: flammisq; [h] sequacibus iras.
parte alia marti currumq; rotasq; volucres
[i] Instaurāt: quibus ille viros: q̄bus excitat vrbes.

n Cyclopum. CR. Strabo ait: Cyclopas septem fuisse: quos gasterochiras id est ventrimanos dicit appellatos: quoniam sua industria & artificio alebant: elyciasq; vocatos fuisse. Hesio. tres fuisse scribit Brontem: Steropē: et Harpen: filios coeli & terrę. dictos deniq; Cyclopes: quia vnicum rotundum in frōte habent oculum. Alii dicunt Neptūni ex Amphitrite. Isti primo i creta ferrariā exercuerūt.

o Antra æthnea tonāt: SER. magnitudinē ictuum ostendit: quibus & vicini montes resultabāt: aut certe Aethnea: quasi æthnea dixit.
p Auditi referūt gemitum. S. per eccho. & breuiter significauit.

q Stricturę calybū. S: Strictura est terra in massam coacta.
r Calybum. SER. Calybes proprie sunt populi apud quos nascitur ferrum: vt ipse. At calybes nudi ferrū: virosaq; pontus Castorea: Vnde modo calybum posuit stricturas: pro ferri massis.

s Hoc tunc. S. id est huc tum: Et hoc p huc posuit: secundū antiquū morem. Nam antea hoc aduerbiū loci fuit: q̄d nunc aboleuit: Nam crebro in antiquis lectiōibus inuenitur: sicut i epistolis probat verri⁹ Flaccus: exemplis: auctoritate: et ratione: dicens in aduerbio pro u. o. plęrunq; maiores ponere consuetos: & sic pro huc hoc veteres dicere solebant: sicut pro illuc illo dicimus. Vnde etiā hoc o longum apparet esse: sicut in illo dicimus: quod pro illuc ponitur.
t Brontesq;. SER. Quid facturi sint ex nomibus docet: Nam brontes a tonitru dictus est: απο της βροντης.
v Steropesq;. S. a fulgetra: id est. απο της στεροπης.
x Pyracmon. SERVIVS. Qui nunq; a calenti igne descendit. απο της πυρος και ακμονος. Nam pyr ignis est. ακμων. Incus. Et nud⁹ mēbra. Per hūc etiā ceteros nudos fuisse significat.
y Informatū. S, in quandam formā designatum et com

q Tris imbris torti ra. SER. constricti & coacti in grandinē. Statius. Sic cos q̄s asper hiatu pręsolidat boreas. Et sciendum in hoc eum velle ostendere toto āno iaci fulmen. Nam per has Periphrases: tempora ostendit anni totius: quę & quatuor esse: & ternos menses habere manifestum est. Vnde dicit: Tris imbris torti radios. Hoc est grandinis quę abundat per hyemem: Tris nubis aquosę: Hoc est veris quo tempe nimię sūt pluuię. Vt ruit imbriferrum ver. Rutuli tris ignis. hoc est ęstaris. Et alitis austri. Hoc est autumni: quo ventorū crebra sunt flammina: et prudenter his omnibus naturam exprimit fulminis: quod necesse ē: vt per nubes & ventos nascatur. CRISTOF. Tris nubis. Et physice simul: & poetice fulmen describit. Nā quod addidit radios imbris torti: et nubis aquosę: et rutuli ignis: et austri: physicum est. Q̄ vero metum & terrorem adiūgant: poeticum est. Fulmen enim (vt in primo diximus) ex humore est: & calido intra nubem inclusis. f Fulgores nunc terrificos. SER. quos fulgetras dicunt. g Sonitūq; metumq;. SER. Per sonitum tonitrua ostendit: per metum fulgetras. Et hunc ordinem sic posuit: vt homibus uidetur. Nā reuera prior est collisio nubium: vnde ignis emittitur. Nos autem ideo prius fulgetras videmus: q̄ tonitrua audiamus: quia velocior oculorum q̄ aurium sensus est.
h Sequacibus SER. persecutricibus.
i Instabant. CRI. scilicet fabricare. Instare rei: est cum illi ta imminemus; vt nusq; discedamus.

k Aegidaq;. S. Aegis ꝓprie est munimentum pectoris æreū: hñs in medio Gorgonis caput: q̃d munimentū si in pectore numinis fuerit: aegis vocat̃. si in pectore hoĩs sicut in antiq̃s imꝑatoꝝ statuis videmus lorica dicitur. CRIST. Aegida. Scutū fuit Iouis dictum. απο του αιγος. id ẽ caprā. Nã ille a capra amalthea nutritus est: cuius mortuę pelle scutū suum operuit: deinde dono dedit Mineruę. caprã vero inuitã: & restituit: et alia pelle obductã inter astra collocauit: seq; ob capre memoriã ægiochū appellari voluit: vt ait Diodo. k Horrificã. C. ꝓpter caput Medusę: quod in eo Perseus collocauit. l Turbatę. S. ꝑturbãtis: Nam timuit omiotoleuton: & fecit supinam significatõez. Alii ad fabulã referũt: q̃a dr̃ i bello arma perdidisse turbata: vt q̃si ipa nũc repararet: cuius dicti null⁹ auctor idone⁹ repit̃. m Squamis serpen. auroq; po. S. Aegida horrificã: aureis squamis serpẽtū certatim polibant. Alii volũt reuera de corio serpentū dicęre eũ arma esse leuigata. n Cõnexosq; an. S. Gorgonis. s. capiti. o Desecto vertentẽ lu. collo. S. aut sua lumia circũferentẽ: & mortis indignatiõe querentẽ: q̃rũ se interitu posset vlcisci: aut certe itu entẽ lumia i saxa vertẽtẽ. Hoc aũt caput iõ Minerua fingit̃ hr̃e in pectore: q illic est omĩs prudẽtia: quę cõfundit alios: & imperitos ad saxeos cõprobat. p Tollite cũcta inqt. S. Vile est q̃d plęriq; dicũt ꝓpterea arma martis iratum esse Vulcanū: ꝑsertim cũ & arment Mineruam: & fabricẽt fulmĩa Cyclopes: & Vulcan⁹ dixerit: cũcta tollite. ergo tollite aut differte est: aut celerius terminate. DON. Magnum Aenęę meritum: q cuncta superis necessaria tollerentur: vt arma illi fierent. CRIST. Tollite. mira animi festinatio ex orõnis breuitate oñdit̃. Nam q festinat nunq̃ longiorẽ adhibet orõnẽ. q Cœptosq; auf. la. S. Quia dixerat: His informatū mãib⁹. iã ꝑte polita fulmẽ. C. Cœptosq; auferte la. ad exꝑssionẽ rei posuit: Nã nõ ita cũcta tolli iuss[illegible] putandū erat: vt incœpta relinq̃rent imꝑfecta nisi noĩatim hoc exprimeret. r Aethnęi cyclo. S. vt æthnęos fratres. s Huc aduer. mẽtẽ. C. attentionẽ captat. t Acri arma viro. D. Supꝑsilit cui⁹ cã. ne nimis vxorius videret̃: Nec noĩat ꝓuignũ: q naturali malicia odiosus esse potest. C. Arma acri faci. vi. Cũ pondere ꝓferenda verba vt illos attẽtos ad rẽ agendã reddat. v Nũc virib⁹ vs⁹. S. Nũc est vestrarũ viriũ exercitiũ. i. tꝑus exercendę virtutis: circa arma viri fortis. C. Nũc virib⁹ v. Tria posuit: qb⁹ res breui ꝑficit̃: vires: celeritatẽ & artẽ. x Pręcipitate mo. S. pręcipitanter. i. festinãter abiicite. y Nec plã effatus.

SER. Sicut festinantẽ decebat. z Ocius incubuere. S. q̃ ille pręcepat. D. Illi ocius. Iubentis auctas oñdit̃. C. At illi ocius. Nõ ẽ inferioris rñdere: sed iussa q̃ primũ exeq̃ uit: presertim cũ intelligit ꝓperato op⁹ esse. a Incubuere. C. Diligenter. & sine intermissiõe in faciẽdo opꝫ ꝑseuerare.

Aegidaq; horrificam: turbatę palladis arma:
Certatim squamis serpentū auroq; polibant.
Connexosq; angues: ipsamq; in pectore diuę
Gorgona: desecto vertentem lumina collo.
Tollite cuncta inqt: cœptosq; auferte labores
Aethnęi cyclopes: & huc aduertite mentem.
Arma acri facienda viro: nunc viribus vsus:
Nunc mãibus rapidis: oĩi nũc arte magistra:
Pręcipitate moras: nec plura effatus, at illi
Ocius incubuere omnes: pariterq; laborem
Sortiti: fluit ęs riuis: auriq; metallum:
Vulnificusq; chalybs vasta fornace liquescit.
Ingentem clypeum informant: vnũ oĩa contra
Tela latinorum: septenosq; orbibus orbes
Impediunt: alij ventosis follibus auras
Accipiunt: redduntq;: alij stridentia tingunt
Aera lacu: gemit impositis incudibus antrum.
Illi inter se se multa vi brachia tollunt
In numerũ: versantq; tenaci forcipe massam.
¶ Hęc pr̃ Aeolijs properat dum lemnius oris:
Euandrum ex humili tecto lux suscitat alma:

b Pariter. S. pari modo. C. Pariterq; labo. sor. nõ satis est q oẽs incũbant: nisi pariter. i. ęquis portionib⁹ operent̃. c Sortiti: S. diuiserẽ inter se laboris officiũ: vt sortiti remos. d Fluit. D. de auro & reliq̃s metallis q̃ ita fundũt: vt currãt effusa. CR. Fluit ęs &c. Distincte locutus est: Nã ęs & aurũ fũdunt̃: ferrũ aũt ñ funditur: sed liq̃scit. e Vulnific⁹q; chalybs. S. ꝓpriũ apd quē nascit̃ ꝓ ferro posuit: f Liq̃scit. S. Hoc dixit ꝓprie: nã ferrũ non soluit̃: sed mollescit. g Ingẽtẽ. S. magnitudĩe & soliditate. Nã & clipeũ dixit: q magnitudĩe corp⁹ furat̃: vnde et clypeus dictus est: απο του κλεπτειν. & dicturus est septennos orbibus orbes. h Informant. S. designant. i Vnũ oĩa contra tela latinoꝝ. D. Ex ꝑsona poętę: nã Cyclopes nesciebãt cui fabricarẽt. C. vnũ cõtra oĩa tęla. q. d. talem: vt sol⁹ oĩm tęloꝝ violẽtię resistat: et ictib⁹ latioꝝ viroꝝ fortiũ. k Septenosq;. D. Quatuordecim circul̃ sic clipei textura currebat ordinatis oib⁹: vt se inuicẽ necterẽt. C. Septenosq;. Hęc descriptio celeritatẽ vires et ingeniũ: q̃ (oĩa Vulcan⁹ reg̃suerat adhibita a cyclopib⁹) demonstrat. l Impediũt. S. i. veluti septẽ scuta facta in vnitate cõnectunt. m Accipiũt red. S. Iungendũ: vno eodẽq; tẽpe partim reddũt: ꝑtim ventos accipiũt. n Stridẽtia tingũt. S. tingẽdo stridere faciũt. o Incudib⁹. D. Inꝑlali dixit incudib⁹ massam et forcipẽ: in singulari intelligas singul̃ incudib⁹ singl̃as massas et forcipes fuisse. p In nũerũ. S. i. in ordinẽ: Vt tũ vero in nũerũ faunosq; ferasq; videres ludere. D. In nũeꝝ. ordinatis vicib⁹ feriendi & versandi. q Forcipe. S. Forfices sunt: qb⁹ incidim⁹: Forcipes sunt: qb⁹ aliq̃d foruũ tenem⁹: q̃si forulcapes: Nã forũ est calidũ: vñ et formosos dicim⁹: qb⁹ calor sãguis ruborẽ pulchritudĩs creat. ¶ r Hęc dũ ꝓpat. S. ꝓperãter facit: & est honesta locutio. s Aeoliis. S. Nã (vt dixi⁹) Vulcania vna est de septẽ aeoliis. t Lemni⁹. S. q in lemnũ insulã (vt dixi⁹) cecidit a Iunone ꝓpter deformitatẽ deiectus: quã aerẽ cõstat eẽ: ex q̃ fulmina ꝑcreant̃. Iõ aũt Vulcanus de femore Iunonis fingit̃ ꝓcreat⁹: q fulmina de imo aere nascant̃: Qd̃ etiã Luca. dicit: fulmibus terrę propior succedit aer pacẽ summa tenent. u Ex humili tec. lux susci. al. C. Nam ꝑpl̃i rectores vigilantes esse oportet.

x Volucrum sub cul. S. Pōt et generalr̄ accipi volucrū quarūuis: & specialiter: vt hyrundinum.
y Tyrrhena vincula. S. Tusca calciamēta. Et dic crepidas: quas primo habuere senatores: pᵘ equites Romani: nūc milites.
z Tegeęū ensem. S. Archadicū gladium.

Et matutini[x] volucrum sub culmine cantus;
Consurgit senior: tunicaqꝫ inducitur artus.
Et[y] tyrrhena pedum circundat vincula plantis.
Tum lateri: atqꝫ hūeris [z]tegeęū subligat ensem.
Demissa[a] ab lęua pantherę terga retorquens.

a Demissa ab leua panth. S. a sinistro humero pellē demissam hūit: quā ꝓtorq̄ns & in dextrā reuocās ptē se amiciebat. C. Pantherę. et tygris macularū varietate ꝓpe solę bestiarū spectant. Cęteris vnᵘ ac suis cuiusqꝫ generis color est. Pantheris in candido breues macularū oculi. Ferūt colore eoꝝ mire sollicitari q̄drupedes. sed toruitate capitꝭ terreri. Quare eo occultato: reliq̄ dulcedine inuitatas corripiunt. Sunt q̄ credūt in armonis similem lunę esse maculam: ad lunę q̄ꝫ normam crescentem: atq̄ decrescentem. Scaurus primus ędilitate sua. cl. misit. Pompeius magnus. cccc x. In dedicatione theatri Marcelli primum Romę visa est tygris in cauea mansuefacta. Claudiᵘ deinde quattuor c dedit.

b Gemini custodes. S. Hoc et in Homero lectum est: & in hystoria Romana: quę ait Scyphax inter duos canes stans: Scipionē appellauit. c Canes comitantur. CRI. Mira & fidissima est custodia canum. Nam manifestum est (vt et Plinius ait) canē ꝓ salute domini acerrime pugnare aduersus hostes. Garamantum regē ab exilio canes ducenti reduxere: contra prelliantes resistentes. Colophonii et Castabolenses in bello canium cohortes habebāt: & primi in acie dimicabāt acerrime. Preterea multa alia: sed nostra quoq; tempestate plurimi auxilia canum vsi sunt.

d Sermonum memor: SER. scilicet promissi auxilii: vt auxilio tutos dimittā: opibusq; iuuabo. e Heros. SER. Hoc nomen non tantum presentis est: sed & preteriti. Vñ est ꝙ Euandrum Heroē dicit: cū sit virtutis emeritę plerunq; heros & generis est.

f Nec minus Aeneas. CRIST. In vtroq; enim vigilantiam esse oportebat. g Matutinus agebat. SER. Rem temporis ad personam transtulit. h Licito tādem sermone. SER. Tandem quia amborum desiderio nox moram fecerat.

i Maxime teucrorum. CRI. Et maxime laus in Aenea: ꝙ ille sospite diruta patria dici nō possit.

k Nunc; res equidē Troię victas. SER. Satis mature equidem dixit: id est ego equidem Troiam te viuo victam non arbitror: quantum est in opinione mea.

l Pro nomine tanto. SER. pro tui nomis gloria. m Tusco claudimur amni. SER. Tusco ideo dixit: qa ipse fuit Romani finis imperii. Iuuenal. Et quę imperii fines Tyberinū virgo natauit. n Murum circūsonat armis. S. Et breuitatem sui ostendit imperii: & hostilem necessitatem: ob quam se penitus exarmare non poterat. o Sed tibi ego. SER. Artificiose agit: vt etiam quę monstrantur auxilia ipsius videantur esse. CRISTO. Sed tibi ego. Quod meis viribus pręstare non possum: vt alii pręstant entcar. & ipsum consilium auxilii loco persępe habeatur. p Ingentes populos. SER. Non sine causa dixit. Nam Tuscia duodecim Lucumones habuit: id est reges: quibus vn⁹ pręerat. Vnde est: Gens illi triplex populi sub gente quaterni. q Quam sors inopina. SER. Hoc beneficium casus pręstat: qui effecit: vt eo tempore quęras auxilium: quo Tyrrheni ducem requirunt.

r Fatis huc te poscentibus affers. SER. Perge illuc poscētibus fatis: Nā talis est sensus: Sed si legeris affer: similiter fugit fortunā fato: vt supra vbi ait: Fortuna omnipotēs et ineluctabile fatum: Si autem legeris affers: talis erit sensus: fati necessitate factū est: vt venires: fortunę bñficiū: vt illi ducē requirant. CRI. Fatis huc: Maxima enim coniectura est: ꝙ fatis venerit: quādoquidem in tanto commoditatis articulo venerat. s Saxo colitur fundata vetusto. S. antiquo ope: vt. Templa dei saxo venerabar structa vetusto.

t Vrbis agellinę sedes. SER. quę nūc cęre dicit. v Lydia quondā gens. S. quodā insedit: nō bello quondā pclara: Nam & tunc florebat. Sane etiam supra diximꝰ Meoniam puintiā esse: cuiꝰ dū breuitas duos fratres Lydū et Tyrrhenū ferre nō posset: et ex sorte Tyrhenꝰ cū ingenti mltitudine ꝓfectꝰ: partē Italię tenuit. et Tyrrheniā noiauit: Hi diu piraticā exercuerūt: vt etiā Cice. in Hortensio docet: cum captiuos nouis pœnis affligerent: occisorum eos religātes cadaueribꝰ: quod Virgiliꝰ dat Mezētio: sciens lectum esse de Tyrrhenorū gente. Sane illo tēpe Tyrrheni dicti sunt. Post Tusci ἀπὸ τοῦ θύειν. Lydi autē a Lydo rege fratre: qui i ꝓuincia remanserat.

Necnon & gemini custodes limine ab alto
Pręcedunt: gressumq; canes comitant̄ herilem.
Hospitis ęneę sedem: & secreta petebat:
Sermonū memor: & ꝓmissi muneris heros.
Nec minus ęneas se matutinus agebat.
Filius huic pallas: olli comes ibat achates:
Congressi iungunt dextras: mediisq; residunt
Aedibus & licito tandē sermone fruuntur.
Rex prior hęc:
Maxime teucrorū ductor: quo sospite: nunq;
Res equidem troię victas: aut regna fatebor.
Nobis ad belli auxilium pro nomine tanto
Exiguę vires: hinc tusco claudimur amni:
Hinc rutulus ꝓmit: & murū circūsonat armis.
Sed tibi ego ingētes pplos: opulentaq; regnis
Iungere castra paro: quā sors inopina salutem
Ostentat: fatis huc te poscentibus affers.
Haud ꝓcul hinc saxo incolit̄ fundata vetusto
Vrbis agellinę sedes: vbi lydia quondam
Gens bello pręclara: iugis insedit ethruscis.
Hanc mltos florentē annos: rex deinde supbo
Imperio: & sęuis tenuit mezentius armis.
Quid memorē infandas cędes: ꝗd facta tyranni

v Quid memorē infandas cędes. S. Figura oratoria: ꝙ prolepsis vocat̄. Cicero. Nam illa nimis antiqua ꝑtereo. x Facta tyranni. Effera. S. cruenta. CRI. Eiusmodi facta: vt etiā in tyranno efferata essent: ꝗsi dicat: omnem tyrannicam sęuitiam superabant.

y Dii capiti ipsius. S. vt quod dii prius omen in ipsum conuertant.

z Tormenti genus. S. exclamatio est inuicti supplicii. CR. Tormenti genus: Cum summo stupore pronunciandum. quasi dicat: genus tormenti etiam apud tyrannos inauditum.

a Sanie taboque. S. Sanies mortui est. Tabo viuentis: scilicet sanguinis.

b Fessi. C. diuturna crudelique calamitate: & rem verisimilem facit. Non enim aliter ciues a suo rege defecisse credibile erat.

c Circumsistunt ipsum domumque: Obtruncant socios: ig. ad fast. iactant. SER. Vehementia orationis exprimit popularem furorem: & colore rhetorico: quod dissolutum appellant celeritatem rei.

p Ille inter cedes rutulorum elapsus in agros. C. Et dexteritatis sue simul & fortune beneficio illum effugisse ostendit. Id enim dabit esse videturi et sic facit rem credibilem: et simul cum ad Turnum confugerit: ponit causam que illos in auxilium sibi facile asciscat.

e Confugere. S. Confugiebat (& vt diximus) historicus est stilus.

f Defendier. S. defendi: id est defendebat: & vertit historiam. Nam vt diximus. Turnus magis confugit ad Mezentium.

g Presenti Marte. SER. Sine aliqua dilatione.

h Ductorem milibus. SER. Singula verba habent pondus & victoriam promittunt.

i Addam. SERV. aut dabo: aut reuera addam habentibus Tarcontem. Addam ego te. quasi dicat talem tantumque ducem his milibus: quasi innumero militum numero. Quid ergo desperandum: vbi amplissime sunt copie: & ab optimo imperatore regantur: & extrema iraque fortitudinem acuit in regem accense.

k Longeuus] auruspex. SER. Argumento etatis

Efferat: dij capiti ipsius generique reseruent.
Mortua quin etiam iungebat corpora viuis:
Componens manibusque manus: atque oribus ora:
Tormenti genus: & sanie taboque fluentes.
Complexu in misero longa sic morte necabat.
At fessi tandem ciues: infanda furentem
Armati circumsistunt ipsumque domumque:
Obtruncant socios: ignem ad fastigia iactant.
Ille inter cedes: rutulorum elapsus in agros
Confugere: & Turni defendier hospitis armis.
Ergo omnis furijs surrexit ethruria iustis:
Regem ad supplicium presenti marte reposcunt.
His ego te Aenea ductorem milibus addam.
Toto nanque fremunt condense littore puppes.
Signaque ferre iubent: retinet longeuus haruspex
Fata canens: o meonie delecta iuuentus:
Flos veterum: virtusque virum: quos iustus in hostem
Fert dolor: & merita accendit mezentius ira:
Nulli fas italo tantam subiungere gentem:
Externos optate duces: tum ethrusca resedit
Hoc acies campo: monitis exterrita diuum.
Ipse oratores ad me: regnique coronam
Cum sceptro misit: mandatque insignia Tarcon:
Succedam castris: tyrrhenaque regna capessam:
Sed mihi tarda gelu: seclisque effoeta senectus
Inuidet imperium: seraeque ad fortia vires:
Natum exhortarer: ni mixtus matre sabella
Hinc partem patrie traheret: tu cuius & annis
Et generi fatum indulget: quem numina poscunt:
Ingredere o teucrum atque italum fortissime ductor,
Hunc tibi preterea spes: & solatia nostri

vult doctum videri. CR. Longeuus auruspex. Dat fidem & auctem persuadenti. Quia auruspex esset: quod artificium auctore Tage sub aratro inuento ab etruscis originem habuerit: & senex euo. quasi longa experientia edoctus.

l Nulli fas italo. C. addit pene necessitatem: vt etrusci se Aenee committant.

m Optate duces. S. votis scilicet. n Hoc acies camp. S. quasi iam in bellum parati. o Ad me. CR. Ergo facile illas suadebo; cum tantum mihi tribuant.

p Regnique coro. S. insigne non reuera coronam: quoniam Tusci nunquam reges habuerunt, ergo species est pro genere. q Mandatque insignia. S. aut mittit insignia. i. ornamenta regalia: aut reuera madat insignia: id est magna. vt castris succedam et capessam signa tyrrhena.

r Sed mihi tar. gelu. S. occurrit tacitis questionibus dicens: se non iisse propter etatem senilem: filium vero propter mixtum genus per originem matris. Vnde Aeneam dicit ire debere: cui etas et origo regna concedunt.

s Seclisque effoeta senectus. SER. Notandum dicta secula etiam in vno homine: secundum eos qui dicunt seculum triginta annos habere. Nam alii volunt. cx. alii mille annos putant seculum continere.

t Inuidet imperium. S. bona elocutio: vt. Liber Pampineas inuidit collibus vmbras.

v Quem numina poscunt. SER. vt. Externos optate duces

x Italum fortissime ductor. SE. ευσυμβολον. Iam ductorem Italie vocat Aeneam.

y Spes et solatia. SER. Spes quia multa de eius virtute sibi promittebat. ¶ Pater. solatium: qa amissa coniuge vnici filii vtebatur solatio.

z Tolerare. SER. quasi rem asperam & difficilem.
a Sub te magistro. CRIS. q. d. sub optimo magistro: & occulte significat: quod in omnibus artibus optimus sit preceptor eligendus: q̄d philosophi apertissime pcipiunt.
b Miret. S. miret. Luc. Miratoresq; Catõis. Optima enim ingenia necesse est: vt ea q̄ mirant: imitent. c Suo noie. S. Bene in oibus filii grām facit: Nam dicit: dat tibi pallas milites ducentos suo noie: ipse vos a me ducētos accipies.

pallanta adiungam: sub te tolerare magistro
Militiam: & graue martis opus: tua cernere facta
Assuescat: primus et te miretur ab annis.
Archades huic equites bis centū robora pubis
Lecta dabo: totidemq; suo tibi nomīe pallas.
Vix ea fatus erat: defixiq; ora tenebant
Aeneas anchisiades: & fidus achates:
Multaq; dura suo tristi cum corde putabant:
Ni signum coelo cytherea dedisset aperto:
Nanq; improuiso vibratus ab ethere fulgor
Cum sonitu venit: & ruere omnia visa repente:
Tyrrhenusq; tube mugire per ethera clangor.
Suspiciūt: iterū atq; iterū fragor intonat ingēs:
Arma inter nubem coeli regione serena
Per sudum rutilare vident: & pulsa tonare:
Obstupuere animis alij: sed troius heros
Agnouit sonitum: & diue promissa parentis:
Tum memorat: ne vero hospes ne q̄re pfecto
Quē casum portenta ferāt: ego poscor olympo:
Hoc signum cecinit missuram diua creatrix
Si bellum ingrueret: vulcaniaq; arma p auras
Laturam auxilio.
Heu quante miseris cedes laurentibus instant:
Quas poenas mihi turne dabis: q̄ multa sub vn
Scuta virū: galeasq; & fortia corpa volues (das
Tybri pater: poscāt acies: & foedera rumpant.
Hec vbi dicta dedit: solio se tollit ab alto:
Et primū herculeis sopitas ignibus aras
Suscitat: hesternumq; larem: paruosq; penates
Letus adit: mactat lectas de more bidentes
Euander pariter: pariter troiana iuuentus.

d Tristi cū corde. S. propter breuitatē auxiliorū.
e Coelo apto. S. sereno. vt aperta serena pspicere.
f Improuiso. S. nullum enim indiciū pcesserat nubiū. g Cū sonitu. S. tonitru scilicet (vt diximus supra) ordinē tenuit qui nobis appet: vt Fulgetras dicat priores: cū sint ante tonitrua.
h Ruere omia. SER. Sic enim sonat: vt videat ruina. alibi Coeliq; ruina.
i Visa. S. Bn̄ tēperauit dicens visa. k Fulgor. S. fulgetra. l Tyrrhenusq; tube mu. p ethe. clangor. S. Dixit tube id. Quia apud Tuscos tubā constat esse inuētam. Ergo tyrrhenus clangor: sonus tyrrhenarū tubarū: et bn̄ cōgruis omibus arma nunciat p sonos tubarū. C. Tyrrhenus tubarū clan. Nā (vt ait Plinius) a pisęo tyrrheno enea tuba inuēta est. Lactantius tn̄ in his quos in Statii Thebaido cōmentariis reliquit. ait Maletū regē Tyrrhenorū tubam primū inuenisse.
m Fragor itonat. SER. Fragor pprie armorū est sonus. Q, āt dic intonat: illuc spectat. Fulminat aeneas armis: & vult fragore tonitrua: splendore fulgetrā imitari. Nō aūt mirum est a dea libidinis Venere allatis armis inesse fulgorē. Nā & Home. dicit a Thetide oblata arma hr̄e motū quendam: & spiritū: q̄ duo in aq̄l eē manifestū est: Thetidem aūt nouimus Nympham.
n Inter nubē. S. p nubē more suo. Et dicit in serena parte coeli fuisse nubē: per quā arma portanda sunt. o Per sudum. SER. Sudum est quasi subudum: serenum post pluuias: vt. Ver nacte sudum.
p Et pulsa tonare. CR; ex magnitudine sonitus. cum tonare dicat: ostenditur qualia sint arma.

q Agnouit sonitū. SER: hoc est q̄d sonitus significaret.
r Diue pmissa parentis. SER. κατα τοσιωπωμενον: intelligimus Venerem ei promisisse.
s Ne vero ne quere pfecto: S. Ambe particule ad ornatum pertinent tm̄. CRIST. Ne. prohibentis est: Nam negatio imperatiuo nō iungitur: nam non dicimus: non scribe: sed ne scribe. t Hospes. S. Et qui suscipit: et qui suscipitur hospes vocatur: vt alumnus qui alit: et q alitur.
u Portenta. SER. modo bona omina que victoriā portendunt de hostibus. x Ego poscor olym. S. aut de olympo poscor. i. hec signa mei cā fiūt: aut certe in olympum poscor. y Diua creatrix. S. Rerū oim generaliter. CRI. Diua creatrix: omnium creatrix. Sic Lucretius: Aeneadū genitrix hominū: diuūq; voluptas. Alma venus coeli subter labētia signa. Que mare nauigerū: q̄ terras frugi ferētes Cōcelebras: per te q̄m genus omē animatū Concipitur: visitq; exortum lumina solis.

z Ingrueret. CR. immineret. a Heu q. S. adeo de victoria fretus est. vt etiam hostium miseratur: & hinc nascitur ille sensus: Non hec o palla dederas promissa parenti. Item Aeneas. hi nostri reditus expectatiq; triumphi: Hec mea magna fides.
b Foedera rumpant. S. que se facturum Latinus promiserat: nō eim erāt facta. c Herculeis sopitas ignibus aras. S. Hyppalage est: id est suscitauit aras herculeas: in quibus erant ignes sopiti.

d Hesternumq; larem: S. cui pridie sacrificauerat: & est iteratio: Nam male quidam externum legunt: id est extraneum.

e Post hinc ad nauis graditur. SER. vnum vacat: aut post: aut hinc. vt. Post hinc digrediēs iubeo frondentia cāpū. talis est. & illud. Primus ibi ante omnes. CRIST. Post hinc: Primum temporis est: secundum loci.
f Quorum de numero. CRI. Prudens cōsilium: vt neq; solus proficisceretur: castra tamen q̄ minime posset minueret.

g Qui se se in bel. seqūt. S. i expeditionē: et bellicā p̄parationē. Nā (ut supra diximus) bellum est tēpus omne: q̄ vel p̄paratur aliqd pugne necessariū Vel quo pugna gerit. Prelíū aūt dr̄ conflictus ipe bellorū. Vñ mō bñ dixit: Qui se se in bella sequāt nō in p̄liū: Nam ad auxilia petēda vadit: nō ad pugnā. quā q̄ etiā si diceret: Qui se in p̄liū seqūt: nō valde ab re esse videbat. Hi eni equites cum a Tarconte accepisset Aeneas auxilia cum aliis Etru

¶ Post' hinc ad nauis graditur: sociosq3 reuisit:
Quorū de numero: qui se se in bella sequant
Prestantes virtute legit: pars cetera prona
Fertur aqua: segnisq3 secundo defluit amni.
Nuncia ventura Ascanio: rerumq3 patrisq3

scis equitib' p terrā missi: obuios stati habuere hellantes: & q̄si iā hinc recta pergere vident in proeliū. Vnde etiā a Cymodocea nauigāti Aeneę dicit: iam loca iussa tenet forti p̄mixtus etrusco arcas eques: h Segnis. SER. sine remigio: & respexit ad ascēdentes: de quibus ait: Remigio noctemq3 dieq3 fatigant licet fuerit lenissim' fluui'. i Rerum. SER. quas gesserat: k Patris. SER. vbi esset.

l Exortem ęneę. S. id est extra sortẽ aliorũ: p id qd est factũ indicat qd nõ est factũ. Per exortẽ aũt optimũ & pcipuũ significat. m Pellis obiit totũ. S. Pellis oñdit magnitudo i hoc q totũ dicit obiit. n Vnguib⁹ aureis. S. Aut qa vngues ipsi cum aruerint auri imitant colorem: aut quia solebant deaurari. Sta. Auro mansueuerat vngues. o Subito vulgata. S. Cur subito? ipse dicit: qa sc p paruã vrbem. p Otius. S. Posttiu⁹ ãtiqu⁹ est. i. celeriter: nec eñ pt esse cõpatiuus vbi nulla est cõparatio. q Vota metu du. ma. S. Bñ duplicãt metu: Nã inest sẽp i matrib⁹ votũ. r Propiusq piculo It timor. S. propius periclo p propior: nã matres qd timent: hoc putãt liberis posse contingere. s Iã apparet. S. adhuc illis pgentibus iã pliũ cogitant a mrĩbus. t Dextrã eũtis. S. s. qa dixerat pater. v Heret inexpletum. S. Multi hic distinguũt: vt sit inexpletus hęsit: & talia locutus est lachrymãs. Alii legũt iexplet⁹ lachrymis. Honestius tñ est inexpletũ lachrymãs: vt sit nomẽ p aduerbio. i. inexplebiliter. x O mihi pteritos refe. si iup. ãnos: Qual'eram. S. Et o & si optantis sunt: q nũc iungunt: Nã singula aãponebant: vt si nunc se nobis ille aureus arbore ramus. Ergo vnũ vacat q̃ntnm ad antiquitatẽ: & notandũ votũ de pterito fieri y Qual' erã. S. aut vtinã sim talis: qualis tũc erã. qñ ista pfeci: Aut certe laudantis est: vt Qualis erã: cũ primã aciẽ pneste sub ipsa straui. z Scutorũq incendi vict. aceruos. S. hoc traxit de hystoria. Targn⁹ ei prisc⁹ victis Sabinis: in honorẽ Vulcani eorũ arma succendit: quẽ postea secuti sunt cęteri. C. Scutorũq incẽdi vict. acer. Optime cum pristinos supasset: eorũ deum Vulcanũ p sacrificiũ: aut sibi reconsiliare: aut reuocare voluit. Colebãt eñi vulcanũ: quoniã inde genitus est Cęculus: qui prenestinis imperauit. In sacris autem Vulcani: quoniã ipse ignis est: omnia quę oblata eẽnt: incendio assumebãt. Hinc Macrobius: sacrificiũ apud veteres erat protervia noĩe: in quo qd ex epulis superera: igne consumebat. Cato ergo Albidiũ q̃ndã: qui postq vniuersum pr̃imoniũ abligurierat domus quę reliqua erat: aufe rar proteruiã fecisse dicebat. a Cui tris animas. S. Per transitũ oñdit illam Platonis & Aristotel' contẽtionẽ qui dubitant vtrũ quatuor: an tres animę sint in homine

φυσικη αισθητικη νοητικη κινητικη. Hoc autem loco p tres animas magnũ & pfectũ indicat virum. Nam q̃ntũ ad fabulam pertinet tres animas, ppter tria habuit corpa. Attendendũ est sane hoc sibi Euandrũ vendicare qd fuit in Hercule. Nã vt ille Geryonẽ extinxit: ita hic Herylum occidit: Inde ẽ q paulop⁹ dicit: Neq finitimo Mezenti⁹ vnq huic capiti insultans. C. Tris aĩas. oñdit illũ tricorporẽ fuisse: vt de Geryone fabulant. Conceditur aũt: vt apud ignotũ se laudib⁹ efferat. Neq etiã recedit a natura senũ: qui gloriosius q̃ par est antea ab eis facta predicant. b Feronia mr̃. S. Nympha Campanię: quã etiã sup dicimus Hęc eñi libertorũ dea est: in cui⁹ templo raso capite pileũ accipiebant: cui⁹ rei etiam Plautus in Amphitrione facit mentionẽ. Qd vtinã ille faxit Iuppiter: vt ego hodie raso capite caluus capiã pileum. c Terna arma mouen. S. Figura poetica. Nam trina debuit dicere. Arma eñ tantũ numeri plalis: cui nõ iungunt noia nũeralia: vt supra dixim⁹: nõ eñ dicim⁹ tria arma mouenda. Vel cõtra ipm: vel ab ipso. d Finitimo. S. aut infinitimo: aut finitimo capiti. e Neq finitimo mezentius vnq̃ huic capiti insultans. S. Mos eni Herculis fuit: vt etiam nõ rogatus laborantib⁹ subuenirer. Tunc eñ (sicut etiã Varro dicit omnes q fortiter fecerant: Hercules vocabant: Licet eos primo xliiii. enarrauerit. Hinc est qd leg(m⁹ Herculẽ Tyrinthium: argiuũ: thebanũ libym. f Viduasset ci. vrbẽ. S. scilicet viris fortibus peremptis. & ppter viduasse dixit: quia vrbs est generis fœminini. Hora. Abusiue et satis icõgrue in genere masculino posuit dicens: Viduus pharetra risit Apollo. C. Viduasset. A cyrologia est: id est impropria locutio: vt sit translatio a muliere viro priuata. Nam vidua dicitur a viro idua: id est separata. vnde Idus dicunt ab iduando: quoniã menses iduant id est diuidãt. g Et vos o superi. S. Nam hic q̃si pr̃is quit. Diuisa eñ hic est allocutio: & vltima pars eius habet parentis affectũ: quod & ipse oñdit di. Et patrias audite preces. Prima vero viri fortis: vt. Qualis eram: cũ primã aciem pneste sub ipsa straui. h Si numina vr̃a. C. positio est. q in eadẽ sententia auditor diuersas [illegible] Hoc aũt facit vt oĩno exprimat se filio defuncto [illegible]

Danturequi teucris tyrrhena petentibus arua.
Ducunt exortem Aneæ: quem fulua leonis
Pellis obit totum: pfulgens vnguibus aureis.
Fama volat paruam subito vulgata p vrbem
Otius ire equites tyrrheni ad littora regis.
Vota metu duplicãt matres: ppiusq periclo:
It timor: & maior martis iam appet imago.
Tum pater Euandrus dextrã cõplexus euntis:
Heret⁹ inexpletum lachrymans: ac talia fatur.
O mihi preteritos referat si Iuppiter annos
Qualis eram cũ primã aciem pneste sub ipsa
Straui: scutorumq incendi victor aceruos:
Et regem hac herilum dextra sub tartara misi:
Nascenti cui tris animas feronia mater
(Horrendũ dictu) dederat: trina arma mouẽda:
Ter leto sternend⁹ erat: cui nunc tamen omnes
Abstulit hęc aĩas dextra: & totidẽ exuit armis,
Non ego nunc dulci amplexu diuellerer vsq
Nate tuo: neq finitimo mezentius vnq
Huic capiti insultans: tot ferro seua dedisset
Funera: tam multis viduasset ciuibus vrbem.
Et vos o superi: & diuum tu maxime rector
Iuppiter: archadij queso miserescite regis:
Et patrias audite preces: si numina vestra
Incolumem pallanta mihi: si fata reseruant

Si visurus eum viuo: & venturus in vnum:
Vitam oro: patior quēuis durare laborem.
Sin aliquē infandū casum fortuna minaris:
Nunc nunc o liceat crudelem abrūpere vitam:
Dum curę ambiguę: dum spes incerta futuri:
Dum te care puer: mea sola: & sera voluptas
Complexu teneo: grauior ne nuncius aures
Vulneret: hęc genitor digressu dicta supremo
Fundebat: famuli collapsum in tecta ferebant.
Iamq̨ adeo exierat portis equitatus apertis:
Aeneas inter primos: & fidus achates:
Inde alij troię proceres: ipse agmine pallas
In medio: chlamyde: & pictis conspectꝰ ī armis:
Qualis vbi oceani perfusus lucifer vnda:
Quem venus ante alios astrorū diligit ignes.
Extulit os sacrum cœlo: tenebrasq̨ resoluit.
Stant pauidę in muris matres: oculisq̨ sequūt
puluerearn nubem: & fulgentes ęre cateruas:
Olli per dumos: qua proxima meta viarum
Armati tendunt: it clamor: & agmine facto:
Quadrupedāte putrē sonitu q̄tit vngula cāpū.
Est ingens gelidū lucus prope ceretis amnem
Relligione patrum late sacer: vndiq̨ colles
Inclusere caui: & nigra nemus abiete cingunt.
Syluano fama est veteres sacrasse pelasgos:
Aruorum pecorisq̨ deo: lucumq̨ diemq̨:
Qui primi fines aliquando habuere latinos.
Haud procul hinc Tarco & tyrrheni tuta tenebāt

nolle. Si numina. si fata. quod pene idē est: q̄n fatum in rerū fieri dicimus: quod in mente dei puidē nā nuncupamꝰ. Est et color rhetoricus repetitio: q̄ grauitatē orationi nō minimā affert. l Durare laborē. S. ipsiꝰ scʒ senectutis. Teren. Senectus ipsa morbꝰ ē. Durare aūt sustinere. Hor. Ac sine funibꝰ vix durare carinę pōit imperiosius equor. k Infandū casum. S. parentis est: q̄d formidat: nolle memorare. l Crudelē vitam. S. q̄ filio est supstes. m Sola & sera. S. quia equiuꝰ erat et serꝰ susceptꝰ. m Collapsū. C. vt sic p̄sagiū quoddā futurę filii mortis. n Iāq̨ adeo exierat. S. adeo ad ornatū pertinet tm̄. o Ipse agmie pa. in med. S. Hic em̄ fuit mos: vt tyrones ponerent in medio: et ambirent viri fortes exercitū. Aut certe honoris est mediū locū ī exercitu tenere: vt ipse alibi. Medio dux agmine turnus. p Cōspectus. S. conspicuꝰ: conspirabilis. Nam p nomie participiū posuit. q Quē venꝰ an̄ ali. ast. dil. ignes. C. Vide vbi de venere tractamꝰ: Luciferū atq̨ Hesperū eandem esse stellā: et venerē appellant: verū cū solē nobis p̄cedit: & an̄ illiꝰ ortū oriē luciferum appellāt latini. greci vero Bosphoron. Cū aūt solē circa occidentē subseq̄ videt: nos etiā greco noie hesperū dicīꝰ. r An̄ alios ast. dil. ig. S. Venus in cœlo habʒ vnā pprīā stellā: q̄ oriēs luciferū: occidens vesperū facit. Inde Sta. Et alterno dep̄hendit vesus in ortu. Habet etiā duas alias. Vnā in signo tauri: & vnā in septentrione. Vn̄ etiā taurus domꝰ dr̄ esse veneris. Iō dixit: Quē venꝰ an̄ alt. ast. dil. ig. s Extulit. C. extra tulit: q̄ p orizontē orientalē egrediēs apparuit in nr̄o hemisperio. Extulit os, tanq̄ de homine locutus. Si quidem emergens: prius caput effert. t Sacrum. S. venerabile. v Tenebras resol. S. pp̄ter iubar: q̄d sola possidēs aliq̄d efficiat lumē. x Ocul. C. cū nō possint corpe: et cū ipsos gradiētes pp̄ter interualla videri nō possent. Videbāt aūt puluerē surgentē: aut reflexionē sol' repcussi in tersis armis. Istis eni duobꝰ signis exercitū ex longinq̄ incedentē cōspiciūtꝰ. y Per dumos. C. q̄si dicat. relinq̄ntes tortuositatē viarū recta linea: etiā vt vbi via nō esset. vel p dumos incedebāt. Vel oñdit q̄d via turbam nō capiebat. z Agmine facto. S. Agmē pprie est exercitus ambulās: qc quid ē aliud: abusiue dr̄. a Est ingens ge. C. Topographia: b Prope ceretis am. S. Agyllina ciuitas est Tuscię: a cōditore appellata: cui ex inscitia romana aliud ē inditū nomē. Nā cū Romani eūtes per Thusciā interrogarēt Agyllinos: q̄ diceret̄ ciuitas. Et illi vtpute greci q̄ audiuēt ignorātes: et optimū ducentes si prius eos salutarēt: dixerūt: χαίρετε. quā salutatōem Romāi ciuitatis nomē eē arbitrati sunt: & detracta aspiratione eā Cere noiauerūt: vt dicit Iginiꝰ ī vrbibꝰ Italicis. Amnis minio dicit̄ vt. Qui cerete domo: qui sunt minionis in aruis. c Late sacer. S. Hoc est nō solū colebat̄ a ciuibꝰ: sed etiā ab incolis. d Caui. S. quia cōuallē faciūt. e Nigra. S. vmbrosa more suo. f Syluano. C. Varro mulieri fœtę post partū tres deos custodes cōmemorat adhiberi: ne Syluanꝰ nocte ingrediēs vexet. Eorūq̨ deo ꝛ signi ficandorū cā: tres hoīes noctu circuire limina domus. Et primꝰ limē securi ferit: alter pilo. Tertius deuerrit scopis: vt his datis culturę signis: deꝰ Syluanus phibeat̄ intrare. Q̄ nec arbores cędunt̄: aut putāt̄ sine ferro. Neq̨ far conficit̄ sine pilo: nec fruges coaceruāt̄ sine scopis: ab his tribꝰ tres noiati sūt deos intercidonē: pilumnum: deuerream. Hi igit̄ syluestrē deū culturę signis: vtpute contrariis deterrerent. Ex his apparet: et pecoris: et culturę deū esse Syluanū. Verū q̄ prius noceat: testatur etiam Hora. g Vetere sacrasse pelas. S. De his varia ē opinio. Nam alii eos ab Atheniensibꝰ: Alii a lucimōisꝰ. Alii a thessalis dicūt originē ducere. Q. l'ē ppensius. Nā multas in italia pelasgorū cōstat eē ciuitates: Hi primi italiā tenuisse ꝑhibēt. h Aruorū pecorisq̨ deo. S. Publica ceremoniarū opinio hoc loco hʒ: pecorū et agrorū deū eē Syluanū. Prudentiores tñ dicūt esse υλικον θεον. & hoc ē deū τησ υλησ. Hyle aūt est fex oīm elemētorū. Ignis sordidior et aer. Item aq̄ et terra sordidiora: vn̄ cūcta pcreant̄: quā υλην. latini materiā appellārt. Nec incōgrue cū materię syluarū sint. Ergo quod greci a toto: latini a parte dixerūt. i Lucūq̨ dieq̨. S. Hoc a Romanis traxit: apd' q̄s nihil fuit tā solēne q̄ dies cōsecrati. hinc illud Nostrosq̨ huiꝰ meminisse mores. k Tarco et

Castra locis: celsocꝫ omnis de colle videri
Iam poterat legio: & latis tendebat in aruis.
Huc pater Aeneas: & bello [l] lecta iuuentus
Succedūt [m]: fessicꝫ & equos: & corpora curant.
At venus [n] ethereos inter dea cādida nymbos
Dona ferens aderat: natumcꝫ in valle reducta [o].
Vt procul [p] e gelido secretum flumine vidit:
Talibus affata est dictis: secꝫ [q] obtulit vltro:
En perfecta mei [r] promissa coniugis arte
Munera: ne mox aut [s] laurentes nate supbos:
Aut [t] acrem dubites in prelia [v] poscere Turnum.
Dixit: & amplexus nati cytherea petiuit:
Arma sub aduersa posuit radiantia quercu.
Ille [x] dee donis: & [y] tanto letus honore:
Expleri nequit: atcꝫ oculos p singula voluit:
Miraturcꝫ [z]: inter manus et brachia versat [a]
Terribilem [b] cristis galeam: flāmascꝫ [c] vomentē:
Fatiferum ensem: loricācꝫ ex ere [d] rigentem
Sanguineā [e] ingentem: qualis cū cerula nubes
Solis [f] inardescit radiis: longecꝫ refulget.
Tum [g] leuis ocreas electro: aurocꝫ [h] recocto:
Hastamcꝫ: et clipei non [i] enarrabile textum.
Illic res italas: romanorumcꝫ triumphos
(Haud [k] vatum ignarus: [l] venturicꝫ inscius eui)
Fecerat ignipotens: illic genus omne futurae
Stirpis [m] ab Ascanio: pugnatacꝫ in ordine bella.
Fecerat et viridi foetam [n] mauortis in antro
Procubuisse [o] lupā [p]: geminos [q]cꝫ hinc vbera circū

Thyrrheni. S. Tarco latinus nomē est de greco veniens: ab eo q̄ rē Tarcon: p̄ rdito. n. et ω. cōmutata in o. vt απολλων. Apollo. πλατων. Plato. aliter versus nō stat. l Tuta tenebāt cast. lo. S. Hoc est natura & industria munitissima. Sed nouimus castra p naturā munita esse n̄ posse: nisi in collib⁹ fuerint: cꝫ si in montibus sunt: quō pcedit latis tendebat i aruis? Ne sit ergo contrariū: intelligam⁹ (q̄d hodiecꝫ videm⁹: et legi⁹) hanc colliū fuisse naturā: vt planities eēt i sūmo: in quo erāt castra Tarcōtis: quancꝫ multi velint Celsocꝫ omīs de colle videri iā poterat legio: ad Aeneā referre: vt intelligā⁹: in collib⁹ venientes fuisse Troianos. Castra vero Etrusca fuisse in campis: q̄d si velim⁹ accipe: quēadmodū tuta tenebāt castra locis: id est p naturā locorum: Tendebat in aruis: vt hic sęu⁹ tendebat Achilles.
l Bello lec. S. ait supra: Qui se se in bella sequāt: Prestantes virtute legit: aut lecta pprie: q̄a delect⁹ militū est. m Eq̄s et corpa curāt. S. Ingenti arte: q̄d seq̄baī omisit reddi turus i decimo. Nancꝫ si vellet dicere: venisse Aeneam: vidisse Tarcontē: petiisse auxilia: satis lōgum fu::rat. Et pbat illd' q̄d ait supra: Toto nācꝫ fremūt condensę littore puppes: cū etruscorū festinatiōi: dicentis breuitas cōgruat. Verū q̄d in isto loco p̄ter misit: reddidit in decimo dicens. Nācꝫ vt ab Euandro castris ingressus etruscis regem adit: & regi memorat nomēcꝫ: genuscꝫ. n Aethereos nym. S. per aerē numinū. s. purgationē q̄ circa deos est:
o Reducta. S. secreta.
p E gelido secretū flu. vidit. SER. Egelido: est nimiū gelido: & est vna pars orationis. vt. E duramcꝫ pirum: id est valde durā. & sic dicit secretū flumie: e gelido: hoc est p̄sidio flumīs: vt dicimus: secretus est mōte vl' syluis. Latēter aūt oñdit aeneā: nō nisi in flumie absolutū nomē videre potuisse. q Secꝫ obtulit vl. S. i. deā cōfessa est: vt in sc'do dixit: Cui mihi se n̄ añ oculis: tā clara videndā. Obtulit: et est ordo. Obtulit se & locuta est. r Promissa. κατα τοσιωπωμενον. vt supra Hoc signū cernit missurā diua creatrix. s Laurentes supbos. S. vt. Quos illi bello pfugos egere superbo.
t Acrem turnū. S. fortē. Et pprie apud nos acer est: qui λειvoσ. apud grecos. Nam fortē & vehementē: asperū & amarū pōt significare. v Poscere. S. puocare. Cice. Prima & secūda actione in verrem: poscūt maiorib⁹ poculis: id est puocant. x Deę donis. S. i. ppter arma. y Tanto letus ho. S. munere diuę: q̄d māifesto viderat matrē: et plenā numinis sui. z Intercꝫ man⁹ &c. S. distinguēdū ē vt intelligas aeneā māib⁹ minora: brachiis maiora arma cōsiderasse: vtputa loricā vl' scutū. Hęc eīn arma maiora sūt: minora vt galeā: gladiū: ocreas. a Versat. S. considerat: vt huc illuc vinctorū imēsa volumia versat. C. Versat: freq̄nter vertit. Vertit aūt freq̄nter: vt exploret: & diligētius inspiciat.
b Terribilē cristis. C. cui⁹ cristę terrorē hostib⁹ inferrent: et est laus fabrorū: q̄ nō solū infrangibilē fabricauerāt. sed etiā ita vt horrorē incuteret. c Flammascꝫ vo. C. ita inerant flāmę sculptę: vt vere appererēt: et a galea euomi viderenī. d Rigentē sāguineā ingē. S. Distinguēdū ppter plā epitheta. C. Rigentē. q̄si ita multiplicē: vt stare possetnecꝫ facile flecteret. e Sanguineā. S. cū colorē addiderat: vt cędibus deinde ab Aenea editis: cruētata videreī. Vñ hostib⁹ horror cresceret. f Solis inardescit ra. S. Irim physica rōne describit. q̄ fit cū aq̄sam nubē sol' ardor irradiat: nec est incognita hęc cōpatio: cū lorica diuersis metallis fieri plęrūcꝫ consueuit. g Leuis ocre. S. nitida tibialia. h Recocto. S sępe purgato.
i Nō enarrabile tex. S. Bñ nō enarrabile: cū enī in' clipeo oēm Romanā historiā velit eē descriptā dicendo: Illic gen⁹ omne futurę stirpis ab Ascanio: pugnatacꝫ in ordine bella: carptim tñ pauca cōmemorat: sicut in primo ait: Videt iliacas ex ordine pugnas: nec tamen vniuersa descripsit. k Haud vatum ignarus. SER. futurorū inscius. l Venturicꝫ inscius eui. S. non eui: sed q̄ in euo erāt futura. m Stirpis ab Asca. S. vscꝫ ad Augustū cęsarē. n Mauortis in antro. S. p̄t accipi: & fecerat lupā mauortis: & mauortis in antro: dicendo aūt. et. ostendit mlta alia fuisse depicta:
o Procubuisse. S. i. prima pte se inclinasse: q̄d greci. προκλινεναι dicūt: vt inclinatiōe corpis vbera p̄bere infantibus: nam si pcubuisse iacuisse accipias: contrariū est q̄d dicit ludere pendentes pueros. Sciendū tñ est eū gestū voluisse proprie exprimere: quē in ips⁹ lupę cernim⁹ statuis. p Lupam. CRI. de q̄ in supioribus aliq̄d dictū est. Plinius sic ait: Nancꝫ de infantibus ferarū lacte nutritis: cū essent expositi pdunī: sic de cōditorib⁹ nostris a lupa mag

LEOPATRA
AGRIPPA
ANTHONIA
AUGUST9
ANCILE
MANLIUS
CAPITOLIU.
PORSENNA
COCLES
TARQUIN9
SALY
ATHO
CAHELINA

gnitudini fatorum accepta ferri equius: q̄ ferarum nature ar
bitror: verū hanc historiam. Qu. fabius pictor: quē et L.
Cintius & portius Cato: & Calphurinus piso sequūt. sic

narrat infantes ipsos in fluuiū iaciendos iussu amulii e sse
asportatos: sed tyberim imbribus auctū ripas: tūc egressū
agros occupasse. Itaq̄ expositus alueus sup vltimas aq̄s

paululum enatauit: sed mox recedente fluuio illisus lapidi infantes effudit in cenum: quib⁹ fugientib⁹ cū in ceno versarent: lupa nup fœta plenis vberib⁹ accurrit: vbera ori admouēs lingua cenū: quo pleni erāt abstergebat. Vidit vn⁹ e pastoribus lupā: motusq̃ miraculo alios acciuit: manebat intrepida tanq̄ māsuefacta lupa: illi eam infātes tanq̄ filios fouentē: & eos tanq̄ matri inherentes aspiciebāt: sed cū lupā terrerent: illa ab infantib⁹ sensim diuulsa abiit: At Faustul⁹ regiorū armētorū magister pueros tollit deorum esse ratus: & vxori Laurētię nutriendos dedit. Sūt tñ qui negēt a lupa nutritos pueros: affirmātq̃ ipsi Laurentię: q̄m pudicitiā vulgauerat lupę cognomē pastores: qui circa palatiū habitabant incidisse. nam meretrices lupę vocant. De siluia vero Rhea matre puerorū ita refert Diony. Numitor & Amul⁹ frēs cum essent: minor natu erat numitor. Sed Amul⁹ p iniuriā regno expoliat: et egestū inter venandum interfici curauit. Et Siluiā Rheā eius filiā iā nubilē sacerdotē Vestę designat. Quarto deiñ āno eunti in lucū martis Siluię: vt aquā purā inde ad sacra afferret vitiū in templo quidam attulit: quē dicunt porcū suum fuisse puellę amore a teneris annis captū. Alii Amulium ipsum fuisse: non tm̄ libidine ipulsum q̄ insidiis: apparuisse aūt iarmatum: & horrenti aspectu: vt quantum posset se illius cognitiōi subtraheret. Fabulantur autem plurimi genium eius loci fuisse: qui vim attulerit: cū eo tpe solis obseruatō: et in aere caligo apparuerit. Aspectū q̃ illius longe excellentiorē maioremq̃ homis fuisse dicūt: eūq̃ merēti puellę consolantē dixisse: se deū esse: & ex eo cōcubitu geminos nascituros rebus bellicis pclarissimos: atq̃ his dictis nube circūdatum per aerē se se extulisse. Sunt aūt Genii (vt idem asserit Dionysius) tertia q̄dam natura inter deos & homies: qñq̃ hominib⁹: qñq̃ diis admixta. Vñ fabulare illud Heroum genus sit: puella igit̄ grauida facta simulans ex consilio matris valitudinē sacra nō adhibat Amulius: siue consciētia sui sceleris: siue alia supstitione motus medicos misit: qui inuestigarēt. deiñ cū mulieres morbū hmōi esse dixerāt: vt nō sit viris pdēd⁹ apposuit custode vxorē. Tandē cū peperisset gemios: Alii dicūt eā virgis cęsis necatā: alii dicūt petenti filię p cōsobrina depcanti: q̄ vna nutritę eēnt eā condonasse & in carcere detinuisse. solutāq̃ deiñ fuisse mortuo Amulio. q Geminosq̃ h. S. Reuera geminos mō: alias similes. Sane hic totus locus ennianus est. r Ludere. S. moueri. Terē. Cōgruū istū maximū inq̄ finito ludere. s Matrē. S. q̄si matrē: cui⁹ affectū pueris exhibebat. C. Matrē. ita vti mr̄ esset: queādmodū illo vt filios lambebat. t Tereti cer. S. rotūda cū longitudīe: vt incūbēs tereti damon sic coepit oliuę. v Mulcere al. S. nō q̄ in pictura erat dicit: sed ita hic ītelligim⁹ factū fuisse. vt: Ter circū iliacos raptauerat hectora muros. x Corpora fingere liguat. S. i. tergere. Cice. in festiana. Spongiis sanguis effingebat̄. i. tergebat̄. y Nec pcul h. r. S. cōgrue iuxta pprios conditores. z Raptas sine more. S. Rapto spectaclo: sine vllo exēplo. a Consessu caueę. S. Cauea est: vbi pplos spectat Plaut⁹ in amphytrione: vt cōquisitores singuli in subsellia eant p totā caueā spectatoribus. b Magnis circensib⁹ ac. S. magnis q̄tū ad paupertatē pristinā ptinet. Nam legim⁹ ppter equorū inopiā diuersis eorū

Ludere pendentes pueros: et lambere matrem
Impauidos: illam tereti ceruice reflexam
Mulcere alternos: et corpora fingere lingua.
Nec procul hinc romā: et raptas sine more sabinas
Consessu caueę magnis circensibus actis
Addiderat: subito nouum consurgere bellum
Romulidis: tatioq̃ seni: curibusq̃ seueris.
Post iidem inter se posito certamine reges
Armati Iouis ante aram: paterasq̃ tenentes
Stabant: et cęsa iungebant fœdera porca.

tunc vsos animalibus. Raptę aūt sunt Sabinę consualib⁹: hoc est mense Martio. Consus aūt est deus consiliorū: q̄ ideo templū sub tecto i circo habet: vt ondat̄ rectū debere eē cōsiliū: hinc est q̄ fidere panno velata māu sacrificabat̄: quia fides recta eē debet et velata: Idō aūt dicato Consi simulacro rapuerīt sabinas: vt tegeret̄ initiū de rapto consiliū. Iste Consus & eques Neptūnus dr̄. Vñ etiā in ei⁹ honorē Circenses celebrabant̄: Errant ergo q dicūt magnis circēsib⁹: aut Megalesiacis: aut Romāis: quos constat fieri ante kal̄: Ianuarias. ¶ Actū aūt cū ageret: q a ñ erat pñs a passiuo pticipiū: vt. Et q vect⁹ abas. ¶ Circensib⁹ circenses dicti: vel a circuitu. Vel q̄ vbi nūc metę sūt olim gladii ponebant̄: q̄s circuibant. Dicti aūt circenses ab ensibus: circa q̄s circuibant. Sane notandum positos Circenses sine adiectione ludorū: cū ita dici⁹ ludos theatrales: ludos gladiatorios: ludos circenses: c Subito. C. ex insperato enim euenerat. d Nouū. C. magnū admirabile: vt. Pallio: & ipse facit noua carmia: Sabinas cupiebat affinitates cū finitimis cōtrahere Romulus. Sed cū impetrare desperasset ppter nouitatē colonorū suorū consilium de rapiendis iniit: Cui etiā Numitor au⁹ affuit. Hoc cōstituto primū quidē deo arcanarum cōsultationū duci: si dol⁹ sibi ex sententia eueniret sacrificium quot annis: & ferias agendas nouit: ac consulto deinde senatu diem festū: et ludos indixit Neptunno agendos. Venerūt multi hospites cum cōiugib⁹ et liberis: ac die vltimo dato signo ad rapinā discurrit: iuētus fuerīt raptę virgines sexcentę & octogintatres. Hoc gestū est vt aliis placet primo: Vt alii vero q̄rto regni Romuli āno. Hos ludos Cōsualia vocarūt: in qb⁹ etiā ara subterranea constructa: iuxta circū maximū circūfossa terra sacrificiis: et ignes is solennitatib⁹ colitur: cursusq̃ equorū agit̄ iūctorū et nō iunctorū. Deus aūt cui sacra faciebant Cōsus a Romāis vocat̄: q̄ grece possidona: si sichithona īterptat̄: ac ppterea sb terrania colit̄ ara: q̄ hic de⁹ terrā habeat. Alii dicūt dies festos Neptūno agi: & cursus & equites fieri. Aram vero postea Genio cuidā archano institutū fuisse occultorū cōsiliorū duci atq̃ custodi. e Romulidis. S. Hic dtūs plalis venit ab eo q̄d est hic Romulida. f Curib⁹q̃ se. S. Mire dixit seueris: cū em̄ filias pdiderint Circenses antēnates crustumini. & Sabini ceteris q̄escentibus sabini soli bella sūpserūt: q̄ interueiētib⁹ postea triginta foemis: iā enixis: de illis quę raptę erant: pax facta ē: ex q̄rū nomib⁹ curię appellatę sūt: Et i cōmunē etiā mulierū honorē kalendę eis dicatę sunt martię. Hora. Martiis celebs q̄d agā kalendis. Iuuenal. Munera foemineis tractat secreta kalendis. Nec em̄ aliter cōgruit Martias kal̄. eē foeminarū: nisi quia (vt dixi⁹) foeminę bella sedarūt. Sane sciendū oēs virgies raptas: excepta Herilia: quā sublatā a marito sibi Romulus fecit vxorem. g Posito certamine. SER. finito vt: ante diem clauso cōponet vesper olympo. h Iouis an̄ arā. S. An̄ tēplū Iouis statoris q̄d fecerat Romulus: postq̄ orans: elatis armis meruit: ne suus exercitus fugeret. i Iungebant foedera porca. S. Foedera (vt diximus supra) dicta sunt a porca foede: & crudel̄r occisa: cuius mors optabat̄: et q a pace resiliisset: falso aūt ait porca: Nam ad hoc gen⁹ sacrificii porcus adhibebatur: ergo fauę vsurpauit gen⁹ p genere: vt timidi veniet ad pocla dam

Haud [k]ꝓcul inde citę Metum in diuersa q̃drigę
Distulerant. at tu dictis albane maneres.
Raptabatq; viri mendacis viscera Tullus
per syluas: & sparsi rorabant sanguine vepres.
Necnon [l]tarquiniũ [m]eiectũ [n]porsenna iubebat
Accipere: ingẽtiq; vrbem obsidione p̃mebat.
[o]Aeneadę inferrum pro libertate ruebant.
[p]Illum indignãti similem: similemq; minanti
Aspiceres: pontem auderet: q̇ꝛ vellere Cocles:
Et fluuiũ [q]vinclis innaret chlœlia ruptis.
In [r]summo custos tarpeię manlius arcis

um has damas dicamus. Item supra lupam cũ arcis sit: ic & hęc lupus: aut certe illud oñdit: quia i oĩmbꝰ sacris ęmini generis plꝰ valẽt victimę. Deniq; si ꝑ marẽ litare ñ possent: succidanea dabat̃ foemia. Si aũt ꝑ foeminã nõ litassent: succidanea adhiberi nõ poterat. C. Foedera. Cõuenerũt Romani et Albani: vt foedera ferirent: Apud Romanos foeciali: q̃s nũc hostiliũ regẽ defoedere rogat. Hic post multa verba ait: Audi Iuppiter: audi p̃r patrię ppl̃i Albani: audi tu ppl̃s Albanꝰ. Deiñ exp̃ssis foederis ꝯdict̃ oĩbꝰ subiũxit Iuppiter. Po. Ro sic ferito: vt ego hũc porcũ ferio: tantoq; magis ferito: q̃nto magis potes pollesq;. Intelligebãt aũt si ñ seruaret̃ pax: id: vbi dicit porcũ silice ꝑcussit foedꝰ hinc dr̃ ictũ: q̃ nõ sine ictu sancit̃ Ennꝰ: appellat fidus a fide: Quintili. dixit in esse q̃ndã maiestatẽ: cũ dixit porca nõ porco. [k] Citę metũ in di. q̃. S. Donatꝰ hoc loco cõtra metrũ sentit dicens: citę diuisę: vt ẽ in iure erecto nõ cito: id ẽ p̃rimonio: vl̃ hereditate nõ diuisa. Nã citus cũ diuisus significat: ci lõga ẽ. Ergo citę veloces intelligamꝰ. Quẽ aũt dicit Virgilius M̃cũ Metius suffectꝰ dictꝰ ẽ: q̇d nõẽ ẽ mutilauit cã metri. Nouimꝰ aũt nominũ vel mutationẽ: vel mutilationẽ cõcessã ẽ poetis: sic pro polluce Castorem. ꝑ Cytheridę Lycoridẽ posuit: vt. Sed q̃ legat ipsa lycoris: Hic aũt Metiꝰ suffecius: cũ apd̃ Albanos summã rerum teneret: a Romanis in auxilium contra fidenates vocatus: iure societatis venit quidem: sed in ipso p̃lio ad hostes defecit: q̇d cernẽs Tullus hostiliꝰ ait voce maxia militibꝰ suis: ita vt etiã hostis audiret: ne trepidetis meo cõsilio factũ ẽ: vt factiosę Metius suffectꝰ ad hostes trãsiret: q̇ consilio & suis iã pene amissas reddidit vires: & effecit ne hostes crederent Metio: quẽ post victoriã captũ Tullus hostilius religauit ad binas q̃drigas: ita vt ab vnis q̃drigis traherent̃ manꝰ: pedes ab alteris: quibꝰ velociter agitatis: eũ crudeli morte discerpsit. Vidẽs itaq; poeta romão nomi incõgruã esse vindictã: culpã in crimis torq̃t auctorẽ dicens ex sua ꝑsona ad ip̃m Metiũ. At tu dictis Albane maneres. Ideo etiã mẽdacis infert: vt tacitę q̃stioni & inuidię crudelitatis occurrat: necnõ Tarquiniũ eiectũ Porsena iubebat.

[l] Tarquiniũ. S. Tarquiꝰ supbꝰ habuit perditos filios: inter q̃s Aruntẽ: q dũ in castris esset p̃re suo Ardeã obsidente: & ortus eẽt inter eũ: & Collatinũ maritũ Lucretię de vxoribꝰ sermo: eousq; ꝓcessit cõtentio: vt ad ꝓbãdos ear̃ mores arreptis equis statim domos suas siml̃ ꝑficiscerẽt̃. Ingressi itaq; ciuitatẽ Collatiã: vbi fuit Lucretię domꝰ: inuenerũt eã Lanificio operã dantẽ: & tristẽ ꝓpter mariti absentiã. Inde ad Aruntis domũ ꝑfecti: cũ vxorẽ eius inuenissent cantilenis: & saltationibꝰ indulgentẽ reuersi ad castra sunt: q̇d Aruns dolẽs: cũ de expugnãda Lucretię castitate cogitaret: mariti eius noie ep̃lam finxit: & dedit Lucretię in q̃ hoc cõtinebat̃: vt. Aruns susciperet̃ hospitio: quo facto per noctẽ stricto gladio: eius ingressus est cubiculũ cum ęthiopę: hac arte egit: vt secũ coiret dicens: nisi mecũ cõcubueris ęthiopẽ tecũ interimo: tãq; adulterio dep̃hẽderim. Timẽs itaq; Lucretia: ne castitatis fama morte depderet: quippe quã sine purgatiõe futurã esse cernebat in vita turpibus imperiis paruit. Et altera die cõuocatis ꝓpinq̃s marito Collatino: p̃re Tricipitino: Bruto auũculo: qui tribunus equitũ scelerũ fuerat rẽ indicãs: petiit ne violatus pudor: ne ve multus esset eius interitus: & erecto gladio se interemit: quẽ Brutus de eiꝰ corpe exertũ tenẽs: ꝓcessit ad populũ: & m̃ta conq̃stus de Tarqni sup̃bia: & filiorũ eiꝰ turpitudine egit: ne in vrbẽ reciperent̃ auctate q̃ p̃rimũ poterat. Nam (vt diximꝰ) Brutus tribunꝰ equitũ fuerat: sed cũ nõ susciperet̃ Tarquinius cõtulit se ad Porsennã regẽ thuscię: q ꝓ Tarqinio: cũ igẽtibꝰ copiis capto Ianiculo: et illic castris positis Romã vehemẽter obsedit. Et cũ ꝑ subliciũ pontẽ: hoc ẽ ligneũ transire conaret̃ solus Cocles hostilẽ impetũ sustinuit: donec a tergo pons solueret̃ a sociis. Quo soluto se cũ armis p̃cipitauit in tyberim: & licet lęsus in coxa tñ eius fluenta superauit. Vñ est illud ab eo dictũ: cũ ei i comitiis coxę vitiũ obiiceret̃ ꝑ singl̃os gradꝰ admoneor triũphi mei. In tantã autẽ obsidionis necessitatẽ ppl̃s venerat: vt etiã obsides daret: ex quibꝰ Chlœlia inuẽta occasiõe trãsnatauit fluuiũ: & Romã reuersa est. Reddita est rursus pacis lege eã porsena repetente: qui admiratus virtutẽ puellę dedit ei optionẽ: vt cũ q̇bus vellet redire: illa elegit cęteras virgines. Vñ Porsena hoc q̃ miratꝰ concessit: & rogauit per litteras Po. Ro: vt ei aliquid virile decernerent̃: cui data est statua equestris: quã i sacra via hodieq; cõspiciꝰ.

[m] Eiectũ. S. Atq facile poterat suscipi: & occidi sed iõ nõ ẽ susceptꝰ: quia: occidi nõ poterat religione impediente.: Rex em̃ etiã sacrorum fuerat. Vñ postea alii facti sunt consules: alii reges sactorum. [n] Porsenna. S. Vnũ eni addidit metri cã. Vñ et penultimę datꝰ accẽtus ẽ: nã Porsenna dictꝰ ẽ Mar. Hãc spectare manũ Porsenna nõ potuit. [o] Aeneadę. S. Satis lõge petit epithetũ. [p] Illũ. S. Coclitem: & mõ Cocles in hoc noie: de q̇ dicit: ꝓpriũ est nomẽ in aliis appellatiuũ. Nã luscos coclites dixerunt antiq. Vñ & cyclopas: coclitas legimꝰ dictos: q vnũ oculũ habuisse p̃hibẽt̃. [q] Vinclis innaret chloelia rup. S. Atq obsides nõ ligat̃: s; vincla ꝑ custodibꝰ accipiãꝰ aut certe ruptis vinclis põtis. i. iã põto resoluto. C. Chlœlia. Cũ in bello cõtra tarquiniũ Porsenna oñdisset se velle res cõponere miserũt Romani legati: q de induciis agerẽt: donec iudiciũ res fecisset: & de primis familiis viginti pueros duxerũt: q obsides eẽnt dantibus filios suos primũ cõsulibꝰ. M. quidã Bratio filiũ. P. vero Valerio filiam iam nubilem: Verũ virgines dũ iam Porsenna de re deliberat rogarunt virgines custodem: vt sinat eas se i ꝓpinq̃ flumĩe lauare: atq; interim ab eis discedere ne nudas aspiciat: Qua re ĩpetrata: Chlœlia cęteras adhortata est vt se seq̃nt̃. Primaq; fluuiũ transnare cœpit: reliquę sequunt̃: sicq; in vrbem ad parẽtes rediere Chlœlię statua ænea erecta ĩ via sacra: qua in forũ itur: Virginum aũt p̃ter hanc nos statuã nullã extantẽ inuenimus Dionysius ait. [r] Summo custos tarpeię manlius arcis. S. In summa cylpei parte: et bona rõne vtit̃ in pictura apta vnicuiq; rei loca distribuẽs. Iõ eni in summa clypei parte dicit factum esse Capitoliũ: quia hoc arcẽ vrbis esse manifestũ est: Historia talis est. Brenno duce senones Galli venerunt ad vrbem: & circa alium fluuiũ occurrentẽ sibi deleuerũt exercitũ omnẽ populi Romani. Alia quoq; die: cũ vellent ingredi ciuitatẽ: primo ꝑcunctati sunt: timẽtes insidias, q̃ & patentes portas: & nullũ in muris videbãt: postea pau

[s]Stabat pro templo:& capitolia celsa tenebat: [t]
Romuleoq; recens [v]horrebat regia culmo,
Atq; hic auratis volitans argenteus [x]anser:
porticibus Gallos in limine adesse [y]canebat.
Galli per dumos aderant:arcemq; tenebant: [z]
Defensi [a]tenebris : & dono [b]noctis opacę.
Aurea [c]cęsaries illis : atq; aurea vestis:
Virgatis [d]lucent sagulis:tum [e]lactea colla
Auro innectũtur. duo quisq; alpina coruscãt
[f]Gesa manu:scutis protecti [g]corpora longis.
Hic [h]exultantes [i]salios:[k]nudosq; lupercos:
Lanigerosq; [l]apices:& [m]lapsa ancilia coelo.
[n]Extuderat:castę [o]ducebant sacra per vrbem
[p]pilentis matres in mollibus : hinc [q]pcul addít
Tartareas etiam sedes alta hostia ditis:
Et [r]scelerũ poenas : & te [s]catilina minaci:
pendentẽ scopulo : furiarumq; ora trementẽ.
Secretos piosq; :[t]his dantem iura Catonem.

latim ingressi;& cuncta vascarunt octo integris mensib⁹: adeo vt ea q̃ incendere nõ poterãt militari mãu dirruerẽt: solo remanẽte capitolio:ad q̊d cũ vtẽsilib⁹ reliq cõfugerãt ciues:qui tñ a Gallis obsidebant:etiã id penetrare cupientib⁹:quos alii p dumeta & saxa aspera:alii p caniculos dicunt conatos esse ascendere: Tũc Manlius custos capitolii Gallos detrusit: ex arce clangore anseris excitatus:quẽ priuatus qdã Iunoni dederat dono. Nam secũdum Pliniũ:nullũ aĩal ita odorẽ hoĩs sentit. s Stabat p tẽplo. S. p defensiõe tẽpli. Nã an templũ non pcedit:cũ obsessus intra tẽplũ esset. Sic in nono ipsi intus dextra ac leua p turribus astãt. Teren. Nam nisi hęc ita essent pro illo haud stares phoedria.

t Tenebat. S. defendebat:& ẽ militare verbũ: vt etiã Salust. dicit. Vnde cõtra victos loco motos dicim⁹. Cice. loco illo motus est. v Horrebat reg. cul. S. Curiã calabrã dicit:quã Romulus texerat culmis:ad quã calabatur.i. vocabat senat⁹:vocabat & ppls a rege sacrificulo:vt qm̃ adhuc fasti nõ eẽt ludorũ & sacrificiorũ pnoscerent dies : atq; in Capitolio:& satis prudenter argenteũ anserem dixit. Nam q̃si epitheton est coloris:& significauit rem verã in Capitolio in honorẽ illi⁹ anseris:q Gallorũ nũciaret aduentum: Positus fuerat anser Argente⁹ auratis porticib⁹: hoc ad tpus retulit florentis Romanę reipublicę. Nam illo loco vbi dixit: Horrebat regia culmo: Ideo addidit Romuleo: vt incipientis & paupis: adhuc imperii tpa designaret.

x Anser. C. Hęc auis veniẽtes Gallos pręsentiens: clangore edito canes excitauit. Canes pro Manliũ (vt ẽ apd' Liuiũ) sicq; suatũ ẽ Capitoliũ. vñ (teste Plinio) Cibaria anserũ cẽsores ĩ primis locabãt: Et illi fama amorũ:nã Olenũ puerũ argis ab ansere amatũ ferunt. Itẽ Glaucem q Ptolomęo regi cythara canebat. Lacidi vero philosopho ita perpetuo sibi comes adhęsit:vt nusq; illũ reliqrit. Sũt q asserunt singul' annis cõsueuisse Romãos oibus diis de ansere sacrificare:q̃ cõsuetudo ita cõuersa ẽ ad xpianos:vt ĩ oim sctõrũ celebratiõe:quę kaleñ. Nouẽbris est anserẽ epulari: qd' adhuc Florentini obseruãt. y Canebat. S. q̃si pdiuinabat:nam canere & dicere:et diuinare significat.

z Arcẽq; tenebant. S. deest pene:nam prope tenuerunt.
a Defensi tenebris & do. n. o. S. Multi iteratiõem volũt. Alii dicunt tenebris:propter cuniculos. b Dono noc. S. sumno Manlii. Nam somnus noctis est donum.
c Aurea vestis. S. hoc ẽ barba: Vñ contra infestos dici⁹ imberbes. Vñ est. Cũ mihi prima genas vestibat flore iuuentus. d Virgatis lucẽt sagul. S. q̃ hẽbant in virgarũ modũ deductas vias:& bñ allusit ad gallicã liguã: p quã virgę purpura dr. Virgatis ergo: ac si diceret purpuratis. C. Sagulis. Saga militares sunt vestes: hnic p diuinatione sagula: e Lactea. C. candida: nam pter ceteros albi sũ Galli. Quapropter a gręcis pter hmõi colorẽ galatę dicant: ab eo qd est galla.i. lac: recte ergo lactea dixit.
f Gesa. S. hastas viriles. nã etiã viros fortes galli gessos vocant. g Scutis longis. S. p hęc corporũ ondit magnitudo: vt supra: Stabãt tercentũ nitidi in psepib⁹ alter: per quod equorũ magnitudinẽ expssit. h Hic. S. i. ĩ eodẽ scuto:& congrue sacerdotes statim post templa commemorat. i Salios. S. qui sunt ĩ tutela Iouis: Martis: Quirini dicti sũt Salii: Iõ q circa aras saliant & tripudient.
k Nudosq; lup. S. cũ in honorẽ panos lupercaliorũ solẽnitas celebraret: pecora Romanorũ subito a latronib⁹ rapta sũt: illi piectis vestib⁹: psecuti sũt latrones: qbus oppssis et acceptis aĩalibus pter rẽ a nudis psperę gestam pmansit cõsuetudo: vt nudi lupercalia celebrarent.

l Lanigerosq; api. SER. Flamines in capite habebant pileũ : in q̃ erat breuis virga: desup hñs lanę aliquid : qd cũ p ęstus ferre nõ possent filo tantũ capita religare coeperunt. Nam nudis penitus eos capitibus incedere nefas fuerat. Vnde a filo quo vtebantur flamines dicti sunt: quasi filamines. Verum festis diebus filo deposito: pilea ncẽe erat accipere: q̃ secundũ alios ad ostendendã sacerdotis eminẽtiã sunt repta: sicut columnę mortuis nobilibus supponunt: ad ostẽdendũ eorũ culmẽ. Alii dicũt nõ pter eminẽtiã dignitatis hoc factũ: sed q cũ sacrificarẽt apd' Laurolauiniũ : et eis exta freqnter aues ẽ vicinis veniẽtes lucis arripẽt eminẽtiã virgarũ eas terrere voluerunt. exinde etiã consuetudo pmãsit: vt apud Laurolauiniũ ingentes: haberentur virgę nõ breues : vt in vrbe. m Lapsa ancilia coelo. S. Regnante Numa pompilio: Scutũ breue & rotundũ coelo lapsum est:& cũ auruspices rñdissent: illic fore vrbis iperiũ: vbi illud fuisset diligentia Numę: ne qñ ab hostib⁹ posset auferri : adhibito Mamurio fabro: multa similia facta sunt: & in tẽplo Martis locata. Q. aũt dicit ancilia p'ali nũero: vtit p singulari. Nã vnũ lapsum est. Ancilę aũt dicunt: aut q̃si vndiq; circumcisũ sunt: aut q̃si ἀμφιχειλον.. id'est. vndiq; labrũ habens . n Extuderat. S. studiose fecerat.
d Ducebant. S. deducebãt. Hęc em̃ fuerat consuetudo.
o Pilentis mrẽs in mol. S. Pilenta sunt vehicula : sicut nũc basternas videm⁹. Erãt aũt tũc veneti coloris: nõ vt nũc russati: qb⁹ nisi castę vtebant. Mollib⁹ aũt pensilib⁹: vt cõtra plumas pensiles dicim⁹: et molles significam⁹. q Hic procul.. S. Bñ longe a tẽplis inferos facit. r Scelerũ poe. S. p sceleratorũ. Et bñ ait scelerũ poenas. In crimina enim psonę incidũt: nõ ipsarũ sunt proprie crimia: Vñ et scelenbus sunt statuta supplicia: q̃ in se incidẽtes hoies obnoxios faciunt. s Et te catilina mi. pẽden. sco. S. Hoc q̃si in Cl

Hec[v] inter tumidi late maris ibat[x] imago
Aurea: sed[y] fluctu spumabant[z] cerula cano:
Et circum argento clari delphines[a] in orbe[b]
Aequora verrebant caudis: [c]estumq; secabant.
In medio classes æratas: actia bella
Cernere[d] erat: totumq; instructo marte videres
Feruere[e] leucaten: auroq; effulgere fluctus.
Hinc augustus[f] agens italos in prelia cæsar:
Cũ pr̃ibus: pplo[q]: [g]penatib⁹: et magnis dijs.
Stans celsa in puppi: gemias cui[h] tpa flãmas
Læta vomunt: patriũq;[i] aperitur vertice sydus.
Parte[k] alia[l]: ventis: & dijs agrippa[m] secundis
Arduus agmen agens: cui belli insigne supbũ
Tempora[n] nauali fulgent rostrata corona.
Hinc[o] ope barbarica: varijsq;[p] Antonius armis
Victor[q] ab aurore populis: & littore[r] rubro:
Aegyptum: viresq; orientis: &[s] vltima secum
Bactra vehit: sequitq;([t]nefas) ægyptia cõiunx.

ceronis grm dictũ videt. C. Et te Catilina. Imitat grecos: Et vt illi Tãtalũ: Sysiphũ: et huiuscemõi sceleratos apd in fros relegatos: pœnas scelerũ pēdere describit. Et cõtra Aeacũ: Minoa & alios iustos reges illis se verissimos iudices pponũt. Ita Virgili⁹: et Catilinã & Catonē addit. t His dantē iura ca. S. vt supra dixim⁹ cēsorinũ significat: nõ vti censem: q cõtra Cęsarē bella suscepit: & suggressus est hoc loco Homeri dispositionē. Siqdem ille Minoem et Rhadamãtũ et Aeacũ de impiis iudicare dicit. hic Romanũ ducē innocētib⁹ dare iura cõmēorat. v Hęc inter. S. bñ inter iferos et superos: mare factũ dic: q̃d (vt supra dixim⁹) nos ab antipodibus diuidit: qui inferi sunt nr̃i cõpatiōe. x Imago au. S. nõ ē cõtrariũ: q & cęruleã & aureã, & argenteã maris dixit eę imaginē: quã scim⁹ p vento℞ q̃litate mutari: & colores reddere: q̃d expressũ in scuto fuisse significat. y Fluctu cano. S. Omnis eñi spuma alba est: q̃ fluctib⁹ nascit. z Cerula. S. i. maria. a Delphines. C. de ho℞ natura in Buco. diximus. b In orbe. S. in circuitũ. c Aestũq; seca. S. naturale eñi rē oñdit: nã semp mare turbat ar: cũ delphini apparent. d Cernere erat. S. gręca figura est. e Leucatē. S in pmontorio epiri est mõs leucates. f Hic august⁹ agēs S. cũ de statu reipub. eēt. longa cõtentio inter Augustũ & Anthoniũ & lepidũ: placuit: vt totũ orientem teneret Anthoni⁹: Augustus Gallias & Hispanias cũ Italia. Lepid⁹ Aphrycã: Sardiniam: Siciliam. Ad causam maioris fidei Antonius sororem Augusti duxit voxorem. Profecti itaq; sunt ad prouincias suas. Sed Anthonius in Aegypto captus est amore Cleopatrę: non vsq;quaq;: adeo vt ea demissa cõtra Parthos proficisceret: quib⁹ victis: dũ Cleopatrę cupiditate festinat: exercitũ omnē frigore in Armenia pdidit. Ipse tñ aīaliũ cadauerib⁹ pastus: cũ paucis ad ægyptũ est reuersus: vbi ei cœpit suadere Cleopatra: vt se sortiret vxorē: derelicta sorore Augusti. Quo facto: Augustus vehemēter accēsus: contra eũ cœpit bella moliri: Antoni⁹ re cõpta: collectis orientis virib⁹: prior cũ vxore Cleopatra venit ad bellũ: conflictũ ē nauali certamie circa Actiũ epiri pmõtoriũ vbi victi sũt Antonius & Cleopatra: & in fugam coacti. postea occiso Anthonio: illa sibi serpentē adhibuit: sed quia belli ciuilis triũphus turpis videt. laborat poeta: vt pbet iustũ bellũ fuisse: dicens Augustũ esse cũ patrib⁹: pplo q; pœnatib⁹ et magnis diis. contra cũ Antonio: auxilia peregrina & monstruosa ægypti numina. Et reuera i exercitu Anthonii omnes barbari fuerunt: quod & Virgilius dicit. Aegyptum viresq; orientis: atq; vltima secũ Bactra vehit. Vnde etiã de hoc bello ęgit triumphũ: nec enim ciuile putatũ est: q̃d tantũmodo Romano duce gestũ est: qui & ipse barbare seruiebat vxori: adeo vt ptoria ei castra concederet: quorũ qui potiebat imperio: ipe vocabat exercitũ. Vñ illo loco de Cleopatra: patrio vocat agmia sistro: nã Antoni⁹ cõsulare sibi tñ detinuit imperiũ: in q̃ sola est ptãs iubēdi. Ille eñ ducit exercitum: qui habet in potestate castra pretoria. CRI. Leucaten. Promontoriũ Epiri altissimũ: apud quod Anthoniũ Cleopatrãq; bello nauali supauit August⁹. Ob quã victoriam Ambrachiã ppinquã vrbē Nicopolim dixit: & Romę in palatio templũ Apollini ędificauit: in ea parte: q̃ fulmine fuerat icta. Addidit porticũ et Bibliothecam. f Italos. C. Nam Augusti milites romani erant: & Romanis sacris imbuti. Anthonii vero barbari: & barbarę mulieris imperium sequētes. g Penatib⁹ et magnis diis. S. Alii volunt nouũ eē. alii separant: vt magnos deos accipias Iouem: mineruam: Mercuriũ: q̃s Aeneas de Samothratia sustulit. h Tempora flammas lę. vo. S. Naturalr̃ eñi August⁹ igneos ocl'os habuisse dicit: adeo vt quidã Roman⁹ iterrogat⁹ ab eo cur verteret faciem: respõdiderit: q̃a fulmē oculo℞ tuo℞ ferre nõ possum: Sicut ait Suetonius. i Aperit ver. syd⁹. S. Sydus in vertice: hoc est sup galeã. Nã ex q̃ tpe p diē stella visa est: dum sacrificaret Veneri genitrici: & ludi funebres Cęsari exhiberent: cui⁹ sydus putatũ est: Augusto psuadente ĩ honorē pr̃is Augusti: stellam galea cœpit hr̄e depictam. k Parte alia. S. nõ est contra: sed i alta parte. l Ventis & diis Agrippa secundis. SER. Secundis dixit Augusti compatiõe: Nã hoc dicit: Augustus nimio vento℞ & numinũ vtebat fauore. m Agrippa secundis. S. Hoc est: Ille habuit primũ fauorē: iste secundum. n Tempora nauali fulgent rostrata corona. SERVIVS. Sextus Pompeius pompeii filius in Sycilliam piraticam exercuit: cõtra quē primo cũ Agrippa dimicauit August⁹: Postea agrippę cura data est: qui eũ deleuit: ob q̃d ei Augustus rostratã dedit coronã: q vicerat nauali certamine. C. Tpa nauali ꝛc̃. Nam de coronis alibi a nobis dictũ est. o Hinc. S. A parte contraria. p Variis. C. Multiplices eñi & ex variis natõibus exercit⁹ cõtraxerat: cũ ipse Augustus: vt supra dixit: solos italos in bellũ duxisset. q Victor ab aurore po. S. quia vicerat Parthos: vt diximus. r Littore rubro. S. Erytheo mari: q̃d est inter ęgyptũ & Indiã. C. Rubro. Hoc mare Indicũ & ęthiopicũ oceanum amplissimo ore ab austro in septētrionē fundit: & ne mediterraneũ exeat: a terris Persa℞: Arabũq; tenet. Dicit rubrũ: quia illi⁹ littora: q̃m rubro colore sunt aq̃s rubeas cũ lympidę sint: oñdũt. Est dictũ Erythreũ ab Erythreo rege. Et q̃a Erythros rubeũ significat: mlti putãt Erythreũ rubrũ interptari. s Vltia secũ bactra vehit. S. Vltima non q̃ntũ ad fines spectat orbis terra℞: sed vltima imperio Antoniano Constat eñi bactrianos post se hr̄e gētes innũeras. C. Bactra. Bactra bactorũ vrbs est: q̃ zariasta vocatur. t Nefas. SER. Exclamatio est: non in eo tñ: q ęgyptiam Romanus duxerat: sed etiã q mulier castra sequebatur: q̃d igenti turpitudine apud maiores fuit: Vnde bellaturus Pompeius in Lesbo reliquit vxorem. v Ruere. S. ruebant: id est cum impetu veniebant.

Vna omnes[y] ruere:ac totū spumare reductis
Conuulsum remis:rostrisq; stridentibus ęq̄r.
Alta petunt:pelago credas innare reuulsas
Cycladas :aut mōtes[x] cōcurrere montib⁹ altos:
Tanta mole viri[y] turritis puppibus instant.
Stupea flāma manu:telisq; volatile ferrum
Spargit:[z] arua noua neptunia cęde rubescunt.
Regina in medijs[a] patrio vocat agmīa sistro.
Necdum etiā geminos a[b] tergo respicit angues.
Omnigenūq; deū[c] mōstra:&[d] latrator anubis:
Contra[e] neptunū:& venerē cōtra q; mineruā
Tela tenent:sęuit medio certamine mauors
Cęlatus[f] ferro: tristesq; ex ęthere dirę:[g]
Et scissa gaudens vadit[h] discordia palla:
Quam cum sanguineo sequit̄ bellona flagello
Actius[i] hęc cernens arcum intēdebat apollo
Desuper:omnis eo terrore ægyptus:& Indi
Omnis arabs:omnes[k] vertebant terga sabęi.
Ipsa videbatur ventis regina vocatis
Vela dare:& laxos iam[l] iamq; immittere funes:
Illam inter cędes pallentem[m] morte futura
Fecerat ignipotens vndis :&[n] iapige ferri.
Contra aūt[o] magno mœrentē corpore Nilum:
pandentemq; sinus:& tota veste[p] vocantem
Cęruleū ingremiū:[q] latebrosaq; flumīa victos.
At cęsar[r] triplici inuectus romana triumpho
Mœnia:diis Italis votum immortale sacrabat.
Maxima tercentū totum delubra per vrbem
Lętitia:[s] ludisq; vię plausuq; fremebant:
Omnibus in templis matrū chorus:oīb⁹ arę:
Ante aras terram cęsi strauere iuuenci.
Ipse sedens niueo[t] candentis limine phœbi
[v] Dona recognoscit populorum:aptatq; supbis
postibus:incędunt victo longo ordine gētes:
Q̄z varię linguis:habitu:tam vestis et armis.
Hic[x] numadū gen⁹:& dis[y]cinctos mulciber[z] afros:
Hinc Lelegas[a] q; :caras[b] q; :sagittiferosq; gelonos[c]
Finxerat:[d] euphrates ibat iam mollior vndis.

x Concurrere mon.al. S. Alii altis legunt : vnū tamen est. y Turritis pup.instāt. S.Hoc de historia traxit: Nā agrippa prim⁹ hoc gen⁹ turriū inuenit:vt de tabulatis subito erigerent̄ simul ac ventū esset in p̄liū turres hostibus improuisę.

z Arua noua nep.cęde. S.Noua cęde:magna.nimia:Nā non dicit reuera noua:cū alia fuerint bella ciuilia:& cędes alię in ipsis. a Patrio vocat ag.sistro. S. Cleopatra sibi tm̄ assumpserat : vt se Isim vellet videri. Isis autem est genius ęgypti qui per sistri motū:q̄d gerit i dextra Nili accessus significat:p situlā quā sinistra retinet: oñdit fluentiam omniū lacunarū. Isis aūt lingua ęgyptioꝝ est terra quam Isim volunt esse. C. Sistro. Species est tympani seu cymbali : q̄d instrumentū credo nō absimile eē ab eo quo puellę Florētię vtunt̄ i choreis.

b A tergo respi.ang: S. Hoc est:nōdum videbat mortē futurā. c Deū monstra. S. Iō mōstra dixit:qa sub Augusto :nec dū Romāi ęgyptia sacra susceparit. d Et latrator anu. S.quia capite canino pingit̄:hūc volūt eē Mercuriū : iō qa nihil est cane sagatius. e Contra neptunnū. S.Homerꝰ sequit̄:qui deos dicit contra se p diuersis ptib⁹ hr̄e certamē. f Cęlatus ferro. S.aut in armis locat⁹: aut de ferro sculptus : sc; ex metallo sibi congruo. g Dirę. S. proprie sunt vltrices deę. Et bn̄ has interesse dicit p̄lio:ad puniēdū Antoniū:qui mr̄imoniale lęserat fœdus.

h Discordia pal. S. Ideo discordia:quia vni⁹ ciuitatis erant. Et bene diram discordia sequit̄:quā bellona comitat. Nā per discordiā venitur ad bellū. Hora. Ita truces inimicitias ac funebre bellum.

i Actius hęc cer. S. quē postea Actiū nominauit Augustus. k Vertebant terga sabęi. S Oēs isti populi orientis sunt. l Iam iāq; S.f.auiditate fugiendi. l Inter cędes.S.inter suoꝝ cadauera. m Morte futura: S.omine mortis futurę. n Iapyge ferri. S.vento qui de Apulia flans ad orientē ducit. Hora. Obstrusis aliis p̄ter Iapyga. o Magno corpe. S. Septēfluo. p Vocātē cę. in gre. S.hoc de historia. Nā legit̄ cleopatrā presagio mortis futurę oblitā esse recessus ęgyptū petere: i q̄b⁹ poterat facile bella reparare:de q̄ re se moriens dicit̄ increpasse.

q Latebrosaq; flu. S: quia Nili origo nascit̄: sicut Plini⁹ dicit:haud lōge ab ęthiopia maurorū p⁹ maiorē athlantē esse: exq̄ erūpit q̄d videt̄ eē verisimile ex belluarū similitudine. r Triplici. S.triū: Tres enim August⁹ hūit triumphos : Nā prio die triumphauit exercitus:q Anthoniū vicerat. Secūdo qui Dalmatas vicerat. Tertio ipse cū Alexādri ē ingressus triūpho.

s Ludisq; vię plausuq; freme. S. Hoc ē p compitalitia ludi celebrati sunt.

t Candētis limie phœ: S. In tēplo de solido marmore effecto:q̄d allatum fuerat de portu lunę: qui est in liguria. v Dona recog.pplo. S.aurū coronariū dic:q̄d hodieq; a victis gentib⁹ datur. Imponebant aūt hoc imperatores:pp̄ter concessam vitam. Iō ḡ dixit dona: Nā hoc si nō esset ispolia diceret. x Hic numadū gen⁹. S. Atqui Antonius orientis hūit pplos: sed intelligas has gentes aphrycę cpas suas locasse:& sic cū Anthonio ab Augusto esse supatas:

y Discinctos. S.vel habitum coꝝ ondit:qui vsq; i Italos fluebat: quod Plautus in Penulo ridet dicens. Quę est illa auis? cum Afrum vidisß vestē demissam trahentē: Aut discinctos dixit inhabiles militię. Omnes enim qui militāt cincti sūt:aut certe inefficaces:vt contra p̄cinctos strēnuos dicim⁹. Horatius. Altius ac nos precinctis vnum. Vnde [& grece] ευζωνος appellatur:non qui bonā zonam habet:sed qui est strenuus. z Mulciber. S. Vulcan⁹ ab eo q̄d totū ignis permulcet.

Extremiq; hoim morini: rhenusq; bicornis.
Indomitiq; daci: & ponte indignatus araxes.
Talia per clypeu vulcani: dona parentis
Miratur: rerumq; ignarus imagine gaudet.
Attollens humero: famamq; & fata nepotum.

a Lelegas. SER. Thessalos. Lucanus. De thessalia: Mox lelegu dextra pressum descedit aratru. CR: Lelegas. Arcarnaie parte curetes hnt. Lelege partem teleboi locros lelegas dicunt: & occupasse Boetiam: na volut inter eos quenda fuisse nomie Lelegam: et Lelege nepte Teleboam: cuius viginti liberi Teleboe dicti: horum pars Leucaden habitauit. b Carasq;. SER. Care insulani populi fuerut piraticam exercentes: famosi dicti a Minoe: vt Tucydes & Sal dicunt. CRI. Cares incoluerut Ioniam: vnde pulsi petiuerut Phrygia. Pulsi dein sunt a grecis: q expugnauert Troiam. Strabo ait: Cares fuisse sub Minoe: & tunc Lelegas appellatos: & isulas habitasse: deinde in cotinente venisse: & multa maritime ore: & mediterranie habitatoribus abstulisse Deinde Iones & Dores multa illis ademisse. Fuerut aute (ode teste) rei militaris studiosi: Hoc indicat q lora cristas & cetera insignia carica dixere prisci. Ait ei Anacreon: Nectite hni co pactu carice loru. Alceus itide. caricam quatiens cristam. c Gelonos. S. poros Scythie. d Euphrates ibat ia mol. vn. S. Sentiens se qsi ee superatum. Hora. Minore voluere verticem. e Morini. S. populi Gallie in finib9: qui Britannia spectant. C. Morini. Gallie ppli sunt inta Menapios & rhenanos. f Rhenus. S. fluui Gallie. g Bicornis. S. qa p duos fluit alueos: p vnu q Romanu iperiu est. p alteru interfluit barbaros. h Indomitiq; dace. S. ppli Scythie. i Araxes. S. fluui9 armenie: que pontibus nixus est xerses coscendere. k Parentis. S. nuc honoris. l Rerum. S. scilicet futuraru: q nondu fuerant. m Famaq;. S. gloriam. n Nepotu. S. posterioru.

Finis Octaui libri.

P. Virgilij M. Argumetu in Nonum Aeneidos librum.

Ad Turnum propert Iunoni mittitur iris:
Infestatq; animos: atie mouet ille: phrygasq;
Obsidet: inde igni euersa est eneia classis.
Euryalus: nysusq; ruunt: nece praelia noctis.
Vi Turnus potitur castris: impellitur inde.

Vel sic

Euryalum: & nysum deflet cu matre iuuet.

Descriptio Noni libri.

Nonus h; pugnas: nec adest dux ipe tumul(tu.

Vel sic

Atq; ea diuersa penitus dum parte gerunt:
Iunonis monitu Turnus festinat in hostem.
Teucroru naues rutulis iaculantibus igne
Nympharum in specie diuino numie verse.
Euryali & Nysi coeptis: fuit exitus impar.
pugnatur: castra eneade: vallumq; tuentur.
Audacem rutulu dat leto pulcher Iulus.
Fit via vi: Turnus bitian & pando araltum
Deijcit: & totis victrodat funera castris:
Iamq; fatigatus recipit se in castra suorum.

p. Virgilij Maronis aeneidos liber Nonus.

Atq; ea diuersa penitus: du parte gerutur:
Irim de coelo misit Saturnia Iuno

A Tq; ea diuersa penitus du parte ge: SER. In hoc loco mutatio est rerum omnium. Nam & persone & loca alia sunt: et aliud negotiu incipitur: ab Aenea em transit ad Turnu a Tuscia ad ardeam: a petitioe auxiliorum ad bellum: quem transitum quidam culpant: nescientes Virgilium prudenter iunxisse superioribus negotiis, sequentia, p illam particula: Atq; ea diuersa penitus dum parte gerut f. scq du offerut arma: du dant auxlia. Sane formatº e iste liber ad illud

Homeri:vbi dicit p noct
egressos esse Diomedem
& Vlissem cũ capto Dolone
castra penetrarunt: Nam par

Audacem ad Turnũ: luco tunc forte parentis

tẽ maximã: et oeconomię.
et negotiorũ exinde hab;
b Diuersa penitus. S. valde diuersa. i. longi' remota. Vii

Pilumni turnus sacrata valle sedebat.
Ad quem sic roseo thaumãtias ore locuta est:
Turne: quod optanti diuum ꝓmittere nemo
Auderet: voluenda dies en attulit vltro:
Aeneas vrbe: & socijs & classe relicta:
Sceptra palatini: sedemq́ petiuit Euandri:
Nec satis extremas corithi penetrauit ad vrbes:
Lydorumq́ manum: collectosq́ armat agrestes:
Quid dubitas? nũc tp̃s eq̃s: nũc poscere currꝰ:
Rumpe moras omnes: turbataq́ arripe castra.
Dixit: & in coelum paribus se sustulit alis:
Ingentemq́ fuga secuit sub nubibus arcum.
Agnouit iuuenis: duplicesq́ ad sydera palmas
Sustulit: ac tali fugientem est voce secutus:
Iri decus coeli: quis te mihi nubibus actam

paulo post dicit: Nec satis extremas Corichi penetrauit ad vrbes Lydorũq́ manũ: DO Diuersa. a Troianorũ castris remota sic in v. Quo diuersus a bis a metu remotis.

c Irim. S. Iris quasi ερις. dicta est. nunq́ em̃ ad conciliationẽ mittit: sicut Mercurius: sed ad disturbationẽ. Et ẽ ministra nõ tm̃ dearũ: sed deorum. Et Virgi. hoc ꝓbat dicens Aeneã coelo. Nã Iuppiter irim demisit germãe: haud mollia iussa ferentem.

d Audacẽ Tur. S. fortẽ sine foelicitate: sicut de pallãte diximꝰ. D. Audacẽ. inconsultũ et temerariũ. Iris vero hinc hortatur: illinc obiurgat. e Parẽtis pilumni. S. Pilumnus & Pitumnꝰ frẽs fuerũt dii: horũ Pitũnus stercorandorũ inuenit vsum agrorũ. Vñ & sterq̃linꝰ dictus est: Pilũnꝰ vero pinsendi frumenti. Vñ & a pistoribus colit: & ab ipso pilũ dictũ est. C. Pilumni. Vide Seruiũ. Sunt tñ q Saturnũ putent a pinsendo dictũ eẽ Pilũnum: q̃m pilis q frumẽta pinsebant inuentor fuerit.

f Sacravalle. SER. Ideo sacrata: quia vt diximus: nunq́ est lucus sine religione. CRIST. Sacrata. nã lucus erat: g Sedebat. S. vt Asper dicit: erat: q̃ clausula antiqua ẽ: et de remota scd̃m Plautũ: Sedere est consiliũ capere: q inducit seruum dicentẽ: Sine iuxta arã sedeã & dabo meliora cõsilia. Sed scd̃m augures. Sedere est augurium captare. Nanq́ post designatas coeli partes a sedentibꝰ captant auguria: qd̃ & ipẽ supra ostendit latenter, inducens Picum solum sedentem. vt paruaq́ sedebat succinctus trabea: quod est augurium: cum alios stantes induxerit: ergo sedebat: aut erat: aut consil a capiebat: aut augurabatur. D. Sedebat. in otio erat: & nõ tractibꝰ necessariis vacabat: vt m̃ri volũt. Vult em̃ poeta illius inertia laudes aenee ꝑ cõpationẽ extollere: & vt Aeneã a loco & frigore fluminis: sic hũc vitupat: q̃ in loco amoeno ociaret. cũ aeneas ꝑ laborẽ subiisset nemora: & lõginq̃s ꝑtes petisset. Misit ergo Irim Iuno: vt torpentẽ excitaret. C. Sedebat. cogitabat in cõsultando versat: nõ q̃ sedere id significet: sꝫ solent qui intẽrius aliqd mẽte agitant sedere: vt corpus immobile teneãt: ne mobilitate corporis animus quoq́ vacillet.

h Thaumantias ore locuta est. SER. scpũ poeticã. id ẽ Thaumantis filia: Ceterũ ex admiratõe hoc nomen accepit: que admiratio de eius coloribus nascitur. CRI. Thaumantias. De iri Thaumãtis filia dictum est in quarto.

i Tume. DO. nomine excitat: & proponit occasiõem vtilem nõ omittendam. CRIS. Turne. Optima oratio in causa deliberatiua. Nam statim ostendit: quod suadere nititur fieri omnino facili benefitio fortune: que maximas sibi in bello (vti etiam ostendit Cicero in actione gratiarum pro. M. Marcello) partes vendicat Nam sepe ignaui illius fauore impulsi superant fortes: contra illius iniquitate sepe superantur. Persuadet ergo ab occasiõe que a fortuna prouenit: vt est vna ex sex partibus: que in coniecturali constitutione signo subiiciuntur. Turne. captat beniuolentiam ab eo quasi dicat: talis vir. qui etiam in rebus difficillimis inuictum te ꝓstare consueuisti.

k Quod optanti. CR. Ostendit magnitudinem occasionis: q̃ tãta est: vt nõ modo mortalis quisq́ eam prestare queat. Sed nullus etiam deorum promittere auderet: veluti qui supra suas vires esse sentiret: que ergo potest esse maior occasio q̃ illa: q̃ etiã deorũ excedat potestatẽ.

l Diuum promittere nemo. S. Nemo pro nullus posuit: et est acyrologia: Nam diuum nemo non possumus dicere: cũ proprie nemo: sit nec homo.

m Aderet. S. Docet ꝑ transitũ multa interdũ tẽporis rõne ꝓuenire: q̃ numina ꝓstare non pñt: qd̃ etiam paulo post in m̃re deum petitiõe Iuppiter ꝓbat dicens: Cui tanta deo permissa potestas.

n Voluẽda. S. ꝓ volubilis. o Dies. C. recte: Nam occasio cõmoditas est que affert a tempe: & optime addit voluenda nõ volubilis: sꝫ cui hoc necesse assit: vt deinceps voluatur: & sic admonet: vt presenti vtat. Nam paulo post ex mutatiõe temporis mutabitur & ipa. Duo ergo ostẽdit: Primũ occasionẽ eẽ tantã: quantam nõ modo homo qsq́: sed ne deus quidẽ aliquis prestare queat. deinde illam ex mutabilitate temporis: nisi eam q̃ primum arripiat habiturã.

p Aeneas DO. Magnũ pondus in nomine. CRIST. Aeneas. Non satis erat ostendere tempus commodum: nisi etiam ostendat spacium sufficiẽs ad rem transigendã. Nam & spaciũ ipsum signi pars est. Hoc igit arguit longũ futurũ. quod nõ solũ Aeneas Palanteũ adnauigauerit. Sed inde etiam in Etruriã longius abierit. Ergo anteq́ illinc ad castra sua redeat: erit spacium amplũ Turno ad castra diripienda.

q Nec satis. S. quia occurrebat ab Euandro eum facile posse remeare. r Corithi. S. montis Thuscie: qui (vt dixi) nomen accepit a Corytho rege: cum cuius vxore cõcubit Iuppiter: vnde natus est Dardanus.

s Armat agrestes. S. Ne ei formidinem inijciat agrestes esse commemorat. t Nunc tempus ag. DO. Monet quid faciendum: ne ille insultando perdat tempus.

v Turbataq́ arripe castra. S. aut arripe: et turba: aut turbata inuade: propter absentiam Aenee.

x Dixit. D. Nã obiurgata est: terruit: istruxit: hortata ẽ.

y Secuit sub nubibus arcum. S. Hoc est duxit: vt ille viam secat ad naues: & reuera arcus ipse variis coloribus sectus est. Bene autem sub nubibus: quia sine nubis beneficio arcus nõ videtur. z Agnouit iuuenis. SER. Irim tantũ agnouit: non & a quo missa esset: vtrum a Ioue aut Iunone: Hinc est quod dicit: Quis te mihi nubibus actam. a Decus coeli. D. Quanta est laus ornat coelum: & meritum: et pulchritudo.

Detulit: in terras: vnde hęc tam [b] clara repente
[c] Tempestas? video mediū [d] discindere coelum:
[e] palantesque polo stellas: sequar [f] omnia tanta
Quisquis [g] in arma vocas: tū sic effatus ad vndā
processit: summoque hausit de gurgite lymphas:
Multa deos orans: [h] onerauitque ęthera votis.
[i] Iamque omnis campis exercitus ibat apertis:
Diues equum: diues [k] pictai vestis: & auri.
Mesapus primas acies: postrema [l] coercent
Tyrrhidę iuuenes: medio dux agmine turnus
[m] Vertitur arma tenens: & toto vertice supra est.
Ceu septem surgens sedatis amnibus [n] altus
per tacitum ganges: aut [o] pingui flumine Nilus
Cum refluit campis: & iam se condidit alueo.
Hic [p] subitam nigro glomerari puluere nubem
prospiciunt teucri: ac tenebras insurgere cāpis.
primus ab aduersa conclamat [q] mole Caicus:
[r] Quis globus o ciues caligine voluitur atra?
[s] Ferte citi ferrum, date tela: scandite muros
[v] Hostis adest: eia ingenti clamore per omnes

b Clara repente. S. Item aliud auguriū. Nam cū iris sine nubibus nō posset videri: post eius abscessum statim est secuta serenitas: Clara aūt bn̄ addidit: quia [illegible] ēpestas .πcoυ αιεσωv. c Tempestas. C. qualitas est tp̄is: siue apta serena ve sit: vt hic: siue contra turbida & aduersa. Aliqn̄ idē erit q̄d tēpus: vt sæpe apparet apud Salustiū. d Mediū discindere ce. S. Chasma dicit factū. i. subitā aeris diruptiōem. & quēdā recessum: p q̄d vult videri chasma irim se recepisse. Mediū aūt bene dixit: Nā est & sūmū: Vn̄ est: Sic vertice coeli cōstitit: nubes aūt in medio sunt: vbi fiūt oia signa: q̄ dicit. i. Iris: chasma: serenitas. nā si in summo fieret: nullus videre potuisset: Hūani em̄ oculi altiorem nimiū splendorē ferre nō pn̄t: sane Chasma est. Ita em̄ Pli. vocat diruptio: et quidem coeli, recessus. e Palantes eius stel. SER: Bene palātes, q̄si i alienū tp̄us errore venientes. f Omnia tanta. S. scilicet coelestia. g Quisquis in ar. vo. S. vel Iuno: vel Iuppiter. h Onerauitque ęthera vo. S. Iterū atque iterū est vota pollicitus. Locus aūt iste dictus est secūdū augurū morem: apud quos fuerat cōsuetudo: vt si post acceptū augurū ad aquā venissent inclinati haurirēt exinde manib⁹: & fusis p̄cib⁹ vota pmitterent: vt visum pseueraret auguriū: quod aq̄ intercessu dirūpit. Vn̄ etiā in. xii. visū Auguriū quod aq̄ intercessu dirūpitur nō pcedit: nā sortitē exitū infirmū: qa cygnus dimissus ab aquila in fluuiū cecidit: vt Pręda que ex vnguib⁹ ales proiecit fluuio. Hinc videt etiam Turnus minimeque potuisse liberari. i Iamque omnis campis exercitus ibat apertis. SER. Intelligamus hunc exercitum primū in campos confuse ruisse: post digestum in ordines: vt sit seq̄ntiū fluuiū cōgrua cōparatio: q̄ flumia dicit post cāporū inundationē in alueos suos reuerti. Nam hoc vult dicere: vt de campis flumia in alueos redeunt sic digesta est in acies militū multitudo: q̄ fuerat an̄ diffusa. i Diues equū. S. p gtm̄: frequēt⁹ vtitur hac figura que p ablatiuū. k Pictai. C. p pictę: & est diphtōgi gręci dissolutio. Est enim apud illos diphtongus ai: apud nos transit in ae. l Coercent. CRIS. cogunt: colligūt. m Vertitur. CRI. quod est proprium ducis: ad quem summa totius rei pertinet: vt omnia abeundo: lustrādoque exploret: atque administret: & modo vsque ad prima signa deferatur: modo ad nouissimos redeat. n Altus per tacitum ganges. S. fluuius est Indię: qui secundum Senecam in situ indię nouem alueis fluit: secundum Melonem septem: qui tamen et ipse commemorat nonnullos dicere: que tantum tribus alueis fluat. Virgilius tamen. Nilo eum sūgens septem alueos eum habere significat. Hanc varietatē Donatus fugiens longum hyperbaton facit dicens: ceu surgens septē amnib⁹ Nilus: aut ganges altus per tacitū. Sane bene addidit p tacitū altus: hoc est per pfundā altitudinē: nā licet crescat: intra ripas tamē est: nec superfundit: vt Nilus campis vnde asper distinxit altus per tacitum: C. Ganges: fluuius Indię qui oritē ex cacauso septētrionalis Indię monte in mare Indicum influit cis Taprodāē insulā. Quot autem alueis. vide Seruium. Romanorum primus p illū classem duxit Traianus: ante Traianā Alexander Macedonic⁹.

o Aut pigui flu. nil⁹. S. Nilus dictus est q̄si. νεον ιλυν. hoc ex nouū limū trahens: quod volens exprimere dixit pingui flumine: id est fluore: quę res foecundā efficit terrā: q̄d & ipse in Georgicis ostendit dicens: Liquunē mōtibus amnes: foelicemque trahunt limū. Item et viridem ęgiptum nigra foecundat harena.

n Ceu septē surgēs sedatis amnibus alt⁹ per taci. DON. per comparationem ostendit magno silentio iuisse Turnum: vt improuisus exprimeret incautos: tn̄ ingens puluis illos māifestauit. p Hic subitamque nigro. CR. Ostendit teucrorū vigilantiam qui i prouiso opprimi nō potuerūt: cum ad omnē euētum intenti: nihil eos latere potuisset.

q Moie Caicus. CR. Is enim custodia agebat in turri hostib⁹ opposita.

r Quis globus. SER. id est quantus: admirantis enim est: non interrogantis. Nec enim interrogat qui nuntiat. DONA. Quis globus: Primo dubitauit: deinde cognouit esse hostes. CRIST. Quis globus. admirantis est & stupentis: non interrogantis: Nam res improuisa vehemēter perturbat animum. Vnde etiam minora maiora videntur. Ergo quis globus que immensa ac constipata multitudo. Globus enim latine est: quę gręce sphera. nō ergo videbat milites: sed ex globo pulueris coniectabat: q̄ multi essent.

s Ferte citi. CRISTOFERVS. Maxima properatione properantem effert orationem: quod demonstrāt clausulę breues: & sine copula positę.

t Tela. DONA. Etiam lapides: & omnia missilia dici possunt.

v Hostis adest eia ingenti cla. p oms. S. Hic distinguēdū: vt eia sit militū pperantiū clamor: & est ennianū: qui ait: Eia machera. Ergo eia ingenti clamore dicentes ad portas ruebant. Alii hostes adest eia: legunt.

z Condunt se. C. componūt se ad custodias agendas: & ad repugnandū: Neq3 nō iccirco pdibant obuiā hosti: quia timerēt: sed vt essent obsequētes imperio æneę: q pro hibuerat illos cū hostibus se absente manum conserere. Prudentissimi ergo ducis cōsiliū est: nō pmittere: vt absen te se bellū ineāt: pper incertos fortūę casus. Qua propter se verissimū Mal lii filii suppliciū: qm̄ im periū in huiuscemodi re cōtempsisset: non impro bat. y Nanq3 ita disce dēs p. S. excusatio Troia norum: ne portas clausis se timore viderent. D. Nā q3 ita discedens pceperat. Aliter eū timidi poterāt videri Troiani: qui instru cta acie non exirent: con tra hostes Aeneę pceptū propter incertos fortunę casus sapiens fuit. Ergo duas dedit virtutes alte ram ne imbelles videren tur altera vt regi parerēt.

a Optimus armis: S. peritus armorū dux egre gius: qui et futura poruit dere.

a Siqua interea fortu na fu. S. i. bellicus casus. b Pudor iraq3 mon. S. i. q3 eos hortaretur ira et pu dor. C. Pudor ira. Ponit Aristo. cū fortitudinē de scribit: m pros pudore: etiā si vera illis fortitudo nō sit hostib⁹ nō cedere: et irā tanq3 cotem ad fortitudi nē acuendā esse: Perypa tetici omnes affirmant. Ostendit igitur: q3 q3uis ira & pudore ad manus conserendas impellerent: tamē tm̄ ualuit apud eos imperiū ducis: vt illi ob temperauerint.

c Turnus vt anteuo. C. Ponit Macrobi⁹ qtuor dicendi genera esse copio sum: breue: siccū: pingue: vel floridū: atq3 hūc locū siccū esse genus ostendit. d Tardum agmen. S. Pediti dicit: qui equitum cōparatione tardi sunt. D. Tardum: nō q3 tarde ambularet: sed compara tione Turni.

e Vrbi. S. Troię quā fece rat Aeneas castrorū i mo rem. f Maculis quem thratius albis. SER. No ue albas maculas dixit: cum proprie macularum sit hęc natura: vt obscuri tate sua albū aliquid in fuscent. g Cristaq3 te git galea aurea rubra. SER. Duo ablatiui sunt: & duo no minatiui: quos metrica ratione discernimus: Nam & ru bra crista longę sunt vltimę: quia ablatiui sunt. Sane hu iusmodi versus pessimi sunt: h Iaculum. DO. De dit principiū pugnę: id ei signū fuit aū qd nulli licebat ar ma mouere. i Principiū pugnę. S. Hoc de Romana so lēnitate tractū est: cū enim vellent bellū indicere pater pa tratus: hoc est princeps foecialium, pficiscebat ad hostium fines: & prefatus quędā solennia clara voce dice bat se bellum indicere p pter certas causas: aut qa socios lęserant: aut qa nec abrepta animalia: nec ob noxios reddiderāt: & hęc clarigatio dicebat a clari tate vocis: post q3 clariga tiōem hasta in eor fines missa indicabat iam pu gnę principium.

Condunt[z] se teucri portas: & mœnia cōplent.
Nanq3 ita discedens pceperat[y] optimus armis
Aeneas:[a] siqua interea fortuna fuisset:
Neu struere auderent aciem: neu credere campo.
Castra modo: & tutos seruarent aggere muros.
Ergo & si conferre manū[b] pudor iraq3 mōstrat:
Obijciunt portas tamen: & pcepta facessunt:
Armatiq3 cauis expectant turribus hostem.
Turnus[c] vt anteuolans tardū[d] pcesserat agmen
Viginti lectis equitum comitatus: &[e] vrbi
Improuisus adest:[f] maculis quē thratius albis
Portat equus:[g] cristaq3 tegit galea aurea rubra.
Ecquis erit mecū o iuuenes: qui prim⁹ in hostē
En ait: &[h] iaculū at torquens emittit in auras:
Principiū[i] pugnę: & campo sese arduus infert.
Clamorem[k] excipiunt socii: fremituq3 sequūt
Horrisono: teucrū mirantur inertia[l] corda
Non ęquo dare se campo: nō obuia ferre (huc
Arma viros: sed castra fouere: huc turbid⁹ atq3
Lustrat equo muros: aditumq3[m] p auia quęrit.
Ac veluti pleno lupus insidiatus ouili:
Cū fremit ad[n] caulas: vētos ppessus et imbres.
Nocte[o] sup media: tuti sub matribus agni
Balatum exercent: ille asper &[p] improbus ira
Seuit[q] in absentes: collecta fatigat edendi
Ex[r] longo rabies: &[s] siccę sanguine fauces.
Haud aliter rutulo muros: & castra tuenti
Ignescunt[t] irę: & duris dolor[v] ossibus ardet:

k Clamorē exci. so. S. Legitur et clamore. Si cla more sensus erit tal. hastę iactum socii clamore co mitant. Si clamorem: in telligimus Turni eos cla morē excepisse: & cū fre mitu eum sequunt.

l Inertia corda. S. nō re uera: sed sicut hostib⁹ vi debatur. m Adi tumq3 per auia quęrit. S. Etiā per auia sane expri mitur Turni violētia: nā viam p auia nullus quę rit. n Ad caulas. S. mu nimenta et septa ouium: Est ei grecum nomen. e detracto. Nam greci au las vocant animaliū rece ptacula.

o Nocte sup me. SER. vltra mediā noctē. i. ma iorem eius partem: & est bōa elocutio p Sylepsim: vt si dicas legi noctem su per mediā. i. vltra mediā noctem. nulla enim syle psis est: quę nō & casum mutet. & egeat subaudi tione: vt hāc ego nunc ig naram huius quodcūq3 pericli. p Improbus i. C. quē ira facit iprobū: id est insaciabilem.

q Seuit in ab. S. Panta siam seuitię exp̄ssit qa & lupi circa caulas fremunt vt in ip̄is animalib⁹ solēt.

r Ex lōgo rabies. SER. absoluta elocutio: vt si di cas ille fame fatigatur ex longo. s Siccę. CRI. scilic. fauces. i. ex ardore: qui puenit ex sanguie are scūt fauces. t Tuēti ig nescūt irę. C. cum ei tueat monumēta inexpugnabi lia excandescit: qa despe rat expugnationem.

v Dolor ardet. C. quia puenit ex ira. Ira eni est accensio sanguinis ad vindictam sumēdam: ergo ardet: quę vindi cta: si desperatur gignit dolorem.

x Et qua via dau. S: Qua aduerbiũ loci est: nõ pnomẽ: Nam nõ cõstat versus: si via sepcim⁹ sit: nõ ntũs: Ergo q̃ via. i. p quã ptẽ viẽ vallo Troianos excutiat. Legit tñ et quẽ via: et est sensus absolutio. y Excutiat. C. videbat em posse supari troianos: si ex castris pdirent: sed desperabas ipsos posse elicere.

z Classem q̃ la. C. Vna hẽc via videbat restare: q̃ exire cõpellerent. s. vt nauibus incẽsis succurrerent. Triplex ergo laus æneẽ: q̃ mãdauerat ne se absente in p̃liũ exirent troianorũ: q̃ impatori suo obsequẽtes fuerant: & Turni q̃ id sũmopere conaret. a Vrget pñtia tur. D. Plus valet p̃sẽtia eius q̃ pt iubere: q̃ iussio. C. Vrget p̃. Turni. Null⁹ em tã ignau⁹ ẽ miles: q̃ pñti ipatore aliqd declinet periculũ. b Facibus accin. atris. S arma tur: instruit. C. Atris, propter fumeos vapores. Vñ sequit: Fumeũ fert picea lumen. c Piceũ fert fumida lu. S. Sordidior em ex thedis et igni fum⁹ ẽ. D. Fumida theda. Cum hoc dicit: exprimit: q̃re dixerit: facibus atris.

d Quis de⁹ o mu. S. qa res deorũ est & ardua: lõ p se eã nõ põt dicere. Hic aũt gloria Turni latenter ondit: cuius vis nisi a numinib⁹ repelli nõ potuit. C. Quis de⁹. in re difficili scita minimeq̃ verisimile musas inuocat. e Prisca fi. facto: sz fam. S. oĩs antiqtas difficili: puta: et incorrupta manat in posteros. Hoc ei dicit factũ: hoc licet priscũ sit: tñ eius fama nõ ẽ oblitterata vetustate. C. Prisca fides. ergo credenda res: qñiã nec apud priscos: q̃ rei ppiores erant: defuit fides.

f Sed fama pennis. C. q. d. hẽc sola via est: q̃ res prisca: nec litteris mandata sciri potuerit: q̃ fama ppetua conseruata sit.

g Quo primũ. S. hoc ẽ initio. Nõ eñi secundo factẽ sunt naues apud idã ab Aenea. D. Tempe q̃. verisimilis fit res: cũ tempus & locus exponitur. C. Tempe. Optimum figmentũ: et a summo poetẽ ingenio profectũ.

Qua temptet rõne aditus:[x] & qua via clausos
Excutiat[y] teucros vallo: atq̃ effundat in ẽquor:
Classem[z] quẽ lateri castrorũ adiuncta latebat:
Aggeribus septam circũ: & fluuialibus vndis:
Inuadit: sociosq̃ incendia poscit ouantis:
Atq̃ manu pinu flagranti feruidus implet.
Tum vero in cũbunt: vrget[a] præsentia Turni:
Atq̃ omnis[b] facibus pubes accingitur atris:
Diripuere focos: piceum[c] fert fumida lumen
Thẽda: & cõmixtam vulcanus ad astra fauillã.
Quis[d] deus o musẽ tam sẽua incendia teucris
Auertit: tantis ratibus quis depulit ignes:
Dicite:[e] prisca fides facto: sed[f] fama perennis.
Tẽpore quo[g] primũ phrygia[h] formabat in Ida
Aeneas classem: & pelagi petere alta[i] parabat:
Ipsa[k] deum fertur genitrix[l] berecyntia: magnum
Vocibus his affata Iouem:[m] da nate petenti
Qd'[n] tua cara parẽs domito[o] te poscit olympo.
[p] pinea sylua mihi multos dilecta per annos
Lucus[q] in arce fuit summa: quo sacra ferebant:
Nigranti[r] picea: trabibusq̃ obscurus acernis:
Has[s] ego dardanio iuueni cum[t] classis egeret
Lẽta dedi: nunc sollicita timor[v] anxius vrget.
Solue metus: atq̃ hoc p̃cib⁹ sine posse parentẽ:
Neu cursu quassatẽ vllo: neu turbine venti
Vincantur:[x] prosit nostris in montibus ortas.

homo, hẽc viderat aut audiuerat: sed musẽ poetã docuere. l Berecyntia magnũ. S. Mater deũ a monte Phrygiẽ berecynto: cui⁹ vltima syllaba caret aspiratõe: quã addimus quotiens montẽ deli cynthũ dicimus. Est aũt tenuis ista discretio: quib⁹ nominib⁹ subtrahi debeat aspiratio: nam ecce Ripẽi montes Archadiẽ nõ scribunt cũ aspiratione: quã addim⁹: q̃ties Ryphẽos mõtes Scythiẽ significamus. m Da nate petẽti. S. ac si diceret ei quẽ iubere debuerat. DO. Da. Imperatia vox ostendit parentis. Nate, quod nomẽ ad imperandum multũ valet.

n Cara. D. vt sit de parenti' quã diligis: & q̃re amat. Rem aũt arduã petiturã causas iustas inserit. o Domito te posc. olĩpo. S. videt dicere: p̃sta ei: cui⁹ beneficio seruatus ad olympi regna venisti. Saturn⁹ em cũ oẽs filios Iouẽ solum eẽ nõ potuit: celatum matris auxilio: domito ergo olympo in tuas. s. leges p bñficiũ meum mundo redacto.

p Pinea syl. mihi. S. Cõgrue. naz pinus in tutela matris est deum.

q Arce fuit summa. S. Hoc ẽ apd' gargara: q̃ dicta suut: quasi κάρα καρατος, id est caput capitis: altitudis altitudo cara est. ηκεφαλη. Gargara autem sunt montis idẽ cacumina: ppter q̃d dicit in arce summa.

r Nigranti picea. SER. Vmbrosa & picea est genus arboris: vnde pix desudat. Harum aũt secundum Pliniũ quinq̃ sunt species: sicut etiã supra diximus.

s Has ergo. SER. Non trabes: naz de arce naues nõ fiunt. Vnde melius arbores intelligim⁹ referẽtes ad piceas: vel ad pinos. Sane notandũ trabes eũ dixisse de arborib⁹: cum non dicant: nisi iam cẽsẽ: & iam ꝯpositẽ.

t Classis egeret. SER. iusta Aeneẽ petitio: et concedentis benignitas numinis exclusit piaculum: Nam his remotis sacrilegium cõmitteretur.

h Formabat. SER. id est formare cogitabat: nõ enim in Ida: sed apud antandrũ factẽ sunt. i Alta pela. S. absolutũ est: vt lata camporum.
k Ipsa deũ ge. fert. S. Figmentũ hoc licet poeticũ sit: tñ q̃ exemplo caret: notatur a criticis: vnde lõgo pœmio excusatur. nam iõ & prisca rõne religionis: & Iouis beneficio dicit esse perfectũ: vt naues mutarent in nymphas: q̃ vel aliqua ex parte possit eẽ verisimile. D. Ipsa deũ ge. nullus

v Timor anxius. SER. aut perpetuũ est timoris epitheton: aut certe verum timorem voluit significare: vt separet ab eo qui ex cupiditate nascitur prosperorũ: vt. Exultãtia haurit corda pauor pulsans. x Prosit nostris in montibus. SER. Bona breuitas: nam detraxit his & esse: nam plenum est prosit: & his ortas esse in montibus nostris: quod fecit elocutionis causa.

Filius huic contra: torquet [y] qui sydera mundi:
O genitrix quo [z] fata vocas? aut qd [a] petis istis?
Mortali [b] ne manu facte: immortale carine
Fas [c] habeant: certusq; [d] incerta pericula lustret
Aeneas? cui [e] tanta deo permissa potestas?
Imo vbi defuncte [f] finem: portusq; [g] tenebunt
Ausonios: olim [h] quecunq; [i] euaserit vndis
Dardaniuq; ducem laurentia aduexerit arua:
Mortalem [k] eripiam formam: magniq; iubebo
Aequoris esse deas: [l] qualis Nereia clotho:
Et galathea secant spumante pectore pontum.
Dixerat: idq; ratum stigij p flumina fratris:
perpice [m] torrentes: atraq; voragine ripas
Annuit: [n] & totum nutu tremefecit olympum.
Ergo [o] aderat promissa dies: & tempa parce
Debita complerant: cum [p] turni iniuria matre
Admonuit: ratibus sacris depellere thedas.
Hic [q] primu noua [r] lux oculis effulsit: & ingens
Visus ab aurora coelu transcurrere nymbus:
Idei q; chori: tum vox horrenda per auras
Excidit: & troum rutuloruq; agmia complet:
Neu [s] trepidate meas teucri defendere naues:
Neue [t] armate manus: maria an exuere turno
Quam sacras dabitur pinus: vos ite solute:
Ite [v] dee pelagi: genitrix iubet: & sua queq;
Continuo puppes abrumpuut vincula ripis:
Delphinuq; modo diuersis æquora rostris
Ima petunt: hinc virginee (mirabile monstru)
Reddunt [x] se totidem facies: pontoq; feruntur:
Quot prius erate steterant ad littora prore.
Obstupuere [y] animis rutuli: conterritus ipse

y Torquet. S. qui sustinet: regit. D. Torqt. qui. s. cui est o. m rerq ptas: sz tn no debet aliqd pstare contra fatu: vt illa petit. s. vt et naues et Aeneas n sint subiecti casib9. C. Torqt qui sydera mundi. In circultu ait. Est em qd solu mouet. Et est hec prima cau: et verus de9 p que oia sunt. Ipse aut p se est. Stabilisq; manens dat cucta moueri: est itidem qd mouet et mouet: vt sut sed'e cause. est q solu mouet: vt hec inferiora. Optime igitur diffiniuit deu: qui torquet sydera mudi. i. q omia mouet: cu ipe imobilis maneat. In fabula ergo physicu aliqd & theologicu posuit: vt diffiniret veru deu: mox vt poeta ad fabulas reuoluitur.
z Quo fata vo. S. Ostedit fata aliqten9 trahi: no tn vsq;quaq;. hoc em dicit: quo. i. ad quam rem:
a Petis istis. S. p istis: Nam sic dicim9: peto tibi p te. b Mortali ne manu fac. C. omia qcunq; sunt: a deo sunt. Sed qdam ipse facit immediate. i. sine aliq medio: & sine secundis causis: et hec qm proxima suo factori nullaq; ca interponit inter se factoremq; suu: a deo retinent de natura factoris q immortal' est: vt paru ab ea degenerēt: & ppterea imortalitatē retinent: vt sunt aie huang. Queda vero facit: no oino imediate: sed p secundas causas: vt sunt corpa coposita: & hec ita degenerant: vt no seruet factoris immortalitatem.
c Fas habeat. S: ius. nec enim possent eterna esse: que ab hominibus facta sunt. Horati9. Debemur morti nos nostraq;. Nas sic animi facta sunt immortalia: ita corpis pereunt. Salustius. Ceteru studia nra sicut anima immortalia sunt.
d Certusq; incer. picla: S. Hoc dicit. casibus licentiam hec petitio vult adimere. Na Aeneas forte q homo est nauigatiois: debet timere periculu: qd perit: si eius nauib9 eternitas detur. e Cui tanta deo pmis. S. Cui: ac si diceret: nec regi quidē deoru. f Defuncte. S. liberate: vt. O tandē magnis pelagi defuncte periclis. g Port9q; te. S. Nautico vsus est verbo: cum de nauibus diceret. h Quecunq;. SER

Hic ostendit aliquas esse perituras. i Euaserit vndis. S. de vndis exierit: cu venerit ad eu locu: de q nauigatur9 no sit. Alii legut t euaserit vndaru periculu. k Mortalē eripia for. S. Bn dixit mortalē. nec em pot fieri vt eadē res et mortal' sit: & immortal'. an est: vt desinat esse mortal'. C. Mortalē eripia forma. q. d ipe nulla ca interposita: vt imortales iure esse possint.
l Qualis nereia clotho. S. Non tales dixit erit. sic supra. Qualis mugitus fugit cu saucius ara taurus: m Per pice torrentes. S. ardentes: & est figmentu poeticu. n Et totu nutu tremefe. olym. C. Macrobius aliogn vir mlta doctrina excellēs: i hoc loco sua nationis ingenio no discedit: na greci oia suis arrogant: nostris contra oia detrahere conant'. Ait igit phidia: cu Iouē olympiu finxisset interrogatu: de q diuinam mutuaret effigiē: respodisse se archetypu Iouis i trib9 Homeri versibus inuenisse. tanq; illi vitio det: si quicqd Home. dicit: ipse n dicat. ac de supcilijs & crinibus totu illi9 vultu collegisse: miraturq; hoc a Marōe ptermissum. Sz no video cur hoc Hemistichio: illi9 maiestatē no min9 q Homerus expresserit.
o Aderat pmis. dies. S. Promissum tps aduenerat. p Turni iniuria. S. scz qua inferebat: & mo iniuria. est αλκηιια. i. iniusticia. Hinc et apud Comicos: iniuri9 est q audet aliqd cotra ordinē iuris: et bn iniuria: qm et cotra necessitatē fati: & contra ronē fœderis bella comouerat. q Hic primu. D. Debuert an piecturatione pire signa: ne cassa res facta videat: dein vox sequit: vt coiectura signoru formet. r Noua lux. S. id est nymb9 deoru: qd & paulo post dicit. s Ne trepidate. S. p ne festinetis: & p hoc significat: io ad nauiu defēsionē egressos no ee Troianos: quia numē vetuit. t Maria ante. D. Pulchre a loco in q erat possibilitatē sumpsit. v Ite dee pelagi. S. Alii hucusq; volunt matrē deu locuta. Alii iungunt genitrix iubet.
x Totidē. D. vt apperet ipsas esse que fuerunt verse.
y Obstupuere animis rutuli. S. timuerunt rutuli.

a Mesapus. S. s. timuit numinis fili⁹. a Et amnis rauca so. S. Licet antiquitas habuerit hic & hec amnis, meli⁹ tñ est accipe rauca sonans ꝑ rauce: q̃z rauca amnis: b Reuocatq̃z pedẽ ty. S. Nũc ipm deũ territũ dixit supra vndas fuisse perterritas: et ipse repssas: c Tyberinus. S. supple timuit. Per hos autẽ gradus maior Turni designatur audacia, quale & in quarto. At non infoelix amni phoenissa.

Turbatis[f] mesapus equis: cunctatur &[a] amnis
Rauca[b] sonans: reuocatq̃z pedẽ[c] tyberinus ab alto

¶ At nõ audaci turno fiducia cessit:
Vltro[d] animos tollit dictis: atq̃z[e] increpat vltro:
Troianos hec[f] mõstra petũt: his[g] Iuppiter ipse

¶ d Animos tol. dic. S. Magnanimitatẽ suam cõprobat dictis: tale est illud econtrario. Turbatũq̃z oculis. e Increpat vltro. D. Temeritas maxima: qui cũ fatũ intellexisset: debuit potius fortunã suaz deflere. f Hec monstra petũt. S. appetũt: vt reginã petit. g Iuppiter ipse. SER: Qui oibus pstare consueuit. Vnde & Iuppiter dictus quasi iuuans pater. Ergo auxiliũ solitum non circa Troianos accipimus; sed quod ipse prestare consueuit.

Auxiliū solitū eripuit: non tela: neqꝫ ignes
Expectant rutilos: ergo maria inuia teucris:
Nec spes vlla fuge: rerū pars altera adempta est.
Terra autē in nostris manibus: tot milia gētes
Arma ferunt Italę: nil me fatalia terrent
Si qua phryges prę se iactant responsa deorum.
Sat fatis venerīqꝫ datū est: tetigere quod arua
Fertilis ausonię troes: sunt & mea contra
Fata mihi: ferro sceleratam excindere gentem
Coniuge prērepta: nec solos tangit atridas
Iste dolor: solisqꝫ licet capere arma mycenis.
Sed periisse semel satis est: peccare fuisset
Añ satis: penitus mō nō genus oīe perosum
Fœmineum: quibus hęc medii fiducia valli
Fossarumqꝫ morę leti discrimine paruo
Dant animos: an non viderunt mœnia troię
Neptunni fabricata manu considere in ignes?
Sed vos o lecti: ferro quis scindere vallum
Apparat? & mecū inuadit trepidantia castra?
Non armis mihi vulcani: non mille carinis
Est opus in teucros: addunt se protinus oēs
Hetrusci sotios: tenebras et inertia furta
palladii: cęsis summę custodibus arcis
Ne timeant: nec equi cęca condemur in aluo:
Luce palam certum est igni circundare muros.
Haud sibi cū danais rem saxo et pube pelasga

h Auxiliū solitū. D. q. d. qui fugere semper soliti sunt. C. Auxiliū solitū. Maxima prudentia: vt quid ab hostib⁹ est pro se facere argumētetur. i Non tela neqꝫ ignes. Expectant rutilos. S. non expectāt troiani: vt rutilorum telis: aut ignibus pereant: q̄ iā nauiū amissione perierunt. k Maria inuia teucris. S. color est: nam rē quam troiani pro se putabant: in contrarium vertit dicens: nauigatiōis auxiliū & fugę pdidisse troianos: quos constāt p foelicitate habuisse nauigationis vitare discrimina. l Rerū pars altera. S. Humanę enī naturę duo elementa cōcessa sunt. s. mare & terra. C. Rerū pars a. cū mari ac terra mortales vti possint: mare ereptū eē remotis nauibus ostēdit. terrā vero in sua potestate esse: qñ tot Itali in suum auxiliū venerūt. m Tot mi. gē. D. Sepa. et deinde dic gētes. n Nil me fa. te. S. Tacitis q̄onibus occurrit dicēs si fataliter se ad italiā venisse dicūt: iam venerunt: cōpleta sunt fata: & callide tacuit: quod erat fatale. Troiani enī dicebāt Italię sibi regna deberi. Et est oratorū q̄stiones ita proponere: vt facilem solutionis sortiantur euentū. o Si qua phryges p̄ se ia. S. quasi & ista confingant. D. Phryges. p conuitio posuit. C. Si qua phryges. mira cōfutatio: Primū enī dicit troianos iactare fata sua: quod est ac si dicat falsa esse quę loquunt: deinde circūscribit quę negare oīno non pōt: nā dicit voluerunt fata in italiā venire troianos: non autem regnare: & cū venerint satisfactū ē fatis. Deinde contra opponit fatū suū: quod q̄uis falsū sit: tñ non facile dilui potest. Et illud validissimū profert: si non fuit illis satis rapuisse vnam cōiugem. s. Helenā: nō debere esse satis q semel perierint. p Sunt & mea cōtra. fata mi. S. Ho. falsum ē quod dicit turnus: sed in arte rhetorica tunc cōcedit vti nobis mēdatio: cū redarguere nullus potest: vt hoc loco. Quis enī vere scire potest: Turno data essent: nec ne responsa: quia scit falsum esse: quod dixit. q Sceleratā gentem. S. Argumentis probare dicta contendit dicens esse sceleratam gentē ob raptā sibi coniugē: in quo facto vtit̄ grgcorū exemplo: qui rapta Helena gentē deleuere Troianam. r Coniuge prērepta. S. Inuidiose sponsam cōiugē vocat. s Nec solos tangit atridas. Iste do. S. Cur non in similitudine criminis sit poene similitudo. Si culpa repetit̄: supplicia quoqꝫ geminent̄. D. Solos atridas. Si luerūt poenas prima est iniuriarū in atridas pulsi patria luent: & istarū in nos iā exortes: & ideo imbecilliores. Est ergo mirū exēplū deprimit aūt omnia illorū gesta apud Troiam: & se grecis proponit q nō fraude: sed vi velit adoriri. t Penitus mō non ge. om. per. foe. S. mō omne genus femineū nō eos penitus perosos decebat. locutus est aūt figurate. v Nec medii fiducia valli. C. validissimum argumentū: nā si nō potuerūt cū integri essent munitissima validissimaqꝫ vrbe se tueri: quo nā modo nunc multū imminuti: fossa & vallo se defendent: contra quos nec vulcaniis armis dicit sibi op⁹ esse: neqꝫ mille nauibus: etiam si oēs etrusci ab illis pugnent. cū careant Hectore a quo p decenniū defensi sunt: neqꝫ aut dolis Vlyssis: quib⁹ paladiū furat⁹ ē: neqꝫ se dolis equi rem aggressurū: Sed aperto Marte acturū promittit. x Fossarūqꝫ mo. S. quasi nō tutela: sed mortis dilatio. y An non vider. t. S. legitur. At non. Si an non: absoluta est. Si at non: est incoeptiua particula ad ornatum pertinens Hora. At o deorū quicquid in coelo regit. Tale est. At non sic phrygius. penetrat lacedemonia pastor. z Sed vos. C. Optim⁹. pgressus: nā primo ducit hostes in cōtemptionē: deinde hortat̄ suos: vt in illos audeant. a Vallū. S. dicit̄ ipa munitio: nam valli fustes sūt quibus vallū munit̄. Ipse de sustentaculis vitiū. pri⁹ vallos sub tecta referto. b Mecū. C. vt ostēdit nō mittere eos ad pericula: q ipse detractat.

c Non armis mihi vul. S. Bene arma generaliter dixit: nā ipse habuit a Vulcano: sed solum gladium: vt ensē. Quē dauno ignipotens deus ipse parenti fecerat: & stygia cādentē tinxerat vnda per hoc autem: quasi latenter dicit se Achille meliorē: qui se troianos etiā sine diutinis armis superare posse confidit. d Addant se protinus om. S. ne timere videatur auxiliorū multitudinem dicit esse incremēta victorię. e Luce pallam. S. propter tenebras & furta inertia. f Quos distulit hector. S. bene solius Hectoris facta est cōmemoratio: vt ostendatur ipse periisse qui potuisset esse terrori. propter quod vult Aeneam nihil fortiter

fecisse in bello troiano:
g Melior. S. q. d. i. maior et prima. h Bñ gestis corpora rebus. S. in eo tā tū q̄ hostes non ausi sunt egredi. i Pugnam sperate para. SERVI. s. contra Troianos: non a troianis: ne videatur contra supradicta omnia nunc sociis inferre timorem.
k Vigilū excubiis. S. Excubię sunt diurnę: vigilię nocturnę. l Cēteni quę q̄. S. Cēturionū. s. ex more Romanę militię: nam ex numero militum: qui eos sequūtur gradus dignitatis apparet. m Vertūt cra. ahe. S. Potant. Et est hemistichium ennianum. n Noctem insomnē. i. milites insomnes in noctem. o Ludo. C. Nā voluptas quę capitur i ludo excitat spiritus: qui excitati somnum arcent.
p Hęc super. C. vt multa fiducia reddebat rutulos negligentiores: ita contra Troiani ex periculo admoniti: omnia diligentius curabant: facit ergo narrationem verisimilem: quia est secundū naturam.
q Trepidi for. S. festini ꝓpter formidinem: nā non est iteratio: r Pontesq̄. S. qui fiūt in muris angustioribus. C. Pontesq̄. nam cum moenia sint ita lata: vt discurrentes per illa recipere possint: apponuntur tabulata & veluti pōtes. s Propugnacula. S. Pinnas. C. Pro pugnacula sunt: quib⁹ e moenibus pugnando hostes arcemus: & tutos nos reddimus. t Quos pater æ. CRI. Et hoc prudentis imperatoris fuit: vt absuturus aliquos summę rerū pręficeret. v Rectores iuuenum. S. legitur & iuueni. Si iuuēni: Ascanio. Si iuuenū: magistros militū accipe. D. Iuueni. Ascanio: aut appellatiōe vnius omnes intellexit. C. Rectores iuuenū. nā illa ętas cū animis abūdet: et prudentia careat: rectorib⁹ indiget. x Sortita per. S. sorte diuisa ad defēsōnē pi cli. C. Sortita periclū. per sortes accipiens inter se ea in quibus periculū erat.
y Quod cuiq̄ tu. est. S.

Esse putent: decimū q̄s distulit hector in annū.
Nunc adeo melior quoniam pars acta diei:
Quod superest: lęti bene gestis corpora rebus
procurate viri: et pugnam sperate parati.
Interea vigilum excubiis obsidere portas
Cura datur messapo: & moenia cingere flāmis.
Bis septem rutuli muros qui milite seruent
Delecti: ast illos centeni quęq̄ sequuntur:
purpurei cristis iuuenes: auroq̄ corusci
Discurrunt, variantq̄ vices: fusiq̄ per herbam
Indulgent vino: & vertunt crateres ahenos.
Collucent ignes: noctem custodia ducit
Insomnem ludo.
Hęc super e uallo prospectant troes: & armis
Alta tenent: nec non trepidi formidine portas
Explorāt: pontesq̄ & pro pungnacula iungūt:
Tela gerunt: instant mnestheus acerq̄ Serestus
Quos pater ęneas: si quando aduersa vocarēt:
Rectores iuuenū: & rerū dedit esse magistros.
Omnis per muros legio sortita peridum
Excubat: exercetq̄ vices: quod cuiq̄ tuēdū est.
Nisus erat portæ custos acerrimus armis
Hirtacydes: comitem Aenęę quē miserat Ida
Venatrix: iaculo celerem leuibusq̄ sagittis.
Et iuxta comes Eurialus: quo pulchrior alter
Non fuit æneadum: troiana neq̄ induit arma:
Ora puer prima signans intonsa iuuenta.
His amor vnus erat: paritercq̄ in bella ruebant.
Tum quoq̄ cōmuni portā statione tenebant.

5 Nisus. D. Quā cito dixit nomen: patrē: locum: in quo natus: & quibus eēt studiis. C. Nisus erat: Optime iuueni dat robur animi sine mīta prudētia: a Ida venatrix. S. a plerisq̄ ida mater Nisi accipitur: quia dixit venatrix: nā si montē volueris accipere. abusiue Idam venatricem dictam intellige pro venationibus abūdantem: nā venatrix proprie est: q̄ venatur: non quę venationibus abundat. b Iaculo cele. S. Bñ inducit Nisū esse optimū iaculatorem: & hanc pręmittit armorū peritiam: quę post plurimū poterit in Euryali defensione. c Troiana neq̄ induit arma. S. hoc est qui nondum bellicosa arma induerat. i. acceperat: & hoc dicit pulcher quidem erat: sed nondū bellādi peritus. D. Troiana neq̄ iduit arma. cęteris pulchrior: pulcherrimus autē cū esset armat⁹. C. Troiana. i. a. nō fuit alter ex his qui arma indueret.
d Dii ne hunc ardorē mentibus addunt. Euryale? An sua cuiq̄ de⁹ sit dira cupido. S. Apud Plotinū philosophum & alios quęritur. Vtrū mentis nostrę acies per se ad cupiditates: & consilia moueat? an impulsu alicuius numinis? Et primo dixerūt mētes humanas moueri sua sponte. deprehenderūt tñ ad omnia honesta impelli nos genio: & numine q̄dam familiari: quod nobis nascētibus datur. praua vero nostra mente nos cupere: & desiderare: nec enim potest fieri: vt praua numinū voluntate capiamus: quibus nihil malū constat placere. Vnde nūc hic ortus est sensus. Hoc em̄ dicit Nisus O Euriale dii ne nostris mentibus cupiditates iniiciunt & desideria: an sit deus ipa mētis cupiditas. CRI. Dii ne hunc ardorem mentibus addūt: an sua cuiq̄ deus sit dira cupido. Optima ē Seruii expositio: sunt etiā qui dicāt animas nostras ita esse istructas suis viribus: vt duas extremas operari non sentiamus. est

Exercet vnusquisq̄ vires ad id quod accipit tuendum. C. Quod cuiq̄ tu. Certi enim certis rebus delegādi sunt: nam quod omnibus faciendum relinquitur: a nullo fit.

go queadmodū vegetatiua: quę omniū humilima, est: non sentit a nobis cum operatur: nam neq̄ sentimus corp⁹ crescere: neq̄ decoctionem in stomocho epate ue fieri: neq̄ ve

nas pulsare:& alia multa ita intelligentia:quę supre ma ē.Et supra intellectū posita deo pene coniungi tur:nobis non aduertenti bus agit.Et hęc quidē no bis(vt Platonici aiūt)pro deo est. e Mentib⁹ ad dunt.S.Bene addunt:nā anim⁹ sui natura prudēs ē. sed ei addit:vt aliquid im patienter desideret.
f Dira.S.magna aliqd magni.i.per hostes transi tum.D.Dira cupido.cogi tationes maximas de⁹ ali qs mouet:an ipa sibi mēs deus est. g Mens agi tat mihi.S.molitur.
h Quiete.S.modo otio non somno.nam in vigi lis fuerat collocatus.
i Cernis quę rut.habeat fi.re.S.ipsi⁹ desiderii vult esse ratiōabiles causas.C. Cernis quę rut. mouebat ad tā egregiū facinus ado lescētem ingens gloria.& summa reipu.vtilitas:de inde dabat spem perficien di negligētia hostiū:q̄ rerū secundarū semper comes esse solet. k Sōnovino q; sep.S.Alterum pendet ex altero.Et sepulti.quasi sine pulsu:& nil sentiētes.
l Porro.S.Hortātis est.
m Quid dubitem.S.id est cogitem.omnis em̄ co gitatus in dubitatione est ante sententiā.
n Populusq; patresq;. S.Transfert in Troianos Romanam consuetudinē vt solet plerūq;.prius em̄ iubebat populus:post cō firmabat senatus:
o Reportent.S.nā re va cat. p Si tibi quę posco. S.poscere est secūdū Var ronē quotiens aliquid p mento nostro deposcim⁹. Petere vero est cum aliqd humiliter:& precibus po stulamus.Et bene Eury alum q; nolit ducere laten ter ostēdit.: q Mœnia palātea.S.vbi nunc credit esse Aeneā. r Obstupu it.C.non periculo:sed cu piditate laudum.
s Mene.C.Oratio ē ab ab amicissimo animo:cū neq; ab illo spernendum seu societate rerū magna rum:neq; se illū in pericu lo deserere dignū putat.et
t Sūmis adiūgere reb⁹. S.Summū:& extremū alicinu;& laudabile.Be ne ergo in redubia sermo ne vsus est dubio:nā hoc

Nisus ait:dii ne hunc ardorem mētibus addūt
Euryale?an sua cuiq; deus fit dira cupido:
Aut pugnā:aut aliqd iādudū inuadere magnū
Mens agitat mihi:nec placida cōtēta quiete est.
Cernis:quę rutulos habeat fiducia rerum:
Lumina rara micant:somno vinoq; soluti
procubuere:silent late loca:percipe porro:
Quid dubitem:& quę nūc aīo sentētia surgat.
Aeneam acciri omnes:populusq; patresq;
Exposcunt:mittiq; viros qui certa reportent.
Si tibi:quę posco promittūt:(nam mihi facti
Fama sat est:)tumulo videor reperire sub illo
Posse viam ad muros:& mœnia pallentea.
Obstupuit magno laudū perculsus amore
Euryalus:simul his ardentem affatur amicum.
Mene igitur sociū summis adiūgere rebus
Nise fugis?solum te in tāta pericula mittam?
Non ita me genitor bellis assuetus opheltes:
Argolicum terrorem inter:troięq; labores
Sublatum erudiit:nec tecum talia gessi:
Magnanimum ænēā:& fata extrema secūtus:
Est hic est animis lucis cōtemptor:& istum
Qui vita bene credat emi:quo tendis:honorē.
Nisus ad hęc:equidem de te nil tale verebar:
Nec fas:nō ita me referat tibi magnus ouātem
Iuppiter:aut quicūq; oculis hęc aspicit ęquis:
Sed si quis(quę multa vides discrimine tali)
Si quis in aduersum rapiat casus ue:deus ue:
Te superesse velim:tua vita dignior ętas:
Sit qui me raptum pugna:pretio ue redemptū
Mandet humo solita:aut si q̄ id fortūa vetabit:

dicit:non debes me nec a tua gloria:nec a periculis segregare. v Non ita. C.modeste se laudat cum quicquid in se roboris sit: ab educatiōe:quę propria parentis est:prouenire de monstrat. x Genitor bellis as.S.ipse puer est: necdū probatus:vnde se:& ab illis tpib⁹.& a pa tris virtute cōmendat.
y Argolicū terrorem.S. quem greci intulerūt.
z Sublatū.S.suscœptū.
a Nec tecū talia gessi.C. nā si aliis per ętatē minus cognitus sim:tibi tamen cū quo semper sum:pba tum me esse oportet.
b Est hic est animus.S. Hic potest esse & aduerbi um demonstrantis;vt sic est hic.i.i meo pectore.po test & sic accipi:vt dicas hic est anim⁹ lucis cōtem ptor:hoc est iste animus: ergo hic & produci potest & corripi. c Quo ten dis.S.i.ad quem niteris:li benter emam vita.i.vitę p̄ tio. d Nil tale verebar. S:quale tu suspicaris.Nec humana negotia:nec quę loquitur. e Sed si quis in aduersum.D.Omnia huc refert.q; in causa mi nus spei:plus timorq; inest.
f Casus.C.secūdū epicu ros:qui deos humana cu rare negebant:& omia cu su fieri putabant.
g Deus ve.C.Secūdum Achademicos:maxime q̄ prudentia dei omnia regi vt nos volunt.Totus aūt iste locus:& quid valeat amicitia cum vera est:& cōmiserationē summā pro pe euētum demonstrat:q̄ prouenit ab excellētia ani morū vtriusq;.Cōmisera tio em̄ captatur:vt osten dit Cicero:non min⁹ a ma gnitudine animi q̄ a la chrymis. h Mandet hu mo.S.multi hic distiguūt: Alii iugunt mādet humo solita:vt cōmendet in ter ra solita. i Fortuna.S. quę piis inuidere consueuit. Statius.hinc trahens colo rem ait:inuida fata piis: et sors ingentibus ausis Rara comes.
k Absenti ferat inferias. S.hoc est cenotaphion fa ciat:& impleat honorem sepulchri.
l E matribus.S.e nobili bus.nam matres non ni si nobiles dicimus:Vnde

& matrõe dictę ſunt. Scimus autem non omnes mulieres in Sicilia remanſiſſe: nam legitur ĩ duodecimo. Et mœſtũ Iliades crinem de more ſolutę.
m Ille autem. S. hoc loco eſſe interruptam orationem i Niſi intelligimus:
n Vigiles ſimul excitat. S. qui vigiliarum officiũ ſimul habebant.
o Seruantcꝫ vices. S. hic diſtinguendum eſt: alias ſenſus non procedit.
p Regemcꝫ requirunt. S. regis filium: vt magnũ reginę: ſed enim miſerat⁹ amorem.
q Cętera per terras o. S. Exaggerat more ſuo vigilantium laborem.
r Conſilium ſummis regni de reb⁹ habebãt. S. Lucilii verſus vno ſermone mutato: nam ille ait. Conſiliũ ſummis hominũ de rebus habebant.
s Iam nuntius eſſet. S. Iam: aut cito: aut cũ nullũ inuenirent.
t Annixi haſtis. S. Oſtẽdit iam eos diuturna ſtatione fatigatos. Quod autẽ ſtant: et romani moris eſt & bellicę neceſſitatis. hũc autem ſtandi habitum et Salu. cõmemorat: vt feſſi arma ſua quiſcꝫ ſtantes incumbere.
v Caſtrorũ: & cãpi medio. S. in medio cãpi ſpacio qui campus caſtrorũ medius fuit.
x Rem magnam preciũ cꝫ morę fore. S. dicebat ſe afferre rem magnam cu⁹ mora p̄cium poſſet afferre. i. poenam Terẽ. Ego p̄cium ob ſtultitiam fero: vt ſit ſenſus. Si tardi⁹ mittamur ad Aeneam: luem⁹ hoſtiũ poenas. Alii ſic ĩtelligũt. Scimus quidem aduentum noſtrũ morã veſtris afferre conſiliis: verũ huius morę erit precium: ideſt remuneratio: nam cꝫ hoc offerebãt: quod illi cogitabant: vt diximus ſupra. Quis ue Aeneę iã nũtius eſſet. y Accoepit trepidos. S. feſtinos more ſuo. z Audite o mentibus ęquis. C. Cum cauſa hęc fide caritura videretur. Captat in primis attẽtionẽ: & ſtatim incipit cõfutare validiora argumenta aduerſariorũ. illi em̃ opponere potuiſſet iuuenilẽ ętatẽ: quę vt plurimo con

Abſenti ferat inferias: decoretcꝫ ſepulchro.
Neu matri miſerę tanti ſim cauſa doloris:
Quę te ſola puer multis e matribus auſa
Perſequitur. magni nec mœnia curat aceſtę.
Ille autem: cauſas nequicquam nectis inanes.
Nec mea iam mutata loco ſententia cędit:
Acceleremus ait: vigiles ſimul excitat: illi
Succedũt: ſeruantcꝫ vices: ſtatione relicta:
Ipſe comes niſo graditur: regemcꝫ requirunt.
Cętera per terras omnes animalia ſomno
Laxabant curas: & corda oblita laborum:
Ductores teucrum primi delecta iuuentus
Conſilium ſummis regni de rebus habebant
Quid facerent: quis ue ænee iam nuncius eſſet
Stant longis annixi haſtis: & ſcuta tenentes
Caſtrorum: & campi medio: tũ Niſus: & vna
Euryalus confeſtim alacres admittier orant:
Rẽ magnã: preciumcꝫ morę fore: primus iulus
Accœpit trepidos: ac niſum dicere iuſſit.
Tum ſic hyrtacides: audite mentibus ęquis
Aeneadę: neue hęc noſtris ſpectentur ab annis
Quę ferimus: rutuli ſomno vinocꝫ ſoluti
Conticuere: locum inſidiis conſpeximus ipſi:
Qui patet in biuio portę. quę proxima ponto.
Interrupti ignes: atercꝫ ad ſydera fumus
Erigitur: ſi fortuna permittitis vti:
Quęſitum æneam: & mœnia pallantea:
Mox hic cum ſpoliis ingenti cęde peracta
Affore cernetis: nec nos via fallit euntes:
Vidimus obſcuris primam ſub vallibus vrbẽ
Venatu aſſiduo: & totum cognouimus amnẽ.

filio caret. Dei de cꝫ p̄mittunt eos pręſtare non poſſe propter hoſtiles excubias: quas fallere nequeant. Primo ergo demonſtrat non temere rem hãc ſum p̄ſiſſe: ſed cũ conſilio: deinde facilitatẽ rei: vel ſaltem poſſibilitatẽ ex negligẽtia hoſtiũ: qui iam ex vino p̄fundiori ſomno premãt: Ac denicꝫ demonſtrat locum iã ſibi ad inſidias electum. a Ne ſi hęc noſtris ſpectet' ab an. S. Bñ excuſat: quia ſcit de ętate puerorꝫ poſſe dubitari. dicens non ex ſuggerentium perſona: ſed ſuaui conſilio ponderanda.
b Portę quę p̄xima põto. S. Apparet (vt ſup̄ diximus) caſtra troiana ĩ hoſtienſi fuiſſe. Si quidẽ nullus alter locus in laurolauinati hĩc fluuio cohæret: hinc pelago. Et nunc dicit portę quę proxima põto: Item paulo poſt dictur⁹ eſt. Oppoſuere ctiẽ: nam dextra cingitur amni.
c Interrupti ignes. S. ſupra aliter. lumina rara micant. d Fumus erigitur. SE. Signum eſt ſopitorũ igniũ: quotiens maior fumus erigitur.
e Si fortuna. S. occaſiõe. C. Si fortuna permittitis vti. q. d. Fortuna quidem ſeſe vltro offeret: modo illa vti velitis:
f Quęſitum. S. vt quęramus. g Cum ſpoliis. S. hinc eſt quod ſupra Euryalo dixit: me referat tibi magnus ouantẽ Iuppiter: reſpiciens ad id quod poſſit fortiter facere.
h Nec nos via fallit. S. bene vbicꝫ cum amico cũcta cõicat. C. Nec nos via fallit: non ſolum prouidi quomodo hoſtilia caſtra tut⁹ egrederer: ſed etiã q̄d deinde iter tenendum ſit:
i Obſcuris primam ſub vallibus vrbem. S. nã in obſcuris vallibus poſitivi dimus primã vrbem: hoc eſt primam partẽ vrbis: nam Palanteum in monte eſt: non in vallibus. D. Vidimus obſcuris. Demõſtrat rẽ fieri poſſe. C. Obſcuris: propter interualla locorum. Primã vrbem: primas partes vrbis.
k Annis grauis atcꝫ animis maturus alethes. S. Saluſti. de philippo. Qui ętate & cõſilio cęteros an

Hic annis grauis: atq; animi matur9 alethes:
Dii patrii quorũ semper sub numine troia est:
Non tamen omnino teucros delere paratis:
Cum tales animos iuuenum: & tã certa tulistis
pectora: sic memorãs hũeros dextrasq; tenebat
Amborũ: & vultũ lachrymis: atq; ora rigabat:
Que vobis que digna viri pro laudibus istis
premia posse rear solui: pulcherrima primum
Dii, moresq; dabunt vestri: tũ cetera reddet
Actutum pius æneas: atq; integer eui
Ascanius, meriti tanti non immemor vnquã.
Imo ego vos: cui sola salus genitore reducto
Excipit ascanius: per magnos Nise penates:
Assaricique larem: & cane penetralia veste
Obtestor: quecunq; mihi fortuna fidesq; est
In vestris pono gremiis: reuocate parentem:
Reddite conspectum: nihil illo triste recepto.
Bina dabo argento perfecta: atq; aspera signis
pocula: deuicta genitor que cœpit arisba:
Et tripodas geminos: auri duo magna talenta:
Cratera antiquũ: quem dat sydonia dido.
Si vero capere italiam: sceptrisq; potiri
Contigerit victori: & prede ducere sortem:
Vidisti quo turnus equo: quibus ibat inarmis
Aureus: ipsum illum clypeũ: cristasq; rubentes
Excipiã sorti: iam nunc tua premia Nise.
preterea bis sex genitor: lectissima matrum
Corpora: captiuosq; dabit: suaq; oĩbus arma.
Insuper id campi: quod rex habet ipse latinus.

tebat. l Dii. D. Matu[ri]n hominis matura oratio Recte autem incipit a diis quorũ fauore respu. tales viros recipiunt. m Non tamen omnino teucros de. pa. S. ac si diceret, licet irascimini ad tem p9 ut hic apparet nõ velle vos penitus delere Troianos: q; tales animos iuuenibus datis. n Humeros dextrasq; tenebat. S. hoc ad affectum rettulit: nec enim simul fieri pt. In telligim9 autem q; singulos & mebratim amplexabatur. o Vultũ lachrymis atq; ora ri. S. Poc ace iunxit: & modo vnũ significat. Est autem itera tio interdũ recipitũ discretionem. D. Lachrymis. lachryme aũt gratulationis fuerũt. q; extitissent tales. Item doloris q; recordaretur tot fortiũ virorũ iam amissorum: quia dixerat. Non tamen omnino teucros delere paratis. C. Vultum atq; ora. Os in quo vultus apparet: nam vultum iam demonstrauim9 esse accidentia in facie que ab aliqua perturbatiõe prouenient: aut egritudinis: aut timoris aut letitie aut spei. p Viri pro laudibus. S. i. virtutibus. ab eo quod procedit id quod sequitur. C. Viri. q. d. qui in adolescentie annis virilem animum gertis. q Dii moresq; dabunt. S. Ciceronis est tractum de philosophia: q dicit sufficere ad gloriam benefacti conscientiam: D. Dii. qui bonis fauent. Moresq; vestri Recteq; viuẽdo. r Actutũ. S. confestim sine dilatione: & est aduerbium temporis. s Aeneas. D. & vt diuturnior tes fit Ascanii. C. Aeneas actutum. Aeneas qui imperium tenet & pri mũ dare poterit. Verũ cũ etas vestra illi superfutura sit: restabit Ascanius: qui cum coetaneus vobis sit: omnia persoluet. Ex quo ostẽdit q; munus tanti facinoris: non vno: aut altero. sed plurimis continuatisq; beneficiis honestãdũ sit: vnum ergo: & breuis temporis erit periculum: ac remuneratõ. vniuersam deinde vitam decoratam reddet. t Integer eui. S. adolescens: cui adhuc etas integra superest. Vnde Ennius deos eui integros dicit: qbus multum eui supest.

v Excipit Ascanius. S. i. subsequitur: et a poeta dictum est. C. Excipit. Statim subsequitur: nec potuit liberalius respondere: cum quicqd: aut cõsilio: aut virtute sibi proueniturum sit: id penitus promittat illis. x Cane veste. S venerabilis antiquissime. D. Canam antiquam: ppe tua. y Obtestor. S. Adiuro: & e ordo. Imo ego cui sola salus genitore reducto: Vosq; obtestor p deos reuocate parentem. D. Obtestari aũt est ob aliquam causam deos testes adhibere. z Fortuna fidesq; est. S. Quicquid casu: qc quid cõsilio egero: vobis cõmittam: nam p fidem consilia significat: per fortunã opus: et impiũ: et cui lubet rei possibilitatẽ. a Nil illo triste recepto. S. Subaudis erit. b Bina dabo arge. C. Laudat munus a numero q; duo sint: laudat a materia & artificio: laudat a difficultate: q; ex hostibus rapta sint. c Deuicta ge. que coe ari. S. Atqui secũdum Home. Arisba Troianis in sit auxilia: & ab Achille subuersa est: sed accipimus: aut ante bellum grecorum Arisbã a troianis captam: & in amicitie foedus admissam: Aut certe pocula hec data ab Heleno: q in achillis bona per Pyrrhi successerat hereditã. e: vt sit. que cœpit: p accœpit: deuicta arisba. nihil em tollit post victoria: nisi qd sit magni meriti. d Duo ma. ta. S. Bñ addidit magna. Nã varium apud diuersas gentes est talẽti põd9: vñ talẽtũ põt & breue aliqd: & magnũ significare. Nã vt supra diximus secũdũ Plautũ Talẽtũ. lxx. librarũ est. q cum dixisset debere cẽtum. xl. libras: paulo p9 intulit: duo talẽta: per iocũ dicẽs debẽt tal ta tot quot ego & tu sumus. Talẽtũ breue quidẽ oñdit qppe qd accepit vict9: cũ victori leuia sint data munera. C. Magna ta. qa (vt oñdim9) & pua inueniebant. e Quẽ dat sydo. C. laudat ab auctore. f Ducere sortẽ. S. stare. Alii pprie ducere legũt q est fortiũ: vt stat ductis sortib9 vrna. g Vidistis q tur. C. nouerat istos cupidissimos glorie. & qd magis pmittere poterit q summi ducis equum.

Te vero mea quem spaciis propioribus ętas
Insequitur venerande puer: iā pectore toto
Accipio: & comitē casus complector in omnes:
Nulla meis sine te quęretur gloria rebus:
Seu pacem seu bella geram: tibi maxima rerū
Verborumq; fides. contra quē talia fatur
Euryalus: me nulla dies tam fortibus ausis
Dissimilem arguerit: tantum fortuna secūda
Aut aduersa cadat: sed te super omnia dona
Vnū oro: genitrix priami de gente vetusta
Est mihi: quam miseram tenuit nō Ilia tellus
Mecū excedentē: non mœnia regis acestę:
Hāc ego nūc ignarā huius (quodcūq;) pīcli est
Inq; salutatam linquo: nox & tua testis
Dextera: q; nequeā lachrymas perferre parētis.
At tu (oro) solare inopem: & succurre relictę.
Hanc sine me spem ferre tui: audentior ibo
In casus omnes. perculsa mente dederunt
Dardanidę lachrymas ante oēs pulcher Iulus.
Atq; animum patrię strinxit pietatis imago.
Tunc sic effatur.
Spondeo digna tuis in gētibus omnia cœptis.
Namq; erit ista mihi genitrix: nomēq; creusę
Solum defuerit: nec partum gratia talem
parua manet: casus factum quicunq; sequetur.
per caput hoc iuro: per quod pater añ solebat:
Quę tibi polliceor reduci: rebusq; secundis
Hęc eadem matriq; tuę generiq; manebunt.
Sic ait illachrymās: humero simul exuit ensem
Auratum: mira quē fecerat arte lycaon
Gnosius: atq; habilem vagina aptarat eburna
Dat Niso mnestheus pellē: horrentisq; leonis.
Exuuias: galeam fidus permutat alethes.

h Excipiam sorti. S. pręter sortem dabo.
i Insuper his. S. Sup hęc D. Insuper. Mos mirand⁹ in poeta. Vbi enim multa narranda sunt: ne continuatio fastidium ponat: diuidit: interponēdo aliquid quod tamen non sit alienū. k Campi. S. Quod habet rex ipse latin⁹: nos fuerat: vt viris fortibus p honore daretur aliq̄ agri pricsa: vt habuit Targni⁹ supb⁹ in cāpo Martio: q̄d spaciū ab Homero tenenos dicitur. Hoc ergo: q̄d latinus pro honore de republica habuit: ab Ascanio intelligimus esse promissum: C. Id campi. Romanū morem sequit: qui bñ de repu. meritos agro donabant: vt de mutio & multis aliis legimus.
l Te vero mea quē spacis propioribus. C. demonstrat q; similitudo ętatis beniuolentiā conciliat.
m Venerande puer. C. p miraculo dictū: nā nihil tam longe a puericia q̄ veneratio est. n Pectore toto. S. omni affectu.
o Rerū verborūq; fides. S. et tempu. tibi cōmittā: & tecū omne cōmunicabo cōsiliū. p Me nulla dies tam fortibus ausis dissimilem arguerit. S. ab hoc officio: & ab hac audacia accessu temporis inferior nō probabor qualiscūq; fortuna comitet: tantūmō hoc possum de me promittere: vt semper audeam semp velim fortiter facere: nā hoc est quod dicit: fortibus ausis dissimilem arguerit. Tantū ergo meū est: hoc promittere siue prospera: siue aduersa fortuna cōmitetur: nam aut disiunctiua particula est: non negantis aduerbium: q Tantū fortuna secū. Aut aduer. ca. CRI. i. mō aliquid accidat q̄ cu rādū sit: siue in secūda: siue in aduersa fortuna.
r Super oia dona. S. vltra omnia dona. i. q̄d ego pluris q̄ cetera dona facio. s Genetrix. DO. Magnū pōdus in his verbis Maternū em̄ nomen omnes affect⁹ transit. Pręterea: q; sit ex genere Priami, non accessione noua: sed vetustate cōiūcta. laudauit ergo a genere: sed q; frustra laus originis tangitur: nisi is qui laudatur vita & moribus se maioribus suis dignū gerat; ponit suas virtutes: excusat aūt q; ignaram relinquat quia nisi illa causa intercessisset: scelus non paruum cōmisisset. t Priami de gente vetusta. S. de familia: & bñ eā etiā ex cognatione cōmendat. Nā Ascanius nepos est Priami p Creusam. C. Priami de gente vetusta. Est amanda a te: quia est ex eadem familia: de qua mater tua. Est itidem a me: q; pręter q̄ mater est, omnia tedia: & laborem: vt me sequeretur ppessa est.
v Miseram. S. quę sic impacienter diligebat filiū.
x Mecū exceden. S. vel le meū comitat⁹ iter. vult em̄ intelligi sui causa matrem secutā. y Ignarā inq; salutatā. C. Timebat em̄ ne robur animi pietate materna succūberet: Pręposuit igitur rēpu. materni: & remediū sua prudētia adinuenit. z Quodcūq; pīcli est. S. Sylepsis nam subaudis periculū.
a Inq; salutatā. S. insalutatā: & est Temesis: vt in utilis inq; ligat⁹ cędebat.
b Quod nequeam la. p. pa. S. Excusat ne videat crudelis. Vnde sequit matris eius tragicus & miserabilis: ille conquestus: potuisti linquere solā crudelis: & Talia. c Inopē. S. modo auxilii egentem.
d In casus omnes. S. vt supra fortuna secūda vel aduersa. e Pulcher iulus. S. Incōgruū epithetō pulchritudinis posuit: cū res esset in loco religionis.
f Strinxit pietatis imago. S. perstrinxit momordit amonuit: sensus autē est: aut postq̄ vidit istū sic amare matrē patern̨ pietatis cœpit virtutē agnoscere: aut certe cœpit etiā ipse sic pietatem agnoscere: vt eius consueuit pater: aut certe exemplo Euryali auidius cœpit amare patrē etiā añ dilectum.
g Partū gratia talem parua manet. S. debet ab omnibus coli: quę talem creuit. C. Talem partū. non erit illi parua remuneratio q; illum peperit.
h Casus factū quicunq; sequet. S. Satis cōgrue. premia em̄ non debentur

euentui: sed voluntati.
i Perq̃d pater ante solebat. S. Alii volunt ideo ante: quia absens est Aeneas: nam iurare possumus: & per absenti filii caput: Alii ad causam religionis trahunt: quę pręcoepit: vt filii imitentur in omnibus rebus suos parentes: vt nunc quasi imitatio sic iusiurandi: vt dicit Ascani⁹ iuro per caput meum sicut p̃s pater per caput suũ iurare consueuerat quotiens fidẽ suã confirmare cupiebat. Alii volunt ideo dictũ ante: quia pontificibus per liberos iurare non licebat: sed p deos tantũmodo: vt sit anteq̃ pontifex esset Aeneas.
k Reduciq; rebus secũdis. S. Mira arte morat̃ in prosperis & ea iterat tacet aduersa: & magis intellectui. & subaudiri oni relinquat: cũ ei nõ dicat: si nõ redieris: ait. Mr̃iq; tuę ꝛc̃.
l Matriq; tuę generiq; manebunt. S. Hoc autem secũdũ morem Romanorũ dicit apud quos premia decernebant̃: vt illi liberisq; eius darent: liberis: quę accipere non potuissent parentes. C. Hęc eadẽ matri manebũt. subaudi si nõ redieris. quod subtraxit: ne male: aliquid ominaretur.
m Generi quę. CRI. quoniam mater ip̃a oia Euryalo p̃missa accipere propter vetustatũ ętatẽ: & propter sexum inabilis erat. n Humero simul exuit ensem. C. Dat & ad presens minora munera: quibus maiorem fidem confirmet. o Lycaon Gnosius. S. Cretensis. Et est laus ab artefice. Hunc autẽ gladiũ Euryalo datũ intelligam⁹. Nam Nisus accoepit pellem & galeã. p Pellem horrentisq; leonis exuuias. S ΤΟΙΧΥΡΟ. dixit hoc est bis idẽ: vt bellũ etiã p̃cede boũ stratisq; iuuẽcis Laomedõtiadę. q Galeã. S. Aliẽ enĩ sũt explorãtũ: sic ẽt Home. oñdit & aliẽ bellantiũ.

Protin⁹ armati incedunt: quos omnis euntes
Primorũ manus ad portas iuuenũq; senũq;
Prosequitur votis: nec non & pulcher Iulus
Ante annos animũq; gerens curamq; virilem:
Multa patri mandata dabat portãda: sed aure
Omnia discerpunt: & nubibus irrita donãt.
Egressi superant fossas: noctisq; per vmbram
Castra inimica petunt: multis tamen ante futuri
Exitio: passim somnõ vinoq; per herbam
Corpora fusa vident: arrectos littore currus:
Inter lora rotasq; viros: simul arma iacere
Vina simul: prior hyrtacides sic ore locutus.
Euryale audendũ dextra: nunc ipsa vocat res:
Hac iter est: tu ne qua manus se attollere nobis
A tergo possit custodi: & consule longe.
Hec ego vasta dabo: & lato te limite ducam.
Sic memorat: voceq; pmit: simul ense superbũ
Ramnetem aggreditur: qui forte tapebus altis
Extructus toto proflabat pectore somnum:
Rex idem: & regi turno gratissimus augur
Sed non augurio potuit depellere pestem.
Tres iuxta famulos temere inter tela iacentes:
Armigerũq; premit rhemi: aurigãq; sub ipsis
Nactus equis: ferro secat pendentia colla.
Tum caput ipsi aufert domino: truncũq; reliqt
Sanguine singultantem atro: tepefacta cruore
Terra: toriq; madẽt: nec nõ lamyrũq; lamũq;:
Et iuuenem serranum: illa qui plurima nocte
Luserat insignis facie: multoq; iacebat
Membra deo victus: foelix si protinus illum
Aequasset nocti ludum: in lucemq; tulisset.

r Quos omnis: C. facit rem verisimilẽ: ex eo quod fieri solet. s Primorũ. S: genitiuus hic venit ab eo quod est hi primores: sicut hi proceres. quorum nominũ nominatiu⁹ singularis nõ inuenitur: licet dicamus primoris.
t Votis. S. Aut cum votis: aut pro reditu vota facientes. v Añ annos. C. nam puerilis ętas: si ei⁹ naturã respitias ea non ferebat. x Animum. C. fortitudinem. y Curã C. prudentiam & consilium. ȝ Et nubibus irrita do. S. vt ipsa partem volucres dispersit in auras. a Noctisq; per vmbrã. C. Nam in luce deprehensi fuissent. b Castra inimica. S. non tantum hostilia: sed etiã perniciosa: nam cũ dolore dictũ inimica: vnde. s. redituri non erant: quod ex sequentib⁹ comprobat. C. Castra inimica. q. d. ineuitabile exitium: nam duo tot superare qui poterant. Sed tñ vt demonstretur eorũ fortitudo addit Multis ꝛc.
c Multis tñ ante futuri Exitio. S. Dicẽdo sic: ostẽdit perniciosa castra eẽ: q̃ ipsis fuerant mortem allatura. C. Multis tamẽ ante futuri Exitio. passim negligẽtia hostiũ: & profundus somnus facit rem verisimilẽ: nã hęc iuueni animũ dabant. d Vina simul. S. vasa. s. vini. in quibus vina ponuntur.
e Ore locutus. S. nõ est parisologia: nã secũdum Homerũ exploratores: q̃ volunt plerũq; nutu significant. f Audendũ dextra. S. quia audem⁹ & cursu: & animo. C. Audẽdũ dextra: qa animo: aut verbis non sat esset nũc in tãta occasione. Colligũtur eñ hic omnia quę rhetores sub signo in coniecturali reponũt: s. locus: tempus: spacium: occasio. Ex quibus sequitur spes perficiendi: & spes celandi.
g Hac iter est. S. per hostium cędẽ: & audatiã nostram. h Consule longe. C. Ita consule: vt lõginquũ spatiũ oculis lustrando explores.
i Hęc ego vasta dabo. S. de qb⁹ dixit Corpora fusa vident. sed nõ augurio potuit depellere pestem: ostẽdit per transitũ fati necessitatẽ nulla peritia posse depelli. Est autẽ Homericus versus. C. Vastã: nã quis locus magis vastus eẽ potest: q̃ is qui habitatoribus vacuatur.
k Lato limite. CRI. q. latum spatiũ hominibus euacuabo.
l Premit. S. opprimit.
m Proflabat. C. maior est in dormientibus anhelitus. n Augurio. C. Vide Seruium: vbi dic q̄ p transitum sentit huiuscemodi artes vaticinandi: tãq; ex maiori parte mẽdaces. Ex hac autẽ temeraria cęde ostendit: plus longe prodesse consilium prudentium: q̃ iuuenũ audatiã: nam si hic cautus egisset: tutus euadere cum socio potuisset.
o Temere. S. Passim fortuitu negligẽter. DO. Temere. ostendit hos ita vino fuisse oppressos: vt cecidisse potius: q̃ corpora ad quietem tradidisse viderentur. p Sub ipsis equis. S: circa ipsos.
q Secat. D. Quod nõ fit sine mora: Hoc veniebat ex securitate agentis. & ignoratione pacientis ex nimia ebrietate.
r Pendentia colla. SER. quasi ebriorum.
s Singultantem. SER. cum singultu animam efflantem.
t Plurima luserit. SER. pro plurimum.
v Membra deo victus. SER. vino vel sõno. DONA. Membra deo vict⁹. Ostendit hunc sola ebrietate oppressum esse. CRISTOFE. Deo vel somno: vel baccho.
x Protinus. CRISTO. iugiter: perseueranter.
y Per ouilia turbans. SER. Perturbans ouilia: nam themesis est.

ȝ Mutumq; metu fremit ore cruento. SERVI. scilicet pecus. Nam male quidem accipiunt mu-

tum fremitum de leone: quod si dixeris vacat metu:

a Incensus: & ipse perfurit. S. exemplo. Nisi.

b Ac muta in medio sine nomine plebem. SERVI. Bene expressit: & bellatoris piriã: et Tyrõis cõsideratã auiditatẽ. Nã Nisus reges īteremit: Euryal⁹ sequit̃ in plebem: vt Salustius. E insolentia auidi⁹ malefaciendi: sine nomine autem dixit: sine gloria: quo

Impastus ceu plena leo per ouilia turbans:
(Suadet enim vesana fames) manditq; trahitq;
Molle pecus: mutũq; metu fremit ore cruẽto.
Nec minor euryali cędes: incensus [a] & ipse
perfurit: [b] ac mutã in medio sine nomine plebẽ:
Fadũq; hebesũq; subit rhœtũq; abarimq;
Ignaros: [c] rheteũ vigilantem: [d] & cuncta videntẽ

rum per humilitatem: nõ sunt homĩb⁹ nomina nota.

c Rhœteum vigilantẽ: SERVIVS. hoc loco non tantum Rhetei timor, Sed N. si audatia comprobat.

d Vigilantem & cuncta vident m. DONATVS: hic solo timore perit: qui nec clamore: nec ire contra ausus est.

e Et multa morte recepit purpuream. SERVI. Multi hic distinguũt: vt sic

Sed magnum metuens se post cratera tegebat.
Pectore in aduerso totū qui cominus ensem
Condidit assurgenti: et multa morte recepit.
Purpureā vomit ille aīm: et cū sanguine mixta
Vina refert moriens: hic furto feruidus instat.
Iamq; ad mesapi socios tendebat: vbi ignem
Deficere extremum: et religatos rite videbat
Carpere gramen equos: breuiter cū talia Nisus
(Sensit enim nimia cede: atq; cupidine ferri)
Absistamus ait: nam lux inimica propinquat:
Penarū exhaustū satis est: via facta per hostes.
Multa virū solido argēto perfecta relinquunt:
Armaq; craterasq; simul pulchrosq; tapetas:
Euryalus phaleras rhamnetis: & aurea bullis
Cingula tyburti remulo ditissimus olim
Que mittit dona hospitio cū iungere absens
Cedicus: ille suo moriens dat habere nepoti.
Post mortē rutuli bello pugnaq; potiti
Hec rapit: atq; humeris neq̄cq; fortibꝰ aptat:
Tum galeam mesapi habilem: cristisq; decoram
Induit: excedunt castris: & tuta capessunt.
Interea premissi equites ex vrbe latina:
Cetera dum legio campis instructa moratur

sensus talis: eduxit gladio cū multo cruore purpureū. Alii multa morte recoepit: vt sit gladium cum multo cruore: & sic inferūt: purpuream vomit ille animā secūdum eos: qui dicunt animā esse sanguinem. f Recoepit. SER. eduxit. Alibi hastāq; receptat ossibus herentem.
g Purpuream. DO. Purpurea nigra est cum rubore: sic sanguis propter copiam vini nigrior in eo fuerat.
h Vina refert. SER. proprie que pauloante portauerat.
i Hic furto feruidꝰ instat SER. scilicet Euryalus: q seuiebat latēter: vt sic furto nocturno prelio: nam fures ideo dicti sunt q furuo. i. nigro tempore furta cōmittunt: aut reuera furto feruidus: quia Mesapi galeam sustulit Rhamnetis phaleras.
k Instat. DO. Occasio rei gerende illum accendebat. Ostendit autem hos nō motos esse precio rerū: sed gloria qua abstulerūt: solum ea quibus ornarētur.
l Religatos. S. non solutos: sed diligēter ligatos. Vnde addidit rite. s. ex militari consuetudine optime ligatos.
m Absistamus. C. recte illi qui etate precibat sapiētius consiliū datur.
n Lux inimica S. proditrix. C. Inimica. nobis: q tenebrarū bñficio freti hec audemꝰ. o Poenarū exhausta est. S. Bñ exhaustū: vt ondatur eos auidos cedis fuisse et cruoris hostilis. C. Exhaustū. cōuenienter dictū incedis auidos.
p Via fa. p ho. S. vt hec ego vasta dabo: & lato te limite ducā. q Relinquūt. C. n̄ eī auaritie cā: sz glie cupiditate illa egerāt.
r Euryalus rha. tha. & au. bul. Cingula tyburti. S. Phalere ornamēta equorum sunt. & est sermo grecus. cingulū autē hominū est generis neutri: nā aīalium genere foeminino dicimꝰ has cingulas. C. Euryalꝰ hec autē cupiebant: vt essent perpetuū testimoniū suarum virtutū. s Tburti re. di. o. Quo mi. do. S. Consuetudo erat apud maiores: vt inter se homines hospitiū iura mutuis muneribus cōplerent: vel in presenti: vel per internuncios: sensus ergo nunc talis est. Cedicus quidē Remulo: cum cū sibi absens hospitio vellet adiungere: misit phaleras: & ingula bullis aureis: hoc est clauis isignita. Remulus moriēs nepoti suo cognomini hec reliqt: q postea victus a rutulis est: & occisus: post cuius mortē apud Rhamnetē rutulum reperta sunt hec munera. Quod aūt dixit tyburti Remulo: aut tyburtino intelligamꝰ: hoc ē de tybure: vt sit datiuꝰ ab appellatiuo veniēs hic tyburs: aut. tyburte h̄ ē filio tyburti ab eo q̄d ē hic tyburtus. hꝰ tyburti: vt sit tyburti Remulo: sicut Deiphobe glauci. t Suo mo. dat ha. ne. S. Remulo quē supra auo cognominē diximꝰ: nā q̄tiens aperte nō ponit nomē filii: vel nepotis cognominē eū esse intelligimus auo vel patri: quorum nomē aperte positū inueniemus. Et ecōtra si filii: vel nepotis nomē positū fuerit preterimissum aūt paternū cognomines eos intelligimꝰ necesse est.
v Post mortē. S. s. nepotis Remuli secūdū supradictū sensum. Nā Donatꝰ dicit pꝰ mortē Nisi: & Euryali bello potiti sunt rutuli: quod nō pcedit: si diligenter aduertas: sane sciendū hunc locū esse vnū de. xii. Virgi. siue p naturā obscuris: siue isolubilibꝰ: siue emendandis: siue sic relictis: vt a nobis p hystorie antique ignorantiā liquide non intelligantur.
x Neqcq;. S. nō fruiturꝰ: & est ne quicq; aptat nō nequicq; fortibus. D. Nequicq;: quia oia in morte pditurus erat. C. Neqcq;: qm n̄ erat illa possessurꝰ.
y Galeā mesappi. S. nō occisi mesapi obstruit galeam: nā dimicaturꝰ est paulopost: sed inuenit iacētē: & sustulit. z Habilem. C. icctrco mesapi potiꝰ q̄ aliꝰ: qm illi sibi q̄drabat: nā habile id dicimꝰ: q̄d q̄drat. i. q̄d optime hrē: & p nostro arbitrio hrē tractareq; possumus. Ergo in primo libro: Habileq; humeris suspēderat ar. habileq; ergo. i. que neq; laxior capiti: neq; angustior esset: sed ita quadraret: vt comode se haberet.
a Cristisq; decoram. S. bñ pmittit dicens decorā: nā eiꝰ splendore pdēte Euryalus capitur. b Excedūt ca. S. rutulorū. s. nam supra dicit. Castra inimica pe. C. Excedunt ca. Vsi sunt secūda fortuna in castris sed qm nimis diu illa sunt abusi dephēsi sunt ab equitibus: quos si maturius recessissent: nec tantā stragem edere voluissent: faciē euasissent. c Vrbe lat. S. non est cōtrariū illi loco vbi ait. Sepsit se tectis: rerūq; reliquit habenas. quod mō a latina vrbe auxilia venire cōmemorat: intelligimus eīm latinū in principio discordie: & tumultus paululū se abstinuisse: postea tn̄ nec suorū copias: nec ppria denegasse consilia: nam eū & cetui: & foederibus interfuisse dicturꝰ est. d Legio ca. instru. mo. S. proprie: nā legiones peditum sunt: Turme vero equitum. e Moratur. C. Propter nimiā turbam: et maiora ipedimēta nō ita facile proficisci pōt. f Tercentum. SER. quia Romani equites primo tercentū fuerūt: de

Ibant: & turno regi responsa ferebant.
Ter centum scutati omnes volscente magistro:
Iamq; propinquabāt castris: murosq; subibāt:
Cum procul hos leuo flectentes limine cernūt
Et galea euryalum sublustri noctis in vmbra
prodidit immemorē: radiisq; aduersa refulsit:
Haud temere est visū: cōclamat ab agmīe vol
State viri: q̄ causa vie est: que estis in armis? (scens.
Quo ve tenetis iter: nihil illi tendere contra.
Sed celerare fugam in syluas: & fidere nocti.
Obiiciunt equites sese ad diuortia nota.
Hinc atq; hinc: oēmq; abitū custode coronāt.
Sylua fuit late dumis: atq; ilice nigra
Horrida: quā densi cōplerant vndiq; sentes
Rara per occultos ducebat semita calles.
Euryalum tenebre ramorum: onerosaq; preda
Impediunt: fallitq; timor regione viarum:
Nisus abit: iamq; imprudens euaserat hostes:
Atq; locos: qui post albe de nomine dicti
Albani: tū rex stabula alta latinus habebat.
Vt stetit: & frustra absentem respexit amicum:
Euryale infoelix qua te regione reliqui?
Qua ve sequar? rursus pplexū iter oē reuoluens
Fallacis sylue: simul & vestigia retro
Obseruata legit: dumisq; silentibus errat:
Audit equos: audit strepitus: et signa sequētū:
Nec longū in medio tēp⁹: cum clamor ad aures
peruenit: ac videt euryalum: quē iā manus oīs
Fraude loci: & noctis subito turbāte tumultu
Oppressum rapit: & conātem plurima frustra:
Quid faciat? qua vi iuuenē: qb⁹ audeat armis

singulis cū curiis deni dabant quas xxx. fuisse di simus. g Scutati oēs. S. nō clypeati: nā clypei pedi tum sunt: Scuta vero equitum. h Volscente magistro. S. priore: nā magister equitū dr̄. i Muro. S. Troianorū. k Leuo limite. S. Respiciens sinistra regionis locutus est. l Sublustri no. in vm. S. Sublustris nox est habēs aliquid lucis Hora. Nocte sublustri nihil preter astra vidi & vndas. D. Sublustri vmbra noctis: que sereno coelo habet aliquid luminis. m Immemorē. C. improuidū: non cōmeminit: quod sciebat. s. reflexiōe radiorū lune i syluis posse illos: q tenebras querebāt prodi. n Radiis. S. lūaribus. o Haud te. S. pericula hec mō sine causa significat: alias fortuito: alias male: alias iprouide: que p loco intelliguntur. p State. D. Mira breuitate oia interrogat. q Nihil illi tendere contra. S. Hoc est nihil ei respondentes: nā tēdo cōtra sermonē tuū: est respōdeo tibi. Tendo contra tuum iter: est occurro tibi. Ergo nihil tendebant. i. respōdebant eo tra. r Ad diuor. SER. ad diuerticula vie militaris. Terē. vbi ad ipsum veni diuerticulū. Diuerticula aūt sunt semite transuerse: que sunt a latere vie militaris. C. Ad diuortia: pprie diuortia sūt vnde aque cadentes in diuersa defluūt: vt videmus iugis mōtiū. Sed hic diuortia appellat diuerticula. i. vie que a frequentiori via diuertuntur. s Abitū co. S. melior est lectio abitū q̄ aditum: cingunt enī syluā ne habeant vnī abire possint. C. Abitum. locū p quē abire possent. t Sylua. DO. Breuis descriptio: & q̄ ea sola contineat q̄ errorē Euryalo facere possint: huc separati sunt: q̄s discerni nō oportuit. v Horrida. CRI. Aspa et sentib⁹ nisi paucis callib⁹ inuia. tenebre x Rara. du. se. cal. S. legit et lucebat: quod si ē: rara p raro accipiendū est. vt sit raro lucebat: herbis. s. in quib⁹ dā locis iteruenietib⁹: sī ducebat. intelligim⁹ inter callis pecorū rarā fuisse semi-

tā: hoc est hominū viam. y Euryalū impe. S. Impedio te per accusatiuū dicimus: & casus mutari nō pōt. nisi desie ras verbū: vt si dicas impedimento mihi est. Sciendū sane multas conferri in Euryalū excusatiōes. z Tenebre ram orū rara p occultos calles. C. Sentētia est non solū viā: sed ne semitā quidem fuisse: sed raros calles qui p semita essent. Nam de actu via semita: tramite: & calle dictū est. Possumus legere q̄ semita rara duceret per ocultos calles: vt ostenderet semitā: non iugem fuisse. sed mō se semitā pbere: mō ita tenuē reddi: vt in calles: qui minores sunt: et eos quidem vix apparentes desineret. a Fallitq; t. C. Sentētia est q̄ ex timore amisit cognitiōē itineris: qd̄ tenere ppter regiōis & viarū ambiguitatē difficile erat. b Nisus abit. S. Bn̄ meminit velocitatis: quam ei l. v. dedit. vt prim⁹ abit lōgeq; an̄ oia corpa Nisus emicat. c Imprudēs. S. s. remanētis Euryali. d Albe de no. S. vl̄ porce vel ciuitatis: vl̄ regis albani cui successit porcas. e Infoelix q̄ te re. re. S. se infoelicē dicit: q dolet: nō illū ppter quē dolet. D. Euryale infoelix. duplex ē lectio. vel ifoelix Euryale: vl̄ Euryale ego infoelix q̄ regiōe reliqui te. Sed magis ad se refert: cui labores: & pericula iā peracta repetenda sint. f Rursus. C. retro. g Perplexū. C. implicitū ambiguū. h Iter omne reuoluens. S. s. sylue. vrbanus huc vsq; verba Nisi vult esse. Alii: Poete dant rursus pplexū iter oē: h Signa sequētū. S. militarē sonū dicit: qui varius est: nā interdū canit: vt iesequātur eos qui fugiūt: interdū receptui. i Nec longū in medio tempus. S. inter auditum sonū: & visum Euryalū. k Fraude loci. D. Iam liberat Nisum ab inertia. l Oppressum ra. S. quē iam omnis manus rapit: nā male qdā videt rapio accipiunt: qd̄ si admiseris vacat: Quē iā manus oīs. m Quid faciat. C. Dubitatio est: que apud oratores maxie mouet patheā

Eripere:an sese medios moriturus in hostes
Inferat: & pulchrã properet per vulnera mortẽ
Ocius adducto torquens hastile lacerto:
Suspiciens altam lunam:sic voce precatur.
Tu dea tu presens nostro succurrete labori
Astrorũ decus:& memorũ latonia custos.
Si qua tuis vnq̃ pro me pater hyrtacus aris
Dona tulit:si qua ipse meis venatibus hausi
Suspendi ve tholo:aut sacra ad fastigia fixi:
Hũc sine me turbare globũ:& rege tela p̃ auras.
Dixerat: & toto cõnixus corpore: ferrum
Coiicit. hasta volãs noctis diuerberat vmbras.
Et venit aduersi in tergum sulmonis:ibiq̃
Frangitur:ac fisso transit precordia ligno:
Voluitur ille:vomẽs calidũ de pectore flumẽ
Frigidus:& longis singultibus ilia pulsat:
Diuersi circũspiciunt.hoc acrior idem.
Ecce aliud telum summa librabat ab aure
Dum trepidant:it hasta tago p̃ tp̃s vtrũq̃
Stridens:traiectoq̃ hesit tepefacta cerebro:
Seuit atrox volscens:nec teli conspicit vsquam
Auctorem: ne quo se ardens immittere possit.
Tu tamen interea calido mihi sanguine poenas
Persolues amborũ(inquit):simul ense recluso
Ibat in euryalum:tum vero exterritus amens
Conclamat Nisus:nec se celerare tenebris
Amplius:aut tantum potuit perferre dolorem
Me me adsum:qui feci:in me conuertite ferrũ
O rutuli:mea fraus omnis:nihil iste:nec ausus
Nec potuit:coelum hoc:& cõscia sydera testor.
Tantum infoelicem nimium dilexit amicum.

est eñ dolentis vel irascentis dubitare quid agat:vt Dido. En qd agã? rursusne pcos irrisa priores expiar. Et de Orpheo. Quid faceret? quo se rapta bis cõiuge ferret. n Pulchrã pperet per vul. mortẽ. S. Gloriosum eñ est .p amico perire. Et pulchrã. ex psona poete dictũ est. o Oc⁹ adducto. C. Ne in magna quidem trepidatiõe sue fortitudis oblitus est. verũ ocultius nos admonet poeta nõ eẽ prudẽtis sese fortune credere: nã que paulo ante sese lęta onderat:breui penitus aduersa facta est. p Tu dea presens nostro su. la. S. nõ dicit que presens es: sed presens succurre labori.i.illico statim. D. vt possis. C. Tu dea: oẽs hoies ꝗ in pulsu in rebus dubiis diuinũ fauorẽ querũt: sed recte hic nocturno tẽpore in syluis eã deã q̃ & nocti:& syluis pręest inuocat. q Astrorum dec⁹: DONAT. laudat q̃ rogat: vt beniuolã reddat. r Si qua tuis. S. Quauacat. & hic:& in sequenti: D. Si qua. Oñdit meritũ qd nihil pficeret:nisi per se pater fecisset. s Hyrtacus. C. qui venator venatricẽ colebat. t Suspẽdi ue tholũ. S. Tholus pprie est veluti scutũ breue qd in medio tecto est:in quo trabes cocũt:ad qd dona cõsueuerãt suspẽdi. Bñ autẽ venatorẽ numẽ inducit inuocare syluarũ. D. Tholũ dicũt medietatẽ tecti in rotũdũ collecti. v Turbare globũ. S. Sana petitio:qa impossibile vincere fuerat: petit: vt saltẽ pturbet telorũ bñficio. D. Petit: q̃d facile est nõ liberationis sui:& socii:sed turbatione globi. x Rege tela per auras. S. p noctem in qua sine auxilio numinis rect⁹ iact⁹ eẽ nõ põt.. y Ferrũ co. ha. S. de ferro ad hastã trãsiit. h Coiicit. S. pcõiicit. Nã co icit antiquũ est. a Aduersi in tergum Sulmonis ibiq̃ frãgit. S. tergũ. p terg⁹ dr. Vñ Salu. Tergis vinciebãt p tergorib⁹;vt intelligãus hastã in scutũ venisse:et illic eẽ collisam: vt frãgit sic colliditur Fissoq̃ scuti ligno etiã pcordia penetrasse. aliter nõ pcedit:Nam si

hastã reuera fractã accipiamus:rõne caret qd dicit: fisso transit pcordia ligno. alii reuera in tergũ volũt eẽ pcussũ. qd falsũ est: nã quõ an fissũ est lignũ. Et sic pcordia penetrata. Sciẽdũ tñ locũ hũc esse de his q̃s dixim⁹ supra. c Calidũ flumẽ frigid⁹. C. Nã pptea moriẽs frigescebat qm sanguis q̃ corpora calent oĩs vno momẽto fluebat. d Hoc acrior. S. i. q̃d iaciuerat:& q̃ ei primus pspere pcesserit iact⁹. e Telũ libe. ab au. S. Gestus iaculat⁹ exprimitur: aut eñ ab aure. aut a latere tela iaciunt. D. Sũma librabat ab aure. Sũma copia scriptoris:nã sup dixit adducto lacerto. f Per tp̃s vtrũq̃. S. Cõgrue dicit telũ p tp̃s vtrũq̃ trãsisse:ait eñ diuersi circũspiciunt:hoc est huc & illuc cũ ora ferũt. p quã opportunitatẽ potuit telũ tẽp⁹ vtrũq̃ trãsisse. Asper tñ dicit p tp̃s vtrũq̃:hoc est inter tp̃s vtrũq̃:vt econtra. Hũc inter fluuio tyberyn⁹ amoeno.i. p hũc. Qd si est:intelligim⁹ eũ in fronte eẽ vlneratũ. g Tepefacta cerebro. alibi. S. Et fixo ferrũ in pulmõe tepescit. h Seuit. D. Crescit ira:qm auctor facti nõ apparebat. i Interea. S. donec ille inueniẽ. k Persolues am. S. aut occisorũ. aut tuas:aut Nisi. nã duos eos fuisse nouit. supra eñ ait. State viri. l Tũ ve. ex. C. Quãta sit vis amicitię apparet:cũ p amici salute seipm pdat. Exterritus. Nõ sibi:sed amico timẽs. m Amẽs. C. nã ex nimio timore mẽtẽ amiserat. n Me me. S. Subaudi interficite. Et est interrupta elocutio dolore turbati. C. Me me adsũ. Efficacissima orõ. Est eñ celerrima: vt si possit auertat hostes ab amico:& se ita offert:vt nõ sit volentib⁹ vlcisci querẽd⁹. o Nec potuit. S. Validior argumẽtatio ex ĩpossibilitate: vt qd troes potuere? Item nõ ea vis aio nec tãta supbia victis. p Tãtũ in. ni.. S. Cõtra illud. Cur ꝗ venit? dicit tm amicũ dilexit:vt cũ nihil possit: tñ veniret. C. Nimiũ infoelicẽ:qa et sue & amici mortis causa fuit.

q Trans adigit costas. C. q.d. potuisset tãta pietate cõmoueri hostis si ictũ iam illatum potuisset reuocare. Descriptione autem mortis Euryali: & cõparatione maximũ iplet pathos. r Candida pectora rupit. C. A modo est pathos. s Voluitur Euryalus leto. S. aut septimus est: aut datiuus. Sed si datiuus figuratũ est. i. in letum. vt It clamor coelo.
t Pulchrosq́ per artus. C. a pulchritudine detur pata. v Purpureus veluti cũ flos succisus aratro languescit. S. habetur ratio cõparationis. Videt enim Euryalo Hacynthum cõparare: qui pulcherrimus fuit: et post mortem in florem conuersus est. D. Purpureus. ad totum corpus refertur hec cõparatio.
x Lassove papauera collo demisere caput. S. Homeri est: & cõparatio: et figura: nam et ille sic ait: vt multorũ vnum diceret caput. D. Papauera ad ceruicem: & ad caput.
y At nisus ruit. C. Nulla alia superat cõsolatio: nisi vt victus amicum super illũ recuberet: vñ ait Placidaq́ ibi demum morte quieuit. Quoniam autem hoc summum amicitie exemplũ fuit: eos fortunatos appellat: cum tam preclara res iter mortales amicitia fuerit: vt etiam in extrema calamitate propter illam fortunati appellari possint. z Volscentem petit. S. appetit. petitiones enim proprie dicimus impetus gladiatorũ. Vnde Cicero. Quot ergo tuas petitiones ita coniectas: vt vitari nullo modo possent: parua quadam declinatione concutisti: & vt aiũt corpore excessit.
a Perturbant. S. confodiunt: vnde paulopost cõfossus. b Non setius. Nõ segnius q̃ vulnerarus. c In ore condidit aduerso. S. Archaismos ẽ: vt supra: pectore in aduerso totũ cui cominus ensem cõdidit. d Placidaq́ ibi demũ morte quieuit: SER. Aut proprium epithetõ est mortis: aut ex affectu perientis dictum est: qui cũ amico moriebatur.
e Si quid mea carmina possunt. SER. Verecunde. CRI. Si quid mea carmina possunt. Poete officium implet: qui bonorum misereri debent: eosq́ laudare: & malos odisse: atq́ insectari. Hinc Hora. Ille bonis faueat: & cõsilietur amice. Et regat iratos: & amet peccare timentes: & paulopost. Deosq́ p̃cetur: & oret: vt redeat miseris abeat fortuna superbis. Pollicet aũt premiũ: quo hominibus glorie cupidis: nullũ maius esse possit: famã. s. per ennem. Si quid m. c. p. propter modestiã hac conditione pollicetur. f Domus. S. familia. D. dum domus. Ostendit omnia ventura ad finem. C. Dum domus: Non erat ignarus poeta omnia mortalia ad interitũ tandẽ ventura: Sed voluit propter fauorẽ captandum: eternitatẽ Romano imperio ominari. Est ergo sensus. i. dum Romani: q ab Aenea sunt: quorum caput domus est Iulia. colet capitoliũ. i. Romã cuius capitolium arx est.

Talia dicta dabat: sed viribus ensis adactus
Trãsadigit (q) costas: & candida pectora (r) rupit.
Voluitur (s) Euryalus loeto: pulchrosq́ (t) per artus
It cruor: inq́ humeros ceruix collapsa recubit:
Purpureus (v) veluti cũ flos succisus aratro
Languescit moriens: lasso (x) ve papauera collo
Demisere caput pluuia cum forte grauantur.
At nisus (y) ruit in medios: solũq́ per omnes
Volscentem (z) petit: in solo volscente moratur
Quẽ circũ glomerati hostes hĩc cominus: atq́ hic
Perturbant (a). instat non setius (b): ac rotat ensem
Fulmineum: donec rutuli clamantis in ore (c)
Cõdidit aduerso: & moriẽs aĩam abstulit hosti
Tum super exanimẽ sese proiecit amicum
Cõfossus: placidaq́ (d) ibi demũ morte quieuit.
Fortunati ambo: si quid mea (e) carmina possunt:
Nulla dies vnquã memori vos eximet euo:
Dum domus (f) ęneę capitoli (g) immobile saxum
Accollet: imperiumq́ pater (h) romanus habebit.
Victores (i) prẽda (k) rutuli spoliisq́ potiti:
Volscentem exanimem flentes in castra ferebãt
Nec minor in castris luctus: rhamnete reperto
Exangui: & primis vna tot cęde peremptis
Serranoq́ (l): numaq́: ingens concursus ad ipã
Corpora: seminecesq́ viros: tepidaq́ (m) recenti
Cęde locũ: & plenos spumãti (n) sanguine riuos.

g Capitoli immobile saxũ Accolet. S. In vrbe Roma templum Iouis nõ fuit: quod cum iam deuotũ a pristo Tarquinio: vellet Superbus Tarquinius edificare: coepit auguriis captare: qui mons huic templo esset aptissimus: & cũ in omnibus Tarpeius eẽt inuentus: in quo erãt multa diuersorum numinum sacella: actum est vt exinde ad alia templa numia euocarẽtur sacrificiis: quo posset libere: & sine piaculo templum Iouis edificare. Cũq́ omnes dii libenter migrassẽt terminus solus: hoc est liminum deus abscedere noluit. s illic remãsit: tunc de hoc ipso sacrificatum est: & dep̃hensum ꝙ terminus cũ Ioue remanẽs: eternum vrbi imperium cum religione significaret. vnde in capitolio prima pars tecti patet: q lapidem ipsum terminũ spectat: nam termino nõ nisi sub diuo sacrificabat: hinc ergo nunc dixit. Capitoli immobile saxũ accolet: quia terminus non est reuulsus de loco.
h Pater. CRISTOFE. Quoniam senatores: q patres appellebãtur consilio suo cũcta administrabãt. i Victores. DONA. Irrisorie tanq́ qui magnũ putarent: si trecẽti duos vicerint: cum duo tres interemissent.
k Prẽda rutulis spoliisq́ potiti. SERVIVS. Nõ solum suis armis eos exuerunt: sed etiam prẽda: que rutulis ante fuerat.
l Serranoq́ numaq́ ingens ꝯcursus. SERVIVS. decima antapodasis: que fit quotiẽs cõmemorantur ea que nõ sũt ante predicta.
m Tepidaq́ recenti. Cęde locum. SER. Hypalage tepidum locum recẽti cęde. sic alibi. Tepidusq́, cruor fumabat ad aras. n Spumãtes sanguine riuos. SERVI.

Agnoſcunt ſpolia inter ſe: galeamq; nitentem
Meſapi: & multo faleras ſudore receptas.

Spumas tunc habet sanguis cum effūditur: nam postea conquiescit: vñ bñ dixit spumātes riuos qa ꝓmisit semiecesqꝫ viros.
o Iam rebus luce re.S. Supra. Et rebus nox abstulit atra colorem.
p Armis circūdatus ipe. C. Oportet em̄ prudentē ducē non verbis solū: sed exemplo sui alios ad arma excitari. Ergo non inermis: sed armatus vocabat. q Cogit Quisqꝫ suos. S. Comites. s. nā plēa ē
r Acuūt rumorib⁹ iras. S. quia duo ausi sunt per eorum castra transire.
s Euryali & Nisi. S. Volūt nōnulli clamorē eē militum. sed meli⁹ hoc a Poeta dictum accipimus: nā rutuli eorū non nouerunt nomina: vt sit: Quin etiā capita Euryali: et Nisi prefigūt in erectis hastꝫ: & cū magno clamore comitāt.
t Duri. D. durātes i laboř.
v Cingitur amni. SER. Amne debuit dicere: nunqꝫ enim in i bene exeunt: nisi que cōmunis sunt generis: vt docilis: agilis: sed ideo ausus est ita ponere ablatiuū: quia vt supra diximus apud maiores: hic & hec amnis dicebatur.
x Tenent fossas. SER. tuentur: defendūt.
y Nota nimis mise. S. Hoc plus commouebantur quoniā etiam abcissi vultus: necdum cognitionis amiserāt notas. C. Nota nimis miseris. Nā iccirco stāt moesti qꝛ nimis nō:
a Excussi manibus radii. S. Bñ excussi: quasi nescienti q. d. piecti. C. Excussi manib⁹ radii. pathos a luctu sepe mouet: vt i hoc loco. ❡ Pennata. Quasi celeri volatu. Nam rerꝫ in foelitiū velocissima fama ruit a Euolat infoelix. D. Nam potuit furor animi ex dolore excitatus: imbecillitatē senectutꝫ superař: et forie auda/tiā afferrel
b Femieo vlulato. SERVI. Impacięti: vt femineo predę: & spoliorum ardebat amore.
c Prima petit. SER. Ideo qꝫ prima: quia solēt in extrema necessitate etiā mulieres muros ascendere: vt ipse de muris matres.
d Non illa virū: non illa pericli. S. vnum pudoris est: aliud salutis.

❡ Et iam prima nouo spargebat lumīe terras:
Titoni croceū linquens aurora cubile:
Iam sole infuso: iam rebus luce[o] retectis:
Turnus in arma viros armis[p] circundatus ipse
Suscitat: ęratasqꝫ acies in proelia cogit[q]
Quisqꝫ[r] suos: variisqꝫ acuunt rumoribus iras:
Quin ipsa arrectis (visu miserabile) in hastis
prefigunt capita: et multo clamore sequūntur
Euryali: et[s] Nisi.
Aeneadę[t] duri murorū in parte sinistra
Opposuere aciem: nam dextra[v] cingitur amni.
Ingentesqꝫ[x] tenent fossas: & turribus altis
Stant moesti: simul ora virū prefixa videbant:
Nota[y] nimis miseris: atroqꝫ fluentia tabo.
Interea pauidam volitans pennata per vrbem
Nuncia fama ruit: matrisqꝫ allabitur aures
Euryali: at subitus miserę calor ossa reliquit:
Excussi[a] manibus radii: reuolutaqꝫ pensa:
Euolat infoelix: et foemineo[b] vlulatu
Scissa comā: muros amens: atqꝫ agmina cursu
prima[c] petit: non illa virū[d]: non illa pericli:
Telorūqꝫ memor: coelū dehinc questib⁹ īplet.
Hunc[e] ego te euryale aspicio: tu ne illa senectę[f]
Sera[g] meę requies: potuisti[h] linquere solam
Crudelis[i]: nec te sub tanta pericula missum
Affari[k] extremum miserę data copia matri[l]:
Heu[m] terra ignota canibus[n] data preda latinis
Alitibusqꝫ iaces: nec te tua fūnera[o] mater
produxi: pressi ue oculos: aut vulnera laui
Veste tegens tibi: qꝫ noctes festina diesqꝫ
Vrgebam: et tela curas solabar aniles.

e Hunc. S. Talem. Et est conquestio matris Euryali plena artis rhetoricę: nā pene omnes partes habet de misericordia cōmouenda a Cicerone in rhetoricꝫ positas. ❡ Hunc te aspitio. a qualitate cędis.
f Tu ne illa senectę. C. Pathos eo quod est p̄ter spem.
g Sera meę. S. Euander. mea sola: et sera voluptas:
h Potuisti linquere solā. S. ab intercoepto solatio.
i Crudelis. S. qui potuisti relinquere solam cū pius esses. k Affari extremū S. Anchises. Sic o sic positū affari discedite corpus. Terē. Quin igitur dū licet mecū loquimini Antipho. l Matri. D. In mře aūt Euryali ośdit: qd possit dolor. cum oblita sex⁹: & ętatis tantum fureret. Deniqꝫ accusat eorū: quę & si facta fuissēt: nihil tamen prodessent.

m Heu terra. C. Magna vis eloquentię: quę etiam ex inanibus rebus maximas apud iprudentes tragedias citat. Hęc enim cōquerit. veluti si miserrimū sit in ignota terra insepultum canibus laniandum reliqꝫ: vñ et Hōer⁹. αυτον δ' ἐνὶ... [illegible] Ad hmōi iacturam sapiētes q sunt nihil faciūt. Ergo ut Anchisę tanto viro digno sententiā dedit: dixit enim facilis iactura sepulchri. Sic nūc mulierem a muliebri perturbatione abesse voluit: ille qꝫ veluti alter Diogenes: quę ad sepulturam pertinent contemnit. Hęc vel ex eo filium infoelicissimum putat: qꝫ illa caruerit: lamentatio autem & discursus per muros hui⁹ mulieris: de Andromachę virum lugēte sumpta est.
n Canibus data preda latinis. DONA. non solū morte: sed mortis accidentibus cruciatur.

o Nec tua funera mater. SER. id est funeria: nam apud maiores funerias dicebant eas ad quas pertinet vt sororem matrem: nā p̄ficę: vt supra dixim⁹: sunt planct⁹ principes nō doloris. Funeras autē dicebant: quasi funereas: ad quas pertinet funus.

p Artus auulsaq; mem. Et funus lacer. C. Expolitio est idem em dicit pluribus verbis: vt in re at ocissima diutius detineat auditorem: et sic maiore citet comiseratione.

barū. C. At tuba. mira narratio: in qua cūcta ante oculos ita adducit: vt res non solū agi: sed summo animorū ardore geri videat. Incertū q; sit an acri⁹ rutuli ipugnarēt: an vehemēti⁹ Troiani repugnarēt.

Quo sequar? aut q̄ nunc art⁹ auulsaq; mēbra:
Et funus lacerū tellus habet? hoc mihi de te
Nate refers? hoc sum terraq; mariq; secuta?
Figite me: si qua est pietas: in me omnia tela
Conijcite o rutuli: me primā absumite ferro:
Aut tu magne pater diuū mi serere: tuoq;
Inuisum hoc detrude caput sub tartara telo:
Quando aliter nequeo crudelē abrumpere vitā.
Hoc fletu concussi animi: mœstusq; per omnes
It gemitus: torpent infractę ad prœlia vires:
Illam incendentem luctus Idęus et Actor
Ilionei monitu: et multum lachrymantis Iuli
Corripiūt: interq; manus sub tecta reponūt.
At tuba terribilem sonitū procul ęre canoro
Increpuit: sequitur clamor: cœlumq; remugit.
Accelerant acta pariter testudine volsci:
Et fossas implere parant: ac vellere vallum.
Quęrūt pars aditum: et scalis ascendere muros
Qua rara est acies: interlucetq; corona
Non tam spissa viris. telorū effundere contra
Omne genus teucri: ac duris detrudere cōtis
Assueti longo muros defendere bello:
Saxo quoq; infesto voluebant pondere. si qua
Possent tectam aciem rumpere: cū tū omnes

q Funus lacerū. S. Dilaniatū cadauer: nam fun⁹ pro cadauere posuit.
r Hoc mihi de te Nate refers. CRI. singula verba vim maximā afferunt ad cōmiserationē captādam. Hoc. s. tantū luctū cū ego ꝯtra d'te i senectute sūmā voluptatē sperarē. ¶ Mihi & matri. et indulgētissime: & quę tot incomoda subii: vt te sequerer. De te in quo omnem spem reposueram: & a q̄ omnia mihi iucūdissima expectauerā. s Figite me. C. quantus sit luctus: et quāta miseria hinc apparet: q loco sūmę in se pietatis accoeptura sit: si m̄tis vulneribus trāsfossa interficiat. t Si q̄ est pi. S. si q̄ pietas ī occidēdo v Me pri. ab ferro. S. vnusquisq; em ꝑprię salutis desperatōe credit vnusuersa etiā posse consumi: vnde ē quod dixit. me primā ab. x Aut tu magne pater. C. quod a rutulis assequi desperat: a Ioue poscit. y Inuisū hoc detrude caput sub tartara telo. S. Inuisum q̄dem est hoc & odiosum caput: verum misericordię genus est: si me etiam iratus interimas. z Quādo aliter nequeo crudelem abrumpere vitam. S. Hinc traxit illū colorē Iuuenal'. Quod facinus dignū tam longo admiserit ęuo.

a Torpēt infractę. S. nūc tamē torpent: vt Turnus vt infractos aduerso Marte latinos. C. Torpent infractę vires: quę omnia durissima in prœliis pati poterāt. hoc pati nō poterāt: ergo quos metus nō ꝑturbauit: quia fortes essent: ꝑturbauit luctus: quoniā essent duodecim.

f Increpuit. S. et insonuit & segnitiem increpauit. g Acta pariter. C. Quia vna cum clamore agebat. h Testudie. S. Testudo est scutorū connexio curuata i testitudinis modū. Namq; in armorū generibus milites sumūt ab animalibus nomina: vt aries Salu. In modū hirci militaris. i Volsci. S. Nō mirū: qa dicit volscos. Et ci camilla de volscis sit. vt Volsca de gente camilla: nāq; pars aliq̄ tuscię dat Turno auxilia: cū tuscos dixerimus: spāliter aeneę fauere. Itē econtra pars venetię auxiliū ꝑstat Aeneę: q̄ turni fuisse superius diximꝰ. k Fossos implere parāt. S. Vertit ordinē. Nam ante est vt impleat fossa: tollātur valli: & sic testudine accedat ad muros q̄q; possumus intelligere etiā ad fossas eos venisse facta testudine. l Interlucetq; corona. C. Appellat coronā milites in circuitu mœniū ad propugnacula positos: q vbi loca munitiora sūt: ibi frequentiores esse solent: laudat & & troianos a prudētia: qui in paucitate militum ita acies instituerint: & rutlos ab animorū robore: qui illuc puenire cōtēdūt. Interlucent: qui propter raritatem lucē admittant. Vnde apud Pli. & Columellā interlucare dictum inuenies: cū a vitib⁹ aliquam partē pampinorū decerpserūt: vt propter raritatē sol ad vuas facili⁹ penetret. m Telorū effunder contra. S. Propriē. tela em non iaciunt in subiectos: sed funduntur. Et dicendo omne genus telorum: ostēdit telum vocari omne quod iacitur. D. Effundere. plus est q̄ mittere. Ille enim effundit cui magna est copia: nec mittendi propter copiam metuit finē: Pręterea etiam quę emitti nō possunt fūdimus: et fusa proficiūt: vt est aqua calida: pix feruēs: & soluta: & oleū cādēsi

b Illam incēdentē lu. C. Satis sapiens consiliū: vt cū torporem ex nimia cōsideratione inferret militibus: a cōspectu eorū amoueret: ne viderent. Nam (vt ait Horatius) Segnius irritant animos demissa per aures: q̄ quę sunt oculis subiecta fidelibus.
c Lachrymantis Iuli. S. Puero dat lachrymas: cui potest sine pudore viris fortibus tantū modo dolorem.
d Sub tecta reponūt. S. Homerice. Quod aūt dixit. corripiunt: non iniurię est: sed celeritatis. i. raptim tollūt.
e At tuba terribilē sonitū. S. Hemistichiū Ennii: nam sequentia iste mutauit. Ille em ad exprimēdum tubę sonitū ait Taratantara dixit: & multa huiusmodi. Virgi. cū aspera inuenerit: mutat. Bū tū electis verbis hic imitat sonitū tu

n Detrudere cōtis. D. Nā scalis ad eos puenlebāt. Quāto aūt rutilorū laudatur instātia: tanto prferuntur Troiani.
r Voluitq;. CRISTOFERVS. Nam propter magnitudinem subuehere non poterant.
o Assueti lōgo. S. Docet in omnibus vsum plurimū posse. C. Assueti. Nam lōgo vsu (q ꝑcepta oim mgrōꝝ supat) rē optime callebāt. p In festo voluebāt pondre. S. infesti ponderis; q Nec iam sufficiunt. S. diu iā nō sustinent

Ferre libet subter densa testudine casus
Nec iā sufficiunt: nā qua globus iminet ingēs:
Immanem teucri molem voluuntq; ruuntq;:
Quę strauit rutulos late: armorūq; resoluit
Tegmina; nec curant cęco concedere marte
Amplius audaces rutuli: sed pellere vallo
Missilibus certant.
parte alia horrendus visu quassabat ethruscam
pinū: & fumiferos infert mezentius ignes.
At mesapus equū domitor neptunnia proles
Rescindit vallum: & scalas in mœnia poscit.
Vos o calliope precor aspirate canenti:
Quas ibi tum ferro strages quę funera turnus
Ediderit: quē quisq; virū demiserit orco:
Et mecum ingentes oras euoluite belli:
Et meministis enī diuę: & memorare potestis.
Turris erat vasto suspectu: & pontibus altis
Opportuno loco: summis quā viribus omnes
Expugnare itali: summaq; euertere opum vi
Certabant: troes contra defendere saxis:
per quę cauas densi tęla intorquere fenestras.
princeps ardētem coniecit lampada turnus:
Et flāmam affixit lateri: quę plurima vento
Corripuit tabulas: & postibus hęsit adesis
Turbati trepidare intus: frustraq; malorum
Velle fugam: dum se glomerāt: retroq; residūt
In partem: quę peste caret: tum pondere turris
procubuit subito: & cœlū tonat omne fragore:
Semineces ad terram immani mole secuta
Confixiq; suis tęlis: & pectora duro
Transfixi ligno veniūt: vix vnus helenor
Et lycus elapsi: quorū primęuus helenor
(Mœonio regi quem serua lycinia furtim
Sustulerat: vetitisq; ad troiam miserat armis)

Ruunt. CRI. ad ruinā ...pellunt. t Armorū resoluit Tegmia. S. Hic ...tendit armorum conne...ionem esse testudinē. Lu...an⁹ de testudine. At post ...virtus incerta virorum. ...rpetuum rupit defensio ...ssilite cratem. Singula cō...nui cesserunt ictibus ar...na. v Parte alia. C. ni...l mercatū relinquebant. ...ili enī emi...⁹ missilibus ...erudebāt a custodia val...ralii eo minus: aut vrere: aut vellere parabant. Hetruscam pinum. S. ...ipse Hetruscus. Vos o Calliope pcor. S. Sylepsis per numeros. Erat enī rectū: vos o mu...sę: aut tu calliope. C. Vos calliope: ex sinuocatione ...ei difficultatē ostendit: q̄si ...dicat Non possem tanta ...Turni facta sine diuio au...xilio proferre. Ergo sūm⁹ imperator ea fecit: q̄ summus Poeta: nisi deus sibi ...faueat explicare non pos...set. Vos Calliope. Nō sine ...rōne vtitur plurali in vna ...musa. Nam per Calliopē ...reliquas intelligit: & iure: ...nā si per singulas priores ...musas singularū sphęrarū: ...singulos intelligūt cant⁹: & per Calliopē illorū vni...uersorum concentum iu...ra ipsa Calliope omnes si...gnificabit musas. Aspirate. S. fauete: Vt. Aspirat primo fortuna la...bori. a Et mecum me...morare oras. C. mecū: vt demonstret se quidem la...boraturū. Sed sine earum ...auxilio nihil perfecturū. b Oras euoluite belli. S. Narrate non tantū initia: ...sed etiā extrema bellorū: Nam orę sunt extremita...tes. C. Oras extremitates: ...q. d. narrare vsq; ad extre...mū: vel horas. i. tempora. c Euoluite. C. ondite v...tra narratione. d Tur...ris erat. S. turres hmōi eē ...ad munitionē ciuitatum: & in secūdo legius: sed hę ...pleruq; mobiles sunt: ple...rūq; fixę: vt in secūdo Tur...res: ac tecta domorū. Mo...biles: vt i duodecimo me...minit. Subiitq; rotas: & ...pontes strauerat altos. e Vasto suspectu. C. va...sta altitudine: quo sit alt⁹ ...suspectus. f Opportu...no loco summis. S. circa por...tas. g Opum vi. S. po...test & hyppalage esse: vt sic ope virium. h Certabant. C. quia illa expugnata porta facile effringi poterat. i Cauas. S. patulas. k Densi. S. pro tela densa. l Flāmam affixit lateri. S. Affectate. Debuit enī dicere affixit: aut facem: aut malleolā: non flāmam. C. flammā Quia percutiens materia accēsa effecit: vt flāma apprehenderetur. m Quę plurima vento. S. gliscēs: aut magna per ventū. C. Plurima vento: incrementum per ventum nacta. n Hęsit adesis. S. non iā adesis: sed qd excedit adherendo. C. Hęsit: adhęsit: nā quāto magis est lignū flāma tanto magis adhęret. o Malorū velle fugā. S. honestissima est locutio. p Peste. S. Incēdio: vt & toto descendit corpore pestis. q Subito. D. recte. Nam si signum dedisset. seruari potuissent. r Immani mole. C. i. ipa turri: q̄ immanis molis erat. s Cōfixiq; suis telis. C. quod cadētib⁹ euenire solet. t vnus. S. Subaudis & alter: nam non procedit vnus. v Helenor & lycus elapsi. S non morte. sed turris ruina. x Mœonio regi. S. Aut propriū patris nomen est: aut cognominem cū filio intelligam⁹: quia: vt supra dixim⁹ cū filii vel patris nomen permittitur: & aliud tacetur cognomies eos itelligim⁹. y Furtim sustulerat. S. ex stupro educauerat. Hic est: Et dulcia furta. z Vetitisq; ad troiam armis. S. Secundū Donatū venitis fato: sed meli⁹ lege militari intelligimus: qua serui a militia phibebantur. Vnde de troiana purgat hoc Cicero cū fuisset obiectum inter equites: qs Deiotarus miserat Cęsari vnum seruum fuisse: virgiliū autem nouimus aliq̄ de hystoria trahere. Seruos sane nunq̄ militasse cōstat: nisi seruitute deposita excepto Hanibalis tēpore cū post canense prœlium in tanta necessitate fuit vrbs Roma: vt ne liberandorū quidem seruorū daretur facultas. a Ense nudo: SER. id est stricto.

Ense leuis nudo parmaq̃ inglorius alba.
Isq̃ vbi se turni media inter milia vidit:
Hinc acies: atq̃ hinc acies astare latinas:
Vt fera que densa venantum septa corona
Contra tela furit: seseq̃ haud nescia morti
Inicit: & saltu supra venabula fertur.
Haud aliter iuuenis medios moritur⁹ in hostes
Irruit: & qua tela videt densissima tendit.
At pedibus longe melior lycus inter & hostes:
Inter & arma fuga muros tenet: altaq̃ certat
prendere tecta manu: sociũq̃ attingere dextras.
Quem turnus pariter cursu: teloq̃ secutus
Increpat his victor nostras euadere demens
Sperasti te posse manus: simul arripit ipsum
pendentem: & magna muri cum parte reuellit.
Qualis vbi aut leporẽ: aut cãdẽti corpe cygnũ
Sustulit: alta petẽs pedib⁹ Iouis armiger vncis.
Quesitum aut matri multis balatibus agnũ
Marcius a stabuli rapuit lupus: vndiq̃ clamor
Tollitur: inuadũt: & fossas aggere cõplent.
Ardentes tedas alii ad vastigia iactant.
Ilioneus saxo: atq̃ ingenti fragmine mõtis
Lucetium portę subeuntem: ignesq̃ ferentem.
Emathione liger: chorineum sternit asilas.
Hic iaculo bonus: hic longe fallente sagitta
Ortygiũ ceneus: victorem cenea turnus
Turnus ityn: cloniũq̃ doxippũ promulũq̃:
Et sagarim: & summis stantem pro turrib⁹ idã
priuernũ capis: hũc primo leuis hasta themillę
Strinxerat: ille manũ proiecto tegmine demẽs
Ad vulnus tulit: ergo alis alapsa sagitta
Et leuo affixa est lateri manus abditaq̃ intus
Spiramenta animę loetali vulnere rupit.
Stabat in egregiis arcentis filius armis

b Parmaq̃ inglorius alba. S. q̃a tyro (vt dixim⁹ sup̃) longe melior lycus: ergo & Helenor bonus.
c Inter. S. i. per: vt hunc inter fluuio tyberin⁹ amoeno. d vt fera. C. Quãuis hactenus inglorius esset: tñ ex desperatione audax est effectus.
e At pedibus. C natura enim duce id defensaculũ adhibem⁹: quo plurimũ posse cõfidimus: ergo iste cui maior aderat velocitas pedibus se credidit.
f Prẽdere tecta. S. q̃a tũc alti nõ erant muri: sed ad impetum tantum repellẽdũ: vt etiam Salu. ostẽdit vbi sertoriũ humeris sublatum per muros ascẽdisse cõmemorat C. prẽdere: ita enim humilia erant. vt si ille sese erigeret, man⁹ sociorꝝ: qui proni illas porrigerent apprehendere posset. g Cursu teloq̃ secutus. S. Nimiã eius ostẽdit celeritatẽ qui potuit telum missum consequi: nã hoc dicit cum ꝑtermisso telo ad hostem venit Statius: & emissum cursu cõprehendere telum.
h Pendentem. C. a terra iam eleuatum: et manib⁹ sũmitatem muri prendẽtẽ. i Reuellit. S. in verbo vello: facit: ĩ participio vulsus. k Qualis vbi aut leporem. S. pro qualiter. l Pedib⁹ Iouis armiger vncis. S. quia dicit̃ aquila in bello gigantheo Ioui arma ministrasse: q̃d tamẽ fingitur. Nam vt supra diximus: reges fuerũt Iuppiter et Saturnus. Sed dũ Iuppiter cum patre Saturno haberet de agris cõtentionẽ ortum bellũ est: ad quod egrediens Iuppiter aquilę vidit augurium: Cuius cum vicisset auspitio: fictum est ꝙ ei pugnãti tela ministrasset: vnde etiã a foelici augurio natum est: vt aquilę militũ signa comitentur.
m Quęsitũ. S. qui queritur Nã pręsens a passiuo non habuit: et est hysterõ proteron: nam post raptũ requiritur.
n Marcius lupus. S. aut cruentus: aut marti dedicatus.
o Aggere. S. Agger ẽ cuiuslibet rei coaceruatio: vnde fossę: aut valles possũt repleri.

p Ingenti fragmine mõtis. S. Sup̃ dictũ saxi exaggeratio est:
q Lucetiũ. S. solum hoc nomen est q̃d dictũ a Virgilio in nullo alio reperit̃ auctore. Sane lingua Osca Lucetus est Iuppiter dictus a luce: quã pręstare hominibus dicitur: ipa est nr̃a lingua diespiter. i. diei pater Hora. Nãq̃ diespiter plerũq̃ purpureũ.
r Cenea turnus itim. S: vt ait Lucil. Bonum schema est: quotiẽs sensus variatur iteratione verboꝝ.
s Pro turribus. SERVI: aut pro defensione turriũ aut sic magni vt turres putares. t Leuis hasta themillę. SERVIVS. themillas themillę. vt Aeneas ęneę. Leuis autem hasta ꝑ leuiter veniẽs: vñ et strixerat dixit. strixerat. i. paululũ vulnerauerat: vt tãdẽ etiam magno strinxit de corpore turni.

x Demens. S. qui scutũ quo se tuebatur abiecit.
y Alis. S. pennis.
ʒ Leuo in affixa est lateri manus. SER. Ostendit vulneris locum: quem antea suppresserat. Sic in q̃rto. Infixum stridet sub pectore vulnus.
a Spiramẽta animę loe: SERVIVS distinctio pulmonum. b Ferrugine clarus ibera: S. ferrugo coloris genus est: qui vicinus est purpure subnigrę. Et hibera autem non hyspana sed pontica Nam iberia: pars ponti est: vt ostendit Hora. dicẽs. Herbasq̃ quas colchos: atq̃ ibera mittit venenorũ ferax.
c Genitor quẽ misera arcens. Ordo est. Stabat arcentis filius arcens in armis egregius: nam nõ cõgruit. vt huius filii pręter misso nomine bis fiat patris commemoratio.

d Symethia circum flu: S. Scymethus fluuius est Sicilię: haud lõge ab vrbe catinensi: circa quem sunt palicidei: quorum talis est fabula: ætnam nymphã Iuppiter cum viciasset. & fecisset grauidam timens Iunonem: secũdum alios ipsam puellam terrę commẽdauit: et illic enixa est. Secundũ alios partus eius postea:cũ de terra erupisſẽt:duo pueri palici dicti ſunt:quasi iterũ venientes. Nam πάλιν. eſt rurſus ἥκειν. eſt venire. Hi primo hũanis hoſtiis placabantur : postea quibuſdam ſacris mitigati ſunt:& eorũ immutata ſacrificia. Ideo ergo placabilis ara:quia mitigata ſunt eorum numia. CRIST. Symethus. Syciliȩ fluuius eſt Palicorũ fabulas primus Aeſchil⁹ in tragedia ethna poſuit:

pictus acu chlamydem:&[b] ferrugĩe clarus ibera
In ſignis facie[c]:genitor quem miſerat arcens
Eductum martis luco ſymethia[d] circum
Flumina:pinguis vbi & placabilis ara palici[e]
Stridentem fundam poſitis mezentius armis
Ipſe ter adducta circum caput egit habena:
Et media aduerſi liquefacto tempora[f] plumbo
Diffidit:ac multa porrectum extendit harena[g].

Iuxta Symethũ Thalia Nympha a Ioue cõpreſſa metu Iunonis: vt ſibi terra dehiſceret optauit. Sed vbi venit pariendi tẽpus: terra recluſa eſt. & duo infantes de vtero Thaliȩ progreſſi emerſerunt : appellatiq; ſunt Palici ab emergendo:quaſi rurſus naſcentes:quoniam pri⁹ in terra merſi inde reuerſi ſunt:nec longe lac⁹ duo breues:ſed profundo ſcaturigine aquarum ebuli-

¶ Tum primũ bello celerem intẽdisse sagittã
Dicitur ante feras solitus terrere fugaces
Ascanius: fortemq; manu fudisse numanum:
Cui remulo cognomen erat: turniq; minorem
Germanã nuper thalamo sociatus habebat.
Is primã ante aciem: digna atq; digna relatu
Vociferans: tumidusq; nouo pcordia regno
Ibat: & ingentem se se clamore ferebat.
Non pudet obsidione iterum: valloq; teneri
Bis capti phryges: & morti ptendere muros.
En qui nostra sibi bello connubia poscunt.
Quis deus Italiam: quae vos demẽtia adegit?
Non hic atride: nec fandi fictor vlysses:
Durum a stirpe genus: natos ad flumia primũ
Deferimus: sęuoq; gelu duram⁹: & vndis.
Venatu inuigilant pueri: syluasq; fatigant.
Flectere ludus equos: & spicula tẽdere cornu.
At patiens operum: paruoq; assueta iuuẽtus:
Aut rastris terrã domat: aut q̃tit oppida bello.

ante: crateres ab incolis nominati: & nomen dellos appellant: Palicorumq; fratres existimãt: & habentur in cultu maxio: pcipue circa exigendum iuxta eos iusiurãdum: efficax numẽ. itelligit ergo iuxta eos iusiurandũ: exigit & prius a suspecto fideiussore datur de dissoluendo. Qđ si ille fideliter iuraret: discedebat illesus. Sin contra in lacu vitã amittebat: Hęc res ita fratrũ religionẽ cõmendabat: vt implacabiles crateres dicerent. sed palici etiam diuinationẽ habebant. Nã cũ Syciliam sterilis ãnus arefecit: diuino palicorũ responso admoniti siculi Heroi cuidã certũ sacrificium celebrauerũt: et rediit vbertas. Qua grã singuli oĩe gen⁹ frugũ congesserunt in aram palicorũ: ex qua vbertate ara ipã pinguis vocata ẽ. De palicis etiã Galias i. vii. historiarũ meminit: & Anaxagoras in tertia historia in libro xi. Diodori legit. C. Nautio Rutilio. L. Minutia Carutiano consulib⁹ Ducetius siculorum dux iuxta palicorũ templũ vrbem condidit: Palicas appellauit templũ in planitię ędificatum est porticibus & sumptib⁹ ędificiorum conspicuũ miracul: et vetusta religiõe horrẽdũ: iuxta sũt scaturigines aquarũ Crateras vocant: qui sunt pfundissimi: igneas scintillas sępe euomentes. Illud mirũ q̃ aq̃ ebulientes nũq; se effundunt: nũq; etiã subsistũt: in templo est iusiurandũ trutina: & q illic peierãt: statim cęci efficiũt. Hinc Sylius Italicus: & q psentes domitant p iura palici illuc fugientes: semp tuti erant. e Placabilis ara palici. CRI. Vide Seruium. Sed Macrobi⁹ ait nullum apud latinos duos palicos posuisse. Sed a grecis Maronem habuisse. f Liquefacto tempora plumbo Diffidit. SER. Plumbum enim iactum nimio rotatu ex ętheris calore dissoluit. Statius. Et arsuras coeli per inania glandes. g Multa porr. exten. harena. S. Intelligim⁹ eũ cedisse transmurũ. Dicendo aũt t: mlta: ostẽdit corpis pceritatẽ. ¶ h Fortemq; manu fu. n. DO. Poeta (qm impossibile videbat: pueri manib⁹ cecidisse) robustissimũ virum nõ se facit auctorẽ. i Minorẽ germanã. S. quia maior nympha fuerat Iouis voluntate mutata. k Is primã an. C. oñdit neminẽ foelicitate sua fretũ supbire oportere. l Digna atq; idig. rela. S. indigna id est turpia & obscęna. m Nouo regno. S. aut noui regii generis affinitate: aut quia etiã ipsi p regis filiã portio debebat imperii. n Ingentẽ se se cla. fe. S. Non erat ingẽs: sed esse se clamitabat ingentẽ. o Non pudet obsidione. C. iudiciũ inertię: ac stultitię est arrogãs iactatio: q̃d nunc poeta i Numano oñdit. Ergo vt est apđ Teren. Preciũ ob stultitiã tulit. p Iterũ. S. denuo qa iã tertio obsident: & iterũ nõnisi de duob⁹ dici⁹. q Bis capti ph. S. Semel ab Hercule: post a gręcis. D. Phryges. pro cõuitio posuit. q. d. Ideo capti: quia phryges: r Morti ptendere muros. S. Emphasis est. morti em p bello posuit: sic supra Lęto discrimine paruo. s En. D. Vituperantis demonstratio. t Qui. D. s. medici: vt exules. v Nostra cõnubia. S. Aut q̃si Turni cognatus loquit: aut inuidiose retorquet: & vult cãm oim esse cõmunẽ. D. Nostra: quasi meliorũ & fortiorũ. C. En qui nr̃a. Sumope indignandũ: q̃ imbecilles audeant lacessere viros fortissimos. x Bello. D. cũ sciant in simili causa se victos. y Quis deus: C. tam iratus vobis. z Italiam. C. in q̃ perituri sitis. a Dementia. C. Est eñi extremę dementię: vt imbecilles fortes petant. b Nõ hic atridę. S. exaggeratio vituperationis: Nam nõ tm̃ se Troianis: sed eorũ victorib⁹ pfert. D. Non hic a. Inuenietis fortiores his: qui tñ vos vicerũt. C. Non hic atri. Nõ vobis cũ gręcis nunc agẽdũ est: q min⁹ q̃ nos bello possunt: & tñ vos superarunt. c Fandi victor vlys. S. aut fallax: aut logodędalus .i. q dolum celat sermonis ornatu. d Durũm a stirpe genus. S. Italicę disciplinę vita laudat: quã & Cato in originib⁹: & varro in gęnte populi Romani cõmemorat. DO. Durũ. fortem. C. Durum a stirpe ge. Laudat Italos ab his quę sunt attributa psonę: quę Cicero vndecio ponit. Et primo a genere. e A stirpe. D. nõ arte sed natura. f Natos ad. C. Argumentum a victu in quo est. Quęritur: in quo negotio: aut questu: aut artificio versentur: & q̃ more viuãt: & quos habeant pceptores: Versant ergo in venatu: in agricultura: & in bello. Educantur apud eorum se nes in rebus durissimis. g Gelu duramus & vndis. SER. Vndis gelidis: & est Endyadis: vt. Hamis auro q; trilicem: nam nemo quod plus est prius dicit. Si enim duo essent ante aqnaz diceret: sic gelu. h Venatu. S. pro venatui: vt curro p curruí. i Syluasq; fat gant. S. ipsi fatigantur in syluis: aut pro feris syluas posuit: in qb⁹ sunt ferę. k Flectere lu. eqs. S. aliorũ labor nostrę pueritię ludus est. D. Flectere ludus equos. Non eñ inertibus ludis intenti sunt. CR. Ludus. Quasi cum voluptate faciant: quę aliis loboriosa videntur.
l At patiens operũ paruoq; assueta iuuẽtus. S. Hoc & in Georgicis laudat. nam magnę virtutis est: et in nimio labore paruis esse contentũ. m Aut rastris terrã domat. S. Bene bellico vsus est verbo: & ne a militari lege discederet: nõ dixit: terras colimus: sed domamus. Ac si dicat: Cũ hostes desunt: vt i terras ferro domamus. C. Aut rastris. Erat enim maximo precio agricultura. Vnde (teste Catone) magnifice laudatum ciuem Romanum putabãt s. illum bonũ colonum appellassent. Laudat aũt Italos

a tribus artificiis: quę nullo vitio inquinata sint: et animũ corpusq; corroborent. Nam disciplina militaris agraria: ac venatoria omnẽ desidiam depellunt: delitias nullas nouerunt: & animũ simul ac corpus validum conseruant. n Iuuencũ terga fatigamus hasta S. Agriculturam sine officio belli nõ gerimus. Est autem. κακο ζυ ετον. & ο[illegible] οιτλsυτον. o Tarda. DO. quę faciat homines tardos.

p Tarda senect' debilitat vires ai: SER. Bene animi: quia nõ est ausus corporis dicere. Nec enim potest fieri: vt quiuis robustus senex vires habeat prioris ętatis: & suę comparetur adolescentię. Nũc ergo licet dicat: fortes etiã senes esse: bona tñ vsus ẽ comparatiõe: vt diceret: nihil aiorũ vigori derogare temporis vetustatem. q Conuectare pręđas & viuere rapto. CR. Ad venationem ac iusta bella non ad crudelitatẽ retulit poeta. r Vobis picta croco. S. Vituperatio Troianorũ: in qua vtitur argumẽtis quę in rhetoricis commemorat Cicero: a gente: ab habitu: a gestu: ab aio. C. Vobis picta cro. Vituperatio a contrariis. Exprobat molliciẽ educationis & habitus: & p venatu: & agricultura: & bello vitam desidiosam: ac voluptuosam: & deliciis mulieribus ded. tam esse illis obiicit. s Fulgẽti murice. SER. Purpura. Hanc aũt vitio & dedecori apd' maiores fuisse constat. Iuuenalis. peregrina ignotaq; nobis ad scelus: atq; nefas q̃cũ q; est purpura ducit. t Desidię cordi. S. vobis sunt. v Choreis. S. Seruauit ho: loco naturam syllabę: id est quam in sexto metri causa corripuit: vt. Pars pedibus plaudunt choreas & carmina dicunt. x Et tunicę manicas. S. tunicę vestrę habẽt manicas: qđ Varro vituperat dicens: Manicatis & talaribus tunicis. Nam colobiis vtebant' antiqui. C. Et tunicę manicas. Vituperatio ab habitu: qui tunicas: quas expeditas habere oportebat illi manicis impedirent: vt vix manibus vti possent. y Et habent redimicula mitrę. S. Illud dictu rus fuerat. haberis in pileis redimicula: quod cõuertit in vituperatiõnẽ maiorẽ dicens: religatas habebis mitras. Nam pilea virorum sunt: mitrę foeminarũ quas calaticas dicũt. Mitra aũt proprie Lydorum fuit. vt moenia mentum mitra: quem habitum imitati sunt Troiani. z O vere phrygię. SER. Ipsos vituperat phrygas. sed nunc ad maiorem iniuriã Phrygias non Phrygas dicit. a Alta dindyma. SER. Montes matris deum. CRIST. Alta di dy. Puto hunc montem vocatum esse a Dindyma: quę fuit vxor Meonis Phrygię & Lydię regis: ex quo illam natam esse dicunt: addũt etiam Meonem: cum eam nutrire nollet in Cybelo mõte exposuisse: in quo a pardis illa nutrita sit: Deinde a muliere pastore inuenta educata est: & Cybele appellata. quę adulta forma: modestia: ac sapientia vehementer excelluit. Nam ex plurimis calamis fistulam prima composuit. Item cymbala & tympana ad choreas inuenit: & contra pecudũ puerumq; morbos remedia excogitauit: ait Diodorus. Huic deę aut mulieres: aut emasculati viri. qui Galli dicebantur: sacrificabant.

b Biforẽ dat tybia can. SER. Bisonũ imparem: & seruauit eis tybiarum suarum naturam: Tybię aut serranę dicuntur: quę sunt pares: & ęquales hñt cauernas: Aut phrygię: quę impares sunt: & inęquales habent cauernas: ergo biforẽ disonũ dissimilem. non em̃ sunt pari modulatione cõpositę: Vt eni ait Varro Tybia a Phrygia dextra vnum habet foramen: sinistra duo: quorum vnum acutum sonũ habet: alterum grauem.

Omne ęuũ ferro territur: versaq; iuuencum[n]
Terga fatigamus hasta:[o] nec tarda senectus[p]
Debilitat vires animi: mutatq; vigorem.
Caniciem galea premimus: semperq; recentes
Conuectare[q] iuuat pręđas: & viuere rapto
Vobis[r] picta croco: &[s] fulgenti murice vestis.
Desidię[t] cordi: iuuat indulgere choreis.[v]
Et tunicę[x] manicas: & habent redimicula mitrę:[y]
O[z] vere phrygię (neq; em̃ phryges) ite per alta[a]
Dindyma: vbi assuetis biforẽ[b] dat tybia cantũ:
Tympana vos: buxusq;[c] vocat berecynthia matris
Idęę: sinite arma viris: &[d] cedite ferro:
Talia[e] iactantem dictis: ac dira[f] canẽtem
Non[g] tulit Ascanius: neruosq; obuersus equo.
Contendit tęlum: diuersaq; brachia ducens:
Constitit ante Iouem[h] supplex per vota p̃catus.
Iuppiter[i] om̃ipotẽs audacibus[k] annue coeptis.
Ipse tibi ad tua templa feram solennia[l] dona.

c Buxusq; vocat berecynthia. S. a monte berecynto: dicitur autem hęc buxus: et hoc buxum. vt: torno rasile buxum. Vnde superfluo quidem arborẽ generis foeminini volũt: cũ hoc loco etiã de ligno foeminini habeam' exemplum.

d Cedite ferro. SERV. Aut ferrum relinquite: et est iteratio. Aut cedite ferro: id est cũ viri ñ sitis: abscindite partem virorũ.

e Iactantem: SERVIVS. de suorum gloria.
f Dira canentem. SER. ac iniuriam Troianorum.
g Non tulit. CRI. Neq; enim potest animus generosus ea quę in patrię sueq; gentis dicuntur ęquo animo ferre.
h Ante Iouem supplex per vota pręcatus. SER. At qui Apollinem debuit inuocare ioculatur' sagittas: sed dicim' iõ Iouem inuocatum: qa omne initiũ Ioui debetur: vt. Ab Ioue principium musæ. Vnde nũc Ascani' nũc qd faciat: cogitat: sed quid primum inde inuocat Iouem. DON. Precatus. Quia primordia erat belli: recte Iouem p̃catus est.
i Iupiter omĩpotens. S Hoc epitheton interdum ad numinis gloriam ponitur: interdum ad causam dicentis. Nã q; hoc loco dicendo omnipotens: ostendit eum etiam his qui per se minus valent pręstare posse virtutem. CR. Iuppiter. supple optime institutus adolescens cuncta in diuino reponit auxilio.
k Audacibus. CR. Quia supra meam ętatem:
l Feram solennia. SER. Feram de iuuenco nõ dicim': sed adducam. Intelligim' ergo eum alia dona fere promisisse. Singulis eni numinibus certa sunt dona quę offerunt.

Vnde est: Struerem𝇛 suis altaria donis: id est congruis: m Et statuam ante aras. S. aptam se daturum ostendit victimā. alibi: Et ductus cornu stabit sacer hircus ad arā: quotiens enim victima reluctabat: ostendebat se improbari. Lucanus: Discussa fugit ab ara taurus.

excedit modū in surg'o: vt ille fecerat: a Hoc tantum Ascanius. SER. & dixit: & fecit. b Animosq́ ad sydera tollunt. S. Aut suos: aut Ascanii per fauorem. c Nube sedēs. S. Sicut solēt numia. Iuno: nec me iā cernis solam: nūc sede videres digna indigna pati.

Et statuam āñ aras aurata fronte iuuencum
Candentē: paritercq caput cum matre ferentē:
Iam cornu petat: & pedibus q̄ spargat harenā.
Audijt: & coeli genitor de parte serena
Intonuit leuum: sonat vna loetifer arcus.
Effugit horrendū stridens el apsa sagitta:
Percq caput Remuli venit: & caua tempa ferro
Traijcit: i verbis virtutem illude superbis.
Bis capti phryges: hec rutulis respōsa remittūt.
Hoc tātum Ascanius: teucri clamore sequūt.
Letitiacq fremūt: animosq ad sydera tollunt:
Aetherea cum forte plaga crinitus appollo
Desuper ausonias acies: vrbemcq videbat
Nube sedens: atcq his victorē affatur Iulum:
Macte noua virtute puer: sic itur ad astra:
Dijs genite & geniture deos: iure oīa bella
Gente sub assaraci fato ventura resident:
Nec te Troia capit: simł hec effatus: ab alto
Aethere se mittit: spirantes dimouet auras:
Ascaniumcq petit: forma tum vertitur oris
Antiquū in buten: hic dardanio anchise
Armiger ante fuit: fidusq ad limina custos.
Tum comitē ascanio pr̄ addidit: ibat apollo:
Oīa longeuo similis: vocemcq coloremcq:
Et crines flauos: & seua sonoribus arma.
Atcq his ardentem dictis affatur Iulum.
Sit satis ænide: telis impune numanum

n Aurata frōte. S. Ita ei victima ornari consueuerat. o Iuuencū. S. sic secundum Romanos cerimonias dixit. Ioui enim de thauro nō imolabat: vt in tertio diximus: nisi cum triūphi nomine: sue vel tauro fiebat: quod tñ ideo admissum est: quia nō tm̄ Ioui: sed aliis diis qui bello p̄sunt: sacrificabatur. p Candētem. S. id est candidū. Iuuenał Duc in capitolia magnū cretatumq bouem. q Caput cū mr̄e fe. S. equalē mr̄i: nōdū patris. Iuue. Quē iā pudet vbera mr̄is. Ducere q vexat nascenti robora cornu. r De parte serena. S. vt nō cause naturalis sit: sed augurii. s Intonuit leuū. S. prosperū: vt enim supra diximus: Que sinistra nobis videnť: intuentibus coelum illic dextra sunt: nō q sinistra bona sint: sz q dextra coeli nobis sinistra sunt. DO. Leuum: quod p̄sperum est: Quod prestātib' leuū est. Idem accipientib' est dextrū. ℭ In butē. nā etate & longa exercitatione dignus erat: cui' consiliū multi facerent. t Sonat vna letifer arc': S. Simulat augurium. v Et fugit. S. meli' effugit legitur. x Percq caput Remuli ve. S. Figmēta hec vulnerū nō sine ratione ponunt poete: nam modo hunc ideo in capite dicit eē p̄cussum: quia eū supra vaniloquū et superbū īduxerat: quod vitio capitis euenit. Hora. Attollens vacuū plus nimio gloria verticem. Sic Homerus Thersitem a tergo vulneratum ducit ὡς γαφρενα πληξεν. vsq ad precordia: quia eum stultū induxerat. Item de Achille dixit. πο λασ ωκης αχιλλευσ: y Caua tpa. C. diuino enim fauore factum est: vt ea parte vulneraretur: qua facile vita eripi posset. z I verb vir. illude. S. Illudo tibi. et isulto tibi dicim'. Nam illudo te figuratū est: vt hoc loco: Item insulto te. Salustius. Multos a pueritia bonos insultauerat. CRI. I verbis vir. il. Refert hec contra superbiam hostis: & tñ non

d Victorē affat. C. Pro miraculo dictū est in tenera etate. Et sił vaticinii deus illū eiusq posteros oia victuros. e Macte noua. S. magis aucte affectate glorie. Et est sermo tractus a sacris. Quotiens eñ aut thus: aut vinū sup victimam fundebať: dicebāt: mact' est taurus vino vł thure. Hoc est: cumulata est hostia & magis aucta. C. Macte. mactare mag' augere est. vt iam diximus. Quapropter cū adolescentem laudam' de ea re que supra illoꝝ etatē est iure dicim'. Macte puer. i. magis aucte virtute q p etatē liceat. Qď vero fingat Apollinē laudasse Ascaniū: non ab re: si deus cui dať palma i sagittādo: in hoc artificio pueꝝ laudat. ella eni vera laus ē: q veit ab eo q in ea re valet q laudať. Hinc Hector neuian': a viro laudato laudari cupit. Recte deinr̄ cōuertit in butem: qui deus predit' ē sapiētia: vt ostēdať: nō sine sapientia Butem illum a p̄lio ammouisse. Absente ænea nihil tale tentandum a puero erat. f Noua virtute: S. aut magna: vt Pollio: & ip̄e facit noua carmia. Aut reuera noua: q̄ntum ad bellū. g Diis genite. S. propter venerem. h Geniture deos. S. propter Iulium cesarē et Augustū. i Iure. S. merito. k Gente sub assaraci. S. sub gēte Romana. Assaracus eñ pr̄ est Capyos auus Anchise. l Fato ventura. S. magna. Hec eñ bella sūt grauia: que fatali rōne puenīunt: vt Troiana & Thebana. m Nec te troia capit. S. Maioris meriti es q ciuitas: in q nūc es. Lucan' de Cesare. Plus patria potuisse sua. n Spirantes. S. vitales: quib' speram' et viuim'. o Petit. S. Notandum petit' sine insidiis dictum. p Fidusq ad limina custos. S. edituus fuit: quod vt supra diximus: ingenti honore apud maiores fuit: illic enim & epulabanť: & deos colebant. Census etiam omnis illic seruabať: q̄d & Plaut' docet in Azinaria: in q inducit Saureā seruū Atriensem i teor ea familia plurimũ posse. q Sęua sonoribꝰ arma. S. strepitu terribilia. r Ardentē. S. desiderio dimicandi: Vñ animos ad sydera tollunt. Melius Ascanii intelligimꝰ. Sic Statius de Meneceo. Et laudibus implet honestis: r Sit satis. C. cum admiratione dictũ. q. d. quod maximũ est: et cũ pondere legẽdũ.

erat periclitanti patrię: i Intendunt acres arcus. SER. pro ipsi acres. Vt enĩ & in primo diximꝰ: arcũ vnusquisq; habet pro viribus suis. k Amentaq; torquent. SER. pro tela amentis torquent. Nam amentum est lorũ quo media religatur & iacitur hasta.

Oppetijsse tuis: primã hãc tibi magnꝰ apollo
Concedit laudẽ: & paribus nõ inuidet armis.
Cętera parce puer bello: sic orsus apollo
Mortalis: medio aspectus sermone reliquit:
Et procul intenuẽ ex oculis euanuit auram.
Agnouere deum proceres: diuinaq; tęla
Dardanidę: pharetramq; fuga sensere sonantẽ.
Ergo auidũ pugnę: dictis ac numine phoebi
Ascaniũ prohibent: ipsi in certamina rursus
Succedũt: animasq; in aperta pericla mittũt.
It clamor totis per propugnacula muris.
Intendunt acres arcus: amentaq; torquẽt.
Sternitur: omne solum tęlis: tum scuta cauęq;
Dãt sonitum flictu galeę: pugna aspera surgit.
Quãtus ab occasu veniens pluuialibꝰ hędis
Verberat imber humũ: q̃ mlta grandĩe nymbi
In uada pcipitant: cũ Iuppiter horridꝰ austris
Torq̃t aq̃sa; hyemẽ: et coelo caua nubila rũpit.
Q̃ pandarus & bitias Idęo alcanore creti:
Quos Iouis eduxit luco syluestris hiera.
Abietibus patrijs iuuenes & mõtibus ęq̃s:
Portam quę ducis imperio cõmissa: recludũt
Freti armis: vltroq; inuitant moenibꝰ hostem.

s Aenide. S. Patronomicũ hoc nõ venit ab eo: quod est Aeneas: Nã hic Aeneades: & o Aeneadę faceret. sed ab eo quod est Aeneus: vt Theseus Thesides. D Aeneadę ab eo q̃d est in ntõ casu Aeneada. t Numanũ. C. q̃si tm̃ vnum. v Tuis. C. quasi tam puerilibꝰ: ergo satis oportet esse: ab adolescente tyrone: fortissimũ virum cęsum. x Primã hanc tibi magnus apol. S. dicẽdo hãc pollicet & aliam. C. Magnus. Nam q̃d magis q̃rendũ est: si magnꝰ deus te sibi ęquari patit: neq; accõmodatiori orõne poterat cupidissimus laudis adolescens a victoria remoueri: q̃ eum admonere: & rem magnã fecisse: et ne nimis efferret id bñficio dei assecutum esse.

y Concedit. SER. Concedere aũt ei se dixit ideo: quia sagittarum deus est: et licet cũ Iuppiter iuuerit: Apollo tñ sibi suũ officiũ vindicat: quod dicit se cõcessisse: quia ñ prohibuit. ea enim quę ab aliis numinibus poscimus: tũc adiplẽt: si nõ aduersarent̃ numina quorum propria sunt quę poscimus Vnde & in quarto Iuno ait: Adero: & tua si mihi certa volũtas: hoc est quod in me est. Iungam eos. restat vt et tuũ impleri velis officium.

z Paribus non inuidet armis. S. pari glię. Nã ut Apollo puer occiso phitone: vltus est matris iniuriam. sic Ascanius occiso Numano: troianorũ castra iniuriasq; defendit. Paribus ergo armis: id ẽ similibꝰ non peritia: sed genere victorię. a Cętera. SER. deinceps. & est aduerbium. b Orsus apollo. S. Modo locutus: alias coepit: quod magis est proprium: vt. sic Venus & veneris contra sic filius orsus. c Apollo mortalis. DONA. id est cõstitutus sub hominis forma. d Medio sermone. SER. Ideo medio: quia non respondit Ascanius. e Fuga. S. abscessu. f Pharetramq; fuga sensere sonantem. S. quia dixit supra. Et sęua sonoribus arma. f Dictis. SER. propter auditam orationem. g Numine. SER. propter agnitum deum. h In aperta pericula. CR. id est manifesta: nec tamen temeritas erat; sed vera fortitudo; quia vnicũ illud remediũ

l Flictu. S. pro afflictu: id est ictu. Nam detraxit more suo prępositionẽ. m Pluuialibꝰ hędis. S. Sup tauri cornua est signum: cui auriga nomẽ est. Hunc tauro vna clara stella cõiũgit. Retinet autem auriga stellas duas in manu quę hędi vocantur. quorum & ortus & occasus, & tempestates grauissimas facit. Oriuntur aũt cũ scorpione mense Octobri. CRI. Pluuialibus hędis. De his syderibus dictũ est in Georgicis. Apertissimaq; comparatio est: et quę rem añ oculos ponat.

n Iuppiter. S. aer. Hora: Manet sub Ioue frigidꝰ venator:

o Montibus ęquos. S. Ideo vel eius arboribꝰ exequendos.

p Portam q̃ ducis. CR: Non multũ dissimilis locus est illi: qui est apud Homerum: vbi gręci polipoetes: et leonteus stant immobiles p portis: assiq; venientem expectantes: q̃uis isti vltro aperiant portas. Nec minꝰ placet hic Maro: q̃ illic Homerus. Ostendit autem ĩ hoc loco robur sine prudẽtia parũ valere. Ondit etiam semp sapiẽtiori obtemperandũ esse. Recte enĩ pręcepat: ne portę absente se aperirẽt. At pandarus & Bitias: dũ freti suis viribus sapientis cõsilium negligunt: seipsos perdiderunt: & summã reipublicę in periculũ abduxerunt. q Ducis imperio cõmis. S. Aut q̃ eius cõmissa fuerat imperio abeũtis Aeneę: aut (q̃d meliꝰ est) q̃ ęneę ĩperio fuerat cõmissa Pandaro et Bitię: ne cõtrariũ sit q̃d dixit rectores iuuenũ: & rerũ dedit eẽ mgros. Ducis imperio cõmissa. Scimus q̃ Mnestheo: & aliis ducibꝰ imparauerat ęneas ad petenda pficiscens auxilia: ne portas apirent: vt Castra modo & tuto seruarẽt aggere muros. Item legimꝰ Mnesthea et Serestum ductores fuisse & rerũ magistros: nõ Pandarũ: & Bitiam: Vnde appet q̃ hunc locum male intellexit: Donatꝰ dicẽs: cõmissa portam. i. creditã Pandaro et Bitię: qui duces nõ erant. Cornutus vero melius sensit dicens: portã quę ducis impio cõmissa fuerat: hoc ẽ clausa: eã apparuerunt. Cõmissura enim dicit̃ tabularũ coniunctio: sicut Cicero in fundaniana meminit. Ergo meliꝰ est vt cõmissam clausam dicamꝰ; q̃ creditam Pandaro & Bitię.

Ipsi intus dextra ac leua pro turribus astant
Armati ferro & cristis capita alta corusci.
Quales aerię liquetia flumina circum

s Pro turribus: S. aut vice turrium: aut pro defensione. s Armati ferro. S. aut bene instructi armis: aut: vt Asper dicit. Ferrea corda habentes: id est dura: & cruenta cogitantes: vt Ennium sit secutus qui ait: succinti corda macheris. t Liquetia flumina circum. SER. Iuxta padum: et athesim venetię flumina: etiam est fluuius liquetius: quem nunc commemorat. Ergo liquetia propriu͂ est nomen: non epitheton: ne incipiamus a generalitate ad specie͂ reuerti: quod vitiosum est: vt si dicas circa flumina nascuntur arbores: & sic inferas: circa tyberim: vel Aniene͂: sufficit dixisse circa flumina generaliter: vnde apparet: quia liquetia legendum est non liquentia. v Geminę quercus: S. non quia duę tantum nascuntur: sed istorum similitudine͂ aspexit. i. quando simul se eleuant quercus. x Intonsaque coelo attollunt capita. SE. hoc ad supradictas cristas refertur.

y Pulcher equiculus armis. S. pulcher vestibus: sicut pulcher armis: hoc est parma: quod erat armorum retulit ad personam: z Preceps animi. SER. figurate genitiuo iunxit. Nā dicimus pceps furore. a Agminibus totis. S. deest ab: & significat eos primo fugatos esse: mox occisos: aut certe aliqs fugatos: aliqs interemptos. b Animis discordib⁹. S. Hostilibus: scilicet Troianorum: quia a rutulis discordabant. c Ductori turno diuersa in parte furenti. C. quasi diceret: nō illa ausi fuissēt Troiani presente turno. d Feruere. C. nimis incalescere: & quasi suos superare. e Patentes. C. Quod nimiam fiduciam: & quasi sui contemptum significat. f Deserit inceptum: C. quod non fecisset: nisi cōmotus magna ira: cū fortis viri sit ab incepto nō desistere: nisi necessaria cā intercedente. g Fratresqꝫ supbos. S. i. quos supra dixi portam tenere. h Sese primus agebat: S. Se agebat: hoc est incedebat. vt sese palinur⁹ agebat. Tract⁹ autem est sermo a ratōe physica: nam agitur corpus animi iudicio. Vt Teren. Quo te agis: i Sarpedonis alti. S. i. nobilis. k Itala cornus. S. Telū de itala cornu factum. l Stomacho. S. Sermo grecus est. m Altū pec. CRI. profundum: vbi epar est sanguinis sedes: vnde vndā spumantem: vt ostēderet copiam sanguinis in pulmone. n Spec⁹ atri vulneris. S. poetica exaggeratio: o Tum meropem atqꝫ erimanta. C. Celeritate orationis exprimit turni in cede celeritatem: q Erimanta manu. S. i. gladio cominus ferit: nā illi de quibus superius dixit non manu occisi sunt: sed misso iaculo. Ergo ad differentiā teli iacti accipe manu. i. gladio. q Ardentē oculis animisqꝫ frementem. S. et gestu corporis: et mēte cōmotum. r Vitā ille dedisset. S. p reddidisset. s Phalarica venit. S. de hoc telo legit: quia est ingens torno factū habens ferrū cubitale: & rotunditatem de plūbo in modū sphere in ipa summitate. Dicitur etiā habere ignē affixum: hoc autem telo pugnatur de turrib⁹ quas phalas dici manifestū est. Iuue. Consulit ante phalas delphinorūqꝫ columnas: ergo a phalis dicta est phalarica: sicut a muro muralis. Sane phalarica Luca. dixit neruis mitti tortilibus: & quadam machina: vt vibrata phalarica neruis obruat. Virgi. vero ait Turnū manu iaculari potuisse: vnde apparet aut a Luca. auxesim illius: qui occidēdus fuerat esse dictum: aut a Virgilio. ad laudem turni: qui talem hastam manu iaculatus est. t Fluminis acta mō. S. amat tela cū impetu venientia fulminibus comparare. y Taurea terga: S. vsurpauit pro taurina: alibi Taurinis follibus. vnde sicut et Pli. dicit deriuationes formas non habēt regulas: sed exeunt: prout auctoribus placet. Bn̄ autem per transitū ei⁹ arma descripsit. C. Taurea terg. S. sicuti phalarica ait A . . . m an⁹ appellata est a phalari tyranno: vel qꝫ phalas: idest turres ictu diruat. Est autem hastile missile: & teres preterqꝫ ad extremū vbi prominet ferrū tripedale stupa circūdatū & pice & sulphure circūlitum: addito: aliquando bitumine: et oleo nō emittitur: nisi cōcoepta flāma: vt cū p aerē deferē fulmē videat ledit ictu et igni. x Duplici squa. & aur. S. i. duplicib⁹ squamis aureis. Squame aūt loricam catene in modū squame cōposite sunt. Sane squama: et splēdorē significat: si a pisscib⁹ veniat: & sordes: si a squalore: sed ī Virgi. vbiqꝫ splendorē significat: y Et clypeū super intonat ingens. S. aut ipe ingēs sup clypeū intonat: aut igēs clypeū sup eū tonat: nā lectū ē etiā hoc clypeū: vt phat Caper: quod magis debem⁹ accipe. Nā Home. imitat⁹ ē q ait. αραβησε δε τευχε' επ' αυτω. z Euboico baiarū littore quō. SER. Bene baiarum

Siue padi ripis athesim: seu propter amænum
Consurgunt geminę quercus: intonsaqꝫ coelo
Attollunt capita: & sublime vertice mutant.
Irrumpunt aditus rutuli: vt videre patentes.
Continuo quercēs: & pulcher equiculus armis:
Et preceps animi tinarus: & mauortius hæmō
Agminibus totis: aut versi terga dedere:
Aut ipso portę posuere in limine vitam.
Tum magis increscunt animis discordibus irę.
Etiam collecti troes glomerantur eodem:
Et conferre manum: & procurrere lōgius audēt:
Ductori turno diuersa in parte furenti.
Turbanticqꝫ viros perfertur nūcius hostem:
Feruere cęde noua: & portas prebere patentes.
Deserit incœptum: atqꝫ immani cōcitus ira
Dardaniā ruit ad portam: fratresqꝫ superbos:
Et primū antiphatē (is eīn sese primus agebat
Thebana de matre nothum sarpedonis alti)
Coniecto sternit iaculo: volat itala cornus
Aera per tenuē: stomachoqꝫ in fixa: sub altum
pectus abit: reddit specus atri vulneris vndā
Spumantem: & fixo ferrū in pulmone tepescit.
Tū meropē: atqꝫ erimāta māu: tū sterni aphid/
Tum bitiā ardentēqꝫ oculis aīsqꝫ frementē (nū:
Nō iaculo: (neqꝫ enim iaculo vitā ille dedisset).
Sed magnum stridens contorta phalarica venit.
Fulminis acta mō: quā nec duo taurea terga:
Nec duplici squama lorica fidelis & auro
Sustinuit: collapsa ruunt immania membra.
Dat tellus gemitū: & clypeū sup ītonat ingēs.
Qualis in euboico baiarum littore quondam:

addidit: ne euboeam insulam intelligerem⁹. Vn̄ Chalcidenses venerunt: q condiderūt Cumas: qui sunt baiis vicinę.

a Saxea pila cadit. C. Magnum saxum.

b Prona trahit. SER. Ita eni ex ędificatur. CR. Trahit ruinam. Nam cū petat fundum: trahit secum ruentes aquas. Prona trahit. penitus vadis illisa recūbit. Ita enim infigitur vadis penitus: id est valde interne: vt recūbat quasi firmam sedem capiat.

c Prochyta alta tremit. SER. Atqui hęc insula palma est: sed epithetonde pterito traxit. Nā vt dicit Plinius in naturali historia. CRI. Prochyta: insula est ante Misenum promontorium: non procul cumis auulsa olim ab inarime isula quę a statione nauiū Aeneę aenearia ē dicta. Strabo. Pythacussam nominat a doliis: quę greci Pythea vocant: eamq; chalcidēses habitasse refert. & primo seditione. Deinde quia flammas vomeret: deseruerūt. Quę res fabulam dedit sub ea sepultū esse Typhoeum.

d Durumq; cubile. S: mortiferum ad poenam statutum. e Inarime. S. Inarimes mōs fuit: q terręmotu diffus⁹ alteram insulā fecit: quę prochyta ab effusione dicta est. Fundere est eni. προχυσιν. Prochyta vero alta quondam.

f Mars armipotens. C. ad excusationem Troianorū: quod adeo ab hominbus fugati sunt.

g Stimulos acres. SER. Sęuiendi scilicet: nam sūt & timoris et libidinis stimuli. Notanda quoq; oeconomia: quę id egit: vt verisimile sit Turnum victorē curasse de castris.

h Vndiq; cōueniunt. S. Illi sine dubio: qb⁹ Mars iniecit audaciam: inuenta oportunitate irrumpe

Saxea[a] pila cadit: magnis quā molibus ante
Constructam iaciunt: ponto sic illa ruinam
[b]prona trahit: penitusq; vadis illisa recumbit:
Miscent se maria: & nigrę attolluntur harenę.
Tum sonitu [c]prochyta alta tremit: [d]durūq; cubile:
Inarime[e] Iouis imperijs imposta typhoeo.
Hic animū mars [f]armipotens: viresq; latinis
Addidit: &[g] stimulos acres sub pectore vertit:
Immisitq; fugam teucris: atrumq; timorem.
Vndiq;[h] cōueniūt: quoniā data copia pugnę
Bellatorq; animo deus incidit.
pandarus vt fuso germanum corpore cernit:
Et quo sit fortuna loco: qui casus agat res:
portam vi multa conuerso cardine torquet
Obnixus latis humeris: multosq; suorum
Moenibus exclusos duro [i]in certamine linquit.
Ast[k] alios secum includit: recipitq; ruentes:
Demens qui rutulū in medio nō agmīe regē
Viderit irrumpentē:[m] vltroq; incluserit vrbi.
[n]Immanem veluti pecora inter inertia tygrim
Continuo noua lux oculis effulsit: & arma
Horrendū sonuere: tremūt in vertice cristę
[o]Sanguineę: clipeoq; micātia [p]fulmina mittit
Agnoscunt faciē inuisam: atq; īmania mēbra
Turbati subito Aeneadę: tum [q]pandar⁹ ingens
Emicat: & mortis fraternę feruidus ira
Effatur: non hęc [r]dotalis regia amatę:
Nec muris cohibet patrijs media ardea turnū.
Castra inimica vides: nulla hinc exire potestas.
[s]Olli subridens sedato pectore turnus.
Incipe si qua animo virtus: & consere dextram:
Hic etiam inuentū [t]priamo narrabis achillem
Dixerat: ille [v]rudem nodis: & [x]cortice crudo
Intorquet summis adnixus viribus hastam:

rant castra Troiana:

i Duro in certamine. S. sine spe euadendi.

k Ast alios secum includit. SER. Sta. Par opi iactura lucro. nam hoste recepto exclusere suos.

l Demens. S. Hoc ex affectione sua dixit poeta alibi: Sz dum forte caua: dum personat ęquora cōcha Demens: et cantu vocat in certamia diuos.

m Vltro. S. insuper.

n Immamen. C. Optima cōparatio ad robur: ad velocitatē: & ad crudelitatē. o Sanguineę. CRI. Vel ex cęde sanguineę: vel qd ex horrore timentibus Troianis ita viderentur. p Fulmia. S. Naz radii ex scuto eū errorē incutiebant: vt flumina apperent: Mire eni visus atq; audieus ex subita aliqua atq; horrenda re decipiunt: vt & ea quę nō sunt esse videant: & quę sunt longa appareant maiora.

q Tum pādarus. CRI. Reliqui vehementi formidine correpti erant. Pandarus autē mole sua: ac virib⁹ giganteis fretus temeraxie audebat: qd⁹ oratio sua indicat: q temerarii potius q fortis est.

r Dotalis regia amatę. S. Tibi data p dotem. Et bene amatę: quę sola illū generum esse cupiebat. Notandum sane: quia id agit: vt ostendat se nō p imprudentiā Turnum inclusisse. sz illum per temeritatem sibi minime profutura castra penetrasse:

s Olli subridens. SER. Magnam confidentiam virtutis ostendit. CRIS Olli subridens. Magna animi pręstantia. qui in tanto periculo nihil commoueatur.

t Priamo narrabis achillem. S. propter illud Sibyllę. Alius latio iam partus achilles: & dictum est: vt illd⁹. Degeneremq; Neoptolemum narrare memento.

v Rudem nodis. S. nō leuem: nec pulchram: sed fortem.

x Cortice crudo. S. viridi. Nam hastę plerūq; torrentur.

Excepere aurę: vulnus saturnia iuno
Detorsit veniens: portęque infigitur hasta.
At non hoc tęlum mea quod vi dextra versat
Effigies: (neque enim is tęli: nec vulneris auctor)
Sic ait: & sublatum alte consurgit in ensem:
Et mediam ferro gemina inter tempora frontē
Diuidit: impubesque immani vulnere in alas
Fit sonus: ingenti concussa est pondere tellus,
Collapsus artus: atque arma cruenta cerebro
Sternit humi moriens: atque illi partibus ęquis
Huc caput: atque illuc hūero exutroque pepēdit.
Diffugiunt versi trepida formidine troes.
Et si continuo victorem ea cura subisset
Rūpere claustra manu: sociosque īmittere portis
Vltimus ille dies bello: gentique fuisset.
Sed furor ardentem: cędisque insana cupido
Egit in aduersos.
principio phalerem: & succiso poplite gygen
Excipit: hinc raptas fugientibus ingerit hastas
In tergum: iuno vires animumque ministrat.
Addit halym comitē: et confixa phegea parma.
Ignaros deinde in muris: martemque cientes:
Alcandrūque: haliūque: noemonaque: prytanimque:
Lincea tendentem contra socios vacantem
Vibranti gladio cōnixus ab aggere dexter
Occupat: huic vno deiectum cominus ictu
Cum galea longe iacuit caput: inde ferarum
Vastatorem amicum: quo non foelicior alter
Vngere tela manu: ferrumque armare veneno
Et clytum æolyden: & amicum crethea musis
Crethea musarū comitem: cui carmina semper:
Et cythare cordi numerosque intendere neruis
Semper eqs: atque arma virū pugnasque canebat.

y Vulnus saturnia Iuno detorsit veniens. S. plerique: s3 ñ idonei cōmētatores dicunt hoc loco occisū Turnū. sed cā oeconomię gloriam a Poeta Aeneę esse seruatam: quod falsum est. Nā si veritatē hystorię requiras. Primo proelio interēpt⁹ latin⁹ ē. Inde vbi Turnus Aeneā vidit superiorem Mezencii implorauit auxiliū. Secundo proelio Turnus occisus est: & nihilomin⁹ Aeneas postea non comparuit. Tertio p̄lio Mezētiū occidit Ascanius. hoc Liuius dicit. Et Cato in origīnibus. CRI. Vulnus saturnia Iuno. facit rem credibilem: Nā sine diuino auxilio homo hęc prestare nō potuisset:
z Tęlum. S. Hoc loco tęlum gladium dixit a lōgitudine: vnde & mustela dicitur quasi mus longus: tęlum posuisse pro gladio illud significat: q̄d infert paulopost consurgit in ensem. a Is tęli. S. talis: par. similis: b Alte cōsurgit in ensem. S gen⁹ feriendi gallicanū. Salu. Regressi ad faciliores ictus loco cędebant. c Et si cōtinuo. C. Plerūque enī euenit: vt victores victoria vti nesciant: nā qui paulo ante nullo timore turbatus erat: nunc furore percitus ita cędi intentus fuerat: vt rem salutarē penit⁹ oblitus sit. oñdit etiā plurimū posse in rebus bellicis fortunā: quādo quidē etiam maximi duces errores maximos cōmittant: vt de Ces. Alexandro Hanibileque: ac de plerisque aliis legimus.
d Bello gētique fuisset. S. Duo dicit: & bellum finiri potuit omnibus interēptis: & gens penitus fuisset extincta occiso Ascanio a quo Romani ducūt originem. Ideo bello gentique dixit: quia plerūque finitur gente superstite: vt in bello Troiano contigit.
e Furor. C. quo etiā sapientibus omnis prudentia ammouetur.
f Cędisque isana cupid. S. Excusat Turnū: Cur non a porta fugatis Troianis penit⁹ deiecta sint castra.
g Principio. S. itra castra post Troianorū fugam.
h Succiso poplit. gygē. Excipit. S. Ordo est: Excipit: & succidit poplite: nā ante fuit: vt eum circumueniret insidiis. Poples autē po correpta est: sicut in sereno legitur: sed producit positione.
i Hinc. S. nec loci est: nec temporis: sed ordinis: id est deinde. CRI. Hinc raptas fugientib⁹ ingerit hastas. Sensus est q̄ vndique hastas rapiebat: aut eas q̄s hostes manu gerebāt: aut eas quę iam euotortę iacebāt: et illas acceruati cōtorq̄bat.
k Raptas. S. de hostilib⁹ cadaueribus. Nam quod dicit Donatus de armigero non procedit: nec enim lectum est Iuno vires animūque ministrat: ne sit incongruum vnum tot occidisse: Iunonis dat auxilium. Hora. in arte poetica. Nec deus intersit: nisi dign⁹ vindice nodus inciderit.
l Intergum. C. nam omnes in fugam ꝯuersi erāt.
m Iuno vi. C. Non absone fictum q̄ Iuno incitaret. Iuppiter reprimeret: nā huiusmodi viros regnandi cupiditas in manifesta pericula impellat quę Iuno est: Aequitas autē: atque iustitia: quę a Ioue est vim iniuriasque prohibet.
n Alchandrumque halitūque noemōaque prytanisque. S. Homeri versus tantum coniunctione mutata: vnde apparet non ad hystoriam: sed ad ornatum Poematis hęc noia p̄tinere.
o Tendentem cōtra. S. in se facientem impetum:
p Cum galea lōge iacuit caput. S. ad exprimēdā celeritatē pręterito vsus est tempore: Potuisse autem caput cum galea longe iaci premissa loci altitudo significat: ergo eum cominꝰ percussum intelligim⁹: sed tantam vim ictus fuisse: vt longe caput excuteret.
q Foelicibus. S peritius: Nam in vngendis tęlis nō est foelicitas: sed peritia.
r Vnger. S. Sāe: nec vngo nec vngētū u r̄cipit excoepto vno noie: vt vngēvn ē. Et pingues vnguie ceras.
s Ferrumque armare veneno. SER. Speciose dictū armabat ferrū: quo nos armare consueuimus. C. Ferrumque armare veneno Duplex est translatio. Et q̄ dicat armare ferrum: & armare veneno.

t Amicũ chre.mu. S. Poetã lyricũ. Et tale est schema p re- petitionẽ: vt sequitur pulcherrim⁹ astur: Astur equo fidens C. Amicũ cre. musis. Poeta morte poetę non iniuria cõmi- serattone excitat. Fuit aũt Creteus poeta lyricus ad cui⁹ no men poeta nũc alludit. v Crethea musarũ. C. habet le- porem huiuscemodi iteratio: ac efficatiã in laudem hui⁹ po etę: ac maxime mouet cõmiserationẽ: sic in secundo: Ad cœ lum tendẽs ardnetia. lumina frustra Lumina: nam teneras arcebat vincula palmas. Itẽ timidis superuenit ægle. Aeglę naidum pulcherrima. x Numerosq intendere neruis. SER. Rhythmos facere intentiõe neruorũ: nã numeri sunt rhythmi: vt numeros memini. si verba tenerẽ. Hoc ergo di- cit secũdum cordas verba componebat. CRI. Numeros in tendere neruis: id est qui intendendo. id est. extensiõe qua dã modulãdo neruos numeros: id est rhythmos canebat. Numeros em̃ latini rhythmos dixere: vt numeros memi- ni: si verba tenerem Tandẽ manifestũ esse demonstrat tur- bam militum, quãuis robusta sine imperatoris ductu: atq exhortatione parum perficere: neq robur sine consilio mul- tum valere. y Semper equos atq arma virũ pugnasq canebat. DONA. Laus hominis: Quia tantã musicã non d turpes actus: sed ad res egregias adhiberet.

❡ 3 Audita cęde suorũ. SE. Seruat. i. τοπρωτον. ❡ Tandem ductores audita cęde suorum. strages fecisse videatur. a Quo deinde fugã. S. aut vacat deinde: vt tãdẽ

Conueniunt teucri: mnestheus acerq; serestus
palantesq; vident sotios: hostemq; receptum:
Et mnestheus: [a] quo deinde fugā? q̄ tēditis īqt:
[b] Quos alios muros q̄: iā vltra mœnia habetis.
[c] Vnus homo: & vestris o ciues vndiq; septus
Aggeribus: tantas strages impune per vrbem
Ediderit: iuuenum primos tot miserit orco.
Non [d] infœlicis patrię: [e] veterumq; deorum:
Et magni ęneę segnes [f] miseretq; pudetq;:
[g] Talibus accensi firmantur: et agmine denso
Consistunt. turnus paulatim excedere pugna:
Et fluuium petere: ac partē quę cingitur amni:
Acrius hoc teucri clamore incūbere magno:
Et glomerare manum: ceu sęuum [h] turba leonem
Cum telis premit infensis: at territus ille
Asper: acerba tuēs: retro redit: et [i] neq; terga
Ira dare: aut virtus patitur: nec tendere cōtra.
Ille quidem hoc cupiēs potis est: p̄ tela virosq;:
Haud aliter retro dubius vestigia turnus
Improperata refert: & mens exęstuat ira.
Quin etiam bis tum medios inuaserat hostes:
Bis cōuersa fuga per muros agmina vertit.
Sed manus e castris ꝓpere coit omnis in vnū:
[k] Nec contra vires audet saturnia Iuno
Sufficere: aereā cœlo nam Iuppiter irim
Demisit germanę: [l] haud mollia iussa ferentem:
Ni turnus cedat teucrorum mœnibus altis.
[m] Ergo nec clypeo iuuenis subsistere tantum:
Nec dextra valet: [n] iniectis sic vndiq; telis
Obruitur: strepit assiduo caua tempora circū
Tinnitu galea: et saxis solida æra fatiscunt:
Discussęq; iubę capiti: nec sufficit [o] vmbo

gentium locorū: aut intelligimus mente cum tractasseq; de campis milites solent ad castra cōfugere: & sic dixisse: quo deinde. s. de castris: quo fugietis vlterius: & hoc est melius: vnū & sequit. Quos alios muros &c. C. Quo deinde fugam. Oratio est personis: & loco: & tempori: & rei accomodata: icipitq; a validissimis argumentis. s. a necessario & turpi. Ostendit eīn necesse esse: vt illā vrbem defendāt: cū neq; aliam habeāt. Oratio igitur pathetica: & pręceps: & abrupta: & sine quesito exordio: et breuib⁹ clausulis: & cum interrogatione prolata. Sunt ergo colores: repetitio: interrogatio: & coniunctio. Habet autem summā vehementiam interrogatio: cū aduersarius aliter: q̄ nos cupiamus: nobis respōdere non potest.

b Quos alios muros. S. Sic dictū ē post cogitationē: quo deinde sicut Terē. Quid igitur faciam.

c Vnus homo. S. ac si diceret mortal. Et bona attenuatio: cū supra dixerit. Rutilo in medio non agmine regem. C. Vnus homo: pręter q̄ ꝙ turpe est: ita vinci: ostendit etiā facile esse: vt pellat a multis qui vnus sit: fugitis ergo cū fugere non possitis: neq; in illū audetis qui cum solus sit a multis facile superari possit: cū debeat pudere: vt impune tantā de vobis stragē ediderit. Admonet etiam: vt saltē pudore patrię: deorū: et ęneę nitantur.

d Infœlix patrię. S. Troię in qua nunc sunt.

e Veterūq; deorū. S. Penates significat: quos semper coluere Troiani.

f Miseret q; pudetq;. S. Sic pallas. nunc prece nūc dictis virtutem accendit amaris. D. Pudetq;. Pertinet ad Aeneā.

g Talibus accensi. DO. Ostendit quantū cōmoda hortamenta valēt. Talibus ac. C. pręsentia eius qui imperatoris vicē gerebat: id ausi sunt: quod prius non audebāt.

h Ceu sęuū turba leonē. S. Sensus hic est. Haud aliter Turnus retrocedēs petebat fluuiū: ac solet leo pressus multitudine: nec terga ꝓbere propter iram vel pudorem: nec posse licet cupiat in venantes impetum facere.

i Neq; terga. C. qui potuit excellentius describere animū eius: quā cōparatione eius fere quę fortitudine: & magnanimitate cęteras feras supat. Sed cętera: quę de leone scribūtur alias: hoc autem loco pertinet: ꝙ venatorū vrgēte vi: cōtempti: vt ait P. i. restitansq; cędit in campis: & vbi videri potest: vbi autem syluas: aut virgulta subierit: acerrimo cursu fertur. Ergo & Turn⁹ cum ab hostibus cerneretur dissimulāter: restitāsq; abibat: vt cedere nō fugere videret. Nec cœpit cedere: nisi omniū hostium viribus vrgentibus.

k Nec contra vires audet saturnia Iuno. S. At q fauēte numine debuit etiam contra multitudinem posse: sed de hoc Iuppiter vetuit.

l Haud mollia iussa ferētem. S. melius q̄ Home. hunc locū executus est. Saluo enim sensu: vitauit & fabulosa: & vilia: nam ille ipsas minas exequit. Ergo quia numinis est deserte⁹ auxilio. Telis obruit. Luca. eūdē sensū per declinationem telorū nymbo pitura: & pōd re ferri. Ergo nec clipeo. CR. Demōstrat nō cecidisse: nisi a multitudine: qua obruebatur armis diffractis in tantā deuenisse fatigationem: vt pene totas in sudorem liqueret.

o Vmbo. SER: id est scutum Nam & a parte totum significat. Vmbo em̄ media clypei pars eminēs est.

p Et piceum nec respirare potestas flumen agit. SER. Ordo est sudor piceum flumen agit: hoc est sordidum: quia sine respi

ratione pugnabat.
q Tum demũ preceps. SER. postq̃ se aliter euadere posse non vidit.
r Omibus armis. SER. Cum omnibus armis: cũ minus est.
t Ille suo cũ gurgite flauo. SER. Hysterologia ē: cum illeq̃ eum excepit: nō enim pcedit cum suo gurgite: quasi posset fieri: vt

Ictibus ingeminat hastis: & troes: & ipse
Fulmineus mnestheus: cum toto corpore sudor
Liquitur: & [p]piceum: nec respirare potestas:
Flumē agit: fessos quatit eger anhelitus artus:
[q]Tum demũ preceps saltu sese [r]omnibus armis
In fluuiũ dedit: ille suo cum [s]gurgite flauo
Accepit veniētem: ac [t]mollibus extulit vndis.
Et letum sociis abluta cede remisit.

Finit Liber nonus.

eum sine suis fluentis exciperet. Sane querunt multi cum sylvis Aeneę faueat: cur liberauerit Turnũ? Sed soluitur ista ratione: ob hoc Turnum esse liberatum: vt maior Aeneę gloria reseruetur.
t Ac mollibus. CRI. Aliter enim qui fugere potuisset.

Finis decimi libri.

pu. Virg. M. arg. in decimũ Aeneidos librũ.

placat & vxorem dictis: & iurgia natę
Iuppiter: auxiliis instructus troius heros
Aduenit: occurrũt ppli: atq̃ in littore pugnãt.
Occidit a turno pallas: victorq̃ superbus
Aeneę letripitur: Mezentius interit acer.

Vel sic

pallanti exitium: & Turni deluditur orsus.

Descriptio decimi libri

Occidit Aeneę decimo mezenttius ira.

Alias sic

Conciliũ diuis hominũ de rebus habetur.
Interea rutuli portis circum omnibus instãt.
Aduenit Aeneas multis cum milibus heros:
Mars vocat: & totis in pugnam viribus itur.
Interemit palanta potens in prelia turnus.
Ceduntur q̃ duces: cadit & sine nomine vulgus.
Subtrahitur pugna Iunonis nomine turnus.
Aeneas perstat mezenti cede piata:
Et lausum inuicta peremit per vulnera dextra.
Mox vltor nati mezentius occidit ipse.

Andit̃ interea do= m⁹ oipo= tentis o= lympi. S. Secũdum poeticum mor: hoc dicit: fact⁹ est dies: quia po etę dicunt matutino tem= pore apiri coelum: noctu vero claudi: vñ est illud. ante diem clauso cõponet vesp olympo: Nã et pau lopost descripturus est no

pu. Virgi. Maro. Aeneidos Liber decimus.

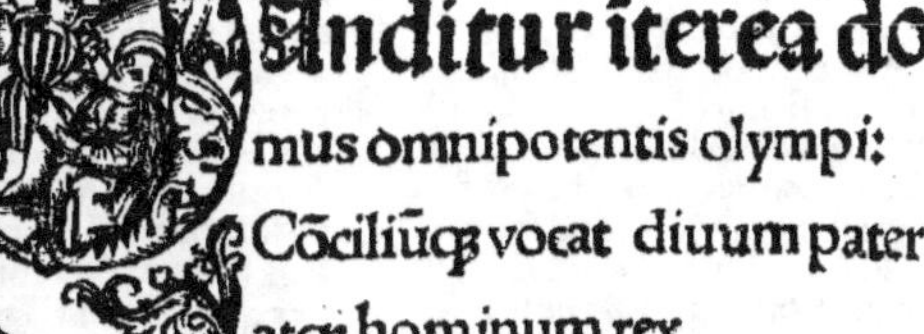

Panditur iterea domus omnipotentis olympi:
Cõciliũq; vocat diuum pater: atq; hominum rex

ctem: vt iã q; dies ęe con= vt intelligamus alium di= em esse cõsumptũ: & nũc eũ more solito noct s prę term sisse descriptiõe: quã= q; pãdit̃ coelũ: & iã sim= pliciter possum⁹ accipe ꝓ quolibet tẽpore. s. ad nu= mina cõuocãda: quod & meli⁹ est: quia ait. interea. i. dum hęc geruntur inter diu: nam interea particu= la pręterita negotia coniũ git futuris. C. Pãditur. de scribit solis ortum: quo ec coelum et omnia panduntur: figmentũ est postridie q̃ gesta est tam atrox pugna Iouem cũ varia deorũ studia cerneret: illorũ velut senatũ conuocasse. Certamen aũt sũmũ ostenditur inter venerẽ: & Iunonem: quia volenti cõsistere in italia æneę. i. cupienti sese speculationi dari viro forti Venus. i. amor rerũ diuinarum illi fauet. Iuno aũt que est typ⁹ ambitionis & cupiditatis rerũ terrenarũ: summope aduersatur. b Sydereã in sedẽ. S. in astriferũ circulũ: non enĩ omnes circuli astriferi sunt, sed solus superior. C. Sydereã: lacteam intelligit: que pene tota sidea est: nã & si p vniuersũ coelũ stellę sparsę sint tñ in ea parte quã grçci galaxiã: nos viã lacteã dicimus plures stellę coaceruatę sunt: vnde ab illarũ candore nomen sibi sumpsit: Viã aũt lacteam iter esse ad regiã Iouis Poetę fabulantur. hinc Oui. Est via sublimis cęlo manifesta sereno. Lactea nomen habet candore notabilis ipso: vnde iter est superis ad magni tecta tonãtis. Regalemq; domũ. hoc aũt non temere fingitur. nã vt ostẽdit albert⁹ magn⁹. stella Iouis plerũq; circa lacteam versatur. c Terras vñ ar. om. S. vt in prio Et iã finis e. c. i. æ. f. Despiciẽs mare veliuolum terrasq; iacentes. d Castraq; dar. aspe. popu. la. S post generalitatẽ intulit speciem. Cõsequens etiã est: vt omnes terras videns cernat etiã castra troiana. e Bipatentibus. S physice dixit: nam coelum patet ab ortu: & occasu. Est aũt sermo Enniãnus tractus ab hostiis: quę ex vtraq; parte aperiũtur: vñ mõ bipatentibus apertis intelligimus.

insequebant̃ etiã hoc bello Troianos: quod etiã sequentes Iouis allocutiones manifestius indicant. m Quis metus. C. Suasit autẽ hos qui contra troianos sunt: aut nos qui fauẽt Troianis: sequi arma. i. bellũ gerere: quod declarat: cum dicit: lacessere ferrũ. n Ferrũq; lacessere. S. p ferro se lacessere. C. Lacessere fer. i. puocare armatos ad pugnã. o Ne ac. tẽ. S. nolite bellorũ tẽpora pͦoccupare: et bñ satisfacit vxori cũ phibitione. Significat aũt bellũ punicũ secũdũ: qñ Hanibal ingressus italiã: apud cannas vicũ apulię omnẽ ppl̃i Romani deleuit exercitũ. p Cum fera car. C. pręcipue de secũdo bello punico intelligit: in quo Hanibal iperiũ Romanum vehementer afflixit. q O. im. S. qñq;. r Alpes immittet ap. S: emphasis est. Non enĩ dixit per alpes immittet exercitũ: sed ipas alpes quas patefecit nõ sibi tãtũ: sed omnibus gẽtibus: q̃ secũdũ Catonẽ: & Liuium muri vice tuebantur italiam: quas Hanibal p⁹ bella hyspanię: quę. xvii. annis confecit: aceto rupit. Iuuenalis. Et mõtem rupit aceto: Deniq; loca ipsa: q̃ rupit apennine alpes vocantur. s Res rapuisse licebit. S. clarigat onem exercere: hoc est per fecialeS bellũ indicere. nã Anc⁹ martius cũ videret populũ Romanũ ardentẽ amore bellorũ: & plerũq; inferre bella gẽtibus nulla iusta extante rõne: & exinde pericula grauia creari: misit ad gentẽ equiculanã: et accepit iura fecialia: p quę bellũ indicebat̃ hoc mõ. sicut etiã de Albanis ret. dit Liuius nã si qñ homines: vel aĩ lia ab aliq̃ gẽte rapta essent populo Romano cũ fecialibus. i. sac rdotibus: qui faciendis foederibus pręsu t. pficiscebatur etiam paterpatratus: et añ fines stans clara voce dicebat belli causam: & nolentibus res raptas restituere vel auctores iniurię tradere iaciebat hastã: quę res erat pugnę principiũ etiã sic licebat more belli res capere Clarigatio aũt dicta est: aut a clara voce: q̃ vtebat̃ paterpatrat⁹. aut ἀπο της κλη οι, hoc est sorte: nã per bellicã sortẽ inuadebant agros hostiũ: Vnde & κληρονομοι. dicũtur grçce. qui iure sortiũtur bona defuncti. C. Rapuisse licebit: Non iure licebit sed erit vobis facultas: licet enĩ aliqñ significat iudiciũ inesse facultatẽ: aliqñ inesse simplicẽ facultatẽ: fuit aũt oratio Iouis maiestati suę conueniens. Est enim sobria: & sine persuasionũ lenocinus. t Placitum lętii f. S. Iuppiter hęc paucis habet psonarũ cõsiderationẽ: vt superioribus psonis det breuiloquiũ. econtra inferiori potestati prolixã orationẽ vt ait de venere. At non venus aurea cõtra pauca refert. Itẽ Dido regina quasi paucis locuta est: vt tum breuiter Dido.

b Sydereã in sedem: terras vnde arduus omnes:
d Castraq; dardanidũ aspectat: populosq; latios.
e Considunt tectis bipatentibus. incipit ipse:
f Cęlicolę magni quia nam sententia vobis
h Versa retro? tantũq; animis certatis iniquis?
k Abnueram bello italiam concurrere teucris.
l Quę cõtra vetitũ discordia? qs metus: aut hos:
Aut hos arma sequi: ferrumq; lacessere suasit?
o Adueniet iustum pugnę: ne (accersite) tempus:
p Cum fera carthago romanis arcibus olim
Exitium magnũ: atq; alpes immittet apertas:
Tum certare odiis: tum res rapuisse licebit:
Nunc sinite: & placitum lęti cõponite foedus.
Iuppiter hęc paucis; at non venus aurea contra
pauca refert.
v O pater o hominũ diuumq; æterna potestas:

f Coelicolę ma. S. Orationis istius hoc agit intentio: vt ab odio troianorũ Iuno reuocet: ¶ Quianã ennian⁹ sermo ẽ: D. Coelicolę. Omniũ facit causam: quoniã fauore Iunonis oẽs contra troianos erant. noiatim autẽ vxorẽ suã carpere voluit. g Senten. ia ver. D. Ostẽdit nõ decere deos mutari aut iniustos esse. h Versa retro. S. mutata. vt quę tegenitor sẽtẽtia vertit. i Certatis. S. aut cõtra vos: aut cõtra meã sententiã. k Abnuerã bel. S. phibuerã Italiã cõtra troianos bella suscipere. At qui in primo ait. Bellũ igẽs gere italia: Quod ita soluitur: aut quia cũ vno deo: vel dea aliter loquitur. vnde est in primo. Hic tibi fabor enĩ qñ hęc te cura remordet. aliter vero cũ omnibus diis vtilitatis causa: ppter remouendã eorũ cõtentionẽ: aut certe quia ait in primo. Ternaq; transi. ru. hi subac. Illic enĩ dixit æneã i italia contra rutulos tantũ esse pugnaturũ: nũc aũt omnis est italia in bella cõmota Iunonis instinctu: quod & alecto pmisit: vt finitimas in bella sserã rumoribus vrbes. & Iuno pollicita est se magis esse facturã: vt ego si qua super fortuna laborũ est: ipsa regã: D. Abnuerã bello italiã cõ. Non est contra id q̃d dixit in primo. Bellũ ingens geret italia. nã Aeneã dixit gesturũ bellũ in italia: nõ italiam gesturã: cũ aũt oẽs deos obiurgat: Iunonẽ insolentię repręhendit: ven⁹ autẽ nacta est tẽpus cõgruũ querelis: quia vidit Iouẽ fauentẽ Troianis. l Quę cõtra ve. di. S. phibitionẽ meã: & sic dixit vetitũ: vt cõcessũ: vt & seruantissimus ęqui. Sane sub cõmotione omniũ deorũ maxime solã tãgit Iunonẽ: cui⁹ odia

v O pater o hominũ. S. & tyrannus: & caluus qui themata tum materias omnes de Virgilio elicuerũt: & deformauerũt ad dicẽdi vsum: in exemplo cõtrouersiarũ has duas posuerunt: elocutiões dicentes Venerẽ agere cõtrouersiã statu absolutiuo: cũ dicit Iunoni: tu causa fuisti periculorũ his q̃bus italiam fata concesserãt. Iunonẽ aũt vti statu relatiuo: per quẽ ostendit Troianos nõ sua causa laborare: sed veneris. nã su s. O pater. pater generaliter acc pe: non tãtũ veneris: nã su pra in prio ait Iuno ad Aeoliũ. Diuũ pater atq͂ hominũ rex: Et bñ i principiis fauorẽ sibi arte cõciliat. C. O pater. Orõ est omni artificio elaborata: & versat in genere deliberati uo: psuadere em̃ Iouẽ conatur: vt curet troianos posse esse incolumes in italia: q̃uis admisceatur iudiciale genus. Accusat em̃ iniquitatem Iunonis. Vtitur aũt cõstitutione iuridiciali absoluta. O pater. primo hoc versu captat beniuolẽtiam: ęternam: ãt potestatẽ appellat. qm̃ sit sũmus: atq; vnicus vere deus: a quo reliqui sunt dii: nã nos in superiorib' demonstrauimus Iouẽ capi modo p rege Cretẽsi: mõ p aere: mõ p ęthere nõnũq͂ p anima mundi. sępe aũt p ipso deo qui solus vere sit deus: quẽ Plato Hypercosmion appellat. Hoc ergo mõ est pater oĩm: q͂a oia ab eo sũt creata: & in oia habet potestatẽ ęternam: Nã stabilisq; manẽs dat cuncta moueri. x Hominum di. ęter. po. SER. Hũc locũ. Probus querit: sed dicit hanc rem secũdũ physicos: alterã secũdum mathematicos: Nã diuũ potestas est: quia bona Iouis irradiatio honores hominibus tribuit. Aeternã autem potestatẽ adiecit p pter aliorum numinũ discretionẽ: nam & apollinem legim' deposuisse diuinam ptãtem: & Herculem: vel liberum patrẽ nõ semper deos fuisse.

y Nãq; aliud qd sit. S. ac si diceret, cũ pene oñes dii in fauorẽ Iunonis consenserint. nãq; em̃ coniunctio ostẽdit hanc fuisse cogitationẽ. C. Nãq; aliud. insinuatione vtitur: nam ne offendat psonam fratris & mariti: refert in omnes id q̃d paulopost ꝯtorq̃bat i Iunonẽ. z Implorare. S. iplorare est auxiliũ cõmiseratione deposcere: qua ratõe bñ dixim'. Imploro te vt misero feras auxiliũ: Cõtra imploro te ad diẽ festũ. non procedit.

mentis: l Moerorũ. S. p murorũ: antiquę: nã veteres pleraq; eorũ q̃ nos p v. dicim' p oe dyphtõgõ pnũciabãt: hic est moerorum p murorum. & ecõtra poenio p punio: quod verbum a poena venit. hinc est. Et punica regna vides: cum penos vbiq; legerimus. Hoc aũt facit orthographia: q̃ vocalem: quã nos v. habem': illi diphtongon habẽt ou: & iõ putarũt posse pro hac lrã liceat nõ eandẽ diphtõgõ poni. m Inundãt. S. implẽt et inundare faciũt: n Leuari obsi. S. liberari & oblique p Iouẽ inuidiã cõmouet Iunoni. C. nunq; ne leuari. Misericordia est a diuturnitate temporis: vt septẽ illũ phibẽt totos ex ordine mẽses.

o Aetolis sur. ab ar. S. at q̃ nõ est venturus: vñ accipiamus venerẽ nõ quasi deã loqui: sed quasi vnã de troianis: vt in prio. vni' ob irã prodimur. Itẽ eodẽ loco Coeli q̃b' annuis arcẽ: ne futura ignorare videat. Aetolis aũt arpis sic dixit vt Cumas euboicas. nam de aetholia Diomedes venit q̃ arpos in Apulia collocauit. C. Arpis aetolis. i. quorũ conditor ex aetholia venit. q Equidẽ credo. C. cũ alia incõmoda videã redire: facile possũ credere iterũ me a Diomede vulnerandã: & cũ sim non mõ dea: verũ etiã tua sũmi dei filia: vulnerabor ab hoie. q Mea vulnera restãt. S. vt possim iterũ vulnerari. r Demoror. S. expecto, sustineo. s Sine pace tua. S. sine tua beniuolentia: vt orantes pacẽ veniãq; petẽtes. Itẽ exorat pacẽ diuũ: ergo pace: beniuolẽtia: suffragio. Dicẽdo aũt si ad italiam sine deorũ voluntate venerũt: dẽt poenas. ostendit statũ esse absolutũ: t Inuito noie troes. S. Sylepsis p genus est. v Luant peccata: S. luant. i. absoluãt. Dicimus autẽ & luo poenã: melius & luo peccatũ: nã pctm̃ soluit poena: qui em̃ crimie tenet obnoxi': eũ poena a pristina liberat obligatione. cõtra luo poenã si dixeris: nõ pcedit: quare poena soluatur: tñ auctoritas licenter ista cõfundit: more quo solet poni: vel a sequẽti: quod pcedit: vel a pcedenti quod sequit: C. Luãt peccata. i. poenã p peccatis. Cõcedit autẽ ea cõditiõe q̃ nunq; est: ergo restat nõ esse luendã poenã.

x Neq; illos iuueris au. S. cõcessiuus est mod' secũdũ pbũ: nãq; in artibus nõ inuenit: fit aũt quotiens tedio cõtẽtionis: quasi videmur cõtendere: quod tñ volum' fieri: nã ita agit Ven' hoc loco: vt Iuppiter magis pstet auxilium. y Responsa secu. S. hoc est si non solũ prohibiti non sunt: sed eis cõcessum est. C. Sin tot respõsa secuti. Reiicit tacite oẽ crimẽ in deos: vt sit huiusmodi argumẽtatio. Aut peccarũt troiani veniẽdo i Italiã: aut nõ: Si n peccarũt nõ sũt digni poena. Si peccarũ: tculpa deorũ est: qui suis oraculis: vt venirent impulerũt. Tot responsa: essent digni venia: si vnũ responsum accoepissent: ergo maiori cũ plura accoeperint. Maxima aũt ii nõ solũ a supis: verũ etiã ab iferis accoepũt. z Supi. S. vt Apollo. a Manesq;. S. Creusa et Anchises. b Tua. C. quib' oẽs parere oportet. c Quisq;. S. vere

(Nãq; aliud qd sit quod iã implorare queamus)
Cernis vt insultent rutuli: turnusq; feratur
per medios insignis equis: tumidusq; secũdo
Marte ruat: non clausa tegũt iã moenia teucros:
Quin intra portas: atq; ipsis proelia miscent
Aggeribus moerorũ: & inũdãt sanguine fossę.
Aeneas ignarus abest. nunquam ne leuari
Obsidone sines: muris iterum imminet hostis
Nascentis troię: nec non exercitus alter:
Atq; iterũ in teucros aetolis surgit ab arpis
Tytides: equidem credo mea vulnera restant:
Et tua progenies mortalia demoror arma.
Si sine pace tua: atq; inuito numine: troes
Italiam patiere: luant peccata: neq; illos
Iuueris auxilio: sin tot responsa secuti
Quę superi manesq; dabãt: cur nũc tua q̃sq;
Vertere iussa potest: aut cur noua condere fata:

a Cernis. S. ad augendã inuidiam ait cernis. ac si diceret: nõ est opus narratione: cũ Troianorũ miserias ipse cõspicias. C. Cernis. Ostẽdit manifestũ periculũ: vñ magis moueatur. b Insultent rutuli. S. pp̃ter illud. Interea rutuli portis circũ omnibus instant: Insultare autẽ est inimicos irridere per cauillationem. Exultare vero gloriari: & lętũ esse. c Per medios. S. s. suos: d Insignis equis. S. propter illud viginti lectis equitum comitatus: nã castra non eques irruperat. e Secundo marte. S. ad illud respicit: hic mars Armipotens animũ viresq; latinis; f Ruat. S. irruat. g Clausa moenia. S. magna inuidia. Scimus em̃ vltimũ psidium esse in castra confugere: & hostilem impetũ plerũq; differre: sicut factũ est in bello Troiano. Modo ergo dicit ademptũ esse etiã huic arã misericordię: si quidẽ intra muros hostis insultat. h Quin. S. quinetiam. i Ipis. S. in ipsis. k Aggeribus. S. munitionibus: sed abusiue: & in muris. Ideo quia sup̃ dixit ignaros: deinde in muris. martemq; scientes. Aggerib' agger pprie dicit terra illa quę vallo facto ppius ponit: sed abusiue & muros: & munimẽta oia aggerem dicim': sicut mo do aggeribus murorũ pro muni

cunde: quia apud maritū cōtra vxorē agit. C. Quisq̄. q. d. si maximus sit deus: & cū insinuatione retorquet crimē in Iunonē. d Vertere. C. in cōtrariū adducere q̄d est magis q̄ immutare. Et vt ondat qd sit vertere iussa Iouis: addit nouа cōdere fata: nā cū fatū proueniat a diuina prouidētia q vertit iussa sūmi dei: fatū euertit. e Quid repetā. C. Demōstrauim⁹ illā vsā eē insinuatiōe. ne apte inueheret in Iunonē Iouē offendisset: nunc vero causa iā cōfirmata: audet ea dicere: q̄ nisi ad Iunonē referri non possit. Quid repetā. Occupatio est quę nūc adhibetur breuitatis causa: vt oib⁹ paucis verbis in vnū collatis rē atrocissimā redderet.

ob italiā terrar̄ claudit orbis: cū a sola arceant italia. r Cōiūx dura. S. hic distinguēdū: ne duo incipiāt eē epitheta dura fumātia excidia. q̄d cōtra artē sit nullo interposita cōiūctione. D. Tua cōiūx. oblique hacten⁹ in eā locuta est nūc doloris necessitate cōpellitur: vt eā noiet. C. Quā det tua cō. qm ipsa sola fatis aduersat̄. s Peruersę ge. fu. tro. S. Cū dicim⁹ rogo te p deos: hoc videmur dicere. memineris religiōis curę eē petitionē meā: sicut in primo expssit. At sperate deos memores fandi: atq; nefandi: cū aūt dicim⁹: rogo te p miserias meas: videmur dicere memineris ab eo te rogari: q miserias ptulit: vt q rogat̄ ad misericordiā miseriarū cōmemoratiōe flectat̄: sicuti est nūc in veneris petitiōe: nā iō sic rogat vt cōmemoratōe foelicitatis troianę impetret misericordiā: alias stultū est: cū adiurat̄ Iuppiter per excidia troianor̄. t Obtestor p ex. fu. S. maximam hinc ducit cōmiserationē. v Incolumē as. S. iō Venus p ænea non petit hoc loco: nō quia p eo nō mouet: sed aut qa scit eū celerius esse moriturū: aut qa soli Ascanio debet̄ impiū: vt cui regnū Italię romanaq; tellus debet̄. x Ignotis vndis. D. p ignota maria cōtinet errores.

Quid repetā exustas erycino in littore classes:
Quid tempestatū regem: ventosq; furentes
Aeolia excitos: aut actā nubibus irim:
Nunc etiā manes (hęc intētata manebat
Sors rerū) mouet: & superis immissa repente
Alecto: medias Italum bacchata per vrbes.
Nil super imperio moueor: sperauimus ista
Dum fortuna fuit: vincāt quos vincere mauis.
Si nulla est regio teucris quā det tua coniunx
Dura: per euersę genitor fumantia troię
Excidia obtestor: liceat dimittere ab armis
Incolumē ascanium: liceat superesse nepotē:
Aeneas sane ignotis iactetur in vndis:
Et quancūq; viam dederit fortuna sequatur.
Hunc tegere: & dirę valeā subducere pugnę.
Est amath⁹: est celsa mihi paphos: atq; cythera:
Idalyęq; domus: positus inglorius armis
Exigat hic æuum magna ditione iubeto.
Carthago pmat ausoniā. nihil vrbib⁹ inde
Obstabit tyriis: quid pestem euadere belli
Iuuit: & argolicos medios fugisse per ignes:
Totq; maris: vastęq; exhausta pericula terrę:
Dum latiū teucri: recidiuaq; pergama quęrūt:
Non satius cineres patrię insedisse supremos:

f Exustas erycino in lit. cl. S. Argumētū est. vt nā habeat volūtatē nocendi: quę nocuit. Erycino in littore aūt: secūdū opinionē suā dixit: nā alii apud Cayetā dicunt exusta nauigia: Vn̄ & Cayeta dicta est. g Actā nubibus irim. S. Impulsam. s. vt p suaderet matribus incendiū nauiū: aut secūdū artē rhetoricā rē vnā in duas diuiserit: nā p irim naues exustę sunt. Sed melius ē: vt n̄ sit iteratio: et ad Turnū missā intelligere: Nec nos cōmoueat ordo cōuersus. Solēt em̄ grauiora in principiis: & in fine secundū artē rhetoricā poni. h Nubib⁹. S. p nubes. i Sors rer̄. S. i. regnū: nā sorte inter se fratres: mūdi regna diuisert: quę Iuno pter inferos in Troianorū pniciē mouerat. k Supis immissa. S. ac si diceret: nō iā troianis: sed diis. Respexit aūt ad illud. Et coeli conuexa p auras. l Alecto. D. Cōmouerat supos vētos: fluctus: terras: hoies: restabāt aūt inferi: sed & hos nup mouit. m Bacchata p vr. S. pfuruit: & bn̄ bacchata p vrbes: qa p simulationē sacrorū liberi patris: matres egerat in furorē. n Sup impio. S. de impio: vt multa super priāo rogitās: Est aūt verecūda petitio: & obliqua p quā magna Ioui inuidia cōmouetur. C. Nil sup̄ iperio. Rn̄sio est grauissima: & q̄ magnā possit cōcitare cōmiserationē: nā cū oñderit multorūq; oraculor̄ respōsis datā eē illis spē impii: nūc vt misericordiā cōmoueat: oñdit ita illud ob Iunonis inimicitias desperasse: vt solius Ascanii salutē depcet̄. Cōcedit ergo illud pꝑter hoc: q̄d tn̄ nō eē a Ioue faciēdū validissimis argumētatiōibus cōprobauerat. Onerat autē maximo odio & inuidia Iunonem: cum oñdit q illa: viribus suis fata ipsa q̄ imutabilia eē oportet vertere tentet. o Sperauim⁹: S. ista. absolute dixit. p Vincāt q̄s vin. ma. C. Admonet illū. et q̄tū possit. et qd facere illū deceat. q Nulla regio. S. Inuidiose dixit: vt supra in primo. Cūct⁹

y Est amathos & pa. S. Cypri insulę ciuitates sūt Veneri consecratę. C. Est amathus. exaggerat inuidiā q. d. nūllā aliā regionē posse p Iunonē licere sibi polliceri nepoti. z Cythera. S. insula veneri consecrata: dicim⁹ aūt hęc Cythera ī plurali sicut hęc solyma: & hęc atarxata & megara. a Idaliaq;. S. Idaliū ciuitas Cypri. b Inglori⁹. S. sine triumphis. imemore glorię. c Magna di. iu. C. Alia pmissio ad aggerādā inuidiā Iunoni. d Inde. S. ab Ascanio: tyrii nihil timebūt: & ver̄ est. Nā Scipio vastatur⁹ est affricā. C. Nihil inde vrb. ty. Hęc oia huc tēdūt: vt illa p sūmā iniuriā cūctis potiat̄: illa nihil ex his q̄ iubēt fata possit asseq. e Quid pestē eua. bel. iu. S. In fine iā agit miserabilr: sicut egit in pricipiis: nā hoc pcipit ars rhetorica: vt epylogi: & principia pari rōe tractent̄: pestē aūt incēdiū significat: vt & toto descēdit corpore pestis. cū de nauib⁹ loqueret̄ icēsis. C. Quid. pe. eua. bel. Dolet oēs suos labores in irritum recidisse. f Fugisse per ignes. S. exprimit quid sit belli pestē euadere. g Recidiuaq; pgama. S. renascētia. Tract⁹ aūt sermo est de arborib⁹ q̄ aliis sectis repullelāt: & illud solū recidiuū dr̄ q̄d postea renascit̄: vn̄ mō recidiua dixit: quę renouātur ab his: q̄ sunt superstites troianis periculis. h Cineres patrię insedisse: S. propter illud. Dulcisq; meorū reliquias colerem.

l Atq3 solū quo Troia fuit. S. vt i tertio. Et campos vbi Troia fuit. k Xanthū et symoenta red, oro mi. S. Ambiguū est. Verū dicat: redde nobis reuera Troiam antiquā: an redde nobis terras in Italia ad similitudinē Troię: nouimus enī hanc cōsuetudinē fuisse: vt aduenę patrię suę imaginē sibi redderēt: vt. Effigiē xanthi troiāq3 videtis. Bene ergo Venus medio vsa est genere loquendi: vt vtrūq3 significaret: & antiquę Troię redditū: et imperiū Italię: qd troianis ad similitudinē troię fore Iuppiter pmiserat. Et magis hoc est: q latenter desiderat: atq3 petit. l Iterūq3 reuol. casus. S. Si ad Troiam vis referre. sic dic: da nobis p naufragia: & picula. i. patiamur denuo: q ptulimꝰ: dūtaxat nobis Troia reddatur. Si vero ad Italiā vis referre: sic intellige redde nobis Italiam: & libenter repetimus: ea quę in Troia ptulimꝰ. m Acta fu. grau. D. Ergo iniuste cōmota ostendit Iuno se inuitam cogi: nā nihil rumpit. nisi magna violentia. n Quid me al. silen. S. Iuno vbiq3 silens inducitur, Vn̄ et oratio nisi ex nimia necessitate nō datur. hinc ē: Acta furore graui. Statius: Iunonē tacitam furibūda silentia torqnt. Et notādū: q sigillatim dicta Veneris hac orōne soluuntur. Silentia cogis rumpe. Silentiū rūpe est omnino tacere. Vnde apparet vsurpatię dictū eē. Composito rūpit vocem id est loquit. nā vocē rūpere silere est: silētiū rumpere loqui. CR. Quid me alta silentia cogis. Hęc pathetica oratio ē. Vnde incipit ab interrogatione: & habet principiū abruptum: Rūpere silentiū, loqui est. Alta: penitus abstrusa, quia proposuerat nullo pacto illa diuulgare: nec queri: nisi a Venere lacessita sua oratione fuisset. o Aenean hominum quisq3. SER. Celat quę facta sunt: quę non sunt facta cōmemorat: nam nō Aeneas: sed Turnus instinctu Iunonis bella cōmouit. Vtitur aūt replicatiōe rerū obiectarū: post enī sequiẗ solutio. DO. Aenean. nitit colorare falsa: Nam aeneas bellū nō mouit: sed instinctu Iunonis latini. CRI. Aen. an. q. d. neq3 meo: neq3 cuiusq3 impulsu: sed ita sponte bellū suscepit propter cęsum ceruū. p Italiam petiit. C. confutat responsa. q Esto. S. modo aduerbiū est cōcedentis. Nā grecum est ἔστω. Illo aūt loco verbū ē. Esto nunc sol testis. r Cassandrę ipul. fu. S. Bn̄ furiis pl'ali nūero: qd de vaticinantibꝰ nō dr̄. Videbanẗ merito eē decepti: qui Cassandrę insanienti crediderūt: qd falso dr̄ a Iunone: sicut ex verbis pbamꝰ Anchisę: qui ait in tertio: Quę nūc vates Cassandra moneret. s Num linqre castra. C: quasi diceret: venerit impulsu: tn̄ quę patiẗ stultitia sua patitur: q & castra reliqrit: & sūmā rerū puero: & muros tradiderit: q omia nō fraude mea: neq3 p irim miserim: sed sua stultitia cōmissa sunt. t Vitā cōmit. ven. S. incertis et instabilibus rebus. v Num puero sūmā belli. S. Exaggeratio est ab ętate. DONA. Num puero. Hoc q3 falsum est. Nā senioribꝰ rē reliqt: & pugnā cōmittere vetuit. x Tyrrhenāq3 fidem. S: inire societatē cū inimicis gentibꝰ: aut certe dirū pe foedera: q Turnꝰ cū Tyrrhenis iierat. Sciēdū sane Turnum auxilior cā ad Mezentium confugisse. y Gentes agi. quietas. S. Nā licet vellēt in bella prorūpe: tn̄ erāt getę propter illud oraculū: Externos optate duces. z Quis deus in frau. S. in periculū. Ita enim in iure lectū est. fraudi erit illa res. i. periculo. a Que dura potentia nr̃a. S. ad illud respicit: Si nulla est regio teucris quā det tua coniūx dura. b Nubibus iris. S. propter illd. Aut actā nubibus irim.

Atq3 solū quo troia fuit: xanthū: & symoenta
Redde oro miseris: iterumq3 reuoluere casus.
Da pater iliacos teucris. Tum regia Iuno
Acta furore graui: quid me alta silentia cogis
Rumpe: & obductū: verbis vulgare dolorē:
Aenean hominū quisquam diuumq3: subegit
Bella sequi: aut hostē regi se inferre latino:
Italiam petijt fatis auctoribus: esto:
Cassandrę impulsus furijs: num linqre castra
Hortati sumꝰ: aut vitā cōmittere ventis:
Num puero sūmā belli: num credere muros:
Tyrrhenam ve fidem: aut gentes agitare qetas:
Quis deus in fraudē: q dura potentia nostra
Egit: vbi hic Iuno: demissaue nubibus Iris:
Indignū est Italos troiam circūdare flammis
Nascentē: & patria Turnum consistere terra.
Cui pilumnus auus: cui diua Venilia mr̄:
Quid face troianos atra vim ferre latinis:
Arua aliena iugo premere: atq3 auertere pdas:
Quid soceros legere: & gremijs abducere pactas:
Pacē orare mãu: pfigere puppibꝰ arma:

c Indignū ē Italos troiā cir. flā. S. Rhetoricum est. Nā qtiens aliq nō possumus soluere: paria opponimꝰ: qd nūc Iuno facit: nā negare nō pōt: nec soluere: quia obsidenē troiani. Vn̄ dicit: hoc indignū est troianos obsideri: aliena eos mrimonia ṗripe dignū est: sic in Buco. ibi: Dic quibus in terris inscripti nomina regum. d Cui pilūnꝰ auus. S: Cōparat genꝰ Turni cum Aenea dicens: etiā auum eius esse deū. Item ad Veneris obtrectatiōem: cui Venilia mater: nam Venilia nympha est Pilūnū iaūt ideo Turni auum dicūt: vt a vicino nobilis genere eē videaẗ: sicut est æneas: Nā paulo pꝰ dictura ē. Pilūnusq3 illi qrtꝰ pr. D. Cui pilūnꝰ a. Per cōpatiōnē Aeneę & Veneris: & sui et Turni extollit cām suā: & deprimit aduersariorū. C. Cui Pilūnꝰ. q. d. Cur magis indignū est pelli Neptūnū. et ipm natum ex diis & regno auito q Troianos: qui vltro bellū intulerūt opprimere: q arua aliena inuadere: & inde pdas abigere: et socerū sumere: et spōsam sibi pripere. e Face atra. S. s̄euo bello: & est belli diffinitio: nō ei facibꝰ pugnauerant. f Auertere pdas. S. Inuidiose cęterū nihil rapuerant. g Legere. S. furari. Vn̄ et sacrilegi dicūẗ: q sacra legūt: hoc est furaẗ. Alibi. Vel q sublegi tacitus tibi carmina nup. h Gremiis abd. pactas. S. Nā añ vsum tabularū mrimonii cautiōes sibi īuicē emittebāt: in qbꝰ spōdebāt se cōsentire in iura mrimonii: & fideiussores dabāt. Vn̄ admissum ē: vt dicamꝰ virū a spōdendo spōsum: cęterū proprie spōderi puellę ē: Ergo spōsus ñ qa pmittiẗ. s3 qa spondet et sponsores dat. Sane exaggeratio est nimia in eo q ait gremiis abducere: tanq3 vxor eēt. i Pacem orare. S.

Dixit ꝓpter centũ oratores angusta ad moenia regis ire iubet. k Prefigere puppib⁹ar. S. ꝓpter illud: Scuta virum fluuio: pictasq; innare carinas. s. qñ ad petenda nauigauit auxilia. l Tu potes. C. Si oia ista tu potuisti q̄ maxima sunt: cur erit nephãdũ aliqd ꝓ rutulis agere. m Procq; viro nebulã. S. ad obprobriũ viro dixit: nõ ꝓ filio rẽ manẽ oppositã. Dicit aũt: qñ eũ ven⁹ a Diomede liberauit. Vel neptũn⁹ ab Achille: qd veneri imputat: qa in ei⁹ gratiã factũ ẽ. n Vẽtos inanes. S. Vacuos: & est nebulę diffinitio. o Et potes in totidẽ clas. cõ. nym. S: Licet hoc mater deũ fecerit: tñ hoc veneri iputat: qa in eius grãm factũ ẽ: vt in illo loco: Quas illi philomena dapes: cum Progne fecerit: sꝫ propter philomenã: Aut certe: qa Venerẽ dicũt eẽ matrẽ deum. p Nos aliqd. D. Extenuat factũ suũ: verũ Venus affuit causę: cui dii: & fata fauebant.

menta in fine seruat. C. Me duce Dar. spar. expug. adult. Dioniy. Chrisostomus vir mlta doctrina excellens: ea nõ solũ aptissimis coniecturis: verũ etiã testimonio eoꝝ: q scripta sũt ĩ monumẽtis sacerdotũ ęgyptioꝝ cõprobãs. Scribit ergo: Helenã non fuisse raptã a Paride; sed illi a polluce & Castore fr̃ibus in vxorem datã. Grecorũ autẽ principũ: q maiores erãt partim ĩdignatiõe moti: q̄ tã pulchra mulier barbaro potius q̄ greco nupsisset: partim cupiditate auri: q troiani abũdabãt incẽsi: Troiã iuisse: nec illã expugnasse: sed victos fugatosq; fuisse. Nã ab Homero etiã Herodot⁹ historicus dissentit: q refert Helẽã a Protheo rege ęgiptõ interceptã: Troiam nunq̄ venisse. y Dardanius. S. ꝓpter iniuriã Aeneę hoc posuit: qa dardan⁹ dr̃: nã perite dubiũ nomẽ elegit: q cõtumeliã cõicaret ęneę. z Spartã expug. S. Hoc de historia est: vt dixim⁹. nã sollicitata Helena: cũ Parim sequi noluisset: egressus ille ciuitatẽ obsedit: q euersa Helenã rapuit: vñ et recipi meruit a marito.

Tu potes [l] Aeneã manibus subducere graium.
procq; viro [m] nebulã: & ventos [n] obtẽdere inanes:
Et potes [o] in totidem classem cõuerte nymphas.
Nos [p] aliquid rutulos contra iuuisse nefandũ ẽ.
Aeneas [q] ignarus abest: ignarus & absit:
Est paphos Idaliumq; tibi: sunt alta cythera.
Quid [r] grauidã bellis vrbẽ: & corda aspa tentas:
Nos ne tibi [s] fluxas phrygię res vertere fundo
Conamur: nos an miseros: qui [t] troas achiuis
Obiecit: quę causa fuit consurgere in arma:
Europamq;: asiamq;: & [v] foedera soluere furto:
Me [x] duce Dardani [y] ⁹ spartã [z] expugnauit adulter:
Aut [a] ego [b] tela dedi: fouiq; cupidine bella:
Tum decuit [c] metuisse tuis: nũc [d] sera querelis
Haud iustis assurgis: & irrita [e] iurgia iactas.
Talibus [f] orabat Iuno: cunctiq; fremebant
Celicolę [g] assensu vario: ceu [h] flamina prima
Cũ deprensa fremũt syluis: & cęca volutant
Murmura: venturos nautis prodẽtia ventos.
Tum pr̃ omnipotẽs: rerũ cui summa potestas
Infit [i]: eo dicente deum domus alta silescit:
Et [k] tremefacta solo tellus: silet arduus ęther:
Tũ zephyri posuere: p̃mit placida ęq̊ra põtus.
Accipite [l] ergo animis: atq; hęc mea [m] figite dicta:

q Aeneas ign. abest. S. Ea q̄ soluere n̄ possum⁹: irride⁹ vt hoc loco: sic ĩ Bucolicis p̃misit: diuini op⁹ Alchimedontis. Postea ꝑ irrisionẽ ait: Et nobis idẽ Alchimedon duo pocula fecit. C. Aeneas ig. abest: ignarus et absit. Possum hoc optare: qa nõ ꝑ me: sed ꝑ suã stultitiã factũ ẽ. r Grauidã bell. vrbẽ. S. Alibi. Populosq; feroces cõtundet: vrbẽ aũt ꝓ in eiã dicit: q mõ Italiã: qro patriã. s Nos ne tibi fluxas. S. Status relatiu⁹: per quẽ oñdit venerẽ magis troianis cãꝫ fuisse periclo. ¶ Fluxas molles: quę possent etiã sine inimic̃ ꝑire. Fuxas fluxam rempubli. C. Nos ne tibi. cã belli troiani: q Europa cum Asia conflictauit. t Qui troas achi. S Atq; de Venere loquit: sed qa dei Arsenothelis sunt: vt diximus supra: Ideo sic dixit: Nam in subauditione ponit ea: quę non possumus dicere. v Foedera sol. furto. S. Legit in historiis: q troiani cũ grecis foedus habuert: vnde & paris susceptus est hospitio: et sic cõmisit adulteriũ. Ergo soluere foedera furto: amicitias adulterio dissipare. nã furtũ ẽ adulteriũ. Vñ ẽ: Et dulcia furta: & euersi Ilii hęc vera causa. Nã foedera q̄ inter grecos et Troianos fuert: ita soluta sũt. Hercules cũ expugnato Ilio filiã Laomedontis Hesionã Priami sororẽ Telamoni dedisset: ꝓfecti sunt legati cũ Priamo: et eã minime repetere potuerũt: illꝫ dicẽtib⁹ se eam hr̃e iure belloꝝ: vñ cõmotus Priamus: misit Paridem cũ exercitu: vt aliqd tale abduceret: aut vxorẽ regis aut filiã: qui expugnata sparta Helenã rapuit. Hic Virgili⁹ vtrũq; tangit: et historiã istã quã mõ diximus: et ꝓpter iudiciũ paridis: q̄uis fabula sit illa res: et a poetis composita. x Me duce. D. q̄ grauiora sunt argu

a Aut ego. C. sed tu fuisti: qm̃ te auctore Paris Helenã rapuit: b Tela dedi. S. aut amori: aut bello. c Decuit metuisse. S. optima ẽ elocutio. nã vtrũq; est p̃teriti tp̃is. Si em̃ dixeris: decet metuisse: incõgruũ ẽ: qa decet p̃ñtis ẽ: metuisse p̃teriti. d Sera. S. ꝑ seros. e Iactas. S. ventillas. f Orabat. S. Loq̇bat. vñ & oratores dici⁹: Nã rogabat si dixeris: nõ ꝓcedit: qa magis cõuitiabat. g Assensu va. S. q: pars veneri fauebat: ꝑs Iunoni. h Ceu flamia pria cũ deprẽsa fre. syl. & cęca volutãt murmura. SER: Nõ tempestatꝭ facit comparationẽ. sed signa tẽpestatis futurę: quadã em̃ archana rõne fit: vt fit murmur ĩ syluis añ ventoꝝ aduẽtũ. Vñ ait cęca murmura: qrũ rõ non appet: vt. Cęciq; in nubib⁹ ignes Terrificant aĩos. Et sic in Geor.: Cõtinuo vẽtis surgentib⁹: aut freta ponti incipiũt agitata tumescere: & ardu⁹ altis: Montib⁹ audiri fragor. i Infit. D. nã cũ sibi ptãs decernẽdi sic: aperte loquit. Eo dicente deũ dom⁹ alta silescit: nã sũmo deo oia obtẽperãt. k Tremefcã solo tel. S. Loq̇nte Ioue stupor elementorũ ostendit ꝑ naturę imitationẽ. Nã quicqd in ęterno motu ẽ quieuit: et contra terra mota ẽ sp̃ imobil. Vñ Hora. Et bruta tellus. l Accipite ĝ aĩs. S. Totus hic locus de primo Lucilii trãslatus ẽ: vbi inducũt dii hr̃e consiliũ: et agere primo de interitu Lupi cuiusdã iudicis rei: postea sentẽtias dicere: sed hoc qa indignũ erat heroico carmine mutauit: & induxit prio Iouẽ loq̇ntẽ de interruptis foederibus: cuius orõnẽ interrupit Ven⁹. Post secuta Iunonis ṽba sunt: quia bus redarguit Venerem. Vñ nunc Iuppiter ad illud quod omiserat redit dicens. Ergo qm̃ pacẽ esse nõ sinitis :ea q̃ sũ dictur⁹ accipite. D. Accipite. nõ potuit sedare partes: sed sic dimisit vt nullã pferret: ne aut filiã aut vxorẽ lederet: Seq equũ oibus pollicitus est. C. Accipite hęc animis. i. diligentissime aduertite. m Figite. C. memorię imprimite. & physice locut⁹ ẽ. n Quandoquidẽ. S. Bñ sentẽtię distendę ordinẽ seruat: nam sicut in Salustio: et in Philippicis legim⁹: antecq̃ dicat̃ sniã: pmittit̃ rõ: quod hodie in vsu est. C. Qñq dẽ. Volebã equidẽ sedare discordias: Sed cũ videam studia vestra diuersa: statui pbere me equum vtriq̃ parti: ita vt neutri faueã: neutri ue noceam. Est aũt hęc oratio grauis et Iouis maiestate digna.

o Haud licitũ est. S. et licuit dicim⁹: & licitũ est: sicut & placuit et placitũ est. Teren. vbi sunt cognitę: placitę sunt. C. Haud licitũ est fieri nõ põt simpliciter dixit: nam iure licebat: sed obstabãt diuersa: atq; contraria studia deorũ. p Quę cuiq; ẽ fortũa hodie. S. Specialit̃ Iuppiter p troianis agit: sed hac arte: vt videat̃ totũ p Iunone loqui: & reuera verba quę p Iunone sunt: sed altius intuens: dephendit Troianorũ fauorẽ: Nã dicẽdo: nulli fauebo: & in eo statu fore eos in q̃ sunt hodie: significat se fauere troianis: q̃ rũ ducis aduentu statim victoria cõsequet̃: et vult nihil valere ea: q̃ aut ven⁹ cõquesta fuerat de absentia ęnee: aut Iuno de Turni parentib⁹ dixerat i eius sq̃ cõmendationem.

q Secat. S. sequit̃: tenet: habet: vt ille viam secat ad naues. Vnde & sectas dicimus habitus animorum: & instituta philosophię circa disciplinam. CRIST. Secat. recta via sequitur: & non per circuitiones: id est indubitatam tenet: Qui enim secat: ad lineã rem inducit. Dicit aũt hęc: vt oratione Iunoni satisfaciat: cęterũ nouerat ille fata tandẽ velle troianos victores: consolat̃ ergo eam cuius partes succumbẽt: ita tamen vt nihil mentiatur.

r Fuat S. fuerit futuri tpis: est verbum defectiuum.

s Seu fatis italum castra obsi. tenent. S. Siue malo fato Italorũ castra obsidẽt troiana: siue troiani malo errore: & sinistris monitis ad Italiam venerũt: neminẽ absoluo. Vñ ppter Amphibologiã sic distingue Italum: & infer castra obsidione tenent. i. troianos. Ipsi em̃ obsidẽt: nõ Itali. CR. Fatis italũ. Q. fata velint in hoc Italis fauere.

t Siue errore troię. CR quasi stulticia troianos infęlicia illis eueniant. v Monitis sinistris. S. ppter Cassandrę impulsus furiis. C. Monitis sinistris: id est falsis oraculis. Dicit autem hęc: vt non priuet Iunonem spe.

x Soluo. S. absoluo: nam per aphęresim protulit.

y Exorsa. S. rerum initia actus hodierni diei. C. Exorsa sua. Nam vt illi ordient̃: ita finem sortientur: Est enim prouerbium: Vt sementem feceris: ita colliges: et videt̃ dicere q̃ nulli adimet arbitriũ. z Labo rẽ fortu. S. periculũ & foelicitatem. a Fata viam inuenient. S. Scit enim hoc esse fatale vt Aeneas imperet in Italia. C. Fata viam inueniẽt. Nam si fatum dicũt platonici in serie rerũ: id quod in mente diuina pudentia est iure dixit: Fata viam inuenient: id est nam quod puidet deus id fieri necesse est. b Stigii p flumina fratris. S. Hypallage est: p stygia fratris flumina: & bene etiã iure iurando dictũ confirmat.

Qñquidẽ ausoinos cõiungi foedere teucris
Haud licitũ est: nec vestra capit discordia finẽ:
Quę cuiq; ẽ fortũa hodie: quã q̃sq; secat spem:
Tros rutulus ne fuat: nllo discrimĩe habebo:
Seu fatis Italum castra obsidione tenentur:
Siue errore malo troię: monitisq; sinistris:
Nec rutulos soluo, sua cuiq; exorsa: laborem
Fortunãq; ferent: rex iuppiter omnibus idem:
Fata viam inueniẽt: stigij per flumĩa fratris:
per pice torrentes: atraq; voragine ripas
Annuit :& totũ nutu tremefecit olympum.
¶ Hic finis fandi: solio tum Iuppiter aureo
Surgit: cęlicolę mediũ quẽ ad limina ducunt.
Interea rutuli portis circum omnibus instant:
Sternere cęde viros: & moenia cingere flammis.
Ast legio Aeneadum vallis obsessa tenetur.
Nos spes vlla fugę: miseri stant turribus altis
Nequicq; : & rara muros cinxere corona.
Iasius Imbrasides: Icetaoniusq; tymoetes: I
Assariciq; duo: & senior cum castore tybris:
prima acies: hos germani sarpedonis ambo.

c Et totũ nutu tremefecit. C. Nam in dei manu oĩa sunt. d Interea. D. Redit ad narrationem: quam posuit in fine noni libri. e Portis circum omib⁹ instãt. SER. Instant portis omnibus circũ: id est circũ circa fusi. Nam modo circũ aduerbium loci est.

f Vallis. S. intra vallos: id est fustes fossarũ: qui valli vocantur. nam munitio ipsa vallum dicitur neutraliter: et hoc dicit. tenebantur Troiani intra vallosquos ipsi posuerunt: ne eorum castra facile irrumperent rutuli. Vallum enim nõ modo obsidentium: sed obsessorum debemus accipere.

g Nec spes vlla fugę. S. Fuga miserrimũ & vltimum psidium est : tamẽ hoc etiam carebant. h Stant. D. vt potę q pauci aduersus plurimos non auderent. C. Stant. pugnant: i Rara: C. ob paucitatẽ militum. nõ em̃ tot erant: vt murorũ circuitum ipsi qui i corona stabãt densi possent cõsistere. k Imbrasides. S. Imbrasii filius. l Icetaonius. S. Icetaonis filius: & ex varietate syllabarũ q̃siuit ornatũ. Nã patronymica aut i des: aut i ius exeũt: quibus & vti possumus. Quę eni in on terminãt̃ ad nos transire non pñt. m Senior cum castore ty. SER. Possumus & solũ tybrim accipe senẽ. possum⁹ & castorẽ: si legam⁹ et senior cũ Castore: nam amphibologia est. n Prima acies. S. hoc est magni viri: & est diffinitio corum: qui i prima acie fuerũt. Vñ laudis magis est quod dixit prima acies: ordinis enim esse non potest: quia res in muro agitur. o Germani sarpedonis. SER. Aut inter se germani filii Sarpedonis: aut Sarpedonis fratres.

yy v

Et clarus & hemon litia comitantur[p] ab alta.
Fert ingens toto connixus corpore saxum:
Haud partē exiguā montis lyrnesius[q] agmon.
Nec clytio genitore minor: nec frē[r] menestheo.
Hi iaculis[s] illi certant defendere saxis:
Moliriq;[t] ignem: neruoq; aptare sagittas:

p Ab alta. SER. nobili.

q Lyrnesi[9]. S. i. phryx: Lyrnesos em̄ ciuitas est phrygię. vñ fuit Briseis. C. Lyrnesus oppidū est Phrygię: ppe Pedasum. Hoc oppidū Achilles diripuit: Indeq; Brisei regis filiam Briseida rapuit.

r Menestheo. SER. nō Mnestheo de quo paulo post dicturus est: legē dū est: ne versus nō stet: sed menestheo. Ita tamen vt meminerimus vltimā syllabam esse Synęresin: propter rectam scansionem.

s Hi iaculis. S. rutuli. illi saxis Troiani. C. Iaculis illi saxis. potest vtrūq; referri ad troianos: vt ostendat nullum genus auxilii ab eis negligi: sed omi circūspicientia rem agi.

t Moliriq; ignem. CR. quem Phalarius iaculabantur. Nam de his q̄s bombardas siue boardas a bombo vel boatu dicunt: nihil oino crederim. Nā gen[9] hoc tormēti priscis tpibus fuisse minime credibile ē: nā neq; poeta quisq;: neq; historic[9] hař meminit.

y Veneris iustissima cura. S. quia illi debebat imperium: x Caput detectus. S. sine galea quasi nō pugnaturus: nā audierat Cetera parce puer bello: erat autem inter duces ꝗ si dux. D. Caput detectus. non pugnaturus: quia prohibu erat deus. y Honestum. S. pulchrum. Terētius. Ita me dii bene ament honestus est. z Micat. S. s. Ascanius fulget qualiter gēma. a Aut collo aut capiti. S. figurate: nā colli vel capitis erat cōmune. b Orichia terebintho. S. orichos ciuitas est Epiri: iuxta quā nascitur terebinthus: nigrū lignū habens soliditatē in buxi speciem. Retulit autē cōparationē ad candidū vultum: qui erat crinibus cinctus. C. Terebinthus. (teste Theophrasto) arbor ē vnde resina: quā terebinthina dicunt fluit: & inciso manat cortice. hęc arbor masculam habet: quę est sine fructu: & foeminam: sed hanc duplicem: nā in altera rubet fructus magnitudine lentis. In altera pallet: & cum vite maturescit. in Macedonia breuis est terebinthus: in Siria: & pręsertim in agro Damasceno procera: & materiam habet decoram ad delitias lectorum coloris subnigri. Orichia. epirotica orichos enim Epiri oppidum est versus macedoniam. c Magnanimę. S. gentes. d ysmare. S. modo nomen est propriū: nam Ismarius facit appellatiuū a monte Ismaro Thratię. e Vulnera dirigere. SERVI. aut vulnus pro sagitta posuit: vt in secūdo: insequitur infesto vulnere pyrrhus: aut acerrime expressit ineuitabiles sagittas dicens eū vulnera: non tela dirigere. C. Vulnera dirigere & calamos armare veneno. Duplex est translatio: & ꝙ armare dicat calamos: & ꝙ armare illos dicat veneno. f Mœonia. S. lydia: ꝗ añ męonia dicebat. g Pactolusq; irrigat auro. S. Pactolus et Hermus lydię flumina sūt: aurū sicut tagus trahētia. h Et capys hic nomē cāpane ducitur vrbi. SE. iste q dē dicit a Capye dictā Cāpaniā: qd & Luca. sensit. Mœnia dardanii tenuit cāpana coloni: sed Liuius vult a locis cāpestribus dictā: in quibus sita est. Sed cōstat eā a tuscis cōditā viso falconis augurio: q thusca lingua capis dicitur: vñ est noīata cāpania. Thuscos oēm pene italiā subiugasse manifestū est. C. Et capys. ab hoc capuā cōditā dicūt. Alii dicūt thuscū regem ea regione subiecta vrbē cōdidisse: & capuā noīasse: qm̄ capis lingua hetrusca (falconē auē: cuius augurio cōdita est) significat. i Cōtulerant. S. nocte interueniēte pegerāt: & est explanatio rerū ꝗs æneas gessit: postq; est profectus ab Euādro ad petēda auxilia: dū inter suos. & turnū bella gerebātur: rē em̄ añ omissam breuiter exequitur. k Media nocte. D. ad laudē ænee. C. Media. Quippe ꝗ nullū tpis spatiū accelerans pręterirent: ergo media nocte ad oñdēdū hois vigilantiā. l Nāq; vt ab Euā. C. Mira poetę varietas: nā vt in aduētu ænee ad Euādrū oīa lōgo ordine. & suo tpe cū maximo ornatu exposuit. Sic cōtra varietati studens: ea ꝗ de aduentu ad ethruscos: & de implorādo auxilio dicēda fuerant obticuit: & in hūc locū nō narrāda: sed cōstringenda trāstulit: qd pprium poetarū ē: vñ Hora. Ordis hec virtus erit et venus: aut ego fallor: vt iā nūc dicat iā nūc debētia dici plera q differat: & pñs in tēpus omittat. Vitauit ergo fastidiosā silitudinē: & relicta salutatiōe: & postulatiōe ænee: & rñsione Tarcontis: discessum eius a littore ethrusco posuit. m Et regi me. zc. D. Tria dixit memorat: edocet: admonet: memorat ergo nomē & genus. & qd petat: et qd ferat. edocet turni violēta pectora ꝗ arma cōciliet: admonet ꝗ sit hūanis rebus fiducia. Nomē: vt cognoscat genus: ne ab ignobili putet se rogari. Querit autem nūc pallas: ꝗ si maturior ętate fuisset n̄ ꝗsisset. n Quid pe. S. s. auxiliū. o Quid ve ip. fe. S. vicissitudinē auxilii: vt supra: accipe daq; fidē. p Mezētius ar. ꝗ si. cō. S. inicit latēter timorē: ne forte posset collectis auxiliis in regna puenire: a qbus fuerat añ depulsus: q Violētaq; pe. tur. S. Superba: vt Quos illi bello profugos egere su. r Humanis ꝗ zc. S. latēter hoc dicit. Nolite hoc putare fixā eē & stabilē fœlicitatē: magna em̄ est rerum varietas. nūc eē accipietis auxilia. C. Hūanis ꝗ sit fiducia: ꝗ eē debeat ppter crebrā mutationē oim rerū. Si quis aūt diligēter aīaduertat: inueniet hic oīa semia argumētationū: ex qbus possit confici orō artificiosissima in gñe delibratiuo: nā cū dic regē adit: significat ꝙ supplex aduenerit. Deindeq; cōmendauerit se a gñe: a fama: vt pro nobilitatē generis eos moueat. s Admonet im. p. S. Partim rogat partim admonet hoc eē solatiū vitę hūanę tutissimū: si vel mutua dent auxilia: vel si in psperis positi: etiā subiecta cōsiderēt & ē supioris versus expssio: nā edocet ꝗ peteret: & ꝙ eū solicitabat. Admonet vero cā Mezentii: vel quia instabilis est vt vaga fortuna. t Tarchon. SER. Hoc nomē gręce vbiq; posuit: excœpto vno loco: vt. Haud procul hic tarcho et tyrrheni. quod metri causa fecit:

Ipse inter medios Veneris iustissima cura
Dardanius caput ecce puer detectus honestum:
Qualis gēma micat fuluū quę diuidit aurum:
Aut collo decus: aut capiti: vel quale per artem
Inclusum buxo: aut orichia terebintho
Lucet ebur: fusos ceruix cui lactea crines
Accipit: & molli subnectit circulus auro.
Te quoq; magnanimę viderunt ismare gentes
Vulnera dirigere: & calamos armare veneno:
Mœonia generose domo: vbi pinguia culta
Exercentq; viri: pactolusq; irrigat auro.
Affuit & mnestheus: quem pulsi pristina turni
Aggere murorū sublimem gloria tollit.
Et capys: hinc nomē campanę ducitur vrbi.
Illi inter sese duri certamina belli
Contulerant: media æneas freta nocte secabat.
Nāq; vt ab euādro castris ingressus ethruscis:
Regem adit: & regi memorat nomēq;: genusq;:
Quid ve petat: qd ve ipse ferat: mezentius arma
Quę sibi cōciliet: violentaq; pectora turni
Edocet: humanis quę sit fidutia rebus
Admōet: īmiscetq; pces: haud fit mora: tarchō
Iungit opes: fœdusq; ferit: tum libera fatis

Classem cõscendit iussis gens lydia diuũ
Externo cõmissa duci: Aeneia puppis
prima tenet: rostro phrygios subiuncta leones
Imminet Ida super: profugis gratissima teucris.
Hic magnus sedet Aeneas: secũq; volutat
Euentus belli varios: pallasq; sinistro
Affixus lateri: iam quęrit sydera opacę
Noctis iter: iam quę passus terraq; mariq;.

v Libera fatis. S. Excẽpta fatali necessitate: qua pugnare non poterant. ꝑpter illud. externos optate duces. v Pria tenet. S. More viri fortis in principiis est: Alibi: Princeps ante oĩes dẽsum Palinurus agebat agmen.

y Rostro phrygios subiuncta leones. S. pro iugo vult rostrũ nauis fuisse: leones autẽ singulos in singulis nauis partibus fuisse depictos: Sane notatur a Criticis Virgi. hoc loco quemadmodũ sic cito dixit potuisse naues æneę fieri: quod excusat pictura: quã solã mutatã debemꝰ accipere. z Gratissima: S. propter illic facta nauigia.

a Euentus belli varios: S. licet haberet fortissimũ militem: cogitabat tamẽ incerta bellorum.

b Pallasq; sinistro. D. siqa duo erant dignior erat Aeneas.

¶ Pandite nunc helicona deę: cantusq; mouete:
Quę manus interea thuscis comitetur ab oris
Aeneam: armetq; rates: pelagoq; vehatur:
Massicus ærata princeps secat æquora tygri:
Sub quo mille manus iuuenũ: q mœnia clusi:
Quiq; vrbem liquere cosas: quis tela sagittę.
Corythiq; leues humeris: & letifer arcus.
Vna toru⁹ Abas: huic totũ insignibus armis
Agmen: & aurato fulgebat apolline puppis.
Sexcentos illi dederat populonia mater
Expertos belli iuuenes: ast ilua trecentos
Insula inexhaustis chalybum generosa metallis.
Tertius ille hominũ diuumq; interpres asylas:
Cui pecudum fibrę: cœli cui sydera parent:
Et linguę volucrum: & presagi fulminis ignes.
Mille rapit densos acię: atq; horrẽtibus hastis.

c Noctis iter. SER. aut per quę sydera nox decurrit: aut quę intuentes nautę iter peragunt noctibus.
d Iam. S. modo: vt iamq; hos cursu: iam preterit illos.
e Pandite nũc helicona deę. S. Pernassus mons Thessalię iuxta Boetiã. qui in duo finditur iuga: Citheronẽ liberi: & Heliconẽ Apollinis & musarũ. D. Pandite. hęc inuocatio tenet summã rerũ. & spetiẽ ꝓpositionis. C. Pandite nũc heliconã deę. Ita iterat inuocatiõnẽ: vt ostendat esse sibi opus nõ mõ musarũ auxilio: sed omni quod ꝑuenire potest auxilio: ex quo ostẽditur rẽ sane magnã ipsum narraturũ: vñ maxima excitatur intẽtio Pandere est ita aperire: vt totũ pateat. Ergo totum vestrum promite auxilium. f Helicona. C. Helicon mons est Atticę regionis sacer musis.
g Cãtusq;. CRI. Quos ego ꝑ me prestare nõ possum. h Massicus ærata princeps secat ęquora tygri. S. licet sit cathalog⁹ in quo enumerantur hi qui venerunt de tuscia: inuenit tamen aliquã varietatem ꝙ hos nauibus venisse commemorat. cũ in. vii. Turni psidia ꝑ terrã venisse cõmemorauerit. Sãe sciẽdũ amare Virgiliũ italis ducibus dare noĩa: vel fluuiorũ: vel montiũ. Vt ergo supra Almonem: & auẽtinum cõmemorauit: sic nunc Massicũ dicit: nam Massicus mons est: vnde & vinũ Massicũ dicitur. Pleriq; tñ noluñt massicũ nomẽ esse propriũ: sed appellatiuũ. dicentes osiniũ esse massicũ regẽ: nã paulopost dictur⁹ ẽ: Qua rex clusinis aduectus osinius oris: et nũc dicit. Qui mœnia clusi: multi aliũ massicum: aliũ osiniũ eẽ voluñt. C. Massicus: nomẽ ꝓpriũ est ducis: nã massici etruscę populi nõ sunt: sed Cãpanię iuxta valernos: et calenos. i Tigri ærata. S. cuius rostrum erat in similitudinem tygridis: nãq; solẽt naues vocabula accipere a picturis tutelarum: Hinc est: Hũc vehit immanis triton. Item & aurato fulgebat apolline puppis: Tigri autem secundum regulam dixit. nam gręca nomina: quę genitiuũ singularẽ in is mittunt: in eo tantum & in datiuo crescunt: In accusatiuo & ablatiuo paria sunt noĩatiuo: vt tygridis tygridi o tygris tygri. Isis isidis: isidi: isim: isis: isi: Si aliter iuenirem⁹: abusiue dictum est: vt in luca. ocior. & cœli flãmis et tygride fœta. k Mœnia clus. S. pro clusii: nã clusium dicitur: & est dictum per sineresim: sicut nec cura peculi ꝓ peculii. Clusium autem oppidum est iuxta massicum. C. Clusiũ: olim inter etrurię nobilissima oppida enumerabaẽ: cui vrbi porsena imparabat: qui pro tarquinii bellum aduersus Romanos gessit: In hac vrbe ponit Pli. labyrintum fuisse huiuscemodi: vt cętera omnia ędificia superaret.
l Cosas. S. ciuitas tuscię: quę in numero dicĩ singulari secundum Salu. vnde apparet esse vsurpationẽ. C. Cosas. in partibus littoralibus etrurię. si incipias a mucra flumine inuenies lunam nobili portu predicã. Deinde lucã. post illam pisas ortas a Pelope pisisq;. siue a tenuceanis gręca gente.
m Corithi. S. proprie sunt arcuum thecę: dicuntur tamẽ & sagittarum. quas & pharetras nominamus.
n Toruus. S. terribilis. D. Toruum. aut oculis distortis: aut contracto vultu. o Armis. S. exercitu.
p Fulgebat. S. s. puppis apolline. q Populonia. S. ciuitas thuscię. C. Vada volaterana populonia iuxta cecinam flumen cosa. grauiscę castrũ nouũ pyrgę: cerę: quę agila dicta est: de quibus hic meminit poeta. Tygris aũt & Apollo sunt insignia nauiũ. r Mater. S. matrem illorum qui venerant dixit. Alibi insignẽ quẽ mater aritia misit.
s Expertos. S. peritos: nam expertes sunt ignari.
t Ilua. S. Insula adiacens. C. Ilua insula nostra quoq; ętate notissima: olim Ethalia a rege idigena nũcupata: portum argoum habuit a naue argo: nam precibus medeę Circẽ sororem visere cupiẽtis huic portui argonautę appulerunt.
v In exhaustis. S. quãtũ exhausta fuerit tãto generosior: ergo inexhaustis non est vna pars oratõis: nam Plinius secũdus dicit: cũ in aliis regionibus effossis metallis terrę sunt vacuę: apud iluaz: hoc est mirũ ꝙ sublata renascuntur: et rursum de iisdem locis effodiunẽ. Varro & aliud dicit nasci qdẽ illic ferrum: sed in structurã.
x Generosa metallis in exhaustis. CRI. nobilis ꝓpter metalla: quibus quãuis assiduo fodiantur: nõ exhauriẽ tanq; si assiduo renascerentur.
y Interpres hominũ diuumq;. S. Interpres medium ẽ: nã et deorum interpretator & hominum: qui bus diuinas indicat mentes interpres vocatur. Et notandũ ꝙ ait Nigidius figulus has artes inter se ita eẽ cõiunctas: vt altera sine altero eẽ nõ possit: vñ his qs ꝑfectos vult probare Virgilius: omnium diuinandi artium prestat scientiam: vt hoc loco: ita supra Heleno: de quo ait Troiugena interpres diuũ et singula Nigidius autem solus est post varronem: licet Varro pręcellet in theologia: hic in communibus litteris: nam vterq; vtrumq; scripserunt. CRISTO. Interpres hominum diuumq;: id est qui ea interpretatur hominibus: quę dii futura decreuerunt.
z fibrę. SER. iecoris extremitates:
a Sydera. SERVIVS. voces auium & fulmina. Nã si vidẽtur tantum accipias: cuiuis possunt videri: nec tamẽ intelligi. Item voces auiũ nõ videẽ: sed cognoscũtur. audiẽ Nec parẽt obtemperãt ꝓcedit: nã q modo sydera vł fibrę: vel aues: vł vulgura possent obtemperare. CRI. parent. nõ quia parent: sed ostendit ita verum fuisse vatem: vt quęcũq; de fibris: & syderibus predixerit ea cuncta euenerint: vt credere possis fibras: & sydera illi parere: Per fibras autem intelligit aurispicinã: per volucres auguria: per sydera astrologiam: per fulmina portenta.
c Rapit. SER. raptim ducit.
d Densos acię. S. In acie constrictos & coniunctos.

Hos parere iubent [e] alphee ab origine pise:
Vrbs hetrusca solo: sequitur pulcherrimus astur:
Astur [f] equo fidens: & [g] versicoloribus armis.
[h] Tercentũ adiiciunt: mẽs omnibus vna sequẽdi:
Qui [i] Cerete domo: qui sunt [k] minionis in aruis:
Et pyrgi [l] veteres: [m] intempesteque grauisce.
Non ego te lygurum ductor fortissime bello
Transierim cygne: & paucis comitate [n] cupauo:
Cuius olorinæ surgunt de vertice penne.
[o] Crimen amor vestrũ: formeque insigne paterne.
[p] Nãque ferũt luctu cygnum phaetontis amati
populeas inter frondes: [q] vmbramque sororum
Dum canit: & moestũ [r] musa solatur amorem:
[s] Canentem molli pluma duxisse senectam:
Linquentem terras: & [t] sydera voce sequentem.
Filius [v] equales comitatus classe cateruas:
Ingentem remis centaurum promouet: ille
Instat aque: saxũque vndis immane minatur:
Arduus: & longa sulcat maria alta carina.
Ille etiam patriis agmen ciet [x] ochnus ab oris:
Fatidice [y] manthus: et tusci filius amnis:
Qui muros: matrisque dedit tibi mãtua nomẽ:
[z] Mãtua diues auis: sed nõ genus omnibus vnũ:

e Alphee ab origine pi. S. Alpheus fluuiꝰ est apud pisam & Elidem ciuitates Arcadie vbi est templum Iouis olympici: ex quibus locis venerunt qui Pisas in italia cõdiderũt dictas a ciuitate pristina: vnde addit vrbs hetrusca solo: cũ premisisset: Alphee ab origine pise. f Equo. SER. optimo. g Versicoloribꝰ armis. SER. depictis. p quod bellicosus ostenditur. DO. Versicoloribus ar. qui dum vertit mutat colorem.

h Tercentum adi. S. accedunt: & consentiunt eiꝰ voluntati: vnde ait. mens omnibus vna sequendi. i. coniurati sunt. i Qui cerete domo. S. ac si diceret: q sunt domo Carthagine: Cere aũt vt supra diximꝰ etiã agilina dicit: nec videatur contrariũ quod ait. Ducit agilina nequicq̃ ex vrbe secutos: quasi & turno: & Anee prestet auxilium: nam illi lausũ fugientẽ secuti sunt: hi vero cõmuni odio in mezẽtium arma cõmouerunt. C. Hoc cere ceretis opidũ a pelasgis conditum.

k Minionis. S. fluuiꝰ minio. l Pyrgi veteres. S. hoc castellũ nobilissimũ fuit eo tẽpore quo tusci pyraticã exercuerunt: nã illic metropolis fuit. m In tẽpesteque grauisce. S. Grauisce oppidũ: alii intempestũ dicũt: quod ventis & tẽpestatibus caret: q̃d nulla põt ratiõe cõtingere. in tempestas ergo grauiscas accipiamus pestilentes secũdũ Pli. in naturali hystoria: & Catonẽ in originibus: vt intẽpestas intelligimus sine tẽperie. i. tranquillitate. Nam vt ait Catho. Iñ grauisce dicte sunt qui grauẽ aerẽ sustinẽt.

n Cupauo. S. hic Cupauo o cupauo. Et declinat Cupauo sicut Cicero. Catho. o Crim am. ve. S. Phaetõ ẽ amatũ a cygno aut pie: aut turpiter accipiamus necesse est. Si turpiter talis est sensus. Crimẽ vestrũ o cygne et phaeton ꝙ sic amastis: & hoc tãtũ vobis põt obiici. Alii vestrũ pro tuũ accipiunt: & ad solũ cygnũ referũt: vt vos o Caliope precor. si pie amauit secũdũ asperũ crimẽ erit causa: vt alibi. Crimine ab vno disce omnes. vt sit sensus: O Phaetõtides sorores: et cygne: crimẽ causa vestrũ. i. vestre mutatiõis amor est. p Iãque ferũt lu. cy. phae. ama. S. Phaeton Clymenes. & solis filiꝰ fuit: q cũ doleret obiectũ sibi ab Epapho regi egypti: ꝙ esset non de sole. sed de adulterio procreatus: duce matre venit ad solẽ: & poposcit: vt si vere eiꝰ esset filius. petẽda prestaret: q̃d cũ sol iurasset per stygẽ paludẽ se eẽ facturũ: petit ille vt eiꝰ currus agitaret. sol iusiurandũ negare nõ potuit. Accepit itaque curribꝰ phaeton cũ orbitã solis excessisset et cepisset mũdꝰ ardere. a Ioue fulminatus in Eridanũ cecidit: qui et padꝰ vocat. Huius interitũ flẽtes sorores Phaetusa & lãpetusa deorũ miseratiõne in arbores mutate sunt. & hic dicit in populos: & in Bucc. in alnos. fuit quidã etiã lygur Cygnus nomine phaetõtis amator: qui cũ fleret extinctũ: in auẽ sui nominis conuersus est: cuius nũc filiũ Cupauonẽ dicit habere cygni pẽnas in galea ad forme paterne insigne mõstrãdũ. q Vmbraque sororũ. S. ambitiose dictũ. p iter arbores de sororibus factis. & ẽ vnũ de his q̃ habet Virgi. mutabilia: & sua ꝓpria talis est: & sinuatque alterna volumina crurũ. Itẽ cum primũ sulcos equãt sata. C. Vmbrãque sororum. Non Cupauonis: sed sororum inter se: vt alibi Oceanumque patrem rerũ: nymphasque sorores. & ẽ appositio inter frõdes populeas: appositiue vmbras sororũ nam in ipsas populos cõuerse fuerant phetusa: et lãphetusa phaetõtis sorores.

r Musa. S. Carmine cythara: cantilena.

s Canentem senectam. S. Qui canentem senectã mollibus transegit in plumis. C. Canentem sene. i. candidũ colorem. vt est in cana senecta. t Sydera voce se. S. i. cum cantu coelum petentem: vꝫ que est reuera relatus in sydera sicut vidimus in sphera. C. Voce, musica. nã suauissimi sunt cantus in cygno: vt dictũ est in buccolicis. v Aequales comi. clas. ia. S. per naues eq̃liter habẽs distributas cateruas. x Ocnus. S. Iste Ocnus quẽ in Buccolicis bianorẽ dicit. vt iamque sepulchrũ incipit apparere bianoris. Hic Mantuã dr̃ cõdidisse quã a matris noie appellauit: nã fuit filius tyberis. & mãthꝰ thiresie thebani vatis filie: q post patris interitũ ad italiã venit. y Manthꝰ. S. genitiuꝰ ẽ grecꝰ. nã si latine declinauerꝫ: mãthõis facit. Sic in Plauto legimꝰ Ionis. C. Fatidice mã. Genitiuꝰ grecꝰ est ocnꝰ mãthꝰ: Et tyberis filꝰ vrbẽ a noie mr̃is appellauit. Eã tres incoluere natiões thebani: qui venerũt cũ Mantho filia thyresie thebani vatis: & tusci: qui venerunt duce Ocno Et circum Padani: id est veneti post calamitatẽ thebanorũ. Pli. ait Mãtuã etruscorũ: coloniã transpadũ solam esse.

z Diues auis. S. maioribus prepotens.

a Sed nõ ge. oibꝰ vnũ: S. qa origo mãtuanorũ et a thuscis venit: qui in Mantua regnabant: & a venetis: nam in venetia posita est, que & gallia cisalpina dicit. C. Vnum genꝰ non quod omnes non sint etrusci: sed triũ gentium erant etrusci: quia tres habuit tribus. Etrurię fines sunt Macra & tybris: & mare tyrrhenũ: in quod cadunt hi fluuii: et quicquid Apennini montis est inter hos duos amnes. b Gens illi triplex: populi sub gente quaterni. S. quia Mãtua tres habuit tribus: quę in quaternas curias diuidebant: & singulis singuli lucumones imparabant: quos tota in tuscia duodecim fuisse manifestum est. ex quibus omnibus vnus preerat: hi autem toti⁹ thuscię diuisas habebãt quasi prefecturas: sed omniũ populorũ principatũ mãtua possidebat: vñ est. ipsa caput populis. c Tusco de sanguine vires. S. Robur totũ a lucumonibus habuit. d In se mezentibus armat. S. odio sui in arma cõpellit. D. Armat in se: quia causã prębuit quod illi se armarent. e Patre Benaco velatus harundine glauca. Mincius infesta ducebat in ęquora pinu. S. Baenacus lac⁹ est Venetię: de quo fluui⁹ nascitur Mincius: Iure ergo dux venetus fluuiũ, puin cię suę, depixit in naui: quẽ Benaci filiũ: quia ex ipso habet originem dicit. C. Mincius. de quo diximus in Bucco. g Grauis. S. Fortis. vt ferit ense graue tymbreus osyrim. h Centenaque arbore fluctum. S. nõ ait remis: sed arboribus: ad exprimẽdã nauis magnitudinem: quod plures habuit remorũ ordines. vnde ait Luca. Et summis longe ferit ęquora remis. i Marmore: S. mari. C. Marmore maris: sic enim grece splendor dicitur. k Cerula. S. cerulea freta: non cerula concha: nam versus non stat. l Hispida. S. horrida setosa. m Frõs hoiem pfert. S. modo primam hominis partẽ intelligere debem⁹: nam hoc dicit: a capite vsque ad ima latera hominis mõstrabatur effigies: n Lecti proceres. C. q. d. si numerus exigu⁹ erat virtus militum maxima copiarũ vires subibat. o Ter denis. S. triginta accipiamus naues fuisse: non vt quidam volunt singulos duces tricenas habuisse. nam enumeratori militum non conuenit numerus, presertim cũ sequitur subsidio Troię. i. paruo auxilio: nam apud maiores bella non ambitu: sed virtute constabant. p Iamque dies. D. Laus Aeneę quod die nocteque continuata nauigatio illũ non defatigaret. Segebat ergo: & vigilabat: & cũ plura cogitaret: tã & temone nauem regebat: & velis. q Alma. C. ab alendo nam cum a singulis planetis singula nobis prouenĩant: a Saturno ratiocinandi: a Ioue agendi. id est. πρακτικόν. vim habeamus. Mars vero animositatis ardorẽ. id est. θυμικόν. Sol sciendi opinandique naturã. Venus desiderii motũ. Mercurius pronũciandi interpretandique vim prębet. A luna aũt plãtãdi agẽdique corpora naturã trahimus quod φυτικόν dicunt. Ergo iure luna alma ab alendo dicitur. r Phoebę. S. luna sic & sol phoebus. Item tytã sol. & titanis luna. Describit autem noctem mediam: & dicit finitũ diẽ: secũdũ ratiõnẽ ritum. nec lunę fit sine eã cõmemoratio: nam aliter nymphę videri non poterant. s Neque enim mẽbris dat cura quietem. C. nam principis est cunctra curare. et nocturno etiam tempore vigilare: vnde homer⁹. οὐχ ρη παννύχιον εὕδειν βουληφόρον ἄνδρα t clauumque regit. S. Iam et: & in quinto dedit gubernandi peritiam. C. clauumque regit. Quemadmodũ in erroribus versabatur Aeneas: quia nõdum virtutum habitum cõtraxerat: Palinuro: quẽ in obtẽperantẽ rationi appetitum interpretati sum⁹ rectore vtebatur: sic cũ ad italiam. i. ad contemplationem iã deuenerit obducta iam virtutum habitu ipse sua ratione ad clauũ sedet: quia non ampli⁹ ducit rationem appetit⁹: sed rationi obtemperat et quod illa ostẽdit: aduult: deque petit. v Medio in spatio. S. inter nauigandum. x Cybele al. S. Mater cybele dicta est: vel. ἀπὸ τοῦ κυβιστᾶν τὴν κεφαλήν. quod semper galli per furorem motu capitis comam rotantes vlulatu futura pronunciabãt. Luca. Crinemque rotantes sanguinei pupulis vlularũt tristia galli: vel a phrygię in montibus vbi colitur: quos cybelos vocãt. Cybele autem tribrachus est: id est pes ex prima breui constans: & duabus logis. Nam Cybele anapest⁹: vt hic mater cultrix cybele.

Gens illi triplex: populi sub gẽte quaterni.
Ipsa caput populis: tusco de sanguine vires.
Hinc quoque quingentos in se mezenti⁹ armat.
Quos patre benaco: velatus arundine glauca
Mintius: infesta ducebat in ęquora pinu.
It graues aulestes: centenaque arbore fluctum
Verberat assurgẽs: spumãt vada marmore verso.
Hunc vehit immanis triton: & cerula concha
Exterrens freta: cui laterũ tenus hospida manti:
Frõs hominem prefert: in pistri desinit aluus.
Spumea semifero sub pectore murmurat vnda.
Tot lecti proceres ter denis nauibus ibant:
Subsidio troię: & campos salis ere secabant.
Iamque dies coelo discesserat: almaque curru
Noctiuago phoebe mediũ pulsabat olympũ.
Aeneas: (nec enim membris dat cura quietem)
Ipse sedens: clauumque regit. velisque ministrat.
Atque illi medio in spacio chorus ecce suarum
Occurrit comitum: nymphę quas alma cybele
Numẽ habere maris: nymphasque e nauib⁹ esse
Iusserat: innabant pariter: fluctusque secabant.
Quot prius ęratę steterant ad littora prorę.
Agnoscunt longe regem: lustrantque choreis.
Quarum quę fandi doctissima cymodocęa
pone sequẽs: dextra puppim tenet ipsaque dorso

y Quot prius. SES. Subtraxit toti.
z Agnoscunt longe regem lustrantque choreis. DONA. Nã propter nocturnas tenebras alii non facile cognoscerent.
a Doctissima cymodocea. SERVI. Poetice: sicut mutatio: ipsa etiam confingitur: nam stultissimum est: quod aiũt quidam: ideo doctissima: quia ilionei nauis fuit.

b Dorſo eminet. SER. peritia natandi oſtendit.

c Subremigat. S. ſub"a tat. d Vigilas ne deũ gens. S. verba ſunt ſacro- rum: nam virgines veſte certa d e ibant ad regẽ ſa- crorum: & dicebant vigi- las ne rex vigila: q̃d Virg. iure dat Aeneę: quaſi & re gi: & quẽ vbiq;: & ponti ficem & ſacrorum peritũ inducit. DO. Vigilas. Recte dubitat: nam tempus ſõnũ: cu- rę vigilias ſuadebat.

Eminet: ac leua tacitis ſubremigat[c] vndis.
Tum ſic ignarũ alloquit̃: vigilas[d] ne deum gens[e]
Aenea: vigila: & velis immitte rudentes.
Nos[f] ſumus Idęę ſacro de vertice pinus[g]:
Nũc pelagi nymphę: claſſis tua: perfidus[h] vt nos

e Deum gens. SER. pro pter. diis genite & genitu re deos.
f Nos ſumus. SER. lo- quitur per diffinitiões.
g Pinus. SER. hoc loco ſecundum quartam decli nationẽ: in. Bucolicis iux ta ſecundam: vt Menalus argutumq; nemus pinoſ q; loquentes ſemper ha- bet.

h Perfidus. SERVIVS. Qui poſt fœdus bella cõmouit. hinc latinus: ipſi has ſacrilego pendetis ſanguine pœnas.

i Rupimus inuite tua vincula. ac si diceret: maluerauus ibi potius seruiret q̃ in nympharum numina cõmutari.
k Teq; per equor querimus. SER. Hec nobis vagandi est causa. vt te iuuare possimus.

mulacrum eius cum claui pingitur: nam terra aperitur verno: hyemali clauditur tempore. D. Alma parẽs idea: ex his tribus nominibus captauit beniuolentiam. CRI. Alma parẽs: Nam hec terra est: terra autem omnia alit.

l Refecit. S. aut re vacat. aut quia ante in ipsis forma nautum fuerat.
m Dedit esse deas. S. greca figura: vt donat habere viro.
m Iam loca iussa tenet. S. vt et supra dixim⁹ hoc κατὰ τὸ σιωπώμενον. accipiendum est: nam intelligim⁹ eum equites misisse per terram ¶ Ne castris. S. aut se subaudis. aut iungant pro. iungantur. n Arcas eques. CRI. Ostẽdit Anee se hec scire: que ipse nouit vt inde capiet fidem in vaticinatione victorie: quã ipse futuram esse nescit.
o Surge. DO. sedentem excitat non dormientem.
p Aurora. DONA. antequam plene veniat lux.
p Crastina lux mea si non irrita dicta putaris ingentes rutule spectabit cedis aceruos. SER. spectabit est vera lectio: & ordo est. Si mea dicta non putaris irrita: crastina lux ingentes aceruos cedis spectabit: nam male quidã spectabis legunt. & ad lucem referũt: quod nõ procedit: nullus enim sic loquitur. O Aenea si que dico minime credis. O lux crastina igẽtis cedis aceruos spectabis. D. Spectabis aceruos: p̃dixit futura: vt dea appareret.
r Haud ignara modi. S. moderationis quippe: qa fuerat nauis.
s Inde celerãt cur. S. Inde alie nymphe nauium cursus celeriores efficiũt: sicut fecerat cymodocea.
t Stupet inscius ipse. C. Cum presens miraculum velocitatis ani aduerteret accepit spem etiam victorie: quam illa predixerat.
v Inscius. S. rerum quas audierat: nam ex aperto credere non poterat.
x Omie. SER. Augurio. promisse victorie.
y Tollit ani. DO. Audierat a nympha etiã aduersa: ergo non letabatur: sed qa plura nũciabãtur p̃spera: attollebat animos

Precipites ferro rutulus: flammaq; premebat.
Rupimus inuite tua vincula: teq; per equor
Querimus: hãc genitrix faciem miserata refecit.
Et dedit esse deas: euuq; agitare sub vndis.
At puer ascanius: muro fossisq; tenetur
Tela inter media: atq; horentes marte latinos.
Iam loca iussa tenet forti permixtus hetrusco
Arcas eques: medias illis opponere turmas:
Ne castris iungant certa est sententia turno.
Surge age. & aurora sotios veniente vocari
Prim⁹ i arma iube: & clypeũ cape. quẽ dedit ipse
Inuictũ ignipotens. atq; oras ambiit auro.
Crastina lux (mea si non irrita dicta putaris).
Ingentes rutule spectabit cedis aceruos:
Dixerat: & dextra discedens impulit altam
(Haud ignara modi) puppim: fugit illa p̃ vndas:
Ocior & iaculo: & ventos æquante sagitta.
Inde alie celerant cursus: stupet inscius ipse
Tros anchisiades: animos tamen omine tollit.
Tum breuiter supera aspectans cõuexa p̃cat:
Alma parens Idea deum: cui dindyma cordi:
Turrigereq; vrbes: biiugiq; ad frena leones:
Tu mihi nũc pugne princeps: tu rite p̃pinques
Auguriũ: phrygibusq; adsis pede diua secũdo.
Tantum effatus: & interea reuoluta ruebat
Matura iam luce dies: noctemq; fugabat:
¶ principio sotiis edicit signa sequantur.
Atq; animos aptent armis: pugneq; parant se.
Iamq; in conspectu teucros habet: & sua castra:

a Dindymia. SE. mons phrygie. CRI. Dindyma. mõs. vñ & ipsa: dea dyndimena est dicta.
b Turrigereq; vrbes. S. ciuitates turrite: vnde & cum corona turrita: mater pingitur deum.
c Biiugiq;. CRI. q̃ bige essent.
d Ad frena leones. S. iõ hoc fingitur q̃ omnis veritas materne subiacet affectioni: & subiugata est. C fabula leonum est notissima.
e Propinques. S. familiare efficies: vt et propius res aspice nostras.
f Phrygibusq;. S. ac si diceret: cultoribus tuis.
g Tãtum effatus. SERVI. breuiter vt supra ait propter lucem iam maturam: id est plenam: nã nõ crepusculum: sed lux matura describitur.
h Reuoluta. S. aperta. sicut contra inuolutum dicimus eẽ illud quod clausum est
i Ruebat. SER. oriebatur. vt: ruit oceão nox: & est in sensu hysteron proteron. Prius enim nox fugatur: sic dies oritur.
k Sociis edicit. S. secundum edita nymphe. D. Edicit est dicere cum auctoritate aliquid curandũ iubere.

l Signa sequantur. SERVIVS. vel tessere: vl' tubarum: vel signa militaria.
m In conspectu teucros habet. C. In cõspe. contra id spacium: quo cõspect⁹ prouenit.
n Ardentem. C. Splẽdẽtẽ: vt tyrioq; ardebat murice lena: et facit rem verisimilem: nã quomõ potuisset elonginq̃ cõspici clype⁹ nisi propter splẽdorẽ: et nisi ipse ex altiore p̃te nauis extulisset.
o Clamorem. C. p̃pter subitam letitiam.

z Alma parens idea deum. SER. Alma proprie est tellus ab eo quod alat. Abusiue etiam aliis numinibus epithetõ datur. Terram autem cõstat esse matrem deum: vnde & si

p Dardanide e muris. D. oñdit quid possit spes: nam q̃ metu fugiebant. nunc spes in hostes insurgunt.

Stãs celsa in puppi: clypeũ tum deinde sinistra
Extulit ardentem: [n] clamorem ad sydera tollunt [o]
Dardanidę e muris: [p] spes addita suscitat iras: [q]
Tela manu iaciunt: quales sub nubibus atris
Strymonię [s] dant signa grues: atq; ęthera tranant
Cum sonitu: fuguintq; notos [t] clamore secũdo

q Spes suscitat iras. C. nã spes tollit animos: & animorũ elatio nos ad vltionem excitat: vnde excitatur acrior pugna: nam possũt: q̃a posse videntur.
r Quales sub nubibus altis. S: in altis.
s Strymoniecq; grues. S. a fluuio Thracię Strymone iuxta quem habitant: hec autem cõparatio non ad telorum pertinet ictũ: sed ad troianorum clamorem.
t Fugiuntq; notos. SE VI. aut q̃suis ventos frigidos: nam etiam grues significant tempestatem futuram, vt in Georgi. legimus. aut illum surgentem vallibus imis Aerię fugerẽ grues: aut reuera notos: horum enim calorem fugiunt cum reuertuntur in Thratia.

At rutulo regi:ducibusq; ea mira videri
Ausoniis:donec versas ad littora puppes
Respiciunt:totumq; allabi classibus equor.
Ardet apex capiti:cristisq; a vertice flamma
Funditur:& vastos vmbo vomit aureus ignes.
Non secus ac liquida si quãdo nocte comete
Sanguinei lugubre rubent,aut syrius ardor:
Ille sitim morbosq; ferens mortalibus ægris
Nascit:& leuo contristat lumine coelũ.
Haud tamen audaci turno fiducia cessit
Littora preripere,& venientes pellere terra:
Vltro animos tollit dictis:atq; increpat vltro.
Quod votis optastis adest:perfringere dextra
In manibus mars ipse viris:nũc coniugis esto
Quisq; sue:tectiq; memor:nũc magna referto
Facta patrũ:laudesq;:vltro ocurramus ad vndã:
Dum trepidi,egressisq; labant vestigia prima.
Audentes fortuna iuuat.
Hec ait:& secũ versat quos ducere contra.

v At rutulo regi.D.Hi eñ in plano constituti.videre Aeneã non poterãt. x Totumq; allabi classib' equor.S. cũ classibus labi.D.Totũq;.Moraliter quidẽ:nã repẽtino turbatis motu omnia maiora videntur.C.To[tumq;] al.clas. equor.nã ex timore res maior videbat. y [Ar]det apex capiti.S.ex sequentibus intelligimus æneç armorũ fieri descriptionẽ:nã dicturus est.At non audaci Turno fiducia cessit: Quãuis talia arma respiceret:si tñ primã respicias cõnexionẽ:q̃si de Turno videret dicere:q̃d nõ pcedit.Apex coni altitudo hoc loco:Est aũt Homeri.& loc':& cõparatio.Hoc aũt iste violentius posuit:q̃ ille stelle tãtum facit cõparationem: hic etiã stelle pestifere:respiciẽs:quas clades rutulis esset illaturus Aeneas.] Comete sanguinei lugubre.S.pro lugubriter. Comete aũt latine crinite stelle appellant.Et Stoici dicũt has stellas esse vltra xxii.quarũ noia et effect' Auienus:qui Iambis scripsit Virgilii fabulas memorat.Pli.secund' etiam dicit cometas stellas eẽ naturales:que apparent certis tẽporibus.Itẽ hoc quoq; cõmemorat cometas fieri de Planetis quinq;.vnde interdũ bona:interdũ pessima significant.Nam si de Venere:aut Ioue fiãt: optima prenũciant.Si de marte aut de Saturno:deteriora.Nam mercurialis semper talis est:qualis ille cui adheret:vnde & minister deorũ fingit,hinc est quod modo ait.Comete sanguinei rubẽt.i.noxii. C.Sanguinei:quia sunt de colore Martis:qui sanguineus est.& portẽdunt bella:& cedes. a Lugubre rubẽt.C.i.quia rutilant luctũ & sanguinis effusionẽ notant. b Syrius ardor.S.Stella est in ore canis:que(vt in tertio diximus) q̃tũ in ipsa est:pestifera est:sed pro qualitate adiacẽtiũ:aut vincitur: aut maioribus vtitur viribus:hinc est quod cũ certo tẽpore sp oriat.nõ sp est noxia. c Leuo.S.Noxio. d Contristat lumẽ.S.sic dicit cũ de stella loqueretur quã armis splendentibus cõparauit.Bene hoc Statius ad ipsa arma transtulit:dicens.Armaq; in aura tristia. e Haud tñ au.tur.fi.ces.C Ingẽtem quidem terrorem incutiebant:Sed tanta erat in Turno audacia:vt non discederet a solita violentia.Capitq; optimũ consiliũ ita se venienti Aeneç interponere:vt se suis coniungere non posset:vt disiunctis viribus imbecilliores essent:ex qua re ostẽditur:vt fortitudo in hoc duce erat:ita fuisse et sapientiã: que duo imperatorẽ absoluũt:altera eñi quid op' sit facto cernit.altera quod iã cognitũ est pficit. f Quod vo.op. ad.S.Magna ars persuadẽtis est:q̃d vt cupit fieri:in p̃iudicium trahat.sic hoc loco:quia vult Turnus vt optẽt pugnã eius socii:hãc eos dixit semp optasse.C.Quod vos o.Conuenientissima oratio in genere demonstratiuo:& statim ea apponit:que pudorẽ afferre possint:& infamiã:nisi viriliter animo prestent.multi eñ in quibus vera fortitudo esse nõ potest:pudore & infamie metu:ad ea impelluntur.ad que vera virtus si adesset impulisset. g [Pe]rfringere dextra. S.fortiter facere:& bñ verbo vsus est militari. h In manibus S.non iã in votis:sed in manibus res est.C.In manibus mars ipse vi.q.d.q hi qui virtute prestant pro suo arbitrio Martẽ tractẽt.i.victoriã in potestate habẽt.ergo pudenda res est:eũ effugere:quẽ totiẽs optastis:vt sit argumẽtatio ab honesto.Deinde arguit a facili:cũ in manib' fortium virorũ oĩa sunt posita.postremo ostẽdit illos non de imperio:& de ambitione certare:sed pro domo:p vita:p cõiugibus: atq; liberis:q̃ est argumẽtatio a necessitate.ergo pfectissima ex breuib' verbis oratio:ab honesto:vt fugiant opprobriũ:ne fugiãt:quos votis optarũt: quod est summa ignominia:A facili:propter eorũ fortitudinẽ.a necessario: quod pugnant pro salute sua & suorum.A vitãda ignominia:quã subirẽt:si a maioribus degenerarẽt: Iterũ a facili cũ accidat occasio:vt possint labentes nec firmo cõgressu stãtes suadere:& cogere hostes: vt in quo loco velint:i eo pugnent:addit postremo sententiã q audentes fortuna iuuat. i Esto.S. pro sit.tertia persona est. k Refert facta pa.S.Alii hic distinguunt:vt sit.referat mõ vnusq̃sq; facta patrũ & laudes.Et secut' Salu hoc dicit:qui ait hispanorũ fuisse:vt in bella euntib' iuuenib' pẽtũ facta mẽorarẽt a mrib'.Alii distinguũt.nũc magna referto facta:vt duas res dixerit:nunc vnusquisq;:et suorũ factorũ meminent: & laudis parentũ. l Hec ait.C.Mira ducis virtus,qui in tanto & tã improuiso piclo meminerit:neq; quod fieri solet in magna rerũ perturbatione sue prudentie oblit' est: nã & subita orat õe sotios ne qua in re deficerẽt corroborauit:& hostes anteq̃ in terra cõsisterent:atq; in ordines redigerentur inuadere parauit.& delectũ ex tẽpore:tũ eorũ q̃s ad expugnãda mœnia relinquerẽt:tũ eorũ quos secũ cõtra Aeneã educeret habuit.Nec minor in Aenea atq; heruscis demonstratur industria:ac celeritas:in qua etiã per Tarcõtem exprimit:sũmopore curandũ esse:ne celeritas sit sine sũma cautiõe,que nisi adhibeatur:sepe euenit:vt pperatio tarditatẽ afferat:In q̃ loco manifestũ est:tm virũ ita poti' q̃ in mezentium flagrabat p̃cipitarum:q̃ cõsilio:vt id tẽtaret adductũ esse.Ex quo recte admonet poeta:vt in agẽdis rebus:nihil p perturbationes:sed oĩa p rectã rõnem agẽda esse.Q'uã quidẽ rem sinister nauis exit':pulchre admonet:hoc idẽ sua oratio manifestat:que concitatissima est:& illud non sapienter profert.frangere nec tali puppim statione recurso.Consulit ergo poeta vite & moribus hominũ: consulit & suauissime cuidã iocunditati quam varietas af

Vel quibus obsessos possit concredere muros.
Interea Aeneas sotios de puppibus altis
pontibus exponit: multi seruare recursus
Languentis pelagi: et breuibus se credere saltu:
per remos alii: speculatus littora tarchon
Qua vada nō spat: nec fracta īmurmurat vnda:
Sed mari inoffensum crescenti allabitur estu.
Aduertit subito proras: sotiosq; precatur:
Nunc o lecta manus: validis incūbite remis
Tollite: ferte rates: inimicam findite rostris
Hanc terram: sulcūq; sibi premat ipsa carina.
Frangere nec tali pupim statione recuso
Arrepta tellure semel: quę talia postq;
Effatus tarchon: sociis consurgere tonsis:
Spumantesq; rates aruis inferre latinis
Donec rostra tenent siccum: & sedere carinę
Omnes innocuę: sed non puppis tua tarchon.
Nāq; inflicta vadis dorso dum pendit iniquo:
Anceps sustentata diu: fluctusq; fatigat:
Soluitur: atq; viros mediis exponit in vndis.
Fragmina remorū: quos & fluitantia transtra
Impediūt: retrahitq; pedes simul vnda relabēs.
Nec turnū segnis retinet mora: sed rapit acer
Totā aciem in teucros: & cōtra in littore sistit.
Signa canunt, primus turmas inuasit agrestes
Aeneas: omen pugnę: strauitq; latinos:
Occiso therone: uirum qui maximus vltro
Aeneam petit: huic gladio: perq; aerea scuta
per tunicam squallētem auro: latus haurit apertū.
Inde licham ferit exectum iam matre perempta:
Et tibi phoebe sacrum casus euadere ferri
Cui licuit paruo: nec longe cyssea durum:
Immanēq; gyan: sternentes agmina claua:
Deiicit leto: nil illos herculis arma.
Nil valide iuuere manus: genitorq; melampus
Alcidę comes: vsq; graues dum terra labores

fert. Mirifice autem pugnam varietate casuum distinguit: atq; exornat.
m Versat qs ducere contra S. cogitat quidem: sed non facit ne diuiso exercitu vtrobiq; vincatur: qd sequentia indicant: nam paulopost dicturus est: et rapit acer totam aciem in teucros. DO. Versat quos ducere In tanta desperatione: nec cōsilium. nec vim animi amisit.
n Concredere. S. con vacat.
o Pontibus alt's. SERV. scalis nautium.
p Languentis. S. trangl[illi]. q Breuibus. SER. vadis.
Per remos. S. scaphis.
s Non spirat. S. legitur & sperat: quod meli[us] est. nā dū vada esse nō sperat incidit in ea.
t Tollite ferte rates. S. ad celeritatem dictū est.
v Findite rostris. S. militari felle dictum est: vt etiam terra ipa quodammodo sentiat hostis aduentū.
x Statione. S. Statio est portus tēporalis: nā port[us] est vbi hiematur: sed mō statio sic cum littus significat. Hoc enim dicit: potiar terra: & nauem frangere non recuso.
y Innocuę. S. Innocuus est: cui non nocet. Innoxi[us] qui non nouit nocere: sed hoc poetę plerūq; confundūnt. z Dorso. S. Dorsum est durior harena: q̄ rem antibus fluctibus: et eunctibus densat: & in modum saxi durescit: quod a nautis puluin[us] vocatur.
a Iniquo. S. sibi nocēti.
b Fluctusq; fatigat. S. subaudis eam: nā fluct[us] nōminatiu[us] ē singularis.
c Exponit in vndis. S. non in vndis: Quia in ipo loco res agitat: nec est mutatio d Inuasit agrestes. S. quia dixit. Et lacos vastant cultoribus agros.
e Omen pugnę. S. Sal. pugnam illam pro omni bello futuram. Ideo ergo omen: quia sicut nunc: sic vbiq; vincet Aeneas.
f Therone. S. hoc nomē in pindaro lectum est tantum.
g Aerea scuta. C. q̄uis nō fiat positio: si plures cōsonantes sequantur vocalē: dummodo sint n̄ ī eadem

dictione: sed in sequenti: vt hic: tū raro fit.
h Tunicam squalentē: S. id est splendentem loricam.
i Hauri[t]. S. ferit modo significat.
k Et tibi phoebe sacrū. SER. omēs qui secto matris ventre procreantur: ideo sunt Apollini consecrati: q[ui]a de[us] ē medicinę: p[er] quā lucem sortiuntur. Vnde et Aesculapius eius fingitur filius: ita enim procreatū supra diximus. Cęsarum etiam familia io sacra retinebat Apollinis: q[ui]a q[ui] primus de eorum familia fuit execto matris ventre p[ro]creatus est: vnde etiam Cesar dict[us] est: lz varia de ethimologia hui[us] nominis dicantur: vt diximus supra.
l Quod licuit paruo. S. legitur: & cui licuit.
m Vsq;. S. tam diu, donec:
n Ecce pharon voces. S. legitur & pharo. vt. It clamor cœlo: vt sit datiuus ab eo quod est pharus. Si autem pharon legeris figuratum est: nam de nominatiuo transit ad datiuum: dicens clamanti.
o Flauentem malas. S. flauentes malas habentem primę etatis.
p Infœlix noua gaudia cydon. SER. de Cretensibus accipimus. Quod in amores puerorum intemperantes fuerūt: quod postea in Laconas: & totam gręciam translatum est: adeo vt Cicero dicat in libris de republica: opprobrium fuisse adolescentibus: si amatores non haberent: propter quod Poeta Cydonem inducit amatorem. Nouimus autem Cydones Cretenses dici. Sane Cydon quando nomē est proprium cy naturaliter producit: si appellatiuum corripit: vt. parth[us] siue cydon telum immedicabile torsit. Tamen Stat. etiam in proprio corripuit: vt hęc tegi promissa cydon: hęc lampedabamus: quod fecit abutens licentia: qua vtimur in nominibus propriis

q Noua gaudia cydon. SER. Quia tunc primum amare cœperat.
r Stratus. SER. deest pone.

prębuit:ecce pharon voces dum iactat inertes:
Intorquens iaculum clamanti sistit in ore:
Tu quoqꝫ flauentem prima lanugine malas
Dū sequeris clyciū:infoelix noua gaudia cydō:
Dard nia stratus dextra securus amorum:
Qui iuuenū tibi semper erāt:miserāde iaceres:
Ni fratrum stipata cohors foret obuia:phorci
progenies:septem numero:septenaqꝫ tęla
Coniiciunt:partim galea:clypeoqꝫ resultant:
Irrita deflexit partim stringentia corpus
Alma venus:& fidum Aeneas affatur achatem:
Suggere tęla mihi:non ullū dextera frustra
Torserit in rutulos:steterāt quę in corpore graiū
Iliacis campis:tum magnam corripit hastam
Et iacit.illa volans clypei transuerberat æra
Meonis:& toraca simul cum pectore rumpit.
Huic frater subit alcanor:fratremqꝫ ruentem
Sustentat dextra:traiecto missa lacerto
protinus hasta fugit:seruatqꝫ cruenta tenorem:
Dexteraqꝫ exhūero neruis moribūda pepēdit.
Tum numitor iaculo fratris de corpore rapto
Aeneam petiit:sed non & figere contra
Est licitum:magniqꝫ femur perstrinxit achatę.
Hic curibus fidens primęuo corpore Lausus
Aduenit:& rigida dryopen ferit eminus hasta:
Sub mentum grauiter pressa:pariterqꝫ loquētis
Vocem:animāqꝫ rapit:traiecto gutture:at ille
Fronte ferit terram:& crassumvomit ore cruorē.
Tres quoqꝫ threicios borę de gente suprema:
Et tris quos idas pater:& patria ismara mittit.
per varios sternit casus:occurrit Alesus:
Aurunceqꝫ manus:subit & neptunia proles

s Miserande.S.pro miserandus:nam pro nominatiuo vocatiuum posuit:vt econtra socer arma latinus habeto:licet illic possit accipi:socer arma latinus habeat:nam habeto & secundę & tercię personę est:tñ alibi nominatiuum p vocatiuo posuit.vt:Corniger hesp͛idū fluuius regnator aquarum:
t Stipata co.S.vnanimiter veniens. v Septenaqꝫ tęla.S.more suo pro septē vt bina pro duobus.
x Deflexit partim stri.co.al.ve.S.male ait Donatus hoc loco:ante dictorꝫ oblitum esse Virgiliū:qꝫ post Iouis prohibitionem bellis faciat numina interesse:nō respiciens Iouem magis deos hortatū eē in foedera:qꝫ a bellis prohibuisse:nam et paulopost:tam Iuno qꝫ Iuturna bellis interfuerunt. C. Deflexit flectendo remouit.
y Achatē.S.oīa nomina quę in tes exeūt:vocatiuum in a mittūt:vt achates achata:thymoeta.
z Suggere tęla mihi.S.ordo est:suggere tęla mihi:quę in campis iliacis in grecorum stetere corporibus:nullum enim mea dextera i rutulos sine causa iaculabit telum:eorum quę iā sunt cęde hostiū comprobata.
a Transuerberat.S.scindit. b Toraca.D.Torax dicitur indumentum:quo bellator vsqꝫ ad pectus munitur.
c Traiecto missa lacerto:S:qua fuerat missa retroacto lacerto. d Protinus.S.iugiter:continue.
e Tenorē.S.currēdi modum. f Morebunda.S.morienti similis:quod ita esse etiam Salu.ostendit:qui ait:quasi vitabundus per tramites:& saltuosa loca exercitum ductare:nam Iugurtha nō vitabat legatum:sed eū vitare simulabat:nā quia nomen est:ideo significat similitudinem:non passionē:quod si participaliter diceret:a passiuo veniret:omnia enim a passiuo participia in dus exeunt.Moribunda similis morienti:nō enim participaliter aliquid significat:sed nominis habet significationē.Nominis autē significatio similitudinem habet:non passionem:quando dico moriturus est:vere moriturus est:moribundus vero nō vere:sed similis morienti:vnde:et Salustius dixit:quasi vitabundus.
g Fratris de corpore rapto.S.Si diceret fratrum:de corpore speciosius eēt:quod ideo omisit:quia hasta Alcanoris tātum vulnerauerat manum in Meonis vero hęserat corpore:
h Femur.S.Femur dicimus:quia lectū est.Et declinat:hui9 femoris:illius ꝓ ablatiui:nō inuenitur nomīatiuus.Lętus eripit a foeminę.licet Caper in libris enucleati sermonis dicat femen:sed non ponit exemplū:ergo aut hoc femur:aut hoc femen:nam femus non dicimus penitus. i Hic cur.S.hoc est tunc.Et est ordo Tunc fidens primęuo corpore aduenit Lausus curibus:quę erat de curibus:vt Verres romulia:aut fidēs curib9:vt.ecce sabinorū prisco de sanguine magnū Agmen agens lausus.
k Rigida tenens eam.S.non vibrans:& iaciens.CRI.Rigida.inflexibili ergo durissima.
l Borę de gente supra.SER.Aut originē ducens a zetho & calai:qui borę filii:et Nymphę Orythyię fuerunt:vt de gente:de genere accipiamus.Aut certe in hyperboreis mōtib9 natus:vnde est origo venti borę.
m Ismara.SER.Thracię ciuitas a monte Ismaro.
n Expellere tendunt.S.loco se inuicem moueri cōtendunt.

Insignis mesapus equis:expellere tendunt
Nunc hi nunc illi:certatur limine in ipso
Ausonię:magno discordes æthere venti
Prelia ceu tollunt animis:& viribus equis.
Non ipse inter se:nõ nubila:non mari cedit.
Anceps pugna diu:stant obnixa omnia cõtra.
Haud aliter troianę acies:aciesq; latinę
Concurrunt:hęret pede pes:densusq; viro vir.
At parte ex alia qua saxa rotantia late
Intulerat torrens:arbustaq; diruta ripis:
Arcades insuetos acies inferre pedestres
Vt vidit palas latio dare terga sequaci:
Aspera quis natura loci:dimittere quando
Suasit equos:vnum quod rebus restat egenis:
Nunc prece nunc dictis virtutẽ accẽdit amaris.
Quo fugitis socii:per quos & fortia facta:
per ducis euandri numen:deuictaq; bella
Spemq; meã:patrię quę nũc subit ęmula laudis
Fidite ne pedibus.ferro rũpendaq; p hostes
Est via qua globus ille virum densissimũ vrget.
Hac vos:& palanta ducem patria alta reposcit.
Numĩa nulla p̃mũt:mortali vrgemur ab hoste:
Mortales totidem:nobis animęq;:manusq;:
Ecce maris magno claudit nos obice pontus:
Deest iam terra fugę:pelago troiã ne petetis:
Hęc ait:& medius dẽsos prorumpit in hostes.
Obuius huic primũ fatis adductus iniquis.
Fit lagus:hunc magno vellit dũ põdere saxũ
In torto figit telo:discrimina costis
per medium qua spina dedit:hastãq; receptat
Ossibus hęrentẽ:quẽ nõ super occupat hilbon:

o Limine. S. littore: p Magno æthere. S. i. aere in magno:nã venti in æthere non sunt sed in aere: sicut supra: atq; æthera tranãt cũ sonitu: p aerẽ. q Obnixa o. cõ. S. Mare. mari:nubes nubibus:venti ventis. Legitur & obnixi:vt referatur ad ventos. r Hęret pede pes. S. pro pedi:nã antiprosis est:& est Homeri versiculus. C. Hęret pede pes. ex metri necessitate posuit pede pro pedi p antiprosim. s Arcades. S. accusatiuus est pluralis cuius vltima sillaba ideo breuis est:quia nomĩatiuꝰ plis i es terminaẽ:vt hi arcades: delphines delphinas. t Insuetas. C. Ergo digni venia:pugnabãt enĩ pugna pedestri:cui nõ essent assueti:neq; id stulta electiõe adducti:sed iniquitate & asperitate locorum coacti:excusantur ergo ꝙ fugiant:maximaq; datur adolescenti laus ꝙ in tanto periculo:& senili consilio:& inuicto aĩo vsus:summi ducis officiũ adimpleuerint. v Latio se. S. p latinis:alibi. Inuadunt vrbem somno vinoq; sepultam. x Dimittere qñ. S. siquidẽ & est Romanę militię:nam in locis impeditis eqs comitibus dabant:& pedestri certamine cõfligebãt. y Quo fugitis. S. Hoc a mare dictum est:nã p̃ces sequunẽ. D. Quo fugitis. cũ oia teneant hostes. C. Quo fugitis. q. d. cũ nullum victis refugiũ sit: nã vt ait Salu. Nec locus:nec amicus quisq; texit:quẽ arma non texerunt. Arguit ergo a necessario non eẽ fugiendũ. Et vt pudore:q̃ res in animis excellentibꝰ multũ valet:eos retineat: cõmemorat facta eorum excellentia:& gloriã Euãdri regis:quę oia pręsenti pugna decurbari dehonestariq; facile possint:si fugiant:addit & spem suã: & modeste ita rẽ tractat: vt omnia ad illos adhortandos non ad se ipsum laudandũ tendere videatur. ʒ Deuictaq; bel. S. finita:exhausta:nã hostis vincitur:nõ bellum. a Fidite ne pedibus. S. Datiuus est pedibus:nã fido tibi dicimus. C. Fidite ne pedibꝰ. i. fugę:ad exitiũ tamẽ producit:quasi dicat si amittenda vita est potiꝰ gloriose dũ viriliter pugnatis:q̃ ignominiose dũ turpiter fugitis amittenda est. Dehortatur ergo fugam:quoniã turpissima sine aliqua vtilitate futura sit. Deinde hortaẽ ad pugnã:quã suadet ab vtili:cũ illa sola salutẽ sibi cõparare possint:ostendit q; non esse illam impossibilem:cũ res illis cũ hominibus:qui vinci possunt: & nõ cũ diis:qui sunt inuicti futura sit postremo ostendit necessariũ esse illos stare:qñ fuga omnis interclusa illis sit. b Hęc vos & palãta ducẽ patria alta reposcit. S. Hoc vult patria:vt per cędes hostiũ reuertamur. c Numina nulla p̃mũt. S. argumentaẽ a facili dicens nõ cõtra deos:sed cõtra mortales bella tractamus. d Ecce maris. S. Quod est efficax i fine posuit:nã dicit eos quo fugiant nõ habere cũ terra teneaẽ ab hostibꝰ:mare autẽ pedibus transire nõ possint:castra vero ĩgredi turpissimũ sit: aut certe ẽt ĩpossibile:si ab hostibꝰ obsidentur:vt quidam volunt intelligẽtes. Et rapit acer totã aciẽ in teucris. s. q̃ deducebat certę relictis. e Magna claudit nos obice. S. nõ vsus habet:vt dicamus:hic obex:vñ quidem magno obine legũt: antiqui etiã hęc obex dicebant secũdum q̃d est magna obice:hiec ẽ ꝙ nõnulli vitãt generis dubietatẽ: & legũt magni. s. maris. Caper tñ i libris dubii generis:pbat dici hic & hęc obex:quod vt diximꝰ hodie de vsu recessit. f Dẽsos prumpit in ho. S. vt eos hortareẽ exẽplo. C. Et medius densos:non enim verbis solũ:sed mlto magis exemplo suo psuadendũ erat. g Fatis iniqs: S. exitũ p̃occupauit futurũ. h Magno põdere. S. magni ponderis:vt ære cauo clypeũ p cauo. i Receptat. S. Iõ frequẽtatiuo vsus est:qa hęrẽtẽ hastã ossibꝰ auellere facile non poterat:ergo receptat est frequenti cõcussione diuellit. k Sup occupat. S. quẽ nõ desup occupat iō aūt desup̄: quia palas ad euellendā hastam fuerat inclinatus. l Nam palas ante ruentē dum furit. S. Ordo est: nā eundē palas ante excœpit: i. dolo interemit. Ille em̄ incautus fuerat furens propter crudelem mortē sodalis: vnde & incautus fuerat. m Tumido in pulmōe. S. Et naturaliter tumido: & quia furebat: i pulmōe aūt recōdit archaismos ē: pro in pulmonē. n Rheti de gente vetusta anchemolū. S. Hęc fabula nusq̄ inuenit in auctoribus Abienus aūt: qui totum Virgiliū Iambicis scripsit hanc cōmemorat: dicens grecam esse: Rhętus ergo Marrubiorū rex fuit in italia: qui Anchemolo filio Caspiā superduxit nouercā. Hanc priuignus stuprauit: quo cognito cum eū pater persequeretur: & ad penam vocaret: fugiēs illese ad Turnū contulit. o Suis. S. etiam suis Luca. Et amissum fratrem lugentibus offert. p Discrimina. S. differētias. q Tymbre. S. p tymber metri causa metaplasmū fecit. r Euādri⁹ abstulit ensis. S. possessiuū est mō: non patronymicon. s Semianimesq̄ micāt digiti ferrumq̄ retractāt: S. Ennii ē: vt: Oscitat i cāpis caput a ceruice reuulsū Semianimesq̄ micāt oculi: lucēq̄ requirunt: quem versum ita trāstulit ad suum carmē Varro Atacen⁹. t Arcades. D. Vehementer mouet̄ virt⁹ alieno exēplo maxie ducis. petit tēlo & precatur. CRISTO. Archades Multa ponit simul: quę singula arcades excitare possent. Primū p̄sentia orantis ducis. Deinde eiusdem exemplū: q̊d etiā timidos ignauosq̄ excitare valet: Pudor deniq̄ qui ab omi dedecore mortales abstinere cogit: atq̄ iracundia: q̄ ad queq̄ grauissima pericula p̄cipites agit. Sapientissimus ergo poeta: vt rē verisimilē faciat: nullam ex validissimis causis: quibus ad piculosissimā pugnam accēdi possent: omisit. Nā cum fortitudo vna sit: & i paucis inueniatur: posuit omnia quę sępissime virtutis

Ille quidem [l] hoc sperans: nam palas ante ruentē
Dum furit incautum crudeli morte sodalis
Excipit: atq̄ ensem tumido in [m] pulmōe recōdit:
Hinc sthenelum petit: [n] & rethi de gente vetusta
Anchemolū: thalamos ausum īcęstare nouercę.
Vos etiā gemini rutulis cecidistis in aruis
Daucia laride: thymberq̄ simillima proles:
[o] Indiscreta suis gratusq̄ parentibus error.
At nunc dura dedit vobis [p] discrimina palas.
Nā tibi [q] thymbre caput [r] euādrius abstulit ensis.
Te decisa suum laride dextera quęrit:
[s] Semianimesq̄ micant digiti: ferrūq̄ retractant.
[t] Arcadas accensos moniti: & prēclara [v] tuentes
Facta viri: mixt⁹ [x] dolor: & pudor armat in hostes.
Tum palas biiugis [y] fugientē rhętea prēter
Traiicit, hoc spatium tantumq̄ morę [z] fuit ilo.
Ilo namq̄ procul validam direxerat hastam:
Quā medi⁹ [a] rhœteus intercipit: optime [b] teucra
Te fugiens: fratrēq̄ [c] tyrem: curruq̄ volutus
Cędit semianimis rutulorum calcibus arua.
Ac velut [d] optato ventis ęstate coortis
Dispersa immittit syluis incendia pastor:
Correptis subito mediis [e] extenditur vna
Horrida per latos [f] aties vulcania campos.
Ille sedens [g] victor flāmas despectat [h] ouantes.
Non aliter sociū virtus [i] coit omnis in vnum:
Teq̄ iuuat pala: sed bellis [k] acer Alesus
Tendit in aduersos: seq̄ [l] in sua colligit arma.
Hic mactat lacona: pheretaq̄: demodocumq̄:
Strimonio dextram fulgenti diripit ense
[m] Elatam in iugulum: saxo ferit ora thoantis.

vicem agunt: deinde cum narratio tātę stragis in fastidiū auditorē ducere posset: locū ipsum mira varietate distinguit: & multis luminibus illustrat.

v Tuentes. S. nunc vidētes. alibi defendentes.

x Dolor et pudor. S. sic de Mezentio. Aestuat ingens. Vno in corde pudor mixtoq̄ insania luctu.

y Fugientē rhętea. S. prēter fugientē.

z Fuit ilo. S. Subaudis ad mortem ilo hoc spatiū fuit tantū: & hęc sola mora: quo min⁹ ilus periret.

a Rhœte⁹. C. Hūc Marrubiorum: qui in Marsis sunt regem fuisse dicūt: & Anchemolo filio nouercā Casperiam induxisse: ast ille eam cōstuprauit: indeq̄ iram patris metuēs ad Turnū fugit.

b Teucram. S. ab eo q̊d est hic teucras huius teucrę. quomō Aeneas huius aenee.

c Tyrem. S. ab eo quod est hic tyres.

d Optato. S. ex voto: p̄ ęstatem enim venti freq̄nter optantur. & quasi contingere videntur ex voto.

e Extenditur vna. S. Sicut duces diuersis locis cōmissa proelia continuauerant.

f Acies vulcani. S. Ideo abusus ē: quia cōparatio ad bellum pertinet: nā de igne dicere atiem: satis incongruum est. Ergo acies vulcania: vis ignis: quę late per campos effundit.

g Victor. S. cui vota p̄cesserunt: voti campos. i. επιτυχων. h Ouātes. S. abusio est non p̄priētas.

i Coit omnis in vnum: S. vnanimiter omnes fortiter faciunt.

k Sed bellis acer. S. Sed mō p̄ticula incœptiua ē: sicut in Salu. sępius. sicut aut interdū: nam non est coniunctio ratiocinantis.

l In sua collegit arma. S. post scutū se claudit. Alibi & se colligit in arma.

m Elatam in iugulum saxa ferit ora thoantis. S. Iugulo suo vulnus minātem.

n Fata canēs syluis genitor celarat Alesum. SER. quasi diuinus. Alii cauēs legunt: secūdum quod nō statim et diuinus apparet

Ossaq; dispergit: cerebro permixta cruento.
Fata cauens[n] syluis genitor celarat Alesum:
Vt senior loeto canentia[o] lumina soluit:
Iniecere[p] manum parcę: telisq; sacrarunt
Euandri. quem sic q alas petit ante precatus.
Da[q] nūc tybri pater ferro quod missile libro
Fortunam: atq; viā duri per pectus alesi:
Hec arma exuuiasq; viri tua quercus[r] habebit.
Audiit[s] illa deus: dum texit Imaona alesus:
Arcadio infoelix telo dat pectus inermum.

nāct ab aliis audita caue re potuerat.

o Canentia lumina .S. aut hyppallage est ꝓ ipse canēs: aut physicam rem dixit. dicūtur enim pupillę mortis tempore albescere.

p Iniecere manum parcę. S. Traxerunt debitum sibi: & sermōe vsus est iuris: nam manus iniectō dicitur: quotiens nulla iudicis auctoritate expectata rem nobis debitam vendicamus:

q Da nūc tybri pater ferro. S. Vicinū inuocat nomen: cuius ripis bella tractat: sic supra. Tu dea tu presens nostro succurre labori.

r Tua quercus: S. in tuis ripis creta.

s Audiit. S. modo exaudit: & ad effectum deduxit: Paulopost tātum audit: vt audiit Alcides iuuenē: ¶ Dū texit. dū spoliat: tam tempus ꝑsens est:

non preteritum: ab eo q̃d est tego: sic Plau. Ego hũc hominem detexam pallio.

t At nõ cede viri tãta perterrita lausus. S. Subaudis esse.

x Nodumq̃ moraq̃. S. ne addit moram: ne nodũ alium acciperemus: nam nodus proprie est dẽsa peditum multitudo: sicut turma equitum: vt lectum est in disciplina militari. Nodũ ergo pro difficultate accipe: que vix possit exolui.

z Graiis imperdita corpora teucri. S. Quos greci perdere nequierunt.

y Teucri. SERVI. Teucros accipimus: quos secum duxit Aeneas: nam quorum de numero: qui sese in bello sequantur. Prestantes virtute legit: aliis actioni procedit: nam paulo post erupturi sunt: qui obsidentur in castris.

a Extremi addẽsant acies. S. luc. Quãtũ pede prima relato. Constringit gyros acies. Densẽt aũt secunde coniugationis est.

Nec turba moueri Tela manusq̃ sinit. S. Luca. Gladiosq̃ suos compressa timebat.

b Maiore sub hoste. S. Sub hostilitate: nam sub diuersis hostibus pereũt.

c Solus ego in palanta. CRI. vtinã pater spectator adesset: Amara verba. & est illud dicendi genus ardens: & concitatum: de quo in superioribus diximus.

d Cuperem ipse parens. D. ipse scilicet qui amat: ipse qui inimicis meis auxilia subministrat: ipse a quo missus est contra me.

e Spectator. DO. Quia grauiora sunt que videntur q̃ q̃ audiũtur: Quod Leoni Turnum: & tauro palantem comparat: iam euentum rei demonstrat.

f Aequore iusso. S. pro ipsi iussi est vsurpatũ participium: nam iubeor nõ dicimus: vnde potest venire iussus. Sic ergo hic participium vsurpauit. vt Horatius verbum dicẽs. Hec ego procurare: & idoneus imperor: & non inuitus: ergo satis licẽter dictum est: adeo vt hoc loco Probus hic correptum a: lõgũ posuerit.

ᵗAt non cede viri tanta perterrita Lausus:
pars ingens belli: sinit agmina: primus abantẽ
Oppositum interemit: pugne nodũq̃ moraq̃ᵛ.
Sternitur archadie proles: sternuntur hetrusci:
Et vos o graiisᶻ imperdita corpora teucriʸ.
Agmina concurrunt: ducibusq̃ et viribus eq̃s:
Extremiᵃ addensant acies: nec turba moueri
Tela manusq̃ sinit: hinc palas instat: & vrget.
Hic contra Lausus: nec multum discrepat etas,
Egregii forma: sed quis fortuna negarat
In patriam reditus: ipsos concurrere passus:
Haud tamen inter se passus regnator olympi.
Mox illos sua fata manent maioreᵇ sub hoste.
Interea soror alma monet succurrere Lauso
Turnum qui volucri curru mediũ secat agmẽ:
Vt vidit socios: tempus desistere pugne:
Solusᶜ ego in palanta feror: soli mihi palas
Debetur: cuperemᵈ ipse parẽs spectatorᵉ adesset:
Hec ait: & socii cesserunt equoreᶠ iusso.
At rutulum abscessu: iuuenis tũᵍ iussa superba
Miratusʰ: stupet in turno: corpusq̃ per ingens
Lumĩa voluit: obitq̃ truci procul omnia visu.
Talibus & dictis it contra dicta tiranniⁱ.
Autᵏ spoliis ego iam raptis laudabor opimis:
Aut leto insigni. sorti pater equus vtriq̃ est:
Tolle minas fatus: medium procedit in equor
Frigidusˡ archadibus coit in precordia sanguis.
Desiluit turnus biiugis: pedes apparet ire
Cominus: vtq̃ᵐ leo speculaⁿ cum vidit ab alta
Stare procul campis meditantem proelia taurũ
Aduolat: haud alia est turni venientis imago.

g Tum. S. deinde.

h Miratus stupet. C. psaga sũt hec future mortis.

i Tyranni. S. regis superbi.

k Aut spoliis iam ego raptis laudabor opimis: Aut leto. S. Dilema argumẽtũ est: quod est abvtraq̃ parte firmissimum: & cõcludit aduersarios. Spoliis opimis: Que dux duci detrahit: vt diximus supra opima sunt spolia. C. Aut spoliis iam ego raptis laudabor opi. Aut leto. Oratio conueniens magnanimo iuueni.

l Frigidus archadibus coit in precordia sanguis: SE. p. Presagio mortis future: CRI. Frigidus archadibus coit in precordia sanguis: et hoc etiam presagiebat futurã calamitatẽ.

m Vtq̃ leo. SER. leo ad virium violentiam ac feritatẽ: & est ordo: vtq̃ leo aduolat: talis est Turni imago venientis. CRIS. vtq̃ leo. Quadrat comparatio. nam & si taurum vincat leo: non tamen multo inferior est taurus leõe: ostẽdit autẽ quod natura euenire solet: plus in adolescẽte animorũ fuisse q̃ prudentie.

n Specula cum vidit ab alta. SER. Hoc ad currus altitudinem spectant.

o Haud alia est turni venientis imago. CRI. Nã leo ita in taurum fertur: vt nihil de victoria dubitet.

p Contiguum misse fore credidit haste. SERVIVS. postquã vidit eum venisse intra iactum teli: scilicet vt posset feriri.

q Ire prior pallas: si qua fors adiuuet ausum SERVI. Subaudi voluit. CRISTO. Ire prior pallas: si qua fors adiuuet ausum. Diffidẽtie hoc potius q̃ cõfidẽtie signũ esse videt: q̃d manifestius oratio sua ad Herculem demonstrat.

Hunc vbi contiguũ missę fore credidit hastę

Ire prior palas: si qua fors adiuuet ausum

Viribus imparibus: magnũq; ita ad æthera fat:

Per patris hospitiũ: & mẽsasquas aduena adisti

Te precor alcide: cœptis ingentibus adsis.

Cernat semineci sibi me rapere arma cruenta:

Victoremq; ferant morientia lumina turni.

Audiit alcides iuuenem: magnũq; sub imo

Corde premit gemitũ: lachrymasq; effudit in

Tũ genitor natum dictis affat amicis: (anes.

Stat sua cuiq; dies: breue: & irreparabile tẽpus

Omnibus est vitę: sed famã extẽdere factis:

Hoc virtutis opus: troię sub mœnibus altis

Tot gnati cecidere deum: quin occidit vna

Sarpedon mea progenies: etiam sua turnum

Fata vocant: metasq; dati peruenit ad eui:

Sic ait: atq; oculos rutulorum reiicit aruis.

At palas magnis emittit viribus hastam:

Vaginaq; caua fulgentem diripit ensem.

Illa volans humeri surgunt qua tegmina sũma

Incidit: atq; viam clypei molita per oras:

Tandem etiã magno strinxit de corpore turni.

Hic turnus ferro pręfixum robur acuto

In palanta diu librans iacit: atq; ita fatur.

r Fors. S. fortuna propter illud. Audentes fortuna iuuat. s Te precor alcide. S. supra contra inferiorem hostẽ flumi nis implorauit auxiliũ: nunc contra maiorẽ v ribus: deum vocat virtute prestantẽ.

t Cernat semineci. S ad illud quod ait Turnꝰ Cuperem ipse pa sp. a. Hic dicit: ipse suum cernat interitum. v Victoremq; ferant mo. tur. S. Donatus dicit meminerint: sed melius est sustineãt: quasi põdus & pœnam: nõ enim possunt meminisse oculi. x Audiit. C. q. d. libẽter exaudisset: si fata darent. y Lachrymasq; effu. S. ostendit euentum futurũ. z Stat sua cuiq; dies. S. sectis philosophorũ poetę p qualitate negotiorũ sp vtuntur: nec se vnq; allegant: nisi quorum hoc ppositũ est: vt facit Lucre. Qui epicureos tm̃ secutus est. Scimus aũt inter se sectas cõtrarias esse: vñ fit vt in vno poeta: aliqua inueniamus cõtraria: nõ ex ipsius vitio: sed varietate sectarũ. Illud nãq; quod ait in quarto. Sed misera ante diẽ: Epicureorũ est: qui casibus cuncta concedunt. nũc quod dicit: stat sua cuiq; dies Stoicorum est: qui dicũt fatorũ statutã seruari: sane prudenter fecit: vt fluxã & vagã opinionẽ Epicureorũ daret homini: nã illud ex psona poetę dictũ. Hanc aũt validam daret Ioui: nã Stoici & nimię virtutis sunt: & cultores deorum. Stat. Fixa est. dies: tps vitę: nã fœmineo vsus est genere: cũ em̃ masculino vtimur: reuera diẽ significamus.

a Breue tps v. S. qz qñq; finit. ipse paulopꝰ. Rhebe diu: res si qua diu mortalibus vlla est viximꝰ. Item Cice. Quid ẽ em̃ hoc ipm diu in quo est aliqd extremũ. b Irrepabile. C. quod reparari. i. restaurari neqt. Oratio est q̃ et orantis: & et ad quẽ verba habentur vehemẽter q̃dret. Quis enim & apud deos maiore maiestate pręditꝰ est: q̃ Iupiter: aut apud hoies constantior Hercule: c Omnibus est. S. Magna cõsolatio: quę ostẽdit nõ eẽ delenda cõia. d Sed famã extendere factis. S. contra illud quod occurrebat: vitanda esse ardua si breuis est vita. dicit ergo amandas esse virtutes: vt vitę breuitas: fama & glorię meritis possit augeri. e Hoc virtutis opꝰ. S. opus officium. C. Hoc vir. op. i. hoc pstari possunt viri virtute pditi. Propterea dixit supra versu vicesimo quarto. Corpꝰ igẽs. Vbi ostendit proceritatẽ corporis: Nã refert Martinꝰ annalium scriptor in sua Martiniana: imperante Heinrico tertio. huius cadauer haud procul a Roma ab agricolis effossum: adeo integrũ: vt nuper extinctum videret: adeo ingens q; vt mœnia Romana proceritate superaret: & supra eius capus lucemã perpetuo ardentẽ: quę nullo liquore nec spiritu extingui posset: sed tãdem perforato fundo extincta est. erat aũt & epithaphiũ hmõi: filius Euandri Pallas: quẽ lãcea Turni militis occidit: mole sua iacet hic. f Gnati deum. S. Achilles thetidis. Memnon Aurorę. Ascalaphus martis.

g Sarpedon. S. vltia habebit accentum in nominatiuo. secũdũ Home. qui & sarpedontis et sarpedonos facit: & vltima & penultima. h Etiam sua tur. S. multi eciã legunt. vt sit ecce: & ptinet ad cõsolationẽ: nã sic ait. periturus est ille qui vincit.

i Metas. S. fines: vt i primo. His ego: nec metas rerum: nec tempora pono. k Peruenit. S. bene ad exprimẽdum celerẽ mortis aduentum: preterito vsus est tempore.

l Rutulorũ reiicit aruis. S. Respiciendo fecit partẽ fœliciorem: vt aspice nos hoc tantum. quippe qd em̃ videt admodũ iuuat. C. Oculos rutulorum reiicit aruis. vt demonstraret: q̃uis pallas occidẽdus esset: non plus fauere Turno q̃ sibi: nã dii solo aspectũ fauent.

m Reiicit aruis. SER. re naturaliter breuis est: et p longa posuit. Sic alibi: Reiice ne maculis infuscet vellera pullis: quod licet possit excusari: quia cum iaciat reiici inter duas vocalis i posita producit superiorem. vt dicamus eã lõgam esse spe: quia per declinationem longa futura est: tamen quia in hac re argumẽtum magis est q̃ ratio: dicamꝰ ecbasim factum: quę poetis pleũq; conceditur.

n Fulgentem deripit ensem. SER. ne iacto telo inermis esset.

o Atq; viam clypei molita per oras. S. Hoc est cũ difficultate quesiuit per quod & soliditas clypei: & minus firmus hastę iactus ostenditur. CRISTO. Illa viam. Non defuerunt vires iuueni: sed hasta non incidit in corpus Turni: expressit autem mirifice interiti adolescentis ardorem: cum eodem tempore: & hastam contorserit: & illa contorta ensem distrinxerit.

p Diu librans iacit: atq; ita fatur. CRISTO. Tanq̃ securus. neq; de euentu quicquã dubitans: quod oratio manifestat. q Num mage sit nostrum penetra. SERVI. legi

Aspice nū[q] mage sit nostrum penetrabile[r] telū:
Dixerat: ac clypeum tot ferri terga tot æris
Cum pellis totiens obeat circumdata tauri
Vibranti cuspis[s] medium transuerberat ictu:
Loriceq̨ moras: & pectus perforat[t]: ingens.
Ille rapit calidum frustra de vulnere telum:
Vna eademq̨ via sanguisq̨: animusq̨ sequūt[v].
Corruit[x] in vulnus: sonitū super arma dedere:
Et terram hostilem moriens petit ore cruento:
Quem turnus super assistens.
Arcades hęc inquit memores mea dicta referre[y]
Euandro: qualem meruit palanta remitto
Quisquis honos tumuli: qcqd solamē[z] humādi
Largior: haud[a] illi stabunt æneia paruo[b] (est
Hospitia: & leuo pressit pede talia fatus
Exanimem rapiens: immania pondera[c] balthei[d]:
Impressumq̨ nefas[e]: vna sub nocte[f] iugali.
Cęsa manus iuuenum fœde: talamiq̨ cruenti.
Quę bonus[g] Eurycion multo celauerat[h] auro:
Quo nūc turnus ouat spolio: gaudetq̨ potitꝰ.
Nescia[i] mens hominum fati sortisq̨ futurę:
Et seruare modum rebus sublata[k] secundis:
Turno tēpus erit: magno cū[l] optauerit emptū
Intactum palanta: & cū spolia ista diemq̨
Oderit: at socii multo gemitu[m]: lachrymisq̨
Impositum scuto referunt palanta frequentes.
O dolor[n]: atq̨ decus magnū rediture parenti:
Hęc te prima dies bello dedit: hęc eadem aufert
Cum tñ ingentes rutulorum linquis aceruos.
¶ Nec iam fama mali tanti: sed certior[p] auctor
Aduolat æneę: tenui[q] discrimine lęti
Esse suos: tempus versis[r] succurrere teucris.

tur & magis est: vnus tñ est sensus: sed si mage legamus propter metrū dictum est pro magis: sicut etiā pote p potis Persius Qui pote vis dicā nugatis cum tibi calue: quod adeo in vsu venit: vt etiā in prosa inueniatur. C cetera frumētaria. Mage cōdēnatū hoiē i iudiciū adduci nō posse. r Penetrabile. S. ppēetrale dr: nā qd penetrat penetrale dr: qd aūt penetratur penetrabile. s Cuspis ingēs. S. ita accipiendū est ne incōgruum sit: si de puero dixeris ingens pectus. Sane cuspidem abusiue p hastę mucrone posuit. t Et pectus perforat. S. hic distinguendū: vt ingens sicut diximꝰ ad superiora possit referri. v Animusq̨ sequuntur. S. p anima: nā animus consilii est: aīa vitę. x Corruit in vul. C. ex Homero. y Referri. euādro. S. Pōt et hic distingui pōt et ē referri vt sit Euādro remitto qlē meruit filiū. z Solāeq̨n humādi ē. S. quia solatiū viuētiū ē humare defunctos.
a Stabunt. S. cōstabūt. b Paruo. S. nō paruo piculo. c Immania pondera. C. & per hoc etiam ostendit corporis magnitudo: cū tātꝰ esset balthe⁹. d Balthei. S. potest et syneresis esse balthei: & hypmetrus versus: nā sequēs a vocali inchoat. Baltheꝰ aūt in singulari masculini tñ ē generis. Iuue. Baltheus & tunicę: in plurali numero & neutri iuue. Quoties rumoribꝰ vlciscūtur balthea: e Impssumq̨ ne. S. Insculptū danaidū nefas. Donatꝰ tñ dicit impssum: coactū a pře compulsę sunt facere, quarū talis est fabula. Danaus. & Aegysthꝰ belli filii fuerūt ex his Danaꝰ. l. filias habuit. et Aegysthꝰ totidē filios. Danaꝰ coactꝰ a fratre: vt filias iuuenibus traderet mřimonio: in ipos nuptiarū dies gladios virginibus dedit: quibꝰ illę ex pcepto pris spōsos suos interfecerunt excœpta Hypmestra q̄ Lynceū suauit. C. Impssūq̨ ne. Quasi velit hoc triste fuisse pd. giū. f Vna sub no. iu. D. huiusmōi cœlatura triste augurium detulit turno futurū. vt ipse nuptiarū cā esset periturus. g Bonus eurytion. S. laus ab artifice: vt Mira quē fecerat arte lycaon. Itē diuini opus alchymedontis. C. Bonꝰ: doctus: vt cur nō Mopse boni: qm̄ ꝯuenimꝰ ambo. h Celauerat. C. sculpserat: nā cœlū sculpellū est: q̄ statuarii statuas sculpēdo cōficiunt. i Nescia mēs ho. S. qa ppter hunc periturus est baltheū: quē nūc se sustulisse lœtat. C. Nescia mēs h. Miseret humani generis: cuius tanta est rerū inscitia: vt sępissime gaudeant se adeptos esse ea q̄ sibi exitio futura sint: vt copiosissime psequitur Iuue. in ea Satyra: cuius initiū est oibus in terris: q̄ sunt a gadibus. Ibi em̄ est nocitura toga: nocitura petuntur militia: inuehitur etiā in hoim insolentiā: qui in rebꝰ secūdis ita efferunt: vt se intra modestię terminos cōtinere nō possint. k Sublata. S. elata. l Magno cū op. S. pcio. s. Sic alibi & magno mercēt atridę: & ē sensus talis. Tempus erit q̄ Turnus optabit quouis pcio redimere: ne ipse palantē occidisse videat.
m Multa gemitu. S cū multo gemitu. n O dolor. S. Hos duos vsus plerique a poeta dictos volūt. Alii a sotiis: qui portāt cadauer: dolor autē propter hęc te prima dies bello dedit: hęc eadē aufert. Decꝰ propter: Cū tamen ingentes rutulorum linqs aceruos. o Hęc te prima dies. C. Ostendit q̄ sint fallaces rerū euentus quā incerta in rebus fortuna: q̄ nihil de ea sperandū: nam is qui plenus spe venerat: & victoria iam oīa cō cœperat: primo pugnę cōgressu extinctus est.
¶ p Certior auctor. S. i. nuncius verus.
b Tenui discrimine lęti. SER. modico mortis interstitio: ppter quod magna palantis virtus ostenditur: quo interempto omnis est in fugam conuersus exercitus.
r Versis. SER. fugatis.
s Metit gladio. DONATVS. Qui metit facile secat segetes: et obstantia monet: sic Aeneas facile cedebant: qui obstabant.

proxima queque metit gladio: latũq[s] pagmen
Ardens limitem agit ferro: te turne superbum
Cede noua querens: palas Euander in ipsis
Omnia sunt oculis: mensęquas aduena primus

r Latumq[s] peragmẽ ardens limitẽ agit. S. i. facit: sic melius q[uam] si dicas: latũ pagmẽ: ergo sic inteligamus: aut p ordinem: aut per hyppalagen: nã & supra sic ait. Hęc ego vasta dabo: & lato te limite ducam. C. Limitem agit. q. d. viã: q[ui]uis angustiam sibi per nostes facit: vt ostendat q[uod] q[ui]uis fortissim⁹ esset Aeneas: illi tñ terga non dabant: sed vix illi tantũ cędebant: quã transire posset. v Palas euander in ipsis. Omnia sunt ocu: S. erat rectum pal s euander menseq[ue] quas ad uena prim⁹. Tũc adiit dex treq[ue] datę: in ipis oia sunt oculis: sed p ite scissa ẽ nar ratio: p quã anim⁹ aeneę p turbat⁹ exprimitur. C. Palas euãder in ipis oia sũt. Vir em̃ beneficiorũ gratissimus: moleste ferebat talẽ se gratiã Euãdro redditurũ. x Quattuor sulmone creatos. D. Mira virt⁹ hominis: qui tãta falicitate tot viuẽtes hostes rapiat y Inferias q[ui]s imolet vm. S. inferię sunt sa

ENEAS
HEMONIDES

cra mortuorum:que infe ris soluuntur. Sane mos erat in sepulchris virorum fortium captiuos necari: quod postq̄ crudele visū est:placuit gladiatores an te sepulchra dimicare: q a bustis bustuarii dicti sūt. s Captiuo sanguine. S. pro captiuorum:vt capti ui pendent currus. Itē ca ptiuaq; vestis congeritur: & (vt diximus) speciosus ornatus. a Mago. S. datiu⁹ vt sup: māq; illo p cul. b Subit. S. Subse dit. c Per patrios ma nes & spes. S. per eas per sonas rogat: pp̄ter quas precat. C. per patrios ma nes. Breuis: & ipsi accomo data oratio. Nam cum p̄ stat se seruari patri:& filio rogat per patrem:& p fil um deinde proponit vtili tatem. Postremo ostendit salutem suam: nullū esse detrimentū victorie. Orō aūt aniee demōstrat natu rā nō crudelitate: s; necessi tate:quā inculit Turn⁹ nō parci sibi: ergo potius ex petate in pallanta: q̄ ex odio vi eum id agere cogi tur multa em̄ sua natura impia videri possunt: q̄ aliqua re interueniente fiu unt pia. d Penitus de fossa talēta. S. miseri em̄ di uitias suas obruebāt. Vñ Hora. Quid iuuat immē sum te argenti pondus & auri. Furtiui defossa timi dum deponere terra. Sane melius infossa diceret: q̄ defossa:ad quod est metri necessitate compulsus:nā fugit dubiam sillabam. e Non hic victoria teu crum vertit. SER. Luca. nec pondere rerū:nec mo numenta sumus. f Gna tis parce tuis. S. Qui i Vir gil. descripsit declamatiōes de hoc loco ait:improb⁹ es qui aut regi dōes: aut filios exheredes. Parce aūt est secūdū antiq̄s serua:vt apud lucilliū:et Enniū in uenitur. Natis parce tuis: atq; qui supra dixit. Natoq; patriq;:quō ait natis: nō est cōtrariū:nā liberos eti am dicimus num filium. Adeo:vt Terenti. Filias li beros dixerit:vt i Echyra. Qui illū dignū decreuerit: huic cui liberos cōmitte rent. Vbi pater de filio ad vxorem loquit. Ergo vsur pauit respiciēs ad liberos: vt gnatos de vno diceret.

Tunc adiit:dextręq; datę. sulmone creatos
Quattuor hic iuuenes:totidē quas educat vfēs
Viuentes rapit inferias:quos imolet vmbris:
Captiuoq; regi perfundat sanguine flammas:
Inde mago procul infensam contenderat hastā.
Ille astu subit:ac tremebunda supuolat hasta:
Et genua amplectens effatur talia supplex.
per patrios manes:& spes surgentis Iuli
Te precor:hanc animā serues:natoq; patriq;:
Est domus alta:iacent penitus defossa talenta
Cęlati argenti:sunt auri pondera facti:
Infectiq; mihi:non hic victoria teucrum
Vertitur:aut anima vna dabit discrimina tāta.
Dixerat æneas:cui contra talia reddit.
Argenti:atq; auri memoras quę multa talenta
Gnatis parce tuis:belli cōmertia Turnus
Sustulit ista prior:iā tum palante perempto:
Hoc patris anchisę manes:hoc sentit Iulus.
Sic fatus galeam leua tenet:atq; reflexa
Ceruice orantis capulo tenus abdidit ensem.
Nec p̄cul hęmonides phoebi:triuieq; sacerdos
Infula:cui sacra redimebat tempora vitta
Totus collucens veste:atq; insignibus armis.
Quem congressus ait campo:lapsumq; supstās
Immolat:ingentiq; vmbra tegit arma serestus:
Lecta refert humeris:tibi rex gradiue tropheū
Instaurant acies vulcani stirpe creatus
Cęculus:& veniēs marsorū a mōtibus vmbro.
Dardanides contra furit:anxuris ense sinistrā:
Et totum clypei ferro deiecerat orbem.
Dixerat ille aliquid magnū:vimq; affore vbo

g Cōmertia. S. Vicissitu dines:et ignoscēdi faculta tē. h Nec procul hę. S. Hoc nomē licet possit eē et patronymicō:q̄a in des exit:vt dicam⁹ Hęmonis filius. Tū melius est:vt id p̄priū eē dicāus:quia nusq̄ nomē eius:aut p̄missū est:aut secutū:ergo simile est patronymico:vt sit Hę mōides sicut Thucydides. i Infula. S. Fascia in mo dū diadēatę a q̄ vittę ex v traq; pte depēdebāt:q̄ ple rūq; lata plerūq; tortilis de albo:& coco: k Insig nibus ar. S. Asper sic legit & vtit Salu. exēplo:q̄ ait: Equo atq; armis insigni bus. Prob⁹ vero insignib⁹ albis dic̄ legēdū:vt vestes albas accipiam⁹:q̄ sunt sa cerdotib⁹ cōgrue: Sic Sta tius de Amphiarao dicit: Albaq; purpureas iterpli cat insulę cristas. l Cā po. S. p cāpum. m Im molat. S. quasi victimā: vt ille ɔsueuerat:nam hoc v̄bo ad sacerdotis nomē allusit. n Ingētiq; vm bra te. S. aut magnitudīe corpis sui obumbrat eius cadauer: Aut ingenti vm bra. i. morte tegit. vt i ęter nam clauduntur lumina noctē. Aut ingēti vmbra tegi:secūdū vsum accipiē dū est. i. insultatiōe eū op primit & obumbrat. o Serestus. SERVI. Se restos duos intelligamus vnū in castris:& vnū cū Aenea:Nā troiani nondū erupe:vt intelligam⁹ eum quē sup̄ dixit:q̄ duo sunt: nec mirū cū et ipse dixerit: q̄d exēplo esse possit. Assa racique duo. p Lecta re fert. S. p̄prie dixit:nā spo lia q̄ aptāt tropheę legi di cunt. i. eligi. q Trophę um. S. declinatio latina ē. vñ & penultima habebit accentū in nūero plurali: q̄a trophęa dicim⁹:sic gręci:nec aliq̄d tā mut lam⁹. et t in ante penultima accē tus sicut apud gręcos. r Instaurāt acies. SER. κατατος ... an fusas accipiam⁹:ex eo q dixit instaurāt. s Vul cani stir. cre. S. Notādum stirpē de pre dictā. cū sp de lōga generis significati one dicat. t Dardani des. S. Patronymicon, a maiorib⁹. v Dixerat il le aliquid. SER. prouerbi aliter dictum. ac si diceret

Crediderat: cœlo qꝫ animũ fortasse ferebat.
Caniciem qꝫ sibi & longos promiserat annos.
Tarquitus exultans contra fulgentibus armis
Syluicolę fauno dryope: quem nympha crearat:
Obuius ardenti sese obtulit: ille reducta
Loricã clypei qꝫ ingens onus impedit hasta.
Tunc caput orantis nequicq̃: & multa parãtis
Dicere deturbat terrę: truncũ qꝫ tepentem
prouoluens super hęc inimico pectore fatur.
Istic nunc metuende iace. non optima mater
Cõdet humi p̃triove onerabit mẽbra sepulchro
Alitibus linquere feris: aut gurgite mersum
Vnda feret: pisces qꝫ impasti vulnera lambent
protinus anteũ: & licham prima agmina turni
persequitur: fortẽ qꝫ numam: fuluũ qꝫ camertẽ
Magnanimo volscente satum: ditissimus agri
Qui fuit ausonidũ: & tacitis regnauit amyclis:
Aegeon qualis: centum: cui brachia dicunt
Cẽtenas qꝫ manus: quinquaginta oribus ignẽ.
pectoribus qꝫ arsisse: Iouis cum fulmina contra
Tot paribꝰ streperet clypeis: tot strĩgeret enses:
Sic toto Aeneas desęuit in ęquore victor:
Vt semel intepuit mucro: quin ecce niphęi
Quadriiuges ĩ equos: aduersa qꝫ pectora tẽdit.
Atqꝫ illi longe gradientem: & dira frementem:
Vt videre metu versi: retro qꝫ ruentes:
Effundũt qꝫ ducem: rapiũt qꝫ ad littora currus.
Interea biiugis infert se lucagus albis
In medios: frater qꝫ liger: sed frater habenis
Flectit equos: strictũ rotat acer lucagꝰ ensem.
Haud tulit æneas tanto feruore furentes.

non mirũ si occisum esse eũ: qui sibi plurimum arrogabat. x Cœlo qꝫ animũ fortasse ferebat. S. forte exequauerat cœlo: vt de Aenea Drances: quibꝰ cœlo te laudibus ęquem. y Caniciem qꝫ sibi. D. Irridet: qui futurorũ scientię confidũt. z Syluicolę fauno. S. Faunus hoc loco quidã rusticus intelligendus est: nõ deus sicut sup anxyrus: quem legimꝰ Ioue. nõnulli etiã nymphã non deã volunt: sed grece sponsam dictã: nec incredibile sit ex duobꝰ numinibus procreatũ esse mortalem: q̃q̃ hęc nuia secũdũ Aristo. aliq̃n moriãs. a Ille reducta. S. i. lõga. vt interea videt Aeneas in valle reducta: & intelligimus protenta hasta targ ti arma eẽ impedita. Alii reducta retroducta dicũt: quod non procedit. b Istic nũc metuende iace. S. Sarcasmos est hostilis irrisio. D. Metuende. q̃ te metuendũ arbitratꝰ es: G. Istic nũc metuẽde. Hostilis: et amara increpatio. c Patrio sepulchro. S. etiam hic apparet faunũ hominẽ fuisse. d Impasti. S. ita auidi: vt semp credant impasti: sicut de harpiis dixit in tertio. Et pallida semp ora fame: quasi fame. e Ausonidum: S. p Ausonidarũ. sicut de um p deorũ. Nã ausonidũ a genere fœmineo venit: vt hęc ausonis: hę ausonides. Ausonidarũ vero venit ab eo q̃d est hic ausonida: huius ausonidę. f Tacitis r̃gnabat amyclis. S. Inter Caietã & terracinã oppidum constitutũ est a laconibus: q comites castoris & Pollucis fuerũt: et ab Amyclis puincię Laconię ciuitate est ei nomẽ inditũ: Lacones itaqꝫ isti cũ secũdũ pytagoreã sectã a cęde oim aialiũ abstinerẽt: vñ Iuue. A cũctis aialibꝰ abstinuit qui tanq̃ hoie: & ex vicinis paludibꝰ natas serpẽtes occidere nefas putarent: ab iisdẽ interempti sunt. Vñ amyclas tacitas dicit. i. pythagoreas. Nã pythagorica virtꝰ est quinquennale silentiũ. Est & alia expositio: cum frequẽter falso nũciarent hostes et inani terrore ciuitas q̃ssaret. lata lege cautũ est ne quis vnq̃ hostis nunciaret aduentũ. Postea cũ vere hostis venisset: nullo nũciante: ex improuiso capta est. vñ tacite Amyclę dicti sunt q̃ piere silẽtio: Hic est quod ait Lucillius Mihi necesse est loqui: nã scio amyclas tacendo periisse. C. Amyclis. voluẽt nõnulli milites Castoris qui lacones essẽt post primũ bellũ Troianũ in italiam venisse. Alii autẽ scribũt illos lacones quidẽ fuisse nõ castoris milites: sed exilio actos: qui inter Caietã & fundos vrbẽ palustri loco ꝯdidere: et ab amyclis vrbe laconica Amyclas dixere. Has Plinius ait a serpentibus deletas. Emilius autẽ asper refert. Cũ sępe falso nunciaretur aduentus hostiũ amyclensibus: capitale ex lege institutũ esse: si illud deinceps nunciaret. Ergo cũ aduẽtarẽt hostes: nihil nunciatũ est: & per silentium capta est vrbs. Hinc Silius italicꝰ ait. Quęcũqꝫ euertere silentia amyclę: sed potuerunt ita captę sequẽtibus deinde temporibus deleri. g Aegęon qualis. S. ipse est briareꝰ. C. Aegeon. de quo in superioribus diximus: Nã ipse Briareus est centũ brachia: nã. ἑκατόγχειρος. id est centimanus fingitur. h Ignẽ pectoribus arsisse. S. Asper dicit ignẽ hũc anię intelligẽdũ calorem: venientem ex ferocitate: vt sit cũ vim suę crudelitatis efflaret. Alii ignẽ hũc fulminis volunt: vt sit dictũ quẽadmodum in primo. illũ expirãtẽ transfixo pectore flãmas. Sane notãdũ ignẽ arsisse cũ igni alia res ardeat. Sic vt nõ vnã manũ putares: Nãqꝫ ad hoc ptinet cõparatio: vt intelligamꝰ eũ multitudinis vice dimicasse. i Intepuit nũc. S. nimia. s. cęde. k Quadriiugis. S. ppter homœoteleutõ noluit dicere quadriiugos: cõtulit qꝫ se ad aliã declinationẽ. Nã q̃driiugos & q̃driiuges dicimꝰ: sicut inermes: & inermos: exanimes & exaios. l Atqꝫ illi. S. s. equi: nã ad supiora retulit q̃d sci dũ ẽ eẽ vitiosũ: interposuit ei. aduersa qꝫ pectora. m Lõge gradientẽ. S. lõgis gradibꝰ incedẽ

Irruit aduersa ingens apparuit hasta.
Cui liger.
Non diomedis equos: non currũ cernis achillis:
Aut phrygię cam pos: nunc belli finis: & gui
His dabitur terris: vesano talia late
Dicta volant ligeri: sed non & troius heros
Dicta parat contra: iaculũ nam torquet in hostẽ
Lucagus vt pronus pendens in uerbera: telo
Amonuit biiugos: proiecto dum pede lęuo:
Aptat se pugnę: subit oras hasta per imas
Fulgentis clypei: tum lęuũ perforat inguen.
Excussus curru moribundus voluitur aruis.
Quem pius ęneas dictis affatur amaris:
Lucage nulla tuos currus fuga segnis equorũ,
prodidit: aut vanę vertere ex hostibus vmbrę.
Ipse rotis saliens iuga deseris: hęc ita fatus
Arripuit biiugos; frater tendebat inermis
Infoelix palmas curru delapsus eodem.
per te per qui te talem genuere parentes
Vir troiane: sine hãc animã: & miserere precãtis
pluribus oranti ęneas: haud talia dudum
Dicta dabas: morere: & fratrẽ ne deserere frater
Tum latebras animę pectus mucrone recludit.
Talia per campos edebat funera victor
Dardanius: torrentis aquę: vel turbinis atri
More furens: tandẽ erũpũt: & castra relinquunt
Ascanius puer: & nequicq͂ȝ obsessa iuuentus.

…cem & est militaris incensus.

n Biiugis infert lucagus habenis. SER. erit nominatiu⁹ hic biiugus. Nam biiugibus fecerat: si esset tertię formę: ab eo quod est biiugis: genitiuo hui⁹ biiugis.

o Non diomedis equos non currum cernis achillis. S. Duo obiicit a quib⁹ est victus Aeneas: nec tamen vsq͂ȝ q͂ꝗ: nam eorũ impet⁹ euitauit. D. achillem: & Diomedẽ nõ vult laudare: sed illos cum Aenea deprimit. CRISTOFE. Non. Diomedis eq͂s: non currũ cernis achillis. Vanitatis plena orõ est: quę ex ore fortissimorum prudentiumq͂ȝ virorũ: nõ creditur. Qui em̃ res grãdes aggrediuntur: hi potius silentio consiliũ regũt: q͂ vanis minis efferũtur. Vnde de Aenea ꝓfert: Sed non & troius heros dicta parat contra.

p Dicta parat contra: SER. potest legi: & dicta parat cõtra. DONA. Nõ dicta parat contra. Nam prudens norat nõ lingua sed manu vtẽdum in bello. q Pronus pendẽs in uerbera telo SER. Pronus nomen. nam & comparatur: vt pronior. Si autem participium esset fieret vitiosa locutio sine interpositione locutionis.

r Proiecto SER. extento: vt proiectaq͂ȝ saxa Pachynni.

s Quem pius ęneas dictis affatur amaris. CRI. genus dicendi ardens aretum: et infensum est: q͂d quale sit: & cui tribuatur iam supra demonstrauimus hoc non mitiori Aeneę naturę quadrat: sed a modo suo morte exacerbato conuenit Ergo poeta ne hoc ingenio suo: sed concitatiõe ex mœrore interempti Pallãtis dare videretur: dixit pius Aeneas dictis amaris: vt pietas naturę amator cõcitatiõe significaret.

t Lucage nllã tuos currus fuga segnis equoruȝ. Prodidit aut vanę vertere ex hostibus vmbrę. S. Hęc allocutio cõtraria est superiori: hoc enim continet. Obiecisti mihi q͂ sim: et a Dyomede: & ab achille conuersus in fugam: te vero o lucage nec equorum tarditas prodidit: quod mihi contingit: cum a Dyomede occisus ẽ pindarus: qui in eodem curru dimicabat: nec aliqua vmbra equi tui territi: quod factum sępius in homero legitur: sicut paulopost Turnum cogit imago bella deserere. Potest tamen & ad illud referri: quo tẽpore eum ab Achille nube Neptunnus eripuit: vt in quinto cõmemorat.

v Ipse rotis saliẽs. SERVI. Sarcosmos est: nam ꝑ irrisionem dictum est. Ille ei vulnerat⁹ ceciderat. Rotis.. a curru ꝑte totũ.

x Sine. SER. Permitte viam s. relinque patere. e σvγχωρησov.

y Latebras animę pectus mucrone recludit. S. Diffinitio pectoris est.

ȝ Edebat funera victor: SER. quasi ad spectãdũ: vnde & munerum editores dicuntur.

a Turbinis atri. CRI. de quo alias.

b Tandem erumpunt. C. s. postq͂ȝ Aeneas ita vires hostiles contriuerat: vt pene obsidonẽ iam desererent. c Ascanius. C. q̄ & parẽti subuenire: & hostẽ vlcisci cupidissim⁹ erat. d Nec quicq͂ȝ. C. quia superati: aut ne erumperet ꝓhiberi non potuit.

¶ e Vt rebare. S. vt arbitrabaris: Verũ est q͂ troiani Veneris virtute nitunt: & dictum est per Ironiã. Nã superfluo quidem hãc orationẽ simpliciter dictã volũt vt reuera dicat Iuppiter per se nihil posse troianos: q͂d falsum ẽ: adeo vt Iunonis oratio ad Ironiam: nõ ad simplicia verba respõdeat. f Nec te sententia fallit. S. hoc per parenthesim dictum est: g Viuida. SER. fortis. vt: Sed bello viuida virt⁹. h Cui Iuno summissa. SER. humilis: & quia intellexit obliqua troianorum accusatione impugnari suum pudorem: & ipse respondit oblique. DONA. Cui Iuno summissa. Humilẽ esse decet: quem necessitas precandi vrget. CRI. Cui Iuno sũmissa. Ostendit ex fortunę varietate: & superiores deiici & abiectiores efferri consueuisse. videm⁹ enĩ nũc Iunonẽ in desꝑatiõe oĩm rerũ fast⁹ et grandia sua verba deposuisse. Muliebriter igit̃ querit̃ de iminuto Iouis amore erga se: & supplex erat; vt si non victor saltem incolumis.

e pugna discedat Turnus
Est autem oratio artificio
sa: nam a principio osten
dit: non cędere Veneri: sed
illi quē timet: vt & in ve
nerem inuidiam moueat:
quę nō sua industria: sed
alieno auxilio superet: &
in se cōmiserationem ca
p at: que inigtate mariti
succūbere cogatur: Quod
magis dolendum videtur
ꝙ nō sui: aut rei, cl'pa: sed

Iunonem interea compellat Iuppiter vltro:
O germana mihi: atq; eadem gratissima cōiūx
Vt [e] rebare venus: (nec te [f] sententia fallit:)
Troianas sustentat opes: non [g] viuida bello
Dext a viris: animusq; ferox: patiensq; pericli.
Cui iuno [h] submissa: quid o pulcherrime coniunx
Sollicitas ægrā: & tua tristia [i] dicta timentem?

imminutiōe amoris hoc
sibi accidere ostendit: nec
discedit a natura mľiebri:
quę omnia sibi denegata
imputant iminutiōe amo
ris. i Trista. S. seuera:
Teren. Et tristis seueritas
inest: atq; in verbis fides.
Item contra. Virgi. furias
amnemq; seucrum. i. tri
stē. k Quin. S. i. vt nō:
Nā ꝯfirmatiua ꝑticl'a nō
est. l Nunc pereat teu

Si mihi que quondã fuerat: quãq; esse decebat:
Vis in amore foret: nõ hec mihi nanq; negares
Omĩpotens[k]: quin & pugne subducere turnũ:
Et Dauno possem incolumem seruare parenti.
Nunc pereat[l]: teucrisq; pio det sanguine poe/nas.
Ille[m] tñ nostra[n] deducit origine nomen.
pilumnusq; illi quartus pater[o]: & tua larga
Sepe manu: multisq; onerauit limina donis:
Cui rex etherei breuiter sic fatur olympi.
Si mora[p] p̃sentis leti: tempusq; caduco[q]
Oratur iuueni: meq; hoc ita ponere[r] sentis:
Tolle fuga turnũ: atq; instãtibus eripe fatis.
Hactenus[s] indulsisse vacat: sin altior istis
Sub p̃cibus venia[t] vlla latet: totumq; moueri
Mutari ve putas bellum: spes pascis inanes:
Cui Iuno illachrymãs: q̃d[v] si q̃ voce grauaris
Mente dares: atq; hec turno rata[x] vita maneret:
Nũc manet insontẽ grauis exitus: aut ego veri[y]
Vana feror: quin vt potius formidine falsa
Ludar: & in melius tua q̃ potes orsa reflectas.
Hec vbi dicta dedit: coelo se protinus alto:
Misit: agens hyemẽ: nymbo[z] succincta p auras:
Iliacamq; atiem & laurentia castra petiuit.
Tum dea nube caua[a] tenuẽ sine virib⁹ vmbrã:
In faciem enee (visu mirabile monstrum)
Dardanijs ornat telis: clypeumq; iubasq;[b]:
Diuini assimulat capitis[c]: dat inania verba[d]:
Dat sine mẽte sonum: gressusq; effingit euntis
Morte obita[e]: q̃les fama est volitare figuras:
Aut que sopitos deludũt somnia sensus.
At primas leta ante acies exultat[f] imago.
Irritatq;[g] virum telis: & voce lacessit.
Instat cui turnus: stridentemq; eminus hastam
Conijcit: illa dato vertit vestigia tergo.
Tum vero Aeneam auersum vt cedere turn⁹

[l] Teucrisq; pio det sanguine poenas. S. Sermo obliqu⁹ nõ apertus ductus. nam nõ agit vt pereat: sed magis fauet eius saluti. Q: autẽ dicit pio sanguine. Aenee eũ latenter exequat: qui vbiq; dr̃ cultor deorum. m Ille tñ. S. quãq; mo/riturus: tñ a diis originẽ ducit. n Nostra. S. di/uina. o Quart⁹ pr̃. S. abauus: nec est contrariũ illud: cui Pilumn⁹ auus potuit em̃ fieri: vt & au⁹ & abauus eius a Pilum/no: Pilũni nomiarentur. p Si mora p̃ntis leti. S. Ex Iouis ɔcessione quali/ter egerit Iuno ɔgnoscit. scilicet: vt Turnus possit euadere. C. Si mora p̃sen/tis. Intellexit Iuppiter q̃ Iuno in tam plena cõces/sione obliq̃ nõ solum q̃ Turn⁹ tũc subtrahi posse: a p̃nti pugna petebat: sed omnino incolumis dein/ceps euaderet. iccirco illi circumscribit temp⁹: in q̃ notat q̃ fata differri p̃nt: sed non tolli. q Cadu/co. S. morituro. r Pone/re. S. facere. Sic Lucili⁹ Ho/merum secutus: qui ait: ΘΗΚΕΝ id est fecit. CRI. Ponere. con/stituere. Q: autẽ vmbrã in formã Aenee cõstituat Iuno. non est ab re. Nam ipa ambitio q̃ sepe hono/ris cupidos viros ita im/pellit: vt vmbras pro Ae/nea. i. inanem q̃ndã glori/am p vera laude sectent: & illa capti: m̃ta sup̃ hu/manã conditionẽ aggre/diant: cui rei fabula etiã Ixionis quadrat: qui cũ se Iunoni cõcũbere putat: nubibus commiscetur. s Hactenus indulsisse vacat. SER. Ingenti arte locutus est. Nã dicendo vacat. Oñdit sup̃ hoc bre/ue spacium vlterius bona/rum stellarum irradiatio/ne Turni facta differre nõ posse. Vnde non erit in/dulsisse libet: sed vacet: ac si diceret iam vndiq; in mortem truditur Turn⁹: hoc tantũ vacat spaciũ: Hinc est q̃d & supra ait: Metasq; dati p̃uenit ad eui. t Venia vlla. S. Be/neficium quod speras te mereri. v Quod voce graua/ris. SER. negas fato. Vox enim Iouis fatũ est. Sta/tius. Et vocẽ fata sequun/tur. Hoc autem dicit: vti/nam que negas voce: id est fato: mente prestares. Nam si Iouis vox fatum est: potest aliud fando fa/ti ordinem commutare.

Grauaris: autẽ negas: grauit fers. Et hac locutiõe nõ nisi per accusatiũ vti/mur: vt si dicas: aggrauor aduentũ tuũ: i. grauiter fe/ro: grauor p̃sentiam. Nã et ipe dixit: qua grauaris: ali/ter nõ dicim⁹ in hac signi/ficatione. Similiter etiam accusatiuo casu vtimur: cum volumus absolutã facere locutionem: & per gerundii modũ aliqd di/cere: vt petendũ mihi est equũ codicem Pirrhum. Hinc Virgili⁹. Et pacem troiano ab rege petendũ: Nam si dixeris: petendus est codex: iam nõ per ge/rundii modũ: sed partici/pialiter loqueris.
x Rata. S. firma perpe/tua. y Veri vana feror. S. sũ veritatis igna/ra. z Nymbo succin/cta. S. nubib⁹ quia p̃mi/sit agẽs hyemem: q̃ nisi esset splendorẽ accipere p̃/mus q̃ est circa corp⁹ deo/rum.
a Nube caua. S. Erit no/minatiuus hec nubes: nã nubs nõ dicimus: q̃d ait Liui⁹ Andronicus: q̃ pri/mus edidit fabulã latinã apud nos.
b Iubasq;: S. p̃pt equi/nam caudã: q̃ ee solebat in galeis: vt Cristaq; hir/sut⁹ equina. c Diui a ssi/mulat capitis. S. Hoc ex p̃sona poete dictum est intuentis futura: nã post mortẽ in nũerũ referũtur deorũ. d Dat inania verba. S. nec a membris: nec a mente venientia.
e Obita. S. sumpta et su/scepta: & completa.
f Exultat. S. Exultare ẽ gaudere: & p se plenũ ẽ: Nam insultare ẽ irridere inimicos: & dicim⁹: insul/to tibi: Licet Salusti⁹ dixe/rit: Multos ab adolescen/scentia bonos insultaue/rat: q̃uis possit illic alia esse significatio: multos insultauerat: hoc est im/petum fecerat. g Irri/tatq; virũ telis. S. Iõ hac arte agit Iuno: & imagi/ne decipit Turnum: que si ex aperto fugã suaderet: more viri fortis: ille fuge

preponeret morte: cum p̄sertim ipse in sequentibus dicat: Vsq; adeo ne mori miserū est. h Turbidus. S. elatus: arrogantia tumēs. i Tellus quesita p vndas. S. sic alibi: En agros: & quā bello Troiane petisti Hesperiā metire iacens. k Talia vociferās sequit. S. Seq̄ns clamabat: nō autem dixit: & sic est secutus. l Nec ferre vi. sua gau. vētos. S. Prouerbiū est: venti ferūt gaudia. i. letaē incassum: sic supra. Sed aurę oia discerpunt. Item partē mente dedit: partē volucres dispersit in auras. m Forte ratis. S. Descriptio p Ecbasim facta: nō em̄ a superioribus pendet: sed antedictis adiungit. vt insula sicaniū iuxta latus. Has āt descriptiones eē aptas: & raras cōuenit. Sicut & Horati⁹ docet i arte poetica dicēs: Purpureus late: qui splendeat vnus: & alter assuit pannu⁹. sūt em̄ ornatui.

Duo antomosia pro vno proprio: vt tritonia Pallas. CR. Omnipotens genitor. Captat aperte beniuolētiam: dum omnipotentē & genitorē appellat: sed oblique dolet: q cum omnipotens sit: & parentē curā subire deceat: in tam nephandum & ignominiosum errorem illum induxerit.

Credidit: atq; aīo spem turbidus hausit inanē.
Quo fugis aenea? thalamos ne desere pactos.
Hac dabitur dextra tellus quesita per vndas.
Talia vociferans sequit: strictumq; coruscat
Mucronem: nec ferre videt sua gaudia ventos.
Forte ratis celsi cōiuncta crepidine saxi:
Expositis stabat scalis: & ponte parato:
Qua rex clusinis aduectus Osinius oris:
Huc sese aeneę trepida fugientis imago
Conijcit in latebras: nec Turn⁹ segnior instat:
Exuperatq; moras: & pontes transilit altos:
Vix proram attigerat: rupit saturnia funem:
Auulsamq; rapit reuoluta per ęquora nauem.
Illum autem Aeneas absentē in p̄lia poscit.
Obuia multa virum demittit corpa morti.
Tum leuis haud vltra latebras iam q̄rit imago:
Sed sublime volans nubi se immiscuit atrę.
Cum turnū medio interea fert aequore turbo.
Respicit ignarus rerum: ingratusq; salutis.
Et duplices cum voce manus ad sydera tendit:
Omnipotens genitor tanton me crimīe dignū
Duxisti: & tales voluisti expendere poenas.
Quo feror? vn̄ abij? q me fuga? q̄ue reducet?
Laurentis ne iterū muros? et castra videbo:
Quid manus illa virum: q me meaq; arma secuti.

n Crepidine saxi. S. Crepido est abrupti saxi altitudo. Sane hoc loco antiptosis facta est: pp̄ter metrū. cōiuncta ergo crepidine p crepidini: sicut hęret pede pes p pedi.
o Osini⁹. S. Ipse est quē supra Massicū dixit. q vt diximus: si Osinius ppriū ē massic⁹ appellatiū. Licet possit fieri: vt duo nomia vnius sint: Vt est Numa pompili⁹: Alexander magnus. p Clusinis oris. S. Thuscię ciuitate.
q Nec turn⁹ segnior istat C. Nam q̄tiens p summā inscitiā etiā maximi viri habent aduersus res vanas: & nihil pfuturas: oi vi nitūtur. & vtilia q̄ aut dignitatē sūmā: aut saltē salutē allatura sint negligūt. et vmbratile q̄ddā & vanū sectantur.
r Trāsilit. S. Hoc sermone festinantis celeritas iudicatur.
s Rupit Saturnia funem. S. Ne deprehenso dolo ad bellū rediret.
t Illū autē absētē i proelia poscit. S. sic meli⁹ q̄ sicut nōnulli volunt. Vrbanus nanq; sic legit. ille autem Aeneam absentem in proelia poscit: vt quasi ad Turnum possit referri.
t Obuia multa virū demittit corpora morti. SER. quod Vrbanus dici arbitratur de nautis in naui inuentis: quod non procedit: Nam absens dicitur qui recedit. quod nunc Turno congruit: non Aeneę qui interest proeliis.
v Medio. SER. ad medium.
x Turbo. S. vis venti. per quam euaserat.
y Ignarus rerum. SER. artis
z Omnipotens genitor. SER.

a Tanton crimie. SER. Tanton pro tanto ne: & constat mutilatas partes orationis accentū in eodem loco habere: in quo etiam integre habuerunt. Nam μορια idest minores particulę: vt q; ne. ve. ce. quotiens iungūtur aliis partibus: ante se accentū faciūt: quaslibet sit syllaba quę pcedit: siue breuis: siue longa: vt musęq;. huiusue. illusce. tantone aduce. & hęc mutilata similr pferūtur: scilic; sub eodem accentu. C. Tāton crimie. Crimine. i. poena: & posuit p̄cedēs p subseq̄ti. Nā q̄d aliud ma⁹ crimē pt excogitari dux q̄ castra suoꝝ: et pugnātes acies hostibus prodere: & tamen non suo consilio factum ostendit: sed a Ioue hūc errorem deductū dolet. Tanton. Nō potuit illustrius exprimere quasi dicat: q̄ntū nullū aliud ne excogitari q̄dem potest: potius autem de Ioue q̄ de reliq̄s diis queritur: qui ipse primus omnium suo nutu omia gerit. Est autem pathetica oratio. Et q̄lem in homine sūma perturbatiōe furenti esse decet. Vnde principium abruptū habet: & clausulas concisas: vt animus crebro ęstuet: neq; vsq; consistat.

b Quo feror. CRIS. quasi dicat. eo feror vnde summa ignominia prouentura sit.
c Vnde abii. CRIST. quasi diceret a meis: quos quia mea causa in tanto periculo cōstituti sunt: deserere summum nefas fuit.
d Quē te reducit. SER: qualem: vt hinc ego te Buriale aspicio: & quasi nescius sui est in tanta rerū pmutatiōe:
e Laurentis ne iterum muros. S. q̄si deliberatio est:
f Quid man⁹ illa virū. S. Sylepsis per genus: nam a manu: id est multitudine ad viros transitum facit. CR. Quid manus illa virum. Non graue est honesto viro viriliter pugnando honeste cadere: sed turpiter cedere & suos in manifesto periculo prodere: peius omni genere mortis extat. Quo ergo animo credibile est illum; & gemitus suorum audisse: & fugam vidisse.

Quos ue (nefas) oẽs nefanda in morte reliqui:
Et nunc palantes video: gemitũq; cadentum
Accipio. quid agã? aut quę iã satis ima dehiscat
Terra mihi? vos o potius miserescite venti:
In rupes: in saxa (volens vos turnus adoro:)
Ferte ratem: sęuisq; vadis immittite syrtis:
Quo neq; me rutuli: neq; conscia fama seq̃t
Hęc memorãs animo: nũc huc nũc fluctuat illuc
An sese mucrone ob tantum dedecus amens
Induat: & crudum per costas exigat ensem:
Fluctibus an iaceat mediis: & littora nando
Curua petat: teucrumq; iterũ se reddat in arma.
Ter conatus vtrãq; viam: ter maximo Iuno
Continuit: iuuenẽq; animi miserata repressit.
Labitur alta secans ęstu fluctuq; secundo:
Et patris antiquã dauni defertur ad vrbem.
¶ At Iouis interea monitis mezentius ardens
Succedit pugnę: teucrosq; inuadit ouantes:
Concurrunt Tyrrhenę acies: atq; omnibus vni
Vni odiisq; viro telisq; frequentibus instant.
Illę velut rupes: vastũ quę prodit in ęquor
Obuia ventorum furiis: expostaq; ponto:
Vim cunctam: atq; minas perfert cęliq; marisq;
Ipsa immota manẽs: prolem dolicaonis hebrũ
Sternit humi: cũ quo latagum: palmũq; fugacẽ:
Sed latagum saxo: atq; ingenti fragmine mõtis
Occupat os: facieq; aduersam poplite palmũ
Succiso: volui segnem sinit: armaq; lauso
Donat habere humeris: et vertice figere cristas:
Nec non euantem phrygium: paridisq; minãta
Aequalem: comitemq;: vna quẽ nocte theano

g Palantes video. S. intelligimus eum non lõge a terris fuisse. Nam q̃d ait supra. Medio fert ęquore turbo: vt diximꝰ ad mediũ accipiendũ ẽ: Aut ga mediũ dicitur om̃e quod est iter finem: & initium: v. in quito. Interea mediũ ęneas iã classe tenebat. h Gemitũq; cadentum Accipio. S. Hinc apparet de Aenea dictum. Obuia multa viri demittit corpa morti. i Ima de te. S. Dolet sibi etiã infoelicitũ vota sublata: siquidẽ i mari cõstitutus optare hiatũ non põt terrę: Immã aũt terrę dixit: quę cõtinet maria. i Quę iam satis ima dehiscat. Terra. C. Cũ in tãtũ dedecꝰ vir fortis: & soslius glorię appetẽs se icurrisse videat: quid aliud optet: nisi vt terra sibi dehiscat: & q̊duis genus mortis exoptet: & q; procul a rutulis feratur: quibus se maxime pbari: & in maxima laude se apud illos esse cupiebat: quos in tantas calamitates sibi coniugium: regnũq; seruari studet / impulerat: Iuno autẽ prohibuit. i. cupido regnãdi continuit. k Miserescite venti. S. pro petentis qualitate: nonnunq; etiã mors videt esse miseratio: vt hoc loco. Itẽ supra figite me: si qua est pietas. l Adoro. S. ad vacat: et ẽ: metri causa additum. m Syrtis. S. vbi arenosa sunt loca: aut reuera ad Syrtes. i. ad mundi extrema. q̃ me nec fama comitetur. n Mucrone induat. S. aut. καταχρηστικῶς. dixit induat pro feriat. Aut Hyppalage est pro mucrone suo induat corpore. Si ẽm̃ induere est vestire: non mucrone corpus induitur: sed induit̃ mucro corpore. i. tegit̃: & vestitur. o Crudũ. S. crudele cruẽtũ. p animi. S. p aio miserata: nã figurate locutus est: sicut o pręstans animi iuuenis pro aio: & illiꝰ rei p illa re. q Ad vrbem. S. ardeã. & iõ sic longe: ne ex ppinquo statim redire: et vt eũ affectus retineret parẽtis. r At Iouis interea mo &c. S. Nouimus sacrilegũ esse Mezẽtiũ: Iouẽ etiã hortatũ esse alios deos: vt a bello desisteret: & dixisse rex Iuppiter oibꝰ idem: Quõ ergo procedit: at Iouis interea monitis: dicimus primo Iouem iustitię fauere nõ partibus: quod si ẽ iure Mezentiũ in Turni locũ fecit venire: vt iustũ pãliũ inueniatur: nec vna ps penitus a ducibus sit destituta. Quod aũt dicit̃ sacrilegũ Iuppiter admonere nõ debuit: non admonet: vt vincat: sed vt possit perire: illud etiã frustra querit̃. queadmodum numini sacrilegꝰ obtẽperare potuit: cũ Mezentiũ non aperte Iuppiter moneat: sed ei iniiciat tale desiderium. Vñ est dii ne hunc ardorẽ mentibꝰ addũt Euryale: an sua cuiq; deꝰ fit dira cupido. s Monitis. S. ab eo q̃d est hęc monita hic venit datiuꝰ: nam & hos monitꝰ dicimꝰ vt Persiꝰ Hos pueris monitꝰ pr̃es infũdere lippos: Sed a quarta declinatione: nec singulari datiuo vtimur: nec plurali: nã vnũ nomẽ de his (quę licet duplicem habeãt decliationẽ) tñ aliis quibus eorũ casibꝰ ppter asperitatẽ vtimur: vt Lauri lauribꝰ: cũ et huiꝰ laurꝰ t & ab hac lauro dicamꝰ. C. At Iouis interea. Nam cum pmisisset Iunoni: vt Turnum pugnę subtraheret inique egisset: nisi curasset: vt alter loco Turni succederet: t Ouantes. C Quasi nihil iã amoto Turno timentes. v Cõcurrunt tyrrhenę acies. S. Quę specialiter odio Mezentii in bellũ ruebant. x Vni. C. fecit rẽverisimilẽ q illo pempto: & odiũ saturassent. & metus tyrãni iniqui liberi euasissent: & ppter hoc solũ in expeditionẽ hanc venerant. y Prodit in ęquor. S. extendit̃. Sic Iuue. Quę pelago occurrunt medio longeq; relinquũt italiam. z Ponto. S. cõtra pelagꝰ t nã datiuꝰ est. a Cęliq; marisq;. S. sicut & Mezentiũ odiorũ: & telorũ exercitus. b Fugacem. S. velocẽ mõ. c Latagũ occupat os. S. p Latagi os occupat: et ẽ gręca figura in Home. frequẽs: vt si dicas. ἔκρο[υ]σεν ἀχιλλέα τὸν πόδα. i. achillẽ pcussit pedẽ: p pcussit achillꝭ pedẽ. d Poplite pal. S. p ea pte q̃ plurimũ poterat.

e Donat habere. S: greca figura: vt: argenti magnũ dat ferre talentum:
f Cisseis. S. Hecuba filia Cissei: secũdũ Euripidem in hecuba. Secũdum alios dimãtis. quod aũt ait: face pgnans: hec rõ ẽ: quia anteq̃ pareret: faculã se peperisse vidit in somniis. g Vrbe paterna Oc. S. Subaudis paris: q̃d

In lucem genitori amyco dedit: & face pergnans
Cisseis regina parin creat; vrbe paterna
Occubat: ignarum laurens habet ora minanta
At velut ille canum morsu de montibus altis.
Actus aper: mltosq̃ vesulus quẽ piniferannos

vt nõ diceret metri est necessitate compulsus:
h Ignarũ lau. ha. or. mi. S. s. casus sui: vera tamen est lectio ignarũ. i. ignoratum: qui nesciretur. & est supia significatio: sicut in quarto. Liquitq̃ volatile ferrum: nescius. qui nesciebatur. i Actus. S. coactus in retia. k Vesulus. S. mons liguri est ius

ta alpes. Liguria autem coheret Thuscie de q̃ fuerat Mezentius: vnde satis est congrua cõparatio. C: Vesulus: mons de quo in Georgi. dictum est.
l Defẽdit. S. texit: vt hic mihi dũ teneras defendo a frigore myrtos. m Multosq;. S. p multosue: non enĩ vicina est palus. Laurentia mõti Vesulo vt possit vnus: atq; idẽ apte intelligi. n Laurentia. S. p laurens: nã recta declinatio hec est: C. Palus laurẽtia: quia volutabris apri gaudent. o Pastus. S. pro pastũ: nam supra ait: quem. ergo antiptosis est.
p Inhorruit a. S. p armis inhorruit: Aut certe in armos horruit: & erexit setas. C. inhorruit ar. quia setas erigunt. q Tutis clamoribꝰ. S. ppt piculũ.
r Iuste irę. S. ppter illud Mortua qn etiã iũgebat corpora viuis: compones manibusq; manusq; atq; oribus ora. s Cunctatur. S. Disponit se per omnes partes. t Tergo. S. scuto: vt &. venit aduersi in tergũ sulmonis.
v Coriti de vi: S. coritus est ciuitas Thuscie: et mõs & rex pater Dardani: vñ nũc quis potest referri.
x Graius homo. S. oriundo quidem grecus: sed qui nũc de Thuscia venisset ad bellũ. y Miscentem. S. perturbantẽ:
z Purpureũ pen. S. Bene galeatũ: vt purpurei cristę iuuenes. i. pulchri.
a Vesana fa. S. alibi. Et malesuada fames.
b Fugacem. S. velocẽ.
c Surgentẽ. S. crescẽtem: cornibus eminentẽ.
d Comasq; erexit. S. naturale est: vt irati leões erigant iubas. e Lauit. S. Lauo: ab eo quod est lauo lauis: nã hoc verbum: & primę coniugationis est: & tertię, a q̃ nunc ait lauit. Itẽ Hora. Lauit amne crines: Itẽ neq; dulcia mala vino lauere.
f Infracta. S. aut valde fracta: aut reuera ĩfracta.
g Orodẽ. S. istũ Orodẽ virũ fortẽ intelligimꝰ i fugam cõuersum necessitate: nã ipse Mezentius paulopꝰ dicturꝰ ẽ ad hortãdos sotios. Pars belli haud tẽnenda viris iacet altus Orodes. h Furto. S. in

Defend[l]it: multosq; [m]palus laurẽ[n]tia sylua
pa[o]stus arundinea: postq; inter retia vẽtum est:
Sub stitit: infremuitq; ferox: & ĩ[p]horruit armos
Nec cuiq; irasci: propiusq; accedere virtus.
Sed iaculis: tutisq; [q]pcul clamoribus instant.
Haud aliter: iust[r]ę quibus est mezentius irę:
Non vlli est animus stricto concurrere ferro.
Missilibus longe: & vasto clamore lacessunt.
Ille autem impauidus partes [s]cũctatur in omes
Dentibus infrendens: & terg[t]o decutit hastas.
Venerat [v]antiquis coriti de finibus acron.
Gra[x]ius hõ: infectos linquẽs profugꝰ hymenęos.
Hunc vbi [y]miscentẽ longe media agmina vidit
pu[z]rpureũ pennis: & pactę coniugis ostro:
Inpastus stabula alta leo ceu sępe peragrans.
Suadet enim v[a]esana fames: si forte fuga[b]cem
Conspexit capreã: aut surg[c]ẽtem incornua ceruũ
Gaudet hians immane: co[d]masq; erexit & hęret
Visceribus super incũbẽs: la[e]uit improba teter
Ora cruor.
Sic ruit in densos alacer mezentius hostes:
Sternitur infoelix acron: & calcibus atram
Tundit humũ expirans: infracta[f]q; tela cruẽtat
Atq; idem fugiẽtem haud est dignatus [g]orodẽ
Sternere: nec iacta cęcum dare cuspide vulnus:
Obuius: aduersoq; occurrit: seq; viro vir
Cõtulit: haud furto [h]melior: sed fortibus armis.
Tum super abiectũ posito pede nixus & hasta:
pars belli haud tẽnenda viris iacet alt[k]ꝰ orodes:
Conclamant sotii lętum [l]peana secuti.
Ille [m]autem expirans: nõ me quicũq; es inulto

fidiis. i Haud temnẽda viri. S. Asp viris legit.
k Altus. S. magnus: vt. Sic pater ille deũ faciat: sic altus Apollo. l Pęana secuti. S. Pean proprie Apollinis est laus: sed abusiue etiã aliorũ dicit: vñ Pindarus opus suũ: quod & hominũ: & deorũ continet laudes pęanas vocat.
m Ille autẽ expirans. C. Orodi huic diuinationẽ. tribuit: qm vulnere lœtali confectus propter mortẽ constitutus erat. Nã eo tempore animus pene a corpore solutus: in naturã rediẽs: suã diuinitatẽ ostẽdit: quam corpore oppressus ostendere nõ poterat.
n Nec longum lętabere. S. Duo dixit. Nec diu lętaberis: nec me indefenso. Homeri autem more morienti dedit sciẽtiã futurorum. Lõgũ. pro lõge. nomen pro aduerbio posuit.
o Subridẽs. S. per iracũdiã ridens loquitur: vñ et illud dictũ per irrisionẽ accipitur. C. Subridens. propter contectum.
p Mixta ira. C. quã ex maledicto concœperat.
q Ast me diuũ pater: atq; hominũ rex viderit. S. i. viderit vtrum Mezẽtio possit nocere ille quẽ vos deorũ & hominũ creditis esse rectorẽ. C. Diuum pater. impius contemptu: & per ironiã hęc dixit.
r Eduxit corpore telũ. S. quo facilius possit perire. Luca. nõ eget ingestis: sed vulsis corpore telis.
s Dura quies. S. blande cõtraria: sicut dictum est: & somnꝰ ferreus.
t Cedicus alcath oñ. S in hoc loco est confusio in aliquibus hominibus: nã quis sit troianus: quis Rutulus ignoratur.
v Rapo. S. rapon dicit: sicut Tarcõ: sed metri causa detraxit n: vt possit fieri Synalypha: sicut supra ait. At procul hic tarco.

x Infrenis. S. casu equi aspertimi: qui frenorum sperneret regimẽ. Infrenos autem etiam homines dicimus: vt hinc numidę infreni cingunt: dicimus autem infrenꝰ et ifrenis: sicut inermꝰ & inermis.
y Procellerat agis. S. cõtra Mesapũ dimicaturus quod nequit efficere: nam a Valero antequã ad Mesa

Victor[n] nec longum letabere te quoq3 fata
prospectant paria: atq3 eadē mox arua tenebis.
Ad quem subridens mixta mezentius ira:
Nūc morere[o]: ast de me diuū[p] pater: atq3 hoīz rex
Viderit. hoc dicens[q] eduxit[r] corpore telum.
Olli dura quies oculos: & ferreus vrget
Somnus: in eternam clauduntur lumina noctē.
Cedicus alcothoū obtrūcat: sacrator hydaspē:
Partheniūq3 rapo: & predurum viribus orsen.
Mesapus cloniumq3 lycaoniumq3 ericatem
Illum infrenis equi lapsu tellure iacentem.
Hunc peditem pedes: et lycius processerat agis
Quem tn̄ haud[s] expers valerus virtutis auite
Deiicit atronium salius: saliumq3 nealcas
Insignis iaculo[a]: et longe fallente sagitta
Iam grauis equabat luctus: et mutua mauors
Funera: cedebant pariter[b]: pariterq3 ruebant
Victores victiq3: neq3 his fuga nota: nec illis.
¶ Dii iouis in tectis iram miserantur[c] inanem
Amborum: et tantos mortalibus esse labores:
Hinc venus: hinc contra spectat saturnia Iuno.
pallida tisiphone media inter milia seuit.
At vero ingentem quatiens Mezentius hastā
Turbidus ingreditur cāpo: qsi[e] magnus orion
Cum pedes incedit medii per[f] maxima neręi
Stagna: viā scindēs: humero supeminet vndas.
Aut summis referēs annosam montibus ornū.
Ingrediturq3 solo: et caput inter nubila condit
Talis se vastis infert mezentius armis.
Huic contra eneas speculatus[g] in agmine lōgo
Obuius ire parat: manet imperterritus ille
Hostē magnanimū operiens: et mole sua stat.
Atq3 oculis spatiū[i] emensus quātum satis haste
Dextra[k] mihi deus: et telum quod missile libro
Nunc adsint: voueo[l] predonis[m] corpore raptis

pū perueniret occisus est.

s Haud expers valerus virtutis auite. SER. non ignarus virtutis parentum.

a Iaculo: & longe fallente sagitta. SER. ictu longe fallentis sagitte: nam p endyadim dixit: vt Hamis auroq3 trilicē. itē molē q3 et montes: CRI. Longe fallente sagitta. Fallebat enim qui vulnerabat cum non putaret ex tā longinquo spatio illam ad se peruenire posse.

b Cedebant pariter: pariterq3 ruebant. SER. Legitur & cedebant: id est terga vertebant: secundum quod ruebant insequebātur significat. Si autem cedebant: id est occidebant: ruebant: hoc est cadebant significat.

c Iram miserātur inanē. SERVI Generaliter dicit omnem iram bellicā: vbi enim tam inanis iracundia est q̄ i bello: vbi vt pereamus irascimur. CRIS. iram inanem. Quia illa nihil proficiebat.

d Pallida tisiphone media inter milia seuit. SERVI. Non ipsa dea: sed effectus furie: hoc ē insania.

e Orion. Cum pedes incedit medii per maxima nerei Stagna viā scin. hu. SER. Orion (vt etiam in primo diximus) Oneopionis regis filius fuit: & conceptus a Ioue mercurio Neptunnoq3 susceptis hospitio. hic venator imensi corporis fuit: qui quodam tēpore suscept⁹ a rege Oenopione: cum vellet eius filiam viciare: ille iratus ei oculos sustulit: cecus itaq3 orion cum consuleret quēadmodum oculos posset recipere: responsum est ei posse lumina restitui: si p pelag⁹ cōtra oriētē pergeret: vt loca luminum radiis solis semper offerret: qd id ille efficere ita potuit: Nām cum audisset strepitum Cyclopum Ioui fulmina fabricantiū: sono ad eos ductus: vnum de his humeris supposuit: & eo duce oraculi precepta compleuit. Non autem incongrue fingit ire potuisse per medium pelagus: quasi filius pro parte Neptunni. Hec autem cōparatio pertinet ad solum corporis p ceritatem.

f Maxima nerei stagna. SER. per epitheton eleuauit tapynosim more suo.

g Speculatus. CRISTOFE. Quoniam huic rei intentus erat.

h Imperterrit⁹ ille. SER Prima est compositio: nō secunda: nam hoc est perterritus: quod territus: & tunc est vera compositio: cum sermonis natura corrumpitur.

i Spatium emēsus quātum satis haste. SERVI. speciosa elocutio.

k Dextra mihi deus: & telum quod missile libro. CSISTO. Nam cum deos esse negaret cūcta in se se reposuerat. Impia ergo oratio: & omnino sceleratissima: loqt ei de dextra deq3 telo suo: veluti de sū mo deo. Quid ergo Protagoras: aut dyagoras athe os cognomine: aut Theodorus: qui deos esse negarent sceleratius dixissent:

l Voueo. SER. Consecro. & dico.

m Predonis. SER. Predones sunt q ad populandā alienam inuadunt prouinciam: Alibi perfid⁹ alta petens abducta virgine predo.

Indutum spoliis [n] ipm te Lause [o] tropheum
Aeneę dixit: stridentemq; eminus hastam
Iecit: ad illa volans clypeo est excussa: ꝓculq;
Egregium [p] anthorem latus inter & ilia figit:
Herculis anthorē comitē: qui missus ab argis
Hęserat Euandro: atq; Itala consederat vrbe.
Sternitur infoelix [q] alieno vulnere: [r] coelumq;
Aspicit: & dulces moriēs reminiscitur argos.
Tum pius Aeneas hastam iacit: illa per orbem

n Ipm te lause tro. CRI. Nam vt reliq quercū amputatis ramis: hostilib[9] armis exornabāt: Sic iste Lausum filiū. o Trophęum. SER. dictum est απο του τρεπεσθαι, id est ab hostiū cōuersiōe. Vñ qui hostē fugasset merebat tropheū: Qui aūt occidisset triumphum: απο του θριαμβευειν id est ab exultatiōe. Sciendū sane Lauso ꝓpriā iō nihil ꝓfuisse pietatē: ꝙ in eū pr̄mente sacrilega munera

transferebat deorū: et ei occisorū spolia deuouebat: x Anthorem. S. Erit noīatiūs hic anthores: q̄mō diores. Nā si antor fuerit necessaⁿō ꝓcedit metri rō: oīa enī noīa greca ī or terminata: in obliqs casib[9] corripiūt o: vt Hector hectoris. Nestor nestoris. Castor castoris: et sic anthor anthoris. q Alieno vulnere. S. telo: quod in Aeneā iecerat destinatū. r Coelūq; aspicit. S. vt alto q̄siuit coelo lucem.

Aere cauũ triplici: ꝑ[s] linea terga: tribusq́
Transijt intextũ tauris opus. [t] imaq́ sedit
Inguine: sed vires haud ꝑtulit: ocius ensem
Aeneas viso thyrreni sanguine lętus
Eripit a [v] femore: & trepidanti feruidus instat:
Ingemuit chari grauiter genitoris amore:
Vt vidit Lausus: lachrymęq́ per ora volutę.
Hic [x] mortis durę casum: tuaq́ [y] optima facta:
Si[z] qua fidem tanto est operi latura vetustas:
Non equidẽ: nec te iuuenis memorãde silebo.
Ille pedem referens: & inutilis: inq́ [a] ligatus
Cedebat: clypeoq́ [b] inimicũ hastile trahebat.
proripuit iuuenis: seseq́ immiscuit armis.
Iamq́ [c] assurgentis dextrę: plagamq́ ferentis
Aeneę subiit mucronẽ: ipsumq́ [d] morando
Sustinuit: socij magno clamore sequuntur
Dum [e] genitor nati parma protectus abiret:
Telaq́ conijciunt: proturbant eminus hostẽ
Missilibus: furit ęneas: tectusq́ tenet se.
Ac [f] velut effusa: si quando grandine nymbi
pr[g]ęcipitant: omnis campis diffugit arator.
Omnis & agricola: & tuta latet arte viator:
Aut amnis ripis: aut alti fornici saxi.
Dum [h] pluit in terris: vt possit sole reducto
Exercere [i] diem: sic obrutus vndiq́ telis
Aeneas [k] nubem belli dum detinet: omnes
Sustinet: & lausum increpitat: lausoq́ minatur:
Quo moriture ruis? maioraq́ viribus audes:
Fallit [l] te incautũ pietas tua: nec minus ille
Exultat demens: sęue iamq́ altius irę
Dardanio surgũt ductori: extremaq́ lauso
parce [m] fila legunt: validũ [n] nanq́ exigit ensem
per mediũ Aeneas iuuenẽ: totumq́ recondit:
Transijt [o] & palmã mucro leuia arma [p] minacis:
Et tunicam molli: mater q̃ neuerat auro

Item: Hausit coelum mentemq́ recoepit. Naturał'r eñ morientes cupiũt saciari extremo lucis aspectu. r Dulces moriẽs reminiscit̃ ar. S. Inter physica signa moritũorũ etiã hoc legit̃: patrię aspectũ desiderare ꝑituros. C. Dulces moriens remi. argos. A loco sępe trahitur indignatio: vt: cũ tyran in syluis iter deserta ferarũ. Itẽ. Et libię deserta peragro. Itẽ cõmiseratio: vt in hoc loco. Itẽ illud. Littora cũ patrię lachrymãs: portũq́ relinq̃. s Linea terga. S. Lino eñ tegebant̃ scuta: vt possit̃ inhęrere pictura. t Imaq́ sedit inguie. S. Ima hasta: hyppalage ẽ ꝑ in imo ĩ inguine. v A femore. S. vt etiã supra diximꝰ secũdũ Caprũ erit noiatũs hoc femen: licet nusq́ lectũ sit: vt etiã ipse cõmẽorat lachrymęq́ per ora volutę: nõ viri fortis: sed filii ẽ cõsiderata ꝑsona.

x Hic. S. In hoc loco vel bello: nam aduerbiũ est. C. Hic mortis durę casũ tuaq́ optima fcã. Hoc eĩ ꝓpriũ poętę est: vt veluti chori vicem sustinens: bonos laudet et extollat: malos taxet: et deprimat. Hinc Hora. Ille bonis faueat: atq́ auxilięt̃ amice.

y Optima fcã. S. Alii optime legunt. z Si q̃ fidẽ tan. ẽ opi la. vetust. S. Nõ de suis carmibꝰ dicit: nec ei sibi arrogaret: sꝫ tanto opi. i. pietati et virtuti tuę: Nã hic ẽ sensus: Ego quidem facta tua o lause: & mortẽ ex pietate venientẽ non silebo. Si tñ credet vetustas ex scelerato homie piũ filiũ ꝓcreatũ fuisse. a Inq́ ligatꝰ. S. ꝑ illigatus. & est temesis cũ hysterologia.

b Inimicũ hastile trahebant. S. cuiusdã q̃si picturę pompa: & imago describit̃. c Iamq́ assurgẽtis dex. S. Iamq́ subiit mucronẽ Aeneę dextrę assurgentis. i. plagã ferẽtis.

d Morando sustinuit. S. morã iniiciẽdo eius impetũ lusit. e Dum genitor nati. S. de hystoria est. Nam Scipio Aphrycanus cum esset annorum vix decem & septem: patrem suum defendit in bello: nec recessit xxvii. confossus vulneribꝰ: f Ac velut effusa: C. Vitat agricola: & viator grandinẽ: vt redeunte sole possit pari:

Sic Aeneas vitabat ingẽtẽ missiliũ vim: vt nacta occasiõe Lausum et Turnũ perderet. g Pręcipitant. S. pręcipitantur. h Dũ pluit. S. Hic distinguẽdũ: nã si iunxeris: Dũ pluit in terris: erit archaismos, debuit eni dicere in terras. Tamen sciendũ est Hemistichiũ hoc Lucretii esse: q̃d ita: vt inuenit Virgi. transtulit.

i Exercere diẽ: S. Hypallage ẽ. ꝓ ipsi ꝓ diẽ exercerẽt.

k Nubẽ belli dũ det: S. Bellanciũ vim sustulit: donec deferueat: & bene translationẽ fecit a vicina compatiõe. l Fallit te incautũ pietas tua. S. Q. credis me: iccirco piũ tibi veniã posse concedere: quia & ipse pietatis intuitu dicamꝰ ꝓ pr̃is salute. Tua aũt pietas prudẽter est additum: quasi nõ a parẽte descendens. C. Fallit te incautũ pietas tua. Damnat illũ non sine laude: q̃ in errorẽ nimia pietate labat̃. Stultitia eñ est illã sup̄ vires res aggredi: sed ex nimia in patrẽ pietate labit̃. m Fila legũt. S. propriũ fuerat rũpunt. Tamẽ legũt aut colligũt est: aut transeũt: vt littora q̃ epiri legius. n Exigit ensem Per mediũ ęneas. S. Poetica descriptio ẽ: nam reuera fieri non potuit: vt et gladiꝰ transiret per corpus iuuenis: & in eius corpe abscõderet̃. nã exigit est ex eo agit trans corpus. o Parmam: SER. id est leuia arma: nõ clypeum.

p Minacis. S. nõ Lausi: non eñ ipse minatus fuerat. Ergo ordo ẽ. Mucro minacis ęneę scilicet.

q Tum vita per auras Concessit moesta ad manes. S. id est anima: & ab usiue dictũ est. Nam ad inferos simulacrũ pergit: non aĩa. C. Vita. Anima moesta. nam naturali appetitu corpori cõiuncta esse cupit.

r Quid tibi nunc miserande. CRI. Ostendit q̃ etiam hostibꝰ: si egregio animo sint placet pietas: q̃uis contra se sit. s Pro laudibus istis. S: Quia et contra fortiorẽ: & pro patris salute dimicare conatus est. Ideo enim pluraľr laudibus dixit. t Quid pius Aeneas tãta dabit idole dignũ. SER. Pro

pter euitandã arrogantiã: tertia persona vsus est. Indoles autem proprie est imago quedam virtutis future.
v Quibus letatus habe. SER. Moris enim fuerat: vt cũ his rebus sepelirent homines: q̃s dilexerant viui.

vt alibi: Mediis effusus in vndis: pro in medias vndas:
h Multa. S. p multũ: Sicut crebro. i At lausum socii. & C pede terram crebra ferit p Pathos ab eo qđ est pter spem: Nam cum viuũ credens mitteret: q a pugna illum reuocaret: vidit interemptus referri.

Impleuitq; sinũ sanguis: tum vita per auras:
Concessit moesta ad manes: corpusq; reliquit.
At vero vt vultum vidit morientis: & ora:
Ora modis anchisiades pallentia miris
Ingemuit: miserãs grauiter dextrãq; tetendit:
Et mentem patrie subiit pietatis imago:
Quid tibi nũc miserãde puer, p laudib⁹ istis:
Quid pius aeneas tãta dabit indole dignum:
Arma quibus letatus habe tua: teq; parentũ
Manibus & cineri: siqua est ea cura: remitto:
Hoc tamen infoelix miseram solabere mortem
Aenee magni dexra cadis: increpat vltro
Cunctantes socios: & terra subleuat ipsum
Sanguine turpantẽ comptos de more capillos.
Interea genitor tyberini ad fluminis vndam
Vulnera siccabat lymphis: corpusq; lauabat
Arboris accliuis trunco procul aerea ramis
Dependet galea: & prato grauia arma quiescũt.
Stant lecti circũ iuuenes: ipse eger anhelans
Colla fouet: fusus perpexam in pectore barbã.
Multa sup Lauso rogitat: multosq; remittit
Qui reuocẽt: moestiq; ferant mãdata parentis:
At lausum socij exanimẽ sup arma ferebant.
Flentes ingentẽ: atq; ingenti vulnere victũ
Agnouit longe gemitũ presaga mali mens.
Caniciem multo deformat puluere: & ambas
Ad coelum tendit palmas: & corpore inheret.
Tanta ne me tenuit viuendi nate voluptas

s Siqua est cura remitto. S. aut more illo dixit: quo solet sepultura ad ipsa cadauera nõ pertinere: scilicet vmbris (sicut in sexto legimus) Prosit vt si qua est ea gloria signent: sed de Palãte: Vano moesti comitamur honore: Aut certe siqua est ea cura Mezentio: id est patri sacrilego: qui superos inferosq; contemnit:

y Aenee magni dex. cadis. S. Sicut alibi nomen tũ haud leue partu. Manibus hoc referes telo cecidisse camille. z Comptos de more capillos. S. Antiquo sq more: quo viri sicut mulieres componebãt capillos: quod verum ee: & statue antique docent: & psone quas in Tragediis videm⁹ similes in vtroq; sexu: q̃ntum ad ornatũ pertinet corporis.

a Interea. S. Dũ hec geruntur: & omnino sic est apud poetas interea sicut apud Salustiũ eodẽ tpe.
b Vulnera siccabat lymphis. S. Noue & physice locutus ẽ. Nam cũ aqua omnia infundant: ait siccari vulnus. Fluxus enim sanguis: a quarũ frigore continet. C. Vulnera siccabat lymphis. Mouet in hoc loco pathos ab habitu: vt ẽ etiã fatigatio Entelli: atq; illũ fidi equales genua egra trahentem.
c Lauabat. SER. inclinatione recreabat.

d Procul. S. modo iuxta significat: & in Bucolicis Aegloga sexta: Serta procul tantum capiti delapsa iacebant. e Grauia arma quiescũt. S. Bene grauia et galeã arma: Sed quia intelligam⁹. Et talis est figura: sicut illa Salustii: Leonũ atq; alias feras: ergo et leo fera. Quiescunt arma. quasi in terra posita: quoniam in galea que pendebat: poterat & moueri.
f Colla fouet. SER. Sustinens se arboris trunco:
g Fusus perpexam in pec. barbã. S. Barbã in pectus fusam hñs; Archaismos aũt est: qđ ait I pectore p inpectus:

p Sup arma ferebant. S. Supra scutũ: vt supra impositũ scuto referunt planta frequentes.
l Presaga mali mens: C. Mens eni hũana: q̃m immortalis ẽ: per sepe i q̃dã sibi innata: malũ sibi venturũ psagit: id est prenoscit. Sagire em̃ est calide sentire. Inde sagaces canes: qui calide feras inuestigant.

m Ad coelũ tendit palmas ꝛc. S. Increpãs deos: quasi sacrilegus. Et sciendum vno eodemq; tẽpe nõ eũ potuisse & herere corpori: & man⁹ ad coelũ leuare: licet ista Poeta coniunxerit. CR. Ad celum: vt diis q̃s contemnebat: conciliaret. Nam et si malo: paruoq; ingenio deos tanq̃ qui non essẽt contemneret: tamen in subita aliqua consternatione nemo tam barbaro ingenio est: neq; tam deprauata consuetudine: vt superiorem aliquam potestatem esse non credat.

n Et corpore inheret. S. Aut inheret Lausu suo corpore: Aut certe hysterologia est: vt si heret in corpore. Melius tamẽ est: vt sit anthitosis p corpori: vt heret pede pes, p pedi.

o Tanta: CRI. Iustissima deorum indignatio: quam Nemesim greci appellant. Suo ordine meritas poenas exegit. Quia fuerat cõtemptor diuũ: & nõ vt Capro videtur: qa contemptus diuis in homines seuiret. Nam et de Busiride: quem illaudatũ scribit idem dixisset. Sed quia curam sacrorũ diis nõ exhibuit: Nam vt ait Cato in Originib⁹ Mezẽti⁹ rutulis impauit: vt primitias q̃ diis debentur sibi offerent: Et latini similis imperii metu ita vouerunt. O Iuppiter si tibi magis cordi est nos ea tibi dare potius q̃ Mezentio vti nos victores facias.

Hinc est sacerdotis exultatio: hęc sũt spolia: et de rege supbo primitię. Quapropter nõ ei satis graue suppliciũ fuisset impi⁹ hõ & seuissim⁹ tyrann⁹: si insurgentib⁹ in se ciuib⁹ primo tumultu cęsus fuisset: mitius em̃ q̃ par erat secũ actũ fuisset: si tã breui morte tantas calamitates euasisset. Sed ĩ primis patriã amisit: q̃ hoib⁹ ipa vita carior eẽ solet. Deĩ exercitum illũ cui impare cõsueuerat. queq̧ sibi obsequẽtissimũ hacten⁹ expertus fuerat in se insaciabili odio furentẽ armatũ vidit. Postremo optimũ filiũ in ipso adolescentię flore: cui⁹ pietas ĩ se defendendo. & suis armis ptegendo perspecta fuerat: cęsum videre coact⁹ ẽ: vt huiuscemodi vulnerib⁹ non semel: sed pluries mori cogeret: quę oia ita a poeta describunt: vt maxio nobis exẽplo sint: vt expiati omib⁹ scelenbus: & religionẽ in deos: & pietatẽ in patriam: & mãsuetudinẽ: atq̧ innocẽtiã ĩ oẽs adhibeam⁹: nobisq̧ psuadeamus: deos esse meores fandi: atq̧ nefandi. Vltimũ aũt suppliciũ q̃ affectus fuit: q̧ sua delicta tũ demũ recognosceret: cum illis remediũ nullũ afferre posset: q̃d tormentũ maximũ ẽ. Vñ Persius. Magne pr̃ diuũ sęuos punire tyrãnos Haud alia rõne velis: cũ dira libido. Mouet ingeniũ feruẽti tincta veneno. Virtutẽ vt videãt intabescantq̧ relicta.

Tanta ne. C. Ostẽdit hostili vulnere nõ affici: sed hoc penitus exanimari.

p Vt p me ho. C. Expositio est: Trib⁹ em̃ modis idem dicit: et exprimit id q̃d dixi: nullũ illi eẽ mai⁹ tormentũ: q̃ q̧ recognoscat pręterita scelera.

q Per vulnera seruor. S. Aut reuera p vulnera: q̃a p totũ ei⁹ corpus mucro transierat: aut inuidiose ait: Vulnera p vulnus. Sic Terentius. Nõ ppeti meretricũ cõtumelias: cum de Thaide loqueretur.

Vt pro ᵖme hostili paterer succedere dextrę
Quẽ genui: tua ne hęc gẽitor pᑫ vl̃nera seruor:
Morte tua viuẽs: heu ʳnũc misero mihi demũ
Exiliũ infoelix: nunc alte vulnus adactum:
Iˢdem ego nate tuum maculaui crimine nomẽ:
pulsus ᵗob inuidiã solio: sceptrisq̧ paternis:
Debueram patrię poenas: odijsq̧ meorum
Omnes ᵛp mortes animã sonte ipse dedissem:
Nunc viuo: nec adhuc hoĩes: lucemq̧ relinq̃.
Sed linquã: simul hoc dicens: attollit in ęgrum
Se femur: & quãq̧ ˣvis alto vulnere tardat:
Haud deiect⁹: equũ duci iubet: ʸhoc decus illi:
Hoc solamẽ erat: bellis hoc victor abibat
Omnibus: ᶻalloquit̃ moerentẽ: & talibus infit:
ᵃRhębe diu res: siqua diu mortalibus vlla est
Viximus: aut hodie victor ᵇspolia illa cruenta:
Et caput ęnee referes: lausiq̧ dolorum
Vltor eris mecum: ᶜaut aperit si nulla viam vis.
Occumbes pariter: neq̧ enĩ fortissime credo
Iussa aliena pati: & dños dignabere teucros:
Dixit: & ᵈexceptus tergo assueta locauit
Membra: manusq̧ ambas ᵉiaculis onerauit acu
Aere caput fulgẽs: cristaq̧ hirsutus equina (tis:
Sic cursũ ĩ medios rapid⁹ dedit: ᶠęstuãt ingẽs.
Vno in corde pudor: mixtoq̧ insania luctu:
Et furijs agitatus amor: & conscia virtus.
Atq̧ hic Aeneam magna ᵍter voce vocauit:
Aeneas agnouit eum: lętusq̧ precatur:
Sic pater ille deum faciat: sic altus Apollo:
Incipias conferre manum.

cereris: t Pulsus ob inuidiã. S. Excusat ne merito expulsus esse videatur.

v Omes p mortes. S. Per omia mortis genera: id est p diuersa supplicia:

x Vis alto vul. tardat. S. Alti vulneris violẽtia.

y Hoc decus illi: hoc solamen erat. C. Repetitio est: quę (vt diximus) sępe cõmiserationẽ affert: vt: Te dulcis cõiũx te solo in littore secum: Te veniente die te discedẽte canebat.

z Alloquit̃ moerentem: S. tristẽ. Hęc em̃ aialia secundũ Home. cũ sint tristia: indicãt dominorum mortẽ futuram.

a Rhebe diu res siq̃ diu mor. vl. est. S. Hoc loco notant Virgi. Critici: q̃ homi sacrilego dedit prudentẽ sententiã: quã tamẽ rõ natural̃ excusat. Ea eĩ quę p naturã mouẽt animos: in q̃uis psonam cadũt. Illa vero sunt tñ: q̃ nõ nisi cõsilio & rõne dephẽdunt̃. Vñ Terenti⁹ seruis dat plęrũq̧ sentẽtias prudẽtissimas. q̃dẽ: sed q̃ se p naturã offerũt cunctis: vt, Ne q̃d nimis. C. Rhebe diu. Mouetur pathos: Si sermo: aut ad res inanimatas cõuertit: vt dulces exuuię: dũ fata deusq̧ sinebant: aut ad bruta: vt hic: Res siq̃ diu mortalib⁹ vlla est. Dolet & breuitatẽ vitę hũanę.

b Spolia illa cruẽta. S. Arma ęneę Lausi cruore pfusa, vnde intulit. Et caput ęneę intelligim⁹: Nã Lauso nihil detraxerat ęneas: dicit enĩ: arma q̃bus lętatus habe tua.

c Aut apit si nulla v. vis. S. Aut nullã oñdit fortitudo rõnẽ: neq̧ em̃ fortissime credo q̧ dignaberis hr̃e dños teucros. s. ignauos. Nã hoc intelligem⁹ ex hoc q̃d dixit equo fortissime. Plęrũq̧ em̃ ex alterius psonę vitupatione: vel laude cognoscimus q̧ de alio dicat̃: vt hoc loco Troianos vitupatos ex equi laude cognoscimus. Item alibi contra.

r Nunc demum exilium infoelix: nunc alte vul. adactũ. S. Solatio em̃ viuẽtis filii vtrũq̧ fuerat tolerabile. C. Nũc alte vuln⁹ adactũ. Tacite & q̃si p diffinitionẽ mouet Pathos: cũ res q̃ cõmiserationẽ mouet: nõ clare dicit̃: sed relinquit̃ intelligi: Nam q̃d p hoc vulnus intelligit̃: nisi amissio filii. s Idem ego. S. Quia nũc causa tuę mortis fui: qui feci vt exulis & sacrilegi filius esse di

Et nunc ille paris: scilicet adulter. Nam illo loco ex psona Paridis vitupat̃ Aeneas. d Exceptus tergo. S. equo se prębente susceptus: q̃d fieri plęrũq̧ cõspicim⁹. D. Dixit et exceptus. Nõ em̃ poterat ascendere: sed ex supiori loco se in equo cõposuit. e Iaculis. S. Auiditas sęuientis exprimitur magna: f Aestuat ingẽs vno in corde pu. C. Nam istis oĩbus pturbatiõĩbus ita vehemẽter exagitabat mẽs: vt mare ęstuat variis vẽtis cõcitatũ. g Ter. S. sępi⁹:

Tantum effatus:& infesta subit obuius hasta.
Ille autem quid me erepto sęuissime nato
Terres:hęc via sola fuit:qua perdere posses.
Nec mortem horremus:nec diuū parcimus vlli.
Desine:nam venio moriturus:& hęc tibi porto
Dona prius:dixit:telumq; intorsit in hostē:
Inde aliud super:atq; aliud:figitq;:volatq;
Ingenti gyro:sed sustinet aureus vmbo.
Ter circum astantem lęuos equitabat in orbes.
Tela manu iaciens:ter secum troius heros
Immanem irato circunfert tegmine syluam.
Inde vbi tot traxisse moras:tot spicula tedet
Vellere:et vrgetur pugna congressus iniqua
Multa mouens animo:iam tandē erūpit et inter
Bellatoris equi caua tempora coniicit hastam.
Tollit se arrectum quadrupes:et calcibus auras
Verberat: effusumq; equitē super ipse secu tu
Implicat:eiectoq; incumbit cernuus armo
Clamore incendunt cęlum troesq; latiniq;.
Aduolat æneas vaginaq; eripit ensem:
Et super hęc vbi nunc mezentius acer et illa
Effera vis animi:cōtra tyrrhenus vt auras
Suspiciens hausit coelum mentemq; recoepit:
Hostis amare quid increpitas:mortemq; minaris
Nullum in cęde nefas:nec sic ad proelia veni.
Nec tecū me⁹ hęc pepegit mihi foedera Lausus

h Infesta hasta.S.in vulnus parata:vel protenta.
i Qua perdere posses.S.deest me.nam hoc dicit.nisi extincto filio nulla se ratione posse superari.
k Nec diuum parcimus vlli.SER.quia Aeneas inuocauerat deos:vt:sic pater ille deum faciat.
l Desine.S.supple mortem minari:quoniam libenter moriturus aduenit.
m Inde aliud super atq; aliud.CRI.Tam variis pturbatiōibus ęstuans hac celeritate vti debuit.
n Figitq; volatq;.CRI.Mira enim velocitate figebat hastilia in scuto:& fugiebat.
o Vmbo.SER.scutum Nam a parte totum intelligimus.
p Leuos equitauit in orbes.SER.Secundum artem militię.Nam eques stans facilime superatur a pedite:In leuam autē iō partē circuibat:vt Aeneę dextram partem circunueniret:quę vtiq; nuda erat.CRI.Leuos equitauit in orbes id est circūcurrēdo in orbem:habebat Aeneam ad sinistrā.Aliter eñ currendo hastilia in eum haud facile contorsisset.Nam dextra facilius in leuam mouere poterat.
q Syluam.CRI.Appellat syluam densa illa iacula scuto Aeneę affixa.
r Pugna iniqua.SER.Pedes contra equitē.
s Multa mouens.SER.vtq; in ipsu m:an in equū tela intorqueret:quo vulnerato Mezenti⁹ carebat effugio.
t Inter tempora.SER.id est infrontem.
v Bellatoris equi.SER.p quem bellum geritur.Aliter hoiem dicimus bellatorē:qui bellum gerit.
x Implicat.SER.impedit.
y Cernu⁹.SER.Cernu⁹ equus dicitur:qui cadit in faciem:quasi in eam partem:quam cernimus:vnde & pueri:quos in ludis vidimus ea parte qua cernunt stantes cernui vocantur:vt etiam Varro in ludis theatralibus docet.
ꝫ Clamore incendit coelum.SER.implent:& abusiue dicit.
a Troesq;.SER.Gaudio:
b Latiniq;.SERVIUS:dolore.
c Hausit coelū mētemq; recoepit.SER.hoc est aerem.Lucretius in hoc coelo qui dicit aer:& hoc dicit.postq; respirauit:et mētem recoepit post turbationem ex equi venientem ruina.
d Hostis amare.SER.Asper:& est Homer.de telo dictū qd hic ad hominem transtulit illic enim ait.πικρονοιστον.
e Nullum in cęde nefas.SER.Mori viro forti nefas non est.
f Nec sic ad proelia veni.SER.scilicet.vt ego vincerem.hoc est cum voluntate procumbo.
g Nec tecum meus hęc pepigit mihi foedera lausus.S.hoc est cum nō hoc pacto a te Lausus recessit:vt vitam requireret.
h Pepegit foedera.SER.per translationem dixit:id est non sic pugnauit:vt vllū mihi vitę reliquerit desiderium:
i Venia hostibus oro.SER.Beneficium:vt.orātes veniam.
k Corpus humo paciare regi.DONA.Verebatur enim ne ciues ex veteri odio:in eius cadauer nimis sęuirent.CRISTO:Corpus humo patiare tegi:non quia multi iaceret sepulturam:sed ęgre ferebat suos ciues hoc asseq.
l Hunc oro defende furorem.SER.inimicorum irā:& post fata sęuire cupiētē.Defende aūt est phibe:vt dū teneras defendo

Vnũ hoc per si qua est victis venia hostibus oro
Corpus humo patiare tegi: scio acerba meorũ
Circunstare odia hunc oro defende furorem:
Et me consortem nati concede sepulchro.
Hec loquit: iuguloq haud inscius accipit ense
Vndantiq animã diffundit in arma cruore.

a frigore myrtos. Et bene petit ab Aenea: quod scit eum vltro concedere: vt pbauit in filio. Petit autem non de eius pietate dubitans: sed timens irã suorum. m Haud inscius. S. Liptotes figura: non eñ dicit non ignarus. sed expectans omnibus votis: vt munera nec sperno. i. libẽter accipio: in hac autem figura plus cogitatur q dicatur. C. Haud insci9. Ita describit Turnus: vt anio esset inuictus. Dyonisius i hac hystoria scribit: q cõmissa pugna Latin9 et Turn9 cecidere: & Aeneas nusq ampli9 apparuit. Deinde scribit obsessis Troianis Mezetius tanq victor imparabat: petebat q ab Ascanio sibi dari vinum: quod latio proueniret. Ascanius recusauit: & vinũ Ioui vouit: inde nocturno tẽpore e castris exercitũ educẽs hostes inuasit: validaq pugna cõmissa captis hostium castris multos: et cũ his Lausum troiani ceciderũt. Mezẽtius occupato cũ paucis pinq monte audita cede filii: cũ Ascanio pacẽ egit: et rduxit i Ethruriã. Virg. aũt hec que dicit in laudẽ Aenee fingit. n Vndãtiq in ar. S. Ordo est in arma vndanti. o Animã diffũdit in ar. cru. S. Cuius sedem pleriq sanguinẽ volunt esse: et sic ẽ dictũ: vt vna eadẽq via sanguisq ani9q sequũt.

Finis libri decimi.

p. Vir. M. Ar. in Vndecimũ Aeneidos Libr.

Occisis proprium pars utraq reddit honorem
Supplicibus: calidõe satus negat arma latinis:
Cum turno alterno iurgat certamine Drances
Aeneas equitem premittit: & obuia virgo
Excipit: extincta rutuli dant terga camilla.

Vel sic

Vltaq de hinc ferĩ telo mactata camilla.

Descriptio. Vndecimi libri

Vndecimo victa est non equo, mare camilla
Constituit marti spoliorum ex hoste trophẽũ,
Exanimũq patri natum palanta remittit
Iura sepulture tribuit: tempusq latinis
Euander patrios affectus edit in vrbe:
Corpora cesa virum passim digesta cremantur.
Legati referunt diomeden arma negasse.
Drances & turnus leges equante latino
Concurrunt dictis: Aeneas imminet vrbi.
Pugnatur: vincunt troes: cadit icta camilla.
Deinde duces castris: donec cessere minantur.

pu. Virgi. Maro. Aeneidos Liber Vndecimus.

a

Ceanum: interea

surgens aurora reliquit:

b

Aeneas (quā̃q; et sotiis dare

tēpus humandis

Ceanū̃ interea surgēs auro-ra reliqt. S. More suo preter-misit no-cti s descri-ptionem: quam transisse indicat presens ortus diei. Et hoc est, vnde Horatius ait, Nec verbū verbo cu-rabis redere fid⁹ inte p̄s: quę enim naturalia sunt omnibus patent.

b Aeneas quā̃q; & so-tiis dare tempus human-dis. Precipitant. SERVI-VS. Cōsuetudo romana fuit: vt polluti funere mi-nime sacrificarent: si tamē cōgeret vt vno eodemq; tēpore: & funestaretur q

& cogeretur dare operam sacrificiis laboraat: vt ante sacra cōplerecꝙ funꝰ agnosceret. vñ etiā Hora. Puluil. I ī capitolii dedicatione: cū ab inimicis ei filius extinctus nunciaretur: ait: cadauer sit Nec voluit funus cognoscere: donec templa dedicaret. Secundū quē ritū etiā Aeneas inducit̄ ante operā sacrificiis: & sic ad sotiorum: & palantis sepulturam reuerti. c Precipitant cur. S. vrgent. Longam em̄ dilationē sepultura non patitur. d Turbataq́ȝ funera mētis est. SERVIVS. funere palātias. κατεξοχην. Nam hec cōsuetudo est apud poetas: vt a plebe segregarent duces: sic paulopost ait. Interea sotios inhumataq́ȝ corpora terre. Mandemus: & intulit Mestamq́ȝ euandri: primus ad vrbem mittat palas. Sicut dictū ē Reliq as danaum: atq́ȝ inimitis Achilli. Item forsitan: & Priami fuerint que fata requiras. C. Turbataq́ȝ funere mens est. Nam cū cuperet iuxta exhibere his. qui bene de republica meriti occubuerant: tamen ne funere pollueret anq́ȝ sacra diis immortalibus ex votis susceptis perficeret: non poterat nō turbari. Vel dicamꝰ precipitāt. i. ꝑcipitem agunt cure: qm̄ qui victoria recte vti nesciunt: persepe ne quicq́ȝ vicerunt: ergo cupiebat: et diis īmortalibus: (vt par erat) sacra exhibere: Cupiebat: & funera que dilationem non patiuntur ꝓcurare: sed nec cura prosequē de victorie omittēda erat: maxime aūt turbatur funere: quia iniquissimo aīo ferebat cedem suorū presertim pallantis.

e Primo victor sol. eoo: S. anteq́ȝ luctum subiret: & funestaretur. Primo autem eoo subaudiamus tēpore. Nam grece ηωσ dicitur: quam nos auroram vocamus. Home. ρολοδακτυλοσ ηωσ quod nomen latini traxerunt ꝑ deriuationem: vt diceret: & letus eois Eurus equis. Item casq́ȝ aties. Sane (vt etiam supra diximus) in hoc sermone prima syllaba naturaliter longa est: Sed cum opus fuerit corripitur: aut licentia nominis proprii: aut quia eā vocalis sequitur. C. Primo eoo: Nam cum in noctē protracta esset pugna prius non poterat. Primo eoo. i. prima aurora.

f Ingentem quercū. C. non solū in testimonium victorie: verum etiam in honorē deorū erigebant antiqui trophēū.

g Constituit tumulo. S. in colle: quia trophea nō figebantur: nisi in eminentioribus locis. Salustius de pomp. Deuictis hyspanis trophea in Pireneis iugis constituit: ex quo more trophea in vrbibus figebantur in arcubus exedificatis. Ideo nunc tropheum ponit Aeneas: quia necdū plenam est victoriā consecutus: sed occiso Mezentio fugauit exercitum: plene enim victorie: (vt supra diximus) triūphus debetur. & persoluit vota propter tāti ducis interitū: vel quia fas erat etiam de primiciis sacrificare. h Tibi mag. tro. Bellipotens. S. hoc per parenthesim dictum est. C. Bellipotens. i. mars: non enim filium: vt mezentius Lausum tropheo honestare volebat: sed deū cuius beneficio victoriā assecutus fuerat. i Aptat. S. apte locat & congrue.

Precipitant cure: turbataq́ȝ funere mens est:
Vota deum primo victor soluebat eoo.
Ingentem quercum decisis vndiq́ȝ ramis
Constituit tumulo: fulgentiaq́ȝ induit arma
Mezenti ducis exuuias: tibi magne tropheum
Bellipotens: aptat rorantes sanguine cristas
Telaq́ȝ trunca viri: & bis sex thoraca petitum:
Perfossumq́ȝ locis: clypeūq́ȝ ex ære sinistre
Subligat: atq́ȝ ensem collo suspendit eburnum:
Tum sotios (namq́ȝ omnis eum stipata tegebat
Turba ducum) sic incipiens hortatur ouantes:
Maxima res effecta viri: timor omnis abesto:
Quod superest: hec sunt spolia: & de rege superbo
Primitie: manibusq́ȝ meis mezentius hic est.
Nunc iter ad regem nobis: murosq́ȝ latinos:
Arma parate animis: & spe presumite bellum.

k Telaq́ȝ trunca viri. S. perfracta: ita em̄ in tropheis poni consueuerunt. Iuue. Et fracta de casside bucula pendens. et curtū temone iugū victeq́ȝ triremis aplustre. l Et bis sex tho. pe. Perfossumq́ȝ locis S. Duodecim vulneribus appetitum (quia vt supra dixit) totius Thuscie populi in duodecim partes fuit diuisus. vt gens illi triplex populi sub gēte quaterni: qui singulis lucomonibꝰ parebant. Moris autē fuit: vt interemptos duces omnis vulneraret exercitus. Sicut ē de Hectore Home. cōmemorat. vnde est: q̄ circū plurima muros accoepit patrios: m Clypeumq́ȝ ex ere. S. figuratiꝰ: q̄ si ereum diceret. n Ensem collo suspēdit eburnum. S. vaginam eburneā. Sane ebur eboris facit: non eburis: sic murmur murmuris: vnde quia in principalitatis declinatiōe varietas inuenitur: et deriuatio varia est: nam eburnꝰ facit ab eo quod est ebur Eburneꝰ ab eo qđ ē ebor eboris o Maxima res effecta viri. S. occiso tanto duce: simul etiam trophei oñditur causa. C. Maxia res. Nihil potuit accōdatus proferri: erant em̄ milites anxii vehemēter de futuro: & nō sine sūmo timore: nā nō sine sanguie fugauerant hostes: & adhuc supererāt Turnus: & latinus. Hortat̄ igit̄: quoniā ipsum optimū initiū rei bene agende plus q̄ dimidiū totiꝰ eēt. p Abesto. S. absit: nā tertia ꝑsona ē. q Quod sup. ē. S. de reliqet est absoluta elocutio. r Et de rege supbo primitie. S. aut hoc dicit primitie iste: q̄s fecimꝰ non de plebe sunt. Sed de rege superbissimo: aut certe supbū regē Turnū accipiamꝰ. Nā de ipo legimꝰ. At rutulo abscessu iuuenis: tū iussa supbo mirat̄. vt sit sensus: hec spolia: & hanc primā belli partem superbo Turno sustulimꝰ. Nam epitheton ꝓpriū Turni ē. Quod ei Virg. pingēti scelere dat: apud em̄ maiores supbia ingēs facinꝰ fuit: adeo vt Tarqnꝰ ꝑ multis sceleribus superbi nomē acceperit. C. Primitie & de rege supbo: hoc exposui pauloante. s Mezentiꝰ hic est. S. talis vt hunc ego te euryale aspitio. C. Mezētius hic. i. in nr̄a potestate: que quidē res magna est: habet em̄ emphasim Mezentius. q. d. tā metuendus rex. t Nunc iter ad regem. D. Non em̄ vult tūc esse cōsultandū de bello cū proelium erit gerendū. C. Nunc iter ad regē. q. d. superato exercitu cāpestri viā ferro nobis ad ipsam vrbem apuimus: maxima ergo res perfecta: cū victo exercitu vrbs obsideri possit. v Murosq́ȝ latinos. S. Iam cāpestri superauimus proelio: restat: vt etiā obsidione vincamus. Credit em̄ q̄ sibi iā aperte nullus occurrat: nec inaniter: nam & paulopost dicturꝰ est Turnus furta paro belli: & in. xii. Latinꝰ vix vrbe tuemur spes italas. x Arma pa. ani. S. Aut hypallage est pro animis parate aīos: Aut certe mutāda est distinctio: vt sit animis. C. Arma pa. ani. Non em̄ iubentur arma induere: nā tunc erant humandi sotii: & nō ꝓ pugnādū: sed sint animis viri parati ad arma q̄ primū capienda: cū opus fuerit.

y Et spe ꝑsumit bellū. S. mēte ꝑoccupati, vt supra Tur

nus & pugnã ſperate parati. Bene ante ait p̃ſumite: quaſi rem iam ſui iuris: aut ei debere videatur certa victoria.

Nequa mora ignaros (vbi primũ auellere ſigna
Annuerint ſuperi: pubemq̃ educere caſtris)
Impediat: ſegneſq̃ metus ſententia tardet.
Interea ſocios: inhumataq̃ corpora terrę
Mãdem⁹: q ſolus honos acheronte ſub imo ẽ.
Ite ait: egregias animas q̃ ſanguine nobis
Hanc patriã peperere ſuo: decorate ſup̃mis
Muneribus: mœſtãq̃ Euãdri primus ad vrbẽ
Mittatur palas: quẽ non virtutis egentem
Abſtulit atra dies: & funere merſit acerbo.
¶ Sic ait illachrymãs: recipitq̃ ad limĩa greſſũ:
Corpus vbi exanimi poſitũ palantis: aceſtes
Seruabat ſenior: qui parrhaſio Euandro
Armiger ante fuit: ſed nõ fœlicibus ęque
Tum comes auſpitijs caro datus ibat alumno.
Circũ oĩs famulũq̃ manus: troianaq̃ turba:
Et mœſtũ Iliades crinem de more ſolutę.
Vt vero Aeneas foribus ſeſe intulit altis:
Ingentem gemitũ tonſis ad ſydera tollunt
pectoribus: mœſtoq̃ immugit regia luctu.
Ipſe caput niuei fultum palantis: & ora
Vt vidit: lęuiq̃ patens in pectore vulnus
Cuſpidis auſonię: lachrymis ita fat̃ obortis.
Te ne inq̃t miſerande puer: cum lęta veniret

a Vellere ſigna annuerẽt ſup̃i. S. Ne in mora ſitis cũ captatis auguriis ad bellũ exire cœpimus. Veller e aũt ꝓprie dixit: quia Romana ſigna figebant̃ in caſtris: & cũ ad bellum eundũ fuiſſe: captatis auguriis ſeuellebantur e terra. nam alibi figi ea nõ licebat: ſed inter augu ria etiã hoc habebatur: ſi auellẽtẽ facile ſeq̃rẽt̃: adeo vt cũ filio ĩ Arabia Parthico bello ſit craſſus occiſus: qui iturus ad p̃lium auellere ſigna vix potuit.

a Interea ſocios. SER. donec obſidionis tempus aduẽniat. C. Interea ſocios. Hoc aũt pronũciat: vt nõ ſolũ p emptis ſatiſfaciat: verum vt exemplo viuentes accendat ad rẽ ſtrenue agendam.

b Qui ſol⁹ honos acheronte ſub imo eſt. S. propter Centũ errãt annos: volitantq̃ hęc littora circum. Et bñ acherõte ſub imo: Quia hęc res ad vmbras tm̃ ꝑtinet: nã apud prudẽtes homĩes nullius momenti ſunt iſta.

c Egregias ãĩas q̃ ſanguine nob. S. Ingenti arte laudat potius q̃ miſeretur extinctos: vt p̃ñtium aĩos in bella ſuccendat.

d Quę ſanguine nobis hanc patriã peperere ſuo. GRI. Duas validiſſimas cauſas ꝓponit: qbꝰ q egregio funere decorandi ſint: oſtendat: et q ſuo ſanguine eã victoriã pepere rũt: qua qui ſuperſtites ſunt adepti ſibi ſint in Italia ſedes: qd & hic honos nouiſſim⁹ vltimuſq̃ ſit. Et qm̃ palas extern⁹ homo: & a cui⁹ patre ꝓfugus et ſuo regno: liberaliſſime acceptus fuerat: & auxilio cõſilioq̃ ſubleuatus: eandem operam: quã ciues pręſtiterant: pręcipuũ illi & regis filio: adoleſcẽtiq̃ fortiſſimo dignũ funus parat. verũ ita vniuerſam hanc rem ꝓſequit̃ Poeta: vt nihil miſerabili⁹ explicari poſſit. Nullumq̃ locum omittit. vnde aliqua poſſit educi commiſeratio: quem nõ tractet: & grauiſſime & copioſiſſime. Primũ eni propriis lachrymis omia miſerãda facit. Quis em̃ nõ mœrore aff.ciat̃ lugẽte rege? Mouet deinde patri os ab ętate: Nam cũ hacten⁹ Euãder fœliciſſimus fuerit: nunc demum ſenio confectus adoleſcentem ſpem vnicam patris amittens: infœliciſſimus ſit factus. Mouet a luctu atq̃ vlulatu omniũ circũſtantiũ. Maxime aũt mouet a pulchritudie Palantis & ętate. Nã cũ natura ducte maxime amem⁹ pulchritudinẽ: vehemẽter dolem⁹ eam in tenera ętate: ita crudel̃r extinguit: vt pulcherrimũ pectus duriſſimo ferro ſit tranſfoſſum. Mouet ab orõne Aeneę q̃ inprimis inuehit in iniq̃tatẽ fortunę: quę illũ tam optime de ſe meritũ rebus ſuis paulo poſt fœliciſſimis futuris: ita inuide atq̃ crudeliter p̃ripuerit: vt ſua virtute partis frui non potuerit: nec q̃d illi ꝓ triũpho fuiſſet: in patriã victor nõ potuerit redire. Maxima aũt eſt illa cõmiſeratio: q & ipſe et Euãder p̃ter ſpem: tantã calamitatẽ inciderint: nec parũ momẽti eſt in eo: q tam anxie Euander illũ cõmendarit. Nã timorẽ maximũ oſtendebat.

e Quẽ non virtutis egẽtem. S. Ennii ꝟſus eſt.

f Funere merſit acer. S. ĩmaturo: tranſlatio a pomis. g Qui parrhaſio euãdro. S. Archadico a ciuitate Archadię. Quam Donatus vult Parrhaſiam dictã: q̃d ꝓcedit ſi parrhaſia nomẽ eſt grecũ. Si aũt latinũ eſt: ſtulte ſenſit. nam nomẽ grecũ: latinã ethymologiã nõ recipit.

h Ibat. S. pro ierat:

i Alumno. S. Alumn⁹ ẽ qui grece τροφιμος dr̃: quod nomẽ: q latinũ nõ eſt: vt ab eo q̃d ẽ nutritor inueniam⁹ eũ q nutrit⁹ eſt tranſit ad nomẽ aliud: qa & alumnum dixit.

k Iliades crinẽ de more ſoluto. S. ſ. hac Aeneę ancillas intelligim⁹. Nã oẽs mr̃es: hoc eſt mulieres nobiles in Sycilia remãſiſſe dixit: excepta Euriali matre: de q̃ legimus. Quę te ſola puer tantis e mr̃ib⁹ auſa ꝓſequit̃. l Vt vero æneas forib⁹ ſe ſe intulit altis: S. naturale enim eſt: vt intermiſſa lamẽta repetant̃: cũ aliqs notus aduenerit. Sic ĩ Statio: Ingreſſis ducibus denuo deflectitur archimorus.

m Niuei fultum palantis. SER. Late patet hoc Epitheton. referri em̃ poteſt: & ad candorem priſtinę pulchritudinis: et ad pallorem ex morte venientem: & ad frigus: quod proprie mortuorum eſt: vt. Corpuſq̃ lauant frigentis et vngunt. n Lęui in pectore. SER. pulchro: puerili: nõdum ſetoſo. o Te ne. SER. Iteratio eſt: Nam ſupra ait: Lachrymis ita fatur obortis: ſicut in q̃nto poſuit. Et fidam ſic fatur ad aurem. Et paulo p⁹ intulit: Dic ait: Sane ſciendũ: & allocutionem eſſe q̃lis illa vbi defletur Euryalus. Nam locis oĩbus commouet miſerationẽ ab ętate: a tempore: a vulnere: a ſpe parentis.

p Puer. DONA. Puerum dixit Palanta: vt victoris minueret glõriam. Nam alibi iuuenem dixerat.

q Cum lęta veniret inuidet fortũa mihi. S. Ac ſi diceret.

Quantū noceret aduersa: cum lera talem intulit casum: Videt aūt dolere q̄ queri nō pōt de fortunę crudelitate: q̄ ei vno eodē q̄ tpe: et tanta ptulit bñficia: & tale intulit dānū.

r Inuidit fortūa mihi. S. vt liber Pampine⁹ inuidit collibus vmbras.

a Discedēs dede. SER: κατὰ τὸ σιωπώμενον hoc intelligimus. Nam]

Inuidit^r fortuna mihi: ne regna videres
Nostra: neq; ad sedes victor veherere paternas.
Non hęc Euandro de te promissa parenti
Discedens^a dederam: cū me complexus euntē
Mitteret in magnū īperiū: metuēsq; monēsq;.
Acres^t esse viros: cum dura prœlia gente.
Et nunc ille quidem spe multū captus inanī
Fors & vota facit:^x cumulatq; altaria donis.

abscedēs nusq; est Euandrum allocutus Aeneas.

¶ Cum dura prœlia gente. subaudimus fore:

v Fors et vo. S. Fors et forte etiam vota sucipit. Potest & vnū esse forset: id est forsitant.

x Cumulatq; altaria donis. S. Et sacrificat & suscipit vota. Naturaliter autem queritur de errore mentis humanę.

Nos iuuenē exanimū: & nil iam [y] cęlestib' vllis
Debentē: vano mœsti comitamur honore.
Infœlix nati funus crudele videbis.
Hi nostri [a] reditus: expectatiq; triumphi:
[b] Hęc mea magna fides, at nō [c] euādre [d] pudendis
Vulneribus pulsum aspicies: nec [e] sospite dirū
Optabis nato funus pater: heu mihi quantū
pręsidium ausonia: & quantum tu perdis Iule.

y Nil iam celestibus vllis debentē. S. Viui eni superiorū sunt: mortui aūt ad inferos ptinent. Vñ in xii. lib. Vos mihi manes este boni: qm̄ supis auersa volūtas. Superis autē debem⁹ omīa: donec viuimus. Item quia (vt dicūt physici) cum nasci cœperim⁹: sortimur a sole spm̄: a luna corp⁹: a Marte sanguinē: a Mercurio ingeniūm: a Ioue desiderium: a Venere cupiditates: a Saturno humorē: quę omīa singulis reddere videmur extincti. c Vano mœsti comitamur honore. S. Inani (vt diximus supra) quātū ad viuos pertinet. a Hi nr̄i reditus. S. tale est: vt manibusq; meis Mezentius hic est. C. Hi nostri red. q̄si diceret: q̄ntū falsi sumus a nr̄a opinione. b Hęc mea magna fi. S. κατα το σιωπωμενον. quasi de pallātis reditu pmiserat patri. C. Hęc mea mag. fides. Cō b

queritur fidem suā esse imminutā. c At nō euandre. CRI. Et hoc mouet pathos. d Pudendis vul. S. a tergo illatis, & est cōsolatio. e Nec sospite. S. p sospiti: antiptosis est. hoc dicit: si fugisses vulneratꝰ a tergo ipse ei optares iteritum. ¶ f Hec vbi defleuit. S. i. postq̄ hęc cum lachrymis dixit. Flere em̄ ē cū voce lachrymare. vñ habemꝰ in sexto. Continuo auditę voces vagitꝰ & ingens infantūq̄ aię flentes in limine primo. C. Hec vbi defleuit: egregius & excelso aīo vir: qtm̄ tribuit luctui: q̄ntum exegit hūanitas. Deīn p̄parat id funꝰ: q̄d Euādro in tanto moerore aliquāʒ posset afferre cōsolationē: sed plorat postremū dānū filii ex morte Pallātis.

g Toto lectos ex ag. S. Troianos: Tuscos: Archadas. C. Lectos. Mille viros exag. Singl'a verba ingēs pondꝰ hn̄t. Eligit em̄ non ex vna altera ve ala aut cohorte: sʒ ex toto exercitu: et legit mille vt pōpa esset nūerosa: & legit viros. i. hoīes fortissimos: qui & comitarent̄ funꝰ: & patrē cōsolarētur.

h Exigua. S. q̄uis em̄ magna sint: orbitati pr̄is pdesse nō possunt. C. Solatia exigua ingētis luctꝰ. Declamatiō a ɔtrario est. exiguum et ingēs q̄ ostēditur q̄ntus in parēte luctus fuerat. i Sed debita. CR. q. d. q̄uis videret Aeneas: q̄ parū pficeret tāto apparatu: tamē debitū officiū nō censuit p̄tereundū. l Crates & arbuteis vir. C. Ponit q̄ res in tanto rerū momento summam celeritatē desiderans artificiū nullum expectare poterat. Sed hęc oia agrestia et ex temporanea magnifice exornata sunt p̄ciosis vestibꝰ supipositis. Ergo nec mora fuit miseratio fabricando nec magnificentia vestium ad ornatum defuit:

l Pheretrum. SERVI. Gręce φερετρον. dicitur. Vnde per Dyeresim pheretron pheretrū facit. Nā latine capulus d cit̄. Vñ ait Plautꝰ. Capularis senex. i. vicinꝰ capulo: q dictus capulus ab eo q̄ corpus capiat. m Vimine querno. S. Sūt aliq̄ durę deriuatiōes: tm̄ eis sic vtimur: cum adiunctiōe alteriꝰ nois: vt quernū vimen. Item colurnum veru: vt. Pinguiaq̄ in verubꝰ torrebimꝰ exta colurnis: ficulnum lignū: vt Hora. Olim trūcus erā ficulnꝰ inutile lignū. Itē aprignū callū: per aprinum. n Obtentu frondium brā. S. veluti camerā q̄ndā capulo ramorū extensiōe fecerunt. o Agresti sublimem stramine ponūt. SER. Hoc est super frondes ponunt. Nam hic reddit quod omiserat supra dicens: extructos toros: nec addens vnde. CRI. Stramine. Et frondes & paleas: et quicquid ea gratia substernimus: vt quod super imponendum mollibus excipiatur.

¶ Hęc[f] vbi defleuit: tolli miserabile corpus
Imperat: & toto [g]lectos ex agmine mittit
Mille viros: qui supmum comitētur honorē:
Intersintqꝫ patris lachrymis: solatia luctus
[h]Exigua ingentis: misero sed [i]debita patri.
Haud segnes alii [k]crates: & molle [l]pheretrum
Arbuteis texunt virgis: & [m]vimine querno:
Extructosqꝫ toros [n]obtētu frondis inumbrāt.
Hic iuuenem [o]agresti sublimē stramīe ponūt:
[p]Qualem virgineo [q]demessum pollice florem.
Seu mollis[r] violę: seu languentis hyacincti:
Cui neqꝫ fulgor adhuc: nec dū [s]sua forma recessit.
Non iam mater[t] alit tellus: viresqꝫ ministrat:
Tū geminas vestes [v]ostroqꝫ: auroqꝫ rigentes
Extulit Aeneas: quas illi lęta [x]laborum
Ipsa suis manibus quondā sydonia Dido
Fecerat: & tenui telas [y]discreuerat auro.
[z]Harum vnā iuueni supremū moestus honorē
Induit: [a]arsurasqꝫ comas obnubit amictu:
[b]Multaqꝫ praeterea [c]laurentis pręmia pugnę
Aggerat: & longo p̄dam iubet ordine duci.
[d]Addit equos: & tęla quibꝰ spoliauerat hostē:

p Qualem virgineo. CRIST. Optima comparatio. Nam vt flos nuper succisus: & si languescat: non statim amittit pulchrytudinē. Sic pallantis pulchritudo non statim discesserat. Ex aristę autē comparatione summam citat commiserationem. q Demessum. SER. participium est: veniēs ab eo quod est metor. Sane ab eo quod est meto preteritum perfectum messui facit.

r Violę seu hyacincti. CRI. De viola et hyacincto diximus in Bucolicis & Georgicis.

s Sua forma recessit. S: propria pulchritudo.

t Mater alit. C. Nā humore terrestri aluntur plātę: quem radicibus suis sugunt: et vim stomachi p̄bentes decoquūt: & in alimentū conuertūt.

v Ostroq̄ auroq̄ ri. S. Vnū q̄ vacat: & ē additū hiatus causa. CRI. Ostroq̄ auroq̄ rigentes. Sepe poetę duo vni v̄bo iungūt: quorū alterū non quadrat: vt in Georgicis. Tenues pluuię: et penetrabile frigus adurat. Nam frigoris vt & caloris adurere ē. Sic hoc loco vestis ex purpurę infectura nō riget. i. nō reddit inflexibilis: ex multo aūt intertexto auro riget. Laudat āt vestes a materia: q̄a ex purpura essent & auro. Laudat ab artificio: ac postremo ab auctoritate donatoris.

x Lęta laborum. SER: figura est lętus rei: Nam modo dicimus lętus labore.

y Discreuerat. S. depinxerat: simul amantis affectus ostenditur.

z Harum vnaʒ induit: S. de duobus: & horum vnum possumus dicere: Nā artigraphi hoc tantū vetant: ne de duobus alium dicamus: quod de multis proprie dicitur. Sane figurate dixit: vestem induit: vt exuuias indutus Achillis: cum in vsu sit: induit illa re: vt indutosq̄ iubet truncos hostilibus armis.

a Arsuras comas obnubit amictu. SER. Harum vnā dixit induit iuueni: altera caput eius velauit. Nam supra dixit duas vestes esse latas. Obnubit aūt. i. velauit. Translatio a nubibꝰ: quibus tegit̄ coelum. Vnde & nuptię dicunt̄: q̄ nubentiū capita velent̄. b Multasq̄. C. speciem pene triumphi adhibuit. c Laurentis p̄mia pugnę. S. mittit pręmia quę de pręda laurentis pugnę sustulerat: nā pręda est q̄ eripit̄. p̄miū q̄d offertur. d Equos & tęla q̄bus spo. hostē. S. Vel Palas: vł Aeneas: Nam ambigue positū est: Spolia aūt cū ea tm̄ sint: quibus hostis spoliari pōt: vt lorica vł vestis. Abusiue etiam spoliū dr̄: q̄cq̄d ab hostibus tollitur. Vñ est postq̄ illū vita victor spolia-

Vinxerat & post terga manus q̄s mitteret vm-
Inferias: cæso sparsuros sanguine flāmā: (bris:
Indutosq; iubet truncos hostilibus armis
Ipsos ferre duces: inimicaq; nomina figi.
Ducitur infoelix æuo confectus acestes:
pectora nunc foedans pugnis: nūc vnguibus (ora
Sternitur: & toto proiectus corpe terræ:
Ducunt & rutulo perfusos sanguine currus.
post bellator equus positis insignibus æthon
It lachrymās: guttisq; humectat grādibus ora
Hastam alij galeāq; ferūt (nam cetera turnus
Victor habz) tū mœsta phalanx teucriq; sequūt
Tyrrheniq; duces: & versis archades armis.
postq̄ omīs longe comitū pcesserat ordo:
Substitit Aeneas: gemituq; hęc addidit alto.
Nos alias hinc ad lachrymas eadē horrida belli
Fata vocant: salue æternū mihi maxime pala:
Aeternumq; vale: nec plura effatus: ad altos
Tendebat muros: gressumq; in castra ferebat.
Q̄ Iamq; oratores aderant ex vrbe latina
Velati ramis oleę: veniamq; rogantes:
Corpora p campos: ferro quę fusa iacebant:
Redderet: ac tumulo sineret succedere terrę:
Nullū cum victis certamen: & ęthere cassis.
parceret hospitibus quondā socerisq; vocatis.

uit Achilles. DO. Quibus spoliauerat hostem. Ambigue dictum: vel quib⁹ vsus fuerat: dū hostes interimeret: vel q̄bus victor hostes spoliauit. Vltima tñ sñia melior est. C. Quib⁹ spoliauerat: Pallas potius q̄ æneas. e Vinxerat. C. Nam captiuos hostes ad sepulchrū ducis interfecti iugulabāt. Inde seq̄ntibus tempib⁹: damnati capite pugnare i magnorū viror rū funere cogebant: vt essēt q̄ sanguiē sl spargerēt: donec gladiatores puenerunt. f Vmbris inferias. S. ppriē. Nam inferię sunt sacra mortuorum. g Cęso sanguie. S. pro cęsorū: vt supra. Captiuoq; regi pfundat sāguie flammas. h Indutos trūcos. CRI. ad q̄ndā trophei spēm. i Ipsos ferre du. S. suosq; q̄ illis pręgestant. Melius tñ est: iubet truncos ferre ipsos duces: hoc ē ducū spolia: vt trophęa ipsos duces dixerit: sicut sup. Manibusq; meis mezencius hic est. CR. Ipsos duces. vt maiorem auctarē hrēt res: vl̄ duces funeris intellige. k Inimicaq; noia figi. S. Inimicorū. dicit aūt affixos trophęis titulos cū noib⁹ occisorū. l Ducitur infoelix acestes. S. q̄si q̄ cōsternatus nimio dolore ire n̄ poterat. Et bñ ex rerū pmutatiōe expssit doloris magnitudinem dicēs: ita doluisse acestem: vt pene carens hūano sensu p se ire nō posset: & equū ita sensisse interitū dñi: vt in hūanū migraret affectū: Nam & lachrymabat & sponte seq̄bat cadauer. C. Ducit infoelix æuo confectus acestes. Pathos aggrauat: Sic ille. Et fauni miserere senectę. m Foedans. S. vel cruētans vel lacerans. n Terrę. S. in terra. o Positis insignib⁹. S. sine phaleris. x Aethō It lachrymās: S. Aethon nomē equi: q̄ & aurorę equ⁹ vocat. Q̄ aūt equū dic lachrymare nō mirū est: cū Homerus etiā diuinitatē induxerit. C. Aethon. Nomen equi pallātis deductū ab vno ex equis solis. Erant enī Pyrous: eous: ęthon: & phlegon: Q̄ aūt eū ex desiderio dñi illachrymātē scribit: nō oīno poeticū est. N ī equos victoria exultare: atq; referri & lęticiā ōndere: et cū victi fuerint summo moerore confici: etiā q̄ naturalē historiam tradidere affirmāt. Nam Pli. ait: Presagiunt pugnā: & amissos lugent dños: lachrymasq; interdū desiderio fundunt. Interfecto Nichomede rege: equ⁹ eius desiderio vitā finiuit: ac multa alia in eadē sententia ponit. q Cętera Turn⁹ victor habet; κειμήλια πολλὰ (?) & alia ei sustulisse intelligamus: nō tñ balthēū: vt legimus supra. r Mœsta phalāx. S. lingua Macedonū legio. Q̄ aūt ait mœsta: archades intelligim⁹. s Teucriq; tyrrheni. S. & Hoc infert: et est q̄d ait supra. Et toto lectos ex agmie mittit. Mille viros. t Versis archades ar. S. lugentū more mucronē hastęq̄ cuspidē cōtra terrā tenētes: scuta etiā inuertentes ppter numina illic depicta: ne eorū simulacra cadaueris polluerent aspectu: vt nōnullis frustra placet. Nā lugētiū mos est prioris hitus immutatio. v Alias hinc ad lach. S. ad aliam sepulturā. x Salue æternū mihi maxia pala eternūq; vale: S. Varro i libr. logistoricę dicit. Ideo mortuis salue & vale dici: non q̄ valere aut salui esse possint: sed q̄d ab his recedim⁹ eos nūq̄ visuri. Hinc ortū est vt etiā maledicti significatiōez interdū vale obtineat: vt Teren. Valeāt q̄ inter nos dissidiū volūt: hoc est ita a nobis discedāt: vt nunq̄ ad nostrū reuertant aspectū. Ergo cū mortuo dr̄ vale: nō ethimologia cōsideranda est: sed consuetudo: q̄ nullis vale dicimus nisi a quibus recedamus.

y Oratores. S. Legati a perorando p republ. nominati. CR. Iamq; oratores. Ostēdit q̄ ampla fuerit victoria: cū ita se victos hostes faterentur: vt statim ad pacē petendā se se submitterent. Ostendit etiam q̄d virtus regis auctoritas possit. Nam absentia Turni hęc pene omnia euenerunt. z Vrbe latina. S. p lati ni: id est de lauro laurino.

a Velati ramis oleę: S. nō coronati: nec eñ lugētes decebat: sed instructi et ornati. i. in māib⁹ oliuę ramos ferentes. Sic Homerus. στέμματ' ἔχων ἐν χερσίν. Velari autem ornari: vt illo loco significat. Victori velatū auro vittisq; iuuencū. Cū victis non aut velentur: aut coronentur victimę: sed ornentur. b Veniamq; rogantes. SER. Beneficiū. c Ferro q̄ fusa. S. modo interempta: alias fugata: sed discernunt epithetis: vt si dicas: ferro fusus ē: vel metu fusus. d Redderet. S. Ondit iā posse in Troianorū esse ptāte. e Et ęthere cass. S. vacuis: vnde & rhetia casses dicimus. Hoc sit bñ addidit: q̄ victi pñt inouare certamē. C. Nullū cū victis certamē & ęthere cassis. Grauissim⁹ locus et qui p̄mū apd eū virū: in q̄ recta rō valet: oēm pturbatiōem supprimeret. Quapropter prio cōgressu placat⁹ ē Aeneas.

Quos bonus Aeneas haud [f]aspernãda p̃cãtes:
pro[g]sequit̃ venia:& verbis hec insup̃ [h]addit.
Que [i]nam vos tanto fortuna indigna latini
[k]Implicuit bello: qui nos fugiatis amicos?
Pacem ne exanimis: & martis sorte peremptis
Oratis? [l]equidem & viuis concedere vellem:

f Haud asper. S. iusta. nõ cõtemnẽda. Sepultus eçẽim officiũ: generalr debet vniuersis. g Prosequit̃ venia: C. q. d. statim donat veniã. h Insup addit. S. accumulat verbo beneficiũ dicens: pacẽ se etiã viuis velle p̃stare. Pacẽ autẽ iõ defunctis: qa ait: Nullũ cũ victis certamẽ & ethere cassis. Et mortuorũ pax sepultura est: vnde eligit verbũ vtrique aptũ. i Que nã. S quota & q̃lis. nam mirantis est: nec enĩ dubitat: cũ ipse dicat indigna. C. Que nã for. Nam cũ et se & illos excusare velit: reiicit culpã in fortunã. & reuera latinus societatẽ expertiuerat troianorũ: et ipse Aeneas nihil aliud tentabat: sed iniquitate fortunę a Turno in bellũ impulsi sunt: k Implicuit. S. Inuoluit inuitos. l Et viuis conce. vellem. C. Sententia est. Vellẽ ipsos nõ fuisse extinctos: vt viuentibus pacẽ dare possem. Vel dicit ita. Omia cesis remitto. vt etiã cũ viuẽtibus cõuenire cuperẽ. m Nec veni. S. nec venissem: tempus ꝑ tempꝫe. C. Nec veni. q. d. nõ fuit cã venẽdi: vt vos debellarẽ: sed vt quẽ fata locum dabãt acciperẽ. Hinc seqꝛ: vt: ñ gerã bellũ cũ latinis quos icolumes eẽ cupio: sed cũ rege vr̃o a q̃ terris fatalib⁹ ꝓhibeor: tandem oẽm culpã in Turnũ reiicit: accumulataq; iuidia: qui cũ belli cã fuerit a pugna discesserit. n Nec bellũ cũ gẽte gero. S. Sed cũ Turno: ꝑ q̃d eorũ carpat fauorem. o Huic morti. S. Δεικτικῶς. q̃si ostendit iacẽtes. x Si bellũ finiri manu. S. Hoc est cũ interemptiõe. Põt eñ & pace finiri. y Vixet. S. ꝑ vixisset: et ẽ Syncope. z De⁹ sua dex. dedisset. S. victoriam vl̃ vitã: q̃a duplici rõe ꝯstat victoria: aut virtute: aut volũtate fortũę. a Miseris ciuibus. S. q̃si aliena culpa ꝑeũtibus. D. Miseris. Qui non in suo: sed in Turni negotio perierant. b Obstupuere silen. S. i. obstupefacti sunt: & silere ceperũt. c Cõuersiq; ocu. iter se. C. Quo signo tacite ostẽdebãt admirari. d Tum senior. S. cui ab etate pr̃stabat auctoritas. e Odiis & cri. dran. infen. iuueni Turno. SERVI. aut ꝑ suũ crimẽ. i. inerciã quã ꝑ virtuti constat esse contrariã: aut Turni crimie: q tot viris mortis cã extiterat. f Orsa refert. S. coepta verba.

g O fama igẽs ing. ar. S: Frustra ait donat⁹. Hoc nomẽ de his esse: q̃ nõ recipiũt cõparationẽ: nã quia augmentũ recipit: ẽt cõparat. Alia illa sunt noia in qb⁹ ẽ dubitatio. Vtrũ cõparent vt est ꝑfect⁹: q̃a si velis cõpare incidit ꝑfectus nõ esse perfectus.

Nec veni[m]: ni fata locum: sedemq; dedissent:
Nec[n] bellum cũ gente gero: rex nostra reliquit
Hospitia: & turni potius se credidit armis.
Aequius[o] huic turno fuerat se opponere morti:
Si[x] bellum finire manu: si pellere teucros
Apparat; his decuit mecũ concurrere telis.
Vixet[y] cui vitã deus[z] aut sua dextra dedisset:
Nunc ite: &[a] miseris supponite ciuibus ignem.
Dixerat æneas: olli[b] obstupuere silentes:
Conuersiq;[c] oculos inter se: atq; ora tenebant.
Tum[d] senior: semperq;[e] odiis: & crimine drances.
Infensus iuueni turno: sic ore vicissim
Orsa[f] refert: o[g] fama ingens ingentior armis
Vir troiane: quibus[h] coelo te laudibus ęquem?
Iusticię[i] ne prius mirer belli ne laborum?
Nos vero hęc patriã[k] grati referemus ad vrbẽ:
Et te[l] si qua dederit viam[m] fortuna: latino
Iungemus regi: quęrat sibi[n] foedera turnus.
Quin & fatales murorum attollere moles:
Saxaq;[p] subuectare humeris troiana iuuabit.
Dixerat hęc: vnoq; oĩs eadem ore fremebant:
Bis senos[q] pepigere dies: &[r] pace sequestra
Per syluas teucri[s]: mixtiq; impune latini
Errauere iugis:[t] ferro sonat alta bipenni
Fraxinus: euertunt actas ad sydera pinus:
Robora[v] nec cuneis: et olentẽ scindere cedrum:
Nec[x] plaustris cessant vectare gemẽtib⁹ ornos.

Vnde Horatius ait: et qua pauꝑ daunus agrestum regnauit populorũ: pro agrestibus ppl̃is. CR. Iusticię ne pri⁹ rc̃. Cum iusticiã et bellũ ponat: oñdit illũ et in pace et i bello optimũ esse: quibus ciuili homini nihil maius tribui põt. Hęc aũt duo ita magna esse affirmat: vt nõ possit discernere vtrum maius.

k Grati. C. Memores bñficii accoepti de humanis cęsis. l Si q̃ dederit viam. S. viã. i. rationem. m Dederit for. la. S. Et bene cũ exceptiõe pollicetur dicens: si volũtatẽ nostram fortuna comitet. C. Si qua viã dederit for. latino. Nam fortuna disiunxerat: latinũ ab ænea: et nõ consiliũ. ergo de voluntate latini nihil dubitantes fortunã q̃ aduersa illũ disiunxerat optat: vt ꝓspera conciliet: & sic beniuolũ suum regẽ Aeneę reddit. n Foedera turnus. S. vl̃ cõiugis: vl̃ amiciciarũ. C. Quęrat sibi foedera turnus. Amare in eũ hęc euomit: q̃i dicat: non esse habendã rõnẽ ei⁹: q soli sibi seruiẽs: vt ꝯiugio potiret cęterorũ salutẽ in discrimen adduxit.

o Fatalis mu. S. q audiuerat nisi fata locũ sedem dedissent. p Saxaq; troiana. S. Ambitiõe ait: quasi Troianis fataliter debita. Pepigere dies. S. pacti sũt ab eo quod est paciscor & pepigi: & pact⁹ sum fac: sicut ab eo q̃d ẽ parco et parsi & peperci. r Pace seq̃stra. S. s. media et tẽpalis: nam sequester est medi⁹ inter duos alternantes: apudquẽ aliq̃d ad tẽpus sepõit. pacẽ ergo seq̃strã inducias dicit. i. pacẽ tpalem: & mediã inter bellũ pręteritũ & futurũ. DO. Pace sequestra. Sequestra pax ea ẽ q̃ sic interponit vt non tollat: sed differat bellum. C. Pace seq̃stra. Sequestrem eum appellamus: cuius fidei credit res de q̃ controuersia pendet donec certũ decernat: et a quadã similitudie inducias pacem sequestrẽ appellãt.

CRIST. O fama ingens Multis dura aduersaria constituta est fama: cũ ipsi te corespondere non possint: ergo magna laus æneę: qui famã superet. h Coelo te laudib⁹ ęquem. S. pro his q in coelo sunt. i. diis: vt ceruleus thybris coelo gratissim⁹ amnis. C. Quib⁹ coelo te laudib⁹ ęquẽ. q. d. quibus verbis possum promere laudes tuas. Quibus te coelo. i. cęlestib⁹ diis ęquari pores. i Iusticię ne pri⁹ mirer belli ne laboꝝ. SERV. Figura gręca: miror illius rei: & regno illius rei: vt θαυμάζω ἐκείνου καὶ ἄρχω ἐκείνου.

s Mixtiq; impune latini. SER. apud maiores magna erat cura fidei: adeo vt inter Porsenã et Romanos factis inducíis: cũ ludi Circenses in vrbe celebrarent: ingressi hostiũ duces curruli certamine cõtenderẽt: et victores coronarent. t Ferro sonat alta bipenni. S. ad Epitheton transtulit nomen ꝓpriũ: nã bipẽnis ꝑ se plenũ est. & securim significat: vt crebrisq; bipennibus instant. v Robora. S. Modo genus est ligni: nam est inter specialia nominatum. x Plaustris ge. SER. sub pondere sonantibus.

b iii

¶ y Quę mō vic. la. pal. fe. S. Bene mō: vno ei eodēq̧ die: et fortiter fecit & periit: vt. Hęc te prima dies bello dedit: hęc eadē aufert. C. Quę mō victorē. Ex q̄ re ostendit q̄ varia mutabilisq̧ sit fortuna. Quāq̧ instabil. z Arcades ad portas ruere. S. eos dicit: q intra ciuitatē sunt. CR. Arcades ad por. ruere. Distributio ē: nā magn⁹ luctus

¶ Et iam fama volans tanti p̄nuncia luctus
Euandrū euandriq̧ domos: & mœnia replet:
Quę modo victorem latio palanta ferebat.
Arcades ad portas ruere: & de more vetusto
Funereas rapuere faces: lucet via longo
Ordine flammarū: & late discriminat agros.
Contra turba phrygū veniēs plangētia iungit

fuit virorū funeri occurrentiū: maior mſierū itra vrbē. Maxim⁹ aūt Euandri: cui a pricipio vocem dolor p̄ripuit.
a De more vetusto. S. Quia antea p noctē cadauera ꝓfunerabāt, cū faculis. b Rapuere faces. S. raptim et festinanter tulere. c Discriminat. S. diuidit: vnde discrimē capitis muliebus dicitur.

Agmina: que postq;[d] matres succedere tecto
Viderunt. moestã[e] incedũt clamoribus vrbem.
At nõ Euandrũ potis est[f] vis vlla tenere:
Sed venit in medios:[g] pheretro pallante reposto
Procubuit sup: atq; heret: lachrymãsq; gemẽsq;:
Et via vix tandem voci laxata dolore est.
Non[h] hec o pala dederas promissa parenti
Cautius vt seuo velles te credere marti:
Haud[i] ignarus eram quãtũ noua glia in armis:[k]
Et predulce decus primo certamine possit:
Primitie[l] iuuenis misere: belliq; propinqui
Dura rudimenta: & nulli exaudita deorum
Vota[m] precesq; mee: tuq;[n] o sanctissima cõiunx:
Foelix[o] morte tua: neq; in hũc seruata dolorẽ.
Contra ego[p] viuẽdo vici mea fata: superstes
Restarem[q] vt genitor: troũ[r] socia arma secutũ
Obruerent rutuli telis: animã ipse dedissem[s]
Atq; hec pompa domũ me: nõ palãta referret.
Nec[t] vos arguerim teucri: nec foedera: nec quas
Iunximus hospitio dextras: sors illa senecte[v]
Debita erat nostre: qd si immatura manebat
Mors natum: cesis volscorum milibus ante
Ducentem[x] in latium teucros cecidisse iuuabit.
Quin ego[y] non alio digner te funere pala:
Quã pius Aeneas: & qmagni phryges: & qua
Tyrrheniq; duces: tyrrhenumq; exercitus oĩs:
Magna trophea ferunt: qs dat tua dextera leto
Tu[z] quoq; nunc stares ĩmanis truncus ĩ armis:
Esset[a] par etas, & idem si robur ab annis.
Turne: sz infoelix[b] teucros qd demoeror armis

d Postq; mres. D. Vel pro mulierib⁹ posuit. Vel matres corũ q cesi fuerãt. e Incendũt. S. implent: vt clamore incẽdũt coelũ Troesq; latiniq;. f Vis vlla. S. Nec etatis imbecillitas: nec seueritas regia. g Pheretro palãte repos. S. Posito pallantis pheretro: nam Antiptosis est. h Non hec o pala dederas pmissa parẽti: Cauti⁹ vt seuo velles te cre. mar. ti. S: Duplex expositio ẽ. aut em hoc dicit: Nõ em mihi talia pmittebas: vt crederẽ te cautius dimicaturũ: vt itelligam⁹ pallãtem proficiscentẽ promisisse pri victoriã: cedem hostiũ: plurima spolia: q enim hoc cogitat cautele obliuiscitur auiditate pugnãdi. Aut certe non: pro n. i. ne nempe accipiam⁹: vt in Terentio. Nõ tu hũc rus hinc pdisse aiebas: id est non p nẽpe: vt sit sensus. Nempe mihi hec deras pmisso discedens: quia cauci⁹ fueras dimicaturus. i Haud ig. erã. CRI. Oratio hec artificio summo exornata: cui⁹ vires facile ex similib⁹ hactenus interptatis orõnibus intelligemus: accusauerat natũ: q sibi inobtẽperans fuisset: nũc oñdit nõ ex impia cõtumatia: sz ex magna animi audatia: et glie cupiditate peccasse.

k In armis. S. apud armatũ: cui⁹ consiliũ cupiditas victorie plerunq; conturbat. l Primitie iuuenis mise. C. Exclamatio est p quã conqrit fortunam statim a pricipio Palanti inimicã fuisse: et pma militie rudimẽta durissima extitisse: et sua vota minime fuisse exaudita. m Vota pcesq; mee. S. Supra sors & vota facit: n Tuq; o sctissima coniunx foelix morte tua. C. Maximũ infoelicitatis argumẽtũ: Nã etiã si q infoelices fuert: nrarũ calamitatũ cõpatiõe foelices pñt appellari: vt illud: O ter qterq; beati quis ante ora patrũ t. s. m. a. c o.

o Foelix morte tua. SER. Ea re foelix qua cetera dolent. p Viuendo vici m. a fata. SER. diu viuẽdo: vt in Bucolicis Olycida viui puenimus. Vici autẽ mea fata: per naturalẽ ordinẽ vita longiore superaui: Nãq; hic ordo naturalis est: vt sint parentibus superstites filii. Fata ergo generalia dixit: referens se ad naturalem ordinem: non ad fatum propriũ. Nam fata supare nemo hominũ potest. Vnde multi sic distinguũt. Contra ergo viuendo vici vitã. s. filii. nã hoc est supstes restarẽ: vt genitor: vt mea fata: p exclamationẽ dictũ est. Sciendũ tñ est irrõnabilia dolentibus dari. C. Vici mea fata. Hyperbole est: non eni sua fata vicit. Sed cũ volumus longã alicuius vitã: dicim⁹: vixit plusq; sibi a fato concessum fuerat: vt tantã videret calamitatẽ. Multi eni ppter longiorem vitam i eas calamitates inciderũt: quas si prius decessissent: omnino euitassent: qd de Priamo testat. q Restarem. S. essem.

r Troum socia ar. secutum. C. Increpat seipsum q nõ potius ipsemet in bellũ pcesserit: & in quo premortuus filii fun⁹: nõ aspexisset. s Dedissem. S. credidissem. t Nec vos arguerim teucri. S. Exonerat eoꝝ pudorem: ne videat causa orbitatis fuisse: dicens hoc sibi fataliter debitum. CRIS. Nec vos argu. Non tñ iputat mortem filii Troiãis: qui illũ in bellũ abduxerint: sed fato sue senecte. Illis autem debere fatetur: q postq; filio moriendum erat: cũ tanta gloria mortuus fuerit.

v Senecte. SER: deest etatis. nam senecta etas dicitur. Salustius. Senecta iam etate: per se autẽ plenum est: si senectus dicamus.

x Ducentem in latium teucros cecidisse iuuabit. SERVI. Lucrum quodãmodo putat impendisse pro amicorum foelicitate filium: qui morti fuerat acerbo funere fataliter debit⁹: & est a qualitate beneficii solatium.

y Non alio digner te funere pala. SER. Latẽter hic Aenee ostenditur pietas que in amici funus tanta cõtulit: vt pater amplius prestare non posset. z Tu quoq; nunc stares immanis truncus in armis. SER. Sicut isti duces: de quibus hec sunt trophea. Nam supra ait: Indutosq; rubet truncos hostilibus armis ipos ferre duces. a Esset par etas. S Vel mea vel filii: Nam ad vtrũq; pt referri. b Teucros qd

Vadite:& hæc memores regi mãdata referte,
Quod vitã moror inuisam palante perempto:
Dextera causa tua est:turnũ natoq; patriq;
Quã debere vides:meritis vacat hic tibi solus
Fortunæq; locus:non vitæ gaudia quero:
Nec fas:sed gnato manes perferre subimos.

demoror armis. SER. ab armis. Et videt dicere: dimittendi sunt troiani: vt morte Turni satisfiat doloribus meis: qd etiam hic posteriora significant.

c Meritis vacat hic tibi so. Fortuneq; locus. S. Nihil est aliud qd possit: vel virtus tua: vel fortũa pstare. Nam his rebus victoria cõtingit: nisi vt occiso Turno: & vindices filium: & patrem ɔsuleris orbatũ. d Sed gnato ma. pferre subimos. S. ac si diceret. hanc solã esse cãm q eũ cogat ad vitã patientiã: vt filio: Turni nũciet interitus.

e Miseris mortalibus. S. q sunt subiecti tot casibus. Homerus. Δειλοισι βροτοισι: id est miseris mortalibus: non timidis.

f Extulerat lucem. SERVI: Asinius Pollio dicit vbiq; Virgi. in diei descriptione sermonẽ aliquem ponere aptũ psentibus rebus: vt hoc loco: quia funerũ & sepulturã res agitur: dicit extulerat: Nam et efferre ẽ ad sepulturam ferre. Item i quarto: qa est nauigatur Aeneas

Aurora interea [e] miseris mortalibus almam
Extulerat [f] lucẽ: referens [g] opera atq; labores.
Iam pater Aeneas: iam curuo in littore tarchon
Constituere [h] pyras: huc corpora quisq; suorum
More [i] tulere patrũ: subiectisq; [k] ignibus atris
Condit [l] in tenebras altum caligine coelum.
Ter [m] circum accensos cincti [n] fulgentibus armis
Decurrere [o] rogos: ter moestũ funeris ignem
Lustrauere in equis: vlulatusq; ore dedere.
Spargitur [p] & tellus lachrymis: spargũt & arma.
It cęlo clamorq; virum: clangorq; [q] tubarum.
Hinc [r] alij spolia occisis direpta latinis
Conijciunt igni: galeas: ensesq; decoros:
Frenaq; [s] feruentesq; rotas: pars munera nota
Ipsorum clypeos: et non [t] foelitia tela.
Multa boum circa mactant [v] corpora morti:
Setigerosq; sues: [x] raptasq; ex omnibus agris
In flammã iugulant pecudes: tum littore toto
Ardentes spectant socios: semiustaq; seruant
Busta: neq; auelli pñt: nox humida donec
Inuertit coelum: stellis [y] ardentibus aptum.
Nec [z] minus: & miseri diuersa in parte latini
Innumeras struxere pyras: & corpora [a] partim
Multa viri terrę infodiunt: auectaq; partim:
Finitimos [b] tollunt in agros: vrbiq; [c] remittunt
Cętera: confusęq; ingentem cędis aceruum:
Nec nũero [d] nec honore cremãt: tũc vndiq; vasti
Certatim crebris collucent ignibus agri.

& relictur⁹ Didonẽ: dicit. Tithoni crocũ linq̃ns aurora cu bile: quod licet supfluũ sit: in multis tñ locis inuenitur:
g Opera atq; labores. S. Hoc opus & hęc opa: tunc dici mus qñ negociũ ipm q̃d gerit significamus. Si aũt foeminini generis dixerim⁹ operas: ipsas psonas quę aliqd faciũt significam⁹. Sicut custodia dicit quę custodit: vt. cernis custodia qualis: nam vt hi qui custodiũt custodia dicãt. vsurpatũ est: vnde male est in vsu custodia audi-tur. h Constituere pyras. S. Pyra est lignorũ cõgeries: rogus cum ardere coeperit dicit. Bustũ vero iã exustũ vocatur: quẽ ordinẽ seruat poeta dicẽs Cõstituere pyras. Itẽ sub iectisq; ignibus atris. Itẽ Ter circũ accensos decur-rere rogos. Itẽ. Semiusta q; seruant busta.
i Morte tulere patrũ. SER. quia apud varias gentes diuersa fuerunt genera sepulturę. inde est q alii obruũtur: alii exurun tur: alii ppria remittunt ad patrias: alii p diem: vt nunc isti: alii p noctẽ: vt sup Palas. Et perite has varietates Virgili⁹ osuit. Nanq; Eraclytus q omia vult ex igne cõstare: dicit debere in ignẽ corpa resol ui. Thabes vero q confir mat omnia ex humore p creari: dicit obruenda cor pora vt possint hũore resolui. k Ignib⁹ atris. S. Atqui ignes atri non sunt: sed epitheton traxit de negotio: vt atris diceret: hoc est funebribus: vt paulo p⁹. moestũ funeris ignẽ. i. funebrẽ: Nã moestus esse nõ pt ignis.
l Cõdit in tenebras. S. id est fumi obscuritate cõplet. C. Condit caligĩe coelum: Hyperbole est.
m Ter circũ. C. Sic enĩ cõsuetũ erat apd' antiq̃s.
n Cincti fulgentibus armis. S. Frustra hoc epitheton notãt tritici: q̃si circũeũtes rogos: alia arma habere debuerunt. Cincti. i. instructi. o Decurrere. S. i. p circa rogos currere. Bñ aũt ait decurrere: nõ decucurrere: Nã vba q in pterito pfecto primam syllabam geminant: vt curro cucurri: & tondeo totondi: cum cõposita fuerint: geminare nõ pñt. Nam neq; decucurri: neq; detotondi dicim⁹: excoeptis tantũ duobus Do & sto. p Spargit. C. Hęc oia oñdũt ingẽtẽ luctũ.
q Clangorq; tubarum. S. Ante sũa mortui ad tubã dedu cebant. Vnde Persi. Hic tuba candelę: tandemq; beatulus alto. Compositus lecto crassis lutatus amomis: in portas rigidos calces extendit. C. Clangor tubarũ. Adultorũ enĩ funera tubis ꝛc. Idẽ inuenies apd' Homerũ in funere Hectoris. puerorũ vero tybia celebrabãt. Hęc enim in Archemori funere dat Stati⁹: quo ĩ loco ait: Lactãtius hoc iubere priscorũ religionẽ: addit Acron q lidiis tybiis lęta: phrygiis moesta canebantur.
r Hinc alii spoliis oc. dila. S. scdm suę gentis ritũ: alii hostilia arma: alii per emptorũ cremebant.
s Feruentes ro. S. nimio scilicet cursu. Alibi: volet vi feruidus axis Horati⁹ Metaq; feruidis euitata rotis. t Nõ foelicia te. S. quib⁹ defendere nequiuerunt. v Mactant corpa morti. SER. aut in morte: aut morti: ipsi deę. Stati⁹. In scopulis mors sęua sedet. Luca. Ipamq; vocatam. Quem petat e nobis mortem tibi coge fateri. Circa aũt ideo: q Homerus dicit: in morte Patrocli circa corp⁹ extincti tam homies q pecora immolabant: & vno igne cremebant. Vñ est ĩ sexto: Ossaq; lecta cado texit corineus aheno.
x Raptas. S. raptim abductas. Nã post indutias rape nõ poterãt. Aut certe raptas añ: belli. s. tpe.
y Stellis ap. S. cõiũctũ:
z Nec min⁹ innumeras. S. Hoc loco multis rebus oñdit immensam cędem factã esse rutulorũ.
a Et corpa ptim. C. optima distributio. Nã excellentiores: hẽbant a qb⁹ in patriã referent. Vulg⁹ vo & qui ex longinq̃ venerant: coaceruatim vrebantur. b Finitimos. S. qui enĩ e lõginq̃ venerãt: referri non poterant.
c Vrbiq; remittunt. S. Deest vnicuiq;. & meminit antiq̃ consuetudinis. Nam ante etiam homies in ciuitate sepeliebant: q̃d postea Duellio consule senatus prohibuit: & legauit: ne quis in vrbe sepeliretur. Vnde imperatores & virgines vestę: quia legibus non tenerentur: in ciuitate habent sepulchra: deniq; etiam nocentes virgines vestę: licet viuę: tamen intra vrbẽ in campo scelerato obruebantur.
d Nec honore. SER. quia nec numero: nam aliud verbum pendet ex altero.

b v

¶ Tertia lux gelidã cœlo dimouerat vmbram.
Mœrentes altum cinerẽ: & [e]confusa ruebant
Ossa focis: [f]tepidoq́ꝫ onerabant aggere terræ.
[g]Iam vero in tectis [h]prædiuitis vrbe latini.
Præcipuus fragor: & [i]longe pars maxĩa luctus.

¶ e Confusa ruebãt Ossa fo. S. Aut q̃a dixit simul multos crematos: aut si ad honoratorũ cadauera referas: vt sup̃ diximus: confusa ꝓpter animalia simul concremata. ¶ Ruebant. S. de cineribus eruebant. f Tepidoqꝫ onerabant aggere terræ. SER. Hypallage: hoc est ossa tepida. g Iam vero in tectis. CRIST. Miram & summo artifico comparauit varietatem: vt cum & apud Archades: & apud Troianos: et apud latinos eũdem merorem exprimere vellet: tamen hęc omnia distinxit: tamen maiorẽ merorem dat latinis: quia maiore clade essent affecti.

h Prędiuitis: RER. more gręco epitheton incongruum hoc loco posuit.

i Et longa pars maxima: SER. Valde hoc est melius q̃ꝫ legatur & longe.

k Hic mres. S. quia scit hec noĩa ad aliqd ptinere: nõ ad didit q eslebant filios: aut maritos: aut frẽs: l Dirũ. C. Q. l est deoꝝ ira puenerit. ergo iniustũ: & plenũ supplitio. m Turniqꝫ hy. C. Nã oẽm cãm belli a Turno pfectũ volebãt: q ne amitteret Lauinę cõiugiũ id moueri curauit: nulla hita rõne fatorum. Quapropter ipsum solũ obiiciendũ eẽ armis: cum omne certamẽ sumat: vt ipse regnet. n Iubẽt. S. volunt: exposcunt.

o Ingrauat hec drances. C. Ondiqꝫ solet vsu venire: q i repub. sint semp aliqi qui i ꝯmũe cõsulãt: & sua libertate freti: dum vtilitati publicę cõsulant nõ recusãt principũ odiũ subire. Contra ꝓo esse plerosqꝫ: qui factionẽ secuti principib⁹ faueãt: ꝓsertim si illoꝝ extent aliq in rem publicã: merita aut virtutib⁹ excellãt. p Testaẽ. S. testificaẽ etiã legatorũ fidem: qui cũ eo fuerũt.

q Obumbrat. S. subaudis turnũ: fuet: defendit. Et est trãslatio ab arboribus. Hoc ãt dicit: amor reginę ad fauorẽ, popularẽ ꝑmũ ꝓderat turno. r Meritis sustẽtat fama tropheis. S. quia multos occiderat: vt etiã ipse dictur⁹ ẽ. s Ecce sup. S: Insup ad cõmulationem maloꝝ. D. Ecce. Inopina eũ pnunciat malũ hęc dictio: & graue satis ac vehemẽs. C. Ecce sup moesti. Sepe euenit: q fortiũa aliqd afferat: qd in dubiis cõsultatiõib⁹ maximũ afferat momentũ. Nã eadẽ rñsa Diomedis: Si p⁹ capũ cõsiliũ relata sciuissẽt pauũ momẽtũ at ulissẽt.

t Moesti. S. Hoc sermone nihil eos egisse significat. v Magna Dio. ab vr. S. legitur & magni. x Nil dona neq au. S: Ordinẽ legatiõis exequit dicens: pfecta inaniter esse omnia que possent efficaces legati pficere auro: prece: pmissiõe. D. Neqꝫ aurũ. Qđ quidẽ etiã q nullo odio cõmoti sunt in pbũ excitat: & ad iniurias: vt pbauit in pigmaleone et i Polimnestore.

Hic[k] matres miseręqꝫ nurus: hic chara sororum
pectora moerentũ: puerıqꝫ parentibus orbi
Dirum[l] execranẽ bellum: turniqꝫ[m] hymenęos:
Ipsum armis: ipsumqꝫ[n] iubent: decernere ferro:
Qui regnũ italię: & prĩos sibi poscat honores.
Ingrauat[o] hęc sęuus drances: solumqꝫ vocari
Testatur:[p] solum posci in certamina turnum.
Multa simul contra varijs sententia dictis
pro turno: & magnũ reginę nomẽ[q] obumbrat:
Multa virum[r] meritis sustẽtat fama tropheis.
Hos inter motus, medio in flagrãte tumultu.
Ecce[s] sup moesti[t] magna[v] diomedis ab vrbe
Legati responsa ferunt: nihil omnibus actum
Tantorũ impensis opeũ:[x] nil dona: neqꝫ aurũ:
Nec magnas valuisse pces: alia arma latinis
Quęrenda: aut[y] pacem troiano ab rege petẽdũ.
Deficit[z] ingenti luctu rex[a] ipse latinus
Fatalem[b] Aeneam manifesto[c] numine ferri.
Admonet ira deũ: tumuliqꝫ ante ora recẽtes:
Ergo conciliũ magnũ: primosqꝫ suorum
Imperio accitos:[d] alta intra limina cogit.
Olli[e] conuenere: fluuntqꝫ[f] ad regia plenis
Tecta vijs: sedet in medijs rex maximus ęuo:
Et primus:[g] sceptris haud lęta fronte latinus:
Atqꝫ hic legatos ętola[h] ex vrbe remissos

y Pacem Troiano ab rege petendũ. S: Sicut diximus cum per gerundii modum aliquid dicim⁹: per accusatiuum elocutionem formemus: necesse est. Lucretius: Aeternas quoniã poenas in morte timendũ. Item Salustius. Castra sine vulnere introitum. Nam castra accusatius pluralis est: quil multis errorẽ facit: vt videatur esse nominatiuus: quia neutra trip tora sunt: & similis est nominatiuus accusatio. z Deficit. CRI. animo et consilio. Nam neqꝫ tumultuanti Turno satis tuto aduersari poterat: & Aeneę ad diis faueri: & a fatis videbat: preser tim cum ira deorũ: tanta strage afflictos latinos cerneret. Quapropter veluti sapiens: vir cum egeret consilio ab aliis sumendũ censuit: presertim a primis: qui ceteros auctoritate & sapientia antecibãt. a Rex ipse latin⁹. SER. Qui aut consolari debuit: aut defendendę reipublicę: aliud intre consilium.

b Fatalem Aeneã manifesto numie ferri. SER. modo perniciosum omnibus Aeneam. c Manifesto numine. SER. id est mãifesto deorum iudicio ad Italiã venisse: numinũ ira testaẽ: quam cognouim⁹ tantorum cęde sociorum.

d Alta intra limina cogit. S. Queritur cur ad priuatam domum conuocetur senatus: qui non nisi ad publica: & augurato condita loca cõuenire cõsueuit. Sed scimus domũ latinẽ augurato conditã: & eandem: tam templũ fuisse: qꝫ curiã. Nanqꝫ in superioribus legim⁹ tectũ augustum: id est augurio conditum. Inde paulo p⁹ hinc sceptra accipe: et primos attollere fasces. Regibus omẽ erat hoc illis curia templũ. Merito ergo ad domũ regis: quasi ad publicũ locum conuocaẽ senatus. Nam ait in septimo: Talis intus templum diuum: patriaqꝫ latin⁹ sede sedens. Iccirco etiã in palatii atrio: quod augurato conditũ est. apd maiores consulabatur senatus: vbi etiam arietes immolabãt: qd in vii. libro diximus Virgili. ad latini transtulit domũ. Multi dicunt perite Virgiliũ fecisse: nec templi nec curię hoc loco cõmemoratõe. Sꝫ tm dixisse: intra tecta regia: vt ostenderet consilium quod initur nõ esse compendiũ: quia nec rite est inchoatũ: ea ei q dicet latinus: effectu carebunt. DO. Alta limina. interiorem partẽ dom⁹ itelligit: & nõ curiam quã descripserat: in q de rebus letis agebaẽ. e Olli. S. scdm Enniũ. D. Olli cõuenere. Ostendit qꝫ cupide pp ter magnitudinem periculi omnes concurrerent.

f Fluunt. S. festinãter incedũt. C. Fluũt plenis viis. Ostẽdit & pmos fuisse: et cũ celeritate venisse. g Et prim⁹ scept. S. Prim⁹ inter sceptriferos: Nã apud maiores omes duces cũ sceptris ingrediebãẽ curiã. postea coeperũt tm ex consulibus: et signũ erat eos consules fuisse. h Aetola ex vrbe re. S. quã cõdiderũt hi q de aetolia venerẽ gręcię prouintia: vnde Diomedes hũc socios de tribus ei⁹ ciuitatib⁹ quas hꝫ aetolia Pleurũ: Olenon: Calydõ: sic ẽ Aetola dixit ex vrbe. & vt tandẽ euboicis cumarũ allabitur oris.

[i]Quę referebant fari iubet:& [k]responsa reposcit.
Ordine [l]cuncta suo:tum facta silentia linguis.
Et venulus dicto parens ita farier infit.
[m]Vidimus o ciues diomedem: argiuaq; castra:
Atq; iter emensi [n]casus supauimus omnes:
[o]Contigimusq; manū qua concidit tellus:
Ille vrbem [p]argiripā patrię cognomine gentis,
[q]Victor gargani condebat iapygis agris:
[r]postq̄ introgressi:& coram data copia fandi:
Munera p̄ferimus nomē:patriāq; docemus
Qui bellū intulerint:q̄ causa attraxerit arpos:
Auditis:ille hęc placido sic reddidit ore.
[s]O fortunatę gentes saturnia regna:
[t]Antiqui ausonij:quę vos fortuna [v]quietos
Sollicitat:[x]suadetq; [y]ignota lacessere bella:
[z]Quicunq; iliacos ferro [a]violauimus agros
(Mitto ea q̄ muris bellādo exhausta sub altis:
[b]Quos simois p̄mat ille viros)infanda p orbem
Supplicia:& [c]scelerū pœnas expendimus oīs.
Vel [d]priamo miserāda man⁹ [e]scit triste minerue

i Quę refe. fa. iubet. C. Recte:nam periturus consiliū oēs difficultates cōsul:afferre debuit. k Et rñsa reposcit. S. Mire ait reposcit Añ ei rex sol; a legat;vnis;sa;gnosceř:ꝛ sic eos p̄nte pplo iterū oīa iubere narrare vñ est:ordi. l Ordine cūcta suo. S. nam nihil licet p̄termittere:vñ et sup̄flua narrari cōsueuerīt. m Vidim⁹ o ciues Diomedē. S. Aut diomedē legendū:vt sit latin⁹ accusatiu⁹;&,admittiř eclipsis: vt. Multū ille e terris iactatus & alto:aut si grecū accusatiuū facere voluerim⁹ diomede legatur:vt possit fieri Synalypha:vt Euryale infoelix: qua te regione reliq. Si aūt diomedem dixerim⁹: nec latinū est:nec gręcum. Alter nec versus consistit. Nunq̄ em̄ eclypsis fit p n litterā:tn̄ meli⁹ ē vt Diomede legař vt sit grec⁹ accūst Noīa em̄ gręca in es exeuntia:q̄ gtīm in eos mittūt: p plenā elocutiōem cū eūdē casū p syngresim in us miserint:accm̄ in e. mittant: necesse est iō:ga cū naturā suā seruant accusatm̄ in vocalē mittūt: nō in cōsonātē. Et debet synęresis plenitudinis seruare rōnē:vt ecce: O. Διομηδης. plena declinatio est. του Διομηδεος: τω Διομηδει. τον Διομηδεα. p synęresim aūt facit, του Διομηδους τω Διομηδει τον Διομηδη. ergo hic actūs iō in e exit: nō in en:quia cū integrū est:hoc nomē in eos exit: & crescit eius gtūs. Si eni ισοσυλλαβος. sit ntūs acm̄ in en mittūt:nec habet es in gtō: vt θουκυδιδης:θουκυδιδου θουκυδιδην. Na; Diomedes ideo i gtō os habet:ga et cū integrū est: & Διομηδεος facit:habetis ſ cōsonantē. CRIS. Vidimus. Histeron proteron. Nam prius superarunt: deinde viderunt Diomedē. n Casus omnis. SER. itineris sc;:& bñ vtilitatū singularū rerū generalitate vitauit:ne diceret:flumia latrones. o Qua cōcidit ilia tel. S. ευφαστικως. dixit pro vrbe Ilia. Nā terra nō cōcidit sed ciuitas. C. Qua conci. ilia tel. Vt faciat Aeneā formidabilē: ōndit eū mirifice extolli ab illo:cui⁹ dextra Troia perierat: Neq; peccat q hoc dicat:cū Achilli tribuař hęc victoria. tn̄ Maro vbiq; extollit diomedem: vt excuset ænea:vt in. i. libro ostēdimus. p Argiripā. S. Diomedes fuit de ciuitate q̄ Argosippion dř:de q̄ Home. αργος ιπποβοτον. Hora. apertum dicet equis argos. Hic in Apulia condidit ciuitatem: quā patrię sue nomie appellauit:& argasippō dixit:q̄d nomē postea vetustate corruptū est: et factum est: vt ciuitas Argiripa diceret:q̄d rursus corruptū arpis fecit. C. Argiripā. Argos Thessalicū Achaicū & Aetholicū fuit: Vñ Argosipiā suā vrbē vocauit Diomedes q̄ postea p̄stantia eqrū Hyppolliti dicta est Argiripa. q Gargani condebat Iapygis agris. S. Iapygia pars est Apuliæ: in qua est mōs Garganus: q p Calabriā vsq; in Adriaticū tendiť pelagus. Luca. Appulus adriacas exit Gargan⁹ i vndas. Gargani aūt Iapygis figura est p gargani Iapygi. Et hęc Iapygia Apulia:a qua et Iapyx ventus nūcupatus est. Nā Iapygia Venetię regio est ab oppido dicta: Vñ est. Tum sciat aerias alpes:& norica:si qs castella in tumulis & Iapydis arma timaui. C. Iapygis. Iapyx filius Dedali fuit:a q̄ magna pars Apulię Iapygia dicta est, vnde ventū:inde flantem Iapygem dicūt. r Postq̄ introgressi. C. Oñdit breuiter nihil p̄termissum a legatis ex his reb⁹:qb⁹ Diomedes in auxilium latinorum flecti potuerit. ergo solo metu ferre auxiliū denegauit. s O fortunatę gen. saturnia reg. S. supple q̄ habitat; saturnia regna. i. o viri semper pace gaudētes. Nā legim⁹ aureaq;(vt phibent)illo sub rege fuerīt secula. Et bñ hoc laudat quod eis psuadere desiderat. t Antiq ausonij. S. Qui primi Italiā tenuerunt ausones dicti sunt. v Quietos. S. quibus est amor pacis a maioribus tradit⁹ pp̄ter regnū Saturni. x Suadet. S. vobis subaudis. Nā vos a. superiorib⁹ ñ pōt subaudiri: ga nō te:sed tibi dicimus suadeo. y Ignota lacessere bel. S. i. troianorū: nō oīa generaliř bella. Nā legim⁹ Captiui pendent currus:curuęq; secures. C. Ignota. q. d:q̄ si cognosceretis: ñ lacesseretis. Lacessere aūt ignota bella. i. lacessere viros ignotos ad bellū z Quicūq; iliacos. C. duab⁹ rōnibus dehortař ne lacessant:& qa fortes sunt: qd ōndit cū ait: Mitto ea q̄ muris bellando exhausta sub altis. Et qa diis accepti fatalesq; sunt:qñ q eos vicerunt post victoriā tot pœnas victis psoluerint q̄si diis fatisq;: itaq; volentib⁹ id acciderit: vt etiā miserādi priamo veniāt. a Violauim⁹. S. q̄si sacra. Nam violare de rebus religiosis dicimus: & ingenti arte dicit:ne aut victoriam suā silcat aut nō pcedēdo cōtra eos: qs vicit cōfiteař ignauiā: dicēs: nō eē cōtra eos pugnādū:qs vincere pnitiosissimū est. b Quos simois p̄. ille vi. S. i. toto orbe celebris. Alibi. Vbi tot simois correpta sub vndis Scuta virū:galeasq; et fortia corpa voluit. c Scelerū pœ. expē oēs. S. Luimus omnes pœnas:q̄ sint statutę scelerib⁹: Alii sceler s oīs legūt:nā oēs ad gręcos nō p̄t referri:ga ñ oēs ptulere supplicia. d Vel pria. mi. ma. S. etiā Priamo:vt. Carmia vł cœlo pñt deducere lunā. Est āt Pacuuii q ait: si priam⁹ adesset:& ipse eis cōmiseresceret. e Scit triste mi. Syd⁹. S. Fabula hoc hz: ppt Cassandrę stuprū gręcis iratā eē Mineruā. vel q ei victores sacrificare noluerīt p supbiā. Vñ eos redeūtes grauissima tēpestate fatigatos p diuersa dispsit. Hora. Cū pallas vsto vertit irā ab Ilio. Reuera āt cōstat gręcos tēpestate laborasse eqnoctio vernali:qm̄ manubię mineruales. i. flumia tēpestates grauissimas cōmouēt. Vñ pite dicēdo: Syd⁹. vtrūq; cōplex⁹ ē:Nā syd⁹ et tēpestatē significat:& reuera syd⁹. Hęc āt numia q̄ iter sydera ñ vidē:licz sua signa ppria nō hēant cū aliis ptāte sūt pmixta: vt Ophiulch⁹ ipse ē Aesculap⁹:gemi Apollinis et herculeř eē dicūť. sic Minerue anicos esse dinosciť. C. Triste: quod tristiciā ex calamitate intulit.

Sydus : & euboicę cautes :ᶠvltorq; caphareus.
Militia ex illa diuersum ad littus ab acti:
Atrides[g] prothei[h] menelaus : adusq;[i] columnas:
Exulat:[k] ęthneos vidit cyclopas[l] vlisses:
Regna[m] neoptolemi referam: versosq;[n] penates
Idomonei:[o] libyco ve habitantes littore locros:
Ipse mycenęus magnorum ductor achiuum:
Coniugis (infandū) patria[p] intra limina dextra
Oppetiit: deuicta[q] asia subsedit adulter.

f Vltorq; caphareus. S. ἐν ἄλλω est. cautes Euboicę. Nam euboea insula est: in q̄ mons est Caphareus : circa quē greci piere naufragio. Vltor aūt iō dixit: quia Naupli⁹ Palamedis p̄r dolens filiū suū factione interemptū: vt in secūdo memorauimus: cum videret grecos tempestate laborare: montē Caphareū ascendit: eleuata facula signum dedit vicini portus: q̄ re decepti greci: inter asperrimos scopulos naufragiū ptulerūt. C. Caphare⁹ mōs Euboię: in q̄ Nauplius vltus est mortē Palamedis. g Atrides prothei menelaus. S. Agamenon & menelaus vno quidē fataliter supplicio destinati. Nā Atreus & Thyestes frēs fuerūt i se inuicē seui: adeo vt Thyestes cū Europa fratris vxore concūberet: Quo facto: dolēs Atreus: liberos pprios ei epulandos apposuit. Sed cum Thyestes post cognitū facinus requireret vltionē a diis: ei Apollo respondit posse alio scelere illi⁹ facinoris vindicē nasci. s. si cū Pelopea filia sua cōcumberet. quo facto natus est Aegystus fatalis in Atrei geminā prolē. Sed Iuppiter Menelai fata miserat⁹ est ppt Helenę iugale cōsortiū: & eū p diuersa errare maluit: q̄ aegysti manib⁹ interire. hic errās ad ęgyptū vsq; peruenit: vbi Protheus deus marinus regnauerat: cui rapta aliquando a Theseo Helena dicitur cōmendata. Vnde quidam dicunt: ꝙ ad eam querendam Menelaus sit ad ęgyptū pfectus post bella troiana. Quidā volunt nō esse a Paride raptā Helenā : sed aliā cām belli fuisse troiāi. illā. s. ꝙ Herculē q̄rentē hylam suscipere noluerūt. Qui aūt volūt eā raptā a paride: hoc dicūt: ꝙ recepta a Protheo p Theseū ad Menelaū transitū fecerit: & sic eā Paris rapuerit: s̄m q̄d vt supra dixim⁹: Menelaus ad ęgyptū Iouis volūtate puenit: videlicet ne ab Aegysto posset interimi: C. Atrides Prothei. Refert Herodotus Paridē: cū e grecia i troiā: cū rapta Helena enauigaret tempestate cōpulsum, i ęgyptū apud Canopicū Nili hostium deuenisset & a phytone h⁹ hostii custode ad protheū ęgypti regē deductū fuisse. Protheus āt cognita cā ab illis qui Alexandrū accusabant: illū triduo ex suo regno abire iussisse: Helenā vero & raptā pecuniā: reddendā viro retinuisse. Quę oia ñ ignota Hōero fuisse: idē auctor affirmat: idq; ex poetę versib⁹ ait patere; adiungit etiā scribere sacerdotes. cū greci: vt iniurias vlciscerent. Ilium venissent ante q̄ obsidone vrbē cingerēt: misisse ad Priamū legatos: qui Helenā et pecuniā: cū helena raptā repeterēt. Verū cū troiani rñdissent: Helenā cū suis reb⁹ nō apud se sed apud Protheū esse: nō credidisse grecos: sed vrbē obsedisse: ac demū illa expugnata: & Helena nō inuēta Agamenonē & Menelaū in ęgyptū enauigasse: et Helenā a rege recepisse: et ex ęgypto in libyā venisse: inde q̄ pgressi sint: sacerdotes ignorare affirmāt. h Prothei colūnas. S. ꝙ ait Prothei columnas rōne nō vacat. Nā Herculis colūnas legim⁹: & in ponto & in hispania. Hūc āt Protheū inuictū fortissimū ꝙ cōstat fuisse. Nouim⁹ āt ꝙ oēs fortes Hercules dicebātur. Vñ videt̄ hoc affectasse Virgi. vt p finibus Prothei: columnas diceret q̄s hūit Hercules: vt ōnderet eū etiā Herculem dictū: adusq; colūnas Prothei vsq; ad fines ęgypti: hoc est vsq; ad Pharon añ insulā Nimpartē Alexandrię. Lucan⁹. Nūc claustrū pelagi coepti pharon Insula: quōdā in medio stetit illa mari sub tpe vatis Protheos: at nūc ē pelęis pxima muris. Prothei aūt est latinus genitiu⁹ constrictus per synerisim. C. Prothei colūnas. i. quę essent apud Memphim vrbem: vbi Protheus regnabat. Intelligit autē duos obeliscos ibi in templo Solis positos a filio Sesostris: qui ante illum regnauit. Hic cum Nilus totā ęgyptū inundasset: & totū illud ęquor a vētis exagitaret. hastam in medios fluctus iecit: ex q̄ re decē annos cęcus mãsit. Vndecimo āt anno: cū ex oraculi respōso oculos: mulieris vrina abluisset vidit. Quapropter diis cū ita esset liberat⁹: & mlta alia donaria obtulit. et duos obeliscos singlos ex singulis lapidibus: quoꝝ longitudo centū: latitudo octo cubitorū fuit. Has igitur colūnas nisi fallor appellat. Reliqs has hystorias ponit Seruius. i Adusq; p. S. Adusq; hic est dictū: quemadmodum: siculo pspexit abusq; Pachino. Nā cū ppositio prepositiōi nunq̄ cohereat: abusq; et adusq; licent r admissum est. k Exulat. S. pprie. Nā exulare dicūt q extra solū eunt. Sane sciēdū: quia q̄ tpe Menelaus iit ad ęgyptū: pdidit Canobum gubernatorē: a q̄ vicina ciuitas nomen accepit: q̄ hodie mutata lr̄a Canopus noiatur. l Cyclopas S. grece declinatōis accusatiuus est: vñ grecum habebit accentū. nam latine Cyclopes diceret: & sic versus stare nō poterat. m Regna neoptolemi. S. Subaudi euersa q̄d ex inferioribus intelligit. Pyrrho autem quid contigerit manifestum est. Nam vt in tertio legimus: cum vellet ducere Hermoniem Menelai & Helenę filiā: et Oresti añ despōsatā: ab eo inter aras Apollinis interēptus ē: vt est: Et scelerū furiis agitat⁹ horestes. Excipit incautū: patriasq; obtrūcat ad aras. n Versosq; penates Ido. S. Idomene⁹ rex Cretensiū fuit: q cū tēpestate laboraret: vouit se sacrificaturū de re q̄ ei primū occurrisset: si reuersus fuisset: sed cū casu ei primo filius occurrisset: et eū vt alii dicūt imolasset: vt al' imolare voluisset: ob crudelitatē regno a ciuib⁹ pulsus ē. Vñ ē. fama volat pulsū regnis cessisse paternis. Idomenta ducē. Alii dicunt ꝙ abscedens cuidā suū cōmendauerat regnum: q p eius absentiā occupauit ipsum: & reuersum pepulit: ergo versos penates aut versos funditus direptos accipiēdū ē: aut certe in aliena iura cōuersos. o Libycoue habi. lit. lo. S. vñ etiā in tertio diximus. Locri socii Ayaci Olei fuerant: Epizephyrii & Ozoli: sed hi tēpestate diuisi sunt adeo: vt Epizephyrii tenerēt Brutios. de q̄b⁹ ait in tertio. Hic & Naricii posuerunt moenia locri. Ozoli vo deferrēt Pentapolim. de q̄b⁹ nunc q̄rit dicēs libycoue hitantes littore locros: p Prima itra limia. S. in ipo limie iperii. i. in littore. q̄a s̄m Home. Clitemnestra Agamenoni occurrit ad litt⁹: & illic eū susceptū cū adultero iter epulas iteremit: q̄d et Iuuenal' tāgit dicēs: Quippe ille dies auctorib⁹ vltor Patris erat cęsi media inter pocula. Alii aūt dicūt ꝙ in ipo igressu. i. prima die q̄ domus suę limē: ingressus est cōsilio Aegysti: ab vxore vestē accepit clauso capiterq̄ implicat⁹ adulteri mãibus interiit. q Deuicta asia subse. adul. S. Legit̄ & deuictā Asiā: q̄d si est: ita intelligim⁹. vt subsedit sit dolo possedit. Lucan⁹: Sbsidere regnū chalcidos euboicę. Vñ et subsessores dicūt qui in isidiis tauros interimūt: et hostium dolo subsessos vocam⁹. Vt sit sens' ab Agamēnone deuictā Asiam. Adulter Aegisthus factione possedit. Melius tñ est: vt deuicta Asia legam⁹. scd̄m ꝙ subsedit erit remãsit: vt extrem⁹ galeaq; ima subsedit Acestes: vt sit sens⁹. Asia ppt adulteriū ptulit bella: q̄ remanēte adultero finita ēē nil pfuit: vt cū idignatōe sit dictū: dū primū vidicat adulteriū: aliud rursus emersit.

Inuidisse [r] deos: patrijs vt redditus oris:
Cōiugiū optatū: & [s] pulchrā calydona viderem.
Nunc etiā horribili [v] visu portenta sequuntur:
Et [x] socij amissi petierunt ęthera pennis:
Fluminibus [y] vagant aues (heu dira meorum
Supplicia) & scopulos lachrymosis vocib⁹ iplet.
Hęc adeo ex illo mihi iam [a] speranda fuerunt
Tempore: cum ferro [b] cęlestia corpora demens
Appetij: & [c] veneris violaui vulnere dextram.
Ne vero ne me ad [d] tales impellite pugnas.
Nec [d] mihi cū teucris vllū post eruta bellum
Pergama: nec [e] veterum memini lętor ve malorū.
Munera quę patrijs ad me portastis ab oris:
Vertite ad Aeneā: [g] stetimus tęla aspera contra:
Contulimusq; man⁹: experto credite: [h] quantus
In clypeū assurgat: q̄ turbine torqat hastam:
Terra viros: vltra Inachias venisset ad vrbes
Si duo [i] pterea tales Idea tulisset
[k] Dardanus: & versis lugeret gręcia fatis.
Quicquid apd' durę [l] cessatū est moenia troię:
Hectoris Aeneęq; manu: victoria graium
Hęsit: & in decimū vestigia [m] rettulit annum:
Ambo animis: ambo insignes pstātib⁹ armis.

r Inuidisse deos. S. Stheneli filius Cylabarus: Aegialiam: Diomedis vxorē cognouit adulterio: Quo cōpto Diomedes reuerti noluit: sed in Apulię partibus sibi sedem condidit: qd veneris dolo dr̄ eē pfectū: quā i bello Troiano vulnerauerat. Vn̄ ait inuidisse deos. s Pulchram Calydona viderē. S. Vnā de supradictis ciuitatib⁹. t Nūc etiā hor. vi. por. sequūt. S. Hoc loco null⁹ dubitat fabulę hui⁹ ordinē a Virgilio esse conuersum. Nam Diomedis socios constat in aues eē cōuersos p⁹ ducis sui interitū: quē extinctū ipatienter dolebāt. Hinc hę aues hodieq; latine Diomedeę vocant: q̄s greci herodios dicunt. Habitabāt aūt in insula: q̄ est haud longe a Calabria in cōspectu Tarentinę ciuitatis: qn etiā de his auib⁹ dr̄. q̄ grecis nauib⁹ lętę occurrant Romā venientibus: latinas vehemēt fugiāt mēores originis suę. Et q̄ Diomedes ab Illyriis interemptus ē. C Nunc et horribili. Et socii amissa petierūt ęthera pennis. Aristo. in li. de mirabiliū auditu ait: Diomedē ab Aenea occisum & loco in qb⁹ impauerat occupato. Interfecto; illi honores diuini in insula ab eo Diomedea appellata: et tēplū cōstitutū ē: ei⁹ aūt socii in aues cōuersi insulā illā incolūt: Diomedeęq; a latinis: a grec. erodii vocant. Grecis illic adnauigantibus lętę applaudunt: Ceteros oēs infestant. Sunt qui dicāt hoc ideirco ita fictum esse: q̄ magna celeritate nauigātes pyraticam exercebāt: & solis grecis parcebant. Theodontius ait illas singulis annis aquā rostris in templū illud inferre: et sic lustrare. Solinus vero scribit: Nusq̄ alibi: nisi in insula Diomedea appere: quę e regione Campanię est. Formam autem his: eandem quę fulicis esse: colorem candidum: igneos oculos: rostra dentata: ac gregatim volitare: duob⁹ ducibus: alter qui a fronte agmē ducat: altero qui a tergo vrgeat. Preterea eas in cauernulis a se effossis nidificare: duplici relicto aditu: vno ab oriente quo ingrediantur: altero ab occidente quo egrediantur. Grecis velut cōciuibus applaudere: reliquis inimicari. Quotidie ędem celebrant alis madidis: quib⁹ excussis aquā illā lustrant. Refert Strabo: q̄ in Venetis Diomedi diuinos statuūt honores: et candidū equū illi imolant. In fine aūt sexti libri & multa alia refert: de hoc Heroe: & duas esse insulas in mari ppinquo Lucerię Diomedeas appellatas: quarum altera habitet. altera sit deserta: & in q̄ Diomeden quidā disparuisse aiunt comitesq; in aues eē conuersos. Quę hodieq; māsuescāt: & huanā quodāmō vitā agere: & erga benignos māsuetudie vti: a malignis et sceleratis refugere. v Portenta sequūt. S. Reuera em̄ portentū est homies in aues esse cōuersos. x Et socii amissi. S. Legūt nōnulli & admissis pennis: sed melius est amissi. y Fluminib⁹. C. quia aquaticę sunt aues. z Lachrymosis. S. i. dolentes: vel suā mutatōem: vel regis interitū. Nanq; hoc tāgit latenter. a Speranda. S. p timēda: vt. Hūc ego si potui tm̄ sperare dolorē. b Celestia corpa. S. Martis & Veneris: q̄ numia vlnerauit in bello. c Veneris violaui vulnere dextrā. S. Artificiose agit. Nā sciens ea q̄ dicuntur in fine: hęrere animis: suos casus vltimos memorat. Perite etiā Venerē a se vulneratā tm̄ dic: supprimēs nomē martis: q̄ ei poterat esse gl̄iosi⁹: vt videat oīa quę ptulit odio Veneris ptulisse: contra cui⁹ filiū nūc vocat ad pugnam: vt negās: etiā nūc paria formidare videat. Dextram. Scd̄m Homerū qui ait επικαρπω. d Tales impellite pug. S. Quarū est piculosa victoria. d Nec mihi cū teucris vllū p⁹ eruta bellū Pergama. S. ne ei subiciat illa cōiuratio: quam apud Aulidem greci inierunt. dicit in Troię excidio: sacramētū cōiurationis esse completū. Nāq; in Troianos cōiurauerāt greci. Huc eni spectat: qd dicit: nullū secū Troianis hr̄e bellū p⁹ dirutā troiā. e Nec veterū memini lętor ve ma. S. Nec meminisse volo victoriarū mearū: q̄rū null⁹ obliuisci cōsueuit. nec lętor troianorū malorū p troianis malis: quę nobis bellātib⁹ ptulerunt. Non em̄ pōt de suis malis dicere: cū & mala sua nullus obliuiscat: & ea ipe paulo añ memorauerit. Lętor aūt malorū figura greca ē. Sic Hora. Agrestū regnauit populorū p agrestibus pplis. f Munera q̄ pa. ad me por. ab oris. S. Hinc iam suasio est & cōsiliū. Nam finita est auxiliorū negatio. Vnde & paulo post Venulus ita diuidit dicens. Et responsa simul quę sint rex optime regis Audisti: & magna quę sit sententia bello: scis audisti. Et quemadmodum negauerit auxilia: & quod dederit nobis de pace consilium. DO. Munera quę patriis: Qui auxilium non dat: dat consilium. g Stetimus tęla aspera contra contulimusq; manus. SER. Sensus est & cominus et de longinq̄ inter nos bella tractauimus. CRI. Stetimus tęla aspera. Laudat Aeneam: vt deterreat latinos a bello. h Quant⁹ In clypeum assurgat. SER. Aut quantus est quotiens in hostem pergens erigit scutū: aut pugnandi executus est genus. Qui enim scripserunt de arte militari dicunt summū esse genus dimicandi: quo tiens calcato vmbone aduersarii: se i hostilē clypeū erigit miles: & ita contra stantis vulnerat terga. i Si duo p. S. hoc est alios duos. k Dardanus. S. pro dardani⁹ populus: & posuit principale p deriuatiuo. Sic Home. τους κ τοιους δαρδανος ανηρ. l Cessatū est. S. Tardatū ē: ga n̄ hs q̄s iputet troianę triūphos. vult em̄ excidii tarditatē p victoria cedere. m Vestigia ret. S. retroacta ē et repulsa

Hic[m] pietate prior: coeant in foedera dextrę
Qua[n] datur: ast armis concurrant arma cauete:
Et responsa simul quę sint rex optime regum
Audisti: & quę sit magno sententia bello.
Vix ea legati: variusq; per[o] ora cucurrit
Ausonidū turbata fremor: ceu saxa moranť
Cū rapidos amnes fit clauso[p] gurgite murmur:
Vicineq; fremūt ripę: crepitantibus vndis.

m Hic pietate prior. S: Ideo Aeneam pl⁹ laudat: quod latinis pariť est vt: le: vt eū credāt se posse faciles exorare. Prior. p̄stantior melior. DONA. Hic pietate prior. vt facile sit impetrare pacem. C. Hic pietate prior. Dat spem posse placari: q̄uis bello lacessitus.

n Qua datur. S. qua potest: quacunq; ratione p/ mittiť. C. Qua dať. quasi dicat. Vel etiam iniquis condictionibus: si aliter non datur.

o Per ora turbata. S: per ora turbatorum.

p Clauso gurgite. S: saxorum obiectione pręcluso.

q Prefatus diuos. S. More antiquo. Nam maiores nullā orōnē: nisi inuocatis numinib⁹ inchoabāt. sicut sūt oēs orōnes Catonis et Gracchi. Nā generale caput in oībus legim⁹. Vn̄ Cicero p irrisionē ait. Si quid ex vetere aliqua orōnē Iouē ego optimū maximū. C: Pręfat⁹ diuos.

z Spem si quā accitis etolū ha. in ar. C. Maximū argumentū: vt absistāt a bello: qn̄ ipsi victi sunt: & aliude auxiliorū spes omīs ablata sit. a Accitis. S. euocatis aduictis. b Spes sibi quisq̄. S. subaudis sit. s. vnusq̄sq̄ in seipso tm̄ spem hēat. c Sz hęc q̄ āgusta videtis. S. Cętera absolute dixit. i. exercitū auxilia viresimperi: q̄ sic videtis afflicta: quid restat nisi vt pacē petamus.

Nam religiosum oportet esse bonū principiū. Est aūt hoc vetustissimū platonis Pythagoreq̄: institutum: & Romāis priscis obseruatū: vt nihil accuratius incipent: quin pri⁹ deos p̄carent. Oro aūt est in genere deliberatiuo: delet aūt cōsultationē: q̄ bellū pcedere debuit: in serū tempus esse delatū. Ex q̄ re p̄mit aduersarios: qui incōsulte rem sunt aggressi: exq̄ nō mirū est: si male successerit: captat ergo beniuolentiā ab aduersariis. r Aā eqdē sūma de re statuisse latini. S. Latenter arguit Turnū: q̄ sibi nō obtēperauit: vt foedus fieret in septimo. vbi dixit. Te Turne nephas: te triste manebit suppliciū. Nā mō hoc tp̄s reuoluit. s Et vellē. S. s. statuisse hoc dixit: vt vellē fecisse: & est cōpendiosa locutio cū q̄rimur nō esse factū: quod fieri debuit. t Bellū ipor. S. Cōcepit graue iracundiā. Et sic in hęc verba prupit. Importunū ār q̄d caret portu. i. quiete: vbi nullus port⁹ ē: sicut contra oportunum: cui cōmoditas & occasio obuenit vt port⁹. Nā hoc quodāmō dicit: i naufragiū ferē ista cōtentio: qa sup audierat piculū eē superare troianos. D. Importunū. Qd⁹ defensionis nō hz portū: & q̄d picłorū nō inueit rōnis suffragiū. C. Bellū iportunū. Ōndit ipossibilitatē victorię: cū aduersus deos bellū sumat: & aduersus viros inuictos: cum in re decernenda semper quęrenda sit facultas: aut saltem possibilitas: Cum autē duo (vt diximus) sint genera dicendi: vnū ardens erectū et in sensum q̄le Turno et Dranci accōmodat: qm̄ ingeniis virorū concitissimis q̄drat. Alterū lene mite & appensatū. Hoc nūc latino accōmodat: tū quia tale ē igeniū hois vt oīa mitiora cōcupiscat. tum q̄ pacē suasuri nō asperioribus verbis eos exacerbare debeat: s; mitiorib⁹ demulcere. v Cū gente deorū. S. qa a diis originē ducūt. D. Cū gēte deorū. causā q̄re importunū sit: q̄ em̄ pōt inueniri defensio? x Inuictisq̄ viris. S. Atq̄ supra legi⁹ Bis capti phryges. Sed victos. deo dicit: qa sequit̄ Nec victi p̄nt absistere. y Nec victi p̄nt absistere. S. P̄nt absistere mire ait: ac si diceret: etiā si vellent eos discedere a bellis: natura nō patit̄. D. Nec victi p̄nt absistere ferro. Quia potuisset dici tā diu durabim⁹ vt succūbat. C. Nec victi p̄nt absist. fer. Quāto ergo minus absistent: cum euaserint victores.

q Vt primū placati animi: & trepida ora q̄erūt,
pręfatus q diuos: solio rex infit ab alto:
Ante r equidē summa de re statuisse latini
Et s vellem: & melius fuerat: nō tempore tali:
Cogere conciliū: cum muros obsidet hostis.
Bellū t importunū ciues: v cum gente deorum:
Inuictisq̄ x viris gerimus: quos nulla fatigant
pręlia: y nec victi possunt absistere ferro.
Spem z si quam a accitis etolū habuistis ī armis.
ponite b spes sibi quisq̄: sed hęc c quā angusta videtis.
Cętera: q̄ rerū iaceant pculsa ruina:
Ante d oculos e interq̄ manus sunt oīa vestras:
Nec f quenq̄ incuso: potuit q̄ plurima virtus:
Esse fuit: g toto h certatum est corpore regni.
Nunc adeo quę sit dubię i sententia menti
Expediam: & paucis animos adhibete docebo.
Est k antiquus ager: l tusco mihi pximus amni
Longus m in occasum fines n super usq̄ sicanos
Aurunci o rutuliq̄; serunt: & vomere p duros
Exercēt colles: atq; horum asperrima pascunt.
Hęc omnis regio: & celsi plaga pinea montis
Cędat q amicitię teucrorū: & foederis r ęquas

d Aā oculosq̄ interq̄ man⁹ sūt oīa vrās. S. ac si diceret: nō egēt narratiōe. e Inter manus. SERV. εντοις χερσι. f Nec quenq̄ incuso. S: Excusatio hęc ōndit obliquā esse in Turnū orōnē latini. g Fuit. S. exhausta & cōsumpta est. h Toto certatū ē corpe regni. S. Imperii omibus virib⁹. i Dubię mēti. S. meę. s. cogitanti. k Est ātiqu⁹ ager tusco: mihi pxim⁹ ai. S. Hoc loco Donat⁹ errauit dicens Agrū quē latin⁹ donare disponit esse in Cāpania iuxta vfentē fluuiū: cuius terras vicinas Tusci aliqn̄ tenuerunt: vt inde dictū sit: Tusco mihi pxim⁹ amni agi etiā hoc argumento: q̄d illic est locus q̄ hodie pynetū vocat̄: sed cōstat oīa loca eē cāpestria: nec pcedit illud q̄d dicit: Celsi plaga pinea mōtis. Vn̄ seq̄nda est pot⁹ Liuii Sisennę: & Catonis auctoritas. Nā pene omnes antiq̄ historię scriptores cōsentiūt. Cato em̄ in originib⁹ Troianos a latino accepisse agrū q̄ ē iter laurentū: & castra Troiana: etiā modū agri cōmemorat: & dicit eum habuisse iugera. xi. C. Est ātiquus ager. Ōndit cōmode et sine mīca iactura posse cōfici foedus cū troianis: in qb⁹ v̄bis inuenies femia argumētationū: q̄ sint a facili: ab honesto: ab vtili et ncce: q̄ oia i genere deliberatiuo p̄siderāt. l Tusco mi S. tyberino. m Lōg⁹ in occa. S. ea pte qua in occidēte tēdit lōgior. n Fines sup vsq̄ sica. S. Vsq̄ ad fines q̄s siculi aliqn̄ tenuert. i. ad ea loca: in qb⁹ nūc Roma ē. Hęc em̄ siculi hitauerūt pri⁹. Vn̄ est & gentes venere Sicane. o Arūci rut. S. subaudi a supiorib⁹. Nā et supra ait. Est antiqu⁹ ager mihi: suū possideē agrū: aut quē tanq̄ stipendiariū hēbāt rutuli et arunci: aut ad quē colendū q̄si regi operas dabāt. Vn̄ supfluū est: q̄d ait Donat⁹: nō potuisse fieri: vt p̄sente Turno ager rutulorū a latino donaret̄ Aeneę. p Duros exercēt coll. S. Extenuat agri meritū: q̄ vile videat̄ eē q̄d donat: nec aut dicēb⁹ causā pręstet iuidię: hinc etiā ē. Atq̄ horū asprima pascūt: vt sup: Arūci rutuliq̄ serūt. i. nec opis suis excolūt. q Cędat ami. S. in pciū cōcedat̄ amicitię. r Aequas dicam⁹ le. S. vt pari iter nos societate verseur. i. vt sit neuter inferior. C. Aeq̄s leges. Ne illis subiici videamur.

Dicamus leges: sociosq́ꝫ in regna vocemus:
Cōsidant: si tātus amor: & mœnia cōdant:
Sin alios fines, aliãq́ꝫ capessere gentem
Est animus: possuntq́ꝫ solo decedere nostro:
Bis denas italo texamus robore naues.
Seu plures cōplere valēt: iacet oīs ad vndam
Materies: ipsi numerūq́ꝫ modumq́ꝫ carinis
Pręcipiant: nos aera: manus: naualia dem⁹:
Pręterea qui dicta ferant: & fœdera firment:
Centum oratores prima de gente latinos
Ire placet: pacisq́ꝫ manu pretendere ramos
Munera portantes: auriq́ꝫ: eborisq́ꝫ talenta:
Et sellam: regni trabeamq́ꝫ insignia nostri.
Consulite in mediū: & rebus succurrite fessis.
Tum drances idē infensus: quē gloria turni
Obliqua inuidia: stimulisq́ꝫ agitabat amaris:
Largus opū: & lingua melior: sed frigida bello
Dextera: consilijs habitus nō futilis auctor:
Seditione potens: genus huic materna supbū
Nobilitas dabat: incertū de patre ferebat.
Surgit: & his onerat dictis: atq́ꝫ aggerat iras.
Rem nulli obscuram: nec nostrę vocis egentē

s Sociosq́ꝫ in regno vocem⁹. SER: Nō stipēdiarios vel in quarto. Cuiq́ꝫ loci leges dedim⁹. t Sin alios fines. C. Dat aliquā spem forte illos abituros. v Possuntq́ꝫ solo decedere nostro. S. Scit eos fataliter ad italiā venisse. Nā audiit a Fanno: externi veniēt generi, et ab Ilioneo. Sed nos fata deum vestras exq̄rere terras imperiis egere suis: tū propter Turnū simulat ignorātiā: vt se etiā circa ęquū pstare videat: mitum est aūt q̄ ait possunt. x Iacet oīs ad vndā materies. S. Iterum extenuat. C. Iacet oīs. Ergo sine nostro dispendio fient eta: vt claui sunt & similia. quibus antiqui potu⁹ æneis q̄ ferreis vtebant: q̄m ęs aduersus rubiginē diuti⁹ q̄ ferrū durat: licet em̄ in antiquorū edificiorū ruinis illos ęneos nō ferreos dephēdere. y Manus. C. Artifices qui manibus operant. z Naualia demus. S. Naualia dicimus loca vbi naues sūt: sed modo de greco trāstulit et naualia posuit de trabibus: de quib⁹ naues fiūt. Nam Homerus. ὑλοῦ dicit. naualia lignum. CRISTO. Naualia locū dicit fabricādi: in quo sub tecto cōmode naues ędificare possint: illa em̄ naualia dicuntur: neq́ꝫ sunt trabes intelligende. Nā eas demōstrauit cū dixit. Iacit omis ad vndā materies. Naualia autē dicunt ędificia intra quę nūc naues ędificant⁹ sic supra. Alii naualib⁹ ite

a Centum oratores. D. Hoc ab Aenea didicisse videtur. C. Cētū oratores. Vt reddatur par pari. Nā & ipse Aeneas totidem ad pacē petēdā miserat: ergo degit centū: ne numero et virtute ciuiū latini cedere viderētur. ne ve etiā minoris Aeneā facere videretur q̄ ille se fecisset. b Prima de gēte. S. Ex numero: & ex nobilitate legatorum intelligitur negocii magnitudo. c Eborisq́ꝫ auriq́ꝫ talenta. C. Ex quo apparet: talentū de quo in superioribus diximus non esse nummum sed pondus: nam pecuniam ex ebore cudi non est repertū. d Et sellam regni trabeāq́ꝫ insignia nostri. S. Bene nostri, Romanorū em̄ imperatorum insigne fuit sella curulis & trabea. Nam dyadema: vt aliarum gentium reges non habebant. Et sciendum. Sellā curulem a curru dictam: q̄ hi tantum ea vtebantur: qui triumphali curru vecti fuissēt. Sicut etiā palmata dicitur toga quam merebātur hi qui de hostibus palmā reportassent. e In mediū. S. In cōmune vt in mediū quęrebāt ipsaq́ꝫ tellus. C. In medium. In cōmune. nam illa demū optima est consultatio: in qua remotis omnibus animi perturbationibus: non ad nostram libidinē: sed ad publicam vtilitatem omnia referimus. Itaq́ꝫ recte consulebat Attilius: cum cōmutationē captiuorum dissuadebat. f Tum drances.

C. Describit naturam factiosi: qui potius contra aduersariorum vtilitatem: & gloriam fertur: q̄ q̄ ad publicam vtilitatem consilia dirigat. & tamen oportet ipsum publicum comodum preferre: si sibi fidem tribui vult. g Obliqua inuidia. S. Hoc est quę nō ex aperto impugnabat. Turnū sꝫ cū reipublicę simulata defēsiōe lacerabat. C. obliqua. Rectam inuidiam dicere possum⁹ cum aperte illam profitemur. nam recta via procedimus. ergo obliqua erit quę occultatur: & ex insidiis venit. h Largus opum. S. Abundans opibus: diues: nō qui multa daret. C. Largus opum. Oportet em̄ qui multorū studia in populo sibi acquirere volūt: multa vti largitione: qua plurimos ciues corrumpāt. Differt autem (vt apparet apud Ciceronem presertim in libro de officiis) largitio a liberalitate. Liberalitas em̄ dat: & cui debet. & quantum: & quando: & cuius causa debet. Itaq́ꝫ est virtus Largitio vero dando plura q̄ oporteat: & quibus non oportet: non ad beneficentiam sed ad corruptelam tendit. i Melior. C. Potentior quę res plurimum in factionibus valet. k Frigida. C. Imbecillis. nā vis a neruis est: illi autem summo calore fouentur. l Non futilis auctor. S. Non inanis. Nam futilis quoddam est vas lato ore fundo angusto: q̄ vtebant in sacris vestę: qa aqua ad sacra hausta in terra non ponitur. quod si fiet piaculum est: Vnde et excogitatū vas est quod stare non posset: sed positum statim effunderetur. Inde & homo commissa nō retinēs: futilis dicitur. Contra non futilis: bon⁹ in consiliis: non inanis. C. Non futilis. Lyptote est id est vehemēs & potēs. m Auctor. C. Cuius gratia reliqui ad aliquid agendum moueantur auctores dicuntur. n Seditione potens. S. Prępotens in mouendam non in comprimendā seditionē. o Incertum de patre ferebat. S. Non ignobile sed penitus ignoratum. p Onerat dictis. S. Hoc sermone ostendit eum eē exhortatione grauatum latini. C. Onerat. Obruit. deprimit inuidiosum: odiosumq́ꝫ facit. q Aggerat iras. C. Accumulat: quia plura: pluraq́ꝫ addit: quibus irę contra Turnum crescant. r Rem nulli obscuram S. Callide et oratorie agit in oib⁹: & adulatorie respōdit dictis latini. Supra enim ille dixerat. ante oculos: interq́ꝫ manus sunt omnia vestras: Sane quasi preditum oratorem exprimit: quia supra de eo dixit: & lingua melior. C. Rem. Nulli obscurā: quasi dicat cōsulitas de ea re: quę nullam apud animos ciuiū dubitationem habeat: vnde captat beniuolentiam ab ipsa re.

c

s O bone rex. S. Bene addidit bone Et auxit epitheto dignitatē, rex em̄ mediū est. Nam & bonus esse: & pessimus potest. t Mussant. S. Modo verenī significat: alias dubitāt: vnde Mussat rex ipse latin⁹. Quos generos vocet: īterdū susurrant: vt de apibus dicit: & ꝑprie mussare ob murmurare & muto esse vicinū: v Det libertatē. C. Onerat inuidia aduersariū: & inde captat beniuolentiā: Ostēditq̧ nō iccirco ciues non dare clara respōsa: quia de re dubitēt: quā omnes iustam fatenī: sed quia hominē potentē: & factiosum offendere vereantur:

h Egregio genero dignisq̧ hymeneis. S. Ergo Turnus videt indignus. i Aeterno foedere iungas. S. Nateq̧ scilicet coniunctione: nam munera contemni poterant: in eternum pacis foedera firmabunī generis cōiunctione: hoc autem dicto latenter etiam latini pudorem ex onerat q Turno etiam suam promiserat filiam dicēs causam reipublicę preponderare debere: & propter pacē ciuiū Turno Aeneā esse preferendum. k Quod si tantus habet. C. Complexio est color rhetoricus. Aut contēptu turno firmem⁹ foed⁹:

Det ergo libertatē. q. d. liberet nos hac seruitute q̄ nos tanq̧ tyrann⁹ ꝑmit. x Flatusq̧ remittat. S. Aut ponat superbiā: aut nostros flat⁹ remittat. id est nob respirare cōcedat. C. Flatus. fastū ac superbiam: vnde supbos inflatos & tumentes appellamus. y Cuius ob auspiciū. S. Inuidiose Turni auspicijs imputat: ꝙ tantus periit exercitus: ac si diceret si malis tuis omnib⁹ non egrederentur: possent forsitan superare virtute. Sane sciendū hunc exprimere quicquid verecunde celauit latin⁹. C. Ausputium in faustū. id est imperium nobis pernitiosum & infoelix: vel dixit infaustum qui malis auspiciis bellū gesserit. z Mores sinistros. S. Cōtrarios Quia in principio Latino obtēperare noluit. C. Moresq̧ sinistros. Quos malignitate ingenii cōtraxit: que res sibi vitio imputari potest: magis q̧ infaustum auspiciū. a Dicam equidē. C. Et ꝑsona sua captat beniuolentiā: cū demonstret non impediri periculo mortis: quādo ꝑferat q̄ vtilia reipub. sint. Et a persona Turni: cū trahat ipm in odiū: & inuidiā dū illius vitā tyrannicam demonstrat.

Consulis o bone rex cuncti se scire fatentur:
Quid fortuna ferat populi: sed dicere mussant.
Det libertatē fandi: flatusq̧ remittat:
Cuius ob auspiciū infaustū: moresq̧ sinistros:
(Dicā equidē: licet arma mihi mortemq̧ minet.)
Lumina tot cecidisse ducū: totāq̧ videmus.
Consedisse vrbē luctu: dū troia tentat
Castra: fugę fidens: & coelum territat armis.
Vnū etiam donis istis: quae plurima mitti:
Dardanidis: duciq̧ iubes vnū optime regum
Adijcias: nec te vllius violentia vincat:
Quin natā egregio genero: dignisq̧ hymeneis
Des pater: & pacē hanc aeterno foedere iungas.
Quod si tātus habet mētes & pectora terror:
Ipsum obtestemur: veniamq̧ oremus ab ipso:
Cedat ius proprium regi: patriaeq̧ remittat:
Quid miseros totiens in aperta ꝑicula ciues
Proijcis: o lacio caput: horū & causa malorum.
Nulla salus bello: pacem te poscimus omnes.

aut si q̄d turpe ē: ipī timem⁹. Oremus ab eo q̄d nostrū est: scilicet vt cōcedat latino vti iure suo: & patrię cui⁹ ipse est rex. Nec dicūt hęc sine sūma Turni inuidia: contra publicam vtilitatem in iustum agere sceleratum est: scelerat⁹ tamen dū id agit eripiens ius suum iustissimo regi. Sunt autem hęc oīa augmenta. ad inuidiam: primum ꝙ rogam⁹ te tanq̧ regem quem alibi parere oportebat. deinde ꝙ oremus rem quā tua sponte ꝑstare debebas: scilicet. vt desinas a bello in q̄ nulla sit salus: vt omnes poscimus. id est de iure petim⁹ ergo rem nobis debitam: & omnes poscimus. & poscimus a te cui equius est nos imparare q̧ obtēperare: nec solū poscim⁹: sed supplicamus: & supplicamus pacem: quę ab omnibus appetenda est. Et supplicamus non exteris sed tuis: & his qui ad id calamitatis deuenerūt: vt sint sine cōmiseratiōne digni.

l Terror. S. Proprie est qui aliis infertur: vt si dicas ille habet terrorem. id est timendus est. Inde terribilis dicitur: Metus aūt est quem habent timētes. Sed nūc vsurpatiue terrorē ꝑ metu posuit. Nāq̧ hoc dicit ꝙ si tā Turnū time⁹. m Veniamq̧ oremus ab ipso Cedat. S. Asper

b Lumina ducum. S: id est ꝑceres. vt o lux dardanię. C. Lumina. principes intelligit: & totam vrbē quasi ipsum vulgus. c Consedisse vrbem. S. In luctū esse demersam. d Fugę fidens. S. illud respicit ꝙ bella deseruit Iunone faciente. Fugę aūt figurate dixit: ꝑ fuga fidens. C. Fugę fidens. Crudele est: ꝙ tentet bella impia: & tamen possit aliquid animorū habere crudelitas. quare vt meticulosum potius q̧ animosum esse ostēdat hoc addit. e Et coelū territat armis. S. dictū quidē Virgilii grauitati non congruit. Sed perite hęc dranci sunt data verba: qui tumida vti ratione inducitur: Vnde ei paulo post Turn⁹ dicit. Quę tuto tibi magna volan. Item pro inde tona eloquio. Item ventosa in lingua: deinde diximus drancem liberare: sed ad orationē Latini: vn̄ nunc dicit: Coelū territat armis quia audierat bellū importunū, ciues cū gente deorum. C. Coelum. Ex hyperbole inuidiā auget. f Vnū. C. Non solū confirmat quę dicta fuerant a latino: sed addit vnum esse mittendū. g Mitti dardandis duciq̧ iubes. S. Mitti aurū: ebur; & sellam; & cętera dici de nauibus vel agro.

hic distinguit. n Quid miseros totiens in aperta periculá ciues Proiicis. S. Quasi viles & abiiciendos ingenti pondere vniuersa verba sunt posita. o In aperta. D. Mānifesta Quod nō fortis ē: sed temerariis. p Ciues proiicis. D. Homines omni caritate amplectendos: vt rem vilem abiicis. q Latio. SERVIVS. Non vni ciuitati. r Caput. SER. Principium rei caput est. s Nulla salus bello. SER: Plus est q̧ si spes diceret. t Pacem te poscimus omnes. SER. Te poscimus qui solus es causa bellorum: nam Aeneas iam pacem promisit. v Solum inuiolabile pignus. SERVIVS. id est lauiniam Hoc est quod ait supra. Pacem hanc ęterno foedere iūgas. x Inuisum quem tu tibi fingis & esse. SERVIVS. Bene quem tu fingis: ne ei tanq̧ inimico minime credatur: hoc dicit non sum quidē: sed si velis esse non recuso. Nam hoc est & esse nihil moror. y Supplex. DONA. Magna nocendi calliditas: qua inimicū summa inuidia oneret.

Turne: simul pacis solũ inuiolabile pignus.
Primus ego inuisum quẽ tu tibi fingis: & esse
Nil moror: en supplex venio: miserere tuorum
Pone animos: & pulsus abi: sat funera fusi.
Vidimus ingentes: & desolauimus agros.
Aut si fama mouet: si tantũ pectore robur
Cõcipis: et si adeo dotalis regia cordi est.
Audi: atq; aduersum fidẽs per pectus in hostẽ.
Scilicet vt turno cõtingat regia coniunx.
Nos aĩe viles inhumata infletaq; turba.
Sternamur campis: etiam tu si qua tibi vis est.
Si patrij quid martis habes. illũ aspice contra
Qui vocat.
Talibus exarsit dictis violentia turni:
Dat gemitũ: rumpitq; has imo pectore voces:
Larga quidẽ semper drances tibi copia fandi:
Tum cũ bella manus poscũt: patribusq; vocatis
Primus ades: sed nõ replenda est curia verbis:
Que tuto tibi magna volãt: dũ distinet hostẽ
Agger murorũ: nec inundant sanguine fossę.
Proinde tona eloquio solitũ tibi: meq; timoris
Argue tu drance: quãdo tot stragis aceruos
Teucrorũ tua dextra dedit: passimq; trophęis
Insignis agros: possit quid viuida virtus.

z Animos. D. Feruentẽ quandã considerationẽ. C. Pone animos. id est elationẽ animi: quã nemo sapiens retinet Qui enĩ recte sapit ratione ducitur: non furore rapitur: sed maius etiã in te peccatũ est. Nam cum reliqui etiã furẽtes soleant si vincuntur timorem animi deponere: tu nõ deponis. a Fusi. S. Fugati. b Desolauimus agros. S. Vel dum occidantur: vel dum coguntur ad militiam. Nam legimus. Et latos vastant cultoribus agros. D. Desolauimus agros. Nã de solo certabatur quod factum est desertum.

c Aut si fama mouet. C. Sententia est: si tu nõ vis minuere gloriã tuã i reb⁹ bellicis: & tãtũ tibi tribuis ne obijcias nos hostibus tãq; viles animas: sed ipe cum tibi & nõ nobis Petas cõiugium in hostẽ pdi: prẽsertim cum te vocet quasi concludat. Q. & inhumani: & eius qui nihili alios faciat sit obicere hostibus alios p sua: aut gloria: aut voluptate: & sit etiam meticulosi.

d Dotalis regia cordi ẽ. S. Hoc est regnũ latini. Sic alibi. Non hęc dotalis regia amantę.

e Scilicet vt Turno contingat regia coniunx. S. Hęc cum quadam irrisione dicuntur. D. Scilicet vt Turno. Necessario posita est i fine, exclamatõ vt demõstret causę priuatę ipsius Turni nõ esse admiscẽ dũ publicũ periculũ.

f Inhumata infletaq; turba. S. At qui sepulti sũt omnes qui in bello perierant: vt legim⁹ supra sed hoc factum est Aeneę beneficio. Qui sepulturę eorum reddidit socios. Ergo quantũ ad Turnum pertinet insepulti sunt. Nam campos sua potestate retinebat Aeneas.

g Etiam tu. S. Eia: nam etiam hortantis est aduerbium hoc loco: Alias adhuc significat: & est tẽporis: vnde etiã curr⁹ etiã arma apud maiores: etiã cõsentientis fuerat. Quod tamen in his retentibus auctoribus idoneis nõ inuenitur.

h Vis. S. Virtus:

i Violentia Turni. DO. Aũ ardens: magis exarsit. Ostendit autem drancem vti p̃ postera eloquentia: cum eo tempore manibus: & non verbis sit vtendũ. C. Exarsit violentia. Facile enĩ q natura sua violentus est: & viribus omnia arrogat: amaris dictis accenditur: & prius intra se vehementer cõmouetur.

k Dat gemitũ. C. Nam nulla res in maiorem dolorẽ impellere potest virum prẽstanti animo: q̃ si meticulosus habeatur. l Rumpit. C. Subito & cum furore emittit.

m Imo pectore voces. S. More suo habitũ futurę orationis ostendit. C. Imo pectore. Ab intimo corde: quod totũ ira accensum esset. n Larga quidã drances semper tibi copiam fandi. Tum cũ bella manus poscunt. S. Sunt multa sua vi optima: quę quoniã per se non possunt vituperari: ab accidentibus vituperantur: vt hoc loco quoniã eloquentia per se optima est: eam culpat ex tempore dicens: tũc incumbis eloquentię cum manus bella deposcunt. C. Larga Prĩcipium abruptum: vt conuenit furenti: & quoniam obiecta erant diluẽda. Primo quidam ostendit potuisse illũ copiã verborum auribus auditorũ obstrependo persuadere falsa: deinde cum maxime argueretur ab eo timiditatis illud in primis cõfutat. Nam artis est cũ auditores ab aduersariis nostris. Persuasi iam esse videntur ab eo argumento incipere. Quod omniũ validissimum fuisse videat. Primũ ergo ostendit illũ allocutione verborum auditores fallere potuisse. Deinde confutat: quod magis premebat. Postremo vicium quod in se iecerat in illum retorquet quadã ironica derisione: Primq; ad periculum faciendũm inuitat. Concludit demq; quicquid in illo iuriuz est id totum esse in verbis: & in fuga.

o Patribusq; vocatis primus ades. S. bella penit⁹ ignorans: atq; formidãs primus es inter senes ad danda consilia.

p Magna volãt. SER: Hom. er⁹. ΜΕΓΑΛΟΙ ΤΕΡΟΕΝΤΑ ΠΡΟΣΗΥΔΑ.

q Distinet. S. Arcet: depellit. proprie extra tenet. Nam dis separatis est. vt de & diduco: & distraho dicimus.

r Meq; timoris argue. S. Vt cantando tu illum. Arguo aũt genitiuum recipit: vt arguo te cędis insidiarum. & est de gręco: nam ita dicitur. ΚΑΤΗΓΟΡΩ ΣΕ ΦΟΝΟΥ.

s Quando. S. Siquidẽ: & per irrisionem in illum confert laudes.

t Insignis agros. S. Agros cãpos: Insignis. nobilitas: clarificas. Nã verbum est insignis: & dicit ex auctoritate e⁹ debere sẽtẽtiam: quod de bello iudicat virtutis ignarus.

v Istis. S. ΔΕΙΚΤΙΚΩΣ.

x Pulsus ego. S. Quia ille dixerat pone animos: & pulsus abi: & ait coniectura. Nam hoc vult intelligi: non posse dici merito pulsum eum qui sequendo bella deseruit. Aperte autem hoc dicit: potest merito credi q pulsus sit is cui⁹ tot extãt trophęa. C. Pulsus ego. In ea re persistit quam sũmo opere probare poterat. Atq; omnia extollit: nã cũ interea misset. Palanta: ex cuius morte cū vnicus patri esset: & pater vltimo senio iā flacesceret optimo iure poterat affirmare se domū Euandri funditus substulisse: hac em̄ ratiōe: & deprimere multa: & extollere (q̄uis nō recedatur a vero) possumus. y Iliaco tumidū qui crescere tybrim sanguine. DO. Magna pompa effert sua facta: nunc ex magna turbulentia orōe ad mitē redit. z Cū stirpe. S. Occiso em̄ Palante interiit eius cūcta posteritas: a Haud ita me. C. Singula queq; maiora a se facta exornat atq; amplificat. b Bitias. S. Subaudi ingēs: a cōsequētib⁹: c Mille. S. Finitus numerus pro in finito. d Aggere septus. S. Vt: Vestris o ciues vndiq; septus aggeribus. e Nulla salus bello capiti cane talia demens Dardanio. S. Quotiens argumentum non possumus soluere: aut contraria obiectione: aut risu. aut maledicto: vt in hoc loco aduersario respondem⁹. C: Nulla salus: Postq̄ confutauerat id quod erat omniū maximū: fortudinē Troianorum nō esse qualem dicebat: drances ostēdit multis exemplis. Inuenes autem his duab⁹ orationibus copiosissimū exemplum quo vnamquāq; rem in vtramq; partē disputare cum vehementia possimus. Postremo. vt in contemptionē drancem trahat: et demonstret falsa illum retulisse: cū dixerit q sibi mortē minaretur Turnus: affirmat hoc illum esse mētitum: vt inuidiam sibi concitaret. Se autem pudere si tam meticulosum interimat. f Cane. S. Pro diuina. g Proinde. S. Itaq; & ē ordo. Nulla salus bello ꝑinde omnia magno.. h Ne cessa turbare metu. S. Cętera per parēthesim dicta sunt. i Extollere vires Gentis bis victę: & contra premere arma latini. S. Hęc ē virtus eloquentię: Arma autem latini inuidiose dicit: vt drācem latino reddat inuisū: nā debuit mea dicere. k Myrmidonum proceres. S. Grecorū principes: dicit autem patroclum & achillem. Nam licet ipsi aliunde fuerint: tamen Myrmidonius imperauit: hoc autē ponit īter impossibilia: & vtitur gręco prouerbio. Sic Hora. Et ante padus matina lauerit cacumia: & sic est modo dictum: vt in quarto. Nunc lycię fortes: nūc & Ioue

Experiare licet: nec longe scilicet hostes
Quærendi nobis: circūstant vndiq; muros.
Imus in aduersos? quid cessas: an tibi mauors
Ventosa i lingua: pedibusq; fugacib⁹ istis
Semper erit?
Pulsus ego? aut quisq; merito foedissime pulsū
Arguet? iliaco tumidū qui crescere thybrim
Sanguine: & euandri totā cum stirpe videbit
Procubuisse domum? atq; exhausto arcadas ar (mis?
Haud ita me expti bitias: & pādar⁹ igēs:
Et quos mille die victor sub tartara misi.
Inclusus muris: hostiliq; aggere septus.
Nulla salus bello: capiti cane talia demens
Dardanio: rebusq; tuis: proinde oia magno
Ne cessa turbare metu: atq; extollere vires
Gētis bis victę: & contrā premere arma latini.
Nunc & myrmidonū pceres phrygia arma tre (miscunt.
Amnis & adriacas retrofugit aufi (d⁹ vndas.
Vl cū se pauidū cō tra mea iurgia fi (git.
Artific scel⁹: & formidie crimē acerbat.
Nunq; aīam talem dextra hac (absiste moueri)
Amittes: habitet tecū: & sit pectore in isto.
Nūc ad te: & tua magne pater cōsulta reuertor:
Si nullam nostris vltra spem ponis in armis:
Si tam deserti sumus: & semel agmine verso
Fundit⁹ occidim⁹: neq; habet fortūa regressū:
Orem⁹ pacē: & dextras tendamus inermes.

missus ab ipso. l Retrofugit aufidus vndas. S. Apulię fluuius cadens in Adriaticum pelagus. m Vel cum se pauidum contra mea iurgia fingit. S. Cōtra illud quod ait det libertatem fandi flatusq; remittat. Nam hoc dicit timorem suum naturalē inuidiose in eam causam retorquet: vt meę pręsentię non illi⁹: ne quod timet esse videatur. Hoc est enim quod plenius iterat dicens. Et formidine crimen arcebat. n Artificis scelus. S. Nā sceleratorū est simulare formidinem. o Habitet tecū & sit pectore in isto: S. Pessima: & vilis anima habitet tecum i membris cōgruis: nam talē vilē & pessimū accipimus: quam nefas ē perire ea dextra: quę tantum viros fortes consueuerat occidere. p Nunc ad te. C. Confutauerat dicta aduersarii: vt ęquiores aures sibi pręstaret latinus: nūc ad sententiam dicēdam accedit: & primo demonstrat nō esse actum de latinis: vt dicit drances. q Magne pater. D. Occulta Ironia est. q. d. quomō magne pater qui non recte consulis filię tuę. r Consulta reuertor. S. Consultor est qui consulit. Consultus qui consulitur. Cōsultū vero res ipa de qua consulitur. s Si nullā nostris spem ponis in armis. S. Insinuatione vtitur. id est callido & subtili additu ad ꝑsuadendum. Vult em̄ dicere: melius esse interire q̄ pacem rogare: quod quia aperte non audet latenter & paulati ad hoc serpit. Namq; inter principium & insinuationē hoc interest. Q₂ principiū est aperta rei narratio. Insinuatio (vt diximus) est callida & subtilis oratio. C. Nostris. q. d: Quę tu inuictissima eē sepe nūero expertus es: et dissimulantur ne illū offēdat: arguit meticulositatē. t In armis. S. Aut meis: aut latinorum generaliter omnium. v Si tam deserti sumus: S. Propter diomedē: qui solus negauit auxilia. x Neq; habet fortūa regressum. S. Omnia quę sibi possunt obiici: ponit. sed cum solutionibus suis: nam & fortuna nō est īmutabilis: & qui semel pellitur iterum potest reuerti: & auxiliis nō sunt penitus destituti: & in ipsorum exercitu est adhuc plurimū spei. Est autē syllogismus. y Oremus pacē. C. Permissio est. Neq; hoc ante pertulit quã demonstrauit nõ esse orandũ. & ostẽdat quãta ignominia futura sit in hoc affirmat fœlices eos qui ante occubuerũt: quoniã hoc non videbunt. z Quãq; o si solitę quicq; virtutis ad esset. S. Non se inertię arguit: sed querit̃ de virtute omissa p negligentiã. O autẽ dolentis est exclamatio: & intelligim⁹ imoratã esse illic eius orationẽ: nã exarsit dolore: quia apte nõ potuit dicere moriendũ

cores declinationẽ esse: cuius ntũs singularis nõ inuenit̃. o In limine primo. S. Quasi in ipso initio et aditu infœlicitatis: et ad illud respexit quod supra dixerat simul agmine verso funditus occidimus. p Multa dies. S. Illi rei vehemẽter incũbit quã dixerat nec habet fortuna regressũ dicens: fortunã tam labores: q̃ fœlicitatẽ pro temporum qualitate mutare. D. es. Tempus. q Lusit. S. Decepit vt

pot⁹ esse q̃ hostes rogandos: quod tñ dixit conferẽs se ad alias psonas: et laudãs eos quib⁹ cõtingit pire ne ista cõspicerẽt.

a Ante alios. S. Melior omnib⁹ pferendus. D. Ille mihi ante alios. Multi de Mezentio intelligunt.

b Fortunatusq; laborũ. S. Sicut lętor bonorũ et ẽ grecũ. c Tale videret: S. Te laudare vel hostes rogare: vel quod latẽter insinuat tradi alteri sibi añ despõsatã. d Procubuit mouẽs. D. Quasi intelligat nõ victũ: sed sua voluntate cecidisse. e Semel ore momordit. S. Cito cõfestim, id est qui tota mortis celeritate consumptus est. Vulnerati autem solẽt vel terram vel arma mordere: ne dolorem corũ indicet gemitus Lucanus de Pompeio: Timuit ne quis effundere voces vellet: et ęternã fletu corrum pere famam. e Sin et opes. C. Ostẽdit q̃ nõ sit cedendum: quia ad huc et opes et auxilia supsunt latinis: nec oia perdiderunt: et id quod perdiderũt nõ sua ignauia s, aduersa fortuna quę mutari in meli⁹ possit perdiderunt: Adiũgit postremo nec Troianos sine clade discessisse a pugna. f Vrbes italę. SERVI. Quia diomedes peregrin⁹ fuerat. Nã huc dicit habem⁹ robur italũ: nõ grecũ militẽ inertem et dissolutũ. g Supsunt. S. Supabundãt: adsunt

Quãq; o (si solitæ quicq; virtutis adesset)
Ille mihi ante alios: fortunatusq; laborum:
Egregiusq; animi: qui ne quid tale videret
Procubuit moriẽs: et humũ sẽl ore momordit.
Sin & opes nobis, et adhuc intacta iuuentus
Auxilioq; vrbes italæ: populiq; supersunt:
Sin et troianis cũ multo gloria venit
Sanguine: sunt illis sua funera. parq; p omnes
Tempestas cur indecores in limine primo
Deficimus? cur ante tubã tremor occupat art⁹.
Multa dies variusq; labor mutabilis æui
Rettulit in melius; multos alterna reuisens
Lusit: & insolido rursus fortuna locauit.
Non erit auxilio nobis ætolus & arpi.
At mesapus erit: fœlixq; tolũni⁹: et quos
Tot populi misere duces: nec parua sequet̃
Gloria delectos lacio: & laurẽtibus agris.
Est et volscorũ egregia de gente camilla
Agmẽ agens equitũ: & florentes ęre cateruas.
Quod si me solũ teucri incertamina poscunt:

quid natum totiens crudelis: tu quoq; falsis ludis imaginibus.

r Et insolido rursus fortuna locauit. S. Sub audi Et multos. Et est sensus: ĩ solidum reuocauit oppssos: et pauloante derelictos. Lusit vero, et decepit fœlices.

s Nõ erit auxilio nobis ętolis et arpi. SER. Redit ad rem quia occurrebat: sed negant̃ auxilia: Aetolum autem: dicendo eius vires ex grecię cõmemoratiõne debilitat. C. Nõ erit auxilio. Cum supsint vires: et opes latinis: nec minus afflictus sit hostium exercitus: qui ipsi nõ videtur esse desperandum. Et quia responsa venerãt a Diomede: quib⁹ negauerit se auxilio venturũ: ostẽdit multos esse duces qui iam venerũt: his ergo omnibus argumentationib⁹ nõ modo cõfutat desperatiõnẽ rerũ: sed oia facilia ostẽdit: et oia oñdit et turpia et inutilia: cũ qui consultat tutum et honestum semp proponere debeat.

t At mesapus erit: fœlixq; tolũnius equos. SER: Bene duo iunxit: quę querunt in bello: fortitudinem et fœlicitatem. Nam de Mesapo iam legimus. Quem neq; fas igni cuiq; nec sternere ferro. Vtrũq; autem contra dyomedem dicit: quem dicendo grecum inertem significat Infœlicitatem vero ei⁹ supradicta legatorum verba testantur.

vltraq; bella deposcũt. h Sin et troianis. S. Mire agit p⁹ cõfirmatas ptes suas Troianorũ vires ĩminuẽs quid eñ pderat dixisse q̃ supeẽnt latis auxilia: si etiã Troianorũ integrę vires pbarent. i Cũ multa gloria venit sanguie. S. Ac si diceret nõ est iudicanda victoria: q̃ per imẽsa detrimẽta cõtingit: et hoc est vnde laudat. Salusti. Duces qui victoriam incruẽtato exercitu reportarunt. k Sunt illis sua funera. S. id est Troianis. Legitur et illi. Et aut Aeneę intelligimus: aut aduerbiũ loci pro illic vt in secundo patet. Istis ianua leto pistic. l Parq; p omes. S. Alibi. Quãta per ideos sęuis emissa Mycenis. m Tempestas. SER. Ierit campos. n Indecores. S. Decor decoris facit: sicut auctor auctoris: decus decoris.. sicut pecus pecoris. Similiter facit incõpositione indecor indecoris, ergo in neutro co breuis ẽ: Masculino pducit̃. Vnde appet Systolẽ fecisse Virgi. Nã indecores ntũs est pluralis a masculino ab eo quod est indecor. Nã non potest hic indecus facere. Neutrũ eñ in us terminatũ masculinũ ex se nõ facis. Aut certe dicam⁹ inde

v Nec parua sequetur gloria. S. Lyptotes figura. minus enim dixit q̃ voluit. Nam hoc significat latina pubes celerrime victoriam adipiscetur: q̃ vix greci post decennium sint adepti. x Est et volscorum egregia de gente Camillla. S. Vt in septimo. Segregatam eam a virorum multitudine effecit. Et quoniã a sexu nõ potest. Laudat ex gente. y Quod si me solum teucri in certamina poscunt. S. Quia audiui illum. Aspice contra q vocat: etiam vtitur ductu: nam oblique promittit se singulari certamine dimicari velle cum norit. Similiter et in duodecimo ait dicens irrisorie. Sedeant spectantq; latini. C. Quo si me solum. Hoc restabat de his quę in illũ contorserat drances. Ergo pollicetur aperte. si Aeneas hoc velit se solũ omnẽ belli molem subiturum: neq; se esse ad o imbellem: vt de victoria desperet: aut quamq; q̃uis fortissimũ recuset postremo si pereundẽ sit: paratus est deuouere animã soccro: et latino. id est ad salutem soceri et latinorum. Proprie enim deuouere est aliquid morti exponere. vnde dicebantur milites deuoti: qui pro salute imperatoris mortem subire parati essent. z Tantumq; bonis cōmunibus obsto. S. Et in tantū obsunt cōmodis publicis: vt nisi solus dimicauero: cōcidat vniuersa respublica.

Idq; placet: tantūq; bonis cōmunibus obsto:
Non adeo has exosa manꝰ victoria fugit
Vt tanta quicquā pro spe tentare recusem:
Ibo animis cōtra magnū ve præstet achillem:

z Nō adeo. S. Nō multū: nā verecūde dicit assuetam esse manibus suis victoriā. a Tanta pro spe. S. Vt solus dicar seruasse rempublicam:
b Ibo animis contra. S: ac si diceret desunt vires

[d] Factaq; vulcani mausnb iparia tnduat arma
Ille licet: vobis [e] aīam hanc soceroq; latino
[f] Turnus ego haud ulli veterū virtute secundus
[g] Deuoueo: solū Aeneas vocat: & vocet oro.
[h] Nec drances potius siue est hęc ira deorū
Morte luat: siue ē virtus & gloria: tollat.
[i] Illi hęc inter se dubijs de rebus agebant
[k] Certantes: castra aeneas aciemq; mouebat.
Nuncius ingenti p regia tecta tumultu
[l] Ecce ruit: magnisq; vrbē terroribus implet
Instructos acie tyberino a flumine teucros:
Tyrrhenāq; manū totis descendere campis.
[m] Ex templo turbati animi: cōcussaq; vulgi
Pectora: & arrectę stimulis haud mollibus irae.
[n] Arma manu trepidi poscūt: fremit arma iuuēt[9]
[o] Flēt moesti: mussātq; patres: hic vndiq; clamor
[p] Dissensu vario magnus se tollit in auras.
Haud secus atq; alto in luco: cū forte cateruę
[q] Cōsedere auiū: piscosoue amne padusæ:
[r] Dant sonitū rauci per stagna loquacia cygni.
[s] Immo ait: o ciues: arrepto tempore turnus.
[t] Cogite conciliū: & pacem laudate sedentes [v]
Ille armis in regna ruit: nec plura locutus.
Corripuit sese: & tectis citus extulit altis.
[x] Tu voluse armari vulscorū [y] edice maniplis.

corporis: c Vel magnū pręstet achillē. S. Et pręsto illū id est melior illi sum. Et pręsto illo dicimus. Cicero. in cęsarianis: tanto ille superiores gloria vicerat: quāto omnib[9] tu pręstitisti. C. Magnū praeite ach. Exhibeat se talem qualis achilles fuit. d Vulcani manibus paria induat arma. S. Bene addidit paria: nā etiā Aeneas habuit arma vulcania: Licet possum[9] dicere q hoc Turnus non ignoraret: non tū hoc valde idoneū conprobatur.

e Vobis animā hāc soceroq; latino. S. Bene sibi & fauorem cōciliat populi. Et a Soceri nois piudicio: latini implicat volūtatē. f Vlli veterū virtute secūdus. S. Dicim[9] & secūd[9] illi: & secūd[9] ab illo g Deuoui. D. Qualitas ista verborū: miseratione potiusq; pugnaturi audaciam demonstrat.

h Nec Drances potius siue est hęc ira deorum. Morte luat: siue hęc virt[9] & gloria tollat. Ser. Sēsus obscure quidē dictu: sed facilis. et qui de vsu nūq recedat. Nam ita irati de inimico dicere consueuim[9]: abeat nec bōis meis nec malis intersit reb[9]: nolo sit aut glorie meę particeps: aut in me inuidiam ex infoelicitatis cōmuniōe cōmoueat. Sicut nunc de drance dicit. siue hęc ira deorum morte luat. id est si peritur[9] sum: nolo inuidiā sustinere. si drāces pariter forte moriat. Si vero me virtus & gloria comitabitur: nolo ignau[9]: foelicitatis alienę sit particeps: si dū meis pugnat auspicijs fortè superit. C. Nec. d. Cōcludit. q siue vicendus sit ppter iram deorū: siue ex virtute reportaturus gloriam: nō vult drancem hęc pericula subire.

i Illi hęc inter se. C. Dū cōsultat: Aeneas exercitū ad obsidionē ducit: q res cū ciuibus sūmū afferret terrorem: data est occasio Turno: cū esset op[9] facto & nō cōsulto: vt misso senatu ad arma cōcurreret: oib[9] seqntib[9] Est tamen hic sensus moralis: nā demōstrat poeta ex temeritate principum multa detrimenta rebus publicis prouenire. k Castra Aeneas aciēq; mouebat. S. id est ducebat exercitū: vt nos castra mouemus Luca. Brundusum decimis iubet hāc attingere castris. id est decima deductione. l Ruit. C. cū impetu venit: vt solet in huiusmodi rebus fieri. m Animi turbati. C. Nā tanta res nō venit sine perturbatiōe etiā magnorū virorū: cum sint grauia: & quod magis est improuisa: Plebei penitus cōsternabant. Cū em putabant hostes assiduis vulneribus & cędibus cōsternatos: se nō nisi ad plures dies collecturos ipsa instructa atie aderāt: qua in re laudatur etiā Aeneas q victoria bene vti sciuerit: n Fremit arma iuuētus. S. Hoc est fremebāt ad arma. Arma militaris vox est. C. Fremit arma iuuētus. Distributio est. vnicuiq; em tribuit quod sibi a natura inditū est. Nam iuuētus propter calorem sanguis ad vlciscēdū excitabatur. Senes autē cum & prudentia pl[9] cernerēt pericla: & ex frigiditate sanguinis minus auderēt flebant. o Mussant. S. modo querūtur. C. Mussant. dubitant quā sñam dicāt. Mussare proprie dicunt murmurare Ennius in occulto mussabā: vulgo vero p tacere dicitur: vt idē Enni[9]. Nō decet mussare bōos. Fest[9]. Ego aūt puto mussare per onomatopeiam dici: & rem cum loqui cupimus: & aut pudore aut timore ita impedimur: vt poti[9] murmur q apertā vocē emittā[9] ppterea q; dicitur Mussare vel dubitare vel nō audere. Statius Excussę pcerū mētes turbataq; mussant consilia.

p Dissensu vario. SER: Alii em Turni dicta: alii Drancis dicta pbant.

q Piscosoue amne padusę. S. Padusa pars est padi: nā Padus licet vn[9] sit fluuius: habet tamē fluenta plurima: e quib[9] qui ē padusa quibusdā locis facit paludem: quę plena est cygnorum.

r Rauci per stagna loqacia cygni. S. In quib[9] habitant cygni loqces. Rauci autem. το μεσον. est nam modo canoros significat. alias vocis pessimę: Iuue. Rauci thesside codri sicut venenum etiā de bono & malo dicit: vt odor bonus & malus vocatur. C. Loquatia stagna. id ē reboantia e uocib[9] cygnorum. s Arrepto tēpore. S. id est Inuēta opportunitate temporis.

t Cogite. C. Permissio ē in re manifeste aliter suadente. Est autē oratio & ipsi accomodatissima.

v Sedentes. S. Pigri. vt immunisq; sedens aliena ad pabula fucus. x Tu voluse. C. Ostendit maximā imperatoriā virtutem in eo fuisse qui ex tempore rebus diuersis optime consuluerit.

y Armari edice. S. Figurate dic vt armentur. Edice autē est impatiuus: nam ab omniū coniugationum infinito: detracta re syllaba vltima: fit impatiuus: vt amare ama. Docere doce: legere lege: audire audi. Cum autē fac vel dic dicimus apocopen verba paciunt. z Maniplis. S. His quidam exigebat: vt ma. haberet accentum: Ni lõga quidã est: sed ex muta & liquida quod quotiẽs fit tertia a fine sortitur accentum, vt latebrę tenebrę. Tamen in hoc sermone: vt secũda a fine accentũ habeat versus obtinuit. ¶ Maniplis. Signiferis qui secundũ antiquũ morem in legione erãt triginta. Legio autẽ habebat sex cohortes & sexaginta centurias: licet i his rebus accessu tẽporis: dudum varietas semper mutauerit milicię disciplinã.

a Equites mesapus in armis. Et cum fratre coras latis diffundite campis: S. Equitẽ in armis id est armatum. nam figura est Mesapus autẽ vt diceret. vitauit homoeoteleuton: nã vitiosũ erat voluse dice Mesape: ergo Mesapus aut antiquus est vocatiuus: vt Hesperidum fluuius regnator aquarũ. Item socer arma latinus habeto. Aut certe nominatiuus est p vocatiuo. quamq̃ etiam possit esse nominatiuus: vt sit. Mesapus et coras equitem diffundite p diffundat: melior tamen est sensus superior.

b Cum fratre coras. S. Scilicet cum Catillo. Nam legimus: Catillusq; acerq; coras.

c Qua iusso. S. Pro qua iussero. & est antiquum.

d Ilicet. S. Id est confestim ilico: quod ne diceret metri necessitas fecit: nam ilico dicimus.

Magna icoepta. SER. Quia de pace cogitabat quę impleri non potuit.

f Multaq; se incusat. S. Pro multum: & est gręca figura.

g Generũq; vrbi. SER. Propter vrbem Luca. de Catone. vrbi pater est vrbiq; maritus. Gener autẽ ideo dicitur: quia ad augendum genus adhibet.

h Prędodiũt alij portas: S. id est ante portas fossas faciunt: quę res nimiã indicat desperationem.

Bello dat signum rauca cruentum Buccina. S. Bene bello dat. Nam buccina insonans: sollicitudinem ac bella denunciat: sicut in septimo. Qua buccina signũ dira dedit. Pręlium autẽ tubę indicant: vt At tuba terribilem sonitum procul ęre canoro increpuit.

k Vocat labor vltimus omnes. S. Omnes ad laborẽ vltima necessitas conuocat. l Nec non ad templũ. SER. Scd'm Homerũ qui indicat in sũma desperatiõe matres ad templa concurrere: vt victoria quę non potest viribus: possit deorum fauore conquiri. m Subuehitur. S. Propter Matronę enim pilentis vehebantur ad templa pergẽtes. Vt pilentis matres in mollibus. m Dona ferens. S. Peplũ. scilicet sicut dixit in primo ideo omisit hoc loco. DO. Putabant mulieres posse donis & precibus fauorem a dea impetrare. CRI. Dona ferẽs: Est eĩ hu[illegible] sex[illegible] priũ: vt cũ alia in bello auxilia ferre non possit: ad deorũ supplicationes conuertant.

n Oculos deiecta decoros. S. Sicut oculos suffusa nitentes. C. Oculos deiecta. Ex pudore cũ esset causa mali tanti.

n De limine. S. Ad preces festinantiũ mulierum ostendit desideriũ.

o Armipotens pses belli. S. Antonomasia sunt proprie. Hęc autem omnis oratio verbũ ad verbum de Homero translata est. Pręses autem belli: id est qui pręest omnibus bellis: cuius nutu semper bella tractantur.

p Frange manu telum: S. Aut tua manu: aut in eius manu tela confringe Hõer. αξον δη εγχοσ Διομηδεοσ. q Et ipm Pronũ sterne solo. S. Homer. ηδε και αυτον πην ευ λον πεσεειν. r Portisq; effunde sub altis. S. Bene aũt sub ipis portis: quasi ad quas festinabat Aeneas. Vnde est illud. p fodiũt alii portas.

s Cingitur ipse furẽs certatim in prelia Turn⁹. S. Oeconomia omis hec ẽ. Nam Turnus ideo cum mora armatur: & itecto capite circa arcem incedẽs admonet singlos: vt a lauinia possit videri. Et vt sit maior causa dimicandi dum sponsę placere cõtendit. ¶ Furens. SER. Scilicet amore Lauinię quam videbat. quod etiã sequens indicat comperatio. Nam dictur⁹ est. Aut ille impastus armentaq; tendit equarum. Cingitur in proelia vt proeliari possit: vt si dicas. Lego in aduocationem. id ẽ vt aduocatus esse possim.

t Iamq; adeo. SERVI. Aut vacat adeo: aut certe sic significat: vt sit sensus. adeo sic prepara tur in prelia: vt etiã vniuersa arma preter galeam portaret.

v Toraca indutus. S. Qĩa q̃ in ax exeunt gręca: masculina in obliqs casib⁹ a pducũt: vt thorax thoracq; pirax piracq; nam foeminina corripiũt: vt climax. cis. Sed ad latinũ non transeunt. Phalanx vero & aliter exit. Peregrinum est etiã

Duc ait & rutulos: equites mesapus in armis:
Et cũ fratre coras latis diffundite campis.
Pars aditus vrbis firment: turresq; capessant:
Cætera qua iusso mecũ man⁹ inferat arma.
Ilicet in muros tota discurritur vrbe.
Conciliũ ipse pater. & magna incœpta latinus
Deserit: ac tristi turbatus pectore differt:
Multaq; se incusat: qui non accepit vltro
Dardaniũ aeneã: generũq; asciuerit vrbi.
Præfodiũt alij portas: aut saxa sudesq;
Subuectant: bello dat signũ rauca cruẽtũ
Buccina: tum muros varia cinxere corona
Matronæ: puerique: vocat labor vltim⁹ omnes.
Nec non ad templũ sũmasq; ad palladis arces.
Subuehitur magna matrũ regina caterua
Dona ferens. iuxtaq; comes lauinia virgo
Causa mali tanti: oculos deiecta decoros.
Succedunt matres: & templũ ture vaporant:
Et mœstas alto fundunt de limine voces.
Armipotens belli præses tritonia virgo
Frange manu telũ phrygij prædonis. & ipm
Pronum sterne solo: portisq; effũde sub altis.
Cingitur ipse furens certatim in p̃lia turnus.
Iamq; adeo rutilũ thoraca indutus: ahenis
Horrebat squamis: surasq; incluserat auro.
Tempa nudus adhuc: laterique accinxerat ensẽ:
Fulgebatq; alta decurrens aureus arce.

apud grecos:

x Tp̃a nud⁹. C. Nã vl-ia est ipsa galea quę sumat:

y Alta decurrẽs aureus arce. S. Illic em̃ & amata fuerunt & lauinia.

z Et spe iam p̃cipit hostẽ. S. Mente pręoccupat hostis aduentum.

a Qualis vbi abruptis fugit pręsepia vinclis. S. Enã hęc comparatio Homeri est: verbum ad verbum translata.

b Tandem liber equus.

Exultatq; animis: et spe iã pręcipit hostem:
Qualis vbi abruptis fugit præsepia vinclis
Tandem liber equus: campoq; potitus aperto.
Aut ille impastus armentaq; tendit equarum:
Aut assuetus aquę pfundi flumine noto
Emicat: arrectisq; fremit ceruicibus alte
Luxurians: luduntq; iubę p colla: p armos:

CRI. Optime bellicosum ducem bellicoso animali comparat.

c Potit⁹. S. Ab eo quod est potior potiris: nã subnixus rapto potitur. venit ab eo quod est potior poteris: nam vt etiam supra diximᵘˢ: verbum hoc: modo tertię. modo quartę inuenitur esse coniugatiõis.

d Arrectisq; fremit ceruicibus alte: SER. Arrectis ceruicibus fremit nõ alte luxurians.

Obuia cui volscorũ acies comitante camilla
Occurrit: portisq; ab equo regina sub ipsis
Desiluit: quã tota cohors imitata: relictis
Ad terrã defluxit equis: tum talia fatur.
Turne: sui merito si qua ẽ fiducia forti
Audeo: & æneadũ promitto occurrere turmæ:
Solaq; tyrrhenos equites ire obuia contra.
Me sine prima manu tentare pericula belli:
Tu pedes ad muros subsiste: & mœnia serua.
Turnus ad hæc oculos horrẽda in virgine fix⁹
O decus italiæ virgo: quas dicere grates:
Quas ve referre parẽ? sed nũc est omia quãdo
Iste animus supra. mecũ partire laborem.
Aeneas: vt fama: fidem missiq; reportant
Exploratores: equitũ leuia improbus arma
Præmisit: quaterent cãpos: ipse ardua montis
Per deserta iugo superans aduẽtat ad vrbem.
Furta paro belli; cõuexo in tramite siluæ.
Vt biuias armato obsidã milite fauces:
Tu tyrrhenũ equitẽ collatis excipe signis:
Tecũ acer mesapus erit: turmæq; latinæ:
Tyburtiq; manus: ducis & tu cõcipe curam:
Sic ait: & paribus mesapũ in prælia dictis.
Hortaẽ: sociosq; duces: & pergit in hostem.
Est curuo anfractu valles accõmoda fraudi:
Armorũq; dolis: quẽ densis frondibus atrum
Vrget vtrinq; latus: tenuis quo semita ducit.
Angustæq; ferunt fauces: adituscq; maligni:
Hanc sup in speculis: sũmoq; in vertice mõtis.
Planicies ignota iacet: tutiq; receptus:
Seu dextra leuaq; velis occurrere pugnæ:
Siue instare iugis & grãdia voluere saxa:
Huc iuuenis nota fertur regione viarum.
Arripuitq; locũ. & syluis insedit iniquis.

e Ad terrã defluxit. S: Dicẽdo defluxit: artem & quãdam moderationem descendendi significauit: quæ est etiam in ascendendo apud hui⁹ rei peritos.
f Sui merito si qua est fiducia forti. S. Si vnusquisq; fortis habet aliquã cõfidentiã ex consciẽtia fortitudinis suæ: & ego audere non dubito. Forti autẽ bene dixit: nam fortis cõmunis est generis. hæc autẽ hoc vult dicere: nõ sexũ considerandũ sed robur.

g Occurrere Turmæ. S: Equitaui: nam partẽ pro toto posuit.
h Horrenda in virgine. C. Quod mirum est. Q. virginalis vultus horrorẽ incutere posset.
i Quas dicere grates. S. Scd'm rhetoricam disciplinã: dicit se verba inuenire non posse quibus eius exprimat laudes: cum dixerit. O decus italiæ. Sic alibi. Quibus coelo te laudibus æquem: cum p̃misserit. O fama ingens ingẽtior armis Virgilius Troiane. C. Quas dicere. id est agere verbis.
k Referre. C. Scilicet reddendo beneficium. neutrum ergo: negat posse facere.
l Sed nunc. S. Ordo est Sed nunc mecũ partire laborem: nam per pẽthesĩ dictũ ẽ. Quãdo iste anius est super omia. S. id est si quidẽ es magna.
n Partire laborem. S. Partire ideo: quia illa dixerat. Solaq; tyrrhenos eq̃tes ire obuia contra.
o Quaterẽt campos. S. Ad camporum perturbationem.
p Furta paro belli. S. Insidias. Salusti. Gẽs ad furta belli peridonia. C. Furta belli: Insidias quæ i bello furtim parantur.
q Biuias fauces: S. Fauces dicuntur itinera inter duos montes angusta & peruia: dicta ad faucium animalium similitudinẽ.
r Collatis excipe signis S. Cõiunctis ducibus q̊s memoraturus est.
s Tiburtiq; manus. S. Cattulus & Coras duces
t Et tu concipe curam. S. Sicut ego. Nam nõ dicit sicut Mesapus aut alii: ne ei facere iniuriã videat. Concipe autem simul cũ eis. Con enim coniunctiua particula est: Vnde & conuocari de pluribus dicimus.
v Est curuo. C. Topographia est. id est loci descriptio.
x Valles. S. metri necessitate compellimur vt vallis dicamus. Sta. Vallis i amplexu nemorũ sedet. nã plenũ est valles: vt nũc Virgi. posuit, quod ita esse diminutio indicat: nã vallecula vt vulpes vulpecula facit: ergo in es vel in is quãdo vsurpatiue: quando naturaliter exeunt nomina: sola diminutõ indicat. Ea autem quæ i es exeunt longa sunt omnia: si in genitiuo non crescant: vt labes: vulpes: valles: Nã si crescãt breuia sunt: vt miles militis.
y Quo semita ducit. S. Legitur & qua.
z Aditusq; maligni. S. Proprie obscuri, vt sub luce maligna.
a Ignota. SER. Scilicet Aeneæ nam de Turno dicturus ẽ, huc iuuenis nota fert regiõe viarũ.
b Tutiq; receptus: SER: Male quidam recessus legunt: nam receptus dicit quo se tutus recipit exercitus: Vnde & signa receptui canere dicuntur.

c Seu dextra leuaq; velis occurrere pugnæ. SER. Siue per valles siue p mõtis radices: incertum est enĩ qua sit vẽtur⁹ Aeneas:
d Arripuit locũ. SER. id est raptim tenuit.
e Insedit. S. Proprie. Nã insedere est dolose aliquẽ expectare. Vnde & insidiæ nominatæ sunt.

Velocem interea superis in sedib⁹ opim
Vnam et virginibus socijs: sacraq̃ caterua
Compellabat: & has tristes latonia voces
Ore dabat: gradit̃ bellum ad crudele camilla
O virgo: & nostris nequicq̃ cingit̃ armis
Cara mihi ante alias: nec em̃ nouus iste dianæ:
Venit amor: subitaq̃ aĩm dulcedine mouit:
Pulsus ob inuidiã regno: viresq̃ superbas
Priuerno: antiqua metabus cũ excederet vrbe:
Infantem fugiens media inter prælia belli
Substulit exilio comitem: matrisq̃ vocauit
Nomine casmillæ mutata parte camillam:
Ipse sinu præse portans iuga longa petebat
Solorũ nemorũ: tela vndiq̃ sæua premebant:
Et circũfuso volitabant milite volsci.
Ecce fugę medio summis amasenus abundãs
Spumabat ripis: tantus se nubibus imber
Ruperat: ille innare parans infantis amore
Tardatur: caroq̃ oneri timet: omnia secum
Versanti subito: vix hęc sentẽtia sedit
Telum ĩmane manu valida quod forte ferebat
Bellator: solidũ nodis: & robore cocto
Huic natam libro: et siluestri subere clausam
Implicat: atq̃ habilẽ mediæ circũligat hastę
Quã dextra ingenti librans: ita ad æthera fatur:
Alma tibi hanc nemorũ cultrix latonia virgo

f Velocem interea: S. Licet interea particula negocia sem per preteritis futura cõiũgat: tamẽ abruptus est: & vitupa bilis transitus. Habet autem tales transitus: & in superio ribus libris: & in sequẽti, p̃cipue vbi Iuppiter appellat Iu nonem opim g Opim. S. Opim quando dicim⁹ nym pham significamus: si au tem dicimus opẽ auxiliũ intelligim⁹ Terẽ: Iuno lu cina fer opẽ serua me obs secro. Opes vero numero plurali auxilia: & sẽsus ac cipimus: nam ops terra ẽ vxor Saturni: quam greci Rheã vocãt: h Tristes vo. S: Habitũ futurę ora tionis ostendit. h Ore dabat. S. Pleonasmos. i Bellum ad crudele ca milla. S. Vno verbo exi tum rei docuit: k Nostris ne quicq̃ ar mis. S. Nostris: quibus vtraq̃ gaudemus. Vt eti am ipsa habeat causã do loris: & maioris iracũdię. l Nec em̃ nou⁹ iste Dia nę. S. Firmiores em̃ sunt antiquiores amicitię. Te rent. Per amicitiam: quę cœpta cum etate creuit si mul Iuue. Ille excludatur amicus iam senior cuius barbam tua ianua vidit. m Pulsus ob iuidiam. S. Scilicet crudelitatis: nã sequitur: nec ipse manus veritate dedisset. C. Pul sus ob inuidiã. Mirũ poe tę ingeniũ, nã cũ Camillę genologię narratio alijs modis apte nõ incideret: efficit vt illa ex ore Dianę quadraret. Ob inuidiam ergo inocẽs ac p̃pterea di gn⁹ a Diana exaudit⁹ sit n Viresq̃ superbas. S. Scilicet aduersariorũ: non aũt superbas. id est nobi les: sed quibus superbe et non iuste vterentur: Sup bas igitur tyranicas. o Priuerno antiqua. S: Nobili vrbe: nam hoc pri uernum dicitur. C. Priuer no antiqua. id est cara: vt sit pathos: quia sit coact⁹ relinquere carissimam pa triam. Nam pathos p̃ se pe a loco gignitur: vt Et dulces moriens reminiscit̃ agros. Est autẽ Priuernũ opidũ: quod hoc tempo re pipernũ appellant. p Metabus. D. Excu sat exiliũ Metabi. Q: nõ sua culpa: sed inuidia. id est superba ciuiũ sit pulsus: Et fu giens non opes: sed filiam eripuerit hac causa Dianę fauorẽ meruit. q Infantem. C. Cõmiseratio ab etate. r Media interprœlia. C. Cõmẽdatio Metabi a pietate: qa nullo periculo prohibitus est relinquere infantẽ: in qua re etiam ostenditur animi fortitudo. Exprimit̃ etiam vis na turę. nam demonstratur quanta sit paterna caritas.

s Exilio comitem. C. q. dicat. que futura sibi esset solatio in erumnis. t Camillam. C. Antiqui appellabant Ca millos & camillas ministros & ministras sacrorũ. Volũt tamẽ alij non Camillos. Sed scamillos esse appellatos: & s. litteram subtractam. Etrusca pronunciatiõe. qui eam nõ pronunciabant: Propter quod in litteras liquidas accessit. Etrusci Camillã appellant Mercuriũ Iouis ministram: & hoc videtur a grecis manasse Samo thraces magno illorum deorũ mĩstros scamillos appellãt. v Iuga longa petebat. S. Lõge posita re motiora. Sa. Et metello p̃cul a gente lõga spes au xiliorum id est longe posi ta: x Solorũ nemorũ. S: id est desertorũ. Teren. Venit meditatus alicũde ex sololoco. Item ipse Nõ ne hunc abijci oportet in solas terras. y Fuge medio. S. Dum git iter fugã: nã figuratiũ ẽ. z Caroq̃ oneri timet S. Anacreon. φορτον ερωτοσ. id est onus amorę. a Versanti subito vix hęc sententia sedit. CRI. Ostendit celeritatatẽ in cõ silio capiendo. Nam in sea ctatio hostilis: non dabit lõgum spatium ad cõsul tandũ: ergo versanti subi to. id est cogitanti cũ cele ritate vix sedit hec sentẽtia Oñdit igit̃ q̃ & i cõsulẽdo vsus est breuitate tẽporis & statim post captũ con siliũ rem est aggressus. b Vix hec sentẽtia sedit. S. Ideo vix quia naturale est: vt quoties simul mul ta cogitamus vix aliquid cõprobem⁹ Vnde vera di stinctio est omnia secum versari subito. C. vix sen ten. se. id est placuit: te est aggressus. c Telũ im mane bellator. D. Nam opus fuit ingenti telo: & bellatore. id est viro forti ad rem perficiendam. d Et robore cocto. S. Aut antiquã hastã fuisse significant: nam multi tẽ poris aliquid coctũ voca mus Hora. Plerũq̃ reco ctus. Scriba ex quinq̃ vi ro coruũ deludet hiantem Ita Persius Vt ramale ve tus pregnandi subere co ctum. Aut reuera cocto: hastę em̃ plerũq̃ igni durari cõsueuerũt. e Huic natã. S. Huic scilicet telo natam implicuit. f Libro. S. Liber dicitur interior corticis pars: quę ligno cohęret. Alibi. Alta liber aret in vlmo: vnde liber dicit̃ in quo scribit̃: Quia ante vsum cartę vel mẽbranę de libris arborũ volumia cõpagi nabant. g Habilẽ circũligat. C. id est ita circũligat ĩ ea parte hastę: vt possit habilis. id est facile haberi & tractari

h Ipse pater famulā v oueo: S. Bñ ipse pater: qa auctorandi potestatē nisi patres nō hñt. ¶ Voueo autē consecro in tuū ministerium: Vnde & Camilla dicta ē: licet supra dixerit: & a matre eē nominatā: sed illud poeticę dictū est. nam camilla quasi ministra dicta ē: ministros enī & mistras ipuberes. Camillos & camillas in sacris vocabant. Vnde & Mercucri⁹ Eutrusta ligua Camillus dicit̄ quasi minister deorum. C. Ipse pater. Qui potestatē mouendi habeo. Educatio autē aspertima huius foeminę reddidit illam parē viris: nam vt ostēdit Plato: vt i cęteris animalibus: ita in homine foemina mari se parem prestaret: nisi molliori educatione mollior redderetur. Qua propter spartanę mulieres: quia vt viri exercebantur robustiores erant: quod optime lycurgi legib⁹ institutū est.
i Sonuere. S. Vnde hic distinguendū est.
k In foelix Camilla. S: Nō eo tpe quo euasit: sed nūc ifoelix. Plerūq; enim epitheta presentis temporis sunt. Licet & peractis negotiis: vt in secūdo. Infoelix quę se dū regna manebant. Sępi⁹ Andromache ferre in comitata solebat.

l Nō moenibus vrbes: accepe: non tectis nō moenib⁹. S. Hoc ē nec in ciuitatem. nec in priuatā admissus est domum: & sic ista etiam in primo separauit: vt vrbe domo socias. Sciendum aūt moenia abusiue dici. omnia publica ędificia: vt Diuidim⁹ muros: & moenia pandimus vrbis. Nam proprie moenia sunt tantū muri dicta q̄si munia a munitiōe ciuitatis. m Accepere. SER. Non mirum a nulla hūc ciuitate susceptū: nā licet priuernas esset: tamē quia in Tuscorū iure pene omnis italia fuerat. Generaliter i Metabū ominū odia ferebant̄: nā pulsus fuerat a gente Volscorum: q̄ etiā ipsa Hetruscorū potestare regebatur: quod Cato plenissime executus est.
n Man⁹ dedisset. S. Cōcessisset & hoc dicit. Si q

Ipse pater famulā voueo: tua prima per auras:
Tela tenēs supplex hostē fugit: accipe (testor
Diua) tuā quæ nūc dubiis cōmittitur auris.
Dixit: et adducto contortū hastile lacerto
Immittit: sonuere vndę: rapidū sup amnem
Infoelix fugit in iaculo stridente camilla:
At metabus magna propius iā vrgēte caterua
Dat sese fluuio: atq; hastā cū virgine victor
Gramineo: donū triuiæ de cespite vellit.
Non illū tectis: non vllæ moenibus vrbes
Accepere: nec ipse manus feritate dedisset.
Pastorū: & solus exegit montibus æuum.
Hic natā in dumis: interq; horrētia lustra
Armētalis equæ māmis: & lacte ferino
Nutribat: teneris īmulgens vbera labris:
Vtq; pedū primis infans vestigia plantis
Institerat: iaculo palmas onerauit acuto.
Spiculaq; ex humero prauæ suspēdit: & arcū.
Pro crinali auro: pro longę tegmine pallæ
Tigridis exuuiæ p dorsum a vertice pendent:
Tela manu iam tum tenera puerilia torsit:
Et fundā tereti circum caput egit habena:
Strymoniāq; gruem: aut albū deiecit olorem:
Multę illā frustra tyrrhena per oppida matres
ptOauere nurum: sola contenta diana
Aeternum telorū: & virginitatis amorem
Intemerata colit: vellē haud correpta fuisset:
Militia tali: conata lacessere teucros.
Cara mihi: comitūq; foret: nūc vna mearum.
Verum age q̄ndo quidem fatis vrget̄ acerbis
Labere nympha polo: finesq; inuise latino:
Tristis vbi in fausto cōmittit̄ omine pugna:
Hæc cape: & vltricē pharetra deprome sagittā:

etiam eum suscipere voluissent: ille tamen eorū consortia morū veritate fugissent. o Pastorū & solis exegit mōtibus ęuum S. Et pastorū ęuū exegit in montib⁹ solis. id est pastorali vsus est vita.
p Armētalis equę. S. Indomitę: vnde sequit̄ lacte ferino. q Vestigia plātis institerat. S. Signa pedam primis plantis exp̄sserat: Nam hęc sunt vestigia imagines pedū: vt Semesam predā: & vestigia foeda relinquunt.
r Palmas onerauit acuto. S. Onus enī est quicqd tenerę iponit̄ manib⁹.
s Pro longę tegmie pallę. S. Palla ꝓprie est muliebris vestis deducta vsq; ad vestigia: vn̄ ait: longe. Sic supra Pallā signis auroq; rigentem.
t Strymoniāq; gruē. S. Thraciā a fluuio Strymone. Sane sciendū posse dici: hic & hęc grus:
v Olorē. S. Ita latine dicimus: nam cygni gręce dicuntur.
x Multa illā frustra. S. Quod non procedit nisi inter eos essent iura cōnubii. Multa illā frustra. Anteq; rē diceret p̄iudicauit: Sic Salusti⁹. falso q̄rit̄ de natura sua gen⁹ humanū. nā anteq; diceret queritur dixit falso matres. Int̄ matres & m̄res familias hoc interest. Q, materē (preter illā significationē q̄ est ad aliquid) quę tantū cōuenit in matrimonio. Materfamilias vero dicit̄ quę in matrimonio cōuenit p coemptionē. Nā p quandā iuris solennitatē in familiā migrat mariti.
y Aeternū. S. Aeterne. nā nomē est p aduerbio.
z Intemerata colit. C. Qua integritate iure ita a Diana amabat̄: vt cū nō posset illi eripe letū saltē paret illi vltionē: Moralis aūt sensus ē. Qui deū colūt ab eo n̄ deseri. a Conata. S. Dū conaretur.
b Fatis vrget̄ acerbis. S. Ond̄t etiā desidere ex fati necessitate descendere.
c Cōmittit̄ omine pugna S. Pro cōmitteret̄. d Hęc cape. S. Generalr̄ dixit arcū pharetrā: vt seq̄ntia indicant. Nā dicet: & vltricē pharetra. e Vltricem. S. Noia ī ix termiata ablat

tum singularē i e mittūt: Genitiuū vero pluralē in um. Exceptis his quę sūt ois generis vt foelix: nam ab hoc foelici hoꝝ foeliciū facit. Luca. Foelici nō faust a loco tentoria ponens. quod receptū est: ideo: qa genitiuus pluralis a no-minatiuo plurali minor esse nō debet. Sed aut par aut maior vna syllaba: E quia a neutro facit foeli cia. Foelicum dicere nō de

Hanc: quicūq; sacrū [f] violarit vulnere corpus
Tros: [g] ital9 ve: mihi pariter [h] det sanguie pœnas:
Post ego nube; caua miserand[i]ę corp9: [k] & arma
Inspoliata feram tumulo: patriæq; reponā:
Dixit: at illa leuis cœli demissa ꝑ auras
Insonuit [l] nigro circūdata turbine; corpus.

bem9: ne propter alia ge nera huic pręiudicemus: namq; ab eo qꝺ est foelis ces vt foelicium dicamus ratio patitr: vna crescit em syllaba ab eo qđ est foelis cia: vt foelicum dicamus non procedit: ne minor sit genitiu9 nominatiuo plu rali. Similiter & vltricium & vrictritiū dicim9. licet in his neutrum genus in numero singulari non in-ueniatur.

At man⁹ interea muris troiana ꝑpinquat.
Ethrusciq; duces: equitũq; exercitus omnis
Cõpositi nũero in turmas: fremit æquore toto
Insultans sonipes: & pressis pugnat habenis.
Huc obuersus: & huc: tũ late ferreus hastis
Horret ager: campiq; armis sublimib⁹ ardent:
Necnon mesapus contra: celeresq; latini:
Et cum fratre corax: et virginis ala camillæ
Aduersi campo apparent: hastasq; reductis
Protendunt longe dextris: & spicula vibrant:
Aduentusq; viru: fremitusq; ardescit equorum.
Iamq; intra iactum teli progressus vterq;
Substiterat: subito erumpunt clamore: furẽtesq;
Exhortãtur equos: fundũt simul vndiq; tela
Crebra: niuis ritu: cœlũq; obtexitur vmbra.
Continuo aduersi tyrrhenus: & acer aconteus
Connixi incurrunt hastis: primiq; ruinam
Dãt sonitu ingenti: ꝑfractaq; quadrupedantũ
Pectora pectoribus rumpũt: excussus acõteus,
Fulminis in morẽ: aut tormenti ponderis acti
Præcipitat longe: & vitam dispergit in auras.
Extemplo turbatæ acies: versiq; latini
Reiĳciunt parmas: & equos admœnia vertũt.
Troes agũt pñceps: turmasq; inuascit asillas:
Iamq; propinquabant portis: versiq; latini
Clamorẽ tollunt: & mollia colla reflectunt.
Hi fugiunt: penitusq; datis referunt habenis:
Qualis vbi alterno procurens gurgite pontus

f Violarit vulnere corpus. S. Quia dixit sacrum:
g Tros italus ve mihi. S. Si simpliciter accipimus, ita intelligamus: siue, eã troian⁹ interemerit siue aliquis de Aeneę auxiliis: namq; alii volunt: Aruntẽ de Turni esse partibus: et indignatũ fœmineum sexum plus in bello potuisse: q̃ viros, quã rem hic dicunt ꝑstrinxisse virgiliũ & reuera sic vbiq; loquitur: vt incertum sit. Aruns de cui⁹ partibus fuerit: vnde illud est. Da pater hoc nostris aboleri dedecus armis:
h Pariter. SE. Similiter vno mõ. & est antiquũ.
i Miserandę corp⁹ & ar. S. Hęc in œconomia pręiudicia nominantur: quotiens negotii futuri exit⁹ tollitur. Vult em̃ nos de Camillę cadauere nihil vlterius expectare: sicut in primo fecit. Tu faciem illius noctem nõ amplius vnã falle dolo: q̃d premissum sustulit cõmemorationẽ: quando vel cupido discesserit. vł ascani⁹ sit reuersus
k Arma inspoliata: S: Aut i detractatã: aut ipsius inspoliatę.
l Nigro circũdata turbine corp⁹. S. Quia ad moerorem Luctũq; descẽdit: Cõtraq; in octauo vbi ad leticiam descendit. Venus claro eã nymbo circũdatã dicit: vt. At ven⁹ ęthereos ĩter dea cãdida nymbos.
m Ethrusciq; duces. S: Hetruria dicta est: ꝙ eius fines tendebãtur vsq; ad primam ripam tyberis & quasi ετερου ορου: nam ετερου est alter ορου finis Roma em̃ ante tãtũ vnã rypam tyberis teneba: Iuue. Et qui imperii fines tyberinum. virgo natauit.
n Compositi numero i: S id est rationabiliter: vnde & sępe numero dicim⁹ idest frequẽter: & rationabiliter hinc est Tum vero ĩ numerũ. id est in rationẽ: in rhychinũ: vñ et metra nũeros dicimus: vt numeros memini: si verba tenerem: Sane modo est generalis descriptio ęquestris certaminis paulopost descẽdit ad specialem: sicut fecit et de cursoribus: et de nauali certamine. C. Numero. id est recto ordine.
o Aequore. C. id est loco campestri.
p Pressis habenis. C. Permulti omniũ inter est ĩ pugna scire vti equo: habereq; illum quocũq; flectere velis:
q Horret ager. S: Terribilis est. Est autem versus Ennii ante vituperatus a Lucillo dicente per irrisionem debuisse eum dicere. Horret et alget. vnde Hora. de Lucillo. Non ridet versus Enni grauitate minoris.
r Campiq; armis ardent. S. resplẽdent.
s Celeresq; latini. S. Alludit ad militiã Romanam: nanq; et equites habuit Romulus: vt illo dixim⁹ loco Tercentum scutati omnes volescentes magros: quos celeres appellauit: vel a celeritate: vł a duce celere: qui dicit̃ Remum occidisse in cui⁹ gratię videlic. t a Romulo fieri Tribun⁹ equitũ meruit: et tribun⁹ celerũ appellat⁹ est.
t Ala camillę. S. Equitatus. Alę autẽ dicuntur equites: ꝙ alarum vice pedestrem exercitũ tegũt:
v Intra iactum teli. S: Vnde posset hasta missa ĩ hostem venire: Hinc traxit Statius vt diceret. Quale quater iaculo spaciuntur arũdine metas. Est et Enniana om̃is hęc ambitiosa descriptio.
x Pręcipitat lõge. S. Pro pręcipitatur.
y In auras. C. Ex opinione illorũ qui animas vẽtum credunt esse.
z Reiĳciunt parmas et equos ad mœnia vertũt. S. Reiiciunt. id est retro agunt. Sane nunc fugiunt nõ timore: sed lege proeliandi. Salusti: More equestris pręlii sumptis tergis ac redditis. C. Reiiciũt parmas. id ẽ timore terga vertunt: et dum vertũt terga illa parmis operiunt.
a Versiq; latini. C. Nam cum admoenia peruenissent freti auxilio suorum in hostes redeunt.
b Mollia. S. Domita domitorum. s.
c Hi fugiunt. C. Et quoniam apud mœnia piculosior esset pugna: et quoniam in sequendo hostes acies late vagantes a suo ordine discesserant. vñ nõ erat facile inceptum sustinere:
d Datis habenis. C. Ad misso cursu.
e Qualis vbi. C. Nõ est comparatio ad propriam naturã maris: quod obseruatis temporib⁹ aliquot horis influit: et aliq̃t refluit: de quã re alio loco disputatum est. Et Albertus magnus ostendit. q̃re non omnia maria mouẽtur. neq; omnia quę mouentur in eodem motu mouentur. Sed comparat mari vẽtis intumescẽti: in quo fluctus fluunt ad littus ac refluũt.

Nunc ruit ad terrã: scopulosq; superiacit vndã
Spumeus: extremãq; sinu perfundit harenam:
Nunc rapid⁹ retro: atq; æstu reuoluta resorbẽs
Saxa fugit: litusq; vado labente relinquit:
Bis tusci rutulos egere ad mœnia versos:
Bis reiecti armis respectant terga tegentes:
Tertia sed postq; congressi in prœlia totas
Implicuere inter se atiens legitq; virũ vir.
Tũ vero & gemit⁹ morientũ: & sanguĩe ĩ alto
Armaq; corporaq; & ꝑmixti cęde virorum
Semi animes voluent̃ eq;: pugna aspera surgit
Orsilochus remuli qñ ipm horrebat adire.
Hastã intorsit equo: ferrũq; sub aure reliquit:
Quo sonipes ictu furit arduus altaq; iactat.
Vulneris impatiens arrecto pectore crura:
Voluitur ille excussus humi. catillus iolam:
Ingentemq; animis ingentẽ corpore: & armis
Deijcit herminiũ nudo cui vertice fulua
Cęsaries: nudiq; humeri: nec vulnera terent:
Tant⁹ in arma patet. latos huic pasta ꝑ armos.
Acta tremit: duplicatq; virum transfixa dolore:
Fundit ater vbiq; cruor: dãt funera ferro
Certantes. pulchrãq; petũt ꝑ vulnera mortẽ.
At medias inter cędes exultat amazon.
Vnũ exerta latus: pugnæ pharetrata camilla:
Et nunc lenta manu spargẽs hastilia densat:
Nunc validã dextra rapit indefessa bipennem:
Aure⁹ ex humero sonat arcus: & arma dianę.
Illa etiã si quãdo intergũ pulsa recessit.
Spicula conuerso fugientia dirigit arcu.
At circum lectæ comites: larinaq; virgo:
Tullaq;: & æratã quotiens tarpeia securim
Italides: quas ipsa decus sibi dia camilla
Delegit: pacisq; bonę: belliq; ministras.

f. Superiacit vndam. S. Sup scopulos vndam iacit: nã more suo dedit verbo detractam nomini ꝑpositionem. g Extremamq; sinu. S. id est curuatione & flexu vndarũ. Extremã autem ad illud ptinet: quod ait supra: Penitusq; datis referũtur habenis. h Aestu reuoluta resorbens saxa fugit: S. Aestus proprie est maris incerta cõmotio.
i Vado labẽte relinquit. S. Hyppalage pro labẽs ipse per vadum.
k Et sanguĩe in alto. S: υποφατικως. cędis ostẽditur magnitudo.
l Hastam intorsit equo: S. Figurate. Nam intorqueo in equũ dicim⁹. vt: In latus in q; feri curuam cõpagibus aluũ cõtorsit.
m Ferrũq; sub aure relinquit. S. Ex vulneris genere eum fugientẽ intelligimus esse percussum.
n Voluit ille excussus humi. S. Humi voluitur: nam excussus per se plenum est. o Deiicit herminiũ. S. Nomen hoc de hystoria Romana est. Nã cũ coclyte contra thuscos Lartius & Hermini⁹ steterunt tempore quo pons sublitius rũpebatur: vnde et eum plurimũ laudẽt ac si diceret. Talis qualis fuit ille. p Tantus in arma patet. S. Tantũ patebat in vulnere, id est in hostilia tela tot⁹ petebat.
q Per armos. S. Abusiue. Nã proprie armi quadrupedum sunt.
r Exultat amazon. S. Suspendendũ exultat: vt Amazon intelligas quasi amazon. Nam Camilla volsca fuerat. sicut in primo. Dederatq; comã diffundere ventis. Venatrix: id est quasi venatrix.
s Indeffessa. S. Infatigabilis: & oĩa arma amazonum tradit: quas Titian⁹ vnimammas vocat. Nã hoc est amazon quasi ανευμαζον. t Spicula fugientia. S. Pro ipsa fugiens. v At circũ lectę comites. S. Subaudi dimicant: quod & sequens Amazonũ indicat comparatio quę inducuntur circa reginã bella tractantes. x Larinaq; virgo S. Nomina hęc nobilissimarum sunt italię fœminarum. y Italides. S: Pulchra deriuatio nõ vera. Nam verum est italię: Italis autẽ vnde Italides magis patronymicũ est: q; deriuatiuum: sicut belis vnde & belides.
z Quas ipsa decus. S: Decus & ad delectas: & ad ipsam potest referri: Decus autẽ si ad Camillã nobilitas pulchritudo. Si ad delectas. ornamentũ: id est quas sibi elegit ornamentũ. i. ad ornamentum.

a Dia camilla. SERV: Generosa. ευγενης. nam grecum est cuius nominis ethymologiã plerique volũt venire απο του Διος quod si sic est: dicem⁹ dissentire deriuation ẽ a principalitate. nã dia di ꝑoducit cũ Διος corripiat. Sic ecõtra cum lux producat Lucerna. Lu. corripit.
b Pacisq; bonę: belliq; ministras. S. Cognruum paci epitheton dedit vt eã bonam diceret cum bellũ ecõtra sit pessimũ: nam sine dubio: & belli sęui diceret. si ratio versus admitteret.

c Quales threicię. S. Tanais fluui⁹ ẽ. Qui separat Aziam ab Europa: circa q̃ʒ antea Amazões habitauerũt: vnde se postea ad Thermodoonta fluuium Thraitię trãstulerũt: quod etiam Salusti. testatur: dicẽs deiñ cãpi Themyscirei q̃s habuere Amazones a tanai fluuio icertũ quam obrem digressę.
d. Thermodoontis. S: plenum est Thermodoon sed ꝑ synęresim fecit: vñ don circũflexũ hʒ acentũ Greca enim nomia nec. f se est: vt circumflectantur quotiens fit Synęresis exigente metri necessitate. Ergo si fit Thermodoon do acutũ habebit accentum q̃d si Thermodoon fecerit & in finalem transferẽ & mutatur accentus nã fit circũflexus.
e Pulsant. S. Enni⁹ ad musas. Quę pedibus pulsatis olympum.

Quales[c] threiciæ cū flumina thermodoontis[d]
Pulsant[e]: & pictis bellantur[f] amazones[g] armis
Seu circū hyppolitē[h]: seu cū se martia[i] curru
Penthesilea refert: magnoq; vlulante tumultu
Fœminea exultant lunatis agmina peltis.
Quē[k] telo primū: quē postremū aspera[l] virgo
Deijcis? aut q̄t humi morientia corpora fundis.
Euneum[m] clytio primū patre: cui⁹ apertum
Aduersi longa[n] trāsuerberat abiete pectus.
Sanguinis ille vomens riuos cadit: atq; cruentā
Mādit humū: moriensq; suo se in vulnere versat.
Tū lyrim pegasumq; sup: quorū alter habenas
Suffossa[o] reuolutus equo dū colligit: alte
Dum[p] subit: ac dextrā labenti tendit inermem
Præcipites: pariterq; ruūt: his addit[q] amastrum
Hyppotaden: sequit̄ que incūbens emin⁹ hasta
Terea: et harpalicūq;: et demophoōta chromiq;.
Quotq; emissa manu contorsit spicula virgo:
Tot phrigij cecidere viri: pcul ornit⁹ armis[r]
Ignotis: & equo venator Iapige[s] fertur:
Cui pellis[t] latos humeros erepta iuuenco.
Pugnatori operit: caput ingens oris hiatus:
Et malę texere lupi cum dentibus albis:
Aggrestisq;[v] manus armat sparus: ip se cateruis
Vertitur[x] in medijs: & toto[y] vertice supra est.
Hunc[z] illa exceptū (nec em̄ labor agmīe verso)
Traijcit[a]: & sup hæc inimico pectore fatur:
Syluis[b] te tyrrhenæ feras agitare putasti:
Aduenit qui vestra dies mulieribus[c] armis
Verba redargueret: nomē[d] tn̄ haud leue: patrū
Manibus hoc referes: telo cecidisse camillæ.
Protinus orsilochū: & butē duo maxīa teucrū
Corpora: sed butē aduersum cuspide fixit.

f Bellant̄. S. Pro bellant Nam solent verba p verbis poni. vnde passiuam nunc deriuationē sub actiua posuit significatiōe: sic i georgicis. Et placidam paci nutritor ol. Futurū tempus a passiuo posuit: pro pręsenti ab actiuo Nā nutritor p nutrito posuit vnde est cōtra Nox humida coelo pręcipitat. p pręcipitat̄ actiuū p passiuo. g Amazones. CRI. De his dictū in superioribus: Addā hoc q̄ missus Hercules ab Euristheo vt cingulum reginę Amazonū referret: prœliū cōmisit: in quo ex Amazonibus p̄stantissimę cecidere Aella philippis: Protee. Eribie: Celeno. Phoebe. Artemis Capte aūt fuerūt deidamia. Asteria. Marpe. Termessa. Marpo. sa. Adippe quę cingulum Hippolite seruabat. Antiope Theseo data: quę a plerisq; hyppolite appellatur: h Hyppolitē. S. Hęc Amazonū fuit regina: cui victę Hercules Baltheum sustulit. i Martia. S. Aut bellicosa: aut martis filia. k Quē telo primū postremū. S. Homericum est: interrogatiōem ad ipsum referre qui describit: cum musę interrogari cōsueuerint: vt vos o Calliope p̄cor aspirate canenti. C. Quem telo primū. q. d. tantā fuisse stragem q̄ hoc discerni nō potuerit. Habet autē ista interrogatō: & admiratōnē: & exclamationē: q̄ fœmina hęc potuerit: l Aspera virgo: S. Epitheton ad officiū belli respiciens: alias incongrue virginē asperā dicimus. m Euneum. S. Quia latina est declinatio. Ideo nec accepit accentū. Nam Sta. Quia gręco declinauit gręcū accentū posuit dicens: Nūc euneus ante: & nunc ante thoas. n Longa abiete. S. Hasta abietali: nā arborem p hasta posuit. o Suffosso. S. Casuro: nam soffossi equi dicuntur: quos vulgo cespitatores vocant. Alij suffuso legunt. id est pręcipitanti. &. iam cadenti. p Dū subit. S. Scilicet dū se ad sustentatiōnē ruētis inclinat: & vult vtrūq; tanta celeritate cē percussum: vt vnū ictum putares. Inde est em̄ pręcipites pariterq; ruunt: q His addit amastrum S. Adiungit. r Armis ignotis. S. id est nouis. inconsuetis. s Iapige. S. Apulo equo. t Pellis erepta iuuēco. S. id est lorica: nā pprie lorica est tegmen de loro factum. quo maiores in bello vti consueuerant. v Agrestisq; manus armat sparus. S. Bene agrestis. Nā sparus est rusticū telum i modū pedi recuruum. Salu. Sparos & lanceas alij preacutas sudes portare x Vtitur in mediis. S. id est agit: nam gręce. ἀναστρέφεται dixit. y Toto vertice supra est. S. Sta. de Capaneo. Et totū trāscēdit corpore bellū. z Hūc illa exceptū. S. Fraude circūuentum: vt Aemulus exceptū triton. a Traiicit S. Vis iactus ostenditur. b Syluis. S. Pro i syluis Et est archaismos casus p casu. c Muliebrib⁹ armis. S. Vsus obtinuit vt i nuptas virgines: nuptas mulieres vocemus: nam apud maiores indiscrete virgo dicebatur: & mulier. Vtrūq; em̄ sexum tm̄ significabat: vt ecce hoc loco dicit armis muliebrib⁹: cum Camillā innuptam fuisse manifestū sit. Item in Bucolicis legimus. Ah virgo: cū pasiphaē cōstet ex Minoe ante amorē tauri filios suscepisse. Terentius etiā mulierē post partū virginem vocat in Echyra. Nam viciū ē oblatum virgini olim: ab nescio quo improbo. d Nomen tamen haud leue patrū. S. Manib⁹ hoc referes telo cecidisse camillę. S. Irrisio est amaritudinis plena. Nam si voluerimus simpliciter accipere: vt ita sit dictum: quemadmodum supra: Aeneę magni dextra cadis. Incipit contrarium esse superioribus. Vnde melius est vt perseueremus in sensu: & ita sit dictum: magnā reuera gloriam latur⁹ est ad manes parentum: quē fœminea tela superabūt. e Qua colla sedentis. S. Equitis. Sane eum ex vicino intelligimus esse percussum. C. Sedentis. id est illi⁹ equitis q in eq̄ sedet.

f Lucēt. C. Apparēt. qm̄ rima q̄ est inter finē galeę & summitatē parmę relinquit illam partem corporis apertam. g Interior. S. Sinisterior breuiore. s. circulo. h Cōgeminat. SER. Hic distinguendum est: nam nemo dicit securim vulnus congeminat: sed securis. C. Congeminat id est duplicat vulnus agendo securim.

cognosces cui īanis iactātia afferat pœnā: nā fraudē pœnā veteres vocabāt vt etiā in antiq̊ cognoscit iure Salu. in Cathilinaria. Dic̄ statuit anteq̄ sine fraude liceret ab armis discedere. Si autē laudē legerim⁹: erit sensus: agnosces cui inanis gloria afferat laudē: ventosa autē gloria est: quam greci κενοδοξιαν. vocāt. CRISTOFE. Fraudē. recte (vt puto Serui⁹) fraudē et nō laudē legit. nō āt placꝫ q fraus pœnā significet: nā q̄uis dicat Salust. Dic̄ statuit: anteq̄ sine fraude liceat ab armis discedere: Sentētia ē anteq̄ nō dabitur fraudi. Ergo cui vētosa gloria. id est inanis gloria afferat fraudem: nam cum ex tua vanitate tu iactes fortitudinē: si relinques equū: cui⁹ virib⁹ tu fallis hoiēs: ostēdens te esse fortē: cū ipa fortitudo sit tibi ab equo. si pedes pugnabis succūbes: & inanis tua gloria demōstrabit. q . Furēs. C Nam fœmia impatiētior irę ē: q̄ vir: & appetētior glię. r Paribusqꝫ assistit i armis ense pedes. S. Sicut illū cōgressurū putabat. s Pura parma. S. Tunc em̄ primū in bella cōscenderat. t Fugax. S. Fugiēs: nā nomē est p participio. Nō em̄ fugacē possumus accipe quē supra legimus bellatorē. v Vane lygur. S. Aut fallax: aut inaniter iactās: nam vanos stultos posteriores dicere cœperunt: vñ tractū est etiā in neotericis Iuue. Sic libitum est vano qua nos distinxit othoni. Quid aūt hoc loco vane significet cōseq̄ntia demōstrant: Frustraqꝫ animis elate supbis. x Lubricus. S. Fallax mobilis. y Pernicib⁹ ignea plantis. S. Mō velocib⁹: alias pseuerātib⁹. Nā pnix interdū velox: interdū pseuerās significat: vt ipe in Georgicis. Et inter dura iacet pernix ī strato saxa cubili. z Trāsit equū cursu. S. Nūc hoc īcredibile esse videret: nisi pmisisset in septio. Illa vl intactę segetis psūmā volaret Gramia: nec teneras cursu lesisset aristas. a Aduersa. S. id est opposita. b Accipiter saxo sacer ales ab alto. S. Sacer ideo quia est Marti cōsecratus: aut auib⁹ execrabilis. Vt auri sacra fames: Aut quod verius est nomen grecum expressit. Nam ἱερακ. dicitur: hoc est sacer ἱερεύς. enim sacerdos vocatur. Cur autem grece ita dict⁹ sit: ratiōe nō caret: quę nota est sacrorū peritis. C. Accipiter

Loricam: galeamqꝫ inter: qua colla sedentis
Lucent: & læuo dependent parma lacerto.
Orsilochū fugiens: magnūqꝫ agitata per orbē
Eludit gyro interior sequiturqꝫ sequentem:
Tum validā: perqꝫ arma viro: pqꝫ ossa securim
Altior insurgens oranti: & multa precanti
Congeminat: vulnus calido rigat ora cerebro.
Incidit huic: subitoqꝫ aspectu territus hæsit
Apenninicolæ bellator filius auni
Haud ligurū extremus: dū fallere fata sinebāt.
Is vbi se nullo iam cursu euadere pugna
Posse: neqꝫ instantem reginā auertere cernit:
Consilio versare dolos ingressus: & astu
Incipit hæc: qd tam egregium si fœmina forti
Fidis equo: dimitte fugam: & cōminus æquo
Mecū crede solo: pugnæqꝫ accinge pedestri:
Iam nosces ventosa ferat cui gloria fraudem.
Dixit: at illa furens: acriqꝫ incensa dolore
Tradit equū comiti: parib⁹qꝫ assistit in armis:
Ense pede nudo: puraqꝫ interrita parma.
At iuuenis vicisse dolo ratus auolat: ipse
(Haud mora) cōuersisqꝫ fugax aufert habænis
Quadrupedemqꝫ citum ferrata calce fatigat.
Vane ligur: frustraqꝫ animis elate superbis
Nequicqꝫ patrias tēptasti lubricus artes:
Nec fraus te incolumem fallaci perferet auno.
Hæc fatur virgo: & pernicibus ignea plantis
Transit equū cursu: frenisqꝫ auersa prehensis
Congredit: pœnasqꝫ inimico ex sāguie sumit.
Quam facile accipiter saxo sacer ales ab alto

i Incidit huic. S. Figurate p in hanc. Teren Ego in eum icidi infœlix locum: vt neqꝫ mihi amittēdi neqꝫ retinēdi sit copia C. Incidit huic. id est in hūc. Incidere autem in aliquē est: cum nihil tale expectātes: aliquem obuiam offendimus. Sępius autem dicimus hoc: de re infœlici: q̄ de fœlici. k Apēninicolę bellator filius auni. SER. Quia liguria maiore parte sui Apennino est constituta. Ligures autem omnes fallaces sunt. Sicut ait Cato in secundo Originum libro. C. Apēninicolę ligurꝫ maior em̄ lygurię ps in montibus ab Apennino deductis posita est. l Filius auno. SER. Aunus scilicet. Nam vt supra diximus: cum dictis parentibus filiorꝫ nomina suppssimā. eos patris cognomines intelligim⁹: vt Tyburti Remulo ditissimus olim. C. Auno. Non sine ratione fictum nomē: nā Aunus antiquissim⁹ rex est ligurię. m Fallere. C. Nam vicium vernaculū est illi⁹ nationis. Cato in Originib⁹ ait: ligures esse versi pellęs. Fallaces: malignos. n Consilio & astu. Versare dolos ingressus. Ser. tractare vt: seu versare dolos: seu certe occumbere morti. Astu malicia: nam proprie astutos malitiosos vocamus: vnde in Teren. postq̄ de domino dixit seruus astutę: illę irat⁹ ait: Carnifex que loquit̄ Cice. Ita fit vt ista ratō existimetur astuta: meū tamen hoc consilium necessariū. C. Consilio & astu. id est astuto cōsilio: Astu autem malitiosa calliditas est: dictum ab asti grece vrbe: nam qui intra vrbes versantur: callidiores sunt: q̄ qui in agro degūt. Asty autem non omnes greci: sed Athenięses vrbē dicunt: quod verbū ægypriacum est: Athenę enim (vt est apud Platonē) ægyptiorum colonia est. o Dimitte fugā. S. Equi celeritatē cui fidis relinque. p Vētosa ferat cui gloria fraudē. S. Hęc est vera & antiq̄ lectio: vt sit sensus pedes congredere; iam

Consequit͛ pēnis sublimē in nube columbā:
Cōprensamq̃ tenet: pedibusq̃ euiscerat vncis.
Tunc cruor: et vulsæ labunt͛ ab æthere plumæ.
¶At nō hæc nullis hominū sator: atq̃ deorū
Obseruās oculis: sūmo sedet altus olympo.
Tyrrhenū genitor trachontē in prælia sæua
Suscitat: et stimulis haud mollib⁹ incitat iras:

Accipitrū genera sexdecī ponit. Plini⁹. in eis enūerat Circō altero pede claudū. Item triorchen a nūero testiū. Buteonē auis marti sacra est vnde grece ιερακα. dicit͛. Puto omne genus auiū: q̄ ex raptu viuunt accipitris nomie (excepta aquila) venire.

c Consequit͛ pennis. S. Noua laus Camillę. Si quidem accipiter columbam sequitur: ipsa pręcedit hostem. Ipsa etiam auiū comparatio est sumpta ex cōtrario: nam equitus vir accipitri Camilla comparetur columbę.

d Tum cruor & vulsę labuntur ab ęthere plumę. S. Ecbasis est, id est excursus.

¶ e Nō nullis. S. id est non negligentibus: nam lyptotes figura est: vult enim dicere non leuiter iupiter; intuebatur ista certamina.

Ergo inter cædes cedentiaq; agmina tarchon
Fertur equo: varijsq; instigat vocibus alas
Nomine quenq; vocans: reficitq; in p̄lia pulsos.
Quis me⁹ o nunq̃ dolituri: & semper inertes
Tyrrheni: quæ tanta animis ignauia venit:
Fœmina palantes agit: atq; hęc agmīa vertit:
Quo ferrū: q̃due hæc geritis tæla irrita dextris:
At nō in venerē segnes nocturnaq; bella:
Aut vbi curua choros indixit tibia bacchi:
Expectare dapes: aut plenæ pocula mensæ:
Hic amor: hoc studiū: dū sacra secūd⁹ auruspex
Nūciet: aut lucos vocat hostia pinguis ī altos:
Hæc effatus: equū in medios moriturus & ipse
Concitat: & venulo aduersum se turbid⁹ īfert.
Direptūq; ab equo dextra cōplectitur hostem:
Et gremiū ante suū multa vi cōcitus aufert:
Tollitur in cœlum clamor: cunctiq; latini
Cōuertere oculos: volat igneus æquore tarchon
Arma virūq; ferens: tūc sūma ipsius ab hasta
Defringit ferrū: & partes rimatur apertas:
Qua vulnus læthale ferat: cōtra illa repugnans
Sustinet a iugulo dextrā: & vim viribus exit.
Vtq; volans alte raptū cū fulua draconem
Fert aq̄la: implicuitq; pedes atq; vnguib⁹ hęsit:
Sauci⁹ at serpēs sinuosa volumina versat:
Arrectisq; horret squamis: & sibulat ore
Ardu⁹ insurgēs: illa haud min⁹ vrget adunco
Luctantē rostros simul æthera verberat alis:
Haud aliter prędā tyburtū ex agmine tarchon
Portat ouans: ducis exemplū euentūq; secuti
Męonide incurrūt: cū fatis debitus aruns:
Velocē iaculo: et multa prior arte camillam
Circuit: & quæ sit fortuna facillima temptat:
Qua se cūq; ferens medio tulit agmine virgo:

f Instigat vocibus alas. S. Incitat & irritat ad reditum. Primū eñ est: vt fugere desināt: post vt in hostes impetū faciant.
g Noie quenq; vocās. S. Per hoc extrema necessitas indicatur. h Quis metus. S. Qualis: quantus qui vos etiā feminā timere cōpellit: vnde paulo post. Quę tanta animis ignauia venit.
g O nunq̃ dolituri. S. id est stulti. Stult⁹ eñ est: quisqs iniuria nō mouet. Et bene nunq̃: siquidem ante seuitiā Mezentii pertulerūt nec se vlti sūt: nūc prebēt terga mulieri: & ne hinc quidē cōmouent dolore. k Fœmina. S. Indignatio a sexu.
l Palantes. C. Itē a modo. Nā ꝙ femia illos pellat turpi⁹ est. Q̃ autē ita pellat: vt palantes sine ordine fugiāt turpissimū.
m Atq; hec agmia vertit. S. Δεικτικῶς. id est multitudinē tātam C. Hęc agmia: q. d. tā robusta tam valida.
n Quo ferrū. C. Nā frustra fertis: quo vti non audetis. o Irrita. S. Inertia quę vos vlcisci minime valeant.
p At nō in venerem segnes. S. Latēter dixit hoc fugitis, mulierē quia armata est. alias primi ad hunc curritis sexū. C. At nō in venerē segnes. q. d. cū torpetis in bello: vtinā & in omni voluptatum genere torpeatis. q Nocturnaq; in bella. S. Coitum. Alibi. Et si quādo ad nocturnas prelia ventū est.
r Curua tybia. S. Simphonia. s Choros bachi. S. Ideo quia apud veteres ludi theatrales nō erant nisi in honorē liberi patris. t Expectare. S. Pro expectatis modū ꝓ modo posuit.
v Secundus aruspex: S. Pro secūda sacra. id est prospera: sicut econtrario Homeus. μαντικακῶν. id est malorū diuine. C. Aruspex. ab ara & inspiciēdo dicitur: quoniā cęsam hostia iuxta aram exta rimātur: & ex illorum situ. colore. iminutione vl' augmento. futura prenoscunt. Dicuntur alio vocabulo. extispices ab extis inspiciendis.

x In altos lucos. SER. Illic enim epulabantur sacris diebus.
y Moriturus: S. Et ipse moriturus animo: nam moriturus nō est. Q̃ autem ait: & ipse: aut ad Camillam. aut ad venulum respicit.
z Turbid⁹. S. id est terribilis.
a Direptumq; ab equo dextra complectitur hostem. S. Hoc de hystoria tractum est: nam. C. Iulius cęsar cum dimicaret in Gallia: & ab hoste raptus equus eius portaretur armatus: occurrit de hostibus qui eum nosset: & insultans ait: cęcos cęsar. Quod gallorū lingua dimitte significat: & ita factum est: vt dimitteretur. Hoc autē ipse cęsar in Ephemeride sua dicit: vbi propriam cōmemorat fœlicitatem C. Direptumq; ab equo. Ostēdit non fuisse intentionem in socios ex tumiditate aut vaniloquentia. sed a conscientia proprie fortitudinis: fuit enim omnino heroicū. Q̃ hostē ab equo ad se traheret: secūq; portaret.
b Tollitur in cœlū. C. Mouebatur eñ miraculo rei ꝙ celeritate sūma: arma: & virū tanta vi portaret: vt etiā supessent vires ait. Et ferrū ex sua hasta raperet: illūq; interimeret: q̃uis repugnantē conaretur. Poterat ergo suo iure sociorū inertiam reprehendere.
c Exit. S. Euitat: vt atq; oculis vigilantib⁹ exit.
d Vtq; volans alte. S. Homerica compatio.
e Aquila. D Comparatio aptissima: vt eñ & aquila: & serpētis fortissimi sunt: ita illi duo fortissimi erant. Itidē mira ꝑspicacitate: vt illi sunt.
f Ducis exemplū euentumq;. S. Scilicet virtutē & fœlicitatem.
g Męonidę. S. Lydi vt Męonidę delecta iuuētus
h Fatis debitus. C. Vel destinat⁹ a fatis: cū hoc fatis deberet scilicet interimere Camillā: vel debitus fatis: quoniā inde eēt moriturus. Ostendit aūt magnam fuisse eius astuciā.
i Arte. S. Fraude. dolo. vt arte pelasga. k Qua

se cũq; ferẽs medio tulit agmĩe virgo. Hac aruns subit. [S. Vt etiã supra dixim⁹ ita poeta loquiᵗ: vt in aliquib⁹ locis det suspitionẽ. q aruns de Turni ptibus fuerit: nãq; & cum Camilla ĩpetũ fecit: & cũ ipsa rursus recedit: quod nisi de socio nõ pcedit. Do etiã dicit esse manifestũ signũ sociũ fuisse: q Apollinẽ soractis inuocat montis: de q̃ Turno venisse cõstat auxilia. Licet posset fieri vt alterius loci inuocet numẽ. Itẽ ad argumẽtum vocat patrias remeabo inglorius vrbes. Quod etiã de hoste pcedit; nã supare feminã nullam cõstat esse virtutẽ. l Circuitũ. S. Proprie. nã circuire insidiantiũ: vnde est. Nec gregibus nocturnus obambulat. m Certã hastam. S. Ineuitabilẽ. Vnde contra Incertã excussit ceruice securim. id est infirmã. vitabili. n Forte sacer Cybele. S. Nam montẽ p numen quod in eo colitur posuit; Et bona occasio ad mortẽ Camillę: vt sacerdotẽ maioris numĩs conetᵉ occidere: per quod q̃si exauctoratᵉ Dianę fauor: interueniẽte maioris numinis iracũdia. D Cybele. Locus est in quo Cybele colebatᵉ. C. Forte sacer. Hos oẽs versus vsq; ad eũ locũ. (Nunc virgo) ex eo genere dicendi constat; quod cultũ: & floridum appellant.

o Quẽ pellis ahenisq; ĩ plumã squamis auro ĩnserta tegebat. S. Cataphractũ eũ fuisse significat. Cataphracti aũt equites dicuntur: qui & ipsi muniti ferro sũt: & equos sitr munitos habẽt. De quib⁹ Salusti⁹. Equis paria operimenta erãt; quę lintea ferreis lamis in modum plumę adnexuerãt. Nũc pro linteo pellẽ imposuit. Et aeneas squamas: ęreas laminas intelligim⁹. in plumam vero: est in similitudine plumę: vt excisum euboicę latus ĩgẽs rupis in antrũ. id est in antri similitudinẽ. Sane sciendũ q ĩpos eqtes Cataphractos dicim⁹. Salust. Et sequebanᵗ eqtes Cataphracti.

Hac aruns subit: & tacit⁹ vestigia lustrat.
Qua victrix redit illa: pedẽq; ex hoste reportat.
Hac iuuenis furtim celeres detorq̃t habenas.
Hosq; aditus: iãq; hos aditus: omnẽq; pererrat
Vndiq; circuitũ: & certã quatit ĩprob⁹ hastã.
Forte sacer cybeli chloreus: olimq; sacerdos
Insignis longe phrygijs fulgebat in armis:
Spumãtẽq; agitabat equum: quẽ pellis ahenis
In plumã squamis auroq; inserta tegebat.
Ipse pegrina ferrugine clarus: & ostro
Spicula torquebat lycio cortinia cornu:
Aureus ex humeris sonat arcus: & aurea vati
Cassida: tũ croceã chlamydẽq; sinusq; crepantes
Carbaseos fuluo in nodũ collegerat auro
Pictus acu tunicas: & barbara tegmina crurũ
Hunc virgo: siue vt templi præfigeret arma
Troia: captiuo siue vt se ferret in auro
Venatrix: vnum ex omni certamine pugnæ
Cæca sequebaᵗ: totumq; incauta per agmen
Fœmineo p̃dæ: & spoliorum ardebat amore.
Tælũ ex insidijs cunctantẽ tempore capto
Conijcit: & superos aruns sic voce precatur.
Sũme deũ sancti custos Soractis apollo:

S. Pictus tunicas pictus crurũ barbara tegmina. id est habebat vestẽ phrygiõis arte pfectã. Sane armorũ longa descriptio illuc spectat: vt in eorũ cupiditatẽ merito Camilla videatᵉ esse succẽsa. DO. Barbara nomẽ artis indicat: nam qui hãc exercẽt barbarii dicunᵗ: q auro & variis filis: hoim & aliarũ rerũ figuras exprimũt acu pingẽtes. C. Barbara q̃si aurea: & ornata. quoniã barbari diuitiis pollẽt: Vnde alibi barbarico postes auro.

y Hũc virgo. C. Ostendit poeta naturalia pen⁹ tolli nõ posse: Erat quidẽ egregia: & inter viros enumerãda sed tñ vt fœmina nimia cupiditate taliũ rerũ q̃s viri cõtemnũt ardebat: Vnde dixit fœmineo amore. z Incauta p agmẽ. C. Nã quicũq; nimia cupidita teserᵗ: rationẽ amittit: vnd' nullã sibi cautionẽ adhibere potest. a Fœmieo. S. ĩpacẽti: irrõnabili: vt fœmię ardẽtẽ curęq; irę q; c. b Telũ. D. Tela: hoc lignũ naturali succo veluti oleo violẽt⁹ ardet. c Cũctãtẽ. D. qa diu insectatus fuerat.

d Sũme deũ. S. Ex affectu colentis diciᵗ: nã Iuppiter sũm⁹ est. e Sancti custos soractis apollo. S. Soractis mons est hyrpinorũ i flãmia collocatus: In hoc aũt mõte: cũ aliqñ Diti patri sacrũ psolueretur: nã manib⁹ cõsecratus est: subito veniẽtes lupi exta rapuerunt: q̃s cũ diu sectarenᵗ: delati sũt ad quandã speluncã halitũ ex se pestiferũ emittentẽ: adeo vt iuxta stãtes necaret: exinde orta pestilẽtia: quia fuerãt lupos secuti: de qua responsum est: posse eã sedari si lupos imitarenᵗ. id ẽ rapto viuerẽt: q̃d postea q̃ factũ ẽ: dicti sunt ipi ppli Hirpini Sorani. nam lupi Sabinorũ ligua Hyrpi vocãᵗ. Sorani vero a dite: nã ditis pr̃ Soran⁹ vocaᵗ: q̃si lupi ditis patris. Vñ memor rei Virg. Aruntẽ paulopost cõpat lupo: q̃i hyrpinũ Soranũ. C. Soractis Hyrpi familię in agro faliscorũ sacrificiũ annuũ ad Soractis montem Apollini faciũt. Id opantes gesticulatiõib⁹ religiõis impaᵗrię exultãt: ardẽtib⁹ lignorũ struib⁹: ĩ honorẽ diuinę rei & flãmis parentib⁹ cui⁹ deuotõis mysteriũ senat⁹. c. honorauit: oim munerũ vacatõe ppetua illis donata: ait Solin⁹. Idẽ ait Plinius Soracte mõs est ĩ agro falisco sacer Apollini. Aiũt ad montis radicẽ locũ fuisse Diti sacrũ: ĩ q̃ cũ sacra fierẽt lupi ex ignib⁹ exta rapuerũt: q̃s sacerdotes vsq; ad terrę hiatũ vnde pestilẽs aer exalabat insecuti sunt: qui morbo oĩa vicina loca implicuit. Fuitq; oraculũ posse sedari morbum: si incolę raptu viuerẽt: vt lupi fecerũt. Ob hoc q appellati sũt Hyrpi Sorani: quia lingua sabina hyrp⁹ lupũ: & Soran⁹ Plutonẽ vocat. Hic Sãnites q hyrpos lupos dicũt videnᵗ a Sabinis originẽ trahere.

p Squamã. D. Squama serpentis est: & piscis: quã facit cõpositio naturalis: nã & ordinib⁹ digesta est: & variarũ impssione distincta. Quicqd igiᵗ in hanc similitudinẽ facit artifex: squama diciᵗ. Hęc fit ex minutis laminis: inuicẽ se retinẽtib⁹: & ita digestę vt est inanib⁹ pluma. q Peregrina. D. Quasi diceret. ex meliorib⁹ regionib⁹ aduecta. r Ferrugine. C. De qua diximus in Geor.
s Spicula torquebat lycio cortynia cornu. S. Cretenses agittas liceo arcu dirigebat: quod vt etiã supra dixim⁹ ad ornatũ poni cõsueuit. t Cornu. D. Ligni species est.
v Cassida. S. Pro cassis: nã accusatiuũ posuit p nominatiuo. x Pictus acu tunicas & barbara tegmina crurũ.

Quę primi colimus: cui pineus ardor acervo
Pascitur: et mediū freti pietate per ignem
Cultores multa premimus vestigia pruna.
Dat pater hoc nostris aboleri dedecus armis
Omnipotens: nō exuuias: pulsę ve trophaeum
Virgis: aut spolia vlla peto. mihi cętera laudē
Facta ferant: haec dira meo dū vulnere pestis
Pulsa cadat: patriā remeabo inglorius vrbem.
Audijt: & voti phoebus succedere partem
Mente dedit: partē volucres dispersit in auras:
Sterneret vt subita turbatā morte camillam
Annuit oranti: reducem vt patria alta videret
Non dedit: inq; notos vocē vertere procellae.
Ergo vt missa manu sonitū dedit hasta p auras:
Cōuertere animos acies: oculosq; tulere
Cuncti ad reginā volsci: nihil ipsa: nec auras:
Nec sonit⁹ memor: aut venientis ab aethere teli.
Hasta sub exertam donec plata papillam
Haesit: virgineūq; alte bibit acta cruorem.
Concurrūt trepidae comites. dominamq; ruentē
Suscipiūt: fugit ante omnes exterritus aruns.
Laeticia mixtoq; metu: nec amplius hastae
Credere: nec taelis occurrere virginis audet.
Ac velut ille prius quā taela inimica sequant
Continuo in mōtes sese auius abdidit altos
Occiso pastore lupus: magno ue iuuenco
Conscius audacis facti: caudamq; remulcens
Subiecit pauitantē vtero: syluasq; petiuit.
Haud secus ex oculis se turbid⁹ abstulit aruns:
Contantusq; fuga medijs se imiscuit armis.
Illa manu moriens tęlū trahit: ossa sed inter
Ferreus ad costas alto stat vulnere mucro.
Labitur exanguis: labunt frigida laeto
Lumina: purpureus quōdam color ora reliqt.

f Pineus ardor. S. Ignis περιφρασισ.
g Aceruo. S. Pyra coaceruatiōe lignorū.
h Freti pietate. S. Iste quidem hoc dixit. Sed varro vbiq; expugnator religionis ait: cū quandam medicamentū describeret: vt solent hyrpini qui ambulaturi per ignes medicamēto plantas tingunt.
i Multa pruna. S. Inter prunas. Pruna aūt q̄diu ardet dicitur. Hora. Pretextā latū clauum pruneq; batillū. Cū autē extincta fuerit carbo noiaf. Teren. Tam excoctā atq; atram reddā q̄ carbo est: nā pruna a purēdo dicta est.
k Exuuias pulsę ve trophęū. S. Exuuias occisę: pulsę trophęū. & proprie. Nā vt supra dixi⁹. hostibus occisis triunphabāt. de fugatis fiebāt trophęa.
l Mente: dedit partē volucres dispersit in auras. SER. Bona moderatio Apollinis inter sacerdotis p̄ces: & volūtatē sororis.
m Nihil ipsa nec auras: Nec sonitus mēor. S. Hęc est antiqua lectio: nā apud maiores trahebaf interdū a gręco genitiuus: hinc etiam paterfamilias & materfamilias q̄ duo tm̄ nomina remanserūt: nā nec huius auras dicimus: nec huius custodias scd'm Salust. q̄ ait. Castella custodias thesaurorū p custodię Et ita etiam asper intelligit. licet alij custodias actm̄ velint. Sane paterfamilias: qn̄ dicim⁹: familias indeclinabile est: si autē pater familię dicere voluerim⁹: iā nō erit vnū nomē sed locutio: & familię erit dicim⁹: nā paf mihi est: dicim⁹. Teren. Natura tu illi pater es: consilijs ego: Multi tñ volūt i numero plurali nomen vtrūq; declinari vt dicamus. Hi patres familię horū patrum familiarū. C. Nihil ipsa. Ostēdit quod dixerat totūq; incauta p agmē. Ponit aūt hic optimū exemplū hoib⁹. quātā pniciem afferāt hoib⁹ nimię cupiditates: cū ita mētes occecatas reddat: vt p̄cipites delati in omē piculum feramur. n Exertā papillā. S. Nudā. sane mamilla est ois eminentia vberis. Papilla vero breue illud vnū lac trahif. C. Exertam vt de Amazonib⁹ dixim⁹.
o Hęsit. C. Ita infixa est vt nō laberef a vulnere.
p Virgineū. C. Pathos ab ętate & a sexu.
q Bibit. C. Quāuis preteritū sit dissyllabū & ppterea deberet pduci prima syllaba: tñ vt in paucis alijs corripif. r Trepide. C. Et festinę & timētes. s Dñam. S. Reginā. vt hi dñam ditis talamo deducere adorti.
t Fugit. C. Exprimit naturā eius qui insidijs valeat: aperto marte nihil audeat. v Leticia: CRI. quia voti cōpos fuerat.
x Metu. C. quia nō erat loc⁹ fraudi: & ipse natura meticulosus erat.
y Cōcurrere virgis. C. Viderat se illā vulnerasse: sed cū nesciret quale esset vuln⁹: hō meticulosus ne illa mortē vlcisti anteq̄ caderet posset verebaf.
z Virginis audet. S. Sic fuerat cōsternatus vt etiā vulneratā timeret.
a Occiso pastore lupus: S. Bn̄ pastori reginā comparat: nā reges ipi pastores vocanf. Homer⁹ ποιμενα λαων. C. Lupus Optare illū lupo cōparat Quod als isidijs q̄: aperto marte valet. b Caudāq; remulcēs pauitātem S. Quę timorē indicat: p ipse pauitans. c Turbidus. S. Nūc timid⁹. supra terribil: vt venulō aduersum se turbid⁹ infert. C. Turbid⁹. Vehementer ex motu perturbatus.
d Illa trahit. C. Nā neq; ex vulnere ita animo consternata erat: quin telum educere tentaret.

e Mucro. S. Hinc apparet mucronē cuiuslibet teli esse acumen. C. Mucro ferreus. id est ferrū hastę i mucronē. id est i acutū pductū. f Labitur. C. Repetitio est color: qui ad cōmiserationē cōmouēdā valet. Mouet primum Pathos a pulchritudie puellę. īde a robore animi ipsius quę in morte manifesta. non oblita est salutis publicę: ergo dū expiraret. misit q̄ Turnū vt piculo succurrat admoneret. vsa etiā est caut:ione: vt eā mitteret: cuius sibi fides in multis alijs reb⁹ fuisset pspecta. g Frigida lęto

g S. Alii telo legunt: & intelligunt vulnere.
h Ante alias. D. Dimissis omnibus actionibus.
i Partiri curas. S. Subaudi consueuerat.
k Hec ita fatur. S. Vnũ abundat. nam supra ait: alloquitur.
l Hacten⁹ C. Breuissima oratio & rei et tẽpori accomodata: In primis eñi excusat impotentiam suam: ne temere videatur pollicita in superiorib⁹ fuisse.
m Potui. S. Absolute vel pugnare vel viuere.
n Succedat pugnę. S. Animus bellatricis ostenditur quę non se dolet lucem: sed bella deserere. C. Succedat mihi sufficiat.
o Arceat. C. Ostẽdit p̃sentaneum periculũ. Nã arcemus qui iam te ruũt.
p Iamq; vale. C. Vt in extrema morte caritatem in ea ostendat.
q Non sponte fluẽs. S. Nõ sponte: vt supra. Portisq; ab equo regina sub ipsis. Desiluit: quam tota cohors ĩimica relictis. Ad terram defluxit equis.
r Paulatim exoluit se corpore: Vitaq; cum gemitu fugit indignata sub umbras. S. Seruat hoc vbiq; vt iuuenum animas a corporibus dicat cum dolore discedere: qui adhuc esse superstites poterant.: quod etiam de Turno dicturus est. C. Cum gemitu fugit indignata. Nam quoniam immatura erat mors: ĩdignabatur magis mori.
s Tum vero. C. Ostendit quid possit dux egregius in pugna: cum ipsa sola tot hostes sustinere potuerit: Qua extĩcta: & hostib⁹ vires restauratę sunt: & sui conturbati facile cedebant.
t Clamor sydera. SER. Troianorum scilicet. qui exultabant.
v Crudescit. S. Crudelior sit cęde multorum.
x At triuię custos. SER. Ministra.
y Mulctatam. SER. id est debilitatam.
z Conata lacessere teucros. S. Propter illud, bellum importunum ciues cum gente deorum inuictisq; viris geritis.
a Coluisse dianam profuit. S. Non deam incu-

Tunc sic expirans accam ex æqualibus vnam
Alloquit: fida ante alias quæ sola camillę
Qui cũ partiri curas: atq; hæc ita fatur:
Hactenus acca soror potui: nũc vuln⁹ acerbũ
Cõficit: & tenebris nigrescũt omnia circum.
Effuge: & hęc turno mandata nouissima p̃fer.
Succedat pugnæ: troianosq; arceat vrbe.
Iamq; vale: simul his dictis linquebat habenas.
Ad terrã non sponte fluẽs: cũ frigida toto
Paulatim exoluit se corpore: lentaq; colla
Et captũ lęto posuit caput arma relinquens:
Vitaq; cũ gemitu fugit indignata sub vmbras.
Tum vero ĩmensus surgens ferit aurea clamor
Sydera: deiecta crudescit pugna camilla.
Incurrũt densi simul omnis copia teucrum:
Tyrrheniq; duces: euandriq; arcadis alæ.
At triuię custos iã dudum in montib⁹ opis
Alta sedet sũmis: spectatq; interrita pugnas.
Vtq; procul medio iuuenũ in clamore furentũ
Prospexit tristi mulctatam morte camillam:
Ingemuitq; deditq; has imo pectore voces.
Heu nimiũ virgo nimium crudele luisti
Suppliciũ: teucros conata lacessere bello:
Nec tibi desertæ in syluis coluisse dianam
Profuit: aut nostras humero gessisse sagittas:
Non tamẽ indecorẽ tua te regina relinquet
Extrema iam in morte: neq; hoc sine noĩe lætũ
Per gentes erit: aut famã patieris inultæ.
Nã quicunq; tuũ violauit vulnere corpus,
Morte luet merita: fuit ingens mõte sub alto
Regis dercẽni terręno ex aggere bustum
Antiqui laurẽtis, opacaq; ilice tectum.
Hic dea se primũ rapido pulcherrima nisu
Sistit: & aruntẽ tumulo speculatur ab alto.

sat: sed fatorum necessitatem. cõtra quę nec numinis opitulatur auxilium.
b Sine nomine. S. Sine gloria: sine fama.
c Famã pacieris iuultę. SE. Nec ĩ vindicatę ignominiam sustinebis: quod etiam Dido dolet dicens: Moriemur inultę. Sz moriamur ait.
d Monte sub alto. SER. Vt mõte sub aereo. Apd' maiores nobiles: aut sub montibus: aut in montibus sepeliebant: Vnde natum est: vt supra cadauera: aut pyramides fierent: aut ingentes collocarentur columnę. C. Morte luet merita. fuit ingẽs. Ex loci descriptione rem facit verisimilem.
e Dercenni: CR. Hic ex antiquissimis regibus latii fuit: vt placet Iginio: quem aliqui sub nomine latini posuerunt.
f Terreno. C. Consueuere prisci sepulchris: aut columnas supponere: aut magnas moles: aut sepulchra in altis locis struere.
g Pulcherrima. D. Bonã consilio hic intellige.
h Nisu. C. Conamine: id est. volatu.
i At vana tumentem. SER. Plenũ. κενεδοξο.
k Cur inquit. DONATVS Hęc loquitur secum ex dolore. C. Cur inquit: Oratio amara: & felle plena.
l Digna camillę p̃mia SER. Sic in secundo persoluant grates dignas: & pręmia laudum reddant. Item alibi. Et hęc tibi porto dona prius.
m Tu ne etiam telis moriere dianę. S. Cum ingenti ge amaritudine dictũ est. nam etiã ei genus inuidet mortis. Q, autẽ ait. Tu ne etiã ad Niobes numerosam pertinet sobolem. D. Tu ne etiam. Ind gnatur ꝙ telis dianę sit periturus. C. Tu ne etiã. Dolet quia non putat illum dignum qui Dianę telis periret.
n Cornu infensa tetendit: S. Cornu accusatiu⁹ est singularis. ac si diceret: Arcumq; infensa tetendit Nam horum dubiorum casus ex similibus vel sinonymis comprobantur CRISTO. Cornu. Corneum arcum.

Vt vidit fulgentē armis: ac vana tumentem:
Cur inq̄t diuersus abis: huc dirige gressum
Huc periture veni: capias vt digna camillæ
Præmia. tunc etiā telis moriere dianæ:
Dixit: & aurata volucrem threissa sagittam
Deprompsit pharetra: cornuq; infensa tetendit:
Eduxit longe: donec curuata coirent
Inter se capita: & manibus iam tāgeret æquis
Læua aciem ferri: dextra neruoq; papillam.
Extemplo teli stridorem: aurasq; sonantes
Audit vna aruns: hæsitq; in corpore ferrum:
Illū expirantem socij: atq; extrema gementem
Obliti ignoto camporū in puluere linquunt.
Opis ad æthereum pennis aufertur olympum.
Prima fugit domina amissa læuis ala camillę.
Turbati fugiūt rutuli: fugit acer atinas.
Disiecti duces: desolatiq; manipli
Tuta petūt: æquis aduersi ad mœnia tendūt.
Nec quisq; instātes teucros lœtumq; ferentes
Sustentare valet telis: aut sistere contra.
Sed laxos referunt humeris languentib⁹ arc⁹
Quadrupedūq; putre cursu q̄tit vngula campū.
Voluitur ad muros caligine turbidus atra
Puluis. & speculis percussæ pectora matres
Fœmineū clamorem ad cœli sydera tollunt.
Qui cursu portas primi rupere patentes:
Hos inimica sup mixto premit agmine turba:
Nec miserā effugiūt mortē: sed limine in ipso
Mœnibus in patrijs: atq; inter tuta domorū
Confixi expirant animas: pars claudere portas.
Nec socijs aperire viam. nec mœnibus audent
Accipere orantes: oriturq; miserrima cędes:
Defendentū armis aditus: inq; arma ruentum.
Exclusi ante oculos lachrymantūq; ora parētū.

o Coirent inter se. SER: Homerica est ista descriptio.
p Capita. C. Extremitates arcus.
q Tęli stridore.. SER. Home. λιγξε βιος.
r Audiit vna aruns hęsitq; i corpore ferrum. S. Celeritas iaculantis exprimitur. Sta. cum iam percussum dixisset, extinctū: ait. Nec dum certe tacet arcus amyntę.
s Ignoto camporum in puluere linquunt. SER. Faciente numinis iracundia est relict⁹: vt nec sepulturam posset moueri. D. Ignoto camp. in pul. lin. Quod fuit vltiōis augmētum vt socii illis obliuiscerentur. C. Ignoto camp. in pul. lin. Quod fecit acerbioris vltionis: vt non solum interficeretur: verum etiam inhumatus relinqueretur.
t Prima fugit. C. Ostendit quāta fuerit facta mutatio ex morte fortissimę ducis: vt inde appareret quid valeat in bello fortis imperator. Fugę autē descriptio illuc ptinet: vt virt⁹ Camillę manifestetur: & quantum in pugna potuerit.
v Turbati fugiunt rutuli. S. Hoc ad Camilę pertinet laudē: qua amissa imutantur fata bellorū.
x Acer atinas. S. Scilicet fugit tamē.
y Desolatiq; manipli: S. Signiferi deserti: quod ē nimii discriminis: nāq; hoc vbiq; dux p̄cipit. Vt freq̄nter circa se sint milites. Sicut in Sal. legim⁹; Manipli aūt dicti sunt signiferi. Quia sub Romulo pauper adhuc roman⁹ exercit⁹ hastę fœni māipulos alligabat: & hos p signis gerebat. vn̄ h̄ nomē remansit. z Aduersi. C. Licet hostibus.
a Sustentare. C. Multo ergo minus repellere.
b Laxos arcus. S. Non intentos: sed iam solutos.
c Voluitur puluis turbidus caligine. CRI. id est densus: quo ostēdit cateruatim. Fugam factam.
d Fœmineū clamorem SER. impaciētem. Nam iā dixerat matres: p quod muliebrem clamorē poteram⁹ accipere. C. Clamorem tollunt: quia vident suos in fugam versos.
e Miseram mortem. S. Quia sequitur: Limine in ipso: Mœnibus i patriis: vbi se iam tutos esse credebant.
f Limine in ipso Mœnibus in patriis. C. Pathos a loco.
g Atq; inter tuta. CRI: Non quę essent sed quę esse solent.
h Aperire viam. SER. id est dare aditum. Et bono locut⁹ est ambitu. Nā cum portis via: & aperit & clauditur.
i Audēt. C. Quia timēt ne hostes simul irruant.
k Oriturq; miserrima cędes. SER. Sic in secundo: vbi intulit. Armorum facie et graiarum errore iubarum.
l Defendentum. SER. Ideo defendentum & ruentum: quia ad masculinum retulit: & hi defendentes facit: quod de fœminino dicimus. Si autē de neutro loquamur defendentium dicamus necesse est: quia hęc defendētia facit. Et vt supra diximus. Genitiuus pluralis a nominatiuo plurali minor esse nō debet: quod si forte minorē eū aliquādo inuenerimus metri necessitas facit. Et icipit etiam pathos esse nō declinatō.
m Ante oculos parentum. C. Qua quidem rē quid durius aut parētib⁹ ipsis aut fugientibus esse potuit.
n Pręcipites fossas. S. Decliues: in quasquid potest pręcipitari.
o Pars cęca. S. Irrationabilis: quę ī clausas portas more arietis ruebat. id est bellici machinamenti.
p Sūmo certamine. S. Extremo discrimine vt supra. Vocatq; labor vltimus omnes.
q Trepidę. S. Licet trepidę: tamē obl. te sexus tela iaculabantur.
r Pręcipites. S. Aut festineant in mortem ruentes.
s Primęq; mori p mœnibus audent. S. Nimii doloris est: vt me primā absumite ferto.
t Pro mœnibus audēt: C. Nam supra muliebres vires est. Pro mœnibus, p defensione mœnium.
v Interea. C. Ostendit

Pars in pręcipites fossas vrgente ruina
Voluitur: immissis pars cæca & cōcita frænis
Arietat in portas: & duros obijce postes.
Ipse de muris sũmo certamine matres
Monstrat amor verus patrię: vt videre camillam
Tæla manu trepidæ iaciunt, ac robore duro.
Stipitib⁹ ferrum: sudibusq; imitantur obustis.
Pręcipites primæq; mori, p mœnibus audent.
Interea turnum in syluis sæuissimus implet
Nuncius: & iuueni ingentē fert acca tumultũ:
Deletas volscorũ acies: cecidisse camillam.
Ingruere infensos hostes: & marte secundo
Omnia corripuisse: metũ iam ad mœnia ferri:
Ille furens: & sæua iouis sic numina poscunt:
Deserit obsessos colles: nemora aspera linquit.
Vix e conspectu exierat: campũq; tenebat:
Cum pater æneas saltus ingressus apertos:
Exuperatq; iugum: syluaq; euadit opaca.
Sic ambo ad muros rapidi totoq; feruntur
Agmine: nec longis inter se passibus absunt:
Ac simul Aeneas fumātes puluere campos
Prospexit longe: laurētiaq; agmina vidit:
Et sæuum Aenean agnouit turnus in armis:
Aduentumq; pedũ: flatusq; audiuit equorũ:
Cōtinuoq; ineant pugnas: & prælia temptēt.
Ni roseus fessos iam gurgite phœbus hibero
Tingat equos: noctemq; die labente reducat.
Considũt castris ante vrbem: & mœnia vallāt.

Finis Vndecimi libri

P. Vir. Ma. Argumentũ in duodecimum Aeneidos librum.

Troianis: rutulisq; placet cōiungere fœdus:
Id Rutuli rumpũt: nato Venus alma medetur
Dictamo: Rutuliq; ruunt periuria victi.

fortunam plurimũ in re militari posse. Nã hic nũcius: quo vehementer turbatus Turnus est: & propterea coactus ex insidiis descēdere: & trãsitũ Aeneę liberum relinquere, paulo post venisset Aeneam in insidiis excipere: & exceptũ vincere potuisset. Admonet autem in hoc loco etiam pręclaros duces: nisi fortũa assit vinci posse.
x Sęuissimus implet nũcius. S. Nũtius vt etiam supra diximus, nunci⁹ est tam quod nunciatur q̃ qui nunciat. Nuncium id quod nũciatur: sm quod nunc: nec de fœmina: nec de re quę nunciatur procedit nuncius: vnde multi volunt alium nuncium intelligi: Accam vero postea venisse: sed melius est vt nuncius de acca dictum intelligamus. Nouimus eñ aliq poni in subauditiōe: q̃ ex aperto dicere nō debem⁹: vt nec dextrę erranti de⁹ absuit: cũ necesse sic absuit: aut Iunonē: aut Allecto itelligam⁹. Itē Salusti. Prima qui forte venientes exciperet, cum de insidiis loqueretur: quas numeri tantum pluralis esse plusq; manifestũ est.
y Deletas volscorũ acies. SER. Falsum est Tantum eñ fugerat. Sed vim exprimit nũcii: Cui⁹ mos est plusq; habet veritas nunciare. CRI. Deletas volscorum acies. Non eñ solum referebat quę facta fuissent: sed maiora addebat. Nã vt est apud Ouidium. Audiisq; nouus semper aliquid adiicit auctor. Quę res inpulit Turnum: vt cōsiliũ optume initiatum desereret. Nam in prouerbio est: deũ illis mentem eripere, quos pręcipitari vult: Hic ait poeta: nam sęua Iouis sic numina poscunt. Ergo falsus nuncius victoriã eripuit.
z Ingruere. S. Impetũ facere: vt ingruit Aeneas armis.
a Ille furens & sęua Iouis sic numina poscũt. S. Duplici ratione eum insidias reliquisse cōmemorat: dolore nimio, et numinum voluntate: quod vtrumq; ideo ait, Ne capi possit Aeneas.
b Vix e conspectu exierat. C. Ostēdit ad quam breue spacium morandũ fuit vt posset vel Aeneam vincere: vel saltem ab vrbe arcere.
c Campumq; tenebat. C. Loca plena & aperta relictis montib⁹ & syluis.
d Apertos. S. vacātes insidiis. Sęua Iouis sic numia poscũt. Hōc. Διος δ' ετελειετο βουλη. e Ingressus exuperat. C. Potuit eñ vt ingressus est momēto temporis superare: non autē potuisset si Turnus in insidiis mansisset.
f Sic ambo ad muros: S. Vt tueretur Turnus: vt obsideret, Aeneas.
g Fumātes campos. S: Veluti fumātę caligine pulueris.
h Sęuũ. S. Forte: vt sęuus i vbi eacidę telo iacet Hector. Item nec min⁹ interea maternis sęuus in armis.
i Hibero: S. Occeano: occiduo, id est hyspano Hyspaniã autē hiberiam ab Hibero flumie constat esse nominatam.
k Considunt castris. S: In sua quisq; digressi.
l Mœnia vallant. SER. Hinc probat quia & qui tuentur & qui obsident vallare dicuntur.

Finis Vndecimi Libri

Cogit Aeneę dauni concurrere proles.
Palantea necem misero dant cingula turno.

Vel sic.

Mezenti interitus canit: post funera Lausi.

Descriptio duodecimi libri.

Duodecimo turnus diuinis occidit armis.
Turnus iam fractis aduerso marte latinis
Semet in arma parat: pacem cupiente latino.
Foedus ꝑcutitur: passurus & omnia victus.
Hoc turni iuturna soror cõfundit: & ambos
In pugnam populos agit emẽtita camertem.
Aeneas volucri tardatur membra sagitta.
Anxia pro nato seruauit cura parentis.
Vrbs capitur, vitam laqueo sibi finit amata.
Aeneas turnũ campo congressus vtrinq;
Circũfusa acie vita spoliauit: & armis.

Publij. Virgilij Maronis Aeneidos liber duodecimus.

Urnus vt infra[b]ctos aduerso marte latinos
Defecisse videt[c]: sua nunc promissa reposci
Se signari oculis[d]: vltro[e] implacabilis ardet:
Attollitq; animos: poenorum qualis in aruis
Saucius[f] ille graui[g] venantum vulnere pectus:
Tum demum[h] mouet arma[i] leo: gaudetq; comantes
Excutiens ceruice toros: fixumq; latronis[k]
Impauidus[l] frangit telum: fremit ore cruento[m].
Haud secus accenso gliscit[n] violentia turno.
Tunc sic affatur regem: atq; ita turbidus[o] infit.
Nulla[p] mora in turno. nihil est q dicta retractent[q]
Ignaui aeneadae: nec que pepigere recusent:
Congredior[r]: fer sacra pater: & concipe foedus.
Aut hac dardanium dextra sub tartara mittam
Desertorem asiae[s]: sedeant[t]: spectentq; latini:
Et solus ferro crimen comune refellam:
Aut habeat victos: cedat lauinia coniunx.

Turnus vt infractos aduerso marte. SER. Postq; Turn⁹ bello defecisse videt latinos antea semper infractos: namq; ita maior est sensus: q̄si infractos valde fractos acceperis: D. Infractos. Valde fractos. CRI: Turn⁹ vt infractos. Obseruatur ab optio quoq; poeta: vt qlē a principio psonā aliq̄s induxerit: talē eā ad finē vsq; porducat. Ergo q̄m inuicto & excelso animo Turnū iam formauerat: iure nūc in vltimo rerum discrimine illū facit vt paratū illum demonstrat et singulare certamē subiturū: & mortē magno animo pro salute patrie laturum. b Latinos. D. Nō solū eius gentis milites: sed omnes qui essent in exercitu Turni cōparat leoni: qui in bestias imperium habet: vt Turnus in suos: sz vulnerato & qui vlcisci non potest. c Sua nūc pmissa reposci. S. Quia dixerat: Ibo animis cōtra vel magnū prestet achillem. d Se signari ocul. S. Propter illud in te ora latini in te oculos referūt. C. Se signari oculis: vel q in suo exercitu iā milites inter se: hec annuebāt: Vt quia sic putabat i ciuitate fieri: vn̄ illū generositati leonis cōparat. e Vltro. SER. Aut insup: aut anteq; aliquis exposcat sponte sua se in certamen offerr. f Saucius ille. SERVIVS. κατεξοχην: Ille leo scilicet. id est princeps ferarum. Saucius aūt pect⁹ id est sauciū pect⁹ habēs. Et bene alia verba interposuit: quia saucius pectus sonabat asperrime: & imperitis poterat soloecism⁹ videri. g Graui vulnere. SER. Forti vt ferit ense graue tymbre⁹ osyrim. h Tū demū. S. Nouissime. id ē postq; fuerit vulnere lacessitus: hec enim leonū est natura: nisi lacessiti irasci nequeant. i Mouet arma. S. Vires suas experit: nā arma sunt vniuscuiusq; rei possibilitas. vn̄ est. Et querere cōscius arma. id est dolos. C. Mouet arma leo. Vt in superioribus comparauit aruntē lupo: quod aīal dolo & insidijs potius: q̄ animi generositate rem agit. Sic nūc generositatem Turni: & animū inuictū comparat leoni: quo nullū ex brutis generosius est. Nā supplicib⁹ parcit imbecillos: vt sunt foemine & pueri: nisi necessitate cogatur non sęuit. Sed de leone in Bucolicis diximus. In primis autem illud. q si vulneratus fuerit reliquis neglectis in solum percussorē fertur: eum autē qui tela misit: nec tamen vulnerauit correptum rotat: rotatumq; sternit: neq; vulnerat. k Latronis. S. Modo venatoris: & est grecum nā λατρευειν. dicunt obsequi & seruire mercede: vnde latrones vocantur cōducti milites. Moris autem erat vt hos imperator: & circa se haberet: & primos mitteret ad omne discrimē: vnde nūc dicit. Latronis telo fixū leonē: quia etiā venatores operas suas locarę cōsueuerunt. Varro tamen dicit hoc nomē posse habere etiā latinā ethymologiā. Vt latrones dicti sint quasi laterones: quia circa latera regum sint: quos nunc satellites vocant: vna tn̄ est significatio licet diuersa ethimologia: plaut⁹ in pyrgo pollymicę ostendit: qd sint latrōes dicēs. Rex me Seleuc⁹ misit ad cōducēdos latrones. l Impauid⁹ frangit telū. S. Lucan⁹ Per ferrū tātū securus vulneris exit. m Fremit ore cruēto. S. Fremit: licz habeat os suo cruore pfusū. Sane cōparatio exitū ondit futurū. Nā etiā Turn⁹ ruet i mortē ferocitate cōpuls⁹ Sic i q̄rto indicat fururū regni: & exitū dicēs: Qualis cōiecta cerua sagitta. n Gliscit. S. Crescit vn̄ et glires dicti sūt: q̄s pigues efficit somn⁹. o Turbid⁹. S. Plen⁹ terroris: & pturbatōis. Sane notādū affat: atq; infit: nā iteratio ē: q frequenter est vsus: licet nnulli dicūt epare interpositā cōiunctionē. p Nlla mora C. Dilgēt⁹ notab has duas orōes. et vt i Turno cogsces gen⁹ illud erectū: & cōcitatū. ita i latino illud qd est graue maturū et cōsideratū. Nulla mora. nō vtit pncipio: sed sibi bniuolētiā captat cōfutando id q maxie ab aduersario pmi potat. s. q alios piculis q̄ se ipm obiicere malit. q Retractēt. S. Repetāt & reuoluēt. C. Dicta retractēt. i. q dixerit dicta ee noluit: nā cū aliqd tractādo cōstituerim⁹: & deinde cōstitutionē factā i fectā velim⁹ Tractam⁹ & aliā i sniam traducere conamur: vn̄ diuus Augustin⁹ Retractationū illos libros dixit. r Cōgredior. S. Stati⁹ vbi polynicē vbiq; inducit loqntē: Nō me vlli⁹ domus anxia culpat. Expectent ve truces obliq lumine natu vn̄ etiā sup ait poeta. Se signari oculis. s Desertorē asię. S. Vt exulib; ne dat educēda lauinia teucris: vn̄ ē pmissa illa excusatio & i tota secūdi oeconomia: & i q̄rto dicit. Me si fata meis paterēt ducere vitā auspicijs: & sponte mea cōponere curas: vrbē troianā pmā dulcesq; meorū. Reliqas colerē. D. Desertorē asię. Tria cōuitia: a loco. q Asian⁹. q. d. ex corrupta puītia: a genere: qd ē Dardan⁹. q̄si rebellis. A fato: q eēt pditor. C Desertorē asię Trahit i cōtēptū & onerat odio q. d. q regnū priū nō ē ausus defēdere: et nūc petit sibi aliena. t Sedeāt spectētq; latini. S. Duct⁹ ē (vt dixim⁹ sup) Pollicet em se singlari certamie dimicare velle: cū nolit. Nā dicēs sedeāt spectētq; latēter eos ignauię arguit. Q. sol⁹ omnib⁹ gescētib⁹ dimicet: quā rē plenius seqns indicat versus.

y Et solus ferro crimen cõmune refellã. S. id est cõmune fuge: ac timoris dedecus solus in eius virtutib⁹ comprimã. D. Cõmune. Nam cõmune dedecus est q̃ troiani Italiam teneant. C. Et solus ferro. Ne credas me recusare. x Sedato corde. S. Quia de Turno ait. Atq; ira turbid⁹ infit. C. Sedato. Quasi dicat qui prudenter quid agendum esset: & consultaret: & nulla animi perturbatione ferretur.

renti. Obsequium amicos: veritas odium parit. g Animo hauri. S. Omniũ intentionem percipe. h Me natam nulli. C. Non ergo meo consilio duct⁹: sed necessitate compulsus hęc facio: nam hactenus contra hominum voluntatem: & deorum responsa tua cã hoc bellum suscepi: erratiq; poenas solui. i Nulli veterum sociare procorum. S. Generaliter dicit prohibitum esse dari lauiniam cuilibet Latino. vt Turn⁹ solacium aliquod hr̃e possit doloris. Quando latinum neminẽ pręferre sibi videat. k Homines diuiq; canebant. S. Propter faunum & vates. l Cognato sanguine. S. Quia venilia mater Turni. soror est amatę. m Victus amore tui. S. Hoc est propter tuũ amorem. Sane inter tui causa feci: & tua causa feci: hæc discretio est: vt tui causa tunc dicamus. Si aliquid ipsi ad quem loquimur p̃stiterim⁹: vtputa: tui causa te defẽdi: Tua vero causa tunc cũ alteri aliqd alterius contemplatione pręstamus. vt tua causa hominẽ tuũ defendi.

y O prestans animi. S. Et prestans virium & p̃stans viribus dicim⁹. Sane magnę moderationis est hec oratio. Nã & laudat Turnum quasi filium fortem: & tamẽ eum a singulari certamine dehortatur. dicens enim prestans animi: latenter eum ostẽdit inferiorem eẽ virtute. D. O prestãs. Enumerat bona ac mala iuuentutis & senectutę. In iuuene enĩ quantum eminet vis corporis: tantum in omnes casus inconsulta temeritate capitur. Sola malorum spe ducitur: totum fore p̃sperum putat. Nec aduersa preuidet. In sene vis corporis minor. Consilii maior. omnia expẽdit: abest ab eo temeritas: cuius mala aut in se expert⁹ est: aut in aliis videt. O prestans animi. laudat eius virtutẽ cum persuasurus esset, ne pugnaret: ne putaret q̃ illi deficeret. Ostendit deinde nuptias filię nunq̃ fuisse in sua potestate: sed in deorum numine. Ostẽdit sua causa omnia fecisse. C. O prestans animi iu: Captat beniuolentiam a persona Turni. Cum eam illi laudem tribuat: quam ipse preter omnes amet. et dimoueat suspitõnem: ne credat Turnus: quę dicet latinus iccirco dicere qa parum suę fortitudini fidat. z Expendere casus. S. Ne ex abrupto de eius virtute desperare videatur: casuum varietatem se timere cõmemorat. a Sunt tibi regna patris dauni sunt oppida capta. S. Si propter regnum dimicare disponis: habes paternum. Si propter gloriam: multos virtute superasti. C. Sũt tibi: Ostendit non odio aut conceptu Turni: sed eius vtilitatis sic consulere. b Necnon aurumq; animusq; latino. SER. Varie exponitur. Namq; alij dicunt habes regnũ paternum: habes oppida: etiam a me habes aurum: & promptum animum ad danda omnia preter filiam. Alii vero sic intelligunt. Si propter opes & vxorem dimicaturus es: hęc non solus habeo: vnicuiq; enim latino est aurum & anim⁹ prompt⁹ in generum: vt latin⁹ non de se dicat: sed cuicũq; de latino. c Latio & laurentibus agris. SER. Scilicet in ciuitate & in omni regno latinorum. d Nec genus indecores. SER. Quia iste regis filiã petebat. e Sine me hęc. SER. Hoc loco intelligimus Turnum dolore voluisse in aliqua verba prorumpere. C. Sine me hęc: Ex magno in Turnum amore proferuntur hęc verba. f Haud mollia fatu. SER. Vera. Nam aspera sunt quę cum veritate dicunẽ: Falsa enim solent esse plena blanditiis. Hęc enim libenter audiunẽ: illa vero grauiter. Hinc Terenti.

Olli sedato respondit corde latinus:
O præstans animi iuuenis: quantũ ipse feroci
Virtute exuperas: tanto me impensius æquũ est
Cõsulere: atq; omnes metuentẽ expẽdere casus.
Sunt tibi regna patris dauni: sũt oppida capta
Multa manu: necnõ aurũq; anim⁹q; latino:
Sunt aliæ innuptæ latio & laurentibus agris
Nec gen⁹ idecores: sine me hæc haud mollia fatu
Sublatis aperire dolis: simul hæc animo hauri:
Me natã nulli veterũ sociare procorum
Fas erat: idq; omnes diuiq; hominesq; canebãt.
Victus amore tui: cognato sanguine victus:
Cõiugis & mœstæ lacrymis: vincla oĩa rupi:
Promissã eripui genero: arma impia sũpsi.
Ex illo qui me casus quæ bella sequantur
Turne vides: quantos primus patiare labores:
Bis magna victi pugna. vix vrbe tuemur
Spes italas: recalent nostro tyberina fluenta

n Vincula omnia rupi. S. Et religionis & foederis. o Promissam eripui genero. SER. Verum est. Nam Aenee per legatos promiserat filiam: cui postea intulit bellum, licet multi dicãt ante Turno fuisse promissam quod falsum est. Nam latinus nunq̃ eam Turno promiserat. Nam nec faunum consuleret si eam Turno ante promisisset: sed tantum eum generũ amata cupiebat: quod etiam legimus. Quem regia coniunx. Adiungi generũ miro properabat amore. C. Promissam eripui. Ergo facta est iniuria. vt tibi obsequerer et violata fides. In quo ostendit: quãto tibi filiã mallẽ: q̃ Aenee. cũ aduersus fidẽ fecerim. p Genero. C. Si nulli violãda est fides: mlto min⁹ genero. q Qui me casus q̃ bella sequunẽ. S. Excusat Turnum: vt nõ ipsi⁹ esse videatẽ: q̃ victus est. sed qa suũ ausus est cõtra generũ bellũ suscipere. C. Ex illo qui me casus. ostendit in hac re non homines solum: sed deos offendisse quod manifestum est: cum ipsi a me poenas expetissẽt: & ita in vltione p̃seuerẽt: vt vix vrbẽ tueamur: q̃ quidã res & ad id ptinet vt ostẽdat dũ Turno obsequitẽ: hoies deosq; sibi inimicos sumpsisse. r Prim⁹. S. Pręcipuus. s Bis magna victi. S. Semel cũ est occisus Mezenti⁹: iterũ cum est occisa Camilla. t Albent. S. Vsurpatũ verbũ albeo albes. v Insania mutat. SE. Insania enim est illuc reuerti. vnde vix euaseris:

Sanguine adhuc. cāpiq; ingētes ossib⁹ albēt.
Quo referor totiens? quæ mentē īsania mutat?
Si Turno extincto socios sum adscire paratus:
Cur non incolumi potius certamia tollo?
Quid cōsanguinei rutuli: quid cętera dicet
Italia. ad mortē si te (fors dicta refutet:)
Prodiderim: natā: & cōnubia nostra petentē?
Respice res bello varias: miserere parentis
Longæui: quē nō mœstū patria ardea longe
Diuidit: haud quicq; dictis violentia turni
Flectit, exuperat magis ægrescitq; medendo.
Vt primum fari potuit: sic instituit ore.
Quā p me curā geris: hāc pcor optime p me
Deponas: lœtūq; sinas pro laude pacisci.
Et nos tæla pater. ferrūq; haud debile dextra
Spargimus: & nostro sequit̄ de vulnere sāguis.
Longe illi dea mater erit: quæ nube fugacem
Fœminea tegat: & vanis sese occulat vmbris.
At regina noua pugnæ conterrita sorte
Flebat: & ardentē generū moritura tenebat:
Turne p has ego te lachrymas. p si q̄s amatæ
Tāgit honos animū: spes tu nūc vna senectę:
Tu requies miserę: decus imperiumq; latinū
Te penes: in te omnis domus īclinata recūbit:
Vnum oro: desiste manū cōmittere teucris.
Qui te cunq; manent isto certamine casus:
Et me turne manēt. simul hæc inuisa relinquā
Lumina: nec generū ænean captiua videbo.
Accepit vocem lachrymis lauinia matris
Flagrantes pfusa genas: cui plurimus ignem
Subiecit rubor: & calefacta p ora cucurrit.
Indum sanguineo veluti violauerit ostro
Si quis ebur: vel mixta rubēt vbi lilia multa
Alba rosa; tales virgo dabat ore colores.

x Si Turno extincto. C: Cum res eo euaserit vt Aeneas sit potitur⁹ omi: o cōiugio: pstat vt incolumi potius Turno q̄ extincto potiatur.

y Certamia tol' o. SER: Finio. remoueo: vt Tollite cuncta inquit.

z Fors dicta refutet. S. Parenthesis plena abominatōis. a Natā & cōnubia nostra. S. Iniqssimū est cū morte tradere: q tuā affinitatē exoptat. b Respice res bello varias. S. Ne ignauię videatur arguere: admonet casuū vt supra. Atq; omnes metuentē expēdere casus. C. Respice res. q. d. Et si tua virtus inuicta sit: tñ illi nō est fidendū: qa fortuna potius q̄ virtus i re militari dñatur. Ad hec iam se sibi inimicā ostendit. Caprat postremo cōmiserationē a patre. Verū ille cū sola pturbatiōe ferretur: nullis ratiōnib⁹ mouebat: vtit aūt optima distributione: nā cū diuersorum ingeniorū homies inducat. latinū: Turnū: & amatā. vnicuiq; cōueniētem tribuit orationē. nulla ergo ratiōe mot⁹ ē Turnus: qui totus pturbatiōnibus ęstuabat. Maxime autē stimulabat pulchritudine psentis virginis. vt mori mallet q̄ illā relinquere: Lauinię oratōe; nō dat: quoniā non decebat puellā verba interponere: at dat lachrymas q̄ dolorē ostēdunt & pudorem: quo loqui phibeat̄.

c Mœstū patria ardea lōge diuidit. SER. Lōge mœstū. id ē valdē mœstū. nā longe diuidit non pcedit: nō eim ardea a Laurento longo valde dissidet spatio: d Aegrescitq; medendo. S. Inde magis ei⁹ ęgritudo crescebat: vñ se ei Latinus remediū afferre sperabat. Medendo aūt: dū ei medet̄ & medicina affert̄: nam gerundii modus est a passiua significatōe. e Vt primum fari potuit: S. Nimi⁹ eīm dolor iracundię incluserat vocē. Sic de Euandro. Et via vix tandē voci laxata dolori est.

f Quā p me curā geris hāc pcor optime p me deponas. S. Bis quidē ait p me. sed diuersa affectione. Nā hoc dicit: Quā pro salute mea sollicitudinem geris. Hanc p mea fama: & gratia queso derelinqs.

g Debile ferrū. S. Sic in secūdo. Telū imbelle sine ictu conicit.

h Nostro de vulnere sanguis. S. Quod inferimus: & dubie locutus est.

i Longe illi dea mater erit. S. Contra illud: sed matris auxilio vdi.

k Noua sorte. Ser. magna. Nā nouū nō ē quod fuerat antepmissum. Magnā aūt sortē vocauit singulare certamē.

l Per si quis amatę tangit honos a. S. Si quod a te regina rogat: tuā cōmouet mentē: & si quē honorem habes amatę. Sic i sc primo Si qua piis animis manet i fœlici amatę gratia. m In te ois dom⁹ S. Totū digessit antē p species. Et sic se contulit ad generalitatē: & est a ruina trāslatio:

n Manū cōmittere teucris. S. Ab omni eū bello non tantū a singulari dehortatur certamine.

o Et me Turne manēt. S: Mire agit: nā quia scit virum fortē suā morte facile posse contēnere: deterret eum dicēs: se simul esse moriturā: vt quia periculum nō timet: formidet inuidiā: p Accepit vocē S. Ordo accepit vocē matris lauinia. q Flagrātes pfusa genas. Ser. id est lachrymis pfusa habēs genas. Sta. Et gemitu mœstos imitata parētes.

r Ignē subiecit. S. Hipalage est. p cui ignis animi subiecit ruborē: mouebatur aūt intelligens se cē tantorū causa malorum: sic supra. Causa mali tanti oculos deiecta decoros nam quo ea formosior inducitur: eo magis Turn⁹ ardet vt sequētia indicāt: s Indum. C. Quasi nobilissimū: nam indici elephantes preferunt̄ aphricanis. t Violauerit ostro si quis ebur. SER. Homeri comparatio. Vñ & violauerit transtulit. Ille em̄ ait. μιαινειν.

v Vel mixta rubent vbi lilia multa. Alba rosa. S. id est coniunctiōe rosę. Naturaliter em̄ omnis candor viciniū trahit in se ruborem.

Illũ turbat amor: figitq́ȝ in virgine vultus.
Ardet in arma magis. paucisq́ȝ affatur Amatã:
Ne quæso ne me lachrymis neue omine tanto
Prosequere: in duri certamina martis euntem
O mater, neqȝ eñ Turno mora libera mortis.

Illũ turbat amor. Ta inuenit occasionem: qua Turnus magis moueretur in bellũ. Neqȝ eni Turno mora libera mortis. Hoc loco duplex ẽ expositio: aut enim ordo est Ne quæso maťme lachrymis, id est tanto mortis omine prosequaris ad duri martis certamina proficiscentem. Neqȝ enim Turno mora libera est non eundi: post iã pmissũ singulare certamẽ. Aut certe ꝙ dicit: noli me mr̃ ad bellũ euntẽ ominosis lachrymis psequi: neqȝ eñ Turno ẽ mora libera mortis id est neqȝ eñ i ptãte ẽ mea

Nōciꝰ hæc ydmon phrygio mea dicta tyrāno:
Haud placitura refers cū primū crastina cœlo
Puniceis inuecta rotis aurora rubebit:
Nō teucros agat ī rutulos: teucrū arma quiescāt:
Et rutulū: nostro dirimamꝰ sanguine bellum:
Illo quæratur cōiunx lauinia campo.
Hæc vbi dicta dedit. rapidusq; in tecta recessit.
Poscit equos: gaudetq; tuēs ante ora fremētes:
Pilumno quos ipsa decus dedit orithyia:
Qui candore niues ante irent cursibus auras.
Circūstant properi aurigæ: manibꝰq; lacessunt
Pectora plausa cauis: & colla comātia pectūt.
Ipse de hinc auro squalentē: alboq; orichalco
Circundat loricam humeris. simul aptat hndo:
Ensemq;: clipeumq;: & rubræ cornua cristæ:
Ensem quē dauno ignipotens deus ipse parenti
Fecerat: & stygia candentem tinxerat vnda
Exin quæ in mediis ingēti adnixa columnæ
Aedibus astabat validam vi corripit hastam
Actoris arunci spolium: quassatq; trementem:
Vociferans: nunc o nunq̄ frustrata vocatus:

moram facere venientibus fatis: ac si diceret: si īminent periturꝰ sum: etiā si minime ad bella ꝓficiscar. Sciendū tamē locū hunc vnū esse de insolubilibus duodecim: quę habēt obscuritatē: licet a multis ꝓ captu resoluantur ingenii. C. Illum tuebat in animo generoso. nulę maiores ꝑ turbationes esse possunt q̄ hinc pudor ne succūbat: & victus discedat. Inde amor imensus regię puellę pulcherrimę: nā amor est desideriū pulchri: & quāto pulchrior est res: tāto maior est amor. y Ne lachrymis ne ve omnino. C. lachrymę eunti ad bellū malū protendunt: & verba illa simul hęc inuisa relinquā lumina: malū afferebant omen. z Tyrranno. C. Nūc inuidiosę dixit: q̄si alieni imperii occupatori: supra aūt honorifice dixit ps mihi pacis erit dextrā tetigisse tyranni.
a Haud placitura. CRI: Quia verebit meū cōgressum: neq; hoc dixit ad iactantiā: sed vt ex sua confidentia minueret timorē amatę. b Cū primū crastina cœlo puniceis inuecta rotis. SER. Hoc loco auiditas pugnaturi exprimit. Sane nūc nō dicit orti diē: sed designat tempꝰ: quo vult vt vterq; ad certamē singulare ꝓcedat. C. Cum primū crastina. Nā & hęc ꝑparatio victoriam sibi certam ꝓmittere videt. c Nostro dirimamꝰ sanguine bellum. S. Bene se omnibꝰ cōmēdat hoc dicto siquidē suum sanguinē ꝓ omnium bello dicit posse sufficere. d Poscit equos gaudetq; tuens ante ora frementes. S. Solēt eñ ex equorum vel mœsticia vel alacritate euentū futurum dimicaturi colligere. e Pilumno quos ipsa decus dedit orythya: S. Ait Hora. in arte poetica. Nec quodcūq; velit poscat sibi fabula credi: vnde Critici culpa hoc loco Virgi. dicens: incōgruum esse figmentū. Nāq; cum Orythya atheniēsis fuerat filia eryththei & a borea ī Thratiam rapta sit: queadmodum potuit Pilumno: qui erat in italia equos dare? C. Pilumno Orythya. filia Eriththei regis Athenarū: & vxor borea. Sumptū aūt ex Home. apud quē est Erychthoniū armētū equarū habuisse: ad quas sub forma equi admissarii venerit boreas: q̄ inde equos ꝓcreauit velocissimos: & candidi coloris ex hac prole ait eq̄s Orythyā atauo Turni Pilumno misisse: nō est aūt ita absonum: vt Critici dicūt q̄ fingāt Orythyā Atheniensem: & in Thratiā raptā: regi italico: & tanto terrarū interuallo ab ea disiuncto dona misisse: nā regū est etiā eos principes: qui in alia plaga sunt: sibi muneribꝰ conciliare: nam & nostris tēporibus vidimus egyti regem nō solū Ferdinandū regē Neapolitanū: verū etiam nostrę vrbis decus Laurentiū medicen preclarissimis donasse muneribꝰ: curasseq; exęthiopia accersendas duas zoroaphas bestias nostro cœlo incognitas: quarū alterā Neapolim: alterā florentiā mitteret. Dicit eñ zoroapha quā Pli. Camelopardalē nominat: Nabutam ęthyopes vocāt: vt ipse ait: collo similē equo pedibus & cruribꝰ boui: camelo capite: albis maculis: rutilo colore distinguentibꝰ. Vnde appellata est Camelopardalis. Hęc dictatoris Cęsarū ludis circēsibus primū visa Romę. ex eo subinde cernitur aspectu magisq; feritate conspicua: quare etiā Iouis ferę nomē inuenit. Hęc Pli. Ea aūt quę a Babilonio Soldano missa: inducta est ab eius legato Malphot in vrbē Florētinā kalen. decēbris anno a a nostra salute octogesimo septimo. supra millesimū ac quadricentesimū vna cū māsuefacto leone quē ille rex zoroaphę in muneribꝰ adiunxit: quoniam id animalis Florentino populo insigne eē sciebar. f Decus dedit. S. Ad ornamentū: vt quas ipsa decꝰ sibi dia camilla Delegit. Sane hic versus σπονδειάζων. nam thyi dyphtongus est gręca. g Qui candore niues anteirent cursibꝰ auras S. Homeri versus ē verbū ad verbū. h Anteirēt cursibus auras. C. Venti eñ rapidissimi auras. id est minores vētos supare velocitate poterant. i Properi aurigę. S. Festini veloces. Et erit nominatiuus: hic properꝰ: Aurigas aūt ꝓ agasonibꝰ posuit. Nā aurigę ꝓprie sunt currꝰ regētes. k Alboq; orichalcho. S. Apud maiores oricalchū preciosiꝰ oibus metallis fuit. Nāq; Lucre. dicit cū primū homines syluas incēdissent: nulla aūt adhuc rerū peritia terra casu fertilis oim ex incendii calore desudauit metalla: inter quę oricalchum ꝓciosius visum est: quod & splēdorē auri & ęris duritiā possideret. Nā q̄ primū de auro securis facta displicuit causa mollicie: similiter & argēti cōtēptus est vsus. Mox auricalchū placuit donec veniret ad ferrū: vñ & dicunt secula ita fuisse diuisa. auricalchū aūt fuisse ꝓciosum etiam Plautꝰ docet: qui ait i milite glorioso. Ego istos mores aurichalco cōparē. Alboq; oricalcho: auri. s. cōparatiōe: nā albū nō est. l Circūdat loricā hūeris. S. Non armat hoc loco: sed explorat: vtrū arma apte & cōgrue eiꝰ mēbris inhęreant. m Aptat habēdo. S. Ad habēdū: vt cōgrue possit inherere. C. Habendo. id est aptat vt comode vti possit sicut dixit. Habilēq; humeris suspēderat arcū. n Cornua crystę. S. id est comas quas gręci ταλκεαοαπα. noiant vñ κεσισιν. dicunt tundere. Cornua autem sunt ꝓprie Cincinni. o Deꝰ ipse parēti fecerat: S. Ac si diceret nō ꝑ ministros. Sta. Plinniꝰ ipsum sudor ibi: & notandū q̄ affectate variauerit: vt Aeneę vno loco arma describeret. Turni vero

hastam gladium & loricam. In octauo autem scutū: & galeam. p Stygia vnda. S. Quasi imortalem fecerat. D. Stygia vnda. Consecrationē quandā ensis ostendit.
q Exin. S. Deinde: nam ordinis est aduerbium.
r Ingend colūnę. S. Hastę per columnā exprimitur magnitudo: sicut in septimo equorum. Vt stabant tercentum nitidi i psepib⁹ altis. Corripit. D. quasi dicat sine conatu extulit: cuius tanta est: vt ad miniculis egeret.
s Vi. SER. id est virtute
t Actoris arunci spolium. SER. Vel quod actori detraxerat Turnus: vel actor quidam alteri: nam ambigue posuit.
r Quassatq; trementem S. Quassat & tremefacit:
s Vociferās. S: Hęc scilicet, quę dictur⁹ est. Plerūq; ita clamor ostenditur: vt statim ipsius clamoris verba subdantur: sicut supra. Trouiq; repente clamat io mres. Sane nō ita ad hastam q̄ ad aliquā p̄sonam loquitur: & ei intellectum: & auditū dat: sicut Cicero. Verba rei publicę. Sed ille alt: si posset fieri. Turn⁹ vero quasi ad vim sentiēte logē: nec immerito: nā eum inducit furēte: vt: his agit furiis. toto q; ardētis ab ore. Scintyllę absistūt oculis micat acrib⁹ ignis. C. Vociferās nūc o nunq̄. Tāta vaniloq̄ntia nihil boni portēdit: nō enim verbis est nimis in hostem inuehendum: sed virtute contra eundē est.
t Te maximus actor. S: Antea gerere consueuerat
v Te Turni nūc dextra gerit. SER. Eius qui est supra maximū: q̄i actorē
v Da ster. S. Figura greca vt dona habere viro. Item Dat ferre talentum.

†s Hasta meos: nūc tēpus adest: te maxim⁹ actor:
u Te turni nūc dextra gerit: da sternere corpus
Loricāq; manu valida lacerare: reuulsam
y Semiuiri phrygis: & fœdare in puluere crines
z Vibratos calido ferro: myrrhaq; madentes.
b His agitur furijs: totoq; ardentis ab ore
c Scintillæ absistunt: oculis micat acrib⁹ ignis:
Mugitus veluti cū prima in prælia taurus
f g Terificos ciet: aut irasci in cornua temptat.
Arboris obnixus trunco: ventosq; lacessit
Ictibus: aut sparsa ad pugnā ꝓludit harena.
i k Nec min⁹ interea maternis sæuus in armis
l m Aeneas acuit martem: & se suscitat ira
n Oblato gaudens componi fœdere bellum.
o Tum socios: mœstiq; metum solatur Iuli:
p q Fata docens: regisq; iubet responsa latino
r Certa referre viros: & pacis dicere leges.
Postera vix sūmos spgebat lumine montes

valet ad tussim antiquam: confert asematicis:
b His igitur furiis. CRI. Nam ex animi furore: potiusq; ex fortitudine hęc prouenicbant.
† s Vocatos hasta meos. S. Inuocatiōes & preces. Nā appellatio ē a verbo quę semp aut in io aut in us exit. Si in io exeat tertię sunt formę. Si in us quartę: vt ab eo: quod est lego aut lectio aut lect⁹ fit: sed hoc non dicim⁹ quod ευφονοτερον. sunt nūc ab eo quod est voco: vocatus fecit: non vocationes:
d Oculis micat acribus ignis. SER. Homeri est. CRI. Oculis. Sunt enim ocli veluti animi fenestrę: per quos omnes animorum motus maxime apparent:
e Ignis. CRI. Furor illę irę admixt⁹: qui est sanguinis accensione.
f Ter. ficos. SER. Hic apparet mugitus non tantū dolentum esse: sed etiā irascentum.

g Ciet. SER. Modo dat: sicut in tertio legimus. Lachrymasq; ciebāt: nam ꝓprie Ciere est alteri aut dolorem aut lachrymas cōmouere.
h Ad pugnam proludit. SER. Pręmeditatur Cice. Si mecum in hac ꝓlusione nihil fureris. id est in hac premeditatiōe certaminis.
i Nec min⁹. CRI. Idem & in Aenea ardor animi demonstratur.

x Lacerare reuulsam. S. Vt laceratam reuellam. Laceratam autem propter illud: et bis sex thoraca petitum perfossumq; locis.
y Semiviri phrygia. CRISTO. Nam adeo effœminati in phrygia sunt homines: et cultu & aliis delitiis: vt ad plenam virilitatem non possint adimplere.
z Vibratos calido ferro. SERVIVS. Crispatos calamistro: nam calamistrum acus maior: quę calefacta & adhibita torquet capillos: vnde etiam Cice. Calamistratam comam appellat: frequenter que etiam vituperationi est: vnde contra, ad laudem est positum ab Hora. Hinc & incompitū curium capillis.
a Myrrha madentes. SERVIVS. id est vnguentatos: CRISTO. Myrrha. Hęc arbor non solum in sylua in qua thus nascitur: sed in multis quoq; arabię locis: atq; etiam apud Troglodytas Satina syluestri: prefertur: arbori altitudo ad quinq; cubita: nec sine spina: corticem habet leuem: & vnedoni similem Troglodityta syluestrium prima. Erythrea secunda: Inciduntur vt gumi emittant: & ipse bis & thus: sed a radice vsq; ad ramos sudant: tamen prius q̄ inciduntur stactem dictam cui nulla prefertur: Vis est: vt calefaciat desiccet: & abstergat: Occidūt lubricos: pellit fœt⁹:

k Seuus: S. Fortis more suo. Et ing. nte moderationem dat Aeneę. Quippe quē inducit laborantē vt possit in iram moueri: cū Turnū dicat ita furere: vt nec Latini cōsiliis nec amatę precibus posset obedire.
l Acuit martem. S. Irritat se ad futura certamina. C. Acuit martē. Excitat se ipsum ad prelium.
m Ira. CRI. Iusta indignatione.
n Componi fœdere bellū. S. Finiti. vt. Ante diem clauso componet vesper olympo.
o Tum socios mœstiq; metum soluatur iuli. S. Intelligimus hos spe singularis certaminis: pro ducis salute esse turbatos.
p Fata decens. C. q. d: ostendens fatale esse q̄ victo Turno ea loca obtineant Teucri.
q Responsa latino cuncta referre vis. S. κατα το σιωπωμενον: etiam Latinum ad Aeneam legatos misisse intelligimus: nā supra Turnus tantū dixerat. Nūcius hęc idmō phrygio mea dicta tyranno.
r Pacis dicere leges. SER. Quas paulopost in ipso fœdere dicturus est Aeneas. C. Dicere leges. dicere conditiones quod superioris est.

s Luceq; elatis naribus efflāt. S. Ennian⁹ versus est ordie mutato. Ille eñi ait: fundūtq; elatis narib⁹ lucē. Et sciendū dic̄ nusq; sic patēter descripsisse Virgiliū. t Campum ad certamē. S. Tot⁹ hic de fœderib⁹ locus de Homero. trāslat⁹ est. vbi Alexander cum Menelauo ē singlari certamine dimicaturus. v Dimēsi rutuliq; viri. S. Inter se p certa spatia diuidētes: q qsq; loca pur

Orta dies: cū primū alto se gurgite tollunt
Solis equi: s luceq; elatis naribus efflant:
t Campū ad certamē magnę sub mœnib⁹ vrbis
v Dimensi: rutuliq; viri: teucriq; parabant:
In medioq; x focos: & y dijs cōmunibus z aras
Gramineas: alij a fontemq; ignemq; ferebant
Velati b lino: & c verbena tempora vincti

garet: & hoc loco fauni lucū euertere. Troiani: vñ sed stirpē teucri nullo discrimie sacrū. Sustulerant puro: vt possent cōcurrere cāpo. x Focos. S. qcquid iguē fouet. foc⁹ vocat: siue ara sit: siue quicqd aliud in q ignis fouet. y Et dijs cōib⁹ aras. S. Dii cōes sūt: vt alii dicūt Mars: Bellona: Victoria. q hi in bello vtriq; parti possin fauere: vt aūt altioris sciencie hoib⁹ placet

Procedit legio ausonidum: pilataq; plenis
Agmina se fundunt portis: hinc troius omnis
Tyrrhenusq; ruit varijs exercitus armis:
Haud secus ĩstructi ferro: quã si aspera martis
Pugna vocet: nec nõ medijs in milibus ipsi
Ductores auro volitant: ostroq; decori:
Et gen9 assaraci mnestheus: & fortis asylas:
Et mesapus equum domitor neptunia proles.
Vtq; dato signo spatia in sua quisq; recessit:
Defigunt telluri hastas: & scuta reclinant.
Tum studio effusæ matres & vulgus inermũ:
Inualidiq; senes: turres ac tecta domorũ
Obsedere: alij portis sublimibus astant.
¶ At iuno ex summo qui nũc albanus habet.
(Tũc: nomẽ erat neq; honos: neq; gloria mõti)
Prospiciẽs tumulo campũ spectabat: & ambas
Laurentum: troumq; acies vrbemq; latini:
Extemplo turni sic est affata sororem:
Diua deam stagnis quæ fluminibusq; sonoris
Præsidet: hunc illi rex ætheris altus honorẽ:
Iupiter erepta pro virginitate sacrauit.
Nympha dec9 fluuiorũ: aĩo gratissima nostro:
Scis vt te cunctis vnã quęcunq; latinæ:
Magnanimi iouis ingratũ ascendere cubile
Prætulerim: cæliq; libens in parte locarim:
Disce tuũ: ne me incuses iuturna dolorem:
Qua visa est fortuna pati: parcęq; sinebant

dij omnes sunt: quia θεοὶ σύνοικοι dicuntur. id est qui cœli certas nõ habẽt ptes. Sed generaliter a cũctis colunt. Vbiq; eñ eos esse manifestũ est. vt mater deũ cui9 ptãs in omnibus zonis est: nã & ideo mater deũ dicit. q cũ oĩbus: eius est cõmunis ptãs. Alii cões deos volũt Solẽ. Lunã. Plutonem. martẽ. Hi eñ apud hoies inueniunt: & sunt in oib9 terris. tamẽ prior sensus est simplex: & magis apt9 negotio. D. Cõmunib9: quia adhuc incertũ erat quo esset peruentura victoria. z Aras gramineas. SER. Romani eñ moris fuerat: et cespitẽ arę super imponere: & ita sacrificare. Gramineas autẽ ideo. quia de bello res agit: & Marti sacrificatur cui gramẽ est consecratũ: quod scdm Pliniũ. in naturali historia: ex humano cruore pcreat. Gramẽ aũt herbę species est: licet oĩs herba gramẽ vocetur: sicut robur omne lignũ: cũ sit & species. D. Aras pp̃ter cõsecrationẽ fœderis. a Fontemq; igneq; ferebant. S. Pro aqua posuit a toto partem. Sane ad facienda fœdera: aqua & ignis adhibent: vñ econtra: quos arcere volumus a nr̃o cõsortio: eis aqua & igni interdicim9: .i. reb9 quib9 cõsortia. i. neq; copulant. b Velati lino. S. Atqui foeciales: & pater patrat9 p quos bella vel fœdera cõfirmabant nunq; vtebant vestibus lineis. vnde dicem9 errore factũ: vt linea vestis contra morẽ adhibet ad fœdera q firma futura non erant. Scim9 eñ hoc vbiq; seruare Virgi. Vt rebus quib9 denegat exitus: det etiã infirma pricipia. sicut in Thracia ciuitatem condẽs Aeneas: quã mox fuerat relicturus: cõtra morẽ Ioui de tauro sacrificauit. Sic senatũ ad priuata latinus cõuocat tecta: qñ ei9 nõ erãt firma consilia: sic paulopost in augurio: liberatus cygn9 in fluuiũ concidit. quia Turnũ rutuli licet abrupto fœdere liberare nõ potuerunt. Caper tñ & Igini9 hoc loco dicũt lectiõez esse corruptã. Nã Virgi. ita reliquisse cõfirmãt: velati limo. Lim9 aũt est vestis qua ab vmbilico vsq; ad pedes teguntur pudibunda poparũ. Hęc autẽ vestis in extremo sui purpuram limã id est flexuosam: vñ & nomẽ accepit. Nã limũ obliquũ dicim9 vnde & Teren. Limis oculis dicit. id est obliquis. C. Velati lino & verbena. Placẽt quę dixit Serui9 de limo. Nã Caper & Higini9 aiũt Virgi. sua manu scripsisse limo. c Verbena tẽpora vincti. S. Verbena pp̃rie est herba sacra sumpta de loco sacro Capitolii qua coronabant fœciales: & pater patratus fœdera facturi: vel bella indicturi. Abusiue tñ etiam verbenã vocamus oẽs frondes sacratas: vt est laur9 oliua vel myrtus: vt Teren. Ex ara hinc verbenas sume. Nã myrtum fuisse Menãder testat. de quo Teren. trãstulit. C. Verbena de hac herba dictũ ẽ in Buco. d Legio ausonidũ. S. Pro ausonidarũ. Quod venit ab eo quod est hic ausonida: sicut hic auriga: nã ausonis generis est fœminini: vnde ausonidum facit: quod vt diceret est metri necessitate compulsus. e Pilata. C. Participium sine origine verbi. Et retulit ad Romãos: quorũ ppria sũt pila. f Plenis portis. D. Qui securi erãt facti de alieno certamie. g Ruit. S. Cũ ĩpetu venit qd secundũ grecos ẽ ὁρμῆσαι. h Varijs. D. Quia diuersarũ terrarũ erãt viri. C. Varijs ar. Quia ex varijs gẽtib9 cõstabãt. i Instructi ferro. S. Bona pro œconomia: & rei future pparatio: ruptis eñ fœderibus in bella descẽdent. k Volitãt. C. Nã cũ ducis sit oĩa circũspicere: assiduo modo ad postremos modo ad primos recurrũt. k Dato signo. C. Nõ eñ venerãt vt pugnarent: sed icto fœdere singulare duorũ ducũ certamen ociosi spectarent. l Defigũt tellure hastas. C. Defigere aũt hastas: et scuta reclinare: est cõsig: q a pugna cessaturi sunt. m Tũ studio. C. Ponit id quod vsu euenire solet. n Vulgus inermũ. S. Senũ scilicet ac matrũ: sicut ipse mẽorauit. o Diua deã. S. Aut hypallage p dea diuã: nam deos ęternos dicim9: diuos vero q ex hoib9 fiunt. Aut benedixit de Iunone diuã respiciẽs ethimologiã. Nã in Horatio legim9. Sub diuo morerẽ victima nil miserãtis orci. id est sub aere: quẽ cõstat esse Iunonem. Deus aũt vel dea generale est oĩbus. Nãq; qd greci θεός. latine timor vocat: vñ deus dictus est: q oĩs religio sit timori. p Nympha dec9 fluuiorum. S. Supra Nymphę gen9 amnib9 vnde est. C. Nympha decus. Captat beniuolentiã a psona Iuturnę: & a psona sua: nã illa beniuola effecta facile qd incipit assequit. q Anio gratissima nr̃o. S. Homer. ἐμῷ κεχαρισμένε θυμῷ. DON. Animo gratissima nr̃o. Simulata verba p tpe. Nã pellex nunq; placet vxori. r Cũctis ptulerim. S. Pręualuerim: lyptotes figura p cõtrariũ. Plus eñ dicit: & min9 significat: nãq; oẽs est psecuta. Huic vero libẽter idulsit: & dicit se hãc oib9 ptulisse: qsi etiã alias ĩ honore habuit: tale ẽ illd Salustianũ Mare ponticũ dulcius q cetera: cũ nullũ dulce sit. Sane sciendũ nõ imerito sinxisse. Virgi. Nymphę. id est parti suę indulsisse Iunonem. s Ingratũ cubile. S. Per quod gratiã castę nõ representat vxori Iupiter. Nã cũ Iupiter multas vitiasse diceret nihil tñ a Iunone de Iuturna detractũ ẽ: sed potius auctum est. Aduertẽdũ versum hũc sine cęsura eẽ: nã heptimemeris quã habere credit̃ i sinalypham cadit:vt:magnanimi Iouis ingratũ ascẽdere cubile. Terentian⁹. de hoc. rarũ cõcedã fieri nõ posse negabo. t Cœli pte. S Parte diuinitatis: Nã locũ numinũ ꝑ honore posuit. v Disce tuũ ne me incuses. C. Nã cũ nõ possim amplius defendere Turnũ: nolo me ti bi nõ ꝑdixisse doleas. x Iuturna. S. Fons est in italia sa luberrim⁹ iuxta Numycũ fluuiũ: cui nomẽ a iuuãdo inditũ est: Cũ em̃ ois aqua natu raliter noxia sit extraneo rũ corporib⁹. hic oib⁹ sa lubertim⁹ fons est: De hoc autẽ fonte Romã ad om nia sacrificia aqua afferri consueuerat. C. Iuturna nympha fuit: q̃ tẽplũ ha bebat ꝓpe vrbẽ vbi erat fons: cui⁹ aqua potata fe bre liberabat. y Qua

a Cedere res latio: Turnũ :& tua mœnia texi.
b c Nũc video iuuenẽ imparibus cõcurrere fatis:
d Parcarũq; dies :& vis inimica propinquat.
e Nõ pugnã aspicere hãc oculis nec fœdera pos
f Tu pro germano: si qd præsentius audes (sũ

visa est. S. id est quantũ quaten⁹ ꝑmisit: & sic a t c ua visa est: vt supra coeant in fœdera dextrę qua dat. Sane latẽter oñdit fauorẽ numinũ sine cõcessiõe fatorũ nõ posse ꝓcedere a Cedere res. S. Fœliciter cũcta ꝓcedere. b Iuuenem. C. Pathos ab ętate. c Imparib⁹ occurrere fatis. S. Cõ currere ꝑ cõcursurũ esse: licet quasi de ea bñ ꝑsenti visa sit tẽ pore: q etiã futura cernebat. C. Imparibus cõcurrere fatis: Nõ dixit imparib⁹ virib⁹: sed fatis: vt culpã ab hoie in fata reiiciat. d Par carũq; dies: & vis inimica ꝓpinquat. C Sentẽtia est ꝙ dies quẽ parcę afferunt ex violẽtia est mortis. e Nõ pugnã aspicere hãc oculis. S. Qm̃ numia qui ens morituros viderit eos quib⁹ fauent: ab eis recen

Perge decet: forsan miseros meliora sequent.
Vix ea: cũ lachrymas oculis iuturna profudit:
Terq; quaterq; manu pect⁹ pcussit honestum
Non lachrymis hoc tempus ait saturnia iuno
Accelera: & fratrẽ si quis modus eripe morti:
Aut tu bella cie: conceptumq; excute foedus.
Auctor ego audendi: sic exhortata reliquit
Incertã: et tristi turbatam vulnere mentis.
Interea reges (ingenti mole latinus
Quadriiugo vehit̃ curru: cui tempora circum
Aurati bis sex radiȷ̃ fulgentia cingunt,
Solis aui specimen: bigis it turnus in albis
Bina manu lato crispans hastalia ferro.
Hinc pater æneas romanæ stirpis origo
Sydereo flagrãs clipeo: et celestibus armis:
Et iuxta ascanius magnæ spes altera romæ)
Procedũt castris: puraq; in veste sacerdos
Setigeri foetum suis: intonsamq; bidentem
Attulit: admonuitq; pecus flagrantibus aris.
Illi ad surgentis cõuersi lumina solis
Dant fruges manibus salsas: et tempora ferro
Sũma notãt: pecudũ pateriſq; altaria libant.
Tum pius æneas stricto sic ense precatur.
Esto nunc sol testis: et hęc mihi terra precanti:
Quam ppter tantos potui pferre labores:
Et pater omnipotens: et tu saturnia coniunx
Iam melior iã diua precor: tuq; inclyte mauors

dunt sic Sta. Apollinẽ inducit Amphiaraũ deserentẽ: vbi eũ vicinũ morti esse cognouit. C. Nõ pugnã aspicere hãc non deserit illũ: quia pdat: sed cũ auxiliũ aduersus fata prestare nõ possit: nõ vult illi morituro adesse: qm grauiꝰ nos cruciant q̃ videmꝰ: q̃ q̃ audimꝰ: ex eo ergo q̃d ostẽdit quantũ illum amet: facit fidẽ iccirco abire: qm illi auxiliũ esse nõ possit. f Presentius. S. Efficacius: vehementiꝰ: nã decet germanã illicita etiã pro fratris salute tẽtare. g Forsan miseros meliora sequn tur. S. Ne forte possit fatorũ ordo mutari. C. Forsan miseros melio. se. Nõ eñ illã omnino spe priuare vult: ne illã aĩo deficiẽs nihil deinceps tentet. h Terq; quaterq; manu pcussit pectꝰ honestũ. S. Quia solã doloris audierat cãm: nihil quemadmodũ fratri possit mederi: Nã paulo post audiet: aut tu bella cie: cõceptũq; excute foedꝰ. i Honestũ. C. Pulchrum. k Nõ lachrymis hoc tẽpus ait. S. Nõ flendi sed subueniẽdi tẽpus est. Sta. In matrũ cõsolatõe. Accẽso flet ibꝰ igne. l Cõceptũq; excute foedus. S. E. Placitũ animo pdestinatũ: vt fiat. C. Cõceptũq; excu foe. Docet esse remediũ quo singłare certamẽ tolli possit: si foeliciꝰ pturbet atq; eo certamine remotior restat spes: q̃ morte euadere possit. m Auctor ego audẽdi. S. Noĩa in tor desinentia foẽmia ex se faciũt: q̃ ĩ trix terminãt: si tñ a verbo veniũt vt ab eo quod est lego: & lector & lectrix facit: & doceo doctor doctrix. Si aũt a verbo non venerit cõmunia sunt. nã similiter & masculina & foemia ĩ tor exeũt. vt hic & hęc senator: hic & hęc balneator. Licet Petronius vsurpauerit balneatricẽ dicẽs: tale est hic & hęc auctor: sed tũc cũ ab auctoritate descẽdit: vt hoc loco. Cũ aũt ab eo venit quod est augeo & auctor et auctrix facit: vt si dicas auctor diuitiarum vel auctrix patrimoniȷ̃. n Reliquit incertam. S. Quia licet dederit ei ꝯsiliũ dicẽdo forsan eã reliquit incertã. o Interea reges. S. Longũ hypbatõ. Nã ordo est. Interea reges pcedũt castris. Cetera eñ p parenthesim dicta sũt: nec est eclipsis cũ sermo in oĩbꝰ cõgruat. p Ingẽti mole latinus. S. Pompa: ambitu: nã mõ hoc significat. q Bis sex. C. Propter duodecim signa zodiaci: q̃ p agrãs ĩ singulis diuersas habet vires. r Solis aui in specimẽ. S. Vt etiam in septimo diximus. Latinus secundũ Hesiodum in Θεογονια Vlyssis & Circes filiꝰ fuit: quã multa etiã Mariam dicũt scd'm quẽ nũc dicit. Solis aui specimẽ. Nã Circe solis est filia. Sane sciend ĩ Virgi. In varietate historię sua etiam dicta variare: sed de Vlisse vt etiã supra diximꝰ in septimo tẽporũ nos ratio cedere nõ sinit. s Bigis it Turnus in albis. S. Quotiẽs vtimur noĩbꝰ tãtũ pluralis nũeri: et vnũ volumꝰ significare: ita dicimꝰ vnas bigas: vnas quadrigas: vnas scalas. Salusti. Hi postq̃ in vna moenia cõuenere. t Romanę stirpis origo. S. Hoc ad laudẽ Augusti respicit. C. Romanę stirpis origo. q. d. q̃ in hac die facturus esset ea fundamẽta imperiȷ̃ quibus Roma inde surgere posset. v Magnę spes altera. S. Male qdã magnã volũt & legunt. C. Spes altera Romę. Sũt nõnulli qui dicant Ciceronẽ senio iam confectũ cũ adolescẽtis Maronis carmina audisset: vehemẽter q̃ obstupuisset illum alterã spem Romę appellasse: quod nũc poeta ad Ascaniũ trãstulit: & iure qdẽ. Nã inde Iuliorũ familia futura erat. x Puraq; in veste. S. Impolutã p impura dicit̃ vestis: qua festis diebus vti cõsueuerãt sacra celebraturi. y Setigeri foetũ suis. S. Romano more: vt. Et cęsa iungebãt foedera porca. Nã Homer. Aliud genus sacrificiȷ̃ cõmẽorauit. Nõ pter rationẽ est: q̃ ait foetum suis. Item intonsamq; bidentẽ. id est breuem, adhuc: nã in rebꝰ quas volebat finiri celeriꝰ: senilibꝰ etiã aĩalibus decrescentibꝰ sacrificabãt. In rebꝰ vero q̃s augere et cõfirmari volebãt: de minoribus et adhuc crescẽtibus imolabãt. z Dãt fruges manibꝰ. S. Scilicet far & sal, qbus rebus & culter aspgebant̃ & victimę. Erant autẽ phatiões: v: rum ẽẽt animalis aptum sacrificio obliquum etiã cultrum a frõte vsq; ad caudã ante imolatiõnẽ ducere cõsueuerãt. Nã hoc est q̃d dicit: Tẽpora ferro summã notant pecudũ. a Esto nunc sol testis. S. Bñ primo inuocat deũ quẽ oriẽtem intuẽs vidit. Nã ait illi ad surgentem cõuersi lumina solẽ. Esto aũt multi volũt tertiam esse psonã: id est sit mihi sol testis quia sequit̃: & hęc terra: vt elocutionẽ p ntm̃ factam intelligamus: sed hoc nõ procedit: quia sequẽtia vocatiuũ habent vt: Et tu Saturnia Iuno. Itẽ Tuq; inclite mauors, vnde per vocatiuũ eum oĩa dixisse accipiamus. In hoc vero tantum ad ntm̃ fecisse transitũ. C. Sol, quia omnia videt ad quem reliqua oĩa numina referebãt antiqui. b Et hęc mihi terra ptãtem. S. Licet etiam hic possit esse vocatiuus, nam ·Δεικτικως est dictũ: hęc terra esto testis: ac si diceret Italica terra testis est. C. Terra: quę mihi fatalis est. c Quam ppter tãtos. S. Propter habet accẽtũ: quia est postposita ppositio. d Saturnia. C. Nam ab Heleno iussus fuerat: vt Iunonem quo ad posse placaret: preterea dea regnorum est: & de regnis disceptatur. e Iam melior iam diua precor. S. Ac si diceret: non Saturnia. id est iam minime nocens: sed Troianis propitia. f Mauors. C. Cuius munera exercemus. Addit flumina et mare: vt omnia aquarum numina assint: & religionem alti etheris.

nedixit. Nam pro mari ille fontes & fluuios posuit: pro sideribus solem. t Latonęq; genus duplex. S. Ac si diceret. Vtrũq; sexum latonę sobolis. Et bene in fœderibus duplicia inuocant numina. Quia in vnũ duo coitura sunt populi. v Ianũq; bifrontẽ. S. Ianum quoq; rite inuocat: quia ipse faciendis preest: fœderibus. Nã postq; Romulus & Titus Tacius i fœdera conuenerũt. Iano simulachrũ duplicis frontis effectum est: quasi ad imaginem duorum populorum. Legimus tamẽ Ianum quadrifrontẽ fuisse: vnde Marcialis. Et lingua pariter locutus omni um nam oẽs de duobus non dicimus. C. Ianum bi. De quo i primo libro diximus. Ianus simulachrũ habuit in ostio templi victis sabinis: cũ Romulus & Tacius percussere fœdus. Pleriq; putant eum tunc bifrontem fuisse propter imaginem duorũ populorum.

g Torques. S. Sustines regis:
h Queq; etheris religio S. Post specialia intulit generalitatem.
i Cesserit ausonio si fors S. Vt si forte. Et bene dubitat de hoc contra: cũ ad suum venerit nomẽ dicet vt potius reor: & potius dii numine firment. Sane ratione nõ caret: q primo de victoria Turni loquit: post descendit ad suã: scit enim in auguriis prima posterioribus cedere.
k Si fors victoria. CRI. Duo proponit. Si succumbet: neq; se neq; suos vnq contra impositas conditiones iturum: Sin vincet mira clemẽtia i victos visurum: & penes Latinũ regnum relicturũ: sola tãtum sacra daturum.
l Rebelles. S. Homo rebellis dicitur: Res ipsa rebellio non rebellatio. Sic Suetonius.
m Annuerit victoria martẽ. S. Hyppallage. Pro si noster mars annuerit victoriam: nam martẽ victoria cõmitatur.
n Ambę inuictę gentes S. Quasi inuictę: & bene sibi cõciliat populũ: nam sine dubio vna cum rege vincetur. C. Ambę Inuictę gentes. Ita nullo discrimine regentur: vt vtraq; in victa restat.
o Sacra deosq; dabo S. Magna enim fuit apud maiores sacrorum cura: sicut diximus supra. Vnde nũc Aeneas id agit ne pereant: & reuera constat sacra phrygia nunc latinis tradita coluisse Romãos.
p Latinus habeto. SER. aut antiquus vetus: aut habeto tertia persona sit. Sane sciendũ q crebra soceri cõmemoratiõe sibi fauorem latini cõciliat.
q Mihi mœnia teucri cõstituent. S. Sic dicẽdo popularẽ gratiã captat: qa supra dixerat Drances. Saxaq; subuectare humeris troiana iuuabit. r Dextrã. C. Quę sit pignus fidei. s Terrã mare sydera iuro. S. Ornatior elocutio: & crebra apud maiores: q si velis addere prepositionem: vt si dicas: iuro per maria: per terras. Eadẽ autem be

Cuncta tuo q bella pater sub numine torques: (g)
Fontesq; et fluuiosq; voco; queq; ætheris alti (h)
Relligio: et quę ceruleo sunt numina ponto:
Cesserit ausonio si fors victoria Turno: (i k)
Cõuenit euandri victos discedere ad vrbem,
Cedet Iulus agris; nec post arma vlla rebelles (l)
Aeneadæ referent: ferro ue hæc regna lacessent.
Sin nostrũ ãnuerit nobis victoria martem: (m)
Vt potius reor: et potius dij numine firment:
Non ego nec teucris italos parere iubebo.
Nec mihi regna peto; paribus se legibus ambę (n)
Inuictę gentes; æterna in fœdera mittant.
Sacra deosq; dabo: socer arma latinus habeto (o p)
Imperiũ solẽne socer; mihi mœnia teucri (q)
Constituẽt; vrbiq; dabit lauinia nomen.
Sic prior æneas; sequitur sic deinde latinus
Suspiciens cælũ; tenditq; ad sydera dextram: (r)
Hæc eadem ęnea: terrã. mare sydera iuro: (s)
Latonęq; genus duplex: ianumq; bifrontem: (t v)
Vimq; deum infernã: & diri sacraria ditis (x y)
Audiat hęc genitor: q fœdera fulmine sancit: (z)
Tango aras mediosq; ignes: & numia testor:
Nulla dies pacẽ hãc italis nec fœdera rumpet:
Quo res cunq; cadẽt: nec me vis ulla volentẽ
Auertet: nõ si tellurem effundat in vndas (a)
Diluuio miscens; cęlumue in tartara verta: (b)
Vt sceptrũ hoc (dextra sceptrũ nã forte gerebat) (c d)

x Vimq; deum. S. Duritiem: in exorabilitatẽ.
y Sacraria ditis. S. Sacrarium proprie est locus in templo: in quo sacra reponuntur: sicut donarium est: vbi reponuntur oblata. Sicut lectisternia dicuntur: vbi in templo homines sedere cõsueuerunt.
z Qui fœdera fulmine sancit. S. Confirmat. sancta esse facit. Et hoc ideo: quia cum fiunt fœdera: si coruscatio fuerit cõfirmãtur. Vel certe quia apud maiores aere nõ incendebantur: sed ignem diuinũ precibus eliciebãt: qui incendebant altaria. Sancire autem proprie est sactũ aliquid. id est cõsecratum facere fuso sanguine hostię. Et dictum sanctum quasi sanguine consecratum.
a Si tellurem effundat in vndas. SER. Hyppallage pro si vndas fundat in terras.
b Diluuio miscens. S. Aquę supfusione vniuersa perturbans.
c Vt sceptrũ hoc. SER. Homeri locus verbũ ad verbum.
d Dextra sceptrũ nam forte gerebat. SER. Per penthesim dictum est. Vt autem sceptrum adhibe

tur ad fœdera. Hec ratio est: quia maiores semper ad fœdus simulachrũ Iouis adhibeãt: quod cũ tediosum eet: pcipue qn fiebãt fœdera: cũ lõge posit; gẽtib; iuetũ ẽ: vt sceptrũ tenẽtes qsi imaginẽ simulachri redderẽt Iouis. Sceptrũ eni ipius ẽ pprium: vñ nũc tenet sceptrũ latinus nõ qsi rex s; qsi pr patrat.

e Imo de stirpe. S. Ideo genere masculino usus e: qu a d'arborib⁹ loquitur. na de hoibus genere femi nino dicim⁹: ut Heu stir pē inuisam. dixit em usur

Nunc̄ frōde leui fundet virgulta: nec umbras
Cū semel in syluis imo de stirpe recisum
Matre caret: posuitq; comas: & brachia ferro:

patiue Hora. de arborib⁹: uti stirpesq; raptas & pec⁹ & domus f Matre ca ret: SER. Vel terra: ut anti quā exquirite matrē: vt ar borē vt: Parua sub ingēd

Olim arbos; nūc artificis manus ęre decoro
Inclusit: patribusq́ꝫ dedit gestare latinis.
Talibus inter se firmabāt fœdera dictis
Conspectu in medio procerū: tū rite sacratas
In flāmā iugulāt pecudes: & viscera viuis
Eripiūt: cumulātq́ꝫ oneratis lancibus aras
¶ At vero rutulis impar ea pugna videri
Iam dudum: & vario misceri pectora motu.
Tum magis vt propius cernūt non viribꝰ ęqs.
Adiuuat incessu tacito progressus: et aram
Suppliciter venerans demisso lumine, turnus:
Pubentesq́ꝫ genæ: & iuuenili in corpe pallor.
Quem simul ac iuturna soror crebrescere vidit
Sermonē: & vulgi variare labantia corda.
In medias acies formā assimulata camerti:
(Cui genꝰ a proauis ingēs clarumq́ꝫ paternæ
Nomen erat virtutis: & ipse acerrimis armis)
In medias dat sese acies haud nescia rerum:
Rumoresq́ꝫ serit varios; ac talia fatur.
Non pudet o rutuli, cunctis pro talibꝰ vnam
Obiectare aiam: numero ne an viribus equi
Nō sumus: en oēs & troes & arcades hic sūt:
Fatalisq́ꝫ manus: infensa ethruria turno
Vix hostem alterni si congrediamur habemꝰ.
Ille quidem ad superos; quorū se deuouet aris.
Succedet fama viuusq́ꝫ per ora feretur.
Nos patria amissa dominis parere superbis,
Cogemur: qui nūc lenti cōsedimus aruis:
Talibꝰ incensa est iuuenū sententia dictis.
Iā magis atq́ꝫ magis serpitq́ꝫ p agmīa murmur.
Qui sibi iam requiē pugnę: rebusq́ꝫ salutem
Sperabāt: nūc arma volūt: fœdusq́ꝫ præcātur
Infectū: & Turni sortē miserantur iniquam.
His aliud maius iuturna adiungit: & alto
Dat signū cælo: quo nō præstantius vllum:
Turbauit mentes italas: monstroq́ꝫ fefellit.
Nanq́ꝫ volās rubra fuluus iouis ales in æthra
Littoreas agitabat aues: turbamq́ꝫ sonantem

matris se subiicit vmbra: C. Matre caret. quasi nutrice. g Arbos. C. Nā pprie arbos est cū radicibus heret. & habet vitā. h Aere decoro. S. id est oricalchco. i Dedit gestare latinis. S. Vt dat ferre. k Talibus inter se firmabāt foedera dictis S. Latinꝰ & Aeneas. Turnū autē nō inducit iurantē: qui dux est g p̄sente rege nō habet ptāte: & imitatus est Home. qui post iusiurādū Menolaui Alexandrū quasi Feruidū & adolescentē a foedere inducit: exclusum. Et priamū adhibitū ad foederis cōfirmationē. l In medio cōspectu pcerum. C. Qui ipos reges circūdabant. m Tū rite sacratas. S. Rite expurgatas solennitate q̄ diximꝰ supra. n Et viscera viuis. CRIS. Nā i foedere porcus foede id est crudeliter inficiebat: Vñ dixit. (q carnes eripe) rent ab animali adhuc viuēte. ¶ o At vero rutulis impar ea pugna videri C. Vulgi est: vt quēadmodū foelicibꝰ fortunatisq́ꝫ inuidet. sic eorūdē si ex alto gradu in miserias decidāt miserant. Sic Turnus qui pauloāte plerosq́ꝫ sua gloria torq̄bat: tunc in tantū pīculū vēturus ad cōmiserationē ipellebat. Cū ergo putarēt facile victū iri: in quo aio huiuscemodi pugnā ferebāt: hāc occasionē nacta Iuturna: potuit facile exercitū ad violandū foedus impellere: p̄sertim assūpta forma camerti. In quo ñ pua eēt auctoritas. Nam sub ea forma orationē habuit qua vehemēter Latinos moueret. p Videri. Ser. Misceri. Infiniti sunt p indicatiuis. q Propiꝰ cernūt. S. diligētius: vt ppiꝰ res aspice nr̄as. r Nō viribꝰ eqs. S. Eos cōgressuros subaudi. s Incessu tacito p gressus. S. Ipe tacitꝰ hyppalage est. D. Incessu tacito pgressꝰ. Quattuor ponit signa timoris: primū est igressus tacitus dū vix pedē mouebat. Alterū quod arā venerabat oculis deiectis. Tertiū tabentiū genaꝝ ex matie repētina. Quartum paloris. t Cui genꝰ a proauis ingēs. S. Cuiꝰ auctoritatē cōmendabat: & origo maiorū & paterna virtus: & ppria fortitudo v Cūctis p talibus vnā. S. Qualibꝰ etiā Turnus: & attēdit sensum superiorē vbi ait Turnꝰ. Et solus ferro crimē cōmune refellam. x An viribꝰ equi Nō sumꝰ. S. Bene addidit viribus. Nā legimꝰ in Salust. Cōmeorare possem: qbus i locis ppl's Romanus ingētes hostiū copias pua manu fuderit Virgil. Exigui nūero sed bello viuida virtus. y En oēs S. Ne occurreret: sed est in castris alter exercitus. z Fatalisq́ꝫ manus. S. Troianoꝝ: q fataliter ad italiā venerūt: vt sit iteratio. a Infensa ethruria Turno. S. Hetruria autē infensa p hetrusci: qui etiā Turno inimici sunt causa Mezētii. b Deuouet arꝭ. S. Quia ait sup̄ d' Turno simpliciter venerās. Itē supra vobis animā hāc socero q́ꝫ latino deuoui: nam ipsa iterat verba. c Vnusq́sq́ꝫ p ora feretur. S. Tanq́ꝫ de viuo oēs loquunt. d Lenti. S. Ociosi. vt. Nos patriā fugimus tu Tityre lentꝰ i vmbra. e Talibꝰ incensa est iuuenū. C. Optime iuuenum: quoꝝ animi aliqua potius pturbatiōe q̄ ratōe mouent. f Foedusq́ꝫ p̄cant infectum. S. Rogant: vt p nō facto sit: ne piaculū videant admittere. g Et alto dat signum coelo. S. Vt religio alia religione soluatur. h Pręstantius. S. Efficatius. i Mōstroq́ꝫ fefellit. SER. Bñ fefellit: nāq́ꝫ hoc auguriū nec oblatiuū ē: nec impatiuū Sed imissum tactione Iuturnę q̄d icarere fide indicat sedes negata. Nam vbicūq́ꝫ firmū introducit augurium. Dat ei firmissimam sedem: vt ipa sub ora viri coelo venere volantes: et viridi sedere solo. Itē ante sinistra caua monuisset ab Ilice cornix. In hoc aūt augurio liberatū cygnū cecidisse i aquā dicit: quā instabilē eē māifestū est. C. Monstroq́ꝫ fefellit. Nā putauit bona portēdi: cū infoelicia essent. k Littoreas agitabat aues. S. Palustres. Nā littus dicit ois terra aquis vicina; Vo

Agminis aligeri:subito cũ lapsus ad vndas
Cygnũ excellentẽ pedib⁹ rapit improb⁹ vncis.
Arrexere animos itali:cunctæq; volucres
Conuertunt clamore fugam:(mirabile visu)
Aetheraq; obscurant pẽnis:hostẽq; per auras
Facta nube prẽmunt:donec vi victos:& ipse
Pondere defecit:prædamq; ex vnguibus ales
Proiecit fluuio:penitusq; in nubila fugit.
Tum vero auguriũ rutuli clamore salutant.
Expediũtq; manus:primusq; tolũni⁹ augur.
Hoc erat:hoc votis inquit quod sępe petiui
Accipio:agnoscoq; deos me meduce ferrum
Corripite o rutuli:quos ĩprob⁹ aduena bello
Territat:in validas vt aues:& littora nostra
Vi populat:petet ille fugã:penitusq; ꝓfundo
Vela dabat:vos vnanimi densere cateruas:
Et regem vobis pugna defendite raptum.
Dixit:& aduersos tælum contorsit in hostes.
Procurrẽs sonitũ dat stridula cornus: et auras
Certa secat:simul hoc simᵗ ingẽs clamor:& oẽs
Turbati cunei:calefactaq; corda tumultu
Hasta volãs:vt forte noue pulcherrima fratrũ
Corpora cõstiterant contra:quos fida crearat
Vna tot arcadio cõiunx tyrrhena gilippo.
Horũ vnũ ad mediũ terit qua subtilis aluo
Baltheus:& laterũ iunctura fibalu mordet:
Egregiũ forma iuuenẽ:& fulgentibus armis
Transadigit costas:fuluaq; effundit harena.
At fratres:aĩosa phalanx:accensaq; luctu:
Pars gladios stringũt:manib⁹ ꝑs missile ferrũ
Corripiũt:cęciq; ruũt:quos agmina contra
Procurrũt laurentũ:hinc densi rursus inundãt
Troes agilliniq;:& pictis arcades armis.
Sic omẽs amor vnus habet decernere ferro.

viridiq; in littore cõspicit sus.
l Sonantem. C. Quia canori sunt cygni. Hoc autem augurium verũ fuit: sed non intellectum. Cygnus enim:id est Turnus captus erat ab aquila: qa veniebat lacerand⁹ ab hoste vi fœderis. in quo reliquit: aues premebant hostẽ: quia milites vrgebãt fœdus:ne sequiretur:vnde cygn⁹ elapsus est ab aquila oppressa turba auium. id est Turnus ab Aenea: sed non recepit se in tutũ stabilemq; locum.
m Excellentem. S. Magnũ. Sicut in exercitu magnus est Turnus.
n Conuertunt clamore fugam. S. Redeunt cum clamore:sicut in exercitu solet.
o Augurium salutant. S. Venerantur & propriæ: nam salutari dicimus deos. Teren. At ego hinc deos domum salutatũ pergam.
p Expediuntq; manus: S. se dimicare velle significat. Hęc enim est consensio militaris. Luca. Elatasq; alte quęcũq; ad bella vocaret ꝓmisere man⁹.
q Prim⁹q; Tolumnius. D. Non solũ rutuli. sed etiam Tolumni⁹ augur. hoc augurio deceptus est.
r Quod sępe petiui. S: Quasi ĩpetratiuũ hoc augurium vult videri.
s Accipio agnoscoq; deos. S. Modo quasi de oblatiuo loquit. nã in oblatiuis augurijs ĩ potestate videntis est. Vtrũ id ad se ptinere velit: an refutet & abhominet: ergo nunc augurium dicit se libẽter amplecti:& agnoscere circa se fauorem deorum.
t Quos improb⁹ aduena. S. Interpretat augurium & confirmat ad pręsens negociũ pertinere:
v Littora nostra. S. Bona iteratio: nã supra ait: Littoreas agitabat aues.
x Vi populat. S. Antique: nam veteres & ꝑpo & populor dicebãt. Nũc tantũ populor dicimus: illud penit⁹ de vsu recessit.
y Petet ille fugam. C. vt fugit aquila:& petet profundũ: vt illa petiuit ꝓfundum coelum: nam ꝓfundum cõmune est in fimis & altis.

z Penitusq; profundo Vela dabit. S. Vt supra de aquila. Penitusq; ĩ nubila fugit.
a Densere cateruas. S. Sicut cygni hostem ꝑ auras facta nube ꝓmunt.
b Dixit et aduersos telũ contorsit in hostes. SER. Hoc loco ab Homer. recessit œconomia. Ille eñ inducit: Mineruã persuadentẽ pandaro vt iacto ĩ Menelaũ telo fœdera dissipet: hic vero dicit ipsum augurem telũ sponte torsisse. Et occidisse vnũ de nouẽ fratribus: quod prinet ad œconomiã. necesse eñ erat: vt fratres ex vni⁹ morte cõmoti bellũ mouerẽt. Si eñ vilis aliqs interiret: poterat eius mors ob fœderis religionẽ forte cõtemni. D. Dixit & aduersos. Recte qui se ducẽ ꝓfessus est: prim⁹ tela contorsit. C. Telũ contorsit: quoniã neq; credibile erat neq; leue: vt fœdus tanta religione celebratũ rumperetur. Icc irco plures causas. quib⁹ vl iuiti impelli possent: posuit poeta. nam et Iuno quid facto op⁹ esset Iuturnã admonuit:& iuturna sub ꝑsona iu q̃ eẽt auctoritas: orationẽ vehementẽ ad rem persuadendã habuit. Postremo augurium quo deciperent posuit. Deniq; auctorẽ contorquẽdi hastã augurẽ fecit: cui & fœlicia ꝑdicenti cũ esset etiã augur:& telũ veluti id quod diceret vehemẽter crederet cõtorqn. ti credendũ erat. Adde ꝙ interfectus est is quẽ statim octo fratres fortissimi affuerũt. His rebus & latini & Troiani facile ad pugnã elici potuerũt.
c Sonitum dat. S. id est facit.
d Certa. S. id est ineuitabilis: vnde in certa est infirma & vitabilis.
e Hasta volans. SER. Min⁹ est nãq;.
f Horũ vnum. S Ordo est. Trans adigit vnũ costas. Et figurate dixit vnũ pro vnius.
g Terit qua subtilis aluo Balthheus. S. Rem physicã dixit. Omnia eñ quibus vtimur nõ nos terũt sed ea nos terim⁹ vt anulum. vestem.
h Animosaq; phalanx. S. Quasi phalãx. i. legio.

Cęci. SER. Salutꝫ im prouidi.
k Inundant. S. More: vnde fluunt.
l Sic omnes amor vn⁹ habet. S. Sic id est dū paulatim suis inuicem subueniunt: omnes enim in bellum coacti sunt. sic Salus.
m Dirupuere aras. S. Deiecerunt: dissipauerunt DO. Diripuere aras. Voscati furore certandi.
n Ferreus imber. SER: Per mansit in translatione, quia dixerat tempestas telorum.
o Craterasq̨ focosq̨. C. Optime ponit ante oculos qualis quantusq̨ sit furor popularis. Nā cū in turba illa increbuerit. (Increbrescit autem per sępe vt̄ minis de caussis) nihil consilio geritur: nulla ē religionis: nulla ducū reuerentia: neq̨ sacris neq̨ profanis parcūt: vn̄ oportet ipsos duces: vel illis obtemperare: vel fugere.
p Ferunt. S. Auferunt: nā aphęresis ē. vt temnere pro contemnere.
q Pulsatos diuos. S. Violatos: lęsos fractis foederibus.
r Infrenant alii currus: S. id est equos. sic alibi. neq̨ audit currus habenas.
s Subiiciunt in equos: S. Super equos iaciunt: sed proprie non est locut⁹ magisq̨ contrarie. Nam subiicere ē subter aliquid iacere: C. Subiiciunt: sursum iaciunt. Nō enim cō ponit a sub quod est subter: sed a subsum. id ē sursum antiqua prepositiōe: vt in Bucco: Quantū vere nouo florens se subiicit alnus.
t Regisq̨ insigne gerentē. S. id est dyadema habentem.
v Auidus cōfundere foedus. S. Legitur ꝑ auidū: sed melius auidus: quia Mesapus Turno fauebat qui erat impar ad singulare certamen.
x Voluitur aris. C. Pathos a loco. vt est. sanguine turpātem q̄s ipse sacrauerat aras Ab ara. Et hinc indignatio. q̨ rebus preparatis religioni abuterentur ad cędes.
y Altus equo. S. Equi magnitudinem latenter ostendit.
z Hoc habet. S. Hoc est

[m] Diripuere aras: it toto turbida cælo
Tempestas telorū: ac [n] ferreus ingruit imber:
[o] Craterasq̨: focosq̨ [p] ferunt: fugit ipse latinus
[q] Pulsatos referens infecto fœdere diuos.
[r] Infrenant alii currus: aut corpora saltu
[s] Subiiciunt in equos: & strictis ensib⁹ adsunt.
Mesapus regemq̨ [t] regisq̨ insigne gerentem
Tyrrhenū aulesten [v] auidus cōfundere fœdus
Aduerso proterret equo: ruit ille recedens:
Et misero oppositis a tergo [x] inuoluit aris.
In caput inq̨ hūeros: & feruid⁹ aduolat hasta
Mesapus: teloq̨ orantem multa trabali
Desuper [y] alt⁹ equo grauiter ferit: atq̨ ita fatur
[z] Hoc habet: hęc melior magnis dat [a] victīa diuis:
Concurrūt itali: spoliātq̨ calentia membra.
Obuius ambustum [b] torrem chorineus ab ara
Corripit: & venienti ebuso plagāq̨ ferentā
Occupat os flāmis: illi ingēs barba reluxit:
[c] Nidoremq̨ ambusta dedit. sup ipse secutus
Cæsariem læua turbati corripit hostis:
Impressoq̨ genu nitens terræ: applicat ipsum.
Sic rigido latus ense ferit. podalirius alsum
Pastorem: primaq̨ acie per tela ruentem,
Ense sequens nudo supeminet: ille securi
Aduersi frontem mediā mentūq̨ reducta
Disiicit: & sparso late rigat arma cruore.
[d] Olli dura quies oculos: & [e] ferreus vrges
Somnos in æternā claudunt lumina noctem.
[f] At pius æneas dextrā tendebat inermem
[g] Nudato capite: atq̨ suos [h] clamore vocabat:
[i] Quo ruitis? quæ ve ista [k] repēs discordia surgit?
O cohibete iras: ictū iam fœdus: & omnes
Compositæ leges: mihi ius cōcurrere soli:

lętali percussus est vulnere Terentius. Certe captus est habet. Sane sarcasmos de loci qualitate inuentus. Nam quia super aras cecidit ait. Hęc melior magnis data victima diuis. DO. Hoc habet. id est, bene se habent res.
a Melior victima. DO. Cum ioco dixit: quia in aram cecidit.
b Torrem. S. Erit nt̄s hic torris: & ita nunc dicimus. Nam illd̄ Ennii et Pacuuii penit⁹ de vsu recessit: vt hic torrus huius torri dicamus.
c Nidorē. S. Modo putorem:
d Olli dura quies. DO. Quia est quies nō dura et somnus nō fere⁹: & nox non ęterna.
e Ferreus somnus. S: Homerus. SE. κοῦλκεον ὕπνον.
f At pius Aeneas. C. Et fortis & religiosi hominis sibi officium ascribit qui vt foedus ictum inuiolatū maneret: nihilominus sit. Sed vt diximus nihil proficit in turba iam furore concitata.

g Nudato capite. S. Scilicet vt posset agnosci. Sane querit quēadmodum nudato dixerit: cū supra eum nusq̨ induxerit capite tecto. Nam nudatum est quicquid fuit ante coopertum: nudum vero dicitur q̄d tectum ante non fuerat. Ergo aut nudato pro nudo accipiat. vt sit ꝑ noīe ꝑticipiū: aut dicamus tectū eū habuisse caput: cū descendit ad campum

pum. Nam legimus syde re flagrās clypeo & coelestibus armis.
h Suos clamore vocabat. SER. Vtrumq; exercitū iam suū vocabat vt talis ei⁹ fuerit clamor. Quo in vos inuicē ruitis mei.
i Ruitis. DONA. Aliud est ire: aliud rēdere. aliud ruere.

Me sinite: atq; auferte metus: ego fœdera faxo
Firma manu: turnū iā debēt hęc mihi sacra.
Has inter voces media inter talia verba.
Ecce viro stridens alis allapsa sagitta est:
m Incertū qua pulsa manu quo turbine adacta:

k Repēs discurrit. SER. Aut subito: vt sit aduerbium. id est repente: vt solo recens orto: pro recenter. Aut repens discordia: pro repentina.
l Faxo. SERVIVS. Faciam.
m Incertum qua pulsa adhuć quidē ēsi dubitat: manu. SERVI. Hoc loco

tamen ab Iuturna intelligimus: imissum quendã qui vulnerauerat Aeneã. Quod aut paulopost Iuno dictura est de Iuturna: Nõ vt tela: tamẽ nõ vt cõtẽderet arcum: minime est mirandum. Nam scimus vnicuiq; imputari quod alter in eius gratiã fecerit sicut est: Et potes in totidẽ classes conuertere nymphas: Aeneam autem ab homine vulneratum indicat Iupiter paulopost dicens: Mortali decuit violare vulnere diuũ.

n Turnus. C. Nam ad singulare certamen iturus vehementer sibi timebat: nunc turbato foedere: & saucio aduersario bona redit spes.

o Molitur. S. Regit. Et est acyrologia: nam proprie molitur est parat.

p Superbus. C. Nimis elatus: arridente fortuna. si aũt oẽs locos: i quib⁹ de Turno poeta scribit anotabis: illum audacem potius: q̃ fortem descriptũ inuenies. In hoc loco crudelissime omnia agit.

q Hebri. S. Fluuii Thraciæ. C. Hebri. flumẽ Thraciæ: cuius hostiũ nobilitatum est tumulo polidori.

r Sanguineus mauors. SER. Gaudens sanguine αιμοχαρης. DON. Sanguineus. Nõ ipse: sed qui aliis sanguinem effundit. C. Mauors. Nam Thraciæ: vt dictum est ei attribuitur.

s Clipeo increpat. SER: Sonat alibi arguit. vt: increpat vltro.

t Equos. C. Scilicet dismum & phoum.

v Ante notos. C. Quia celeritate præuenit.

x Vltima. S. hoc est tota. Si enim gemit vltima: omnis sine dubio.

y Dei comitatus. C. Nã insidiæ metus discordia: et iræ comites, sunt bellantium.

z Miserabile cęsis. S. Miserabiliter: nomen pro aduerbio.

a Hunc congressus. C. Vt varietate omne auditoribus tedium: fastidiũq; auferat.

b Ipse nutrierat. SER: Solent enim plerumq; filios aliis dare nutriendos parentes.

c Ausus pelide precium

Quis tantã rutulis laudem casus ue deus ue
Attulerit: pressa est insignis gloria facti:
Nec sese Aeneæ iactauit vulnere quisq;.
Turnus vt æneã cedentem ex agmine vidit:
Turbatosq; duces: subita spe: feruidus ardet:
Emicat in currum: & manib⁹ molitur habenas.
Poscit equos: atq; arma simul: saltuq; superbus.
Multa virũ volitans dat fortia corpa lœto:
Semineces voluit multos: aut agmina curru
Proterit: aut raptas fugientib⁹ ingerit hastas:
Qualis apud gelidi cũ flumina concitus hebri,
Sãguineus mauros clipeo icrepat: atq; furẽtes
Bella mouẽs imittit equos: illi æquore aperto
Ante notos zephyrũq; volãt: gemit vltĩa pulsu
Thraca pedũ: circumq; atræ formidinis ora:
Iræq; insidiæq; dei comitatus aguntur.
Talis equos alacer media inter prælia turnus
Fumãtes sudore quatit: miserabilis cæsis
Hostib⁹ isultãs: spargit rapida ungula rores
Sanguineos: mixtaq; cruor calcatur haræna.
Iamq; neci: stelenũq; dedit: thamyrimq;: poluũq;:
Hũc cõgressus: & hũc: illũ emin⁹: emin⁹ ambo
Imbrasidas glaucũ: atq; ladẽ: quos imbras⁹ ipse
Nutrierat lycia: paribusq; onerauerat armis:
Vel cõferre manum: vel equo puertere ventos.
Parte alia media eumedes in prælia fertur
Antiqui proles bella præclara dolonis.
Nõne auum referens anĩo manib⁹q; parentẽ:
Qui quondã castra vt danaũ speculator adit et
Ausus pelidæ preciũ sibi poscere currum
Illum Tydides alio pro talibus ausis
Affecit præcio: nec equis asp irat achillis.
Hunc procul vt campo turn⁹ pspexit aperto:
Ante leui iaculo longum p inane secutus:

sibi poscere currũ. S. Difficilis hyppallage. Nam hoc vult dicere: q vt Achillis equos possit accipere ire ausus est ad castra græcorum. Ordo, enim non procedit: qui vt iret ausus est petere.

d Affecit precio. SER: Modo poena. Nam precium est τιμωρία. Teren. Ergo ob stultitiam precium fero.

Sistit equos biiuges: et curru desilit: atq;
Semianimi lapsoq; supervenit: et pede collo
Impresso: [f] dextra mucronē extorquet: et alto
Fulgentē tinxit iugulo: atq; haec insuper addit:
[g] En agros: et quā bello troiane petisti
Hesperiam metire iacens: haec praemia qui me
Ferro ausi temptare ferūt: sic moenia condunt.
Huic comitē butem cōiecta cuspide mittit.
Chloreaq;: sybarimq;: daretaq;: thersilochūq;:
Et [h] sternacis equi lapsum cervice thymoeten:
Ac veluti [i] edoni boreae cum spiritus alto
Insonat [k] aegeo: [l] sequiturq; ad litora fluctus:
Qua venti incubuere: fugam dāt nubila caelo:
Sic turno quacūq; viam secat: agmina cedunt:
Conversaeq; ruunt acies: fert impetus ipsum:
Et cristam adverso curru quatit aura volātē:
[m] Non tulit instantē phaegeus: animisq; frementē:
Obiecit sese [n] ad currum: & spumātia fraenis
Ora [o] citatorū dextra detorsit equorū:
Dū trahitur penditq; iugis: hunc lata retectum
Lancea consequitur: rumpitq; infixa [p] bilicem
Loricam: & sūmū [q] degustat vulnere corpus.
Ille tamen clypeo obiecto conversus in hostē
Ibat: & auxiliū stricto mucrone petebat.
Quē rota praecipitē: & [r] procursu cōcitus axis
Impulit: effunditq; solo: turnusq; secutus.
Imā inter galeā summi thoracis: & oras
Abstulit ense caput: truncūq; reliquit harenae:
Atq; ea dū campis victor dat funera turnus:
[s] Interea aeneam mnestheus: & fidus achates:
Ascaniusq; comes castris statuere cruentum
Alternos longa nitentem cuspide gressus
[t] Saevit: & infracta luctatur arundine telum
Eripere: auxilioq; viam quae proxima poscit.

e Nec equis aspirat achillis. SER. Aspirare apud maiores accedere significat Cicero. Nunq; aspiravit ad curiam. Sed hic figurate dixit: aspirat equis pro ad equos occisus est. Nec ad equos achillis accessit melius tamen est ut de Diomede intelligamus: ut sit sensus Diomedes occidit Dolonē qui equos Achillis ausus est petere: quos nec ille: qui eum vicit poposcit.

f Dextra mucronem extorquet. S. Quasi prosceconomia est: ut non cū suo interimat gladio ne agnoscat q; mereri est: etiam auxilium requirat: quo facto perite potera sequis tracti gladii oeconomia.

g En agro. S. Quos victor Aenea te accipe possessuros. Inde enim fabulosa facta e. Nam consuetudo erat: ut victores imperatores agros suos militibus darent: ut in hystoria legimus. Item in Luca. An melius fierent pirate magne coloni. C. En agros. Amara & hastilis irrisio: & temere effusa. Non enim decet virū excelso animo prestantē ita efferri: presertim matre ad huc dubio.

h Sternacis equi. SER. Ferocis: qui facile sternit sedentem.

i Edoni boree. S. Thraci: nā edon mōs est Thracie. Sane sciendū hoc loco errasse Donatū. qui dicit edonii legendū est: ut do brevis sit scdm Luca. qui dicit edones ogygio decurrit piena lyco. Namq; certum est Systolem fecisse Lucanū. unde edoni legē dum est: ut sit hic edonus huius edoni. Staci. & Virgiliū & antē secutus est. ait Tristius. edonas hyemes hebrūq; nivalē: non edonias.

k Aegeo. SER. Mari scilicet: sicut sequentia indicant.

l Sequiturq; ad littora fluctus. SER. Nam male ait Donatus Montem esse unde flat boreas: cum certum sit eum de hyperboreis montibus flare.

m Instantem phegeus: SER. Aut sibi aut omnibus. C. Non tulit instantem. Ut rē variet: neq; omnes Turno cedentes inducat. hunc rēpugnantem facit.

n Ad currum: SERVI: Pro curru: se obiicit.

o Citatorum: S. Aphaeresis ē: pro concitatorum.

p Bilicem loricā. SER: Li lōga est: & accentum habet sicut bifilum. si producitur: quia & filia, & lycia dicimus:

q Degustat. SER. Leviter tangit: unde contra de alto vulnere ait: virgineumq; alte bibit acta cruorem.

r Procursu. SER impetu: & est una psorationis procursus.

s Interea. CRI Exornat narrationem suam. cum illam variet: & insperatos exitus tribuat. Ostēdit autē & in Aenea: & in Turno quid possit fortuna. Nam & Turnus sese victorem sperabat: & Aeneas omni pene spe destitutus erat: Cum longe aliter sese res evēturum: unde aurea sententia est Senecę. Nemo confidat nimium secūdis: nemo desperet meliora lapsis. Preterea ut Turnum victoria insolentiorem q̄ oporteret ponit: ita Aeneam: q̄uis spem amisisset Semper invictū gerit animum. Adde postremum & illud. Q̄ decus bonis semper favet: violaverat Turnus foedera. At Aeneas dum illud observari curat i calamitatem incidit. Qua propter meruit eius innocentia a deo sublevari presēte: cum in se curādo nullum dolorem subire recusatet.

t Saevit. SER. Quia nō potest scilicet in bello procedere.

Ense secent lato vulnus: telicꝫ latebram
Rescindant penitus: se secꝫ in bella remittant.
Iamcꝫ aderat phoebo ante alios dilectus Iapis
Iasides: acri quondam cui captus amore
Ipse suas artes sua munera laetus apollo
Auguriũ cytharamcꝫ dabat: celerescꝫ sagittas.
Ille vt depositi proferret fata parentis
Scire potestates herbarũ: vsumcꝫ medendi
Maluit: & mutas agitare inglorius artes:
Stabat acerba fremẽs ingentẽ nixus in hastã
Aeneas: magno iuuenũ & moerentis Iuli
Concursu lachrymiscꝫ imobilis: ille retorto
Paeoniũ morem senior succinctus amictu
Multa manu medica: phoebicꝫ potẽtib⁹ herbis
Nequicq̃ trepidat: nequicq̃ spicula dextra
Sollicitat: prensatcꝫ tenaci forcipe ferrum:
Nulla viã fortuna regit: nihil auctor apollo
Subuenit: & saeu⁹ cãpis magis ac magis horror
Crebrescit: ppiuscꝫ malũ est: iam puluere caelũ
Stare videt: subeunt equites: & spicula castris
Densa cadũt medijs: it tristis ad aethera clamor
Bellantũ iuuenũ: & duro sub marte cadentũ.
Tum venus indigno nati concussa dolore
Dictamũ genitrix cretaea carpit ab ida:
Puberibus caulem folijs: & flore comantem
Purpureo: nõ illa feris incognita capris
Gramina: cũ tergo volucres haesere sagittae.
Hoc venus obscuro faciem circũdata nimbo
Detulit. hoc fusum labris splendentib⁹ amnẽ
Inficit occulte medicans: spargitcꝫ salubris
Ambrosiae succos: & odoriferam panacaeam:
Fouit ea vulnus lympha longaeuus Iapis
Ignorans: subitocꝫ omnis de corpore fugit
Quippe dolor: oĩs stetit imo vulnere sanguis

v Ense secent lato vulnus. S. aiũ viri fortẽ expssit. x Iapis. S. Aptũ nomẽ medico. nam ιασθαι. dicunt curare. y Auguriũ cytharamcꝫ dabat. S. Vera lectio est dabat nã nõ dedit. Sane per cytharã scientiã indicat harmonię. z Vt depositi. S. despera: nã cõsuetudo erat vt desperati ante ianuas suas collocarent: vł vt extremũ spiritũ redderẽt terrę: vel vt possent a trãseuntibus forte curari: qui aliquã simili laborauerant morbo. Cicero. Aegrã & prope depositã reipu. partem a Potestates herbarum. S. Vim possibilitatẽ. Nã in herbarũ cura nulla est gloria etiã ad mutas artes. Licet alii mutas artes tractatũ vanę velint. Alii mutas artes musicę cõparatõe. b Vsum medendi. SERVIVS. εμπειρίαν. sciẽtiã: hoc est medicinã in vsu nõ in ratione cõstãtẽ. d Inglorius. S. Cõparatione sagittarũ & harmonię & diuinitatis. e Paeoniũ i morẽ. S. medicinalẽ: a Paeone. Nã dorice lingue ẽ paean. nã naturale ẽ paeon. f Nulla viã fortuna regit. S. Nulł eius rationẽ pręstat. g Nihil auctor apollo S. Medicinę inuẽtor: nam Aesculapius pręest medicinę quã Apollo inuenit qui in Ouidio. pro se ait. Inuentũ medicina meũ ẽ h Propiuscꝫ malum. S. Ex fuga scilicet troianorũ. i Stare. S. Plenũ esse. ut alibi: Stat puluere caelũ. k Indigna dolore. SER. Qui fuerat nat⁹ ex vulnere indigne illato: p insidias scilicet. l Dictamũ S. Hęc herba licet vbicꝫ nascat: melior tñ in Creta est. C. Dictamũ. de hoc iam dixim⁹ atcꝫ etiam de ambrosia. m Puberibus caulẽ foliis. S. Hoc ẽ adult⁹. sicut i quarto: pubẽtes herbę: & ẽ rec proca inter herbas: & hoies trãslatio: nã & pubertatẽ herbarũ: & florẽ iuuentutis vocam⁹. n Faciẽ circũdata. S. A pte em totum corpus accipimus. o Fusum amnẽ. S. Pro aqua a toto ptẽ: sic supra. fontescꝫ ignescꝫ ferebant. p Ambrosię succus. S.

Ambrosia cib⁹ est deorũ: nam nectar potant. q Panaceã. S. Gen⁹ herbę. Sciendũ tamẽ Lucreciũ vbicꝫ panaceã salem dicere: vnde possumus & hoc loco salẽ intelligere: nã omnẽ pellit dolorem: sed melius herbã: quia ait odoriferam. C. Panaceã. De hac herba Plini⁹. Panaces ipso noie: oim morborũ remedia pmittit numerosum: & diis & inuẽtorib⁹ ascriptũ. Multę e⁹ species. vnũ Asclepion dicitur: quoniã is filiã Panaceã appellauit: hac auulsa scrobẽ vario genere frugũ replen: religio ẽ: & terrę piamẽtũ. Id autẽ quod ex Macedonia affert bucolicũ vocãt: armẽtariis spõte erũpentem succũ excipientibus: alterũ gen⁹ Heracleon vocãt: ab Hercule inuentũ. Vocaf etiã origanũ. Heracleoticũ quoniã siluestri origano sit simile. Terciũ chyronion panaces dicitur ab inuẽtore: folium habet lapato simile maius tñ et hirsut⁹: flos aure⁹. Quartũ ẽ centaurion ab eodẽ Chyrone repertũ. Sed & pharmaceon quoniã i cõtrouersia est: an sit a pharnace rege deductũ. Huius radix odorata: est i vmbra siccata vino gratiam affert. r Quippe dolor. S. Quasi dolor. Cui⁹ natura hęc ẽ: vt adhibito remedio statim recedat: Nã dolor cõsequẽs est res: ñ principal: vnde sublata causa etiam ipse statim recedit: hinc ait quippe: nã infusa aqua: inherẽs laxare coeperat telũ quod antea inferebat dolorem. s In pristina: S. in vsum priorem. t Iapis cõclamat. C. Nã maior fides medico i hoc qꝫ Aeneę danda erat. v Maior agit deus. S. Apollo inuentor medicinę scilicet. x Opera ad maiora. C. Optima em cõiectura erat Aeneam debere magno molri post qꝫ deorũ cura seruat⁹ erat. Frustra enim seruassent si paulopost erat periturus. Pręber igit magnã spem futurę victorię. y Auidus. C. Quasi dicat sua sponte cupiebat: sed verbis medici magis incendebatur. z Dice puer virtutẽ. C. Non glo

Iamqꝫ secuta manu nullo cogente sagitta
Excidit: atqꝫ nouæ rediere in pristina vires.
Arma citi ꝑperate viri quid statis: Iapis
Conclamat: primusqꝫ aĩos accendit in hostem
Non hæc humanis opibus: nõ arte magistra
Proueniũt: neqꝫ te ænea mea dextera seruat.
Maior agit deus: atqꝫ opa ad maiora remittit.
Ille auidus pugnæ: suras incluserat auro
Hinc atqꝫ hinc: oditqꝫ moras: hastãqꝫ coruscat:
Postqꝫ habilis lateri clypeus: loricaqꝫ tergo est:
Ascaniũ fusis circũ complectitur armis:
Summaqꝫ ꝑ galeam delibans oscula fatur.

Disce puer virtutem ex me: verũq; laborem
Fortunam ex aliis: nũc te mea dextera bello
Defensum dabit: & magna inter pmia ducet.
Tu facito mox cũ matura adoleuerit ætas
Sis memor: & te aĩo repetentẽ exempla tuorũ.
Et pater æneas: & auunculus excitet hector.
Hæc vbi dicta dedit: portis sese extulit altis
Telũ imã: ne manu quatiẽs: simul agmine dẽso
Antæus mnestheusq; ruunt: omnisq; relictis
Turba fluit castris: tum cæco puluere campus
Miscetur: pulsuq; pedum tremit excita tellus.
Vidit ab aduerso venientes aggere Turnus:
Videre ausonii: gelidusq; per ima cucurrit
Ossa tremor. prima ante omẽs Iuturna latinos
Audiit: agnouitq; sonũ: et tremefacta refugit:
Ille volat: campoq; atrũ rapit agmen aperto:
Qualis vbi ad terras abrupto sydere nimbus
It mare p medium: miseris heu præscia longe
Horrescũt corda agricolis: dabit ille ruinas
Arboribus: stragemq; satis: ruet omnia late:
Ante volant: sonituq; ferũt ad littora venti:
Talis in aduersos ductor rhœteius hostes
Agmen agit: densi cuneis se quisq; coactis
Agglomerãt: ferit ense grauẽ thymbreus osirĩ:
Archetiũ mnesthe⁹: epulonẽ obtrũcat achates:
Vfentemq; gyas: cadit ipse tolũnius augur:
Primus in aduersos telum qui torserat hostes.
Tollitur in cælum clamor: versiq; vicissim
Puluerulenta fuga rutuli dant terga p agros.
Ipse neq; aduersos dignatur sternere morti.
Nec pede cõgressos equo: nec tela ferentes
Insequitur: solum densa caligine Turnum

Nosi est hominis: sed optimi patris: qui suo exẽplo filium ad virtutem excitare cupit. Licet enim gloria ri parentem: vt filium inuendat ad eandẽ gloriam acquirendam.

a Veruq; laborẽ. SER. Quem p me ipse suscipio: non qui ex aliorum virtute imperatoribus ascribi consueuit.

b Fortunam ex aliis. S: Subaudim⁹ opta: neq; enĩ fortuna discit: & est zeugma non integrum.

c Inter pmia. SER. Ad premia. Cicero: dico te priore nocte venisse inter falcarios. id est ad falcarios:

d Matura adoleuerit etas. S. Adolescendo matura esse coepit.

e Portis. C. Castrorum quę altę erant: propter aggerem & fossam.

f Simul agmine denso. CRI. Nã qui pauloante fugiebant Sautio imperatore: cum eodem in bella redeunte frequẽtes alacresq; sequunt. Eos autẽ qui sequunt: & plurimos esse: & cũ impetu egredi ostẽdit poeta plurib⁹ verbis. Nam turba multitudo indistincta est: et aut habet impetum. & fluere seriem hominum continuatam: (vt fluuius est) ostendit.

g Antęus mnestheus. SER Seruauit tompsnov necesse enĩ erat: vt vulnerato duce multi cũ eo in castra remearent.

h Relictis castris. CRI. Hoc est ab omnib⁹ desertis indubitata enim victoria omnem curam eluandorum castrorum remouerat

i Miscetur. S. Mõ confunditur: alibi perturbat: vt miscet agens telis inter frondea turbam.

k Aggere Turnus. SER. Eminentia. de via aũt aggerẽ ñ possum⁹ dicere: nisi vię aggerẽ dicere voluerim⁹. i. coaceruationẽ: quã historici viã militarẽ dicũt vt. Qualis sępe vię deprẽsus in aggere serpens.

l Atrum rapit agmen. S. Pulueris nube coopertum.

m Abrupto sydere. S. Magna tempestate: alibi: sorbet in abruptũ fluct⁹. Item scit triste Mineruę sydus.

n It mare per mediũ mi

ser's S. Statius plen⁹ de hoc sensu. Deflent sua dãna coloni. Et tamen oppressos miserãtur in equore nautas.

o Ruet. S. Eruet: euertet: aliter dictum est in secundo Ruit alto a culmine Troia.

p Talis. S Taliter, simili modo sic paulopost. Similis medios Iuturna per hostes.

q Rhœteius. S. Troianus a promõtorio Troię.

r Cuneis se quisq; coactis agglomerant. SER. Dẽsentur: et cuneatim dimicẽt: scilicet i cuneorum modum compositi.

s Tollitur in coelum clamor. S. Occiso eo qui auctor dirumpendi foederis fuerat: exort⁹ est clamor: & statim secuta fuga rutulorum. Vt: versiq; vicissim. Puluerulẽta fuga rutuli dant terga per agros.

t Ipse neq; aduersos. C. Tanq; qui foedus: q̃uis ab hoste violatum: seruaturus in solum Turnum feratur.

v Nec tela ferentes Insequitur. S. Id est nec cõtra stantes: nec fugientes dedignat occidere. Et magna Aeneę ostenditur pietas; qui nec vulneratus irascit vt velit contra legem foederis in bellum moueri.

Vestigat lustrans: solum incertamina poscit.
Hoc concussa metu mentem iuturna virago.
Aurigã turni media inter lora metiscum
Excutit: & longe lapsum temone relinquit.

Ipsa subit: manibusq; vndãtes flectit habenas:
Cuncta gerẽs: vocemq; & corp⁹ & arma metisci:

Nigra velut magnas domini cũ diuitis ædes
Peruolat: & pẽnis alta atria lustrat hirundo

Pabula parua legẽs nidisq; loquacibus escas:

Et nũc porticibus vacuis: nũc humida circum
Stagna sonat: similis medios iuturna ꝑ hostes
Fertur equis: rapidoq; volãs obit oĩa curru.

Iãq; hinc germanũ: iamq; hinc oñdit ouantẽ:

Nec cõferre manum patit: volat auia longe.

Haud minus æneas tortos legit obuius orbes:

Vestigatq; virũ: & deiecta ꝑ agmina magna
Voce vocat: quotiẽs oculos cõiecit in hostem:
Alipedũq; fugam cursu temptauit equorũ:
Auersos totiens currus iuturna retorsit:

Heu quid agat: vario nequicq; fluctuat æstu:
Diuersæq; vocant animũ in cõtraria curæ.

Huic mesapus (vti læua duo forte gerebat
Lenta leui cursu præfixa hastilia ferro:)
Horũ vnũ certo cõtorquens dirigit ictu.

Substitit æneas: & se collegit in arma:

Poplite subsidẽs: apicem tamẽ incita summũ
Hasta tulit: summasq; excussit vertice cristas.

Tum vero assurgunt iræ: insidijsq; subactus
Diuersos vbi sensit equos: currũq; referri:

Multa iouem: & læsi testatus fœderis aras.
Iam tandẽ inuadit medios: & marte secundo.

Terribilis sæuam nullo discrimine cædem

Suscitat: irarũq; omnes effundit habenas.

Quis mihi nũc tot acerba de⁹? qs carmĩe cędes
Diuersas? obitũq; ducũ: quos æquore toto:

Inq; vicẽ nũc turnus agit: nunc troius heros

Expediat? tanton placuit cõcurrere motu

Iupiter æterna gentes in pace futuras?

Aeneas rutulum sucronem: ea prima ruentes
Pugna loco statuit teucros; haud mlta morat⁹

x Virago. S. Virago dicitur mulier: quę virile impleт officium.
y Ipsa subit: C. Turpe enim fuisset Turno: si sua sponte subterfugia quęsisset.
z Aedes peruolat. S. id est per ędes volat. Nam more suo verbo dedit detractam nomini prępositionem.
a Parua. C. Nam muscas legit.
b Loquacibus. C. Impropria locutio, id est garrulis.
c Vacuis. S. magnis: vt vacua atria lustrat Sauti⁹.
d Iamq; hic germanũ. C. Sępe ducebat germanũ in cõspectu Aeneę ne fugere videretur: deinde ne manus conferre cogeretur diuertebat.
e Nec conferre manum patitur. SER. Cũ Aenea: nam alios persequitur.
f Auia. S. Ab ea scilicet pte qua veniebat Aeneas
g Tortos orbes. SER. Obliquas & implicitas vias.
h Vestigatq; virum. S. Inquirit. Translatio a canibus: quę ꝑ vestigia & pedum signa feram indagant.
i Deiecta per agmina. SER. Dissipata aduentu Aeneę.
k Heu quid agat. SER. Omne aduerbium verbo coheret: vnde heu & at & similia: quia verbo cohere re non possunt: separatim fecerunt aliam partẽ orationis: scilicet interiectionẽ: quam sola latinitas possidet.
l Huic. SER. Pro ĩ hũc Et est ordo huic dirigit.
m Se collegit in arma. S. Ita se rexit: vt nulla parte posset ferire.
n Apicem tamen incita summũ. SER. Galeę eminentiam quam gręci conum vocant: in qua eminent cristę.
o Tum vero. C. Iam satisfecerat fœderi: & sępius iustissime lacessitus non poterat nõ vlcisci iniurias.
p Multa Iouem & lęsi testatus fœderis aras. S. Licet haberet causam iracundię: quod & fugiebat Turnus: & ipse appetebatur insidiis: non tamẽ ante prorupit ille in bellum

q; Iouis fidem: & læsa fœdera testaretur.
q Nullo discrimine cędẽ suscitat. SER. Indiscrete obtruncat vniuersos quibus ante pari pepercerat modo.
r Irarum effundit habenas. SER. Potestatem: facultatem: vt. Et premeret laxas sciret dare iussus habenas. Et hic moderate locutus est. Nam Ennius effundit iratũ quadrigas dixit.
s Quis mihi nunc tot acerba deus. S. Ac si diceret: nec musa nec Apollo sufficiũt. Stati⁹ Maior ab aoniis sumenda audacia lucis. Mecum omnes audite deę. CRI. Quis: Cũ summo stupore pronunciandum: quasi diceret: nõ possunt hęc exprimi.
t Inq; vicem. S. Nã q; vacat.

v Tanton placuit concurrere. SERVI. Apostrophe ad Iouem. Sane tanton. on circumflectitur. Nam cũ per apostrophen apocopen verba patiuntur: is qui in integra parte fuerat perseuerat accẽtus: vt tantone. Inde fit tanton.
x Aeterna gentes in pace futuras. CRI. Nam ex duobus populis vn⁹ erat futurus.
y Ruentes teucros. SERVIVS. Quos insequebatur Turnus.

Excipit in latus: & qua fata celerrima[z] crudū
Transadigit costas: & crates[a] pectoris ensem.
Turnus equo deiectū amycū[b] fratremq; diorē
Cōgressus: pedes hunc venientē cuspide lōga:
Hunc mucrone ferit[c]: curruq; abscissa duorum
Suspendit capita: & rorātia sanguine portat.
Ille talon tanaimq; neci: fortemq; cethegum
Tris vno congressu: & mœstū[d] mittit onytē:
Nomen echionium: matrisq; genus[e] peridię:
Hic fratres lycia[f] missos: & apollinis agris:
Et iuuenem exosum[g] nequicq; bella menœtem[h]
Arcada: piscosæ cui circū[i] flumina lernæ
Ars fuerat: pauperq; domus: nec nota potentū[k]
Munera: conductaq; pater tellure serebat.
At veluti immissi diuersis partibus ignes
Arentē[l] in syluam: & virgulta sonātia lauro:
Aut vbi decursu rapido de montibus altis
Dāt[m] sonitū spumosi amnes. & i ęquora currūt
Quisq; suū populatus iter: nō segnius ambo
Aeneas: Turnusq; ruunt p̄ prælia: nūc nunc[n]
Fluctuat ira intus: rump[o]ūtur: nescia[p] vinci
Pectora: nūc totis in vulnera viribus itur:
Murranū[q] hic atauos & auorū antiqua sonātē
Nomina: p̄ regesq;[r] actū genus omne latinos:
Præcipitē scopulo: atq; ingenti turbine saxi
Excutit: effūditq; solo: hūc lora & iuga subter
Prouoluere rotæ: crebro sup̄ vngula pulsu
Incita: nec domini memorū[s] proculcat equorū:
Ille ruenti hiloq;: animisq; immane frementi
Occurrit, telumq; aurata ad tempora torquet.
Olli per galeam fixo stetit hasta cerebro.
Dextera[t] nec tua te graium fortissime creteu
Eripuit turno: nec dij texere Cupentum

z Crudū ensem. S. Modo durū: alias crudelē.
a Et crates pectoris. S: Donatus supfluā vult eē cōiunctionē. Et vt sit epexegesis, adigit ensem p̄ costas, id est pectoris crates: vbi celerius fata cōplent. Et hoc est quod ait supra Haud multa moratus.
b Amycū fratrēq; diorē. S. Hi duo duces sunt etiam supra mēorati: vt nūc amyci casū gē. Itē. Et nūc tertia palma diores. vnde ad terrorē ppłi corq; capita religebant in curru.
c Curruq;. S. Curru septimus casus est aut datiuus antiqu⁹ scd'm regulā ne sit maior a nto plurali:
d Mœstū mittit onytē. S. Naturaliter tristē. seuerum quē greci. αγελαστον dicunt. Mittit autem socium supra memoratis. Sane onytē. Donatus dicit aut gētile aut patronymicū: vt nomē eius pprium sit Echioni⁹: sed hoc nō p̄cedit: q̄a nec patronymicum istes exit. Nec onytes a qua gēte veniat vsq; lectū est. Propriū ergo ē. Et seq̄ns versus erit nomen Echioniū, id est thebanā gloriā p̄ pyphrasim. Nā Echionii sunt thebani a rege Echione: vn̄ male q̄dā legūt: nomē Echionum.
e Matrisq; gen⁹ peridię. S. Periphrasis, hoc est filium peridię. f Lycia missos & apollinis agris: S. Vacat & nam p̄ επεξη γησιν, lycia arma, Apollinis dixit: vt nunc lycię sortes. g Exosum nec quicq; bella. S. Sic supra: iniecere manū p̄cę: nā per trāsitū ostēdit vrgentib⁹ fatis eū ad bella deductū q̄ nec quicq; semp̄ vitare cupiebat. h Menœtē. S. Nūc Menœtē oriūdo archadē fuisse intelligim⁹ Sed habitasse circa argos nam lerna palus argiuorum: in qua eū dicit solitū piscari. Nā hoc significat. Piscosę cui circa fluia lernę aras fuerat. i Pauperq; domus. S. Hic & hęc paup̄ dicim⁹: nā paupera vsurpatum est. Sic Plaut⁹. paupa est mulier. Sed hoc hodie nō vtimur. ea em̄ noia q̄ ablatiuo singulari in e exeūt. si fœmina ex se faciūt: etheroclita id est alteri⁹ declinationis esse non possunt: vt puta: quia ab hoc hospite facit: hic & hęc hospes dicam⁹ necesse est. Luca. Hospes in extremis audiuit curia tectis Ab hoc leone: hic et hęc leo. Ab hoc latrōe: hic & hæc latro. Ab hoc fullone: hic & hęc fullo. Ab hoc nepote: hic & hęc nepos. Nam vt neptis dicamus p̄ successionis discretionē admissum est. Scēdum hospita: paupa: lea vsurpata a poetis.
k Potentū munera. S. obsequia q̄ paup̄es diuitibus loco munerū soluūt.
l Arentē in syluā. SER: pro aridam. m Dant sonitum spumosi amnes S. Bellū semp̄ incēdio & fluminibus comparat: sic In secundo. In segetē veluti cum flamma furentibus austris incidit: aut rapidus montano gurgite torrens. n Nunc nūc. C. Quasi dicat. Et si ante vterq; furebat: tū omne illud comparatione illius temporis nihil erat.
o Rumpūtur. C. Ex nimia ira. Nā ipsa indignatio inflat: & inflatio rumpit. p Nescia vinci pectora: SER. Hora. Pelidę stomachū cedere nesci:
q Murranū hic atauos & nomina. S. Hoc est cuius nomine maiores omnes murrani dicti sunt: & reges fuerunt. Vt per regesq; actum genus omne latinum Scimus enim plerumq; solere: vt primi regis: reliqui nomen etiam possideant: vt apud Romanos Augusti vocant: Apud Albanos Sylui. Apud psas Arsacidę: apd' ęgyptios Ptholomei; apd' Athenienses Cecropidę: Vnde superfluū est quod ait Donatus: debere nos accip re, interemptum eē Murranum: duz auos & atauos Turni tantū commemorat: et effert laudibus maximis.
r Per regesq; actum genus omne latinos. S. Horati. Et nepotum per memores genus omne fastos, de lamo.
s Nec domini memorum, SER. Domini immemorum.
t Dextra nec tua te graiū fortissime cretheu Eripuit Tur. nec dii tex. cupētem. S. Ita Aeneā cōparat Turno: vt eū supiorē

esse significet: nam quem Turnus interemit: fortitudo sua liberare non potuit: ei vero quem occidit Aeneas: ne sua quidē numina prodesse potuerūt. Sane sciendū Cupentum lingua Sabinorum sacerdotem vocari.
y Late terram. S. Aliud ex alio ostenditur: nam per hoc corporis exprimit magnitudo: vt: stabāt tercentum nitidi in prēsepibus altis.
z Euersor achilles. SER.

Aenea veniente sui; dedit obuia ferro
Pectora: nec misero clipei mora profuit ęris.
Te quoq; laurentes viderunt ęole campi
Oppetere: & late terram cō sternere tergo.
Occidis: argiuę quem non potuere phalanges
Sternere: nec priami regnorū euersor achilles;
Hic tibi mortis erant metę: domus alta sub ida
Lyrnessi domus alta: solo laurente sepulchrū.

Separat achillē a gręcis: vt: reliquias Danaum atque immitis Achilli.
y Mortis erant metę. S. id est mors: quę meta erat & finis. nam metā finē vitę dicim⁹: nō mortis. Sciēdum tamen hoc de Homero esse translatum quē ait. τέλος θανάτοιο hoc est finis mortis: nam in ipso morte finis est.
z Lyrnessi domus alta. SER. Lyrnessos ciuitas est phrygię: vn̄ fuit Briseis: & per transitum docet

neminẽ possę statuta vitare. a Totę adeo. C. Nõ describit solũ: sꝫ pingit celeritatẽ & vehemẽtiã pugnãtiũ. b Cõuersę acies S. in bellũ coactę.
c Pro se quisq; viri. S. Pro qualitate virium suarum: sic in quinto: pro se quisq; viri: & depromũt tela pharetris.
d Sũma nititur opũ vi. S. Hemistichion Ennianum. e Mentẽ Aeneę genitrix pulcherrima misit. S. Vt ꝯsiliũ q̃ faceret id posses nũc nꝫ accipe mẽtẽ. ¶ Pulcherrima: ꝑpetuũ est epitheton: nec ad negocium ptinens. Sane bona vsus ẽ œconomia: Vt diceret instinctu numinis profectũ esse Aeneam ad ciuitatis excidium. Nã incõgruum fuerat occupatũ bello ꝑ se tale cœpisse consilium. C. Hic mẽtem Aenee genitrix. Optimũ figmentũ: nam amor potiũ de rei ingenium excitat: vt nimemur omnem viã ad rem perficiendam. f Vrbiumq; aduerteret agmen. S. contra vrbem. g Acies circumtulit. S. Oculorum scilicet. Et bona occasione puenit ad id vt Aeneas possit ciuitatẽ aspicere. h Immunẽ tanti belli. S. Sine officio dimicandi. Nã imunis ẽ quę nihil ꝓstat: quasi sine muneribꝰ siue munijs.
i Impune qetẽ. S. Quę specialr debuit poenas luere propter foedꝰ abruptũ: k Pugnę accedit maioris imago. S. Subaudis eũ.
l Tumulũq; caput. C. vt ab oibꝰ videri & audiri posset: m Nec scuta aut spicula densi deponũt. S. Ex eo q̧ non est sactũ quod fieri soleat indicauit: vt supra: Desigunt tellure hastas: & scuta reclinant. C. Nec scuta. Quod prudẽtię fuit: nã nõ ita audiẽdus erat: vt interim cõtra hostes parati nõ essent.
n Esto. S. Pro sit.
o Iuppiter hac stat. S. id est pro nobis religio est quã leserunt rutuli ruptis foederibus: nouimus autẽ interfuisse foederi. Et deos alios & Iouis imaginẽ sceptri ꝑsentia redditam.
p Ne quis ob inceptũ subitũ mihi segnior ito. S. Tertia ꝑsona est ito, id est eat: & hortatur eos: vt

Totę adeo cõuersę acies: omnesq; latini:
Omnes dardanidę mnestheus acerq; serestus:
Et mesapus equum domitor: & fortis asylas:
Tuscorumq; phalanx: euandriq; arcadis alæ:
Pro se quisq; viri sũma nitũtur opum vi.
Nec mora nec requies vasto certamine tendũt
Hic mentẽ æneæ genetrix pulcherrima misit
Iret vt ad muros: vrbiq; aduerteret agmen
Ocius: & subita turbaret clade latinos.
Ille vt vestigans diuersa ꝑ agmina turnum:
Huc atq; huc acies circũtulit aspicit vrbem
Immunẽ tanti belli: atq; impune quietam:
Continuo pugnæ accendit maioris imago
Mnesthea: sergestũq; vocat: fortemq; serestum
Ductores: tumulũq; capit: quo cętera teucrũ
Cõcurrit legio: nec scuta aut spicula densi
Deponũt: celso medius stans aggere fatur:
Ne qua meis esto dictis mora Iupiter hac stat:
Neu quis ob inceptũ subitũ mihi segnior ito:
Vrbem hodie causam belli regna ipsa latini
Ni frenũ accipere: & dicto parere fatentur
Eruam: & æqua solo fumãtia culmina ponã:
Scilicet expectem libeat dum prælia turno
Nostra pati: rursusq; velit concurrere victus:
Hoc caput o ciues: hæc belli summa nefandi.
Ferte faces ꝓpere: fœdusq; reposcite flãmis.
Dixerat: atq; animis ꝑiter certantibus omnes
Dant cuneum: densaq; ad muros mole ferunt̃.
Scalę improuiso: subitusq; apparuit ignis:
Discurrũt alij ad portas: primosq; trucidant.
Ferrũ alij torquent: & obumbrãt æthera telis.
Ipse inter se primos dextrã sub mœnia tendit
Aeneas: magnaq; incusat voce latinum:
Testaturq; deos: iterũ se ad prælia cogi:

ita in bellũ eant quasi res fuerit ante disposita: nam hoc dicit repentinũ imperium nullã nobis afferat moram: sicut paulo post Scalę improuiso subitusq; apparuit ignis.
q Causam belli. S. Quia illic erat Lauinia.
r Scilicet expectem. C. Indignatio est sed tamen nõ ita indignatur: vt a iustitia discedat.
s Hoc caput o ciues. S. Sicut superiꝰ drances Turno. O latio caput & horũ & cũctorũ cã malorũ. id est principium.
t Foedusq; reposcite flãmis. S. Grauitate sermonis declamationi pondus imposuit: nã hoc dicit flãmas foederis vrbis innouemus incendio. Nã hic reposcitẽ ĩnouare: reuocate.
v Scalę improuiso. C. Summę enim prudentię & celeritatis fuit: ita incautos scalis pręuenire. Vt nihil tale futurũ opinarent.
x Discurrũt alii ad portas primosq; trucidãt. S. Subaudi improuiso: & hęc simul pronunciãda sunt: vt simul facta videantur: quo vehemens vis bellica possit agnosci.
y Inter primos. S. Inter duces: inter principes.
z Hęc altera foedera rũpi. S. Bis rumpi foedera: bis hostis italos fieri: Bis se in prelia sęua compelli: Nam varie eandem rem iterat. Bis autẽ foedera facta sũt: semel per Ilioneũ: & pauloante propter singulare certamen.
a Exoritur trepidos inter discordia ciues. CRI. Hoc enim facit impręmeditatus casus: nam in re improuisã. cum consilii capiendi tempus nõ datur vnusquisq; ad suum ingenium redit. Et vt varia sunt ingenia varię oriuntur sententię.
b Reserare iubent. S. id est volunt: vt iubeo chremẽtem Teren.
c Trahunt in moenia regem. S. Trahere voluntã nam voluntas animi est non facti. Trahũt autem scilicet vt ꝓssit imminẽs videri discrimen. Donatꝰ dicit: Trahunt in moenia pro dilacerant in moenibus rumoribus suis.
d Inclusas vt cum latet

broso in pumice pastor: SER. Pene omnia istius comparationis verba ad supra dictum prinēt bellum: nam ita apes inclusę sunt. Vt homines qui obsidentur: ita ciuitatem, cimētiū latebras dicimus: sicut apum aluearia. Item pastorum rex. Et reuera pastorē ductor exercitus: Homerꝰ ποιμένα λαῶν: Pumicē autem iste in genere masculino posuit: & hunc sequitur. Licet Catullꝰ dixerit genere feminino. CRI. Inclusas vt cū. quadrat ex omnibus partibus ista comparatio: si diligenter aduertes.

e Fumoq ipleuit amaro. SER. Qui elicit lachrymas.

f Trepidę rerum. SER: Nescientes quid agant: et ignare auxilii.

g Per cerea castra. CRI. Quoniam ad bellum refertur: recte dixit castra.

h Ater odor. S. Noue: nā i odore equis color est: sed hoc dicit odor ater: aute rei. Fumi scilicet ater odor pessimus: vt: fumoq impleuit amaro.

i Accidit. C. Cum res ad interitum deducūt fata semper calamitatibus calamitates adduntur.

k Etiam fortuna Latinis. S. Casus: nam omnis casus in potestate fortunę est.

l Tectis venientem prospicit hostem. S. Aut est tectis prospicit: aut cōtra tecta venientem.

m Incessi muros. SER: Inuadi.

n Et subito mentē turbata dolore. S. Vt oculos suffossa.

o Et nodum informis leti. S. Alii dicūt ꝙ inedia se interemit. Sane sciendū ꝙ cautum fuerat in pontificalibus libris: vt qui laqueo finiuisset vitam: insepultꝰ abiiceretur: Vñ bñ ait informis leti quasi mortis infamissimę.

p Flauos lauinia crines. S. Antiqua lectio Floreos habuit. id est florulentos. pulchras: et est sermo Ennianus.

q Et roseas laniata ge. S. Moris fuit apud antiquos vt ante rogos humanus sanguis effunderet... r: vel captiuorum: vel gladiatorum: quorum si forte copia nō fuisset. Laniantes fœminę genas suum effūdebant cruorem: vt rogis illa imago restitueretur. Tamen sciēdum cautum lege duodecim tabularū: ne mulieres carperent faciem his verbis. Mulier faciem ne carpito.

Bis iam italos hostes: hæc altera fœdera rūpi.
Exoritur trepidos inter discordia ciues:
Vrbem alij reserare iubent: & pandere portas
Dardanijs: ipsumq trahunt in mœnia regem.
Arma ferunt alij: & pergūt defendere muros.
Inclusas vt cū latebroso in pumice pastor
Vestigauit apes: fumoq impleuit amaro
Illę intus trepidæ rerū per cærea castra
Discurrūt: magnisq acuunt stridoribꝰ iras:
Voluitur ater odor tectis: nūc murmure cæco
Intus saxa sonant: vacuas it fumus ad auras.
Accidit hæc fessis etiam fortuna latinis:
Quæ totam luctu cōcussit funditus vrbem.
Regina vt tectis venientem prospicit hostem
Incessi muros: ignes ad tecta volare.
Nusq acies cōtra rutulas: nulla agmina turni
Infœlix pugnæ iuuenē in certamine credit
Extinctū: & subito mentem turbata dolore
Se causam clamat: crimenq caputq malorū:
Multaq ꝑ mœstum demens effata furorem:
Purpureos moritura manu discindit amictus:
Et nodum informis leti trabe nectit ab alta.
Quam cladem miserę postq accepere latinæ:
Filia prima manu flauos lauinia crines:
Et roseas laniata genas: tum cætera circum
Turba furit: resonant late plangoribus ædes:
Hinc totam infœlix vulgatꝰ fama per vrbem.
Demittūt mentes: it scissa veste latinus
Coniugis attonitus fatis: vrbisq ruina:
Canitiem imundo ꝑ fusam puluere turpans:
Multaq se incusat qui non acceperit ante,
Dardaniū æneam: generūq asciuerit vltro.
Interea extremo bellator in equore Turnus
Pallantes sequitꝰ paucos iam segnior: atq
Iam minꝰ atq minus successu lętus equorum:
Attulit hunc illi cæcis terroribus aura
Cōmixtū clamorē: arrectasq impulit aures:
Confusę sonus vrbis: & illętabile murmur.
Hei mihi quid tanto turbantꝰ mœnia luctu:

r Hinc totam. S. De domo regia.

s Infoelix fama. S. Rerum infoelicium nuncia.

t Demittunt mētes. S. Desperant. si contra desperantes aliquid mētes erigunt.

v Coniugis attonitꝰ fatis vrbisq ruina. SER. Et priuatis & publicis luctibus.

x Immundo puluere. S: Bene immundo addidit: sic in Geor. Et simillem immūdum iactare ꝑ agros. Quia etiā pulluis ille quo vtimur: puellę cinis vocatur: vnde etiam cinisiones dicti sunt. Horatius. Custodes lecticarii cinisiōes parasiti.

y Bellator. S. Epitheton per acti temporis.

z Minus successu letos equorum. S. Infirmitas animi etiam equorū tarditate veniebat.

a Attulit hunc illi cecis terroribus aura. S. Naturale enī est: vt a qua parte ventus flat inde clamor audiatur.

b Commixtum clamorem. S. Ex impugnatione: & morte reginę.

c Arrectas aures. S. Ad audiendū sollicitas. Terē. Arrige aures Pamphile.

d Amens. S. Consilii egens. Nescius rei gerēdę. nam mentem & consiliū significare dicimꝰ: vt mentem Aenee genitrix pulcherrima misit.

e Occurrit dictis. SER. Orationi eius verbis obuiā venit.

f Prima victoria. S. id est primum.
g Et nos. C. Nã hic maxime rõne possum⁹ equare hostes.
h Nec vero inferior pugnę nec honore recedes. S. Nec paucìores interimes: nec mior te q̃ Aeneã cõmitabit gloria: nã occisorũ multitudo compensat hoc: q tu fugientes interimis. Sane sciendũ in hac omi oratiõe Iuturnã occurrere q̃stionib⁹ tacitis.
i Prima p arte foedera turbasti. S. Prima aut inchoãdo: aut tu prima. nã post ei⁹ oratione Tolomnius tela contorsit.
k Fallis dea. C. id est q̃uis dea sis me tñ decipis: validissima est oratio: primo em demõstrat suum aduentũ nihil posse cõferre: seq venire nõ vt victoriam videat: sed ipsum victum post hęc demõstrat dũ Aeneã fugit in eam incidisse ignominiã: vt pręstet illi mori q̃ turpiter viuere. Nam cũ viuos excellẽtissimos interfici passus sit: vltimũ dedecus accedit captiuitas vrbis & soceri & vxoris. Que nisi succurrerit in cõspectu suo accident. Quid aũt acerbi⁹ sibi accidere põt: q̃ prebere facultatẽ & Drãci & reliquis suis aduersariis vt iure illũ rephendere possint. Quid vero magis ignominiosum: q̃ fugere in ea regiõe vel in qua totiẽs victor euaserit. & se Aeneã superaturũ sit pollicitus.
l Nã quid ago. S. Argumentũ a necessario.
m Me voce vocantẽ. S. Atqui hoc nusq̃ legim⁹: sed aut κυτυτοσιοπωπω ... vov intelligimus: aut mortis ẽ omen q̃d nõ dicit videre q̃d minime occurrit: sic in q̃rto. Hinc exaudiri gemit⁹: & verba vocantis visa viri.
o Supar. S. Viuit, vt superat ne & vescit aura.
o Ne nrm dedec⁹ vsens aspiceret. S. At si diceret: forsasse viueret nisi ideo voluisset occũbere: ne nos victos videret.
p Teucri potiunt̃ corpore et armis. S. id est etiam sepultura caret nam vt in Homer. legimus de virorũ fortiũ cadaueribus. erat inter hostes grande certamẽ. q Dextra ne drã

Quis ue ruit tantus diuersa clamor ab vrbe?
Sic ait, adductisq̃ amens subsistit habenis.
Atq̃ huic in faciem soror vt cõuersa, metisci
Aurigę: cursusq̃ & equos & lora regebat:
Talibus occurrit dictis: hac turne sequamur
Troiugenas: qua prima viam victoria pãdit.
Sunt alij qui tecta manu defendere possunt:
Ingruit æneas italis: & prælia miscet:
Et nos sæua manu mittamus funera teucris:
Nec nũero iferior: pugnę nec honore recędes.
Turnus ad hæc.
O soror & dudum agnoui: cum prima ꝑ artẽ
Fœdera turbasti: teq̃ hæc in bella dedisti:
Et nũc nequicq̃ fallis dea: sed q̃s olym o
Demissam tãtos voluit te ferre labores?
An fratris miseri lętũ vt crudele videres?
Nã quid ago? aut quæ spõdet iã fortũa salutẽ?
Vidi oculos ante ipse meos me voce vocantẽ
Murranũ: quo nõ fuerat mihi carior alter
Oppetere ingentem: atq̃ ingẽti vulnere victũ.
Occidit infœlix: ne nostrũ dedecus vfens
Aspiceret: teucri potiunt̃ corpore & armis.
Excindi ne domos: id rebus defuit vnum:
Perpetiar? dextra nec drãcis dicta refellam?
Terga dabo: & turnũ fugiẽtẽ hæc terra videbit?
Vsq̃ adeo ne mori miserũ est? vos o mihi manes
Este boni: quoniã superis auersa voluntas.
Sancta ad vos ãia: atq̃ istius inscia culpe
Descẽdã magnorũ haud vnq̃ indign⁹ auorũ.
Vix ea fatus erat: medios volat ecce ꝑ hostes
Vectus equo spumãte sages: aduersa sagitta
Saucius ora: ruitq̃ implorans nomine turnũ.
Turne, in te suprema salus: miserere tuorũ.
Fulmĩat æneas armis: summasq̃ minatur
Deiecturũ arces italum: excidioq̃ daturum:
Iamq̃ faces ad tecta volant: in te ora latini:

cis dicta refellam. S. id est virtute. Nam pro rei officio ipsã rem posuit, pro virtute dextram.
r Vsq̃ adeo ne mori miserũ est. S. Tacitę questioni occurrit.
s Superis auersa voluntas. S. Quia vt supra diximus: don ecvíuimus curę sum⁹ sup̃ diis: p⁹ mortẽ ad inferos pertinem⁹: quibus se modo cõmendat.
t Sancta ad vos anima C. Quasi dicat prestat innocentem mori: q̃ nocentem viuere. Maximũ autem omniũ scelerum viro forti videretur turpiter cedere.
v Istius inscia culpę. S. Vel fugę. Quia fuga grande crimen est apud virum fortem: vel rupte fœderis vel lęse religionis: a qua re se dicit esse alienum propter futura supplicia.
x Indignus auorum. S. Gręca figura est: Nos em̃ indign⁹ illa re dicim⁹. Cõtra greci ανάξιοσ στεφανου .i. id est coronę indign⁹.
y Vix ea fatus erat. C. Iustis rationib⁹ mouebat ne fugeret: verum si quã re dubitasset pręsẽti casu & nundo socius extincti confirmari potuit.

z Implorans nomine Turnum. S. Ex multis rebus indicat perturbationem: q festinans venit: q per hostes q vulnerat⁹: q Turnum nomine appellat: nam cõtumelia est nomine superiorem vocare. Sic in Georgicis Mater Cyrene mater. cum pręmisisset te crudelẽ nomine dicit: sicut Cõtra Aeol⁹ ad Iunonem ait. Tuus ò regina quid optes explorare labor.
a Turne in te suprema salus miserere tuorum. S. Omnia que supra Iuturna dixerit, oratõ ista dissoluit. b Fulminat Aeneas armis, SERVI.

Exaggeratio est: sic pauculopoit. Horrendūq; intonat armis. b Minas deiectum arces. S. qa dixerat: Et eq̄ua solo fumantia culmina ponam.

c Mussat. SER. Modo dubitat.

d Preterea regina. SER: Quia occurrebat amatā pro eius partibus niti.

e Soli pro portis. SER. Cōtra illud: Sunt alii qui tecta manu defēdere pos

In te oculos referunt: mussat rex ipse latinus
Quos generos vocet: aut que se se ad foedera (flectat.
Preterea regina tui fidissima dextra
Occidit ipsa sua: lucemq; exterrita fugit.
Soli pro portis mesapus: & acer asylas
Sustentat aciem: circū hos vtrinq; phalāges
Stant densae: strictisq; seges mucronib⁹ horret
Ferrea: tu currum deserto in gramine versas.

sunt.

f Varia confusus imagine rerum. SER. Multiplici numero.

g Et obtutu. S. Vario tacito steterit vultu. Et obtutus est proprie vultus: quē greci dicunt προσωπον.

h Pudor. S. Propter illud. Tu currū deserto in gramine versas. CRISTOFERVS. Imo i corde pudor.. Validissime erāt singule per se huiuscemodi

Obstupuit varia confusus imagine rerum
Turnus: & obtutu tacito stetit: ęstuat ingens
Vno in corde pudor: mixtoq; insania luctu:
Et furijs agitatus amor: & conscia virtus.
Vt primū discussę vmbrę: & lux reddita menti est.
Ardētes oculorū acies ad mœnia torsit
Turbidus: eq; rotis magnā respexit ad vrbē:
Ecce aūt flāmis inter tabulata volutus
Ad cælum vndabat vortex: turrimq; tenebat:
Turni compactam trabib⁹ quā eduxerat ipse:
Subdideratq; rotas: pōtesq; instruxerat altos.
Iamiā fata soror superāt: absiste morari.
Quo de⁹ & q̄ dura vocat fortuna sequamur:
Stat conferre manū ęneę: stat q̄cquid acerbū ē
Morte pati: neq; me indecorē germana videbis
Amplius: hūc oro sine me furere ante furorē:
Dixit: & e curru saltum dedit ocius armis:
Perq; hostes per tela ruit: mœstamq; sororem
Deserit: ac rapido cursu media agmina rūpit;
Ac veluti montis saxum de vertice præceps
Cū ruit auulsum vento seu turbidus imber
Proluit: aut annis soluit sublapsa vetustas.
Fertur ī abruptū magno mons improb⁹ actu:
Exultatq; solo; syluas; armenta: virosq;
Inuoluens secū; disiecta per agmina turnus
Sic vrbis ruit ad muros: vbi plurima fuso
Sanguīe terra madet: stridūtq; hastilib⁹ auræ:
Significatq; manu: & magno simul īcipit ore:
Parcite iam rutuli: & vos tela inhibete latini:
Quęcunq; est fortuna mea est: me verius vnū
Pro vobis fœdus luere: & decernere ferro.
Discessere omnes medij: spaciumq; dedere.
At pater æneas audito nomine Turni
Deserit & muros: & summas deserit arces:
Præcipitatq; moras omnes: opa omnia rūpit
Lætitia exultans: horrendūq; ītonat armis.
Quant⁹ athon aut quātus erix: aut ipse coruscis
Cū fremit ilicibus quantus: gaudetq; niuali
Vertice se attolens pater appenīnus ad auras.

per turbatiōes. Pudor ne sibi obiiceret fuga: furor ex indignatiōe. q̄ invict⁹ vinceretur: Luct⁹ ex morte socrus: & amor ex magnitudine in furorem adducens.

i Insania. S. Quia ī hostes ferebat.

k Mixto luctu. S. Propter Amatę cognitā mortem.

l Discussę vmbrę. SER. Postq̄ mentis caligo discessit: quod sequentia indicant: & lux menti reddita est.

m Turbidus. S. id est plenus perturbationis.

n Quam eduxerat ipse. S. Quod ei maiorem creabat dolorem.

o Subdideratq; rotas. S. Quo posset trahi ad ea loca quibus hostis instabat.

p Quo deus. C. Verba sunt animi inuicti: & omnia pati parati: vt turpitudinem fugiat.

q Quicquid acerbū est morte pati. S. Aut quicquid morte acerbum est morte placet pati hoc est inferna supplicia: vel quę potest superbus hostis referre: sicut de hectore legimus. Aut certe positiuus est pro comparatiuo: placet pati: si quid etiā morte acerbius inuenitur.

r Furere ante furorē. S. Figura antiquā. vt seruitute seruit: dolet dolore. Et est sensus sine me furere ante bellicum furorē: scilicet priusq̄ ad eum veniam. vt pugnam mente concipiam: & instructus furore in bella prorumpam.

s Saxum de vertice preceps Cū ruit. S. Comparatio ista futurum ostendit euentum: simul notandum q̄ sicut supra in prœlio: ita & nunc in comparatione prefertur Aeneas. Nam Turnum parti comparat montis: montibus ęquat Aeneam.

t Auulsū vento. SER. Proprie: nam & Turnus inuitus attrahitur ad bellum.

v Mons improbus. SERVI. Pars montis & ευφατικοσ dictum ē sic supra ait. Haud partem exiguam montis.

x Magno actu. S. Magno impulsu.

y Vbi plurima fuso sanguine terra madet. SER. Hyppallage est: pro vbi plurima sanguine terra madet.

z Stridunt hastilibus aure. S. Sic Homerus.

a Tela inhibete. SER. Est translatio a nautis.

b Me verius vnum pro uobis fœd⁹ luere. S. Verius iustius. Et sensus hic est. Iustius est me vnum pro omnibus rupti fœderis pœnas exoluere.

c Quantus athon. S. Hęc est vera lectio: Nam si athos legeris os breuis est & versus non stat. Athon autē dici actiuus indicat: nam hunc athona facit sicut appolon appollona. Quod autem Herodotus hūc athon: & hūc appollon dicit: atticę declinatiōis est. Athon autē mons est Thratię adiacēs circa Lemnū insulam. C. Quantus athon. Mons hic Macedonię: vel vt aliis placet thracię mari ęgęo iminens ita ntę altitudinis vt vmbram suā in Lemnum vsq; iacere quidam dicant. Referuntq; habere in suo cacumie vrbem acrothon nomine: in qua homines duplo tempore q̄ alibi viuāt. Hūc montem cum continenti coniunctus esset xerses illum ducta fossa insulam reddidit. Fuit autem fossę latitudo tanta: vt due triremes iunctę enauigarent.

d Eryx. C. Mons Sicilię quem alio loco descripsimus.

e Niuali vertice se tollēs pater apenninus. S: Mōs est Italię: de hoc Lucan⁹. Nullo quoq; vertice tellus altius intumuit: propiorq; accessit olympo.

Iam vero & rutuli certatim: & troes & omnes
Conuertere oculos rutuli: quiq; alta tenebant
Moenia: quiq; imos pulsabant ariete muros:
Armaq̄ deposuere hu̅eris: stupet ipse latinus
Ingentis genitos diuersis partibus orbis
Inter se coiisse viros: & decernere ferro.
Atq; illi vt vacuo patuerunt equore campi
Pro cursu rapido coniectus eminus hastis:
Inuadunt martem clipeis: atq; ere sonoro.
Dat gemitu̅ tellus: cu̅ crebris ensibus ictus.
Congeminant: fors & virtus miscen̄t in vnu̅.
Ac velut ingenti syla summo vel taburno
Cum duo co̅uersis inimica in proelia tauri
Frontibus incurrunt: pauidi cessere magistri.
Stat pec⁹ om̄e metu mutu̅: mussantq; iuue̅ce:
Quis pecori imperitet: que̅ tota arme̅ta sequa̅t.
Illi inter se multa vi vulnera miscent.
Cornuaq; obnixi infigunt: & sanguine largo
Colla armosq; lauãt gemitu: ne nem⁹ oe̅ remu
Haud aliter tros Aeneas: & dauni⁹ heros (git.
Concurru̅t clypeis: ingens fragor ethera co̅plet.
Iuppiter ipse duas equato examine lances
Sustinet: & fata imponit diuersa duorum:
Que̅ damnat labor: & q̄ vergat pondere letu̅:
Emicat hic impune putas: & corpore toto
Alte sublatum consurgit Turnus in ensem:
Et ferit: clamant troes: trepidiq; latini
Arrecte amborum acies: at perfidus ensis
Frangit: in medioq; ardente̅ deserit ictu:
Ni fuga subsidio subeat fugit ocior euro.
Vt capulum ignotu̅: dextra̅q; aspexit inerme̅:
Fama est precipite̅ cu̅ primu̅ in p̄lia iunctos
Conscendebat equos: patrio mucrone relicto:
Dum trepidat ferru̅ aurige rapuisse metisci.
Idq; diu dum terga dabant pallantia teucri
Suffecit: postq; arma dei ad vulcania ventum e̅

CRISTO. Apenninus a liguria incipit: vniuersa̅q; italiam in longitudinem diuidens ad promontorium vltimu̅ quod appellatur Iunonis lacinie desinit. f Troes & om̄es S. grece declinauit. vn̄ breuis est es: sicut sup̄. Troes agunt. g Armaq; deposuere humeris. S. Vel spectaturi: vel defessi.

h Stupet ipse latin⁹. C. Nam sua prudentia id co̅siderabat: q̄d reliqui non aduerterent. i Inter se coiisse viros & decernere ferro. S. Vera & antiqua est hec lectio. Na̅ Enniu̅ secutus e̅ qui ait: Olli cernebãt magnis de rebus agentes. Et item ferro no̅ auro vitam cernam⁹ vtriq; . Posteritas coepit legere: & decernere: scd̄m qua̅ lectione̅ Synalypha op⁹ est exclusio ,o: vt sic inter se coiisse vir: & decernere ferro: k Fors & virtus miscen̄t in vnum. S. Casus in Turno virtus in enea: Na̅ in bello etia̅ casus plurimu̅ valet Cicero i miloniana. Adde casus: adde incertos exitus martemq; co̅munem. CR. Fors et virtus. Vterq; enim virtute sua vtebat̄: & fortuna. l Ac veluti ingente̅ syla . summo ue taburno. S. Syla mons & sylua est lucanie: taburn⁹ mons campanie. Salust. De fugitiuis in Syla sylua fuerunt. Vnde pessime quidam syluam legunt: quia proprium appellatiuo exequari non potest. Vnde p̄priu̅ bene iunxit:

m Inimica i proelia tauri. CRI. De natura & pugna tauroru̅ expressum e̅ in Georgicis.
n Pauidiq; magistri. S. Proprie magistri sunt militum: pastores pecorum: sed reciproce sunt inter se iste translationes. Na̅ ductor militu̅ pastor vocat̄: vt diximus supra: & magistros pecoru̅ diximus: Cicero. Quem magistru̅ pecoris esse dicebant.
o Mussantq; iuue̅ce. S. dubitant. Sic supra mussat rex ipse latinus.

p Iuppiter ipse duas equato examine lances. SER. Aut poetice dictum est: et ratione caret. Nam Iuppiter ignorare n̄ poterat: aut certe illud querit quia sibi de Turno: & Aenea mortis afferat ca̅m. Nam dicunt Physici morte̅ minime ad eum pertinere. Nam bona tantum prestant: nec ad eum q̄ sunt mala pertinent. Vnde Cicero in officiis ait: Sed ganocere deos non putant: His exceptis hominib⁹ obesse plurimu̅ arbitrantur. Tamen sciendum locum hunc a Virgilio Ita fuisse translatu̅: vt in Homero lectus est.

q Examine. S. Exame̅ p̄prie est filum quo trutina regitur. r Damnat labor. S. liberet: vt: Damnabis tu quoq; votis.
s Vergat pondere letu̅. SER. Bene vergat. Nam morientes inferos petunt.

t Trepidiq; latini. SER. Aut qui leti esse debuere sed nimia Aenee ostenditur virtus. Nanq; naturale est: vt sociis timori sit: inferioris sit audacia: vn̄ nunc latini sunt territi: ex eo q̄ superiorem ferire ausus est Turnus.

v Vt capulum ignotu̅ dextramq; aspexit ierte̅. SER. Locus hic tot⁹ ad gloriam Aenee pertinet. Nanq; id agit: vt videat̄ Turnus armorum vilitate supat⁹. Vnde & ei redditur gladius: quo etiam cu̅ diuinis armis ab Aenea possit extingui.

x Patrie mucrone relicto. SER. quo fuerat an̄ vsus pater daunus. Sane patrio modo paterno significat: Nam Dauni fuerat gladius. vnde e̅ illud Ensem que̅ Dauno ignipotens de⁹ ip̄e parenti fecerat: Alias patrium a patria est deriuatiuum:

y Mortalis mucro. S. mortali manu factus.
z Vndiqꝫ enim densa teucri inclusere corona. S. Strategema ē: Nam po[illegible] q̄ꝫ Turnum videre fugere Troiani clausere loca per quę euadere poterat.

Mortalis ʸmucro glacies ceu futilis ictu:
Dissiluit: fulua resplēdent fragmina harena.
Ergo amens diuersa fuga petit ęquora turnus:
Et nūc huc: deinde huc: incertos īplicat orbes.
Vndiqꝫᶻ enim densa teucri inclusere corona:
Atꝫ hinc vasta pal': hinc ardua moenia cingūt.
Nec minus Aeneas (quicꝗ̄ꝫ tardante sagitta.
Interdū genua impediunt cursumqꝫ recusant)
Insequit: trepidiqꝫ pedem pede feruidus vrget.

a Cursumqꝫ recusant: S. Retardant. s. genua: q̄ impediebant vuln⁹ illatū sagitta. Sane perite facit: vt gladio non vtat Aeneas: sed hasta eminus superare cōtendat: quia impedisset vulnere: nec sequi poterat: nec in ictū con

surgere: Vnde est: Hic gladios sidens: hic acer & arduus hasta.
b Inclusum flumine. S. Comparatio Apollonii.
c Puniceę septū formidine pennę. S. Lucanus. Claudit adorate metuentes aere pennę. C. Aut puniceę septū formidine pēnę. Et de ceruis dictū eorumq; stupore.
d Venator canis. SER. pro venaticus.

Inclusum veluti si quando in flumine nactus
Ceruū: aut puniceę septum formidine pennę
Venator cursu canis: & latratibus instat.
Illę autem insidijs: & ripa territus alta.
Mille fugit: refugitq; vias: ac viuid⁹ vmber
Hęret hyans: iamiamq; tenet: similisq; tenenti
Increpuit malis: morsuq; illusus inani est.
Tum vero exoritur clamor: ripęq; lacusq;
Responsant circa: & coelū tonat ōne tumultū.
Ille simul fugiens rutulos simul increpat oēs
Nomīe quēq; vocās: notūq; efflagitat ensem.
Aeneas cōtra pñs: mortemq; minatur.
Exitium si quisq; adeat: terretq; trementes:
Excisurū vrbem minitans: & sautius instat.
Quinq; orbes explent cursu: totidēq; retexūt
Huc illuc: nec enī leuia aut ludicra petūtur
pręmia: sed turni de vita: & sanguine certant.
Forte sacer fauno folijs oleaster amaris
Hic steterat olim nautis venerabile lignum
Seruati ex vndis: vbi figere dona solebant:
Laurenti diuo: & notas suspendere vestes.
Sed stirpem teucri nullo discrimine sacrum
Sustulerāt: puro vt possent concurrere campo.
Hic hasta Aeneę stabat: huc impetus illam
Detulerat fixam: & lenta radice tenebat:
Incubuit: voluitq; manu conuellere ferrum
Dardanides: teloq; sequi quē prendere cursu:
Non poterat cū vero amens formidine turnus
Faune precor miserere inqt: tuq; optima ferrū
Terra tene colui vestros si semp honores.
Quos contra Aeneadę bello fecere prophanos:
Dixit opemq; dei nō cassa in vota vocauit.
Nanq; diu luctans: lentoq; in stirpe moratus.
Viribus haud vllis valuit discludere morsus
Roboris Aeneas dum nititur acer. & instat
Rursus in aurigę faciem mutata metisci

l Lubrica petūtur. S. id est vilia: digna ludo.
m Sacer oleaster. SER. Fere omnia latina arborum nomina generis foeminini sūt: exceptis paucis: vt hic oleaster: hoc Siler. Virgilius. Molle siler: Item hoc buxum. licet & hęc buxus dicatur. Nam superfluam quidā voluēre facere discretiōem: vt hęc buxus de arbore dicam⁹. Buxum vero de ligno cōpositum. Legimus enim in Virgilio de tybiis. Buxusq; vocat berecyntia matris ideę. Item cū arboribus loqueret ait. Et torno rasile buxum.

n Venerabile lignū. S. Antiquam arborem voluit exprimere: vbi figere dona solebāt proprie: vt aut sacra ad fastigia fixi.
o Nullo discrimie. S. sine intuitu religionis.
p Fixam lenta radice tenebat. S. Plenū est: quam radix fixam tenebat.

e Insidiis. S. pennarum scilicet. f Viuidus vmber. SER. acerrim⁹ Thuscus. Nam vmbria pars est Thuscię.

g Iamiāq; tenet. SER. Ita vt videt intuentibus. Et hi duo vsus verbo ad verbū sunt translati de Apollonio.
h Increpuit oēs. SER. obiurgat: incusat: vt: ęstatem increpitans seram.

i Efflagitat ensem. S. cum clamore deposcit.
k Terretq; trementes. S. Quis enim sautius nō timeret instātem: cum cū integer fugeret.

q Ferrum terra tene. SER. Pro tellus: elementum pro dea posuit.
r Non cassa in vota. S. Nō adinania vota pō poscit auxilium.
s Luctans moratus. S. Luctatus & morat⁹ erat integrū: qd vitauit pp̄ter ομοιοτέλευτον.
t Rursus in aurigę faciē mutata metisci. SERVI. κατὰ τὸ σιωπώμενον Intelligim⁹ iuturnam ita numen reuersam: postq̄ currus reliquit.

procurrit: fratriqꝫ ensem dea Daunia reddit.
Quod venus [v]audaci nymphe idignata licere
Accessit: telumqꝫ alta ab radice reuellit:
Olli sublimes ar[x]mis: animisqꝫ refecti
Hic gladio fidens: hic acer & arduus hasta
assistunt contra [y]certamina martis anhelis.
Iunonem interea rex omnipotentis olympi:
Alloquitur [a]fulua pugnas de nube tuentem.
[z]Que iam finis erit cōiunx? quid deniqꝫ restat?

v Audaci nymphe indignata licere. S. vt supra diximus: vbicunqꝫ inducie nitentē aliquem sine effectu audacem dicas.

x Armis animisqꝫ refecti. S. Refecti sicut armis: ita & animis. Nanqꝫ armorū inopia animi ante vtriusqꝫ torpebant.

y Certamina martis anheli: SER: Alii certamine legunt: vt sit sensus: assistunt contra se Martis anheli certamine.

a Fulua de nube. S. de aere elemento suo.

z Que iam finis erit cōiunx: qd deniqꝫ Indigetem Aeneam. SER. Deniqꝫ verba ista: quasi iā tedianti sunt: ad longā Iunonis iracundiam. Vnde & paulo post ait: Desine iam tandē: precibusqꝫ inflectere nostris.

a Indigetem Aeneā scis ipsa. S. Subaudis fore. Et indigetes duplici ratione dicuntur: vel secūdum Lucretium: q̄ nullius rei egeat qui ait. Nihil indiga cu- re: vel certe idigetes dii sūt ex hominib⁹ facti. Et dicti indigetes quasi in diis agentes.
b Mortalin decuit vio- lari vulnere diuum: SER. Non letali sed aut q̄ mortales laborant: aut a mortali illato.
c Diuum. S. Subaudi futurum.
d Quid enim sine te, Iu- turna valeret. S. Parenthesis est: paritur enim excusare se Iuno nil se fecisse cō- memorās. sed eam aucto- rem fuisse. Iuppiter dicit p- pter illud. Auctor ego au- dendi.
e Desine iam tandem p̄- cibusq̄ inflectere nostris. S. Singula pronūcianda sunt.
f Nec te tantus edat ta- citum dolor. S. Scilicet de- sine odiis vrgere Troiāos. Sane edo edis edit. Integrū verbum est: vt lego legis legit. Nam edo es est esse anomalum constat.
g Troianos potuisti. S. Iam nō potes: Ideo enim preterito vsus est. C. Tro- ianos potuisti. Ad vitam moresq̄ pertinet hec fabu- la. Iuno autem est ipsa am- bitio que impellit Turnū id est iniustū regem: & foe- dus rumpere: & multa in- fanda patrare. Verum Iu- piter. i. ipse de⁹: tandē hu- iuscemodi ipia facta co- hiercet: atq̄ eū prestat fa- uorem recte agentibus: vt victores euadere possint.
h Submisso vultu. S. Habitum future oratio- nis ostendit.
i Quia nota mihi tua magna voluptas Iupiter. S. Necessitatem obiecerat fati dicens: Ventum ad su- premū est. Sed Iuno sciēs fatum esse quicquid Iupi- ter dixerit: se cedere ei⁹ vo- luntati asserit. Nam agit vt conciliet sibi fauorem eius ad petitionē futurā.
k Digna indigna pati. S. id est omnia &. prouer- bialiter dictum est.
l Pro vita. S. Ac si dice- ret pro re nobis data. id est a superis.
m Non vt tū tela nō vt cōtēderet arcu. S. Hoc lo-

Indigetem æneam scis ipsa: & scire fateris
Deberi cælo: fatisq̄ ad sydera tolli:
Quid struis? aut q̄ spe gelidis ī nubib⁹ heres?
Mortalin decuit violare vulnere diuum?
Aut ensem (quid enim sine te iuturna valeret)
Ereptum reddi turno? & vim crescere victis?
Desine iā tandē precibusq̄ inflectere nostris,
Nec te tantus edat tacitā dolor: & mihi curę
Sępe tuo dulci tristes ex ore recursent.
Ventū ad supremū est: terris agitare vel vndis
Troianos potuisti: infandū accendere bellum:
Deformare domū: et luctu miscere hymenæos.
Vlterius temptare veto: sic iupiter orsus.
Sic dea summisso contra saturnia vultu.
Ista quidē quia nota mihi tua magna voluntas
Iuppiter: et Turnū et terras inuita reliqui.
Nec tu me aeria solam nūc sede videres
Digna indigna pati: sed flāmis cincta sub ipsa
Starem acie: traherēq̄ inimica in p̄lia teucros.
Iuturnā misero fateor succurrere fratri
Suasi: et pro vita maiora audere probaui:
Non vt tela tamē: non vt cōtenderet arcum
Adiuro stygii caput implacabile fontis:
Vna supstitio superis quę reddita diuis:
Et nūc cędo equidē pugnasq̄ exosa relinquo.
Illud te nulla fati quod lege tenetur:
Pro latio obtestor: pro maiestate tuorum:
Cum iam cōnubiis pacem fœlicibus (esto)
Component: cū iā leges & fœdera iungent:
Ne vetus indigenas nomen mutare latinos:
Neu troas fieri iubeas: teucrosq̄ vocari:
Aut vocem mutare viros: aut vertere vestes:
Sit latium: sint albani per sæcula reges.
Sit romana potens: itala virtute propago:
Occidit: occideritq̄ sinas cum nomine troia.
Olli subridens hominū rerūq̄ repertor,
Es germana iouis saturniq̄ altera proles:
Irarū tantos voluis sub pectore fluctus.
Verū age: et incœptū frustra summitte furorem

co quasi Iuturnam fecisse sagittam significat: sed vt supra diximus possum⁹ ac- cipere q̄ alter in eius grati- am in Aeneā tela cōtorsit.
n Adiuro stigii caput i- placabile fontis. S. Pro iu- ro. nam p̄thesis est. Qui- dā tamē volunt iuro tūc dici debere cum cōfirma- mus aliquid: aut promitti- mus: vt iuro me facturū: adiuro vero cū negam⁹: vt adiuro me nō posse nō fecisse. Terent. Adiurat se non posse apud nos Pā- philo absente perdurare: potest tamē et ad valde si- gnificare.
o Vna supstitio. S. Re- ligio: metus dicta eo q̄ su- perstet capiti omnis reli- gio.
p Reddita. S. Data. Nā prothesis est.
q Nulla fati quod lege te- netur. S. Bene fati. Nam victorię lex est: vt victi ce- dant in habitum nomen- q̄ victorum.
r Pro latio obtestor. C. Ostendit imprudentiam ambitiosorum: qui etiam victi aliquid contra fas pe- tere audeant.
s Pro maiestate tuorū: S. Respexit ad Saturnū: qui aliquādo in italia re- gnauerat: Vnde ait tuorū. Nam & latinus inde ori- ginē ducit: vt Fauno pi- cus pater vsq̄ parentē Tē Saturne refert: tu sangui- nis vltimus auctor.
t Esto cōponent. S. Cō- sensit. sed inuita
v Sit Romana potens itala virtute propago. S. Hoc videtur dicere si fata- liter iminet: vt a Troiānis origo Romana descēdat: Troiani Italorum nomen accipiant: vt Romani de italis nō de Troianis vide- antur esse progeniti.
x Es germana Iouis sa- turniq̄ altera p̄les. SER. Locus de obscuris q̄d quo- quidam hoc sentiunt pe- tis pene illicita: sed cōcedē- da sūt: quoniam soror Io- uis es. id est Saturni filia: quod si voluerimus ad- mittere: duplicitcr sequēs versus erit incongruus: vt Irarum tantos voluis sub pectore fluct⁹: vnde meli⁹ est: vt ita itelligam⁹: soror Iouis es. id est Saturni: vn̄ nō mirū est tantā te re- tinere iracundiam sub pe- ctore: nam scimus vnum

quęq; p generis qualitate in irā moueri. Nobiles enī (& si ad presens videntur ignoscere) tamen in posterum irā seruāt. quod nūc Iunoni videmr obiicere: Nam cum se cōcedere diceret: petit tamen qd grauiter posset obesse Troianis: sic Homer. Inducit calchanta dicentem de Agamemnone. regū irę ita se habent: vt etiam si ad presens indulgere videātur: stimulos iracundię ad futurum referuent.
y Do quid vis. S. Bene presens visus est tempore

Do quod vis: & me victusq; volensq; remitto.
Sermonem ausonii patrium moresq; tenebūt:
Vtq; est nomē erit, cōmixti corpore tantum
Subsident teucri: morem ritusq; sacrorum
Adiiciam: faciamq; omnes vno ore latinos.
Hinc gen⁹ ausonio mixtū qd' sanguie surget.
Supra homies, supra ire deos pietate videbis:
Nec gens vlla tuos ęque celebrabit honores.
Annuit his Iuno: & mentem lętata retorsit.
Interea excędit cęlo nubemq; reliquit.

Nam promissio in diis pro facto est.
z Subsident. S. Remanebunt: latebunt latinorum scilicet multitudine: Vt Galeaq; ima subsedit acesta
a Ritusq; sacrorum adiiciā. S. Verum est. nam sacra matris deum: Romani phrygio more coluerunt.
b Mentē lętata retorsit. S. Iste quidē hoc dicit: sed constat bello punico secūdo exoratam Iunonē; tertio vero bello a Scipione sacris quibusdam etiam Romam esse translatam.

His actis aliud genitor secum ipse volutat:
Iuturnamq; parat fratris dimittere ab armis.
Dicunt geminæ pestes cognomine diræ:
Quas & tartarea nox in tempesta megeram
Vno eodemq; tulit partu: paribusq; reuinxit
Serpentũ spiris: ventosasq; addidit alas.
Hæ iouis ad solium: sæuiq; in limine regis.
Apparent: acuuntq; metum mortalibus ęgris:
Si quãdo letum horrificum: morbosq; deũ rex
Molitur: meritas aut bello territat vrbes.
Harũ vnã celerẽ demittit ab æthere summo
Iupiter: inq; omen iuturne occurrere iussit.
Illa volat: celeriq; ad terram turbine fertur.
Non secus ac neruo ꝑ nubem impulsa sagitta
Armatã sæui parthus quam felle veneni
Parthus: siue cydon: telũ imedicabile torsit.
Stridens: & celeris incognita transilit vmbras:
Talis se sata nocte tulit: terrasq; petiuit.
Postq; acies videt iliacas: atq; agmina turni:
Alitis in paruę subito collecta figuram:
Quę quondã in bustis: aut culminib⁹ desertis
Nocte sedens: serũ canit importuna ꝑ vmbras:
Hanc versa in faciem: turni se pestis ad ora
Fertq; refertq; sonans: clypeũq; euerberat alis:
Illi mẽbra nouus soluit formidine torpor.
Arrectęq; horrore comæ: & vox faucib⁹ hæsit.
At procul vt diræ stridorem agnouit: & alas
Infoelix crines scindit iuturna solutos:
Vnguibus ora soror fœdãs: & pectora pugnis.
Quid nũc te tua turne potest germana iuuare:
Aut quid iã misere supat mihi: qua tibi lucẽ
Arte morer: talin possũ me opponere mõstro:
Iam iam linquo acies: ne me terrete timentem
Obscęne volucres: alarum verbera nosco:
Letalemq; sonum. nec fallunt iussa superba
Magnanimi Iouis: hęc pro virginitate repõit:
Quo vitam ded æternã: cur mortis adempta est
C[illegible] ios possem tantos finire dolores.
Nunc certe & misero fratri comes ire ꝑ vmbras
Iã mortalis ego: haud mihi qcq̃ dulce meorũ
Te sine frater erit: o quæ satis ima dehiscat
Terra mihi: manesq; deã demittat ad imos:

g His actis. S. Remoto Turni auxilio.
d Dimittere ab armis. S. Per transitũ hystorię vsus est verbis. Nam qui ab exercitu relaxantur: ab armis dicunt remitti. Salustius: de appio vbi eũ tota in contione ab exercitu cogit discedere: dicit se eius opera non vsurũ: eũq; ab armis dimittit.
e Dicuntur geminę pestes. C. De his in superioribus diximus: hic tamen demonstrat quales sint furię aduersus superos.
f Pestes cognomine diræ. S. Proprie pestes vocantur. Diræ vero cognomine: & dictę diræ: q; non nisi ante iratũ Iouem videntur: vt. Sæuiq; in limine regis. Apparent diræ.
g Tartareã megerã. S. Bene tartaream addidit: vt ostendat esse: & terrenã & aeream megerã. Nam veteram in tertio dixim⁹: volunt periti quãdam triplicem potestatem & in terris & apud superos sicut est furiarum apud inferos. Ideo autẽ dicit has ex nocte ꝑgenitas: vt ostẽdat & latenter oriri: & intolerabilem esse iram deorum. C. Megerã. Asperam. Megeram habere vim cantum apud inferos.
h Vno eodẽq; tulit partu. S. Dispositio hęc Poetę quę dicit has & similes esse furiis: & cum his esse procreatas hoc ait: vt ostẽdat illam prudentiũ opinione esse: tam apud superos q; in aereis: sicut apud inferos furias.
i Apparent. S. Presto sũt ad obsequium. vnde etiam apparit res collatæ esse nominatos.
k Letum horrificũ. S. Volunt Iouẽ nõ esse mortis auctorẽ: sed posse mortis genere vel prodesse vel obesse mortalibus.
l Inq; omen Iuturne occurrere iussit. S. Vt Iuturne omen fraterne mortis efficeret:
m Non secus ac neruo [illegible] decen [illegible] decen [illegible] datius traxit vt diceret de disco iacto. Similisq; cadenti. Crescit in aduerso. D. Non secus interponitur parabola: qua narratio interrumpatur: vt legentis tedium exclu

dat.
n Impulsa. S. Sic proprie: sic supra incertũ qua pulsa manu.
o Felle veneni. S. Amaritudine veneni. succo nõxio. aut certe periphrasticos dixit venenum.
p Trãstulit vmbras. S. Hyperbole est. Nãq; vmbras semper telã comitari: turbine ait. Trãstulit vmbras sagitta. Male enim quidam auras legunt.
q Talis se. S. taliter collecta ex nimia. scilicet furię magnitudine.
r Alitis. DO. Noctuam vel Bubonem intellige.
s Culminib⁹ desertis. S. Noctuam dicit nõ bubonem: nam ait alitis in paruę: Bubo autem maior est.

t Serum canit. S. Triste. Diuturnum: vt. feraq; terrifici cecinerunt omnia vates. Salusti. Serum bellum in augustiis futurũ.
v Sonans clypeũ que verberat alis. SEr. Signa sunt ista plangentium.
x Stridorem. S. vocis. scilicet sonum: nam virũ q; tangit augurii. Et oscinum & prepetum.
y Monstro. SER. augurio. ex Iouis volũtate venienti.
z Obscęnę volucres. S. Inuidiose dixit. Nam vna est.
a Pro virginitate repõnit. D. Pro erepto virginitatis honore.
b Quo vitam dedit ęternam. S. quia ocurrebat: sed prestitit immortalitatem: dicit hanc esse causam doloris.

Tantū effata caput glauco contexit amictu:
Terra mihi: manesq; deā demittat ad imos:
Multa gemens: & se fluuio dea condidit alto.
Aeneas instat contra. telumq; coruscat
Ingens arboreum: & sæuo sic pectore fatur.
Quæ nūc deinde mora ē? aut qd iā turne retractas?
Non cursu: sęuis certandū est cominus armis.
Verte omnes te te in facies: & cōtrahe qcquid
Siue animis siue arte vales: opta ardua pennis
Astra sequi: clausumq; caua te condere terra.
Ille caput quassans: nō me tua feruida terrent
Dicta ferox: dij me terrent: & Iupiter hostis.
Nec plura effatus: saxum circūspicit ingens
Saxum antiquū ingēs: campo q forte iacebat:
Limes agro positus: litē vt discerneret aruis.
Vix illud lecti bis sex ceruice subirent:
Qualia nūc hominū pducit corpora tellus:
Ille manu raptū trepida torquebat in hostem
Altior insurgens: & cursu concitus heros.
Sed neq; currentem se nec cognoscit: euntem:
Tollentēve manu: saxumq; immane mouentē:
Genua labāt. gelid⁹ cōcreuit frigore sanguis.
Tū lapis ipse viri vacuum p inane volutus.
Nec spaciū euasit: totum nec pertulit ictum.
Ac veluti in somnis oculos vbi lāguida pssit
Nocte qes: nequicq; auidos extendere cursus
Velle videmur: & in medijs conatibus ęgri
Succidimus: nō lingua valet: nō corpore notæ
Sufficiunt vires: nec vox nec verba sequunt.
Sic turno quacunq; viam virtute petiuit:
Successum dea dira negat: cum pectore sensus
Vertunt varij: rutulos aspectat & vrbem:
Cunctaturq; metu: tælumq; instare tremiscit:
Nec quo se eripiat: nec qua vi tendat in hostē.
Nec currus vsq; videt: aurigamq; sororem.
Cunctanti telum æneas fatale coruscat
Sortitus fortunam oculis: & corporis toto
Eminus intorquet: murali cōcita nunq;
Tormento sic saxa fremunt: nec fulmine tanti.
Dissultant crepitus: volat atri turbinis instar
Exitiū dirum hasta ferens: orasq; recludit
Loricæ: & clipei extremos septemplicis orbes

c Glauco amictu. SER: Quasi nympha. Propter vndarum similitudinem.
d Alto. C. Profundo: vt ne tam crudele spectaculum videret. Nam grauiora (vt iā diximus) sunt quę videmus: q̄ quę audimus.
e Aeneas instat. DON: Redit ad narrationē: quā interruperat interpositis dictis Iunonis Iouis & Iuturne.
f Ingens arboreum: S. Non sunt Epitheta. Sed Aeneas ingens telum coruscat arboreū. DONA: Ingens arboreum: Nō hastam sed gestatorem laudat. C. Arboreum. Expsit quid diceret ingens.
g Que nunc deinde mora est. C. Amara in hostē verba: & hominis indubitatam victoriam sibi pponentis: & quę simpliciter Aeneę clementię nō cōuenirent: sed merita Turni hęc ab eo extorqbāt.
h Contrahe. S. Collige. Est autem hostilis iracundia.
i Caput qssans. S. Cōcutiēs & conquassans caput. C. Ille caput quas. Non discedit a ferocitate sua: & vict⁹ se victum fateri non vult: neq; humanis Aeneę viribus cedit: sed a Ioue superari dolet.
k Et Iuppiter hostis. S. Ordo est: ferox hostis.
l Saxum circūspicit ingens. S. Homeri. Totus hic locus est.
m Campo qui forte iacebat limes agro positus: S. Scd̄m artem priori respōdet. Sic Salust. Est in carcere locus quod Tullianum appellatur.
n Manu raptū trepida. S. Aut festina: aut reuera trepida. quia sequit. Sed neq; currētē nec se cognoscit euntem.
o Torquebat. S. Bene impfecto vsus est tēpore: quia non est pfectū quod voluit. vt nec spatiū totū euasit: nec ptulit ictū. C. Torqbat. Incipiebat quid cōtorquere: sed defecerūt vires: vt rem perficere non posset.
p Genua labāt. C. Proceleumatic⁹ pes est: q ex quattuor syllabis cōstat. Pōt tñ redire ad dactilū: si. v. quę vocalis est cōuertatur in cōsonantē: & facta synęresi genua duarū sit syllabarum.
q Cōcreuit. C. Cōgelauit: vt subito cōcrescunt flumine crustę. De hoc dictū est in Geor.
r Per inane. C. Vacuū. Aequi dare vacuū nō sed regionē ab aere occupatā dicim⁹ vacuā: qa ita cedit aer: Vt nihil esse videat.
s Nec spaciū euasit. S: Hic distinguendum vt sit totum nec totum pertulit ictum. id est euacuatus est impetus ipsius spatio longiore. C. Nec spaciū euasit: nō est egressus ex toto illo spatio: q intercedebat iter se: & Aeneā: ergo defecit i spatio anq; ad Aeneam perueniret: hinc est q nō pertulit. id est ad destinatū finē tulit. Nā p i cōpositione absolutam rem demonstrat: hinc illud est vt si quis legere inceperit: & nō totū legerit: dicat legi: sed nō plegi. Quod autē de in somnio dicit physicum est.
t Ac veluti in somnis. S. Comparatio Homeri. D. Insomniis. Ponit parabolam quam quisq; in se expertus intelligere potest quid Turno eueneri.
v Vrbē. D. Vel in qua erat Lauinia: vel vnde expectaret auxiliū: quod pudor petere vetabat.
x Nec quo se eripiat. S. Totū em Troiani claudebant. D. Nec quo se eripiat. Fugiendi occasio deerat. Audendi fiducia negabat: nullum sperabat auxiliū soror iā remota.
y Sortitus fortunā oculis. S. Hunc locum ad feriendū oculis elegit Aeneas: quem fortuna destinauerat vulneri. C. Sortit⁹ fortuna oculis: Quia oculis pręelegit: quo telum dirigat: quę res sibi futura sit fortunata.
z Fulmine tanti. SERVIVS. Pro tonitru sine quo nunq; fulmen mittitur. CRISTOFERVS. Nec fulmine tanti dissultant crepitus. Sentētia est non venit tanto impetu fulmē: nam fulminis impetu scinduntur nubes. vnde ipse dissultando gignunt crepitum.

a Atri turbinis instar. SERVIVS. Multis vtitur comparationibus ad ex-

Per mediū stridens transit femur: incidit [b] ictus
Ingens ad terram duplicato poplyte turnus.
Consurgunt gemitu rutuli: totusq; remugit
Mons circū: & vocē late nemora alta remittūt.
Ille humilis [c] supplexq; oculos: dextrāq; pcantē
Protendens [d]; equidē [e] merui nec depcor inquit
[f] Vtere sorte tua: [g] miseri te si quā parentis
Tangere cura potest: oro: fuit [h] & tibi talis
Anchises genitor: dauni miserere senectæ:
Et [i] me (seu corpus spoliatum lumine mauis)
Redde meis: vicisti [k]: & [l] victū [m] tendere palmas
[n] Ausonij videre: [o] tua est lauinia coniunx.
[p] Vlterius ne tende odijs: [q] stetit acer in armis
Aeneas voluens oculos: dextramq; repressit.
Et iam iamq; magis [r] cunctantē flectere sermo
[s] Cœperat: infoelix humero cū apparuit alto
Baltheus: & notis fulserūt cingula bullis
Pallantis pueri victū quem vulnere turnus
Strauerat atq; hūeris inimicū insigne gerebat.
Ille oculis postq; sæui monumēta [t] doloris
Exuuias [v] hausit: furijs [x] accensus: & ira
Ter. ibilis: tu ne [y] hinc spolijs indute meorum
Eripiare [z] mihi: palas te hoc vulnere pallas
Immolat: [a] pœnā scelerato [b] ex sanguine sumit.
Hoc dicens ferrū aduerso sub pectore condit
Feruidus: ast illi soluuntur [c] frigore membra:
Vitaq; [c] cū gemitu fugit indignata sub vmbras.

Finis duodecimi Aeneidos

primendū nimiū īpetū. Et instar (vt supra diximus) p̄ se plenū est: nec recipit p̄positionē. Licet Seren⁹ adinstar dixerit: qd in idoneis nō repiri auctorib⁹. C. Turbinis de q̄ iam dictū. b Ictus. S. Percussus: nūc pticipiū est ac si diceret cecidit elisus. c Humilis, DONATVS. Humilis: corpe. i. suplex deiecto fastu. C. Ille humilis. Optimū exēplū. Nā supbiores qui fūt: nūq; cedere pocio ri volūt. Nisi cū penit⁹ victi sūt: & quo tpe nihil illis pdest. d Equidem merui. S. Secūdū artem rhetoricā: nā q̄ties psone in inuidia sūt alie pro his ponunt. Vn̄ ait ego quidē occidi mereor: sed tu debes ignoscere pentis intuitu. e Nec deprecor. S. Nō refuto. C. Merui nec depcor. Cū viro forti pudenda res videret vitā ab hoste depcari: id artificiose latēterq; arguit. Et primo pmittit mortē sua sibi: q̄ res videt posse vehemēter hosti misericordiam cōmouere. Deinde cū psona sua odio sit, itēponit psonā parentis: quod validissimū esse poterat: psertim apud eū: qui in patrem pietissimus fuit.

f Vtere sorte tua. S. Interfice hostē tuū. D. Vtere sorte tua. Victoria Aenee quā point ī fine opis pfinit atq; absoluit cumulū laudū Aenee: q̄s a principio ad finē omni artificio cōtinuauit. C. Vtere sorte tua. Nō cōcedit plenā victoriam sibi: nō eīn dixit vtere fortitudine tua: sed fortuna que tibi magisq; virtus fauit. g Miseri parētis. C. Cōmiseratio a statu q̄ miser. Et a sanguine: q̄ parēs. Et postremo ab etatate: cū dicit Dauni miserere senectę. h Fuit & tibi talis An. S. Hic distinguēdū vt duo dicat: & habuisti patrē & pater es. i Et me redde meis S. Ordo ē. redde meis. sed ne ex apto rē viro forti pudēdā peteret: īterpōsitōe vsus ē dicēs: Seu corp⁹ spoliatū luīe mauis C. Et me. Dū p̄cat vt reddat cadauer: pōt flectere vt cōdonet vitā. k Vicisti. C. Magna ē laus q̄ victi testioniovictor euadas. l Et victū. C. Qui summo gemitu pnūciant. Nō eīn mouet: morte vir fortis: sed q̄ vict⁹ sit Ausonii: Quos ego cupiebā adhibere testes meę victorię testes erūt meę ignominię. Et hęc etiā flectere potuerit Aeneā: vt cū nact⁹ eet plenā victoriā inuictū clemētia vteret: qd omnino fortissimi viri est. m Tēdere palmas Ausonii videre. S. Ad gloriā Aenee ptinet: q̄ se Turnus cūctis p̄sentib⁹ victū fatet. C. Ausonii. apd quos summā gloriā ex reb⁹ pmulta tpa p̄clarissime gestis acquisiuerā apd eosdē mōmēto tpis: & illā amitto: & ignominiā subeo. n Videre. C. Quod neq; hacten⁹ viderāt: nec visuros putarāt. o Tua est lauinia cō. S. Quę fuerat causa certamis. C. Tua. Qua qd mihi miseri⁹ accidere potest, vt victor p̄miū victorię secū auferat. Lauinia. ¶ Emphasim habet nomē. q. d. quā ego mea vita cariorē habui: & ppter quā oēs hos labores ptuli. p Vlteri⁹ ne tēde odiis. S. Noli velle crudelitatē tuā vltra fata ptēdere sed redde corp⁹ sepulchro. C. Vlteri⁹ ne tende odiis. Nō eīn ē magni & excelsi viri: cū hostem tāta & glia superarit: & omnia sit p̄mia cōsecutus eum occidere velle. nam inter magnas fortitudinis ptes repōsitū inimicitias cōdonare. Nā vindictā q̄rere hūilis pusilliq; animi esse apparet. Hic Iuuenal. Ad sumā colligi q̄ vindicta nemo mag⁹ gaudet q̄ fœmina. q Acer in armis. S. Nō tm̄ ad p̄sens refertur: sed quia semp in armis acer esse consueuit. C. Stetit acer. Cōstitit nō metu quia acer: sed inclinās ad misericordiā ignouisset q̄ si Turn⁹ Palanti ignouisset. Sed cū ex balthei admonitu recordaret crudelitas Turni mag⁹ pium indicauit amico Euādro: & q sua cā filiū vnicū amiserat satisfacere q̄ inimicissimo Turno vitā cōcedere: vt pietate poti⁹ q̄ crudelitate ipm interemerit. Admonet pptera poeta multa in vita facere hoīes tanq̄ ad suā mortalē gloriā ptineāt. ex q̄b⁹ deinde in exitiū ruūt. Id eīn ob direptū Palantis baltheum opiniōe sua decept⁹ ī se expert⁹ ē Turn⁹. r Cunctantē flectere sermo cœperat. S. Ois intentio ad Aenee ptinet gloriā. Nā ex eo q̄ hosti cogitat pcere pi⁹ ōndit: & ex eo q̄ eum interemit pietatis gestat insigne. Nā Euādri ītuitu palātis vlcisciē mortē. s Infœlix baltheus. S. Nulli dn̄o fœlix: & sic est dictū īfœlix balthe⁹ sicut lacedemonios hymeneos Et sciendū baltheū habuisse Turnū ad īsultationē & iactantiā nō ad vtilitatē. Vn̄ ē atq; hūeris inimicū insigne gerebat. t Monumēta. S. ppie nō ab eo dictū ē q̄ mētē moneat. v Hausit. S. Vidit vt: hauriat nunc ocul⁹ ignem crudelis ab alto. x Furiis & ira. C. Implacabili indignatiōe. y Tu ne hinc. C. Tu tam immitis. ¶ Idute spoliis meor. Qd nō ad tuā defensionē: sed ad supbi iactātiā ptinet. z Mihi. C. Emphasim habet. q. d. tā forti tā iniuriarū in meos collatarū psecutori. a Palas imolat. S. Ad suę mortis & a rupti fœderis vltionē te tāq; hostiā imolat palas. C. Palas. Nō mea crudelitas: sed vltiō q̄ palāti dabo a Imolat. Nō veluti hostē cęsū: sed veluti hostiā fracti fœderis iustissimū piaculū si. b Scellerato. C. Qui cōtra pacē primo: & cū iura hospitalitatis: deinde cōtra fœdus arma sūpsetat. c Frigore: S. Morte. vt corpusq; lauāt frigētis & vngūt. c Vitaq; cū gemitu fugit in dignata sub vmbras. S. Indignata vel quia post p̄cs veniam n̄ meruerat. vl' q a Lauineā fore sciebat Aeneę: vl' q a vt supi de Camilla dixim⁹ discedebat a iuuene. Nā volunt physici aiam discedere a corpe ī vitā: cū q̄ adhuc habitare naturę legib⁹ poterat: sic Hōe. ψυχὴ δ' ἐκ ῥεθέων πταμένη ἄϊδος δὲ βεβήκει ὃν πότμον γοόωσα λιποῦσ' ἀνδροτῆτα καὶ ἥβην.

Eneidos

Maphei Veggi Laudensis Poetę clarissimi Liber Tertiusdecimus Additꝰ duodecim æneidos libris.

Vrnus ut extremo vitā sub marte profudit:
Subdunt se rutuli æneæ troiana sequentes
Agmina: de hinc superis meriti redduntur honores.
Cōgaudet gnato ac socijs memor ante malorū
Actorū pater Aeneas. turni inde latinus
Morte dolet. patrię miserāda incendia claunus
Euersæ: & cari deflet pia funera gnati.
Connubiū instaurat gnatæ: lætosq; hymenęos
Rex socer æneę genero: gens vtraq; pacto
Fœdere pacis ouat: tū nomine cōiugis vrbem
Instruit: & laudē placida sub pace regentē
Transtulit ęneā venus astra in summa beatū.

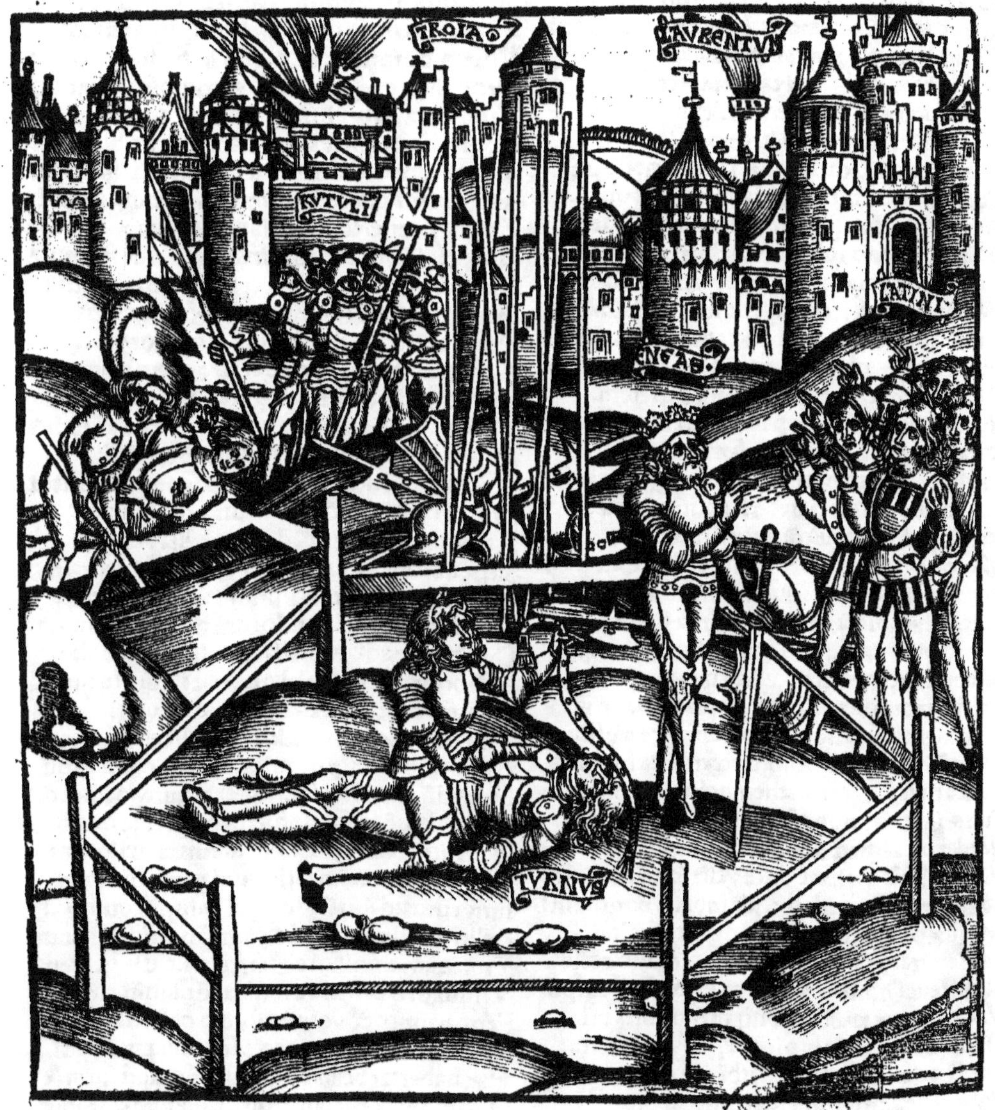

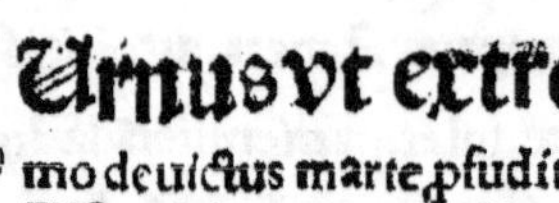

Urnus vt extre
mo deuictus marte ꝓfudit
Effugiētē animā: medioq;
sub agmine victor
Magnanimus stetit æneas
mauortius heros.
Obstupuere omnes: gemi
tuq; dedere latini.
Et durū ex alto reuomentes corde dolorem:
Cōcussis cecidere animis: ceu frondibus ignes
Sylua dolet lapsis boreali impulsa tumultu.
Tū tela infigūt terræ: & mucronibus hærent:
Scutaq; deponūt humeris: & prælia damnant:
Insanūq; horrent optati martis amorem.
Nec frenū nec colla pati captiua recusant:
Et veniā orare: & requiem finēq; malorum
Sicut acerba duo quādo in certamina tauri
Concurrūt: largo miscentes sanguine pugnā.
Cuiq; suum pecus inclinat: sin cesserit vni
Palma duci: mox quæ victo pecora añ fauebāt.
Nūc sese imperio subdunt victoris: & vltro
(Quāq; animū dolor alt⁹ habet) parere fatent:
Non aliter rutuli licet ingens mœror adhausit
Pectora pulsa metu cæsi ducis: inclita malunt
Arma sequi: & phrygiū æneā: fœdusq; precari
Pacis: & æternam rebus: belloq; quietem.
Tūc turnū super adsistens placido ore ꝓfatur
Aeneas: quæ tanta animo dementia creuit?
Vt teucros superū monitis summiq; tonantis
Imperio huc vectos patereris daunia proles
Italia: & pactis nequicq; expellere tectis.
Disce iouem reuereri: & iussa facessere diuum.
Magnū etiā capit ira iouē memoresq; malorū
Sollicitat vindicta deos: en vltima tanti
Meta furoris adest: quo contra iura fidemq;
Iliacam rupto turbasti fœdere gentem.
Ecce suprema dies alijs exempla sub æuum
Venturū missura: iouem ne temnere frustra
Fas sit: & indignos bellorū accendere motus.
Nunc armis lætare tuis: heu nobile corpus:
Turne iaces: at non tibi erit lauinia paruo:
Nec dextra tamen æneæ cecidisse pudebit.
Nūc rutuli hic auferte ducē vestrū: arma virūq;
Largior: atq; omnē deflendę mortis honorem:
Sed quæ pallantis fuerant ingentia baltei
Pondera transmittā euandro: vt solatio cœso
Haud leuia hoste ferat: turnoq; exultat adepto
Vos memores tamē ausonij melioribus vti
Discite bellorum auspicijs: ego sydera iuro.
Nunq; acies: nunq; arma libēs in prelia moui.
Sed vestris actus furijs: defendere toto
Optaui: & licuit troianas robore partes.
Nec fatus plura æneas: se lætus ad altos
Vertebat muros: & troia tecta petebat.
Vna ipsum teucrorum omnis cōuersa iuuēt⁹
Exultans sequit: volucresq; per arua pedū vi
Quadrupedes citat: incusans acri ore latinos
Ignauosq; vocās: strepit altus plausibus æther.
Et q̄uis inhumata rogis dare corpora surgat
Ingēs cura animo: sociosq; imponere flāmis:
Maius opus tamē æneas sub pectore voluens:
Primū aris meritos: superū mādabat honores.
Tū pingues patrio iugulant ex more iuuēcos.
Immittūtq; sues: niueasq; in tēpla bidentes:
Purpureā effuso pulsantes sanguine terram
Viscera diripiunt: & cæsim in frusta trucidāt:
Denudātq; gregē: & flāmis verubusq; remittūt.
Tum vina effundunt pateris: & dona lyæi
Accumulant: plenis venerantur lancibus aras.
Thura ignes adolent: onerata altaria fumant.
Tū plausus per tecta mouēt: magnūq; tonātē
Extollūt: venerēq;: & te saturnia Iuno
Iam placidā: & meliorē ingenti laude fatentur
Mauortēq; ipsum: tum cetera turba deorum
In mediū efferūt summis cum vocibus altis
Perlata ad cœlos: ante omnis gratior vnus
Aeneas duplices mittebat ad æthera palmas:
Et puerū pauca ore dabat complexus Iulum.
Nate in quo spes vna patris: per tanta laborū
Quem varijs actus fatis discrimina duxi
Ecce inuenta quies: ecce illa extrema malorum
Erūnis factura modū: acceptissima semper:
Atq; optata dies: quā dura in bella vocatus
Sæpe tibi dijs auspicibus meminisse futuram
Iam memini: nūc te q̄ primū aurora rubebit
Crastina sublimē rutulorum ad mœnia mittā.
Dehinc sese ad gentē iliacā voluebat: & alto
Pectore verba trahēs blando est sic ore locut⁹:
O socij per dura ac densa pericula vecti:
Per tantos bellorum æstus: duplicesq; furores
Armorū: per totq; hyemes: per quicqd acerbū
Horrēdū, graue: triste: ingēs: ꝑ quicqd iniquū:
Infaustum: & crudele foret: conuertite mentem
In melius: iam finis adest: hic meta malorum
Stabit: & optatam latia cum gente quietem
Iungemus: dabit inde mihi lauinia coniunx:
Bello acri defensa italo cum sanguine mixtam
Troianam transferre æterna in sæcula gentem:
Vnum oro o socij ausonios cōmuniter æquo
Ferte animo: & vosmet socero obseruate latio.
Sceptrū idē sublime geret. sententia mentem
Hæc habet: at bello vos: & prestantibus armis
Discite me & pietate sequi: quæ gloria nobis

Cesserit ĩ prõptu est: sed cœlũ & sydera testor.
Qui vos tantorum eripui de clade malorum:
Idẽ ego sub maiora potens vos præmia ducã.
Talibus orabat: variosq; in pectore casus
Præteritos voluens: partãq; labore quietem
Haud paruo: nimiũ ardenti exundabat amore
In teucros: grauibus tandẽ euasisse periclis
Exultans: velut exiguis cũ ex æthere girans
Incubuit pullis: & magno turbine miluus
Insiliens auido ore furit: stragẽq; minatur:
Tum cristata ales percusso pectore mater
Consurgit: misero gnatorum exterrita casu:
Rostrum acuit: totisq; petit conatibus hostem:
Et multa expulsum vi tandem cedere cogit:
Dehinc perturbatos trocitans exquirit: & oẽs
Attonitos cogit pro caris anxia gnatis:
Et tanto ereptos gaudet superesse periclo:
Non secus anchisa genitus mulcebat amicis
Troianos dictis antiquum corde timorem:
Flagrantisq; agitãs curas: & gaudia longis
Tandẽ parta malis: & quæ perferre molestum
Ante fuit: meminisse iuuat: verum altior idem
Ingenti: & clara æneas supereminet omnes
Virtute excellens: & pro tot numina donis
Exorat: summisq; Iouem cum laudibus effert.

Interea rutuli: magnū: & miserabile funus.
Exanimūq; ducē tulerāt sub tecta frequentes:
Correpti mœrore animos: largisq; pluentes
Hymbrem oculis: & iam lato clamore latinū
Defessum: & varios agitantē pectore casus
Cōplerat: qui postq̄ alios crebescere questus:
Et turnū ingenti confossum vulnere vidit:
Haud tenuit lachrymas: d'hic mœstū leni agmē
Corripuit: manibus verbisq; silentia ponens.
Ceu spumātis apri quādo per viscera dentes
Fulmineos canis excepit præstantior omni
Ex numero: tunc infausto perterrita casu
Cætera turba fugit latrantū: atq; ore magistrū
Circūstans querulo pauitat: magnoq; vlulatu
Infremit: ac cōmota manu dominiq; iubentis
Ore silet: gemitūq; premit: seseq; coercet.
Haud aliter rutuli suppressa voce quierunt.
Tunc sic illachrymans rex alto corde latinus
Verba dabat: quātos humana negocia motus:
Alternasq; vices miscent: quo turbine fertur
Vita hominū: o fragilis dānosa supbia sceptri.
O furor: o nimiū dominandi innata cupido
Mortales quo cæca vehis? quo gloria tantis
Inflatos transfers animos quæsita periclis?
Quot tecū insidias? quot mortes? quāta malorꝫ
Magnorū tormēta geris? quot tela? quot enses?
Ante oculos si cernis habes? heu dulce venenū
Et mūdi lethalis honos: heu tristia regni
Munera: quę haud paruo cōstēt: & grādia rerū
Pondera quæ nunq; placidā pmittere pacem
Nec requiē conferre queant: heu sortis acerbę:
Et miserę regale decus: magnoq; timori
Suppositos regum casus pacisq; negatos!
Quid Turne ingēti ausoniā mouisse tumultu:
Et dura æneadas turbasse in bella coactos.
Quid iuuat? & violasse sacrę promissa quietis
Pignora: quę tibi tāta animo impatiētia venit:
Vt manem cum gente deum: iussuq; tonantis
Huc vecta gereres: & nostris pellere tectis
Vltro instās velles. nataq; abrumpere fœdus
Pollicite genero æneę: & me bella negantem
Dura mouere manu: quæ tanta insania mentē
Implicuit? quotiens te in sæui martis euntem
Agmina: sublimēq; i equo: & radiātib⁹ armis
Tentaui reuocare: & iter suspendere cœptum
Corripui: & pauitās cedentē in limine frustra:
Inde ego quanta tuli testantur mœnia tectis.
Semirutis: magniq; albentes ossibus agri:
Et latium toto vacuatum robore: & ingens
Exitium: fluuiiq; humana cæde rubentes:
Et longi tepidiq; metus: duriq; labores
Quos totiens senior per tanta pericula cœpi.

At nūc turne iaces: vbi nam generosa iuuentæ
Gloria: & excellēs animus: quo splendidus altę
Frontis honos: q̄ nā illa decēs tibi frōs? imago?
Ah quantas dauno lachrymas: acresq; dolores
Turne dabis: quanto circūfluet ardea fletu.
Sed nō degeneri: & pudibūdo vulnere fossum
Aspiciet: saltem hoc miseræ solamen habebit
Mortis: vt æneæ troiani exceperis ensem.
Hæc fatus: lachrymisq; genas impleuit abortis
Tum sese ad turbā voluens: miserabile corpus
Attolli: & carum mœsti genitoris ad vrbem
Deferri: atq; pios fieri mandabat honores.
Mox circūfusi rutuli lato agmine: cæsum
Sublimē ingenti iuuenem posuere pheretro:
Multa super teucrū raptorū insignia secum
Et galeas: & equos: ensesq;: & tela ferentes.
Post currus phrygia sudantes cæde sequuntur:
It lachrymās: & ducit equū docta arte metiscus
Rorātē: & fletu madidū: q̄ vexerat ante
Victorem turnū: atq; hostili strage furentem.
Hinc alii versa arma gerūt: tunc extera pubes
Flens sequit: largisq; humectat pectora guttis
Et iam fessi ibant per muta silentia noctis
Cædentis sese: gressumq; in tecta latinus
Flexerat: ingenti turbatus funere mentem.
Vna oēs lachrymas: matres: puerique: senesq;:
Fundebāt: mœstā implētes mugitibus vrbem:
Inscius at tātos daunus superesse dolores:
Et gnatū extremo cōsumptū marte superbam
Effudisse animā: largisq; ad mœnia duci
Cū lachrymis: alios gemitus curasq; fouebat
Namq; ex diuersa caderent dum parte latini:
Et calido Turnus fœdaret sanguine terram.
Vrbē ingens flāma: & muros inuaseret altos
Fumabatq; rutis miseri patris ardea tectis.
Et tota in cinerem vergebat: & astra fauillæ
Altiuolæ implebant: nec spes plus vlla salutis:
Siue quidē sic diis placitū est: seu præscia turni
Signū: vt fata darent horrendo marte pempti.
Extemplo concussi animos: turbataq; ciues
Pectora cædentes miserandę sortis iniquum
Deflebant casum: longoq; ex ordine matres:
Atq; auidos totis fugiebant viribus ignes.
Ac veluti cum nigra cohors posuere sub alta
Arbore: & infixa radice cubilia longo
Formicæ instantes operi: sin dura securis
Incumbat: versosq; infringat culmine paruas
Sæua casas: mox certatim sese agmine sparso
Corripuit: mœstaq; fuga: trepidæq; feruntur
Et velut igni tum? testudo euersa calorem
Cū sensit luctata diu: pedibusq; remittens
Caudā agitansq; caput magna vi cędere tērat

Aeſtuat: & multa inſidians conamina miſcet.
Haud aliter miſeri per tanta pericula ciues
Iactabant ſeſe: & turbata mente ferebant.
Ante oẽs ſenio cõfectus ad æthera voces
Fũdebat querulas daunus: ſuperoſq; vocabat.
Tum vero e medijs viſa eſt cõſurgere flãmis:
Percuſ̃ſq; ales volitare per aera pennis:
Indiciũ: nomẽq; urbis uerſæ ardea ſeruans:
Et cui ſublimes ſtabant in mœnibus arces
Mutata effuſis nunc circũlabitur alis.
Attoniti nouitate omnes: monitiſq; deorum.
Haud paruis: cõfuſi humeros: atq; ora tenebãt:
Et daunus patriæ ardenti concuſſus amore
Euerſæ: duros gemitus ſub corde premebat.
Hæc inter magno volitans prænuntia motu.
Fama ruit: latiſq; animos clamoribus implet
Aduentare nouum multo cum milite funus:
Et turnũ exanimẽ: et lęthali vulnere victum
Mox turbati omnes nigras duxere frequentes
Incenſas ex more faces; ardentibus agri
Collucent flãmis: dehinc ſe veniẽtibus addũt.
Quos poſtq; toto videre ex agmine matres
Percuſſis vocem palmis ad ſydera tollunt:
At daunus cari vt patuerunt funera nati
Subſtitit: & demũ ingenti correpta dolore:
Ora mouens: mediũ ſeſe furibundus in agmen
Proripuit: turniq; ſuper proſtratus: & hærens
Quãprimũ fari potuit: ſic edidit ore
Nate patris dolor: & feſſa miſeranda ſenectæ:
Rapta quies quo me tantis iactare periclis
Duxiſti: & ſæuis tandẽ deuicte ſub armis:
Quo tua me, præſtans animi conſtãtia vexit.
Hic clare virtutis honos: & gloria ſceptri.
Hoc magni decus imperiũ: tales ne triũphos
Nate refers: hæc illa quies promiſſa parenti:
Aflicto totiens: hęc meta optata laborum:
Heu miſerũ q; pręcipites labentia caſus
Sęcla agitant: quanto voluuntur fata tumultu
Qui iam ſublimes referebas clarus honores:
Et magnus toto in latio quem troes in armis
Horrendũ: & trepidi totiens ſenſere furentem.
Nũc mi Turne iaces: miſerãdũ & flebile corp⁹.
Iam mutũ eſt ſine voce caput: q̃ pulchrior alter
Non fuit in tota auſonia, nec gratior vllus
Eloquio: nec quis poſitis ingentior armis.
Nate vbi forma nitẽs: niueaq; in frõte ſeren⁹
Ille decor: dulciſq; oculorum aſpectus: & altæ
Sydereus ceruicis honos: his gloria martis
Contigit auſpicijs: tali rediture paratu
Diſcedẽs voluiſti auidis te credere bellis:
Heu mortẽ inuiſam quæ ſola vitricib⁹ armis
Elatos frenas animos cõmunia toti
Genti ſceptra tenẽs æternaq; fœdera ſeruans:
Quæ magnos paruoſq; teris: quæ fortibus æquas
Imbelles: populiſq; duces: ſeniumq; iuuentæ.
Heu mortẽ obſcurã: quæ cauſa indigna coegit
Eripere: atq; meũ crudeli vulnere natum
Afficere: o fœlix tam grato cædis Amata
Succeſſu lætare tuæ: quæ tanta dolorum
Fugiſti monumẽta: grauiſq; immania caſus
Pondera quid miſero genitori plura paratis.
O ſuperi natũ rapuiſtis: & ardea flammis
Cõſumpta in cinerẽ verſa eſt: nũc æthera pẽnis
Verberat: ah me Turne tua plus cæde cruenta
Deerat adhuc ſors iſta patris ſuprema ſenectæ
At vero tali ſe res cum fœdere verſant:
Vt quẽ infeſta furens miſerũ fortuna moratur
Illũ omni petat infrendens: & turbine cogat:
Dixerat: & multa illachrymãs largo ore rigabat
Himbre trahẽs duros gemit⁹: rabidoſq; dolores.
Qual' vbi incubuit validis iouis vnguib⁹ ales
Et paruũ effuſo diuulſit ſanguĩe fœtũ
Cerua vidẽs: miſeri turbant funere nati.

Poſtera lux latũ ſplẽdore impleuerat orbem
Tũc pater infractos fatali marte latinus
Defeciſſe videns italos: totamq; potenti
Cædere fortunã æneæ: belliq; tumultũ:
Ingentiſq; animo curas: & fœdera voluens
Connubij promiſſa ſuræ natæq; hymenæos.
Præſtantes vocat electos ex agmine toto
Mille viros: qui dardaniũ comitent' ad vrbem
Spectatum virtute ducem: iungitq; togatos
Multa oratores memorans: & euntibus vltro
Imperat. vt quãdo auſpicijs: monitiſq; deorum
Troianã miſcere: italo cũ ſanguine gentem
Expediat: placido interſint animoq; reuiſãt
Aeneadaſq; vehant alta intra mœnia læti.
Interea ipſe vrbẽ labefactã: & vulgus inerme
Componit: ſolidatq; animos: requiẽq; futurã
Spondet: & æternã uentura in ſæcula pacem.
Inde iubet meritos turba plaudẽte triũphos:
Sublimeſq; domus fieri regalis honores.
Atq; alacris mouet vnanimes: vt fronte ſerena
Occurrãt genero venienti: & pectore toto
Excipiant gentẽ iliacã: magniſq; recæptent
Plauſibus: optataq; effundant pacis amores.
Iamq; inſtructa cohors teucrorũ caſtra ſubibat
Cincta comes ramis oleæ paceq; rogabat.
Quã bonus æneas ad ſe intra regia duci
Tecta iubet: cauſamq; viæ placido ore requirit
Tunc ſenior ſic incipiens ardentia drances
Verba mouet: nimiũ erepti pro funere Turni
Exultans: o troianæ dux inclyte gentis
Gloria: ſpeſq; phrygũ: q̃ nec pietate: nec armis

Maior in orbe fuit: victi obtestamur: & omes
Iuramus diuosq; deas inuitus in vnum
Conflatum vidit latium: & temerata latinus
Fœdera nec phrygios vnq; turbauit honores.
Quin natę (quando superũ sic vota ferebant.)
Cõnubia: & generũ magno te optabat amore.
Sed quicquid tanto armorũ flagrante tumultu
Tantorũ furijsq; operũ: atq; laborib⁹ actũ est:
Id rapidus Turni: & stimulis incesus iniquis
Confectusq; odijs furor attulit: ille negantes
Inuitasq; dedit latias in prœlia gentes
Illũ omnis cõuersa cohors poscebat in armis.
Cederet: & magnum sineret succedere pactis
Connubijs anchisiadẽ: inde optimus ambas
Iungebat palmas: defessa ætate latinus
Infractus: nimioq; ardentẽ marte rogabat:
Nec nostræ potuere preces inflectere durum:
Nec diuum protẽta animũ: quin acrius ignẽ
Spumabat ferus ore vomens: bellumq; ciebat.
At vero dignum inuenit pro talibus ausis
Exitium: qui te tandem victore momordit
Nigrantẽ prostratus humũ: nũc improb⁹ ædes
Tartareas visurus eat: quæratq; sub imo:
Nũc alias acheronte acies: aliosq; hymenæos.
Tu melior succede bonis laurẽtibus hæres.
In te omnis domus: & fessa inclinata latini.

Spes iacet: vnũ omnes itali super aurea mittũt
Sydera: & ingentẽ bello: & cælestibus armis
Extollunt: & vera canunt præconia voces.
Te grauiß veneranda patrum: cõ sultaq; turba
Inualidiq; ætate senes: te læta iuuentus:
Et cupidę matres: pueri: innuptæq; puellæ:
Vnanimes ęquo ore volũt: Turnũq; sub armis
Exultant cecidisse tuis: te tota precatur
Ausonia: & claris præstantẽ laudibus effert.
In te vnũ conuersi oculi: pater ipse latinus
Iam senior sola hæc longęuæ munera vitæ:
Qui gnatã tibi iũgat habet: generiq; nepotes
Troianos italo admixtos in ſęcula mittat.

Ergo age magne veni teucrorũ ductor: & altos
Ingredere: et celebres cape q̃s spõdemꝰ honores
Finis erat: cunctiq; eadem simul ore fremebãt.
Quos pius æneas hylari cũ fronte recæptos
Prosequitᷣ paucis: & amico pectore fatur.
Nec vos: nec placida solitum sub pace latinum
Arguerim: verum infesti violentia turni
Tantũ opꝰ haud dubito: & tãti discrimia martis
Conciuit: iuuenilis enim plus laudis amore.
Quicquid id est tamẽ ausonij nil pacta recuso
Cõnubia: & sanctã æterno cũ fœdere pacem
Iungere: rex idẽ imperiũ: et venerãda tenebit
Sceptra socer: statuetq; mei mihi mœnia teucri

Et nomen natæ vrbis erit: sociosq penates.
Adijciam: vos cõmunes in sæcula leges:
Cõcordesq ingenti animo mittetis amores.
Interea quod restat adhuc: imponite flãmis
Corpora: quæ duri miserãda insania belli
Arripuit: dehincq primũ crastina surget
Clara dies: læti laurentia tecta petemus.
Dixerat: et tanto affatu conuersa tenebant
Ora simul stupefacti omnes: & apertius ingẽs.
Mirantes pietatis opus: mox robore toto
Congestas rapuere pyras: ignemq repostis
Ciuibus imisere altum: sub sydera fumus
Euolat: & patrijs cœlum sublime tenebris
Condit: inumeras ex omni rure bidentes.
Gladilegosq sues iugulãt: pinguesq iuuẽcos:
Immittũtq rogis latos incendia campos.
Enudãt: fremit impulsus clamoribus aer.
Iãq sequẽs darã extulerat lux aurea phoebũ.
Tũc teucri: ausonijq oẽs mixto agmine læti
Cõsedere in equis: & gressũ ad tecta mouebãt
Laurẽti: atq altis erectã mœnibus vrbem.
Ante omnes pius æneas: post ordine drances.
Mrta duci senior memorãs: dehinc vnica ples
Ascanius: multũq animi maturus Alæthes.
Et grauis Ilioneus Mnestheusq acerq Serest⁹.
Sergestus fortisq gyas: fortisq cloanthus.
Post alij: mixtũq itali teucriq sequuntur.
Interea effusi stabant per mœnia ciues.
Sublimisq alta statuebãt laude triũphos.
Troianam cupido expectantes pectore turbã.
Et iam aduentabant: quos læta fronte latinus
Occurrens magna excæpit comitate caterua.
At postq medio veniẽtẽ ex agmine vidit
Dardanium æneam: haud vera illusit imago.
Nãq omnes super excellens atq altior ibat.
Et late regalem oculis spargebat honorem
Sydereis: tunc q primũ data copia fandi est.
Et voces capere: optatas quoq iũgere dextras
Incipit: & prior affatur placido ore latinus.
Venisti tandem: cupidũ nec fixa fefellit.
Spes animũ lux troianę clarissima gentis.
Magnorũ quẽ iussa deum tot casibus actum:
Italia: & nostris voluerunt sistere tectis.
Quanq hũana furẽs nimis ausa licẽtia: sanctas
Turbarit leges: & diuum exciuerit iras.
Quin etiã inuictũ totiens neq arma negantẽ.
Tradiderit duri perferre pericula martis.
Factũ & eẽ: sed nec paruo sat numina iustas
Indignata animis: misere vltricia pœnas.
Nũc age magne phrygũ ductor: qñ oĩs origo
Seditionis abest: & tanti criminis auctor.
Cõnubijs succede: & ꝓmissis hyemenæis.
Sunt mihi regna: iacẽt erectis oppida muris.
Sola autem fessæ spes vnica nata senectæ:
Te generũ: & natũ tempus cõplector in oĩe.
Quẽ contra bonus æneas: rex maxime: nullã
In te horũ causam armorũ tantiq tumultus
Crediderim: placidæ asueto sub tẽpore pacis.
Et si qua est: pone hãc curã pater optĩe quæso:
Et patrẽ: & socerũ nũc adsum lætus in omnis
Accipio casus: magni mihi surgit imago.
Anchisę: & rursum ardebo genitoris amore.
Talibus orabant inter se: & tecta subibant
Regia: cum studio effusæ matresq nurusq.
Longæuiq patres stabant: iuuenũq cohortes.
Pulchra reuisentes troianæ corpora gentis:
Ante omnes magnũ æneã: cupidoq notabãt.
Altũ animo gen⁹: & præstantẽ frõtis honorẽ.
Quæsitãq alacres pacẽq: optata quietis
Munera laudabãt: ceu quãdo lõgus & ingens.
Agriculas tenuit resolutis nubibus imber
Suspensos: euruũq diu requieuit aratrum.
Tunc si clarus equos spacioso limine: ti tan
Laxet: & aurato cœlum splendore serenet.
Leticia exundant: & sese hortantur agrestes.
Nõ secus ausonij tam læto in tempore rerum
Composuere animos: & iam rex alta latinus
Atria: regalesq aditus intrarat: & vna
Optimus æneas: sequitur quẽ pulcher Iulus:
Dehinc itali mixtiq phryges: tũ splẽdida lato
Applausu: & magno cõpletur regia cœtu.
Hæc inter matrũ inumeraq nurũq caterua.
In medium comitata venit lauinia virgo.
Sydereos desecta oculos: quam troius heros
Virtute: & forma ingentẽ (mirabile dictu)
Vt vidit: primo aspectu stupefactus inhæsit.
Et secum Turni casus miseratus acerbos.
Qui haud pua spe duct⁹ ouans ĩ prælia tãtos
Ciuisset motus: durisq arsisset in armis:
Tũ vero æterno iunguntur fœdera nexu.
Cõnubij: multaq canunt cũ laude hymenæos.
De hĩc plausus fremitusq altũ suꝑ aera mittũt
Et lætam vocẽ per regia tecta volutant.
At fidum interea Aeneas affatur Achaten:
Vadat: & andromachæ qndã data mumura ve(stes.
Intextas auro ferat: & q̃d sæpe solebat
Dum res troianæ stabant circundare collo.
Auratum gemmis: circũseptũq monile.
Præterea magnũ cratera in pignus amoris
Quem priamus patri anchisæ donauerat olim.
Nec mora iussa seqns pulcherria portat achates.
Munera: tũc socer ingentẽ cratera latin⁹
Donatũ capit: æ coiunx lauinia vestes.
Atq monile decens: placido dehĩc pectore sese
Demulcent: varijsq trahũt sermonibus horas.

Et iam tarda epulas fugiẽtis tempora lucis
Poscebant: mox regali conuiuia luxu
Effundunt: latosqꝫ alta intra tecta paratus:
Conuenere omnes stratoq́ discumbere in ostro
Delitijs iussu: & dapibus se inferre futuris.
Dat manibꝰ cristallus aquas: mẽsisqꝫ reponũt
Flauentẽ cererẽ: tum læta fronte ministri.
Innumeri magno distinguntꝰ ordine curas.
Pars dapibꝰ reficit mẽsas: pars pocula miscet:
Craterasqꝫ replet. nũc hac nũc voluitur illac:
Turba frequẽs: varios miscentqꝫ ꝑ atria motꝰ:
At puerũ pater ĩmotis spectabat iulum
Luminibꝰ: multũ admirãs: moresqꝫ latinus:
Et grauiter puerili ex ore cadentia verba.
Maturũqꝫ animũ añ animos: & m̃lta rogabat.
Permixtas referẽs voces: de hinc oscula figẽs:
Dulcia complexũ manibus iunctũqꝫ fouebat:
Et nimiũ exultãs fœlicẽ: & munere diuum:

Donatum æneam pro tali prole ferebat.
Postquã epulis cõpressa famẽs: traducere longã
Incipiunt fando: & labentẽ fallere noctem.
Nunc duros troiæ casus: gentesq; pelasgas.
Nunc fera laurẽtis memorãtes prælia pugnæ:
Quo primũ diffusæ acies: quo tela uicissim
Pulsa loco: qui primus ouãs inuaserit agmen.
Fulmineũq; ardẽs in equo madefecerit ensem:
Præcipue tros æneas seniorq; latinus.
Magnorũ heroum latijq; antiqua potentis
Gesta recensebãt: fugientẽq; horrida gnati
Arma sui: saturnũ italis latuisse sub oris.
Hinc latiũ dixisse: genusq; in montibus altis
Composuisse vagum: legesq; & iura dedisse.
Et bacchi: & frugũ cultꝰ: de hinc tecta secutũ
Esse paterna iouẽ: vtq; electra atlantide cretus
Iasio idæas cæso phrygiæ isset ad vrbes:
Dardanus ex corito multa tũ gẽte profectus.
Vtq; insignẽ aquilã dono: & ioue patre superbꝰ
Hectoreæ gentis signũ: illustresq; tulisset.
Primꝰ auum titulos troianæ stirpis origo.
Talibus atq; alijs inter se: longa trahebant
Tempora: tũ fremitꝰ letæq; per atria voces
Alta volãt: strepitu ingenti tectũ omne replet.
Dant lucẽ flãmæ: & lato splendore coruscant
Cõsurgũtq; phryges cythara resonãte sequunt
Ausonij: & plausũ ingeminãt: seq; agmie toto
Permiscẽt: variantq; pedes: raptimq; ferunt.
Etiam festa nouẽ largo connubia luxu
Attigerant celebrata dies: tũ maximꝰ heros
Aeneas vrbem curuo signabat aratro.
Fundabatq; domos: & amittas agere fossas.
Ecce autẽ fatu haud paruũ diffundere flammã
Ingentẽ: & fulgore leuẽ: & se nubibus altis
Miscentẽ: e summo lauinia vertice visa est.
Obstupuit pater æneas: duplicesq; tetendit
Ad cœlũ cũ voce manus: si iuppiter vnq;.
Gens monitis troiana tuis: terraq;: mariq;:
Paruit imperijsq; libẽs: si numina: vestras:
Si metui coluiq; aras: per si quid agendũ est
Quod restat: placidã fœlici afferte quietem.
Augurio: & firmate: malisq; imponite finẽ.
Talia iactantem circũstitit aurea mater:
Se venerem cofessa: almo & sic ædidit ore
Gnate aio pone hanc curã: & meliora capesse
Signa deum: gaudensq; bonis succede futuris.
Nũc tibi parta ques: nũc meta extrema malorũ:
Nũc tandẽ optatã componunt sæcula pacem.
Nec flammã [.]d cælos per latã euertice caræ
Cõiugis horresce: at cõstantẽ dirige mentẽ.
Nãq; erit illa tuũ celebri quæ sanguine nõmẽ:
Troianosq; auctura duces ad sydera mittat.
Hæc tibi magnanimos sublimi prole nepotes:
Cõferet egregijs: totũ qui laudibus orbẽ
Complebunt: totumq; sua virtute potentes
Subiuga victoresq; trahent: q̃s gloria summo:
Oceanũ transgressa ingens equabit olympo.
Quos tandẽ post inumera atq; illustria rerũ:
Gesta deos factura vehet sup æthera virtus.
Hanc flammã ventura tuæ præconia gentis
Designant: hoc omnipotẽs e culmine signum
Sydereo dedit: at tantarũ in munere laudũ:
Quã statuis dicas a noie cõiugis vrbem.
Præterea sacros troia ex ardente penates
Ereptos cõpone noua intra mœnia: & altos
Infer ad æternũ mansuros tempus honores.
Hic tibi mira ferã: tanto vrbis amore trahentur:
Vt vecti ad sædes alias loca prima latini.
Sponte sua repetent: iterũq; iterũq; reuersi.
O fœlix quẽ tanta manẽt: de hinc pace tenebis
Sub placida gentẽ illiacam: post fessus: & æuo
Confectus: tandẽ elysias socer ibit ad umbras.
Succedes sceptro: atq; italis dominabere leges:
Cõmunes teucrisq; feres: tũ lætus ad altum
Te mittes cœlum. sic stat sententia diuum.
Dixit: & inde leues fugiẽs se vexit ad auras:
Aeneas tanto stupefactam numine: mentem
Percussus: diuæ peragit mandata parẽtis.
Etiam compositos fœlici in pace regebat
Dardanidas: & iam decedens scæptra latinus
Liquerat: & pius æneas successerat: omnem
Ausoniam: lateq; potens ditione tenebat.
Iam paribus phryges: atq; itali se moribꝰ vltro
Et socia ingenti firmabãt pectora amore:
Concordiq; æquas miscebãt fœdere leges.
Tũ medio venus exultans se imisit olympo.
Ante iouem: & cõplexa pedes sic ore locuta est
Omnipotẽs genitor qui solus ab æthere sũmo
Cũcta moues: qui res hoĩm curasq; recenses.
Dũ teucros traheret fortuna inimica: recordor
Spondebas finẽ erumnis: rebusq; salutem.
Nec tua me promissa pater sententia fallit.
Namq; iõnes gaudere sacra tris pace per ãnos
Viderunt italæ nullo discrimine partes.
Verum ad syderei missurum culmine cœli
Pollicitꝰ magnũ æneã: meritũq; ferebas
Illaturũ astris: quid nunc sub pectore versas:
Iãq; optat matura polos æneia virtus.
Olli hominũ sator atq; deũ dedit oscula ab alto
Pectore verba ferens. quantũ cytherea potentẽ
Aeneam: æneadasq; omnes infessus amaui.
Et terra: & pelago: & per tãta pericula vectos
Gnosti. & sæpe equidẽ indolui cõmotꝰ amore
Gnata tuo: tandemq; malis iunone secunda

Imposui finem. nūc stat sententia menti:
Qua ductorē alto ip̄e phrygū succedere coelo
Instituit: firma est: numeroq; inferre deorum
Constat: & id concędo libens: tu si quid in ip̄o
Mortale est: ad me: atq; astris ingenitibus adde.
Quin si alios sua habet virt⁹: q̄ laude perenni.
Accingant: sese gestis præstātibus orbem
Exhorrent: illos rursum sup̄ æthera mittam.
Assensere omnes superi: nec regia iuno.
Abnuit: at magnū æneam suadebat ad altum
Efferri coelum: & voces addebat amicas.
Tum ven⁹ aerias descēdit lapsa per auras.
Laurentumq; petit vicina numicius vndis
Flumineis vbi currit ī æquora: harūdie tect⁹.
Tūc corp⁹ gnati abluere: & deferre sub vndas
Quicq̄d erat mortale iubet: de hīc læta recentē:
Foelicemq; animā secum super aera duxit.
Immisitq; æneā astris: quem iulia proles.
Indigetem appellat: tēplisq; imponit honores.

Finis

Copa.

Copa syrisca caput graia redimita mitella:
Crispum sub crotalo docta mouere latus.
Ebria famosa saltat lasciua taberna:
Ad cubitum raucos excutiens calamos.
Quid iuuat aestiuo defessum puluere obesse:
Quam potius bibulo decubuisse toro.
Sunt copae calices cyathi rosa tybia cordae:
Triclinia vmbrosis frigida arundinibus.
En & Menalio quae garrit dulce sub antro:
Rustica pastoris fistula more sonat.
Est & vappa cado nuper diffusa picato:
Et strepitans rauco murmure riuus aquae.
Sunt etiam croceo violę de flore corollae:
Sertaque purpurea lutea mixta rosa.
Et quae virgineo libata achelois ab amne:
Lilia vimineis attulis in chalatis.
Sunt & caseoli quos iuncea fascina siccat:
Sunt autumnali caerea pruna die.
Castaneaeque nuces: & suaue rubentia mala:
Est hic mũda Ceres: est amor: est bromius.
Sunt & mora cruenta: & lentis vua racemis:
Et pendet iunco cęruleus cucumis.
Et tuguri custos armatus falce saligna:
Sed non & vasto est inguine terribilis.
Huc alibida veni: fessus iam sudat asellus:
Parce illi: vestri delicium est asinus.
Nunc cantu crebro rumpunt arbusta cicadae:
Nunc vere in gelida sede lacerta sedet.
Si sapis aestiuo recubans nunc prolue vitro:
Seu vis cristallo ferre nouos calices.
Eia age pampinea fessus requiesce subumbra:
Et grauidum roseo necte caput stropheo.

Copa syrisca. Omnis huius opusculi summa est. Hortatur Moecenatẽ & socios ad voluptatem, insinuatiõe quadam vtens. Copę Moecenatis libertę quę a loco sic nominata grętię: apud Orchomenon Boetię: Sunt enim Copę iuxta cephysum amnem qui lacum facit copitalem nominatum.

b Syrisca. quę venerat ex syria.

c Graia mitella. Fuit enim mitra: ornamentũ capitis. primum apud moeonios: deinde ęgyptij et Syrij vsi sũt teste Hero. Virgi. Moeonia mentũ mitra crinemque madentẽ.

d Crotalo. Crotalum instrumentum musicũ quo ęgyptii in deorum cerimoniis vtebantur: et quidem a κρότω id est pulso denominarunt: nonnulli gręcorum pro plaustro resonante posuerunt. Alii annulum ex aere factum qui ferreo baculo percutiebatur: ad sonitũ reddendũ intellexerũt

e Ad cubitum id est quietem.

f Raucos, sonoros.

g Calamos: Fistulas quas ipse pulsabat.

h Bibulo: Nam qui dormiunt videntur bibere susurrando in somno.

i Copę: vasa vinaria.

k Chordę: Cytharę.

l Triclinia. Lecti erant: vel triclinia in quibus veteres cõmedebant.

m Arundinibus: Quę solebant apponi ad voluptates

n Menalio: Arcadico id est quales solent esse in monte Archadico. vbi solebant pastores & fistulis canere etiã potest referri ad Euandrũ q venerat ex archadia: vbi erat palanteũ et palatinum condiderat.

o Vappa: Vinum asperum & fetidum: & vappa dicitur vinum euaporatum: id est quod iam sit saporem.

p Picata: nigra vel a pice. lege marcialem.

q Corolę: Dicuntur a choro & sic a corona. Cecropio apud Himetum montẽ Atheniensem, solent adesse apes.

r Lutea: rubicunda apud Buc. mollia luteola.

s Achelois nympha fuit ab acheloi. Pilię enim acheloi dicuntur sirenes; vt idem Virgi. alibi. sirenum cantus varios Acheloia proles.

t Fiscina: canistrum & calathus:

v Bromius: Cognomẽ bacchi est a bromo quod est consumo. vino enim moderate sumpto omnes humores repelluntur.

x Tugurium: Casa pastoralis est.

y Custos: priapus.

z Saligna: ex salice facta.

a Alibida. priape alibidinibus apud quos in veneratione est.

b Illi: asello.

c Vestri: Quod habetur ex vobis.

d Aestiuo: Optimo & apto tempore ęstatis.

e Vitro: Cyatho vitreo.

f Stropheum: coronam.

De Copa Et Hortulo

Formosũ: tenerę[g] decerpes ora puellæ.
Ah pereat cui sunt prisca[h] supercilia.
Quid cineri ingrato[i] seruas bene olentia serta?
An ne coronato vis lapide ista tegi?
Pone[k] merũ: & talos: pereat qui crastina curant[l].
Mors aurem vellens: viuite ait: venio.

g Decerpes, accipies. h Prisca. pecrant Illi qui seruant grauitat m: vt prisci nostri habuere. i Cineri ingrato. Nihil sentiẽti. Alibi idem Virg. in vi. ęnei. Flebant & cineri ingrato suprema ferebant: Solebant enim sepulchra vng ntis & floribus odoriferis spa gere antiqui, quod testat Tibullus dicens: Illic quas mittit diues Panchaia merces ęoi que arabes diues & Assyria. k Pone. Para & funde vinum. l Curat. qui seruat voluptatem ad crastinum diem.

P. V. Maronis hortulus.

P. V. Maronis hortulus.

Adeste musæ: maximi proles iouis.
Laudem feracis prædicemus hortuli.
Hortus salubres præbet corpori cibos:
Variosq́ꝫ cultus sæpe cultori refert.
Holus suaue: multiplex herbæ genus.
Vuas nitentes: atqꝫ fœtus arborum.
Non desit hortis: & voluptas maxima:
Multisqꝫ commixta modis iucunditas:
Atqꝫ strepentis vitreus ambit liquor.
Sulcoqꝫ ductus irrigat riuus sata:
Flores nitescunt discolore gramine:
Pingunt terras gemmeis honoribus.
Apes susurro murmurant gratæ leni:
Cum summa florę: vel nouos rores legunt.
Fœcunda vitis coniuges vlmos grauat
Textas vt inumbrat pampinus harundines.
Opaca præbent arbores vmbracula:
Prohibentqꝫ densis feruidũ solem comis.
Aues canoros garrulæ fundunt sonos.
Et semper aures cantibus mulcent suis.
Oblectat hortus: auocat: pascit: tenet:
Animoqꝫ mœsto demit languores graues.
Membris vigorem reddit: & visus capit.
Refert labori pleniorem gratiam.
Tribuit colenti multiforme gaudium.

P. V. Maronis rosæ.

Ver erat: & blando mordentia frigora morsu:
Spirabat, croceo mane reuecta dies
Strictior æoos præcesserat aura iugales:
Aestiferum suadens anticipare diem.
Errabam riguis per quadrua cōpita in herbis:
Maturo cupiens me vegetare die.
Vidi concretas per gramina fessa pruinas.
Pendere: aut holerum stare cacuminibus.
Caulibus: & patulis teretes colludere guttas:
Et cælestis aquæ pondere tunc grauidas.
Vidi pæstano gaudere rhosaria cultu:
Exoriente nouo Roscida lucifero.
Rara pruinosis canebat gemma frutetis:
Ad primos radios interitura die.
Ambigeres raperet: ne rosis tunc aura ruborē:
An daret: & flores tingeret orta dies.
Ros vnus: color vnus: & vnum mane: duorū:
Syderis & floris: est domina vna venus.
Forsan & vnus odor: sed cælsior ille per auras
Difflatur: spirat proximus iste magis.
Cōmunis paphiæ dea syderis & dea floris:
Præcipit vnius muricis esse habitum
Momen tū intererat: quo se nascentia florum:
Germina comparibus diuiderent spatijs.
Hæc viret angusto foliorum tecta galero.
Hanc tenui folio purpura rubra notat.
Nec peperit prima fastigia celsa obelisci:
Mucronem absoluens purpurei capitis.
Vertice collectos illa exinuabat amictus:
Iam meditans folijs se numerare suis.
Nec mora: ridentis calathi patefecit honor,
Prodens inclusi semina densa croci.
Hæc mō quæ toto cumulauerat igne comarū:
Pallida collapsis deseritur folijs.
Mirabar celerem fugitiua ætate rapinam:
Et dum nascuntur consenuisse rosas:
Ecce & defluxit rutili coma punica floris:
Dum loquor: & tellus tacta rubore micat.
Tot species: tantosq; ortus: variosq; nouatus:
Vna dies aperit: conficit ipsa dies.
Cōquerimur natura breuis qđ gratia florꝝ est.
Ostentata oculis ilico dona rapis.
Quā longa vna dies: ætas tam longa rosarum:
Quas pubescentes iuncta senecta premit.
Quā modo nascentē rutilus conspexit eous:
Hanc rediens sero vespere vidit anum.
Sed bene quo paucis licet interitura diebus
Succedens æuum prorogat ipsa suum.
Collige virgo rosas: dū flos nouꝰ: & noua pubes.
Et memor esto æuū sic properare tuū.

Ver erat opusculū Vir. de rosa: i quo virgies hortas ad voluptatē percipiendā: & pariter viros itelligere possumus erudiri: ad ętatis suę cōmoda pcipienda; ita enī, pulchritudo & virginū decus preterit: & breue tpis sortitę sunt. sicut rosa quę mane apta: & viuacitatē ondēs. peracto die lāguida & fragil vero rubore deperdito apparet. Ver: tēpꝰ veris: quo oīa floret. Reuecta: reducta. Croceo: purpureo pper auroręruborē. Strictior: quia noctes sūt breuiores. Anticipare: an capere. Quadrua: qdrata. Riguis: asperis. Vegetare: viuatiorē me esse. Pruinas: rores. Gramina: herbas: Guttas: cōgelatas: Grauidas: caules oppssos pruinę: Pestū oppidū i cāpania abūdātissiū rosarū. sic I geor: Bisferiq; rosaria pesti. Lucifero: stella matutia. Canebat: albescebat. Rosida: plena rore Ad prios radios qa qn sol orit rosa liqscis. Duorū: auroręt & florꝫ color vnus Ille: color floris dea. Venus dea floris & stellę. Murex cōchile: quo tingit purpurā hęc rosā. Galero: appellat galerū illa folia qbus vestit rosa. Obeliscus: amiāus Marcellinus dicit: obeliscū lapidē asprimū i figura metę cuiusdam sensi a pceritate i celsū cōsurgentē eē. & vt radiū imitetur paulati gracilescētē: ipecq; qdrata i uerticē pductū augustū manuq; artificis leuigatū: ad cuiꝰ silitudinē rosę ipius cubarē: nr hic poeta obeliscū appellat. rosa videt obeliscꝰ anteq; appaf. Mucronē: cuspidē. Illa: alia rosa explicabit amictus folia: q sūt tanq; amictꝰ. Meditās cogitans. Rosā qn est apta vt calathus ridēs idest lętus.. Rutilauerat: splēduerat: sed facta ē pallida. Punica: rubicūda. Rubore: rosarū. Nouatus nouatiōes. Iūcta: cōiūcta & vicina.

Aeuum suū quia rosa viuit lōgo tpe noie & fama atq; gloria. Oui. in amoribus: Venturę memores iam tūc estote senectę. Sic nullū vobis tempus abibit iners.

De vino & venere.

Nec veneris: nec tu vini capiaris amore:
Vno namq; modo vina venusq; nocent.
Vt venus enerуat vires: sic copia vini:
Et tentat gressus: debilitatq; pedes.
Multos cæcus amor cogit secreta fateri,

De Vino et Venere   Liuo re

Arcanum demens detegit ebrietas.
Bellum sæpe petit ferus exitiale cupido:
Sæpe manus: it idē bacchus ad arma vocat.
Perdidit hortendo troiā venus improba bello
Et lapithas bello perdis iacche graui
Denicꝫ cū mentes hominū furiarit vtercꝫ:
Et pudor: & ꝓbitas: & metus omnis abest:
Compedibus venerē: vinclis constringe lyæum:
Nec te muneribus lædat vtercꝫ suis:
Vina sitim sedant: natis venus alma creandis:
Sed fines horum: transsiluisse nocet.

De liuore.

Liuor tabificum malis venenum
Intactis vorat ossibus medullas.
Et totum bibit artubus cruorem.
Quod quisq; furit inuidetq; sorti:
Vt debet sibi pœnas semperq; ipse est.
Testatur in gemitu graues dolores:
Suspirat gemit: incutitq; dentes.
Sudat frigidus intuens quod odit.
Effundit mala lingua virus atrum
Pallor terribilis genas colorat.
Infœlix macies renudat ossa.
Non lux. non cibus est suauis illi.
Nec potus iuuat. aut sapor lyæi.
Nec si pocula iupiter propinet.
Atq; hæc porrigat. & ministret hebe.
Aut tradat ganymedes ipse nectar:
Non somnum capit: aut quiescit vnquã:
Torquet viscera carnifex cruentus.
Vesanos tacitos mouet furores:
Intentas animo faces erinnys.
Et talis Titij quo vultur intus
Qui semper lacerat comesti mentem:
Viuit pectore sub dolente vulnus.
Quod chironia nec manus leuaret.
Nec phœbus. soboles ve clara phœbi:

De cantu syrenarum.

Syrenas varios cantus acheloia proles:
Et solis: miseros ore ciere modos.
Illarum voces: illarum musa mouebat:
Omnia quæ thimele carmina dulcis amat:
Quod tuba: qđ lytui: qđ cornua rauca fuerũt
Quodq; foraminibus tibia mille sonat.
Quodq; leues calami qđ suauis cantat & aedõ:
Quod lyra: qđ cytharæ: qđ moribũdus olor:
Illectos nautas dulci modulamine vocis:
Mergebant auidæ fluctibus ioniis.
anguine sisyphio generatus magnus vlysses
Et totos solida præstitit arte suos.

In seui cæca sociorum callida circes:
Atqꝫ suas victis præbuit ipse manus.
Transiluit scopulos: et inhospita littora cassis:
Illi præcipites dissiluere freto.
Sic blandas vocis notas: ac carmina vicit.
Sic tamen exitio monstra canora dedit.

Eiusdem

Clarus inoffenso redibat lumine titan:

Letificusqꝫ dies erat omnibus æthere puro.
Vosqꝫ simul iuuenes animis: & voce fauentes
Concelebrate diem votis fœlicibus almum:
Prosper vt is semper redeat: vatiqꝫ quot annis
Asmenidæ referam alacres sua mantua vati.

De fortuna.

Fortuna potens: tantum
Iuris atrox quæ vendicas:
Euertis quæ bonos: elegis improbos:
Nec seruare potes muneribus fidem.
Fortuna immeritos auget honoribus.
Fortuna innocuos cladibus afficit:
Iustos illa viros pauperie grauat.
Indignos eadem diuitijs beat.
Hæc aufert iuuenes: & retinet senes:
Iniusto arbitrio tempora diuidens.
Quod dignis admittit transit ad impios:
Nec discrimen habet: rectaqꝫ iudicat:
Inconstans: fragilis: perfida: lubrica.
Nec quos clarificat perpetuo fouet:
Nec quos deserit perpetuo premit.

De Aetatibus animalium.

Per binos decies q̄ noue super exit in annos
Iusta senescentē: quod ad implet vita virorum.
Hos nouies superat viuēdo garrula cornix:
Et quater egreditur cornicis sæcula cœruus:
Alipedem ceruum ter vicit coruus: & illum
Mltiplicat nouies phœnix reparabilis ales:
Quā vos ꝑpetuo decies peruertitis æuo
Nymphæ hamadriades: q̄rū lōgissima vita ē.
Hæc cohibet fines viuacia fata animantū.
Cætera secreta nouit deus arbiter æui:

De Orpheo.

Threicius quondam vates
Fide creditur canora
Mouisse sensus tria ferarum: aꝰs fratrūt
Atq̄ omnes tenuisse vagos:
Et surda cantu concitasse saxa:
Suaui sono testudinis
Arbores secutæ vmbram ferūt præbuisse vatii
Sed placidis hominum dictis
Fera corda mitigauit:
Doctaq̄ vitam voce temperauit.
Iusticiā docuit: cœtu quoq̄ cōgregauit vnoi
Moresq̄ agrestes expoliauit orpheus:

De ludo.

Sperne ludum: versat mentes vesana libido.
Fraude carete graues: ignari credite doctis:
Lusuri nūmos: animos quoq̄ ponere debent.
Irasci ne cicq̄ victos placet optime frater.
Ludite secure quibus est æs semper in archa.
Si quis habet nūmos veniens: exibit inanis.
Lusori cupido semper grauis exitus instat:
Sancta probis pax est: irasci desine victus.
Nullus vbiq̄ potest fœlici ludere dextra.
Initio furijs ego sum tribus addita quarta.
Plecte truces animos: vt vere ludere possis:
Ponite mature bellum precor: iraq̄ cesset.

Monosticha de erumnis Herculis.

Prima cleonei tolerata erumna leonis:
Proxima lerneam ferro: et face cōtudit hydrā:
Mox erymantheū vis tertia perculit aprum.
Aeripedis quarto tulit aurea cornua cerui.
Stymphalidas pepulit volucres discrimīe quīto
Threiciam sexto spoliauit amazona baltheo.
Septima in augeis stabulis impēsa laboris.
Octauo expulso numeratur a forea tauro.
In diomedeis victoria nona quadrigis.
Gerione extincto decimā dat hiberia palmā.
Vndecimū mala hesperidū distracta triūphum
Cerberus extremi suprema est meta laboris.

De Laboribus Herculis.

De Herculis Laborib' Musarum Inuentis.

Ompssit nemeæ primum virtute leonem.
Extīcta ē anguis q̄ pullulat hydra secundo.
Tertius euictus sus est erymanthius ingens.
Cornibus auratis ceruū necat ordine quarto.
Deijcit horrisono quinto stimphalidas arcu.
Abstulit hyppoliti sexto sua vincula vitæ.
Septimus augei stabulum labor egerit vndis.
Octauo domuit magno luctamine taurum.
Tunc diomedis equos nono cū rege perempto.
Geryonem decimo triplici cū corpore vicit.
Vndecimo abstractus vidit noua cerberus astra.
Postremo hesperidū victor tulit aurea mala.

P. Virg. Maronis de musarū inuentis.

Clio gesta canens transactis tempora reddit.
Melpomene tragico proclamat mœsta boatu.
Comica lasciuo gaudet sermone thalia.

Dulciloquis calamos eutherpe flatib⁹ vrget:
Terpsicore affect⁹ cytharis mouet: impat auget
Plectra gerẽs erato saltat pede: carmie ⁊vultu:
Carmina calliope libris heroica mãdat.
Vrania poli motus scrutatur & astra:
Signat cũcta manu: loquiturq; polymnia gestu.
Mentis apollinæ vis has mouet vndiq; musas
In medio residens cõplectitur omnia phœbus.
Clio historias inuenit: melpomene tragædias
Thalia comœdias: eutherpe tibias: terpsicore
Psalteriũ: eratho geometriã: calliope litteras.
Vrania astrologiam: polymnia rhetoricam.

De Sue: & Serpente enigma.

Sus iuuenis serpens casu venere sub imo:
Sus iacet extinctus: serpens pede: at ille veneno:
Anguis aper iuuenis perẽt in vulnere morsu:
Hic fremit: ille gemit: sibilat hic moriẽs.
Sus serpens iuuenis pariter periere vicissim.
Dẽte perit iuuenis: serpens pede: porcus ab ictu.

P. Virg. Maronis de speculo.

Redditur effigies: liquidaq; tuenti
s in vnda.
Qualis in aduerso speculorũ cer-
nitur orbe.
Formam pura refert oculis spe-
ctantibus nuda:
Quales obiecti speculi fulgore videntur:
Fontis aquæ redeũt simulachra imitãtia verũ
Qualia leue refert speculi cũ cernimus æquor.
Exprimit oppositas in mollibus vnda figuras.
Leuati quales speculi nitor ipse remittit.
Apparet mendax illimi fronte figura:
Qualem reiectat speculi nitidissimus orbis.
Vnda quieta refert alto de gurgite formas:
Ac veluti speculũ nitido splendore coruscans.
Spectanti faciẽ mundissimus assimulat fons:
Sicut in opposito speculi solet æquore cerni.
Forma repercussus liquidarum fingit aquarũ.
Qualis purifico speculorum ex orbe reducit.
Fontibus in liquidis: simplex generat imago:
Vt solet e speculo facies splendente referri.
Effigies liquido respondet ab æquore fontis.
Qualis & a speculo simulatrix vnda resultat:
Effingit species purissimus humr aquarum:
Palma velut speculi viuas imitantia formas.
Fonte repulsatur depicta tuentis imago:
Ceu leui in speculo solet appparere figura.

Mira Virgilii
versus experientia.

Mira Virgilij Versuum Experientia

Qua ratis egit iter iũcto boue plaustra trahũt:
Postq̃ tristis hyems frigore iũxit aquas.
Sustinet vnda rotã patulæ mõ peruia puppi:
Vt concreta gelu marmoris instar habet:
Quas mõ plaustra p̃mit vndas: ratis añ secabat
Postq̃ brumali diriguere gelu.
Vnda rotã patit̃: celerẽ nũc passa carinam:
In glaciem solidam versus vt annis abit:
Quæ solita ẽ ferre vnda rates: fit puia plaustris.
Vt stetit ĩ glaciẽ marmore versa nouo:
Semita fit plaustro: q̃ puppis adunca cucurrit:
Postq̃ frigoribus bruma coegit aquas:
Orbita signat iter: mõ qua cau⁹ alueus exit:
Stringit aquas tenues vt glacialis hyems.
Amnis iter plaustro dat qui dedit añ carinæ:
Diruit vt ventis vnda fit apta rotis.
Plaustra boues ducũt: q̃ remis acta carina est.
Postq̃ diriguit: crassus inane liquor:
Vnda capax ratiũ: plaustris iter algida præbet:
Frigoribus sæuis vt stetit amnis iners.
Plaustra viã carpũt quã puppes ire solebãt:
Cum frigus boreas obstupefecit aquas.

Mira Virgilii experiẽtia.

Thaumantis proles varianti veste figuras:
Multicolor picto per nubila deuolat arcu.
Iris & insigni decorat curuamine coelum:
Cum sol ardentes radios in nubila fecit:
Cum sol horrifico nymbos fulgore repleuit:
Apparet varij radijs distincta coloris.
Clara sub æthereis fulget thaumantia proles
Nubibus: vt radijs pluuiũ sol attigit hymbrẽ.
Et picturato coelum velamine cingit:
Discolor æthereis apparet nubibus iris:
Postq̃ flãmiferi rapuerũt lumina solis:
Et coelum varijs miranda coloribus ornat:
Vmbriferas nubes radijs vbi contigerit sol.
Luce sub aduersa varios iacit vnda colores:
Dicit̃ hæc iris picto spectantibus arcu:
Dum nubes radijs tetigit fulgentibus atris:
Phoebus: & aduerso lumen resplẽduit hymbri
Tũc iacit insignes per nubila densa colores.
Mirifico nubes ambit thaumãte creata:
Quas cũ ex aduerso tetigit rota fulgida solis.
Tũc iris vario circundat nubila cinctu.
Nuncia iunonis vario decorata colore.
Aethera nubificũ complectitur orbe decoro:
Cum phoebus radios in nubẽ iecit aquosam:
Nubila cum phoebus perfudit lumine claro:
Tunc fit vt humor aquæ suffulgeat: atq̃ colore
Sub varia specie iaciat mirabilis arcus.

Cum radijs imbres: & aqrū pēdulus humor:
Frangitur: existit quā græcia nominat iris.
Multorū insignis vario splēdore colorum:
Iris habet varios subiecta luce colores:
Quā sol imbriferum fulgens de luce creauit:

Cum pepulit radijs obstantia nubila claris.
Luce repentina tum sol impleuit aquosus
Aduersas nubes: effulget protinus iris.
Picta veste decens: Et multicoloribus alis.

De quattuor temporibus anni.

Vterq; nouū stabat cinctū florente corona.
Stabat nuda æstas: & spicea serta gerebat.
Stabat & autumnus calcatis sordibus vuis:
Et glacialis hyems canos hirsuta capillos.
Vere sinum tellus aperit: floresq; ministrat.
Tēpore solis ager messis fert pinguis opimas:
Fœcūdos autūne lacus de vitibus imples.
Vis hyemis glacie currentis alligat vndas.
Frigoribus pulsis nitidū ver æthera mulcet.
Scindit agros æstus phœbeis ignibus ardens:
Autūno dat hyems mixtū vicina teporem.
Albentes hæc durat aqs: & flumina nectit.
Ver pingit vario gemmātia prata colore.
Ignea vestit agros culmis cerealibus æstas.
Vitibus autumnis turgentes detrahit vuas:
Frigidus hyberno grauid⁹ niue nubil⁹ æther

Vere ven⁹ gaudet florentibus aurea sertis:
Flaua ceres æstatis habet sua tempora regna.
Vinifero autūnus sūma est tibi bacche ptās.
Imperium sæuis hyberno tēpore ventis.
Vere grauis fundit tellus cum floribus herbas:
Frugiferas aruis fert æstus torrida messes.
Pomifer autūnus tenero dat palmite fructum:
Mox hyems hybernis albescit operta pruinis.
Vere nouo lętis decorantur floribus arua.
Et riget ęstiuis hyrsutus campus aristis.
Labra per autūnū musto spumātia feruent:
Et ponunt frondes hyemali frigore siluæ.
Ver placidum vario nectit de flore coronas:
Spicea serta gerit calidissima solibus æstas.
Tēporaq; autūno cingunt tua bacche racemis.
Tristis hyems montes niueo velamine vestit.

De quattuor anni tēporibus Ortu solis.

Ver agrum nitidū gēmis stellantibus ornat:
Et feruens æstas pinguissima frugibus arua.
Mox autumnali redolet uindemia fœtu:
Frondenem⁹ male nudat hyems: amnesq; rig e
Purpureos flores hum⁹ effert vere co- (scūt
Et cererīs donis horrescūt arua p̄ æstū. (māti:
Bacche tuo tempus fluit autūnoq; liquore:
Obtegitur tellus p̄ frigora veste niuali.
Vere tepet picto zephyris spirātibus aer.
Decrescūt celeres æstiuis ignibus amnes:
Tēperies autumne fluit tua nectare dulci.
Perq; hyemē lentus cœlo niuis aduolat imb er.
Veris honos tepidi floret: vreret omnia rident.
Arua sub æstiuis nudāt torrentia labris.
Vite coronatas autūnus degrauat vlmos:
Decutit ipse rigor syluis hyemalis honorem.
Flore solum vario depingit odoriferum ver.
Falciferāq; deam messes remorant̄ in æstu:
Dat musto grauidas autumnus pomifer vuas:
Scythonia gratialis hyems niue cana senescit.
P. Virgi. Maronis de ortu solis.

Aurora oceanū croceo velamīe fulgens
Liquerat: & biiugis vecta rubebat equis.
Luce polum nitida p̄fundit candidus orbis.
Et clarum emicuit sol oriente iubar.
Rosida puniceo palantias exit amictu:
Astrigerum inficiens luce oriente polum:
Sol insigne caput radiorum ardētte corona:
Promit ab æquoreis tethyos ortus aquis.
Extulit oceano caput aureus igniferum sol:
Fugerunt toto protinus astra polo.
Concessere deo tenebræ rebusq; colores:
Lux iterum cunctis reddidit alma suis.
Tithoni coniunx roseo sub lumine iubar:
Inficit: & cœlum lutea sydereum.

Cum sol igniferos currus e gurgite magno,
Sustulit: & claris astra fugauit equis.
Nox abit astifero velamine cincta micanti.
Et redigit stellas: exoriturq; dies.
Emicat oceano phoebi rota clara relicto:
Illustrata nitent lumine cuncta suo.
Aurea fulgebat roseis aurora capillis.
Et matutino rore madebat humus.
Tethyos vnda vago cū prosilit æquore titan:
Flammiferos vultus ore micante ferens.
Exorit̄ phoebus perfundēs luce nitenti:
Et maria: & terras: stelliferumq; polum:
Astraq; cesserunt fulgentia crinibus aureis:
Et mox sydereas occulit atra faces.
Sol oriēs: cursusq; suos e gurgite tollens
Oceano: claro reddidit orbe diem.
Flāmiferūq; iubar: terraq; polo q; reduxit:
Et pepulit radijs astra repente suis.
Memnonis vt genitrix īfecerat humida cœlū:
Et roseis manibus sydera dispulerat.
Phœbus atlantheis e fluctibus aureus orbē:
Sustulit igniferum: luxq;: diesq; redit.
Preuia flāmiferi cursus aurora rubebat:
Extuleratq; alto gurgite phoebus equos.
Noctiuagosq; simul radijs vagantibus ignes:
Depulerat cœlo: reddideratq; dies.
Vix aurora suo rubefecerat æthera curru:
Summaq; canebat roribus herba nouis.
Prosilit e medijs candens rota tethyos vndis:
Et vaga cesserunt sydera solis equis.
Surgit ab oceano tithoni fulgida coniunx:
Et veste ab rosea subruit ipsa pedes.
Tū phoebus radijs nitidū fulgentibus orbem:
Depulit: et tenebris: noxq; peracta fuit.
P. Virgi. M. De littera. y.

Littera pythagoræ discrimine secta bicorni.
Humanæ vitæ speciem præferre videtur.
Nam via virtutis dextrum petit ardua callem.
Difficileq; aditum primum spectãtib⁹ offert:
Sed requiẽ præbet fessis in vertice summo.
Molle ostentat iter via lata: sed vltima meta
Præcipitat captos: voluitq; per ardua saxa.
Quisquis enim duros casus virtutis amore
Vicerit: ille sibi laudemq; decusq; parabit:
At qui desidiam: luxumq; sequetur inertem:
Dum fugit oppositos incauta mente labores.
Turpis inopsq; simul miserabile trãsigit æuũ.

P. Virg. Maro. Est & non est.

Est & nõ: cũcti monasyllaba nota frequentant.
His demptis nihil est hominũ q̃d sermo volutat.
Omnia in his & ab his sunt oĩa: siue negoci:
Siue oci quicq; est: seu turbida siue quietis:
Alterutro pariter nonnunq; sæpe seorsis:
Obsistunt dubijs: vt mores ingeniumq;:
Et faciles vel difficiles contentio nacta est:
Si consentitur: mora nulla interuenit: est est.
Si controuersam dissensio: subij ciet non:
Hic fora dissul tant clamoribus: hinc furiosi
Iurgia sunt circi cuneati hinc læta theatri.
Seditio: & tales agitat quoq; curia lites.
Coniugia & nati cũ patribus: ista quietis
Verba serũt studijs: salua pietate loquentes.
Hic etiam placidis schola consona disciplinis
Dogmaticas agitat placido certamine lites.
Hinc omnis certat dialectica turba sophorum:
Est lux: est ne dies: ergo non conuenit istuc.
Nã facibus multis aut fulguribus quotiẽs lux
Est nocturna homini: non est lux ista diei.
Est & nõ igit̃ quotiẽs lucẽ esse fatendum est.
Sed nõ esse diẽ: mille hic certamia surgũt.
Hinc pauci multi quoq; talia cõmeditantes:
Murmure concluso rabiosa silentia rodunt.
Qual̃ vita hoĩm: duo quã monasyllaba versant.

Est & non. Deridet Dyalecticos & sophistas: q̃rum omnis sciẽtia nugax & vana est. Nec aliud continet q̃ est & nõ est: fatemur huiusmodi disputationibus ingeniũ reddi acutius: sed tamen barbarius fieri. In primis autẽ effectum eorũ exponit. Inde Hypoteticũ quẽdã syllogissimum adducit. b Cuncti. mortales. c Hominũ. illorũ dyalecticorum. d Oci. quietis. e Alterutro vnũ dicim⁹. f Seorsis. a se remotis & incognitis. g Obsistunt aduersantur. h Vt mores. s. sunt illorum sic & disputãt. i Si consentitur. s. ab aduersario: k Subijciat. subiugat: & dicat aduersarius nõ est verum: subito fient controuersię. l Cuneati. ad similitudinẽ cunei facti. m Coniugia: maritus & vxor agitant: hęc est & non: sic & nati faciunt cum patribus. n Consona: cõueniens. o Dogmaticas. Dogma significat decretum: & iudiciũ atq; deliberationem. p Agitat. mouet lites. q Sophorum. sapientum. r Est lux. Exemplum ponit hyppoteticorum sylogismorum quorum species sunt quinq; Syllogismorum dyalecticorum octo & decẽ traduntur. Est lux fateris esse lucem: ergo est dies. s Non est lux. i. dies nõ videtur dies. t Certamina: disputationes qualis vita hominum versatur in hijs monasyllabis est & non est.

P. Virg. M. De signis cælestibus.

Orim⁹ adest aries: taurusq; insignibus auro:
Cornibus: & fratres: & cancer aquatile signũ.
Tum leo terribilis veniens: atq; innuba virgo.
Libra subit: caudaq; animal quod dirigit ictũ:
Armatusq; arcu chiron: & corniger hircus
Fusor atq; simul: & fulgẽti piscis in auro.
Proditor est helles: & p̃ditor Europeus:
Et gemini iuuenes: et pressus ab hercule cãcer:
Horrendusq; leo. seq̃tur cũ virgine sancta.
Libraq; lance pari: & violẽtus acumine cauda.
Inde sagittiferi facies senis: & capricornus.
Et qui portat aquã puer vrniger: et duo pisces.
Signorũ princeps aries: & taurus: & vna
Tyndaridæ iuuenes: & feruida brachia cãcri:
Herculeusq; leo nemeæ pauor: almaq; virgo.
Libra iugo æquali pẽdens: & scorpius acer:
Centaurusq; senex chiron: & cornua capri:
Et iuuenis gestator aquæ: piscesq; supremi.
Corniger astrorũ ductor: taurusq; secũdus.
Tum sydus geminũ: & cancri gemẽtis imago.
Truxq; leo: & virgo q̃ spicea munera gestat:

Et libram quam cæsar habet: chelasq; minaces.
Atq; arcu pollens: & falsi gurgitis hircus:
Vrnaq; nymbiferi: piscisq; nouissima forma.
Dux aries: & frons tauri metuẽda minaꝝ.
Et ledæ soboles: & cancri torridus ignis:
Terribilisq; leo: speciesq; virginis almæ.
Momentũq; sequẽs: caudaq; timendus adunca
Hinc tendẽs arcũ: liquidi caper æquoreis inde:
Troianusq; puer: geminiq; sub æthere pisces.
Nubigenũ iuuenũ vector: tauriq; truis frons.
Et proles duplex iouis: & nepa torrida flãmis.
Aestifer inde leo mixta cũ virgine fulgens.
Quã sequitur libra: & violẽta cuspide sæuus.
Semifer arcipotens: subit & capricornꝰ aq̃sus.
Et cui nomẽ aquæ faciunt: piscesq; gemelli.
Corniger in primis aries: & corniger alter
Taurus: itẽ gemini: sequitur q̃s cancer adustꝰ:
Terribilisq; feræ species: & iusta puella.
Libra simul. nigrũq; ferens in acumine virus.
Centaurusq; biformis adest: pelagiq; puella:
Atq; amnẽ fundens: & pisces sydus aquosum.
Cornigeri ductor gregis: europæ q; vector:
Et duo tyndaridæ: tũ cancer sole perustus.
Herculeaq; manu p̃ssus leo: & optima virgo:
Hinc trutinæ species venit: armatusq; veneno
Scorpius: atq; sagittifer: æq̃reiq; caprifrons:
Quiq; vrnã gerit: & pisces duo signa sub vno:
Principiũ signis ouiũ sator: inde iuuencus.
Progenies duplex: & aquaꝝ cancer alumnus:
Pressa sub herculeis manibꝰ fera: iustaq; virgo:
Libra subest: caudaq; ferens letale venenũ.
Tũ geminꝰ chiron: & corniger æquoris alti:
Dilectusq; ioui puer: & duo sydera pisces:
Dux greg; & placidũ pãdẽs sil' æthera taurꝰ.
Germaniq; pares: & cancro iã comes æstus:
Atq; leo primus labor herculis: & pia virgo:
Libra comes sequit̃: minitãs & scorpius ictu.
Et qui tela gerit centaurꝰ: & æquoris hircus:
Deucalionis aquæ: & piscis extrema figura.
Velleris aurati fulget pecꝰ aurea cœlo.
zætus & amphion: cancriq; figura calentis.
Insequitur leo sæuus: & almę virginis astrũ.
Hinc æquale iugum: caudaq; venenifer vnca:
Centaurusq; minax arcu: & neptũnia proles.
Quiq; refundit aquas: & piscis vltimus ordo.

Versus Ouidij.

Qualis bucolicis: quantus tellure domanda.
Vitibus: arboribusq; apibus: pecoriq; satisq;:
Aeneadum fuerit vates: tetrasticha dicent.
Cõtineat quæ quisq; liber: lege carmĩa nostra.

Summa virgilianæ narrationis in tribus operibus: Bucolicis: Georgicis: & Aeneidæ.

Pastorum musam vario certamine promit.
Ruris itẽ dociles: culturã carmine monstrat.
Arboribus vitẽ: prolẽ quoq; iungit oliuæ.
Pastorumq; palen: & curam tradit æquorũ.
Tunc apiũ seriem: mellis & dona recenset.
Aeneas profugus intrat carthaginis oras:
Conuiuio series narratur troica belli.
Tertius & complet narrantis ordine gesta.
Ardet amans dido fatum sortita supremũ.
Quintꝰ habet tumuli varia spectacula patris.
Infernosq; ditis manes: & regna pererrat.
Aeneas latium italas simul intrat in oras.
Intonat hic bellũ tecti de culmine Turnus.
Euryalũ & nisum deflet cũ matre iuuentus:
Palanti exitium: & turni deluditur orsus.
Euander vrbsq; simul multorũ funera deflet:
Mezenti interitus canitur: post funera lausi.
Vlta dehinc fertur telo mactata camilla.
Turni vita fugit infernas mœsta sub vmbras.

Publij Virgilij Maronis.
Ad priapum.

Carminis incompti lusus lecture procaces:
Conuenientes latio pone supercilium.
Nõ soror hoc habitat phœbi: nõ vesta sacello.
Nec quæ de patrio vertice nata dea est.
Sed ruber hortorũ custos membrosior æquo:
Qui tectum nullis vestibus iguem habet.
Aut igitur tunicã parti prætende tegendæ:
Aut quibus hæc oculis conspicis: ista lege.

Ad priapum.

Ludens hæc ego teste te priape.
Horto carmina digna: non libello
Scripsi non nimium laboriose.
Nec musas tamen: vt solent poetæ:
Ad non virgineum locum vocaui.
Nam sensus mihi: corq; defuisset.
Castas pieridum chorum sorores:
Auso ducere mentulam ad priapi.
Ergo quicquid id est quod ociosus.
Templi parietibus tui notaui:
In partem accipias bonam rogamus.

Expurgatio Seb. B. cur p̄apeiā ip̄mi p̄hibuerit. XIII

Ad cunctos probe indolis adolescẽtes: expurgatio Sebastiani Brant: cur priapeiam præsenti opi nõ inseruerit: ceptaq̃ imp̄ssorib⁹ illius carmina cõpleri prohibuerit.

Ne arbitreris, neue existimes candide puer: abs re nos versus reliquos spurcissime priapeię resecasse: fecimus quidem id consultissimo cõsilio. quippe quos nec hyppolitus/nec bellorophõtes: Nec maro quoq; ipse si ab inferis emergeret: esset lecturus. Posset quidem forte: si tantum honestatis quantum latinitatis haberet: inter haud abiectæ elegantię fragmenta, quod diximus opusculum reputari: Verum enimvero si, sermonis elegantia: si verborum ornatus: si vocabulorum vtilitas: si queratur latinitas: reperiuntur mille alij auctores idonei: & relectione digni: qui satisfacere huic rei satis superq̃ poterunt. Neq̃ ea queratur latinitas: per q̃ fędatur probitas: coinquinatur castitas: collidetur honestas. Atq̃ vt paulo audacius loquar. id in primis constanter: certoq̃ tercius asserere non formido (tam & si Seruij ad hoc minus astipuletur opinio) neutiq̃ tam fœdum opus ex castissima Virgilij officina: sed ex spurcidica alicuius patici othonis: tetricaq̃ prodijsse voragine. Atq̃ vt conijcere licet: ex turpissimi nebulonis catulli proluuie erupisse crediderim. Nam fieri non potest: vt is Maro: qui (eodem Seruio attestante) alioquin: & vita/ & ore & animo tam p̄bus fuerit: vt Neapoli/ parthenias hoc ē virginalis appellareť vulgo. Quiq̃ quotiēs cunctis in operibus suis de venere etiam coniugali mentio intercidit: tam verecūde tamen/ tam pudice/ tamq̃ decenter rem edisseruit: vt & virgines ipsas (modo absit improbulus interpres) illud sine aliqua etiam erubescentia & legere & audire possint: in tam peruersū & reprobum sensum peruenerit: tantam ignominiam & labem in gloriam suam posuerit: vt abominabile istud: latrinisq̃ & ganeonibꝰ idoneum opus priapeię edidisse: existimari possit: aut debeat. Cuiusquidem sanctissimi Maronis gloria (auctore macrobio) hęc est: vt nulliꝰ laudibus crescat: nullius vituperatiōe minuatur. At dixerit mihi quispiam: vnde hęc noua incessit religio? Num veteres priapeiam virgilianis codicibus inesse vetuerunt? Nū iuuenalis: Marcialis coquꝰ: catullꝰ/ tibullꝰ/ ac plęriq̃ alij poetę ob id veniunt refutandi: eliminandi ve: quia obscęna nonnunq̃ ponunt verba? Quibus ego ingenue respondere possem: nisi longius q̃ volebam me digressurum vererer. Neq̃ tamē īterea pueris quęq̃ horę tā pudendorū carminū auctorem: sed castissimos q̄sq̃: et si fieri potest: christianos poetas legendos audiendosq̃ suademus. Et vt est apud diuum Augustinum nostrum: in eo quem de ciuitate dei prescripsit librum: Virgilium propterea paruuli legāt: vt videlicet poeta magnus: omniumq̃ praeclarissimus & optimus: teneris ebibitus annis: non facile obliuione possit aboleri: secundū illd Horatij: Quo semel est imbuta recens: seruabit odorem testa diu. Ne igitur detestandus teterq̃ ille et graue olens priapeię fetor: puerorū animis officiat: eorū cordibus imbibat: mētibꝰ inhęreat:

Parcimus id circo tibi em̄ tibi sancta iuuentus
Et tenerae aetati/ moribus atq̃ bonis:
Vnde priapeiā resecatā a codice nostro
Fœdam abolere iuuat: iussimus esse procul.
Digniꝰ hoc flāmis/ & edaci opꝰ igne cremādū:
Quā pueris tradi: publicitusve legi.
Expedit o iuuenes: verba haec nescisse p̄fecto
Quae nebulo ille p̄cax spurcidico ore vomit
Incaestū: impurū: tetrū: horrendūq̃ priapum
Spernite: deserite: linquite: porrijcite.
Ille pudicitię contrariꝰ: aemulus/ hostis:
Moribꝰ/ & castis ille inimicus atrox.
Nil sanctū: dignū ve legi reperitis in illo:
Nil quod non superis: displiceatq̃ bonis.
Quis nisi corruptor iuuenū: ganeo: aut halo
Nō dedigneť hoc legere ip̄bū opꝰ? (p̄hāta:
Hoc Cato damnasset: doctꝰ pepulisset ab vrbe
Hoc Plato: p̄petuo dignū opus exilio.
Ipse ego me puerū memini legisse p̄fanum:
Atq̃ heu peiorē redditū ab inde/ gemo.
Parce igiť quisquis ope isto forte priapū
Quaeris: nō placuit hūc posuisse. Vale.

Elegia in Moecenatis obitū: q̄ dicit Virgilij cum nō sit.

D[a]Eflerā iuuēis[b] tristi[c] mō carmīa fa
Sūt etiā merito carmīa dāl (ta:
[d]Vt iuuēis[e] deflēdꝰ erat tā (da seni: candidus: & tam
Longius annoso[f] viuere dignus auo.
Irreligata ratis[g] nunq̃ defessa carina:
Et redit in vastos[h] semper onusta lacus.
Illa rapit iuuenes prima florente iuuēta.
Non oblita rapit sed tamen illa senes.
Nec mihi Moecenas tecum[i] fuit vsus amici[k]
Illius: hoc ergo conciliauit opus[l].
Fidus erat nobis nā propter cesaris arma:
Caesaris & similē p̄pter in arma fidem.
[m]Regis erat genus haetrusci tu cęsaris almi:

Domicij Caldarini Veronēsis Cōmētarij in. P. Virgi. Maronis Elegiā.

DEflerā iuuenis tristi mō carmia fata. Nō cōpertū habemꝰ. cuius hęc Elegia fuerit. Neq̃ enim Virgilio ascribi pōt ex dicēdi caractere: nec est alter auctor quē ea tēpestate existimemꝰ scripsisse: Verum nō desūt q̄ lactantii firmiani opꝰ dicāt. Eo em̄ stilo versari videť: sūma tn̄ ois: vt Moecenatē laudet: p̄iterq̃ filii ipsius mortē defleat. b Iuuenis. C. Filii mei q̄ imatura morte p̄emptꝰ fuit. c Tristi seni. C. Moriēti q̄ iā diē suum obierat. d Vt. C. sicut. e Iuuenis. C. Filiū Moecenatis. f Annoso auo. C. In genere dixit neq̃ em̄ Moecenatis auus lōgo tp̄e vixisse tradiť: vn̄ quēpiā aliū lōgioris vitę hoiem notauit. Annoso antiq̄ssimo. g Ratis. C. Rates trabes incultę appellanť nauigio postea accōmodatę sūt & p̄ nauibꝰ ponunť. Ratis Acherōtis. Carina appellať trabs illa i fundo nauis quā circūtabulę tanq̃ brachia affiguntur. etiā p̄ naui ponunť. h Vastos lacus. Flumis lethęi p̄ quod charon animas trāsfert. i Tecū. O Moecenas nō habui familiaritatē illiꝰ generis. k Amici. Illiꝰ qm̄ n̄ habui cōsuetudinē. l Opus: Si habet p̄ hāc epistolā de obitu filii Moecenatis eidē se factū amicū. m Regis hetrusci. q̄a Moecenas natus erat ex nobili stirpe ac regia Arethinorū. vnde & Horatius Moecenas attauis edite regibus:

Dextera Romanæ tu vigil[n] vrbis eras.
Omnia cum posses tanto tā carus amico:
Te sensit nemo posse nocere[o] tamen.
Pallade[p] cū docta phœbus donauerat artes:
Tu decus: & laudes hui⁹: & huius eras.
Vincit vulgares[q]: vincit[r] & peritus harenas[s]:
Littore in extremo[t] quas simul vnda mouet.
Quod discinctus[v] eras animo[x] q̄z carpit vno.
Diluuij[y] ac nimia simplicitate tua.
Sic[z] illi vixere quibus fuit aurea virgo[a]:
Quæ bene precinctos[b] post modo pulsa fugit.
Inuide[c] quid tandem tunicæ nocuere solutæ[d]:
Aut tibi ventosi quid nocuere sinus?
Num minus vrbis erat custos: & cesaris obses.
Num tibi nō tutas fecit in vrbe vias?
Nocte sub obscura quis te spoliauit[e] amantem?
Quis tetigit ferro durior ipse[f] latus?
Maius[g] erat potuisse tamē: nec velle triūphos
Maior res maius abstinuisse fuit.
Maluit vmbrosam quercū: nymphas[h] q̄z canētes:
Paucaq̄z pomosi iugera[i] certa soli.
Pierides phœbumq̄z[k] colens in mollibus hortis:
Sederat: argutas[l] garrulus inter aues.
Marmora meonij[m] vincunt monumēti libelli:
Viuitur ingenio: cætera mortis erunt.
Quid faceret[n]? defunct⁹[o] erat comes impiger idē
Miles: & augusti fortiter vsq̄z pius[p].
Illum[q] piscosi viderunt saxa pelori[r]:
Ignibus[s] hostiles reddere ligna rates[t].
Puluere[v] in æmathio fortem videre philippi[x]:
Quam tener[y] ille fuit: tam grauis hostis erat.
Cum freta niliacæ[z] texerunt lata carinæ.
Fortis erat circū[a]: fortis & ante ducem.
Militis æoi[b] fugientis terga secutus[c]:

n Vigil vrbis eras, custos: qm̄ cesare in bella concedente Moecenatē vrbis Rome custodē: & gubnatorē reliqsse cōstat. o Posse nocere. Cōmēdat ex animi trāquillitate: et māsuetudīe qa de noīe vlcisci voluit. p Pallade designat Moecenatē artib⁹ liberalib⁹ p̄stātissimis, Hinc iratos semp coluit: pariter rē militarē amauit: cui⁹ artis & dea pallas est. q Vulgares. pplares. r vincit. Oñdit doctrina Moecenatē: & rerū pitia nō sanguis claritate pricipatū adeptū fuisse: atq̄z aliis p̄stātissimis platū. s Harenas. i. e. dicitur Moecenatē sapientē supare oēs gēmas & lapides p̄ciosos qui nascunt̄ i mari. t Extremo. oriēte. Ouidi. Induitis collo lapides oriēte petitos. v Discinct⁹. Oñdit Moecenatē molli ac effemiato fuisse corpe: verū magnanimitate & simplicitate vite p̄stātissimi: qlis fuisse tradit̄ & diluuii tēpestate in qua p tpe & necessitate qsq̄z ad ville cultū nitebat̄ & opportunitatē. Discincti em̄ hoīes laxi ac molles & minime apti appellant̄. Hortensiū discinctū hoīem & vt nepotē & luxuriosū appellauit. Cōtra cinctos illustres & oib⁹ laborib⁹ exercitatos: atq̄z expeditos intelligimus. x Aīo tuo. i. magnitudine animi tui. y Diluuii. Qualis simplicitas fuerit tpe diluuii. z Sic vixere. Laudat a pn̄a a iusticia. a Virgo. Iusticia: q̄ vna cū pudicitia neq̄tiā mūdi reliquisse, pditū est: nō cū fide vt multi scribūt dicētes: Iuue. in Sat. Credo pudiciā Saturno rege moratā. Postq̄ ad supos astrea recessit. Hac comite atq̄z duce: pariter fugere sorores: & hoc cū de pudicitia loq̄ret̄. b Precinctos: Industrio. c Inuide. Ad inuidos q criminabant̄ ex corporis mollicie: ac dicit illā animi prudentiā cōpescitā: sicq̄z nihil offuisse. d Solute aut tibi ventosi. Notat vestium tēnuitatē q̄ vētos faciūt. Dicit tēpore q̄ gubernator vrb relict⁹ est ab Augusto Siciliā petēte: vrbē oī ipedimēto liberā fuisse. e Quis spoliauit. q. d. nemo te spoliauit amantē. f Ipse. Solent dictōes nō nūq̄z vacare (teste Seruio) quoniam Virg. inq̄t. Nūc dextra ingemināš: nunc ille sinistra: ille em̄ abūdat. g Mai⁹ erat. Laudat Moecenatem: qa nō erat ambitiosus i desiderādis triūphis cū potuisset habere tū ab illis se abstinuit quod quidē mai⁹ fuit. h Nymphas: musas. i Iugera. Habuit em̄ hec iugera in esquiliis & his cōtent⁹ ab Hora. fuisse phibet̄: nisi q in edificiorū mole reprehendit̄: ex qua exulās in Sabinis & ipi⁹ Horatii agrū spectare poterat. k Pierides phœbū colens. Ipse Moecenas musas studiosissime veu erabat̄ Poetas. Vt Virgiliū. Horatiū. Propertiū. l Argutas: Sonoras q̄ aues erāt in tuis hortis: vel aues poetas intelligit. q. d. Moecenatem esse mirandū inter sonoros poetas. m Meonii. Cōmēdat Moecenatē a poetica Meonii, Homeri. Nam varie fuerūt sentētie de ipsius patria: Ephorus em̄ Cumeū dixit. Pindarus Smirneū: & Chiū. Antimach⁹: et Nicāder Colophoniū: Aristarcus et Dionysius Athenien sem. Aristoteles Hietē: nōnulli Salaminiū. alii argiuū cōtēdunt. Ouidi. Meoniū: vñ est Aspice Moenidē a quo ceu fonte perenni: vatū pieriis ora rigant̄ aq̄s. n Faceret. Facere poterat o Defunctus: Emeritus. p Pius. Pii dicunt̄ qui maiores suos excolūt. q Illū piscosi. Octaui⁹ vicit sextū Pompeiū bello nouali i mari siculo. Piscosi asperi. Piscosi em̄ dicit qa circa ipm pmontoriū propter aspera saxa optimi sunt pisces. r Pelori. Sūma est ex promontorii Sicilie aduersus italiā. Saxa pelori: notat Moecenatū fuisse secutum Augustū i bello cōtra Sextū. Pompeiū p aggripā et fratrē. et cōmissa pugna nō a caribdi et stylla ea pte qua pelor⁹ italiam respicit. s Ignib⁹. i. incēdere naues inimicorū. t Rates. s. Sexti Pompeii. v Puluere i emathio. Emathia nominat̄ Thessalia ab Aemathio filio deucalionis. Puluere emathio. i. certamie: nauali et cōtra Cassiū et Brutū, Mecoenas Octauiū secut⁹ est. x Phylippi. Campi Thessalie a phylippo rege denoīati. y Tener. Secundū Senecā q eū mollissimū dixit corpe etiā effoemiato. z Niliace carine significat et illū secutū fuisse Augustū ad bellū actiacū habitū tñ cōtra Anthoniū et Cleopatrē quā nauigia seq̄bāt egyptiaca. vñ niliace dixit. a Circū. q̄ñ erat et añ et circū. Augustū erat sp fortis. b Aeoi āt milli eo erāt ex oriēte ipsum plures sūt secuti. Et Herodes rex iudeorū. Et Amathus Arabie et Polemon ex ponto et Bessi: et Philadelph⁹ ex Paphlagonia. Et gliceai qñ Mythdrates: ex comagena Amyntas: Licaoni⁹ ex Mauritania: et pene totus oriens. c Secutus. Octauius victoria potitus est: de Anthonio et Cleopatra. quā idē Anthonius. impio vrbis ornare pollicitus fuerat i stupri premiū. verū deuictus est. et Cleopatra Alexandriam vsq̄z ad Nili caput aufugit.

Elegia de obitu Moecenatis.

Teritus ad nili dum fugit ille caput.
Pax erat: hæc illos laxarunt otia cultus:
Omnia victores marte sedente decent.
Actius ipse lyram plectro percussit eburno.
Postq̄ victrices conticuere tubæ.
Hic mō miles erat: nec posset fœmina Romā
Dotalem stupri turpis habere sui.
Hic tela in ꝓfugos tantū curuauerat arcum.
Misit ad extremas exorientis equos.
Bacche coloratos postq̄ deuicimus indos.
Potasti galea dulce iuuante merum:
Et tibi securo tunicę fluxere solutę.
Te puto purpureas tunc habuisse duas.
Sum memor: & certe memi sic ducere thyrsos:
Bacchica purpurea candidiora niue:
Et tibi thyrsus erat gemmis ornatus & auro:
Serpentes hędere vix habuere locum.
Argentata tuos etiam sandalia talos:
Vixerunt certe: nec puto bacche negas.
Mollius es solito mecum tum multa locutus:
Et tibi consulto verba fuere noua.
Impiger alcidę multo defuncto labore:
Si memorant curas te posuisse tuas.
Sic te cum tenera lætum lusisse puella:
Oblitum nemeę iamq̄ erymathe tui.
Vltra nunquid erat torsisti pollice fusos:
Lenisti morsu leuia fila parum.
Percussit nebros te propter lydia nodos:
Te propter dura stamina rupta manu.
Lidia te tunicas iussit lasciua fluentes:
Inter lanificas ducere sępe suas.
Claua torosa tibi pariter cum pelle iacebat.
Quam pede suspenso percutiebat amor.
Quis foret credebat cū iā pmit ipiger infans:
Hidros ingētes vix capiente manu.
Cum ve renascentē tereret velociter hydram:
Frangeret imanes vel dyomedis equos.
Vel tribus aduersis cōmunē fratribus aluum.
Et sex aduersas solus in arma manus.
Fudit: & aloidas postq̄ dominator olimpi:
Dicitur in nitidum procubuisse bouem:
Atq̄ aquilā misisse suam: quæ quæreret ecquis:
Posset amaturo vina referre Ioui.
Valle sub idea dum te formose sacerdos
Inuenit: & presso molliter vngue caput.
Sic est victor amet. victor potiat in vmbra.
Victor odorata dormiat in q̄ rosa.
Victore victus metuat: metus imperat illi:
Membra nec instrata cernere discat humo.
Tempora dispensat visus: & tempora cultus:
Hęc homines: pecudes: hæc moderant aues.
Lux est: taurus arat: nox est requiescit arator.
Liberate merito feruida colla boui:
Conglātiant aquæ scopulis se condit hirundo
Verberat & gelidos garrula vere lacus.

d Ipse: Moecenas. e Foemina turpis. Cleopatra meretrix. f Dotalem. Quia in cōuiuiis et crapulis Anthonius promiserat imperium vrbis. hic Moecenas in ꝓfugos ęgyptios fugientes quos pepulit vsq̄ ad orientē. g Bacche. Vertit sermonē ad bacchum. Et colligere hinc possumus ex poetę verbis: qui victorię & triūpho ipsi⁹ dei interfuisse se dicit: Gallū poetam opus hoc scripsisse: quippe in cui⁹ corpus euphorbi et Pitagore ac Homeri et Enniániam intrasse probat: verū fuerit sic vel ne incertum habeo quicūq̄ ille sit omnino refert. h Coloratos nigros factos calore solis. Alibi Vir. in Geor. iiij. Vsq̄ coloratis amnis deuexus ab Indis. i Tunicę. Vestes longe duas scilicet vestes habuisse eo tpe Thyrisos hastas pāpinis inuolutis quibus in sacris Bacchi & choreis vtebantur. k Purpureas. Purpura etiā repitur alba cū ꝓprie sit rubra. l Vix habuere locū. Propter multitudinē gemmarū seu serpentū m Sandalia genus calciamētorū alborū quibus magni viri vtebant. n Tibi consulto. O bacche. o Noua nō militaria sed dulcia & amori apta p Impiger alcide. Vertit sermonē ad Herculē. q Defuncto qui euasisti a multis laboribus. r puella tenera: Quia habebat omphalē cui sm Oraculum respōsum parere coactus erat dū nauigās i Aphricā: a quorundā ex amicis suis spōte esse venundatus. Illa ei iordanę meonorū. id est lydiorū reginę filię fuit. s Nemeę laboris habito in sylua Nemea ꝓpter mortē Leonis circa mōtē Tritonē & etiā in apro Erymantheo Arcadię agros deuastante et mandatū erat vt eū viuum afferret. Morsu nā mulieres filando solēt mordere fila s Nodos: Quia omphale faciebat multos nodos causa tua. o Hercules: qm̄ et tu idē faciebas. t Torosa, mēbrosa ex duro amore versus omphale. v Pede suspēso: quia hercules suspēdebat pedē suū supra pedē amicę sicut sępius nos fecimus. x Renascentē ꝓpter fœcunditatē capitis. y Equos. Equos threicij Diomedis humana carne vescentes interemit Hercules. z Tribus fratribus. Gerionē tangit qui insula Erichtrea existēs tria corpora habebat et sic sex manus. a Aluum. ventrem. b Aloidas. Ethum et Ephilatē Aloi filios. c Dnator. Iupiter. d Nitidū. clarum diē. Hoc scdm morē Thracię quę quietas dies et foelices candido lapillo denotabāt. e Referre Ioui. Quia voluit habere Ganimedē. f Formose. o Ganimedes. g Sacerdos. Fecit em̄ ipsum sacerdotē in Ida sylua. h Potiatur. Moecenas amica sua. i In vmbra id est in ortis suis. k Rosa. Pestana maioris odorū secundū morē antiquū lectos: etiā anaditeria ex rosarū foliis cōficiebāt ad suauitatē spirandā: Vt et de principe Anthonio Helius Lampridius refert. l Dispensant diuidunt et ordinant: omnia fieri solent scd̄m ordinem temporis.

Cęsar amicus erat poterat vixisse solute:
Cum iam Cęsar idem quod cupiebat erat.
Indulsit merito: non est temerarius ille:
Vicimus: Augusto iudice dignus erat.
Ergo saxa parens postq̃ scyleia legit:
Cyaneosq̃ metus iam religanda ratis.
Viscera disgecti mutauit arietis agni:
Oetas: & succis amne perita suis:
His te Moecenas iuuenescere posse dicebat:
Hęc vtinam nobis colchidos herba foret.
Reddit arboribus florens renitentibus ęstas:
Ergo non homini quod fuit ante redit.
Viuacesq̃ magis ceruos decet esse pauentes:
Si quorum in torua cornua fronte rigent.
Viuere cornices multos dicuntur in annos:
Cur nos angusta conditione sumus:
Pascit aurorę tithonus nectare coniunx:
Atq̃ via tam tremulo nulla senecta nocet.
Vt tibi vita foret semper medicamina sacro:
Te vellem aurorae complacuisse virum.
Illius aptus eras croceo recubare cubili.
Tu dare purpurea lora regenda manu.
Tu mulcere iubā: cū iam torsisset habenas:
Procedente die respicientis equi.
Quęsiuere tori iuuenē sic hesperon illum
Quē nexum medio soluit in igne venus.
Quē nūc in fuscis placita sub nocte nitentem:
Luciferū contra currere cernis equis.
Hic tibi coritium casias hic donat olentis:
Hic & palmiferis balsama missa iugis.
Nūc p̃cium candoris habes: nūc reddi tumbris:
Te sumus obliti decubuisse senem.
Ter pyliū fleuere sui: ter nestora canum:
Dicebant tamē hunc nō satis esse senem.
Nestoris annosa vicisses secula: si me
Dispensante tibi stamina nempe forent.
Nunc ego quid possum: tellus leuis ossa teneto
Pendula librato pondus & ipsa tuum.
Semper serta tibi dabimus: tibi semper odores.
Nō unq̃ sitiens: florida semp̃ eris.
Sic est Moecenas fato veniente locutus:
Frigidus & iā iam tum moriturus erat.

m Cęsar amicus erat: Concludit in laudem Moecenatis nil fuisse quod a cęsarę impetrare nequisset: Amicus erat cęsari par⁹ ad oia ei⁹ vota. n Indulsit: gessit morem ei. o Saxa parēs: Iason legit id ē nauigat. De Iasone loquit̃ Ergo saxa laudat: & ipm iasonis cōparatiōe. Et Aesonis ad iuuētutē reuocati: ac dicit eo mō reuocari ad iuuētutē Moecęnatē debuisse. o Parēs. Medęa mr̃ ob filios q̃s habuerat ex Iasone. p Cyaneosq̃ met. Symplegades ita ei denoīāt vltra pontū intra se scopuli ɔcurrētes. q Arietis significat Medeā postq̃ ad Ialchon vrbē pelię reg̃ puenit. vt suā doctrinā atq̃ artē oñderet: mactasse arietem: & in aheno decoxisse. mox i agnū restituisse: q̃d cū Pelias optaret iuuēescendi gr̃a: atq̃ id faceret. a Medea cesus fuit p eius filias vt ouidi⁹ testat̃ r Oetas. rex colchorū filiā habuit Medeā: Oethas dicit̃ ab Oetha. Theophrastus ponit herbā in ęgypto qua reuiuiscūt hoies. Iuba historicus tradit succis herbarū reuocari hoies ad vitā. Xanthus primo historiarū ait: Draconis catulū, reuocatū ad vitā herba quadā quā balin appellant. s Colchidos Medea in formam vetulę mutata intrauit Iolchon regiā pelię regis Thessalię testās se missam ab Hypboreis cū quibusdā medicaminib⁹ vt faceret iuuenē peliā: et vt fidē daret verbis suis expimento pbauit: mactauit em arietē. & in Aheno coxit & inde restituit in vitā. pelias senex phanaticus cupiēs iuuenescere pparauit. vt id fieret: & sic a Medea cęsus fuit. t Quod fuit id est si herbę reuiuiscūt tāto magis debēt hoies reuiuiscere. v Ceruī teste Pli. exupant. C. annos: & mutatis cornib⁹ iuuenescūt. x Cornices. xc. ānos viuere pdunt: vñ & Ouidi. Ora capit q̃ nouē cornicis sęcula passę. y Angusta: q̃a ita cito nos morimur. z Aurorę. Aurora titanis & terrę filia fuit. dictaq̃ ab eo q̃ ab igne solis vt auro aurescit. a Thithon⁹ fili⁹ Laomedōtis, Priami patris. relicto fratre ex phrygia in Assyriā se cōtulit. breui in re militari p̃stātissim⁹ fuit. Regi gratus. duxit vxorē filiā regis Aethiopū: ex q̃ genuit Mennonē: ea tēpestate Priamus vexabat̃ bello Teutani regis Capodotię: regnū phrygiæ tunc subditū erat regibus Assyriorū. Tythonus q̃ p̃fectus erat Assyriorū: misit Mennonē filiū cū decē milibus ęthiopū totidēq̃ Susianis & cū ducētis curribus. vt priamo auxilium ferret. Alij volūt Thithonos fuisse duos, & Phrygē & Assyriū: & scribūt vnū p eō: Alterū Mennonē Titoni: sed alterū impasse Phrygię & lydię & vxore Dindimene genuisse Cybelē ¶ Titoni de Titono aurorę marito pluria scripta sunt. Itaq̃ satis est intelligere illū senē delectatiōe tū cōiugis iuuenescentē q̃tidie & Mennonē filiū in q̃ Troianorū auxiliū q̃ndā missum ex vltia plaga oriētis. b Vt tibi vita foret: vt fieret maritus aurorę. c Iubā crines. d Thori. vult compare eū Hespero Atlantis filio. Tori spōsę. e Hesperon illū. Hesper⁹ fili⁹ Athlātis cū ascēdisset montē Athlantē nunq̃ amplius visus fuit: crediderūt incolę impiti eū ascēdisse in coelū & esse stellā quę eadē mane dicit̃ lucifer. Alii volūt Venerē adeo q̃ dira fuisse amore Hespi formosi iuuenis: vt ei⁹ nomē sup̃serit. Et ven⁹ ē q̃ dicitur Hesper⁹ & Lucifer. Hic vero Hesper⁹ fili⁹ fuit aurorę & Cephali. Hoc aūt ĩ5 q̃a pithagoras eandē numero eē stellā quę sero & mane apparet: & in sero Hesperus: & in mane Lucifer appellat̃. f Igne amore. g Hic. Lucifer. h Coritiū. Crociū intelligit: qui plurimū ē in Coryco Cilicię antro abundat i Palmiferis iugis. inter affyricā & phoenicīā locus est palmarū abundātissim⁹. Ex q̃ etiā loco Balsama aduehi pdūt: ex arbore modica Et hoc nō longe ab Iherosolymis k Cādoris splēdoris. Nestora canū. Quia nestor vixit tres ętates. Fuitq̃ Nelei fili⁹. Nele⁹ i Messania regiōe cōdidit opidū Pylos: Vñ Nestor Pyle⁹. Pili tres sūt i pelopenesō: in pisea regiōe: et hęc pilos cōdita ab Emathōte. tertio in Messania patria Nestoris. m Tellus. o tell⁹. n Librato p libres. o Serta. i. semper ponam coronā supra tumulum tuum: et sacrificabo.

Me ne inquit iuuenis primęgui Iupiter ante
Augustam bruti non cecidisse fidem.
Pectore maturo fuerat puer: integer ęuo:
Et magnū magni cęsaris illud opus:
Dissidio vellē q; prius non omnia dici:
Inciditq; pudor quę prope dixit amor.
Sed manifestus erat: moriens quęrebat amare
Coniugis amplexus: oscula: verba: manus:
Si tamen hoc satis est vixi te cęsare amico
Et morior dixit: dū morior q; satis.
Mollibus ex oculis aliquis procedet & humor
Cum dicar subita voce fuisse tibi.
Hoc tibi cōtingat iaceam tellure sub æqua:
Nec tamen hoc vltra me potuisse velim
Sed meminisse velim viuam sermonibus: illic
Semper ero semper si meminisse voles.
Et decet, et certe viuā tibi semper amore:
Nec tibi quæ moritur desinit esse tuus.
Ipse ego quicq̄d ero cineres inter que fauillas:
Tunc ego non potero nō memor esse tui.
Exemplū vixi te propter molle beate
Vnus Moecenas: teq; ego propter eram
Arbiter ipse sui voluit quod cōtingit esse:
Pectus eram vere pectoris ipse tui
Viue diu mi care senex: pete sidera sero:
Est opus hoc terris: te quoq; velle decet.
Et tibi succrescant iuuenes bis cæsare digni.
Sed tradant porro cæsaris vsq; genus.
Et tibi securo quod primū liuia coniunx:
Expleat amissi munera rupta gener.
Cum decus in terris diuis insignis auitis:
Te venus in patrio collocet ipsa sinu.

p Augustā. Breuē i cęsarē. q d. voluisse mori an̄ bella ciuilia. q Illud op⁹. fuerat em̄ nutrit⁹ a cęsare. r Dissidio. Quę fuit inter Augustū Cassiū & Brutū. s Amor cogit me vlteri⁹ loq. t Mā̄ifest⁹ moriēs: determiata erat ei mors. v Si tn̄ hoc satis. Moecenas incipit alloq Augustū. x Humor. lachryma. y Sub ęqua nō ponderosa. z Potuisse vltra. i. iacere nō desidero i meliore tellure q̄ȝ tu. a Erā pect⁹ pectorȝ. i. erā cor cordis tui. b Terris. ob comoditatē mortaliū Cęsare. Hoc dic̄ ,ppter Tyberiū adoptatū ab Augusto: & Germanicū ab ipo Tyberio. Quin & drusū tyberii fratrē. vt em̄ Sueto. tradit: ex Scribonia Iulia nata est ex liuia infans: q cōcept⁹ fuerat immatur⁹ fuit ędit⁹ Iulia Marcello Augusti iūxit. deinde Marco Agrippę: ex q̄ tres nepotes Caiū et Titū et Luciū Agripinā et Iuliā neptes. d' qb⁹ late apd' Sueto. Tradāt: pducāt et amplificēt mūera ruptę. qa i ptu fili⁹ obiicit primo sinu. i. in cęsaris sinu. i. faciet te deū. c Te quoq; velle decet. i. diu viuere. d Cęsaris vsq; gen⁹: semp sint ex genere tuo: e Liuia coniunx. i. pdidit quia liuię Drusilla fecit abortiuum ex Augusto.

P. Virg. Maronis. Vir bonus.

Vir bonus & sapiēs: q̄lē vix reppe
Milib⁹ e cūctis ho(rit vllum.
minū consultus apollo.
Iudex ipse sui totū se explorat ad
Quid pceres: vaniq; (vng uē.
leuis quid opinio vulgi:
Securus mūdi instar habens teres: atq; rotūdus
Externæ ne quid labis per leuia sidat.
Ille diem: quam longus erit sub sydere cancri.
Quātaq; nox tropico se porrigit i capricorno
Cogitat: & iusto trutinæ se examine pēsat.
Ne quid hiet: ne q̄d conturbet & angulus æqs.
Partibus vt coeat: nil vt deliret amussis.
Sit solidū quodcūq; subest: nec inania subtus
Iudicet: admotus digitis pellentibus ictus:
Non prius in dulcē declinat lumina somnū:
Omnia quā longi reputauerit acta diei.
Quo præter gressus: quid gestū in tpe: quid nō
Cur isti facto decus abfuit: aut ratio illi:
Quid mihi præteritū: cur hæc sentētia sedit:
Quā melius mutare fuit: miseratus egentem:
Cur aliquē fracta persensi mente dolorem:
Quid volui: q̄d nolle bonū foret: vtile honesto
Cur malus antetuli: nū dicto: aut deniq; vultu
Perstrictus quisq;: cur mea natura magisq;
Disciplina trahit: sic dicta & facta per omnia
Ingrediens: ortoq; a vespere cuncta reuoluēs:
Offensus prauis: dat palmā & pręmia rectis.

Vir bon⁹: sermo de viro bono hic habet̄ q̄ Maro nr̄: nō minus aliosq̄ sapiētes q̄ȝ se in nūero sapiētū eē declarat: qui tā recte interp̄tat̄ hoiem bonū & sapientē: & merito apollini cōparandus videt̄: qui Socratē sapientē solū iudicauit. Iudex: qui iudicat seip̄m ad vnguē. id est pfectionē: nā metaphora a marmorariis sumpta: qui vnguē sup marmora elaborata et plana facta ducūt. Quin & possumus deducere ab his qui magna diligētia & cōsideratione aliquid faciūt & in ipa re cogitāda vngnes mordent: Persius. Nec demorsos sapit vngues. Securus: sapiēs nō quęrit quid faciāt pceres & cęteri hoies. Rotūdus: ois res rotūda pfectior est. Leuia: polita & ornata. Ille sapiēs Cancri: cācer signū cęleste: ad quod. xv. kalen. Iuli. sol accedit: p quod ęstatē designat. Capricorno: capricornus signū cęleste ē coelo sacratū ,ppter memoriam Amalthęę caprę: quę iouē aluisse & lactasse pd f: ad hoc signū sol accedit. xv. kalen. Ianuarias. Tropicū dicit̄ a tropi q̄ est conuersio. Eo, n. tēpore sol se cōuertit & retrogradit̄ pēsat se examie in medio spatio. Hiet: vltra aperiet: se coeat: vult vir sapiēs q vita sua sit ęqua ex oi parte. Amussis regla siue linea qua latomi aut fabri vtunt̄: sed late ,p omi ordie sumit̄. Delirare: a lira q̄ sulcū significat cōponitur: & de p̄positiōe & errare: atq; etiā sulcū & viā regulatā incedere notat. Subest: ois locus quē sapiēs vult esse solidū. Dec⁹ ornamentū. Ratio: iudiciū: placauit miserat⁹ si quē videt egentē. Cur aliquē: cur passus sum dolorē: nā cur ego potius ducor & vincor malignitate naturę q̄ȝ doctrinę pstātia. Prauis rebus ledit̄ sapiens: bonis lętatur.

Publij Virgilij Maronis Ad Octauium Culex.

Lusimus Octaui gra
cili modulāte thalia:[a]
Atq; vt araneoli; tenuem formaui
mus orsum
Lusimus: hæc propter culicis sūt carmīa dicta:
Omnis vt historię p ludū consonet ordo:
Notitięq; ducū voces: licet inuidus adsit:
Quisquis erit culpare iocos: musamq; paratus
Pondere vel culicis leuior: famaq; feretur.
Posterius grauiore sono tibi musa loquetur
Nostra: dabūt cū securos mihi tēpora fructus.
Vt tibi dignato polliantur carmina sensu:
Latonæ: magniq; decus iouis: aurea proles
[b] Phœbus erit nostri princeps: & carminis auctor:
Et recinente lyra fautor. [c] siue educat illum

Domicij Chalderini Veronensis cōmentarii in Pub. Virgi. Maronis Culicem.

Pastor oues de more ad vmbrā compellēs ad fontē platanis. et aliis arboribus inumbratam peruenit: hui⁹ aquam serpēs bibere solit⁹: illuc puenit: pastorē q obdormierat repit morsu ꝑ peter nitebat. Culex pastorē mordēs excitauit pastorē: culicē manu captā interemit. & indignatus postea: q; Culicē suę salutis causam intereme rat & iterum obdormiuit: Culicem in quiete videt ei omnem inferorum coram monstrantem excitatus deniq; somno ei se pulchrum miro instituit ornatu.

a Thalia musam Iouis & Memorię filias poetę tradunt: Alij Thetis Iouis ac terrę: ac cœli. Alii Homerum is esse asserit. Hesiodus noīa recenset: videlicet: Clio. Eutherpe. Thalia: Melpomene: Terpsicore. Erato: Polymnia: Vrania: Calliope: Diodorus: Harum nominibus proprietatem ponit propter gloriam: quę poetarum laudibus oritur ob voluptatem perceptam ab audientibus quoniā poetarū laus longo tempore viret a melodia. qua demulceant audiētes oblectatio ob doctrine bona. Q; docti ament homines Poetę imortalitas ob suauitatem gloriam: q; viros doctos ad cœlum tollat gloria. Q; cantus suauitate cęteras antecedens magis ab auditoribus extimentur.

b Phœbus erit. Phœbus & Diana Latonę & Iouis filii. Phœbum Lyram a Mercurio accepisse ait Higinius.
c Siue educat illum. Luna legi voluit: nō alma: vt hoc sit, q; Diana prębuit se fieri obstetricem.

Alma chymerçq; xanthi perfusa liquore:
Seu decus astrigeri: seu qua parnasia rupes
Hinc atq; hinc patula pr̨pādit cornua fronte:
Castiliçq; sonans liquido prelabitur vnda.
Quare pierij laticis decus: ite sorores
Naiades: & celebrate deū ludente chorea.
Et tu sancta pales: ad quā ventura recurrunt
Agrestum bona: secura sit cura canentis.
Aerios nemorū cultus syluasq; virentis:
Te cultrice vagos saltus feror inter & astra:
Et tu cui meritis oritur fiducia chartis
Octaui venerande meis allabere coeptis
Sancte puer: tibi nāq; canit non pagina bellū
Phlegra giganteo: sparsa est q̄ sanguine tellus.
Nec centaureos lapithas compellit in enses:
Vrit erichthonias oriēs non ignibus arces.
Nō perfossus athos: nec magno vincula ponto
Iacta meo querent iam sera volumine famam.
Non hellespontus pedibus pulsatus equorū:
Græcia cū timuit venientis vndiq; persas:
Mollia sed tenui pede currere carmina versu
Viribus apta suis (phœbo duce) ludere gaudet
Hoc tibi sancte puer memorabilis: & tibi certet
Gloria perpetuū lucens mansueta per çuum.
Et tibi sede pia maneat locus: & tibi sospes
Debita fœlices memoretur vita per annos.
Grata bonis liceat: sed nos ad cœpta feramur.
Igneus çthereas iam sol penetrarat in arces:
Candidaq; aurato quatiebat lumina curru:
Crinibus & roseis tenebras aurora fugabat,
Propulit e stabulis ad pabula lçta capellas
Pastor: & excelsi montis iuga sūma petiuit.
Lurida qua patulos velabant gramina colles.

d Al ma chymerçq; nō pcul a Tharmileso monte Lycie est cōuallis quçdā noie Chymera a littore porrecta i mediterranea. Hic finxerūt de monstro Chymera: quod occidit belleraphon. Fabula tamē est xantus flumen quē priores xirbin vocabant: ad decē stadia lembis nauiganti est latonç templū: vltra quod sexaginta stadia est xāthus, inter lytias vrbes maximā olim latonā cū filiis deuenisse. & vt sitim sedaret consedisse ppe paruū lacū: qui & sub Chymera est. Est & chymera lyciç mons qui flāmas vomit, ab eo labit Xantus: qui descendit in phrygiā. in radice montis spaciosum facit lacū: ad quē peruenit Latona cū filiis estiuo tēpore, vt sitim sedaret. Rustici id çgreferentes lacū intrantes turbauerūt aquā: qui statim demutati sunt in ranas.

e Seu decus astrigeri. Id est Iuppiter qui educauit bacchū Nā liber pater: & apollo, idē est: vt ipe ait: in Georg. Liber & alma ceres: de sole & luna. f Seu qua pnasia rupes. In parnaso Boetii monte est vasta rupes. Hçc vel numinis maiestate vel situ honorē vi sentibus generat. Vnde fere p̄ceps in forma theatri recessus quo sonit⁹ vocesq; multiplices audiunt. Hic est apollinis Delphici templum: hic fons Castalius musis dicatus. Has oras pieres natio threitia habitauere: vñ pierius fons & pierides musç: nec Ouidio assentiamus. qui dixit hoc nomē a filiabus pieri cū eis certātibus: & deuictis in picas mutatis musas accepisse.

g Phlçgra gigātheo. Phlçgra sylua & vallis est in Thessalia: vbi omnes gigātes cōtra Iouē pugnauerūt. & fulminati a Ioue occisi sunt: cui⁹ in fidē faces saxaq; adhuc ibi cernūt. Solin⁹ meīnit. Alia phlçgra ē in Italia nō longe a Comis. h Nō centareos laphitas. Lapith⁹ apollis et Scilbiç penei filius circa peneū fluuiū Thessaliç imperauit: a quo illi populi lapithe appellati sūt: hic ex Cirione Phoribautē: & periphantē liberos suscepit. Periphaes ex astigia octo liberos genuit: natu maior Antion ex Aydace Ixionē pcreauit. Et cū piecisset socerū in ardentē foueā a Ioue purgatus est: tandē ausus interpellare Iunonē de stupro: interposita a Ioue in forma Iunonis nube: ex ea centauros pcreauit. Hos ferūt tanq; pirihoi cognatos: ab eo regni paterni partē petiisse Quod renuēti bellū a centauris illatū est, quo sedato cū pirithous Hyppodamiā despondisset: Theseo ad nuptias ac Centauris vocatis, in humo, ebrii fçmīs que in nuptiis erant stuprū inferre voluere: qua iniuria pmotus Theseus & Lapithç mītis centauris peremptis reliquos ex ciuitate expulerunt: hāc ob causam centauri vna aduersus Lapitas pfecti plures interfecere. Qui cçdi supfuere partim i pholoen Arcadiç pfecti sunt: partim in Malea habitauerunt.

i Perfossus athos. Xerxes persarū rex bellū cōtra grçcos: & presertim Athenienses gessit. Cūq; persica classis ad Eleuntē Cheronesi statione haberet: ne per desidiā torpesceret iussu regis montē Athon perfodere cœpit: adiuuātibus & æthol p̄positi opi fueri Artaches artachis fili⁹: & Bubares Megateri filius: est mons Athos ingens ad mare pertingit desinens in penisulç effigiem cū istmo duodecim stadiorū in quo ē vrbs sana nomie fossa fiebat iuxta sanā retro limitem: latitudinē fossç duç triremes implebāt. strymon flu: cui⁹ hostia ppe sunt pontibus iūctus fuit. k Nō Hellespontus Hero. libro. VIII. Pons in Hellesponto abidonusq; & Seston. vii. stadii spacio factus tempestate primū delapsus est mare indignatus. xerxes iussit Hell. spontū trecētis verberibus pcuti: & sacci compedes mea stigmata; et colaphos incuti cū barbara execratione: quasi disiecta pontis pçnas daret: operis prçpositis caput prçscidit: aduocati alii triremes biremes & triremes simul. ccclx. versus enxiuum pontum ab altero latere. cccxiiii. ponto transuersas heç anchoris vastissimis tenebantur: relicto spatio inter ordinem nauigiorum: vt esset transitus nanibus in pontum continēti machinamenta lignea annexa fuere: funibus lino & scyrpo supiniectç: postea trabes fuere: super quas imposuere arenam facto. hinc inde aggere ne aspectu maris animalia transeuntia terrerentur: octo dies consumpsere transeundo. l Assyrio co. Babilon assyriç diuerso colore itexuit sed alea Attalus intexere inuenit vnde attalicum: & attalicç vestes & babiloniçç.

Iam syluis dumisq̃ vagę iã vallibus abdunt
Corpora: iamq̃ omni celeres e parte vagantes.
Tondebant tenero viridãtia gramina morsu.
Hæc filicis lentæ: vel quæ noua nascit alnus.
Hæc teneras fruticũ sentes rimantur: at illa
Imminet in riui præstantis imaginis vndam.
O bona pastoris: si quis nõ pauperis vsum
Mente prius docta fastidiat: & probet illis
Omnia luxurię precijs icognita curis.
Quæ lacerant auidas inimico pectore mẽtes:
Si non assyrio fuerint bis lauta colore.
Attalicis opibus data vellera: si nitor auri
Sub laqueare domos animũ nõ angit auarum:
Picturæq̃ decus lapidũ: nec fulgor in vlla
Cognitus vtilitate manet: nec pocula gratum:
Alconis referent boeticq̃ toreuma: nec indi
Conchea bacca maris ꝓcio est a pectore puro.
Sæpe sup tenero pro sternit gramie corpus.
Florida cũ tellus gẽmãtis picta per herbas.
Vere notat dulci distincta coloribus arua.
Atq̃ illũ calamo lætũ retinente palustri:
Otiaq̃: inuidia degentẽ: ac fraude remota:
Pollentemq̃ sibi viridi cum palmite lucens.
Tmolia pampineo subter coma velat amictu.
Illi sunt gratę rorantes lactę capellę.
Et ven⁹: & fæcunda pales: & vallibus imis.
Semper opaca nouis manãtia fontibus antra:
Quis magis optato queat esse beatior æuo:
Quã qui mẽte procul puras: sensuq̃ probãdo:
Nõ auidas agnouit opes: nec tristia bella:
Nec funesta timet validę certamina classis.
Nec spolijs dũ sancta deũ fulgentibus ornet
Tẽpla: nec euectus finẽ transcẽdit habendi.
Aduersum sęuis vltro caput hostibus offert.
Illi falce deus colitur nõn arte politus.
Ille colit lucos: illi panchaica thura.
Floribus agrestes herbę variantibus adsunt.
Illi dulcis adest requies: & pura voluptas.
Libera simplicibus curis huic iminet. omnis
Dirigit hunc sensus hæc cura est subdi ta cordi.
Qualibet vt requie victus contẽptor abundet.
Iocundoq̃ locet languentia corpora somno.
O pecus o panes & o gratissima tempe
Fontis amadryadũ: quarũ nõ diuite cultu.
Aemulus ascreo pastor sibi quisq̃ poeta
Securã placido traducit pectore vitam.
Talibus in studijs baculo dum nixus apricas
Pastor agit curas: & dum nõ arte canora:
Compacta solidũ modulatur harũdine carmẽ:
Tendit & euectus radios hyperionis ardor:
Lucidaq̃ æthereo ponit discrimina mundo:

m Bis lauta. i. in colore pluries in mersa. de eis Tibullus: Sola puellarũ digna est cui mollia chartis. velleraq̃ det̃ succis bis madefacta tyros. n Domos. gtõ casu positum est. Nã Sueto. auctoritate Octauiaq̃ August⁹. solit⁹ est ꝓnũciare domos ꝓ domus in gtõ casu: & senius ꝓ senuus: & ꝓ stulto batediũ: & ꝓ pullo pulelatium. Virgi. vt Octauio gratificaretur eodẽ modo casum primũ ꝓnunciauit. o Nec pocula gratũ. Alconis. Alcon. Ouidi. meminit in metha. nr̃m argenteorũ q̃ Aeneę paterã celauerat craterẽq̃ Aeneę. quẽ fabricauerat Alcon Hileus & longo celauerat argumento. p Boeticq̃ to. Pli. li. xxxiiij. dicit proximos a manitore fuisse boetũ Agraganta & Miẽ: quorũ omniũ extant opa in insula Rhodiorũ: Boet⁹ aũt Lidiã Mineruã in tẽplo. agragas in tẽplo liberi patris in ipã rhodo baccas centaurosq̃ celatos in scyphis. q Toreuma. Sunt opa sculpta. Salu. in Catel. C. i tabulas signa toreumata emũt r Conchea. b. m. Margaritas maxie indus Oceanus fert Vt Pli. meminit. s Illi falce deus co. Ad priapũ alludit: De quo sic in obsceno carmie. Nõ me praxiteles scopas ve fecit. Nec sum phidiaca manu politus. Sed lignũ rude villi c⁹ dolauit. Et dixit mihi tu priap⁹ esto. Fili⁹ fuit Venerĩs: & dionysii. Aegiptii aũt dicũt de Priapo scribẽtes Isidẽ cũ cęteris Osyridis corporis partes a Tiranib⁹ dilaniat repisset: ꝑter pudenda quę illi in flumẽ iecerãt precepisse sacerdotibus pro deo coli ea: in tẽploq̃ suspẽdi iussit. Et vt Dio. meminit nõ modo in ciuitatũ templis minime sed in agrestibus locis vinearũ & hortorũ custos coli meruit: fructuum fures falce castigans: cui sacra cũ ludo fiũt: appellat̃ etiam Itiphalus & Tiphon. t Ille colit lucos il. panch. thura. Pręter Arabiã nullis, vt Plini⁹ meminit. ac nec Arabię q̃dã vniuersę: sed in ea tñ regione quę Saba appellat̃: quod significare gręci ministeriũ vocãt. In hac est Panchaia regiũcula q̃dam. spectat em̃ Saba ortus solis ęstiui vndiq̃ in vi parib⁹: et a dextra maris scopulis inaccessa. Id solũ e rubro lacteũ tradit̃ Alexandro magno in pueritia siue ꝑ simonia thura aris ingerẽti pedagog⁹ Leonides dixerat: vt illo modo cũ deuicisset turiferas gentes sacrificaret. At ille Arabia potitus: thure onustã nauim misit ei. Large exhortatus vt deos adoraret. v O pecus o panes. Inter ossa & olympum nemorosa planicies: & cõuallis est in Thessalia tempe vocat̃: montibus circũdata olim palus: sed postea cum Hercules fracto monte dedit alueũ nihil amenius. atq̃ delectabilius. Secat em̃ planiciẽ Peneus fluuius semper liquidus. cui⁹ ripę arboribꝫ inumbratę. Ab ea similitudine poetę vt meminit Prob⁹ loca oĩa amoena & delectabilia tempe appellauerũt. Peneus aũt quinq̃ milia passuũ longitudine & ferme sex latitudine vltra visũ hoĩs: attollentib⁹ se dextera leuaq̃ leuiter cõnexis iugis inter sua luce viridante allabit̃ viridis calculo: amoenus circa ripas gramine: canorũ auiũ cõcẽtu. solũ nõ adeo ferax allicit atq̃ iucũdũ aspectu vt visentes ipsa amoenitas alliciat & inuitet. x Fontis amadryadũ. Drys Plinio referente nõ querc⁹ dicitur. sed robur quę arbor est: & species quercuũ durior tñ. Hamadriades non quercuũ sed roborum deę. Et sacerdotes gallici qui vaticinabãt in roboribus dryudę appellati sunt. y Aemul⁹ ascreo pastor si. quis. poeta. id est Hesiodo: qui pastor fuit: & pecudes pauit. Ouid. primo de arte docet Pascenti pecudes vallibus ascra tuis. z Radios hyperionis. Regina quę etiam ob prudentiam & virtutem magna mater appellata est. Thitęę & coeli filia ex fratre suo Hyperione virũ assumptũ: Lunam & solem genuit. Poetę tantũ vsurpauere vt patris nomẽ ꝓ filio poneret̃ ¶ In vtrũq̃ Oceanum indicũ q̃ ab oriente: & athlanticum ab occidente: qui terras ab occidente contingit vt Mela ait.

Culex.

Dum iacit oceanum [a] flāmas in vtrūq; capaces
Et iam compellente vagæ pastore capellę.
Iam susurrantis repetebant ad vada lymphę.
Quæ subter viridē residebant cerula muscū.
Iā medias operū partes euectus erat sol.
Cū densas pastor pecudes cogebat in vmbras.
Et procul aspexit [b] luco residere virenti.
Delia diua tuo: quo quodā victa furore
Venit: [c] nyctileum fugiens cadmeis [d] agaue.
Infandas scelerata manus: & cęde cruenta.
Quæ gelidis bacchata iugis requieuit in antro.
Posterius pœnam nati se morte futuram.
Hic etiā viridi ludentes panes in herba:
Et satiri: dryadesq; chorus egere puellę.
Naiadū cœtu tantū nō [e] orpheus [f] hebrum
Restantē tenuit ripis: syluasq; canendo.
Quātum te [g] peneu remorantem diue chorea.
Multa tuo lætę fundentes gaudia vultu.
Ipsa loci natura domū resonante susurro
Quis dabat: & molli fessas refouebat in antro.
Nā primū prona surgebant valle patentes.
[h] Aerię platanus: inter quas [i] impia lothos.
Impia quæ socios ithaci merentis abegit
Hospita: dū nimia tenuit dulcedine captos.
At quibus insigni curru profectus equorum.
Ambustos phaeton luctu mutauerat artus.
[k] Heliades teneris amplexę brachia truncis.
Candida fundebant tentis velamina ramis.
Posterius cui demophoon æterna reliquit
Perfidia lamentandi mala: perfida multis.
[l] Perfide demophoon & nūc defende puellam.
Quā comitabant fatalia carmina quercus.
[m] Quercus ante datæ cereris quā semīa vitę.
Illas [n] triptolemi mutauit sulcus aristis.
Hic magnū argoe naui decus edita pinus:
Proceras decorat syluas hirsuta per artus.
Appetit aereis contingere montibus astra:
[o] Ilicis & nigræ species: & læta cupressus:
Vmbrosæq; manent fagus: hederæq; ligantes.
Brachia fraternos plangat ne popl's artus:
Ipseq; excedunt ad sūma cacumīa lentæ:
Pinguntq; aureolos viridi pallore corymbos.
Quis aderat veteris [p] myrtus non nescia fati.

a Flāmas capaces. Nā solidū est in medio cursus spacij: Vtrūq; cōplectit oceanū & ideo flāmas capaces.
b Luco tuo delia diua: Lucus erat sub cytherone monte in q̄ erat gargaphi⁹: fōs est qua sunt Thessalica tempe. Vbi se cū nymphis Diana lauabat: sed cū actęon voluisset videre quid esset in fonte. vidit Dianā nudā: Ideo ab eadem Acteon est mutatus in ceruū & suis canib⁹ dilaniat⁹: atq; laceratus est. Ouidi. in ibidē. Quiq; verecūdę speculantem labra Dianę. Idē de ponto in quinto Inscius Acteon vidit sine veste Dianā. Pręda fuit canib⁹ nō minus iste suis. Idē etiā in opere Meth. Diana delia dicta a delo insula in qua nata est. c Venit nictileū. Nictileus Bacchus dicit: quia eius sacrificia noctu fiebāt: qui ex Asya pri⁹ i grętiā: e grecia in Italiam trāslata. d Agaue. Cadmi filia pentheū ex Echione filiū sacra Bacchi spernentē: furore & Baccho instigata interemit: vbi ad se redit: penitentia ducta & dolore in antrū secessit sub Cytherone vbi lacus est Dianę.
e Orpheus oeagri filius sono lyrę sistebat flumina: mōtes & syluas mouebat. f Hebrū. Hebrus est Thracię fluuius. g Poeneu. Peneus Thessalię fluui⁹ p tempe discurrens. h Aerię pla. Platan⁹ arbor durat in multū tēporis spatiū. Vt Pli. docet. ast em̄ est delphica Platanus Agamemnonis manu sata: & altera gargaphię archadię luco in aulocrone: qua ab Appanica itur in phrygiam: ostenditur Platanus ex qua pepēdit Marsias victus ab Apolline: q iam cū magnitudine effecta est: arbor em̄ est solū ad vmbrā voluptatis causa comparata. i Quas impia lothos Lothos arbor in quā eius noīe nympha Neptūni filia fugiens Priapū dicitur conuersa: quā Pli. laudat. Est alia quę Romę ante domos ad vmbrarū amœnitatē ponebat tibi sic eadē: & nunc appellat amarenus: quę cerusa habet acria in obsoniis dulcia. Silyus īquit. Quos succo nobilis arbor: Et dulces pascit Lothos minus hospita baccha. Diximus & de arbore lotho. ī vltimo de Ponto: quā Aphrica gignit nā Vlixes de ciclopibus tempestate delatus est in Aphrycā. Vnde vix abduxit socios qui gustauerāt fructum lothi: in quā etiam conuersos fabulant. Vnde Ouidi. quarto de tristib⁹. Sic noua dulichio lothos gustata palato illo quo nocuit grata sapore fuit. k Heliades solis filię dictę sunt: Helios gręci nos solem dicimus: Inde heliades: hę cū Phaetontē fratrē qui antea Eridanus vocabatur: & ideo padus in quem fluuiū cecidit fulminatus Eridanus dictus est: deplorassent: in populos cōuersę sunt: siue vt in Buco. idem asseuerat in alnos dicens: atq; solo proceras erigit alnos: Phaeton ei Clymenes & solis filius cū affectatū paternum currū regere non posset mūdumq; incendisset: a Ioue fulminatus est: & in padū deiectus. l Perfide demophoon & nūc defende puellam. Phyllis lycurgi Thracię regis filia Demophoonta Thesei Atheniensis filium fere naufragum e bello Troiano redeuntem excepit hospitio: fouit & classes eius (amore capta) reparauit: & data de cōiugio fide Demophon a puella patriā reuisere vno mense reditur ū impetrauit: & cum promisso tempore non redijsset: puella tam diu fleuit donec lachrymę maturuerunt: & in arborē demutata est. Pleriq; amigdalum esse volunt. Pli. ait. Puellā se in amigdalo sine frondibus suspendisse (& Sternutio auctore) arborem tamen demum viruisse: cum reuersi Demophoontis coniugis sentiit amplexum: amplexu cognito flores simul ac frondes emisisse: licet Pli. dicat nunq; virere arborem: ex qua phyllis se suspendit. m Quercus ante datę. Ceres Vt Plin. est auctor frumenti vsum dedit: & leges prima adinuenit. Ideo legifera est dicta. ante em̄ rudis mortalitas glandibus vescebatur. n Triptolemus. Vt idem est auctor: bouem & aratrum reperit. Vt alii volunt Briges Atheniensis. Ouidi⁹ in quarto de ponto ait. Quis mel aristeo: quis baccho vina falerna: TripTholemo fruges poma dat alcynoo. o Ilicis & nigrę. Ilex arbor duplex est. Sed hęc de qua poeta loquitur dicitur a gręcis similacis Folia habet similia oleę glādem paruam. p Myrt⁹ non nescia veteris fati. Myrtus in tumulum adhibebatur & primo visa: vt meminit Theophrastus in tumulo Elpenoris nauis. Vlissis gubernatoris. Et ideo Virgil. in Polydori tumulo eam natum dixit. Plinius autem refert in Phelterno

At volucres patulis residentes dulcia ramis:
Carmina per varios edunt resonantia cant⁹.
His suberat gelidis manans e fontibus vnda:
Quæ leuibus placidū riuis sonat orta liquorē:
Et quamq̃ gemīas auiū vox obstrepit aures.
Hanc querulæ referunt voces: quis nātia limo
q Corpora lympha fouet: sonitus alit aetis echo
Argutis: & cuncta fremūt ardore cicadis.
Et circa passim fessę cubuere capellę.
Excelsisq̃ super dumis: quæ leuiter afflans
Aura susurrantis possit confundere venti.
Pastor vt ad fontes densa requieuit in vmbra.
Mitem concepit proiectus membra soporem.
Anxius insidijs nullis: sed lentus in herbis.
Securo pressos somno mandauerat artus.
Stratus humi: dulcem capiebat corde quietem:
Ni fors incertos iussisset ducere casus.
Nam solitū voluens ad tempus tractibus idem
Immanis vario maculatus corpore serpens:
Mersus vt in limo: magno sub syderis æstu
Obuia vibranti carpens grauis aera lingua:
Squamosos late torq̃bat motibus orbes.
r Tollebant aurę venientis ad omnia nisus.
Iā magis: atq̃ magis corp⁹ reuolubile voluēs.
Attollit pectus nitidis fulgoribus: & se
Sublimi ceruice caput cui cristaq̃ superne
Edita purpureo lucens maculatur amictu:
Aspectuq̃ micant flāmantia lumina toruo.
Motabat sese circū loca: tum videt ingens
Aduersum recubare ducē gregis: acrior instat.
Lumina diffūdens intēdere: & obuia toruo.
Sæpius arripiens infrendere q̃ sua quisq̃.
Ad vada venisset: naturæ comparat arma.
Ardet mente: furit stridorib⁹: intonat ore.
Flexibus & versis torquetur corporis orbis.
Manant sanguineæ per tractus vndiq̃ guttæ:
Spiritibus rumpit fauces: cui cuncta paranti.
Paruulus hūc prior cęq̃ hūilis cōteret alumn⁹.
Et mortem vitare monet. per culmina nanq̃
Qua deducta genas pandebāt lumina gēmis:
Ac senioris erat naturæ pupula: telo
Icta leui: tū prosiluit furibūdus: & illum.
Obtritum morti misit: cui dissitus omnis
Spiritus excessit sensus tum torua tenentem.
Lumina respexit serpentem cominus: inde
Impiger exanimus vix compos mente refugit:
Et validū dextra truncū detraxit ab ore.
Qui casus sociaret opem: numen ve deorum.
Prodere sic dubium voluit: seu vincere tandē
Horrida squamosi voluentia mēbra draconis:
Atq̃ reluctantis creberis fœdeq̃ petentis.
Ictibus ossa ferit: cingunt quo tēpora cristę:
Et q̃uod erat tardus omni langore remoto:
Nescius aspiciens timor obcæcauerat artus.
Hoc minus implicuit dira formidine mētem:
Quem postq̃ vidit cęsum languescere: sedit:
s Iam q̃tit: & biiugis oriēs herebo cit eq̃s nox.
t Et piger aurato vesper procedit ab oetha:
Cū grege cōpulso pastor duplicatib⁹ vmbris
Vadit: & infessos requiē dare cōparat artus.
Cuius vt intrauit lenior per corpora somnus:
Languidaq̃ effuso requierūt mēbra sopore.
Effigies ad eum culicis deuenit: & illi.
Tristis ab euentu cecinit conuitia mortis.
Inquit: quid meritis ad quæ dilatus acerbas
Cogor inire vices: tua dū me carior ipso
Vita fuit vita: rapior per inania ventis.
Tu lent⁹ refoues iucunda mēbra quiete.

myrtus est conspicuę magnitudinis manu prioris Aphrycani sata. subest specus in quo manes eius custodire draco tradit: & ideo myrtus nō est nescia fati. id est mortis.

q Corpora lympha fouet. Sonitus alit aetis echo. Echo vocalis nympha garrula admodū de multis verbis id habet: vt nouissima tantū referat. Iuno: cū posset multas nymphas cū Ioue deprehendere. istius sępius loquacitatē dū sufugerent nymphę retardata: quod animaduertens Iuno. fecit vt tamē in fine loquēdi voces i'geminaret auditaq̃ verba reportet: hęc em̄ narcissum Lyropes & Cephisi filiū tū. xvi. annū agentē adamauit: cū vagaretur forte p deuia rura: sępe loq conata: natura repugnāte destitit. expectabat enim vt ille prius emitteret vocē: tandē seduct⁹ a fidis comitib⁹ exclamauit puer: & quis adest: idē respōdit Echo: stupet hic: & conuersus in oēs partes iterū huc veni inquit: nō min⁹ illa iterat: tandē puer: hic coeamus id est cōueniamus dixit Libētius respōsura nulli sono: coeam⁹ retulit Echo. et egressa e syluis est: vt imiteret man⁹ sperato collo: fugiēs puer cōplexū. Ante ait emoriar q̃ sit tibi copia nr̄i: et sic quod fuerit spreta pudibūda: tecta frondib⁹: in syluis latet: & antris: & dolore maticq̃ consumpto corpore ex ea tū vox superfluit: ossa vero in saxa cōuersa sunt: succ⁹ corporis in aerea.

r Tollebāt aurę venientis. Tollere est inferre: vel eleuare. Virgi. in tertio Geor. Tollentēq̃ minas & sibila colla tumētem. Et in primo Aeneidorū. Et mulcere dedit fluct⁹ & tollere vento. aurę em̄ vires inferebāt: & eū ad omnia agilem faciebāt.

s Iam quatit & biiugis oriens herebo cit eq̃s nox. Equi noctis sunt nigri: diei candidi: Solis rutili: Lunę alter niger: alter albus Pom. Ser. nihas lunā habere. dixit autem. Nox est vmbra terrę: nā cum terra apponitur soli: nox est. & nisi interueniat sol: vt Catullus dixit nox est.

t Et piger aurato vesper pcedit ab oetha. Oetha Thessalię mons qui mare attigit versus athicā regionē: in quo cōbustus hercules fuit: a quo occidente em̄ sole stellas credūt oriri: sicut mane sol ex oriri videt ab Ida troadi monte. Vt Lucre. ait Vesper. vt meminit. M. varro a Plauto vespugo dr̄. vt neq̃ vesp neq̃ vesperugo. neq̃ vergilę occidūt. A pacunio. Lucifer: iubar q̃ q̃ iubata sit stella, tēpus in vtrumq̃ vesperū: & luciferū volunt tēpus esse noctis. Sed Catullus dicebat omnes tenebras nominari noctem.

v Ereptus tetris e cladibus: at mea manes
Viscera lætheas cogūt transnare per vndas.
Præda charontis agor: vidi vt flagrantia tædis
v Lumina collucent infestis omnia templis.
Obuia Tisiphone serpentibꝰ vndiqꝫ cōpta:
Et flāmas: & sæua quatit mihi verbera pœna
Cerberus: & diris flagrant latratibus ora.
Anguibꝰ hinc atqꝫ hic arent cui colla reflexis:
Sanguineiqꝫ micāt ardorē lumis orbes.
Heu quid ab officio digressa est gratia: cū te.
Restitui superis: læti iā lumine ab ipso?
Premia sunt pietatis vbi: pietatis honores.
In vanas abiere vices: & rure recessit
Iusticiæ prior illa fides: instantia vidi.
Alterius sine respectu mea fata relinquens:
Ad pariles agor euentus: sit pœna merenti.
Pœna sit exitiū modo sit dū grata volūtas.
Existat par officiū: feror auia carpens.
x Auia cymerios inter distantia lucos:
Quem circa tristes densentur in omnia poenę:
Nam victus sedet īmanis: serpentibus Othos.
y Deuinctus mœstuꝫ procul aspiciens ephialten:
Conati quondam cū sint incendere mundū.
z Et tytios latona tuas memor anxius iras.
Implacabilis ira iacet viua alitis esca.
Terreor ah tantis insistere: terreor vmbris:
a Ad stygias reuocatꝰ aquas: vix vltimꝰ amni.
Restat: nectareas diuū qui prodidit escas.
Gutturis a renti reuolutꝰ in omnia sensu.
b Quid saxū procul aduerso qui mōte reuoluit:
Contemsisse dolor quē numia vincit acerbus.
c Otia quærentē frustra sub lite puellæ:
Ite quibus tędas accendit tristis erynnis:
d Sic hymē prefata dedit cōnubia mortis.
Atqꝫ alias alio densat super agmine turmas:
Impietate fera: cū cernam colchida matrem.
e Anxia sollicitis meditantem vulnera natis.

v Ereptꝰ tetris e cladibꝰ ad mea manes. Manes dii inferi dicunt: ab eo ꝙ dicebant antiqui manon: hoc est bonū nō ꝙ boni sint: sed quia bonos putabāt quibus animas cōmēdabant: & manes appellauerūt: hinc imane non bonū idest horrendū & asperū dicitur. De hinc etiam mane diei principiū dicit: quod Marcus varro & ab eo ꝙ cū manat ab oriente dies ab eo & homines: nā a luce & mane apud Ro. dicti sunt Lucii & Manii. v Lamia collucēt infernis. Templū tribus modis dicit: vt Marcus Varro asserit: ab natura ab auspiciis: ab similitudine: Natura i coelo: Ab auspiciis i terra: ab similitudie sub terra. In coelo templū dicitur: vt in Hecuba magna tēpla coeli tum cōmixta stellis splendidis in terris: vt periboea scrupea saxa: Bacchi templi prope egrediunt sub terra: vt in andromacha: achirusia tēpla alta orci. saluete infera. Quod coeli est quatuor partes ducitur. sinistra ob orientę: dextra ab occasu: antica ad meridiē. postica ad septentrionē. Sub terra templū a terēdo circa bellū qua atterimur dictū est templū. x Auia cymereos inter distantia lucos. Cymeriū fuit vetustissimū oppidum prope cumas ad Acherusiam paludem vbi est descēsus ad inferos. Ideo cymerios lucos pro inferno vsurpauit: habitauere & illic populi cymerii egredientes cauernas & non egrediētes nisi nocturno tēpore: erāt hi sacerdotes dantes oracula deleti a Campano rege cum semel essent mentiti oraculum. y Deuictus moestū procul aspiciēs ephialten: Aloeus Titonis filiꝰ ex vxore Ephimeride uiolata a Neptūno: duos pueros generauit Ephialten & Othon. Hi singulis diebus crescebant. vnde superbia moti Iouem ad pugnam interpellauerūt: qua re Iuppiter indignatus apud inferos deiectos ꝑpetuis afficit cruciatibus. Virgi. vi. Aeneid. Hic & aloidas geminos imania: vidi corpora qui manibus magnum rescindere coelum Aggressi: superisqꝫ Iouem detrudere regnis z Et tytios latona. Tytius Iouis filius ex helcro Orcomeni: quia interpellaret latonam de stupro adactꝰ ad inferos ab Apolline ad poenas: nam eius semper consumptū renascens iecur vultures diripiunt.

a Ad stygias reuocatus aquas. Tantalus Iouis filius rex Chorintiaꝝ. Ioui: Mercurio: & Cereri hospitio exceptis: filium Pelopem epulandum dedit. abstinuere dii. Ceres brachium quod deuorauerat restituit eburnū patrē dii apud inferos hoc affecere supplicio: vt sitiēs aquam quā habet ad mentū non possit degustare. & esuriēs poma supra ceruicem pendentia excerpere non possit. Alii volunt ideo dare poenam Tantalum: ꝙ admissus ad deorum secreta & mystica facta ea vulgarit.

b Quid saxum procul aduerso qui monte reuoluit: Sysiphus Corinthi quę tunc Ephyrę dicebantur rex Aeoli filiꝰ: & Creontis pater: hospites coacti: cum illi pedes lauarent nacto tempore in opere pręcipitabat in mare. qui apud inferos saxum a montis vertice ad radices prężeps cōtinuo: deinde: & i sublime euoluere coactꝰ est: hūc Theseus vicit.

c Otia quęrentē fru. sub. li. pu. Danaus beli Filius. L. filias ægysti fratris totidē filiis cōiuges dare negās: ex Aegypto pulsus prio magna naui argos nauigauit. Et Scenelio pulsus argis pręfuit Aegystus filiis insequi iussit: ac ne rediret nisi interempto fratre. Danaus vt se liberaret promisit nuptias: admonuit vero filias: vt noctu maritos trucidarent: omnes efficiunt preter Hypermestrā quę Lino siue Linco pepercit. d Sic hymen prefata. Hymen bacchi & Veneris filius: vt Capalla tradit: desperatus puellę connubia ꝑ littora solus vagabatur: piratę qui ad sacra elusinę Cereris proficiscentes virgines rapuerant: capiuntur: & puellę liberantur. In primis hymen Athenas veniens hoc detulit: & nuptias ob beneficium a matre puellę impetrat: quam ob foelicitatem: vt in nuptiis Iunonis memoriam Hymen vocarent Athenienses constituere: vt apud Ro. Thassalio vel Thalasio. e Anxia sollicitis meditantē vulnera natis. Medea Oethę regis Colchorum rex Persę filia: quod Iason eius vir Creusam Creontis Corinthiorū filiā in vxorem acceperat: sese spretā ęgreferens: viro coram duos natos. Dyndimū & Thessandrū interemit: relicto Thessalo a q̄ Thessalia dicta est, hinc vecta draconibus ad Aegeū fugit.

Iam pandionias miserādas prole puellas.
Quarū vox querula est: supat ꝗ bistoni⁹ rex.
Orbus epops mœret volucres euect⁹ ī auras.
Ad discordantes cadmæo sanguine fratres.
Iam truculēta ferūt: infestaq; lumīa corpus.
Alter in alterius: iāq; aduersatus vterq;.
Impia germani manat quod sanguine dextra.
Heu heu mutandus nunq; labor: auferor vltra
In diuersa magis: distantia lumina cerno.
Elysiam tranandus agor delatus ad vndam.
Obuia tisiphone comites heroidas vrget.
Aduersum perferre faces: Alcestis ab omni
Inuiolata vacat cura: quod sęua mariti
Hic chalcedonias admeti cura morata est.
Ecce Ithaci cōiunx semꝑ decus vna charontis.
Fœmineū concepta decus manet: & procul illā
Turba ferox iuuenum telis confixa procorū.
Quin misera eurydice tanto mœrore recessit.
Pœnaq; respectus: & tūc orpheus manet in te.
Audax ille quidē qui mitē cerberon vnq;
Credidit: aut vlli ditis placabile numen:
Nec timuit phlegetonta furēs ardentib⁹ vndis:
Nec mœsta obtentu ditis ferrugine regna.
Defossasq; domos ac tartara nocte cruenta
Obsita: nec faciles ditis sine iudice sedes.
Iudice qui vitę post mortem iudicat acta:
Sed fortuna valens audacē fecerat orphea.
Iam rapidi steterant omnes: & turba ferarum.
Blanda voce sequax regionē insederat orphei:
Iamq; vnam viridi radicem mouerat altę.
Quercus humo: steterāt amnes: syluęq; sonorę
Sponte sua: cantus rapiebant cortice amara.
Labentes biiuges etiam per sydera luna
Pressit equos: & tu currentis menstrua virgo
Auditura lyram: tenuisti nocte relicta?
Hęc eadem potuit ditis te vincere coniunx:
Euridicēq; vltro ducendam reddere non fas.
Non erat inuitā diuę exorabile mortis.
Illa quidā nimiū manes experta seueros.
Pręceptum signabat iter: nec rettulit inter.
Limina: nec diuę corrumpit limina lingua.
Sed tu crudelis: crudelis tu magis orpheu:
Oscula cara petens rupisti iussa deorum.
Dignus amor venia gratum si tartara nossent
Peccatum: meminisse graue: & vos sede piorū.
Vos manet heroum: contra man⁹ hic: & vterq;
Aeacides peleus: nanq; & telamonia virtus.
Per secura patris locantur numina: quorum
Connubiis venus: & virtus iniūxit honorē.
Hunc rapuit feritas: illum nereis amauit.
Assidet: ac iuuenis sciat te gloria sortis.
Alter in excessum referens a nauibus ignis
Argolicis. phrygios torua feritate repulsos.
O quis non referat talis diuortia belli:
Quæ Troiæ videri viri: viderecq; graii?
Teucria cū magno manaret sanguine tellus
Et symois: xantiq; liquor: sygeaq; pręter
Littora: cum troas seui vox hectoris ira
Viderit: in classes inimica mente pelasgas.
Vulnera: tela: neces: ignes inferre paratos:
Ipsa magis namq; ida potens feritatis: & ipsa
Datq; faces altrix cupidis pręberbat alumnis.

f Iam pandionias miserādas. Pandion Atheniarū rex filiam Prognem Thereo Thracię regi seu Megarę vxorē dedit hic alterā ei⁹ sororē stuprauit: q̄ recognita Progne vna cū Philomela sorore Ithin filiū epulandū patri Thereo posuerūt. Querit Ithim pater sępius inter coenandū. Progne ait: quę poscis intus habes. Philomela vero pueri cruentum caput offert: & repulsa mensa ambas ense insequit. Et sic se se ꝑcipitātes prędolore: Progne in hirundinē: Philomela in auē lusciolā: Ithis in carduelū seu Phasianū: Thereus in cristatā auē: quę regū decus ondit vertit noie epops. Vnde Ouidi. lib. Met. vi. Vertit in volucres cui stant in vertice cristę. Prominet in modicū ꝓ longa cuspide rostrū. Nomen epops volucri facies armata videt. f Ad discordantes. Laius Cadmi ꝓnepos Aedipū generat. Aedipodes Etheoclem & polinicē ex Iocasta ꝓpria matre eos reliquit. Vt alternis regnarēt annis. Etheocles Polinici regnū non restituit: sed exulē facit: cōfugit ad adrastū agiuorū regē. Et accepta filia Argis ī vxorē conspirantibus cum eo Thideo. Parthenopeo. Adrasto Amphi arao: Hyppomedōte. & Capaneo regibus: q pari fato occubuere ꝓter senē Adrastū: Polinices vero mutuis vulneib⁹ cum Etheocleo frē occubuit in duello: mansitq; defunctis discordia. Nā cū cremarent: pira sese in duas diuisit partes. Ecce Ithaci ꝯiūx semꝑ decus vna charontis. Penolope Icari seu Icariunię filia errantē Vlissem cōiugē ꝑ decenniū sūma castitate expectās: procos omnes quos habebat multos & pręsertim Eridamanta summa cū cōstantia reppulit. Dicim⁹ Icarion & Icarius nominādi casu. g Aduersum ꝑferre faces alcestis ab omni. Alcestis seu alceste Perilei filia nupsit Diueto Phereorū regi ex quo genuit Eumeleū q in bello troiano fuit. hec coniūgebat marito mortē ex oraculo cū alii ex ꝓpīqorib⁹ recusarent spōte subiit. h Hic Calcedonias admeti. Calcedon megarensiū vrbs est: ꝓpe Cōstantinopolim fatis cōdita sed sterili loco. calcedonii gręci appellati: q neglexerūt locū fertilē & amoenū vbi Bizantiū postea cōditū. i Quid misera Eurydicē tāto. Eurydice Thalōis filia vxor Orphei icta ab angue cū eā insequeret Aristę⁹ periit: Orpheo dolēti a ꝓserpina cōcessa. i deculpa ei⁹ ablata: qua ꝓpter Euridicē ad campos Heliseos trāslata est: Et Orpheus apud inferos ꝓ ea dat poenas. k Alter in excessum referēs a nauibus prnes argolicis phrygios. Hector ꝓgressus ad naues ignē ī igora iacere: ac seuire incēdiis coepat: territi gręci resistere nō poterāt: aduoluti oēs ad genua a gallis auxilia implorātes. hoc tpe redies Aiax e Phrygia: seuientē respexit Hectorē primo īpetu hostē a nauib⁹ reppulit: & extincto igni: ipm Hectorē ictu saxi turbauit: prostratū eripuere e nauibus Aiacis Troiani: & semianimē tulerūt intra muros. Aiax victor fugiētes insequebat nō sine magna strage. l Sygęaq; ꝓter. Sygeū vrbs fuit in littore etiā Augusti tpe diruta in ea nauale Achiuorū & portus: & Achaica castra: ꝓpe etiā lacus erat. m Ida. Mons Troadis.

Omnis vt in cineres rhetei littoris ora:
Classibus ambustis flāma lachrymante daret.
Hinc erat oppositus contra thelamoniꝰ heros:
Obiectoq; dabat clipeo certamina: & illinc
Hector erat: troię summū decus: acer vterq;
Fulminibus cœlo veluti fragor editur in se
Tegminibꝰ: telisq; super: styggaq; preter
Eriperet reditus: alter vulcania ferro,
Vulnera proiectus depellere nauibus instat.
Hoc erat æacides vultu lętatus honore:
Dardaniaq; alter fuso quod sanguīe campis.
Hectora lustrauit victor de corpore troia.
Rursus acerba fremit: paris huc q̄d lętat: & hꝰ:
Arma dolis Ithaci: virtus quod concidit icta.
Hinc gerit euersos proles laertia currus:
Et iam strymonij Rhesi: victorq; dolonis.
Pallade iā lætatur ouās: rursusq; tremiscit.
Pamoicon: Asiamq; horret lęstrygones atrox.
Illum scylla rapax canibus succincta molossis:
Aethneusq; cyclops: illum metuēda charybdis.
Pallentesq; lacus: & squalida tartara terreant.
Hic & tantaleæ gener æacus amplus attridæ.
Assidet argiuum lumen: quo flāma tegente
Oris erichthonias prostrauit funditus arces
Reddidit heu grauius pœnas tibi troia furēti.
Hellespontiacis obiturus reddidit vndis.
Illa vices hoim testata est copia quondam:
Ne quisquā proprię fortunæ munere diues
Iret in ętereū cœlum super omne: propinquo
Frangitur inuidię telo decus: ibat in altum.
Bis ergo repetens patriā: ditataq; pręda.
Arcis erichtoniæ: comes huic erat aura secūda.
Per placidū cursu pelagus nereis ad vndas
Signa dabat: pars inflexis superacta carinis.
Cum seu celesti fato: seu syderis ortu:
Vndiq; mutatur cœli nitor: omnia ventis:
Omnia turbinibus sunt anxia: iā maris vnda
Syderibus certat consurgere: iamq; superne.
Corripere hęc: & sol: & sydera cuncta minant:
Ac venit in terras cœli fragor: hic modo læta
Copia: nunc miseris circūdatur anxia fatis.
Immoriturq; super fluctus: & saxa caphareis
Euboicas: & per cautes cæicaq; late.
Littora cū phrygiæ passim vaga præda pacta
Fluctuat: equoreo omnis iā naufraga fluctu.
Hic alij sidunt pariles virtutis honore.
Heroes: medijsq; siti sunt sedibus omnes.
Omnis roma decus magni quos suscipit orbis
Hic fabij decijq;: hic est oratia virtus.
Hic & fama vetus nunq; moritura per euum
Curtiꝰ: & medijs quem quondā sedibus vrbis.
Deuotū bellis consumpsit gurges in vnda.
Mutiuꝰ & prudens ardorem corpore passus.
Legitime gessit cui fracta potentia regis.
Hic curius clarę sotius virtutis: & ille
Flāminius deuota dedit qui corpora flāmis.
Iure igitur talis sedes pietatis honores.
Istic Scipiadasq; duces: deuota triumphis
Mœnia quos rapidos lybicę carthaginis horrēt
Illi laude sua vigeant: ego ditis opacos
Cogor adire lacus: viduos a lumine phoebi:
Et vastum phlegetonta pati: q̄s maxia minos
Conscelerata pia discernit vincula sede.
Ergo quā causam mortis: quā dicere vitę:
Verberibus sæuę cogunt ab iudice pœnæ.
Cum mihi tu sis causa maligne: cōscius adsis:
Sed tolerabilibus curis hæc immemor audis:
Et tamen in uanis demitte somnia ventis.
Digredior nunq; rediturus: tu cole fontes:
Et virides nemorū syluas: & pascua lætus:
Et mea diffusas rapiuntur dicta per auras:
Dixit: & extrema tristis cum voce recessit.
Hunc vbi sollicitum dimisit inertia vitæ.
Interius grauiter mentē æger: nec tulit vltra
Sensibus infusum culicis de morte dolorem:
Quantūcunq; sibi vires tribuere seniles.
Quis tamen infestū pugnas deuicerat hostem:
Riuum ppter aquę viridi sub fronde latentem.
Conformare locū capit impiger hūc: & in orbē
Destinat: ac ferri cupidū repetiuit in vsum.
Gramineā viridi foderet de cespite terram.
Iam memor incœptū pagens sibi cura laborem
Congestū cumulauit opus: atq; aggere multo
Telluris tumultus formatū creuit in orbem.
Quē circū lapidē leui de marmore formans.
Conserit assiduę curæ mēor: hic & acanthos.
Et rosa purpureo crescit rubicūda colore.
Et violæ omne genus: hic est & spartica myrtꝰ
Atq; hyacinthos: & hic cilici crocus editꝰ auro:
Laurꝰ itē phoebi decus exurgēs rhodo daphne:
Liliaq;: & roris nouania cura marini.
Herbaq; thuris opes priscis imitata sabinis.
Chrysāthꝰ q;: hęderęq; nitor pallēte corimbo:

n Rethei littoris ora. Pliniꝰ ait: mille qngētis passibꝰ remotū a portu Iliū est īmune: nam oīs rerū claritas apud Poetas extra sinū sunt Rhetoea littora habitata: his oppidis Rhetheo: Dardania. arisbę.

o Et iam strymonij: Strymon fluuius Thracię eiꝰ hostia sunt: ad radices Athi montis.

p Rhesi: Rhesus rex Iouis filius affinitate iunctus erat priamo: tum mercede cōductus auxiliū ferebat: & priusq̄ copias auxiliares ilio inferret interfectus fuit. Nā paulo ante captus erat. Dolon vir Troianus qui tortus ab vlisse cōfessus est affuturum Rhesum. & oraculo nunciatū si eiꝰ equi bibissent Xanti aquam: fore Troiam eternam: & nō posse expugnari.

Et bacchus libyę regis memor: hic amarāthus.
Bumastusq́ꝫ virens: & semper florida pinus.
Non illic narcissus abest: cui gloria formæ.
Igne cupidineo proprios exarsit in artus:
Et quoscūq́ꝫ nouāt vernātia tempora flores:

His tumulus super inseritur: tū fronde locat̃
Eulogiū: tacita quod firmat littora voce.
Parue culex custos pecudū nil tale merenti. al's tibi
Funerꝭ officiū vitæ ꝓ mūnere reddo. Finit Culex.

P. V. M. Diræ. id est carmē execratoriū: ad Battarū.

BAttare[a] cygneas[b] repetamꝰ carmīe vo
Diuisas iterū[c] sedes: & rura ca- (ces.
Dura: qbꝰ[d] diras[e] indiximꝰ[e] (namꝰ.
impia vota:
Añ[f] lupos rapiēt hædi: vitli añ leōes
Delphini fugiēt pisces: aqlæ añ colū
Et conuersa retro rerū discordia gliscet[g] (bas.
Multa prius: fuerit: q̃ꝫ non mea libera auena[h].
Montibus[i] & syluis dicā tua facta lycurge[k]
Impia: trinacriæ[l] sterilescant gaudia nobis.
Nec fœcunda senis[m] nostri fœlicia rura
Semīa parturiāt segetes: nō pascua colles.
Nō arbusta nouas fruges: nō pampinus vuas.
Ipsę nō syluæ frondes: nō flumina montes.
Rursus: & hoc iterū repetamus battare carmē.
Effœtas[n] cereris[o] sulcis[p] condatis[q] auenas.
Pallida flauescant: æstu[r] sitientia prata.
Immatura cadant ramis pendētia mala.
Desint: & syluis frondes: & fontibus humor:
Nec desit nostris deuotum: carmē auenis.
Hęc veneris vario florentia serta decore:
Purpureos campos quæ pingit auena colore.

Domicii Caldarini Veronēsis i Diras. P. Vir. Maro. enarratio:

BAttare cygneas. Sūma opusculi huiꝰ est talis. Quū bello ciuili inter. M. Anthoniū & Augustū habito Cremonē ses. M. Anthonio fauissent. Victoria potitꝰ Augustꝰ in eos vltiōe puniēdos animū direxisset: Ariū centurionem misisse tradit̃ diuidēdos inter milites: Cremonēsis ppli agros: sed cū nō suffecissent: etiā vicinoꝝ mantuaōrū agros diuisit. Quo circa Virgiliani agri inter alios militibꝰ dati sūt: qd ęgreferēs Maro. nō solū ꝓpter deperditos agros: verū etiā ꝓpter amicā Lydiā in Mantua derelictā: hoc opusculū scripsit Virgiliꝰ. Et dyras appellauit. Hoc est malę fortunę imp̃catōes ī hostes factas. Dirigit autē ad Battarū: nō vicū vt aliqui male sentiūt. Sed (sicut potest ex verbis Virgi. colligi) Battarꝰ arbor erat ī agro Virgiliano: itaq́ꝫ fagū de qua in Bucolicis scribit intelligimꝰ. b Repetamꝰ. quia scripserat mortē Culicis lamentabilē. Cygnus olor etiā appellat̃: auis est alba & cū ad mortē puenit: maxio dolore agit̃: adeo vt flere videat̃. Hinc Ouidiꝰ i fastis de Arione loqns: veluti canētia dura trāsfixꝰ pēna tpa cātat olor: significat igitur hoc loco lāchrymabiles voces: se repetiturū de amissiōe agri sui: qles Culex super egerat. c Sedes. Rura mea diuisa inter milites. d Quibꝰ. s. agris. e Diras. Imprecationes. e Indiximus. Deuouimus. f Añ lupos. Oia sūt ī cōtrariū qd est īpossibile. g Gliscet. Crescet. h Auena. Pro stilo poetico: & scribēdi caractare accipit̃. est eñi herba inter frumēta nascēs: a crescēdi auiditate auena appellata est. i Montibus & syluis. Quia & mons circūdabat arua Virgilij. Hinc ī Buccolicis. Frigꝰ captabis opacū: & alibi. Qua se subducere colles icipiūt: molliq́ꝫ iugū demittere cliuo. k Lycurge rex Thratię: qui cū sacra Bacchi spreuerit: falce genu subsecuit [illegible]: dicit q̃ tale omē Ario se dicturū: & milienū torū noiabāt eū in q ager cōtigerat Virgilianꝰ. l Trynacrię. Dicit: postq̃ sibi ablati sūt agri: tal' eos sequat̃ sterilitas qualē habuert

Hinc auræ dulces hinc suauis spiritus agri.
Mutent pestiferos æstus: & tetra venena.

Dulcia nõ oculis. nõ auribus vlla ferantur.
Sic precor: & nostris superet hæc carmia votis.
Ludimus: & multũ nostris cantata libellis.

Optima syluarum formosis densa viretis.
Tondemus virides vmbras: nec læta comãtes
Iactabis mollis ramos inflantibus auris.
Nec mihi sæpe meũ resonabit battare carmen.

Militis impia cum succedit dextera ferro.
Formosæq; cadent vmbræ: formosior illis
Ipse cades: iterum domini fœlicia ligna.
Nec quicq; nostris potius deuota libellis
Ignibus æthereis flagrabit Iupiter ipse.

Iuppiter hanc aluit: cinis hæc tibi fiat oportet.

Thracis tũ boreæ spirent immania vires.

Purus agat mixtam fulua caligine nubem.
Affricus imineat nymbis mutantib[9] hymber.

Cum tua cyaneo resplendens æthere sylua.

Non iterũ dicens herebo tua lydia dixit.
Vicinæ flãmæ rapiant ex ordine vites.

Pascantur segetes diffusis ignibus auræ.
Transuolet arboribus: cõiugat & arbor aristas
Pertica[f]: quæ nostros metata[g] est impia agellos.
Qua nostri fines olim: cinis omnia fiant.
Sic precor: & nostris superent hæc carmina votis.
Vnde[b]: quæ nostros pulsatis littora lymphis.
Littora: quæ dulcis auras diffunditis agris.
Accipite has voces: migret neptunn[9][k] in arua.
Fluctibus & spissa campos perfundat harena.
Qua vulcanus agros pastos[l] iouis ignib[9] arcet.
Barbara[m] dicatur lybice soror altera syrtis.
Tristius hoc memini reuocasse battare carmẽ.
Nigro[n] multa mari dicunt portenta natare.
Monstra repentinis terrẽtia sæpe figuris.
Cum subito emersere furenti corpora ponto.
Hæc[o] agat infesto neptunnus cæca tridenti.
Atrum cõuertens æstu maris vndiq; ventis.
Et fuscum[p] cinerem canis exhauriat vndis.
Dicãtur mea[q] rura ferum mare: nauta caueto.
Rura quibus diras indiximus impia vota.
Si minus[r]: heu neptunne[s] tuis ĩfundim[9] aris.
Battare[t] fluminibus tu nostros trade dolores.
Nam tibi sunt fontes: tibi flumĩa semp amica.
Nil est q̃d pdam vlterius. merito omnia dici.
Flectite currentes lymphas vaga flumĩa: retro
Flectite: & aduersi rursum diffundite campis.
Incurrant amnes passim remeantibus vndis.

syculi cũ inde proserpina a Plutone fuisset rapta. m Senis nostri. Patris mei Virgilii qui dicebatur Rusac[9] rex. n Effœtas. Vacuas. o Cereris. id est frumẽti. p Sulci. Vos sulci agri. q Cõdatis. abscõdatis. r Aestu. id est in estate sunt oia pestifera. s Oculis. Neq; audiant neq; videantur aliqua dulcia. s Optima. Tu Battar[9]. t Viretũ. Virgultũ. t Dextera. Militis Ari. t Iuppiter. id est aer. v Thracis cum boreę. Quia Boreas flat ex Thratia quę est i septẽtriõe. x Immania. id est imaniter. y Fulua caligine. Respicit puluerem qui solet agẽte vẽto caligare oculos. z Tua. Sylua ex te arbore facta. a Cyaneo. Nõ a colore cœlesti sicut quidã interp̃tati sũt dixit. Sed a Cyaneis petris i regiõe ponti freq̃nter se mouẽtib[9] epithetũ traduxit. vt ita ex motu aeris: & ex vẽtorũ ipsi[9] arbores mouenť huc atq; illuc traherentur & implerentur: veluti Cyaneę insulę. b Lydia. Lydiã em̃ amicã Virgilii. nõ noie ꝓprio: sed placabilẽ notare voluit nusq; em̃ meretrices placabiliores q̃ lydia reperiunť: vt nõ solũ a fututorib[9] p̃cia exigãt q̃nimo illis p̃soluãt. c Pascanť. Denotenť. d Aurę. Ventorũ. e Trãsuolet. Eripiať & eradiceť. f Pertica. Lignea. g Metate. id est mẽsurata & quę metã facit. h Vnde. Aquas minitii fluuii declarauit. & littus nõ solũ maris verũ & fluminis dici posse. i Accipite. Audite. k Neptũnus. Mare ipm trãseat in arua mea. l Pastos. cõsumptos. m Barbara. Sylua diciť: barbara & syrtes Loca esse africę fines ęgyptũ versus p̃iculosissima a syrim dicta: quod est trahere. Est em̃ inęq̃litas maris & terræ magna & in vno loco ꝓfundissima i alio vero satis vadosa spirãteq; vẽto cumulus harenę qui supra mare fuerat i ꝓfundissimas residet valles: & qui deprimebať mox sup aquas aggeriť & sunt Syrtes maiores & mĩores & spatio passuũ ducẽtorũ quinq̃ginta miliũ. Sep̃antur: mĩor a carthagine trecẽtis milib[9] passuũ: distat & totidẽ ambit[9]: maior vero quadrĩgẽtis. xxv. milib[9] passuum Serui[9]. vero vbicũq; arenosa in mari sũt loca syrtes asserit vocitari. Barbara: aspera inculta & alter syrtis. id est tota harenosa. Dicũt hoĩes portẽta nasci tumẽte mari. n Nigro: Turbato & p̃cellosо. o Agat hęc. Saciat hęc portẽta Neptũnus a nando. p Fuscũ cinere. Terrã nigrã. q Dicanť: mea rura. Videãtur esse quoddã mare turbidũ. r Min[9] infundim[9]. Min[9] damus. s Neptune. O neptune tuis altarib[9] quę debeamus factu. t Battare. O Battare quod fontes tui sparganť per arua mea: vt videanť mare retro currẽtibus vndis. v Sinãt errorib[9]. id est faciãt q̃d semp sũt i meis agris errores. i. iundatões: fontiũ. x Gryllus. id est sit rana i eo loco vbi stabant grylli. y Caua. Cõcauitate. z Minãtes. id est milites q̃ minãtes nob terreanť talib[9] imbribus: & coganť relinq̃re meos agros belli inter M. Antoniũ et Augu. a Cumulo. Cumulũ huc i Bucc. Vir. optie declarauit cũ inq̃t ei; iã q; sepulchrũ icipit apparere bianoris hic em̃ bianor Anis tusci & Mãtlus Thyresię filius fuit a q̃ mantua denoĩata est. hui[9] sororẽ Lydiã fuisse dixere a qua & denominari potuit amica Vir. pater Vir. dicebať Vir rusac[9]. b Casus. Euẽtus et fortuna. c Emigret. Discedet suspiret lydia illa lydia videt vos fontes & alloquiť & cantať vobis: discetis vos fontes agriq; mei amari a lydia: viticula pua vitis illeserit concubẽdo. currite o nimphę: currite dũ ego expono meas q̃rimonias tauro ioue: europã respicit filiã agenoris regis phœnicię q̃ cũ armẽtis delectaret. & sępe supra ascẽdere cõsueuisset: iuppiter i fortissimũ taurũ cõuersus: eã absumptã i hos locos detulit: quibus nomẽ europę inditũ est. d Auro. Ad danaem Acrisii filiã retulit q̃ in turri ęnea clausa erat: ne q̃s eã stuprasset ꝓpter oraculũ quod erat: vt fili[9] maior parẽte nasceret: qua re iuppiter in pluuiũ aurũ cõuersus gremio puellę exceptus fuit: sicq; eã cõpressit: & ex ea Perse[9] natus fuit. e Auertas. a. d. l. c. Ne capiaris ei[9] amore. f Vaccula: Parua vacca. g Pater hedo. Hircus. h Interpellatos. Aĩalia nunq; plorãt amores. Impeditos. Interruptos sicut ergo sydera semp redeũt i vices suas: sed ego nõ possum redire ad meos agros. i Tui. o. Omia vos estis vos: k Vos. s. luna: & phœbe. l Estis. o. Oĩa tenetis. m Voluebanť. Errãt. n Similis cõdi. Nã aureo seculo nymphę securę errabãt p syluas & loca. o Minoidis. Tangit ariadnẽ filiã Minois quã i littore a theseo derelictã. Bacch[9] rapuit. & i cœlo ductã i sydus cõuertit: & coronã astronomi eã appellãt Vir. primo Geor. Gnosiaq; ardẽtis decedat stella coronę. Numina autẽ vt plurimũ suas amicas cœlo cõsacrabãt. o Vitã. Quia oẽs virgĩes i signũ castitatis signũ gerebãt: hoc est lineas fascias in signũ ligatę virginitatis solebant & zonã afferre qua cingebant: vt etiã Cattulus in pmo passeris ostẽdit dũ inq̃t: quod zonam ſoluit diu ligatã: p Meę noxe. Noxa quod cõcubuerĩ cũ Lydia. p Iuppiter añ ſui. Priuſcꝙ̃ ſact⁹ eſt cõiunx ꝙ̃ diceret. quaſi dicat: habuit coitũ cũ Iunone priuſcꝙ̃ eſſet cõiunx. p Opus. Rhœtia. q Illi. Mœſto vulcano. q Aurora. Amauit Titonũ. Ipa em̃ nuncꝙ̃ habuit talẽ infœlicitatẽ qualẽ ego. r Aurea. Quaſi dicat deberẽ ego etiã habere ętatẽ aureã: qualẽ habuerunt dei. s Lęua ſors. Aduerſa. t Tãta. Mala mihi fuere vt ita maneã quod me vix poſſes cognoſcere.

Nec noſtros exire ſinant[v] erroribus agros;
Dulcius hoc memĩ reuocaſti battare carmen:
Emanent ſubito ſicca tellure paludes.
Et merat hinc miles: ſpicas vbi legimus olim.
Occupet arguti grylli[x] caua[y] garrula rana.
Triſtius hoc rurſum dicat mea fiſtula carmẽ:
Precipitẽt altis fumãtes montibus hymbres.
Et late teneant diffuſos gurgite campos.
Quis dñis infeſta minãtes[z] ſtagna relinquunt.
Vnde lapſa meos agros peruenerit vnda.
Piſcetur noſtris in finibus aduena arator.
Aduena: ciuili qui ſemper crimine creuit.
O male deuoti piatorũ crimina agelli.
Tu quocꝙ inimica tui ſemp diſcordia ciuis:
Exul ego indẽnatus egens mea rura reliqui.
Miles ut accipiat funeſti pręmi a belli.
Hinc ego de cumulo[a] mea rura nouiſſima viſã.
Hinc ibo in ſyluas: obſtabunt iam mihi colles.
Obſtabunt montes: campos audire licebit.
Dulcia rura valete: & lydia dulcior illis.
Et caſti fontes: & fęlix nomen agelli.
Tardius ah miſeræ deſcendite monte capellę:
Mollia non iterum carpetis pabula nota.
Tucꝙ reſiſte pater: & prima nouiſſima nobis:
Intueor campos longum manet hoſtis in illis.
Rura valete iterum: tucꝙ optima lydia ſalue.
Siue eris: & ſi non: mecũ morieris vtruncꝙ:
Extremũ carmen reuocemus battare auena.
Dulcia amara prius fient: & mollia dura.
Candida nigra oculi cernent: & dextera lęua.
Migrabunt caſus[b] aliena in corpora rerum.
Quam tua de noſtris emigret[c] cura medullis.
Gaudia ſẽper enim tua me meminiſſe licebit.
Inuideo vobis agri: formoſacꝙ prata.
Hoc formoſa magis mea quod formoſa puella
Eſt vobis: tacite veſtrum ſuſpirat amorem.
Vos nunc illa videt vobis mea lydia ludit.
Vos nunc alloquitur: vos nũc arridet ocellis.
Et mea ſubmiſſa meditatur carmina voce.
Cantat et interea mihi q̃ cantabat in aurem.
Inuideo vobis agri: diſcetis amare.
O fortunati nimium multumcꝙ beati:
In quibus illa pedis niuei veſtigia ponet:
Aut roſeis digitis viridẽ decerpſerit vuam.
Dulci nancꝙ tumet nondum viticula baccho.
Aut inter varios Veneris ſtipendia flores:
Membra declinarit: teneracꝙ illęſerit herba.

Et ſecreta meos furtim narrabit amores.
Gaudebũt ſyluę: gaudebunt mollia prata.
Et gelidi fontes, auiumcꝙ ſilentia fient.
Tardabunt riui labentes: currite lymphæ:
Dum mea iocundas exponat cura quę relas.
Inuideo vobis agri: mea gaudia habetis.
Et vobis nunc eſt: mea quę fuit ante voluptas:
Hen male tabeſcunt morientia membra dolore:
Et calor: infuſo decepit frigore mortis.
Quod mea nõ mecũ dña eſt: non vlla puella
Doctior in terris fuit: ac formoſior: ac ſi:
Fabula non vana ẽ: tauro Ioue digna: vl[d] auro.
Iuppiter auertas[e]: auro mea ſola puella eſt.
Fœlix taure pater magni gregis: & decus: a te
Vaccula[f]: nõ nuncꝙ ſecreta cubilia captans.
Fruſtra te patitur ſyluis mugire dolore.
Et pater[g] hædorũ fœlix ſempercꝙ beate.
Siue petis montes pręruptos ſaxa peretrans.
Siue tibi ſyluis noua pabula faſtidire:
Siue liber campis tecum tua læta capella eſt:
Et mas quocũcꝙ eſt illi ſua fœmina iuncta:
Interpellatos[h] nuncꝙ plorauit amores.
Cur nõ & nobis facilis natura fuiſſet:
Cur ego crudelẽ patior tam ſæpe dolorem:
Sydera per viridẽ redeũt cũ pallida mundũ.
Incꝙ[i] uicẽ phœbe excurrens atcꝙ aureus orbi.
Luna tui tecũ eſt: cur non eſt & mea mecũ:
Luna dolor noſtri quid ſit miſerere dolentis:
Phœbe gerẽs in te laurus celebrabit amorem:
Et quẽ pompa deũ nõ ſyluis fama locuta eſt.
Omnia vos[k] eſtis[l]: ſecũ ſua gaudia geſtat.
Aut inſperſa videt: mũdo q̃ dicere longũ eſt.
Aurea quin etiã cũ ſæcula voluebantur[m]:
Conditio ſimiliſcꝙ[n] foret mortalibus illis.
Hæc quocꝙ pręterea notũ minoidis[o] aſtrum:
Quæcꝙ virũ virgo ſicut captiua ſecuta eſt.
Lędere cęlicolæ potuit: nos noſtra quid æſtas.
Conditio nobis vitæ quæ durior eſſet.
Auſus ego primus caſtos violare pudores.
Sacratamcꝙ meæ vitam[p] tentare puellæ.
Immatura meæ[q] quocꝙ noxæ ſoluere facta:
Iſtius atcꝙ vtinam facti mea culpa magiſtra
Prima foret letum: mihi vita diutius eſſet.
Nam mea nõ vllo moreretur tempore fama:
Dulcia cũ veneris furatus gaudia primũ
Diceręr: atcꝙ ex me dulcis foret orta voluptas.
Nam mihi nõ tantum tribuerũt impia vota.
Auctor et occulti noſter foret error amoris:
Iuppiter[p] ante ſui ſemper mendacia furti:
Cũ iunone prius cõiunx quę dictus vtercꝙ eſt.
Gaudia libauit: dulcẽ furatus amorẽ:
Et mecũ teneri gauiſa eſt ludere in herba.
Purpureos flores quos inſuper accũbebat.
Grandia formoſo ſupponens gaudia collo.

Tum credo fuerat mauros distent⁹ in armis.
Nam certe vulcanus opus faciebat: & illi.
Tristi: turpabatq; mala fuligine barbam.
Non aurora nouos etiam plorauit amores:
Atq; rubens oculos roseo celauit amictu.
Talia cœlicolæ nunquid minus aurea promo
Ergo q̃d de⁹: atq; heros: cur nõ minor ætas:

Infœlix ego nõ illo qui tempore natus:
Quo facilis natura fuit: sors o mea læua.
Nascendi: miserũq; genus: quo sera libido est.
Tanta meæ vitæ cordis fecere rapinam.
Vt maneã: quod vix oculis cognoscere possis.
Finis est.
P. Virgi. M. æthne q̃ a q̃busdã Cornelio tribuit.

P. Virgi. Maronis Aethna.

AEthna mihi: ruptiq; cauis fornaci-
Et q̃ tã fortes voluãt in- (b⁹ ignes.
Qd fremat iperiũ: qd (cẽdia causę:
Carmẽ erit: dex- (raucos torq̃at est?
iter mihi carmĩs auctor Apollo.

Domicij Caldarini Cõmentariũ in Aethnam. Virgilii.

HOc Virgilianũ eẽ op⁹ plęriq; ex auctorib⁹ testant. Et Seneca i epl̃is: adeo vt Nasonẽ nõ ob aliã cãm op⁹ de Aethna dimisisse affirmet: nisi pp̃ter Virgiliũ quẽ iã scripsisse cõpertũ habebat. Corneli⁹ Seuer⁹ etiã ob eandẽ cãm deterritus traditur. Sũma tñ operis est: vt cãm Aethnei incendii referat: nõ qualẽ poetę asserũt: sed quę a sũmis philosophis exposita sit. Quis enim ignoret ęthnã flagrãtem adeo vt niues nequaquam

Seu tibi [b] dodonę potior tecūq; fauentis.
Seu te [c] cynthos habet: seu [d] delos gratior illa.
In noua pierio properent a fonte sorores.
Vota: per insolitū phœbo duce tutius itur:
Aurea [e] securi quis nescit sæcula regis.
Cum domitis nemo cererem iactaret in aruis:
Venturisq; malas prohiberet frugibus herbas.
Annua sed sacræ complerent horrea messes.
Ipse suo flueret bacchus pede: mellaq; lentis
Penderent folijs: & pingui pallas oliua.
[f] Secretos omnes ageret cum gratia ruris.
Non cessit cuiq; melius sua tempora nosse.
Vltima quis tacuit iuuenū certamina colchos:
Quis nō argolico defleuit pergamon igni:
Impositā & tristi natorū funere matrē:
[g] Auersum ve diem: [h] sparsum ve in semie dentē:
[i] Quis nō periurę doluit mendacia puppis:
Desertam vacuo [k] minoida littore questus:
Quicquid in antiquū iactata est fabula carmē.
Fortius ignotas molimur pectore curas.
Qui tanto motus operi: quæ causa perhennis
Explicet indensum flāmas: & ructet ab imo
Ingenti sonitu moles: & proxima quæq;
Ignibus irriguis vrat: mens carminis hæc est.
[l] Principio ne quem capiat fallacia vatum.
Sedes esse dei: tumidisq; e faucibus ignem
Vulcani ruere: & clausis resonare cauernis.
Festinantis opus: noq; est tam sordida diuis
Cura: neq; extremas ius est dimittere inertes.
Sydera seducto regnant sublimia cœlo.
Illa neq; artificum curant tractare laborem:
Discrepat a prima facies: hæc altera vatum.
Illis cyclopas memorant fornacibus vsos.
Cū super incudē numerosa in verbera fortes:
Horrendū magno quaterēt sub pōdere fulmē.
Armare atq; Iouē: turpe est sine [m] pignore carmē.
[n] Proxima viuaces æthnei: verticis ignes.
Impia sollicitat [o] phlegręis fabula castris.
Tentauere nefas olim detrudere mundo
Sydera: captiuiq; Iouis transferre gigantes
Imperiū. & victo leges imponere cœlo.
[p] His natura suos aluo tenus ima per orbes
Squameus intortos [q] sinuat vestigia serpens.
Construit magnis ad prælia montibus agger.
Pelion ossa creat: summus pmit ossan olympus.
Iam [r] coaceruatas nituntur scandere moles.
Impius & miles metuentia cominus astra.
Prouocat infestus cunctos ad prælia diuos.
Iuppiter e cœlo metuens: dextraq; choruscam
Armatus flāmā: renouat caligine mundū.
Incursant vasto primū clamore gigantes.
Hic magno tonat ore pater: geminatq; fauētes
Vndiq; discordes comitū simul agmie ventos.
Densa per attonitas rumpunt fulmina nubes:
Atq; in arma ruit quęcūq; potentia diuum.
Et mars sæuus erat iā cætera turba deorum.
Stāt vtriq; metus: validos tum iuppiter ignes
Increpat: & iacto proturbat fulmine montes.
Illic deuectę verterunt turba ruinæ.
Infectæ diuis acies: atq; impius hostis.

cadere auctores existimauerit: atq; vt quinquagena & centena milia passuum arenas flāmarū globus eructaret: ardet autē noctibus semper: & miraculū igneum materiam tanto ęuo sufficere patet. Crater eius ambitu stadia .xx. Fauilla taurominimū. & carnium vsq; peruenire affirmant Fragorē vero ad maronē & gemellos colles: quocūq; modo tantum per noctem lucere & splendentē apparere affirmauere a cacumie. Nā iter diu fumo et caligine obsidetur.

b Dodona Epiri sylua in qua oracula per colūbas reddebantur. Licet Herodotus mulierē quandā reddidisse affirmat. Phasella in Litia mons est ardens: vt ęthna. quē Plinius appellat Phasen. Ibidē sicut & in patera Apollo oracula reddebat: hic Lytias sortes alibi poetam appellasse affirmant.

c Cynthos: Mons est vbi apollo colebat: alibi insulam vnam cycladum legimus.

d Delos. Insula in ęgeo mari. dicta quasi dila. id est manifesta Apollinis responsa pręberentur.

e Securi regis. Saturni.

f Secretos omnes. Quia tacite fluit oleū: & matrē intellige Medeam.

g Auersum diē. Tangit fabulam Atrei & Thiestis.

h Sparsum in semine. Tangit Cadmū qui dentes seminauit draconis. Vnde nati sunt homines armati. Posset etiam intelligi de Iasone.

i Quis non periurę. Tangit Theseū qui Phedrā sororem Ariadnes elegit in vxorem. Licet ipsi Ariadne iureiurādo se eam in vxorem ducturum promisisset.

k Minoida. Filiam Minois Ariadnem.

l Principio. In narrationis hu9 principio dicit se neq; exsequuturum poetica figmenta: sed tantū res physicas: ac causas veras igniū spirātiū ex ęthna ¶ Resonare cauernis. In recessu: & remotione ęthnę subterranei sunt meatus ad Ieram vsq; insulam. vbi Vulcanus cum alijs suis fabris fulmia fabricare dicitur. Hinc ictibus loca omnia resonant. Vnde Virgilius: Insula Sycanium iuxta latus ęoliamq; erigitur Lyparen fumantibus ardua saxis. Quam subter specus & Cyclopum excesa caminis antra ęthnęa tonant: validiq; incudibus ictus.

m Sine pignore. id est ratione.

n Proxima. id est tertia.

o Phlegręi campi. Phlegręi ideo dicti: qa ibi stāt in copia maximi ignis.

p His natura. Secundū multos auctores loquor qui dicunt gigantes pedes habuisse serpentinos.

q Sinuat. Curuat.

r Coaceruatas, id est accumulatas.

Preceps cū castris agit̄: materq̄ iacentis.
Impellens victos: tū pax est reddita mundo:
Tum liber celsa venit per sydera coeli.
Defensiq̄ decus mūdi nūc redditur astri
Gurgite trinacrio morientē Iuppiter æthna.
Obruit enceladū: vasti quoq̄ pondere montis
Aestuat: & petulans expirat faucibus ignes.
Hæc est mendosę vulgata licētia famæ.
Vatibus ingeniū est: hanc auget nobile carmē.
Plurima pars scęnæ est rerū fallatia vates;
Sub terris nigros viderūt carmina manes.
Atq̄ inter cineres ditis pallentia regna.
Mentiti vates stygias vndasq̄ canentes.
Hi tytion septē strauere in iuggera foedum;
Sollicitant magna te circū tantale poena;
Sollicitantq̄ siti: minos: tuaq̄ æace in vmbris
Iura canunt: idemq̄ rotant Ixionis orbem.
Quicquid & interius falsi sibi conscia terra.
Nō est terra satis: speculantur numia diuum:
Nec metuunt oculos alieno admittere coelo.
Norūt bella deum: norunt abscondita nobis
Coniugia: & falsa quotiens sub imagine peccēt
Taurus in Europē: in ledam candidus ales:
Iuppiter vt danæ preciosus fluxerit imber.
Debita carminibus libertas ista: sed omnis
In vero mihi cura: canam quo feruida motu
Aestuat æthna: nouosq̄ rapax sibi cōgregat ig(nes.
Quacūq̄ immēsus se terrę porrigit orbis:
Extremiq̄ maris curuis agitat ab vndis.
Nō totū in solidū desit: nāq̄ omnis hiatu.
Secta est omis hum⁹: penitusq̄ cauata latebris.
Exiles suspensa vias: igiturq̄ animantis
Per tota errantes percurrunt corpora venæ.
At vitam sanguisq̄ omnis qua cōmeat idem
Terra voraginibus conceptas: digerit auras.
Scilicet haud olim diuiso corpore mundi.
In maria; ac terras: & sidera sors data coelo.
Prima secuta maris: deseditq̄ infima tellus.
Sed totis rimosa cauis: & qualis aceruis
Exeat imparibus iactis ex tempore saxis.
Vt crebro introrsus spacio vacuata corymbos.
Pendeat in sese: simili quoq̄ terra figura
Intenues laxata vias: nō omnis in arctum:
Nec stipata coit: siue illi causa vetusta est:
Nec nata est facies: seu liber spiritus intra
Effugiens molitur iter: sed lympha perhenni
Edit humū limo: furtimq̄ obstantia molis.
Haud etiam inclusi solidū videre vapores:
Atq̄ igni quæsita via est: siue omnia certis
Pugnauere locis: non est hic causa dolendi.
Dum stet opus causæ: quis eē nō viderit illud
Esse sinus: penitus tantos emergere fontes.
Cum videt: ac torrens imo se mergere hiatu.
Non ille ex tenui: vocēq̄ agat: acta necesse est:
Confluit errantes arcessant vndiq̄ ab vndis:
Et trahat ex pleno quod fontē cōtrahat amne.
Flumina quin etiam latis currentia riuis.
Occasus habuere suos: aut illa vorago
Direpta in preceps fatali condidit ore:
Aut occulta fluunt tectis adoperta cauernis:
Atq̄ inopinatos referunt procul edita cursus.
Quod si diuersos emittat terra canales.
Hospiciū fluuium: aut semita nulla profecto
Fontibus: & riuis cōstet via: pigraq̄ tellus.
Conserta in solidū segnis sub pondere cesset.
Quod si pręcipiti conduntur flumina terris.
Condita si redeūt si qua eant incōdita surgūt.

ꝭ Mater. id est, terra: quia dicuntur filii terrę gigantes:
t Sub terris. Audent Poetę ex scientia non solū rerum humarum verum etiam diuinarum. v Carmina. Ponit pro ipsis poetis. x Mētiri. Quia non habent rem manifestam: y Hi tytion. Tytius titani & Elare fili⁹ Latone vim inferre voluit. Licet Virgil. Terrę filiū necnō ab ea nutritum. Necnō & Tytium terrę omnipotentis alumnū: tātę enim magnitudinis fuit: vt vix eum: nouē iugera agri caperēt ¶ Foedū. Lasciuū. z Sollicitāt magna. Quia habet aquas & poma: nec tamen esuriens contingere potest. damnatus eñ ad inferos: quia deorum sacra reuelarat Ouidi. Quęrit aquas in aquis: & poma fugatia carpit Tantalus: hoc illi garrula lingua dedit: & hoc in libro sine titulo. Alibi tamē ꝓpter Pelopē filiū inter epulas deorū appositū ad hmōi poenas damnatū legi⁹ ¶ Sollicitāt q̄ siūt.
a Minos Aeacus & Rhadamātus ꝑ Poetas iudices inferorū dicūtur. b Idēq̄ rotant. Ixion Iouis scriba ac vn⁹ ex centauris: qui cū Iunonis cōcubitu se iactaret: a Ioue fulminatus & ad inferos damnatus voluit rota: vnde Tibullus. Illic Iunonē tentare Ixionis ausi versantur celeri noxia mēbra rota. Alter Ixion legit apud Porphyrionē qui socerum suū ꝑdidit facta ignis fouea: vt non solū dotē verum cūcta ipsi⁹ possideret Hor. Taurū in Europē: id est Iuppiter mutatus in Taurum.
c In ledam candidus. Quoniā mutat⁹ fuit in cygnū mutatus. venit in Danaem Acrisy filiam: in pluuiā aurum.
d Corymbos Corymb⁹ hederę habet racemos inęquales sicut terra quę est inequalis.
e Edit. Consumit. deuorat.
f Obstantia molis. molem obstantem.
g Vapores. Ventorū furores.
h Omnia. Elementa.
i Sinus. Curuitates.
k Teuni. Ex re minima:
l Confluit. Confluuia in aquas fluentes;
m Occasus. Fines suos.
n Pigra. Decisa.
o Cesset. Det locum.

Haud mirũ clausis etiam si libera ventis
Spiramenta latent: certis tibi pignora rebus:
Atq; oculis hesura vias dabit ordine tellus.
Immensum plerũq; sinus: & iuggera pessum
Intercoepta leget: densq; abscondita nocti
Prospectare procul chaos ac sine fine ruinæ:
Cernis & in syluis spatioq; cubilia retro:
Antraq; demissis pedibus fodisse latebris.
Incõperta via est operũ: tantũ influit intra:
Argumenta dabunt ignoti vera profundi.
Tu modo subtiles animo duce percipe curas.

Occultamq; fidem manifestis abstrue rebus.
Nam quo liberior: q̃ q; est animosior ignis

Semper: et inclusus nec euectus sæuior ira est.
Sub terra: penitusq; mouẽt hæc p̃ra necesse est
Vincla magis soluãt: mag; hoc obstãtia pellãt.
Nec tamẽ in rigidos exit contenta canales.
Visa niue flãma auertit: qua proxima cadunt.
Obliquũq; secat qua visa teterrima causa est.

Hic tibi terra tremor motu: hic tibi desus hiatu
Spiritus exagitat venas: cessantiaq; vrget.

Quod si spissa foret solidoq; instaret in ani.
Nulla daret miranda sui spectacula tellus:
Pigraq; & in pondus confestim mobilis esset.
Sed sũmis si forte putas concredere causis.
Tantũ opus: & sũmis alimentũ viribus oris.
Quæ valida i ꝓmpto cernis validosq; recessus.
Fallere sed nondũ tibi lumĩe certaq; recto.
Nanq; illuc quocũq; vacat specus oĩs hiatũ:
Et res introitu soluũt: aidtuq; patenti.
Conuersæ languent vires: animosq; remittũt:
Quippe vbi cõtineat ventos: q̃ queq; morãtis
Inuacuo desint: cessat: tantũq; profundi.
Explicat errãtes: & in ipso limine tardant.
Angustis opus est turbare in faucibus illos:
Feruet opus: densiq; premũt: premiturq; ruina.
Hinc furtim boreę atq; noto nũc vnᵘ vterq; est.
Hinc vẽti rabies: hinc sæuo quassat hiatu.
Fundamẽta solo trepidant: vrbesq; caducę:
Inde neq; est aliud (si fas est credere) mũdo

Venturã antiquam faciẽ: veracius omen:
Hæ primo species iterũ naturaq; terræ.
Introrsus cessante solo trahit vndiq; venas.

Aethna sui manifesta fides: & proxima vero est

Non illic duce me occultas scrutabere causas.
Occurrerent oculis ipsę: cogentq; fateri.
Plurima nãq; patent illi miracula monti.

Hic vasti terrent adytus: mergũtq; profundo:

Porrigit hic artus: penitusq; quod exigit vltra:

Hinc spissæ rupes obstant: discordiaq; ingens.
Inter opus nectunt varios: mediũq; coercent.

Pars igni domitæ: pars ignes ferre coactæ.
Vt maior species ethnæ succurrat inanis.
Hęc illis sedes: tantarũq; area rerum est.
Nunc opus artificẽ incendit causasq; reposcit.
Non illos parui aut tenuis discriminis ignes.
Mille sub exiguo ponã tibi tempore veras

Res: oculiq; docent certas res credere cogunt.
Quin etiam tactu moneãt contingere toto.
Si liceat ꝓhibent flãmæ: custodiaq; ignis.

Illi operũ est: arcent aditu: diuinaq; rerum.
Vt maior species æthnę succurrat inanis.
Cura sine arbitrio est: eadem ꝓcul oĩa cernis.
Nec tamẽ est dubiũ penitᵘ quin torqat æthna.
Aut quis mirandus tantę faber imperet arti.

Pellitur exustæ glomeratus nymbus harenæ.
Flagrantes properant moles: voluũtur ab imo.
Fundamenta fragor tota nunc rumpit æthna.
Nunc fusca pallent incendia mixta ruina.
Ipse procul magnos miratur Iuppiter ignes.

Ne ve sepulta noui surgant in bella gigantes.

Neu ditem pudeat regni: neu tartara coelo

Vertat in occulto: tantũ premit omnia dextra.
Congeries operis saxorum: & putris harena:
Quæ nec sponte sua faciunt: nec corporis vlli.
Sustẽtata cadũt robustis viribᵘ oẽs.

Exigitur: vertit vasa concaua vertice sæuo.

p Abstrue. absconde.
q Sæuior. Sub terra maiorem si qua obstantia ipsi igne obstant: & impellunt.
r Hinc. Ex hac causa, id est igne: & vẽtis fiũt terrę motᵘ.
s Spissa. Si non haberet illas concauitates.
t Antiquam faciem. In chaos antiquum.
v Aethna sui manifesta fides. Aethna est fides. Aethna enim facit testimonium quod est verisimile.
x Duce me. Non potero te edocere si volueris pscrutari.
y Vasti. Cupit exponere miracula montis ęthnę ac dicit terribiles cauernarum introitus mari mersos esse.
z Mergunt. Exeunt.
a Exigit. Vltra se extendit.
b Spisse. Dure & frequentes.
c Discordia. Quoniam non permittunt rupes vltra extrẽ di ignes.
d Domitę. Pars Aethnę ardet: pars cõsũpta est incẽdio.
e Cogunt. quia quę videmus oculis cogimur credere.
f Arcent. Ab introitu.
g Nimbus. Multitudo imo fundo ęthnę.
h Sepulta. Quieta Encheladus caput suũ sepultũ habet sub ęthna. i Dite. Plutonẽ. Nã si apiret ęthna viderẽt tartara. k Dextra. Potẽtia. l Exigit. Cogit emittere. m Vasa. Appellat vasa illa saxa punicea qa sũt cõcaua.

In densum cōgesta rotant: voluūtq; ꝓfundo.
n Voluunt. rotant.
Nec causa expectata ruunt incendia montis.
Spiritus inflati nomen languentibus aer.
Nā prope natura par est violentia semper.
o Par. qui semper.

Ingeniū velox illi: motusq; perennis.
Verū opus auxilio. interpellat corpore null⁹
Impet⁹ est ipsi: qua spiritus imperat: audit.
Nūc priceps magn⁹ q; sub ħ duce militat ignis
Huic quoniā in ꝓmptu est operi natura: solicq;.
Vna ipsi venti quæ res incendia pascit.
Cum subito cohibetur inest quę causa silenti
Subsequar: immēsus labor est sed fertilis idem.
Digna laboranti respondet præmia curis.
Non oculis solum pecudum miranda fuere
Mora: nec effusis ī humū graue pascere corp⁹.
Nosse fidē rebus dubiasq; exquirere causas.
Sacra ꝑ vrgentē: capitiq; attollere cœlū.
Scire q̄t: & quæ sint: cur magno talia mūdo:
Principia occasus metuūt ad sæcula pergunt.
Et firma ęterno religata est machina mundo.
Solis scire modū: & q̄nto mior orbita lunę est.
Cur illi breuior: cur isti peruolet orbis:
Annu⁹ ille monet quæ certo sydera currant.
Ordine quæq; suo careant incondita cura.
Scire vices etiā signorū: & tradita iura.
Nubila cur cœlo terræ denunciet hymbres:
Quo rubeat phœbe: q̄ frater palleat igni.
Tempora cur variant anni: primaq; iuuenta
Ver ęstate præit: cur æstas ipsa senescit.
Autūnoq; obrepit hyems: & in orbe cucurrit
Axem scire helices: & tristē nosse cometem.
Lucifer vnde micet: qua ve hesper⁹: vñ boetes.
Saturni cur stella tenax: cur martia pugnax.
Quo rapiant nautæ: quo sydere lintea tendant
Scire vias maris: & cœli prædicere cursus.
Quo volet orion: quo sæu⁹ incubet index:
Et quæcūq; iacent tanto miracula mundo.
Non digesta pati nec aceruo condita rerum:
Sed manifesta notis certa disponere sede.
Singula diuini est animi: ac iucūda voluptas.
Sed prior hęc homini cura est cognoscere terrā:
Et quæ nūc miranda tulit natura notare.
Hæc nobis magna affinis cęlestibus astris.
Nā q̄ mortalis spe est: quæ amentia maior:
In iouis errantem regno perquirere velle:
Tantū opus ante pedes transire: & ꝑdere segnes.
Torq̄mur miseri ī paruis premimurq; laberes.
Dū sese precio redimant: verūq; professa est.
Tū demū viles taceant: in opesq; relictæ.

Noctes atq; dies festinant arua coloni.
Callēt rure manus glebarū expellimur vsu:
Fertilis hęc segetiq;: feratior altera viti.
Hęc platanis hum⁹: hęc herbis dignissima tell⁹.
Hæc dici melior pecori: syluisq; fidelis.
Aridiora tenent oleę: successior vlmis.
Grata: leues cruciant animos: & corpora causę:
Horrea vti saturent: tumeāt & dolia musto:
Plenaq; desecto surgant fœnilia campo.
Sic auidi semper qua visū est carius istis.
Implend⁹ sibi quisq; bonis est artibus: illis
Sūt animi fruges: hæc rerū maxima merces.
Scire quid occulto naturę terra coercet.
Nullū fallere opus: nō multos cernere sacros
Aethnei montis fremit⁹: animiq; furentis.
Non subito pallere sono: non credere: subter
Scrutamur rimas: euertim⁹ omne profundū.
Quęrit argenti semen, nūc aurea vena.
Torquent flamma terræ: ferroq; domant.
Cęlesti migrasse minas ad tartara mūdi.
Nosse quid impediat ventos: q̄d nutriet ignes:
Vnde repente q̄es: & m̄to fœdere pax sit.
Concrescūt animi penit⁹: seu forte cauernæ
Introitusq; ipsi seruent: seu terra minutis
Rara foraminib⁹: ne ve in sese abstrahat auras:
Pleni⁹ hæc etiam rigido qua vertice surgit.
Illinc infest⁹: atq; hinc obnoxi⁹ int⁹.
Vndiq; diuersas admittere cogitat auras.
Et coniuratis addit concordia vires.
Siue introrsus agūt nubes: & nubib⁹ auster.
Seu forsan flexere caput tergoq; ferunt.
Præcipites delecta sono premit vna fugato:
Torrentesq; auras: pulsataq; corpora densat.
Nam veluti sonitura diu tritone canoro.
Pellit opes collect⁹ aquæ victusq; mouere
Spirit⁹: & longas emugit buccina voces:
Carmineq; irriguo magni cortyna theatri:
Imparib⁹ nūerosa modis canit arte regentis.
Que tenuē impellēs animā subremigat: vndā
Haud aliter sūmota furens torrentib⁹ aura.
Pugnat ī angusto: & magnū: & cōmurmurat
Credēdū est etiā vētorū existere causas (ęthna.
Sub terris similes harū q̄s cernim⁹ extra.
Vt condensa crement inter se corpora turba.
Elisa in vacuū fugiant. & proxima secū.
Nomina tota trahūt: tutaq; in sede resistūt.
Quod si forte mihi q̄dam discordia tecū est.
Principijs q; ab his credas coniurgere ventos.
Non dubiū rupes aliquas: penitusq; cauernas
Prouehere in genti sonitu: caususq; ꝓpinquas
Diffugere: impelliq; aīas: hinc cernere ventos:
Aut hūore etiā nebulas effundere largo.
Aut campis agrisq; solent: quos obruit amnis:

Vallibus exoriens caligat nubilus aer:
Flumina parua ferũt auras vix ꝓxima ventõ est.
Eminus aspirat fortis: & verberat humor.
Atq; hoc in vacuos si tanta potentia rerũ est.
Hoc plura efficiunt: introclusiq; necesse est.
His agitur causis extra: penitusq; coactis.
Exagitant ventos: pugnãt in faucibus ante.
Pugnantes suffocãt: & intꝰ velut vnda ꝓfundo
Terq; q̃terq; exusta graues vbi perbibit euros.
Ingeminat fluctus: & primos vltimus vrget.
Haud secus astrictus certamĩe tangĩt ictu
Spiritus: inuoluensq; suo sibi pondere vires.
Densa per ardentes exercent corpora neruos.
Et quacũq; iter est ꝓperat: transitq; morantem.
Donec confluuio reuoluens æstibus amnis
Exilit: atq; furens tota vomit igneus æthna.
Quod si forte putas iisdem decurrere ventos
Faucibus: atq; iisdẽ pulsus remeare notandas
Res oculis locus ipse dabit: cogetq; negare.
Quauis ceruleo siccus sic frigeat æther:
Purpureoq; rubens surgat iubar aureꝰ ostro:
Illinc obscura semper caligine nubes.
Pigraq; defuso circũstrepat humida vultu.
Prospectat sublimis opus: vastosq; recessus.
Non illã videt æthna: nec vllo intercipit æstu.
Obsequitĩ quacũq; iubet leuis aura: reditq;
Placantes etiam celestĩa numina thure.
Sũmo cerne iugo: vel qua liberrimus æthna.
Improspectus hiat tantarũ semina rerũ.
Si nihil irritet flãmas: stupeatq; ꝓfundũ.
Huic igiĩ credis torrens: vt spiritus illi
Qui rupes terrãq; vorat: qui fulminat ignes:
Cur exit vires: & præceps flexit habenas.
Præsertim ipsa suo decliuia pondere nunq;.
Corpora diripiant: varioq; absolueret arcu.
Quod nisi fallor adest species: tantusq; ruinis.
Impetus attentos oculorũ transfugit ictus.
Nec leuitas tantos igiĩ ferit aura: mouetq;.
Sparsa liquore manꝰ sacros vbi vẽtilat ignes.
Verberat ore tamẽ pulsataq; corpora nostra
Incursant: adeo tenuis vim causa repellit.
Nõ cinerẽ stipulã ve leuẽ: nõ arida sorbet
Grãmĩa: nõ tenuis plantis humor exit eisdem.
Surgit adoratis sublimis fumꝰ ab aris.
Tanta quies illi est: & pax innoxia rapti.
Siue peregrinis agiĩ ꝓpriisq; potentis.
Coniurant animæ causis ille impetus ignis:
Et montis partes atras subuertit harena:
Vastaq; concursu trepidantia saxa fragoris.
Ardentesq; simul flãmas ac flamĩa rumpũt.
Haud aliter q̃ cũ prono iacuere sub austro:
Aut aquilone fremũt sylue dãt brachia nodo.
Implicite: hę serpũt iunctis incendia ramis:
Nec te decipiant stolidi mendacia vulgi.
Exhaustos cessare synus: dare tẽpora rursus
Vt rapiunt vires: repetantq; in prælia victi.
Pelle nefas animo: mendaceq; exue famam.
Non est diuitiis iam sordida rebus egestas.
Nec paruo mendicat opes: nec cõgregat auras.
Præsto sunt opere ventorũ examina semper.
Causa latet quærunt pariter: cogũtq; morari.
Sæpe premit fauces magnis exhausta ruinis
Congeries: clauditq; vias luctamine ab vno.
Et scisso veluti tecto sub pondere præsto est.
Haud secus ac teneros cũ succũ frigida monti
Desidiam: tutoq; licet discedere montes.
Post vbi continuere moram: velotius vrgent.
Pellunt oppositas moles: ac vincula rumpunt.
Quicquid ĩ obliquũ est frangũt: iter acrior ictu.
Impetꝰ exoritur: magnis operata rapinis
Flãma micat: latosq; ruẽs exundat in agros.
Si cessant a iure ferunt spectacula venti.
Nũc superant quæcũq; regũt incendia syluę.
Quæ flãmis alimẽta nocẽt: quid nutri et ęthna.
Incendi poterũt illis vernacula clausis.
Materia oppositũq; igni genꝰ vtile terrent.
Vriĩ assidue calidꝰ nũc sulphuris humor.
Nunc spissus crebro præbeĩ vimine succus.
Pingue bitumẽ adest: & quicq̃d cominꝰ atras
Irritat flãmas illius corporis æthna est.
Atq; hanc materiã penitus discurrere fontes.
Infectę erumpunt & aquæ radice sub ipsa.
Pars oculis manifesta iacet: q̃ Gorga dura est.
Ac lapis: in pingui feruent incendia succo.
Quin etiam variæ quædã sint vimine saxa.
Toto monte liquant: illis custodia flãmæ
Vera tenaxq; data est: sed maxĩa qppę molaris
Illius incendi lapidis sic vindicat æthnam.
Quem si forte manu teneas: & robore cernas.
Nec seruare putes ignem nec spargere posse.
Sed simul ac ferro quæras: respondet & ictu.
Scintillat color: hũc multis circũdat e flãmis:
Et potes extorquere animos: atq; exue robur:
Fundetur ferro citius: nam mobilis illi.
Et metuens natura mali est vbi cogitur igni.
Sed simul atq; hausit flãmas: nõ tutior hausti.
Vlla domus seruans aciem duramq; tenaci.
Septa fides tutum est illi pacientia victo.
Vix vnq; redit in vires: atq; euomit ignem.
Totus enim denso stipatur robore tarda.
Per tenues admissa vias incendia nutrit.
Contanterq; eadẽ: & pigre accepta remittit.
Nec tamẽ hoc vno quod mõtis plurima ps est
Vincit: & incendi causam tenet illa profecto.

Miranda est lapidū viuax: animosaq; virtus.
Cætera materies quęcūq; est fertilis igni.
Vt semel accensa est moritur nec restat in illa.
Quod repetas tātū cinis: & sine semīe terra est.
Sic semel atq; iterū patiēs: ac mille p̄haustis.
Ignibus instaurat vires: nec desinit ante
Quā leuis excocto defecit robore pumex.
In cinerē putresq; iacet delapsus harenas.
Cerne locis etiam similes arsisse cauernas.
Illic materiæ nascentis copia maior.
Sed genus hoc lapidis certissima signa colorū.
Quod nullarū adiūxit opes: & languit ignis.
Dicit̄ insidijs flagrās æthnaria quōdā.
Nunc extincta sup̄: tectisq; neapolim inter
Et cumas loc⁹ at multis iam frigidus an nis.
Quāuis ingternū pinguescat ab vbere sulphur
In mercē legitur tanto est fœcundius æthna.
Insulā cui nomē facies dedit ipsa rotunda.
Sulphur em̄ solū nec obesa cacumīe terra est.
Et lapis accretus retegendis ignibus aptus.
Sed raro fumat: qui vix succendit̄ ardet.
In breue mortales flāmas quod copia nutrit.
Insula durata vulcani nomine sacra.
Pars tamen incendi maior reffrixit: & alto
Iactatas recipit classes: portuq; tuetur.
Quæ restat minor est & diues vbere terra est.
Sed nō æthenis vires quæ conferat illi.
Atq; hæc ipsa tamē iā quondā extincta fuisset.
Ni furtim generet secretis callibus humor
Materiam syluāq; suam pressoq; canali.
Huc illuc ageret ventos: & pasceret ignes.
Sed melius res ipsa nota est spectataq; veris.
Occurrit signis: nec tentat fallere pestem.
Nam circa latera atq; imis radicibus æthnæ.
Candentes efflant lapides disiectaq; saxa.
Intereunt venis: manifesto vt credere possis
Pabula: & ardendi causam lapidē esse molarē.
Cuius defectus ieiunus colligit ignis.
Ille vbi collegit flāmas iacet: & simul ictu
Materiā accendit: cogitq; liquescere secum.
Haud equidē mirū factū quod cernim⁹ extra
Si lenitur opus restat magis: vritur illic.
Sollicitaq; magis vicina incendia saxū.
Certaq; venturæ p̄ramittit pignora flāmæ.
Nā sil⁹ atq; mouet curis turbāq; minuis
Diffugit: exemploq; solū trahit ictaq; ramis:
Et graue sub t̄ra murmur demōstrat: & ignes.
Tum pauidū fugere: & sacris credere rebus.
Parere: & tuto speculaberis omnia colli.
Nam subito efferuent onerosa incendia raptis
Accensę subeunt moles: truncęq; ruinę.
Et voluunt: atq; atra sonant examina harenę.
Nec recipit flāmas mons hic defessus anhelat:
Atq; aperit se hostis: decrescit spiritus illic.
Haud aliter q̄ cum læto deuicta tropheo.
Prona iacet campis acies: & castra sub ipsa.
Tum si quis lapidū sūmo p̄tabuit igni.
Asperior sabaris[p]: & quędā sordida fax est.

p Sabaros vehemens dicitur. vnde sabaris vehementib⁹ ignibus.

Qualem purgato cernes discedere ferro.
Verū vbi paulatim exiluit sublata caduci.
Congeries saxi angusto e vertice surgunt.
Sic veluti in fornace lapis torretur: & omnis
Exuitur penitus venis subit altius humor.
Amissis[q] opibus leuis sine pondere pumex.

q Amissis opibus. Succo.

Excutitur liquor ille magis seruare magisq;
Flumīs in speciem mitis[r] procedere tandem.

r Mitis. Quia descēdit in similitudinē fluminis.

Incipit: & primus dimittit collibus vndas.
Ille paulatim bis sena in milia pergunt.
Quippe nihil reuocat curtis nihil ignib⁹ obstat
Nulla tenet frustra moles[s] simul oīa purgans.

s Moles. reparatio.

Nūc syluas rupesq; notat hæc tela solumq;
Ipsa adiutat opes: facilesq; sibi induit annos.
Quod[t] si forte canis contactus vasibus hæsit.
Vtpote inequales voluens perpascitur agros.
Ingeminat fluctus & stantibus increpat vndis
Sicut cū curuo rapidum mare cernitur æstu.
Ac primum tenuis sinus agit vlteriores.

t Quod si forte cauis contatus vasibus hęsit. Sinum prima longa significat vas. Virgi. in Buccolicis Sinum lactis & hęc tibi liba priape quotannis.

Progrediens late diffunditur & succernens.
Flumina consistunt ripis: ac frigore durant.
Paulatimq; ignes coeunt: ac flāmea messis[v].

v Flammea messis. Copia flammarum.

Exuitur facies tunc prima: vt quæq; rigescit.
Effumat moles: atq; ipso pondere tracta.
Voluitur ingenti strepitu: præcepsq; sonanti.
Cum solido inflexa est pulsantes dissipat ict⁹.
Et quia disclusa est candenti robore[x] fulget.

x Robore. duritia.

Et micat examē[y] plagis ardentia saxa.

y Examen multitudo saxorum.

Scintillat procul esse vide procul esse ruentes.
Incolumi feruore cadunt: verum impet⁹ ignes
Si fumant quondā vt ripas traiecerit amnis.
Vix iunctis quisq; fixo dimouerit illas.
Vicenos per sæpe dies iacet obruta moles.
Sed frustra certis disponere singula causis:

Tentamus: si firma manet tibi fabula mēdax.
Materiā vt credas: aliā furere igne fauillam.
Plurima pro pietate simul concrescere: sicq;
Cōmixtum vento flagrare bitumine sulphur.
Nam post exustam cretā quocq; robora fundit.
Et figulos huic esse fidē: de hinc frigoris vsu
Duritiem reuocare suā: & constringere [z]venas.
Sed signū cōmune leue est: atq; irrita causa.
Quæ trepidat: verū vbi certo [a]pignore constat.
Nam velut arguti naturæ aereus ignis;
Condomitus cōstat: eadecq; & robore seluo.
Vtraq; q̃ possis aeris cognoscere [b]portam.
Haud aliter lapis ille tenet: seu forte madentes
Effluit in flāmas: seu sit securus ab illis:
[c]Conseruatq; notas: nec vultu perdidit ignes.
Quin etiā externā multis color ipse resoluit.
Nō odor: aut ætas putrē magis ille: magisq;.
Vna operis facies: eadecq; per omnia terra est.
Nec tamē inficior lapides ardescere certos:
Interius furere accensos: hæc propria virtus.
Quum ipsis quædā siculi cognomina saxis.
Imposuere: [d]fricas etiam ipso nomine signant
Fusiles esse notas: nunq; tamē illa liquescunt.
Quāuis materies foueat succosior intus.
Nec penitus venæ fuerint cōmissa molari.
Quod si quis lapidis miratur fusile robur.
Cogitet obscuri verissima dicta libelli.
Et dicet vero nihil insuperabile gigni.
Omnia quæ rerum naturæ semina iacta:
Sed minimū hæc mirū: densissima corpa sæpe:
Et [e]solido vicina tamen compescimus igni.
Nō [f]animos æris flāmis succumbere cernis.
[g]Lentitiem plumbi non exuit. ipsaq; ferri
Materies prædura tamen subuertitur igni.
Spissaq; suspensis fornacibus [h]aurea saxa
Exudant precium: quædam fortasse profundo
Incomperta iacent: similisq; [i]obnoxia sorte.
Nec locus ingenio est: oculi te iudice vincent.
Nā lapis ille riget percussus: & ignibus obstat.
Si paruis terrere velis: cœloq; [k]patenti
Candentē: pressumq;: age dum fornace coherce.
Nec sufferre potest: nec [l]sæuum durat in hostē.
Vincitur: & soluit vires: captusq; liquescit.
Quæ maiora putas: autē tormenta moueri
Posse manu: quæ tanta putas incendia nostris
Sustentare opibus: tantis fornacibus æthna
Vritur & sacro nunq;: nec fertilis igne.
Sed non qui nostro feruet moderatior [m]vsu.
Sed cœlo ꝓpior vel quali iuppiter ipse
Armatus flāma est: hic viribus aditus ingens.
Spiritus astrictis elisis faucibus: vt cum.
Fabriles operas rudibus concedere massis
Festinant: ignes quatiunt: [n]follesq; trementes:
Examinant: pressosq; [o]instigant agmine vētos.
Hæc operis fama est: sic nobilis vritur æthna.
Tetra foraminib⁹ vires trahit: vrget in arctum
Spiritus: incendit viuus per maxima saxa.
Magnificas laudes operosaq; visere templa.
Diuitiis hominū: aut sacra memorare vetusta:
Traduce materia terris per proxima fatis
Currimus: atq; auidi veteris mendacia famę
Eruimus: cunctasq; libet percurrere gentes.
Nunc iuuat o gigiis circundata mœnia thebis
Cernere: quod [p]fratres: ille impiger: ille canoro
Condere fœlices aliena interserit æuo.
Inuitata piis nunc carmine saxa lyraq;.
Nunc gemina ex vno fumantia saxa vapore.
Miramur: septemq; duces [q]raptumq; ꝓfundo.
Detinet eurotas: illic & [r]sparsa lycurgi.
Et sacer in bellum numerus sua turba recenti:
Nunc hic cecropiæ variis spectant athenæ.

z Venas. In quibus regnat ignis.
a Pignore. Promissione.
b Portam. Apertionem.
c Conseruat. s. splendorem suum.
d Fricas. Id est frigidas fricas significat frigeo.
e Solido. Quasi dura.
f Animos. Vires ipsius ferri.
g Lenticiem. Debilitatem.
h Aurea. Splendida propter ignem.
i Obnoxia. Quia etiam illa sunt splendida:
k Patenti cœlo. idest in aere.
l Sæuum hostem. ignem.
m Vsu. Non est talis ignis quo vtimur nos pro vsu. sed qualiter Iuppiter vtitur in fabricandis fulminibus.
n Folles. Instrumentū quibus ignis creatur.
o Instigant. Sollicitent.
p Fratres. Zœtum & Amphionē nō & Etheoclē & pollinicē hoc loco. ¶ Impiger. Ille zœtus. ille cā. Amphion Eurotas fluuius Thessalię iuxta quem Apollo pauit armenta ad meti.
q Raptum profun. Amphiaraum lycurgi.
r. Sparsa genua Lycurgus rex Thracię fuit. qui genu sibi abscindit dum bacchi sacra contemneret.

Carminib⁹: gaudentq; sui victrice minerua.
Excidit hic reduci quondã tibi pfide theseu.
Candida sollicito premittere vela parenti.
Tu quoq; athenarũ carmẽ tam mobile sixus
Erygone sedes vestra amphiona canoris
Euocat in syluis: & tu soror hospita tectis
Acciperis: solis tereus ferus exulat agris.
Miramur troię cineres: & flebile victis
Pergamõ: extictosq; suos phrygas hectora: & uũ
Conspicim⁹ magni tumulũ ducis hic: & achil-
Impiger: & vict⁹ magni iacet hectoris vl- (les
Qui etiã graię fixas timuere tabellas. (tor-
Signaq; nunc paphię rorantes parte capillos.
Sub cruce nunc parui ludentes colchide nati.
Nunc tristes circa subiecta altaria ceruę:
Velatusq; pater: nunc gloria viua minoris.
Quin etiam illa manus operũ: turbeq; moratẽ:
Hæc visenda putas terræ dubiusq; marisq;.
Artificis naturæ ingens opus aspice: nulla
Cum tanta humanis phoebi spectacula cernes.
Præcipueq; vigil feruens cum Syrius ardens.
Insequit̃ miranda tamen sua fabula montem.
Nec minus ille pio quamq; sors nobilis ignis.
Nam quãdo ruptis excanduit ęthna cauernis:
Et velut euersis penitus fornacibus ignes:
Et vecta in longũ rapidis feruoribus vnda.
Haud aliter sęuo q̃ cũ Ioue fulgurat ether.
Et nitidũ obscura cœlum caligine torquet.
Ardebat aruis segetes: & milia cultu
Iugera cũ dominis syluę: collesq; virentes.
Vix dũ castra putãt hostẽ mouisse: tremebant:
Et iam finitimę portas euaserat vrbis.
Tum vero vt cuiq; est animus: viresq; rapinę.
Tutari conantur opes: gemit ille sub auro.
Colligit ille arma: & stulta ceruice reponit.
Defectũ raptis illum sua carmina tardant.
Hic velox nimiũ properat sub põdere pauper:
Et quod cuiq; fuit cari fugit ipse sub illo.
Sed nõ icolumis dominũ sua preda secuta est.
Cunctãtes vorat ignis: & vndiq; torret: auaros
Consequit̃ fugisse ratos: & præmia captis.
Increpat: ac nullis parsura incendia pascunt.
Vel solis parsura deis: namq; optima proles.
Amphion fraterq; pari sub munere fortes.

s Victrice. Quia vicit Neptunum in imponẽdo nomine: Athenis enim fuit contentio inter nuptunũ & Mineruam de imponẽdo nomine: cõtractũq; vt nomen iponeret. qui signum vtilius ostenderet. percussa terra Neptunus effudit equum aĩal bello aptũ. Minerua vero olcã arborẽ pacis: sed pax bello pręstat. Ideo Athena, victrix habita: nomẽ imposuit.

t Perfide Theseu. Notat pr̃eʒ Thesei egea precipitasse se in fluctus nomenq; mari dedisse: dum Thesea redeuntẽ a Minotauro, interfecto expectaret: cui mandarat vt si victor esset vela nauium alba ferrentur. si victus nigra: verũ oblitis nautis mutare. vela nigra relata sunt. Sicq; credens filium a Minotauro absumptũ: excidit in mare. Perfide inq̃t propter Ariadnem ab ipso Theseo derelictam in littore.

v Fidus. Tangit fabulã Icari: qui cũm agricolę merũ potasset: illi ebrij venenũ potasse existimãtes: eum peremerũt. Canis vero qui eũ comitarat ad Erigonem sororẽ: siue vt alij dicũt filiã reuers⁹: q̃ cũ minie redeuntẽ Icarũ videret sibi fidissimũ: & omnia loca perquisisset: ab oraculo habuit in alieno eũ elemento queritaret: sicq; in aere perq̃siuit sacris adhibitis quę oscylla vocitantur de quibus Virgi. in Geor. Oscylla ex alta suspẽdũt mollia pinu. ¶ Athenarũ ga Icarus Atheniensis fuit.

x Amphiona. Iouis filius ex Antiopa: cantu & cythara adeo eruditus. vt eo pulsante lapides se cõponerent in edificium. Sicq; Thebana mœnia scribunt̃ fuisse constructa: Hora. in Poetica. Dictus & Amphion thebanę cõditor arcis. Saxa mouere sono testudinis & prece blanda. Ducere quo vellet.

y Et tu soror. Philomelã dicit acceptam a Progne sorore dum a Thereo fuisset violata.

z Hospita tectis. Dicit quia in parietibus nidificant hyrundines.

a Tereus ferus. Vpupa.

b Hectora. Hector enim (vt tradit) Dares Phrygius paruę staturę fuit.

c Magni ducis. Achillis qui sepultus fuit in Sigeo pmontorio: ad quem tumulũ cum venisset Alexander magnus: O fortunate inquit iuuenis qui tuę virtutis Homerum habuisti preconem.

d Impiger. Ita enim ex natura Achilles erat. Vnde Hora. Scriptor honoratũ si forte reponis achillem. Impiger: iracũdus: in exorabilis acer.

e Victus. Paridem dicit qui vitor fuit Hectoris in interficiendo Achillem sagitta ab Apolline directa: & ipse tamen a Pyrrho victus fuit atq; interemptus.

f Graię. Athenas dicit. ¶ Tabellas. Leges. Solonis.

g Paphię. Veneris quã Apelles depinxit Athenis.

h Dioclide nati. Ex filia Dioclei qui fuit filius Orsilochi vt est apud Homerũ. Dioclei inde appellãtur omes postea qui diuinam gloriam habent. i Minacem. Xersem qui combussit Athenas hominibus vacuas.

k Visenda Et longe magis debes existimare quod miracula ęthnę tantomagis sunt visenda.

l Excanduit. Extra candorem & ardorem exarsit.

m Sęuo Ioue. Fulmina mittente.

n Euaserat. Ille qui inerat ad videndũ ęthnam q̃ est vrbs in ipso monte & exusta fuit.

o Pascunt. Deuorant.

p Amphion. Frater Zoetus.

Cum iam vicinis streperent incendia tectis
Aspiciũt: pigrũq; patrẽ matrẽq; senemq;
Eheu defessos: potuissent lumina membra:
Parcite auara manus dicẽs attollere prædas.
Illis diuitię solæ materq; paterq;
Hanc rapies prædã: mediũq; exire ꝑ ignem
Ipso dante fidem ꝑperato maxima rerum
Et merito pietas homĩ tutissima virtus.

Erubuere pios iuuenes[q] attingere flãmę:
Et quacunq; ferunt illi vestigia cedunt
Fœlix illa dies: illa est innoxia terræ
Dextera sęua tenent: leuaq; incedia feruent.
Ille per obliquos ignis: fratremq; triumphans
Tutus vterq; pio sub pondere sufficit illam:
Et circa geminos auidus sibi tempat ignis.
Incolumes abeunt tandẽ: et sua numia secum
Salua ferũt: illos mirant̃ carmina vatum.

Illos se posuit claro sub nomine ditis[r].
Nec sanctos iuuenes attingũt sordida fata:

Sed iure cassere dom[9]: & iura[s] piorum.

q Pios. i. dum illi vadunt ad arripiendos patres ab incẽdio flãme: non illis nocent sed cedũt ignes.
r Ditis. Plutonis.
s Priorum qui fuerunt ad loca beatorum.

Publij Virgilij Maronis
Cyris ad Messalam

Etsi[a] me vario iactatum laudis a= (more:
Irritaq; expꝑtũ[b] fallacis ꝑ=
Cecropi[9] suaues ex= (mia vulgi.
pirãs hortulus auras.
Florentes viridis sophiæ cõplectit̃

Tu[c] mea[d] q̃ret eo dignũ sibi q̃rere car (vmbras:

Lõge aliud studiũ: alios accincta[e] labores (mẽ
Alti[9] ad magni suspe=dit sydera mundi

Et placitũ[f] multis ausa est[g] ascẽdere collẽ
Non tamẽ absistã[h] cœptũ detexere munus:

In[i] quo iure meas vtinã requiescere musas:

Etsi me vario. Opusculũ Virgilii ad Messalam dirigit: q Augusti tẽpore magnis in reb[9]: & ꝑsertĩ militarib[9] exercebat: eratq; ꝑterea Orator nõ indign[9] & Poeta. Cupiebat igit̃ Maro beniuolẽtissimũ illũ sibi efficere. Cũq; nõ nulla ad Mœcenatẽ & Octauiũ scripsisset: Cyrim ad ipsm Messalã direxit: in q̃ libro oñdit famę atq; glię grã semꝑ se fuisse accensum: libros q; grecos nõ solũ poeticos verũ philosophicos euoluisse: Nũc quoq; nec ipam poeticã relinquere affirmat laudis eiusdẽ gratia. Ideoq; nõ imerito Cyrim opus appellat: nã cyriso ꝑconiso est: & cyris ꝑconiũ: licet auẽ quandã esse vã

Cyris Virgilij

Et leuiter blandū liceat deponere morem:
Quod si mirificū genus omnes
Mirificū sęcli modo sit tibi velle libido:
Si mea iā sūma sapiētia pangeret arte.
Quatuor antiquis hæredibus est data consors:
Vnde hoim errores longe: lateq; p orbem
Despicere: atq; hūiles possum cōtēdere curas:
Non ego te talem venerarer munere tali
Nō equidē: q̄uis interdū ludere nobis:
Et gracilem molli liceat pede claudere versum
Sed magno intexens si fas ē dicere peplo:
Qualis erichtheis olim portatur athænis:
Debita cū castę soluuntur dona mineruæ.
Tarda ve cōfecto redeūt quinquennia lustro:
Cum leuis alterno zephyrus cōcrebruit euro:
Et prono grauidū prouexit pondere cursum.
Fœlix ille dies: fœlix & dicit̄ annus:
Fœlices qui talem annū videre: diemq;:
Ergo palladię texuntur in ordine pugnę:
Magna giganteis ornant̄ pepla trophæis.
Horrida sanguineo pingunt̄ prælia cocco.
Additur aurata delectus cuspide typho.
Qui prius osseis consternēs æthera saxis.
Emathio celsū duplicabat vertice olympū.
Tale deę velum solenni in tempore portant.
Tali te vellem iuuenū doctissime ritu
Purpureos inter soles: & candida lunę
Sydera cęruleis orbem pulsantia signis.
Naturæ rerū magnis intexere chartis.
Aeternū sophię cōiunctū carmine nomen
Nostra tuū senib⁹ loqueret̄ pagina sæclis:
Sed quoniā ad tātas nūc primū nascimur artes
Nūc primū teneros firmam⁹ robore neruos:
Hęc tamen interea quæ possum⁹: in quib⁹ æui
Prima rudimēta: & primos exegimus annos
Accipe dona meo multū vigilata labore:
Et promissa tuis nō magna exordia rebus.
Impia prodigijs vt quondā exterruit amplis:
Scylla nouos auiū sublimis in aere cœtus
Viderit: & tenui conscendens sydera penna:
Cæruleis sua tecta supuolit' auerit alis.
Hanc pro purpureo pœnā scelerata capillo:
Pro q; patris soluens excissa funditus vrbe.
Cum plures illā & magni messala poetę:
(Nam verū fateamur: amat polymnia verū.)
Longe alia phibent mutatā mēbra figura.
Scylleū monstra in saxum cōuersa vocari.

deat̄. Virg. Oñdere Sophię philosophię. b Fallacis. i. cō stātis. c Nūc ea. s. Philosophia. d Eo. vulgo. e At q; alios poeticos: nā tūc dabat opam philosophię. Nūc itē dit dare opam carmib⁹. f Collē. Locū difficilē. g Absistā. Desistā. h Mun⁹. Poeticsū. i In quo. s. munere poetico. k Morē: Scribendi. l Omnes. Artes vel musę. m Pangeret cātaret. n Cōsors. s. Philosophia ē data heredibus. Pythagorā hoc loco Platonē: Epicurū & Aristotelē itellexit q p̄cipue de philosophia bñ meriti fuerūt ac scripserūt. o Vñ ex qua philosophia. q. d. possum p philosophiā rephēdere mores hoim ea eñ nos impellit ad bñ beateq; viuēdū. p Humiles terrestres curas & diuia cōsiderare atq; cęlestia. q Peplū. Velū appellam⁹ q̄ maxie vestales vtebant̄: sed etiā dicit̄ insigne ex serico factū in quo depingit̄ aliqd aut scribit̄ vt pplo apparere cōsueuit.

r Qualis, Versus. s Erychtheis. Quia Erychtheus fuit rex Atheniēsiū. t Dona sacra Mineruę. Quę celebrāt̄ ab Atheniēsib⁹ ac nomē iposuit suū: ipa eñ athena dicebat̄. v Quinquēnia. Sacra singulis qnq; annis fiebāt & p̄ferebātur in quinq; dieb⁹. vnde quinquatria Mineruę appellata sūt. x Zephyr⁹. Describit tēp⁹ in q̄ fiebāt sacra Mineruę videlicet in reditu zephyri i primo vere. y Texunt̄. In peplo pugnę. Palladię gesta cōtra gigātes. z Succo. colore rubro. a Typho. Addit̄ etiā Typho in peplo qui fuit vnus ex gigātib⁹ dux p̄cipu⁹. b Osseis. Osse montis Aemathio vertice. id ē pelio mōte Thessalię. Nā Aemathia Thessalia dicit̄ a rege post Deucalionē. c Deę Palladi solēni i festis qnqtriis. d Doctissime O Messala poeta sicut oñdit Tibull⁹ i carmie. Te Messala canā. e Naturę. Inter naturales. f Intexere. id ē depingere. g Senib⁹. Futuris ętatib⁹: h Nascimur. Incipim⁹. i Reb⁹ Gestis. k Impia scylla. Nūc pponit qd sit dictur⁹ Scylla Nisi filia Minois amore capta patrē suū pdit crinēq; aureū q̄ durātefatū erat vt regnū sibi ppetuū eēt subsecuit: s; tādē sprera a Minoe cū nauigaret: i auē fert̄ cōuersa: s; īfra latius declarabim⁹. l Cęruleis. Nigrescētib⁹. m Vrbe Megarēsi. Nisus eñ pr̄ regnabat Megarę: quę diruta fuit a Minoe. n Illam. Scyllam: nā crebro scribūt de Scylla. o Polymnia. Musa. p Scylleū mōstrū vocitat̄. Sed nota varias esse opiniōes: qdā dicūt Scyllā Nisi in mōstrū siue saxū scylleū cōuersā: alii dicūt e phorci & creteidos filiā spreto Tritone adamasse Neptūnū. ex q̄ Tritō irat⁹ accepto a Circe venenis locū maris i q̄ Scylla lauare se cōsueuerat infecit: quē cū itrasset puella mox mutata ē i mōstrū: & esse inguina canes videbant̄ latrātes scd'm quosdam. hui⁹ formā Virg. in. iij. Aenei: describit dicēs. Pria hois facies postrema imani corpe pistrix Delphinum caudas vtero cōmissa luporū. Home. q; Pedes. xii. habuisse: & colla sex caputq; i singul' tribile: e nauiq; auferre hoim corpa solitā sicut sex accepisse naui Vlyssis: qdā dicunt ab amphitrite mare fuisse infectū iratā Scyllā amari a Neptūno. Ouidi. vero asserit amatā Glauco quē cū circe ad suū amorē diuertere negret venenis suis mare ifecit. dicebat eñ Glauc⁹ pri⁹ in mari frōdes nascituras: & i mōtib⁹ algas q̄ i littorib⁹ nascunt̄ q; ob illusci Scyllei posset amoris. Q; aūt hic poeta Scyleū dicit tāgit historiā: nā teste Solino saxū ē i mari Siculo p̄les hñs sub se resectos scopulos: & cū fluctus maris ingreditur latratum canū representat.

Illam esse [q]erumnis quā sæpe legamus vlissi.
Cādida succinctā latrantib⁹ inguina mōstris:
[r]Dulichías vexasse rates: & gurgite in alto
Depressos: nautas canibus lacerasse marinis.
Sed neq; [s]meoniæ hæc patiunt̄ credere chartę.
Nec malus istorū dubijs erroribus auctor.
Nanq; alias alij [t]vulgo finxere puellas.
Quæ [v]colophoniaco scylle dicunt̄ homero:
Ipse [x]cratinei matrem sed siue [y]erichthei:
Siue illā monstro genuit grandęua biformi.
Siue est [z]neutra parens: atq; hoc incarmīe toto:
Inguinis id vitiū veneris descripta libido.
Siue etiam [a]exactis speciem mutata venenis.
Infœlix virgo: quid enim cōmiserat illa?
Ipse [b]pater timidam sæua cōplexus harena.
Coniugium caræ violauerat [c]amphitrites.
Ast tamen exegit longo post tēpore pœnas.
Vt tum cura suę veheretur coniugis alto.
Ipsa [d]trucem multo misceret [e]sanguine pontum.
Seu vero vt phibent forma cōuinceret omnes.
Et cupidos [f]quæstu passim spoliaret amantes.
Piscibus: & canibus rabidis [g]vallata repente est.
Horribiles circūuidit sibi sistere formas.
Heu quotiens mirata nouos expalluit artus
Ipsa suos: quotiens heu ptimuisse latratus.
Ausa quod est mulier [h]numē fraudare deorū.
[i]Edictam veneri votorum vertere pœnam.
Quā mala multiplici iuuenū q; septa caterua.
Dixerat: atq; animo meretrix iactata ferarum.
Infamē tali meritorū more fuisse.
Docta [k]palepaphiæ testatur voce [l]pachynnus.
[m]Quicquid & vt quisq; tali de clade locutus.
Omnia sunt potius liceat [n]notescere cyrin:
Atq; vnā ex multis scyllam nō esse puellis.
Quare: & quæ cant⁹ [o]meditati mittere certos.
Magna nimis cupidis tribuisti p̄mia [p]diua.
Pierides quarum castos altaria postes.
Munere sępe meo inficiūt: foribusq; hyacincti:
Deponunt flores: aut suaue rubens narcissus:
Aut [q]crocus alterna cō iungens lilia caltha.
Sparsaq; luminibus floret rosa nūc age diuæ:
Præcipue nostro nūc aspirate labori.
Atq; nouū æterno ptexite honore volumen.
Sunt [r]pandionis vicinę sedibus vrbes.
[s]Actęos inter colles: & candida [t]thesei.
Purpureis [v]latex ridentia littora conchis.
[x]Quarum nōnulli fama concedere digna.
Stat megara [y]attei quondam mutata labore
Alcathæ: [z]phœbiq; decus: nanq; affuit illi.
Vnde etiam cytharę voces imitantur acutas.

q Erumnis. Calamitatibus Vlissis.
r Dulichias. Oppidum vlissis in regno laertę. Eadem fere carmina in bucolicis sunt.
s Meonię. Homeri: qui dicit filiam fuisse Phœrci nō Nisi.
t Vulgo. Vbiq;.
v Colophoniaco. Quoniā Homerus Colophanis ciuis habetur: quę vrbs est Meonię. vbi Apollo maxime celebratur: & etiam ab oppido clarius appellatur.
x Cratinei. Quia vt diximus Phorci & Crateidos nymphę filia fuit.
y Erichthei. Nam quidam dicunt ipsam Erichthei filiam regis Atheniensiū: nōnulli Athidos filiā: q̄ filia Cratua fuit: qui etiam Athenis (teste strabone) imparauit.
z Neutra. Nec Cetis nec Athis toto carmīe est libido veneris in Scyllam.
a Exactis. Ductis:
b Pater. Neptunnus.
c Amphitrites. Vxor fuit Neptunni.
d Trucem. Tempestuosum.
e Sanguine. Quoniā fecit illā Scyllam mutari in mōstrū: sparso prius eius sanguine.
f Quęstu. Lucro: nam ob predam amantum fuit couersa in monstrum.
g Vallata. Circundata.
h Numen. Quia quando numina mari ibant volebat eā defraudare.
i Edictam veneri. Ven⁹ enim affecit Scyllam hac poena: quoniā spoliabat amantes: cū gratis eis seruire debuisset.
k Palepaphię. Veneris.
l Pachinnus. Promontorium Sicilię.
m Quicquid. Oīa sunt ibi: quę decantata sunt a poetis:
n Notescere. Claram fieri.
o Meditati. Nam Scylla semper meditabatur decipere amantes.
p Diua. Venus.
q Crocus. Calta. Narcissus. Hyacinctus. Flores.
r Pandionis. Pandion enim rex fuit Athenarum. Et pater Nisi: qui habuit filiam Scyllam.
s Actęos. Athenienses.
t Thesei. Thensā vrbs in Peloponneso est. p̄rali tantū numero declinata: sicut Arthaxata nō longe est a pilo.
v Latex. aqua.
x Quarum. concharum.
y Attei. Ipsius Attis.
z Phœbiq; decus. Hoc dicit propter nympham Alcatoen Megarensem quę ab Apolline amata fuit & quę dedit nomen cuidā arci Megarensiū: in quā ipsa Scylla ascēdere cōsueuerat: vt spectaret littora maris. Diciturq; Apollo in ipsi⁹ arcis mœnib⁹ cytharā se cōdidisse acceptā a Mercurio Cyllenio ab Cyllene monte Archadię dicto. Quo circa quotiens arcis lapides mouebant̄ sonitū reddebat cythara. Vñ modulandi ratione accepisse mortales. libro. viij. refert Regia turris. e. vo a. m. In quibus auratā ples Latonia fertur deposuisse lyrā saxo sonus eius inhęsit, Sępe illuc solita est.

Cyris Virgilij

Sæpe lapis recrepat cyllenia munera pulsus:
Vt veterem sonitu phœbi testatꝰ honorem.
Hāc vrbē ante alios qui tū florebat in armis.
Fecerat infestam populator remige[a] minos:
Hospitioqꝫ senis hyppolidosa[b]qꝫ victo.
Carpathium[c] fugiēs: & flumina ceratea[d]:
Texerat hunc bello repetēs corinthius heros[e]:
Attica[f] cretæa[g] sternebat rura sagitta.
Sed neqꝫ tunc ciues: neqꝫ tūc rex ipse veretur:
In festo ad muros volitanti ex agmie turmas
Ducere: & in domita virtute retundere mētes.
Respōsum[h] quoniā satis est meminisse deorū.
Nā capite e summo regis (mirabile dictu)
Candida cęsaries florebant tempora lauro:
Et roseus medio fulgebat vertice crinis.
Cuius quę seruata diu natura fuisset.
Tam patriā incolumē Nisi regnūqꝫ futurū:
Concordes stabili firmarunt numine parcę.
Ergo omnis cano residebat cura capillo.
Aurea solenni comptū quoqꝫ fibula[i] ritu:
Corsellę[k] tereti nectebat dente cicadę.
Nec vero hæc vobis custodia vana fuisset.
Nec fuerat nisi scylla nouo concepta furore[l].
Scylla patris miseri: patriæqꝫ inuēta sepulchrū.
Ominū cupidis si nō inhiasset ocellis.
Sed malus[m] ille puer quē nec sua flectere mater
Iratum potuit: quem nec pater atqꝫ auus[n] idem.
Iuppiter ille[o] etiam pœnos domitare leones:
Et validas docuit victas mansuescere tygres.
Ille etiā diuos homines: sed dicere magnū[p] est.
Idem cum superis acuebat paruulus iras.
Iunonis magnę: cuius periuria diuæ
Olim se meminere diu periura puellæ.
Non nulli liceat: violauerit inscia[q] sedem.
Dum sacris operata deæ[r] lasciuit: & extra
Procedit longe matrū: comitūqꝫ caterua.
Suspensam[s] gaudens in corpore ludere vestem.
Et tumidos agitate sinus aquilone relaxās.
Nec dum etiā castos agitauerat ignis[t] honores.
Nec dum solenni lympha perfusa sacerdos.
Pallentis folijs caput exornarat oliuæ.
Cum lapsa e manibꝰ fugit pila[v]: cūqꝫ relapsę
Procurrit virgo: quo vti ne prodita ludo.
Aurea iam gracili solu isset corpore palla.
Omnia quæ retinere gradū rursumqꝫ morari:
Possent: o tecū vellem tua semper haberes:
Nōnunqꝫ violata manu sacraria diuæ[x]:
Iurando infœlix nequicqꝫ iura piasses:
Et si quis nocuisse tibi periuria credat.
Causa pia est: timuit fratri te ostendere iuno:
At leuis ille deus cui semper adolescentum[y].
Quęritur ex omni verborum iniuria dicto.
Aurea[z] fulgenti depromunt tela pharetra.

ascendere filia Nisi. Et petere exiguo resonantia saxa lapillo. q̄d idē hoc loco cōmemorat poeta. ¶ Hanc vrbē ante ali. tangit quēadmodum Minos venit contra Megaram.

a Remige. Bello nauali.

b Hyppolidosa. Dicitur: componiturqꝫ ab hippꝰ quod est equus & lidosa quasi lidora. id est fœtida & maledica interdum. Hyppolidosa igitur erat Megara propter mortes.

c Carpathium. Carpathos insula est Rhodiorum: & oppidum in Creta. Sed ab insula Carpathiū mare est appellatum.

d Ceratea. Ceratheus fluuius Cretę apud Gnosum ciuitatem.

e Heros. Minos:

f Attica rura. athenas:

g Cretęa sagitta: Quia in Creta & precipue apud Gnosum sagittis aptissimi calami nascuntur.

h Responsum. Reddit causam. quia Nisus non timebat bellū: & pugnam Minois: & hoc propter crinē fatalē quo durante non poterant moenia vrbis deuastari.

i Fibula. Nectebat crinem Nisi.

k Corsellę. Ex ebore factę. Corselle in affrica oppidū est: vbi sunt elephantes: inde Corsellę eburnę.

l Furore. amore Minois. Quia Scylla patri Niso & patrię ruina fuit.

m Malus puer. Nūc dānat cupidinē. quia fuit causa tanti mali.

n Auus idem. qui ex Venere natus que erat filia Iouis. licet plures cupidines enarrarentur: alius enim ex Mercurio & Diana. & alius ex Marte.

o Ille etiam. nunc docet potentiam cupidinis.

p Magnū est. Dicendum de supis scilicet Iunonis. puer enī iuuenem furentem fecit.

q Inscia. Ipsa Scylla.

r Deę. Iunonis.

s Suspensam. Pendentem: quia quādo mulier incedit habet vestem laxam quę videtur ludere.

t Ignis. amor pallentis. Sic in Bucoli. Pallēti cedit oliuę.

v Pila. Nesciebat ludere pila quēadmodū puellę furentes solent.

x Diuę. Iunonis: quā mulieres colebāt. p quā etiā iurabāt Iunę. per Iunonem iurante ministro.

y Adolescentū. Qui ex minimis dictis paciunt iniuriā.

z Aurea tela, qualibus Hercules Thyrinthius fuit vsus.

Heu nimiū tereti: nimiū [a] tyrinthia iussu

[b] Virginis interea defixerat omnia mente.

Quæ simul: ac venis hausit sitiētibus ignem:

Et validū penitus concepit in ossa furorem.

Sæua velut gelidi [c] cydonum [d] bistonis honores:

Icta ve barbarico cybeles [e] antistia buxo:

Infœlix virgo tota bacchatur in vrbe.

Non [f] storace ideo flagrantes picta capillos.

Cognita non teneris pedibus: sic oīa seruans.

Non niueo retinens [g] baccata monilia collo.

Multū illi incerto trepidant vestigia cursu.

Sæpe redit patrios ascendere ꝑdita muros:

Aereasq́ʒ facit causam se visere turres:

Sæpe etiā tristes voluens in nocte querelas:

Sedibus ex altis [h] cœli speculatur amorem:

Castraq́ʒ ꝓspectat crebris lucentia flammis:

Nulla colum mouit carū nec respicit aurum:

Non arguta sonant: tenui [i] psalteria chorda:

Non [k] libyco molles plaudūtur pectine telæ.

Null⁹ ī ore [l] rubor: vbi enī robur obstat amori:

Atq́ʒ vbi nulla malis reperit olatia tantis.

Tabidulāq́ʒ videt labi per viscera mortem:

Quo vocat ire dolor: subigunt quo tēdere fata

Fertur: & horribili [m] preceps impellitur [n] ostro.

Vt patris ah demens crinem de vertice seruet

Furtim: atq́ʒ arguto detonsum mitteret hosti.

Nāq́ʒ hæc conditio nisi [o] rapto opponitur vna.

Siue illa ignorans: [p] quis nō bonus oia malit!

Credere: q̄ tanto scelere damnare puellam.

Heu tamē infœlix: quid enī imprudētia ꝓdest?

Nise pater: cum direpta crudeliter vrbe

Vixerat: vna super sedes in turribus altis

Fessus: vbi extructo possis conscendere nido:

Tu q̄ʒ auis moriere: dabit tibi filia pœnas:

Gaudete o [q] celeres subnixe nubibus altis:

Quæ mare quæ virides syluas: lucosq́ʒ sonantes

Incolitis: gaudete vagæ: blandæq́ʒ volucres.

Vsq́ʒ adeo [r] humani mutatæ corporis artus:

Vix o crudelis fatorum lege puellæ.

[s] Dauliades crudele venit [t] carissima vobis.

[v] Cognatos augens reges: numerūq́ʒ suorum

[x] Cyris: & ipse pater vos o pulcherrima quondā

Corpora cæruleas [y] præuertite in æthera nubes:

Qua nouus ad superū sedes [z] calcheius: & qua

Candida concessos ascendat cyris honores:

[a] Iamq́ʒ adeo dulci deuinctus lumina somno

Nisus erat: vigilūq́ʒ procul custodia primis:

Excubias foribus studio iactabat inani:

Cum furtim tacito descendens scylla cubili:

Auribus arreptis nocturna silentia tentat:

Et primū tenuē singultibus aera captat.

Tum suspensa leuans digitis vestigia [b] primis:

a Thyrinti⁹. Thyrins in peloponneso vrbs insignis mœnibus fuit. & quidā dixerūt coli ibidem Cupidinem.
b Virginis. Scylle. c Cidoniū. Cydon ciuitas est Thraciç. d Bistonis. Est lacus in Thracia iuxta quē ex buxo tybiā inuenerūt qua phrigij vsi sunt. e Antista. Sacerdotissa. f Storace. Storax genus arborū ex qua odoriferum fiebat vnguentū & quo capillos aspergebant.
g Baccata. Gēmis ornata. h Cœli. Simulabat se videre sydera cœli: & speculari. Sed solum faciebat vt posset spectare regē Minoem amatū. i Psalteria. Genus instrumenti musici. k Lybico. Eburneo. l Rubor. Quia pallentes sunt amātes lege. Ouidi. in amoribus.
m Preceps. Sine respectu salutis. n Ostro. Veste ex ostro in quo mitteret hosti nunc paternum crinem.
o Rapto. Capillo Nisi patris. p Qui bonus. Poeta excusat puellam: quod quisq́ʒ iudex optim⁹ existimaret puellam nō rapuisse crinē paternū dedita opa: sed poti⁹ ex ignorantia & casu quodā. q Celeres. Aues veloces.
r Humani. Quia ex humano corpore factę sunt aues.
s Dauliades. Progne & philomela quę fuerūt de Daulia oppido Thratię. t Carissima. Scylla. v Cognatos. Quia Nisus pater Scyllę frater erat philomellę & Prognes ex Pādione parente rege Atheniarū. x Cyris. id est Scylla quę Cyris etiā denoīata est: quia capillum patris secuit. Cyris enī grecę etiam tondeo significat. Itaq́ʒ vana ab auctoribus denominatio ipsius declarat. y Preuertite. Ite ante omnes nubes. z Calcheius. Calchis oppidum est locrorū. & in euboea est. Sed nō ꝓpterea Nisus Megarensium rex Chalcheius nominatus est: sed potius ab aureo capillo. nam chalchos es & metallum significat.
a Iāq́ʒ adeo. Describit tempus quo Scylla rapuit crinem Niso parenti. nā incassum. b Primis pedib⁹. id est primis pedum vt ita dicam furto rapiendo crinem.

Cyris Virgilij

Egreditur, ferroq; man⁹ armata bidenti
Euolat: at demp: æ subita in formidine vires:
Cæruleas sua furta p[illegible]is testa͂ ad vmbras.
Nam qua se ad patriū tendebat semita limen.
Vestibulo in thalami paulum remora͂: & altū
Suspicit ad cœli nutantia sydera mundi:
Non accepta pijs promittens munera diuis.
Quā simul ogigij phœnicis filia charmæ.
Surgere sensit anus (sonitū nā fecerat illi.
Marmoreo æratus stridens in limine cardo)
Corripit ex tēplo fessam languore puellam.
Et simul o nobis sacrū caput inquit alumna:
Nō tibi nequicq; viridis p viscera pallor:
Aegroto tenui suffudit sanguine venas.
Nec leuis hoc faceret: neq; eī pote cura subegit
Haud fallor: q te potius rhānusia fallit.
Nam qua te causa ne dulcis pocula bacchi.
Nec grauidos cereris dicam cōtingere fœtus:
Quæ causa ad patriū solam vigilare cubile:
Tempore quo fessas mortalia pectora curas:
Quo rapidos etiā requiescūt flumina cursus:
Dic age nūc miseræ saltē quod sæpe petenti.
Iurabas: nihil esse mihi cū mœsta parentis.
Formosos circum virgo morere capillos:
Hei mihi ne furor ille tuos inuaserit artus.
Ille arabis myrrhæ quondā qui cœpit ocellos.
Vt scelere infando: quod nec sinit adrastea
Ledere vtrūq; vno studeas errore parentem.
Quod si alio quouis animo iactaris amore.
Nam te iactari non est amatuntia nostri
Tam rudis: vt nullo possim cognoscere signo.
Sin cōfessus amor noto te macera igne.
Per tibi dyctinnæ præsentia numina iuro.
Prima deū quæ dulce mihi te donat alumnā.

Omnia me potius digna atq; indigna laturā:
Milia visurā: que te tam tristibus istis
Sordibus: & scoria paciar tabescere tali.
Hæc loquit: mollic; vt se velauit amictu.
Frigidulam iniecta circūdat veste puellam.
Quæ prius vt tenui steterat succincta corona.
Dulcia deinde genis rorantibus oscula figens:
Persequitur miseræ causas exquirere tales.
Nec tamē ante vllas patit sibi reddere voces.
Marmoreū tremebūda pedē quā rettulit intra:
Illa aūt: quid nūc me (inqt) nutricula torques:
Quid tantū pperas nostros nouisse furores:
Nō ego cōsueto mortalib⁹ vror amore.
Nec mihi notorū deflectūt lumina vultus.
Nec genitor cordi est: vltro nāq; odimus oēs.
Nil amat hic anim⁹ nutrix q̄d optet amari.
In quo falsa tamē lateat pietatis imago.

c Altū. Alte.: d Mūdi. quieti & sereni. e Phœnicis. Hic est nomē pprium cuiusdā cesariani. f Carme. Puella filia cuiusdā ogygii. i. Thebani Charme. nutrix ipsius Scyllæ. g Alumna. Verba Charmes ad Scyllā eius alumnā. h Pote. Potens. i Quod. id est sed. k Rhamnusia. Dea indignatiōis dicit. Et Nemesis a quibusdā noiat. Rhānusia a Rhamn: oppido: de quo Lucan⁹. in eubœa denoiata est: in qua etiā ciuitate Fortuna colebatur. Luca. Et timidis infesta colit [illegible] numia rhamnis. Et Ouidi. Exiget ad diras vltrix rhānusia pœnas: pprie enim ait cōtra Syphos. Ei⁹ deæ. vt Pli. ait in Capitolio simlachrū erat: & neq; ipsius latinū nomē habet. Itaq; male quidem p fortuna interptant. l Pocula. Nec venisti ad bibendū nec ad comedendū. m Flumia cursus. Talis sensus est in Buco. Et mutata suos requierūt flumina cursus.
n Myrrhæ. Mirrha cynare Cypriorū regis filia: q parentis cōcubitū affectauit: ex q Adonis natus traditur.
o. Adrastea: Ipsa Rhānusia vel Nemesis, quia circū circa Adrastus Rex illi templū cōdidisse pdit. p Amatūtia. Appellat ab amatunte insula in mari ægeo: q Veneri sacra fuit. Facit ergo deriuatiuū amatūs amatuntius. amatuntia amatūtiū. Amatuntiā. Scylla. q Tam rudis. s. es o Scylla quod vnico signo possum cognoscere furores tuos ergo nō est q te iactes. id est mihi aliqd dicas de amore tuo r Dictynnæ. Dyctyña dyana a cretē sibi denoiata ē: qa virgo qdā cretē suā virgitatē Dianæ dicās a Minoe cū opprimeret: & fuge via nlla daret. i mare se pcipitē dedit. postea ei⁹ cadauer rhete comptū fuit qd grece diction dicit: sed cū patria peste laboraret responsum habuerūt a Diana: eādem cōsecrarēt: qd ipsi faciētes Dianā ipam Dyctynnā vocauere. Vnde Tybullus. Perq; suas impune sinit Dyctinna sagittas. s Scoria. Scoriā metallorū squamā & purgatione denominat. Scoria. id est cura & ingēti passione.
t Marmoreū. Albū: Illa autē responsio Scyllæ. v Cōsueto. Quo mortales vti solent. sed potius de vino.
x Cordi. Non sum capta amore paterno.

Sed media ex acie mediis ex hostibus: heu heu
Quid dicã? quo te ipsa malũ hoc exordiar ore?
Dicã equidẽ: quoniã qd nõ tibi dicere nutrix:
Non finis: extremũ hoc munꝰ morientis habeto.
Ille vides nostris qui mœnibꝰ assidet hostis.
Quẽ pater ipse deũ sceptri donauit honore.
Cui parcę: & tribuũt nullo quod vulnere lędi.
Dicendũ frustra circũuehor omnia verbis.
Ille mea: ille ideo oppugnat ꝑcordia minos:
Quod te per diuũ crebros obtestor amores:
Perꝙ tuũ memoris haustũ mihi pectꝰ alumnę.
Vt me si versare potes nec perdere malis.
Sin autem optatæ spes est incisa salutis:
Nec mihi quã merui ĩvideas nutricula mortẽ.
Nam si te nobis malus o malus optima carme.
Ante hũc conspectũ casus ve deus ve tulisset.
Aut ferro hoc (aperit ferrũ quod veste latebat)
Purpureũ patris dempsissem vertice crinem:
Aut mihi præsenti peperissem vulnere lætum.
Vix hæc ediderat: cũ clade exterrita tristis
Intonsos multo deturpat vulnere crines:
Et grauiter quæstu charme cõplorat anili.
O mihi nũc iterũ crudelis reddite minos.
O iterũ nostræ minos inimice senectę.
Semp: & aut olim nata o te propter eundẽ:
Aut amor insanę luctum portauit alumnę:
Te ne ego tam lõge capta: atꝙ euecta nequiui.
Tam graue seruitium: tã duros passa labores
Effugere? obsistam exitiũ crudele meorum.
Iam iam nec nobis ea quæ senioribus vllum
Viuendi copiã viuit genꝰ: aut quid ego amẽs
Te erepto brito marte est spes vana sepulchri.
Te brito marte diẽ potui producere vitę:
Atꝙ vtinã cereri: nec tñ grata dianę.
Venatus esses virgo sectata virorum.
Gnosia naupacto contendens spicula cornu
Dictæas ageres ad gramia nota capellas.
Nunꝙ tam obnixe fugeres o minos amores.
Præceps aereis specula de montibus isses.
Vnde alij fugisse ferunt: & numina phoræ.
Virginis assignat: alij quo notior esses.
Dyctinnam dixere tuo de nomine lunam.
Sin hæc vera velim: mihi certe nata perisses.
Nunꝙ ego te summo volitantẽ in vertice mõtis.
Hircanos inter comites: agmenꝙ ferarum
Conspiciã: nec te redeuntẽ amplexo tenebo.
Verũ hęc cũ nobis grauia: atꝙ indigna fuere.
Tũ mea luna tui cũ spes integra maneret:
Et vox ista meas nõdũ violauerat aures.
Te ne etiã fortuna mihi crudelis ademit?
Te ne sola meæ viuendi causa senectę?
Sæpe tuo dulci nequicꝙ capta sopore.
Cum ꝑmeret natura: mori me velle negaui:
Vt tibi coritio glomerarem flammea luto.
Quo nũc me ĩfœlix: aut q̃ me numina seruãt?
An nescis qua lege patris de vertice canos.
Edita candẽtes ꝑtexat purpura crines.
Quæ tenuit patrio pressit suspensa capillo.
Si nescis aliquã possum sperare salutẽ.
Inscia quãdoquidẽ scelus es conata nefando.
Sin est: quod metuo: per me mea alũna tuũꝙ.
Expertũ multis miserę mihi rebus amorem.
Perdere læua ꝓcul pꝰ flumina sacra illythiæ.
Nec tñ in facinꝰ tam molli mente sequaris.
Nõ ego te incœpto fieri quod nõ pote conor.
Flectere amor: neꝙ sit cũ dijs cõtendere nostrũ.
Sed patris incolumi potius te nubere regno.
Atꝙ aliquos tamẽ esse velis tibi alũna penates.
Hoc vnum exitio de la: atꝙ experta monebo.
Quod si nõ alia poteris ratione parentem
Flectere: sed poteris: quid ẽm nõ vnica possis?

y Heu heu. Qm̃ amor meꝰ est ĩ medijs hostibꝰ. z Nõ dicere nõ finis. Oĩa ꝑmittit dicere: & apire tibi. a Pater deũ. Iuppiter donauit sceptri honore quia fecit ipm regem. b Haustũ. Potũ a me qa gustaui & bibi lac tuũ. c Incisa. Remota. q. d. si nulla habet spes. d Pepissem lęthũ. Mortua essem. e Deturpat crines. Audita orõne scyllę illico Charme crines certa maculauit. f Seruitiũ. Tuũ o minos q. s. dat senioribꝰ. g Quid ego. s. dico hęc oĩa. h Brito, martis virgo illa dicta fuit. quam Minos vt virginitate spoliaret psequebat. i Naupacto Liuius ciuitatẽ ętolię fuisse ondit: ĩ bello macedonico, vbi meleager versabat sagittis ĩ venatibꝰ vtẽs. k Cornu. ergo naupacto. id est arcu quali naupactoi vtebant. l Dictęas. A dictę nympha vel a dictę mõte cręteo. m Obnixe. Certatim & magno conatu. n Phorę. A loco. id est virginis phorę: alij poenę. o Tuo noĩe. Tua causa. p Hircanos. Hyrcania armenũ sylua: in qua serpẽtes abũdãt. vñ comites hyrcanos. i. sęuos q Negaui. Mori p te cũ iuis naturę cursꝰ ppe esset: r Coritio. Ciuitas cicilię, croci abũdãtissima: & quidẽ suauis. s Flamea. Vela tenuissima quibꝰ virgines sponsę cũ ad maritũ ducebant vterent tegẽdi pudore grã. Vñ Claudianꝰ flãmea sollicitũ ꝑuellatura pudorem. t Lege. Fatali scilicet. v Ilythię. Ilythia. diana ẽ appellata: quia dea syluarum est. Ili enĩ sylua est: & thea dea. Vñ ilithea syluarũ dea. x Molli. Lasciua. y Potes. i. Potest fieri. z Quid enĩ. q. d. Omnia poteris apud parentem tuum cum sis vnica.

Tunc potius tamē ipsa pio cū iure licebit:
Cum facti causam: tempusq̄ doloris habebis:
Tunc potius conata tua: atq̄ incerta referto.
Meq̄ deosq̄ tibi comites mea alūna futuros
Polliceor: nihil est quod texat in ordiē longū:
Hic vbi sollicitus animi reuelauerit æstus
Vocibus: & blāda pectus spe viserat ægrum:
Paulatim tremēda genis obducere vestē
Virginis: & placidā tenebris captare quietē.
Inuerso bibulū restringens lumen oliuo.
Ferre manu assiduis mulcent p̄cordia palmis:
Incipit ad crebros insani pectoris ictus:
Noctē illā sic mœsta super moriētis alumnæ.
Frigidulos cubito subnixa p̄pepēdit ocellos.
Postera lux: vbi læta diē mortalibus almū.
Et gelido veniente mane quatiebat ab oetha.
Quē pauidę alternis fugitāt optātq̄ puellę:
Hesperiū vitant: optant ardescere solem.
Præceptis paret virgo nutricis: & omnes
Vndiq̄ cōquirit nubendi sedula causas.
Tentantur patriæ summissis vocibus aures:
Laudanturq̄ bonæ pacis bona: mult⁹ incepto.
Virginis insolitæ sermo nouus errat in ore.
Nunc tremere instātis belli certamia dicit:
Cōmuneq̄ timere deū: nunc regis amicis.
Nāq̄ ipso verita est orbari mœsta parente.
Cū Ioue cōmunes q̄ quondā habuere nepotes.
Nunc etiā confecta dolo mendacia turpi
Inuenit: & diuum terret formidine ciues.
Nūc alia ex alijs nec desunt omnia quærunt.
Quin etiā castos ausa est corrumpere vates:
Et cū cæsa pio cecidisset victima ferro.
Vt sint: qui generū minoia auctoribus extis
Iungere: & ancipites suaderēt tollere pugnas.

Aut nutrix patulā cōponens sulphura testa:
Narcissum casiamq̄ herbas incendit olentes:
Terq̄ nouena ligat triplici diuersa colore
Fila: ter ingremiū circū inquit despue virgo.
Despue ter virgo. numero de⁹ impare gaudet.
Hinc magno generata ioui frigidula sacra.
Sacra nec idæis auibus: nec cognita graiis.
Pergit amydæo spargens altaria thallo.
Regis Iolchiacis animū defigere votis:
Verū vbi nulla mouet stabilē fallacia nisum.
Nec possunt hoīes: nec possunt flectere diui.
Tanta est in paruo fiducia crine: cauendi.
Rursus ad inceptū sociā se adiungit alumnę:
Purpureūq̄ parat rursus tondere capillum.
Cū longo quod iam captat succurrere amori.
Nō minus illa tamē reuehi q̄d mænia crescant.
Gaudeat: & cineri patrię est iucunda sepulchro.
Ergo metu capiti scylla est inimica paterno:
Tū coma sydonio florens succiditur ostro:
Tum capitū megara: & diuū responsa probant.
Tūc suspensa nouo ritu de nauibus altis.
Per mare cæruleū trahitū nisęia virgo:
Cum plures illā nymphæ mirantū in vndis.
Miratū pater oceanus: & candida thetis:
Et cupidas secū rapiēs galathea sorores.
Illa etiā iunctis: magnū q̄ piscibus æquor:
Et glauco bipedū curru metitur æquorum
Leucothoe: paruusq̄ dea cū matre palemon.
Illi etiā æternas sortiti viuere luces:
Chara Iouis soboles: magnū Iouis incrementū.
Tyndaridæ niueos mirantū virginis artus
Has adeo voces: atq̄ hec lamāta p̄ auras.
Fluctibus in medijs quæstu voluebat inanis
Ad cœlū infœlix ardentia lumina tollens:
Lumina: nā teneras arcebant vincula palmas.

Supprimito paulũ turbata o flãma venti.
Dũ queror. & diuos quãq̃ nil testibus illis
Profeci: extrema moriẽs tamẽ alloquor hora.
Vos ego: vos adeo venti testabor & auræ.
Vos o numatina si qui de gente venitis.
Cernitis illa ego sum cognato sanguĩe vobis.
Scylla: quod o salua liceat tibi dicere progne.
Illa ego sum Nisi pollentis filia quondam.
Certatim ex omni petijt quã gretia regno:
Qua curuus terras amplecti ĩ Hellespontus:
Illa ego sum minos sacrato federe cõiunx.
Dicta tibi: tamẽ hæc: & si nõ accipis audis.
Victa ne tã magni tranabo gurgitis vndas:
Victa tot assiduas pendebo ex ordine luces:
Nõ equidẽ me alio possum cõtendere dignam
Supplicio: quãq̃ patriã: carosq̃ penates:
Hostibus: immitiq̃ addixi ignara tyranno:
Verũ est hæc minos illos scelerata putaui.
Si nostra ante aliquis nudasset fœdera causas:
Facturos quorũ direptis mœnibus vrbis.
O ego crudelis flãmam delubra petiui.
Te vero victore prius vel sydera cursus.
Mutatura suos: quãte mihi talia captę
Facturũ metui: iam iam scelus oĩa vincit.
Ten ego plus patrio dilexi perdita regno:
Ten ego: nec mirũ vultu decepta puella.
Vt vidi: vt perij: vt me mal⁹ abstulit error.
Non equidẽ ex isto speraui corpore posse.
Tale malum nasci forma: vel sydere fallor.
Non me delitijs cõmouit regia diues.
Coralio fragili: & lachrymoso mouit electro:
Me nõ florentes: equali corpore nymphæ.
Nõ metus incensam potuit retinere deorum.
Omnia vincit amor: quid eñ nõ vinceret ille:
Nõ mihi iã pingui sudabũt tpa myrrha.
Pronuba nec castos accendet pinus odores
Nõ lybis assyrio sternetur lectulus ostro.
Magna q̃ror: nec vt illa quidẽ cõmunis alũne
Oĩbus iniecta tellus tumulabit harena.
Me ne inter comites: ancillarũq̃ cauernas:
Manalias inter famularũ munere fungi
Coniugis: atq̃ tuæ quęcũq̃ erit illa beata:
Nõ licuit grauidos penso deuoluere fusos.
At belli saltem: captiuã lege necasses.
Iam fessę tandẽ fugiũt de corpore vires:
Et caput inflexa lentũ ceruice recumbit.
Marmorea adductis labascunt brachia nodis:

a Referto. Narrabis patri. b Futuros. Habebis & me & deos hoiesq̃ fauẽtes. c Virginis. Scyllę. d Bibulũ. q̃a himẽ bibit oleũ. id est ardẽdo cõsumit. e Oetha. Mons inter macedoniã & Thessaliã: in quo prim⁹ solis ortus gręcis apparet. f Optanẽ. Fugiũt q̃a puellę fugiũt & cupiũt videri. Vt ĩ Buco. Et fugit ad salices et se cupit ante videri. g Patrię aurẽ. Cohortabunẽ patrẽ ad pacẽ cũ Minoe. h Incœpto. Vel virgineo: quia virgĩes nesciunt loqui. Vel incœpto ꝓpter furorẽ. Vt Virgi. Incipit effari mediaq̃ in voce resistit. i Mẽdatia. Oĩa dicebant & simulabãt patri: vt fieret pax. k Vates. Scylla corrupit fates yt dicerẽt faciendã pacẽ cũ Minoe. l Extis. Animaliũ. m Ancipites. Dubias. n Terq̃ nouena. xxvii. Fila vt in Buco. Ter licia. o Generata. Scylla filia. p Idęis. Troianis: faciebãt enim sacra Ioui nunc cognita Troianis: & gręcis. q Amycleo. id est spartano. amyclę enim est ciuitas spartę. r Thalo. Thalũ Herbã verbenã. s Iolchiacis. Qualib⁹ vsa est Medęa in Iolcho quę est ciuitas Thessalię vbi regnum erat Pelię & Aesonis patris ipsius Iasonis: qui ad iuuentã euocatus fuit auxilio Medeę: erãt p̄terea venefic̨ę mulieres in Thessalia: & herbę veneficijs aptissimę. t Stabulis. id est ab aula sua. Nã stabulum apud antiq̃s erat prior & prestãtior ps dom⁹. v Tondere. id est secare. x Reuehi. Reduci. y Coma. Capillus aureus. z Sydonio ostro. id est purpureo. Nã Sydõ ciuitas: vbi nascit̃ murex: ex cui⁹ sanguĩe tingit̃ ostrũ.
a Glauco. Viridi. b Matre. Ino. c Palemon. Learcus Nota est fabula apud Ouidi. in fastis. d Chara Iouis soboles. De polluce & Castore itelligit. e Has adeo voces. Cõcludit quẽadmodũ ipsa Scylla conquesta fuerat & de Minoe q̃ nõ merita secũdũ spem suã fuisset cõsecuta. f Lumĩa. Oculos. g Arcebãt. Cõstat enim postea q̃ parentẽ Scylla prodidit: & ad Minoẽ venit: sperans cõnubio ipsi⁹ iũgi: ad prorã nauis suspẽdi iussã. h Quãq̃ nil testib⁹ illis. Eadẽ verba fermẽ sũt ĩ Buco. i Mantina. id est Thracia. Nã mantinę ppli Thracię sũt: quib⁹ imparit There⁹ Prognes marit⁹. k Cognato sanguĩe. Quia s. m filia Nisi fratris Philomelę & Prognes q̃ fuit vxor Therei. l Pollẽtis. Splendentis impio. m Vincta. Ligata ad prorã nauis. n Verũ est o mios. Q, ꝓdidi patriã qd sũ digna tali supplitio. o Quorũ direptis. q. d. ego existimaui eos vlturos iniuriã a me patrię illatã. p Flãmam. Quia feci incẽdi oĩa tẽpla ꝓpter te: pl⁹ amaui te q̃ patrẽ & regnũ paternũ. q Me abstulit. Hęc eadẽ verba sunt in Buco. r Delitijs. Nõ sũ rapta diuitiis tuis nec coralio: nec electro. s Lachrymoso. Quia ex lachrymis arboris ppli defluit. t Incẽtam. Inflamatã nullũ habui respectũ deorũ dũmodo te amarẽ. v Pronuba. Quia faces pinee fieri solẽt q̃ accendunẽ in nuptiis. x Lybis eburneus. Quia in lybia sũt elephãtes ex quib⁹ est ebur. y Menalias. Archadias. z Captiui. Oẽs captiui in bello macstabanẽ. a Marmorea. Alba. b Adductis. Curuatis.

Cyris Virgilij

Aequoreę pestes imania corpora ponti.
Vndiq; cõueniunt: & glauco in gurgite circũ.
Verbera caudarum: atq; oris minantur hiatu.
Iam tandẽ casus hominũ: iam respice minos.
Sit satis hoc: tantũ solam vidisse malorũ.
Vel fato fuerit nobis hęc debita pestis:
Vel casu incepto: merita vel deniq; culpa:
Omnia nã potius quã te lesisse putabo.
Labitur interea reuoluta ab littore classis[c].
Magna repentino sinuantur littora coro.
Flectit in viridi remus sale[d] languida: fessę
Virginis incursu moritur q̃rimonia longo:
Deserit angustis inclusum faucibus isthmon[e].
[f]Cypselidę magni florentia regna corynthi.
Praeterit abruptas Scyronis[g] protinus arces:
Infestumq; suis dirę testudinis exit
[h]Spelęum: multoq; cruẽtas hospite cautes.
Ianq; adeo tutum longe pyręa[i] cernit:
Et notas secũ heu frustra respectat athenas.
Iam procul e fluctu minoia respicit arua:
Floretesq; videt iã cycladas[k]: hinc strophadasq;[l]:
Hinc sinus: hinc statio: contra patet hermiona[m].
Linquitur ante alias longe gratissima delos[n].
Nereidũ matri: & neptũno aegeo.
Prospicit incinctã spumanti littore cinthum[o]:
Marmoreãq; paro[p]: viridẽq; adlapsa donysom
[q]Aeginamq; simul: sementiferãq; seriphum.
Fertur: & incertis iactatur ad omnia ventis
Cymba: velut magnas seq̃t cũ paruula classes
Apher: & hyberno bacchãt in aequore turbo.
Donec tale decus formę vexauerit ęgram.
Non tulit: ac misero mutauit virginis artus.
[r]Ceruleo pollens coniunx neptunnia regno.
Sed tamen externã squam[illegible]s vestire puellam:
Insidosq; inter teneram cõmittere pisces:
Nõ statuit: nimiũ est auidũ pecus amphitrites:
[s]Aeris potius sublime sustulit alis.
Esset vt in terris facti de nomine Cyris:
Cyris amyclęo formosior ansere[t] ledę.
Hic velut in niueo tenerę cũ protinus ouo.
Effigies animant: & internodia membris
Imperfecta nouo fluitant concreta colore.
Sic liquido scyllę circũfusũ aequore corpus.
Semiferi incertis etiam nunc partibus artus
Vndiq; mutabãt: atq; vndiq; mutabãtur.
[v]Oris honos primũ multis optata labella.
Et patulę frontis species concrescere in vnum
Coepere: & gracili mentũ producere rostro.
Tum qua se mediũ capitis discrimen agebat.
Ecce repente velut patrios imitatur honores.
Purpureã concussit apex in vertice cristam.
At mẽbris varios intexens pluma colores.
Mansurũ volucri vestiuit tegmine corpus:
Lentaq; perpetuas foderunt brachia pennas.
Inde alias partes nimioq; infecta rubenti
Crura: nouamq; aciẽ obduxit squalida pellis.

c Classis. Minois. describit recessum minois a Megara.
d Sale. Mari. e Isthmos. strictura ista terrę appellatur inter Ioniũ & Aegeũ mare lucanus. Qualiter vndas. Qui secat: & geminũ medius mare sepat isthmos. Nec patitur cõferre fretũ si terra recedat Ioniũ ęgęo franget mare.
f Cypselidę. A Cypsello Ixionis: & Iadę filio dicti sunt corinthij. Et eñ fuerat oraculũ primũ corinthiorũ tyrannum fuisse: cui successit Periander filius: & nomẽ habuit a mensurę frumẽtarię genere: quod Cypsellã noiant. quippe cum quęrẽtibus corinthiis interficere in mẽsura frumentaria mater pdit cõdidisse. g Scyronis. Scyron in Megarę montibus habitasse tradit: atq; appellãtes hospites interficere solitum & pdari. Inde Scyronia saxa denominata sunt.
h Spelęũ. Cepulã significat: Sed portus est sub saxis Scyronis infaustus olim minoi: & inde rupes Minoia vocitata
i Pyrrea. Pyrreũ locũ forũ Atheniensiũ significat: pariter & portũ eiusdẽ nois fuisse tradũt. k Cycladas. In mari egeo. l Strophadasq;. Strophadę similiter insulę appellatę sunt: ob cõuersionem: quã fecerũt zoetus: & Calais Boreę & orythię filii depulsę Harpiis a mẽsę Phinei. & plotic antea dicebant. m Hermiona. Ciuitas est in conspectu maris ęgei. n Delos notissima insula origine phoebi & Dianę. o Cynthus. Ciuitas. p Paron q;. Donysson. Insulę cycladũ clarissimę marmoribus. q Aeginam Seryphũ. Etiã clarissimas insulas nõ magnitudie: sed q ad eas cõsueuit dãnatus aliquis dimitti. Eginal vero in peloponneso est vbi eadẽ est Hermonię: & dicta est (teste. Ouidi.) a matre Aeaci: ait eñ Aecus ae[illegible]inã genitricis nomine dixit: est eñ in epidauri cõspectu. r Cõiunx neptunnia. Amphitrite vxor neptunni: verũ ponit p omni mari: quod circuit terrã id est oceano. s Aeris alis. Quia conuersa est in auẽ. t Ansere. Cygno. qui habuit rem cum leda: sed inde Iuppiter erat.
v Honos. reuerentia oris & formę suorũ: quia post illa tẽpora nunq̃ perit o[illegible] Megarenses.

Et pedibus teneris vngues confixit acutos.
Et tamen hoc demũ misere succurrere pacto.
Vix fuerat placida neptuni cõiuge dignum.
Nunc̨ illã post hac oculi videre suorum.
Purpureas saluo retinentẽ vertice vittas.
Nõ thalamus tyrio fragrans accepit amomo.
Nullę illam sedes: quid em̃ iam sedibus illis.
Quæ simul vt sese cano de gurgite velox.
Cum sonitu ad cęlum stridentib⁹ extulit alis:
Et multũ late dispersit in æquore rorem.
Infœlix virgo: nequic̨ morte recepta.

[x] Incultum solis in rupibus exigit æuum.
Rupibus & scopulis & littoribus desertis.
Nec tñ hoc iterũ pena sine: nac̨ deum rex
Oia: q impio terrarũ milia versat.
Cõmotus talẽ ad supos volitare puellam.
Cum pater extinctus cęca sub nocte lateret.
Illi pro pietate sua. Nam sæpe videmus:
Sanguine taurorum suplex resperserat auras.
Sæpe deum largo decorarat munere sedes.
Reddidit optatam mutato corpore vitam.

[y] Fecit & in terris halyetos ales vt esset.
Quippe aquilis sẽp gaudet de⁹ ille choruscis
Huic vero miserę: quoniam iam nata deorum
Iudicio: natic̨: & cõiugis ante fuisset

[z] Infesti: apposuitc̨ odium crudele parentis:
Iac̨ vtinã æthereo signorũ munere: præstans
Vnum quẽ duplici stellarũ sydere vidi.
Scorpius alternis clarum fugiant orionem.
Sic inter sese tristis halyetus in iras:
Et cyris memori servãt ad sæcula fato.
Quacũc̨ illa leuẽ fugiẽs secat æthera pennis.

[z] Ecce inimicus atrox magno stridore per auras,
Insequitur nisus: qua se fert nisus ad auras:
Illa leuem fugiens raptim secat æthera pennis.

x Exigit. Proterit ętatẽ suã in scopulis: & rupibus.
y Halyetos. De genere aquilarũ q talẽ habẽt naturã: vt nõ ꝑprio generis sui cõcubitu nascant̃: sed ex diuersis aquilis. foetus quos noscũt generosos cogẽdo eos intueri radios solares pascunt. z Infesti. Quia pater Nisus est inimic⁹ huic aui. z Atrox. Pater Nisus.

Publij Virgilij Maronis Catalecton. Priapus loquitur.

VEre rosa: autumno pomis: æstate
Spicis: vna mihi ẽ hor- (freq̃ntor
rida pestis hyems.
Nã frigẽs metuo: & vereor ne li-
Hic de⁹ ignarus præ- (gne⁹ ignẽ
bear agricolis.
Ego hæc ego arte hac fabricata rustica.
Ego arida viator: ecce populus
Agellum hunc sinistra tute quẽ vides.
Heric̨ villam: hortulũc̨ pauperis
Tuor: mala sc̨ furis arceo manus:
Mihi corolla picta vere ponitur.
Mihi rubens arista sole feruido:
Mihi virente dulcis vua pampino:
Mihi glauca oliua duro cocta frigore.
Meis capellæ delicata pascuis:
In vrbem adulta lacte portant vbera:
Meisc̨ pinguis agnus ex ouilibus.
Grauem domum:
Teneraq̨ matre mugiente vaccula:
Deũ profundit ante tẽpla sanguinem.
Proin viator hunc deum vereberis.
Manũc̨ sursum habebis: hoc tibi expedit.
Parata nanc̨ crux est arte mentula.
Velim pol inquis: ac pol ecce villicus.
Venit valenti cui reuulsa brachio.
Fuit ista mentula apta clauа dexteræ.
Hunc iuuenes locũ villulác̨ palustrem:
Tectam vimine iunceo carisc̨ maniplis.
Quercus arida rustica formata securi.
Nutrior magis & magis: vt beata quot annis.
Huius nã domini colunt mediũc̨ salutant.
Pauperis tugurij pater: filiusc̨:
Alter assidua colens diligentia vt herba.
Aspera sit dumosa: meoc̨ remota sacello.
Alter parua ferens semper munera larga.
Florido mihi posuit pictas vere corollas:
Primitijs: & tenera virens spica mollis arista
Luteæ violæ mihi: lacteumc̨ papauer.
Pallentesc̨ cucurbitæ: & suaue olentia mala.
Vua pampinea rubens educata sub vmbra.
Sanguinea etiã mihi: sed tacebimus arma.
Barbatus linit hirculus cornipedesc̨ capellæ:
Pro quis omnia honoribus hoc necesse priape
Præstare: & domini hortulũ: vineac̨ tueri.
Quare hinc o pueri mala abstinete rapina.
Vicinus prope diues est: negligensc̨ priapus.
Inde sumite semitã: hæc deinde vos feret ipsa.
De qua sæpe tibi venit: sed sæpe videre
Non licet: occulitur lumine clausa viri.
De qua sæpe tibi nõ venit adhuc mihi: namc̨
Si occulitur longe est tangere quod nequeas.
Venerit aut tibi nũc sed iã mihi nuncius iste.
Quid prodest illi dicere quæ redijt.
Hormethiorum amator iste verborum.
Iste iste rhetor namc̨ quatenus totus.
Thucydides briannus atticæ febris.
Thaugallicũ iminet ipsemet: male illisit.

Ista omnia verba: ista miscuit fratri.
 Aspice: quē video subnixum gloria regno
Altius: & cœli sedibus extulerat.
Terrarum hic bello magnū cōcusserat orbem.
Hic reges asiæ fregerat hic populos.
Hic graue seruitiū tibi iam tibi roma minaꝫ.
Cætera nanq; viri cuspide conciderant.
Cum subito in medio rerū certamine præceps
Corruit: & patria pulsus in exilium.
Tale deum numen: tali mortalia nutu.
Fallax momento temporis hora dedit.
Quocunq; ire ferunt variæ nos tempora vitæ.
Pangere qua terras: quosq; videre homines:
Dispeream: si te fuerit mihi carior alter.
Alter enim quis te dulcior esse potest?
Con uenit ante alios diui diuūq; furores.
Cuncta neq; indigna multa dedere bona.
Cuncta quib⁹ gaudet phœb⁹ de⁹: ipseq; phœbo
Doctior o quis te musa fuisse potest?
O quis te in terris loquit̄ iucundior vno?
Clio nam certe candida non loquitur.
Quare illud satis est: si te permittis amari:
Nam cōtra vt sit amor mutuus inde mihi.
 Ite hinc manes rhetorum manipli.
Inflat a roso non achaico verba.
Et vos seliquit arquitiq; varroq;.
Scholasticorum vario madens pingui.
Ite hinc inani cybalon iuuentutis:
Tuq; o mearum cura sexte curarum.
Vale sabine iam valete formosi.
Nos ad beatos vela mittimus portus.
Magni petentes docta scyronis:
Vitamq; ab omni vendicamus cura.
Ite hinc camœnæ: nam nos quoq; limite sæuæ.
Dulces camœnæ: nam fatebimur verum.
Dulces fuistis: & tamen meas chartas
Reuisitote: sed prudenter & raro.
Socer beate: nec tibi: nec alteri:
Generq; noctu impudicum caput.
Tuq; nunc puella talis: & tuo
Stupore pressa rus habitet mihi.
Vt ille versus vsq; quaq; pertinet.
Gener socerq; perdidistis omnia.
 Scilicet hoc sine fraude varo dulcissime dicā.
Dispeream nisi me perdidit iste potus.
Sin aūt præcepta vetant me dicere: sane
Non dicam: sed me perdidit iste puer.
 Villula quæ scyronis eras: & pauper agelle.
Verum illi domino tu quoq; diuitiæ.
Me tibi: & hos vna mecū quos semper amaui.
Si quid de patria tristius audiero
Cōmendo: primisq; patrē tu nunc eris illi.
Mantua quod fuerat quodq; cremona prius.
 Pauca mihi niueo: sed nō incognita phœbo.
Pauca mihi doctę dicite pegasides.
Victoria est magni: magnū dec⁹ ecce triumph⁹
Victor qua terræ: quaq; patent maria.
Horrida barbaricæ portans insignia pugnæ:
Magnus: & æneides vtq; superbus eryx.
Nec minus iccirco nostros expromere cantus.
Maximus: & sanctos dignus inire choros.
Hæc itaq; insuetis iactor magis optime curis:
Quid de te possim scribere? quid ve tibi?
Nāq; (fatebor em̄) quæ maxima deterrendi
Debuit: hortandi maxima causa fuit.
Pauca tua in nostras venerūt carmina chartas.
Carmina cū lingua tum sale cecropio.
Carmina quæ pylium sæclis accepta futuris.
Carmina sed pylium vincere digna senem.
Molliter huic viridi patulæ sub tegmīe querc⁹
Mœris pastores: & mœlibeus erāt.
Dulcia iactantes alterno carmina versu.
Qualia trinacriæ doctus amat iuuenis.
Certatim ornabant omnes heroida diuæ.
Certatim diuæ munere quæq; suo.
Fœlicē ante alios tanto scriptore puellam.
Alterno sanam dixerit ipse prior:
Non illa hesperidū ni munere capta fuisset:
Quæ volucrē cursu vicerat hyppomanē.
Candida cygneo non edita tyndaris ouo.
Non supero fulgens cassiopæa polo.
Nō defensa diu multū certamine equorum.
Optabant grauidę quod sibi quæq; manus.
Sæpe animā generi proh q̄s pater ipsius hausit:
Sæpe rubro similis sanguine fluxit humus.
Raptato curru nimiūq; per æthera terræ.
Immiti expectāt fulmine: & hymbre iouem.
Non ocius raptū belli liquere penates.
Tarquinii patrios: filius atq; pater.
Illo quo primū dominatus roma superbos.
Mutauit placidis tempora consulibus.
Multa nec immeritis donauit mater alumnis.
Præmia messalis maxima publicolis.
Nā qd ego imensi memorē studia ista loboris.
Horrida quid duræ tempora militiæ?
Castra foro solitis vrbi proponere castra.
Tam procul hoc nato: tam procul hoc patria.
Immoderata patri iam sydera: iamq; calores
Sternere: vel dura posse super silice.
Sæpe trucē aduerso perlabens sydera pontum.
Sæpe vidēdo mare: & vincere sæpe hyemē.
Sæpe etiā densos immittere corpus in hostes:
Cōmunē belli non meminisse deum:
Nunc celeres afros periturae in milia gentis.

Aurea nunc rapidi flumina adire tagi.
Nunc aliā ex alia bellando quærere gentem.
Vincere: & oceani finibus vlterius:
Non nostrū est inquā tantas attingere laudes:
Quin ausim hoc etiam dicere vix hominū est:
Ipsa hæc: ipsa ferent rerū monumēta per orbē:
Ipsa etiam egregium facta decus parient.
Hos ea quæ tecū finxerunt carmina diui.
Cynthius & musæ bacchus: & egiale.
Si laudem aspirem humilis sed adire syrenas:
Sic patrio graios carmine adire sales
Possumus: optatis plus iā procedimus ipsis.
Hoc satis est: pingui nil mihi cū populo.
Sabinus ille quem videtis hospites.
Ait fuisse multo celeberrimus.
Neq; vlius volantis impetus eis.
Nequisse præterire: siue mantuam
Opus foret volare: siue brixiam.
Neq; hoc negat triphonis æmuli domus.
Negare nobilem insulam ve ceruli:.
Vbi iste: post sabinus ante quintio.
Bidente dicit attondisse forcipe.
Comata colla ne quis otion iugo.
Premente dura vulnus ederet iuba.
Cremona frigida: & lutosa gallia.
Tibi hæc fuisse: & esse cognitissima.
Ait sabinus vltima ex origine.
Tua stetisse vltima in voragine.
Tuas in palude posuisse sarcinas.
Et inde tot per orbitosa milia.
Iugum tulisse læua siue dextera.
Strigare mulas: siue vtrunq; cœperat.
Neq; vlla vota semitalibus deis.
Tibi esse sancta propter hoc nouissimū.
Paterna lora proximūq; pectinem.
Sed hæc prius fuere nunc eburnea.
Sed equæ sedes equæ dedicat tibi.
Gemellæ castor: & gemellæ castoris.
Quis deus optauit te nobis abstulit: an quæ
Dicunt asnimio pocula dura mero.
Vobiscum si est culpabilis sua quęq; sequunt.
Facta quidem meriti crimen habent cyathi.
Scripta quidem tua nos multū mirabimur. et te
Raptum: & romanā flebimus hystoriam.
Sed tu nullus eris: peruersi dicite manes.
Nunc superesse patri quod fuit inuidia.
Superbe noctui recutitum caput.
Datur tibi puella quam petis datur.

P. V. Maronis Moretum.

P. Virgilij Maronis. Moretū.

P.V.Maronis Moretum.

Iam nox hybernas bis quinq; peregerat horas:
Excubitorq; diem cantu prædixerat ales:
Similus exigui cultor rū rusticus horti
Tristia venturæ metuēs ieiunia lucis.
Membra leuat vili sensim demissa grabato:
Sollicitaq; manu tenebras explorat inertes:
Vestigatq; focum: læsus quem deniq; sensit
Paruulus exusto remanebat stipite fumus:
Et cinis obductæ celabat lumina prunæ.
Admouet his pnam submissa fronte lucernam:
Et producit acu stupas humore carentes:
Excitat, & crebris languentē saucius ignem.
Tandem concepto tenebrę fulgore recedunt:
Oppositaq; manu lumen defendit ab aura:
Et reserat clausa quæ preuidet hostia clauis.
Fusus erat terra frumenti pauper aceruus.
Hinc sibi depromit quantū mensura patebat.
Quæ bis in octenas excurrit pondere libras.
Inde abit: assistitq; mole: paruaq; tabella:
Quam fixam paries illos seruabat in vsus:
Lumina fida locat: geminos tunc veste lacertos
Liberat: & cinctus villosæ tegmine capræ
Peruertit: cauda silices: gremiūq; molarū.
Aduocat inde manus: operi partitus vtramq;:
Leua ministerio: dextra est intenta labori.
Hæc rotat assiduis gyris: & concitat orbem.
Trita ceres silicum rapido decurrit ab ictu.
Interdum fessę succedit lęua sorori.
Alternatq; vices: mō rustica carmina cantat:
Agrestiq; suum solatur voce laborem.
Interdū clamat cybalē: hęc erat vnica custos.
Afra genus: tota patriam testante figura.
Torta comā: labroq; tumens: & fusca colore:
Pectora lata iacens: māmis compressior aluo.
Cruribus exilis: spaciosa prodiga planta.
Continuis rimis calcanea scissa rigebant.
Hāc vocat: atq; arsura focis imponere ligna
Imperat: & flāma gelidos adolere liquores.
Sed postquā impleuit iustū versatile finem.
Transfert inde manu fusas in cribra farinas:
Et quatit: ac remanēt sūmo purgamina dorso.
Subsidit syncera: foraminibus liquatur.
Emundata ceres: leui tum protinus illam
Cōponit tabula: tepidas supertngerit vndas.
Cōtrahit admixtas tum frondes: atq; farinas
Transuersat durata manu: liquidoq; coactu.
Interdum grumos spargit sale: iamq; subactu
Leuat opus: palmisq; suū dilatat in orbem:
Et notat impressis æquo discrimine quadris
Infert inde foco: cybale mundauerat aptum
Ante locū: testisq; tegens superaggerat ignes.
Dūq; suas peragit vulcanus: vestaq; partes:
Similus nterea vacua non cessat in hora.
Verū aliam sibi quærit opem: neu sola palato
Sit nō grata ceres: quas iungat comparat escas
Non illi suspensa focis carnaria iuxta.
Durati sale terga suis: truncique vocabant.
Traiectus mediū parco sed caseus orbem:
Et vetus astricti fascis pendebat anethi.
Ergo aliā molitur opē sibi prouidus heros.
Hortus erat iunctus casulæ: quē vimīa pauca:
Et calamo redimita leui munibat arundo.
Exiguus spatio: varijs sed fertilis herbis:
Non illi deerat: quod pauperis exigit vsus.
Interdum locuplex a paupere plura petebat:
Nec sumptꝰ erat illud opus: sed regula curæ.
Si quando vacuū casula pluuiæ ve tenebant:
Festa ve lux: si forte labor cessabat aratri.
Horti opꝰ illud erat: varias disponere plantas.
Norat: & occulte cōmittere semina terræ:
Vicinosq; apte cura sūmittere riuos.
Hic olus: hic late fundentes brachia betæ:
Fœcūdisq; rumex: maluaq; inulæq; virebant.
Hic cicer: & capiti nomē debentia porra.
Sic etiā nocuū capiti gelidūq; papauer:
Grataq; nobiliū requies lactuca ciborū.
Et grauis in latū dimissa cucurbita ventrē:
Verū hic nō domini (quis.n.contractior illo)
Sed populi pventus erat: notisq; diebus.
Venales holerū fasces portabat in vrbem.
Inde domū ceruice leuis: grauis ære redibat.
Vix vnquā vrbani comitaꝰ merce macelli.
Cepa rubens: sectiq; famē domat area porri.
Quæq; trahunt acri vultus nasturcia morsu.
Intibaq;: & venerē reuocans eruca morantē.
Tūc quoq; tale aliqd meditās itrauerat hortū.
Ac primū leuiter digitis tellure refossa.
Quattuor educit cū spicis allia fibris.
Inde comas apij graciles: rutāq; rigentē
Vellit: & exiguo coriandra tremētia filo.
Hæc vbi collegit: lætū consedit ad ignē:
Et clara famulā poscit mortaria voce.
Singula tū capitū numeroso cortice nudat:
Et sūmis spoliat corijs: contentaq; passim
Spgit humi: atq; adicit: seruatū gramīe bulbū
Tingit aqua: lapidisq; cauū demittit in orbem:
Hic salis inspargitq; micas: sale durus adeso:
Caseus adijcit: dictas super inserit herbas:
Et leua vestem setosa sub inguina fulcit.
Dextera pistillo primū fragrantia mollit.
Allia: tum pariter mixto terit omnia succo.

It manus in gyrum: paulatim singula vires.
Deperdūt proprias: color est e pluribus vnus.
Nec tot⁹ viridis: quia lactea frusta repugnāt.
Nec de lacte nitēs: quia tūc variat ab herbis.
Sæpe viri nares acer iaculatur apertas
Spiritus: & fūmo dānat sua prandia vultu.
Sæpe manu fūma lachrymātia lumia tergit.
Immeritoq; furēs dicit cō uitia fumo.
Procedebat opus: nō iā salebrosus vt ante:
Sed grauior lentos ibat pistillus in orbes.
Ergo palladij guttas instillat oliui
Exiguiq; supet vires infundit aceti:
Atq; iterū cōmiscet opus: mixtūq; retractat.
Tum demū digitis mortaria tota duobus
Circuit: inq; globū distantia cōtrahit vnū.
Cōstet vt effecti species: nomēq; moreti.
Eximit interea cybale quoq; sedula panem:
Quē recipit lotis manibus: pulsoq; timore
Hinc famis: inq; diem securus Similus illam.
Ambit crura ocreis paribus: tectusq; galero.
Sub iuga parentes cogit lorata iuuencos.
Atq; agit in segetes: & terræ condit aratrū.

Octauij Augusti p Virgilij Aeneide Vers⁹.
Ergo ne supremis potuit vox improba verbis
Tam dirū mandare nefas: ergo ibit in ignes:
Magnaq; doctiloqui moriet musa maronis:
Ah scelus indignū: soluetur littera diues:
Et poterunt spectare oculi: nec parcere honori
Flāma suo: ductūq; operi seruabit honorem
Pulcher Apollo veta: Musæ phibete latinæ.
Liber, et alma ceres succurrite: vester in armis
Miles erat: vester docilis per rura colonus.
Nā docuit quid ver ageret: quid cogeret æstas.
Quid pater autūn⁹: qd bruma nouissīa ferret.
Arbuta formauit: sociauit vitibus vlmos.
Curauit pecudes: apibus sua castra dicauit.
Hęc dedit vt pereāt. ipm si dicere fas est.
Sed legū est seruanda fides: suprema volūtas
Quod mādat: fieriq; iubet: parere necesse est.
Frangat potius legum veneranda potestas:
Quā tot cōgestos noctesq; diesq; labores
Hauserit vna dies: supmaq; verba parentis
Amittāt vigilasse suū: si forte superbus
Errauit dolor in morte: & si lingua locuta est
Nescio quid titubāte anio: nō sponte: sed altis
Expugnata malis: odio languoris iniqui.
Si mens cęca fuit: iterū sentire ruinas
Troia suas: iterū coget reddere voces:
Ardebit miserę post vulnera vulnus Elissę:
Tam sacrū soluet opus: tot bella: tot enses:
In cineres dabit hora nocens. & pfidus error:
Huc huc Pyerides date flumina cūcta sorores,
Expirent ignes: viuat Maro dictus vbiq;
Ingratusq; sui studiorūq; inuidus orbi.

Alci. Corne. ver. Epita. viro. illu. In lau. Virg.

Et factus post fata nocens: quod iusserat ille.
Sit vetuisse meū: satis est post tempora vitę.
Immo sit eternum: tota resonante Camęna
Carmē: & in populo diui sub nomine nomē
Laudet: vigeat: placeat: relegatur: ametur.

Alcini versus

De numero vatū si quis seponat homerum:
Proximus a primo: tum maro primus erit:
Et si post primū maro seponatur homerum:
Longe erit a primo quisquis secundus erit.

Cornelij Galli versus

Temporib⁹ lętis tristamur maxime cęsar
Hoc vno amisso quē gemo Virgiliū.
Sed vetuit relegi: si tu paciere libellos
In quibus Aeneā condidit ore sacro
Roma rogat: precib⁹ etem tibi supplicat orbis.
Ne pereant flāmis tot monumēta ducū:
Atq; iterū troiam: sed maior flamma cremabit.
Fac laudes italū: fac tua facta legi.
Aeneāq; suū fac maior nunci⁹ ornet.
Plus fatis possunt cęsaris ora dei.

Epitaphia virorum illustriū in laudem Virgilij.

Palladius

Conditus hic ego sum: cui⁹ mō rustica musa
Per syluas: p rus: venit ad arma virum.

Asclepiades

Tityron ac segetes cecini maro: & arma virūq;:
Mantua me genuit: parthenope sepelit.

Eusebius

Virgilius iacet hic: qui pascua versibus edit:
Et ruris cultus: & phrygis arma viri.

Pompelianus

Qui pecudes: qui rura canit: qui prælia vates:
In calabris moriēs hac requiescit humo.

Maximianus

Carmibus pecudes: et rus: & bella canendo:
Nomen inextinctū Virgilius meruit.

Vitalis

Mantua mi patria ē: nomē maro: carmīa: syluæ
Ruraq; cum bellis: parthenope tumulus.

Basilius

Qui syluas: & agros: qui prælia versib⁹ ornat.
Molle sub hac sit⁹ est ecce poeta maro.

Asmodianus

Pastores: vates ego sum: cui rura: ducesq;
Carmīa sunt: hic me præssit acerba quies.

Vouianus

A syluis ad agros: ab agris ad prælia venit:
Musa maronis adest nobilis ingenio.

Eugenius

Bucolica expssi: & ruris pcepta colendi
Mox cecini pugnas: mortuus hic habito.

Iulianus

Hic data Virgilio requies: qui carmine dulci
Et pana: & segetes: & fera bella canit.

Hilasius

Pastores cecini: docui qui cultus in agris:
Prælia descripsi: cōtegor hoc tumulo.

Aliud

Subduxit morti viuax pictura maronē:
Et quē parca tulit: reddit imago virum.

Aliud

Lucis damna nihil tanto nocuere poetę
Quē præsentat honos carminis: & plutes

Sebastiani Brant

de operibus tribus Virgilij

Post nemora atq; greges culturā ruris: et vuas
Disce et equos lector: mellificasq; feras.
Grādior oblectat si te hinc tuba parthenopea:
Diuigenū poteris perlegere arma ducum.

Et iterum

Vita magis nulli est sua cognita: docta marōis
Quā mihi musa: canēs pgama: rura capras.

Ad idem

Qui clarere cupis suaui sermone latino.
Virgiliū relegas carmine doctiloquo.

Ad idem

Virgiliū exponāt alij sermone diserto.
Et calamo pueris: tradere et ore iuuet.
Pictura agresti voluit Brant: atq; tabellis:
Edere eū indoctis: rusticolisq; viris.
Nec tū abiectus labor hic: nec prorsus inanis:
Nā memori seruat mēte figura librum.

Sub persona Virgilij epigrãmata.

Mantua me genuit: calabri rapuere: tenet nunc
Parthenope: cecini pascua: rura: duces.
Tristia fata tui dum fles in daphnide flacci.
Docte maro fratrem dijs immortalibus æquas.
Pastor: arator: eques: paui: colui: superaui.
Capras: rus: hostes: fronde: ligone: manu.
Iuppiter in cœlis: cęsar regit omnia terris.
Tarpeio quondã consedit culmine cornix:
Est bene non potuit dicere: dixit erit.
Littera rem gestam loquitur: res ipsa medullã.
Verbi quam viuax mens videt intus habet.

Ad idem.

Mellifluum quisquis romanũ nescit homerũ:
Me legat: & lectũ credat vtrũq; sibi.
Illius imensos miratur grætia campos:
At minor est nobis: sed bene cultus ager.
Non miles: pastor: curuus non desit arator.
Hæc grails constant singula: trina mihi.

Tabula librorum qui in hoc volumine continentur.

Impressum regia in ciuitate Argenteñ ordinatione: elimatione: ac relectõne Sebastiani Brant: operaq; & impensa non mediocri magistri Iohannis Grieninger. Anno incarnationis christi. Millesimo quingentesimo secũdo quinta kalendas septembres die.

Ex 3 Enei

Incerti quo fata ferant ubi sistere detur

Gelidusque coit formidine sanguis

Iam parce sepulto

Quid non mortalia pectora cogis Auri sacra fames

Italiam [illegible] sequimur

Ex 4 Enei

Nec placidam membris dat cura quietem

Est mollis flamma medullas

Fama malum quo non aliud velocius ullum

Mobilitate viget viresque acquirit eundo

Quis fallere possit amantem

Nusquam tuta fides

Improbe amor quid non mortalia pectora cogis

Et bene apud memores veteris stat gratia facti

Varium et mutabile semper femina

Ex 5 Enei

Gratior et pulchro veniens in corpore virtus

Vim suscitat ira

Quo fata trahunt retrahuntque sequamur

Quicquid erit superanda omnis fortuna ferendo est

Ex 6 Enei

Tu ne cede malis sed contra audentior ito

Facilis descensus Averni

Noctes atque dies patet atri ianua Ditis

Sed revocare gradum superasque evadere ad auras

Hoc opus hic labor est

Nec vidisse semel satis est iuvat usque morari

Discite iustitiam moniti et non temnere divos

Non mihi si linguae centum sint oraque centum

Ferrea vox omnes scelerum comprendere formas

Omnia poenarum percurrere nomina possem

Pauris sera arma tenemus

Hae tibi erunt artes pacique imponere morem

Parcere subiectis et debellare superbos

Ex 7 Enei

Munera nec sperno

Ex

Nec tarda senectus

Debilitat vires animi mutatque vigorem

Ex decimo

Sua cuique exorsa laborem

Fortunamque ferent rex Iupiter omnibus idem

Nec omnem membris dat cura quietem

Audentes fortuna iuvat

Stat sua cuique dies breve et irreparabile tempus

Omnibus est vitae sed famam extendere factis

Hoc virtutis opus

Nescia mens hominum fati sortisque futurae

Ex undecimo

Multa dies variusque labor mutabilis aevi

Rettulit in melius multos alterna revisens

Lusit et in solido rursus fortuna locavit

Ex duodecimo

Quo deus et quo dura vocat fortuna sequamur

www.ingramcontent.com/pod-product-compliance
Lightning Source LLC
Chambersburg PA
CBHW070854300426
44113CB00008B/833

* 9 7 8 2 0 1 2 5 9 7 6 4 8 *